Hans-Dierk Fricke

Geschichte der Kriegsraketen und der Raketenartillerie im 19. Jahrhundert

Herausgegeben im Auftrage
der Wehrtechnischen Studiensammlung des Bundesamtes
für Wehrtechnik und Beschaffung
von

Wolfram Funk
Volker Schmidtchen
Ingo Weise
Rolf Wirtgen

Wehrtechnik und wissenschaftliche Waffenkunde

Band 13

Hans-Dierk Fricke

Geschichte der Kriegsraketen und der Raketenartillerie im 19. Jahrhundert

Bernard & Graefe Verlag

Meinem Vater, einem alten Artilleristen, gewidmet,
dem es nicht vergönnt war, die Beendigung dieser Arbeit zu erleben

Die Drucklegung dieses Werkes wurde mit Mitteln aus den
Werner-Hahlweg-Fonds gefördert.

Aimez donc les details! Ils ne sont pas sans gloire.
C'est là le premier pas qui mène à la victoire.
Frédéric II

Satz: Mönch Typesetting Centre, Bonn
Druck und Bindung: Konkordia Druck GmbH, Bühl
Printed in Germany

ISBN 3-7637-**6208**-6

Inhaltsverzeichnis

Geleitwort

Die Pulverrakete ist die älteste Wärmekraftmaschine, die zum Transport von Lasten Verwendung fand. Zunächst dürfte es sich dabei vor allem um Leucht- und Knallsätze gehandelt haben. Seit dem ersten Drittel des 13. Jahrhunderts ist die militärische Anwendung dieses neuen, ursprünglich aus China stammenden Waffentyps dank der Vermittlung der arabischen Welt vornehmlich bei der Belagerung von Städten und später auch in offenen Feldschlachten belegt.

Die folgenden Epochen sahen nur sporadisch und keinesfalls kriegsentscheidend den Einsatz von Artillerieraketen. Erst als die das Pulver aufnehmenden Raketenhülsen aus organischem Material im ausgehenden 18. Jahrhundert und danach durch widerstandfähigere aus Metall ersetzt wurden, kam es durch den nun möglichen höheren spezifischen Impuls zur Steigerung der Reichweite und Erhöhung der Nutzlasten an Spreng- und Brandsätzen. Nachdem indische Truppen 1792 und 1799 Raketen erfolgreich gegen die Briten einsetzten und diese Nachricht in Europa die Runde machte, führte Sir William Congreve zahlreiche Experimente durch, die eine weitere Erhöhung der Wirksamkeit zur Folge hatten. In den napoleonischen Kriegen sowie in den Kriegen der Briten gegen Nordamerika finden sich viele Belege für den effektiven Einsatz dieser spezifischen Militärtechnik, die im 19. Jahrhundert eine umfassende Renaissance erlebte. Präzise Hinterladegeschütze mit gezogenem Rohr und einstellbaren Zeitzündern an den Explosivgeschossen drängten die Artillerieraketen schließlich in den Hintergrund, obwohl es William Hale noch gelang, die Präzision der Flugbahn zu verbessern, indem der Raketenmotor nicht nur den Vorschub lieferte, sondern den Flugkörper wie herkömmliche Geschosse um seine Längsachse rotieren ließ.

Es ist das Verdienst von Oberstleutnant a. D. Hans-Dierk Fricke, nach mehrjährigen Recherchen und Forschungen erstmals in deutscher Sprache ein umfangreiches Standardwerk über die technischen Entwicklungslinien der Artillerieraketen und ihren Einsatz vorzulegen. Er stützt sich dabei auf eine breite Basis von Quellen, die zum Teil erstmals erschlossen werden konnten. Die verdienstvolle Arbeit, die auch eine umfassende Materialsammlung zum Thema beinhaltet, stellt einen wertvollen Beitrag zur wissenschaftlichen Waffenkunde dar. Im Rahmen des Werner-Hahlweg-Preises für Militärgeschichte und Wehrwissenschaften ist sie mit einem namhaften Druckkostenzuschuß bedacht worden.

Mit dem vorliegenden Band 13 hat der bekannte Fachverlag Bernard & Graefe die verlegerische Tätigkeit für die Reihe „Wehrtechnik und wissenschaftliche Waffenkunde" übernommen. Die Herausgeber sind überzeugt, in guter Zusammenarbeit mit dem Verlag die Reihe mit interessanten Titeln und in bewährter Qualität weiterführen zu können.

Koblenz, im Juli 2000 *Die Herausgeber*

1. Vorrede

Wird heute von Raketen gesprochen, denkt man an Raumfahrt, strategische Waffen oder an Flugabwehrraketen, allenfalls noch an die „Stalinorgel" oder an die deutschen „Vergeltungswaffen" V1 und V2. Weniger bekannt ist es, daß Raketen, sei es als Feuerwerks- oder als Kriegsraketen, auf eine lange Geschichte zurückblicken und wahrscheinlich älter als die Rohrwaffen sind.

Es gibt zahlreiche Werke zur Militär- und Kriegsgeschichte und zur Geschichte der Feuerwaffen, dabei auch prächtige Bände zur Geschichte der Artillerie mit detaillierten Zeichnungen und großformatigen Abbildungen von Kanonen, jedoch wird nur selten, meist nur in Anmerkungen oder Nebensätzen, auf die Existenz einer Raketenartillerie eingegangen, die doch am Anfang der Entwicklung der Artillerie stand und im 19. Jahrhundert eine Renaissance erlebte. Ein Wiederaufstieg, der sie so populär werden ließ, daß Stephenson 1825 seine erste Lokomotive nicht ohne Grund „Rocket" taufte. In Werken zur Heeres- und Kriegsgeschichte oder Waffenkunde, die nach 1870 - insbesondere in Deutschland erschienen sind - wird ihrer jedoch kaum noch gedacht.[1)]

Man muß schon in älteren Werken zur Kriegsgeschichte nachblättern, die noch über Raum und Zeit für Detailbeschreibungen von Armeen und Schlachten verfügen, um Hinweise auf die Raketen und ihren Einsatz zu finden.

Der Verfasser stieß vor vielen Jahren auf die Abbildung eines Congrev'schen „Mehrfachraketenwerfers" und bemühte sich vergebens, mehr über die Raketen des 19. Jahrhunderts in Erfahrung zu bringen. Dann ruhte diese Frage lange Zeit. Erst Ende 1994 „stolperte" er von Neuem über dieselbe Abbildung und beschloß, diesmal Näheres in Erfahrung zu bringen, was sich als nicht einfach erwies. Die ersten Hinweise ergaben sich aus den Literaturverweisen einer Enzyklopädie und ab dann führte eine Quelle zur nächsten. Anfangs beabsichtigte der Verfasser nur einen kurzen Artikel zu diesem Thema zu schreiben, bald war aber abzusehen, daß zumindest eine Reihe von Artikeln erforderlich werden würde und als erste Recherchen in Archiven erforderlich wurden, stand fest, daß dieses Thema doch einen größeren Rahmen erforderte. Es galt dabei herauszufinden, welche Staaten sich mit dem Raketenwesen befaßt hatten, in welcher Weise Raketen entwickelt und wie sie in den verschiedenen Staaten verwendet wurden, sei es zu Land oder zur See, als eigenständige Waffe oder als Sekundärbewaffnung.

In immer weiteren älteren Geschichtswerken und Zeitschriften fand der Verfasser Hinweise auf die Entwicklung und den Einsatz dieser Waffe. Insbesondere die militärischen Zeitschriften des letzten Jahrhunderts enthalten zahlreiche Artikel zu diesem Thema. Allerdings sind in diesen Artikeln nur selten detaillierte Angaben zu Raketenmodellen zu finden, da ihre Konstruktion in fast allen Ländern geheim gehalten wurde, dies gilt auch für die noch aus jener Zeit vorhandenen artilleristischen Handbücher. Da selbst die Konstrukteure genauere Angaben oft nicht schriftlich niedergelegt haben, sind zudem manche Daten nur in den Archiven benachbarter Staaten, quasi als „Spionageberichte" zu finden. Andererseits können im Entwicklungsgang und in den abgeschlossenen Verträgen, einschließlich geforderter Garantieleistungen, manche Parallelen zu heutigen Problemen bei der Entwicklung von Wehrmaterial gefunden werden, auch manche der damaligen Arbeitsbedingungen erscheinen, wenn auch nur im Ausnahmefall, recht modern, wie eine Lohnfortzahlung im Krankheitsfalle oder ein zusätzliches Auslandstagegeld.

In der Literatur ist ein erster, aber bereits eingehender Hinweis in J. P. Hebels „Rheinischem Hausfreund" zu finden, als er zum ersten großen Raketeneinsatz der Neuzeit Stellung nahm:

„. . . und ein Satan namens Congreve war dabei, der hatte ein neues Zerstörungsmittel erfunden, nämlich die sogenannten Brandraketen. Das war ungefähr eine Art von Röhren, die mit brennbaren Materien angefüllt wurden und vorne mit einem kurzen, spitzigen Pfeil versehen waren. Im Schuß entzündete sich die Materie, und wenn nun der Pfeil an etwas hinfuhr, wo er Haltung hatte, so blieb er stecken, manchmal, wo niemand zukommen konnte, und die Feuermaterie zündete an, was brennen konnte. Auch diese Brandraketen flogen die ganze Nacht in das arme Kopenhagen hinein."

Und er beschloß seinen Aufsatz mit einer entsprechenden Moral, auch wenn sie nicht der Realität entsprach:

„. . . Aber der Congreve ist unterwegs ertrunken und hat Frau und Kinder nimmer gesehen."[2)]

Selbst in der gehobenen Trivialliteratur sind zuweilen Hinweise auf diese Raketen, wenn auch selten, zu finden. So läßt Cecil S. Forester in seinem Roman „Lord Hornblower" den Ersten Seelord 1813 sagen,

„sogar ein Raketenschiff stelle ich Ihnen, wenn Sie sich etwas davon versprechen - dieser Congreve möchte seine Raketen gern wieder einmal praktisch erproben"[3)]

und in Mór Jókais[4)] Roman „Die Baradlays" aus der Zeit des ungarischen Aufstandes 1848 heißt es:

„Als dann der kaiserliche General den Fliehenden seine Congreve-Raketen nachsandte, als die unbekannten, schrecklichen Feuerkugeln raschelnd und zischend und funkensprühend dem versprengten Heer nachstoben, um schließlich unter lautem Geknall einen höllischen Feuerregen auszuschütten, da wurde die Verwirrung vollkommen."

Auch Georg MacDonald Fraser läßt seinen viktorianischen „Helden" und Abenteurer Flashman in Zentralasien Congreve-Raketen auf russische Schiffe abfeuern und beschreibt dabei die Handhabung dieser Raketen recht genau.[5)]

Überdies nutzen zahllose phantastische Autoren schon lange vor dieser Zeit die Raketen für Reisen zum Mond oder gar zur Sonne, so Grimmelshausen oder Cyrano de Bergerac. Schließlich sei aus der Moderne noch Hans Dominik angeführt, der in seinem Roman „Flug in den Weltraum" das Raketenprinzip erläutert:

„'Aber die Rakete kann der Schwerkraft in ganz anderer Weise und viel erfolgreicher entgegenwirken als eine Kanonenkugel', rief Dr. Stiegel, der sich inzwischen gesammelt hatte; 'einmal abgeschossen, ist die Kanonenkugel ein willenloses Objekt, während die Rakete während ihres Fluges unaufhörlich wie eine Maschine weiterarbeitet."

Nach Wissen des Verfassers liegen in neuerer Zeit nur zwei deutsche Veröffentlichungen vor, die sich mit der Geschichte der Raketenartillerie befassen: eine Geschichte der Raketenartillerie des General a. D. Röpnack, veröffentlicht im Selbstverlag und daher sicherlich nicht allzu verbreitet - überdies nur auf einer sehr schmalen Literaturgrundlage aufbauend - und ein Artikel von Storm, erschienen in der seit einigen Jahren eingestellten Zeitschrift „Artillerierundschau". Zusätzlich liegt eine als Typoscript vervielfältigte Arbeit des Oberst Neumann der Nationalen Volksarmee mit Einzeldaten zur Geschichte der Raketenartillerie vor, die wohl nicht veröffentlicht wurde, weil auch moderne Raketenwaffen mit Daten, die nicht allgemein zugänglich waren, vorgestellt werden. Ansonsten wird auf die Raketenartillerie des 19. Jahrhundert allenfalls in der Einleitung zu Beschreibungen der Raketen des Zweiten Weltkrieges (V1 und V2) oder der modernen Raketenwaffen oder Weltraumraketen eingegangen. Selbst im Handbuch „Deutsche Militärgeschichte" des Militärgeschichtlichen Forschungsamtes wird die Raketenentwicklung der deutschen Staaten mit keinem Wort erwähnt, obwohl sie mit teilweise beträchtlichem Aufwand über längere Zeit betrieben wurde. Ebenso wurde noch nicht zusammenfassend die Verwendung der Raketen durch die Seestreitkräfte dieser Zeit beschrieben.[6)] Neben Monographien zur Raketenentwicklung einzelner Staaten liegt nur im angelsächsischen Raum seit

1990 eine umfassende Darstellung zu diesem Thema vor, die aber naturgemäß den Schwerpunkt auf die Geschichte der Raketen in Großbritannien und den Vereinigten Staaten legt.[7)]
Als Artillerieoffizier möchte der Verfasser mit dieser Schrift versuchen, diese Renaissance der Raketenartillerie im 19. Jahrhundert nicht in Vergessenheit geraten zu lassen, zugleich aber auch eine Gesamtdarstellung des Raketenwesens im europäischen Kulturkreis zu geben und dabei erstmals detailliert auch die Raketenentwicklung in den Staaten des Deutschen Bundes zu beschreiben.
Dabei soll die unterschiedliche Form der Entwicklung der Raketen in den einzelnen Staaten, aber auch ihr Einsatz, soweit möglich unter Heranziehen zeitgenössischer Berichte, dargestellt werden. Soweit aus diesen Berichten zitiert wurde, ist die Originalschreibweise und -sprache, soweit es erforderlich schien, auch mit zusätzlicher freier Übersetzung, beibehalten worden. Zitate aus englischen und französischen Quellen wurden nicht übersetzt. Auf grund der langen Bearbeitungszeit wurde noch die alte Rechtschreibung verwendet.
Die Beschreibung erfolgt für jeden Staat gesondert, der Raketen entwickelt oder in seine Armee oder Marine eingeführt hat; versucht wurde, die einzelnen Abschnitte chronologisch zu gliedern. Auf die allgemeine Kriegsgeschichte, die Entstehung und den Ablauf der Kriege sowie auf Schilderung von Schlachten wurde verzichtet, dies wird als bekannt vorausgesetzt oder kann nachgeschlagen werden; in dieser Schrift soll in diesem Zusammenhang immer nur der Einsatz der Raketen beschrieben werden. Für die Geschichte der preußischen Raketen besteht dabei das Problem, daß die Akten des Heeresarchives dem Zweiten Weltkrieg zum Opfer gefallen sind, so daß hier weitgehend nur auf Sekundärliteratur zurückgegriffen werden konnte. Aber auch in den Archiven anderer Staaten sind die Unterlagen zu diesem Gebiet der Waffenentwicklung oft nur unvollständig vorhanden. Schließlich haben manche ausländische Stellen nicht auf Anfragen geantwortet oder bereits zugesagte Materialien nicht übersandt. Überdies wurden neue Probleme oft erst nach Beantwortung einer Frage erkennbar, so daß dem Verfasser oft zu Mute war, wie „der deutschen Nation in allen den Augenblicken, wo ihr ein Licht aufgeht, stehen wir sehr verdutzt und im dicksten Nebel."[8)] Daher kann diese Arbeit nur als „Beitrag" zur Geschichte der Kriegsraketen gewertet werden; eine abschließende, vollständige Beschreibung der Entwicklung und Anwendung der Raketen im 19. Jahrhundert zu verfassen, wird wohl nicht mehr möglich sein, auch wenn es sein könnte, daß aufgrund dieser Arbeit vielleicht zusätzliche zeitgenössische Beschreibungen, Briefe oder andere Schriften auftauchen, der Verfasser wäre jedoch in jedem Fall für weiterführende oder ergänzende Hinweise und natürlich auch für Korrekturen dankbar. Auch wenn sicherlich noch viele ältere Beiträge zur Kriegsgeschichte, insbesondere Erlebnisberichte, vorhanden sein werden und in dieser Arbeit manche Frage unbeantwortet bleibt, erschien es doch erforderlich, zu diesem Zeitpunkt „Redaktionsschluß" zu machen, da es sonst im Bemühen, auch noch letzte Fragen zu klären oder weitere Quellen zu berücksichtigen, wohl nie zu einer Veröffentlichung gekommen wäre.
Das Motto wurde der Reihe „Beschreibung des gegenwärtigen Zustandes der Europäischen Feldartillerien" des weiland Leutnant der königlich preußischen Artillerie, G. A. Jakobi, entlehnt, der Verfasser hat sich bemüht, ihm gerecht zu werden.
Angaben zu Maßen sind weitgehend dem zeitgenössischem Schrifttum entnommen, im Anhang sind Angaben zur Umrechnung der alten Maßeinheiten untereinander und in das metrische System aufgeführt.

Remagen, 15. März 2000

---

1) So erwähnte J. v. Bloch in seiner „Beschreibung des Kriegsmechanismus" (Berlin 1899, S. 105 u. S. 107) in einem kurzen Abriß der Artillerieentwicklung die Raketen nur zweimal in Nebensätzen und auch: M. Jähns, Handbuch einer Geschichte des Kriegswesens von der Urzeit bis zur Renaissance, Leipzig 1880, beschrieb zwar noch kurz bei einer Darstellung der Entwicklung der Feuerwaffen die Raketen, erwähnte sie jedoch bei den folgenden kriegsgeschichtlichen Darstellungen nicht mehr.

2) J. P. Hebel, Weltbegebenheiten: Das Bombardement von Kopenhagen, in: Werke, 2. Bd., Basel 1959, S. 191 ff.

3) C. S. Forester, Lord Hornblower, Frankfurt 1966, S. 12; auch in seinem Roman „Hornblower auf der Hotspur", Hamburg 1964, S. 139, wurden die Raketen in Verbindung mit Operationen gegen französische Häfen kurz als die „sagenhaften neumodischen Raketen" erwähnt. Es ist aber überraschend, wie wenig diese durch die Royal Navy häufig eingesetzte Waffe in sonstigen Seekriegsromanen über diese Zeit erwähnt wird. Dafür ließ P. O'Brian Congreve persönlich in seinem Roman „Feindliche Segel" (München 1997, S. 213) als Raketenspezialist auftreten; auch wenn ansonsten O'Brians Romane die wohl im Detail genauesten dieses Genres sind, erscheint jedoch ein Auftreten Congreves als Spezialist Mitte 1804 als zu früh, zumal es hier um die Einrüstung einer Abschußvorrichtung für große Raketen auf einem Versuchsschiff ging.

4) Mór Jókai war mit seinem Freund Petöfi führend am ungarischen Aufstand 1848/49 beteiligt und schrieb anschließend zahlreiche historische Romane

5) G. MacDonald Fraser, Flashman, Im Krimkrieg, Frankfurt 1984

6) einen ersten Versuch hierzu siehe: H.-D. Fricke, Raketter til maritimt brug i 1800-tallet, in: Marinehistorisk Tidsskrift, 1 / 1999, S. 14 - 29 und 2 / 1999, S. 33 - 50

7) F. H. Winter, The First Golden Age of Rocketry, Washington, 1990

8) W. Raabe, Abu Telfan, München o.J., S. 15

2. Als Einleitung: die Vorgeschichte der Kriegsraketen

„Rakete w: Das Wort Rakete als Bezeichnung für fliegende Feuerwerkskörper, in jüngster Zeit speziell für die mit Treibstoff gefüllten, röhrenförmigen Flugkörper, die sich nach Zündung der Treibladung durch den Rückstoß fortbewegen, stammt aus dem It. Quelle des Wortes (wie auch für entspr. engl. rocket „Rakete") ist gleichbed. it. rocchetta (rocchetto), das als Verkleinerungsbildung zu it. rocca (Spinnrocken" LW aus dem Germ.; vgl. Rocken) eigtl. „kleiner Spinnrocken" bedeutet. Der Feuerwerkskörper ist also wohl nach seiner spinnrockenähnlichen, zylindrischen Form benannt (vgl. zur Begriffsbildung frz. fusée „Rakete" zu fuseau „Spindel"). Im Deutschen erscheint das LW seit dem 16.Jh., zuerst als ‚rogettlzeug' und ‚Rogeten', dann mit Vokalwechsel als ‚Racketlein' (Ende 16.Jh).[1]

Die Erklärung des etymologischen Wörterbuches führt zur Form der Rakete, die sich eindeutig von den kugelförmigen Geschossen der Kanonen unterschied. Ihre Haupteigenschaft ist jedoch, daß sie nicht durch eine gesonderte Pulverladung wie die Kugel einer Kanone angetrieben wird, die mit der so erreichten Anfangsgeschwindigkeit eine ballistische Kurve ohne weitere Beschleunigung beschreibt, sondern ihre Treibladung mit sich führt, die ihr während des Fluges weiteren Antrieb bis zum Ausbrennen verleiht.
Wahrscheinlich führte die Erfindung des Schießpulvers nach ersten Sprengversuchen zunächst zur Konstruktion der Rakete, bevor es zum Einsatz als Treibladung in Kanonen verwendet wurde.[2] In alten Beschreibungen kann nicht immer eindeutig entschieden werden, ob der Einsatz von Raketen oder Kanonen gemeint ist. Dies liegt auch daran, daß einige der ersten Kanonen wie Vasen geformt waren und pfeil-ähnliche Geschoße - oft als Brandpfeile - verschossen, so daß der Begriff „ignis volans" oft mehrdeutig ist. Wie schwierig die Unterscheidung ist, zeigt Goethes Bericht über die Belagerung von Verdun:
„. . . Um Mitternacht fing das Bombardement an, sowohl von der Batterie auf unserem rechtem Ufer, als von einer anderen auf dem linken, welche, näher gelegen und mit Brandraketen spielend, die stärkste Wirkung hervorbrachte. Diese geschwänzten Feuermeteore mußte man denn ganz gelassen durch die Luft fahren und bald darauf ein Stadtquartier in Flammen sehen"[3]
Kriegsraketen wurden zu dieser Zeit von keiner europäischen Armee eingesetzt, obwohl der Gebrauch von Signalraketen allgemein verbreitet war. Der „Kriegsberichterstatter" Goethe hat hier wohl von Mörsern verschossene Carcassen (Brandgeschosse) beobachtet.

Das Schießpulver wurde in China erfunden, wann diese Erfindung gemacht wurde, steht nicht fest, spätestens jedoch um 1040 ist ein Rezept zur Pulverherstellung bezeugt.[4] Bald hierauf wurde - auch für den Einsatz im Krieg - die „Lanze des ungestümen Feuers", eine Art Rakete entwickelt, bei der ein Bambusrohr mit Pulver gefüllt war. Das Reich der Sung im Süden Chinas war zu dieser Zeit das wohl auf dem Gebiet der angewendeten Naturwissenschaften, sei es für den Frieden oder Krieg, am weitesten fortgeschrittene Land der Welt. Diese Waffe wurde zur Brandrakete weiterentwickelt. Bezeugt ist ein erfolgreicher Einsatz bei der Verteidigung der Stadt K'ai Feng im Jahr 1232 gegen das Belagerungsheer der Mongolen unter Ugedai sowie ein weiterer Einsatz im folgenden Jahr in der Schlacht bei Kei-teh. Die Mongolen sollen diese Waffe sehr gefürchtet haben.[5] Hierbei wurden auch bereits Abschußgestelle genutzt, von denen 20 bis 200 Raketen gleichzeitig abgefeuert werden konnten, also der erste Vorläufer der heutigen Mehrfach-Raketenwerfer. Die Reichweite dieser Raketen betrug etwa 400 Meter.[6] Die Mongolen übernahmen diese Waffe und setzten sie wahrscheinlich bei ihren Feldzügen ein, auch wenn hierzu wenig Zeugnisse vorliegen. Nach einigen Autoren sind 1241 bei Liegnitz, als das Heer des Herzogs Heinrich vernichtet wurde, auch Raketen - feuerspeiende Drachen - eingesetzt worden.[7] Als Kublai Khan 1274 zur Eroberung Japans ein Heer entsandte, wurden nach einigen Berichten auch Raketen eingesetzt. Bei der Besetzung der Inseln Tsushima und Iki sollen die Mongolen nach japanischen Berichten in ei-

Chinese Rocket Man

1) Duden, Das Herkunftswörterbuch, Mannheim 1963
2) Reinaud et Favé, Du feu grégois et des origines de la poudre a canon, in: Journal Asiatique, tome XIV, octobre 1849, p. 326
3) Goethe, Die Kampagne in Frankreich, den 30. August bis 2. September 1792 (Belagerung von Verdun)
4) nach: Canby, Geschichte der Rakete, Lausanne 1962, im „Wu Ching Tsung Yao", dieses Werk, ein „vollständiges Compendium der Militärwissenschaft" wurde 1044 zum ersten Male veröffentlicht und ist später wiederholt überarbeitet und erweitert worden Auch: J. R. Partington, A History of Greek Fire and Gunpowder, Cambridge 1960, pp. 261, bestätigte, daß seit 1040 der Begriff „Schießpulver" in China bekannt war und ging davon aus, daß dieses auch genutzt wurde; dabei schloß er den Gebrauch von Raketen nicht aus, nannte aber kein Beispiel für ihren Einsatz. Nach anderen Angaben wurde die erste schießpulverartige Mischung erst 1164 durch General Wei-sching angewandt, (nach: Ley, Grundriß einer Geschichte der Raketen, Leipzig 1932, S. 3); Napoléon zitierte eine andere Stelle: „L'an 969 de Jésus-Christ, seconde année du règne de Taï-Tsou, fondateur de la dynastie des Song, on présenta à ce prince une composition qui allumait les flèches et les portait fort loin." (Also noch keine Raketen in unserem Sinne) Le Prince Napoléon-Louis Bonaparte, Etudes sur le Passé et l'Avenir de l'Artillerie, Paris 1862, Tome Troisième, p. 6, siehe auch: S. J. von Romocki, Geschichte der Explosivstoffe, Berlin 1895 (reprint Hildesheim 1976), S. 45 ff.; vgl. N. Harris, The Hamlyn History of Imperial China, London 1999, p. 135 und p. 178, letzterer notierte, daß die Pulverherstellung im 11. Jahrhundert zum Regierungsmonopol wurde, gab aber keine Datierung der ersten Raketen; P. James / N. Thorpe, Keilschrift, Kompaß, Kaugummi, Zürich 1998, S. 194, datierten die Erfindung der Rakete auf 1180 als Weiterentwicklung der Feuerpfeile. B. Rathgen, Das Aufkommen der Pulverwaffe, München 1925, erwähnte dagegen an keiner Stelle Raketen.
5) A. Cotterell / Yong Yap, Das Reich der Mitte, Frankfurt 1982, S. 228. Beschrieben ist der Einsatz in der Chronik „T - hung - lian - kang - mu". St. Julien hat die betr. Stelle 1849 übersetzt und im „Journal asiatique" veröffentlicht: „De plus, les assiéges avaient à leur disposition des flèches à feu volant'. On attachait à la flèche une matière susceptible de prendre feu; la flèche partit subitement en ligne droite, et répandait l'incendie sur une largeur de six pas. Les 'pao' à feu et les flèches à feu volant ètaient très redoutès des Mongols." (zitiert nach Ley, a.a.O., S. 4); für weitere Angaben siehe: Fang-Toh Sun, Rockets and Rocket Propulsion Devices in Ancient China, in: AAS History Series, Vol. 10, San Diego 1990, p. 5 - 40; siehe auch: A. Ananoff, Mille ans d'histoire de la fusée, in: Sciences et Vie, Décembre 1952, p. 57 f., sowie: Reinaud / Favé, a.a.O., p. 289 ff., vgl.: H. Delbrück, Geschichte der Kriegskunst im Rahmen der politischen Geschichte, Vierter Teil. Neuzeit. Berlin 1920, S. 28, wobei Raketen in anderen Teilen des Werkes nicht mehr genannt werden.
6) Angaben aus: o. Verf., Wörterbuch zur deutschen Militärgeschichte, Berlin 1985, die Angaben sind unsicher, Fang-Toh Sun gab Reichweiten bis 500 „paces" an, wobei 1 pace etwa 5 feet entspricht.
7) Oberst Neumann, Vom Feuerpfeil zum Geschosswerfer, Geschichte der reaktiven Artillerie, o.J.; Meyer, Zur Geschichte der Feuerwaffen-Technik, in: AOPA, 2. Jahrg., Band 4, S. 218, zitierte aus Johannes Dlugosz (Jiohanni Dlugossi Historiae Polonicae, liber XII): „Signifer illius, caput quod hastili supereminebat, fortius quo poterit quatire coepit, de quo illico vapor, fumus et nebula tam foedissime exhalavit, ut pro horrendo et intollerabili foetore pugnantes Poloni pene exanintes ad pugnandum, imbelles et invalidi redderentur", diese Beschreibung deutet eher auf einen Giftgasangriff hin. Conrad Kyeser (siehe weiter unten) beschrieb in seinem „Bellifortis" einen ähnlichen Drachen (Blatt 105a)

sernen Kugeln eingeschlossenes Feuer in die Luft geschnellt haben. Da es um diese Zeit noch keine Kanonen gab, kann es sich um Spreng- oder Brandraketen gehandelt haben.[8] Auch bei der Eroberung Bagdads durch die Mongolen 1258 scheinen Raketen eingesetzt worden zu sein.[9] In China wurden diese Raketen während der Ming-Dynastie weiter entwickelt und gehörten zur Standardausrüstung von Heer und Seestreitkräften. Entsprechend einem kaiserlichen Befehl sollten sie überall zur Grenzverteidigung eingesetzt werden.[10] Noch 1593 wurden sie gegen die Japaner in Korea bei P'ingyang, gemeinsam mit Kanonen, eingesetzt.[11]

Die Kenntnis von der Herstellung des Pulvers und der Raketen hat sich dann rasch über Indien, Arabien bis zu den Mauren in Spanien und nach Europa verbreitet.[12] In den Jahren 1285 bis 1295 beschrieb Nedjm-Eddin-Hassan-Alrammah mehrere Treibsätze für Raketen, als Composition No 1 gab er ein Mischungsverhältnis von 10 Teilen Salpeter, $1^1/_2$ Teilen Schwefel und 3 Teilen Holzkohle an, die anderen Mischungen unterschieden sich nur im Schwefel- und Kohleanteil, ebenso war in seinem Werk auch schon eine Rakete als „flèche du Khatay" abgebildet, ebenso enthielt sein Werk die erste Beschreibung eines Raketentorpedos.[13] Um 1366 setzten die Araber Raketenartillerie in Ägypten und Syrien ein. Später wurden durch die Inder unter Sultan Mahmud Raketen mit eisernen Spitzen um 1398 gegen Timur-Lengk in der Schlacht um Delhi[14] eingesetzt, die vor allem gegen die Reiterei wirkten.[15] Arabische Werke über Pulver und Raketen aus dieser Zeit deuten auf chinesischen oder mongolischen Einfluß hin, dies ist folgerichtig, da die Mongolen unter Hülagu im 13. Jahrhundert das Kalifat Bagdad und weite Teile des vorderen Orients eroberten.

Auch nach Osten verbreitete sich von China aus das Wissen um diese Waffe. 1377 wurde in Korea erstmals Schwarzpulver hergestellt und zwischen 1377 und 1389 wurden auch hier erste Raketen verfertigt. 1447 waren bereits mehrere Kaliber von Raketen in Gebrauch, wobei die Hülsen aus Papier waren. Das größte Kaliber betrug 31,24 mm. Die Stäbe aus Bambus waren am Ende geflügelt. Auch in Korea gab es bereits seit 1451 Mehrfachraketenwerfer, dabei wurde ein Gestell mit 100 Abfeuerungsröhren auf einen Wagen gesetzt.[16]

Von Indien aus gelangte die Kenntnis der Raketen auch nach Indochina, wo die Raketen allerdings nur zu Feuerwerkszwecken genutzt wurden. Eine mongolische Mission berichtete, daß 1296 die Khmer in Angkor häufig Feuerwerke mit Raketen veranstalteten, die so hoch stiegen, daß sie auf 13 km Entfernung noch zu sehen wären.[17]

Nach Europa gelangte die Kunde wohl in Verbindung mit den Kreuzzügen und dem Orienthandel der italienischen Stadtstaaten, hierauf deutet auch der erste nachgewiesene Einsatz in Italien. Ende des 13. Jahrhunderts beschrieb Albertus Magnus ein Rezept für ein „fliegendes Feuer", das er wahrscheinlich dem früheren Feuerbuch des Marcus Graecus entlehnt hatte:[18]

„Ignis volans. Accipe libram unam sulphuris, libras duas carbonum salicis, libras sex salis petrosi, quae tria subtilissime terrantur in lapide marmoreo; postea aliquid posterius ad libitum in tunica de papyro volanti, vel tonitrum faciente ponatur."[19]

Ähnliche Rezepte wurden in vielen folgenden Büchern anderer Autoren abgeschrieben oder variiert.

Zum ersten Male sind Raketen in Europa nach der „Encyclopaedia Britannica" in Forli (Emilia) 1281 eingesetzt worden; nach anderer Quelle sollen sie bereits 1260 in Italien gegen Seeräuber verwendet worden sein.[20] Ebenso wurde berichtet, daß Jaime I. von Aragon sie 1238 bei der Belagerung von Valencia genutzt hätte.[21] Wenig später sollen sie 1314 von den Bürgern von Ghent zur Verteidigung ihrer Stadt gegen Piraten eingesetzt worden sein. Ebenfalls wurde das Vorhandensein von Raketen 1258 in Köln,[22] 1324 in Metz und ein Ein-

---

8) v. Alten, Handbuch für Heer und Flotte, Sonderband: Kriege vom Altertum bis zur Gegenwart, Berlin 1912, S. 210

9) J. W. R. Taylor, Raketen und Lenkgeschosse, Stuttgart und Zürich 1971, S. 6

10) Fang-Toh Sun, Early Rocket Weapons in China, presented at the 18th History Symposium of the International Academy of Astronautics, Lausanne 1984; vgl.: F. H. Winter, A New Look at Early Chinese Rocketry, in: JBIS, Vol. 35, 1982, p. 526, hiernach war 1393 jedes chinesische Kriegsschiff mit 20 Raketen ausgerüstet. Die Raketen scheinen noch lange Zeit in Gebrauch gewesen zu sein, ein Bericht des britischen Reisenden Peter Mundy beschrieb einen solchen Einsatz am 10. September 1637 auf sein Schiff bei Tayfoo (nahe dem heutigen Hongkong): „Balles of wylde fire, Rockets and Fire-arrows flew thicke as they passed us, But God bee praised, not one of us were toutched." (ibidem)

11) F. H. Winter, The Genesis of the Rocket in China and its Spread to the East and West, presented at the 13th History Symposion of the International Academy of Astronautics, München 1979, p. 15

12) Bereits 8 Jahre nach dem ersten Einsatz bei K'ai Feng beschrieb der arabische Gelehrte Abu Mohammad Abdallah ben Ahmad Almaliqi den Treibsatz, den Salpeter bezeichnete er als „Schnee aus China", nach: W. Ley, Rockets, Missiles and Space Travel, New York 1951, p. 53; bei den Persern wurde der Salpeter als „Salz von China" bezeichnet (A. Hausenstein, Der Ursprung des Schießpulvers, in: ZgSS, 1928, S. 229). Danach ist wahrscheinlich, daß Salpeter, und damit ein Hauptbestandteil des Schießpulvers (und des Raketentreibsatzes) von China aus seinen Weg nach Westen fand.

13) Bonaparte, Tome 3, a.a.O., p. 21, aus Hassans Werk: La Traité de combattre à cheval et des machines de guerre; siehe herzu auch: Jähns, Geschichte der Kriegswissenschaften, München und Leipzig 1889, S. 180 f., vgl.: v. Romicki, a.a.O., S. 70 f., sowie: Reinaud / Favé, a.a.O., p. 311 ff.

14) 17.12.1398 gegen Mahmud Tughluk, nach Überschreiten des Jumma durch Tamerlan totale Niederlage der Verteidiger und Fall der Stadt mit folgenden fünf Tagen der Plünderung, vgl.: Partington, a.a.O., p. 218

15) Hauschild / Führing: Raketen, Bonn 1958, S. 25

16) Angaben zu Korea nach: Chae, Yeon Seok, A Study of Early Korean Rockets (1377 - 1600), in: History of Rocketry and Astronautics, Proceedings of the Seventeenth History Symposium of the International Academy of Astronautics, AAS History Series, Vol. 12, San Diego 1991, p. 3; vgl.: Y. S. Chae, A Study of Early Korean Rockets, in: JBIS, Vol. 38, 1985, p. 169 - 178

17) F. H. Winter, The Genesis, a.a.O., p. 14

18) Marchus Graecus, Liber ignium ad comburendos hostes, um 1200 entstanden, der Verfasser ist unbekannt, doch könnte es sich um einen byzantinischen Griechen gehandelt haben, der Name Marcus, der oft genannt wird, wurde in der Handschrift jedoch als „χ" geschrieben, die vorhandene lateinische Handschrift, scheint eine spätere übersetzte Abschrift zu sein (Ley, a.a.O., S. 3); D. Pope, Feuerwaffen, Bern / München 1965, S. 21, bezweifelte die Existenz des Marcus Graecus und gab an, daß diese Schrift erst später von mehreren Autoren verfaßt worden wäre, Pope wies auch darauf hin, daß die angegebenen Rezepte zwar die Bestandteile des Schießpulvers angäben, aber im falschen Mischungsverhältnis, so daß dieses Pulver zwar brenne, jedoch nicht explodiere. Der genaue Zeitpunkt der Erfindung des Schwarzpulvers ist nach wie vor unbekannt; ebenso: Partington, a.a.O., p. 48 ff, dieser datierte die von Graecus angegebenen „Rezepte" auf einen Zeitraum zwischen etwa 750 bis 1300, wobei die Angaben für „Raketen" erst aus dem letzten Zeitraum stammten. P. führte diese Sammlung von Rezepten auf einen Juden oder Spanier zurück, zumal viele arabische Begriffe darin auftauchten. Aus dem Rezept No. 13 ist zumindest nicht eindeutig auf eine Rakete zu schließen: „Secundus modus ignis volatilis hoc modo conficitur. R. Acc. l. I sulfuris vivi, 1. II carbonum tiliae vel cilie, VI l. salis petrosi, quae tria subtilissime terantur in lapide marmoreo. Postea pulverem ad libitum in tunica reponatis volantili vel tonitruum facientem. Nota tunica volandum debet esse gracilis et longa et cum praedicto pulvere optime conculato repleta." (ibidem p. 48), es fehlte also jeder Hinweis auf eine Stabilisierung oder eine Bohrung dieser „Rakete". W. Tittmann, Der Mythos vom „Schwarzen Berthold", in: Zeitschrift für Waffen- und Kostümkunde, 25. Jg., 1983, Heft 1, S. 18, wies zu recht daraufhin, daß das Schießpulver langsam aus älteren, salpeterhaltigen Kriegsfeuern abgeleitet wurde und verwies sowohl eine Erfindung durch Roger Bacon als auch durch Schwarz ins Reich der Legende. Auf jeden Fall aber waren um 1200 Raketen noch nicht bekannt. Dagegen nimmt: Demmin, Die Kriegswaffen in ihren geschichtlichen Entwicklungen, Gera 1891, S. 104 ff., an, daß Schießpulver schon seit dem 4. Jahrhundert bekannt gewesen wäre und schrieb bereits Marcus Graecus die Kenntnis der Raketen zu. Diese Auffassung dürfte aber überholt sein.

19) zitiert nach: Meyer, Zur Geschichte der Feuerwaffen-Technik, in: AOPA, 1. Jahrg., 2. Band, S. 161, Meyer datierte das Werk auf 1280, siehe auch: v. Romicki, a.a.O., S. 103 sowie S. 119

20) nach: H. Ineichen, Die schweizerischen Raketenbatterien im 19. Jahrhundert, in: Seperatabdruck aus: bulletin, No. 51/1977, S. 33, diese Angaben müssen aber angezweifelt werden, Partington, a.a.O., machte hierzu keinerlei Angaben

21) F. H. Winter, Maquinas detonantes, polvora voladora y cohetes de guerra, in: Revista de Aeronautica y Astronautica, No. 334, 1968, p. 671, dieser von mehreren Autoren genannte Einsatz erscheint zu früh, es dürfte sich um Brandgeschosse gehandelt haben, die von Ballisten abgefeuert wurden. Diese Aussage dürfte für viele der frühen „Raketen" - Einsätze gelten.

22) M. Jähns, Handbuch einer Geschiche des Kriegswesens, Leipzig 1880, (nach einer Reimchronik Konrad v. Hochstadens) ob es sich wirklich um Raketen gehandelt hat, ist fraglich, es scheinen eher Feuerwerkskörper gewesen zu sein.

satz durch die englischen Truppen unter Edward III. im Krieg gegen die Schotten 1327 aufgeführt.[23] Später sollen sie 1379 im Krieg von Chioggia[24] durch Genua, 1380 bei der Belagerung von Mestre durch Padua,[25] 1381 bei der Belagerung Bolognas und 1390 bei der Verteidigung von Padua eingesetzt worden sein; schließlich sollen die Venezianer noch 1422 Raketen gegen Schiffe im Hafen von Gaeta genutzt haben.[26] Ebenfalls 1390 sollen Kirche und Häuser von S. Michele durch Raketen der Paduaner eingeäschert worden sein.[27] Nach dem 15. Jahrhundert scheinen Raketen jedoch in Italien kaum noch genutzt worden zu sein, nur Piraten setzten sie weiterhin ein.[28]

Auch die Herzöge von Burgund verfügten über Brandraketen, die für alle Feldzüge bereitgestellt und auch bei der Belagerung von Vellexon 1409, jedoch ohne großen Erfolg, eingesetzt wurden.

„En 1419 il est payé à Jehan Ragnault poser les estoffes et façon de deux cents fusées portant feu, quarante-six francs quatorze sous huit derniers."[29]

Noch 1442 wurden Raketen in Burgund in Rechnungsbüchern nachgewiesen[30] und haben 1453 in der Schlacht nochmals ihre Wirkung bewiesen.[31] Auch die französischen Könige verfügten zu dieser Zeit über ein Raketenwerfercorps, das den Engländern bei Orleans 1428 ernste Verluste zufügte[32] und auch 1432 gegen Bordeaux und 1436 bei Charency sowie im Folgejahr bei Montereau und Bray sur Seine gewirkt haben soll.[33] Einen weiteren, etwas späteren Einsatz beschrieb v. Decker in seiner Geschichte des Geschützwesens.[34] Hiernach sollen 1447 Raketeure des Grafen von Dunois, dem Befehlshaber der Normandie, im Hundertjährigen Krieg Brandraketen eingesetzt haben, die Port Audemer (Departement Eure), das von den Engländern tapfer verteidigt wurde, in Flammen setzten.[35] Noch 1465 bestand im französischen Heer eine Raketen-Kompagnie, die in diesem Jahr nach der Schlacht von Monthlery bei der Belagerung von Corbeil auftrat.[36] Zur See scheinen die Raketen nur in der Schlacht von Cap Saint Vincent am 13. August 1476 eingesetzt worden zu sein, als Frankreich an der Seite Portugals im kastilischen Erbfolgekrieg gegen Genua und Aragon kämpfte.[37] Damit scheint es im Frankreich des 15. Jahrhunderts unter Karl VII. einen ersten Höhepunkt der europäischen Raketenentwicklung gegeben zu haben.[38] In einem französischen Feuerwerksbuch aus der Mitte des 15. Jahrhunderts wurde die Herstellung von Raketen beschrieben:

„Comment on doict faire fusées bonnes et parfaites.
Prenez cinq livres de sal nître, une livre de soufre, demye livre de charbons, pillez en un y mortier et y adjoustez de l'huile benoiste et de l'eau de vye tant que mestier sera et de tout fiactes paste; puys ayez autant de fers convenables à fusées que vouldrez faire de fusées; lequels enfluterez et emplastrés si très bien de la dicte paste, et iceulx ainsi empastez mactez seicher en un four chauld, que la paste soit bien seiche, et lors tirez les du dict four et formez et figurez la paste en façon de fusées, après les envelopper tout à l'entour de drap linge et les liez ensemble chaulds et brullans."[39]

Auch wenn in diesen Jahrhunderten sicherlich eine gewisse Weiterentwicklung der Raketen stattfand - Susane konstatierte: „d'expérience en expérience, ou plutôt d'accident en accident"[40] - so verfügten diese nur über eine sehr geringe Reichweite, etwa 500 Meter, da man

---

23) Encyclopaedia Britannica, Vol. 19, Chicago, London, Toronto 1956; in: Meyer, Zur Geschichte der Feuerwaffen-Technik, in: AOPA, 1. Jahrg., 2. Band, S. 162 wurden keine Raketen erwähnt, er zitierte: John Barbour (in Robert Bruce's Leben): „Twa novelties that day thei saw / That forout in Scotland had been nane / Timbers of helmet was the ane / The other Crakys were of war / That before heard never air.", dies deutet ebenfalls eher auf Feuerwerkskörper hin. Pope, a.a.O., S. 27, wies daraufhin, daß für dieses Gedicht von Barbour keinerlei andere zeitgenössische Belege existierten.

24) Krieg zwischen Venedig und Genua 1378 - 1381, Chioggia war eine venetianische Befestigung, welche die südliche Laguneneinfahrt deckte. 1379 von Genua erobert und anschließend 1380 von den Venetianern unter Admiral Pisano belagert. Der genuesische Befehlshaber Luciano Doria fiel, am 24.06.1380 von Venedig wieder erobert. Der Einsatz von Raketen ist fraglich, in „A Treatise of Artillery" (London 1746) hieß es: „Some authors affirm that in 1366 [möglicherweise ein Fehler in der Jahresangabe, d.Verf.] the Venetians besieging a town called Fosse Caudione, and now Chioggia (which had been taken from them by the Genuese) some Germans brought them two small pieces of artillery, with some gun-powder and leaden bullets, the use of which rendered the reduction of the place much more easy" Diese Stelle deutet also eher auf den Einsatz von Kanonen hin. Andererseits hieß es in: L. Muratori, Rerum Italicarum Scriptores: „Pura una rocchetta fu tirate nel tetto della torre de si fatto modo, que il tetto s'accese" (zitiert nach: F. H. Winter, A history of Italian rocketry during the 19th century, in: Armi antiche, in: Bolletino dell'academia di S. Marciano, Torino 1965, p. 181)

25) „Die Paduaner zünden die Stadt Mestra mit Raketen an", (Ley, a.a.O., S. 4) sowie in: D. Ghinazzo, Della guerra di Chioza, in Muratorio. XV, 769; (Hinweis in: MLZ, 1826, S. 200, o. Verf., Literatur der Kriegsraketen); siehe auch: M. de Montgéry, Recherches sur les fusées de guerre, in: JAS, 1839, pp. 57. Ebenso: F. Omodei, Osservazioni intorno all' istoria de'razzi, in: Memorie dell'Accademia delle Scienze di Torino, Tom. XXXIX, p. 118: „. . . que in un tale anno i Padovani assaltando Mestre infuocarono con rochette le case impagliata del Borgo di Santo Lorenzo, e perchè il Chinazio narra, che i Veneziani nell'anno seguente, nell'attaccare la torre delle Bebbe, tirarano molte rochette, una delle quali ne impizzò il colmo." Omodei führte noch weitere Beispiele für Einsätze auf, so 1422 durch die Venezianer gegen den Hafen von Gaeta und 1425 gegen Platanea.

26) Meyer, Zur Geschichte der Feuerwaffen-Technik, in: AOPA, 4. Jahrg., 7. Band, S. 2

27) MLZ, a.a.O., S. 203 (nach: Venturi, dell´origine e dei primi progresse delle odierne artiglierie, p. 17)

28) A. N. Vittorio Re, Evoluzione dell' Artiglieria in un secolo, in: Rivista Militare, 1961, No. 4, p. 441: „Le vere e proprie armi da fuoco si svilupparono intorno al secolo XIV e furono construiti indifferemente cannoni e razzi usati in guerra con pari importanza e fortuna. . . Sulla fine des XV secolo, i cannoni subirono perfezionamenti e progressi che consigliarono gli eserciti ad abbandonare l'impiego bellico dei razzi. . . I pirati però continuarono ad utilizzare i razzi principalmente per la loro semplicità costruttiva . . . ."

29) Bonaparte, a.a.O., Tome 3, p. 136

30) nach: Storm, Geschichte der Raketenartillerie des 19. Jahrhunderts, in: ARS, 2/66 Neckargemünd, 1966, sowie: Ananoff, a.a.O., p. 59; Ch. Brusten, L'Armée bourguignonne de 1465 à 1477, in: RIHM, 1959, p. 452 - 466, erwähnte die Raketen nicht.

31) „. . . et à l'attaque de Gand, par le duc de Bourgogne en 1453, les fusées jouent ici d'après Olivier de la Marche un rôle considérable.", nach: Le Général Susane, Histoire de l'Artillerie Française, Paris 1874, p. 85

32) Die Franzosen setzten die englischen Belagerungsmaschinen mit Raketen in Brand, nach: Susane, a.a.O., p. 85; nach: Bonaparte, Etudes sur le Passé et l'Avenir de l'Artillerie, Paris 1846, sind Raketen / fusées volantes nicht vor 1452 in Frankreich erschienen, frühere Erwähnungen führte er auf sprachliche Mißverständnisse zurück und stellte fest, daß mit „engins volantes" oder „rochettes" eher Steine schleudernde Maschinen gemeint wären.

33) Slevogt, a.a.O., S. 256 (Slevogt gab als Quelle Piobert, Traité d'Artillerie, 1837 an) sowie: Susane, Les fusées de guerre, in: Mémoires de l'Académie Nationale de Metz, Metz 1862-63, p. 218: „le siège de Chavencie, en 1436, où le feu est bouté par des fusées à la grande bastille."

34) v. Decker, Versuch einer Geschichte des Geschützwesens und der Artillerie in Europa, Berlin 1819 (Letzteres nach: Histoire anonyme de Charles VII, par Daniel, I. p. 576)

35) Auch: L. Lalanne, Recherches sur le feu grégeois, in: JAS, 1845, t. 6, p. 294. führte an, daß Blondel, der Kaplan Charles VII, berichtete, daß bei der Belagerung von Pont-Audemer, an welcher er teilnahm, „un jeune homme de la maison du compte de Saint-Pol, voulant éprouver la puissance du feu grégeois, prit une fusée enflammée avec du soufre et la lança sur une maison de la ville où elle mit le feu" Als weiteren Beleg nannte Lalanne: J. Chartier. Histoire de Charles VII, 1662, p. 146: „Et entrèrent dedans icelle ville par assaut presque aussitost d'un costé que d'autre, mesmement à l'aide du feu qui y fut mis par le moyen de fusées jettées en icelle ville.".

36) o. Verf., Geschichte der französischen Artillerie (nach: Histoire de l'artillerie francaise, par le général Susanne , Paris 1874) in: AOPA, 1876, 40. Jahrg., 79. Band, S. 109, und: Meyer, Zur Geschichte der Feuerwaffen-Technik, in: AOPA, 4. Jahrg., 7. Band, S. 6, nach Meyer wurden die Raketen von einem Bretagner, genannt Jean Boute feu, geworfen. Nach: Susane, a.a.O., p. 85, wurde diese Raketeneinheit als „compagnie de serpents" bezeichnet und von dem bei Meyer genannten Feuerwerksmeister Maître Jean geführt. Siehe auch: Ananoff, a.a.O., p. 59

37) Ch. de la Roncière, Histoire de la Marine Française, Tome II, La guerre de cent ans, Paris 1900, p. 372: „Goulon, aux prises avec un ennemi très fort, appelle à la rescousse une de ses grandes nefs, mais, nonobstant, ne pouvant venir à bout des gens de Spinola, au bout de dix heures d'une lutte acharnée, se décide à lancer sur les ponts ennemis des fusées incendiaires.", Roncière führte auch zur Bewaffnung der Flotte Charles le Téméraire an, daß diese über „Grenades, pierres de feu, fusées, lances à feu" verfügte (p. 499) A. Dittrich, Die Feuerwerkskunst in älterer Zeit, in: AOPA, 93. Bd., 1886, S. 305, gab an, daß Frankreich bereits 1390 Raketen zum Anzünden von Schiffen eingesetzt hätte.

38) Susane, histoire, a.a.O., p. 85 und: Susane, fusées, a.a.O., p. 218

39) o. Verf., Livre de cannonnerie et artifice de feu, zitiert nach: Bonaparte, Tome 3, a.a.O., p. 159

40) Susane, fusées, a.a.O., p. 203

Feuerwerker beim Raketeneinsatz (Hanzelet, Traites Militaires, 1598)

die Seele allenfalls bis zu einem Drittel der Länge der Hülse ausbohrte.[41] Die erste ausführliche Beschreibung der Raketen scheint jedoch 1420 in dem Werk „Bellicorum instrumentorum liber cum figuris et fictivys literis conscriptus" des Venezianers de Fontana erfolgt zu sein; die Bedeutung, welche die Raketen in seinem Werk einnehmen, deutet auch darauf hin, daß sie der Vervollkommnung der Geschütze vorausgingen. In diesem Werk wurde auch die Verteidigung eines Schlosses dargestellt, von welchem aus Raketen gegen Boote abgefeuert werden, die wohl eine Angriffstruppe heranbringen.[42] Interessant ist die Abbildung einer Rakete, die einem Vogel nachempfunden ist, diese Rakete besitzt an den Seiten eine Art Flügel, so daß diese einen gestreckteren Flug bewirken können. Derartige Raketen scheinen 1421 gegen die in Saaz belagerten Hussiten eingesetzt worden zu sein, bewirkten dann aber nur, daß das Lager der Belagerer in Brand gesetzt wurde.[43] Ebenso wurde wie bei Hassan ein Raketentorpedo, jedoch bereits diesem gegenüber verbessert, dargestellt.[44]

Noch 1586 schrieb Luis Collado im „La Prattica Manuale della Artiglieria", daß die Raketen gut geeignet wären, um das Vorfeld belagerter Festungen zu beleuchten und um Cavallerie zu zersprengen, auch scheinen die Raketen durch Carlos V. häufig zu dieser Zeit eingesetzt worden zu sein.[45]

In Deutschland wurden Raketen gegen 1405 durch Conrad Kyeser in seiner „Bellefortis" beschrieben, dabei wurde auf die Bedeutung der Seele eingegangen, als wichtig wurde der luftdichte Verschluß der Hülse nach vorne bezeichnet, der Raketenstab diente der Steuerung und auch ein Brandsatz als Gefechtskopf war bekannt. Für den Treibsatz wurde ein Mischungsverhältnis von 32 Unzen Salpeter, 3 Unzen Schwefel und 5 Unzen Linden- oder Weidenholzkohle angegeben, die Rute sollte doppelt so lang wie die aus Leder mehrfach gewickelte Hülse sein, wobei die Bohrung mit einem Pfriem oder Schreibgriffel ausgeführt werden sollte.[46] Im „Feuerwerkbuch", einem Manuskript, das zwischen 1420 und 1450 datiert wird, wurden zwar Rezepte zur Pulverherstellung und Anweisungen für Büchsenmeister gegeben, Hinweise auf Raketen können nur an einer Stelle gefunden werden.[47] Auch das osmanische Heer soll bei der Belagerung Konstantinopels 1453 Brandraketen genutzt haben.[48] Hier scheinen die Raketen auch weiterhin im Gebrauch gewesen zu sein, da Furttenbach in seiner „Architectura Navalis" ausführlich die Abwehrmaßnahmen der christlichen Flotte in der Seeschlacht bei Lepanto 1571 gegen türkische Raketen beschrieb.[49] Ebenfalls sehr früh wurden Raketen auch in Spanien verwendet, obwohl ein Bericht, der von Raketeneinsätzen

41) Susane, ibidem, p. 214, sowie: v. Romicki, a.a.O., S. 152 ff.

42) nach: M. Jähns, Kriegswissenschaften, a.a.O., S. 276 f., hiernach soll zu Bologna noch ein weiteres Werk Fontanas bewahrt sein, in dem Brandraketen und Raketentorpedos beschrieben sind. Vgl. Partington, a.a.O., pp. 160, sowie: A. Birkenmajer, Zur Lebensgeschichte und wissenschaftlichen Tätigkeit von Giovanni Fontana, in: Isis, XVII. Jg, 1932, p. 34 - 53, hiernach hatte Fontana schwimmende, rollende und fliegende Raketen in seinem Werk „Tractatus de pisce, ave et lepore" beschrieben, nach B. hatte Fontana jedoch weitgehend ältere Quellen verarbeitet. Der Codex Cod. Icon. 242 der Bayerischen Staatsbibliothek „Bellicorum instrumentorum Liber" wurde herausgegeben von: E Battisti / Giuseppa Saccaro Battisti, Le macchine cifrate di Giovanni Fontana, Milano 1984; eine „razzo incendiario" befindet sich auf Blatt 16 v des Codex beschrieben; in der selben Ausgabe befinden sich auch die Abbildungen eines raketengetriebenen Bootes (Torpedo) etc.

43) W. Neumann, Vom Feuerpfeil zum Geschoßwerfer. Zur Entwicklung der Raketenwaffen vom 10. Jahrhundert bis 1945, in: Militärgeschichte, 6 / 1982, S. 718, (ohne Quellenangabe), Vgl.: v. Romicki, a.a.O., S. 238 f.; F. v. Bezold, König Sigmund und die Reichskriege gegen die Husiten, Band 1 - 3, München 1872 - 1977 (reprint: Hildesheim 1976) erwähnte an keiner Stelle Raketen.

44) v. Romicki, a.a.O., S. 240; vgl.: o. Verf., Der erste Torpedo anno 1420, in: Schuss und Waffe, Bd. 9, 1915 / 16, S. 108, sein Torpedo wurde durch zwei Raketen, die aus dem hinteren Deckel des mit Sprengpulver gefüllten Fahrzeuges herausragten, angetrieben. Um dies Fahrzeug für den Feind gefährlicher aussehen zu lassen, waren ihm zwei Augen aufgemalt.

45) Montgéry, a.a.O., p. 61; sowie: Winter, Maquinas, a.a.O., p. 671, und: D. Baker, Spaceflight and Rocketry, A Chronology, Facts On File, Inc., p. 4; Collados „La Prattica" wurde 1586 in Venedig gedruckt.

46) Conrad Kyeser aus Eichstädt, Bellifortis, reprint nach der Göttinger Handschrift Düsseldorf 1967, Blatt 102A; 2. Band: Umschrift und Übersetzung von Götz Quarg, Düsseldorf 1967, Quarg wies daraufhin, daß die Blätter 100A bis 105A, in welchen auch Raketen beschrieben sind, eingefügte Abschriften älterer Rezepte sind und identisch mit den Angaben des „liber ignium" des Marcus Graecus sind, damit wurde auch hier bis auf das Rezept des Blattes 102a, dessen Rezept ebenfalls nicht von Kyeser stammt aber auch nicht im „liber ignium" enthalten ist, keine Bohrung beschrieben. Vgl. hierzu auch: H. Heimpel, Quarg, Conrad Kyeser aus Eichstätt, Bellifortis, in: Göttingische Gelehrte Anzeigen, 1971, S. 115 - 148 (Kritik). Das Blatt 102a zeigt zwar das Abfeuern einer Rakete, Quarg wies jedoch darauf hin, daß das zugehörige Rezept ein reiner Phantasieentwurf wäre, dem keinerlei physikalische Erkenntnisse oder praktische Erfahrungen zugrunde lägen. (G. Quarg: Der Bellifortis von Conrad Kyeser aus Eichstätt, 1405, in: Technikgeschichte, Bd. 32, 1965, S. 319 f.) Ebenso: A. Hausenstein, Zur Entwicklungsgeschichte der Rakete, in: ZgSS, 1939, S. 207. Der Zeitgenosse Kyesers in Italien, Mariano Taccola, hat in seinem Werk „De ingeniis", Siena 1433, ebenfalls auf die Rezepte des Marcus Graecus Bezug genommen und sie im II. Buch ergänzt, (F. D. Prager u. G. Scaglia, Mariano Taccola and his book De ingeniis, Massachusetts Institute of Technology 1972, pp. 43) aber auch in seinem Werk „De Rebus Militaribus" beschrieb er zwar Geschütze, Brandsätze und Feuerpfeile, jedoch keine Raketen (E. Knobloch [Hg.], Mariano Taccola, De rebus militaribus, Baden-Baden 1984). In Deutschland scheinen aber doch die Raketen weniger angewendet worden zu sein als in Italien oder Frankreich, dennoch sind Anweisungen zu ihrer Herstellung nicht nur in Handbüchern wie bei Kyeser, sondern auch in städtischen Unterlagen nachgewiesen. Vgl. Partington, a.a.O., pp. 146. So soll auch in einem Rüstbuch der Stadt Frankfurt a. M. 1405 die Bauweise beschrieben worden sein: ein säulenförmiger Pulvervorrat in einer Papp- oder Blechhülse (Robert W. E. Lademann, Die militärische Bedeutung des Rückstoßers, in: MWBl. 1929, No. 25, sowie derselbe: Das Raketen-Problem, in: Die Luftwacht, 1928, S. 370)

47) Partington, a.a.O., pp. 152; vgl. C. Hagenmeyer, Kriegswissenschaftliche Texte des ausgehenden 15. Jahrhunderts, in: Leuvense Bijdragen, Tijdschrift voor filologie, 1967, S. 183, das Feuerwerksbuch wurde 1529 erstmals gedruckt, die Rezepte entsprechen weitgehend dem Cod. Pal. germ. 562 „Zu buchßen vnd Buwen" (Hans Schermer, Basteienbau, Wagenburgordnung und Feuerwerksrezepte, Handschrift um 1500): „Wiltu machen ein fligent fewr / so nimm ein teil colofonia. Daz ist kriechisch hartz vnd zweyteil lebendigs schwebels / vnd drey teil saluiter / das reib alles gar klein / vnd reib es denn mit einem klainen leinsat oel oder loroel das es darinn ergang / vnd werd als ein Confect / vnd thuo das in ein aicheny roeren die lang sey vnd zind es an vnd blaß in das ror / so fert es wahin du das ror kerst." (auch hier fehlt wie bei M. Graecus jegliche Angabe zur Bohrung)

48) nach Storm, a.a.O., sowie: Rose, Die unheimlichen Waffen, München 1957, S. 277

49) J. Furttenbach, Architectura Navalis, Wim 1629 (reprint Hildesheim 1975), S. 107 ff., Ein Caramuzzal (mit Kupferblatt N. 17): „Nicht weniger / vnd an die Antenna deß vordern Segelbaums / möchten sie einen hohlen Teuchel also anfesseln / daß man denselbigen hoch / oder nider / vnd also auch auff alle Seiten wenden könte / in welchen hernach der gar grossen Ragetten . . . vnd eine zumal gelegt / die Antenna oder den Teuchel / wohin sie fahren / verordnet wird / gewendet / vnnd der Ragetten Fewr gegeben / welche dann (sonderlich wann sie vornen ein Eisern widerhackigen Spitzen hat / auch die Hilsen mit Klebfewr vberzogen / im Schlag oben etliche Eiserne mit bleyern Kuglen geladene Schläg mit sich führt) / nit allein grossen Rumor / sondern auch merckliche confusion unter dem volck . . . in mitbringung eines Fewr Regens / verbrennung der Antenne oder Segeltücher / darinnen dann der Spitzen hangent verbleibet / verursacht." (vgl.: W. Hassenstein, Über die Feuerwaffen in der Seeschlacht von Lepanto, in: Zeitschrift für historische Waffen- und Kostümkunde, NF VII, S. 9) Furttenbach beschrieb auch genau die Herstellung der Raketen (bis zu 15pfündigen),

1238 gegen die Mauren bei Valencia spricht, wohl andere Brandkörper meint.[50] Im 16. Jahrhundert unter Carlos V. wurden Raketen häufiger eingesetzt, sowohl bei Belagerungen als auch, um die feindliche Kavallerie in Unordnung zu versetzen.[51]

Aus der gleichen Zeit stammt eine der ältesten erhaltenen Raketen: es handelt sich um ein „fyrpil" in Schweden aus dem ausgehenden 16. Jahrhundert. Diese Rakete ist 2,08 Meter lang, wiegt 6,8 Kilogramm und trägt eine Brandladung an einem eisernen Pfeil, der dazu diente, ein Ziel zu durchschlagen und damit Voraussetzung für die folgende Brandwirkung war. Bis 1632 sind diese Raketen in Waffenverzeichnissen nachgewiesen, sie wurden aus einer Art Kanone verschossen, wobei teilweise bis zu vier Raketen gleichzeitig an diesem „fyrpil" angebracht waren, um eine entsprechende Reichweite zu erzielen, diese Waffe wurde sowohl an Land als auch auf See eingesetzt. Ähnliche Raketen sind für diese Zeit auch in den Niederlanden nachgewiesen, wo von einem Einsatz zur See 1653 berichtet wurde.[52]

Der Gebrauch von Raketen hat jedoch zu dieser Zeit in Europa nie die Bedeutung wie in Asien erlangt und geriet in der Folge in Vergessenheit, als die Entwicklung der Kanonen und des Schießpulvers Fortschritte machten. Fronsperger erwähnte aber noch 1565 Raketen in seinem Werk „Von Geschütz vnd Fewrwerck, wie dasselb zuwerffen und schießen": „Man sollte auf die Raketen Petarden oder Granaten setzen"[53] Auch Graf Reichard Solms und Herr zu Müntzenberg beschrieb noch 1547 Raketen, wobei hier auch erstmals ein Fallschirm für Leuchtraketen erwähnt wurde.[54] Weitere Ideen stammten 1585 von Collado, der vorschlug, Raketen mit Kartätschen zu versetzen und vom Grafen von Nassau, der 1610 eine unter Wasser schwimmende Rakete, auch zum Einsatz als Mine, entwarf.[55] Zum Abschluß dieser Epoche sei noch auf ein Rezept für einen Raketentreibsatz des Pyrotechnikers Josephi Boillot von 1603 verwiesen:

„Nemmet 5 Pfund Salpeter / 1 Pfund Schweffel und ein halb Pfund Kohle / dies alles stosset in einem Mörser / mit ein wenig geweyhtem Öls / und aqua vitae angefeuchtet / darauss macht ein Teyg !"[56]

In einem französischen Werk von 1629 wurden auch ausdrücklich Kriegsraketen, einschließlich der Art des Abfeuerns mit Illustration, dargestellt:

„Comme l'on peut tirer droittement une fuzée orizontalement ou autrement. Cap. XV.

Cecy est propre à vne gageure: Il faut auoir vne composition de fuzée bien assurée, selon le poids et grosseur que vous lui voulez donner, à fin de ne faillir en vostre entreprise. Disposez votre dite fuzée; montée auev sa baguette bien proprement sur vne planche polie, et qui puisse aller en basculant et tournant à vostre volonté. Ainsi que vous pourrez voir par la figure que nous vous representons. Cette planche soit montée sur un trepied, ayant vne courte chenillette pour iouer et entrer facilement dedans un trou faicten la dite planche. Puis visez et mirez où il vous plaira, et assurez la planche sans qu'elle se puisse mouuoir. Amorcez et mettez le feu, elle ira droit au lieu desiré, pouvue que la composition soit bonne; Et que la distance ne soit pas si grande que le feu (à faute de matière) ne la puisse porter."[57]

---

die bereits über einem Dorn geschlagen wurden. (Dittrich, a.a.O., S. 307) Auch in den Skizzen Leonardo da Vincis (Codice Atlantico, Madrid) finden sich Hinweise auf Raketen, so wird ein Raketen-getriebenes Feuerrad dargestellt, daß beim Feind Panik hervorrufen sollte. (Ananoff, a.a.O., p. 58, vgl. Partington, a.a.O., p. 175, sowie: M. Colaprisco, Leonardo Artigliere, in: Rivista Militare, 1970, p. 97)

50) Der Bericht spricht zwar von „cohetes", aus dem Zusammenhang geht jedoch hervor, daß es sich um von Maschinen geschleuderte Brandkörper handelte. (J. Barrios Gutierrez, Cohetes de guerra en el siglo XIX, in: Revista de Historia Militar 1963, No. 14, p. 158)

51) ibidem, wörtlich: „como para en desorden la cavalleria enemiga", ein Einsatzzweck, der sich mit Einsatzgrundsätzen für Raketen des 19. Jahrhunderts deckt. Collado, als oberster „Ingenieur" Carlos V. forderte auch bereits, die Raketen aus Röhren abzufeuern, um die Reichweite zu erhöhen (Montgéry, Fusées à la Congrève, in: Bulletin Universel des Sciences et de l'industrie, Section 8, Bulletin des sciences militaires, 1824, p. 371) Mit ein Grund für die abnehmende Nutzung der Kriegsraketen wird auch sein, daß man zu dieser Zeit weder in der Lage war, ausreichend feste Hülsen zu verfertigen, noch den Treibsatz mit dem erforderlichen Druck zu pressen. (Ananoff, a.a.O., p. 60)

52) Angaben nach: A. I. Skoog und F. H. Winter, The Swedish Fire Arrow the Oldest Rocket Specimen extant, in: History of Rocketry and Astronautics, presented at the 12th History Symposium of the International Academy of Astronautics, Dubrovnik, 1978, sowie: W. Reid, Buch der Waffen, Düsseldorf 1976, S. 186, und: Mitteilung Waffenmuseum Suhl vom Februar 2000; auch in den Niederlanden existiert ein Feuerwerksbuch verfaßt von Claes van Utrecht (Ananoff, a.a.O., p. 60)

53) zitiert nach: Oberst Neumann, a.a.O., im wesentlichen beschrieb er aber nur Lustfeuerwerkskörper: „ROGET ist das geringst fewerwerck, gemacht aus puluer, salitter, schwefel vnd koln, hart eingeschlagen in papier,sol hoch in die lufft fahrn, ein schön fewr von sich geben, also sein wirckung in lufft verbringen, vnd darinn on allen schaden verschwinden. Vnd wiewol die Roget an jhr selbs von geringer wirckung vnd bald vergeht, so sind doch daraus viel schöner fewrwerck zumachen, wann sie zusammen gesetzt, in kugel oder reder verbunden, oder aus mörschern geworffen werden, sie sind allen anderen fewrwercken ein zierd vnd auch ein trieb vnd sind fürnämlich dieser art, das sie sich von jhrem eygenen fewr in die lufft erheben, bedörffen keines schießens oder anderen triebs." (zitiert nach: Ley, a.a.O., S. 6) Die hier zitierten Texte weichen ab von der Ausgabe: Leonhart Fronsperger, Von Kayserlichen Kriegßrechten, Franckfurt am Mayn 1565, Das achte Buch „Von Geschütz un Feuerwerck / wie dasselb zu werffen und zu schiessen", Blatt CXCIX Von Rogeten, wo auch Abbildungen enthalten sind, die Raketen mit Stab und eine zweistufige Raketen enthalten („K. Zwey Rogetlein mit schlägen ineinander gestossen"). Fronsperger warnte hier auch vor längerer Lagerung: „Denn wie gemeldet / wann ein Rogeten zu lang eyngefüllt ligen bleibt / so ist sie gleich verdorben (davon sich der Gezeug widerumb ineinander coaguliert / und der Schweffel / auch Salpetter und Koln wider zu oder abnemmen)" [Gezeug = Treibsatz], überdies sprach er sich bereits gegen einen feuchten Treibsatz aus (Blatt CCI): „Dann der gezeug wirt von etlichen widersinns zugericht / als nemlich er wirt von etlichen mit Brantwein / Eßig / Menschen harm und von anderm dergleichen angefeuchtet / und widerumb in der wärm getrücknet / daß ist meines erachtens ein vergebliche mühe un Kosten / ist auch dem gezeug gantz schädlich und schwechlich /" Fronsperger sah sie aber nur als Lustfeuerwerk: „Lust Feuwerwerck wirt fast als durch die Rogetle zu wegen gebracht vnd gemacht / welcher derselbigen eins wol binden vnnd machen kan / dem ist es zu allem schertz Feuwerwerck dienstlich / vn ein grosser behülff / aber mit dem ernstlichen Feuerwerck hat es weit ein ander gelegenheit . . ." (ibidem, Blatt CLXXX)

54) J. Kalmár, Beiträge zur Geschichte der Kriegsrakete, in: Zeitschrift für historische Waffen- und Kostümkunde, NF VII, S. 23, hier wurde von Raketen, die man an einer Schnur laufen läßt, gesprochen, aus der Abbildung geht hervor, daß es sich um einen Fallschirm handelt. Ähnlich beschreibt: Sebastian Hälle, Ein Schön vnd Khünstliches Buech von den Pixenmaisterey, Zum Ernst vnnd Schimpff etc., undatierte Handschrift gegen 1600, unter verschiedenen Arten von Raketen ebenfalls solche, die man an einer Schnure laufen läßt. (H. Meynert, Geschichte des Kriegswesens und der Heeresverfassungen in Europa, Wien 1868, S. 313) Ebenso beschrieb Schorndorf in seinem „künstlichen Feuerwerk" für 1586 Leucht- und Schießraketen, die sicher „wie die Kugel aus einer Schlange" gegen den Feind „losgefahren" seien (Dittrich, a.a.O., S. 305) Desgleichen erwähnte die Raketen Hans Hartlieb 1437 in deutscher Sprache und um 1530 schrieb Franz Helm in seinem Weimarer Manuskript von „Rogettl Zeug" (F. M. Feldhaus, Die Technik, München 1965, S. 854); v. Hoyer führte zusätzlich in Italien für 1540 das Werk „Della Pyrotechnia" von Biringoccio an, in dem ebenfalls die Verfertigung von Raketen beschrieben wurde (Allgemeine Encyclopädie der Wissenschaft und Künste, 1. Section, Theil 19 „Congreve", S. 78, Leipzig 1846) Vannoccio Biringuccio erwähnte Raketen in seinem Werk „De la Pirotechnia" nur im Zusammenhang mit Feuerwerken (C. S. Smith / M. T. Gnudi, The Pirotechnia of Vannoccio Biringuccio, New York 1990)

55) Kalmár, a.a.O., S. 23

56) nach: Ineichen, a.a.O., S. 34

57) o. Verf., Récréations mathématiques etc., Rouen 1629, 3.Teil, p. 42, zitiert nach: L. Blesson, System der Brandraketen nach Congreve und Anderen (Buchbesprechung) in: MLZ, 1828, S. 363; ähnlich auch: Le Sieur de Praissac, Les Discours Militaires, Paris 1622, pp. 169 (auch englisch: The Lord of Praissac, The Art of Warre, Cambridge 1639, pp. 156): „Pour faire les fusées. La matiere des fusées. Prenez une partie de souphre pilé, une partie & demy de cendres de bois de lierre, ou de fermans, 12. parties de poudre d'harquebuse de la comune, bien pilé, & fassée, mettez ces trois sortes de poudres ensemble dans un bassin, ou autre vaisseau, & les remuez avec les deux mains tant qu'elles foiet bien mellées ensemble, & en ce faisant les arrouserez avec un asperges ou rameau, d'eau commune, pour empescher que la poussiere ne s'n vole, & affin que les poudres se lient ensemble quand on les pressera dans le tuyeau de la fusée, il faut aussi predre garde n'y mettrepas trop d'eau, de peur que cela ne s'en paste. Il faut faire le tuyeau des fusées du papier fort, comme celuy du grand dard; ou des vieux codes, qu'il faut rouler & mouler avec des baguettes, come celles qui sont marquées en la figure suivante: l'espesseur & longeur de ces tuyeaux sont montrez par la longeur des moules tracez en la figure suivante. Ic ne parlera y pas de la manipulation, renvoyant cela aux ouvriers, comme estant commun de vulgaire: seulement je diray qu'on ne peut trop batre & fouler la matiere des fusées avec un maillet de fer dans leurs tuyeaux, & que la plus longue baguette d'osier est la meilleure, pourveu qu'elle ne pese pas plus que la fusée. Cette sorte de fusées tant plus sont vieilles tant meilleurs sont, & si on les dose bien, ne creuent jamais. La plus grosse poudre est la meilleure, pource qu'elle se pille plus facillement, ou bien de pren-

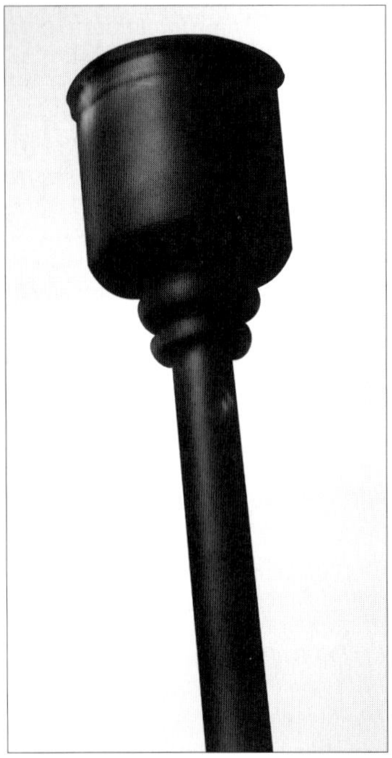 

Aufsatz des Raketengewehrs und Raketengewehr

Ebenso empfahl 1630 Hanzelet Raketen gegen die Cavallerie des Feindes einzusetzen.[58] Möglicherweise wurden jedoch Raketen noch 1645 durch Frankreich bei der Belagerung von Philippsburg eingesetzt.[59]
Aber bereits 1689 wurde in einer „Kriegs-Schule" festgestellt:
„Obwol die Ragetten mehr in Freuden-Feuren / als zum Ernste / und gegen den Feind gebräuchlich / und das Ragettenmachen sehr gemein / so will doch nichtsdestoweniger auch Meldung darvon gethan / und insonders die Materi / wie auch die Form zu denselben in etwas angeregt und dargestellt seyn."

Auf die Herstellung ging dieser Autor bereits nicht mehr ein, nannte nur einige Sätze und stellte dann aber bildlich das wichtigste Werkzeug dar, wobei die „Ragetten-Stöcke" denen des 19. Jahrhunderts sehr ähnlich waren.[60]
Ein Zwischenspiel boten 1686 die Truppen Brandenburgs, die im Türkenkrieg vor Ofen Pfeilraketen nutzten, es handelte sich hierbei um 1pfündige Raketen mit einer blechernen Kammer, an die eine eiserne Pfeilspitze angelötet war; etwa 15 wurden gleichzeitig horizontal auf ein Gerüst gelegt und gezündet, ihr Einsatz soll eine gute Wirkung erbracht haben; im Gebrauch waren sie aber nur kurze Zeit.[61]
In Österreich sind aus dieser Zeit im Zeughaus Graz noch die Herstellungswerkzeuge vorhanden, aus denen sich rekonstruieren läßt, daß der Treibsatz über einen Dorn in eine Papierhülse geschlagen wurde, dabei konnte dann anschließend diese Papierhülse in die eigentliche Blechhülse der Rakete geschoben werden. Der Treibsatz dieser Raketen bestand aus 71 Teilen Salpeter und jeweils 14,5 Teilen Kohle und Schwefel.[62] Raketen wurden in den folgenden Jahrhunderten nur noch als Lustfeuerwerk[63] oder im Feldgebrauch als Signalraketen verwendet. So befahl Friedrich der Große am 12. Juni 1778 die Festung Schweidnitz solle mit einer bestimmten Anzahl „Raqueten" die Festung Silberberg „avertieren, wenn vom Feinde was über die Gränzen kommt"[64] Der Einsatz der Signalraketen zur Alarmierung war allgemein und wurde bereits im Frieden geübt:
„. . . sondern auch in der Grafschafft Glatz ward eine Probe angestellt, wie sich nicht nur der Soldat, sondern auch das ganze Land-Volk bey einem Feindlichen Anfall zu stellen habe. . . .
Der Königl. General-Lieutenant und Commendant der Festung Glatz, Baron de la Motte Fouquet hatte einige Tage vorher in der Grafschafft bekannt machen lassen, wie sich die Einwohner verhalten sollten, wenn ein unvermutheter und allgemeiner Lermen entstünde, und der Feind unversehens einfiele, damit nicht nur der Commendant und das ganze Land von dem Orth des Einfalls sogleich benachrichtiget werden könnte, sondern auch alles, was zur Besatzung gehörte, und sich in der Grafschafft befindet, von der äussersten Gränze bey ihren in 7 bis 8 Stunden von Glatz bey ihren Fahnen und Compagnien ein-

dre de pousier de poudre, c'est à dire, qui n'a pas esté encore grenée." Dagegen beschrieb ein anderer französischer Feuerwerker nur die Lustfeuer, insbesondere wies er auf die Schönheit von Raketen auf und unter dem Wasser hin: „Le feu & l'eau estant deux élemens d'vn naturel contraire l'vn à l'autre, sont cause que les fusées qui font leurs effets dedans & dessus l'eau, paroissent aux spectateurs plus belles . . . (Malthe, Traité de feux artificielles, Paris 1629, p. 98)

58) Montgéry, Fusées à la Congrève, a.a.O., p. 371; Hanzelet Lorrain, La Pyrotechnie, Pont à Mousson 1630, pp. 233, Hanzelet schrieb für die Hülse der Raketen wieder starkes Papier vor, für Raketen unterschiedlichen Kalibers sah er verschiedene Mischungen des Treibsatzes vor: „D'autant que celle qui est propre aux petites, est trop violente pour les grosses:" Zum Treibsatz hieß es (pp. 236): „Il faut prendre de fine poudre passée par le tamis ou Crible bien delié quatre onces & du charbon doux vne once & les bien mesler ensemble. De poudre passée & criblée dessus vne liure, de salpestre vn once & demie, de charbon doux vne once & demie i n'importe quel charbon que se soit, celuy de bois leger est le meilleur particulierement de bois de vigne. Pour des fusées pesantes deux onces. Prenez de poudre susdicte quatre onces & demie, de salpestre vne once . . . Composition pour la fusée pesante depuis 4. iusques à 8. onces. Prenez poudre comme dessus dix-sept onces, de salpestre quatre onces, de charbon doux quatre onces." Es folgten weitere Kaliber.

59) Hauschild / Führing, a.a.O., S. 27

60) Wilhelmi Dilichii, Kriegs-Schule, Franckfurt am Mayn 1689 (reprint Magstadt 1967), S. 133

61) Hausenstein, a.a.O., bei: L. v. Malinowsky, R. v. Bonin, Geschichte der brandenburgisch - preussischen Artillerie, Zweiter Theil, Berlin 1841 (reprint Wiesbaden 1982) S. 146 ff. nicht als Bestandteil des Belagerungspark aufgeführt. Im dritten Teil, S. 386, wurden sie aber beschrieben: „Pfeilraketen. Diese bestanden aus 1pfdgen Ernstraketen mit einer blechenen Kammer und darauf gelötheten, eisernen Pfeilspitze. In der Kammer befand sich ein sogenannter Mordschlag, nämlich ein gewöhnlicher, aus einer starken, rollirten Hülse gebildeter Schlag. Beim Gebrauch legte man etwa 15 Stück solcher Raketen, ziemlich horizontal, auf ein Gerüst, und entzündete sie durch ein gemeinschaftliches Feuer, wonach sie eine große Confusion unter dem Feinde hervorgebracht haben sollen. Sie fanden nach den vorhandenen Berichten bei der genannten Belagerung eine häufige Anwendung, und namentlich auch bei dem Rückzug der Türken . . ." (bei dieser Belagerung kam auch der in diesem Abschnitt erwähnte Feuerwerksmeister Mieth ums Leben [ibidem]) Die Raketensätze bestanden hiernach aus Salpeter, Schwefel und Kohle (halb vom Faulbaum, halb von Lindenholz) im Verhältnis von 9, 3¾, 2¾, „Nach dem Mengen der Bestandteile wurden dieselben durchgesiebt, und vor dem Schlagen sodann mit gutem Branntewein, auf 9 Pfd Satz 4 Loth, durchgeknetet." Demmin, a.a.O., S. 963, führte für das 18. Jahrhundert auch ein Raketengewehr (mit Abbildung) auf, machte aber keine Angaben zur Funktionsweise oder zur Art der verschossenen Raketen. Vgl.: Rumpf, Brandbomben, Berlin 1932, S. 40, hiernach handelte es sich um eine bronzene oder schmiedeeiserne Hülse, die auf den Lauf des Gewehrs oder der Pistole aufgesetzt wurde, um den raketengetriebenen Brandsatz aufzunehmen. Er fügte hinzu, daß diese Waffen selten gewesen wären und wohl auch mit ihnen nur eine geringe Wurfweite zu erzielen gewesen wäre. Das wohl einzige erhaltenen Raketengewehr des 18. Jahrhunderts befindet sich in der Waffensammlung Schloß Braunfels (Weilburg), ein anderes Gewehr, das im Berliner Zeughaus nachgewiesen war, scheint im Verlauf des 2. Weltkrieges verloren gegangen zu sein. Es scheint sich um ein „normales" Steinschloßgewehr, Länge 123 cm, zu handeln, für dessen Zusatzfunktion der 13 cm hohe und 9,5 cm sich dreistufig verjüngende Bronceaufsatz genutzt wurde. (J. Schellenberg, Führer durch die Gewehrkammer im Fürstlichen Schloß zu Braunfels, 1870). Das Photo wurde mit freundlicher Genehmigung der Fürst zu Solms-Braunfels'schen Rentkammer gefertigt. Nach: M. Thierbach, Die geschichtliche Entwicklung der Handfeuerwaffen, Dresden 1899, S. 90, könnte es sich aber auch um eine Röhre zum Verschuß von Grenaden handeln.

62) J. Kalmár, Die Raketentechnik im XVII. Jahrhundert, in: Zeitschrift für historische Waffen- und Kostümkunde, NF IV, S. 102 - 104, Kalmár nahm dabei an, daß diese Raketen nicht nur als Signalraketen, sondern auch mit Granaten versetzt, angewendet wurden, führte hierfür jedoch keine Beispiele an.

63) Als Beispiel sei nur der Aufwand für ein Feuerwerk anläßlich der Heirat des Prinzen Heinrich von Preußen 1752 aufgeführt: „Den 27 wurde dem Braut-Paar zu Ehren ein prächtiges Feuerwerk geworfen. Es bestunde aus 3000 Raqueten, 100 Lust-Kugeln, 150 Wasser-Kugeln, und etlichen 30 Feuer-Rädern." (o. Verf., Des neu eröfneten Historischen Bilder-Saals Zwölfter Theil, Nürnberg 1761, S. 120)

64) zitiert nach: Storm, a.a.O., S. 5

treffen konnte. Die Probe davon zu machen, wurden gewisse Zeichen von der Festung, mit 3 Stück-Schüssen und 3 Racketen in der Nacht gegeben, und grosse Thurm-Leuchten herausgehangen. Die zu diesem Lermen bestimmte Nacht aber blieb unbekannt. In derienigen vom 3 auf den 4ten April [1752] gefiel es dem Commendanten, den Versuch anzustellen. Er stunde um Mitternacht unvermuthet auf, gab den Staabs Officiers von dem Lermen Nachricht, und ließ die Artilleristen hereinholen, die sich in einer halben Stunde versammleten. Um 2 Uhr ergieng der erste Canonen-Schuß, und 6 Minuten hernach, als die dritte Rackete stieg, war die ganze Grafschafft sogleich beleuchtet. Auf allen Anhöhen waren die Haufen von Reißig und dürrem Holze angezündet, und man sahe innerhalb 2 Stunden etliche 10 Feuer, auf 4 Meilen breit."[65)]

Der Gebrauch der Raketen als Ernstfeuerwerk wurde zwar in verschiedenen Feuerwerksbüchern zwischen dem 15. und 18. Jahrhundert noch beschrieben, es handelte sich jedoch nur um theoretische Überlegungen, Hinweise auf einen Einsatz oder auf tatsächliche Erfahrungen fehlen. Raketen scheinen zumeist nur noch als Lustfeuerwerk genutzt worden zu sein.[66)] Das Wissen von der Rakete als Waffe war weitgehend verloren gegangen, zumal die Kanonen der Rohrartillerie immer leistungsfähiger und beweglicher wurden. Dennoch sind 1650 Kriegsraketen in der Handschrift „Pyiotormentographia, Accurata Succinta et Perfecta" des Johann von Drachenfels beschrieben, ausdrücklich wurden mit Granaten versetzte Raketen erwähnt.[67)] Gleichermaßen beschäftigten sich niederländische Artilleristen mit diesem Thema, so beschrieb auch Jacob Swingel 1681 in der „Kunst der Boßschietery ofte Constapelschap" Kriegsraketen.[68)] Als weiteres Beispiel sei auf die „Neue Curieuse und vollkommene Artillerie" des sächsischen Obristen C. F. von Geissler hingewiesen, der hier in einer „Zugabe" auch Rachetten, jedoch nur als Lustfeuerwerk, beschrieb. Er gab Rezepte zur Herstellung, einschließlich der Pulvermischung, an und beschrieb die Herstellung sogar 50- und 150pfündiger Raketen.[69)] Für einen Einsatz als Ernstfeuerwerk, wenn eine Fortifikation nicht mit Kanonen oder Mörsern bekämpft werden könnte, machte er Vorschläge. Nachdem er beschrieb, wie er ein strohgedecktes Haus mittels einer Carcasse aus einem 75 pfündigen Mörser in Brand geschossen hätte, führte er aus:

„... sonderlich kan auch solches Hauß/ wie dieses mit Stroh gedecket/ wohl mit einer Rachette in Brand gebracht werden/ wie die Figur No 172 anweiset/ gemacht/ und es wird solche in eine Rinne/ so inwendig mit weißem Blech beschlagen/ gelegt/ und nachdem solche Rachette nach dem Quadranten gerichtet/ lässet man solche darin fahren/ nur habe acht daß der Wind nicht hinderlichen/ denn der wirfft allemahl die ruthe der rachetten herum/ daß insgemein und sonderlich bey etwas starcken Wind sie allemahl schnur stracks dem Winde entgegen steigen/ sondern beym Gebrauch von einem bequemen und von den Winden nicht wiederlichen Distantz solches zu thun geschehen muß/ und wird viel eher angehen/ als wenn die alten einer Tauben etwa eine brennende Kugel an die Füsse gebunden/ und damit nach der Stadt fliegen lassen/ solche anzustecken."[70)]

Geissler wies hier schon auf das Problem hin, daß Raketen, insbesondere unmittelbar nach dem Start, erheblich von der Wirkung des Bodenwindes beeinflußt werden, ein Problem, das die späteren Raketenkonstrukteure in Europa erst bei den ersten Einsätzen ihrer Raketen erkannten. Auch wurden bereits Konstruktionsmerkmale der späteren Raketen beschrieben, hier die „Ruthe", also ein an der Rakete befestigter Stab, der als Seiten- oder Achsenstab zur Stabilisierung der Rakete während des Fluges erforderlich war. Einen anderen Vorschlag machte der kaiserliche Feld-Artillerie-Ober-Stück-Hauptmann und Ober-Feuerwerks-Meister Michael Miethen: er wollte einen „ordinari Spreng-Kugel-Corpus" mit kleinen Raketen füllen, die in einem scharfen Pfeil enden sollten und folgendermaßen eingesetzt werden sollten:

„Diese Kugeln dienen vornehmlich wieder die Türcken / weilen sie ihre Approchen weitläufftig führen / und sich vor einer Vestung wie die Maulwurff auff einer Wiesen ausbreiten.

Diese Racketen und Türckischer Regen / wo er einen Muselmann antrifft / lässet ohne hassart der Hand nicht zu / daß er weggebracht wird / fällt wegen des Gewichts aus der Höhe und Schärffe des Pfeils tieff ein / und machet einen sehr gefährlichen und scharffen Brand.

Wenn der Schlag geschicht / dringet der Pfeil noch ein wenig tieffer / um sie noch besser zu kützeln.

Diese Kugeln sind auch gut in Vestungen / nicht allein zum Anzünden / wo Holtz und Stroh-Dächer sind / sondern auch die Belägerten selbsten damit zu qvälen. Helffe was helffen kan / man muß auch geringe Sachen nicht allezeit verachten."[71)]

Schließlich sei noch auf Struensees Artillerielehrbuch verwiesen, der

65) o. Verf., Des neu eröfneten Historischen Bilder-Saals Zwölfter Theil, a.a.O., S. 120 f.

66) So erfolgte eine Beschreibung von Raketen in dem „Feuerwerks- und Büchsenmeisterbuch", das um die Wende vom 16. zum 17. Jahrhundert entstanden ist, nur noch in dem Abschnitt „III. Schimpfliche Feuerwerke" [= Lustfeuerwerkerei] (Jähns, Kriegswissenschaften, a.a.O., S. 972); V. Schmidtchen, Kriegswesen im späten Mittelalter, Weinheim 1990, S. 25 f., merkte zu diesen Feuerwerksbüchern an: „Kennzeichen nahezu aller einschlägigen Bilderhandschriften ist ein Konglomerat aus Abbildung von Realität, d.h. aus in Gebrauch befindlichen zeitgenössischen Formen von Waffen, Kriegsgerät und z.T. auch Befestigungswerken, und andererseits aus rein der Phantasie des jeweiligen Verfassers zuzuordnenden Darstellungen solcher Produkte militärischer Technik." Merkwürdigerweise erwähnte Schmidtchen in dieser Arbeit an keiner Stelle die Raketen.

67) Jähns, Kriegswissenschaften, a.a.O., S. 1200 f., ebenso waren Raketen erwähnt in dem „Artolleriebuch" von 1680 des Caspar Voigtmann (ibidem, S. 1214); ihre Erwähnung erfolgte aber stets in Neben-Kapiteln, ohne daß ihnen große Bedeutung beigemessen wurde; so in: Hieronymus Ruscellus, Kriegs- und Archeleykunst, Francofurt 1620, II. Band, Capitel 101 (S. 49), wo die Herstellung von Raketen beschrieben wurde: „Von den Fewerpfeyln / wie dieselbigen zu bereythen" (aus der Beschreibung geht nicht hervor, daß es sich um Raketen handelte, die dazugehörige Figur 8 zeigt aber eine Rakete mit Hülse und Stab). Dagegen beschrieb: Diegus Uffanus, Archeley / Das ist: Gründlicher und Eygentlicher Bericht vom Geschütz und aller zubehör, Franckfurt 1614, (auch: Amsterdam 1659, spanische Originalausgabe Anwerpen 1613) S. 166 f., die Raketen nur noch im Zusammenhang mit Lustfeuerwerkerei, so im Caput XXVIII „Wie ein fligender Drach soll gemacht werden / unnd ein Rachet so vorsich auff einer schnur hinauß / und hernach widerumb zu rück laufft", oder im Caput XXIX „Ein Haspel unnd Castel / oder Schragen mit fewerwerck zugerichtet" (Diego Ufano, spanischer Artilleriehauptmann, vgl. Partington, a.a.O., pp. 166) Ebenso nannte Hanns Friedrich von Fleming, Der Vollkommene Teutsche Soldat, Leipzig 1726, die Raketen nur noch unter dem Lustfeuerwerk, merkte aber auf S. 685 im § 18 an: „Je grösser die Raggeten sind, je schwächeren Satz muß man dazu nehmen, und je Kleiner sie sind, je räschern Satz erfordern sie. Die Ursache ist, weil in den Corpore einer großen Raggeten, nachdem die Materie angezündet, das Feuer von der räschen in einen Augenblick mehr verzehren wird, als in einer kleinen in etlichen Minuten." Auch in einem früheren Artilleriebuch wurden Raketen nur am Rande behandelt (Adam Jungkhauß von der Oltznitz, Krieges Ordnung / zu Wasser und Lande, Cöllen 1589), hier hieß es unter 12. Ein Unterricht mit Arkoley: „Fliegende Fewerwerck / welches man fort zu Racketigen brauchet. Nim drey theil Salpeter / sieben theil Pulver / ein theil Schweffel / Diese Materie temperier zusammen / darnach brauch es wie du wilst / oder denckest." Eine weitere Raketenbeschreibung gab Athanasius Kirchner in „Mundus Subterraneus", Amsterdam 1665, wobei hier aber Wiederholungen aus dem entsprechenden Werk von Simienowicz zu finden sind (Partington, a.a.O., p. 168)

68) Jähns, Kriegswissenschaften, a.a.O., S. 1215

69) C. F. von Geissler, Neue Curieuse und vollkommene Artillerie, Dresden 1718 (reprint Hildesheim 1977), S. 173; diese Raketen wurden für 1730 auch bei: v. Malinowsky u. v. Bonin, a.a.O., S. 422, genannt. Dort hieß es, daß nicht bekannt wäre, ob diese Raketen auch für Kriegszwecke genutzt worden wären: „Man fertigte Raketen von allen Kalibern bis zur 100 pfdgen. Sie wurden über dem Dorn geschlagen: die größeren aber gerammt." Die Fertigung erfolgte durch den Capitain Holtzmann. Die Hülse dieser großen Rakete wog 33 Pf, der Satz 23 Pfd, der Stab war 24' lang und die Versetzung nebst Spitzkappe wog 4 Pfd, die ganze Rakete also 93 Pfd. 4 unterschiedliche Sätze wurden erprobt und für gut befunden, wobei diese aus Salpeter (12, 12, 18 oder 14 Teile), Schwefel ($3^1/_3$, $3^3/_4$, $5^{20}/_{32}$ oder $3^1/_2$) und Kohle ($3^1/_3$, $3^3/_4$, $5^{20}/_{32}$ oder $3^1/_2$), jeweils in der Folge Satz 1 - 4, bestanden. (zu beiden Quellen siehe auch: W. Ley, Die ersten großen Raketen, in: Weltraumfahrt, Nr. 1, 1951, S. 17 f.)

70) C. F. von Geissler, a.a.O., S. 174

71) M. Miethen, Neuere Curiöse Geschütz Beschreibung, Dreßden und Leipzig 1705, Cap. LIII, Wie die Türckische-Regen-Kugel zu machen und zu werffen?, S. 187 f.: „Diese Kugel nenne ich eine Türckische-Regen-Kugel / weilen sie hoffentlich an diesen Bösewichtern zum erstenmahl / so mit GOtt Leben gibt / und Gnade verleihet /

zwar Treibsatz und Fertigung der Raketen im Detail beschrieb, sie aber nur im Zusammenhang mit „künstlichen oder Freudenfeuern" betrachtete.[72]
Auch in Rußland sind Raketen schon vor dem 19. Jahrhundert bekannt gewesen. So beschrieb der Rüstmeister Onissim Michailow in den Jahren 1607 bis 1621 in seinem Werk „Vorschrift für das Kriegswesen, Geschütze und andere Dinge, die die Kriegswissenschaft betreffen" Pulverraketen, ihre Herstellung und Lagerung sowie ihren Einsatz.[73] Unter Peter dem Großen wurde dann 1680 in Moskau eine Raketenwerkstatt zur Herstellung von Pulverraketen eingerichtet, hergestellt wurden aber vor allem Raketen für Feuerwerke sowie Signalraketen;[74] in der Folge sollen durch Peter den Großen auch Brandraketen in der Armee eingeführt worden sein, hierüber liegen jedoch keine Unterlagen vor, auch über Einsätze ist nichts bekannt. Eine 1717 entwickelte Leuchtrakete wurde jedenfalls hier hergestellt und in der Armee für die nächsten 150 Jahre genutzt. Zur Zeit Katharina II. arbeitete der französische Artillerieoffizier Colonel Prèvôt in Rußland an der Herstellung von Raketen; diese sollen 1788 gegen die türkische Flotte vor Otchakov eingesetzt worden sein.[75] Der Graf de Ségur schrieb hierzu:

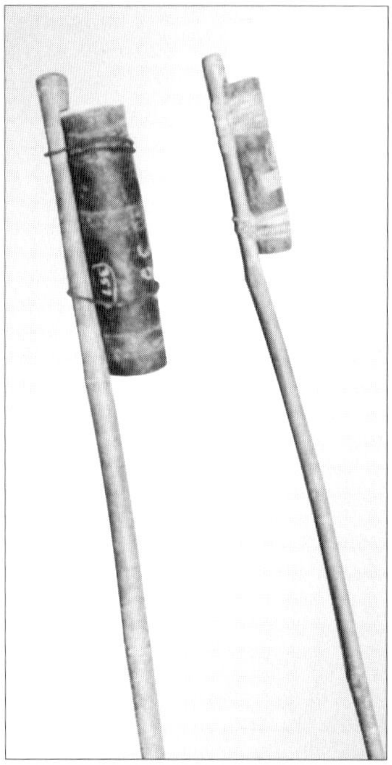

Indische Raketen (Photo: O. Strip)

„Son esprit inventif ne contribua pas faiblement au succès de Nassau: il fabriqua pour lui des fusées remplies d'une sorte de feu grégeois liquide et inextinguible. Les fusées étaient percées de plusieurs trous qu'on bouchait avec de la cire. On y suspendait plusieurs fils de fer armés de crochets aigus. Ces mêmes fusées, lancées dans les agrés d'un vaisseau ennemi, s'y attachaient et versaient sur tout le bâtiment des torrents d'une flamme que rien ne pouvait étaindre."[76]

Damit waren auch in Rußland Raketen schon lage bekannt und Bestandteil des Lehrstoffes für Artilleristen, so in dem Lehrbuch des Major A. Danilow aus den Jahren 1770 bis 1780, dieser wies besonders auf die Wichtigkeit hin, das Pulver vor dem Schlagen in die Hülsen anzufeuchten, um die Explosionsgefahr zu vermindern; ebenso schlug er bereits zum Abfeuern eine Rampe für den gleichzeitigen Abschuß von 5 Raketen vor.[77]
Ähnliches gilt für Polen, hier stammte die erste Anweisung zur Herstellung von Pulverraketen für den Feldgebrauch 1569 von M. Bielsky, um 1600 wurden diese Arbeiten von W. Sebisch fortgeführt, der flügelstabilisierte Raketen entwarf. Die wichtigsten Arbeiten stammten hier von A. Dell'Aqua, der 1613 in den Dienst des Königs Sigismund trat und zweistufige Raketen entwarf, wobei die zweite Stufe aus fünf kleinen Raketen bestand, sowie 1650 von Casimir Siemienowicz, der diese Entwürfe weiter ausarbeitete.[78] Letzterer beschrieb 1676 in seinem Buch „Vollkommene Geschütz-Feuerwerck und Büchsenmeisterey-Kunst" mehrfach Raketen, als Beispiel sind auch bereits mehrstufige Raketen sowie Raketen mit Flügelstabilisierung abgebildet.[79] Beim Schlagen des Treibsatzes unterschied er zwischen den Raketenarten:
„Ich muß auch gestehen / daß die gewaltsame Materien oder Räschen-Sätze fester müssen geschlagen werden als die schwachen / damit ihre Theile besser zusammen getrieben / und vom Feuer langsamer verzehret werden. Aber hier entstehet eine neue Difficultät / daß nemlich die viele und gewaltsame Schläge den Satz gewaltsamer und räscher machen / und die Kräfte geben / die er zuvor nicht hatte. Darumb ist diese Haupt-Regel zu behalten: Serva mediocritarem: Gehe die Mittelstrasse."[80] Zum Treibsatz, wobei er für jedes Raketengewicht eine andere Zusammensetzung festlegte, stellte er fest: *"Je grösser die Raggeten sind / je schwächer Satz soll dazu gebrauchet werden: Und je kleiner die sind / je räschern Satz erfordern sie. Die Ursach ist / weil in dem corpus einer grossen Raggeten / nachdem die Materie angezündet / das Feu-*

---

applicíret werden soll. Das Corpus an sich selbsten ist in kleine Mörsel eine ordinari Lust-Kugel-Corpus, in grösse aber eine ordinari Spreng-Kugel-Corpus, nach der schon gelehrten Manier zubereitet. Das Ingeweide dieser Kugeln sind Racketen: die kleinesten sollen 4. Löthig / die grössern aber 12. Löthig sein. Sie werden 4. biß 5. Mündungen mit nachfolgendem Satz fest / wie eine Rackete / geschlagen. Salpeter 3. Pfund / Mehl-Pulver 2. pf. Kohlen 1. pf. Schwefel $^1/_2$ pf. Colophonium $^1/_4$ pf. Federweiß 4. Loth. Auff den Satz wird ein eiserner Racketen-Schlag / ohne oder mit einem Zünder gedrang eingesetzet; zu End dieser Racket wird ein Pfeil / (so wohl scharff seyn soll / und unten einen Kopff hat /) eingebunden. Die Racket wird über und über mit Bindfaden oder Zwillich überleimet / damit sie den Stoß / oder wann die Kugel springet / aushalten könne. . . . Die Kugel wird folgender Gestalt eingesetzet: Auff den Boden leget man ausgebreitete Stopinen / worauff Korn-Pulver gegeben wird / so viel / daß es das Corpus zerbrechen kan. An die Hälse der Racketen / welche nicht gebohret / sondern nur ein wenig auffgeräumet seyn sollen / wird mit Drat oder Bindfaden etwas Stopinen zum sichern Anzünden befestiget: Welche mit dem Hals auff den Boden der Kugel fest einander gesetzet werden. Man kan auch hin und wieder die Tauffe der Racketen biß auff die Stopinen auffräumen / damit der äußere Brand befördert werde. Der Raumen zwischen den Pfeilen / so oben auffstehen / wird mit geschmelztem Zeug ausgefüllet / auff welchen der Deckel eingetrieben wird / und fest auffsitzen soll." Eine recht moderne Idee, derartige Tochtergeschosse werden heute als Bomblets bezeichnet.

72) K. A. Struensee, Anfangsgründe der Artillerie (durchaus neu bearbeitet und dem gegenwärtigen Zustande der Geschützkunst gemäß eingerichtet, J. G. Hoyer), Liegnitz 1809, S. 467 ff.

73) „Man nehme 5 Teile Salpeter, 2 Teile heißen Schwefels und einen Teil Kohle und mache daraus ein wenig Pulver . . . nachdem man kräftig gewirkt hat, soll man das Pulver mit gutem Wein oder mit Weinessig anfeuchten und anschließend in Säckchen aus Ziegenleder verpacken", anschließend wurde das Laden einer Rakete beschrieben, zündet man diese an „so beginnt die Kugel sich zu bewegen und zu brennen. Also besteht die Möglichkeit, die Feuerkugeln von oben in eine Stadt zu werfen." (Sonkin, Russkaya raketnaya artilleria, Moskva 1952, S. 12), V. N. Sokolskii, Russian Solid-Fuel Rockets, Moskva 1963 (englische Ausgabe: Jerusalem 1967, p. 18) wies aber darauf hin, daß Mikhailovs Werk nur eine russische Ausgabe gesammelter Artikel aus Westeuropa gewesen ist, also keine Rückschlüsse auf den russischen Stand der Raketentechnik erlaube.

74) W. Fickenscher (Herausg.), Die UdSSR, Enzyklopädie der Union der Sozialistischen Sowjetrepubliken, Leipzig 1959, S. 1117; vgl. Sokolskii, a.a.O., pp. 3, auch Sokolskii führte aus, daß nur die Herstellung von Feuerwerks- und Signalraketen belegt ist.

75) Susane, fusées, a.a.O., p. 221, und: Escalettes / Jung, Congreve and Toulouse, in: Acta Astronautica, Vol. 19, 1989, p. 631, Sonkin berichtete hiervon nichts. 1788 belagerte Fürst Potemkin Otchakov, zugleich wurde die Festung von einem Geschwader unter dem Prinzen von Nassau blockiert. Bei Gefechten mit der türkischen Flotte wurden die Raketen, „welche zugleich eine zündende Substanz in sich bargen" eingesetzt, wodurch mehrere türkische Schiffe in Brand gerieten. Die Raketen wurden auch mit Erfolg gegen die Festung eingesetzt. In einem Brief vom Prinzen von Nassau an Kaiserin Katharina wurde die Konstruktion der Raketen beschrieben. Prévôt diente seit 1786 in Rußland und wurde anschließend Commandant der Artillerie in Sevastopol, wo er auch begraben ist. Auf seinem Grabstein befand sich die Inschrift: „François Prévôt, inventeur des fusées de guerre mort le 17. Mai 1798" (AMZ, 1856, S. 847 f., Miscelle, Eine historische Entdeckung in Betreff der Congrev'schen Raketen)

76) Ségur, Mémoires ou souvenirs et anecdotes, Paris 1825, tome III, p. 362, zitiert nach: P. Bret, La fusée de guerre en France dans la période révolutionnaire et impériale, Aix-en-Provence 1971, p. 18; vgl.: Ananoff, a.a.O., p. 61

77) H. Mielke, Kampfraketen einst und jetzt, in: AR-NVA, Berlin 11/1967, S. 24, und: V. Mirjanin, U istokov raketnogo dela, in: Voennyj Vestnik, Moskau 6/1981, S. 74; zu Danilov: Sonkin, a.a.O., S. 16 f.

78) Angaben nach: M. Subotowicz, The Development of Rocket Technology and Space Research in Poland, in: Essays on the History of Rocketry and Astronautics, Proceedings of the third through sixth Symposia of the International Academy of Astronautics, Vol. II, Washington 1977, pp. 135

79) C. Simienowicz, Vollkommene Geschütz-Feuerwerck- und Büchsenmeistery-Kunst, (In die Hochteutsche Sprach übersetzet: Thoma Leonhard Beeren) Franckfurt am Mayn, 1676 (reprint: Graz 1976), Erster Theil, III. Buch, S. 76 - 99. Den geplanten 2. Teil des Werkes konnte S. nicht mehr schreiben, dieser wurde von Daniel Elrich herausgegeben, das dritte Buch dieses 2. Teiles ist ausschließlich den „Ragetten und ihren Sätzen, Von Feuerwerkskörpern in Waffenform" gewidmet.

80) ibidem, S. 83

er von der räschen Materie in einem Augenblick mehr verzehren wird / als in einer kleinen in etlichen Minuten: Und das darumb / weil es in einer grossen Raggeten mehr Raum hat in grösserer Menge die Materie augenblicklich zu verzehren / und zu verbrennen."[81] Simienowicz beschrieb allerdings keine Raketen mit Gefechtskopf, sondern nur Feuerwerksraketen, wobei er auch Raketen an Schnüren und solche, die auf dem Wasser schwämmen, erwähnte. Als einer der ersten Feuerwerker gab er auch Anweisungen für das Bohren der Raketenseele:

„Ob die Ragetten anzubohren / oder nach dem sie gefüllet / oder unter dem Füllen Löcher in gewisser Höhe und Breite in den Satz hinein zu machen / eine neue oder alte Invention, kan ich nicht vor gewiß sagen. Doch glaube ich / daß die alten Feuerwercker dieses so nothwendige Stück / und ohne welches die Raggeten keineswegs aufrechts in die Höhe geführet werden können (weil das Feuer nicht gäntzlich eingelassen wird / daß es die Materie in Flammen resolvire / und welches seiner Natur eigen ist / was unter seine Bottmässigkeit gehöret / zu seiner Region eylend mit sich nehme ; daher es auch die Raggeten-Hülse samt dem was daran hanget / auffhebet / und in die Luft treibet / so lange es etwas hat / davon es sich erhält) nicht unbekandt gewesen / sondern daß sie solches als ein groß Geheimniß gäntzlich verschwiegen / und in Beschreibung der andern / zu dieser Kunst gehörigen Geheimnüsse / übergangen."[82]

Indischer berittener Raketenschütze (Spielzeugfigur)

Ein weiterer früher Feuerwerker, der sich mit Raketen beschäftigte, war Conrad Haas, kaiserlicher Artillerieoffizier und Chef des Arsenals von Sibiu (Hermannstadt) im heutigen Rumänien; in einer dreiteiligen Handschrift, deren dritter Teil von ihm stammte, wurden auch erstmals mehrstufige, sogenannte "schöne Racketen", beschrieben und abgebildet:

„wie du solt machen gar schöne Racketten die da von selber oben hienauff in die Höch faren oder auff ebner Erd hin und wider lauffen."[83]

Neben mehreren Schwarzpulverrezepturen enthielt seine Schrift auch weitere reaktive Gemische wie Äthylazetat zusammen mit Ammoniumverbindungen, auch beschäftigte er sich bereits mit der Raketenballistik; Haas ist damit wahrscheinlich auch der erste Erfinder mehrstufiger Raketen, wobei er bis zu drei Raketen mit unterschiedlichen Durchmessern zusammenfügte, dabei finden sich in seiner Darstellung Düsenformen, die mit denen heutiger Flüssigkeitsraketen große Ähnlichkeit besitzen.[84]

Die Naturwissenschaftler Europas beschäftigten sich ebenfalls mit dem Phänomen der Raketen und untersuchten ihr Verhalten während des Fluges: in der ersten Hälfte des 18. Jahrhunderts behaupteten einige Physiker, daß die Rakete steige, weil die Feuergarbe sich gegen die Luft stemme. Andere, wie Desaguliers und d'Antoni, gingen bereits davon aus, daß die Luft nicht Ursache der Fortbewegung der Rakete wäre, sondern daß die reaktive Kraft die Fortbewegung verursache, wobei es gleichgültig wäre, ob die Rakete im lufterfüllten oder luftleeren Raum flöge.[85]

Erst im 18. Jahrhundert wurden in Europa wieder Versuche zur Entwicklung von Raketen für den Kriegseinsatz unternommen. Die Entwicklung dieser modernen europäischer Raketen erhielt jedoch ihren Anstoß in Indien, wo im 18. Jahrhundert England und Frankreich um die Vorherrschaft kämpften und hierzu indische Verbündete suchten. Hier scheinen die Kriegsraketen seit dem 15. Jahrhundert in Gebrauch gewesen zu sein. Bestätigt ist ihr Einsatz aber erst seit der Herrschaft des Mogul-Kaiser Akbar (1556 - 1605); die Raketen wurden in der Folge von fast allen indischen Staaten genutzt, wobei sie zumeist von Fußsoldaten eingesetzt wurden. So wurden Kriegsraketen von dem Mogul-Kaiser Aurangzeb bei der Belagerung der Festung Bitar im Jahr 1657 verwendet, wobei eine einzelne Rakete die Belagerung beendete, als sie ein Munitionslager traf. Selbst zur See wurden sie verwendet, so in dem Gefecht bei Dogatchi 1659.[86] Die Franzosen machten wohl als erste Europäer Bekanntschaft mit dieser Waffe, als am 21. August 1750 die Truppen des Obersten Charles de Bussy in der Schlacht von Trirardi vom Heer des Nabob der Carnatic, Mohammed Ali, mit Raketen beschossen wurden, wobei unter den Pferden der Franzosen Panik ausbrach sowie mehrere Munitionswagen in Brand gerieten.[87] Als Bussy kurz darauf die Stadt Ginger eingenommen hatte, blieben die auf Höhen gelegenen Befestigungen noch in Feindes Hand, die Inder verschossen hieraus dann Raketen, um die Stadt in Brand zu setzen.[88]

---

81) ibidem, S. 86

82) ibidem, S. 88, sowie S. 97: „Die Raggete muß mit ihrem zugehörigen Bohrer angebohret werden / damit das angebohrte Loch nicht zu weit / noch zu enge / noch zu tieff / noch zu kurtz seye."

83) R. Quaiser, Die Raketen des Generals, in: AR-NVA, 10/1966, S. 16, sowie: D. Todericiu, Raketentechnik im 16. Jahrhundert, in: Technikgeschichte, Bd. 34, 1967, Nr. 2, S. 97 - 114, die ersten 36 Blätter der Handschrift stammen hiernach von 1400 und wurden auf Berthold Schwarz zurückgeführt, der zweite Teil, Blatt 37 - 111, stammte von Hans Haasenwein aus den Jahren 1417 - 1460, während der letzte Teil ab 1529 von Haas geschrieben wurde. (ibidem, S. 98 f.)

84) Todericiu, a.a.O., S. 103 f., zur Stabilisierung nutzte Haas Stabilisierungsflossen in Deltaform. Seine Raketen in mehreren Stufen sind hiernach auf 1529 zu datieren, weitere Experimente zum Prinzip der aufeinanderfolgenden Zündstufen fanden 1555 statt, ebenso die Verwendung der Deltaflügel (ibidem, S. 109)

85) MLZ, a.a.O., S. 199, sowie: Montgéry, a.a.O., p. 90, verwiesen auf: Mémoires de l'académie des sciences, 1702, p. 11, und: 1740. p.105; Lahire und Buffon sprachen über die Bewegung der Raketen in der Luft (Oeuvres de Mariotte, III, p. 391, Leiden 1717; Rollet, Lecons de physique expérimentale, Paris 1754, I. 360), zum Rückstoßprinzip: Desaguliers, Cours de physique expérimentale, Paris 1751, III, S. 263

86) F. H. Winter, The Rocket in India from „Ancient Times" to the 19th Century, in: JBIS, Vol. 32, p. 468; vgl. Partington, a.a.O., p. 220; Goetz, Das Aufkommen der Feuerwaffen in Indien, in: Ostasiatische Zeitschrift, 1925, S. 226 - 229, erwähnte für Indien keine Raketen, verwies aber auf die Abbildung einer Seeschlacht, wo ein „Feuerwerfer mit einer Art Raketensatz" gezeigt wurde.

87) v. Braun / Ordway III, a.a.O., S. 53; vgl.: G. Wittje, Die Kriegsraketen, S. 32, und: Oberst Neumann, a.a.O.

88) o. Verf., Beitrag zur Geschichte und näheren Kenntniß der Kriegsraketen, in: ZfK-WGK, 3. Band, 1. Heft 1825, S. 103, als Quelle wurde O. Archenholz, Die Engländer in Indien, Bd. 1, S. 241, angegeben; in: Dubois, Moeurs et Institutions des peuples de l'Inde, Tom. II, p. 496 (in: JAS 1845, p. 458) hieß es hierzu: „On se sert aussi fréquemment de grosses fusées, longues de 8 à 10 pouces, dont l'un des bouts est armé d'une lame en croissant bien acérée; elles se tirent horizontalement, et sont destinées

Ebenso wie später die Engländer versuchte auch das Frankreich Ludwig XV. diese Erfahrungen für Europa zu nutzen und führte erste Versuche mit Brandraketen durch, so durch Gaetano und François Ruggieri 1760 in Frankfurt, dem Hauptquartier des Marschall de Broglie, und später in Besançon:

„Ces fusées ont en tête une lance de fer de six pouces de longueur. Elles sont attachés à une baguette de cinq pieds de long. On les place dans des coulisses pratiquées dans les espèces de tiroirs qui en contiennent douze. Les tiroirs forment une espèce de boete portée sur deux roues. On peut leur donner telle direction et élévation que l'on veut."[89]

Der erste Versuch wurde am 21. Juni 1760 durchgeführt, 8 Tage später wurden dann bei einem weiteren Versuch 32 Raketen abgefeuert, davon 12 in einer Serie; nach dem Erproben der unterschiedlichen Elevationen fand man, daß unter 25 Grad die optimale Reichweite erzielt wurde, diese betrug 266 Schritt.[90]

Bereits vorher hatte jedoch 1707 Frézier für Raketen Flügel zur Stabilisierung verwendet, von ihm stammte auch die erst sehr viel später realisierte Idee, zur Erhöhung der Reichweite mehrstufige Raketen zu verwenden, ebenso wurden hier erstmals Rotationsraketen geschildert.[91] Während der Revolution ermutigte der Wohlfahrtsausschuß die Raketenentwicklung, so erfand der Jakobiner Chevallier 1798 eine phosphorische Rakete, die auf französischen Kapern aus Bordeaux eingesetzt werden sollte, um damit gegen die Segel feindlicher Schiffe zu wirken.[92] In Frankreich konstruierte um 1760 der Feuerwerker Petrone Ruggieri zusammen mit einem gewissen Montjori Raketen, die teilweise mit einem Brandsatz aber auch bereits mit Granaten versehen waren; von 1791 bis 1798 wurden sie in Zusammenarbeit mit dem Ingenieur General Julien de Belair verbessert.[93] Versuche, die in Bordeaux mit diesen Raketen gemacht wurden, fielen befriedigend aus, und die Generale Eblé, Lariboissière und Marescot empfahlen dem Kriegsministerium deren Einführung. Da sich jedoch alle älteren Artilleristen gegen diese neue Erfindung erklärten, unterblieb die Einführung dieser Rakete in die Armee.[94] Als erster schlug schon 1800 der Fregattenkapitän Montgéry vor, Unterwasser-Raketen aus einem Rohr gegen feindliche Schiffe zu lancieren.[95] Petrone Ruggieris Sohn Claude-Fortuné[96] setzte seine Arbeiten mit Raketen fort und schoß 1806 mit seinen Raketen Mäuse und Ratten in die Höhe, die er mit einem Fallschirm wieder landen ließ, als größtes Tier unternahm ein Hammel diese „Raumfahrt"; als er jedoch 1830 einen jungen Mann so mit einer Rakete so in die Höhe befördern wollte, verhinderte dies die Polizei.[97] Ähnliche „Versuche" waren etwa 500 Jahre zuvor auch in China unternommen worden. Der Mandarin Wan Hu hatte sich hier auf einen Stuhl binden lassen, an dem 47 Raketen befestigt waren, wobei er zwei Steuerfächer in der Hand hielt. Nach Entzündung der Raketen durch Helfer wurde Wan Hu nie wieder gesehen. Einen ähnlichen Versuch soll 1623 anläßlich der Geburt der Tochter Kaya Sultan des Sultans Murad IV der Türke Legari Hasan Çelebi unternommen haben, der mit einem raketen-getriebenen Drachen fliegen wollte, um „den Propheten Jesus zu sprechen", Hasan hatte jedoch Glück, da er nach kurzem Flug unverletzt von der Rakete fiel.[98]

1804 beschäftigte sich erstmals dann ein Militär mit Raketenversuchen; im März 1804 schlug General Eblé dem Inspekteur der Artillerie ein Raketensystem vor, nachdem er bei Versuchen, unterstützt von Claude-Fortuné Ruggieri, mit kleineren Kalibern unter 15 bis 25 Grad Elevation Reichweiten von 100 bis 150 Toisen erreicht hatte. Gegen den Widerstand Gassendis ordnete der Kriegsminister Berthier daraufhin weitere Versuche an.[99] All diese mannigfaltigen Bemühungen führten aber nicht zur Einführung von Raketen in Frankreich, sie wurden vergessen, sei es aus Gleichgültigkeit oder weil auch ohne die Raketen die Armeen siegreich waren.

Auch den Portugiesen waren die indischen Raketen seit dem 16. Jahrhundert nicht unbekannt. Aber erst 1796 wurde in Portugal versucht, nach diesen Mustern eine eigene Rakete zu konstruieren. Der Sargento Mór des Artillerieregimentes der Marine, Jeronimo Jose Nogueira de Andrade, begann mit Brandraketen zu experimentieren und legte anschließend einen Bericht vor, indem er die Konstruktion, Herstellung und Anwendung dieser völlig neuen Waffen beschrieb, der er den Namen „Feuerrakete" gab; dem Bericht angefügt waren Schießtabellen und Übersichten der letzten Experimente. Ebenso wie in Frankreich wurden aber diese Anregungen von der Regierung nicht weiterverfolgt, und es sollte bis zu den britischen Einsätzen in Portugal im

---

à mettre le désordre parmi le corps de cavalerie. Elles produisent moins d'effet que nos grenades, mais elles portent bien plus loin. D'après le témoignage des livres indiens, l'emploi de ces fusées, appelées vanams, serait fort ancien."

89) AdAV, 6-f-4, Ruggieri No. 8, Epreuves des fusées qui ont proposées par les Sieurs Ruggieri frères par les ordres de M. le maréchal de Broglie et constantées par MM. le Ch. de Gomer lieutenant-colonel au corps royal, commandant l'Artillerie sur le Meyn . . . , zitiert nach: P. Bret, La fusée de guerre, a.a.O., p. 16

90) ibidem

91) E. Ricci, Il segreto della Propulsioni a Reazione, Milano 1945, p. 86, sowie: Taylor, a.a.O., S. 11; Fréziers „Traité des Feux Artifice Pour le Spectacle" erschien 1706 in Paris (Partington, a.a.O., p. 177)

92) Nach einem ersten Versuch stellte der Marineminister Pléville le Pelley fest „mais dont les résultats ne me paraissent pas suffisantes pour en déterminer l'adoption ou le rejet définitif", zitiert nach: P. Bret, la fusée de guerre, a.a.O., p. 18; später wurden noch Versuche in Vincennes durchgeführt, für die aber keine Angaben vorliegen. Siehe auch: v. Decker, a.a.O., S. 107, sowie: MLZ, a.a.O., S. 201: (Busch, Almanach der Fortschritte, neuesten Erfindungen und Entdeckungen, Jahrg. 1799, S. 285) sprachen von den phosphorischen Raketen des Bürger Chevalier; Mazé schrieb diese Rakete auch Ruggieri zu, (Mazé, Observations, in: JAS, 1857, p. 190) siehe auch: P. Bret, Les fusées de Napoléon, in: L'Histoire, No. 70, 1984, p. 24; Chevalier wurde später wegen Verschwörung hingerichtet. C.-F. Ruggieri, Élémens de pyrotechnie, Paris 1821, p. 311, schrieb, die Brandraketen wären erfunden worden „d'un Français dont j'ai oublié le nom, l'armateur corsaire" In der deutschen Ausgabe (Pyrotechnik, Leipzig 1807, S. 239), stellte er hierzu noch fest: „Man bedient sich dieser Raketen um ein feindliches Schiff in Brand zu stecken, denn wenn sie durch die Segel fahren, so entzünden sie dieselben. Dies ist seit drei Jahren durch die Erfahrung mehrerer Kaper bestätigt worden."

93) MLZ, a.a.O., S. 202: „Ruggieri bringt 1798 neue Raketen in Vorschlag, um ein Kaperschiff zu Bordeaux damit auszurüsten" (Eléments de pyrotechnie, par G. F. Ruggieri, Paris 1821 [3. Aufl.], S. 311) ein weiteres Manuskript Ruggieris zu diesem Thema ist bereits 1760 beim Comité der französischen Artillerie niedergelegt worden „Fusées lancées à distance, portant des incendiaires", siehe auch: Montgéry, a.a.O., p. 62; Belair konnte jedoch seine Arbeiten nicht abschließen: „Quelques tentatives et quelques essais, que malheureusement je n'ai pas eu les occasions de suivre, m'ont fait connoître qu'il seroit facile de perfectionner cette arme de manière à la rendre d'un excellent usage en campagne, principalement contre la cavalerie et dans les défenses de places et de retranchements. La fouguette représente une fusée volante dont le vol servit sensiblement horizontal. La fouguette peut occasionner de grands ravages dans les parcs de l'artillerie, dans les caissons, etc.: la fouguette perce en avant, tranche par ses côtés, brûle presque par tous ses points; elle a mille moyens de s'accrocher aux endroits qu'on veut incendier ou détruire. Cette arme, mieux que les boulets rouges, peut contribuer à la défense des passes dont on voudroit fermer l'entrée aux vaisseaux ennemis. . . . Au reste, dans bien des circonstances, il seroit possible de donner aux fouguettes une portée plus considérable que la portée primitive qui leur est propre." (J. de Belair, Elements de Fortification, 1793, pp. 554, Dictionnaire Militaire, „Fouguettes")

94) F. Lünsmann, Kriegsraketen zu Beginn des 19. Jahrhunderts, in: ZfH, 1936, S.79, und: J. W. v. Hoyer, System der Brandraketen nach Congreve und Anderen, Leipzig 1827, S. 5

95) Dr. Langhans, Geschichtstafeln zu Gebieten der Wehrchemie, in: Sonderbeilage zur ZgSS, 1939, S. 49

96) Ruggieri: berühmte Feuerwerkerfamilie; Gaetano Ruggieri (1719 - 1776), François Ruggieri (1728 - 1770), Petrone Ruggieri (1726 - 1794) und Claude-Fortuné Ruggieri (1777 - 1841), Angaben nach: P. Bret, Les fusées de Napoléon, a.a.O., p. 15; zu Ruggieri: Die Familie stammte aus Bologna. (V. Re, Infanzia della propulsione a reazione, in: Rivista Marittima, giugnio 1947, p. 247 - 252)

97) W. Buedeler, Geschichte der Raumfahrt, Künzelsau, o. J., S. 180 und: W. Ley, a.a.O., S. 7, sowie: A. Fritz, Start in die dritte Dimension, Stuttgart 1958, S. 54 (der „junge Mann" war ein 11jähriges Kind, namens Wilfried de Fonvielle)

98) Ley, a.a.O., S. 6, sowie: F. H. Winter, Who First Flew a Rocket, in: JBIS, Vol. 45, 1992, pp. 275, Winter verwies den Flug Wu-Hans in das Reich der Legende, während der „türkische" Flug nachgewiesen zu sein scheint; 1783 scheint auch in Thailand bei der Ankunft des französischen Gesandten ein solcher „Flug" stattgefunden zu haben, bereits im 20. Jahrhundert wiederholte Rodman Law am 13. März 1913 in Jersey City diesen Flug, allerdings mit einem Fallschirm ausgestattet; kurz nach Abheben der Rakete fiel er jedoch, unverletzt, hinunter; der Versuch wurde nicht wiederholt; ebenso: F. H. Winter, 1928-1929 Forerunners of the Shuttle: The „Von Opel Flights", in: Spaceflight, Vol. 21, 1979, p. 50

99) P. Bret, la fusée de guerre, a.a.O., p. 20

Krieg gegen Napoleon dauern, bis Portugal Notiz von den Raketen als Waffe nahm.[100]

1753 erlebten die Engländer erstmals die indischen Raketen, als eine Truppe unter Major Stringer Lawrence auf einer Ebene 3 Meilen nördlich von Facquire's Tope durch Bogenschützen, Infanterie mit Schwertern und Raketeure angegriffen wurde, nach dem der Überraschungsmoment überwunden war, hielt aber die Truppe dem Angriff stand.[101]

1756 machten die Engländer erneut Bekanntschaft mit indischen Raketen, als der Nabob Siraj-ud-Daula die britische Niederlassung in Kalkutta überfiel und dabei Brandraketen auf die englischen Schiffe abfeuerte.[102] Wiederum in Bengalen setzte auch das Heer Mir Cossim's im Juli 1763 Raketen erfolgreich gegen die Truppen der Ostindischen Compagnie unter Major Adams ein und nochmals im folgenden Monat in der Schlacht von Sooty.[103] Insbesondere Haidar Ali, der Radja von Maisur oder Mysore (1728 - 1782) hatte - erst als Obergeneral von Maisur, dann ab 1766 als Radja - konsequent eine Raketentruppe mit etwa 1.200 Mann als Raketenwerfern aufgestellt, die er im Kampf gegen die ostindische Compagnie, unterstützt durch französische Hilfstruppen und die französische Flotte, erfolgreich einsetzte; Teile dieser Truppe waren auf Pferden und Kamelen beritten. Die Raketen wurden allerdings weniger als Artillerie, denn als weitreichendere Alternative zu den Gewehren oder Pfeil und Bogen verwendet.[104]

Zu den Raketen hieß es in einem zeitgenössischen Werk:

„Hyder Ali also employs some thousands of men for throwing rockets. This is a missive weapon, and made in the same form as those used by schoolboys, with this difference, that the stalk is a thick bamboo, 8 or 10 feet long, which has a tube of iron, from six to 12 pounds weight, fixed to the end of it, in which the fuze and powder are placed. In wet weather, or marshy grounds, these are set off flying in the air, and will reach to the distance of a mile and a half; but upon dry grounds they are pointed horizontally, and bound in a very certain direction, often creating great damage, particularly amongst cavalry and ammunition tumbrils."[105]

Im September 1780 band Hyder Ali die Truppen General Munros durch Scheinangriffe mit etwa 3.000 Reitern und Raketenwerfern, um den Abmarsch seiner Hauptmacht zu verschleiern, mit der er am 10. September das Corps des Oberst Baillie angriff. Die Engländer bildeten ein Carrée und konnten drei Angriffe abwehren, trotz des mörderischen Feuers der Gewehre und Raketen wäre ein Ausbruch möglich gewesen, hätte nicht eine Rakete einen Munitionswagen getroffen, durch dessen Explosion drei weitere Wagen in die Luft flogen. Die entstehende Panik wurde von den Indern zum Entscheidungsangriff genutzt, der zu einer völligen Niederlage für die Engländer führte, die fast 4.000 Mann verloren.[106] Ein Jahr darauf wurde am 9. September 1781 ein englisches Corps unter General Sir Eyre Coote in der Carnatic von den Truppen Haidar Alis überfallen, hierzu wurde berichtet:

„Die indischen Raketen verwüsteten die englischen Linien fürchterlich, einige Munitionswagen flogen in die Luft."[107]

Sein Sohn, Tippu Sahib (1749 - 1799), der ihm als Radja 1783 folgte, vergrößerte das Raketenkorps auf 5.000 Mann und fügte den Engländern 1780 bis 1798 einige Niederlagen bei. Er setzte neben den Brandraketen auch erstmals Raketen mit einem Sprengkopf ein und nutzte auch bereits eine Art Mehrfachraketenwerfer.[108] Ein englischer Offizier wies vor allem auf die Verwirrung hin, die der Einsatz der indischen Raketen unter der britischen Reiterei anrichtete. Zwar wären die einzelnen Raketen nicht sonderlich treffsicher, aber die Anzahl der abgefeuerten Raketen gliche dieses Manko aus. Damit ist bereits auf moderne Einsatzgrundsätze der Raketen hingewiesen, da die Rakete als Flächenfeuerwaffe genutzt werden muß und nicht wie Kanonen auch zur Bekämpfung von Punktzielen. Diese Raketen sollen eine Reichweite von etwa 1,5 Meilen erzielt haben.[109] Tippu Sahib verfügte bereits über mehrere, unterschiedliche Raketentypen, ein Modell bestand aus einem fast 3 Meter langen Eisenzylinder mit einem Durchmesser von 6,35 cm, ein anderes besaß ein Kaliber von 3,8 cm und war $2^{1}/_{2}$ Meter lang und an einem 1,9 Meter langem Bambusstab befestigt; wiederum andere Modelle waren an einem Bambusstab von 3 Meter Länge befestigt, alle Raketen besaßen scharfe Spitzen, damit sie in das Ziel eindringen konnten. Zum Abfeuern wurden die Raketen entweder auf den Boden gelegt oder für eine herkömmliche Flugbahn in die entsprechende Erhöhung gebracht. Bei der ersten Belagerung Seringapatams durch die Engländer 1780 wurde eine Feuerwalze von Raketen gegen die Belagerer ausgelöst, dabei sollen 100.000 Raketen abgefeuert worden sein.[110]

Bei einem Einsatz 1783 wurden die britischen Truppen zum Rückzug gezwungen, dabei wurde ihre Nachhut ständig durch Raketenwerfer verfolgt, so daß die Engländer 300 Mann verloren.[111] Am 22. April 1792, 12 Tage vor der ersten Schlacht von Seringapatam, detachierte Tippu Sahib eine Raketeneinheit unter Cummer-dien Khan in den Rücken der britischen Truppen, die für den Angriff bereit standen. Aus einer Entfernung von etwa 3.000 feet überschütteten die Inder das britische Lager mit Raketen, ein Augenzeuge berichtete:

„The rockets and musketry from 20,000 of the enemy were incessant. No hail could be thicker. Every illumination of blue lights was accompanied by a shower of rockets, . . . causing death, wounds and dreadful lacerations from the long bamboos of twenty or thirty feet."[112]

1799 erfolgte bei der Verteidigung Seringapatams gegen die englischen Truppen unter General Harris der letzte Einsatz dieses Raketenkorps. Colonel Gerrard, der Stabschef der britischen Armee, berichtete, daß bei der Belagerung die Truppen mehr unter den Raketen als unter der indischen Rohrartillerie litten, er beobachtete, wie von einer Sprengrakete gleichzeitig 3 Soldaten getötet und 4 schwer verwundet wurden.[113] Auch mehrere Protzenkästen der britischen

---

100) o. Verf., A utilizaçao no sec. XIX de foguetes de Guerra em Portugal (Studie des Generalstabes des portugiesischen Heeres), Lisboa 1995 (unveröffentlicht)

101) D. Baker, a.a.O., p. 4

102) v. Braun / Ordway III, a.a.O., S. 53, vgl.: G. Wittje, a.a.O., S. 32

103) nach: J. Marshall-Cornwall, Early rockets, in: Royal Artillery Historical Society Proceedings, Vol. 111, No 2, 1972, p. 38

104) J. Weller, Wellington in India, London 1972, p. 282. Dabei wurden die Raketeure auch als leichte Infanterie, also als Plänkler eingesetzt, zum Vormarsch Wellesleys auf Seringapatam schrieb Weller (ibidem, p. 63): „On the other hand, Tipoo's rocket boys and musket men knew the ground and could probably see better. British pupils were being contracted by Mysore rockets which came arching through the blackness towards them. The light infantry of Mysore would have been at a hopeless disadvantage against the 33rd in daylight, but here they were formidable." Leider berichtete W. nichts von Wellesleys Eindrücken von dieser für ihn neuen Waffe.

105) I. Munroe, A Narrative of the Military Operations on the Coromandel Coast, London 1789, zitiert nach: J. Marshall-Cornwall, a.a.O., p. 38

106) o. Verf., Fragment eines größeren Aufsatzes über den Gebrauch der Kriegsraketen im Feldkrieg, in: AMZ, 1. Jahrg. 1826, S. 7

107) v. Braun / Ordway III, a.a.O., S. 53, und: AMZ, 1826, S. 8

108) Belagerung Honores durch Tippu Sahib „musket barrel and rocket organs (the former discharging from 6 to 40 balls, and the latter from 5-10 rockets, by the pull of one trigger to each organ) were fired . . .", East India Military Calendar 1824, Vol. II, pp. 156 (zitiert nach: o. Verf., 356. Musket-Barrel and Rocket Organs (Questions), in: JSAHR, Vol. X, p. 248) Hierbei lagen die Raketen auf einem Rahmen, durch kleine Abstände voneinander getrennt, nebeneinander; zum Richten wurde der Rahmen auf ein Podest gelegt.

109) nach: Canby, a.a.O., Die Erfahrung wurde Congreve zugeschrieben. Sein Buch über den Feldzug soll 1798 in London erschienen sein. Hier wird eine Legende wiedergegeben, Congreve hat nie ein Offizierspatent der britischen Armee besessen und hat zu dieser Zeit noch studiert. Bereits K. Th. Sauer berichtete in seinem Grundriss der Waffenlehre von 1869 fälschlicherweise von dieser angeblichen Erfahrung Congreves. D. E. Graves, Sir William Congreve and The Rocket's Red Glare, Bloomfield, Ont. 1989, p. 8, gab die Reichweite mit 1000 yards an.

110) Hauschild / Führing, a.a.O., S. 27

111) v. Braun / Ordway III, a.a.O., S. 53, und: AMZ, 1826, S. 8

112) nach: D. Baker, a.a.O., p. 4

113) nach: Hogg, Artillery: it's Origin, Heyday and Decline, London 1970, bei den Belagerungstruppen wurde eine Kolonne von dem damaligen Colonel A. Wellesley, dem späteren Lord Wellington, geführt.

Artillerie wurden durch diese Raketen in die Luft gesprengt. Beim Sturmangriff am 3. Mai 1799 mit 4.000 Mann unter General Baird kam Tippu Sahib um. In der Stadt wurde ein größerer Vorrat Raketen erbeutet, die teilweise anstatt der Bambus-Stabilisierungsstäbe lange Schwerter trugen und beim Auftreffen Menschen und Pferde zerschnitten hätten.[114] Anschließend setzten die Briten dann ihrerseits diese Raketen bei der Einnahme der Hauptstadt Mysore ein. In Großbritannien selbst hatte man ja bisher Raketen nur für die Bestimmung der Entfernung zwischen zwei Orten und als Signalmittel im Land- und Seekrieg benutzt. Dabei waren Mitte des 18. Jahrhunderts ausgedehnte Versuche durchgeführt worden, um zu bestimmen, wie hoch diese Raketen steigen könnten und wie weit sie sichtbar wären. 1749 kam ein Mr. Robin mit einpfündigen Raketen auf maximale Steighöhen von 1.500 Fuß, die in 7 Sekunden erreicht waren und schloß daraus, daß man die Raketen bis auf 11 Meilen sehen könnte. Bei der Fortsetzung der Versuche, bei denen auch andere Raketen verwendet wurden, gelang es einem Samuel da Costa mit einer von ihm konstruierten 4zölligen Rakete 1750 eine Höhe von 3.570 Fuß zu erreichen, während eine dreizöllige sogar 3.762 Fuß stieg. Das Wissen um die Herstellung größerer Raketen war also auch in Großbritannien bereits vorhanden.[115] Ähnliche Versuche unternahm am 11. Juni 1786 Bergsträsser, um eine optisch-telegraphische Verbindung zu untersuchen zwischen dem Feldberg - Bomburg - Bergen und Philippsruhe.[116]

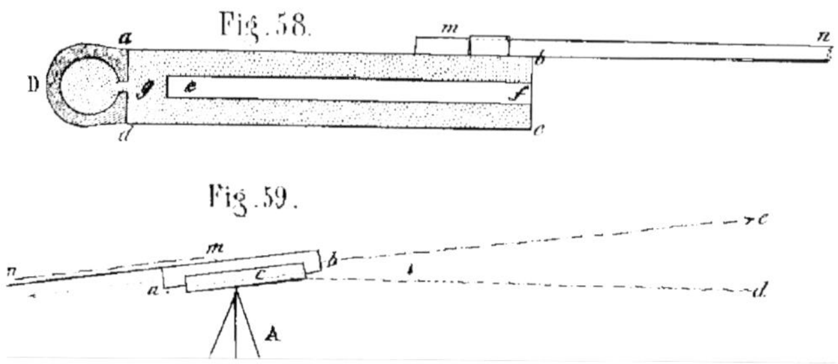

Raketen (Zeichnung Rüstow)

Der indische Raketeneinsatz beeindruckte die Engländer so, daß das Board of Ordnance das Royal Military Laboratory in Woolwich beauftragte, die Möglichkeiten einer eigenen Raketenentwicklung zu prüfen.[117] Nach der Entwicklung erster feldbrauchbarer Raketen durch Congreve und aufgrund der ersten Einsätze dieser Raketen, begannen fast alle europäischen Staaten eine eigene Raketenentwicklung, zumeist auf der Grundlage nach britischer Einsätze aufgefundener Congreve-Raketen. Damit hat der indische Radja Tippu Sahib die Geburt der europäischen Raketenartillerie des 19. Jahrhunderts bewirkt, die in den folgenden Abschnitten, bezogen auf die einzelnen Staaten des europäischen Kulturkreises, beschrieben werden soll. Allerdings wurden im United Kingdom aufgrund derselben Erfahrungen, jedoch in Irland, bereits kurz zuvor Raketen entwickelt: William Johnston, der in Ost-Indien gedient hatte, interessierte den irischen Widerstandskämpfer Robert Emmet an Raketen, und dieser begann in einem geheimen Arsenal in der Patrick Street in Dublin Raketen zu entwickeln, die beim irischen Aufstand 1803 eingesetzt werden sollten. Mit Hilfe Johnstons wurden Raketen hergestellt, deren $2^1/_2$ zöllige Hülsen 20 Zoll lang waren und bereits aus Metall bestanden; im Juli 1803 wurde die erste Rakete im Geheimen erfolgreich auf dem Land getestet. Byrne, ein Gehilfe Emmets notierte zum Test:

„It went off like a thunderbolt, carrying the pole along with it, and throwing flame and fire behind as it advanced, and when it fell it went tearing up the ground till the last of the matter of which it was filled was completely consumed." Gerade als daraufhin die Massenherstellung beginnen sollte, explodierte das Patrick Street Arsenal am 16. Juli, wahrscheinlich aufgrund einer Unachtsamkeit bei der Raketenherstellung. Dies bedeutete das Ende dieser Entwicklung.[118]

Die Konstruktion der Raketen der unterschiedlichen Staaten beruhte stets auf demselben Prinzip. Rüstow beschrieb es recht anschaulich:[119] *„Die Rakete besteht gewöhnlich aus einer aus starkem Eisenblech gefertigten Hülse, welche zuerst mit einem Satz, der dem Pulversatz gleich oder durch Beimischung eines größeren Antheil Kohle so zubereitet ist, daß er langsam verbrennt. In diesen Treibsatz bohrt man eine zylindrische oder konische Seele (Fig.58, e,f), so daß nur am obern oder vorderen Theil der Hülse der Treibsatz, hier die Zehrung (g) genannt, die Hülse massiv und vollständig füllt. Die Bohrung dient dazu, die Brennfläche zu vergrößern, welche ohne sie nur auf den Querschnittskreis am Mundloch (b,c) beschränkt sein würde. Legt man diese Hülse auf ein dreibeiniges Stativ (Fig.59, A) oder ähnliches Gestell für Richtung und Erhöhung (Winkel e,c,d) lose ein und entzündet am Mundloch (a) den Treibsatz, so sucht das verbrennende Pulvergas wie immer sich nach allen Seiten auszudehnen, nach den Seiten wirkt dieser Ausdehnung der Verschluß der Wände entgegen, zu dem auch der noch nicht entzündete Treibsatz gehört, am Mundloch strömt das Pulvergas frei in Richtung c, a in die Luft aus und treibt diese vor sich her, in Richtung b,c findet es aber den Widerstand der Zehrung und des Verschlusses in b, an diesem Widerstand einen Angriffspunkt, auf welchen es wirken kann, es wird also die Rakete in Richtung b,e forttreiben. Auf die Rakete wirken die Pulvergase entgegen der Kanonenkugel noch fort, nachdem sie das Gestell verlassen, denn sie hat ja die Treibkraft in sich selbst und von dem Gestelle keine empfangen. Noch während ihres Fluges durch die Luft wird also die Bewegung der Rakete einstweilen beständig durch das allmählige Verbrennen des Pulversatzes einerseits beschleunigt, wenn auch andererseits der Widerstand der Luft ebensogut, wie bei der Kanonenkugel, verzögernd wirkt. Die Verzögerung muss, wie man leicht ersieht, hier viel geringer hervortreten als bei der Kanonenkugel und jedem anderen Geschoss überhaupt. Dies gilt so lange, bis der ganze Treibsatz vollständig verbrannt ist, von diesem Augenblicke an folgt die Rakete durchaus den Bahnen aller anderen Geschosse und fliegt zunächst in der Richtung, die sie eben hatte, mit der Geschwindigkeit, als Anfangsgeschwindigkeit weiter, welche sie bis zu dem erwähnten Augenblicke theils erhalten, theils angesammelt hat.*
Die Rakete in ihrer bisher betrachteten Gestalt kann unzweifelhaft tödten oder verwunden; man könnte ihr zu diesem Ende vielleicht nur noch eine Spitzkappe aufsetzen. Aber allgemein verbindet man mit der

114) D. Baker, a.a.O., p. 4

115) J. M. G., Herrn Robin's Beobachtungen und Versuche über die Höhe, welche steigende Racketen erreichen, in: Magazin für Ingenieur und Artilleristen, IV. Band, 1778, S. 281 - 289; ähnliche Versuche wurden 1786 in Hannover durchgeführt, dabei konnten 1-pfündige Signalraketen der Artillerie bis auf 6 geographische Meilen gesehen werden, von diesen Raketen wurden Steighöhen zwischen 3403 und 8581 Fuß gemessen (Allgemeine Encyclopädie der Wissenschaft und Künste, 1. Section, Teil 43 „Feuerwerk", S. 396, Leipzig 1846)

116) Feldhaus, a.a.O., S. 855

117) nach: Graves, a.a.O., p. 8, siehe Abschnitt „Vereinigtes Königreich"

118) Angaben und Zitat nach: M. R. Sharpe, Robert Emmet's Rockets, in: Irish Sword, Vol. IX, 1970, No. 36, p. 161 - 164. Ein weiterer Augenzeuge dieses ersten Versuches hatte noch notiert, daß die Raketen „went in a horizontal direction a great distance." Der Aufstand am 23. Juli 1803 in Dublin schlug fehl.

119) W. Rüstow, Der Krieg und seine Mittel, Leipzig 1856, S. 323 f.

120) M. Jähns, Handbuch einer Geschichte des Kriegswesens, Leipzig 1880, S. 772; Jähns wies hierbei darauf hin, daß die Rakete anfangs ebenfalls als „Kanone" (=canna, Röhre) oder „Bombarde" (= bombus, Summen, also ein summendes Geschoß) bezeichnet wurde. Vgl.: Transfeldt / K. H. Frhr. v. Brand, Wort und Brauchtum im deutschen Heer, Hamburg 1967, N° 241

Rakete, um die Wirkung noch zu erhöhen, irgendein Geschoss, welches auf den vorderen Theil, die Zehrung aufgesetzt wird. D,Fig.58. . . . Man erkennt ohne Mühe, dass das Abbrennen des Treibsatzes schwerlich so zu regulieren ist, dass es mit vollständiger Gleichmässigkeit stattfinde, die Rakete wird daher in verschiedenen Richtungen während des Fluges verschiedene und unregelmässige Stösse erhalten; auch sieht man ein, dass der Schwerpunkt der Rakete bei dem allmähligen Abbrennen des Treibsatzes und der daraus hervorgehenden beständigen Verminderung des Gewichtes des hinteren Theils beständig weiter nach vorn rücken muss, was um so mehr eintritt, je schwerer das Geschoss, welches der Rakete aufgesetzt wurde. Um nun ein Gegengewicht gegen diese Störungen der Raketenbahn zu erhalten und ein zu starkes Hervortreten der Unregelmässigkeiten zu verhindern, versieht man sie hinten mit einem 9 bis 12 Fuss langen Stabe aus leichtem Holz, der Ruthe m,n, Fig.58. Dieser Stab hat neben seinen Vortheilen auch manche Unbequemlichkeiten, namentlich wirkt er bei windigem Wetter der beabsichtigten Richtung der Rakete oft entgegen, indem er wie eine Windfahne gedreht, sie zwingt, dem Winde entgegen zu fliegen, ein Uebelstand, der nur dadurch zu reduzieren ist, dass man die Triebkraft der Rakete möglichst vergrössert und dadurch, dass man einen nicht zu langsam verbrennenden Satz anwendet, namentlich darauf hinwirkt, dass sie schon mit einer möglichst grossen Geschwindigkeit das Gestell verlasse. Je grösser diese, je kürzere Zeit also der Satz brennt, mit desto grösserem Vortheil wird man die Kriegsraketen unter kleinen Erhöhungswinkeln, also mit rasierenden Flugbahnen gebrauchen können."

Der Begriff Seele stammt dabei aus den Anfangszeiten der Feuerwerkerei. Da man bereits früh erkannt hatte, daß die proportionale Übereinstimmung der Durchbohrung des Treibsatzes mit den Teilen, die sie umgaben, für die Wirkung einer Rakete ausschlaggebend war, wurde diese Bohrung von den alten Feuerwerkern als „anima", als „Seele", angesprochen. Bei den Kanonen ist der Begriff „Seele" lediglich eine Analogie zur Seele der Raketen, was darauf hindeutet, daß die Raketen vor den „Feuerrohren" bekannt waren.[120)]

Auch wenn diese allgemeinen Konstruktionsprinzipien überall bekannt waren, wurde die Herstellung der Raketen in den einzelnen Staaten geheim gehalten, da die Art der Zusammensetzung des Treibsatzes, also das Mischungsverhältnis von Salpeter, Schwefel und Holzkohle, und die Form der Seele sowie die Stabilisierung der Rakete von den Feuerwerkern der einzelnen Staaten jeweils individuell gestaltet wurden, um Reichweite, Tragfähigkeit und Genauigkeit zu optimieren. Eine vollkommene Geheimhaltung war natürlich nicht möglich, so traten, wie in den einzelnen Abschnitten geschildert werden wird, Raketenspezialisten auf, die an der Herstellung der Raketen in einem Lande eingesetzt waren und anschließend als selbständige Konstrukteure mehrere Länder besuchten, um dort ihr jeweiliges „Geheimnis der Raketen", natürlich wiederum unter den entsprechenden Geheimhaltungsbedingungen, zu verkaufen. Überdies wurden, zumal nach den ersten Einsätzen, häufiger ausgebrannte oder auch nicht gezündete Raketen aufgefunden und anschließend genau vermessen und analysiert, um diese in der Folge nachbauen zu können. Auf diese beiden Arten verbreitete sich nach den ersten Raketeneinsätzen im 19. Jahrhundert rasch das Geheimnis der Raketenherstellung über alle Staaten des europäischen Kulturkreises. Die nachstehende Karte soll dabei einen ersten Überblick über die zeitliche Folge der Raketenentwicklung in Europa bieten und zugleich einen ersten Hinweis auf die Personen geben, welche in den einzelnen Staaten die Kriegsraketen weiter entwickelten, ihre Herstellung beeinflußten oder die Herstellungsprinzipien weitergaben.

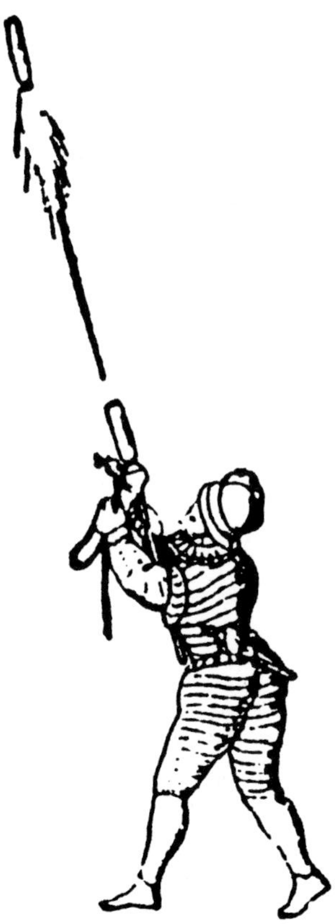

Nachtrag:

Seite 15 (rechts oben): zum Grafen von Nassau: Aus seiner Bilderhandschrift mit der Abbildung eines zeitgenössischen Raketenschützen *(Abbildung links)* ist zu ersehen, daß Raketen zu dieser Zeit (um 1610) noch im Gebrauch waren.
dazu: neue Fußnote:
A. Demmin, Die Kriegswaffen in ihren geschichtlichen Entwicklungen, Zweiter Band, Ergänzungen zu den vier Auflagen, Wiesbaden 1895/96, S. 206

Verbreitung der Kriegsraketen in Europa

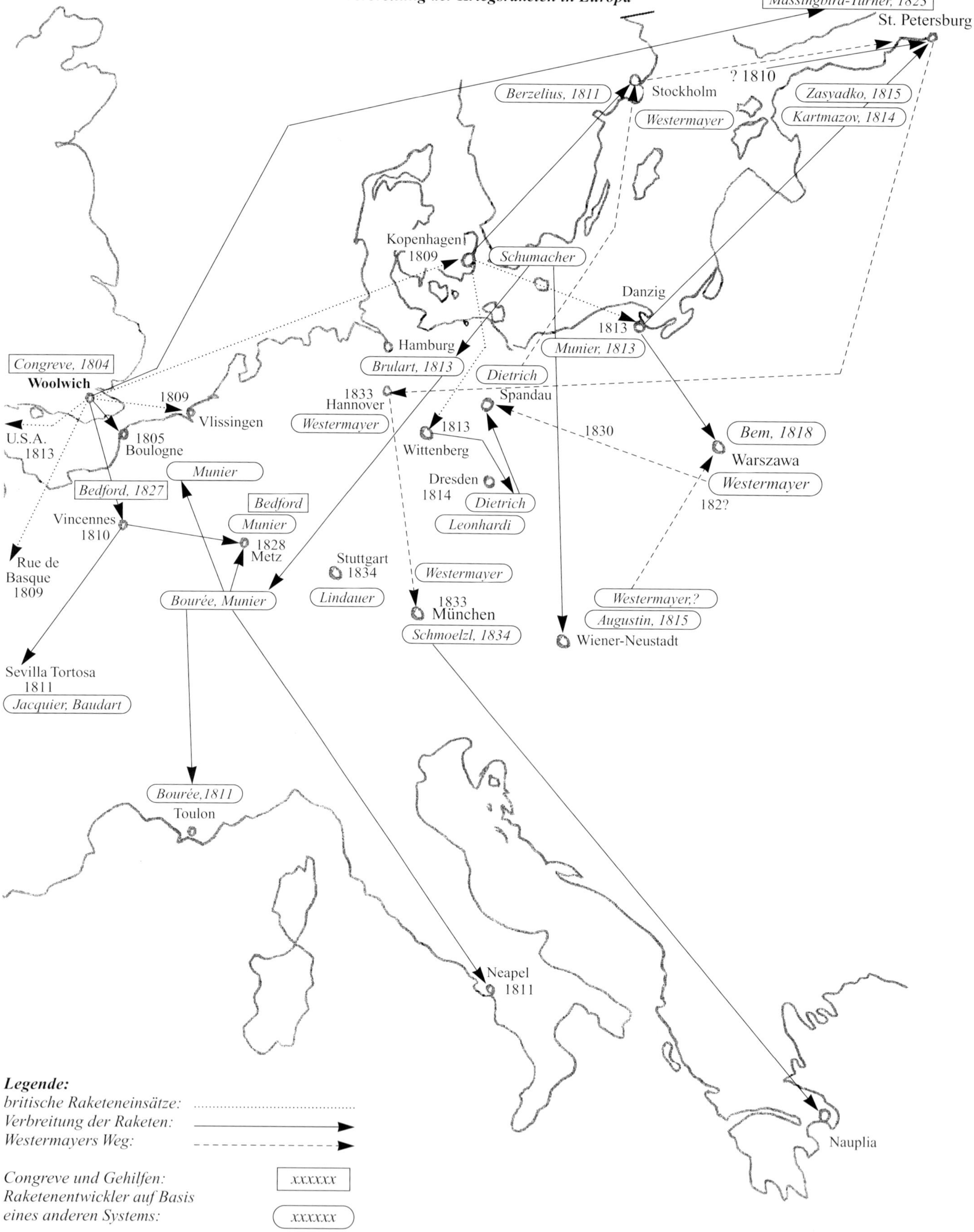

3. Das Vereinigte Königreich von Großbritannien und Irland

Die Entwicklung der europäischen Kriegsraketen begann im Vereinigten Königreich von Großbritannien und Irland. Hier wurden die ersten feldverwendungsfähigen Raketen entwickelt, hergestellt und eingesetzt. Nach ihrem Muster wurden in zahlreichen anderen Staaten Europas Raketen entwickelt oder weiterentwickelt. Der Name Congreve[1] wurde so fast zu einem Synonym für die Rakete. Aber auch Congreve hatte einen Vorgänger in England. Nach den ersten Nachrichten von den indischen Raketeneinsätzen versuchte bereits der Chef-Feuerwerker des Königlichen Laboratoriums in Woolwich, Captain Thomas Desaguliers,[2] der einer emigrierten französischen Hugenottenfamilie entstammte, in den Jahren zwischen 1770 und seinem Todesjahr 1780 Raketen zu entwickeln. Er gab diese Versuche dann aber auf, wohl weil es ihm weder gelang die gewünschte Reichweite noch die erforderliche Genauigkeit zu erzielen.[3]

a. Entwicklung und erste Einsätze

1803 begann Napoleon seine Vorbereitungen für eine Invasion Großbritanniens und ließ die erforderlichen Truppen und Landungsschiffe in den Kanalhäfen bereitstellen. Für die Royal Navy war eine Beschießung dieser durch Batterien gesicherten Häfen mit den Carronaden der Kanonenboote, die nur eine geringe Reichweite besaßen, nicht möglich.[4] Irgend jemand kam auf die Idee, für eine Beschießung Raketen einzusetzen; auf eine Anfrage hin erklärte sich jedoch die Ostindische Kompagnie 1803 außerstande, die erforderlichen Raketen herzustellen. Das Board of Ordnance gab nun den Auftrag an das Königliche Laboratorium in Woolwich weiter, das zu dieser Zeit von Generalmajor William Congreve d. Ä. als Comptroller geleitet wurde.[5] Hierdurch erfuhr sein ältester Sohn, der bereits einige technische Erfindungen gemacht hatte, von dem Raketenproblem. Möglicherweise hatte er auch Zugang zu den Unterlagen der Raketenversuche von Desaguliers. Congreve schrieb hierzu:

„In the year 1804 it first occurred to me that, as the projectile force of the rocket is exerted without any reaction upon the point from which it is discharged, it might be applied succesfully both afloat and ashore, as a military engine, in many cases where, from the violent recoil produced by exploding gunpowder, the use of artillery . . . is either entirely impossible, or at best very limited . . . I knew that rockets were used for military purposes in India; but that their magnitude was inconsiderable and their range not exceeding 1,000 yards. I knew also that, some years since, several experiments had been made in the Royal Laboratory by General Desaguliers, then fire master, for the construction of large rockets; but that they had not succeeded, and that very few of them would even rise off the stand . . . and therefore felt determined to convince myself by actual experiment . . . I applied to Lord Chatham for permission to have some large rockets made at Woolwich, and his Lordship was pleased to grant my request."[6]

Congreve war damit auch durch die Wende zum technischen Zeitalter geprägt, also den Übergang der „trial and error" Methode früherer Zeiten zur wissenschaftlich-technisch basierten Entwicklung.

William Congreve begann also 1804[7] in Woolwich mit dem Versuch, kriegsverwendungsfähige Raketen zu konstruieren. Hierzu beschaffte er sich zunächst die besten Feuerwerksraketen, die er erhalten konnte und begann mit diesen, zunächst auf eigene Kosten, zu experimentieren; keine erreichte eine größere Reichweite als 7 - 800 yards;[8] nach eigenen Verbesserungen gelang es ihm die Reichweite auf 1.500 yards zu vergrößern. Noch besaßen diese ersten Raketen nur grau lackierte Papierhülsen und einen Seitenstab mit einer Länge von 25 Fuß.[9] Als Treibsatz diente Schießpulver, das zu einer Art Paste verarbeitet war. Nunmehr erhielt er von Lord Chatham aufgrund eines Gesuches die Genehmigung, seine Versuche in Woolwich fortzusetzen. Nach wei-

---

1) Sir William Congreve, geboren am 20.05.1772 in Hackney (bei London) als Sohn eines Artillerieoffiziers. Sein Vater, William Congreve der Ältere, war seit 1789 Comptroller of the Royal Laboratory in Woolwich, seit 1803 Colonel Commandant of the Royal Artillery und wurde 1808 Generalleutnant, er starb (Selbstmord) am 30.04.1814. Congreve wird von einzelnen Autoren eine militärische Laufbahn zugeschrieben, die angeführten Daten lassen sich nicht bestätigen, er soll 1791 ein Patent als Second Lieutenant der Royal Artillery erhalten haben. (so: Robson, Rockets in the Napoleonic Wars, The diary of William Laycock, in: JSAHR, winter 1948, p. 147, und auch: R. Perkins, Gunfire in Barbary, Havant 1982, p. 185) Graves, Sir William Congreve and the Rocket's Red Glare, Ontario 1989, zweifelt an dieser Angabe; auch gem.: Lloyd / Craig, Congreve's Rockets 1805-1806, London 1952, p. 424, besaß C. niemals ein Patent der regulären Armee. Er erwarb 1793 den Abschluß als Bachelor, 1795 den Master am Trinity College und studierte anschließend Recht, nach Beendigung des Studiums Eigentümer und ab 1803 Herausgeber des Royal Standard, 1812 Member of Parliament für Gatton, 1815 2nd Baronet of Walton (nach dem Tod seines Vaters), 1817 Abgeordneter für Plymouth, 1824 in Wesel mit Isabella McEvoy (portugiesischer Abstammung) verheiratet, 2 Söhne und eine Tochter. Seit 1824 auch in der Wirtschaft engagiert als Chairman of the Equitable Loan Bank, President of the Arigna Iron and Coal Company, Director of the Peruvian Mining Company, daneben zahlreiche Reisen auf dem Kontinent, wobei er auch Goethe traf. Gestorben 15.05.1828 in Toulouse, wo er seine letzten Jahre verbrachte, um im warmen Klima seine Gesundheit wieder herzustellen. Congreve war ebenso Ingenieur und befaßte sich zusätzlich mit der Kunst, in mehreren Farben zu drucken, der Verbesserung des Baues von Schleusen und Kanalisation, der Konstruktion von Dampfmaschinen sowie der neu aufkommenden Gasbeleuchtung und Verbesserungen für Schiffsgeschütze. Er besaß mehrere Patente, u. A. auch für eine Drucktechnik um Banknoten fälschungssicher herzustellen und hat zahlreiche Schriften veröffentlicht (Verzeichnis seiner Schriften in: Graves, Sir William Congreve). Congreve zu Ehren wurde 1970 ein Krater auf der Rückseite des Mondes nach ihm benannt (F. H. Winter, The Eagle has Returned, in: Vol. 45, Science and Technology, An American Astronautical Society Publication, Alamogordo 1977, p. 224) Biographische Daten nach: Graves, a.a.O., Winter, a.a.O., sowie: Becklake / Millard, Congreve and his Works, in: JBIS, Vol. 45, 1992, pp. 281 - 284

2) Chief-Firemaster des Royal Laboratory 01.04.1748 - 01.03.1780

3) Angaben nach: J. Marshall-Cornwall, Early rockets, in: Royal Artillery Historical Society Proceedings, Vol. 111, No. 2, 1972, p. 40

4) Ein erster Versuch, die in Boulogne liegenden Schiffe zu vernichten war im Oktober 1804 fehlgeschlagen; hierbei wurden unter dem Kommando Lord Keiths „catamarans" eingesetzt (mit etwa 40 barrels Pulver und Brandmaterial gefüllte Boote, die zusätzlich Ballast enthielten, um nur noch knapp über die Wasseroberfläche zu reichen, die Ladung wurde durch ein Uhrwerk gezündet, die Boote mußten aber zu dem Ziel geschleppt werden); bei diesem Einsatz am 2. Oktober wurde nur die Peniche (Kanonenboot) No. 267 getroffen. (W. James, The Naval History of Great Britain, Vol. 3, London 1902, pp. 232; vgl.: D. W. Thomson, The Catamaran Expeditions, in: U.S. Naval Institute Proceedings, 1944, p. 143 - 155)

5) W. Congreve, General View of a Complete Course of Experiments, London 1809, p. 24: „I have learned . . . that, in the year 1803, they applied to the comptroller of the laboratory respecting the fabric of the Indian War Rockets, with an order to construct a quantity, if they were acquainted with the art in that department. This was not the case - . . . "

6) W. Congreve, A Concise Account of the Origin and Progress of the Rocket System, London 1810, p. 1

7) Congreve, Concise Account, a.a.O., p. 1, und: Hogg, Artillery it's Origin, Heyday and Decline. London 1970

8) W. Congreve, Memoir of the Possibility, the Means, and the Importance of the Destruction of the Boulogne Flotilla in the Present Crisis, London 1806, p. 12: „These Rockets, when I first began to experiment with them, would not range more than seven or eight hundred yards-"; in: Congreve, Concise Account, a.a.O., p. 2, schrieb er noch von einer Höchstreichweite dieser Raketen von 5 - 600 yards

9) Congreve, Concise Account, a.a.O., p. 2: „Hitherto I had laboured at my own cost, and had expended several hundred pounds in different experiments; . . . ", zur Länge des Stabes: ibidem, p. 3; siehe auch: Sir W. Congreve, Abhandlung über die allgemeinen Grundsätze, die Kräfte und die Leichtigkeit der Anwendung des Congreveschen Raketensystems verglichen mit der Artillerie, Weimar 1829, S. 7; nach seinen Angaben investierte Congreve in diese Versuche 100 £, noch 1808 mußte sich Congreve bei General Stewart über mangelnde Unterstützung beklagen. Er wies darauf hin, daß er seit der Erfindung der Waffe freiwillig jeden Einsatz unterstützt habe „ . . . I have fitted thus situations, which in military affairs it has seldom fallen to the lot of the same Per-

Sir William Congreve (Portrait: James Lonsdale 1812)

teren Versuchen, bei denen er auch erste Gesetzmäßigkeiten der Konstruktion feststellte, gelang es ihm dann mit auf 6- und 8 Pfund vergrößerten Raketen, sowie ersten 20pfündigen[10] Reichweiten von 2.000 yards zu erreichen. Im Spätsommer 1804 bereits wurden die ersten Angehörigen der Royal Marine Artillery nach Woolwich kommandiert, um an diesem neuen Waffensystem für Versuche ausgebildet zu werden. Am 29. April 1805 erhielt Congreve d. Ä. vom Board of Ordnance die Weisung, die Experimente seines Sohnes so weit wie möglich zu unterstützen, und der Commandant der Garnison von Woolwich wurde beauftragt, nach Fertigstellung der Raketen, diese dem „Committee of Colonels" vorzuführen. Das Board nahm das neue Projekt sehr ernst und tat alles, um die Entwicklung voranzutreiben. Hierzu wurde Congreve am 29. April ein Arbeitsraum in Woolwich zugewiesen, auch wurden ihm einige Arbeiter des Arsenals zugeteilt.[11] Am 30. August 1805 erhielt der Comptroller den Auftrag, die Versuche schnellstmöglich durchzuführen und dem Entwickler alle nur mögliche Unterstützung zu geben, deren Umfang ihm im Einzelnen von diesem erläutert werden würde.[12] Ende August konnte Sir W. Congreve d.Ä. dem Board melden, daß eine Vorführung im scharfen Schuß jederzeit möglich wäre. Congreves Anforderungen wurden immer umfangreicher, so daß das Board zugeben mußte, daß der Aufwand für dieses Projekt „were much greater than they had first imagined". Um den Bearbeitungsweg zu vereinfachen, wurde festgelegt, daß Congreve in Zukunft alle Forderungen an den Master General und das Board über den zuständigen Minister vorlegen sollte.[13] Im September 1805 durfte Congreve dann seine Raketen dem Prinzregenten,[14] dem Premierminister Sir William Pitt, dem Kriegsminister Lord Castlereagh und dem Master-General of the Ordnance Lord Mulgrave in den Plumstead-Marschen vorführen. Der Versuch war erfolgreich, die Teilnehmer waren von der neuen Waffe begeistert und erteilten der Admiralität den Auftrag, so bald wie möglich einen Einsatz dieser Raketen gegen Boulogne durchzuführen. Congreve erhielt von Castlereagh darauf den Auftrag, zum frühest möglichem Zeitpunkt 500 Brandraketen, die „keep blazing for ten minutes after falling" sowie die erforderlichen Abschußgestelle (frames) für zehn 18-rudrige Raketenboote fertigzustellen.[15] Congreve notierte hierzu:

„The project was determined by Ministers in September, and every preparation in which I had the honour to be concerned, the fitting of the Rocket launches, and the making of three thousand six and eight-pounder Rockets, was completed in less than two months, although the building and apparatus for making them was in the first place to be created, nothing of the kind being previously in existence."[16]

(1) Generalprobe und Premiere: Boulogne

William Pitt (d.J.) erteilte daraufhin Admiral Keith, dem Befehlshaber der Kanalflotte, die Weisung, die Raketen gegen Boulogne zur Erprobung ihrer Wirksamkeit einzusetzen, mit dem Ziel, Teile der französischen Invasionsflotte zu vernichten.[17] Kurz nach der Ernennung von Sir Sidney Smith zum Commodore kam Congreve mit einem Vorrat von Raketen aus Woolwich und führte eine Erkundung für den Angriff durch. Zum Ergebnis stellte Lord Keith fest:

---

son to have fitted, and which perhaps is scarcely to be looked for in a Man enjoying no rank either in the Army or navy. I am not therefore without hope that I have no small claim to the support of Government, when I reflect on the success which has already marked my exertions. The same desire to proved whenever I may be serviceable still animates me, but I do trust I am not unreasonable in now hoping that my future exertions may be facilitated by some token of past success - especially when that token will cost the Government little to grant. Through the patronage of Lord Castlereagh who from the first foresaw the benefit to be derived from this weapon, I have received a very liberal allowance in forwarding the undertaking however I have had occasion to draw frequently + largely on my private resources; thus for therefore I am literally without any positive remuneration - on this subject however." Abschließend wies er daraufhin, daß bei mehr Unterstützung die Entwicklung erheblich beschleunigt werden könnte. (P.R.O., WO 1/1117 [163], Brief Congreve an General Stewart, 22nd April 1808 [Unterstreichungen im Original])

10) Congreve bezeichnete die Kaliber der Raketen nicht wie bei den Rohrwaffen nach dem Gewicht des Geschoßes, sondern nach dem Gewicht der mit dem Treibsatz gefüllten Raketenhülse; W. Congreve, Memoir, a.a.O., p. 11: „Having, therefore, previous to that time, tried a variety of experiments with large Rockets, with a view to increase their range, so as to use them as vehicles of carcass matter for an auxiliary in a line of bombardment, and having succeeded so as to get the six and eight pounder Rockets to range 2000 yards and upwards." Sowie (p.12): „As far as I have yet proceeded in the construction of the larger nature of Rockets, I have found their power increase in a certain ration to their magnitude. I have now made them as large as 20 pounders; and though this Rocket, when completed, weighs 37 lbs. it still has greater powers of flight than the 8-pounder, which weighs only 12 lbs. In fact, the power of the Rocket increases, as the cubes of the diameter, and the resistance only as the squares."

11) F. H. Winter, The Eagle, a.a.O., p. 225

12) O. F. G. Hogg, The Royal Arsenal, it's Background, Origin, and Subsequent History, Vol. I, London 1963, p. 519

13) ibidem, p. 519

14) Prinzregent George (1762-1830), ab 1810 Prinzregent für seinen regierungsunfähigen Vater, König George III., ab 1820 König. Zur Zeit der Versuche also noch Prince of Wales aber de facto bereits als Prinzregent tätig.

15) Zitat nach: E. Fraser / L. G. Carr-Laughton, The Royal Marine Artillery, Vol. I, London 1930, p. 49; nach: Thomson, a.a.O., p. 150, erhielt er den Auftrag zur Herstellung der Raketen bereits am 19. August

16) Congreve, Memoir, a.a.O., p. 28 (appendix)

17) Lord Keith hatte bereits im Februar 1804 Überlegungen angestellt, die französischen Transportschiffe in Boulogne durch Brander anzugreifen, diese frühe Planung wurde aber nie realisiert (C. Markham [edit], Selections from the Correspondence of Admiral John Markham during the Years 1801-4 and 1806-7, London 1904, pp.150)

„. . . *he has told us nothing we did not know these two last years, and as for attempting to burn a few vessels in that extensive Road of Boulogne, it is nonsens; we shall get our ships crippled, fail of success, and be at great expense.*"[18]
Zunächst galt es aber noch, der Idee eines anderen Erfinders zu begegnen, der ebenfalls eine Methode ersonnen hatte, um alle feindlichen Flotten in ihren Häfen zu vernichten und der gleichfalls seine Ideen tatkräftig vertrat. Es handelte sich dabei um Robert Francis, ein Pseudonym von Robert Fulton, der sich auch mit der Erfindung von Unterseebooten befaßte. Dessen Vorschlag sah vor, zwei Carcassen, die mit einer Leine verbunden waren, von schnell rudernden Galleys weit vor dem zu vernichtenden Schiff ins Wasser zu lassen, damit sie von der Flut auf das Schiff zugetrieben würden, so daß dieses Verbindungsseil - vom Bug des Schiffes angehalten - bewirkt hätte, daß die Carcassen sich an der Bordwand des Schiffes entzündet und dieses in Brand gesetzt hätten, also eine Art Vorläufer des Torpedos. Frances konnte in Dover die Durchführbarkeit seiner Idee beweisen, stieß aber auf den Widerstand der Seeoffiziere, die dies Verfahren unter Gefechtsbedingungen für nicht durchführbar hielten, der Befehlshaber der Boulogne-Dungeness Squadron, Sir Sidney Smith,[19] sprach sich jedoch für einen Versuch aus; möglicherweise wurde er auch erst durch einen letzten Vorstoß von Francis am 2. November 1805 hierzu motiviert.[20]

Am 12. Oktober 1805 fiel auf einer Besprechung auf Walmer Castle unter Leitung von Pitt, an der Castlereagh, Keith, Smith, Congreve und Fulton beteiligt waren, die Entscheidung; beide konkurrierenden Verfahren sollten in Abhängigkeit von der Lage zum Einsatz kommen. Castlereagh erteilte dann am 16. Oktober die entsprechende Weisung an Lord Barham, nachdem eine Erkundung der Anlagen von Boulogne stattgefunden hatte, um die erforderliche Schußentfernung für die Raketen festzustellen:
„*Having directed a military survey to me made of the harbour of Boulogne, with the view of ascertaining how far it may practicable to approach within such a distance of the basin as to bring it within range of rockets of a combustible nature lately prepared by Mr. Congreve, and the report received being favourable, I am directed to convey to your Lordships his Majesty's command that you do issue the necessary orders for causing an attempt to be made, supported by an adequate naval force, thereby to set fire to and destroy the enemy's flotilla in that harbour.*"[21]

Keith schrieb anschließend an Barham:
„*The plans seemed to have been determined on, and I was only asked about the means of putting them into force. Sir Sidney Smith seemed to have only one wish, which is to get all force on this coast put under his direction, to create an èclat in the papers; Mr. Francis (i.e. Fulton) is full of coffers, carcasses and submarine boats, which will not answer here; Mr. Congreve, who is ingenious, is wholly wrapt up in rockets, from which I expect little success, for Mr. Congreve has no idea of applying them professionally.*"[22]
Auch wenn Lord Keith noch nichts von den Raketen hielt und nur von „Congreves Knallerbsen"[23] sprach, so war doch der Kommandierende für diesen ersten Einsatz, Commodore Sir Sidney Smith, von den Möglichkeiten der Raketen überzeugt. Für den Fall, daß diese Unternehmung erfolgreich sein würde, hatte Castlereagh beabsichtigt, Sir Sidney Smiths Flottille nach Cadiz zu entsenden, um dort die vereinigte Französische und Spanische Flotte ebenfalls mit Fultons Torpedos und Congreves Raketen anzugreifen, ein Vorhaben, das auch von Nelson in einer diesbezüglichen Besprechung gebilligt wurde.[24]
Zu dieser Aktion wurde unter Congreves technischer Leitung eine Flottille von 12 Ruderkanonenbooten[25] mit Abschußgestellen eingesetzt, von denen jedes auf einer geschleppten Pinasse 48 Raketen mitführte. 5.000 acht-pfündige Raketen, mit einem Brandsatz von drei Pfund versehen, sollten abgefeuert werden. Die Angehörigen der Royal Marine Artillery, die für den Einsatz vorgesehen waren, wurden für sechs Wochen intensiv in Dover und in den Downs in der Anwendung der Raketen unter strengster Geheimhaltung ausgebildet. Jeweils zwei Boote sollten zusammenarbeiten, nämlich ein Boot, von dem aus die Raketen abgefeuert werden sollten, und eine Pinasse, auf der die Raketen mitgeführt wurden. Das Raketen-Boot durfte die Raketen erst unmittelbar vor dem Einsatz übernehmen. Am Einsatzort wurde ein Mast aufgerichtet und an ihm das Abfeuerungsgestell mit der gewünschten Elevation befestigt, die Pinasse befand sich im Schlepp des Bootes. Die Raketen wurden dann auf der Pinasse mit ihren Stäben versehen und auf das Kommando „load" an das Raketenboot übergeben; anschließend vergrößerte die Pinasse den Abstand, um aus dem Bereich des Feuerstrahls der Raketen zu gelangen und machte die nächsten Raketen fertig. Zum Angriffsplan war auf der Besprechung auf Walmer Castle festgelegt worden:
„*It appearing from the report and survey of the Ordnance engineers that a station may be taken by the rocket launches within 2.000 yards of the centre of the Basin and about 1.200 yards distant from the*

18) Correspondence of Castlereagh, Vol V, p. 110, zitiert nach: Lloyd / Craig, a.a.O., p. 425, Stellungnahme Keith an Lord Barham aufgrund der entsprechenden Meldung von Sir Sidney Smith, Castlereagh hatte die Einsatzidee besser verstanden und wies daraufhin, daß es sich um eine Beschießung auf große Entfernung handele, durch die kein Schiff einer Gefahr ausgesetzt würde. Zum Schriftverkehr siehe auch Beilage 2/1.
19) Ernennung im August 1805, das Geschwader gehörte zur Nordseeflotte, Befehlshaber Lord Keith, Aufgabe des Geschwaders war die Blockade der französischen Kanalhäfen; es bestand aus 22 Schiffen, Flaggschiff war H.M.S. *Antelope*. Sir Sidney Smith wurde im Dezember zum Konteradmiral ernannt, sein Nachfolger wurde Commodore E.W.C.R. Owen, bis dahin Kommandant der *Immortalitè*.
20) P.R.O., WO 1/185, Brief Rob. Francis, in dem er nochmals seinen Angriffsplan erläuterte. Die „Carcassen" (eigentlich Treibminen) bestanden aus wasserdichten Behältern mit einem Uhrwerk, das wenige Minuten nach dem Absetzen die eingebaute Sprengladung aus 170 Pfd. Pulver entzündete. Den erforderlichen Auftrieb erhielten diese Sprengkörper durch eine Korkladung. Eine Vorführung am 15. Oktober bei Walmer Road, deren Ziel eine alte dänische Brigg, die *Dorothea*, war, verlief erfolgreich: „The brig seemed to be lifted up bodily, broke completely in two, and at the end of one minute nothing was seen but floating wreckage." (W. Hovgaard, Modern History of Warships, London 1920, p. 439), Fulton erhielt pro Monat seines Aufenthaltes von der Admiralität £ 200 Spesen, überdies war ihm pro versenktem Schiff ein Extrahonorar zugesichert worden. Angaben nach: Fraser / Carr-Laughton, a.a.O., pp. 49, sowie: E. Taylor Parks, Robert Fulton and Submarine Warfare, in: MilA, Winter 1961/62, p. 177 - 182 (ein Vertrag mit Sir W. Pitt war am 20. Juli 1804 geschlossen worden), und: Dr. Langhans, Geschichtstafeln zu Gebieten der Wehrchemie, in: ZgSS, Sonderbeilage zum 34. Jahrgang; in: J. K. Laughton (edit.), Letters and Papers of Charles, Lord Barham, Vol III, London 1911, p. 155, zitierte der Herausgeber aus Jame's Naval History, daß diese „Carcassen" „40 barrels of powder" enthalten hätten. Fulton hatte zuvor die selbe Einsatzidee auch in Frankreich propagiert, war aber vom französischen Marineminister Decrès abgewiesen worden (Naval Chronicle, Vol. 21, january - june 1809, p.410, F.F.F., On coffers, rockets, infernals, fire devils, katamarans, &c) Am 21. Mai 1804 hatte Fulton erstmals seine Vorschläge, Torpedos und Unterseeboote, vorgelegt, die dann von einer Kommission unter dem Präsidenten der Royal Society, Henry Cavendish, geprüft wurden, Mitglied dieser Kommission war auch Congreve (Thomson, a.a.O., p. 144)
21) J. K. Laughton, a.a.O., p. 158
22) ibidem, p. 157; weitere Briefe und Befehle zur Vorbereitung dieses Einsatzes sind in der Beilage 2/1 enthalten.
23) „Mr. Congreve's squibs", so in einem Brief von Vice-Admiral Holloway vom 19. Oktober an Lord Keith (J. K. Laughton, a.a.O., p. 171)
24) Thomson, a.a.O., p. 150; Lord Barham hatte dagegen vorgeschlagen, den Einsatz gegen Boulogne zugunsten Cadiz entfallen zu lassen: „But if you do not immediately send Sir Sidney Smith off to Cadiz, without thinking of Boulogne, that part of the project which bids fairest for success will be lost. The combined quadrons now lie in a huddled, disorderly state at Cadiz. If the rockets can be of use, a better opportunity cannot be desired . . ." (ibidem) Nelson notierte hierzu am 1. Oktober 1805 an Bord der *Victory*: „Even should no Ships be burnt, yet it would make Cadiz so very disagreable that they would rather ask an Action than remain in Port. I do assure your Lordship that myself and many thousands in the Fleet will fall under the greatest obligations to Colonel Congreve . . ." (ibidem). Die Royal Marine Artillery war erst mit Beschluß vom 18. August 1804 gebildet worden, vor allem um die Mörser der „bomb-vessels" zu bedienen. Die Artilleristen trugen zunächst blaue Jacken, gegen welche die Navy Einspruch erhob, so daß diese nur noch an Land getragen werden durften. (C. Field, Britain's Sea-Soldiers, Liverpool 1924, Vol. I, pp. 259)
25) Marshall-Cornwall, a.a.O., p. 41, gab nur „ten 18-oared launches" an. Auch: Congreve, Memoir, a.a.O., p. 13, gab an, daß nur 10 launches vorbereitet worden wären.

enemy's batteries, it is proposed to make an attempt to set fire to the flotilla by successive discharges of rockets from 12 launches, each carrying 48 rockets. In order that the rocket launches may arrive at their proper stations, the attack must be made when none of the enemy's flotilla is advanced in the road, or, if advanced, they must be previously be driven in.

. . . When everything is prepared and the weather favourable, if the enemy's vessels are reported not to be without the harbour, the squadron consisting of such numbers of vessels as may be absolutely requisite to protect the launches and to annoy the enemy with shells after the rockets have been discharged, to sail from Walmer Roads so as to arrive off Boulogne about half ebb, which will secure the attack from interruption from the enemy's boats till the following flood. The period of low water seems to be most favourable for discharging the rockets. The enemy's flotilla will then be more exposed to combustion.

. . . The attack to be made as soon after dark as the tide will permit, when the lights in the houses at Boulogne may serve as a direction both for the launches rowing in and for directing the rockets. A steady officer to be appointed to each launch who is to be answerable for the discharge of the rockets in their proper direction. A directing boat to lead in, taking a station 2.000 yards from the centre of the Basin about 1.200 yards to the southwest of the Imperial battery. The directing boat having dropped an anchor at the proper station, each launch is in succession to row round this boat, and having discharged their rockets, immediately to retire. The launches to follow each other at such intervals as will not unnecessarily expose them to the concentrated fire from the enemy before they can take their stations and discharge the rockets."[26]

Die Besatzungen der Boote erhielten als Schutz vor dem Feuerstrahl beim Abfeuern schwere Schutzmäntel. Am 6. November wurden 3.600 8pfündige Brandraketen sowie einige bereits mit Shrapnels[27] versehene Raketen an Bord der Kanonenbriggs verladen, auch die Marineartilleristen unter Führung Lieutenant Robinsons gingen an Bord, jeweils ein Bombardier und 2 Kanoniere je Raketenboot. Die Beschießung sollte auf mindestens 1.200 yards Entfernung stattfinden, die Boote sollten jeweils Salven von 6 Raketen abgeben, gemischt mit Shrapnelraketen, um Löschversuche zu stören. Am 16. November vereinigten sich die „launches" nach einigen Schwierigkeiten[28] mit dem Geschwader, das gegen Abend des 17. September vor Boulogne stand.[29] Unerwarteter Weise standen aber 29 französische Kanonenbriggs auf der Reede und zwar nahezu an dem Punkt, von dem aus die Boote ihre Raketen hätten feuern sollen; damit wurde es erforderlich, zunächst diese Briggs zu vertreiben. Vom 18. bis 20. November wurden hierzu Angriffe mit den Carcassen Fultons unternommen, die jedoch keinen Erfolg hatten.[30] Da ein Wetterumschwung drohte, entschloß sich Sir Sidney Smith in der Folgenacht zum ersten Einsatz der Raketen.

„ . . . on Thursday the 21st there still remained the nine-and-twenty gunbrigs where they were found on Monday. The wind had blown so long from the East, that every day a change was to be feared. - This determined Sir Sidney to tempt to drive them by other means; he therefore resolved to cannonade them, with all the gun brigs and sloops of war, as they lay at anchor that night, by running close alongside of them; in which situation their batteries could not have fired on our vessels without also firing into their own. The rocket launches were to have been towed in by their respective brigs; half the rockets being laid horizontally, to be poured into the brigs when they passed, and half to have been thrown into the bason."[31]

Gegen 5 Uhr nachmittags am 21. begaben sich Smith, Congreve, Fulton und Robinson an Bord der Sloop *Diligence*, wo die Raketenboote bereits warteten. Der Wind frischte bereits auf, als die Raketenboote soweit wie möglich vorgingen und trotz des einsetzenden Sturmes versuchten, so gut wie möglich ihre Raketen abzufeuern. Es gelang aber nur, etwa 200 abzufeuern, bis die Aktion abgebrochen werden mußte.[32] Sir Sidney Smith entschloß sich dann, den Angriffsplan von Francis auszuführen. In seiner anschließenden Meldung hieß es:

„My Lord, - It being impossible under the circumstances of wind and weather to place the rockets in the frames of the launches and use them

---

26) Brief Castlereagh an Keith, Walmer Castle, Saturday, october 13, 1805 (Enclosure-Minute relative to the proposed attack on the enemy's flotilla at Boulogne), zitiert nach: Lloyd / Craig, a.a.O., p. 433

27) Die offizielle Bezeichnung lautete „Spherical case shot", die Bezeichnung „Shrapnel shell" wurde erst am 02. Juni 1852 durch das Ordnance Select Committee genehmigt. (JSAHR, Vol. II, 1923, pp. 148, Note 42)

28) Meldung Sir Sidney Smith an Lord Keith vom 17. November: „Under this conviction and with this in view, I urged the launches coming out of the harbour yesterday evening, as soon as the tide served in the evening I overruled all objections, and having Mr. Congreve's consent, I gave orders at sunset to Captain Tidy of the Diligence, to the lieutenants commanding the gun-brigs to which the launches are attached and the sub-lieutenants commanding them, to bring them out immediately, intending to profit by the remainder of the weather tide and stretch across while the weather was moderate and the wind at east. Such, however, is the inefficacy of some of the gun-brigs and the indiscipline of their crews, that though I sent in all the aid of the squadron in boats to assist, many of them lost their tide, and it was not till the morning's flood that the launches reached their respective vessels. One sunk suddenly and unaccountably, after she was attached - it is supposed from a butt starting. The Gemini, double-galley, being found leaky, from her scantling being too slight for the additional weight, has filled; but being made buoyant, expressly by the addition of cork, she remains afloat, and I have ordered her into the harbour again . . ." (zitiert nach: J. K. Laughton, a.a.O., p. 167)

29) Congreve scheint sich unter diesen Umständen seiner Sache nicht mehr vollständig sicher gewesen zu sein, in einer Meldung von Sir Sidney Smith vom 17. November abends hieß es: „and it is a question in Mr. Congreve's mind wether with new men, though intelligent and willing, he can succeed in fixing the frames, placing the rockets, and priming them so as to ensure a simultaneous and certain operation in the dark. We can but try." (zitiert nach: J. K. Laughton, a.a.O., p. 169); siehe auch: Congreve, Memoir, a.a.O., p. 13; die Zahlen der mitgeführten Raketen sind widersprüchlich, Congreve selbst gab nur 3.000 an, wobei 50 Raketen in einer Salve abgefeuert werden könnten: „. . . so that each launch, rowing eighteeen oars, might in a volley, discharge fifty 8-pounder Rockets, each Rocket containing as much carcass composition as an eight-inch spherical carcass." Zur geplanten Durchführung schrieb er an gleicher Stelle: „The Rockets were laid in frames, fixed at 55°†(† (I have found this the best angle: for as the Rocket leaves the frame before it has acquired its full force, it sinks a little a first, and therefore goes off at about 45°) of elevation, between the masts of the launches, so that they could be fired by a leader terminating in a gun lock, 50 in a volley- the ten boats, therefore, would discharge 500 in one flight, which would, by one single and momentary operation, convey as much carcass matter as could be thrown in four hours by ten 9-inch mortars:"

30) ibidem, p. 29; vgl. Thomson, a.a.O., p. 153, hiernach waren die französischen Briggs mit 2 Bugankern verankert, so daß die „Torpedos" von den Ankertauen abgelenkt wurden.

31) Congreve, Memoir, a.a.O., p. 30; Congreve kommentierte an gleicher Stelle: „Every shot must have taken effect; assisted, too, by a new weapon, by a shower of three hundred shell rockets, bursting about their ears and scattering musquet balls, and without any support from their batteries, the probable consequence would have been, that they would have taken to their boats and gone ashore- . . . and had the bay been thus cleared, there were prepared 1.000 Rockets ready to pour into the bason during the confusion. But Fortune had decreed it otherwise; . . ."

32) nach: Fraser / Carr-Laughton, a.a.O., p. 57; Congreve, Memoir, a.a.O., p. 30, erwähnte keine abgefeuerten Raketen. Die genaue Zahl der abgefeuerten Raketen läßt sich wohl nicht mehr feststellen. Zumindest meldete Sir Sidney Smith am 22. November an Lord Keith, daß vor Abbruch der Aktion Raketen abgeschossen wurden: „The perfect calm of yesterday encouraged me to hope for a continuance during the night of such favourable weather, for a near approach with the launches, and every preparation was made by Mr. Congreve, with his apparatus . . . I am persuaded all feel regret with myself that adverse elements prevented us from closing with the enemy . . . The Lord Keith cutter, being destined for service inshore, and Lieutenant Mitchell Roberts volunteering his services to remain out, on the Florence being ordered in with the four men wounded in the Vesuvius's gig. I have put him into the Lord Keith, and send Sub-Lieut. Spilsbury of the Exertion in with this dispatch, as he was the nearest inshore and used the rockets from the Sagittarius, consequently enabled to enter into such details I omit." (zitiert nach: J. K. Laughton, a.a.O., p. 173).Ein Correspondent der „Times" berichtete (The Times, November 25, 1805, Operations off Boulogne): „Upwards of a thousand shell and carcase-rockets were fixed in the frames from which they were to be fired in vollies: the shell-rockets, at a low angle, intended to be poured into the French brigs at anchor; the carcase-rockets, each carrying as much carcase-composition as is find in one round of an 8-inch mortar, at 5° of elevation, were reserved for throwing into the bason. . . . all was yet well; but scarcely was the first volley of rockets discharged, when, on a sudden, the wind shifted round to North-west . . ."

aloft over the masts, or to row the launches with so much sea, preparations were made for attacking the two extremes of the enemy's line of gun brigs with Mr. Francis' carcasses . . . Meanwhile experiments have been made with the rockets on frames across the Sagittarius' gallery on her gunnel at a low angle, allowing the rocket to ricochet on the water, which has answered so well as to give reason to hope we shall be able to throw six pound carcasses and shells from the galleys and swift rowing boats of the squadron, as well as from launches, whenever the weather allows of their moving; and the wind having come round to the eastward, if the rain ceases, I mean, when Mr. Congreve reports his arrangements to be made, to attack the enemy's advanced line in order to dispost them, in obedience to the first part of my instructions, it beeing impossible to approach the Basin within the necessary distance while the advanced guard lies precisely in the station it will be necessary for that purpose. Mr. Congreve having received a supply of rockets, being a duplicate portion of what he had destined for flight from the launches, we shall have the original quantity intended for the Basin untouched and in readiness for a second operation."[33)]

Congreve selbst schrieb anschließend:

„. . . during the night the gale increased, and five of the launches went down; fortunately only two men were lost; and indeed they were the only men who lost their lives during the whole business."[34)]

Keith sah sich in seinen Bedenken bestärkt und meldete nach einer Besprechung mit Smith an Lord Barham:

„. . . he confessed the impracticability of either [plan] succeeding; the carcasses produced no effect; some did not explode and may be in the hands of the enemy. The rockets were fired without effect, some of them burst in our own boats, and none went in the intended direction."[35)]

Andererseits liegt auch der Brief eines Offiziers vor, in dem geschildert wurde:

„At the first discharges flames broke out in some of the houses and several vessels of the flotilla were fired. Owing however to the smoke from the conflagration it was difficult to see clearly and after a second discharge most of the rockets went over."[36)]

Am nächsten Tag wurden zwei Raketen, deren Carcasse nicht vollständig ausgebrannt war, von den Franzosen in Boulogne gefunden; nach einem offiziellen Bericht, hieß es, daß die Hülsen aus „layers of cardboard and brown paper, painted over to prevent damp" gemacht waren und daß die größte einem 12 Pfünder entspräche.[37)]

Selbst Nelson hat sich offensichtlich bei seinem letzten Besuch in England vor der Schlacht von Trafalgar mit diesen neuen Waffen beschäftigt und ihren Einsatz als letztes Mittel in Erwägung gezogen, falls sich die gegnerischen Flotten nicht zur Schlacht gestellt hätten. In einem Brief, den er vor Cadix eine Woche vor der Schlacht an Bord der *Victory* an Captain Blakewood schrieb, ist zu lesen:

„If they do not come forth soon, I shall then rather incline to think they will detach squadrons: but, I hope, either in the whole, or in part, we shall get at them. I am confident in your look out upon them. I expect three stout fire-ships from England; then with a good breeze, so that the gun-boats cannot move, and yet not so much that a gig can with ease row out, I should hope that, at least, the gentry might be disturbed: and I should not be surprised if Mr. Francis and his catamarans were sent, and Colonel Congreve and his rockets."[38)]

Aber auch Keith sah, daß dieser fehlgeschlagene Einsatz über die Wirkung der Raketen keine endgültige Aussage machen konnte. Er unterstützte Congreve in der Folge bei der Verbesserung der neuen Waffe. Die Boote mit den Abschußgestellen (launches) verblieben zunächst in Dover, da Sir Sidney Smith offensichtlich bald auf einen erneuten Einsatz hoffte:

„A Sergeant Corporal & twelve men are absolutely required for the division of Rocket launcher of Dover as the antelope can ill spare them at present in that service, and in case of her escortions being called for as a efficient man of war they must suddenly be withdrawn. Sir Sidney Smith"[39)]

Im November 1805 scheint es aber auch zu ersten Raketeneinsätzen von Bord von Schiffen gekommen zu sein, die Brigg *Bitter* unter Lieutenant Wingate beschoß französische Truppen am 10. bei Etaples und Berck an der gleichen Küste mit Raketen und auch die *Woodlark* setzte am 14. im Kanal Raketen ein.[40)]

Ab Frühjahr 1806 entwickelte Congreve, auch nach Vorschlägen von Commodore Owen und mit Unterstützung von Keith, eine Brandrakete mit einem Kaliber von 4 inch und einer eisernen Hülle (24- und 32pfündige Raketen); die Rakete war 3 1/2 Fuß lang, zur Stabilisierung diente nun ein Seitenstab, der auf 15 Fuß verkürzt worden war.[41)] Der Gefechtskopf der Rakete bestand aus einer Carcasse (Brandhaube), die vorne spitz zulief und mit Löchern versehen war, der Brandsatz der Carcasse wurde durch den Treibsatz der Rakete entzündet. Auch wurden bereits die ersten Shrapnel-Raketen mit 6- und 12pfündigen Gefechtsköpfen fertiggestellt.[42)] Der Treibsatz war aus 62,44 Teilen Salpeter, 23,18 Teilen Kohle und 14,38 Teilen Schwefel zusammengesetzt; er brannte recht schnell ab und beschleunigte so die Rakete nach dem Start stark, nach etwa 400 yards war er ausgebrannt. Die Raketen wurden durch die Handwerker des Arsenals einzeln hergestellt.[43)] Am 24. April 1806 wurden die neuen 24pfündigen Raketen einem Vergleichsschießen mit den alten, noch mit Papierhülsen versehenen, unterzogen. Die neuen Raketen bewiesen ihre Funktionsfähigkeit, vor allem konnten sie mit dem neuen, stärkeren Treibsatz größere Reichweiten erzie-

33) Meldung Sir Sidney Smith an Lord Keith, H.M.S. Antelope, off Boulogne, November 20, 1805; zitiert nach: Lloyd / Craig, a.a.O., p. 437, zum Anteil der Beschreibung des Angriffes nach Francis' Methode, siehe Beilage 2/2

34) Congreve, Memoir, a.a.O., p. 30

35) zitiert nach: J. K. Laughton, a.a.O., p. 175

36) zitiert nach: Fraser / Carr-Laughton, a.a.O., p. 57

37) Fraser / Carr-Laughton, a.a.O., p. 58

38) D. W. Knox, Early Naval Use of Rocket Weapons, in: US - Naval Institute Proceedings, Vol. 20, 1946, p. 258; auch: Congreve, Concise Account, a.a.O., p. 18, schrieb, daß Nelson bereits seine Raketen gekannt und sie als wichtige Waffe beurteilt hätte: „Some such weapons, indeed, seems now of the usmost importance to the British navy - the enemy seldom dares to meet us at sea - it is therefore a grand desideratum to find the means of following him into his lurking places. This was the opinion of Nelson! - and that he considered the rocket, then newly invented, as an important weapon for this service, appears by one of his letters lately published, and written during his blockade of Cadiz."

39) P.R.O., WO 1/185, Schreiben an Ordnance Board, da ein entsprechender Antrag des Commander Royal Marine Artillery in Chatham, Capt. Williams, abgelehnt worden war.

40) F. B. Kirbus, El desarrollo de los cohetes en pugna con la evolución del cañón y el empleo de proyectiles „a la Congreve" en las acciones bélicas sudamericanas en el siglo pasado, in: Boletin del Centro Naval, 1968, p. 97, Kirbus kommentierte: „. . . sin éxito alguno. Otro ataque, también fallido, es llevado a cabo el 14 mismo mes . ."

41) Congreve, Concise Account, a.a.O., p. 3: „I succeeded in constructing rockets weighing thirty-two pounds, capable of conveying as much carcass composition as a ten-inch spherical carcass, and which would, on an average range 3,000 yards. I discovered also, that the great length of the stick, given by laboratory proportions, was by no means necessary to ranging rockets, and reduced that length from 25 to 15 feet . . . which gave vast additional facility for service." In section II (ibidem, p. 7) schrieb er: „The stick is 15 feet long, and 1 1/2 inches in diameter, and is so constructed, that it may be formly attached to the body of the rocket, by a simple and quick operation, at any required time."

42) Lloyd / Craig, a.a.O., p. 426: „The warheads had a fuze fixed in the base of the shell, which was 'filled with musquet balls to burst in the air on Col. Shrapnel's principles'. But it was the incendiary rocket fired from ladder-like frames 'arranged to travel up and down on a mast or spar fixed perpendicularly to the outside bulwark of a vessel' which proved most succesful." Zu seinen Entwicklungsarbeiten schrieb Congreve (Memoir, a.a.O., p. 14): „The largest nature of Rocket which was made previous to the intended attack in November, was the eight Pounder, carrying either three pounds of carcass matter, in a strong iron cone at the head of the Rocket, or a six pounder shell, of Colonel Shrapnel's construction. Since that time, however, I have pursued the subject, and have made them of much larger natures; viz. 12, 15, and 20 Pounder Rockets. The quantity of carcass matter in these large Rockets is proportionably increased, the 12 Pounder carrying near five pounds, the 15 Pounder near seven, and the 20 Pounder ten pounds of carcass matter; . . ."

43) Angaben nach: Hobbs, The Congreve War Rockets 1813 - 1820, in: United States Naval Institute / Proceedings 94, Annapolis march 1968, p. 83

len als die alten. Der neu entwickelte Treibsatz, Composition No. 3, bewirkte aber, daß die alten Raketen explodierten. Die alten 24pfündigen Raketen erzielten mit Composition No. 7 Reichweiten von 2.300 Yards, während die neuen mit Composition No. 3 bis zu 2.830 Yards reichten.[44] Diese Raketen mit einer Reichweite von bis zu 3.000 yards wurden dann erstmals Lord Moira, dem Master-General of the Ordnance, und Lord Howick, dem 1. Lord der Admiralität als Nachfolger Barhams, vorgeführt; die 32pfündige Brandrakete entwickelte sich danach zur Standardwaffe und wurde in der Folge häufig eingesetzt. Aufgrund dieser Vorführung erhielt Congreve den Auftrag, sofort 5.000 dieser Raketen herzustellen.[45] Sowohl Howick als auch sein Nachfolger Grenville betonten jedoch, daß diese Waffe nie gegen zivile Ziele eingesetzt werden sollte,[46] um die Schrecken des Krieges nicht unnötig zu vergrößern.

Im Februar 1806 legte Congreve dem Prince of Wales ein Memorandum mit einem verbesserten Einsatzplan vor, in dem die Erfahrungen des ersten, fehlgeschlagenen Einsatzes berücksichtigt waren:

„The unfortunate loss of so many of the launches in the last affair, before the attack could be made, owing to the inclemency of the weather and to the advanced season of the year, has proved the necessity of employing vessels more independent; and the time that has since elapsed, has afforded opportunity of more than doubling the powers of the Rocket carcass. In the first place, therefore, it is proposed - that the preparation should be made as early, as possible, in order that every favourable opportunity throughout the summer may be embraced; for it ought not be presumed that the effect of one single attack, or the discharge of any definite number of Rockets, should be attended with complete success more than it would in the ordinary mode of bombardment. . . . In the second place - it is proposed, in addition to the five Rocket launches, now in readiness at Dover, to provide fifteen or twenty decked luggers, of about thirty or forty tons burthen, to be fitted as Rocket boats . . . Thirdly it is proposed to prepare at least three thousand of the large sized Rockets as expeditiously as possible - and here it must be observed, that looking forward to the use of these larger natures early this year, I have procured to be erected and prepared all the necessary buildings and apparatus, on a improved construction, to proceed without loss of time in the manufacture of them. . . . I shall now, therefore, attempt to lay down THE PLAN OF OPERATIONS which seems best to promise the desired effect. In the equipment of the Rocket boats, they are to be so constructed, that the Rockets shall be all fixed, and the leaders and locks by which they are to be discharged, adjusted, before they leave the harbour; and yet so arranged, as not to interfere with the working of the boat, nor to be capable of receiving any injury from the weather. . . . A northerly breeze will carry our flotilla from Dover to Boulogne in a very few hours, and enable them freely to run down to any part of the bay, and as freely to retreat from it again. If, therefore, every thing be arranged in Dover harbour, and the expedition put to sea with an afternoon's tide, it will make Boulogne a little after dark, without the enemy having a suspicion, or his being in the least apprised, of its approach. Led, therefore, by experienced officers, they may run down to their distance, discharge their Rocket carcasses almost instantaneously, and retreat afterwards without delay."[47]

Am 29. April 1806 wurde daraufhin das Arsenal nochmals angewiesen, Congreve für die geplante Unternehmung jede nur mögliche Unterstützung zu gewähren. Ferner wurde am 21. Juli veranlaßt, daß für die Herstellung der Raketen ein gesondertes Gebäude errichtet wurde und es wurde festgelegt, daß an Mr. Read, den für Congreve abgestellten Gehilfen, eine tägliche Zulage von 3 sh 10¾ d. für die Zeit, in der dieser mit Congreve arbeitete, gezahlt werden sollte. Überdies wurde am 8. August ein weiteres Gebäude für die Raketenproduktion in Woolwich errichtet.[48]

Die Aktion gegen Boulogne sollte nunmehr am 20. August 1806 durch das Geschwader unter Commodore Owen und unter der technischen Leitung Congreves wiederholt werden. In der Vorbereitungsphase wurde nochmals intensiv die zweckmäßigste Anbringung der Abfeuerungsgestelle und das Abfeuern der Raketen erprobt und geübt, wobei der dem Prinzregenten vorgelegte Angriffsplan Congreves geändert werden mußte. Insbesondere wurde im Rahmen der Erprobungen festgestellt, daß es unzweckmäßig war, mehr als zwei Raketen von einem Boot zugleich abfeuern zu lassen. Die Aufsicht über die Raketen und das erforderliche Zubehör war wiederum Lieutenant Robinson übertragen worden. Dabei kam es auch zu Spannungen zwischen Owen und Congreve, da die Durchführung des Raketeneinsatzes sich auch auf die Führung der Schiffe auswirken mußte, so daß Owen aufgrund der Forderungen Congreves Auswirkungen auf die Disziplin befürchtete, Lord Keith gelang es aber, das erforderliche Zusammenwirken der beiden sicher zustellen.[49] Der gemeinsam entwickelte Angriffsplan sah vor:

„It is intended to attempt the destruction of the enemy's flotilla at Boulogne by means of the fire rockets invented by Mr. Congreve"[50]

In Abhängigkeit vom Wetter waren zwei Alternativen vorgesehen: ein Angriff mit allen Schiffen und ein Angriff, der nur mit den Booten ausgeführt werden sollte. Zum Raketeneinsatz wurde festgelegt, daß jedes Boot nur zwei Raketen auf einmal abfeuern sollte. Aufgrund der noch laufenden Friedensverhandlungen mußte der Einsatz erneut verschoben werden. Als diese dann scheiterten, wurde die Aktion mit 4 Fregatten, 7 sloops, 7 Kanonenbriggs und insgesamt 24 Kuttern durchgeführt.[51] Ein letzter Versuch, die Aktion nochmals zu verschieben, um die Rückkehr des Gesandten nicht zu beeinträchtigen, erfolgte zu spät. Am Nachmittag des 8. Oktober erreichte die Flottille einen Punkt etwa 5 Meilen von Boulogne entfernt und löste einige Raketensalven aus, um die Funktionsfähigkeit der Abfeuerungsgestelle zu erproben, anschließend wurden die Raketen in die Boote geladen und gegen 11 Uhr nachts war alles bereit. Nach der ersten halben Stunden waren die ersten 200 Raketen abgefeuert. Der Beschuß dauerte die Nacht durch bis gegen 6 Uhr, als alle vierhundert Raketen verschossen waren. Es wurden nur 24pfündige Raketen von den Kuttern eingesetzt, da sich der Einsatz von den Kanonen-Briggs aufgrund deren zu großen Tiefganges als nicht durchführbar erwies.

Ein Offizier der *Clyde* notierte:

„The bombardement began before three in the morning and continued for more than three hours. Seventy or eighty rockets were distinctly seen at one time in the air by the ships outside."[52]

---

44) P.R.O., WO 1/784, Report of Experiment, Woolwich 24. April 1806; Henry Duatch, der unterzeichnende Chief Clerk, vermerkte noch: „. . . The paper Cases would not stand with Composition stronger than No 7, those driven with No 8. 9 and to bursting. . . . N.B. None of the Rockets were more than 50 Yards to the right or left of the Range. A strong wind nearly against the direction of Firing". Von den neuen Raketen mit Metallhülsen ist bei diesem Versuch keine explodiert.

45) Angabe nach: Fraser / Carr-Laughton, a.a.O., p. 60

46) Lloyd / Craig, a.a.O., p. 426; diese ersten Einsätze lösten 1809 eine erregte Diskussion im Naval Chronicle um den Einsatz von Raketen und Minen aus, wobei humanitäre Gedanken gegen militärische Zweckmäßigkeit antraten: „. . . and this brings me to the subject of this paper, the absurd, inhuman, and dangerous policy of instituting so abominable a warfare, as that of coffers [d.h. Fultons Minen], rockets, &c. and indeed the impolicy in general of encouraging Inventions, that tend to innovate in any considerable degree on the honourable and triumphant system of naval warfare, in which we are allowed to excel." (Naval Chronicle, Vol. 21, January - June 1809, p. 409) In Folgeartikeln wurde dieser Ansicht lebhaft widersprochen (Naval Chronicle, Vol. 22, july - december 1809, p. 27, 31), unter dem Pseudonym „BRONTES, Shooting Hill" schrieb auch Congreve eine Erwiderung in fünf Briefen, die im Wesentlichen seine Schrift „A Concise Account of the Origin and Progress of the Rocket System" vorwegnahmen (Naval Chronicle, Vol. 22, july - december 1809, p. 100, p. 196, p. 201, p. 285, p. 370 und p. 461)

47) Congreve, Memoir, a.a.O., pp. 16

48) Hogg, Arsenal, a.a.O., p. 519

49) zum Schriftverkehr hierzu siehe Beilage 3/1

50) General Order by Commodore Owen on August 19, 1806; zitiert nach: Lloyd / Craig, a.a.O., p. 444, der vollständige Befehl - sowie weiterer Schriftverkehr zum Einsatz - ist in der Beilage 3/1 enthalten.

51) Die Ausstattung der Flottille mit Raketen kann einem Schreiben Congreves entnommen werden, siehe Beilage 3/2

52) zitiert nach: Fraser / Carr-Laughton, a.a.O., p. 64

Raketenboote, wie sie bei Boulonge eingesetzt wurden (Zeichnung: W. Congreve)

Nur wenige Tage später, am 12. Oktober, sollte die Flottille einen Einsatz gleicher Art gegen Calais durchführen, dieser schlug aber fehl, weil ein Mörserschiff zu früh das Feuer auslöste und so den Feind vorzeitig alarmierte.

Die Abfeuerungsgestelle - eine mastähnliche, senkrechte Stange wurde mit einer „Leiter" mit einer Führungsrinne für den Leitstab der Rakete versehen, so daß diese mit einer Erhöhung von 55 Grad abgefeuert werden konnte - waren hierzu an Deck montiert, die Sloops führten zwei, die Kanonen-Briggs drei Abfeuerungsgestelle, die Fregatten drei bis vier. Aus Sicherheitsgründen wurden vor dem Abfeuern die Segel angefeuchtet. Taktisch erwies sich dieser erster Raketeneinsatz als Fehlschlag, da sich die Kanonenboote der Küste zu weit genähert hatten, so daß die Abfeuerungsgestelle für eine falsche Erhöhung eingestellt waren, diese konnte während des Einsatzes nicht mehr geändert werden. Auch trieb der Wind einige Raketen ab, und überdies machte die Dunkelheit das Einnehmen der richtigen Richtung für die Kanoniere schwierig. Das Hauptziel, die französischen Transportschiffe, die dicht gedrängt im Hafenbecken lagen, entging so seiner Vernichtung. Technisch bewiesen die Raketen ihre Wirksamkeit, da sie auf die Stadt fielen und hier viele Brände entzündeten.[53]

Commodore Owen meldete nach dem Einsatz:

„A great confusion among the enemy seemed to follow the first discharge and a fire very shortly after broke out which raged with great violence for three or four hours, as we judge, upon the quay near the eastern jetty of the harbour. . . Two things I consider proved by this experiment: - The efficacy of the weapon; and the impractability of using gun brigs here with them."[54]

Congreve selbst schilderte am 12. Oktober den Einsatz:

„The force decided upon by the Commodore consisted of twenty four six oared cutters belonging to the squadron, each carrying a frame for discharging two rockets at a time. . . Nothing could be more favourable for an attack than the night chosen for it - moderately calm & very dark - The boats were therefore able to approach very near the shore without being perceived, nor had the enemy any idea of an attack till the first volley was fired. . . After a few rounds it was discovered that the place was on fire, and the persons who are best informed as to the situation of the different buildings are of opinion that the fire began in the barracks but that several parts were in flames at the same time & that it burnt very fiercely in that quarter where the principal store houses were known to be, from which it is fair to suppose, that they have also suffered - They are likewise of opinion that some of the shipping must have been burnt, as the fire was in the direction of the harbour tho' not of the Basin."

An anderer Stelle schrieb er:

„The attack was made with as much order as could be expected in so new a service. In about half an hour about 200 rockets were discharged. The dismay and astonishment of the enemy was complete - not a shot was returned - and in less than ten minutes after the first discharge, the town was discovered to be on fire . . . The fire . . . lastet from two o'clock in the morning to the next evening."[55]

Congreve unterlag hier wohl teilweise einer Wunschbeobachtung, obwohl Commodore Owen am 13. Oktober nach Ankunft des Gesandten Lord Lauderdale, der über Boulogne aus Frankreich ausgereist war, melden konnte, daß nach Aussagen der französischen Bootsbesatzungen, die Raketen doch Wirkung gezeigt hätten:

„We learn from the french boat's crews which attended Lord Lauderdale that both some rockets and shells fell on board their vessels on the nights of the 8th and 9th inst. and that two brigs were sunk in the harbour by the latter. This last part of the statement is matter of report only, but the first part is corroborated by persons of His Lordship's suite, who also learnt that the shells were thrown well into the town."[56]

Für die Franzosen scheint der Angriff durch Raketen völlig überraschend erfolgt zu sein, ein Bericht sprach von:

„. . . great projectiles that came hissing and screaming through the air, their tales flaming and scattering fire."[57]

Durch diesen Einsatz wurden die Raketen zu einer anerkannten Waffe in der Marine, auch Lord Keith war von ihrem Wert jetzt überzeugt. Es scheint, daß er sich eingehend mit den Einsatzmöglichkeiten beschäftigt hatte, wobei ihm allerdings auch die Ungenauigkeit der Rakete und ihre Beeinflussung durch den Wind durchaus bewußt war:

„The great uncertainty of giving the rocket an exact direction must present the impropriety of using them unless the number of vessels is

---

53) Fuller, Die entartete Kunst, Krieg zu führen, Köln 1964, S. 97. Nach anderen Autoren war der erste Einsatz ein völliger Fehlschlag; nach: Lünsmann, Kriegsraketen zu Beginn des 19. Jahrhunderts, in: ZfH 1936, S. 79, versagten die Raketen völlig, nur drei Raketen zündeten. Die Aussage bei Fuller ist richtig, da es sonst wohl nicht zu weiteren Einsätzen gekommen wäre, die Möglichkeit liegt jedoch nahe, daß die Autoren die beiden Einsätze gegen Boulogne verwechselt haben. Auch andere Autoren sprachen von erheblichen Bränden in Boulogne. Allerdings hatte Congreve mit seiner ursprünglichen Idee, daß Raketen von der Wasseroberfläche auf die verankerten Schiffe rikoschettieren würden, unrecht, wie der Befehlshaber des Geschwaders notierte. (Graves, a.a.O., p. 10), Sir Sidney Smith hatte dies im Vorjahre noch anders beobachtet: „Our guard boats, though inferior in size and number to the enemy's pinnaces, armed with rockets (which we find to ricochet on the water and go to the range of a piece of larger calibre than a six pounder, which is the class of shell and carcass they carry), can drive them in at any time that an attempt of this kind may be required in future, but it is too late in the year at present for boat work . . ." (Meldung Smith an Lord Barham vom 26. November 1805, zitiert nach: J. K. Laughton, a.a.O., p. 177); siehe hierzu auch Beilage 3/1; bei: Bonaparte, Études sur le Passé et l'Avenir de l'Artillerie, Tome V (par le Général Favé), Paris 1871, hieß es: „Trois maisons furent brûlées et plusieurs navires reçuent des avaries." Nach Fraser / Carr-Laughton sollen nur 3 Raketen Schiffe getroffen haben, diese konnten aber noch rechtzeitig über Bord geworfen werden, so daß auch das entstandene Feuer rasch gelöscht werden konnte.

54) zitiert nach: Lloyd / Craig, a.a.O., p. 451, siehe auch Beilage 3/1

55) zitiert nach: Hobbs, a.a.O., p. 85

56) Owen an Lord Keith, H.M.S. Clyde, Boulogne, October 13, 1806; zitiert nach: Lloyd / Craig, a.a.O., p. 457

57) zitiert nach: Fraser / Carr-Laughton, a.a.O., p. 64; in der Geschichte der Stadt Boulogne wurde hierzu nur angegeben: „L'effet produit, quoique désastreux pour un quartier de la ville, ne répondit cependant pas à l'attente de l'ennemi. Quelques maisons incendiées, qu'était-ce en réalité pour tant de préparatifs et un si grand appareil de force!" (zitiert nach: P. Bret, La fusée de Guerre en france pendant la période révolutionnaire et impériale, Aix-en-Provence 1971, p. 25), auch der „Moniteur" vermeldete am 22. Oktober den Angriff nur kurz: „Quoiqu'il en soit, le plus grand nombre de ces fusées a été sans effet. Deux sont tombées sur les bâtiments et ont été éteintes sans difficulté, et sans que ces bâtiments en aient souffert. Une maison qui contenait des fagots, a été incendiée, parceque personne ne s'y est trouvé à temps pour arrêter l'effet de la machine qui y avait pénétré." (ibidem)

great, and covers a large space; from experiments I have attended great attention is required even on land when every thing is fixed, and remains so. On the water the machine is never a second in the same position. I also found that if the wind is at right angles a moderate breeze, the pressure on the lath (being 18' long) impelled the weapon to windward 600 yards in the 3.400 which it went."[58)]

Für diesen ersten Einsatz war in Dover ein Raketendepot eingerichtet worden, in dem die Raketen und das erforderliche Zubehör für Einsätze der Royal Navy bereitgehalten wurden, die Station wurde von zivilen Personal des Ordnance Board unter Congreves Leitung für mehrere Jahre betrieben.[59)] Aus diesem Depot wurden in der Folge Geschwader der Royal Navy, aber auch Truppen der Armee, für ihre weltweiten Einsätze mit Raketen ausgerüstet. Aber erst ab 1810 wurde das Depot auf Weisung Lord Liverpools ständig mit Raketen befüllt, um die immer häufigeren, auch kurzfristigen Anforderungen schnell erfüllen zu können.[60)] Auf Congreves Vorschlag wurde dann festgelegt, daß in diesem Depot ständig 5.000 Raketen verfügbar sein sollten, eine Menge, die in der Zukunft dann oft unterschritten wurde.[61)]
Als Folge dieses ersten Einsatzes wurden auch Raketen mit der Brigg *Adelphi* zur Mittelmeerflotte Lord Collingwoods gesandt, als Instrukteur wurden sie von Captain Payne, dem ersten Leutnant Owens begleitet, der mit ihrem Einsatz vertraut war; sie sollten für eine Aktion gegen Konstantinopel durch Admiral Sir Thos. Louis eingesetzt werden,[62)] trafen aber zu spät für diesen Einsatz ein, so daß sie zunächst in Malta gelagert wurden, wo Sir Sidney Smith noch Versuche mit ihnen durchführte. Dabei überprüfte er die Eindringtiefe der Raketen gegen Festungsmauern, wobei er feststellte, daß sie nach einer Flugweite von 2.350 yards noch mehrere große Steine zertrümmerten.[63)] Der einzige genauer belegte Einsatz erfolgte bei Gaëta, hier hatte Smith neben anderen Vorräten in der Festung auch Raketen einlagern lassen, die dann im Sommer 1806 gegen die französischen Belagerungstruppen unter Marschall Massena eingesetzt wurden; die Festung konnte sich dann unter dem Kommando des Prinzen von Hessen-Philippstadt fünf Monate halten.[64)]

Auch der Oberbefehlshaber im Mittelmeer, Admiral Lord Collingwood, plante für 1808 den Einsatz der Raketen; er beabsichtigte, die in Toulon blockierten französischen Linienschiffe aus dem Hafen zu locken, indem er die in Marseille liegenden Handelsschiffe angriff, hierzu hatte er im September von Malta bereits ein „bomb vessel" und ein „rocket ship" angefordert.[65)] Mit dem Einsatz wurde dann Lord Cochrane mit der *Impérieuse* beauftragt, der den französischen Nachschub für Barcelona so unterbinden sollte: „and to make the experiment on Marseille with bombs and rockets, as 'an expert in those sort of enterprises'." Cochrane unternahm dann aber lieber Kommandounternehmen gegen französische Truppen bei Gerona.[66)] Anfang September dieses Jahres kam es aber doch noch zum Einsatz der Raketen durch Cochrane, der auf einer weiteren Kreuzfahrt in Verbindung mit der *Spartan* unter Captain Brenton zur Beunruhigung der französischen Küste zwischen Marseille und der spanischen Grenze den Hafen la Ciotat mit Raketen beschoß, wodurch mehrere Brände entstanden, der Angriff mußte aber am Folgetag dann abgebrochen werden, weil ein überlegenes französisches Geschwader aus Toulon eingriff.[67)] Kurz darauf am 9. September wurden erneut bei einem Landungsunternehmen gegen französische Batterien bei Port Vendre und am 11. September gegen Cette Raketen von den Booten der *Impérieuse*, jedoch erfolglos, eingesetzt:[68)]
„On the following day the two ships anchored off Cette, and endeavoured to burn the shipping in the harbour, by throwing congreve rockets amongst them; but without effect, probably owing to the defective state of the rockets."[69)]

In der Folge wurden die Raketen von der Flotte, zumeist wohl für Beschießungen von Häfen, häufiger eingesetzt:
„Captain Brenton, Hoste, and other Officers of the Navy constantly used the Rockets in all their operations in the Mediterranean, until the stock sent out by the Adelphi was expended - The Effects produced by them are well attested, as well also as the universal Regret in Sicily, that the Reinforcement sent out by the Ann, did not arrive during the late active Warfare in that quarter."[70)]

58) Schreiben Keith to Grenville, October 12, 1806; zitiert nach: Lloyd / Craig, a.a.O., p. 454; es wurde aber auch festgestellt, daß diese Operation, soweit es die Raketen betraf „a decisive and very successful experiment" gewesen wäre (Fraser / Carr-Laughton, a.a.O., p. 64)

59) P.R.O., WO 44/642, Brief Congreves an das Board of Ordnance, 27th Nov. 1810: „You will remember, Sir, that the Rocket Service began at Dover - where the first Depot of Rockets was established, and the first Equipment made, with a view to the annoyance of the Enemy's Flotilla on the opposite Coast - The Rocket Establishment was then formed at that Place, and the Persons employed in the equipment fitted out for Copenhagen . . . the number of Persons remaining at Dover has been reduced to three, who are left in charge of the Depot, which has been constantly kept at that Place; and of the Rocket Boats equipped and lying there."

60) P.R.O., WO 44/642(407), R. H. Crewe an Master-General, Downing Street, 14th Oct 1810: „In consequence of the frequent demands which are made for Shell + Carcass Rockets of Mr. Congreve's invention, Lord Liverpool has desired me to request you will submit to the Master General + Board of Ordnance the Expediency of orders being given that a Store of them should be kept in Depôt ready for Service; and that they should be continued to be manufactured under the direction of Mr. Congreve, who ought to superintended the arrangement of all equipments that may be wanted. . ." Zur Wahrnehmung dieser Aufgaben schlug Congreve dann vor, die bisherigen Angestellten mit einfachem Lohn weiter zu beschäftigen. (ibidem, Schreiben Congreves vom 22. Dezember 1810)

61) P.R.O., WO 44/642 (413), Schreiben Congreves vom 9. Januar 1811

62) Lloyd / Craig, a.a.O., p. 467, siehe auch Beilage 3/3; die *Adelphi* verblieb dann zunächst als „rocket ship" zur Verfügung Collingwoods im Mittelmeer und wurde als „armed defence ship" mit zur Verteidigung Siciliens eingesetzt, in einer Dislozierungsübersicht der Flotte vom 8. März 1808 wurde sie unter der o.a. Bezeichnung für Syracuse aufgeführt. (P. Mackesy, The War in the Mediterranean 1803 - 1810, London 1957, p. 403, Appendix V, gem. P.R.O., ADM 1/414 No. 58)

63) v. Hoyer, System der Brandraketen nach Congreve und Anderen, Leipzig 1827, S. 112

64) Diese Raketen wurden vor der offiziellen Zuführung von Raketen durch die *Adelphi* eingesetzt, und noch vor dem Einsatz von Raketen gegen Boulogne durch Commodore Owen; Sir Sidney Smith hat sie wohl aufgrund seiner Beziehungen zu Congreve anläßlich seiner Versetzung zur Mittelmeerflotte „mit gehen lassen" (F. H. Winter, A history of Italian rocketry during the 19th century, in: Armi antiche, Bolletino dell'Academia di S. Marciano, Torino 1965, p. 183) Nach: P. Mackesy, a.a.O., p. 123, scheint die Mitführung der Raketen durch - nunmehr - Rear-Admiral Smith halb-offiziell erfolgt zu sein, da er vor seiner Abfahrt von England William Windham, der kurz darauf Secretary of State for War wurde, darum ersucht hatte: „As he prepared to weigh anchor at Falmouth, he begged Windham for shrapnell-shells and rocket boats." Kurz nach seinem Eintreffen im Mittelmeer auf der *Pompée* (80) am 21. April 1806 segelte Smith aufgrund eines Hilferufes nach Gaeta, um die Festung mit Munition und Waffen zu verstärken. Er muß bei dieser Gelegenheit auch Raketen ausgeliefert haben. Aufgrund dieser Verstärkung konnte ein Hauptangriff der Franzosen auf die Festung im Juli erfolgreich abgewiesen werden.

65) Mackesy, a.a.O., p. 282

66) ibidem, p. 283

67) ibidem, p. 284; Th. Tenth Earl of Dundonald, The Autobiography of a Seaman, London 1860, Vol. I, p. 276, schrieb: „Taking no notice of these, [Wirkung der feindlichen Batterien] we out boats, and sending them to a point out of sight of the battery, commenced throwing rockets into the town, which was twice set on fire; but as the houses were for the most part built of stone, the conflagration was confined to the spot where it has broken out . . . Finding the place imprevious to rockets, and the ships being too far out for a succesful cannonade, we got under weight, and took up a position within range of the fort, on which we continued firing till 8 P.M . . ."

68) Dundonald, Autobiography, a.a.O., Vol. I, pp. 279; die Raketenboote waren mit Seeleuten besetzt, welche die Röcke der Marineinfanterie trugen, um der feindlichen Kavallerie eine Landung vorzutäuschen und sie so vom Hauptziel, den Batterien, abzuziehen. Zur Unternehmung gegen Cette schrieb Cochrane: „ . . . at midnight two boats were dispatched from the Impérieuse and one from the Spartan, to throw rockets into the town, the batteries continuing their fire in all directions till daylight, but doing no damage." (ibidem, p. 281)

69) H. Raikes, a.a.O., p. 338

70) P.R.O., WO 44/642 (400), Tätigkeitsbericht Congreves vom 27. November 1810; Captain Hoste befehligte Anfang 1809 ein kleines Geschwader aus 2 Fregatten und einer Sloop in der Adria, das im April durch 2 weitere Fregatten unter Captain Brenton von der *Spartan*, 38, verstärkt wurde, der den Oberbefehl übernahm (dazu: *Amphion*, 36, *Mercury*, 28, *Thames*, 32, und die Sloop *Bustard*) (Mackesy, a.a.O., p. 319, M. führte jedoch keine Raketeneinsätze an, ebenso ist die Nutzung der Raketen nicht erwähnt in: W. Hoste, Service Afloat; or, the Naval Career of Sir William Hoste, London 1887) Auch im „Naval Chronicle" (Vol. XXI - XXV) war kein Bericht hierüber zu finden.

Einer der wenigen Aktionen, bei welcher der Raketeneinsatz belegt ist, erfolgte am 23. April 1809 in der Adria gegen den nördlich von Ancona gelegenen Hafen von Pesaro, wobei Captain Brenton, der neben seiner *Spartan* (38) über die Fregatten *Amphion* (32) und *Mercury* (28) verfügte, aus den Booten der Schiffe 2 Divisionen bilden ließ, deren eine unter Lieutenant Baumgardt aus Raketenbooten bestand; nach erfolgloser Aufforderung zur Kapitulation ließ er die Stadt beschießen. Anschließend landeten die Marines, nahmen die Stadt und sprengten das Fort, als Folge der Aktion wurden 13 beladene trabaccoli genommen.[71] Am 20. Mai plante Brenton dann einen Angriff auf ein französisches Geschwader in Ancona, das er mit Raketen vernichten wollte, ungünstige Winde verhinderten aber den Einsatz und Brenton mußte aufgrund eines neuen Einsatzbefehles sein Geschwader nach Dalmatien verlegen.[72] Für die nächsten Monate sind keine einzelnen Aktionen beschrieben, festgestellt wurde nur summarisch:

„In the months that followed, the Amphion, alone or in company, was constantly appearing off enemy ports - Ancona, Zara, Rimini, Venice itself and many smaller places - sometimes seizing a prize within range of their shore batteries, sometimes sending boats inshore to launch a few impudent rockets. . ."[73]

Im Oktober 1809 setzte Brenton dann erneut Raketen ein, als er die Burg Capsali in der Bucht von Cerigo belagerte, deren Besatzung dann kapitulierte.[74]

Ebenso wurden vom Depot in Dover Raketen an das Geschwader in Südamerika überwiesen.[75]

Auf der 1807 neu eingerichteten Südamerika-Station verfügte deren erster Befehlshaber, Sir Sidney Smith, von Anfang an über Raketen, auch wenn über ihren Gebrauch wenig bekannt ist. Im Februar 1809 entsandte Smith die Briggs *Lightning* und *Pitt* mit einer Ausstattung von Geschützen und Raketen zur Verstärkung von Schiffen unter Captain Yeo, dessen Aufgabe der Schutz der nördlichen Küste Brasiliens gegen Seeräuber war, der aber auch die Operationen des Gouverneurs von Para zu unterstützen hatte, der von den Franzosen besetzte Gebiete zum angrenzenden Cayenne zurückgewinnen wollte.[76] Im selben Jahr führte Smith einige Raketen im Verlauf eines Demonstrationsschießens auch König Johann VI. von Portugal in Rio de Janeiro vor.[77]

(2) Inferno: Kopenhagen

Trotz der erfolgreichen Versuche gelang es zunächst nicht, auch die Armee an den Raketen zu interessieren. Die nächsten Einsätze von Raketen erfolgten daher wiederum durch die Royal Navy. Im Juni und Juli 1807 wurden von der Admiralität mehrere Gruppen von Offizieren der Royal Marine Artillery zum Nore auf die Bombenschiffe *Vesuvius*[78] und *Terror* entsandt, um in den Raketeneinsatz eingewiesen zu werden und um Congreve bei Versuchen zu unterstützen. Nachdem Rußland und Frankreich 1807 Frieden geschlossen hatten und Gefahr bestand, daß Dänemark seine Neutralität aufgeben würde, beschloß das Vereinigte Königreich, Dänemark am Anschluß an Napoleon zu hindern und die dänische Flotte, notfalls mit Gewalt, auszuschalten oder in den eigenen Besitz zu bringen. Bereits im Juli wurde bestimmt, daß bei diesem Einsatz Raketen zu nutzen wären.

„By command of my Lords Commissioners of the Admiralty I am to request that you will move Lord Castlereagh to signify His Majesty's Pleasure to the Master General of the Ordnance to authorize. . . such a number of Rockets of Mr. Congreve's Preparation as that Gentleman may demand, to be issued to his, Mr Congreve's order, for the purpose of their being embarked on board Vessels at Woolwich for a particular service".[79]

Congreve und seine Gehilfen schifften sich am 4. August in Yarmouth auf dem 110t Kutter *Claudia* ein, der von drei Sloops, beladen mit Raketen, begleitet wurde.[80] Nach dem Eintreffen bei der Flotte wurden die Raketen auf andere Schiffe umgeladen, eines davon war der Brander *Prometheus*, auf dem dessen Arzt hierzu am 21. August in seinem Tagebuch eintrug:

„Received on board the Prometheus several pyrotechnic rockets, such as were employed off Boulogne; to me they appeared tolerably well calculated for the use designed, which is that of setting fire to anything on which they may chance to alight; they are tapered to a sharp point at one extremity, which is made of iron, and should they fall on any penetrable body, must remain stationary to emit their inflammable contents. They did not much execution at Boulogne; the object there was to destroy the Flotilla; here, it is the city of Copenhagen, so that I hope a different effect may be the result"[81]

Die Flotte unter Admiral Gambier mit 29.000 Mann Landungstruppen, kommandiert von Generalleutnant Lord Cathcart, erreichte Kopenhagen am 15. August 1807.[82] Am 16.08. um 5 Uhr morgens landeten die Truppen in der Vedbæk Bay nördlich Kopenhagens, wobei es zum ersten Einsatz der Raketen kam, zu deren Abfeuern ein Beobachter schrieb:

„I rather think this was the first time of Congreve's rockets being brought into the play, and as they rushed through the air in the dark, they appeared like so many fiery serpents, creating, I should think, terrible dismay among the besieged"[83]

Bereits am 17.08. abends hatten die britischen Truppen mit 20.000 Mann Kopenhagen eingeschlossen. Bei der Abwehr eines dänischen

---

71) H. Raikes, Memoir of the Life and Services of Vice-Admiral Sir Jahleel Brenton, London 1846, pp. 350, Bericht Captain Brenton vom 27. April an Lord Collingwood. Aus dem Bericht geht nicht hervor, ob die Raketen tatsächlich abgefeuert wurden, da aber der Einsatz des Lieutenant Baumgardt ausdrücklich belobigt wurde, ist davon auszugehen. Diese Aktion wurde, ebenfalls ohne den Einsatz der Raketen ausdrücklich zu erwähnen, auch bei: T. Pocock, Remember Nelson, The Life of Captain Sir William Hoste, London 1977, p. 148, geschildert, sowie bei: W. James, The Naval History of Great Britain, London 1880, Vol. V, pp. 27.

72) H. Raikes, a.a.O., p. 369, Bericht Captain Brenton vom 26. Mai 1809 an Lord Collingwood

73) T. Pocock, a.a.O., p. 148

74) H. Raikes, a.a.O., p. 379: „In the evening some rockets were landed from the ship, and in the course of the night some of them were thrown at the citadel." (Meldung Captain Brenton an den Commodore, Captain Spranger, von der Warrior vom 18. Oktober 1809)

75) P.R.O., WO 44/642 (394), der Einsatzzweck ist nicht angegeben, in diesem Raum war jedoch zu dieser Zeit nur Commodore Sir Home Popham eingesetzt, der am 9. Juli 1806 Buenos Aires nahm, dessen britische Besatzungstruppe aber bald darauf kapitulieren mußte. Wahrscheinlich wurden die Raketen jedoch dem Geschwader von Konteradmiral Sir Sidney Smith 1808 mitgegeben, das im Mai 1808 in Rio de Janeiro zum Schutze Brasiliens und des portugiesischen Königshauses eintraf.

76) Graham / Humphreys (edit.), The Navy and South America 1807 - 1823, London 1962, p. 22, Brief von Smith an Pole, Rio de Janeiro, 24 Feb. 1809

77) F. H. Winter, The First Golden Age of Rocketry, Washington 1990, p. 162, in den Briefen Sir Sidney Smiths wird dieses Schießen nicht erwähnt

78) Die *Vesuvius* war von Colonel W. Congreve als Comptroller Royal Laboratory 1796 umkonstruiert worden, nach erfolgreichen Versuchen mit den Bettungen der Mörser im Jahr 1797, ließ die Admiralität weitere 6 Schiffe diese Typs bauen. (Queries, 11. Congreve's Bomb Vessels, in: Mariner's Mirror, 1923, p. 64)

79) P.R.O., WO 1/716 (9), das Ziel des besonderen Einsatzes war Kopenhagen; die Befehle für den Einsatz wurden vom 1. Lord der Admiralität, Henry Phipps (später Erster Lord Mulgrave), dem Sekretär der Admiralität, William Wellesley-Pole, Dritter Earl of Mornington, und dem Angestellten Robert Plumer Ward verfaßt, wahrscheinlich befahl Phipps den Raketeneinsatz, da dieser im September 1805 einen Raketenversuch in Woolwich beobachtet hatte (F.H. Winter, Raketterne ved Københavns Belejring 1807, in: Marinehistorisk Tidsskrift, 11. Jahrg., No. 4, 1978, S. 76 f.)

80) The Times, London, August 6, 1807: „Mr. Congreve, the inventor of the inflammable arrows or rockets, embarked at Yarmouth, on Tuesday, on board the Claudia cutter, having three sloops, laden with these formidable implements, and fitted up for discharging them, under convoy.", in dieser Meldung hieß es noch, der Bestimmungsort wäre unbekannt, unter den Schiffsmeldungen in der gleichen Ausgabe wurde jedoch bereits die Ostsee als Ziel vermutet.

81) W. G. Perrin (ed.), The Journal of Surgeon Charles Chambers of H. M. Fireship Prometheus: The Bombardment of Copenhagen in 1807, in: The Naval Miscellany, Vol. LXII, London 1928, p. 392

82) unter den militärischen Befehlshabern des Heeres befand sich auch Generalmajor Arthur Wellesley, der spätere Herzog von Wellington

83) H. Curling, Recollections of Rifleman Harris, London 1929, p. 12 (zitiert nach: Winter, rocketry, a.a.O., p. 172); zum ersten Einsatz vgl. Winter, Raketterne, a.a.O., S. 80 f.

Ausfallversuches am 23. August gaben 20 Raketenboote den britischen Fregatten Feuerschutz und beschossen auch die Festung Tre Kroner, jedoch mit wenig Erfolg:
„The effect of the rocket attack was not what was expected, owing to the defective ranging of most of the rockets."[84)]
Nach einem Waffenstillstand vom 28. bis zum 30. August wurde am 1. September die Aufforderung zur Übergabe von Hauptstadt und Flotte wiederholt, wobei zugesichert wurde, die Flotte nach einem europäischen Frieden zurückzugeben. Als diese Forderung zurückgewiesen wurde, begann am 02. September um 07.30 Uhr morgens die Beschießung, die 24 Stunden dauerte.[85)] Von behelfsmäßigen Abfeuerungsgestellen meist von See aus, aber auch vom Lande,[86)] wurden unter Congreves Leitung von seinen „Zivilangestellten"[87)] etwa 300 Brandraketen abgefeuert, die sich als ungeheuer wirksam gegen die Häuser der Stadt erwiesen.[88)]
„About 9 o'clock by way of adding additional splendour and variety to the exhibition, Mr. Congreve despatched a number of fire rockets towards the town, soon after which it was on fire in three different places at the same time."[89)]
Da seitens der Dänen keine Verhandlungsbereitschaft gezeigt wurde, wurde das Bombardement am 03.09. abends erneuert, bis der dänische Oberbefehlshaber Generalmajor von Peymann am 05.09. nachmittags um Waffenruhe nachsuchte. Nach längeren Verhandlungen wurde am 07.09. die Flotte an die Engländer übergeben, die dann am 21.10. mit 16 dänischen Linienschiffen, 10 Fregatten, 5 Corvetten und etwa 40 anderen Fahrzeugen absegelten.[90)]
Am 4. Oktober kehrte Congreve dann an Bord der *Claudia* nach London zurück. Vorher hatte er selbst noch, verkleidet, während zweier Tage Kopenhagen besucht, um sich selbst ein Bild von der Wirkung seiner Raketen zu machen.[91)]
Ein zeitgenössischer Bericht vermittelt am ehesten den Eindruck, den die Beschießung auf die Menschen gemacht hat. Man kann damit dieses Bombardement durchaus als Vorläufer der Bombenangriffe des Zweiten Weltkrieges werten:
„Es war gegen 8 Uhr abends, als zwei und siebzig Mörser und schwere Kanonen Tod und Vernichtung auszuspeien begannen. Diese Feuerschlünde wirkten aber nicht allein. Ein gewisser Congreve, ehemals Kaufmann in London und als solcher mit dänischen Adelshäusern verbunden, hatte, seit einiger Zeit die Erfindung der Brand-Raketen gemacht, und war, als patentisierter Brandstifter, mit den englischen Generalen vor Kopenhagen gekommen. Seine mit einem Cylinder versehenen Pfeile, deren Mechanismus bisher noch unbekannt geblieben ist, sahen in der Nacht völlig wie Raketen aus, und unterschieden sich von diesen nur dadurch, das sie mit ungemeiner Leichtigkeit einhakten, und Brand verbreiteten. Von allen Seiten flogen Bomben und Brandraketen; eine Hölle schien sich über Kopenhagen zu ergießen. Kein Wunder, daß der Mut seiner Bewohner erschüttert wurde! Schrecken, Verwirrung, Todtenblässe bei den Männern, und Händeringen und Geschrei bei den Weibern und Kindern zeigten sich hier, wie sie sich allenthalben zeigen, wo Menschen, anstatt mit einem widrigem Schicksal zu ringen, ihr größtes Verdienst in Eingebung sehen müssen; die Flamme kam in mehreren Gegenden der Stadt zum Ausbruch: doch durch die bewunderungswürdige Thätigkeit der Löschanstalten wurde sie an den meisten Stellen erstickt, und nur zwei Häuser brannten in dieser Nacht ab. Zehn Stunden hatte das Bombardment ununterbrochen fortgedauert, als endlich gegen 7 Uhr morgens eine Pause eintrat.
Mit Ungeduld erwarteten die englischen Oberbefehlshaber Kapitulations-Vorschläge; denn sie konnten nicht glauben, daß es der dänischen Regierung Ernst sey mit einer Vertheidigung, wodurch die Flotte auf Kosten der Hauptstadt gerettet werden sollte. Da aber keine Kapitulationsvorschläge gethan wurden, so nahm das Bombardement am 3. September Nachmittags um 4 Uhr von neuem seinen Anfang; und diesmal thaten die Bomben und Brand-Raketen eine ausgebreitetere Wirkung. Die Flammen fraßen an so vielen Stellen, daß die Löschanstalten unzureichend wurden: eine große Anzahl von den Bürgern der Hauptstadt fand ihren Tod, theils in den Häusern, theils mitten unter Bemühung zum allgemeinen Besten. Es war ein beweinigungswürdi-

---

84) zitiert nach: Marshall-Cornwall, a.a.O. p. 43, Chambers berichtete nur von einem britischen Kutter, der Raketen einsetzte: „The Cutter from which the rockets were discharged, was repulsed in a very short time. Congreve was not in her himself." (Chambers, a.a.O., p. 395), Lord Gambier notierte in seinem Tagebuch: „The fire was returned with great spirit from the squadron, and some attempts were made to throw Mr. Congreve's rockets, but the distance was too great to produce much effect from them." (zitiert nach: Winter, The Copenhagen Rocket Bombardment of 1807, in: JBIS, Vol. 47, 1994, p. 172)

85) The Times, London, September 26, 1807: „The bombardment commenced on Wednesday the 2nd September, at sun-sun, from four mortar batteries, consisting altogether of 30 large mortars; at the same time a battery of fire rockets was opened on the right, and that part of the town against which they were directed, was immediately on fire in several places . . . On the third night, the town appeared to be in one universal blaze, on the right; and about midnight, the great steeple was observed to be on fire, which is said, by the Danes, to have been done by one of the fire rockets;" Im selben Artikel wurde aus einem Intelligenzblatt von der Niederelbe zitiert: „Next to the bombs, the newly-invented rockets, we learn, did the most execution at Copenhagen."

86) Die Raketenstellungen an Land befanden sich an der heutigen Frederiksberg Allé und am Gammel Kongevej (Rasmussen, Raketkorpset, in: Brandpilen, oktober 1995, S. 18)

87) P.R.O., WO 44/642 (399), Congreve an Board of Ordnance, „They have been with me on the different Expeditions in which I have been engaged and in the bombardment of Copenhagen, actually carried on the Rocket Service performed there, without the aid of Military Force" (Unterstreichung im Original)

88) In den meisten bisherigen Darstellungen sind weit überhöhte Zahlen angegeben; A. Stenzel, Seekriegsgeschichte in ihren wichtigsten Abschnitten, Vierter Teil, Hannover und Leipzig 1911, S. 378, gab an, daß insgesamt 14.000 Bomben, Granaten und Raketen abgefeuert wurden, während: Storm, Geschichte der Raketenartillerie des 19. Jahrhunderts, in: ARS 3 / 1966, S. 7, 14.378 Artilleriegeschosse und 40.000 Raketen nannte. Auch die von Graves (a.a.O., p. 10) angegebene Zahl von 2.500 Raketen ist zu hoch. Dieselbe Zahl nannte auch Hobbs, (a.a.O., p. 86). Für die Zahlenangaben ist zu berücksichtigen, daß die Raketen von Hand ohne Unterstützung durch Maschinen gefertigt wurden, der Treibsatz wurde in die Hülle geschlagen und noch nicht gepreßt. Eine Jahresproduktion dürfte so mit dem in diesem Experimentierstadium noch beschränkten Personal nicht mehr als höchstens 5.000 Raketen betragen haben. F. H. Winter, The Copenhagen Rocket Bombardment of 1807: Some New Views of Early Rocket History, in: JBIS, Vol. 47, 1994, pp. 171-179, führte hierzu aus, daß auch 1813 nicht mehr als 36 Raketen täglich hergestellt werden konnten (siehe auch Schreiben Congreves vom 27. November 1810 unter (4) Walcheren, nach diesem Schreiben kann für 1810 eine Jahresproduktion von etwa 10.000 Raketen angenommen werden.) Dabei verwies erstmals Winter in diesem Aufsatz (p. 175) auf einen Text Congreves, in dem es hieß: „. . . to assert that the rockets used at Copenhagen did very essentially contribute to the conflagration of that city; and if the weapon was able to accomplish any thing where only 300 were fired, and that only by the labour of sixteen men, partly uninstructed, what more might not have been done by it, had it previously adopted into our military system, and put into execution by the regiment of artillery, . . ." (Congreve, Concise Account, a.a.O., p. 15); zur Wirkung siehe auch: B. Schwertfeger, Geschichte der Königlich Deutschen Legion 1805 - 1816, Erster Band, Hannover und Leipzig 1907, S. 111: „. . . auch taten die Congreveschen Raketen - von einem griechischen unauslöschbaren Feuer - furchtbare Wirkung."

89) Chambers, a.a.O., p. 406

90) Angaben nach: Stenzel, a.a.O., S. 377, auf der Überfahrt gingen mehrere Fahrzeuge verloren, darunter 1 Linienschiff. Die Angaben über die Anzahl der von den Briten übernommenen Schiffe weichen voneinander ab, nach: o. Verf., Staatsgeschichte Europa's von dem Frieden von Tilsit bis zur Abreise Napoleons zur Armee nach Spanien, 5. Jahrgang, Tübingen 1810, S. 23, waren es 18 Linienschiffe, 15 Fregatten, 6 Briggs und 25 Kanonenboote; nach: v. Pivka, Navies of the Napoleonic Era, London 1980, waren es 15 Linienschiffe (zusätzlich zwei zerstörte), 13 Fregatten (zusätzlich 1 zerstörte) sowie 13 Briggs und Schoner und 24 Kanonenboote (davon 21 zerstört), die in die britische Flotte eingereiht worden sind. Chambers, a.a.O., p. 424, gab eine Liste mit den Namen von 19 Linienschiffen, 14 Fregatten und 8 Kanonenbriggs wieder. 1.600 Einwohner Kopenhagens wurden getötet und über 1.000 verwundet. Wiederum andere Angaben sind zu finden bei: J. C. Tuxen, Den Danske og Norske Sømagt, Kjøbenhavn 1875, hiernach handelte es sich um 17 Linienschiffe (wovon die *Mars* auf Grund geriet und in Brand gesetzt wurde), 10 Fregatten, 5 Korvetten, 8 Briggs und 31 kleinere Schiffe. Dieselbe Angabe ist auch bei: H. G. Garde, Den dansk - norske Sömagt Historie 1700 - 1814, Kjöbenhavn 1852, p. 467 zu finden. Der materielle Schaden der Beschießung wurde auf 16 Millionen Reichsbanktaler geschätzt. Nach einer dänischen Verlautbarung hatten allein die Feuerversicherungen für private Häuser 2,4 Millionen Reichsbanktaler zu zahlen. Nach: The Times, September 26, 1807, sind 6.000 Häuser verbrannt, nur 400 blieben ohne Schaden. Zur Liste der dänischen Schiffe sowie zum entstandenen Schaden vergleiche: o. Verf.: Ueber den Verlust, den Dänemark durch den Raubzug der Engländer gegen Copenhagen erlitten hat, und dessen Ersatz, in: Minerva, 1808, Dritter Band, S. 34 ff.

91) The Times, October 5, 1807: „We understand that in the quarter where the fire was most

ges Schauspiel, zu sehen, wie, im Kampfe um die Freiheit der Meere, tausende Opfer eines Interesses wurden, von welchem sie nie das geringste geahnt hatten. Trotz der Zerstörung, welches dies Bombardement angerichtet hatte, beharrte Peymann noch immer auf seinem Entschluß, nicht ohne Einwilligung des Königs auf Kosten der dänischen Flotte zu kapitulieren; und so wurde dann das Bombardement in der Nacht vom 4. zum 5. September fortgesetzt. Von allen Nächten war dies die schrecklichste für die Bewohner von Kopenhagen. An allen Orten hörte man zur gleichen Zeit Feuer! rufen. Nach allen Richtungen hin sah man Rauch und auflodernde Flammen. Es war ein unbeschreiblich-fürchterlicher Anblick, als der schöne Thurm der Frauen-Kirche in lauter Flammen eingehüllt, erst wankte, dann herabstürzte und in seinem Fallen die Flamme über die halbe Stadt verbreitete, indeß Bomben, glühende Kugeln, Granaten und Brand-Raketen sich aus den englischen Batterien in solcher Fülle ergoßen, daß der Augenblick eines gänzlichen Verderbens für Copenhagen gekommen zu seyn schien. An Löschen war nicht mehr zu denken: denn die Werkzeuge des Löschens waren größtentheils zerstört, und das sogenannte Brand-Corps theils getödtet, theils durch übermäßige Anstrengung ermattet. Je mehr das Feuer wüthete, desto lebhafter wurde es von den Engländern unterhalten. . . Dreihundert und fünft Häuser nebst der Frauenkirche lagen in Asche, über achthundert wehrlose Bürger und Bürgerinnnen waren ermordet und noch weitere schwer verwundet."[92]

Hobbs zitierte einen dänischen Augenzeugen, den Baron Eben, der die teilweise dramatische Wirkung der Raketen in einem Brief an den Kronprinzen am Tag nach der Kapitulation beschrieb:

„I was in Copenhagen for some time after the capitulation . . not being an Englishman, I have perhaps had some oportunities which your countrymen had not. The Danes were very much afraid of the rockets, and said they had burnt a great many houses, and besides, warehouses . . I saw a house, myself, which was struck by a rocket which went through the roof and three of the floors, and struck into the side of the wall."[93]

Der Einsatz der Raketen wurde in den öffentlichen Verlautbarungen nicht erwähnt, vor allem der Name Congreves fehlte, so daß er sich anschließend „als Erfinder und Ausführender dieses neuen Dienstes" bei Lord Castlereagh, grenzenlos enttäuscht über die fehlende Anerkennung, beklagte.[94]

Dieser Einsatz hatte aber insofern ein Nachspiel, als die Dänen einige nicht gezündete Raketen fanden und diese in der Folge als Grundlage einer eigenen Raketenentwicklung nutzten.[95]

Am 24. April 1808 wurde das Board of Ordnance aufgrund des gegen Copenhagen erzielten Erfolges angewiesen, ohne Verzögerung eine Raketenausstattung für das Expeditionsheer des Lieutenant-General Sir John Moore bereitzustellen, eine entsprechende Anweisung erging

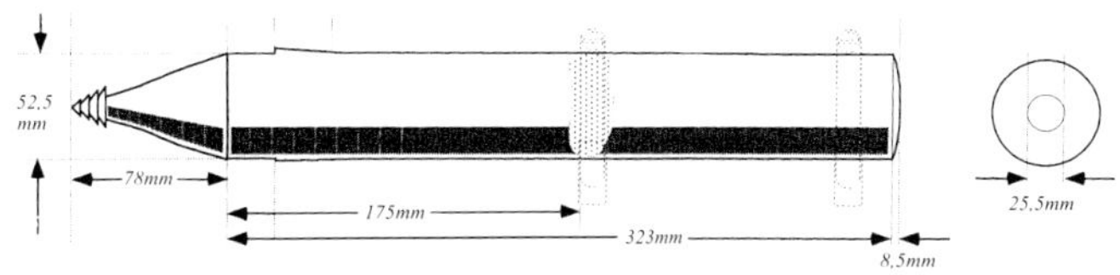

9pfündige Brandrakete, wie sie bei Kopenhagen eingesetzt wurde (Zeichnung: C.E. Franklin)

an das Transport Board, das beauftragt wurde, ein „gutes" Transportschiff von etwa 300 t bereitzustellen.[96] Congreve beantwortete die Anforderung und wies daraufhin, daß noch 350 Raketen des bei Kopenhagen eingesetzten, verbesserten Typs verfügbar wären und erbot sich, die Expedition zu begleiten und zu unterstützen. Die Raketen könnten sofort verschifft werden, einschließlich des Zivilpersonals, das seine Kompetenz in Kopenhagen bewiesen hätte. Er wies aber daraufhin, daß bis jetzt die Raketen ausschließlich für den Einsatz durch die Royal Navy vorgesehen gewesen wären, und daß er daher um den sofortigen Auftrag bäte, entsprechende Abfeuerungsgestelle für den Gebrauch durch die Armee zu konstruieren und anzufertigen. Zugleich wies er daraufhin, daß weitere Raketen angefertigt werden müßten, da die Fabrikation seit Kopenhagen zum Stillstand gekommen wäre. Für den Gebrauch durch die Artillerie schlug er die Anfertigung 6pfündiger Kartätschraketen und 12pfündiger Granatraketen vor. Er griff in seiner Antwort auch bereits seinen späteren Einsatzideen vor, indem er darauf hinwies, daß die Infanterie unter Nutzung der Raketen die Qualität einer leichten Artillerie gewönne:

„. . .which they may use wherever they can move with their musquets but which possesses the power of ranging a thousand yards further than the Present Artillery used in the Field-"[97]

Während des Aufenthaltes der Armee auf ihren Schiffen vor Göteborg bildete Bombardier William Laycock im Juni 1808 die Männer in der Handhabung der Raketen für die Verwendung von Schiffs- und den neuen Feld-Abfeuerungsgestellen aus.[98]

Versuchsweise wurde jetzt im September 1808 ein erstes rocket-detachment der Royal Artillery aufgestellt und ausgebildet. Es bestand aus 3 Unteroffizieren und 12 Kanonieren. Kommandiert wurde es von Sergeant William Laycock, der unter Congreve im Royal Arsenal beschäftigt gewesen war. Ohne einen Artillerieoffizier wurde das Detachment nach Lissabon überführt und Sir John Moores Expeditionscorps unterstellt. Ausgestattet war es mit 18- und 32pfündigen Raketen, die bereits über unterschiedliche Gefechtsköpfe verfügten, vorhanden waren Brand-, Spreng- und Kartätschraketen.[99] Am 10. Okto-

---

violent, there are whole streets in which not one house is left standing; that near 400 houses are actually burnt to the ground;"

92) o. Verf., Staatsgeschichte Europa's, a.a.O., S. 20; welchen Eindruck die Brandraketen auf den damaligen Bürger gemacht haben, läßt sich auch aus einer kleinen Schrift ersehen, in der diese Raketen beschrieben wurden. Sie ist als Beilage 4 angefügt. „Frue Kirke havde en congrevsk Raket antændt, kort efterat Bombardementet om Fredagen var begundt, og henimbt den næste Dags Morgen, den 5te, styrtede det skjönne Taarn." (H. G. Garde, a.a. S. 456); siehe auch: B. Poten: Georg Freiherr von Baring, in: Beiheft zum MWBl. 1898, S. 40: „Die Congreve Rockets wurden angewandt und setzten mit den Bomben sehr bald die Stadt in Brand; eine Nacht brannte einer der grossesten Thürme*[*Thurm der Frauenkirche, am 4. September 1807] ab, der ein schönes Schauspiel gab, das Gebälk des Thurmes war ganz im Feuer, und mit einem Mahle fiel der ganze Thurm zusammen." Congreve bezog sich hier auf den auch in der „Gazette" veröffentlichten, offiziellen Bericht Lord Gambiers an die Admiralität vom 7. September 1807, in dem zwar die Leistungen der Batterien und Bombenschiffe hervorgehoben wurden, aber die Raketen mit keinem Wort erwähnt wurden. (Gambier to Pole, Prince of Wales, Copenhagen Road, 7 September 1807, in: A. N. Ryan (ed.), Documents Relating to the Copenhagen Operation, 1807, in: N. A. M. Rodger (ed.), The Naval Miscellany, Vol. V, London 1984, p. 323)

93) Hobbs, a.a.O., p. 86

94) P.R.O., WO 1/1117 (143), Brief Congreves an Lord Castlereagh vom 4. Februar 1808: „I have waited with much anxiety until every opportunity is gone by, of making that mention of the service performed by the Rockets at Copenhagen, which was omitted in the Gazette . . . no individual cd. have felt more zeal nor perhaps have contributed more to the success of the enterprise - a conclusion now sanctioned by the decision of a Committee of Field Officers of Artillery who whitnesses the Operation. Under the pressure therefore of this keen disappointment, I can not refrain from renewing to the common Cause:"

95) siehe Abschnitt Dänemark

96) P.R.O., 1/1117 (167) Memo vom 25. April 1808, Die Briten entsandten 10.000 Mann unter Moore nach Schweden, um dies gegen Napoleon zu unterstützen; da Schweden den offenen Bruch mit Frankreich vermeiden wollte, warteten die Truppen 3 Monate auf ihren Schiffen vor Göteborg und segelten dann wieder ab, um nach Portugal verlegt zu werden.

97) P.R.O., WO 1/1117 (177), Memorandum von Congreve vom 26. April 1808. (Unterstreichungen im Original)

98) J. O. Robson, a.a.O., p. 147: 6th June „I had the frames on deck and put the men through the different positions at the frames. They asked many questions.", 12th June: „Three non-commd. officers and twelve gunners attend drill 4 hours each day.", 27th June: „Captain Drummond came with the men this morning and stayed till they went through the Exercise of the field carriage."

99) Bei dem Kaliber der Raketen ist zu bedenken, daß die Royal Horse Artillery nur mit 6pfündigen Geschützen ausgestattet war, durch die Raketen erhielt sie also eine erheblich größere Wirkungsmöglichkeit, wenn auch mit geringerer Treffgenauigkeit; Angaben zu diesem ersten Einsatz der Artillerie mit Raketen nach: Marshall-Cornwall, a.a.O., p. 44

ber ließ der Commander Royal Artillery, Colonel W. Robe, ein Versuchsschießen vor den Generalen Sir H. Burrard und Sir J. Moore durchführen. Die Raketen wurden hierbei auf Entfernungen von 2.700 yards mit zufriedenstellender Genauigkeit verschossen:
„The Carcass Rocket ranged 2,300 yards, right of the range 7 yards. (The) 2nd Carcass Rocket ranged 2,330 yards, right of the range 13 yards. (The) 3rd Carcass Rocket ranged 2,700 yards, left of the range 70 yards. (The) 4th Carcass Rocket nor the 2 Shell Rockets could not be found. These all from the bombarding frames. When orders were given to advance down the valley and fire from the field carriage at 15° or 20° elevation, Colonel Robe advanced with me. I then laid the field carriage at 20° elevation with difficulty owing to the ground, and when the Colonel looked over it he gave the word fire. The shell rocket grazed and took a direction to the left, struck a house, and made a large dent in the wall. The shell exploded and broke 4 or 5 panes of glass without any other damage."[100)]
Am 14. November fand ein weiteres Vorführungsschießen vor einer größeren Ansammlung von Offizieren der Armee und der Flotte statt, wobei 39 Raketen, ebenfalls mit Erfolg, abgefeuert wurden.
„I fired another experiment. . .without deviating from Colonel Congreve's plan any further than only one 32 pr. Carcass Rocket was burnt upright against a post, and only one 18 pr. case shot rocket lashed horizontally, which broke the target all in bits and (a) number of the balls lodged in the broken boards, which I carried (and) showed to the Admiral and Generals, which they were surprised to see. I also fired 6 case shot over the Plain. laid down 2 rounds at 20° elevation and 1 at 11° elevation, which grazed along the water some 3 or 4 times. I am happy to say that of 39 rockets I have fired there has not been one burst nor one bad amongst the whole."[101)]
Das Detachment wurde in dem folgenden Feldzug nach Corunna nicht eingesetzt, im Februar wurden durch Laycock mit der *Richards* noch 48 Raketen nach Cadix geliefert, dort aber nicht eingesetzt und am 16. März wieder zurückgeliefert.[102)] Im Juni 1809 kehrte das Detachment nach Woolwich zurück.

(3) Rue de Basque

1809 ergab sich eine weitere Gelegenheit für die Royal Navy, Raketen einzusetzen. Im Februar war es dem französischen Contreadmiral Williaumez gelungen, mit 8 Linienschiffen Brest zu verlassen. Er beabsichtigte, sich mit weiteren Schiffen zu vereinigen, um dann nach West-Indien zu segeln. Am 26. Februar verstärkte er sein Geschwader, während er auf der Außenreede von La Rochelle ankerte, durch 3 Linienschiffe aus Rochefort, wurde aber sogleich durch eine britische Flotte unter Admiral Gambier blockiert. Kurz darauf wurde Williaumez am 17. April durch Admiral Allemand ersetzt. Admiral Lord Gambier hatte der Admiralität vorgeschlagen, das französische Geschwader durch einen Brander-Einsatz zu vernichten. Schon vorher hatte die Admiralität dies in Erwägung gezogen und Captain Lord Cochrane[103)] mit einer Fregatte und 12 Brandern entsandt, um diesen Angriff durchzuführen. Hierzu befahl die Admiralität:
„. . . and that Mr. Congreve is under orders to proceed to your lordship in a coppered transport containing a large assortment of rockets, and supplied with a detachment of marine artillery, instructed in the use of them, and placed under Mr. Congreve's orders."[104)]
Cochrane beigegeben war also Congreve, der auf der *Cleveland* 1.300 der in Kopenhagen so erfolgreichen Raketen mitführte.[105)] Nachdem Cochrane am 26. März eingetroffen war, unterstellte ihm Gambier 6 Fregatten, 11 Briggs, 8 Brander und 2 Bombenschiffe[106)] für den Angriff. Die französischen Schiffe - 11 Linienschiffe und vier Fregatten[107)] - waren südlich der Isle d'Aix in zwei Linien mit einem Abstand von ca. 185 Metern voneinander verankert, das nördlichste Flügelschiff lag etwa 650 Meter von der Zitadelle auf der Südspitze der Insel, die mit 30 Geschützen bestückt war, entfernt. Die Schiffe waren durch eine starke Tausperre, die an Bojen befestigt war und durch die Boote der Schiffe überwacht wurde, gesichert. Diese Boote hatten auch den Auftrag Brander fortzuschleppen. Am 11. April Nachmittags brachte Cochrane von der Fregatte *Impérieuse* seine Schiffe in Stellung, gegen Abend segelten die Brander hinter den Sprengschiffen los, mußten aber aufgrund des schlechten Wetters einzeln statt in Gruppen segeln. Die *Aigle*, *Unicorn* und *Pallas* gingen vor Anker, um die Besatzungen der Brander später zu bergen, während die *Whiting* unter Lieutenant Wildey, und die angemieteten Kutter *King George* und *Nimrod*, die für den Verschuß von Raketen eingerichtet worden waren, näher heran gingen. Die Bombenschiffe erfüllten ihren Zweck und die als Brander zusätzlich eingesetzte Fregatte *Mediator* durchbrach die Sperre. Die französischen Schiffe kappten die Anker, um den Brandern auszuweichen. Die Brander waren zusätzlich mit insgesamt 1.200 Raketen ausgestattet, die sie während des Einsatzes abfeuerten. Congreve hatte hierzu Rahmen an den Topmasten befestigen lassen, die mehrere Raketen enthielten. Zur Ausrüstung der Brander schrieb Gunner Richardson von der *Thomas*:[108)]
„We placed Congreve's rockets at the yard arms, but this was an unwise proceeding, as they were as likely to fly into our boats when escaping, after being set on fire, as into the enemy's."
Die Masse der Brander war zu früh in Brand gesetzt worden, nur vier von ihnen erreichten das eigentliche Ziel, und keinem gelang es, eines der französischen Schiffe in Brand zu setzen.[109)] Über die Wirkung des Einsatzes der Raketen ist wenig bekannt, sie scheinen ihre Ziele verfehlt zu haben, doch brachte ihr Einsatz die Franzosen so in Verwirrung, daß die Schiffe, die den Raketen zu entkommen trachteten, bis auf die *Foudroyant* und *Cassard* auf Grund liefen.[110)]
Admiral Gambier stellte dennoch in seinem Abschlußbericht an die Admiralität fest:

---

100) Robson, a.a.O., p. 148
101) ibidem
102) ibidem
103) Thomas Cochrane, Earl of Dundonald, überzeugt von den Congreveschen Raketen, 1814 wegen angeblichen Börsenschwindels aus der Marine ausgestoßen, 1818-1822 Dienst in der chilenischen Marine (siehe Abschnitt Chile), anschließend Befehlshaber der brasilianischen Marine, rehabilitiert und 1854 Konteradmiral der Royal Navy. Mit Befehl vom 7. März hatte die Admiralität bereits angeordnet, eine Anzahl vonn Brandern vorzubereiten, Lord Gambier wurde am 10. März mitgeteilt, daß 19 Transportschiffe als Brander sowie 5 Bombenschiffe bereit stünden. (W. James, Naval History, Vol. IV, pp 306)
104) Dundonald, Autobiography, a.a.O., Vol. I, p. 348 (Weisung der Admiralität an Lord Gambier vom 19. März 1809)
105) Nach: Wm. L. Clowes, The Royal Navy, A History From the Earliest Times to the Present, Vol. V., London 1900, p. 258, hatte sich Congreve auf der *Ætna* eingeschifft und traf am 6. April bei der Flotte ein. während die *Cleveland* mit den 12 Brandern unter Geleit der sloops *Beagle* und *Redpole* von den Downs erst am 10. April anlangte. Nach: James, a.a.O., p. 309, handelte es sich um 18pfündige Brandraketen
106) Kleinere Schiffe, die mit 1500 Pfund Pulver beladen waren, um durch ihren Einsatz etwaige Sperren zu sprengen; nach: Ch. Lloyd, Lord Cochrane, London 1947, p. 57, waren es insgesamt 21 Brander, geführt von der *Mediator*, und 3 Bombenschiffe, von denen eines bei der *Impérieuse* in Reserve gehalten wurde. Eines dieser Schiffe wurde von Cochrane selbst geführt, das andere von Lieutenant Johnson und Midshipman Marryat, dem späteren Marineschriftsteller, dem Cochrane oft als Vorbild für seine Romanfiguren diente, so für den Captain Savage in „Peter Simpel". Bei der *Mediator* handelte es sich um eine Fregatte „en flûte", also ohne ihre Kanonen. (Clowes, a.a.O., p. 258); nach: James, a.a.O., p. 309, traf Cochrane erst am 3. April bei Lord Gambier ein.
107) Es handelte sich um die Linienschiffe Tourville (74), Aquilon (74), Jemappes (74), Patriote (74), Tonnerre (74), Calcutta (en flûte, 50), Cassard (74), Regulus (74), Océan (120), Varsovie (80), Foudroyant (80), sowie die Fregatten Elbe (40), Pallas (40). Hortense (40) und Indienne (40) (Angaben nach: Clowes, a.a.O., pp. 259)
108) zitiert nach: Ch. Lloyd, Lord Cochrane, a.a.O., p. 57; vgl.: o. Verf., Der Brittische See-Capitain Lord Cochrane, in: Minerva, 1809, Dritter Band, S. 150 ff., hier wurde an Stelle der Raketen von „mit Feuerröhren versehene Bomben-Carcassen" gesprochen.
109) Dundonald, Autobiography, a.a.O., p. 379
110) ibidem; nach Marshall-Cornwall wurden mehrere französische Schiffe getroffen

„I had every reason to be satisfied with the artillerymen under Mr. Congreve's direction."[111)]
Am Morgen des Folgetages konnte Cochrane an Gambier melden, daß 12 Schiffe auf Grund gelaufen waren, mehrfach versuchte er dann, ohne hinreichende Unterstützung, diese Schiffe zu vernichten. Da keine Brander mehr verfügbar waren, wurden nachmittags drei Transporter behelfsmäßig als Brander ausgerüstet und von einigen Raketenbooten begleitet. Ob hierbei Raketen eingesetzt wurden, ist nicht bekannt.[112)]
Bis zum 14. April versuchten Lord Gambier und Cochrane dann die teilweise auf Grund liegenden französischen Schiffe zu vernichten, dabei wurden der Schoner *Whiting* und die Kutter *King George* und *Nimrod* wiederum mit Raketen ausgerüstet, die zumindest am 13. April bei einem Vorstoß bis in die Mündung der Charente auch eingesetzt wurden.[113)]
Admiral Allemand meldete anschließend an Decrès, den Minister der Marine:
„L'ennemi a dirigé sur l'armée trois machines infernales et trente-trois brûlots, tant bricks que trois mâts. . ."[114)]
Jedoch gelangt es den Franzosen aus einem gestrandeten Brander einige Raketen zu bergen. Frankreich begann damit, ebenso wie Dänemark, eigene Raketen nach Congreves Muster zu entwickeln.[115)]

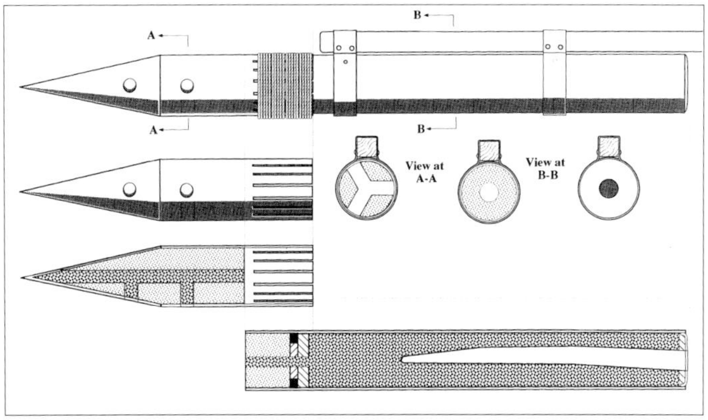

32pfündige Brandrakete etwa 1809 (Zeichnung: C.E. Franklin)

(4) Völkerrechtswidriger Einsatz? - Vlissingen

Im selben Jahr kam es erneut zu einem Einsatz der Raketen. Auch wenn durch Nelsons Sieg bei Trafalgar die Bedrohung der britischen Inseln durch eine französische Flotte nicht mehr real war, wurden die französischen Linienschiffe am Kanal und die in den Niederlanden versammelten Truppen immer wieder besorgt in Hinblick auf eine mögliche Invasion betrachtet. Seit 1803 hatte Napoleon bei Antwerpen Stützpunkte für die Marine als Ausgangsbasis für das Überqueren des Kanals eingerichtet, deren Zerstörung vom Vereinigten Königreich längst geplant war. Als jedoch im Sommer 1809 bekannt wurde, daß 10 französische Linienschiffe unter Admiral Missiessy bei Vlissingen bereitlägen und weitere 10 sich dort und in Antwerpen in Bau befänden, wurden britischerseits Vorbereitungen für eine größere Expedition getroffen. Diese erfolgten jedoch so offen, daß Frankreich ausreichend Gelegenheit hatte, sich hierauf vorzubereiten. Am 28. Juli verließ unter dem Kommando von Konteradmiral Sir John Strachan eine Flotte von 37 Linienschiffen sowie weiteren 5 Zweideckern, 25 Fregatten, 32 Corvetten, 23 Briggs und 5 Bombenschiffen mit 40.000 Soldaten auf 400 Transportschiffen die Downs, unter den Schiffen befand sich auch H.M.S. *Galgo*, ein für diese Expedition ausgerüstetes rocket-ship[116)] unter dem Kommando von Commander J.G. McKillop, das in der Lage war, aus 21 Stückpforten Raketen abzufeuern; dies war sowohl mit großer Erhöhung für Beschießungen als auch mit geringer Erhöhung für die Bekämpfung anderer Schiffe möglich. Das Deck war dabei frei, um weiterhin die bisherigen Kanonen führen zu können. Um die Raketen mit ihrem langem Seitenstab aufzunehmen, waren Durchbrüche zum Unterdeck mit Rampen eingeschnitten worden, die zugleich als abweisendes Schutzschild für den Feuerstrahl der Raketen ausgeprägt waren.[117)] Dieses rocket-ship besaß damit eine Feuerkraft, die einem 74-Kanonen-Linienschiff gleich kam. Die *Galgo* wurde am 11. Juli in Woolwich Warren in Dienst gestellt und ging am 29. Juli zur Flotte nach Walcheren ab.
Befehlshaber der Truppen war Generalleutnant Lord Chatham, der Bruder William Pitt's.[118)] Bestandteil der Landungstruppen war auch Sergeant Laycock mit seinem rocket detachment der Royal Artillery, das insgesamt aus 42 Mann bestand, dieses Detachment sollte die Raketen sowohl an Land als auch an Bord der *Galgo* bedienen.[119)] Zusätzlich waren jedoch auch Angehörige der Artillerie bereits in der Bedienung der Raketen ausgebildet worden.[120)] J. P. Wrangle, der wohl als Arzt an Bord der *Galgo* die Expedition begleitete, stellte zu den Raketen fest:
„The Rocket is a curious machine; its destructive power is tremendous and at that time greatly feared by the French."[121)]
Aufgabe der Expedition war die Zerstörung aller Schiffe und Werftanlagen und die Sperrung der Schelde, hierzu sollten die Ufer der Scheldemündung sowie die Insel Walcheren von den Truppen besetzt und gehalten werden. Am 30. Juli landeten die Truppen auf Walcheren sowie auf Süd-Beveland. Der erste Raketeneinsatz erfolgte am 4. August:

111) zitiert nach: Marshall-Cornwall, a.a.O., p. 43
112) Clowes, a.a.O., p. 266
113) Dundonald, Autobiography, Vol. II, a.a.O., p. 409; Cochrane zitierte hier aus Lord Gambiers Bericht vom 10. Mai 1809: „During the remainder of the 13th the Etna was employed in throwing shells, the Whiting schooner in firing rockets. . ." Bekämpft wurden die *Océan*, *Régulus* und *Indienne*, die auf Grund lagen. (James, a.a.O., pp. 418)
114) zitiert nach: P. Bret, les fusées de guerre, a.a.O., p. 27, der „Moniteur" kommentierte am 23.04.1809 den Bericht Allemands: „Voilà donc les moyens qu'un ennemi si supérieur en nombre n'a pas rougi d'employer! Il n'a pas combattu; mais il a lancé des machines infernales! Il se proclamera vainqueur, et il n'aura été qu'incendiaire. Il était bien digne du gouvernement actuel de l'angleterre de reproduire les brûlots, d'y ajouter des machines infernales, de multiplier avec une fureur inconnue tous les moyens qu'une exécration unanime avait réjettés." (ibidem)
115) siehe Abschnitt Frankreich
116) „Galgo (ex-Garland), Sloop 16[guns], 354 bm [capacity], 102 x 28 1/2 ft., 14-24pounder carronades; 2-18 pounders. Purchased 1801. Became a rocket transport 1809. Sold 9. 6.1814" (o. Verf., Ships of the Royal Navy, Vol. 1, 1987)
117) Neben der H.M.S. *Galgo* war auch das rocket-ship H.M.S. *Erebus* von der Royal Navy in Dienst gestellt worden, auch hier wurden die Raketen durch von Congreve ausgebildete Angehörige der Royal Marine Artillery bedient. (Graves, a.a.O., p. 12) Ersteres Schiff wird zuweilen auch als „Galqo" geschrieben. Lt. Logbuch lautete der Name aber „Galgo". Congreve schrieb in seinem Tätigkeitsbericht [P.R.O., WO 44/642 (393)] vom 27. November 1810: „1st For the Scheld - The Galgo Rocket Ship equipped at Deptford with Scuttels and appropriate Apparatus, to throw twenty one Rockets in a Broadside - "
118) Angaben zum Einsatz nach Stenzel, a.a.O., S. 351 f.
119) Es scheint sich nicht das ganze Detachment an Bord der *Galgo* befunden zu haben, im Logbuch findet sich nur ein entsprechender Eintrag unter dem 8. August: „P.M. / At 4 descharged Mr. Moorsom, Marine Artillery Officer 1 Sagt 1 Corpl and 11 Privates with Rockets pp for the attack of Flushing, . . ." (P.R.O., ADM 51/1992) Es mag dieser Teil des Detachments ursprünglich für den Einsatz der Raketen von Bord der *Galgo* aus vorgesehen gewesen zu sein und nun doch zum Belagerungsheer abgerufen worden sein.
120) F. Duncan, History of the Royal Regiment of Artillery, London 1879, p. 225: „. . . and we learn that not merely was a large supply of Congreve's rockets taken for employment as siege weapons, but every man in the Regiment who had been trained to the use of rockets was ordered to embark with the army."
121) D. Yarrow (ed.), A Journal of the Walcheren Expedition 1809, in: Mariners Mirror, 1975, p. 183, der Verfasser des Berichtes scheint sich im Monat der Indienststellung verschrieben zu haben, denn er datierte diese in den August, beschrieb aber später Vorfälle bei Vlissingen am 13. August. Die Indienststellung muß also bereits im Juli erfolgt sein.

„At night, Captain Richardson, of the Cæsar, who was on the Dyke on shore threw some rockets at the nearest battery of Camvere, and soon after the commanding officer sent out an officer to surrender."[122]
Die Stadt Veer kapitulierte daraufhin, nachdem mehrere Häuser durch die Raketen in Brand gesetzt worden waren.[123] Lord Chatham begann dann mit der Belagerung von Vlissingen, die Beschießung der nur teilweise eingeschlossenen Stadt durch Flotte und Armee - seitens der Armee verstärkt durch 25 Mann des inzwischen gelandeten rocket-detachments unter Führung zweier Offiziere - begann am 13. August. Die Raketen zur Beschießung waren auf dem Transportschiff *Ceres* zugeführt worden.[124] Congreve selbst leitete den Raketeneinsatz bis zur Kapitulation von Vlissingen und war in dieser Zeit nur kurz an Bord der *Galgo*. Zunächst war ein Geschwader von 10 Fregatten eingesetzt , das am folgenden Tag durch 7 Linienschiffe verstärkt wurde, die jedoch teilweise auf Grund gerieten. Noch vor Fertigstellung der Belagerungsbatterien am 13. August begann die Beschießung Vlissingens mit Raketen.[125]
„Rockets had been used before the opening of the batteries and continued to be employed in great profusion, and with fatal effect. Great part of the city, including the Hôtel de Ville, was burnt to ground, and hundreds of the inhabitants were killed."[126]
Der Einsatz der Raketen war also erfolgreich, es gab aber auch Probleme, da die Raketen teilweise - wohl beeinflußt durch den Wind - wieder in die Batterie zurückflogen, aus der sie abgefeuert worden waren. Ein Augenzeuge berichtete:
„Congreve's rockets blazed about in horrible splendour. They are certainly more effectual than shells of any dimensions. The bomb-shells smashed in the roofs and Congreve's rockets thus found admission into the interior of the buildings, and the fire being very powerful and intense, the destruction they caused was frightful"[127]
An anderer Stelle hieß es hierzu:
„Discharges of carcasses and shells from the mortar batteries, with powerful flights of rockets intermixed, were kept up through the night on the devoted town, on frequently large portions of it burned with fury."[128]
Vlissingen kapitulierte am 15. August, nachdem der französische Festungskommandant, General Monnet, formell gegen den Einsatz dieser „brutalen" neuen Waffe protestiert hatte.[129] Die neue Waffe scheint nicht bei allen Angehörigen der Royal Navy beliebt gewesen zu sein; Wrangle beschrieb die Rückkehr der Marineartilleristen an Bord H.M.S. *Galgo* nach der Kapitulation von Vlissingen:
„. . . and when they came on board they exhibited a strange appearance. The most part of them had been engaged in discharging the Rock(ets) from machines on a ladder. It was truly laughable to witness the appearance they made. The practise of discharging the Rocket by the ladder machine was a new invention and proved a great injury to the men, burning their hands and faces. Some had no hair on their heads and their hands and shoulder severely scorched.
It appears that upon discharging the Rocket it will rebound and envelop the person discharging them in what appears to be but smoke but at night is a flame of fire. The Rocket rebounds and then springs forward with great rapidity and it is according to the altitude that you give it that it will fall with great force upon the intended object. These men on their return gave a description of the bombardement which they stated to be truly grand and awful."[130]
Am 23. August segelte Congreve wieder nach Woolwich ab, wo er am 26. anlangte; am folgenden Tage wurden hier die nicht verschossenen Raketen aus der *Pelucca* ausgeladen.[131]
Inzwischen hatte Frankreich jedoch Antwerpen verstärkt und Lord Chatham beschloß, auch wegen Fiebererkrankungen vieler Soldaten, das Unternehmen aufzugeben. Süd-Beveland wurde am 2. September verlassen, während Walcheren erst im Dezember aufgegeben wurde. Von Bord der *Galgo* selbst scheinen nach dem zitierten Bericht keine Raketen abgefeuert worden zu sein.
Ein Tätigkeitsbericht Congreves aus dieser Zeit zeigt dabei auf, wie weit der Einsatz dieser neuen Waffe bereits in der Royal Navy zum Allgemeingut geworden ist:
„2ndly For Sicily - The preparation of an Equipment of two thousand Rockets, with their apparatus, and ten Marine Howitzers laden on board the Ann Transport.
3dly For the Ionian Islands - an Equipment of five hundred Rockets.
4thly For Cadiz - an Equipment of two thousand Rockets, and eight Marine Howitzers shipped on board the Fidelity and Savannah Transports"[132]

---

122) P.R.O., WO 44/463, Sir Strachan's account of the taking of Canvere in Walcheren, dated Venerable, off the Vere Gut, 4th August, 1809; nach: Clowes, a.a.O., p. 272, war eine naval brigade von der *Cæsar* (80) unter Captain Richardson und der *Harpye* (18) unter Commander Blamey gelandet worden: „In addition, a naval brigade . . . had greatly annoyed the place with guns and Congreve rockets."

123) P. Bret, Les fusées de guerre, a.a.O., p. 30, die Besatzung von nur 529 Mann geriet in Gefangenschaft. Das Datum ist wahrscheinlich nicht korrekt, Colonel Fyers, der leitende Pionieroffizier, hatte in seinem Tagebuch unter dem 31. Juli vermerkt: „Ter Veer was invested on the land side, and preparations made for attacking it there, by the Division under the command of Lieut. General Fraser. The Gun and Mortar Boats, at the same time, were brought up before the town, maintaining a heavy cannonade and bombardment, assisted by Congreve's rockets, until the evening when the place capitulated." (E. W. H. Fyers [edit.], Journal of the Siege of Flushing, 1809, in: JSAHR, Vol.XIII, 1934, p. 149)

124) P.R.O., WO 44/642 (395)

125) Vom 2. bis 11. August waren die Raketen und Abfeuerungsgestelle gelandet und in Stellung gebracht worden, ein erstes Probeschießen fand am 11. 8. statt. („From the 2nd until the 11th we were employed in getting our waggons and stores on shore and forwarding them to the lines, where we arrived on this day, and we had the honour to commence the bombardment from 5 frames by order of Colonel Congreve which was present all the time."; Robson, a.a.O., p. 149)

126) Duncan, a.a.O., p. 229; ein Zeuge berichtete: „it may be a satisfaction to you to know, that the StadHouse was consumed by a Rocket thrown from one of the Frames in the Front of my Position - we marked its lodging in the Roof, and myself and staff having watched its progress, saw its subsequent destructive effect." (P.R.O., WO 44/643, Brief MGen Honstonn an Congreve, Brighton August 24, 1810); Congreve stellte anschließend fest: „ . . . tho' referring only to the last Expedition, in which I was employed, namely, that to Walcheren, will be found sufficient at once to establish the fact of the powers and efficacy of the Weapon - by the most infallible of test-by that of the actual employment of it against the Enemy. These Documents . . . who witnessed the effects of the Rockets in the Bombardment of Flushing, . . . must be considered by the Board as the best possible proof of the powers of the Rocket in Bombardment and as a sanction for its general application on such service." (P.R.O., WO 44/643, Brief Congreve, 24 Dec, 1810). In einem anderen Bericht an Congreve wurde festgestellt: „Independent of the serious and alarming effects produced by using the Rockets in cases of Bombardment, the drear excited by them must very much accelerate the operations of the besiegers, by producing such a general consternation and alarm in populous towns when invested, especially if they were used without waiting for the completion of the common batteries. Such was my conviction as well as every other officer in the army that I have conversed with on the subject." (P.R.O., WO 44/642, Capt. W. Read on the StaffCorps, July 12, 1810); zu beachten ist, daß Vlissingen in britischen Darstellungen als „Flushing" bezeichnet wird.

127) zitiert nach: Marshall-Cornwall, a.a.O., p. 44

128) Duncan, a.a.O., p. 241 (zitiert nach: Jone's, Sieges, Vol.II, p. 269); zur ersten Beschießung meldete General Rousseau: „Des fusées incendiaires y ont été lancées en même temps de deux points situées à l'est. Le feu s'est manisfesté pendant la nuit dans deux quartiers de la ville; mais il a été promptement éteint." (zitiert nach: P. Bret, les fusées de guerre, a.a.O., p. 30)

129) nach Graves, a.a.O., p. 10; ähnliche Urteile gab es auch auf britischer Seite: „We scarcely consider them as fair. They will certainly reduce a town to ashes, but humanity or even policy will teach us that this is purchasing it at a very dear rate." (A. Brett-James, The Walcheren Failure, in: History Today, Vol. XIII 1963, p. 820); nach Marshall-Cornwall, a.a.O., p. 56, hat Napoleon nach der Beschießung Vlissingens angeordnet, ähnliche Raketen anzufertigen. (siehe Abschnitt Frankreich) Bei der Kapitulation von Vlissingen wurde im Übrigen von dem britischen Artilleriekommandeur zum letzten Mal das Privileg der Artillerie in Anspruch genommen, die Glocken der eroberten Stadt als Beute der Artillerie zu fordern (J. Headlam, The Use of Rockets in the Artillery, in: JRA, Vol. LXXI, p. 81); nach: Kling, Das Beuterecht der Artillerie, in: ZfH, 1943 II, S. 72, wurde dieses Privileg aufgrund einer Eingabe des Magistrates von Vlissingen aufgehoben.

130) D. Yarrow, a.a.O., p. 188

131) Robson, a.a.O., p. 149

132) P.R.O., WO 44/642 (395), Brief Congreves vom 27. November 1810

Überhaupt scheinen zu diesem Zeitpunkt Raketen bereits häufiger als zusätzliche Bewaffnung der Schiffe mitgeführt worden zu sein. Am Morgen des 13. November trafen so die Fregatten *Diana* und *Niobe* im Kanal auf die französischen Fregatten *Amazone* und *Eliza*, die Le Havre verlassen und Kurs auf Cherbourg genommen hatten. Die französischen Schiffe wichen dem Feuer der britischen Fregatten aus und warfen unter dem Schutz der Batterien nahe am Ufer Anker, so daß sie außerhalb der Reichweite der britischen Schiffe lagen. Die *Niobe* holte daraufhin die Linienschiffe *Donegal* und *Revenge* zur Verstärkung, aber auch deren Artillerie vermochte keine Wirkung beim Feind zu erzielen, im Gegenteil, die Schiffe erlitten Verluste durch die französischen Batterien am Ufer. In der Nacht setzte Captain Malcolm von der *Donegal* (74) dann seine Boote mit Raketen gegen die französischen Fregatten ein, ein Erfolg konnte jedoch nicht beobachtet werden.[133]

Reitende Raketenartillerie mit Raketenwagen (Zeichnung: W. Congreve)

Aber auch Congreves Entwicklungsarbeit wurde in dieser Zeit fortgesetzt, im bereits erwähnten Schreiben stellte er fest:
„Besides this I might enumerate the almost endless variety of Equipments, which have been carried on in the Rocket Service at Woolwich by my orders under Mr. Read's inspection. The construction of different experimental Carriages and other Apparatus for the use of the Rocket in all its applications, in the Field, in Bombardments, and for Naval Purposes - independant of the various Experiments and Carriages which I have constructed"[134]
Noch wurden die Raketen von Hand hergestellt, aber Congreve sah auch bereits die Möglichkeit, Maschinen einzusetzen, um die Herstellungskosten zu senken:
„I trust Sir, that the Right Honble and Hontle Board have had every reason to be satisfied that I have constantly paid all attention possible to economy. I have before stated that a very great Saving would arise in the manufacture of the Rocket, if the Force of Water or Steam were introduced instead of manual Labour; and I beg now to repeat that it would not be less than four Shillings in the making of each Rocket, and reduce the cost of the largest Rocket from twenty two Shillings, to eighteen; besides greatly augmenting its powers and uniformity of Action - On the present Occasion therefore I can not resist strongly urging this point to the attention of the Board, and beg to suggest that if the power of water could be obtained on the Dover River, which I conceive it might be, that the whole of this Establishment would then lie in the most compact and least expensive form possible - and the manufacture would be removed from the Royal Arsenal which is must desired at Woolwich."[135]

(5) Royal Horse Rocket Artillery

Bereits 1809 wurde ein größerer Versuch vorbereitet, um die mögliche Anwendung der Raketen durch die Artillerie und die Royal Navy zu prüfen und um Reichweite und Wirksamkeit der Raketen zu erproben, wobei Congreve als weiteren Versuchszweck noch die Anwendung der leichten Raketen auch durch die Infanterie vorgeschlagen hatte, für das Heer sollten die Versuche in Bagshot statt finden.[136] Für den Felddienst der Artillerie sollten dabei 2 unterschiedliche „Raketenwagen" erprobt werden: ein vierspänniger Wagen für 32pfündige Raketen, der die Bedienung von 5 Mann sowie 48 Granatraketen, jeweils mit 72 Karabinerkugeln gefüllt, oder eine entsprechende Anzahl von Kartätschraketen, die mit 150 bis 200 Kugeln gefüllt waren, im beweglichen Einsatz transportieren sollte oder, bei abgesessener Bedienung „für langsame Bewegungen" 72 Raketen tragen konnte; sowie ein leichter Wagen für 36 12pfündige Kartätschraketen, die mit 72 Karabinerkugeln gefüllt waren, im Einsatz bedient und bewegt von 4 Mann oder auf dem Marsch von einem Pferd gezogen.[137]
In diesem Jahr, also 1809, waren allein bis zum 1. August bereits 13.109 Raketen hergestellt worden, wobei für deren Herstellung, einschließlich der Kosten für Gebäude und Maschinen, £ 25,930 10 s. $6^1/_2$ d. aufgewendet worden waren. Congreve rechnete dabei die Kosten für eine einzelne Rakete sowie den Arbeitsaufwand auf und schlug vor, zur Kostenersparnis und zur Steigerung der Wirksamkeit der Raketen, Maschinen einzusetzen, die nicht durch menschliche Kraft angetrieben werden sollten:
„One man is allowed to attend each mould, and four to drive, taking alternate spells - each spell, with the necessary preparations, takes $3^1/_2$ minutes; and 45 spells make a Rocket - each Rocket, therefore,

---

133) Clowes, a.a.O., p. 474: „That night Malcolm tried the effect of some Congreve rockets upon the two frigates; but it is doubtful whether he did them any great injury."; siehe auch: W. James, The Naval History of Great Britain, London 1880, Vol. V., pp. 106: „Having on board the Donegal some of Colonel Congreve's rockets, Captain Malcolm, the same evening, sent the boats, under the orders of Lieutenant Joseph Needham Tayler, to try their effect upon the two French frigates. . . . neither frigate, according to the French accounts, sustained any injury from the rockets."

134) In diesem Schreiben, zugleich einem Tätigkeitsbericht, wies Congreve vor allem auf die Tätigkeiten seines zivilen Personals unter der Leitung von Mr. Read hin und beantragte die Bezahlung der Arbeiter. Das Board of Ordnance genehmigte die Auszahlung der Gelder an das Personal bis zum 31. Dezember 1810. Congreve hatte also nach wie vor um die erforderlichen Mittel zu kämpfen, um sein Raketenprogramm durchführen zu können. Seit 18. Juli 1806 erhielt Mr. Read zusätzlich eine Zulage von täglich 10 Shilling, das Personal des Rocket-Depôt zu Dover erhielt täglich einschließlich Zulagen: ein Vormann 9 Shilling, 2 Arbeiter je 4 Shilling, 2 Zimmerleute jeweils 7 Shilling. Angestellte, die im Ausland eingesetzt waren, erhielten das gleiche Gehalt und während deren Abwesenheit wurde den Ehefrauen die Hälfte des Gehalts zusätzlich ausgezahlt (P.R.O., WO 44/642-390, Schreiben Congreves vom 21. November 1810)

135) P.R.O., WO 44/642 (401), Tätigkeitsbericht Congreves vom 27. November 1810, Congreve wies an dieser Stelle also bereits auf die Problematik der Fertigung von Hand hin, die verhinderte, daß die Raketen absolut identisch und damit gleich im Flugverhalten hergestellt werden konnten, eine Forderung, die später auch Captain Boxer wieder aufgriff.

136) Congreve, General View, a.a.O., p. 2: „Different Services to be considered as the Objects of the Rocket System in the present Experiments. The application of the Rocket in bombardment. In the field, with heavy and light Rockets, considered as a species of artillery. In the field, considered as an occasional arm for infantry. As a light ball, for observing the motions of an enemy in the night time, either on shore or at sea. Application to naval purposes."

137) ibidem, p. 3

requires 2 hours 38 min. for driving; and, no time being lost in shifting the moulds, 3 Rockets may without difficulty be made in 8 hours - whereas the average day's work gives 8¼ hours clear work; viz.- 1½ hour before breakfast, 3 hours between breakfast and dinner, and 4 hours after dinner, allowing half an hour watering time. A sixth man is allowed to prepare the materiels, and finish the work of these five men. From all this, it is obvious what a reduction of price would ensue from the employment of any force but manual labour - at the same time, that these large Rockets would be much more equal and certain; if, by using elementary force, they were driven with heavier weights than can now be applied by mere manual labour. Thus the rammers of the 42 and 32-pounder Rockets are not above half the weight which I could wish them; but while driven by men, they cannot be increased without the greatest invonvenience and expence."[138]

Im Herbst 1810 wurde ein weiterer Anlauf zur Bildung einer Raketeneinheit der Artillerie unternommen. Ein rocket detachment, diesmal von einem Offizier - Lieutenant William Linsay - geführt, das aus 2 Unteroffizieren und 12 Kanonieren bestand, wurde zur Armee General Wellesleys nach Portugal entsandt. Für dieses Detachment der Artillerie waren erstmals Abfeuerungsgestelle für den Feldeinsatz bereitgestellt worden.[139]

„In the absence of Major-General Mcleod, I have to inform you that Lieut. Linsay, two non-commisioned officers and twelve gunners are embarked in the Charlotte, Transport (105), for Lisbon, in charge of an equipment of Congreve's rockets. The Master-General having approved of their being employed on this Service, you will be pleased to afford Lieut. Linsay such further aid as may be requisite, and in your power."[140]

Nach der Landung in Lissabon im September wurde das Detachment einer Kavalleriebrigade für den Rückzug nach Torres Vedras unterstellt, machte sich aber unbeliebt, weil es 20 Maultiere für den Transport der Ausrüstung erforderte. Nachdem sich Marschall Massena auf Santarém zurückzog, wurde das rocket detachment mit General Fanes Kavalleriebrigade auf das linke Ufer des Tajo entsandt, um die französischen Truppen zu überwachen.[141] Da beobachtet wurde, daß Massena Boote für den Flußübergang bauen ließ, sollte am 15. November die Bootswerft durch Raketen zerstört werden.[142] Aufgrund starken Windes schlug der Einsatz vollständig fehl, einige der Raketen landeten sogar zwischen den Beobachtern.[143] Hierdurch erhielt General Wellesley einen bleibenden, schlechten Eindruck von den Raketen, allerdings hatte er schon eine Woche vorher an Admiral Berkeley geschrieben:

„I am no partisan of Congreve's rockets, of which I entertain but a bad opinion, from what I recollect of the rockets in the East Indies, of which I believe those of Congreve are an imitation. It is but fair, however, to give everything a trial, more particularly as I have received the order of Government to try these machines."[144]

Immer häufiger wurden ab jetzt auch für die Armee Raketen bereitgestellt. Eine erste größere Anforderung erfolgte im Januar 1811, als Lord Liverpool die Anfertigung von 1.000 Feldraketen für die Armee im Mittelmeerraum anordnete.[145] Zusätzlich mußten hierfür die erforderlichen Raketenwagen und Abfeuerungseinrichtungen hergestellt werden; als Auflage wurde jedoch festgelegt, daß keinesfalls die neuen Shrapnell-Granaten verwendet werden dürften.[146] Der Auftrag war noch nicht ausgeführt, als weitere 1.000 Brand- und Sprengraketen sowie ebenfalls 1.000 Raketen mit Granaten und Kartätschen für den Feldeinsatz in Sizilien angefordert wurden.[147] Aufgrund der Auflage, keine Shrapnells zu verwenden, konstruierte Congreve eine neue Sprenggranate in zwei Kalibern, die ausschließlich als Gefechtskopf für Raketen genutzt werden konnte.[148] Für den Transport nach Sizilien wurde im Juli die *Mary*, 187 tons, bereitgestellt, die allerdings erst noch für die Aufnahme der Raketen hergerichtet werden mußte.[149] Auch wenn die Royal Artillery noch nicht bereit war, ebenso wie die Royal Navy die Raketen zu akzeptieren, genoß Congreve doch die Unterstützung des Hofes. Im Frühjahr 1811[150] wurde ihm vom Prinzregenten das Patent eines Oberstlieutenants der Hannoveranischen Ar-

---

138) ibidem, p. 24; diese Forderung sollte von Congreve in den folgenden Jahren immer wieder gestellt werden.

139) P.R.O., WO 44/642 (395), Congreve schrieb hier: „5thly For Portugal - A Field Rocket Brigade consisting of one thousand Rounds of 12 Pounder Spherical Case and Caseshot Rockets - with the requisite Apparatus, being the first outfit of the kind." (Sgt. Laycock berichtete aber bereits 1808 von field-carriages!)

140) zitiert nach: Headlam, a.a.O., p. 82

141) Lt. Gillmor (H. N. Edwards, The Diary of Lieutenant C. Gillmor, R. N.-Portugal-1810, in: JSAHR, 1924, p. 151) notierte hierzu: „Wednesday. 7. An Officer of Artillery arrived. Lt. Jeevers, of the Poietiers, arrived with a boat-load of Congreve's infernal rockets."; Ch. Oman, A History of the Peninsular War, Vol. III, Oxford 1908, p. 426, schrieb hierzu: „Fane discovered the French dockyard at Santarem, and tried to fire it with rockets on November 13. He failed. . ."

142) Auftrag Wellingtons an General Fane vom 14. November: „I beg you therefore to let Lieut. Lindsay make an attempt if you think the depot of materials is really there which I believe there is no reason to doubt." Wellington wiederholte den Auftrag am Folgetag: „You must in the first instance rocket Santarem if you believe the boats or materials are still there." (Edwards, The Diary, a.a.O., p. 154)

143) Ein Stabsoffizier notierte den Vorfall, daß zwei Raketen unter den Zuschauern landeten, mit dem Zusatz: „to our no small inconvenience" (Headlam, a.a.O., p. 82) und Colonel Frazer, der Kommandeur der Royal Horse Artillery vermerkte in einem Brief: „. . . they were injudiciously thrown away, got into disrepute, and have never been used since" (E. Sabine [edit], Letters of Colonel Sir Augustus Simon Frazer, K.C.B. Commanding the Royal Horse Artillery in the Army under the Duke of Wellington. Written during the Peninsular and Waterloo Campaign, London 1859, p. 169, Letter LXI, Vitoria: June 27); siehe auch: Fortescue, History of the British Army, Vol. VII, London 1912, p. 548: „Two days later Fane attempted, though without success, to burn the enemy's stores at Santarem by means of Congreve rockets, a weapon of which Wellington was not enamoured." Zur Beschießung von Santarem notierte Lieutenant Gillmor: „At 7 o'clock Lieutenant Lindsay of the Artillery began to throw Congreve's rockets into Santarem; forty-two let off, about four fell in the town; four burst amongst ourselves; the French seemed to treat us with great contempt. . . I have a very poor opinion of Congreve's rockets; they can't be thrown with the precision of shells." (H. N. Edwards, The Diary of Lieut. C. Gillmor, R.N.- Portugal.- 1810, in: JSAHR, 1924, p. 153)

144) Schreiben vom 6. November 1810 (Edwards, The Diary, a.a.O., p. 154); bereits zuvor, am 3. November, hatte Wellington an Admiral Berkeley geschrieben: „It is not necessary that I should enter into any discussion of the comparative merits of Congreve's rockets and carcasses; or that I should enter into any defence of the former, of the merits or demerits of which I have no experience, never having seen them used . . . I should hope, however, that the Master General of the Ordnance would have urged his Majesty's Government not to send any to this country, if they are what you describe." (ibidem)

145) P.R.O., WO 44/642 (419) Schreiben Lord Liverpool vom 19. Januar 1811 sowie Weisung des Board of Ordnance vom 22. Januar 1811

146) P.R.O., WO 44/642 (425) Schreiben Board of Ordnance vom 02. März 1811: „but, the Master General further directs that LieutColonel Congreve may be apprized that none of LtColonel Shrapnell's Shells, or spherical Case, be applied to his Rockets, as His Lordship is desirous that no additional hazard of discovery may be afforded the Enemy, in case unexploded Shells should fall into their hands."

147) P.R.O., WO 44/642 (427) Downing Street, 01. März 1811

148) P.R.O., WO 44/642 (429) Schreiben Congreves vom 06. März 1811 sowie vom 29. März 1811 mit Konstruktionszeichnung, eine Hohlkugel mit einem Fuß zum Aufsetzen auf die Rakete, die nur mit Sprengpulver geladen war. Die Kugeln mit einem Durchmesser von 4 bzw. 5 inch sollten bei der Gießerei Fowler zu einem Preis von £ 20 pro Tonne gegossen werden, und waren damit £ 8 billiger als Shrapnell-Granaten. Der Vorschlag Congreves wurde nach Rückfragen am 11. April 1811 vom Office of Ordnance gebilligt (ibidem, -442) Die Hülsen für die Raketen wurden ebenfalls nicht im Arsenal, sondern bei der Firma Merriman in London hergestellt; diese Firma scheint in der Folge recht abhängig von Congreves Bestellungen gewesen zu sein, war aber auch so in der Raketenherstellung engagiert, daß sie selbst Verbesserungsvorschläge zur Konstruktion der Hülsen machte, die allerdings von Congreve verworfen wurden. (P.R.O., WO 44/642-451 und -468 bis 471)

149) P.R.O., WO 44/642 (444 und 446) Schreiben vom 09. Juli und 15. Juli 1811

150) Das genaue Datum ist nicht bekannt, in einem Brief seines Vaters vom 19. April 1811 wurde er aber bereits als Lieutenant-Colonel bezeichnet (P.R.O., WO 44/642 -450); es scheint auch Neider gegeben zu haben, denn sein Vater führt in diesem Brief die Verdienste seines Sohnes an. Der Brief beantwortete eine Anfrage nach dem Rocket System durch „The Commissioners of military Enquiry", also einer Untersuchungskommission, die wohl auch eingesetzt worden war, um die ordnungsgemäße Verwendung der verausgabten Gelder zu prüfen. Browne, England's Artillerymen, London 1865, p. 123, datierte die Ernennung auf die Rückkehr Congreves nach der Beschießung Vlissingens und gab an, seitdem habe er eine Pension des Parlamentes von £ 1200 per annum erhalten.

tillerie verliehen, außerdem wurde er zu einem der Stallmeister des Prinzregenten ernannt. Diese Beweise der Huld des Prinzregenten veranlaßten möglicherweise das Board of Ordnance, nunmehr endlich auch einem Gebrauch der Raketen in der Royal Artillery näherzutreten, und auf Congreves Vorschläge hin wurde im September 1811 eine Versuchseinheit aus Personal der Royal Horse Artillery gebildet, um Versuche in Woolwich und Bagshot durchzuführen.[151)] Dieses detachment bestand aus 1 Unteroffizier und 30 Kanonieren unter dem Kommando des Captain 2. Klasse Richard Bogue, der bisher mit dem B-Troop im Spanienfeldzug eingesetzt war. Der Truppenversuch dauerte bis zum Mai 1813, ein Komitee von Artillerieoffizieren schlug abschließend vor:

„they were unable to offer any opinion as to the utility of rockets and recommended that a trial should be made with them upon actual service."[152)]

Die Gelegenheit für einen Truppenversuch unter Einsatzbedingungen ergab sich noch im selben Jahr, als das Vereinigte Königreich die Befreiungskriege gegen Napoleon personell, materiell und finanziell unterstützen mußte. Vor allem aufgrund des Einflusses des Prinzregenten wurde aus dem Versuchsdetachment am 7. Juni 1813 eine reguläre Einheit gebildet und ähnlich wie die troops der Royal Horse Artillery gegliedert. Das zusätzliche Personal wurde vom 5. Bataillon der Royal Artillery gestellt. Es bestand aus:

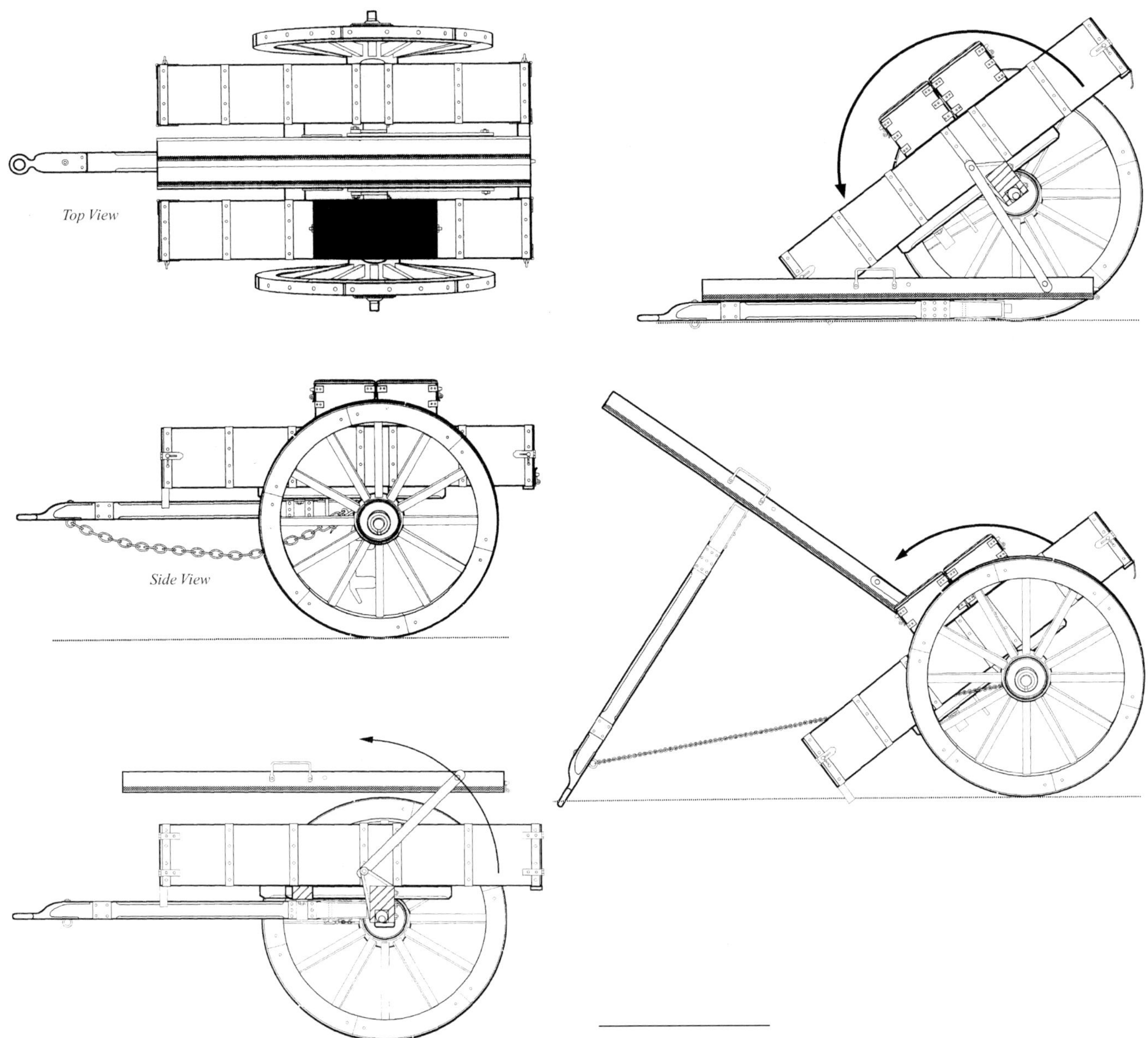

12pfündige Raketenwagen um 1813 [links - Marschansicht; links unten - Heben der „Abfeuerungsrinne"; rechts oben - Kippen des Wagens zum Abfeuern; rechts unten - Abfeuerungsrinne gerichtet auf große Erhöhung (Zeichnung: C.E. Franklin)

151) Die erste Weisung zur Ausrüstung dieses detachments ist am 29. Juli 1811 ergangen: „I have received the Master General's directions to request that the Board will give the necessary authority to the Comptroller of the Royal Laboratory for the requisite Work to be carried on, under the directions of LtColonel Congreve, for the equipment of a Detachment of Horse Artillery ordered by His Lordship to be armed with Field Rockets." (P.R.O., WO 44/642-455-), Schreiben Office of Ordnance, der entsprechende Befehl wurde am 31. Juli erteilt.

152) Angaben und Zitat nach: Marshall-Cornwall, a.a.O., p. 45

Royal Horse Artillery (Zeichnung: Knötel [nach einem Bild von Hamilton-Smith])

2nd Captain Richard Bogue als kommandierendem Offizier, den Lieutenants A. Wright und T. F. Strangways, dem Assistenzarzt Beard, Staffsergeant Hill, Sergeant Wright, 5 Corporals, 5 Bombardiers, 3 Hufschmieden, 2 Sattlern, 1 Radmacher und 1 Trompeter sowie 82 Kanonieren und 24 Fahrern, dazu 8 Offiziers- und 97 Mannschaftspferden. Hinzu kam noch eine Anzahl Wagen zum Transport der Raketen und der Abfeuerungsgestelle.[153] Im Dezember 1813 wurde dann der 1st Rocket Troop gebildet, in dem die bestehenden Detachments von Captain Lane, das noch unter Wellington in Spanien eingesetzt war, und Captain Eliots, das sich noch in der Ausbildung befand, zusammengefaßt wurden, und der am 1. Januar 1814 unter das Kommando von Captain Eliot gestellt wurde.[154]

Am 18. Dezember 1813 war die Bildung einer „rocket brigade" aus den beiden Troops unter Führung eines Lieutenant-Colonel vom Prinzregenten genehmigt worden.[155]

Am 24. Dezember wurde dann auf Anordnung des Prinzregenten durch den Earl of Mulgrave, Master General of the Ordnance, ergänzend festgelegt, daß sie unter dem Kommando von Lieutenant-Colonel Fisher Bestandteil der Royal Horse Artillery werden sollte.[156] Diese Gliederung sollte ab 1. Januar 1814 in Kraft treten.

Die Erprobungsergebnisse von Bagshot waren dann Grundlage für die Gliederung und Ausrüstung der rocket-troops. Die Uniform entsprach derjenigen der Royal Horse Artillery, auf der blauen Schabracke trugen sie jedoch als Namenszug das ungewöhnliche „G.P.R." (Georg Prince Regent) unter der Krone.[157]

Die Reiter führten zwei Raketenstäbe im Lanzenschuh und zwei Raketen in besonderen Packtaschen mit sich, weitere Raketen und Stäbe wurden auf Packpferden sowie auf den Gefechtswagen zusammen mit den Abschußgestellen mitgeführt. Die Zündung der Raketen erfolgte durch ein Steinschloß mit langer Leine. Im Gefecht trugen die Reiter keinen Säbel sondern waren mit einer Pistole bewaffnet.

Da diese Rocket-Brigade eine der wenigen frei verfügbaren Artillerieeinheiten war, wurde sie für die Verstärkung der Nordarmee des schwedischen Kronprinzen vorgesehen und am 11. Juni in Ramsgate verladen.

Der 1st troop unter Elliot wurde - ohne Lanes Detachment - nach der Aufstellung zunächst am 26. Dezember nach Holland verlegt, wo er am 16. Februar nach Verzögerungen wegen schlechten Wetters in Helvoetsluis ausgeschifft wurde und nach Willemstatt marschierte.

Auf Congreves Vorschlag bestand seit Januar 1813 auf Weisung der Admiralität und des Board of Ordnance ein gemeinsames Raketen - Ausbildungszentrum für Heer und Marine in Woolwich unter seiner Aufsicht. Am 2. Februar hatte der erste, sechswöchige Lehrgang für 2 Lieutenants und 50 Unteroffiziere und Kanoniere der Royal Marine Artillery begonnen. Personal aus diesem Lehrgang verstärkte anschließend die Belagerungskräfte von Danzig.[158]

Auch die britische Mittelmeerflotte verfügte weiterhin über Congreves Raketen.[159] Von Sizilien aus, das von der Flotte als letzter, nicht von Napoleon besetzter Teil des Königreiches beider Sizilien gesichert wurde, unternahm die britische Flotte im Verein mit neapolitanischen Truppen Vorstöße gegen das Festland. Im Juli 1812 wurde so ein Vorstoß gegen Pietro Negro unternommen, um mehrere dort gemeldete feindliche Schiffe zu nehmen. Das Geschwader wirkte hierbei mit neapolitanischen Kanonenbooten und Landtruppen zusammen. Die verteidigenden Truppen konnten vertrieben und 11 Schiffe im Hafen genommen werden. Die Raketen, eingesetzt von Colonel Robinson,

---

153) ibidem

154) H. B. Latham, The Disbandment of the Rocket Troop in 1816, in: JRA, Vol. LXXVI, No. 4, p. 277

155) P.R.O., WO 55/642 (317): „His Royal Highness the Prince Regent has been graciously pleased to approve of an addition of a Lieut-Colonel and Two Troops to the Establishment of the Royal Regiment of Artillery, to be attached to the Service of Rocketts."

156) ibidem; „The two Troops to serve with Rocketts are to be attached to the Horse Artillery, and the Field Officer will report to, and thro Lieutt General Lloyd, they are to be Mustered by the Adjutant of the Horse Brigade of the 1st January next. The Detachment going out under Captain Elliot, and that serving in the Peninsula under Captain Lane are to be formed into one troop, and the Detachment under Lieuts Wrights and Strangways are to be considered as the other."

157) Haythornthwaite, Die Uniformen der Schlacht von Waterloo, München 1976; auf vielen Abbildungen tragen die Reiter an der Raketenstange einen blau-weißen Wimpel, dieser gehörte jedoch nicht zur Ausrüstung und wurde von dem Künstler (Charles Hamilton Smith) zur Verzierung eingezeichnet. Während Smith über dem „GPR" die Krone abbildete, zeichnete Congreve auf seinen Bildern (The details, a.a.O., p. 27) die Schmuckfedern des Prince of Wales (Hinweise durch: Carman, The Rocket Brigade in Early 19th Century, in: JSAHR, Vol. XLI 1963, p. 169, dieser wies auch auf die Aufschrift „RARC" auf dem aufgerollten Mantelsack auf dem hinteren Sattelteil hin = „Royal Artillery Rocket Corps").

158) Marshall-Cornwall, a.a.O., p. 47

159) In diesem Jahr hatte auch Lord Cochrane der Admiralität mehrere Pläne zur Vernichtung der französichen Flotten vorgelegt. Einer vom 8. Mai 1812 (detaillierter Folgeplan vom 12. Mai) zielte auf Toulon, gegen das Cochrane mehrere Explosionsschiffe einsetzen wollte, bei der genauen Aufstellung des benötigten Materials folgte als letztes „The disposal of the 10,000 Rockets now at Messina and Malta" (P. W. Brock, Lord Cochrane's Secret Plans, in: Mariner's Mirror, 1930, p. 164)

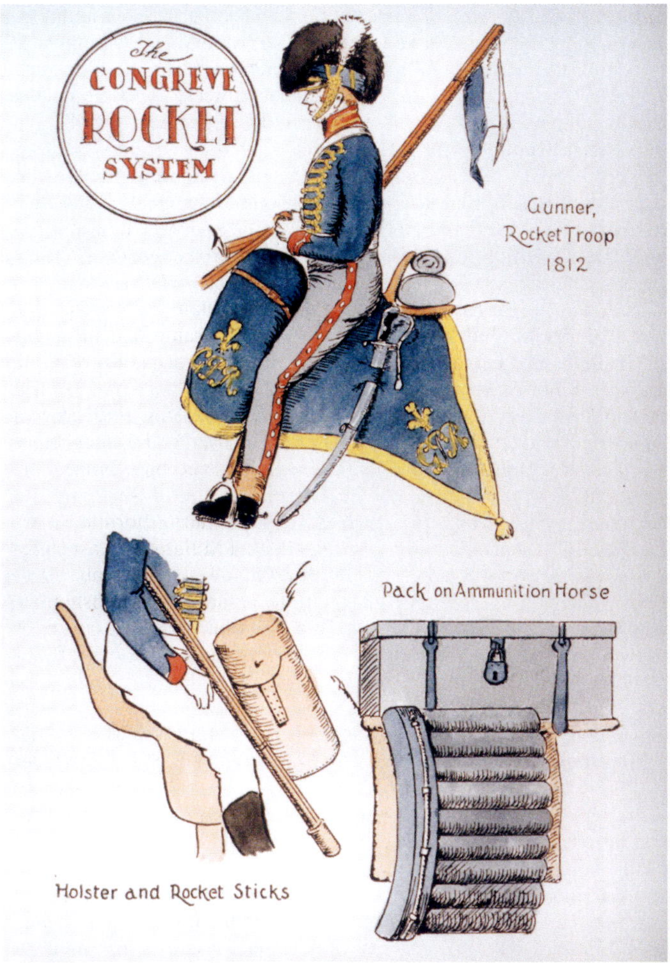

Royal Horse Artillery (Zeichnung: W. Congreve)

Einsatz einer Rakete von der „Ladder" für Belagerungen (Zeichnung: Rene North)

zeigten dabei ihre Wirkung vor allem bei der Abwehr eines Kavallerie-Gegenangriffes.[160)]

Im Dezember 1813 wurden Raketen dann erneut eingesetzt, als Captain Hoste mit Landungstruppen von der *Bacchante*, verstärkt durch Montenegrinische Truppen, Cattaro belagerte und am Weihnachtsmorgen mit der Beschießung der Stadt begann, an der neben Geschützen auch „rocket launchers canted on their tripods" beteiligt waren. Am 28. explodierte, wohl von einer Brandrakete getroffen, das Pulvermagazin der *L'Orient*. Nach Landung weiterer Geschütze wurde die Beschießung verstärkt, so daß der Kommandant der Festung, General Gauthier, am 1. Januar Verhandlungen über eine Kapitulation begann, nicht ohne sich über den Einsatz der Raketen zu beschweren, der „a most unmilitary way of proceeding" gewesen wäre.[161)]

Im selben Jahr war in Sicilien eine Marine-Artillerie-Compagnie zu 150 Mann aus Angehörigen der deutschen Legion gebildet worden. Commandant war der Oberfeuerwerker Bösenberg, die Compagnie wurde hier in der Bedienung der Raketen ausgebildet. Am 15. Dezember 1813 erfolgte durch das 75. englische Infanterieregiment, unterstützt durch Bösenbergs Raketenbatterie, erneut eine Landung bei Pietro Negro in Calabrien.

„Bösenberg nahm mit seiner, von einer englischen Compagnie gedeckten Raketenbatterie auf einer kleinen, bewaldeten Anhöhe Stellung und eröffnete gegen vier feindliche, in der Ebene zum Angriff vorrückende Schwadronen plötzlich ein lebhaftes Feuer, das eine fast komische Wirkung hatte. Die Pferde der feindlichen Cavallerie wurden nämlich durch diese sausenden, brausenden und feuerspeienden Geschosse so wild und unbändig, daß die wunderlichste Verwirrung entstand. Viele Tiere warfen ihre Reiter ab, die alle in Gefangenschaft gerieten."[162)]

Anschließend wurde das nahegelegene Castell von der Raketenbatterie und zugleich von See her durch Kanonenboote beschossen; nach dem Anrücken überlegener feindlicher Streitkräfte wurde die Aktion abgebrochen und die Truppen wieder eingeschifft. Dem verwundeten Bösenberg wurde für diesen Einsatz die Medaille des St. Ferdinands-Orden durch den König beider Sizilien verliehen. Nochmals wurden

160) The Examiner, London, October 11, 1812, p. 618, Veröffentlichung eines Berichtes von Captain and Brigadier Hale an Lord Bentinck vom 22. Juli 1812: „Col. Robinson played off Congreve's rockets to good effect among the cavalry." Captain Robinson und Lieutenant Campbell waren zusammen mit 50 Kanonieren der R.M.A. auf Antrag Captain Hall's, des Führers einer Kanonenbootflottille im Juni 1812 von Cadiz nach Messina verlegt worden. (Fraser / Carr-Laughton, a.a.O., pp. 225)

161) T. Pocock, a.a.O., pp. 218

162) J. Freiherr v. Reitzenstein, Das Geschützwesen und die Artillerie in den Landen Braunschweig und Hannover, 3. Teil 1803-1900, Leipzig 1900, S. 568 f.; Beamish, Geschichte der Königlich Deutschen Legion, Berlin 1906, S. 173, datierte diese Unternehmung auf den 15. Februar 1813, zu Bösenberg: „Oberfeuerwerker Bösenberg versah drei Jahre lang den verantwortlichen Posten eines Instructors und Aufsehers einer Compagnie Marine-Artillerie, welche zur Bemannung der Flottille und Raketenbatterie bestimmt war." Bei: James, a.a.O., Vol. VI, p. 20, wurde der Einsatzort als Pietra Nera bezeichnet, Bösenberg wurde nicht erwähnt, hier hieß es nur: „assisted by a corporal's detachment of the rocket corps . . ."

die Raketen im Mai 1815 bei der Belagerung Gaetas eingesetzt. An Land war die Festung von österreichischen und neapolitanischen Truppen unter General Rebrovich eingeschlossen, während von der Seeseite aus britische Schiffe und Kanonenboote die Stadt ab dem 29. Mai mit Raketen beschossen. Eine Aufforderung zur Kapitulation wurde von dem Befehlshaber Murats, Colonnello Begani, zurückgewiesen. Am 16. Juli erfolgte eine weitere Beschießung mit Granaten und Raketen, ein Sturmangriff am selben Tag wurde jedoch abgeschlagen, und erst nach weiteren Beschießungen kapitulierte die Festung am 8. August.[163]

Inzwischen war der Bedarf an Raketen so gestiegen, daß die Produktion mit den vorhandenen Mitteln nicht mehr nach kam. Auch konnte der befohlene Vorrat im Raketendepot Dover nicht mehr bereitgehalten werden, so waren dort im Januar 1812 nur noch 78 einsatzbereite Brandraketen verfügbar.[164] 1811 waren 7.792 Raketen hergestellt worden, die gleiche Menge war aber auch ausgeliefert worden.[165] Erst im September 1812 konnte der befohlene Bestand in Dover wieder vollständig verfügbar gehalten werden.[166] Da die provisorischen Gebäude in Woolwich baufällig waren und bereits längst nicht mehr ausreichten, um mit dem ständig steigenden Bedarf an Raketen Schritt zu halten, legte Congreve am 11. November 1813 eine Denkschrift vor, in der er den Bau einer „Raketenfabrik" und die Beschaffung der hierfür erforderlichen Maschinen, einschließlich einer Dampfmaschine, forderte.[167] Am 22. November bereits erhielt das Engineer Command in Woolwich den Auftrag, in Zusammenarbeit mit Congreve die erforderlichen Pläne und Kostenabschätzungen zu erstellen. Am 10. April 1814 lagen dann die erforderlichen Pläne für die fünf neuen Gebäude, einschließlich eines Maschinenhauses, vor, veranschlagt wurden £ 9.194. Damit entstand in diesem Jahr eine Raketenfabrik, die durchaus nicht unumstritten war, so schrieb der „Morning Chronicle" von einer „Adress should be moved to ascertain who is responsible for the tomfoolery."[168]

b. the rocket's red glare

1812 brach der Krieg zwischen den Vereinigten Staaten und dem Vereinigten Königreich um den Besitz Kanadas aus. Auch in diesem Krieg wurden wiederum insbesondere durch die Royal Navy sehr häufig Raketen eingesetzt, die damit auch zu einem Symbol britischer Unterdrückung für die Amerikaner wurden, da sie oft zum Beschuß von Küstenorten zur Vorbereitung von Landungen genutzt wurden und dabei erheblichen Sachschaden verursachten, der vor allem Privatleute traf. Landeinsätze wurden durch Raketendetachments der Royal Marine Artillery durchgeführt, die unmittelbar nach der Ausbildung von Woolwich nach Amerika verlegt worden waren und von den Lieutenants Balchild und Stevens geführt wurden.[169] Erste Einsätze erfolgten bei Lewistown, Delaware, am 6. April 1813, als Sir John P. Beresford die Stadt vor die Wahl stellte, sein Geschwader zu versorgen oder bombardiert zu werden. Der amerikanische Kommandeur, Colonel Samuel B. Davis, lehnte die Aufforderung ab. Die folgende Beschießung verursachte nur geringe Verluste, weil die Raketen über die Stadt hinweg flogen.[170] Im Raum Norfolk wurden 2.500 Mann an Hoffleur's Creek gelandet, bei dem folgenden Gefecht wurden die britischen Truppen in der Flanke durch Raketenfeuer gedeckt.

Im April erhielt Konteradmiral Sir George Cockburn den Auftrag, mit einem kleinen Geschwader an der Chesapeake Bay alles zu zerstören, was zu Kriegszwecken dienen könnte. Mit seinem Flaggschiff, der Fregatte *Maidstone*, 2 Briggs und einigen kleineren Fahrzeugen wurden systematisch alle Ortschaften an der Bucht heimgesucht.[171] Bei Point Concord und - am 3. Mai - bei Havre de Grace wurden dabei auch wirkungsvoll Raketen eingesetzt. Jared Sparks, ein Augenzeuge berichtete:

„Von den Booten wurden Congreve-Raketen abgefeuert, deren schreckliches Aussehen große Unruhe hervorrief. Als ein Mann der Bürgerwehr von einer Rakete getötet wurde, war dies das Zeichen für den allgemeinen Rückzug. Sie verließen das Schlachtfeld und entkamen überstürzt und in Unordnung in den nächsten Wald, noch bevor der Feind gelandet war."[172]

Ein anderer Beteiligter berichtete:

„The confusion was cruel. It was increased by a flight of hissing rockets, which set houses in flame."[173]

Zum Einsatz der Raketen liegt auch von britischer Seite der Bericht eines Leutnants vor:

„The slide, on which they were laid, contained two of these destructive missiles carrying special shells, instead of combustible material. By good luck (for they are an uncertain weapon) in the first flight I let off, one of them fell directly into the block-house and the other alighted in one of the batteries under it. Waving to the remainder of the boats, our gallant leader headed the attack and got possession of the batteries before the enemy could recover from the panic occasioned by the rockets."[174]

---

163) C. Montú, Storia dell'Artilleria Italiana, Parte I, Dalle origini al 1815, Vol. II, Roma 1935, p. 1562; E. de Rossi, Il colonnello nell'artiglieria napoletana, in: Rivista de artiglieria e genio, 1911, p. 149, führt gesondert nur den 11. Juli für die Beschießung auch mit Raketen an „L'11 Iuglio gli assedianti lanciarono nella piazza, mediante razzi alla Congrève numerose copie di un proclama di Ferdinando IV promettente amnistia e perdono." Er fügte zu diesem Zeitraum an: „Furono lanciati sulla fortezza in un giorno ed una notte di bombardamento 5.000 proietti tra granate, palle e razzi, in veritá sprecati . . ." Bei dem britischen Geschwader, das die Beschießung von See her durchführte, befanden sich hiernach 3 Boote zum Einsatz der „racchette a fuoco" (beigefügte Karte), zwei am ostwärtigen Flügel des Geschwaders und eines am westlichen, angeschlossen an neapolitanische Boote.

164) P.R.O., WO. 44/642 (462). Die übrigen noch eingelagerten Raketen bestanden aus alten, bei anderen Einsätzen nicht verschossenen Raketen, die zurückgeliefert worden waren, dabei waren 420 Raketen, die bereits 6 Jahre von Schiffen mitgeführt worden waren und nicht mehr gebrauchsfähig erschienen, 336 fünf Jahre alte Raketen, die nahezu 3 Jahre auf der brasilianischen Station verbracht hatten, sowie 132 Raketen, die von der *Galgo* zurückgeliefert worden waren. Nur die letzten beiden Mengen erschienen noch bedingt einsatzbereit, Congreve schlug vor, sie für einen Einsatz auf Brandern - wie bei Basque Road - bereitzuhalten, da sie dabei ohne Gefahr für die Bedienung aufgebraucht werden könnten.

165) P.R.O., WO 44/642 (466), Schreiben Congreves vom 07. Februar 1812; hergestellt wurden im Jahre 1811: 2.733 32pfündige, 4.034 12pfündige, 12 9pfündige und 13 6pfündige Raketen. Ausgeliefert wurden 1.184 mit der *Agnes*, 3.000 mit der *Mary* und 1.600 an die *Resolution*, nur 1.596 konnten im Lager verfügbar gehalten werden, zusätzlich wurden 410 Raketen für Versuche verwendet.

166) P.R.O., WO 44/462 (471), Schreiben Congreves vom 16. September 1812

167) P.R.O., WO 44/642 (481) Zu diesem Zeitpunkt lagen Anforderungen für 14.000 Raketen vor und Congreve rechnete vor, daß bei entsprechenden Maschineneinsatz allein £ 3850 an Arbeitskosten nur für diese Bestellung gespart werden könnten. Für die Beschaffung einer 10 PS leistenden Dampfmaschine veranschlagte er £ 1.000

168) Angaben und Zitat nach: Hogg, Arsenal, a.a.O., p. 591

169) Die Raketen scheinen der Royal Navy erst im März 1814 zugeführt worden zu sein, als Admiral Cochrane das Kommando übernahm. „It is stated that his force will consist of 10 or 12 ships of the line and many smaller vessels, with 3 or 4.000 marines, under major Nichols. That he will also bring with him to our coast 'a strong body of riflemen and battering artillery, congreve rockets, shrapnel shells, with all the ammunition, &c. necessary to give effect to these engines of destruction.' " (NWReg, Vol. VI. p. 80) Das Detachment der Royal Marine Artillery unter Lieutenant G. E. Balchild umfaßte 3 Sergeants, 1 Corporal, 4 Bombardiers und 41 gunner. (C. E. Franklin, Congreve's Rockets of the 2nd US War of 1812-1814, Lea 2000, p. 1 [unpublished draft paper]) 50 Marineartilleristen waren zuvor als „rocket corps" besonders ausgebildet worden, sie wurden am 30. März an Bord von 6 Truppentransportschiffen eingeschifft. Nach einem Aufenthalt auf den Bermudas trafen die Artilleristen am 18. Juni in der Chesapeake Bay beim Geschwader des Admiral Sir John Borlase Warren ein. (C. Field, a.a.O., p. 291)

170) B. J. Lossing, Scenes in the War of 1812, in: Harper's New Monthly Magazine, XXVIII. Jahr., Dec. 1863, p. 4: „A cannonade and bombardment followed this correspondence, and were continued for about twenty-two hours . . . and many shells and Congreve rockets were sent, the damage inflicted was not severe. The shells did not reach the village; the rockets passed over it."

171) H. Adams, The War of 1812, Washington 1844, p. 130; bei den Briggs handelte es sich um die *Fantome* und die *Mohawk*, dazu traten 3 - 4 Schoner

172) zitiert nach: v. Braun / Ordway III, a.a.O., S. 111; nach: G. Tucker, Poltroons and Patriots, New York 1954, Vol. I, p. 293, scheinen nur 1-2 Raketen abgefeuert worden zu sein, Überreste dieser Raketen wurden an den amerikanischen Präsidenten übersandt (ibidem, p. 295), siehe auch Abschnitt „Amerika, die Vereinigten Staaten"

173) Lossing, a.a.O., p. 6, und Donnelly, Rocket Batteries of the Civil War, in: MilA 25 (Summer 1961), p. 70

174) R. Robinson, The Use of Rockets by the British in the War of 1812, in: Maryland

Rocket Ship und mit Raketen ausgerüsteter Brander (Zeichnung: W. Congreve)

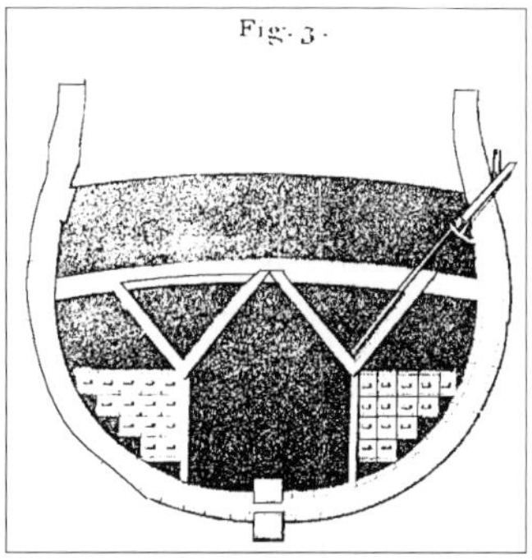

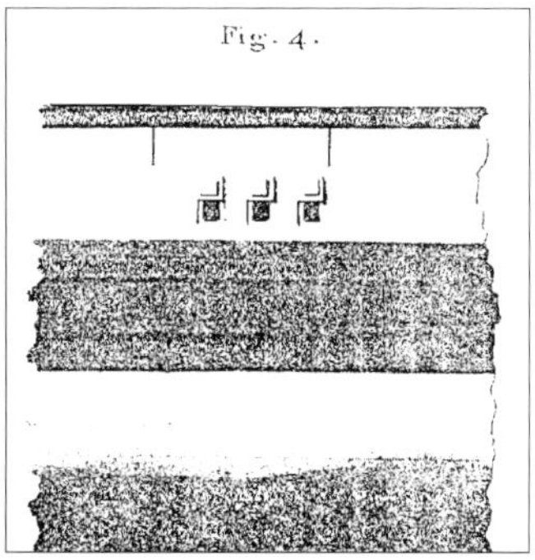

Einrüstung der Raketen für die Abfeuerung aus den Geschützluken mit Abweisungseinrichtung für den Feuerstrahl (Zeichnung: W. Congreve)

Rocket Ship (Zeichnung: W. Congreve)

Nur wenig später stieß das britische Geschwader auf dem Sassafras-River weiter vor und plünderte Fredericktown am 6. Mai sowie Georgetown und Craney Island[175] am 6. Mai und 22. Juni jeweils unter vorherigem Einsatz der Raketen. Diese Einsätze veranlaßten das Department of State der USA zu einem Protestschreiben an Vice-Admiral Sir Alexander Cochrane, in dem das Vorgehen der Briten als völlig völkerrechtswidrig bezeichnet wurde; Cochrane wies das Schreiben unter Hinweis auf die ihm erteilten Befehle zurück, leitete es jedoch nach England weiter.[176] Es folgten Einsätze am 24. Juni 1813 bei einem Angriff auf Hampton, Virginia, das von etwa 450 Mann Miliztruppen verteidigt wurde,[177] und im Juli wurde ein Überfall auf Ocracoke Inlet in North Carolina durch den Einsatz von Raketen unterstützt.[178] Im September 1813 wurde auch ein Raketendetachment nach Canada verlegt, wo auch die Royal Navy die Operationen im Gebiet der Großen Seen mit Raketendetachments unterstützte.[179] Das detachment wurde am 30. März 1814 bei der Schlacht von LaColle Mill eingesetzt, wo etwa

---

Historical Magazine, Vol. XL 1945, p. 2, zitiert wurde nach Sir James Scott, Recollections of a Naval Life, London 1834, III, p. 262; Rear-Admiral Cockburn hatte am 2. Mai 150 Marines und 5 Artilleristen in Booten gelandet, da das Gewässer so flach war, daß die Schiffe 6 Meilen vom Angriffsort entfernt ankern mußten. Das „rocket boat" wurde von Lieutenant Westphal geführt. Das Feuer wurde erst eröffnet, als nach Zeigen einer Waffenstillstandsflagge die Amerikaner auf den Lieutenant feuerten. (W: James, a.a.O., Vol. VI, p. 87)

175) Lossing, a.a.O., p. 10: „They immediately opened a cannonade from a field-piece and a howitzer, and sent a bevy of Congreve rockets upon the island, to cover the movement of a detachment sent to cross Wise's Creek and gain the rear of the American flank in position on the main land." Craney Island beherrschte die Einfahrt nach Norfolk, wo die US-Fregatte *Constitution* blockiert lag. (D.W. Knox, A History of the United States Navy, New York 1936, p. 109), deren Besatzung verstärkte die Verteidiger von Craney Island. Vgl.: P. Rouse, Low Tide at Hampton Roads, in: United States Naval Institute Proceedings, Vol. 95, No. 7, 1969, p. 81: „Congreve Rockets now began arcing from the invaders on the mainland into the fort. Craney's battery on the western end of the island, which had thus far held its fire, opened up in reply."

176) Brief von Mr. Monroe an Sir Alexander Cochrane, Department of State, September 6, 1814; Monroe schrieb: „It is seen with the greatest surprise, that this system of devastation which has been practised by the British forces, so manifestly contrary to the usage of civilized warfare, is placed by you on the ground of retaliation . . . I refer, as more immediately connected with the subject of your letter, to the wanton desolation that was committed, at Havre-de-Grace, and at Georgetown, early in the Spring 1813. These villages were burnt and ravaged by the naval forces of Great Britain, to the ruin of their unarmed inhabitants, who saw with astonishment that they derived no protection to their property from the laws of war.", zitiert nach: Major A. Lacarriere Latour, Historical memoir of the War in West Florida and Louisiana, Philadelphia 1816 (reprint Gainesville 1964), Appendix No. 1, p. ii; Admiral A. Cochrane war ein Onkel von Lord Cochrane, dem Befehlshaber bei Basque Roads. Der vollständige Briefwechsel ist abgedruckt in: NWReg, Vol. VII, pp. 17 und 47

177) Lossing, a.a.O., p. 12: „The victors were pressing forward when the British opened a storm of grape and canister shot upon them from two 6-pounders, and some Congreve rockets, and appeared in force directly in front of Chrutchfield. The Americans withstood the fire a few minutes when they fell back, and a part of them broke and fled in confusion across he Yorktown road . . ."

178) Rear-Admiral Cockburn hatte zwischenzeitlich seine Flagge auf der *Sceptre* (74) gesetzt, am frühen Morgen des 13. Juli schifften sich die Truppen in die Boote ein. Als die Vorhut der Boote, wieder unter Lieutenant Westphal, an der Hafeneinfahrt zwei bewaffnete große Schiffe sichtete, die sofort das Feuer eröffneten. „. . . but Lieutenant Westphal, under cover of some rockets, pulled directly for them. and had just got to the brig's bow, when her crew cut the cables and abandoned her." (James, a.a.O., Vol. VI, pp. 95, beide amerikanischen Schiffe wurden von der Royal Navy übernommen, die *Anaconda* als Brig-sloop und die *Atlas* als Schoner *St. Lawrence* (letztere war unter dem Raketenbeschuß verlassen worden)

179) In den Gefechtsberichten der englischen und amerikanischen Führer wurden Raketeneinsätze leider nur selten aufgeführt. Im Juni 1814 wurde in einer Meldung von Aufklärungskräften eine britische Kolonne nach dem Überqueren des St. Lawrence bei French Mill gemeldet, dabei hieß es: „This martial body amused themselves at French Mills until one o'clock, P.M. and then marched with eight pieces of artillery, and two cart loads of congreve rockets." (NWReg, Vol. VI, p. 38)

200 britische Soldaten unter Major Hancock sich gegen amerikanische Truppen unter General Macomb erfolgreich unter Nutzung der Raketen verteidigen konnten;[180] zum Einsatz in diesem Gefecht schrieb ein amerikanischer Offizier, dessen Einheit unter Raketenfeuer lag, daß Raketen:

„might answer a good purpose for burning a town or frightening raw troops, but in the field they are a poor contrivance for killing men, when compared to the rifle and the musket."[181]

Dennoch genügte dieser Raketeneinsatz[182] um zu bewirken, daß 200 Engländer in der Lage waren, 4.000 Mann amerikanischer Truppen zum Rückzug auf Plattsburg zu zwingen.

Die Raketen wurden auch am 6. Mai bei der Einnahme von Oswego,[183] New York, und dann am 13. Juni bei Wareham, Massachusetts, eingesetzt. Es scheinen insgesamt erhebliche Mengen von Raketen eingesetzt worden zu sein, denn der Prinzregent sorgte sich persönlich um den erforderlichen Nachschub:

„I am to signify to Your Lordship the Pleasure of his Royal Highness The Prince Regent that a Supply of Five thousand Congreve's Rockets be placed at the disposal of Admiral Sir Richard Bickerton at Portsmouth.- And further that in Order, to meet the Demand for this Weapon which are constantly arising, You do give Orders for preparing Ten Thousand in addition to those already applied for.- Bathurst"[184]

Nur wenig später erging eine weitere Weisung, Raketen zum Einsatz nach Amerika zu verschiffen:

„I am directed by Earl Bathurst to request you will move the Master General of the Ordnance to authorize immediate preparation & Shipment of an Equipment of Rockets (large & small) for Service on the Coast of America"[185]

Ein Detachment unter Sergeant Austin war an der blutigen Schlacht von Lundy's Lane in der Nähe der Niagara-Fälle am 25. Juli 1814 eingesetzt, hierbei wurde der amerikanische Befehlshaber, Generalmajor Jacob Brown, durch den Stab einer Rakete schwer verwundet. Dies führte dazu, daß er, wohl unter Schock, die eigentlich durch seine Artillerie bereits entschiedene Schlacht abbrach und den Befehl zum Rückzug erteilte.[186] Auch bei weiteren Gefechten wurden an der canadischen Grenze die Raketen eingesetzt, so am 13. und 14. August bei der Belagerung des Fort Erie, wo bei einem kleinen detachment der Royal Artillery neben einem Offizier und 12 Kanonieren „a rocketeer, with a couple of 12 pound rockets" eingesetzt war.[187] Auch wenn General Drummond das Fort heftig beschießen ließ, blieben die Amerikaner standhaft, und die Briten mußten abziehen.

„Drummond commenced a cannonade, bombardment, and rocketeering, which was continued throughout the day, and renewed on the morning of the 14th."[188]

Inzwischen hatte Congreve auch schon Leuchtraketen mit Fallschirm hergestellt, die auch an die Flotte ausgeliefert worden waren, so konnte am 18. Juli die in der Chesapeake Bay für mehrere Tage zur Überwachung der Bay ankernde *Plantagenet* (74) mit ihrer Hilfe rechtzeitig in der Nacht Boote ausmachen, die zu einem Überfall ansetzen wollten.[189]

Im Juli lief Sir Thomas Hardy mit einem Geschwader, dessen Flaggschiff die *Ramillies* (74) war und bei dem Truppen unter Colonel Pilkington auf mehreren Transportern eingeschifft waren, aus Halifax aus, mit dem Ziel, die Neu-England Staaten der Union wieder der Krone zurückzuerobern. Zusätzlich besagten seine Befehle von Admiral Cochrane, „to destroy the coast towns and ravage the country".[190] Es folgten Raketeneinsätze von den Booten des Geschwaders gegen Stonington, Connecticut, am 9. August, wobei die Beschießung, die bis Mitternacht andauerte, nur wenig Schaden in der Stadt anrichtete. Während der Beschießung gelang es den Amerikanern Verstärkungen heranzuführen und Geschütze in Stellung zu bringen.

„By the streaming light of the rockets they watched the enemy, reserving their fire until the barges and a launch came in a line near the southeast point of the peninsula, when they opened fire, with serious effect . . . The assault was resumed at daylight on the morning of the 10th by the rocketeers of the barges . . . So terrible was the bombardment that the militia and volunteers dared not to enter the town."[191]

Die britischen Versuche dauerten bis zum 11. August an, blieben aber erfolglos.[192] Für den Einsatz gegen Stonington waren an Bord des Flaggschiffes *Ramillies* 17 Kisten mit Raketen mitgeführt worden, die alle verschossen wurden. Auch wenn die Raketen auf die Bewohner der Stadt zunächst entsetzlich wirkten, verloren sie doch rasch ihren Schrecken, als man merkte, wie wenig sie bewirkten.[193] Ein weiterer Einsatz erfolgte dann bei Benedict, Virginia am 22. August 1814.

---

180) R. W. Donnelly, a.a.O., p. 70; in dem offiziellen Bericht von General Wilkinson, Odell Town, March 31st, 1814 wurde nur gemeldet. „The enemy had been reported, from a source considered strictly confidential to two thousand five hundred strong, and his first attack of my right favored the report from the use he made of Congreve rockets . . ." (NWReg, Vol. VI, p. 131) Wilkinson stellte in einer general order vom gleichen Tag aber auch fest: „The enemy fired a number of Congreve rockets, they had no effect." (ibidem, p. 132) Nach dem britischen Bericht vom 1. April scheinen die Raketen durch ein detachment der marines eingesetzt worden zu sein, obwohl ein Raketeneinsatz selbst nicht erwähnt wurde. (ibidem, p. 149)

181) Zitiert nach: Graves, a.a.O., p. 27, der US-Offizier war Major Georg McFeely

182) Lossing, a.a.O. (june 1864), p. 146: „They opened fire upon that citadel, but their missiles were harmless. They were responded by Congreve rockets, and the whole American line, being in open fields, was exposed to the fire of the enemy."

183) Buchbesprechung (JSAHR, Vol. XII 1933, p. 105) von: C. Field, Britain's Sea Soldiers, Liverpool 1924, Vol. I, p. 295: Die Truppen unter General Drummond, zu denen ein Rocket-detachment unter Lieut. Stevens, R.M.A., gehörte, wurden von den Schiffen *Prince Regent* (58), *Princess Charlotte* (42), *Montreal* und *Niagara* transportiert, dies Geschwader stand unter dem Kommando von Commodore Sir James Yeo.

184) P.R.O., WO 6/145 (48), Schreiben Lord Bathurst an Master General of the Ordnance vom 23. November 1813

185) P.R.O., WO 6/145 (87), Schreiben H. C. Bunbury, Downing Street, 28. Februar 1814. Die beiden Schreiben zeigen auch, wie inzwischen die Produktion der Raketen erhöht worden war. Am 1. März wurde zusätzlich befohlen, daß das benannte „Equipment" aus 4.000 Raketen bestehen sollte (P.R.O., WO 6/145-88). Bereits am 3. März konnte der Vollzug dieser Weisung gemeldet werden.

186) Angaben nach: Graves, a.a.O., p. 15, und: Downey, Sound of the Guns, New York 1956, p. 69, sowie: F. Downey, The Rockets Red Glare, in: The Gun Digest, 1972, p. 268; im amerikanischen Bericht über die „2. Schlacht bei Chippeway" wurde der britische Raketeneinsatz nicht erwähnt, hier wurde jedoch von einem „Glorious Victory by gen. Brown" gesprochen (report, Head-quarters Buffalo, 29th July, in: NWReg., Vol. VI., p. 392) In dem Brief eines Offiziers wurde jedoch angemerkt: „Several of our caissons were blown up by their rockets, which did some injury, and deprived our cannon of ammunition." (NWReg., Vol. VI., p. 414)

187) Lieut.Gen. Drummond's order for the attack, Camp before Fort Erie, 14th August, 1814, in: NWReg., Vol. VII., p. 21

188) B. J. Lossing, The Pictorial Fieldbook of the War of 1812, New York 1868, p. 832

189) M. de Montgéry, Recherches sur les fusées de guerre, in: JAS, 1839, p. 136, und: W. L. Calderhead, Naval Innovation in Crisis: War in the Chesapeake, 1813, in: American Neptune, Vol. 36, 1976, p. 217: ein Mr. Mix hatte in Anlehnung an Fultons Entwicklung ebenfalls einen „Torpedo" entwickelt, der in dieser Nacht durch ein Boot mit dem Namen *Chesapeake's Revenge* zur Vernichtung der *Plantagenet* eingesetzt werden sollte. In dieser Nacht wurde der Angriff rechtzeitig entdeckt: „. . . the alarm was spread. Small arms were fired into the darkness, blue lights were made, and finally rockets were fired across the water in all directions." Hiernach wurden also keine Leuchtraketen eingesetzt. Der Angriff wurde in der Nacht zum 24. wiederholt, der „Torpedo" explodierte vorzeitig und beschädigte die *Plantagenet* leicht.

190) Lossing, a.a.O., part X, p. 158, zu seinem Geschwader gehörten neben der *Ramillies* die sloop *Martin*, die brigs *Borer* und *Breaun* sowie das Mörserschiff *Terror*

191) Lossing, ibidem, p. 159

192) Brigadier-general Cushing (commanding military district no. 2) meldete am 10. August: „From halft past nine to eleven o'clock last night, and from day-light to eleven this morning, a constant fire of shot, shells and rockets was maintained against the devoted village of Stonington, in which there were only a few militia and one six and two eighteen pounders on travelling carriages, but the village is still standing, and the ships have hauled off to a distance of from one and a half to three miles (the brig, from all appearances, very much injured in her hull, spars and rigging), after expending an immense quantity of ammunition and rockets without killing a single person or firing a single building." (NWReg., Vol. VI., p. 429)

193) An der Beschießung nahmen die *Ramillies*, das Mörserschiff *Terror*, die Fregatte *Dispatch* und die Brigg *Pactolus* teil; Captain Hardy meldete anschließend an Captain Hotham: „that many shells and rockets were thrown into Stonington without any

Ebenso gehörte zu den Landungstruppen, die am 2. September Castine nahmen, neben einem detachment der Royal Artillery ein detachment Seeleute mit „a rocket apparatus".[194)]
Inzwischen war H.M.S. *Erebus*, eine ehemalige 360 t-sloop von 24 Kanonen, unter Congreves Leitung zum rocket-ship umgebaut worden.[195)] Im Batteriedeck waren hierzu je Breitseite 10 eiserne Abfeuerungsröhren fest eingerüstet worden, für die Stäbe der Raketen waren Durchlässe in das untere Deck eingeschnitten, die 20 leichten Geschütze am Oberdeck wurden aber beibehalten.[196)] Als sie am 6. April 1814 Portsmouth verließ, ehrte das eingeschiffte Detachment der Royal Marine Artillery unter Lieutenant T. S. Beauchant Congreve mit einer Raketensalve als Salut.[197)] Die *Erebus* stieß zu Cochranes Geschwader. Nachdem die US-Marinestützpunkte Hampton und Norfolk genommen waren, segelte am 18. August um 09 Uhr 15 eine Flottille von der befestigten Basis Tangier Island, gegenüber dem Patuxent River, den Potomac stromaufwärts.[198)] Am 23. August erfolgte der erste Raketeneinsatz; als die Bombenschiffe das Feuer auf ein amerikanisches Lager eröffneten, feuerte auch die *Erebus* ihre ersten Raketen ab.[199)]
Eine amerikanische Flottille von 10 Booten und 3 Kanonenbooten mit insgesamt 500 Mann unter Commodore Barney war zu schwach, um den Vormarsch zu behindern und mußte sich nach Raketenbeschuß zurückziehen. Der erste Zusammenstoß der Flottille mit britischen Seestreitkräften erfolgte am 1. Juni, als Barney in den Patuxent abgedrängt wurde, zu einem Gefecht mit einem britischen Schoner meldete er:[200)]
„We then gave up the chase, got under way with the Scorpion and gunboats, and returned into the port with all the flotilla. During the firing the enemy advanced a barge which threw rockets; but as they cannot be directed with certainty, they did no execution: but I find they can be thrown further than we can our shot, and conclude from this essay this will be their mode of warfare against the flotilla."
Barneys Flottille wurde dann von einem kleineren britischen Geschwader auf dem Patuxent verfolgt, das auch über Raketenboote verfügte,[201)] während die britische Hauptmacht auf dem Potomac vorging. Kurz darauf, nachdem Barney mit seinen Booten am 7. Juni im St. Leonard's Creek Zuflucht gesucht hatte, wurde er wiederum von Raketen beschossen:
„One of the enemy's rockets, fell on board of one of our barges and after passing through one of the men, set the barge on fire and a barrel of gun-powder, and another of musket cartridges caught fire and exploded by which several of the men were blown into the water and one man very severely burned - his face, hands, and every uncovered part of his body being perfectly crisped."[202)]
In der Nähe ging Colonel Wadsworth in Stellung um das britische Geschwader zu vertreiben und wurde durch 20 Mann der Flottille verstärkt, die seine Artillerie bedienen sollten. Da die Geschütze ohne Deckung aufgestellt waren, gerieten auch sie dann unter Raketenfeuer:
„One of the enemy's rockets passed through an ammunition box, which had been injudiciously placed, and exploded it, which did some damage. An ammunition cart was covered with the fire, but fortunately did not explode."[203)]
Am 9. Juni machten die Briten Ernst, das Feuer wurde durch ein rocket-ship eröffnet und von den Schonern unterstützt; mindestens zwei von Barneys Booten wurden versenkt, davon wurde eines durch eine Rakete in Brand gesetzt, aber auch die Briten erlitten Verluste, so daß sie die Angriffe einstellten und Barneys Flottille blockierten.[204)] Schließlich ließ Barney am 22. August die Boote am Pig Point nahe Upper Marlborough verbrennen, während sich die Besatzung nach Washington durchschlug.[205)]
Am 19. und 20. August wurde eine Infanterie-Brigade unter Generalmajor Ross, verstärkt durch 700 Marines, bei Benedict gelandet,[206)] Admiral Cockburn begleitete den Vormarsch auf Washington. Zu diesen Truppen gehörten auch rocket-detachments der Royal Artillery in einer Stärke von 150 Mann, die von Captain Deacon geführt wurden,[207)] sowie eine rocket-brigade von 75 Mann der Marineartillerie, geführt von Lieutenant John Lawrence.[208)] Die Landung wurde durch

---

apparent effect" und Captain Hotham meldete an Cochrane: „the destruction of the Town has not been as complete as could have been wished, but the damage was sufficient to answer the ends of distressing and harrassing the Enemy." (Angaben und Zitate nach: J. A. Goldenberg, The Royal Navy's Blockade in New England Waters, 1812 - 1815, in: International History Review, Vol. 6, 1984, p. 437) Als Schäden in Stonington gab Goldenberg (ibidem) an: „Stonington suffered a variety of damage. Some houses sustained shot holes, the main street was ploughed by British shot, several pigs were wounded, and one cow was killed. One man was hit in the knee by a rock fragment." Eine der Raketen blieb als Blindgänger in der Wand eines Hauses stecken und kann noch heute besichtigt werden. (Mitteilung F. H. Winter vom 18.10.1997) Zur moralischen Wirkung der Raketen wurde festgestellt: „The Congreve Rockets which were frightful at first, soon lost their terrors, and effected little." (NWReg., Vol. VII., p. 132)

194) Letter lieutenant colonel Johns to general Sir John Sherbroke, Bangor, September 3. in: NWReg., Vol. VII., supplement, p. 172)

195) „Erebus, rocket vessel, 424 bm [capacity], 109 x 29½ ft., [launched] Owen, Topsham, 20. 8.1807, 18-gun sloop 1808, fireship 1809; 24-gun 6th rate 1810. Sold 22. 7.1819 to Mr. Manlove." (o. Verf., Ships of the Royal Navy, Vol. I, 1987)

196) F. W. F. Gleason, Rockets in History, in: Ordnance, Vol. XXXII 1948, p. 329

197) P.R.O., ADM 51/2401 (Logbuch H.M.S. Erebus), hiernach wurden am Montag, dem 4. April die Raketen mit einem Leichter angeliefert und am Folgetag verstaut, am 06.04. kam Congreve an Bord und ließ 5 Raketen abfeuern, ein Salut beim Auslaufen ist nicht vermerkt, dieser wurde nur von Marshall-Cornwall erwähnt (a.a.O., p. 47), der auch den 5. April als Abfahrtstag nannte.

198) Bestehend aus der *Sea-Horse*, *Euryalus*, den Bombenschiffen *Devastation*, *Ætna* und *Meteor* sowie der *Erebus* und dem Tender *Anna Maria*; nach: H. N. Williams, The Life and Letters of Admiral Sir Charles Napier, London 1917, p. 41; nach dem Logbuch der *Erebus* (P.R.O., ADM 51/2401) schloß sie sich am 17. August nachmittags auf dem Potomac diesem Geschwader an, wobei sie am Folgetag auf Grund lief und nur mit Hilfe der *Devastation* wieder frei kam.

199) P.R.O., ADM 51/2401, 23.08. PM.: „observed an Encampment the Bombs opened their fire upon them, set of two Rockets" Bei dieser Gelegenheit lernte auch der künftige Chief of Ordnance der US-Army, Colonel Decius Wadsworth, die britischen Raketen kennen und mußte von einem „succesful rocket fire against his batteries supporting Barney at the mouth of the Patuxent" berichten. (Gleason, a.a.O., p. 328)

200) NWReg, Vol. VI., p. 245; report to the secretary of the navy, Patuxent, June 3, 1814; vgl. H. Footner, Sailor of Fortune, Annapolis 1998, p. 268, die Kanonenboote waren auf Vorschlag Barneys erst kurz zuvor gebaut und fertig gestellt worden.

201) So meldete Barney, daß er am 8. Juni von einer „rocket barge" verfolgt wurde, die mehrere Raketen abfeuerte. (report Patuxent, St. Leonard's Creek, June 9th, in: NWReg, Vol. VI., p. 268) Das britische Geschwader unter Commodore Berry bestand aus der *Dragon*, *Acasta* (Fregatte), *Jaseur* (Brigg), 3 Schonern und einem „rocket boat". (ibidem)

202) Robinson, a.a.O., p. 2, zitiert wurde nach: M. Barnes, Biographical Memoir of the Late Commodore Barney, Boston 1832, p. 239; im Logbuch der *Erebus* ist dieser Einsatz nicht verzeichnet, er könnte also von Booten der *Euryalus* oder von Landstreitkräften erfolgt sein. Für diese Tage findet sich nur ein Logbuch-Eintrag am 26. August: „fired two rockets, at 4 ditto.", ein Ziel ist jedoch nicht angegeben. Barney hatte hierbei seine Flottille geteilt, konnte die britischen Boote aber aufgrund der gegenüber den Raketen zu geringen Reichweite seiner Kanonen nicht beschießen (Footner, a.a.O., p. 269 f.)

203) Letter colonel Wadsworth to the secretary of war, dated Camp near St. Leonard's, June 20 (in: NWReg., Vol. VI., p. 301)

204) Footner, a.a.O., p. 270

205) Angaben zu Commodore Barneys Flottille nach: Knox, History, a.a.O., p. 123, siehe auch: Lossing. Pictorial Fieldbook, a.a.O., p. 921, sowie: Footner, a.a.P., pp. 259

206) Die Truppen waren in der letzten Mai-Woche 1814 in Pouillac, teilweise noch ohne den Sold für die letzten Monate erhalten zu haben, eingeschifft worden und am 2. Juni unter dem Kommando von Sir Pulteney Malcolm in See gestochen. (o. Verf. [by an old Sub], Recollections of the Expedition to the Chesapeake, and against New Orleans, in the Years 1814-15, in: USJ, April 1840, p. 445); Benedict lag 50 Meilen von Washington entfernt, der Patuxent wurde hier zu flach, um ein weiteres Vordringen der Schiffe zu ermöglichen (ibidem, p. 449)

207) Duncan, a.a.O., p. 395

208) F. H. Winter, Rocketry, a.a.O., p. 24, und: Whitehorn, a.a.O., p. 233; die Stärke der beiden Einheiten nach: H. B. Eaton, Bladensburg, in: JSAHR, Vol. 55, 1977, No. 221, p. 9; Lieut. Lawrence wurde anschließend im Bericht des kommandierenden Offiziers, Colonel Brooke, lobend erwähnt, (in: NWReg., Vol. VII., p. 199) ebenso schrieb Admiral Cochrane in seinem Bericht: „First lieutenant John Lawrence, of the royal marine artillery, who commanded the rocket brigade, has again rendered essential service, and is highly spoken by colonel Brooke." (ibidem., p. 200)

eine gut liegende Salve von Raketen gedeckt. Am 24. August 1814 stieß die britische Armee unter General Ross bei Bladensburg auf die amerikanischen Milizen in einer Stärke von 5 - 6.000 Mann unter General Winder, der hier mit seinen Truppen die einzige Brücke über den Potomac und damit den Zugang nach Washington verteidigte. Ross ließ mit Teilen seiner Truppen unter General Thornton die Brücke angreifen und begann nach deren Inbesitznahme den Hauptangriff, der von flankierenden Raketenbeschuß unterstützt wurde:[209)]

„Suddenly a flash and a strange, roaring whoosh sprang from a warehouse yard. The thing soared across the river, spitting sparks and trailing a blazing tail. To Americans on the hillside, gaping up at it, it looked like „a comet low in the sky". It cleared the treetops, seemed to hang there for an instant before it plunged downward in its fiery arc. A man couldn't see a bullet coming; if his number wasn't on it, he heard only the hum of its passing. But this swooping thing was dreadfully personal. It appeared to be darting directly at each watching soldier, making him shake in his boots, turning his knees to water. Only when he saw it strike the ground some distance in front could he believe it was not aimed straight at him. Even then the menace of the thing with a pointed iron head and a scorched eight-foot stick was not ended. Smoking and sputtering, it writhed through the grass like a serpent. Then a time fuze burst its black powder charge with a sharp report and a spurt of acrid smoke."[210)]

Diese Schilderung beschreibt wohl genau die moralische Wirkung des Raketenfeuers auf die Verteidiger Washingtons. Nach mehreren Raketensalven ergriffen die ohne Deckung aufgestellten Infanterie-Regimenter, das 1.[211)] und 2. Baltimore unter den Lieutenant-Colonels Schutz und Ragan der Brigade Stanbury demoralisiert die Flucht. Ein Augenzeuge berichtete:

„. . . daß nicht einmal ein drittel der Truppen in den Kampf eingriff und diese sich auch nur amüsierten, indem sie Congreve-Raketen auf uns warfen. Sie waren so überlegen, daß wir aufgeben mußten.[212)]*"*

Die amerikanische Artillerie hielt aber ihr Feuer zunächst aufrecht und zwang die Raketeure vorübergehend in Deckung. Dann wurden auch die amerikanischen Batterien durch Raketen beschossen, während die britischen Truppen erneut zum Sturm antraten, der die geschwächten Amerikaner zurückwarf. Damit war für die englischen Truppen der Weg nach Washington frei, das noch am selben Abend besetzt wurde, wobei das Capitol, das Weiße Haus und andere öffentliche Gebäude niedergebrannt wurden.[213)]

Konteradmiral Sir George Cockburn war mit den Leistungen der ihm unterstellten Raketenschützen der Royal Marine Artillery so zufrieden, daß er am 27. August an Vizeadmiral Sir Alexander Cochrane meldete:

„I remarked with much pleasure the precision with which the rockets were thrown."[214)]

Nach der Einnahme von Washington wurde am 29. August[215)] Alexandria angegriffen, wo der amerikanische Widerstand härter war. Das Geschwader lag hier bis zum 2. September und segelte dann wieder stromabwärts, wobei es 21 Handelsschiffe als Prisen mitführte.[216)] Die *Erebus* kam hierbei am 3. September unter schweres Feuer der Batterien des Fort Washington, das mit schweren Geschützen bestückt und durch Milizen mit zusätzlicher Artillerie verstärkt worden war; am Folgetag wurde das Gefecht fortgesetzt, als sie dabei dem Ziel zu nahe kam, um die Raketen besser einsetzen zu können, wurde ihr Kommandant, Commander David Ewen Bartholomew, verwundet, die Sloop erlitt schwere Schäden.[217)] Beim Rückmarsch wurde die Flottille bei Mount Vernon jedoch von Küstenbatterien beschossen, einige Boote liefen auf Grund und konnten nur unter dem Schutz des Raketenfeuers der *Erebus* wieder flott gemacht werden.[218)]

---

209) Die britischen Truppen führten nur eine 6pfd. Haubitze und zwei 3pfd. Kanonen mit, wobei letztere nicht eingesetzt wurden. Damit standen als Artillerie gegen die 28 amerikanischen Geschütze nur die Raketen zur Verfügung (H.B. Eaton, a.a.O., p. 13, sowie: G. Nagel, Geschichtliche Darstellung des Feldzuges der Britten gegen die nordamerikanischen Freistaaten in den Jahren 1814 und 1815, Celle 1832, S. 55, und: o. Verf., Recollections of the Expedition to the Chesapeake, a.a.O., p. 452) In einem amerikanischen Bericht wurde zu den Raketen festgestellt: „They now began to throw rockets in great numbers, which seem to be harmless inoffensive things. At two o'clock the enemy had nearly reached the Baltimore volunteers, and opened a heavy fire upon them from the right and left, as well as in front- the rear was only left open to them . . ." (NWReg., Vol. VI., p. 442) Der erste Einsatz der Raketen in dieser Schlacht erfolgte, als die Briten in die Reichweite der amerikanischen Geschütze gekommen waren: „The British commenced hurling rockets at the exposed Americans." (Lossing, Pictorial Fieldbook, a.a.O., p. 929)

210) zitiert aus: T. B. Shea, Rocket Artillery: A Proud Tradition, in: Field Artillery, 4 / 1987, p. 33

211) Diese beiden Regimenter standen aufgrund eines Führungsfehlers ohne Wissen General Stanburys ungedeckt und waren so dem Raketenfeuer ausgesetzt. Für die Unterstützung des Angriffes der britischen Brigade Brooke schrieb: J. A. Whitehorne, The Battle for Baltimore 1814, Baltimore 1997, p. 132: „He [Captain Harry Smith] made sure the Royal Marine Artillery rocket detachment kept up a steady fire on the troops he could see in middle distance. These were Ragan's and Schutz's regiments, which became so unnerved that they were unable to resist the British moves." Hierzu hieß es auch in einem Bericht: „Col. Sterret . . . was ordered to advance, and made a prompt movement until ordered to halt, as at this movement the rockets assuming a more horizontal direction and passing near the heads of colonel Schultz and Ragan's regiments, the right gave way, which was followed in a few minutes by a general flight of the two regiments." (NWReg., Vol. VII., p. 247); siehe auch: Lossing, Pictorial Fieldbook, a.a.O., p. 930: „Them strengthened, it again pressed forward, and soon turned the left flank of the Americans, and at the same time sent a flight of hissing rockets over and very near the centre and right of Stanbury's line. The frightened regiments of Schutz and Ragan broke, and fled in the wildest confusion." Der britische Commander Georg R. Gleig notierte: „Never did men with arms in their hands make better use of their legs." (D. Baker, Spaceflight and Rocketry, A Chronology, Facts on File, Inc., p. 5) Bei: Nagel, a.a.O., S. 82 (Übersetzung des Tagebuches eines ungenannten britischen höheren Offiziers) hieß es nur: „eine Raketenabtheilung leistete sehr wesentliche Dienste". Durch den Rückzug dieser Regimenter wurden die Flanken von Sterretts 5th Maryland Regiment gefährdet, so daß General Winder dessen Rückzug anordnen mußte. Von einigen Autoren wurde das 5. Baltimore Regiment angegeben, dies wurde aber von LtCol Sterret geführt, Schutz führte das 1. Regiment Baltimore County Militia, Ragan das 2. Regiment (Lossing, a.a.O., p. 439, und: Eaton, a.a.O., p. 11)

212) nach: v. Braun / Ordway III, a.a.O., S. 112

213) Angaben nach: Bruce, Harbottle's Dictionary of Battles, London 1979; Admiral Cockburn meldete zu den Leistungen der Raketeure der Marine nach Abschluß der Operation am 27. August: „those, however, attached to the rocket brigade, were in the battle, and I remarked with much pleasure the precision with which the rockets were thrown by them, under the direction of first lieut. Lawrence . . ." (in: NWReg., Vol. VII., supplement, p. 148) Washington wurde dann am 25. August wieder geräumt, der Rückmarsch erfolgte über Bladensburg auf Benedict, wo die Truppen am 29. August wieder eingeschifft wurden. (o. Verf., Recollections of the Expedition to the Chesapeake, a.a.O., May 1840, p. 27)

214) Zitiert nach: Robinson, a.a.O., p. 4

215) Für diesen Tag ist jedoch kein Einsatz von Raketen festzustellen, im Logbuch der *Erebus* ist nur festgehalten, daß zweimal einige Raketen als Signal für die Armee abgefeuert wurden. Führer dieses Geschwaders war Captain J. A. Gordon von der Fregatte *Seahorse*. Vor Alexandria hatte eine leichte Feldbatterie unter Captain Porter versucht, das Geschwader auf dem Rückmarsch aufzuhalten: „On the 3rd the enemy was reinforced from above by another bomb ship and a sloop of war fitted up as a rocket ship. The latter anchoring within reach of our battery, we were enabled to play on her with great effect, and compelled her to change her position. All this day and the succeeding night the enemy kept up a brisk fire on us of shot, shells and rockets." (letter captain Porter to the secretary of the Navy, Washington, September 7, in: NWReg., Vol. VII., p. 33) Nach: James, a.a.O., Vol. VI, p. 182, erreichte das Geschwader bereits am 27. Fort Washington, das am Folgetag besetzt wurde.

216) R. J. B., Naval Recollections of the Late American War, in: USJ, April 1841, p. 461

217) P.R.O., ADM 51/2401, Saturday Sept 3rd, P.M.: „commenced heaving rockets at a fort, the Battery kept up a constant fire, received a Shot from the Battery which wounded the Mizen Topmast . . . at 9 sent yawl & Cutter on Shore manned and armed to destroy a lurking Place for Troops but were repulsed by superior Numbers in the Bushes" Zum Folgetag ist eingetragen: „at 5 commenced firing rockets & Guns on the Ennemy's Batteries, and continued at intervals . . . at 11.20 the Ennemy brought several field Pieces, and commenced action against us from a fresh position on the heights close the ship . . . at noon . . . in sharpe action with the Ennemy. . . at 2 the Ennemy retreated with all their artillery, ceased firing, found our loss to be two killed and 3 wounded, found our rigging very much cut, and several shot in the Ship's Hull"; die Verwundung von Commander Bartholomew ist erwähnt bei: W. L. Cowles, a.a.O., Vol. VI., p. 147; Whitehorne, a.a.O., p. 151, stellte aber fest, daß sich auch hier die US-Milizen bereits an das Raketenfeuer gewöhnt hatten: „British fire became increasingly heavy although the rockets soon lost their terror value and the militia learned to dump earth on the sputtering charges to extinguish them before they exploded." Fort Washington war durch die Beschießung des Geschwaders zerstört worden (R. J. B., Naval Recollections, a.a.O., p. 461)

218) Winter, rocketry, a.a.O., p. 21; dieses Gefecht erfolgte am 05. September nachmit-

Währenddessen war die Raketenkompanie am 11. September bei Plattsburgh[219)] und in der Schlacht von North Point am 12. September im Einsatz.[220)] Bei Plattsburg setzte auch die Marine bei dem gleichzeitigen Gefecht auf dem See Raketen ein.[221)] Bis zum 12. September dauerte auch die Belagerung von Fort Morreau, wobei ebenfalls Raketen eingesetzt wurden.[222)]
Am 30 August mußte ein Kommando der Fregatte *Menelaus*, das am Ostufer der Chesapeake gelandet war, eine Schlappe durch die Miliz hinnehmen, dabei erbeuteten die Amerikaner auch eine Rakete.[223)] Die englische Flotte hatte sich indessen gegen Baltimore gewandt, dessen Verteidigungskräfte rechtzeitig durch die Amerikaner verstärkt werden konnten und lief am 13. September bei Morgengrauen in den Patapsco River unterhalb Fort Henry ein, um dieses Fort, das den Zugang zu Baltimore deckte, zur Übergabe zu zwingen. Am Vortage hatte Admiral Cochrane bereits 4.000 Mann unterhalb der Stadt gelandet, um diese im Zusammenwirken von Heer und Flotte einzunehmen, Teil der Truppen waren wieder die Raketen-Detachments der Artillerie und der Marineartillerie. Die Verteidiger wurden zunächst zurückgedrängt, wobei der Angriff durch eine Raketensalve vorbereitet wurde.[224)] Als jedoch die Engländer auf die stärkeren, inneren Befestigungslinien stießen, beschloß Oberst Book, der Nachfolger des zwischenzeitlich gefallenen General Ross, nach einem fehlgeschlagenen Angriff, bei dem durch Raketenfeuer zwischen den beiden Armeen eine Meierei in Brand gesetzt worden war,[225)] auf das Eingreifen der Flotte zu warten. Diese konnte nicht folgen, da der Kanal nahe Fort Henry durch versenkte Schiffe gesperrt war und so wurden die Truppen wieder eingeschifft, um an der Operation gegen New Orleans teil zunehmen.[226)]
Während des Vorgehens der Flotte erfolgte - auch mit Raketen - die Beschießung des Fort Henry, das von Colonel Armisteadt und seiner aus regulären Truppen und Milizen gemischten Besatzung verteidigt wurde. Hierzu wurden die Bombenschiffe *Ætna*, *Terror*, *Meteor*, *Devastation* und *Volcano* sowie das „rocket ship" H.M.S. *Erebus* eingesetzt. Um 07 Uhr feuerte H.M.S. *Meteor* den ersten Schuß, die Beschießung dauerte bis zum Einbruch der Dunkelheit und wurde um 01 Uhr des folgenden Tages verstärkt wieder aufgenommen, um am Morgen das Fort im Handstreich zunehmen. Die *Erebus* feuerte mehrere Breitseiten 32pfündiger Brandraketen. Ihr Feuer aber war recht ungenau, die meisten der Raketen scheinen kurz gegangen und vor dem Fort ins Wasser gefallen zu sein.[227)] Auch aus dem Bericht des Fort-Kommandanten geht hervor, daß von den Raketen kein einziger Treffer erzielt wurde.[228)] Ein junger Lieutenant beobachtete die Beschießung von Bord eines der Schiffe:
„All this night the bombardement continued with unabated vigour; the hissing rockets and the fiery shells glittered in the air, threatening destruction as they fell: whilst to add solemnity to this scene of devastation, the rain fell in torrents - the thunder broke in mighty peals after each successive flash of lightning, that for a moment illuminated the surrounding darkness."[229)]
Während der Nacht versuchten die Briten das Fort zu umgehen, Fort Covington zu nehmen und aus dem Patapsco Fort Henry von rückwärts zu beschießen, dabei wurden auch Raketenboote eingesetzt, deren Feuer bei Nacht den Amerikanern als Ziel diente, so daß der Angriff abgeschlagen werden konnte.[230)] Von den Kanonenbooten wurde jedoch eines durch eine versteckte Landbatterie versenkt, während der Rest durch das Feuer der Batterien des Fort gezwungen wurde, abzudrehen, ohne das gesetzte Ziel erreicht zu haben. An Bord eines der britischen Schiffe weilte als Zivilist der Amerikaner Frances Scott Key,[231)] der durch den Raketenbeschuß zum Text der späteren amerikanischen Nationalhymne „The star-spangeled banner" inspiriert wurde, in deren erster Strophe es heißt:
„And the rocket's red glare, the bombs bursting in air / gave proof through the night that our flag was still there"
Der letzte Einsatz von Raketen in diesem Krieg erfolgte beim Angriff auf New Orleans ab 8. Dezember 1814, der eigentlich überflüssig war,

tags. Im Logbuch der *Erebus* findet sich kein Eintrag für einen Raketeneinsatz, es ist nur vermerkt „commenced action with them . . . at 8 silenced the batteries . . . found loss to be one man killed & 9 wounded and our rigging and mast very much damaged."

219) Bei dieser Schlacht wurden die britischen Truppen durch die Royal Navy unterstützt. Die Raketen wurden jedoch durch die Armee eingesetzt: „At the same hour the fleets engaged, the enemy opened his batteries on our forts, throwing hundreds of shells, balls and rockets." (General orders general Macombe, Plattsburg, Sept. 14, in: NWReg., Vol. VII., p. 44), es wurde aber auch seitens der Amerikaner festgestellt: „The enemy commenced a simultaneous bombardment of our works from seven batteries, from which several hundred shells and rockets were discharged, which did us very little injury." (ibidem, p. 69)

220) Eine Übersicht aller Einsätze in diesem Krieg gibt: Graves, a.a.O., p. 30

221) „On our side lieut. Duncan, of the navy, lost an arm by a rocket . . ."

222) Bericht General Macomb vom 12. September (NWReg., Vol. VII., p. 32)

223) NWReg., Vol. VII., p. 11, „A handsome affair"

224) „Between two and three o'clock, the enemy's whole force came up and commenced the battle by some discharges of rockets . . ." (letter General Smith to the secretary of war, Head-quarters Baltimore, September 19, in: NWReg., Vol. VII., p. 26)

225) o. Verf., Die Unternehmung der Engländer gegen Baltimore im Jahre 1814, in: MWBl, 1826, S. 3560; nach Whitehorne, a.a.O., p. 181, wurde zwar der britische Angriff unter Unterstützung durch Artillerie- und Raketenfeuer geführt, die Amerikaner hätten aber selbst die Meierei in Brand gesetzt, um sich im Schutze des Rauches zurückziehen zu können, dagegen schrieb: Nagel, a.a.O., S. 155: „Auch unsere Raketen wurden in Anwendung gebracht. Eine derselben fiel auf einen Heufiem in dem Pachthofe nieder, und setzte den Hof mit allen seinen Nebengebäuden in Flammen."

226) D. W. Knox, A History of the United States Navy, New York, 1936, pp. 122; im Hafen von Baltimore lag zu dieser Zeit die U.S. Fregatte *Java*

227) nach: Donnelly, a.a.O., p. 71; dieser gab auch an, daß aufgrund der großen Schußentfernung die Raketen mit dem kleinen, 8pfündigen Brandsatz eingesetzt wurden. Nach: Gleason, a.a.O., p. 329, wurde die Beschießung auf eine Entfernung von zunächst 3500 yards begonnen, eine Entfernung auf welche die Mörser der Bombenschiffe noch wirken konnten, aber außerhalb der Reichweite sowohl der Raketen als auch der Batterien des Forts. Nach: R. J. B., Naval Recollections, a.a.O., p. 463, erfolgte die Beschießung auf einer Entfernung von 2¼ Meilen. Nach 8 Stunden Beschießung wurde die Entfernung verkürzt, damit gerieten die Schiffe aber in Reichweite der Kanonen des Forts. Da Capt. Bartholomew von hier wirksam die Raketen einsetzen konnte, bedurfte es eines besonderen Befehls des Admirals, um das Schiff von dieser gefährdeten Position zurückzurufen. Im Logbuch der *Erebus* wurde hierzu notiert: „at 7 observed the Bombs commence bombarding the Fort, fired Rockets at the Fort, found them fall short, warped nearer the shore, received 20 men from H.M.S. *Asia* to assist us . . . bombarding the Fort." Nachmittags erhielt die *Erebus* laut Logbuch den Befehl des Admirals, sich außerhalb der Schußweite des Forts zu halten. Weitere Raketeneinsätze sind nicht vermerkt, sie scheint aber am 14. noch ein Detachment gelandet zu haben, welches am 16. September wieder eingeschifft wurde. Beschädigungen des Schiffes bei diesem Einsatz sind nicht vermerkt. Lossing (a.a.O., march 1864, p. 446) schrieb jedoch: „A rocket-vessel was so much injured that they were compelled to send a division of small boats to tow her beyond the range of Armistead's guns to save her from destruction." Hier scheint also eine Verwechslung mit einem anderen Schiff erfolgt zu sein, da die *Erebus* das einzige rocket-ship bei diesem Gefecht war. Zumindest meldete Armistead anschließend keine Raketentreffer (Robinson, a.a.O., p. 4). Die *Erebus* verblieb bis zum April 1815 in Nordamerika, wobei es scheint, daß keine weiteren Raketeneinsätze stattgefunden haben; sie kehrte am 28. April 1815 von Halifax kommend nach Portsmouth zurück, nachdem sie vorher noch an einer fehlgeschlagenen Landungsoperation am River St. Mary in Florida teilgenommen hatte. (The Times, London, Monday, May 1, 1815)

228) nach: Graves, a.a.O., p. 16; Beschädigungen im Fort scheinen nur durch das Feuer der Bombenschiffe erfolgt zu sein. In einem Bericht hieß es zur Beschießung: „Four or five bombs were frequently in the air at a time, and, making a double explosion, with the noise of the foolish rockets and the firings of the fort . . ." (NWReg., Vol. VII., p. 24)

229) R. J. B., Naval Recollections of the late American War- No I., in: USJ, 1841, p. 463, die Schilderung stammt von einem fünfzehnjährigen Lieutenant der Fregatte *Hebrus*, er fügte an, daß wahrscheinlich der Befehlshaber kapituliert hätte, wenn der Angriff auf das Fort einige Stunden länger gedauert hätte.

230) „they had approached very near to fort Covington, when they began to throw rockets. . . . The only means we had of directing our guns, was by the blaze of their rockets, and the flashes of their guns." (letter lieut.colonel Armistead to the secretary of war, Fort Henry, September 24th, in: NWReg., Vol. VII. p. 40, vgl.: Footner, a.a.O., p. 291 f.)

231) Ein Anwalt, der um die Freilassung eines gefangenen US-Zivilisten mit den Briten verhandelte.

weil während der Operationen am 24. Dezember in Ghent Frieden geschlossen worden war;[232] diese Nachricht traf aber erst im Januar in Amerika ein. Die Truppen hierfür wurden unter dem Kommando von Major General Keane bis 25. November in der Negril Bay auf Jamaica gesammelt. Gedeckt von der britischen Flotte unter Viceadmiral Sir Alexander Cochrane mit 13 Linienschiffen war General Keane am Morgen des 23. Dezember mit 6.000 Mann gelandet und rückte auf New Orleans vor,[233] dabei war ein Rocket Detachment der Royal Horse Artillery unter Captain Henry Lane, das am 1. September in Portsmouth mit 400 32pfündigen und 100 12pfündigen Raketen auf dem Transportschiff No. 30 *Mary* eingeschifft worden war, diese „brigade" bestand aus 2 Offizieren sowie 96 Unteroffizieren und Mannschaften.[234] Im Laufe des Tages erreichte die Vorhut mit 1600 Mann den Mississippi 8 Meilen unterhalb der Stadt, wo sie auf Befestigungen stieß, die den engen Weg sperrten. Die Briten bezogen zunächst ein Lager bei Villerés Plantage. Ihnen gegenüber ankerte um 7 Uhr abends der amerikanische Schoner *Carolina* und eröffnete kurz darauf ein mörderisches Feuer, das von den Briten ohne Erfolg mit Musketen und einzelnen Raketen beantwortet wurde.

„Some Congreve rockets were tried with as little effect, and those who discharged them were forced to conceal themselves behind the levée."[235]

Für das Detachment also ein wenig rühmlicher Beginn dieses Feldzuges. Der Vormarsch wurde zunächst eingestellt, bis die Artillerie nachgeführt war. Am 25. Dezember übernahm General Sir Edward Pakenham das Kommando. Endlich war am 27. Dezember die Artillerie verfügbar, es gelang, mit Brandgeschossen am 27. Dezember morgens die *Carolina* zu versenken. Am 28. stießen die vorrückenden Truppen bei La Ronde auf eine vorgeschobene Stellung der Amerikaner. Bei der Brigade des General Keane, die entlang der großen Straße am Fluß vorrückte, war ein Halbtrupp des rocket detachments unter Captain Lane eingesetzt, bei der Brigade des General Gibbs, die entlang der Centre Road vorging, befand sich der andere Halbtrupp unter Lieutenant Crawley. Als General Gibbs an La Ronde's House auf Widerstand stieß erfolgte die Feuereröffnung mit den Raketen: „Our Rockets, which were up, immediately opened . . ."[236]

Nach dem Einsatz der 3pfündigen Kanonen und der Raketen gingen die Verteidiger zurück.

„During the whole day, the enemy incessantly threw Congreve rockets, which wounded some of our men. By one of these, major Carmick, of the marines, had his horse killed, and was himself wounded in the hand. The British had great expectation from the effect of this weapon, against an enemy who had never seen it before. They hoped that its very noise would strike terror into us; but we soon grew accustomed to it, and thought it little formidable; for in the whole course of the campaign, the rockets only wounded ten men, and blew up two caissons. That weapon must doubtles be effectual to throw amongst squadrons of cavalry, and frighten horses, or to set fire on houses; but from the impossibility of directing it with any certainty, it will ever be a very precarious weapon to use against troops drawn up in line of battle, or behind ramparts."[237]

Anschließend stießen die Briten auf die eigentliche Verteidigungsstellung. Das folgende Artillerieduell zwischen Verteidigern und Angreifern endete mit dem Erfolg der Amerikaner, denen es gelang, die britischen Kanonen zum Schweigen zu bringen.[238] Der Zugang zur Stadt wurde durch Generalmajor Jackson mit 4.000 Mann, die gut verschanzt waren, verteidigt. Die Angriffe wurden erneut eingestellt, bis am 31. Dezember schwere Artillerie, einschließlich Carronaden der Schiffe, nachgeführt war. Mehrere Batterien wurden zur Artillerievorbereitung des Angriffes eingerichtet, zwischen der zweiten und dritten wurde im Centrum das rocket detachment Captain Lane eingesetzt, während der Halbtrupp des Lieutenant Crawley ganz am linken Flügel in Stellung ging. Am 1. Januar begann nach Auflösung des dichten Nebels die Feuervorbereitung, wobei der Halbtrupp des Detachments unter Lieutenant Crawley seine Raketen einsetzte:

„A cloud of Congreve rockets accompanied the balls, and for fifteen minutes the fire was kept up with unexampled celerity. The first discharges of the two batteries nearest the river, were principally directed against Macarty's house, where the headquarters were established. In less than ten minutes, upwards of one hundred balls, rockets and shells struck the house, and rendered it impossible to remain there . . . the rockets blew up two artillery caissons, in one of which were a hundred rounds."[239]

Dieser erste Angriff wurde eingestellt, als die Munition knapp zu werden begann, die amerikanischen Stellungen aber nicht wesentlich erschüttert schienen. Am 8. Januar sollten die Stellungen der Amerikaner dann endgültig gestürmt werden. Hierzu wurden Truppen unter Colonel Thornton in der Nacht vorher auf das andere Ufer des Missisipi übergesetzt, zu ihrer Unterstützung wurde der Halbtrupp Crawleys ebenfalls auf das linke Flußufer entsandt. Thorntons Angriff war, auch wegen der Unterstützung durch die Raketen, erfolgreich:

„At this time the enemy's force had approached General Morgan's lines, under the cover of a shower of rockets, and charged, in despite of the fire from the 12-pounder and field-pieces mounted on the lines as before stated; when, in a few minutes, I had the extreme mortification and chagrin to observe General Morgan's right wing, composed, as

---

232) Hierbei ist aber anzumerken, daß, wie zu jener Zeit aufgrund des Zeitbedarfs zur Nachrichtenübermittlung üblich, der Frieden in den unterschiedlichen Gebieten der Welt zu unterschiedlichen Zeiten in kraft trat. In Artikel 2 des Vertrages war so festgelegt, daß der Kriegszustand im Nordatlantik erst 12 Tage nach der Ratifizierung und im Pazifik sogar erst 120 Tage danach beendet sein sollte. (Hinweis in: C. S. Forester, Meine Bücher und ich, in: C. S. Forester, Zapfenstreich, Hamburg 1968, S. 166)

233) Die Vorhut, 1688 Mann mit 2- 3pfd. Kanonen und 30 „rocketeers" unter Colonel Thornton landete bereits am 16. Dezember an der Mündung des Pearl River. (o. Verf., Recollections of the Expedition to the Chesapeake, a.a.O., June 1840, p. 188) In Booten wurde die leichte Brigade unter Colonel Thornton mit dem 85. und 95. Regiment sowie Lanes rocket detachment mit dem 4. Regiment als Verstärkung gelandet, 3 weitere Regimenter sowie die Artillerie folgten später in kleineren Schiffen. Angaben nach dem Bericht von Major General Keane an Pakenham am 26.12.1814 (Lacarriere Latour, a.a.O., Appendix LVI, No.2, p. CXLIII)

234) Duncan, a.a.O., p. 395, und Leslie, Artillery Services in North America in 1814 and 1815, in: JSAHR, Vol 8, 1929, p. 80; als über den Einsatz entschieden wurde, lagen die rocket troops in Holland, während Lanes Detachment bei Wellingtons Armee eingesetzt war. Ursprünglich sollte daher unter Captain Elliots Führung ein gemischtes Detachment aus dem 1st und 2nd Rocket Troop gebildet werden. Beide Troops erhielten den Befehl, nach England zurückzuverlegen, Elliots Troop wurde am 18. Mai eingeschifft und kehrte nach Woolwich zurück, während Whinyates Troop keine Transportmöglichkeit fand und warten mußte; er erhielt am 6. September den neuen Befehl, doch in den Niederlanden zu bleiben. Als daher Lanes Detachment, das am 3. Juni Toulouse verlassen hatte, überraschend wieder eintraf, wurde dieses, das bereits über Kampferfahrung verfügte, für den Amerika-Einsatz ausgewählt, zumal Elliots Troop über keinerlei Einsatzerfahrung verfügte und überdies mehrere Soldaten Versetzungsanträge gestellt hatten, weil sie mit diesem Dienst unzufrieden waren. Lanes Detachment bestand aus 1st Lieutenant Crawley, dem Assistenzarzt Gibbons, Sergeant Howe, 2 Corporals, 1 Bombardier und 32 Kanonieren. (Angaben nach: Latham, The Rocket Service, a.a.O., p. 437)

235) Lacarriere-Latour, a.a.O., p. 95, sowie Bericht Commodore Patterson US Navy an Secretary of War vom 28. Dezember 1814: „I repaired on board the United States' schooner Carolina, with captain Henley . . . and commenced a heavy (and as I have sinced learned most destructive) fire from our starboard battery and small arms, which was returned most spiritedly by the enemy with congreve rockets and musketry from their whole force, when after about forty minutes of most incessant fire, the enemy was silenced;" (zitiert nach: Lacarriere Latour, a.a.O., Appendix XXIII, p. XLIII). Es handelte sich um 12pfd. Raketen von Captain Lane's detachment (o. Verf., Recollections of the Expedition to the Chesapeake, a.a.O., June 1840, p. 191)

236) Leslie, a.a.O., p. 101

237) Lacarriere Latour, a.a.O., p. 121

238) Bei dieser Schlacht scheinen die Raketen weniger wirksam gewesen zu sein: „Einige Raketen wurden abgeschossen und gewährten einen herrlichen Anblick in der Luft, allein die Rakete ist ein zu unsicheres Geschoß und diese wichen so weit von ihrer Bahn ab, daß sie nicht einmal dazu dienten, dem Feinde Schrecken einzuflößen." (G. Nagel, a.a.O., S. 277)

239) Lacarriere-Latour, a.a.O., p. 132

herein mentioned, of the Kentucky militia, commanded by Major Davis, abandon their breastwork, and flying in a most shameful and dastarly manner, almost without a shot;"[240)]

Die britischen Frontalangriffe auf die Verschanzungen der amerikanischen Milizen am rechten Ufer wurden jedoch von diesen blutig abgewehrt, obwohl auch beim letzten Angriff ein massives Raketenfeuer zur Unterstützung erfolgte:

„A cloud of rockets preceded them, and continued to fall in showers during the whole attack."[241)]

2.000 Mann der englischen Truppen, darunter General Pakenham, fielen. Der Rückzug am 18. Januar wurde durch das rocket-detachment gedeckt; dies war wohl das erste Mal, daß Raketen zu diesem Zweck eingesetzt wurden, es kam jedoch nicht mehr zu Kampfhandlungen.[242)]

Den Amerikanern fiel beim Nachrücken einiges Material in die Hände, dabei auch Raketen:

„Some entire Congreve-rockets have been found, and a rest from which they are fired, which is my intention to forward to the seat of government whenever a proper opportunity shall offer . . ."[243)]

Nach der Einschiffung wurde beschlossen, eine zusätzliche Landung in der Mobile Bay zu unternehmen und dabei Fort Bowyer zu nehmen. Das rocket detachment wurde mit 200 12pfündigen Raketen zur Unterstützung dieses Unternehmens eingesetzt. Das Detachment landete zunächst auf der Isle Dauphin, wo Lane als Artilleriekommandeur der hier ausgeschifften Truppen eingesetzt wurde, während die Angriffstruppen mit der erforderlichen Artillerie nahe Fort Bowyer am 7. Februar gelandet wurden. Am 11. traf Lane mit seinem Detachment und 100 12pfündigen Raketen bei der Belagerungstruppe ein, zum Einsatz der Raketen kam es aber nicht mehr, weil an diesem Tage das Fort kapituliert hatte, die Übergabe erfolgte jedoch auf Wunsch des amerikanischen Kommandanten erst am 12. Februar, da seine Soldaten am Vortage zu betrunken gewesen wären.[244)]

Einen Tag später traf dann mit der *Braze* die Nachricht vom Friedensschluß ein. Im Juli 1815 kehrte Lanes Detachment nach Woolwich zurück. Der letzte Raketeneinsatz dieses Krieges erfolgte am 18. Februar in Washington zur Feier des Friedensschlusses:

„At night a general illumination took place, and a number of rockets were fired, some of them made, by one of our citizens, in imitation of the British Congreve."[245)]

c. Die Befreiungskriege

Nach dem Untergang der großen Armee Napoleons in Rußland hatte sich 1813 die große Koalition gegen Frankreich gebildet, die von Großbritannien materiell und finanziell unterstützt wurde. Während des Waffenstillstandes zwischen Napoleon und den Verbündeten entsandten die Briten die deutsch-englische Legion zur Verstärkung der Nordarmee des Kronprinzen von Schweden, Marschall Bernadotte. Die Legion bestand aus einem Bataillon Infanterie, 4 Schwadronen Cavallerie, 12 reitenden Geschützen sowie einer reitenden Raketen-Batterie,[246)] die am 11. Juni in Margate mit den Transportschiffen *Antelope*, *Stag* und *Royal Oak* verschifft worden war.[247)]

(1) die Göhrde

Der Kronprinz beauftragte nach der Schlacht bei Großbeeren das Wallmoden'sche deutsch-russische Korps,[248)] dessen Hauptquartier in Wittenberge ostwärts der Elbe stand, das in seiner rechten Flanke stehende Korps des Marschall Davout zu observieren, hierfür wurde Wallmoden mit Befehl vom 22. August[249)] auch eine Halbbatterie der britischen Raketenartillerie zugewiesen. Die Batterie war - noch nicht vollständig mit Pferden versehen - am 8. August[250)] in Wismar ausgeschifft worden und gelangte, nachdem die restlichen Pferde bereitgestellt waren, am 23. August zu Wallmoden. Am 30. August fand dann ein erstes Probeschießen statt.

„Am 30. August ward uns ein anderes und zwar ein artilleristisches Schauspiel. Es wurden nämlich in Gegenwart des Generals Wallmoden unweit des Lagers, Congrevesche Raketen versucht, bei welcher Gelegenheit das Lager etwas in Unruhe gerieth, da man die Truppen von dieser Übung nicht vorher in Kenntniß gesetzt hatte. Einzelne Raketenwürfe fielen gut aus, die meisten nicht."[251)]

Ihre erste Bewährungsprobe sollte diese Halbbatterie in dem Gefecht an der Göhrde am 16. September 1813 bestehen.

Wallmoden zog hierfür etwa 13.000 Mann, dabei auch das Lützow'sche Freicorps, zusammen und überquerte in der Nacht zum 15. September bei Dömitz die Elbe, um gegen die französische Division Pécheux[252)] vorzugehen, die bei Göhrde stand, wie aus Depeschen er-

---

240) o. Verf., Recollections of the Expedition to the Chesapeake, a.a.O., July 1840, p. 341

241) Lacarriere-Latour, a.a.O., p. 154

242) Duncan, a.a.O., p. 410; der Befehl hierzu : „1. The Rocket detachment, with 100 rockets, are to be attached to the rear guard this night, they will be completed from Lieutt Speer's battery detachment after dark. 2. Captain Lane will assemble the above rocket equipment at general Lambert's house before sunset, and every thing must be so arranged as to be in readiness to more at an instance's notice. 3. Captain Lane will report himself immediately to Colonel Blankeley, commanding the rear guard. . . ." (zitiert nach: Leslie, a.a.O., p. 175)

243) Lacarriere-Latour, a.a.O., Appendix XLIII, p. XCII, Bericht General Jacksons an secretary of war vom 17. Februar 1815. Es ist nicht bekannt, was mit den Raketen weiter geschehen ist.

244) Leslie, a.a.O., p. 214 ff

245) NWReg., Vol. VII., supplement, p. 190

246) Der Einfachheit halber hier bereits als Batterie bezeichnet, es handelte sich zunächst nur um mehrere rocket - detachments, die als „rocket brigade" unter einem Kommando zusammengefaßt worden waren. (F. Duncan, a.a.O., p. 393) Aus diesen wurde erst in der Folge der 2nd Rocket Troop Royal Horse Artillery gebildet, der 1st Troop war Wellington für den Peninsular-War angeboten worden, siehe dort. Der Troop führte 32 Raketen-Abfeuerungsgestelle mit; nach: v. Quistorp, Geschichte der Nordarmee, Berlin 1894, bestand die Batterie aus 138 Mann, auch: Schwertfeger, Geschichte, a.a.O., S. 510, gab für die „Batterie" 32 Raketengestelle an. Nach der Stärkemeldung vom 09. August aus Hoben bei Wismar, unmittelbar nach der Landung, bestand der troop jedoch aus 1 Captain, 2 Lieutenants, 1 Surgeon, 2 Staff Serjeants, 2 Serjeants, 3 Corporals, 5 Bombardiers, 82 Gunners und 24 Driver, 2 Fancier, 1 Wheeler, 2 Collar Makers und 1 Trumpeter, 2 Rocket Laborours und 4 Civil artificiers, von denen 2 in Wismar blieben, also 135 Mann sowie 63 Reitpferden und 40 anderen Pferden, mitgeführt wurden 6 „rocket frames Carriages", 6 Ammunition Carriages, 2 Baggage Carriages, 1 Forge Carriage und 2 Currichs Carts. An Raketen wurden 1.296 32pfündige (1.100 blieben als Reserve in Wismar: „left on board ship"), 1.100 12pfündige (650) und 1.044 9pfündige (1.044) mitgeführt (KSK, Kriget i Tyskland 1813-1814, Vol. 34, Nordarméns högkvarter, Förslag från svenska armén)

247) In der Times wurde hierzu gemeldet: „A Troop of Rocket Cavalry just formed under the direction of Colonel Congreve embarked with part of the German Legion at Ramsgate, on Friday last. They are capable of all cavalry movements carrying, entirely on horses, large quantities of this ammunition for field operations without requiring any wheeled carriage whatever." (The Times, Monday, 14 June 1813, p. 3)

248) Deutsch-Russisches Korps, kommandiert von Generalleutnant Graf Ludwig von Wallmoden-Gimborn, Stabschef Obristlieutenant von Clausewitz, bestehend aus der Avantgarde unter Generalmajor Tettenborn, der deutsch-russischen Division unter Generalmajor von Arentschildt, der deutsch-englischen Legion unter Generalmajor Lyon, einer schwedischen Division unter Generalleutnant v. Vegesack sowie einer Kavalleriedivision unter Generalmajor von Dörnberg aus 8 Escadrons Husaren und der Reserveartillerie mit einer deutsch-russischen Artilleriebrigade unter Oberstlieutenant Monhaupt und der britisch-deutschen Artilleriebrigade unter Major Brückmann mit 2 reitenden Batterien mit jeweils 6 Geschützen, einer russisch - deutschen Batterie mit 8 Geschützen sowie der halben britischen Raketenbatterie unter Lieutenant Strangways mit 16 Raketengestellen. Sporschil, Die Große Chronik, Braunschweig 1842, S. 518, führte irrtümlich die ganze Batterie als Bestandteil des Wallmoden'schen Corps an, für das Gefecht an der Göhrde wurde dann aber nur die halbe Batterie erwähnt (ibidem, S. 610)

249) „Til följe af Eders Kongl.Höghets nädige ordres afgå nu idag kl.10 f.m. enligt generalen grefve Wallmodens requisition, son ankom för 2: ne timmer sedan, 400: de man af de härvarande Engelske Troupper med befäl till Mecklenburg för att ställa sig under bemälte generals befäl" (KSK, a.a.OVol. 17, Hand. från Svenska armén)

250) In einem Brief vom 11. November 1820 nannte Lt. Wright als Zeit der Landung den Mai, hier dürfte er sich falsch erinnert haben (P.R.O., 55/ 1110-326)

251) Dehnel, Rückblicke auf meine Militair-Laufbahn, Hannover 1859, S. 103

252) 50. französische Division, insgesamt etwa 3000 Mann, bestehend aus der Infanterie-Brigade des General Mielczynski aus 5 Bataillonen sowie einer reitenden Batterie mit 6 Geschützen und 80 reitenden Jägern des 28. Regiments. In: A. v. Weingarten: Geschichte des Armeekorps unter den Befehlen des Generallieutenants Grafen von Wallmoden-Gimborn, in: ÖMZ 1827, 4. Heft, wurde die Stärke mit etwa 7 - 8.000 Mann und 8 Kanonen angegeben.

sehen wurde, die von einer Patrouille des Lützowschen Korps einem französischen Ordonnanzoffizier am 12. bei Mölln abgenommen worden waren.[253)]
Das Gefecht wurde durch die Lützowschen Jäger eingeleitet. Nachdem diese im Überraschungsangriff eine feindliche Haubitze auf der Steinker Höhe gegen heftigen Widerstand genommen hatten, gingen zwei französische Bataillone gegen sie vor.
„Während wir mit der Fortschaffung des genommenen Geschützes und mit der Sorge für unsere verwundeten Kameraden beschäftigt waren, kam im Galopp eine halbe englische Batterie herangesprengt, von Wallmoden zu unserer Unterstützung herbeigesandt. Am Fuße der Hügelkette ließ der englische Major Halt machen, um zuvor zu recognoscieren. Vergebens beschworen wir ihn, ohne Zögern sogleich auf die dichten Vierecke der Franzosen zu feuern; er wollte nicht glauben, daß es feindliche Bataillons seien, die sich schwerlich von einer Handvoll preußischer Freiwilliger ihre Kanonen vor der Nase würden nehmen lassen. 'Es ist unsere Legion,' sagte er gelassen, 'ich werde nicht schießen lassen.' Wir aber machten weiter keine Umstände. Einige nahmen die Pferde beim Zügel, Andere spannten sich selbst mit vor und als wir die englischen Artilleristen auf diese Weise zwangen, uns auf den Hügel zu folgen, wurden die Goddams durch eine feindliche Bataillonssalve überzeugt, daß es keine Freunde seien, welche uns gegenüberstanden. Der Commandeur äußerte indeß immer noch Zweifel; da sprengte einer unserer Freiwilligen zu Pferde, ein Braunschweiger, Namens Mauert, bis dicht an die französischen Bataillons vor, nahm mit dem Säbel einen an der Erde liegenden Czacko auf, brachte diesen dem englischen Offizier und zeige ihm die dreifarbige Kokarde, worauf dieser nicht länger Anstand nahm, loszudonnern und furchtbare Blitze unter die dichten Haufen der Feinde zu schleudern. Zwei seiner Geschütze warfen Congrevesche Raketen, die von solcher entsetzlichen Wirkung waren, daß nicht nur die grauenhaften Verwundungen, sondern ebenso der Schrecken, die sie anrichteten, die größte Verwirrung in die feindlichen Massen brachten. Als diese zu weichen begannen, brach Dörnberg mit seiner Reiterei hervor, Oberst Ernst von Pfuel nahm die Feinde beim Rückzug in Empfang und vollendete ihre Niederlage."[254)]
Die Raketenbatterie stand südlich Lüben, als das I. und II. russisch-deutsche Bataillon zum Angriff antrat und gegen starkes feindliches Feuer bis auf 100 Schritte an den Feind herankam. Beide Bataillone konnten sich in dieser Lage nur noch mit Mühe behaupten, in diesem Moment fiel eine verirrte Brandrakete kurz vor ihrer Front nieder, diese ungewohnte Feuererscheinung führte zu einer Panik,[255)] beide Bataillone fluteten zurück, bis sie hinter einer Bodenwelle Deckung fanden.

Royal Horse Artillery - Rocket Toop
(Zeichnung: C.E. Franklin)

„Kaum hatte das erste Russisch-Deutsche Bataillon seine Bewegung angetreten, als es schon durch die Verwundung des Kapitäns v. Schaper seines Führers beraubt wurde. Links vom ersten Bataillon hatte das zweite Bataillon gleichfalls seinen Führer durch Verwundung eingebüßt, indem eine Kugel Major von Fircks die Hand zerschmetterte. Beide Bataillone behaupteten sich nur mit Mühe. Da fiel eine Congrevesche Brandrakete, von der südlich Lüben stehenden Batterie geworfen, dicht vor ihrer Front nieder. Die ungewohnte Feuererscheinung bewirkte eine Panik bei den schon haltlos gewordenen Bataillonen. . . . Die Congrevschen Feldraketen wurden in diesem Gefecht überhaupt zum ersten Mal verwendet. Die moralische Wirkung soll eine ziemlich bedeutende gewesen sein, obwohl sie an Trefffähigkeit sehr zu wünschen übrig ließen. Varnhagen v. Ense beschreibt' den Schrecken, den die zuerst hier in diesem Kriege gebrauchten Congreveschen Brandraketen als etwas Neues und Unerhörtes in den Franzosen erregten. Das unauslöschliche Feuer, das sausend durch die Lüfte fuhr, verbrannte mit weitem Sprühen Alles, was in seinen Bereich kam.- Es waren in der That einige Franzosen durch dieses Feuer verbrannt worden und die Flüchtlinge klagten in den Ortschaften, wo sie durchkamen, mit Entsetzen über das Anwenden dieser höllischen Erfindung.' "[256)]
Da Pècheux eine Umfassung befürchten mußt, versuchte er über Eichdorf abzuziehen. Dies war wohl das erste Gefecht der Neuzeit, in dem das Feuer von Kriegsraketen den Ausgang mitentschieden hatte.
Die halbe Raketenbatterie des Lieutenant Strangways bezog dann zusammen mit der Kanonenbatterie Sympher noch eine zweite Stellung auf dem Steimker Hügel, nördlich Lüben, indem sie den hannoverschen Husaren bei der Verfolgung der französischen Truppen nachzog und beschoß die abziehenden Franzosen, bis die nachstoßenden Husaren mit diesen in Berührung kamen, durch Weitschüsse wurde jedoch dabei auch die eigene, nunmehr im Norden bei Eichdorf stehende Artilleriebrigade Monhaupt betroffen:

---

253) o. Verf., Der Feldzug in Mecklenburg und Holstein im Jahre 1813, Berlin 1817, S. 57; nach: A. v. Weingarten, a.a.O., S. 39, stammten die erbeuteten Depeschen von einem französischen Artillerieoffizier, der bei Mölln durch Kosacken aufgefangen wurde; Wallmoden setzte 6 Bataillone unter General Ahrenschildt in Richtung Rothen an, um Pécheux bei Oldendorf in die Flanke und in den Rücken zu stoßen, sowie die Hauptkolonne unter General Lyon mit der Kavallerie General Dörnbergs auf der Lüneburger Straße. Bei der Kavallerie befand sich die halbe Raketenbatterie (ibidem, S. 43), zu ihrem Einsatz finden sich in diesem Artikel jedoch keine näheren Angaben. Siehe auch: NHS, Hann. 41, XXI No. 53, Tagebuch des Corps des General von Wallmoden (geführt von Obristlieutenant v. Stülpnagel), Eintrag 8. September: „Der General hatte Nachricht erhalten, daß feindliche Truppen bey Zollenspieker die Elbe querten". Daraufhin erfolgte der Einsatz der Kosaken und das Antreten der Avantgarde, am 15. wurde der Feind als Division Pecheux identifiziert.

254) Dr. F. Förster, Geschichte der Befreiungs-Kriege 1813, 1814, 1815, I. Band, Berlin 1856, S. 861 (bei Schwertfeger ist diese Phase des Gefechtes nicht beschrieben), Förster zitierte aber aus dem Tagebuch eines Mitkämpfers (F. Förster, Tagebuch 1813, also wohl aus seinem eigenem Tagebuch), bei Dehnel hieß es, daß nur einzelne Congreve-Raketen geworfen wurden (Dehnel, a.a.O., S. 196)

255) Schwertfeger, Das Treffen an der Göhrde am 16. September 1813, in: Beiheft zum MWBl, 1897, S. 282

256) ibidem; dies war, wie aus dieser Arbeit hervorgeht, zwar nicht der erste Einsatz Congrev'scher Raketen, Schwertfeger hatte jedoch insoweit recht, als dies der erste Einsatz eines Rocket Troop der Royal Horse Artillery in offener Feldschlacht in Europa war. In einem anderen Bericht wurde festgestellt: „. . . wo durch die Raketen in einem Augenblicke ein Infanterieviereck, mit Hinterlassung zweier Kanonen, gesprengt worden ist. Ohrenzeugen versichern, das Getöse derselben sey keinem andern Tone zu vergleichen. Die Pferde der Zuschauer wurden fast sämmtlich scheu, ja selbst mehrere Kosackenpferde warfen ihre Reiter ab. Noch am folgenden Tag war die Bahn, welche die kleinen Raketen dicht über der Erde durchlaufen waren, überall durch das, ohnerachtet des anhaltenden Regens, völlig versengte Gras kenntlich" (o. Verf., Gedanken über die Congreve'schen Raketen, in: MilBl., 1824 II. Bd., S. 192) Der hier zitierte Varnhagen von Ense fügte aber hinzu: „Uns jedoch schien die Wirkung des Geschützes sicherer und größer zu bleiben." (zitiert nach: Sporschil, Die Große Chronik, a.a.O., S. 613, aus: von Ense, Geschichte der Kriegszüge des General Tettenborn, S. 71 f.)

„Plötzlich erhielt er nun von der ihm gegenüber aufgefahrenen Batterie Sympher und den Raketen Feuer, verlor dadurch 5 Pferde und die Begleit-Kosacken stoben auseinander.“[257)]
Die französischen Verluste betrugen etwa 400 Gefallene und 1.100 Mann Gefangene. Die Wirkung der Artillerie und der Raketen scheint aber bis auf die moralische Wirkung gering gewesen zu sein, an der Stelle, wo das linke französische Flügelbataillon gestanden hatte und auf die 24 Geschütze und die Raketen gefeuert hatten, fand man nur 30 Gefallene und ein zerschossenes Geschütz.
Es hieß aber auch in einem Bericht:[258)]
„Die Wirkung dieser Geschosse wurde durch einige recht übel riechende, verbrannte Leichname bestätigt, welche im Bereiche des am Lübener Baches aufgestellt gewesenen feindlichen Bataillons lagen.“
Das Feuern der Raketen erfolgte hierbei ohne Abfeuerungsgestell, sie wurden auf einen leicht ansteigenden Hang gelegt und so gezündet, wie Congreve es beschrieben hatte. Insgesamt wurden in diesem Gefecht 71 9pfündige Raketen abgefeuert.[259)] Die Raketenbatterie verlor in diesem Gefecht keinen Mann, wohl aber 3 Pferde. Der hannoversche Major Brückmann, unter dessen Oberleitung der Einsatz der Raketen erfolgt war, wurde dann aufgrund des Berichtes des General v. Dörnberg durch den russischen Kaiser mit dem Ritterkreuz der 4. Klasse des Wladimir-Ordens ausgezeichnet.
Besonders die französischen Truppen waren von diesem Einsatz der für sie neuen Waffe beeindruckt, in einer Denkschrift des Marschall Davout über dieses Gefecht wurde festgestellt:
„General Pécheux schlug sich mit großer Tapferkeit gegen viermal (besonders an Kavallerie und Artillerie) überlegene Kräfte. Zwei Congreve'sche Brand-Batterien, deren Wirkung ganz neu für unsere Soldaten war, trugen zur Verwirrung bei. Wir verloren 1.000 Mann todt, verwundet oder gefangen.“[260)]
Abschließend würdigte auch der Befehlshaber des Korps, General Wallmoden, die Leistungen der Halbbatterie in einem Bericht an den Herzog von Cambridge:
„Der Lieutenant Strangeway, der die halbe Brigade der Rocket-Batterie commandirte, verdient gleichfalls Ew. königlichen Hoheit als ein ausgezeichneter Officier genannt zu werden.“[261)]
Die britische Raketenartillerie hatte so bei Feind und Freund Aufsehen erregt und wurde zu einer begehrten Unterstützungswaffe. Die Halbbatterie Strangway wurde nach diesem Treffen durch den Lieutenant Poten vom 7. Linienregiment der Legion dem Heer der Verbündeten nachgeführt. Der Rest des troop hatte mit Befehl des Stabschefs der Nordarmee, Generalleutnant Freiherr v. Adlercreutz, vom 14. September nach Düben, nahe Buckow verlegt.[262)] Am 17. September wurde mit Befehl von Adlercreutz an den Generalquartiermeister v. Engelbrechten die Beweglichkeitmachung des troop geregelt, da es noch an Fahrzeugen und Pferden für den Transport der Raketen gemangelt hatte.[263)] Am 18. September erhielt der troop, der nunmehr in Reetz lag, die Weisung, für den Kronprinzen ein Vorführungsschießen durchzuführen.[264)] Der Kronprinz scheint erheblichen Wert auf den Einsatz dieses troop gelegt zu haben, zur Beschleunigung des Herstellens der Einsatzbereitschaft ließ er am 23. September das Nachführen der Transportfahrzeuge nach Düben befehlen, wo der troop zu dieser Zeit lag.[265)] Am 28. September wurde die Zuführung der Halbbatterie, die Wallmoden unterstellt gewesen war, nach Düben geregelt.[266)]

(2) Wittenberg

Zunächst aber verstärkte Captain Bogue mit Teilen seines troop die Belagerungsartillerie bei Wittenberg.
Die Belagerung wurde von Teilen des von General v. Bülow geführten III. preußischen Corps durchgeführt; Kommandant der Festung war General Baron de La Poype mit 2.300 Mann und 60 Geschützen. Am Abend des 24. September gab v. Bülow folgende Disposition heraus:
„. . . Es wird daher heute Abend um 09 Uhr auf dem linken Flügel unserer Stellung durch den Ingenieur Hauptmann Rohwedell eine Tranchée eröffnet. Der linke Flügel lehnt sich an die Elbe, der rechte gegen den leeren Artillerie-Schuppen und das Gehölz die Specke genannt . . . Der Grund dieser Tranchée ist, die Englische Raketten-Batterie, 4 Einhörner und 2 Haubitzen aufzunehmen, die theils die Aufmerksamkeit des Feindes nach dieser Seite lenken . . . theils nachher die Magazin-Gebäude an den Elster-Thor bewerfen sollen. Der englische Capitain wird auch sein Augenmerk auf das französische Lager auf dem Anger zwischen der Elbe und der Festung lenken.“[267)]
Die Batterien waren morgens am 25. September einsatzbereit, der Bau der mittleren für 3 Raketen-Abfeuerungsgestelle dauerte jedoch noch

---

257) ibidem, S. 284. Zum Rückzug Pécheux siehe auch: v. Weingarten, a.a.O., S. 45: „Pecheux hoffte noch, den Rückzug auf Bleckede zu bewerkstelligen; aber in dem Momente, als er sich dazu in Bewegung setzte, rückte die ganze Kavallerie der Verbündeten aus dem Orte Lüben, und marschirte auf der Ebene auf; 14 Kanonen und die Racketen-Batterie erschütterte die Vierecke . . .“ Im Tagebuch des Wallmoden'schen Corps wurde nur dieser Einsatz des troop beschrieben (NHS, Hann. 41, XXI, No. 53, 16. Sept., Affaire bey der Goerde): „Der Feind von allen Seiten umkreiset, wollte in Quarrées zurück gehen, aber 14 Canonen und die Raquets machten auf die nahen Distancen ein sehr wirksames Feuer.“ In Wallmodens späterem Bericht war der Einsatz der Raketen nicht erwähnt (o. Verf., Der Feldzug in Mecklenburg, a.a.O.)

258) v. Reitzenstein, a.a.O., S. 588 f.

259) Marshall-Cornwall, a.a.O., p. 46; Angabe nach Brulart, Revue de ce qui concerne les Fusées propres à la guerre, in: JAS, 1854, p. 19, Brulart gab an, daß ihm dieses in Vincennes von Mr. Bedfort, einem Mitarbeiter Congreves, bestätigt worden sei.

260) Denkschrift des Marschall Davout (von seinem Stabschef General Baron César de Laville) „Über die Verteidigung Hamburgs“, zitiert nach: Schwertfeger, a.a.O., S. 293; der Irrtum, daß zwei Raketenbatterien eingesetzt gewesen sein sollen, ist wohl durch den Stellungswechsel der Halbbatterie entstanden.

261) NHS, Hann. 41, XXI No. 55, Meldung Generallieutenant Graf Wallmoden, Dömitz, den 24. Sept. 1813 an den Herzog von Cumberland. Über den Einsatz der Raketen wurde in diesem Bericht nichts geschrieben.

262) KSK, a.a.O., Vol. 3, Nr. 579, zusätzlich hieß es in dem Befehl, daß in diesem Dorf außer dem troop keine anderen schwedischen Truppen unterziehen dürften.

263) „Generalmajoren behagade anskaffa nödigt bespända vagnar til at transporters raquet lådorna, som befälhafvaren för Engelske Artillerie Depôt i Stralsund Bolton fått ordres att hitsända. Gen.Majoren upprättar en marche-route till Potsdam för denna transporte, hvaraf afskrift hitskickas med den courrier som nu afgår, och afsändes en Offz förut, försedd med nödige ordres at på vägen til Potsdam reqvirera erforderlige bespände vagnar til denna transport som föres af en hvid namn Ryan, hvilken förses med Gen.maj ordres och marche-route. I Potsdam skola nya ordres och marche-route möta denna transport, hvilken bör genom natt och dag fortsätta marchen.“ (KSK, a.a.O., Vol. 3, Nr. 632)

264) „Au Chef des Raquetiers Anglois à Reetz. His Royal Highness the Crown Prince of Sweden being informed of your arrival at Reetz with the Rocket Battery under your commands, desires you to come to morrow morning at his headquarters in this town with some select men, in order to try the rockets under the eyes of his Royal highness. The remaining part of the Battery is to stay in Reetz, until you receive further directions.“(KSK, a.a.O., Vol. 3, Nr. 648); siehe auch Beilage 4 zu diesem Abschnitt

265) „Le prince royal vous charge de prendre des mésures pour que le transport de Raquettes qui arrive ce soir à Potsdam, de Stralsund, continue sa marche sur le village de Düben, entre ceux de Buchow et Ziechow dans le pays d'Anhalt-Bernburg, où le commandant des raquettiers a son quartier général. Le prince vous invite à donner une feuille de route pour ce transport, et des ordres pour qu'on lui fournisse des chevaux.“ (KSK, a.a.O., Vol. 3, Nr. 718)

266) „On the commanding officer of the Rocket men arriving from the Armee of General Count of Wallmoden at Brandenburg. The intention of his Royal Highness the prince Royal of Sweden is, that the Rocket men at your commands, coming from Mecklenburg, should immediatly go to the village of Düben, between those of Bucko and Ziecho. The commandant at Brandenburg is directed to give you all the assistance in his power. At Düben you will find Captain Bogue, having there his headquarters.“ (KSK, a.a.O., Vol. 3, Nr. 834)

267) v. Quistorp, a.a.O., II. Teil, S. 49

bis zum Mittag, weil 12 Fuß Brustwehrhöhe erforderlich waren.[268] Die Beschießung der Festung begann um 09 Uhr Abends am 25. September unter Leitung des Kapitain Ludwig.[269] Nach Ende dieser Beschießung brannte die Stadt an mehreren Stellen, die Raketen waren jedoch wenig erfolgreich:

„Die neuen Raketen riefen durch ihr schrilles Sausen und den feurigen Lichtschweif Staunen und Überraschung der allseitig herbeigekommenen Zuschauer hervor; die großen Erwartungen aber erfüllten sie nicht. Der Flug ihrer Geschosse war so unsicher, daß alle bis auf eines zu kurz gingen und die Batterie schon um 11 Uhr abends sich veranlaßt sah, ihr Feuer einzustellen."[270]

In der Nacht vom 27. zum 28. September wurde die Beschießung fortgesetzt, erneut wurden auch Raketen eingesetzt.

„Wiederum wurde am wenigsten von den Raketen erreicht, obwohl sie dieses Mal mitunter eine Flugweite über die ganze Festung hinweg hatten, aber ebenso die Stadt rechts und links verfehlten."[271]

Ein anderer Chronist sah die Beschießung in dieser Nacht etwas anders:[272]

„In der Nacht vom 27. zum 28. Sept. ... Es gelang diesmal, die Raketen zum Theil nach der Stadt zu bringen, und durch sie, besonders aber durch die Granaten, dieselbe an sehr vielen Orten anzuzünden, aber der Brand erhielt nicht die Ausdehnung, wie man es wünschte. ... Es brannten völlig nieder 10 Häuser mit ihren Hintergebäuden, sehr viele wurden ganz ruinirt, und es blieb fast kein Haus unbeschädigt. An sehr vielen Orten hatte es außerdem noch gebrannt, das Feuer war aber immer gelöscht worden; nur wo die Granaten oder Raketen Heu oder Stroh fanden, war alles Löschen vergebens. In ein Haus fielen zwei brennende Raketen, die jedoch gelöscht wurden. ... Den ganzen folgenden Tag wurde mit dem Löschen fortgefahren, welches um so schwieriger wurde, weil die Besatzung und Bürger müde, mißmüthig und verdrossen waren."

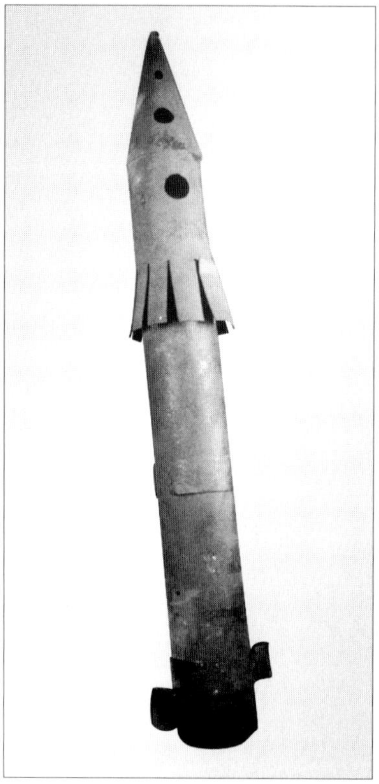

Brandrakete, die auf Wittenberg gefeuert wurde (Länge = 96 cm, Durchmesser = 10 cm) (Photo: Stadtgeschichtliches Zentrum Wittenberg)

Ganz so erfolglos scheinen die Raketen also nicht gewesen zu sein, denn ein anderer Beteiligter schrieb in seinen Erinnerungen:

„Auch an anderen Stellen, mehr im Innern der Stadt, erhoben sich Feuerbrünste, denn was von unserer Seite nicht geschah, das besorgten die Wurfgeschütze und die Raketen-Batterie gegen die östliche Front der Stadt. Es hatte etwas Imposantes, wenn man die Finsterniß fortwährend von brennenden Hohlgeschossen durchfurcht sah; aber die Brandraketen mit ihren langen Feuerstrahlen und dem wirklich furchtbaren Rauschen vollendeten das Trauerspiel, welches der Stadt Wittenberg zu Ehren aufgeführt wurde.

Was jedoch die Richtung, besonders aber die Wurfweite der Raketen anbelangt, so war dieselbe, wenigstens damals, sehr mangelhaft; denn es flogen nicht allein mehrere Raketen bald rechts, bald links an der Festung vorbei, sondern einige derselben sogar über die ganze Stadt hinweg, bis in die Nähe unserer Batterie, so daß wir uns aus Besorgnis vor Gefahr für unseren Granaten-Vorrath denselben um so sorgfältiger in die Heudecken hüllten.

Nimmt man nun an, die Raketen-Batterie habe nur 1.000 Schritt jenseits der Stadt gestanden, und schätzt man die Längsausdehnung der Stadt auf mindestens 1.500 Schritt, so betrug die Flugweite der Raketen bis zu der westlich auf 1.200 Schritt an der Festung gelegenen Parallele in Summa 3.700 Schritt."[273]

Die letzte größere Beschießung erfolgte in der Nacht zum 30. September:

„Das Feuer begann Abends 11 Uhr und endete Morgens 4 Uhr. Gleich Anfangs steckte eine Rakete einen Heuboden in Brand, und dieser griff so um sich, daß, als das Bombardement endete, eine ganze Reihe der Häuser im Feuer stand. 6 Häuser brannten völlig nieder. An das Unvermeidliche gewöhnter, zeigten sich die Bürger sehr thätig im Löschen, wodurch der weiteren Verbreitung des Feuers schnell Einhalt gethan

---

268) „Die englische Batterie wurde erst Mittags fertig erbaut, und bestand aus einer hohen Brustwehr mit flachen Scharten, und zum Schutze der Bedienungsmannschaft bei dem gefürchteten Zerspringen der Raketen vor dem Aufsteigen waren die Gestelle durch Traversen geschieden." (J. L. Vogel, Die Belagerungen von Torgau und Wittenberg 1813 und 1814, Berlin 1844, S. 90) Im Gegensatz zu Quistorp waren nach Vogel (ibidem) 6 Raketengestelle eingesetzt, dieselbe Angabe machte auch: Bernhardt, Wittenberg vor fünfzig Jahren, Wittenberg 1864, S. 27; jedoch auch: Sporschil, Die Große Chronik, a.a.O., S. 730, schrieb: „Drei Batterieen, ... und eine englische von drei Congrevschen Wurfmaschinen lagen in der Mitte."

269) v. Boyen gab in seinen, erst in den dreißiger Jahren geschriebenen Erinnerungen (24.10.1839) irrtümlich den 29. September als Beginn der Beschießung an (D. Schmidt [Herausg.], Erinnerungen aus dem Leben des Generalfeldmarschalls Hermann von Boyen, Berlin 1990, S. 668)

270) v. Quistorp, a.a.O., S. 51; ähnlich schrieb: Vogel, a.a.O., S. 91: „Die kongreveschen Brandraketen bewirkten zwar wegen ihres ungewöhnlichen Geräusches beim Aufsteigen bei den eigenen Truppen viel Erstaunen, da aber dieses Geräusch bekanntlich bald nachläßt und endlich ganz aufhört, und die Raketen, bis auf eine, sämmtlich zu kurz gingen, wurde man von ihnen in der Stadt diesmal nicht viel gewahr. Nur diese eine Rakete zündete, wurde aber sehr bald unschädlich gemacht." In: SAW, Die Belagerung Wittenbergs 1813 u. 14 (Tagebücher Adler und Giese) sind für diese Nacht noch keine Angaben zu den Raketen zu finden, damit werden die Angaben Vogels bestätigt. Auch: Sporschil, Die Große Chronik, a.a.O., S. 730, gab für die erste Beschießung an: „die Congrevschen Brandraketen fielen meist zu kurz, ...". Für den 27. September machte er zu der Wirkung der Raketen keine gesonderte Angaben.

271) v. Quistorp, a.a.O., S. 54

272) Vogel, a.a.O., S. 92 f.; so auch: Bernhardt, a.a.O., S. 30, und: SAW, a.a.O.: „Die Stadt ward zu gleicher Zeit von Morgen, Mitternacht und Abend her mit Brandraketen, Haubitzgranaten, u. (G. 30pfündigen) Bomben (G. Kanonenkugeln) dergestalt beschoßen, daß es keinen einzigen Augenblick gab, wo man nicht mehrere feurige Punkte zu gleicher Zeit in der Luft erblickte... Anfangs war ich mit meiner Frau und Kindern wieder in den Keller geflüchtet ... Da sich über meiner Gasse u. selbst über meinem Hause die Raketen u. Granaten kreuzten, so war ich schon ganz darauf gefaßt, es in dieser Nacht noch zu verlieren; aber unser guter Genius wachte über uns, u. wandte selbst zwei Brandraketen, die in grader Linie auf solches zukamen, unmittelbar vor demselben auf eine ordentlich wunderbare Art davon ab. ... indeß mußten wir doch mehrmals u. besonders als über meinem Hause einige Granaten in der Luft sprangen und eine Brandrakete in unserer Nähe niederschlug, um mit einer unbeschreiblichen Wuth wieder in die Höhe zu gehn, schleunig retiriren." (Tagebuch Bürgermeister Adler, wobei Adler als Beginn 9 Uhr abends angab, während Giese 8 Uhr nannte).

Die oben abgebildete Rakete wurde nach der Belagerung im Garten des damaligen Senator Giese, Kollegienstraße 78, gefunden.

273) W. Mente, Von der Pieke auf, Erinnerungen an eine neun und vierzigjährige Dienstzeit in der Königlich Preußischen Artillerie, Berlin 1861, S. 168. Bemerkenswert ist der Eindruck, den die Reichweite dieser Raketen auf den preußischen Artilleristen machte. v. Boyen, a.a.O., S. 668, notierte dagegen: „Indes kann ich nicht sagen, daß, wie ich es auch späterhin bei einer ähnlichen Gelegenheit vor Antwerpen gesehen habe, die Raketen im Verhältnis zu dem übrigen Wurfgeschütz eine besondere Wirkung hervorgebracht hätten. Es mangelte ihnen die nötige Schwere der Bomben und Granaten, um durch die Gebäude durchzuschlagen und in ihrem Innern zu zünden. Überdem blieb die Direktion der Raketen noch sehr ungewiß; eine der ersten abgefeuerten stieg, anstatt nach der Festung zu gehen, kerzengerade in die Höhe, so daß der Raketenstock wieder in die Batterie zurückfiel."

wurde. Eine andere Rakete fiel in eine Scheune, wurde aber unschädlich gemacht."[274)]
Während der Belagerung wurden etwa 300 Brandraketen abgefeuert.[275)]
Nachdem Blücher die Elbe überschritten hatte, rückte General v. Bülow am 4. Oktober nach Roslau ab und ließ nur den General v. Thümen mit seiner Brigade zur Blockade der Festung zurück. Als jedoch durch General Reynier Verstärkungen herangeführt wurden, mußte die Belagerung dann am 11. Oktober endgültig aufgehoben werden. Zuvor war aber am 30. September der Rest der Batterie in Düben eingetroffen und der troop erhielt am gleichen Tag Befehl nach Roslau zu verlegen, wo er am 2. Oktober eintraf; der andere Teil des Troop stieß befehlsgemäß am 4. Oktober dazu.[276)] Um den bisherigen Verschuß von Raketen auszugleichen, wurde am 6. Oktober der Nachschub von Brandraketen aus Stralsund über Potsdam geregelt und die erforderliche Bereitstellung von Transportfahrzeugen befohlen.[277)]
Am 8. Oktober wurde der troop nach Zelitz befohlen, um zur Brigade des Hauptquartiers unter Överst Arfvedson zu stoßen.[278)] Am 9. Oktober erhielt Captain Bogue den ersten Befehl, der auf die bevorstehende Schlacht hinwies:

Royal Horse Rocket Artillery auf dem Marsch und im Einsatz (Zeichnung: W. Congreve)

„Captain Bogue. His Royal Highness desires You to send at Dessau for the Rockets men arrived there, because we are perhaps to fight a battle to morrow."[279)]

(3) Leipzig

Im Verband der Nordarmee des schwedischen Kronprinzen rückte das 3. preußische Armeecorps vorab als Teil der vier alliierten Angriffskolonnen auf der Straße von Eilenburg über Taucha auf Leipzig vor, während die schwedische Armee noch zögerte. Auf Ersuchen Blüchers schrieb hierzu der englische Militär-Commissar, Generallieutenant Charles Steward, am 16. Oktober um 09 Uhr morgens an den schwedischen Kronprinzen, Marschall Bernadotte:
„. . . Da die ganze Kriegsmacht des Feindes in der Umgebung von Leipzig ist, so erlauben mir Höchstdieselben zu bemerken, daß die Augenblicke kostbar sind. Die englische Nation richtet ihre Blicke auf Ew. Königl. Hoheit; es ist meine Pflicht, mit Ew. Königl. Hoheit offen zu sprechen. England wird nie glauben, daß, wenn nur der Feind geschlagen ist, es Höchstdenselben gleichgültig sein könnte, ob Sie Theil daran genommen haben oder nicht. Ich wage es, Ew. königliche Hoheit zu ersuchen, wenn Sie in zweiter Linie bleiben, den General Bogue mit seiner Artilleriebrigade mit den Brandraketen zu schicken, damit er in Verbindung mit der Reiterei thätig sei."[280)]
Bülow nahm seine Marschrichtung dann geradewegs auf Paunsdorf, zusätzlich waren ihm zwei schwere russische Batterien sowie, wie eben aufgezeigt, die englische Raketenbatterie, kommandiert von Captain Richard Bogue, zugeteilt worden.[281)] Aus Paunsdorf waren vorher die Österreicher unter Bubna durch die französische Division Durutte vertrieben worden. Die 3. preußische Brigade griff daraufhin am 18. Oktober den Ort mit dem ersten und zweiten Bataillon des 4. preußischen Reserveregimentes, geführt von Major Polczynski, an und eröffnete mit der 6 pfündigen Fuß-Batterie Nr. 5[282)] das Feuer auf eine vor dem Ort aufgefahrene französische Batterie. Ein Bataillon des 3. ostpreußischen Regiments folgte und zur Linken des 4. Regiments rückte das 6. österreichische Jägerbataillon nach. Das Artilleriefeuer wurde in Gemeinschaft mit zwei russischen Batterien unter den Oberstlieutenants Arnoldi und Taube durch Captain Bogues Raketenbatterie verstärkt.
„Ein eigenthümliches Gefecht entspann sich hierauf zwischen den von

---

274) Vogel, a.a.O., S. 94; Bernhardt, a.a.O., S. 35, gab ergänzend an, daß in dieser Nacht auch die Stadtkirche von einer Brandrakete getroffen wurde. Nach: SAW, Tagebücher, a.a.O., begann die Beschießung nicht wie zuvor um 9 Uhr sondern erst um 11 Uhr, weil man die Bewohner in Sicherheit hätte wiegen wollen, die angesprochenen Häuser brannten in der Collegiengasse nieder.

275) Marshall-Cornwall, a.a.O., p. 46; v. Boyen schrieb ergänzend, daß bei den Beschießungen am 29. und 30. Oktober der „geringe Vorrat unserer zu dieser Unternehmung bestimmten Munition erschöpft" worden wäre. (D. Schmidt, a.a.O., S. 669)

276) KSK, a.a.O., Vol. 1, Nordarméns högkvarter, Koncept, Nr. 871 und Vol. 3, Nr. 918

277) „Enligt H. K. H. nåd. befallning kommer en transport af Brandraquetter at från Stralsund afgå till Potsdam, hvarföre H:r Gen:l Maj, Militärbefälhafvaren och Com. uppå Engelsk militaire Autoriteternes skeende requisition äger föranstalta om nödiga foror till detta ändamål." (KSK, a.a.O., Vol. 4, Nr. 956)

278) KSK, a.a.O., Vol. 4, Nr. 1002

279) KSK, a.a.O., Vol. 4, Nr. 1014

280) Zitiert nach: Förster, Geschichte der Befreiungskriege, Band II, S. 167, Berlin 1890; gemeint ist der Captain Bogue als Commandant des rocket-troop, die Bezeichnungen für militärische Einheiten und Verbände waren zu dieser Zeit noch nicht einheitlich geregelt, der Begriff „Brigade" konnte insbesondere bezogen auf die Artillerie jede beliebige Formation bedeuten.

281) nach: F. A. Whinyates, Captain Bogue and the Rocket Brigade, in: JRA, Vol. XXIV 1897, p. 134, hatte Bogue auf eigenen Wunsch Handlungsfreiheit und konnte die Batterie nach eigenem Ermessen einsetzen: „. . . at the commencement of the action on the morning of the 18th, Captain Bogue addressed himself to General Winzigerode, commanding the advance of the Crown Prince, expressing his desire to see the enemy, and requesting permission to engage. The General, much struck with the gallantry and spirit of the address, granted as a guard a squadron of dragoons, and requested Captain Bogue to follow his own plans and judgements . . ." (Brief Lieutenant James, Adjutant des General Stewart, vom 11. November 1813 an Bogues Schwiegervater) Im Brockhaus, Leipzig 1830, wurde fälschlicherweise noch angeführt, daß zwei Raketenbatterien eingesetzt worden wären. D. Smith, The Greenhill Napoleonic Wars Data Book, London 1998, p. 470, gibt eine Stärke der Batterie von 151 Mann an, dies erscheint unter Berücksichtigung der Stärkemeldung vom 9. August als zu hoch.

282) Vom Major Mente, Angehörigen der 6pfündigen preußischen Fußbatterie Nr. 16, lag ebenfalls eine Beschreibung des Raketeneinsatzes vor: „Nicht weit über unseren rechten Flügel hinaus stand, wie vor Wittenberg, die englische kongrevesche Raketen-Batterie, deren Geschosse ein so eigentümliches Geräusch verursachten, daß man sich kaum des Frierens dabei enthalten konnte, auch unseren Pferden schienen diese Töne sehr unangenehm zu sein." Zitiert nach: o. Verf., Aus der Geschichte einer Preuß. Batterie in den Befreiungskriegen, in: ZfH 1939, S. 105

Paunsdorf her vorgeschickten französischen Tirailleurs und einer reitenden preußischen Batterie, mit welcher der Hauptmann von Steinwehr mit größester Entschlossenheit ohne anderweitige Deckung vorgegangen war . . . die Tirailleurs zogen den Kürzeren und noch weniger gelang es einer feindlichen Colonne hier vorzudringen. Mit übereiltem Diensteifer führte jetzt Capitain Bogue, von dem Kronprinzen hierzu aufgefordert, seine Raketen-Batterie im Galopp herbei und stellte sich so ungeschickt in die Schußlinie der preußischen Batterie, daß diese ihr Feuer einstellen mußte. Bevor die englischen „rocket-men" sich zum Schuß fertig gemacht hatten, waren die französischen Tirailleurs und zwei Geschütze rasch vorgegangen. Der englische Capitain, an der ihn auszeichnenden Uniform kenntlich, wurde unter den Augen des Kronprinzen von einer feindlichen Kanonenkugel zerrissen. Ungeachtet der hierdurch und durch einige verwundete, scheu gewordenen Pferde angerichteten Verwirrung that dennoch die Raketen-Batterie gute Dienste, da die von ihr geschleuderten Pfeile wie feuersprühende Drachen unter die anrückenden Feinde flogen, welche eilig nach Stüntz und Sellershausen zurückwichen, wohin die Preußen ihnen im Sturmschritt folgten."[283]

An anderer Stelle hieß es:

„Captain Bogue aber führte seine Raketen mit solcher Verwegenheit an das Dorf heran und schoß es in Brand, daß das nachdrängende 4. Reserve Regiment es für seine Pflicht ansah, ebenfalls bis in das Flintenfeuer vorzugehen, um sie nicht in Stich zu lassen."[284]

In seinem Bericht nach der Schlacht meldete Lieutenant Wright als Führer des Troop am 24. Oktober:

„I have the honor to inform you of the success of the Rocket Battery on the 18.th of October, when engaged with the Allied Armies before Leipsic. Lieu.Gen. The Honble Sir Chas Steward directed Captain Bogue to fire upon five Battalions of Saxons who were advancing, the Enemy stood the Fire, and were not repulsed he immediately posted the Battery on the left flank of the Enemy's line, and after a most horrible fire on both sides, the Enemy was thrown into great confusion, and the Cavalry immediately Charged; Sir Charles Stewart again directed Captain Bogue to move the Battery to the right of the Enemy's line, and in the act of retiring Capain Bogue received a rifle ball in his head near the Temple which caused instantaneous death; a heavy firing commenced from the Rocket Battery on the right of the Enemy's line which had the desired effect, and threw the Enemy into great Confusion, the Cavalry immediately charged and the whole of the Enemy's five Battalions laid down their Arms - an immense number of the Enemy were killed by the Rockets, and several Bodies found burning after the action; The gallant conduct of Lieut Strangways and the bravery of the English Troops could not be surpassed."[285]

Dieser Einsatz der Royal Horse Artillery wird auch heute noch als vorbildlich herausgestellt:

„. . . in a spectular attack upon a force ten times their own size. Such was the ferocity and effect of the well directed rockets upon the enemy that they surrendered after only a short period of combat."[286]

Zur Wirkung der Raketen hieß es an anderer Stelle:

„Wen diese feuerspeienden Drachen anspieen, der mußte bei lebendigem Leib verbrennen, denn der harzige Stoff ihrer Ladung haftete am Fleisch unabtrennbar und unauslöschlich. Ein ganzes Bataillon der Franzosen ergriff die Flucht, als einige von der Mannschaft so unglücklich waren, mit dieser neuen Art von Geschossen Bekanntschaft zu machen."[287]

Die französische Besatzung von etwa 1.000 Mann räumte daraufhin den Ort in wilder Flucht und eilte nach Stüntz und Sellershausen zurück, sie mußte dabei fast 600 Tote sowie 60 Gefangene und vier Geschütze zurücklassen. Polczynski verfolgte mit den Truppen seines Regiments die Flüchtenden, stieß aber dann auf eine feindliche Übermacht, frisch herangeführte Truppen des Marschall Ney, und sah sich zu einem ungeordneten Rückzug gezwungen. Durch das Artilleriefeuer zur Unterstützung des französischen Angriffs erlitt auch die Raketenbatterie erhebliche Verluste, vor allem an Pferden. Anschließend kam die Batterie links der Straße von Taucha zwischen den Batterien Wintzingerode und Cardells gegen französische Angriffe nochmals zum Einsatz, jetzt geführt von Lieutenant Amherst Wright. Dieser schrieb später an Congreve:

„The battery on the 18th instant was ordered to direct its fire upon five battallions of the enemy which were advancing. After a most terrible fire on both sides, the enemy was thrown into great confusion, and the charge of a Russian squadron that protected the battery had great effect. In the act of changing flanks, Captain Bogue received a rifle ball in his head, which caused instantaneous death . . . The rockets had a most beautiful effect; the first round set the village in flames and had a most terrible effect on the enemy's troops, burning and destroying them, and creating the greatest confusion . . . Our loss of killed and wounded is one captain and one private killed; six privates wounded; 26 horses killed and wounded."[288]

---

283) nach: Förster, Geschichte der Befreiungskriege, Band II, Berlin 1890, S. 282, ähnlich notierte auch v. Boyen (D. Schmidt, a.a.O., S. 683): „ . . . dieser tapfere Soldat (gemeint ist Captain Bogue, bei v. Boyen als „Boyd" bezeichnet) fuhr sogleich mit seiner Batterie der feindlichen Kolonne unerschrocken und so nahe entgegen, daß, ehe noch sein Feuer anfangen konnte, ein feindlicher Tirailleurschuß ihn tötete. Aber seine Untergebenen ließen sich durch diesen Verlust nicht erschüttern, und die Raketen äußerten in der Nähe, in der sie angezündet wurden, eine ganz ungewöhnliche Wirkung. Die französische Kolonne, die bis dahin, wenn auch zuletzt mit etwas verkürztem Schritt, in sehr guter Ordnung vorgedrungen war, wurde, wie man einen Ameisenhaufen durch einen Schlag auseinandersprengt, gänzlich aufgelöst und lief ohne alle Ordnung, was ein jeder nur laufen konnte, unter unserem beinahe allgemeinen Gelächter nach den Krauthäusern zurück. Als wir am anderen Tag über die Gegend marschierten, auf der die französische Kolonne vorgedrungen war, konnte man sich von der bedeutenden Wirkung der Raketen überzeugen. Nicht allein daß eine ansehnliche Menge Toter dalag, sondern auch mehrere von ihnen waren auf eine ungewöhnliche Weise im Gesicht und an ihren Kleidungsstücken ganz verbrannt, so daß man es sich wohl erklären konnte, wie durch diese ungewöhnliche Wirkung die Kontenance des Feindes erschüttert werden mußte." v. Boyen ergänzte als Folgerung (ibidem): „Nach meinen Erfahrungen würde ich, . . . die Raketen mehr für das Feldgefecht als den Festungskrieg geeignet halten."

284) v. Quistorp, a.a.O., II.Teil, S. 241

285) P.R.O., WO 55/1196 (124), es folgt die Liste der Verluste, 1 Captain und ein Fahrer gefallen, 6 Kanoniere (Bombardiers und Gunner) verwundet, 26 Pferde getötet oder verwundet. Vgl. Note: 262: „The Rocket Brigade at Leipzig", in: JSAHR, Vol. XII 1933, pp. 186: „We thus arrived quickly at the point where the Prince of Sweden was. He had gone forward in person to encourage a company of English rocket-artillery, which fired Congreve rockets. As this artillery was obliged, in order to produce an effect, to approach within half grapeshot range of the enemy and was engaged against formidable French batteries, half of the company had been put out of action in the twinkling on an eye. Learning of this Bernadotte had come up to put heart into those who remained on their feet. And there we found him, amidst the grapeshot, the dying, and the dead . . ." (zitiert aus: Comte de Rochechouart, Souvenirs sur la Révolution, l'Empire et la Restauration)

286) W. G. Clarke, The Royal Horse Artillery, 240 years of Panache and professionalism, in: JRA, Vol. CXIX No. 1; an die Verluste der Batterie erinnert ein Grabdenkmal in Taucha, auf diesem Friedhof ist auch Captain Bogue begraben. (Hinweis in: AR-NVA, 7/1974 sowie Beschreibung des 1815 errichteten und 1896 renovierten Gedenksteines durch: R. Dowling, The Richard Bogue Monument, in: JBIS, Vol. 45, No. 7, London 1992, pp. 285, die Inschrift auf dem Gedenkstein lautet: „Sacred to Richard Bogue . . . who fell in the 31st Year of his Age. Gloriously fighting for the combined Case of Germany and her Allies . . ."). Nach einer Mitteilung von Herrn M. Krop an den Verfasser vom 20.10.99 wurde der Gedenkstein in diesem Jahr renoviert. Nach einem Bericht des britischen Major Hamilton-Smith, sollen sich vier Bataillone des Corps des General Nansouty nach der ersten Raketensalve ergeben haben (o. Verf., Fragment eines größeren Aufsatzes über den Gebrauch der Kriegsraketen im Feldkriege, in: AMZ, 21. Jahrg. 1846, S. 4), diese Angabe findet sich auch bei: Boanerges, Rockets - Yesterday, Today and Tomorrow, in: JRA, Vol. LXXXVIII, p. 178, hiernach ergaben sich etwa 2.500 Franzosen. Siehe auch den offiziellen Bericht des Lt. Wright, nach diesem handelte es sich um sächsische Truppen. Zumindest gab F. Hauthal (Geschichte der Sächsischen Armee von ihrer Reorganisation nach dem siebenjährigen Kriege bis auf unsere Zeit, Leipzig 1859, S. 118) an, daß die sächsischen Truppen zu diesem Zeitpunkt die Seiten wechselten, auch wenn er das Feuer des Rocket Troop nicht erwähnte. Vgl.: MWBl. 1906, Beiheft: Larraß: Die Beurteilung der Überführung Königlich sächsischer Truppen zu den Verbündeten bei Leipzig am 18. Oktober 1813, S. 394 ff., die sächsische Division stand hiernach bei Sellershausen und trat kurz nach 3 Uhr mit etwa 5.000 Mann und 19 Geschützen zu den Verbündeten über, wobei sie bis auf eine reitende Batterie nicht mehr an der Schlacht teilnahm.

287) zitiert nach: Oberst Neumann, a.a.O.

288) zitiert nach: Marshall-Cornwall, a.a.O., p. 47

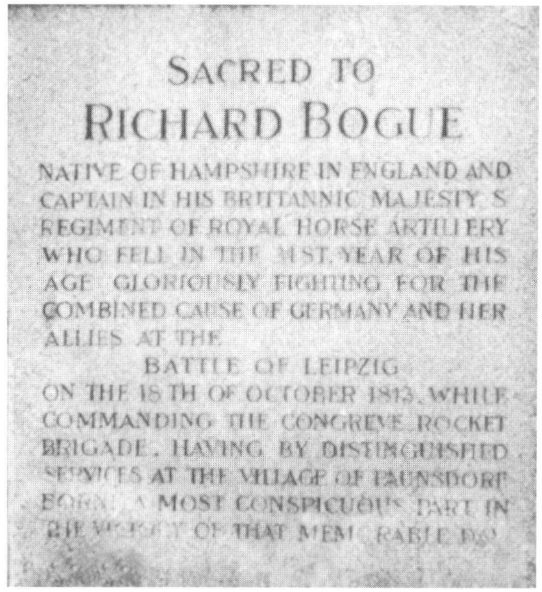

Richard Bogue Gedenkstein in Taucha mit deutscher und englischer Beschriftung (Photo: M. Krop, 1999)

Noch auf dem Schlachtfeld wurde Lieutenant Strangways vom russischen Zaren der St. Anna Orden in Anerkennung der Leistungen der Batterie verliehen. Nach der Einnahme Leipzigs ließen sich der Kaiser von Rußland, der König von Preußen und der britische Botschafter Lord Cathcart von Strangways nach einer Inspektion des Troop die Einsatzgrundsätze der Raketen erläutern.[289] Sir Charles Steward, der britische Bevollmächtigte bei den Alliierten, meldete:
„Congreve's formidable weapon had scarcely accomplished the object of paralysing a solid square of infantry, which, after our fire, delivered themselves up as if panic-struck, when this estimable man, and gallant officer, Captain Bogue, of the British Royal Artillery, received a mortal wound in the head which at once deprived society of a noble character and this country of his valuable services . . . I felt great satisfaction at witnessing during the day a species of improved warfare, the effects of which were truly astonishing and produced an impression upon the enemy of something supernatural."[290]
Am 16. Mai 1815 erhielt der troop die Genehmigung, in Anerkennung seines Einsatzes auf seiner Standarte den Schriftzug „Leipsic" zu tragen.[291] Der Kronprinz befahl aufgrund der Verluste am 20. Oktober, daß vorrangig die Raketenbatterie mit Pferden aufgefüllt werden sollte, sofern ausreichend Beutepferde zur Verfügung stünden.[292]

(4) Glückstadt und Friedrichsort

Nach der Völkerschlacht bei Leipzig trugen die Alliierten den Krieg auf französischen Boden, bei den vorrückenden Armeen wurde die englische Raketenbatterie nicht eingesetzt. Es galt aber auch, die noch von Frankreich und Dänemark gehaltenen Festungen auf deutschen Boden zu nehmen.
Die schwedische Armee rückte ab 20. Oktober, verstärkt durch 9.000 Mann russischer Truppen, dem Korps Woronzow, nach Norden gegen die Dänen in Schleswig-Holstein vor. Der rocket troop bliebt der Armee unterstellt und marschierte über Kriegsdorf, Querfurt und Artern bis Osterkömen, wo er am 28. Oktober eintraf. Am 2. November wurden an die Soldaten des troop vom Kronprinzen in Anerkennung ihrer Leistungen bei Leipzig pro Unteroffizier 20 Shilling und pro Soldaten 10 Shilling übergeben, an diesem Tag betrug die Stärke des troop 12 Unteroffiziere und 157 Mann.[293] Der troop marschierte dann weiter über Denkershausen und Ochrie bis er am 10. November Wahrenwald erreichte; am 25. November legte der schwedische Befehlshaber Stedingk dem Kronprinzen Vorschläge für Tapferkeitsauszeichnungen für die Soldaten des troop vor.[294] Am 6. Januar 1814 wurden daraufhin Wright und Strangways mit einer Goldmedaille ausgezeichnet,[295]

289) Ebenfalls auf dem Schlachtfeld wurden den Lieutenants Wright und Montague die 4. Klasse des St. Vladimir Orden verliehen (Browne, a.a.O., p. 124). Am 28. September 1816 wurden an die Lieutenants Wright und Strangways über den schwedischen Gesandten, Baron de Rehausen, Medaillen des Kronprinzen verliehen (P.R.O., WO 55/1164-315-), am 18. September 1820 wurde Lt. Wright vom König von Schweden der „order of the sword" verliehen (Urkunde vom XXIII. Jun 1820 [P.R.O., WO 55/1110-185]); 1814 wurde Captain Bogue posthum der schwedische Schwerterorden verliehen und an seine Witwe übergeben (Whinyates, Captain Bogue, a.a.O., p. 135)

290) zitiert nach: Headlam, a.a.O., p. 82; Boanerges (a.a.O., p. 179) schrieb diese Sätze Captain Whinyates, dem späteren kommandierenden Offizier des troop zu; die Formulierung spricht jedoch eher für einen Bericht General Stewarts, überdies ist dieser Bericht, leicht geändert, unter dem Datum Leipzig, Oct. 19, 1813, unterzeichnet von Charles Stewart, Lieut.-Gen. in „The Times" (4. November 1813) abgedruckt. Etwas nüchterner meldete General de Rochechouart, Aide-de-Camp, des russischen Kaisers, an diesen: „As this [Congreve rocket] artillery was obliged, in order to produce an effect, to approach within half grapeshot range of the enemy and was engaged against formidable French batteries, half of the company had been put out of action in the twinkling on an eye" (zitiert nach: P. J. Turvey, Congreve Rocketry Revisited. in: L. H. Cornett (ed), History of Rocketry an Astronautics, AAS History Series, Vol. 15, p. 27)

291) Ch. Dupin, Voyages dans le Grand Bretagne, Paris 1820, 3. Buch, 4. Kapitel, in: Bem: Erfahrungen über die Congreveschen Brandraketen, Weimar 1820; nach Duncan, a.a.O., p. 393. wurde die Standarte dem 1st rocket troop verliehen, da zur Zeit dieser Ehrung der andere troop nicht mehr bestanden hätte. Wie unter „f. Von Waterloo bis Balaclava" dargestellt, liegt hier aber ein Irrtum vor. „His Royal Highness the Prince Regent in the name and of behalf of His Majesty has been pleased to command that the Rocket Troop of Royal Artillery which was present at the battle of Leipzic be permitted to bear the word Leipzic on their appointments in commemoration of their Services on that occasion." (zitiert nach: Boanerges, a.a.O., p. 179)

292) KSK, a.a.O., Vol. 4, Nr. 1104 und 1118 vom 21.10., Befehl an Feldmarschall Stedingk, dieser Befehl mag dazu beigetragen haben, daß das Pferd des britischen Bevollmächtigten, General Steward, nach seinem Besuch beim König von Preußen spurlos verschwunden war.

293) KSK, a.a.O., Vol. 17, Meldung Björnstierna aus dem Hauptquartier in Göttingen an den Kronprinzen vom 2. November 1813

294) „Befälhafvaren för engelska raketbatteriet Wright har till mig inlemnat följande förteckning uppå dem, som utmarkt-sig under bataillien vid Leipzig den 18 sistledne october, nemligen: Lieutenant Strangways commenderade Batteriet, sedan förre befälhafvaren blifvit skuten. Sergeant major James Wright, Sergeant Dunnet, Bombardier Th. Ll'oyd, Artillerist I. Thimmonds, J. Caves, G. Munro, G. Fox, I. Patcullu, J. Bates. För de uppräknade begärde Stedingk en guldmed:l j för tapperhet i fält och några silvermedaljer." (KSK, a.a.O., Vol. 17)

295) P.R.O., WO 55/1110 (328):„le Prince Royal voulant vous donner Monsieur, un témorgnage public de la Satisfaction pour l'Activité la bravour et la Zèle que vous avez

die übrigen Soldaten erhielten die Silbermedaille. Am 10. Dezember erreicht der troop Segeberg. Nach einer Stärkemeldung vom 30. November umfaßte der troop jetzt 3 Offiziere, 12 Unteroffiziere, 156 Soldaten und 167 Pferde.[296)]
Aufgrund eines Befehles des Kronprinzen vom 16. Dezember wurde der troop für die Belagerung der dänischen Festungen geteilt:
„La moitié de la Batterie des Raquettiers se rendra à Itzehoe pour incendier Glückstadt, et l'autre moitié devant Friedrichsort."[297)]
Für die Belagerung Glückstadts, das von General Czernikow verteidigt wurde, erhielt der schwedische Befehlshaber, Generalmajor Baron G. R. Boije af Gennäs, am Heiligabend 1813 folgenden Befehl zum Einsatz der Raketen:
„De même vous ferez tous ce que vos moyens vous permettent pour bombarder au plûtot la ville et de l'incendier par la batterie des raquettiers"[298)]
Der Teil des troop, der vor Glückstadt eingesetzt war, wurde von Lieutenant Wright geführt und war an der Ostfront der Festung vor dem Kremper Tor mit 6 „Raketengeschützen" eingesetzt.[299)] Unterstützt wurde die Belagerung durch den Einsatz von britischen Kanonenbooten und -briggs unter Captain Farquhar; dieser nahm am 25. Dezember sieben Soldaten des rocket troop mit einer entsprechenden Anzahl von Raketen an Bord seines Flaggschiffes, der Fregatte *Désirée*. Am Folgetag ließ er ein Boot mit dem Abfeuerungsgestell ausrüsten und die Festung am Nachmittag von der Wasserseite aus beschießen. Ob die dann entstandenen Brände durch die Raketen des Bootes oder durch die Beschießung von der Landseite her verursacht wurden, konnte nicht festgestellt werden.[300)] Die Beschießung der Festung von der Landseite begann ebenfalls am 26. Dezember nachmittags und wurde am Vormittag des Folgetages fortgesetzt. Nach einer Aufforderung zur Übergabe setzte die Beschießung am 28. gegen 8$^{1}/_{2}$ Uhr erneut ein. Die durch den Einsatz der Raketen ausgebrochenen Brände konnten jedoch von den Verteidigern alsbald gelöscht werden.[301)] Am Neujahrsmorgen 1814 und am 2. Januar wurde die Beschießung verstärkt, auch mit Raketen, fortgesetzt, dabei gingen ein Proviantmagazin, ein Torfmagazin, eine Teerniederlage, eine Zuckerraffinerie und mehrere Privathäuser in Flammen auf, wobei keine Zuordnung der Brandursachen zum Feuer der Rohrartillerie oder der Raketen möglich ist; Bürgerschaft und Besatzung der Festung waren jedoch durch die Beschießung demoralisiert.[302)] Die Belagerungstruppen erhielten auf Befehl des Kronprinzen täglich zweimal eine Ration Aquavit, um der Kälte zu begegnen. Auf den Kronprinzen scheint die Einsatzfreude der britischen Batterie großen Eindruck gemacht zu haben, denn er befahl, den beiden Lieutenants Wright und Strangways die Rationen von Hauptleuten zukommen zu lassen und sie als solche zu behandeln.[303)] Glückstadt kapitulierte dann am 5. Januar 1814. Nach Besetzung der Stadt sammelten die Soldaten des troop in der Stadt alle Raketenreste wieder ein.[304)]
Das Detachment des 2nd rocket troop unter Lieutenant Strangways war bei diesem Feldzug zur Unterstützung der schwedischen Truppen unter General Posse eingesetzt, die das von dänischen Truppen unter General v. Hirsch verteidigte Friedrichsort belagerten; die Übergabe der Festung am 19. Dezember 1813 wurde auch durch das Feuer der Raketen erzwungen, wobei 1 General und 1.500 Mann in Gefangenschaft gerieten sowie 105 Geschütze erobert wurden.[305)]

---

déployés pendant la guerre actuelle, m'a chargé de vous envoyer de Sa post la Medaille en or, destiné aux Officiers de tout grade, pour action d'eclat et trait de bravoure, & qui n'est accordée qu'en temps de guerre."

296) KSK, a.a.O., Vol. 33, Förslage 1813 och 1814, B II Nr. 1, L'état de Situation de l'Armée Suédoise; die Dienststärke des Troop war geringer, da 1 Unteroffizier und 9 Soldaten sowie 20 Pferde „malade" waren, 7 Soldaten mit 8 Pferden waren detachiert

297) KSK, a.a.O., Vol. 5, Nr. 1583; in einem Brief von Lt. Wright vom 11. November 1820 (P.R.O., WO 55/1110 -326) berichtete dieser auch von einer Beteiligung des Troop an der Belagerung Lübecks, machte aber keine weiteren Angaben hierzu. Die Besatzung Lübecks unter General Lallemand war nach Verhandlungen am 6. Dezember kampflos abgezogen. (R. J. Möller, Über den englischen Seekrieg in den norddeutschen Küstengewässern, insbesondere die Belagerung der Festung Glückstadt 1813/1814, in: Steinburger Jahrbuch 1977, Itzehoe, S. 90)

298) KSK, a.a.O., Vol. 5, Nr. 1669

299) F. C. Rode, Kriegsgeschichte der Festung Glückstadt und der Niederelbe, Zweiter Band, Glückstadt und Hamburg 1940, S. 153 f.: „Hier konnten die Apparate unter Deckung von Häusern, Gärten und Bäumen nahe an die Stadt herangebracht und ihre Feuerstrahlen auf die dichte Häusermasse wirksam werden lassen.", Rode gab fälschlicherweise an, daß vor Glückstadt 16 Abschußapparate des troop eingesetzt gewesen wären. Die Stellung der Batterie ist auch auf einer schwedischen Karte der Belagerungsartillerie eingezeichnet. (KSK, Sveriges Krig, 19:157)

300) Möller, a.a.O., S. 104 f. (die französische Fregatte *Désirée* war am 8. Juli 1809 auf der Reede von Dünkirchen erobert worden) Farquhar verfügte neben der Fregatte über die Briggs *Calliope*, *Wrangler*, *Brevdrageren*, *Piercer*, *Shamrock*, *Blazer*, *Redbreast* (ab 26.12.), *Hearty* und etwa 12 Kanonenboote. Farquhar hatte vor dem Einsatz seines Geschwaders vergeblich eine Ausstattung mit Raketen beantragt. Das Geschwader unterstützte die Belagerung zusätzlich durch die Landung einer Reihe von Bordgeschützen mit den entsprechenden Bedienungsmannschaften. (ibidem) Die Beschießung von der Seeseite wurde von Commander Marshall von der *Shamrock* geleitet. (ibidem, S. 203) Für die Beschießung wurden 5 Kanonenbriggs und 8 Kanonenboote eingesetzt. In einem Bericht wurde festgestellt: „During the bombardment, the town was set on fire in several places by the shells, rockets, and red-hot shot from the seamens' batteries." (The Aberdeen Journal, January 19. 1814) 34 Angehörigen der Royal Navy und 7 Angehörigen der Royal Marines wurde später zur „Naval General Service Medal" die Glückstadt-Spange („Glückstadt 5th Jan., 1814") 1849 verliehen, da insgesamt 45 dieser Spangen verliehen wurden, müssen 4 an die Angehörigen des rocket troop verliehen worden sein. (Möller, a.a.O., Teil II, 1978, S. 199) Farquhar wurde am 8. Januar 1814 für seine Verdienste bei der Belagerung Glückstadts mit dem schwedischen Schwerterorden ausgezeichnet. (ibidem, S. 202)

301) ibidem, S. 155 ff

302) ibidem, S. 161; die Raketeneinsätze lassen sich aus dem Bericht: SAG, Bombardement von Glückstadt im December 1813 und Jannuar 1814, niedergeschrieben von Heinrich Jarre (auch in: Detlefsenmuseum Glückstadt, Informationsblatt Nr. 8/1), nachvollziehen:
„Decbr 22. . . . um 1 Uhr Nachmittags mehrere Kanonenschüsse gegen die Batterien Hollstein und Prinz Carl, um 3$^{1}/_{2}$ Uhr fielen in der Stadt mehrere Brandraketten.
23. Kanonenschüße von den Wällen bis Mittag. Einwohner flüchten Um 12 Uhr Brandraketten die Nacht geruhigt.
Decbr. 26. Einwohner flüchten. . . von Nachmittags 12 Uhr bis 6 Uhr Abends Bombardirt mit Granaten und Brandraketten, die Nacht ziemlich geruhigt, Bordenholds haus wird abgebrannd.
27. Um 9 Uhr Bombardirt . . . Schweden continuiren bis 4$^{1}/_{2}$ Uhr mit Brandraketten . . .
28. Um 11 Uhr des Abends fielen von Minki hoff einige Brandraketten . . .
31. . . . Um 6 Uhr parlementairt, es fallen einige Brandraketten von Minki hoffe, die Nacht fallen mehrere.
1814. Jan. 1. Vormittags 9$^{1}/_{2}$ Uhr Allarm bis 12$^{1}/_{2}$ Uhr geschossen, um 12$^{1}/_{4}$ Uhr Peter Garms am Deich sein Haus in Brand geschoßen, des Nachmittags viele Brandraketten. Des Nachts viele Raketten.
2. Um 9 Uhr fürchterlich bombardirt, um 9 Uhr ein Magazin worin Heu, Torf, Fleisch usw. um 3$^{1}/_{2}$ Uhr fürchterlich bombardirt, des Nachts einige Schüsse und Brandraketten.
3. Vormittags geruhig. . . Brandraketten, Granaten und glühende Kugeln fallen des Nachts in menge.
5. Parlementirt und Capitulirt."

303) „Son Altesse Royale le Prince Royal ordonne, que vû le Zèle, l'activité et l'intelligence dont ont donné preuve M.M. Wright & Strangways, Lieutenants de la Brigade des Raquettiers à Cheval, ils recevront les rations attribuées au grade de Captains, et seront considérés dans leur service comme s´ils étaient de même grade." (KSK, a.a.O., Vol. 6, Nr. 67 $^{1}/_{2}$, Abschrift in P.R.O., WO 55/1110 -328) Diese Ordre wurde möglicherweise mißverstanden, denn in manchen Texten wurden die beiden Lieutenants als schwedische Hauptleute bezeichnet, auch Lt. Wright gab in einem Brief von 18. November 1820 an, vom Kronprinzen von Schweden den Rang eines Hauptmannes der kgl. schwedischen Armee erhalten zu haben.

304) Detlefsenmuseum, Informationsblatt Nr. 8/2. vgl.: A. Halling, Säkular-Feier der Stadt- und Landgemeinde Glückstadt 1901, Glückstadt 1901, S. 89 f.: „ . . . Diese Waffe war vor kurzem von dem Oberst Congreve aus Indien mitgebracht und zwar kamen zwei Arten zur Verwendung, eine größere, von den Soldaten 'Hechtköpfe' genannt, welche an einem 10 Fuß langen, 1$^{1}/_{2}$ Zoll dicken föhrenen Stiel, der an einem Ende 1 Fuß lang mit Eisenblech beschlagen war, eine Brandgranate trugen, die aus 9 Löchern Feuer sprühte und aus Geschützen geworfen wurde und eine kleinere Art, die sogenannten 'Steertpoggen', die eine Granate von etwa 4 Zoll Durchmesser trugen und von Kavaleristen geworfen wurden. Übrigens suchten die Engländer später die Brandraketen zurück zu erhalten, vermutlich, um die Zeugen dieser barbarischen Kriegsführung aus der Welt zu schaffen." Vgl. zur Beschießung auch: A. C. Lucht, Glückstadt, oder Beiträge zur Geschichte dieser Stadt, Kiel 1854, S. 179 ff., hiernach wurden am 22. Dezember als Beginn der Beschießung 10 Brandraketen abgefeuert.

305) Angaben nach: Graves, a.a.O., p. 30, dieser scheint die Stärke der Besatzung von Friedrichsort übertrieben zu haben, in: v. Weingarten, a.a.O., 4. Heft, S. 43, waren als

Nach den erfolgreichen Belagerungen war der troop zunächst in Itzehoe stationiert und wurde dann am 16. Januar erneut Graf Wallmoden unterstellt.[306] Aber bereits am 18. Februar wurde dieser Auftrag aufgehoben und der troop erhielt Befehl, zu den Streitkräften unter Sir Thomas Graham in die Niederlande zu verlegen.
Für diese Armee war bereits im November eine Anforderung zur Lieferung von 5.000 Raketen durch Lord Bathurst gestellt worden, ein erster Teil der Lieferung, 2.500 Raketen war schon im Dezember einschließlich der erforderlichen Abfeuerungsgestelle für Bombardements zur Verschiffung fertig, wobei Congreve auf die Bereitstellung des erforderlichen Transportraumes in Holland hinwies und ankündigte, zur Betreuung dieser Lieferung 2 Feuerwerker und 2 Arbeiter mitsenden zu wollen.[307]
Am 21. Februar begann dann der Marsch des troop und am 6. März erreichte er Sevenbergen, um dort bis zum Beginn des Feldzuges, der nach Waterloo führen sollte, im Corps des Lord Lynedoch zu bleiben, um dieses bei der Belagerung Antwerpens, das von Carnot verteidigt wurde, zu unterstützen.[308] In dieser Zeit kam es anscheinend nur zu einem Einsatz, der Troop sollte gegen eine französisches Kriegsschiff eingesetzt werden, das eine der Belagerungsbatterien von Antwerpen beschießen wollte. Dieser Einsatz war weniger erfolgreich:
„The rocket that was fired hung for a few seconds above the ship, but returned with the same velocity, falling among some ice a few yards in rear of the spot from whence it was discharged, the shell attached bursting at the same time."[309]
Das Kommando über den troop wurde dann am 30. April 1814 von Captain E. C. Whinyates übernommen.[310]

„ladder" für Beschießungen (Zeichnung: W. Congreve)

(5) Danzig

Die Festung Danzig, in der bereits 1807 preußische durch französische Truppen belagert wurden, erlebte 1813 erneut eine Belagerung. Verteidigt wurde die Stadt von versprengten Teilen der kaiserlichen Garde, der 7. Division (General Grandjean) mit bayerischen, westfälischen und polnischen Regimentern, der 30. Division (General Hendelet) mit neapolitanischen Regimentern, der 34. Division (General Franceschi) mit Rheinbund-Regimentern aus Anhalt, Lippe, Waldeck, Reuß, Schwarzburg sowie den sächsischen Herzogtümern und einer französischen Kavalleriebrigade (General Cavaignac) sowie Artilleriebatterien (General Lepin) aus Bayern, Württemberg, Sachsen, Polen und Frankreich. Befehlshaber war General Rapp. Zwar wurde die Stadt von Kosaken des Hetman Platow bereits am 16. Januar 1813 eingeschlossen, aber selbst als am 22. Januar ein Belagerungscorps unter General Löwis eintraf, waren die Belagerer noch zu schwach, um die Festung anzugreifen. Nach dem Waffenstillstand übernahm der russische General Prinz Alexander von Württemberg das Kommando über die Belagerungstruppen, die inzwischen auf etwa 35.000 russische und preußische Truppen mit entsprechender Belagerungsartillerie verstärkt worden waren. Zudem wurde Danzig nunmehr auch von See durch ein Geschwader unter Admiral Greigh, hauptsächlich durch Kanonenboote, blockiert.[311]
Die Belagerungsartillerie wurde zusätzlich am 6. August durch englische Artillerie verstärkt, die in Stärke von 116 Karronaden, Kanonen, Haubitzen und Mörsern im Juni 1813 in Woolwich mit etwa 190.000 Schuß auf 20 Transportschiffen verladen worden war und jetzt in Kalipke ausgeladen wurde. Befehlshaber der Belagerungsartillerie war der russische Oberst v. Schulmann. Teil des Artillerieparks war auch ein Marine Rocket Detachment unter Lieutenant Robert Gilbert in Stärke von 60 Mann. Diese waren seit dem 2. Februar 1813 für die Dauer von 6 Wochen in Woolwich in der Handhabung der Congrev'schen Raketen ausgebildet worden und wurden im Juli auf dem Transporter *Emperor Alexander* eingeschifft. Für Belagerungen war dieses Detachment mit 3.500[312] 32pfündigen Brandraketen ausgerüstet. Abgefeuert wurden diese Belagerungsraketen von einem 12 Fuß hohem, leiterähnlichen Gestell, das mit Hilfe zweier Stützen auf jede erforderliche Erhöhung eingestellt werden konnte. Gezündet wurden die Raketen mit einem Musketenschloß über eine Abzugsleine aus einer Position circa 10 bis 12 Schritt rückwärts des Abschußgestelles. Dabei genügten 4 Soldaten zur Bedienung eines „Raketenwerfers". Die Munition wurde von einem mit vier Pferden bespannten Munitionswagen zugeführt, auf dem 60 Raketen transportiert werden konnten. Die Reichweite dieser 32pfündigen Rakete betrug bei der Maximalelevation von 55 Grad bis zu 3.200 yards.

Stärke der Besatzung bei der Kapitulation nur 800 Mann angegeben; zu Glückstadt siehe auch: W. Nemetz, Die Kriegsraketen im österreichischen Heer, in: Mitteilungen des österreichischen Staatsarchivs, 10/1957, S. 261

306) KSK, a.a.O., Vol. 6, Nr. 197

307) P.R.O., WO 44/642 (495 ff.), Office of Ordnance vom 29. November 1813, Lord Bathurst vom 15. Dezember und Congreve vom 18. Dezember 1813. Fertig waren gem. letztem Schreiben 2.000 Brand- und 500 Granatraketen mit 12 „Bombarding Frames". Congreve hielt für den Transport in Holland 8 Munitionswagen für erforderlich. Am selben Tag wurde durch das Office of Ordnance das Transport Office entsprechend angewiesen, zusätzlich wurde diesem aufgetragen, auf dem Transportschiff Schlafgelegenheiten für Congreves Personal einzurichten. Ebenfalls am selben Tag teilte das Transport Office mit, daß für den Transport die *Retrieve*, 271 tons, bereitstünde. Congreve regelte am 20. Dezember noch, daß seine Leute die zustehende Auslandszulage erhielten und der Unterhalt ihrer Familien geregelt war. (ibidem -504-)

308) P. Bret, Les fusées de guerre, a.a.O., p. 129

309) Browne, a.a.O., p. 124; es müssen aber noch weitere Einsätze erfolgt sein, da später der sächsische Lieutenant Kühn (siehe Abschnitt: Die deutschen Staaten, Sachsen) schrieb, er habe in Flandern Raketenfeuer erlebt.

310) Marshall-Cornwall, a.a.O., p. 49, die Ernennung datierte vom 2. März 1814 (Duncan, a.a.O., p. 393), Unterstellung des Troop gem. einem Brief Lt. Wright vom 11. November 1820, (P.R.O., WO 55/1110 -326)

311) Angaben über die Truppen und ihren Einsatz während der Belagerung Danzigs nach: Bode, Die Belagerung von Danzig 1807 und 1813, Idar-Oberstein 1988, und: v. Schöning: Historisch-biographische Nachrichten zur Geschichte der Brandenburgisch-Preußischen Artillerie, 3. Teil, Berlin 1845, S. 379 ff., von dem Blockadegeschwader verblieben ab 17. September nur noch eine Fregatte und eine Corvette

312) v. Schöning, a.a.O., S. 379, sowie: o. Verf., Ueber die Wirkung der Congrev'schen Raketen bei der Belagerung von Danzig 1813, in: M. Schuh (Herausg.), Erfahrungen über die Congrevschen Brand-Raketen, Weimar 1820, S. 77

Die Feindseligkeiten begannen nach Ablauf des Waffenstillstandes am 21. August 1813.
Bis zum 26. August[113)] wurden aus dem Raum Tempelburg und Wonneberg auf 3.000 Meter bereits eine Menge Raketen abgefeuert, von denen etwa 15 die Bastionen Kessel, Sandgrube und Neugarten erreichten, jedoch keinen Schaden anrichteten.
„Dès le 26 août l'ennemi avait voulu profiter d'un vent du nord-ouest qui sofflait avec violence, pour essayer d'incendier la ville. A une heure et demi du matin, il était venu lancer des fusées à la Congrève qui alarmèrent beaucoup les habitants. Elles ne tombèrent heureusement que sur les glacis du Bischofsberg."[314)]
Am 4. September beschrieb einer der Belagerten das Bombardement: *„Le 4, la flotte déploya de plus grands moyens. A dix heures du matin, elle engagea le feu avec trois bombardes et deux frégates, pendant que 80 chaloupes cannonnières venaient prendre leur ligne de bataille à l'embouchure de la Vistule. Tous ces bâtiments réunis firent un feu très-vif jusqu'à trois heures après midi. L'ennemi fira 8.550 coups de fonte espéce. Cette grèle de boulets, bombes et des fusées cribla nos batteries et les maisons de la côte, et nous démonta deux pièces."*[315)]
Wie sich aus der Schilderung ergibt, wurden Teile des Detachments während der Belagerung auch zeitweise auf dem Blockadegeschwader eingeschifft, um Raketen von den Schiffen aus einzusetzen.
Am 10. Oktober begann das eigentliche Bombardement der Stadt. Hierbei wurden aus Stellungen bei Klein-Schellmühl mehr als 1.000 Raketen abgefeuert, von denen aber nur 10 die Stadt erreichten, eine hiervon setzte das Schwarz-Mönchs-Kloster, das als Lazarett eingerichtet war, in Brand. Der größte Teil der Raketen war in die Gräben oder auf das Glacis gefallen.[316)] In der Nacht vom 10. zum 11. Oktober unternahmen die Belagerer einen Angriff auf die „Schottenhäuser" am Südrand der Befestigungen. Um 19 Uhr wurde ein Scheinangriff auf das Olivaer Tor auch durch die Raketenbatterie unterstützt, der Einsatz der Raketen führte an drei Stellen der Stadt zu Bränden, wodurch ein Lazarett und 28 Häuser abbrannten.
„Nur zu bald sammelte auch Danzig hierüber ähnlich traurige Erfahrungen [es wird mit Kopenhagen verglichen, d.Verf.]. Es war abends 7 Uhr des 10. September, als die Belagerer einen Regen von Raketen, Bomben und glühenden Kugeln auf die Stadt schleuderten. Zwar hatte man den Nachtheil der Raketen zu verringern, und ihren Folgen überall, wo sie niederschlugen, durch Vorkehrungen zuvorkommen gesucht; allein es war nicht zu verhindern gewesen, daß mehrere Raketen auf das mit 700 theils Kranken, theils gefangenen Russen angefüllte Lazareth im Dominikanerkloster fielen, und dort eine schnell um sich greifende Feuersbrunst erregten, wobei viele vergebens ihre letzten Kräfte zusammen zu raffen suchten, einem martervollen Tode zu entrinnen. Im ganzen waren 28 Häuser durch diesen Brandregen in Flammen gerathen und es war erst am zweiten Tage möglich, der Verheerungen des furchtbaren Elements Einhalt zu tun. Am 20. Oktober wurde von den eroberten Anhöhen von Ohra die Stadt aufs Neue mit einem Hagel von Feuerkugeln und Raketen begrüßt. Nur dem rastlosem Eifer der Bewohner, vereint mit der Besatzung, welche alle und selbst die ersten Offiziere Hand anlegten, konnte es gelingen, der hierdurch erregten Flamme endlich Meister zu werden, welche nicht allein den Munitions und reichen Garnisonsvorräthen, von deren Erhaltung Danzigs Vertheidigung abhing, sondern auch den großen und unschätzbaren Waaren-Niederlagen auf der Speicherinsel, womit das Wohl und Weh aller Classen von Einwohner in Verbindung stand, Vernichtung drohte. Allein dem unaufhörliche Bomben- und Raketen-Regen, der seit dem 18. Oktober auf Befehl des Herzog Alexander von Würtemberg auf die Stadt und vorzüglich auf die Speicher-Insel und Niederstadt fiel, folgte ein Brand auf den anderen, bis endlich in einer durch Brand- wie durch Blutvergießen bezeichneten Nacht (vom 1. zum 2. November) die Magazinvorräthe der Speicher-Insel, die letzte und einzige Resource der Belagerten, unwiederbringlich verloren gingen."[317)]
Ähnlich beschrieb aus französischer Sicht d'Artois die Beschießung am 10. Oktober:
„Tout ceci ne semblait qu'un prélude. En effet, à sept heures et demie du soir, ils recommencèrent à faire feu de toutes leur batteries sur la ville ... Il lançaient en même temps une très-grande quantité de fusées à la Congrève de la batterie placée à mi-côte sur le centre fort de Kanigsthal. Sur mille fusées, qu'on estime avoir été lancés, dix seulement arrivèrent dans l'intérieur de la ville; une partie éclata en l'air, et le plus grand nombre dans les fossés et sur les glacis. Cependant dès huit heure et demie, le feu s'était déclaré au convent des Dominicains, dont le cloître avait été converti en hôpital, une demi-heure après qu'on y eut ne tomber une fusée. L'incendie n'avait pas tardé à se manisfester avec beaucoup de violence."[318)]
In der Nacht zum 18. Oktober wurden wiederum etwa 1.000 Raketen abgefeuert. Durch dieses Bombardement wurden unter anderem 22 Magazine in Brand gesetzt.[319)] Zu dieser Nacht schrieb d'Artois:
„En effet, le 18 à sept heures du matin, ils lancèrent une immense quantité de fusées incendiaires, d'obus, de bombes et de boulets rouges des quatre batteries de l'Etoile ... le feu prit dans sept ou huit endroits, mais sans suite ... Le bombardement continua pendant la nuit du 18 au 19 et tout le jour suivant ... Mais le 19, à six heures et demie du soir, le feu se déclara si violemment, dans un chantier du bois, situé dans l'île des magasins, que dans les premiers moments on ne put s'en rendre maître. L'incendie fit des progrès rapides et gagna un grand nombre des bâtiments voisins. Vingt-deux magasins ou casernes furent réduits encendres. La perte, pour habitants, fut estimée à 9 millions de francs. Les soins du gouverneur se portèrent sur les magasins de vivres et les moulins à manège: ceux-ci étaint placés dans un bâtiment adjacent à une caserne tout en feu. ... Déjà la toiture de ce bâtiment était enflammée et la chaleur excessive, dont il était le foyer, semblait ne laisser aucun espoir de sauver ces usines si nécessaires à la garnison ... Le feu devint si violent, que, vers minuit, il se communiqua sur la rive gauche de la Mottau à d'autres magasins et chantiers, et à une brasserie, qui éprouvèrent de très-grands dommages."[320)]
Er schätzte anschließend, daß in diesen 24 Stunden 1.000 Raketen gegen die Stadt abgefeuert worden wären. Die Beschießung der Stadt wurde für 8 Tage fortgesetzt. Der Kommandeur des 13. Bayerischen

313) Nach: o. Verf., Ueber die Wrkung der Congrev'schen Raketen, a.a.O., S. 77, wurden Raketen erst ab diesem Tag eingesetzt. Die Wirkung scheint anfangs gering gewesen zu sein: „Man trug die einzelnen ausgebrannten Raketenhülsen von Eisenblech gleich Wunderthieren mit ihren Stäben umher, zeigte sie für Geld, und staunte eine Erfindung an, welche 1807 in wenig Tagen der Stadt Kopenhagen jenes denkwürdige traurige Schicksal bereitet hatte."

314) d'Artois, Relation de la Défense de Danzig en 1813, Paris 1820, p. 293

315) ibidem, p. 257

316) v. Schöning, a.a.O., schrieb „die Batterie sei in großer Tätigkeit, bei geringem Erfolg gewesen." Nach: o. Verf., Ueber die Wrkung der Congrev'schen Raketen, a.a.O., S. 77, wurde das Dominikanerkloster bereits am 7. September von Raketen getroffen: „allein es war nicht zu verhindern gewesen, daß mehrere Raketen auf das mit 700 theils Kranken, theils gefangenen Russen angefüllte Lazareth im Dominikanerkloster fielen, und dort eine schnell um sich greifende Feuersbrunst erregten, wobei Viele vergebens ihre letzten Kräfte zusammenzuraffen suchten, einem martervollen Tode zu entrinnen. Im Ganzen waren 28 Häuser durch diesen Brandregen in Flammen gerathen, und es ward erst am zweiten Tag möglich, den Verheerungen des furchtbaren Elements Einhalt zu thun."

317) o. Verf., Über die Wirkung Congrev'scher Raketen bei der Belagerung von Danzig, in: J. Bem, Erfahrungen über die Congreveschen Brand-Raketen bis zum Jahre 1819 in der Königl. - Polnischen Artillerie gemacht, Weimar 1820, S. 77

318) d'Artois, a.a.O., p. 295

319) Malinowsky / v. Bonin, Geschichte der brandenburgisch preußischen Artillerie, Band III, S. 485: „Am 18.10. eröffneten die Batterien Nr. 15 - 18 um 7 Uhr Morgens ihr Feuer mit Brandraketen, Granaten, Bomben und glühenden Kugeln auf den Stadtteil Poggenpfuhl und auf die Speicherinsel, und setzten es, unterstützt von den Batterien bei Cabrun, Schellmühl und Johannisberg die Nacht und den folgenden Tag fort. Gegen 22 Magazine brannten ab. Es sollen 1.000 Brandraketen, 800 Bomben, 1.200 Granaten und 4 - 5.000 Kugeln in 24 Stunden gegen die Stadt geschossen worden sein."

320) d'Artois, a.a.O., p. 316

Infanterie-Regimentes, Oberst Graf v. Butler, schrieb hierzu in seinem Tagebuch:

„Der Feind schien den totalen Ruin der Stadt zu beabsichtigen. Alle Tage warf er Bomben, Granaten und congrevische Raketen in die Stadt, auch mit glühenden Kugeln unterließ er nicht in Zwischenräumen große Verheerungen anzurichten. Seine Bomben und Granaten warf er auf eine Distance von 1.800 bis 2.000 Toisen, und doch brachte er sie zum allgemeinen Erstaunen bis in die Mitte der Stadt - ja sogar weit entfernte Theile derselben blieben nicht unverschont."[321)]

Verstärkt wurde das Bombardement ab 20. Oktober durchgeführt, nachdem die Höhen von Ohra erobert worden waren. So fielen am 26. Oktober, obgleich das Feuer nachgelassen hatte, mehr als 250 Bomben und 500 Raketen, Granaten und glühende Kugeln auf die Stadt. Unhaltbar wurde die Lage, als in der Nacht vom 1. zum 2. November die Magazine der Speicherinsel in Brand geschossen worden waren und damit die letzten größeren Nahrungsvorräte verloren waren. Eine Hungersnot folgte. Am 27. November wurde dann ein Waffenstillstand abgeschlossen und am 30. November kapitulierte die Besatzung,[322)] die Belagerer zogen am 2. Januar in die Stadt ein. Die Raketeneinheit verblieb dann, möglicherweise von der Admiralität zunächst vergessen, bis zum September 1814 in der Stadt; als sie am 10. September auf der Fregatte *Leyden* nach Chatham zurückkehrte, wurde das Detachment aufgelöst. Für diese Einsätze wurde Lieutenant Gilbert anschließend vom Zaren mit dem St. Wladimirorden 4. Klasse ausgezeichnet.[323)]

(6) Peninsular War

Auch im Peninsular-War, also dem Feldzug Wellingtons in Spanien, war die Raketenartillerie eingesetzt. Nach dem Einmarsch der Franzosen in Portugal landete eine britische Armee unter General Wellesley[324)] in der Montego-Bay nördlich Lissabon.. Im Landfeldzug selbst wurden zunächst keine Raketen eingesetzt. 1810 und 1811 wurden von der Navy Raketen gegen französische Belagerungstruppen unter Marschall Victor vor Cadix eingesetzt, sie scheinen aber nur geringe Wirkung gezeigt zu haben.[325)] Bereits zu Beginn der Belagerung forderte General Graham für Cadix Marineartillerie mit Raketen an,[326)] und am 30. Mai 1810 ordnete die Admiralität an:

„ . . . a detachment of Royal Marine Artillery, trained to the use of Congreve's rockets and sea-service mortars, consisting of three officers and thirty men, should proceed to Woolwich and embark for Cadiz in transports with rockets and mortars, the officer commanding to put himself on arrival under the orders of Rear-Admiral Pickmore."[327)]

Nach Ankunft des Detachments in Cadiz wurden Teile zur Bedienung der Raketenabfeuerungsgestelle einer Flottille von Raketenbooten abgestellt, die aus „launches" der Kriegsschiffe und Booten aus Gibraltar zusammengestellt und von Captain Hall und Captain Fellowes kommandiert wurde.[328)] Diese Flottille wurde vor allem zur Bekämpfung französischer Kanonenboote und Befestigungen eingesetzt, erstmals am 12. September gegen eine französische Belagerungsbatterie vor Fort Matagorda, die durch das Granaten- und Raketenfeuer vertrieben wurde. Wenige Tage später am 17. beschossen die Raketenboote zusammen mit Mörserbooten das Fort Catalina, um die französischen Belagerungsvorbereitungen zu unterbrechen. Nach einem weiteren Angriff am 2. Oktober unter Captain Saunders, wiederum mit Mörsern und Raketen, wurden die Batterien dieses Forts für fast einen Monat zum Schweigen gebracht.[329)]

Zusätzlich war ein Detachment unter Führung des Sergeant Laycox an Bord der *Savannah* verschifft worden, das am 11. Juni 1810 in Cadix anlangte. Am 22. August wurden dann die ersten 200 Raketen auf ein feindliches Fort abgefeuert. Der nächste Einsatz erfolgte zusammen mit dem anderen detachment am 2. Oktober:

„This night we made an attack on the enemy's fort with three launches of Colonel Congreve construction, with 4 flats fitted up for Colonel Congreve rockets, which answered the purpose very well. We expended from the flats 76 rounds. There was fire to (be) seen 3 or 4 times in the fort for the space of an hour."[330)]

Am 23. November wurden von See aus das Fort Catlona und die Ortschaft „St. Mary" von 3 Raketengestellen beschossen, am 13. De-

---

321) Mittheilungen über die Vertheidigung von Danzig im Jahre 1813, Aus dem Tagebuche des königl. bayer. Obersten Kajetan Grafen von Buttler, in: AOAW, 5. Jahrg. 1848, 3. Band, S. 57; in: J. G. v. Hoyer, Allgemeines Wörterbuch der Artillerie, Supplementband, Stuttgart und Tübingen 1831, S. 45, wurde dagegen festgestellt: „über die Raketen und ihren Antheil an dem Abbrennen der Speicherinsel läßt sich so viel behaupten, daß jener Antheil wohl nur gering gewesen, weil hier die vielen Bomben und Brandkugeln das Meiste thaten."

322) Dieser ersten Kapitulation, die der Besatzung freien Abzug zugestand, stimmte der russische Kaiser nicht zu, so daß General Rapp zustimmen mußte, seine Truppen in die Kriegsgefangenschaft zu führen (Förster, a.a.O., Bd. II., S. 1088) Zu den Folgen der Beschießung führte Förster an, daß die Bevölkerung von 60.000 auf 13.000 „herabgekommen" wäre, jede Woche seien 100 bis 130 Menschen gestorben, „Auf der Speicherinsel, der großen Weizenkammer des Nordens, brannten fast sämmtliche Speicher nieder." Von 4.000 Häusern wären „970 mehr oder weniger durch das Feuer beschädigt, das Dominicanerkloster, die Jesuitenkirche, einige 70 Häuser und 5 Schiffswerfte mit den darauf befindlichen Schiffsbauhölzern brannten völlig nieder; einige 60 Einwohner fanden den Tod durch die Wurfgeschosse."

323) Angabe nach: Fraser / Carr-Laughton, a.a.O., p. 216

324) Ab 3.08.1809 nach dem Sieg von Talavera Viscount Wellington, 1814 Duke of Wellington, 1818 - 1827 Master General of the Ordnance, 1827 bis 1828 und 1842 bis 1852 Oberbefehlshaber der britischen Armee

325) o. Verf., Congrevische Raketen, in: AMZ, 5. Jahrg. 1830, S. 743 (aus dem Maiheft 1830 des „Journal des sciences militaires"), Sporschil und Jones erwähnen diesen Einsatz nicht, Cadix wurde seit Januar 1810 von zunächst 20.000 Mann, später 50.000 Mann belagert, die Verteidiger wurden durch eine britische Division unter Generallieutenant Graham verstärkt, nach der Einnahme Madrids durch Wellington im August 1812 wurde die Belagerung aufgehoben. 1810 waren aber 2.000 Raketen nach Cadix verschifft worden (P.R.O., WO 44/642 -395-, Schreiben Congreves vom 27. November 1810). Congreve hatte am 2. Mai 1810 hierzu vorgeschlagen: „For the equipment of the Rockets and of the ten Marine Howitzers for Cadiz, I beg leave to state the following arrangements will be necessary; 1. That a requisition be made for the Secretary of State's office to the Board of Ordnance to authorize Mr. Congreve to prepare an equipment of 2,000 Rockets on board the Ceries Transport, now lying off Woolwich and occupied in the Rocket service-which such apparatus and such artificers as may be required. 2. That a similar requisition be made to the Admiralty that orders may be given for three officers and thirty men of the Marine Artillery to attend at Woolwich in readying to embark with an equipment of Rockets, and marine mortars for Cadiz." (P.R.O. WO 1/1120, zitiert nach: J. Herson, French Innovation versus British Technology at Cadiz: Missile Warfare in the Peninsular War, in: Consortium on Revolutionary Europe, Tallahassee 1995, p. 470) Der Einsatz wurde auch beschrieben in: Marqués de Viluma, Noticia sobre el origen progresos y estado actual de los cohetes de guerra, llamados à la Congrewe, Madrid 1833, p. 46: „ . . .y los ingleses dispararon tambien una gran cantidad sobre los trabajos de los sitiadores, sin que unos ni otros fuesen de efecto alguno."

326) Fraser / Carr-Laughton, a.a.O., p. 128: General Graham schrieb: „A well-appointed flotilla would be of special advantage in the Bay of Cadiz, and rockets and marine mortars should be sent out. . ."

327) ibidem, p. 129, das detachment bestand hiernach schließlich aus den Lieutenants Campbell, Buckland und Worth, 2 Sergeants, 2 Corporals, 1 Bombardier und 30 Kanonieren, es wurde mit der *Fidelity* verlegt und erreichte Cadiz Mitte Mai.

328) o. Verf., A Glance upon Spain with a Recollection of the Siege of Cadiz, in: USJ, Dec. 1843, p. 488, nach deren Beförderung zum „post-captain" übernahmen die Captains Thomas und Carrol die Führung, die Gesamtleitung der Flottille lag bei Sir Richard Keats. Teilweise waren die Boote unter der Leitung von Commodore Penrose erst vor Ort gebaut worden. Die Besatzungen bestanden teilweise aus Spaniern; unterschieden wurde zwischen 8 „English Arsenal Boats" (unter Captain Thomas), 9 „Gibraltar Boats" (unter Captain Hall) und 12 „Spanish Boats" (unter Captain Fellowes)

329) Fraser / Carr-Laughton, a.a.O., pp. 140; hierbei scheinen aber die Raketen weniger gewirkt zu haben, General Graham notierte: „3rd - Last night the Admiral employed the guns and mortar and rocket boats in an attack on Catalina, and to endeavor to burn a quantity of fascines, etc., collected there. The rockets did not answer his expectations, they fell short, expending themselves quickly." (zitiert nach: Herson, French Innovation, a.a.O., p. 470) In: o. Verf., A Glance upon Spain, a.a.O., p. 490 hieß es dagegen: „. . . a furious fire was opened of shot, shell, and Congreve rockets, and maintained with spirit till after midnight. . . A sensible effect, however was, produced on the fortress, which was set on fire in two or three places; and next morning it was observed that the walls thereof had suffered greatly from the bombardment and a subsequent explosion."

330) Robson, a.a.O., p. 149, in dieser Nacht wurden 78-32pfd Brandraketen, 2-32pfd Granatraketen und 4-12pfd Kartätschraketen verschossen.

zember wurden 3 Raketen vom Ufer auf feindliche Stellungen in Anwesenheit von General Graham und Sir R. Keith gefeuert; „they were both well pleased" vermerkte Laycock. Am 26. Dezember wurden feindliche Batterien und Kanonenboote durch britische Kanonenboote und Mörserschiffe sowie 5 Boote mit Raketengestellen beschossen. Durch die Raketen wurden 4 französische Kanonenboote in Brand gesetzt.[331] Bis Ende 1811 war Laycock mit seinen Raketen in Cadix im Einsatz, dann wurde dieses Detachment im Juni 1813 nach Port Mahon auf Minorca verlegt, wo Laycock die Raketen wartete und feststellte, daß 51 Granatraketen unbrauchbar waren, da die Hülsen verrostet waren.[332]

Auch das Geschwader Captain Codringtons, das die Verteidiger des von den Franzosen belagerten Tarragona unterstützte, war mit Raketen ausgerüstet, die von den Schiffen aus zur Unterstützung der Verteidiger, aber auch wohl von einem Landungsdetachement eingesetzt wurden; den Franzosen waren dabei nach der Einnahme der Stadt im Juni 1811 Raketen in die Hände gefallen, die von diesen später zu vergleichenden Versuchen verwendet wurden.[333]

Endlich 1812 wurde Wellesley der erste rocket-troop zur Verstärkung seiner Artillerie angeboten, seinem Einsatz wurde jedoch zunächst nicht zugestimmt.

„I do not want to set fire to any towns, and I do not know any other use of the rockets"[334]

Am 5. September 1813 wurde entschieden, Lord Wellington ein Detachment zur Verfügung zu stellen:

„It is Lord Bathursts anxious wish that Lord Wellington should be supplied by anticipation with every thing for which a want or desire can arise. Rockets may, or may not be convincable;- but Lord Bathurst looking to the propability of an Attack upon Bayonne or other French Towns convince that the Army ought at least to be provided with this weapon. And He wishes that an Equipment of Heavy Shell & Carcass Rockets should be prepared & shipped with all possible expedition for Passage"[335]

Am 24. Oktober 1813 wurde nach einer nur dreitägigen Raketenausbildung eine Batterie des 5th Battalion Royal Artillery in Woolwich auf dem Transporter *Marshal Wellington* eingeschifft und entsprechend einer Anforderung Wellingtons am 9. November[336] nach Spanien verlegt. Sie landete am 14. November 1813 im Hafen von Passages in Nordspanien und marschierte dann nach Urrugne bei St. Jean de Luz. Die Batterie wurde von 2nd Captain H. B. Lane geführt und bestand aus den Lieutenants Crawley und Morgan, Sergeant Lindsay, 4 Bombardiers und 50 Kanonieren.[337] Wellesley sah sich also inzwischen trotz seiner Vorbehalte[338] genötigt, die ungeliebten Raketen doch zu akzeptieren. Möglicherweise hielt er auch die Raketen in Hinblick auf kommende Belagerungen in Frankreich für eine zweckmäßige Verstärkung seiner nicht übermäßig starken Artillerie. Versuchsweise beabsichtigte er, einen Zug mit 2 Abfeuerungsgestellen einzusetzen. Der Artilleriekommandeur veranlaßte jedoch, daß 4 Abfeuerungsgestelle, jeweils zwei für 32pfündige und zwei für 12pfündige Raketen eingesetzt wurden, was allerdings bedeutete, daß er trotz der Knappheit an Pferden 44 für die rocket-brigade verfügbar machen mußte.[339] Lane nutzte die folgende Zeit für eine intensive Ausbildung seines Detachments. Dickson, der Artilleriekommandeur, hatte noch am 2. Januar melden müssen:

„. . . I cannot help but noticing how little attention has been paid to the instruction of those intended to use it, whom Captn Lane informs me, were only instructed to the use of the implement, three days previous to Embarkation.- Under such circumstances, there are no great hopes of their being very adroit, and certainly will militate against the experiment."[340]

Die Ergebnisse eines Versuchsschießens am 8. Februar schienen Wellington recht zu geben, ein Beobachter notierte, daß die Raketen:

„certainly made tremendous noise. . . . no cavalry could stand near them if they came near, . . . none of them went within half a mile of the intended object, and the direction seemed extremely uncertain"[341]

Zur Treffgenauigkeit äußert sich auch ein anderer Beobachter kritisch,

331) Herson, French Innovation, a.a.O., p. 473, datierte den Angriff auf den Abend des 25. Dezember und gab an, daß bei der angreifenden Flottille auch 6 „rocket brigs" eingesetzt gewesen wären. Ein französischer Offizier notierte hierzu: „But we had barely arrived when we saw the whole enemy flotilla advance in one line towards our posts. We quickly headed back to Trocadero. A hail of balls landed near us, not doing us any harm but covering us with water. Several seconds after our arrival, the flotilla, the fort, and the enemy fleet directed a diabolic fire upon us. English boats tried to set fire to our camp, and especially to the flotilla with rockets. They fired quite a few which wounded only two men." (ibidem) Nach: o. Verf., A Glance upon Spain, a.a.O., Jan. 1844, p. 59, erfolgte der Angriff auf Santa Maria und Santa Catalina am 23. November: „Shortly afterwards [1h, 30m. P.M.] Sir Richard Keats, in his gig, headed all the rocket and howitzer-boats, and led them over to Santa Maria. At half-past two the rocket and Spanish mortar-boats commenced action, by sending a lively shower of shot and shell among the French flotilla." Diese französische Flottille war als Antwort auf die britische Cadiz-Flottille von Maréchal Victor auf dem Guadalquivir gebildet worden (o. Verf., A Glance upon Spain, a.a.O., Dec. 1843, p. 491) Der Angriff am 25 Dezember erfolgte hiernach gegen das Fort Matagorda unter Führung Captain Halls „with the rocket-boats and howitzer launches of the squadron", als Ergebnis wurden die am 14. November entkommenen 17 schweren Kanonenboote vernichtet (o. Verf., A Glance upon Spain, a.a.O., Jan. 1844, pp. 61)

332) Robson, a.a.O., pp. 149-150

333) P. Bret, Les fusées de guerre, a.a.O., p. 41; Belagerung Tarragonas vom 4. Mai bis zum 30. Juni 1811, das Geschwader umfaßte 8 Schiffe (v. Pivka, a.a.O., p. 130); nach: W. F. P. Napier, History of the War in the Peninsula and in the South of France from the Year 1807 to the Year 1814, London 1876, Vol. 3, p. 233, wurden Ende Mai 1811 Raketen von den Schiffen aus gegen einen französischen Sturmangriff eingesetzt: „. . . the ramparts were instantly covered with fire from within and from without, the ships in the offing threw up rockets, and amidst the noise of four hundred guns the storming columns rushed upon the Olivo."; zu den französischen Versuchen siehe Abschnitt Frankreich. Ein Bericht Captain Codringtons hierzu war im Naval Chronicle (Vol. XXV - XXVI) nicht zu finden, obwohl ein solcher für eine spätere Operation gegen Tarragona im September 1812 abgedruckt wurde.

334) M. Glover, Wellington as Military Commander, London 1973, p. 225; möglicherweise wurden aber bei der Rückeroberung von Badajoz 1812 bereits Raketen eingesetzt, da auf einem spanischen Bild deutlich eine Rakete dargestellt ist, (J. Barrios Gutiérrez, Cohetes de guerra en el siglo XIX, in: Revista de Historia Militar, No. 14, 1963, p. 160; sowie: P. M. Sancho, The Use of Congreve-Type War Rockets by the Spanish in the 19th Century, in: R. Cargill Hall [edit.], History of Rocketry and Astronautics, AAS History Series, Vol. 7, San Diego 1986, p. 74), schließlich stellte auch: D. Baker, Spaceflight and Rocketry, A Chronology, Facts on File, Inc., fest, daß Wellington Congreve-Raketen hierbei eingesetzt hätte. Dem steht aber gegenüber, daß in der wohl genauesten zeitgenössischen Beschreibung der Belagerungen keine Raketen genannt wurden (J. Jones, Tagebuch der in den Jahren 1811 und 1812 von den Verbündeten in Spanien unternommenen Belagerungen, Berlin 1818); auf S. 76 beschrieb J. jedoch anläßlich eines britischen Sturmangriffes den Einsatz von Signalraketen durch die Belagerten. Dies mögen die auf dem zuvor angesprochenen Bild dargestellten Raketen gewesen sein.

335) P.R.O., WO 6/145 (22), Schreiben W. Dunsbury an LtCol Chapman vom 5. September 1813

336) P.R.O., WO 6/145 (42) „I am directed by Lord Bathurst to acquaint you that in a letter received this day from Lord Wellington His Lordship has expressed a wish that the Equipment of Rockets which were originally prepared with review to the Service of His Lordship's Army should be sent to Spain - Orders have in consequence been given that the Marshall Wellington Transport having this Equipment on board, which had been ordered to remain at the Nore, should now proceed without delay to Passages. . ." (Schreiben an Lt.Col. Chapman, Downing Street, 9. November 1813)

337) Marshall-Cornwall, a.a.O., p. 48; H. B. Latham nannte den 3. Oktober als Einschiffungstag (Latham, The Rocket Service and the Award of the Swedish Decorations for Leipzig, in: JRA, Vol. LVI, p. 419); dies Datum kann aber aufgrund des vorerwähnten Schreibens nicht richtig sein.

338) Duncan, a.a.O., p. 376: „A detachment for rocket service was also sent from England, but received by Wellington with very mixed feelings, as he had rather a horror of the rocket as a weapon of war."

339) P.R.O., WO 55/1196 (159), letter Col. Dickson to Major General Maclean, Jany 2nd 1814; „Of the Rocket-Brigade, by way of trial, Lord Wellington has ordered one division to be brought into the Field, that is to say, two barriages;- but as I found there must be means of conveyance for Reserve Rockets, I brought two barriages more of the same, that is to say, two of 32 Pdr Rockets, and two of 12 Pdr R. making as follows:- 32 Pounder Rockets - 64 / 12 Pdr do - 120 / These with spare horses, horses for Officers, + N.C. Officers etc takes 44 animals, being an additional demand upon our slender means. . ."

340) P.R.O., WO 55/1196 , ibidem

341) zitiert nach: Graves, a.a.O., p. 24

der aussagte, daß die Raketen sicherlich nützlich seien, um eine große Stadt wie Bayonne zu bombardieren, sie würden möglicherweise sogar treffen:

„. . . somewhere or other, and no doubt set fire to the town; but the part of the town you could not very well choose." [342)]

Dickson notierte jedoch etwas differenzierter:

„We had a trial of the rockets before Lord Wellington on Wednesday last. The ground rockets ranged to a very short distance, were very irregular, and alltogether answered very badly. The ground certainly was unfavourable, there being a hollow with bog and brushwood in the bottom at a short distance in front, into which they plunged and could not extricate themselves - I think, however, from what I saw, that to make the ground rockets efficient the ground ought to be hard and without impediments - the rockets at higher angles did very tolerably and went in a much more correct direction as I expected. As in field service, however, firing rockets at high angles is of very little utility, I intend to have another trial of the ground rockets to see if we can make them answer better, and I will let you know our succes, and particularly of these experiments." [343)]

Diese Raketenbatterie scheint in der Folge nur zweimal eingesetzt worden zu sein: zum ersten Male, als Wellesley am 23. Februar 1814 den Übergang über den Adour unterhalb Bayonne erzwang und dadurch die französischen Truppen in die Festung Bayonne zurückwarf. Gegen Mittag erreichte Sir John Hope mit dem Ponton-Train unter Colonel Delancey das linke Adour-Ufer; da das rechte Ufer nur schwach gesichert zu sein schien, ließ er sogleich 50 Mann mit einer „fliegenden Brücke" aus 5 Pontons und 4 Booten, die zusammen gebunden waren, übersetzen. Der Übergang wurde durch die Raketenbatterie gedeckt. Das Übersetzen wurde jedoch durch das Feuer feindlicher Kanonenboote gefährdet, worauf Dickson Lanes Raketen einsetzte: [344)]

„. . . a few rockets á fleur d'eau sent them off in confusion, all the men jumping out of one boat and scrambling on shore on its being struck by a rocket." [345)]

An anderer Stelle wurde berichtet:

„Die feindlichen Kanonenboote wurden durch die Raketenbatterie in scheuer Ferne gehalten, denn ihre Besatzung gerieth, des furchtbaren Geschosses ungewohnt, in Schrecken und Verwirrung." [346)]

Bis zum Abend folgten ein Bataillon Garde und ein Detachment des rocket-troop unter Captain Lane der übergesetzten Vorhut, jeder der Raketeure trug 3 Raketen mit sich. Insgesamt wurde der Brückenkopf von etwa 500 - 600 Mann unter General Stopford besetzt. Die Franzosen suchten den Brückenkopf im Gegenangriff unter Einsatz von zwei Bataillonen zu bereinigen: [347)]

„Als jedoch die Franzosen sich der britischen Stellung bis auf etwa 300 Meter genähert hatten, warfen die vor der Linie stehenden Raketengeschütze ihre furchtbaren Geschosse in die dichten Colonnen. Dieses Feuer war von solcher Wirkung, daß die feindlichen Truppen, vom Schrecken ergriffen, augentblicklich in größter Verwirrung den Rückzug antraten. Die Raketenschützen verfolgten die schleunigst zurück weichenden Infanterie-Massen, welche nicht eher wieder zum Stehen gebracht werden konnten, bis sie die Citadelle erreicht hatten. Der Feind ließ neun Todte, welche eine Rakete zerrissen und verbrannt hatte, sowie viele Verwundete zurück" [348)]

Ein anderer Augenzeuge berichtete:

„General Stopford formed his people to the best advantage, in rear of one of the sand-hills, causing them to lie down, so as to be completely concealed; he waited patiently till the head of the attacking columns had arrived within twenty yards of him. Then the word was given to start up; and the rocket men, throwing their diabolical weapons with extraordinary precision at the very moment when the infantry fired a well-directed volley, the confusion created in the ranks of the enemy beggars all description. I saw and conversed a French sergeant who was taken in this affair. He assured me that he had been personally engaged in twenty battles, and that he had never known the sensation of fear till today. A rocket, it appeared, had passed through his knapsack without hurting him; but such was the violence with which it flew that he fell upon his face, and the horrible hissing sound produced by it was such he declared that he never could forget"

Der Schreiber fuhr jedoch fort:

„But it is a very uncertain weapon. It may indeed spread havoc among the enemy, but it may also turn back upon the people who use it, causing, like the elephant of other days, the defeat of those whom it was designed to protect."

Fortescue kommentierte hierzu:

„Altogether this was a great day for the Rocket Battery, and Hope was fain to admit that, when the range was short, rockets were effective on enclosed ground or on water, though very uncertain when used with any elevation." [349)]

---

342) zitiert nach: Graves, a.a.O., p. 27

343) zitiert nach: Headlam, a.a.O., p. 83

344) Nach: Napier, a.a.O., Vol. 5, p. 393, hatten die Franzosen 10 Kanonenboote auf dem Ardour stationiert. Die französische Flottille eröffnete gegen 09.00 Uhr das Feuer: „Hope's artillery and rockets retorted so fiercely, that three gun-boats were destroyed." (Napier, a.a.O., Vol. 6, p. 90); nach: Oman, a.a.O., Vol. VII, Oxford 1930, p. 333, war neben den Kanonenbooten noch die Corvette *Sapho* eingesetzt. „red-hot shot was tried - also rockets." Die Corvette zog sich hiernach mit den Kanonenbooten anschließend, schwer beschädigt, stromaufwärts zur Brücke von Bayonne zurück.

345) zitiert nach: Headlam, a.a.O., p. 83, siehe auch: Fortescue, a.a.O., Vol. IX, p. 500: „The French flotilla. . . opened fire upon Maitland's brigade of Guards, but was effectually answered by the fire of rockets, a weapon which was little esteemed by Wellington, but on this day at least proved efficacious." Nach: Browne, a.a.O., p. 177, wurde eines der Kanonenboote durch die Raketen versenkt, dies wird auch durch einen anderen Bericht bestätigt: „. . . and the enemy likewise dropped some gun-boats down the river. The latter gentry we amused with some rockets; but the effect was not such as to give me a very exalted opinion of that weapon. The rockets went skipping about the river like mad things, and dancing quadrilles in every directions but the right one. Some of them come back to ourselves, but happily without doing any mischief. The only one that took effect - and this seemed quite an accident - stuck in the bow of one of the boats, and sank her. The French soldiers, at that period wholly unaccustomed to this arm, were so frightened that they jumped overboard with all their accoutrements, and were drowned." (Green Feather, Reminiscences of Bayone, in: USJ, Mai 1842, p. 80)

346) J. Sporschil, Feldzug der Engländer, Spanier und Portugiesen gegen die französischen Armeen der Pyreneen und von Aragonien im Jahre 1814, Braunschweig 1844, S. 112

347) Nach: Oman, a.a.O., pp. 334, waren bis 5 Uhr nachmittags 5 Compagnien Garde und 2 Compagnien 5/60th übergesetzt. Die Franzosen rückten hiernach mit 2 Bataillonen (5. Léger und 62. Linienregiment, insgesamt etwa 1.000 Mann) gegen den Brückenkopf vor.

348) v. Reitzenstein, a.a.O., S. 600; siehe auch: John F. Jones: Geschichte des Krieges in Spanien, Portugal und dem südlichen Frankreich in den Jahren 1808 bis 1814, Braunschweig 1844. Hier hieß es nur nüchtern: „. . . doch wurde ihr Muth durch keinen ernsthaften Angriff auf die Probe gestellt, denn nach einigen wohl gerichteten Raketen-Würfen, machten die Franzosen Halt". Sporschil schilderte den Einsatz ähnlich wie v. Reitzenstein und fügte hinzu: „Die Raketenschützen verfolgten den Feind, und nun bot sich dem Zeugen dieser Scene das außer-ordentliche Schauspiel dar, daß starke und kriegsgeübte Infanteriemassen vor einem Dutzend unbedeutender Gegner ohne Widerstand zurückwichen, ja, so tief war der erschreckende Eindruck, welche diese neue und furchtbare Waffe auf die Gemüther der feindlichen Truppen gemacht hatte, daß die Colonne nicht eher zum Stehen zu bringen war, bis sie die Citadelle erreicht hatte. Fünfundzwanzig Mann fielen, größtentheils schwer verwundet, in die Hände der Briten." (Sporschil, a.a.O., S. 112), siehe hierzu auch: N. L. Beamish, Geschichte der Königlich Deutschen Legion, Berlin 1906, Zweiter Teil, S. 300. Ein anderer Augenzeuge berichtete etwas zurückhaltender: „Sir John Hope had sent over some rockets to their assistance; and, as soon as the French came close enough, the rockets were fired, and most fortunately, at the first discharge, three of them went smack into the very centre of them. Instantly the drum ceased, and the large column burst and fled in irretrievable confusion." (Green Feather, a.a.O., p. 80)

349) Fortescue, a.a.O., Vol. IX, p. 501, auch: Oman, a.a.O., p. 335, beschrieb diesen Einsatz: „But what settled the matter, according to all the English accounts, was a flight of Congreve rockets, let off by a party of 'rocketeers' who had crossed with the Guards. These missiles, new to the enemy, happened to burst correctly in the head of the approaching column, and threw it into such disorder that the commanding officer instant retreat to the Citadel, though he had only lost thirty or fourty men."

Die Franzosen gaben nachher an, daß die übergesetzten britischen Truppen ohne diesen Raketeneinsatz - „sans les diables de fusées"[350] - unrettbar verloren gewesen wären.
Zum zweiten Einsatz kam es, als Wellington anschließend die französische Truppen nach Toulouse verfolgte, der letzten Stellung Marschall Soults. Hier kam es am 10. April zur Schlacht, 4 Tage nach der Abdankung des Kaisers. Die Raketenbatterie unterstützte hierbei das Vorgehen der 4. und 6. Division unter Beresford auf das Fort La Sypière. Bei einem Gegenangriff einer französischen Brigade unter General Taupin wurden wiederum die Raketen mit Erfolg eingesetzt:
„Some well-directed rockets, whose noise and dreadful aspect were unknown befor, threw the French into confusion."[351]
Die jungen, unerfahrenen französischen Truppen gerieten in Panik und flohen, damit lag das Fort dem Zugriff der Engländer offen.[352] In der Nacht zum 12. April räumten die Franzosen unbemerkt die Stadt, so daß Wellington ohne weiteren Kampf einziehen konnte.[353]
Lanes Batterie verließ Toulouse Anfang Juni und kehrte im Juli nach Woolwich zurück. Dies scheint der letzte Einsatz der Raketenartillerie in den Befreiungskriegen und dem Peninsular-War gewesen zu sein. Nach einer spanischen Quelle sollen Raketen 1814 bei der Belagerung Barcelonas eingesetzt worden sein, es dürfte sich hierbei um Raketen gehandelt haben, die von der Navy dem spanischen General Michelana für seinen Feldzug zur Befreiung Kataloniens zur Verfügung gestellt worden waren.[354]
Nach der Abdankung Napoleons am 14. April 1814 und seiner Rückkehr auf den Thron kam es im Verlauf des Feldzuges, der mit der Schlacht von Waterloo endete, zu den letzten Einsätzen der Raketenartillerie in den Befreiungskriegen. Vorher war Congreve jedoch im Mai 1814 als Nachfolger seines Vaters zum Comptroller of the Royal Laboratory, Woolwich, ernannt worden; in dieser Dienststellung erhielt er ein Gehalt von £ 360 jährlich.[355]

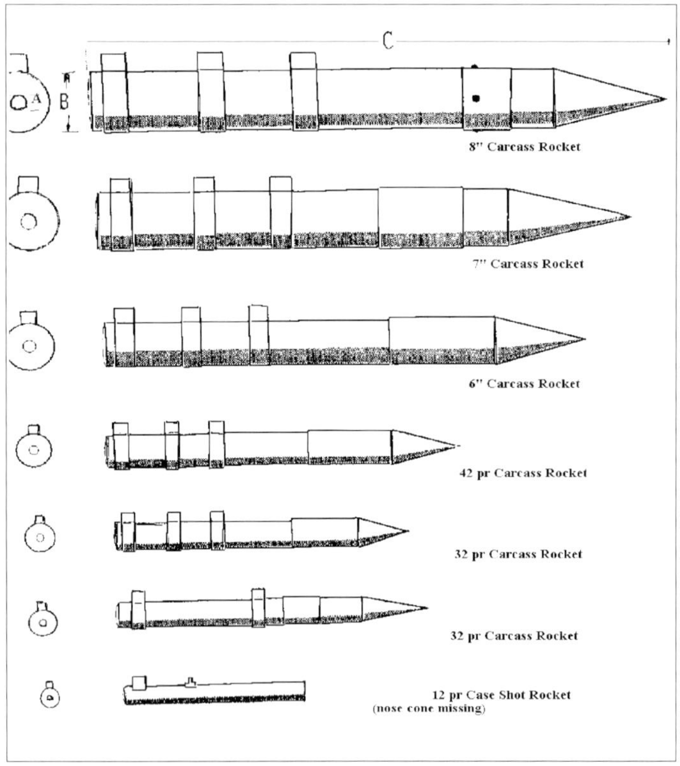

Carcass Rockets etwa 1809 (Zeichnung: C.E. Franklin)

d. Excurs No 1 : Congreves Raketen-System

Bereits ab 1806 hatte Congreve begonnen neben den Carcassen auch Granaten und Kartätschbüchsen als Gefechtskopf seiner Raketen zu verwenden. Überdies änderte er die Form des Gefechtskopfes von der bisher zylindrischen in eine mehr konische. Die schwersten Raketen wogen mit Gefechtskopf bis zu 42 Pfund, wobei die eigentliche Rakete ein Gewicht von 18 Pfund hatte, ihre Reichweite betrug bis zu 3.500 yards, also eine erhebliche Entfernung, wobei zu bedenken ist, daß die Gebrauchsreichweite der Rohrartillerie zu Lande normalerweise nur etwa 800 yards[356] betrug. Der Treibsatz der durch die Franzosen bei der Isle d'Aix sichergestellten Raketen war nach d'Arcet wie folgt zusammengesetzt: 53,70% Salpeter, 20,93% Kohle, 11,37% Schwefel und 14% Wasser, der Brandsatz bestand aus 53,5% Salpeter und 46,5% Erdharz, Talg, Schwefel und Schwefelspießglanz.[357]

Für 1809 hat C. E. Franklin für Congreves Raketen folgende Maße anhand von Modellen des Rotunda Museum, Woolwich, festgestellt:[358]

Congreve Rocket	Length with stick	Diameter Exhaust Hole = A	Diameter of Case = B	Length of rocket = C
8" Carcass Rocket	27 ft	2 in	8 in	6 ft 4"
7" Carcass Rocket	26 ft	2 in	7 in	5 ft 10"
6" Carcass Rocket	25 ft	2 in	6 in	5 ft 2"
42 pr Carcass Rocket	20 ft 6"	1.5 in	4.5 in	3 ft 10"
32 pr Carcass Rocket	16 ft 6"	1.25 in	3.75 in	3 ft 2"
12 pr Case Shot Rocket	11 ft	1.18 in	2.75 in	1 ft 11 in

350) Beamish, a.a.O., S. 300
351) Zitiert nach: Marshall-Cornwall, a.a.O., p. 49, und: Fortescue, a.a.O., Vol. X, p. 86: „. . . a few rockets, new and unknown projectiles, threw the French in disorder.", ähnlich auch: Napier, a.a.O., Vol. 6, p. 166: „. . . but some rockets discharged in good time ravaged the ranks, and with their noise and terrible appearance, unknown before, dismayed the French soldiers."; Oman, a.a.O., p. 481, war der Einsatz des rocket troop anscheinend unbekannt, er schrieb: „Apparently the rout of this unit was partly caused by a shower of Congreve rockets. I do not know how a rocket party came to be attached to the 6th Division, but as three or four diarists from that unit mention them, there can be no doubt of their presence."
352) T. Chouma, Considérations militaires sur la bataille de Toulouse, in: JSA, 1838, p. 102: „L'abandon de la redoute Sypière, quoiqu'elle ne fut ni terminée, ni armée, fut sans contredit un évènement fâcheux, parce qu'il empêcha de donner suite à une opération décisive . . .", der Autor erwähnte den Einsatz der Raketen, der vorausgegangen war, jedoch nicht.
353) Hier in Toulouse starb am 15. Mai 1828 gegen 16.00 Uhr Congreve nach langer Krankheit in der 24, Place Sainte Barbe. Er wurde auf dem protestantischen Friedhof der Stadt begraben. (Angaben nach: J.-P. Escalettes et Ph. Jung, Congreve and Toulouse, in: Acta Astronautica, Vol. 19, 1989, p. 631 - 648)
354) Marqués de Viluma, a.a.O., p. 51, er wies zusätzlich auf die Niederschlagung eines Sklavenaufstandes auf Jamaika mit Hilfe der Raketen in diesem Jahr hin: „Ultimamente los ingleses acaban de emplear los cohetes contra los negros sublevados en la Isla de Jamaica con el mas decisivo suceso." Auf diesen Einsatz in Spanien wies auch hin: P. Bret, les fusées de Napoléon, in: L'Histoire, No. 70, 1984, p. 28
355) Hogg, Arsenal, a.a.O., p. 1124
356) Reichweiten der Rohrartillerie um 1815: Kartätschen 300 bis 700 Meter, wirksame Schußentfernung der Kanonen 700 bis 1.100 Meter, im Rikoschettschuß bis 1.300 Meter und von Haubitzen 600 bis 1.200 Meter
357) Bulletin de la société d'encouragement, Juni 1814, pp. 134, da dieser Text die wohl vollständigste Beschreibung der ersten Raketen bietet, ist er auszugsweise in der Beilage 6/3 wiedergegeben. Ebenfalls eine genaue Beschreibung, diesmal der Raketen mit Konstruktionsstand 1814, siehe: Abschnitt 7, Die deutschen Staaten, e. Sachsen. Die Angaben d'Arcets sind auch enthalten in: J. W. von Hoyer, System der Brandraketen nach Congreve und Anderen, Leipzig 1827, S. 10, und: o. Verf., Congrevische Raketen, in: AMZ, 1. Jahrg. 1826, S. 26
358) Brief an den Verfasser vom 02. April 1997

Scharnhorst beschrieb Congreves Raketen wie folgt:
„Nächst der Bestimmung, zu Signalen zu dienen, sind die Raketen auch zum Anzünden feindlicher Gebäude anwendbar; man hat sogar in der neuern Zeit angefangen, sie besonders dazu einzurichten. Die ersten Spuren davon finden sich in Ostindien bei dem Heere Hyder Aly's, wo einige tausend Mann Raketenwerfer waren, die verschiedene male große Unordnung unter den Elephanten und unter der Reuterei anrichteten. Diese Raketen bestanden aus einer 6 Pfund schweren eisernen Röhre, mit einem Stabe von Bambusrohr versehen. Die nach ihrem Muster von dem Obersten Congreve bei den Engländern eingeführten aber wiegen 20 Pfund und haben gewöhnliche hölzerne Stäbe. Sie sind von starkem Sturzblech, 28 Zoll lang und 4 Zoll im äußerem Durchmesser. In diese blecherne Hülse ist eine gewöhnliche Rakete von Doppelpapier geschoben, 23 Zoll lang und 3,8 Zoll im äußern Durchmesser. Sie hat unten einen Vorschlag von Töpferthon mit einem Loche, um das Feuer in den Brandsatz zu leiten, der in eine andere, 19 Zoll hohe, kegelförmige Büchse eingefüllet ist, und dessen Feuer aus den 9 Löchern der Büchse herausströmt . . . Der Stab ist 18 bis 22 Fuß lang, an der Rakete 15 Linien, an der Spitze 9 Linien stark.
Man machte in Coppenhagen den Ersten Gebrauch von diesen Raketen, die man in dem letzten Kriege auch im Felde anwandte, jedoch wie es scheint, nicht mit großem Erfolg. Obgleich die Brandraketen eine bedeutende Flugweite haben, hat doch die Erfahrung in der Schlacht bei Leipzig und anderwärts gezeiget, daß sie nur selten in ihrer anfänglichen Richtung bleiben und daß sehr große und nicht selten nachtheilige Abweichungen von derselben statt finden. Dieses verbunden mit den hohen Preise der Brandraketen, spricht nicht für ihre allgemeine Einführung bei den Deutschen Artillerien. Sie stehen vielmehr den Hohlkugeln für Kanonen und Haubitzen, auf die eben beschriebene Weise zum Anzünden eingerichtet, weit nach, und können nur unter besondern Umständen und in einzelnen Fällen als vortheilhaft empfohlen werden."[359]
Die Raketen wurden an anderer Stelle noch genauer beschrieben:
„Die Brandraketen unterscheiden sich von den gewöhnlichen Raketen durch ihr größeres Kaliber, durch die Beschaffenheit ihrer Hülse von Eisenblech und endlich dadurch, daß sie anstatt der Versatzkapsel eine durchlöcherte und mit Brandsatz oder geschmolzenem Zeug[360] *angefüllte eiserne Haube haben. Die Größe dieser Hülse richtet sich nach dem Kaliber der Rakete, daß von 1 bis 48 Pfund nach dem Bleigewicht des Artilleriemaßstabes genommen werden kann. Die ein und zweipfündigen werden zu dem Feldgebrauch, die größeren aber für den Belagerungskrieg bestimmt. Oben auf die Hülse wird, wie bei den gewöhnlichen versetzten Raketen, die Brandbüchse gesetzt. Diese besteht aus einem zylindrischen Teile von etwas schwächerem Blech, der genau auf die Hülse paßt, und zu besserer Befestigung an dieselbe unten auf ein drittel seiner Länge aufgeschnitten ist. Er hat drei Löcher, durch welche das Feuer des Brandsatzes herausströmt und ist oben durch ein kugelförmiges Hütchen von verstärktem Blech verschlossen, das sich gewöhnlich oben durch eine stälerne Spitze endigt und ebenfalls mit 6 Löchern durchbohret. Anstatt der Brandhaube hat der General Congreve auch Leuchtkugeln, neunpfündige Granaten und Kartätschenbüchsen oben an die Rakete befestigt und soll bei den deshalb angestellten Versuchen ein befriedigendes Resultat erhalten haben, wie aus beistehender Tafel erhellt:*

Kaliber	versetzt mit	Richtwinkel in Grad	Flugweite in rhein. Fuß
12 Pfund	Brandzeug 18 Pfd bzw. 12 Pfd Granate von 5 1/2 Zoll oder 12 Pfd	60	10.195
32 Pfund	Brandzeug 18 Pfd	60 55	5824 7025
	Brandzeug 12 Pfd Granate zu 9 Pfd	55 - 60 50	8739 8739
	Kartätschbüchse mit 200 Flintenkugeln mit 100 Flintenkugeln	 55 50	 7025 8739
12 Pfund	mit starker eiserner Kugel 5 - 10 Pfund Pulver enthaltend	55	7025 - 8700
	Kartätschen mit 72 Kugeln Kartätschen mit 48 Kugeln	45 45	5824 8739

Der Brandsatz oder Brennsatz ist nicht anderes als ein gewöhnliches geschmolzenes Zeug aus 24 Pfund Schwefel, 8 Pfund Salpeter, 12 Pfund Mehlpulver und 4 Pfund Kornpulver. Zuletzt wird die ganze Büchse mit Leinwand überzogen, auf die Rakete befestigt, mit Bindfaden umwickelt und mit Pech getauft."[361]
Zugleich wurde auch das Raketen-Abschußgestell, der „Raketenwerfer", beschrieben:
„Man sieht übrigens leicht, daß die mehr oder weniger genaue Fluglinie der Raketen gar sehr von der Einrichtung des Gestelles abhängt, auf dem sie gegründet werden. Am einfachsten ist es, die Raketen auf einer schrägen Fläche nebeneinander in dazu bestimmte Einschübe zu legen und so auf einmal oder nacheinander abzubrennen. Man wendet dazu auch wohl ein Gerüst an, einer Mahlerstaffel ähnlich mit vier beweglichen Füßen, um der Rakete dadurch eine mehr oder weniger geneigte Lage geben zu können, deren Winkel vermittels eines Quadranten bestimmt wird. Das Gestell hat oben zwei eiserne Röhren, in welche die Rakete gelegt und auf die aus ihrem Kessel hervorhängende Stolpine mit Mehlpulver eingepulvert werden. Ein oben an der Seite angebrachtes Flintenschloß dient zum Zünden der Raketen. Um diese auf das Gestell zu legen, besteigt ein Artillerist die hinten befindliche Leiter, wo ihm die Raketen durch einen zweiten Mann zugereicht werden. Ein dritter bringt sie heran und ein vierter hat ein Kästchen unter sich, in welche die Raketen zu sechsen eingebracht sind. Das Gestell läßt sich leicht fortbringen und aufrichten. Ein gewöhnlicher Artilleriewagen kann zwei derselben mit 100 32pfündigen Raketen führen. Für die kleineren Kaliber der letzteren ist ein noch leichteres Gestell bestimmt, das ohne Beschwerde von einem Mann getragen oder von einem Reiter auf dem Pferde fortgebracht werden kann. Die noch größeren Raketen werden im Felde auf eine Art Kanonenlafette gezündet, die anstatt des Geschützrohres eine dazu eingerichtete eiserne oder metallene Röhre hat und auf der sich zugleich die Raketen mit ihren Stielen befinden."[362]

---

359) v. Scharnhorst, Handbuch für Offiziere in den angewandten Teilen der Kriegswissenschaften, Teil I: Von der Artillerie, Hannover 1815, S. 109, §. 67. Brand-Raketen. Zur Unzuverlässigkeit der Raketenflugbahn: „They were not popular owing to an unpleasant tendency to take a boomerang course and return to explode among our own troops. . . ." (R. M. Barnes: A History of the Regiments & Uniforms of the British Army, London 1972, p. 56)

360) Geschmolzenes Zeug:
„man unterscheidet das Warm- und das Kaltgeschmolzenzeug. Erstheres dient zur theilweisen Füllung der Hohlgeschosse, um beim Krepiren derselben noch brennbare Gegenstände in Brand zu setzen; letzteres wird zu Bombenröhrkugeln und zur Versetzung der Raketen gebraucht."
a) Warmgeschmolzenzeug bestand aus 22 Theilen zerkleinerten Salpeter, 22 Teilen pulverisiertem Schwefel und 3 2/3 Teilen Mehlpulver
b) Kaltgeschmolzenzeug bestand aus 8 Pfund gekleintem Salpeter, 3 Pfund pulverisiertem Schwefel, 2 Pfund Mehlpulver und 3/4 Pfund pulverisiertem Antimon. Dieser Satz wurde mit 1 1/2 Quart Kornbranntwein angefeuchtet, der so entstandene Teig als Cylinder oder Kugel geformt. Zitat und Angaben nach: F. Oelze, Lehrbuch der Artillerie, Magdeburg 1844

361) Zitiert nach: Röpnack, Die Geschichte der Raketenartillerie von den Chinesen bis zu den Deutschen über ignis volans bis zur V-2, Bad Aibling/Obb, 1960, S. 49, als Quelle ist: v. Hoyer, Lehrbuch der Artillerie Wissenschaft, 1821, genannt.

362) ibidem

Hier wurde zunächst das große Abfeuerungsgestell für Belagerungsraketen beschrieben, wie es bei der Belagerung von Danzig zum Einsatz gekommen ist. Zugleich wurde auf eine Neuerung Congreves hingewiesen, die Raketen wurden nunmehr aus einer Röhre verschossen. Voraussetzung hierfür war der Übergang von der Seitenstab- zur Achsenstabrakete.[363] Folge war, daß die Rakete nach der Zündung und damit bei geringer Anfangsgeschwindigkeit nicht sofort vom Wind aus der Richtung geworfen werden konnte, sondern sich in der Röhre zunächst in der eingestellten Richtung bewegte und dabei die Anfangsgeschwindigkeit erhöhen konnte, so daß sie insgesamt sicherer startete.

Eine weitere Beschreibung lag von einem französischen Beobachter vor:

„On voit, dans les magazins du parc (de Portsemouth) les fusées à la Congrève montées sur l'espèce d'échelle où elles sont posées lorsqu'on veut les lancer. Les quatre pieds de cette double échelle divergent des quatre côtés, et sont plus à pic en avant de la fusée, que du côté opposé. Une platine semblable à celle des canons, est fixée au montant gauche de l'arrière; une corde attachée au ressort de la platine, descend jusqu'au bas de ce montant, où elle est saisie par le tireur de la fusée. A la base de cette fusée est un trou fait dans la tôle; on déchire en cet endroit la toile qui recouvre toute la fusée, lorsqu'on veut y mettre le feu par les étincelles qui sortent de la platine."[364]

Dupin stellte weiterhin fest, daß von diesem Gestell 2 Raketen gleichzeitig und innerhalb von nur 5 Minuten bereits die nächsten zwei abgefeuert werden könnten, die eine Wirkung wie eine 6zöllige Bomben hätten. Erklärt wurde ihm, daß man das Gestell, wenn die beiden vorderen Füße entfernt wären, leicht auch auf kleinen Booten einsetzen könne, indem man es an einem Maste abstütze. Weiterhin beobachtete er, daß dieses Gestell mit einem Senkblei gerichtet wurde und daß ein Kühleimer mit Schwamm für die Reinigung nach jedem Schuß bereit stand. Er beschrieb dann die Feldlafetten für die 32pfündigen Raketen und gab an, daß in den Munitionskästen 54 dieser Raketen mitgeführt werden könnten.

Für die unterschiedlichen Raketen wurden folgende Leistungsmerkmale angegeben:[365]

Caliber d. Rakete in Pfund	versetzt mit	Elevation in Grad	Schuß-weite Schritt	yards
12	Kartätschbüchsen von 48 Bleikugeln	45	2755	2500
12	Kartätschbüchsen von 72 Bleikugeln	45	2285	2000
32	eiserne Kugel mit 5 - 12 Pfd Sprengladung	55	2755	2500
32	Granaten	50	3430	3000
32	Brandbüchsen mit 18 Pfd. Brandzeug	60	2285	2000
32	Brandbüchsen mit 32 Pfd. Brandzeug	55 - 60	2755	2500
32	Brandbüchsen mit 8 Pfd. Brandzeug	55	3430	3000
32	Schrapnell Kartätschen mit 200 Kugeln	55	2755	2500
32	Schrapnell Kartätschen mit 100 Kugeln	50	3430	3000
42	Eiförmige Granaten, die den Inhalt einer gewöhnlichen kugelförmigen, 12- oder 24pfündigen Granate hatten	60	4000	3500

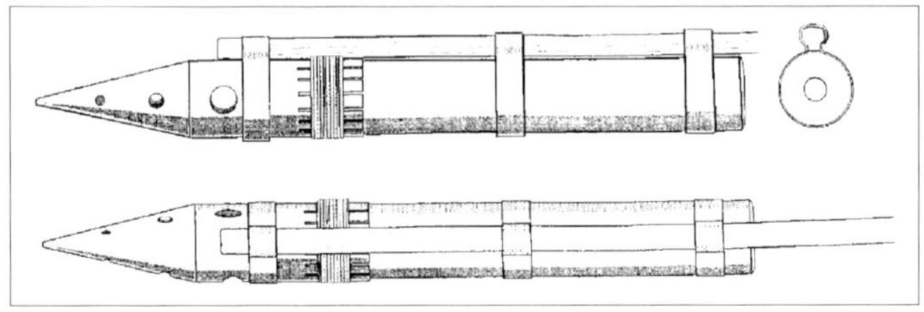

32pfdg. Brandrakete etwa 1813 (Zeichnung: C.E. Franklin)

Die Eigenart der Rakete als Waffe wurde bereits früh durch Congreve charakterisiert:

„The Rocket is, in fact, nothing more than a mode of using the projectile force of gunpowder by continuation instead of by impulse; it is obtaining the impetus of the cartridge without the cylinder, it is ammunition without ordnance, and its force is exerted without re-action or recoil upon the fulcrum from whence it originates; so that not only all the incumbrance of the ordnance is avoided, but all the strain of its re-action."[366]

Congreve selbst veröffentlichte 1814 eine Beschreibung seines Raketensystems, wobei diese Schrift einerseits als Ausbildungs- und Einsatzvorschrift dienen sollte, zugleich aber auch zur Information von Generalstabsoffizieren gedacht war, andererseits aber auch seine Vorschläge und Ideen für den Gebrauch dieses Systemes propagieren sollte.[367] Er war ein leidenschaftlicher Verfechter der Rakete und hätte es

---

363) Der Übergang zur Achsenstabrakete kann nicht genau datiert werden; M. Christal, Les Fusées de Guerre, in: Revue Contemporaine, 2° Série, Tome trente et unième 1863, p. 162, gab hierfür 1819 an; C. E. Franklin (Brief vom 5.12.1996) teilte mit, daß Seitenstabraketen letztmalig 1816 erwähnt worden wären und daß er den frühesten Beleg für Achsenstabraketen im Jahr 1822 gefunden hätte, wies aber auch darauﬁhin, daß andere Autoren, jedoch ohne Beleg, die Jahre 1815, 1817 und 1819 nennen würden. Nach Dupin's Bericht (a.a.O.) müssen Achsenstabraketen aber bereits vor 1820 im Gebrauch gewesen sein. F. H. Winter, Rocketry, a.a.O., p. 55, nannte als Tag des ersten Versuches mit Achsenstabraketen den 30. Dezember 1815, da sicherlich noch zahlreiche Versuche folgten, mag dann 1819 das Jahr der Einführung gewesen sein; auch Becklake/Millard, a.a.O., nannten 1815 als ersten Zeitpunkt der Anwendung des Achsenstab-Prinzipes. Ebenso ist in „Allgemeine Encyclopädie der Wissenschaft und Künste", Leipzig, unter dem Stichwort „Congreve" (S. 79) das Jahr 1819 angegeben.

364) Ch. Dupin, a.a.O., p. 204. Zum Gestell schrieb er: „Cet appareil est semblable au chevalet du peintre ou à l'échelle du jardinier". Auch Dupin gab eine Übersicht über die Maße und Leistungen der Congreve'schen Raketen, siehe Beilage 1/1. Ähnlich beschrieb ein bayerischer Offizier zu dieser Zeit die Abfeuerungsgestelle: „Die Gestelle der Congrevschen Raketen sind jenen der Mahler ähnlich, werden aber verkehrt, wie die Mahlergestelle aufgerichtet, daß heißt so, daß sich ein darauf liegendes Bild dem Feinde zeigen würde. Gegen jedes der beyden Ende des beweglichen Fußes eines aufgerichteten Gestelles, ist eine Gabel angebracht, wovon die obere die Rakete, und die untere den Stab aufnimmt, und gegen die Mitte jenes Fußes befindet sich eine Vorrichtung an demselben, um seinen Neigungswinkel zu erkennen." Zur Nutzung des Raketenwagens als Raketengeschütz schrieb derselbe: „Um die Würste als Laffeten zu gebrauchen, werden sie am rückwärtigen Ende abgeprotzt und zwey Raketen, deren Stäbe auf der Wurst ruhen, in Gabeln gelegt, welche an dem vorderen Ende derselben angebracht sind." Auch das Abfeuern wurde beschrieben: „Jede Rakete endlich wird abgefeuert, indem man mit einem brennenden Zündlicht durch das Zehrloch hineinfährt." (o. Verf., Ueber den Nutzen der Congrevschen Raketen, in: Kriegs-Schriften, herausgegeben von baierischen Offizieren, 3. Heft 1820, S. 49 f.)

365) Angaben nach: Breithaupt, Vorlesungen über die Systematik der Artillerie, Stuttgart 1841, S. 313, und: v. Hoyer, a.a.O., S. 109

366) Congreve, Memoir, a.a.O., p. 15; an dieser Stelle sah er die Rakete noch als Hilfswaffe und nicht als möglichen Ersatz für andere Waffen: „Nor that I would understood a general parallel between the Rocket system and that of bombardment by mortars, nor be thought to have for a moment conceived it could ever be employed as a general substitute for such artillery;. . ."

367) Sir William Congreve, The Details of the Rocket System, London 1814, reprint Ottawa 1970 (gewidmet seiner Königlichen Hoheit, dem Prinzregenten, dem das Raketensystem sein Entstehen verdankte), das Buch wurde am 25. Oktober 1813 abgeschlossen. In der Einleitung hieß es zum Zweck: „I have thought it my duty to draw up the following details of the System, for the Instruction of the Officers of the Corps, for the information of the General Officers of the British Army, and that of such departments as it is important for the good of the service, to make acquainted with the principles of this new branch of our naval and military means of offence and defence"

am liebsten gesehen, wenn diese alle anderen Waffen abgelöst hätte. „Die Rakete ist wahrhaft eine Waffe, die dazu bestimmt ist, das gesamte System militärischer Taktik zu verändern."
Zur Bewaffnung der Infanterie schlug er folgerichtig vor:
„Wenn der Infanterist 6 dreipfündige oder 3 sechspfündige Raketen trägt, ist er nicht mehr belastet, als ob er sein Gewehr und 60 scharfe Patronen hätte. ein Regiment Infanterie von 1.000 Mann, auf solche Weise ausgerüstet, würde folglich im Treffen 6.000 dreipfündige oder 3.000 sechspfündige Schüsse tun können, die in Hinsicht der Schußweite, des Eindringens und der Wirkung eben das leisten, wie dieselbe Anzahl Kanonenschüsse von dem nämlichen Kaliber, ja, die auf 8-900 Schritt sogar mit größerer Kraft eindringen als Stückkugeln. Um aber im Gefecht mit Geschütz dieselbe Menge Munition auf die wirksamste Weise zu verschießen, würde man, anstatt ein Regiment marschieren zu lassen, sich mit einem beschwerlichem Train von nicht weniger als 100 Kanonen und Haubitzen schleppen müssen."
Die entscheidende Aussage jedoch zum taktisch richtigen Einsatz der Raketen, die bei vielen später stattgefundenen Versuchen mißachtet wurde, lautete:
„It must be laid down as a maxim, 'that the very essence and spirit of the Rocket System is the facility of firing a great number of rounds in a short time, or even instantaneously, with small means;' arising from the circumstance, that the Rocket is a species of fixed ammunition which does not require ordnance to project it; and which, where apparatus is required, admits of that apparatus being of the most simple and portable kind. An officer, therefore, having the use of this weapon under his direction, must ever bear this maxim in mind - and his first consideration must be - to make his discharges against the enemy in as powerful vollies as he possibly can."[368]
Die Problematik eines Vergleiches seiner Raketen mit der konventionellen Rohrartillerie war Congreve bewußt, insbesondere war ihm klar, daß die Raketen nie die Treffgenauigkeit einer Kanone erreichen würden, er wies deshalb wiederholt auf die Wichtigkeit hin, so viele Raketen wie möglich in kürzester Zeit in das Ziel zu bringen und betonte, daß es wichtig wäre, bei Vergleichen immer wieder daraufhin zu weisen, mit wieviel weniger Personal diese Feuerwirkung beim Einsatz von Raketen zu erreichen wäre:
„It is obvious, therefor, that in any comparison made of the powers of the Rocket with those of common artillery, whether an officer be called on merely to demonstrate its powers, or to carry it actually against an enemy, the foregoing maxim must be his rule; in fact, every thing should be demonstrated according to the spirit of its use: a single rocket is not to be compared with a single gun shot, by firing it at a target. But the consideration is, whether for general service, the power of quantity in the fire of Rockets does not at least counterbalance the greater accuracy of the gun and for this purpose the spirit of the demonstration of the Rocket system is to show, how few men are required to produce the most powerful vollies with this arm. No demonstration should be made with less than twenty rounds in a volly."[369]
Fast als modern erweist sich eine seiner Feststellungen zum Raketeneinsatz, einer Waffe, die nicht für Punkt- sondern für Flächenziele bestimmt ist, und die von keinem der späteren Raketenkonstrukteure und Artilleristen in diesem Jahrhundert begriffen worden ist: „To throw rockets at a single house or ship is not their intention . . ."[370]
Congreve wies bereits zu Beginn seiner Entwicklungsarbeiten auf die Vorteile des Einsatzes von Raketen hin, hier insbesondere für den Einsatz von Brandsätzen:
„The rocket carcass is not only fired without reaction upon the point from which it is discharged, but is also unencumbered with the necessity of heavy ordnance to project it as a case with every other carcass. These are points which first induced me to speculate upon it, it is on these properties that depends its peculiar facilities for sea and land services, as will be hereafter more fully explained. It is ammunition without ordnance, it is the soul of artillery without the body, and had therefore from the first principles of its flight, a decided advantage for the convenience of use over the spherical carcass."[371]

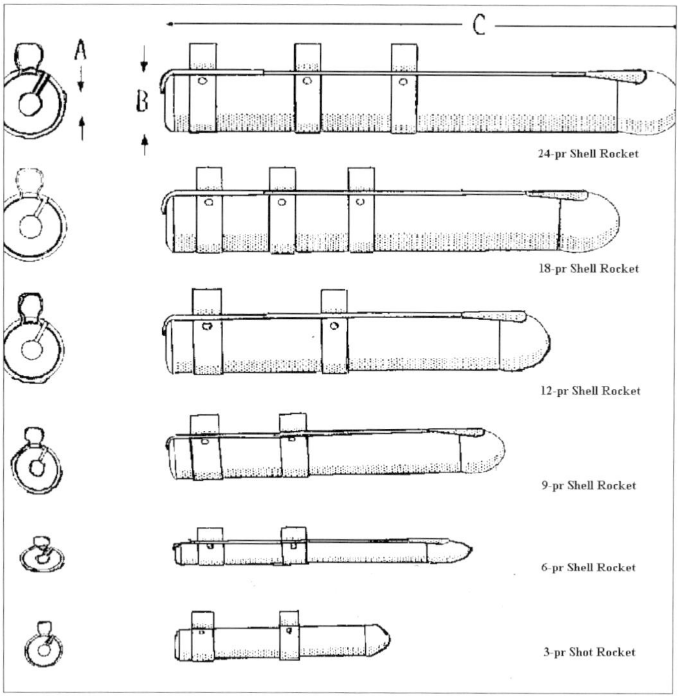

Shell Rockets etwa 1810 (Zeichnung: C.E. Franklin)

Die Standardrakete zu dieser Zeit war die 32pfündige. Diese Rakete hatte den Treibsatz vollständig in einem festen Eisenzylinder, der in einem konisch zulaufendem Kopfe endete, der Boden war mit einer Bronzeplatte versiegelt, die eine Bohrung für den inzwischen eingeführten Achsenstab besaß. Sie war 3 Fuß und 6 Zoll lang, besaß einen Durchmesser von 4 Zoll und trug einen 15 Fuß langen Stab. Der Stab für Raketen, die von der Navy eingesetzt werden sollten, war aus einem Stück, für Landeinsätze bestand er aus mehreren Teilen, die zusammengesetzt wurden. Die Carcasse war mit soviel brennbaren Material gefüllt, daß sie als Bestandteil eines normalen Rohrgeschosses ein Kaliber von 10 Zoll hätte haben müssen. Die Reichweite betrug, in Abhängigkeit von der Erhöhung, 1.500 bis 3.000 yards, wobei die maximale Erhöhung 55 Grad betrug. Für Explosionsgefechtsköpfe war ein externer Zünder aus Papier eingeführt, der auf jede beliebige Flugzeit bis zu 25 Sekunden zurecht geschnitten werden konnte. Er befand sich in einer Röhre, die außen auf der Raketenhülse befestigt wurde. Ohne Erhöhung erzielte diese Rakete Reichweiten um 1.000 yards und rikochierte, in Abhängigkeit vom Gelände, mehrfach; erstaunlich ist, daß dennoch die Seitenabweichung im Regelfall unter 10 yards betrug, wie ein Versuch am 1. März 1811 bewies.[372]

368) Congreve, The Details, a.a.O., p. 13
369) ibidem
370) Congreve, Concise account, a.a.O., p. 15
371) Col. Congreve, A Treatise on the general principles, powers and facility of application of the Congreve rocket system as compared with artillery, London 1827
372) P.R.O., WO 1/788 (69), Experiment tried on the 1st March 1811 with 32 Por Rockets headed with 18 Por Shot fired at Point Blank.

	Grazes	time of flight	Range	Right	Left
1 Round	8	5"	950 yards	6 yards	
2 D°	"	"	850 yards	in the line	
3 D°	6	6"	1014 yards		3 yards

The Sticks of all these Rockets broke during the flight, so they would have ranged considerably further -
That of the 2nd Rocket broke immediately on leaving the Carriage and nevertheless preserved its line - but in consequence of the stick breaking so soon it made so many Grazes that they could not be counted. John Read

Für Raketen aus dem Jahr 1810 liegen nachstehende Maße vor:[373)]

	Length with stick	Diameter Exhaust Hole=A	Diameter of case=B	Length of rocket=C
24 pr Shell Rocket	15 ft	1.25 ins	3.5 ins	2 ft 4"
18 pr Shell Rocket	14 ft	1 in	3 ins	2 ft 1"
12 pr Shell Rocket	11 ft	1 in	2.75 ins	1 ft 9"
9 pr Shell Rocket	10 ft 6"	1 in	2.5 in	1 ft 7"
6 pr Shell Rocket	8 ft 6"	1.75 ins	2.25 ins	1ft 4"
3 pr Shot Rocket	6 ft 6"	0.5 in	1.75 ins	1 ft 0 "

Congreve teilte die unterschiedlichen Raketen in drei Familien ein. Schwere Raketen mit einem Kaliber von 6 bis 8 inch mit Granaten oder Carcassen als Gefechtskopf waren für den Einsatz von Schiffen oder bei Belagerungen zum Abfeuern von dem großen Abfeuerungsgestell (Ladder) vorgesehen. Diese Raketen waren bei der Royal Navy und der Royal Marine Artillery für das Bombardement von Städten und Befestigungen vorgesehen. Die mittlere Familie bestand aus den 24-, 32- und 42pfündigen Raketen, die beweglicher eingesetzt werden konnten. Die 42pfündige Rakete war nur als Brandrakete vorhanden, die 32pfündige konnte als Gefechtskopf sowohl $5^1/_2$ Zoll Haubitzgranaten oder Kartätschen tragen. Die Granaten und Kartätschen waren im Gegensatz zu konventioneller Munition mehr elliptisch als sphärisch geformt, um den Luftwiderstand zu verringern. Die leichte Raketenfamilie mit 6-, 9-, 12- und 18pfündigen Raketen konnte mit verschiedenen Gefechtsköpfen versehen werden. Dabei konnte die 18 pfündige Rakete eine 9pfünder Granate, die 12pfündige Rakete eine 6pfünder Granate als Gefechtskopf tragen. Diese Raketen wurden fast nur von den rocket troops der Royal Horse Artillery eingesetzt, auch wenn einige bei der Navy vorhanden waren, um die Einsatzmöglichkeiten variieren zu können. Bis 1814 wurden die Raketen zusammen mit dem Gefechtskopf ausgeliefert, die Gefechtsköpfe konnten also nicht ausgetauscht werden. Besonders wirkungsvoll waren die Kartätschen, da die Explosionskräfte des Gefechtskopfes durch die bereits vorhandene Geschwindigkeit der Rakete verstärkt wurden.
Für die Raketen ab 12 Pfund wurden Abfeuerungsgestelle benötigt, hierfür hatte Congreve einen Raketenwagen konstruiert, der die Raketen und die Achsenstäbe sowie das Abfeuerungsgestell trug. Aus der Zeit der Befreiungskriege liegt hierfür eine Beschreibung vor:
„. . ., daß es noch eine bey den Engländern gewöhnliche Vorrichtung gäbe, die Brandrachetten abzuschießen, welche wenigstens sehr bequem in freyen Felde gegen Kavallerie zu gebrauchen sey, und in einem zweyrädrigen mit hohen Rädern versehenen Karren besteht; auf dem hinten ein Kästchen mit 12 Stück vertikal eingesetzten Brandrachetten steht, welches sich aber beym Gebrauche auch abheben läßt; auf welchem ferner links und rechts neben diesem Kästchen und zwischen den Rädern die dazugehörigen Rachettenstäbe angebracht sind, und auf dessen Achse endlich eine durch besondere Vorrichtung zu elevirende Rinne befindlich ist, aus welcher die Rachetten abgeschossen werden."[374)]
Für den Einsatz von Schiffen war ein Abfeuerungsgestell, eine Art Leiter, vorgesehen, das am Vormast befestigt werden konnte, es gab aber auch die bereits erwähnten Spezialschiffe, die Raketen aus Luken in der Breitseite verschießen konnten.
Für die vorhandenen Raketen machte Congreve nachstehende Angaben zur Reichweite und der dazu gehörenden Elevation:[375)]

„The ranges of these different Natures of Rocket Ammunition are as follow: (siehe Tabelle unten)

Nature of rocket	Point black, or Ground Practise	20 to 25°	25 to 30°	30 to 35°	35 to 40°	40 to 45°	45 to 50°	50 to 55°	55 to 60°	60 to 65°
6,7,8 inch	....	....	....	....	....	....	....	....	....	2100 to 2500
42-Pounder	....	....	....	....	....	....	....	2000 to 2500	2500 to 3000	
32-Pounder	1000 to 1200	....	....	1000 to 1500	1500 to 2000	2000 to 2500	2500 to 3000	3000 to 3200		
24-Pounder	nearly the same ranges									
18-Pounder	1000	....	1000 to 1500	1500 ..... to	2000 ..... to	2000 .... to	2500			
12-Pounder	nearly the same									
9-Pounder	800 to 1000	1000 to 1500	1500 ..... and	upwards	2000 .... to	2200				
6-Pounder	nearly the same									
Range	Yards.	Yards.	Yards.	Yards.	Yards.	Yards.	Yards.	Yards.	Yards.	Yards."

373) Nach Exponaten aus dem Rotunda Museum, Woolwich, mitgeteilt von Mr. C. E. Franklin mit Brief vom 2. April 1997 an den Verfasser. *(vgl. Abb. S. 67)*
374) SächsHStA, Akte Nr. 6326 (6), Versuche und Gutachten, die englischen Brandrachetten betreffend 1814
375) Congreve, The Details, a.a.O., p. 56, diese Angaben widersprechen teilweise den folgenden, die er vor dieser Tabelle für die einzelnen Raketenarten angibt.

Die eingeführten Raketen besaßen folgende Reichweiten:

6pfündige mit 3pfündigem Kartätschschuß mit einer maximalen Reichweite von 2.000 yards,

9pfündige mit Schrapnell und einer Reichweite von 3.000 yards,

Diese beiden Raketenarten waren von Congreve für die Ausrüstung der Infanterie vorgesehen:

12pfündige mit Kartätsche und einer Reichweite von 2.000 yards bei großem und 2.500 yards bei kleinem Gefechtskopf, diese Rakete war für die Reiter der Batterien vorgesehen

Congreve hatte auch 18pfündige Raketen für die leichten Raketenwagen vorgesehen, diese trugen als Gefechtskopf 9pfündige Granaten oder Kartätschen, während die 24pfündigen mit Granaten oder Kartätschen als Gefechtskopf für die schweren Raketenwagen gedacht waren.

32pfündige mit Carcasse, Granate, Schrapnell oder Kartätsche (großer Gefechtskopf bei 50 Grad bis 2.500 yards und kleiner Gefechtskopf bei 55 Grad bis 3.000 yards) und einer Reichweite von 2.500 bis 3.000 yards bei einer Erhöhung von 55 bis 60 Grad (mit Sprenggranate 50 Grad) sowie

42pfündige mit Carcasse oder Granate, die bei einer Erhöhung von 60 Grad bis zu 3.000 yards trugen

Eingeteilt waren die Raketen in folgende Gruppen:[376]

leichte Raketen:

18pfündige Rakete mit 9pfündiger Granate[377]
18pfündige Rakete mit Kartätsche
18pfündige Rakete mit 9pfündigem Shrapnell
12pfündige Rakete mit 6pfündiger Granate
12pfündige mit 6pfündigem Shrapnell und
12pfündige mit Kartätsche mit 72 oder 48 Kugeln
9pfündige mit Granate
9pfündige mit Shrapnell
6pfündige mit 3pfündiger Granate
6pfündige mit 3pfündigem Shrapnell und
6pfündige mit Kartätsche

mittlere Raketen

42pfündige mit Carcasse (schwere mit 18 Pfund und leichte mit 12 Pfund brennbarer Masse)
42pfündige mit Granate mit 5 1/2 Zoll Haubitzgranate oder 18 und sogar 24pfündigem Vollgeschoß
32pfündige mit Carcasse mit 12 bis 18 Pfund brennbarer Masse
32pfündige mit Granate
24pfündige mit Granate oder 12pfündigem Vollgeschoß

Für diese Raketen gab Congreve als Besonderheit den Hinweis, daß diese auch, wenn eine größere Anzahl gleichzeitig auf einen Punkt treffen sollten, zu drei bis zu sechs Raketen zusammengebunden abgefeuert werden könnten.

„. . . and may, where the fall of greater mass in any particular spot is required, either for penetration or increased fire, be discharged in combinations of three, four, or six Rockets, well lashed together, with the sticks in the centre also strongly bound together. The great art of firing these fasces of Rockets is to arrange them, so that they may be sure to take fire contemporaneously, which must be done either by priming the bottoms of all thoroughly, or by firing them by a flash of powder, which is sure to ignite the whole combination at once."[378]

schwere Raketen

42pfündige mit Granate oder Carcasse (mit einem Gefechtskopf von 6 Zoll mit 25 Pfund brennbarer Masse und von 8 Zoll mit 50 Pfund brennbarer Masse) Bei den schweren Raketen wurde der Seitenstab in 4 Teilen transportiert.

Die Länge der Stäbe hing vom Kaliber ab, für 1814 lagen folgende Daten vor:[379]

Kaliber	Länge d. Stabes	Kaliber	Länge d. Stabes
8 in	24 ft	24 pdr	13 ft
7 in	22 ft	18 pdr	11 ft
6 in	21 ft	12 pdr	9 ft 6 in
42 pdr	17 ft	9 pdr	9 ft 6 in
32 pdr	15 ft	6 pdr	8 ft

Für Congreves Achsenstabraketen aus dem Jahre 1820 hat C. E. Franklin die nachstehenden Daten nach Mustern aus dem Royal Arsenal und dem schwedischen Bericht des Hauptmann Silfverstolpe von 1829 zusammengestellt:[380]

Rocket size (inch)	42 pr	32 pr	24 pr	18 pr	12 pr	9 pr	6 pr	3 pr
Diameter		4.0	3.75	3.3125	2.875	2.5625	2.25	1,75
Length of case	29.5	25.5	24	20.25	18.0	14.0	13.75	10.375
Length of rocket		28.875	28.375	24.0	21.5	18.875	16.75	12.0625
length of stick	16 ft 0"	15 ft 0"	13 ft 6"	12 ft 6"	10ft 2"	6ft 4"	6 ft 0"	5 ft 0"
Number of parts	3	2	2	2	2	1	1	1
Centre Hole	1.52	1.27	1.18	1.05	0.9	0.82	0.7	0.52
Exhaust Holes	0.76	0.66	0.59	0.53	0.45	0.41	0.36	0.25

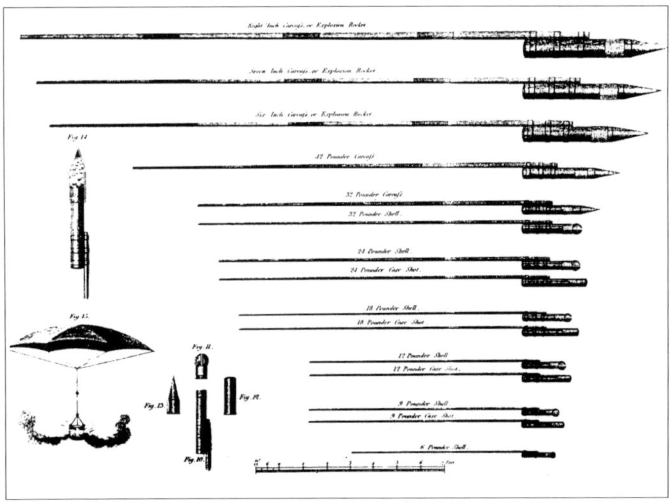

Congreves Raketensystem (Zeichnung: W. Congreve)

376) Congreve sprach von „natures" im Kapitel Munition

377) Zu den Granaten bemerkte Congreve: „These shells, however, are now cast expressly for the Rocket service, and are elliptical instead of spherical, therby increasing the power of the shell, and decreasing the resistance of the air" (Congreve, the Details, a.a.O., p. 55)

378) Congreve, The Details, a.a.O., p. 53

379) R. Wilkinson-Latham, British Artillery on Land and Sea, 1790 - 1820, Newton Abbot, Devon 1973, p. 36

380) Brief an den Verfasser vom 2. April 1997

Col^n Sir Wm Congreve, Bart. - COMPTROLLER OF THE ROYAL LABORATORY - 1815
(Presented to The Officers, The Rocket Troop, Royal Horse Artillery by General Sir W.N. Congreve, Bart., V.C. K.C.B. M.V.O. A.D.C.)

Congreve wies darauf hin, daß die schweren Raketen eine größere Durchschlagskraft als schwerste konventionelle Granaten besäßen, sie wären daher besonders geeignet zur Zerstörung von massiven Gebäuden. Dabei gilt es zu berücksichtigen, daß Truppen hinter 12 Fuß starken Erdwällen vor Artilleriegranaten als geschützt galten, während die Raketen bis zu 21 Fuß in das Erdwerk eindringen konnten, bevor sie detonierten.[381]
Auf kritische Bemerkungen, daß der Raketenstab vom Feind genutzt werden könnte, um einen Brandsatz zu entfernen, wies Congreve darauf hin, daß der Stab die Wirkung der Rakete noch erhöhen würde:
„The stick shatters on impact into pieces . . . which I have seen fly a considerable distance . . . and penetrate a foot into the ground; in effect, instead of assisting to disarm the rocket, as has been supposed, the stick adds greatly to its destructive powers."[382]

Ohne Erfolg wurden noch größere Raketen von 100 bis 300 Pfund getestet, aber wahrscheinlich reichte für dieses Gewicht die Leistung des Treibsatzes nicht aus.[383] Ein weiteres, jedoch fehlgeschlagenes Experiment war eine Verbundrakete, in der 6 Raketen zusammengefaßt waren, um so die Leistung des Treibsatzes zu verstärken.[384]
1817 experimentierte Congreve auch erstmals mit Raketen ohne Stab, hierzu versetzte er die Austrittsöffnungen für das Gas an die Spitze der Rakete, die Rakete endete nach der „Nutzlast" in gepfeilten Flügeln. Ein ähnliches Prinzip verwendete er bei Versuchen mit ersten Flüssigkeits-Raketen.[385] 1823 ließ er sich zum ersten Male eine Rakete patentieren, Muster war eine Rakete mit einem stark verkürztem Stab, der in einem breiten Ring endete, der drehbar gelagert und mit 2 - 4 Flossen versehen war, so daß dieser Ring durch den Windeinfluß rotierte und so die Rakete im Flug stabilisieren sollte: „without disturbing the course of the rocket.", ein Prinzip, daß sich wohl als wenig wirkungsvoll erwies.[386] Im Rahmen der Weiterentwicklung der Raketen erhielt Congreve 1823 ein Patent für eine neuartige Verbindung der Carcasse mit der Rakete, die 5 verschiedene Zünder enthielt, wobei durch ein Drehen der Verbindung ihr Brandloch nach Belieben über jeden der Zünder gebracht werden konnte. Ein Jahr zuvor hatte er sich auch erstmals mit Gewehrraketen befaßt, „die größere Schußweite und gleiche Perkussionskraft als Kugeln haben, und zum Zünden gebraucht werden."[387] Diese Gewehrraketen scheinen sich aber nicht bewährt zu haben, sie wurden nicht in die Truppe eingeführt.

Schon früh prüfte Congreve auch die Transport- und Lagerfähigkeit der Raketen, da diese insbesondere bei Einsätzen durch die Royal Navy extremen Umweltbedingungen ausgesetzt waren. Unter Einsatzbedingungen ergaben sich hierzu schon bald erste positive Ergebnisse:
„I am in possession of reports from an officer who was sent out with a quantity of them to the Mediterranen - several boxes were damaged by sea water on the passage - on a trial, however, at Malta, though some of the cases had been wetted sufficiently to become rusty, still the rocket in this state ranged full 2,500 yards - (Rockets which had been kept on board of ships three years have now been fired, and are not found to have lost, in the least, either as to range or any other power.)*[388]
So konnte er später wiederholt die sichere Handhabung und Lagerung der Raketen, die auch nach mehreren Jahren Lagerzeit nichts von ihrer Wirkung einbüßen würden, betonen. Es lägen Beispiele vor, daß 32pfündige Raketen nach 17 Jahren Lagerung mit der Wirkung neu hergestellter abgefeuert werden könnten, Congreve bemerkte hierzu:
„There can be little danger in having rockets in store, secured as the rocket carcass is - in fact, the case is alike impervious to fire and water. I have accordingly fired rockets after they had been under water for several hours."[389]

---

381) Angabe nach: Hobbs, a.a.O., p. 85
382) zitiert nach: Hobbs, a.a.O., p. 86
383) Angaben nach: O. F. G. Hogg, Artillery: Its Origin, Heyday and Decline. London 1970, Congreve selbst gab an, daß er eine 148pfündige Rakete mit 6 Zoll Durchmesser erfolgreich 1813 getestet habe, dieser Typ wurde aber nicht eingeführt
384) Marshall-Cornwall, a.a.O., p. 56, Beitrag von O. F. G. Hogg
385) P. Turvey, Some Unusual Congreve Rockets, in: JBIS, Vol. 40, 1987, p. 299; diese Rakete wurde erfolgreich am 24. Dezember 1817 abgefeuert. 1823 ließ er Raketen mit verkürzten Stäben, die ebenfalls mit kurzen Flossen versehen waren, anfertigen. Congreve glaubte, „this action compensates for the reduction of the lengths of the stick." (ibidem, p. 300). Ebenso schlug er vor, diese Flossen - ohne Stab - unmittelbar an der Raketenhülse zu befestigen, es ist aber nicht bekannt, ob eine solche Rakete auch getestet wurde. Im selben Patent war ein einstellbarer Zünder beschrieben: eine drehbare Holzscheibe zwischen Hülse und Geschoß enthielt Zünder verschiedener Länge, auf die Scheibe waren die Brennzeiten gemalt und eine Marke zeigte an, welcher Zünder eingestellt war. Diese Erfindung hätte die Bedienung erheblich vereinfacht, wurde aber nicht eingeführt. Modelle von Raketen mit diesen Zündern wurden wohl zu Demonstrationszwecken als Verkaufshilfe für seine Raketenfabrik in Bow angefertigt. (ibidem)
386) F. H. Winter, Sir William Congreve: A Bi-Centennial Memorial, in: Spaceflight, Vol. 14, Sept. 1972, p. 334
387) Dr. Meyer, a.a.O., S. 238, Meyer gab an, daß das zugehörige Gewehr nur 4 Pfund gewogen habe; siehe zu den Gewehrraketen auch Abschnitt 7, Die deutschen Staaten, Preußen und Württemberg. Nach: E. J. Becklake / P. J. Turvey, a.a.O., p. 296, wurden Gewehr und Rakete wie folgt beschrieben: „A rocket musket weighing only 4 lb discharging a rocket of 4 oz. The lightness is such that a soldier may carry the musket and 90 rounds of these rockets without being more loaded than with the common musket. Yet each rocket is four times the weight of a musket ball, will range upwards 500 yards, with an average penetration not less than a musket ball." (Diese Muskete war 1410 mm lang und besaß ein Kaliber von 19 mm)
388) Congreve, Concise account, a.a.O., p. 13
389) zitiert nach: Hobbs, a.a.O., p. 87

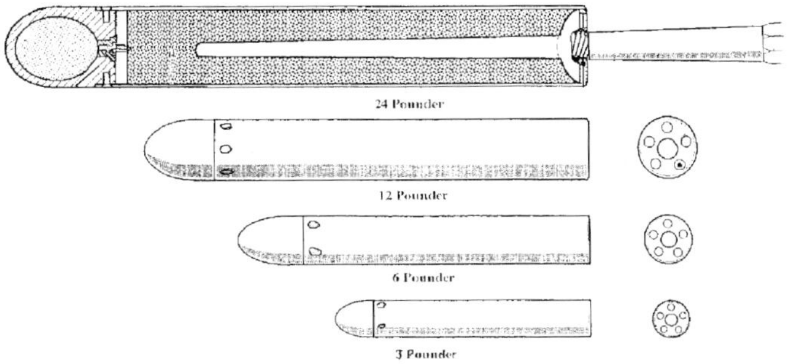

Achsenstabraketen um 1820 (Zeichnung: C.E. Franklin)

Auch wenn im Krim-Krieg noch Raketen eingesetzt wurden, deren Herstellungsjahr 1820 gewesen war, scheint doch die Zuverlässigkeit der Raketen nach der langen Lagerzeit gelitten zu haben.[390)]

Congreve beschrieb im Sinne einer Ausbildungsvorschrift auch die verschiedenen Einsatzarten zu Land und zur See und illustrierte sie durch Bilder. Die einfachste Art, die Raketen abzufeuern, wäre, sie einfach auf den Boden - wenn möglich auf eine schräge Böschung oder einen Wall zu legen. Zum Abfeuern würden nur zwei Mann benötigt, während die restlichen Kanoniere in Deckung verblieben. Bei dieser Abfeuerungsart würden allerdings nur Reichweiten von 800 bis 1.200 yards erreicht. Für diese Einsatzart wies er besonders darauf hin, daß die Reichweite von der Länge der Stäbe abhänge.

„And here it should be remarked, that the lenght of the ranges, and the height of the curve of the ricochét, in this mode of firing, depend on the lenght of the stick - the stick of the full lenght giving the longest range, but rising the highest from the ground; the reduced stick giving a shorter range, but keeping closer to the ground."[391)]

Sollten größere Reichweiten erreicht werden, mußte das Abfeuerungsgestell genutzt werden. Für die 6- und 9pfündigen Raketen wurde eine Erhöhung von 15 Grad, für die größeren Raketen eine Erhöhung von 20 bis 25 Grad für Reichweiten von 1.500 bis 2.000 yards angeraten. Dabei wies Congreve immer wieder daraufhin, daß stets soviel Raketen wie möglich auf einmal abgefeuert werden sollten, nach seiner Schrift konnte eine Raketenbatterie 50 Raketen als Salve abfeuern und dies alle 5 Minuten wiederholen. Stets betonte er, daß nur die große Anzahl der eingesetzten Raketen die Ungenauigkeit des Treffens im Vergleich mit der Kanone ausgleichen könne und forderte, daß nie weniger als 20 Raketen zugleich für ein Ziel eingesetzt werden dürften. Bevor er das Abfeuerungsrohr einführte, wies er zudem daraufhin, daß die Rakete bei der Zündung noch nicht sofort die volle Geschwindigkeit erreiche und nach Verlassen des Abfeuerungsgestelles zunächst an Höhe verliere, dies sollte nach diesem Reglement ausgeglichen werden, indem bei den leichteren Raketen die Erhöhung um 2,5 bis 5 Grad und bei schwereren um 5 bis 10 Grad zu verbessern war. Gleichzeitig wies er auf Verbesserungswerte zum Ausgleich des Windeinflusses hin und forderte eine größere Erhöhung bei Gegenwind und dementsprechend eine geringere Erhöhung bei Rückenwind, ebenso gab er Hinweise für die Berücksichtigung von Seitenwind. Als eine wichtige Einsatzmöglichkeit im Feld sah er die Aufstellung einer Raketenbatterie im Hinterhalt zum Decken eines Passes oder des Rückzuges einer Armee. Hierzu sollten hunderte von Raketen versteckt im Gras oder anders getarnt, dem Gelände angepaßt, ausgelegt werden, die notfalls von einem Mann allein der Reihe nach gezündet werden könnten. Als Hauptziel für Raketenartillerie wurden ansonsten feindliche Kavallerie und die Beschießung von Befestigungen bezeichnet. Auch hier wurde wieder auf den erforderlich Masseneinsatz der Raketen hingewiesen:

„In bombardement, as well as in the field, the quantity of instantaneous fire is equally important, and the greater the number of Rockets that can be thrown, not only increase the number of fires, but, by distracting the enemy's attention, prevent their extinction. To this end, therefore, an officer should always employ as many bombarding frames as possible;"[392)]

Ein Rocket-Troop war in drei Züge (Divisions) gegliedert, jeder Zug in zwei Halbzüge. Der Halbzug bestand aus 5 Gruppen zu jeweils 3 Kanonieren und 2 Führern für die Munitionspferde. Jeder Berittene trug fünf 12pfündige Raketen, die Munitionspferde jeweils 18 Raketen; ein Halbzug verfügte über fünf Abfeuerungsgestelle. Ein solcher Rocket-Troop bestand also aus 102 Berittenen, 24 Munitionspferden und konnte 840 Raketen sowie 30 Abfeuerungsgestelle mitführen, ohne - worauf Congreve besonders hinwies - auch nur einen einzigen Wagen zu benötigen. Damit konnte der Rocket-Troop erheblich beweglicher und geländeunabhängiger eingesetzt werden als die konventionelle Artillerie. Zusätzlich war aber jeder Zug mit zwei Raketenwagen ausgestattet, einem schweren für vierzig 24pfündige Raketen und einem leichten für sechzig 12pfündige Raketen.

Der Troop bestand damit aus 5 Offizieren, 15 Unteroffizieren, 90 Raketeuren, 60 Fahrern und 8 Handwerkern und führte 3 schwere und 3 leichte Raketenwagen sowie 42 Abfeuerungsgestelle (bouches à feu) und 260 schwere (Granaten) sowie 1.200 leichte Raketen (Granaten oder Kartätschen) mit. Der Raketenwagen konnte durch einfaches Abkippen zugleich zum Abfeuern der Raketen aus den Transportkästen genutzt werden.

In einem weiteren Kapitel beschäftigte sich Congreve mit dem Einsatz der Raketen durch die Marine. Er beschrieb den Einsatz von Booten, wie bei Boulogne und wies darauf hin, daß die 12 - und 18 pfündigen Raketen sogar von 4 rudrigen Gigs abgefeuert werden könnten. Wichtig erschien ihm auch die Ausstattung von Brandern, wie bei dem Einsatz bei La Rochelle. Dabei sollten soviel Raketen wie möglich in Rahmen oder Gestellen an den Rahen oder den Masten befestigt werden, die in alle Richtungen in verschiedenen Winkeln zielten, wobei die Raketen durch den dann brennenden Brander ohne weiteres menschliches Zutun automatisch gezündet würden. Hierbei sollten sowohl Brand- als auch Sprengraketen genutzt werden, um durch diese Form des Einsatzes möglichst viel Schrecken und Verwirrung beim Feind anzurichten. Für Bombardements von See aus waren die speziellen rocketships wie die bereits erwähnten H.M.S. *Erebus* und *Galgo*, die mit 21 Raketen-Pforten ausgestattet war, besonders geeignet.

Immer wieder verwies er auf die hohe Beweglichkeit, die Leichtigkeit des Einsatzes und die geringeren Kosten der Raketenartillerie im Gegensatz zur konventionellen Artillerie. Die höhere Beweglichkeit ergab sich dabei alleine schon aus einem Gewichtsvergleich: eine Kanone für 10pfündige Geschoße wog etwa 1.500 Pfund, während eine 10pfündige Rakete mit Abschußgestell nur 18 Pfund wog, ein Unterschied, der angesichts der oft unzulänglichen Wege sicherlich zu Buche schlug.[393)] Congreve faßte diese Vorteile in einem Kernsatz zu-

---

390) In Rußland war daher beispielsweise vorgeschrieben, daß Raketen nur 4 Jahre gelagert werden dürften; nach: Konstantinoff, Lectures sur les fusées de guerre, Paris 1861, p. 294: „le réglement russe, en matière de mesures à prendre pour assurer le bon état des fusées destinées à l'usage, admet qu'après quatre ans d'existence nos fusées sont au début de leur déclin; mais nous avons la certitude que les fusées, telles que les prépare actuellement la fabrique de Saint-Pétersbourg, maniées avec précaution et conservées avec soin, se maintiennent bonnes bien plus de quatre ans, peut-être même le double, si ce n'est plus."

391) Congreve, The Details, a.a.O., p. 13

392) Congreve, The Details, a.a.O., p. 14

393) Die Fahrzeuggewichte der britischen Kanonen betrugen 1597 bis 2133 kg, die der Haubitze 1591 kg, Kanonen benötigten 10 Mann zur Bedienung, bei der reitenden Artillerie 12 Mann, die Haubitzen 8 bzw. 10 Mann. Als Bespannung benötigten die 6pfünder Kanonen und Haubitzen 4 Pferde, die 9-und 12pfünder jeweils 6 Pferde. Das Rohrkaliber der Kanonen betrug 9,31 cm, 10,67 cm und 11,74 cm, das der Haubitzen 13,97 cm, das Gewicht der Granaten betrug 2,72 kg bis 7,25 kg. Angaben nach: D. W. Eckardt, Die Bewaffnung bei Freund und Feind aus den Schlachten von Groß-Görschen bis Belle Alliance, in: ZfH, 1938, S. 130

sammen: „It is, ammunition without ordnance, it is the soul of artillery without the body."[394]

Auch Mathematiker und Physiker beschäftigten sich mit Raketen. Praktisch ausgerichtet versuchte so der preußische General v. Hoyer eine Formel für die optimale Länge des Stabes zu entwickeln. Die theoretischen Grundlagen der Flugbahn der Raketen wurden wohl erstmals von William Moore untersucht, der 1813 an der Royal Military Academy in Woolwich „A Treatise on the Motion of Rockets" veröffentlichte, in der er die Flugbahn sowohl im lufterfüllten als auch im luftleerem Raum beschrieb. Er wies nach, daß der Flug der Rakete Newtons drittes Gesetz der Bewegung befolgte und so berechenbar war. Für die Herstellung der Raketen schlug er eine hydraulische Presse vor. Seine Arbeit verfaßte er aufgrund einer Preisfrage der dänischen Akademie der Wissenschaften aus dem Jahre 1810 aus Anlaß des Raketeneinsatzes gegen Copenhagen. Ein Preis, der in den ersten Jahren keiner vorgelegten Arbeit zuerkannt werden konnte. Moore stellte Differentialgleichungen auf, nach denen sich die Flugbahn bei vorgegebener Elevation, die Geschwindigkeit der Rakete an jedem Punkt der Flugbahn berechnen ließ und - bei gegebener Treibkraft der Gase, dem Gewicht des Treibsatzes, der Brennzeit und des Gewichtes und der Maße der Rakete - die erreichbare Gipfelhöhe sowie die Reichweite, sofern die Elevation und die Brenndauer bekannt waren. Seine Untersuchungsergebnisse nahmen so teilweise die Ergebnisse neuerer Zeit von Tsiolkowsky, Oberth und Goddard vorweg. Ebenso beschrieb er bereits den ballistischen Pendel, den später Konstantinov in Rußland erstmals nutzte. Für die 24pfündige Congrev'sche Standardrakete berechnete er so eine Höchstgeschwindigkeit von 2733 feet/Sekunde.[395] Diese theoretischen Grundlagen konnten aber zu dieser Zeit noch nicht angewendet werden, da letztlich die ballistischen Eigenschaften jeder Rakete aufgrund der noch weitgehend manuellen Fertigungsmethoden unterschiedlich waren.

e. Die hundert Tage: Raketen bei Waterloo

Die Rückkehr Napoleons von Elba und die erneute Vertreibung der Bourbonen führte zu Napoleons einhundert Tagen und nach Waterloo. Bei Wellingtons Armee in den Niederlanden war wieder der 2nd rocket-troop eingesetzt, der in Berghe lag und jetzt durch Zuführung von 20 Mann und 30 Pferden verstärkt wurde. Da Wellington die Raketen weiterhin als höchst unzuverlässig beurteilte, war der rocket-troop umgegliedert worden und führte nun neben seinen 800 12pfündigen Raketen auch sechs 6pfünder Geschütze mit, da Wellington angesichts der Schwäche seiner Armee mehr Wert auf eine Verstärkung der Rohrartillerie legte.[396]
Eigentlich hatte Wellington befohlen, daß die Raketen des troop im Depot verbleiben sollten, denn nach 2nd Captain Mercers Schilderung hieß es:
„It is difficult to say why, but his Grace certainly treated us harshly, and on so many occasions unjustly. Of his harshness - voici un exemple - Captain Whinyates having joint the army with the rocket troop, the Duke, who looked upon rockets as nonsense, ordered that they should be put into store, and the troop supplied with guns instead. Colonel Sir G. Wood, instigated by Whinyates, called on the Duke to ask permission to have him his rockets as well as guns. A refusal. Sir George, however, seeing the Duke was in a particular good humour, ventured to say: 'It will break poor Whinyate's heart to lose his rockets.' - ' D' - n his heart, sir; let my order be obeyed, ' was the answer thundered in his ear by the Duke . . . "[397]
Aber schließlich erreichte Sir G. Woods doch noch die Genehmigung Wellingtons, daß der troop die Raketen als Zusatzausstattung mitführen durfte:
„The Duke was determined at first to place the rockets in dêpot, but after the good appearance of our friend Whinyate's troop, he has permitted him to take into field eight hundred rounds of rockets with his six guns, which makes him very complete"[398]
Der rocket troop wurde zusammen mit 5 anderen reitenden Batterien der Cavallerie der Reserve zugeteilt.[399]
Das erste Gefecht zwischen Wellington und Napoleon fand am 16. Juni 1815 bei Quatre Bas statt, als die Vorhut der 30.000 Mann starken Armee Wellingtons auf den linken Flügel der französischen Armee unter Marschall Ney traf. Ney wurde zurückgeschlagen. Whinyates rocket troop nahm an der Schlacht nicht teil, da er erst danach mit der Kavallerie zusammen eintraf.[400] Der troop mußte jedoch dicht am Schlachtfeld gewesen sein, denn Mercer trug noch vor dem Ausweichen auf Genappe in seinem Tagebuch ein:
„It was now for the first time that I discovered the Major and his rocket troop, who, annoyed at my having the rear, had disobeyed the order to retreat, and remained somewhere in the neighbourhood until this moment, hoping to share whatever might be going on."[401]
Am nächsten Tag jedoch, als sich Wellington bereits auf seine Position bei Waterloo zurückzog, erfolgte im Gefecht bei Genappe der erste Einsatz dieser Raketenbatterie in diesem Feldzug, als die Kavallerie den Rückmarsch der Hauptkräfte auf die Stellungen bei Waterloo deckte. Hierbei wurden durch den rocket troop einige Raketen abgefeuert.[402] Captain Mercer, dessen Batterie sich verschossen hatte, war auf dem Rückweg zu seiner Batterie:
„On regaining my troop, I found Major M'Donald and the rockets with it. They were in position of a gentle elevation, on which likewise were formed the lines of cavalry extending across the chaussée"[403]
Anschließend beschrieb er hier einen Vorfall, als eine Feindbatterie vor der Raketenbatterie in Stellung ging und er dem Commandanten vorschlug, diese Batterie zu bekämpfen. Zum Einsatz in diesem Gefecht hieß es über die Tätigkeiten der „rocket men":
„ . . . In order to amuse the enemy and our own cavalry, as well as to prevent the former noticing the slackness of our fire, I proposed to Major M'Donald making use of the rockets, which had hitherto done nothing. There was a little hesitation about this, and one of the officers (Strangways) whispered me, 'No, no - it's too far !' This I immediately told the Major, proposing as a remedy that they should go closer. Still there was demur; but at least my proposition was agreed to, and down they marched into the Thick of the skirmishers in the bottom. Of

394) Congreve, Concise account, a.a.O., p. 7
395) F. H. Winter und M. R. Sharpe, William Moore: A Pioneer in the Theory of Rocket Dynamics, in: Spaceflight, May 1976, p. 179 sowie: Marqués de Viluma, a.a.O., p. 19. Letztere Quelle zeigt auch, wie schnell wissenschaftliche Neuigkeiten zur damaligen Zeit in Europa bekannt wurden.
396) Haythornwaithe, Die Uniformen der Schlacht bei Waterloo, München 1976, gab 2 Haubitzen als Ausstattung des troop an, aber auch Siborne (a.a.O., p. 220) nannte 6 Geschütze als Ausstattung des troop (Fünf 6pfünder-Kanonen und eine $5^1/_2$ inch Haubitze)
397) General Cavaliér Mercer, Journal of the Waterloo Campaign, Edinburg and London 1870, p. 166, Mercer, obwohl nur 2nd Captain, kommandierte in diesem Feldzug in Vertretung eine Batterie.
398) Duncan, a.a.O., p. 417, Tagebucheintrag Sir G.Wood vom 8. Mai
399) W. Siborne, History of the Waterloo Campaign, reprint London 1995, zur Cavallerie gehörten weiterhin die Batterien Bull, Webber-Smith, Sir Gardiner, Mercer und Ramsey
400) Zumindest wurde er bei Siborne nicht bei der Schilderung der Schlacht aufgeführt, obwohl sonst jede Batterie, die eingesetzt war, angegeben wurde; Duncan bestätigte dies, nur Storm (a.a.O., S. 17) erwähnte eine Teilnahme.
401) Mercer, a.a.O., p. 270
402) Bei einigen Autoren, so Siborne, wurde Whinyates bereits hier als Major bezeichnet, die Beförderung erfolgte aber erst später. Bei Siborne (a.a.O., p. 172) hieß es zu Genappe:
„ . . . Lord Uxbridge gradually withdrew Ponsonby's brigade to the high road. He kept the light cavalry, protected by the household brigade, as the rear-guard, and slowly retired into the chosen position in front of Waterloo, the guns and rockets constantly plying the enemy's advance."
403) Mercer, a.a.O., p. 277

course, having proposed the measure myself, I could do no less than accompany them. Whilst they prepared their machinery, I had time to notice what was going on . . . Meanwhile the rocketeers had placed a little triangle in the road with a rocket lying on it. The order to fire is given - portfire applied - the fidgety missile begins to sputter out sparks and wriggle its tail for a second or so, and then darts forth straight up the chaussée. A gun stands right in its way, between the wheels of which the shell in the head of the rocket bursts, the gunners fall right and left, and, those of the other guns taking to their heels, the battery is deserted in an instant. Strange; but so it was. I saw them run, and for some minutes afterwards I saw the guns standing mute und unmanned, whilst our rocketeers kept shooting off rockets, none of which ever followed the course of the first; most of them, on arriving about the middle of the ascent, took a vertical direction, whilst some actually turned back upon ourselves - and one of these following me like a squib until its shell exploded, actually put me in more danger than all the fire of the enemy throughout the day."[404)]

Dennoch scheinen auch andere Raketen noch gewirkt zu haben, denn Lord Uxbridge meldete:

„Our Congreve rockets were pitched into their squadrons with good effect."[405)]

Bei Waterloo, am 18. Juni 1815, war der 2nd rocket troop[406)] wiederum zusammen mit der reitenden Artillerie der Kavallerie unter Lord Uxbridge unterstellt. Diese stand dabei in der vom Prinzen von Oranien befehligten Mittelstellung der englischen Armee, nahe der Straßenkreuzung vom Hof La Haye Sainte. Captain Whinyates mußte dabei sowohl das Feuer seiner Haubitzen, als auch das Feuer der Raketen leiten. Nachdem der Angriff der Reiterbrigade Ponsonby fehlgeschlagen und seine Regimenter zurückgeworfen worden waren, wurde die nachdrängende französische Kavallerie durch die britische Artillerie und ihre Raketen abgewehrt. Siborne schrieb hierzu:

„Major Whinyate's rocket-troop, having been brought up to the crest of the main ridge, from its previous position in reserve near Mont St. Jean, its rocket-sections were moved down to the foot of the exterior slope. whence they discharged several rockets at the French troops then formed, or in the act of re-forming, upon the opposite heights. Immediately after the execution of this service, which was gallantly and skilfully conducted, the troop rejoined its guns on the crest of the position."[407)]

Noch lebendiger beschrieb Förster diesen Einsatz der Raketen:

„Den empfindlichsten Verlust an Mannschaften und Pferden erlitt die Reiterbrigade Ponsonby, bevor die feindlichen Reiterscharen von den herbeigeeilten Brigaden, vornehmlich aber durch die Verderben und Schrecken unter Mannschaften und Roß des Feindes schleudernden Raketen von Whinyates Batterie in Verwirrung gebracht wurden."[408)]

Auch bei dem französischen Sturm auf das zentrale Gehöft La Haye wurde ein detachment des rocket troop eingesetzt:

„Shortly before the columns from Donzelot's division advanced to this attack of La Haye Sainte, a party of horse-artillery, which had been detached from Whinyate's rocket-battery, proceeded, under Captain Dansey, along the Charleroi road, to the front of the centre of the Anglo-allied line, and came into action with rockets, near that farm, leaving its two guns in the rear, under Lieutenant Wright. Captain Dansey very soon received a severe wound, which obliged him to retire: and the party, after firing a few rockets, fell back a little, to where its horses were standing. It was then commanded by a Sergeant, (Daniel Dunnet) who, on perceiving the advance of the nearest French column towards the farm, dismounted his men as coolly and deliberately as if exercising on Woolwich Common, though without any support whatever; laid rockets on the ground, and discharged them in succession into the mass - every one of them appearing to take effect. The advance of the column was checked, and was not resumed until Sergeant Dunnet, having expended all his rockets, retired with his party to rejoin the guns in the rear."[409)]

Ein Einsatz also, der voll den Einsatzgrundsätzen entsprach, die Congreve gelehrt hatte. Auch in der Geschichte der preußischen Artillerie wird dieser Einsatz beschrieben:

„. . . um zwei Uhr nachmittags erhielt Ney den Befehl zum Vorrücken. Er griff La Haye Sainte, die Pachthöfe Smouhen, Papelotte und La Haye an, um die Verbindung zwischen den Engländern und Preußen zu verhindern. Die Franzosen wurden kräftig zurückgewiesen . . . Die Raketenbatterie von den sogenannten Ground-Rockets (abgefeuert aus Kästen) ging auf der Chaussee bis an einen Schleppverhau den französischen Colonnen entgegen und soll hier von großer Wirksamkeit gewesen sein. . . . Um 5 1/2 Uhr setzten sich die Franzosen im Gehöft von La Haye Sainte fest. Den Engländern fehlte Munition; sie versuchten vergebens, die Stürmenden durch Kartätschen und Raketen abzuhalten"[410)]

Während der Schlacht wurden insgesamt 52 12pfündige Raketen abgefeuert, Major Whinyates, die Captains Dansey und Wright, sowie die Lieutenants Strangways und Ward wurden verwundet, so daß Captain Elliot das Kommando über die Batterie übernahm.[411)] 1 Corporal, 1 Bombardier, 4 Kanoniere und 1 Fahrer fielen und 24 Pferde wurden getötet, 12 Kanoniere, 18 Fahrer und 3 Pferde waren verwundet. Whinyates wurde am 18. Juni vorzeitig in Anerkennung der Leistungen des rocket troop zum Major ernannt. Im September kam auch Congreve noch nach Brüssel, um sich vom Zustand „seiner Raketenwaffe" zu überzeugen.[412)]

Nach der Schlacht marschierte Whinyates mit seiner Batterie zusammen mit der Armee Wellingtons in Paris ein, am 10. Dezember erfolgte der Befehl zur Rückkehr nach Woolwich, und am 31. Januar 1816 kehrte der troop dann in einer Stärke von 223 Mann und 219 Pferden nach Woolwich zurück,[413)] die Raketenvorräte der Armee wurden jedoch erst am 6. September 1816 auf der *Rising Sun* in Antwerpen verschifft und nach Woolwich zurückgeführt.[414)]

Auch wenn Wellington nicht von der Wirkung von Raketen überzeugt war und Scharnhorst allgemein ihren Einsatz für zu aufwendig hielt, haben doch die Raketen in diesen Feldzügen ihre Wirksamkeit bewiesen und wurden in den folgenden Jahren zu einer Standardwaffe der Artillerie in fast allen größeren Staaten. Allerdings gelang es Congreve nie, eine in ihrer Flugbahn wirklich zuverlässige Rakete herzustellen.

---

404) Mercer, a.a.O., p .278
405) zitiert nach: Marshall-Cornwall, a.a.O., p. 50
406) Die Stärke des troop betrug vor der Schlacht 194 Mann, unter Whinyates dienten die Lieutenant Strangways, Wrigh, Ward und Ord (Duncan, a.a.O., p. 417); gem. F. A. Whinyates, Horse Artillery Guns at Waterloo, in: JRA, Vol. XX, p. 627, betrug die Stärke 175 Unteroffiziere und Mannschaften, die anderen Troops der Royal Horse Artillery waren vor der Schlacht auf 9 Pfünder umgerüstet worden.
407) Siborne, a.a.O., p. 270
408) Förster, Geschichte der Befreiungs-Kriege 1813, 1814, 1815, Dritter Band, Berlin 1861, S. 943
409) Siborne, a.a.O., p. 304, ebenso: Browne, a.a.O., p. 203; merkwürdigerweise erwähnte: B. Poten, Georg Freiherr von Baring, a.a.O., S. 54 ff. diesen Einsatz nicht, obwohl Baring mit dem 2. leichten Bataillon La Haye Sainte verteidigte.
410) Malinowsky / v.Bonin, Geschichte der brandenburgisch preußischen Artillerie, Berlin 1842, III., S. 808
411) Haythornwaithe, a.a.O., ebenso Marshall-Cornwall und Duncan (a.a.O., p. 438); sowie A. F. Becke, The British Artillery at Waterloo, June 18, 1815, in: JRA, Vol. XXXIV, p. 322; Storm (a.a.O., S. 17) gab die Anzahl der abgefeuerten Raketen mit 58 an (Storm rechnete möglicherweise den Verschuß bei Genappe ein). Headlam, a.a.O., p. 83, gab den Gesamtverschuß mit 75 an, damit wären bei Genappe 23 Raketen verschossen worden. Angabe der Verwundeten nach: Siborne, a.a.O., p. 573 (appendix). Einige Autoren gaben an, daß Sergeant Dunnet das Kommando übernommen hätte, dies galt aber nur für den Einsatz des einen Detachments bei La Haye Sainte, als Capt. Dansey verwundet wurde; die Angabe bei Duncan, daß Capt. Elliot das Kommando übernahm, erscheint fraglich, da dieser nicht zum troop gehörte, eher hat der unverwundete Lieutenant Wright dann den troop geführt.
412) Robson, a.a.O., p. 150
413) Duncan, a.a.O., p. 438
414) Robson, a.a.O., p. 150

f. Rocket Troops in Indien

Bereits 1812 entschloß sich das Board of Directors der Ostindischen Compagnie Raketeneinheiten aufzustellen, also noch vor der entsprechenden Entscheidung der Royal Artillery in Großbritannien. Die erforderlichen Raketen wurden am 11. November 1812 bei Congreve bestellt, wobei die Compagnie nicht die Art der zu liefernden Raketen spezifizierte, sondern die Auswahl Congreve überließ und nur den finanziellen Rahmen von 3.000 £ in ihrer Bestellung festlegte.[415)] Aufgrund der Kriegsverhältnisse in Europa und Übersee, wo die Raketen vorrangig benötigt wurden, konnte die Transportbereitschaft für die bestellten Raketen erst am 2. Januar 1815 gemeldet werden. Congreve hatte 12pfündige für den Feldeinsatz und 32pfündige für Belagerungen hergestellt, die gesamte Lieferung wog etwa 110 tons, wovon 80 tons für Bengalen bestimmt waren. Es kam zu weiteren Verzögerungen, weil zunächst kein freies Schiff gefunden werden konnte, was auch daran liegen mochte, daß manche Kapitäne Vorbehalte gegen eine Ladung hatten, die aus Feuerwerkskörper bestand, also nicht ungefährlich erschien. Am 20. Juni 1815 konnte in einer erneuten Sitzung der Compagnie dann ein Schiff, die *Indian Oak* gefunden werden; schließlich galt es noch, fachkundiges Personal zu finden, das die Raketen empfangen, begleiten und verwalten sollte. Hier wurden ein Mr. P. Allen und J. Wavell ausgewählt und für 5 Jahre angestellt; sie sollten 150 bzw. 120 Rupien im Monat, freie Unterkunft und freie Fahrt, auch für die Familie von Wavell, erhalten, für ihre Seereise und Verpflegung an Bord waren zusätzlich an den Kapitän der *Indian Oak* £ 300 zu zahlen. Allen war ein ehemaliger Lieutenant der Royal Navy und war hierbei bereits an Raketeneinsätzen beteiligt gewesen, beide waren jedoch von Congreve selbst empfohlen als „aquainted with all the military science of using the weapon by land and sea"[416)] Endlich, am 5. September 1815 konnte das Schiff mit den Raketen absegeln und erreichte dann am 25. Februar 1816 die Mündung des Hooglie. Von hier aus segelte es flußaufwärts bis Dum-Dum, dem Hauptquartier der Bengalischen Artillerie, wo die Raketen zunächst gelagert wurden, bis über die Aufstellung der neuen Einheiten entschieden war. Die Raketen wurden dann auf dem Ganges nach Cawnpore transportiert, wo die Raketenbatterie aufgestellt werden sollte.

Kamel des Bengal Rocket Troop mit „sarwan" (Kamelführer) und Raketeur (nach einem Druck von Fitz-Clarence)

Der Rocket Troop der Bengalischen Artillerie wurde dann am 13. September 1816[417)] unter Captain W. S. Wish mit folgender Gliederung und Ausstattung aufgestellt: 4 Offiziere, 10 Unteroffiziere, 2 Trompeter, 60 Raketeure, beritten auf Kamelen, 16 Fahrer und 9 Reservemannschaften, 8 indische Handwerker, 27 eingeborenen Kanoniere, 74 eingeborene Pferdehalter und 76 eingeborene Kameltreiber; 13 Pferde waren für die Unteroffiziere und Trompeter, 18 für die Wagen sowie 9 als Reserve vorgesehen, dazu kamen 60 Kamele, von denen jedes 8 Raketen in einer Art Eimer, der am Sattel befestigt war, trug; im Train befanden sich 10 Kamele für jeweils 24 Raketen, sowie ein eingeborener Arzt und ein Hufschmied. Auf den 4 Wagen wurden jeweils 60 12pfündige oder 24 32pfündige Raketen sowie 20 Abfeuerungsgestelle mitgeführt.[418)] Der Troop war in zwei Divisionen geteilt, die wiederum aus 2 Gruppen zu jeweils 5 Trupps bestanden. Jeder Trupp führte 24 Raketen mit. Damit verfügte die Batterie über 960 zwölfpfündige Raketen mit Granat- und Kartätschgefechtsköpfen.

Beim ersten Einsatz des Troop bei der Belagerung von Hattrass im Gurkha-Krieg vom 19. Februar bis zum 2. März 1817 wurden jedoch 32pfündige Raketen eingesetzt; am ersten Tag war der troop westlich der Stadt eingesetzt, die vor der Citadelle lag, und verfeuerte 138 Raketen auf 800 yards in die Stadt, von denen etwa ein Viertel trafen, ein weiteres Viertel ging bis zur weitere 800 yards entfernten Citadelle, während fast die Hälfte beide Ziele verfehlte; festgestellt wurde aber auch: „the very wildness of their flight was an additional source of terror", so daß der Feind am zweiten Tag die Stadt räumte und sich auf die Citadelle zurückzog. Der rocket troop wurde nunmehr hinter der Stadt im Zentrum der Belagerer eingesetzt, während die Rohrartillerie von den Flanken aus auf die Festung wirkte. Am 2. März wurde das Pulvermagazin der Festung, wahrscheinlich aber nicht von Raketen, getroffen, nach der folgenden Explosion kapitulierte der Feind. In einem gesonderten Abschlußbefehl wurde dann „the zeal evinced by Capt. Whish, the officers and men of the Rocket Troop" hervorgehoben.[419)] 1818 wurde der troop im Zuge einer Reorganisation der Artillerie zum 7th troop Bengal Horse Artillery umbenannt.[420)]

Ähnlich verlief die Aufstellung des Troop der Madras-Artillerie, seine Raketen wurden auf der *Mary* im Oktober 1815 verschifft und erreichten Madras im März 1816. Erst am 23. Dezember erfolgte die Aufstellung des Troop. Es scheint, daß seine Ausbildung weitaus schlechter als die des Bengalischen Troop war, auch wurde dieser Rocket-Troop von der militärischen Führung wohl nicht ganz ernst genommen, zumal er nicht einmal ständig von einem Captain kommandiert wurde; die meiste Zeit seines Bestehens verblieb er im Depot, so daß es kein Wunder ist, daß sein erster Einsatz im Pindari - Krieg unter dem Befehl von Captain S. Rudyard gegen den Holkar von Indore bei Mahidpu am 21. Dezember 1817 zum Desaster wurde:

---

415) „Resolved that Colonel Congreve be requested to supply the Company with an Assortment of his Rockets to the value of £ 3000, and that the same be consigned to the several Presidencies of Bengal, Madras and Bombay with suitable instructions for the field Practise thereof in such way as may be hereafter determined." zitiert nach: J. P. Kaestlin, Who killed cock Robin, in: JRA, Vol. LXXXIV, p. 293

416) Angaben und Zitat nach: Kaestlin, a.a.O., p. 295; Allen fand soviel Gefallen an seiner Aufgabe, daß er im rocket troop der Bengal Horse Artillery bis in die zwanziger Jahre verblieb (B. P. Hughes, The Bengal Horse Artillery, London 1971, p. 51)

417) Reply No. 48, in: JSAHR, Vol. I, 1921, p. 235, Datum des Aufstellungsbefehles

418) Winter, rocketry, a.a.O., p. 170; Hughes, a.a.O., p. 164, gab eine abweichende Gliederung an, die wahrscheinlich zutreffender ist, danach bestand der troop aus: a) Europäern: 4 Officers, 1 Assistant Surgeon, 1 Deputy Commissary, 1 Conductor, 1 Farrier, 10 Non-commissioned officers, 2 Trumpeters, 85 Rank and file, b) Indern: 1 Native Doctor, 1 Native Farrier, 8 Native Artificers, 27 Gun Lascars, 74 Horse attendants, 76 Camel attendants, c) Pferde: 10 for 10 NCOs, 2 für Trumpeters, 1 für Farrier, 16 für rocket cars (à 4), 9 Spare, d) Kamele: 60 for Troopers (each carrying 8 rockets), 10 Reserve ammunition (each carrying 24 rockets), 1 Native Doctor, 1 Native Farrier, 9 Spare; D. Featherstone, Weapons and Equipment of the Victorian Soldier, Poole 1978, p. 105, führte dagegen neben den Europäern 5 eingeborene Offiziere und 60 Kamelführer („sarwans") auf, hiernach bestand die Ausstattung aus 960 12pfündigen Raketen, die teilweise auf den 4 Raketenwagen („volley cars", also „Mehrfachraketenwerfern") und teilweise in „buckets", die an den Sätteln der Kamele befestigt waren, befördert wurden.

419) Angaben und Zitate nach: Kaestlin, a.a.O., p. 296, siehe auch: Featherstone, Weapons, a.a.O., p. 105

420) Hughes, a.a.O., p. 46

„ . . . *the greater part of the missiles which it attempted to discharge at the enemy expended themselves or burnt among the men of the light brigade, causing as much confusion as the enemy's fire.*"[421)]
Aufgrund dieser schlechten Erfahrungen wurde der Troop nach wenigen Jahren wieder in eine normale berittene Artillerieeinheit umgegliedert. Sir J. Munro, Gouverneur von Madras, schrieb hierzu:
„*The Rocket Troop has been found from experience to be of little, or no use on service, as the rockets are more dangerous to our own troops than to those of the enemy, as well from their uncertain flight, as from their being liable to explode the moment they are let off. As the defect of the rocket seems to be owing to the decomposition of the powder by the heat of the climate, and as no means have been found to remedy it, I have long thought that the maintenance of the Rocket Troop was an idle waste of public money. I have lately communicated on this subject with H. E. the Commander-in-Chief who has suggested that the Rocket Troop should be commuted into a reserve troop of Horse Artillery.*"[422)]
Diese Umgliederung, wenn auch möglicher Weise nicht mit dem Oberkommandierenden abgesprochen, der nach dem fehlgeschlagenen Einsatz sogar am 6. Oktober 1819 noch neue Raketen angefordert hatte, erfolgte wohl im Wesentlichen aus Ersparnisgründen und hatte damit später auch Einfluß auf den Bengalischen Rocket Troop, der sich voll bewährt hatte.
Die geplante Aufstellung des Bombay-Rocket Troop ist nie erfolgt, die Verschiffung der Erstausstattung von Raketen schlug fehl und erst 1819 gelangten einige Raketen nach Bombay, jedoch 3 pfündige Raketen für den Infanterie-Einsatz.[423)]

Inzwischen hatte Captain Samuel Parlby von der bengalischen Artillerie der Compagnie ebenfalls eine Rakete entwickelt, die dann in Konkurrenz zu Congreves Raketen trat.[424)]
Auf Anweisung des Kommandierenden der bengalischen Armee, General Hardwick, wurden seine Raketen am 13. Dezember 1813 in Dum-Dum einer praktischen Erprobung unterzogen. Seine „rifle-rockets" wurden auf Distanzen von 600 bis 1.760 yards verschossen und bewiesen gute Flug- und Treffereigenschaften, einige erreichten sogar Entfernungen bis zu 2.400 yards; auch wenn einige explodierten, so ließ sich dies doch auf die Eile zurückführen, mit der sie für die Erprobung hergestellt worden waren. Zur Erprobung wurde festgestellt:
„ . . . *and, in the ultimate result, establishes unquestionably the superiority of Capt. Parlby's rocket. . . A few were fired from a tube placed at a no less distance from the target than one mile one of which, at this amazing distance, penetrated the target; two others, ranged in fine parallel lines, even over the target, one of these to the distance of 2,300, and the other 2,400 yards. To the professional man it were needless to offer remarks on the consequences deducible from this successful experimental result in the department of projectiles. The state and service at large can be no less interested on a practical question of this kind, extending, as it does, its importance to the science in general, and our regret is proportionably awakened at knowing that the experiment, submitted so long back to our Noble Commander-in-Chief as 1815, and before the Congreve rocket had reached India, should not earlier have been put to the test.*"[425)]
Captain Parlby gab anschließend selbst Daten zu seinen Raketen bekannt, die aus einem Versuch vom 1. Dezember stammten, an dem mehrere Artilleristen, darunter auch Captain Nicholson, teilgenommen hatten. Das Abfeuerungsrohr war 16 Fuß lang, bei 18 Grad Elevation erreichte die Rakete beim ersten Aufschlag 1.473 yards und drang 4 Fuß in den Boden ein, sie wog insgesamt 5 Pfund und 8 Unzen, wobei ihr Kaliber einer 1 1/2 pfündigen Kugel entsprach. Parlby erwartete für seine größere Rakete eine Reichweite von 3.000 yards.[426)]
In Indien kam es dann am 31. Mai 1824 schließlich zu einem Vergleichsschießen zwischen Congreves Raketen und denen des Captain Parlby. Für den Versuch war der Bengal Rocket Troop unter Captain Graham eingesetzt.[427)] Als Ziel dienten zwei Scheiben in 1.800 Ruthen und 1850 Ruthen Entfernung, die Scheiben waren 12 Fuß breit und 10 Fuß hoch. Es wurden folgende Raketen eingesetzt:

Art der Rakete	Gewicht mit Stab Congreve	Gewicht mit Stab Parlby	Länge mit Stab Congreve	Länge mit Stab Parlby	Länge der Hülse mit Kartätsche Congreve	Länge der Hülse mit Kartätsche Parlby	Durchmesser der Hülse Congreve	Durchmesser der Hülse Parlby
kleine	4 Pfd 4 Unz 5 Dr	5 Pfd 6 Unz 5 Dr	6 Fuß	6 Fuß	11 Zoll 5 Linien	11 Zoll 2,7 Linien	1 Zoll 8,7 Linien	1 Zoll 8,7 Linien
mittlere	16 Pfd	16 Pfd 12 Unz	9 Fuß 6 Zoll	9 Fuß 6 Zoll	1 Fuß 7 Zoll 9 Lin	1 Fuß 8 Zoll	2 Zoll 8,6 Lin	2 Zoll 8,4 Lin
große	31 Pfd 14 Unz	46 Pfd 7 Unz	13 Fuß 9 Zoll	13 Fuß 9 Zoll	2 Fuß 3 Zoll 7 Lin	2 Fuß 4 Zoll 2 Lin	3 Zoll 6,5 Lin	4 Zoll 9,5 Lin

421) Angaben und Zitat nach: Kaestlin, a.a.O., p. 297, vgl.: o. Verf., Historische Darstellung des letzten Brittisch - Ostindischen Krieges, in: Minerva, I. Band 1820, S. 241 - 277 und S. 461 - 495. hier wurde (S. 263) als Bestandteil der am 20.10. gebildeten Haupttruppe unter General Brown ein „Brandraketen-Corps" genannt, sein erster Einsatz scheint am 26.11. in einem heftigen Gefecht vor Nagpoor erfolgt zu sein (Ibidem, S. 282)

422) Zitiert nach: Headlam, a.a.O., p. 84; die Tradition dieses troop, Gründungsdatum 23. Dezember 1816, wird heute von der P-Batterie des 4. Regiments fortgeführt (R. H. C. Probert, Some Brief Reference Notes on the Royal Horse Artillery, in: JRA, Vol. LXXXIII 1936, p. 221), gem. Reply No. 48, in: JSAHR, Vol. I., p. 235, wurde die Tradition zunächst von der 52nd Battery, R.F.A., fortgeführt, die 1887 zur Feldartillerie-Batterie umgegliedert wurde. Noch für einige Jahre nach der Umgliederung wurde das Wort „rocket" als Ankündigungskommando für Befehle genutzt, dieser Brauch wurde dann später aufgegeben.

423) nach Kaestlin, a.a.O., p. 297

424) Morawietz, a.a.O.; zu Parlby's Raketen wurden die folgenden Angaben gemacht:

Durchmesser:	4 Zoll 9 Linien ,	Gewicht mit Stab:	46 Pfund, 17 Unzen
	2 Zoll, 8 Linien,		16 Pfund, 12 Unzen
	1 Zoll, 8 Linien		5 Pfund, 6 Unzen

(L. v. Breithaupt, Die Artillerie für Offiziere aller Waffen, Stuttgart 1831, S. 316). Bei Versuchen erzielten diese Raketen Reichweiten bis 2.000 Schritt „mit ziemlicher Genauigkeit" und drangen bis zu 5 Fuß in die Erde ein, einzelne reichten bis 2.800 Schritt, (v. Hoyer, a.a.O., S. 113); nach anderen Autoren bemühte sich auch Parlby bereits, eine Rotationsrakete zu konstruieren. „In Ostindien ist es dem Major Parlby gelungen, den Raketen eine solche innere Einrichtung zu geben, daß sie während ihres Fluges eine drehende Bewegung um ihre Achse, wie dieß bei den Kugeln aus Büchsen mit spiralförmigen Zügen der Fall ist, machen müssen, wodurch die Richtigkeit im Treffen sehr vermehrt wird." (o. Verf., Congrevische Raketen, in: AMZ, 1. Jahrg. 1826, S. 28); „Capt. Parlby has, it appears, been able to communicate the rotary motion of a rifle ball to his rockets, by a peculiarity of their internal structure which makes them range in very true lines" in: The Asiatic Journal, may 1824, p. 519

425) The Asiatic Journal and monthly register for Britain and foreign India, China and Australasia, London 1824, p. 650; der Artikel schloß mit der Aufforderung, möglichst bald einen Vergleichstest zwischen Parlbys und Congreves Raketen durchzuführen.

426) The Asiatic Journal, 1824, p. 651, Artikel von Capt. Parlby, Model Master

427) F. H. Winter, Rocketry, a.a.O., p. 172

Die Scheiben wurden von Congreves Raketen insgesamt 17mal (die erste 6mal, die zweite 11mal), von Parlbys Raketen insgesamt 22mal (10mal die erste, 12mal die zweite) getroffen.[428] Obwohl, auch in Folge der von Parlby lancierten Presseberichte, seine Raketen in Indien sehr populär waren, kam es trotz der Versuchsergebnisse nie zu ihrer Einführung.

1813 lieferte Congreve Raketen nach Capetown, dabei wurde es zugleich möglich, Aussagen über die Transport- und Lagerfähigkeit in anderen Klimazonen zu treffen. Aus Capetown wurde ihm mit Schreiben vom 12. August 1818 durch Major W. B. Dundas, dem dortigen Artilleriekommandeur, mitgeteilt, daß alle Raketen nach diesen 5 Jahren gut erhalten und funktionsfähig wären, bei den Versuchen habe von 18 Raketen nur eine versagt,

„Die Schußweite der größern oder 12pfündigen Racketen sind wenig verschieden und können zu 7.000 Fuß angenommen werden; die für die Kavallerie oder 3pfündigen Racketen zu 4.000, und vergleicht man dieses mit den Schußweiten der frischbereiteten, womit die Versuche zu Woolwich angestellt wurden, so findet man nicht, daß Alter und andere Ursachen einen bemerkbaren Schaden verursacht haben."[429]

1820 lieferte Congreve aus seiner neuen Fabrik in Bow Raketen mit dem Schiff *Timandra* nach Calcutta, ein erstes Versuchsschießen am 11. Juni 1821 war erfolgreich, von 10 6pfündigen Raketen wich keine auf 700 yards mehr als 5 yards von der Ziellinie ab und 3 gingen durch das Ziel, von 10 3pfündigen, auf 600 yards abgefeuerten Raketen gingen 6 durch das Ziel und die größte Abweichung betrug 6 yards. Schließlich wurde nach einer Serie von 10 weiteren 6pfündigen Raketen, die auf den Boden gelegt abgefeuert worden waren, als Gesamtergebnis festgestellt:

„an excellent close volley, most of them through the target. These rockets were merely laid in the proper direction on the ground, and fired without any apparatus, making in all at least 16 rockets through the target; and, indeed, viewing the whole of this practise, it may be fairly stated, that it could not be excelled by the best artillery."[430]

auch hier versagte von 36 am 29. Mai 1823 in Gegenwart des General Reynell abgefeuerten Raketen keine einzige, obwohl die Raketen schon eine zweite Regenzeit überstanden hatten und teilweise mit Schimmel bedeckt waren. Bei einer Elevation unter 6 Grad erreichten die 6pfündigen 850 Schritt und die 3pfündigen 600 Schritt, die Stäbe dieser Raketen bestanden teilweise aus Tannenholz und teilweise aus Bambus.

„Those fired from the light infantry frames were not directed at any object; all the others, excepting three or four, passed within the flags, and generally at an efficacious heigh. Those from the ground chambers, it was remarked, ranged truest and with best effect."[431]

Auch eine 1822 nach Madras gesandte Ausrüstung Raketen war in diesem Klima wirksam:

„Es wird mir schwer, Ihnen die Zufriedenheit auszudrücken, die ich am gestrigen Abend bei der Ausführung des Versuches mit Racketen auf St. Thomasberg empfand. Die großen Verbesserungen des Sir William Congreve in der Mischung und Construction dieses kraftvollen und zerstörenden Kriegswerkzeugs, haben das starke Vorurtheil, das, bis zu Ihrer Ankunft, in der Armee herrschte, und aus der schlechten Beschaffenheit der in dem letzten Kriege gebrauchten Racketen entsprungen war, gänzlich ausgelöscht. Ich werde die erste Gelegenheit benutzen, um der Regierung die Wiederherstellung des Racketentrupps zu empfehlen, und ich fühle, daß die Armee dem Marquis Hastings sehr verpflichtet seyn muß, daß er einen Officier von so hohen Verdiensten, wie Sie, zu uns gesandt hat, um uns in dem Gebrauche einer so wichtigen Waffe zu unterrichten."[432]

Captain Nicholson schrieb daraufhin an Congreve kurz über die ersten Versuche mit den neu gelieferten Raketen:

„Nachdem wir die Providence gar nicht mehr erwarteten, erschien sie am 17ten vorigen Monats auf der Rheede. Sobald der Racketen-Apparat an das Land kommen und nach dem Berge gesandt werden konnte, begann ich meine Operationen, die ich, wie ich mit Vergnügen schreibe, bis heute mit voller Zufriedenheit fortgesetzt habe, da keine einzige Rackete geplatzt oder sonst unbrauchbar geworden ist. Die Artillerie war davon entzückt. Ich habe dem Obersten Noble, der die reitende Artillerie commandirt, eine Copie der Vorschrift gegeben, nach welcher die Woolwicher und Bengalischen Racketentrupps gebildet sind. Ich besitze jetzt keinen genauen Bericht über die Versuche, den ich Ihnen zuschicken könnte; aber mehr als die Hälfte der abgeschossenen sind durch die Courtine gedrungen. Eine 12pfündige ging in einen Baum, der über 2 Fuß im Durchmesser hatte, und platzte in demselben mit vortrefflicher Wirkung, welches den zahlreichen Zuschauern die große Kraft dieser Waffe bewies."[433]

In der Folge wurde im Mai 1823 in Madras eine Raketenstation eingerichtet.[434]

Über die nach Ceylon gelieferten Raketen liegen genauere Angaben vor. Es handelt sich hierbei um Raketen mit einem Kaliber von 6, 7 und 8 Zoll und der korrespondierenden Länge von 20, 22 und 25 Zoll. Der Treibsatz wich nach einigen Autoren von dem ursprünglich verwendetem ab, er bestand nunmehr angeblich aus 14 Teilen Chlor-Kali, 7 Teilen Salpeter für die 6zölligen (26 und 8 Teile für die 7zölligen, sowie 20 und 8 Teilen für die 8zölligen Raketen) sowie jeweils 1 Teil Schwefel und Kohle. Der Chlor-Kali wurde angeblich anstelle des salpetersaurem Kali genommen, um eine höhere Anfangsgeschwindigkeit zu erzielen.[435]

1822 war der Bengal Rocket Troop von Kamelen auf Pferde umgerüstet worden.[436] Für Ostindien wurde mit einer Direktive des Court of Directors vom 25. November 1823 die Gliederung der Armee der drei indischen Präsidentschaften neu geregelt, hierbei erfolgte auch eine Neueinteilung der Raketenartillerie. Die Rocket troops wurden Teil der Brigades of Horse Artillery, von denen aufgrund dieses Erlasses 3 in Bengalen, 2 in Madras und 1 in Bombay stationiert sein sollten, jede dieser Brigaden sollte aus 4 Troops bestehen:

„The Rocket Troops and Native Horse Artillery to form component parts of the Horse Brigades authorized"[437]

Hierdurch erhielt auch der rocket troop eine neue Bezeichnung, er wurde nun als 2nd troop 2nd Brigade geführt.[438]

---

428) o. Verf., Versuch mit Brandraketen zu Dum-Dum im östlichen Indien, den 31. Mai 1824, in: ZfKWGK, Fünfter Band, siebentes Heft 1825, S. 319
429) MajGen Sir W. Congreve, Abhandlung über die allgemeinen Grundsätze, a.a.O., S. 49
430) o. Verf., Rocket Experiments in India, in: The Annual Register, London 1821, p. 707
431) zitiert nach: Kaestlin, a.a.O., p. 299
432) Brief des Generalkommandanten der britischen Truppen zu Madras, Sir A. Campbell, vom 7. Dezember 1822 an Captain H. Nicholson, den Inspecteur des Raketenwesens in Indien, in: Sir W. Congreve, Abhandlung über die allgemeinen Grundsätze, a.a.O., S. 50
433) ibidem, S. 51
434) F. H. Winter, Rocketry, a.a.O., p. 172
435) Angaben nach: o. Verf., Congrevische Raketen, a.a.O., S. 26 (zitiert wurde nach „Herrn v. Montgery") und Montgéry, a.a.O., p. 139; diese Angabe scheint angesichts der Explosionsgefahr des Chlorkali eher der Phantasie zu entspringen, die Hülsen wären der Explosivkraft dieser neu entdeckten Verbindung nicht gewachsen gewesen. Wahrscheinlich war diese Chlor-Verbindung eher Bestandteil der Sprengladung der Granate bzw. des Brandsatzes, sie wurde möglicherweise auch zur Zündung der Rakete verwendet (F. H. Winter, Sir William Congreve: A Bi-Centennial Memorial, in: Spaceflight, Vol. 14, Sept. 1972, p. 334). Auch der sächsische Hauptmann Leonhardi wies in seiner Untersuchung (SächsHStA, Akte Nr. 6326) zum Raketentreibsatz bereits 1814 daraufhin, daß aufgrund der bekannten Explosionsgefahr Chlorkali nicht Bestandteil des Treibsatzes sein könne.
436) F. H. Winter, Rocketry, a.a.O., p. 172
437) Calcutta. Government General Order, New Arrangement of the Army, Fort Williams, May 6, 1824 in: The Asiatic Journal, November 1824, p. 504; der Bombay Troop war jedoch nie als rocket troop aufgestellt worden und der Madras Troop, wie gezeigt, bereits als Rocket Troop aufgelöst worden.
438) Hughes, a.a.O., p. 47

Im Krieg gegen Birma 1824 bis 1825 kam es erneut zum Landeinsatz der Raketen, wiederum mit Raketen des Troop der Royal Bengal Horse Artillery, geführt von Captain Graham. Birmas Angriff, um Bengalen zu erobern, führte am 5. März 1824 zur Kriegserklärung. Von England wurde General Sir Archibald Campbell mit 11.000 Mann, Truppen der Ost-Indischen Compagnie und aus Großbritannien, zum Gegenangriff eingesetzt. Bei der ersten Landung im Mai 1824 war noch keine Horse Artillery eingesetzt. Erst im Dezember nachdem die Burmesen mit 50.000 Mann unter Maha Bandula zum Gegenangriff angetreten waren, wurden Verstärkungen, dabei auch der rocket troop, zugeführt. Die Streitkräfte gingen am Irrawaddy teilweise auf Wegen, teilweise auf Dampfern, gegen Tantabeng vor. Der rocket troop verschoß dabei am 5. Februar auch vom Dampfer *Diana* Raketen gegen die Befestigungen bei Quangalee.[439] Die Raketenbatterie wurde nunmehr geteilt, ein Teil begleitete die auf dem Lande vorrückenden Truppen, während der andere Teil weiter an Bord der *Diana* verblieb. Am 18. Februar stieß die am Fluß auf Donaboyo vorrückende Kolonne auf starke Feldbefestigungen vor Panhlaing. Nach einer Beschießung durch Feldgeschütze und die Raketenbatterie zogen sich die Burmesen zurück und die Briten konnten die Werke ohne Verluste besetzen.[440] Beim weiteren Vorgehen landete General Cotton seine Truppen bei Donaboyo und griff unter Deckung durch die Artillerie, dabei wieder der Raketenbatterie, die Befestigungen am 7. März an.[441] Nach dem Nehmen der ersten Palisaden wurden der Angriff über die zweite unter Einsatz der Raketen in Richtung der Zitadelle geführt. Aufgrund des heftigen Widerstandes der Burmesen mußte der Angriff jedoch abgebrochen und die Truppen wieder eingeschifft werden.[442] Am 25. März erreichte die Kolonne General Campbells die Stadt, die von etwa 15.000 Mann verteidigt wurde, wobei Kriegsboote das Ufer gegen britische Landungsversuche deckten. Diese wurden am 26. durch Einsatz einiger Raketen vertrieben. Am 1. April 1825 begann die Beschießung der Befestigungen und der Citadelle unter Einsatz der Raketen, welche die Feldbefestigungen in Brand setzten.

„The second attack, this time by the whole force, was supported by the flaming salvoes of the whole of the Rocket Troop and most impressive they were as they tore in, over and round the stockades, ricochetting off the railings and other obstacles."[443]

Nach einigen Stunden jedoch zeigte sich eine Änderung in der Wirkung der Raketen zum Negativen, so daß sie zum Erfolg der weiteren Beschießung nichts mehr beitragen konnten. Am nächsten Tag konnten die Raketen jedoch wieder mit mehr Erfolg eingesetzt werden, Maha Bandula wurde von einer Rakete tödlich verwundet, so daß seine Truppen den Mut verloren.[444] Eine spätere Untersuchung ergab, daß nur die Raketen des zu Lande marschierten Teils des troop versagten, wahrscheinlich aufgrund der Erschütterungen beim Transport auf schlechten Wegen, während die Raketen des Teils des troop, der zu Wasser transportiert worden war, einwandfrei funktioniert hatten.[445] Vor Napadi kam es beim weiteren Vorgehen auf dem Irrawaddy am 4. Dezember beim Angriff auf hinter Palisaden verschanzte Burmesische Truppen zum erneuten Einsatz der Raketenbatterie zusammen mit Mörsern. Auch hier führte das Artilleriefeuer zum Rückzug des Feindes.[446] Am 19. Januar 1826 wurden die Raketen bei Melloon erneut erfolgreich gegen Verschanzungen eingesetzt. Von 304 abgefeuerten Raketen gingen nur 5 fehl. Der Oberkommandierende schrieb anschließend über den Einsatz des Troop:

„The rocket practice under Lieutenant Blake of the Bengal Horse Artillery was in every way admirable; of 304 rockets which were projected during the day, five only failed of reaching the spot for which they were destined, and uniformly told on the works and in the ranks of the enemy with an effect which closely established their claim to be considered a most powerful and formidable weapon of war."[447]

Im Februar 1826 wurde dann dieser Krieg beendet, in dem die Raketen an vielen Stellen ihre Leistungsfähigkeit bewiesen hatten. Es bleibt anzumerken, daß in diesem und späteren Kriegen auch die Burmesen gegen die Briten häufig Raketen einsetzten, auch wenn hierüber genauere Angaben fehlen.[448]

Ein Teil des Bengal Rocket Troop war während dieses Krieges in seiner Garnison verblieben, er wurde 1825 zur Verstärkung der anderen troops bei der Belagerung von Bhurtpore eingesetzt

1828 hatten Munros Versuche, die rocket troops aufzulösen oder umzugliedern, Erfolg. Die Raketen aber blieben, wie später auch in England selbst, Bestandteil der Artillerie.

„The Governor-General in Council is pleased to direct, that War Rockets shall no longer be attached to any particular troop of artillery, but be distributed to the field-batteries of horse-artillery, in such proportions as his Excellency the Commander-in-chief may be pleased to determine. The troop of horse-artillery, heretofore denominated the Rocket Troop, is accordingly to be supplied with field-ordnance in lieu of rockets, and organised like the other troops of this corps, all supernumeraries in the establishment of the troop being gradually absorbed."[449]

---

439) W. James, a.a.O., Vol. VI, p. 328: „. . .whilst Captain Charles Graham on board the Diana, kept up a well directed fire of rockets." Dies war der erste Kriegseinsatz eines Dampfschiffes durch die Royal Navy, Naval Commander dieser Expedition war Captain Frederick Marryat, der später beliebte Schriftsteller, der die Corvette *Larne* führte: Nach: R. Humble, Before the Dreadnought, London 1976, p. 27, handelte es sich bei der Diana um einen „paddle-wheel tug", der das einzige Dampfschiff in Indien war. Hughes, a.a.O., p. 52, bestätigte als Einziger diesen ersten Raketeneinsatz von Bord eines Dampfers aus: „The troops were carried in river steamers, and the assault of Tantabeng took place under the covering fire of showers of rockets fired from the steamer Diana by the Rocket Troop." Eine Stellungsnahme zu diesem Einsatz ist auch in den Meldungen General Sir Archibald Campbels zu finden (p. 1434): „Rangoon, le 11 June 1825. On repondit au feu de l'Ennemi par les Canons du Satellite aidé par le Capt Graham de la batterie des Fusées de guerre de Bengal, qui produisit le plus grand effet en lançant les Fusées de guerre d'un vaisseau à vapeur, et qui frappa d'étonnement les ennemies par cette Arme offensive qui est une projectile très formidable." (BMAP, dossier Bedford-Mowat, chemise „Mr. Wade's Rockets", Extraits des Depèches du Général Sir Archibald Campbel, Commandant les forces brittaniques dans les Indes Orientales; die Auszüge wurden wahrscheinlich von Bedford selbst angefertigt und übersetzt), siehe auch: D. R. Headrick, The Tools of Empire, New York - Oxford 1981, p. 21

440) J. W. Fortescue, A History of The British Army, Vol. XI, London 1923, p. 321

441) Bei: James, a.a.O., Vol. VI, p. 329, als „marine column" bezeichnet, die aus europäischer Infanterie, Sepoys, Artillerie und 12 Raketeuren bestand.

442) Fortescue, a.a.O., Vol. XI, p. 325

443) Hughes, a.a.O., p. 53

444) BMAP, dossier Bedford-Mowat, chemise „Mr. Wade's Rockets", Extraits des Depèches, a.a.O., p. 1970: „le 25 Octr 1825. Tous les blessés et les malades trouvés dans la place ainsi que les Déserteurs qui nous sont venus déclarent positivement la mort de Maha Bundoola (Command. en chef Birman) - Il parait qu'il fut tué par une Fusée de guerre hier matin. . .En consequence de cet evenment les autres Chefs prièrent en vain les troupes de la garnison de continuer à faire résistance, mais elles s'enfairent toutes frappées de terreur panique." Unter dem selben Datum meldete Campbell (ibidem, p. 1967): „Les Fusées de guerre ont rendu le plus grand service, et je les considère comme l'Arme la plus formidable que l'on puisse employer contre les Birmans.- Le tir de la portion de la batterie des fusées de guerre commandée par le Lieut. Raton, que nous avions abord du Bateau à vapeur, fut excellent, et aida beaucoup les opérations du soir."

445) Hughes, a.a.O., p. 53

446) Fortescue, a.a.O., Vol XI, p. 337

447) zitiert nach: Kaestlin, a.a.O., p. 298; ähnlich beschrieb Captain E. Buckle diesen Einsatz (zitiert nach: Featherstone, Weapons, a.a.O., pp. 105): „The rocket practise was particularly efficient, scarce a rocket failed: in a strong contrast to the rockets carried by land, which had been proved worthless on several occasions; those used at Melloon were brought up by the flotilla, and perhaps never had there been an occasion since the invention of the weapon where they were more successful, their efforts could be so distinctly seen, as when, blazing and roaring, their long trails of smoke marking their course, they plunged into the stockades at Melloon and raked them from side-to-side in their eccentric courses after grazing."

448) F. H. Winter, A New Look at Early Chinese Rocketry, in: JBIS, Vol. 35, 1982, p. 525

449) Indian Army. Calcutta, Rockets and Rocket-Troop, in: USJ, 1829, part I, p. 252, General Order Fort William, June 13, 1828; dieser troop nahm später 1840 an der Expedition gegen China teil und trug seitdem den Namen „The Dragon Troop", seine Tradition wird heute von der P-Batterie R.H.A. fortgeführt. (R. H. C. Probert, Some Brief Reference Notes, a.a.O., p. 227)

Ein weiterer Befehl regelte die Einzelheiten sowie die künftige Behandlung der Raketen:
„The designation of Rocket Troop is therefore abolished, and it is in future to be returned as the 2d troop of the 2nd brigade of horse-artillery . . . The Commandant of Artillery will give directions for a proportion of men in every troop of horse-artillery, and in every company of foot-artillery, being trained to the use of rockets, that they may know how to use them when required."[450]
1837 bis 1842 erfolgten weitere Einsätze der Raketen in Indien, für den ersten Afghanischen Krieg wurden einige hundert bereits über mehrere Jahre eingelagerte der Armee Pollocks bei Jelalabad zugeteilt, da man sie besonders für den Gebirgskrieg für geeignet hielt, vor allem, weil die Kanonen nicht in der Lage waren, mit der erforderlichen Erhöhung zu schießen. Sie sollen bei der Belagerung Herats 1837 und bei der Verteidigung Kabuls 1842 wirkungsvoll gewesen sein, aber es erwies sich auch, daß die überlange Lagerung im heißen Klima, möglicherweise verbunden mit den Belastungen durch den Transport über die Gebirgswege, ihre Einsatzfähigkeit erheblich herabgesetzt hatten. Bei der Belagerung Herats schrieb ein Beobachter:
„. . . the rockets ranged too widely to work any serious mischief to the besieged; but their grand fiery flight as they passed over the city struck terror into the hearts of the people, who clustered upon the roofs of the houses, praying and crying by turns."[451]
1846 kam es im ersten Sikh-Krieg zu einem erneutem Raketeneinsatz; für einen Belagerungspark, der zum Angriff gegen das befestigte Lager der Sikhs bei Sobraon eingesetzt werden sollte, wurde eine Raketenbatterie aus dem Personal des 2nd troop 1st Brigade gebildet, ihr Einsatz trug erheblich zur Niederlage der Sikhs am 10. Februar bei.[452]
Etwa seit den achtziger Jahren wurden dann auch in Indien die Raketen Hales eingesetzt. Einer der letzten Einsätze mit diesen scheint 1897 im Tirah-Feldzug stattgefunden zu haben; aus dem Lager bei Kharappa ließ Major Browne zu Beginn des Feldzuges mehrere Raketen auf eine Gruppe Afridi abfeuern, die sich in mäßiger Entfernung zeigten, die Afridi scheinen von diesem Raketeneinsatz nicht besonders beeindruckt gewesen zu sein:
„. . . and the Afridis showed their utter contempt by slapping their posteriors. I have little doubt that this action settled the question of the immediate return to store of the remaining rockets."[453]
Bei der Einnahme des Sampagha-Passes am 29 Oktober 1897 ging die Artillerie der zwei Divisionen unter Brigadier Spragge am Ufer des Kandi Mishti Flusses, fast gegenüber dem feindlichen Centrum, in Stellung. Hier war auch das rocket detachment unter Captain Browne eingesetzt.[454] Dies scheint der letzte Raketeneinsatz in Indien gewesen zu sein.

g. Von Algier bis Balaclava

In den Jahren nach dem Pariser Frieden wurden die Raketen nur in Kolonialkriegen oder bei Strafexpeditionen eingesetzt. Zunächst wurde ab 1816 jedoch die Armee wieder auf Friedensfuß gesetzt. Im Zuge dieser Maßnahmen wurde auch am 31. Juli in Woolwich, wo beide troops stationiert waren, der 1st rocket troop, der zu diesem Zeitpunkt nur aus 5 Offizieren und 33 Unteroffizieren und Mannschaften bestand, aufgelöst, und Captain Elliot, der dienstälter als Whinyates war, übernahm dessen 2nd rocket troop,[455] während Whinyates als Dienstjüngerer zum Driver-Corps transferiert wurde.[456]
Der erste Einsatz der Raketen nach der Schlacht von Waterloo erfolgte bereits 1816 bei einer Strafexpedition gegen Algier unter dem Kommando von Admiral Lord Exmouth. Ziel der Expedition war die Befreiung christlicher Sklaven sowie das Erreichen der verbindlichen Zusage, in Zukunft keine christlichen Sklaven mehr in Algier zu halten. Zusätzlich galt es Genugtuung für die Ermordung einiger unter britischen Schutz stehender Fremden zu Bona zu erlangen. Der Expedition wurden Lieutenant Fuller und 19 weitere Soldaten vom 2nd Rocket Troop zugeteilt, die vorher bei einem Frühstück von Congreve in den Einsatz der Raketen entsprechend dem Angriffsplan eingewiesen wurden.[457] Auf dem Transporter *Trafalgar* wurden 2.500 Raketen mitgeführt. Am 9. August erreichte das Geschwader Gibraltar, wo sich ein niederländisches Geschwader anschloß, das auf seinen Wunsch auch mit Raketen ausgestattet wurde.[458] Die Zeit wurde genutzt, um mit den Booten zu üben, von denen aus die Raketen eingesetzt werden sollten.[459] Am 27. August langte Lord Exmouth mit seinem Flaggschiff *Queen Charlotte* (100) und 18 weiteren britischen Schiffen sowie Kanonenbooten, unterstützt von den 6 niederländischen Schiffen unter Admiral Van Capellan vor Algier an und richtete ein Ultimatum an den Dey von Algier.
Nachdem dieses ohne Antwort blieb, begann die Beschießung des Hafens und seiner Befestigungen. Lord Exmouth ging mit seinem Flaggschiff bis auf 50 yards an die Mole heran und bekämpfte eine algerische Fregatte, welche die Hafeneinfahrt versperrte, während die niederländischen und britischen Fregatten die Hafenbatterien beschossen. Auch von Bord der *Queen Charlotte* aus, die unter schwerem Beschuß lag, wurden einige 6pfündigen Raketen abgefeuert.[460] Die Kanonenboote sowie 8 mit Raketen ausgestattete Boote der Flotte, die von den Soldaten des Rocket Troop und Angehörigen der Navy bemannt waren, wurden in zwei Divisionen unter Führung von Fuller und Lieutenant Stevens von der Royal Marine Artillery geteilt.[461] Die Boote gingen dann in die Nähe des Flaggschiffes und beschossen von dort die algerischen Fregatten im

---

450) Indian Army. Calcutta, Rockets and Rocket-Troop, in: USJ, 1829, part I, p. 252, General Order Head-Quarters Simla, 27th June, 1828
451) J. W. Kaye, History of the War in Afghanistan, London 1857, p. 230, zitiert nach: Winter, rocketry., p. 41
452) Hughes, a.a.O., p. 110; die Armee gegen die Sikhs wurde von Prinz Waldemar von Preußen (unter dem Namen eines Grafen Ravensburg) begleitet, zu seiner Suite gehörten die Grafen Greuben und Oriola (J. H. Leslie [edit], The First Sikh War - 1845-6, in: JSAHR, Vol. XI 1932, p. 73, in den hier veröffentlichten Briefen des Lieut.-Colonel Ashburnham an den Marquesse of Sligo vom 30.01.1846 und von 25.02.1846 ist jedoch nur an einer Stelle ein Raketeneinsatz während der Nacht des 21.12.1846 erwähnt, ibidem, p. 70)
453) JSAHR, 1949, p. 88; H. B., War Rockets in the Nineteenth Century (Bericht eines Augenzeugen)
454) H. D. Hutchinson, The Campaign in Tirah 1897 -1898, London 1898, p. 89
455) P.R.O., WO 55/1164 (167) „His Royal Highness The Prince Regent having been pleased in the name and on the behalf of his Majesty, to signify his Pleasure, that, under the existing circumstances the Brigade of Royal Horse Artillery be reduced to Eight Troops . . . and the Rocket Corps be reduced to one Troop . . ." (unterzeichnet von Macleod an General Lloyd, Woolwich.) „ - There was also at this time a Rocket troop reduced, namely the Junior, and the Captain of it (being the senior of the two) was posted to the Troop now in the Service. . .", (P.R.O., WO 55/1370 p. 51-2 memorandum 13th october 1818 by Major J. E. Jones, Deputy Adjutant General's office, Woolwich); der jüngere Troop war der 1st Troop, dessen Commanding Officer aber der dienstältere war.
456) H. B. Latham, a.a.O., p. 277; der Auflösungsbefehl ist vom 4. Juli 1816 datiert: „General Orders. His Royal Highness the Prince Regent in the name and on behalf of His Majesty the King has been graciously pleased to direct the Brigade of Horse Artillery to be reduced four Troops leaving a peace establishment of eight Troops, the Corps of Rockets to be reduced one Troop, leaving an establishment of one Troop . . ." (P.R.O., WO 55/642 - 410); Gem. Schreiben Macleod an Lieut.General Douglas vom 3. Juli 1816 „You will receive by the General Orders, that the Officers to be transferred from the Horse Artillery to the Artillery Drivers are placed under your orders. . ." Das Regiment of Royal Artillery wurde von 25.000 auf 6.000 reduziert, von 14.000 Pferden im Jahr 1815 waren 1831 noch 600 der Royal Horse Artillery verblieben, Angaben nach: Strachan, From Waterloo to Balaclava, Cambridge, 1985
457) o. Verf., Some Recollections of the Battle of Algiers, in: USJ, 1836 part III, p. 35
458) ibidem, Einzelheiten siehe Abschnitt „Europäische Staaten, Königreich der Niederlande"
459) R. I. B., Algiers in 1816, in: USJ, 1831, part I, p. 178
460) o. Verf., Some Recollections, a.a.O., p. 39: „Some six-pounder rockets were fired from the poop. . ."
461) Die Boote waren gestellt durch H.M.S. *Impregnable*, *Queen Charlotte*, *Superb*, *Albion*, *Minden*, *Granicus*, *Leander* und *Hebrus*, Fuller führte das Boot der *Minden*. Nur auf dem Boot der *Impregnable* war kein Personal des Rocket Troop eingesetzt.

Hafen,[462] während drei Linienschiffe die südlichen Batterien beschossen. Am Nachmittag waren alle algerischen Schiffe versenkt, die Hafenanlagen und Lagerhäuser brannten.[463]

„Die Schiffe der Algerier hatten nun das Schicksal der vordersten Fregatte. Die Brandraketen thaten ihre Wirkung und steckten sie alle in Brand (* Vier Fregatten, 5 Corvetten und 30 Kanonenboote wurden, die ersteren beide ein Raub der Flammen, und die letzteren von dem Geschütz der Engländer zertrümmert.)"*[464]

Lord Exmouth meldete anschließend:

„The flotilla of Mortar boats, gun and Rocket boats (under the command of Captain Michell) under the direction of their respective Artillery officers shared to the full extent of their powers in the honours of the day and performed a good service. It was by their fire that all the ships in the port with the exception of the outer frigate were in flames, which extended rapidly over the whole arsenal, storehouses and gun boats, exhibiting a spectacle of awful grandeur and interest no pen can describe."[465]

Am 28. September kehrten die Angehörigen des Rocket Troop nach Woolwich zurück.

Kurz darauf wurde im Zuge der Maßnahmen zur Demobilisierung auch das Arsenal von Woolwich am 26. Oktober 1817 geschlossen, die noch vorhandenen Raketen wurden eingelagert, die Facharbeiter mit einer Abfindung in Höhe des Lohnes zweier Wochen entlassen.[466]

In diesem Jahr gründete Congreve eine private Fabrik zu Bow in der Nähe von Woolwich zur Herstellung von Raketen für die ost-indische Compagnie, um seine Erfindung auch kommerziell nutzen zu können.[467] Dabei gelang es Congreve nicht nur der britischen Regierung Raketen für die Bekämpfung von Indianeraufständen in Canada zu liefern, sondern auch ausländischen Staaten diese Waffe zu verkaufen, so werden Kolumbien, Mexiko, Uruguay und Argentinien als Empfänger von Raketen genannt.[468]

1821 waren beim rocket-troop 9pfündige, 12pfündige und 24pfündige Raketen als Standardausstattung vorhanden, die Raketen trugen nunmehr einen abnehmbaren Achsenstab aus Eisen, der wie ein flaches Paddel geformt war, die Reichweite konnte in den folgenden Jahren bis auf etwa 3.500 Meter gesteigert werden. 1822 waren für den rocket troop der Royal Horse Artillery 142 Raketengeschütze mit 4.120 Raketen verfügbar.[469]

Der Troop war zu dieser Zeit nach Congreves Angaben wie folgt gegliedert: 1 Captain, 1 2nd Captain, 2 Lieutenants, 2 Staff-Sergeants, 5 Sergeants, 8 Corporals, 7 Bombardiers, 97 Kanoniere, 95 Fuhrleute, 1 Kurschmied, 1 Wagenschmied, 2 Hufschmiede, 2 Kummetmacher, 1 Radmacher und 1 Trompeter, er war mit 12 Offizier-Pferden und 233

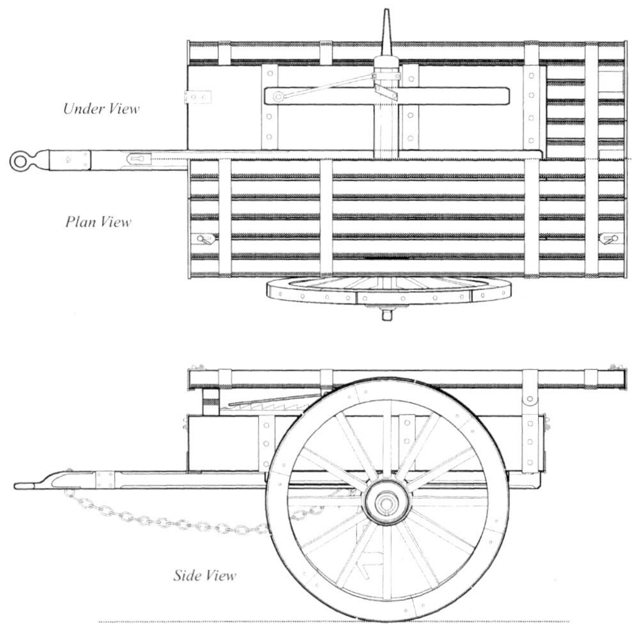

9pfdg „Mehrfachraketenwerfer" Congreves etwa 1827 (Zeichnung C.E. Franklin)

gemeinen Pferden ausgestattet. Der Troop war in 2 Divisionen zu je 10 Sectionen gegliedert, eine Division mit 10 schweren Sectionen war mit 6pfündern bewaffnet, für die je Section ein Cavallerierohr vorhanden war, wobei jeder Mann 6 Raketen in Holftern mitführte, eine Division mit 10 mittleren Sectionen war mit 3pfündern bewaffnet, wobei jeder Mann 12 Raketen und jede Section ein Rohr mitführte, und schließlich bestand eine Division mit 10 leichten Sectionen, bewaffnet mit 1 1/2pfündern, wobei jeder Mann 24 Raketen mitführte und jede Section zwei Röhren. Jede Division verfügte über 6 Bataillonspferde zur „geländegängigen" Verlastung der Raketen. Als Reservefuhrwerke wurden mitgeführt 1 18pfündiges mit 4 Pferden und einem Rohr, 1 12pfündiges mit 2 Pferden und einem Rohr, 2 6pfündige Salvenfuhrwerke mit 4 Pferden, 2 3pfündige Salvenfuhrwerke mit 2 Pferden und 6 leichte Munitionswagen zu 4 Pferden. Insgesamt wurde an Munition mitgeführt:[470]

---

462) R. I. B., a.a.O., p. 182: „. . . in following Major Gosset, (of the Marine Artillery) in the Queen Charlotte's boat, and getting alongside one of the frigates and firing several rockets; but nearly the whole crew fell victims to their temerity. . ." Der Verfasser beschrieb auch den Eindruck, den er von den Raketen hatte: „. . . and occasionally the Congreve Rockets would make you start as if you had received a shock from an electric machine, as suddenly from under the stern or quarter they were discharged into the town." Das eben angesprochene Boot unter Lieutenant Richards setzte bei diesem Vorgehen die algerische Fregatte in Brand (James, a.a.O., Vol. VI, p. 285)

463) Angaben nach: Stenzel, a.a.O., Band IV, S. 428, und: Glover, Warfare from Waterloo to Mons, London 1980, Anzahl der Raketen-Boote nach Marshall-Cornwall, a.a.O., p. 51; nach: Heim, Geschichte der Kriege in Algier, Königsberg 1861, hieß es: „Algier wurde auf keinem Punkte, weder von den Bomben noch von den Congreveschen Raketen in Brand gesteckt, da die Häuser alle aus Steinen und Ziegeln, ohne Dächer mit Terrassen aufgeführt sind, und daher nicht leicht Feuer fangen konnten. Aber nichtsdestoweniger hatten die Bomben ungeheuren Schaden angerichtet." (S. 28) Nach dem selben Autor hatte auch die *Impregnable* (94) 54 32pfündige Raketen verschossen.

464) o. Verf., (Von einem englischen Seeoffizier), Angriff der Engländer auf Algier 1816 am 27sten August, in: ZfKWGK, Erstes Heft 1830, S. 48, siehe auch: R. Perkins / K. J. Douglas-Morris, Gunfire in Barbary, Homewell, Havant, 1982, p. 120: „The rockets in particular were very effective against the latter target [over the mole where the Algerine shipping lay packed into the inner harbour] and many of the enemy ships were soon ablaze." Eingesetzt wurden wahrscheinlich die Standard 32-Pfünder Raketen, die Anzahl der verschossenen konnte nicht festgestellt werden, Perkins / Douglas-Morris sprachen von „several hundred were used" (ibidem, p. 196)

465) zitiert nach: Latham, The Rocket Service, a.a.O., p. 448

466) Hogg, Arsenal, a.a.O. p. 591

467) P.R.O., WO 44/643-28110, Schreiben R. Drake vom 08. Februar 1830, Drake fügte hinzu: „. . . that Rockets are to be obtained in London without difficulty and without discriminations as to the Purchasers; a system I am sure never contemplated by Sir William Congreve when he entered into his arrangement with the party, now in possession of the works originally erected for the supply of the East India Company's army."; siehe auch: Winter, rocketry, a.a.O., p. 171, hiernach gründete Congreve seine „Congreve Rocket & Ordnance Stores Manufactory" in 14 London Street, Bow, West Ham, Essex. Diese Fabrik scheint bis in die siebziger Jahre existiert zu haben (ibidem, p. 172)

468) Braun / Ordway III, a.a.O., S. 98; auch diese neue Fabrik war, wie andere Raketenproduktionsstätten, nicht vor Explosionsunglücken sicher. So wurde über eine Explosion am 10. Juni 1824 berichtet: „A great explosion and discharging of rockets, shells, &c. took place at the factory of Sir W. Congreve. . . The roof of the building was forced off, and two or three workmen severely injured, and two lives lost." (Notiz in: Gentleman's Magazine, Vol. 94, June 1824, p. 556) Zu einem Ankauf von Raketen durch Kolumbien und Uruguay konnten keine Belege gefunden werden.

469) Morawietz, a.a.O., zum Vergleich der Feuerkraft sei angeführt, daß eine reitende Batterie der Rohrartillerie bei gleichem Mannschaftsbestand nur 6 Geschütze und 1.002 Geschoße mitführen konnte, (Storm, a.a.O., S. 14) an Feuerkraft war also der rocket troop der konventionellen Artillerie gewaltig überlegen.

470) MajGen Sir W. Congreve, Abhandlung über die allgemeinen Grundsätze, a.a.O., S.

mitgeführt durch	Raketenart und Anzahl			
30 berittene Sectionen	100 x 6 pfd	360 x 3 pfd	720 x 1½ pfd	
6 Munitions-fahrzeuge	24 x 18 pfd	36 x 12 pfd	44 x 6 pfd	200 x 3 pfd
18 Tragpferde	100 x 24 pfd	108 x 6 pfd	216 x 5 pfd	432 x 1½ pfd
leichte Munitionswagen	100 x 18 pfd	300 x 12 pfd	600 x 6 pfd	600 x 3 pfd

Diese Angaben Congreves zur Gliederung des Troop müssen jedoch angezweifelt werden, ein deutscher Offizier, der 1820 und 1823 England bereiste, um sich mit der britischen Armee vertraut zu machen, gab eine wesentlich geringere Stärke an.[471] Hiernach bestand dieser Troop aus einem Major als Kommandanten, einem Captain mit 2 Ober- und 2 Unterlieutenants, 1 Wachtmeister, 1 Quartiermachermeister, 3 Serjeants, 3 Corporals, 3 Trompetern und 70 Raketeuren. Er beschrieb eingehend den Einsatz der Raketen. Beim Abfeuern vom Boden würden sie einzeln oder, was der Regelfall wäre, in Salven von 12 bis 30 Stück abgefeuert, wobei sie im letzteren Falle mit einer Leitung verbunden wären, um ein gleichzeitiges Abfeuern zu ermöglichen. Ebenfalls wurde die „Abfeuerungsröhre" beschrieben:

„Die Engländer, welche sich die größte Mühe geben den Raketen eine größere Genauigkeit zu verschaffen, verbannten diese unzuverlässigen Gestelle, und führten an ihrer Statt lange dünne kupferne Röhren ein, welche leichter, oder eben so leicht als ein Infanteriegewehr sind, und daher von einem Manne sehr bequem gehandhabt werden. Diese Röhren haben hinten und vorn Füße, welche sich an sie anlegen lassen und dem Rohr eine Erhöhung von 1½' über den Boden geben können; die hinteren Füße sind etwas kürzer wie die vordern, wodurch das Rohr eine eigenthümliche Elevation erhält; die vordern Füße lassen sich aber so in einander schieben, daß man auch andere Elevations-Grade geben kann. Um die Rakete aus einer solchen Röhre zu feuern, wird sie hinten in das Rohr gesteckt, sodann der Stab in die Krampen der Hülse befestigt, und Richtung und Feuer gegeben. Gewöhnlich sind drei Mann mit der Bedienung eines solchen Rohres beschäftigt, wovon der eine ladet, der andere den Stock einschiebt, und mit Hülfe des dritten, welcher das Rohr vorn ergreift, Richtung giebt; derselbe feuert hierauf ab."

Für schwerere Raketen beschrieb er gleichermaßen die Lafette für dieses Abfeuerungsrohr:

„Eine Art sehr leichte Blocklaffete trägt ein kupfernes Rohr, ohngefähr von der doppelten Länge des oben erwähnten Tragrohrs, und gleichsam aus zwei der leztern dergestalt zusammengesetzt, daß sich die vordere Hälfte mittelst eines oben angebrachten Charniers, auf die hintere zurückschlagen läßt. Diesem Rohr wird durch eine besondere Vorrichtung die nöthige Elevation gegeben. An dem untern Theil desselben befindet sich in der Verticalfläche der Seelenachse, und senkrecht auf diese, etwas gegen das hintere Ende, ein flaches Metallstäbchen, welches mehrere runde Löcher enthält. Dieses Stäbchen muß, wenn das Rohr eine Verticaldrehung macht, einen Kreis in der Verticalfläche der Seelenachse beschreiben; ein Theil eines metallenen Kreisbogens ist nun so an der Laffete, unter dem Rohr angebracht, daß das Stäbchen, wenn es seinen Weg bei der oben erwähnten Drehung beschreibt, an diesem Bogen hinstreift, wodurch lezterer zur Messung dieses Weges dient. Da nun dieser Metallbogen ebenfalls mit runden Löchern versehen ist, so kann man durch einen Stift das Stäbchen an den Bogen befestigen, und dadurch die Höhenrichtung des Rohres bestimmen. Dieses Raketengeschütz dient schon zu der Beschießung einzelner beschränkter Gegenstände, und giebt eine viel größere Genauigkeit der Schüsse, als die vorhergehenden Arten; es ist dieses das eigentliche Belagerungsgeschütz des Raketensystems. Eine gewöhnliche Protze, welche die Munition enthält, bildet das Vordergestell. Zu der Bedienung dieses Geschützes werden nur drei Mann erfordert."

Schließlich gab es in diesen Jahren auch bereits die ersten „Mehrfachraketenwerfer":

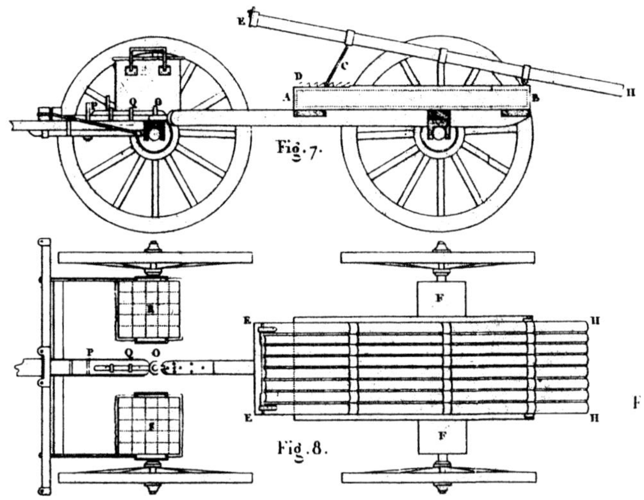

„Mehrfachraketenwerfer" (Zeichnung Montgèry)

„Diese Wagen sind förmliche Orgelgeschütze, sie enthalten auf einem zweirädrigen Karren 20, 24 - 30 kupferne Röhren, in zwei Reihen über einander gelegt, welche ohngefähr 4 - 6 " von einander entfernt sind; aus diesen Röhren können Salven von 20, 24 - 30 Raketen gegeben werden, oder man kann die Projectile einzeln abfeuern. . . Der Orgelwagen endigt ebenfalls in eine Blocklaffete, und wird mit einer Protze aufgeprotzt, auf welcher die zwei bedienenden Raketiere fahren, der Unter-Offizer, dem dieser Wagen anvertraut ist, reitet neben her. Diese Wagen sind die eigentlichen Feldgeschütze des Raketensystems; ihre Röhren können hinten geschlossen werden."[472]

Für 6pfündige Raketen war ein Wagen mit 20 Röhren vorgesehen, der zum Mitführen von 72 Raketen eingerichtet war. Der 12pfündige Mehrfachwerfer trug 10 Röhren und konnte ebenfalls 72 Raketen mit-

37; die AMZ 1828, S. 713, berichtete eine etwas abweichende Gliederung, hiernach bestand das rocket-corps unter Colonel Sir Alexander Dickson 1822 neben den Captains aus 4 Premierlieutenants, 2 Staff-Sergeants, 3 Sergeants, 7 Bombardiers, 97 Raketisten und 36 Trainsoldaten, dazu einem Tierarzt. Wahrscheinlich gab Congreve eine geplante Soll-Stärke an, die unter Friedensbedingungen nie erreicht wurde.

471) W. L. Volz, Militärische Reisen, Erster Theil England, Über die britische Landmacht, Stuttgart / Tübingen 1826, S. 236 ff.

472) Volz, a.a.O., S. 242; auch Montgéry (III. Mémoire sur les fusées de guerre, in: JSM, 1826, Tome 2, p. 218) beschrieb diesen Mehrfachwerfer: „On fit ensuite usage d'une espèce d'affût de campagne portant plusieurs tubes en fer, longs d'à peu près 12 pieds: on tira de fusées de 6 à 8 livres contre une cible éloignée de 1200 yards." M. F. Schlieper (Beschreibung der Einrichtung und Gebrauchsweise der . . . der Kriegsraketen, Heft 2, Leipzig 1838, S. 40) schrieb: „Die mit vier Röhren versehene 24pfder Salvenlafette hat, nach Congreve's Angabe, das Gewicht eines englischen, leichten 6pfder Kanons. Das Rohr besteht ebenfalls nur aus einer hinten offenen. kupfernen Röhre, welche mittelst einer einfachen Vorrichtung bis 20° elevirt werden kann. Die beiden Theile derselben sind durch ein Scharnier so verbunden, daß der vordere während des Marsches umgelegt werden kann, und der Länge nach auf dem hintern ruhet. . . Bei 3 und 5pfdern liegen sie in zwei Reihen über einander, sind natürlich kürzer und nicht zum Aufklappen eingerichtet. In jedem Rohr steckt während des Marsches eine Rakete am Stabe."

führen. Ebenso war für 3pfündige Raketen ein „Werfer" mit 34 Röhren konstruiert worden.[473] Diese Mehrfachwerfer waren aber bei den Offizieren des Troop offensichtlich nicht beliebt, Volz fügte an, daß sich beim Abfeuern die Flugbahnen der Raketen oft kreuzten und sie sich dadurch gegenseitig beeinflußten. Sie scheinen nur wenige Jahre versuchsweise im Dienst gewesen zu sein. Zur Bedienung schrieb er:

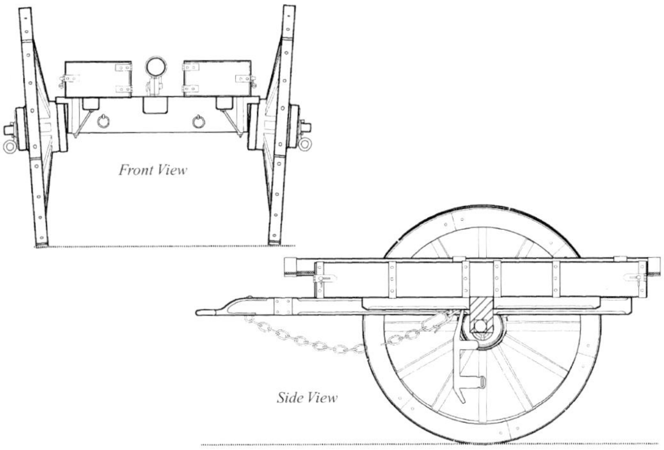

24pfdg Raketenwagen etwa 1827 (Zeichnung C.E. Franklin)

„Die Bedienung eines solchen Geschützes ist sehr einfach, und es gehören hiezu unmittelbar nur 4 Mann, welche in Nummern eingetheilt sind. 3 - 6 Mann befinden sich an dem zugehörigen Wagen, und werden zum Herantragen der Raketen benutzt. Nachdem abgeprotzt ist, werden die Vorder- und Hinterklappen, welche die Enden der Röhre verschließen, geöffnet, und die Raketen - entweder alle, oder so viel wie eben abgeschossen werden sollen - so weit zurückgezogen, daß die Mündung an das hintere Ende des Rohres kommt. Nr. 4 hat unterdessen die nöthige Richtung und Elevation gegeben, und Nr. 3 feuert nun die Raketen ab; entweder in einer Salve, indem er den Zündstock rasch über die Mündungen hinzieht, oder einzeln."[474]

1821 wurden in Anwesenheit eines französischen Seeoffiziers in Woolwich am 12. Juni mehrere Versuche durchgeführt, dabei wurden Leuchtraketen mit Fallschirm getestet, die sich gut bewähren und etwa 10 Minuten leuchteten; überdies wurden erstmals Versuche mit Ankerraketen angestellt, wobei vom Schiff aus über eine Entfernung von 1.000 yards mit einer Rakete ein Seil an das Ufer geschossen wurde, um mittels dieses Seiles ein Boot vom Schiff zum Ufer zu ziehen. Bei derselben Gelegenheit wurden auch 12pfündige Raketen aus einer Feldlafette mit einem 12 Fuß langem Rohr auf ein 1.200 yards entferntes Ziel gefeuert, wobei sich eine sehr gute Einhaltung der Seitenrichtung ergab.[475] Schließlich wurde eine große Rakete unter 45 Grad Elevation abgefeuert, die eine Schußentfernung von 3.000 yards erreichte, und es wurden mehrere Raketen vom Boden in kurzer Reihenfolge gegen einen angenommenen Kavallerieangriff auf 500 Toisen abgefeuert, wobei der Beobachter feststellte:

„L'effet de cette suite de décharges parut si prodigieux, que les spectateurs demeurèrent convaincus qu'il ne serait guère possible à une cavalerie quelconque de se maintenir en bon ordre, ni d'avancer sous un pareil feu."[476]

1822 empfing Congreve in Woolwich einen Besuch des österreichischen Professor Gerstner vom Wiener Polytechnikum, der nach seiner Rückkehr Oberst Augustin, dem Leiter der österreichischen Raketenanstalt, seine Eindrücke schilderte. Eine der ersten Fragen Congreves an Gerstner wäre gewesen, „was Augustin in Österreich mache ? - und ob er im Stand wäre, seine Raketen nachzuahmen?"

„Gerstner antwortete: 'daß man in Oesterreich allgemein der Meinung wäre, hierin weiter als in England gekommen zu seyn.' Darüber sey nun Congreve mit beiden füssen in die Höhe gesprungen, indem er vielmals schreiend wiederholte: 'c'est impossible!' - Nach einiger Erholung habe er sogleich die Ausrükkung seiner Batterie angeordnet und durch seinen Obersten selbst das Commando führen lassen, um wie er sagte: desto sicherer seiner Sache zu seyn. - Dem Professor versicherte er, die Sache auf den höchsten Punkt der Vollkommenheit gebracht zu haben, so wie er gleich sehen würde, und mir und allen Österreichern erzählen solle - er, Congreve, würde an die Kaiserlichen Erzherzöge schreiben, und sie bitten, ihm Gelegenheit zu verschaffen, künftiges Frühjahr im Monat April, die österreichischen Raketen sehen und vergleichen zu dürfen."[477]

Vom folgenden Schießen war Gerstner weniger beeindruckt, da kaum Treffer erzielt wurden, auch wurde ihm ein Platz zur Beobachtung zugewiesen, von dem aus er die Art der Abfeuerung nicht sehen konnte. Zum Schießen berichtete Gerstner:

„Es wurde in dieser ersten Distanz [800 yards] mit 4 pfünder gefeuert, und zwar mit 5 Grade, welche Elevation Congreve als vollkommen erreicht zu haben ausgab.- Von da ging es auf 1.000 Yards mit 8pfündern, die hier von ebner Erde aus geschossen wurden, und deren Flammen $^3/_4$ ihres Weges zu sehen war.- Endlich wurde von 1.200 Yards mit 12pfündern und mit 8° Elevation gefeuert. Mit der Größe des Calibers nahm die Langsamkeit des Fluges zu. Auf der halben Bahn fiel jedesmal die Rakete frey aus der Luft herab, und nur die Kugel flog weiter. Nach dem Auffallen der Kugel war kein Knall zu hören. Die Hülsen rauchten noch eine Weile am Boden fort. Es wurden etwa 50 Schuß in Allen gemacht, davon sind einige sogleich beim Abfeuern geborsten - und nur eine Kugel hat die Wand getroffen. . . . Nach dem Experiment ließ Congreve die Batterie heranfahren, und zeigte die Einrichtung seiner Munitionswagen, und deren Packung. Es waren 2 derley Wägen anwesend, wovon der Eine zugleich die Laffette ausmachte. In der Kiste auf der vorderen Axe waren etwa 60 Stück Raketen aufrecht mit dem Mundloche abwärts gestanden, und zwar ohne Kugeln. Im 2ten Wagen waren die Kugeln ledig ohne Raketen verpakkt. Die Laffette auf der hinteren Axe bildeten 10 Stück 9 Schuh lange Röhren aus Metall. Diese konnten bis auf 18 Schuh verlängert werden. Congreve bemerkte, daß diese Verlängerungen zur mehreren Sicherheit des Schusses gehörten. Sie mochten etwa Linien dick in Metall seyn, und 3 Zoll in Lichten haben. Durch die Stellung des Langbaumes mittelst einer Gabel, kann die nöthige Elevirung geschehen."[478]

473) E. J. Becklake / P. J. Turvey, Congreve at the Rotunda, in: JBIS, Vol. 40, p. 295, in der Rotunda ist auch ein noch früheres Modell eines Mehrfachraketenwerfers der bengalischen Artillerie für Seitenstabraketen vorhanden, das 6 Abfeuerungsrinnen (troughs) trägt.

474) Schlieper, a.a.O., S. 41

475) o. Verf., Congrevische Raketen, a.a.O., S. 27, vgl.: P. Turvey, A Contemporary Model of Sir William Congreve's Lifesaving Rocket, in: JBIS, Vol. 45, 1992, pp. 289, Congreve wurde anscheinend durch die Versuche Henry Trengrouses mit Lebensrettungsraketen hierzu angeregt; ernstere Versuche mit diesen Raketen scheinen erst 1826 durchgeführt worden zu sein, schlugen aber fehl, da die Rakete durch das mitgeführte Seil vorzeitig abstürzte, eine befriedigende Lösung fand dann später John Dennet (siehe hierzu Abschnitt 12)

476) Montgéry, a.a.O., p. 115

477) ÖSK-Mem. 13-218, Brief Augustin an den General Artillerie Direktor Erzherzog Ludwig vom 24. November 1822; nach Augustins Brief hat Congreve an Erzherzog Johann und Erzherzog Maximilian geschrieben.

478) ibidem. Gerstner wurde auch ein Mousqueton vorgeführt, eine hölzerne Röhre von 7 Schuh Länge, aus der Raketen von Reitern verschossen werden sollten. Auch von einzelnen Phasen der Bearbeitung der Raketen nahm Gerstner kritisch Kenntnis, zu den Hülsen bemerkte er: „Alle Hülsen waren unten spitzig zugelaufen - Oben am Rande war das Blech doppelt umgeschlagen. Die Löthung war ganz grob weg - und überhaupt die Arbeit sehr roh und schlecht." Das Laden der Raketen wurde Gerstner nicht gezeigt. - Zur Qualität der Arbeit wurde auch festgestellt: „Gerstner hatte weder Wasser noch Dampf bei diesen Gebäuden bemerkt, woraus zu ersehen ist, daß

Am 26. September 1823 wurde bei Woolwich ein Raketenschießen vor dem Prinzen Wilhelm von Braunschweig und dem hannoverschen Staatsminister Graf Münster durchgeführt, auch hierzu liegt eine Beschreibung vor:[479]
„*a) Ein einfaches Belagerungs-Rohr wurde auf 700 Yards oder 350 französische Toisen, von einer vor dem Kugelfang aufgestellten Bretterwand, welche die Cavallerie-Höhe hatte und eine Schwadron vorstellen konnte, aufgeführt. Man schoß 24 Stück dreipfündige Raketen mit 7° Elevation. Ehe die Rakete das Rohr verläßt, entströmt ein etwa 12 - 16 'langer Feuerstrahl nach rückwärts, sodann macht sie sich los, und bringt mehrere Secunden unterwegs zu; das Geräusch, das sie verursacht, gleicht demjenigen der gewöhnlichen Feuerwerks-Raketen von sehr starkem Caliber. Am Ende der Bahn zerplazt die Versetzung. Von den auf 700 Yards geworfenen 24 Raketen konnten ohngefähr 8, also ein Drittel, als Treffer beobachtet werden, in dem sie entweder die Wand trafen, oder kurz vor derselben zerplazten.*
b) Es wurden sodann 12 dreipfündige Raketen auf den Boden gelegt, mit einer Leitung versehen und auf einmal abgefeuert. Der moralische Eindruck, welchen diese Salve auf alle Anwesenden hervorbrachte, war sehr bedeutend, und man war darin einig, daß kein Pferd und nur wenig Quarrees Infanterie, einem solchen Feuerhagel aushalten würden, wenn sie nicht schon vorher an das schreckliche Aeußere dieser Waffe gewöhnt wären. Die physische Wirkung würde bei dieser Volée sehr unbedeutend gewesen seyn, indem die meisten Raketen in der Luft plazten, und sehr viele die Stöcke verloren. Man sah hier die merkwürdige Erscheinung des Raketen-Riccochetts, und war von der geringen Abweichung aus der Schußlinie, welche durch die Aufschläge verursacht wurde, sehr befriedigt. Ueberhaupt hielten diese Raketen auf eine ziemlich genügende Art ihre Richtung; allein es scheint, daß sie nur dann mit einem Erfolge, der den aus Röhren geschossenen ähnlich ist, angewendet werden können, wenn die Luft ganz ruhig ist; da nun aber sich dieses aber nur selten trifft, so dürften sie nur im Nothfall und sonst in großen Quantitäten ihren Zweck erfüllen.
c) Man begab sich auf 900 Yards oder 450 Toisen. 24 sechspfündige Raketen aus demselben Rohr mit 9° Elevation geschossen; man konnte ein Viertel als Treffer ansehen.
d) Auf der Distanz von 2.000 Yards wurden 12 zwölfpfündige Raketen abgeschossen; das Rohr, dessen man sich bediente, war ungefähr um das doppelte so lang, als das bisher gebrauchte; es hatte an 20 Fuß Länge. Man gab ihm 20° Elevation (weil überhaupt ausgemittelt wurde, daß man auf das 100 Yards immer 1° Elevation geben müsse), man konnte blos 2, also 1/8 als Treffer ansehen.
2) Auf derselben Distanz von 2.000 Yards wurden mit derselben Elevation 12 vier und zwanzig pfündige Raketen geschossen, welche auffallend gut Direktion hielten, aber alle zu weit gingen.

Übersicht der Resultate

Caliber der Raketen	Distanz Yards / Toisen	Elevation	Anzahl der geschehenen Schüsse	Anzahl der Treffer	Anzahl der Treffer in Theilen des Ganzen
3 pf.	700/350	7°	24	8	1/3
6 -	900/450	9°	24	6	1/4
12 -	2000/1000	20°	12	2	1/6
24 -	2000/1000	20°	12	-	-

Auch die Manöver eines Troop konnten von Volz beobachtet werden. Er gab an, daß der Feld-Raketenwagen eine Bedienung von 10 Mann und einem Unteroffizier hätte, wovon 8 beritten wären, wobei die Berittenen zwei „Brigaden" zu 4 Mann bildeten. Dabei beschrieb er das Batteriefeuer, bei dem beide Raketenwagen in Carrière vorgingen, abprotzten und feuerten, sowie ein Rückzugsgefecht, wo die „Brigaden" ausschwärmten, aus den Abfeuerungsgestellen feuerten, während die Wagen aufprotzten und zurück in die nächste Position jagten. Schließlich führte er noch das „Massenfeuer" der Batterie an, bei dem sowohl aus den Geschützen als auch vom Boden und aus Abfeuerungsröhren die Raketen gezündet wurden, so daß pro Minute 32 bis 40 Raketen abgefeuert wurde. Zu den Reichweiten gab er die Daten aus dem Dictionnaire von Falconer an:[480]

Art der Rakete	42 Pf. Carcasse	42 Pf. Granate	32 Pf. Carcasse
Beschreibung	große: 18 Pf Brandsatz kleine: 12 Pf Brandsatz	12 Pfund, sphärisch 5" 1/2	große: 18 Pf Brandsatz mittlere: 12 Pf Brandsatz kleine: 18 Pf Brandsatz
Max. Portée in Metern	3.200	3.200	gr.: 1.828 m.: 2.205 kl.: 2.743
Elevation	60°	60°	gr.: 60° m.: 60-55° kl.: 55°
Art der Rakete	32 Pf. Kartätsche	12 Pf. Kartätsche gr.	12 Pf. Kartätsche kl.
Beschreibung	9 Pf. sphärisch große: 200 Flintenkugeln kleine: 100 Flintenkugeln	5-12 Pf. Pulver um Rakete platzen zu lassen	gr.: 72 Flintenkugeln kl.: 48 Flintenkugeln
Max. Portée in Metern	gr.: 2.205 kl.: 2.743	2.205-2.743	gr.: 1.828 kl.: 2.743
Elevation	gr.: 55° kl.: 50°	55°	45°

Bei einem anschließenden Vergleich zwischen Raketen und Kanonen kam Volz zu dem Schluß, daß die Kanonen die Raketen nie als Fernwaffen ersetzen könnten, während bei kleineren Zielen die Rakete „nie in Concurrenz" mit der Kanone treten könne.[481]
Auch 1824 wurden bei Versuchen das Einhalten sehr genauer Richtungen beobachtet.[482] Bei Versuchen im Jahr 1825 scheint die Treffgenauigkeit der Raketen noch besser als bisher gewesen zu sein, man benutzte hierzu die alte „Leiter" ohne Abschußrohre und verschoß 2 Raketen gleichzeitig von diesem Gestell. Zur selben Zeit wurde in Woolwich auch erneut die Eindringtiefe der Raketen nach dem Aufschlag überprüft. Unter Leitung des Colonel Jones, dem Commandanten der Royal Engineers und des Lieutenant-Colonel Fyers, RHA

Congreve seine Raketen mit Händen anfertigt.- Dieses scheint auch schon aus den eigenen Ausdrücken Congreve's hervorzugehen, denn, als beim Manöver die Raketen geborsten sind, und Congreve darüber erzürnt, herumfluchte, und Gerstner fragte, wie daß komme? - so sagte er: 'Die Leute wären daran schuld, wenn sie beim Schlagen nicht Acht geben.'(!) Aus allen diesen Daten muß ich nun glauben, daß Congreve mit seinen Raketen theilweise noch weiter zurück ist, als wir 1815 bey Hünningen waren." - Congreve übergab anschließend Gerstner zur Auslieferung an Augustin zwei seiner Schriften, die dieser lesen sollte: a short account of the improvements in Gun Powder Made by Sir William Congreve und: a concise account of the Origin et Principles of the New Class of 24-Pounder Medium Guns, of reduct length and weight proposed by Sir William Congreve und schließlich: An Elementary Treatise on the Mounting of Naval-Ordnance.

479) zitiert nach: Volz, a.a.O., S. 243 f.
480) Volz, a.a.O., S. 248
481) Volz, a.a.O., S. 296
482) v. Hoyer, a.a.O., S. 106, Beobachter war der schwedische Gesandte, Baron von Löwenthielen

und Commandanten des Raketen-Corps, wurden mehrere 12pfündige Raketen mit Granaten abgefeuert, diese drangen nach einer Entfernung von 1.500 Schritt bis zu 22 Fuß tief in einen Erdwall ein bevor die Granaten detonierten.[483)]

1824 und 1825 reiste Congreve auf den Kontinent, wo er 1824 in Wesel heiratete und anläßlich eines Besuches in Berlin am 19. März 1825 als Gast der preußischen Artillerie einen Raketenversuch in Spandau beobachten konnte. Am 28. April weilte er in Weimar, wo er mit seiner Frau Goethe besuchte.[484)]
1825 entwickelte Congreve eine neue, fahrbare Abfeuerungseinrichtung, hierbei faßte er diesmal 8 Abschußrohre auf einem herkömmlichen Munitionswagen zusammen.[485)] Dieser neue Wagen scheint aber ebenfalls nur versuchsweise eingesetzt worden zu sein, da er später von Jacobi nicht mehr beschrieben wurde.[486)]
„Die eigentliche Laffete ist in der Art zusammengesetzt, daß auf dem gewöhnlichen, aus einer Achse mit zwei Rädern und einem Langbaume bestehendem Untergestelle eines Hinterwagens ein länglicher Kasten zum Transport der Raketenstäbe ruht; auf diesem Kasten befinden sich, seiner Länge nach und in einer Reihe liegend, 8 miteinander verbundene Röhren von Metall, welche durch Scharniere an dem vorderen Theile des Kastens dergestalt befestigt sind, daß ihnen vermittelst einer einfachen Einrichtung die verlangte Elevation oder Neigung gegeben werden kann. Die hintere Öffnung dieser Röhren ist in der Regel durch ein, mit Eisenblech beschlagenes Brett geschlossen, welches unten mit Scharnieren versehen ist, und beim Einführen der Raketen in die Röhren herabgelassen wird. An diesem Brette befindet sich eine Rinne, welche mit Pulver bestreut wird, durch lange Stoppinen oder hingestreutes Pulver mit den verschiedenen, in den Röhren befindlichen Raketen in Verbindung steht, und an deren einem Ende ein Feuerschloß angebracht ist, wodurch 8 Raketen zugleich abgeschossen werden können. Unter der Laffete werden Vorrathröhren befestigt, welche außer dem Ersatzmittel auch dazu dienen, die oberen Röhren zum Behufe eines weiteren und richtigeren Schusses zu verlängern. Endlich sind auf beiden Seiten des großen Kasten zwei Kästchen, zur Aufbewahrung kleinerer Geräthschaften und von Munition, befindlich. Die Laffete wird durch den Protznagel und vermittelst Riegel mit der Protze verbunden; die Protzkästen haben mehrere verticale Gefächer zur Fortbringung von Raketen; auf jedem der beiden Kästen sitzt ein Mann."[487)]

1824 begann der erste Ashanti-Krieg, wobei die Abwehr der Angriffe der Ashantis zunächst keinen durchschlagenden Erfolg hatten, so daß

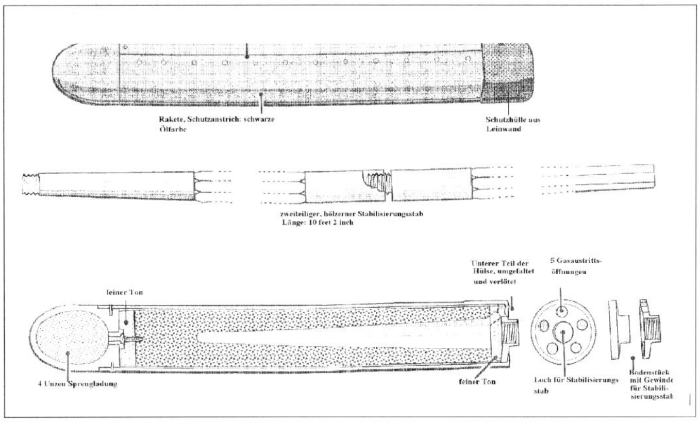

12pfdg Congreve-Rakete, etwa 1829 (Zeichnung C.E. Franklin)

im März 1825 Verstärkungen aus England zugeführt werden mußten. Daraufhin unterblieben für fast ein Jahr weitere Angriffe. 1826 jedoch stießen die Ashantis auf Accra vor und mußten hierbei zum ersten Mal Bekanntschaft mit den Raketen machen, da zu den britischen Verstärkungen auch eine Gruppe Raketeure gehört hatte. 20 Meilen nördlich Accra bei Dodowah stießen die britischen Truppen unter Lieutenant-Colonel Purdon am 7. August 1826 auf etwa 10.000 Ashantis.
„A few rockets, fired at the right moment, spread terror and confusion into the ranks of the Ashantis . . ."[488)]
In einem Zeitungskommentar hieß es hierzu:
„Der letzte entscheidende Sieg über die Ashantees in Afrika war hauptsächlich das Werk der Congrevischen Raketen, von deren einer der König der Ashantees gleich im Anfange des Gefechtes verwundet worden. Seine bestürzte Umgebung glaubte, es falle der Blitz auf sie."[489)]

Nach dem Tod Congreves versuchte dessen langjähriger Privatsekretär, Robert Drake, aus seinem Wissen Kapital zu schlagen, um sich eine neue Existenz zu gründen und bot an, Congreves Geheimnis der Raketenherstellung „unknown even in the Board of Ordnance itself", dem Staat zu verkaufen, damit es nicht anderen Nationen bekannt werden könnte. Letztlich ging man aber auf dieses Angebot nicht ein, da es sich einerseits längst nicht mehr um ein Geheimnis handelte, andererseits aber auch aus moralischen Gründen: „but as he must have ob-

483) MajGen Sir W. Congreve, Abhandlung über die allgemeinen Grundsätze, a.a.O., S. 16; dabei muß darauf hingewiesen werden, daß zu dieser Zeit Truppen hinter Erdwällen von 12 Fuß Stärke als sicher vor Artilleriefeuer galten.

484) zu Spandau: siehe Abschnitt 7. d. „Königreich Preußen", zum Besuch in Weimar: E. Marcks (Herausg.), Carl August, Darstellung und Briefe zur Geschichte des Weimarischen Fürstenhauses und Landes, IV. Abteilung: Briefwechsel des Herzogs - Großherzogs Carl August mit Goethe, III. Band 1821 - 1828, Berlin, 1918, S. 48 und S. 193: „Ich setze voraus daß Daniell [Meteorologe] derselbe ist welchen wir mit General Congreve hier gesehen haben" Siehe auch: H. H. Houben, Frédéric Soret - Zehn Jahre bei Goethe, Leipzig 1929, S. 155 ff., Soret berichtete über das Gespräch zwischen Congreve und Goethe: Congreve: „Sie werden Herrn Daniell eher kennen als mich. Wenigstens haben Sie seine Apparate benutzt; aber mit meinen Brandraketen werden Sie schwerlich etwas anfangen können." - Goethe: „Wenn ich auch dafür keine praktische Verwendung habe, interessieren sie mich doch nicht weniger.". Das weitere Gespräch drehte sich vor allem um Lord Byron, Milton und Walter Scott, wobei Congreve nochmals seine Raketen ansprach: „Walter Scott sagte mir einmal: wenn Milton sie [die Raketen] gekannt hätte, würde er sie seinen Teufeln in die Hand gegeben haben, um damit den Himmel zu stürmen." Congreve hatte in diesem Jahr eine geschäftliche Deutschlandreise als Vorsitzender der „Imperial Continental Gas Association" unternommen, seine Reise begann im Januar in Ghent, von wo aus er über Antwerpen nach Berlin reiste (11.-26. März), dann am 27. März in Dresden war, Leipzig (28. März bis 25. April), Frankfurt (1. bis 2. Mai) und Mainz (4. und 5. Mai) besuchte, und schließlich über Koblenz (6. Mai) und Brüssel (12. Mai) nach London zurück reiste (Mitteilung F. H. Winter vom 11. November 1998)

485) Morawietz, a.a.O., sowie: Lünsmann a.a.O.; Capitain Fyers gibt hierzu an, daß von einem Abschußgestell für 6pfündige Raketen 12 Raketen in einer Salve abgefeuert werden konnten, entsprechend bei 9pfündigen Raketen 10, bei 12pfündigen 8, bei 18pfündigen 6 und bei 24pfündigen Raketen 4 Raketen. (Le Capitain Fyers, Notes sur les Ressources Défensives de la Grand-Bretagne, suivis de quelques idées sur l'-organisation d'une Artillerie de la Milice, in: JAS, tome XIV, 1853, p. 134)

486) Nach Auskunft des Rotunda Museum, Woolwich (The Royal Artillery Historical Trust) ist dieser Wagen nicht im Feldgebrauch gewesen.

487) Beschreibung des „Mehrfachraketenwerfers" nach: o. Verf., Congrevische Raketen, a.a.O., S. 27

488) Fortescue, a.a.O., Vol. XI., p. 386; J. K. Fynn, Ghana-Asante, in: M. Crowder (edit), West African Resistance, London 1971, p. 19, kommentierte nur: „But the Asante army proved no match for the British, who wielded Congreve rockets.", und schilderte an anderer Stelle die Schlacht von Akatamanso in der Nähe von Dodowah 1826, als es bereits schien, als würden die angreifenden Ashanti siegen: „But the British commander, Colonel Purdon, called up his reserves and ordered them to open fire with Congreve rockets. 'The noise they made', wrote Claridge, 'the long tail of fire they left behind them, the local explosions, and the fearful wounds, led the enemy to believe that the English had some great „fetish" and were fighting them with thunder and lightning."

489) AMZ, 1. Jahrg. 1826, S. 398 „Miscellen"; ähnlich urteilte J. Keegan, The Ashanti Campaign 1873-4, in: B. Bond (ed), Victorian Military Campaigns, London 1967, p. 171: „. . . and his army was equipped with Congreve rockets, whose discharge at the moment of crisis put the panic-stricken Ashanti to flight.", ebenso stellte: H. Brackenbury, The Ashanti War, Edinburgh and London 1874, p. 14, fest: „Rockets were used in this action for the first time on the coast; and there seems little doubt

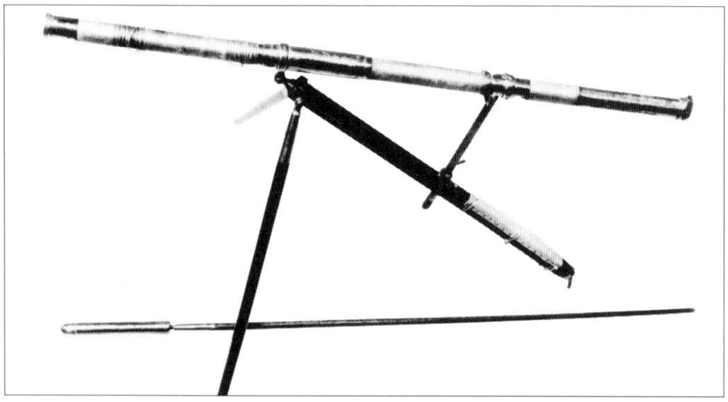

Modell eines 12pr rocket car mit Abfeuerungsgerät (tube) aus den zwanziger Jahren (West Point Museum)

tained this knowledge in a confidential manner it can never be honorable that he should divulge it."[490)]

Auch die Geschäftsleitung der Raketenfabrik zu Bow suchte einen Käufer und trat durch Vermittlung eines Kaufmannes aus Memel, namens Major, an die preußische Regierung heran, wobei angeboten wurde, die gesamte Fabrik mit allen Maschinen, gelagerten Raketen und der Beschreibung des Verfahrens der Raketenherstellung an Preußen zu verkaufen.[491)] Im Mai 1830 besuchten daraufhin preußische Offiziere die Fabrik und ließen sich die Raketen im scharfen Schuß vorführen. Das Angebot wurde aber schließlich doch nicht angenommen.[492)] Ebenso wenig Erfolg hatte man mit dem Versuch, die Raketenfabrik an Rußland zu verkaufen, nach einer Besichtigung wurde das Angebot zurückgewiesen, da die Fabrik als völlig veraltet beurteilt wurde.[493)]

Schließlich versuchte auch Congreves Familie aus seinem Nachlaß der britischen Regierung die Unterlagen zu einer Raketenkonstruktion zu verkaufen, die wohl zu Lebzeiten Congreves nicht mehr realisiert worden war, der „Thunderbolt-Rocket". 1848 schrieb William, ein Sohn Congreves an Sir G. Grey, principal secretary of state, und gab an, daß der Familie kaum mehr als eine versiegelte Tasche geblieben wäre:

„. . . containing a description of a new instrument of war of enormous power and energy; it is called 'Thunderbolt' and was considered by my Father to be a far more effective agent of destruction than his rocket; this opinion was also entertained by his late Majesty George the Fourth to whom only was the secret divulged and whose expressed intention of enrolling the instrument among the military engines of the empire was frustrated by his own and my Fathers last illness."[494)]

Das Schreiben wurde dem Board of Ordnance übergeben, dieses empfahl, nicht auf den Ankauf der Erfindung einzugehen, bevor nicht genauere Unterlagen vorlägen, die das Select Committee in die Lage versetzten, die praktische Verwendbarkeit zu prüfen. Anscheinend erfolgten in dieser Sache dann keine weiteren Verhandlungen, so daß „Thunderbolt", die wohl letzte Entwicklung Congreves, nie realisiert wurde.[495)]

Nach Congreves Tod scheint aber der bisherige Enthusiasmus für die Raketen zurückgegangen sein, und auch Kritiker meldeten sich vermehrt. So stellte Lieutenant Beauchant im „The Naval Gunner" fest, daß die 32pfündigen Raketen, von Booten aus abgeschossen, auf ihrer Hauptschußentfernung von 1.500 yards ungenau wären. Auch scheint die Beliebtheit der Raketen stark gesunken zu sein, da „rockets had been known to explode in the boat's discharger."[496)]

Für die Royal Navy waren zu dieser Zeit Raketen dennoch bereits eine Standardwaffe. Insbesondere für die Boote der Kriegsschiffe waren inzwischen nicht mehr Kanonen sondern Raketen als Bewaffnung vorgesehen. Nach der Order für Bewaffnung der Boote von 1823, geändert 1828, trugen nur noch die Launches (Boote von 10,36 bis 12,19 Meter Länge) der Fregatten 2 zwölfpfünder Karronaden, alle anderen Boote waren mit Raketen-Abfeuerungsgestellen ausgestattet, also die Pinassen (8,53 oder 9,14 Meter), Kutter (7,62 oder 7,93 Meter), Jollen (6,10 oder 4,88 Meter) sowie Gigs (8,53 oder 6,71 Meter). Dabei galt diese Bewaffnung mit Raketen für alle Schiffsklassen unterhalb der 36-Kanonen-Fregatten, also für Schiffe mit weniger als 1.000 t, damit für die 26-Kanonen-Fregatten, Sloops-of-war und Briggs.[497)] Mit Schreiben vom 29. November 1828 forderte die Admi-

that the moral effect which they produced aided materially in the victory." Brackenbury datierte dies Gefecht abweichend auf den 19. September 1826.

490) P.R.O., WO 44/643, Brief R. Drake vom 08. Februar 1830 sowie Stellungnahme Fraser, Direktor Royal Laboratory, vom 01. Juli 1830

491) GSPK, I. HA, Rep. 92, Nl. v. Müffling<M> Nr. A14, Raketensachen; Schreiben General v. Hake (Kriegsminister) an General Müffling vom 06. März 1830: „Wie Euer Excellenz bereits bekannt ist, hat der Kaufmann R. A. Major in Memel, Namens der Besitzer der Congrevischen Raketen Fabrik in England, diese ganze Fabrik mit allen Maschinen, und wenn es verlangt würde, auch mit den vorräthigen Raketen, sowie endlich des Geheimnis der Behandlung dieser Raketen im Gebrauche der Preuß: Regierung zum Verkauf angeboten."

492) GSPK, ibidem; Brief Hauptmann Meyer an General v. Müffling, London, den 27 Mai 1830

493) Sonkin, Russkaya Raketnaya Artilleria, Moskva 1951, S. 35

494) P.R.O., WO 44/623, letter W. Congreve, Brussels, Jan 3 1848, er fügte noch hinzu, daß diese Tasche seit seines Vaters Tod nicht geöffnet worden wäre, und das Geheimnis keinem anderen bekannt wäre.

495) ibidem, Schreiben W. Phillipps 9 February 1848

496) Angaben und Zitat nach: Gleason, a.a.O., p. 397

497) Howard, Segelkriegsschiffe, München 1983, S. 225

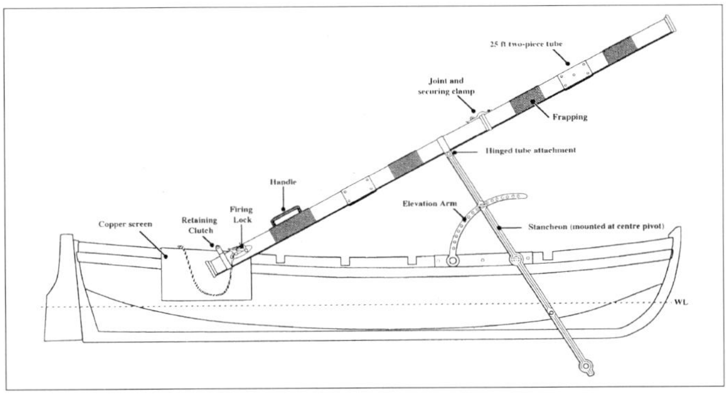

Sea Service Rocket Tube, 1831, mounted for elevations below 45°
(Zeichnung: C.E. Franklin)

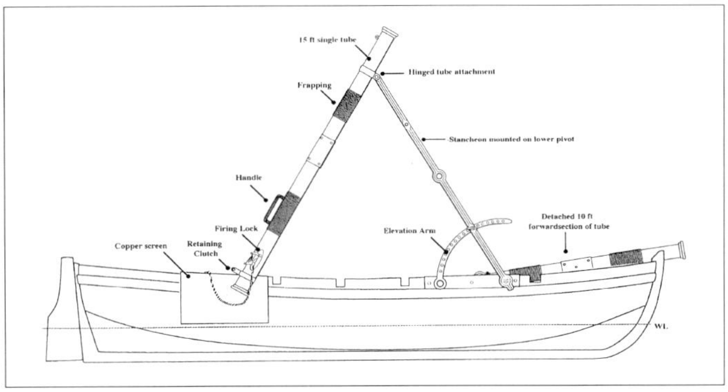

Sea Service Rocket Tube, 1831, mounted for elevations above 45°
(Zeichnung: C.E. Franklin)

ralität beim Master General of the Ordnance die erforderlichen Raketen an,[498] bereitgestellt werden sollten jeweils 5 Dutzend Raketen für Linienschiffe und Fregatten sowie jeweils 3 Dutzend für die kleineren Schiffe, einschließlich der nötigen Abfeuerungsgestelle.[499] Vom Royal Laboratory wurden daraufhin für die größeren Schiffe 24pfündige und für die kleineren Schiffe 12pfündige Raketen vorgesehen. Am 7. April 1830 wurde dann von der Admiralität festgelegt, daß alle Linienschiffe und Fregatten mit 60 - 24pfündigen und alle kleineren Schiffe mit 36 -12pfündigen Raketen ausgestattet werden sollten.[500] Damit ergab sich ein Gesamtbedarf von 2.220 24pfündigen und von 3.924 12pfündigen Raketen, bei einer Jahresproduktion zu dieser Zeit von 1.000 Raketen. Die Bereitstellung der Raketen wurde durch das Board of Ordnance am 17. April 1830 befohlen. Der Direktor Royal Laboratory schlug jedoch vor, die Schiffe besser mit Abfeuerungsrohren - tubes - auszustatten, da diese sich bei einem Versuch in Sheerness für den Gebrauch aus Booten als besser geeignet erwiesen hätten.

„It appears to be chiefly desirable in the application of Rockets from boats that the Tube with which they are used should permit their being fired with safety to the Crew, and to the further supply of Rockets in the Boat; that it should ensure all the correctness of direction, and range of which Rockets are susceptable; and at the same time leave the oars free so as to enable the Boat to be roared to any position which might be required."[501]

Da noch keine Bedienungsanleitung für den Gebrauch der „Tubes" für die Navy vorhanden war, schlug er zugleich vor, eine solche zu erstellen. Eine solche „Sea Service Rocket Tube" wurde entwickelt und im Juni 1831 von H.M.S. *Caledonia* erfolgreich erprobt und anschließend eingeführt. Die „Tube", aus zwei Teilen zusammengesteckt, war auf einer Stütze gelagert, die um einen Pivotzapfen in der Höhe entlang einer Gradeinteilung zum Nehmen der Elevation geschwenkt werden konnte, für Erhöhungen unter 45 Grad wurden beide Teile der „tube" benutzt, was eine Länge von 25 Fuß ergab, bei größeren Erhöhungen genügte das untere Teil mit einer Länge von 15 Fuß. Diese Abschußeinrichtung blieb bis 1860 im Dienst, wobei 1850 die metallene durch eine hölzerne Stütze ersetzt wurde.[502] Zu diesem Zeitpunkt, 1831, verfügte die Royal Navy in ihren Stützpunkten Chatham, Portsmouth und Devonport über 740 24pfündige und 1.308 12pfündige Raketen, während in Woolwich ein Vorrat von 3.858 24 pfündigen und 450 12 pfündigen verfügbar war.[503] Kurz darauf modifizierte die Admiralität ihre Forderungen, da im Frieden die teure Anfertigung eines solchen Vorrats nicht erforderlich erschien:

„. . . that during Peace there is no occasion to supply these expensive implements + therefore command me to signify their desire that no further supply may taken place, except in special cases, where their Lordship's sanction is obtained; and my Lords further desire me to state their opinion that the quantity of Rockets now in Store is sufficient for any emergency that is likely to arise."[504]

Aus den vierziger Jahren liegen zu dieser „tube" auch Notizen eines Lieutenants der Royal Navy vor, die während eines Lehrganges auf der Marineartillerieschule H.M.S. Excellent entstanden sind; sie zeigen, daß an dieser „tube" weiterhin ausgebildet wurde; aus den Notizen geht hervor, daß beim Abfeuern einer Rakete mit einer Elevation von 45° nur ein Teil der Abfeuerungsröhre benötigt wurde, während bei Erhöhungen von 10° bis 25° beide Teile der Abfeuerungsröhre, wie auf dem Bild gezeigt, erforderlich waren. Ebenso hatte er sich die Regeln für das Richten bei Wind notiert:

„A moderate breeze will scarcely affect the flight of a large Rocket, but with a strong breeze across the range you should point a little to leeward of the object. If against the range more elevation is required & with the range less elevation."

Schließlich hatte er noch Auszüge aus einer Schußtafel festgehalten:[505]

---

498) P.R.O., WO 44/643-28110, Schreiben Sir Augustus Frazer, Director Royal Laboratory vom 16. Mai 1831

499) USJ, 1829, II. Band, p. 237 (To the editor of the United Service Journal): „It is . . . known in this place, that for years previous to the death of Sir William Congreve, he repeatedly and strongly urged the introduction of the rocket into the service of the navy: until a few months since, however, it had not been determined upon by the Board of Admiralty. Now there are thirty men at least employed in the Arsenal here, in making Congreve rockets for that department; so it seems our wooden walls are henceforth to be liberally supplied with that destructive arm. I am . . . CIVILIS. Woolwich. July 14th, 1829"; offensichtlich waren zuvor Raketen von der Royal Navy nur im Ausnahmefall, oder für spezielle Operationen, wie in Algier, als Schiffs- und Bootsbewaffnung mitgeführt worden.

500) C. E. Franklin, Sea Service Rocket Tubes, Lea, Lincolnshire 1999 (unpublished), p.1

501) P.R.O., WO 44/643-28110, Schreiben Sir Augustus Frazer, Director Royal Laboratory vom 26. Mai 1831

502) C. E. Franklin, Sea Service Rocket Tubes, a.a.O., pp. 1

503) P.R.O., WO 44/643-28110, Schreiben Sir Augustus Frazer, Director Royal Laboratory vom 26. Mai 1831

504) P.R.O., WO 44/643-28110, Schreiben der Admiralität vom 7. Juni 1831, es scheint sich also um ein finanzielles Problem der Navy gehandelt zu haben, mit gleichem Schreiben wurde vorgeschlagen, die Verpackungskisten der Raketen nicht mehr mit Eisen sondern mit Kupfer-Bändern zu beschlagen. In einer Stellungnahme wies Frazer dann darauf hin, daß dies zu Mehrkosten von 15 sh / Kiste führen würde. Ein weiteres Problem ergab sich in der Folge, weil aufgrund der ursprünglichen Forderung der Admiralität in Woolwich 13 Arbeiter für die Raketenherstellung zusätzlich eingestellt worden waren, die nun entlassen werden sollten. Es gelang aber dem „Fire-Master" unter Hinweis auf sonstige wichtige Arbeiten, dieses Personal zu halten.

505) RAIL, The Rocket Boat, notebook p. 115, 116, 118, 119 (nach Auskunft C. E. Franklin: notes of Lt. Henderson RN, ca. 1845 from HMS Excellent), auf der Zeichnung ist am Heck unter der „tube" Leinwand zu erkennen, mit Hilfe derer das Boot vor dem Feuerstrahl der Rakete geschützt wurde.

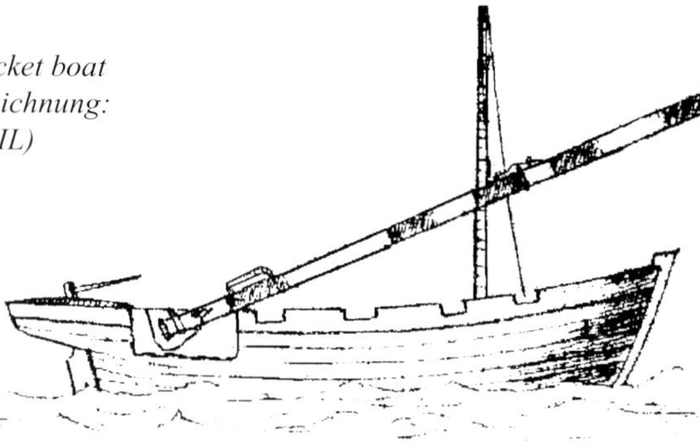

Rocket boat (Zeichnung: RAIL)

24 Pdr Elevation °	Range Yards	12 Pdr Elevation °	Range Yards
45	3600	45	3400
35	3400	35	3300
25	3000	25	3000
15	2000	15	2000
10	1000	10	1000

Für die Zeit um 1830 besitzen wir durch Jacobi[506] eine umfassende Beschreibung der britischen Raketenartillerie:

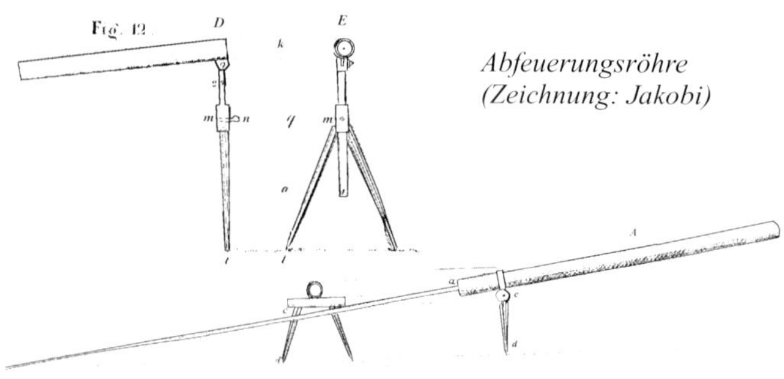

Abfeuerungsröhre (Zeichnung: Jakobi)

„Sämtliche Truppen der Artillerie unterstehen dem Generalfeldzeugmeister (master general of the ordnance). Zu ihnen zählt man die Fuß- und reitende Artillerie, die Racketiere und Artillerieouvriers.
In England bestehen keine Batterien, die blos mit Racketen ausgerüstet werden, sondern führt jede derselben noch 2 leichte 6pfünder mit, die von reitenden Artilleristen bedient werden. Die Racketenexercierbatterien zu Woolwich bestehen aus 2 leichten 6pfündern, einem 12pfündigem und einem 6pfündigen Racketenwagen. Zwar ist die Formation der Racketenbatterien für den Krieg nicht bestimmt festgesetzt, doch dürften dieselben wohl, nach Angaben englischer Offiziere aus 2 leichten 6pfündern, 2-6pfündigen und 2-12pfündigen Racketenwagen bestehen. Man hat die Racketen mit reitenden Geschützen verbunden und einen Theil der Bedienungsmannschaften der Wagen beritten gemacht, um mit großer Geschwindigkeit Racketen nach einem Ort hinführen zu können, wohin kein Wagen folgen kann. Der 6pfündige Racketenwagen enthält 222, der 12pfündige 120 Racketen."[507]

Er beschrieb dann den Transport der 6pfündigen Raketen und das Zubehör, das zum Abfeuern benötigt wird:

„Der Transport der Racketen nach dem Ort des Gebrauchs geschieht entweder, indem der Racketenwagen in die Nähe desselben gefahren wird, und die Bedienmannschaft dann mit den Händen die Racketen nach dem Ort des Gebrauchs trägt, oder auf den Reitpferden der reitenden Artillerie. Jeder Reiter hat 3 Stück 6pfündige Racketen mit ihren Stäben bei sich. Zu ihrer Fortschaffung dienen zuvörderst zwei Pistolenholfter (Fig 22), in der zwei Racketen ohne Stäbe stecken, und die Vorrichtung B mit zwei Riemen gb und ge, welche eine Rackete an einem Stabe, und zwei Stäbe birgt. Die Pistolenholfter (holsters) sind mit Deckeln von Bärenfell versehen. Die Scheide B ist 1' lang, und hat inwendig der Länge nach eine Scheidewand von Leder F, wodurch eine untere Abtheilung a für die Racketen und eine obere Abtheilung b für die starken Ende zweier Stäbe gebildet wird. Die Scheide sitzt an einem ledernen Riemen gb, und ein zweiter Riemen steht mit einem rundem Riemen D in Verbindung, welcher 3 Abtheilungen für die Stäbe hat. In fe befindet sich noch ein einfacher Riemen mit Schnalle E, der über die Enden der 3 Stäbe gezogen wird. Die Riemen bg und eg

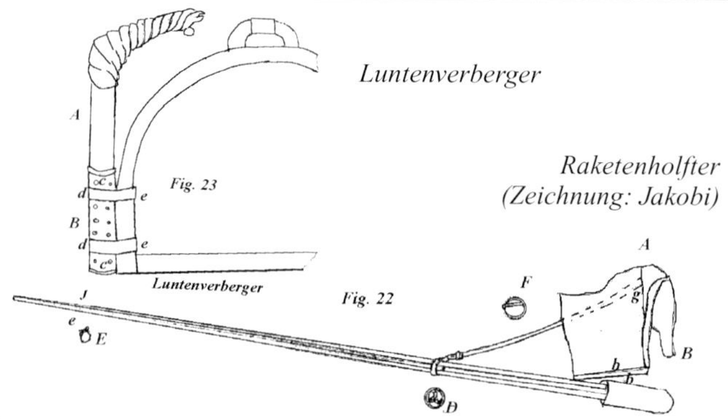

Luntenverberger

Raketenholfter (Zeichnung: Jakobi)

sind am Sattel unter dem Pistolenholfter A mit Schnallstücken befestigt; der letztere kann von einem Schnallstück in e abgelöst werden. Um die Racketen entzünden zu können, trägt der Reiter am Steigbügel einen Luntenverberger mit Lunte (Fig 23). Der Luntenverberger besteht aus zwei blechernen Hülsen A und B, welche ineinander und auseinander geschoben werden können. Am Bügel ist die Röhre B, welche die Lunte C enthält, hervorgezogen, und von c nach a hängt ein Stück Lunte, innerhalb der Röhre A, gegen Regen geschützt und selbst keine Gefahr bringend. Wenn man aber die Lunte zum Anzünden gebrauchen will, und sie frei in der Hand hat, wird die Röhre B in A hineingeschoben, sodaß dann die brennende Luntenspitze a frei hervortritt. Zwei Riemen mit Schnalle dienen zur Befestigung des Luntenverbergers am Steigbügel. Das äußere Futteral A hat mehrere Luftlöcher."

Der von Congreve entwickelte „Mehrfachraketenwerfer" wurde von Jacobi nicht beschrieben, es ist davon auszugehen, daß er zu diesem Zeitpunkt nicht mehr im Dienst war.

„Zur Bedienung eines Racketenwagens gehören 5 Mann, von denen 2 auf dem Protzkasten sitzen und 3 zu Pferde sind. Die mittelste dieser 3 Nummern ist Pferdehalter. Sollen 6pfündige Racketen ohne Wagen vorgesandt werden, so geschieht das dergestalt, daß die 3 Nummern vorreiten, zwei von ihnen absitzen, die Racketen auf die Erde legen und anzünden, während der dritte die Pferde hält. Werden Gestelle gebraucht, so sind die fahrenden Nummern mit der Aufstellung derselben beauftragt, während die reitenden Nummern Racketen herbei holen."[508]

Der Raketenwagen wurde von ihm wie folgt beschrieben:

„Achse, Räder und Untergestell des Racketenwagen sind dieselben wie bei den übrigen Munitionswagen, nur die Obergestelle sind anders construirt.

506) G. A. Jacobi, Beschreibung des gegenwärtigen Zustandes der Europäischen Feldartillerien: Erstes Heft, Beschreibung des Materials und der Ausrüstung der Englischen Feld-Artillerie, Mainz 1835
507) ibidem, S. 47
508) ibidem, S. 58

Die Protze, sowohl der 6 als 12pfündigen Racketenwagen, sind dieselben; auf dem Protzgestelle steht ein großer Kasten für Racketen (rockets) ohne Ruthen (sticks). Auf dem Hintergestell des 6pfündigen Wagens stehen in der Mitte 2 kurze Kasten für Racketen ohne Ruthen, und rechts und links daneben, an der Seite der Räder, zwei lange Kasten für die Ruthen. Bei dem Hinterwagen der 12pfündigen Racketen, stehet umgekehrt in der Mitte ein langer Kasten für die Ruthen, und rechts und links daneben, zwei Kasten mit Racketen.

Auf jedem Wagen liegt ein Racketengestell, bei dem 6pfündigen auf dem langen Kasten der Sattelseite, bei dem 12pfündigen auf dem einzigen langen Kasten."[509)]

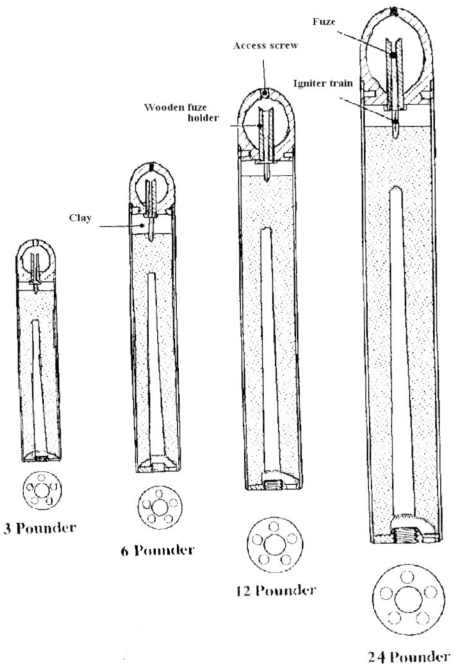

Congreve Rockets 1844 (Zeichnung: C.E. Franklin)

Schließlich nahm Jacobi noch zur Weiterentwicklung der Raketen durch Congreve seit den Befreiungskriegen und zu den ballistischen Grundlagen Stellung, er scheint von den Raketen als Kriegswaffe überzeugt worden zu sein:

„Bestimmte Wurftafeln für den Gebrauch der Racketen im freien Feld habe ich mir nicht verschaffen können. Entweder hat man dergleichen noch nicht festgestellt, oder man hält sie geheim (wie aus dem folgenden Absatz ersichtlich ist, trifft das Erstere zu, d. Verf.), *die im Volz hierüber enthaltenen Angaben, beschränken sich nur auf das im Jahr 1823 vor dem jetzt regierenden Herzog von Braunschweig angestellte Racketenmannövre. Es möge deshalb auch hier nur dasjenige Platz finden, was der pocket-gunner über die Art und Weise ihrer Anwendung enthält.*

Seit der Beendigung des letzten Kriegs hat das Kriegsracketensystem bedeutende Fortschritte gemacht. Einer der wesentlichen besteht darin, daß man die Ruthe jetzt in der Axe der Rackete einschraubt, statt sie wie früher anzubinden, wodurch es möglich geworden ist, die Rackete aus einer Röhre zu schießen, anstatt dieselbe wie früher in eine Rinne zu legen. Der hieraus entspringende Vortheil besteht hauptsächlich darin, daß die Rackete in den ersten Momenten ihrer Entzündung, vermöge der langen Röhre in der ihr zu gebenden Direktion erhalten wird, ohne daß sie bei der im Anfang geringen Geschwindigkeit, durch ihre eigene Schwere, aus der vorgeschriebenen Bahn gebracht werden kann. Bei dem Werfen der Rackete aus einer Rinne wirkte die eigene Schwere der Rackete so mächtig gegen deren Anfangs- oder geringste Geschwindigkeit (Im Gegensatz zu der für alle anderen Projektile geltenden Regel, ist die Anfangsgeschwindigkeit der Rackete ihre geringste. Durch Versuche ist ermittelt worden, daß die Rackete beinahe in der Mitte ihrer Bahn die größte Geschwindigkeit besitzt. Man hat 12pfündige Racketen ausgegraben, die bei einer Schußweite von 1.260 Yards gleich 1.529 Schritten, nachdem sie 22 Fuß weit in einer schrägen Richtung in den Boden eingedrungen waren, sich 4 bis 5 Fuß unter der Oberfläche befanden; einige andere sind 15 bis 19 Fuß in die Mitte des Kugelfangs eingedrungen, wo dann die krepierende Granate einen Trichter von 2 Fuß Durchmesser ausgeworfen hat), daß sie bei geringen Erhöhungswinkeln, oft kurz, nachdem sie die Rinne verlassen hat, einen Aufschlag machte.

Eine andere Folge dieser Verbesserung ist eine bedeutende Verkürzung der Ruthe gewesen. Bei unebenem oder mit Buschwerk bewachsenen Boden, konnte man sich der Racketen alter Art, auf kurze Entfernungen garnicht bedienen; diesem Übelstand ist jetzt abgeholfen. Dessenungeachtet ist das Racketenfeuer bei ebenem Boden am wirksamsten, wenn man die Racketen in starken Salven vom Erdboden abfeuert, wobei sie von 6 bis 800 Yards (728 - 971 Schritte) sich nicht über Mannshöhe erheben. Von 5 bis 1.200 Yards (607 - 1.456 Schritte) schießt man sie am wirksamsten aus Gestellen. Die 24pfündige Rackete erfordert ungefähr 15 Grad Erhöhung zu einer Tragweite von 1.200 Yards = 1.456 Schritte, die 12pfündige ungefähr etwas über 1 Grad Erhöhung mehr für jede 100 Yards (122 Schritte), die 6pfündige 1 Grad mehr auf 100 Yards.

Bei der Anwendung der Racketen muß der Richtung des Windes eine besondere Aufmerksam geschenkt werden. Ein mit der Schußlinie gleichlaufender Wind bewirkt ein Niedergedrücktwerden der Ruthe; deshalb ist unter diesen Umständen eine etwas geringere Erhöhung erforderlich, als bei ruhigem Wetter. Ein der Rackete entgegenkommender Wind wirkt in der entgegengesetzten Art, weshalb hier eine etwas größere Erhöhung nöthig sein wird. Ein die Schußlinie kreuzender Wind treibt, indem er auf die Ruthe am meisten wirkt, die Rackete der Windrichtung entgegen, weshalb die Richtung derselben etwas an die Seite des Zieles genommen werden muß, wo der Wind hinbläßt (leewärts). Eine Windrichtung, die zwischen den beiden ersten angeführten und der letzteren liegt, wirkt in einer zweifachen Art, doch in geringerem Grade. Wenn der Wind die Schußlinie von hinten unter 45 Grad schneidet, so nimmt man etwas weniger Elevation als bei ruhigem Wetter, und richtet etwas leewärts, schneidet der Wind die Richtungslinie von vorne unter denselben Winkel, so ist ein kleiner Zusatz an Erhöhung und eine Richtung leewärts erforderlich.

Bei Befolgung dieser Regeln werden in Massen abgefeuerte Racketen hinreichende Wahrscheinlichkeit des Treffens für den Felddienst gewähren, wo Truppenmassen die Zielpuncte sind. Die Tragbarkeit der Racketen in schwierigem Terrain und die Leichtigkeit mit ihnen mit oder ohne Gestell in einer Anzahl zu feuern, die nur durch die Transportmittel bedingt wird, macht sie zu einer wünschenswerthen Zugabe für die Artillerie jeder Armee."[510)]

Nur wenige Jahre später schrieb Prinz Napoleon zu den englischen reitenden Batterien, daß es keine eigenständigen Raketenbatterien gäbe, die Batterien bestünden aus 6 Geschützen, denen jeweils zwei Rake-

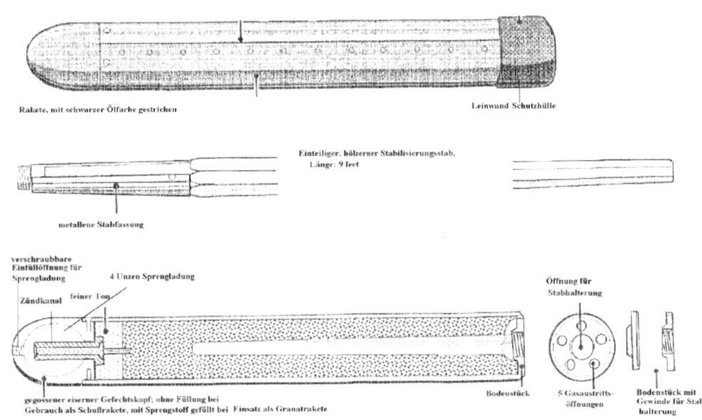

12pfdg Congreve-Rakete, circa 1844 (Zeichnung: C.E. Franklin)

509) ibidem, S. 24, nach dieser Beschreibung scheinen sich die Raketenwagen bis zur Einführung der Raketen Hales kaum verändert zu haben.

510) ibidem, S. 63

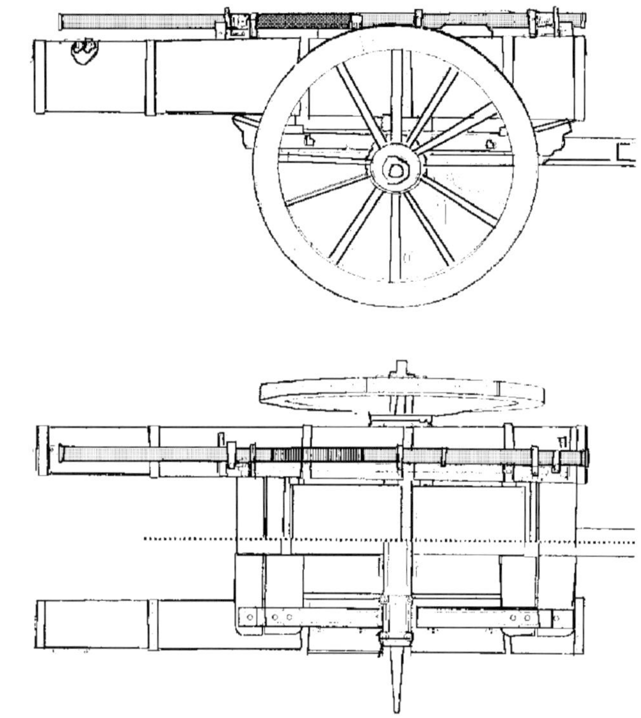

12pr rocket car, etwa 1833 -1844 (Zeichnung: C.E. Franklin)

tenwagen für 6- und 12pfündige Raketen angegliedert wären.[511] Zur Länge der Rohre der Abfeuerungsgestelle gab er an, sie betrage 12 Fuß.[512] In seinen Considérations générales wies er auf die unterschiedliche Herstellungsweise der Raketen hin, wobei in England der Treibsatz noch in die Hülsen geschlagen werde, während in Frankreich bereits hydraulische Pressen zur Anwendung kämen. Zu den englischen Raketen stellte er fest:

„D'après les expériences faites à Lafere, sur les fusées anglaises et françaises comparées entre elles, ces dernières ont eu l'avantage sur les premiéres, et cependant on m'assuré que pour amener les fusées anglaises à l'état de perfection qu'elles ont maintenant, le département de la guerre a dépensé à Woolwich près d'un million de livres sterling!"[513]

Bemerkenswert ist es, daß man sich weder über die richtige Handhabung der Raketen noch über deren ballistische Grundlagen sicher war. In vielen Handbüchern dieser Zeit sind sogar unter der Überschrift „Raketeneinsatz" nur leere Seiten eingefügt, die jeder nach seinen eigenen Erfahrungen ausfüllen sollte.

Auf einer Sitzung des Select Committee am 25. April 1842, auf der Verbesserungsvorschläge des Fire-Masters für die Herstellung der Raketen diskutiert wurden, regte Lieutenant-Colonel Dansey zusätzliche Versuche an, um die optimale Zündereinstellung für Raketen mit Granaten festzustellen. Das Royal Laboratory wurde daraufhin am 7. Mai von General Sir G. Murray angewiesen, mit Dansey die entsprechenden Versuche durchzuführen. Insgesamt wurden hierfür 365 Raketen freigegeben. Der Gesamtversuch umfaßte vier Einzelversuche, die Anweisung für die Durchführung der Versuche, erlassen von dem Direktor des Ordnance Board, Drummond, legte diese sehr präzise fest, hieraus läßt sich ableiten, wie unsicher die bisherigen Unterlagen zum Einsatz der Raketen gewesen sein müssen.[514]

Die somit angeordneten Versuche wurden im Juni und Juli 1843 in Sandwich durchgeführt, am 14. Juni 1844 wurde der Abschlußbericht durch das Select Committee gebilligt, dabei wurde festgelegt, daß ein neues Meßgerät eingeführt werden sollte, um die Länge des Zünders exakt für die jeweilige Erhöhung bestimmen zu können. Der Direktor des Royal Laboratory wurde dann beauftragt, eine Instruktion mit den erforderlichen Abbildungen für die Truppe, also für die Royal Artillery und die Royal Navy, zu erarbeiten. Weiterhin wurde beschlossen:

„That in future all Rockets of the Serie should be so constructed, as to be capable of being used either as Shot or Shell Rockets. The Shell to be made so as to burst either at long or at shot Ranges, as may be required."[515]

Im Juli 1844 wurde dann von Colonel Cockburn, dem Director Royal Laboratory, die entsprechende Instruktion herausgegeben.[516]

Die im Juni 1844 eingeführten Congreve-Raketen besaßen folgende Hauptmaße:[517]

Rocket Size (inches)	24 pr	12 pr	6 pr	3 pr
Case Diameter	3.5	2.7	2.1	1.8
Case Length	24.1	18.0	13.9	9.8
Nose Length	3.7	2.8	2.2	1.5
Length of fuze	3.3	2.5	2.0	1.3
Thickness of composition above cone	3.3	2.8	1.81.5	
Centre Hole Diameter	1.3	1.0	0.9	0.6
Exhaust Hole Diameter	0.6	0.4	0.4	0.2
Quantity of powder(ozs)	8.75	3.25	1.5	0.75
Stick length overall	11 ft 6"	9 ft 0"	5 ft 7"	3 ft 6"

Für den Ausgleich von Windeinflüssen jedoch konnten auch jetzt noch keine genauen Regeln aufgestellt werden, auch eine vollständige Schußtafel für alle Entfernungen stand nach wie vor nicht zur Verfügung.[518]

511) le Prince Napoléon-Louis Bonaparte, Manuel d'Artillerie à l'usage des officiers d' Artillerie de la République Helvétique, Zurich 1836, p. 413; Napoleon war zu dieser Zeit Capitaine im Artillerieregiment des Kanton Bern, wahrscheinlich hat bei der Erstellung dieses Handbuches der eidgenössische Oberst Dufour (späterer General und Oberkommandierender der Armee) mitgewirkt (Senne-Barbieux, Das Buch vom General Dufour, St. Gallen 1878, S. 137). Die Bedienung der Abfeuerungsgestelle erfolgte noch wie bei Jacobi beschrieben.

512) ibidem, p. 410: „Pour les grandes fusées qu'on tire une à une, on se sert en Angleterre d'un tube en tôle de 12 pieds de long, supporté par quatre pieds, qui doivent être assez élevés pour que la hampe ne touche pas la terre lorsque la fusée est introduite dans la tube."

513) ibidem, p. 412

514) Versuchsanordnung und daraus folgende Instruktion zur Handhabung der Raketen siehe Beilage 5/1; diese Verbesserungen sind auch beschrieben in: JRA, 1858, p. 42 (o. Verf., No. 11.- Alteration in the Construction of Rockets)

515) P.R.O., WO 44/618, Protokoll, Unterschrift: Webber Smith, June 17/44, abgezeichnet von Drummond, G.M.

516) abgedruckt in: H.M.S.O., Aide-Memoire to the Military Sciences, Vol. 3, London 1852, p. 348 - 353, der Text entsprach weitgehend dem Entwurf von Colonel Cockburn

517) Die Daten wurden nach Mustern des Rotunda Museum, Woolwich, durch Mr. C. E. Franklin ermittelt bzw. dem Aide-Memoir to the Military Sciences entnommen. (letter dated 2nd April 1997 an den Verfasser)

518) Strachan, a.a.O., und: P.R.O., WO 44/618; ein französisches Handbuch dieser Zeit (o. Verf., Aide-Mémoire a l'usage des officiers de l'artillerie, Paris 1844, p. 183) machte folgende Angaben: Fusées de guerre anglaises. Cartouches en tôle des calibres de 54, 67 et 94 mill., baguette dans l'axe, chapiteau rempli de matières incendiaires ou de 14 à 17 balles de 28 au kil. - Composition: 5 salpêtre, 2 charbon, 1 soufre, 64 cire, 8 poix, 32 térébenthine. Vitesse maximum de 200 à 300 mètres. - Pénétration dans les terres à 600 mètres, de 2 mètres à 3,m5. - Portées de 1.500 à 2.000 mètres.

Zur Schußentfernung und der dazu gehörenden Erhöhung gab für diese Zeit das „Artillerist's Manual" von Griffiths die nachstehenden Angaben:[519)]

Portée in Yards	Elevation für 6pfündige Rakete	Elevation für 12pfündige Rakete
400	07 ° 45 '	-
500	08 " 45 "	-
600	09 " 45 "	10 °
700	10 " 30 "	11 " 30 '
800	11 " 15 "	12 " 45 "
900	11 " 45 "	13 " 30 "
1000	12 " 30 "	14 " -
1100	13 " 15 "	14 " 45 "
1200	14 " -	15 " -
1250	14 " 30 "	16 " -

Hütz gab ergänzend an, daß die englischen 24pfündigen Raketen bis zu 4.390 Schritt weit trügen, und eine erhebliche Durchschlagskraft besäßen, nach einer Beobachtung des Obersten Pictet in Woolwich seien 24- und 32pfündige Raketen auf 600 Yards bis zu 15 bis 18 Fuß in Erdreich eingedrungen. Zu den Kartätschraketen gab er an, das Gewicht der Büchse betrage 6 und 8 Pfund, wobei die Büchse mit 48 oder 72 Bleikugeln gefüllt wäre. Die 32pfündige Shrapnelgranate sei in 2 Arten vorhanden, eine kleine mit 100 und eine große mit 200 Karabinerkugeln gegen Bemannung und Takelage von Schiffen; zur 32pfündigen Brandrakete hieß es, die Brandhaube sei mit 18 Pfund Brandsatz gefüllt.

Die nächsten Einsätze erfolgten in Sierra Leone im Krieg gegen die Mandingos 1831. Beim Angriff auf deren Hauptstadt Essaw wurden Raketen eingesetzt, die aber nur geringe Wirkung zeigten, da die Eingeborenen die Dächer ihrer Hütten entfernt hatten.[520)] Ein weiterer Einsatz erfolgte wenige Jahre später in Gambia gegen die Barra im Juni 1835; in diesem Falle mußten die Briten aber die Belagerung der Hauptstadt Dungossen aufgeben und sich auf Bathurst an die Küste zurückziehen, da die vom König Kementang verteidigte Festung dem Feuer der Kanonen und Raketen widerstand.[521)]

Im ersten Carlisten-Krieg begann das Vereinigte Königreich ab 1835 die Christino-Armee, also die Armee der legitimen Regentin, der Königsmutter Marie Christine, zu unterstützen; zu diesem Zweck wurden die von den Carlisten bedrohten Städte Bilbao und San Sebastian durch eine britische Legion unter Lacy Evans verstärkt, mit deren Hilfe es zunächst gelang die Lage im Baskenland zu stabilisieren. Ab November 1835 wurde die Legion durch ein Detachment von 2 Offizieren und 36 Unteroffizieren und Mannschaften der Royal Artillery unter 2nd Captain James Nesbit Colquhoun[522)] verstärkt. Ein erster Einsatz dieser Raketeneinheit scheint am 16. Januar 1836 erfolgt zu sein, als die Legion in Verbindung mit General Esparteros Truppen von Vitoria auf Bilbao vorrückte und dabei auf carlistische Truppen auf den

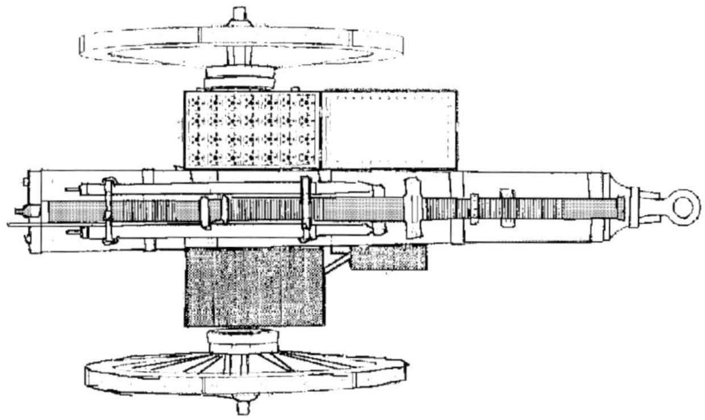

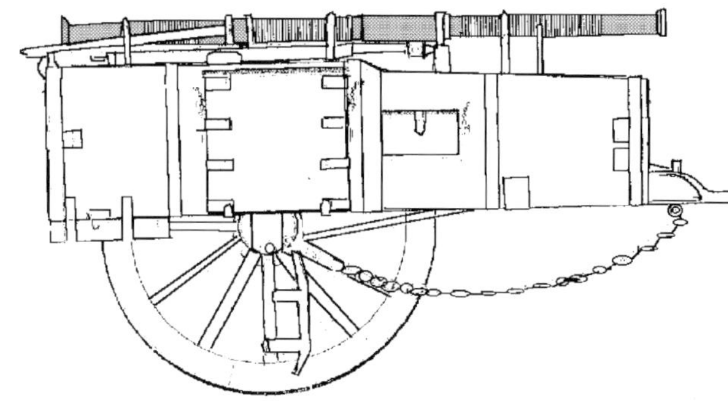

12pr rocket car, 1844 (Zeichnung: C.E. Franklin)

Höhen von Arlaban stieß. Hierbei zeigte sich wieder die Wirkung der Raketen auf Kavallerie:[523)]

„. . . kleine Abtheilungen Carlistischer Cavallerie versuchten, jedoch erfolglos, unsere Tirailleurs zum Rückzug zu bewegen; einige, mit vieler Präcision auf sie abgefeuerte Raketen, deren Bekanntschaft sie früher vielleicht noch nicht gemacht hatten, schienen ihnen gehörigen Respect einzuflößen und man sah deutlich, wie Pferde und Reiter, um der mächtigen, geräuschvollen Rauchwolke auszubiegen, in verschiedenen Richtungen davon eilten. Diese mörderische Waffe scheint besonders mit entschiedenem Erfolge gegen Cavallerie Anwendung zu finden, und ist mir in den vielen Gefechten einer dreijährigen Campagne, in welchen die Raketen sehr häufig gebraucht wurden, nicht ein Beispiel vorgekommen, wo Cavallerie diesem furchtbaren Feuer hätte widerstehen können; selbst der Rückzug einer von Raketen beworfenen Cavallerie-Abtheilung war nie geschlossen, sondern die Pferde sprengten, um dem schrecklichen Elemente auszuweichen, entweder einverstanden mit ihren Reitern, oder gegen deren Willen, in allen Richtungen davon.
Der berühmte Oberst der Englischen Artillerie, Colquehoun, . . . leitete persönlich das Feuer; allein jedes Ding, mit dessen Theorie man

519) Hütz, Die Feldartillerie und ihre Organisation, München 1853, S. 50, Hütz zitierte aus „manuel de l'artilleur anglais" par A. Griffiths, traduit par Rieffel, Paris 1848
520) Winter, Rocketry, a.a.O., p. 41
521) P. M. Mbaeyi, British Military and Naval Forces in West African History 1807 - 1874, New York-London-Lagos 1978, p. 23.
522) Captain Colquhoun, Teilnehmer des Peninsular War, hatte 1822 Captain Scoresby auf der *Fane* in das Polarmeer begleitet, um Versuche mit Congreve's Raketen für den Walfang durchzuführen, Marshal-Cornwall nannte den November 1836 als Zeitpunkt des Eintreffens, dies muß ein Irrtum sein, da v. Stutterheim (siehe folgende Fußnote) für mehrere Gefechte Anfang 1836 bereits den Einsatz von Raketen durch Colquhoun bezeugte (J. Marshall-Cornwall, British Aid in the Carlist War: 1835 - 1840, in: History Today, Vol. 26, 1976, p. 179)
523) R. von Stutterheim, Kriegszüge in Spanien während der Jahre 1836 bis 1838, Braunschweig 1847, S. 34 f., von Stutterheim ergänzte hierzu: „Vermöge des ganz an der Spitze der Rakete, an welcher eine Granate befindlich ist, liegenden Schwerpunktes, senkt sich das Geschoß, sobald es das Rohr verläßt, und ist deshalb, selbst beim Feuern auf geringe Entfernung, eine bedeutende Elevation erforderlich. Da bei jedem Wurf, der in einem hohem Bogen geschieht, in der Regel eine größere oder kleinere Längenabweichung stattfindet, so ist dieses auch bei den Raketen der Fall; die Seitenabweichung dieser Geschosse zu beseitigen, ist jedoch bei Weitem schwieriger, wie bei allen anderen Geschossen, und eine Aufgabe, deren Lösung nur durch unausgesetzte Uebung möglich wird; denn während der, durch die Granate beschwerte, Kopf der Rakete wenig von seiner ursprünglichen Richtung abweicht, wird der leichte hölzerne Schwanz derselben, welcher das Geschoß dirigirt, der Richtung jedes Windstoßes folgen, und somit bis zu einem gewissen Punkte die ganze Rakete gegen den Wind treiben. Natürlich also, daß bei stürmischen Wetter das Werfen der Raketen unendlich schwierig ist, und doch habe ich späterhin mit vieler Genauigkeit Raketen auf 600-800 Schritt in die Mitte feindlicher Schießscharten werfen sehen."

auch vollkommen bekannt ist, will erst geübt sein, um in der Praxis mit genügendem Erfolge angewandt werden zu können. Die ersten, von Oberst Colquehoun gefeuerten, Raketen fielen viel zu kurz und verwundeten einige unserer eigenen Tirailleurs . . ."

Am 13. April sollte die Legion nach Santander rücken, um nach San Sebastian eingeschifft zu werden. Bei der Schlacht von Ayetta gegen die carlistischen Belagerungstruppen wurden wiederum Raketen eingesetzt, insbesondere bei dem Sturm auf Fort Lugariz:

„Der erste Sturm wurde abgeschlagen. Raketen, Kugeln, Granaten und Bomben wurden in unzähliger Menge in das Fort geschleudert, und doch machte der Feind keine Miene, es zu verlassen. Endlich stürzte eine Ecke des Forts zusammen, . . ."[524)]

Im weiteren Verlauf der Kämpfe vor San Sebastian erfolgt am 28. Mai ein weiterer Einsatz; zur Unterstützung des Angriffes der Legion gegen die Carlisten wurde die Raketenbatterie auf einer Höhe hinter dem Kloster St. Bartholome eingesetzt, um das Feuer der anderen 130 Geschütze zu verstärken. Bei Tagesanbruch begann das Gefecht durch einen Feuerschlag der gesamten Artillerie:

„Die feindlichen Colonnen, obgleich gegen den directen Schuß ziemlich gedeckt, hatten durch Bomben, Granaten und Raketen doch so viel gelitten, daß sie gleich nach dieser ersten Begrüßung auf eine entfernter liegende Stellung sich zurückzogen."[525)]

Anfang Oktober versuchten die Carlisten erneut, die britische Legion auf San Sebastian zurückzuwerfen, Schwerpunkt ihres Angriffes war das Dorf Alza. Im Centrum der britischen Stellung, zwischen Alza und Urumea, war neben der Rohrartillerie ein Raketentrupp eingesetzt. Nach Anfangserfolgen der Carlisten traten die englischen Truppen zum Gegenangriff an:[526)]

„Der Raketentrupp hatte sich fortwährend in der Nähe der Cavallerie aufgehalten, und war zu gleicher Zeit mit der Infanterie bis an den Graben vorgegangen, von wo er durch sein mörderisches Geschoß den am Fuße des Berges aufgestellten Feind zum schleunigen Rückzuge bewog."

Im Januar 1837 wurden weitere 60 Unteroffiziere und Mannschaften sowie 2 Offiziere aus Woolwich zugeführt.[527)] Colqhoun, nunmehr mit dem zeitweiligen Rang eines Oberstlieutenants, wurde Commandant der Artillerie unter Lord J. Hay. Zusätzlich traten 100 Angehörige der Royal Marine Artillery zur Legion. Aus diesem Personal wurden mehrere Batterien gebildet, dabei auch eine Gebirgsbatterie mit vier 12pfündigen Gebirgshaubitzen unter Captain Basset, die zusätzlich mit 12pfündigen Raketen ausgestattet wurde, überdies wurde eine beträchtliche Menge von 12pfündigen Raketen für ein Detachment der Royal Artillery unter Lieutenant Clapperton auf Maultieren verlastet. Dieses Detachment nahm an einigen Gefechten teil, wobei über einen Einsatz der Raketen keine Nachrichten vorliegen; es hieß nur in einem Bericht:

„1834 ging eine Rakete der englischen Hülfslegion in Spanien rückwärts, beschädigte die Raketiere und veranlaßte den Rückzug des christino'schen Corps."[528)]

Im März 1837 wollten die Christino-Truppen unter General Evans aus San Sebastian vorrücken, Ametzagaña nehmen, um so die nach Frankreich führende Straße zu beherrschen und die rechte Flanke der Carlisten zu bedrohen. Am 10. März begann vom Dorf Alza aus das Gefecht:[529)]

„Die Chapelgorris, denen die Cavallerie und der Raketentrupp folgten, vertrieben bald die feindlichen Vorposten. . . . Die Anhöhe, auf welche die Vorposten des Feindes sich zurückgezogen hatten, wurde, nachdem sie eine Viertelstunde mit Rakete beworfen war, mit dem Bajonett angegriffen und genommen . . . ."

Nachdem in der Folge General Espartero zum Rückzug auf Bilbao gezwungen worden war, beschloß dieser, seine Truppen über See nach San Sebastian zu überführen und von dort erneut zum Angriff überzugehen. Im Mai wurde dann unter dem Schutz der Artillerie, der drei Raketentrupps beigegeben waren, bei Loyola eine Pontonbrücke über die Urumea geschlagen, um die angrenzenden Höhen besetzen zu können, so daß die Christino-Truppen Mitte Mai zum Angriff antreten konnten.[530)]

Nach Abschluß der Convention von Vergara am 31. August 1839, der Kapitulation der Carlisten, endete der Einsatz der Legion und im Sommer 1840 kehrten die Artilleristen nach England zurück.[531)]

Zur gleichen Zeit erfolgten 1837 Einsätze gegen Rebellen in Canada.[532)] In diesem Feldzug erwies sich die Kälte als problematisch für den Einsatz der Raketen. Die Raketen stammte aus den Vorräten britischer Forts und wurden den Truppen beim Verlassen Montreals übergeben. Die Treibladung wurde durch das wechselnde Tauen und Frieren instabil und der stark gekühlte Treibsatz brannte langsamer ab. Am 15. Dezember 1837 bei Saint Eustache verhielt sich eine Rakete besonders ungünstig, als sie auf eine von Rebellen besetzte Kirche abgefeuert wurde, flog sie langsam und besonders niedrig, verlor ihren Stab beim Berühren eines Zaunes und kehrte in die Stellung zurück, womit sie den gesamten Troop in die Flucht schlug, schließlich detonierte sie wenige Schritte vom Oberbefehlshaber entfernt. Es ist nicht verwunderlich, daß in dieser Aktion keine weiteren Raketen mehr eingesetzt wurden.[533)]

Es sollten aber noch einige Jahre vergehen, bis sich die Royal Artillery entschloß, dieses Problem näher zu untersuchen. Zwischen dem 21. Januar und 9. Februar 1846 wurden in Quebec unter Leitung von Captain Warburton erstmals Versuche durchgeführt, um den Einfluß extremer Kälte auf die Raketen zu untersuchen. Dabei wurden 6- und 12pfündige Raketen verschossen, von denen einige zwischen 2 und 5 Tagen Temperaturen von -10 bis +14° Fahrenheit ausgesetzt worden waren. Dabei handelte es sich um Raketen, die zwischen 1824 und 1837 hergestellt waren. Die Mehrzahl der Raketen, die der Kälte ausgesetzt waren, explodierten bereits im Abfeuerungsrohr oder nach kurzer Flugzeit, aber auch mehrere der Raketen, die für diesen Versuch gerade aus dem Depot geliefert worden waren, um einen Vergleich anstellen zu können, explodierten ebenfalls. Bei einem weiteren Versuch am 9. März, bei dem Temperaturen leicht über 0° Celsius herrschten und für den Raketen eingesetzt waren, die der Kälte 44 Tage ausgesetzt aber anschließend für eine Stunde in einem Raum mit einer Innentemperatur von 105° Fahrenheit „aufgeheizt" worden waren, detonierte keine. Ähnliche Versuche wurden auch in Montreal durchgeführt. Die in Canada stationierten Artilleristen faßten die Ergebnisse zusammen:

„A large Majority of the Rockets which were fired at low temperature burst, we are lead to the conclusion that in the present state they are decidedly unfit for service in extreme cold, when again restored to a

524) ibidem, S. 63
525) ibidem, S. 78
526) ibidem, S. 109; bei diesem Gefecht fiel der Führer des Raketentrupps, 1st Lieutenant Backhouse: „Er war geraume Zeit Officier der Brittischen Flotte gewesen, hatte in verschiedenen Weltteilen Raketen mit vielem Erfolge anwenden sehen und später durch lange Praxis eine schwer zu erlangende Fertigkeit in der Handhabung seiner mörderischen Waffe erlangt. Gegen Ende des Gefechts, als er dem weichenden Feinde die letzten Raketen nachgesandt hatte, erlitt er durch eine Musketenkugel, welche durch das Rückgrat drang, seinen augenblicklichen Tod." (ibidem, S. 111)
527) ibidem, p. 186, Marshall-Cornwall nannte den 6. Februar 1837 als Eintreffen dieser Verstärkung, deren Stärke er leicht abweichend mit 2 Offizieren und 56 Unteroffizieren und Mannschaften angab
528) o. Verf., Fragment eines größeren Aufsatzes über den Gebrauch der Kriegsraketen im Feldkrieg, in: AMZ, 21. Jahrg. 1846, S. 22 (zitiert wurde Meyer, Handbuch zur Geschichte der Feuerwaffentechnik; die Jahresangabe hier ist fraglich, mag auch ein Druckfehler sein)
529) von Stutterheim, Kriegszüge, a.a.O., S. 129
530) ibidem, S. 151
531) Angaben nach: F. Duncan, The English in Spain or The story of the war of succession between 1834 and 1840, London 1877
532) F. H. Winter, The Eagle, a.a.O., p. 228, Fortescue erwähnte hier keinen Raketeneinsatz
533) F. H. Winter, Rocketry, a.a.O., p. 35 und: G. Tylden, The Use of War Rockets in the British Army in the Nineteenth Century, in: JSAHR, Vol. 26, Winter 1948, p. 169

moderate temperature, we found that they had not been permanently injured by the action of the frost."[534)]

In London stellte nach Vorliegen des Berichtes General Webber-Smith fest:

„These experiments indicate that Rockets are to affected by extreme cold as to render them dangerous to those employed using them, and as the subject is of much importance, it may please the Master General and Board to refer the accompanying papers [das Versuchsprotokoll] to the Director of the Royal Laboratory for examination and report."[535)]

Nach einer ersten Auswertung des Berichtes im Royal Arsenal schlug Colonel Cockburn vor:

„I am inclined to attribute this evil of premature explosion principally to internal corrosion of the case from exudation of damp from the Rocket Composition, measures have of late years been adopted to prevent this, and I recommend, that the whole of the Rockets in Canada which are of old date, should be replaced by new one, as soon as the charge can be effected."[536)]

Diesem Vorschlag wurde gefolgt. Die canadischen Artilleristen wiederholten daraufhin 1847 die Versuche, diesmal nahezu gleichzeitig in Montreal, Quebec und Kingston. Anscheinend war die Weisung des Board zum Austausch der Raketen noch nicht durchgeführt worden, denn es wurden wiederum Raketen eingesetzt, die zwischen 1824 und 1838 hergestellt worden waren. Im Februar wurden die Versuche ähnlich wie im Vorjahr durchgeführt und ergaben gleiche Ergebnisse, diesmal wurde zum Vergleich auch ein Schießen im Juli durchgeführt, das zeigte, daß alle Raketen mit geringfügigen Ausnahmen, ordnungsgemäß abgefeuert werden konnten.[537)]

„. . . from which it appears that extreme cold produces so deteriorating an affect upon Rockets as to render them extremely dangerous and unserviceable, while the injury does not seem to be permanent, for those rockets that were exposed during the winter fired in July last proved perfectly good with one or two exceptions, which may be accounten for by their having been for many years in Store . . . . My own opinion decidedly is that Rockets, whether new or old, can never be employed with advantage in such a climate as Canada during severe frost, but on the Contrary that they are very dangerous to the Men- and therefore worse than useless."[538)]

Nunmehr beschloß das Board of Ordnance die Anzahl der nach Canada zu liefernden Raketen erheblich zu kürzen, da ja nur ein Einsatz im Sommer in Frage kam; für Quebec waren 300 24pfündige und 1.200 12pfündige Raketen, für Montreal und Kingston jeweils 100 24pfündige und 200 12pfündige Raketen vorgesehen, der Direktor des Royal Laboratory gab dabei zusätzlich seiner Hoffnung Ausdruck:

„. . . and I trust and expect the new Rockets as stated by my Predecessor will prove better from the improvements he alluded to, which consist in a different mode of Coating the inside of the Rocket, to preserve the Composition and the Case itself."[539)]

Auch im Opiumkrieg gegen China 1840 bis 1842 wurden durch die Royal Navy wiederholt Raketen eingesetzt, so beim Vorrücken auf Canton aus Stellungen beim Dorf Tsinpoo.[540)] Hierbei wurden die Truppen in Booten von den Kanonenbooten der Flotte geschleppt. Dabei wurden von Bord des Dampfschiffes *Nemesis* 6pfündige Raketen eingesetzt. Zu einem solchem Einsatz im Januar 1841 bei Chuenpee wurde berichtet:

„The first rocket fired from the Nemesis passed through the side of a junk into her magazine, when she blew up with a most tremendeous explosion, hurling the unfortunate crew in the air, not one of whom escaped; and very shortly the whole flotilla of junks were either shattered to pieces or burnt."[541)]

Die Artilleriebrigade unter Captain Knowles führte dabei 13 Geschütze und 152 32pfündige Raketen mit. Die Truppen landeten bei dem Dorf Tsing-hae, von wo sie auf die Befestigungen Kantons vorrückten. Am 24. Mai 1841 begann die Beschießung der Forts:

„Um 8 Uhr war die Raketen-Batterie angekommen, und ein wohldirigirtes Feuer wurde nun aus 2 5 1/2zölligen Mörsern, 2 12 pfündigen Haubitzen und 2 neunpfündigen Kanonen gegen die beiden westlichen Forts gerichtet, welche uns bisher durch ununterbrochenes Feuer sehr belästigt hatten."[542)]

Nach der Einnahme der Forts wurde dann die Stadt selbst mit Geschützen und Raketen beschossen, wodurch mehrere Häuser in Brand gerieten. Am 25. Mai begannen die Kapitulationsverhandlungen, die nur zögernd fortgeführt wurden, so daß eine weitere Beschießung ins Auge gefaßt wurde:

„Die Stadt in Brand zu stecken, würde leicht gewesen seyn, um so mehr, als die Mannschaft des „Blenheim" 200 Brandraketen herangeschafft hatte. Aber sowohl der General wie ich selbst waren der Meinung, daß dies nur das letzte Mittel seyn sollte . . ."[543)]

Am 26. Mai wurden vor dem endgültigen Sturm auf Kanton wiederum Raketen eingesetzt:

„Ich befahl dem Kapitain Knowles, sich so viel als möglich durch das Werfen schwerer Raketen und Bomben zu vergewissern, ob die Anhöhe mit Minen versehen sey, was ich in der That fürchtete, da die Chinesen ihre Minen gewöhnlich nur unter Werken anlegen . . ."[544)]

Am 28. Mai führten die Chinesen Verstärkungen heran, und griffen die Belagerer im Rücken an:

„Die Chinesen avancirten von neuem in großer Zahl; einige auf sie abgefeuerte Raketen, obschon mit großer Präzision geworfen, schienen

534) P.R.O., WO 44/618 / 26624, Report of Experimental Mortar Practise, Quebec, 10. März 1846; eine Darstellung dieser Versuche ist auch enthalten in: JRA, 1858, p. 48: o. Verf., No.12.-Report of Experimental Rocket Practise in Canada

535) P.R.O., WO 44/618 / 26624, The Director General of Artillery, General Webber Smith to Board of Ordnance, Woolwich, 24. April 1846

536) P.R.O., WO 44/618 / 26624, Stellungnahme Colonel Cockburn vom 29. April 1846

537) Als Beispiel seien die Ergebnisse aus Montreal angeführt: 12pfündige Raketen: 5 extremer Kälte ausgesetzt und bei -12° (jeweils in Fahrenheit) abgefeuert führten dazu, daß alle bei der Zündung explodierten; 5 Raketen, die der extremen Kälte ausgesetzt waren und im Juli bei +84° abgefeuert wurden, führten zu 2 vorzeitigen Explosionen, 5 Raketen, die im Juli - frisch aus dem Depot geliefert - abgefeuert wurden, verhielten sich ordnungsgemäß; bei den 6pfündigen Raketen, die bei -12° abgefeuert wurden, explodierten ebenfalls alle, während bei dem Schießen im Juli sowohl die ursprünglich der extremen Kälte ausgesetzten als auch die aus dem Depot sich ordnungsgemäß verhielten (P.R.O., WO 44/618/26624, Report Montreal 31st July 1847). Aus dem Bericht aus Quebec ergibt sich, daß an dieser Station keine Abfeuerungsrohre mehr verfügbar waren, da die bei den Versuchen im Winter 1846 zerstörten noch nicht hatten ersetzt werden können, die Raketen mußten daher aus Abfeuerungsrinnen (wooden trough) abgefeuert werden. (ibidem, report Quebec 17 February 1847)

538) P.R.O., WO 44/618 / 26624, Bericht Colonel Campbell [Commanding officer Artillery, Canada], Montreal 13 Sept 1847

539) P.R.O., WO 44/618 / 26624, The director of the Royal Laboratory to the Board, Woolwich 9 oct 1847

540) v. Braun / Ordway III, a.a.O., S. 117

541) J. E. Bingham, Narrative of the Expedition to China, London 1843, p. 36, zitiert nach: Winter, Rocketry, a.a.O., p. 35; Commodore Bremer, der Oberbefehlshaber der Expedition schrieb am 30. März 1841 über die Rolle der *Nemesis* und der Raketen: „. . . they [the Chinese] call her the devil ship and say that our shells and Rockets could only be invented by the latter." (zitiert nach: D. R. Headrick, The Tools of Empire, New York - Oxford, 1981, p. 50); in einem anderen Bericht hieß es: „No sooner had Chuenpee fallen, than the Nemesis and a division of men-of-war's boats hunted out fifteen war-junks in the neighbouring bay, called Anson's. The victory here was still easier, thanks to Congreve rockets." (o.Verf., The War with China, in: USJ, May 1844, p. 44); ein Lieutenant der *Nemesis* notierte aber zugleich: „I think that 24-pounder rockets, instead of 6-pound, would be an improvement; there would be no more risk attending the firing the large rockets than the small ones, (I mean as regards the steamers,) and they are so much more destructive." (J. G., Journal of the Naval Operations in China, in: USJ, Dec. 1841, p. 530)

542) W. von Prittwitz, Berichte über die Kriegführung der Engländer in China im Jahre 1841, in: ZfKWGK, 1850, S. 54 (Bericht des General-Gouverneur Lord Auckland vom 3. Juni 1841) vgl.: C. Field, a.a.O., Vol. II, p. 62: „. . . when they disembarked near the village of Tsing-poo. . . Here a halt was called till the arrival of the two mortars, four light field guns, and a rocket battery, which coming into action about eight a.m., poured a well directed fire into the two Westernmost forts."

543) ibidem, S. 166

544) ibidem, S. 75

nur geringe Wirkung zu thun, als ich die Annäherung eines Gewittersturmes bemerkte . . ."[545]

Am 25. Mai 1841 wurden erneut Truppen 2 Meilen oberhalb Cantons gelandet, wobei wiederum die *Nemesis* die Boote schleppte; zu den Truppen unter General Sir Hugh Gough gehörte die von Colonel Morris geführte Artillerie, die neben Feldgeschützen und Mörsern auch 52-32pfündige Raketen mitführte, die Chinesen eröffneten frühzeitig das Feuer, woraufhin ab 9 Uhr die britischen Geschütze, Mörser und Raketen antworteten. Zum erfolgreichen Angriff wurde wiederum festgestellt: „The rockets worked splendidly, astonishing the Chinese."[546]

Ein chinesischer Gegenangriff mit zahlenmäßig überlegenen Kräften am 29. Mai konnte durch die Feuerkraft der Raketen durch Captain Knowles zurückgewiesen werden:

„Capt. Knowles, of the Royal Artillery, with a few rockets, soon checked the impetous ardour of the enemy. . . . The enemy had now retreated about a couple of miles . . . Our rockets continued to plough line after line through their ranks;"[547]

Ebenso kamen die Raketen der *Nemesis*, neben ihren Geschützen, am 25. September 1841 bei der Beschießung der Befestigungen von Chusan zur Wirkung, an der sich auch die *Modeste* und *Columbine* beteiligten.[548]

Im März 1842 machten die Chinesen Vorstöße, um Ningpo und Chinhai zurückzuerobern, so daß die Städte im Mai von den Briten geräumt werden mußten. Die englischen Truppen landeten dann unter dem Schutz der Flotte bei Chapu. Beim Vorgehen leistete nur eine Gruppe Tartaren in einem Fort heftigen Widerstand, bis ein Rocket Detachment zum Einsatz kam.

„But even then the Tartars repulsed another assault, and it was not until the building had been set on fire and the defendants had been reduced to a handful by the fire of rockets, guns and musketry, that the josshouse, after a defence of three hours, was at last taken."[549]

Die Raketen waren zu dieser Zeit ein anerkanntes Einsatzmittel im Arsenal der britischen Waffen, auch wenn Congreves Hoffnung, sie würden die Hauptwaffe werden, nicht in Erfüllung gegangen war; so schrieb Wilkinson 1841:

„The Congreve rocket being a missile sui generis, it is difficult to know where to place a few observations that may not be wholly irrelevant. These projectiles, at though of modern date in European warfare, have long been known in India; but as they were never employed by us until suggested by Sir William Congreve, the whole merit of bringing them to perfection belongs to him as much as if he had been the originator of the invention. There can be no doubt, that they are most powerful auxiliaries in the art of war."

Nach Untersuchung der Besonderheiten der Raketen und ihres Entwicklungspotentials, wies er noch daraufhin, daß die Congreveschen Raketen von keinem Staate nachgebaut werden könnten, da ihre Konstruktion nach wie vor geheim wäre und auch kein Staat die wirtschaftlichen und finanziellen Möglichkeiten wie Großbritannien hätte, so viel Mittel zu investieren, um ein solch ausgereiftes Waffensystem zu entwickeln und in ausreichender Anzahl zu beschaffen; er kam zu dem Schluß:

„Having recently considered this subject with some attention, I feel confident that in the event of another war, rockets will assume a new and important future; and even if economy were the sole object, they are not more expensive than the usual apparatus of war, taking transport in consideration."[550]

Ähnlich äußerte sich einige Jahre später Colonel Chesney:

„Rockets, which for some time have attracted much attention, particularly in the Austrian service, are doubtless destined, on Hale's principle, to a prominent place in the next war."[551]

Er fügte in Hinblick auf den Gebrauch der österreichischen Schußraketen hinzu, da ihm die Ungenauigkeiten des Raketensystems im Bogenschuß bewußt war:

„. . . a more general use of rockets and shells, fired horizontally, may be confidently expected."[552]

Congreves Doktrin war seitdem zur Lehrmeinung in Woolwich geworden, man war sich bewußt, daß Raketen nie so treffsicher wie Kanonen wären, aber

„. . . they appear capable of being used with good effect against masses of troops, particularly cavalry, in these cases the very essence and the spirit of the rocket system consists in the facility in firing a number of rounds in a short time, or even simutaneously, with small means."[553]

1845 erfolgte auch der erste Raketeneinsatz auf dem fünften Kontinent bei der Niederschlagung des ersten Maori-Aufstandes in Neuseeland. Am 8. Mai 1845 stieß Colonel Hulme mit seinen Truppen gegen eine befestigte Stellung der Maoris unter Heke bei Okaihau vor. Hulme verfügte über keine Feldartillerie, führte aber einige Raketen mit. Beim ersten Einsatz in diesem Land erwiesen sich die Raketen als weniger nützlich:

„The rockets had been harmless, because Heke had covered all the roofs of his huts with green flax."[554]

Nach Zuführung von Verstärkungen wurde der Feldzug fortgesetzt, wobei in dem Gefecht von Puketutu erneut Raketen, dieses Mal durch ein detachment der *North Star* (26) unter Lieutenant Egerton, eingesetzt wurden, aber gegen die geschützten Hütten keinerlei Wirksamkeit zeigten.[555] Nach weiteren Gefechten war der Maoriführer Heke von fast allen Gefolgsleuten verlassen. Gegen seine letzte Stellung bei Ruapekapeka wurden am 1. Januar 1846 wieder Raketen, diesmal jedoch auch Feldartillerie, eingesetzt.[556] Endgültig konnte der Aufstand dann 1847 niedergeschlagen werden.

Auch bei der Bekämpfung des Piratenunwesens bei den Molukken taten die Raketen ihren Dienst. Captain Belcher mit der Fregatte *Samarang* (26) konnte während einer Vermessungsexpedition bei Halmahera die Raketen gegen mehrere prahus (große mit Kanonen bewaffnete Kanus) im Juni 1844 erfolgreich einsetzen; eine Landungsgruppe mit zwei Booten wollte zunächst bedrohlich nahende prahus durch eine Rakete abschrecken, aber erfolglos; anschließend griffen immer mehr Piratenboote an, wobei sich die Besatzung der zwei Boote in erbitterten Nachtkämpfen gegen eine Übermacht nur knapp behaupten konnten, am Morgen schien der Kampf verloren, als eine Kugel das Boot Belchers traf:

---

545) ibidem, S. 78

546) o. Verf., Land operations before Canton, in: USJ, Dec. 1841, pp. 532

547) ibidem, pp. 536

548) I. G., Naval Operations in the China Sea, in: USJ, April 1842, p. 487. Aus diesem Artikel geht hervor, daß auch andere Schiffe auf der China-Station mit Raketen ausgestattet waren, so der „experimental Paddle Steamer" *Phlegeton*, der nach der *Nemesis* erbaut worden war, neben 2-32pf Kanonen war die *Phlegeton* „furnished with an ample supply of Congreve rockets" (ibidem, p. 483)

549) Fortescue, a.a.O., Vol. XII, London 1927, p. 318

550) H. Wilkinson, Engines of war, London 1841, p. 120 und p. 122, entweder kannte W. die österreichischen und französischen Raketen nicht oder er hielt sie für minderwertig und nicht erwähnenswert. Dagegen hatte bereits 1830 der Direktor des Royal Laboratory festgestellt: „. . . but in truth the Art of making Rockets is pretty well understood by all the Powers in Europe, and England has only the benefit of her superior Experience in the manufacture and management of a weapon which after all is but an auxiliary in war." (P.R.O., WO 44/643-28110, Brief Fraser, Direktor Royal Laboratory, vom 1. Juli 1830)

551) Col. Chesney, Observations on the Past and Present State of Fire-Arms, London 1852, p. 194

552) ibidem, p. 308

553) Strachan, a.a.O., p. 137

554) Fortescue, a.a.O., Vol. XII, p. 403

555) „Unfortunately, the British had no guns; and, although Lieutenant Charles Randle Egerton did good work with his rocket party, he failed to set the place on fire." (Clowes, a.a.O., p. 347)

556) Fortescue, a.a.O., Vol. XII, p. 410 und: Winter, Rocketry, a.a.O., p. 35

„One of them went straight through Belcher's left thigh and into his right, blew the Congreve rocket tube over the side, and took him with it, but he was immediately hauled back into the barge."
Gerade noch rechtzeitig konnte die Fregatte durch den Einsatz zweier zusätzlicher Kutter, bewaffnet jeweils mit einem 3pfünder und einer „rocket tube", das Blatt wenden. 350 von etwa 1.500 angreifenden Piraten wurden getötet, der Rest konnte entkommen.[557]
Im Folgejahr mußte ein weiterer Schlag gegen Piraten auf Brunei geführt werden, im August verlegte Rear-Admiral Cochrane sein Geschwader zur Mündung des Brunei-river und landete Marines, um die Lager des Piratenführer Seriff Osman zu vernichten, die unter dem Schutz von Batterien landeinwärts gelegen waren. Nach einer ergebnislosen Beschießung am 19. August 1845 erhielt Lieutenant Paynter von der *Agincourt* (26) den Auftrag zu landen und Raketen einzusetzen:
„Lieutenant Paynter obtained permission to land and try the effect of rockets. These materially assisted in disconcerting the defenders."[558]
Nach kurzer Beschießung konnten dann die Boote landen und die Piraten verließen demoralisiert ihre Befestigung. Aber schon ein Jahr später mußte dieser Einsatz wiederholt werden; nach Vernichtung der Piratenbatterien bei Pulo Bungore im Juli 1846 war der Sultan von Brunei, Omar Ali Suffudee, geflohen und Cochrane erteilte Captain Mundy von der *Iris* (26) den Auftrag, diesen mit einem Landungskommando zu verfolgen; am 10. Juli begann Mundy mit einem Kommando von 150 Marines und einigen Seeleuten auf Booten diese Expedition, ausgerüstet mit einigen „rocket tubes", über Raketeneinsätze liegen keine Einzelheiten vor, und es gelang nicht, den Sultan zu fangen.[559] Im August verließ Cochrane Brunei, ließ aber Mundy mit der *Iris* und dem Dampfer *Phlegethon* zurück, um weiter gegen die Malayen vorzugehen. Am 18. August stießen die Boote auf dem Mambacoot vor, um Befestigungen des Piratenführers Hadji Samon zu zerstören, bei deren Beschießung auch wiederum Raketen eingesetzt wurden. Wie schon häufiger wurde dazu festgestellt:
„The Congreve rockets, on this and other occasions, greatly impressed the native mind."[560]

1845 erfolgte ein weiterer Einsatz, diesmal im Verlauf einer Strafaktion der französischen und britischen Marine gegen Argentinien auf dem Rio de la Plata. Der argentinische Diktator Rosas hatte den Parana gesperrt und damit den Schiffsverkehr nach Paraguay unterbrochen. Im Oktober wurde ein erster Convoy, der durch die *Firebrand* unter Captain Hope und die französischen Schiffe *Coquette* und *Prouda* gesichert wurde, nach Corrientes geführt, bei der Passage der „barrancas de Toundlero" wurde er von argentinischer Feldartillerie beschossen:
„Le Capitaine Hop stoppait de temps en temps avec le Firebrand et envoyait des Fusées aux pièces d'artillerie ennemies et qui leur causaient le plus grand dommage."[561]
Im November ging das anglo-französische Geschwader den Parana aufwärts, obwohl der Befehlshaber, Commander Sulivan, beklagte, daß hierzu die Mittel nicht ausreichten und auf „about the shortage of powder and shot and the lack of Congreve rockets 'though a few would be just the thing for this kind of warfare' " hinwies.[562] Beim Vorgehen gerieten die Schiffe am 10. November unter schweres Geschütz und Raketenfeuer argentinischer Batterien oberhalb San Pedros.[563] Die Batterien konnten jedoch niedergekämpft und durch ein Landungskommando besetzt werden. Im April 1846 erzwang sich dann die britische Dampf-Corvette *Alecto* (6), die gerade von England gekommen war, die Durchfahrt, die argentinischen Batterien bei San Lorenzo, die in der Zwischenzeit eingerichtet worden waren, wurden durch die 32Pfünder und Raketen niedergehalten.[564] Die *Alecto* führte auch Raketen für das Geschwader mit. Im selben Monat folgten zwei Paddle-steamer, H.M.S. *Lizard* und *Harpy*, stromaufwärts, auch sie mußten sich am 21. April den Weg an den Batterien vorbei freikämpfen:
„. . . we discharged our rockets and 18 pdr. gun 24[lb] rocket while steaming with full speed all the time. The action lasted till 1.25 when the artillery fired at intervals but with little effect."[565]
Inzwischen war in Paraguay die diplomatische Aufgabe des Geschwaders in Asuncion beendet und ein Convoi von Handelsschiffen für die Rückfahrt zusammengestellt worden. Am 29. Mai stand der Convoi oberhalb der Batterien von San Lorenzo. Da die Batterien etwa 60 Fuß oberhalb des Wasserspiegels lagen, schien es wenig erfolgversprechend, sie mit den Geschützen der Schiffe niederzukämpfen. Um die Batterien endgültig auszuschalten, sollte daher auf einer davor liegenden Insel bei Nacht ein Rocket-Detachment der französisch-englischen Flotte heimlich landen und die Batterien niederhalten, damit die Kriegsschiffe während dessen in eine zur Bekämpfung günstige Position gelangen konnten. 3 Bombardiers und 17 sorgfältig ausgesuchte Mannschaften der *Alecto* wurden in 2 Divisionen gelandet, die erste unter Lieutenant Barnard mit 3 Raketengeschützen und 24pfündigen Raketen, die zweite unter Gunner Hamm mit 3 12pfündigen Raketengeschützen. Ein 12pfündiges Raketengeschütz wurde unter Gunner Hamm zur Deckung des Landungsortes an den Booten zurückgelassen. Am Morgen des 4. Juni begann der Raketeneinsatz. Ein Augenzeuge berichtete:
„Their attention [der Argentinier] was taken up by the approaching steamers, crowding to watch along the cliff edge, or busily getting their guns laid to be firing. They first, however, were to have the surprise of their lives from the rockets. The instant that Lieutenant Mackinnon's hat went up, the first rocket-tube fired. It was instantly followed by the second, and then immediately by the others, one after the other. The rocket-battery opened from left to right; as one rocket left the tube the others were immediately fired in succession. One of the first salvo went about twenty feet over the heads of the Argentines; another just cleared their heads; two fell short; two appeared to plough the crowd up and bounded into the cavalry in the rear."[566]
Lieutenant Lauchlan B. Mackinnon von der *Alecto*, der die Raketenschützen befehligte, berichtete:
„Es ist unmöglich, die Panik und Verwirrung zu beschreiben, die durch das Feuer der Raketenbatterie beim Feind ausgelöst wurde, da es das erste Anzeichen überhaupt auf einen Angriff der Insel war. Es genüge der Hinweis, daß die feindliche Stellung im Nu weggefegt war."[567]
Dazu erwähnte er noch, daß das Feuer seiner 6 Abfeuerungsrohre der Dauersalve von zwei 80-Kanonen-Linienschiffen entsprochen hätte, also eine gewaltige Feuerwirkung besaß. Die Verwirrung der Argentinier wurde noch vergrößert, als eine der Raketen einen Munitionswagen traf, der in der Batterie explodierte. Während die Flotte die Enge

---

557) R. Humble, a.a.O., pp. 46
558) Clowes, a.a.O., Vol. VI, p. 331
559) ibidem, p. 333
560) ibidem, p. 334
561) ACMV, CC7 - 94, Barazer, Remarques sur l'utilité des fusées de guerre, employées à bord des bâtiments de la Flotte, Brest, 6 juin 1872, pp. 13; Barazer war bei diesem Einsatz als Kadett an Bord der *Coquette*. Er wies noch darauf hin, daß die französischen Schiffe aufgrund der ungünstigen Aufstellung der Geschütze das Feuer nicht hätten erwidern können.
562) E. A. M. Laing, The Royal Navy on the River Parana During the Allied Intervention, 1845 - 1846, in: American Neptune, Vol. 36, 1976, p. 131; das Geschwader bestand aus H.M.S. *Gorgon*, *Firebrand*, *Philomel* und *Dolphin* sowie aus den französischen Schiffen *San Martin*, *Fulton*, *Expéditive* und *Pandour*.
563) Die Argentinier hatten vier Batterien eingerichtet, in der Batterie No. 1, die am südlichsten lag, war neben 6 Kanonen ein Raketenabfeuerungsgestell eingesetzt. (Clowes, a.a.O., p. 340)
564) o. Verf., The Rocket Battery at St. Lorenzo, on the Paraña, in: USJ, 1847, part I., p. 564 und: Laing, a.a.O., p. 138: „She came under fire from the Argentine fortifications at 2:45 P.M. on 6 April and returned this with guns and rockets. . ."
565) Log der Lizard, zitiert nach: Laing, a.a.O., p. 139
566) zitiert nach: Fraser / Carr-Laughton, a.a.O., p. 360
567) v. Braun / Ordway III, a.a.O., S. 117

passierte, wurden nur noch einzelne Raketen zur weiteren Beunruhigung des Feindes abgefeuert. Da langsam die Raketen ausgingen, wurden die Raketengeschütze nacheinander abgezogen, bis nur noch eines für einen letzten Schuß verfügbar war.[568)]

1849 bewährten sich die Raketen wieder in West-Afrika, am Gambia gelang es den Briten nach der Niederlage von 1835 unter Hill am 6. Mai Keenung einzunehmen, der Gouverneur Macdonnell merkte aber später an:
„If it were not for superiority in the bayonets . . . artillery and rockets, any expedition such as that against Keenung would certainly be a failure."[569)]
1851 kam es zu Kämpfen in Lagos gegen den König Coçioco, bei denen es um die Bekämpfung des Sklavenhandels ging. Bei einer Aktion gegen Akitoye liefen die Schraubenkanonenboote *Bloodhound* und *Teazer* (3) auf Grund, nachdem ein erstes Landungsunternehmen fehlgeschlagen war. Erst nachdem von einer anderen Landungsgruppe unter Maat Balfour und Gunner Dewar das feindliche Magazin durch eine Rakete zur Explosion gebracht worden war, schwiegen die feindlichen Waffen, und die Kanonenboote konnten wieder flott gemacht werden.[570)] 1853 konnte wiederum die Dampfcorvette *Herald* unter Captain Denham, die hydrographische Untersuchungen vor Neu-Kaledonien durchführte, ihren Auftrag nur ausführen, weil ihre Boote mit Raketen ausgerüstet waren und so angreifende Eingeborene abwehren konnte.[571)]
Auch gegen chinesische Piraten kam es mehrfach zu Raketeneinsätzen, so im Mai 1855, nachdem 3 Dschunken und eine Lorcha, obwohl unter Geleit des bewaffneten Dampfer *Eaglet*, von den Piraten in eine befestigte Bucht bei Choulan entführt worden waren. Am 4. Juni stießen daraufhin die *Rattler* (11) und *Eaglet*, unterstützt von Booten der amerikanischen Dampffregatte *Powhatan*, gegen die Bucht vor. Die Boote wurden in Marsch gesetzt und waren bereits außer Rufweite, als die Piratenflotte in Stärke von 36 Segeln gesichtet wurde. Nachdem jedoch die *Eaglet* mit ihrem 32pfünder und Raketen das Feuer begann, versuchten die Piraten zu fliehen, wurden aber von den Booten versenkt oder genommen.[572)]

Nach wie vor gab es angesichts der gesteigerten Feuerkraft der Infanterie keine Alternativen zur Raketenwaffe, zumal sie als einzige Waffe in kurzer Zeit eine erhebliche Feuerwirkung an den Feind bringen konnte und, wenn sie auch Kanonen nicht zu ersetzen vermochte, oft die einzige Möglichkeit in schweren Gelände, wo Kanonen nicht eingesetzt werden konnten, wie im Dschungel oder in Bergen, bot, die erforderliche Feuerunterstützung für die Infanterie zu leisten. Daher wurden 1847 alle troops der Royal Horse Artillery mit einem Raketenwagen ausgestattet, aus dem bisherigen 2nd troop, der als rocket troop aufgelöst wurde, wurde der I-Troop Royal Horse Artillery.[573)]
Die Raketen wurden dabei nicht nur in die reitenden, sondern auch in die fahrenden und Fuß-Batterien integriert. Jede Batterie der Royal Artillery erhielt einen Raketenwagen.[574)] Bei der reitenden Artillerie wurden 3 Berittene pro Abfeuerungsgestell eingesetzt, wobei ein Soldat das Gestell und die anderen die Stäbe mitführten, jeder Raketeur trug anstelle der Pistolenholfter 2 bis 4 Raketen, die dazugehörigen Stäbe wurden in einem ledernen Futteral mitgetragen, ähnlich wie die Ulanen ihre Lanzen führten. Das Gestell wurde wie ein Karabiner mitgeführt. Die übrige Munition wurde wieder auf Packpferden mitgeführt, die an jeder Seite 2 übereinanderliegende Packtaschen mit jeweils 9 Raketen zu tragen hatten. Die fahrenden Batterien wurden ab 1850 dann ebenfalls mit Raketen ausgestattet, hier wurden die Raketeure mit ihrer Munition in vierspännigen Wagen transportiert.[575)]

Raketeur beim Abfeuern in den vierziger Jahren (Zeichnung: Scoffern)

Im Einsatz befanden sich 3-, 6-, 12- und 24pfündige Raketen, die als „shot" oder „shell"-rockets eingesetzt werden konnten; die „shot"-rockets besaßen einen hohlen, gußeisernen Gefechtskopf, war dieser mit einer Sprengladung und Zünder gefüllt, sprach man von „shell"-rockets. Als Brandraketen wurden nur die 12- und 24pfündigen verwendet. Die Länge des Stabes reichte von 5 Fuß für die 3pfündigen bis 11 Fuß für die 24pfündigen Raketen. Normalerweise wurden die 3- und 6pfündigen Raketen nur von der Royal Horse Artillery genutzt, während die Marine und die Feldartillerie die 12 - und 24pfündigen verwendete.[576)] Für diese Zeit gab Schmölzl in seiner Waffenlehre nähere Angaben zu den Reichweiten der englischen Raketen bei ihrem ersten Aufschlag:[577)]

568) Zur ausführlichen Schilderung des Einsatzes siehe: USJ, 1847, part I: The Rocket Battery at San Lorenzo, p. 562 - 575; F. Bosch, Historia Naval Argentina, Buenos Aires 1962, p. 296, sprach fälschlicherweise von „y además con baterías portátiles de cohetes a la Congrve de 24 libras."
569) Mbaeyi, a.a.O., p. 24
570) Clowes, a.a.O., p. 370
571) ACMV, CC7 - 94, Barazet, a.a.O., p. 18: „un des officiers du bord, m'assuré, que c'était grâce à la disposition de leurs canots pour envoyer des Fusées, qu'ils avaient du de pouvoir souvent terminer leurs travaux hydrographiques."
572) ibidem, p. 389
573) Duncan, History of the Royal Regiment, a.a.O., p. 404; der troop wurde geführt: ab 1814 Capt. W. G. Elliott, 1828 Capt. C. C. Dansey, 1837 Capt. T. F. Strangways (gefallen in der Schlacht von Inkerman), 1846 Capt. N. T. Lake, 1852 Capt. G. A. Maude und 1855 Capt. J. J. Brandling, ab 1879 als E-Battery. Carman, a.a.O., p. 168, gab 1862 für die Benennung als E-Battery an und ergänzte, daß 1887 nach einer erneuten Umgliederung der Artillerie diese zur D-Battery der A Brigade wurde, bis sie 1889 zur O-Battery umbenannt wurde. (F. Engels, Die Armeen Europas, in: K. Marx / F. Engels, Werke, Band 11, S. 426, nannte fälschlicherweise für 1855 als Teil der reitenden Artillerie noch eine Raketenbatterie; siehe auch: Reply No. 48, in: JSAHR, Vol. I., p. 235) Die O-Battery trägt noch heute die Bezeichnung „The rocket Troop".
574) Memorandum of 16th June 1847 on 'Equipment for Rocket Artillery in the British Service': „With a view of extending the knowledge of the Rocket Service in the Royal Horse Artillery, the Master-General has directed that each of the Troops in Great Britain shall have a Rocket Section as part of its equipment, and that the Rocket Troop shall no longer form a distinct branch of the service; the following alterations will therefore take place, viz: The Rocket Troop becomes I Troop, to be reduced in its number of horses to 41. C and H Troops to be supplied with a 6-pr rocket carriages, &c, and their establishment to consist of 41 horses each." (mitgeteilt von Mr. C. E. Franklin, Brief vom 5.12.1996); siehe auch: Headlam, a.a.O., p. 84; „But a rocket carriage was issued to every battery, and these formed a part of the battery establishment until the end of the smooth-bore period."
575) Wilhelmi, Stellung der Feldraketen-Batterien im Heere, ihre Verwendung in den für sie besonders geeigneten Gefechtsverhältnissen und ihre hierdurch bedingte Organisation. Anführung der Organisation einiger ausländischer Feldraketen-Korps, in: AOPA, 22. Jahrg., Berlin 1858, S. 189, sowie: C. E. Franklin, The Hale Rocket in the British Service, in: JBIS, Vol. 52, No. 7/8, 1999, pp. 259
576) C. E. Franklin, The Hale Rocket, a.a.O.,
577) J. Schmoelzl, Ergänzungs-Waffenlehre oder die Feuerwaffen der Neuzeit, München 1851, S. 100, Schmölzl nannte als Quelle Lasay, Aide-mémoire.

6pfündige Rakete			12 pfündige Rakete			24 pfündige Rakete		
Elevation in Grad u. Minuten	Reich-weite Schritt	Metres	Elevation in Grad	Reich-weite Schritt	Metres	Elevation in Grad	Reich-weite Schritt	Metres
7 : 45	486	364,8	10	1218	914	10	1218	914
8 : 45	608	456,0	15	2437	1828	15	2437	1828
9 : 45	730	547,0	25	3657	2743	25	3657	2743
10 : 30	849	637,0	35	4023	3017	35	4145	3109
11 : 15	973	729,6	45	4145	3109	45	4389	3292
11 : 45	1094	820,8						

Insbesondere waren die Raketen für schnelle Einsätze in Übersee geeignet, wo die Zuführung der erforderlichen Feldartillerie zuviel Zeit in Anspruch genommen hätte, eine Einlagerung von Geschützen aber zu kostspielig gewesen wäre; Raketen waren daher in fast allen wichtigeren britischen Stützpunkten eingelagert und standen somit erforderlichenfalls sofort als leicht bewegliche Artillerie zur Verfügung. Einen Überblick über die Verteilung der Raketen in den fünfziger Jahren des 19. Jahrhunderts gibt die Tabelle in der Beilage 1/2.
Die Bedeutung der Raketen erwies sich auch wieder 1852 im Kaffern-Krieg, wo Sir Georg Cathcart die Raketen als einzige Artillerie bei seinen Vorstößen in das Oranje River Territorium mitführte.[578]
Ebenso kamen sie wiederum in West-Afrika zum Einsatz, wo die Ashanti nicht bereit waren den Wechsel der Fante und Assin aus ihrer Oberherrschaft in die der Briten zu dulden. Als die Assin versuchten erneut die Seite zu wechseln und dann von den Briten gezwungen wurden, weiterhin die britische Oberherrschaft anzuerkennen, rückte im März 1853 ein Heer der Ashanti über den Prah vor. Gouverneur Hill forderte Verstärkungen an und veranlaßte, daß zwei Kanonenboote, die *Britomart* und die *Alecto*, vor der Küste in Bereitschaft lagen, schließlich entsandte er eine Abteilung von etwa 10.000 eingeborenen Soldaten unter Captain M'Court, die durch 2 leichte Feldgeschütze und 4 Raketengeschütze verstärkt worden war, dem vorrückenden Ashanti Heer entgegen. Am 5. April, noch bevor es zu einem Gefecht gekommen war, rief der Ashanti König überraschend sein Heer zurück und trat in Verhandlungen ein.[579]

In Großbritannien hatte man inzwischen festgestellt, daß die Ausbildung der Artillerie nicht mehr den Erfordernissen eines modernen Krieges entsprach, zumal auf dem einzigen Schießplatz bei Woolwich, den Plumstead Marches, nur Schießen bis zu einer Entfernung von 1.500 yards möglich waren, die zudem durch den Schiffsverkehr immer wieder unterbrochen wurden; hierbei ist zu berücksichtigen, daß schon ein Dreipfünder eine Schußentfernung von 2.760 yards erreichen konnte. Jahrelang wurde um die Einrichtung eines neuen Schießplatzes gerungen, bis man ein Gelände bei den Sands at Shoeburyness auswählte. Ende des Jahres 1847 konnte als erste Einheit der Royal Artillery der rocket troop auf dem neuen Schießplatz das erste Schießen mit seinen Raketen durchführen, aber erst 1853 wurde der neue Platz so erweitert, daß mit einer Schußentfernung von 5 Meilen auch modernste Artilleriewaffen hier ihre Schießübungen durchführen konnten. 1862 wurde durch einen Act of Parliament der Schießplatz offiziell begründet.
Zu den Einsatzgrundsätzen der Raketen hieß es im offiziösen „Artillerist Manual":[580]

„Rockets may be of great use when a disembarkation of troops takes place in presence of an enemy, since Rocket men can land with the first party of Infantry, and commence firing before any guns can be brought into position. Rockets will not only be useful against masses of Cavalry, and squares of Infantry, but, when guns cannot be brought up, may be of material benefit in dislodging an enemy from villages or houses, which could not be approached by Infantry alone without a considerable loss of men, and chance of failure. The larger rockets are of great service in bombardments and sieges. Congreve Rockets are of four different natures - viz., 24 pounders, 12 pounders, 6 pounders, and 3 pounders."
Zum Einsatz der Raketen als Schuß- oder Granatraketen wurden die Anweisungen wiederholt, die nach Lieut.-Colonels Dansey Versuchen erlassen wurden, Hinweise zur Berücksichtigung von Wind-Einflüssen fehlten aber weiterhin. Für Belagerungszwecke wären die 24pfündigen, für den Feldeinsatz die 12- und 6 pfündigen Raketen vorgesehen.[581] Es folgte eine Schußtafel:

Ranges (Yards)	Elevation 12 Pounders Degrees - Minutes	Elevation 6 Pounders Degrees - Minutes
400		7 - 45
500		8 - 45
600	1 - 0	9 - 45
700	11 - 30	10 - 30
800	12 - 45	11 - 15
900	13 - 30	11 - 45
1000	14 - 0	12 - 30
1100	14 - 45	13 - 15
1200	15	14 - 0
1250	16	13 - 30

Für die Bedienung eines „Raketengeschützes" waren 7 Mann vorgesehen, Nr. 1 kommandierte die Kanoniere, Nr. 2 und 3 nahmen die Seitenrichtung und Erhöhung, Nr. 4 lud die Raketen und bereitete den Zünder vor, Nr. 5 zündete, während Nr. 6 und 7 die Raketen vorbereiteten und herbeibrachten.

1854 bis 1855 kam es dann im Krimkrieg zum Einsatz von Raketen durch fast alle beteiligten Mächte. Großbritannien setzte hier seine Congreve-Raketen durch Heer und Flotte ein. Zu dieser Zeit scheint die Raketenfabrikation in Woolwich nahezu auf dem Nullpunkt gestanden zu haben. Die Forderungen der Streitkräfte führten dazu, daß die Produktion der Raketen im Verlauf des Krieges auf 500 pro Tag gesteigert wurde.[582] Am 27. März 1854 erklärten die Alliierten Rußland den Krieg. Bereits am 22. April wurden die Befestigungen und der Hafen Odessas durch die Flotte beschossen, eingesetzt waren 5 englische und 3 französische Raddampfer, um 3 Uhr nachmittags war das Fort zerstört und alle im Hafen liegenden Schiffe versenkt oder in Brand gesetzt. Die Beschießung wurde von sechs Booten der Flotte mit Raketenfeuer unterstützt.[583] Im Bericht des Leitenden der Beschießung, Captain Jones von H.M.S. *Sampson*, wurde anschließend festgestellt:

578) Strachan, a.a.O.
579) Mbaeyi, a.a.O., pp. 139
580) F. A. Griffiths, The Artillerist's Manual and British Soldier's Compendium, London, seventh edition 1856, p. 169, als offiziös bezeichnet, da der Kauf dieses Handbuches vom General Commanding in Chief den Offizieren und Unteroffizieren dringend empfohlen wurde.
581) Für den Zweck der 3pfündigen Raketen fehlte jeder Hinweis
582) Hogg, Arsenal, a.a.O., p. 783: „. . . rocket manufacture was at a low ebb, both numerically and technically: it was also extravagant as regards labour, and dangerous in respect of filling. A factory therefore set up to produce 500 rockets per day of 10 hours, mostly by unskilled labour." Zusätzlich wurde die Herstellung der Hülsen vereinfacht und weitgehend mit Maschinen durchgeführt, dadurch konnten pro Hülse 2 s. gespart werden.
583) Stenzel, Band V, a.a.O., S. 12; Vice Admiral Dundas sprach in seiner Meldung vom

„The division of rocket boats under Commander Dickson were admirably managed, and contributed most essentially to the success of the day."[584)]

Die alliierten Truppen, die zunächst in Varna zum Schutz der europäischen Gebiete der Türkei versammelt waren, wurden ab 1. September eingeschifft, um auf der Krim zu landen. Britischerseits waren dies 5 Infanteriedivisionen mit jeweils etwa 5000 Mann und an Kavallerie die leichte Brigade. Die Streitkräfte standen unter dem Befehl von Lord Raglan. Bestandteil des Expeditionsheeres waren zwei 9-Pfünder Troops der Royal Horse Artillery, die neben ihrer etat-mäßigen Bewaffnung jeweils einen Raketenwagen, gezogen von 8 Pferden mit 4 Fahrern, mitführten, auf dem einhundertsechzehn 6- und einhundert 12-pfündige Raketen mit jeweils einem Abfeuerungsrohr transportiert wurden. Ebenso ausgestattet waren die 9-Pfünder Batterien der Feldartillerie.[585)] Der britische Oberbefehlshaber, Lord Raglan, legte soviel Wert auf den Einsatz der Raketen, daß er befohlen hatte, daß jede Division - neben der Standardausrüstung - ein Detachment aus 20 Artilleristen mit den entsprechenden Raketen, unter Führung eines Offizieres, zu bilden habe.[586)] Die Landung auf der Krim erfolgte bei Eupatoria, nördlich von Sevastopol, unter dem Schutz von Booten der Flotte, die mit Raketen ausgerüstet waren und war am 18. September 1854 abgeschlossen. Nach der Schlacht an der Alma am 20. September, wo der erste erfolgreiche Raketeneinsatz durch die E-Field Battery erfolgte,[587)] umschlossen die Alliierten Sevastopol. Zur Unterstützung des Heeres landete die Flotte 1.530 Marines mit 74 Geschützen und 680 24pfündigen Raketen.[588)] Auch der Gouverneur von Eupatoria, Captain Brock, erhielt zur Verteidigung der Stadt am 14. Oktober zusätzliche Geschütze und 500 Raketen von der Flotte, für letztere wurden zwei Batterien mit 3 und 2 Raketengeschützen eingerichtet.[589)] Die Raketen bewährten sich in der Folgezeit zur Abwehr russischer Angriffe. Am 29. Oktober griffen etwa 4.000 Reiter an:

„. . . a timely discharge of rockets. . . seemed to astonish them, and after a halt of some short time, at 8.30 they retreated."[590)]

Auch bei einem weiteren Angriff am 7. November zeigten die Raketen ihre Wirkung:

Raketenboot vor Taganrog (Zeichnung: ILN)

„. . . the fire of our rockets, however, was effectual and drove the Russians back."[591)]

Schon vorher am 25. Oktober in der Schlacht von Balaclava wurden Raketen, diesmal durch die W - Batterie der Feldartillerie bei der Nachhut, eingesetzt. Bei dieser Schlacht wurden erstmals versuchsweise Hales Raketen eingesetzt. Ein russisches Geschoß tötete dabei ein Pferd des Raketenwagens, so daß der Trupp des Lieutenant Dickson nur knapp der Gefangennahme entging, ein Raketenwagen wurde überdies zerstört.[592)] Auch in der Schlacht bei Inkerman am 5. November wurden einige Raketen „successfully" durch die 1. Companie des 12. Feldartilleriebataillons durch Lieutenant Owen eingesetzt, ebenso feuerte die Royal Marine Artillery sieben 24pfündige Raketen aus ihrer 21-Kanonenbatterie ab, wobei ein russischer Munitionswagen detonierte.[593)] Während der Belagerung Sevastopols wurden vor allem 24pfündige Raketen mit gutem Erfolg eingesetzt. Am 17. Februar 1855 konnte ein erneuter russischer Angriff gegen die Stellungen bei Eupatoria auch unter Einsatz des Feuers der Raketen abgewiesen werden:

„While General Chruleff was forming his Greeks and Cossacks for the assault, the Furious British war-steamer landed a rocket party on the extreme right of the town, who, coming round among the windmills opened their fire precisely on the head of the Russian column as it emerged from the broad gate of the cemetery. The discharge was point black, the rockets tearing through the column, which nevertheless endeavored to deploy, but was so broken by the inequalities of the ground and the various impediments met from the tombs of every size and shape, that the necessarily last time under the unexpected and destructive fire of the little rocket brigade; a portion of the column never left the burial ground, or came out only in a struggling and confused mass."[594)]

Während der Belagerung entschloß man sich am 20. Mai 1855 zu einer Unternehmung gegen Kertsch, um den russischen Nachschub zu unterbinden. Die Flotte unter den Admiralen Lyons und Bruat bestand aus 33 englischen und 24 französischen Kriegsdampfern, dabei 6 eng-

---

22. April 1854 nur von einer „steam division" und erwähnte namentlich nur die französische Fregatte *Vauban*, die schwer getroffen worden war (abgedruckt in: USJ, 1854 part II, p. 293); Clowes, a.a.O., p. 401, schrieb: „The rocket-boats did much damage to the storehouses in the dockyard, and burnt most of them. They also, assisted by the steamers, drove off a Russian field-battery which had suddenly opened upon them at close range from behind the shelter of some sheds on the low shore."

584) Meldung Captain Jones vom 22. April 1854, abgedruckt in: USJ, 1854 part II, p. 295; beteiligt waren nach dieser Meldung 2 Boote der *Britannia*, sowie jeweils 1 Boot der *Agamemnon*, *Trafalgar*, *Sans Pareil* und der *Highflyer*

585) F. A. Griffiths, a.a.O., p. 172; C. Bonard, Généralités sur les fusées de guerre et exemples de leur utilisation au combat, in: Le Brécaillon, No. 5, 1986, p. 5, gab auf Grund einer anderen Quelle nur eine Ausstattung von jeweils 100 Stück an. Jede der Fußbatterien war mit einem Raketenkarren mit einem 12pfündigen Raketengestelle ausgestattet, während die reitenden Batterien 6pfündige Raketengestelle führten. Zu Beginn des Feldzuges auf der Krim waren 8 Feld- und 2 reitende Batterien verfügbar. (A. v. Bylandt, Nachrichten über die Artillerien fremder Staaten, 2. Die englische Feldartillerie, in: MGAG, Erster Band 1857, S. 126 ff.); nach: Featherstone, Weapons, a.a.O., p. 106, führte jede Batterie 100 Raketen im Raketenwagen mit, wobei zusätzlich jeder berittene Kanonier noch 2 Raketen mit sich trug.

586) Lord Raglan, Memorandum for Generals of Divisions, 16. Oktober 1854, zitiert nach: Winter, Rocketry, a.a.O., p. 38

587) Tylden, a.a.O., p. 169; nach: M. P. Windibank, Shoeburyness: A Centre of Britain's Rocket Testing in the 19th Century, in: JBIS, Vol. 32, 1979, p. 472, wurden hierbei 8 russische Soldaten durch Raketenfeuer getötet.

588) D. Bonner-Smith / A. C. Dewar, Russian War, 1854, London 1943, p. 350, Beilage vom 28. Oktober 1854 zu einem Bericht Viceadmiral Dundas an die Admiralität vom 27. Oktober 1854

589) A. C. Dewar, Russian War 1855, Black Sea, London 1945, p. 429; Bericht Captain Brock vom 21. Dezember 1854

590) ibidem, p. 430

591) ibidem, p. 431

592) Angabe nach: Headlam, a.a.O., p. 84, sowie: Bonard, a.a.O., p. 7; nach: Windibank, a.a.O., p. 472, wurden vom rechts eingesetzten Zug der Batterie 7 Raketen abgefeuert, hiernach wurde durch das russische Feuer nur ein Rad des Raketenwagens zerstört.

593) Windibank, a.a.O., p. 472, sowie: Featherstone, Weapons, a.a.O., p. 106

594) E. H. Nolan, The Illustrated History of the War Against Russia, London 1857, Vol. 2, p. 182, zitiert nach: Winter, Rocketry, a.a.O., p. 39; siehe auch: Clowes, a.a.O., p.

lischen und 3 französischen Linienschiffen. Als Landungstruppen wurden unter General Browne die britische Highlander-Brigade unter Cameron sowie eine Schwadron Husaren, die französische Division d'Autemarre und die türkische Division Redschid eingeschifft. Am 22. Mai ging die Flotte in See und erreichte am 24. Mai die Straße von Kertsch bei Kap Taklin. Bei dem Dorf Ambelaki, halbwegs zwischen Kap Taklin und Kap Kamiesch Burnu, ging die Flotte vor Anker und landete die Highlander- und eine französische Brigade. Die artilleristische Unterstützung bestand aus Raketengeschützen. Die Truppen rückten angesichts der unklaren Feindlage nicht vor, die russischen Truppen unter General Wrangel griffen nicht ein, da dieser sich unterlegen fühlte, die russischen Batterien an der Straße von Kertsch wurden unbrauchbar gemacht und verlassen. Ab 25. rückten die Alliierten auf Kertsch vor. Ebenfalls am 25. Mai erfolgte unter Kapitän Lyons ein Vorstoß in das Asowsche Meer. Von seinem Flaggschiff, der Korvette *Miranda*, führte er 14 englische und 5 französische Korvetten, Avisos und Kanonenboote. Am 2. Juni lag die Flotte vor Taganrog, wo sie durch 6 englische und 3 französische Dampfer sowie 24 Linienschiffsschaluppen verstärkt wurde, und forderte die Stadt zur Übergabe auf. Dies wurde vom russischen Kommandanten, Generallieutenant Krasnow, zurückgewiesen. Daraufhin wurde am 3. Juni die Stadt von der Flotte beschossen:

„Die Dampfer, welche nah genug herankonnten, die Schaluppen und Boote, mit Geschützen und Raketengestellen armirt, rangirten sich in front gleichlaufend mit dem westlichen Quai und eröffneten um 9½ Uhr ein mörderisches Feuer, welches alsbald mehrere Holzlager, Getreidemagazine und andere Gebäude in Flammen setzte. In den ersten Nachmittagsstunden schien den Verbündeten trotz der Wirkung, welches ihr Geschütz getan, der Erfolg noch nicht vollständig genug; obwohl manches Haus brannte, auf welches sie es nicht eben abgesehen hatten, standen doch andere Gebäude noch unversehrt, welche Kriegskontrebande zu enthalten schienen. Kapitän Lyons und Commandant Sedaiges beschlossen daher einen Landungsversuch zu machen; eine Abtheilung von leichten Booten mit 100 Matrosen bemannt und von einer zweiten mit Raketengestellen und einem Geschütz armirten Bootsabtheilung gestützt, näherte sich dem Lande und die Matrosen wurden ausgeschifft. Ihr Versuch war nicht eben glücklich; ehe sie ihr Geschäft nach Wunsch beendigen konnten, wurden sie von einer Compagnie des halben Garnisons-bataillons in die Fahrzeuge zurückgetrieben. Dies geschah um 3½ Uhr. Die Flottille unterhielt darauf noch eine Viertelstunde mit verdoppelter Heftigkeit ihr Feuer. Als sie es um 4 Uhr einstellten, lagen 148 Magazine und andere Gebäude in Schutt und Trümmern und 60 weitere hatten erhebliche Beschädigungen erlitten."[595)]

Beschießung von Taganrog mit Raketen durch H.M.S. Danube - links im Bild (Zeichnung: ILN)

In einem anderen Artikel hieß es hierzu noch genauer:

„Auf die Aufforderung der Alliierten, die Stadt zu übergeben, erfolgte eine abschlägige Antwort; deshalb zerstörten unsererseits Geschosse à la Paixhans und Congreve'sche Raketen die Börse, das Arsenal, die Straße der Griechen und die Theemagazine, Wein und Oellager."[596)]

Der russischer Gegenangriff, der von etwa 3.500 Mann unternommen wurde, konnte durch das Feuer der Raketen von den Booten und der *Danube* abgewiesen werden:[597)]

„The Danube fired rockets in quick succession, and succeeded in firing many buildings, and did much execution. Among the English launches were several rocket-boats; these, also, kept up a sharp fire, and it was not long before no less than five fires had broken out. . ."[598)]

Auch bei den folgenden Vorstößen einiger britischer und französischer Schiffe in das Asow'sche Meer kam es zu Raketeneinsätzen, Captain Osborn von der *Vesuvius* meldete nach der Beschießung von Berutch Spit am 24. August, bei der es um die Vernichtung russischer Vorratsgüter ging:[599)]

„. . . under cover of guns, I detached Lieutenant's H. Camion, of the Vesuvius, and Burgoyne of the Wrangler, to launch gigs, fitted as rocket-boats, over Berutch Spit, so as to approach the stores at Gorelia."

Nur wenig später, am 1. September, meldete dann Lieutenant Burgoyne von der *Wrangler* bei einer ähnlichen Unternehmung bei Lyapina:[600)]

„Having fired twenty-five rounds in the vicinity without any troops appearing, I proceed with the rocket-boats of the Vesuvius and Wrangler, and commenced throwing rockets, with the intention of firing the hay and straw."

Bei Sevastopol kam es am 18. Juni 1855 zu einem Sturmversuch auf den Hauptwall der Karabelnaja, zur Vorbereitung des Angriffes wurden in den Nächten vom 16. zum 17. und vom 17. auf den 18. Juni Beschießungen der Festung durch die Flotte durchgeführt. Abteilungen von Schiffen der verbündeten Flotte, unterstützt durch Boote, die mit Raketen-Abfeuerungsgestellen armiert waren, gingen gegen den Eingang der Bucht von Sevastopol vor und beschossen die Bucht, um die russischen Schiffe zu beschädigen, die nach Westen zum Eingang der

---

450: „the Furious landed a rocket party on the extreme right of the town; and this body of men, outflanking the assaulting column as it reached the glacis, greatly contributed to throwing it into confusion."

595) Schilderung und Zitat nach: W. Rüstow, Der Krieg gegen Rußland, Zürich 1855, S. 297 ff; im Bericht des Captain Lyons der *Miranda* hieß es hierzu nur: „Lieutenant Mackenzie had charge of a separate division of light boats with rockets and one gun, to cover the approach of Lieutenant Cecil Buckley of the Miranda . . . [Buckley kommandierte ein Landungskommando, das die Vorräte in Brand setzen sollte; das gesamte Landungscorps wurde von Captain Coles befehligt]" (A. C. Dewar, a.a.O., p. 181). Da das Meer vor Taganrog zu flach war, konnte die Beschießung nur durch die Kanonenboote *Danube* und *Recruit* durchgeführt werden, die Landung wurde durch 12 bewaffnete launches unterstützt, zusätzlich war ein Floß für einen 32-Pfünder gebaut und auf den Namen *Lady Nancy* getauft worden. Zu der Beschießung hieß es: „When truce proposals were refused, guns and a 'hurrican of rockets' flared from the Recruit, Danube, and launches . . . " Ein russischer General notierte: „There was one uninterrupted noise of shells bursting, fuses, and grape, accompanied by fire-rockets and rifle balls" (J. M. Merrill, British-French Amphibious Operations in the Sea of Azov, 1855, in: MilA, 1956, p. 24 f.)

596) o. Verf., Die Belagerung von Sevastopol, in: AOPA, 45. Band 1858, S. 89; auch nach einem russischen Bericht muß die Beschießung erhebliche Wirkungen gezeigt haben: „At the same time seven large ships of the enemy, armed with heavy Paixhan guns and congreve rockets, anchored at a distance, and commenced firing at an elevation upon the town. There was one uninterrupted noise of shells bursting, fuses, and grape, accompanied by fire-rockets and rifle balls. A conflagration burst out in the town, especially near the Exchange, the street of the Greeks, and at the Gostenoi-Riad . . ." (o. Verf.: Naval and Military operations of the month, in: USJ, July 1855, p. 348)

597) A. C. Dewar, a.a.O., p. 181; eingesetzt waren zur Deckung der Landung eine Launch der *Royal Albert* sowie ein Kutter der *Miranda* mit 24pfündigen Raketen sowie 2 Boote der *Stromboli* und jeweils 1 Boot der *Ardent*, *Medina* und *Snake* mit 12pfündigen Raketen (ibidem, p. 183)

598) Bericht in: ILN, July 14, 1855, p. 35

599) A. C. Dewar, a.a.O., p. 283

600) ibidem, p. 288

Bucht hatten verlegen müssen,[601] nachdem am 7. Juni französische Truppen die Lavarandeschanzen genommen hatten. Die Beschießung war nicht erfolgreich, zumal die russischen Batterien das Feuer erwiderten. Der vorgesehene Sturmangriff schlug unter erheblichen Verlusten fehl.
Am 9. September räumten die Russen nach einem alliierten Sturmangriff den Südteil der Stadt, der dann durch die Verbündeten besetzt wurde. Zugleich wurden neue Batterien angelegt, um das russische Feuer von der Nordseite zu erwidern. Hierzu wurden Mörserbatterien beim Fort Nikolaus, in der Uschakoffschlucht und der Kielschlucht auf der Karabelnajaseite bezogen, während eine starke Raketenbatterie auf dem Malakoffhügel eingerichtet wurde. Ab 17. September eröffneten die Batterien ihr Feuer, was aber, aufgrund der großen Entfernung, keinen besonderen Schaden anrichtete.[602]

Britische Raketenartillerie vor Sevastopol (Zeichnung: Harper's New Monthly Magazine)

Insgesamt wurden durch die Engländer bei Sevastopol 382 Raketen abgefeuert.[603]
Im Oktober wurde eine Expedition gegen Nikolaev beschlossen. Die Flotte, die am 7. Oktober die Häfen von Kamiesch und Balaclava verließ, bestand aus insgesamt 91 Schiffen, dabei 6 englischen und 4 französischen Linienschiffen sowie 3 gepanzerten, schwimmenden Batterien mit jeweils 22 30pfündigen Kanonen. An Landungstruppen wurden 3 französische Regimenter unter General Bazaine sowie 5 britische Regimenter unter General Spencer, verstärkt durch ein Marinebataillon und eine Raketenbatterie, mitgeführt. Die Küste wurde von 11.000 Mann russischer Truppen unter General Lüders gedeckt. Die Flotte, die erst nach Odessa gegangen war, ging am 14. Oktober bei Kinburn vor Anker, das von 1.500 Mann unter General Kochanowitsch verteidigt wurde; am folgenden Tag wurden die Truppen gelandet und das Fort beschossen, das am 17. Oktober kapitulierte.[604]
In der Folge kam es in diesem Raum zu weiteren Landungsunternehmungen, um den russischen Nachschub zu unterbinden. Am 4. November erfolgten Beschießungen und Landungen bei Vodina und Glofira. Letzteres wurde von der *Recruit*, *Grinder*, *Boxer* und *Cracker* beschossen, während die *Clinker* Boote schleppte, um die russischen Stellungen zu umgehen; aber erst nachdem eine Landungsgruppe der *Recruit* unter den Lieutenants Day und Campion, unterstützt durch zwei Raketenboote, eingesetzt wurde, gelang es, die russischen Verteidiger zu vertreiben und die Vorräte zu verbrennen.[605]

Auch bei den Operationen in der Ostsee kam es zu Raketeneinsätzen. Im Jahr 1854 hatte eine Expedition der Verbündeten in die Ostsee zu einem Fehlschlag geführt, auch weil die erforderlichen Mittel fehlten; so wurde zwar ein Angriff gegen Kronstadt gefordert, Admiral Napier hielt hierfür jedoch den Einsatz von etwa 50 Kanonenbooten sowie von Raketen größten Kalibers für erforderlich, da diese nicht verfügbar waren, lehnte er einen Angriff ab.[606] Im August 1854 kam es zu einer Landungsoperation bei Bomarsund, die im Wesentlichen von französischen Truppen durchgeführt wurde, jedoch am 8. durch eine zusätzliche Landung eines Bataillons Marines unterstützt wurde, für die am 10. neben einigen Geschützen auch eine rocket tube gelandet wurde. Das Fort Bomarsund kapitulierte dann nach wenigen Tagen.[607]
1855 entschloß man sich, diesen Vorstoß - diesmal energischer - zu wiederholen. Unter dem Oberbefehl von Viceadmiral Dundas gingen 62 britische Schiffe in die Ostsee und sammelten sich am 3. Mai 1855 bei Kiel. Die Flotte bestand aus 4 Segelschiffen, 31 Schrauben- und 27 Raddampfern, dazu 7 Kanonenbooten, 20 Bombardierschiffen mit Mörsern und 5 schwimmenden Batterien zu jeweils 16 Kanonen, Flaggschiff war die *Duke of Wellington*. Verstärkt wurde die britische Flotte durch ein französisches Geschwader von 3 Linienschiffen und 6 kleineren Schiffen unter Contreadmiral Penaud. Teile der Flotte führten Vorstöße in die finnischen Küstengewässer durch, um die russische Schiffahrt zu unterbinden. Dabei kam es im Fogle Fjord zu einem Raketeneinsatz durch die Boote der *Driver*, die von Land beschossen wurden, als sie im Hafen von Raumo feindliche Handelsschiffe besetzen sollten; zur Bekämpfung der Schützen wurden aus den Booten ein 24-Pfünder und 12pfündige Raketen eingesetzt:
„After continuing this fire for an hour and a half, and throwing some eighty shot and shell into the place besides the rockets, none of which, however, took effect in setting the town on fire, I ceased firing . . ."[608]

Am 5. Juli führte Captain Yelverton mit der *Ruby* eine Erkundung gegen Lovisa durch, wobei eine Abteilung Kosaken durch Geschütz- und Raketenfeuer vertrieben wurde.[609] Auch den Booten der *Harrier* und *Cuckoo* gelang es bei Nystad am 7. Juli durch den Einsatz von Raketen der russischen Handelsschiffahrt schweren Schaden zuzufügen und etwa 30 Handelsschiffe zu vernichten.[610] Bei einem Aufklärungsvorstoß in die Straße von Stralsund bei Vyborg unter Captain Yelverton am 13. Juli erlebte die britische Marine erstmals einen Raketenbeschuß durch den Feind, russische Raketen trafen ein Boot der *Arrogant*, das in Brand geriet; Lieutenant Dowell von der *Ruby* konnte mit seinem Boot, das den Nachschub von Raketen sicherzustellen hatte, die Besatzung in letzter Minute retten,[611] die *Ruby* sowie die Boote der *Arrogant* und *Magicienne* erwiderten das Feuer mit den Haubitzen und Raketen der Boote.[612]

Am 7. August traf die verbündete Flotte mit 75 Schiffen, dabei 10 Linienschiffen, 6 Fregatten, 22 Kanonenbooten und 21 Mörserschiffen

601) Die Beschießung wurde von 9 britischen Schiffen und einigen französischen Dampfschiffen durchgeführt, Raketen wurden von der *Danube* und den Booten der *Royal Albert* eingesetzt, „whilst the Danube and the launches of the Royal Albert poured in a shower of rockets." (o. Verf., Naval and Military Operations of the Month, in: USJ, August 1855, p. 586)
602) Angaben nach: Rüstow, a.a.O., S. 610
603) v. Braun / Ordway III, a.a.O., S. 117
604) Angaben nach: Rüstow, a.a.O.
605) Clowes, a.a.O., pp. 463
606) Williams, a.a.O., p. 311; nach seinem Bericht an die Admiralität war jedoch der Grund, daß er nicht ausreichend Truppen zur Verfügung hatte (Bonner-Smith / A. C. Dewar, a.a.O., p. 125, Schreiben Viceadmiral Napier vom 18. September 1854)
607) Clowes, a.a.O., p. 423
608) Bericht Captain Gardner vom 10. Juli 1855, zitiert nach: Bonner-Smith, Russian War 1855, Baltic, London 1944, p. 151
609) Clowes, a.a.O., p. 487
610) Bericht in: ILN, August 4, 1855, p. 136
611) Braun / Ordway, a.a.O., S. 118
612) Notiz in: ILN, August 4, 1855, p. 136

Boote der Harrier und Cuckoo zerstören russische Schiffe bei Nystad (Zeichnung: ILN)

vor Sweaborg ein, das mit seinen Inseln eine schützende Linie vor der nordostwärts von ihnen gelegenen Reede von Helsingfors bildet. Die Dampfer *Euryalus*, *Magicienne*, *Vulture* und *Dragon* leiteten noch vor Beginn der Dunkelheit die Mörserboote in ihre Stellungen etwa 5.000 Schritt von dem Fort Gustavswärd entfernt, südlich von ihnen gingen die Linienschiffe vor Anker. Am Morgen des 8. August begann eine Probebeschießung. Admiral Dundas ließ dann die Mörserschiffe die Beschießung nur bei Tag vornehmen, um nicht die kostbare Munition zu verschwenden, auch konnten bei Nacht Kanonenboote in den navigatorisch schweren Gewässern nicht eingesetzt werden, da die Gefahr des Auflaufens bestand. Bei Sonnenuntergang wurden daher die Schaluppen und Boote der Linienschiffe mit Raketengeschützen bewaffnet, um die Beschießung bei Nacht fortzuführen.

„Abends zogen sich die Kanonenboote zurück, sie wurden nachts durch 30 große Boote der Linienschiffe ersetzt, die 3 Stunden mit großem Erfolg Raketen schossen, so daß an Land viele Brände entstanden"[613]

Im Bericht des Konteradmiral Dundas wurde zu dieser ersten Nacht festgestellt:[614]

„. . . they maintained a continuous fire for upwards of three hours, which was attended with considerable success, causing fresh fires, and adding much to the general conflagration."

Dies Verfahren wurde in der Nacht zum 11. August wiederholt. Der Admiral berichtete anschließend:[615]

„. . . were again assembled, when the gun-boats were recalled, and proceeded successively in separate divisons. The first under the direction of Captain Seymour, of the Pembroke, made excellent practise at a distance of about 2.000 yards from the fortress. The second, under the direction of Captain Caldwell, at a later period of the night, succeeded also in adding to the fires already burning . . ."[616]

Rüstow faßte den Einsatz in seiner Beschreibung zusammen, hiernach scheint aber der Raketeneinsatz auch für die britische Marine nicht ungefährlich gewesen zu sein:

„Die Raketen, obgleich bei der großen Distanz von fast 3.000 Schritten nur wenige die rechten Punkte trafen, verfehlten doch ihre Wirkung nicht ganz, weil sie durch den Lärm, welche sie verursachten, und die Feuerstreifen, welche sie durch die Nacht zogen, die Russen in beständiger Aufregung und Besorgnis erhielten. Am Abend des 10. August ließ Admiral Dundas die Raketenboote abermals vor die Linie der Mörserschiffe vor und die Kanonenboote zurückgehen. Der Verlust der Verbündeten belief sich auf kaum 40 Mann Verwundete, wovon noch obendrein eine Anzahl durch die Explosion von Raketen in den zum Nachtwerfen vordetachierten Schaluppen erfolgte."[617]

Am 11. August wurde die Beschießung eingestellt, da die Russen das Feuer nicht mehr erwiderten; bei den Russen waren 2 Dutzend Schiffe verbrannt und 1 1/2 Dutzend schwer havariert, etwa 2.000 Mann waren getötet oder verwundet, die Werft und die Vorräte waren zerstört. Da Sweaborg als Ergebnis der Aktion nicht besetzt wurde, erscheint die Beschießung im Nachhinein wenig sinnvoll.

Am 20. August erfolgte unter Führung Captain Yelvertons von der *Arrogant* zusammen mit der *Magicienne*, der *Cossack* und der *Ruby* ein Angriff auf Frederickshamm; da überlegene feindliche Truppen beobachtet worden waren, wurde auf eine Landung verzichtet und nur die Festung mit Geschützen und Raketen beschossen.[618]

Während eines späteren Vorstoßes in die Küstengewässer stieß die *Tartar* am 3. September vor Tankar Beacon auf feindliche, maskierte Feldbatterien. Ein erster Raketenbeschuß gegen drei Batterien am Vormittag hatte keinen Erfolg, am Nachmittag dagegen:[619]

„. . . while I advanced with the two rocket-boats to within 600 yards of the wooden store houses. As soon as the enemy saw that the steamer had given up the attempt to force a passage over the bar, he withdrew the bushes and over cover . . . and opened fire from the three other

---

613) Stenzel, a.a.O., V. Teil, S. 40 f.; eingesetzt waren unter Captain Caldwell 4 Boote der *Duke of Wellington* und jeweils 2 Boote der *Exmouth*, *Euryalus*, *Arrogant*, *Pembroke*, *Vulture*, *Edingburgh*, *Cossack*, *Dragon*, *Magicienne* und *Geyser* sowie unter Captain Seymour 4 Boote der *Cornwallis*, 2 Boote der *Hastings* und 3 Boote der *Amphion* (Bonner-Smith, Russian War, Baltic, a.a.O., p. 192 - 194)

614) Rear Admiral Dundas an die Admiralität vom 13. August 1855, zitiert nach: Bonner-Smith, Russian War, Baltic, a.a.O., p. 187

615) ibidem, p. 188

616) in dieser Nacht waren unter Caldwell wieder 4 Boote der *Duke of Wellington* sowie 2 Boote der *Edingburgh* und je ein Boot der *Vulture*, *Dragon* und *Cossack* eingesetzt, während Seymour die Boote der *Exmouth*, *Euryalus*, *Arrogant*, *Pembroke* und *Magicienne* führte (nach: Bonner-Smith, Russian War, Baltic, a.a.O., p. 195)

617) Rüstow, Der Krieg gegen Rußland, S. 467, russische Verluste nach Stenzel, a.a.O.

618) Notiz in: ILN, September 15, 1855; ein hierzu gezeichnetes Bild der *Ruby* in Aktion wurde fälschlicherweise bei W. Johnson, The rise and fall of early war rockets, in: Int. J. Impact Engng, Vol. 15, p. 377, dem Sezessionskrieg der USA zugeschrieben.

619) Bericht Captain Dunlop vom 3. September 1855 (zitiert nach: Bonner-Smith, Russian War, Baltic, a.a.O., p. 299)

Beschießung von Frederikshamm durch Raketen von einem Boot H.M.S. Ruby (Zeichnung: ILN)

heavy earthworkes . . . and the rockets from the cutters were delivered with such effect, that in spite of the great superiority of the enemy in number and weight of guns, they were effectually checked."

Selbst im hohen Norden wurden in diesem Krieg Raketen eingesetzt: bei der Blockade der Häfen des Weißen Meeres setzten Raketen, die von den Booten des Blockadegeschwaders eingesetzt wurden, russische Fischereieinrichtungen in Brand, wobei die Raketen sich auch als wirksam erwiesen, als aus Archangelsk eiligst herbeigeführte russische Feldartillerie eingriff, um die Briten zu abzuwehren:[620)]

„J'ai vu les embarcations de la Frégate commodore anglaise le Méander, brûler, à de bonnes distances, les Pêcheries Russes, au moyen de Fusées installées dans ces Canots sur des chevalets, et cela, malgré la Présence de quelques pièces d'artillerie légère Russe, envoyées en toute hâte d'Arkangel, pour protéger ces Pêcheries."[621)]

h. Excurs No 2: Boxer und Hale

An der Verbesserung der Genauigkeit und einer Leistungssteigerung der Raketen war in der Zwischenzeit weiter gearbeitet worden. Zu dieser Zeit nahm auch Scoffern zu den Problemen der Raketenfertigung Stellung und bemerkte, daß es schwierig wäre, zwei Raketen vollständig identisch herzustellen. Er betonte aber die Vorteile der Raketen, ihre leichte Transportfähigkeit, da sie kein Geschütz benötigten, die Freiheit vom Rückstoß, die sie besonders geeignet mache für den Verschuß von Booten, die Geschwindigkeit, mit der Salven abgefeuert werden könnten und schließlich ihre moralische Wirkung, vor allem auf Cavallerie:

„No horse, however well disciplined in regard to other artillery, will stand the hissing of a rocket, not even the horses of the rocket brigade."[622)]

Insbesondere gelang es Captain Edward Mounier Boxer,[623)] einem Nachfolger Congreves als Raketenkonstrukteur, durch verbesserte Produktionsmethoden seit 1852 die Treffgenauigkeit zu steigern. 1853 legte er in einer Denkschrift Vorschläge für die Verbesserung der Treffgenauigkeit der Raketen vor. Hierzu stellte er fest:

„The Congreve Rocket is a projectile on the value of which, for warlike purposes, great differences of opinion exist. Some consider it most formidable, and believe that the effect of its use in sufficient numbers would surpass that of any other description of projectile; others condemn it altogether.

There can be no doubt that the rocket as at present manufactured has one very serious defect, namely, its great irregularity of flight. Could this be overcome to any extent, we think there would be but one opinion as to the advantages possessed by this projectile."[624)]

In dieser Schrift führte er zunächst die Vorteile der Rakete auf und ging dann auf die Ursachen ihrer Unzuverlässigkeit ein, wobei er die Antriebskraft und alle Effekte untersuchte, die auf den Flug einwirkten. Bei der Antriebskraft untersuchte er die Wirkung unterschiedlicher Zusammensetzung, die Verstärkung - also Beschleunigung der Verbrennung - des Treibsatzes, die Form der Gasaustrittsöffnungen sowie die Form und das Gewicht der Hülse. Ebenso untersuchte er die Einflüsse durch den Stabilisierungsstab und kam zu dem Schluß, daß bei einer perfekten Herstellung der Rakete, also einer Rakete die keinerlei Unregelmäßigkeiten in Form und Schwerpunkt aufweist, ein Stab überflüssig wäre.[625)] Abschließend schlug er vor allem verbesserte Produktionsmethoden vor:

1. *Verstärkung der Hülse und Optimierung der Wirksamkeit des Treibsatzes*
2. *Verbesserung der Gasaustrittsöffnungen und der Halterung des Stabes, damit dieser genau die Achse fortsetzte*
3. *Verbesserung der Hülse, so daß diese einen geometrisch vollkommenen Zylinder bildete*
4. *Verbesserung der Befüllung mit dem Treibsatz, hierzu schlug er - wie bereits in anderen Staaten üblich - Pressen vor*
5. *Die Zentren des Luftwiderstandes und des Schwerpunktes der Rakete müßten mit der Achse der Rakete und des Stabes eine Linie bilden*
6. *Verkürzung des Stabes*
7. *Verbesserung der Abfeuerungsröhren, um möglichst geringes Spiel zwischen Röhre und Rakete zu erhalten*

Er wies dabei schließlich noch auf die Prioritäten der Verbesserungen hin:

„No satisfactory results can be expected unless the above-mentioned instructions with regard to the case, stick, and method of filling the rocket be strictly adhered to; should either be neglected, little or no advantage will be derived from the adoption of the others; for what improvement can be anticipated from an increase in the force unless the true direction of that force be insisted upon? In the passing of the small arms the strictest scrutinity is made relative to the perfect straightness of the barrel. But if we consider for one moment the comparative re-

---

620) J. Defrasne, Les fusées de guerre au XIXe siècle, in: Revue historique de l'armée, 1977 No. 1, p. 62; im Weißen Meer war seit 19. Juni 1854 ein kleines Geschwader unter Captain E. Ommanney mit der Fregatte *Eurydice* und den Schraubendampfern *Miranda* und *Brisk* eingesetzt. (R. Humble, Before the Dreadnought, London 1976, p. 85 ff.) Es scheint durch die französische Fregatte *Cléopâtre* unter Capitaine Guilbert verstärkt worden zu sein (ACMV, CC7 - 94, Barazer, a.a.O., p. 9)

621) ACMV, CC7 - 94, Barazer, a.a.O., p. 10

622) J. Scoffern, Projectile Weapons of War and Explosive Compounds, London 1852; Scoffern waren dabei die Probleme der unregelmäßigen Flugbahnen sehr wohl bewußt.

623) Die Schreibweise des zweiten Vornamen ist ungewiß, in der Rangliste wird er als „Mourrier", in seinen Patentschriften als „Mounier" geführt. Geboren 3. Februar 1822 in Dover. Cadet 1837, additional firemaster 30.06.1854 (mit einem Gehalt von £ 230) und ab 5. Juni 1855 Superintendent des Royal Laboratory, Woolwich, 1865 Colonel (army), 1868 Colonel (Royal Artillery), 20.12.1869 pensioniert als Major General (ehrenhalber), gestorben 1. Januar 1898; zahlreiche Patente für Verbesserung von Waffen (Daten aus: Ch. J. Purdon, Col. Edward Mounier Boxer, RA, FRS in: Arms Collecting, Vol. 30, No. 4 [Nov 1992] p. 125, und: F. H. Winter / M. R. Sharpe, Edward Mourrier and his Rockets in Peace and War, in: Spaceflight, Vol. 16, No. 11, p. 427, sowie: Hogg, Arsenal, a.a.O., p. 1124), Boxer entwickelte auch eine Rakete zur Bergung Schiffbrüchiger, die 1878 eingeführt wurde und möglicherweise mehr Leben rettete, als bis dahin durch den Einsatz von Kriegsraketen verloren gegangen waren. D. Baker, Spaceflight and Rocketry, A Chronology, Facts on File, Inc., p. 8, nannte den 15. März 1865 als Einführung und gab an, daß diese Rakete 20 Jahre später die Standard-Lebensrettungsrakete geworden wäre. Sie hat Dennets Raketen nach fast 40 Jahren abgelöst. Es handelte sich um eine zweistufige 11,9 lb-Rakete. Sie blieb für 80 Jahre im Dienst, Baker gab an, mit ihr wären 9407 Menschen gerettet worden.

624) Capt. E. M. Boxer, The Congreve Rocket, in: Congreve, The Details, a.a.O., p. 65

625) Die Länge der Stäbe betrug zu dieser Zeit für die 6pfündige Rakete 7 Fuß und für die 12pfündige 9 Fuß, Angabe nach: Scoffern, a.a.O., p. 118

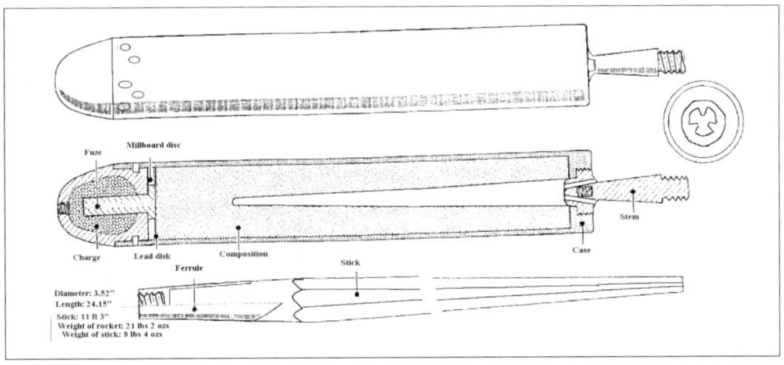

24-pr Boxer Rocket, 1864 - 1867 (Zeichnung: C.E. Franklin), Durchmesser = 3.52", Länge = 24.15". Stab = 11ft 3", Gewicht der Rakete = 21 lbs 2 ozs

sults arising from imperfection in this respect in a musket, and the want of truth in the case of a rocket, then, if accuracy of flight be the object aimed at, a far greater perfection should be insisted upon in the latter than in the former weapon."[626)]

Das Select Committee schlug nach eingehender Beratung am 17. Juli 1852 vor, Boxers Vorschläge zu akzeptieren und auszuführen; Boxer wurde dann am 26. Juli angewiesen, entsprechende Versuche durchzuführen und die erforderlichen Maschinen zu beschaffen:

„I am directed by the MG to acquaint You that the Select Com.ttee is reporting upon your paper on the construction of Rockets, have stated their opinion that the present method of manufacture of that article is very imperfect, + have recommended that the Dir. R. Lab.ty should be authorized to make experiments with an view to improve the method of manufacture of Rockets, and to ascertain the Machinery required, of which proposal His Lordship has approved.

The Committee add that, without concurring in all Your views, they consider it due to You to state that Your paper has very usefully brought into notice the principal defects of the Rockets as at present manufactured; + the MG desires me to express his approbation of the zeal + intelligence with which You have directed Your attention to this important professional object."[627)]

Einzelne dieser Forderungen konnte er selbst durch Verbesserung der Konstruktion erfüllen. So änderte er die Konstruktion von Congreves Achsenstabrakete; bei dieser war der Stab an einer Scheibe befestigt, die mit dem konischen Hohlraum des Treibsatzes abschloß, die 5 Löcher, die erforderlich waren, um diese Scheibe mit der Hülse zu verbinden, mußten in den Treibsatz selbst gebohrt werden, bei der Zündung kam es daher oft dazu, daß dieser sich auf einmal entlud und die Rakete sprengte. Boxer behob diesen Fehler, in dem er nur noch 3 Halterungen verwendete und diese nicht mehr in den Treibsatz führte, so daß dieser vollständig blieb und gleichmäßig abbrennen konnte. Versuche, den Treibsatz zentral in der Hülse anzubringen führten dazu, daß die Raketen vorzeitig detonierten.[628)] Ihm gelang es aber auch, einen stärkeren Treibsatz herzustellen, indem er den Salpeteranteil erhöhte und den Schwefelanteil herabsetzte; dies führte zu einer erhöhten Anfangsgeschwindigkeit, die wiederum die Genauigkeit der Flugbahn der Rakete verbesserte, da äußere Einflüsse nun nur für kürzere Zeit auf die Rakete wirken konnten, insbesondere aber konnte so ein Absacken der Rakete unmittelbar nach dem Start verhindert werden. Zur Aufnahme des stärkeren Treibsatzes mußte er auch die Hülse der Rakete von 0,8 auf 2,4 mm verstärken. Eine Verbesserung der Herstellungstoleranzen der Hülse und der Gasaustrittsöffnungen im Bodendeckel war aber unter vertretbarem Aufwand zu dieser Zeit technisch noch nicht möglich. Unter seiner Leitung wurde auch die bisherige Ramme zum Befüllen der Hülsen mit dem Treibsatz, die durch die Muskelkraft von 6 Männern betrieben und daher auch als „monkey press" bezeichnet wurde, durch eine hydraulische Presse ersetzt, deren Einsatz einerseits weniger gefährlich war, andererseits aber eine stärkere Verdichtung des Treibsatzes ermöglichte. Nach intensiven Versuchen wurden seine Raketen als beachtenswert „steady" beurteilt, ein sehr positives Urteil in einer Zeit, da die Unregelmäßigkeiten im Flugverhalten der weiterreichenden Raketen notorisch waren.[629)]

Ab 1850 wurden die Raketen mit Boxers Verbesserungen in Shoeburyness erprobt. Ein erster größerer Versuch 1852 unter Leitung von Lieutenant-Colonel Robe war sehr ermutigend; bei Erhöhungen zwischen 37 und 47° erreichten die 6pfündigen Raketen 2.570 m, die 12pfd. 3.250 m und die 24pfd. 3.415 m. Als problematisch erwies sich aber ein irreguläres Detonieren der Gefechtsköpfe vor allem bei niedrigeren Erhöhungen. Von 50 Raketen wurden so die Gefechtsköpfe von 11 zu früh oder zu spät oder, bei den 24pfündigen, gar nicht gezündet. Angaben über die Treffgenauigkeit scheinen für diese Versuche zu fehlen.[630)]

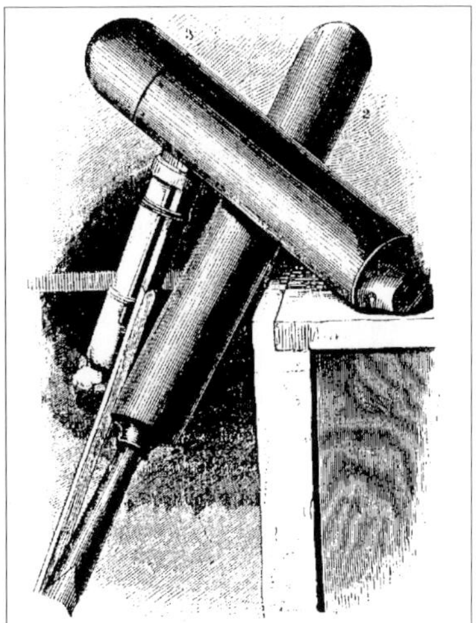

Hale's, Congreve's and Ordinary Sky Rockets, Scoffern

Es scheint aber, daß später dieses Problem gelöst worden ist, da es bei einer Reihe weiterer Versuche Anfang der sechziger Jahre nicht mehr auftrat, jedoch zeigte sich weiterhin, daß etwa 20 % der Raketen mehr als 100 Metern von der Richtung abwichen. 1863 wurden mit 6pfündigen Raketen Reichweiten von 2.843 m, von 12 pfündigen von 3.180 m und von 24pfündigen von 4.570 m erzielt. Jedoch zeigte es sich, daß 8 von 49 12pfündigen Raketen fehlerhaft waren, ähnliche Probleme ergaben sich bei den 9pfündigen Raketen, so daß hier weitere Entwicklungsarbeiten erforderlich waren. Boxer änderte hierbei die Bodenplatte mit den Gasaustrittsöffnungen sowie den Treibsatz, um eine höhere Anfangsgeschwindigkeit zu erlangen. Hierdurch ergab sich zunächst eine Verringerung der Reichweite, ein vorzeitiges Zerspringen der Raketen trat jedoch seltener auf, allerdings blieben auch diese Raketen recht ungenau, wie ein Schreiben des Royal Laboratory an Boxer zeigt:

„He believes he has succeeded in overcoming the serious defect which exists in the service rocket exploding prematurely; but it is far from satisfied with the accuracy of flight."[631)]

Im Zuge dieser Maßnahmen wurde gegen 1855 auch die „Sea Service Rocket Tube" modifiziert, die hölzerne Stütze wurde nunmehr senkrecht aufgestellt, wobei die „Tube" über ein Seil, das an der Verbindung der Einzelteile befestigt war und über die Stütze lief, gerichtet wurde, die Gradeinteilung zum Nehmen der Elevation war auf der

626) Boxer, a.a.O., p. 84

627) P.R.O., WO 046/89, Board of Ordnance, Brief an Capt. Boxer

628) siehe Abschnitt: Die schweizerische Eidgenossenschaft

629) F. H. Winter / M. R. Sharpe, Edward Mourrier, a.a.O., p. 428; zu Boxers Bemühungen wurde aber auch festgestellt: „Bei den englischen Kriegsraketen soll es in neuester Zeit häufig vorgekommen sein, dass dieselben im Beginne ihrer Flugbahn zersprangen und hiedurch nicht nur den beabsichtigten Effect versagten, sondern auch die eigene Truppe gefährdeten. Dieser Übelstand veranlasste mehrfache, hauptsächlich durch den englischen Artillerie-Obersten Boxer betriebene Versuche, welche noch gegenwärtig fortgesetzt werden." (F. M., Rückblick auf die Fortschritte und Änderungen im Artillerie-Materiale seit dem Jahre 1859, in: ÖMZ, 1864, Vierter Band, S. 302) Angaben zur Produktion von Boxers Raketen ab 1861 siehe Beilage 7 zu diesem Abschnitt.

630) Windibank, a.a.O., p. 472

631) Windibank, a.a.O., p. 473

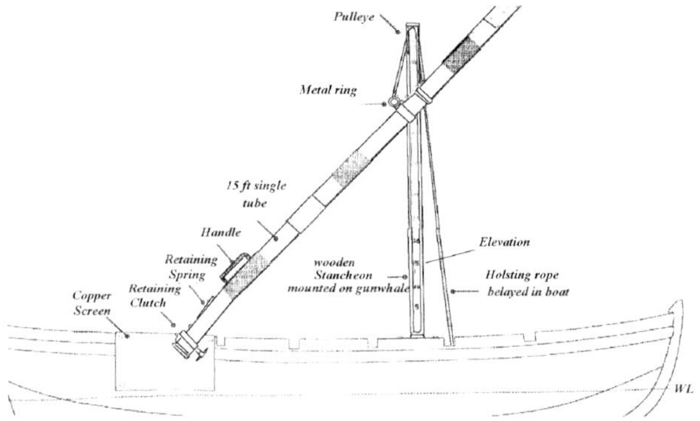

Sea Service Rocket Tube, ca 1855 (Zeichnung: C.E. Franklin)

Stütze markiert; zusätzlich wurde bald darauf die Friktionszündung eingeführt.[632)]

Eine Kommission amerikanischer Offiziere, die 1855 bis 1856 Europa bereiste und hierbei auch das Arsenal in Woolwich besuchte, konnte Einblick in die ersten Verbesserungen nehmen und beschrieb die Produktion in ihrem Reisebericht:

„War rockets are driven by hydraulic pressure; several rocket cases are adjusted vertically into the outer part of a circular horizontal iron table which revolves on a vertical axis and is moved up and down by the action of the hydraulic press; the rockets, as they are charged, are thus brought successively under drifts of different lengths which are fixed in a frame over the revolving table.

Captain Boxer endeavors to improve the accuracy of flight of rockets by greater precision in their manufacture; for this purpose he reams the interior of the cases and turns the exterior and also the heads, so as to make the rocket as nearly possible symmetrical and smooth; he also shortens the sticks and adjusts them carefully in the axis of the rockets. Hale's rockets seem to have found no favor with the authorities at Woolwich."[633)]

Die Leitungsdaten der so verbesserten Congreve-Raketen wurden für 1850 beschrieben, hiernach erreichten die 24pfündigen bis 3.300 yards, die 12pfündigen 3.000 yards, die 6pfündigen 2.300 und die 3pfündigen 1850 yards.[634)] Daneben entwickelte Boxer, ermutigt durch den Oberbefehlshaber der Armee, den Herzog von Cambridge, eine zweistufige 6pfündige Rakete, um eine größere Reichweite zu erlangen. Hierzu unterteilte er die Hülse in zwei unabhängige Treibladungsteile, wobei der vordere Teil erst entzündet wurde, wenn der hintere Teil ausgebrannt war. Dieser Typ wurde militärisch nicht genutzt, sondern wurde Grundlage der späteren Rettungsraketen.[635)]

Am 14. September 1864 wurden Boxer's Raketen vorläufig eingeführt und ersetzten die 6-, 12- und 24pfündigen Congreve-Raketen, am 1. Oktober 1866 wurden vorläufig auch die neuen 3pfündigen eingeführt. Zuvor war bereits am 14. August 1866 die Weisung ergangen, die bisherigen Congreve-Raketen nicht mehr zu verwenden, die vorhandenen Vorräte waren zu vernichten. Ein Jahr später, am 24. April 1867 wurde entschieden, Raketen nicht mehr als Träger für Granaten zu verwenden.[636)] 1869 trat Boxer von seinem Amt als Superintendent des Royal Laboratory zurück.[637)]

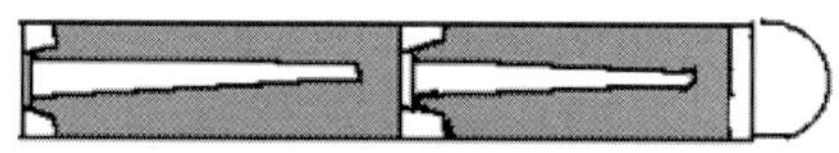

Schema der zweistufigen 9pfd Boxer-Rakete

Daneben traten auch noch andere Erfinder von neuartigen Raketen auf, deren Ideen aber entweder nicht praktikabel waren oder sich nicht durchsetzen konnten. So erfand 1859 ein Henry W. Reveley ein Raketengeschoß, das eigentlich ein Vorläufer moderner Granatwerfer war,[638)] und schon 1844 hatte sich Henry Carbines neben Zündern und anderen Explosivmitteln auch eine Rakete patentieren lassen. Ebenso wurde die Idee der Rifle-Rockets neu belebt, für deren Herstellung sich William Church, Samuel Aspinwall und Edward Middleton 1852 hatten eine Maschine patentieren lassen.[639)] Und schließlich ließ sich Henry Hewetson noch 1860 ein Patent für Rotationsraketen erteilen, deren Rotation durch spiralförmige Flügel bewirkt werden sollte.[640)]

Inzwischen war jedoch eine Rakete aufgrund eines völlig anderen Konstruktionsprinzips entwickelt worden: die Rotationsrakete. Der Ingenieur und Artilleriespezialist William Hale,[641)] nach anderen Anga-

632) C. E. Franklin, Sea Service Rocket Tubes, a.a.O., p. 2

633) NAW, House of Representatives, 36th Congress, 2nd Session, Military Commission to Europe in 1855 and 1856, Report of Major Alfred Mordecai, of the Ordnance Department, Washington 1861, p. 105; zur Beurteilung von Hales Raketen schrieb ähnlich: R. G. P., War Rockets as a Substitute for Artillery. in: USJ, March 1852, p. 403: „To remedy or rather obviate this great detriment and inconvenience of the shaft or directing tail of the rocket, it was attempted, we believe, by Hale, some four years ago, to fire this projectile without the stick or rail. The result of his endeavours have, as we have been given to understand, been attended with but dubious or uncertain results at least not such as to admit of the abandonment of the rail as unnecessary."

634) H.M.S.O., Aide Memoire to the Military Sciences, Vol. 3, 1852, p. 184

635) A. Konstam, The war rocket in late Victorian military service, in: Journal of the Ordnance Society, Vol. 2, 1990, p. 52

636) Angaben nach Hogg, Artillery, a.a.O., und: Hogg, Arsenal, a.a.O., p. 784; 1854 wurde die hydraulische Presse in Betrieb genommen: „About this time, Captain Boxer organized an entirely new method of filling operations which were attended with less risk. Up to the beginning of 1854 all filling of shells . . ., with the exception of Congreve rockets, was carried out in Laboratory square . . . On this site the compressing part of rocket manufacture was erected. It consisted of a steam engine and boiler house, with a tall chimney to carry off beyond the works any sparks which might be produced. Beside the engine house was the hydraulic apparatus, the pressure being conveyed by pipes to the pressing houses. About 200 yards from the engine house the first press house was built. There were six in all, seperated by another traverse, was the building in which the rocket composition was bored out. It consisted of eight fire-proof divisions under a light roof. Beyond the boring house was the department where the rocket heads were attached, and beyond that again the packing department where the rockets were made ready for service." Der Zustand der Herstellungseinrichtungen wurde noch 1864, wohl ohne Boxers Verbesserungen zu kennen, sehr negativ beschrieben: „Die Raketenwaffe hat in England während der letzten 30 Jahre nennenswerthe Verbesserungen nicht erfahren. Das in Woolwich befindliche Etablissement zur Erzeugung der Kriegsraketen ist seit seiner durch Congreve bewirkten Einrichtung nahezu unverändert geblieben, trägt in allen seinen Theilen den Stämpel der Veraltung und scheint die einzige militärisch-technische Anstalt zu sein, auf welche die ausserordentlichen Fortschritte des englischen Maschinenwesens keinen Einfluss genommen haben." (F.M., Rückblick auf die Fortschritte, a.a.O., S. 303). Angaben zur Produktion von Boxers Raketen ab 1861 siehe Beilage 7 zu diesem Abschnitt. Die Gründe für die Entscheidung die Raketen nur noch als „shot-rockets" zu verwenden sind unbekannt, trotz zahlreicher Anträge und Eingaben der Truppe wurde dieser Beschluß nie revidiert. (C.E. Franklin, a.a.O.)

637) The Times, Wednesday, December 1, 1869, p. 2, angemerkt wurde, wohl in Hinblick auf sein Wirken während des Krim-Krieges: „He has saved the department from disgrace and the country from imminent danger" Bei der Würdigung seiner Arbeit (The Times, 1.12.1869, p. 2, und: 25.12.1869, p. 10) wurden jedoch seine Arbeiten für die Weiterentwicklung der Kriegsraketen nicht erwähnt. Als bedeutendste Leistung wurde stets die Versorgung der Armee auf der Krim mit Munition und Artilleriematerial aufgeführt. Boxer wurde zum Rücktritt gezwungen, weil er privaten Nutzen aus Patenten gezogen hatte, die er während seiner Arbeit im Royal Laboratory erworben hatte. (Ch. J. Purdon, a.a.O., p. 126)

638) Notiz in: Polytechnisches Journal, Bd. 152, 1859, S. 236 f.

639) B. Woodcroft, Subject-Matter Index of Patents of Invention, Part II, London 1857, Carbines Patent No. 10,364 v. 24.10.1844, Church etc. Patent No. 14,087 v. 24.04.1852

640) Patent Office (edit.), A.D. 1860, 13th February No. 382. Specification of Henry Hewetson. Rockets, London 1860

641) Hale, geboren in Colchester / Essex am 21. Oktober 1797 als Sohn eines Bäckers, gestorben in London 30. März 1870; Autodidakt, Hale beschäftigte sich als Ingenieur mit verschiedenen technischen Problemen, er erhielt sein erstes Patent 1827 für eine Schiffsschraube nach dem Prinzip der Schraube des Archimedes, die an Hand eines Modells 1832 erfolgreich geprüft wurde; er ließ sich 1835 in Greenwich nieder und beschäftigte sich ab 1842 mit „ordnance", etwa ab 1839 erneute Umsiedlung nach Woolwich, wo er sich mit Edward Dell zusammenfand und mit diesem verbes-

ben auch zeitweise Mechaniker im Arsenal von Woolwich,[642] hatte als Autodidakt sich ebenfalls mit der Entwicklung von Raketen beschäftigt; sein Ziel war vor allem, eine Rakete zu bauen, die unabhängiger von Windeinflüssen und damit treffgenauer werden würde. 1839 begann Hale an seiner Entwicklung zu arbeiten. Ihm war bewußt, daß jede Rakete, sei es mit Seiten- oder Achsenstab, während des Fluges dem Einfluß des Windes erheblich mehr ausgesetzt war, als eine Kanonenkugel. Überdies war ihm bewußt, daß bei den zu dieser Zeit möglichen technischen Rahmenbedingungen für die Produktion es nicht möglich sein würde, vollkommen identische Raketen herzustellen, so daß schon kleinste Abweichungen in der Form ein unterschiedliches Flugverhalten der Raketen bewirken mußten. Das Gleiche galt für die Form der Stäbe und die Unmöglichkeit, sie gleichbleibend genau axial anzusetzen. Versuche mit Seitenflossen oder das Einkerben von Rillen in die Raketenhülse, um ihr einen Drall zu geben, hatten zu dieser Zeit auch kein besseres Flugverhalten bewirkt. Seine Versuche zielten daher dahin, den Stab überflüssig zu machen; um dennoch der Rakete die erforderliche Stabilität zu geben, kam er zu der Lösung, sie in eine rotierende Bewegung zu versetzen.

„Wenn die Rakete eine rasche Drehbewegung ausführt, so muß der Schwerpunkt zwangsläufig auf der Drehachse liegen und alle Unregelmäßigkeiten der Oberfläche bezüglich ihrer Winkellage im Kopf der Rakete sowie alle Unzulänglichkeiten in der Ausströmdüse werden durch die Drehbewegung ausgeglichen. Da man aus diesem Grunde auf den Stabilisierungsstab verzichten kann, erübrigt sich fast zu erwähnen, daß der Wind auf die rotierende Rakete keinen solchen Einfluß wie auf die Congreve-Rakete ausüben kann und daß die Probleme im Zusammenhang mit der Verwendung des Stabes somit gar nicht auftreten."[643]

1843 gelang ihm der entscheidende Erfolg, und er konnte dem Board of Ordnance im September berichten, daß nunmehr eine Rakete ohne Stab verfügbar wäre. Die Regierung beauftragte ihn, weitere Versuche durchzuführen, allerdings auf seine eigenen Kosten.

1844 hatte Hale seine Entwicklung soweit abgeschlossen, daß er die neue Rakete am 11. Januar patentieren lassen konnte.[644] Die Raketenhülse, aus bestem Eisen hergestellt, wurde gewalzt und nachdem ein Zylinder geformt war, an der Längsnaht verlötet und vernietet. Bei seinen letzten Modellen bestand die Hülse aus Stahl. Der konische Gefechtskopf war mit der Hülse durch Nieten verbunden. Die Hülse war an drei Stellen gewellt, um dem Treibsatz besseren Halt zu geben und um zu verhindern, daß dieser sich unter der Belastung der Rotation verformte. Der Treibsatz war durch eine Scheibe aus starker Pappe vom Gefechtskopf getrennt. Er wurde hydraulisch in die Hülse gepreßt,[645] wobei dann eine konische Bohrung bis auf $^2/_3$ der Hülsenlänge in die Masse eingebracht wurde. Ein Dichtungsring aus Pappe wurde eingelegt, bevor die Bodenplatte aus Schmiedeeisen mit dem Ende der Hülse verschraubt wurde. Die Bodenplatte hatte eine Stärke von 0,8 inch für die 9pfündige bis 1,25 inch für die 24pfündige Rakete. Das Bodenstück enthielt Bohrungen für die Befestigung des Schlußstückes und für eine Sicherungskappe. Das konische Schlußstück aus Gußeisen enthielt 3 spiralförmige „Düsen", durch welche die Pulvergase ausströmen konnten, so daß aufgrund deren Form, die Rakete in Rotation versetzt wurde.[646] Anfang April 1846 fand ein erster Vergleichsversuch zwischen Hales 6pfündigen und den eingeführten 12pfündigen Congreve-Raketen in Woolwich statt. Hales Raketen wurden von einem „small portable apparatus" abgefeuert,[647] während für die dienstlichen Raketen mit ihrem 9-Fuß langen Stab die eingeführte „tube" mit einer Länge von 15 Fuß verwendet wurde. Die ersten 4 Raketen Hales wurden horizontal abgefeuert und schlugen nach 500 bis 700 yards auf dem Wasser auf, wo sie dann weiter ricochetierten, weitere 12, die mit größerer Elevation abgefeuert wurden, erreichten 2.000 bis 3.000 yards „and their direction varied but very slightly". Die anschließend abgefeuerten Congreve-Raketen erzielten allerdings ähnlich gute Resultate, so daß der Vorteil von Hales Raketen nur im Fehlen des störenden Stabes gesehen wurde.[648]

1846 führte Hale seine Rakete in den Vereinigten Staaten vor, wo aufgrund der Ergebnisse die Rechte für ihre Herstellung durch das Kriegsministerium erworben wurden.[649]

Am 13. August 1847 fand in Shoeburyness ein Vergleichsschießen zwischen Hales Raketen und den eingeführten statt. Jeweils 70 neunpfündige Raketen wurden verschossen. Zuerst wurden jeweils 5 Raketen abwechselnd bei einer Erhöhung von 20 Grad verschossen, beide Modelle zeigten gute Flugbahnen, die eingeführten schlugen nach 1.000 yards erstmals auf und rikoschierten teilweise auf die doppelte Weite, während Hales Raketen erst nach 1.400 bis 1.800 yards erstmals aufschlugen. In einer weiteren Serie von jeweils 5 Raketen bei 15 Grad Erhöhung wurde wiederum anhand der Zielstangen, die zwischen 500 und 1.800 yards standen, festgestellt, daß die Richtung gut eingehalten wurde. Bei 10 Grad Erhöhung zeigten Hales Raketen erheblich bessere Reichweiten, während die eingeführten zwischen 250 und 500 yards erstmals aufschlugen. Bei 5 Grad schlugen die eingeführten bei 100 bis 150 yards auf, während Hales Raketen erst bei 200 bis 600 yards aufschlugen. Schließlich bei $2^1/_2$ Grad erreichten die Dienstraketen nur 50 yards, wogegen Hales bis zu 450 yards weit reichten. Ähnlich war das Ergebnis bei horizontaler Richtung. Eine zweite Versuchsreihe wurde dann mit Erhöhungen von 20 bis $2^1/_2$ Grad durchgeführt. Teilweise erreichten Hales Raketen Reichweiten von 2.000 yards. Zum Abschluß wurden 3 dienstliche Raketen vom Boden abgeschossen, sie ergaben bei einer Reichweite von 1.200 yards so gute Resultate, daß sie einer angreifenden Kavallerie sehr gefährlich geworden wären. Das Schießen konnte so reibungslos durchgeführt werden, daß alle Raketen innerhalb von 2 Stunden abgefeuert wurden.[650]

Zur ersten Hale-Rakete, die nach vier gewöhnlichen abgefeuert wurde, hieß es:

„Die fünfte Rakete war die erste des H. Hale und erwies sich als sehr gut, ebenso die Direktion derselben; sie flog über 2.000 yards weit ehe

serte Verfahren zur Pulverherstellung entwickelte, die auf früheren Ideen Congreves aufbauten, so kam er auch mit Congreves Raketen in Berührung. Hale hatte zwei Söhne, die seine Arbeit fortsetzten. (Angaben nach: F. H. Winter, William Hale - a Forgotten British Rocket Pioneer, in: Spaceflight, Vol. 15, No. 1, pp. 31 - 33, sowie: F. H. Winter, William Hale and his Rockets, in: Journal of the Ordnance Society, Vol. 9, 1997, p. 19 - 25)
sowie: F. H. Winter, The Enigmatic Mr Hale and his Rockets, in: JBIS, Vol. 53, 2000, p. 153 - 162.

642) nach: Hogg, Arsenal, a.a.O., p. 751, war Hale Mechaniker in Woolwich, nach: v. Braun / Ordway III, a.a.O., S. 82, war er ein Schiffsbauingenieur, der in Greenwich lebte. In vielen Schriften wird er als Amerikaner - so bei Rose, Röpnack und Dr. Meyer - bezeichnet, dies mag darauf zurückzuführen sein, daß sein Raketenmodell zuerst von den Vereinigten Staaten eingeführt wurde.

643) zitiert nach: v. Braun / Ordway III, a.a.O., S. 83

644) Patentnummer 10.008 vom 11. Januar 1844 (Einzelheiten zur Beschreibung der patentierten Raketen siehe Beilage 1 zum Abschnitt 6, Frankreich)

645) Hydraulische Pressen zu diesem Zwecke waren erstmals 1834 in Frankreich versuchsweise eingesetzt worden, Hale hatte sie aber für seinen Zweck weiterentwickelt (F. H. Winter, Hale, a.a.O., p. 33)

646) Beschreibung der Konstruktion nach Hogg, Artillery, a.a.O.

647) „. . . which allows of their being fired from a small boat quite as effectively and conveniently as from the deck of a line-of-battle ship." (Mechanics' Magazine, April 11, 1846, p. 256, Hale's War Rocket)

648) ibidem

649) siehe Abschnitt Amerika, Vereinigte Staaten. Es gelang ihm in der Folge, die Rechte für die Herstellung seiner Raketen auch an andere Staaten zu verkaufen. Preußen, dem die Rakete ebenfalls angeboten wurde, lehnte einen Ankauf ab, da die eigene Konstruktion als gleichwertig beurteilt wurde, auch weil Hales Raketen bei einer Vorführung weniger überzeugende Ergebnisse erbrachten und teilweise krepierten oder sich überschlugen. Siehe auch Abschnitt: Kaiserreich Österreich und: Die anderen europäischen Staaten, schweizerische Eidgenossenschaft sowie Königreich Dänemark

650) Angaben nach: o. Verf., Nachrichten über einige in den Jahren 1847, 1848 und 1849 in England angestellte artilleristische Versuche, in: AOPA, 13. Jahrgang Berlin 1849, S. 180; ein Protokoll dieses Versuches wurde von Joshua B. Hyde mit Schreiben vom 18. November 1847 an Colonel G. Talcott, U. S. Army Ordnance, übersandt. Siehe Beilage 6/2 zu diesem Abschnitt.

sie den Boden berührte, wonach sie noch auf bedeutende Distanz ricochirte."[651]

Bei einem weiteren Versuch am 30. März 1849 wurde in Woolwich eine einzelne 10pfündige Rakete mit 20 Grad Elevation gefeuert, die auf eine Reichweite von 5.200 Fuß kam und dann 10½ Fuß in schwere Erde eindrang. Zu dieser Durchschlagskraft stellte Hale fest:

„. . . which is scarcely less than the effect of a 12pounder shot at the same distance."[652]

In Großbritannien gelang es Hale dennoch zunächst nicht, die alten Raketen durch seine Rotationsrakete zu ersetzen; auch wenn bereits am 27. Mai 1850 eine seiner großen Raketen bei Shoeburyness eine Reichweite von 4.736 Meter erreicht hatte. Dieses Schießen fand unter Leitung des Direktor von Woolwich, Major-General Lacy statt, als Besucher nahmen auch der piemontesische Major Cavalli und spanische Offiziere teil. Nach deren Bericht flog eine der Raketen bis zum ersten Aufschlag mehr als 6.000 spanische Fuß weit und rikoschierte dann weiter. Es wurden schließlich auch noch mehrere Raketen, sowohl vom Arsenal als auch von Hale gefertigte, gebündelt, gleichzeitig abgefeuert:

„The next firing was of a description seldom or ever witnessed in this country, and consisted of a compound rocket formed of seven rockets, each ten pounds weight, enclosed in an iron case, open at both ends. The compound rocket was placed in a triangular-shaped wooden trough, open above, and placed at an elevation of 25 degrees, and, seven matches being placed, they were all ignited at once, and presented a most magnificent spectacle as they ascended into the air, until the object, although so large, was lost to the sight; and it went onwards to so great a distance, that its falling could not be distinguished by the naked eye. These seven rockets were filled at the Royal Arsenal. Seven rockets, bound up in the same manner, which had been filled by Mr. Hale's hydraulic pressure, were then placed in the trough, and ignited, and their ascent was beautiful, proceeding to an apparent greater elevation than the former, until they were lost sight of in the air. When the experiments were concluded, a number of boys went over the sands in the direction to which the rockets were sent, and found one of them at a distance of between three and four miles from the spot where they were discharged."

Verwendet wurden unterschiedliche Abfeuerungsröhren, eine viereckige sowie eine runde Röhre, wobei die letzten Raketen aus einer Rinne („trough") abgefeuert wurden; überdies wurde ein Zusatzgerät erprobt, das der Rakete im Moment des Abfeuerns einen verstellbaren Widerstand entgegensetzte, damit diese erst nach Aufbau des vollen Gasdruckes starten konnte.[653]

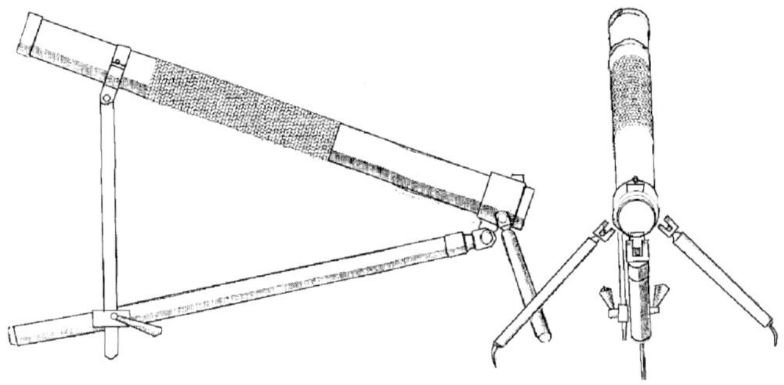

Machine, rocket, war, Hale, 9-pr (Abyssinia)
(Zeichnung: C.E. Franklin)

Scoffern notierte zum Prinzip dieser Raketen noch:

„In the firing of his rockets, also Mr. Hale has brought into requisition a new principle by confining them in their tube, or on their rest, until they have acquired a certain predetermined initial force. Thus, for a ten-pound rocket, the inventor uses a repressive force of, we believe, six pounds, until the rocket can overcome which, it is not allowed to commence its flight."[654]

Hales Raketen waren den herkömmlichen wohl auch überlegen, weil ihr Treibsatz bereits mit einer hydraulischen Presse in die Hülsen gefüllt wurde.[655]

Nachdem es ihm gelungen war seine Rakete über seinen Mittelsmann Joshua Hyde 1846 an die Vereinigten Staaten zu verkaufen, wendete er sich zunächst nach Frankreich, wo er ein erfolgreiches Versuchsschießen in Vincennes vor General Baron Gaspard und dem Herzog von Montpensier durchführte; obwohl die Franzosen mit dem Ergebnis sehr zufrieden waren und sich bereit zeigten, weitere Versuche zu finanzieren, schreckte sie doch der geforderte Preis von 200.000 francs für das Patent ab. Im Anschluß daran, versuchte er seine Raketen in mehreren europäischen Staaten zu verkaufen, aber ohne Erfolg.[656]

Die Versuche scheinen Hales finanzielle Reserven aufgezehrt zu haben. Als 1853 Kossuth, der nach Niederschlagung der ungarischen Insurrektion nach Amerika emigriert war, wo er Spenden zur Fortsetzung des Freiheitskrieges gesammelt hatte, mit ihm in Verbindung trat, um Raketen herstellen zu lassen, griff Hale zu und begann in seinem Laboratory in Rotherhithe mit der Raketenproduktion für Ungarn. Nachdem die britischen Behörden durch einen österreichischen Agenten hiervon unterrichtet worden waren, wurde das Laboratorium am 14. April 1853 durchsucht, die bereits fertiggestellten Raketen und bereitliegenden Materialien beschlagnahmt und Hale verhaftet. Im folgenden Verfahren wurde er verurteilt, weil in dem Laboratorium mehr Pulver als erlaubt gelagert war, und weil er entgegen einem Gesetz von 1697 (!) Raketen hergestellt hatte. Letztlich wurde dann das Verfahren eingestellt, die beschlagnahmten Raketen wurden dann im April 1854 nach Ausbruch des Krim-Krieges zum Schwarzen Meer transportiert.[657] Hale selbst reiste zur Flotte ins Schwarze Meer und führte dort einige seiner Raketen vor. Am 8. August wurden sie auf Weisung Vice-Admirals Dundas unter Leitung des Captain Lushington von H.M.S. *Albion* unter Beteiligung zweier Gunnery-Lieutenants von H.M.S. *Albion* und *Britannia* auf einer Ebene oberhalb der Stadt Baljik im Vergleich mit den etatmäßigen Raketen getestet. Richtung und Reichweite wurden als gut bewertet, besonders positiv fiel der

---

651) SBA, BAr 143, Übersetzung eines Artikels der „Times" ohne Datumsangabe

652) zitiert nach: Chesney, a.a.O., p. 310

653) SBA, BAr 143, Übersetzung eines britischen Zeitungsartikels vom 19.05.1850 (aus dem „Galiguanis Messenger"). Zu diesem Schießen liegt auch ein Bericht in „Jones's Woolwich Journal" (june 1850, p. 87, o. Verf., Experiments with Rockets at Shoeburyness, dort auch das Zitat) vor, in dem hierzu berichtet wurde: „The tube had a peculiarity attached to it we have never witnessed in any former trials. It consists of an iron rod with a sliding balance weight, which can be so adjusted as to give any degree of resisting pressure to prevent the rocket leaving its position at the moment of ignition, and until it acquires a considerable additional force at starting."

654) Scoffern, a.a.O., p. 134, damit besaß die Rakete bei Verlassen der Röhre eine ausreichend große Anfangsgeschwindigkeit, um nicht abzusacken und wurde weniger durch den Wind in dieser Phase des Fluges beeinflußt.

655) Mitteilung eines spanischen Offiziers, in: AMZ, 1850, S. 881, in einem anderen Bericht wurde festgestellt, Hale wäre in der Lage, mittels der hydraulischen Presse einen Treibsatz von „4 Pf. Gewicht auf denjenigen Raum zu drängen, den sonst Raketen von 3½Pf. Gewicht bedürfen, welche durch den „Monkey" im königlichen Zeughaus gefertigt werden, wodurch seinen Raketen eine größere Gewalt verliehen wird." (SBA, BAr 143, Übersetzung eines Artikels der „Times" ohne Datumsangabe)

656) Winter, Hale and his rockets, a.a.O.; siehe auch die Abschnitte Frankreich, Rußland, Österreich, sowie „die anderen europäischen Staaten: die Schweiz" und: „die deutschen Staaten, Preußen und Schleswig Holstein"

657) I. G. Nagy, Some Contributions to the History of Early Spin-Stabilized Rockets, in: K. R. Lattu (ed.), History of Rocketry and Astronautics, Vol. 8 (Proceedings of the Seventh and Eighth History Symposia), San Diego 1989, p. 3; Nagy vermutete, daß Kossuth Hale sein Rotherhithe-Laboratory finanziert habe, um die Raketen für Ungarn zu erlangen. Darauf deuten auch die Zeugenaussagen in diesem Prozeß, wobei Kossuth jede Beteiligung abstritt. Hale mußte für jedes Pfund des Treibsatzes (sichergestellt worden waren 57 Pfund) 2 sh. Strafe zahlen. Daneben wurden durch den

Kommission auf, daß die Hale'schen Raketen - da ohne Stab - leichter transportierbar und die Abfeuerungsrohre leichter zu handhaben waren. Zusätzlich wurden von Hale entwickelte Raketenpistolen für $^1/_2$- und $2^1/_2$-pfündige Raketen ebenfalls erfolgreich getestet, wobei mit der größeren Pistole Shrapnell-Raketen bis auf 1.500 yards eingesetzt werden konnten.[658)] Die Kommission empfahl, alle derzeit noch in Constantinopel lagernden verfügbaren Hale'schen Raketen für den Einsatz anzukaufen.[659)] Daraufhin ließ Lord Raglan diese Raketen für £ 500 ankaufen. In einigen Gefechten, so bei Balaklava, wurden sie neben den eingeführten Congreve-Raketen eingesetzt.[660)] Ab Ende 1854 wurden dann bereits die ersten Hale'schen Raketen unter Einsatz einer hydraulischen Presse in Woolwich gefertigt. Am 30. April 1855 wurden 10.000 Granaten und Hülsen für die neuen Raketen in Auftrag gegeben, wobei die Bodenstücke der Hülsen £ 12 pro Tonne kosten sollten.[661)] Am 29. Mai wurde der Auftrag erteilt, eine größere Menge der neuen Raketen herzustellen; um die Voraussetzungen für die Massenproduktion zu schaffen, mußten £ 5.500 für Maschinen und zusätzliche Gebäude investiert werden.[662)] In der Folge scheinen auch wiederum Versuche mit gebündelten Raketen durchgeführt worden zu sein:
„Das Kriegsministerium wird in nächster Zeit Versuche mit neuconstruirten Riesenraketen anstellen lassen. Das Princip, das hierbei zur Anwendung kommen soll, besteht darin, daß man mehrere - einstweilen 6 oder 7 - Rotationsraketen der größten Art, ohne Stab oder Schwanz, in ein Bündel vereinigt, abfeuern will. Sie werden zusammen wohl an 10 Centner wiegen und würden, vorausgesetzt, daß in der Praxis keine unüberwindlichen Hindernisse eintreten, 6 bis 7 Bomben mit sich in die Höhe führen können. Das wäre allerdings ein furchtbares Geschoß, dem nur wenige Festungsmauern widerstehen könnten."[663)]
In den 50er-Jahren erfand Hale für seine Raketen auch eine Möglichkeit, sie als Breitseite von Schiffen abfeuern zu lassen, eine Einsatzform, die bisher nur bei besonders eingerichteten Schiffen, wie der *Erebus*, möglich gewesen war, da der Feuerstrahl der Rakete sonst das Schiff gefährdet hätte. Scoffern beschrieb dieses „Geschütz" wie folgt:
„ . . . or, like Congreve, Mr. Hale is enthusiast enough to believe line-of-battle ships will spit fire on each other instead of booming with the reverberation of big guns. Now, the back fire of one of Congreve's rockets is no trivial affair. Even when fired from a boat, in which case the tube is fixed alongside, so that the missile may dart its back fire into the water, the Congreve rocket, until fair under way, is an unpleasant neighbour. But the back fire of one of Mr. Hale's rockets ist still more terrific: as to permitting a broadside of them to dart fire 'tween decks, that would be too preposterous a notion, even for the most sanguine of rocket enthusiasts. Filled with this conviction, Mr. Hale has devised a very peculiar tube for broadside rocket service. Let the reader fancy a large tubular letter U, resting upon one bend, with both its heels sticking out of a porthole, and he has the notion. The rocket, being stickless, can do what one of Congreve's tailed rockets could not do - find its way round the bend of the U tube. By the above curious device, Mr. Hale so manages affairs that the dangerous back fire of his rockets, previous to their departure, shall be turned towards the enemy, when, acquiring strength and going head over tail,- turning a veritable summersault, in point of fact, they are supposed to bend to the right about. and fly straight towards the enemy . . ."[664)]
1856 wurden erste größere Versuche mit Hales Raketen in Shoeburyness durchgeführt, wobei nachstehende Ergebnisse festgehalten wurden:[665)]

Art der Rakete	Elevation (Grad)	Reichweite (yards)	Seitenabweichung (yards)
12pfündige	42	4800	50
-„-	42	4625	10
24pfündige	42	4325	50
-„-	42	4200	8
100pfündige	38,5	3050	10
-„-	42	3300	9

Nach diesen Versuchen scheint das Interesse der britischen Armee an Hales Raketen zunächst erloschen zu sein, ernsthafte Versuche wurden dann erst wieder ab 1863 auf Veranlassung des Duke of Cambridge, des Oberbefehlshabers der Armee, durchgeführt, der die Congreve-Raketen ersetzt sehen wollte.[666)]
In den Folgejahren entwickelten Hale und seine Söhne diese Raketen weiter, wenn auch nicht alle Verbesserungen sogleich zum Erfolg führten. Zu diesen Verbesserungen gehörte auch eine Modifikation, bei welcher der Treibsatz der Rakete in zwei Teile geteilt war, der untere diente nur noch zum Liefern des Gasdrucks für die Rotation, während der obere Teil für den eigentlichen Antrieb genutzt wurde, beide Teile wurden gleichzeitig entzündet; ferner wurde die Anzahl der Gas-Austrittsöffnungen für das Erzeugen der Rotation auf 2 reduziert.[667)] 1861 in Shoeburyness durchgeführte Versuche vor einer Kommission aus Captain Nicholson, Colonel Fitzmayer und Colonel D'Aquila mit einer neuen Rakete, die an Reichweite und Genauigkeit die Leistungen gezogener Rohre übertreffen sollte, erwiesen sich als Fehlschlag:
„Very important indeed would it be, could it be fair by established that a missile might be projected so far as field artillery, but hitherto, we may briefly assert, these conditions have never been fulfilled . . . Nothing daunted however by former failure, Mr. Hale again applied to Government for some £ 500. to commence further experiments, which he asserted, would establish his principle with incalculable advantage to the service. The War Office on this occasion decided to pay the

Sergeanten der Geheimpolizei, J. Saunders, 1543 geladene und 1995 leere Raketenhülsen sowie 22 Abfeuerungsgestelle beschlagnahmt. Zur Herstellung der Raketen hatte Hale auch ausländische Flüchtlinge durch Vermittlung von Kossuth eingestellt, so einen ehemaligen preußischen Artillerieoffizier (Uzner), der in Ungarn als Stabsmajor 1848 gedient hatte, einen weiteren Deutscher namens Gerlach sowie 3 Ungarn. (Angaben nach: K. Marx u. F. Engels, Die Raketenaffäre, in: K. Marx / F. Engels, Werke, Band 9, Berlin 1961, S. 83 ff.)

658) Hale hatte 1853 sowohl eine „Haleon musket" als auch eine „Haleon pistol" entwickelt und patentieren lassen (Patent von 19. April 1853), er wies dabei darauf hin, daß die Pistole seitlich und nicht vor dem Schützen zu halten wäre, damit dieser nicht vom Feuerstrahl beim Abfeuern getroffen würde. (Mechanics' Magazine, November 18, 1854, p. 481 - 484, Hale's Rockets and Rocket-Muskets)

659) P.R.O., WO 44/644, Bericht der Kommission vom 8. August 1854, Text siehe Beilage 5/2

660) Angaben nach: F. H. Winter, Hale, a.a.O., p. 32

661) Scoffern, a.a.O., p. 177, und: Hogg, Arsenal, p. 751: „It was decided to manufacture these rockets at Woolwich towards the end of 1854, and on 18 December of that year the employment of artificers for the production of Hale's rockets was first sanctioned. A new shed in the Royal Laboratory was therefore erected for this purpose, in which the necessary hydraulic presses to fashion the rockets were to be installed. On 21 February 1855 it was decided to fit up within the shed twenty-four moulds to aid manufacture, and the other manufacturing departments were asked to lend their assistance in this matter."

662) Hogg, ibidem; es scheint sich hier um eine ad-hoc Entscheidung gehandelt zu haben, da Hales Raketen noch nicht offiziell eingeführt worden waren, so daß parallel hierzu die modifizierten congreveschen Raketen weiter produziert wurden. In der AMZ, 1855, S. 229, wurde hierzu gemeldet: „Die Raketen des einst von Lord Palmerston angeklagten Hale sind neuerdings zu Ehren gekommen. Die Regierung läßt eine große Zahl derselben anfertigen, nachdem sich ergeben hat, daß man auf eine Entfernung von 3 englischen Meilen sehr sichere Resultate mit denselben erzielen vermöge."

663) AMZ, 30. Jahrg., 1855, S. 716 f., London, 24. Oct.

664) Scoffern, a.a.O., 4th ed., p. 180, er fügte hinzu: „Individually speaking, I should like to witness the sight of a broadside of rockets setting out on their travels, as a pyrotechnic display - and from a convenient distance."; dieses merkwürdige Abfeuerungsrohr wurde nie eingeführt.

665) C. E. Franklin, a.a.O.

666) C. E. Franklin, a.a.O.; der Herzog von Cambridge war seit 15. Juli 1856 „General Commanding-in-Chief", von 1887 bis 1895 wurde diese Stellung nur noch als „Commander-in-Chief" bezeichnet.

667) Scoffern, a.a.O., 4th ed., p. 362

piper before seeing the value . . . Mr. Hale produced the 20 rockets at Shoeburyness; and the representatives of John Bull met to witness the result. This result, so far, we may sum up in a few words, by saying that the rockets were a total and complete failure, both as regards range and accuracy. The deflections were from 60° to 80° out of the right line, and after firing 7 out of the 20 Mr. Hale retered with the remaining 13, and an assurance that he would arrange. The rockets, we should not forget to mention, were no less than 76 lbs. each in weight, thus totally destroying one of the chief advantages - portability - . . ."[668)]

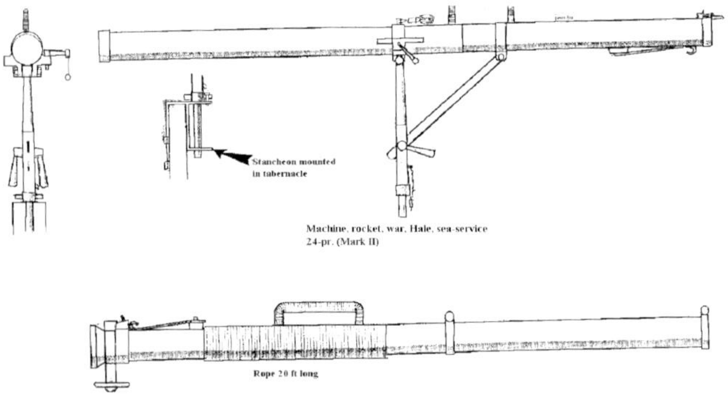

Machine, rocket, war, sea-service, 24-pr (Mark I)
(Zeichnung: C.E. Franklin)

Die anfängliche Abneigung gegen Hales Raketen hatte ihren Grund darin, daß sie bei niedrigen Elevationen nach dem Entzünden zunächst absackten und damit eine unzuverlässige Flugbahn einnahmen. Erst ab 1864 gelang es ihm, diesen Fehler zu beheben, was in ausgedehnten, zweijährigen Erprobungen nachgewiesen werden konnte.[669)]
1863 konnte Hale aber dann feststellen:
„*From what has been said it may confidentially be affirmed that the rotary rocket will henceforth rank as second to none of all the destructive engines that war unhappily brings into operation"*[670)]
Bei einem Versuchsschießen im August 1863 wurde dabei eine 20pfündige Rakete in Shoeburyness unter einer Elevation von 37 Grad abgefeuert, die eine Schußentfernung von 5.800 yards erzielte.[671)]
Erst 1866 gelang es ihm,[672)] auch die britische Artillerie von seinem Raketenmodell zu überzeugen, obwohl bereits 1856 Versuche der Royal Navy die Wirksamkeit und Genauigkeit der neuen Raketen bewiesen hatten. So verfehlte eine 12pfündige Rakete bei einer Schußentfernung von 4.206 Meter das Ziel nur um 9 Meter, eine 24pfündige Rakete bei einer Schußentfernung von 3.840 Meter es nur um 7 Meter, während eine 100pfündige bei einer Entfernung von 3.017 Meter nur um 8 Meter fehl ging. Bei weiteren Versuchen 1857 hatte von sechs 8,75 cm Raketen auf einer Entfernung von 1.100 Metern keine Rakete eine größere Seitenabweichung als 7,5 Meter. Damit war der Beweis für die Richtigkeit des neuen Konstruktionsprinzipes längst erbracht worden.[673)] Die Hale-Raketen hatten damit deutlich sowohl die Reichweite als auch die Treffgenauigkeit der Congreveschen Raketen übertroffen. Bei einem offiziellen Versuch im Mai 1865, der wohl einem Schußtafelschießen diente, wurden nachstehende Daten für die 24 pfündige Rakete festgehalten:[674)]

Elevation	Time of Flight "	Mean Range, Yards	Mean deviation. Yards
2°	-	187	1.3
5°	3.65	875	19.5
10°	9.31	2,155	59.6
15°	14.22	3,272	123.9
20°	16.18	2,818	139.5
25°	21.75	4,476	205.0

Dabei scheinen, zumindest in der Ausbildung, zeitweise alle drei Raketenmuster, also Congreves, Boxers und Hales, gelehrt worden zu sein. Ein Lehrgangsteilnehmer, McClelland, notierte sich zu allen drei Modellen die wichtigsten Daten, bei den Congreve-Raketen hielt er fest, daß die Carcassen, also der Brandsatz, nur für 12- und 24pfündige Raketen vorhanden wären; Boxers Raketen existierten nur als 24-, 12- und 6pfündige, die im Gegensatz zu Congreves 3 Gasaustrittsöffnungen in der Bodenplatte hätten. Dabei besäßen die 12- und 24pfündigen Boxer-Raketen nur einen langsameren Treibsatz, während bei den 6pfündigen 7,2" des Treibsatzes schneller abbrannten als die verbleibenden 1,8". Von Hales Raketen waren zu diesem Zeitpunkt nur die 24pfündigen vorhanden.[675)]
Am 14. August 1866 wurden die Congreve-Raketen für technisch überholt erklärt und durch die Produktion von Hales Raketen ersetzt.[676)] Im folgenden Jahr wurden dann die von Boxer modifizierten Congreve-Raketen durch die neue Waffe abgelöst, am 25. Juli 1867 die 3-, 6- und 12pfündigen sowie am 31. August die 24pfündigen Raketen. Die Produktion von 3- und 12pfündigen Raketen wurde jedoch bereits im Juni 1870 ganz eingestellt, so daß nur noch 6- und 24pfündi-

668) N.A.W., RG 92, letter W. L. Dayton to Secretary of State, Paris, 14th Sept. 1861, enclosure: Hale's rockets (zur Verfügung gestellt von F. H. Winter); ähnlich äußerte man sich hierzu in Österreich: „Ueber jene Hale'schen Rotazionsraketen, welche erst im Jahre 1862 patentirt wurden, lauten die erhaltenen Nachrichten ungünstig, auch das passive Verhalten des Erfinders scheint ein glückliches Resultat nicht anzudeuten" Festgestellt wurde aber auch: „Durch die von dem Engländer Hale konstruirten Rotazionsraketen des älteren Prinzipes wurde eine Bahn eröffnet, auf welcher es möglich ist, die Raketenwaffe zu einer, von der Wirkungsfähigkeit gezogener Geschütze und Gewehre minder fernstehenden Leistungsstufe zu bringen. Aber die Elemente, welche auf die Bewegung und das sonstige Verhalten der Rotazionsraketen Einfluss nehmen, sind so schwieriger und komplizirter Natur, bedingen eine so zarte, kunstgerechte, nur durch vielseitige Erfahrung zu ermittelnde Behandlung, dass es noch manches Jahr und bedeutende Geldopfer kosten wird, um diese Raketen zu einer brauchbaren, verlässlichen, mässigen Ansprüchen genügenden Waffe auszubilden." (o. Verf., 6. Kriegsraketen, in: MGAG, Achter Band, 1863)

669) H. Douglas, A Treatise on Naval Gunnery, London 1855, p. 333, und: C. E. Franklin / W. Johnson, William Hale's „Improvements in Rockets", in: Int. J. Impact Engng, Vol. 18, 1995, p. 239

670) W. Hale, The comparative merits of a Rifle Gun and a Rotary Rocket, 1863, zitiert aus: Beitrag O. F. G. Hogg in der Diskussion zu Marshall-Cornwall, a.a.O., p. 56

671) W. Johnson, Congreve's Details of the Rocket System and the Artillery Museum in the Rotunda at Woolwich, London, in: Int. J. Impact Engng, Vol. 15, 1994, p. 834

672) Noch 1864 wurde gemeldet: „Auch die von dem Engländer Hale erfundenen Rotations-Raketen hat die englische Artillerie der Experimentirung unterzogen, doch scheinen die erhaltenen Resultate nicht befriedigt zu haben, da Hale's Erfindung in England keine weitere Würdigung fand." (F. M., Rückblick auf die Fortschritte, a.a.O., S. 302)

673) Storm, a.a.O., S. 11, und: v. Braun / Ordway III, a.a.O., S. 84

674) The Ordnance Board, Lecture, Friday, July 6th, 1877 (Vice-Patron, in the Chair: Admiral of the Fleet Sir Henry J. Codrington, K.C.B.), Commander Cole, On an Improved War-Rocket for Use in both Military and Naval Operations, in: Journal of the United Service Institution, Vol. XXI 1878, p. 2, Cole kommentierte die Leistungen anschließend: „At 2,306 yards mean range, the mean variation in range was 181 yards and the average deflection 62 yards. Now this must be considered as anything but satisfactory; the great deflection at the higher ranges would not matter so much were it a constant quantity, but, unfortunately, it is variable, and as no two rockets give the same result, cannot be allowed for; the mean difference in the range is also very great. Both these defects in the old Hale war-rocket are attributable to the wobbling of the projectile at the time of its quitting the trough or tube from which it is fired, and which is observable on all occasions in a greater or less degree. This wobbling is caused by the rocket being rotated at one end only, the head being the heaviest part takes larger circles than the tail until the rocket has got up its perfect rotation, which is not until it has passed one-third of its flight. In other words, the Hale rocket is not sufficiently rotated at the moment of firing, and until rotation is perfect, it is subject to influences which vary according to the circumstances under which it is fired. The great deflection in the Hale may also be attributed to its comparative small initial velocity."

675) RAIL, McClelland, Artillery Notes, Vol. I., 1865 (Handschrift), Section D, Rockets

676) Die Produktion von Hales Raketen begann im Financial-year 1867/1868 (HCPP, Return of the Annual Accounts of the Several Manufacturing Establishments under the War Department, siehe auch Beilage 7 zu diesem Abschnitt)

ge Raketen beschafft wurden. Da die 6pfündige Rakete eigentlich 9 Pfund wog, wurde dann auch am 27. November 1867 ihre Bezeichnung entsprechend geändert.[677)] Der Treibsatz seiner Raketen war, wie in der folgenden Tabelle dargestellt, zusammengesetzt:[678)]

	3pr	6pr	9pr	12pr	24pr
Salpeter	68,75	68,75	66	70	70
Schwefel	12,25	12,25	15,1	16	16
Holzkohle	18,75	18,75	18,9	23	23
Gewicht Treibsatz	1,5 lbs	3 lbs	3 lbs	5 lbs	9 lbs 6 ozs

Nach der Einführung von Hales Raketen entfielen in der Artillerie die bisherigen besonderen Raketenwagen; die neuen Raketen Hales wurden in Kisten ausgeliefert und dann, zusammen mit den Abfeuerungsgestellen, auf den normalen Munitionswagen der Batterien transportiert.[679)] Die britische Regierung zahlte 1867 nunmehr an Hale endlich £ 8.000 für die Rechte an seiner Raketenentwicklung.[680)]
Hales Raketen erbrachten eine erhebliche Reichweite, seine 24pfündige Rakete erreichte mit einer Erhöhung von 15 Grad bereits eine durchschnittliche Reichweite von 1896 yards, die 6pfündigen erreichten bei 10 Grad Elevation 420 yards, bei 15 Grad 1.000 yards und bei 37 Grad 2.300 yards, auf eine Entfernung von 1.100 bayerische Schritte (etwa 850 yards) rechnete man mit 25% Treffer auf eine Scheibe, die einer Schwadronsfront entsprach.[681)] Für die Beschaffung der Raketen wurden für 9pfündige pro 100 Stück £ 54 18s. gerechnet.[682)]
Hale setzte seine Versuche noch mit einer 100pfündigen Rakete mit einem Kaliber von 6 inch fort, bei Versuchen in Shoeburyness erreichte diese Rakete bei einer Erhöhung von 20 Grad eine Reichweite von 3.000 yards, diese Rakete wurde aber nicht eingeführt. 1867 wurden Hales Raketen auf der Weltausstellung in Paris gezeigt, als Exponate dienten 6-, 12- und 24pfündige Raketen, wobei von einzelnen auch Schnittmodelle vorgestellt wurden. Die französische Militärcommission notierte hierzu:
„Elle se composent d'un chapiteau ogival, d'un cartouche, en tôle sans soudure, rempli de composition tassée, avec une âme tronconique, et d'un culot dont les dispositions particulières produisent la rotation en même temps que le mouvement de translation; ce culot est percé de trois évents parallèles à l'axe; trois ailettes de faible longueur, ayant la face intérieur demi-cylindrique, prolongent les évents; les gaz s'échappent donnent le mouvement de rotation par leur pression latérale contre la face de ces ailettes. Les résultats seraient très-satisfaisants; on obtient de plus grandes portées, avec de faibles écarts."[683)]
Ein neuer Werfer für Hales 24pfündige Raketen wurde am 4. Mai 1867 in der Royal Navy eingeführt, die Abfeuerungsröhre war 8 Fuß lang, Elevationen zwischen 5 und 35 Grad konnten in 5 Gradschritten eingestellt werden.[684)] Dieser Werfer wurde bereits am 7. Juni 1869 durch einen von Lieutenant Fisher vorgeschlagenen neuen Werfer mit der Bezeichnung „Sea Service Rocket Tube Machine Mark 2" ersetzt.[685)] Von Hales neuen Werfern wurde nur eine geringe Anzahl hergestellt, für die Expedition nach Äthiopien wurde jedoch am 19. November 1867 einer für 9pfündige Raketen bereitgestellt.[686)] Bei den Versuchen 1867 zeigte es sich auch, daß Raketen die von „troughs" abgefeuert wurden, eine höhere Treffgenauigkeit besaßen, als die aus der „tube"

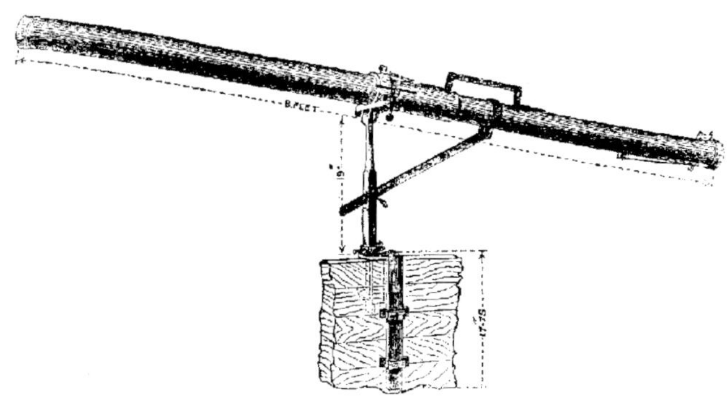

Sea Service Rocket Machine (Mark II)
(Zeichnung: H.M.S.O. Treatise on Ammunition)

verschossenen. Daher entschloß man sich, für die Abyssinien Expedition „troughs" zu verwenden, zumal diese leichter zu handhaben waren.[687)] Da diese sich bewährten, ging die Artillerie ganz vom Verschuß der Raketen aus Röhren ab und führte das neue „Raketengeschütz" ein, bei dem die Rakete aus einer Abfeuerungsrinne, eben dem „trough" gestartet wurde.[688)]

677) Hogg, Arsenal, a.a.O., p. 1377; sowie: H.M.S.O., Treatise on Ammunition, London 1881. p. 302
678) H.M.S.O., Treatise on Ammunition, 1870, 1881 und 1905 (Daten zur Verfügung gestellt von Mr. C. E. Franklin)
679) mitgeteilt von Mr. C. E. Franklin (Brief vom 5.12.1996)
680) Angaben zum Kauf nach: F. H. Winter, Hale, a.a.O., p. 32
681) K. Th. Sauer: Grundriss der Waffenlehre, 1869, S. 470
682) G. Tylden, a.a.O., p. 170
683) o. Verf., Exposition Universelle de 1867 à Paris, Rapport de la haute commission militaire, Paris 1869, p. 186
684) H.M.S.O., List of Changes in Artillery Materiel, Small Arms and other Military Stores, Vol. III, London 1870, p. 168 (Change No. 1432): „Machine or tube, rocket, war, Hale, 24-pr, sea service, with stanchion complete ... The tube was suspended by means of a rope sling fixed longitudinally on the fore part, which rested on the hook of a line rove through a sheave in the head of the stanchion, so that it could be raised or lowered to agree with any degree of elevation marked on the same; near the rear end of the tube was a spring to close behind the base of the rocket and prevent it slipping back. A little in advance of this spring was an iron handle for lifting the tube, both handle and the tube at this part being woolded with cord to enable it to be handled after firing when the iron becomes heated."
685) H.M.S.O., List of Changes, a.a.O., Vol. IV, Change No. 1805: „Consisting of an 8 feet long tube attached at the centre by a vertically-hinged joint, to a small 19 inch long iron stanchion which slipped into a tabernacle that could be fixed either at the stern, bows or quarters of the boat. In the stern of the tabernacle a socket was fitted to receive the stanchion."; am 21.12. 1869 wurde befohlen, daß die Vorläufermodelle nach Woolwich zum Verschrotten zurückgeliefert werden sollten. Dieser Werfer war von Lt. Fisher auf der Artillerieschule H.M.S. Excellent entwickelt worden. (ibidem) Zum Einsatz der Raketen durch die Royal Navy wurde festgestellt: „The arrangement for their discharge was very simple, consisting merely of a light iron tube about 7 or 8 ft. long, open at both ends and trunnion-mounted on a slim iron post with its butt socketed in a boat's gunwhale at a part strengthened to receive it about half-way between bow and stern. In laying for direction the tube was trained well of the keel line of the boat in order that the rear blast of discharge might blow outboard; a very necessary step. Firing was by ordinary friction tube and lanyard. When not in use the tubes stood on deck as brightly burnished as the guns . . . But it was sometimes very effective in its own sphere if employment, especially in searching or clearing the forest during the many West African river and coastal expeditions of the mid-Victorian period, such as the Ashanti and Benin affairs; or against slave traders afloat or ashore. A rocket through the huge sail of an escaping dhow should set the canvas on fire when a shot from a boat's gun would merely leave an insignificant hole, and nothing would make her skipper let go his balliards so quickly as to see a rocket coming his way." (G. A. B., War Rockets in the British Mid-Victorian Fleet, in: Mariner's Mirror, Vol. 31, 1945, p. 173)
686) Hogg, Arsenal, a.a.O., p. 1379, sowie: H.M.S.O., List of Changes, a.a.O., Vol. III, Change 1528: „The Launch tube itself was introduced . . . as 'Machine or tube, rocket, war, Hale's 9-pr (Mark 1)' The weight was 28 lbs. It consisted of a wrough iron tube 3 feet 5 inches in length and 2.844 inches in diameter, mounted upon a tripod fixed at the lower end of the tube." Es konnten Erhöhungen bis zu 20 Grad eingestellt werden. Gem. HCPP, a.a.O., wurden 1867 insgesamt 17 „tubes" für den Landeinsatz und 231 tubes für den See-Einsatz hergestellt. Siehe auch Beilage 7 zu diesem Abschnitt.
687) Windibank, a.a.O., p. 473; aus der tube verschossene Raketen verfehlten das Ziel häufig um mehr als 30 m, während von den aus dem trough verschossenen Raketen zwei genau die Schußlinie hielten. Die Entscheidung für die „troughs" kann sich aber nur auf die Ausstattung der Royal Artillery bezogen haben, da die Navy Brigade in Äthiopien „tubes" verwendet hat.
688) Hogg, ibidem, das „Geschütz" wurde als „trough-machine" bezeichnet

Raketen-art	Form der Hülse	Herstellungs-jahr	Anz. Rak.	Elevation	Reichweite (Schritt)	Abweichung in Schritt	Bemerkung
24 pfdg.	glatt	Sept. 1866	10	15°	1747 - 2256		
	kanneliert	Dez. 1869	7	15°	409 - 1401		
	kanneliert	1870	10	15°	897 - 1807		speziell für Versuch angefertigt
12 pfdg.	kanneliert	1870	5	unter 10°	60 - 412	7 links bis 6 rechts	-„-
	kanneliert	1870	5	15°	1265 - 1752	55- 130 rechts	-„-
	kanneliert	1870	10	20°	2318 - 2410	228 rechts	-„-
	glatt	1870	5	unter 10°	207 - 763	5 rechts bis 25 links	-„-
	glatt	1870	5	15°	1231 - 1611	60 bis 146 rechts	-„-
	glatt	1870	10	20°	2494 (mittl.)	240 rechts (mittlere)	-„-

Versuchsschießen in Shoesburyness

Dimension (inches)	3 pr	6 pr	12 pr	24 pr (Mark III)	9 pr Mark III
a	13 ± .025	16.25 ± .025	19.25 ± .025	23.18 ± .025	16.25 ± .025
b	1.24 ± .01	1.56 ± .01	1.95 ± .01	2.43 ± .01	1.56 ± .01
c	10.38 ± .015	12.93 ± .015	15.1 ± .015	18.00 ± .015	12.93 ± .015
d	1.4 ± .02	1.76 ± .02	2.2 ± .02	2.76 ± .02	1.76 ± .02
e	2 ± .01	2.5 ± .01	3.0 ± .01	3.75 ± .01	2.5 ± .01
f	1.18 ± .01	1.48 ± .01	1.85 ± .01	2.305 ± .01	1.48 ± .01
g	0.64 ± .01	0.8 ± .01	1.0 ± .01	1.25 ± .01	0.8 ± .01
h	6.1	7.6	9.5	11.875 (13.00)	9.5
i	3.1	3.85	3.75	3.813 (2.688)	1.95
j	1.1	1.4	1.8	2.2	1.4
k	1.2	1.5	1.9	2.4	1.5
Vent, diameter	0.32	0.4	0.5	0.625	0.4
Thickness of case	12	12	11	10 (11)	12
Total weight	4 lbs 8 ozs	8 lbs 6 ozs	14 lbs 2 ozs	25 lbs 12 ozs	8 lbs 6 ozs

Maße der Raketen Mark I (Dimension a-k gem. Zeichnung Seite 109 und 110)

Date	24 pdr	9 pdr	Date withdrawn	Remarks
1867	Mark I	Mark I	1870	Wrought-iron case, Brunswick Black Paint, Dangerous, Obsolete
1870	Mark II	Mark II		Red Lead Paint, Body of Atlas Steel, Case greased inside
	Mark III	Mark III		Has two or three coats of paint inside, Paint red
1872		Mark IV		Slower burning composition
	Mark IV	Mark V		Cone lengthened, and tail pieces cupped out
	Mark V	Mark VI		No corrugations, Paper lining, No issue paper protecting vents. In 24-pr., base-piece and head fixed to body by 10 screws and rivets instead of 8. Rivets stronger
	Mark VI	Mark VII		Paper lining discontinued, and corrugations reverted to. Cases tinned all over

Übersicht der unterschiedlichen Modelle

Die Zeit der Raketen im 19. Jahrhundert ging ihrem Ende zu, in den Jahren ab 1870 wurden die Raketen aus dem Waffenarsenal der aktiven Truppe herausgelöst, blieben aber zunächst noch für den Bedarfsfall verfügbar. Hinweise, daß die Raketen nach längerer Lagerung an Genauigkeit einbüßten, führten am 10. Februar 1870 zu einem Versuchsschießen in Shoeburyness. Hierbei wurden ältere und jüngst produzierte Raketen benutzt. *(siehe Tabelle oben)*

Über die Wetterbedingungen ist im Versuchsbericht leider nichts ausgesagt.[689] Es scheint, daß auch die Hale'schen Raketen letztlich nicht soviel zuverlässiger als die Congreve'schen gewesen sind. Bei einer Überprüfung der Leistungen der 24pfündigen Raketen wurden Durchschnittsreichweiten von 1.562 yards gemessen, wobei die durchschnittliche Seitenabweichung etwa 39 yards nach links betrug.[690] Möglicherweise war das Versuchsergebnis Grundlage für die Anweisung von 1874, alle Raketen, die älter als 5 Jahre waren, zu vernichten, ein gleicher Befehl erging nochmals 1879.[691]

Im Verlauf ihrer Dienstzeit wurden Hales Raketen vielfach verändert, so daß zum Zeitpunkt der Außerdienststellung der Raketen das Modell Mark VII erreicht war. Die Raketen Mark I, schwarz angestrichen, besaßen nachstehende Maße, wobei die Angaben für die neunpfündige Rakete (und bei Änderungen auch zusätzlich für die 24pfündige) bereits das Modell Mark III betreffen:[692] *(siehe Tabelle oben)*

689) aus: MGAG, 1870 S. 210 (zitiert wurde aus dem „Mechanic's Magazine")
690) Franklin / Johnson, a.a.O., p. 240
691) Mitteilung C .E. Franklin vom 7. April 1998
692) nach: H.M.S.O., Treatise on Ammunition, London 1870, 1871 und 1905 (zur Verfügung gestellt von Mr. C. E. Franklin) Die Maße blieben auch bei den späteren Modellen fast identisch, bei den Mark IV (24pr, eingeführt Januar 1874) resp. Mark V (9pr, eingeführt September 1874) waren die Maße zu "g" geändert (9pr = 1.3, 24pr = 1.75); bei den Modellen Mark VII (eingeführt Mai 1885) waren die Maße zu „g"

Das Modell Mark I wurde 1870 außer Dienst gestellt, da die Hülsen zu schwach waren und nicht ausreichend gegen Rost geschützt waren, ab dem Modell Mark II wurden die Hülsen aus Atlas-Stahl gefertigt, aber auch diese waren nicht ausreichend gegen Rost geschützt und mußten sorgfältig überwacht werden, seit 1873 erhielt daher die Mark III-Rakete einen dreifachen Anstrich; da die 9pfünder dazu neigten, beim Zünden zu verpuffen, wurde 1872 für die Mark IV ein langsamer abbrennender Treibsatz eingesetzt, schließlich wurde noch die Bohrung verlängert und 1876 wurden dann nur noch glatte, zylinderförmige Hülsen verwendet.

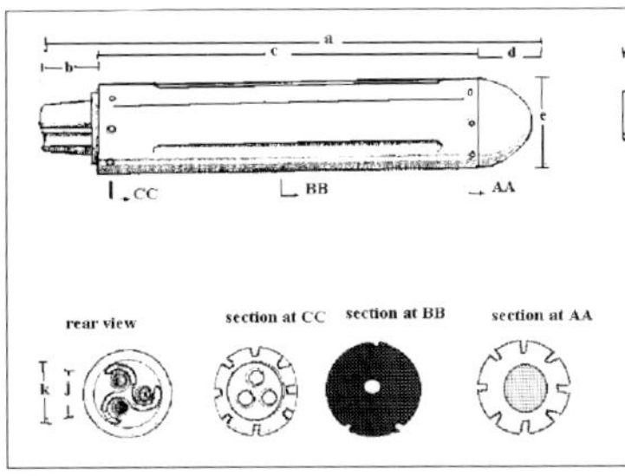

Rocket, war, Hale, Mark I (Zeichnung: C.E. Franklin)

Franklin und Johnson haben eine Übersicht über die unterschiedlichen Modelle erarbeitet:[693] *(siehe Tabelle Seite 108)*

Nicht alle „Verbesserungen" erwiesen sich als erfolgreich. So wurde 1878, als bereits das Modell Mark VI für 24pfündige und Mark VII für 9pfündige Raketen eingeführt worden war, die Produktion dieser Modelle abgebrochen und wieder das Modell Mark III (24pfündige) und Mark IV (9pfündige) hergestellt.[694] 1880 wurde festgestellt:[695]

„This subject is at present under the consideration of a committee, the results obtained with Hale's rockets being considered most unsatisfactory. At present the 24-pr. rocket manufactured is Mark III., the later patterns having failed to meet the requirements of service."

Zur Reichweite der 24pfündigen Mark III Rakete Hales wurde angegeben:

„Approximate ranges, given in a late W.O. Memorandum (7th Nov. 1879), are as follows:-„S.S. rocket tube, 10° elevation, range 2,300 yards; 15° elevation, range 2,700 yards. It is to be noted that there will sometimes be a variation in range of 400 yards on each side of mean."[696]

Diese häufigen Modellwechsel und auch das Aufgeben der Produktion der Mark VI bzw. Mark VII Modelle scheint das Vertrauen der Truppe in diese Raketen erschüttert zu haben. Es wurde daher mit Army Circular 1880, Clause 42, angeordnet, daß Raketen, die von Schiffen oder Truppenteilen zurückgeliefert worden wären, nicht erneut ausgeliefert werden dürften. Zusätzlich waren in regelmäßigen Abständen alle eingelagerten Raketen zu überprüfen:

„At all stations where rockets are in store, Ordnance Store Officers were to take steps for testing, by firing, 10% of each years manufacture. Should one or more rockets of each batch burst, a second batch was to be similarly tried, and if burst occurred in the second batch, the whole of the rockets of the particular years manufacture was to be set aside, and was not considered as available for use. This testing was to be repeated annually."[697]

In der Zwischenzeit hatte ein Mr. Macdonald an der Verbesserung der Hale-Rakete gearbeitet und 1877 wurde durch den Befehlshaber der Marineinfanterie, Commander J. Cole, diese weitere Verbesserung der Hale'schen Raketen dem Board of Ordnance vorgestellt. Diese „improved Hale-Macdonald war-rocket" besaß eine größere Anfangsgeschwindigkeit und so eine vermehrte Rotation, die dadurch unterstützt wurde, daß auch unterhalb des Gefechtskopfes am Beginn der Hülse Austrittsöffnungen für das Gas vorhanden waren. Der Treibsatz wurde mit einem Druck von 90 tons in eine Hülse aus extra starkem Whitword-Stahl eingefüllt. Durch den stärkeren Antrieb konnten auch schwerere Gefechtsköpfe mitgeführt werden, vorgeschlagen wurden 35- und 50pfündige Granaten. Zum Abfeuern wurde ein „trough" mit einer Länge von 12 oder 16 Fuß vorgeschlagen. Die durchgeführten Versuche scheinen den Wert dieser Verbesserungen bewiesen zu haben, da die neuen 12pfündigen Raketen unter einer Elevation von 8½ Grad eine mittlere Schußentfernung von 2.050 yards erreichten, gegenüber 1.320 der eingeführten Hale-Raketen, und dabei nur eine Seitenabweichung von 3 yards gegenüber 37 yards der alten zeigten. Hales Raketen führten beim Abschuß eine Rotation auf 4 feet durch, während die Macdonald Raketen auf 18 inch einmal rotierten.[698] Auf der Sitzung des Board schlug Cole ferner vor, dieses verbesserte Modell auch als Torpedo zu nutzen, eine Anwendung der Raketen, auf die er durch Zufall gestoßen war:

„In 1871, whilst on the China Station and engaged in the usual quarterly rocket practice from the ship's boats at a target 1,500 yards distant, one of the rockets hung in the tube, and as several of the rocket-cases had previously given out when firing them, I ordered the tube to be detached from the boat's side and dropped into the water; the rocket shortly afterwards quitted the tube, travelled under the water for a distance of about 750 yards, then rose to a height of about 6 feet, and eventually fell about 200 yards beyond the target, or at a distance of 1,700 yards, and did not pass wider of the mark than the average of those fired under ordinary circumstances. I was so struck with the performance of this rocket that I determined on the first opportunity of trying a similar experiment, and having a few weeks subsequently to expend some surplus rockets, I fired three rounds under the water with the tube in as level a position as I could secure under the circumstances, bearing in mind that from the absence of other means I had to ignite the composition above, and at once drop the tube to about a foot below the surface. The first rocket travelled about 250 yards in a

---

erneut geändert (9pr = 0.8 und 24pr = 1.49 sowie bei den 24pr wurden: „a" zu 23.22, „b" zu 1.81, „d" zu 2.75, „f" zu 1.37, „h" zu 11.875 sowie „i" zu 3.813. Schußtafeln für die einzelnen Modelle scheinen nicht erhalten zu sein. C. E. Franklin hat jedoch aufgrund der erhaltenen Angaben mit Dr. Penny (Royal Ordnance, Rockets Motors) eine Computer-Simulation entwickelt und damit Schußtafeln rekonstruiert und veröffentlicht (C. E. Franklin, a.a.O., Auszüge siehe Beilage 8) Bei den unterschiedlichen Modellen waren naturgemäß auch die Brennzeiten der Rakete verschieden, für die 9pfündigen betrugen sie zwischen 7 und 9 Sekunden, für die Modelle Mark V bis VII jedoch nur 4 - 6 Sekunden, ähnlich bei den 24pfündigen 8 bis 10 Sekunden und für die Modelle Mark IV bis VI nur 5 bis 7 Sekunden (ibidem)

693) ibidem, sowie: H.M.S.O., Treatise on Ammunition, London 1881, p. 300; zu weiteren Einzelheiten zum Stand der Raketen Hales siehe Beilage 6 zu diesem Abschnitt

694) HCPP, a.a.O., siehe Beilage 7 zu diesem Abschnitt

695) Manual of Gunnery for Her Majesty's Fleet, H.M.S.O. 1880, p. 376; in dieser Vorschrift wurde an derselben Stelle festgestellt: „Advantages: It is useful for incendiary purposes and would be still more so if the head were fitted with a shell or carcass. Its moral effect is great, especially against savages and cavalry, and owing to the lightness of the apparatus required for firing, it can be transported easily in rough country.
Disadvantages. The disadvantages under which it labours are, - 1st. Its efficiency and safety depend on the complete contact of a very large service of composition with a thin metal case; hence it is liable to deteriorate. 2nd. Its flight is necessarily very slow, so that it is very susceptible to the action of gravity, wind, and accidental causes of deviation. 3rd. The same causes that thus make it peculiarly liable to be acted on by wind and gravity, aggrevate the effect of deflection; indeed rockets have been occasionally deflected so as to come back at the people who fired them. 4th. From the fact of the composition burning away during flight, the position of the centre of gravity is constantly changing."

696) ibidem, p. 377; zum Gebrauch wurde hier festgestellt: „If it should be required to land a rocket brigade, it will be necessary to fit a tripod with a socket, into which the stanchion of the S.S. rocket machine ships. This socket should be fitted with a clamp, and the tripod should be made low and with one leg projecting well to the rear. All Hale's rockets should be carefully examined at frequent intervals, particularly along the scam and round the rivets. They must be kept in as dry a place as possible, sudden or irregular burning of the composition, or to the vents becoming choked. It is generally injurious to the flight of the rocket, and is sometimes developed to such an extent that the rocket bursts, this having on some occassions happened before the rocket left the tube."

697) zitiert nach: C. E. Franklin, a.a.O.

698) Board of Ordnance, Lecture, Friday, July 6th, 1877, a.a.O., pp. 9

direct line, then rose, striking the water again about 600 yards from the boat, when the case gave out. Round No. 2 could be traced by the smoke rising from the water for about 800 yards, and was then lost sight of. Round No. 3 I fired towards an island about 800 yards distant, and the case I recovered amongst the rocks, where the small amount of composition still remaining, burnt out. The direction in all three cases was excellent, considering the very rough means at my disposal for directing their course."[699]

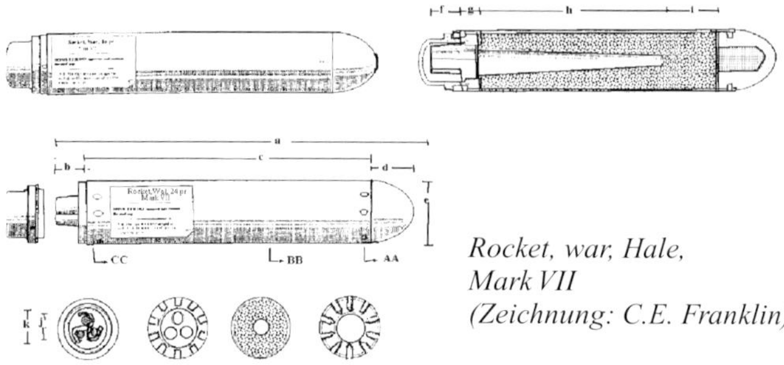

Rocket, war, Hale, Mark VII (Zeichnung: C.E. Franklin)

Dieses verbesserte Modell scheint aber nicht mehr eingeführt worden zu sein. In einem Bericht wurde festgestellt:

„Cette fusée, ainsi perfectionnée, paraît devoir donner des résultats très-supérieurs à ceux obtenus jusqu'à présent avec les fusées de guerre des autres systèmes."[700]

Ab 1874 begann man, zunächst bei den 24pfündigen Raketen, Versuche mit einem Gefechtskopf, der mit Schießbaumwolle gefüllt war. Erste Versuche ergaben eine stark reduzierte Reichweite und irreguläre Flugbahnen, die Wirkung im Ziel scheint jedoch erheblich gewesen zu sein.[701] Im Verlauf weiterer Versuche gelang es dann, die Reichweite und die Genauigkeit zu verbessern, so daß auch 9pfündige Raketen den neuen Gefechtskopf erhielten. Daraufhin wurden für die Ashanti-Expedition 1.000 der neuen Raketen hergestellt, die sich gut bewährten.[702] Wohl um Herstellungsengpässen zu begegnen, wurde dann 1884 mit Army-Clause 172-1884 angeordnet, für Kolonialkriege eine Reserve von 1.800 24pfündigen Raketen bereitzuhalten.[703] Das neue Modell Mark VII stand ab 1878 bereit, scheint sich zunächst in den Versuchen aber nicht bewährt zu haben, so daß die Fertigung von „special rockets" durchgeführt wurde, bis dies neue Modell als Mark VII c ab 1885 in die Fertigung ging.[704]

i. Letzte Einsätze

Nach dem Krimkrieg wurden Raketen nur noch in Kolonialkriegen und in Indien eingesetzt, sie blieben jedoch noch Bestandteil der reitenden und der Fußartilleriebatterien. Jede Batterie verfügte neben ihren 6 Geschützen (9Pfündern bei der reitenden- und 12Pfündern bei der Fußartillerie) weiterhin über einen achtspännigen Raketenwagen mit 100 12pfündigen Raketen.[705]

Der erste Einsatz zu dieser Zeit erfolgte im Verlauf der Maßnahmen zum Niederschlagen der großen Meuterei in Indien. Hierzu wurden auch die troops D, E, F, und H der Royal Horse Artillery im Dezember 1857 nach Indien verlegt, diese scheinen aber keine Raketen mitgeführt zu haben, nur die naval brigade von H.M.S. *Shannon* und *Pearl* brachte Raketen zum Einsatz,[706] erwähnt wird ihr Einsatz bei der Belagerung von Shah Najaf am 16. November 1857; als sich das Feuer der 24pfünder zum Schießen einer Bresche als ungenügend erwies, diese aber unter Beschuß lagen, konnten sie nur unter dem gut liegenden Feuer der Raketen zurückgezogen werden. Ebenfalls war die naval brigade der *Shannon* unter Captain Peel mit 2 „Raketengeschützen" auf leichten Wagen Bestandteil der 3400 Mann starken Streitmacht unter General Campbell,[707] die am 17. November 1857 das seit mehreren Monaten belagerte Lucknow entsetzte und die abgekämpfte Garnison mit den eingeschlossenen Zivilisten evakuierte, wobei die Raketen am Morgen dieses Tages gegen die Belagerer im Messe-Haus wirkten.[708] Der Einsatz der Raketen bei der Entsetzung wurde als schlachtentscheidend bewertet:

„. . . the rockets unexpectedly proved to be a battle-winning factor. A salvo of rockets was lobbed over the great wall and fell, hissing, into the enclosure, causing loud detonations and clouds of smoke within. Sergeant Paton, continuing his exploration round the walls, had come across a crack on the far side of the enclosure, just wide enough to admit one man at a time. He . . . promtly led about fifty men to the spot. . . The only enemy to be seen were apparently in a panic, struggling to get out of the place as fast as they could. "[709]

Auch am 22. November, als Lucknow vorübergehend geräumt wurde, wirkten die Raketen zur Sicherung des Rückzuges gegen einen feindlichen Feuerüberfall vom Kaisarbagh:

„As one of the retreating columns passed the Kaisarbagh, there was a heavy burst of fire, and it was thought for a moment that the enemy had grasped what was happening. One of the Naval Brigade's rocket launchers was brought up, and after a few rockets had been discharged the firing ceased."[710]

Ansonsten wurden Raketen nur von den Aufständischen eingesetzt, so an der Nordfront von Delhi gegen die Belagerer im September 1857 und im Januar 1858 bei Barodia, wo die Rebellen das Feuer der Briten mit Raketen erwiderten.[711]

---

699) ibidem, p. 10; eine ähnliche Idee war bereits durch Mr. Quick, einen Ingenieur der Royal Navy, 1872 vorgetragen worden. In einem Versuch wurden 24pfündige Hale-Raketen mit einem modifizierten Gefechtskopf aus einem, auf den Strand gelegten 10inch Kanonenrohr bei Flut abgefeuert, eine Rakete stieg nach dem Abschuß aus dem Wasser auf, die anderen nahmen völlig unkontrollierte Richtungen, so daß der als Beobachter anwesende Herzog von Cambridge über die offensichtliche Dummheit dieser Idee fluchte. (D. Baker, Spaceflight and Rocketry, A Chronology, Facts On File, Inc., p. 8) Ebenso wollte ein Mr. Charles Meade Ramus 1874 kleine Torpedoboote mit einem Raketensatz antreiben und so Geschwindigkeiten von 80 - 90 Meilen erreichen, wobei diese Boote zugleich als Torpedo selbst dienen sollten, also bei Berührung eines festen Gegenstandes explodieren sollten. (o. Verf., Raketen-Torpedos, in: Mittheilungen aus dem Gebiete des Seewesens, II. Band 1874, S. 234 f.) 1878 wurden die Versuche mit einer Neukonstruktion anscheinend erfolgreich wiederholt, da die Admiralität 100 seiner Torpedos für die Torpedo-Rammschiffe *Sartorius* und *Lightning* bestellte: „Der durch eine Rakete bewegte Torpedo hat eine Fischgestalt, läuft 40 Seemeilen per Stunde, u. z. 4 -.5 Meter unter dem Wasserspiegel, und ist noch auf 915 Meter auf das Intensivste wirksam." (Mittheilungen aus dem Gebiete des Seewesens, 1878, S. 300)

700) Notiz (Renseignements divers) in: RdA, Tome XII 1878, p. 82

701) Ursprünglich sollte wohl eine Carcasse (Brandsatz) für die 24pfündige Rakete entwickelt werden, diese Idee wurde jedoch zugunsten der Sprengladung fallen gelassen: „This idea has, however, been abandoned at least for the present, and, instead of a carcass rocket of this nature, a 6-inch shell rocket of immense strength and having a double head fitted with gun-cotton has been designed . . . The head of the new rocket is of stout Bessemer metal, and the cylindro-conoidal portion, which is seperable from the other, but attached by screws, will be filled with damp gun-cotton. The entire head is fifteen inches long . . ." (Army and Navy Journal, Vol. XI., 11 July 1874, p. 763) Diese Notiz endete jedoch mit dem Hinweis: „But the uncertain duration of rocket ranges is so well known that it is doubtfuil whether any attempt will be made in this direction."

702) Windibank, a.a.O., pp. 474, dieser gab jedoch als Beginn der Entwicklung erst 1878 an.

703) mitgeteilt von C. E. Franklin (Schreiben vom 7. April 1998)

704) ibidem

705) o. Verf.: Die Land- und Seemacht Großbritanniens, in: Beiheft zum MWBl. 1867, S. 118

706) Die *Shannon* verfügte über 8 Raketen-Abfeuerungsrohre (Winter, Rocketry, a.a.O., p. 40)

707) M. Edwardes, A Season in Hell, London 1973, p. 260

708) ibidem, p. 280

709) R. Hilton, The Indian Mutinity, London 1957, p. 160, zitiert nach: Winter, Rocketry, a.a.O., p. 41

710) Edwardes, a.a.O., p. 293

711) Col. Jul. R. J. Jocelyn, The History of the Royal and Indian Artillery in the Mutiny of 1857, London 1915; Die Royal Marine Artillery war mit 24pfündigen Raketen ausgestattet, während die Royal Artillery 9pfündige einsetzte (nach: Headlam, a.a.O., p. 85)

Es zeigte sich aber auch, daß die Raketen erheblich unter dem Klima gelitten hatten, ein Artillerist schrieb anschließend:
„The sticks had got too dry, and [the rockets] burnt so quickly, as in many cases, to fall or explode far short of their range. Wether it was an older batch of rockets, or either their having been exposed to the sun for some months was the cause of their misdoings, I do not know, but they were a great failure."[712)]
In China wurden ab 1856 die Raketen durch die Marine vielfach gebraucht, um die britischen Handelsinteressen zu schützen; so als diese durch die Chinesen mit der Aufbringung der *Arrow* verletzt worden waren. Zu Beginn erfolgten Einsätze im Raum Canton, wobei einzelne Raketeneinsätze nicht immer nachzuweisen sind, da die Boote der britischen Schiffe diese standardmäßig einsetzten; so kann ein Einsatz daraus abgeleitet werden, daß Konteradmiral Seymour zur Abwehr eines kombinierten chinesischen Angriffes zu Land und zur See am 4. Januar 1857 meldete, daß ein Seemann schwere Verbrennungen erlitten hätte, als eine Rakete zufällig explodierte.[713)] Insbesondere wurden auf dem Canton-River die Raketen bei Bootsoperationen gegen chinesische Kriegsdschunken eingesetzt, so am 25. Mai 1857, als 40 Dschunken genommen oder zerstört werden konnten:
„The main body, followed by Captain Edgell, were soon beyond range of all except the Hornet's rocket boat and Sybille's pinnace, which kept within reach of them for a long time; and Captain Edgell brings to my notice the behaviour and most accurate fire kept up by Lieutenant Brock in the former boat,"[714)]
Auch bei einem weiteren Vorstoß am 1. Juni gegen Kriegsdschunken bei Fatshan erwiesen sich Raketen als nützlich:
„... and it was necessary to keep up a continued fire with some of the boat's guns, from musketry, and from the Tribune's rocket-boat, which did good service."[715)]
Bei der folgenden Eroberung Cantons, an der auch französische Streitkräfte teilnahmen, wurden ebenfalls die Heerestruppen unter Majorgeneral Van Straubenzee durch Raketen der Marineartillerie unter Major Schomberg unterstützt, zusammen mit zwei 13-inch und zwei 10-inch Mörsern beschossen zwei 24pfündige Raketengeschütze die Befestigungen der Stadt, und ein chinesischer Gegenangriff am 29. Dezember wurde auch durch den Einsatz eines 12pfündigen Raketengeschützes der Marineartillerie abgewehrt.[716)] 1858 wurde dann auf dem Peiho ein Vorstoß gegen Peking ausgeführt, wiederum leisteten hier die Raketen ihren Beitrag bei der Erstürmung der Peiho-Forts:
„The Chinese stood well to their guns, not withstanding shot, shell, and rockets were flying thickly around them."[717)]
Später waren 1859 bei Canton im Verlauf einer anglo-französischen Expedition, bei der Lieutenant-Colonel Barry die Artillerie führte, die unterschiedlichen Batterien wieder durch Raketen verstärkt.[718)] Hinzu trat aus Indien ein Raketen Troop der Royal Horse Artillery unter Captain Govan, aus England wurde Captain Rottons Raketenbatterie mit 67 Mann zugeführt und eine Batterie der Madras-Artillerie wurde mit Congreve-Raketen ausgestattet. Die britischen Truppen landeten am 1. August bei Peh-Tang, um zum Pei-Ho und seinen Forts vorzustoßen; unter General Sutton wurde als Erstes eine Infanterie-Brigade in Booten an Land gesetzt, die durch eine 9pfünder Batterie und eine Raketenbatterie verstärkt war.[719)] Die Raketen bewiesen ihre Wirksamkeit insbesondere bei der Erstürmung der Taku-Forts am 21. August 1860, wo britische und französische Kanonenboote, unterstützt durch die Raketenboote der Flotte, zum Einsatz kamen.[720)] Die Forts fielen nach kurzem Widerstand, wobei an Land neben 2 Batterien mit den neuen Armstrong-Geschützen auch ein rocket troop eingesetzt war[721)]:
„The fire of the gunboats and rocket-boats, which I placed under the orders of Rear-Admiral Jones, to whose assistance on all occassions I have been much indebted, was well directed and serviceable;"[722)]
Nachdem seit Anfang der fünfziger Jahre als Folge der Demütigung Chinas im Opiumkrieg der Tai-Ping Aufstand ausgebrochen war, kam es 1860 zur Bildung einer multinationalen Streitmacht - zunächst zum Schutz der europäischen Niederlassungen - unter dem amerikanischen Abenteurer Colonel Ward, deren Mannschaften und Unteroffiziere später aus Chinesen bestand, die nach europäischen Normen ausgebildet wurden; die Truppe wurde vom chinesischen Kaiser besoldet.[723)] Im Zusammenwirken dieser Truppe mit britischen und französischen Truppen bei der Verteidigung Shanghais am 20. August 1860 wurden auch Raketendetachments der Navy eingesetzt.[724)] 1862 fiel Ward, das Kommando wurde von dem britischen Lieutenant-Colonel Gordon übernommen. Neben 39 Geschützen unterschiedlicher Kaliber gehörten zur Artillerie dieser „Ever-Victorious Army" auch sechs Raketengeschütze, die wohl von der Royal Navy gestellt waren. Von diesen sind nur wenige Einsätze bekannt, so am 27. November 1863 beim nächtlichen Sturmangriff auf Low mun Soochow, der jedoch von den Rebellen abgewehrt wurde:
„The whole line of stockades held by the rebels seemed one line of fire, while the Quinsan artillery were throwing rockets and shell into the Rebel works."[725)]
Am 1. Juni 1864 wurde diese Armee dann wieder aufgelöst. Während dieser Zeit griffen auch Landungstruppen der Flotte, unterstützt durch ein französisches Geschwader, 1862 bei Shanghai in die Kämpfe ein, auch hier wurden die Truppen durch Raketen der Marineartillerie unterstützt, die hierbei oft ihre den Kanonen überlegenen Einsatzmöglichkeiten zeigten:
„J'ai vu à l'attaque d'une ville chinoise occupée par les Rebelles, combien les Fusées de guerre peuvent vendre de Services: Le corps ex-

---

712) O. J. Jones, Recollections of a Winter Campaign in India in 1851-58, London 1859, p. 169, zitiert nach: Winter, Rocketry, a.a.O., p. 41
713) Bonner-Smith / Lumby, The Second China War 1856 - 1860, London 1954, p. 164, Meldung Rear Admiral Seymour an die Admiralität vom 14. Januar 1857
714) ibidem, p. 198, Meldung Commodore Elliot an Rear-Admiral Seymour vom 29. Mai 1857
715) ibidem, p. 200, Meldung Commodore Keppel an Rear-Admiral Seymour vom 2. Juni 1857
716) ibidem, pp. 273, Meldung Rear-Admiral Seymour vom 13. Januar 1858, nachdem Canton am 29. Dezember gefallen war.
717) ibidem, p. 339, Meldung Rear-Admiral Seymour vom 21. Mai 1858
718) nach: Konstantinoff, a.a.O., p. 51, siehe auch Abschnitt Frankreich; im „Jounal des Débats" vom 23. Décembre 1859, p. 2, wurde hierzu gemeldet: „On va embarquer aussi plusieurs compagnies de fuséens sur la coopération desquels on parait beaucoup compter. Ils doivent employer des fusées nouvelles expérimentées au polygone de Woolwich, et qui, selon les autorités anglaises, ont donné de très bons resultats."
719) J. Selby, The Third China War 1860, in: B. Bond (ed), Victorian Military Campaigns, London 1967, p. 86
720) Winter, Rocketry, a.a.O., p. 42. Im Jahr zuvor hatten die Chinesen einen Angriff auf diese Forts abgeschlagen
721) Selby, a.a.O., p. 90
722) Bonner-Smith / Lumby, a.a.O., pp. 400, Meldung Rearadmiral Seymour vom 27. August 1860; die dritte Division der Raketenboote wurde durch Commander Aplin, die vierte durch Commander Hire befehligt.
723) Eine erste Truppe wurde im Auftrag des Mandarin Wu Hsü durch Ward im Juni 1861 aus europäischen Söldnern aufgestellt, nach Anfangserfolgen erwies sich dies Konzept nach einem ersten Rückschlag als nicht durchführbar, und Ward griff vor allem auf Filipino- Söldner zurück. Für eine Vergrößerung der Truppe wurden dann Chinesen angeworben und nach europäischen Grundsätzen ausgebildet und geführt. Erst diese Truppe trug dann den Namen „Chang-sheng-chün" (ever victorious army). Nach größeren Erfolgen gegen die Tai Ping wurde Ward zum Mandarin 3. Klasse und General ernannt. Die Truppe verfügte über Dampfboote und Artillerie, wann sie auch Raketengeschütze erhielt, konnte nicht geklärt werden, es mag dies im Februar 1862 erfolgt sein, nachdem der britische Marinebefehlshaber Admiral Hope begann, mit Ward zusammenzuarbeiten. (Ausführliche Schilderung dieser Truppe durch: C. Carr, Der vergessene Held, München 1999). Zumindest verfügte diese Armee im Frühsommer 1862 neben Geschützen über „einige 6 inch Raketenwerfer" (ibidem, S. 375, diese Angabe kann aber so nicht stimmen, da die eingeführten 24pfd Raketen Hales nur ein Kaliber von 3,75 inch besaßen) Daneben bestand auch eine von Franzosen ausgebildete und geführte multinationale Artillerieeinheit.
724) Carr, a.a.O., S. 202
725) A. Wilson, The 'Ever-Victorious Army', reprint London 1991, p. 190

péditionnaire Français avait a sa disposition deux pièces de Canon, débarquées de la Frégate amirale la Renommée et disposées sur de grands Sampans -du peine ces deux pièces eurent-elles tiré quelques coups pour faire la brêche, qu'elles coulèrent avec les Sampans, sur lesquelles elles étaient disposées par l'effet du tir, et ce furent les Fuséens anglais qui firent fair le Feu des murailles part envoi de leurs Fusées et permirent ainsi de donner l'assaut. Pendant cette guerre de Chine, les anglais ont souvent employé avec succès les Fusées de guerre."[726]

Während dessen kam es auch in West-Afrika zu Raketeneinsätzen. Im Hinterland von Sierra Leone mußte der König der Koya, Bey Cantah, 1860 Land an Großbritannien abtreten, da er eine Buße für Übergriffe nicht zahlen wollte. Nach der Übereinkunft im April änderte er aber seine Meinung und errichtete eine Palisaden-Festung in dem abzutretenden Land. Am 19. Dezember 1861 marschierte Major Hill, der Sohn des Gouverneurs mit einigen hundert Mann in das umstrittene Territorium ein und stürmte die Befestigung nach einer Beschießung durch Feldgeschütze und Raketen. Nach Anforderung von Verstärkungen, die dann aus HMS *Falcon* unter Captain Heneage, sowie Booten des Versorgungsschiffes *Isis* und des Stationsdampfers *Dover* bestand, die mit Geschützen und Raketen bewaffnet waren, wurde Anfang 1862 der Widerstand der Koya nach dem Einnehmen und Verbrennen mehrerer Ortschaften gebrochen.[727]
1863 weigerten sich die Engländer einen flüchtigen Angehörigen der Ashanti an diese auszuliefern, was für deren König der Anlaß zum Angriff auf die Briten war. Gouverneur Pine setzte Truppen in Marsch, der Vorstoß scheiterte aber aufgrund des Klimas und des Urwaldes:
„Dieser Wald, welcher sich weit nach Ashanti hinzieht, ist rechter afrikanischer Urwald, undurchdringlich, ohne Wege, ein fürchterliches Hinderniß für eine geschlossen marschirende Armee. Man mußte, um mit den Kanonen und Raketen-Batterien hindurchzukommen, erst Pfade bauen, und dieses geschah als die Regenzeit heranrückte."[728]

Schließlich sollte auch Japan die Wirkung der Raketen spüren. Nachdem ein japanischer Fürst europäische Schiffe in japanischen Gewässern überfallen hatte und im Zuge einer wachsenden Ausländerfeindlichkeit es zu Übergriffen gegen Europäer gekommen war, kam es 1863 zu ersten Strafaktionen durch Kriegsschiffe Großbritanniens, Frankreichs und der USA, die jedoch keine nachhaltige Wirkung zeigten. 1864, nachdem erneut europäische Schiffe in der Straße von Shimonoseki beschossen worden waren, wurde eine alliierte Flotte aus 9 englischen, 3 französischen, 4 niederländischen und einem US-Kriegsschiff unter dem britischen Admiral Kuper und dem französischen Admiral Jaurès eingesetzt, die am 5. September 1864 die Festungswerke des Fürsten Choshu von Mori und Shimonoseki beschossen, dabei wurden durch die Briten gegen den Hafen von Shimonoseki auch Raketen eingesetzt.[729]
Auch in Neuseeland, in den erneuten Kämpfen gegen die Maori 1860 bis 1865, kam es wiederum zu Raketeneinsätzen.[730] Dabei wurde die schwache Besatzung von New Plymouth im März 1860 durch das 65. Regiment unter Colonel Gold verstärkt, der neben zwei Haubitzen auch einige Raketen mitführte. Am 17. und 18. März wurden diese Raketen dann gegen eine Befestigung des Maori-Führers Rangitake verschossen, als die Truppen anschließend stürmten, stellten sie fest, daß die Maori das Lager während des Beschusses verlassen hatten.[731]
Ein weiterer Einsatz der Raketen erfolgte diesmal in Amerika. In Britisch Honduras hatten Indianer unter Canûl seit April 1866 Abgaben von den Mahagony-Holz Unternehmen erpreßt und hierzu auch Geiseln genommen. Einen Stützpunkt der Indianer bildete die Stadt San Pedro. Da die vorhandenen Truppen nicht ausreichend erschienen, wurde in Jamaica Hilfe angefordert, im Januar 1867 langte H. M. Steamer *Doris* unter Captain Vesey mit Truppenverstärkungen unter Colonel Harley an, Bestandteil der Truppen war auch ein Detachment der Royal Artillery aus Port Royal. Am 30. Januar brach Harley mit etwa 300 Mann auf, ein Rasttag während des Marsches durch den Urwald wurde für Geschütz- und Raketenausbildung genutzt, wobei eine 12pfündige Congreve-Rakete aus dem Abfeuerungsrohr verschossen die Indianer in 3.000 yards Entfernung erschreckte, dabei stellte sich auch heraus, daß die mitgeführten Geschütze für dieses Gelände ungeeignet waren und zurückgesandt werden mußten. Am 9. Februar wurde San Pedro nach kurzem Raketenbeschuß gestürmt. Anschließend wurde eine kleinere Abteilung aus 100 Mann unter Captain Rogers nach San José entsandt, wo ebenfalls Rebellen vermutet wurden. Auch hier wurden zur Vorbereitung des Angriffes Raketen eingesetzt:
„. . .action was at once commenced by the discharge of rockets, whose unusual and eccentric appearance so startled the barbarians, that none remained to be caught, when in a few moments a bayonet charge was made into the streets."[732]
Anfang März erfolgte ein weiterer Vorstoß unter Captain Delamere, wiederum mit einer „rocket-party" der Royal Artillery gegen die Stadt Marajal, wo ebenfalls nach Abfeuern einiger Raketen der Widerstand erlosch.[733]

Bei der Äthiopien-Expedition 1867 bis 1868 kamen erstmals nach ihrer Einführung Hales Raketen zum Einsatz. Ziel der Expedition war es, europäische Geiseln zu befreien, die von Kaiser Theodoros festgehalten wurden.
Zu den Leistungen der hier eingesetzten 6pfündigen Hale'schen Raketen liegt uns eine Übersicht vor:[734]

Elevation (Grad)	Flugzeit (Sekunden)	Mindest-reichweite (Yards)	Höchst-reichweite (Yards)	mittlere Reichweite (Yards)
10	7,92	1.502	1.840	1.608
15	11,54	1.050	2.480	2.322
20	14,33	2.350	3.150	2.524
25	20	3.240	3.600	3.368

Im Verband von 13.000 Mann, die unter dem Kommando General Sir Robert Napier Anfang Dezember 1867 in der Annesley Bay in Eritrea landeten, um von dort in das äthiopische Hochland vorzustoßen, be-

726) ACMV, CC7 - 94, Barazer, a.a.O., p. 2
727) Mbaeyi, a.a.O., p. 120
728) o. Verf., Der Aschantikrieg, in: Das Ausland, 46. Jahrg., S. 794. Der Ashantikönig Kwaku Dua bemerkte hierzu: „The white man brings cannon to the bush but the bush is stronger than the cannon." (J. Keegan, The Ashanti Campaign 1873-4, in: B. Bond [ed], a.a.O., p. 163)
729) Winter, Rocketry, a.a.O., p. 42, sowie: Featherstone, Weapons, a.a.O., p. 109; Clowes, a.a.O., erwähnte den Raketeneinsatz nicht; in der: ILN, November 19, 1864, ist ebenfalls kein Raketeneinsatz erwähnt, auch wurden hier nur 8 britische Schiffe aufgeführt, bei dem US-Schiff handelte es sich um den gecharterten Dampfer Ta-Kiang. Ebenso erwähnte Vice-Admiral Kuper in seinem Bericht vom 12. September 1864 keinen Einsatz der Raketen. (abgedruckt in: USJ, 1864, Vol. III., p. 597 - 603) Angaben zur alliierten Flotte nach: Stenzel, a.a.O., Bd. V, S. 187, Knox, History, a.a.O., p. 293. sowie: Nimitz / Potter / Rohwer, a.a.O., S. 257; Zeuge der Beschießung war auch der spätere japanische Admiral Togo, der Sieger von Tsushima (E. A. Falk, Togo and the Rise of Japanese Sea Power, Longman's 1936, p. 53, aber auch Falk erwähnte keinen Raketeneinsatz, das gleiche gilt für die ausführliche Darstellung bei: F. T. Jane, The Imperial Japanese Navy, London 1904, reprint 1984, pp. 17). Dagegen erwähnte Field, a.a.O., Vol. II, p. 148, den Gebrauch der Raketen bei der Beschießung am 05.09.1864 durch H.M. Corvette Perseus: „ . . . but Armstrongs and Krupps, of heavy Naval calibre, belching a hail of shot, shell and rockets, were too effective . . . "
730) F. H. Winter, The Eagle, a.a.O., p. 228
731) Fortescue, a.a.O., Vol. XIII, London 1930, p. 478
732) o. Verf., Our Latest „Little War;" or Campaigning in Honduras, in: USJ, Sept. 1868, pp. 52 (Zitat: p. 59)
733) ibidem, Oct. 1868, p. 215: „. . . not, however, without leaving traces of blood from the fire of a few rockets."
734) Vidal y Ruby, Campaña de Cuba, in: Memorial de Artilleria, 1895, p. 132

fand sich auch eine Raketenbatterie der Royal Marine Artillery, die aus 17 Offizieren und 83 Mann bestand, als Bestandteil einer dort gebildeten Marinebrigade unter dem Kommando von Captain Fellowes von H.M.S. *Dryade*. Sie war mit 4 Abschußgestellen ausgestattet und führte 340 Hale'sche 6pfündige Raketen auf 88 Maultieren mit. Eingegliedert wurde diese Truppe in die 2. Brigade der 1. Division unter Generalmajor Sir C. Staveley.[735] Bei den Truppen befanden sich auch 2 Gebirgsartilleriebatterien, deren Personal von der Garnisonsartillerie von Bombay gestellt wurde. Diese Batterien, als „A" und „B" Batterie bezeichnet, führten auf Maultieren Raketen mit. Zu jedem der 6 Geschütze gehörten 10 Maultiere, von denen die No. 7 als „rocket mule" bezeichnet wurde und in zwei Packtaschen jeweils 6 Raketen trug, die beiden Raketengeschütze wurden von den Maultieren des ersten und sechsten Geschützes zusätzlich getragen, diese beiden Tiere hatten damit eine Last von 234 lbs zu erdulden, während die „rocket mules" nur 202 lbs zu tragen hatten.[736] Die 6pfündigen Raketen Hales wogen 8 lbs. und 7 oz, ihre Länge betrug 16,2 inch. Die dazugehörige „tube" hatte eine Länge von 3 ft. 5 inch, zur Zündung der Raketen wurde eine Friktionszündung, wie die der Kanonen genutzt.[737] In einem Erfahrungsbericht wurden nach den Einsätzen Mängel festgestellt:

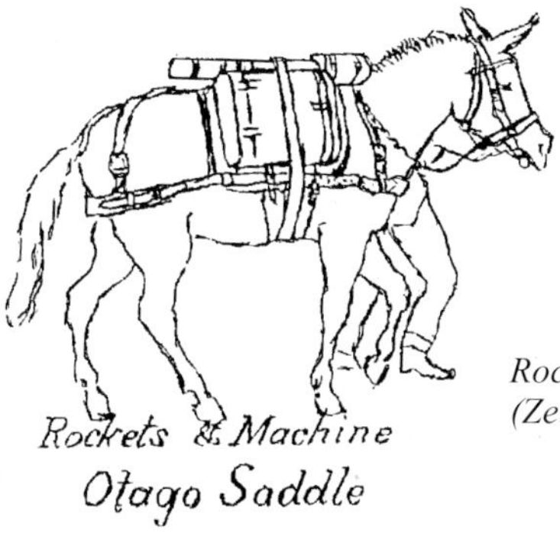

Rocket Mule in Äthiopien (Zeichnung: JRA)

„The rockets have at all times made capital practise, though after an exposure of seven months the whole of the composition has in some cases gone off explosively, not however detracting from the range of the shell of the rocket, though rendering it comparatively useless. It seems a mistake to fire these projectiles with a high elevation, their range allowing the composition to be expended, in such a case, before they reach the object aimed at; they cannot however be fired with a smaller elevation than 5°"[738]

Nach Abschluß der Operationen erfolgte am 26. Mai ein Demonstrationsschießen vor dem Prinzen Kassai von Tigré, der am Vortage zu einem Besuch bei Napier eingetroffen war:

„Fifty to sixty seconds are required, after the command is given, to lay the piece and open fire. Because of the ease of transporting these launchers and the convenience to their use in mountainous terrain they are extremely good weapons... so that Kassai was most anxious to see these terrible instruments of destruction. The Brigade turned out, and a point was selected high up on the bare rock, which is so remarkable a feature in the Senafe landscape. This was made the point of attack; and it was wonderful to see how near to that point every rocket went"[739]

Am 07. April war das Plateau von Dalanta erreicht und am 10. April 1868 kam es beim Vormarsch der Vorhut unter Sir Charles Staveley auf Magdala zur Schlacht von Arogi. Die britischen Truppen gerieten bei der Überwindung des Arogi-Plateaus auf dem Marsch vom Beshilo-River auf der King's Road gegenüber Falla unter Artilleriebeschuß der Äthiopier. Zum Vorgehen der britischen Truppen wurde berichtet:

„They were joined by the naval rocket brigade at the point where the side valley ran into the main valley. With well drilled speed, the sailors unloaded the rocket projectors from the mules and, in less than a minute after they have arrived from the crest, a rocket whizzed out over the plain, followed by a stream of erratic missiles whistling and hissing in rapid succession."[740]

Die Naval Brigade stand zwischen dem Arogi- und Afficho-Plateau, während die äthiopische Artillerie bei Fala in Stellung stand, der äthiopische Angriff auf die britischen Truppen brach unter deren Feuer zusammen. Anschließend ließ Commander Fellows das Ziel wechseln und nunmehr die Raketen auf die äthiopische Artillerie auf der Höhe von Fahla abfeuern, wo auch Theodosius sich aufhielt.[741] Der Negus selbst wurde von einer Rakete nur knapp verfehlt, die dann ein Pferd neben ihm tötete. Im offiziellen Bericht des Kriegsministeriums hieß es hierzu:

„When the British opened fire upon Fallah, the rockets ranges to the place where Theodore was standing, and one killed a horse close behind him. He exclaimed, 'What a terrible weapon - who can fight against it?' Then he covered himself with his shield, and watched the battle in silence."[742]

Die Wirkung wurde auch in einem anderem Bericht anschaulich beschrieben:

„It took the sailors but an instant to unload the rocket tubes and ammunition, and in less than a minute from the first mules arriving on the crest, a rocket whizzed out over the plain. It was the first answer to the fire which the guns of the fortress had kept up, and was greeted by a cheer by the troops. The race had been won; we had been saved from disaster . . . Rocket after rocket rushed out in rapid succession. Astonished at the roar of these novel missiles, the enemy paused in dismay; the horses plunged wildly and many in spite of their riders, careered across the plain."[743]

Die Naval Brigade rückte dann vor und bezog eine zweite Stellung etwa 800 yards unterhalb Falla:

---

735) nach: H. M. Hozier, Der Britische Feldzug nach Abessinien, Berlin 1870, S. 88, nach anderen Quellen wurden 12pfündige Raketen mitgeführt (Winter, Rocketry, a.a.O., p. 216), nach G. Vidal y Ruby, Campaña, a.a.O., p. 127, betrug die Anzahl der Abfeuerungsgestelle der Naval-Brigade 12. Letztere Angabe erscheint richtiger, ebenso nach: E. F. Chapman, The Abyssinian Expedition, in: JRA, Vol. VI, p. 169, bestand die Naval Brigade aus 7 Offizieren und 93 Mann mit 12 „tubes" und 80 sechspfündigen Raketen je „tube". Konstam, a.a.O., p. 60, ergänzte, daß die tubes in zwei Batterien organisiert worden wären.

736) Chapman, Notes on the Equipment, & c. of the Steel Mountain Batteries, in: JRA, Vol. VI, 1870, p. 198; jede Batterie verfügte damit über 72 Raketen. C. O. Browne, Mountain Train Formed for Service in Abyssinia, in: JRA, Vol. V, p. 452, gab wohl die genauesten Angaben, hiernach verfügte jede der beiden Batterien über 2 „tubes" und 120 Raketen, hierfür wurden jeweils 6 Maultiere benötigt. Nach: G. Vidal y Ruby, Campaña, a.a.O., p. 127, führten die Gebirgsartilleriebatterien A und B jeweils 4 Raketengeschütze mit. Jede dieser Batterien soll hiernach insgesamt 152 Raketen mitgeführt haben. Die Angaben bei Browne erscheinen genauer.

737) Browne, Mountain Train, a.a.O., p. 458, siehe auch: o. Verf., Bericht über die englische Armee in Abyssinien 1867 - 1868, in: ÖMZ 1869, Erster Band, S. 33 f., zu den 6pfündigen Raketen wurden hier folgende Angaben gemacht: Gewicht: 8 Pfd. 7 Uz, Länge: 16.2", die Länge des Rohres wurde mit 3 Fuß angegeben, wozu es hieß, daß mit 7° gute Resultate erzielt würden während mit 5° auf ebenen Terrain oder Wasser „ein sehr guter und rasirender Ricochet-Schuss erzielt" würde.

738) ILN, July 11, 1868,, p. 27; Browne, Mountain Train, a.a.O., p. 458, gab an: „Above 7° good results are obtained."

739) ILN, July 11, 1868, p. 28, hiernach waren auch die spanischen Offiziere von der Vorführung beeindruckt.

740) D. Featherstone, Colonial Small Wars 1837 - 1901, Newton Abbey Devon 1973, p. 103; D. G. Chandler, The Expedition to Abyssinia 1867-8, in: B. Bond, a.a.O., p. 140, stellte dagegen fest, daß der Angriff erst durch das Schnellfeuer der Infanterie-Verstärkung zum Stehen gebracht werden konnte: „Very soon, Lt.-Commander Fellowes had opened fire upon the oncoming masses, but despite the havoc caused by the hissing and bounding rockets, which exploded in all directions, the human tide continued to surge nearer."

741) Chandler, a.a.O., p, 140

742) zitiert nach: Winter, Rocketry, a.a.O., p. 217

743) G. A. Henty, The March to Coomasie, London 1874, p. 411, zitiert nach: Winter, Rocketry, a.a.O., p. 217

„. . . which enabled them to drive out the enemy from a slight protection afforded by a turn in the road, and to throw their rockets into Falla itself, these projectiles causing great consternation."[744)]

Ein spanischer Beobachter stellte zum Feuer der Raketen fest:

„La brigada naval de coheteros tomó parte activa en el combate de Arroghee. Las direcciones de los cohetes fueron muy buenas, y posteriormente se supo que habian causado gran efecto en los soldados abisinios que ocupaban la cima de Falla."[745)]

In dieser Schlacht verschoß die Naval Brigade 23 Raketen je „tube", während die A-Battery 15 Raketen abgefeuert hatte.[746)]

Vorführungsschießen Prinz Kassai (Zeichnung: ILN)

Aufgrund der verlorenen Schlacht gab der Negus die europäischen Geiseln frei, war aber nicht bereit zu kapitulieren, sondern zog sich mit den Resten seiner Truppen in die Festung Magdala zurück. Die Briten faßten nun den Entschluß, die Festung zu nehmen. Am 13. April gegen Mittag begann die Beschießung der Festung, dabei waren die Gebirgsbatterien sowie die Raketenbatterie am Fuße des Selassie in Stellung gegangen und richteten ihre Raketen auf die Tore der Festung,[747)] als es den Briten gelang, die Festung zu stürmen, beging der Negus Selbstmord.

Noch im selben Jahr setzte die Navy auch im Persischen Golf Hales Raketen ein, dies auch ein Hinweis darauf, wie weitgehend die britischen Schiffe auf den Auslandsstationen mit Raketen ausgerüstet waren. Nach einer Revolte gegen Sultan Syud Salim von Muskat war dieser mit seinem Thronschatz und dem Harem an Bord einer Fregatte geflüchtet. Das Kanonenboot *Vigilant* und der Kreuzer *Scinde* befanden sich auf dieser Station und sicherten die so wertvoll beladene Fregatte. Am 1. Oktober 1868 beschossen sie die Stadt, wahrscheinlich auch mit Raketen, da berichtet wurde, daß Captain Westbrook von der *Scinde* sein Schiff in der Nacht neben die Fregatte legte:

„with guns shotted, and his 6 lb. rocket tubes (the same that were used by the Naval Brigade in Abyssinia) ready to give them a warm reception. They rowed guard outside the harbour all the night . . ."[748)]

Wenige Jahre später kam es erneut zum Einsatz der Raketen, diesmal im Ashanti-Krieg, Einer der wenigen Kolonialkriege, der nicht im Rahmen einer Strafexpedition geführt werden konnte, sondern den Einsatz europäischer Truppen und umfangreicher Verstärkungen erforderte. Das noch unabhängige Königreich der Ashanti beanspruchte die Oberhoheit über das Volk der Fanti, das unter britischem Schutz stand. Am 29. Januar 1873 erreichte die Nachricht vom Vorstoß der Ashanti in drei Kolonnen über den Prah auf Elmina den britischen Verwalter des Protektorates in Cape Coast, worauf zunächst Verstärkungen und Nachschub an Waffen und Munition aus Sierra Leone herangeführt wurden, um in der Lage zu sein, die britischen Besitzungen zu verteidigen. Im April gelang es den Fanti mit britischer Unterstützung einen Angriff der Ashanti abzuwehren, hier wurden auch erstmals Raketen eingesetzt, ohne deren Wirkung das Gefecht verloren worden wäre.[749)] Bis zum Juli waren weitere Verstärkungen und Kriegsschiffe eingetroffen. Ein Vorstoß von den Dampfbooten *Simoom*, *Colonial* und *Argus* sowie von den Booten der Kanonenboote *Rattlesnake* und *Barracouta* unter Commodore Commerell den Prah aufwärts am 14. Juli schlug fehl: kurz nachdem die Maschine eines Bootes ausgefallen war, geriet die Expedition in einen Feuerüberfall der Ashantis, die Raketen des Dampfkutters der *Simoom* konnten nicht eingesetzt werden, weil dieser andere Boote schleppte, so wurde nach zahlreichen Ausfällen der Vorstoß abgebrochen.[750)] Es wurde nun erkannt, daß der Einsatz regulärer Truppen erforderlich sein würde, zum Befehlshaber wurde Colonel Sir Garnet Wolseley ernannt, der sogleich umfangreiche Forderungen stellte, so hielt er unter Anderem die Bereitstellung von 6 Gebirgshaubitzen und von 1000 neunpfündigen Raketen für erforderlich.[751)] Im Oktober traf der inzwischen zum Major-General ernannte Sir Garnet in Cape Coast ein. Am 13. Oktober wurde eine Naval Brigade eingesetzt, um Elmina zu verteidigen, sie wurde mit einem 7pfünder und 1 „trough" mit 36 Raketen ausgerüstet.[752)] Von Elmina aus begann dann ein Vorstoß auf Essaman, an dem Haussas, Matrosen, Teile des 2nd West India Regiment und der Naval Brigade mit ihren Raketen beteiligt waren.[753)] Lieutenant A. Allen, R.M.A., konnte seine 36 9pfündigen Hale-Raketen erfolgreich im Verlauf des Angriffes auf die Stadt einsetzen.[754)] Inzwischen hatten Captain Rait und Lieutenant Eardly Wilmot auch Angehörige der Haussa als Raketenkanoniere ausgebildet, diese erwiesen sich nach Anfangsschwierigkeiten als sehr gelehrig und setzten in der Folge Raketen

---

744) Chapman, Abyssinia, a.a.O., p. 179

745) Conde de Mirasol, Expedicion de los ingleses à Abisinia, zitiert nach: Vidal y Ruby, a.a.O., p. 133

746) Chapman, Abyssinia, a.a.O., p. 182; in: o.Verf., Bericht über die englische Armee, a.a.O., S. 42, wurde ein Gesamtverschuß von 300 Raketen bei dem Arrogi-Gefecht und 200 Raketen bei der Einnahme von Magdala angegeben, wobei zu letzterer bemerkt wurde, daß die Treffresultate sehr ungenügend gewesen wären, „wohl wegen der zu grossen Distanz, über 2.000 Yards."

747) „Las baterias A y B de montaña dispararon en el ataque de Magdala 25 cohetes con buen resultado.", de Mirasol, in: Vidal y Ruby, a.a.O., p. 113; von der A-Battery wurden 10, von der B-Battery 11 Raketen abgefeuert, während die Naval Brigade sich außerhalb der Reichweite befand (Chapman, Abyssinia, a.a.O., p. 182) Zur Auswertung dieses ersten Einsatzes der Hale'schen Raketen hieß es in der AMZ (1868, No. 23, S. 184): Die „Raketen schließlich bewiesen sich durch Anwendung des Haleschen Princips als viel weniger gefährlich für die Raketisten, als sie bisher waren. Das neue Geschoß nämlich war mit einer Einrichtung versehen, welche die bisher angewandten Raketenruthen überflüssig machte und so das häufige Zurückspringen des Geschosses verhütete."

748) ILN, November 14, 1868, pp. 479

749) H. Brackenbury, The Ashanti War, London 1968, Vol. I, p. 63: „Mr. Loggie, Acting Inspector-General of Police, and formerly in the Royal Artillery, did excellent service with his rockets on this occasion. But for them, Mr. Hopkins [Lieutenant, 2d W.I. Regiment, Führer der Haussa-Polizeitruppe und Freiwilliger in dieser Schlacht] was of opinion that the centre of the position would have been lost." Wie geachtet oder gefürchtet die Ashanti waren, kann auch daraus ersehen werden, daß ihr König in Briefen des britischen Gouverneurs mit „your majesty" angeredet wurde, in anderen Berichten wurde auch die militärische Disziplin ihrer Truppen gewürdigt, und ein Korrespondent der Times schrieb vom Befehlshaber des Ashanti-Heeres, Assah Moquantah, er wäre der „v. Moltke der Aschanti's". (o. Verf., Der Aschantikrieg, in: Das Ausland, 46. Jahrg., S. 797; bei Brackenbury, Vol. II, p. 154 als Essaman Quantah geschrieben, aber ebenso charakterisiert)

750) Brackenbury, a.a.O., Vol. I, pp. 93, sowie: Mbaeyi, a.a.O., p. 194

751) ibidem, p. 126

752) ibidem, p. 174

753) ibidem, p. 176. Der Vorstoß auf Essaman erfolgte schon am 14. Oktober, Allen verfügte über 29 Angehörige der R.M.A. mit einem 7pfünder und einem „Raketengeschütz" (Field, a.a.O., Vol. II, p. 153, Field sprach hier von einer „rocket tube")

754) o. Verf., Neues über den Aschantikrieg, in: Das Ausland, 47. Jahr., S. 268: „Mit Hilfe eines Siebenpfünders und einiger Raketen wurde das feindliche Dorf hierauf eingeäschert, ein Schicksal, das übrigens fünf weitere Flecken theilten." Siehe auch: Brackenbury, a.a.O., p. 178: „ The first of the rockets fired had turned round in the bush, but they were now making good practice into the village . . ."

mehrfach erfolgreich ein.[755] Am 28. Oktober beschossen Raketenboote der *Argus* und *Decoy* den Hauptort Bootry im Elmi-Distrikt.
Am 27. Oktober erfolgte ein weiterer Vorstoß auf Abrakrampa mit britischen und Fanti-Truppen unter Colonel Festing, etwa eine Meile vor Iscabio stieß man überraschend auf ein feindliches Lager, nachdem dessen Besatzung das Feuer erwiderte, setzte Captain Rait seine Artillerie und die Raketen ein, nach etwa einer Stunde flohen die Ashanti, und die Kolonne marschierte nach Dunquah zurück.[756] Am 2. November schien ein Angriff der Ashanti auf Abrakrampa unmittelbar bevorzustehen und Colonel Festing unternahm mit etwa 1.100 Mann, davon 1.000 Mann Angehöriger verbündeter Eingeborenenstämme, einen Aufklärungsvorstoß auf Iscabio, begleitet von einem rocket detachment unter Lieutenant Wilmot. Nach kurzem Marsch stieß man auf ein Lager der Ashanti und „Lieutenant Wilmot went to the front with his rockets". Da viele der Verbündeten die Flucht ergriffen, mußte nach einiger Zeit das Gefecht abgebrochen werden, obwohl die Ashanti erhebliche Verluste erlitten hatten:
„One rocket was reported to have fallen into a group of chiefs and captains, and killed or wounded six among their number."[757]
Am 4. November begann dann der Angriff der Hauptkräfte der Ashanti auf Abrakrampa, die Besatzung von Accroful, die keine Verbindung mehr zu diesem Ort hatte, meldete dies und forderte zusätzliche Raketen an, die auch sofort geliefert wurden. Die Garnison von Abrakrampa mußte zwei Tage lang die Angriffe abwehren, zu diesem Zweck wurde auf dem Dach der Kirche ein leichtes Marinegeschütz und ein „rocket-trough" in Stellung gebracht, die unter Leitung Lieutenants Saunders ein wirkungsvolles Feuer eröffneten, 28 Raketen wurden abgefeuert. An der Küste hatten derweil die anwesenden Kriegsschiffe eine Naval Brigade aus 325 Mann gebildet und zur Unterstützung in Marsch gesetzt, begleitet wurde die Truppe durch Captain Raits Artilleristen, die 50 neunpfündige Raketen mitführten. Am 7. November wurde Abrakrampa erreicht und die Ashanti stellten die Angriffe ein.[758] Endlich am 29. Dezember trafen weitere Verstärkungen ein, und Sir Garnet faßte den Entschluß, im Januar 1874 über den Prah ins Kernland der Ashanti vorzustoßen, um diese endgültig zu schlagen. Für diesen Vorstoß hielt er an Artillerie 5 Geschütze und 6 „rocket troughs" mit 200 Raketen für erforderlich, zusätzlich sollten in Prasuh 300 Raketen und in Mansu bis zum 20. Januar weitere 300 Raketen verfügbar gehalten werden.[759] Für den Angriff wurde eine Truppe aus 3.500 Mann gebildet, verstärkt durch zahlreiche Hilfstruppen verbündeter Völker. Mitte Januar begann zeitgleich ein Vorstoß von Sierra Leone aus unter Captain Glover mit zumeist eingeborenen Truppen, auch diese Truppe war Raketen ausgestattet, die mehrfach eingesetzt wurden.[760] Im Verlauf des Vormarsches kam es bei Adubiassie am 26. Januar zu einem ersten Gefecht, das durch den Einsatz der Raketen durch Lieutenant Palmer von Raits Artillerie entschieden wurde. Für das weitere Vorgehen wurde eine Aufklärungsabteilung von etwa 350 Mann gebildet, die durch 2 rocket detachments unterstützt wurde, wobei nach kurzem Gefecht Borborassie genommen werden konnte.[761] Am 30. Januar schien ein Zusammentreffen mit der Hauptmacht der Ashanti unmittelbar bevorzustehen, Wolseley gliederte nun seine Truppe um, die Hauptkolonne mit den Geschützen an der Spitzer marschierte auf Egginassie, während die Flanken in 300 yards Abstand jeweils von Teilen der Naval Brigade verstärkt durch je 2 rocket detachments unter Lieutenant Palmer und Lieutenant Knox gesichert wurden. Am Morgen des 31. kam es zur Schlacht, wobei die Ashanti den Briten zunächst standhalten konnten und ihnen erhebliche Verluste beibrachten:
„From this point Lieutenant Palmer brought his rockets into action; and, covered by their fire, the Houssa and Opobo companies of Russel's Regiment made a splendid advance."[762]
Erst im Verlaufe des Tages gelang es die Angriffe der Ashanti zum Stehen zu bringen und Amoaful, das Tagesziel, zu nehmen. Am 1. Februar wurde der Vormarsch fortgesetzt, diesmal wurde ein rocket detachment bei der Vorhut eingesetzt. Der weitere Vormarsch erfolgte ohne größere Gefechte, das Ashanti Heer war demoralisiert und am 4. Februar konnte Kumassi kampflos genommen werden. In seinem Abschlußbericht stellte Sir Garnet fest:
„Captain Rait has been the officer commanding the Royal Artillery throughout both phases of the war. He organised a Houssa battery in a most able manner . . . In all the actions and skirmishes, the gun and rocket fire has been most effective, . . ."[763]
Auch wenn es in einem anderen Bericht zu den Raketen hieß: „they were liable to deflect greatly in the bush, and might be occasionally dangerous to those using them", stellte captain Rait hierzu fest:
„. . . although their precision could not be compared to guns, yet owing to their portability and moral effect, [he] would not be inclined to advocate their disuse."[764]

1873 bis 1875 wurden bei Strafexpeditionen gegen malayische Seeräuber in der Straße von Malakka Hale-Raketen erfolgreich eingesetzt und 1875 gegen aufständische Stämme am Perak, die den britische Residenten Mr. Birch in Passir Salak ermordet hatten. Hier kam es zum Einsatz einer kombinierten Heeres- und Marinetruppe unter Major-General Colborne und Captain Buller aus 200 Soldaten und 70 Seeleuten der *Modeste* und *Ringdove*, wobei die Soldaten neben zwei Feldgeschützen eine rocket-tube und die Seeleute 3 tubes mitführten. In 40 Booten stieß diese Streitmacht am 8. Dezember 1875 auf dem Perak vor, um am 13. bei Blanja auszubooten und an Land weiter vorzugehen, dabei geriet die Truppe in einen Hinterhalt, einige Granaten und Raketen brachten jedoch den Feind zum Fliehen; beim weiteren Vormarsch wiederholte sich der Vorgang:
„At three o'clock we had the same thing over again, only this time without loss to us; the rocket tube being closed up, one rocket followed by a cheer from our men, inspired the enemy with such dread that they abandoned their next and strongest position without firing a shot . . . [am 17. wurde Kinta erreicht] . . . There had been several interchanges of shots between our scouts and the enemy that morning. After a few rockets and shell had been fired into Kinta and an outlying village, the force moved on and entered Kinta at five in the afternoon"[765]
Weniger erfolgreich war ein Einsatz 9pfündiger Hale-Raketen bei einer Strafexpedition in Malaysia bei Passir Salak, die hierbei verwendeten Raketen scheinen überlagert gewesen zu sein. Daraufhin wurden neuere, 24pfündige Raketen ausgeliefert, die von landesüblichen Booten auf dem Perak eingesetzt wurden; diesmal waren die Raketen erfolgreicher und trugen erheblich zur Vernichtung malayischer Befestigungen bei Passir Salak und Kampong Psiang bei.[766] Hierzu wurde festgestellt:
„New supplies of 24-pr rockets and four tubes arrived later, and the tubes were fitted to native boats for use on the river. These proved more effective and were used in the capture of Passir Salak, Kampong Psiang and other positions. Fought in difficult terrain the effective use

755) Brackenbury, a.a.O., p. 206: „Captain Rait said that it was very hard to get the men to lay a gun. . .Their childish delight when practising with live shells and rockets was most amusing."
756) ibidem, p. 239
757) ibidem, p. 255, Lt. Wilmot war bei diesem Gefecht gefallen
758) ibidem, pp. 263
759) ibidem, p. 357
760) ibidem, p. 414
Aus Mangel an Trägern verfügte Glover beim Überschreiten des Prah über keinerlei Raketen oder Geschütze, erst am 6. Februar, 2 Tagesmärsche vor Coomassie, wurden ihm diese durch Lieutenant Moore zugeführt, (J. H. Glover: The Volta Expedition, during the late Ashantee Campaign, in: Journal of the Royal United Service Institution, Vol. 18, 1875, p. 322 u. p. 326), nach diesem Bericht hatte Glover keine Raketen eingesetzt.
761) ibidem, Vol. 2, p. 153
762) ibidem, p. 165
763) ibidem, p. 358
764) zitiert nach: Konstam, a.a.O., p. 62
765) ILN, 1876, Feb. 26, pp. 204 - 205
766) Angaben nach: Winter, Rocketry, a.a.O., p. 220

of the rockets proved their value, due largely to their ease of transportation, but it was noted that they tended to fly through the Malaysian thatched huts without igniting them."[767)]

Im Januar 1875 brach ein Aufstand in Mombasa gegen den Sultan von Sansibar aus, wobei es den Rebellen unter Mohamed bin Abdallah mit 400 Mann gelang, das alte portugiesische Fort zu besetzen. Zum Schutz der Missionare wurden nach einem Hilfeersuchen des Sultans 100 Seeleute der *London* auf der *Nassau* eingeschifft und trafen am 17. Januar zusammen mit der *Rifleman* unter Führung von Captain Sullivan in Mombassa ein. Da es Sonntag war, konnte zunächst nichts unternommen werden. Den Aufständischen wurde ein auf den 19. befristetes Ultimatum gestellt. Am 19. wurde das Fort der Stadt von den Schiffen beschossen, während gleichzeitig ihre Raketenboote nahe an das Fort herangingen und es ebenfalls beschossen, so daß es am Abend kapitulierte.[768)]

Im Folgejahr war ein Aufstand am Niger niederzuschlagen, aufständische Stämme hatten den Fluß blockiert, so daß Waren im Wert von £180.000 festlagen. Am 30. Juli 1876 wurde eine Expedition auf dem bewaffneten Dampfer *Sultan of Sockotoo*, auf dem 30 Mann der *Active* eingeschifft waren, und den Kanonenbooten *Cygnet* und *Ariel* von Akassa Creek stromauf in Marsch gesetzt. Am selben Tag noch konnte eine erste Sperre auf dem Fluß beseitigt werden. Am 31. Juli 1876 ging die Dampfbarkasse der *Active* stromauf nach Sabagrega und versuchte dort mit den Aufständischen zu verhandeln, wurde aber beschossen. Daraufhin wurde der Ort von den drei Schiffen Commodore Hewitts beschossen und eine Landungstruppe unter Commander Bruce von der *Active* mit einer Raketengruppe unter Lieutenant Nesham gebildet, welche die Aufständischen vertrieb und ihre Kanonen in den Fluß warf.[769)]

Noch 1876 gehörten die Raketen zur Standardausstattung der Artillerie, eine zusätzliche Menge wurde bevorratet und ihre Auslieferung im Bedarfsfall war in den Vorschriften vorgesehen.[770)] Für den Feldeinsatz war dabei die 9pfündige Rakete mit einer Reichweite von maximal 3.400 yards und für den Festungskrieg sowie für Einsätze durch die Royal Marine Artillery war die 24pfündige Rakete vorgesehen. Die Raketen trugen zu dieser Zeit einen roten Anstrich.[771)] 1877 wurden in Woolwich versuchsweise 6zöllige Raketen für einen Einsatz in Afghanistan hergestellt, wobei die eigentliche Rakete 95 livres wog, zwei geladene Raketen mit Gefechtskopf sollten dabei von einem Maultier getragen werden können; es scheinen aber nur etwa 100 Raketen dieses Typs hergestellt worden sein, wobei es sich bei Versuchen gezeigt hatte, daß die eisernen Hülsen „comme s'il eût été de papier gris" zersprangen.[772)] Nach der Umgliederung der Royal Artillery 1879 in reitende, Feld- und Festungsartillerie wurden die Batterien in Brigaden organisiert, wobei die Brigaden mit Buchstaben bei der reitenden und mit Zahlen bei der Feldartillerie gekennzeichnet wurden. Die Batterien waren je Geschützzug zu zwei Geschützen mit einem „trough" für 9pfündige Raketen ausgestattet; für die Marine waren zu dieser Zeit 24pfünder „tubes" vorgesehen. Diese Ausstattung scheint bis 1884 gültig gewesen zu sein.[773)]

Ende 1877 brach ein Aufstand der Kaffern aus, wobei der Gcaleta-Stamm den Kei überschritt und die Fingoes in der Kap-Kolonie angriff. Britische Truppen versuchten die Kei-Linie zu sichern, um die Stämme zu trennen und unternahmen mit kleineren Abteilungen, unterstützt durch rocket-tubes der Marine, Vorstöße in das Gebiet der Gcaletas.[774)] Sir Arthur Cunnyngham sammelte unterdes alle verfügbaren Truppen, um den Aufstand niederzuschlagen, hierzu stießen auch Royal Marines von H.M.S. *Active* mit zwei Kanonen und zwei 24pfündigen Raketengeschützen, die ab dem 9. Dezember das Vorgehen über den Kei River unterstützten.[775)] Am 14. Januar 1878 begann eine allgemeine Offensive. Bereits am 15. Januar kam es im Chichaba Valley zu einem ersten größeren Gefecht mit den Kaffern, bei dem 10.000 Schafe zurückerobert wurden: „A continuous roar of cannon, rockets, and musketry was kept up from Colonel Glyn's column on the other side of the Kei . . ."[776)]

Anfang 1878 konnte ein Angriff der Aufständischen gegen das 24th und 88th Regiment mit Unterstützung dieser „naval rocket party" zurückgeschlagen werden: „As the kaffirs emerged, the tubes opened fire and did terrible execution"[777)] Wenig später bezogen 3 Compagnien des 84th Regiment mit Teilen der Naval Brigade, die eine Kanone und ein Raketengeschütz mitführte, ein befestigtes Lager bei Quintana, ein Angriff von fast 4.000 Mann konnte unter Einsatz der Raketen Lieutenant Hamiltons und der Kanone mit Verlusten von über 300 Mann für die Angreifer knapp zurückgeschlagen werden:

„At 1,200 yards artillery opened up on them, followed by the Naval Brigade rocket tube under Lt Hamilton RN. Notwithstanding this fire, they continued to advance to within 900 yards."[778)]

1879 kam es dann zu dem, zunächst unglücklich verlaufenen Feldzug gegen die Zulu, denen Anfang dieses Jahres der Krieg erklärt worden war. In der Cape Colony waren zu dieser Zeit an Artillerie vorhanden die N/5 Batterie, die neben ihren Geschützen über 2 „rocket troughs" verfügte sowie die 11/7 Batterie, die 3 „rocket troughs" besaß. Zusätzlich konnte auf die Naval Brigade von H.M.S. *Active* zurückgegriffen werden, die neben 5 Geschützen über drei 24pfünder „rocket troughs" verfügte.[779)] Für Raketen und Abfeuerungsgestelle (trough) wurden für diese Zeit nachstehende Daten gegeben:[780)]

trough	9pfünder	24pfünder
maximale Elevation	15°	25°
Reichweite bei 15°	1371 bis 2228 yards	1546 bis 2226 yards
Gewicht des „trough"	27 lb	64 lb 12 oz

767) C. E. Franklin, a.a.O., part 3
768) ILN, 1875, March 20, p. 274
769) ILN, Sept. 23, 1876, p. 297
770) Army Equipment Regulations 1876, par. 112: „War rockets will not form any portion of the equipment of the fortresses; they will only be employed with siege trains and in the field, as occasions and circumstances demand." (zitiert nach: E. N. Henriques, Rocket Shells, and Artillery of the Future, in: JRA, Vol. X, p. 292); um 1870 gehörte noch jeweils 1 „rocket-wagon" zur Ausrüstung jeder Batterie und für einen Belagerungspark waren gem. den „revised army regulations, 1870" noch 2000 Brandraketen vorgesehen. (E. Jouffret, Artillerie Anglaise, in: RdA, Tome 1, 1872, pp. 364)
771) Angaben nach: Tylden, a.a.O., p. 170, Tylden bezog sich auf: Harrison, The Officers Memorandum Book, London 1881
772) Notiz in: RdA, 1878/1879, p. 499 (Angleterre: Fusées de guerre destinées à l'expédition d'Afghanistan); diese Raketen wurden auch in: H.M.S.O., Treatise on Ammunition, a.a.O., p. 302, angesprochen: „100 pr. (6") rockets have been made, with gun-cotton heads, but never issued for service."
773) D. D. Hall, Artillery in the Zulu War - 1879, in: Military History Journal, Vol. IV, 1979, No. 4, p. 152; Im „Manual of Field Artillery Exercises", 1877, Part VII, Section 5-Rockets (p. 242) hieß es hierzu: „The troughs from which rockets are fired are usually carried on waggons. The detachment consists of one non-commissioned officer and four gunners." (zitiert nach: Questions. 374, in: JSAHR, Vol. XI, 1932, p. 175
774) Konstam, a.a.O., p. 63
775) nach: G. Tylden, South Africa, 1877-78, The Ninth Kaffir War, in: JSAHR, Vol. XX, 1941, p. 229, landete die Naval Brigade mit 9 Offizieren und 183 Seeleuten und Marines erst am 16.12.1877 in East London, hiernach führte sie neben 6-12pdr Armstrong-Geschützen und einer Gatling nur 1 rocket tube mit
776) ILN, Feb. 23, 1878, p. 163
777) C. E. Franklin, a.a.O., part 3
778) Konstam, a.a.O., p. 64, siehe auch: o. Verf., The Kaffir War, in: ILN, April 20, 1878, p. 355. Die britische leichte Kavallerie griff an, wich dann aber aus und zog die Kaffern auf die britische Hauptstellung, „where they were received with a heavy fire of artillery rockets and of musketry from shelter trenches." (C. E. Callwell, Lessons to be Learnt from the Campaigns in which British Forces have been Employed since the Year 1865, in: Journal of the Royal United Service Institution, Vol. XXXI, 1887-88, p. 389)
779) ibidem, eigentlich war die Royal Navy mit „tubes" ausgestattet, da diese an Bord der Schiffe gefahrloser genutzt werden konnten, weil der Feuerstrahl der Raketen bei diesen in einer kontrollierten Richtung abging, so daß die Gefahr eines Brandes verringert war. W. C. F. Molyneux, Campaigning in South Africa and Egypt, London 1896, p. 111, führte hierzu bei den Truppen Colonel Durnfords nur eine „mule rocket battery" an.
780) ibidem., p. 161

Die englischen Truppen unter dem Oberbefehl von Lord Chelmsford[781] waren in 5 Gruppen aufgeteilt. Der Vorstoß erfolgte zunächst in drei Colonnen; bei der zweiten Colonne, die aus Fort Buckingham unter dem Kommando von Lieutenant-Colonel Durnford vorrückte, waren auch als einzige Artillerieunterstützung etwa 10 Artilleristen mit 3 Raketengestellen,[782] geführt von Captain Francis Broadfoot Russel,[783] eingesetzt. Bei der ersten Kolonne unter Colonel Pearson war ein Zug der Batterie 11/7 mit einem „trough" und die Naval Brigade unter Commander Campbell mit zwei 24pfünder „troughs" eingesetzt, bei der Kolonne No. 4 unter Colonel Wood die Masse der Batterie 11/7 mit einem Raketen Zug unter Lieutenant Bigge mit 2 „rocket troughs", während die Kolonne 5 unter Colonel Rowlands über keine Raketen verfügte. Lord Chelmsford rückte mit der 3. Kolonne am 11. Januar gegen Isandlwana vor, diese Kolonne bildete die Hauptmacht, bestehend aus dem 2. Bataillon des 24. Regimentes sowie der Batterie N/5, die neben ihren 7 Geschützen auch über 2 Raketenabfeuerungsgestelle verfügte.[784] Am 17. Januar wurde dort ein Lager bezogen. Hier ließ er 6 Kompanien dieses Regimentes mit 2 Kanonen, 80 Reitern und 4 Kompanien eingeborener Truppen im unbefestigtem Lager unter dem Befehl von Lieutenant-Colonel Pullaine zurück. Zu diesen stieß am Vormittag des 22. Januar 1879 die Colonne des Lieutenant-Colonel Durnford. Als Zulu in etwa 1.000 yards Entfernung vom Lager auf dem Nqutu Plateau gesichtet wurden, rückte Durnford mit seinen Truppen und den Raketen aus, um das Plateau zu säubern. Er hatte jedoch die Zahl der Zulu weit unterschätzt. Noch im Vorgehen wurde der Raketentrupp von etwa 2.500 Zulu angegriffen, Russel ließ noch die Raketengestelle in Stellung gehen und konnte eine Rakete abfeuern, die fehl ging, als sein Trupp überrannt wurde; bis auf drei Mannschaften, die verletzt überlebten, wurde der gesamte Trupp niedergemacht.[785] Die Zulu eroberten hierbei ein Raketengeschütz mit Raketen, das später von den Briten in Mayizekane wiedergefunden wurde. Bei diesem Überfall fielen insgesamt etwa 1300 Mann.[786] Am selben Tag hatte die Kolonne 1 unter Colonel Pearson das Gefecht von Inyezane zu bestehen, hierbei konnten sich die Raketenschützen der Naval Brigade besonders auszeichnen, hervorgehoben im Gefechtsbericht wurde die Leistung des Bootsmanns Cotter beim Einsatz der Raketen, von denen eine im feindlichen Lager explodierte, so daß die Zulu flüchteten; in diesem Gefecht wurden insgesamt 11 Raketen abgefeuert.[787] Pearson rückte dann nach Etshowe vor, wo er nach der Niederlage von Isandlwana zunächst belagert wurde. Nach der Zuführung von Reserven[788] und Neuformierung der Truppen, rückte Lord Chelmsford mit der 1. Division erneut vor, bei den Brigaden Law und Pemberton waren dabei jeweils zwei Raketengestelle für 24pfündige Raketen, die von der Navy gestellt waren, eingesetzt.[789] Am 27. März unternahmen die Briten dann einen Vorstoß, um die Truppe des Colonel Pearson, die in befestigten Stellungen bei Etshowe mitten im Zululand lag, zu entsetzen, an diesem Vorstoß waren bei den 3.390 Mann britischer und 2.280 Mann eingeborener Truppen auch 2 Gatling-Kanonen und 4 Raketengeschütze der Naval Brigade von H.M.S. *Boadicea*[790] eingesetzt; am 28. März stieß die Kolonne des Lieutenant-Colonel Russel, die über ein Raketengeschütz unter Lieutenant Bigge der Navy verfügte sowie einen trough mit 7 Kanonieren der Royal Artillery unter Major Tremlett mitführte, bei Hlobane auf Zulu, die nach hartem Kampf zurückgeworfen werden konnten.[791] Am 29. März beim Treffen von Kambula waren bei der Batterie 11/7 ebenfalls zwei „rocket troughs" eingesetzt, über einen Raketeneinsatz liegen jedoch keine Berichte vor.[792] Am 2. April kam es dann zur Schlacht von Umisi Hill, wo die Raketen zwar zum Einsatz kamen, da die Zulu aber durch eine Bodensenke vorgingen und erst etwa 350 yards vor den britischen Stellungen auftauchten, keine große Wirkung zeigten.[783] Chelmsford hatte seine Truppe ein Carré bilden lassen und an den Ecken jeweils 1 Raketengeschütz unter Leitung des Lieutenant Kerr eingesetzt. Dennoch scheinen die Zulu, zumindest bei diesem Einsatz, hiervon recht beeindruckt gewesen zu sein:

„It was hot work on our right front angle. Some rocket-tubes were there, and from our saddles we could see the Zulus' behaviour in the long grass. Rockets look awful instruments of destruction; but they do none at all except when used to frighten horses or to set tents on fire. The Zulus evidently thought them living devils, for I saw many men fire at them as they passed over their heads. As one went skimming just above the grass, and the Zulus in that direction fell a bit from its flaming tail, the General told Barrow to take out the Mounted Infantry on the right face and keep them on the run."[794]

Insgesamt aber scheint die Wirkung der Raketeneinsätze recht gering gewesen zu sein, so daß die Zulu sie mit Verachtung betrachteten.[795] Ab 27. Mai wurde Sir Garnet Wolseley Oberbefehlshaber in Natal, ihm

781) Zu dieser Zeit noch General-Lieutenant Thesiger, er erbte erst kurze Zeit später den Titel

782) D. R. Morris, The Washing of the Spears, New York 1969, p. 327, gab an, daß diese „Raketen-Batterie" aus 1 Bombardier und 8 Soldaten des 24. Regiments bestand, Personal und Material waren auf Maultieren verlastet, nur Russel verfügte über ein Pferd, dieser Trupp führte 9pfündige Hale-Raketen mit 3inch Granaten als Gefechtskopf mit. Zu den Raketen hieß es hier: „but despite the spin-stabilization the six-pound shells were notoriously inaccurate and incapable of hitting anything but large masses at short ranges. The rockets made a hideous shrieking noise in flight, emitting a thick trail of white smoke punctuated by fat yellow sparks, and they were chiefly valued for their psychological effect on unsophisticated opponents." (Morris gab irrtümlich 6pfündige Raketen an, die es nicht mehr gab) Hall, a.a.O., p. 153, gab an, daß der Bombardier aus der Batterie 11/7 abgestellt war. Zur Ausrüstung der Kolonnen mit Raketen siehe auch: o. Verf., Bericht über den Krieg Englands in Süd-Africa. 1879, in: JVFM, VI. Jahrg., 1879, S. 495 f.

783) Captain Russel (geb. 1842) gehörte etat-mäßig der 11 / 7 R.A. an (P. E. Abbott, N Battery, 5th Brigade, Royal Artillery at Isandhlwana, 22nd January, 1879, in: JSAHR, Vol. LVI, 1978, p. 103

784) G. A. Chadwick, The Anglo-Zulu War of 1879 Isandlwana and Rorke's Drift, in: Military History Journal, Vol. 4, 1979, p. 117

785) Morris, a.a.O., p. 359 und p. 368 sowie: Chadwick, a.a.O., p. 124, nach: Winter, Rocketry, a.a.O., p. 219, wurden noch drei Raketen abgefeuert Es überlebten Private 665 H. Grant, 229 D. Johnson und 196 J. Trainer (Abbott, a.a.O., p. 103)

786) D. Featherstone, a.a.O., p. 133

787) Hall, a.a.O., p. 154; siehe auch: Konstam, a.a.O., p. 64, der aus dem Bericht des Führers der Naval Brigade, Commander Campbell, zitierte: „All were remarkably steady under fire . . . Boatswain John Cotter was most succesful with the rockets I placed in his charge."

788) Aus Großbritannien wurden an Artillerie zugeführt die Batterien M/6, N/6 und O/6, aus Mauritius eine halbe Batterie 10/7 sowie aus St. Helena ein Zug der Batterie 8/7, zusätzlich landete der Kommandant von H.M.S. *Shah* Truppen, zusammen mit Truppen von H.M.S. *Tenedos* und *Boadicea* wurde diese Naval Brigade durch 2 Geschütze und vier 24pfünder „troughs" verstärkt. (Hall, a.a.O., p. 153, bei den Verstärkungsbatterien ist leider nicht aufgeführt, ob diese ebenfalls ihre etatmäßigen Raketen mitführten.), 2 der „troughs" wurden durch die Boadicea, die anderen zwei durch die Shah und Tenedos gestellt (o. Verf., Bericht über den Krieg Englands in Süd-Africa, a.a.O., S. 505

789) Angaben nach: JVFM, VI. Jahrgang, Berlin 1879, S. 493

790) K. Gillings, Inyezane, Gingindlovu and the Relief of Eshowe, in: Military History Journal, Vol. 4, 1979, p. 165, sowie: Hall, a.a.O., p. 154

791) Morris, a.a.O., p. 477, nach: Hall, a.a.O., p. 155, waren hier zwei „troughs" im Einsatz, Hall fügte an, daß nach anderen Berichten Lieutenant Bigge auch über eine „tube" verfügt hätte. In den Berichten über das Gefecht wurde aber kein Raketeneinsatz aufgeführt. Konstam, a.a.O., p. 66, vermutete sogar, daß Tremletts rocket trough möglicherweise während eines Angriffs der Zulus aufgegeben wurde; vgl.: G. Tylden, Inhlobane Mountain and Kambula, Zululand, $28^{th}/29^{th}$ March, 1879, in: JSAHR, Vol. XXXI, 1953 p. 6, Tylden führte ebenfalls keinen Raketeneinsatz an, berichtete aber, daß Wood für das Vorgehen auf Inhlobane 2 Kolonnen eingeteilt hätte, wobei bei Lieut.-Colonel Buller eine „rocket party" R.A. aus 7 Mann und bei Major Lee eine rocket party R.A. aus 10 Mann eingesetzt gewesen wären.

792) Hall, a.a.O., p. 155

793) Molyneux, a.a.O., p. 133; nach: Morris, a.a.O., p. 460, kamen die Raketen nicht zum Einsatz

794) Molyneux, a.a.O., p. 133; sobald die Infanterie antrat, faßten die Zulu jedoch wieder Mut und drohten die Angreifer abzuschneiden. Die Raketen wurden von Lieutenant Kerr, RN. befehligt. Konstam, a.a.O., p. 66 zitierte hierzu: „A tremendous fire broke on the Zulus advancing in skirmish order all around the laager. Gatlings worked admirably and played on groups or bodies of men with great effect. Rockets too and nine pounders were fired on distant masses and scattered them. In three-quarters of an hour the attack was virtually over." und: „our men were shooting well, rockets and gatlings doing good service . . .", schließlich: „HMS Shah's men with their rocket tube were where the hottest action developed."

795) Hall, a.a.O., p. 159: „ . . . they were thought to be useful against 'savages', and other unsophisticated opponents - but Zulus treated them with contempt."

gelang es, den Krieg am 29. August mit der Gefangennahme des Zulukönigs Cetiwayo zu beenden; anschließend schrieb er mit leichter Ironie:

„In waldreichen Gebieten kann man mit Raketen sowohl die gegnerischen als auch die eigenen Truppen durch nichts besser demoralisieren, als wenn die Raketen nach dem Abschuß von einem Baum zum anderen torkeln."[796)]

Zur letzten Schlacht in diesem Krieg kam es am 4. Juli 1879 bei Ulundi, auch hier wurden zu Beginn des Kampfes die Raketen eingesetzt.[797)]

1879 bis 1880 kam es noch zu einem Einsatz im Nordwesten Indiens bei einer Strafexpedition gegen Naga. Hierzu wurden einhundert 9pfündige Raketen aus Calcutta auf Elephanten zugeführt, ein Teil der Raketen scheint auf dem Marsch beschädigt worden sein, als ein Elephant in einen Abgrund stürzte: „One elephant, loaded with rockets, fell over a precipice, and this shaking impaired their shooting very much."[798)] Am 22. November 1879 kamen die Raketen bei der entscheidenden Schlacht von Khonoma zum Einsatz, da die übrige Artillerie aufgrund der Geländeschwierigkeiten nicht zeitgerecht in Stellung gebracht werden konnte, erfolgte die Feuerunterstützung für den Angriff auf 2.000 yards Entfernung durch die Raketen vom Moyema Hill aus unter der Leitung vom Pionier-Lieutenant Raban. Der Feind zog sich dann während der Nacht aus seinen Verteidigungspositionen auf ein Dorf zurück. Wenn auch eine Rakete am Anfang der Schlacht am Folgetag das von den Naga besetzte Dorf in Brand setzte, so verhielten sich die anderen doch recht erratisch, dies wurde auf die Schockbelastungen beim Transport zurückgeführt.[799)] Am 1. Januar 1880 wurden bei einer Operation gegen den Ort Cheswedjuma nochmals 4 Raketen eingesetzt, um das umgebende Gelände von Feind zu säubern. Auch bei der folgenden Belagerung von Khonoma wurden die Raketen eingesetzt, diesmal wurde während der Nacht jede halbe Stunde eine Rakete abgefeuert, um den Feind nicht zur Ruhe kommen zu lassen.[800)] Insgesamt scheinen sich in diesem Feldzug die Raketen bewährt zu haben. Darauf deutet auch hin, daß zum Schluß des Krieges jede Batterie der Royal Artillerie pro Zug über ein Raketengeschütz verfügte, das in einem Karren mit einem Dutzend Raketen mitgeführt wurde, während pro Batterie weitere 50 Raketen in einem Ochsen-Wagen transportiert wurden.[801)]

Nochmals eingesetzt wurde Raketenartillerie im ersten Burenkrieg, der am 20. Dezember 1880 begann, 1881 beim Einrücken in Transvaal. Als im Dezember der Krieg ausbrach verfügte General Sir George Colley über eine Artilleriebatterie mit 2 rocket tubes sowie ein Detachment der Royal Navy von 120 Mann unter Commander Romilly. Colley sammelte nun hierzu alle verfügbaren Truppen, dabei auch eine Naval Brigade der *Boadicea* mit 3 Raketengeschützen unter Commodore Richards. Wenig später wurden diese Kräfte durch eine weitere Naval-Brigade der aus Indien gekommenen *Dido* mit 24pfündigen Raketen verstärkt.[802)] Voreilig, um nicht sein Kommando an einen höheren Offizier abtreten zu müssen, rückte Colley mit 1.160 Mann, darunter 75 Mann der Naval-Brigade, am 28. Januar 1881 vor, um die Buren in ihrem Lager bei Laing's Nek anzugreifen.[803)]

Nach artilleristischer Vorbereitung des Angriffs mit 4 Kanonen und Raketenfeuer auf die links eingesetzte Reserve der Buren ließ er den Hügel Laing'Nele angreifen, der Angriff schlug fehl und die Buren konnten die britischen Truppen unter schweren Verlusten in die Flucht treiben.[804)] Nach Eintreffen von Verstärkungen unter Brigadier Sir Evelyn Woods in Newcastle erhielt Colley den Befehl, zunächst nichts zu unternehmen. Dennoch entschloß er sich, am 16. Februar mit einer Truppe von 22 Offizieren und 627 Mann sowie der Naval-Brigade mit ihren Raketengeschützen einen Aufklärungsvorstoß gegen den Majuba Mountain zu unternehmen; am 18. früh war der Berg von den Briten besetzt, im Verlauf eines Angriffes der Buren fiel Colley, die britische Truppe wurde in die Flucht geschlagen, von der Naval-Brigade fielen 36 Mann, die Hälfte ihrer Mannschaft. Schließlich wurde am 23. März Frieden geschlossen.[805)]

Auch Ägypten wurde ein Opfer der Raketen: bei der Beschießung Alexandrias im Juli 1882 wurden Raketengeschütze von der *Monarch* und anderen Schiffen eingesetzt, wobei zahlreiche Gebäude getroffen wurden.[806)] [Die etwas phantasievolle Zeichnung *(Seite 119)* zeigt den Abschuß einer Rakete von Bord eines Schiffes] Bei dem anschließenden Feldzug zur Besetzung des Landes scheinen dann aber keine Raketen mehr eingesetzt worden zu sein.[807)]

Ebenso erfolgten mehrfach Einsätze der Raketen gegen arabische Sklavenhändler im Sudan in den Jahren 1884 bis 1885. In anderen Teilen Afrikas kam es 1894 zu Einsätzen bei der Niederschlagung von Aufständen in Gambia, Ost-Afrika und Sansibar.[808)] Auch die „Bechuanaland Field Force", eine Polizeitruppe, die nie zum Einsatz kam, verfügte 1884 bei ihrer Artillerie über zwei rocket-machines, die in zwei Lasten auf Maultieren mitgeführt wurden.[809)]

In Woolwich war es am 24. September 1883 zu dem wohl schwersten bisherigen Unglück im Arsenal gekommen: die Fabrik Nummer 16, in der Raketen hergestellt wurden, explodierte. Der daraus entstandene Brand war meilenweit zu sehen und alle paar Sekunden starteten in Folge der Brände Raketen, deren Treibsatz entzündet wurde, und detonierten dann irgendwo in der Umgegend.

„Every two or three seconds an explosion was heard, followed perhaps by a flight of mere signal rockets . . . but quite as frequently by the

---

796) Hauschild / Führing, Raketen, Bonn 1958, S. 27

797) Morris, a.a.O., p. 568; kurz zuvor, am 19. Juni, war bei einem Recognoszierungsgefecht Prinz Napoleon gefallen, der als Beobachter an diesem Feldzug teilgenommen hatte.

798) A. Mansel, Mountain Guns in the Naga Hills, 1879 - 80, in: JRA, Vol. XI, p. 263; da nicht ausreichend Elephanten zur Verfügung standen, mußten 126 Schuß Artilleriemunition und 20 Raketen zurückgelassen werden.

799) Manzel, a.a.O., p. 267: „One of the rockets from the Mozena Hill, at an early stage of the engagement, set the lower part of the village on fire; but, as a rule, they acted very irregularly, which may be attributed to the severe shaking they received en route, as they were Mark III, and, at a previous trial on the river, acted well."

800) ibidem, p. 268

801) Konstam, a.a.O., p. 66

802) Winter, Rocketry, a.a.O., p. 220; J. B., Die Gefechte zwischen den Engländern und Boers im Transvaal, in: ÖMZ 1881, 3. Band, S. 58, erwähnte nur die 3 Raketengestelle der Naval-Brigade, ebenso: o. Verf., Krieg der Engländer im Transvaalgebiete, in: JVFM, VIII. Jahrg. 1881, S. 536 f.

803) J. F. de F. Shaw, The Services of the Royal Artillery in the First Boer War, in: JRA, Vol. LVI, p. 327

804) „The Naval Brigade, with one company 60th, moved out to the left, and shelled the Boer right with rockets." Nach Aussage der Buren wäre der folgende Angriff erfolgreich gewesen, wenn nicht Colley das Artillerie- und Raketenfeuer zu früh hätte einstellen lassen. (G. Tylden, The British Army and the Transvaal, 1875 to 1885, in: JSAHR, Vol. XXX, pp. 166), siehe auch: J. B., Die Gefechte, a.a.O., S. 61: „Um 1/2 10 Uhr liess General Colley die Boers-Position mit Granaten bewerfen und sendete gleichzeitig 1 Compagnie des 60. Jäger-Regiments und die Marine-Abtheilung mit ihren Raketen auf die Strasse gegen Laing's-Neck mit dem Befehl vor, auf 1.200m eine geeignete Stellung zu nehmen." Vgl.: o. Verf., Krieg der Engländer im Transvaalgebiete, a.a.O., S. 537, hiernach waren die Raketengeschütze links neben den 6 Geschützen eingesetzt und feuerten auf die Schanzen der Buren am Nek, während die Kanonen die feindlichen Stellungen am Tafelberg beschossen.

805) D. Featherstone, a.a.O.; B. Bond, The disaster at Majuba Hill 1881, in: History Today, Vol. XV, p. 491, nannte den 27. Februar und gab an, daß für die Besetzung des Majuba Hill nur noch etwa 350 Mann zur Verfügung gestanden hätten. Er führte zwar die naval brigade auf, erwähnte jedoch nicht ihre Raketen

806) Winter, Rocketry, a.a.O., p. 221

807) Molyneux, a.a.O., p. 260, führte als Bewaffnung der naval brigade im Landfeldzug nur Gatlings an.

808) Winter, Rocketry, a.a.O., p. 222

809) G. Tylden, Organization and Equipment of the Bechuanaland Field Force, 1884, in: JSAHR, Vol. XXXIV, 1956, p. 171 („I" Battery, 1st Brigade, South Irish Division, Captain Hanson)

whistling overhead of a great iron Hale's rocket, sometimes at a great height, sometimes low down and close to the terrified spectators. There seemed to be hundreds of them going to all parts of the compass, but chiefly, I thought, into the town of Plumsteadt. One of the earliest I saw, well poised upon its axis, shoot along the course of the canal quite near to the water, break through some garden fences, and rebound from a paved road to the top of the Arsenal wall, whence it projected great blocks of masonry into the window of Mr. Parker, grocer, and fell exhausted on the tramway line in Plumstead Road. Many flew across the Marshes, and some into the river. They fell like hail upon the stores and workshops of the Royal Arsenal, to the extreme danger of its thousands of artisans, and many more reached distant parts of Woolwich."[810)]

Während des Aufstandes des Mahdi im Sudan scheint es kaum zu Raketeneinsätzen gekommen zu sein. Allerdings wurde unter der Beute, die durch die Expedition General Grahams nach der Schlacht bei El Teb am 20. Februar 1884 gemacht wurde, auch ein Raketengeschütz, eine rocket tube, gefunden; sie könnte zur Ausrüstung der Truppe General Baker Pascha gehört haben, die am 4. Februar am gleichen Ort angegriffen und vernichtet worden war.[811)] General Grahams Truppe hatte keine Raketen mitgeführt.
Im September 1884 wurde der Gebrauch der Raketen für die Artillerie und die Royal Navy weiter eingeschränkt:
„The use of war rockets both for land and sea service is discontinued, except when required for special puposes, to meet which stores of machines and 24 pr rockets are to be maintained at the under-mentioned stations.-

Station	Machines	Rockets
Sidney	8	400
Simon's Town	4	200
Ascension	4	200
Hong Kong	12	600
Bombay	4	200
Trincomalee	4	200

New rockets will not be issued for service from Woolwich until one year after the date of their manufacture, and 24-pr rockets if five years old and upwards, reckoning from the date when they were last issued from the R. L. will be returned to Woolwich for examination."[812)]

1887 war es erforderlich, eine Strafexpedition gegen die Sofa in Gambia zu unternehmen, die Grausamkeiten gegen britische Bürger begangen hatten. Gemeinsam mit Truppen des West Indies Regiment ging eine Raketengruppe der *Acorn* gegen den Hauptort Kobaki vor. Nach einer Beschießung durch Geschütze und wirkungsvolles Raketenfeuer unterwarf sich der Stamm.[813)]
1891 erfolgte eine Strafexpedition gegen die Jebus in Westafrika, welche die Stämme um Ibadan bedrängt hatten. Hierzu wurde eine Truppe unter Captain Hardinge aus dem 1. West India Regiment, verstärkt durch freiwillige Eingeborene, im April in Lagos zusammengestellt. Zur Bewaffnung gehörten neben drei 7pfündern und 2 Nordenfelt- sowie einem Maxim-Maschinengewehr auch 2 rocket-troughs, die von Lieutenant Lawrie, R.A., kommandiert wurden. 50 Raketen je „Raketengeschütz" wurden mitgeführt. Am 12. Mai wurde die Truppe auf dem Dampfschiff *Margaret* eingeschifft und am Folgetag bei Epe gelandet, wo der Marsch durch den Urwald begann. Ein Raketengeschütz wurde bei der Vorhut eingesetzt. Nach einigen kleineren Gefechten wurden am 17. erstmals erfolgreich die Raketen hinter Jobo eingesetzt. Am 19. traf man am Fluß Yemoji etwa 5 Meilen vor Ijebu Ode, der Hauptstadt der Jebus, auf härteren Widerstand, der jedoch unter Einsatz der Geschütze und Raketen gebrochen werden konnte.[814)] Bei dem weiteren Vormarsch war das Gelände günstiger, so daß die Geschütze und Raketen „could be brought into effective action from the path."[815)] Am 20. wurde schließlich die Hauptstadt erreicht und nachdem eine Beschießung durch Kanonen und Raketen angedroht worden war, ergab sich der König.[816)]

Beschießung Alexandrias durch H.M.S. Monarch mit Raketen (Zeichnung: ILN)

1892 wurden die Raketen bei einem Aufstand in Sierra Leone im Verlauf eines Angriffes gegen Palisaden eingesetzt. Diesmal jedoch weder von der Royal Marine Artillery noch von der Royal Artillery sondern, wohl zum einzigen Mal in ihrer bisherigen Geschichte, von den Pionieren. Diesen war in diesem Feldzug erlaubt worden, 50 Hale'sche Raketen, die wohl auch schon überlagert waren, mitzuführen. Als beim Angriff das Feuer der 7-Pfünder nicht die geforderte Wirkung erbrachte, erhielten die Pioniere den Auftrag, es mit den Raketen zu versuchen. Die Royal Engineers unter Lieutenant G. H. Boileau verschossen einige Raketen, deren Flugbahn sich wieder oft als erratisch erwies, aber eine traf die Palisaden und setzte diese und die Stadt in Flammen.[817)]

810) Vincent, The Records of the Woolwich District, pp. 752; die erste Explosion ereignete sich in der Baracke, in welcher die Raketen ihren Anstrich erhielten, dabei wurden zwei Arbeiter getötet. Durch die Explosion starteten 24-, 16-, und 9pfündige Raketen sowie Boxers 12pfündige Seenotrettungsraketen. Einige Raketen schlugen in der Kaserne der Royal Artillery ein, mehrere explodierten nach dem Aufschlag nahe eines Gasometers der Beckton Gas Works. „One rocket struck the newly-erected Board school in the Plumstead road and passed completely through the wall into the girl's school room, fortunately without striking any one; another struck the wall in Artillery-place, Woolwich, a distance of two miles, knocked a portion down, and sent one brick completely across the road, breaking a window in a shop opposite." (The Times, Tuesday, September 25, 1883, p. 6, Terrible Explosion at the Royal Arsenal. Woolwich - Our Woolwich Correspondent telegraphed)

811) F. T. Lloyd, Report of the Operations of the Royal Artillery in the Soudan, in: JRA, Vol. XIII, 1885, p. 38

812) Army Circular 1884, Clause 172, abgedruckt in: H.M.S.O., Treatise on Ammunition, London 1887, pp. 323 (mitgeteilt von Mr. C. E. Franklin, Schreiben vom 10. Januar 1997) [R.L. = Royal Laboratory]

813) C. E. Franklin, a.a.O., part 3

814) R. Smith, Nigeria - Ijebu, in: M. Crowder (edit.), a.a.O., p. 189: „Meanwhile, the seven-pounders and rockets had been positioned, and as the rest of the force followed on through the ford they fired over their heads so that to the defenders the trees seemed to burst into flame and the Ibadan acclaimed Scott as adana sun igbo, 'he who sets the forest ablaze'." Lawrie wurde bei diesem Gefecht leicht verletzt. Zur Schlacht am 19. Mai, bei der die Jebus vor ihrem Lager bei Maybon letztmalig starken Widerstand leisteten, und die Lage durch die Briten als kritisch betrachtet wurde, notierte Captain Hardinge: „The Maxim throughout did good work, and certainly kept the enemy at bay. The 7-pounder and rocket tubes also kept up a continual blaze, and, doubtless, had a good moral effect." (A. S. Hardinge, The Lagos Expedition Force in West Africa, in: Journal of the Royal United Service Institution, Vol. 36, 1892, p. 920)

815) ibidem

816) F. Davies, The Expedition against the Jebus, in: USJ, Vol. 180, September 1892, p. 629 - 643

817) Beitrag Generalmajor T. H. Foulkes zur Diskussion über den Vortrag Marshall-Cornwalls, a.a.O., p. 55

1894 wurden Raketen durch die Royal Navy im Niger-Küsten-Protektorat auf dem Benin-River eingesetzt, Boote von H.M.S. *Alecto* waren am 25. August von einer Batterie am Brohemie Creek beschossen worden und konnten nach Verlusten nur in Sicherheit gelangen, weil der Chief-Gunner Mate Crouch geistesgegenwärtig sofort eine 24pfündige Rakete auf die Batterie abfeuerte, so daß das Dampfboot obwohl schwer beschädigt, noch die *Alecto* erreichen konnte. Am folgenden Tage kam H.M.S. *Phoebe* zur Verstärkung,[818] und beide Schiffe beschossen die Ortschaft Brohemie, wo die Ufer-Batterien in Stellung gebracht worden waren. Aufgrund der Lage der Stadt in Mitten von Mangrovensümpfen erschienen die vorhandenen Kräfte für eine Landungsoperation zu schwach, nachdem ein erster Angriff zu Lande am 28. August fehlgeschlagen war, so daß man die Ankunft von H.M.S. *Philomel* mit dem Oberkommandierenden, Rear-Admiral Bedford, am 18. September abwartete.[819] Am 25. September sollte dann der entscheidende Angriff auf den Ort stattfinden, die Landungstruppe bestand aus 136 Mann, verstärkt durch eine Raketengruppe der *Alecto*. Über die Wirkung der Raketen bei der Unterstützung des Angriffes liegen leider keine Meldungen vor, berichtet wurde nur, daß der einzige Verwundete der Angreifer ein Chief-Gunner Mate war, der durch eine 24pfündige Rakete, die unmittelbar nach Verlassen der tube detonierte, verletzt wurde.[820]

1895 kam es erneut zu einem Aufstand eines Teiles der Ashanti, Ende des Jahres wurde unter Lieutenant-Colonel Sir Frances Scott eine Truppe von 3.000 Mann und 12.000 einheimischen Trägern zusammengezogen; der Truppe waren 14 Offiziere und Unteroffiziere der Artillerie mit sechs 7pfündigen Gebirgsgeschützen, 3 Maxim-Geschützen und 2 Raketengestellen beigegeben, wobei diese Artilleristen als Kader für noch auszubildende Soldaten eingesetzt werden sollten. Am 5. Januar 1896 war die Artillerie in Quisa marschbereit, am 14. Januar begann der Vormarsch. Angesichts der überlegenen Truppen unterwarfen sich die Ashanti kampflos.[821]

In Ostafrika ging im gleichen Jahr Admiral Rawson mit eingeborenen Truppen und 600 Seeleuten am 12. August gegen eine Bergfestung der Mwele vor. Am 17. gelang es nach einer Beschießung durch Geschütze und Raketen die Verteidiger in die Flucht zu jagen.[822] 1895 und 1896 wurden Raketen auch in Rhodesien gegen die aufständischen Matabele mehrfach eingesetzt.[823]
Zu einem der letzten Einsätze kam es 1897 erneut in Benin. Hier leitete Konteradmiral H. H. Rawson einen kombinierten Angriff zu See und zu Land auf die feindliche Hauptstadt, bei der 1. Division unter dem Kommando Captain Campbells von der *Theseus* war eine „rocket party" von H.M.S. *Philomel* eingesetzt.[824] Nach einem mörderischen Vormarsch, auf dem die Truppen unter Wassermangel, Hitze und feindlichen Angriffen litten, gelangte man am 18. Februar 1897 bis auf eine Meile an die Hauptstadt heran. Nach Instellunggehen und Aufbau der Abschußgestelle bewirkte bereits der Verschuß einiger Raketen die Kapitulation der Hauptstadt.[825]

Auch bei der Rückeroberung des Sudan durch General Herbert Kitchener 1898 wurden Raketen sowohl von einer Raketenbatterie der Marineartillerie als auch auf Kanonenbooten mitgeführt und eingesetzt. Dabei feuerte das Kanonenboot *Fateh* unter Lieutenant David Beatty, dem späteren Führer der Schlachtkreuzer in der Skagerakschlacht, am 8. April 13 24pfündige Raketen auf ein Lager der Derwische bei Nakheila am Südufer des Atbara; nachdem die Hütten des Dorfes brannten, verließen die Aufständischen das Lager und machten so für die britische Armee den Weg nach Omdurman frei. Am gleichen Tag wurden in der Schlacht von Atbara auch zu Lande die Raketen mit einem Raketengeschütz am rechten Flügel der Armee Kitcheners eingesetzt:
„Man versuchte einige Tage lang ohne Erfolg, den Feind ins Freie zu locken. Unter diesen Umständen entschlossen sich die Sidar zum Angriff. Nachdem sie ausgekundschaftet hatten, daß der Gegner in seinem Lager eine Reihe Hütten aus dürrem Gras errichtet hatte, baten sie Captain Keppel von der Royal Navy, ihnen eine Raketentruppe von den Kanonenbooten zu schicken. Kamele trugen die benötigte Ausrüstung, und wir setzten uns in Marsch . . . Aufgrund der Entfernung und der Bodenbeschaffenheit war es mir nicht möglich, die Raketen zufriedenstellend einzusetzen. Wir bezogen in 457 Meter Entfernung eine geeignete Position, von wo aus ich mit einigen guten Schüssen ihr Lager an verschiedenen Stellen in Brand stecken konnte."[826]
1899 scheint dann der letzte Einsatz von Raketen erfolgt zu sein, als in Sierra Leone Lieutenant Bucklands Navy Detachment in der Zeit von Februar bis Mai einige Raketen verschoß.[827]

Schon mehrere Jahre zuvor waren Übungen mit Raketen in der Royal Artillery eingestellt worden, Vorräte wurden aber nach wie vor in Großbritannien und einigen Übersee-Stationen bereitgehalten. Noch kurz vor der Jahrhundertwende beinhalteten die Lehrgänge an der School of Gunnery für Übersee-Einsätze den Gebrauch der Raketen, wobei sowohl Lehrpersonal als auch Lehrgangsteilnehmer erleichtert waren, wenn dieser Ausbildungsabschnitt sicher abgeschlossen war.[828] 1902 wurde noch festgestellt:
„. . . the use of war rockets both for land and naval services is discontinued, except where required for special purposes."[829]

---

818) Die *Alecto* wurde von Lieutenant Commander Heugh geführt, nach: O. Ikime, Nigeria - Ebrohimi. in: M. Crowder (edit.) a.a.O., p. 220, kam die *Phoebe* bereits am 24. August.

819) ibidem, pp. 223; 3 Tage später stieß auch noch H.M.S. *Widgeon* hinzu, so daß alle Schiffe der britischen West-Afrika-Station am Brohemie vereinigt waren.

820) J. D. Hickley, An Account of the Operations on the Benin River in August and September, 1894, in: Journal of the Royal United Service Institution, Vol. 39, 1895, p. 191, p. 196, p. 198; Ikime, a.a.O., p. 226, schrieb hierzu: „By 6.20 a.m. the track had been cut right into Ebrohimi itself and the advance into the town continued briskly. Rockets and Maxim guns were brought into play to silence the Ebrohimi guns. A large number of thatched houses were set on fire by rocket fire. The main objective of the defenders had obviously been to keep the British from getting into Ebrohimi. Having failed to achieve this and in the face of the Maxim and rocket fire, they gave up the defence of Ebrohimi." Die rocket party am rechten Angriffsflügel wurde von Lieutenant Heugh und SubLieutenant Harvey geführt, für die Raketen am linken Flügel und im Centrum war Boatswain Tubb verantwortlich. (ibidem, pp. 231, General Memorandum on the Ebrohimi War, Rear-Admiral Bedford, 'Philomel', at Benin, September 24, 1894)

821) Angaben nach: JVFM, a.a.O., XXIII. Jahrgang 1896, S. 581

822) ILN, Oct. 12, 1895, p. 460

823) C. E. Franklin, a.a.O., part 3

824) Bericht in: ILN, March 27, 1897, p. 4

825) v. Braun / Ordway III, a.a.O., S. 120

826) zitiert nach: v. Braun / Ordway III, a.a.O., S. 121; dieser Einsatz ist bei: G. W. Steevens, With Kitchener to Khartum, Edinburgh and London 1898, nicht beschrieben, hiernach scheinen allenfalls einzelne Raketengeschütze der Kanonenboote eingesetzt worden zu sein: „Now, from the horse battery and one field battery on the right, from two batteries of Maxim-Nordenfelts on the left, just to the right front of the British and from a war rocket which changed over from left to right, belched a rapid, but unhurried, regular, relentless shower of destruction." (ibidem, p. 143) Die Kanonenboote *Zafir* (Commander Keppel) *Fatha* (Lieutenant Beatty) und *Nasa* (Lieutenant Hood) waren, was niemand für möglich gehalten hatte, über den 4. Katarakt transportiert worden und beherrschten den Nil, später kamen noch drei weitere Kanonenboote hinzu. (ibidem, pp. 79) Zum Einsatz bei Atbara berichtete Sergeant Jenvey, R.M.A.; „so the Sirdar determined to attack. . . . sent word to Captain Keppel, R.N., for a rocket party from the gunboats. I was fortunate enough to be selected from our small detachment, and at 10-30 p.m., on the 5th inst., the party consisting of fourteen native gunners and myself, under the charge of Lieut. Beatty, R.N., with one rocket tube and a good supply of 24-pound Hale's war rockets, left for Atbara camp . . . On account of the distance and nature of the ground, I was unable to get any good work with the rockets, so the General gave us permission to move to the right of the artillery, and we took up a good position at 500 yards range, where I was able to get in some good shots, setting their camp on fire in several places." (C. Field, a.a.O., Vol. II, p. 217)

827) Angabe nach: F. H. Winter, Hale, a.a.O., p. 33

828) Headlam, a.a.O., p. 85, berichtete hierzu: „The writer well remembers the anxiety with which he used to conduct this portion of the Colonial Course', and his relief when it had been safely conducted."

829) Treatise on Ammunition, 1902, zitiert nach: Konstam, a.a.O., p. 68; hierfür wurden weiterhin 36 Raketengeschütze und 1800 Raketen in Süd-Afrika, Australien, Indien, Ceylon, Ascension und Hong Kong bereit gehalten.

Damit war das Vereinigte Königreich der erste und der letzte Staat, der im 19. Jahrhundert Raketen bei seinen Streitkräften einsetzte. Mit Armeebefehl N° 112 vom Mai 1901 wurde das Ende der Raketenartillerie festgeschrieben; hiernach wurde auch die O-Battery der Royal Horse Artillery autorisiert, die Tradition des 2nd rocket troop zu übernehmen und fortzuführen.[830)]
Nur in der Royal Navy scheinen die Raketen noch länger verfügbar gewesen zu sein, hier wurden sie erst 1905 aus dem Einsatz genommen. Aber auch noch 1906 scheinen die 9- und 12 pfündigen Raketen Hales im Dienst gewesen zu sein.[831)] Ob sie weiterhin noch hergestellt wurden ist unbekannt, aber noch 1906 wurde im Arsenal zu Woolwich die Raketenfabrik mit einem Aufwand von £ 3,130 auf ein neues Gelände verlegt.[832)]

Offiziell blieben die Raketen zwar noch bis 1919 Bestandteil des britischen Waffenarsenals, sie wurden aber nicht mehr eingesetzt.[833)] Am 11. September 1919 wurden die letzten 9- und 24pfündigen Hale-Raketen dann offiziell außer Dienst gestellt, dies mag auch eine verspätete Reaktion der militärischen Verwaltungsbureaukratie gewesen sein, da die Raketen seit Jahren nicht mehr zum Einsatz gelangt waren.[834)]

Es sollte dann bis 1934 dauern, ehe man sich in Großbritannien erneut wieder mit Raketen beschäftigte. Hier beschäftigte sich der Direktor für ballistische Forschung des Arsenals zu Woolwich, A. D. Crow, mit Pulverraketen mit einem Cordit-Treibsatz, wobei sein Ziel jedoch zunächst die Entwicklung einer Flugabwehrrakete war.

Nachtrag:

zu Seite 64: Der Treibsatz wurde durch eine Ramme, den „monkey", über den Dorn, der zuvor mit Seife bestrichen wurde, in die Hülse geschlagen, wobei die Ramme aus einer Höhe von etwa 6 Fuß fiel, etwa 60 Schläge waren für den Treibsatz erforderlich. „The measured charge of composition being put in, it is to be settled by hand on the bottom; and this is done by repeated strokes, till it is so firm that the condensation of air which takes place in driving may not blow it out." Für die verschiedenen Füllhöhen wurden unterschiedliche Rammen verwendet, damit über dem Dorn die Seele entstehen konnte; war das Ende der Seele erreicht, wurde ein massiver Rammer benutzt, um die Zehrung zu schlagen. Diese sollte nicht stärker als das Kaliber der Rakete sein. Die Hülsen waren anfangs geschmiedet, man ging dann aber etwa ab 1813 zur vereinfachten Methode des Nietens über.
hierzu neue Fußnote:
C. E. Franklin, Congreve's Rockets of the 2nd US War of 1812-1814, Lea 2000, p. 2

zu Seite 71:
ergänze Abbildung: Rocket Frame (Zeichnung W. Congreve, 1910)

ergänze zu Fußnote 637)
Dieser Streitfall um die private Nutzung der Patente wird detailliert dargestellt in: o. Verf., The Case of Colonel Boxer, in: The Saturday Review, London, May 7, 1870, pp. 605. Im selben Jahr wurde die britische Regierung auch angegriffen, weil zu Boxers Zeiten im Royal Arsenal die Arbeitsbestimmungen für Kinder nicht entsprechend dem „Factory Act" beachtet wurden, indem von diesen einerseits überlange Arbeitszeiten verlangt wurden, andererseits die Bestimmungen zum Schulbesuch (mindestens 3 Std täglich) nicht eingehalten wurden, wobei die Knabenschule über längere Zeit geschlossen war, während die Mädchenschule anscheinend ganz still gelegt war. Es scheinen zu dieser Zeit etwa 1000 Jungen und 600 Mädchen beschäftigt worden zu sein. (o. Verf., Woolwich Laboratory and the Factory Acts, in: Saturday Review, London, December 10, 1870, pp. 750)

ergänze zu Fußnote 657)
vgl.: o. Verf., The War Rocket Factory and the Government, in: The Times, April 29, 1853, p. 7, hier wurde ausführlich die Gerichtsverhandlung dargestellt. Saunders fand hiernach 1,543 geladene Raketen, 3,629 Gefechtsköpfe für Raketen, 1,955 leere Raketen und 2 „instruments for firing rockets". Hale hatte damit vor allem gegen das „9th and 10th of William III., chap. 7, sec.2, which prohibited the manufacture of any rockets, squibs, or other fireworks . . . after the 25th of March, 1698" verstoßen, sowie gegen das „12th George III., chap. 61", das die Lagerung von Kanonenpulver innerhalb eines Gebietes von 3 Meilen um London verbot.
Zum Schlagen der Congrev'schen Raketen ist in der Illustrated London News, 22. April 1855, p. 411, die beigefügte Abbildung enthalten, ebenso eine Abbildung der hydraulischen Presse William Hales, dessen Raketen in diesem Artikel als große Verbesserung gegenüber den alten Achsenstabraketen hervorgehoben wurden.

S. 114, auch im Ersten Kaffern-Krieg 1873 scheinen Raketen eingesetzt worden zu sein. Unwahrscheinlich erscheint hierbei eine Angabe zu Hales Raketen: eine Reichweite zu den 24pfündigen Raketen um 1873, zu denen Gawler angab: „Hale's rockets can be fitted with bursting shells, and the 24-pounder attain a range of 7,000 yards." Überdies war bereits 1867 entschieden worden, auf "bursting shells" zu verzichten. Gawler hielt Artillerie für Kämpfe gegen „Wilde", wie im Kaffern-Krieg, für überflüssig: „Guns; moreover, confine your movements to the good ground and main roads, which the savage as a rule avoids; and in a dense country there really is not scope for a gun, and rockets do all the frightening that is necessary, and are more portable."
hierzu neue Fußnote:
Gawler, British Troops and Savage Warfare, with Special Reference to the Kaffir Wars, in: Journal of the Royal United Service Institution, Vol. 17, 1874, p. 923

ergänze in Fußnote 752)
Die im Oktober 1873 gebildete Naval Brigade stand unter dem Kommando von Captain Fremantle und bestand aus 50 Seeleuten und Angehörigen der Marine Artillerie.(E. Wood, The Ashanti Expedition of 1873-4, in: Journal of the Royal United Service Institution, Vol. 18, 1875, p. 337) Zum 30. Januar (Egginassie) sind nähere Angaben zur britischen Truppengliederung ebenfalls in E. Woods Aufsatz zu finden (pp. 351)

---

830) Probert, a.a.O., p. 221
831) Nelson's Encyclopaedia 1906: „In 1906 still in service; their use has almost died out" (zitiert nach: Tylden, a.a.O., p. 168)
832) Hogg, Arsenal, a.a.O., p. 945; gem. HCPP, a.a.O., liegen aber ab dem Finanzjahr 1901 keine Produktionsdaten mehr vor
833) F. H. Winter, Hale, a.a.O., p. 33; möglicherweise wurde die Produktion eingestellt, als am 18. Juni 1903 eine Explosion von Lydditgranaten im Arsenal zu Woolwich große Zerstörungen hervorgerufen hatte, nach: Dr. Langhans, a.a.O., S. 51; im offiziellen Munitions-Handbuch „Treatise on Ammunition" wurden die Raketen letztmalig 1905 aufgeführt. (W. Ley, Rockets, Misssiles, and Space Travel, New York 1951, p. 74) Ganz waren sie jedoch nicht in Vergessenheit geraten, denn bei ersten Überlegungen zu Waffen gegen die neuen Flugzeuge im Jahre 1913 hieß es: „Die Verteidigung bedarf danach: 1. geeignete Gesch. für ihre Bekämpfung, wofür ein Kaliber von 9 cm und ein Geschoß mit Flugbahnmarkierung, ein hochexplosives Schrapnell in Vorschlag gebracht wird. Auch Raketen sollen zweckentsprechend zu verwenden sein." (o. Verf., Die Luftfahrzeuge im Kampf von Festungen, in: JVFM, XL. Jahrgang 1913, S. 321)
834) Hogg, Arsenal, a.a.O., p. 1379

4. Königreich Dänemark

Kopenhagen, die Hauptstadt des Königreiches Dänemark, war die erste große Stadt Europas, die Ziel eines konzentrierten Raketeneinsatzes wurde, der erhebliche Brände auslöste und viele Opfer unter der Zivilbevölkerung forderte. Dies geschah am 2. und 3. September 1807.[1] Es nimmt nicht Wunder, daß daraufhin Dänemark der erste europäische Staat nach Großbritannien war, der sich mit der Herstellung und Anwendung der Kriegsraketen beschäftigte. Da zudem Dänemark Grundlagen zur französischen und österreichischen Raketenentwicklung lieferte, ist diesem Staat ein besonderes Kapitel gewidmet.
Zeuge der Beschießung war der Seconde-Lieutenant Schumacher,[2] der als Pionieroffizier bei der Verteidigung der Stadt eingesetzt war. Als nach dem Bombardement mehrere blindgegangene Raketen gefunden wurden, faßte Schumacher nach Untersuchung dieser 32pfündigen Raketen den Entschluß, auch für Dänemark Brandraketen zu entwickeln. Neben den Arbeiten an der Befestigung von Korsør und dem Aufbau einer optischen Telegraphenlinie befaßte er sich mit diesem Problem, scheint sich aber erst ab 1809 auch praktisch mit der Verfertigung von Raketen beschäftigt zu haben. Auch gelang es ihm, König Frederik VI. an diesen Arbeiten zu interessieren, der sofort die Möglichkeiten dieses neuen Waffensystems erkannte. Nach Beförderung zum Premierlieutenant wurde Schumacher am 28. September zum Adjutanten im Generalstab ernannt und vom König beauftragt, für Dänemark ein Raketensystem zu entwickeln.[3] Schumacher begann seine Arbeiten, indem er zunächst die britischen Raketen kopierte und sie mit selbst entwickelten neuen Gefechtsköpfen versah, aber bald entschloß er sich, eine eigene Rakete zu entwickeln, da er Congreves Raketen für noch nicht hinreichend ausgereift hielt.[4]
„Schumacker . . . ne se borna pas à copier les fusées anglaises qui n'étaient encore que des projectiles incendiaires; il arma ses fusées d'obus, de grenades ou de boîtes à mitraille. Pour conserver la faculté d'employer à volonté les divers projectiles que la fusée devait mouvoir, il ne reliait pas le projectile, à l'avance, au cartouche; mais quand la fusée, munie de sa baguette, était posée sur l'affût, il plaçait le projectile à sa partie antérieure, comptant sur la force du mouvement de translation pour maintenir l'union de la fusée et du projectile jusqu'à fin de la combustion et jusqu'à l'inflammation de l'artifice destinée à communiquer le feu au projectile. La combustion terminée, le projectile et le cartouche continuaient leur marche avec la vitesse acquise, mais, à cause de la différence des masses et des actions de la résistance de l'air sur les surfaces, le projectile continuait à se mouvoir plus longtemps que le cartouche, qui d'abord restait en arrière, puis tombait bientôt à terre."[5]

Schumacher (Bild: Det kongelige Bibliottek)

Seine Arbeiten führte er unter strikter Geheimhaltung mit Hilfe eines Arbeitskommandos, zu dem möglicherweise auch Sträflinge gehörten, durch.[6] Alle Beteiligten wurden jedoch nur zu Einzelverrichtungen eingesetzt, so daß keinem das vollständige Verfahren bekannt wurde. Schumachers Geheimhaltungsbestrebungen gingen so weit, daß er nicht einmal schriftliche Unterlagen führte, sondern alle Anweisungen

---

1) Beschreibung des Bombardements siehe Abschnitt Großbritannien, a (2) Kopenhagen; in einer Sonderausgabe des „Dagen" vom Sonntag, den 23. August (No. 142 / 1807) verwies General Peymann in einem Rapport zum ersten Mal auf die britischen Raketen: „Det fortiener at anmærkes, at de Engelske, foruden Bomber, kastede med et Slags Raketter, som ikke pleie at bruges af policerede Nationer." [Es muß darauf hingewiesen werden, daß die Engländer neben Bomben auch eine Art Raketen verschießen, deren Gebrauch bei zivilisierten Nationen nicht üblich ist.]

2) Andreas Anthon Frederik Schumacher, geb. 22. Februar 1782 in Segeberg, 4. 5. 1804 Sekondløjtnant im Ingenieurcorps, 1808 richtete S. einen optischen Telegraphen zwischen Korsør und Nyborg ein, 1809 Premierløjtnant und Adjutant im Generalstab, 1812 Kaptajn, 1814 Ernennung zum Kammerjunker, nach längerer Krankheit am 3. Januar 1823 verstorben.

3) J. Johansen, Raketkorpsets historie samt espingolbatterierne i de slesvigske krige, in: Dansk Artilleri Tidsskrift, April 1980, S. 25 (der Artikel ist ursprünglich erschienen in: Krigshistorisk Tidsskrift, 11. Årg., December 1975, S. 4 - 20), sowie: B. A. Jensen, Fra Leipzig til London, in: Dansk Artilleri-Tidsskrift, 45. Årg, 1959, S. 64; nach: T. A. Topsøe-Jensen og Emil Marquard, Officerer i den dansk-norske Søetat 1660 - 1814, København 1935, S. 57 f. mag es scheinen, daß bereits vorher Kriegsraketen von der dänischen Marine genutzt wurden, da ein Kaptltnt. Stephan Dietrich Kruse am 19. Juli 1806 Kommandant des Raketenschiffes (Raketskibet) *Cronprinsesse Maria* (erbaut 1791 als Linienschiff) wurde und dieses Schiff bis 1807 befehligte. Nach einem Schreiben des Orlogsmuseet København vom 06. Mai 1997 handelt es sich aber um einen Lesefehler, das Schiff muß richtig als „paketskibet" bezeichnet werden.

4) F. H. Winter, Landmarks on the road to space travel - a brief history of rocketry in Denmark in the 19th century, in: Militært tidsskrift, 94. Årgang Februar 1965, p. 57

5) le général Favé, Études sur le passé et l'avenir de l'artillerie, tome cinquième, Paris 1871, p. 195, hier wurde die falsche Auffassung angeführt, Schumacher habe als erster zusätzlich zu Brandraketen auch Raketen mit anderen Gefechtsköpfen konstruiert, ein Irrtum, der von manchen Autoren auch heute noch wiedergegeben wird, und schon bei Montgéry zu finden ist; wie aus dem Abschnitt Großbritannien ersichtlich ist, hatte Congreve zu diesem Zeitpunkt schon längst neben Brandsätzen auch Sprenggranaten und Shrapnells als Gefechtsköpfe seiner Raketen verwendet, wobei die Gefechtsköpfe allerdings nicht auswechselbar waren; Konstantinoff, Lectures sur les fusées de guerre, Paris 1861, p. 78 schrieb noch konkreter: „C'est à Schoumacher qu'appartient l'observation que la force motrice des fusées se développe en totalité dans le commencement de leur trajectoire, et que, par conséquent, la fusée peut être utilisée comme moyen de jet d'un projectile d'artillerie, qui se détacherait au moment où la fusée aurait acquis sa plus grande vitesse."

6) J. W. v. Hoyer, System der Brandraketen nach Congreve und Anderen, Leipzig 1827, S. 12, und: de Montgéry, Recherches sur les fusées de guerre, in: JAS, 1839, p. 150;

zur Fertigung nur mündlich aus dem Gedächtnis erteilte, die Zusammensetzung des Treibsatzes sogar selbst vornahm. Hierbei veränderte er dessen Mischung gegenüber jener der gefundenen Congrev'schen Raketen, so daß seine eine höhere Anfangsgeschwindigkeit und eine höhere Tragfähigkeit erhielten.[7)]
Unabhängig von Congreve begann er bereits zu Beginn seiner Versuche die Raketen nicht nur als Brandraketen zu verwenden, sondern sie für den Feldeinsatz auch mit Granaten und Kartätschen zu versetzen. Schumacher konstruierte zunächst 3- und 3$^{1}/_{2}$zöllige Raketen, wobei letztere wohl ausschließlich zur See verwendet wurden. Dabei scheint er nach den Angaben Brularts in Abhängigkeit von der gewünschten Reichweite drei Typen von Raketen mit unterschiedlichen Bohrungen hergestellt zu haben, nämlich Raketen für große, mittlere und kurze Reichweiten mit einer Tiefe der Seele von 6 über 5 bis 4$^{1}/_{2}$ Kaliberlängen.[8)]
Im Verlauf des Jahres 1810 war Schumacher mit seinen Arbeiten soweit fortgeschritten, daß er am 2. Januar 1811 vom König den Auftrag erhielt, 1.400 Brandraketen herzustellen, die für den nächsten Feldzug vorgesehen waren, zusätzlich wurde ihm am 24. Januar aufgetragen, auch 400 der neu entwickelten Granatraketen herzustellen.[9)] Bisher sollen die Arbeiten auf der Insel Hjelm stattgefunden haben,[10)] für diese neuen Arbeiten wurden dann aber im Sommer 1811 Fabrikationsstätten in Frederiksværk eingerichtet, nachdem Schumachers Vorschläge, diese auf Amager oder Lilleø durchzuführen, als unzweckmäßig abgelehnt worden waren.[11)] Ihm selbst wurde die Wohnung des Oberforstmeisters in Arresødal zugewiesen. Das Material für die Raketenfabrikation wurde teilweise vom Feuerwerkslaboratorium in Frederiksværk geliefert[12)] und teilweise von Schumacher in Altona eingekauft. Für die Raketenherstellung und die erforderlichen Versuche waren Schumacher die erforderlichen Haushaltsmittel zugewiesen worden, über die er selbständig verfügen konnte, 1810 waren dies 1.700 Reichstaler, 1811 bereits 23.000 und 1812 wurden 31.000 Reichstaler verausgabt.[13)] Zur Unterstützung der Arbeiten wurden ihm mit Dekret vom 2. April 72 „Kronarbejdere" zur Verfügung gestellt, die im Verlauf der Versuche dann später den Kern eines Raketencorps bildeten.[14)] Neben der Raketenfabrikation erarbeitete Schumacher auch bereits erste Schußtafeln für seine Raketen, die aber angesichts der Ungenauigkeiten der Flugbahn nur einen Anhalt geben konnten.[15)]
Schumacher selbst war mit dem Ort der Raketenfabrikation nicht einverstanden, da er sich in Frederiksværk zu sehr angebunden und beaufsichtigt fühlte. Er erreichte so, daß mit Dekret vom 16. April 1817 die Vorbereitung der Verlegung der Fabrik nach Lilleø angeordnet wurde, wo inzwischen ein entsprechendes Gelände gekauft worden war; es kam aber zu Unstimmigkeiten und die Fabrik verblieb in Frederiksværk, wo dann zusätzliche Fabrikationsräume gebaut wurden.[16)]
In dieser Zeit erarbeitete Schumacher auch einen Vorschlag zur Formierung einer Raketenbrigade, aus der im Kriegsfalle 2 Raketenbatterien für das Heer sowie zwei für die Flotte gebildet werden sollten, diese Brigade sollte eng mit der „Raketenfabrik" verbunden sein, um die Durchführung der weiteren Versuche unterstützen und gleichzeitig diese zur Ausbildung nützen zu können.[17)] Vom 20. Februar 1812 wurden hierfür mit Dekret 30 Matrosen zu den Arbeiten kommandiert um die dortigen Marineartilleristen zu verstärken.[18)] Versuchsweise wurde 1812 eine Schaluppe unter dem Kommando von Løjtnant Diderichsen mit Raketen ausgestattet und in Gedser stationiert; im Oktober dieses Jahres wurde für Übungen mit Raketenschießen im Isefjord eine Raketen-Flottille gebildet, die aus dem Schoner *Nissen*, den Luggern *Trolden* und *Gengangeren*, sowie den Schaluppen *Glenten* und *Heiren* bestand, wobei die Lugger neben den Raketen mit zwei 12pfündigen Kanonen bewaffnet waren.[19)] Für weitere Schußversuche

---

Jensen, a.a.O., S. 69, hält die Nennung von Strafgefangenen für ein Mißverständnis des Begriffes „Kron-Arbeiter". Seine Arbeiten wurden durch die Pulverfabrik in Frederiksværk unterstützt, siehe hierzu: C. Christensen, Frederiksværk, en dansk fabrikbys historie, København 1926, s. 100: „I 1809 havde Værket faaet en del Arbejde for Raketfabrikken. En Smed Warding var bleven sendt til Frederiksværk for at øves under Mester O. Pedersen." [1809 arbeitete das Werk für die Raketenfabrik. Ein Schmied, Warding, wurde nach Frederiksværk geschickt, um dort unter dem Meister O. Pedersen zu üben.]

7) Zur Zusammensetzung des Treibsatzes siehe im Abschnitt Frankreich die Angaben zu den Versuchen Brussel de Brularts; zur Geheimhaltung schrieb Montgéry (a.a.O., p. 150): „Le capitaine Schumacher ne confia d'ailleurs en entier à aucun d'eux les procédés qu'il avait imaginés. Il distribua à aucun des fonctions, qui ne se rapportaient qu'à une partie de la fabrication, et il faisait lui-même les dosages. Il s'était gravé dans la mémoire des règles très simples pour ces dosages, ainsi que pour le diamètre et la longueur des différentes espèces de fusées, et il évitait de la sorte de rien écrire qui pût tomber entre les mains d'autres: aussi les papiers publiés n'ont fait connaître ses travaux que de la manière la plus vague."

8) Brulart, Mémoire sur les fusées de guerre fabriquées à Hambourg en 1813 et 1814 et à Vincennes en 1815, Paris 1853, p. 40

9) Johansen, a.a.O., S. 26, und: Winter, a.a.O., p. 58; Jensen, a.a.O., S. 64, ergänzte den ersten Auftrag des Königs: „næste campagnes åbning"

10) Diese Ortsangabe ist nach Jensen (a.a.O., S. 68) unbestätigt, wurde aber von Montgéry und v. Hoyer genannt, möglicherweise wurde diese Insel als Produktionsstätte aufgeführt, weil Schumacher hier Versuche mit Signalraketen gemacht hatte, wobei er eine Steighöhe der Rakete von 8581 Fuß erreichte, so daß dieses Signal noch in Kopenhagen zu sehen war. E. Eriksen, Krudtværket på Frederiksværk, Frederiksværk 1958, S. 149, stellte dagegen fest, daß die Entwicklungsarbeiten bereits in Frederiksværk begonnen haben: „Under ledelse af kammerjunker, premierløjtnant A. F. F. Schumacher begyndte man på en dansk fabrikation af krigsraketter, der var indrettet saledes, at de kunne bære sprænggranater og brandbomber mod det fjendtlige mål. Krudtværket leverede sats og ladninger til raketterne."

11) Die Insel Lilleøen (vor Korsør) war zu diesem Zweck bereits von der Krone gekauft worden, auch war bereits mit dem Bau der erforderlichen Anlagen begonnen worden (Christensen, a.a.O., S. 100); nach Christensen (ibidem) war Schumacher selbst für die Anlage der Raketenfabrik in Frederiksværk eingetreten, da dort das erforderliche qualifizierte Fachpersonal verfügbar war: „Kammerjunker Schumacher, der var udset til at lede Fabrikken, indsaa imidlertid snart, at Frederiksværk var det Sted, hvor et saadant Anlæg bedst kunde komme i Gang, da de herværende duelige Arbejdere var i Stand til at udføre alt, hvad han behøvede." [Kammerjunker Schumacher, der dazu ausersehen war die Fabrik zu leiten, sah mittlerweile bald ein, daß Frederiksværk die Stelle war, wo eine solche Anlage am Besten in Gang kommen könne, da die hiesigen tüchtigen Arbeiter alles ausführen konnten, was er benötigte.] An anderer Stelle wurde durch Christensen festgestellt, (S. 101) daß Schuhmacher die Erlaubnis erhielt, die Raketenfabrik nach Frederiksværk zu verlegen.

12) Das erforderliche Schwarzpulver wurde während der gesamten Zeit der Raketenherstellung von Frederiksværk geliefert, wo auch das Raketencorps in den werkseigenen Gebäuden untergebracht war, bis es nach Arresødal verlegte. Die Qualitätskontrollen scheinen recht scharf gewesen zu sein, denn 1818 wurde eine ganze Lieferung ausrangiert, obwohl sie nach einer vom Raketencorps für gut befundenen Probe gefertigt worden war. (Christensen, a.a.O., S. 101 f.). Ein in Arresødal von Schumacher für die Raketenpressen genutztes Gebäude, wird heute als Samenmagazin durch die Forstverwaltung genutzt. Auf dem Försterhof hatte Schumacher, der sich auch für Astronomie interessierte, ein Observatorium eingerichtet. Das heutige Hauptgebäude wurde durch den späteren Befehlshaber des Corps, Oberst Lundby, errichtet (ibidem)

13) Jensen, a.a.O., S. 64, und: Johansen, a.a.O., S. 26, einzelne der neuen Gebäude in Frederiksværk sind noch heute erhalten

14) Jensen, a.a.O., S. 64

15) Montgéry, a.a.O., p. 159:„ . . . et que le capitaine Schumacher avait chargé vers 1812, de dresser des tables pour le tir des fusées. Mais ce savant trouva, comme nous, qu'on manquait de certaines donnés pour exécuter ces tables, dont le calcul présentait d'ailleurs en lui-même des longueurs effrayantes."

16) Johansen, a.a.O., S. 28

17) ibidem, S. 26

18) SARK, Resolution af 20 Febr. 1812: „at overekvipagemesteren maate fra hvervningen rekvirere indtil 30 mand indrullerede matroser od kommandere samme til arbejde på brand-raket-fabrikken under adjunkt-lieutenant Schumachers bestyrelse imod at lige antal søartillerister tages derfra."

19) Meldung Kontre-Admiral Krieger, Chef des Seeland-Geschwaders, vom 11. Oktober 1812 an die Admiralität: „Herved har jeg den Ære at meddele det høje Kollegium, at Kapt. Schumacher efter allerhøjeste Ordre har indrettet 3 Fartøjer for derfra at kaste Raketter. Disse, som er købte i Sommer under Navn af Skonnerten Dannefærd, Luggerne Hurtighed og Le Revenant, og som nu kaldes Skonnerten Nissen, Luggerne Trolden og Gengangeren, er ankomme hertil, indrettede til Raketkastning og har tillige Raketter ombord; endvidere er i Følge dem dem 2 luggertaklede Chalupper, Hejren og Glenten, som er bestemt til samme Brug, men tilhøre Raketfabrikken ved Frederiksværk; alle Fartøjerne er bemandede af Søetaten med henholdsvis 26, 25, 26, 23 og 18 Mand og staa under Kapt. Schumacher's Kommando som Chef, under ham er ansat 4 Maaneds-Lieutenanter." (zitiert nach: C. F. Wandel, Søkrigen i de dansk-norske Farvande 1807-14, København 1915, S. 399 f.); vgl.: J. Teisen, Fortidens raketskyts, in: Tidskrift for Søvæsen, 133. Aarg. 1962, S. 138, sowie: Schreiben Orlogsmuseum, a.a.O. (Der Schoner *Nissen* ist 1813 gesunken); bei: J. C. Tuxen, Den Danske og Norske Sømagt, Kjøbenhavn 1875, wurde die Raketenflottille nicht erwähnt, ebenso ist

mit Raketen zur See wurden am 16. Dezember 1812 ein Offizier der Marine, 1 Quartiermeister und 10 Matrosen aufgrund eines Vorschlages Schumachers für die Dauer des Winters zukommandiert.[20] Diese Versuche hatten auch dazu gedient, um den Fahrzeugtyp herauszufinden, der am besten für diese Art Einsatz geeignet wäre; man fand dann, daß die Kanonenboote die optimale Plattform für den Raketeneinsatz böten. Im Folgejahr wurden daraufhin weitere 3 Kanonenruderboote mit Raketen ausgerüstet, deren Aufgabe die Sicherung des Beltes und der Schutz der Küsten Seelands war, die aber auch an der Ostküste Jütlands eingesetzt wurden. Ab Sommer 1813 wurden sie aufgrund der feindlichen Haltung Schwedens, auch wenn noch kein Krieg erklärt war, zum Geleitdienst in den Gewässern um Seeland eingesetzt, da Übergriffe der in Malmö stationierten schwedischen Schiffe befürchtet wurden[21] Die Besatzung wurde in der Handhabung der Raketen ausgebildet, erhielt jedoch, ähnlich wie in Österreich, keinen Einblick in die Geheimnisse der Herstellung dieser Waffen. Zum Abfeuern hatte Schumacher ein Raketengeschütz konstruiert, daß in der Breitseite aufgestellt mit Taljen gerichtet wurde.[22] Zur Abfeuerungseinrichtung schrieb Montgéry:

„L'affût dont on se servit à bord de ces lougres, se réduisait à une poutrelle, longue d'environ 25 pieds, qu'on plaçait parallèlement à la quille, en dehors du bord. On l'inclinait plus ou moins, au moyen d'un palan. Son extrémité antérieure était garnie de deux morceaux de tôle, relevés sur les bords et propres à soutenir chacun l'obus ou tout autre projectile, mis devant le cartouche des fusées. Un double rouleau, fixé à l'extrémité postérieure de la poutrelle, supportait les baguettes. Cet affût paraitra sans doute très grossier et très incommode; mais tel est l'état ordinaire des inventions et des machines nouvellement conçues."[23]

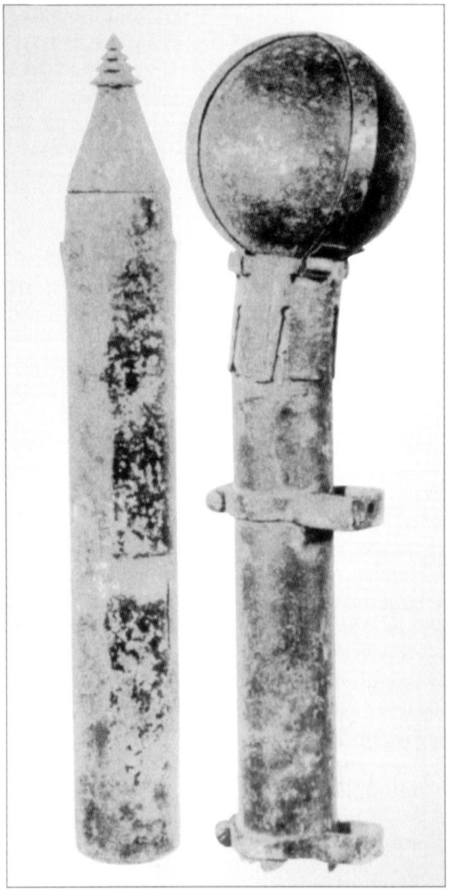

9Pfündige Raketen: links: gegen Kopenhagen eingesetzte Congreve-Rakete, rechts: Granatrakete von Schumacher

Bei diesen Raketenbooten handelte es sich um umgebaute Ruderkanonenboote für 26 Ruder, durch den Umbau war zwar die Ruderfähigkeit vermindert worden, dafür besaßen diese Boote bessere Segeleigenschaften als zuvor, sie trugen Lugger-, Unter- und Topsegel. Durch das Deck, auf dem die Raketengestelle eingerichtet waren, stand auch mehr Platz für die Geschützbedienungen und für die Mannschaft unter Deck zur Verfügung. Im Gegensatz zu den anderen Ruderkanonenbooten waren ihre Kanonen schwenkbar. 2 Boote trugen vorne und achtern an Stelle der 12 Pfünder 18 Pfünder, diese schwereren Geschütze bewährten sich, so daß 1813 alle Raketenboote auf diese Geschütze umgerüstet wurden.[24]

Mit Dekret vom 16. Dezember 1812 wurde die Flottille auf 6 Schaluppen erweitert und mit Dekret vom 20. Dezember 1812 wurde das Kommando über diese Flottille unter Schumachers Oberleitung an den Premierlieutenant Ritter Sønderuh übertragen,[25] diese bestand ab 1813 nunmehr aus 15 Ruder-Schaluppen.[26] Die Boote hatten keinen festen Stützpunkt, sondern wurden nach Bedarf eingesetzt. Die Bedienung der Raketen oblag nicht der Marine, hierfür wurden Soldaten des 3. Bataillons des Danske Livregiment til Fods in Stärke von 2 Unteroffizieren und 60 Mann abkommandiert.[27] 1813 scheinen nach Brularts Beobachtungen auch bereits Küstenbatterien am Belt mit Raketen ausgerüstet gewesen zu sein.[28] Für diese scheint Schumacher Abfeuerungsgestelle entwickelt zu haben, von denen jeweils zwei Raketen gleichzeitig abgeschossen werden konnten.[29] Die Flottille scheint in der Folge auch einige Prisen genommen zu haben. Dabei ist nicht bekannt, ob auch Raketen

keines ihrer Boote aufgeführt. Eine Beschreibung der Raketenboote gab auch: J. Dahlerup (edit.), Hans Birch Dahlerup: Mit livs begivenheder 1790 - 1814, København 1908, S. 248: „. . . der laae i Trekoners Havn og to eller tre Raketchalupper, der vare de gamle Kanonchalupper, hvori der var lagt Dæk og Kanonerne vare anbragte paa Pivotslæde. De stode under Artilleriecapitain og Generalstabsadjoint Schumachers Commando . . ."

20) SARK, Resolution af 16. dec. 1812: „at der efter captain of ridder Schumacher forslag måtte i vinter forblive ved Frederiksværk 1 søofficer, 1 kvatermester og 10 matroser for til dels at øves i raketkastning på søen samt at proviantere . . ."

21) ibidem, und: Johansen, a.a.O., S. 26, siehe auch: B. Thomsen, De dansk-norske Kanonbåde 1780 - 1850, in: Marinehistorisk Tidsskrift, 8. Årgang 1975, Nr. 3, S. 78, die Boote waren zusätzlich mit 2 12pfd Kanonen, die schwenkbar in Pivots waren, ausgerüstet. Zwei Typen Boote wurden eingesetzt, ein Glattdecktyp und einer, der vorne und achtern ein niedrigeres Deck für die Kanonen besaß, der letztere erwies sich als besser geeignet, so daß hiervon insgesamt 12 Boote gebaut wurden. Zum Geleitdienst: Dahlerup, a.a.O., S. 249: „Alle Kanonbaade af Kiøbenhavns Flotille beordredes derfor til i Forening med Schumachers Raketdivision og, saavidt jeg erindrer, nogle af de ved Dragør stationerede Kanonchalupper at tage alle i Kiøbenhavn værende Kystfarere, som vare seilklare, sydefter, under Convoi over Kiøgebugt. Admiral Krieger førte Overcommandoen."

22) Winter, landmarks, a.a.O., p. 58

23) de Montgéry, a.a.O., pp. 151

24) H. G. Garde, Den dansk - norske Sömagt Historie 1700 - 1814, Kjöbenhavn 1852, S. 479: „I Slutningen af Krigen omdannedes 12 Kanonchalupper efter Divisionsadjutant Schumachers Forslag til Dæksfartöier med nogenlunde Roevner og langt bedre Seilevner end tidligere; disse Baade vare især bestemte til at kaste congrevske Raketter; men dertil bleve de kun brugte ved Pröver, som vakte store Forhaabninger om dette Vaaben til Söes. [Diese Boote waren vor allem für den Verschuß congrev'scher Raketen vorgesehen, wofür sie jedoch nur bei Versuchen benutzt wurden, die große Hoffnungen für den Einsatz dieser Waffe auf See erweckten] Ved at glöre Raketchaluppernes Kanoner omdreiende, hvilket sildigere ogsaa er indfört ved vore nuværende Kanonchaluppers agterste Kanoner, ophörte de at være udelukkende stevnbehæbnede. Man afskaffede imidlertid, efterat Krigen var endt, igjen Raketchalupperne, fordi de ei roede godt, og man til Söes ansaae Raketvaabenet uhensigtsmæssigt mod Fjenden." [Nach Ende des Krieges wurden die Raketenschaluppen jedoch wieder abgeschafft, weil die Ruderfähigkeit nicht gut war, und weil der Einsatz der Raketenwaffe gegen Seeziele nicht für zweckmäßig angesehen wurde.] Zur Besegelung: M. K. Zahrtmann, Admiral C. C. Zahrtmann. En mand og en slægts historie, København 1927, S. 39; zur Bewaffnung: J. H. Schultz, Den danske marine 1814 - 1848, København 1930. S. 103

25) SARK, Resolution af 20. dec. 1812, „at premierlieutenant, ridder Sønderuh skulle omsættes til, under capitain Schumacher, at føre kommando over de til raketkastning indrettede 6 kanonbåde."

26) Schreiben Orlogsmuseum, a.a.O. („15 gunchalups, t. i. rowing gunchalups probably of Chapman-type were equipped with rockets") Schultz, a.a.O., S. 102 ff, lieferte jedoch genauere Angaben, die Chapman-Boote besaßen eine Verdrängung von 38,7 t, während die neuen Boote ein Deplacement von etwa 51 t besaßen (die Raketenboote: 52,5 t), die Länge betrug 60 Fuß, die Breite 15 Fuß 7 Zoll, die Ruder besaßen eine Länge von 21 1/2 Fuß. Die Boote verfügten über eine Kajüte für die Offiziere und eine Kombüse.

27) Johansen, a.a.O., S. 27, de Montgéry merkte hierzu an: „Sur chacun des lougres de la division du capitaine Schumacher, il y avait un officier et quelques hommes, spécialement chargés du services des fusées. Ils avaient tous été instruits, au grand établissement, dans la manière d'en faire usage, mais nullement dans celle de les fabriquer." (a.a.O., p. 151)

28) P. Bret, La fusée de guerre en france pendant la période révolutionnaire et impériale, Aix-en-Provence 1971, p. 58

29) AdAV, 2.c.7, No. 111, rapport sur les fusées de Guerre dites raquettes employée à Hambourg 1813: „En Danmarck le tiroir est double afin de lancer deux fusées à la fois . . . "

im Kriege gegen Schweden eingesetzt wurden,[30] bekannt ist nur ein Raketeneinsatz in der Spannungszeit im Sommer 1813, als schwedische Kriegsschoner von einem Convoi mit einigen Raketenschüssen verjagt wurden;[31] damit erregte die Raketen-Flottille zumindest das Interesse Schwedens, wo der Admiral eines schwedischen Geschwaders, anläßlich der Eroberung einer dänischen Raketen-Schaluppe mitteilte, er werde die Besatzung wie die eines Branders behandeln, worauf der dänische König die gleichen Maßnahmen androhte, sollte ihm ein schwedisches Schiff in die Hände fallen.[32]

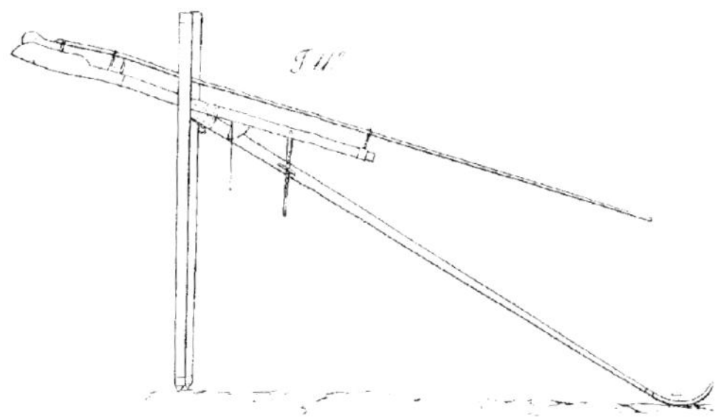

Raketengeschütz von Schumacher 1813 (nach: Marques de Viluma)

Bereits 1812 war Schumacher in Anerkennung seiner Leistungen zum Kapitain befördert worden, überdies hatte der König, der seine Arbeiten aufmerksam verfolgte, ihm eine Dotation von 1.000 Reichstalern angewiesen.[33] Auch wenn Schumacher geradezu fanatisch alles, was mit der Raketenproduktion zusammenhing, geheim hielt, mußte er auf Befehl des Königs die verbündeten Franzosen in seine Geheimnisse einweisen; der König hatte zunächst gehofft, diese mit einer Beschreibung der Raketen zufriedenstellen zu können,[34] mußte aber hinnehmen, daß der capitaine Brussel de Brulart im August 1813, ebenso wie später 1815 der Österreicher Augustin, praktisch in die Konstruktion der Raketen eingewiesen wurde. Aufgrund diplomatischen Druckes mußten sogar 5 fertige Raketen als Anschauungsmodell und Grundlage für den Nachbau übergeben werden. Daher stammen die genauesten Angaben über die ersten dänischen Raketen aus französischer Quelle. Damit wußten die Franzosen mehr als die beteiligten anderen dänischen Offiziere, die wegen Schumachers Manie, alles geheim zu halten, recht frustriert waren. So bat später 1823 der Lieutenant Angelo das Raketencorps verlassen zu dürfen, da er hier Arbeiten durchführen müsse, die er nicht verstehe.[35]

Am 16. Februar 1813 wurde dann auch für das Heer eine Raketen Compagnie aufgestellt. Das Personal bestand aus 4 Offizieren, 8 Unteroffizieren, 1 Trompeter und 72 Raketeuren.[36] Gegenüber den anderen Truppenteilen des Heeres wurde diese Compagnie durch eine besondere Uniform hervorgehoben, die Soldaten trugen graue Hosen, einen dunkelgrünen Rock mit hellblauem Kragen und gelben Knöpfen.[37] Da Schumacher nunmehr sowohl die Raketenfabrik zu leiten als auch die Raketenbatterie und die Raketenflottille zu führen hatte, übertrug er die Leitung der Raketenfertigung dem Løjtnant Arne Wilhelm Menke und die Führung der Batterie dem Løjtnant Georg Peter Luders vom Infanterieregiment Slesvig.[38]

Wenig später, am 28. November 1813 wurde aufgrund der bedrohlichen Lage in Schleswig-Holstein eine zweite Raketenbatterie aufgestellt, das Personal stammte sowohl aus den „Kronarbeitern" der Raketenfabrik als aus den Artilleristen der Raketen-Flottille. Jede Batterie verfügte über zwei „Raketengeschütze", von denen jeweils gleichzeitig zwei Raketen abgefeuert werden konnten („dobbelte raketlavetter") und war mit 200 Raketen ausgestattet. Geführt wurden die Batterien jeweils von einem Lieutenant, der über einen Feuerwerker, 2 Konstabler und 16 Unterkonstabler sowie drei Fuhrsoldaten verfügte, zur Batterie gehörten weiterhin ein Munitionswagen, ein Raketenwagen sowie ein weiterer Wagen mit insgesamt vier Pferden.[39] Die Raketeure trugen nunmehr dunkelblaue Röcke mit roten Hosen.[40] Die Batterien wurden zunächst nach Korsør in Marsch gesetzt und sollten Mitte Dezember nach Eckernförde verlegt werden; da dieses aber bereits von den Schweden eingenommen war, sollten sie bei Middelfart eingesetzt werden. Zu diesem Einsatz ist es dann nicht mehr gekommen, die Batterien blieben auf Fünen und wurden im Juni 1814 wieder aufgelöst.[41] Der einzige Raketeneinsatz in diesem Krieg scheint im Frühjahr 1813 erfolgt zu sein, als von Langeland einige Raketen auf britische Kriegsschiffe abgefeuert wurden, wobei anscheinend jedoch keine Treffer erzielt wurden.[42]

Die Raketen-Flottille bestand in dieser Form bis 1818, dann wurden aber die Raketen wieder herausgelöst,[43] nachdem zuvor noch der Schoner *Atalanta* zeitweise zu einem Raketenschiff umgerüstet worden war.[44]

Schumacher setzte seine Versuche fort und konstruierte nebenher eine Luftbüchse für Scharfschützen, neue Schlösser für Reiterpistolen

---

30) H. C. Wolter / H. Scheunchen / O. L. Frantzen / C. W. Hansen, Den Danske Hær i Napoleonstiden 1801 - 1814, København 1992, S. 54, stellten hierzu fest: „Men de 4 dobbelte raketlavetter kom ligesom kanonchaluppernes lavetter aldrig i krigsbrug." Dies schließt einzelne Raketeneinsätze jedoch nicht aus. In den erhaltenen „Skibsjournaler" (SARK, fol. reg. 85b,2, Raketflotillen 1812-13, No. 905), deren Einträge am 2. Oktober 1812 mit dem Auslaufen aus Frederiksværk und dem Eintreffen Lieutenant Ludvigsen für eine Fahrt über Rørvig zum Isefjorden beginnen und am 17. November 1813 mit dem Ankerwerfen der Flottille bei Petersværf enden, sind keinerlei Einträge über Raketen - weder über die Ausrüstung, noch über Raketenübungen oder gar Einsätze enthalten. Die aufgeführten Offiziere, Lieutenanter Jahn, Madsen, Lauv, Fisker, Didenhoff und Rassing sind in: Topsøe-Jensen / Marquard, a.a.O., nicht aufgeführt, das läßt darauf schließen, daß es sich um „månedsløjtnants" gehandelt haben muß (eingezogene Offiziere der Handelsmarine, vergleichbar mit heutigen Reserveoffizieren) [Mitteilung des Orlogsmuseet, København vom 21. Mai 1997]

31) Dahlerup, a.a.O., S. 250: „Krigen var ikke erklæret, og dog sendte Svenskerne daglig et Par velseilende Kanonskonnerter over for at recognoscere eller allarmere os, og en Dag lod Krieger en af vore Raketbaade løbe ud at forjage en af disse Skonerter med nogle Raketskud."

32) Johansen, a.a.O., S. 27

33) ibidem

34) Johansen, a.a.O., S. 26, wahrscheinlich wäre diese Beschreibung nicht allzu ausführlich gewesen, da der König feststellte: „uagtet Vi ikke tror, at de ved opfyldelse af deres begjering kunne høste store Frugter" [Ungeachtet dessen, daß Wir nicht glauben, daß der Grund dieses Begehrens große Früchte tragen wird.]. König Frederik VI hatte hierzu Schumacher befohlen, einen Bericht zur Raketenherstellung auf französisch zu verfassen und ihn am 2. Oktober 1813 von dem bevorstehenden Besuch Brulards bei der Flottille unterrichtet. (P. Bret, a.a.O., p. 57; Bret wies dabei daraufhin, daß bereits seit 1811 in dieser Frage Kontakte zwischen der dänischen und der französischen Regierung bestanden hätten und der König bereits am 6. März 1811 Schumacher zum ersten Mal aufgefordert hatte, einen Bericht in französischer Sprache zu erstellen.)

35) Zu Brulart siehe Abschnitt 6, Frankreich, zu Augustin Abschnitt 5, Österreich; Brulart wurde durch Lieutenant Zahrtmann zur Raketenflottille, die bei Strandegaard lag, begleitet. (Zahrtmann, a.a.O., S. 39); zu Angelo: „det er et arbejde, jeg aldeles ej forstår, og som jeg er oberbevist om vil være forbunden med særdeles mange vanskeligheder for enhver, som ej har arbejdet derved fra begyndelsen af-" (Johansen, a.a.O., 26)

36) O. Vaupell, Den Danske Hærs Historie til nutiden, Kjøbenhavn 1876, S. 412 (auf S. 716 des gleichen Werkes gab V. aber an: „oprettet 25te August 1813). Standort des Raketkorpset war Frederiksværk (ibidem, S. 417)

37) ibidem, S. 416

38) Johansen, a.a.O., S. 27

39) Angaben nach: P. Bret, a.a.O., p. 122, sowie: Frantzen, a.a.O., S. 54

40) Johansen, a.a.O., S. 28

41) Johansen, a.a.O., S. 27

42) F. H. Winter, The First Golden Age of Rocketry, Washington 1990, p. 84

43) Teisen, a.a.O., S. 138; sowie: B. W. Jordening, Efterretninger om de af den danske Flaade udgaaede Skibsclasser, in: Tidsskrift for Søvæsen, 1879, S. 545, J. machte jedoch eine widersprüchliche Zeitangabe: „I dette Tidsrum [1815-20] indrettedes 15 Chalupper til Raketkastning; men allerede 1818 opgav man igjen dette Vaaben,"

44) Jordening, a.a.O., S. 545, „og Skonnerten „Atalanta", som fra Lastdrager var forandret til Raketskib, omdannedes til Orlogsskonnert [1818]" Nach: Schultz, a.a.O., S. 103, wurde die Atalante bereits 1811 Schumacher zur Verfügung gestellt, um auf ihr das Raketenpersonal auszubilden: „Efter at en lille Skonnert var stillet til Kaptajn Schumachers Disposition i 1811 til Oplæring af nogle af Marinens Folk i Udskydning af Congrèves Raketter fra Fartøj . . ." (die *Atalante* war 1811 in Christianshavn für Handelszwecke erbaut worden, 1814 wurde sie hiernach zum Raketenschiff umgerüstet und war als solches mit 4 - 6pfündigen Kanonen und 6 - 18pfündigen Carronaden bewaffnet, 1818 wurde sie erneut umgebaut, um als Wachschiff auf der Elbe zu dienen. [ibidem, S. 195 f.])

und begann mit der Entwicklung von Espingolen.[45] Nach den napoleonischen Kriegen erfolgte aufgrund des königlichen Dekrets vom 23. März 1816 eine Reorganisation der Raketenwaffe. Es wurde ein Raketenkorps geschaffen, das unmittelbar dem König unterstand, kommandiert wurde es von Schumacher:

„efter at Chefen har overtydet Os om, at disse Forandringer ere at megen Vigtighed for Korpset og Fabrikationen, og Udgifterne kun forøges med en i Forhold til Nytten ubetydelig sum, nemlig 773 Rdl. Sølv.“[46]

Das neue Korps bestand aus seinem Chef, einem Stabscapitain, einem Premierlieutenant, einem Seconde-Lieutenant sowie einem Feuerwerks-Lieutenant, à la suite waren gestellt ein Stabs-Capitain, 1 Premier- und 1 Secondelieutenant sowie von der Marine 1 Capitainlieutenant und 1 Premierlieutenant. An Unteroffizieren und Mannschaften waren 3 Feuerwerker, 2 Sergeanten, 20 Constabler und 72 Wehrpflichtige als Raketeure vorhanden, zusätzlich dienten 7 Handwerker im Korps.[47]

Die Kosten der Fabrikation und die Gehälter des Korps waren sorgfältig kalkuliert, da Dänemark zum Ende der napoleonischen Kriege nahezu bankrott war, alleine für die Raketenfabrik waren jedoch etwa 3.000 Reichstaler in Silber jährlich aufzuwenden.[48] Als Personalersatz wurden jährlich 9 Mann eingezogen, die zwei Jahre im aktiven Dienst standen; ihr Rekrutierungsbezirk waren die Ämter Od, Arspinge und Skippinge. Im Frieden wurde nur eine Batterie gebildet, zu deren Aufgaben auch die Ausbildung des Marinepersonals gehörte, das den Raketeneinsatz an Bord der Schiffe durchzuführen hatte. Die Kommandierung von Marinepersonal zum Korps endete aber am 22. März 1818, die Mannschaftsstärke des Korps wurde nun auf 12 Konstabler und 96 Raketeure festgesetzt, mit einem jährlichen Personalersatz von 14 Rekruten, von denen jeweils 2 zu Konstablern ausgebildet werden sollten. Letztere dienten dann als Freiwillige für sechs Jahre. Am 2. Dezember 1821 wurde die Anzahl der jährlich einzustellenden Rekruten um 3 Mann erhöht, damit auch Offiziersburschen verfügbar waren, schließlich wurde die Mannschaftsstärke am 1. September 1822 neu auf 2 Feuerwerker, 3 Sergeanten, 4 Bombardiere, 2 Hornisten, 12 Konstabler, 30 Raketeure und 9 Handwerker festgesetzt.[49]

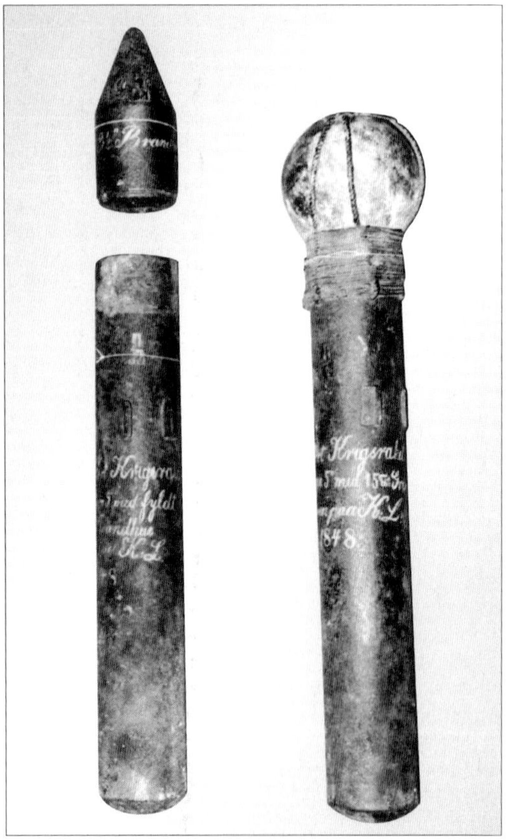

Raketen 1848:
$3^{1}/_{2}$ zöllige Brandrakete (links) und $3^{1}/_{2}$ zöllige Sprengrakete mit 15pfündiger Granate (rechts)

1822 wurden auch die Uniformen der Raketeure geändert, da sich die roten Hosen als unzweckmäßig beim Abfeuern der Raketen erwiesen hatten, das Corps trug ab diesem Jahr eine dunkelgrüne Uniform mit goldenen Knöpfen, der Kragen der Röcke war blau, als Kopfbedeckung diente wie in der Artillerie der Tschako.[50]

In diesen Jahren war Schumacher mit einem wahren Fanatismus an der Arbeit. Auf Drängen des Königs mußte er jetzt zusätzlich alle Versuche protokollieren und die verausgabten Gelder nachweisen. Diese Arbeiten scheinen Schumacher körperlich und geistig erschöpft zu haben, so daß er nach einiger Zeit der Krankheit am 3. Januar 1823 verstarb. Seine schriftlichen Unterlagen wurden nach seinem Tode beschlagnahmt,[51] da es ja galt, das Geheimnis der Raketenherstellung zu bewahren.

Schumachers Raketen wurden in sieben Kalibern, von $1^{1}/_{2}$ bis $4^{1}/_{2}$ Zoll, hergestellt; die aus Eisenblech gefertigten Hülsen waren 7 Kaliber lang, der Seitenstab aus Tannenholz war sieben mal so lang wie die Hülse. Als Gefechtsköpfe wurden 3- bis 12 pfündige Granaten, die mit Leinenbändern im Kreuzschlag an einem Eisenband an der Hülse befestigt waren, Brandhauben oder Carcassen, Kartätschen und Bomben verwendet. Mit einer 6pfündigen Granate betrug die Länge der $1^{1}/_{2}$zölligen Rakete 38 cm. Die Seele war kegelförmig. Die $3^{1}/_{2}$zöllige Rakete war mit einer 24pfündigen Granate versetzt, vor die Granate war oft noch eine Brandhaube in Form eines kegelförmigen Gußeisenbehälters gesetzt, die Länge dieser Raketen betrug 72 bis 100 cm. Als Kartätschen dienten zylindrisch geformte Eisenblechbüchsen, die mit Eisenkugeln gefüllt waren. Die Carcassen bestanden aus einer zylindrischen Eisenblechbüchse, die mit dem Brandsatz gefüllt und mit einem als Halbkugel geformten hölzernen Deckel verschlossen war. Eine sichere Wirkung war für die $1^{1}/_{2}$zölligen Raketen auf 400 Meter und für die $3^{1}/_{2}$zölligen auf etwa 1.000 Meter zu erwarten, die Höchstreichweite war etwa 3mal größer.[52] Insgesamt waren diese

---

45) Johansen, a.a.O., S. 27; Schumacher entwickelte die Espingolen zwischen 1818 und 1820 zusammen mit Kriegsrat Ole Pedersen in Frederiksværk (C. Christensen, a.a.O., S. 113); Espingolen: Geschütze mit auswechselbaren Lauf, in einen Lauf wurden mehrere Kugeln jeweils abwechselnd mit Pulvertreibladungen geladen, die Espingolen können so als ein Vorläufer des Maschinengewehrs betrachtet werden, in den dreißiger Jahren wurden hiermit auch in Preußen Versuche angestellt; zu dieser Waffe siehe: O. Morawietz, Espingolen und Orgespingolen, in: ZfH 1964, S. 20

46) zitiert nach: Johansen, a.a.O., S. 27 [nachdem dessen Chef Uns deutlich gemacht hat, daß diese Veränderung wichtig für das Korps und die Fabrikation ist und die Aufgaben mit großem Nutzen unter Aufwendung unbedeutender Geldmittel, nämlich 773 Reichstaler in Silber, ausgeführt werden können]

47) J. Ch. Hedegaard, Reskipter, Resolutioner og Collegialbreve den danske Krigsmagt til Lands angaaende, København 1821, S. 408; Hedegaard gab auch den Sold an: Schumacher erhielt ein Salär von 636 Talern, der Stabscapitain 400 Taler und eine Zulage von 72 Talern, ein Secondelieutenant 215 Reichstaler plus 48 Taler Zulage, ein Feuerwerker 35 1/5 Kronen täglich, ein Constabler 16 Kronen und die Wehrpflichtigen (Under-Constabler) 9 3/5 Kronen täglich

48) Winter, landmarks, a.a.O., p. 59, und: Johansen, a.a.O., S. 28

49) Johansen, a.a.O., S. 28

50) Vaupell, a.a.O., S. 415, nannte für diese Uniform ein Dekret vom 25. Januar 1816 „Raketkorpset: mørkegrøn Kjole med lyseblaa Krave, gule Knapper; graa Bukser“; die übrige Artillerie trug rote Röcke)

51) Johansen, a.a.O., S. 28; Montgéry, a.a.O., p. 159 fügte hinzu: „Le Capitaine Schumacher, toujours soutenu par son gouvernement, ne cessa pas de s'occuper, jusqu'à l'instant de sa mort, de perfectionner la fabrication de ses fusées ou raketen.“ sowie (p. 149): „Cet officier qui est mort il y a deux ans, jouissait d'une haute considération auprès du souverain et du public. Il réunissait à des connaissances variées et profondes les talents d'artilleur et d'ingénieur de terre et de mer.“; Westermaier (Beilage 4/1 zu Abschnitt 7) gab an, er habe in Warschau ein Manuskript von Schumacher gelesen und daraus eigentlich erst gelernt, Raketen herzustellen; es mag also sein, daß Teile der schriftlichen Unterlagen Schumachers doch in die Öffentlichkeit gelangt sind. Auch Brulart, a.a.O., p. 45, schrieb: „le nom de ce savant officier doit être conservé et uni avec ses fusées, car il était parvenu à leur créer un rôle bien important pour la guerre de terre et pour les flottilles côtières. L'intelligence et les études de Schümacher épuisèrent son physique et causèrent sa fin prématurée.“

52) o.Verf., Tøjhusmuseets Bog om Treårskrigen 1848-49-50, Bind I, København 1948, VI. Raketter, S. 296, und: Johansen, a.a.O., S. 29, zur Zuverlässigkeit der Raketen fügte J. an, daß bei 1° Elevation die Raketen eine Reichweite zwischen 150 und 900

Raketen natürlich noch ebenso ungenau in ihrer Flugbahn wie die britischen.
Zum neuen Chef des Raketencorps wurde nach Schumachers Tod am 22. Januar 1823[53)] Major Andreas Brun v. Meyer ernannt, der als sehr talentiert charakterisiert wurde; er scheint auch nicht ganz so schroff wie Schumacher mit seinen Untergebenen umgegangen zu sein. Durch ihn wurden nun auch die Offiziere des Korps in die Geheimnisse der Raketenherstellung eingeführt, allerdings natürlich erst nach Ablegung eines Eides mit der Verpflichtung zur Verschwiegenheit.[54)] 1823 machte v. Meyer zunächst eine Bestandsaufnahme zum Sachstand der Raketenentwicklung und ihren Leistungen, worauf der König meinte, es wäre wohl das Beste, diese Entwicklung einzustellen.[55)] Meyer gelang es jedoch den König von der Wichtigkeit, die Entwicklung fortzuführen, zu überzeugen und erhielt im folgenden Jahr die erforderlichen Mittel hierfür bewilligt. Bei der Raketenfabrikation und der Bereitstellung der erforderlichen Maschinen wurde er vor allem durch Kriegsrat Pedersen unterstützt.[56)] Für die Versuche wurde Meyer ein Schießplatz bei Liseleje am Kattegat zugewiesen. Letztlich schlugen auch Meyers Versuche, zu einer größeren Genauigkeit beim Verschuß der Raketen zu gelangen, fehl; er änderte die Maße der Raketen und die Zusammensetzung des Treibsatzes, wobei er auch die Zugabe von Chlorkali untersuchte, bei diesen Arbeiten wurde er durch Professor Ørsted unterstützt;[57)] es gelang ihm aber nicht, befriedigende Ergebnisse zu erzielen. 1827 meldete er resigniert dem König:
„Vore raketter er ikke, hvad Schumacher vilde gjøre dem til de kan ikke kastes med store Elevationer, er usikre i deres gang og har megen Sideafvigelse."[58)]
Auch wenn der König nun nicht mehr die frühere Begeisterung für diese Waffe zeigte, wurden die Versuche fortgeführt, die Raketen in ihrer Genauigkeit zu verbessern. Es zeigte sich, daß die 1½zölligen allenfalls eine moralische Wirkung erzielten, während der Einsatz von Raketen im Masseneinsatz, vor allem gegen Cavallerie, erfolgversprechend erschien; hierfür konstruierte v. Meyer einen Mehrfachwerfer, auch als Orgelgeschütz bezeichnet, mit 8 parallelen Abfeuerungsrohren für Raketen mit 3pfündigen Granaten. Diese Abfeuerungsrohre waren aus Kupfer gefertigt und besaßen eine Länge von 3,77 Meter. Der Raketenwagen war mit 4 Pferden bespannt, auf der Protze wurden in einem Munitionskasten die Raketen mitgeführt, die Stäbe wurden auf dem Hinterwagen, also dem Raketenwerfer, mitgeführt. Zur Bedienung waren ein 1 Unteroffizier und 6 Mann eingesetzt. Für die 3½zölligen Raketen diente ein 6spänniger Raketenwagen, Munition und Zubehör befanden sich in einem weiteren Wagen.[59)]
Nach einem preußischen Bericht des Hauptmann von Scheele über das dänische Raketencorps und die Leuchtraketen mit Fallschirm, scheinen die dänischen Raketen um 1830 noch mit einer Ramme geschlagen worden zu sein, wobei der Treibsatz vorher angefeuchtet wurde, dies scheint häufiger zum Krepieren der Raketen geführt zu haben. Auch schien man in Dänemark zu der Auffassung gelangt zu sein, daß der Stab in der Achse der Rakete einen unregelmäßigen Flug bewirkte.[60)] Durch diesen Bericht liegen auch die einzigen Angaben zu den dänischen Leuchtraketen mit Fallschirm vor, deren Leuchtzeit von 30 bis 45 Sekunden seitens des preußischen Beobachters als viel zu kurz beurteilt wurde. Der runde Fallschirm für den Leuchtkörper befand sich mit diesem unter einer Spitzkappe, mit dem Leuchtkörper war er verbunden „durch eine Spiralfeder, eine Holzscheibe und 6 Enden Bindfaden."[61)]
In der Folge wurden unter Mitwirken seines Assistenten, des Artilleriecaptajn Jakob Scavenius Fibiger,[62)] zwischen 1831 und 1833 72 Versuchsreihen durchgeführt, in denen insgesamt etwa 1.440 Raketen abgefeuert wurden,[63)] das gesetzte Ziel, eine genau treffende und zugleich weitreichende Rakete konnte jedoch nicht erreicht werden. Über diesen Zeitraum liegen genaue Unterlagen vor, da Oberst Meier alle Ergebnisse der Versuche in einem Tagebuch festhielt.[64)] Bei einem ersten Eintrag für einen Versuch mit 10 Raketen am 23. November mit 1½zölligen Raketen wurden unter 45° Elevation Reichweiten für den ersten Aufschlag von 330 bis 675 Ellen erreicht, die Seitenabweichung hierbei betrug aber zwischen 102 Ellen links und 15 Ellen rechts; hierbei scheint es sich aber um extreme Abweichungen gehandelt zu haben, da bei einem Versuch am 7. Dezember unter derselben Erhöhung die erzielten Reichweiten nur zwischen 480 und 660 Ellen mit Abweichungen zwischen 1 und 25 Ellen schwankten.[65)] Ähnlich wie auch in Preußen zu dieser Zeit wurde versucht, durch Verlagerung des Balancepunktes der Rakete sowie durch Änderungen der Länge und Form des Stabes die Treffgenauigkeit zu beeinflussen, jedoch ohne Erfolg. So ergaben sich am 19. Dezember bei einem Versuch mit 35 Raketen, von denen jeweils 5 annähernd identisch waren, mittlere Reichweiten der ersten Aufschläge, wiederum bei 45° Elevation, von 682, 594, 681, 704, 717, 626 und 725 Ellen, nur 2 Raketen hielten genau die Schußlinie ein, im Durchschnitt lag die Seitenabweichung um 30 Ellen. Im Januar 1832 modifizierte Meier den bisherigen Treibsatz aus 70 10/17 Teilen Salpeter, 20 10/17 Teilen Kohle und 8 14/17 Teilen Schwefel und wandte ein neues Mischungsverhältnis von 76 Teilen Salpeter, 14 Teilen Kohle und 10 Teilen Schwefel an. Wieder mit 45° Elevation wurden Raketen dann am 2. Januar mit quadratischen Stäben unterschiedlicher Länge von 7 bis 12 Ellen verschossen, die ersten Aufschläge ergaben mittlere Reichweiten bei dem 7-Ellenstab von 652 Ellen, bei einem 9-Ellenstab von 682, 615 und 646 Ellen, bei einem 10-Ellenstab von 654 und bei dem 12-Ellenstab von 620 Ellen.

Ellen erreichen konnten; Winter, rocketry, a.a.O., p. 84, gab als Kaliber der Raketen 1½ bis 3½ Zoll an und als Gewicht der Granaten 6- bis 24 pfündige sowie als Höchstreichweite etwa 3.000 m, auch wenn die wirksame Reichweite nicht über 1.000 m gelegen haben dürfte.

53) Mitteilung Forsvarets Arkiver, Søværnets Historiske Konsulent vom 10 Juli 1998

54) Johansen, a.a.O., S. 28, und: Jensen, a.a.O., S. 66; Meyer geb. 1777, gest. 23. 4. 1836

55) Jensen, a.a.O., S. 71: „. . . at kongen, . . . mente det bedst 'at lægge raketten til side'."

56) Christensen, a.a.O., S. 114

57) Jensen, a.a.O., S. 71

58) Johansen, a.a.O., S. 29 [Unsere Raketen sind nicht, was Schumacher daraus machen wollte, sie könne nichts werfen mit großer Elevation, ihre Bahn ist ungenau und zeigt eine große Seitenabweichung.]

59) Treårskrigen, a.a.O., S. 297; sowie: Defrasne, Fusées de guerre dans les armées européennes au XIXe siècle, in: Automobile et Tourisme, No. 3, 1974, p. 23

60) DHMB, Rep. Z 08, Stellungnahme des General v. Braun vom 10 März 1832 zu den Berichten des Hauptmann von Scheele vom 7. Dezember 1831 und vom 2 Februar 1832 [die Berichte sind nicht erhalten]: „Die Dänen laden hiernach ihre Raketen unter der Ramme, sie legen keinen Werth auf den Balancirpunkt, ihre Raketen senken sich beim Abgang; auch sollen sie dem Einfluße des Windes sehr unterworfen sein, und nach dem eigenen Geständniß der Officiere des Raketencorps den Englischen Raketen nachstehen. Es geht hieraus hervor, daß die Fabrication der Raketen in Dänemark noch auf einer sehr niedrigen Stufe steht, und daß daher in der Hauptsache für uns von den Dänen nichts zu erlernen ist. . . . Bemerkenswerth ist die Angabe, daß der Stab in der Axe der Rakete einen unregelmäßigen Flug veranlassen soll. Wenn die Dänen Erfahrungen solcher Art gemacht haben, so kann der Grund hiervon füglich nicht in der Axenstellung des Stabes an sich, sondern wohl nur darin liegen, daß durch die Verbindung des Stabes mit der Rakete, bei dieser Stellung, das freie Ausströmen des entwickelten Gases immer mehr oder weniger behindert wird. Daß nach einer 2ten Angabe das Anfeuchten des Satzes ein häufiges Crepiren der Raketen veranlaßt, mag seine Richtigkeit haben, wenn die Anfeuchtung stark ist, und das Trocknen der Rakete nicht mit großer Vorsicht betrieben und übereilt wird."

61) ibidem, Bericht über die dänischen Leucht- und Fallschirm-Raketen, Lieutenant Hiemke, Spandau, den 3 März 1832 (Anlage zu dem o.a. Bericht des General v. Braun)

62) Fibiger wurde anschließend von König Frederik VI auf eine größere Auslandsreise entsandt, wurde 1842 Lehrer an der Artillerieschule und war im Krieg 1848 - 1850 Chef der Artillerie des Feldheeres sowie anschließend Kriegsminister (E. Eriksen, Krudtværket, a.a.O., S. 158)

63) Jensen, a.a.O., S. 73

64) KGK, Journal over Prøver og Forsøg foretagne med Raketter begyndt den 4° November 1831 (afsluttet 26. September 1833) [sein Assistent, Fibiger, hat auf der Titelseite dieses Journals unter der Ortsangabe Frederiksvork vermerkt, daß dieses von Oberst Meier geführt wurde]; dieser Handschrift sind auch die folgenden Versuchsergebnisse entnommen.

65) Die Maßangaben sind im Journal nicht durchgehend angegeben, es kann sich bei diesen Entfernungsangaben aber nur um „Ellen" handeln.

Am 30. März wurden wieder 35 Raketen, diesmal aber mit unterschiedlicher Elevation, abgefeuert, bei 45° wurde eine mittlere Endreichweite von 1.684 Ellen, bei 38° von 1.588, bei 25° von 1.546 und bei 20° von 1.373 Ellen erreicht; die Seitenabweichungen reichten jedoch bis 160 Ellen und nur bei 20° Elevation überschritten sie nicht 100 Ellen. Die Fortsetzung des Versuches am 2. April erbrachte für Elevationen von 15° dann eine mittlere Reichweite von 1.081 Ellen, bei 10° von 967 und bei 5° von 851 Ellen, aber auch bei diesen Erhöhungen reichte die Seitenabweichung von 1 Elle bis 100 Ellen. Der Treibsatz scheint in der Folge nicht geändert worden zu sein, das Problem der Längen- und Seitenabweichung ließ sich aber nicht lösen. So ergab ein Versuch mit 15 Raketen am 17. Juli 1832 bei 10° Elevation Reichweiten von 902 bis 1.230 Ellen, bei einer mittleren Reichweite von 1.150 Ellen jedoch wiederum eine größte Seitenabweichung von 106 Ellen. Auch am 29. September versuchte Meier wieder Raketen mit unterschiedlichen Stablängen, diesmal mit 6, 9 und 12 Fuß Länge, die Reichweiten der unterschiedlichen Raketen unterschieden sich jedoch nicht signifikant, sie betrugen zwischen 1.346 und 929 Ellen bei 30° Elevation, auch die Seitenabweichungen reichten bei allen Stablängen bis zu 95 Ellen. 1833 versuchte er eine erneute Reduzierung der Länge des Stabes und verschoß am 5. März Raketen mit 3pfündigen Granaten, wobei 10 Raketen einen Stab von 6 Fuß Länge und 5 Raketen einen von 3 Fuß 8 1/2 Zoll Länge trugen: die Raketen mit dem längeren Stab reichten bei 5° Elevation von 410 bis 686 Ellen, die mit dem kürzeren Stab von 570 bis 830 Ellen beim 2. Aufschlag, bis auf 2 Raketen mit einer Seitenabweichung von 98 und 50 Ellen lag die der anderen zwischen 7 und 45 Ellen. Ähnliche Ergebnisse wurden auch bei den folgenden Versuchen gemessen. Beim letzten Eintrag im Journal für den 26. September 1833 wurde der Verschuß von 13 1 1/2zölligen Raketen unter 5° Elevation protokolliert, auch hier reichten die Schußentfernungen der ersten Aufschläge von 421 bis 960 Ellen, die Reichweiten beim Liegenbleiben der Raketen von 760 bis 1.140 Ellen und die Seitenabweichungen von 15 bis 57 Ellen, während sie unter 45° bis zu 220 Ellen bei einer Reichweite von 1.774 Ellen betrugen. Ähnlich wie auch in anderen Staaten konnte das Problem der Treffgenauigkeit der Raketen nicht gelöst werden. Daneben wurden auch Schumachers Leuchtraketen weiterentwickelt und, nunmehr mit Fallschirm versehen, eingesetzt. Diese Fallschirmraketen, die an Stelle des Projektiles der Kriegsraketen eine Spitzkappe trugen, in der zusammengefaltet der Fallschirm lag, besaßen eine Hülse aus starkem Papier. Der Leuchtsatz war so stark, daß man ihn noch bis auf 30 km sehen konnte.[66] Zusätzlich wurden größere Raketen getestet, sowie Raketen mit Flügelstabilisierung und erste Rotationsraketen versucht.[67]

Bedingt durch die Einführung der Espingolen wurde 1826 das Raketkorpset umgegliedert, es umfaßte nunmehr 6 Offiziere, 9 Unteroffiziere, 2 Hornisten und 120 Mann (im Kriegsfall 240 Mann) und bestand aus einer Raketen- und einer Espingolenbatterie.[68]

In diese Zeit - 1830 - fällt auch die Erfindung der Gewehrraketen durch Foss, eine Entwicklung, die dann in Deutschland nach Ankauf der Konstruktion fortgeführt wurde.[69] In Dänemark wurde diese Waffe ebenfalls eingeführt, wobei etwa 40.000 Stück für das Heer fabriziert wurden, diese Waffen scheinen sich später im 1. Schleswigschen Krieg bewährt zu haben.[70]

1834 resignierte Meyer und nach seinem Tod am 23. April 1836 wurden 1838 unter seinem Nachfolger Oberstløjtnant Joakim Theodor Lundbye die Versuche eingestellt, „da deres sikkerhet ikke står i Forhold til deres Kostbarhed."[71]

Parallel zur Raketenentwicklung hatte seit etwa 1817 die Entwicklung der Espingolen stattgefunden; nachdem die Feldverwendbarkeit dieser neuen Waffe hergestellt worden war, es aber offensichtlich war, daß die Leistungen der Raketen nicht gesteigert werden könnten, wurde 1840 das Raketenkorps auf 8 Espingolen umgerüstet, behielt aber zunächst weiterhin 4 Raketen-„Orgel"-Geschütze für 1 1/2zöllige Raketen mit 3 pfündigen Granaten. Am 13. Juni 1841 wurde das Kommando nach dem Tode Lundbys an Kaptajn Laurids Martin Meincke übertragen, der bereits als Løjtnant im Raketencorps gedient hatte.[72]

Als 1842 das stehende Heer zugunsten einer Landwehrorganisation reduziert wurde, wurde zunächst vorgeschlagen, aus Kostenersparnisgründen das Raketenkorps zu einer reinen Espingolen-Batterie als Bestandteil der Artillerie umzugliedern, es kam aber dann am 1. Juli zur vollständigen Auflösung des Korps.[73] Die Produktion der Espingolen und Raketen wurde zunächst jedoch beibehalten und durch das Feuerwerkslaboratorium weitergeführt.[74] Kaptajn Meincke wurde mit dem Charakter als Major verabschiedet. Mit königlicher Resolution vom 23. September 1843 wurde dann aber angeordnet, die Raketenherstellung einzustellen, die Fähigkeiten zu ihrer Herstellung sollten jedoch erhalten bleiben und auch ihr Einsatz sollte weiterhin geübt werden.[75] Am 23. Februar des Folgejahres wurde die Verlegung der Raketenfabrik mit ihren Maschinen und Feuerwerkern nach Kopenhagen befohlen, während die Raketenwerfer in Frederiksværk zu verbleiben hatten, um sie dort für Ausbildungszwecke bereitzuhalten.

Als 1848 der Krieg um Schleswig-Holstein ausbrach, stellte man fest, daß nur etwa 20 Raketen verfügbar waren; da aber sowohl das Material als auch die Kenntnis der Raketenherstellung bewahrt geblieben war, konnte man rasch wieder mit der Produktion beginnen, zumal auch noch 4 Raketenwerfer von 1844 einsatzbereit waren.[76] Die Raketenproduktion sollte sofort wiederaufgenommen werden, 300 1 1/2zöllige Raketen mit 6pfündigen Granaten sowie 100 3 1/2zöllige Raketen teils mit 24pfündigen Granaten teils mit Brandhauben sollten hergestellt werden, dazu die erforderlichen Raketenwagen. Die Produktion scheint sich jedoch verzögert zu haben und erst 1849 standen die 1 1/2zölligen und ein erster Teil der 3 1/2zölligen Raketen zur Verfügung, zusätzlich waren Leuchtraketen mit und ohne Fallschirm hergestellt worden.[77] Auch die Produktion der Gewehrraketen wurde wieder aufgenommen. Im August 1848 wurde dann eine gemischte Batterie mit Espingolen und Raketen nach Als verlegt.

Am 12. Juni 1849 wurde einer der aus dem Raketencorps stammenden Wagen dann einer Feldbatterie zugewiesen und so am 6. Juli bei Fredericia eingesetzt, wo mit ihm etwa 10 Brandraketen auf feindliche Infanterie bei Heise kro abgefeuert wurden. Der Führer dieses Raketenkommandos mußte sich jedoch anschließend über den schlechten Ausbildungsstand seiner Mannschaft beklagen.[78] In diesem Krieg scheint es dann nur noch am 25. Juli 1849 und am 2. Oktober 1850 bei der Beschießung Friedrichsstadts zu weiteren Einsätzen der Raketen gekommen zu sein; ob sie am 24. Juli 1850 bei Idstedt eingesetzt wurden, erscheint fraglich.[79] Ebenso wurde von der Marine kurzfristig ein

---

66) Treårskrigen, a.a.O., S. 297
67) Jensen, a.a.O., S. 73
68) Vaupell, a.a.O., S. 427
69) siehe Abschnitt "Die deutschen Staaten, Großherzogtum Baden, Königreich Württemberg und Königreich Preußen"; dort sind auch die Gewehrraketen beschrieben.
70) Johansen, a.a.O., S. 30
71) Johansen, a.a.O., p. 29 [da ihre Treffsicherheit in keinem Verhältnis zu den Kosten stünde], Lundbye wurde am 27. April 1836 zum Chef des Raketencorps ernannt (Mitteilung Forsvarets Arkiver, Søværnets Historiske Konsulent vom 10 Juli 1998)
72) Johansen, a.a.O., S. 28, sowie: Vaupell, a.a.O., S. 716
73) Teisen, a.a.O., S. 138
74) Morawietz, a.a.O., und: Johansen, a.a.O., S. 51
75) Johansen, a.a.O., S. 51
76) Treårskrigen, a.a.O., S. 295
77) Treårskrigen, a.a.O., S. 296
78) Treårskrigen, a.a.O., S. 297, und: Johansen, a.a.O., S. 52
79) Friedrichstadt wurde nur bei: Teisen, a.a.O., S. 143, erwähnt. Idstedt ist nur bei Winter, rocketry, a.a.O., p. 84, erwähnt, möglicherweise liegt hier ein Mißverständnis vor, da es bei: Teisen, a.a.O., S. 142, hieß, daß die Raketen in diesem Krieg bis zur Schlacht bei Idstedt genutzt worden wären; dabei schrieb Teisen den Raketeneinsatz bei Friedrichstadt der preußischen Raketenbatterie zu, dies muß aber ein Irrtum sein, da die preußischen Truppen Schleswig-Holstein bereits 1849 verlassen hatten. In: o.Verf.,

Raqvetist
(Bild: Tojhusmuseet)

Capitain ved Raqvetcorpset
(Bild: Tojhusmuseet)

Kanonenboot („Kanonchalup") für das Verschießen von Raketen umgerüstet, es ist aber wohl nicht zum Einsatz gekommen.[80]
Im Spätherbst 1848 wurden erste Versuche mit Hales Rotationsraketen angestellt und es scheint auch ein Vertrag mit Hale abgeschlossen worden zu sein, nach dem eine gewisse Menge Raketen an Dänemark geliefert wurde. Ob diese oder Raketen eigener Fertigung im folgenden Krieg eingesetzt wurden, konnte nicht festgestellt werden.[81]
Am 26. März 1855 befahl das Kommando der Artilleriebrigade, daß im Falle einer Mobilmachung das Artillerieregiment Personal an das Laboratorium für die Fertigung und Bedienung der Raketen abzustellen habe; dieser Weisung wurde vom Zeugetat am 31. Mai mit dem Hinweis widersprochen, daß die Raketen wohl zu gewissen Zeiten eine wirksame Waffe gewesen wären, es sich aber in Versuchen und im Kriege gezeigt hätte, daß sie weder Wirkung noch Bedeutung besäßen, da die Treffsicherheit und auch ihre Wirkung zu gering, die Produktion dagegen schwierig und teuer wäre und sie überdies nicht über längere Zeit gelagert werden könnten. Raketen wären allenfalls zum Signalisieren und zur Beleuchtung des Geländes von Nutzen.[82]
Die Durchführung weiterer Versuche wurde abgelehnt. Damit scheinen die Kriegsraketen in Dänemark seit dieser Zeit endgültig außer Dienst gestellt worden zu sein.[83]

Die Schlacht bei Idstedt am 24sten und 25sten Juli 1850, in: Beiheft zum MWBl, Juli - September 1851, wurde weder die Beteiligung einer Raketeneinheit noch ein Raketeneinsatz erwähnt.

80) Jordening, a.a.O., S. 548

81) lw., Raketenversuche in der Schweiz 1849, in: Schweizer Artillerist, Nr. 5/1961, S. 8 (Nachdruck eines Artikels aus „Neue Zürcher Zeitung" v. 24. Januar 1849: „Hale's Tagentialraketen"); nach: Winter, rocketry, a.a.O., p. 85, befindet sich eine dieser Raketen im Tøjhusmuseet, København.

82) Jensen, a.a.O., S. 73: „Raketterne har til forskellige tider været omtalt som et virksomt våben, men hverken ved forsøg eller i selve krigen have de vist nogen virkning af betydning. Skudsikkerheden er meget ringe, intrængelsen liden i almindelighed, fabrikationen vanskelig og bekostelig. Raketter har derfor væsentlig kun betydning til signaler og belysning af terrainet."

83) Für den Krieg 1864 sind sie gem. E. Eriksen, Tøjhusmuseets Bog om 1864, København 1964, nicht mehr eingesetzt worden, nach einer Mitteilung des Tøjhusmuseet vom 09.06.1999 waren ebenfalls dänischerseits nur 16 Kanonen und keine Raketen eingesetzt, dagegen schrieb Dolleczek, Geschichte der Österreichischen Artillerie von den frühesten Zeiten bis zur Gegenwart, Wien 1887, S. 636, zum Gefecht bei Vejle (7. März 1864): Das Gefecht sei durch 2 Geschütze der 4pfündigen Fußbatterie Nr. 4 eingeleitet worden, erste Schüsse hätten in ein angreifendes dänisches Cavallerie-Regiment getroffen, das sofort umgekehrt wäre. „Um 2 1/2 Uhr war die ganze Batterie in Feuerlinie gegen 3 dänische Batterien (eine 4 Pf. gezogene, eine 12 Pf. glatte und eine Raketenbatterie) auf dem Windmühlenberg entwickelt und bekämpfte diese mit Erfolg." Auch in: o. Verf., Die Gefechte bei Veile am 8. Mai 1849 und am 8. März 1864, in: ÖMZ, 1864, 2. Bd., S. 307, wurde angegeben, daß die dänische Artillerie über Raketen in diesem Gefecht verfügt habe: „. . . . den Dänen hingegen standen nur eine gezogene 4-Pfünder-, eine glatte 12-Pfünder-Batterie und einige Raketen zur Verfügung.", ebenso: K. von Elgger, Die Kriegsfeuerwaffen der Gegenwart, Leipzig 1868, S. 224, Elgger sprach hier von „einigen Raketengeschützen" [möglicherweise handelte es sich hier um die angesprochenen Raketen Hales, der Verf.]

Nachtrag:

ergänze zu Fußnote 16)
J. C. Hedegaard, Reskripter, Resolutioner og Collegialbreve den danske Krigsmagt til Lands angaaende, syvende Deels forste Hefte, Kiøbenhavn 1821, S. 45. „Hans Majestæt Kongen under 31de f. M. allernaadigst har resolveret, at Corpset og Fabrikken maa forlægges fra Frederiksværk til Korsøer og Lilleøe."

ergänze zu Fußnote 47)
für den See-Dienst waren vom Corps 2 Unteroffiziere und 8 bis 10 Mann bestimmt. (Hedegaard, a.a.O., Siette Deels andet Hefte 1816, S. 435, 13 April), die Dienststärke, Entlassungen und Ersatz wurden mit Kongl. Reskript vom 2 Junii geregelt (Hedegaard, a.a.O., S. 460 f.), hiernach waren 18 Mann ständig im Dienst, 36 Mann konnten zu Übungen kurzfristig einberufen werden, weitere 18 Mann konnten nur für den Felddienst gerufen werden. Die beurlaubten Soldaten waren verpflichtet, jede Änderung des Aufenthaltortes sofort zu melden.

ergänze zu Fußnote 49)
J. C. Hedegaard, a.a.O., syvende deels andet Hefte 1818, S. 30, Kongl Resol. 22 Martii 1818 (sowie: S, 71, 14 Julii); hiernach wurde die Friedensstärke des Corps verringert und nur noch für den Landdienst festgesetzt („Ifølge heraf, skal Corpset herefter bestaae af 12 Constabler og 96 Underconstabler, som alle anvendes til Landtjenesten"), zur neuen Stärke für 1822: Hedegaard, a.a.O., niende deels andet hefte 1822, S. 163, 3 August: „om Corpset maa og skal fra saadan Tid indeholde 2 Fyrværkere, 3 Sergeanter, 4 Bombarderer, 2 Hornblæsere, 12 Constabler og 13 Underconstabler fra 1821 samt 17 dito fra 1822 til Tjeneste."

ergänze zu Fußnote 68)
Am 28.11. 1826 wurden die neue Stärke und die jährlichen Gagen festgesetzt, Das Raket-Corpset bestand nunmehr aus seinem Chef (636 Rbd), einem Stabscapitain (472 Rbd), 1 Premierlieutenant (330 Rbd). 1 älteren und 1 jüngeren Secondelieutenant (263 bzw. 210 Rbd) und einem Laboratorie-Lieutenant (295 Rbd), à la suite standen 1 Stabscapitain sowie 1 Premier- und 1 Secondelieutenant. Dazu: 2 Fyrværkere (jeweils gesamt: 267 Rbd 64 ß), 3 Sergeanter (255 Rbd, 48), 4 Bombarderer (267 - 64), 12 Constabler (730), 2 Hornblæsere (121 - 64), 120 Underconstabler (4,380), 1 Mester (133 - 80, mit einer Zulage von 109 - 48), 6 Svende (657 mit einer Zulage von 438) und 2 Kudske (73-). Für das Jahr, ohne Fourage, waren für das Corps 7,591 Rbd 94 2/5 ß eingeplant. (Hedegaard [Hg], Reskripter, Resolutioner og Collegialbreve, den danske Krigsmagt til Lands angaaende, Ellevte Deels andet Hefte 1826, Kiøbenhavn 1828), S. 190 ff.)

ergänze zu Fußnote 81)
Nach Aussagen der britischen Zollbehörden im Rotherhithe-Prozeß gegen William Hale waren 1849 unter dem Namen von Hales Bevollmächtigten, M. Nottingham, mehrere Kisten Raketen im Werte von jeweils £ 200.- exportiert worden, davon eine nach Copenhagen.

5. Kaiserreich Österreich

Österreich war die erste europäische Großmacht, die nach Großbritannien Raketen in die Armee einführte. Hier war es wiederum ein Mann, wie Congreve im Vereinigten Königreich, der - von der Wirksamkeit dieser neuen Waffe überzeugt - deren Entwicklung vorantrieb und erreichte, daß die österreichische Armee über die wohl umfangreichste Raketentruppe der Welt im 19. Jahrhundert verfügte, die zudem über einen Zeitraum von fünfzig Jahren an fast jedem Einsatz der Armee beteiligt war.

a. Augustin und das Entstehen der Raketenanstalt

Als die Nachrichten von den englischen Raketeneinsätzen und ihrer Wirkung gegen Boulogne und Kopenhagen Wien erreichten, befaßte sich sogleich die österreichische General-Artillerie-Direction mit der Frage, ob diese neue Waffe auch für die österreichische Armee erforderlich wäre. Bereits im März 1808 wurde die Frage positiv entschieden. Am 7. März 1808 wurde der Oberfeuerwerker Mager vom Feldzeugmeister Graf Colleredo beauftragt, probeweise 24 Raketen herzustellen. Dieser konstruierte 2zöllige Raketen, deren Hülsen er bereits im Gegensatz zu Congreve, der zuerst Papier verwendet hatte, aus Eisenblech fertigte. Die ersten Versuche, die schon am 24. März auf der Simmeringer Heide in Gegenwart Erzherzog Carls erfolgten, verliefen zufriedenstellend.[1]

Die Entwicklungsarbeiten wurden aber dann aufgrund der Kriege 1809 und 1812 bis 1813 zunächst eingestellt.[2]

Der Einsatz des britischen rocket-troop bei Leipzig 1813 bewirkte den Neubeginn der Entwicklung und führte schließlich zur Aufstellung der österreichischen Raketenartillerie. Augenzeuge bei diesem Einsatz war der junge österreichische Major im Generalquartiermeisterstab Vinzenz Augustin,[3] der in dieser Schlacht eine gemischte Truppenabteilung führte und sofort von der Bedeutung der Raketen überzeugt war. Nach der Schlacht erlebte er, dem Kronprinzen von Schweden, Marschall Bernadotte, in besonderer Mission zugeteilt, bei dem folgenden Feldzug der Schweden in Norddeutschland nochmals den Einsatz der Congrevschen Raketen bei den Belagerungen von Glückstadt und Friedrichsort. Nach dem Fall der Festungen wurde er mit dem Ritterkreuz des schwedischen Schwerterordens ausgezeichnet. 1814, nach dem Pariser Frieden, wurde Augustin zunächst in diplomatischer Mission im Gefolge Metternichs in Paris und London verwendet, wo er die Gelegenheit nutzte, sich in das Congrevesche Raketensystem einweisen zu lassen.[4] Von April bis Juni war er zum österreichisch niederländischen provisorischen Ländergouvernement in Brüssel abgestellt.[5] Nach seiner Rückkehr trat er unter den unmittelbaren Befehl des Generalmajor Graf Radetzky, der als Chef des Generalstabes unter Fürst Schwarzenberg diente. Augustin trug Radetzky über die Wirkung und Einsatzmöglichkeiten der Raketen vor und es scheint ihm gelungen zu sein, diesen zu überzeugen.

„Die Congrevischen Raketten hingegen, sagt dieser Major [Augustin], sind bloß das Mittel - nur das forttreibende Mittel, überall, wo weder Pferd noch Wagen hinkommen kann, ein Artillerie-Feuer zu entwickeln, welches nicht nur den Feind in die größte Bestürzung setzen, sondern ihm zugleich Kugeln, Granaten, Kartätschen, Pulversäkke, roche-a-feu, selbst glühende Kugeln und Brandzeug, unerwartet in die Reihen bringt, und folglich Schrecken und Verheerung verbreitet. Dieses Geschüzz hat ferners noch die Eigenschaft Granaten und Kartätschen in horizontaler Richtung bis auf 2.000 Schritte zu schleudern, und zwar läßt sich durch einen in Dänemark erfundenen Bohrer die hohle Seele der Rakette dergestalt modificiren, daß man mit derselben Rakette ebensowohl Granaten und Kartätschen auf die erwünschte Distanz von 2.000 Schritten, als auch auf 1.000, 500, 300 und 150 bringen kann."[6]

Am 8. Februar 1815 reichte Augustin eine erste umfangreichere Denkschrift „Über die Natur und das Wesen der neuesten Kriegs-Raketten" ein. In ihr stellte er vor allem die Vorteile der Rakete heraus:

„Die Kriegs-Rakette ist ein ballistisches Mittel und kann als solches zur Bewegung eines jeden Projektilen angewandt werden. Man kann daher die Rakette als Surokat der Pulverladung in einer Kanone ansehen. . .Die Kriegsraketten bedürfen keines schweren Richtungs-Apparats, weil sie sich selbst forttreiben ohne eine merkliche Bewegung

---

1) F. Lünsmann, Kriegsraketen zu Beginn des 19. Jahrhunderts, in: ZfH 1936, S. 79, und: A. Dolleczek, Geschichte der österreichischen Artillerie, Wien 1887, S. 349, ebenso: H. Kerchnawe, Ehrenbuch unserer Artillerie, Wien 1935, S. 70, sowie: A. Semek, Geschichte der K. und K. Wehrmacht, IV. Band, I. Teil, Wien 1898-1905, S. 193; Anton Mager, geb. 1762, 1782 Soldat, 1800 Oberfeuerwerker und Hauptmann, 24.07.1813 Oberstlieutenant und Kommandant des Bombardiers-Corps, 16.04.1815 Oberst, gestorben 1834 in Graz als General (Angaben nach: P. Bret, La fusée de guerre pendant la période révolutionnaire et impériale, Aix-en-Provence 1971, p. 107); noch vorhandene, magazinierte Raketen fielen den französischen Truppen 1809 bei der Besetzung Wiens in die Hände und wurden von Capitaine Jacquier untersucht; nach seinem Bericht scheint es zwei Raketentypen gegeben zu haben: eine zweizöllige, deren Hülse 6 pouces 7 lignes lang war mit einem inneren Durchmesser von 23 lignes sowie eine weitere mit einer Hülsenlänge von 23 pouces, 21 lignes äußerem und 18 lignes innerem Durchmesser; die Beschreibung ist recht genau, es fehlte jedoch eine Analyse des Treib- und Brandsatzes (AdAV, 2.c.7, Description des fusées incendiaires trouvées dans les Magasins de Vienne, 1809)

2) H. Meynert, Geschichte des Kriegswesens und der Heeresverfassungen in Europa, Wien 1868, S. 309 datierte die Errichtung des Raketeurcorps irrtümlich bereits auf 1812. Wie aus der folgenden Schilderung ersichtlich kann dieses Datum nicht stimmen.

3) Augustin, geb. zu Pest 27.03.1780, gest. 06.03.1859; 1794 Eintritt ins D'Alton-Infanterie-Regiment No.15, 1798 Lieutenant (vorzeitig, wegen seines hervorragenden Verhaltens in der Affaire am Luziensteig in Graubünden [nach: Kerchnawe, a.a.O., S. 10 erst 1799]), 1800 kurz in italienischer Kriegsgefangenschaft, ausgetauscht und zum Oberlieutenant befördert, 1803 Professor für Mathematik und Triangulierung an der Militair-Akademie, dabei Erarbeiten einer Instruktion für die Landesvermessung, die angenommen wurde und 1810 in Kraft trat, 1808 als Hauptmann zur Pioniertruppe kommandiert, 1809 zum Generalquartiermeisterstab des Erzherzog Carl kommandiert, eingesetzt bei Aspern und Wagram, nach der Schlacht bei Chulm zum Major im Generalquartiermeisterstab ernannt, 1813 zum Gefolge des schwedischen Kronprinzen kommandiert, 14.11.1817 Übertritt zur Artillerie als Oberstlieutenant und Commandant des neuen Feuerwerkerkorps, 06.04.1821 Oberst, 16.04.1821 Baron, 1831 Generalmajor, 1838 Feldmarschall-Lieutenant, 4.12.1849 Feldzeugmeister und General-Artillerie-Director, 20.12.1858 aufgrund eigenen Antrages wegen Krankheit aus dem Dienst geschieden. (Angaben nach: Kalmár, A Hadiröppentyü története, in: Hadtörténelmi Közlemények, XL, Budapest 1936, S. 81 f., sowie: Kerchnawe, a.a.O., S. 10 f.)

4) Lünsmann, a.a.O., Augustin wurden in Woolwich die Raketen aber nur vorgeführt, einen tieferen Einblick in die Herstellung erlangte er nicht. Er selbst schrieb: „. . . was ich selbst in England gesehen hatte." (ÖSK-Mem 13 - 338/5, Brief an Schwarzenberg vom 6. Dezember 1815). v. Khuepach / v. Bayer berichten in ihrer Geschichte der österreichischen Kriegsmarine (Geschichte der K. K. Kriegsmarine während der Jahre 1814 - 1847, Die Österreichisch - Venetianische Kriegsmarine, Graz - Köln, 1966), Augustin habe in Kopenhagen und England, als einfacher Arbeiter getarnt, die Herstellung der Raketen erlernt. Auch Kalmár (a.a.O., S. 82) macht diese Angabe für die Zeit nach 1809, jedoch ohne Beleg. Zeitlich läßt sie sich in Augustins sonstige Tätigkeiten nicht einordnen und widerspräche auch der politischen Lage, abgesehen davon, daß Schumacher in Dänemark erst ab 1811 zur Produktion der Raketen schritt.

5) F. H. Baer, Ein Beitrag zur Geschichte der Kriegsraketen, o. O., 1978, S. 10; Baer führte eine Beurteilung Augustins durch Oberst Welden vom 5. September 1813 an: „Recht gründlicher Mathematiker, verfügt über ausgedehnte Kenntnisse der Mechanik, Chemie, Mineralogie und aller militärischen Wissenschaften. In der Geographie, Geschichte und Statistik bewundernswert. In der Kartographie und Situationszeichnen ungeübt. Spricht: Deutsch, italienisch, französisch, tschechisch, lateinisch. Reitet ziemlich gut." (ibidem)

6) ÖSK-Mem. 13- 218, Schreiben an den Commandierenden der Hauptarmee, Fürst zu Schwarzenberg, ohne Datum

Feldmarschall Augustin (Heeresgeschichtliches Museum, Wien)

ihrer Richtungs-Maschine zu ertheilen. Diese können demnach leicht und einfach sein. Leichte Raketten (6 und 12 Pf.) können sogar mit Laffette durch Menschen bewegt werden."

Ferner betonte er die größere Reichweite, die höhere Feuergeschwindigkeit und auch die moralische Wirkung dieser Waffe. Ähnlich wie Congreve stellte er auch einen Kostenvergleich an, wobei er zu dem Schluß kam, daß zwar eine einzelne Rakete teurer als ein Einzelschuß der Kanone wäre, die Raketenwaffe als System jedoch erheblich billiger.[7]

Zumindest erhielt er durch Radetzkys Eintreten die Genehmigung Metternichs sich auch über die Herstellung der Schumacherschen Raketen mit königlich dänischem Einverständnis, das auf des Kaisers - nach einigem diplomatischen Druck - Wunsch erfolgte, in allen Einzelheiten zu informieren.[8]

Ein solches Entgegenkommen eines Staates, in diesem Falle Dänemarks, war höchst ungewöhnlich, auch wenn bereits vorher, wenn auch widerwillig, die Franzosen als Verbündete in die Geheimnisse der Raketenfertigung eingewiesen worden waren, da in fast allen europäischen Staaten - so auch in Dänemark - die Raketenfertigung unter höchster Geheimhaltung verlaufen ist. Die Einweisung sollte zunächst an Ort und Stelle bei Wien erfolgen, da es aber den Anschein hatte, daß sich auch andere Mächte, insbesondere Rußland dafür lebhaft interessierten, wurde diese Absicht fallen gelassen.[9] Mit Schumacher wurde mit Einverständnis des dänischen Königs ein geheimer Reiseplan vereinbart, wobei sich Augustin und Schumacher im dänischen Altona treffen sollten.[10] Am 15. März 1815, nach Wien zurückgekehrt, erhielt Augustin den endgültigen Befehl, auf dem Steinfelde bei Wiener Neustadt, 6 Meilen von Wien entfernt, ein Laboratorium zur Raketenherstellung „fabrikmäßig einzurichten, und sogleich 2 fahrende, und 2 leichte Fuß Batterien auszurüsten."[11] Auf Vorschlag Augustins[12] war bereits am 24. Februar 1815[13] dort auf Veranlassung des Fürsten Schwarzenberg ein Grundstück von 100 Joch Gemeindegrund bereitgestellt und mit dem Bau der Anlage begonnen worden. Noch vor seiner Abreise nach Kopenhagen wurde mit dem Bau der Pulvermühle und der Beschaffung der Destillierkessel begonnen, wofür zunächst 10.000 Gulden für erforderlich gehalten wurden.[14] Zunächst standen Augustin hier nur 2 Individuen aus der Artillerie und ein kleines Pionier - Detachement zur Verfügung, dieses Personal wurde aber rasch verstärkt. Bis Ende März waren die ersten Bauten fertig, wofür knapp

7) ÖSK-Mem. 13-218, da die Bedienung der Raketen anders als die der Geschütze erfolge, betonte er hier auch erstmals die Notwendigkeit, eine eigene Truppe zu bilden.

8) Allmeyer / Beck / Lessing, Die K.(u.)K.-Armee 1848-1914, Gütersloh 1980, Lünsmann, a.a.O., und: W. Nemetz, Die Kriegsraketen im österreichischen Heere, in: Mitteilungen des österreichischen Staatsarchivs 10/1957 S. 261; nach: Semek, a.a.O., S. 193, hat Augustin bereits Ende 1814 in Wien den Seekapitän Schumacher, der zu dieser Zeit Direktor zweier Raketenbatterien war, kennengelernt. Die Genehmigung des dänischen Königs wurde am 18. Januar 1815 erteilt, Schumacher erhielt am 24. Januar den Auftrag, österreichischen Offizieren in Kopenhagen die Gebrauchsweise, die Construction und die Maschinen für die Fertigung der Raketen zu zeigen. (ÖSK-Mem. 13-218, Schreiben an General von Langenau vom 24. Januar 1815), mit Augustin sollten zunächst der Lieutenant Burkhardt, der Feuerwerker Zilke und der Mechanikus Sadtler reisen. Nach einem Präsidialvortrag vom 11. Februar wurde einer Stellungnahme Erzherzogs Johanns vom 31. Januar folgend, die Reise genehmigt, jedoch nur für Augustin und den Feuerwerker Zilke. (ÖSK-Mem. 13-218)

9) ÖSK, Mem. 13-218, „. . . daß diese Arbeit einige Meilen von hier geschehen müsse, um von den Russen nicht bemerkt zu werden, weil aus Unvorsichtigkeit der Rosenkranz an der Tafel bei Rasumofsky . . . öffentlich erzählt wurde, daß der dänische See-Kapitain und Raketier-Direktor hier aus Kopenhagen anwesend sei; worauf Alexander sogleich die heftigsten Insumalationes machen ließ, welchen der König nur mit Mühe ausgewichen ist." (das Schreiben liegt leider nicht vollständig vor)

10) Augustin meldete an Fürst Schwarzenberg als Präsidenten des Hofkriegsrates folgenden Reiseplan: „1. Um die Verhältnisse, die zwischen der Abreise des Herrn von Schumacher und der des Major Augustin bestehen, möglichst zu verdekken, reiset M. Augustin etwa am 20ⁿ oder 25ⁿ Februar von hier nach Hamburg. 2. Vor der Abreise erhält M. Augustin durch General v. Bülow die Auskunft, welchen Tag Schumacher in Dänemark sein wird. 3. M. Augustin reiset unter dem Namen v. Augusty. 4. M. Augustin deponirt nach seiner Ankunft in Hamburg seine Adresse bei Herrn Polizeymeister v. Aspern in Altona, allwo ihn H. Schumacher zu finden wissen wird." (ÖSK-Mem. 13-338/4) An Reisekosten erhielt Augustin 400 Dukaten in bar sowie Credit-Briefe über die gleiche Summe, das Geld sollte auch für kleinere Geschenke dienen. Für die „Equipierung der Artilleristen in Civil-Kleider" sollten noch 2.000 Gulden zur obigen Summe hinzukommen. (ÖSK, ibidem)

11) ÖSK. Mem. 13-218, Bericht Augustin an General d. Kavallerie v. Stipschitz vom 21. May 1815

12) Augustin hatte in einer Eingabe an Fürst Schwarzenberg auf diese Gegend hingewiesen: „Das Lokale daselbst dürfte aus folgenden Gründen das besste sein: 1. Ist eine große Ebene daselbst zur Experimentirung. - 2. Sind auf der Straße von da nach Neukirchen junge Fichten-Wälder, die man zu den Balancier-Stäben benüzzen würde, ohne den Wald-Anlagen zu schaden, weil nur die Auswüchse genommen werden.- 3. Hat man im nahen Gebürge daselbst das nöthige Holz zur Kohlen-Distillation. - 4. Ist hier der vorläufige Bau einer Pulver-Mühle um so weniger auffallend, da deren in der Gegend schon existieren. - 5. Die in Zukunft nöthigen Bauten dürften durch die Pionniere daselbst errichtet werden können. So wie die Wache gleich die Garnisson versieht. - 6. Wäre die Anstalt nahe genug bei der Residenz, also im Herzen der Monarchie, wohin sie ihrer Wichtigkeit wegen in mancher Rücksicht gehört" (ÖSK-Mem 13-338/4) In einem ersten Schreiben vom 16. Februar 1815 hatte Augustin jedoch noch mehr die verkehrsgünstige Lage und den verfügbaren Raum für Schießübungen hervorgehoben (ÖSK-Mem. 13-218)

13) Datum des Commissionsprotokolls zwischen den Vertretern von Wiener-Neustadt (Bürgermeister, Magistratspersonen und bürgerlichen Repräsentanten) und dem Lieutenant Kilian Burkhard, in dem das Gelände in der „Neustädter Haide" zur Verfügung gestellt wurde.

14) Augustin vermerkte hierzu, daß die Pulvermühle in jedem Falle nützlich sei, „auch wenn keine Raketten gemacht werden", ebenso wurde bereits die Beschaffung von Fichtenstäbe eingeleitet mit einer Länge von 13 bis 25 Schuhen und „oben $1\frac{1}{4}$ bis 3 Zoll Durchmesser" (ÖSK-Mem. 13-338/4)

49.000 Gulden verausgabt worden waren. In einem Memorandum schlug Augustin die Aufstellung von 2 schweren, 2 leichten Infanterie- und 2 leichten Cavalleriebatterien vor.[15] Am 16. Mai wurden die ersten zum Laboratorium kommandierten Soldaten, 46 Unteroffiziere und Mannschaften aus der Artillerie und dem Bombardierkorps, in Gegenwart von FML Faber und Major Augustin in Wiener-Neustadt feierlich vereidigt und zur Geheimhaltung der Arbeiten verpflichtet. Diese Gruppe wurde bald verstärkt, so daß unter Führung des Artillerielieutenants Burkhard bald 24 Feuerwerker, 3 Corporale mit 40 Bombardieren und Kanonieren sowie 1 Feldwebel und 20 Gemeine eines Pionierdetachements hier eingesetzt waren.[16] Die Arbeiten gingen so zügig voran, daß bereits am 31. Mai 1815 Augustin über den General Langenau dem Kaiser melden konnte, daß zwischenzeitlich schon 2.400 Raketen bereitlägen und es möglich wäre, eine Raketenbatterie für den Feldeinsatz zu bilden.[17] Dem Vorschlag entsprechend wurde angeordnet, zwei Batterien aufzustellen. 18 Raketen-Karren und 12 Lafetten wurden von einem Wagner in Wien und einem aus Neustadt nach englischen und dänischen Mustern hergestellt, so daß Augustin melden konnte, daß eine Batterie bis Anfang August ausgerüstet wäre.[18] Die Soldaten erhielten eine besondere Uniform, die sie von den Artilleristen und Bombardieren abstechen ließ; sie bestand aus einem dunkelgrünem Frack, ähnlich dem der Offiziere des Generalstabes, mit schwarzem Kragen, roten Vorstößen und gelben Knöpfen, beiderseits am Kragen wurden flammende Messinggranaten getragen; anstelle des Hutes der Artillerie erhielten sie Tschakos mit Granatemblem, die Hosen waren, neu für die Armee, weit und lang und ebenfalls dunkelgrün.[19]
Zuvor, am 13. Juli 1815 war ein Teil der neu erbauten Anstalt einer Feuersbrunst zum Opfer gefallen, so daß die Mannschaft vorübergehend in Räumen der Pionierkaserne in Wiener-Neustadt untergebracht werden mußte.[20]
Im Verband eines Belagerungsparkes wurde die Batterie am 15. August dem Belagerungscorps des oberrheinischen Heeres unter Erzherzog Johann zugeführt,[21] das den Auftrag hatte, Hüningen im Oberelsaß einzunehmen. Die Batterie führte auf 18 Munitionskarren zwei-, drei- und vierzöllige Stabraketen mit.[22] Die Raketen waren genau nach den Konstruktionsunterlagen Schumachers hergestellt, in eine zylindrische Eisenhülle war der Treibsatz über einen konischen Dorn geschlagen.[23]
Verteidigt wurde die Festung von 2.000 Mann unter General Barbanegre, der sich bis dahin standhaft geweigert hatte, die Festung zu übergeben. Nach einem Aufstandsversuch der Bürger der Stadt kam es dann aber zur Kapitulation, bevor die erste Raketenbatterie des österreichischen Heeres den Beweis ihrer Wirkung hatte erbringen können. Jedoch wurden in der Nähe Hüningens bei Neudorf noch erste Schießversuche der Batterie unter Leitung Augustins vor Erzherzog Johann durchgeführt. Das Resultat war noch nicht völlig befriedigend, es konnte jedoch nachgewiesen werden, daß die neuen Raketen denen, die 1808 durch den Oberfeuerwerker Mager hergestellt worden waren, technisch und ballistisch erheblich überlegen waren. Das Ergebnis wurde im Oktober an Schwarzenberg gemeldet, wobei zusätzlich bemerkt wurde:
„Ich habe die durch die Artillerie vor einigen Jahren erzeugten [Raketen] wirken gesehen, auch versuchte ich einige der Festung Palmanova zurückgelassene französische, die durch Major Augustin erzeugten übertrafen diese weit. Die Lavetirung der Rakete selbst, und ihre Anwendung für verschiedene Zwecke ist sehr sinnreich ausgedacht. Allein das Ganze ist noch in seiner Kindheit. Es ist für die kurze Zeit, und auch den wenigen Versuchen schon sehr viel, es so weit gebracht zu haben, daß sie bei einer ruhigen Witterung Richtung halten - daß man gut ricochettiren kann, daß die mit geschleppten Körper abgesetzt werden, und diese wirken. Ich bin überzeugt, daß diese Erfindung noch weit gebracht, und sehr verfeinert werden kann, allein dazu gehöhren vielfältige Versuche. Da mit großem Geldaufwand bereits die Erzeugungsfabrike errichtet ist, so lohnte es sich wahrlich noch eine Summe darauf zu verwenden, um durch gleichmäßig ange-

15) ÖSK-Mem 13-218, Gutachten vom 23. März 1815, hierin beantragte er auch die Zuweisung von zusätzlichem Personal in Stärke von 1 Lieutenant und 6 Mann des Bombardier-Corps; für die schweren Batterien schlug er 12 „Affutagen" mit 4 Raketen-Karren vor, sowie 3 Karren für die Infanterie- und 2 Karren für die Cavallerie-Batterie. Dabei sollte die Infanterie-Batterie nur aus 12 Mann bestehen, die jeweils 4 Raketen in Tornistern tragen könnten, während die leichte Cavallerie-Batterie aus ebensoviel Mann jeweils 4 Stück 2½zölliger Raketen aufgeschnallt im Mantelsack mitführen sollte. Für die Bauten waren bis dahin verausgabt: 18.888 G für Zimmermannsmeister, 21.859 G. für Maurermeister, 4.000 G. für Tischler, 2.000 für Schlosser, 800 für Glaser und 1.500 für Ziegeldecker, wobei stets ⅓ der Summe im voraus, ⅓ bei „gelegtem Grund" und ⅓ bei Fertigstellung fällig gewesen war.

16) Angaben nach Semek, Wehrmacht, a.a.O., S. 194; am 16. Mai 1815 wurde der feierliche Eid durch 31 Canoniere, 11 Bombardiere, 2 Corporale, und 2 Oberfeuerwerker abgelegt, das Protokoll war von Augustin, Major im Generalstab und Lieutenant Burkhard unterschrieben (ÖSK-Mem 13-338); nach: Kalmár, a.a.O., S. 83, bestand Mitte 1815 das Personal der Anstalt aus 1 Lieutenant, 4 Oberfeuerwerkern, 3 Korporalen, 9 Bombardieren und 30 Gemeinen Artilleristen, wovon in der „Raketenfabrik" 2 Oberfeuerwerker, 1 Korporal, 3 Bombardiere und 12 Gemeine pausenlos im Dienst standen. Der Wachdienst wurde hiernach von 40 Pionieren versehen. [FML = Feldmarschall - Lieutenant] Die Arbeitsleistung läßt sich auch daraus ablesen, daß bis zum Juli dieses Jahres von der staatlichen Gießerei Mariazell bereits Granaten im Wert von 5.344 fl und 25 kr. geliefert und für die Raketen eingesetzt worden waren (Kalmár, a.a.O., S. 83)

17) Die Arbeiten an der Anstalt wurden mit folgender Anmerkung des Kaisers am 12. April 1815 genehmigt: „Dem Major Augustin ist jedoch schärftens einzubinden mit der möglichsten Wirthschaft fürzugehen und sich von allen Bauten und Anschaffungen zu enthalten, welche nicht unumgänglich nöthig sind" (ÖSK-Mem 13-218). Meldung General v. Langenau: ÖSK-Mem 13-218, Brief vom 31. Mai 1815, er meldete hier auch, daß die Anzahl der Raketen leicht verdoppelt werden könnte, wenn die Anzahl der Treibwerke auf 4 erhöht werden könnte. Ferner wies Langenau bereits auf den Personalbedarf der künftigen Batterien hin: „Zur Leitung der Arbeit selbst sowie zur Erlernung der Manipulation sind ad nun nothwendig 2 Offiziere und 6 Gemeine vom BombardierCorps zu zutheilen, - und ebenso das zur Ausrüstung der Batterien gehörige Personal von der Artillerie jetzt schon zu bestimmen, damit es sich bis zum Ausmarsch theoretisch und praktisch einüben, auch die Batterie gleich gebraucht werden können."

18) ÖSK-Mem. 13-218, Meldung vom 21. Mai 1815 an General v. Stipschitz

19) Nemetz, a.a.O., S. 263, Kerchnawe (a.a.O., S, 68) vermutete, daß Augustin diese Uniform wählte, weil das Feuerwerkscorps zunächst dem Generalquartiermeisterstab unterstellt worden war.

20) Kalmár, a.a.O., S. 83

21) Oberrheinisches Heer unter Fürst Schwarzenberg, das Belagerungscorps Hüningen umfaßte 12.000 Mann mit Truppen aus Österreich, Hessen-Darmstadt, Württemberg und der Schweiz. Letztere stellte vor allem die Artillerie des Corps, nach der Kapitulation wurde ab 2. September die zur Bedrohung der Schweiz angelegte Festung „rasirt", Angaben nach: Fr. Förster, Geschichte der Befreiungskriege 1813, 1814, 1815, dritter Band, Berlin 1861, S. 1288; nach: Semek, Wehrmacht, a.a.O., S. 200, waren 2 Raketenbatterien für Hüningen eingesetzt, deren Ausrüstung aus 12 Belagerungs-Lafetten und 24 tragbaren Lafetten bestand. Diese Angaben können nicht stimmen, da der Auftrag zur Verfertigung des Materials für eine zweite Batterie erst kurz vor dem Abrücken der ersten Batterie erteilt worden war und im Oktober 1815 storniert wurde. (ÖSK-Mem. 13-339/7, Brief Augustin vom 14. Februar 1816 an den General der Kavallerie und Vice Hof- Kriegsrathpräsidenten Herrn von Stipsisz. sowie: Mem 13-338/9. Brief Augustin vom 19. Mai 1816). Andererseits schrieb Augustin selbst in einer Denkschrift an den Kaiser: „Schon beim Anmarsche der 2 Batterien nach Basel. . ." (ÖSK-Mem 13-218, Denkschrift vom 14. April 1817). In: H. von Pitreich, Beiträge zur Geschichte des österreichischen Heerwesens, in: ÖMZ 1874, 4. Band, S. 27, wurde ebenfalls festgestellt, daß 2 Batterien ausgerüstet werden sollten, aber nur eine bis Mitte August marschbereit gewesen wäre, „was von Seite des Majors Augustin dem Misstrauen, welches das Personal der Artillerie dem Generalstabs-Major entgegenbrachte, und einem Unglücke in der Fabrik zugeschrieben wird."

22) ÖSK-Mem. 13-218, Vortrag für Hofkriegsratpräsidenten vom 21. November 1817, hiernach waren für die Batterie hergestellt worden: 12 Belagerungslafetten und 24 tragbare Lafetten mit 60 Stück 4zölligen, 800 3zölligen und 600 2zölligen Raketen. Der Kostenaufwand hierfür hatte 40.000 Gulden betragen. v. Pitreich, a.a.O., S. 27, gab als Ausrüstung einer Batterie an: „880 Stück scharfe Raketen, 11 Kisten Granaten verschiedenen Kalibers, 40 Stück Bomben, 2 Kisten mit geladenen Brandhauben, 1 Kiste mit ledigen Splitter-Dosen, 5 Kisten mit 120 Stück Trauben à 4 Granaten, 6 Lafetten zur doppelten Abfeuerung, 9 Raketen-Karren, 4 Munitions-Reserve-Karren, 2 Bagage-Wagen, 6 schwere, 9 leichte, 1 Belagerungs- tragbare Lafetten. An Personal erhielt die Batterie 2 Oberfeuerwerker als Batterie-Commandanten, 1 Unterfeuerwerker als Commandanten für die Belagerungs-Raketen, 1 Corporal als Commandanten der Fuss-Batterie, 6 Vormeister, 12 Ober- und 6 Unter-Raketen-Männer zur fahrenden und je 6 solche zur Fuss-Batterie."

23) Nemetz, a.a.O., S. 263

stellte alle jene Umstände zu haben, welche sich noch zeigen können, nähmlich Sicherung der Direction selbst bey stürmischer Witterung - Sicherheit der Absetzung der nachgeschleppten Körper auf die bestimmte Entfernung - Vorbeugung des Erstickens derselben durch Verbesserung der Vorrichtung bey der Feuerleitung - Bestimmung der Wirkung und Entfernung nach allen Elevations-Winkeln - Erreichung der größtmöglichen streckenden Bahn als einer der für die Anwendung im Kriege wichtigsten Gegenstände."[24]

Nur wenig später wurde die Batterie auch dem Kaiser, diesmal bei Basel, im scharfen Schuß vorgeführt.[25]

Nach Abschluß des Feldzuges beschäftigte sich Augustin sogleich mit der Verbesserung dieser Raketen, insbesondere ließ er den Treibsatz nicht mehr hohl über einen Dorn, sondern massiv in die Hülse eingießen und verbesserte die Ladevorrichtung. Dem Hofkriegsratpräsidenten Fürst Schwarzenberg gegenüber sprach er in einem Schreiben am 6. Dezember 1815, in dem er zusätzliche Gelder für den Ausbau der Raketenfabrikation nach den verbesserten Verfahren beantragte, die Hoffnung aus,

„Als die dänischen Instrukzionen erfolgten, benüzzte ich sie mit demjenigen, was ich selbst in England gesehen hatte, um das Problem ‚einer tragbaren Artillerie den bestmöglichsten Erfolg vor dem Feind zu verschaffen' damit aufzulösen . . . daß unsere Raketten in Zukunft mit den Englischen nur die äußere Eleganz - mit den Dänischen nur die Hülse und den Stossboden gemein haben sollten. - Alles Übrige dürfte nach meinen neuesten Entdeckungen total verändert werden müssen"[26]

Der Antrag wurde genehmigt und bereits am 8. Dezember legte Augustin einen entsprechenden Kostenvoranschlag für die Vollendung einer neuen Pulvermühle, für die noch Pferdeantrieb vorgesehen war, vor.[27] Der Kostenvoranschlag wurde dann erheblich überschritten und Augustin mußte im April 9341 Gulden nachfordern.[28] Das Personal des Laboratoriums war 1816 um 20 Pioniere vermehrt worden, zusätzlich waren ein Tischlermeister und einige Schlossergesellen eingestellt sowie 10 Militär-Professionisten aus der Landwehr zukommandiert worden. Zu dieser Zeit war der größte Teil der Raketeure in der Raketenbatterie eingesetzt, während zur Raketenfabrikation unter dem Kommando eines Lieutenants lediglich ein Oberfeuerwerker mit einem Bombardier und 6 Gemeinen eingesetzt waren.[29] Ende April mußte Augustin dann nochmals 2000 Gulden nachfordern, da er „Wetterableiter" für erforderlich hielt, zumal das letzte starke Gewitter gerade noch an der Anstalt vorübergezogen wäre; zusätzlich müßte zumindest ein Schuppen zusätzlich errichtet werden, da das ganze, für eine zweite Batterie beschaffte Gerät im Freien stehen mußte.[30] Im Februar wurden zusätzlich 28.490 fl. und $56\frac{1}{2}$ kr. für den Bau einer gesonderten Raketenzünderfabrik bewilligt. Schon jetzt erwies sich der vorhandene Raum als zu eng, im Geheimen wurde daher für 30.000 Gulden die in der Nähe liegende leere Obermeyer-Pulvermühle, die außer Betrieb war, aufgekauft.[31]

Altes Abfeuerungsgestell [„Anker"]
(Zeichnung: Dolleczek)

Noch fehlte die Möglichkeit die Gebäude der Anstalt zu beheizen, Augustin ließ daher im Sommer 1816 einen Vorrat von 4.000 Raketen anfertigen, „weil ich in den Wintermonaten für Heuer dieses Geschäft nicht fortsezzen lassen kann." Für 1817 wurde dann aber die Einrüstung einer Heizmöglichkeit geplant. Da von anderer Seite Kritik an der zu geringen Anfangsgeschwindigkeit der Raketen geübt wurde, feuerte Augustin 4 Raketen aus einer Distanz von 15 Schritt auf eine 6zöllige Bretterwand, diese wurde von allen durchschlagen, die Raketen flogen sogar noch 600 Schritt weiter, zeigten also eine erhebliche Durchschlagskraft.[32]

Ende Mai konnte Augustin erste Erfolge beim horizontalen Schuß melden; bei dieser Gelegenheit stellte er auch einen Vergleich zwischen einer 12pfündigen Haubitze und der entsprechenden 2zölligen Rakete an, wobei er feststellte, daß beide Systeme im horizontalen Schuß die gleiche Reichweite erzielten, die Rakete aber bei 30° Elevation bereits 2.500 Schritt erreichte, überdies koste ein 12pfünder Schuß 8 Gulden 57 Kreuzer, während die Rakete nur 3 Gulden 7 Kreuzer erfordere.[33]

Zuvor hatte er gemeldet, er habe

„ . . . vor wenigen Tagen selbst die letzten Versuche angestellt, wobei sich das Resultat ergab - daß auf eine ausgesteckte Bataillons-Linie in einer Distanz von 1.000 Schritt mit horizontaler Richtung, mit Elevation aber bis zu 2.500 Schritt von 52 Stücken der zweizölligen Raketten 33 an der Front des Bataillons lagen."[34]

---

24) ÖSK-Mem 13-218, Schreiben an Schwarzenberg, Paris, 17. Oktober 1815 (ohne Unterschrift), das Ergebnis des Versuchsschießens bei Hüningen ist in der Beilage 3/3 zu ersehen

25) Semek, Wehrmacht, a.a.O., S. 194

26) ÖSK-Mem. 13-338/5

27) Für Dezember 1815 wurden 6.975 Gulden, für Januar bis März jeweils 4.475 und 2.000 Gulden für April 1816 veranschlagt, das Personal der Raketenanstalt erhielt täglich eine Zulage, der Lieutenant Burkhard 4 und jeder Oberfeuerwerker 2 Gulden, ein Bombardier 20 und ein Gemeiner 15 Kreuzer. An diesem Tag waren neben dem Lieutenant Burkhard im Dienst: 1 Oberfeuerwerker, 1 Bombardier und 6 Gemeine. Am 24. Dezember wurden folgende Gelder durch Schwarzenberg bewilligt: für Januar 7.000 Gulden, für Februar und März jeweils 4.500 und für April und Mai jeweils 2.000 Gulden, auch wurde die Fortzahlung der Zulagen genehmigt. Augustin erhielt den Auftrag anschließend eine Abrechnung für den Bau der Fabrik und die Ausrüstung zweier Raketenbatterien vorzulegen. (ÖSK-Mem 13-338/11, Schwarzenberg an Stipsicz vom 24. Dezember 1815)

28) „Allein, die zugenommene Theuerung und die darauf erfolgende allgemeine Preiss-Erhöhung aller Gewerbs-Artikeln hatte diese vorjährigen Angaben so sehr alterirt; dass der in der zweyten Anlage ausgewiesene Rückstand nothwendig erfolgen mußte." [es handelt sich um Handwerkerrechnungen] (ÖSK-Mem 13-338/12-14) Fertiggestellt waren im April 1816: „Eine große schwere Presse zum Laden der Raketten, die einen Druck von 63 Centnern auszuüben vermag, 2. eine Stoss-Spiegel Presse, mit der 2 Mann in 2 Stunden 375 Stück StossSpiegel erzeugen können, 3. Eine Schneidemaschine, zum Einschneiden der Fliegen(?) an den Rakett Hülsen, 4. Eine Lochpresse, mit der 5 Löcher zum vernieten der Hülsen in einem Drucke gemacht werden, 5. Eine metallene Form, nach einer neuen Theorie, mit allem Zubehör, 6. Ein Dampf-Kessel mit 10 Klafter langen kupfernen Dampfröhren für das Trockenhaus, 7. Die gänzliche Anfertigung der Mühle, bis auf kleine Vorrichtungen, um das Pulver in der Mitte des Mühlbaches anzuhäufen und dasselbe von deren Cylindern abzustreifen, 8. Eine Sieb-Maschine, wodurch ein einziger Mann 6 Siebe dirigirt, 9. Zwey Bohrmaschinen, mit besonderer Vorrichtung, damit die Rakette nach genugsamer Bohrung von selbsten zurückweicht."

29) ÖSK-Mem. 13 - 338/6

30) „Endlich steht der ganze Park, bestehend in 33 Fuhrwerken, noch immer ganz frey dem Winde und Wetter Preis gegeben- Er kostet mit den Richt-Maschinen bis 40.000 f und nicht lange, so wird er zerfallen. Eine einfache Hütte ist daher unumgänglich nothwendig." Hierfür wurden weitere 2.500 Gulden veranschlagt (ÖSK-Mem. 13-338/16, Schreiben Augustin an Schwarzenberg vom 25. April 1816)

31) Kalmár, a.a.O., S. 84

32) ÖSK-Mem. 13-218, Brief an Schwarzenberg (ohne Datum)

33) ÖSK-Mem. 13-218, Brief an Schwarzenberg vom 31. Mai 1816

34) nach: Gabriel, Die Österreichische Raketenwaffe im 19. Jahrhundert, in: Waffen-

Am 20. August konnte Augustin dann melden, daß er ab jetzt mit den Raketen auch auf Scheiben, also auf die normalen Artillerieziele bei Übungen, schießen könnte:

„Die neue Behandlung des Salpeters, die Mischung durch die Bürstmaschinen, und endlich eine glückliche Vorrichtung an der Form, wobei beim Laden, die verschiedenen Pulver-Schichten parallele Pressung erhalten, haben mich zu diesem gewünschten Resultat bei den zweyzölligen Raketten geführt. Das Pulver ist so kräftig genommen, daß a priori, nun aus der chemischen Natur der Bestandtheile für dieß' Kaliber wohl das non plus ultra erreicht sein wird. Der Schwerpunkt der Rakette ist sehr nahe der Mitte. Die aufgestellte Bretterwand ist so wie bei der Artillerie 6 Schuh hoch und 40 Klafter lang. Etwa 30 Schuß, die ich bisher Experimentirte haben noch niemals die Wand verfehlt - es geschah wohl, daß gerade vor der Wand die Grenade auffuhr, und über sie hinweg göllerte, aber immer war dieß innerhalb der 40 Klaftern, niemals strich die Rakette an den Planken vorbei. Wenn aber die Grenade durch die Wand schlug, so hatte sie noch immer eine Geschwindigkeit, womit sie 5- bis 600 Schritte weiter fort göllte. Die Entfernung von der Wand war 1.200 Schritt; die Elevation 1$^1/_2$ bis 2 Grade . . . Meine Untersuchungen sind nun weiter auf 9zoll lange Raketten, die 2 Pfund Eisen auf 1.000 Schritte tragen, gerichtet . . . Rakette samt Stab wiegen 3 Pfund, während die 12zoll langen mit 4 Pfund Eisen 7 Pfund wiegen. Im Bogen mit 30° Elevation gehen diese letzten 2.000 Schritte, größere Elevation hab' ich nicht versucht."[35)]

Im Dezember 1816 beantragte Augustin dann in Hinblick auf die Anfertigung größerer Mengen von Raketen die Bereitstellung von 14.000 Gulden für eine Maschine zur Mischung des Raketenpulvers.[36)]

Im Juli war Schwarzenberg in einer Denkschrift an den Kaiser für den weiteren Ausbau der Raketenfabrikation eingetreten, er hatte die Bildung einer eigenen Laborierkompagnie und die ständige Formierung zweier Raketenbatterien vorgeschlagen, wobei er von der „Vollkommenheit, zu welcher Major Augustin die Erzeugung der Kriegs-Raketen schon gebracht hat" berichtete und den Kaiser ersuchte, sich „an Ort und Stelle von der Wirkung dieses wichtigen Geschützes überzeugen zu wollen."

Er wies daraufhin, daß die Raketen erheblich geringere Bedienungsmannschaften erforderten als Geschütze und machte den „Allerunterthänigsten Vorschlag, . . . monatlich etwa 800 Stück der zweizölligen und etwa 100 Stück der vierzölligen Raketten anfertigen zu lassen", von denen eine kleinere Anzahl für weitere Erprobungen erforderlich wären, der Rest aber in Depots eingelagert werden solle. Zwar räumte er ein, daß die Entwicklung, einschließlich der Einrichtung der Raketenfabrik, bisher 310.000 Gulden gekostet hätte, wies aber darauf hin:

„Wenn man . . . die unendliche Leichtigkeit des Tranportes der Raketen, die Möglichkeit der Aufstellung in allem und jedem Terrain und ihre bei weitem wohlfeilere Konstruktion berücksichtigen will. so ergibt sich, daß dieses Geschütz für die Zukunft für uns von allerhöchster Wichtigkeit werden muß."[37)]

Der Kaiser, welcher der Entwicklung dieser neuen Waffe größtes Interesse entgegenbrachte und sich selbst auch im Juli 1816 von den Fortschritten überzeugt hatte, vermerkte hierzu als Randbemerkung, daß der

„Major Augustin dermalen alle seine Mühe dahin richten: erstens bey Würfen sowohl mit Elevation als in horizontalen Richtungen eine genauere Direction zu erzielen - und zweytens den Raketen mehr Kraft und weiteren Trieb zu verschaffen."[38)]

Unter dem Datum 3. September 1816 liegt eine Stärkemeldung der Anstalt vor, Augustin verfügte über 1 Lieutenant, 4 Oberfeuerwerker, 3 Korporals, 9 Bombardiere und 30 Gemeine, dazu traten für die Besorgung des Wachdienstes 40 Pioniere. Die Mannschaften waren in den umliegenden Ortschaften einquartiert. In der Fabrik selbst waren „fortwährend" zur Arbeit: 2 Oberfeuerwerker, 1 Corporal, 3 Bombardiere und 12 Gemeine, diese waren in den Fabrikgebäuden untergebracht.[39)]

Die Geldmittel scheinen aber weiterhin nur knapp ausreichend gewesen zu sein und wurden wohl auch häufiger nicht zeitgerecht angewiesen, so mußte Augustin im selben Schreiben um die dringende Anweisung von Geldern bitten, damit er nicht die Zivilarbeiter entlassen müsse.[40)]

In diesem Jahr wurde die Herstellung der Raketen durch die Erfindung einer neuen Lademaschine erheblich verbessert.[41)] Für den geplanten Besuch des Kaisers in der Anstalt legte Augustin im März einen Programmentwurf vor. Gleich nach dessen Ankunft sollte eine 1$^1/_2$ zöllige Batterie auf 1.000 Schritt horizontal durch eine Scheibe schießen, die feindliche Tirailleurs darstellte, um dann eine weitere entfernt stehende zweite Scheibe zu treffen. Hinter der ersten sollte dann die 2zöllige Batterie über die erste Batterie hinweg im Bogen feuern, während die erste Batterie in eine Position seitlich auf 1.200 Schritt wechseln und ebenfalls auf den angenommenen Feind feuern sollte. Während diese erste Batterie nun aus der Flanke feuerte, sollte die zweite Batterie den Feind, der laut Lage weiter angreife, auf 1.600 Schritt mit Granaten beschießen. Dann sollte die zweite auf die Höhe der ersten Batterie vorgehen und beide auf 1.000 Schritt den Feind beschießen. Schließlich sollte diese zweite Batterie dann weiter auf 850 Schritt vorgehen und „das feindliche Centrum durch ein lebhaftes Kartätschenfeuer" sprengen. Augustin wies dabei darauf hin, daß die Granaten „geflissentlich nicht scharf geladen" wären. Zum Abschluß sollte dann ein ausgestecktes Ziel aus 3.000 Schritt Entfernung mit Brandhauben beschossen werden. In ähnlicher Form fanden auch spätere Vorführungsschießen statt, wobei diese Verbindung von Feuer und Bewegung bemerkenswert ist.[42)] Am 13. Juli 1817 überzeugte sich der Kaiser persönlich zusammen mit den Erzherzögen Carl und Johann sowie dem Feldzeugmeister Ducca von der Herstellung der Raketen; nachdem zunächst mit den kleinen Raketen 100 Schuß auf 800 Schritt abgefeuert worden waren, von denen „schwerlich 10 Stück die Wand verfehlt haben", ließ der Kaiser auf die übrigen Distanzen nur noch die Hälfte der vorgesehenen Munition verfeuern, um noch ausreichend Raketen für den Nachmittag verfügbar zu haben, an dem für 3 Uhr die Obristen Thyarski und Mager sowie der Professor Bechtl befohlen waren. Zur Verwunderung des Kaisers trafen auch die aus 2.000 und 3.000 Schritt abgefeuerten Brandhauben weitgehend das Zielviereck mit 200 Schritt Seitenlänge. Am Nachmittag sollten dann die auf die neue Weise hergestellten Raketen ihre Treffsicherheit in einem Vergleichsschießen mit Kanonen beweisen; obgleich der Artillerie-Oberst Mager selber eine Kanone gerichtet hatte, erwiesen sich die Raketen

Revue 8/1973, S. 1229 und: Nemetz, a.a.O., S. 264 (ÖSK, Hofkriegsrat, Präsidialvortrag vom 22. April 1816)

35) ÖSK-Mem. 13-218, Brief an Schwarzenberg vom 30. August 1816

36) ÖSK-Mem. 13-218 Präsidialvortrag vom 17. Dezember 1816; errichtet wurde ein Mischwerk, daß in verschiedenen Werksgebäuden eingerichtet wurde und durch Wasserkraft betrieben wurde. Es bestand aus 8 Mischtonnen, in denen sich 75pfündige Broncekugeln befanden, 4 Bürstenmaschinen mit je 3 Bürstencylindern, 2 großen schwingenden Kastensieben, 2 Granuliermaschinen und 2 Pressen, die mit Wasserdruck betrieben wurden. Alle 18 Maschinen waren durch Transmissionsriemen miteinander verbunden. (Kalmár, a.a.O., S. 84 f.)

37) ÖSK-Mem. 13-218 Vortrag Hofkriegsrat-Präsident vom 10. Juli 1816

38) ÖSK-Mem. 13-218, Randbemerkung des Kaisers vom 26. Juli 1817, zugleich bewilligte er als Zeichen seiner Anerkennung der Vorführung den Maschinenschlossern Ties und Kriger ein Geschenk von 20 Dukaten und den Mannschaften eine zweitägige Gratislöhnung. Die Anstalt solle fortbestehen aber auf das Allerunentbehrlichste beschränkt; über einen Antrag Augustins, eine Laborir- und eine Feldcompagnie aufzustellen, wurde zunächst nicht entschieden.

39) ÖSK-Mem. 13-218, Rapport vom 3. September 1816 an Schwarzenberg

40) ibidem

41) Die „Brahmatische Waßerpresse mit einem Preßdruck von 44.200 Pfund" habe ihn die ganze Zeit beschäftigt, ÖSK-Mem 13-218, Schreiben Augustin an Schwarzenberg vom 27. März 1817. Seit 1816 waren an Geldern für die Anstalt und die Maschinen verausgabt worden: September 1816: 3.880 fl, Oktober: 5.880 fl., November bis Februar 1817 jeweils 3.330 fl sowie März und April jeweils 2.000 f. (ÖSK Mem 13-218, Rapport an Schwarzenberg vom 13. April 1817)

42) ibidem

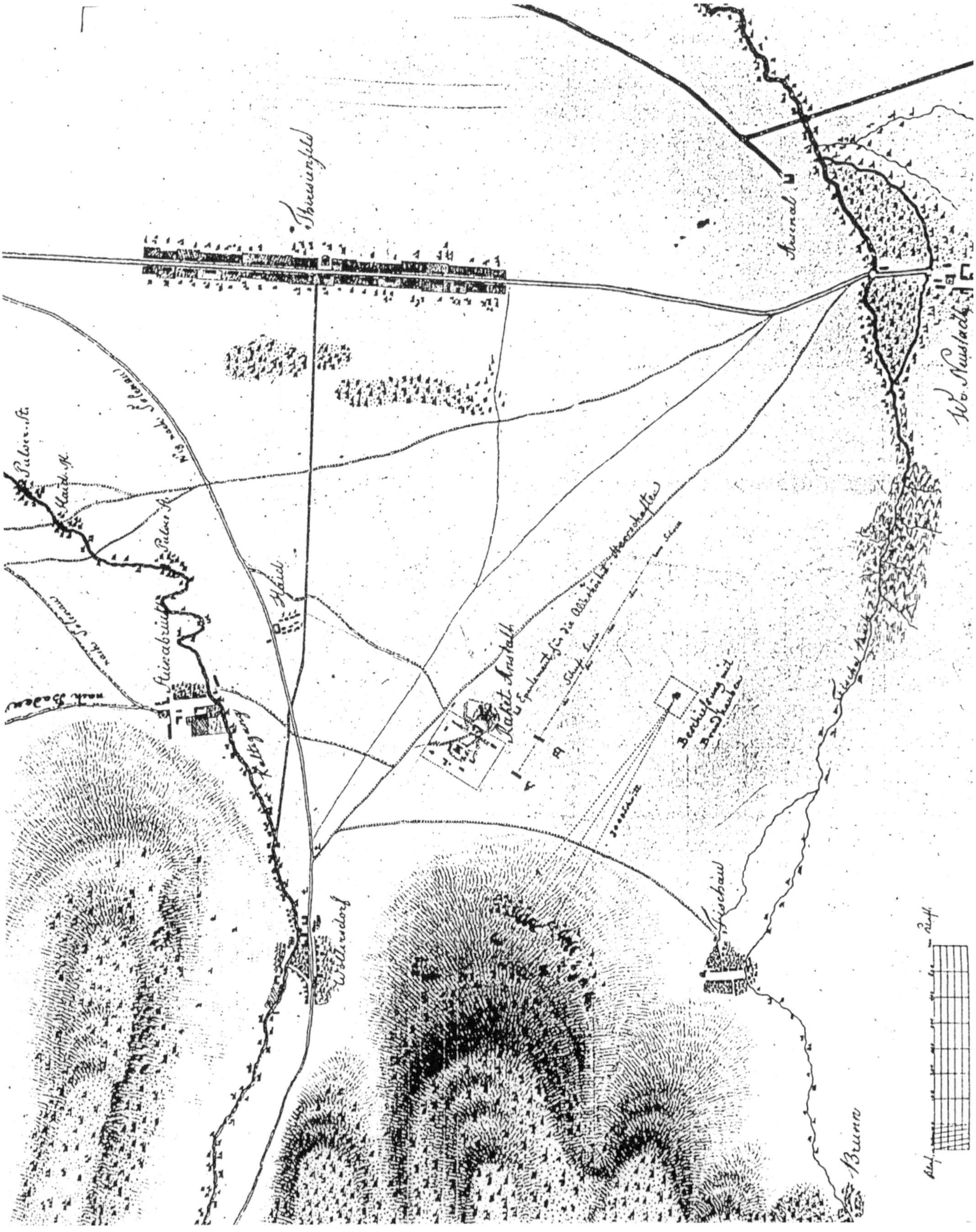

Plan der Raketenanstalt mit Augustins Vorschlag für das Vorführungsschießen vor dem Kaiser

als genauer.[43] Augustin wurde daraufhin das Ritterkreuz des Leopoldsorden verliehen, gleichzeitig wurde er zum Oberstlieutenant der Artillerie befördert. Die Compagnie wurde zu dieser Zeit durch einen Hauptmann geführt und bestand aus 1 Ober- und 2 Unterlieutenants, 10 Raketen-Ober- und 10 Raketen-Unter-Feuerwerkern, 1 Fourier, 2 Tambours, 54 Gemeinen, 1 Fourierschützen und 3 Privatdienern.[44] Die Anstalt wurde dann am 14. November 1817 zu einem wissenschaftlichen Corps umgewandelt, dessen angestellte Personen zwar die Vorteile der Artillerie genossen, aber aus Geheimhaltungsgründen zu lebenslänglicher Dienstleistung verpflichtet waren.[45]
1817 kam es zu Paris zu einem Zwischenspiel, wo der französische Major Marquis de St. Croix, der wohl an den Raketenversuchen in Vincennes beteiligt gewesen war, den Österreichern Mitteilungen über die Verfertigung Congrev'scher Raketen "auf eine etwas sonderbare Art" zu verschaffen sich angeboten hatte. Aus dieser "Geheimdienstaktion" ist aber anscheinend nichts geworden.[46]
Der Ausbau der Raketenanstalt sollte in 6 Monaten abgeschlossen sein. Bis Ende 1817 waren für die Errichtung der Gebäude165.000 fl. und für ihre Einrichtung und die Maschinen 105.000 fl. verausgabt worden, zum Werk gehörten jetzt auch eine Schlosserei und Tischlerei neben der Pulvermühle, der Presse, einer Schlemmerei, einem Mischhaus, einer Salpeterei, einem Trockenhaus, einem Schlagwerk, einem Temperaturhaus sowie einem Magazin und einem Wohnhaus. Die Arbeiten waren zu diesem Zeitpunkt auf Befehl des Kaisers weitgehend eingestellt worden, so daß aus Mangel an Mitteln Augustin die Arbeiter hätte entlassen müssen; um der Gefahr zu begegnen, daß sein Raketengeheimnis damit auch im Ausland bekannt werden könnte, beantragte er dringend eine endgültige Entscheidung zur Fortführung der Arbeiten sowie die Genehmigung zur Aufstellung einer Laborir Compagnie, für die er 3 Offiziere, 4 Meister, 8 Feldwebel, 10 Korporals und 120 Gemeine für erforderlich hielt. Zugleich beantragte er die Aufstellung zweier Raketencompagnien mit jeweils 4 Offizieren, 6 Feldwebeln, 2 Tambours, 10 Corporals und 120 Gemeinen, die Aufstellung dieser Compagnien hielt er um so wichtiger, als damit eine Grundlage für die Aufstellung von Raketenbatterien im Falle eines Krieges geschaffen wäre.[47]

Häufig mußte Augustin sich gegen Kritik oder Äußerungen, die er als solche auffaßte, wehren, auch Nebenbemerkungen des Kaisers führten zu Stellungnahmen Augustins. So hatte er gehört, daß der Kaiser mit der Leistung der kleinen Raketen unzufrieden wäre; in einem Schreiben verglich Augustin daraufhin die Leistung seiner Raketen mit den entsprechenden 3- und 6pfündigen Kanonen und 7pfündigen Haubitzen:

Geschütz	Reichweite in Schritt	Rakete	Reichweite in Schritt
3pfd. Kanone, $4^1/_2$ Zoll Aufsatz	1700	2 zöllige mit 6pfd. Granate	2200
6pfd. Kanone, 5 Zoll Aufsatz	2000	2 zöllige mit Brandhaube	3000
7pfd Haubitze, 5 Zoll Aufsatz	1800		

Er fügte anschließend den Vergleich im horizontalen Schuß an, wo bei allen Kanonen der erste Aufschlag bei 4 - 500 Schritt erfolgte und nach Vorschrift wirksames Feuer nur bis 600 Schritt möglich wäre, während der erste Aufschlag der 2zölligen Raketen bei 800 Schritt erfolgte und die Granaten noch 400 Schritt weiter liefen, selbst bei den $1^1/_2$zölligen erfolgte der erste Aufschlag bei 4 - 500 Schritte, wobei deren 3pfündige Granate noch bis 700 Schritt reichte.[48]
Die Herstellung der Raketen blieb zunächst beschränkt, sichergestellt werden sollte nur, daß Vorräte von 2 - 3.000 Stück jährlich deponiert werden konnten. Beaufsichtigt wurden die Versuche durch eine besondere Commission, an deren Spitze FML Bianky stand.[49] Die Raketenanstalt wurde nochmals erweitert, für den Bau von vier neuen Werksgebäuden, einem Mahlwerk für Pulver, einem Beutelwerk für Brandsätze, und zwei Mischwerken mit wassergetriebenen Mühlen, wurden weitere 42.000 fl. bewilligt.[50] Im Juli 1818 wurde eine neue Presse installiert, die jedoch für die Pressung der 4zölligen Raketen noch nicht ausreichend war, nach Schießversuchen mit diesen Raketen konnte Augustin melden, daß sie bis 4.000 Schritte mit „ziemlicher Sicherheit" gingen. Mit $2^1/_2$zölligen Raketen wurden ausgedehnte Versuche durchgeführt, wobei Augustin wieder Vergleiche zu den Geschützen anstellte: seine Rakete ginge „mehr als eine Stunde Wegs im Bogen" mit höchsten 200 Schritt Abweichung, während der Gomerische Böller auf 1.600 Klafter bereits bis zu 800 Schritt Abweichung zeige.[51]
Noch 1818 erfolgte die erste Verstärkung durch die Bewilligung von 12 Magazin-Dienern oder Corporalen, 1819 erhielt der Kommandant einen Pionier-Hauptmann als Stellvertreter, und die Anzahl der Gemeinen wurde auf 100 festgesetzt. Angeordnet wurde auch, daß jeder Mann pro Arbeitstag 15 Kreuzer Zulage erhielt.[52]
Im Jahre 1819 hatte Augustin ein umfangreiches Memoire zum Raketenwesen erarbeitet und vorgelegt. Zum Stand der Raketenentwicklung stellte er fest:[53]
„Wer . . . endlich Gelegenheit hatte, auswärtige Versuche dieser Art, jene von Congrêve in England nicht ausgenommen, mit der hier eingeführten Fabrikazions-Methode zu vergleichen, wird bei einer unpartheiischen Aussicht nicht allein zulaßen, daß die nach unseren Grundsätzen konstruirten und erzeugten Raketen allen anderen weit an Vollkommenheit vorangehen, sondern daß sie selbst obiges Problem so erschöpfend lösen, als dieß bei den bisher in der Natur bekannten Kräften des Triebes und ihrer auf die größt möglichsten Einfachheit zurückgeführte Art der Anwendung nur immer möglich ist.
1. Versuche führten zu einem Raketenpulver, das im Verhältnis seines Volumens in wenigen momenten seiner Verpuffung der stärksten Kraftäußerung fähig wird.
2. Die Rakete selbst erfährt durch ihre Konstrukzion schon in sich selbst die völligen Bedingungen zum Fortgang und zur Einhaltung einer ruhigen Bahn."
Wiederum wies er auf die Leichtigkeit und einfache Bedienung der Raketengeschütze hin und die Fähigkeit, die Raketen auch horizontal zu verschießen:
"Man erreicht somit, je nach dem Kaliber entfernte Objecte auf 2.000 bis 5.000 Schritte im Bogen, oder auf 1.000 bis 2.000 Schritte rasirend. Die Rakete dient also gleichermaßen als Wurf- und als Schußwaffe."
Zur Herstellung bemerkte er und nahm damit Forderungen von Boxer im England der fünfziger Jahre vorweg:

43) ÖSK-Mem. 13-218, Brief an Schwarzenberg vom 16. Juli 1817, zum Vergleichsschießen schrieb Augustin: „ich hatte die Satisfaction für mich, daß ungeachtet Herr Oberst Mager das Geschüzz richtete, nicht einmal die Wand getroffen wurde."
44) Semek, Wehrmacht, a.a.O., S. 194
45) Semek, Wehrmacht, a.a.O., S. 194
46) ÖSK-Mem. 13-218, Angebot vom 8. Dezember 1816, Brief ohne Empfänger vom 1. Dezember 1816, sowie Briefe an den Hofkriegsratpräsidenten durch Metternich vom 30. August 1817 und Gesandtschaft Paris vom 13. August 1817, der Schriftverkehr ist leider unvollständig
47) ÖSK-Mem. 13-218, Vortrag vor Hofkriegsratpräsidenten vom 21. November 1817
48) ÖSK-Mem. 13-218, Brief an Schwarzenberg vom 27. März 1818
49) BHS-KA, A X2 Bd. 32, Bericht des bayerischen Gesandten in Wien vom 4. März 1817
50) Angaben nach Nemetz, a.a.O., S. 265, sowie: ÖSK-Mem. 13 - 218, Brief an Schwarzenberg vom 24.01.1819; für die Einrichtung eines Wasserwerkes wurden zusätzlich für die Anstalt 7 Joch Land für 3.000 fl. zwischen Wöllersdorf und Steinbrückl erworben, wobei dann der erste Gang des Wasserwerkes 30.725 fl., 34 kr. und alle 4 später fertiggestellten Gänge zusammen 49.900 fl. und 34 kr. kosteten. (Kalmár, a.a.O., S. 85)
51) ÖSK-Mem. 13-218, Schreiben vom 15. und 31. Juli 1818 an FML v. Kutschera
52) Semek, Wehrmacht, a.a.O., S. 194; die Zulage wurde jedoch Ende 1819 gestrichen und erst ab 1820 wieder ausgezahlt.
53) ÖSK-Mem. 13-218, Die österreichischen Kriegs-Raketen im Jahr 1819 vom 29. Juli 1819

„Zur Erzielung einer ausgebreiteten Fabrikazion in das Große, wobei möglichste Wirthschaft und Einheit beobachtet werden soll, sind alle dermaligen, hier erst erfundenen Maschinen und Vorrichtungen auf Zeit - Kraft - und Menschen - Ersparung so genau berechnet, daß alle Raketen eines Calibers, ihre Quantität mag noch so groß sein, bis auf ein Geringes an Gewicht und Form sich ausgleichen. Daher kömmt zum Theil ihr gleichförmiger Gang und die Einhaltung gleicher Bahnen, sowie die jetzt gefahrlose Manipulation, die ehedem, mit jenen dem Ausland nachgeahmten minder paßenden Vorrichtungen mit großer Lebensgefahr verbunden war."

Schließlich erarbeitete er noch taktische Grundsätze für den Einsatz der Raketen, wies aber daraufhin, daß er die kleinen Raketen für das Feld geeigneter hielte, doch sollte auch eine größere für Belagerungen hergestellt werden, wobei letztere eine Stunde Weges oder etwa 5.000 Schritte weit reichte und dabei noch 8 Pfund Brandsatz trüge. Ihre Herstellung wäre aber 20 mal teurer als die der kleinen, zumal sie ebensoviel Pulver mehr benötigte.

Im August 1819 inspizierte Kaiser Franz die Raketenanstalt, dabei wurden zwei provisorische Raketenbatterien zu je 6 Abfeuerungsgestellen im scharfen Schuß vorgeführt, die auf verschiedene, zwischen 700 und 1.300 Schritt entfernte Ziele feuerten. Vorher wurden wieder die weitreichenden Raketen im Bogen vom Berge gegen ein ausgestecktes Viereck bei Neustadt geworfen, die schweren Kaliber auf 5.000 Schritte, die mittleren auf 4.000 und 3.000 Schritte. Das Feuer erfolgte mit der geschlossenen Batterie und mit wechselnd vorgehenden Halb-Batterien, zum Abschluß schieden die Batterien Teile der Raketeure mit tragbaren Gestellen aus, die durch ihren Einsatz als zusätzliche Batterien die Feuerwirkung verdoppelten. Die Vorführung war erfolgreich.[54)]

Als Ergebnis dieser Inspizierung wurde nunmehr das Personal der Raketenanstalt und der Raketenbatterien zum „Feuerwerks-Corps" mit eigenem Stab und einer Compagnie zusammengefaßt. Zum Stab gehörten 1 Stabsoffizier als Kommandant mit einem Adjutanten, der Werkführer der Fabrik sowie 1 Tischlermeister, 1 Unterarzt, 2 Schlosser-Untermeister, 1 Tischleruntermeister, 12 Gemeine als Schlosser, 6 Gemeine als Tischler, 1 Fourierschütze und ein Privatdiener. Die Compagnie bestand aus 1 Hauptmann, 1 Oberlieutenant, 2 Unterlieutenants, 10 Raketen-Oberfeuerwerkern, 10 Raketenfeuerwerkern, 1 Fourier, 2 Tambours, 54 Gemeinen, 1 Fourierschützen und 3 Privatdienern.[55)] Die Soldaten trugen jetzt die Uniformen der Feldartillerie, braunen Frack mit roten Abzeichen, weiße Hosen und Schaftstiefel, auf dem Hut à la Corse den schwarz-gelbem Federbusch, auf dem Säbelriemen und beiderseits des Rockkragens waren flammende Granaten anstelle der sonst üblichen Regimentsnummern angebracht, die gelben Knöpfe der Montur waren mit einem aufgeprägtem „F" (Feuerwerkskorps) versehen. Statt des Besteckes der Artilleristen trugen die Raketeure eine Infanterie-Cartouche, die ebenfalls mit der flammenden Granate verziert war und in der die zur Bedienung des Raketengeschützes erforderlichen Requisiten verwahrt wurden.

Zu erheblichen Problemen führte die Streichung der Zulagen seit 8. Oktober 1819 für das Personal in der Raketenanstalt und die Personalknappheit, die zu einer übermäßigen Arbeitsbelastung der Soldaten führte, weitere Unruhe entstand dadurch, daß Gerüchte umgingen, daß das Feuerwerkscorps seine Selbständigkeit verlieren und von der Artillerie vereinnahmt werden würde, wobei hinzukam, daß die Angehörigen des Corps offensichtlich von den Artilleristen etwas verächtlich behandelt wurden. Offiziere gingen Augustin um ihren Abschied ein, um nicht anschließend in der Artillerie in der Karriere übergangen zu werden, Mannschaften beantragten die Rückversetzung zu ihren Regimentern, überdies kam es zu mehreren Desertionen, so daß Augustin sich schon fragte, „ob das Ganze wohl seiner Auflösung entgegen eilen soll". Augustin drang in mehreren Schreiben verzweifelt auf eine Wiedereinführung der Zulagen sowie auf die Errichtung einer zweiten Compagnie, um die Arbeitsbelastung herabzusetzen.[56)]

Dringend forderte Augustin auch nochmals die Aufstellung einer Raketenbatterie:

„. . . Evidenz gezeigt, in den Erfolg der Kriege mächtig einwirken kann. Wollte man daher die Tauglichkeit der Raketen im nächsten Krieg erst durch ein paar Batterien erproben, anstatt dem Feind gleich anfangs ihr ganzes Uibergewicht fühlen zu lassen, so würde daraus nicht allein kein ersichtlicher Vortheil im Großen hervorgehen, sondern die nimmermehr zu verbeßernden Versäumniß hätte den doppelten Nachtheil, daß einmal das mit so viel Mühe und großem Aufwand erworbene Kriegsmittel in dem ersten einflußreichstem Moment unbenüzzt bleibe, und daß man den damit noch nicht vertrauten Mächten gleichsam zu unserm Schaden den unbezahlten Wegweiser zur leichteren Nachahmung dieses Geschüzzes abgäbe."[57)]

Er betonte dabei, daß die bestehende Arbeitscompagnie nicht zu diesem Zweck geeignet wäre und man eine eigene Abteilung benötigte, um die erforderlichen Erfahrungen zu machen und diese als Muster für nachfolgende zu besitzen. Nachstehende Stärke hielt er für eine Feldcompagnie für erforderlich:

1 Hauptmann, 2 Lieutnante, 2 Feldwebel, 1 Arzt, 1 Fourier, 12 Corporale, 120 Gemeine, 1 Fourierschützen sowie 3 Privatdiener.[58)]

Kurz danach begründete Augustin die Anträge nochmals, vor allem auch mit dem Hinweis auf die erforderliche Geheimhaltung. Dabei verwies er darauf, daß noch vor der Entscheidung seines letzten Antrages auf Aufstellung einer Compagnie zu Wachdiensten der "unangenehme Fall" aufgetreten sei, „daß Ausspähungen von fremden Mächten hauptsächlich durch die unzureichende Aufsicht und Bewachung begünstigt - entdeckt wurden"[59)]. Die Feldcompagnien sollten danach aus Leuten wie bei der Artillerie bestehen, die nach ausgedienter Capitulation ihre Entlassung erhalten könnten, während unter „die Arbeits-Mannschaft systematisch nur solche aufgenommen werden dürfen, welche ihre Capitulation abgegeben haben":

„3. Die Arbeitsmannschaft könnte den Titel einer ZeugsCompagnie führen, und erhielte ihre Ergänzung aus den übrigen Compagnien

54) ÖSK-Mem. 13-218, Schreiben Augustin v. 27. August 1819 an FML v. Kutschera, die eine, 6pfündige Batterie wurde durch Hauptmann Burkhard, die andere, eine dreipfündige, durch Lieutenant Walter geführt.

55) Semek, Wehrmacht, a.a.O., S. 194; nach einem Rapport Augustins bestand 1816 der Stab aus: 1 Stabsoffizier, 1 Adjutanten, 1 Werkführer, 1 Tischlerobermeister, 1 Arzt, 3 Untermeistern, 18 gemeinen Professionalisten, 2 Fourirschützen und 1 Privatdiener, die Compagnie aus: 1 Capitain oder Hauptmann, 1 Oberlieutenant, 2 Unterlieutenants, 10 Oberfeuerwerkern, 10 Unterfeuerwerkern, 1 Fourir, 2 Tambours, 54 Gemeinen, 4 Fourirschützen sowie Privatdienern, diese Stärke wurde 1818 um 12 Magazindiener oder Corporale erhöht; 1819 trat ein Hauptmann vom PionierCorps zum Stab und endlich wurde in diesem Jahr der Stand der Gemeinen auf 100 festgesetzt. (ÖSK-Mem. 13-218, Rapport Augustin vom Januar 1820)

56) ÖSK-Mem. 13-218, Schreiben Augustin an FML v. Kutschera ohne Datum sowie vom 5. Oktober 1818, Augustin wies besonders daraufhin, daß es weiterhin Zulagen in der Artillerie gäbe und deren Angehörige nicht lebenslang dienen müßten. Sein Adjutant, Lt. Zilger, wollte den Abschied beantragen, weil „er es ganz gewiß wisse, daß Corps werde der Artillerie demnächst einverleibt . . . das FeuerwerksCorps habe nur eine Namen- Existenz - es sehe jeden Tag seiner Auflösung entgegen. Bei der Einverleibung selbst erwarte ihn und alle Offiziere . . . Hohn und Spott - Schon jezzo würden sie vom Höchsten bis zum Niedrigsten, wie abgeweckt erachtet und hinter gesezzt . . . Daß also der Geist der Verachtung gegen die FeuerwerksOfficiere klar ausgesprochen sey - er aber sein Unglück voraus sehe, wenn er jezzo einverleibt wird - folglich lieber die gemäßigste Civilstelle seiner jezzigen vorzöge . . . All mein Zureden hatte nichts geholfen, ihn von der Idee abzubringen - Ich hatte sogar ihm bezweifelt, daß das Corps einverleibt würde, allein er ließ sich nicht überzeugen - und meint die Sache wäre éclatant in der Artillerie bekannt." (ÖSK-Mem. 13-218, Brief Augustin an FML v. Kutschera vom 20. November 1819)

57) ÖSK-Mem. 13-218, Brief an FML v. Kutschera vom 5. Oktober 1818

58) ibidem

59) ÖSK-Mem 3-218, Brief an FML v. Kutschera vom 8. Oktober 1819; die „fremde Macht" dürfte Rußland gewesen sein, dessen Geheimdienst auf das Erlangen des Geheimnisses der Raketenherstellung angesetzt war.

durch die vertrautesten Leute, welche nach Maaß des Abgangs mit Abgabe ihrer Capitulation frei gewählt werden könnten. 4. Die übrigen Compagnien des FeuerwerkerCorps wären aber bestimmt zum Fuße jeder noch größeren Ausrüstung im Falle eines Krieges zu dienen - vollkommen in dem Gebrauch der Waffe; in der Behandlung und Placirung derselben."

Anschließend beschrieb er nochmals im Detail die erforderliche Ausbildung für die Raketeure, wobei er vor allem darauf einging, daß jeder auch in der Lage sein müsse, alle Aufgaben am Geschütz auszuüben und dieses im Notfall auch zu reparieren:

„Um so mehr muß er eine zahllose Menge anderer Handgriffe kennen, und mit Sicherheit ausüben lernen - wenn man mit dieser Truppe nicht in vielen Fällen in Verlegenheiten gerathen will, wovon abermals unsern Detachments in Italien wegen Unvollkommenheit der Abrichtung Beispiele genug geliefert haben."[60]

Kurz, ihm schwebten die Feldcompagnien als Kader einer größeren Truppe vor, in denen jeder Soldat die Aufgaben des nächsten Vorgesetzten bei Bedarf übernehmen könnte.

Im Januar 1820 legte Augustin wieder einen Bericht über den gegenwärtigen Stand der Anstalt vor, der auch Angaben über die verfügbaren Raketen enthielt. Hergestellt wurden 1½zöllige oder 3pfündige, 2zöllige oder 6pfündige und 2½zöllige oder 12pfündige Raketen für den Feldgebrauch sowie 3zöllige mit Brandhauben und 4 zöllige mit Brandhauben oder Bomben als Versetzung. Für die leichten Kaliber standen jeweils 2 Lademaschinen, für die 3- und 4zölligen jeweils eine Lademaschine zur Verfügung, so daß pro Tag 120 dreipfündige, 80 sechspfündige, 30 zwölfpfündige und 10 vierzöllige Raketen hergestellt werden konnten, was einer Jahresproduktion, das Jahr zu 320 Arbeitstagen gerechnet, von 78.000 Raketen entsprach, die Herstellungskosten betrugen 55 Kreuzer für die 3pfündigen, 1 Gulden 24 Kreuzer für die 6pfündigen, 2 Gulden 50 Kreuzer für die 12pfündigen und 7 Gulden 30 Kreuzer für die 4zölligen Raketen.[61]

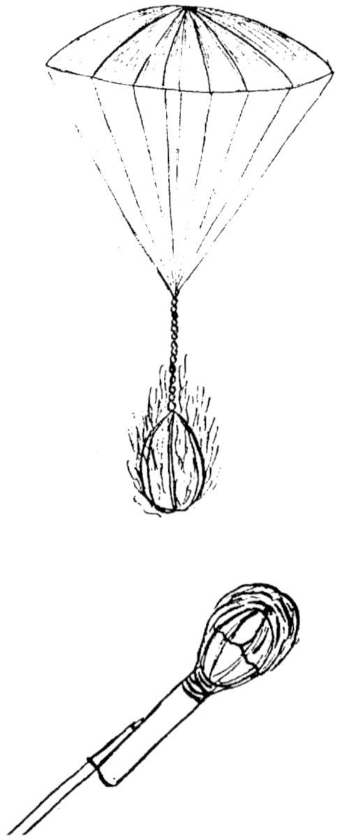

Entwurfszeichnung einer Fallschirmrakete durch Augustin

Im Oktober 1820 scheinen die oben geschilderten Verhältnisse noch angedauert zu haben, da es wieder zu Beschwerden der Mannschaft über den Dienst kam, angeführt wurde die Gesundheitsgefährdung bei der Pulverzubereitung. Augustin führte die Beschwerden auf die immer noch fehlende Zulage zurück und führte aus:

„Wenn der Staat diesen neuen Kriegszweig für wichtig genug hällt, die darin gemachten Erfahrungen und Fortschritte geheim zu halten; und im Stillen große Resultate daraus vorzubereiten; so muß vor allen anderen Maßregeln erst die Liebe und der Eifer der dabei angestellten Mannschaft nicht unterdrückt, sondern vielmehr aufgeregt werden. Beide allein reichen hier nimmermehr zu . . . Die Vermehrung der Subsidierung des Corps erhebt sich übrigens, genau erwogen, noch immer nicht über jene der Infanteristen, wenn man beyde Dienstleistungen gegen einanderhält, und die übrige Zeit in Betrachtung zieht, die dem Infanteristen das ganze Jahr zu Privat-Arbeiten übrig bleibt, durch die er sich noch höher als der Mann hier stehen kann, nicht zu gedenken, das dieser lebenslänglich dient, jener aber durch die stette Hoffnung auf den einstigen Abschied schon im Voraus sein Loos erträglicher findet . . . Eine andere gegründete Klage der Mannschaft ist über die Wäsche, mit der sie bei den hiesigen sehr schmutzigen Arbeiten in der Cathegorie nicht auskommen kann. Schon jezzo hat der Mann kein gutes Hemd auf dem Leibe, und doch soll er damit bis Februar 1821 auskommen. . . . Dasselbe Bewandnis hat es mit der kleinen Montur . . . Der Mann muß mit seinen 31 Kr. monatl: Flickspesen, den Limito-Permiß für die Sohlen und den Stiefel-Vorschuh, sowie den Macherlohn bezahlen - Nebstdem soll er dazu die übrigen hier häufigen Reparaturen seiner Montur bestreitten, er kann aber aus den obigen Gründen mit 31 Kr. monathlich nicht auskommen, und daher muß er manchen Monat das doppelte und das dreyfache von seiner Löhnung zusetzen. Da der Mann ferners ohne Zulage die hiesigen schweren Arbeiten anhaltend verrichten muß, und bei der einfachen Menage die verlohrenen Kräfte durch eine bessre Subsistenz nicht ersezzen kann, so liegt es in der Natur der Sache, mit seinem Stand unzufrieden, mürrisch, unwillig und zur Desertion geneigt zu werden."[62]

Auch wenn Augustin weiterhin Erfolge bei den Raketenversuchen melden konnte - Raketen mit dem neuen Pulver geladen „erreichen bis 800 Schritte; immer in der Höhe eines halben Mannes streichen; - und laufen dann erst noch mit Göllern bis 17 und 1.900 Schritte aus -" blieb doch seine Sorge um die erforderlichen Geldmittel und die Moral der Soldaten, zumal sich ein weiterer Offizier vom Corps abmelden wollte.[63]

Wohl bereits seit einigen Jahren war Augustin, anders als seine Lehrmeister Congreve und Schumacher, zur trockenen Pressung des Treibsatzes in die Hülsen übergegangen, da offensichtlich daran gezweifelt wurde, schrieb er 1820 an FML v. Kutschera:[64]

„. . . daß wir unsere Raketen mit dem Besst trokkenem Pulver laden. Die ungeheure Gewalt unserer Presse ist es allein, die den Zusammenhang, und die erstaunliche Festigkeit des Pulvers in der Rakete hervorbringt - und ist es gerade dieser Umstand am meisten, . . . das Raketen-Geschüzz für den allgemeinen Armeegebrauch geeignet zu haben. Ohne die Ladung mit trokkenem Pulver ist die Raketen-Erzeugung für große Ausrüstungen nicht fünf Groschen werth . . . Wir haben nur mehr die Art, wie bei dieser Pressung vorgegangen wird als Geheimnis für uns, wie es möglich sey, bei so ungeheurem Drucke, den hier das trockene Pulver erleiden muß, solche Setzer herbei zu schaffen, die sich nicht biegen . . . allein der englische Gußstahl, der noch eigens chemisch hier in der Fabrik vorbereitet wird, erlaubt die Anwendung meiner Erfindung - diese Vorbereitung des Gußstahles ist aber Gott sey dank - noch bis dato geheim - und außer meiner Werkführer nicht einmal meinen Officieren recht bekannt."

Das Hauptbestreben Augustins richtete sich auf die Verbesserung der „kleineren" Raketen, also der 2zölligen. Nach einer neuen Methode der Kohlezubereitung und der daraus resultierenden neuen Zusammensetzung des Treibsatzes gelang es ihm im Mai 1820 die Reichweite

60) ibidem, es scheinen also schon 1819 erste Raketeur-Detachements bei der Italien-Armee eingesetzt gewesen zu sein. Augustin wies zudem auf die Bedeutung der Ausbildung zum Vorgesetzten hin und daß man diese nur aus den Gemeinen herausbilden könne, und daß „wie vielfältig Ersatz und Stellvertrettungen besonders im Kriege nothwendig werden; - wie nur dann ein Fuß für eine größere Ausrüstung wirklich besteht, wenn eine hinreichende Anzahl geschickter Leute vorhanden ist."

61) ibidem

62) ÖSK-Mem. 13-218, Brief an FML v. Kutschera vom 4. Oktober 1820

63) ÖSK-Mem. 13-218, Brief an FML v. Kutschera vom 17. Oktober 1820, Augustin konnte auch melden, daß nunmehr das Wasserwerk fertig wäre und das neue Schneid- und Hobelwerk in vollen Gange sei, für die Maschinen fehlten ihm aber immer noch die vor einem Jahr beantragten 14.000 Gulden.

64) ÖSK-Mem. 13-218, Brief Augustin vom 15. Februar 1820, in diesem Brief beklagte er auch, daß er keine Genehmigung zur Besichtigung der Mailänder Presse erhalten habe, da er ebenso wie diese auch in der Raketenanstalt die Presse mit Wasser betreiben wollte. Es ist anzunehmen, daß Augustin frühestens 1819 zum trockenen Pressen der Raketen übergegangen ist, da der später erwähnte Mechanikus Westermayer, der wahrscheinlich ein Deserteur der Raketenanstalt war, nur das feuchte Pressen kannte.

dieser Raketen von 1.200 Schritt für die 3 pfündigen und 1.500 Schritt für die 6 pfündigen auf 1.500 respektive 2.200 Schritt zu steigern, womit er die Reichweite der entsprechenden Kanonen erreichte. An die Fortentwicklung der großen, vierzölligen Raketen ging er nur ungern, da er sie für den Feldgebrauch für ungeeignet hielt; immerhin erreichte er auch mit diesen Raketen nunmehr eine Distanz bis zu 6.000 Schritt, allerdings mit Seitenabweichungen von bis zu 1.000 Schritten.[65)]

Augustins Anträge auf Genehmigung des Personals für eine eigene Erprobungsabteilung, sowie für die Verstärkung des Stabs- und Arbeitspersonals scheinen erst spät bewilligt worden zu sein, so daß erst ab Ende 1820 der Raketenanstalt 32 Offiziere und Unteroffiziere sowie eine Feldkompagnie mit 144 und eine Laborier-Compagnie - später Zeugs-Compagnie - mit 150 Mann zur Verfügung standen.[66)]

Nach dem Erscheinen von Bems Buch über die Congrev'schen Raketen,[67)] beschäftigte sich 1820 Augustin auch mit dessen Erfahrungen und Verfahren, wobei seine Meinung über die polnischen Raketen recht abwertend war, insbesondere hielt er die Herstellungsverfahren für teurer und gefährlicher als die österreichischen, aber auch aufgrund eines Leistungsvergleiches kam er zu dem Schluß:[68)]

„. . . daß wir daher mit Beruhigung hoffen dürfen, uns noch lange Zeit eines großen Vorsprungs in dieser neuen Waffe erfreuen zu dürfen."

Ein Leistungsvergleich zeigte eindeutig die Überlegenheit der österreichischen Raketen:

Raketenart	polnische Raketen Reichweite in Schritt	österreichische Raketen Reichweite in Schritt
4 zöllige bei max. Elevation	3150	6000
$2^1/_2$ zöllige bei max. Elevation	1960	4000

Zusätzlich wies Augustin daraufhin, daß die russische 4zöllige Rakete 17 Pfund Pulver als Treibsatz brauche, während seine Rakete mit 12 Pfund Pulver auskäme. Anregungen zur Raketenkonstruktion nahm Augustin rasch auf, so wies FML v. Kutschera ihn im März 1822 auf einen Aufsatz über die Entwicklung von Leuchtraketen mit Fallschirm durch Congreve hin. In seiner Antwort hieß es nur „ . . . und darf hoffen, die Leuchtballen mit dem Fallschirm nachahmen zu können, wozu ich unverzüglich schreite . . . Meine Neugierde ist daher mehr als jemals gereizt, mit dem Fallschirm die Resultate zu erproben."[69)]

Bereits am 14. April konnte er melden:

„. . . daß schon einige Proben mit den . . . Congrev'schen Leuchtballen mittelst Fallschirm sehr gut von Statten gingen. Der Fallschirm wird ganz einfach zusammen-gelegter auf dem Leuchtballen und auf die Rakete aufgebunden, und trennt und entwickelt sich im höchsten Punkte seiner Bahn, welches allerdings einen sehr schönen Anblick gewährt . . . schwebt der Ballen einmaln über dem Objecte, was man beleuchten will, so ist die Helligkeit desselben wirklich größer, als sonst auf der gewöhnlichen Weise - nur muß Rücksicht auf die Richtung des Windes genommen werden, da der Fallschirm genau in seiner Richtung sich fortbewegt."[70)]

Daneben scheint sich Augustin 1823 auch mit stablosen Raketen beschäftigt zu haben, stellte aber wohl diesbezügliche Versuche wieder ein.[71)]

b. Das Entstehen der Raketen-Waffe

1820 glaubte man, daß die Entwicklung der Raketen soweit fortgeschritten wäre, daß erste Batterien mit ihnen ausgestattet werden könnten. Am 9. November 1820 wurde somit die Aufstellung zweier Fuß-Batterien angeordnet. Hierfür wurden 40.000 fl. bewilligt. Aufgestellt wurden eine 12pfündige Batterie mit 6 Abfeuerungsgestellen auf Lafette, 6 Munitionskarren und 72 Pferden, für die 60 Raketeure und 24 Fahrsoldaten, sowie eine leichte 2zöllige Batterie mit 6 tragbaren Abfeuerungsgestellen, 3 Munitionskarren und 12 Zugpferden, für die 24 Raketeure und 6 Knechte vom Fuhrwesen vorgesehen waren. Verfügbar waren zu dieser Zeit 12 Belagerungslafetten, 24 tragbare Abfeuerungsgestelle sowie ein Vorrat von 600 zweizölligen, 800 dreizölligen sowie 60 vierzölligen Raketen.[72)] Für die Herstellung der Raketen bestand weiterhin eine Laborier-Compagnie. Deren Soldaten waren mit 12 Kreuzern täglich besser besoldet als die Angehörigen der Raketenbatterien, die nur 10 Kreuzer erhielten.

Das Herstellen der Einsatzbereitschaft erforderte naturgemäß einige Zeit, da die Mannschaften erst zugeteilt und ausgebildet werden mußten, auch war zwar ein ausreichender Raketenvorrat vorhanden, es fehlte aber noch an Granaten, da der Befehl zur Aufstellung, und in diesem Fall zugleich für einen möglichen Einsatz überraschend gekommen war.[73)] Auch fehlte noch ein Commandant für die zweite Batterie, Augustin wies in diesem Zusammenhang auch darauf hin, es wäre die „Bedienungs-Mannschaft gleichsam im letzten Augenblick aufgestellt und die meisten davon kennen ihr Geschütz gar nicht - sind nicht dressirt nicht exercirt." Die Batterien führten 6 Reservegestelle im Batterietroß mit. Je Raketengeschütz waren jeweils 9 Mann Bedienung vorgesehen, um ausreichend Personal für die Bedienung der Reserve-Lafetten verfügbar zu haben.[74)] Auf den letzteren Punkt hatte Augustin gedrungen:

„. . . Für die einzelnen Batterien sind nur 6 Laffetten eingetragen. Ich

---

65) ÖSK-Mem. 13-218, Schreiben an v. Kutschera vom 19. und 23. August 1820, zur Seitenabweichung wies Augustin daraufhin, daß die Gomerischen Böller bei einer Reichweite von 5.000 Schritten schon Abweichungen von 800 Schritten zeigten. Zu den großen Raketen schrieb er: „Wenn schon . . . einige Hundert große Brandhauben der Armee in ganz besonderen Fällen ersprießliche Dienste thun werden, so wird dieses Kaliber doch niemals einen bedeutenden Einfluß auf den Krieg nehmen - sondern dieses ist nur einzig und allein durch die Kleinen, nehmlich durch die 3 und 6pfün zu erzielen.- Aber gerade mit dieser Herstellung sind wir am Ziele". Wiederum wies er auf die Bedeutung der Aufstellung einer Feldbatterie hin: „-. . . und daß für das Exercitium derselben ein eigener Körper geschaffen werde, den ich gehörig dreßieren könnte, weil mir sonst noch bevor steht, mit der gegenwärtigen Arbeitstrupp, die gar nicht exercirt werden kann, bei künftigen Produktionen mit den beßten Raketen nur Schand's und Spott einzuärndten."

66) Nemetz, a.a.O., S. 266

67) Gemeint ist: J. Bem, Erfahrungen über die Congreveschen Brand-Raketen bis zum Jahre 1819 in der Königl. Polnischen Artillerie gesammelt, Weimar 1820 (siehe Abschnitt 9: Die anderen europäischen Staaten - Königreich Polen)

68) ÖSK-Mem. 13-218, Augustin: Bemerkungen über die Brandraketen von Joseph Bem vom Dezember 1820

69) ÖSK-Mem. 13-218, Brief an v. Kutschera vom 8. März 1822, im gleichen Brief meldete er „Seit dem 6ten geht die Preße am Waßer in ihrer ganzen Vollkommenheit und es sind bereits ein paar Hundert Raketen fertig geworden."

70) ÖSK-Mem. 13-218, Brief an FML v. Kutschera vom 18. April 1822

71) DHMB, Rep. Z 08, Denkschrift Kühn für Prinz August von Preußen vom 30. November 1831, Kühn schrieb, ein schweizerischer Artillerie-Major habe ihm 1823 berichtet, „in Wien, aus weiter Entfernung, Augenzeuge von Versuchen mit Raketen ohne Stab gewesen zu seyn", die jedoch „gefährliche, ganz unbestimmte Seitenabweichungen (bis circa 40°)" gezeigt hätten.

72) Angaben nach: Nemetz, a.a.O., S. 265, nach diesem Text wurden die Mittel bereits 1817 bereitgestellt und die Batterien aufgestellt, der Text eines Genehmigungserlaßes liegt aber nicht vor; zwar waren 1819 bei einer Vorführung 2 Batterien eingesetzt, da aber Augustin weiterhin die Aufstellung von Feldcompagnien beantragte und die Batterien für den Feldzug gegen Neapel (siehe dort) 1820 erst gesondert ausgebildet werden mußten, können diese Maßnahmen erst 1820 erfolgt sein. Die „Batterien" für die Vorführung 1819 dürften provisorisch aus dem Arbeitspersonal gebildet worden sein. Kalmár, a.a.O., S. 86, gab folgende Gesamt-Personalstärke an: 1 Hauptmann als Kommandant, 2 Oberoffiziere, 1 Oberfeuerwerker beim ständigen Depot, 2 Feuerwerker, 1 Munitionswart beim Depot, 4 Korporale (dazu 1 Korporal bei der mobilen Hilfsreserve und einer beim Depot), 60 Gemeine (dazu 6 bei der Hilfsreserve und 4 beim Depot), 1 Ordonnanz und 2 Offiziersdiener.

73) ÖSK-Mem. 13-218, Brief Augustins an Erzherzog Ludwig vom 9. November 1920, vorhanden waren 4.725 dreipfündige und 3.837 6pfündige Raketen, in dieser Zahl waren aber auch Versuchsmuster seit 1815 einbegriffen, die aufgrund eines ausdrücklichen Befehls des Kaisers zum Studium aufzubewahren waren.

74) Semek, Wehrmacht, a.a.O., S. 201; für die Ausrüstung je einer 3pfündigen und einer 6pfündigen Batterie wurden bereit gestellt: 12 Stück Infanterie Raketen-Munitions-

erlaube mir . . . zu bemerken, daß es eine der vorzüglichsten Eigenschaften des Raketen Geschützes ist; die Feuerlinie nach Bedarf erweitern zu können. Bekanntlich machen mehr Geschütze nebeneinander wenn sie doch nur mäßig geschwinde feuern, noch mehr Eindruck auf den Feind, als wenn weniger derselben wenn auch die Schüße schneller aufeinander folgen. Nach unserer Erfahrung können 9 Mann bequem 24 Schüße in der Minute eine Laffette abschießen, wenn 2 Mann schnell genug beim Karren den Nachschub ordnen können. Erheischen es aber gewisse Momente der Schlacht . . . eine größere Feuerlinie zu bilden, so können die Reserve Laffetten herbei geholt werden und die 7 Mann mit ihren Unteroffizieren theilen sich in 2 Partheien zu 4 Mann, und entwickeln aus der einzelnen Batterie eine doppelte, die noch immer je Laffette 10 Schuß in der Minute wird machen können. Aus dieser Ansicht entspringt nun die Nothwendigkeit von 6 Reserve-Laffetten bei jeder Batterie, sowie des 7ten Manns bei jedem Geschütz."[75)]

Für die Batterien wurden auch die ersten zwei der neu konstruierten zweispännigen Cavallerie-Munitionswagen bereitgestellt, sie konnten 6 bis 7 Centner Munition aufnehmen und boten zusätzlich Platz für 6 Raketeure; im letzteren Falle waren dann aber 4 Pferde vorzuspannen. Überdies drang Augustin um die Bereitstellung eines Arztes je Compagnie „zur Erhaltung des Mannes", er wies aber auch daraufhin, daß durch die Aufstellung der beiden Einheiten, die „Erzeugungs-Compagnie" um 24 Gemeine geschwächt worden wäre und beantragte hierfür Ersatz. Auch dachte er an den Nachschub für den Feldzug und beantragte zusätzliche Geldmittel, um die Raketenproduktion, auch für ein Felddepot, entsprechend zu steigern, wies aber gleichzeitig daraufhin, daß die benötigte Anzahl erst in 3 bis 4 Monaten hergestellt sein könnte, für ein Felddepot sogar erst in 9 - 10 Monaten.

1821 kam es dann zum ersten Einsatz der neuen Waffe im Felde. Zur Expedition gegen die Konstituante des Königreiches beider Sizilien wurde ein österreichisches Heer in Stärke von 43.000 Mann mobilisiert, um die früheren Verhältnisse des Königreiches aufgrund der Beschlüsse des Kongresses von Laibach wieder herzustellen; für die zu erwartenden Kämpfe in gebirgigem Gelände sollte es eine leichte, möglichst von Wegen unabhängige Artillerie erhalten. Hierfür schienen die neuen Raketenbatterien am geeignetsten. Versuchsweise wurden die Batterien mit den neuen zweispännigen Cavallerie-Munitionswagen ausgestattet. Gegenüber den Artillerie-Munitionswagen besaßen diese Wagen eiserne Achsen mit einem Durchmesser von 2 Zoll - gegen 4 Zoll Durchmesser bei der Artillerie -, die in messingenen Hülsen gelagert waren, die Naben waren mit „Vorhauben nach der neuesten Construction" versehen.[76)] Die Wagen waren zunächst überladen, da zusätzliche Munition mitgeführte wurde, um den Hinmarsch zur Ausbildung der Raketeure im scharfen Schuß zu nutzen. Die enorme Kälte in der Steiermark und in Kärnten von 17 Grad sowie der strömende Regen bei Padua und schließlich der rasche Vormarsch gegen Neapel verhinderten dies, so daß das erste Gefecht bereits zur letzten Ausbildung dienen mußte.[77)] Einsätze erfolgten beim Forcieren der neapolitanischen Hauptverteidigungslinien am Garigliano und am Volturno sowie bei der Eroberung der Abruzzenpässe im März 1821. Die Raketen bewiesen ihre Wirkung bei dem Sturm auf das befestigte Kloster auf dem Monte Cassino und bei den Gefechten bei Antrodocco und Aquilo. Für die entscheidende Schlacht von Rieti am 7. März kam allerdings die Raketenbatterie zu spät, da ein Hohlweg durch Artilleriefahrzeuge verstopft war.

„Da aber die Neapolitaner in diesem Feldzug eine sehr große Neigung zum Zurückweichen beurkundeten, so ist es unentschieden, ob man den Raketen eine sehr bedeutende Wirkung beilegen kann."[78)]

Dennoch wurde die Raketenwaffe positiv beurteilt, zum Angriff auf den Paß von Antrodocco am 9. März wurde der Einsatz der neuen Waffe beschrieben:

„Anfangs ließ der Feind seine Artillerie ziemlich heftig wirken, und rückte gegen die beiden Flanken der vordringenden Österreicher am selben Velino-Ufer vor. Jetzt ließ Frimont die Kongrevische Raketen vorbringen. Die neue und ungewohnte Waffe machte einen solchen Eindruck, daß der Feind sogleich zu wanken begann, und endlich die Flucht ergriff; . . ."[79)]

Anschließend wurde eine Abteilung der Raketen den Truppen des Oberst Schneider unterstellt, die am 9. März Leonessa nahmen, die Raketen wurden nicht eingesetzt, da die Neapolitaner die Stadt bei der Annäherung der Österreicher verließen.[80)] Ein weiterer Bericht über den Einsatz liegt vom Detachement des Obersten Freiherr v. Schneider vor, der am 10. März 1821 über La Posta nach Monte Reale vorrückte, das von neapolitanischen Truppen in Stärke von 2 Bataillonen besetzt war. Diese konnten einem Einkreisungsversuch entkommen und zogen sich eiligst auf das linke Aterno-Ufer zurück, von wo aus sie das Feuer auf die vorrückenden Österreicher eröffneten.

„Erst nachdem Oberst Schneider auf der Höhe bei Monte Reale die Raketen-Abtheilung gegen die Legionäre wirken liess, räumten die Neapolitaner das Gefechtsfeld völlig und flohen in großer Verwirrung, mehrere Todte und Verwundete zurücklassend und das Gepäck wegwerfend, ins Gebirge."[81)]

Am 24. März war der militärische Teil der Operation mit dem Einzug österreichischer Truppen in der Hauptstadt Neapel abgeschlossen.

Die Cavallerie-Munitionswagen hatten sich als nicht beweglich genug erwiesen und so kam es 1824 zur Konstruktion der für Österreich typischen „Wurstwagen". Dies waren 12' lange, vierrädrige Fahrzeuge, auf deren länglichen, vergleichsweise tiefsitzenden zwei Kästen die Kanoniere während des Marsches rittlings aufsitzen konnten. Im unteren Kasten lagen die Stäbe der Raketen, dieser Kasten ließ sich an einer Längsseite aufklappen. Im oberen Kasten wurden die Raketen, Brandeln und anderes Zubehör transportiert, der Deckel wurde von oben geöffnet. Er war oben abgerundet und mit einem Lederpolster als

---

Wägen, 2 Stück Cavallerie Raketen-Munitions-Wägen, 140 Raketen-Verschläge, 24 Laffetten ganz mit Hammer und Aufstecker, 72 Raketen Tornister, 24 Zündern-Tascheln, 24 Zünd-Ruthen, 10 Riß Pack-Papier, 3 Centner Pack-Werg, hierfür war ein Kostenaufwand von 14 . . . Gulden erforderlich (ÖSK-Mem. 13-218, Geld Erforderniß Ansatz vom 9. November 1820, die rechte Seite der Meldung ist leider angerissen, so daß die Einzelkosten und die vollständige Angabe der Gesamtsumme fehlen)

75) ÖSK-Mem. 13-218, Brief vom 9. November 1820

76) ÖSK-Mem. 13-218, Brief an FML v. Kutschera vom 18.12.1820, die neuen Wagen scheinen sich bewährt zu haben, auch wenn sie in manchen Schriften als „schwerfällig" bezeichnet werden; Hauptmann Keek, der Commandant einer der Batterien, hob in seinen Rapporten mehrfach hervor, „das gute Fortkommen seiner schwer überladenen Wägen, gegen manches andere Fuhrwerk", und daß „gerade bei Rieti er noch zeitig genug zur Bataille eingetroffen wäre, wenn nicht die Hohlwege mit Artillerie- und Regiments Fuhrwerk voll gepropft gewesen wären, die sich nicht vom Fleck bewegen konnten, während die Construction unserer Wägen es erlaubte, auf den Fleck umzukehren p.p.p." (ÖSK-Mem. 13-218, Brief an FML v. Kutschera vom 18. Dezember 1821) Im selben Brief wies Augustin daraufhin, daß diese Wagen durch die neue Achse 320 Pfund leichter wären.

77) ÖSK-Mem. 13-218, Brief an FML v. Kutschera vom 18. April 1821: „ . . . und um die neue Mannschaft einigemale im Feuer zu exerciren, wurde auf die Wägen gepakkt, was nur immer der Raum faßen konnte, in der Meinung, als werde sich diese Last durch das Verschießen beim Exerciren während dem Marsche vermindern."

78) o. Verf., Fragment eines größeren Aufsatzes über den Gebrauch der Kriegsraketen im Feldkriege, in: AMZ, 21. Jahrg. 1846, S. 21; in einem Aufsatz „Beitrag zur Geschichte und näheren Kenntniß der Kriegsraketen" (o. Verf., in: ZfKWGK, 1825, S. 110) hieß es hierzu: „Da aber die Neapolitaner höchst wahrscheinlich auch ohne Raketen ebenso schnell davon gelaufen seyn würden, so beweist dieses allerdings sehr wenig."

79) o. Verf., Biographie des k.k. Generals der Kavallerie und Hofkriegsraths-Präsidenten Grafen von Frimont, Fürsten von Antrodocco, in: ÖMZ, 5. Heft 1833, S. 160; siehe auch: o. Verf., Die Bekämpfung des Aufstandes in Neapel und Piemont im Jahre 1821, in: Organ der militär-wissenschaftlichen Vereine, LV. Band 1897, S. 182: „F.M.L. Wallmoden entschloss sich daher, bis zum Eingreifen der linken Seiten-Colonne ein hinhaltendes Gefecht zu führen, wobei die den Neapolitanern noch unbekannten Raketen vorzügliche Dienste leisteten."

80) o. Verf., Die Bekämpfung des Aufstandes in Neapel, a.a.O., S. 183

81) Hauptmann Machalicky, Der Feldzug gegen die Neapolitanische Revolution 1821, in: Mittheilungen des K.K. Kriegs-Archivs (Herausgegeben von der Direction des K.K. Kriegs-Archivs), II. Band, Wien 1888, S. 95

„Reitsitz" versehen, wobei vorne und hinten Wülste als Halt für die aufgesessenen Raketeure angebracht waren, für deren Füße befanden sich auf beiden Seiten des Wagens Fußbänke, die etwa 2 1/2' über dem Erdboden standen, der Sitz lag etwa 3' höher; sein Oberteil war durch eine Scheidewand von dem Inneren der "Wurst" getrennt, so daß in diesem zusätzlichem Raum das Raketengestell mitgeführt werden konnte, die Kopfwand dieses Stauraumes wurde durch eine Klappe verschlossen. Die Vorderräder des Wagens besaßen einen Durchmesser von 3', die Hinterräder einen von 5'; 1825 wurde die erste Raketenbatterie mit diesen Wagen ausgestattet, 1826 die zweite; diese Batterien wurden nunmehr als „fahrende Batterien" - auch als Cavallerie-Batterien - bezeichnet.[82)] Die Fußbatterien behielten weiter sechs der schwerfälligeren zweispännigen Karren und führten 6 Abfeuerungsgestelle. Sie wurden von dem einzigen Offizier der Batterie kommandiert, meist einem Oberlieutenant, dem 1 Feuerwerker, 2 Corporale, 30 Gemeine und ein Tambour unterstanden. Die Bespannung wurde vom Fuhrwesen gestellt, hierzu gehörten ein Train-Offizier oder Wachtmeister, 2 Corporale und 6 Fuhrwesensgemeine; der Batterie-Commandant, der Feuerwerker sowie die Chargen des Fuhrwesen-Corps waren beritten. Die fahrenden Batterien mit ihren Wurstwagen wurden ebenfalls nur von einem Offizier kommandiert, dem 2 Corporale und 24 Gemeine des Feuerwerkerkorps sowie ein Trompeter unterstanden. Vom Fuhrwesen wurden ebenfalls 1 Train-Offizier mit 2 Corporalen und 18 Fuhrwesensgemeinen für die 6 Wurstwagen und 3 ebenfalls vierspännigen Munitionswagen, die mit der doppelten Menge von Raketen, wie die der Fußbatterie, beladen waren, gestellt. In den Wurstwagen wurden 50 Raketen mitgeführt, 4 Mann konnten aufsitzen.[83)]
Bei der Unterstützungsreserve wurden für jede Raketenbatterie noch 3 und bei der Hauptreserve zusätzlich 6 Munitionswagen mitgeführt. Eine Batterie führte bis zu 768 Schuß- oder 732 Wurfraketen mit, Leuchtballen befanden sich nur in den Fahrzeugen der Reserven.
1827 wurde die Personalstärke der Raketenbatterien anläßlich der Versetzung der Armee in den Kriegszustand erhöht, das Corps wurde um eine Abteilung von 59 Mann verstärkt, dieses Personal sollte vor allem der Unterstützung der Marine in der Handhabung der Raketen dienen. Eine Feldcompagnie bestand nun aus je 1 Hauptmann I. und II. Klasse, 2 Ober- und 4 Unterlieutenants, 6 Oberfeuerwerkern, 12 Feuerwerkern, 20 Korporals, 4 Tambours, 2 Ordonnanzen, 240 Gemeinen und 6 Dienern. Zusätzlich wurden nach Italien zwei vierspännige und zweispännige Raketeneinheiten zu Fuß entsandt,[84)] sowie das Personal, das zum Betrieb des mobilen und des ständigen Raketendepots erforderlich war. Damit dienten hier nunmehr 1 Hauptmann II. Klasse, 1 Ober- und 1 Unterlieutenant, 1 Oberfeuerwerker, 2 Feuerwerker, 7 Korporals, 1 Tambour, 70 Gemeine, 1 Ordonnanz und 2 Offiziersdiener. Aus diesem und weiteren Artilleriepersonal wurde eine oberitalienische Raketenabteilung gebildet, die, um einen Oberfeuerwerker und 2 Feuerwerker sowie Gemeine verstärkt, aus 146 Mann bestand. Zusätzlich wurden 1827 durch das illyrische innerösterreichische Generalkommando eine 6pfündige Batterie zu Fuß und eine Batterie mit Bespannung zur Verstärkung des mobilen italienischen Armeecorps entsandt. Für diese Einheiten wurde die Einrichtung eines ständigen Raketendepots in Italien erforderlich, hierzu wurden 2.916 Raketen

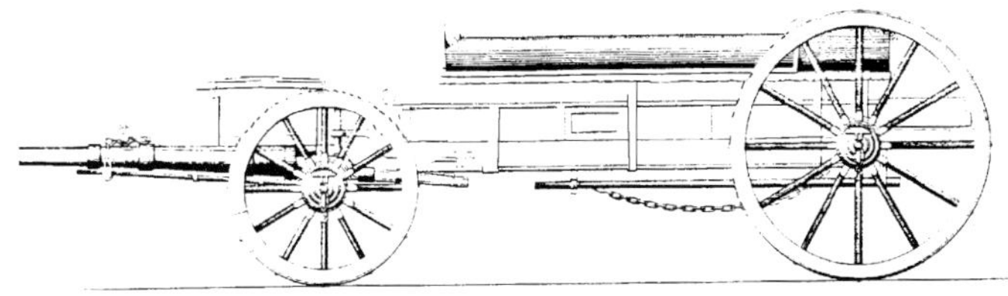

Wurstwagen (Zeichnung: Konstantinov)

sowie 4 Raketengestelle von der Raketenanstalt bereitgestellt; das Depot wurde unter Leitung eines Oberfeuerwerkers von 1 Munitionswart, 1 Korporal und 4 Gemeinen betrieben.[85)]
Die „Raketengeschütze" wurden vom Beobachter eines Schießens bei Mantua am 19. Oktober 1827, das vor dem Artillerie Inspecteur FML Roussau mit einer Fuß- und einer Cavallerie-Batterie stattfand, wie folgt beschrieben:
„Die Lafette einer Kriegs Rakette besteht aus 2 Theilen:
1. aus dem Obergestelle, welches die Richtmaschine ist und aus dem Untergestelle auf welchem die Richtmaschine ausgesetzt wird.
Die Richtmaschine ruht auf einer eisernen Scheibe, und wird nach jeder beliebigen Richtung gewandt und mittels einer Horizontalschraube festgemacht ihre Konstrukzion ist ebenso sinnreich als einfach. Der Quadrant zur Bestimmung der Elevation oder Senkung, bildet ihren Hauptbestandtheil, er besteht aus zwey eisernen Backen /:in welchen die Grade eingeschnitten sind:/ und ist oben mit einem Querbalken verbunden über welchen der Lauf oder die Rinne, in welche die Rakette gelegt wird, mit zwey Nieten angenietet ist. Zur Elevation oder Senkung ist eine Vertikalschraube an der Richtmaschine angebracht, nebst dem ist unter dieser Vertikalschraube eine Vorrichtung mittelst welcher die Richtmaschine gesperrt wird, damit wenn sie einmahl die gewünschte Richtung erhalten hat, sie unbeweglich bleibe; man kann sowohl 100 und mehrere Raketten abfeuern, ohne daß die geringste Verrückung der Lafette zu befürchten sey, um so mehr als die Erschütterung die durch die Entzündung der Rakette verursacht wird, sehr unbedeutend seyn soll.-
2. Die Rinne oder der Lauf besteht aus zwey Seitenbacken und der Sohle, und oben befinden sich zwey Schliesser, die mit einem aufwärtsstehenden messingenen Stössel versehen sind, die den Stab der Rakette festhalten. Auf dem Quadranten sind 90 Grade bezeichnet. Der Nullpunkt ist die Horizontale, 80 Grad dienen für die Elevation über dieselbe, 10 Grade für die Senkung unter derselben.
*Das Untergestell besteht aus einem von Eichenholz mit Eisen beschlagenem Dreyfusse *(* Dieser Dreyfuss hat genau die Form des Gestelles eines Messtisches und ist auch im Gewicht von demselben wenig unterschieden), der sich öffnen und schließen lässt, auf dem Kopf desselben ist die eiserne Scheibe befestigt, auf welcher sich das Obergestell herumdreht."*[86)]
Zu den Raketen schrieb derselbe Beobachter:
„a. Die Granate. Sie ist bei dieser Batterie 6pfündig und an ihrer Eisenstärke allenthalben gleich, zum Unterschiede der Coehornischen Granaten, die ein Segment haben, um sie anstatt auf dem schweren

82) Semek, Wehrmacht, a.a.O., S. 201
83) ÖSK-Mem. 13-143, Rapport v. 23. Oktober 1827, No. 143; zu den Karren notierte der Beobachter: „Zur Fortbringung der Raketen, Lafetten, Stäbe und übrigen Bedürfnisse befinden sich bey einer Fußbatterie 6 zweispännige Karren, die sehr leicht und von zweckmässiger Konstruktion sind, sie haben eiserne Achsen, messingne Büchsen, einen wasserdichten Deckel, und sind zum Sperren eingerichtet" In einem Karren befanden sich: 68 Granat- und 14 Kartätschraketen, 6 Brandhauben, ein Kistchen mit Leuchtballen, teils mit, teils ohne Fallschirm sowie 2 Lafetten. (ibidem)
84) Kalmár, a.a.O., S. 88. Die Ausrüstung dieser Einheiten bestand aus 12 Raketengestellen mit 12 Reservegestellen, 648 Granatraketen No. 2 und 492 Granatraketen No. 3 sowie 348 Kartätschraketen und 108 Brandbombenraketen, für deren Transport 12 Munitionskarren benötigt wurden. Baer führte an dieser Stelle einen Vergleich der Stärken je einer normalen und einer reitenden Artilleriebatterie und dieser Raketeneinheiten an, als Ergebnis benötigten die beiden Raketeneinheiten 88 Pferde und 145 Mann weniger als die entsprechende Rohrartilleriebatterien. (Eine reitende und eine gewöhnliche Rohrartilleriebatterie umfassten 12 Geschütze mit 2.374 Schuß, 191 Pferde und 222 Mann, die beiden Raketeneinheiten benötigten für 24 Raketengestelle mit 2.556 Raketen nur 103 Pferde und 86 Mann!)
85) Alle Angaben zu den Raketenbatterien 1827 nach: Kalmár, a.a.O., S. 88 f.; für das Depot wurden nach Italien transportiert: 1.188 Stück 6pfündige Granatraketen No. 2 (66 Kisten à 102 Pfund) und 1.152 Granatraketen No. 3 (72 Kisten à 109 Pfund) sowie 468 Kartätschraketen (24 Kisten à 121 Pfund) und 108 Stück Brandbombenraketen (6 Kisten à 109 Pfund).
86) ÖSK-Mem. 13-143, Rapport vom 23. Oktober 1827, No. 143

Theile auffallen zu machen, während die Raketten Granate den Vortheil hat, daß sie durch die Entzündung ihres Satzes in mehrere Stücke zerspringt als die Coehornischen Granaten. Die Wirkung der Kriegs Rakette ist mit den Haubitzen zu vergleichen, die Granate wirkt zuerst durch den Schlag, und dann durch die Explosion, Die Granate ist an die Rakette festgebunden, erst nachdem Letztere ausgebrannt ist, entzündet sich der Satz der Ersteren, die hierzu mit einem Brander versehen ist . . . Die Rakette ist beyläufig 1½ Schuh lang und hat einen Durchmesser von 3 Zoll, sie ist aus Eisenblech, ihre Füllung ist eines der Geheimnisse dieser neuen Waffe, sie fördert während eines dem Lärm der gewöhnlichen FeuerwerksRakette wenig vermehrten Geräusches - das ihr Abbrennen durch den nach hinten herausströmenden Feuerstrahles verursacht, das an ihrem oberen Ende gebundene Projektile mit Schnelligkeit an das Ziel. Zur Entzündung der Rakette befindet sich links am unterm Ende derselben eine kleine Oeffnung, die mit einem Pflaster bedeckt ist, das vor dem Abfeuern durchstochen werden muß. Zum Abfeuern bedient man sich einer Maschine, die der Zünder genannt wird, derselbe hat ungefähr die Form einer Pistole, dessen Schaft jedoch viel länger ist, als jener eines gewöhnlichen derley Geschosses - am oberen Ende des Schaftes ist ein Kapsül-Schloss angebracht wie man es seit kurzem für Jagdgewehre verwendet, ein kleines Kapsül, welches mit einem Pulversatz gefüllt ist, das sich durch einen Schlag entzündet, den es durch den Hahn des Schlosses empfängt, theilt sein Feuer einer Brande mit, der an dieses Kapsül befestigt wird, und bis an die vom Plaster besorgte Oeffnung der Rakette reicht und durch eine an dem Obergestelle der Lafette angebrachte Verrichtung zum Auflegen des Zünders, von dem abfeuernden Vormeister knapp und unbeweglich an diese Oeffnung gehalten wird. Die Entzündung der Kapsüle, des Branders, und der Rakette geschieht zwar succevssive, allein in so kurzen Zwischen-Zeit-Räumen, daß solche unbemerkbar werden, und mit einem und denselben Schlage zu geschehen scheint. Das Zünglein zum Abfeuern des Kapsül-Schlosses des Zünders befindet sich am untern Ende des Schaftes.

Der Stab, der an die Rakette befestigt wird, um sie zur Einhaltung ihrer Richtung zu zwingen ist von weichen Holz, und hat ungefähr einen Zoll im Gevierte, für die FußBatterie ist er 8, für die Cavallerie Batterie 7 Schuhe lang, an seinem oberen Ende ist er zugespitzt und paßt genau in eine auf die Rakette in Eisenblech befestigte Hülse, in welche sie mittelsts 2 Hammerschlägen vor dem Auflegen der Rakette auf die Rinne eingezwängt wird.-"[87]

Auch die Bedienung des Raketengeschützes, zu der 5 Mann gehören, wurde dem Reglement entsprechend beschrieben:

"N° 1 ist der Vormeister, er steht links neben der Lafette, richtet die Richtmaschine, bevor die Rakette von N° 2 in die rinne gelegt wird, und feuert sie ab.

N° 2 steht gegenüber von N° 1, übernimmet die Rakette von N° 3 hält sie bis der Stab eingeschlagen ist und legt sie auf die Rinne, nachdem er vorher das Pflaster durchstochen hat.

N° 3 hat einen Tornister mit Raketen und die Stäbe und ist mit einem Hammer versehen, um den Stab einzuschlagen.-

N° 4 hat die nehmlichen Verrichtungen als N° 3, diese beyden Nummern tragen welchselweise die Munizion vom Karren zu der Lafette

N° 5 steht am Karren und reicht die Munizion aus selben hervor und ordnet sie in die Tornister von N° 3 und N° 4."[88]

An diesem Tage wurden 48 Raketen abgefeuert; die Fußbatterie begann das Feuer auf eine Distanz von 700 Schritten gegen eine Scheibe, die 50 Schuh lang und 9 Schuh hoch war. Bei einer Elevation von 8 Grad wurde die Scheibe zumeist überschossen, alle Raketen gingen links vorbei. Anschließend wurde auf 800 Schritte mit 10 Grad Elevation gefeuert und schließlich mit 4 Grad, um Rikoschets zu erhalten:

„Der 1ⁿ Aufschlag geschah ungefähr auf 3 - 400 Schritt, eines der Geschütze traf die Scheibe im 3ten Kreis, und mehrere Granaten gingen sehr nahe an derselben vorüber. Ich bemerkte, daß die Rikoschet Schüsse die Richtung noch besser einhielten, auch hier fielen die meisten Granaten links von der Scheibe auf. Die Fußbatterie feuerte schließlich auf eine Distanz von 1.000 Schritten mit 12 Grad Elevation, und ich bemerkte, daß obwohl hier ein Unterschied von mehreren Graden eintrat, die Tragweite der Kriegs Rakette nicht sonderlich zugenommen hatte, ja ungefähr die nehmliche blieb; die Scheibe wurde zwar nicht getroffen, allein es fielen die meisten Granaten an - als über die Scheibe, jedoch immer links vom Ziele ein."[89]

Das folgende Schießen der Cavallerie Batterie führte zu ähnlichen Ergebnissen. Der Beobachter wies dann vor allem auf die Schnelligkeit des Raketeneinsatzes hin, hier könne bereits 8 Sekunden nach dem Instellunggehen des „Geschützes" gefeuert werden, wobei die nächste Rakete bereits im Mittel nach 16 Sekunden gezündet werden könne. Damit habe die Kriegsrakete den großen Vorteil

„daß bey der Leichtigkeit ihrer Fortbringung in coupirten Terrain und selbst im Hochgebirge, sowie durch die schnelle Wiederholung ihres Feuers . . . den Feind unendlich überraschen und durch die Zusammenziehung in mehreren Batterien großen Verlust verursachen kann bevor es ihm noch möglich war zu entdecken, woher ihm Gefahr droht - nach dem weder die Annäherung der Raketen noch ihre Aufstellung das geringste Geräusch verursacht und der Aufmerksamkeit des Feindes leicht entgehen kann."[90]

In den Jahren 1827 bis 1829 unternahm das Feuerwerkscorps unter persönlicher Leitung Augustins zahlreiche Übungen, auch im scharfen Schuß, um die Einsatzgrundsätze zu erproben. Dabei wurde auch vor allem der Einsatz im Gebirge geübt, wobei bestätigt wurde, daß die 6- und 12pfündigen Raketen an Punkten eingesetzt werden konnten, wo ein Einsatz von Geschützen nicht möglich gewesen wäre.[91]

1829 konnten die Raketen bei einem spektakulärem Versuchsschießen ihre inzwischen erlangte Treffsicherheit beweisen: verglichen wurde das Schießen von Mörsern, Haubitzen und Raketen. Ziel war der Befestigungsturm Nr. 2 von Linz, dessen obere Plattform einen Durchmesser von knapp 10 m besaß, das Schießen erfolgte auf eine Distanz von 500 Schritt. Bei diesem Schießen wurden von den Mörsern 140 30- und 60pfündige Bomben geworfen, von denen 28,3 % trafen, 120 Granaten wurden von 10pfündigen Haubitzen verschossen, hierbei trafen 12 % der Schüsse, schließlich wurden 158 zweieinhalbzöllige Wurfraketen abgefeuert, von denen 66,5 % trafen,[92] was als sehr zufriedenstellend bewertet wurde. An dem Schießen waren 5 Raketen-Batterien beteiligt, dabei wurden 6- und 12pfündige Raketen, also 2- und 2½-zöllige, eingesetzt.

„Zwei derselben lagen in den Crochets der gegen 500 Schritt vom Thurme entfernten, und gegen 130 Schritt langen ersten Parallele. Die im rechten Flügel-Crochet liegende Batterie (No.14) war mit 2 der 12pfündigen Rachettengeschütze, die im linken (No.15) mit 2 der 12pfündigen und 3 der 6pfündigen armirt worden. Zwei andere Batterien etablirte man hinter deckenden Terraingegenständen, und zwar die eine (No.12) auf 380, die andere (No.13) auf 325 Schritt Entfernung vom Thurme. Von diesen beiden Batterien wurde aus der No.12, die 3 der 12pfündigen Rachettengeschütze enthielt, gefeuert. Endlich die 5te Batterie wurde auf 150 Schritt Entfernung erbaut, und mit der kleinsten Gattung von Rachettengeschützen gewaffnet. - . . . Am 18.

---

87) ibidem

88) ibidem, der Beobachter stellte noch fest,
daß für den Vormeister und die Nummern 2 und 3 eine „sorgfältige Abrichtung" erforderlich wäre, während die Nummer 4 und 5 „im Nothfalle von Infanterie Mannschaft versehen" werden könnten.

89) ibidem, die Linksabweichung war eine Folge des seitlich angebrachten Zündloches, eine Feststellung, die später auch in Bayern getroffen wurde; um diese Abweichung beim Richten auszugleichen, wurde später eine Deviationstabelle in die Schuß-und Wurftafeln eingearbeitet.

90) ibidem

91) C. v. H., Die Raketen und das 3pfündige Gebirgsgeschütz, in: ÖMZ, 1863, S. 415

92) Konstantinoff, Lectures sur le fusées de guerre, Paris 1861, p. 12

September geschahen aus den beschriebenen Batterien 216 Rachettenwürfe, nämlich: 1) 72 Würfe mit 6pfündigen Rachetten unter 50° Richtungswinkel; 2) 72 Würfe mit 12pfündigen Rachetten unter 50°, und 3) 72 Würfe ebenfalls mit 12pfündigen Rachetten, aber unter 60° Richtungswinkel. Die 6pfündigen Rachetten trugen bei diesen Versuchen 18pfündige Grenaden mit 20 Loth Sprengladung, die 12pfündigen Rachetten hingegen 24pfündige Bomben mit 24 Loth Sprengladung. Die Bewerfung dauerte 2$^1/_2$ Stunden. Den 19. September spielten die Rachettenbatterien wieder, und es geschahen während 2 Stunden 170 Wurf, und zwar nur mit 12pfündigen Rachetten, die dieses Mal 30pfündige Bomben nach dem Thurme trugen. 50 dieser Rachetten wurden unter 50°, die übrigen unter 55° Elevation abgefeuert. Ueberhaupt sind demnach 386 Wurf geschehen.
Von den 386 mittelst Rachetten gegen den Thurm geschleuderten Bomben und Grenaden fielen 119 auf das sogenannte Verdeck desselben, die übrigen in den Graben oder auf das Glazis."
Da der Radius des Turmverdeckes nur gegen 8 Wiener Ruthen betrug, so war das Erstaunen groß, daß 0,31 der geschehenen Würfe als absolute Treffer erschienen, ein Resultat, welches man selbst bei auf gewöhnliche Art geworfenen Hohlgeschossen als günstig angesehen hätte.
„... *Ueberdies waren es nach allgemeiner Ueberzeugung gerade die Rachetten, die im Verein mit den 60pfündigen Bomben die zerstörendste Wirkung hervorbrachten."*[93)]
1829 bestand das Feuerwerks-Corps im Frieden aus 3 Stabsoffizieren, 13 Subalternoffizieren, 60 Unteroffizieren und 400 Mann.[94)] 1831 wurde weiterhin zwischen Fuß- und fahrenden Batterien unterschieden, bei den fahrenden Batterien saßen die Mannschaften auf den Würsten auf, die Batterie führte 372 Raketen mit. Bei den Fuß-Batterien marschierten die Mannschaften zu Fuß, sie konnten auf kurze Distanzen aber auch fahren, wobei 2 Mann einen Platz auf dem Sitzbrett des Karrens und 2 Mann auf den Handpferden der Bespannung fanden. In ihren 6 vierspännigen Karren führten diese Batterien insgesamt 1.714 Raketen mit sich, so daß ein Karren mit einem Gewicht von etwa 12 Centnern belastet war. Bei der Unterstützungsreserve wurden 3 Karren mitgeführt, alle Karren waren gleich und führten im Deckel eine Lafette mit; schließlich waren noch bei der Hauptreserve 6 Karren vorhanden. Jeder Karren führte 174 Raketen mit. Die Beladung eines jeden Karren bestand aus 126 Granat-, 34 Kartätschraketen, 12 Brandhauben und 2 Leuchtballen. In den Würsten wurden insgesamt 62 Raketen mitgeführt, die sich aus 50 Granat- und 10 Kartätschraketen sowie 2 Brandhauben zusammensetzten. Zum Einsatz merkte Augustin in einem Memoire an, daß sich die Batterien in der Hand des jeweiligen kommandierenden Generals befänden, bis es zum Einsatz käme, sie wurden also als Schwerpunktwaffe betrachtet.[95)]

c. Die Raketen - Marine

Der erfolgreiche Einsatz gegen Neapel führte dazu, daß diese Waffe dann auch von der Marine genutzt wurde, die zu dieser Zeit recht eigentlich noch eine venezianische Marine war, was auch dadurch dokumentiert wird, daß die Dienstsprache innerhalb der Marine noch italienisch war. Die Marine nutzte ab 1821 anfangs die 6pfündigen, später dann die 12pfündigen Raketen. Insbesondere das Levante-Geschwader war in diesem Jahr bereits mit Raketen ausgerüstet.[96)] Wahrscheinlich versuchsweise wurde zu Beginn der zwanziger Jahre auch die Fregatte *Medea* mit Raketen bewaffnet, von ihr sollen 1823 Ufer-Batterien versuchsweise bekämpft worden sein.[97)] Anfangs wurden die eingeschifften Raketengeschütze von abkommandierten Heeres-Raketeuren bedient, später jedoch übernahmen vom Heer ausgebildeten Marineartilleristen diese Aufgabe. Auf die Bildung eines eigenen Raketeurcorps wurde durch die Marine verzichtet. Wenn auf einem Schiff oder einem Geschwader sechs oder mehr Raketengeschütze eingesetzt waren, erhielt ein eigens eingeschiffter, im Raketenwesen ausgebildeter Offizier die Leitung. Zu ersten Einsätzen der Raketen durch die Marine kam es Anfang der zwanziger Jahre bei der Bekämpfung des Seeräuberunwesens im griechischen Archipelagus, insbesondere vor den Inseln Andros, Tinos und Naxos, wo ihre Wirkung positiv beurteilt wurde.[98)]

Für die Sicherstellung des Nachschubs wurde am 16. März 1823 in Venedig ein Raketendepot durch das Feuerwerkscorps unter Leitung des Oberfeuerwerkers Sulzböck eingerichtet. Als Unterkunft für ihn und 2 Gemeine und als Laboratorium und Depot zur Lagerung der vorgesehenen 3120 Raketen wurde durch die Direktion der Marine Artillerie das Lazzeretto Vecchio zur Verfügung gestellt.[99)] Zum Personal traten im März noch ein weiterer Feuerwerker und 10 Gemeine hinzu. Die Marine wurde durch Augustin ersucht, den direkten Schriftverkehr zwischen den Feuerwerkern im Depot, dem Lieutenant Schönfelder an Bord des Geschwaders in der Levante und dem Feuerwerkscorps in Wiener Neustadt zu ermöglichen.[100)] Entsprechend wurde das Ergebnis eines der ersten Versuchsschießen am 20. Juni 1825 im Meerbusen von Smyrna an das Feuerwerkscorps gemeldet, bei dem sechs 6pfündige und acht 12pfündige Raketen „abgebrannt" wurden. Als Ziel wurden Fässer auf 1.000 und 1.500 Schritte auf dem Wasser verankert. Für die 6pfündigen Raketen wurde festgestellt, daß ihr Satz wohl schneller abbrenne, da sie „mit größerem und durchdringenden Geräusche als die 12pf. von der Lafette gegangen sind", dabei wurde angemerkt, daß sie durch die schnelle Entzündung „von ihrer anfänglichen Bahn etwas abweichend gemacht" würden. Die 12pfündigen Raketen wurden positiver beurteilt, da fast alle die gleiche Distanz erreicht hät-

---

93) o. Verf., Einige Nachrichten über die Geschichte und die Formation des K.K. Oesterreichischen Rachetten-Korps, der Racheten-Batterien, die Konstruktion der Rachetten-Gestelle, so wie über die Rachetten selbst und deren Verfertigung, in: ZfKWGK, 52. Band, 1841, S. 7 ff, der Verfasser gab an, den Bericht über diese Versuche, der an Se. Majestät den Kaiser eingereicht wurde, eingesehen zu haben. Diese Versuche wurden im November 1836 wiederholt, dabei wurden die günstigen Ergebnisse bestätigt (AMZ, 22. Jahrg. 1847, S. 1008)

94) B. Hall, Notices on the Austrian Army, in: USJ, September 1835, p. 25, das Artillerieregiment umfaßte zu dieser Zeit 12.130 Mann ohne Festungsartillerie und Bombardiercorps

95) ÖSK-Mem. 13-218, Die K.K. österreich: Raketen-Batterien vom Juli 1831

96) Kalmár, a.a.O., S. 91; K. ergänzte, daß die Raketenausrüstung von den kleineren Schiffen später, mit Ausnahme der Schiffe des Levantegeschwaders, wieder abgezogen wurde, so, wohl aus Geheimhaltungsgründen, von der zur neapolitanischen Flottille abkommandierten Brigg *Ussaro*; merkwürdigerweise wurden in einer umfassenden Übersicht über die österreichische Marine (o. Verf. [wahrscheinlich Oberst Marinovich], Gedrängte Übersicht der vorzüglichsten Verwendungen der k. k. österr. Kriegs-Marine seit ihrem Bestande vom Jahre 1814 bis einschließlich des Jahres 1837, in: Mittheilungen aus dem Gebiete des Seewesens, I. Band 1873, S. 352 - 364) an keiner Stelle Raketen erwähnt.

97) D. Baker, Spaceflight and Rocketry, A Chronology, Facts On File, Inc., p. 5, gab als Einziger den Namen der Fregatte, Einsatzraum und Jahr an; J. Defrasne, Les fusées de guerre au XIXe siècle, in: Revue historique de l'armée, 1977, N° 1, p. 57, gab den Namen der Fregatte nicht an; Marschall Marmont berichtete, er habe sie in Triest gesehen; Montgéry (III. Mémoire sur les fusées de guerre, in: JSM 1826, tome 2, p. 231) berichtete, der Capitaine Gautier de Rigny habe diese Fregatte gesehen, hierzu gab er an: „... il paraîtrait que les fusées ont des affûts, ou des chevalets isolés, qu'on place seulement, sur le tillac, dans les endroits où il n'y a d'ordinaire aucune pièce d'artillerie." Eine andere Quelle nannte als Beobachter Herrn Duchemin, wobei dieser angegeben hätte, die Raketengeschütze seien zusätzlich an Deck aufgestellt gewesen.(o. Verf., Om Krigs-Raketter, eller de saakaldede Congreves-Raketter, in: Archiv for Sövæsenet, Kjöbenhavn 1828, S. 67). Montgéry verwies an der gleichen Stelle auf den Bericht eines österreichischen Kommandanten, nach dem in griechischen Gewässern die Raketen mit vollem Erfolg eingesetzt worden wären.

98) G. S., Schreiben eines Kameraden, in: Der Kamerad, VI. Jahrg., 1867, S. 633: „Schon bei Beginn der Zwanziger-Jahre ließen sich die Erfolge dieser Waffe vortheilhaft ermessen, als sie auf den k. k. Kriegsschiffen gegen die damals im griechischen Archipelagus erschrecklich wüthenden Seeräuber ... angewendet wurden."

99) ÖSK-MA 1823 Mc 4/1d, Schreiben Direttore d'Artiglieria all Regio Commando della Marina pro 3. Aprile 1823; das Gebäude mußte aber erst noch renoviert werden

100) ÖSK-MA- 1823 Mc 4-1, Schreiben Oberst Augustin vom 1. März 1823 sowie Schreiben der Artillerie Direktion vom 29. März 1823 an das Marinekommando

ten, „Die 12pf sind alle durchaus sehr richtig von der Lafette gegangen"[101)]
1826 wurde eine neue Ausstattung der Marine mit Raketen geplant, da es sich gezeigt hatte, daß die 6pfündigen für den Einsatz auf Schiffen nicht ausreichten. Zur Überprüfung, ob diese Raketen für einen Einsatz gegen Schiffe geeignet wären, ließ Augustin in der Raketenanstalt eine Bretterwand, die in Form und Größe einem Schiff nachgebildet war, als Zielscheibe herstellen. Die Versuche mit den neuen Leuchtraketen für die Flotte konnten am 6. Mai 1826 dort erfolgreich durchgeführt werden.[102)] Eine Umstellung auf 12pfündige und 4zöllige Raketen für alle vorhandenen und neu auszurüstenden Schiffe war nunmehr vorgesehen; für die Fregatten wurden jeweils 30 12pfündige und 20 4zöllige mit Leuchtballen und Fallschirm eingeplant. Augustin wandte sich daher vorab an den Befehlshaber des Levante-Geschwaders, den Marquis Paulucci, aus diesem Schreiben ging auch die genaue künftige Ausstattung der Schiffe hervor. Die Fregatte *Bellona* sollte 45 Raketengeschütze und 900 12pfündige Brandhauben erhalten, die *Hebe* 30 Geschütze und 600 Raketen. Für die 8 Briggs waren jeweils 12 Raketengeschütze mit 96 12pfündigen Brandhauben und für die 5 Goletten jeweils 6 Geschütze und 30 Raketen vorgesehen, so daß die Marine für die Schiffe über insgesamt 201 Raketengeschütze und 4.020 12pfündige Brandhauben-Raketen verfügen sollte, während im Depot Venedig weitere 40 Geschütze mit 1.000 Raketen vorrätig gehalten werden sollten. Zugleich wurde angekündigt, daß die Lafetten gegen neue, einer verbesserten Konstruktion, ausgewechselt werden sollten, wobei die Carronaden-Ringe für die Befestigung der Lafetten durch die Marine bereit gestellt werden müßten. Bei dieser Gelegenheit sollte auch das Personal des Feuerwerkscorps ausgewechselt werden. Das neue Personal sei bereits einige Jahre im Corps ausgebildet worden und daher besser „abgerichtet als es diejenigen seyn konnten, die man so zu sagen bei Entstehen des FeuerwerksCorps dahin abgeben mußte." Besonders wies Augustin darauf hin, daß so viele der Neuen des Lesens und Schreibens kundig wären, daß zumindest auf jedem Schiff einer davon eingesetzt werden könnte. Der neue Oberfeuerwerker Kubick, der Sulzböck ablösen sollte, wäre besonders für diese Aufgabe und auch die gewünschten Versuche geeignet, da er „ein im Raketenwesen vollkommen gebildeter Mann" wäre und die Fortschritte in der Raketenentwicklung kenne, überdies wäre er ein „rechnungskundiger, moralischer Mensch." Ihm werde Augustin auch die neuen Anker- und Leuchtballenraketen übergeben, da dieser sie auch selbst herstellen könne. Diese neuen „schwebenden Leuchtballen" könnten mit großen Raketen 1.500 Klafter hoch in die Luft steigen und mit der 12pfündigen Rakete bis etwa 500 bis 600 Klafter, wobei sich der Fallschirm am höchsten Punkt entwickelte und der daran hängende Leuchtballen etwa 2 bis 3 Minuten brenne. Dann entwickelte er gegenüber dem Befehlshaber der Flotte die Idee, diese Raketen als Brandmittel gegen feindliche Schiffe zu verwenden. Er wies dann noch insbesondere auf die neuen Ankerraketen hin, die nicht so leicht wie die ursprünglich von Congreve entwickelten wären. Seine könnten einen Anker von 80 Pfund 200 Klafter weit werfen:
„Für welche Momente aber ihr Gebrauch eintreten soll, ob bloß zur Überwindung der Brandung wie in England oder vielleicht noch zu anderen Zwecken bitte ich Euer Hochgeborn mir nach hohen eigenen Ermessen Ihre Meinung mitzutheilen . . . Das dünne Seil, mit welchem der Anker mitsammt der Rakete fortgeht, könnte vom Schiff fern im Meer herabhängen und dürfte nur mit dem Ende am Schiff festgemacht seyn. Dasselbe ist fest genug, daß sich ein Boot mit mehreren Matrosen an das Ufer ziehen und überdies ein dickes Seil mitnehmen läßt an welches sofort das große Schiff angehangen wird, um sich selbst an das Ufer zu bugsieren."
Der neue Feuerwerker werde 4 dieser Raketen mitführen.[103)] Augustin ergriff die Gelegenheit, um auch das Marine-Obercommando auf neue Entwicklungen und Einsatzmöglichkeiten hinzuweisen. Da es sich gezeigt hatte, daß die Brandraketen nicht in der Lage waren, die Segel feindlicher Schiffe in Brand zusetzen, weil sie diese nur durchschlugen, schlug er auch hier vor, die neu entwickelten Leuchtballenraketen mit Fallschirm nicht nur zur Beleuchtung, sondern wegen „ihrer heftigen Feuermasse" auch für diesen Zweck einzusetzen. Zugleich wies er darauf hin, daß er neu auch Anker-Raketen entwickelt habe, von denen aber „dürfte ein vortheilhafter Gebrauch bei Landungen an hohen Orten, wo starke Brandungen oder Wasserströmungen hindernd wirken könnten" gemacht werden können. Er bat daher die Marine, entsprechende Versuche zu veranlassen und ihm die Ergebnisse mitzuteilen. Die alten 6pfündigen Raketen sollten an die Raketenanstalt zurückgeliefert werden.[104)] Im Mai jedoch mußte Augustin die Marine informieren, daß die neue Ausstattungsplanung zunächst noch nicht in Kraft gesetzt werden könne und daher „alles bis auf weiteres in Statto quo zu erhalten" wäre; „allein die gemachten Experimente haben belehrt, daß manche Änderung in der Construction der Rakete und Laffete notwendig sey", es müßten also die Ergebnisse der neuen Versuche abgewartet werden, die noch vom General Artillerie Direktor zu genehmigen wären. Es bliebe jedoch bei der Auswechslung des Personal des Feuerwerkscorps, das in Zukunft alle 2 Jahre erfolgen solle; es bestand aus 58 Mann unter Führung eines Offiziers. Ausgewechselt werde auch der auf der *Bellona* eingesetzte Corporal Fröhlich, der immer seekrank würde.[105)]

1826 gab die Marine eine eigene Instruktion für die Behandlung der Raketen und 1832 ein Exercir-Reglement für diese Waffe heraus.[106)] In diesen Jahren waren mehrere Kriegsschiffe mit Raketen und den erforderlichen Abfeuerungsgestellen ausgestattet; so verfügten 1826 die in der Levante stationierten Goletten *Sofia*, *Enrichetta* und *Elisabetta* über je 6 Abfeuerungsapparate und die Penichen *Najade* und *Vestale* über jeweils 2, auf den Goletten waren zur Bedienung je zwei Raketeure, auf den Penichen jeweils einer vorhanden. Jede der Goletten führte jeweils 48 einzöllige und 48 zweizöllige Raketen mit, die Penichen jeweils 16 einzöllige Raketen.[107)] Für die *Sofia* wurde mit einer „Istruzione relativa alla Munizione di Rocchette" die Ausstattung neu festgelegt; sie sollte nunmehr 96 Brandhaubenraketen in 8 Kisten und 20 Kartätschraketen in 2 Kisten sowie 120 Stäbe und 150 Brandeln mitführen.[108)] In dieser Instruktion wurde auch die Anwendung der Brand- und Kartätschraketen erläutert. Zu den Kartätschraketen wurde ausgesagt:
„Le Racchette a mitraglia sviluppano 64 palle di plombo di 3 Lotti, e queste non servono che contro gli Equipaggi a le imbarcazioni, egualmente che contro la gente che volesse prestarsi all' estinzione dell' incendio precedentamente causa lo dalle Rocchette incendiarie. L'effetto di queste mitraglie é assai micidiale fino alla Distanza di circa tese 200. ed a tale distanza bisogna puntare assai accuratamente allo scopo, e senza darvi maggiore elevazione . . . Con l'Elevazione poi di

101) ÖSK-MA 1826 Tc 2, Meldung Lt. Schönfelder an das Feuerwerks Corps vom 20. Juni 1825, Ergebnisse siehe Beilage 3/1
102) Kalmár, a.a.O., S. 91
103) ÖSK-MA 1826 Tc 2; Schreiben Augustin vom 17. Jänner 1826 an den Marquis Paulucci
104) ÖSK-MA 1826 Tc 2-6, Schreiben vom 25. Jänner 1826
105) ÖSK-MA 1826 T/c 2/3c, Schreiben Oberst Augustin vom 22. Mai 1826 an das Marine Ober Commando, aus diesem Schreiben ist auch der Einsatz der Angehörigen des Feuerwerkscorps auf den Schiffen ersichtlich und damit, welche Schiffe der k. k. Marine mit Raketen ausgestattet waren, die Verteilung ist aus der Beilage 3/2 ersichtlich
106) v. Khuepach / v. Bayer, a.a.O., S. 158
107) ÖSK-MA 1826 Tc 2-6 v. 03. Mai 1826; o. Verf., Congrevische Raketen, in: AMZ, 1. Jahrg. 1826, S. 28, sowie: v. Khuepach / v. Bayer, a.a.O., S. 158; 1827 wurden auch die Linienschiffe *Leda* und *Italiano* mit Raketen ausgerüstet, Raketengestelle und Personal wurden mit Eilorder nach Triest gesandt und auf der *Carolina* zum Levantegeschwader transportiert (Kalmár, a.a.O., S. 91)
108) ÖSK-MA 1826 T/c 2-6, Istruzione vom 3. Mai 1826

2, o 3 gradi si puó lusingarsi di colpire fino alla distanza di 300 Tese, oltre la quale non si crede di poterne fare un utile uso. -"[109]
Zu den Einsatzgrundsätzen für Raketen zur See wurde angenommen, daß Granatraketen beim Auftreffen auf die Bordwand des Gegners diese durchschlagen und dann zünden würden, während die Brandhauben zum Inbrandsetzen feindlicher Schiffe gedacht waren; boten Ziele nur wenig Widerstand, wie Segel und Tauwerk, wurden zur sicheren Zündung auf die Brandhauben Zündkapseln aufgesetzt. Die Kartätschraketen sollten dagegen im Nahkampf gegen feindliche Enterer, Löschmannschaften sowie Mannschaften an Deck eingesetzt werden. Auf eine Distanz von 1.000 Schritt rechnete man mit 50% Treffern und nahm daher als wirksame Schußentfernung 400 Schritte an.[110]
Der erste größere österreichische Raketeneinsatz zur See erfolgte wohl 1826: Rifpiraten hatten bei Mequine ein österreichisches Handelsschiff genommen, als Strafaktion wurde daraufhin die Stadt durch die Fregatte *Medea* mit Brandraketen beschossen.[111] In diesem Jahr führte das Levante-Geschwader vor Smyrna ein aufsehenerregendes Raketenschießen gegen eine Scheibe durch, die auf der Reede auf einer Klippe aufgestellt war. Die Scheibe aus Eichenholz hatte eine Stärke von 18 Zoll und war 53 Fuß breit. Geschossen wurde sowohl vom Lande als auch von einer Golette. Nur wenige Schüsse verfehlten das Ziel, die Durchschlagskraft der Raketen war beträchtlich. Der Kommandant der Escadre erhielt jedoch anschließend eine scharfe Rüge, weil er ausländische Admirale und deren Stäbe eingeladen hatte, so daß die Geheimhaltung nicht gewahrt worden war. Diese Gäste konnten allerdings nicht mit ihrer Bewunderung der Treffsicherheit zurückhalten und erklärten die österreichischen Raketen für besser als ihre eigenen.[112] Auch im scharfen Einsatz bewährten sich die Raketen: im Dezember 1827 wurde die Golette *Sophia*, die sich auf dem Marsch von Smyrna nach Triest befand, als sie den Kanal von Korfu passierte, von einem mit 8 schweren Geschützen bewaffneten Seeräuber angegriffen. Kapitän Doboride ließ nach dem ersten Schuß das Feuer mit Brandhaubenraketen erwidern, bereits die erste Rakete traf das Seeräuberschiff und fuhr durch dessen Bordwand in die Pulverkammer, wodurch der Gegner in die Luft flog. Nur wenige Angehörige der Besatzung konnten durch die *Sophia* gerettet werden.[113]
1828 mußten die von der Flotte mitgeführten Raketen gegen solche neuerer Konstruktion ausgetauscht werden, da es sich gezeigt hatte, daß an Bord der Treibsatz Feuchtigkeit angezogen hatte, überdies waren die Hülsen der Raketen teilweise verrostet, was dazu führte, daß sie beim Abfeuern zerbarsten. Bei der Ausrüstung mit neuen Raketen wurden der Fregatte *Medea* nachstehende Raketen zugewiesen: 480 Brandraketen (zusätzlich 160 als Reserve für das Depot), 120 Kartätschraketen (40 als Reserve für das Depot) und 20 (5) Leuchtballenraketen.[114]
Am 19. Juli 1828 wurden die bereits angekündigten neuen Raketen nach etwa 4 Monaten Zögerns einem ersten größeren Versuch unterzogen, alle Beteiligten, auch die Angehörigen der Marine, die bisher den Raketen gegenüber recht skeptisch eingestellt gewesen waren, zeigten sich von den Ergebnissen überzeugt; Major Prokesch, der Vertreter des Feuerwerks-Corps schrieb überschwänglich an Augustin:
„Die Proben sind auf eine Weise ausgefallen, daß der Neid alle Ressourcen verloren hat. Triumph. Kompleter Triumph. Es wäre ebenso unmöglich am Mittag zu sagen daß es nicht Tag sey, als die Brauchbarkeit und zwar die völlige und vorzugsweise Brauchbarkeit der neuen Raketen für die Marine zu leugnen! - . . . Von 32 Brandhauben, die wir an diesem Tag verschossen (auf 300 Schritte Distanz) würden 28 selbst in eine Brigg gefahren seyn! - Die Schüße bewahrten eine wunderbare Horizontalität und eine Genauigkeit der Richtung, die um so mehr in Erstaunen sezzte, als man gerade daran allgemein gezweifelt hatte. Schon der vierte Schuß traf in die nur $5\frac{1}{2}$ Fuß hohe und 9' lange, aus harten und weichen Schiffsholz gezimmerte 18" dikke Scheibe, riß sie auseinander, brach sie in eine Menge Splitter, warf sie um, und nöthigte uns alle Schiffszimmerleute kommen zu lassen, um sie zusammen zu flicken um das Experiment fortsetzen zu können. Die Schüße, die sonst die Scheibe trafen, gingen durch; nur der 32te drang in eine noch ganze Stelle derselben, zündete das alte Eichenholz, das schon viele Jahre in der See gedient hatte augenblicklich, so daß alle Leute laut aufschrien . . . Nun wurden 16 Stück Raketen à mitraille geworfen und zwar in schiefer Richtung gegen die Planke, nur auf 400 Schritt Entfernung und aus einem Standpunkt der höher als die Scheibe lag. Dennoch war auch nur eine darunter die nicht in den Umkreis eines Briggs geschlagen hätte; fünf trafen in die Scheibe, 9 gingen etwas darüber, vier etwas rechts."
Schließlich wurde am Ufer noch aus Segeltuch der Umriß einer Fregatte mit einer Länge von 125' und einer Höhe von 16' dargestellt. Von der *Arethusa* aus wurden aus $1\frac{1}{2}$ Taulängen Entfernung 20 Sprenghauben auf dieses Ziel gefeuert, von denen alle trafen. Auch „5 Raketen à parachûte" wurden wenige Tage später, am 22. Juli, von Lieutenant Schönfelder vorgeführt, die - mit 73° Elevation abgefeuert - „herrlich" stiegen. Wenige Tage vorher waren die gleichen Raketen fälschlicherweise nur mit 45° abgefeuert worden, was dazu führte, daß sich der „ombrelle" nicht richtig entfaltet hatte.[115] Auch der Befehlshaber des Geschwaders, Contreadmiral Sandola, sah nunmehr die Raketen als mögliche und wirkungsvolle Waffe für die Marine:
„Se Ella vi riesce come oserei assiemarlo, la rivoluzione nel sistema dell'Artiglieria sara completta, e la Marina che avra il Coraggio di adottarla la prima, avra un immensa Superiorità sopra ogn'altra."[116]
Ab 1828 übernahm die Marine die Raketengeschütze der Artillerie; wurde für Landungsoperationen ihr Einsatz erforderlich, schied das Raketeur-Corps die erforderlichen Bedienungsmannschaften als Marine-Detachement aus.[117] Am 31. Juli 1828 war wiederum von marokkanischen Piraten mit der Brigantine *Rabia el Gheir* unter Abd Rhaman Bargas ein österreichisches Schiff, die Brigg *La Veloce* vor Cadix gekapert worden. Korvettenkapitän Bandiera wurde mit den Korvetten *Carolina* und *Adria* sowie der Brigg *Veneto* und der Golette *Enrichetta* als „Divisione marittima del Ponente" eingesetzt, um die Brigg zu befreien. Da Verhandlungen erfolglos blieben, entschloß sich Bandiera zu einem Angriff auf El Araïsch, um die dort liegenden Schiffe der Korsaren - zwei Briggs - im Hafen Larace (El Araisch) zu vernichten. Am 3. Juni 1829 wurden mit 4 Barkassen unter dem Kommando von Korvettenkapitän von Zimburg 180 Mann, dabei auch Raketeure unter dem Befehl von Fregattenlieutenant Fecondo von Früchtental, gelandet. Beim Vorgehen wurde die Truppe, gerade als die Raketen aus einer Entfernung von 100 Schritten auf die Briggs gerichtet wurden, durch eine Kavallerieabteilung bedroht.

109) ibidem [Die Kartätschraketen enthalten 64 Bleikugeln zu 3 Loth. Sie dienen vor allem zur Bekämpfung der Besatzung der Schiffe, insbesondere dann, wenn diese versuchen, einen durch Brandraketen verursachten Brand zu löschen. Bis zu einer Entfernung von 200 Tesen [Schritt] wirken die Kartätschen tödlich, man benötigt hierfür keine größere Elevation, muß aber genau auf das Ziel zielen. Mit Elevationen von 2 oder 3 Grad kann man sogar bis auf eine Entfernung von 300 Tesen werfen, über diese Entfernung hinaus ist mit einer Wirkung nicht zu rechnen.]
110) Angaben nach: v. Khuepach / v. Bayer, a.a.O., S. 158
111) Dolleczek, a.a.O., S. 350; bei diesem Einsatz war auch Oberlieutenant Ferdinand von Augustin, der Sohn des Augustins, anwesend, der bei dieser Mission den Freiherrn von Pflügel, den k. k. Bevollmächtigten, begleitete. (J. von R., Nekrolog. Ferdinand Freiherr von Augustin, in: ÖMZ, 1861, 1. Band, S. 430)
112) v. Khuepach / v. Bayer, a.a.O., S. 158
113) o. Verf., Ein Scheibenschießen mit der Rotations-Rakete, in: Der Kamerad, IV. Jahrg. 1865, S. 535
114) Kalmár, a.a.O., S. 91 f., als erstes Schiff wurde hiernach die Golette *Aurora* mit den neuen Raketen ausgerüstet
115) ÖSK-Mem. 13-218, Schreiben Major Prokesch an Augustin, Vurla, den 26. Juli 1828
116) ÖSK-Mem. 13-218, Schreiben des Contreadmiral Sandola vom 28. Juli 1828 [Wenn es Ihnen gelingt, was ich als wahrscheinlich annehme, wird die Revolution des Artillerie-Systems vollständig sein, und die Marine, die den Mut besitzt diese Waffe als Erste einzuführen, wird eine ungeheure Überlegenheit über alle anderen besitzen.]
117) Semek, Wehrmacht, a.a.O., S. 201, bis 1836 schied das Corps bei Bedarf ein Marine-Detachement aus

„Die bedrohliche Situation konnte im letzten Moment durch Herumwerfen der Raketen gemeistert werden; wenige Schüsse genügten dann, um die Reiter zu versprengen und zu verjagen. Dann wurde das Feuer gegen die Briggs eröffnet . . . Mittlerweile hatten die Raketen auf die nur etwa 100 m entfernten Briggs 45 Schüsse mit nur zwei Fehlschüssen abgegeben, ohne das erwartete Resultat, die Inbrandsetzung herbeiführen zu können. Die Raketen waren, wie sich herausstellte, durch und durch gegangen ohne zu zünden; das harte, salzimprägnierte Holz der Schiffskörper war nur angesengt, nur Verschalungen, Tau- und Segelwerk hatten Feuer gefangen."[118)]
Eine der Briggs konnte jedoch durch Treffer unter der Wasserlinie zum Sinken gebracht werden, die andere wurde von 2 Unteroffizieren, die auf den Köpfen Feuerwerkskörper und Raketen trugen und so durch den Fluß zu dem Schiff schwammen in Brand gesetzt.[119)] In einer anschließenden Verhandlung wurde zur Wirkung der Raketen aber auch festgestellt:
„La direzione delle Racchette era quale potera desiderarsi sopra ogni rapporte, in circa 45 colpi due sole manvarono per troppa elevazione. . . . Le racchette a Mitraglia hanno prodotto di vantaggiosissimi effetti; colpindo contro il bordo e sioppiando la mitraglia fuero delle grandi laurazioni in tutte le parti del buco."[120)]
Da die Verhandlungen weiterhin keinen Erfolg zeitigten, entschloß sich Bandiera, am 19. Juli Arzilla zu beschießen. Hierbei wurden wiederum auch Raketen, diesmal von den Schiffen aus, eingesetzt; nach der Beschießung konnten mehrere Brände beobachtet werden. Auch El Araïsch wurde nochmals mit Raketen am 24. beschossen. Schließlich führten diese Aktionen zum Erfolg, da die *Veloce* von Marokko wieder freigegeben wurde.
Erst 1830 wurde dann die Flotte mit den bereits angekündigten Raketen neuen Musters ausgestattet.[121)] In diesem Jahr erhielten dann auch die Boote der Tschaikisten-Flottille auf der Donau neben schweren Geschützen eine Raketen-Ausrüstung; die Flottille mit dieser Ausstattung war bis 1848 im Einsatz, verfiel dann aber, da sich die Tschaikisten den Serben anschlossen.[122)]
Das Raketen-Depot wurde bis 1832 vom Feuerwerkscorps geleitet und nach definitiver Weisung vom 16. Dezember 1831 im Mai 1832 durch den Oberlieutenant Schönfelder an den Marine Munitionaire Fumanelli in die Verantwortung der Marine Artillerie übergeben. Hierzu wurde jedoch die Marine angewiesen, ihre Erfahrungen zum Einsatz und aus Versuchen mit den Raketen, einschließlich Angaben zur Wirkung und einer Portée-Tabelle, weiterhin dem Feuerwerkscorps mitzuteilen, wobei ihr zugesichert wurde, daß das Feuerwerkscorps sich wegen etwaiger Verbesserungen an Raketen und Raketengeschützen mit dem Marine-Commando ins Einvernehmen setzen werde, „damit solche auch aus ihm bei den Marine befindlichen Rakette Munizion und Geschütze bewirkt werden können." Künftige Anforderungen von Raketen müßten über den Hofkriegsrat zur rechten Zeit erfolgen, damit das Corps diese bereitstellen könne.[123)]
Die Raketen wurden auch in den folgenden Jahren genutzt. So wurden 1835 und 1836 verbesserte Brand- und Sprengraketen in Versuchsschießen gegen das Linienschiff *Italiano* zu Venedig im Canale di S. Pietro di Castello mit gutem Erfolg eingesetzt.[124)] Bei den Schießen am 17. und 18. Dezember 1835 zeigte es sich, daß auf eine Distanz von 60 Klaftern mit 60 Raketen gute Ergebnisse erzielt wurden, während 21 Raketen auf 113 Klafter weniger erfolgreich waren. Auf 60 Klafter drangen der gesamte Gefechtskopf und sogar noch Teile der Hülse in die Bordwand ein. Eine Brandwirkung wurde jedoch nur erzielt, wenn die Raketen auf weicheres Holz trafen. Es wurde jedoch auch angemerkt, daß auf offener und vor allem unruhiger See das Werfen der Raketen erheblich schwieriger sein würde.[125)]
1840 kam es zu einer österreichisch-britischen Aktion zur Unterstützung der Türkei in der Levante gegen die vorrückenden Ägypter, an der österreichischerseits unter Kontre-Admiral Bandiera die Fregatten *Medea* und *Guerriera* sowie die Korvette *Lipsia* beteiligt waren. Nach einer Landung britischer und türkischer Truppen in Beirut am 10. September wurde Soliman Pascha aufgefordert, die Stadt zu übergeben; da die Aufforderung abgelehnt wurde, begann am 11. September die Beschießung der Stadt, hierbei wurden durch die *Medea* auch Raketen verfeuert, die auf die Araber einen besonders erschreckenden Eindruck gemacht haben sollen.[126)] Am 14. September verließen die Schiffe Beirut und verlegten in die Bucht von Djunié, wo am folgenden Tag 160 Infanteristen und Matrosen mit 4 Raketengeschützen unter dem Befehl von Alfred de Vasilli Baldisiritto[127)] gelandet wurden und ein Lager neben dem der Engländer bezogen. In der Folge wurden von den Österreichern vereint mit den Engländern verschiedene Vorstöße ins Landesinnere unternommen, um die albanischen Truppen Osman Paschas zum Rückzug zu zwingen, wobei sich vor allem die Raketengeschütze als vorteilhaft erwiesen.
„Wo sie sich zeigten und in die Kampfhandlungen eingriffen, rissen die ägyptischen Truppen, die gegen den Feind, aber nicht gegen den Teufel kämpfen wollten, aus. Die feurigen Schlangen, die ihnen aus den Raketengeschützen entgegenzischten, waren für sie Teufelswerk."[128)]
Am 22. September erfolgte dabei ein Angriff von 3 türkischen Bataillonen und einem Bataillon britischer Marines, gedeckt von österreichischen Raketentrupps, durch den die Albaner auf die Höhen von Ornagacuan zurückgetrieben wurden. Am 24. wurden sie erneut zur Unterstützung von 4 türkischen Bataillonen unter Selim Pascha und eines Bataillons britischer Marineinfanterie unter Captain Fegan am „Dog River" eingesetzt, wo der Feind wenige Tage zuvor Feldbefestigungen angelegt hatte. Am 26. September erfolgte eine weitere Landung bei Sidon, wobei dem Landungsdetachement ein Raketengeschütz der *Guerriera* unter Führung des Marineleutnants Schewczik beigegeben wurde; gegen 6 Uhr abends war die Stadt genommen, von der 2.000 Mann starken Besatzung wurden 1.500 gefangen genommen.[129)] Die Raketeure der Marine scheinen sich bewährt zu haben, da Commodore Napier gerne diese mehrfach angefordert hätte, was ihm jedoch vom Oberbefehlshaber abgeschlagen wurde.[130)] Da von nun an die Ägypter vom Nachschub über See abgeschnitten waren, mußte

118) v. Khuepach / v. Bayer, a.a.O., S. 205 f.; Augustin stellte anschließend in einem Gutachten fest, daß die Raketen falsch eingesetzt wurden, gegen die feste Bordwand hätten Granatraketen eingesetzt werden müssen und erst nach Zersplitterung des Holzes wäre der Einsatz von Brandhauben erfolgreich gewesen; er schlug dann vor, mehr ausgebildete Raketeure einzuschiffen, mindestens auf 2 Raketengestelle einen Unteroffizier.

119) P. Schupita, Raketenwaffen, Wien, o.J., S. 2 (unveröffentlicht), vgl.: Handel-Mazzetti: Vor 110 Jahren: El Araisch, in: Marine-Rundschau, August 1939, S. 752; die folgende Beschießung von Arzilla wurde von Handel-Mazzetti auf den 22. Juni datiert, er erwähnte hierbei jedoch keinen Raketeneinsatz (ibidem)

120) ÖSK-MA 1829, Processo Verbale vom 10. Juni 1829 [Die Richtung der Raketen war die beste, die man erwarten konnte, von 45 Würfen haben nur 2 das Ziel nicht getroffen, weil sie zu hoch gingen . . . Die Kartätsch-Raketen waren sehr wirkungsvoll, wenn sie die Schiffswand getroffen haben, verursachten sie beim Detonieren erheblichen Schaden.]. Die Brandhauben wurden mit und ohne die angesprochenen Zündkapsel verschossen, bei ersteren entstanden einzelne Brände, die jedoch schnell wieder erloschen.

121) Kalmár, a.a.O., S. 92

122) W. Aichelburg, Kriegsschiffe auf der Donau, Wien 1978, S. 24 f.

123) ÖSK-MA, 1832 T/c 2, Weisung vom 24. Mai 1832

124) ÖSK-MA, 1836 Tc/2, Bericht und Relazione (T/c 2-3a-3c) vom 3. Mai 1836; die l'*Italiano* war als unbrauchbar beurteilt und daher außer Dienst gestellt worden, sie wurde als Zielschiff aufgebraucht (Kalmár, a.a.O., S. 92)

125) ibidem, „2do Che alla distanza di 60 e 45 Klafter le Racchette ebbero forza abbastanza d'introdursi con tutto il cono e parte del tubo nel Corpo del Vascello al disotto della Batteria e molto piu nella parte superiore . . ."

126) Angabe nach: v. Khuepach / v. Bayer, a.a.O., S. 248

127) Der Name findet sich nur bei: Sir Ch. Napier, The War in Syria, Vol. I, London 1842, p. 76 (Brief vom 25. September 1840)

128) v. Khuepach / v Bayer, a.a.O., S. 249

129) D. Featherstone, Colonial Small Wars 1837 - 1901, Newton Abbot Devon 1973, und: v. Khuepach / v. Bayer, a.a.O., S. 251

130) Napier, a.a.O., p. 137: „I had sent to Admiral Bandeira to request he would send up his rocketeers; but this the Commander-in-Chief would not permit." (10. Oktober

Ibrahim Pascha den südlichen Libanon räumen. Im Oktober kam die Korvette *Clemenza* von einem Einsatz gegen Alexandria zurück und mußte wegen eines Sturmes vor Tripolis ankern. Da es hier zu Plünderungen gekommen war, wurde auf Anforderung des österreichischen Konsuls eine Abteilung von 30 Mann mit 2 Raketengeschützen gelandet, die das Kastell besetzten und die Ordnung wieder herstellten, bis die Türkei die Stadt wieder in Besitz nehmen konnte.[131)]
Schließlich galt es nur noch St. Jean d'Acre zu besetzen, hierzu wurde der Entschluß am 30. Oktober gefaßt. Nach einer heftigen Beschießung am 4. November, wurde am Folgetag eine gemeinsame Landung mit den Briten durchgeführt. Von der *Medea* und *Guerriera* wurden etwa 100 Mann mit 2 Raketengeschützen der Marineartillerie gelandet, im Handstreich gelang es den Österreichern, die Zitadelle zu nehmen und - auch durch Aufstellung der Raketengeschütze - zu sichern. 1840 erbot sich Österreich, der Türkei Militärhilfe für einen syrischen Feldzug zur Verfügung zu stellen. Neben Beratern wurde im Dezember auf der Fregatte *Venere* auch eine Raketenbatterie mit 40 Raketeuren unter dem Oberleutnant Swedetzky eingeschifft. Ihr Eintreffen erfolgte aber zu spät und im März 1841 wurde die Batterie wieder heimbefördert.[132)]
Noch 1847 betrug der jährliche Bedarf der Marine 2.434 Raketen, 57 Abfeuerungsgestelle waren fertig montiert.[133)]
Die Ausrüstung mit Raketen und den erforderlichen Abfeuerungsgestellen scheint aber in diesen Jahren vernachlässigt worden zu sein, da in einer Meldung der „schlechte Zustand der altartigen Raketengeschütze auf S.M. Fregatte *Guerriera*" beklagt wurde und nach Raketenversuchen 1848 die Erzeugung offensichtlich erforderlicher, neuer Munition mit einem Zeitbedarf von 6 - 7 Monaten veranschlagt wurde.[134)] 1848 scheint das Raketendepot Venedig den Aufständischen in die Hände gefallen zu sein, die wahrscheinlich die aufgefundenen Raketen in der Folge auch zur Verteidigung Venedigs eingesetzt haben, zumindest wurden durch den Kriegsdampfer *Pio IX* am 26. April 1849 mehrere Kartätschraketen gegen die *Volcano* abgefeuert, die jedoch aufgrund der Entfernung zu kurz gingen.[135)] Es ist anzunehmen, daß danach ein ähnliches Depot in einem anderen Kriegshafen eingerichtet wurde, zumal die Marine die Zuteilung von 2 Raketenbatterien beantragte.[136)] Bis wann die Marine die Raketen nutzte, konnte nicht festgestellt werden, zumindest aber waren sie noch 1852, wie später geschildert, im Dienst. Inwieweit die Tschaikisten der Donau-Flottille nach der ersten Ausstattung 1830 über Raketen verfügten, konnte nicht festgestellt werden, zumindest war für 1847 der Bau eines Raketenbootes und eines Raketenkahnes auf der Ofener Werft geplant; diese Absicht wurde aber aufgrund der revolutionären Ereignisse nicht mehr realisiert.[137)]

d. Excurs: Das Augustin'sche Raketensystem

Ähnlich wie Congreve erarbeitete auch Augustin taktische und organisatorische Grundlagen für den Einsatz der Raketen. Er sah eine berittene „Raketenkavallerie", schwere Raketen-Fußbatterien sowie Marine-Raketeure vor, wobei das Gerät der letzteren fest an Bord der Schiffe installiert sein sollte. Für die unterschiedlichen Erfordernisse wurden entsprechende Abfeuerungsgestelle und Transportfahrzeuge konstruiert. Als taktische Einheit galt ihm nicht die Batterie sondern das einzelne Raketengeschütz mit den erforderlichen Munitionsfahrzeugen.
Das Abfeuerungsgestell bestand aus einem hölzernen Dreibein und einem metallenem Obergestell mit der Richtvorrichtung, die im wesentlichen aus einem Quadranten für das Einstellen der Elevation bestand, die Abfeuerungsrinne war mit einem Zapfen mit der bronzenen Büchse des Obergestelles verbunden, so daß diese leicht horizontal geschwenkt werden konnte. Die Abfeuerungs- oder Leitrinne ruhte auf einer Gabel und konnte durch Klemmschrauben nach dem Einrichten gesperrt werden, am Obergestell war ein Perkussionsschloß mit einer Abziehkette befestigt. Das ganze Gestell wog 10,5 Kilogramm, so daß es von einem Raketeur getragen werden konnte. Jacobi beschrieb es 1843 wie folgt:[138)]

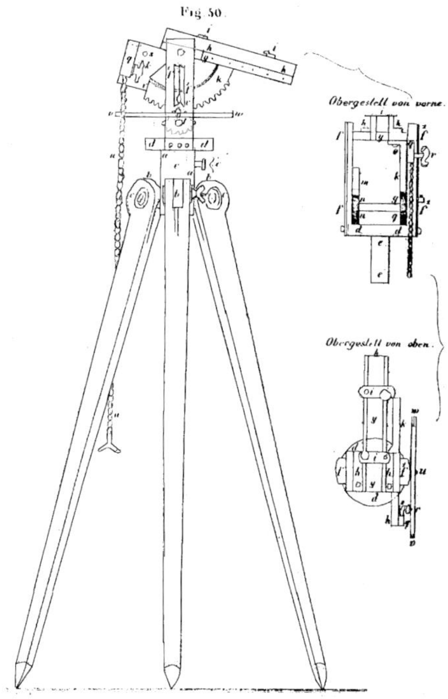

Raketengeschütz (Zeichnung: Jakobi)

„Das Racketengestell, dessen sich Österreich zum Schießen und Werfen der Racketen bedient, zeichnet sich vor allen andern derartigen Schußgestellen durch Leichtigkeit und Zweckmäßigkeit seiner Construction aus. Die Hauptteile desselben sind: Das Untergestell oder der Träger und das Racketenlager nebst Richtmaschine.
1. Das Untergestell oder der Träger
An dem hohlen mit drei Lappen b versehenen eisernen Cylinder a sind drei starke mit eisernen Schuhen beschlagene Füße, durch Lappenschrauben c beweglich fest angeschraubt. Diese Füße lassen sich daher, wie bei Meßtisch-Stativen, zusammenlegen, und werden dann

1840), auch die Türken hatten um zusätzliche Unterstützung durch die Raketeure gebeten, was jedoch von Admiral Stopford abgelehnt wurde, der wenig Zutrauen zu den türkischen Truppen besaß (ibidem, p. 110, Brief Stopford an Commodore Napier vom 1. Oktober 1840)

131) v. Khuepach / v. Bayer, a.a.O., S. 254

132) Angaben nach: v. Khuepach / v. Bayer, a.a.O., S. 264

133) Kalmár, a.a.O., S. 92; in diesem Bedarf war noch nicht die für die im Bau befindlichen Goletten *Artemisia* und *Virtuosa* benötigte Anzahl von Raketen eingerechnet.

134) ÖSK-MA 1848 M/c4 (12) zum Zustand der Raketengeschütze und MA T/c2 (4) zum Zeitbedarf für die Bereitstellung neuer Raketenmunition (mitgeteilt vom Österreichischen Staatsarchiv, Wien, 11.02.1998)

135) H. B. Freiherr von Dahlerup, In österreichischen Diensten, Berlin 1911, 1. Band, S. 56; bei der venezianischen *Pio IX* handelte es sich um den ehemaligen österreichischen Kriegsdampfer *Marianna*. Raketeneinsätze durch österreichische Schiffe wurden von Dahlerup nicht erwähnt. Im Jahre 1848 scheint es nicht zu Raketeneinsätzen gekommen zu sein, wahrscheinlich konnte der Bestand der Marine nach Verlust des Depots zu Venedig nicht zeitgerecht ergänzt werden. (J. v. Rechkron, Die Ereignisse zur See während der Revolutionskämpfe des Jahres 1848 in Italien, in: Mittheilungen aus dem Gebiete des Seewesens, X. Band 1882, S. 529 - 539, erwähnte an keiner Stelle Raketen)

136) Mitteilung Dr. L. Baumgartner vom 22.07.1997, wonach das Raketendepot Venedig nur bis 1848 bestanden hat. Da Venedig am 22. März 1848 von den Österreichern unter Zurücklassung aller Vorräte geräumt werden mußte, ist es wahrscheinlich, daß auch das Raketendepot von der Republik Venedig übernommen wurde. Das Marinearsenal wurde im Dezember 1849 in Triest im neuen Lazareth St. Teresa neu installiert. (Benko von Boinik, Geschichte der K. K. Kriegsmarine während der Jahre 1848 und 1849, Wien 1884). Antrag auf Zuweisung der Batterien: ÖSK-MA 1848 M/c4 (8); v. Dahlerup, a.a.O., 2. Band, S. 189, erwähnte zwar kein Raketendepot in Triest, schrieb aber, daß alle Einrichtungen aus Venedig nach Triest überführt worden wären und führte für die Marineartillerie Waffenarsenal, Laboratorium und Magazine auf.

137) Frhr. v. Handel Mazzetti, Flußflottillen auf der Donau, in: Köhlers Flottenkalender 1980, Herford o. J., S. 208

138) Jacobi: Beschreibung des Materials und der Ausrüstung der k.k. Österreichischen Feldartillerie, Mainz 1843, S. 47

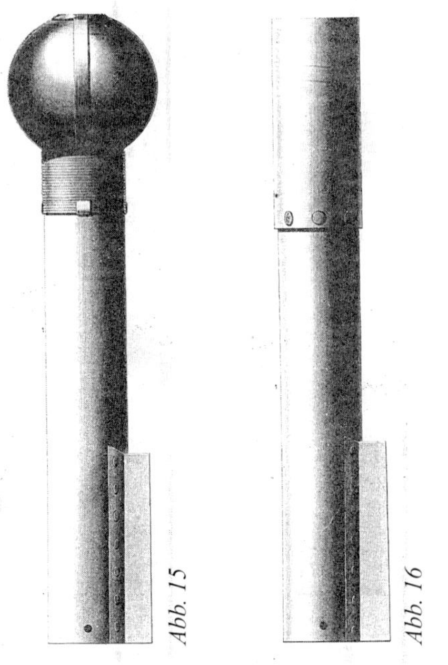

Die österreichischen Raketen (ÖSK, Mem. 13 - 203)

Abb. 1: 3pfd. Wurfrakete mit Granate No. 6
Abb. 2: 6pfd. Schußrakete mit Granate No. 2
Abb. 3: 6pfd. leichte Wurfrakete mit Granate No. 3
Abb. 4: 6pfd. schwere Wurfrakete mit Granate No. 4
Abb. 5: 6pfd. Kartätschrakete
Abb. 6: 6pfd. Brandhaubenrakete
Abb. 7: 6pfd. Wurfrakete mit Granate No. 6
Abb. 8: 12pfd. Wurfrakete mit Bombe No. 1
Abb. 9: 12pfd. Wurfrakete mit Bombe No. 2
Abb. 10: 12pfd. Wurfrakete mit Bombe No. 3
Abb. 11: 12pfd. Brandhaube mit Kegel
Abb. 12: 12pfd. Leuchtballenrakete mit Fallschirm
Abb. 13: Sprengkappe
Abb. 14: 4zöllige Brandhaube mit Granate No. 6
Abb. 15: 12pfd. Rakete mit Granate No. 6
Abb. 16: 12pfd. Kartätschrakete

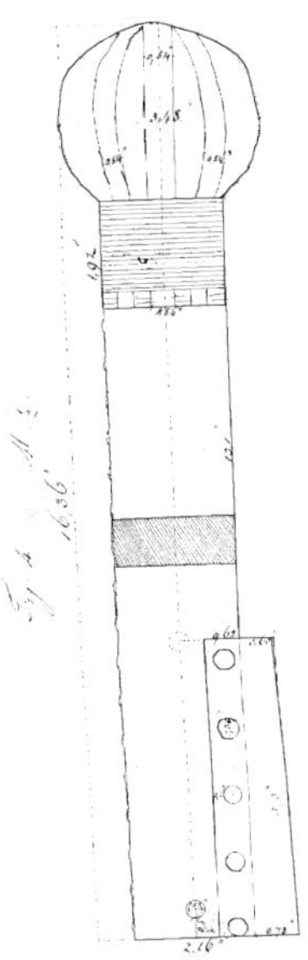

6pfündige Schußrakete mit Granate

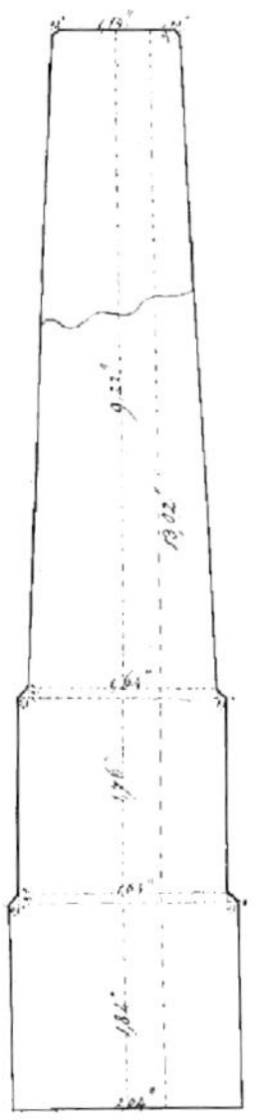

Bohrung Leuchtrakete mit Fallschirm

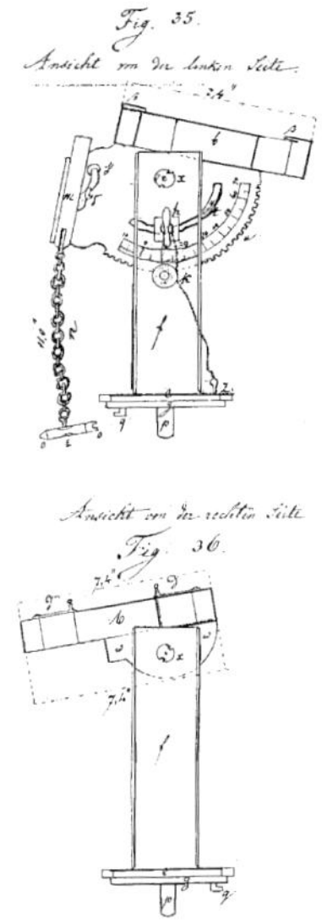

Richtaufsatz des Raketengeschützes

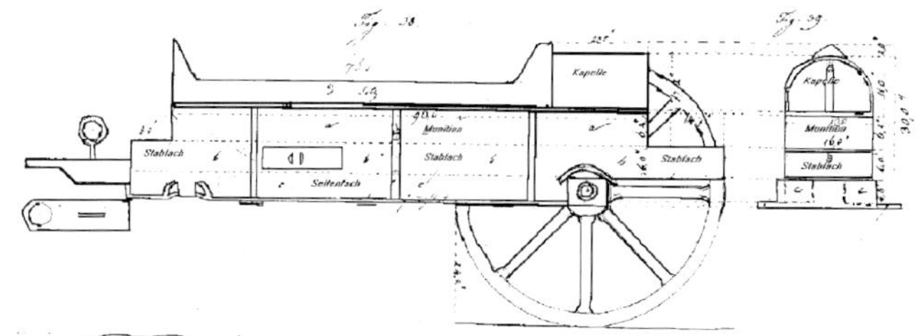

Wurstwagen (Raumaufteilung)

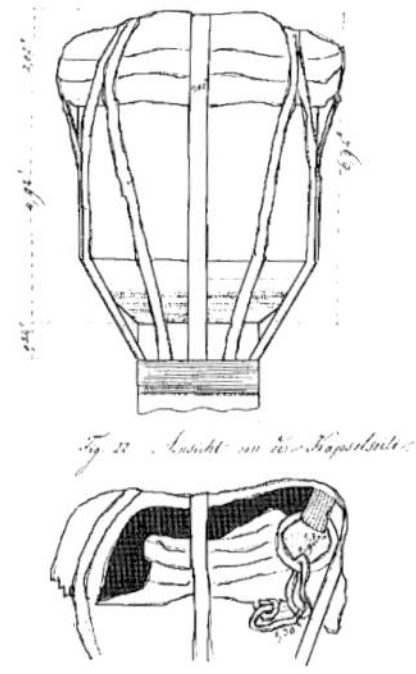

Leuchtballen mit Fallschirm

Beispiele aus der Aufnahme des österreichischen Raketensystems durch Major Hütz

durch einen angeschobenen Ring oder einen umgeschnallten Riemen zusammengehalten.

2. Das Racketenlager nebst Richtmaschine

Auf der untern Fläche einer eisernen Scheibe d ist in deren Mittelpunkte der eiserne Cylinder e befestigt, welcher genau in die Höhlung des Stativ-Cylinders a paßt, so daß sich die Scheibe auf dem Stativ nach allen Richtungen hin horizontal drehen läßt. Um nun aber die vermittelst dieser Drehung einmal genommene Seitenrichtung des auf der Scheibe d befestigtem Racketenlagers feststellen zu können, führt die Druckschraube x durch den Hohlcylinder a, die man, sobald die Seitenrichtung genommen ist, gegen den Cylinder e preßt. Auf der Mantelfläche der Scheibe d sind in diametral gegen einander über stehender Richtung die beiden eisernen Träger f angeschraubt, welche, eine Gabel bildend, dem Racketenlager zur Stütze dienen.

Zwischen diesen beiden Trägern liegt die Eisenschiene y, deren cylindrischer Endzapfen in Zapfenlagern auf dem obern Ende der Träger s ruhen. Auf der obern Fläche der Schiene y ist eine eiserne Rinne hh angeschraubt, welche zur Aufnahme des Racketenlagers dient. Die Lichten Dimensionen dieser Rinne sind der Art, daß der Racketenstab, ohne sich zu klemmen, genau in dieselbe paßt; um aber die Lage der Rackete in dieser Rinne noch mehr zu befestigen und namentlich einen gewissen Druck auf den Stab auszuüben, sind auf der obern Kante der beiden Rinnenleisten die Riegel i angebracht, deren eines Ende horizontal um einen in der obern Kante der Rinnenleisten befestigten Stift beweglich sind und deren anderes Ende unter die Knöpfe w greift, welche den oben erwähnten Stiften auf der andern Leiste gerade gegenüber angebracht sind. Auf der den Knöpfen w zugewendeten Seite der Riegel i haben dieselben halbrunde Ausschnitte, mit denen sie die Stiele der Knöpfe umgreifen und dadurch in ihrer Lage fester gehalten werden.

Auf der untern Fläche der Sohlschiene y und ganz dicht an dem linken Träger fl ist eine Platte k mittelst eines rechtwinklich umgebogenen Lappens o angeschraubt, so daß sich diese Platte bei der Bewegung der Sohlschiene um die Achse ihrer Zapfen , in einer vertikalen Ebene mitbewegt. Die Form dieser Platte ist die eines Quadranten, dessen krumme Begrenzungslinie als Zahnrad geformt ist, in dessen Zähne die Zähne des Stirnrades g, welches nebst dem Sperrade n an dem Triebstocke befestigt sind, eingreift. Das Sperrad n nebst der Sperrklinke m verhindern, daß, nach genommenen Richtungswinkel, derselbe nicht wieder durch das bedeutende Vordergewicht der Rackete alterirt werden kann, und bewirken, daß die Richtmaschine unter dem ihr gegebenen Winkel nach Erforderniß festgehalten werde. Auf der äußern Fläche der Platte k ist eine Gradeintheilung eingravirt und in der Mitte des durchbrochenen Trägers f 1 ein Pendel aufgehangen, der sowohl als Index für die Gradeintheilung als auch dazu dient, um das Stativ genau senkrecht zu stellen. Unter dem durchbrochenen Theil ist auf dem Träger f 1 mittelst des Stiftes u, das Diopter vw befestigt, welches um diesen Stift beweglich ist und mittelst dessen man die Seitenrichtung nimmt. Die Zähne des Triebrades und der Platte k haben solche Abmessungen, daß bei der Bewegung der Maschine das Eingreifen eines Zahns der Erhöhung oder Senkung um einen Grad entspricht.

Auf einer Verlängerung des vordern Theiles der Platte k ist das Percussionsschloß q zum Abfeuern der Racketen angebracht. Der Hahn des Schlosses r und das Piston s, unter dem der Zündkanal durch die Platte k gebohrt ist, haben eine solche Stellung, daß die innere Mündung des letzteren genau mit dem Zündkanal der Rackete correspondirt, wenn dieselbe richtig eingelegt ist. Das Abfeuern geschieht vermittelst der Kette u, an deren unterm Ende ein Schraubenschlüssel hängt, der als Griff beim Abfeuern dient. Die Federn des Percussionsschlosses sind sehr leise gestellt, damit der beim Abfeuern entstehende Ruck das Stativ nicht aus der demselben gegebenen Richtung bringt."

Die Belagerungslafetten zeichneten sich durch eine breitere Leitrinne aus.

Zur Aufstellung der Batterie und zur Bedienung der Raketengeschütze wurde an anderer Stelle geschrieben:

„Die Entfernung von einer Laffete zur anderen, bei Aufstellung einer Raketenbatterie, beträgt sechs Schritt. Von dem Geschütz (Laffete) bis zu den Munitionswagen sind 30 Schritte . . . Jeder Mann hat seine Nummer, und sollen die Leute stets nach Talent und Geschicklichkeit eingeteilt werden . . . Der umsichtigste und geschickteste Raketier wird jedesmal als Vormeister oder Nr. 1. angestellt. Der nachfolgende als Nr. 3. zum Abfeuern. Nr. 2. ist neben Nr. 1. und hat die Rakete einzulegen. Nr. 7. ist stets beim Wagen, die Rakete herauszulangen, welche der Vormeister verlangt. Er muß genau auf dessen Anordnung Acht

Grenade Elevation (in Grad)	Reichweite (in Schritt)	Kartätsche Elevation (in Grad)	Reichweite (in Schritt)	Brandhauben Elevation (in Grad)	Reichweite (in Schritt)	Leuchtballen Elevation (in Grad)	Reichweite (in Schritt)
0	300	0	400				
2	550	2	500	2	350		
6	800						
8	1000			8	600		
10	1100			12	1000	40	500
15	1500			15	1300	30	800
24	1800			24	1500	24	900
30	2000			30	1800		

haben, damit dieser nicht ein ander Geschoß erhält, als er verlangte. Nr. 4. und 5. sind stets mit Nr. 6. in Abwechslung, um die Raketen vom Wagen aus herbeizuschaffen, und so in Stand zu setzen, daß sie Nr. 2. von Nr. 4. übernehmen kann, um sie in die Laffete einzulegen. Nr. 4., 5. und 6. sind mit Tornistern zum Herbeischaffen der Raketen versehen. Nr. 1, 2. und 3. verbleiben stets bei der Laffete, Nr. 7. stets beim Wagen, und haben keinen Tornister."[140]
Beim Aufstellen des Gestelles war darauf zu achten, daß das hintere Bein des Dreibeines in einer Linie mit der Schußrichtung stand. Gerichtet wurde über die linke obere Kante der Leitrinne, war beim direkten Richten das Ziel angerichtet, schloß der Vormeister die Stellschrauben.

Noch 1831 gab es schießtechnisch nur eine Art von Raketen, wobei die Projektile im Bogen auf 2.000 Schritt und horizontal auf 1.600 Schritt gefeuert werden konnten, als wirksamste Schußentfernung wurden aber bereits 800 Schritt angegeben. Als Leistungen seiner Raketen gab Augustin in einem Memoire nachstehende Daten: *(Siehe Tabelle oben)*

Etwa ab 1833 hatte Augustin die Entwicklung seines Raketensystems abgeschlossen, das nunmehr bis zur Ablösung seiner Raketen durch die Raketen Hales im Wesentlichen unverändert bleiben sollte. Zu dieser Zeit waren die Raketentypen zunächst taktisch eingeteilt, es wurde unterschieden zwischen den Raketen für die Feldbatterien, für Belagerungen und Verteidigung von Festungen, bei der Hauptreserve für besondere Beschießungen und den Raketen bei der Marine.
Technisch unterschied man zwischen Schuß- und Wurfraketen. Die Schußraketen hatten einen stärkeren Treibsatz, der ihnen eine hohe Anfangsgeschwindigkeit verlieh, dies wurde durch die stufenförmige Form der Seele erreicht, durch die sich die Brennfläche des Treibsatzes entsprechend vergrößerte; sie wurden direkt gerichtet und sollten nach dem erstem Aufschlag rikoschieren. Die Wurfraketen besaßen einen langsamer brennenden Treibsatz, der bei einer geringeren Anfangsgeschwindigkeit länger brannte, also eine größere Reichweite bewirkte.
Die besonderen Formen der Bohrung, die es so nur im augustin'schen System gab, sind durch den bayerischen Major Hütz überliefert, der die Gelegenheit hatte, bei einem Besuch einer Raketenbatterie 1850 die Raketen genau zu vermessen und sich dabei auch Abdrücke der Bohrungen der unterschiedlichen Raketenarten zu verschaffen wußte, in seinem Bericht sind Zeichnungen aller Raketen mit allen Abmessungen enthalten, nur die Zusammensetzung des Treibsatzes konnte ihm nicht mitgeteilt werden.[141] *(Siehe Tabelle auf Seite 151)*

Für die Feldbatterien standen die 6pfündigen Raketen mit einem Kaliber von zwei Zoll zur Verfügung sowie für die Beleuchtung des Gefechtsfeldes die 12pfündige Leuchtballenrakete mit einem Kaliber von $2^{1}/_{2}$ Zoll. Die 6pfündige Schußrakete trug als Gefechtskopf die Grenade N° 2 mit einem Gewicht von 2 Pfund 24 Loth,[142] die vollständige Rakete wog 6 Pfund 3 Loth. Diese Raketen sollten vor allem in horizontaler Richtung direkt gegen den Feind verschossen werden, die Elevation hierfür wurde mit höchstens 4° angegeben, sie konnten aber auch mit Erhöhungen bis 30° geworfen werden und erreichten dann eine Schußweite von etwa 2.000 Schritt. Es wurde aber darauf hingewiesen, daß bei ungünstigem Gelände, also bei einem zu weichen Boden, der das Rikoschettieren verhinderte, besser Wurfraketen einzusetzen wären. Diese Raketen wurden zu 48 in Verschlägen transportiert. Die 6pfündige Wurfrakete gab es als leichte Wurfrakete mit der Grenade N° 3 mit einem Gewicht von 3 Pfund 14 Loth und als schwere mit der Grenade N° 4, die 5 Pfund 2 Loth wog. Beide Arten wurden mit Elevationen von 0 bis 30° Grad eingesetzt, die leichte erreichte so „mit großer Sicherheit" eine Höchstschußweite von 1.400 Schritt, die schwere von 700 bis 800 Schritt. Die leichte Wurfrakete konnte auch auf geringere Entfernungen geschleudert, also als Schußrakete verwendet werden, „wodurch sie in den feindlichen Angriffs-Colonnen schon von 1.000 Schritte angefangen, große Verwüstungen anrichten werde". Die Bestimmung der schweren Wurfrakete war „in Defilées, die vom Feind besetzt sind, so wie in die feindlichen Truppenmassen und Quarrées geworfen zu werden", auch diese Rakete konnte auf geringere Entfernungen geschleudert werden. Die leichten Wurfraketen wurden in Verschlägen zu 16 Stück, die schweren zu 7 Stück transportiert. Die geladenen Hülsen der Schuß- und Wurfraketen wogen 2 Pfund 8 Loth. Ferner waren Kartätschraketen und Brandhauben vorhanden. Die Kartätschraketen wogen ohne Gefechtskopf 2 Pfund 30 Loth, die Kartätschbüchse, die mit 28 drei-löthigen Bleischroten gefüllt war, 3 Pfund 9 Loth. Diese Rakete wurde nur horizontal, also ohne jegliche Elevation, verschossen, wobei die Kartätschbüchse nach 150 bis 200 Schritt explodierte und ihre Ladung bis auf 400 Schritt Distanz in Schußrichtung verteilte. Die Schrote konnte noch eine einzöllige Bretterwand durchschlagen. Diese Rakete sollte gegen vorrückende Truppen, vor allem aber gegen Kavallerie eingesetzt werden, sie wurden zu 18 Stück von den Batterien und zu 20 Stück in den Depots in Verschlägen transportiert. Die 6pfündige Brandhaube schließlich wog 2 Pfund 24 Loth, die geladene Rakete ohne dieselbe 2 Pfund 23 Loth. Unter der größten Erhöhung von 30 Grad erreichte sie eine Entfernung von 1.500 bis 1.600 Schritt. Die Brandhaube enthielt knapp 1 Pfund Brandsatz sowie eine Granate, die erst nach dessen Ausbrennen detonierte. Diese Raketen wurden in den Bat-

140) o. Verf. (eingesandt), Bemerkungen über Kriegsraketen, nebst einigen Notizen über das Raketenwesen Oestreichs. in: ZfKWGK, Siebentes Heft, 1834, S. 47

141) BHS-KA, HS 179, K.K. Österreichisches Kriegsraketen-System. Aufgenommen von dem Major des k. 1ten Artillerie-Regiments /:Prinz Luitpold:/ Joseph Hütz. Bregenz und Hohenems 1850

142) Die verbalen Angaben beziehen sich in Gegensatz zur Tabelle auf den Stand 1833, die Tabelle mit Stand 1850 *(siehe Seite 151)* ist dennoch wiedergegeben, weil sie die einzigen genauen Konstruktionsunterlagen der Raketen wiedergibt, und da die in Beilage 2/2 wiedergegebene Portée-Tabelle für alle Raketen ab 1833 galt, müssen die Maße, die hier in der Tabelle angeführt sind, auch für diese Raketen gelten.

	Gefechts-kopf	Hülse Länge	Hülse Durch-messer	Anzahl Nieten	Bohrung 1.Stufe Weite	Tiefe	Bohrung 2.Stufe Weite	Tiefe	Bohrung 3.Stufe Weite	Tiefe	Stabkapsel Maße
6 Pfd. Schuß-Rakete	Granate No. 3 Ø = 3,48” $3^{1}/_{4}$ Pfd	13,1”	2,16”	19 im Abstand von 0,72” Ø = 0,35”	1,52”	1,24” Ab-kantung = 0,05”	1,42” Ab-kantung = 0,05”	0,86”	1,32”	8,60”	5,3” lang. 0,78” Seitenlänge, mit 5 Nieten befestigt
6 Pfd. Kartätsch-Rakete	Büchse = 6 Pfd. Ø = 2,65” Höhe = 4,4”	-”-	-”-	-”-	-”-	-”-	-”-	-”-	-”-	-”-	-”-
12 Pfd. Leucht-Rakete ohne Fall-schirm	Leucht-ballen. Ø = 5,06” Höhe = 3,58”	16,18”	2,65”	25	2,04” Ab-kantung = 0,1”	1,20”	1,84”	11,70”	-	-	Länge = 6,24” mit 7 Nieten befestigt
12 Pfd. Leucht-Rakete mit Fall-schirm	Leucht-büchse Ø = 5,07” Höhe = 3,54”	17,18”	2,65”	25	2,04” Ab-kantung = 0,1”	1,84”	1,84” Ab-kantung = 0,1”	1,76”	1,64”	9,22”	-”-
12 Pfd. Wurf-Rakete	Granate No.6 Ø = 4,82” 8 Pfd	16,1”	2,65”	23	2,04” Ab-kantung = 0,1”	1,2”	1,84”	11,7”	-	-	Länge = 6,23” mit 7 Nieten befestigt
	Granate No. 8 Ø = 5,4” 12 Pfd	-”-	-”-	-”-	-”-	-”-	-”-	-”-	-”-	-”-	-”-
	Bombe No. 1 Ø = 6” 16 Pfd	-”-	-”-	-”-	-”-	-”-	-”-	-”-	-”-	-”-	-”-

terien in „Kisteln“ zu 6 Stück, in den Depots in Verschlägen zu 14 Stück transportiert. Bei allen diesen Raketen wog der Stab 25 Loth. Endlich gab es noch die 12pfündigen Leuchtballen-Raketen, die für alle taktischen Verwendungen dieselben waren. Die geladene Rakete wog hier 4 Pfund 9 Loth, der Stab 1 Pfund 2 Loth und der Leuchtballen mit Fallschirm 6 Pfund 21 Loth. Diese Rakete wurde mit Elevationen von 30 bis 85 Grad verschossen, die erste Erhöhung galt für eine Entfernung von 500 Schritt. Der Leuchtballen, der am Fallschirm herabschwebte, brannte bis zu $2^{1}/_{2}$ Minuten. Bei einer Steighöhe von 760 Meter konnte dabei ein Gelände mit einem Durchmesser von 250 Meter ausgeleuchtet werden.

Zur Verteidigung und Belagerung von Festungen waren Wurfraketen vorgesehen, von denen es mehrere Arten gab. Die kleinste war die 3pfündige Rakete mit der Granate N° 6, die geladene Rakete wog 1 Pfund 9 Loth, die Granate 8 Pfund 9 Loth, ihr Stab nur 20 Loth. Bei den vorgesehenen Elevationen von 50 bis 70 Grad konnten Distanzen von 150 bis 225 Schritt erreicht werden. Zur Treffgenauigkeit wurde angegeben, daß in einen Kreis von 12 Klaftern Durchmesser niemals weniger als die Hälfte der Raketen fiele. Zum Einsatz wurde darauf hingewiesen, daß diese Raketen vorzüglich in Außenwerken von Festungen verwendet werden könnten. Etwas schwerer war die Rakete mit der Grenade N° 6, die Rakete selbst entsprach den Feldraketen, die Granate wog jedoch 8 Pfund 6 Loth. Mit Erhöhungen von 45 bis 55 Grad reichte diese Rakete auf 375 bis 460 Schritt, ihre Treffähigkeit war etwas geringer als die der dreipfündigen. Beide Raketen wurden getrennt von den Granaten transportiert. Schließlich waren 12pfündige Wurfraketen mit den Bomben N° 1, 2 und 3 vorhanden. Die geladenen Raketen wogen 4 Pfund 18 Loth, die Stäbe 2 Pfund 23 Loth. Die Bombe N° 1 hatte ein Gewicht von 16 Pfund, die N° 2 von 20 Pfund und die N° 3 von 23 Pfund. Die Treffgenauigkeit war bei der schwersten Raketen am größten, in einen Kreis von 20 Klaftern Durchmesser sollten die Hälfte bis $^{2}/_{3}$ der Raketen treffen, während bei der leichtesten nur etwa $^{1}/_{3}$ Treffer erwartet wurden. Bei 50 - 60 Grad Elevation reichte die Rakete mit der Bombe N° 1 bis zu 750 Schritt, die Bombe N° 2 bis 400 Schritt und die Bombe N° 3 bis 325 Schritt. Alle diese Raketen wurden getrennt von den Bomben transportiert. Ferner war noch als schwere Rakete die Sprengkappe vorhanden. Die eigentliche Rakete wog hierbei 5 Pfund 8 Loth, die Sprengkappe 9 Pfund 17 Loth. Diese Rakete wurde in horizontaler Richtung abgeschossen und erreichte eine Schußweite von 40 bis 60 Klaftern, zur Treffähigkeit wurde festgestellt, daß sie selten eine 6 Klafter lange, 6 Schuh hohe Brustwehr von Erde verfehlte, in welche sie bis zu 5 Schuh tief eindringe. Bei der Verteidigung sollte sie aus „den Kasematten, den Ravelins und Bollwerken“ gegen Breschbatterien und Sappenspitzen eingesetzt werden. Die Spengkappen wurden zu vieren in Verschlägen „vollständig adjustirt“ ausgeliefert. Schließlich existierte als schwerste Rakete die 4zöllige Brandhaube mit einer Grenade N° 6, die Rakete ohne Gefechtskopf wog hierbei 26 Pfund 21 Loth, der Stab 9 Pfund 17 Loth und die Granate 8 Pfund 6 Loth. Diese Rakete erreichte bei einer Elevation von 35 bis 40 Grad Entfernungen bis zu 4.400 Schritt, wobei die Hälfte der abgefeuerten Raketen in einen Kreis von 160 Klaftern Durchmesser treffen sollten.

„Ihre Bestimmung ist Städte oder auch feste Plätze schon von weiter Entfernung außerhalb des feindlichen Feuers zu beängstigen und anzuzünden, wozu sie nebst ihrer Grenade noch 10 Pfund Brandsatz in sich enthalten."
Bei der Hauptreserve standen dann noch 12pfündige Raketen mit Brandhauben oder mit Grenade N° 6 zur Verfügung. Bei ersterer wog die Rakete 5 Pfund 19 Loth, der Stab 2 Pfund 23 Loth und der Kegel 5 Pfund 20 Loth. Der Kegel war mit 3 Pfund Brandsatz versetzt. Diese Rakete konnte als Schußrakete eingesetzt werden, wobei der erste Aufschlag bei 250 Schritt erfolgte und die Rakete bis 1.500 Schritt auslief, oder mit Elevationen bis zu 30 Grad, wobei eine Distanz von 1.800 Schritt erreicht wurde. Auf 400 Schritt konnte sie 22 Zoll tief in Holz eindringen, dieses anzünden und anschließend sprengen. Der Kegel konnte mit einem Perkussionsbrandl versehen werden, wodurch der Gefechtskopf bei Berühren eines festen Gegenstandes im Fluge detonierte. Die letztere wog 4 Pfund 18 Loth, ihr Stab ebenfalls 2 Pfund 23 Loth und die Granate 8 Pfund 6 Loth, auch diese Rakete konnte sowohl als Schuß- wie auch als Wurfrakete eingesetzt werden, bei 40 Grad Elevation wurde eine Entfernung von 1.600 Schritt erreicht. Sie sollte zur Beschießung feindlicher Städte und Verschanzungen eingesetzt werden.
Die Marine verfügte, wie beantragt, ausschließlich über 12 pfündige Raketen. Dies waren zum einen die bereits beschriebenen Brandhauben mit Kegel, zum andern aber Kartätschraketen. Bei letzterer wog die Rakete 5 Pfund 18 Loth und die Kartätsche, welche 56 drei-löthige Schrote enthielt, 5 Pfund 24 Loth. Diese Rakete konnte bis auf 600 Schritte verschossen werden; sie sollte lediglich bei Landungen gegen feindliche Truppen eingesetzt werden.[143]
Die Gefechtsköpfe waren mit Leinwand- oder später Blechstreifen an der Hülse befestigt. Dabei wurden vier in der Mitte zusammengeheftete Leinwandstreifen als „Aufbindkreuz" um die Granate gelegt, deren acht Enden mit einem in Wachs getränkten „Aufbindspagat" an der Hülse festgebunden wurden. Später wurden hierzu drei Blechstreifen verwendet, die in der Mitte mit Nieten verbunden waren. Die Hülse war aus 2,1 mm starkem Eisenblech zylindrisch geformt und verlötet. An ihrer Außenseite war eine vierkantige Hülse zur Aufnahme des Leitstabes vernietet. Der Treibsatz bestand aus 80 Teilen Salpeter, 12 Teilen Schwefel und 14 Teilen Kohle. Seit 1820 konnten in der Raketenfabrik 10 Arbeiter mit Hilfe einer hydraulischen Presse in 10 Stunden 40 bis 50 Raketen herstellen, so daß die Grundlage für eine Ausstattung der Artillerie mit dieser Waffe geschaffen war.[144]
Der Stab der leichten Raketen war 2,8 Meter lang und maß 2,1 cm im Quadrat, er wurde in zwei gleich langen Teilen transportiert und erst beim Einsatz durch Klemmen vereinigt und in die Halterung an der Hülse gehämmert. Für die schweren Raketen betrug die Länge des Stabes bei einer Stärke von 3,1 cm zwischen 3,6 und 4,2 Meter. Gezündet wurde die Rakete mit kupfernen Perkussionsbrandeln.[145]
Die Reichweite der Raketen war, abgesehen von der 4zölligen Brandhaube, im Vergleich zu den Congreveschen oder auch französischen und russischen Raketen recht gering, nachdem Augustin sein eigenes Raketensystem begründet hatte und den Schwerpunkt zu Lasten der Schußentfernung auf eine möglichst große Treffsicherheit gelegt hatte. Hierzu stellte v. Hoyer fest:
„... gewiß ist es, daß die östreichischen Raketen viel genauer Richtung halten, als die bei anderen Armeen verfertigten."[146]
Allgemein stellte Groftsik in seiner Waffenlehre zu den österreichischen Raketen fest:
„Ueber die Wirkung der Raketen herrschen im Allgemeinen sehr verschiedene, meistens unvortheilhafte Meinungen. Was jedoch unsere Raketen betrifft, so scheinen sie bereits jenen Grad der Ausbildung erreicht zu haben, mit der es bloß einer Gelegenheit bedarf, dieser Waffe die gebührende Achtung zu verschaffen, was ihr dann unter den übrigen Waffen den verdienten Platz anweisen wird."[147]
Diese Gelegenheit sollte dann 1848 kommen und Groftsiks Ansicht voll bestätigen.

e. Der Ausbau des Feuerwerks-Corps

Am 6. Mai 1831 wurde mit hofkriegsrätlichem Erlaß das Feuerwerks-Corps wegen drohender Ereignisse in Italien[148] auf Kriegsstand gebracht, es zählte daraufhin neben dem Stab 5 Feld-Compagnien sowie 1 Depot- und 1 Zeugs- oder Laborir-Compagnie. Aus jeder Feld-Compagnie sollten jeweils 4 Raketenbatterien (2 fahrende leichte und 2 Fuß- oder schwere Batterien) aufgestellt werden. Mitte Juli desselben Jahres wurde noch eine weitere Feld-Compagnie aufgestellt, das Personal für die neuen Compagnien wurde aus den 5 Artillerieregimentern transferiert.[149] Der Italien-Armee wurden hiervon 4 Batterien zu Fuß und 4 fahrende Batterien zugeführt, die unterschiedlich ausgerüstet waren; es waren dies jeweils eine 3pfündige Fuß- und fahrende Batterie, zwei 6pfündige Fußbatterien, eine 6pfündige fahrende und eine 12pfündige Fußbatterie. 2 der Fußbatterien wurden dabei aus Zagreb in Marsch gesetzt, sie waren ursprünglich für eine bosnische Expedition vorgesehen gewesen, für die in Karlovac 1830 auch 150 24pfündige Raketen eingelagert worden waren. Die Batterien verfügten jeweils über 12 Raketengestelle, zusätzlich waren in der Sicherungs-Hauptreserve 6 weitere Gestelle und in der Schweren Reserve nochmals 4 Gestelle vorhanden. An Munition standen zur Verfügung: 3.870 6pfündige Granatraketen No. 2, 1.020 Kartätschraketen, 360 6pfündige Bombenraketen sowie 60 Leuchtballenraketen. An Personal umfaßten die einzelnen Batterien jeweils 2 Oberoffiziere, 2 Feuerwerker, 60 Gemeine und 2 Offiziersdiener. Für die Sicherungs- und Hauptreserve waren 1 Oberfeuerwerker, 1 Korporal und 12 Gemeine vorgesehen.[150] Diese Batterien wurden beim Niederschlagen der Unruhen im Kirchenstaat im März 1832 in einzelnen, kleineren Gefechten, zumeist nur mit einzelnen „Geschützen", eingesetzt.[151]
In diesem Jahr wurde Augustin zum Generalmajor befördert. Nach wie vor war er bestrebt, die militärischen Führer für seine Ideen zum Einsatz der Raketenwaffe zu gewinnen. So richtete er am 28. November 1831 ein Memorandum an den Kommandierenden General der Armee

143) alle Angaben nach: ÖSK-Mem. 13-203
144) J. Defrasne, a.a.O., p. 60
145) Angaben nach: Nemetz, a.a.O., S. 267; Hütz, K.K. Österreichisches Kriegsraketen-System, a.a.O., gab als Länge der Stäbe an: für die 6pfündigen Raketen: Einzelstab= 54", zusammengesteckt = 103,1" mit einem Durchmesser von 0,8" und für die 12pfündigen Raketen: Einzelstab= 71,14", zusammengesteckt= 134,68" mit einem Durchmesser von 1,25"
146) zitiert nach: Einige Bemerkungen über Kriegsraketen, a.a.O., S. 51
147) A. Groftsik, Waffenlehre zum Gebrauch der Officiere der k.k. östreich. Armee, Wien 1843, S. 286. Zur Treffähigkeit schrieb er an derselben Stelle: „Die Treffähigkeit unserer Raketen ist bis zu einem Puncte gesteigert, der wenig zu wünschen übrig läßt, denn die Schußraketen treffen von 1.000 Schritt Distanz zur Hälfte eine gewöhnliche Artillerieplanke von 30 Klaftern Länge, und die Wurfraketen verfehlen von 800 Schritt Distanz selten ein Viereck von 40 Schritt Seitenlänge. Beim Bombenwerfen ist die Trefffähigkeit noch größer, wie dieß die neuesten Versuche zeigen. So haben bei einem derselben unter 18 Stück 16pfündiger Bomben auf 600 Schritte nur zwei den Kreis von 28 Klaftern Durchmesser verfehlt."
148) Gemeint sind die Aufstände in Modena, Parma und in der Romagna im Gefolge der Pariser Juli-Revolution, die einen Krieg mit Frankreich befürchten ließen
149) nach: Dolleczek, Geschichte der österreichischen Artillerie, Wien 1887, S. 386 und Semek, Wehrmacht, a.a.O., S. 195; gem. ÖSK-1831 Augmentation des Feuerwerkscorps von 3 auf 6 Compagnien, bestand der Stab des Corps nunmehr aus: 1 Oberst, 1 Major, 1 Adjutant, 1 Unterzeugwart, 1 Werkführer als Unterlieutenant und 1 Obermeister; siehe auch: G.S:, Schreiben eines Veteranen, a.a.O., S. 633: „Im Jahre 1830 wurden zuerst 4 vollkommen gut organisierte Fuß-Batterien, im April 1831 schon 4 vollständige Kavallerie-Batterien ausgerüstet und sämmtlich nach Italien beordert, ..."
150) Kalmár, a.a.O., S. 90
151) G.S., Schreiben eines Veteranen, a.a.O., S. 633: „... und bleibt nur zu bedauern, daß diese Batterien, während der Unruhen im Kirchenstaat, gegen das 'junge Italien' nur in einzelnen kleinen Gefechten und selbst da nur mit wenigen Geschützen in geringe Verwendung kommen konnten." Bei: A. J. Reinermann, The Papacy and Austrian Intervention in the 1831 Revolution, in: Consortium on Revolutionary Europe, Tallahassee, Fa., Vol. XII, 1983, p. 562 - 582 wurden keine Raketen erwähnt.

in Italien, den General der Kavallerie Graf Radetzky, wobei er besonders auf die Beweglichkeit der Raketengeschütze und auf ihre Vorteile beim Einsatz im zerstreuten Gefecht hinwies. Allerdings räumte er auch ein, daß er nicht die Meinung Congreves teile, daß die Rakete die gesamte Artillerie in Zukunft ersetzen könne:

„Soviel weiß ich mit Gewißheit zu behaupten, daß weder dieser [Schwarzenberg] noch ich . . . jemals die Absicht hatte, der Armee diese neue Waffe anstatt Kanonen und Haubitzen übergeben zu wollen . . . Die ausgesprochene Absicht war die, eine tragbare Artillerie, womit alle Lücken in Aufstellungen auszufüllen wären, die bisher durch Kanonen nicht besetzt werden konnten, folglich leer bleiben mußten . . . Was besagt dieser Grundsatz? Nichts anders, als daß man zweierlei Artillerie braucht, die eine für das geschlossene, die Andere für das zerstreute Gefecht in durchschnittenen Terrain.- Das Gefecht im Gebirge bleibt noch überdieß eine eigenthümliche Bestimmung für die Letztere allein."[152]

Augustin wies an dieser Stelle auch auf eine Idee Schwarzenbergs hin, der die Raketen in „schwankenden Momenten der Schlacht" concentrieren wollte, um lange Feuerlinien zu bilden, da mit der Rohrartillerie ein solcher Einsatz nicht möglich schien. Augustin nutzte diese Gelegenheit, um auf ein weniger erfolgreiches Schießen der Batterie Partsch im Frühjahr bei Monte Chiaro einzugehen und wies darauf hin, daß nunmehr neue 6pfündige Raketen mit „größerer Genauigkeit und Kraft" verfügbar und auch die Raketeure besser ausgebildet wären. Er glaube, daß er nunmehr seinem Ziel, die größte Vollkommenheit der Raketen zu erreichen, sehr nahe gekommen wäre. Zu den Vorteilen der Raketen merkte Radetzky auf dem Schreiben an, daß sie aufgrund dieser Angaben zur Avantgarde gehören müßten, hierfür waren sie aber aufgrund ihrer Fahrzeuge sicherlich weniger geeignet. Zu der Meinung Congreves äußerte er dann als Randbemerkung auf der Denkschrift: „Narren und Projektanten hat es zu jeder Zeit gegeben zu der Erstren rechne ich alle fixe Idéen."[153] Radetzky selbst faßte seine taktischen Auffassungen zum Einsatz der Raketen und ihrer Wirksamkeit in einem Schreiben an den Freiherrn von Hess zusammen, wobei er diese in erster Linie als Ergänzung der Artillerie sah.[154] Als neuer Befehlshaber der Armee in Italien scheint sich Radetzky sehr für die neuen Raketenbatterien interessiert und den Einsatz dieser bei zahlreichen Übungen erprobt und geübt zu haben, wobei er Ergebnisse der Übungen stets unmittelbar mit Augustin auswertete. Insgesamt war er voll befriedigt von der Verwendbarkeit der Kriegsraketen. Dies beweist auch seine Reaktion auf eines der zahlreichen Manöver, denen er beiwohnte:

„Bei einem solchen Prüfungsmanöver, wobei es sich um die Ueberzeugung handelte, daß Kavallerie-Batterien gleich und leicht als Fuß-Batterien verwendet werden können, wirkte auch die erste Kavallerie-Batterie mit, bei welcher auch ich eingetheilt war. Ich will Dir, theurer Freund, den Erfolg dieses Manövers mittheilen.
Wir marschirten von Padua nach Altavilla, wo das Lager war; eine Husaren-Eskadron war unsere Bedeckung. Am Lagerplatz angekommen, ließen wir die Geschützwürste zurück, nahmen die Dreifußgestelle sammt Richtmaschinen und die Munitions-Tornister mit Exerzirpatronen auf unsere Rücken und stiegen als Fuß-Batterie hoch hinauf auf die Kuppe eines Berges, wo 24 Stunden vorher durch das Infanterie-Regiment Hoch- und Deutschmeister eine Redoute aus zusammengetragenen Steinen hergestellt worden war, welche durch unsere Abtheilung (1 Bataillon Prinz Hohenlohe, 1 Bataillon Deutschmeister-Infanterie und 6 Raketen-Geschütze) gegen ebensoviele Feinde (2 Bataillon Karl Ferdinand-Infanterie und 6 Gebirgs-Kanonen) vertheidigt werden sollte. Unsere Abtheilung stand vor und in der Redoute in Bereitschaft, den Feind, welcher aus Tiefpässen und Schluchten auf uns losmarschirte, zu empfangen und abzuweisen. Etwa 300 Schritte rechts und links vorwärts gegen den Feind befanden sich ziemlich hohe, zerklüftete, fast unersteigliche Felsenmassen.- Auf 1.500 Schritte vor der Redoute sammelte sich die erste feindliche Abtheilung, (3 Kompagnien) um gegen unsere Aufstellung vorzurücken. Ihre Kanonen konnten nicht mehr weitergebracht werden und nahmen dort gut gedeckte Position.
FM. Graf Radetzky stand mit seiner Suite in der Redoute.
Plötzlich krachten zwei Schüsse auf den vorerwähnten zwei Felsengipfeln, wo Niemand Feldartillerie-Geschütze vermuthete, und beiderseits schlängelten sich weiße Rauchstreifen gegen den feindlichen Haufen, deren Richtung so gut war, daß letzterer, wenn es scharfgeladene wirkliche Raketen gewesen wären, sich so schnell als möglich hätte zurückziehen müssen, und zwar nach bedeutenden Verlusten, denn weitere Schüsse folgten schnell nacheinander.
In Mitte der Redoute ertönte unter lautem Händeklatschen die Stimme des Vaters Radetzky: 'Bravo Raketeure! -- Bravissimo! Danke, Herr Batterie-Kommandant, für die ungeahnte Ueberraschung, die Sie mir bereiteten: -- Wie heißen die Unteroffiziere bei den beiden Geschützen?'
„Exzellenz, es sind keine dabei; die Vormeister blieben sich selbst überlassen,' entgegnete unser braver Batterie-Kommandant. Oberlieutenant Andreas Schneider, dessen Brust die goldene Medaille schmückte.
'Wie heißen dieselben?'
'Mathias von Marinofsky und Josef Neumann.'
Als das Manöver beendet war, wurden beide Vormeister gerufen und von Sr. Exzellenz nicht nur mit schönen Worten belobt, sondern Jeder auch mit einem Kronthaler belohnt!
Dieses Manöver machte bei Sr. Exzellenz die Rakete noch beliebter, als sie ohnehin schon war."[155]

Nach diese Erfahrungen in der Italien-Armee scheinen die Raketen auch erstmals in den Führungsvorschriften der Armee berücksichtigt worden zu sein, in der 1831 herausgegebenen „Instruction zum Gebrauche im Felde für k. k. österreichische Artillerie-Officiere" wurde den Raketenbatterien als Domäne coupiertes Terrain, besonders Gebirge, Flußübergänge, der Einsatz auf Türmen und auf Schiffen zugewiesen, es wurde jedoch festgestellt, sie sollten sich angesichts der Schwierigkeiten des Munitionsnachschubes nicht auf längeres Feuer einlassen.[156] In den 1833 folgenden Feldinstructionen für die Infanterie, Cavallerie und Artillerie wurde auf die Raketen insbesondere im 10. Abschnitt „Hinterhalte und Überfälle" eingegangen.[157]

Auch im Ausland erregte die österreichische Raketenwaffe großes Aufsehen:

„L'emploi des fusées est adopté depuis long-temps dans l'armée autrichienne, non-seulement comme moyens incendiaires, suivant le premier système de Congrève, mais aussi en qualité de moteurs pour lancer des projectiles sans le secours du canon, ni de l'obusier, ce qui permet d'employer cette nouvelle artillerie dans tous les terrains, de la détacher avec les tirailleurs et de l'établir sur la cime des plus hautes montagnes comme sur celle du plus frêle édifice. Au moyen d'un appareil semblable à la planchette d'arpenteur et tout aussi portatif, des obus de cinq pouces et du poids de quatre livres peuvent être lancés à douze ou quinze cents pas. L'on assure qu'à la distance de huit cents pas, les deux tiers des coups tirés frappent ordinairement le front d'une division d'infanterie pris pour cible. La fusée chargée, garnie de son obus et de sa baguette de cinq pieds, pèse six livres et se nomme raquette. Ce ne fut qu'après des expériences coûteuses, sans

152) ÖSK, 1831 B/664 Nr. 30, Denkschrift Augustin vom 28. November 1831
153) ibidem
154) ÖSK-Mem. 13-153, Brief Radetzkys vom 28. September 1831, wobei er die Ergebnisse der „Probe" von Montechiary auswertete; in diesem Schreiben stellte er grundsätzliche Überlegungen zum Einsatz der Artillerie der Armee in Italien an.
155) G. S., Schreiben eines Veteranen, a.a.O., S. 634 f.
156) W. Wagner, Von Austerlitz bis Königgrätz, Osnabrück 1978, S. 43
157) ibidem, S. 62

cesse répétées depuis 1815, sous la direction du général Augustin, que le résultat ci-dessus indiqué a été obtenu; aucun étranger n'a été à même de le constater. mais les artilleurs autrichiennes se montrent très fiers de cette invention et très certains de la supériorité que l'emploi des raquettes leurs donnerait en temps de guerre."[158)]

Nach Abklingen der Kriegsgefahr sollte das Feuerwerkscorps wieder auf Friedensstand gebracht werden und neben dem Stab über 3 Feld-, 1 Depot- und 1 Laborir-Compagnie verfügen. Mit Rücksicht auf den Bedarf wurde die Reduzierung aber verschoben, erst im Juni 1836 wurden die Compagnien 1 und 6 und im April 1839 dann die Compagnie Nr. 3 aufgelöst, so daß erst dann der vorgesehene Stand erreicht wurde.[159)]

Die Raketenwaffe blieb weiterhin geheim, Zuschauer und gar ausländische bedurften der persönlichen Genehmigung des Kaisers, um Zutritt zur Raketenanstalt oder gar zu Schießen der Raketen zu erhalten. Dennoch war wie heute eine absolute Geheimhaltung nicht möglich, wie der Bericht eines englischen Offiziers beweist, der 1834 ein Raketenschießen beobachtete und von der Treffgenauigkeit der Raketen beeindruckt war.

„Les Autrichiens paraissent avoir apporté un perfectionnement notable dans la confection et le tir des fusées à la Congrève. C'est à une petite distance de Vienne qu'existent leurs ateliers de confection et leur polygone d'expériences. Le plus grand mystère y règne, et on ne peut y être admis sans un ordre exprès signé de la main de l'empereur: la permission d'un archiduc même serait impuissante pour cela.

L'empereur étant allé un jour assister à des expériences, un officier anglais, M. le capitaine Mindzel, trompa la surveillance, et pénétra inaperçu dans l'inceinte mystérieuse, en mettant sa voiture à la suite de celles de l'empereur; il fut témoin des faits suivans, qu'il a bien voulu nous communiquer.

Quatre batteries de six chevalets chacune étaient disposées sur une ligne, et occupaient un développement égal à celui d'une batterie de quatre pièces de campagne. Chaque chevalet du poids de 15 livres était servi par un homme, et pouvait recevoir une fusée à la Congrève. Le but était à 400 toises, et présentait une surface dont la hauteur était celle d'un homme coiffé de son schako, et la longueur celle d'un peloton d'infanterie.

A la première salve qui eut lieu, les 24 fusées, sans exception, frappèrent le but.

Immédiatement après cette première salve, les servans saisirent les chevalets, et se transportèrent au pas de course pour y prendre une nouvelle position. On se rapprocha ainsi successivement du but en faisant une salve à chacune des distances où l'on s'arrêtait, et le but fut constamment atteint par toutes les fusées sans exception.

Enfin on s'éloigna à la distance de six cents toises, et les coups frappèrent encore le but avec la même justesse.

Pendant toute la durée de ces expériences, dans lesquelles les mouvements et les changements de position s'opérèrent avec une rapidité et une précision incroyables, deux fusées seulement manquèrent le but. Chose digne d'être remarquée, c'est que le vent était grand et par conséquent aussi défavorable que possible à la justesse du tir.

Le capitaine Mindzel, qui connaît parfaitement les fusées anglaises et qui peut établir une comparaison entre les effets qu'on en obtient et ceux dont il venait d'être témoin, avoue qu'il en croyait à peine ses yeux, et qu'un tel résultat l'a confondu d'étonnement."[160)]

Bei einer großen Übung sollten von der Armee in Italien 1834 auch die Einsatzgrundsätze der Raketenbatterien erprobt werden, hierzu wurden 5 Batterien, von denen 2 fahrende waren, eingesetzt. Bei den gleichzeitig durchgeführten Schießübungen trafen auf 800 Schritt 2/3 der Raketen ein Ziel, das einer Bataillons-Kolonne entsprach.[161)]

In einem Gutachten forderte Augustin 1834 die Abschaffung der Fußbatterien respective ihre Ausstattung mit Wurstwagen, da die Mannschaften dieser Einheiten oftmals erst zu spät und dann auch noch erschöpft am Einsatzort einträfen und überdies die Karren im Gebirge häufig nicht fortkämen und die Soldaten, die dann die Raketen tragen müßten, ebenfalls zu erschöpft für einen Einsatz wären. Die 12pfündigen, schweren Batterien bildeten bis zu dieser Zeit eine Reserveabteilung, die erst mit 4 und später mit 2 Munitionswagen ausgestattet war. Im Bedarfsfalle wurden sie aus der Corps-Munitions-Reserve vorgezogen. Gebirgsbatterien wurden nur im Einsatzfalle aufgestellt und anschließend sofort wieder aufgelöst. Sie sollten von einem Subalternoffizier geführt werden und aus 1 Feldwebel, 4 Corporalen sowie 36 Raketeuren und einem Sattler-Gehilfen bestehen, die Raketengeschütze wurden bei dieser Art des Einsatzes von den Mannschaften getragen. Ab 1834 bestanden dann nur noch 6pfündige Raketenbatterien.[162)]

Die Kriegsstärke des Corps betrug in diesem Jahr 4 Stabsoffiziere, 21 Subalternoffiziere, 72 Unteroffiziere und 600 Mann.[163)]

Die Hofkriegs-Präsidial-Verordnung vom 22. April 1836 legte dann eine neue Normal-Stärke des Corps fest:

Der Stab umfaßte einen General oder Oberst als Commandanten mit einem Stabsoffizier oder Hauptmann als Adlatus sowie einem Adjutanten, dazu kamen 1 Corps-Rechnungsführer, je ein Ober- und Unterzeugwart, 1 Werkführer, 1 Oberarzt als Chefarzt mit 2 Unterärzten, 3 Fouriere, 1 Ober- und 3 Untermeister, 18 Handwerksgesellen, 2 Fourierschützen und 4 Privatdiener.

Die Feld-Compagnien (Laborir-Compagnie bei Abweichungen jeweils eingeklammert) bestanden aus: 1 Hauptmann als Commandanten, 2 (1) Oberlieutenants, 1 (2) Unterlieutenant, 3 (2) Oberfeuerwerkern und 6 (4) Feuerwerkern, 10 Corporalen, 2 Tambouren, 1 Fourierschützen und 4 (2) Privatdienern. Die Anzahl der Ober- und Unterraketeure sowie der Ober- und Unterzeugsraketeure war in den Compagnien unterschiedlich,[164)] der Etat sah allgemein 90 Ober- und 70 Unterraketeure für die Feldkompagnien - wobei 4 Raketeure pro Abfeuerungsgestell der Batterien vorgesehen waren - sowie 10 Magazindiener und Zeugsraketeure nach Bedarf für die Laborir- oder Raketenzeugskompagnie vor.[165)] Die Raketen-Batterien wurden von einem Offizier oder Oberfeuerwerker geführt.

Bei den leichten Raketenbatterien (in Klammern Abweichungen bei den schweren Batterien) waren 24 Pferde für die Wurstwagen, 36 Pferde für die Munitionswagen, 1 für die Feldschmiede, 5 für Bagagewagen sowie 2 (4) für die Fouragewagen eingeplant. An Reitpferden waren vorgesehen: 1 für den Commandanten, 3 (1) für die Unteroffiziere und Feuerwerker sowie 3 (2) für die Fuhrwesensunteroffiziere, sowie 6 Pferde als Reserve. Bei den Fußbatterien sollten jedem Raketengeschütz im Gefecht 2 Packpferde mit Raketen folgen.[166)]

---

158) o. Verf., Sur les grandes manoeuvres de l'armée autrichienne, in: SpMil, 1835, tome 18, p. 406 f.

159) Semek, Wehrmacht, a.a.O., S. 195, gem. Hofkriegsrätlicher Verordnung vom 22. April 1836

160) N.A., Note sur les fusées à la Congrève, in: SpMil, Tome 18, Paris 1834, p. 458; deutsche Fassung nachgedruckt in: AMZ, 10. Jahrg. 1835, S. 176, siehe auch: ASMZ, 1835, No. 2, S. 32 und: MilSp, 1835, S. 207, der Bericht fand selbst den Weg über den Atlantik:
The Military and Naval Magazine of the United States, Washington april 1835, p. 144; M. F. Schlieper, Beschreibung der Einrichtung und Gebrauchsweise der . . . Kriegsraketen, Leipzig 1838, S. 35, führte diesen Bericht ebenfalls an und merkte an: „Berichterstatter hätte, um Glauben zu finden, nicht gar zu grell auftragen sollen."

161) Einige Nachrichten über die Geschichte . . ., a.a.O., S. 10

162) Semek, Wehrmacht, a.a.O., S. 202

163) B. Hall, a.a.O., p. 30, die Kriegsstärke des Artillerieregiments - ohne Bombardiercorps und Festungsartillerie - dagegen 23.415 Mann

164) Angaben nach: Dolleczek, a.a.O., S. 386

165) nach C.H. [C.Hoffmann]: Zusammenstellung einiger Zahlenverhältnisse bei dem Oesterreichischen Kriegsraketenwesen, in: AOPA, Berlin 1849, 13. Jahrg., 25. Band, S. 167

166) ibidem, S. 163

1835 hatte Radetzky für die Italienarmee eine „Manövrir-Instruction für die k. k. Infanterie" erlassen, der eine „Feld-Artillerie-Instruction" beigefügt war. Zu den Raketen-Batterien wurde festgestellt:
„Raketen - Batterien sind theils Fuss-, theils fahrende Batterien, jede zu 6 Pièçen. Ihre Munition besteht aus Granaten, Kartätschen, Brandhauben und Leuchtballen. . . . Die Raketen - Batterien werden zur Reserve gerechnet. . . . Eine Geschütz-Fuss-Batterie erfordert zu ihrer Aufstellung circa 90 Schritt . . . ; eine Raketen-Fuss-Batterie bedarf 30, eine fahrende 60 Schritt Frontlänge. Die Colonnen-Tiefe einer Batterie, einzeln abmarschirt, sammt Karren und Packpferden (Gefechts-Train), beträgt . . . bei einer Raketen- (Fuss) Batterie 69 Schritt, bei einer fahrenden 93 Schritt."[167]
Allgemein wurde noch festgehalten, daß diese Waffe den Vorteil besäße, dort in Stellung gehen zu können, wo es für Kanonen nicht möglich wäre, überdies böten sie feindlichen Geschützen nur ein kleines Ziel und könnten geschwind feuern. Als wesentliche Einsatzzwecke wurden genannt:
„1. Im Gebirgskrieg und im Postengefecht, wo ihr überraschendes Erscheinen auf unzugänglich geglaubten Stellen von grösstem Nutzen ist.
2. Bei grösseren Detachirungen in schwierigem Terrain und bei Flussübergängen in Booten.
3. In entscheidenden Schlachtmomenten, wo sie auf geringem Raume durch ihr mörderisches Geschwindfeuer grosse Resultate erzielen können.
4. Wenn es sich um schnelles Anzünden von Häusern, Magazinen etc. handelt."
Gewarnt wurde zugleich vor dem Mißbrauch dieser Waffe: Raketen sollten nur im Bereich der wirksamen Reichweite, also zwischen 800 und höchstens 1.200 Schritt in Stellung gehen und sollten nie für lange anhaltendes Feuer verwendet werden, letzteres wurde wohl mit Rücksicht auf die Problematik des Munitionsnachschubes gefordert.[168]

1835 bewiesen die Raketen wiederum ihren Wert, als „Ruhestörer und Räuber" in den kroatisch-bosnischen Bergen bekämpft wurden; nachdem sich diese in das Bergschloß Kladosch zurückgezogen hatten, wo sie sich in Sicherheit glaubten, genügte eine kurze Beschießung mit Raketen, um sie zur Aufgabe zu zwingen.[169] Auch 1836 erfolgten erfolgreiche Raketeneinsätze gegen Räuberbanden an der Grenze Ungarns, die bereits mehrere Schlösser erstürmt und zerstört hatten und 1838 zur Bekämpfung von Marodeuren aus Montenegro und Bosnien.[170]
Der Wert der Raketenartillerie war der Truppe bekannt, so forderte der Oberstleutnant Roßbach, der mit einem Jägerbataillon die Grenze gegen Montenegro zu sichern hatte, angesichts der an Zahl überlegenen Insurgenten eine halbe Raketenbatterie zur Unterstützung an, da Kanonen wegen der Schwierigkeit des Terrains nicht eingesetzt werden konnten, der wiederholte Antrag wurde jedoch ablehnend beschieden.[171]

1844 waren die 3 Feld-Compagnien so ausgestattet, daß aus jeder Compagnie 4 Raketenbatterien zu je 6 Abfeuerungsgeräten (Raketengeschützen) gebildet werden konnten. Das Feuerwerks-Corps bestand insgesamt aus 535 Mann. Eine Raketenbatterie besaß weiterhin nur einen Offizier als Commandanten, dazu traten 1 Feuerwerker, 3 Corporale und 36 Raketeure, die auf den Wurstwagen oder Karren transportiert wurden. Die Trennung in Fuß- und fahrende Batterien war entfallen, da nunmehr alle Einheiten mit den Wurstwagen gleich ausgestattet waren. Für den Kriegsfall sollten aus einer eigenen Reserveabteilung schwere, 12pfündige Batterien aufgestellt werden. Überdies war - falls erforderlich - die Aufstellung von Gebirgsbatterien mit tragbaren Abfeuerungsgestellen vorgesehen. Jede Batterie verfügte über 6 Wurstwagen sowie 6 Transportwagen für Schuß- oder Wurfraketen. Die Beladung der einzelnen Wagentypen war wie folgt geregelt:

Wagentyp:	Wurstwagen	Schußkarren	Wurfkarren
Brandhauben	9	24	16
Kartätschraketen	10	22	18
Wurfraketen	10	-	104
Schußraketen	24	104	1

Auf den Wurstwagen wurden zusätzlich 61 Stäbe und 96 Brandeln, auf dem Karren 150 Stäbe und 192 Brandeln mitgeführt. Überdies befand sich auf jedem Fuhrwerk ein Abfeuerungsgestell.[172]
Inzwischen waren die Granatraketen neu geordnet worden, man unterschied 4 Gattungen für die 6pfündigen Raketen: die Granate Nr. 3 zu $3^1/_4$ Pfund, die Granate Nr. 4 zu 5 Pfund und die Granate Nr. 5 zu 6 Pfund für die Schußraketen sowie die Granate Nr. 6 zu 8 Pfund für die Wurfraketen. Als Bombenrakete war nur die Nr. 1 zu 16 Pfund vorgesehen. Die 5- und 8pfündigen Brandballen besaßen für den Fall, daß sie mit dem ersten Aufschlag zünden sollten, eine Vorrichtung, um Perkussionsbrandel aufstecken zu können. Die Bedeutung der Raketen für die Artillerie Österreichs kann auch daraus ersehen werden, daß eine der Begründungen für die Abschaffung der 3pfd Feldkanone war, „Dass der 3-Pfünder im Gebirgskriege, durch das Gebirgs- und Raketengeschütz völlig ersetzt ist".[173]
Die „Feuerwerksanstalt auf dem Steinfeld" bei Wöllersdorf unter dem Befehl von Augustin umfaßte 1845 eine Laborier-Compagnie und eine neu eingerichtete Raketen-Zünder-Compagnie sowie zwei Feld-Compagnien.[174] Als Uniform wurde weiterhin die Artillerieuniform getragen, diese hatte sich seit 1836 insoweit geändert, als die Fräcke nicht mehr rehbraun sondern kaffeebraun mit scharlachrotem Kragen waren, der Schnitt war nunmehr tailliert und die Frackschösse verkleinert worden, die weißen Hosen waren durch hellblaue Pantalons mit etwa 3,6 cm breiten, roten Seitenstreifen ersetzt, die kennzeichnende flammende Granate am Kragen war entfallen, wurde aber weiter am Säbelkoppel getragen, hierzu gehörten schwedische Hüte mit schwarzen, unten gelbangestoßenen Federbüschen.

1846 wurde die Italien-Armee Radetzkys um 2 neue Raketenbatterien verstärkt, das Personal dieser Batterien wurde durch die Raketenfeldcompagnie No. 3 gestellt, die erforderliche Munition stammte aus

167) o. Verf., Reglements und Instructionen für die Ausbildung der Truppe und ihrer Führer von der Beendigung des ersten Feldzuges gegen das französische Kaiserreich im Jahre 1805 bis zum Kriege 1866, in: ÖMZ, 1882, I., S. 152 f. Mit wenigen Änderungen wurde diese Instruktion 1838 für die ganze Armee als Vorschrift herausgegeben. (ibidem, S. 156) Zu den Reservebatterien galt: „Die Reserve-Batterien haben die wesentliche Bestimmung, schwache Punkte einer Aufstellung schnell zu verstärken, im Angriff durch ihre Mehrzahl und ihr überwiegendes Feuer das Gefecht zu entscheiden . . . Die Reserve-Batterien werden nicht nur einzeln, sondern nach Umständen auch in Massen verwendet, wenn es sich darum handelt, auf gewissen Punkten eine überwiegende Geschützwirkung hervorzubringen." (ibidem, S. 153) Damit war die Reserve-Artillerie die Schwerpunktwaffe in der Hand des Truppenführers.
168) ibidem, S. 156
169) G. S., Schreiben eines Veteranen, a.a.O., S. 633
170) o. Verf., Über die Einrichtung, Wirkung und den Gebrauch der Raketen, ohne Ort, o. J.
171) Major Semek, Repressaliengefechte gegen die Montenegriner 1838, in: Mitteilungen des K.und K. Kriegsarchivs (Herausgegeben von der Direktion des K.und K. Kriegsarchivs), IV. Band, Wien 1906, S. 179
172) Angaben nach: Dolleczek, a.a.O., S. 386, sowie: Nemetz, a.a.O., S. 270
173) L. Hofmann, Verbesserungen und Neuerungen, welche an dem Feld-Materiale der k. k. Artillerie namentlich an den Laffeten, Protzen, und Munitionsfuhrwerken in Folge commissioneller Untersuchungen und Beschlüsse, von Beendigung der französischen Kriege an, bis in die neuere Zeit vorgenommen worden sind, in: MGAG, Dritter Band 1858, S. 17
174) Semek, Wehrmacht, a.a.O., S. 195

Österreichischer Raketeur in den dreißiger Jahren
(Bild: H.A. Eckert/D. Monten)

dem Raketendepot in Mantua. Für diese beiden Batterien standen in der Hauptreserve 1.200 6pfündige Schuß- und 1.328 6pfündige Wurfraketen, 180 6pfündige Kartätschraketen und 416 12pfündige Raketen mit 6pfündigen Granaten zur Verfügung.[175)]
Die Artillerie Österreichs insgesamt gliederte sich 1848 in 5 Artillerieregimenter, das Raketeur-Corps und 8 Festungsartilleriebataillone. 10 Raketenbatterien standen in Galizien, es handelte sich hierbei um 5 6pfündige Batterien zu Fuß sowie 2 reitende Batterien, 2 12pfündige Batterien und eine mobile Batterie.[176)]
Im Jahre 1848 wurde die Raketenartillerie im Zuge der allmählichen Mobilisierung der österreichischen Armee ab Mai erheblich vergrößert. Mit Allerhöchster Entschließung vom 13. Mai 1848 erfolgte so ab 24. Mai eine Vermehrung des Feuerwerker-Corps zunächst auf 5 und dann ab Juni auf 8 Feldcompagnien. Die erforderlichen Mannschaften für die neuen Einheiten wurden aus den nach 1844 entlassenen, landwehrpflichtigen Männern des Corps gezogen, die Depot-Compagnie wurde auf 184 Mann verstärkt. Am 5. Juli 1849 erfolgte eine weitere Vergrößerung des Corps, so daß es nunmehr aus 12 Feldcompagnien bestand. Die Gesamtstärke des Corps bestand damit aus 2.232 Mann.[177)]

f. Der Höhepunkt der österreichischen Raketenartillerie 1848 / 1849

Das Jahr 1848 brachte eine der größten Belastungen für die Monarchie und die Armee, an vier Stellen wurde der Staat bedroht: im Inneren durch die revolutionären Begebenheiten vor allem in der Hauptstadt Wien, von außen durch den Krieg mit Italien und zusätzlich durch den ungarischen Freiheitskampf, der schließlich nur mit russischer Unterstützung niedergeschlagen werden konnte, sowie schließlich durch den polnischen Aufstand in Galizien. Überdies galt es noch die Bundestruppen im Krieg gegen Dänemark zu unterstützen, hierfür wurde die Batterie Nr. 4 mobil gemacht, die etwa 2.500 Raketen mitführte.[178)] Sie traf aber erst nach Ende der Feindseligkeiten auf dem Kriegsschauplatz ein.
An allen Kriegsschauplätzen kamen die Raketen des Feuerwerks-Corps zum Einsatz und bestanden diese Bewährungsprobe. Die Raketen konnten Hervorragendes leisten,
„. . . welche auf Felsvorsprüngen, Saumwegen, ja selbst Dächern und Kirchtürmen, einen Aufstellungsraum fanden."[179)]

Als Ende April 1848 der Aufstand in Krakau begonnen hatte und die österreichischen Truppen die Stadt räumen und sich auf das Schloß zurückziehen mußten, genügte die Beschießung der Stadt mit Raketen vom Wawel aus, um die Aufständischen zur Kapitulation zu zwingen.[180)] Im November, zum Niederschlagen des Aufstandes in Lemberg, wo sich der Kern einer nationalen polnischen Armee gebildet hatte, war bereits ein umfangreicherer Einsatz erforderlich. Auf Befehl des Feldmarschalls Hammerstein von Equord fand ein großangelegter Raketenangriff am 1 und 2. November 1848 statt. Dabei wurden die Zentren des polnischen Widerstandes, das Rathaus, die Akademie, das alte Theater und die Bibliothek, vernichtet; die Altstadt von Lemberg wurde fast den ganzen Tag beschossen, wobei auch die Zivilbevölkerung viele Tote und Verletzte zu beklagen hatte. Der Einsatz der Raketen erreichte voll sein Ziel, der Widerstand brach zusammen.[181)]

(1) Italien

Im Gefolge der Aufstände in Palermo, Paris und Wien kam es im März 1848 auch zu revolutionären Unruhen in der Lombardei. Schwerpunkt war Mailand, wo am 18. März der Aufstand begann. Das kaiserliche Heer in Italien mit einer Stärke von knapp 70.000 Mann wurde von Feldmarschall Radetzky befehligt, die Truppen wurden in ihren Friedensstandorten vom Aufstand überrascht. Zu diesem Heer gehörten: das I. Armeecorps in Mailand unter FML Graf Wratislaw mit drei Divisionen, zu dessen Geschützreserve die Raketenbatterie Nr. 1 mit 6 Raketengeschützen gehörte, und das II. Armeecorps unter FML Freiherr D'Aspre in Padua mit ebenfalls 3 Divisionen und der Raketenbatterie Nr. 2 in der Geschützreserve.[182)] Mailand mußte Radetzky nach fünftägigen Straßenkämpfen angesichts des drohenden Einmarsches des gegenüber seiner verfügbaren 10.000 Mann Truppen überlegenen piemontesischen Heeres am 22. März abends räumen. Bei diesen Kämpfen konnte besonders die dort stationierte Raketenbatterie im Straßenkampf und gegen Barrikaden, aber auch mit 2 Raketengeschützen zur Verteidigung des Walles zwischen der Porta Orientale und Porta Tosa, mit Erfolg eingesetzt werden.[183)] Da inzwischen auch

175) Kalmár, a.a.O., S. 93
176) ibidem
177) A. Wandruszka / P. Urbanitsch, Die Habsburger Monarchie 1848-1918, Band V: Die Bewaffnete Macht, Wien 1987, S. 75, sowie Semek, Wehrmacht, a.a.O., S. 195
178) Hütz, a.a.O., S. 58
179) Dolleczek, a.a.O., S. 469
180) A. Wandruszka / P. Urbanitsch, a.a.O., S. 325; siehe auch: o. Verf., Der Straßenkampf mit Barrikaden, Berlin 1849, S. 48: „General Moltke setzte diese Maßregel auch sogleich in Vollzug und hatte den besten Erfolg. Nachdem etwa 120 Schuß mit Raketen und Granaten ohne Brandsatz gegen die Häuser und Straßen gerichtet, kapitulirte die Stadt nach 2 Stunden."
181) T. Katafiasz, Zastosowanie broni rakietowej w polskich powstaniach narodowych XIX w., in: Polska Akademia Nauk, Komitet Nauk Historycznych, Komisja Historii Wojskowej: Studia i materialy do historii wojskowosci, Tom XXVI, Ossolineum 1983, s. 214
182) Angaben nach: A. von Hilleprandt, Der Feldzug in Oberitalien im Jahre 1848, Wien 1867, S. 30
183) Angaben nach: Hütz, Die Feldartillerie, München 1853, S. 43

in anderen Städten Aufstände ausgebrochen waren und Venedig sich zur selbständigen Republik erklärt hatte,[184)] beschloß Radetzky, zunächst seine Truppen im Raum Mantua - Verona zu sammeln, zumal piemontesische Truppen in Stärke von 45.000 Mann am 25. März in die Lombardei eingerückt waren. Anfang April verfügte Radetzky nach Desertionen italienischer Truppen nur über knapp 50.000 Mann, von denen allerdings nur etwa 20.000 frei verfügbar waren, während auf der Gegenseite päpstliche und neapolitanische Truppen zusätzlich den Aufstand unterstützten. In Bevilacqua bei Legnano hatte sich unterdes die Freischar Zambeccaci mit 700 Mann festgesetzt und behinderte die Verproviantierung Legnanos, gegen diese wurde am 19. April aus Verona der Oberst Heyntzel mit 1 Bataillon Erzherzog Sigismund Infanterie, 2 Compagnien des 10. Feldjägerbataillons, 1 Escadron Husaren nebst 2 Haubitzen und 2 Raketengeschützen eingesetzt. Die ersten Raketenwürfe steckten das Schloß in Brand und die Insurgenten zogen sich auf Padua zurück.[185)]
Zur gleichen Zeit wurde in Görz unter FML Graf Nugent, dem kommandierenden General von Inner-Österreich, ein Reservecorps gesammelt, das den Auftrag hatte, den Aufstand im Venetianischen niederzuschlagen und die Verbindung zwischen Österreich und der Lombardei zu sichern. Am 17. April überschritten diese Truppen mit 10 Rohr- und 6 Raketengeschützen die venetianische Grenze, um Palmanuova einzuschließen und Aufstellung gegen Udine zu nehmen. Am 18. April trafen neben anderen Verstärkungen aus Österreich auch 3 weitere Raketenbatterien ein. Daraufhin wurde unter Oberst Freiherr von Stwrtnik die Artilleriebrigade des Corps mit 4 Rohrartilleriebatterien, den Raketenbatterien Nr. 3, 4 und 5 sowie einer provisorischen Batterie mit insgesamt 24 Raketengeschützen gebildet.[186)] Während des Vormarsches wurden am 21. April bei Udine mit guter Wirkung 4 Raketengeschütze eingesetzt.
„Am Abend des 21. April ließ der Feldzeugmeister einiges Geschütz auffahren und die Stadt [Udine] wurde während zwei Stunden mit Granaten und Raketen beworfen. Die Wirkung war in Folge zweckmäßiger Gegenanstalten nicht von Bedeutung, wenige Häuser fanden sich beschädigt; aber der Kriegseifer der Bürgerschaft schien ein wenig erschüttert. . ."[187)]
Zwei Tage später kapitulierte Udine. Zur Sicherung seiner linken Flanke gegen Angriffe von See aus hielt Nugent die Bildung einer Sicherungsflottille für erforderlich, hierzu ließ er Ende April 2 Lloyd-Dampfer zunächst chartern und später ankaufen, die mit insgesamt 18 Raketengeschützen armiert wurden und Auftrag erhielten vor der Küste zu kreuzen sowie Verbindung mit Triest zu halten.[188)] Die Wirkung ihrer Waffe bewiesen die Raketeure auch am 30. April bei Pastrengo, wo die halbe Raketenbatterie Nr. 1 im Verband der Brigade Wohlgemut mit Granatschußraketen auf 600 bis 1.200 Schritt Entfernung eine ausgezeichnete Wirkung erzielte und in einem Fall mit einer Rakete 4 Mann einer feindlichen Gebirgshaubitze tötete.[189)]
Ebenso wurde am 1. Mai bei einem Vorpostengefecht bei Ponton mit Raketen ein vom Feind besetztes Haus auf 600 Schritt beschossen, nach mehreren Treffern wurde es vom Feind geräumt.[190)]
Am 1. Mai verfügte FML Graf Nugent über sein Operationscorps im Venetianischen, zu dessen Artilleriebrigade nunmehr 5 Rohrbatterien und die Raketenbatterien 1, 2, 3 und 5 gehörten, und das II. Reservecorps unter FML Freiherr von Stürmer bei Udine, bei dem die Brigade Philippovich über eine provisorische Raketenbatterie mit 4 Raketengeschützen verfügte.[191)]
Durch das wirksame Feuer einer Raketenbatterie bei Rivoli am 5. Mai konnte verhindert werden, daß ein Teil des Infanterie-Regimentes Schwarzenberg in Gefangenschaft geriet, der kommandierende Oberfeuerwerker erhielt für diesen Einsatz die goldene Tapferkeitsmedaille verliehen.[192)]
„Um die Mittagsstunde des 5. Mai überschritt diese Abtheilung in der Stärke von 5.000 Mann . . . den Bach Tasso . . . Die österreichischen Vorposten von Schwarzenberg Infanterie wurden zurückgedrängt und die Piemontesen waren schon nahe an Rivoli gekommen, als die feste Haltung einiger von Oberstlieutenant Pechy vorgeführten Kompagnien Schwarzenberg und Baden und das Feuer einer halben Raketbatterie ihre Vordertruppen zum Stehen brachte."[193)]
Ebenso zwang bei St. Lucia am 6. Mai eine bei Chiero eingesetzte Halb-Batterie eine von Bussolengo auf Croce Bianca vorrückende feindliche Colonne zum Rückzug.[194)] Ab 6. Mai stieß Generalmajor Culoz mit 6 Compagnien und 2 Raketenbatterien von Quero auf Treviso vor.
„Als Culoz's Vorhut, bestehend aus 2 Compagnien Erzherzog-Carl Infanterie, einer Viertel-Escadron Erzherzog Carl-Uhlanen und einer halben Raketenbatterie, eben den Engweg bei Pederobba durchzogen hatten, näherten sich letzterem Orte zwei von Ferrari vorgeschickte päpstliche Dragoner-Abtheilungen, gefolgt von Fusstruppen, Culoz ließ halten. . .; die halbe Raketenbatterie eröffnete rasch ein sehr wirksames Feuer, so dass die Gegner alsbald die Flucht nach Onigo ergriffen."[195)]
Auf eine Distanz von 700 Schritt genügte hier das Abfeuern zweier 6pfündiger Wurfraketen, von denen eine traf, zu diesem raschen Erfolg. Das Reservecorps rückte nun über Visnadello nach Verona. Bei dem Angriff gegen Visnadello war der Brigade Schulz die halbe Raketenbatterie Nr 3 unterstellt, während in der von Oberst Stwrtnik befehligten Reserveartillerie die Raketenbatterien Nr. 4, 5 und 6 sowie eine halbe Batterie Nr. 3 eingesetzt waren. Das Reservekorps, das

---

184) Zwischen dem 17. und dem 20. März fiel Venedig und das Arsenal in die Hände der Aufständischen, FML. Zichy, militärischer Befehlshaber von Venedig, hatte zuvor auf ein Angebot des General d'Aspre nicht reagiert, der ihm zur Verstärkung seiner Truppen ein ungarisches Bataillon sowie eine Raketenbatterie angeboten hatte. (L. Sondhaus, The Habsburg Empire and the Sea, West Lafayette, Indiana 1989, p. 149, S. erwähnte jedoch an keiner Stelle seiner ausführlichen Studie die Raketen der Marine)

185) Am selben Tage demonstrierten piemontesische Truppen gegen das Fort Belfiore, der Angriff wurde abgewiesen, ÖSK-Armee Bulletin Nr. V vom 22. April 1848: „Diese traten um 1 1/2 uhr den Rückzug an, und mehrere Kanonen und Raketenschuesse wurden ihm zum Abschied nachgesendet."

186) v. Hilleprandt, a.a.O., S. 141, hinzugefügt wurde für die Artillerie, daß die Bespannung sehr mangelhaft gewesen wäre.

187) o. Verf., Die kriegerischen Ereignisse in Italien in den Jahren 1848 und 1849, Zürich 1850, S. 147

188) v. Hilleprandt, a.a.O., S. 159, hier hieß es, die Dampfer wären angekauft worden, nach: K. Gogg, Die österreichische Kriegsmarine 1848-1918, Salzburg/Stuttgart 1967, S. 55, wurden die Dampfer 1848 gechartert und erst 1849 von der Marine angekauft; es dürfte sich um die Raddampfer *Imperatore* und *Imperatrice* gehandelt haben, die dann als *Custozza* und *Curtatone* angekauft und in den Dienst der Marine gestellt wurden und in der Folge bei der Blockade Venedigs sowie vor Ancona eingesetzt worden sind. Ob von Bord dieser Dampfer Raketen eingesetzt wurden ist nicht bekannt, erscheint aber zumindest bei der Beschießung Anconas (siehe dort) wahrscheinlich. Zusätzlich wurden von der Marine die Raddampfer *Trieste* und *Maria Dorothea* als Transporter und Schlepper gechartert (ibidem). Nach: Benko von Boinik, a.a.O., S. 218, wurde die *Imperatore* ab 7. Mai 1848 in Triest mit 2 Haubitzen, 4 Karronaden und 2 Raketengeschützen ausgerüstet, Kommandant wurde Fregatten Lieutenant Preu, ihm wurden 48 Tschaikisten und 4 Raketeure zugeteilt. Ab 8. Mai nahm der Kriegsdampfer dann an der Blockade Venedigs teil. Es ist anzunehmen, daß die *Imperatrice* ähnlich ausgerüstet wurde, Benko von Boinik machte jedoch hierzu keine Angaben, es wurden auch keine Raketeneinsätze von Bord der österreichischen Schiffe aus von ihm berichtet.

189) Hütz, a.a.O., S. 62, und: Storm, Geschichte der Raketenartillerie des 19. Jahrhunderts, S. 17, auch: Lukaszy, Relation über die Verwendung der Raketenwaffe in dem Feldzug 1848 in Italien, in: ASMZ, 1852, S. 344 und: ÖSK, Mem. 13-160, Relation über die Verwendung der Raketenwaffe in Italien, Mailand, 18. Dezember 1848, letztere auch abgedruckt in: Reisner, Über die Verwendung der Raketenwaffe in dem Feldzuge 1848 in Italien, in: ÖMZ, 8 / 1860, S. 362 (da der Text identisch ist, wird in der Folge aus der letzteren zitiert)

190) Reisner, a.a.O., S. 362

191) v. Hilleprandt, a.a.O., S. 161, das II. Reserve-Corps befand sich noch in der Aufstellung

192) ibidem

193) o. Verf., Die Kriegerischen Ereignisse, a.a.O., S. 156

194) Lukaszy, a.a.O., S. 344

195) v. Hilleprandt, a.a.O., S. 170

am 23. Mai als nunmehr III. Armeecorps zur Hauptarmee bei Verona gestoßen war und dessen Kommando Graf Thurn-Valle-Sassina vom erkrankten FML Nugent übernommen hatte, erhielt Auftrag einen Vorstoß gegen Vicenza zu machen, seine Raketenbatterien 3 und 5 waren dabei auf die Brigaden aufgeteilt. In Borgo S. Felice gingen zur Beschießung der Stadt 24 Rohr- und 18 Raketengeschütze, dabei die provisorische Batterie, in Stellung, die um 5 Uhr früh das Feuer eröffneten. Das Feuer der Raketen führte zu zahlreichen Bränden in der Stadt.[196] Der entscheidende Angriff schlugt jedoch fehl, die steilen Abhänge des Monte Berico konnten nicht gestürmt werden, obwohl die Raketengeschütze von den Mannschaften hinaufgetragen wurden.[197]

Das II. Reservecorps unter FML Freiherr von Welden, war derweil zur Sicherung der Nachschublinien im Venetianischen eingesetzt, es verfügte hierzu über 2 Raketengeschütze der Raketenbatterie Nr. 4, weiterhin hatte es den Auftrag die Festung Osoppo einzuschließen, wozu die Raketenbatterie Nr. 7 eingesetzt wurde.

Am 13. Mai rückte Gorczkowski von Mantua aus mit 3 Colonnen gegen Curtatone vor. In Mantua war zuvor aus den Beständen des dortigen Raketendepots eine halbe Raketenbatterie aufgestellt worden.[198] Die Brigade Benedek, die über 4 Raketengeschütze verfügt, muß aber zum Rückzug übergehen, als die Toscaner trotz des gut geleiteten Raketenfeuers offensiv vorgingen.[199]

Am 27. Mai war die Armee Radetzkys nach folgender Ordre de Bataille gegliedert: Artilleriedirektor der Armee war Oberst von Stwrtnik, das I. Corps unter FML Graf Wratislaw verfügte über 1/2 Raketenbatterie Nr. 1, das II. Corps unter FML d'Aspre über die Raketenbatterie Nr. 2 und das I. Reservecorps unter FML Wocher in seiner Geschützreserve über die Raketenbatterien Nr. 3, 5 und 6. In Südtirol befehligte FML Lichnowsky, der in der Brigade Freiherr von Zobel 1/2 Raketenbatterie Nr. 1 eingesetzt hatte.[200]

Am 28. Mai unternahm auf Befehl Radetzkys vom Vortage Oberst Zobel mit 2 Compagnien Baaden-Infanterie und 4 Compagnien Kaiserjägern gegen 4 Uhr nachmittags einen Scheinangriff auf Garda, ihm beigegeben waren 2 Raketengeschütze. Gegen 7 Uhr konnte Bardolino nach Verschuß einiger Raketen auf den stark verschanzten Kirchhof gestürmt und genommen werden.[201] Auch war bereits am 17. Mai auf dem Gardasee von Generalstabshauptmann Mollinary eine kleine österreichische Flottille aus 4 größeren und 12 kleineren Barken gebildet worden, die neben vier 12pfündigen und vier 6pfündigen Geschützen mit 6 Raketengeschützen ausgerüstet worden war, die sich sehr bewährt haben, da durch sie die drei Hafenplätze behauptet werden konnten und darüber hinaus das Debouchieren des Feindes in das Sarchatal verhinderten sowie die Verbindung der Armee über Ponale in das Ledrotal gesichert wurde.[202]

Am 29. Mai rückten die Österreicher aus Mantua gegen die verschanzte Linie des Curtatone, beim Vorgehen der Brigade Oberst Benedek in zwei Treffen wurde links der Straße eine Kanonenbatterie eingesetzt, während Oberst Döll von der Paumgartten-Infanterie die Casa del Monte im Sturm nahm und dann die Raketengeschütze vorzog, um die Toscaner in deren Flanke unter Feuer zu nehmen:

„. . . und rechts der Straße eine Raketen-Batterie placirt wurden, welche die Aufgabe hatte, das Innere der Schanze mit Granaten zu bewerfen, was auch von sehr gutem Erfolg war, indem ein feindlicher Pulverkarren - durch eine Raketengranate getroffen - in die Luft flog und in der Schanze grosse Verwirrung und viel Schaden anrichtete."[203]

Die Schußentfernung hatte 750 Meter betragen, eingesetzt war die Raketenbatterie Nr. 1 aus der Reserveartillerie des 1. Corps. Nach dem Sturm wandte sich der Feind zur Flucht. Bei den gleichfalls angreifenden Brigaden Strassoldo und Clam war die Raketenbatterie Nr. 2 bei Montanara eingesetzt, um den verschanzten Feind während des Sturmes niederzuhalten:

„Nun wurden zwei Raketengeschütze zur Ca-Spagnola vorgezogen, welche das Innere von Montanara sehr wirksam bewarfen."[204]

Der Einsatz der Raketenbatterien durch ihre Commandanten oder aber durch die Truppenführer scheint dem Artillerieführer der Armee zu wagemutig durchgeführt worden zu sein, aufgrund seiner Vorstellungen erging am 3. Juni ein Armeebefehl, der klarstellte:

„Das Raketen-Ausrüstungskommando hat die Vorstellung gemacht, daß für seine Waffen die Distanzen von 800 - 1.000 Schritten beinahe die angemeßensten sind, indem eine vergrößerte Annäherung an den Feind ihre Wirkung nicht nur nicht vermehrt, sondern bei den Schußraketen sogar vermindert, da deren Granaten unter allen vorgeschriebenen Elevationen von 900 - 1.100 Schritten auslaufen, da explodiren, und die leichten Wurfraketen auf 800 Schritte ebenso richtig als auf 500 Schritte werfen und bei einer größeren Annäherung an den Feind die Bedienungsmannschaft nur ohne Nutzen dem feindlichen Kleingewehrfeuer ausgesetzt wird, wobei die Wirksamkeit der Raketenbatterien nothwendig leiden müßte. Da ich diese Angabe als grundhältig anerkenne, so ersuche ich die Herren Generale, und Truppenkommandanten, die Raketenbatterien - besondere Fälle ausgenommen - nicht im Bereich des wirksamen Kleingewehrfeuers, sondern in einer Entfernung von beinahe 800 - höchstens aber 1.000 Schritten von dem Feind, und wo möglich gedeckt gegen den feindlichen geraden Schuß aufstellen zu lassen."[205]

In der Valarsa wurde am 7. Juni eine feindliche Schanze auf 600 bis 800 Schritt mit Wurfraketen beschossen, nach dem Abfeuern von etwa 20 Raketen, von denen mehrere in der Schanze aufschlugen, wurde diese vom Feind geräumt.[206]

Da aber inzwischen die Revolution in Wien ausgebrochen war, zog sich Radetzky zunächst wieder auf Mantua zurück. Während des Vormarsches der Armee nach Vicenza wurde ein Detachement zur Sprengung der Eisenbahnbrücke über den Ceresone-Bach entsandt, um die Bahnlinie Vicenza - Padua zu unterbrechen. Neben 2 Kompagnien und 2 Escadronen und einem Pionier-Kommando waren auch 2 Raketengeschütze eingesetzt. Während der Vorbereitung der Sprengung näherte sich ein Zug, nach ein paar Raketenschüssen dampfte er jedoch rückwärts davon.[207]

Am 10. Juni griff Radetzky dann Vicenza an. Vorab rückt General Culoz um 6 1/2 Uhr morgens mit der Latour-Infanterie und 2 Compagnien Oguliner vor, um den Höhenzug Sta Margherita zunehmen und von

---

196) Reisner, a.a.O., S. 363

197) von einem höherem kaiserlich königlichen Officier, Beiträge zur Geschichte des Feldzuges im Jahre 1848 in Italien, Wien 1850, S. 21

198) Reisner, a.a.O., S. 361

199) v. Hilleprandt, a.a.O., S. 192

200) v. Hilleprandt, a.a.O., S. 205

201) o. Verf., Kriegsbegebenheiten bei der kaiserl. österreichischen Armee in Italien vom 7ten.Mai bis 13ten Juni 1848, Mailand 1848, II. Abschnitt, S. 9

202) C. H. (C. Hoffmann), Die Eigenthümlichkeit der Kriegs-Rakete, als Fundament für ihre Gebrauchsweise, in: AOPA, 1849, 13. Jahrg., 25. Band, S. 69, und: v. Hilleprandt, a.a.O., S. 198, sowie: F. J. A. Schneidawind, Feldmarschall Radetzky, sein kriegerisches Leben und seine Feldzüge in den Jahren 1784 - 1850, Augsburg 1851, S. 407; diese Maßnahme scheint weitgehend auf eigene Initiative durchgeführt worden zu sein, gem. ÖSK-Aus dem Feldzuge 1848, Italien den 15. Mai bis 13. November, Dispositionen, (Donation des FM Herr von Hess) No. 2230, Mailand, 12. August, wurde erst mit diesem Befehl Mollinary beauftragt eine Kriegsflottille aufzustellen: „Ich werde nächstens den Hauptmann Mollinary des Generalquartiermeisterstabes nach Desenzano mit dem Auftrag entsenden, daselbst eine Kriegsflotille aus Kanonenbooten zusammen zustellen, wozu derselbe auch einige der requirirten fahrzeuge und vielleicht auch ein Dampfschiff in Verwendung zu nehmen bemüssigt sein wird." Mit weiterem Befehl No. 2553 vom 30. August wurde dann angeordnet, die Hälfte einer Tschaikisten Abtheilung zur Bemannung der Flottille auf dem Lago Maggiore zu entsenden.

203) Kriegsbegebenheiten, a.a.O., S. 11, und: v. Hilleprandt, a.a.O., S. 213

204) Kriegsbegebenheiten, a.a.O., S. 11

205) ÖSK, Dispositionen, No. 1171, Rivalta, 3. Juni 1848, an 1., 2., Reserve Corps

206) Hütz, a.a.O., S. 62

207) v. Mollinary, Sechsundvierzig Jahre im österreich - ungarischen Heere, Zürich 1905, S. 131

hier das Castel Rombardo zu beschießen. Die Einnahme der Höhe gelang und die feindlichen Truppen zogen sich in ein Blockhaus auf den Hügel La bella Vista zurück:

„Die letztere wurde jedoch sogleich durch Raketen- und Haubitzgranaten beworfen, welche in der dicht gedrängten Besatzungsmannschaft Unordnung und Wanken hervorbrachte."[208]

Nach diesem Beschuß, der auf 450 Schritt Distanz erfolgt war, floh die Besatzung des Blockhauses, als die Oguliner zum Sturm antraten; um ein Vorprellen der Angriffstruppen zu verhindern, ließ Radetzky den Angriff zunächst einstellen und verstärkte die Truppen durch ein Jägerbataillon und die Raketenbatterie Nr. 5. Die Raketenbatterie eröffnete sogleich das Feuer gegen die auf dem Monte Berico gut verschanzten Geschütze des Gegners, während die Brigade Clam gegen die Villa Rotonda vorging und diese mit Haubitzen beschoß. Im Verein mit einer nachgesandten halben Raketenbatterie wurden nunmehr auf diesem Punkt die feindlichen Geschütze zum Schweigen gebracht. Ein feindlicher Gegenangriff gegen 5 Uhr Nachmittags brach im Geschütz- und Raketenfeuer der Österreicher zusammen.[209] Anschließend mußte sich der Feind nach Madonna del Monte zurückziehen, wo zur Unterstützung des weiteren Angriffes wieder die Raketen eingesetzt wurden:

„. . . doch durch eine Umgehung bedroht und in seiner linken Flanke durch die Raketten der Brigade Clam des 1.ten Armée Corps heftig beworfen, muste er sich vollends in die Stadt zurückziehen."[210]

Am Abend waren alle Höhen um Vicenza genommen. Eingesetzt waren insgesamt 4½ Raketenbatterien, beim I. Corps die Batterien Nr. 1, 4 und 6 sowie beim II. Corps die Batterie Nr. 2. Im Verlauf des Angriffes bewiesen die Raketengeschütze mehrfach ihre vielfältigen Einsatzmöglichkeiten und ihre Beweglichkeit, so wurden 2 Raketengeschütze im zweiten Stockwerk eines Hauses so placirt, daß von dort aus andere, vom Feind besetzte Häuser und eine feindliche Barrikade eingesehen und mit Erfolg durch die Raketen bekämpft werden konnten.[211]

Ein „Teilnehmer" schrieb hierzu:

„Bei dieser Gelegenheit überzeugte ich mich wiederholt, welchen Vortheil die Möglichkeit gewährt, Gebäude zur Placirung von Raketengeschützen zu benutzen, indem bei ebenem und stark mit Cultur bewachsenem Boden dominirende Punkte, welche einige Aussicht gewähren, von dem grössten Nutzen sind, was sich wie in vielen andern Gelegenheiten bei einer Batterie bewährte, von der ich 2 Geschütze in dem zweiten Stockwerke eines Hauses so placirte, dass von da andere, vom Feinde besetzte Häuser und eine feindliche Barricade eingesehen und mit Vortheil beworfen werden konnten."[212]

Am 11. Juni kapitulierte Vicenza und die Truppen S. Heiligkeit Pius IX räumten die Stadt und zogen sich auf päpstliches Gebiet zurück. Währenddessen war FML Graf Thurn am 10. Juni gegen Roveredo vorgegangen, Oberst Zobel mit der Avantgarde waren hierbei 3 Raketengeschütze der Batterie Nr. 1 zum Vorgehen auf dem rechten Etsch-Ufer und Oberstlieutenant Hohenbruck zum Vorgehen gegen den Monte Baldo 3 Raketengeschütze der Batterie Nr. 6 beigegeben.

Am 18. Juni griff Graf Thurn mit dem III. Corps beiderseits des Etsch gegen Groara und Dolce an sowie auf dem Monte Baldo gegen Spiazzi. Der letztere Angriff schlug fehl, obwohl gegen Spiazzi 5 Raketengeschütze eingesetzt waren; am 21. Juni erfolgte ein erneuter Angriff auf Spiazzi, wobei auf dem rechtem Flügel unter Major Nissel die Raketenbatterie Nr. 6 eingesetzt war.[213]

Radetzky befand sich ab 12. Juni im befestigtem Lager bei Verona und ging am 23. Juni zur Offensive über, nachdem er durch Teile des II. Reservecorps sich auf etwa 60.000 Mann hatte verstärken können. Am 22. Juli sollte das III. Corps des Grafen Thurn vom Etsch-Tal aus demonstrieren, um den linken Flügel der sardischen Armee zu binden. Hierzu waren 23 Compagnien mit einer Haubitzbatterie und 1 Raketenbatterie bei Acquanegra vereinigt worden. Bei Rivoli feuerte eine halbe Raketenbatterie zunächst einzelne Raketen ohne Erfolg gegen die feindlichen Verschanzungen am 22. Juli, dann aber einige Salven aus allen Geschützen, was das sofortige Räumen der Schanze und die Flucht des Feindes zur Folge hatte, dem führenden Oberfeuerwerker Horn wurde hierfür die goldene Tapferkeitsmedaille verliehen.[214] Bei der gleichzeitig vorgehenden Kolonne des FML Lichnowsky auf dem rechten Etsch-Ufer leitete Hauptmann Mollinary erfolgreich den Einsatz der Raketen gegen eine feindliche Schanze.

„Die zweite Batterie, nämlich die Raketenbatterie, blieb bis gegen 10 Uhr maskiert und ließ das Feuer aus selber erst eröffnen, als unsere Hauptkolonne auf dem Monte Baldo soweit vorgedrungen war, daß die feindlichen Steinbatterien oberhalb Groara in unsere Hände fielen . . . Durch das Feuer dieser Batterie wurde nun die Besatzung der den Zugang aufs Plateau vollkommen sperrenden Schanze in dem Augenblick möglichst erschüttert, in welchem unsere Thal Kolonne den Sturm auf selbe unternahmen . . . Eine halbe Stunde hielt dabei die Besatzung das Feuer beider Batterien ruhig aus. Als aber Hauptmann Mollinary dasselbe immer heftiger werden und mit der Raketenbatterie Dechargen geben ließ, widerstand die Besatzung nicht länger und verließ in größter Eile die Schanze."[215]

Durch diesen Einsatz konnte die Verbindung mit der Kolonne am anderen Etsch-Ufer hergestellt werden. Inzwischen hatte auch Radetzkys Offensive auf Custozza begonnen, am 24. Juni erfolgte bei Salionze der Brückenschlag über den Mincio. Der Brückenschlag wurde durch die Raketenbatterie Nr. 3 überwacht, von der einige Geschütze im ersten Stockwerk eines Hauses eingesetzt waren.[216]

„Die 12pfündige Batterie Nr. 1 der Artilleriereserve wurde nun ganz auf einer dominierenden Höhe hinter Salionze, die Raketenbatterie Nr. 3 im Dorf selbst placirt, deren Feuer vereint mit jenem der 12pfündigen Batterie unter persönlicher Leitung des Oberst Baron Stwrtnik einen so günstigen Erfolg hatte, daß dadurch nicht nur das wiederholt versuchte Auffahren feindlicher Geschütze verhindert, sondern auch die feindlichen Plänkler aus dem nächsten Bereich des Übergangspunctes entfernt wurden."[217]

Bei den ersten übergesetzten Truppen befanden sich auch 3 Raketengeschütze, die anfangs die feindlichen Tirailleurs mit Kartätschen und anschließend eine angreifende Cavallerieabteilung sehr wirksam mit Schußraketen bekämpften; nachdem der Feind sich zurückgezogen hatte, wurden einige Schußraketen in das verteidigte Dorf Ponti gefeuert, durch die einige Häuser in Brand gesetzt wurden.[218]

Am 25. Juni kam es dann zur Schlacht von Custozza, bei der wiederum die Raketenartillerie wirksam teilnahm. Eine halbe Raketenbatterie des von Verona kommenden III. Armeecorps wurde bei Somma campagna eingesetzt, hier wurden mit bestem Erfolg Kartätschraketen gegen feindliche Infanterie eingesetzt, der Einsatz von Wurfrake-

208) Kriegsbegebenheiten, a.a.O., S. 18

209) ÖSK-Armee Bulletins Nr. XIV vom 17. Juni: „Auf der Mitte der Einsattlung angelangt, wurde er von uns mit einem heftigen Raketten- und Geschützfeuer empfangen, das ihn zwang alsogleich eilends in seine vorige Position unter Verlust von vielen Todten und Blessirten zurückzukehren."

210) ibidem.

211) Hütz, a.a.O., S. 63

212) Lukaszy, a.a.O., S. 346; L. zitierte ohne Quellenangabe nach: Reisner, a.a.O., S. 364

213) Beiträge zur Geschichte des Feldzuges im Jahre 1848 in Italien, a.a.O., S. 21

214) Hütz, a.a.O., S. 62; Lukaszy (a.a.O., S. 346) schrieb hierzu: „Hier bewährte sich auffallend der in manchen Fällen eintretende große Nutzen der Decharge mit Raketengeschützen durch den hervorgebrachten Totaleffekt. Nachdem die halbe Batterie durch einige Zeit einzelne Raketenschüsse ohne besonderen erfolg gegen eine Verschanzung gemacht hatte, so gab sie ein paar sich schnell folgende Dechargen aus allen Geschützen, was das augenblickliche Räumen der Schanze und die Flucht des Feindes zur Folge hatte." sowie: Reisner, a.a.O., S. 365 (Lukaszy zitierte wieder aus Reisner)

215) Kriegsbegebenheiten, Teil III. Abschnitt 13. Juni bis 9. August. a.a.O., S. 10

216) Hütz, a.a.O., S. 63

217) Kriegsbegebenheiten Teil III, a.a.O., S. 31

218) Hütz, a.a.O., S. 63, und: Reisner, a.a.O., S. 365

ten gegen eine feindliche Batterie demontierte eine Haubitze und zwang die anderen Geschütze zum Rückzug.[219] Der Angriff der Brigade Oberst Pein am linken Flügel wurde durch eine halbe Raketenbatterie Nr. 3 unterstützt. Im Verlauf des Gefechtes wurden von der auf dem Monte Godio eingesetzten Batterie des Oberlieutenant Schindler 3 Geschütze wiederum aus dem ersten Stockwerk eines Hauses eingesetzt, wodurch sie dem feindlichen Infanteriefeuer entzogen waren, aber auch besser auf die feindlichen Stellungen wirken konnten, und so entscheidend zum Ausgang der für Österreich siegreichen Schlacht beitrugen.[220] Die sardinischen Truppen zogen sich über Goito nach dieser Niederlage wieder auf das rechte Mincio-Ufer zurück. Am 7. Juli konnten bei der Verteidigung von Cavanella d'Adige feindliche Angriffe aus Brondollo mit Hilfe der Raketen erfolgreich abgewiesen werden.[221]

Nach Auswertung der bisherigen Einsätze, wohl auch, weil die Raketenbatterien nicht immer zweckmäßig eingesetzt worden waren, wurde Anfang Juli eine Vorschrift zur Verwendung der Raketen vom Armeekommando herausgegeben.[222]

Am 3. Juli hatte auch die Marine Raketen eingesetzt, jedoch zur Hafenverteidigung und nicht zur See. Als Pirano durch eine sardinische Escadre bedroht wurde, verteidigte Hauptmann Huff den Hafen mit Hilfe einer kleinen Raketenabteilung. Es wurden vier Brandhaubenraketen abgefeuert, deren Wirkung aber nicht beobachtet wurde. Das feindliche Geschwader zog sich daraufhin zurück.[223]

Mitte Juli war die Raketenartillerie nach der Ordre de Bataille wie folgt verteilt:

das I. Corps unter Graf Wratislaw in Verona verfügte bei der Brigade Suplikatz über die Raketenbatterie Nr. 1, das II. Corps unter d'Aspre, ebenfalls in Verona, über die Raketenbatterie Nr. 2, von der eine Halbbatterie bei dem selbständigen Kommando Oberst v. Alemann in Condino und eine Halbbatterie bei Oberst Zobel am rechten Etsch-Ufer bei Avio eingesetzt war, das III. Corps des Grafen Thurn in der Geschützreserve über die Batterie Nr. 6, die ab 28. Juli dem Freiherrn von Haynau unterstellt wurde, dem IV. Corps von Culoz in Legnano war die Batterie Nr. 7 unterstellt, die ebenfalls an 28. Juli mit einer Halbbatterie an Graf Thurn und mit der anderen Halbbatterie an das II. Reservecorps überwiesen wurde, das I. Reservecorps des FML Wocher verfügte bei der Brigade v. Haradauer über die Raketenbatterie Nr. 3 und in der Geschützreserve über die Batterie Nr. 5 während das II. Reservecorps des Freiherrn von Welden zunächst die Raketenbatterie Nr. 4 in der Brigade v. Kleinberger befehligte.[224]

FML Graf Thurn hatte unterdes 23 Compagnien auf dem Montebaldo bei Acquanegra versammelt, dazu eine von Maultieren getragene Haubitzbatterie sowie eine Raketenbatterie. Der folgende Angriff war erfolgreich, die Piemontesen mußten sich auf Rivoli zurückziehen. Wesentlich zum Angriffserfolg hatte beigetragen, daß es den Österreichern gelungen war, auf dem Monte Pastello, dem Aufgang von Incanale gegenüber, zwei schwere 18pfündige Geschütze in Stellung zu bringen sowie eine Stellung für die Raketenbatterie zu finden. Hierzu hatte erst ein Weg in den Felsen geschlagen werden müssen, aber schon am 15. Juli konnte von hier aus eine feindliche Batterie zerstört werden und die Fähre bei Ceraino vernichtet werden.[225] Am 31. Juli kam es zum Gefecht bei Lonato, als das III. Corps unter FML Baron Haynau am Gardasee vorging, um Saló und S.Felice zu nehmen. Beim 7. Jägerbataillon unter dem Kommando von Major Vogel war dabei die Raketenbatterie Nr. 4 eingesetzt. Als das Bataillon bei Desenzano in heftigem Kampf stand, zog die Batterie vor, wurde in die Flanke des Feindes dirigiert und „durch gut angebrachte Raketenwürfe" wurden die Reserven des Feindes „erschüttert".[226] Lukaszy berichtete hierzu: *„Bei Desenzano (6. August) trug eine Raketenbatterie wesentlich bei zu dem glücklichen Ausgang dieses Gefechtes. Es wurden hiebei unter andern auf ein vom Feind stark besetztes Haus geworfen, was nach ein paar in den Hofraum fallenden Raketen-Granaten verlassen wurde. Bei dem Rückzug des Feindes wurde er von dieser Batterie sehr kräftig mit Kartätschenraketen beschossen."*[227]

Landungsversuche feindlicher Truppen, die mit einem Dampfschiff bei Desenzano durchgeführt werden sollten, konnten durch die Raketenbatterie mit einigen „glücklichen" Raketenwürfen abgewiesen werden.[228]

Am 9. August kam es nach der Kapitulation der sardinischen Armee in Mailand zu einem Waffenstillstand, der zunächst zum Ende der Feindseligkeiten zwischen Österreich und dem Königreich Piemont führt, auch wenn der Widerstand der Aufständischen in der Lombardei und die Gefechte mit italienischen Freischaren noch anhielten. Zu Einsätzen der Raketenbatterien kam es noch bei der Beschießung von Peschiera am 9. und 10. August, wobei 5 Raketengeschütze eingesetzt wurden, sowie Anfang Oktober bei der Bergveste Osoppo, die neben Venedig als einziger Ort noch in der Hand der Aufständischen war. Neben einer Cavallerie- und einer Mörserbatterie war hier die Raketenbatterie Nr. 8 unter Oberlieutenant Müller eingesetzt, nach einem sehr wirksamen Beschuß durch Bomben und Raketen kapitulierte die Veste am 9. Oktober.[229]

Zuvor hatte im August die Brigade Liechtenstein, verstärkt durch eine halbe Raketenbatterie Nr. 7 am 7. August kampflos Modena besetzt, um dessen Herzog Franz V. die Rückkehr zu ermöglichen.[230]

Im September 1848 wurde auch die Flottille auf dem Lago Maggiore sowie die auf dem Lago Lugano mit Raketen ausgestattet, mit Befehl vom 16. September wurde die Division Wohlgemuth angewiesen, hierzu eine Raketenbatterie nach Varese abzusenden.[231] Im November wurde dann festgelegt, daß diese beiden Flottillen als Flottillencorps für die lombardischen Seen zu einer ständigen Einrichtung umgebildet werden sollten, hierzu hatte das FeuerwerksCorps Personal zur „Heranbildung der Mannschaft" abzustellen.[232] Mit gleichem Befehl wurde dann die Artillerie Feld Direktion angewiesen:

„Zur Ausrüstung der Garda Flotille sind 20 Raketengeschütze und an Raketen ungefähr die 2½ Batterien entsprechende Menge nothwendig, welche die Artillerie Feld Direktion zur Disposition des Flotillen Corps, und zwar, die Geschütze, und einen Theil der Raketen gleich

219) Hütz, a.a.O., S. 62, nach: C. Ferrario, L'artiglieria nella campagna del 1848, in: Rivista di Artiglieria e Genio, 1913, Vol. II. p. 27, waren die Raketen weniger wirksam: „La resistenza di Sommacampagna ed insieme l'inefficacia delle racchette austriache . . ."

220) Hütz, a.a.O., S. 63, und: Reisner, a.a.O., S. 366

221) Reisner, a.a.O., S. 364

222) ÖSK-Dispositionen, No. 1604 vom 9. Juli 1848, die Vorschrift, erarbeitet von Major Reisner, wurde in jeweils einem Exemplar an die Corps-Commandos und an die Raketenbatterien verteilt. Leider befindet sich in den Dispositionen kein Belegexemplar.

223) Benko von Boinik, a.a.O., S. 295

224) v. Hilleprandt, a.a.O., S. 312, sowie: A. H., Der Feldzug in Ober-Italien im Jahre 1848, Wien 1865, S. 210

225) Schneidawind, a.a.O., S. 459

226) Kriegsbegebenheiten, Teil III, a.a.O. S. 85

227) Lukaszy, a.a.O., S. 347

228) v. Hilleprandt, a.a.O., S. 435

229) Hütz, a.a.O., S. 62, und: v. Hilleprandt, a.a.O., sowie: Reisner, a.a.O., S. 367

230) Sommeregger, Ereignisse in den Legationen und Marken in Italien in den Jahren 1848 und 1849, in: Mittheilungen des K. und K. Kruegs-Archivs, Wien 1902, S. 178

231) ÖSK-Dispositionen, Befehl No. 2836 an das 1. Armee Corps: „Das Corps Commando wolle der Division Wohlgemuth eine Raketenbatterie zuweisen, und ungesäumt nach Varese absenden, damit die auf dem Lago Maggiore durch das Tschaikisten-Detachment von 90 Mann und auf dem Lago Lugano durch 30 Mann Oguliner gebildeten Flotillen-, mit Raketen armirt werden können. Der Batterie Commandant ist anzuweisen, vor seinem Abgehen sich mit dem in meinem Hauptquartir befindlichen Hauptmann Mollinary des Generalstabes über die Vertheilung und Verwendung der Raketten auf den Schiffen zu besprechen."

232) ÖSK-Dispositionen, No. 3460 vom November 1848: zur Flottille wurden versetzt der Lieutenant Skerl, Feuerwerker Paolo und Korporal Kalfuss sowie - unter gleichzeitiger Beförderung zu Korporälen - die Oberraketeure Dörr und Masanetz.; nach: H. Kerchnawe, Die Flottillisten, in: MGAG, XLIII. Jahrg. 1912, S. 545, wurde nach der Wiedereroberung Venedigs nach Ausarbeitung des entsprechenden Projektes durch Freiherr v. Monte Pastello zusätzlich dort eine Lagunenflottille gebildet; hiernach erfolgte die Bildung der Flottillen auf den Binnengewässern erst 1850.

jetzt, den Rest aber in 2, 3, Monaten nach Peschiera bringen zu lassen hat."

Gegen die Insurgenten leisteten ebenfalls die Raketenbatterien gute Dienste, so am 24. bis 28. Oktober, wo wiederholte Angriffe an der Adda-Brücke am Lago di Mezzola durch den Einsatz der Batterie Nr. 4 abgewehrt werden konnten, sowie bei einem Angriff am 28. Oktober bei Vereeja am selben See, wo das Vorgehen der Infanterie auf einer verbarrikadierten Straße wirkungsvoll durch das Feuer der Batterie Nr. 1 unterstützt wurde.

Im Dezember 1848 konnte Major Reisner, der in Italien als „Kommandant der Raketenausrüstung" eingesetzt war, die Einsätze der Waffe melden und darauf hinweisen, daß im Gegensatz zur herrschenden Meinung, die Raketen nicht nur

„ein Brandmittel und sonst nichts sind, während die doch in der That sehr viel, und nebstbei auch ein Brandmittel sind."[233)]

Zum Abschluß seines Berichtes wies er auf die zehn Hauptvorteile dieser Waffe hin:

„Aus dem Vorbeschriebenen geht hervor, daß die Raketenwaffe in den vorerwähnten feindlichen Begebenheiten ihre großen Vorzüge hinlänglich bethätigte, nämlich:

1) die leichte Beweglichkeit und

2) die Möglichkeit einzelne Raketengeschütze und ganze Batterien überall hinzubringen und mit ihnen zu wirken, wo Infanterie hinkommen kann, und sonach alle Vortheile des Terrains zu benützen;

3) die verheerende Wirkung des Raketenfeuers gegen Truppen, welche durch die mit grosser Sicherheit und Schnelligkeit geschleuderten oder geworfenen Granaten unausbleiblich zu erwarten ist;

4) die vorzügliche Wirkung der Raketen gegen Verschanzungen, sonstige geschlossene Orte und gedeckte Truppenstellungen;

5) die sehr gute Verwendung der Raketengeschütze bei Volksaufständen und im Straßenkampfe;

6) die vorzügliche Verwendung der Raketen auf Schiffen und bei Flußübergängen;

7) der große Vortheil des unerwarteten und überraschenden Auftretens;

8) die Möglichkeit, aus Gebäuden und anderen geschlossenen Orten zu feuern;

9) die Verwendbarkeit der Raketen auf jedem Schauplatze des Krieges (besonders aber im Gebirgs-Kriege)

10) die Möglichkeit des Anzündens.

Es verdient hier erwogen zu werden, dass im Gebirgskriege die Raketenwaffe ein allen Vergleich beseitigendes Uebergewicht über jedes andere Gebirgsgeschütz hat, und zwar:

a) Nicht nur durch die bei weitem grössere Beweglichkeit und Möglichkeit überall hinzukommen und sich aufzustellen , wo dieses einem einzelnen Fußgänger möglich wird, sondern auch

b) durch die ausgezeichnete Sicherheit des Raketenwurfes, mit der sich kein anderes Wurfgeschütz messen kann, verbunden mit dem Umstande, dass die Granate, wo sie auffällt liegen bleibt, was bloss bei Bomben, nicht aber bei Haubitzgranaten der Fall ist. Hinsichtlich der zu erreichenden Distanzen dürfte anzunehmen sein, dass im Gebirgskrieg jede, welche die Raketengeschütze zulassen nämlich bis 800 Schritte mit der grössten und bis 1.200 Schritte noch mit vieler Sicherheit, genügen dürfte."

Auch ein bayerischer Beobachter, der während des Waffenstillstandes die Lombardei besuchte, urteilte ähnlich:

„Um so vortheilhafter haben sich die Raketen-Batterien im gebirgigen Terrain bewiesen, da ihr Munitionskarren, auf dem auch die nur aus vier Mann für ein Geschütz bestehende Mannschaft sitzt, ohnehin schon in Gebirgswegen leicht fortzubringen ist. Hat die Artillerie von einem Punkte aus zu wirken, wohin der Wagen nicht gelangen kann, so versieht sich die Bedienungsmannschaft mit einer gehörigen Anzahl von Patronen, Stäben und dem Wurfstativ, und erklettert so leicht die Höhe. Die Manipulation ist im Ganzen sehr einfach, die Wahrscheinlichkeit des Treffens aber, obwohl durch Uebung sehr erhöht, nicht auf jenen Grad der Vollkommenheit gebracht, wie bei andern Geschützen. . . . Der moralische Eindruck, den das Geschoß macht, ist doppelt unheimlich, erstens durch das Brausen des Projektils an und für sich, und dann dadurch, daß dasselbe meistens von solchen Punkten kömmt, woher man es am wenigsten erwartet."[234)]

Im Februar kam es in Ferrara zu einem erneutem Aufstand, zu dessen Unterdrückung der Commandant des 2. Reserve-Corps, FML Graf Haynau, die Brigade Coroni, verstärkt durch 3 Kanonenbatterien und eine Raketenbatterie in Marsch setzte; am 18. Februar kapitulierte die Stadt, ohne daß die angedrohte Beschießung erfolgen konnte.[235)]

Am 12. März 1849 wurde der Waffenstillstand durch Piemont aufgekündigt. Am 23. März begann die österreichische Armee den Vormarsch auf Novara. Gegen Mittag traf die Vorhut bei Nibiola und Olengo auf den Feind. FML Baron d'Aspre entschloß sich zum Angriff. Vor Nibiola wurde Oberst Graf Kielmansegge mit einem verstärkten Bataillon Paumgarten und einer halben Raketenbatterie auf Montarsello angesetzt, um die linke Flanke zu decken, während Erzherzog Albrecht mit 6 Bataillonen, einer 6pfündigen Batterie und einer Raketenbatterie links der Straße vorging. Es gelang zwar Olengo zu nehmen, dann aber blieb der Angriff angesichts der Übermacht des Feindes stecken. Das Heranrücken der restlichen Corps der Armee führte dann zur entscheidenden, für Österreich siegreichen Schlacht von Novara, die zur Abdankung König Karl Alberts von Piemont führte. Auch in der Schlacht konnte die Raketenartillerie ihre Wirksamkeit beweisen; als um 4 Uhr nachmittags die Piemontesen aus ihrem Zentrum einen Gegenangriff mit starker Artillerieunterstützung ansetzten, bekämpfte die Raketenbatterie Nr. 2 zusammen mit 2 Batterien des 3. Korps die feindlichen Feuerstellungen bei La Bicocca so wirkungsvoll, daß die piemontesische Artillerie nicht mehr in der Lage war, die Angriffsunterstützung durchzuführen.[236)]

Im April galt es, das Herzogtum Modena erneut von Aufständischen zu räumen, dessen südlicher Teil von Toscana usurpiert worden war. Unter Feldzeugmeister d'Aspre rückten die Österreicher in zwei Colonnen vor. Zur westlichen Colonne und Generalmajor Kolowrat gehörte als Artillerie die halbe Raketenbatterie Nr. 2, Pontremoli konnte ohne Widerstand eingenommen werden, zum einzigen Gefecht kam es am 15. April bei Cesarano, wo der Feind nach dem ersten Granatenwurf kapitulierte.[237)]

Am 11. Mai 1849 rückte d'Aspre durch die Toscana auf Livorno vor, um den Großherzog der Toscana wieder einzusetzen. Nachdem morgens aus dieser Stadt auf die vorrückenden Truppen das Feuer eröffnete wurde, erfolgte eine Beschießung durch zwei Rohrartillerie- und eine Raketenbatterie. Nach kurzer Beschießung konnte die Stadt gestürmt werden,[238)] damit war der Weg nach Florenz frei. Am 8. Mai sollte dann durch dieses Corps auch in Bologna die revolutionäre Bewegung unterdrückt werden. Obwohl der erste Angriff auch durch Raketenfeuer unterstützt worden war, wurde hier eine längere Bela-

---

233) ÖSK, Mem. 13-160, Relation über die Verwendung der Raketenwaffe in Italien, Mailand, 18. Dezember 1848; seitens Piemont wurde die Wirkung der Raketen, zumindest für Feldschlachten, eher negativ beurteilt: „A Pastrengo, a Goito, a Rivoli, alla Berettara, ei coprivano di razzi di ogni specie . . . In principio avevano il vantaggio, certamente, di far effetto sul morale del soldato; ma in seguito i nostri vi si erano abituati e ne ridevano . . . li ritengo quasi inutili in campagna." (Relatione Ferdinando di Savoia, zitiert nach: C. Ferrario, L'artiglieria nella campagna del 1848, in: Rivista di Artiglieria e Genio, 1913, Vol. II., p. 7)

234) Klenze, Briefe aus der Lombardei im Herbste 1848, in: AOAW, 6. Jahrg. 1849, 1. Band, S. 82

235) Sommeregger, a.a.O., S. 199

236) A. Strobl, Mortara und Novara, Wien 1899, S. 57

237) Sommeregger, a.a.O., S. 211 f.

238) Schneidawind, a.a.O., S. 578; siehe auch: R. Günther, Die Insurrectionskämpfe in Italien während des Jahres 1849, in: Internationale Revue über die gesammten Armeen und Flotten, 17. Jahrg., 4. Band 1899, S. 1068: „Am 11. Mai beschossen die Oesterreicher die Zollmauer auf die wirksamste Entfernung (400 - 600 Schr.) mit schweren Feldgeschützen, indess die Belagerungsartillerie Raketen und Granaten

gerung erforderlich, bis am 16. Mai die Stadt nach erneuter Beschießung kapitulierte.[239] Schließlich galt es noch, Ancona zu erobern. Von See her blockierte bereits seit 30. Mai Vice-Admiral Dahlerup den Hafen mit der *Venere*, der *Guerreria* und der *Curtatone*, wobei unter Deckung durch die *Curtatone* auch Truppen mit Kanonen und Raketen gelandet wurden. Am 2. Juni erfolgte im Rahmen einer Bootsoperation eine erste Beschießung der Stadt, hierzu hatten Lieutenant Bein der Marineartillerie und Fregatten-Fähnrich Baron Sterneck in den Booten Raketengeschütze installiert und beschossen die Stadt von Nordosten, während Marine-Kadet Kern von Westen aus die Beschießung durchführte, trotz eines heftigen Beschusses der Boote vom Land aus, konnte eine gute Wirkung der Raketen beobachtet werden.[240] Die eigentliche Belagerung begann ab 5. Juni 1849, aber erst am 16. Juni konnte die Beschießung mit 43 Geschützen und 9 Raketenabfeuerungsgestellen beginnen:[241]

„Eine zweitägige Bewerfung mit Granaten und Raketen sowohl von der Landseite als von einigen auf der Rhede eingetroffenen k.k. Kriegsschiffen, unter Befehl des österreichischen Viceadmirals Dahlerup, vermochte die Besatzung nicht einzuschüchtern."[242]

Erst am 19. Juni konnte die Stadt zur Kapitulation gezwungen werden. In diesem Monat wurden durch Wimpffen auch die Marken gesäubert, dabei kapitulierte am 12. Juni Urbino nach einigen Raketenwürfen der Colonne Martinowsky.[243] Als im Juli nochmals Unruhen in Ferrara aufflammten wurde eine Colonne unter Oberst Ruckstuhl mit 2 Raketengeschützen in Marsch gesetzt, deren Auftreten genügte, um am 12. Juli die Ruhe wieder herzustellen.[244]

Schließlich wurde diese Waffe noch bei der Belagerung und Beschießung Venedigs vom 30. Juni 1848 bis zur Kapitulation am 24. August 1849 erfolgreich eingesetzt. Der erste Einsatz erfolgte im Juni 1848 bei der Einschließung Venedigs durch das Reserve-Corps des FML Baron Welden:

„Cavanella ward sogleich stark besetzt, die Verschanzungen hergestellt, und einstweilen mit Raketengeschützen versehen . . ."[245]

Die Raketen scheinen vor allem gegen das Fort Malghera sowie gegen eine Batterie auf der Piazzale di Mezzo, die aus Mörsern und 36 Pfündern bestand, eingesetzt worden zu sein, hierzu hieß es, es wären "unzählige Raketen geworfen" worden.[246] Zum ersten Male bei dieser Belagerung wurden Raketen auch als „Luft-Boden" - Waffe eingesetzt; der österreichische Lieutenant Franz v. Uchatius feuerte Bomben-Raketen von Ballonen aus in der Richtung gegen Murano auf die Stadt sowie gegen feindliche Schiffe ab. In einem Kriegsbericht wurde gemeldet, daß am 25. Juli 1849 zwei mit Schrapnellraketen versehene Ballons vom Dampfer *Vulcano* aufstiegen, um diese Raketen dann über dem Lido in 1.500 Meter Höhe aus einer Entfernung von 6.300 Metern abzufeuern. Die Panik, die durch diese Art der Einsätze in der Stadt entstand, wurde als groß bezeichnet.[247]

Bemerkenswert ist bei allen Einsätzen jedoch, daß die Raketen von den Österreichern nie zusammengefaßt und im Masseneinsatz, wie noch von Congreve gefordert, sondern weitgehend in Halbbatterien und sogar geschützweise genutzt wurden, also nie die überraschende, großflächige Feuerwirkung angestrebt wurde.

Auch bei der Bekämpfung der Insurgenten unter Garibaldi und Durando im Gebirgskrieg wurden die Raketengeschütze in den Gefechten bei Rivalgo, Monte Mauricio, Primolano und anderen mit großem Erfolg eingesetzt, oft reichte das Instellunggehen der Raketengeschütze, um die Insurgenten in die Flucht zu treiben. Dabei wurden die Raketengeschütze oft nur von einem Raketeur, zuweilen auch nur einem halb ausgebildeten Rekruten, bedient, während Infanteristen zur Hilfe eingeteilt wurden.[248] Dies war auch möglich, weil gerade im Gebirgskrieg die Raketengeschütze den Truppen selbst auf Wegen zu folgen vermochten, die kaum von der Infanterie begangen werden konnten und auf Punkten in Stellung gehen konnten, wo selbst eine leichte Gebirgshaubitze nicht mehr eingesetzt werden konnte.[249]

Nach diesem Kriege beurteilte ein Sachverständiger den Einsatz der Raketenartillerie und kam zu dem Schluß, daß die Raketenbatterien für den Einsatz in Oberitalien aufgrund des Geländes zumeist weniger geeignet wären, sinnvoll wäre ihr Einsatz nur bei Flußübergängen, um bei der Einnahme eines Brückenkopfes oder einer Flußinsel sofort wirkungsvolle Feuerunterstützung zu gewährleisten, bei der Erfordernis, Artillerie auf unzugänglichen Höhe in Stellung zu bringen sowie beim Häuserkampfe in Ortschaften, da die Raketengeschütze überall dort in Stellung gelangen könnten, wo nur ein Infanterist gehen könnte.

Er beschrieb auch die Reichweiten der Raketen zu dieser Zeit und gab einen Auszug aus der Wurftafel der 6pfündigen Raketen:

Elevation:	12°	15°	18°	25°	32°
Reichweite(Schritt):	450	500	600	700	800

grösseren Kalibers in die Stadt warf.", ebenso: Sommeregger, a.a.O., S. 226, die halbe Raketenbatterie gehörte zur Brigade Kolowrat, beim Angriff gegen die Porta di Mare stieß diese Brigade auf heftigen Widerstand: „Kolowrat ließ 3 Haubitzen hinter einer eingestürzten Mauer, 3 Raketen-Geschütze auf der Terrasse eines benachbarten Gartens gedeckt aufführen . . ."

239) Sommeregger, a.a.O., S. 237 ff., FML Wimpffen setzte hierzu bei der Colonne Major Hartung die Raketenbatterie Nr. 5 ein: „Während dieser Kämpfe auf dem linken Flügel erstieg die rechte Seiten-Colonne . . . den Monte Paderno, drang etwa um 1 Uhr mittags bis zum Kloster S. Michele in Bosco vor, aus welchem einige hundert Aufständische in die Stadt zu fliehen genöthigt wurden und bewarf sodann dieselben von der Höhe aus mit Raketen." Am 9. Mai begann die Beschießung der Stadt: „Zwei zur Brigade Pfanzelter disponierte zehnpfündige Haubitzen nebst 2 Raketen standen auf dem kleinen Plateau bei der Villa Aldini, 2 Raketen auf der Höhe bei Palazzo Bentivoglio . . . " Versuche das schwere Tor der Porta Mamola „mit schweren Raketen einzuschiessen" scheiteren. Am 14. Mai traf zur Verstärkung die Brigade Gorzkowski mit einer weiteren halben Raketenbatterie vor Bologna ein, das am 16. Mai kapitulierte.

240) Benko von Boinik, a.a.O., S. 615; dies scheint der einzige Einsatz von Raketen durch die österreichische Marine in diesem Kriege gewesen zu sein.

241) W. Rüstow, Die Feldherrnkunst des neunzehnten Jahrhunderts, Zürich 1857, S. 646; zur Belagerungsartillerie gehörten neben Kanonen und Mörsern die Raketen-Batterien Nr. 5 und 6 (Sommeregger, a.a.O., S. 249), hinzutraten im Juni auch noch 6 Zwölfpfünder Raketen (ibidem, S. 270)

242) Schneidawind, a.a.O., S. 582; wahrscheinlich wurden Raketen von See aus auch von der *Curtatone* und *Custozza* (von der Marine 1849 angekaufte Raddampfer des Lloyd), die provisorisch mit Raketengestellen ausgerüstet worden waren, eingesetzt (Gogg, a.a.O., S. 55)

243) Sommeregger, a.a.O., S. 277, eingesetzt war eine halbe Raketenbatterie Nr. 6

244) ibidem, S. 282

245) ÖSK, Armee Bulletin vom 25. Juni 1848

246) G. Wittje, Die Kriegsraketen, Handschrift der Wehrbereichsbibliothek II, Hannover, ca. 1855, S. 51

247) A. Hausenstein, Zur Entwicklungsgeschichte der Rakete, in: ZgSS, XXXV. Jahrg. 1940, Februar, S. 32; Franz Freiherr von Uchatius, später Feldmarschallieutenant und Erfinder des Uchatius-Stahles, sprach hierbei von Luft-Torpedos. Hausenstein dürfte hier geirrt haben, in anderen Werken wird nur von Bomben geschrieben. So auch: Benko von Boinik, a.a.O., S. 583, dieser nannte als Datum den 12. Juli, gab aber an, die Versuche wären eingestellt worden, weil das Verfahren zu umständlich und auch unsicher gewesen wäre. Die Verwechslung dieser Bomben, die von einem Heißluftballon getragen wurden, mit Raketen ist wohl aufgetreten, weil die Sprengladung, die von einer Zündschnur gezündet, die Leine an der ein solcher Ballon hing, zertrennte, auch als „Raketentreibsatz" bezeichnet wurde (o. Verf., Die österreichische Ballon-Luftbombe von 1849, in: Waffenrevue, No. 5 / 1972, S. 763 ff.) Hiernach erfolgte ein erster Versuch am 29.06., nachdem 110 Ballons auf Anforderung Radetzkys, der von erfolgreichen Versuchen bei Wien gehört hatte, zugeführt worden waren. Ein erster Einsatz erfolgte dann am 15.07., da man solange auf günstigen Wind hatte warten müssen. Nach unbestätigten Hinweisen wurden auch Schrapnells „mit Raketentreibsatz" versucht (auch hier diente der Raketentreibsatz nur zur Zündung der Geschoße; ibidem, S. 768). Die Idee zu diesem Einsatz stammte von einem Capitain Warner, der diese zuvor in Großbritannien propagiert hatte, wo ein Versuch, der unter dem Druck der Öffentlichkeit 1846 durchgeführt wurde, zu einem völligen Fehlschlag geführt hatte. Warner hatte auch die Idee eines Raketentorpedos vertreten, der mit einer Sprengladung aus Knallquecksilber bei Auftreffen torgroße Löcher in die Bordwand des Schiffes reißen sollte (o. Verf., Isobretnie Kapitana Warnera, in: Morskoi Sbornik, tome XI, 1854, No. 4, p. 400 - 403)

248) Reisner, a.a.O., S. 364

249) Hütz, a.a.O., S. 64

Für die 6pfündigen Schußraketen nannte er eine Elevation von 6 Grad, um bei 800 Schritten den ersten Aufschlag zu erreichen, von 10 Grad für 1.000 Schritt und von 16 Grad für 1.200 Schritte, während sie bei horizontaler Abfeuerung den ersten Aufschlag bei 300 Schritt hätten und bei festem Boden bis auf 1.500 - 1.700 Schritt weiterliefen. Die entsprechende Reichweite der 12pfündigen gab er mit 1.000 bis 1.300 Schritten an.[250)]

(2) Wien

In Wien hatten sich die Verhältnisse für die Regierung im September 1848 bedrohlich entwickelt; der Banus von Kroatien, Oberst Baron Jellalich, der sich den ungarischen Truppen unterlegen fühlte, führte daraufhin seine Truppen auf Wien, um zumindest dort eingreifen zu können. Er langte am 12. Oktober an, so rechtzeitig, daß er noch die aus Wien verdrängte Garnison aufnehmen konnte. Zuvor jedoch hatte es gegolten, das „Neugebäude" auf der Simmeringer Heide zu sichern, in dem erhebliche Mengen Artilleriemunition und Zünder, daneben auch Geld und Waffen, nahezu offen dem Zugriff der Aufständischen ausgesetzt waren. Neben hier eingelagerten Geschützen wurde von den geringen Truppen, die hier aus der Garnison zusammen-gezogen wurden, auch eine Raketenbatterie zur Verteidigung eingesetzt.[251)]
Inzwischen rückte auch der in Böhmen kommandierende General der Kavallerie Fürst Windisch-Grätz von Prag mit 16 Bataillonen und 24 Escadrons heran, nachdem er den dortigen Aufstand im Juni - auch unter Einsatz von Raketen[252)] - niedergeschlagen hatte, um zunächst die Stadt von Norden und Westen einzuschließen. Insgesamt lagen knapp 30.000 Mann am 22. Oktober vor Wien. Nach einem Ultimatum begann ab 26. Oktober der Einmarsch und das blutige Niederschlagen der Revolution. Die Raketenbatterien waren gemäß der Ordre de bataille am 28. Oktober wie folgt eingesetzt: bei dem I. Armeekorps unterstand die Raketenbatterie Nr. 1 der 4. Division und war der Brigade Generalmajor Baron Baltheser zugeteilt, die Raketenbatterie Nr. 2 gehörte zu der Korpsgeschützreserve; beim II. Armeekorps waren die Raketenbatterien Nr. 15, 16, 17 und 18 der Korpsgeschützreserve zugeteilt, während die 2. Division in der Brigade Oberst Fürst Jablonowski über eine Raketenbatterie verfügte.[253)] Am 28. Oktober hatten sich die Rebellen in den Kämpfen um den Gloggnitzer Bahnhof in ein Hauptgebäude, das als Reduit der ganzen Stellung hergerichtet war, zurückgezogen und verteidigten dies hartnäckig, erst nach Einsatz der Raketen wurden sie aus der Stellung getrieben.
„Unterdessen hatte sich auch die Raketenbatterie des Oberleutnants Kaufmann ins Feuer gesetzt und die Häuser zunächst des Linientores sowie das Wächterhaus an der Durchfahrt der Badnerstraße in Brand geschossen."[254)]
Am selben Tage rückte die Division Hartlieb mit der sechspfündigen Raketenbatterie Nr. 15 des Oberleutnant Glatter erfolgreich bis zum Schwarzenbergschen Palais vor.
Bei dem Kampf um die Jägerzeile an diesem Tage wurden vor allem Kartätsch- und Granatraketen mit erheblicher Wirkung eingesetzt.[255)]
Das Vorrücken der Ungarn auf Schwechat ließ die Revolutionäre noch einmal hoffen. Am 31. Oktober rückte die Brigade Colleredo durch Gumpendorf und Mariahilf vor, das Glacis der Wälle wurde dabei vor allem durch Kartätsch- und Raketenfeuer gesäubert, so daß das Eindringen in die Stadt wirksam unterstützt wurde.[256)]
FML Csorich erhielt an diesem Tag den Auftrag, mit seinen Truppen vor allem die Hofburg zu besetzen, neben seinen 4 Brigaden setzte er hierzu die Raketenbatterie Nr. 1 ein, die hierzu zunächst auf der Fahrallee in Richtung Burgplatz in Stellung ging und um 3 Uhr nachmittags auf dem Kalk und Kienmark Stellungen bezog, wobei ihr als Ziele das Burgtor und die hinter der Burg liegende Loewel Bastei zugewiesen waren.[257)]

Nachmittags begann Windisch-Grätz mit der Beschießung der Innenstadt, die von den Aufständischen weiterhin verteidigt wurde:
„Obgleich schon nach einer halben Stunde unter dem Hagel der Granaten, Vollkugeln, Bomben und Raketen jeder ernsthafte Widerstand erstirbt, geht die Aktion noch drei Stunden weiter fort; 2.000 Geschosse werden abgefeuert, viele sind aber nur mit halber Sprengladung versehen; Hofbibliothek, Augustinerkirche brennen; es war besonders auf die Stallburg, den Sitz des revolutionären Hauptquartiers, und das Reichstagsgebäude abgesehen."[258)]
Der Kampf um das Burgtor dauerte bis zum Abend, dabei setzte eine zu weit geflogene Brandrakete das Dach der kaiserlichen Burg in Brand, wobei das Feuer sich schnell zur Michaelerkirche hin ausbreitete.[259)] Am 2. Dezember dankte Kaiser Ferdinand dann zugunsten seines Neffen Franz Joseph ab.

(3) Ungarn

Zunächst hatten die Ungarn mit dem Corps Móga einen Vorstoß auf Wien unternommen, um sich mit den Aufständischen dort zu vereinigen. Bei Schwechat wurden diese Truppen am 30. Oktober zurückgewiesen, dabei gelang es im Zentrum Generalmajor Ottinger, die Raketenbatterie Nr. 2 bei der Brünndlkirche nahe Rauchenwarth so in Stellung zu bringen, daß drei ungarische 12pfündige Batterien, in der Flanke bedroht, zum Abzug gezwungen wurden.[260)] Bei der Verfolgung des Feindes wurde die Reservekavallerie bei Rauchenwarth durch ungarische Infanterie aufgehalten. Erst als eine Raketenbatterie eingesetzt wurde, gelang es, den Feind aus seinen Stellungen zu vertreiben, der nun seinen Rückzug durch den Schwechater Wald fort-

---

250) o. Verf., Beiträge zu einer Charakteristik des Kriegsschauplatzes und der Kriegführung in Oberitalien, Zürich 1850, zu den Einsatzgrundsätzen: S. 58, zur Wurftafel: S. 60

251) o. Verf., Das Neugebäude. In den Tagen vom 10. Oktober bis zur Mitte des Novembers 1848, in: ÖMZ. 1849, Siebentes Heft, S. 16 und 21

252) o. Verf., Der Straßenkampf mit Barrikaden, a.a.O., S. 59, am 15. Juni begannen hier Barrikadenkämpfe: „Der Fürst zog aber dem direkten Angriff die viel leichtere Methode durch Fortsetzung des eingeschlagenen Weges vor, ließ die Moldau-Mühlen, aus welchen hauptsächlich das Feuern gegen die Truppen unterhalten wurde, durch Raketen in Brand schießen, und hielt den zuziehenden Landsturm durch fleißige Kavalleriepatrouillen entfernt." Die Stadt kapitulierte anschließend.

253) Czeike, Die Cernierung und Erstürmung Wiens 1849, Wien 1909, S. 408 f., wahrscheinlich durch einen Druckfehler wird hier die Raketenbatterie Nr. 1 sowohl bei der Brigade Jablonowski als auch bei der Brigade Baltheser aufgeführt.

254) Czeike, a.a.O., S. 349, Kaufmann erhielt hierfür die Allerhöchste Belobigung

255) Storm, Geschichte der Raketenartillerie des 19. Jahrhunderts, in: ARS, 3/1966; diese Einsätze führen dazu, daß von der „staatserhaltenden" Wirkung des Raketeur-Corps gesprochen wurde; in einem zeitgenössischen Bericht wurden die Raketen im Einzelnen nicht erwähnt, es wurde nur summarisch festgestellt: „Unsere mit Shrapnels geladenen 12pfündigen Batterien und die mit angehängten Granaten und Kartätschenbüchsen abgefeuerten Raketen bewährten sich an diesem Tage als ein ausgiebiges Mittel zur Vertreibung der Feinde von den Wällen und aus den Barrikaden." (o. Verf., Die Ereignisse in und um Wien im Oktober 1848, in: ÖMZ, 1848, 4. Band, S. 175) Angesichts des Vorgehens der Ungarn ließ Windisch - Grätz ein Grenadierbataillon nach Wiener Neustadt verlegen, um die dortige Raketenanstalt zu sichern. (ibidem, S. 177)

256) C. H. (C. Hoffmann), Die Eigenthümlichkeit der Kriegsrakete, a.a.O., S. 70

257) Czeike, a.a.O., S. 388 und Beilage III (Karte)

258) V. Valentin, Geschichte der deutschen Revolution 1848-1849, Berlin 1970, 2. Band, S. 207; bei: o. Verf., Die Ereignisse in und um Wien, a.a.O., S. 180, wurde hierzu angegeben: „Der Feldmarschall ließ dabei, zur Schonung der meist gut gesinnten Hausbesitzer, die Rücksicht eintreten, daß er keine mit Brandsatz geladene Bomben werfen ließ."

259) H. Größing, Der Kampf um Wien im Oktober 1848, Wien 1983, S. 28; in: o. Verf., Die Ereignisse in und um Wien, a.a.O., S. 182, hieß es zum Brand: „. . . wahrscheinlich durch die Proletarier, in Brand gesteckt wurde . . ."

260) Storm, a.a.O., S. 18, und: Häusler, Das Gefecht bei Schwechat am 30. Oktober 1848, Wien 1977, S. 32

setzte.[261] Insgesamt waren auf österreichischer Seite 7 Raketenbatterien in dieser Schlacht eingesetzt.[262]
Die Armee, die Fürst Windischgrätz im Dezember 1848 nach Ungarn führte, bestand aus dem I. Corps, das zunächst über keine Raketen verfügte, dem II. Corps unter FML Graf Wrbna mit der Division des FML Baron Csorich, das bei der Brigade Generalmajor Wyß die Raketenbatterie Nr. 14 führte, sowie der Division FML Ramberg, und dem Armee-Reserve-Corps (später III. Corps) des FML Duca Serbelloni mit der Division FML Fürst Schwarzenberg, das über die Raketenbatterie Nr. 23 verfügte und der Division Generalmajor Graf Lichtenstein, dem die Raketenbatterie Nr. 13 unterstellt war. Zur Artillerie-Haupt-Reserve dieses Corps gehörten zusätzlich die Raketenbatterien Nr. 15, 16, 17 und 18. Die Gesamtstärke der Armee betrug 52.000 Mann.[263] Auf dem linken Donau-Ufer war das II. Corps, an der Leitha das I. Corps eingesetzt. Zusätzlich waren einige selbständige Detachements gebildet worden, dabei war unter FML Simunich bei der Brigade Lobkowitz nach Beginn der Offensive die Raketenbatterie Nr. 14 eingesetzt und bei dem Corps des FML Graf Schlick bei der Brigade Pergen die Raketenbatterie Nr. 11, die ab 8. Januar 1849 zur Brigade Deym zusammen mit der halben Batterie Nr. 12 abgestellt wurde; ferner wurde der Brigade Pallfy des FML von Nugent, die zunächst an der Mur eingesetzt war, Anfang Februar nach der Besetzung von Pesth die Batterie Nr. 11 unterstellt; schließlich waren dem Corps des Banus noch 2 Raketengeschütze zugeteilt.[264]
Das Corps des Grafen Schlick aus Galizien rückte ab 6. Dezember mit den Brigaden Fiedler, Pergen und Deym über die Karparthen nach Ungarn vor. Beim Vorgehen wurde der Brigade Fiedler für den Angriff auf die ungarischen Stellungen bei Budamér mit Rücksicht auf das Terrain statt der 6pfündigen Batterie eine Raketenbatterie unterstellt. Am 20. Dezember wurden dem Corps bei Kaschau Verstärkungen, dabei eine halbe Raketenbatterie, zugeführt. Bei dem folgenden Gefecht bei Kaschau am 4. Januar war im Zentrum der österreichischen Schlachtordnung die Raketenbatterie eingesetzt; die Ungarn unter Mészáros, die mit ihrem Centrum längst der Miskolczer Straße angriffen, wurden durch das Feuer der 12 Pfünder zum Rückzug gezwungen:
„Die Raketenbatterie, welche an der Straße nach Nagy Ida stand, folgte ihnen sogleich, kam aber hierbei in Gefahr, von den ungarischen Husaren genommen zu werden und ward nur von rasch nachrückender Infanterie gerettet, worauf sie ihr Feuer eröffnete und den Rückzug der Ungarn in eine wilde Flucht verwandelte."[265]
Kennzeichnend für den Geist der österreichischen Artillerie, der auch der Raketenartillerie innewohnte, war dies ungestüme Vorgehen, das auch bei anderen Gefechten zu beobachten war.
Zunächst konnten sich aber die Ungarn behaupten, Schlick mußte sich auf Kaschau zurückziehen. Als Major Kiesewetter, Führer einer Colonne von 4 Compagnien, 1 Escadron und einer halben Raketenbatterie, die Nachricht von der Besetzung Iglós durch die Ungarn erfuhr, beschloß er diese in der Nacht zum 3. Februar zu überfallen. Es gelang ihm auch die Ungarn zu überraschen, wurde aber dann im Gegenangriff zurückgeworfen, wobei es den Ungarn gelang Teile der Raketenbatterie zu erobern.[266] Am 9. Februar schlugen die Österreicher bei Csibalháza eine Brücke über die Theiß, so daß die ungarischen Truppen Alt-Arad räumen mußten. Im Gegenangriff gelang es jedoch Honvéd-Bataillonen unter Asztalos wieder in die Stadt einzudringen, „In der langen Gasse, die zu dem Hauptplatz führte, wurde die anrückende Colonne von einer Raketenbatterie Kartätschenlagen empfangen, dies bewog sie jedoch nur zum schnelleren Vorgehen."[267]
Den Ungarn gelang es nach mehrstündigem Kampf die Brücke zunehmen und die Österreicher bis Czegied zurückzuwerfen, vorher gelang es diesen aber, die hölzerne Brücke mit 4 Raketen in Brand zu schießen, dennoch waren die österreichischen Truppen gezwungen, sich anschließend auf Temesvár zurückzuziehen.[268] Nicht immer konnten die Raketen erfolgreich eingesetzt werden, so gelang es in der Schlacht von Kápolna nicht, in der Nacht zum 27. Februar den Ort in Brand zu schießen.[269] Bereits am Folgetag aber konnten sie ihre Wirksamkeit wieder unter Beweis stellen:
„Dieser [ungarische] Flankenangriff wurde jedoch rasch abgeschlagen und die feindliche Raketen- wie die Feldstück-Batterie gegen unsere Haubitzen und Dreipfünder in Wirksamkeit gebracht. Ich zog die letztern . . . sogleich ganz aus dem Gefechte . . . Der Feind avancirte nun bis auf halben Geschützertrag gegen unsere Stellung auf der Kuppe, postirte nach der Breite des Rückens rechts (dem Feinde rechter Hand) seine Raketenstative, links rückwärts derselben seine Feldstückbatterie, und eröffnete sofort ein mörderisches Feuer. Die Raketen, so wenig sie uns sonst in der Ebene zu schaden pflegten, wirkten diesmal, über den ansteigend gewölbten Terrain hinwegstreichend, buchstäblich rasirend. Hierdurch wurde unsere Position - die letzte, die wir noch zu verlieren hatten - nahezu unhaltbar. Das Bataillon Ernst langte eben auf der Kuppe an; von seiner Tapferkeit erwartete ich eine wesentliche Erleichterung unserer verzweifelten Lage. Es handelte sich vor allem darum, die Raketenbatterie im Sturm zu nehmen oder mindestens zu delogiren. Ich disponirte das Bataillon an den nur mit einzelnen Bäumen bedeckten westlichen Abhang der Kuppe, damit es längst derselben möglichst gedeckt in die Nähe der Raketenbatterie gelange. Allein das mit Rekruten neu completirte Bataillon war kaum über hundert Schritt vorwärts zu bringen . . . Zwei Versuche, die Raketenbatterie durch die Attaque einer Escadron Alexander-Husaren zu delogiren, scheiterten ebenfalls, während gleichzeitig die Tiroler Jäger den Wald am östlichen Abhange der Kuppe räumten. Die vier Haubitzen konnten ihre Stellung nur so lange behaupten, als diese Waldparcelle in unserm Besitze blieb. Ich ließ sonach die letzten Abtheilungen der Reserve . . . herbeiholen, um den erstern [Grenadiere] die fernere Behauptung der Waldparcelle zu übertragen und mit den letztern [zwei Husarenzüge] die Delogirung der Raketenbatterie noch einmal zu versuchen. Die Husaren trafen zuerst bei den Haubitzen ein. Der Rittmeister Szeymond, der sie führte, hatte indessen das Commandowort zur Attaque noch kaum ausgesprochen, als ihn eine Raketenhülse vom Pferde riß. Seine Leute versagten die Attaque."[270]
Nach der Abberufung Windisch-Grätz übernahm Feldzeugmeister Baron Welden den Oberbefehl, der sich - auch zur Deckung Wiens - entschloß, Pest aufzugeben und beiderseits der Donau stromaufwärts zurückzugehen. Nach Abschluß dieser Operationen wurde am 30. Mai Feldzeugmeister Baron Haynau zum Oberkommandanten aller öster-

261) Czeike, a.a.O., S. 382
262) gem. Ordre de Bataille (Häusler, a.a.O., S. 56): Raketenbatterie Nr. 1 bei der Brigade Baltheser und Batterie Nr. 2 bei der Geschützreserve der Division Ottinger, sowie die Raketenbatterien 15, 16, 17 und 18 in der Corpsgeschützreserve. Die Raketenbatterie Nr. 1 wurde ein zweites Mal als Teil der Brigade Jablonowski aufgeführt, eine weitere Batterie ohne Nummer wurde zusätzlich bei der Division Ottinger genannt.
263) Nach: o. Verf., Der Winter-Feldzug 1848 - 1849 in Ungarn unter dem Oberkommando des Feldmarschalls Fürsten zu Windisch-Grätz, Wien 1851, S. 9, verfügte nur die Division Csorich des II. Armeecorps über eine Raketenbatterie, ein weitere halbe Batterie war hiernach ab Dezember bei Teschen im Detachement des Oberstlieutenant Frischeisen verfügbar. Die oben aufgeführten Batterien wurden in diesem Werk erst in der Ordre de bataille vom 12. März 1849 aufgeführt.
264) W. Rüstow, Geschichte des ungarischen Insurrectionskrieges in den Jahren 1848 und 1849, Zürich 1860, S. 34
265) Rüstow, a.a.O., S. 184
266) G. Klapka, Der Nationalkrieg in Ungarn und Siebenbürgen in den Jahren 1848 und 1849, Leipzig 1851, Erster Band, S. 162 f., sowie: A. Görgey, Mein Leben und Wirken in Ungarn in den Jahren 1848 und 1849, Leipzig 1852, Bd. I, S. 188
267) ibidem, Zweiter Band, S. 159
268) A. Streckfuß, Der Freiheits-Kampf in Ungarn, Berlin 1850, S. 465
269) A. Görgey, a.a.O., S, 229: „Mittlerweile stellte auch die feindliche Raketenbatterie vor Kápolna ihre bis in die dunkelste Nacht fortgesetzten vergeblichen Anstrengungen, diesen Ort in Brand zu stecken, ein, und der Kampf erlosch auf der ganzen Linie. . ."
270) Görgey, a.a.O., S. 242 f.

reichischen Streitkräfte in Ungarn ernannt. Er führte nunmehr die Donau-Armee, die etwa 70.000 Mann umfaßte mit dem I. Corps (FML Graf Schlick) bei Ungarisch-Altenburg, das in der Geschützreserve über eine Raketenbatterie verfügte, dem II. Corps (FML Baron Csorich) in der Schütt, dem III. Corps (Fürst Edmund Schwarzenberg) bei Ödenburg, das eine Raketenbatterie in der Geschützreserve führte, und dem IV. Corps (FML Baron Wohlgemuth) bei Tyrnau, das ebenfalls eine Raketenbatterie besaß, hinzu kam noch die 9. kombinierte russische Infanterie-Division Panjutin. Feld-Artillerie-Direktor dieser Armee war Generalmajor Ritter von Hauslab. Für die Hauptgeschützreserve der Armee unter Hauptmann Schmidt waren 4 Raketenbatterien eingeteilt. Ferner standen unter seinem Kommando die Südarmee des Banus Jellalich mit etwa 32.000 Mann und das siebenbürgische Corps unter FML Clam-Gallas in der Walachei mit 12.000 Mann mit einer halben Raketenbatterie, das mit dem russischen Hilfscorps des General der Infanterie Lüders zusammen wirkte und schließlich die Reservecorps Nobili und Nugent. Dazu gehörte noch das Streifcorps des FML Graf Leiningen, das nach dem Fall von Hermannstadt ein befestigtes Lager bei Facset zur Deckung des Banats bezogen hatte und welches ebenfalls über eine Raketenbatterie verfügte. Insgesamt waren auf diesem Kriegsschauplatz nunmehr 12 Raketenbatterien eingesetzt.[271)] Zusätzlich sammelten sich in Galizien russische Truppen in Stärke von 120.000 Mann unter dem Fürsten Paskewitsch. Die russischen Truppen verfügten über keine Raketen.

Am 9. Juni griffen die Ungarn unter Nagy-Sándor den österreichischen Brückenkopf an der Waag bei Schintau an. FML Wohlgemuth verstärkte daraufhin die Brigade Jablonowski bei Greistadt durch $1^1/_2$ Raketenbatterien. Haynau beabsichtigte auf jeden Fall die Brückenköpfe an der Waag zu halten, hierzu mußte die Brücke bei Szered wiederhergestellt werden. Im Gefecht bei Szered wurde daher die Brigade Perin durch eine Raketenbatterie verstärkt. Im Verlauf der Kämpfe um diese Linie kam es dann am 16. Juni zu den Gefechten bei Bös, Zsigard und Szered am 16. Juni, nach Anfangserfolgen bei Nádßeg gelang es den Ungarn, die österreichischen Truppen zurückzudrängen, aber:[272)]

„Major Grobois, Kommandant jenes Bataillons Koudelka, hatte eine auf dem Marsche nach Nádßeg begriffene Raketenbatterie an sich gezogen, und griff nun Királyrév mit solcher Entschlossenheit an, daß es auf den ersten Sturm genommen ward,"

Bei einem erneuten ungarischen Angriff auf Schintau unterstützten wiederum Teile einer Raketenbatterie wirkungsvoll den Gegenangriff:[273)]

„F.M.L. Br. Wohlgemuth führte nun das in Reserve stehende Grenadier-Bataillon Koudelka mit $^1/_2$ Raketenbatterie vor; die Verschanzung an der Neutraer Straße und der Friedhof wurden mit stürmender Hand wieder genommen, die Batterie fuhr wieder in Schanze auf, und eröffnete ihr Feuer."

Am 12. und 13. Juni griff die ungarische Division Kméty über Farad auf Kapuvár vor, wobei österreichische Truppen von Husaren bei Csorna umzingelt wurden:[274)]

„Einige nördlich von Csorna aufgestellte Züge von Kaiser-Uhlanen warfen sich aber mit solcher Entschlossenheit und Schnelligkeit auf die Husaren, daß diese das Feld räumten. Sie wurden eine kurze Strecke verfolgt und mit Raketen wirksam beschossen."

Am 21. Juni unternahmen die Ungarn den Versuch, die österreichischen Linien zu durchbrechen, um auf Preßburg vorzudringen. In der Schlacht bei Pered gelang es, diesen Angriff zurückschlagen; wesentlichen Anteil daran hatte der Einsatz einer halben Raketenbatterie, die in die Flanke der angreifenden Truppen wirkte und anschließend Pered in Brand setzte:[275)]

„. . . leisteten sie [die Ungarn] verzweifelt Widerstand: - es entspann sich ein hartnäckiger Kampf, welcher erst endete, nachdem die Brigaden Pott und Perin das Dorf in der rechten Flanke umgangen und durch Raketen in Brand gesteckt hatten.-"

Im Verlauf des österreichischen Vormarsches erreichte die Avantgardebrigade Wolf des 3. Corps am 26. Juni die Raab bei Arpás und bildete dort in der Nacht gegen heftigen ungarischen Widerstand einen Brückenkopf:[276)]

„. . . aber Abtheilungen des 22. Jäger-Bataillons schwammen über den Fluß und vertrieben mit Hilfe einiger diesseits placirten Raketen den Gegner aus den Oertlichkeiten am jenseitigen Ufer."

Nach Nehmen der Raablinie stieß die Armee dann auf Komorn vor, wo sich die ungarische Hauptarmee gesammelt hatte. Im Verlauf des Vormarsches des 1. Corps auf Puszta-Harkály geriet die linke Flügelbrigade Reischach am Czonszo-Bach in mörderisches ungarisches Feuer:[277)]

„- um es abzulenken, beorderte F.M.L. Grf. Wallmoden eine Raketenbatterie, welche die Schanzen so wirksam beschoß, daß der Feind den Entschluß faßte, sie mittelst eines Ausfalls zu vertreiben."

Ab Juli 1849 war auch bei dem Cernierungscorps des FML Csorich vor Komorn, wo das Mobile Corps des ungarischen General Klapka lag, zunächst mit der Division Colloredo eine Raketenbatterie eingesetzt. Am 11. Juli in der Schlacht bei Komorn wurde eine Raketenbatterie der Division Herzinger unterstellt, der es nach wiederholten Angriffen der Ungar auf Puszta Csém gelang, diese im Gegenangriff zurückzuwerfen.[278)]

Eines der ersten Ziele Haynaus war, das befestigte Lager der Ungarn bei Szegedin zu nehmen. Hierzu erhielt am 3. August Fürst Lichtenstein den Auftrag, mit der Brigade Jablonski und Teilen der Brigade Benedek den Übergang nach Uj Szeged zu erzwingen und einen Brückenkopf zu bilden. Lichtenstein ließ dabei das rechte Ufer besetzen und bei dem Castell eine 6- und eine 12pfündige Batterie sowie eine Raketenbatterie in Stellung gehen. Diese eröffneten gegen 4 Uhr nachmittags nach Abschluß der Vorbereitungen für den Brückenschlag das Feuer.

„Die ungarischen Batterien wurden von den österreichischen bald zum Schweigen gebracht; besonders wirksam erwies sich dabei die Raketen-Batterie am Castell, deren Geschosse Uj Szegedin in Brand setzten."[279)]

An anderer Stelle hieß es noch präziser:

„Der Gegner hatte drei Batterien hinter Deckungen aufgeführt, und unterhielt ein ziemlich lebhaftes Feuer, welches aber von unseren Geschützen, nachdem gleich Anfangs 2 feindliche Kanonen demontirt waren, um so schneller zum Schweigen gebracht wurde, als die Raketenbatterie mit überraschender Schnelligkeit und Wirkung die ganze Häuserreihe von Uj-Szegedin in Brand steckte."[280)]

Zugleich wurde eine Kolonne unter Jablonowski, verstärkt durch eine zwölfpfündige- und eine Raketenbatterie stromaufwärts an das nördliche Ende der Stadt entsandt, um dort auf Pontons über den Fluß zu setzen und die feindliche Flanke anzugreifen. Mit den ersten Infanteristen wurde die Raketenbatterie Nro. 18 übergesetzt und in einer genommenen Schanze im Brückenkopf in Stellung gebracht. Ein

271) Nemetz, a.a.O., S. 271, und:
o. Verf., Der Feldzug in Ungarn und Siebenbürgen im Sommer des Jahres 1849, Pesth 1850, S. 11 ff.; sowie: o. Verf., Die Belagerung von Temesvar 1849, in: AOAW, 6. Jahrg. 1849, 4. Band, S. 88; A. Dolleczek, Die österreichische Artillerie der Donau-Armee 1849, in: ÖMZ 1883, vierter Band, S. 195, gab für die Zeit der Neu-Organisierung dieser Armee im Juni 1849 nur 7 Raketenbatterien an. Corps-Artillerie-Direktoren waren hiernach die Majore Piehler, Bähr, Eschenbacher und Hauptmann Müller.

272) o. Verf., Der Feldzug in Ungarn im Sommer, a.a.O., S. 47

273) ibidem, S. 51

274) ibidem, S. 54

275) C. H. (C. Hoffmann), Die Eigenthümlichkeiten . . . , a.a.O., S. 70; Zitat aus: o. Verf., Der Feldzug in Ungarn im Sommer, a.a.O., S. 62

276) o. Verf., Der Feldzug in Ungarn im Sommer, a.a.O., S. 92

277) ibidem, S. 112

278) ibidem, S. 137

279) Rüstow, a.a.O., II. Band, S. 290

280) o. Verf., Der Feldzug in Ungarn im Sommer, a.a.O., S. 310

ungarischer Gegenangriff konnte dann mit dieser artilleristischer Unterstützung zurückgeworfen werden:[281]

„Hauptmann Giesl, Commandant der am rechten Flügel postirten 1. Jäger-Division, benützt kühn und rasch eine Blöße des an Zahl vierfach überlegenen Gegners, dringt bis an den feindlichen Brückenkopf und nimmt ihn mit stürmenden Hand, während gleichzeitig die Raketenbatterie Nro. 18 auf der Hauptstraße vordringt und die feindlichen Geschütze zum Schweigen bringt."

Mit Verstärkungen wurde sodann eine zweite Raketenbatterie in den Brückenkopf geworfen. Nach Eintreffen der Kolonne Jablonowski standen dann für die Nacht im Brückenkopf 3 Raketenbatterien in Stellung und stellten die artilleristische Unterstützung der Infanterie sicher, da die Kanonenbatterien erst am Morgen nach Beendigung des Brückenschlages nachgeführt werden konnten.[282]

Haynau lobte anschließend die Leistungen der Artillerie in diesem Gefecht und hob in seinem Bericht insbesondere die Leistung der Raketenbatterie hervor, da dieser Ort besonders hartnäckig verteidigt wurde.[283]

Am 5. August kam es dann zum nächsten Einsatz der Raketenartillerie in der Schlacht von Szöreg. Mit Angriffsbeginn um 5½ Uhr nachmittags wirkte am linken Flügel der Österreicher die Raketenbatterie der Brigade Benedek gemeinsam mit Rohrartillerie gegen den Damm, der den österreichischen Brückenkopf einengte, während bei den Jägern des russischen Regiments Eriwanski, welche die Avantgarde bildeten, 2 Raketenbatterien eingesetzt waren, um die Einnahme des Waldes Sz-Iván zu unterstützen, damit Flanke und Rücken der Ungarn bedroht werden konnte.[284] Die Ungarn wurden zum Rückzug auf Temesvár gezwungen, wo ungarische Truppen seit dem 5. April die österreichische Garnison unter FML Rukavina belagerten, die neben der Garnisonsartillerie über ein Detachement des Raketen-Corps in Stärke von einem Offizier und 20 Mann verfügte.[285] Bei einem Ausfall konnten die drei Raketengeschütze, die im Centrum eingesetzt waren, nur durch Ulanen vor einer Atacke der Szekler-Husaren gerettet werden. Am 14. Mai rückten hier die Insurgenten in die Vorstadt und näherten sich den Wällen der Festung, gegen Nachmittag konnte Oberst Sztankowitz diese zwar mit drei eilig zugeführten Raketengeschützen zunächst aufhalten, mußte dann aber der Übermacht weichen und auf die eigentliche Festung zurückgehen.[286] Weitere Einsätze erfolgten durch die Truppen des FML Clam-Gallas am 23. Juli bei Szemerio, am 1. August bei Tuzsned sowie am 15. August bei Nagyszebo.[287]

Am 6. August rückten die Österreicher zunächst mit der Division Wallmoden, die durch eine Raketenbatterie verstärkt wurde, morgens von Nagy Jécsa nach und warfen die ungarische Nachhut bei Kis Becskevek. So kam es am 9. August zur Schlacht bei Temesvar. Die österreichische Hauptmacht griff frontal an, Lichtenstein stieß in die rechte Flanke der Ungarn, zur Deckung des Rückzuges griff das 2. ungarische Husarenregiment gegen Sz András an:

„Hauptmann Unschuld vom General-Stab, der mit einer Raketen Batterie und einer halben Escadron zuerst über den Nyáradbach setzte, ging der Linie der Husaren sogleich in den Rücken . . ."[288]

Insbesondere die Wirkung des Raketenfeuers trug hierbei zur Flucht der ungarischen Husaren bei:[289]

„Zu diesem schnellen Resultat trug die kühne That des Hauptmanns Unschuld vom Generalstab viel bei, welcher mit einer Raketenbatterie und einer halben Escadron zuerst über den Bach setzte, im Rücken des Feindes erschien, und durch das schnelle Raketenfeuer die Verwirrung vollendete, so daß nun Alles dicht gedrängt dem Walde zueilte."

Am 10. August versuchten die Ungarn ihre Truppen bei Temesvar zu verstärken, Nagy Sandor stieß aber bei Dreispitz auf die Truppen des Grafen Schlick und wurden auch durch den Einsatz einer Raketenbatterie bei der Brigade Reischach auf Arad zurückgeworfen. Im Zuge der Verfolgung der aufgelösten ungarischen Truppen kam es noch zu mehreren Raketeneinsätzen, so am 15. August bei Lugos, am 23. August bei Mehadia, sowie während der Belagerung von Klapkas Armee in Komorn.[290]

Am 27. September 1849 kapitulierten die letzten ungarischen Truppen. In Anerkennung der hervorragenden Leistungen der Raketenbatterien wurden nach den Feldzügen in Italien und Ungarn 4 Oberlieutenants mit dem Orden der Eisernen Krone sowie fünf weitere und ein Hauptmann mit dem Militärverdienstkreuz ausgezeichnet, sechs Unteroffiziere und Mannschaften wurden mit der Goldenen, weitere 29 mit der Silbernen Tapferkeitsmedaille ausgezeichnet.[291] Die Kriegserfahrungen wurden 1850 von Feldmarschallieutenant v. Hauslab, dem Kommandanten der österreichischen Artillerie im Feldzuge gegen Ungarn, kurz zusammengefaßt:

„Die Kriegsraketen können und sollen auch nicht das Geschütz verdrängen. Die Kanonen haben eine gesicherte Ueberlegenheit, sowohl in Trefffähigkeit als Perkussion. Dagegen stehen die Haubitzen als Wurfgeschütz den Raketen nach, indem diese genauer werfen. Die Kriegs-Raketen haben aber noch im Felde den großen Vortheil, daß gegen sie die Cavallerie nicht Stich hält. Wo im ungarischen Kriege Raketen gegen Cavallerie gebraucht wurden, ergriff diese immer die Flucht. Daher hatte ich bei Temesvar 7 Geschützbatterien in erster Linie und dahinter 4 Raketenbatterien; ich wollte damit überraschend gegen die ungarischen Husaren auftreten, indem bei einem etwaigen Flankenangriff auf die Geschütz-Batterien, diese von den Raketenbatterien, die durch erstere maskiert waren, empfangen worden wäre. Aber sie gingen leider nicht in diese Falle. Es sind daher die Raketen nicht allein ein treffliches Ersatz- und Ergänzungsmittel der Geschützbatterien, sondern sie halten auch die Cavallerie in Schach und können auch in Masse sehr wirksam auftreten."[292]

g. Weiterer Ausbau der Raketenwaffe

Der Einsatz der österreichischen Raketenartillerie in Italien und Ungarn war aufmerksam von den anderen europäischen Armeen beobachtet und ausgewertet worden. Insbesondere war man von der Treffgenauigkeit der Augustin'schen Raketen beeindruckt. So wurde von einem französischen Befürworter der Raketen festgestellt:

„Les Autrichiens . . . ayant reconnu l'impossibilité de diriger sûrement une force qui s'alimente et varie à chaque pas, et voulant rapprocher le tir de ces congrèves des conditions d'un projectile obéissant à une impulsion une fois donnée, ils n'ont chargé d'une matière inflammable et jaillissant avec force que la partie postérieure de leur tube de tôle. La partie antérieure brûle sans produire un jet en arrière; elle est purement incendiaire ou destinée, dans certains cas, à porter le feu jusqu'à l'obus fixé à la pointe de la fusée. Cette impulsion, donnée dans les premiers instants du trajet seulement, restreint à ces premiers moments les chances de déviation que la combustion jaillissante perpétue aussi longstemps qu'elle a lieu dans les autres systèmes du chargement des fusées. Il est clair, par contre, que la diminution de la

---

281) ibidem, S. 311
282) ibidem
283) C. H. (C. Hoffmann), Die Eigenthümlichkeiten . . . , a.a.O., S. 70
284) o. Verf., Der Feldzug in Ungarn im Sommer, a.a.O., S. 318 ff., sowie: Dolleczek, Artillerie der Donau-Armee, a.a.O., S. 202 f.
285) o. Verf., Die Belagerung von Temesvar, a.a.O., S. 92
286) ibidem, S. 96 f. und S. 99
287) T. Katafiasz, a.a.O., s. 215
288) Rüstow, a.a.O., S. 336, siehe auch: Dolleczek, Artillerie der Donau-Armee, a.a.O., S. 211
289) o. Verf., Der Feldzug in Ungarn im Sommer, a.a.O., S. 355
290) ibidem, S. 424 (Lugos), S. 431 (Mehadia) und S. 450 (Komorn)
291) Nemetz, a.a.O., S. 271
292) zitiert nach: Hütz, a.a.O., S. 60

longueur de la composition jaillissante et impulsive entraine en même temps l'abandon des énormes portées qu'on croyait autrefois pouvoir produire et régulariser; mais on assure que le général Augustin, le principal auteur de tous ces perfectionnements, s'est décidé à sacrifier ces portées gigantesques à la nécessité d'une présision plus grande. Il est certain qu'à force de calculs et de soins, les Autrichiens ont amené ce tir à peu près au degré suprême de la perfection dont il est susceptible."[293)]

Der Verfasser dieses Artikels stellte die österreichischen Raketen und ihren Einsatz vor allem in Ungarn als Vorbild hin, dies galt auch für die Gliederung des Raketeur-Corps, und forderte die französische Artillerie auf, hieraus zu lernen. Insbesondere wies er noch auf eine Neuerung hin, die zusätzlich die Treffgenauigkeit erhöhe:

„Que pour tenir, autant que possible, compte de tout ce qui peut influer sur la déviation des fusées, on est allé jusqu'à se servir, au moment d'y mettre le feu, d'un instrument destiné à mesurer l'intensité du vent, espèce d'anémomètre qui, marquant les degrés de cette intensité, permet à un bombardier intelligent et très exercé d'y avoir égard et d'incliner la fusée d'autant qu'il est nécessaire, dans la direction opposée à la déviation ainsi prévue. On conçoit que, généralement, ce calcul est de peu de valeur, et que l'irrégularité capricieusement instantanée des bouffées de vent se joue des indications de l'instrument et des prévisions du bombardier: cet anémomètre ne sert donc que dans peu de cas, et son effet est nécessairement restreint; mais son emploi n'est point tout à fait sans valeur, et cette précaution doit être portée en ligne de compte pour arriver à la somme de procédés divers qui fondent les avantages du tir autrichien."[294)]

Im Verlauf der Kriegsjahre war die Raketenwaffe auf 12 Feld- und 2 Zeugscompagnien angewachsen.[295)] Im Mai 1850 wurde es aufgrund der Kriegserfahrungen neu gegliedert und in „Raketeur Corps" umbenannt, Commandant wurde Oberstlieutenant de Brucqu.

Es war nunmehr in den Stab und 15 Raketenbatterien sowie 3 Reservecompagnien[296)] und eine Corpsschule gegliedert, das bisherige Feldzeugsamt sowie die Raketenanstalt in Wöllersdorf mit der Raketen- und Zünder-Zeugscompagnie wurden der Zeugsartillerie überwiesen. Der Stab[297)] war ähnlich wie ein Feldartillerieregiment gegliedert, besaß jedoch nur 3 Stabsoffiziere gegenüber den acht der Artillerieregimenter, dazu kamen 8 Stabsoffizier-Adjutanten, 1 Magazin- oder Proviantoffizier, je 1 Regiments-Auditeur, Kaplan, Arzt, Tierarzt, 8 Ober- und Unterärzte, 3 Obercurschmiede, 1 Rechnungsführer, 1 Profoss sowie 1 Regiments- und 3 Stabstrompeter, ferner Schreiber und Diener, die Kriegsstärke betrug 42 Köpfe. Dem Regiment war eine Korps-Schule angeschlossen mit einem Hauptmann als Kommandanten, 2 Subalternoffizieren als Lehrern sowie 6 Feuerwerkern als Lehrgehilfen, zur Aufsicht standen noch 6 Korporale zur Verfügung und für Hausdienste waren 10 halbinvalide Oberraketeure eingeteilt. Die Schule konnte maximal 90 Oberraketeure aufnehmen.[298)]

Die Raketen- und Reservecompagnien waren nahezu gleich gegliedert. Jede Batterie wurde nunmehr von einem Hauptmann geführt und verfügte über je 1 Ober- und 2 Unterlieutenants, 2 (im Kriege 4) Feuerwerker, 8 (12) Korporale, 1 (2) Trompeter, 16 (24) Vormeister, 30 (66) Raketeure und 24 (104) Fahrer sowie 1 (7) Professionisten, hinzu traten 4 Offiziersdiener. Zur Ausstattung gehörten 4 Offizier- und 13 Unteroffizier-Reitpferde sowie 156 schwere Zugpferde und 12 Reserve-Zugpferde.

Die Reserve-Compagnien wurden von einem Hauptmann geführt und bestanden aus 2 Oberlieutenants, 2 (3) Feuerwerkern, 2 Trompetern, 70 (80) Ober- und 80 (100) Unterraketeuren.[299)]

Jede Batterie verfügte über 12 Raketengeschütze, die Munition wurde auf den 12 Wurstwagen sowie auf zwölf 6pfündigen und vier 12pfündigen 4spännigen Munitionskarren mitgeführt. Ferner gab es 3 Bagagewagen, 4 Fouragewagen, 2 Deckelwagen und 2 Feldschmieden. In den Wurstwagen wurden insgesamt 288 Schuß- und 192 Wurfraketen sowie 120 Kartätschraketen mitgeführt, während die 4 Munitionskarren mit 600 Raketen beladen waren. Von den übrigen Munitionskarren wurden 4 im Divisionspark und 8 im Depotpark des Korps eingesetzt. Die Munitionskarren führten zusätzlich noch jeweils ein zur Beladung passendes Reserve-Raketengeschütz mit. Die Munitions-Bevorratung war so geregelt, daß für jedes Raketengeschütz 59 Schußraketen, 27 Wurfraketen, 20 Kartätschraketen und 20 Brandhauben bereitgestellt waren.[300)]

Für jedes Armee-Corps war eine Raketenbatterie vorgesehen, die 15. Batterie war der Militärgrenze in Croatien zugewiesen. Zu jedem Corps-Stab trat ein Hauptmann oder Major des Raketeur Corps, der die Versorgung der zugeteilten Raketenbatterien zu regeln hatte.[301)]

Zu den Raketen schrieb der schweizerische Offizier R. M., daß die Hülsen mit grüner Ölfarbe angestrichen wären. Die Länge der Stäbe

293) N. A., Des fusées incendiaires employées en Autriche contre les forteresses et contre les masses de cavalerie, in; SpMil, XLVIIIe Volume, Paris 1849, p. 109

294) ibidem, p. 108; die Nutzung eines „Bodenwindmeßgerätes" wird sonst an keiner Stelle erwähnt, damit hätten die Österreicher eine Entwicklung des 20. Jahrhunderts zum Einsatz der Raketen vorweggenommen. Möglicherweise handelte es sich hier um ein Versuchsmodell, das nicht eingeführt wurde.

295) ÖSK-RKM, Nr. 1013, Meldung Augustins vom 31. Januar 1850 zum Effektivstand der Artillerie Ende Dezember 1849, hiernach bestand das FeuerwerksCorps aus 12 Feldcompagnien und 2 Zeugscompagnien, der Stab aus 1 Oberst, 1 Oberstlieutenant, 1 Regimentsarzt, 1 Rechnungsführer, 1 Adjutant, 3 Oberärzten, 7 Fouriren, 2 Fourirschützen und 7 Privatdienern, die Compagnien umfaßten 4 Hauptleute 1. Kl., 9 Hauptleute 2. Kl., 25 Ober- und 25 Unterlieutenants, 35 Oberfeuerwerker, 74 Feuerwerker, 135 Korporals, 21 Tambours, 859 Ober- und 1.085 Unter-Raketeure sowie 10 Fourirschützen und 37 Privatdiener = 2.319 Mann (Effektivstand der gesamten Artillerie = 24.225 Mann), die 2 Zeugscompagnien umfaßten: 1 Hauptmann 1. Kl. und 1 Hauptmann 2. Kl., 4 Ober- und 4 Unterlieutenants, 6 Oberfeuerwerker und 12 Feuerwerker, 10 Zeugwarte, 1 Unterzeugwart, 3 Ober- und 3 Untermeister, 11 Magazinsdiener, 44 Gesellen, 356 Zeugsraketeure, 2 Tambours, 2 Fourirschützen und 6 Privatdiener = 476 Mann; für die neue Organisation in 15 Raketenbatterien wurden 180 Pièces (Raketengeschütze) vorgesehen

296) ÖSK-RKM, Reg, 1850, PraesNr. 1013 vom 15. Februar 1850, hier ist noch von 2 Reserve Compagnien die Rede. Kalmár, a.a.O., S. 94, gab als Stärke der Reservekompagnien 516 Mann für den Frieden und 621 für den Krieg an, an der Korpsschule waren 118 Mann eingesetzt. Erstmals verfügte nunmehr die Artillerie, und damit auch das Raketeurcorps, auf Antrag Augustins über die Bespannung auch im Frieden. Die Umgliederung erfolgte in der Zeit vom 1. April bis zum 16. Juni 1850 (o. Verf., Sechzig Jahre Wehrmacht 1848 - 1908, Wien 1908, S. 66)

297) Gliederung des Stabes und der Batterien von 1851 bis 1863 siehe Übersicht in den Beilagen 1/1 bis 1/3

298) Streffleur, Die Armee im Felde, Wien 1851, S. 158, Streffleur gab etwas abweichende Daten für die Stärke des Corpsstabes an, siehe auch Beilage 1/4

299) Semek, Wehrmacht, a.a.O., S. 195; Baer, a.a.O., S. 25, gab hier unter Berufung auf ÖSK, A.277/2 Nr. 1013 abweichende Stärken an, so für die aktiven Batterien nur 9 Unterraketeure, eine Zahl, die nicht stimmen kann, während für die Reservekompagnien 150 Unterraketeure genannt wurden, hier scheinen Semeks Zahlen richtiger zu sein

300) Nach: Kalmár, a.a.O., S. 93, bestand die Munitions- und Ausrüstungsreserve für 6 vollkommen armierte Batterien 1850 aus: sechs 6pfündigen und zwei 12pfündigen Raketenabfeuerungsgestellen, an Munition waren vorhanden: 6pfündige Raketen: 3.024 Stück mit 3¼pfündigen Granaten versetzte Schuß- und 1.824 Stück mit 5pfündigen Granaten versetzte Wurfraketen, 384 Kartätsch- und 180 Leuchtballenraketen; 12pfündige Raketen: 384 mit 6pfündigen und 96 mit 8pfündigen Granaten sowie 72 mit 8pfündigen Brandbomben versetzte Raketen und schließlich 24 Leuchtballenraketen. Für den Transport waren nachstehende Gespanne vorhanden: 6 Raketentransportwagen, 36 vierspännige Wagen für 6pfündige Raketen, 12 vierspännige Wagen für 12pfündige Raketen, 1 vierspänniger und 6 zweispännige Gepäckwagen, 11 vierspännige Proviantwagen, 2 zweispännige Feldschmieden und 2 vierspännige, gedeckte Wagen. Hierfür waren in der Hauptreserve an Personal 1 Hauptmann, 1 Ober- und 1 Unterlieutenant, 2 Feuerwerker, 8 Korporale, 1 Trompeter, 120 Raketeure, 1 Ordonnanz und 1 Offiziersdiener vorgesehen. In: o. Verf., Feldinstruktionen für die Infanterie, Kavallerie und Artillerie, Olmütz 1852, finden sich in der Tabelle 19 abweichende Angaben, hiernach besaß eine Batterie 6 Raketengeschütze mit 6 Wurstwagen und 3 Karren sowie an Personal 1 Offizier, 1 Feuerwerker, 3 Korporals und 36 Mann. In der Unterstützungsreserve wurden 3 und in der Hauptreserve 6 Fuhrwerke mitgeführt, in allen Fuhrwerken der Reserve befand sich allenthalben eine Lafette. „Zur Bedienung einer Lafette gehören 3 Mann, ein vierter holt die Munition aus dem Fuhrwerk, und ein fünfter erhält die Ordnung in denselben."

301) Wilhelmi, a.a.O., S. 190; die selben Daten, jedoch ergänzt um die Versorgungsfahr-

betrage bei den Schußraketen 9' mit einer Breite von 1 Zoll und bei den Wurfraketen 12'. Die Granaten würden mit 4,1" breiten, starken Leinenbändern über Kreuz gelegt an der Hülse befestigt, die Brennzeit des Satzes gab er für 700 Schritt mit 3 Sekunden, für 900 bis 1.000 Schritt mit 4 Sekunden an. Zum Abfeuern schrieb er:

„Zum Abfeuern bedient man sich eines Perkussionsschlosses und eigens verfertigter Zünder, die in einem eisernen Kamine bestehen, welches einen Satz enthält, der auf 1" Distanz ein Bogen Schreibpapier oder dünnes Zeug durchschlagen muß; ein Zündhütchen wird auf das Kamin gesetzt und von dem Niederfallen des Hahns entzündet."[302]

Zur Herstellung wußte er anzugeben, daß im „Raketendorf" zur Fabrikation etwa 500 Angestellte wären, die Raketen würden anschließend in tannene, flache Kistchen à 10 Stück verpackt und an die Armeekorps ausgeliefert.

„Das Geheimniß des Satzes wird streng verwahrt, die Angestellten sind beeidigt überwacht und jeder macht nur seine Parthie; wir haben übrigens Grund zu glauben, daß ein großer Theil des Geheimnisses in der Genauigkeit und Vollkommenheit der Maschinen und in der Geübtheit und Erfahrung der Arbeiter besteht. So viel wissen wir, daß der Satz der Hülsen mit einer starken hydraulischen Presse gepreßt wird, und daß die Hülsen und Stäbe ebenfalls mit einer Maschine gemacht werden."[303]

Anschaulich wurde auch die Bedienung der Raketengeschütze beschrieben:

„Zur Bedienung eines Gestells sind 5 Mann erforderlich, welche auf dem Raketenwurstwagen sitzen und zwar: 1 Vormeister, 2 Raketisten 1ter Klasse und 2 Raketisten 2ter Klasse. Ist das Geschütz aufgepflanzt, so steht der Vormeister 1 Schritt links in gleicher Höhe, Nr. 1 1 Schritt rechts in der gleichen Höhe, Nr. 2 4 Schritt hinter Nr. 1 rückwärts in gleicher Linie. Nr. 3 hohlt die Munition und Nr. 4 bleibt beim Wagen und theilt sie aus. Der Vormeister hat eine große lederne Raketentasche, Nr. 2 eine Requisitentasche, worin unter anderm ein Hammer ähnlich einem Küferhammer, Nr. 3 ebenfalls eine große Raketentasche. Rückt die Batterie vor, so hält der Vormeister, welcher vorn sitzt, das Gestell in der Hand, auf das Commando „Halt", halten die Wagen, der Offizier kommandirt sofort: „So und so viel Schritt Distanz, Schuß oder Wurf oder Kartätsch, fertig." Auf dieses Commando läuft der Vormeister schnell mit dem Gestell 25 Schritt vorwärts, pflanzt es auf und gibt die Richtung mit Berücksichtigung des Windes und zwar so, daß er zuerst über die 2 Knöpfe m.m., oder in Praxi meist über die Kante der Rinne d. die Horizontalrichtung gibt, dann wegen dem Wind ½ bis mehrere Grade bei der Scala abweicht, mit der Schraube q. die Richtung feststellt, dann die Elevation vermittelst g gibt und mit f feststellt. Nr. 1 faßt 2 Raketen, Nr. 2 2 Stäbe, dann eilen sie zu dem Vormeister und stellen sich an ihre Plätze; Nr. 1 macht Front gegen das Gestell, steckt eine Rakete in die Tasche, hält mit der rechten Hand die andere horizontal in der Höhe der Rinne und ergreift mit der linken den Stab, den ihm Nr. 2 darbietet, führt ihn in die Oehre ein und hält die Rakete mit beiden Händen wagrecht, darauf ergreift Nr. 2 den Stab am andern Ende mit der Linken und gibt mit dem obenerwähnten Hammer 2, 3, 4 gemessene Schläge bis Nr. 1 „Gut" sagt, Nr. 1 tritt einen Schritt vor, schließt mit der linken Hand die Feder am Stab, legt mit beiden Händen die Rakete aufs Gestell, so daß das Ende grad vor der kleinen viereckigen Röhre und der Stab hineinzuliegen kommt, schließt die 2 Schieber, tritt 1 Schritt zurück und macht Front vorwärts. Der Vormeister spannt mit der rechten Hand den Hahn, während er mit der linken das Stativ festhält, ergreift den Zünder, steckt ihn ein und wartet auf das Commando „Feuer", worauf er an der Kette zieht. Während der Zeit gibt Nr. 4 dem Nr. 3 weitere Raketen und 2 Stäbe, welcher zum Geschütz läuft und die Stäbe dem Nr. 2, die Raketen dem Nr. 1 übergibt, (sind sie gerade beschäftigt, so legt er sie neben dieselben auf den Boden) und sofort zum Wagen zurückkehrt. Sobald der Hahn fällt entzündet sich die Rakete und verläßt nach einem sehr kurzen Aufenthalt das Gestell mit einer Anfangsgeschwindigkeit von circa 150' von der Sekunde, die aber rasch zunimmt. Die zwei Schieber werden durch das Wegfahren der Rakete jedesmal zurückgeworfen und somit geöffnet."[304]

Zu den Wurfraketen gab er folgende Werte aus der Wurftafel an:

Reichweite (Schritt):	450	500	600	700	800
Elevation: (Grad)	12°	15°	18°	25°	32°

Zur Reichweite der 6pfündigen Schußraketen zu dieser Zeit gibt ein Auszug aus einer Schußtafel Auskunft:[305]

Elevation (Grad)	1.Aufschlag (Schritte)	Auslauf (Schritte)
0°	250	900
2°	300	950
4°	400	950
6°	540	950
8°	740	1050
10°	750	1050
12°	800	1140
15°	1000	
25°	1250	

Das Raketenschießen bei den Übungen zu Aviano 1850 beschrieb der schweizerische Offizier wie folgt:

„Bei den Uebungen in Aviano war den ersten Tag das Wetter sehr schlecht, heftiger Wind und Regen, auf 800 Schritte konnte nicht mehr geworfen werden, (der Wind kam von vorn und keine Rakete kam ans Ziel, sie fielen unter großem Winkel vorher zu Boden), auf 5 - 600 Schritte gingen die Wurfraketen jedoch beinahe sämmtliche in das Carré von 180' Seite und krepirten bis auf eine. Die Schußraketen gingen im Ganzen gut, da der Boden, ein fester Wiesengrund mit Kies unterlegt, (ähnlich der Thuner Allmend), sehr günstig war. Die Plankenwand hatte 180' Länge und 9' Höhe. 5% der Granaten krepirten nicht, circa 75% durchschlugen die Wand, 5% fehlten seitwärts, 20% flogen darüber hinaus oder blieben vorher liegen, (die Fehler fallen hauptsächlich auf die Distanzen von 1.000 bis 1.200 Schritten). Erste Aufschläge und Ricochets sehr unregelmäßig, etwa 60% der Hülsen und 3-4 Stäbe durchbohrten die Plankenwand. Eine Rakete zersprang kurz vor dem Gestell, der commandirende Offizier schrieb es auf mein Befragen dem zu starken Schlagen des Nr. 2 beim Einschlagen des Stabs zu, überdieß sei auch diese Munition nicht die vorzüglichste und deßhalb zu der Herbstübung hergegeben worden; sie rühre aus einer Zeit, wo ein nachläßiger Offizier einen wichtigen Theil der Fabrikation dirigirt habe, der nachher davon entfernt worden sei. Von 24 Kartätschschüssen auf 500 Schritt gingen 4 schlecht, die übrigen hatten 10-25 Treffer in der Wand. Den zweiten Tag bei besserm Wetter liefer-

zeuge, gibt auch: R. M., Einiges über die österreichischen Raketen-Batterien und deren Vor- und Nachtheile, in: ASMZ, 18. Jahrg. 1852, S. 37; R. M. durfte 1850 auf Einladung Radetzkys Manöver der österreichischen Armee bei Aviano in Friaul beobachten, zum Personal ergänzte er, daß der 2. Unterlieutenant bei den meisten Batterien fehle und daß die Fuhrwesensoldaten nur selten vollzählig wären. Zu den Handwerkern ergänzte er, daß es sich um 4 Schmiede 1 Wagner und 2 Sattler handle. Er fügte hinzu: „Die Oestreicher, überhaupt nicht sehr mittheilend, machen aus den Raketen noch immer gern ein Geheimniß und ein fremder besonders jüngerer Offizier darf nicht die Gastfreundlichkeit der Offiziere des Landes durch zu viele oder indiscrete Fragen ermüden. Eine der Hauptsachen übrigens, den Satz und die Bereitungsmethode kennen sie theils selbst nicht, theils binden sie strenge Verpflichtungen."

302) R. M., a.a.O., S. 42

303) ibidem

304) R. M., a.a.O., S. 44

305) Hütz, a.a.O., S. 51, von dem ungarischen Pyrotechniker Lukaszy liegt für dieselbe Zeit eine Schießtafel mit etwas abweichenden Angaben vor, die Daten können aus der Beilage 2 ersehen werden.

ten Schuß und Wurf ein um circa 1/4 günstigeres Resultat, besonders auf die größern Distanzen. Es wurden jeden Tag circa 200 Raketen verschossen, welche beinahe sämmtlich aus den Jahrn 1835, 36 und 37 herrührten, was deutlich aus der mit Oelfarbe groß angemerkten Jahreszahl auf der Brandhülse zu ersehen war. Mehrere Brandraketen und 2 große Leuchtraketen mit Fallschirmen gingen sehr gut, die erste Brandrakete traf mitten in die Plankenwand und hätte sie in Brand gesteckt ohne Beihülfe der Mannschaft."[306]

Zu dieser Zeit hatte auch der bayerische Oberstlieutenant Hütz die österreichischen Raketen kennengelernt, er charakterisierte sie im Vergleich mit den englischen:

„Dagegen ist das österreichische System leichter und mehr für den Feldkrieg geschaffen und hat in dieser Beziehung offenbare Vortheile. Die Flugbahn der Schußrakete ist flacher und rasirender; um den Feind hinter Deckungen zu bewerfen, besteht die Wurfrakete und zwar bis 800 Schritte die 6pfdr., bis 1.400 Schritte die 12pfdr. (Anmerkung: Von dieser bestehen 2 Granatkaliber, wovon der schwerere bis 1.100, der leichtere bis 1.400 Schr. getrieben wird.) Für die Nähe dienen die Kartätschraketen, deren Büchsen 28 dreilöthige Bleischrote enthalten, speziell zum Anzünden die Brandraketen (Anmerkung: Ebenfalls zwei, eine 6pfdr. und eine 12pfdr.), und zum Beleuchten feindlicher Gegenstände die Leuchtraketen mit und ohne Fallschirm.

Das Kartätschfeuer wird schon auf 300 und 400 bis 500 Schritte angewendet. Da die Infanterie 3 Minuten Zeit braucht, um 300 Schritte Distanz im Sturmschritte zurückzulegen, die Cavallerie zu derselben Entfernung eine Minute Zeit benöthigt, so besagt eine österreichische Instruktion: 'In diesem Zeitraum können also unsere Raketengeschütze noch immer mehrere mörderische Kartätschschüsse, wobei nebst Schroten noch Büchse und Stab in den Feind schlägt, gut anbringen.' Von 500 - 800 Schritte wendet man mit Vortheil die 6 pfdr. Wurfraketen an, und die Schußraketen wirken mit Granate, Rakete und Stab (wie die Österreicher sagen 'mit dem ganzen System') bis 800 Schritte, und von da bis 1.200 Schritte, sowie beim Rollen auf festen, zusammenhängenden Boden noch weiter mit ihrer Granate. Mit 12 pfdr. Wurfraketen wirft man bis 1.400 Schritte. Zum Anzünden dienen vorzüglich die Brandhauben, ebenso zum Einschießen der Thore in Städten etc., da die 12pfdr. in der Entfernung von 400 Schritten auf 20" ins weiche Holz eindringt . . . Man sieht daher, daß dieses System für alle möglichen Fälle innerhalb eines wirksamen Schußbereichs bis 1.400 Schr. ausreicht, demnach als Feld-Raketensystem hinsichtlich seiner Tragweite entspricht. Was nun die Wirkung und Trefffähigkeit betrifft, so ist die der Schußrakete auf die Entfernung bis 800 Schritte nach österreichischen Angaben in ihrer Wirkung so groß als die einer 24pfdr. Kanonenkugel; denn auf diese Distanz trifft noch das ganze System. . . .

Die Trefffähigkeit der Schußraketen ist ferner bis auf 1.000 Schritte gegen eine österreichische Artillerieplanke von 30 Klafter Länge und 1 Klafter Höhe die Hälfte der Schüsse; die Wurfraketen verfehlen aber bis 800 Schr. selten ein Viereck von 40 Schr. Seitenlänge. Der Beleuchtungskreis der Leuchtraketen beträgt über 400 Schr. und das Licht ist so grell, daß man von 600 Schritten Entfernung die Gegenstände beinahe wie am Tage unterscheiden kann. Das Licht währt 2 1/2 Minuten . . .

Beim Schießen gibt die 6pfdr. Kanone bis 1.000 Schritte hinsichtlich der Seitenabweichungen eine Ueberlegenheit, von dieser Distanz an sind sie mit den Schußraketen gleich. Dagegen sind die Seitenabweichungen der Haubitze ebenfalls größer als die der Wurfraketen, so daß diese nicht in der Sprengwirkung, wohl aber in der Trefffähigkeit eine Ueberlegenheit zeigen. Da sie ferner Granaten bis zum Durchmesser von 4,8" werfen, so ist ihre Sprengwirkung nicht gering."[307]

Der Munitionsinhalt der verschiedenen Fuhrwerke war wie folgt festgelegt:[308]

Gattung der Fuhrwerke	Anzahl Brandhauben	Anzahl Raketen mit Kartätschen	Anz. Raketen mit Granaten Schuß	Anz. Raketen mit Granaten Wurf	Anz. Leuchtballen	Anz. Stäbe	Anz. Brandeln
in den Würsten	09	10	24	10	-	51	96
im Schußkarren	24	22	104	-	-	150	192
im Wurfkarren	16	18	-	104	-	150	192

Auch aufgrund der Erfahrungen des Feldzuges in Schleswig-Holstein wurde die Ausstattung der Batterien mit Raketen geändert, neu in die Ausstattung wurden 1850 die Brandhauben aufgenommen, insbesondere wurde die Anzahl der 6pfündigen Wurfraketen erhöht, so daß folgende Ausstattung an Raketen von einer Batterie mitgeführt wurde:

Kaliber	Art der Rakete	Anzahl
6pfündige	Kartätsch-Raketen	228
	Schußraketen	1248
	Wurfraketen	768
	Brandhauben	60
12pfündige	Wurfraketen	120
	Brandhauben	24
	Leuchtballen	8

Also insgesamt 2.496 Raketen.[309]

Wie die Artillerie erhielt auch das Raketeur-Corps im Zuge der Neu-Adjustierung doppelreihige, dunkelbraune Waffenröcke mit roten Abzeichen, der Hut wurde durch den Tschako ersetzt, wobei auf dem Herzschild des Doppeladlers ein „R" aufgelegt war, die detonierende Granate am Säbelriemen verblieb als Zeichen der Raketeure.[310] Die Knöpfe an Mantel und Rock trugen eine Rakete, die sich mit einer Kanone kreuzte und einen Kugelhaufen.

Neu geregelt wurde das Verhältnis der Flottillen auf den Binnengewässern, mit Allerhöchster Entscheidung vom 30. November 1850 wurde ein Flottillencorps gebildet, das die drei Flottillen für die Donau, die Lagunen von Venedig und die oberitalienischen Seen umfaßte. Jede Flottille bestand aus dem Stab und drei Compagnien; die einzelnen Compagnien, deren Anzahl im Kriege auf sechs vermehrt werden sollte, bestand aus 4 Offizieren, 2 Feldwebeln, 4 Führern, 10 Korporalen, 28 Gefreiten und Gemeinen. Das gesamte Korps umfaßte im Frieden 1.673 Mann; Kommandant wurde der zum Oberst beförderte Mollinary. Das Personal stammte mit Masse aus dem Pionierkorps,

306) R. M., a.a.O., S. 50; R. M. beurteilte anschließend die Einsatzmöglichkeiten der Raketen ähnlich wie Major Reisner nach dem Feldzug in Italien, fügte jedoch hinzu: „Ein nicht zu verkennender Vortheil, besonders für die Schweiz ist hingegen: die größere Wohlfeilheit der Gestelle, welche jeder ordentliche Instrumentenmacher nach einer genauen Zeichnung oder Modell um 15-20 Louisd'ors anfertigen kann, während man zum andern Geschütz großartige und kostspielige Einrichtungen bedarf oder schlechte Waare erhält, ferner die geringere Anzahl von Pferden und Mannschaft, daher weniger Kosten und weniger Treffobjecte, auch das Manöveriren der Wagen, sowie die Bedienung der Gestelle ist sehr einfach und erfordert weder so geschickte Trainsoldaten noch Mannschaften als bei den anderen Batterien." (S. 52)

307) Hütz, a.a.O., S. 52 ff.

308) o. Verf., Feldinstruktionen für die Infanterie, Kavallerie und Artillerie, Olmütz 1852, Tabelle 20, zu den Tragweiten hieß es hier: „Bei der Horizontalrichtung geschieht der erste Aufschlag bei 300 Schritten. Ist der Boden eben und fest, so läuft die kleine Schußgranate bis auf 1.500 und 1.700 Schritte, die große Schußgranate bis auf 1.100 und 1.300 Schritte. Um 800 Schritte ohne Aufschlag zu erreichen, sind 6, für 1.000 Schritte 10, und für 1.200 Schritte 16 Grad Elevation nöthig. Bei den Wurfracketen werden mit den Elevationen 12, 15, 18, 25 und 32 Graden, die Distanzen von 450, 500, 600, 700 und 800 Schritt erreicht."

309) Hütz, a.a.O., S. 58

310) Angaben nach: Nemetz, a.a.O., S. 272, und: Dolleczek, a.a.O., S. 417, sowie: o. Verf., Zur Geschichte der österreichischen Artillerietruppe, in: AOPA, 62. Band 1867, S. 157

hinzu traten Angehörige der Artillerie und der Kriegsmarine. Standorte der Flottillen wurden Pesth, Riva und Venedig. Zur Adjustierung erhielt das Korps einen eigenen Hut aus Wachsleinwand, einen dunkelblauen Rock und Beinkleid nach allgemeinem Schnitt mit lichtblauer Egalisierung und gelben Knöpfen. An Booten sollten neben Kriegsdampfern auf der Donau 6 Kanonenboote, auf der Lagune 15 Dampf- und 22 Ruderkanonenboote sowie auf den Binnenseen jeweils 2 Kanonenboote, dabei zusätzlich auf dem Lago Maggiore 1 Raketenboot vorhanden sein, dabei sollten diese Kanonenboote neben ihren Geschützen jeweils über 4 Raketengestelle als Landungsgeschütze verfügen. Dieser geplante Bestand wurde aber nie erreicht, 1858 waren auf der Donau neben 2 Kriegsdampfern und der kaiserlichen Jagd *Adler* nur 2 Kanonenboote vorhanden, bei der Lagunenflottille neben 2 bewaffneten Transportdampfern 26 Ruderkanonenboote, auf dem Gardasee neben 2 Kriegsdampfern 2 Kanonenboote und auf dem Lago Maggiore neben einem Kriegsdampfer 1 Dampfkanonenboot und 1 Raketenboot. Die tatsächliche Ausstattung mit Raketengeschützen konnte nicht ermittelt werden.[311)]

Angehöriger des Flotillisten-Corps (Zeichnung: Mitteilungen Artillerie- und Geniewesen)

Auch an Bord der Schiffe der Kriegsmarine wurden weiterhin Raketen genutzt, es gab zwar keine fest eingerüsteten Raketengeschütze, doch wurden Raketen mitgeführt und die Abfeuerungsgestelle konnten bei Bedarf auf dem Deck festgeschraubt werden. Das Abfeuerungsgestell war dasselbe wie im Heer. Nach 1840 sind jedoch keine weiteren Einsätze von Raketen von Schiffen aus durch die Marine bekannt. Der Gebrauch der Raketen war vor allem für den Einsatz gegen Landziele vorgesehen, an den Einsatz in einem Seegefecht war nicht mehr gedacht.

„§ 32 Die Rakete dient vorzüglich das schwere Geschütz zu ersetzen, wo dessen Fortbewegung äußerst schwierig wäre; man kann sie aber mit Vortheil bei Ausschiffungen verwenden. Zur See selbst sind die Raketen von weniger Nutzen, da ihre Percussionskraft verhältnismäßig zu gering und das Richten und Schießen zu vielen äußeren Einflüssen unterworfen ist."[312)]

Zur Wirkung hieß es, daß Schußraketen mit Granaten auf 700 bis 800 Schritt die größte Wirkung besäßen, zumal die Granate nach dem ersten Aufschlag der Rakete noch in gerader Richtung bis zu 1.400 Schritt fort gehe und beim Zerspringen in 7 bis 8 Stücke auf 200 Schritt im Umkreis wirke; zu den Kartätschraketen wurde geschrieben, daß diese auf 120 bis 150 Schritt explodierten und dann auf 500 Schritt noch ein 1zölliges Brett durchschlügen, auch die abgerissene Hülse schlüge nicht selten noch auf 100 Schritt durch eine einzöllige Bretterwand; schließlich wurde zu den Brandhauben festgestellt, daß sie auf 1.400 Schritt getrieben werden könnten und dort für einige Minuten mit solcher Intensität brannten, daß die Hülse weißglühend werde und alle brennbaren Gegenstände mit Sicherheit und Erfolg anzündeten.[313)]

Auch der bereits erwähnte schweizerische Autor ging 1852 auf die Nutzung der Raketen durch die Marine ein:

„Die Raketen werden überdieß auch von den Marinetruppen auf besonderen Kanonen- oder vielmehr Raketenboten verwendet und ein Marinebataillon, früher in Venedig stehend, darin geübt."[314)]

Raketengestelle an Bord von Schiffen scheinen zuletzt 1855 nachgewiesen gewesen zu sein.[315)] Ob die später eingeführten Hale'schen Raketen noch von der Marine genutzt wurden konnte nicht festgestellt werden. Um 1855 / 1856 konnte jedoch Major Mordecai, Leiter einer US-Militärdelegation, im Arsenal zu Venedig, das wohl zumindest teilweise wieder von der Marine betrieben wurde, ein Abfeuerungsgestell besichtigen:

„A rocket stand seen at the Arsenal of Venice consists of a tripod stand, which supports a tube or arms to receive the rocket and the stick. The elevation is given by means of an iron arc, which is moved by a pinion working in a circular rack and fastened by a clamp srew."[316)]

Aber noch die 1858 herausgegebene offizielle Waffenlehre sah die Verwendung von Raketen durch die Marine vor:

„. . . so erscheint die Raketenwaffe um so mehr als ein werthvolles Kampfmittel für Kriegsschiffe, als sich damit jedes Fahrzeug, es möge wie immer gestaltet und noch so klein sein, schnell kampffähig machen läßt. . . . Die Aufstellung der Raketen-Geschütze in Schiffen kann nur auf dem Verdecke (bei großen Schiffen auch auf den Marsen) geschehen . . . Die bei uns eingeführten leichten Caliber sind für die Bewaffnung der Kriegsschiffe auf Flüssen und Binnenseen vollkommen ausreichend; auch für die Seeschiffe zum Nahgefechte, dann bei Ausschiffungen und Landexpeditionen ganz geeignet; . . . Die Raketen können auf Schiffen zur Verstärkung des Geschützfeuers derselben, oder auch allein vortheilhaft verwendet werden, um feindliche Schiffe zum Sinken zu bringen, oder um diese, sowie Landobjecte anzuzünden, oder um die Schiffsbemannung außer Gefecht zu setzen. Auf die Entfernungen bis 800 Schritt werden horizontal abgeschossene Schuß-Raketen die Wasserfläche vollkommen rasirend bestreichen, daher kein feindliches Fahrzeug ungestraft in dieser Nähe dulden. . . . Gegen größere, solidere Schiffe verbürgen 12pfündige Wurf- oder Brandballen-Raketen gute Erfolge; denn diese dringen, bis auf Entfernungen von 400 Schritt horizontal abgeschossen, durch 16" dicke Wände von weichem Holze. . . . Bei Seegefechten können unsere Raketen-Caliber nur im Nahkampfe wirksam sein; und zwar entweder um durch Brandballen- oder Granaten-Raketen das feindliche Schiff zu gefährden, oder um durch Schuß- und Wurf-Raketen dessen Segelwerk zu beschädigen, oder endlich um mit Kartätschen das Verdeck oder die in den Mastkörben befindlichen Soldaten und Matrosen zu beschießen. Einige in den eigenen Mastkörben placirte Geschütze können hier sehr vortheilhaft wirken."[317)]

---

311) Kerchnawe, a.a.O., S. 546 ff.; auch in: o. Verf., Sechzig Jahre Wehrmacht, a.a.O., S. 74 ist nur für die Flottille auf dem Lago Maggiore ein Raketenboot aufgeführt, ergänzend hieß es hier, daß alle Kanonenboote mit 3 - 4 Raketengeschützen als „Landungsgeschütze" ausgestattet werden sollten.

312) F. Hausknecht, Leitfaden zum Studium der Marine-Artillerie, Wien 1852, S. 21

313) ibidem, S. 278

314) R. M., a.a.O., S. 48

315) Mitteilung Dr. Baumgartner vom 22.07.1997

316) NAW, House of Representatives, 36th Congress, 2d session, Military Commission to Europe, in 1855 and 1856, Report of Major Alfred Mordecai, of the Ordnance Department, Washington 1861, p. 135; die Besichtigung einer Raketenübung oder gar der Raketenanstalt Wiener Neustadt wurde der Kommission nicht gestattet, Mordecai meldete: „The Austrian artillery is said to have attained great skill in the manufacture and use of rockets; but we had no opportunity of seeing their practice in the field, and strangers are not admitted to the manufactory at Wiener-Neustadt."

317) o. Verf., Waffen-Lehre zum Gebrauche für die kaiserlich-königlichen Militär-Akademien, Erste Abtheilung. Einrichtung, Gebrauch und Wirkung der Waffen, Siebentes Heft. Die k. k. Kriegs-Raketen, Wien 1858, S. 53 ff., es scheint, als wäre das Er-

Art der Raketen	Distanz in Schritt	Elevation in Grad	Anzahl der Schüsse	Anzahl der Treffer im Carré von 30 Schritt	Anzahl der Raketen innerhalb eines Carrés von 90 Schritt	Anzahl der Raketen, die nicht trafen
2 zöllig mit 6pfündiger Granate	800	45	24	02	11	11
	600	20	24	04	12	08
	500	16	24	05	10	09
2 1/2 zöllig mit 16pfündiger Granate	500	35	12	08	03	01

Leistungsstand der Raketen (Tabelle 1)

Gefechtskopf	Distanz in Schritt	Elevation in Grad	Anzahl der Raketen	Anzahl der Treffer im Zielpunkt	Anzahl der Raketen, die die Scheibe trafen	Anzahl der Raketen, außerhalb der Scheibe
3pfündige Granate	1000	10	72	02	55	17
	700	08	72	04	60	12
	600	06	96	09	83	17
	500	04	120	10	100	20
Kartätsche	300	02	48	unbekannt	unbekannt	unbekannt

Leistungsstand der Raketen (Tabelle 2, zu Seite 172)

Schließlich scheinen noch 1859 Versuche mit Raketentorpedos in Venedig stattgefunden haben, deren Ergebnis jedoch nicht befriedigte.[318]

Das hohe Ansehen, das sich die Raketenwaffe erworben hatte, hatte seinen Grund auch in der sorgfältigen Verfertigung der Raketen, Grundlage für die weitgehend gleichen ballistischen Eigenschaften. Für alle Raketenarten waren drei Formen der Hülsen vorgesehen, eine für alle 6pfündigen, eine für die 12pfündigen und eine für die Leuchtraketen. Das verwendete Blech mit einer Stärke von 0,03 Zoll besaß ein specifisches Gewicht von 7,7249, es durfte beim Biegen nicht knistern und mußte sich ausgeglüht beim Hin- und Herbiegen zähe zeigen.

„Zur Erzielung der nöthigen Zähigkeit und Dehnbarkeit werden die Blechtafeln, welche ein bestimmtes Länge- und Breitenmaass haben müssen in heissem Wasser und Schwefelsäure (auf 1 Maass Wasser 4 Loth Säure) 1/2 bis 1 Stunde gebeizt und nach dem Loslösen des sogenannten schwarzen Brandes mit Tüchern und Sand abgescheuert, abgespühlt und abgetrocknet, worauf die weiss gewordenen Tafeln auf beiden Seiten mit Baumöl eingerieben werden, zu dessen Befreiung von Wassergehalt ein glühendes Eisen bis zu seinem Abkühlen eingelegt wird. Die aufgerollten und mit Nieten vereinigten Hülsen werden innerlich wie äusserlich mit wasserfreiem Baumöl und feingesiebtem Eisenhammerschlag gereinigt und nach erfolgtem Trocknen in handwarmen Zustande mit einer ins Grünliche spielenden Steinfarbe (Bleiweiss, Leinölfirniss, Armberger Gelb, Kienruss und Oelfarbe mit Zusatz von Terpenthinöl) angestrichen. Die Hülsen haben unten einen Umbug; die Stabkapsel oder Stabhülse, welche zum Einstecken des Stabs dient, liegt auf der der Naht entgegengesetzten Seite und ist mit Nieten aufgeheftet und hinten mit dem Hülsen-Ende bündig. Das Zündloch befindet sich, wenn die Stabhülse nach oben gehalten wird, auf der linken Seite und ist für die 3 Hülsengattungen dasselbe. Das Seitenloch, welches die Linksabweichung der Rakete aufheben soll, liegt in der Länge der Bohrung an dem Ende der Stabkapsel auf der Seite des Zündlochs, und ist so gross wie dieses. Der Treibsatz besteht aus Büchsenpulver, welches in einem Mengfasse mittelst Bronzekugeln in Mehlform verwandelt und durchgesiebt worden ist und wird derselbe unter Anfeuchtung mit so viel Weingeist, als zur Verhinderung des Staubens erforderlich ist, in allmähligen Portionen unter Einsetzen der Hülse in den Raketenstock mit einem gewissen anzuwendenden Druck der hydraulischen Presse mittelst verschiedener Setzer zu einer massiven Säule verdichtet. . . . Durch Anwendung von verschiedenen Bohrern wird die Seele der verschiedenen Raketengattungen auf verschiedene Weise hergestellt; die Bohrung ist entweder cylindrisch oder konisch und bei einigen Raketengattungen stufenweise mit Abkantungen ausgeführt."[319]

Die Zünder der Raketen waren fest tempiert, bei den 12pfündigen Wurfraketen mit 6pfündiger Granate auf 1.400 Schritt, mit 8pfündiger Granate auf 1.100 Schritt, mit 12pfündiger Granate auf 750 Schritt und mit 16pfündiger Bombe auf 520 Schritt, bei den 6pfündigen Schußraketen war der Zünder auf 1.200 Schritt tempiert.[320]

Über den Leistungsstand der Raketen zu dieser Zeit berichtete General Konstantinov, der am 30. Juni 1852 zusammen mit Augustin einem Raketenschießen in Wiener Neustadt beiwohnte, wobei die Zuschauer nur 30 Schritt vom Ziel entfernt placiert waren. Bei diesem Schießen wurden 84 Wurfraketen gegen ein markiertes Ziel von 30 Schritt Seitenlänge abgefeuert, das eine Redoute darstellte. Die Ergebnisse sind der Tabelle 1 oben zu entnehmen:

Konstantinov merkte dazu an:

„Le tir dont nous venons de présenter le tableau a été exécuté par une batterie de fuséens de campagne composée de 6 caissons attelés ou wurst, qui, tout en manœuvrant pour simuler une attaque contre une redoute de campagne, a occupé trois positions successives à 800, 600 et 500 pas de la redoute, tirant, de chacune de ces trois distances, par 24 fusées de 2 pouces, ces armées d'obus de 6 livres, et, de la dernié-

scheinen der ersten gepanzerten Schiffe von Österreich nicht zur Kenntnis genommen worden, obwohl diese im Krimkrieg bereits ihre Wirksamkeit bewiesen hatten.

318) o. Verf., Raketen-Torpedos, in: Mittheilungen aus dem Gebiete des Seewesens, II. Band 1974, S. 235

319) A. Schuberg, Handbuch der Artillerie-Wissenschaft, Karlsruhe 1856. Das seitlich angebrachte Zündloch bewirkte eine stete Seitenabweichung, die beim Richten auszugleichen war, hierfür gab es Deviationstabellen. Anzuzweifeln ist der Hinweis auf die feuchte Pressung, da diese von Augustin bereits in den zwanziger Jahren aufgegeben worden war.

320) ibidem, S. 235 f.

re distance, 12 fusées en plus de 2 pouces 1/2, armées de projectiles de 16 livres, avec des espolettes à percussion. Ce tir s'est exécuté avec la rapidité et dans les conditions de fuséens ayant à préparées l'enlèvement de vive force d'une redoute en fortification passagère par une colonne d'infanterie. Pour comprendre tout le secours que l'on peut attendre, en pareille circonstance, de l'action des fusées autrichiennes, il faut rappeler que leur tir est susceptible d'être exécuté avec une extrême rapidité, et que l'on peut lancer d'un seul chevalet jusqu'à 4 fusées par minute, ce que l'on peut à peine obtenir avec des armes à main se chargeant par la culasse. On conçoit que cette rapidité de tir, jointe a une facilité extrême de transport, serait en réalité d'une grand secours pour précéder et pour soutenir l'assaut de vive force d'un retranchement de campagne."

Am selben Tag konnte er zusätzlich ein Schießen mit 6pfündigen Schußraketen beobachten, als Ziel diente eine Scheibe, die 90 Schritt lang und 9 Fuß hoch war und eine Escadron Kavallerie darstellte, in der Mitte war der Zielpunkt, ein Quadrat von 9 Fuß, markiert. Das Schießen wurde durch 2 Batterien mit jeweils 12 Raketengeschützen durchgeführt, die während des Schießens gefechtsmäßig die Stellung wechselten. Auch hier werden die Ergebnisse als Tabelle wiedergegeben:[321)]

(siehe Tabelle 2 auf Seite 171: Leistungsstand der Raketen)

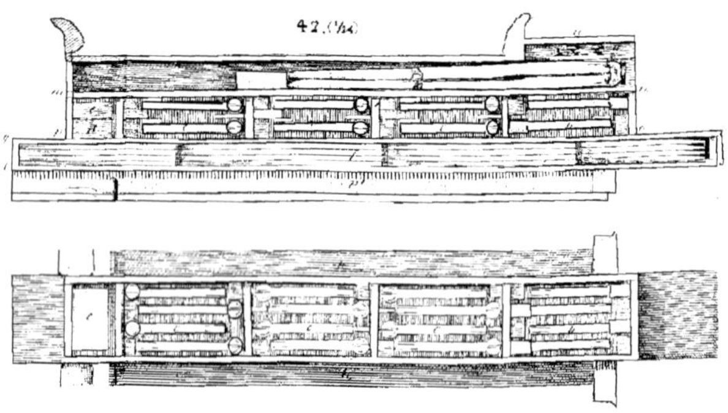

Wurstwagen, Deckel mit Raketengeschütz und Kasten mit Raketen, (Zeichnung: Waffen-Lehre)

Taktische Grundsätze speziell für den Einsatz der Raketenartillerie gab es nicht, in den Feldinstruktionen für die Artillerie wurden nur Hinweise gegeben, wann die Raketen allgemein oder mit besonderem Erfolg eingesetzt werden könnten. Die Instruktionen[322)] zählten taktische Lagen auf und wiesen nur gelegentlich auf einen möglichen Einsatz hin, so hieß es allgemein zu Kolonnen auf dem Marsch:

„Avant- und Arrièregarden führen verhältnismäßig nur wenig und leichtes Geschütz mit sich, in hochgebirgigen Gegenden aber werden ihnen höchstens Raketen oder Geschütz auf Maulthieren beigegeben."

Für den Angriff eines Gebirgspasses wurden bereits detaillierte Hinweise gegeben:

„Beschränkt sich dieser auf die Vertheidigung eines Blockhauses, so ist es vor allem erforderlich, Punkte zu gewinnen, von welchen man dasselbe mit Geschütz zu beschießen im Stande ist, um es auf diese Weise zu zerstören, oder durch Haubitzgranaten in Brand zu stecken. Zugleich werden einige Raketen auf dominierenden Höhen und Felsenspitzen, die für das gewöhnliche Geschütz unzugänglich sind, placirt, um von da das tieferliegende Blockhaus mit Erfolg beschießen und mit Granaten bewerfen zu können. Bei dieser Gelegenheit führen wir die größten Elevations- und Senkungswinkel an: . . . Raketen: höchste Elevation = 30 Grad, größte Senkung = 12 - 13 Grad."

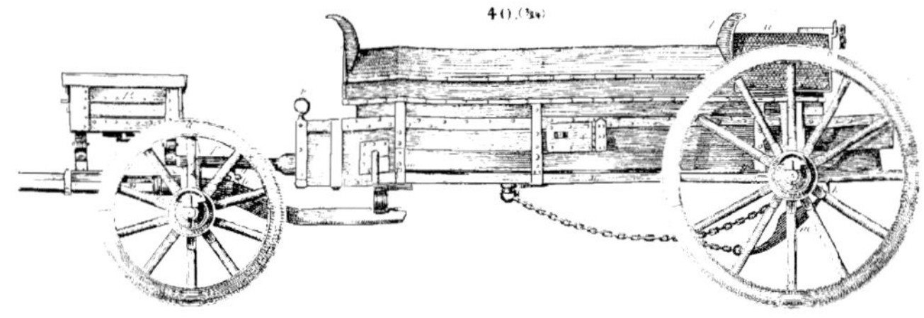

Wurstwagen, (Zeichnung: Waffen-Lehre)

Zur Verteidigung von Schanzen wurde darauf hingewiesen:

„Auch Raketen können mit Vortheil in den Schanzen, besonders bei kleinem innern Raum, verwendet werden, da sie keine Platteformen und Schußscharten benötigen."

Zum Einsatz der Artillerie in Stellungen wurde festgestellt:

„Die Artillerie findet ihre Aufstellung: 2. Bisweilen werden auch mit großem Vortheile einzelne tiefe Stellungen besetzt. So zum Beispiel in der Verlängerung von Defilees, durch die der Feind anrücken muß, wo man die schwersten Kaliber aufführt, und überdies mehrere Batterien gegen deren Ausgang - mit Kartätschen geladen - richtet. Kann dasselbe nach der ganzen Länge bestrichen werden, und gestattet das zwischenliegende Terrain das Rikoschettieren, so sind auch mit großem Vortheile Raketengranaten den Geschützen beizugeben."

Zur Verteidigung und zum Angriff einzelner Höhen wurde geraten:

„Figur 4 ist ein Profil, in welchem sich der Sturz mit der höchsten Bergkuppe selbst auf einem und denselben Punkte, nämlich auf dessen Spitze vereinigt. Hier ist für die Infanterie keine andere Aufstellung, als jene auf dem Hügel selbst möglich. Das Geschütz kann aber auf solchen Höhen nur an jedem Punkt der Kuppel aufgestellt werden, von welchem am rückwärtigen Abhang Straßen und Wege hinabführen, um im Falle eines Rückzuges die Kanonen mitnehmen zu können. Nie soll man sich verleiten lassen, letztere an solcher Stelle zu placiren, wo keine ordentlichen Kommunikationen bestehen; dagegen können daselbst die leichter beweglichen und tragbaren Raketen die Kanonen ersetzen, und mit Vortheil an diesen Punkten wirken, da sie gleich der Infanterie sich auf allen Wegen zurückziehen und daher bis auf den letzten Augenblick zu feuern im Stande sind."

Schließlich wurden Hinweise zur Verteidigung eines Transportes und für den Angriff auf diesen gegeben:

„Die Wagenburgen bleiben jedoch stets eine schwache Schutzwehre gegen eine feindliche Infanterie die mit Geschütz, vorzüglich aber mit Haubitzen und Brandraketen versehen ist."

„Kann man während dieses Gefechtes in den Transport eine Anzahl Kugeln, Haubitzgranaten oder Wurfraketen bringen, so wird, vorzüglich wenn dieser aus Landfuhren zusammengesetzt ist, die größte Unordnung in der Wagenkolonne entstehen und die Eroberung des Convoi um desto sicherer gelingen."

Grundsätze für den Einsatz der Raketen finden sich dann später in der offiziellen Waffenlehre, in der auch erstmals die Zersplitterung dieser Waffe als falsch bezeichnet wird:

„89. Die Raketenwaffe soll im Feldkrieg nur dann in Verwendung kommen, wenn nach der Beschaffenheit der Verhältnisse die Rohr-Artillerie entweder gar nicht oder doch nur unzureichend wirken kann, oder wenn ihre Mithilfe den Erfolg sicherer und schneller herbeiführt, oder wenn im entscheidenden Momenten das Feuer der Rohr-Artillerie durch ihr Massenfeuer verstärkt oder bei kritischen Umständen der einen oder anderen Waffe schnell Hilfe gebracht werden soll . . . Da

---

321) Tabellen und Zitat aus: Konstantinoff, a.a.O., S. 12 ff. Das erste beschriebene Schießen scheint eine Standardübung gewesen zu sein, da Captain Mindzel sie 1834 ähnlich im Ablauf beschrieben hat. Konstantinov dürfte wohl der einzige Ausländer gewesen sein, der Zugang zur Raketenanstalt hatte, er hat sie zweimal besucht.

322) Die nachstehenden Zitate sind alle den „Feldinstruktionen für die Infanterie, Kavallerie und Artillerie", Olmütz 1852 (o. Verf.) entnommen.

sich solche Umstände auf jedem Kriegsschauplatze häufig ergeben, so muß die Raketenwaffe ausschließlich in der Hand des Truppenchefs sein, der die Umstände am besten zu beurtheilen und die so schädliche Zersplitterung der Waffe zu verhüten vermag. Nur im Gebirgskrieg, wo den Raketen die Hauptrolle zufällt, treten die Batterien derselben andauernd in den Truppenverband."[323)]

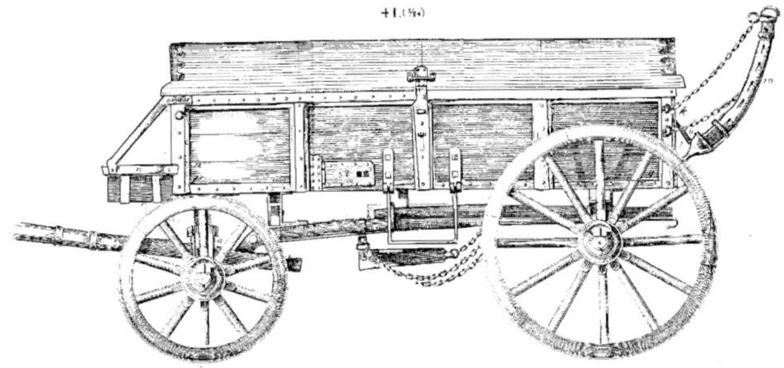

12pfünder Munitionswagen, (Zeichnung: Waffen-Lehre)

Abschließend beurteilte Hütz das österreichische Raketensystem:
„Das österreichische Raketensystem zeigt demnach die rasirendste Schußrakete, die beste Wurf-Rakete, deren Trefffähigkeit die der Haubitzen überreicht, einen wirksamen Kartäschenschuß, eine schnell zündende Brandrakete, die auch zum Wegräumen von Hindernissen dient, eine vorzügliche Leuchtrakete. Bis 1.400 Schritte entspricht dieses System sowohl hinsichtlich der Trefffähigkeit als Wirkung allen Anforderungen, und dient daher bei der Leichtigkeit der Anwendung auf jeden Boden und der großen Beweglichkeit, als eine allseitige Ergänzungswaffe der Artillerie, die nun in ihrer Wirkung durch keine Bodenschwierigkeit mehr beschränkt ist."[324)]

1854 wurde Freiherr von Augustin, nunmehr zum Feldzeugmeister befördert, zum Inhaber des inzwischen zum Raketeur-Regimentes umbenannten Corps ernannt. Etwas boshaft wurde er von einem preußischen Offizier in diesem Jahr charakterisiert:
„Auch der alte Feldzeugmeister Augustin war eine in der Entfernung angestaunte Größe, eine Berühmtheit in der Artillerie. In der Nähe gesehen, schrumpfte der Meteor zu einem Stern dritten oder vierten Grades zusammen ... Er hatte die österreichischen Raketen erfunden, und danach konnte es nicht besseres geben. Die Ungarischen Aufrührer hatten die Raketen gefürchtet, und dies gab der alten, von dem höchsten wissenschaftlichen Geheimnis umgebenen Waffe neuen Glanz. Als einige Jahre später der alte Augustin starb, entdeckte man auch in Österreich, daß die Raketen eigentlich nie etwas getroffen hatten, und man schaffte sie ab, um dafür gezogene Geschütze einzuführen."[325)]
In diesem Jahr war sein Sohn Ferdinand, nunmehr Generalmajor, in der Bukowina eingesetzt, um im Zuge des Krim-Krieges Ibraila und Gallacz zu besetzen und diese Ortschaften den Türken unter Muschir Achmed Pascha zu übergeben. Für diese Aufgabe war seiner Brigade auch eine Raketenbatterie unterstellt.[326)]
Im selben Jahr wurde das Raketeur-Regiment nochmals erweitert, es umfaßte jetzt 18 6pfündige Batterien und 2 Compagnien im Frieden,

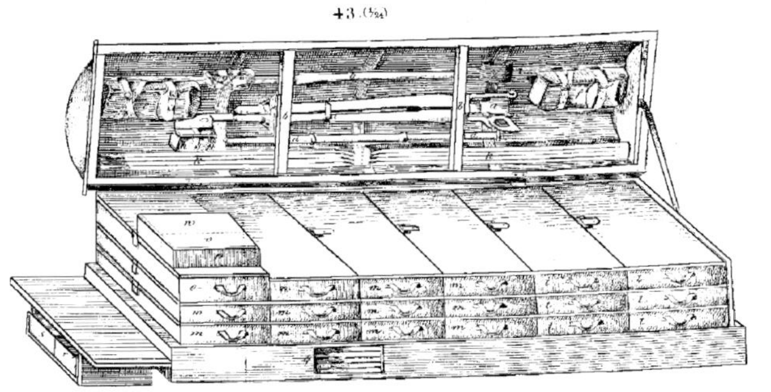

6pfünder Munitionswagen, aufgeklappt, (Zeichnung: Waffen-Lehre)

im Kriegsfall sollten zwei weitere Batterien sowie eine zusätzliche Compagnie aufgestellt werden. Die Batterien waren etwas gekürzt worden und verfügten nur noch über 8 Wurstwagen und 8 Munitionswagen, dazu 1 Feldschmiede, 1 Deckelwagen, 3 Fourage- und 3 Bagagewagen, zudem war im Frieden nur die Hälfte der Compagnien bespannt. Die Stärke der Batterien betrug im Frieden 89 Mann und 20 Pferde, für den Kriegsfall waren 122 Mann und 70 Pferde vorgesehen.[327)] Aus dem Personal, das nach den Kürzungen frei geworden war, waren die Batterien 16 bis 18 aufgestellt worden.[328)]
Commandant des Regimentes wurde Müller v. Sturmthal. Zum Regimentsstab gehörten 1 Oberst, 1 Oberstlieutenant, 2 Majore, Caplan, Auditor, Arzt, Adjutanten, 3 Stabsoffizier-Adjutanten, 2 Ober-, 1 Wund- und 4 Unterärzte, 1 Rechnungsofficial mit 4 Assistenten, 1 Regiments- und 4 Stabstrompeter, 1 Ober-Curschmied, 1 Oberschmied, sowie 1 Profoss, im Kriege traten noch 2 Hauptleute und 9 Fahrraketiere hinzu. Am 1. Juli 1854 wurde die neue Gliederung eingenommen. Zur „Technischen Artillerie" gehörte nunmehr das Raketen-Zeugs-Artillerie-Commando in Wiener Neustadt als No 18 mit 1 - 2 Stabsoffizieren, 2 - 8 Hauptleuten und 4 - 6 Subalternoffizieren. Diesem Kommando unterstanden die Raketenmonteur-Kompagnie mit 251 Mann und eine Zündermonteur-Kompagnie mit ebenfalls 251 Mann.[329)] Pro Armee-Corps war der Einsatz einer Raketenbatterie in der Corps-Geschütz-Reserve vorgesehen, wobei 1855 vierzehn Armee-Corps sowie ein Gebirgs-Corps vorhanden waren. Die übrigen Batterien waren für den Einsatz in der Armee-Geschütz-Reserve vorgesehen. 12pfündige Batterien waren nicht vorgesehen, sollten diese Raketen eingesetzt werden, wurden den Corps-Geschützreserven 2 oder mehrere 12pfündige Munitionswagen, die auch die entsprechenden Raketengeschütze enthielten, zugeteilt, sie sollten dann durch die Raketenbatterie des Corps bedient werden. 1857 wurden aus wirtschaftlichen Gründen beide in Dalmatien liegende Gebirgsraketenbatterien aufgelöst und nach Wiener-Neustadt zurückbeordert.[330)] Zum Einsatz im Gebirge hieß es in der Waffenlehre:[331)]
„6pfündige Gebirgsbatterien rüstet man nur in besonderen Fällen von vorne herein aus, und löst dieselben nach Erfüllung ihres Zweckes wieder auf."
Eine so aufzustellende Gebirgsbatterie sollte von einem Subalternoffizier geführt werden und über 1 Feuerwerker, 1 Corporal, 36 Raketeure und 1 Sattlergesellen verfügen, hinzu traten 1 Corporal und 27 Gemeine vom Fuhrwesen für 3 Reit- und 50 Tragepferde. Die Batte-

323) Waffen-Lehre, a.a.O., S. 45 f. In den folgenden Ziffern wurden, wie in den Feldinstruktionen, einzelne taktische Situationen beschrieben und Hinweise für die Auswahl von Feuerstellungen gegeben.
324) Hütz, a.a.O., S. 65
325) Prinz Kraft zu Hohenlohe-Ingelfingen, Aus meinem Leben, Berlin 1897, 1. Band, S. 258; der Verfasser war 1854 als Attaché in Wien eingesetzt und kein Freund der Raketen, siehe auch Abschnitt Preußen
326) J. von R., a.a.O., S. 432
327) o. Verf., Zur Geschichte ... in: AOPA, a.a.O. S. 201, sowie: Waffen-Lehre, a.a.O., S. 28 f. und: o. Verf., Sechzig Jahre Wehrmacht, a.a.O., S. 68
328) Semek, Wehrmacht, a.a.O., S. 197
329) Kalmár, a.a.O., S. 96; K. gab die Stärke des Anstaltskommandos mit insgesamt 13 Mann an.
330) ibidem, S. 31; dies scheint aber nicht endgültig gewesen zu sein, denn 1860 wurde eine Abteilung der 2. Kompagnie des Raketenregiments mit 1 Offizier, 2 Feuerwerkern, 3 Zugführern, 3 Korporalen und 40 Raketeuren erneut nach Dalmatien kommandiert (ibidem)
331) Waffen-Lehre, a.a.O., S. 28 ff.

rie konnte in den Packsätteln und Tornistern 681 Raketen mitführen, die Lafetten mußten von der Mannschaft getragen werden. In einem Tornister konnten 4- 6pfündige resp. 2- 12pfündige Raketen getragen werden. Fourage wurde auf den Pferden nicht mitgeführt, diese war von den Tragtier-Escadronen des Armee-Bespannungs-Corps zu transportieren.

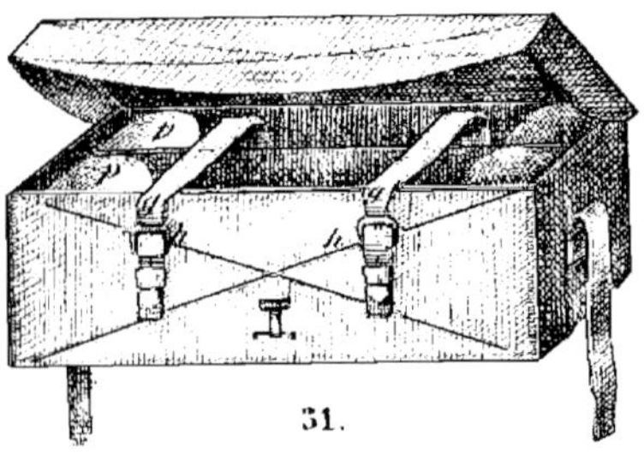

Raketentornister, (Zeichnung: Waffen-Lehre)

An der Ausstattung mit Munition hatte sich noch nichts verändert, für Schußraketen wurde der Begriff „Visierschuß" eingeführt, um gegen naheliegende Ziele zu wirken, er führte zu einem erstem Aufschlag nach 250 Schritt, während der Schleuderschuß zu einem erstem Aufschlag nach 800 Schritt führte. Schußraketen konnten - wenn keine Wurfraketen vorhanden waren - auch zum Werfen verwendet werden, sie reichten dann bis auf 1.000 bis 1.200 Schritt, während die Wurfraketen nur maximal 800 Schritt erreichten.[332] Auch die „Raketengeschütze" hatten sich nicht geändert, neben den broncenen waren weiterhin noch eiserne vorhanden, „die letzteren gehören der älteren Gattung an; sie haben eine weniger zweckmäßige Construktion, sind schwerer zu reinigen und werden nicht mehr erzeugt."[333]

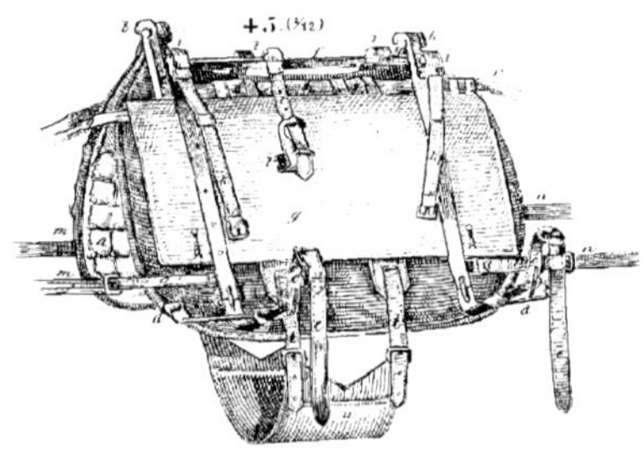

Tragesattel, (Zeichnung: Waffen-Lehre)

1858 erbat Augustin nach 65 Dienstjahren wegen Krankheit seine Entlassung, die ihm der Kaiser gewährte, kurz darauf starb er nach kurzer Krankheit am 6. März 1859, so daß er den Niedergang seiner Raketenwaffe nicht mehr zu erleben brauchte.

1859 brach erneut wegen der Lombardei Krieg mit dem Königreich Sardinien aus, das diesmal mit Frankreich verbündet war.

Das Baron Augustin Raketeur Regiment lag mit 2 Compagnien und 12 Batterien in Wiener Neustadt mit einer Friedensstärke von 1.326 Mann, 189 Pferden und 48 Geschützen, 6 Batterien waren in Italien stationiert, seine Sollstärke hätte 2.986 Mann und 191 Pferde betragen sollen.

Die Batterien sollten zu dieser Zeit eine Friedensstärke von 99 Mann und 53 Pferden resp. die neun unbespannten eine von 96 Mann besitzen. Das Regiment war nunmehr auf Kriegsfuß zu setzen, das heißt, daß die Batterien auf einen Stand von 155 Mann und 122 Pferden mit 24 Fahrzeugen zu bringen waren und die Compagnien von 151 Mann auf 226 Mann, so daß das Regiment insgesamt von 2.099 Mann und 494 Pferden auf 3.850 Mann und 2.476 Pferde aufzuwachsen hatte.[334]

Die 6 Batterien in Italien unterstanden der 1. Armee in Verona und verfügten über eine Friedensstärke von 509 Mann und 100 Pferden bei einem Soll von 582 Mann und 106 Pferden. Bei Kriegsausbruch wurde die Batterie Nr. 6 dem 5. Corps in Mailand, die Batterie Nr. 9 dem 3. Corps in Lodi, die Batterien Nr. 7 und 18 dem 7. Corps in Brescia und die Batterien Nr. 8 und 16 dem 8. Corps in Verona unterstellt, die Raketengeschütze der Flottille auf dem Gardasee wurden von Riva nach Peschiera, dem Hauptkriegshafen der Flottille, überführt.[335]

Am 1. Mai waren die Batterien, die inzwischen auf ihre Kriegsstärke von 155 Mann, 122 Pferden und 8 Raketengeschützen gebracht worden waren, entsprechend der Ordre de Bataille der II. Armee wie folgt eingesetzt: beim 2. Infanterie-Armee-Corps die Batterie Nr. 18, beim 3. die Batterie Nr. 10, beim 5. die Batterie Nr. 5, beim 7. die Batterie Nr. 7, beim 8. die Batterie Nr. 8 und in der Armee-Geschütz-Reserve unter Oberstlieutenant Herle die Batterien Nr. 6, 9 und 10. Eine Compagnie des Raketeurregimentes mit 226 Mann unterstand den Besatzungstruppen von Triest und war auf die Festungen der Lombardei verteilt. Am 20. Mai wurde noch dem 9. Infanterie-Armee-Corps die Raketenbatterie Nr. 1 zugeführt.[336]

Am 29. April überschritten die österreichischen Truppen den Tessin und rückten damit in den piemontesischen Anteil der Lombardei ein. Nach der Mobilisierung bestand das Raketeur-Regiment aus 20 Batterien mit jeweils 8 Raketenwagen sowie 3 Compagnien, es umfaßte damit 160 Raketengeschütze, 4.000 Mann und 3.000 Pferde.[337] Auf dem italienischen Kriegsschauplatz waren insgesamt 10 Batterien mit 80 Raketengeschützen eingesetzt, also ein Sechstel der Anzahl der Kanonen.[338] Im Rahmen des Vormarsches des 5. Armeecorps deckte dabei am 4. Mai eine halbe Raketenbatterie den Übergang der Brigade Gáal über die Sesia bei C. Bonati und den Po und sicherte den Brückenschlag.[339] Die Grenadierbataillone Erzherzog Carl wurden am Po Ufer vom jenseitigen Ufer aus von der sardinischen Artillerie beschossen:

„Ungeachtet dessen rückten die Truppen jubelnd und in Ordnung bis an das Wasser vor und eröffneten von den Raketengeschützen unter Oberlieutenant Kellermayer nach Kräften unterstützt, ein anhaltendes Feuer."[340]

Ab 14. Mai waren die österreichischen Verbände bei Alessandria konzentriert. Das weitere Vorrücken auf Novara wurde durch die französischen und sardinischen Truppen bei Montebello am 20. Mai vereitelt. Anschließend hatte die sardinische Artillerie auf einer Sesia-Insel eine Batterie eingerichtet, die am 23. Mai mit Raketenfeuer belegt wurde.[341] Ebenso wurde am 25. Mai eine sardinische Batterie bei Gazzo am linken Sesia-Ufer heftig mit Raketen beschossen.[342]

Ende Mai rückten die Freischaren Garibaldis auf Como vor. In der Stadt kam es zum Aufstand der Bürger und um Straßenkämpfe zu ver-

---

332) A. M. v. Kellemes, Grundzüge über den Gebrauch der Artillerie im Felde und der Kriegswaffen überhaupt, Wien 1857, S. 180; 12pfündige Wurfraketen reichten mit der 6pfündigen Granate unter 8° bis 1.000 Schritt und unter 30° bis 1.400 Schritt, mit der 16pfündigen Bombe unter 40° bis 520 Schritt und mit dem 8pfündigen Brandballen bei 23° Elevation bis 1.000 Schritt. Die 6pfündigen Schußraketen erreichten die Entfernung von 1.200 Schritt bei einer Elevation von 25°, die 6pfündigen Wurfraketen mit 5pfündigen Granaten die 800 Schritt unter 32°. (Waffen-Lehre, a.a.O., S. 38 u. S. 39)

333) Waffen-Lehre, a.a.O., S. 9

334) Angaben nach: Der Krieg in Italien 1859 (bearbeitet vom k.k. Generalstabs-Bureau für Kriegsgeschichte), I. Band, Wien 1872, S. 29 und Beilage 1

335) Der Krieg in Italien 1859, a.a.O., S. 103 und S. 111; in: Comando del corpo di stato maggiore, ufficio storico, La guerra del 1859 per l'indipendenza d'Italia, Roma 1910, pp. 211, sind für den 1. Mai 8 Raketenbatterien nachgewiesen

336) Der Krieg in Italien 1859, a.a.O., Beilage 5

337) Zahlen nach: Rüstow, Der italienische Krieg 1859, Zürich 1860, S. 53

338) Angaben nach: Konstantinoff, a.a.O., S. 4

339) Storm, a.a.O., S. 19; im italienischen Generalstabswerk (La Guerra del 1859, a.a.O., p. 388) wurde für diesen Tag nur das Feuer einer Raketenbatterie auf eine italienische Batterie im Raum Cascina Fracchia (gehörend zur 5. Division, Valenza) gemeldet: „Contemporaneamente la batteria nemica da 16, collocata di fronte al ponte, aperse un vivo fuoco d'infilata ed una batteria di racchette collocata superiormente al ponte e, da quanto mi sembrò. al piede della scarpa della ferrovia, infilava egualmente la strada di comunicazione dalla cascina Capello al ponte."

340) Der Krieg in Italien 1859, a.a.O., S. 179

341) La guerra del 1859, a.a.O., p. 693: „Questa mattina il nemico verso le ore 7¾ aprì il fuoco con pezzi di artiglieria e con racchette, il quale durò fin verso le ore 9. Le tre sezioni vi risposero vivamente ed efficacemente."

342) ibidem, p. 737: „Nel mattino successivo alle 3½ il nemico incominciò il fuoco di moschetteria contro la batteria e più tardi con cannoni e razzi" Der Einsatz der österreichischen Raketen wurde nur an wenigen Stellen in den Meldungen der sardinischen Truppenteile erwähnt.

meiden, ließ FML Urban die Stadt räumen.

„In Como begann man Sturm zu läuten, die Straßen zu beleuchten und 'Evviva Garibaldi' zu rufen. Die Stadt wurde nun mit Raketen beworfen."[343)]

Am 31. Mai rückte Garibaldi weiter auf das Kastell von Lavero vor, dabei setzte er 2 Geschütze auf dem Brianza ein, um die österreichischen Kriegsdampfer auf dem See zu beschießen, die das Feuer nicht erwidern konnten, da die feindliche Batterie zu hoch stand.

„ . . . dagegen zwangen aber mehrere von der Plattform der Südbatterien aus gegen diese Geschütz-Position gemachte und treffend angebrachte 12-pfündige Raketenwürfe den Feind zur Aufgabe seines Vorhabens."[344)]

Das Feuer der Dampfer *Radetzky*, *Benedek* und *Ticino* sowie des Raketenbootes unter Hauptmann Grünwald wies dann den Angriff der Freischaren auf das Kastell ab.[345)]

Am 1. Juni besetzten die Franzosen Novara, von den sich zurückziehenden österreichischen Truppen nur durch wenige Raketenschüsse behindert.[346)] Schließlich kam es am 4. Juni zur Schlacht von Magenta. Am Naviglio grande auf dem rechten Flügel der österreichischen Stellung stand die Brigade Burdina des 1. Armeecorps (Clam-Gallas), sie wurde durch eine 12pfündige und eine Raketenbatterie verstärkt,[347)] die bei Buffalora und Ponte nuovo di Magenta eingesetzt waren.

„Die in der Eisenbahnschanze aufgestellten 6 Raketen Geschütze sowie 4 andere südlich der Eisenbahn am Rideau-Vorsprunge placirten Geschütze derselben Gattung unter Raketeur-Hauptmann Ecke (Batterie Nr. 16) empfingen zwar den Gegner mit einem wohlgezielten Feuer und erschütterten momentan die feindlichen Colonnen; diese ließen sich jedoch nicht gänzlich im Vorgehen aufhalten; obgleich durch einige Kartätschenschüsse in Unordnung gebracht, setzten sie immer wieder ihre Vorrückung fort . . ."[348)]

Im Verlauf des Angriffes zweier Divisionen des Corps Mac Mahon mußten die Batterien jedoch ihre Stellung räumen. Nach der Schlacht gingen die Österreicher auf den Mincio zurück und räumten nach dem Gefecht bei Melegnano das rechte Ufer des Po.

Am 23. Juni gingen die Österreicher nach Neugliederung des Heeres nochmals zur Offensive über und rückten auf Solferino vor, wo es am 24. Juni zur Schlacht kam. Am 23. Juni rückte die französische Division Forey auf der Strada di Solferino gegen den Monte Fenile vor und bedrohte damit die linke Flanke der Brigade Generalmajor Puchner, es bekämpften

„. . . die übrigen Geschütze der Brigade Batterie nebst 4 Raketen Geschützen die von Le Grole über den Monte Tessile anrückende andere Brigade der Division Forey auf das Wirksamste."[349)]

Auf österreichischer Seite gingen das 5. und 7. Corps wiederholt zum Angriff vor, kam aber gegen entsprechende französische Angriffe nicht voran:

„ . . . die erste Brigade der Division Bazaine, welche in das Kreuzfeuer der wohlbesetzten Punkte des Kirchhofes und der Rocca, wie vorher die Division Ladmirault kam, erlitt namhafte Verluste, ohne etwas zu erreichen. Der Kirchhof mit seinen Raketengeschützen und Kanonen schien insbesondere ein unüberwindliches Hinderniß."[350)]

Auch die Brigade Baltin mußte ihren Angriffsversuch trotz wirksamer Unterstützung durch eine Raketenbatterie einstellen:

„Die . . . Brigade Baltin verlor die richtige Angriffs-Direction und gelangte vor das zwischen der Hauptstraße und Casa nuova gelegene Gehöft Quagliana. Nach einem dreimaligen, durch die Raketen-Batterie Nr. 11 unterstützten Vorstosse gegen die Örtlichkeit zog sich auch diese Brigade zurück . . ."[351)]

Nach der Schlacht kam es zum Rückzug auf das linke Ufer des Mincio. Inzwischen waren die nach Italien zur Verstärkung der Armee abgesandten Raketenbatterien Nr. 2 und 19 eingetroffen und wurden am 3. Juli der II. Armee unterstellt.

Auch auf dem separaten Kriegsschauplatz Tirol waren unter Generalmajor Graf Huyn Raketen eingesetzt, in einer Denkschrift zur Landesverteidigung Tirols vom 5. Mai 1859 hatte dieser sogar die verzuglose Aufstellung von Raketenbatterien „und zwar für's Gebirge ausgerüstet" gefordert.[352)] Er erhielt jedoch zunächst nur die Raketenbatterie Nr. 15 am 18. Mai nach Bozen zugeführt, deren Stärke 204 Mann und 122 Pferde betrug.[353)] Ende Mai wurden ihm dann im Zuge der Mobilmachung für die Raketenbatterie Nr. 15 ein Wurstwagen sowie vier 6pfündige und zwei 12pfündige Munitionswagen zugeführt. Hier kam es am 23. Juni gegen angreifende Freischaren zum Gefecht bei Bagolino, das zum Rückzug des Feindes führte:

„Die mittlerweise unter Major Schidlach auf der Höhe von Riccomassimo angelangten 2 Compagnien Prinz Hessen Infanterie Nr. 46, eine Abtheilung Kaiser-Jäger und 2 Raketen-Geschütze steckten der feindlichen Vorhut ein Ziel. Der Feind rannte zwar auch gegen die Stellung von Riccomassimo an, liess aber, durch einige Raketenwürfe erschüttert, bald von weiteren Angriffen ab."[354)]

Ab 28. Juni stand ihm dann zusätzlich die Raketenbatterie Nr. 14 mit 142 Mann und 118 Pferden zur Verfügung.

Auch zur Verteidigung der Festungen war die Raketenartillerie eingesetzt; nach Peschiera wurden im Juni von Verona 7 Raketeure zur Bedienung der in der Festung vorhandenen Raketengeschütze kommandiert, ebenfalls wurde nach Mantua ein Raketen-Detachement entsendet, um die 22 Raketengeschütze der Festung zu bedienen und zur Verteidigung der Seefront Venedigs waren als mobile Reserve 8 Raketengeschütze eingesetzt. Ancona mußte am 11. Juni von den Österreichern geräumt werde, der Abtransport der Geschütze war nicht mehr möglich, aber zumindest die Raketenartillerie - ein Detachement Raketeure mit 16 Raketengeschützen und einem Vorrat von 1.060 Raketen - wurde beim Rückmarsch der Besatzung über Rimini nach Ferrara mitgeführt. Auch für die Verteidigung Lissas war eine halbe Raketenbatterie Nr. 3 mit 6 Raketengeschützen und einer Stärke von 44 Mann eingesetzt, für 4 ihrer Geschütze wurde bei Comisa eine Batterie eingerichtet.

In Dalmatien schließlich standen zur Abwehr feindlicher Landungen 2 Gebirgsraketenbatterien bereit, die Nr. 1 mit 4 Geschützen und 22 Mann bei Castelnuovo und die Nr. 2 mit 8 Geschützen und einer Stärke von 45 Mann und 31 Pferden bei Percanj.[355)]

Am 8. Juli kam es dann zum Waffenstillstand, dem der Präliminarfrieden zu Villafranca folgte. Die Raketenbatterien hatten ihre früheren Erfolge nicht wiederholen können und verloren ihr bis dahin unerschüttertes Ansehen, auch wenn sie sich mit gewohnter Tapferkeit und Elan eingesetzt hatten, so daß sich 3 Offiziere und 53 Mannschaften Auszeichnungen erwerben konnten.[356)] Die Augustinschen Raketen waren an Reichweite und Treffgenauigkeit den modernen

343) Der Krieg in Italien 1859, a.a.O., S. 388

344) Der Krieg in Italien 1859, a.a.O., S. 451

345) Kerchnawe, a.a.O., S. 550

346) La guerra del 1859, a.a.O., p. 1048: „Mi reco a somma premura di preveniria che le truppe francesi, comandate dal generale Niel, alle $6^1/_2$ questa mattina sono entrate in Novara e si sono accampate in seguito alla Bicocca; alcuni colpi di cannone ed alcune racchette furono tirate dalle truppe austriache, in n. di 2.500 circa, che si ritirarono nella direzione di Trecate, . . ."

347) Rüstow, 1859, a.a.O., S. 403

348) Der Krieg in Italien 1859, a.a.O., S. 526; siehe auch: La guerra del 1859, a.a.O., Vol. I, narrazione, p. 372: „Intorno alle 13.30 la div dei granatieri della Guardia iniziò l'attacca sul Naviglio. La colonna del gen. Mellinet, senza lasciarsi arrestare dal fuoco di 10 racchette, si lanciò con tanto impeto su Ponte Nuovo, che le truppe imperiali che si trovarano sulla destra del Naviglio doveretto ripassare il canale."

349) Der Krieg in Italien 1859, II. Band, a.a.O., S. 260

350) Rüstow, 1859, a.a.O., S. 309

351) Der Krieg in Italien 1859, II. Band, a.a.O., S. 324

352) Der Krieg in Italien, III. Band, a.a.O., S. 5

353) ibidem, Beilage 2

354) ibidem, S. 62

355) ibidem, Peschiera: S. 102, Mantua: S. 112, Ancona: S. 140, Venedig: S. 163 und Lissa: S. 243, sowie für Lissa und Dalmatien: Beilage 2; zu Ancona auch: v. Mollinary, a.a.O., 2. Band, S. 15

356) Nemetz, a.a.O., S. 272

französischen Geschützen des Systems La Hitte zu sehr unterlegen,[357] ja, selbst die neuen gezogenen Gewehre reichten weiter.[358] Eine weitere Folge des Friedens resultierend aus der Abtretung der Lombardei und aus Sparmaßnahmen war die Übernahme des k. k. Flottillencorps mit Allerhöchster Entschließung vom 28. Februar 1860 durch die Kriegsmarine,[359] die endgültige Auflösung erfolgte dann mit Verordnung vom 21. April 1861.[360]
Nach 1859 wurde das Regiment neu organisiert, die Raketenbatterien 13 bis 18 wurden aufgelöst, im Frieden bestanden nur noch 12 Batterien und 2 Feld-Compagnien sowie eine Depot-Compagnie, für den Krieg sollten 16 Batterien mit jeweils 8 Raketengeschützen und 3 Compagnien formiert werden. Von den Feldcompagnien wurden die Gebirgsraketen-Batterien Nr. 1 bis 4 aufgestellt, wobei die Nr. 1 und 4 nicht aktiv waren.[361]
Aufgrund der Artilleriereorganisation von 1860 wurde die Anzahl der Feld-Compagnien um eine erhöht. Die Depot-Compagnie erhielt folgende Stärke: 1 Hauptmann, 2 Oberlieutenants, 3 Unterlieutenants, 8 Feuerwerker, 8 Führer, 16 Corporale, 2 Trompeter, 20 Vormeister, 40 Ober- und 50 Unterraketeure sowie 70 Fahrraketeure. Die Raketenbatterien verfügten im Frieden nur noch über 4 Wurstwagen, die Anzahl von 8 für den Kriegsfall blieb unverändert. Am 22. April 1860 erhielt laut Circular-Verordnung auch das Raketeur-Regiment eine Musikbande von 24 Mann, wie sie die anderen Regimenter schon besaßen.[362] Kommandant des Regiments wurde 1860 Oberst Müller.
Ab 8. Februar 1861 entfielen die Wurstwagen der Raketenartillerie, alle fahrenden Batterien wurden aufgrund Allerhöchster Entschließung vom 18. Januar 1861 in Fußbatterien umgewandelt.[363] Eine Raketenbatterie verfügte nunmehr im Frieden über 89 Mann mit 20 Pferden und 6 Fuhrwerken und im Kriege über 122 Mann, 70 Pferde und 14 Fuhrwerke, bei den Fuhrwerken befanden sich im Frieden 4 und Kriege 8 sechspfündige Raketenwagen. Eine Feldcompagnie verfügte im Frieden über 150 und im Kriege über 226 Mann, die Depotcompagnie besaß im Kriege die gleiche Stärke wie eine Feldcompagnie. Das Raketeurregiment verfügte im Frieden neben dem Stab über 12 halbbespannte Batterien und 3 Compagnien, im Kriege sollte es auf 16 Compagnien, 3 Feldcompagnien und 1 Depotcompagnie aufwachsen. Damit bestand das Regiment im Frieden aus 1.555 Mann mit 248 Pferden und im Kriege aus 2.920 Mann mit 1.152 Pferden.[364]
In diesen Jahren gab es nach Einführung der 3pfündigen Gebirgskanone Kontroversen über die Nützlichkeit der Raketen. Es zeigte sich aber immer wieder, daß im Gebirgskrieg die Raketen vielfältiger einsetzbar waren, als jedes Geschütz, zumal aufgrund der Form der Flugbahn gerade die Kanone viele Ziele nicht hätte bekämpfen können, die von der Rakete leicht angerichtet werden konnten und selbst dieses leichte Gebirgsgeschütz war letztlich nicht so beweglich und geländegängig wie die Raketeure mit ihrer Waffe.[365]
Angesichts der mangelnden Leistungsfähigkeit der Raketengeschütze im offenen Feldeinsatz, aber der weiterhin bestehenden Vorteile für den Gebirgskrieg, wurde im Dezember 1864 das Raketeurregiment in „Raketeur- und Gebirgs-Artillerie-Regiment" umbenannt.[366] Kommandeur wurde Berg von Falkenberg. Die übrigen 8 Raketenbatterien wurden jeweils als Batterie No. 11 den Artillerieregimentern zugeordnet. Damit verfügte auch das Heer des Deutschen Bundes zeitweilig über etatmäßige Raketenbatterien, da Österreich das I. bis III. Corps für das Bundesheer stellte. Die Gebirgsbatterien bestanden aus 4 dreipfündigen Gebirgs- und 4 Raketengeschützen mit den erforderlichen Tragtieren. Im Kriege sollten sie entweder 4 Rohr- oder 4 Raketengeschütze führen, die Anzahl der Batterien sollte im Rahmen der Mobilmachung verdoppelt werden. Diese Batterien wurden alle in das gebirgige dalmatinische Küstenland verlegt; als Standorte wurden zugewiesen der Batterie No.1 Lissa (ab 1863 unbemannt in Zara), No. 3 Perzagno, No. 2 Ragusa (nach 1860: Gravosa) und No. 4 Sinj. Diese Batterien wurden in den Folgejahren nicht mehr in Kampfhandlungen verwickelt.[367] Diese Batterien unterstanden gem. der

357) Konstantinov kommentierte: „Dans ces circonstances, deux choses durent nuire à la renommée des fusées autrichiennes: L'une à leur effet, et l'autre à l'appréciation du peu d'effet qu'elles ont été à même de produire. Ce qui a nui à leur effet, c'est leur trop faible portée. L'emploi des fusées autrichiennes de campagne, telles que les a créés le baron Augustin, et telles que l'autriche en possédait de grands approvisionnements au début de la guerre en Lombardie, a été grandement limité par l'augmentation de la portée et de la précision du tir des armes rayées en général, et surtout des canons. Non-seulement les fusées, mais toute l'artillerie autrichienne s'est trouvée dans les conditions accablantes d'infériorité de portée. La portée extrême des fusées de campagne en Autriche est de 1,400 pas ou 900 mètres environ, et le tir de l'artillerie de campagne ne dépasse guère 1,000 mètres. Aussi l'artillerie française, avec son canon de l'Empereur et ses canons rayés, avait une prépondérance de portée et de justesse tellement marquée, qu'elle atteignait de son feu les lignes ennemies à des distances auxquelles elle n'avait à redouter de leur part que l'arrivée de quelques boulets morts, et auxquelles les fusées étaient frappées d'une impuissance complète. Dans les rares occassions où l'armée française a été exposée aux coups des fusées autrichiennes, aux distances accesibles a ce projectiles, ce qui, dans ces circonstances, a dû rendre presque impossible aux Français de juger exactement de l'effet de fusées autrichiennes . . ." (a.a.O., p. 4). Susane, Les fusées de guerre, in: Mémoires de l'Académie Nationale de Metz 1862-63, beurteilte jedoch ihre Wirkung weit positiver: „A Magenta, m'écrivait le général [de Sévelinges] à la date du 30 août 1859, j'avais rencontré le général de Wimpfen, commandant une brigade des grenadiers de la garde, avec une légère écorchure à la joue. Il me dit, que cela provenait d'un éclat de fusée; que les fusées avaient fait beaucoup mal à sa troupe . . . Notre colonne se portant en avant sur une chaussée bordée de plantations a été labourée pendant dix minutes par un feu de fusées qui nous a mis deux ou trois cents hommes hors de combat. L'effet était terrible, et si ce n'avait pas été un régiment de la garde, je crois qu'il aurait reculé . . . - Ces fusées, ajoute M. le général de Sévelinges, venaient d'une distance de 5 à 600 mètres. Il y avait une dizaine de chevalets. C'est le 3e régiment de grenadiers qui a essuyé ce feu. Vous trouveriez là d'autres témoignages." (p. 239), auf p. 243 fügt er hinzu, daß innerhalb dieser 10 Minuten etwa 400 Raketen auf dieses Regiment abgefeuert worden wären, wobei er bedauert hätte, daß in dieser Situation die „fuséens" der französischen Artillerie nicht zur Verfügung gestanden hätten.
358) Susane, a.a.O., p. 245: „il faut aujourd'hui aux fusées de campagne de grandes portées pour n'être pas primées par le fusil rayé:"
359) Kerchnawe, a.a.O., S. 551, ob seitens der Kriegsmarine die Raketenbewaffnung beibehalten wurde, konnte nicht festgestellt werden. Nach: o. Verf., Sechzig Jahre Wehrmacht, a.a.O., S. 267, wechselte das Kommando über die Gardasee und die Lagunenflottille im Januar 1860 an die Marine, während die Donauflottille erst im Februar der Marine unterstellt wurde. Gem. AMZ 1861, S. 115, wurde die Donauflottille am 1. März 1860 an die Kriegsmarine übergeben, während die Lagunen- und Gardaseeflotille bereits ein Jahr zuvor Bestandteil der Kriegsmarine geworden war.
360) J. Zienert, Das „K. K. Flottillenkorps", in: Marinerundschau, 69. Jahrg. 1972,
361) S. 230 Dolleczek, a.a.O., S. 418, und: J. Hartmann, Artillerie Organisation, Hannover 1864, S. 16, sowie: Semek, Wehrmacht, a.a.O., S. 198; in der: ÖMZ, 1861, II. Band, S. 166 wurde eine leicht abweichende Gliederung entsprechend einer C.-V. v. 8. Februar 1861 veröffentlicht, hiernach verfügte das Raketeur-Regiment im Frieden über 12 halbbespannte Batterien sowie 3 Compagnien und im Kriege über 16 Compagnien, 3 Feldcompagnien und 1 Dépôtcompagnie mit einer Friedensstärke von 1.555 Köpfen und 248 Pferden sowie einer Kriegsstärke von 2.920 Köpfen und 1.152 Pferden. Die Raketenbatterien verfügten hiernach im Frieden über 89 Köpfe, 20 Pferde und 6 Fuhrwerke und im Kriege über 122 Köpfe, 70 Pferde und 14 Fuhrwerke, wobei im Frieden vier 6pfündige Munitionswagen und im Kriege acht vorgesehen waren. Eine Feldcompagnie umfaßte im Frieden 150 und im Kriege 226 Köpfe, die Dépôtcompagnie im Kriege sollte die gleiche Stärke wie eine Feldcompagnie besitzen.
362) Semek, Wehrmacht, a.a.O., S. 198
363) Dolleczek, a.a.O., S. 418, und: J. Hartmann, a.a.O., S. 16. Gem. AMZ 1861, S. 79 datiert die allerhöchste Entschließung auf den 28. Januar
364) C.-V. v. 8. Februar 1861, in: ÖMZ, 1861, 1. Band, S. 167 (Organisations-Änderung der Raketenbatterien); Baer, a.a.O., S. 32, gab eine abweichende Gliederung an.
365) C. v. H., Die Raketen, a.a.O., p. 413 - 415; "Die Kanone selbst bedarf zweier Maulthiere, um fortgeschafft zu werden, und fällt nur eines davon, so ist schon die Thätigkeit dieses Geschützes gehemmt . . . die Rakete bedarf solcher Transportmittel im Gebirge nicht, ihre Laffete kann abwechselnd immer von einem Manne der Bedienung selbst getragen werden. Die Rakete wird ferner sich oft auf der schiefen Fläche eines Abhanges, gleichviel ob am Fusse oder Obertheile, zum Feuern aufstellen, steile Höhen unverhofft überschreiten., jeden Fusssteig für ihre Unternehmungen benützen und damit an den überraschendsten Umgehungen der Infanterie Antheil nehmen können, während die Kanone auf den Wegen zurückbleiben und sich einen ebenen Aufstellungspunkt suchen muss."
366) Dolleczek, a.a.O., S. 418
367) Nemetz, a.a.O., S. 274; Kalmár, a.a.O., S 100, nannte aufgrund: ÖSK-1864.7.A. 97 acht Batterien dieses Regiments mit folgender Dislozierung: Raketen-Gebirgsbatterie No. 2 in Signe, No. 4 in Zara, No. 6 in Penzagno und No. 8 in Gravosa, die dreipfündigen Gebirgsbatterien waren stationiert: No. 1 in Spalato, No. 3 in Dernis, No. 5 in Penzagno und No. 7 in Gravosa. Jeweils 1 Lieutenant führte eine 3pfündige und eine Raketengebirgsbatterie, dazu waren in beiden Arten von Batterien jeweils an Personal vorhanden: 1 Feuerwerker, 1 Korporal, 2 Oberkanoniere, sowie 7 Ober- und Unterraketeure. Vgl. auch: Semek, a.a.O., S. 238

Allerhöchsten Entschließung vom 16. December 1864 dann dem Küsten-Artillerie-Regiment, wo 1865 zwei der Gebirgs-Raketenbatterien aufgelöst wurden.[368)]
Das Raketen-Corps verfügte damit 1863 über 4 Feld-Compagnien, 12 Raketenbatterien und 4 Raketen-Gebirgs-Batterien. Von den letzteren lag die Batterie Nr. 1 unbemannt in Zara im Depot.[369)]
Die Raketenbatterien der Artillerieregimenter verfügten über 8 zweispännige Munitionswagen, von denen im Frieden nur 4 aktiv waren, an Personal standen bereit: 1 Hauptmann, 3 Lieutenants, 3 Feuerwerker, 4 Führer, 6 Corporale, 16 Vormeister, 16 (im Krieg: 20) Oberkanoniere und 18 (22) Unterkanoniere, dazu traten 15 (40) Fahr-Kanoniere 1. und 2. Klasse, 1 Trompeter, je 1 Kurschmied und Sattler sowie 4 Offiziersdiener. An Pferden waren 10 Reit- und 10 (im Krieg: 60) Zugpferde vorgesehen.[370)] Dazu gehörten noch 2 Fouragewagen, wobei für den Kriegsfall zusätzlich 1 vierspännige Feldschmiede sowie 1 Requisiten- und 1 Bagagewagen hinzutraten. Insgesamt bestand die Batterie im Frieden also aus 89 und im Kriege aus 122 Mann. Der Stab des Gebirgs- und Raketeurregiments war wie der Stab der übrigen Regimenter gegliedert, bestand also aus einem Oberst, 1 Oberstlieutenant, 2 (im Kriege 3) Majoren, 1 Caplan, 1 Auditeur, 1 Regimentsadjutanten, 1 Regiments- und 2 Subalternärzten, 1 (2) Tierarzt, 1 Rechnungsführer, 1 Regiments- und 3 Stabstrompeter und 1 Profoß sowie 3 Feuerwerkern als Stabsoffizieradjutanten. Für den Krieg traten noch 4 Feuerwerker und 14 Fahrkanoniere hinzu, der für die Artillerieregimenter im Kriegsfall vorgesehene Proviantoffizier entfiel in diesem Regiment.[371)]
Nachstehende Raketenbestände wurden mitgeführt: in jedem Armeecorps je Raketenbatterie 5 Wagen mit insgesamt 710 sechspfündigen und 2 Wagen mit 104 zwölfpfündigen Raketen, je Armee pro unterstellter Batterie die selbe Menge sowie zusätzlich 355 sechs- und 52 zwölfpfündige Raketen. Im Felddepot wurden je Batterie der Armee weitere 10 Ladungen 6pfündiger, also 1.420 Raketen, und 3 Ladungen 12pfündiger, also 312 Raketen ohne Fuhrwerk bereitgehalten.[372)]
Die Fuhrwerke waren wie folgt beladen: für 6pfündige Raketen wurden 80 Schuß- und 40 Wurfraketen sowie 5 Brandballen mitgeführt, dazu 155 Stäbe und 240 Brandeln, für 12pfündige Raketen waren es 40 Wurfraketen sowie 8 Brandballen und 4 Fallschirmleuchtraketen sowie 57 Stäbe und 60 Brandeln.[373)]
Seitdem man erkannt hatte, daß die Rohrartillerie den Raketengeschützen in der Reichweite und ihren Einsatzmöglichkeiten überlegen war, galten für die Raketen folgende Einsatzgrundsätze:
„1. Beschränkung auf jene Fälle, wo die Rohr-Geschütze nicht oder nicht hinreichend wirken können
2. Verstärkung des Feuers der Rohrgeschütze
3. Degagierung einzelner Truppenteile in kritischen Fällen
4. Anzünden brennbarer, vom Feinde besetzter Objecte
5. Entwicklung möglichst grosser Geschützwirkung auf kleinem Raume.
Hierzu waren alle Batterien mit so viel Reserve-Geschützen ausgerüstet, dass die Geschützzahl verdoppelt werden konnte. In solchen Fällen wurde das Geschütz nur von 1 bis 2 Mann bedient."[374)]

Aufgrund Allerhöchster Entschließung vom 16. Dezember 1864 wurde dann das Raketier- und Gebirgs-Artillerie-Regiment wieder aufgelassen. Die Raketenbatterie Nr. 1 (Bozen) wurde dem Artillerieregiment 9 überwiesen, die Batterie Nr. 2 (Neustadt) dem Regiment 2, die Batterie Nr. 3 (Neustadt) dem Regiment 1, die Batterie Nr. 4 (Neustadt) dem Regiment 4, die Batterie Nr. 5 (Verona) dem Regiment 5 und die Batterie Nr. 6 (Bresowitz) dem Regiment 3, während die Batterien Nr. 7 (Trevisör) und Nr. 8 (Vincenzär) zu den Regimentern 7 und 8 traten. Aus der Bozener Batterie Nr. 9 und den Neustädter Batterien Nr. 11 und 12 wurden jeweils 3pfündige Gebirgsbatterien gebildet. die Marburger Batterie Nr. 10 trat zum Artillerieregiment 10. Die bisherigen Raketen-Gebirgs-Batterien 13 und 14 wurden zur Gebirgsbatterie des Regiments 5 zusammengefaßt und nach Tirol transferiert. Die Durchführung dieser Maßnahmen erfolgte zum 1. März 1865.[375)] Im Zuge dieser Maßnahmen wurde auch der allerhöchste Befehl vom 17. Juni 1817, der zur unbedingten Verschwiegenheit in allen Fragen der Raketenerzeugung verpflichtete, am 25. August 1864 aufgehoben, damit wurden die Offiziere und Mannschaften des Technischen Artilleriekommandos von ihrem Eid zur Verschwiegenheit entbunden.[376)]

Schon seit Jahren hatten sich zahlreiche Konstrukteure um eine Leistungssteigerung der Raketen bemüht; bereits 1849 hatten in Bozen der Oberleutnant Stepanek und 1859 der Feuerwerker Heppel Proben stabloser Raketen vorgelegt und bereits seit 24. Juni 1858 lag dem Artillerie-Komitee ein Muster der Rotationsrakete von Hale vor. Ebenfalls hatte in Ungarn Lajos Martin, Angehöriger des österreichischen Ingenieurcorps, unabhängig von Hale eine drallstabilisierte Rakete entworfen und Probleme der Raketentheorie untersucht. Dabei entwickelte er als erster eine mathematische Methode, mit der man die optimalen Dimensionen und die Bruchfestigkeit der Raketen berechnen konnte.[377)] 1856 legte er dem Kaiser den Entwurf einer Rotationsrakete vor, bei der das austretende Gas auf Wellen traf, die an der Außenfläche der Hülse befestigt waren. Der Entwurf wurde von zivilen und militärischen Experten geprüft, seine theoretische Grundlage wurde akzeptiert, man hielt ihn aber nicht für realisierbar. Damit unterblieb eine Weiterentwicklung.[378)] Daneben arbeitete auch das Technische Artilleriekommando, das zu dieser Zeit von Oberst Limpökh geleitet wurde, vor allem an der Verbesserung des Treibsatzes. Insbesondere versuchte er durch einen besonderen Ausdünstungsprozeß des Holzes feinere Holzkohle zu gewinnen; ferner ließ er im Depot befindliche Rakete ausbohren und das alte Pulver nochmals, diesmal feiner mahlen; mit diesem neuen Pulver wurden am 13. Juli 1860 erste Versuche unternommen, wobei es sich erwies, daß die Reichweiten der Raketen durch diese Maßnahmen gesteigert worden waren:

---

368) Semek, a.a.O., S. 211 f., die Numerierung der Raketenbatterien des Küsten-Artillerieregiments ist hier unklar, nach Semek traten 1863 die Gebirgsraketenbatterien No. 2 und 6 zu diesem Regiment über, wobei erstere ab 1865 die Nummer 8 erhielt. Am 12. April 1865 wurde das Material der Batterie Nr. 6 nach Ragusa, das der Batterie Nr. 8 nach Spalato überführt und die Stärke auf den Friedensstand reduziert. Dagegen stellte Semek auf S. 199 fest, daß am 1. März 1864 die Gebirgsbatterien des Küstenregiments vollzählig zum Raketeur- und Gebirgs-Artillerie-Regiment transferiert worden wären., das dann aber am 16. Dezember desselben Jahres dann aufgelöst wurde. Andererseits kamen 2 dieser Batterien nach dieser Auflösung zum Küstenregiment (S. 238)

369) Semek, Wehrmacht, a.a.O., S. 198

370) F. Müller, Das österreichische Feld- und Gebirgs-Artillerie-Material im Jahre 1863, Wien 1864, S. 228, gab geringfügig abweichende Angaben für die Raketeur- bzw. Gebirgsbatterien (jeweils in Klammer): 1 Hauptmann, 1 Oberlieutenant, 2 Unterlieutenants, 3 Feuerwerker, 10 Corporale, 1 (1 unberittener) Trompeter, 16 Vormeister, 15 [bei den Raketeur-Batterien im Kriege 20] Oberraketeure, 18 [24] Unterraketeure, 22 (-) Fahrraketeure [im Krieg: 40], (22 Tragtierführer [51]), 3 Offizierdiener, 1 Curschmied, 1 Sattler und ein Schuster dazu 9 (3) Reitpferde und 18 [60] Zugpferde (8 Tragtiere); Feuerwerker und Trompeter trugen den Cavalleriesäbel, die Mannschaften den Pioniersäbel.

371) Hartmann, a.a.O., S. 21, nach: F. Müller, a.a.O., S. 206, traten im Krieg nur 8 Fahrraketeure und keine Feuerwerker zusätzlich zum Stab, im Frieden waren dagegen 1 Ober- und 2 Unterlieutenants zusätzlich zum Stab als Regimentsschule kommandiert

372) Müller, a.a.O., S. 242

373) Müller, a.a.O., S. 256

374) zitiert nach: Semek, Wehrmacht, a.a.O., S. 202 f.

375) Semek, Wehrmacht, a.a.O., S. 200; Kalmár, a.a.O., S. 100 f., führte an, das Regiment sei aufgrund der Circular-Verordnung Abth. 7 No. 4623 vom 31. Dezember 1864 aufgelöst worden.

376) Kalmár, a.a.O., S. 101

377) W. Buedeler, a.a.O., S. 177, und: I. G. Nagy, Hungarian Rocketry in the 19th Century, in: R. Cargill (ed.), Essays on the History of Rocketry and Astronautics, Proceedings of the third through sixth Symposia of the International Academy of Astronautics, Washington 1977, p. 46, die Ergebnisse seiner Untersuchungen wurden 1860 im Journal der ungarischen Akademie der Wissenschaften veröffentlicht.

378) I. G. Nagy, Some Contributions to the History of Early Spin-Stabilized Rockets, in: K. R. Lattu (ed.), History of Rockets and Astronautics, Vol. 8 (Proceedings of the Seventh and Eighth History Symposia), San Diego 1989, pp. 3: „the combustion gases are directed to bent surfaces arranged over the rim of the rocket-case. In this manner the said surfaces act as turbine blades, the rocket-case starts to rotate and at the sa-

Art der Rakete	Elevation in Grad	Reichweite der Raketen 1858 mit dem gewöhnlichem Pulver in Schritt	Reichweite mit dem Treibsatz mit ausgedünsteter Holzkohle in Schritt	Reichweite mit nochmals gemahltem Pulver in Schritt
Schußrakete	2	378	433	682
	10	-	967	1234
	20	1220	1394	1534
Wurfrakete	13	-	564	619
	26	788	887	1023

Einen weiteren Versuch, die Reichweite zu steigern, unternahm Oberlieutenant Burda 1861, indem er an der Rakete an Stelle des Stabes einen Eisenblechrahmen anbrachte; Versuche am 22. November 1861 schlugen jedoch fehl: der Rahmen der ersten Rakete wurde beim Abfeuern verbogen und die Rakete fiel 15 Schritt vom Gestell entfernt auf den Boden, auch bei der zweiten Rakete verbog sich der Rahmen, so daß sie nur 160 Schritt weit flog. Diese Konstruktionsidee wurde daraufhin aufgegeben.[379] Schließlich wurden noch Versuche zur Verbesserung der bisher noch immer genieteten Hülsen unternommen, die häufiger beim Abfeuern zersprangen. Gute Ergebnisse erbrachte es, wenn die Hülsen statt dessen mit Eisendraht umwickelt wurden. So wurde der gesamte Raketenvorrat auf diese Weise modifiziert.[380] Dies Verfahren führte aber durch das erhöhte Gewicht der Rakete zu geringeren Schußleistungen. Mit 4° Elevation wurden noch 300 Schritt, mit 6° 500 Schritt, mit 8° 550 Schritt und mit 12° 700 Schritt Reichweite erzielt.[381] Diese drahtumwickelten Raketen zeigten aber auch eine geringere Seitenabweichung als die alten Raketen, da sie aufgrund ihres Gewichtes schwerer abgelenkt wurden; die Seitenabweichung betrug bei den 6pfündigen 2° 14' und bei den 12pfündigen Raketen 1° 11', während sie bei den alten Raketen mit genieteten Hülsen für jedes Kaliber um 34' größer war.[382] Ab 1861 wurden dann gezogene Hülsen verwendet, von denen zunächst 5.000 Stück bestellt wurden. Zusätzlich stellte Oberst Limpökh Versuche mit Raketen an, deren Hülsenöffnung verengt worden war, um einen stärkeren Gasdruck zu erreichen. Die Verengung erfolgte zunächst durch einen konischen Aufsatz am Ende der Hülse, dann auch durch einen in die Hülse eingepreßten, konischen Ring aus Gußeisen. Mit diesem Verfahren wurde wieder eine größere Reichweite erzielt, so daß ab diesem Jahr die Raketen nur noch mit verengter Mundlochöffnung gepreßt wurden.[383]
Nach wie vor bewirkte aber der seitlich angebrachte Stab noch Unregelmäßigkeiten im Fluge der Raketen, da der Schwerpunkt nicht in der Seelenachse lag. Limpökh versuchte diesem Übelstand durch Anbringen von Gegengewichten zu begegnen. Hierzu wurden jeweils 12 4pfündige Raketen mit Gegengewichten von 30 Loth und 5pfündige mit einem Gegengewicht von 28 Loth versehen und am 31. März und 20. April 1862 Versuchen unterzogen; hierbei ergab sich, daß sich durch diese Maßnahme die Seitenabweichung verringert hatte und recht konstant erfolgte, so daß sie durch ein entsprechendes Gegenrichten kompensiert werden konnte.[384]
Auch diese vielen Verbesserungsversuche scheinen aber letztlich die Sicherheit in der Anwendung der Raketen nicht endgültig optimiert zu haben, so daß es immer wieder, wie auch schon in früheren Jahren, zu Unglücken bei Schießübungen kam, wobei, bei dem nachstehend geschilderten, es auch sein mag, daß noch keine der neuen Raketen verwendet wurden:

„. . . wird es nicht unbekannt sein, daß es wenig Abtheilungen gegeben haben dürfte, wo derlei Kleinigkeiten bei den Schießübungen mit Stab-Raketen sich nicht alljährlich ereignet hätten, und zwar vom Jahre 1830 aufwärts immer häufiger und häufiger. Da diese Uebungen jedoch immer mit blind adjustirten Geschossen ausgeführt wurden, so lachte man nur darüber, bis es im Jahre 1863 der damaligen Feld-Artillerie-Direktion der italienischen Armee einfiel, die Batteriefeuer mit scharf adjustirten Geschossen vornehmen zu lassen. Diesem Einfalle verdanken ein Dutzend Mannschaften (glücklicherweise nur) verbrannte Monturen und zerkratzte Gesichter oder Hände, dann der erste zum Opfer erkorene Batterie-Kommandant, Hauptmann N., ein Loch im Kopfe) [*) ein Sprengstück einer wenige Schritte vor der Front springenden Granate schlug durch den Tschakoschirm und drang ihm ober dem Augenbogen in die Stirn.] und schließlich die Stab-Raketen ihre gänzliche Abschaffung. Das schlechte Verhalten der Hülsen kann zwar in den Aenderungen begründet sein, welche man an der Augustin'schen Rakete im Laufe der Zeit vorgenommen hatte, weit wahrscheinlicher ist es indessen, daß der Satz dieser alten Munition entweder in Folge der Depositirung oder Transportirung Sprünge bekommen habe und dadurch die erste Gasentwicklung eine so heftige war, daß die nur auf eine mäßige Anstrengung berechneten Hülsen zerrissen wurden. Dem sei indessen wie immer: auch die ursprüngliche Augustin'sche Stabrakete, obwohl bei ihr derlei nicht vorgekommen sein soll, hatte, wie ein im Dienst dieser Waffe aufgewachsener Offizier uns versicherte, rücksichtlich der Präzision keinen wesentlichen Vorzug vor der spätern. Welche Kalamitäten die Kriegs-Rakete der eigenen Truppe bereiten konnte, erhellt auch aus Folgendem: Bei einem Scheibenschießen mit Stab-Raketen riß der wahrscheinlich nicht ganz normale Stab das Geschütz um; die freigewordene Rakete kehrte um, fand glücklich den Weg durch die Bedienung, schlug längs der Front der zum Zusehen aufgestellten Division Purzelbäume und warf schließlich die Granate ab, welche 40 bis 50 Schritte weiter davon liegen blieb, ohne daß zufälliger Weise bei der ganzen Verwirrung irgend Jemand Schaden genommen hätte."*[385]

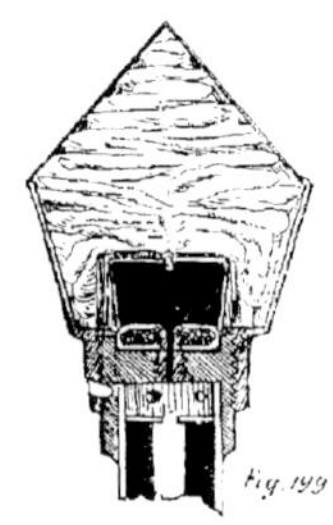

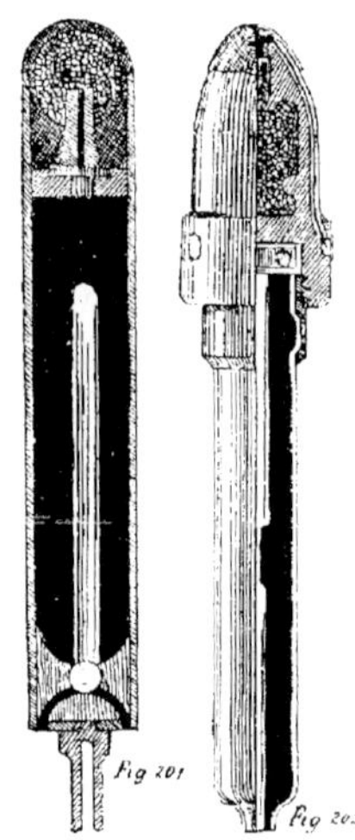

Fig. 199: Leuchtballen mit Fallschirm für Rotationsraketen
Fig. 201: Erstes Modell von Hale für Rotationsraketen
Fig. 202: Österreichische Rotationsrakete mit 6pfündigem Hohlgeschoß (Zeichnung: Dolleczek)

Zusammenfassend wurden die Versuche, die Stabraketen zu verbessern, 1865 beurteilt:
„Es war daher vorauszusehen, dass man selbst durch die beharrlichsten und rationellsten Bemühungen zur Verbesserung der österreichischen Raketen sich nur sehr langsam und unter manchen Rückschlägen dem Ziele nähern würde. Thatsächlich gab die Mehrzahl der

---

me time goes forward. In the motion of the rocket the combined effect of the turbine and of the propeller presents itself: hence, a stick is not needed."
379) Kalmár, a.a.O., S. 103 f. (Zu den Versuchen von Limpökh und Burda)
380) ibidem, S. 104
381) S. Köchert, Die Flugbahn der Raketen, in: ÖMZ, 1865, S. 252
382) ibidem, S. 260
383) Kalmár, a.a.O., S. 106
384) ibidem, S. 106 ff; G. S., Schreiben eines Veteranen, a.a.O., S. 635, bemerkte zu den Verbesserungen: „Und gerade jetzt, wo diese Waffe durch scharfe Beurtheilung und anstrengendes Nachdenken, durch unermüdliches Streben, durch viele Versuche des Obersten Linpökh, zu einer unerwarteten hohen Vollkommenheit gebracht wurde . . ."
385) C. S. (auch ein ehemaliger Raketeur), Die Kriegsrakete, in: Der Kamerad, Jahrg. VI 1867, No. 72, S. 691

diessfällig ausgeführten Versuche entweder ausgesprochen ungünstige oder sehr zweifelhafte Resultate. Nur die bei Experimentirung der Rotations-Raketen gewonnenen Erfahrungen liessen die künftige Erreichung eines günstigen Erfolges mit einiger Wahrscheinlichkeit annehmen."[386)]

Als nach dem Feldzug 1859 die Unterlegenheit der Augustin'schen Raketen offenbar war. griff man auf das Halesche Patent zurück,[387)] das nach günstigen Versuchsergebnissen am 19. September 1860 für die Summe von £ 2.000 einschließlich der von Hale entwickelten hydraulischen Presse angekauft wurde; auch wenn man dessen Raketen noch nicht für feldbrauchbar hielt, war man der Auffassung, daß sich das Rotationsprinzip weiter vervollkommnen ließe.[388)] Bei den Versuchen, die ab 1859 statt fanden, wurde bald festgestellt, daß bei einem Schießen mit Elevationen bis zu 5° die Raketen nach Verlassen des Rohres absackten und den Boden berührten. Erfahrungen, wie sie auch bereits vorher in Großbritannien gemacht worden waren. Um dennoch die Flugbahn bei einer solchen Erhöhung beobachten zu können, wurde ein Abfeuerungsgestell auf einen 6 Fuß hohen Travers gestellt, so daß die eingelegte Rakete 11 Fuß über dem Erdboden lag. Mit derselben Elevation erreichte man nun eine rasante Flugbahn mit einem Aufschlag erst bei 1.000 bis 1.100 Schritt, wobei Göller noch bis 2000 Schritt reichten.

„Selbst bei etwas höheren Elevationen und gewöhnlicher Aufstellung des Geschützes fand noch immer ein Sinken der Rakete bis nahe an den Erdboden statt, so dass die aus den Rotations-Löchern ausströmenden Verbrennungsprodukte auf der festgefrorenen Schneedecke (der Versuch wurde auch in den kältesten Wintermonaten fortgesetzt) Bilder erzeugten, welche einen sichtbaren Beweis für die stattfindende Rotation abgaben."[389)]

Die Versuche, die am 5. September in Felixdorf durchgeführt wurden, zeigten aber, daß dieses Raketenmodell eine recht große Seitenabweichung besaß; bei den abgefeuerten 4pfündigen Raketen betrug diese bei einer Elevation von 5° und einer Reichweite von 850 Schritt 7 bis 93 Schritt, bei 25° Elevation und einer Flugweite von 2.150 Schritt etwa 90 bis 155 Schritt.[390)] Die von Hale angebotene Rakete war bereits das Modell, in dem sich im Kopfteil der Hülse die Rotationskammer befand, während der Treibsatz im unteren Teil der Hülse den Antrieb bewirkte. Die Rotationsöffnungen besaßen einen Durchmesser von 7 mm und waren schräg zur Achse gerichtet. Diese Kammer war durch einen Kanal von 1 Linie Durchmesser mit der Bohrung des Treibsatzes verbunden, damit der Gasdruck, der nicht zur Rotation verwendet werden konnte, abgehen konnte. Durch eine dieser Öffnungen wurde auch die Rakete gezündet.[391)] Zu den ersten Versuchen wurde geurteilt:

„Bei den damals mit diesen Raketen ausgeführten Versuchen bewährte sich zwar die Richtigkeit des angewendeten Princips, doch entbehrte die Flugbahn der Hale'schen Raketen der für eine halbwegs treffsichere Wirkung nöthigen Regelmässigkeit, die Geschosse waren in der Grösse und in der nothwendigen Verschiedenheit des Effectes ungenügend, und das von Hale proponirte Raketengestell zeigte sich für den Kriegsgebrauch nicht geeignet. Kurz, die Experimente mit den Hale'schen Raketen berechtigten zu der Folgerung, dass dieselben ausser der Richtigkeit des Princips alle Factoren entbehrten, welche eine der modernen Kriegsführung und der speciellen Bestimmung der Raketen gut entsprechende Waffe besitzen muss, dass es jedoch durch fortgesetzte Bemühungen gelingen könnte, die Raketen des Hale'schen Systems in der gewünschten Weise auszubilden."[392)]

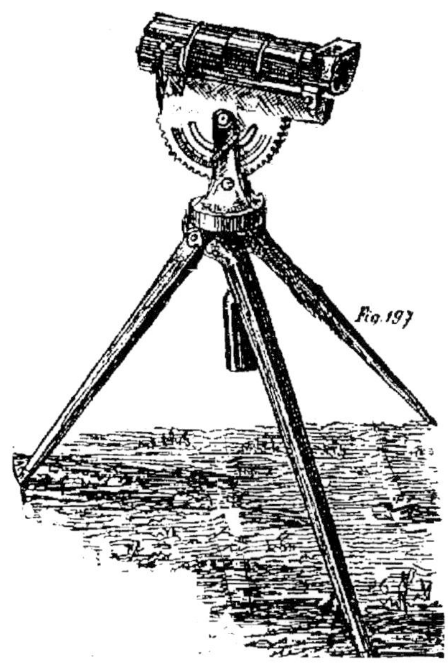

Raketengeschütz für Hales Raketen (Zeichnung: Dolleczek)

Nach ersten Erprobungen wurde dieses neue System in der Raketenanstalt von dem Unterlieutenant Limbeck und dem Werkführer Wildenburger modifiziert und nicht unwesentlich verbessert. Dabei galt es auch, einen „rationellen, einfachen, unter allen Umständen verlässlichen Vorgang bei der Fabrication" zu ermitteln, „um dem Producte die möglichste Güte und Gleichförmigkeit zu sichern."[393)] Erprobt wurden auch mehrere schwere Raketen, so eine 28pfündige mit einem Kaliber von 15,4 cm und eine Hunderpfündige, mit der eine Reichweite von 2.400 Schritt erzielt wurde. Diese Entwicklungen wurden dann aber nicht weiter verfolgt. Sogleich wurde daraufhin vom Zeugs-Artillerie-Kommando 18 die Massenerzeugung dieser Raketen und der zugehörigen Abfeuerungsgestelle begonnen.[394)] Hierzu wurden 1863 4 neue hydraulische Pressen aufgestellt, so daß man nunmehr mit insgesamt 6 Pressen täglich 120 Raketen laden konnte.[395)]

Nach Schießversuchen mit den neuen Raketen am 27. Juni 1864 auf dem Steinfelde bei Wiener Neustadt in Anwesenheit des Kaisers und des General-Artillerie-Inspecteur Erzherzog Wilhelm wurden diese zunächst provisorisch eingeführt und 5 Raketenbatterien sowie 2 Raketen-Gebirgsbatterien damit ausgestattet.[396)] Dabei wurden auf 1.900 bis 2.000 Schritt 4- und 6-pfündige Schuß- und Wurfraketen sowie Brand- und Fallschirmraketen erprobt, trotz „bedeutender und sehr hinderlicher Windströmung" wurden die Ergebnisse als sehr zufriedenstellend beurteilt.[397)] Definitiv wurde die neue Waffe dann 1865 eingeführt.[398)] Durch das Technische Artilleriekommando wurden dar-

---

386) F. M., Die österreichischen Rotations-Raketen, in: ÖMZ, 1865, 2. Bd., S. 369

387) Hale hatte bereits 1857 seine Rotationsraketen in Wien angeboten, in ernstere Verhandlungen war aber dann erst ab 1858 mit William Hale jr. seitens Österreichs eingetreten worden. (F. H. Winter, William Hale and his Rockets, in: Journal of the Ordnance Society, Vol. 9, 1997, p. 25)

388) Kalmár, a.a.O., S. 108, ergänzte, daß der Kaiser „aus außergewöhnlichen Gründen" noch weitere £ 800 an Hale auszahlen ließ, unter der Bedingung, daß dieser sein Patent der kk. Regierung zur freien Ausbeutung überlasse und dies vor Zeugen unterschreibe.

389) Köchert, a.a.O., S. 252

390) Kalmár, a.a.O., S. 136

391) ibidem, S. 60

392) F. M., Rotationsraketen, a.a.O., S. 370

393) ibidem

394) Dolleczek, a.a.O., S. 354; Zum Sachstand der Entwicklung dieser Raketen wurde 1863 festgestellt: „Thatsächlich hat man in Oesterreich die Rotazionsraketen ferneren Experimenten unterzogen, und ist dem Ziel näher gekommen, als in jedem anderen Staate." (6. Kriegsraketen, in: MGAG, Achter Band 1863)

395) Kalmár, a.a.O., S. 117

396) Baer, a.a.O., S. 42; nach einer Notiz in der AMZ (1864, No. 32, S. 255) fanden diese Versuche am 27. Juli statt: „Auf die Distanz von 1.900 - 2.000 Schritt wurden 4- und 6-Pfünder Schuß- und Wurfraketen, ferner Brand- und Fallschirmraketen, endlich Kartätschraketen verwendet. Trotz der bedeutenden, einer guten Wirkung sehr hinderlichen Windströmung sind die Ergebnisse dieser Production zufriedenstellend gewesen und berechtigen zu sehr guten Hoffnungen."; eine erste „Provisorische Instrukzion über die Einrichtung und den Gebrauch der Rotazions-Raketen, dann über die Ausrüstung der Raketen-Batterien" wurde jedoch erst 1865 herausgegeben (E. Muck, Veränderungen im k. k. Artillerie-Material seit Beginn des Jahres 1864, in: MGAG, 1865, S. 70)

397) Notiz in: ÖMZ vom 30. Juli 1864, S. 255

398) Einführung mit Allerhöchster Entschließung Seiner k. k. Apostolischen Majestät ddo. Ofen, 16. Dezember 1865 (E. Muck, Veränderungen im k. k. Artillerie-Materiale im Jahre 1865, in: Mittheilungen über Gegenstände der Artillerie- und Kriegswissenschaften, 1866, S. 109)

aufhin 96 der alten Raketengestelle für das neue System umgearbeitet.[399]

Diese neu eingeführten Raketen entsprachen dem alten System der Wurf- und Schußraketen. Die Raketenhülsen wurden unter einem Druck von 400 Atmosphären aus Eisenplatten gezogen und hatten bei einer Blechstärke von 1,8 mm einen Durchmesser von 52 mm und eine Länge von 318 mm.[400] Die Füllung erfolgte mit einem trockenem Treibsatz unter einem Druck von 1.200 Zentnern, das Zehrloch wurde nachträglich gebohrt. Zur Zündung der Sprengladung bei Kartätschraketen und des Brandsatzes der Brandballen sowie der Ausstoßladung bei den Leuchtballen diente eine eiserne Brandröhre, die mit der Kammer verbunden war. Hülsen und Geschoße waren miniumroth angestrichen.[401] Die Granaten entsprachen mit ihrem zylindrisch-ogivalen Gußeisenkörper den Hohlgeschossen des Feldgeschützmaterials Modell 1863, sie waren mit 90 bzw. 140 Gramm Sprengladung gefüllt. Auch der Konkussionszünder war derselbe. Als Granaten unterschied man 4- und 6pfündige; diese waren die Hauptmunitionsart. Die Zündung der Granaten erfolgte durch Stoppinen, welche durch einen Kanal längst der Geschoßwand von der Brennkammer bis zum Zündkanal führten. Die Reichweite war zwar gegenüber den alten Raketen gesteigert, blieb aber hinter derjenigen der Rohrartilleriewaffen weit zurück. Die Kartätschrakete, die auf 50 bis 100 Schritt vor dem Ziel explodieren sollte, hatte eine Reichweite von knapp 300 Schritt. Ihr Gewicht betrug etwa 2,5 kg, neben der Sprengladung enthielt sie 21 3löthige Bleikugeln. Mit Granaten konnten die 4pfündigen Schußraketen eine Reichweite von 1.900 Schritt und die 6pfündigen Wurfraketen eine von 600 bis 1.200 Schritt erzielen, während die etwa 2 kg schweren Brandballen nur bis auf 1.000 Schritt geworfen werden konnten. Gegen eine Scheibe von 20 Schritt Breite und 6 Fuß Höhe erzielten die Schußraketen 60% Treffer auf 500 Schritt, 30% Treffer auf 1.000 Schritt, 20% Treffer auf 1.500 Schritt sowie 15% Treffer auf 1.900 Schritt. Die Wurfraketen kamen auf 40% Treffer auf 500 bis 800 Schritt sowie 25% Treffer auf 1.200 Schritt.[402] Bei den Versuchen ergaben sich nachstehende Abweichungen (alle Angaben in Schritt):[403]

	Distanz	Mittlere Längenstreuung	Mittlere Breitenstreuung
4Pfünder			
Hohlgeschoss	600	30	12
	1000	95	18
	1600	170	23
	1900	190	48
6Pfünder			
Hohlgeschoss	500	52	6
	900	34	9
	1200	50	12

Das Raketengestell besaß weiterhin das dreifüßige Stativ, auf dem ein kurzes, als Röhre gebildetes Laufstück so befestigt war, daß es mit der eingelegten Rakete horizontal und vertikal gerichtet werden konnte. Die Rakete war im Rohr so befestigt, daß sie dieses erst bei Erreichen der optimalen Schubkraft verlassen konnte.[404] Die Richtmittel waren unverändert, die Gradeinteilung des Richtquadranten reichte also von Senkungen bis 10° bis zu Elevationen von 70°. „Dieselbe ist von 10 zu 10° mit Ziffern bezeichnet. Die ersten 10° sind durch Theilstriche in Unterabtheilungen zu Ein, die übrigen in solche zu 2° getheilt."[405] Unter dem Stativ hing ein Bleibeschwerer von 5,6 kg zur Erhöhung der Stabilität. Das Abfeuerungsgestell wog 14,5 kg und konnte damit auch weiterhin von einem Kanonier getragen werden, im Regelfall wurde es aber für den Transport durch Mannschaften in drei Teillasten zerlegt.[406] Zu jedem „Geschütz" gehörte ein „Binocle oder Doppelfernrohr" zur Beobachtung der Geschoßwirkung.[407] Zusätzlich wurde für den reitenden Einsatz ein leichtes Abschußgerät entwickelt, das aus einer kurzen Abschußbahn auf einem Zweibein bestand und nur knapp über 1 kg wog. Dieses Gerät scheint aber nicht eingeführt worden zu sein.[408] Die Batterien waren weiterhin mit 8 Munitionswagen ausgestattet, wobei auf jedem Wagen 2 Raketengeschütze mitgeführt wurden. Auf jedem Munitionswagen befanden sich 13 Raketenverschlä-

399) Baer, a.a.O., S. 42

400) o. Verf., Provisorische Instrukzion über die Einrichtung und den Gebrauch der Rotazions-Raketen, dann über die Ausrüstung der Raketen Batterien, Wien 1865, S. 2 ff.: „Man unterscheidet 4pf. und 6pf. Rotazions-Raketen, je nachdem die mit der Hülse verbundenen Hohlgeschosse 4 oder 6 Wr. Pfunde wiegen. Ausserdem gibt es: Kartätschen- Brandballen- und Leuchtballen Rotazions-Raketen. Die Raketenhülsen sind aus Eisenplatten gezogene zilindrische Röhren, deren Durchmesser 2 Zoll und deren Blechstärke 10 Punkte beträgt, sie sind für Leuchtballen 14 1/2, für die anderen Geschosse 12 Zoll lang. an einem Ende haben die Raketen-Hülsen eine halsartige Verengung mit dem Mundloche, am andern werden sie mit einem Befestigungs-Ringe versehen, dessen Aussenfläche linksgehende Schraubengewinde zum Aufschrauben des Geschosses hat. ... Die 4pf. und 6pf. Raketen-Hohlgeschosse sind aus Gusseisen gegossen, von zilindro-ogivaler Form. Unter dem Geschossboden befindet sich eine zilindrische Aushöhlung, welche Rotazionskammer heisst. In dieser sind unterhalb des Geschossbodens 4 Rotazionslöcher in gleichen Abständen voneinander gebohrt. In dem unteren Kammerteile sind nach linksgehende Gewinde angebracht, welche mit jenen des Befestigungsringes an der Raketenhülse übereinstimmen und das Aufschrauben des Geschosses gestatten. Die 4pf. und 6pf. Hohlgeschosse, deren Durchmesser 2 10/12 und 3 Zoll betragen, erhalten eine Sprengladung von 5 beziehungsweise von 8 Loth Pulver, und einen Konkussions-Zünder, wie die Hohlgeschosse der gezogenen Feld- und Gebirgs-Geschütze. Das in der Geschossspitze befindliche Mundloch ist demgemäss zur Aufnahme des Zünders gestaltet. Die Entzündung des letzteren bewirkt eine Feuerleitungs-Stoppine, welche in einen innerhalb der Geschosswand von einem Rotazionsloche zur Geschossspitze laufenden Kanal gelegt ist. Beim Auffall der Rakete auf den Boden wird ein im Innern des Zünders befindliches Knöpfchen gelockert, und das Feuer des Zünders gelangt zur Sprengladung, wodurch das Geschoss zum Explodiren gebracht wird.. ... Der Zünder wird durch eine Verkappung verwahrt. Die Rotazionslöcher werden mit Leinwandpflastern überdeckt, von welchen jenes, bei dem sich die Feuerleitung für den Zünder befindet, mit weisser Ölfarbe bezeichnet wird."

401) Dolleczek, a.a.O., S. 355, geringfügig abweichende Angaben finden sich in: Zeitschrift für die Schweizerische Artillerie, Dezember 1865, S. 14, hiernach war der Durchmesser der Hülsen 0,052 m bei einer Eisenstärke von 0,0026 m und einer Länge von 0,316 m, bei Leuchtraketen von 0,368 m. Die Hülse wurde auf 400 Atmosphären geprüft, der Druck der hydraulischen Presse wurde mit 67.200 kg angegeben. Als Gewicht der 4pfündigen Hohlgeschoßrakete wurden 4,29 kg, der 6pfündigen 5,3 kg angegeben. Die Kartätschrakete führte 21 Stück 52 Gramm schwere Kugeln sowie eine Sprengladung von 26,3 Gramm. In: Provisorische Instrukzion, a.a.O., S. 8 f., wurde als Gewicht der „adjustirten Rotazions-Raketen" angegeben: 4pf. Rotazions-Rakete 7 Pfund 22 1/2 Loth, 6pf. Rotazions-Rakete 9 Pfund 22 1/2 Loth, Büchsenkartätschen-Rotazions-Rakete 8 Pfund 15 1/2 Loth, Brandballen-Rotazions-Rakete 10 Pfund 19 1/2 Loth, Leuchtballen-Rotazions-Rakete 14 Pfund 17 Loth.

402) Angaben nach: K. Th. Sauer, Grundriss der Waffenlehre, 1869, S. 470, und: Gabriel, a.a.O., S. 1245

403) o. Verf., Oesterreichische Rotationsraketen, in: Zeitschrift für die schweizerische Artillerie, Dezember 1865, S. 15, sowie: F. M., Rotations-Raketen, a.a.O., S. 373

404) Provisorische Instrukzion, a.a.O., S. 14: „Der Raketen-Lauf ist eine zilindrische Röhre aus Eisenblech, welche eine Verstärkung durch 3 Ringe erhält, und zwar an beiden Enden und in der Mitte. Auf dem rückwärtigen Ringe ist eine Aufsatz-Ebene mit einer Leiste und Warze angebracht; an beide wird das Postament des Geschütz-Aufsatzes beim Gebrauche angeschoben. Am unteren Theile des rückwärtigen Verstärkungs-Ringes befindet sich ein Sperr-Ansatz mit einem prismatischen Ausschnitte. Letzterer greift bei der Verbindung des Raketen-Laufes mit dem Quadranten in den rückwärtigen Sperrbolzen ein. ... Im Innern des Laufes sind nach der Richtung der Axe 4 vorstehende prismatische Stäbe aus Stahl angebracht."

405) ibidem; „Der im § 21 beschriebene Geschütz-Aufsatz hat folgende, den Tragweiten der Raketen entsprechende Bezeichnung. Auf der vorderen Seite des Stabes befinden sich die Aufsatz-Skalen: Für das Schiessen der 4pf. Raketen von 400 bis 1.900 Schritt mit 4 Pf. **R.S**: der Kartätschen-Raketen von 200 und 300 Schritt mit **K.S.** auf der rückwärtigen Seite des Stabes: für das Werfen der 6pf Raketen von 600 bis 1.200 Schritt mit 6 Pf. **R.W.** der Brandballen-Raketen von 300 bis 1.000 Schritt mit **B.W.** bezeichnet und von 100 zu 100 Schritt durch Theilstriche und Zahlen, welche den Distanzen in Hunderten von Schritten angeben, markirt." (ibidem, S. 36)

406) Angaben nach: Nemetz, a.a.O., S. 273, und: Gabriel, a.a.O., S. 1246; F. M., Rotations-Raketen, a.a.O., S. 373, lieferte eine abweichende Beschreibung, möglicherweise war das von ihm beschriebene Gestell nur während der Versuche im Gebrauch: „Der Raketenlauf ist eine eisenblecherne Röhre, in welche die zum Abfeuern bestimmte Rakete bis an das Geschoss eingeführt wird. ... Das Raketengeschütz wiegt ohne den Beschwerer nahezu 26 Pfund." [dessen Gewicht betrug 10 Pfund]

407) Provisorische Instrukzion, a.a.O., S. 18

408) R. Strangl, Raketen in der Kriegstechnik, Dorfen 1944, S. 15

ge, wobei 9 für 72 4pf., 2 für 16 6pf., einer für 8 Kartätschraketen und einer für 4 Brandballen- und 1 Leuchtballenrakete vorgesehen war. Für die Gebirgsbatterien waren 30 Tragtiere mit 8 Geschützen vorgesehen, davon 4 als Vorrat, sowie 33 weitere Tragtiere für Bagage, Fourage und eine tragbare Feldschmiede. Diese Batterien waren mit 256 4pf, 160 6pf. und 64 Kartätschraketen ausgestattet.[409] Für die 4pfündige Schußrakete ergaben sich nachstehende Reichweiten:[410]

Elevation	erster Aufschlag in Schritt
6° 35'	400
7° 50'	500
10° 35'	700
12° 5'	800

Bei einem ersten Versuchsschießen in Pesth 1865 nach der provisorischen Einführung scheinen sich die neuen Raketen weniger bewährt zu haben; ein Beobachter notierte, das Schießen auf die erste Distanz von 1.100 Schritt auf die Scheibe wäre „durchaus nicht befriedigend" gewesen, da die meisten Schüsse über die Scheibe gingen und erst 200 bis 400 Schritt dahinter aufgeschlagen wären, auch wäre die Seitenabweichung angesichts der Windstille zu groß gewesen. Auf die zweite Distanz von 600 Schritt dagegen wäre das Schießen gut gewesen, aber bei der dritten Distanz von 300 Schritt wäre das Ziel wiederum stets überschossen worden. Darüber hinaus wurde das neue „Raketengeschütz" und das Gewicht der Raketen bemängelt:

„Was das Geschütz selbst anbelangt, hat es an seiner Einfachheit, wie an Leichtigkeit eingebüßt. Rohr und Gewicht haben es schwerer und dadurch umständlicher gemacht, daß bei jedesmaliger Veränderung des Standpunktes beide Bestandtheile oder doch das Gewicht allein abgenommen und am neuen Aufstellungsorte wieder angebracht werden müssen, und ein Mann zur Bedienung mehr erfordert wird, welcher diese beiden Bestandtheile besonders zum Tragen übernimmt.

Die Rakete selbst betreffend, hätte es des schwereren Spitzhohlgeschosses nicht bedurft, doch dürfte dieses wohl aus Ursache des Schwerpunktes bei der für die Rotationsrakete nothwendigen enorm schweren und plumpen Hülse gewählt worden sein, welche man an und für sich ein Kanonenrohr im verjüngten Maßstabe nennen könnte. Es würde eine wahre Bärenkraft von Seite des Mannes dazu gehören, welcher die Bestimmung haben würde, 3 - 4 Stück solcher Raketen durch ein paar Stunden in hindernißreichem oder gebirgigem Terrain tragen zu müssen, wohin kein Batteriewagen nachfolgen kann."[411]

Für die jährlichen Schießübungen mit diesen neuen Raketen galt, daß "aufgefundene Munizions-Bestandtheile mit Ausnahme der Projektile und Kammerstücke, welche in Folge des Ausbrennens der Rotazions-Oeffnungen für einen erneuten Gebrauch ungeeignet werden" wieder verwendbar gemacht werden sollten, hierfür waren unbeschädigte Hülsen, eiserne Brandröhren und gut erhaltene oder noch reparierbare Fallschirme durch die Feuerwerksmeister zu untersuchen und dann bei den Zeugs-Artillerie-Kommandos zu deponieren.[412]

Für die Bedienung eines „Raketengeschützes" waren 5 Mann erforderlich,

„von welchen Nummer 1 und 3 unmittelbar beim Geschütz beschäftigt, die mit Nummer 2 und 4 betheilten die Herbeischaffung der Munition besorgten, und Nummer 5 beim Raketen-Munitions-Wagen verbleibt. Der mit Nummer 3 betheilte Artillerist hat als Vormeister des Geschützes nicht nur die ihm zukommenden Verrichtungen zu besorgen, sondern auch jene der übrigen Nummern zu überwachen und zu leiten; der mit Nummer 5 betheilte Artillerist dagegen ist der Munitions-Vormeister, . . . "[413]

Zur Handhabung der Raketenmunition durch die Kanoniere war festgelegt:

„Zur Übernahme der Munition wird der Tornister vor den Leib geschoben, und der Deckel mit der linken Hand geöffnet. Die Raketen sind bei der Übernahme mit der rechten Hand in der Nähe der Geschosse zu erfassen und der Länge nach so in den Tornister zu legen, daß in einem Fache das Geschoß der obern immer auf der Hülse der untern Rakete ruht. Vorher ist die Raketenhülse mittelst eines mit Raketenschmiere belegten Leinwandlappens einzufetten, das Pflaster am Mundloche der Raketen-Hülse mit dem beihabenden Schnitzer oder dem Schnappmesser von dem Munitions-Vormeister durchzuschneiden und die Verpflasterung des zu öffnenden Rotationsloches mit dem Schnitzer zu lüften . . . Die zum Zutragen der Munition bestimmte Mannschaft hat von den Schuß- oder Wurf-, dann Kartätschen-Raketen je 3, - von den Brand-Raketen nur 2 Stück in den Tornister zu nehmen."[414]

Zum Schießen war vorgeschrieben:

„Bei den Übungen sind statt der scharfen, mit Thon gefüllte Raketen in Gebrauch zu nehmen, welche in ihrer äußeren Gestalt den wirklichen gleichen müssen. Auf das Aviso „Laden!" werden die Vorbereitungen zum Laden von Schuß-Raketen ausgeführt. Das eigentliche Laden wird auf das Commando: „La - ***det!****" in 3 Tempo vorgenommen, und zwar: „Auf'n Schritte richten -* ***Eins!****" Nummer 1 und 2 bereiten hierauf eine Rakete zum Gebrauche vor, welche dann von der ersteren fertig gehalten wird. . . . „Ladung einführen -* ***Zwei!****" Wird die Ladung von Nummer 1 in den Lauf eingeführt. „Brandel auf -* ***Drei!****" Wird von Nummer 3 ein Brandel aufgesetzt. . . Wenn das geladene Geschütz abgefeuert werden soll. erfolgt zur Verständigung der Mannschaft zuerst das Aviso unter Benennung der Geschütznummern, nämlich: „Nr. 1 (2,3. . . .8)" auf das folgende Commando: „Abfeuern -* ***Eins!****" commandirt Nr. 3. „* ***Feuer!****"*[415]

Für die Raketen-Geschütze der Gebirgs-Batterien galten die gleichen Vorschriften, diese verfügten jedoch nicht über Brand- und Leucht-Raketen. Für den Transport jedes Geschützes und der erforderlichen Requisiten waren jeweils 3 Tragtiere vorgesehen. Diese Batterien wurden in 2 Züge mit jeweils 2 Halbzügen eingeteilt, je Zug waren 6 Munitionstragtiere zugeordnet, zu denen weitere 9 Munitionstragtiere als Munitionsreserve des Zuges beizugeben waren. Die Züge wurden von einem Feuerwerker geführt, dem ein Corporal beigegeben war.[416]

Es gab jedoch auch kritische Stimmen, die den Aufwand für überflüssig hielten, der mit der Einführung der Hale'schen Raketen getrieben worden war:

„Man hat es allerdings erreicht, weiter zu schießen, doch um welchen Preis? Die Treffsicherheit war damit total verloren gegangen, man hatte zwar keinen Stab mehr, dafür aber ein Rohr und ein an die Laffete zu hängendes Gewicht zur Erzielung einer größeren Stabilität geschaffen, welche einen Mann zur Bedienung und zum Schleppen mehr nothwendig machen, als zur Zeit des Stabes nöthig waren. - Hat man nicht damit zwei Haupteigenschaften der alten Rakete aufgegeben, ohne sie verbessert zu haben?

Ich erlaube mir auf das hier hinzuweisen, was ich im August 1865 als Augenzeuge über ein Scheibenschießen mit Rotations-Rakete . . . zu Pest geschrieben habe, und füge noch bei, daß ich aus authentischer Quelle weiß, daß an anderen Uebungsplätzen jenes Jahres noch viel schlechtere Resultate erreicht wurden, und wie eine hohe Suite, bei Gelegenheit einer derartigen Produktion auf dem Steinfelde nächst Wiener-Neustadt, durch die umherfliegenden Trümmer der vorzeitig geborstenen Raketenhülsen derart in die augenscheinlichste Lebensgefahr versetzt wurde, daß das Experiment nur als ein total mißlungenes bezeichnet werden mußte, damit aber auch der Schwanengesang

409) Provisorische Instrukzion, a.a.O., S. 47, jeweils ein Geschütz zum Gebrauche und eines „zum Vorrathe bestimmt"
410) Köchert, a.a.O., S. 252; die Elevation von 6° 35' war die kleinste zulässige Erhöhung
411) o. Verf., Ein Scheibenschießen mit der Rotationsrakete, a.a.O., S. 535
412) Ministerialreskript vom 22. Oktober 1865 (Muck, a.a.O., S. 107 f.)
413) o. Verf., Abrichtungs-Reglement für die kais. kön. Artillerie, Wien 1866, Nr. 914 f. (S. 305)
414) ibidem, Nr. 947 ff. (S. 311)
415) ibidem, Nr. 989 f. (S. 322)
416) ibidem, Nr. 1182 f., 1196, 1217 f. und 1224 (S. 373, 375 f., 381 und 383)

der Waffe gesungen war, da man sich nicht entschließen konnte, auf die alten Augustin'schen Raketen zurück zu greifen. . ."[417]

h. Das Ende der Raketen

Im Kriege 1864 gegen Dänemark wurde die österreichische Raketenwaffe nicht eingesetzt. Die Raketenbatterien der Artillerieregimenter waren zu dieser Zeit wie folgt disloziert: in Prag lag die Batterie 11/I, in Wien die 11/II, in Graz die 11/III, in Lemberg die 11/IV, in Verona die 11/V, das Artillerieregiment des VI. Corps besaß keine Raketenbatterie, in Vicenza lag die Batterie 11/VII, in Laibach die 11/VIII, in Bozen die 11/IX und schließlich in Pesth die Batterie 11/X. Das XI. und XII. Corps verfügten über keine Raketenbatterien.[418] Die Batterien verfügten im Frieden über 8 Raketengeschütze auf 4 Raketenmunitionswagen, insgesamt 10 Fuhrwerke sowie 3 Offiziere, 90 Unteroffiziere und Mannschaften sowie 27 Pferde, nach einer Mobilmachung sollten sie auf 3 Offiziere, 120 Unteroffiziere und Mannschaften sowie 61 Pferde und 12 Fuhrwerke aufwachsen.[419] Das Generalstabswerk ging auch nochmals auf die Leistungsdaten der Raketen ein, hiernach wirkten die 4pfündigen Schußraketen bis 2.000 Schritt und die 6pfündigen Wurfraketen mit Granaten bis 1.500 Schritt, mit Büchsenkartätschen bis 300 Schritt und mit Brandballen bis 1.000 Schritt.[420]
1866 kam es dann gegen Preußen und Italien zum letzten Krieg, in dem die Raketenbatterien in offener Feldschlacht eingesetzt wurden. Gegen Preußen wurde dabei die Nordarmee mit dem I., II., IV., VI., VIII. und X. Armeecorps eingesetzt, zu der später noch das III. Corps - zunächst dem Landes-General-Commando Udine unterstellt - trat und gegen Italien die später zur Südarmee zusammengefaßten Corps, nämlich das V., VII. und IX.[421]

(1) Preußen

Während des österreichischen Aufmarsches gegen Preußen war zur Beobachtung der Grenze von Schönbrunn bis zur böhmisch-mährischen Grenze die 2. leichte Cavalleriedivisionen eingesetzt, die 3 Husarenregimenter in Richtung Schlesien in Marsch setzte. Der Division waren die Raketenbatterie 11/IV in Freudenthal und die Raketenbatterie 11/III zugeteilt, die am 13. Mai noch auf dem Marsch auf Olmütz war. Bei der 1. leichten Cavalleriedivision waren zunächst die Batterien 11/I und 11/II eingesetzt. Am 22. Mai wurden durch das Armeecommando die 4 Raketenbatterien der Cavalleriedivisionen neu auf die Corps-Geschütz-Reserven verteilt, die Batterie 11/I zum I. Corps, die 11/II - auf dem Marsch nach Mähren - dem II. Corps, die 11/IV dem IV. Corps und Batterie 11/III nominell dem X. Corps, diese Batterie verblieb aber auf Weisung des Kriegsministeriums zunächst in Graz. Am 10. Juni stand die Geschützreserve des II. Corps mit der Batterie 11/II in Lettowitz und Gewitsch, die des IV. Corps bei Namiescht mit der am 28. Mai eingetroffenen Batterie 11/ IV. Im Inneren des Landes war in Pesth die Raketenbatterie 11/X verblieben. Die Ordre de Bataille der Nordarmee für den 15. Juni wies aus: die Batterie 11/II mit 117 Mann und 61 Pferden bei der Geschützreserve des II. Corps und die Batterie 11/IV mit 127 Mann und 61 Pferden bei der Geschützreserve des IV. Corps, das III., VI., VIII. und X. Corps verfügten über keine Raketen. Bei dem I. Corps in Böhmen war die Batterie 11/ I mit 119 Mann und 61 Pferden eingesetzt.[422]
Am 28. Juni kam es bei Münchengrätz zu einem der ersten Gefechte, in dem das I. Corps (Graf Clam-Gallas) zurückgedrängt wurde. In seiner Corps-Geschütz-Reserve waren neben 32 Rohren auch 8 Raketengeschütze der Batterie 11/I eingesetzt, die nach dem Gefecht über Bosin auf Fürstenbruck und am 29. Juni auf Groß Bürglitz zurückging. Am 29. Juni war die Batterie 11/IV des 4. Corps (Graf Festetics) im Rahmen der Geschützreserve des Corps im Gefecht bei Schweinschädel in Stellung. Am selben Tag war erneut die Batterie 11/I im Gefecht bei Giltschin eingesetzt. Sie bezog mit der Geschützreserve Stellungen beiderseits der Turnauer Allee, wo sie zunächst auf der Kuppe nächst Brada vor der 1. leichten Cavalleriedivision eingesetzt war. Zum Einsatz der Division v. Tümpling des III. preußischen Armeecorps hieß es:
„Man erkannte deutlich mehrere feindliche Batterien westlich von Diletz und weiter rechts auf dem Abhange des Prywicin, sowie eine Raketen-Batterie auf der Höhe von Brada. Der linke Flügel der feindlichen Stellungen war durch die Beschaffenheit des felsigen Waldgebirges nahezu unangreifbar. In der Front standen 4 Kavalleriebatterien westlich Diletz, eine Raketenbatterie auf dem Brada Berg und eine 8 pfündige Batterie am Abhang desselben auf der Waldblöße hinter Podulsch, im Feuer, die das ganze Terrain beherrschten, auf welchem man sich hätte nähern können. Nur das Thal des Cydlina Baches gewährte einigen Schutz gegen die verheerende Wirkung dieser starken Artillerie."[423]
Am 3. Juli bei Königgrätz waren nur beim 4. Corps (Graf Festetics) die Batterie 11/IV, beim 2. Corps (Graf Thun) - am rechten Flügel - die Batterie 11/II und beim I. Corps (Graf Gondecourt) die Batterie 11/I eingesetzt. Besonders wirkten die Batterien im Kampf um den Swiepwald. Um den Aufmarsch des II. Corps zu decken, bezog die Batterie 11/IV zusammen mit der Rohr-Batterie 5/IV Stellungen am Nordwestausgang von Maslowed. Um 9 Uhr marschierte das 2. Corps gegen den Swiepwald, hierzu wurde seine Batterie 11/II von der Höhe südostwärts Horenowecs an die Nordseite von Maslowed gezogen, wo inzwischen 10 Batterien des IV. und 4 Batterien des II. Corps im Einsatz waren, mit ihnen beschossen auch die Raketenbatterien den Wald, um den Angriff vorzubereiten, zu dem die Brigaden Saffran und Württemberg um 11½ Uhr antraten.
„Das Bestreben rasch in's Feuer zu kommen, drängte auch die, in gewissem Sinne selbständigen Batterie-Commandanten der Geschützreserven zum Vorfahren, was sie zumeist freiwillig, oft gegen die Instruction verstossend, thaten. Selbst bei Raketen-Batterien findet man dieses Streben ausgedrückt. - wie bei jener 11/II der Corps-Geschützreserve des II. Corps, wo der Hauptmann Rudolf Horn aus seiner Reservestellung bis auf 800 Schritte an den Ort Maslowèd vortrabte, um im Vereine mit anderen Batterien den Angriff auf den dortigen Wald vorzubereiten."[424]
Gegen diesen Wald waren in der Folge 6 Rohrbatterien und 2 Raketenbatterien im Einsatz, deren Feuerunterstützung es der Brigade

---

417) C. v. H. (der einstige Raketeur), Ueber das Schreiben eines Veteranen der österreichischen Artillerie an einen Kameraden über die Kriegsrakete, in: Der Kamerad, Jahrg. VI 1867, No. 70, S. 671
418) K.K. Generalstabs-Bureau für Kriegsgeschichte: Österreichs Kämpfe im Jahre 1866, Wien 1868, 1. Band
419) Österreichs Kämpfe, a.a.O., Beilage 5
420) Zum Vergleich seien hier auch die Leistungen der Rohrgeschütze angegeben: Schrapnell bis 2.000 Schritt, 8pfündige Granaten bis 5.000 Schritt geschossen und bis 2.000 Schritt geworfen, 4pfündige bis 4.000 Schritt und 3pfündige bis 3.000 Schritt. (Österreichs Kämpfe, a.a.O., S. 67)
421) In: o. Verf., Sechzig Jahre Wehrmacht, a.a.O., S. 118, wurde für 1866 eine gegenüber 1864 veränderte Gliederung angegeben, hiernach verfügten die 12 Feldartillerieregimenter insgesamt über 10 Raketenbatterien, wobei den Regimentern 1 - 4 und 8 - 10 jeweils eine Batterie zugeteilt war, während dem Regiment 5 zwei Raketenbatterien unterstellt waren. Diese Gliederung bestand dann bis zur Auflassung der Raketenwaffe.
422) K.K. Generalstabs-Bureau für Kriegsgeschichte, Österreichs Kämpfe im Jahr 1866, a.a.O., 1. Band, Beilage 6, Beilage 1/III, Beilage 2/VI
423) Kriegsgeschichtliche Abtheilung des Großen Generalstabes (redigiert): Der Feldzug von 1866 in Deutschland, Berlin 1867, S. 200
424) Dolleczek, a.a.O., S. 637

Brandenstein ermöglichte, den Wald zu nehmen. Auch der spätere Rückzug der Brigade Würtemberg aus dem Swiepwald wurde von der Raketenartillerie gedeckt.

„. . . *doch die feindlichen Batterien, welche mittlerweile auf die Höhen von Horenowecs vorgeschoben waren, wurden durch die österreichischen Batterien 8/IV und 11/IV so kräftig beschossen, daß sie nur mäßig feuern konnten und auch die feindliche Infanterie es vorzog, über die Höhe von Horenowecs vorläufig nicht hinaus zu rücken*"[425)]

Anschließend wurde die Geschützreserve des IV. Corps mit der Raketenbatterie 11/IV südlich von Chlum eingesetzt.

Auch die 2. preußische Armee geriet bei Rosberitz in das Feuer der österreichischen Raketenartillerie.

„*Gegen das Südende von Rosberitz hatten gleich anfangs mehrere Batterien ein Kreuzfeuer konzentriert und überschütteten die Verteidiger derart mit Granaten, Schrapnells und Raketen, daß die Straße sich mit brennenden Trümmern bedeckte.*"[426)]

Auf dem Rückzug über Königgrätz verlor die Batterie 11/II zwei Munitionswagen, die in den Inundationen stecken geblieben waren, während die Batterie 11/I 3 Raketengeschütze in der Inundation verlor. Die Masse der Armee ging auf Preßburg zurück, das III. und X. Corps auf Wien. Bei dem Rückzug des IV. Corps wurde die Brigade Fleischhacker am 19. Juli als Arrièregarde zwischen Migara und Krajna bei Bobolici eingesetzt, ihr zugeteilt war eine halbe Batterie 11/IV. Währenddessen rückte die Brigade Brandenstein mit einer halben Raketenbatterie über Brezova nach Jablonic, wo sie ab 23. Juli in Stellung ging. Zur Verstärkung des auf dem linken Flügel gelegenen Waldes wurden zur Flankierung der Waldlisière Raketengeschütze eingesetzt, zusätzlich bezogen Raketengeschütze Stellung auf einer steilen, dominierenden, von Wald umgebenen Höhe. Am 21. Juli war das IX. Corps in Wien eingetroffen, zu seiner Geschützreserve wurde dort die Batterie 11/XI überwiesen. Das letzte Mal vor dem Waffenstillstand auf diesem Kriegsschauplatz wurde eine Raketenbatterie am 22. Juli bei Blumenau eingesetzt. Sie hatte auf dem Thebener Kogl Stellung bezogen, ihr Feuer wurde jedoch von den preußischen Truppen des Generals v. Fransecky nur wenig beachtet.[427)]

(2) Italien

Den Truppen in Italien standen 5 Raketenbatterien zur Verfügung, in der Schlacht von Custozza im Juni wurden sie nicht eingesetzt. Aus der Ordre de Bataille für den 24. Juni ist die Dislozierung der Raketenartillerie ersichtlich: die mobile Streifbrigade der Armee unter Oberst Zastavnikovic verfügte über die Raketenbatterie 11/VII mit 132 Mann und 62 Pferden, in Tirol war die Batterie 11/IX eingesetzt, eine halbe Batterie war bei der Brigade v. Kaim mit 77 Mann, 32 Pferden und 4 Raketengeschützen, die andere Halbbatterie mit 46 Mann, 27 Pferden und 4 Raketengeschützen beim 2. Kaiserjäger-Bataillon eingesetzt. Schließlich war bei den Truppen in Istrien bei der Brigade Oberst Hayduk die Batterie 11/VIII mit 103 Mann und 61 Pferden, bei der Brigade Oberst Pessic die Batterie 11/III mit 121 Mann und 66 Pferden sowie bei der Brigade des Generalmajor v. Weymann in Venedig die Batterie 11/V mit 122 Mann und 61 Pferden eingesetzt.[428)]

Nach der Schlacht von Custozza erhielt Oberst Zastavnikovic den Auftrag, Fühlung mit dem Feind zu halten und eine genaue Erkundung durchzuführen. Neben 2 Bataillonen Warasdiner Kreuzer, 2 Bataillonen Wimpffen und einer Escadron Sicilien-Husaren waren ihm 6 Raketengeschütze der Batterie 11/VII unterstellt, mit denen er am 26. Juni von Padua über Bovolenta auf Rovigo marschierte, während 2 Raketengeschütze beim Rest der Brigade verblieben. In der Folge wurde dann durch Hinzuziehen dieser Brigade die Reservedivision auf ein Armeecorps verstärkt, die Raketenbatterie wurde dabei gegen eine 4pfündige Fußbatterie ausgetauscht.

Die meisten Einsätze der Raketenartillerie erfolgten jedoch bei den Operationen in Tirol, wo die Landesverteidigung von FML Graf Castiglione geleitet wurde. Kommandant der Truppen war Generalmajor Baron Kuhn. Im Abschnitt Vintschgau war dabei die Halbbrigade Metz mit dem Tiroler Jäger-Regiment und einer Halbbatterie 11/IX in Schluderns eingesetzt, als Reserve die Brigade Generalmajor v. Kaim mit der anderen Halbbatterie 11/IX in Neumarkt.

In der Zeit vom 11. bis 23. Juni rückte die Halbbrigade Metz näher an die Grenze vor, dabei gingen eine Jäger-Compagnie mit 2 Raketengeschützen auf der Ferdinandshöhe und eine 1 Jäger-Compagnie zusammen mit Landesschützen und den restlichen Raketengeschützen auf der Franzenshöhe in Stellung. Am 10. Juli waren zwei Raketengeschütze bei Bagni vecchi sowie 2 Geschütze bei Spandalunga eingesetzt. Von den Bagni vecchi brach Hauptmann Baron Zephyris mit 2 Jäger-Compagnien und 2 Raketengeschützen am 11. Juli zum Vorgehen auf, traf aber um 3 1/2 Uhr auf italienische Verbände des Oberst Guicciardi, die er zurückdrängte, so daß die italienische Kolonne in Verwirrung geriet. Nachdem diese Truppen wieder geordnet waren, nahmen sie die Österreicher mit 4 Geschützen unter Feuer, das von den Raketengeschützen erwidert wurde. Angesichts der italienischen Überlegenheit mußten sich jedoch die Österreicher zurückziehen.

Ab Mitte Juli übernahm die Reserve-Brigade v. Kaim die Verteidigung des Val Sugana mit der Halbbatterie 11/IX. Bereits am 5. Juli war als Ersatz für die Gebirgsbatterie 1/V die Raketenbatterie 11/VI nach Trient zugeführt worden und dort neu organisiert worden, aus ihr wurden die Gebirgsraketenbatterien Nr. 1 und Nr. 2 gebildet. die Batterie Nr. 1 wurde 2 Bataillonen Erzherzog Rainer der Reservebrigade zugewiesen, einem weiteren Bataillon dieses Regimentes die Batterie Nr. 2. Am 16. Juli beschloß Baron Kuhn zur Offensive über Valle de ledro und Montefiore überzugehen, hierzu wurde die verstärkte Halbbrigade Höffern mit der Gebirgsraketenbatterie Nr. 1 eingesetzt, Ziel des Angriffes sollte Brione sein, die Brigade Kaim mit der Gebirgsraketenbatterie Nr. 2 verblieb in Reserve; da der Feind sich als zu stark erwies, mußte der Angriff jedoch abgebrochen werden.

Die Brigade Metz rückte derweil am 16. Juli morgens vor und erreichte um 2 1/2 Uhr Spondalunga, 3 Jägercompagnien mit 2 Raketengeschützen wurden auf Höhen südlich der Straße in die rechte Flanke des Gegners disponiert während 2 Raketengeschütze im Ort in Reserve verblieben, Um 4 Uhr eröffnete der Feind das Feuer auf Spondalunga:

„. . . *doch die aus der Reserve sogleich vorgezogenen Raketengeschütze nahmen den Kampf auf, demontierten ein feindliches Geschütz, sprengten einen Pulverkarren in die Luft, und wiesen einige (beiläufig drei) auf der Straße vorrückende Compagnien des Gegners zurück.*"[429)]

Gegen 12 Uhr brachen die Italiener das Gefecht ab, nachdem der rechte Flügel ebenfalls durch ein Raketengeschütz verstärkt worden war.Am 19. Juli erteilt Generalmajor Baron Kuhn neue Dispositionen, da es erforderlich wurde, das Festsetzen der Truppen Garibaldis im Ledro Tal und deren Vordringen in das Etsch Tal zu verhindern:

„*Die Brigade Monluisant rückt am 19. nach dem Abessen bis Balin. Die Gebirgsbatterie Nr. IV/5 bleibt jedoch zurück und wird in die Brigade Kaim eingeteilt; statt dessen erhält die Brigade die Gebirgs-*

---

425) Österreichs Kämpfe im Jahr 1866, a.a.O., 3. Band, im preußischen Generalstabswerk nicht erwähnt

426) Der Feldzug von 1866, a.a.O.

427) Alle Angaben zu diesem Feldzug, soweit nicht anders gekennzeichnet, nach: Österreichs Kämpfe 1866, a.a.O., Band 1 und Band 3. Im entsprechenden preußischen Generalstabswerk finden sich kaum Hinweise auf Einsätze der österreichischen Raketenartillerie, es hat den Anschein, als wäre sie von den Preußen nicht für ernst genommen worden.
Auch Fontane erwähnt diese Einsätze in seinem Werk „Der deutsche Krieg von 1866" nicht.

428) Österreichs Kämpfe, a.a.O., 2. Band, Beilage 2 zum 1. Abschnitt

429) Österreichs Kämpfe, a.a.O., 5. Band, S. 34

raketenbatterie Nr. 2. Am 20. marschiert die Brigade über Campi auf die Passhöhe des Monte Pichea."[430)]
Am 21. Juli kam es daraufhin für diese Brigade und der ihr unterstellten Halbbrigade Major Graf Grünne zu Kämpfen im Conzei- und Ledro-Tal. Vom Monte Pichea rückte Grünne mit 5 Jägercompagnien und 2 Compagnien Großherzog von Hessen sowie 4 Landesschützen-Compagnien und den beiden Gebirgsraketenbatterien auf dem unteren Weg gegen Lesuno zu. Nach dem Aufbruch um 4 Uhr Morgens wurde Lesuno besetzt und der Feind auf Enguiso zurückgedrängt, aber auch hier mußte er nach dem Einsatz der Raketen weichen:
„Die Raketenbatterien wurden nun östlich Enguiso, die Gebirgsbatterie auf der Straße placirt und richteten ihr Feuer gegen die starke feindliche Stellung, welche von der Höhe östlich Locca bis zur oberen Kirche von Bececa reichte und vom 5. Freiwilligen Regiment (Oberst Chiassi) besetzt war. Nachdem diese Stellung durch die Wirkung der österreichischen Batterien erschüttert war, rückte Major Grünne . . . zum Sturm vor."[431)]
Ergebnis dieses Gefechtes war, daß ein vollständiges italienisches Bataillon - etwa 600 Mann - gefangen genommen werden konnte. Anschließend wurden zwei Raketengeschütze der Batterie Nr. 2 abgezogen, um die Verteidigung des Monte Cadria in der linken, bedrohten Flanke zu verstärken. Bereits am 13. Juli war Major v. Pichler mit einer Compagnie Erzherzog Rainer und der Batterie 11/IX in Primolano angelangt, er meldete am 19. Juli das Vordringen feindlicher Kräfte im Val Sugana und ersuchte um Verstärkungen.
„. . . gleichzeitig erging an die Brigade Kaim, in welche die Batterie Nr. 5/V und die Gebirgs Raketen Batterie Nr. 1 eingetheilt wurde, der Befehl noch am selben Tag nach Tione, am 23. nach tre arche zu marschieren. Die Brigade Montluisant, welcher die Batterie Nr. 4/V und die halbe Gebirgs Raketen Batterie Nr. 2 zugewiesen wurde, hatte am 23. nach Campomaggiore zu rücken."[432)]
Angesichts der feindlichen Überlegenheit erließ Baron Kuhn nunmehr Weisungen für einen möglichen Rückzug, war aber entschlossen, sich bei Trient dem eingedrungenen Feind zu widersetzen. Das 2. Bataillon Erzherzog Rainer besetzte gegen Pergine die Höhen von Civezzano, die Gebirgs Raketen Batterie Nr. 1 die Höhen von Roncogno. Am 23. Juli, im Gefecht bei Borgo, wurden wiederum 4 Raketengeschütze am linken Flügel bei Castel Teovana gegen den Feind, der im Vorgehen auf die Höhen am rechten Brenta Ufer war, eingesetzt.
Im Juli kam es dann zum Versuch einer italienischen Landung auf Lissa, der in der Folge zur Seeschlacht von Lissa führte. Dem Festungskommando von Lissa standen 88 Geschütze sowie vier 6pfündige und zwei 12pfündige Raketengeschütze zur Verfügung, dabei wurden die Raketengeschütze unter dem Kommando von Unterlieutenant Mück zur Abwehr von Landungen disponibel gehalten, wobei die Beweglichkeitmachung der Raketengeschütze zu Problemen führte:
„Versuche die Feldgeschütze notdürftig zu bespannen, scheiterten an der Widerspenstigkeit der auf der Insel reichlich vorhandenen Maulthiere; diese konnten nur zum Tragen der Munition für die 6pfündigen Raketengeschütze benützt werden."[433)]
Am 16. Juli lief die italienische Flotte mit 19 Schiffen gegen Lissa aus, das sie am 18. Juli gegen 9 Uhr erreichten. Daraufhin bezog die halbe 4. Marineinfanterie Compagnie mit vier 6pfündigen Raketengeschützen Stellungen bei Chiave, Gradac und Travna, die andere Halbcompagnie bei Karober. Der Versuch Viceadmiral Albinis. mit 6 hölzernen Schiffen gegen den Hafen Karober etwa 2.600 Mann zu landen, wurde nicht konsequent durchgeführt und scheiterte.
„Eine Dampfbarkasse, welche mit 3 Imbarcationen gegen Ponte Chiave herankam, wurde durch einen Schwarm der 4. Marine-Infanterie Compagnie und einige Raketenschüsse zurückgewiesen."[434)]
Als es am 20. Juli den Anschein hatte, bei Ponte Chiave stehe eine energische Landung bevor, wurden die Verteidigungsstellungen bezogen und die 12pfündigen Raketengeschütze auf der gegen das Tal von Somogor vortretenden Höhe gegen Chiave und Karober in Stellung gebracht. Da aber nunmehr die österreichische Flotte herandampfte entfielen hier weitere Einsätze, Lissa wurde in der folgenden Seeschlacht erfolgreich verteidigt.[435)]
Schließlich wurde die Raketenartillerie dann noch bei den Operationen gegen Venetien im August eingesetzt. Am 9. August war die Raketenbatterie 11/IV im Bahntransport in Villach eingetroffen, sie wurde dem Alpenjäger-Corps zugewiesen, das auf der rechten Flanke der Armee auf Belluno vorrücken sollte. Dies ist der letzte Hinweis auf einen Einsatz der Raketenartillerie des österreichischen Heeres in diesem Kriege. Sowohl in den Gefechten und Schlachten der Nordarmee gegen Preußen, als auch in denen der Südarmee gegen Italien war sie gegenüber der Rohrartillerie ins Hintertreffen geraten, konnte ihre Fähigkeiten aber dennoch in den Kämpfen um Tirol unter den besonderen Bedingungen des Gebirges letztmalig unter Beweis stellen.

(3) das Ende

Aufgrund einer allerhöchsten Entscheidung vom 29. April 1867 wurde dann am 31. Mai 1867 die Raketenartillerie aufgelassen.[436)] Hierzu wurde bemerkt:
„Es ging dem Raketenwesen ähnlich so wie in neuerer Zeit der Schießwolle. Je nach dem letzt erzieltem Erfolge und dem Ansehen, dessen sich der Chef des Raketenwesens im Augenblick erfreute, wurde letzteres entweder bis in den Himmel erhoben oder als eine gänzlich lebensunfähige Schöpfung erklärt und das Feuerwerker Corps bald übermäßig verstärkt, bald mit der gänzlichen Auflösung bedroht."[437)]
Zunächst wurde aber im Juli noch angeordnet, daß "Alles, was die Raketenwaffe betrifft, Munition, Requisiten, Laborirgegenstände, Maschinen, etc., bis auf ehestens erfolgende, weitere Anordnungen bestens aufzubewahren und zu konserviren sei."[438)] Ein großer Teil des Materials scheint dann 1868 an die Türkei verkauft worden zu sein.[439)] Die Abfeuerungsgestelle und Raketen des Raketeur- und Gebirgs-Artillerie-Regiments wurden in Depots in Dalmatien aber weiterhin bereitgehalten.

430) ibidem, S. 43
431) ibidem
432) ibidem
433) Österreichs Kämpfe, a.a.O., Abschnitt V, S. 26; nach: A. Wagner, Österreichs Artillerie im Kriege von 1866, in: Truppendienst 3 / 1976, S.190, standen auf Lissa 10 Raketengeschütze zur Verfügung
434) ibidem, S. 55; 2 weitere Raketengeschütze waren am Spirito-Platz an der Westseite des Hafens von Lissa eingesetzt, insgesamt standen 10 Raketengeschütze zur Verfügung (J. Sterbenz, Lissa, am 18. 19. und 20. Juli 1855. Artilleristische Studie, in: MGAG 1868, S. 121 und S. 124)
435) Insgesamt wurden bei der Verteidigung Lissas aber nur 2 - 6pfd Raketen mit 3¹/₄ pfündigen Granaten und 4 - 6pfd Raketen mit 5 pfündigen Granaten abgefeuert. (Sterbenz, a.a.O., MGAG 1869, S. 117)
436) Dolleczek, a.a.O., S. 356, und: S. 418; Semek, Wehrmacht, a.a.O., S. 200, nannte als Datum der Entschließung den 24. März
437) o. Verf., Zur Geschichte der österreichischen Artillerietruppe, in: AOPA, 1867, S. 157
438) G. S., Schreiben eines Veteranen, a.a.O., S. 635; im Heeresgeschichtlichen Museum Budapest befindet sich eine 12pfd Stabrakete mit Stativ und im Heeresgeschichtlichen Museum Wien jeweils 1 Stativ für Stab- und Rotationsraketen sowie eine 100pfd Rotationsrakete (Mitteilung Dr. Baumgartner v. 22.07.1997), ebenso befindet sich eine Stabrakete von 1846 im Musée d'Armes im Schwarzenbergpalais in Prag (Mitteilung Prof. de Vos, Ecole Royale Militaire, Bruxelles vom 27.02.1996)
439) P. Schupita, a.a.O., S. 2, diese Angabe ist nur hier erwähnt, es erscheint gleichfalls möglich, daß dieses Material, einschließlich der Raketen, nach Persien verkauft wurde, wo auch eine Militärmission österreichischer Offiziere eingesetzt war (s. Abschnitt 11: Der Orient, d. Persien); aus den Unterlagen des österreichischen Kriegsarchives läßt sich dieser Verkauf nicht belegen, hiernach (ÖSK-Präs. 5-3 No. 19664, 1886) ist in diesem Jahre nur eine Anfrage der osmanischen Botschaft zum Ankauf von Geschütz-Projektilen „der letzten Pariser-Ausstellung" und von Modellen des österreichischen Feldtelegraphen befürwortend bearbeitet worden (Wien den 7ten Jänner 1868, für den Minister des Äußeren der Unterstaats-Sekretär: Meysenburg)

„. . . Raketen gänzlich abgeschafft, dieselben werden höchstens für besondere Fälle als besondere Munitionsgattung bei den Reserven mitgeführt."[440)]

Zuvor dienten 1867 jedoch diese Raketen als Exponate auf der Weltausstellung in Paris. Die französische Militärkommission notierte hierzu:

„Elles sont à rotation, sans baguette; le mouvement de rotation est donné par quatre évents coudés, situés dans un plan perpendiculaire à l'axe et à l'avant de la fusée, aboutissant, à l'intérieur, dans un espace libre entre l'armure et le haut de la composition. Cette composition, tassée fortement et à combustion vive suivant le système de cette nation, a une âme, large et tronconique, percée de part en part; le bras est fermé par un culot à large trou central, le haut aboutit à la chambre des évents; c'est par l'un de ces évents, muni d'un brin de mèche, que le feu est mis et porté dans l'intérieur; enfin le haut des cartouches est pourvu d'un manchon qui sert à fixer l'armure."[441)]

Als im Jahr 1869 ein Aufstand unter der dalmatinischen Bergbevölkerung aufgrund des neuen Wehrpflichtgesetzes von 1868 ausbrach und die Mobilisierung aller im Lande befindlichen österreichischen Truppen erforderlich machte, wurden letztmalig zwei der Gebirgsbatterien mit Raketen ausgerüstet. FML Wagner ließ im Oktober 1869 drei Kolonnen aus Risano vorstoßen, um die Verbindung zu den Forts Dragalj und Crkvice wieder herzustellen. Bei der Hauptkolonne des Generalmajor Dormus mit den Infanterieregimentern 44 und 52 sowie 10 Geschützen, die über Knezlac und Napoda auf Crkvice vorrücken sollte, war eine Raketenbatterie eingesetzt.[442)] Der Vormarsch begann am 19. Oktober, einzelne Insurgenten konnten vertrieben werden, als sich aber dann in der rechten Flanke eine größere Menge der Aufständischen zeigte, die durch das Feuer der Geschütze nicht zu vertreiben war, wurden auf sie 2 Bataillone und die Raketenbatterie angesetzt:[443)]

„Die Raketenbatterie mußte sich während einer Vorrückung auf 1000x dreimal ins Feuer setzen; nach je 3 - 4 Raketenwürfen verschwanden die Insurgenten spurlos, um aber sehr rasch auf anderen Punkten wieder zu erscheinen."

Am 20. wurde Crkvice erreicht, da die Truppe zu erschöpft war, wurde dann der Rückmarsch angetreten; die Kolonne Oberst Fischer war bis Ledenice gelangt, wo FML Wagner mit 1 Bataillon und 4 Raketengeschützen zu ihr stieß und ebenso den Rückmarsch befahl.[444)] Am 22. Oktober bedrohten die Insurgenten Budua, FML Wagner ließ sofort auf dem Seeweg das 27. Jägerbataillon, verstärkt durch 2 Raketengeschütze auf der *Andreas Hofer* einschiffen und nach Budua verlegen. Am 25. Oktober wurde erneut ein Vorstoß auf Dragalj unternommen. Hierzu wurden neben 7 Infanteriebataillonen beide Raketenbatterien eingesetzt. Bei der Vorhut unter Oberst Kaiffel von 2 Bataillonen waren 4 Raketengeschütze, bei der Nachhut 2 Raketengeschütze eingeteilt. Schon um die Mittagszeit des ersten Tages traf man bei Napoda auf Insurgenten und „Oberst Graf Vetter nahm Gefechtsstellung ein und engagierte sich mit dem Feind, zugleich die Raketengeschütze in Thätigkeit bringend."[445)] Am Folgetag wurde die Gegend um Crkvice erreicht, wo 6 Kompagnien mit 2 Raketengeschützen als Reserve zurückgelassen wurden. Nach der Verbindungsaufnahme mit Dragalj und dessen Verstärkung wurde der Rückmarsch angetreten. Am 7. November übernahm Graf Auersperg das Kommando in Dalmatien. Er ließ die Brigade Schönfeld die Kämpfe im Raum Budua nun selbständig führen, der Brigade wurde eine halbe Raketenbatterie unterstellt. Die übrigen Truppen wurden auf dem Seeweg mit den anderen $1^1/_2$ Raketenbatterien nach Castelnuovo, Risano und Perasto verlegt. Am 6. November sollte der Raum zwischen Risano und Dragalj von Insurgenten gesäubert werden. Hierzu wurden vier Kolonnen eingeteilt. Bei der östlichen Kolonne, Oberst Kaiffel, sowie bei der rechten Mittelkolonne Oberst Fischer war jeweils eine halbe Raketenbatterie eingesetzt. Ein letzter Einsatz erfolgte am 18. November gegen Insurgenten auf den Höhen bei Belika Zag rozdak: „Die Raketengeschütze des Obersten Vetter feuerten gleichzeitig [mit den Kanonen] ununterbrochen."[446)] Die militärischen Operationen endeten dann im Dezember mit Einbruch des Winters.

Die österreichische Raketenartillerie hatte damit ihren letzten Einsatz erlebt. Die Bedeutung und die Erfolge der Raketenwaffe gerieten schnell in Vergessenheit, bereits 1899 wurde in einem Lehrbuch der Taktik nur noch lapidar festgestellt:

„Raketen, schon 1815 bei Waterloo von den Engländern angewendet, hatten trotz bedeutender Portée nur vorübergehenden Bestand, wegen ihrer unverläßlichen Bahnen."[447)]

Weitere Raketenversuche erfolgten nur noch in Verbindung mit Lustfeuerwerkerei. Hierbei berichtete August Eschenbacher in seinem Buch „Die Feuerwerkerei" von Versuchen mit einer Stufenrakete:

„Wir haben den Versuch gemacht, solche Raketen herzustellen, welche selbst wieder andere Raketen in die Luft erheben . . . Der Hauptsache nach bestehen sie aus zwei verschieden großen Raketen, die übereinander gesetzt sind und bei welchen die tiefer stehende die größere oder Sprengrakete ist. Die Sprengrakete ist auf die gewöhnliche Weise gefertigt, nur mit dem Unterschiede, daß auf dem Zehrungssatze etwas gewöhnliches Schießpulver aufgeschüttet ist, auf welches unmittelbar die zweite Rakete aufgesetzt wird. Die Zehrung der Sprengrakete selbst muß eine der Länge der Rakete nach hingehende Öffnung haben, welche dazu dient, den Stab der kleineren Rakete aufzunehmen, der in diesem Falle die Längsachse derselben bildet. Beim Losbrennen dieses Objektes hebt die erste, die Sprengrakete, die auf sie gesetzte zweite Rakete so in die Höhe, als wenn diese die Kammer wäre; sobald sie abgebrannt ist, gelangt das Pulver, welches über dem Zehrungssatze liegt, zur Explosion und trennt die beiden nur locker vorhandenen Raketenhülsen voneinander . . . "[448)]

---

440) o. Verf., in: AOPA, 63. Band 1868, S. 183

441) o. Verf., Exposition Universelle de 1867 à Paris, Rapport de la haute commission militaire, Paris 1869, p. 187

442) Angaben nach: H. v. Czeschka, Die Aufstände in Dalmatien, Wien 1912, S. 16 - 26, in: o. Verf., Die Insurrektion in Dalmatien, in: MilBl., Bd. XXIII, Berlin 1870, S. 38, wurden 2 Raketenbatterien angeführt.

443) v. Czeschka, a.a.O., in: o. Verf., Insurrektion, a.a.O., S. 38, wurde ergänzend angegeben, daß 6pfdg. Wurf-Raketen eingesetzt wurden.

444) o. Verf., Insurrektion, a.a.O., S. 39

445) ibidem, S. 44

446) ibidem, S. 58

447) F. C. v. H., Zum Studium der Taktik, II. Teil: Artillerie, Wien 1899, S. 563

448) A. Eschenbacher, Die Feuerwerkerei, Wien, Pest, Leipzig, 1897, S. 195 f., E. untersuchte dabei auch die unterschiedlichen Arten des Pressens des Satzes (Schlagen, mechanische und hydraulische Presse) sowie die zweckmäßige Länge der Stäbe, Überlegungen zu Kriegsraketen wurden von ihm nicht angestellt.

Nachtrag:

S. 145: Möglicherweise hat auch ein österreichisches Geschwader unter Contre-Admiral Dandolo am 19. Juli 1827 bei der Beschießung von Spezzia, das als Piratennest galt, Raketen eingesetzt. In dem Beschwerdebrief der Einwohner an Captain Hamilton von der Cambrian wurde neben der Beschießung durch Kanonen von dem Werfen von Brandmitteln (combustibles) gesprochen. Die Beschießung erfolgte, nachdem zuvor 4 österreichische Schoner mit türkischer Contrebande von griechischen Schiffen aufgebracht worden waren.
hierzu neue Fußnote:
C. G. Pitcairn Jones, Piracy in the Levant 1827-8, Publications of the Navy Records Society, Vol. LXXII, London 1934, p. 130 - 133

ergänze zu Fußnote 178)
Nach: Großer Generalstab (Hg), Moltkes Kriegsgeschichtliche Arbeiten. Geschichte des Krieges gegen Dänemark 1848/49, Berlin 1893, S. 222, hatte der General von Peucker als Reichskriegsminister für Österreich die Abstellung von 6 Raketenbatterien mit Ausrüstung festgelegt. (Mitteilung an General v. Wrangel vom 31. Juli 1848)

ergänze zu Fußnote 360)
Gem. AMZ 1861, S. 175, datiert die allerhöchste Verordnung auf den 28. April 1861, danach wurden die Mannschaften des Flottillencorps in das Matrosencorps mit Standorten in Pola und Venedig überführt, wobei letzteres 2 Compagnien nach Peschiera und Pesth detachierte, um die Boote der ehemaligen Flottillen zu bemannen. Die Durchführung der Verordnung war für den 15. Mai 1861 terminiert.

6. Frankreich

Wie aus der Einleitung ersichtlich, hätte Frankreich als führende Artilleriemacht des Kontinents auch der erste Staat sein können, der über Raketenartillerie verfügte, wenn nicht konservative Militärs dies verhindert hätten. Während des Kaiserreiches blieben zwei weitere Gelegenheiten eine Raketenartillerie aufzustellen, ungenutzt. Es sollten dann noch über zehn Jahre vergehen, bis auch Frankreich sich entschloß, Raketen einzuführen und entsprechende Einheiten aufzustellen. Eine Besonderheit Frankreichs ist es, daß es hier keine zentrale Einrichtung zur Entwicklung der Raketen gab, für das Heer fand die Entwicklung in Vincennes und später in Metz statt, während die Marine ihre Raketen in Toulon, vorübergehend auch in Boulogne, entwickelte.

a. Napoléon greift ein

Parallel zu Congreves Arbeiten wurden 1804 auch in Frankreich erste Arbeiten zur Entwicklung von Raketen durch den General Eblé in Angriff genommen; auch wenn sie erfolgversprechend gewesen zu sein scheinen, hatten sie doch keine weiteren Folgen.[1]

Wie im Abschnitt „Vereinigtes Königreich" geschildert, fielen den Franzosen 1809 nach dem englischen Branderangriff auf das Geschwader auf der Reede von La Rochelle Congreve-Raketen aus einem gestrandetem Brander in die Hände. Diese Raketen waren 1 Meter lang, besaßen einen Umfang von 31 cm und wogen 10 Kilo. Sie wurden vom Ingenieur-Oberst Récicourt nach Paris geschickt und dort von den Physikern d'Arcet und Gay-Lussac[2] untersucht. Die Analyse ergab für den Treibsatz 53,7 % Salpeter, 20,93 % Kohle, 11,37 % Schwefel und 14 % Wasser. Der Brandsatz bestand aus 53,5 % Salpeter und 46,5 % Schwefel mit Bitumen und Antimon, entsprach also demjenigen, den 1805 Vauquelin analysiert hatte.[3] Nach der erfolgreichen Beschießung Vlissingens mit Raketen reagierten Frankreichs Minister trotz der Abwesenheit Napoleons sofort; der Kriegsminister Clarke, Graf d'Hunebourg ordnete an „de faire construire par Ruggieri 300 fusées volantes incendiaires et de les envoyer à Anvers."[4] Nur einen Monat nach der Kapitulation Vlissingens waren diese Raketen fertiggestellt, ihre Leistungen erreichten aber bei weitem nicht die in sie gesetzten Erwartungen. Nach Versuchen, die durch Capitaine Bigot unternommen wurden, meldete Gassendi: „une seule a porté à 300 toises; les autres n'ont eu aucune direction ou ont éclaté avant de partir."[5] Auch weitere Versuche mit vor Ort durch Capitaine Bigot und Colonel Brunau gefertigten Raketen erbrachten keine besseren Ergebnisse. Auf Vorschlag Gassendis sollte aber Bigot diese Arbeiten in Saint Cyr, wo er Ausbilder wurde, fortsetzen.[6]

Zur gleichen Zeit veranlaßte der Chef der Artillerie, General Lariboisière, nach der Einnahme von Wien, daß der Capitaine Jacquier sich mit den vorgefundenen österreichischen Raketen des Oberfeuerwerker Mager beschäftigte und hiermit Versuche unternahm. Trotz seiner Bemühungen gelang es ihm aber nicht, die gewünschte Reichweite von 1.500 Metern zu erreichen.[7]

„Les premières ont éclaté en partant, même celles dont l'enveloppe était en fer battu de deux lignes d'épaisseur, et bien nous a pris de nous être tenus à l'écart. On a varié les compositions, et l'on est parvenu à lancer une fusée de 2 pouces de diamètre à 452 toises et sans qu'elle se soit écartée à plus de deux toises de la direction; Elle était inclinée en partant à 60 dégrés: la dificulté selon moi est de faire arriver les fusées à 7 ou 800 toises; Car pour les incendiairer on en connait d'assez actifs pour mettre le feu à la Voilure d'batiment et je voudrai employer ces fusées, non contre des maisons; mais contre des vaisseaux, de manière qu'un Lougre peut devenir dangereux pour un Vaisseau de Ligne et même pour une flotte entière."[8]

Diese enttäuschenden ersten Versuche in Antwerpen und Wien wurden dann nicht fortgesetzt. Möglicherweise wären die Raketen trotz der Fortsetzung der Versuche durch Bigot in Vergessenheit geraten, wenn nicht Napoléon eingegriffen hätte. Der Kaiser gedachte die Raketen im Spanienfeldzug einzusetzen und schrieb am 8. Februar 1810 an den Kriegsminister:

„Mr le Duc de Feltre, je désire que vous consultiez les officiers d'artillerie et des Chimistes, sur les moyens de faire des fusées à la congrève, qui parroissent avoir de l'avantage pour des attaques de villes, à 12 ou 1400 toises; cela pourroit être très utile dans la guerre d'Espagne."[9]

Aufgrund dieser Ordre wurde eine Commission für die Raketenentwicklung unter General Lariboisière gebildet, zu welcher der Capitaine der Marineartillerie Bourée und die Capitaines der Artillerie Moreton sowie Bigot und Jacquier[10] abgestellt wurden. Sie erhielt den Auftrag, die congrev'schen Raketen nachzubauen und auf ihre Wirksamkeit zu untersuchen. Ziel der Entwicklung sollte eine Brandrakete mit einer Reichweite von bis zu 2.800 Metern sein. Am 19. März bereits wurde auf der Ebene von d'Alford ein erster Versuch durch die Capi-

---

1) M. Susane, Les fusées de guerre, in: Mémoires de l'Académie Nationale de Metz 1862 - 1863, p. 222: „. . . le général Eblé . . . poursuivait des recherches analogues et parvenait à lancer des fusées sous l'angle de quinze degrés, ce qui constituait un progrès considérable." Vgl.: Cotty, Dictionnaire d'Artillerie, Paris 1822, p. 140 (fusées incendiaires): „Le général Eblé en avoit fait exécuter & tirer en 1804 sous les angles de 15 & 25 degrès."

2) Das Untersuchungsergebnis mit der Analyse des Treibsatzes der Rakete, wurde im Juni 1814 im „Bulletin de la société d'encouragement", pp. 134, veröffentlicht (siehe auch: MLZ, 1826, S. 202); auch nach dem Angriff auf Boulogne waren Frankreich Raketen in die Hände gefallen, die von Vauquelin untersucht worden waren, diese Untersuchung scheint aber keine Konsequenzen gehabt zu haben (P. Bret, Les fusées de Napoléon, in: L'Histoire, No. 70, 1984, p. 26, der Bericht d'Arcets wurde bis zum Ende des Krieges geheim gehalten.). Ein Auszug des Untersuchungsberichtes ist in Beilage 3 enthalten, da er die detaillierteste Beschreibung der Congrev'schen Raketen enthält. Vgl.: o. Verf.: Die Congrevischen Brandraketen, in: Neues Hannoversches Magazin, 1809, S. 1625; „Der Commandant der Insel Oleron hat an die Pariser Societät zur Beförderung der Rational-Industrie eine Congrevische Rakete geschickt"

3) Schon nach dieser ersten Analyse scheinen erste Untersuchungen zur Konstruktion von Raketen unternommen worden zu sein. Congreve schrieb im November 1807: „Some time since a French vessel was captured near Boulogne by one of our cruisers, in which were several drawings and speculations on the construction of the rocket." (Congreve, A Concise account on the Origin and Progress of the Rocket System, London 1810, p. 28) Im Jahr 1809 scheint auch ein entsprechender Erfolgsartikel im „Moniteur" veröffentlicht worden zu sein, der die Times veranlaßte, eine Nachahmung der Raketen für unmöglich zu erklären, zumal das im „Moniteur" dargestellte Ergebnis (die Raketen wären aus braunem Papier und besäßen ein Kaliber von ca. 1 cm) falsch wäre: „But the fact is - 1st that it is absolutely impossible to ascertain how the peculiarly powerful effect of these Rockets is produced, either by analysis, or by inspection." (The Times, 27. Oktober 1809)

4) AdAV, 6.f.4, Ruggieri N° 13, zitiert nach: P. Bret, La fusée de Guerre en France pendant la période révolutionnaire et impériale, Aix-en-Provence 1971, p. 31 (P. Bret dürfte erstmals diese Akten aus den Archives d'Artillerie ausgewertet haben)

5) ibidem, p. 30, Meldung vom 12.10.1809; Gassendi plädierte dafür, die Bezahlung Ruggieris zu kürzen, da ihm dessen Forderung von 6378 francs angesichts der erbrachten Leistungen zu hoch erschien, und überdies Ruggieri mehr Raketen als geliefert in Rechnung gestellt hätte; der Kriegsminister entschied dann aber, die Forderung zu erfüllen.

6) P. Bret, fusées de Napoléon, a.a.O., p. 26, sowie: P. Bret, fusées de guerre, a.a.O., p. 33; Gassendi schlug vor, Untersuchungen zur Zusammensetzung des Treibsatzes anzustellen „ . . . jusqu'à concurrence d'une somme de Douze cents francs, en autorisant le capitaine Bigot à continuer ses recherches et en faisant venir d'Anvers à St Cyr les outillages nécessaires à la fabrication".

7) P. Bret, fusées de Napoléon, a.a.O., p. 26

8) AdAV, 2.c.7., Brief General Lariboisière an Colonel Evain, Vienne, 20 octobre 1809; seit den phosphorischen Raketen Chevalliers (1789) der erste Vorstoß in Frankreich, die Raketen für den Krieg zur See zu verwenden!

9) AdAV, 2.c.7., Ordre de l'Empereur, signé Napoléon (ohne Datum), am 09. Februar weitergeleitet an Gassendi

10) Brussel de Brulart, Revue de ce qui concerne les Fusées propres à la Guerre, Depuis l'origine des Fusées jusqu'au gouvernement impérial de Napoléon III, in: JAS, tome

taines Bigot und Jacquier durchgeführt. Drei Raketen Bigots erreichten 800, 1.200 und 1.300 Toisen.[11)] Von April bis Juni diesen Jahres wurden dann jede Woche Versuche mit den Raketen Bigots und Jacquiers angestellt. Daneben wurden auch einige Raketen Guyton-Morveaus Versuchen unterzogen; dieser nutzte einen Treibsatz von 64 Teilen Salpeter, 11 Teilen Schwefel und 20 Teilen Kohle, der Stab seiner 3zölligen Raketen besaß eine Länge von 13 Fuß, die Hülse eine von 24 Zoll, fertig geladen wog sie 27 livres, hierzu liegen aber keine Versuchsergebnisse vor.[12)] Bigot konzentrierte sich dabei vor allem darauf, den wirkungsvollsten Treibsatz für die Raketen zu finden, wobei er für den eigentlichen Treibsatz und die Zehrung unterschiedliche Mischungen wählte, für die Zehrung nahm er eine Mischung von 4 Teilen Pulver, 17 Teilen Salpeter, $5^{1}/_{2}$ Teilen Schwefel und 8 Teilen Holzkohle, der Treibsatz bestand aus 8 Teilen Pulver und $1^{3}/_{4}$ Teilen feiner Holzkohle, die, wie bei Jacquier, mit 5 Unzen Terpentinöl angefeuchtet wurden.[13)] Ebenso wie Jacquier erarbeitete er eine Herstellungsanweisung für seine Raketen.[14)] Für die Versuche mit 3zölligen Raketen, die er im Juli 1810 in St. Cyr mit unterschiedlichen Treibsätzen unternahm, ergaben sich nachstehende Reichweiten:[15)]

Datum	Treibsatz Salpeter	Schwefel	Kohle	Pulver	Reichw. (Meter)	Elevation (Grad)
06. Juli	54	14	32	-	1900	60°
	62	14	24	-	1290	-"-
29. Juli	54	14	32	-	2924	-"-
	62	14	24	-	2826	-"-
10. Juli	65	15	20	-	1700	-"-
	14	06	16	64	2200	-"-
	58	14	28	-	1990	-"-
	-	05	20	75	1600	-"-
11. Juli		04	14	82	2284	-"-
	15	05	15	65	2309	-"-
13. Juli		06	18	76	2261	-"-
		04	14	82	2339	-"-
15. Juli		04	14	82	2631	-"-
16. Juli		04	14	82	2992	55°
		-"-	-"-	-"-	0600	50°
18 Juli		-"-	-"-	-"-	2542	55°
		-"-	-"-	-"-	1950	$57^{1}/_{2}$°
		-"-	-"-	-"-	2719	60°

Am 27. Juli wurde in einem Bericht vorgeschlagen, Jacquier nicht wie geplant zur Armee nach Portugal, sondern nach Cadix zu entsenden, wo er nützlicher sein würde, ebenso sollte Baudard nach Tortosa gehen; die Versuche mit 4zölligen Raketen könnten von Bigot fortgesetzt werden; überdies scheinen die Versuche so positiv beurteilt worden zu sein, daß für ihn und Bigot eine Gratifikation von 3.000 fr. beantragt wurde. Bei den 3 und $3^{1}/_{2}$zölligen Raketen wurden jetzt Reichweiten von 1750 Toisen erzielt, so daß das Bureau der Artillerie im Ministerium der Auffassung war:

„. . . *les fusées de* 3^{po} *& de* $3^{po\,1}/_{2}$ *paraissant avoir acquire le degré de perfection auqel elles peuvent atteindre, il semble inutile de faire de nouvelles épreuves et l'on pense qu'il faut d'en tenir aux résultats obtenus.*"[16)]

Zugleich wurde festgestellt, daß es zur Durchführung der Weisung des Kaisers, Brandraketen der Armee in Spanien und den wichtigsten Häfen verfügbar zu machen, erforderlich wäre, das erforderliche Werkzeug zu beschaffen sowie eine Herstellungsanleitung zu erstellen. Schließlich wurde festgestellt, daß bisher 20.000 fr. für die Versuche verausgabt worden wären, aber weitere 100.000 erforderlich seien.[17)]

Der Versetzung Jacquiers nach Cadix und Baudards zum 3. Corps wurde zugestimmt.[18)] In diesem Bericht wurde auch festgehalten, daß das Schlagen der 3 und $3^{1}/_{2}$zölligen Raketen 6 Stunden in Anspruch nehme, während für eine 4zöllige Rakete 7 Stunden benötigt würden, so daß täglich nur zwei hergestellt werden könnten.[19)] Einen Überblick über den Stand der Raketenentwicklung im Juli 1810 kann dem nachstehenden Protokoll der Versuche mit Raketen Jacquiers vom 14. Juli entnommen werden:[20)]

(siehe Tabelle auf Seite 188)

Jacquier erarbeitete vor seinem Abgang nach Cadix noch die geforderte Instruktion, in der die Herstellung der 3- und $3^{1}/_{2}$zölligen Raketen, einschließlich der Maße und der Zusammensetzung des Treibsatzes beschrieben wurde. Die dort angegebenen Daten entsprechen denen der aufgeführten Tabelle; für das Schlagen des Treibsatzes ergänzte er, daß pro livre des Treibsatzes 6 gros Terpentinöl zum Anfeuchten benötigt würden, das Gewicht des „mouton" gab er mit 50 livres an, er müsse aus 4 Fuß Höhe fallen.[21)] Bis zum 4. Oktober wurden 160 Raketen der Kaliber 3 und $3^{1}/_{2}$ Zoll verfertigt und abgefeuert,

---

II, 1854, p. 18, auf p. 39 schrieb er zur Commission: „Cette commission fut d'abord composée du géneral Lariboissière, commandant l'artillerie de la garde impériale, Président; de Monge, président du Sénat, et des savants chimistes: de Guyton de Morveau et de Bertholet; de MM. Champy des Poudres; du colonel d'Herville, directeur d'artillerie de Paris, enfin, des capitaines d'artillerie Bigot et Jacquin, officiers de l'armée les plus versés dans les manipulations d'artifices de guerre. On adjoignit ensuite à cette commission: MM. les capitaines d'artillerie Morton de Chabrillant et Beaudart. La marine envoya les capitaines d'artillerie, Gouard et Bourée." Biographische Daten (nach: P. Bret., fusées de Napoléon, a.a.O., p. 25): Jean Ambroise Baston de Lariboisière (bei Susane, fusées, geschrieben als „La Riboisière"), erster Inspekteur der französischen Artillerie, Général de Division, 1759 - 1812; Jean-Nicolas Bigot, Artillerieoffizier, geb. 1728, gestorben 18??; Pierre-Frédéric Bourée, Offizier der Marineartillerie, später -1830- Leiter Raketenanstalt Toulon, 1778-1845; Augustin-Joseph Brussel de Brulart 1786 - 1856; Claude-Gabriel Jacquier, Artillerieoffizier, bis 1821 Kommandant der Feuerwerker in Bourges, 1766 - 1855; Charles-Alexandre-Henri Moreton de Chabrillan, Techniker, leitete 1811-1812 die Fertigung in Toulon, 1782 - 1845; Dominique-Nicolas Munier, Kommandant der Feuerwerker in Bourges ab 1821, ab 1824 sous-directeur der L'Ecole centrale de pyrotechnie militaire in Metz, 1790 - 1838; Gaspard Monge (1746 - 1818), Mathematiker und Ingenieur, Marineminister im Kabinett Danton; Louis-Bernard Guyton, genannt Guyton de Morveau (1737 - 1816), Chemiker; Berthollet (1748 - 1822) (Biographien der Wissenschaftler nach: Y. Laissus et J.-L. Fischer, La république a besoin de savants, in: Historama spécial, No. 7, 1989, p. 20 - 29)

11) Congreve, Concise account, a.a.O., p. 32, führte hierzu einen Auszug aus dem „Moniteur" vom 31. März 1810 an: „A commission of artillery has been, for some time past, employed at Vincennes sur Mer, respecting the Congreve Rockets. All their researches, with regard to the dimensions, the composition, and the means of discharging them, have been most successful. The trial of these Rockets, was made in the plain of Alford, in the presence of Count Lariboissiere, general of artillery, and Messieurs Guyton de Morveau, Monge, and Berthollet. The first Rocket let off went 800 toises, the second 1.200, and the third 1.300. Such a result could not have been expected from a first attempt. Still it is not sufficient. It is known that the Congreve rockets go the length of even 1.800 toises. His Majesty has expressed his satisfaction with the proceeding of the commission, and assured them, that he will personally attend their experiments as soon as they are certain of being able to throw a Rocket to the distance of 1.800 toises."

12) AdAV, 2.c.7, No. 48, Epreuves du 21 juin 1810

13) Bei Versuchen im September wurde zum Anfeuchten auch Petroleum für die 3 und $3^{1}/_{2}$zölligen genommen, während Bigot für die 2zölligen weiterhin Terpentin wählte. (AdAV, 2.c.7., Epreuve soumise à la Commission le 14. 9bre 1810)

14) AdAV, 2.c.7., Résultat des Recherches des Fusées Incendiaires dites à la Congrève par le Capitaine Bigot, ohne Datum, als Ergebnis der Versuche vom 19. März, wo er unter 60° Elevation Reichweiten mit 3zölligen Raketen von 1.200 Toisen erzielte

15) AdAV, 2.c.7., Rapport à la Commission par M. Le Capitaine Bigot vom 24. Juli 1810; das Pulver wurde im Original mit „poussier" bezeichnet, also „Mehlpulver"

16) AdAV, 2.c.7., rapport fait au ministre, le 27.07.1810 (erstellt von Gassendi), der Minister ordnete jedoch mit einer Randbemerkung die Fortsetzung der Versuche an. Mit Raketen und dem erforderlichen Werkzeug zu ihrer Herstellung sollten zunächst die Häfen von Antwerpen, Brest und Toulon ausgestattet werden.

17) ibidem, der Minister merkte an, er wolle 50.000 fr. beantragen.

18) AdAV, 2.c.7., rapport fait au ministre le 4. 08. 1810

19) ibidem, es scheinen schon Forderungen für eine Massenproduktion vorgelegen zu haben, da Gassendi feststellte, daß 12 „moutons" und entsprechendes zusätzliches Werkzeug erforderlich wäre, wenn 150 Raketen wöchentlich hergestellt werden sollten.

20) AdAV 2.c.7, Epreuve de 14. 7bre 1810; leider sind entsprechend ausführliche Protokolle von Congreves Versuchen nicht enthalten, so daß ein direkter Vergleich der Ergebnisse und Leistungen der Raketen nicht möglich ist.

21) AdAV 2.c.331, No.53, Construction des fusées incendiaires de 3 pouces de diametre interieur, des fusées de 3 pouces $^{1}/_{2}$ (ohne Datum), in einer Anlage führte Jacquier Art

Caliber pouces	Gewicht Hülse livres	geladene Rakete livres	Stab livres	Durchmesser fertige Rakete livres	Länge Stab lignes	Hülse pouces	Stab pieds	Treibsatz Pulver livres	Schwefel livres	Kohle livres	Reichweite toises	Abweichung toises
3	6	7	6	23	17	27	13 1/2	8	4/16	2 2/16	951	20 rechts
	5 12/16	16 12/16	6	22 3/4	-"-	-"-	-"-	-"-	-"-	-"-	1300	420 rechts
	6	17 1/4	5 2/16	22 6/16	-"-	-"-	-"-	-"-	-"-	-"-	1609	308 rechts
$3^{1}/_{2}$	10 10/16	30	9	39	19	35	16	8	4/16	2 7/16	1182	40 links
	10 10/16	31	8 3/4	39 3/4	-"-	-"-	-"-	-"-	-"-	-"-	1332	42 links
	10 6/16	30 1/2	8 1/2	39	-"-	-"-	-"-	-"-	-"-	-"-	1579	175 links
2	2 1/2	6 2/16	2 11/16	9	13	21 1/2	8	4	3/32	1	perdu de vu	
	2 1/2	6 2/16	2 11/16	9	-"-	-"-	-"-	-"-	-"-	-"-	-"- *)	

*) bien parties, perdu de vue

etwa 79% der 3zölligen waren erfolgreich, mit den $3^{1}/_{2}$zölligen konnte Jacquier 60% und Bigot 27% erfolgreiche Abschüsse durchführen, wobei diese mit 60° Erhöhung bis zu 1.720 Toisen reichten, allerdings mit einer Seitenabweichung von 500 Toisen; von 14 4zölligen Raketen konnten jedoch am 15. August nur 5 erfolgreich abgefeuert werden, unter 60° Elevation reichten diese bis 1.503 Toisen, jedoch mit 206 Toisen Seitenabweichung. Die Seitenabweichungen entsprachen denen der früheren Versuche.[22]

Am 6. August 1810 war Napoleon bei einem Versuchsschießen mit diesen neuen Raketen anwesend, das auch der Einweisung der Schüler der Militärschule Saint - Cyr diente, aber auch dieser Artillerist beurteilte die Raketen nach ihrer Treffsicherheit:

„Jamais, dit Napoléon en s'adressant à cet officier [Capitaine Bigot, instructeur d'artillerie de l'École militaire] et aux éléves artilleurs qui se trouvaient le plus à portée, jamais les fusées à la Congrève ne pourront être dirigées avec certitude. On ne peut pas comparer aux projectiles qui obéissent à une force unique et primitive. Les fusées se meuvent par suite de l'impulsion qu'à chaque moment successif la flamme s'échappant avec force leur donne en prenant pour point d'appui chaque couche de l'air qu'elles traversent. Elles ont ainsi à chaque instant de leur trajet des chances de déviation."[23]

Dennoch zeigte er sich gegenüber Bigot von den Leistungen der Raketen angetan:

„Sa Majesté l'Empereur a vu lancer mes fusées et m'en a témoigné sa satisfaction en m'accordant la croix de la Légion.",[24]

schrieb Bigot anschließend an Ruggieri. Ende September standen 4 Kaliber von Raketen zur Verfügung mit Reichweiten von etwa 700 Toisen für die kleinsten von $1^{1}/_{2}$ Zoll, bis 900 Toisen für die 2zölligen, 12 bis 1.300 Toisen für die 3zölligen und bis zu 1.600 Toisen für das größte Kaliber von $3^{1}/_{2}$ Zoll, einige der letzteren erreichten sogar Schußentfernungen von 1.700 Toisen.[25] Der Kaiser gab für den Abschluß der Entwicklung nochmals 30.000 Francs frei und forderte „de continuer les épreuves de fusées incendiaires & et de les faire en grand, en tirant 3 à 400 de ces fusées pour être sûr que véritablement elles réussissent.";[26] zusätzlich forderte er, daß in jedem Regiment sowie in den Kriegshäfen, einschließlich Italiens, Spezialisten für den Einsatz dieser Raketen verfügbar sein müßten.[27]

Bis 1811 wurden in Vincennes weitere Versuche auf der Ebene von Maison angestellt. Zunächst wurden Brandraketen mit einem Kaliber von 3 8/19 Zoll hergestellt, die $3^{1}/_{4}$ Fuß lang waren und etwas über 20 Pfund wogen. Nach positiven Versuchen, die Reichweiten von 1.500 Toisen ergeben hatten - zuweilen aber jedoch eine ebenso große Seitenabweichung zeigten - , wurden nach diesen Mustern ähnliche Raketen auch mit anderen Kalibern hergestellt. Einige Versuchsmodelle vom Kaliber 8,9 cm kamen sogar auf eine Reichweite von 4.200 Metern.[28] Diese Raketen entsprachen in ihrer Leistung voll den Congrev'schen Raketen.

Die weitere Verfolgung des Kalibers 4 Zoll wurde aber wieder aufgegeben, da es sich zeigte, daß diese Raketen, die fast 55 livres wogen, eine geringere Reichweite als die kleineren erbrachten.[29] Insgesamt waren die Versuche erfolgreich. Der Treibsatz wurde, wie in England, in die Hülse geschlagen, der Hammer, „mouton", wog 40 livres für die 2zölligen und 60 livres für die dreizölligen Raketen; jede Charge des Treibsatzes wurde 4 bis 5mal aus einer Höhe von 5 bis 6 Fuß geschlagen, so daß für eine Rakete etwa 60 Schläge erforderlich waren.[30]

Einen Auszug aus den Versuchsprotokollen hat später auch Montgéry veröffentlicht:[31]

(Siehe Tabelle Versuchsprotokoll auf Seite 189 oben)

Bei diesen Versuchen kehrte eine Rakete, die beim Berühren des Bodens ein Hindernis getroffen hatte, wieder zur Stelle des Abfeuerns zurück und traf eine Lafette.

Noch 1810 wurden aufgrund einer entsprechenden kaiserlichen Weisung zwei Offiziere, die Capitaines Jacquier und Baudart, nach Sevilla zur Armee du Midi zur Verfügung des dortigen Artilleriekommandeurs, General Ruty,[32] und nach Tortosa zur Armee d'Aragon zum

---

und Anzahl der benötigten Geräte auf; in einem früheren Schreiben vom 15. Juni 1810 beschrieb er eine $3^{1}/_{2}$zöllige Rakete und den für das Schlagen erforderlichen Dorn, so daß auch die Form der Seele dieser Raketen bekannt ist:„ Une fusée de 3 pouces 6 ligne de diametre interieure - 26 pouces de longueur, chargé sur une broche de 18 pouces de longueur, 19 Ligne de diametre à la Basse, 12 Ligne au Sommée et la Composition suivante. 16 partit de Salpetre 4 de Souffre, 10 de Charbon, triturés 3 heures Le Massiffe à 3 pouces..".(AdAV, 2.c.331, No. 49)

22) AdAV, 2.c.331, No. 37 bis 50, Elevationen sind nur im Ausnahmefall angegeben, die meisten Raketen scheinen unter 55° abgefeuert worden zu sein.

23) N. A., Des fusées incendiaires employées en Autriche contre les forteresses et contre les masses de cavalerie, in: SpMil, XLVIIIe Volume, Paris 1849, p. 108, der Verfasser war anwesend und zitierte sinngemäß aus seiner Erinnerung

24) zitiert nach: P. Bret, fusées de Napoléon, a.a.O., p. 26

25) AdAV, 2.c.7, Rapport fait a l'Empereur, Paris, juillet 1810

26) Anmerkung Napoléons zu einem Bericht des Kriegsministers vom 14. Oktober 1810 (AdAV, 2.c.7., zitiert nach: P. Bret, fusées de guerre, a.a.O., p. 38)

27) ibidem, p. 27, die Ausbildung dieser Feuerwerker wurde mit Edikt vom 15. Dezember 1810 angeordnet (J.-P. Escalettes et Ph. Jung, Congreve and Toulouse, in: Acta Astronautica, Vol. 19, 1989, p. 633); in einer Meldung Gassendis hieß es hierzu: „L'intention de l'Empereur étant qu'on fasse usage de ces fusées incendiaires à l'armée d' Espagne & dans les principaux ports, il convient de faire les outillages nécessaires à leur fabrication et de rédiger une instruction sur leur confection." (AdAV, 2.c.7, zitiert nach: P. Bret, fusées de guerre, a.a.O., p. 38; die befohlene Instruktion wurde am 15. Dezember 1810 erlassen.)

28) F. H. Winter, The First Golden Age of Rocketry, Washington 1990, p. 108

29) de Montgéry, Recherches sur les fusées de guerre, in: JAS, 1839, p. 113

30) ibidem, p. 115

31) abgedruckt in: AMZ, 22. Jahrg. 1847, S. 997 f.

32) P. Bret, fusées de guerre, a.a.O., pp. 39; sowie nach: Volz, Militärische Reisen, 1. Theil, die Britische Landmacht, Stuttgart / Tübingen 1826, S. 248

dortigen Artilleriekommandeur, General Valée, entsandt, um dort Werkstätten zur Herstellung von Raketen für den Einsatz gegen spanische Städte einzurichten. Jacquier erreichte am 23. Dezember Sevilla, mußte aber erst die erforderlichen Einrichtungen herstellen lassen, da er die mitgeführten Werkzeuge aus Mangel an Transportmitteln in Bayonne hatte zurücklassen müssen. Erst am 1. Februar konnte er unterstützt von 4 Kanonieren mit der Raketenfertigung beginnen.[33)]

„Nous venons de faire des épreuves de fusées, nouvelle invention pour mettre le feu à la ville de Cadix, on ne sait si cela réussira."[34)]

Nach den Erfahrungen von Vincennes wurde dann in Sevilla eine größere Anzahl von Raketen hergestellt. Für diese wurde besserer Salpeter und dünneres Blech verwendet,[35)] so daß die Wirkung des Treibsatzes größer war, andererseits waren die für die Hülsen verfügbaren Blechplatten zu klein, so daß er neu 3zöllige anstelle der $3\frac{1}{2}$zölligen Raketen konstruieren mußte. Ein erster Versuch am 6. Februar war wenig ermutigend, da die erste Rakete bereits nach 30 Toisen aufschlug und zerbrach. In den folgenden Wochen waren die Ergebnisse besser: von 8 dreizölligen Raketen erreichten 5 etwa 1.500 Toisen, eine sogar 1.825 Toisen, die Seitenabweichungen betrugen allerdings zwischen 100 und 750 Toisen. Die ersten drei $2\frac{1}{2}$zölligen Raketen erreichten eine Höchstschußentfernung von 1.300 Toisen bei einer größten Seitenabweichung von nur 80 Toisen.[36)] General Ruty ordnete daraufhin an, einen stärkeren Treibsatz anzuwenden sowie die optimale Länge der Bohrung zu bestimmen, um eine möglichst große Reichweite zu erhalten.[37)] Am 30. März fand der erste Versuch mit diesen neuen 3zölligen Raketen statt:[38)]

Durchmesser			Länge			Treibsatz			Reichweite	Abweichung
des Dornes oben lignes	unten lignes	des Stabes lignes	Länge des Dornes pouces	der Hülse pouces	des Stabes pieds	Pulver	Kohle	Schwefel	Toisen	Toisen
$1\frac{1}{2}$	$17\frac{1}{2}$	$13\frac{1}{2}$	$23\frac{1}{2}$	28	$13\frac{1}{2}$	8	$1\frac{1}{4}$	4	1800	200 à gauche
$1\frac{1}{2}$	20	-"-	$23\frac{1}{2}$	28	-"-	8	$1\frac{1}{4}$	4	éclaté	-
$1\frac{1}{2}$	$17\frac{1}{2}$	-"-	28	32	-"-	8	2	4	1800	800 à droite
$1\frac{1}{2}$	$17\frac{1}{2}$	-"-	28	32	-"-	8	2	4	2100	dans la direction
$1\frac{1}{2}$	$17\frac{1}{2}$	-"-	28	32	-"-	8	2	4	1900	300 à gauche

Durchmesser der Hülse in Zoll	Gewicht der gefüllten Hülse in Loth	Länge des Stabes in Zoll	Gewicht Brandsatz mit Büchse in Loth	Gewicht der armirten Rakete in Loth	Elevation in Grad	Größte Schußweite in Schritt	Seitenabweichung in Schritt
2,08	224	?	50,5	350	45	3232	200
"	204	?	58,5	346	"	2050	130
"	228	?	65	356	"	2160	130
"	232,2	?	50,5	348	"	2840	13
"	199	?	50,5	307,5	"	2140	263
3,125	481,5	?	134	822	55	4048	394
"	502,5	?	134	874	"	4048	4070
"	500	?	335	910,5	"	2710	526
"	496	?	335	837,5	"	4035	420
3,66	834	?	291	1311,5	60	2700	130
"	812,5	?	329,5	1404,5	"	2700	-
4,16	1331,5	?	167,5	1986,5	--	--	-
"	1095	?	--	1727	--	--	-
"	1189,5	?	--	1864	--	1840	-
3,125	569,5	168	--		--	2760	1050
3,66	1038,5	200	--	--	--	3150	1320
4,16	1105,5	200	--	--	--	2770	540

Bis zum April wurden mit den Raketen bei Versuchen Reichweiten von bis zu 2.100 Schritt erzielt.[39)]

Die Versuche scheinen jedoch, zumindest nach spanischen Quellen, weniger erfolgreich gewesen zu sein:

„Se instruyó y documentó completamente al capitán de una compañia de artilleros artificieros y se le hizo pasar á Sevilla; allí confeccionó un gran número de cohetes á la Congrève con cilindros y casquetes de chapa de cobre y de hierro con todo el detalle, precauciones y perfección posibles. Las pruebas se hicieron en el campo de Tablada, lanzandolos por los 45 grados por medio de un caballete. Algunos llegaron á 1.000 toesas, los más quedaban entre 600 y 800; pero la dirección generalmente era aviesa, viciosa y aventurada; unos declinaban á derecha, otros á izquierda y otros retrogradaban hacia el mismo punto de donde habían sido disparados, y todos ellos eran el juguete de cualquier viento fuerte. Finalmente, después de muchos dís y de un grandísimo número de pruebas, se vió que nada de más vago, incierto, costoso, embarazoso, largo de confeccionar, delicado para transportar y complicado bajo todos aspectos como los tales cohetes"[40)]

---

33) AdAV, 2.c.7., Lettre Jacquier à M. le general de Division Conte De Lariboissiere, Seville le 25. fevrier 1811, in diesem Brief meldete er auch, daß bei ersten Versuchen mit 3zölligen Raketen eine Reichweite von 1.800 Toisen erzielt wurde.

34) Brief eines wallonischen Eingezogenen, zitiert nach: P. Bret, fusées de Napoléon, a.a.O., p. 27

35) AdAV, 2.c.7, lettre du general Ruty an Général de Division Comte de Lariboissière, Seville le 17 avril 1811: „il est néanmoins à observer que la qualité supérieure des tôles dont nous nous servons, permet d'employer des feuilles de 4 points et demi d'épaisseur pour les mêmes fusées pour lequelles on employe en france des feuilles de 7 a 8 points, il résulte de là une différence de poids assez considérable, qu'on peut donner une certaine supériorité aux fusées faites ici, sur celles qu'on fabriquait en france d'après les mêmes procédés." Ruty stellte allerdings auch fest, daß nicht ausreichend Blech zur Verfügung stehe, so daß man auf eine Lieferung aus Frankreich warten müsse.

36) AdAV, 2.c.7., Armée Impériale du midi en Espagne, Procès verbal d'épreuves de onze fusées à la Congreve, 25. fevrier 1811, Place de Seville.

37) AdAV, 2.c.7., ordre du Général Ruty, Place de Seville, 25 fevrier 1811: „. . . à l'effet de trouver la composition la plus vive qui peut être employée avec la tôle de quatre points et demi d'èpaisseur, dont on se sert pour la confection des cartouches; et de déterminer quelle doit être la longueur de la broche pour obtenir le maximum de portée, a donné ordre a M. le capitaine Jacquier de construire cinq fusées de ce diamêtre [3 pouces]"

38) AdAV, 2.c.7., procès verbal des épreuves le 30 Mars 1811. Jacquier stellte hierzu fest: „2° que l'augmentation dans la longueur de la broche a produit une augmentation sensible dans la portée . . . "

39) von Hoyer, a.a.O., S. 10; Montgéry (II. Mémoire sur les fusées de guerre, in: JSM, 1826, tome 2, p. 60) schrieb: „Le Général R*** en fit faire à Séville qui portèrent à 2.100 toises. La tôle était plus légeres elle n'avait que moité de l'épaisseur de la tôle employé en France, le charbon meilleur, le salpêtre plus raffiné." Général Ruty meldete am 17. April: „ . . . la plus forte portée obtenue a été de 2.100 toises, au lieu de 2.300 que j'avais d'abord annoncée. . ." (AdAV, 2.c.7, Lettre du 17 avril 1811 à le général de Division Comte de Lariboissière)

40) Papel que escribe D. Domingo Bengoa sobre los morteros y obuses que se idearon para el sitio de Cadix en 1810, in: Memorial de Artilleria, Tomo 15, 1901, p. 632 [„Ein Capitain der Feuerwerker ging nach Sevilla und stellte dort Raketen mit größter Perfektion und Genauigkeit mit Hülsen aus Kupfer und Eisen her. Die Versuche fanden auf dem Campo de Templada statt. Die Raketen wurden mit 45 Grad von einem Abfeuerungsgestell geworfen. Einige erreichten 1.000 Toisen, die meisten aber zwischen

désignation de la fusée	diametre			Longueur				Poids		Observations
	du cartouche	de la broche	de la baguette de direction	du cartouche	de la broche	du Pot	de la baguette de direction	de la fusée sans baguette	de la fusée avec la baguette	
Anglaise	3 po. 4 lig	15 lig. 1/2	17 lig	24 po. 6 lig	16 po. 4 lig	17 po. 6 lig	13 pieds	18 livres	24 liv.	55°, 1000 Toises et 50 toises a droite
française	3 po. 2 lig	17 lig 1/2	17 lig	27 po. 6 lig	23 pouces	12 pouces	13 pi.	17 liv. 1/2	23 liv. 1/2	55°, 1030 toises et à 143 toises à droite
Anglaise	3 po. 4 lig	15 lig 1/2	17 lig	24 po. 6 lig	16 po. 4 lig	17 po. 6 lig	13 pi.	18 liv.	24 liv.	55°, 1080 toises et à 100 toises a gauche
française	3 po. 2 lig	17 lig 1/2	17 lig	27 po. 6 lig	23 pouces	12 po.	13 pi.	17 liv. 1/2	23 liv. 1/2	55°, 1039 toises et à 121 toises à droite

Über möglicherweise stattgefundene Einsätze dieser Raketen liegen nur wenige Nachrichten vor, sie wurden wahrscheinlich 1811 bei der Belagerung von Cadix, wenn auch mit wenig Erfolg, eingesetzt.[41] Dazu mag beigetragen haben, daß die Raketen auf einer zu großen Entfernung eingesetzt wurden.[42] Raketeneinheiten wie in Großbritannien wurden nicht aufgestellt. Aufgrund des Rückzuges der Armee aus Portugal scheinen dann aber die Arbeiten in Sevilla nicht weiter fortgeführt worden zu sein. Noch 1810 waren den Franzosen offensichtlich bei Santarem wiederum britische Raketen in die Hände gefallen, wobei die Konstruktionsmerkmale genau festgehalten wurden, der Treibsatz scheint diesmal aber nicht analysiert worden zu sein; es ist jedoch unbekannt, ob diese Unterlagen für weitere eigene Versuche genutzt worden sind.[43]

Inzwischen hatte Baudart die Arbeit in Tortosa aufgenommen, wo er ein Laboratorium einrichtete. Am 19. Juli 1811 wurde hier ein Vergleichsversuch seiner Raketen mit englischen Raketen, die bei Tarragona vorgefunden worden waren, durchgeführt. Hierzu schrieb General Valée:

„Il en résulte que les fusées françaises et anglaises ont eu à peu près la même portée quoique celles Anglaises eussent deux lignes de diamêtre de plus. Celles françaises ont dévié d'avantage de la direction"[44]

Der Vergleichsversuch ergab nachstehende Leistungen:[45]

(siehe Tabelle oben)

Nach der Abreise Jacquiers war in Vincennes Moreton der Leiter der Arbeiten geworden; hier hergestellte Raketen wurden nach Vlissingen, Corfu und Neapel versandt. Die Raketenfertigung wurde aber erheblich eingeschränkt, da immer mehr Feuerwerker zu ihren Stammtruppenteilen zurückkehren mußten. Im Juli 1811 standen neben Capitaine Moreton nur noch 2 Oberfeuerwerker, ein Sergeant, 2 Caporals und 44 Feuerwerker zur Verfügung. Im Juli 1811 wurde die Werkstatt in Vincennes dann zunächst geschlossen.

Inzwischen war jedoch Bourée vom Marineminister Decrès beauftragt worden, in jedem der Häfen der Kriegsmarine eine Raketenwerkstatt einzurichten.[46] Als erstes geschah dies in Boulogne, wo die Capitaines Bourée und Gouard die neue Waffe für die französische Marineartillerie einführten.[47] Damit war hier 1811 das französische Raketenzentrum. Bourée wurde hierbei vom Capitaine Gouard unterstützt und verfertigte zunächst Raketen nach der Herstellungsmethode aus Vincennes, verbesserte sie jedoch bald, in dem er einen heftigeren Treibsatz nutzte und den Treibsatz beim Laden stärker verdichtete, dabei wurde auch ein neues Abfeuerungsgestell entwickelt.[48] Im April konnten die ersten positiven Versuchsergebnisse gemeldet werden.[49] Wie die folgende Abbildung zeigt, glichen diese Raketen sehr den britischen Vorlagen. General Lariboisière befahl daraufhin dem dortigen Artilleriekommandanten der Armee, 2 junge Offiziere und 8 - 10 Unteroffiziere zur Ausbildung zu den Arbeiten zu kommandieren, um die Erfahrungen der Marine für die Armee nutzen zu können.[50] Im Ver-

600 und 800 Toisen, ihre Bahn war aber fehlerhaft und abenteuerlich. Einige gingen zu weit nach rechts, andere zu weit nach links und wieder andere kehrten zum Abfeuerungsplatz zurück. Zum Schluß einer großen Reihe von Versuchen wurde festgestellt, daß diese Sache unsicher, problematisch und kostspielig und auch langwierig, schwierig zu transportieren und unter allen Gesichtspunkten sehr kompliziert wäre."]

41) von der Lühe, Militair Conversations Lexikon, Leipzig 1834; ein weiterer Hinweis ist in der AMZ, 5. Jahrg. 1830, S. 743 zu finden (o.Verf., Congrevische Raketen, nach einem Artikel aus dem Maiheft 1830 des „Journal des sciences militaires"). Nur wenig genauer beschrieben ist der Einsatz bei: Marqués de Viluma, Noticia sobre el origen, progresos y estado actual de los cohetes de Guerra, Madrid 1833, p. 46, „La artillería francesca los empleó en 1811 delante de Cadiz obteniendo mucho alcance. . . sin que unos ni otros fuesen de efecto alguno." Nach: P. Bret, fusées de guerre, a.a.O., p. 40, liegen hierüber jedoch keine Unterlagen vor, es waren hiernach aber 4 Raketen aus Vincennes nach Cadix versandt worden, wohl auch um ihre Transportfähigkeit zu prüfen.

42) Susane, fusées, a.a.O., p. 247, sprach davon, daß sie auf 4.000 Meter eingesetzt wurden, während ihre maximale Reichweite nur 3.000 Meter betragen hätte.

43) E. Sabine (edit), Letters of Colonel Sir Augustus Fraser, K.C:B., Commanding the Royal Horse Artillery in the Army under the Duke of Wellington written during the Peninsular and Waterloo Campaign, London 1859: „I find in Parker's room a correct plan and section of congreve rockets, dated Punhete in 1810: the plan must have been taken from one of those fired at Santarem. . .whatever the value of this novel arm may be, it consists chiefly in the composition of the rockets; this is a secret, and likely to remain so.-"

44) AdAV, 2.c.7, Armée d'Aragon No. 98, rapport de l'épreuve des fusées incendiaires faite à Tortose le 19 juillet 1811, Général Valée, Tarragonne le 24 Juillet 1811 à Son Excellence le Ministre de la guerre: „Monseigneur, Ayant trouvé à Tarragonne quelques fusées anglaises à la Congreve, j'ai cru qu'il serait de quelqu' intérêt d'en faire l'épreuve comparative avec les fusées de cette espèce faites à l'Armée."; die Feststellung Valées zur Richtungsgenauigkeit der französischen Raketen wurde jedoch durch die gemessenen Daten nicht bestätigt.

45) ibidem, signé Baudart, à Tortose le 20 juillet 1811 (Armée d'Aragon No. 97); dieser Versuch war damit auch eine der seltenen Dokumentationen zur Seitenabweichung der Congrev'schen Raketen, für die sonst kaum genaue Angaben vorliegen.

46) „L'intention de l'Empereur étant qu'on fasse sage de ces fusées dans la défense des côtes et qu'on apprenne à tous les artificiers à en faire." (Gassendi an Lariboisière vom 26. September 1811, zitiert nach: P. Bret, fusées de guerre, a.a.O., p. 44)

47) Pierre Fréderic Bourée (eingetreten in die Marine 20. Oktober 1798) war am 28. Juli 1809 nach Boulogne in Marsch gesetzt worden und gehörte für die Zeit vom 5. August 1809 bis zum 14. Juni 1812 zum „Parc d'Artillerie de l'Armée" (1. Reservecorps), also auch während seiner folgenden Kommandierung nach Toulon, Rochefort und Brest.

48) AdAV, 2.c.7, No. 116, Ministère de la Guerre ohne Datum: „. . . qu'il les a perfectionné en prolongeant leur portée. . . et par l'invention d'un chevalet pour les lancer."

49) AdAV, 2.c.7., lettre Général Lariboisière à Général Ruty du 20 Mai 1811, hiernach wurde eine Reichweite von 2.910 Toisen erreicht.

50) P. Bret, fusées de guerre, a.a.O., p. 42

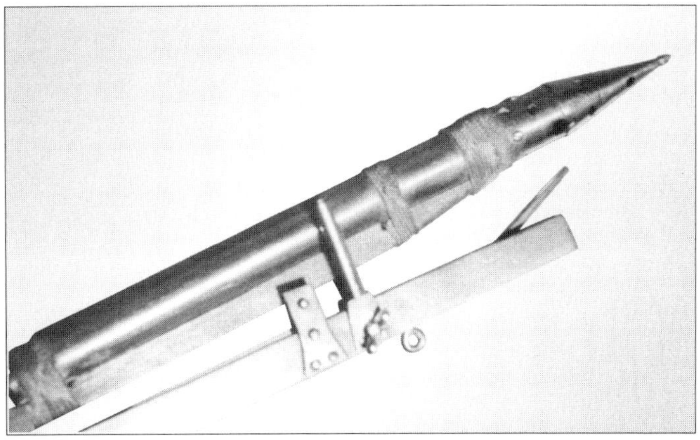

linkes Photo: Chevalet à pivot sur chaloupe, inventé par le capitaine Bourrée 1810 · Photo oben: Brandrakete 1810 (Photos: J. Boudriot)

lauf dieser Arbeiten wurde auch bereits ein Kanonenboot für den Raketeneinsatz hergerichtet.[51]

Ein weiteres Raketenzentrum wurde unter der Leitung des Capitaine Moreton de Chabrillan von der Artillerie des Heeres mit Unterstützung Bourées, der anschließend ab Oktober dieselbe Arbeit in Rochefort durchführte, in Toulon eingerichtet.[52] L'Hermitte präzisierte in einem Schreiben an Colonel d'artillerie de marine Méjansac Bourrés Auftrag: *„La mission de Monsieur Bourré, Mr. le Colonel, a non seulement pour objet de confectionner des fusées à la Congrève mais encore de former des Elèves qui puissent à son départ, soutenir cet atelier naissant. Je vous charge en conséquence, de faire suivre assiduement le travail de leur fabrication par un certain nombre d'officiers, de sous-officiers, Canonniers et même d'aspirans-cannoniers, pris parmi ceux de chaque grade qui annoncent le plus de dispositions à l'Etude de cette Sorte d'artifice, et parmi ceux des 3 dernières classes qui inspirent le plus de confiance."*[53]

Hier lief dann die erste Serienanfertigung von 2.000 Raketen an. Bourée verließ am 20. Oktober Toulon, nachdem L'Hermitte ihn beauftragt hatte, Nachfolger für Toulon zu benennen, hierzu wurden dann die Capitaines der Marineartillerie Laure und Gamard ernannt.[54] Die Fabrikation für die Marine wurde aber am 14. Oktober storniert,[55] die Werkzeuge für die Herstellung der Raketen sollten nunmehr an die Artillerie des Heeres übergeben werden.[56] Ob die beauftragten 2.000 Raketen fertiggestellt wurden und ob sie zumindest teilweise auch der Marine zur Verfügung gestellt wurden, konnte nicht festgestellt werden. Montgéry stellte fest, daß 2.000 Raketen vom Kaliber 7,6 cm mit einem Kostenaufwand von 30.258 Franc angefertigt worden seien, wobei die vollständige 3zöllige Rakete mit 29 Franc berechnet gewesen wäre.[57] Diese Raketen hatten einen Durchmesser von $3^{1}/_{2}$ Zoll, die zylindrische Hülse aus Eisenblech war $3^{1}/_{4}$ Fuß lang und wog etwas über 20 Pfund. Der Treibsatz bestand entsprechend der Analyse d'Arcets aus 53,7 Teilen Salpeter, 20,93 Teilen Kohle, 11,37 Teilen Schwefel und 14 Teilen Wasser. Zusätzlich wurden weitere Raketen der Kaliber 2, $3^{1}/_{2}$ und 4 Zoll verfertigt. Letztere wogen mit Stab etwa 55 Pfund und reichten 700 Toisen weit.[58]
Am 14. November traf Bourée dann in Rochefort ein, wo aufgrund einer Depesche vom 19. September und eines Briefes, den er aus Toulon gesandt hatte, bereits alle Vorbereitungen für seine Arbeit getroffen worden waren, so daß er unverzüglich beginnen konnte. Zwei Artillerieoffiziere wurden ihm zugeordnet, die seine Arbeit beobachten sollten, um sie dann selbständig fortzuführen.[59] Weitere Raketenstützpunkte wurden in Vlissingen, Brest, Cherbourg und auf Corfu eingerichtet.[60]
Auch die Artillerie des Heeres scheint in einzelnen Festungen Raketenwerkstätten eingerichtet zu haben, so durch Capitaine Munier in Danzig, wo wohl - neben Cadix - das einzige Mal französische Raketen bei der Belagerung 1813 durch die Verteidiger eingesetzt wurden: Bem wies daraufhin, daß sie gegen das anglo-russische Blockadegeschwader eingesetzt wurden, als dieses das Fort Weichselmünde beschoß.[61] Auch andere Festungen scheinen mit Raketen ausgestattet worden zu sein, so fanden die Österreicher in Palma nuova zurückgelassene Raketen vor, die sie nach Versuchen ihren eigenen gegenüber

51) P. Bret, fusées de Napoléon, a.a.O., p. 27
52) APT, 2A 97, zeitgleich mit der Abreise Bourées nach Toulon hatte der Marineminister Decrès bereits an Contre-Admiral L'Hermitte, den Marine-Präfekten von Toulon geschrieben und angeordnet, 550 kg Salpeter, 330 kg Schwefel und 385 kg Holzkohle anfertigen zu lassen „qui seront nécessaires à la fabrication des fusées à la Congreve ordonnées au Port de Toulon." Zugleich wurde angekündigt, daß Bourée anschließend nach Rochefort reisen solle. Für die Reisekosten nach Toulon habe dieser 500 fr. erhalten und L'Hermitte solle ihm die Reisekosten nach Rochefort verabreichen, „vous lui donnerez la conduite fixée pour un Lieutenant de Vaisseau."
53) APT, 2A 202, lettre L'Hermitte à Méjansac du 05. Septembre 1811; Méjansac wurde in diesem Brief auch beauftragt, L'Hermitte über alle Fortschritte bei der Arbeit zu berichten.
54) P. Bret, fusées de guerre, a.a.O., p. 46
55) APT, 2A 97, lettre Général de Brigade Inspecteur adjoint de la Don du Matériel de l'Artillerie Thirion à l'Hermitte du 14. Octobre 1811: „Vous voudrez bien ordonner, Monsieur, de suspendre les fabrications de fusées à la Congreve au Compte de la Marine; mais vous donnerez ordre d'achever celles qui seront commencées." Zugleich wurde L'Hermitte beauftragt, Bourée nach Rochefort in Marsch zu setzen „pour y continuer sa Mission."
56) APT, 1H^{1} 7, lettre Decrès à L'Hermitte: „Vous m'avez informé, Monsieur, par votre lettre du 27. 9bre que vous avez fait remettre au Directeur d'artillerie les objets servants à la confection des fusées incendiaires, parce quil vous en a fait la demande."
57) Montgéry, a.a.O., p. 123; J. W. von Hoyer, System der Brandraketen nach Congreve und Anderen, Leipzig 1827, S. 83, gab nur Kosten von 22.611 franc an.
58) v. Hoyer, a.a.O., S. 10
59) APR, 2A3 43, Correspondance No. 481 - Artillerie - vom 14. November 1811: „J'avais fait préparer d'avance les Matières nécessaires et que cet officier m'avait lui même désignées en m'Ecrivant de Toulon. il est par conséquent en mature de commancer immédiatement ses opérations. Je lui ai adjoint deux officiers d'artillerie pour Suivre ces opérations et de mettre à Même de fabriquer de pareilles fusées." Leider scheinen keine weiteren Unterlagen zu Bourées Arbeit in Rochefort archiviert worden zu sein. (Schreiben Service Historique de la Marine à Rochefort - Archives et Bibliothèque - vom 17. Oktober 1997); in Brest liegen zu Bourées Aufenthalt keinerlei Unterlagen mehr vor (Schreiben Service Historique de la Marine à Brest vom 30. Januar 1998).
60) P. Bret, fusées de Napoléon, a.a.O., p. 27, die Stützpunkte Cherbourg, Rochefort und Brest wurden von Bourée eingerichtet
61) J. Bem, Erfahrungen über die Congrevschen Brandraketen bis zum Jahr 1819, Weimar

für unterlegen hielten,[62] und auch die Holländer fanden eine Anzahl Raketen in den Magazinen von Vlissingen vor, nachdem die Franzosen 1813 aus der Festung abgezogen waren.[63]

Mit kaiserlichem Dekret vom 3. Juni 1811 erfolgte eine Neuordnung der Zuständigkeiten, es wurde ein Comité de l'Artillerie eingesetzt, das auch für die Planung der Versuche mit Raketen à la Congrève zuständig sein sollte, aufgrund der militärischen Lage fand dann aber dessen, für die nächsten zwei Jahre vorerst letzte Sitzung am 12. Dezember 1812 statt.[64] Unabhängig hiervon hatte Paixhans 1811 unter dem Eindruck des britischen Angriffes auf die französische Flotte bei der Ile d'Aix die Konstruktion eines Raketentorpedos vorgeschlagen, für den er die Form eines Bootes, angetrieben durch eine Rakete, vorsah; nach einer Reihe von Versuchen wurde dieses Projekt aber aufgegeben.[65] Noch 1813 schlug Garnerin zwei Raketentypen vor, von denen einer 4.500 Toisen weit reichen sollte, während der andere nur über die Erdoberfläche gleiten sollte, Versuche wurden mit diesen Entwürfen nicht mehr durchgeführt.[66] Nach 1814 wurden die Versuche in Vincennes, jedoch nur zögerlich, fortgeführt. Erhebliche Widerstände führender Militärs verhinderten eine frühe Einführung der Raketen in Heer und Marine Frankreichs. Ein Beispiel hierfür sei der Bericht des Marschalls Herzog von Ragusa über die Fortschritte des Artillerie- und Geniewesens am 23. März 1818 vor der königlichen Akademie der Wissenschaften zu Paris:

„Man hat die Raketen auch schon in Frankreich vorgeschlagen, hier aber wurde dafür gehalten, daß ein Verfahren, welches mehr Lärm als Schaden anrichtet, im Krieg von wenig Nutzen seyn dürfte. In England glaubt man, die Raketen hätten vorzüglich in der Schlacht bei Leipzig große Resultate hervorgebracht. Die Artillerie-Offiziere verschiedener Mächte beschäftigen sich auch ernstlich damit; hoffentlich wird die französische Armee, welche einigermaßen berechtigt ist, Beispiele zu geben, sich nicht verleiten lassen, diesen zu folgen; denn eine kleine Anzahl besonderer Fälle ausgenommen, leisten diese Raketen gar nichts, . . . "[67]

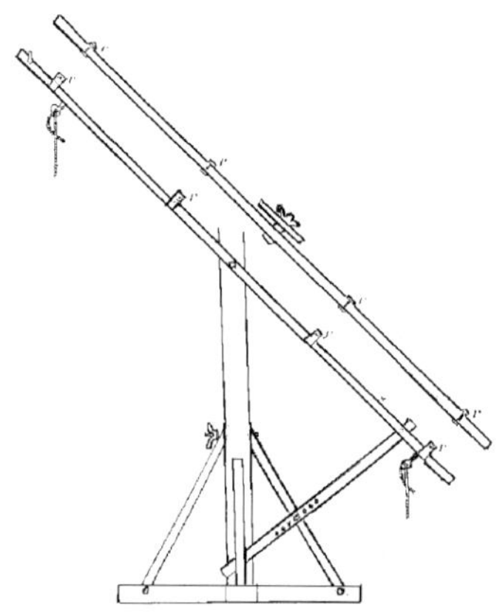

Abfeuerungsgestell, wie es in Vincennes ab 1811 verwendet wurde (Zeichnung: Pralon)

Noch schärfer formulierte dies Gassendi, der schrieb, daß

„. . . die congrevischen Raketen überall, nur nicht im Kriege, viel Unglück anrichten können, - "[68]

Eine zweite Gelegenheit eine französische Raketenartillerie zu bilden ergab sich, als Marschall Davout, Prinz von Eckmühl, als Befehlshaber in Norddeutschland von der Niederlage der Division Pécheux und deren Erfahrungen von der Wirkung Congrev'scher Raketen unterrichtet wurde. Ihm waren die dänischen Raketenentwicklungsarbeiten bekannt und nach Vermittlung des französischen Gesandten d'Alquier entsandte er den Capitaine d'Artillerie Brussel de Brulart[69] 1813 nach Kopenhagen, um die zur Herstellung von Raketen erforderlichen Informationen zu erlangen. Brulart wurden von Schumacher im Verlauf einer Übung an der Küste Seelands am 8. August die von ihm entwickelten 3½ zölligen Brand-, Granat- und Handgranatraketen sowie Kartätschraketen vorgeführt. Zur Vorführung wurden durch Schumacher, der zu dieser Zeit ein Geschwader von Kanonenbooten vor Seeland befehligte, 4 Mann von einem der Boote eingesetzt. Die Raketen wurden mit einer Elevation von 54 Grad für die Brandraketen, 22 Grad für Haubitz-Granaten, 24 Grad für Handgranaten in Beuteln und 28 Grad für Kartäschbüchsen abgefeuert. Brulart war dabei besonders über die Treffgenauigkeit der Raketen erstaunt, „an die er vorher nie geglaubt hatte".[70] Überdies wurde er über die Herstellung informiert und erhielt entsprechende schriftliche Unterlagen sowie fünf 3½zöllige Raketen als Muster.[71] Nach seiner Rückkehr nach

---

1820, S. 31; in Danzig hatte Munier eine Raketenwerkstatt eingerichtet. (P. Bret, a.a.O., p. 25, sowie: AdAV, 2.c.7., Note sur les fusées de guerre vom 20. März 1829, verfaßt von Capitaine Munier: „Les effets qu'elles produisirent à ces deux époques dans les Rangs de l'Armée française n'ont point été jugir plus grands que aux de l'artillerie ordinaire; le préjugé contraire existe même généralement parmis les officiers français. Cependant ceux d'entr'eux que leur position spéciale avait mis à même d'observer plus attentivement les effets des fusées avaient pu constater leur grands enfoncements soit en terre soit dans le bois et en conclure qu'elles possédent une grande quantité d'action, comme l'à fait à Dantzig en 1813 l'auteur de cette note, qui, dès ses premiers essais sur des fusées qu'il fut chargé à confectionner dans cette ville, reconnut que l'on pourrait les employer avec avantage contre la cavalerie en les tirant sous des petits angles afin d'obtenir des ricochets rasants, il en fit mème a cette époque la Proposition à M le Général d'Artillerie Lepin, en le motivant sur la grande quantité d'action qu'il avait constanté dans les fusées, sur la frayeur que devait occassioner aux chevaux la queue de feu et le bruit produite par les gaz, ainsi que la que du Systême entier de la fusée qui se meut de manière qu'on l'aperçoit très bien, enfin sur les effets de fouettemend d'une baguette très longue qui, quand elle vient de rompre, peut encore par le choc de ses éclats produire des blessures les plus graves.")

62) ÖSK, Mem 13-218, Schreiben Schwarzenberg vom 17.10.1815; Palma Nuova hatte 1813 eine Besatzung von Truppen des Vice-Königs von Italien, Prinz Eugène de Beauharnais, erhalten, der versuchte mit seiner Armee Oberitalien gegen die Innerösterreichische Armee unter FML Hiller zu verteidigen (F. C. Schneid, Eugène and the Defense of Italy, 1813, in: Consortium on Revolutionary Europe, Tallahassee, Fa., Vol. XX, 1991, p. 171 - 181); aus dieser Arbeit geht jedoch nicht hervor, ob Raketen eingesetzt wurden.

63) Angaben nach: o. Verf., Kriegsraketen in Niederländisch Indien, in: AOPA, 1849, 13. Jahrg., 25. Band, S. 270

64) o. Verf., Histoire du Comité de l'Artillerie, in: Revue Historique de L'Armée, 1975, No. 1-2 (spécial), p. 57

65) „. . . je proposai de donner aux torpilles la forme d'un canot, et de les mettre en mouvement par une espèce de fusée de grosse dimension. La direction continue du mouvement était conservée par une quille légère, prolongée très en arrière du canot, et un mécanisme simple faisait enflammer la poudre en heurtant le bord ennemi. On essaya ce moyen à Paris: les épreuves furent suivies sur le bassin de la Vilette, par M. le premier inspecteur général de l'artillerie. Le premier essai réussit mal, parce que la force motrice avait été placée trop loin du centre de gravité de l'objet à mouvoir; le second essai réussit mieux; et au troisième, le canot parcourut soixante-dix toises en ligne droite, avec une assez grande vitesse; enfin une quatrième épreuve allait être faite, lorsque nous partîmes pour la Russe. Cette expérience n'a pas eu d'autre suite, et il serait peu intéressant de la reprendre; car, outre la difficulté d'assurer la direction dans une mer agitée, il y a beaucoup moins à espérer d'une quantité de poudre enflammée à la surface de l'eau contre un bâtiment, que d'une quantité même beaucoup moindre placée au-dessous de la quille." (o. Verf., Machines infernales, Pétards flottans, Fusées sous-marines, Catimorans, Torpilles, in: Annales Maritimes et Coloniales, II° Partie, T. 2., 1823, p. 329)

66) Montgéry, a.a.O., p. 148, M. fügte hinzu, daß diese Raketen zu kurz für das projektierte Kaliber gewesen wären. Für den ersten Typ sollte ein an die Rakete gehängtes Gewicht die Reichweite vergrößern, während für den zweiten, „Laufrakete" genannt, eine Art Füße an die Rakete angebracht werden sollten, damit sie sich über kleinere Hindernisse am Boden entlang bewegen könnte, um so „Menschen und Pferde mehr gegen die Mitte zu treffen" (K. Jäger, Kurioses aus der Raketengeschichte, in: Weltraumfahrt - Raketentechnik, 3 / 1963, S. 82)

67) nach: Breithaupt, Die Artillerie für Offiziere aller Waffen, Stuttgart 1831, S. 190, und: H. Zschokke, Überlieferungen zur Geschichte unserer Zeit, Aarau 1818, S. 365 (Mannigfaltiges aus Frankreich), der Herzog von Ragusa stützte sich dabei vor allem auf Dupins Bericht.

68) Gassendi, Aide mémoire, tome II, p. 878, zitiert nach: M. F. Schlieper, Beschreibung der Einrichtung und Gebrauchsweise der . . . Kriegsraketen, Heft 2, Leipzig 1838, S. 44

69) bei von Hoyer, Lünsmann und Morawietz als „Brulart" geschrieben, in: Le général Favé „Etudes sur le passé et l'avenir d'artillerie", Tome cinquième, p. 195 als „Bruselles de Bruslard", hier wurde de Brulart als Artillerist bezeichnet, in den anderen aufgeführten Stellen als Génie-Capitain, er selbst schrieb den Namen in seinem Essay „Brussel de Brulart". (Brulart, a.a.O., p. 5); die Reise nach Dänemark wurde im Geheimen durchgeführt, Brulart reiste in zivil als Kaufmann: „On me donna un passeport de négociant, et ma mission fut enveloppée d'un tel secret que les personnes attachées à l'ambassade française ignoraient elles-mêmes que je fusse capitaine d'artillerie, et me crurent amené près le baron d'Alquier pour causer d'affaires commerciales: achats de chevaux pour l'armée française." (Brussel de Brulart, Mémoire sur les fusées de guerre, fabriquées à Hambourg en 1813 et 1814 et à Vincennes 1815, Paris 1853, p. 92)

70) v. Hoyer, a.a.O., S. 14

71) Die Angaben hierzu sind widersprechend, in seinem Artikel „revue . . ." nannte Brulart 3 Raketen, in „Mémoire" schrieb er von 5 Raketen „il me remit en outre 5 fusées

Hamburg fertigte er in einer provisorischen pyrotechnischen Werkstatt nach den mitgeführten Mustern eigene Raketen an, die am 10. Januar 1814 Marschall Davout vorgeführt wurden. Es waren Raketen vom Kaliber 3 Zoll, 6 Linien mit einer Granate sowie mit einem Beutel kleiner Granaten als Gefechtskopf und einem Gewicht mit Stab von 26 Pfund, 3zöllige mit einem Kegel von Gußeisen, der einen Brandsatz beinhaltete, mit einem Gewicht von 20 Pfund, 13 Unzen, 3zöllige mit einer Granate und einem Gewicht von 18 Pfund, 12 Unzen sowie 3zöllige mit einer Kartätschbüchse, die 19 Pfund 2 Unzen wogen, hergestellt worden.[72] Die Länge der Stäbe betrug zwischen 10 und 13 Fuß. Die Hülsen dieser Raketen waren nicht genietet, sondern mit zwei Reihen Nägeln über einander geheftet und oben mit einem geschmiedeten, eisernen Deckel versehen. Um sie vor Rost zu schützen, wurden die Hülsen mit Ölfarbe in oliv gestrichen. Für die Raketen wurden drei verschiedene Arten von Treibsätzen verwendet. Der „rascheste" Satz aus 3 Pfund Salpeter, 5 Unzen Schwefel und 12½ Unzen Kohle war an der Mündung, der zweite „faulere" aus 3 Pfund Salpeter, 5 Unzen Schwefel und 13⅓ Unzen Kohle bildete die Zehrung und der letzte aus 3 Pfund Salpeter, 5 Unzen Schwefel und 14⅓ Unzen Kohle wurde unmittelbar am Gefechtskopf eingesetzt, auf ihm befand sich eine Scheibe Doppelpapier und ein fester Vorschlag von Ton, durch den ein Loch gebohrt war, um die Ausstoßladung oder den Brandsatz zu entzünden. Die Tiefe der Seele betrug 6 Kaliberlängen, die Stärke der Zehrung 9/14 Kaliber.[73] Der Brandsatz wurde in zwei unterschiedlichen Formen als Gefechtskopf verwendet, entweder als Kugel, die mit übergebundener und verleimter Leinwand an der Hülse befestigt war oder als zugespitzter Zylinder von Gußeisen, der über die Hülse geschoben war. Für Handgranatraketen füllte Brulart 13 Granaten in eine blechernen Kapsel mit einer Sprengladung, welche die einzelnen Granaten etwa 25 bis 30 Schritt weit treiben konnte; wenn sie detonierten, bildeten sie mit ihren Splittern eine Wirkungsfläche von etwa 140 Schritt im Durchmesser.[74] Von Hoyer gab nachstehende Maßangaben zu den Raketen an:[75]

Rakete (in Zoll)	3½"	3"	3"	3"
Länge in Kalibern	6¾	7½	6¼	5½
Gewicht der Rakete in Pfund	12½	12½	12½	12½
Gew. Versetzung (Gefechtskopf) in Pfd.				
16pf. Granate	13½			
Beutel mit Granaten	13½			
Gußeisenkegel mit Brandsatz		8½		
12pf. Granate			6¾	
Kartätschbüchse mit Flintenkugeln				5⅔
Länge des Stabes in Fuß	13¼	12	11	10

Bei einem ersten Versuch auf dem Grasbrock in Hamburg wurden die Raketen in einer Richtung parallel zur Brücke Hamburg - Harburg abgefeuert, wobei auf der Brücke die Entfernungen in 50 Meter-Schritten markiert waren; die erste Rakete, die zu tief gerichtet war, flog in *„einen Arm der Elbe, durchsetzte denselben bis zum entgegengesetzten Ufer und hatte einen wahrhaft vagabondierenden Flug"*[76] die anderen vier, korrekt gerichteten erreichten dann Schußweiten von 2.500 Schritt, etwas geringere als Schumachers Raketen. Brulart schrieb hierzu:

„Les fusées hors quelques anomalies, qui tenaient à des exigences du prince sur l'inclinaison du tir, causèrent un spectacle assez amusant en voyant, par exemple, une fusée plonger dans un petit bras de l'Elbe, puis bouillonner, se relever et avoir encore une sorte de portée . . . Le prince fut fort content, et m'ordonna de m'occuper de suite de l'établissement d'une fabrique de fusées, et donna l'ordre qu'on me laissa toute liberté et moyen de faire, afin que je fisse promptement. Dès lors, toutes les illusions d'avenir pour moi s'évanouirent avec mes espérances de montrer mes fusées à l'Empereur."[77]

Der Marschall war mit dem Ergebnis dieses Versuches so zufrieden, daß er sogleich die Anfertigung dieser Raketen befahl.

„Il admira leur heureux effet, et m'ordonna de créer aussitôt une fabrique de fusées pour la défense de Hambourg."[78]

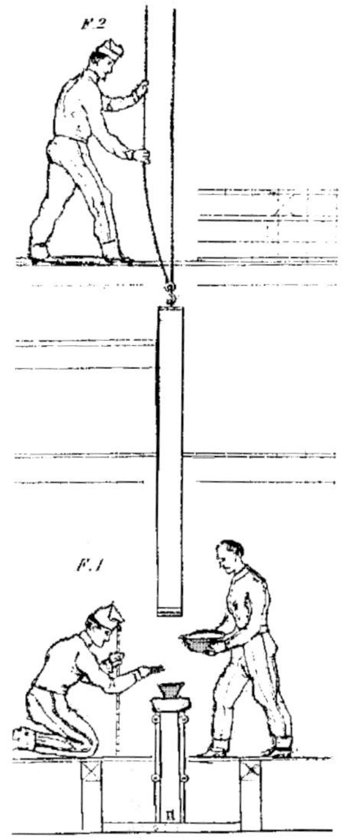

Schlagen der Raketen in Hamburg (Zeichnung: Brulart)

Brulart richtete im Arsenal daraufhin eine Werkstatt zum Herstellen der Raketenhülsen ein, in der etwa 30 Arbeiter für die Herstellung der Raketen eingesetzt waren, sowie ein Laboratorium zum Laden der Raketen; in letzterem waren unter Leitung eines Sergeanten 1 Caporal der Artillerie, 4 Feuerwerker und 8 besonders anstellige Kanoniere eingesetzt.[79] Die Herstellung erfolgte mit größter Sorgfalt, an jedem achtstündigen Arbeitstag wurden 10 dreipfündige Raketen hergestellt;[80] sobald irgendeine Abweichung festgestellt wurde, unterbrach Brulart die Produktion und stellte Versuche an. Alle hergestellten Raketen wurden numeriert und mit dem Namen des verantwortlichen Feuerwerkers versehen. Sobald 50 Raketen hergestellt waren, wurden einige im scharfen Schuß überprüft:

„ . . . et dès qu'il y en avait 50 de battues, on en tirait pour ne pas se laisser engager (sans le savoir) dans une fabrication erronnée; cela servait en outre à exercer mes sous-officiers et canonniers à l'equipement sur le terrain, et au tir."[81]

Neben diesen Arbeiten beschäftigte Brulart sich bereits mit Überlegungen, wie eine Raketenartillerie zweckmäßig organisiert und eingesetzt werden könnte. Er schlug vor, eine Section Raketenartillerie aus einem Unteroffizier, 3 Feuerwerkern, 12 Kanonieren und 3 berittenen Soldaten zu bilden, die zwei Maultiere führen und den Munitionswagen fahren sollten. Die Maultiere sollten die Abfeuerungsgestelle und 12 Raketen tragen. Auf dem leichten Munitionswagen soll-

---

de 3 pouces 6 lignes, dont deux à grandes portées, deux à moyennes et une courte pour la mitraille." (p. 93); nach der Einweisung in die Raketenherstellung erhielt Brulart am 23. Oktober vom General v. Bülow die schriftliche Genehmigung, Dänemark mit den Raketen zu verlassen, ohne sie dem Zoll vorzeigen zu müssen. (P. Bret, la fusée de guerre, a.a.O., p. 58)

72) Breithaupt, a.a.O., S. 316

73) Brulart, mémoire, a.a.O., p. 40; diese Angaben für die Seele und die Zehrung galten für die Raketen mit großer Reichweite, für den Typ mit kurzer gab B. (p. 42) eine Tiefe der Seele von 4½ Kalibern an. Ferner scheint es noch eine Bohrung mit der Tiefe von 5 Kalibern gegeben zu haben, wahrscheinlich für Raketen mittlerer Reichweite.

74) Beschreibung der Raketen nach: v. Hoyer, a.a.O., S. 14, und: Montgéry, a.a.O., p. 154

75) v. Hoyer, a.a.O., S. 15, die Angaben zu den Maßen weichen von den Angaben bei Breithaupt ab; Brulart, mémoire, a.a.O., p. 20, gab ähnliche Daten an, bei den Kartätschraketen nannte er als Gewicht für die 3½zölligen 8½ livres und für die 3zölligen 5¼ livres.

76) AMZ, 22. Jahrg. 1847, S. 997 f.

77) Brulart, revue, a.a.O., p. 44

78) ibidem, p. 43

79) Brulart, mémoire, p. 16, in seinem Artikel „revue" nannte er nur 20 Arbeiter zum Herstellen der Hülsen

80) Brulart, mémoire, a.a.O., p. 17, hier gab er an, daß eine 3½- oder 3zöllige Rakete in durchschnittlich 50 Minuten geschlagen worden wäre.

81) Brulart, revue, a.a.O., p. 30

Französische Raketeure in Hamburg (Zeichnung: Brulart)

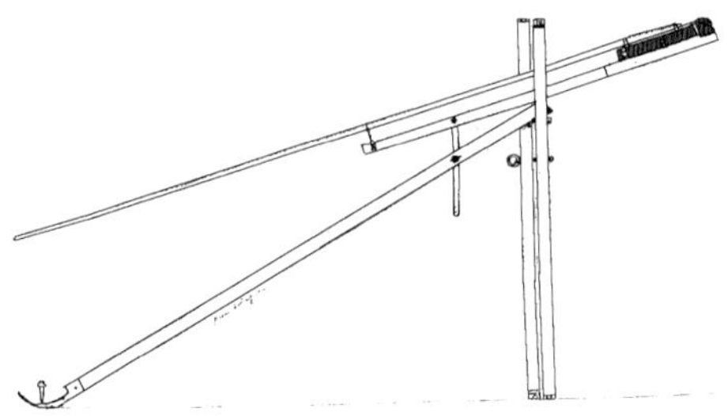

Raketengeschütz für Wurfraketen (AdAV)

ten in 10 Munitionskisten jeweils 6 - 8 Raketen mitgeführt werden. Im Gegensatz zu Schumacher verwendete Brulart später Abfeuerungsgestelle, von denen jeweils nur eine Rakete abgefeuert werden konnte, da sie ihm einfacher zu handhaben schienen, obwohl er zunächst auch Raketengeschütze nach dänischem Muster einsetzte.[82)] Brulart konstruierte zwei leicht unterschiedliche Abfeuerungsgestelle, eines das ausschließlich für den Verschuß von Brandraketen bei Erhöhungen von 29 bis 60 Grad diente und eines für den Verschuß von Spreng- und Kartätschraketen unter kleineren Erhöhungen.[83)] Letztere erreichten unter 22 bis 23 Grad abgefeuert Reichweiten von 350 Toisen und unter 30 Grad eine Entfernung von 1.100 bis 1.200 Toisen.[84)] Eine Section Raketenartillerie wurde noch in Hamburg aufgestellt, ihr Kommandant war Lieutenant Goussard, der Brulart bei der Herstellung der Raketen unterstützt hatte. Ein erster Einsatz, der bei einem größeren Fouragier-Unternehmen stattfinden sollte, entfiel aufgrund der bedrohlich gewordenen Lage. Als später zwei feindliche Kanonenboote auf der Elbe beobachtet wurden, wurde die Sektion mit einem Abfeuerungsgestell, von dem aus zwei Raketen gleichzeitig abgefeuert werden konnten, eingesetzt. Noch bevor die Raketen abgefeuert werden konnten, traf ein Geschoß der Kanonenboote das Raketengeschütz:

„J'envoyai le lieutenant Goussart avec un affût à deux conduits, et des fusées à obus bien garnies de roche à feu; il chemina de long de la digue, afin d'être couvert aux yeux des hommes des chaloupes anglaises, et au moment où il allait ouvrir le feu, des boulets de gros calibre vinrent balayer les pauvres fusées; Goussart se retrouva, ainsi qu'un canonnier, le reste: affût, mulets, personnel, tout à disparu, probablement foudroyé et renversé dans l'eau du canal."[85)]

Vor der Räumung Hamburgs aufgrund des Friedensschlusses vernichtete Brulart alle angefertigten Raketen,[86)] die Geräte zur Herstellung führte er jedoch mit, sie wurden zunächst im Arsenal von Douai eingelagert und schließlich nach Vincennes überführt. Während der ersten Restauration ruhten die Arbeiten, weder der König noch die Armee schienen an Raketen interessiert gewesen zu sein. Dies änderte sich sofort, als Napoléon wieder in Paris die Macht ergriffen hatte. Bereits 2 Tage nach seinem Eintreffen in den Tuilerien, erging vom neu ernannten Kriegsminister, Marschall Davout, eine entsprechende Weisung an die Artillerie:

„Le Général chargé du détail de l'artillerie fera venir chez lui le capitaine Brulart pour prendre connaissance des raquettes à la Schumacher qui ont été faites à Hambourg. Je l'invite à faire venir ici les utensiles, moules &c, qui ont été transportées de Hambourg & qui doivent être à Douay."[87)]

Am gleichen Tag wurde auch bereits angeordnet, die Geräte zur Herstellung der Raketen von Douay nach Vincennes zu bringen.[88)] Zusätzlich wurde Lieutenant Général Neigre angewiesen, Brulart bei der Fertigung der Raketen alle erforderliche Unterstützung zu geben.[89)] Ab April begann Brulart in Vincennes mit seinen Arbeiten nachdem am 12. die Geräte aus Douay angelangt waren, die Fabrikation kam aber nur sehr langsam in Gang, da es an Material und Fachpersonal mangelte.[90)] Ende April wurde ihm dann auf seinen Antrag ein Detachement des 8. Fußartillerieregiments von 16 Kanonieren mit einem Feuerwerker zugewiesen, das jedoch am 30. April gegen ein gleiches vom 4. reitenden Artillerieregiment aus Vincennes ausgetauscht wurde. Nur 2 Raketen konnten im April und im Mai erst 18 hergestellt werden.[91)] Zusätzlich setzte er in dieser Zeit Raketen in Stand, die noch in Vincennes eingelagert gewesen waren.[92)] Am 10. Mai konnte ein erster Versuch mit 4 neu verfertigten und 2 aus Hamburg mitgeführten Raketen durchgeführt werden, das Ergebnis war jedoch völlig unbefriedigend. Von den 4 Raketen brannten 2 auf dem Abfeuerungsgestell aus, die 2 anderen explodierten im Flug; die Raketen aus Hamburg erreichten trotz günstiger Elevation nur eine Schußentfernung von 930 und 950 Toisen.[93)] Am 25. Mai ergaben sich bei einem weiteren Versuch etwas bessere Ergebnisse, von 4 3zölligen Raketen erreichten 3 Schußentfernungen von 1.400 Metern, jedoch mit einer Seitenabweichung von 200 bis 240 Metern, und nur eine zersprang.[94)] Ende Mai konnte Brulart dann melden, daß an einem Tage insgesamt 13 2-, 3- und 4zöllige Raketen geschlagen worden wären.[95)] Brulart war inzwi-

---

82) AdAV, 2.c.7., No. 111, Rapport sur les fusées de Guerre dites raquettes employée à Hambourg, ohne Datum und Unterschrift; „En Danmark le tiroir est double afin de lancer deux fusées à lafois, mais dans les épreuves et dans tous les essais, on a cru remarquer de grands inconveniens à le tir double . . . "

83) ibidem, Konstruktionszeichnung in der Anlage.

84) ibidem, leider sind keine weiteren Leistungsdaten in diesem Bericht enthalten, im Ministerium wurde daher hierzu kommentiert: „L'auteur du Mémoir explique bien la confection et le Service des fusées, mais il ne dit rien qui fasse connaître l'avantage qu'il y a de les tirer en bataille, leur portée, leur effet leur justesse de tir . . . "

85) ibidem, p. 48; wahrscheinlich handelte es sich um Kanonenboote unter der Führung von lieutenant Edgecombe, die zu dem Geschwader des captain Farquhar gehörten, und die nach dem Falle Glücksburgs unter Leitung des commander Marshall von der *Shamrock* von Cuxhaven aus eingesetzt wurden.

86) Nach: P. Bret, fusées de guerre, a.a.O., p. 71, scheint Brulart entgegen seinen Erinnerungen doch auch einige Raketen nach Douai mitgeführt zu haben, die später zu vergleichenden Versuchen genutzt wurden. Zumindest geht dies aus AdAV, 2.c.7, „Etat des fusées chargé pendant le mois de mai 1815" vom 1. Juni 1815 hervor. Überdies sind in einem Bestandsnachweis des Artillerie Arsenales Douay für die aus Hamburg durch Brulart angelieferten Gerätschaften 14 $3^1/_2$ und 12 3zöllige geladene Raketen, sowie je 36 ungeladene Hülsen dieser Kaliber aufgeführt. (AdAV, 2.c.7, Etat des effets et utensiles venant de hambourg servant au chargement des fusées incendiaires, Douay le 4 avril 1815)

87) AdAV, 2.c.7., Weisung Davout vom 22. März 1815, zitiert nach: P. Bret, fusées de guerre, a.a.O., p. 64

88) AdAV, 2.c.7., No. 123, Kriegsminister vom 22. März 1815

89) AdAV, 2.c.7., Ministère de la Guerre, Minute de la lettre écrite par le chef, Paris, 10. April 1815: „L'intention de S.E. est quel soit donné a cet officier toutes facilites pour l'opération qui lui est confiée; . . . "

90) AdAV 2.c.7, No. 128, Meldung Brulart an den Kriegsminister, gleichzeitig forderte er für die Herstellung des Treibsatzes 300 kg Salpeter und 31 kg. Schwefel an. Brulart, mémoire, a.a.O., p. 76, schrieb später: „L'armée aurait eu à Waterloo quelques batteries de fusées de guerre, si je m'étais preté aux désirs du prince d'Eckmuhl, qui alors était ministre de la guerre; mais je n'avais pas assez de certitude dans une fabrication si hâtée, puis, je n'étais pas secondé par un personnel assez exercé; en sorte que, lors même que j'aurais eu assez de fusées, je n'aurais pu suffire à moi seul, pour les bien tirer sur l'ennemi." Am 18. April wurde das 8. Regiment angewiesen einen Caporal der 14. Compagnie zur Raketenfertigung für Brulart abzustellen. Am 27. April wurde General Neigre angewiesen, aufgrund einer Anforderung Brularts weiteres Personal bereit zustellen, hierzu wurde ein Kommando aus 1 Sergeant, 1 Feuerwerker und 15 Kanonieren gebildet. (AdAV 2.c.7., Minute par le Chef, à Paris le 27 avril 1815)

91) P. Bret, fusées de guerre, a.a.O., p. 71

92) ibidem, p. 70, es handelte sich um 191 $3^1/_2$-zöllige, 9 4zöllige Raketen und eine mit einem Kaliber von 18 Linien

93) AdAV, 2.c.7., Brief ohne Datum; bis zu diesem Tag hatte Brulart nach dieser Meldung bereits 191 $3^1/_2$ zöllige, neun 4zöllige und eine 1zöllige Rakete verfertigt.

94) AdAV, 2.c.7, Epreuve de fusées de Guerre faite le 25 mai 1815

95) AdAV, 2.c.7., Meldung Brulart Ende Mai 1815, eingegangen 7. Juni 1815

schen in Anerkennung seiner Arbeiten, auch für die in Hamburg, am 6. Mai zum chef de bataillon ernannt worden. Für die Herstellung eines verbesserten Treibsatzes arbeitete er eng mit dem Chemiker Proust zusammen.[96)] Seit dem 1. Mai erhielt er bei seinen Arbeiten Unterstützung durch den Engländer Thomas Williamson, einen ehemaligen Angestellten Congreves aus Woolwich, der in der Folge weitgehend selbständig neben Brulart an der Konstruktion von Raketen arbeitete.[97)] Am 12. Mai meldete sich auch Bourée in Vincennes, um die Arbeit zu unterstützen.[98)] Nach weiteren Verbesserungen erreichte eine erste Rakete Bourées nun am 24. Mai bei 55 Grad Erhöhung eine Schußentfernung von 2.600, eine weitere eine von 3.675 Metern, während eine dritte soweit flog, daß sie nicht mehr gefunden werden konnte.[99)] Mit einem modifizierten Treibsatz fanden dann noch Versuche am 31. Mai statt; hierbei detonierte eine Rakete, die noch mit dem alten Treibsatz verfertigt worden war; zu der mit dem neuen Treibsatz angefertigten stellte Bourée fest:

„. . . le No.2 a eu une belle direction, une belle portée, sa marche a été regulière sans être précipitée: elle a été faite avec la composition que j'ai eu l'honneur d'annoncer à votre Altesse par ma lettre du 27 mai . . . "[100)]

Inzwischen hatte Brulart weiter mit Personalmangel zu kämpfen, zumal das zwischenzeitlich ausgebildete Personal mit seiner Compagnie zur Armee verlegt wurde; überdies zeigten sich jetzt auch die Folgen der zersplitterten französischen Raketenentwicklung, da Bourée im selben Laboratorium mit anderen Verfahren parallel zu Brulart an seinen Raketen arbeitete: „Mais de grands inconveniences naitraient de la réunion de procédés differens, et de trop de personnes."[101)]

Davout hatte dann Ende Mai, kurz vor der Schlacht bei Waterloo angeordnet, die erforderlichen Mittel zur Massenproduktion zu beschaffen und einen größeren Vorrat für die Armee zu verfertigen. Am Tage der Schlacht bei Waterloo ging die entsprechende Anforderung der hierfür erforderlichen Gelder bei Davout ein.

Bourée brachte dann nach Eingang der Nachricht von der französischen Niederlage zur Verteidigung des Schlosses von Vincennes auf dessen Donjon die neu gefertigten Raketen in Stellung.

„Le commandant Bourée resta au château de Vincennes et organisa la défense de donjon avec mes fusées et mes obus. Il mit à chaque fusée des trouçons de baguettes de direction, de sorte que ces artifices avaient une marche folle que j'avais expérimentée à Hambourg, quand, en quelques jours, je consommai toutes mes fusées dans les îles de Wilhemsbourg . . . Ces fusées organisées par le commandant Bourée, jetées de la plate-forme du donjon, eussent fait une excellente défense pour le fossé du donjon."[102)]

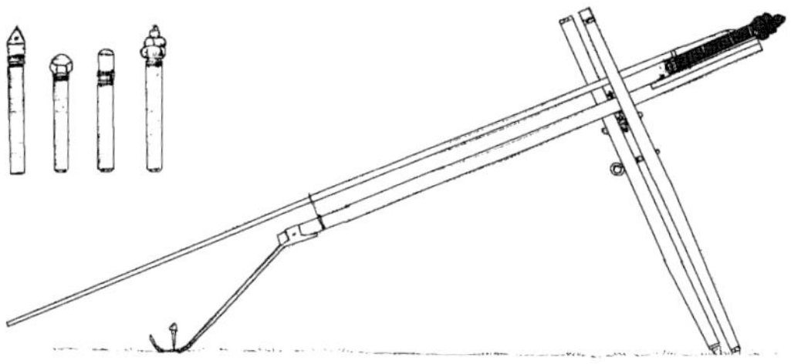

Abfeuerungsgestell für „Schußraketen" sowie Raketen aus Hamburg (AdAV)

Als sich die Armee auf die Loire zurückzog, ließ Brulart das Gerät in das Arsenal von Bourges schaffen, wo in der Zwischenzeit auf Weisung Davouts Jacquier am 17. Mai 1815 eine Compagnie Feuerwerker aufgestellt hatte.[103)]

Kennzeichnend für die Zeit Napoleons ist zum einen der Wille, feldbrauchbare Raketen zu entwickeln, die jene Englands an Reichweite übertreffen sollten, zum anderen aber eine Vielfalt von Entwicklungsstätten und Entwicklungslinien, die nebeneinander her und unabhängig voneinander bestanden.

b. Entente cordiale: Munier und Bedford

Nach der Restauration setzte Bourée nach 1815 die Versuche mit Raketen in Vincennes fort; da der erforderliche Rückhalt durch die neue Regierung fehlte, sollte es aber bis 1828 dauern, bis die Raketenentwicklung wieder energisch fortgesetzt wurde. Der Treibsatz wurde nunmehr, wie in Woolwich, im Ganzen in die Hülse geschlagen und erst anschließend erfolgte das Bohren der Seele.[104)] Zuständig für Versuche war das wieder aktivierte Comité de l'Artillerie unter dem Vorsitz des Lieutenant Général Valée. Ein 1816 eingereichter Vorschlag, eine Rakete aus Kupfer für den Verschuß aus Mörsern herzustellen, wurde nicht weiter verfolgt.[105)]

1821 entwickelte in Boulogne M. Vaillant eine stablose Rakete mit einem Kaliber von 56 mm und einer Länge von 385 mm, zur Stabilisierung verwendete er drei Deltaflügel, die an der Hülse befestigt waren. Dabei waren die Flügel etwa sechsmal so lang, wie die Hülse der Rakete. Diese Linie der Raketenentwicklung scheint in Frankreich zunächst nicht weiter verfolgt worden zu sein, Raketen dieses Typs wurden jedoch in Schweden und in den Niederlanden Versuchen unterzogen, für die jedoch leider keine Leistungsdaten vorliegen.[106)]

---

96) P. Bret, fusées de Napoléon, a.a.O., p. 31

97) nach: P. Bret, fusées de Napoléon, a.a.O., p. 31; Williamson scheint ab 2. Mai in Vincennes gearbeitet zu haben (Meldung Brulart vom 2. Mai 1815 an den Kriegsminister, AdAV, 2.c.7.: „Un Anglais, qui se dit l'inventeur des fusées à la Congrève s'est présenté aujourd'hui . . .") Williamson scheint ein Überläufer gewesen zu sein, nach Bret war W. durch den Stab einer Rakete in Indien verletzt worden und scheint sich danach mit der Raketenentwicklung beschäftigt zu haben. Williamson gab in einem Brief an Präsident Madison, in dem er den Vereinigten Staaten seine Dienste anbot, an, der wahre Erfinder der Congreve-Raketen zu sein. Sein Angebot wurde von der Armee der Vereinigten Staaten nicht angenommen. (F. I. Ordway III / H. Moulin, Nineteenth Century Rocketry in France, presented at the 18th Symposia of the International Academy of Astronautics Lausanne 1984 [AAS 92-302]); über seine Raketen ist wenig bekannt; er entwarf jedoch „une machine extrèmement simple, composée uniquement de deux roues, telles qu'avec un cheval on puisse mettre en activité quatre moutons: ce qui avec deux chevaux qui se succéderaient pendant la journée offrirait un produit de 20 fusées au moins." (AdAV, 2.c.7, Schreiben Brulart vom 16. Juni 1815 an den Kriegsminister)

98) Bourée war vom Juni 1812 bis April 1815 sous-inspecteur der Pulverfabrik zu Nevers gewesen, seine Versetzung nach Vincennes wurde am 30. April durch den Kriegsminister angeordnet (AdAV, 2.c.7., No. 118) und am 2. Mai durch den Marineminister bestätigt. (lettre Decrès à Davout, AdAV 2.c.7., No. 119) Diese Kommandierung galt für die Zeit vom 8. Mai 1815 bis zum 3. März 1816 mit dem Ziel „de la Confon des fusées à la Congrève pour la Ministère de la Guerre" (ACMV, CC7 - B - 300, Corps Royal d'Artillerie de la Marine, Direction de l'Artillerie, Etat des Services de M. Bourée)

99) AdAV, 2.c.7., Meldung an den Kriegsminister vom 27. Mai 1815, Bourée fügte aber hinzu, „J'ai jugé à propos de diminuer un peu la force de la Composition afin d'avoir un résultat constant". Er fürchtete jedoch auch, daß es bei dem bisher verwendeten Treibsatz zu Explosionen beim Abfeuern kommen könnte, die das Vertrauen der Truppe in diese Waffe beeinflussen würden.

100) AdAV, 2.c.7., No. 121, lettre du Bourée à Davout, eingegangen 06. Juni 1815. Zur erzielten Reichweite konnte Bourée keine Angaben machen: „ . . . je n'ai pas donné la portée de la fusée No. 2 parsque les recherches ont été infructueuses, les terres étant couvertes; mais je suis convaincu de la grande portée."

101) AdAV, 2.c.7, Meldung Brulart vom 01. Juni 1815 an den Kriegsminister

102) Brulart, revue, a.a.O., p. 31

103) P. Bret, fusées de guerre, a.a.O., p. 81

104) Cotty, a.a.O., p. 140, gab an, daß die Treibladung über einen Dorn geschlagen wurde: „Le chargement se fait à la manière ordinaire avec une broche conique en fer forgé & tourné. . . On engage ce cartouche, muni de sa broche, dans un trou vertical pratiqué dans la base d'un mouton & entre ses montans. On verse dans le cylindre une couche d'argile pulvérisée & tamisée de 0 mèt 02 (9lig.) d'épaisseur; on la comprime au moyen de la plus grande baguette & de vingt coups de mouton: on la taille en entonnoir évasé en dedans, pour diminuer son épaisseur autour de l'orifice du culot: on charge alors, couche par couche, avec la composition qu'on introduit avec une lanterne; on donne à chaque couche soixante coups de mouton qu'on laisse tomber d'abord cinq fois de 0 mèt. 162 (6pouces) de hauteur, & ensuite de 1 mèt. 62 (5 pieds): on change de baguette toutes les fois que celle dont on se set ne comprime pas bien la composition s'élève au-dessus de la broche d'une hauteur égale au diamètre du cartouche: cette dernière partie se nomme massif de la fusée; l'ame est le vide conique qui reste au milieu."

105) o. Verf., Histoire du Comité de l'Artillerie, a.a.O., p. 57

106) Einzelheiten zu dieser Rakete siehe Abschnitt 9, Die anderen Europäischen Staaten,

1818 war in Toulouse ein Feuerwerkslaboratorium eingerichtet worden, zu dem die Compagnie aus Bourges verlegt worden war;[107] hier wurden für Übungszwecke und zur Ausbildung der Feuerwerker jährlich etwa 20 Raketen verfertigt. Es handelte sich um 2- und 3 1/2 zöllige Seitenstabraketen, die Brularts Modell entsprachen, die ersten reichten bis 2.000 Meter, die letzteren bis 4.000 Meter, damit waren sie, was die Schußentfernung betrifft, den meisten ausländischen überlegen.[108]
Die Versuche brachten jedoch keine wesentlichen Fortschritte und wurden auch nur wenig energisch betrieben. Das Laboratorium wurde im Jahr 1824 nach Metz verlegt, wo am 19. Mai durch königliche Anordnung Charles X. die Ecole de Pyrotechnie mit Capitaine Munier[109] als sous-directeur gegründet wurde, ihre Aufgaben wurden näher durch ein Reglement des Kriegsministeriums vom 18. September 1824 festgelegt. In den Dekreten war der Ort der Schule noch nicht festgelegt, es hieß lediglich, sie solle in der Nähe einer Regimentsschule der Artillerie liegen.[110] In Metz wurden dann die Raketenversuche, die in Vincennes begonnen hatten und in Toulouse weiter geführt wurden, fortgesetzt.[111] Bei diesen Raketen spricht man auch von der „1. Generation", sie entsprachen den Mustern Brularts. Möglicherweise wurde auch einige dieser Raketen, wenn auch ohne großen Erfolg, 1823 im Verlauf der französischen Intervention vor Cadix bei der Einnahme des Trocadero eingesetzt.[112]
Einen ersten Anstoß zum Neubeginn einer aktiveren Arbeit auf diesem Gebiet gab der Marschall Marmont, der auf einer Reise Gelegenheit gehabt hatte, in Warschau ein Raketenschießen zu beobachten und jetzt urteilte:
„Cette nouvelle arme peut jouer, à la première guerre, un rôle très important."[113]
Unterstützt wurde diese Ansicht durch den Generalinspekteur der Artillerie, den Grafen Valée, der bereits die Versuche in Tortosa geleitet hatte; als sich Ende 1826 der Engländer Robert Bedford,[114] der angab, Mitarbeiter Congreves gewesen zu sein, beim Kriegsministerium meldete und die Fertigung von Raketen, ähnlich den englischen, anbot, empfahl Valée auf dieses Angebot einzugehen. Damit begann die Entwicklung der 2. Generation der französischen Raketen, die bis 1846 im Gebrauch sein sollte. Am 11. Mai 1827 genehmigte der Kriegsminister eine Reihe von Versuchen mit 50 von Bedford angefertigten Raketen in Vincennes. Hierfür wurde eine Kommission unter Leitung des Colonel Pache ernannt, Mitglieder waren Lieutenant-Colonel Parrizot. Chef de Bataillon Piron und die Capitaines Garan und Piobert.[115] Mit Bedford wurde für den Erfolgsfall ein Honorar von 25.000 Francs vereinbart, für die Dauer von drei Monaten wurden ihm Diäten von 416 Francs pro Monat zugesichert.[116] Im August mußte an das Ministerium gemeldet werden, daß Bedford nicht termingerecht die Raketen fertigstellen könne, da die erforderlichen Maschinen nicht zeitgerecht verfügbar wären. Als neuer Versuchstermin wurde daraufhin der 15. Oktober festgelegt.[117] Am 6. und 16. Oktober wurden dann die Versuche in Gegenwart des Ministers und einer Kommission unter dem General Valée durchgeführt. Für die Versuche standen 2 unterschiedliche „Raketengeschütze" zur Verfügung: ein „affût à tubes" mit mehreren Röhren, die 3,25 Meter lang waren, dies Gerät war nur für den Verschuß der 2 1/2zölligen Raketen geeignet und ein „affût à auget", bei dem mehrere Abschußrinnen auf einer Platte befestigt waren, dieses war nur für den Verschuß der 2zölligen Raketen gedacht.[118] Am 6. Oktober wurden dann auf 600 und 1.000 Meter 22 2- und 2 1/2-zöllige Raketen verschossen, 11 Raketen erfüllten die Bedingungen.[119] Am 16. Oktober wurden weitere 21 Raketen derselben Kaliber auf die gleichen Entfernungen verschossen, von 13 2zölligen Raketen auf 600 Meter erfüllten 9 die Bedingungen und von den 8 2 1/2zölligen erfüllten 6 die Bedingungen.[120] Auch wenn die Versuche nicht uneingeschränkt die geforderten Leistungen erbracht hatten, trat Valée, der

c. Niederlande und g. Schweden; auch Montgéry, a.a.O., p. 104, gab keine Daten an, fügte jedoch hinzu: „Ces moyens paraissent avoir obtenu quelques succès pour le tir de petites fusées de réjouissance: ils seraient trop embarrassants, trop incertains, et tout-à-fait défectueux, pour le tir des fusées de guerre."

107) Susane, fusées, a.a.O., p. 248; „A la paix une compagnie d'artificiers établie en 1818 à Toulouse, fut chargés de construire chaque année, une vingtaine de fusées de deux grandeurs différentes pour les besoins de l'instruction. Ces fusées étaient semblables à celles de Hambourg." (siehe auch: Challeat, L'artillerie de terre en France, pendant un siècle, Paris 1933, t. 1, p. 88)

108) Le Général Favé, Études sur le passé et l'avenir de l'Artillerie, Paris 1871, Tome cinquième, p. 199, Favé gab als Ort Toulon an, dies dürfte ein Irrtum sein, Pralon und Jung bezogen die Angaben auf Toulouse. Nach: Cotty, a.a.O., p. 140, bestand der Treibsatz der 3zölligen Raketen aus 3,91 kg Mehlpulver, 1,16 kg Kohle, 0,122 kg Schwefel und 0,022 kg. Terpentin pro 0,48 kg der Mischung. Das Mischungsverhältnis war für die einzelnen Kaliber unterschiedlich.

109) Dominique-Nicolas Munier, geb. 9.10.1790, 1812 Lieutenant, Capitaine bei der Verteidigung von Danzig 1813, wo er als Feuerwerker eingesetzt war, M. schrieb u. A.: „Théorie du mouvement et du tir des fusées", bis 1836 sous-directeur in Metz, gest. 16.12.1838 (F. T. Rodolphe, Notice sur M. Munier, in: Mémoires de l'Académie Nationale de Metz 1838-1839)

110) J.-P. Escalettes et Ph. Jung, a.a.O., p. 642, sowie: M. J. Jung, Metz Centre des recherches françaises sur les fusées au XIXo siècle, o.O., 1993 (inédit)

111) Favé, a.a.O., p. 199

112) P. Bret, fusées de guerre, a.a.O., p. 81, Bret hat hierfür aber keine Belege gefunden. Nach: Ph. Jung, French Rocketry 1739 - 1872, in: J. D. Hunley (edit), History of Rocketry and Astronautics, Proceedings of the Twenty-Fifth History Symposium of the International Academy of Astronautics Montreal 1991, IAA History Symposia Vol. 12, San Diego 1997, p. 9, wurden bei Cadix Raketen eingesetzt, wenn auch ohne großen Erfolg. Col. Arago, Les Fuséens, in: Bulletin de la Société de Musée de l'Armée, No. 5, 1931, erwähnte diesen Einsatz jedoch nicht. Ebenso sind keine Raketen in der sehr detaillierten Geschichte dieses Feldzuges aufgeführt (M. B. Capefigue, Récit des opérations de l'armée française en Espagne, Paris 1823. Auch in den Archives d'Àrtillerie, Vincennes, scheinen hierzu keine Unterlagen vorzuliegen (Schreiben Service Historique de l'Armée de Terre vom 3. April 1998). Angesichts des Zustandes des französischen Raketenwesens zu dieser Zeit erscheint ein solcher Einsatz unwahrscheinlich; Defrasne, Apogées et declins des fusées, in: Automobile et Tourisme, No. 1, 1973, p. 24, gab jedoch ebenfalls diesen Einsatz an und bezeichnete die Ergebnisse als „médiocres"

113) zitiert nach: P. Bret, fusées de guerre, a.a.O., p. 82

114) Nach M. J. Jung, a.a.O., p. 20, war Bedford ein Pseudonym, sein richtiger Name soll „Mowat" gelautet haben. Bedford selbst unterzeichnete bis 1836 Schriftstücke mit „Bedford", ab 1836 unterschrieb er dann auch mit „Mowat-Bedford" (AdAV, 2.c.237). Sein Sohn Rodolphe (1828 in Metz geboren), der dann als Offizier in der französischen Armee diente und am Feldzug in Mexiko teilnahm (1863 - 1867) nannte sich nur noch Mowat, ebenso sein zweiter Sohn Robert, der als chef d'escadron verabschiedet wurde (Mitteilung des Musée de l'Armée, Paris, vom 23. décembre 1997, sowie: Souvenirs de guerre, extraits des papiers du chef de bataillon Rodolphe Mowat, Paris 1905). Ein zeitgenössischer Bericht meldete: „Reeds in 1827 had het fransche governement een Engelschman, Bedfort genaamd, die onder de directie van den Generaal Congrève gewerkt had, aan sich verbonden. Onder diensleiding gelukte het, om in de pyrotechnische school te Maintz soortgelijke vuurpijlen, even zoo goed als in Engeland te vervaardigen, als ook om de wijze van gebruik dezer vuurwerken te verbeteren." (MilSp, 2. Jahrg. 1834, p. 145, gemeint ist natürlich „Metz" und nicht Mainz) Bedford scheint vorher, vergeblich, in Rußland eine Stellung angestrebt zu haben, hier war ihm aber 1823 Massingbird-Turner zuvor gekommen (Jung, a.a.O., p. 7)

115) AdAV, 2.c.7, Vertrag vom 30. April 1827, angefertigt werden sollten zwanzig 2zöllige, zwanzig 2 1/2zöllige und zehn 3 1/2zöllige Raketen; die erforderlichen Maschinen und Geräte, einschließlich Hülsen und Stäbe, sollten von der Artillerie in Vincennes bereitgestellt werden, für den Ankauf nicht verfügbarer Teile wurden 500 Francs disponibel gehalten.

116) AdAV, 2.c.7, Vertrag vom 30. April 1827 und Schreiben Kriegsministerium vom 11. Mai 1827: „1° Il aura droit à un traitement de quatre cent seize francs par mois pendant le temps de la fabrication de ces fusées d'essai: ce temps ne devra pas depasser trois mois.", in Ziffer 6 des Vertrages wurde ihm für den Erfolgsfall eine Anstellung mit einem Gehalt von 5000 Francs pro Jahr als Direktor des Laboratoriums zugesichert, „pour tous le temps que ces ateliers seront en activité." Susane, fusées, a.a.O., p. 249, wies daraufhin, daß die bis dahin hergestellten französischen Raketen zumindest ebenso gut gewesen wären, wie die englischen, so daß kein Grund bestanden hätte, Bedford zu engagieren. „C'est précisement en 1826, à l'instant où la France abandonnait ses propres travaux, elle était sur le point d'avoir recours à la science des Anglais, sans se douter que nous fussions alors plus avancés dans la question des fusées que les Anglais eux-mêmes." Und wenig später: „Les fusées anglaises avaient parlé, et les fusées françaises n'avaient pas parlé." (p. 250)

117) AdAV, 2.c.7, Schreiben Colonel Pache vom 04. août 1827 und Kriegsministerium vom 31. août 1827

118) AdAV, 2.c.7., Procès-Verbal vom 6. Octobre 1827

119) ibidem, die Tabelle der Versuchsergebnisse ist in Beilage 4 zu diesem Abschnitt wiedergegeben

120) AdAV, 2.c.7., ibidem und Procès-Verbal vom 16. Oktober 1827

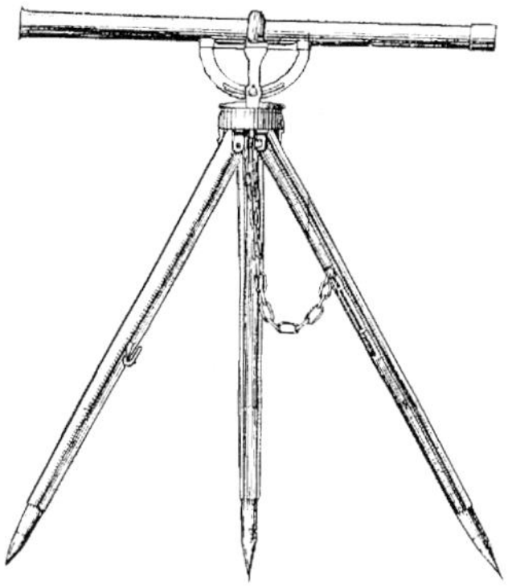

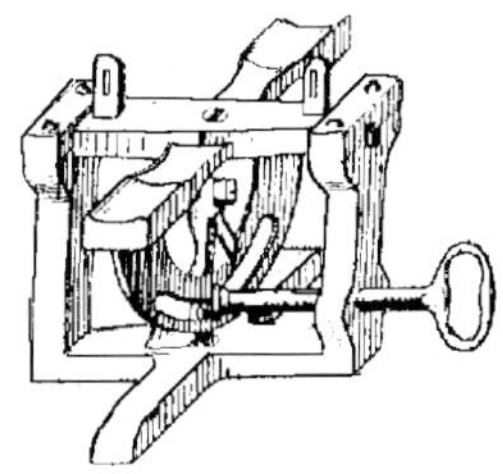

Abfeuerungsgestell Bedford und Detailzeichnung (Zeichnung: Pralon)

sich für die Einführung der Raketen engagierte, für eine zweite Versuchsserie ein, für die Bedford an die Schule nach Metz entsandt wurde, wo die erforderlichen Raketen hergestellt werden sollten. Sowohl der Minister als auch Valée gaben die hierzu erforderlichen, sich jedoch widersprechenden Anweisungen heraus; der Minister bestand auf Erfüllung des ursprünglichen Vertrages, während Valée sich mit dem selben Ergebnis wie in Vincennes zufrieden geben wollte. Bedford sollte nun in Metz weitere 50 Raketen im Laboratorium der École de Pyrotechnie herstellen, wofür die in Vincennes benutzte Maschinerie umgehend nach Metz geliefert werden sollte. Für die Durchführung der Versuche wurde eine neue Kommission unter dem Kommandeur der Artillerie-Regimentsschule in Metz befohlen, als Mitglieder hinzu treten sollten der Direktor des Arsenals, ein Oberst des Artillerieregiments sowie der Direktor der Feuerwerksschule und sein Stellvertreter.[121)] In das Geheimnis der Herstellung wurden von Bedford nur der Kommandant der Schule, Commandant Cailly Duchesné und sein Vertreter Capitaine Munier eingewiesen.[122)] Durch die Umorganisation und Neueinrichtung des Laboratoriums in Metz bedingt konnten in dieser Zeit Anforderungen von Raketen durch die Marine nicht bearbeitet werden.[123)] Bereits im März 1828 forderte der Kriegsminister, der die Versuche in Vincennes für befriedigend gehalten hatte, den Inspekteur der Artillerie auf, zu prüfen, ob es nicht möglich wäre, eine Raketenbatterie aufzustellen, um sie der Expedition, die sich in Toulon versammelte, zur Verfügung zu stellen und ihm hierfür schnellstmöglichst Vorschläge für die Gliederung und Ausstattung vorzulegen, auch ob eine oder gleich mehrere Batterien aufgestellt werden sollten.[124)] Zu diesem Zeitpunkt kam es dann aber noch nicht zur Aufstellung einer solchen Einheit. Die Versuche, die im April 1828 beginnen sollten, verzögerten sich, da die letzten Geräte aus Vincennes erst im März angeliefert wurden,[125)] so daß erst ab 14. April die reguläre Herstellung beginnen konnte, am 10. Mai waren dann die ersten 40 2zölligen Raketen fertig, bei denen eine Vorprobe - auch bei starkem Wind - gute Ergebnisse gezeigt hatte.[126)] Im Mai konnten dann 53 2 zöllige Raketen hergestellt werden, und am 1. Juni begann die Fabrikation der 2½zölligen.[127)] Am 30. Mai konnten endlich die Versuche beginnen, sie dauerten bis zum 18. Juli.[128)] In einem Versuchsprogramm wurde festgelegt, daß die eine Hälfte der Raketen bei ruhigem Wetter, die andere aber bei mäßigem Wind abzufeuern wäre, 2/5 der Raketen sollten als Schußraketen auf 600 Meter und 2/5 als Ricochetraketen verwendet werden, während 1/5 auf 1.000 Meter als Wurfraketen einzusetzen wären. Bei ruhigem Wetter sollten die Abweichungen auf 600 Meter nicht größer als 15 Meter und auf 1.000 Meter Entfernung nicht größer als 30 Meter sein, während bei Wind noch die Hälfte der Raketen diese Bedingungen erfüllen sollten, als Ziel wurde eine Holzwand von 0,25 Meter Stärke, 4 Meter Breite und 3 Meter Höhe vorgegeben.[129)] Nach dem offiziellen Protokoll hatten 32 Raketen die Bedingung erfüllt, zusätzlich wurden 11 weitere Raketen, die nur um wenige Meter ihr Ziel verfehlt hatten, als erfolgreich gewertet.[130)] Nach einem abweichenden Gutachten des Capitaine Munier hatten 31 Raketen die Bedingungen nicht erfüllt.[131)] Dieser führte die Abweichungen darauf zurück, daß keine Rakete denselben Schwerpunkt gehabt hätte, also auf Ungenauigkeiten in der Fabrikation. Er ergänzte aber auch, daß aufgrund zahlreicher, inzwischen erfolgter Verbesserungen die Raketen Bedfords bereits wesentlich besser als bei den Versuchen in Vincennes gewesen wären.[132)] Auch wenn ihr Ergebnis weiterhin nicht den ursprünglichen Forderungen entsprach, waren die Resultate doch besser als in Vincennes, da sich die Seitenabweichung um 4,63 Meter pro Tausend im Durchschnitt verringert hatte. Die Kommission stellte fest:

„. . . la marche des fusées est assez régulière pour qu'un corps spécialement exercé à ce genre de tir puisse s'en servir à la guerre avec assez de justesse jusqu'à la limite d'un vent modéré."[133)]

In einem abschließenden Bericht der Kommission an den Inspekteur der Artillerie, den General Graf Valée, wurde dann am 25. Juli vorgeschlagen, die Raketen Bedfords in die Armee einzuführen.[134)] Damit handelte es sich offensichtlich angesichts der Versuchsergebnisse um eine politische Entscheidung, um möglichst schnell ein funktionsfähiges Raketensystem einführen zu können.

Zugleich hatte Munier eine Instruktion für den Gebrauch der Raketen erarbeitet, die bereits eine Schußtafel und Korrekturwerte für die unterschiedlichen Windverhältnisse

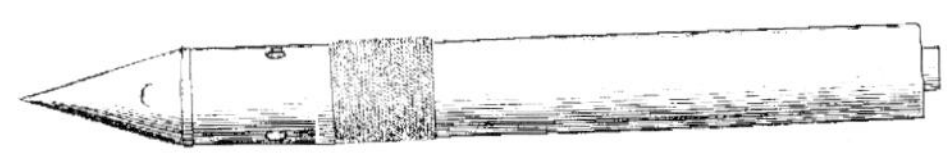

Brandrakete Modell Bedford (Zeichnung:Pralon)

---

121) AdAV, 2.c.7., Kriegsministerium vom 16. November 1827

122) M. J. Jung, a.a.O., p. 8, und: A. Pralon, Étude rétrospective sur les fusées de guerre en France, in: RdA, 1882, p. 196; in der Weisung des Ministers an maréchal de camp Baron Pelletier, Kommandant der Artillerieschule Metz hieß es, die Versuchsergebnisse hätten „complétement conformes" zum Vertrag vom 11. Mai zu sein, in Valée's Weisung wurde „un succès égal" wie der in Vincennes gefordert.

123) AdAV, 2.c.7., Kriegsministerium vom 21. Dezember 1827 und vom 30. Januar 1828

124) AdAV, 2.c.7., Kriegsministerium vom 15. März 1828, es handelte sich um die Griechenlandexpedition Frankreichs, zur Nutzung der Raketen siehe weiter unten.

125) AdAV, 2.c.7., Inspection Générale du service de l'artillerie, Paris, 10. März 1828, zwischenzeitlich war Bedford im Dezember ein Vorschuß auf sein Honorar in Höhe von 5000 Francs bewilligt worden (AdAV, Kriegsministerium vom 21. Dezember 1827); gem. einem Schrieben vom 6. März fehlte jedoch noch immer der „mouton" (Ramme) für 3½zöllige Raketen, schließlich konnte mit Schreiben vom 10. April gemeldet werden, daß die Arbeit durch Bedford begonnen hätte „avec tout l'activité possible".

126) AdAV, 2.c.7., Schreiben des Vorsitzenden der Kommission an das Kriegsministerium vom 10. Mai 1828

127) AdAV, 2.c.7., Meldung der Kommission vom 10. Juni 1828

128) AdAV, Procès verbaux des épreuves des Fusées de Guerre du Sieur Bedford.(du 30 Mai au 18 juillet 1828)

129) AdAV, 2.c.7., Programme pour les épreuves des fusées de guerre du Sieur Bedford, approuvé: Paris, le 11. Mai 1827

130) AdAV, 2.c.7., Rapport sur les diverses circonstances qui ont pu influer sur les résultats des épreuves, 3. August 1828; bei den Raketen, die das Ziel verfehlt hatten, wurden 4 als nur innerhalb eines Meters, 5 als 1 - 5 Meter, 8 als 5 - 10 Meter, 3 als 10 - 20 Meter und nur 2 als mehr als 30 Meter außerhalb der gesetzten Bedingungen gewertet.

131) AdAV, 2.c.7., Opinion du Capitaine Rapporteur vom 9. August 1828; Munier zählte für die Raketen, welche die Bedingungen nicht erfüllt hätten, folgende Abweichungen auf: keine unter 1 Meter, 2 zwischen 1 und 5 Metern, 5 zwischen 5 und 10 Metern, 10 zwischen 10 und 20 Metern, 6 zwischen 20 und 60 Metern sowie 8 mit Abweichungen über 60 Metern.

132) ibidem; „. . . que les fusées qui ont servi aux Epreuves de Metz ont été beaucoup mieux confectionnées que celles qui ont servi aux épreuves de Vincennes, et que les nombreux perfectionnements qui ont déjà été apportée à leur Fabrication sont dus aux conseils que j'ai donné à Mr. Bedford, qui est ouvrier très intelligent mais qui n'est point artificier."

133) zitiert nach: Pralon, a.a.O., p. 197; nach: J. Challeat, L'Artillerie de terre en France pendant un siècle. Histoire technique 1816 - 1919, Paris 1933, p. 90, wurde von Oberst Cailly gemeldet: „. . . la marche des fusées du sieur Bedford était suffisamment régulière pour que, lancées par des artilleurs spécialement exercés à ce genre de tir, on puisse en obtenir assez de justesse pour un emploi avantageux à la guerre, soit pour tirer sur des têtes de colonnes, soit pour défendre un défilé ou un passage de pont."

134) AdAV, 2.c.7., Schreiben Oberst Cailly (Ecole Centrale de Pyrotechnie) vom 25. Juli

enthielt, so galt für Windstille für 2 zöllige Raketen auf 600 Meter eine Erhöhung von 15°, bei leichtem Wind von vorn waren 16°, bei dem selben Wind von hinten 14° Elevation für diese Entfernung zu nehmen, bei leichtem Wind seitlich von hinten war 10 Meter seitlich entgegen dem Wind, bei leichtem Wind von vorn 12 Meter seitlich entgegen dem Wind zu richten. Zusätzlich waren die Eindringtiefen in den Boden und die Elevationen für ein optimales Ricochettieren der Raketen angegeben. Er stellte aber zugleich fest, daß es im Einsatz günstiger wäre, erst eine Rakete abzufeuern und aufgrund deren Beobachtung dann die Richtung der anderen zu korrigieren, dies wäre um so leichter möglich, da im Regelfall ein Raketengeschütz mit 8 Abfeuerungsröhren eingesetzt würde; dabei verwies er auch darauf, daß die Rakete nach dem Zünden etwa 2 Sekunden noch im Rohre verbliebe:[135)]

„On se sert ordinairement à la guerre d'un affût qui porte 8 tubes, avec lequel on peut lancer huit fusées à la fois; quand on tire de cette manière et que la direction du vent coupe la ligne de tir, il faut d'abord tirer une fusée seule pour juger de la déviation que le vent lui fait éprouver, on notifie le pointage, et alors on peut en tirer huit à la fois."

Ab diesem Zeitpunkt begann in Metz offiziell die Raketenproduktion für die Armee und die Marine, intern wollte man sie aber vor allem nutzen, um die laufenden Verbesserungen zu erproben. Bedford und Muniers Zusammenarbeit führte zu einer Verbesserung des englischen Grundmodelles in Reichweite und Genauigkeit, dabei wurde sowohl die ursprüngliche Hülse als auch der Stab verkürzt. Susane stellte später hierzu fest:

„En fait, les efforts combinés de M. Bedfort et de l'École aboutirent à fabriquer des fusées que M. Bedfort déclarait identiques aux meilleures fusées anglaises, et que l'artillerie française déclarait insuffisantes. Cette divergence avait deux causes: la première, c'est qu'il régnait dans ce temps-là en France des idées fausses sur la nature et sur l'étendue du rôle que peuvent jouer les fusées à la guerre; la seconde, c'est que l'imagination avait grossi, outre mesure, l'importance de l'oeuvre de Congrève, et que l'on doutait de la réalité de l'imitation."[136)]

Auch die Perkussionskraft der Raketen wurde als befriedigend betrachtet, im Bericht einer Kommission wurde festgehalten:[137)]

„... le poids et la vitesse des fusées leur donnaient une quantité d'action très grande et capable de plus grands effets que les boulets, ainsi que le montraient les enfoncements obtenus soit dans des massifs en bois, soit dans des épaulements en terre."

Festgestellt worden war bei einer Schußentfernung von 1.000 Metern eine Eindringtiefe von 4,63 Metern.

Diese Raketen waren bereits Achsenstabraketen, sie wurden in den Kalibern 2, 2 1/2 und 3 1/2 Zoll hergestellt, die Länge des Stabes betrug - entsprechend dem Kaliber - 1.785, 2.923 und 4.547 Meter. Im Gegensatz zu den früheren Versuchen wurden neben Brandraketen nunmehr auch Kartätschraketen hergestellt. Letztere trugen in dem Gefechtskopf 14 Bleikugeln sowie eine kleine Sprengladung von 5 Gramm Pulver für die 2zölligen und 10 Gramm für die 2 1/2 zölligen, zusätzlich eine kleinere Sprengladung, die, gezündet vom Treibsatz, dazu bestimmt war, den Gefechtskopf am Ende der Brennzeit von der Hülse zu trennen.[138)] In Abhängigkeit vom Kaliber wogen die Raketen zwischen 3 und 15 kg, ihre Reichweite betrug zwischen 1.600 und 2.400 Metern.[139)] Die Fertigungstoleranzen waren bereit recht gering, 12 als 6pfündig bezeichnete Raketen, die am 16. Dezember 1828 unter Leitung von General Pelletier erprobt wurde, wogen zwischen 1,11 und 1,15 kg, das Einhalten der Richtung wurde bei allen als gut bezeichnet; der Verschuß erfolgte aus einer Röhre, die auf einem Raketenwagen, wie in England, montiert war.[140)] Der zunächst genutzte Treibsatz war „langsam", die Raketen blieben noch 2,5 Sekunden nach dem Zünden auf dem Abfeuerungsgestell, 1829 wurde ein schnellerer Treibsatz entwickelt, hierdurch löste sich die Rakete bereits nach 1/4 Sekunde vom Gestell.[141)]

Zu Bedfords Einfluß auf die französische Raketenentwicklung urteilte eine Zeitung:

„. . . unter seiner Leitung brachte die Feuerwerksschule in Metz es dahin, nicht bloß Raketen zu verfertigen, die den englischen gleichkommen, sondern auch die Methode ihrer Anwendung zu vervollkommnen."[142)]

Die ersten Raketen - „plusieurs caisses de fusées" - wurden 1828 an das französische Expeditionsheer auf dem Peloponnes während des griechischen Unabhängigkeitskrieges ausgeliefert. Sie sollten in der Morea bei Patras eingesetzt werden, der Feuerwerker aber, der sie verschießen sollte, scheint vor einem Tempel des Bacchus voll des süßen Weines den Einsatz verschlafen zu haben.[143)]

Zum Abschluß dieser ersten Entwicklungsphase erarbeitete Bedford eine ausführliche Anweisung zur Herstellung von Raketen, als Anlage waren Zeichnungen mit genauen Maßen aller benötigten Werkzeuge und Gerätschaften beigefügt, einschließlich von Skizzen der erforderlichen Gebäude.[144)] 1829 wurden zusätzlich mit 32pfündigen Raketen, Kaliber 6 Zoll, auf 80 und 270 Schritt Schießversuche gegen Bresch- und Contrebatterien unternommen, die Raketen wurden dabei aus quer durch den Hauptwall gelegten, eisernen Röhren verschossen. „Einige 20 Treffer reichten hin, um die Batterien zu zerstören"[145)] Weitere Versuche erfolgten ab August diesen Jahres, um herauszufinden, welche kürzest mögliche Länge des Stabes möglich wäre, dabei wurden Stäbe mit Längen zwischen 1,785 und 1,09 Metern erprobt, auch die Form der Stäbe, cylindrische und prismatische wurde bei den Versuchen untersucht; hierbei setzte sich als Vorgänger der späteren cannelierten Stäbe die prismatische Form durch; überdies wollte man herausfinden, ob Raketen, deren Treibsatz nur mit 20 statt mit 40 Schlägen pro Portion eingefüllt wurde, dieselbe Genauigkeit und Reichweite ergäben und schließlich galt es eine neue Abfeuerungsröhre, die nur noch 1 Fuß lang war, zu erproben. Dabei erschien es zunächst, als wäre das Schlagen des Treibsatzes mit 20 Schlägen des „mouton" ausreichend, was eine erhebliche Zeit- und Arbeitsersparnis bedeutet hätte. Dagegen bewährte sich die verkürzte Abfeuerungsröhre nicht.[146)] Im September wurden nochmals Versuche mit Abfeuerungsröhren unterschiedlicher Länge vom 0,35 bis 3,25 Meter

1828

135) AdAV, 2.c.7., Instruction sur le tir des Fusées de Guerre (31 juillet 1828), eine solch präzise „Schießvorschrift" gab es zu diesem Zeitpunkt bei keiner europäischen Artillerie, die Raketen verwendete!

136) Susane, fusées, a.a.O., p. 250

137) J. Challeat, a.a.O., p. 90

138) Pralon, a.a.O., p. 382

139) M. J. Jung, a.a.O., p. 8; 1829 wurde dann für die 2zölligen Raketen auf broncene kurze Stäbe übergegangen, die sich den bisherigen überlegen zeigten (AdAV, 2.c.7., Note sur les Fusées de Guerre vom 30. März 1829)

140) BMAP, dossier Bedford, chemise „Loose notes on Rockets", Experiments made with 12 Rockets (6pr) at Metz Dec. 16th 1828, von Bedford noch in Englisch protokolliert, er notierte abschließend: „ the direction of the Rockets was excellent."

141) P. Lorain, Les „Roquettes" ou les fusées de guerre des origines à 1870, in: La Gazette des Armes, 1978, No. 57, p. 33. Die Verbesserung ist auf Munier zurückzuführen, das bisher von Hand gemahlene Pulver wurde nunmehr 4 Stunden in einem Faß mit Broncekugeln fein gemahlen; durch den so verbesserten Treibsatz wurde auch die Treffgenauigkeit erhöht. (Ananoff, Mille ans d'histoire de la fusée, in: Sciences et Vie, Décembre 1952, p. 64)

142) Notiz in: AMZ, 1834, S. 109

143) Susane, fusées, a.a.O., p. 251: „Dès l'année 1828, il avait été envoyé en Morée quelques caisses de fusées. Une occasion unique de s'en servir se présente un jour devant Patras. On cherche de tous côtés l'artificier qui avait escorté les fusées dans leur voyage, et qui seul, dit-on, savait au juste ce que c'était. On le trouve enfin endormi sur le seuil d'un temple de Bacchus. Il fallut respecter son sommeil, et l'occasion s'envola."

144) BMAP, dossier Bedford, chemise Memoir on French Rockets, 1829: Fabrication des fusées de guerre (26 Seiten Text und 44 Seiten Skizzen)

145) o. Verf., Über die Einrichtung, Wirkung und den Gebrauch der Raketen, o. O., o. J., S. 29

146) AdAV, 2.c.237, Protokoll der Versuche am 7. August 1829: „2°. Que les portées obtenues sous les mêmes angles, sont inférieures à celles des fusées pareilles lancées

durchgeführt; wahrscheinlich aufgrund der Fertigungstoleranzen ergaben sich jedoch bei den Versuchen widersprüchliche Ergebnisse, mal schienen die mit 20 Schlägen gefüllten Raketen die Erwartungen zu erfüllen, in einem anderen Versuch waren sie den mit 40 Schlägen gefüllten unterlegen, ähnliche Ergebnisse erbrachten die Experimente mit verschiedenen Längen und Formen des Stabes, wobei auch geflügelte Stäbe versucht wurden.[147] Dennoch konnte im Januar 1830 festgestellt werden, daß mit einem groben Satz das Schlagen der Raketen mit 20 Schlägen günstigere Ergebnisse erbracht hätte, als das mit 40 Schlägen, da erstere Raketen bei 0° Elevation 117 Meter weit trugen, während letztere nur 68 Meter erreichten. Andererseits stellte man aufgrund von Versuchen am 29. September 1829 fest, daß die fein gemahlene Pulvermischung der Rakete eine höhere Anfangsgeschwindigkeit verlieh, so daß eine solche Rakete bei 0° Elevation im Mittel 855 Meter gegenüber den 93 Metern einer Rakete mit gröberer Pulvermischung erreichte; auch zeigten sich die cylindrischen Stäbe den normalen, mit Blei beschwerten überlegen. Bei den Abfeuerungsröhren erwies sich die Länge von einem Meter den längeren Röhren in der Genauigkeit des Schießens überlegen, in welche die Raketen mitsamt dem Stabe eingelegt wurden. Ein Versuch mit Raketen M. Rodolphes, bei denen der Stab den gleichen Durchmesser wie die Hülse besaß, dafür aber nur 58 cm lang war, erwies sich als Fehlschlag, dieses System wurde daraufhin nicht weiter verfolgt. Auch ein Versuch mit ersten Rotationsraketen, den Lieutenant Girard aufgrund eines Erfahrungsberichtes aus Warschau vorgeschlagen hatte, erbrachte keine überzeugenden Ergebnisse.[148] Zwar beschäftigte sich anschließend auch noch Munier mit dem Prinzip der Rotation, versuchte dies jedoch auf Raketen mit Stab anzuwenden. Es zeigte sich, daß das Bewirken einer Rotation möglich war, die Stäbe zerbrachen jedoch bei einem Versuch am 7. April 1829 aufgrund der Zentrifugalkraft jedesmal kurz nach dem Zünden, so daß es zu einer völlig unregelmäßigen Flugbahn kam.[149] In den Folgejahren unternahm auch Bedford Versuche in dieser Richtung; im September 1830 schlug er eine Rakete mit einer langsamen Rotation vor:

„. . . proposa de tirer les fusées en leur imprimant un mouvement lent de rotation à l'aide d'un tube ayant des filets en hélice qui faisaient saillie à l'intérieur. Les cartouches portaient à leur partie antérieure, ou près du culot, des filets de même espèce rapprochés deux à deux de manière à former, sur une longueur de 7 à 8 centimètres, une rainure dans laquelle d'engageaient les filets du tube; l'hélice faisait une révolution sur une longueur de $2^{\underline{m}}$*,10."*

Aber auch hier ergaben die Versuche, die vom August 1830 bis zum Februar 1831 mit Raketen unterschiedlicher Längen der Stäbe durchgeführt wurden, keine positiven Ergebnisse.[150]

Der Schulkommandeur, Oberst Cailly, konnte jedoch abschließend in seinem Bericht an General Graf Valée melden, daß es nunmehr möglich wäre, vollständige Systeme für den Feldeinsatz aufzustellen.[151] Einschränkend mußte er aber am 17. Februar melden, daß derzeit täglich nur 3 2$^{1}/_{2}$zöllige Raketen hergestellt werden könnten, da nur ein „mouton" verfügbar wäre.[152]

Am 7. Februar 1830 fiel die Entscheidung für den Krieg gegen Algier. Hierzu sollte erstmals versuchsweise eine Raketeneinheit aufgestellt werden.

„Auch hat man in neuester Zeit bei einigen Regimentern eine Kompagnie congrevscher Raketenwerfer errichtet, wie namentlich bei dem 2. und 9. Regiment in Metz, bei welchem sie aus den Festungscompagnien genommen waren."[153]

Für den Krieg wurden zunächst 256 Raketen des Kaliber 2 Zoll[154] und

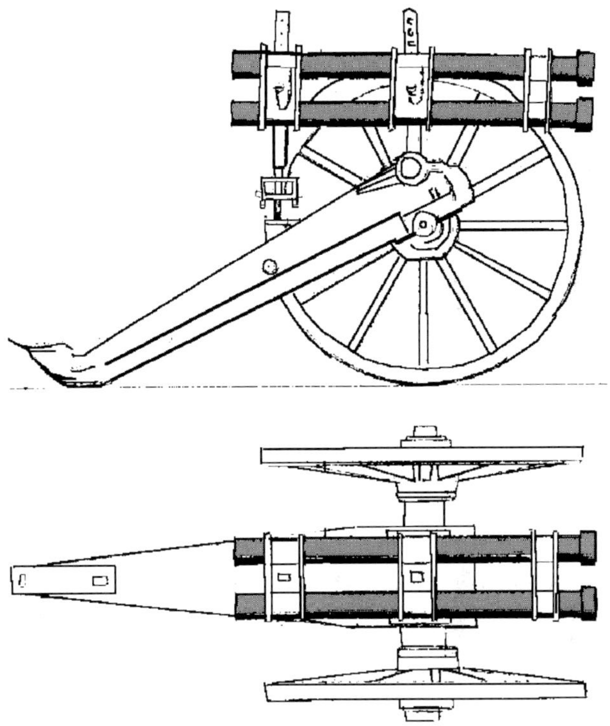

Gebirgsraketengeschütz für Algier (Zeichnung: Konstantinov)

d'un tube de 3 pieds de longueur, et que la justesse du tir est moins grande qu'avec ce dernier tube." Für den Treibsatz wurde inzwischen ein besonders fein zermahlenes Pulver - Composition triturée - verwendet.

147) AdAV, 2.c.7, Procès verbal der Versuche vom 10. September, 29. September, 03. Oktober und 08. Dezember 1829

148) AdAV, 2.c.7, Note sur les Améliorations tentées ou introduites dans la Fabrication et dans le tir des fusées de Guerre de 2 Pouces depuis le Mois de Juillet 1829, Metz le 26. Janvier 1830; zu den Rotationsraketen: „Mr. de Girard Lieutenant au Corps Royal d'Etat-major ayant adressé à S: Ex. le Ministre de la Guerre un mémoire sur les fusées de Guerre, dans lequel il annonçait que des Expériences faites à Varsovie, sur un système de fusées qu'il proposait, d'après lequel la fusée était équipée d'un tube baguette en tôle percée dévents, afin de donner à la fusée un mouvement de rotation autour de son axe, avaient donné des Résultats très satisfaisants quand aux portées et à la justesse du tir, S. Ex. ordonna que ces épreuves fussent repêtées à l'Ecole de Pyrotechnie. . . L'expérience ayant prouvé précédemment que tout mouvement de rotation engendrait nécessairement une force centrifuge qui amenait la rupture de la baguette lorsqu'elle était longue ou flexible et cet accident devant de représenter dans le Système de Mr. de Girard, Mr. le Capitaine Munier présuma qu'il devait possible de l'éviter, en imprimand en même temps un mouvement de rotation à l'extrémité postérieure de la baguette, afin d'empêcher qu'elle ne décrive une grande circonférence en vertu de la force centréfuge." Die Versuche ergaben dann jedoch, daß keine Rotation erfolgte, dieses System wurde daraufhin abgelehnt. Girard hatte seinen Bericht am 28. November 1828 dem Kriegsminister vorgelegt, dieser hatte am 24. Januar 1829 entsprechende Versuche angeordnet. (AdAV, 2.c.7, Note Sur les Essais qui ont en lieu dans le but d'imprimer aux fusées de Guerre un mouvement de rotation autour de leur axe de 1819 à 1860, Colonel Susane, 1860, 28 mai)

149) AdAV, 2.c.7, Colonel Susane vom 28. Mai 1860: „Deux fusées ainsi préparées . . . n'ont pas donné de bons résultats dans le tir. La rotation a été très prononcée, mais les baguettes se sont cassées au départ par suite des mouvements irréguliers de la fusée; et le 7 avril 1829 on concluait que le défaut de réussite tenait à ce que tout mouvement de rotation engendre une force centrifuge qui tend a faire décrire des circonférences de plus en plus grandes à l'extrémité postérieure de la baguette et à l'extrémité antérieure du cartouche, et qu'il semblait dès lors inutile de continuer les recherches ayant pour but d'imprimer un mouvement de rotation aux fusées."

150) ibidem

151) AdAV, 2.c.7, Schreiben Oberst Cailly vom 27. Januar 1830

152) AdAV, 2.c.7, Schreiben Oberst Cailly vom 17. Februar 1830 (der Arbeitstag zu 10 Stunden gerechnet)

153) G. A. Jacobi, Beschreibung des gegenwärtigen Zustandes der Europäischen Feld-Artillerien, Drittes Heft: Beschreibung des Materials und der Ausrüstung der Französischen Feld-Artillerie, Mainz 1837, Jacobi fügte am Schluß des Abschnittes hinzu: „Über das Raketenfeuer der Franzosen haben wir uns auf keine Weise Notizen verschaffen können, da dieser Zweig der Artillerie wie bei allen anderen Mächten so auch hier sehr geheim gehalten wird."

154) AdAV, 2.c.7, Meldung Oberst Cailly vom 4. März 1830, 256 Raketen zu 2 Zoll wurden als fertiggestellt und für den Transport nach Toulon in Kisten zu 16 verpackt ge-

ebenso viele 2½ zöllige nach Toulon gesandt, um dort mit dem Expeditionsheer des General Graf Bourmont verschifft zu werden.[155] Für den Einsatz wurde die 10. Batterie des 9. Artillerieregiments unter Capitaine Robert bestimmt. Eine besondere Ausbildung an den Raketen scheint jedoch in Frankreich nicht mehr erfolgt zu sein,[156] es fand nur am 3. Mai eine Übung der Ausschiffung unter Leitung des Vice-Amiral Duperré statt, an der auch die Raketeure teil nahmen.[157] Zur Lieferung gehörte eine Anweisung mit der Beschreibung des Materials, seines Einsatzes und der Bedienung der Raketen. Überdies scheint zusätzlich ein Unteroffizier der Schule aus Metz mit zu dieser Einheit kommandiert worden zu sein.[158] Für den Einsatz waren Raketengeschütze mit 4 Röhren vorgesehen, für die Lafetten von Kanonen aus dem Arsenal von Metz umgerüstet worden waren, was aber bedeutete, daß auch ebenso viele Pferde für diese Geschütze wie vorher für die Kanonen benötigt wurden. Die Raketen wurden in den normalen Munitionswagen transportiert.[159]

„In Metz beschäftigte man sich 1830 mit einer Laffete, die viel größer als die englische war. Sie trug vier neben- und übereinander liegende Röhren, denen eine Neigung zwischen 28 und 3 Grad gegeben werden konnte; sie bestanden aus Blech und hatten eine Länge von 1.620 Millimeter. Ein langer Kasten auf dem Tragbäumen konnte 48 Stangen aufnehmen, und der Kasten der gewöhnlichen Protze faßte 96 Raketen. Es wurden gezogene Röhren zur Hervorbringung der Drehung angewendet, aber ohne günstigen Erfolg. Die Laffeten und die zugefügten Wagen beraubten durch ihre Hinderung die Raketen eines großen Theils ihrer Vortheile."[160]

General Valée griff die Anstalt wegen der geringen Zahl der verfügbaren Raketen scharf an:

„Depuis deux ans, on aurait dû déjà constituer un approvisionnement d'au moins 500 fusées; les essais étaient faits sans méthode, les conclusions tirées d'un trop petit nombre d'expériences; C'était pour être à même de fabriquer de suite et sans hésitations que l'on avait achetè fort cher le secret de Bedford."[161]

Bedford hatte inzwischen festgestellt:

„D'après de nombreuses expériences faites avec les fusées à la Congreve, il est évident que l'on obtient une plus grand régularité dans la portée en les lançant à travers de longes tubes, au lieu des tubes courts, maintenant généralement employés."

Folgerichtig schlug er ein neues Abfeuerungsgestell vor, das die bisherigen „tubes" von 5 Fuß Länge ersetzen sollte, für 2½zöllige Raketen sah er eine Abfeuerungsröhre von 8 Fuß Länge vor, die an beiden Enden durch 2 Füße gehalten werden sollte. Das Abfeuerungsrohr sollte in zwei Teilen transportiert werden. Diesem Vorschlag wurde jedoch nicht gefolgt.[162]

Am 20. April dieses Jahres wurde, wohl wiederum für Algier, ein weiterer Auftrag zur Fertigung von 350 2zölligen und von 200 2½zölligen Raketen erteilt, da man wohl zwischenzeitlich die Produktionskapazität erhöht hatte, konnte dieser Auftrag bis zum 9. Juni abgewickelt und die Raketen nach Toulon ausgeliefert werden.[163] Ein weiterer Auftrag der Marine zur Verfertigung von 100 3½zölligen Raketen, der im Februar erteilt worden war, wurde Mitte Juli diesen Jahres abgeschlossen. Bei Reichweitenversuchen wurden für die 2½zölligen unter 45° Elevation Schußentfernungen mit Vollkugeln um 2.350 Meter mit Seitenabweichungen von 65 bis 200 Metern erzielt und bei den 3½zölligen unter 55° Elevation Schußentfernungen zwischen 2.760 und 2.900 Metern mit Abweichungen von 38 bis 105 Metern.[164]

Im Feldzug in Algier wurden die Raketen mehrfach eingesetzt. In dem Gefecht von Staouëli am 19. Juni 1830 gegen die Truppen des Dey, die durch Aga Ibrahim geführt und durch türkische Janitscharen verstärkt waren, standen die Raketengeschütze im Zentrum der Artilleriestellung und wurden bei der Artillerievorbereitung für den entscheidenden Angriff nicht ohne Erfolg eingesetzt:

„Pendant la seconde partie de la bataille de Staoueli, cette batterie, placée au centre de la ligne d'artillerie qui préparait l'attaque du plateau, lança plusieurs salves de fusées sur les masses de cavalerie qui cherchaient à envelopper la brigade du général Poret de Morvan, et les mit en pleine déroute."[165]

Allerdings scheint gegen die feindliche Kavallerie mehr die moralische Wirkung des Heulens der Raketen als die ihrer Sprenggeschosse zum Erfolg des Einsatzes beigetragen haben. Pralon schrieb hierzu:

„Leur intervention ne fut pas sans résultat, car on vit leurs projectiles, par leur sifflement seul, plus peut-être que par leur effet meurtrier, jeter dans un complet désarroi des masses tourbillonnantes de cavalerie ennemies."[166]

Ein weiterer Einsatz erfolgte, als die Batterie bei der Beschießung Algiers am 4. Juli eine Reihe Raketen auf das Fort L'Empereur feuerte, ohne daß Einzelheiten über ihre Wirkung bekannt geworden sind. Der Dey kapitulierte dann am 5. Juli.[167]

---

meldet, ihre Ankunft dort wurde für Mitte Mai erwartet. Zugleich wurde gemeldet, daß nunmehr täglich sechs 2½zöllige Raketen hergestellt werden könnten. Am 24. März (ibidem) konnte er dann melden, daß jetzt 126 2½zöllige Raketen fertiggestellt wären, die ebenfalls auf dem Wege nach Toulon gebracht worden wären, wobei Stäbe und Raketen getrennt verpackt seien. Der Gesamtauftrag von 520 Raketen könne bis zum 1. Mai abgeschlossen sein.

155) Arago, a.a.O., p. 19, gab an, es wären jeweils 200 2- und 2½-zöllige Raketen in Toulon für das Expeditionscorps verschifft worden, während: C. Rousset, Conquête d'Alger, Paris 1879, p. 73, schrieb, verschifft worden wären „500 fusées à la Congrève avec leurs chevalets". Das United Service Journal merkte hierzu an: „Bourmont ought to take Algiers by the same mode that we have of late years reduced the Indian forts, - by bombardment and flights of rockets, which in the narrow space and streets of Algiers, without casements, would not only bring surrender, but probably the Dey's head out in a charger. The experriments that have taken place here with their rockets have not been very promising, but some late essays at Mentz [gemeint ist Metz, d. Verf.], by the aid, it is whispered, of a renegado workman of the Woolwich Laboratory, have come very near perfection." (USJ, June 1830, p. 782, Letter from Toulon)

156) Arago, a.a.O., p. 19, merkte an: „[La batterie] . . . fut chargée de les utiliser, bien que n'ayant pas reçu d'instruction spéciale pour leur emploi."

157) C. Rousset, a.a.O., p. 96: „Le même jour, un simulacre de débarquement était exécuté sous les yeux du duc d'Angoulême. Cinq chalands avaient été disposés pour cette épreuve. Le premier portait deux pièces de campagne, des fusils de rempart et des fusées de guerre;"

158) Wahrscheinlich wurde auch capitaine Rodolphe von der Ecole centrale de pyrotechnie militaire als Instrukteur hier eingesetzt, da dieser 1830 zur Teilnahme an der Expedition kommandiert wurde und an dem Gefecht bei Staouëli und bei der Eroberung des Fort de l'Empereur teilnahm (M. Ch. Emy, Notice nécrologique sur M. Rodolphe, chef d'escadron d'artillerie, in: Mémoires de l'Académie Nationale de Metz 1862/1863, p. 66)

159) A. Pralon, a.a.O., p. 500, und: M. J. Jung, a.a.O., p. 9

160) o. Verf., Kriegsraketen, in: AMZ, 1855, S. 315; auch in: Brulart, revue, a.a.O., p. 26; Brulart wies noch auf Versuche mit 3pfündigen Raketen hin mit „fougasse" (Flatterminen) als Gefechtskopf; erste Versuche, den Raketen eine Rotation zu vermitteln, wurden 1831 fortgeführt, aber: „n'ont conduit à aucun bon résultat sous le rapport de la régularité et de la justesse du tir: non plus que sous celui de la possibilité de raccourcir les tubes sans nuire à la justesse."

161) A. Pralon, a.a.O., p. 197

162) BMAP, dossier Bedford, chemise Mémoires sur Rocketts, 1830: Nouvel affût pour lancer les Fusées de Guerre, eine Zeichnung war nicht beigefügt, dieses Modell ähnelte jedoch den britischen, wie sie in Ende der dreißiger Jahre in Spanien eingesetzt wurden.

163) AdAV, 2.c.7., Meldung Oberst Cailly vom 9. Juni 1830, bis zum 6. Mai waren 32 2zölllige, am 7. Mai weitere 96, dann bis zum 19. Mai 48 2zöllige und 90 2½zöllige, bis zum 22. Mai 96 2zöllige und 45 2½zöllige, bis zum 25. Mai weitere 32 2zöllige und bis zum 03. Juli die restlichen 65 2½zölligen hergestellt.

164) ibidem; 2½zöllige: Vollkugel: 2.761 Meter, Abweichung 140 m rechts, Hohlgeschoß: 2.950 Meter, Abweichung 263 m rechts; Brandgeschoß: 2.610 m. Abweichung 65 m links; 3½zöllige: Vollkugel: 2.761 Meter, Abweichung 140 m rechts; Brandgeschoß: 2.905 Meter, Abweichung 106 m links

165) Arago, a.a.O., p. 20. Ergänzend schilderte den Einsatz: Rousset, a.a.O., p. 155: „En même temps, les chevalets de fusées, établis au centre, portaient, moins encore par l'effet meurtrier que par le seul sifflement de leurs projectiles, le désordre et l'effroi dans les masses de cavalerie arabe qui s'apprêtaient à charger les colonnes de la brigade Poret de Morvan. Cette action vigoureuse de l'artillerie fut tout à fait décisive."

166) A. Pralon, a.a.O., p. 500

167) Der eigentliche Name des Forts lautete Bordj-Mouley-Hassan (Rousset, a.a.O., p. 193, Rousset erwähnte in der folgenden Schilderung keinen Einsatz der Raketen.) wohl aber: Arago, a.a.O., p. 20; das Fort detonierte um 10 Uhr, wahrscheinlich eher

1831 stellte eine Kommission zum Sachstand der Raketenentwicklung fest:[168)]

„Les fusées fabriquées jusqu'à présent à Metz sont celles de 2 pouces ou de 3 kilogrammes, celles de 2 pouces et demi ou de 6 kilogrammes et celles de 3 pouces et demi ou de 15 kilogrammes. Les deux premières (3 et 6 kilogr.) pourraient correspondre aux calibres de 8 et de 12 de campagne. Celles de 2 pouces (3 kilogr.), tirées sous 19° donnent une portée moyenne de 1.650 m. et celles de 3 pouces et demi, tirées sous 45°, portent à 2.380 mètres."

Die Shrapnellgranaten der 2zölligen enthielten dabei 15 Kugeln, die der $2^1/_2$zölligen 25 Kugeln. Zur weiteren Erprobung der Raketen hielt das Komitee die Aufstellung einer Raketenbatterie für erforderlich.

In Metz wurde inzwischen weiter an der Verbesserung der Raketen und der Fabrikationsweise gearbeitet. Im Juni 1834 schlug Bedford ein verbessertes Raketengeschütz mit 10 Röhren in zwei parallelen Reihen sowie ein verbessertes Abfeuerungsgestell für $3^1/_2$zöllige Raketen vor; zur Erhöhung der Sicherheit bei der Herstellung der Raketen hatte er zusätzlich ein Gerät zum Zählen der Schläge beim Laden der Raketen, ein Gerät zum Messen der Kraft des geladenen Treibsatzes entworfen sowie ferner einen verbesserten „mouton" aus Bronze. Nach Prüfung der Vorschläge durch das Comité de l'Artillerie stimmte das Kriegsministerium einer Erprobung zu.[169)]

Ebenso trat Bedford erneut für die Einführung von Rotationsraketen mit kurzem Stab ein, wobei er einräumte, daß zwar die Reichweite geringer und die Flugbahn unregelmäßiger wäre, diese Nachteile aber durch die höhere Feuerwirkung kompensiert würden:

„L'effet produit par les fusées ne peut pas être comparé à celui des autres bouches à feu. Ce nouveau projectile n'aura ni les portées de plein fouet, ni la vitesse de tir de l'Artillerie de Campagne ni la régularité dans les portées, mais ces désavantages sont compensés par le grand nombre qu'on peut lancer aux petites distances dans les moments critiques. Par l'effet moral qu'elles produisent sur les hommes et les chevaux. effet sur lequel on ne paraît pas assez compter qui résultent le désordre et la confusion dans les masses rendra leur destruction certaine."[170)]

Aufgrund der zahlreichen Anforderungen von Raketen mußte in Metz ein zweiter „mouton" installiert werden, dieser war aber nur für 2zöllige Raketen geeignet, während der „mouton", den Bedford aus Vincennes mitgebracht hatte, für alle 3 Kaliber hatte verwendet werden können. Nur war dieser infolge mehrfacher Explosionen immer unzuverlässiger geworden und nach einer letzten Explosion beim Schlagen der Raketen 1834 nicht mehr verwendbar, so daß diese Kaliber zeitweilig nicht hergestellt werden konnten.[171)] Neben den Versuchen wurden die Raketen auch bereits zur Ausbildung der Lehrgangsteilnehmer an der école d'application d'Artillerie zu Metz genutzt, wo diese im Oktober 20 Raketen verschossen.[172)]

Bei erneuten Versuchen im September 1836 erwiesen sich die in Metz hergestellten Raketen als recht zuverlässig, es kamen aber aufgrund der manuellen Herstellung doch Fertigungstoleranzen von 2 mm beim Durchmesser der Hülse vor. Nachstehende Reichweiten wurden bei einer Entfernung des Zieles von 800 Metern erzielt:[173)]

(Siehe Tabelle auf Seite 202)

Diese Schießen fanden in Anwesenheit des Inspekteurs der Artillerie, Baron Neigre, statt; die Raketen waren verfertigt worden, als Bedford abwesend war. Beim Laden der Raketen war man wieder auf die alte Anzahl von 40 Schlägen pro Satzportion übergegangen. Die Zehrung war bei den $2^1/_2$zölligen 8 cm , bei den $3^1/_2$zölligen 11 cm stark, die Brandhauben besaßen das gleiche Kaliber wie die Hülse; die prismatischen Stäbe maßen 4 cm im Durchmesser und besaßen eine Länge von 2,76 Meter für die $2^1/_2$zölligen und von 3 Meter für die $3^1/_2$zölligen Raketen.[174)]

Bereits vorher wurde 1832 eine französische Interventionsarmee unter Marschall Gérard nach Belgien entsandt. Die Belagerung Antwerpens sollte dabei durch den Einsatz der Raketen unterstützt werden. 1.000 Raketen wurden dem Belagerungspark zugeführt, sie kamen nur zu spät, um noch für die Beschießung der Zitadelle, die vom niederländischen General Chassé energisch verteidigt worden war, eingesetzt zu werden.[175)] Nur 11 wurden am 23. Dezember 1832 auf eine Distanz von 1.300 - 1.400 Metern gegen ein niederländisches Geschwader abgefeuert, kein Schiff wurde jedoch getroffen. Die verbleibenden 989 wurden in kleineren Wegstrecken nach Metz zurückgeführt, die Verlegung diente dabei zugleich zur Untersuchung ihrer Transportfähigkeit.[176)]

Im Anschluß an den Feldzug gegen Algier nahm die Raketenbatterie an den zwei Expeditionen nach Constantine teil. Bei der ersten unter dem Oberbefehl von General Clausel im November 1835 konnten die 2zölligen Raketen wirkungsvoll zur Deckung des Rückzuges nach dem fehlgeschlagenen Sturm auf Constantine eingesetzt werden.[177)] Wohl zum Ersatz der verschossenen Raketen erging am 11. August 1836 ein Eilauftrag des Ministeriums nach Metz, so schnell wie möglich 150 2zöllige und 50 $2^1/_2$zöllige Raketen nach Toulon zu liefern; hier kam es aber zu Verzögerungen, da nicht ausreichend Hülsen vorrätig waren.[178)]

---

infolge der Beschießung durch die Rohre des Belagerungsparkes (C. Farrère, Histoire de la Marine Française, Paris 1934, p. 333), Farrère erwähnte den Einsatz der Raketen nicht. Dagegen stellte P. Tourault, Alger coup de poker, in: Historama spécial, No. 12, 1989, p. 24, fest, daß die Türken das Fort selbst gesprengt hätten.

168) Challeat, a.a.O., p. 90

169) AdAV, 2.c.7., Notes sur les Machines et Modèles relatifs à la Confection et au tir des Fusées de Guerre, 20. Juni 1834: „Mr. Bedford a présenté
. . . Le Modèle d'une Eprouvette pour déterminer la force des compositions employées dans les Chargement des fusées de Guerre et pour connaître les Espaces parcourus par les fusées dans un temps donné. Un appareil pour compter les Coups en battant la Composition dans les Cartouches des fusées de Guerre . . . Parmi les modèles que Mr. Bedford a présenté se trouve sans doute Celui d'un mouton complet pour le battage des Fusées de Guerre et dans lequel le mouton en bronze est mis en mouvement par une Courroir sans fin qui s'engage sur une roue garnie d'un volant en fonte que deux hommes font marcher au moyen de maniveller courroie garnie de Cames en bronze pour soulever le mouton et qui peut être tendue à volonté à l'aide de la poulie supérieure sur laquelle elle passe dont l'axe traverse un chassis mobile autour d'un boulon fixé sur les montants du mouton et permet ainsi d'Elever ou d'abaisser cette pouli et par conséquent de tendre ou de détendre la courroie sans arrêter le mouvement de la roue motrice. Ce mécanisme ingénieux a été approuvé par le Conseil d'Instruction de l'Ecole de Pyrotechnie lors d'examen . . ." Das Abfeuerungsgestell auf Dreibein für $3^1/_2$zöllige Raketen wurde sofort übernommen, da die Schule für dieses Kaliber nur über ein veraltetes, schwer handhabbares Gestell verfügt hatte. Für 2 zöllige Raketen hatte Bedford erstmals 1832 ein neues „Raketengeschütz" mit 10 Abfeuerungsröhren (2 Reihen à 5 Rohre übereinander) vorgeschlagen, das von 6 Mann bedient werden sollte. (BMAP, dossier Bedford, chemise Mémoirs sur Rocketts, Description du modèle d'un nouvel Affût de Campagne pour les Fusées de Guerre de 2°, 24. Avril 1832) Die Handhabung sollte so einfach sein, daß pro Minute eine Serie Raketen abgefeuert werden konnte, während das alte vierfach „Raketengeschütz" mindestens $1^1/_2$ Minuten erforderte, um feuerbereit zu sein. Bedford vertrat hier ebenso wie Congreve die Idee des überraschenden Masseneinsatzes der Raketen. „L'affût tel que je le propose offre donc les moyens dans toutes les situations où l'on peut placer de l'Artillerie, de lancer un grand nombre de fusées et par conséquent de produire un grand effet . . . Il n'y a pas de Cavalerie, quelque bonne qu'elle soit, qui puisse résister à un pareil moyen de défense."

170) BMAP, ibidem

171) AdAV, 2.c.7., Meldung Oberst Cailly vom 15. Mai 1834; diese Unglücke scheinen recht häufig vorgefallen zu sein, so wurden im Juni 1836 bei einer solchen Explosion zwei Arbeiter beim Schlagen von Raketen für die Marine leicht verletzt (AdAV, 2.c.7., Meldung Oberst Cailly vom 9. Juni 1836)

172) ibidem

173) AdAV, 2.c.7., Procès-Verbal vom 28. September 1836

174) AdAV, 2.c.7., Procès-Verbal vom 27. September 1836

175) Susane, fusées, a.a.O., p. 252: „Elles arrivèrent le lendemain de la capitulation."

176) A. Pralon, a.a.O., p. 501

177) Arago, a.a.O., p. 20: „. . . qui furent employées avec succès à diverses reprises, pour protéger la retraite." Beschreibung des Feldzuges in: Streffleur, Die Unternehmungen der Franzosen gegen Konstantine in den Jahren 1836 und 1837, in: ÖMZ 1840, 2. Heft, S. 147 - 174, die Teilnahme der Raketenbatterie ist hier jedoch nicht erwähnt.

178) BMAP, dossier Bedford, chemise lettre de correspondance, lettre du Cailly à Bedford, Metz le 11 Août 1836

Tag	Abfeuerungsart	Kaliber	Gewicht der Rakete mit Stab in kg	Elevation in Grad	Detonation der Granate in Meter	Endreichweite in Meter	Bemerkung
1. und 3. September	vom Boden	2	3,537	2	792,5	837,5	mittlere Reichweite von 4 Raketen
	Röhre, 1,625 m Mehrfachwerfer	2	3,439	13	815,7	879,0	mittlere Reichweite von 14 Raketen
	Röhre, 1,625 m Einzelröhre	2½	7,255	18	994,7	1049,9	mittlere Reichweite von 12 Raketen
	Röhre, 1,625 m, Einzelröhre	2½	6,973	47	1250	2088	mittlere Reichweite von 3 Raketen
	-"-	3½	16,501	47		3144,4	Mittlere Reichweite von 5 Raketen
26. und 27. September	vom Boden	2	3,373	3	773,2	804,4	Mittlere Reichweite von 6 Raketen
	Röhre, 1,625 m Mehrfachwerfer	2	3,376	14	843,8	961,1	Mittlere Reichweite von 14 Raketen
	Röhre 1,625 m Mehrfachwerfer	2½	7,197	18	952,6	969,2	Mittlere Reichweite von 14 Raketen
	Röhre, 1,625 m Einzelröhre	2½	6,949	47	1266,6	2113,6	Mittlere Reichweite von 3 Raketen
	-"-	2½	7,185	40	1483,3	1972,3	Mittlere Reichweite von 3 Raketen
	-"-	3½	17,242	47		3082,5	Mittlere Reichweite von 4 Raketen
	-"-	3½	17,650	47		3258,4	Mittlere Reichweite von 5 Raketen

Bei der zweiten Belagerung wurden 200 Raketen an die 4. Batterie des 10. Regiments unter dem Kommando des Capitaine Coteau ausgeliefert, für die Belagerung wurden zusätzlich Abfeuerungsgestelle für 3½zöllige Raketen in Metz gefertigt. Die Fertigung der erforderlichen Raketen konnte erst im März begonnen werden, da erst das neue „atelier de battage" fertig zu stellen war.[179] Bei einer nächtlichen Beschießung am 9. Oktober 1837 wurden sie gleichzeitig mit dem Feuer der Mörser aus der Batterie No. 3 eingesetzt und erwiesen sich dabei als den Mörsern ebenbürtig. Marschall Valée, Kommandant der Artillerie, schrieb dazu:

„Des fusées de guerre seront tirées pendant la nuit à la batterie de mortiers, concurremment avec les bombes; la direction et l'objet de ce tir seront les mêmes que ceux des mortiers."[180]

Am Morgen des 9. wurde die Beschießung, wieder unter Beteiligung der Raketen, wenn auch anscheinend mit wenig Erfolg, fortgesetzt:

„Den 9ten um 7 Uhr Morgens begannen die Batterien auf Mansurah ihr Feuer. Dieses wurde bis Mittag mit großer Lebhaftigkeit unterhalten und vom Feinde in gleicher Weise mit 20 Geschützen erwidert. Ungeachtet die Franzosen bis gegen Abend Bomben und Raketen warfen und trotzdem bereits um 11 Uhr Vormittags die Geschütze mit Ausnahme derer in der Batterie Bab-el-Dscheddid ihr Feuer einstellten, zeigten sich die Verteidiger durchaus nicht zur Übergabe geneigt."[181]

Am 10. wurden sie aus dieser Batterie mit den Mörsern zum Coudiat Aty verlegt.[182] Die Möglichkeiten dieser provisorischen Raketenbatterie konnten jedoch nicht voll genutzt werden, da sie aufgrund der Ausstattung mit den normalen Munitionswagen und den Mehrfach-Abfeuerungsgestellen nicht uneingeschränkt geländegängig war.[183]

In diesem Jahr wurde ein amerikanischer Bericht mit einer Beschreibung der Raketen veröffentlicht:

„The rockets, which it is intended to make use of on the renewed assault upon Constantia, are of middling calibre only, but charged as heavily as the largest, and their heads are filled with an extremely combustible composition. The stand from which they are projected may be conveyed to the most difficult and inaccessible ground. On a recent trial, one of these rockets was made fast to a stake, with a view to ascertain the length of time it would burn, and the efficiency of the combustible substance, by near inspection. Two of the missiles were then discharged from a stand, of so portable a description that a single artilleryman moved the apparatus with perfect ease from one spot to another. It was not intended to throw them a greater distance than 1.500 paces, but both of them took a range of 1.800, without deviating to any extend from the original line of projection. One of them penetrated the surface to a depth of seven feet; and, although completely buried in the ground, continued burning with vehemence for six or seven minutes, uptil the charge was entirely consumed . . . Three other rockets of like calibre, furnished with smaller heads, (chapiteaux)

179) BMAP, dossier Bedford, chemise lettre de correspondance, lettre Cailly à Bedford, Metz le 3 Mars 1837

180) A. Pralon, a.a.O., p. 501, Angabe zu den Abfeuerungsgestellen für 3½ zöllige Raketen: BMAP, dossier Bedford, chemise lettre de correspondance, lettre Cailly à Bedford, Metz le 13 Février 1837

181) L. von Decker, Algerien und die dortige Kriegführung, Berlin 1844, I. Band, S. 321

182) o. Verf., Journal der Operationen der Artillerie während der Expedition nach Constantine im Jahre 1837 in: AOPA, 1839, S. 83

183) Général Favé (a.a.O., p. 199) urteilte hierzu: „Les voitures qui étaient exactement du même poids que les voitures de campagne ordinaires, exigeaient, pour la mise en batterie, les mêmes conditions de terrain et le même déploiement d'efforts que pour les bouches à feu. On méconnaissait ainsi cette évidence que sur un champ de bataille, un coup de canon ou d'obusier, quand il peut être tiré, vaut beaucoup mieux qu'une fusée, et que ce projectile n'a de raison d'être employé que là où les bouches à feu ne peuvent pas trouver place. On agissait encore, chez nous, contre ces principes, quand, plus tard, sans aller jusqu'à employer les affûts ordinaires de campagne, on s'embarrassait, pour le tir des fusées, d'affûts lourds ou peu maniables, qui ne permettaient de tirer que dans les circonstances où l'on aurait pu faire usage des bouches à feu."

were then discharged at an extremely high point of elevation. They flew to so great a heigh as to be wholly lost sight of, and, falling at a distance of 2.000 paces, drove to an immense depth into the earth."[184]
Nach der Eroberung Constantines verblieben die restlichen Raketen in einem Depot in Algier; sie wurden bei verschiedenen kleineren Expeditionen mitgeführt, gerieten aber in Mißkredit:
„mais aucune troupe d'artillerie ne savait s'en servir, et, d'une façon générale, les fusées jouissaient, sans aucune raison, d'un certain discrédit; aussi ne furent-elles qu'assez rarement employées."[185]

1831 war bereits das Feuerwerkslaboratorium von Vincennes auf Order des Königs neu eingerichtet und modifiziert worden, um hier eine Feuerwerker-Schule einzurichten, die Gebäude wurden weitläufig errichtet, um die Folgen einer möglichen Explosion zu vermindern. Aufgrund eines Wechsels der Regierung kam es aber nicht zur Aufnahme der Raketenherstellung.[186] Wohl aber wurden hier auf Veranlassung des Marineministers im Sommer 1834 unter Leitung des Capitaine d'artillerie Lechevalier die ersten französischen Versuche zum Befüllen der Raketenhülsen mit Hilfe einer hydraulischen Presse angestellt, weil man auch erkannt hatte, daß die Methode des Schlagens zu sehr die Gefahr von Unfällen und Explosionen in sich barg.[187] Es scheinen bei diesen Versuchen aber noch Probleme aufgetaucht zu sein, auch weil die Durchmesser der Raketenhülsen nicht vollkommen identisch waren, obwohl auch ein Resultat war, daß durch die bessere Verdichtung des Treibsatzes das Einhalten der Richtung der Raketen verbessert wurde.[188] Ebenso scheinen in diesem Jahr erste Versuche in Metz hiermit durchgeführt worden zu sein, wozu jedoch keine näheren Angaben vorliegen.[189] Es sollte dann noch fast 20 Jahre dauern, bis Frankreich zur Raketenherstellung dieses Hilfsmittel einsetzte, auch wenn 1840 erneut in Metz die Nutzung dieser Presse erwogen wurde.[190] Um diese Zeit scheint man sich ernsthaft mit der Aufstellung von Raketenbatterien beschäftigt zu haben, nach Äußerungen des General Duchand sollte jedes Armeecorps eine Batterie mit 12 Raketengeschützen und 12 Raketenwagen erhalten, die Raketengeschütze sollten 8 Röhren tragen und von 6 Mann bedient werden. Auf der Protze sollten ausreichend Raketen mitgeführt werden, um die Raketenwagen nicht mit in die Feuerstellung führen zu müssen.

„In weniger als 2 Minuten kann eine Batterie 100 Raketen, mit 1.500 kleinen Kugeln und 100 Hohlkugeln von 2 Zoll Durchmesser, bis etwa 1.100 Schritt gegen den Feind in Bewegung setzen. Der Gebrauch der Raketenbatterien soll nur in seltenen Fällen, aber dann mit entscheidendem Erfolge, und besonders gegen Cavallerie, geschehen. Der General Duchand wünscht, daß die Fuß- und reitende Artillerie sich recht bald mit dem Schießen mit diesen Raketen bekannt mache, und daß man die Officiere der Artillerie in dem Raketendienst unterrichte . . . Er schließt mit den Worten, daß es Zeit sey, den geheimnisvollen Schleier, hinter den sich die mit der Anfertigung der Kriegsraketen beauftragten Officiere verstecken, wenigstens allen Artillerie-Officieren zu enthüllen, da diese Vorsicht jetzt durch nichts mehr gerechtfertigt werde . . . und es nicht angemessen sey, daß ein solches Geheimnis für diejenigen bestehe, für welche es am wenigsten eins seyn sollte, nämlich für die Officiere, welche im Kriege von diesen Geschossen Gebrauch machen solle."[191]
Ein Regierungswechsel beendete aber auch diese Planungen.

Zu den Dimensionen dieser Raketen liegt für 1834 ein Mémoire sur l'armement vor, das nachstehende Daten angab:[192]

Caliber (in inch)	Feldraketen Länge in Metern	Brandraketen Länge in Metern
2	0,995	-
$2^1/_2$	1,310	-
3	1,535	1,535
$3^1/_2$	1,545	1,545

1834 meldete sich ein weiterer Engländer, ein Mr. Wade,[193] bei der französischen Regierung, um das wahre Geheimnis der congrev'schen Raketen zu verkaufen. Marschall Soult ordnete daraufhin vergleichende Versuche an, die im Januar 1834 in La Fère durchgeführt wurden. Obgleich das englische System von alten Soldaten bedient wurde, die bereits in Leipzig und Waterloo Raketen eingesetzt hatten, während die französischen Bedienungen nur vor Antwerpen „schwache, erfolglose Versuche" gemacht hatten, bewiesen die Raketen des

184) Army and Navy Chronicle, Vol. 4, No. 34, June 15, Washington 1837, p. 374
185) Arago, a.a.O., p. 20
186) Brulart, revue, a.a.O., p. 27: „Le maréchal-de-camp commandant l'artillerie de la 1re division, fit préparer par ordre du roi des constructions nouvelles dans le bois de Vincennes, près du Polygone, pour y établir une école de pyrotechnie . . . La volonté du roi paraissait positive, et il avait désiré qu'on fit à Vincennes les essais de cette nouvelle arme, mais le gouvernement changes, et les fusées restèrent encore une fois dans la défaveur."
187) „Les fusées de guerre ont été jusqu'à ce jour chargées par le choc de mouton, et il résulte de ce mode de chargement que dans le cours de l'opération des explosions fréquentes, produites par la violence de ces chocs réitérés, tuent ou blessent grièvement les hommes employés à cette fabrication; ces explosions ont même souvent détruit entièrement les ateliers élevés à grands frais pour la confection de fusées . . . Ce n'est que récemment que M. le ministre de la marine a donné des ordres pour faire faire sur le chargement des fusées par la presse hydraulique des essais qui n'avaient pas encore été tentés en France, et dont les premiers résultats obtenus dans une expérience faite à Vincennes, le 30 du mois dernier, permettent d'espérer qu'en adoptant ce mode de chargement, qui prévient tout danger d'explosion, on diminuera beaucoup les dépenses de fabrication, en même temps qu'on obtiendra des avantages marqués en ce qui concerne l'étendue et la justesse du tir; sous le dernier rapport, il suffit de rappeler que la force d'impulsion (mesurée au dynamemètre) des fusées chargées au mouton n'a pas dépassé 230 kilogrammes, tandis que, pour les fusées chargées à la presse hydraulique, cette force s'est élevée à 1,120 kilogrammes." ([No. 40.] Substitution de la presse hydraulique au mouton dans le chargement des fusées de guerre, in: Annales Maritimes et Coloniales, tome 55, 1834, pp. 398)
188) o. Verf., Substitution de la presse hydraulique au Mouton dans le chargement des fusées de guerre, in: JAS, 1834, p. 457; Lechevalier bemerkte hierzu: „Les fusées sont toutes disposées verticalement sur un plateau résistant. Dès que la composition est introduite dans leur intérieur et que les baguettes à charger sont placées sur cette composition, toutes sont recouvertes par un plateau horizontal supérieur, et le tassement de la charge est produit, soit par une presse hydraulique qui fait monter le plateau inférieur, soit par une presse à balancier qui fait descendre le plateau supérieur. C'est une machine de ce genre qui est essayée aujourd'hui, très en petit à la vérité. Il est à remarquer qu'elle ne peut produire aucun bon effet, attendu que les fusées ne sont jamais toutes d'un même diamètre, que les charges ne sont jamais rigoureusement égales, et que par conséquent quelques fusées doivent être très-fortement pressées tandis que d'autres reçoivent une pression beaucoup moindre. Il faut poser comme condition fondamentale de la construction d'une machine à charger que sa disposition soit telle que chaque fusée reçoive d'une manière indépendante la pression que lui est destinée. On peut satisfaire à cette condition en limitant à trois le nombre des fusées qu'on charge à la fois au moyen de la presse hydraulique." Zugleich schlug Lechevalier entsprechende Verbesserungen vor und regte bereits an, von der konischen Form der Bohrung auf eine cylindrische überzugehen. (M. Lechevalier, capitaine d'artillerie, Note sur diverses améliorations à apporter à la fabrication des fusées de guerre, in: Annales Maritimes et Coloniales, tome 55, 1834, pp. 399)
189) BMAP, dossier Bedford, chemise Mr. Wade's Rockets, lettre Chef d'escadron Cailly du 16 octobre 1834, Cailly sprach hier Reparaturen an der hydraulischen Presse an. Bedford weilte im Oktober in Vincennes, um dort Versuche durchzuführen; aus diesem Brief kann auch auf ein freundschaftliches Verhältnis zwischen Cailly und Bedford geschlossen werden.
190) BMAP, dossier Bedford, chemise Mémoires sur Rocketts, Notiz von 1840
191) o. Verf., Die Organisation der Französischen Raketen-Batterien, in: MWBl, 1834, S. 5147
192) Mémoire sur l'armement et l'equipment de la fusée de guerre, septembre 1834, inédit, zitiert nach: Ordway / Moulin, a.a.O., p. 28
193) Der Name wurde nur von M. J. Jung, a.a.O., p. 8, angegeben; Wade war zu dieser Zeit Geschäftsführer der ehemals Congrev'schen Raketenfabrik zu Bow (P.R.O., WO 44/643-28110, Brief Fraser, Direktor Royal Laboratory, vom 01. Juli 1830). Wade hatte im Januar 1833 ein entsprechendes Angebot vorgelegt, indem er für entsprechende Versuche den Verschuß von 75 in Bow gefertigten Raketen (3- bis 32 pfündige) vorschlug, die vom Boden, vom Belagerungsgestell, von Schiffsabfeuerungseinrichtungen und aus dem Kavallerie-Abfeuerungsrohr abgefeuert werden sollten. Zur Erläuterung scheint er Abbildungen Congreves beigefügt zu haben. (BMAP, dossier Bedford, chemise Mr. Wade's Rockets, lettre du 17 Janvier 1833, die Abbildungen fehlen) Nach: Challeat, a.a.O., p. 91, wurden die britischen Raketen „présentées par le fabricant anglais Collomb".

französischen Systems ihre Überlegenheit. Die französischen Raketen trugen mit geringerer Seitenabweichung weiter als die englischen, zeigten zahlreiche Rikochets und ihre Brandmasse brannte länger. Am wirksamsten erwies sich das Abfeuern vom Boden.[194]
Die Kommission, zu der als Beobachter auch Bedford gehörte,[195] stellte abschließend fest:
„*1° Elles on fait connaître que les fusées, confectionnées par l'artillerie française, sont absolument de même nature que les fusées anglaises, et que leur effets, sous le rapport du tir et des portées, sont les mêmes.*
2° . . . les grandes portées des fusées du plus fort calibre des deux origines ont été, sous de grands angles, à peu près aussi étendues. Cependant il y a eu plus de fusées françaises aux portées de 2,300m à 2,700m, et les déviations ont été généralement moindres; le tir à ricochet de celles-ci a fourni aussi plus ricochets; . . . la composition des fusées françaises a paru même plus vive et leur imprimer plus de vitesse."[196]
Die Kommission fügte hinzu, daß der Ricochet-Schuß die einzige Möglichkeit gewähre, auf dem Schlachtfeld die Raketen erfolgreich einzusetzen, wenn das Gelände dies zulasse, schränkte jedoch ein, daß die 18pfündigen Raketen hierzu zu schwer zu transportieren wären,
„*Les fusées de 12, et principalement celles de 6, seraient l'espèce qu'on pourrait employer en plus grande quantité sur les champs de bataille; celles de 6 atteignent encore des portées suffisantes, tirées à ricochet dans les tubes; mais les portées perdent beaucoup de leur étendue lorsqu'on les tire placées à terre . . . Il est à remarquer que le tir sur le sol, le plus facile à exécuter, d'ailleurs très rasant et qui fournit beaucoup de ricochets, ne donne que des portées très limitées, même lorsque le terrain est favorable.*"[197]
Auch wurde festgestellt, daß das Nachladen der Raketengeschütze mit 8 Röhren über 3 Minuten dauerte und man stellte sich die Frage, ob nicht das Feuer einer Kanonenbatterie dann wirkungsvoller wäre. Abschließend wurde aber festgestellt:
„*1° Que des fusées de 12 et de 6 doivent faire partie des approvisionnements de l'artillerie en campagne.*
2° Qu'on ne doit employer à leur tir en campagne que des appareils à tubes légers et portatifs, ou les tirer sur le sol; mais qu'il ne convient pas, d'y affecter aucun matériel pour en former des batteries. . .
3° Qu'il est essentiel de faire des recherches sur l'emploi des fusées de fort calibre dans les attaques, et principalement dans la défense des places."[198]
Auch zum taktischen Einsatz der Raketen kam es zu neuen Ideen, insbesondere wurde ihr Gebrauch bei der Verteidigung von Festungen zur Zerstörung von Breschbatterien propagiert.[199] 1835 haben wohl die Versuche teilweise geruht, da Bedford auf Weisung des Kriegsministers zwischen dem 5. Mai 1835 und dem 30. März 1836 auf einer Mission in Großbritannien weilte, dabei scheint es weniger um Raketen als um das Erlangen von Kenntnissen über die britische eisenverarbeitende Industrie und Kanonengießereien gegangen zu sein, Bedford besuchte neben dem Arsenal von Woolwich Fabriken in Carron, Birmingham, Sheffield und in Staffordshire.[200]

Dennoch waren sich die Feuerwerker in Metz der noch vorhandenen Unsicherheiten in der Anwendung ihrer Raketen voll bewußt, so wurde in einem Bericht von 1837 festgehalten, daß der Einsatz der Raketen nur unter besonderen Bedingungen erfolgen dürfe. Auch kam es nach wie vor zu Unfällen durch die noch vorhandene Unregelmäßigkeit des Fluges, in diesen Jahren verließ eine Rakete ihre Flugbahn, um in einer Straße von Metz zu landen, wo sie eine Person tötete.[201]
Trotz der erfolgversprechenden Ergebnisse kam es 1837 angesichts der Unregelmäßigkeiten der Flugbahnen der Raketen zu einem sehr kritischen Bericht der Kommission unter Federführung des capitaine Piobert:[202]
„*a. La question des fusées de guerre est dominée par la considération décisive de l'irrégularité et de la diversité de leurs effets, en raison d'influences contre lesquelles il est impossible de lutter, par suite du volume de ces fusées, notamment celles du vent;*
b. Ces effets sont d'ailleurs très restreints;
c. Une épreuve comparative avec des obusiers de campagne a tranché la question en faveur de ces bouches à feu, de manière à ne laisser aucun doute. .
d. Tout leur rôle ne peut être que de suppléer l'artillerie dans les circonstances très rares où le matériel manque et dans celles où la légèreté des appareils en permet l'emploi sur des points inaccessibles aux bouches à feu."
In der ersten Phase der Versuche hatte man sich fast ausschließlich mit den 2zölligen Raketen beschäftigt und versucht, die Hülsen mit ihrem Treibsatz sowie den Stab zu verbessern. Ab Anfang der dreißiger Jahre begann man sich verstärkt der Verbesserung des Gefechtskopfes zuzuwenden, nachdem man festgestellt hatte, daß bei dem Gefechtskopf nach Bedfords Modell
„*. . . les balles de ce dernier ne produisant qu'un effet entièrement insignifiant.*"[203]
Damit ging man zu Versuchen mit Hohlgeschossen über und ab 1836 auch zur Entwicklung von Leuchtraketen. Die Hohlgeschosse wurden dann 1844 eingeführt. Im Juli 1836 wurden aufgrund einer Weisung des Kriegsministeriums erneut Versuche mit Rotationsraketen aufgenommen. Diesmal sollten die Raketen, deren ogivale Gefechtsköpfe das gleiche Kaliber wie die Hülsen besaßen, aus gezogenen Rohren verschossen werden.
„*. . . d'expérimenter le tir des fusées à rotation dont les cartouches ne portaient plus de filets mais dont les boulets ogivaux, de même diamètre que les cartouches, avaient deux oreilles ménagées de fonte qui s'engageaient dans les rayures en hélice pratiquées dans un tube en bronze de 2m,65 de longueurs.*"
Bei dem anschließenden Versuch am 3. Juni 1837 zeigte es sich, daß beim Abfeuern aus einem gezogenen Rohr diese Raketen eine etwas größere Genauigkeit aufzuweisen schienen, die gleiche Rotation ergab sich aber auch, wenn sie aus einem glatten Rohr geschossen wurden. Zugleich wurden Versuche mit geflügelten Gefechtsköpfen durchgeführt, diese Art der Stabilisierung schien aber die Treffgenauigkeit herabzusetzen. Zu einer Fortsetzung der Versuche scheint es nicht gekommen zu sein.[204]

194) Notiz in: AMZ, 1834, S. 109, und in: SpMil, 1834, S. 145
195) BMAP, dossier Bedford, chemise lettres d'Correspondance, lettre Metz, le 4 juillet 1833
196) o. Verf., Précis des expériences faites à La Fère sur les fusées de guerre anglaises et françaises en janvier 1834, in: JAS, 1835, p. 5
197) ibidem
198) ibidem
199) Le lieutenant-général L. V., Emploi des fusées à la Congrève pour la défense des places, in: JAS, 1834, p. 47
200) Ein Bericht über diese Mission scheint nicht vorzuliegen, der Reiseablauf läßt sich aus einer Spesenaufstellung Bedfords ableiten, der für den Aufenthalt in Großbritannien £ 449 s 6 geltend machte und den Besuch von „fonderies" und „établissements industriels" aufführte. (BMAP, dossier Bedford, chemise English mission, état des expenses pendant sa mission en Angleterre, Paris le 6 avril 1836
201) M. J. Jung, a.a.O., p. 9
202) Challeat, a.a.O., p. 91
203) zitiert nach: A. Pralon, a.a.O., p. 198; in einer Denkschrift wurde festgestellt, daß bei Versuchen am 15. Oktober 1832 beim Verschuß von 22 zweizölligen Raketen das Ziel, dargestellt durch eine Scheibe von 36 m - Länge und 2,60 m - Höhe auf 800 Meter Entfernung nur von 30 Kugeln getroffen worden wäre (BMAP, Mémoire sur l'Armement et l'Equipment des Fusées de Guerre, Metz le 23 Septembre 1834, Le Maître Artificier de l'Ecole de Pyrotechnie, Depréaux). In diesem Mémoire schlug D. dann vor, die Bleikugeln durch Eisenkugeln zu ersetzen und die Stäbe der Raketen vom gleichen Durchmesser wie die Hülsen zu fertigen, wie bereits 1829 vorgeschlagen worden war, überdies sollten bei den Brandraketen auch die Stäbe mit Brandmasse gefüllt werden, um die Wirkung zu erhöhen. D. fügte seinem Mémoire ausführliche Zeichnungen seiner Konstruktionsvorschläge bei.
204) AdAV, 2.c.7, Susane, Note Sur les Essais qui ont en lieu dans le but d'imprimer aux fusées de guerre, un mouvement de rotation (28. März 1860)

Parallel hierzu führte man Versuche zum Einsatz der Raketen zur Verteidigung und zum Angriff auf befestigte Plätze durch, wozu die 2½-zölligen verwendet wurden, die eine 9pfündige Bombe trugen; die Ergebnisse wurden als ausgezeichnet beurteilt, die Kommission kam zum Ergebnis, daß in weniger als 10 Minuten der Verschuß von etwa 15 Raketen zur Zerstörung einer Contre- oder Breschbatterie ausreichte, und daß es möglich wäre, die Spitze einer Sappe vor der dritten Parallele zu zerstören. Auch der Brandsatz wurde weiter verbessert, um wirksame Raketen für den Einsatz bei Constantine zu erhalten, die mindestens eine Reichweite von 1.000 Meter erreichen sollten. Bei den ersten Versuchen wurden bereits Schußweiten von 1.800 Schritt erreicht, dabei drang eine Rakete 7 Fuß weit in den Boden ein und brannte dort für etwa 6 - 7 Minuten weiter.

„Die Wirkung einer anderen war noch merkwürdiger. Sie traf auf einen jungen Eichbaum von ziemlich ansehnlicher Stärke, splitterte denselben ungefähr in der Mitte entzwei, und trieb den oberen Theil etwa 20 Fuß vor sich hin, worauf sie sich wie die erste, in die Erde bohrte, und dort völlig ausbrannte."

Andere Raketen mit einem kleinerem Gefechtskopf erreichten bei höherer Elevation Reichweiten bis zu 3.000 Schritt.[205] Die weitere Entwicklung der Kartätschraketen scheint anfangs weniger zufriedenstellend gewesen zu sein, die Reichweite wurde zwar als ausreichend beurteilt, die Rakete zeigte sich aber im Einsatz als zu ungenau. Sie trugen 14 Gewehrkugeln im Gefechtskopf.[206]

Man blieb bei den Kalibern von 2, 2½ und 3½ Zoll, die ab 1840 als Raketen von 5, 7 und 9 cm bezeichnet wurden. Das Bodenstück der Hülse wurde sehr präzise hergestellt und enthielt 5 Austrittsöffnungen für die Gase, der Achsenstab war gegen die Flamme des Treibsatzes besonders geschützt.

Die Raketen blieben aber weiterhin umstritten, selbst ein Befürworter wie Capitaine Mazé stellte fest:

„Un projectile d'une si grande longueur offre beaucoup de prise au vent; comme il n'est animé à son départ que d'une faible vitesse, sa direction est facilement dérangée par les influences atmosphériques, et par l'inégale densité des couches d'air qu'il traverse. Malgré toutes les corrections indiquées pour résister à l'action du vent, il est presqu'impossible de maintenir la fusée dans une direction donnée, et il peut arriver même qu'elle revienne au point de départ lorsqu'elle est tirée sous de grands angles. On peut obtenir d'heureux résultats dans un temps de calme parfait . . . Il y aurait de l'imprudence à se confier à une arme qui peut ainsi devenir inutile au moment même où l'on aurait besoin de s'en servir"[207]

Er führte in dem selben Artikel aber auch ihre Vorteile auf, insbesondere die leichte Transportierbarkeit gegenüber schweren Geschützen sowie ihre Beweglichkeit im Gebirgskrieg; besonders wies Mazé daraufhin, ähnlich wie Congreve, daß die Raketen immer in Salven gefeuert werden müßten.

In dieser Zeit wurden die französischen Raketen wie nachstehend beschrieben:

„Kriegsraketen. Blecherne Hülsen von 54, 67 und 94 Millim. Kaliber; der Stab befindet sich in der Hülsenachse, die Spitzkappe ist mit Brandsatz oder mit 14 bis 17 Kugeln, von denen 28 aufs Kil. gehen, gefüllt. Der Satz besteht aus 5 Theilen Salpeter, 2 Theilen Kohle, 1 Theil Schwefel, 64 Theilen Wachs, 8 Theilen Pech, 32 Theilen Terpentin. Die größte Geschwindigkeit beträgt 200 bis 300 M., die Tiefe des Eindringens in die Erde auf einer Entfernung von 600 M., 2 bis 3,5 M. Die Wurfweiten gehen bis zu 1.500 und 2.000 M . . .

Man schießt die Raketen von affûts trépieds, von Gebirgslaffeten oder Böcken mittelst Röhren von 2 Millim. Stärke und einem inneren Durchmesser von 7 Millim. über den des Kalibers der Raketen. Eine größere Länge der Röhren begünstigt das richtige Treffen. Die Röhren kann man auch durch hölzerne Laufrinnen ersetzen, ebenso legt man die Raketen auf einen Erdabhang, der annähernd die gewünschte Neigung hat und unterstützt die Ruthe. Zur Erzielung eines rasanten Feuers legt man die Raketen auf den ebenen Boden. Man plattet die Raketen, ohne die Anfeuerung der Kehle zu beschädigen, ab, schraubt die Ruthe in die Richtung der Hülsenaxe fest, richtet mit Richtloth und Quadrant und dirigirt die Raketen nach der Stärke des Windes. Ein Zündlicht, das in einer mit langem Stiel versehenen Klemme befestigt ist, dient zum Abfeuern, nach welchem die Röhren mit Wischer und Kratzeisen gereinigt werden."[208]

Folgende Leistungsdaten der Raketen wurden genannt:[209]
(Siehe Tabelle unten)

Fusées de mill		abgefeuert	Angle de Tir	Distance de 1re chute m.	Distance d'explosion du boulet ou du pot	Portée totale m.
54	armées d'un boulet creux avec balles	à terre sans tube	2° - 4°	100	785	820
			8 - 10	200 à 400	500	500 à 600
		dans un tube*	13 - 15			
			24	500	830	920
				1000 - 1100	850	1000 - 1100
68	boulet creux et balles	à terre	1 - 2	600	-	-
		dans un tube*	17 - 20	-	975	1010
	pots et chapiteaux incendiaires	dans un tube*	24	-	-	1200
			40	1930	1250	1930
			47	2100	1255	2100
95	boulet creux et balles	dans un tube*	47	3051	-	3051
	pots et chapit. incendiaires	dans un tube*	47	3200	-	3200

* Les tubes ayant 1,600 mill. de longueur. La pénétration dans les terres à 500 mètres est environ pour fusée de 54 mill. , 2 mètres; de 68, 3 mètres; de 95, 3,m5.

205) Angaben und Zitat in: AMZ, 1837, S. 150
206) Notiz in: AMZ, 1839, S. 161
207) Le Capitaine Mazé, Observations sur l'artillerie de campagne Anglaise, in: JAS, 1838, p. 196
208) o. Verf., Fragmentarische Mittheilungen über die Veränderungen im Material und den Vorschriften der französischen Artillerie während des Zeitraumes von 1836 bis 1844, in: AOPA, 22. Band 1847, S. 161 u. 188; der Verfasser dieses Artikels bezog seine Informationen aus dem Aide-Mémoire a l'usage des officiers d'artillerie von 1844, das Zitat ist eine wörtliche Übersetzung
209) o. Verf., Aide-Mémoire a l'usage des officiers d'artillerie, Paris 1844, p. 440. Zu Raketenbatterien wurde in diesem Aide- Mémoire nichts ausgesagt. Der Gebrauch der Raketen wurde nur bei der Beschreibung des artilleristischen Einsatzes für Belagerungen erwähnt, wobei auch hier nur für eine Beschießung die Anwendung von „fusées incendiaires" genannt wurde. (p. 394)

Auch wenn die Marine in Toulon ein eigenes Raketenlaboratorium betrieb, wurden weiterhin auch in Metz Raketen für die Marine gefertigt, so wurde am 25. Mai 1841 die Herstellung von 72 Raketen des Kaliber 7 angeordnet.[210]

1836 schied Munier von der Schule, sein Nachfolger wurde capitaine Rodolphe. Ab 1841 wurden unter der Leitung des General Schouller mit Raketen größeren Kalibers (9 cm) erfolgreiche Versuche angestellt, die Unvollkommenheit der Methode den Treibsatz zu schlagen, erwies sich jedoch als gefährlich und führte zu zahlreichen Unfällen, so daß 1844 nach einem besonders schweren, ihre Herstellung verboten wurde.[211] 1842 konnte sich Schouller endlich mit der Forderung durchsetzen, daß eine Fuß-Raketen-Batterie ständig der Schule zur Verfügung stehe, um mit ihr Einsatzgrundsätze für die Raketen zu erproben und sicherer in ihrer Anwendung zu werden. Hierfür wurde am 28. März 1842 die 6. Batterie des 5. Regiments eingesetzt.[212] 1842 konnte ein bayerischer Artillerieoffizier Schießübungen der Raketen beobachten, hierzu schrieb er:

„... *und am 28ten wohnte der Herzog den größeren Uebungen der Artillerie bei. . . Am meisten Interesse erregte jedoch offenbar das Schiessen mit Raketen, welches bei dem ganz ebenen Boden und dem windstillen Wetter zu den beßten Resultaten berechtigte. Es wurde mit Belagerungs- und Feldraketen gefeuert. Die ersteren von einem dreifüssigen Gestell aus in einem hohen Bogen nach einem Ziele von 600 - 800 Metres abgeschossen, hielten die Flugbahn bei einigen ziemlich regelmäßig ein, wichen jedoch in ihrer Portee bei anderen bedeutend über das Ziel hinaus ab; die letzteren von Laffeten mit parallelen Röhren aus abgefeuert und mittelst Lauffeuer entzündet, waren so weit günstig, als sie ziemlich rasirend, den Boden sogar berührend, nach dem Ziele flogen. Die bekannte cylindrische Form der metallenen Hülsen, vorne konisch zugespitzt und hinten in einer Platte endigend, hält in Mitte dieser den langen Stab eingeschraubt, umgeben von 5 Oeffnungen zum Ausströmen des Gases.*"[213]

In diesen Jahren scheint man sich auch intensiv mit dem Studium ausländischer Raketen beschäftigt zu haben, eine gesonderte Kommission, zu der auch commandant Rodolphe gehörte, hatte den Auftrag, Versuche mit Raketen ausländischer Fertigung zu machen und die hier gewonnenen Erfahrungen für die französische Entwicklung zu nutzen.[214]

1844 schlug Lieutenant Colonel Goupil vor, eine cylindrische Bohrung der Seele zu verwenden, zur Stabilisierung der Raketen forderte er den Verzicht auf den Stab und nahm in La Fère Versuche mit flügelstabilisierten Raketen vor, wobei drei dreieckige Flügel am Boden der Rakete befestigt wurden, für deren Verschuß nun wieder eine Abfeuerungsrinne verwendet werden mußte. Die Versuche scheinen erfolgversprechend gewesen zu sein, unter 24° Erhöhung wurden

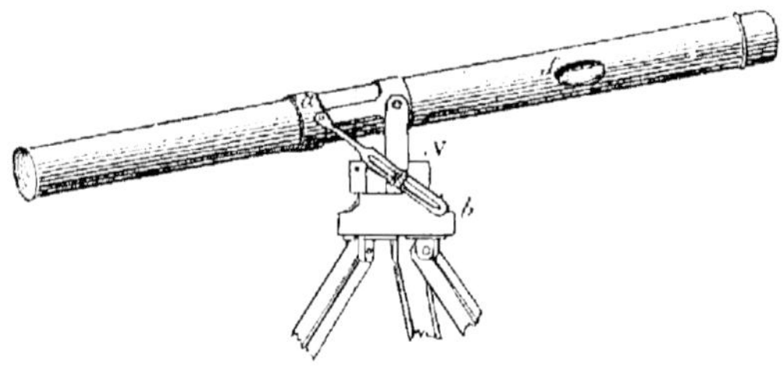

Affût trépied von Capitaine Rouge (Zeichnung: Pralon)

Schußentfernungen um 600 Meter mit einer Seitenabweichung bis zu 40 m, bei Erhöhungen von 34° Schußentfernungen von 700 bis 800 m mit Abweichungen zwischen 10 und 40 m erreicht. Diese Versuche scheinen aber nicht weitergeführt worden zu sein.[215]

1845 wurde dann ein Zug dieser Batterie unter dem Kommando von Capitaine Rouge nach Algier verlegt, wo er ein einziges Mal die Gelegenheit zu einem Einsatz erhielt, als die Verfolgung von Arabern in fast unzugänglichem Gelände erforderlich wurde.[216] Anschließend wurde der Zug nach Metz zurück verlegt.

Der Herzog von Ragusa, der sich noch 1818 vehement gegen die Raketen ausgesprochen hatte, wurde später völlig anderer Meinung und schrieb in seinem Werk „De l'esprit des Institutions militaires" 1846 nunmehr zu den Raketen:

„*Les fusées à la Congrève qui ont eues successivement de grands perfectionnements, et qui sont dirigées aujourd'hui avec une grande justesse, forment une artillerie, qui peut devenir une arme principale, par le développement dont ces fusées sont susceptibles dans l'application... Les fusées à la Congrève doivent opérer une révolution dans l'art de la guerre et prendre un ascendant immense sur les destinées du monde.*"[217]

Ähnlich wie Congreve sah er die Rakete nunmehr als Hauptwaffe einer Armee, die vor allem durch die Infanterie eingesetzt werden sollte.

Dieser Auffassung trat im Folgejahr der Marquis de Chambray, vormals maréchal-de-camp d'artillerie, entgegen und relativierte die Begeisterung für die Raketen:

„*Je pense qu'on peut employer fort utilement, les fusées à la Congrèwe dans la guerre, mais, quoique je ne me sois pas tenu au courant des perfectionnements apportés à la fabrication, je ne puis croire que leur emploi puisse apporter dans l'art de la guerre un changement aussi complet que celui qu'indique le maréchal Marmont.*"[218]

1845 endete die Aera Bedford, der die Schule verließ, aber eine, in Verbindung mit Munier, gut geschulte Gruppe von Feuerwerkern zurück ließ. Nahezu gleichzeitig, 1844, wurde colonel Cailly durch chef d'escadron Desmazières ersetzt.[219] Im selben Jahr sollte die Schule wieder nach Vincennes verlegt werden, da Metz zu weit abseits läge. Dieses Vorhaben wurde letztlich aber nicht verwirklicht.[220]

Im Juli 1845 wurden nochmals Versuche mit Rotationsraketen nach einem neuem Prinzip des Commandant Desmazières unter Nutzung von Raketen des Kalibers 5cm durchgeführt:

„*Le culot ordinaire était remplacé par un autre portant un évent central et ayant une douille, filetée à l'extérieur, sur laquelle on vissait un cartouche vide de même diamètre que la fusée. L'intérieur de ce second cartouche portait un diaphragme en forme d'hélice faisant une*

---

210) BMAP, dossier Bedford, chemise lettres de correspondance, lettre Cailly à Bedford, Metz le 25 Mai 1841

211) 1845 wurde die weitere Herstellung der 9cm Raketen durch eine Weisung des Kriegsministeriums verboten, die bereits gefertigten Raketen dieses Typs blieben aber im Bestand (Pralon, Fusées de guerre, in: Mémorial de l'Artillerie, tome VIII, p. 375

212) Pralon, a.a.O., p. 502, diese Batterie wurde in der Folge auch als „les fuséens" bezeichnet.

213) o. Verf., Auszug aus der Denkschrift eines k. bayer. Artillerie-Offiziers über eine 1842 nach Frankreich und Algerien unternommene Reise, in: AOAW, 1845, S. 212

214) Emy, a.a.O., p. 67

215) BMAP, dossier Bedford, Note de M le Lieut.Col d'Art Goupil sur le chargement et la direction des fusées de guerre 1844, La Faire, 30 juillet 1844, Kopien gingen am 18. Oktober 1844 an den Direktor der Ecole de Pyrotechnie und an Rodolphe

216) nach: M. J. Jung, a.a.O., p. 10; siehe auch: Arago, a.a.O., p. 21: der Zug bestand hiernach nur aus 25 Artilleristen

217) zitiert nach: Brulart, revue, a.a.O., p. 20, siehe auch: AMZ, 1845, S. 775

218) zitiert nach: Brulart, revue, a.a.O., p. 38

219) Jung, a.a.O., p. 10

220) Susane, fusées, a.a.O., p. 255 sowie: BMAP, dossier Bedford, chemise lettre de correspondance, lettre du capitaine Rouge à Bedford, Metz 21 juillet 1846, Rouge bezeichnete die geplante Verlegung als „c'est un malheur pour cette arme." Zugleich zeigt dieser Brief, daß Bedford weiterhin in Verbindung mit der Schule in Metz blieb und rege Anteil an der weiteren Entwicklung der Raketen nahm. Bedford zog sich auch nicht völlig ins Privatleben zurück, sondern wurde weiter als Berater und Pyrotechniker von der französischen Armee mit Aufgaben betraut, so war er 1845 bis 1848 Mitglied der „Commission des Obus à Balles" in Vincennes (BMAP, rapport d'ensemble sur la tir des Obus à balles avec fusées métalliques"); auch später beschäftigte er sich mit pyrotechnischen Rüstungsproblemen und schlug z. B. 1857 dem britischen War Office eine bessere Methode vor, Patronen für die indische Armee einzufetten (BMAP, chemise english mission, letter War office, 30th Nov. 1857). Hiernach scheint Bedford noch zu diesem Zeitpunkt in Vincennes im Dienst der französischen Armee gestanden zu haben.

révolution sur 0m,40 de longueur et disposé de manière à laisser libre, près de l'évent central. l'échappement des gaz qui se trouvaient astreinte à servire la route qui leur était tracée. La longueur totale de la fusée était de 1m."

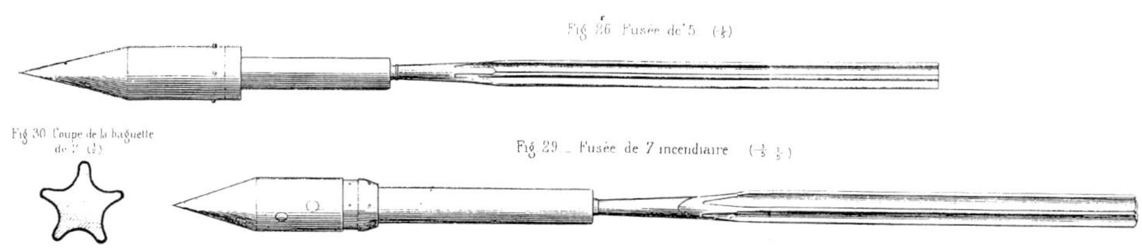

3e Période: Fusée de 5 (oben), Fusée de 7 incendiaire (unten), Coupe de la baguette de 7 (links) (Zeichnung: Pralon)

Zu dem Ergebnis der Anwendung dieses Prinzips stellte Susane später fest:

„La combustion imprimait bien un mouvement de rotation assez rapide, mais il ne semblait se produire qu'en éjouisant la force des fusées car il fallait un angle de 25° pour obtenir 400m de portée et d'ailleurs les fusées étaient déviées sous le vent et tournoyaient irrégulièrement."[221]

Eine weitere Idee für Rotationsraketen wurde 1846 von Colonel Goupil ins Spiel gebracht, er wollte ähnlich wie Hale den Gasdruck ausnutzen:

„ . . . avait proposé d'utiliser pour imprimer le mouvement de rotation, l'expansion des gaz déjà sortir des évens. A cet effet, il avait remplacé la baguette ordinaire par une tige en fer de 8 centimètres, fendue en équerre dans sa longueur et recevant quatre ailettes en tôle recourbées de manière à former quatre surfaces gauches que la pression des gaz tendait à redresser en imprimant par la même à la fusée un mouvement de rotation.

Un essai fait à Vincennes le 16 mai 1846 n'avait pas donné de bons résultats car les ailettes avaient été brûlées et arrachées & les fusées avaient tourbillonné."[222]

1846 wurden die Versuche strenger reglementiert und auf eine wissenschaftlichere Grundlage gestellt. Die Raketen-Kommission befürwortete ein von der École de pyrotechnie entworfenes Forschungsprogramm, das vom Kriegsminister im selben Jahr genehmigt wurde. Es sah Forschungen und Studien auf 4 Gebieten vor:

1. Studium des Treibsatzes, einschließlich der Form und Dimensionen der Seele und der Gas-Auslässe

2. Studien zu den Richtmitteln

3. Anwendung der Studienergebnisse für die Konstruktion der Raketen

4. Verbesserung der Herstellungsmethoden, vor allem, ob der Treibsatz geschlagen oder gepreßt werden solle.

Bei der ersten Aufgabe konnte man sich erstmals neuer technischer Meßmethoden bedienen. Anstatt Raketen abzufeuern und die möglichen Fehler und ihre Ursachen zu ergründen, wurde nunmehr ein Dynamometer verwendet, so daß man beim Abbrennen des Treibsatzes zu jedem Zeitpunkt die Wirkung des Gasdruckes messen und so erstmals aufgrund von ausgewerteten Meßergebnissen Zusammensetzung und Form des Treibsatzes entwerfen konnte.[223] Aufgrund der Untersuchungen ging man zu einer fast zylindrischen Seele über. Ebenfalls wurde der Stab erheblich verkürzt - auf 1 Meter - und zusätzlich 5fach canneliert. Die Stabilität im Flug konnte damit im Gegensatz zu den früheren Raketen erheblich verbessert werden. Capitaine Rouge, Chef der Raketenbatterie, stellte ein Dreibein mit einer 1 Meter langen Röhre als Abfeuerungsgestell her, das wesentlich leichter als das eingeführte Raketengeschütz war.[224] Die Abfeuerungsröhre war auf einer verstellbaren Gradeinteilung befestigt, die drehbar auf dem Dreibein befestigt war. Er wirkte wesentlich bei den weiteren Entwicklungen mit, bis er am 5. August 1848 bei einem Versuch durch eine Explosion den Tod fand. Nach Abschluß der gesamten Untersuchungen und Teste wurde 1849 die 5 cm - Rakete (54 mm Durchmesser) für den Feldeinsatz und 1850 die 7 cm - Rakete (68 mm Durchmesser) für den Festungskrieg eingeführt. Das Kaliber „9" wurde als zu schwer und unhandlich aufgegeben, zumal es auch mehrfach zu Unfällen mit Raketen diesen Kalibers gekommen war. Die Rakete des Kalibers 5 trug entweder einen Brandsatz oder eine Granate des Modell 44 als Gefechtskopf, die Rakete des Kaliber 7 entweder Brandsätze von 9 oder 12 cm oder Granaten mit einem Kaliber von 12 oder 14 cm. Der Treibsatz war sehr heftig, das Pulver hierfür wurde 9 Stunden lang gemahlen; die Seele war zylindrisch, der Treibsatz war von der Hülse durch eine Lage starkes Papier getrennt. Eine Granate von 10 cm für die Rakete des Kaliber 5 wurde nach Versuchen wieder verworfen, da sie zu schwer war. Die Raketen dieses Systems wurden bereits in Serie produziert, so wurden 1847 1.500 Raketen zur Ausstattung der Befestigungen von Paris ausgeliefert.[225] Man sprach nunmehr vom „System 1849", dieses sollte bis 1855 im Einsatz bleiben und wurde als 3. Generation bezeichnet.[226] 1848 verließ Rodolphe als chef d'escadron die Schule und wurde durch capitaine Maury ersetzt, der als sous-directeur blieb, bis die Schule nach Bourges verlegt wurde.[227]

1848 kam es möglicherweise auch zum einzigen Einsatz der Raketen auf französischen Boden: Während der Barrikadenkämpfe am 24. Juni 1848 in Paris soll General Cavaignac neben seiner Artillerie auch Raketen eingesetzt haben:[228]

---

221) AdAV, 2.c.7, Susane, Note Sur les Essais qui ont en lieu dans le but d'imprimer aux fusées de guerre un mouvement de rotation (28. März 1860)

222) ibidem

223) „Abgesondert hat man die bewegende Kraft der Rakete und den Luftwiderstand mit seiner Einwirkung auf die Flugbahn zum Gegenstande des Studiums gemacht. In Bezug auf die bewegende Kraft, d.h. den Satz, die Ladung, die Ausströmöffnungen hat man experimentirt, indem man die Rakete auf einen aus einem Dynamometer und einen Chronometer zusammengesetzten Apparat wirken ließ und dabei die Intensität der Kraft in jedem Moment der Verbrennung erhielt. Ist die bewegende Kraft erst genau ermittelt, dann wird man sich mit den Mitteln beschäftigen, die die Flugbahn der Raketen regelmäßiger zu gestalten geeignet sind." (AOPA, Bd. XXXIII, 1853, S. 184)

224) Pralon, a.a.O., pp. 486, das bisherige von Bedford konstruierte Gestell trug noch Röhren von einer Länge von 3,25 bis 4,87 Meter Länge, die Verkürzung war möglich geworden, weil der neue Treibsatz heftiger abbrannte und so zu einer größeren Anfangsgeschwindigkeit führte. (P. Lorain, a.a.O., p. 31); „Die Räderlaffete mit mehreren Röhren wurde verworfen, da sie den Hauptvortheil der Raketen, an jedem Ort ohne Apparat gebraucht werden zu können, aufheben würde. Das transportable dreibeinige Stativ zeigte bei jeder Terrainart genügende Stabilität und wurde daher für den Schuß einzelner Raketen adoptirt. Der Kapitain Rouge schlug vor, zu dem Salvenfeuer den Kasten nach geeigneter Aenderung zu benutzen, der zu dem Transport der Raketen dient; nach vielfachen Versuchen wurde dieser Vorschlag angenommen. Das Material der Feldraketen ist auf diese Weise auf ein Stativ von 10 Kilogramme Gewicht und auf einen Kasten, 25 Kilogramme schwer, der gleichzeitig zum Transport und zum Salvenfeuer Verwendung findet, beschränkt." (AOPA, Bd. XXXIII, 1853, S. 183)

225) Notiz in: ASMZ, 1847, S. 170

226) Angaben nach: A. Pralon, a.a.O., p. 198, und: M. J. Jung, a.a.O., p. 11; technische Daten zu diesen Raketen siehe Beilage 5 zu diesem Abschnitt.

227) Jung, a.a.O., p. 10

228) F. Engels, Der 24. Juni, in: K. Marx - F. Engels, Werke Bd. 5, Berlin 1973, S. 124, Engels schrieb hier von „kongrevischen Raketen". Es mag aber sein, daß er hier einer Falschmeldung aufgesessen ist. In den Berichten im „Galignani's Messenger" vom 26. - 30 Juni wurden keinerlei Raketeneinsätze gemeldet, hiernach hieß es nur, daß bei der Beschießung des Hauses „La belle Jardinière" am Eingang der Rue de Cité Artillerie eingesetzt worden wäre (24. Juni, p. 2), Engels muß bei der Ortsangabe ein Fehler unterlaufen sein, denn das gleichnamige Haus am Quai des Fleurs wurde nicht zerstört (Galignani's Messenger, 28. Juni, S. 2); ebenfalls erwähnte die „Allgemeine Zeitung" (Augsburg) in ihren Ausgaben vom 27. Juni bis 30. Juni keine Raketen, sondern sprach nur von Artillerie oder Kanonen. Dasselbe gilt für einen

„Der Hauptkampf fand aber nachmittags gegen drei Uhr statt auf dem Blumenquai, wo der berühmte Kleiderladen „Zur schönen Gärtnerin" von 600 Insurgenten besetzt und in eine Festung verwandelt war. Artillerie und Linieninfanterie greifen an. Ein Winkel der Mauer wird niedergeschmettert. Cavaignac, der hier das Feuer selbst kommandiert, fordert die Insurgenten auf, sich zu ergeben, er werde sie sonst alle über die Klinge springen lassen. Die Insurgenten wiesen dieses zurück. Die Kanonade beginnt von neuem, und endlich werden Brandraketen und Granaten hineingeworfen. Das Haus wird total zusammengeschossen, achtzig Insurgenten liegen unter den Trümmern begraben."

Zur gleichen Zeit erfolgten ab 1847 in Vincennes weitere Versuche mit Raketen ohne Stab. Colonel Goupil hatte sie hergestellt, der Satz war bereits mit einer Presse verdichtet. Diese Raketen hatten ein Kaliber von 5 cm und trugen ein ogivales Geschoß; um die Rotation zu erzeugen, besaßen sie einen in der Mitte hohlen und mit 3 oder 4 schräg gegen die Raketenachse gestellten Löchern versehenen Boden. Einige Raketen besaßen zusätzlich außen an der Hülse befestigte, spiralförmige Führungs-Ringe aus Zink. Der erste Versuch war erfolgreich. Daraufhin wurde Oberst Goupil autorisiert, Versuche mit seinen Raketen, die das Rotationsprinzip Hales mit dem Prinzip „einer Reifelung der Spitzgeschosse" verbanden, durchzuführen. Nach einem am 28. Juli 1849 festgelegten Programm wurde dann eine Reihe von Versuchen in La Fère durchgeführt. Zugleich sollten hierbei die Raketen nach dem Prinzip Hales, sowie das Laden der Raketen durch die hydraulische Presse überprüft werden.[229] Ergebnis der Versuche war, daß die Presse des Oberst Goupil das Laden der Hülsen einfacher und regelmäßiger bewirkte. Seine Raketen ohne Stab und mit rotierender Bewegung erreichten zumindest die gleiche Reichweite und die gleiche Trefferwahrscheinlichkeit wie die Raketen mit Stab, noch wirksamer scheinen die Raketen mit Führungsringen gewesen zu sein, wenn nicht das Zink zu schnell geschmolzen wäre. Es wurde festgelegt, daß die Schule zu Metz die Versuche mit diesen Raketen fortsetzen sollte.[230] Im Juni 1847 hatte Hale die ersten seiner Rotationsraketen in Vincennes vorgeführt.[231] Diese Versuche scheinen aber zunächst keine Folgen gehabt zu haben, obwohl die Schule in Metz den Auftrag erhielt, diese Möglichkeit ebenfalls zu untersuchen.[232]

1850 wurden daraufhin Goupils Raketen nochmals überprüft, diesmal zeigte sich, daß die Raketen mit Führungsrinnen aus Zinn regelmäßigere Flugbahnen erreichten als seine anderen Modelle. Im selben Jahr, am 22. Juni, schlug er dann vor, die Raketen mit kannelierten Muffen aus Holz zu umgeben, um so eine sichere Rotation zu erreichen. Diese Muffen erwiesen sich bei Versuchen im September als haltbar, die Flugbahnen der Raketen aber blieben weiterhin irregulär. Auch weitere Versuche aufgrund neuer Ideen in den Folgejahren zeitigten keine Erfolge.[233] Die Versuche wurden dann 1855 endgültig eingestellt.[234]

Weiterhin bestand nur versuchsweise die eine Raketenbatterie. Brulart schrieb hierzu:

„J'ai crié le plus haut que j'ai pu, que la France, L'Espagne et la Turquie étaient les seules nations qui n'eussent pas su créer des batteries de fusées, et qu'on arriverait à avoir une guerre, et qu'alors on verrait toutes les autres nations européennes avoir des batteries de fusées quand nous n'avons peut-être qu'une pauvre section à mettre en campagne, tandis que nous devrions avoir un corps de fuséens organisé comme chacun."[235]

1849, im Verlauf des österreichisch-italienischen Krieges, kam es zu einem umfangreichen Auftrag zur Herstellung von Raketen; für die Armée des Alpes mußte eine größere Anzahl 5 cm Raketen gefertigt werden; es kam aber nicht mehr zur Auslieferung, da sich die politischen Spannungen gelöst hatten.[236]
1850 waren weiterhin die Raketen des Systemes 1849 im Einsatz, über die recht genaue Angaben vorliegen. Die Rakete mit dem Kaliber 54 mm für den Feldeinsatz war mit einer Hohlkugel versehen und wog etwa 3,2 Kilo, sie konnte aus einer, unterschiedlich langen Leitröhre abgefeuert werden oder salvenweise, in dem man den Munitionskasten als Gestell benutzte. Der Gefechtskopf für den Brandsatz hatte einen Durchmesser von 9 cm und enthielt 1,7 Kilo des Brandsatzes, hiermit wog die Rakete dann, einschließlich eines Stabes von 1 Meter Länge, 3,8 Kilogramm. Als Kartätsche trug der Gefechtskopf 14 in Pulver gelagerte Kugeln, das Mundloch war durch einen Korkpropfen verschlossen, durch dessen Achse die Leitröhre für die Zündung geführt war.

„Die Leitröhre wird durch ein dreibeiniges Gestelle getragen und hat wie die Füße, einen Meter Länge; beim Transport werden die Füße in der Röhre fortgeschafft, das Ganze wiegt ungefähr 10 Kilogramme. Die Rakete wird mit der ganzen Länge in die Röhre gelegt, der Stab bleibt außerhalb derselben. Die Schußweite ändert sich nach dem Richtungswinkel und der Länge der Leitröhre, wie aus dem folgenden erhellt:

Länge der Leitröhre: (Meter) Schußweite	0,960 m Elevation	1,000 m Elevation	1,620 m Elevation	3,250 m Elevation
Meter	Grad	Grad	Grad	Grad
100	9	8	6	
200	10	10	7½	
300	10½	11	8½	
400	11	12	9½	
500	12	12½	10	
600	13	13	11	
700	15½	14	11½	
800	19	14½	12½	
900		15½	13½	
1000		17	15	
1100		19	16½	
1200				23

ausführlichen Bericht in der „Deutsche Wehr Zeitung" (1848, S. 27 - 29, 34 - 36, sowie 46 - 47), letzterer Bericht bezog sich auf: „Histoire de quatre jours, Recit authentique, détaillé et complet des événements des 23, 24, 25 et 26 Juin par un Officier d'état major. Ebenso: C. Schmidt, Les journées de juin 1848, Paris 1929

229) Brulart, revue, a.a.O., p. 27: „Elles marchèrent bien pour un premier essai."; Brulart gab den Namen des Konstrukteurs nur als „Colonel G . . ." an. Zusätzliche Angaben in: AOPA, 1853, S. 185 (o. Verf., Berichte über die hauptsächlichsten Arbeiten des französischen Artillerie-Komites in dem Zeitraum vom 1. Dezember 1844 bis zum 1. Januar 1851), hier wurde der Name mit „Oberst Goupil" angegeben, überdies enthält dieser Bericht die Beschreibung dieser Raketen.

230) o. Verf., Bericht über die hauptsächlichsten Arbeiten, a.a.O., S. 186; zum Pressen wurde hier noch bemerkt, daß das Laden mit der Ramme 4 Mann erfordert hätte sowie eine Arbeitszeit von 1½ Stunden je Rakete, während mit der Presse 2 Mann eine Rakete in 40 Minuten laden könnten.

231) Seine Erfindung war in Frankreich seit 1845 bekannt, siehe: V. de Pontigny, Des Fusées de guerre sans baguette, inventées par William Hale, in: JAS, 1845, pp. 320 (siehe Beilage 1 zu diesem Abschnitt). Eine erste Vorführung hatte bereits im Juli 1846 in Vincennes vor General Baron Gaspard und dem Duc de Montpensier statt gefunden, aufgrund der Forderungen Hales, der für seine Erfindung 40.000 francs verlangt hatte, waren aber zunächst keine weiteren Verhandlungen erfolgt. (Mitteilung Mr. Winter vom 19. Januar 1999 aufgrund eines Briefes Thomas Aspinwall an Lt.Col. Talcott, Ordnance Dept, vom 3. September 1846 [NAW RG 156, Special File, Inventions, Classes 4 & 5})

232) Ein Sachverständiger notierte zu diesen Versuchen mit Hales Raketen: „ . . . die aber viel zu gekünstelt erscheinen, um gute Wirkung zu versprechen." (o. Verf., Über die Einrichtung, Wirkung, und den Gebrauch der Raketen, a.a.O., S. 16)

233) AdAV, 2.c.7, Susane, note sur les essais, a.a.O.; vgl.: Pralon, Fusées de guerre, in: Mémorial de l'Artillerie, tome VIII, p. 400, hiernach zeigten die Versuche von 1852 mit diesen Raketen „que ces fusées ne présentent aucune certitude dans le tir; que les trajectoires sont très irrégulières et très contourées; qu'elles tourbillonnent et

Diese Resultate sind bei einer Rakete von 5,4 Centimeter erhalten, die mit einem Stabe von 1,50 Meter Länge versehen war und deren Schwerpunkt 30 Centimeter hinter dem Boden der Hülse lag. Die Schußweite von Raketen mit einem Stabe von stärkerem Durchmesser und 1 Meter Länge und der Lage des Schwerpunktes 50 Millimeter hinter dem Boden der Hülse, die aus einer Röhre von 1 Meter Länge gefeuert wird beträgt

bei 8 Grad Elevation 300 Meter,
" 13 " " 700 "
" 22 " " 1200 "

Mit einem Stabe von 3,60 Meter Länge bei der Lage des Schwerpunktes 130 Millimeter hinter dem Boden beträgt die Schußweite bei Anwendung derselben Leitröhre und bei 16 Grad Elevation 1.200 Meter."[237]

Zur Feuergeschwindigkeit wurde festgestellt, daß vier Mann 7 1/2 Minuten benötigten, um 10 Raketen vom Abfeuerungsgestell abzufeuern, wenn die Stäbe bereits befestigt waren; mußten dieselben erst an die Hülse geschraubt werden, wurden 1 1/4 Minuten mehr für dieselbe Anzahl benötigt. Die Raketen konnten auch unmittelbar aus den Transportkisten verschossen werden. Diese enthielten 6 Raketen und wogen 25 Kilo; sie waren 2 Meter lang, 36 cm breit und 6,7 cm hoch; vorne waren zwei bewegliche Füße befestigt, so daß Elevationen bis zu 15 Grad eingenommen werden konnten. Hierbei ließen sich Endreichweiten von etwa 1.000 Metern erreichen, während der erste Aufschlag bei 7 Grad etwa auf 30 Meter, bei 9 Grad auf 53 Meter, bei 13 Grad auf 285 Meter und bei 15 Grad auf 500 Meter zu erwarten war. Da diese Raketen auch gegen die Rollkörbe an den Sappenspitzen eingesetzt werden sollten, gab es hierfür ein besonderes Geschoß: die 9 cm Granate erhielt an ihrer Spitze eine schmiedeeiserne, dreizackige Gabel, die an der Hülse mit 3 Nieten befestigt wurde. Die Rakete wog dann 5,68 kg.[238] Diese in Metz gefertigten Raketen wurden auch von der Marine eingesetzt.[239]

Die 6,8 cm Rakete konnte Brandsatzhülsen von 9 cm und 14 cm tragen, die erstere wog 9,546 kg, die letztere 18,81 kg, wobei das Gewicht des Brandsatzes allein 5,3 kg betrug; sie konnte auch mit einer Granate versetzt sein, deren Pulverladung 4,4 kg wog. Der Brandsatz bestand aus 5 Teilen Salpeter, 2 Teilen Kohle, 1 Teil Schwefel, 64 Teilen Wachs, 8 Teilen Pech und 32 Teilen Terpentin.[240] Auch diese in Metz verfertigten Raketen wurden zusätzlich von der Marine verwendet, wobei diese als Gefechtskopf auch elliptische Hohlkugeln als Kartätschen nutzte, die 24 Kugeln enthielten.

Diese Raketen zeigten nachstehende Schußleistungen:

Elevation (in Grad)	Schußweite bei Abfeuern aus einer Röhre mit 1,625 m Länge (in Metern)	Schußweite bei Abfeuern aus einer Röhre mit 3,250 m Länge (in Metern)
8	120	600
10	340	600
12	700	750
14	955	890
16	1250	910
18	1450	940
20	1553	1040
22	1652	1052
30		1250
45	2400	

Die Rakete von 9,5 cm Kaliber wurde gewöhnlich nur mit einem Brandsatz ausgeliefert, der Gefechtskopf hatte 14 cm Durchmesser, der Stab, als hohle Röhre verfertigt, war mit einem Gewicht von 2,5 kg aus Blei beschwert, damit der Schwerpunkt der Rakete noch 50 cm vor dem Boden lag. Diese Rakete drang auf 80 Meter Entfernung 1 bis 2 Meter in eine Brustwehr aus Erde ein und bildete dann einen Trichter mit einem Durchmesser von 3 Metern. Bei der Marine wurde diese Rakete auch mit einem Hohlgeschoß vom Kaliber 12 cm, das mit 84 Bleikugeln gefüllt war, eingesetzt. Für diesen Raketentyp ergaben sich folgende Reichweiten:[241]

Elevation (in Grad)	Schußweite bei Abfeuern aus einer Röhre mit 1,625 m Länge (in Metern)	Schußweite bei Abfeuern aus einer Röhre mit 4,875 m Länge (in Metern)
14	525	
16	1025	
23	1275	
45	2850	
55	2900	3000

Die „Raketengeschütze" dieser Zeit wurden von Schmoelzl[242] beschrieben:

„Die französische Artillerie . . . legt zum Feldgebrauch die eiserne Leitröhre auf ein dreifüssiges Gestelle (Affût-trépied genannt), deren Füße 3,18 Fuß (1 Meter) lang sind, und beim Transporte in der Röhre fortgeschafft werden. Das Leitrohr ist mit seiner Mitte auf dem Diameter eines eingetheilten eisernen Halbkreisbogens befestigt, mit demselben zugleich um eine Achse beweglich, und durch eine Druckschraube in der nöthigen Elevation gesichert. Das hierdurch gebildete Obergestelle steckt mit einem cylinderischen eisernen Zapfen in einer horizontalen Scheibe des Dreifußes und gestattet dadurch die Bewegungen zum Nehmen der Seitenrichtung des Leitrohres. Das Gewicht eines solchen Abfeuerungsgestelles für die zweizöllige (5,4 Centim.) Feldrakete beträgt 36 Pfd. (20 Kilogr.)

Für die 3 1/2zöllige (9,5 Centim.) Rakete ist ein derartiges Belagerungsgestelle (Affût-chevalet) im Gebrauche, an welchem ein Fuß länger ist (zu 7,13 Fuß) als die beiden anderen (zu 6,31 Fuß), und an deren Vereinigungspunkte ein beweglicher Balken angebracht ist, der als Unterlage für ein kupfernes Leitrohr dient, rückwärts einen Pendelquadranten hat, und mittelst einer eisernen Richtstange und Stellschraube in die für die Rakete bestimmte Elevation gestellt werden kann."

c. Bourée und die Raketen der Marine

Seit 1830 führte auch die Marine wieder Versuche mit Raketen in Toulon durch. Hierzu war vom Marineministerium 1829 die Einrichtung eines Raketenlaboratoriums befohlen worden.[243] Die Leitung des Ateliers wurde dem Chef de Bataillon Bourée übertragen. Zur Unterstützung wurden ihm von der Direktion der Artillerie der capitaine en 2° Viguier, der lieutenant en 2° Moquerg und der maître artificier Guerel

culbutent la plupart de temps après un ricochet; que les portées, sous la même angle de tir, varient de 30 à 960 mètres . . ." Aufgrund dieser Ergebnisse wurde am 19. Juli 1853 entschieden, die Versuche mit diesem Modell nicht fortzusetzen.

234) Challeat, a.a.O., p. 92

235) Brulart, revue, a.a.O., p. 29

236) Arago, a.a.O., p. 21

237) o. Verf., Die Kriegsraketen Frankreichs, in: AOPA, 22. Band 1850, S. 123 ff

238) A. Schuberg, Handbuch der Artillerie-Wissenschaft, Karlsruhe 1856, S. 232

239) o. Verf., Die Kriegsraketen Frankreichs, a.a.O., S. 126

240) Schuberg, a.a.O. S. 232

241) o. Verf., Die Kriegsraketen Frankreichs, a.a.O., S. 128, weitere Angaben zu den Raketen der Marine siehe Beilage 2

242) J. Schmoelzl, Ergänzungs-Waffenlehre oder die Feuerwaffen der Neuzeit, München 1851, S. 95

243) Das genaue Datum der Anordnung konnte nicht festgestellt werden. Mit Depesche vom 28. Dezember 1829 wurde jedoch der Marine-Prefekt von Toulon angewiesen: „de presser par tous les moyens possibles la construction de l'établissement destiné à la fabrication des fusées de guerre." (APT, 2A³ 11, correspondance, No. 8, Schreiben vom 8. Januar 1830)

zugeteilt.[244] Zur Vorbereitung der Algier-Expedition erhielt das Laboratorium den Auftrag, 1.200 Raketen zu verfertigen, deren Herstellung bis zum 1. Mai abgeschlossen sein sollte. Aus Mangel an Arbeitskräften, Sträflinge konnten nicht eingesetzt werden, da im Bagno eine Epidemie herrschte, wurden vom Platzkommandanten Soldaten angefordert, die für diesen Einsatz eine Zulage wie zivile Arbeiter erhielten, nämlich 65 centimes pro Tag für gewöhnliche Einsätze und 1 franc 25 centimes für diejenigen, die für das Schlagen der Raketen eingesetzt wurden. Ende Januar waren auch die für die Fertigung erforderlichen 4 „moutons" installiert worden. Das Blech für die Hülsen der Raketen war Ende Januar angefordert worden und wurde teils auf dem Landweg, teils über See aus Brest angeliefert, so daß ab Ende Februar täglich 15 Hülsen gefertigt werden konnten.[245] Am 21. März konnte dann das Einhalten der Termine gemeldet werden sowie, daß erste Versuche vor einer Kommission stattgefunden hätten. Auch in Toulon wurde, wie anderswo, die Fabrikation durch Explosionen unterbrochen, die zuweilen auch Verletzte zur Folge hatten.[246] Vom ersten Versuch berichtete eine Zeitung, „die erste Rakete, die geworfen wurde, durchlief einen Raum von 1½ Stunden, und die zweite sogar von 2 Stunden", die Commission habe die Probe für genügend erachtet.[247] Am 18. März desselben Jahres wurde bei Fort La Malgue ein weiterer Versuch durchgeführt, bei dem 5 Raketen abgefeuert wurden. Hierzu hieß es, die erste habe 7.200 Schuh gereicht, die zweite sei zersprungen und die drei anderen hätten etwa 8.400 Schuh erreicht.[248] Über diese Versuche scheinen jedoch keine Unterlagen mehr vorzuliegen. Im Ministerium scheinen Zweifel an der uneingeschränkten Eignung der Raketen der Marine aufgekommen zu sein, denn am 8. April wurde die Zuführung von 80 - 2½zölligen und 20 - 3zölligen Raketen aus Metz mit der Weisung veranlaßt, sofort die erforderlichen Abschußeinrichtungen zu konstruieren und zu installieren, damit diese Raketen auch zur See verschossen werden könnten.[249] Am 9. April wurde schließlich durch den Préfet maritime von Toulon eine Kommission zur Begutachtung der neu gefertigten Raketen eingesetzt, als deren Vorsitzender der Capitaine de vaisseau Th. de St. Laurent bestimmt wurde. Ursprünglich sollten bis zu 20 Raketen an Land und weitere 20 von See zur Unterstützung einer angenommenen Landung abgefeuert werden, um die Raketen und ihre Reichweite zu beurteilen,[250] das hierfür erforderliche Schiffsabfeuerungsgestell wurde aber nicht zeitgerecht fertig, so daß bei einem ersten Versuch am 12. April nur die Reichweite an Land mit 8 Raketen überprüft werden konnte. Diese Raketen, über deren Kaliber keine Aussage gemacht wurde, es scheint sich aber um 4zöllige gehandelt zu haben, trugen Granaten vom Kaliber 12, die aus Sicherheitsgründen aber nur mit Sand geladen waren. An diesem ersten Versuch nahm auch Viceadmiral Duperré, commandant de l'armée navale teil. An diesem Tag wurden 8 Raketen unter Erhöhungen von 45 bis 55 Grad in Richtung Fort St. Louis abgefeuert, nach dem Bericht „ayant toutes huit une belle portée" und keine war zersprungen.[251] Am 16. April wurde dann der Versuch mit acht weiteren Raketen, dabei auch einer Brandrakete, fortgeführt, wobei an diesem Tag von See aus gefeuert wurde. Bei der Zündung einer Brandhaube wurde dabei festgestellt, daß diese 5 bis 6 Minuten brannte. Unter 55 Grad Elevation erreichten die Raketen Reichweiten zwischen 1.580 und 1.914 Toisen, 3 detonierten allerdings bereits zwischen 513 und 780 Toisen. Aufgrund der Versuche veranlaßte das Marineministerium einen Erfahrungsaustausch mit dem Laboratorium in Metz, hierzu wurde der capitaine Chevalier nach Toulon kommandiert, um sich in die Verfahren der Marine genauestens einweisen zu lassen und um, wenn erforderlich, aus deren Verbesserungsvorschlägen Nutzen zu ziehen.[252] Am 24. wurde ein neues Schiffsabfeuerungsgestell von Bourée vorgestellt, das an einer Bordwand quer zur Schiffsachse installiert war, von ihm konnten 3 Raketen auf einmal abgefeuert werden, der Stab der Raketen ragte dabei seitlich über die andere Schiffswand hinaus. Dies Gestell wurde als gut geeignet und leicht handhabbar von der Kommission beurteilt, ein zusätzlich von Bourée entwickeltes Abfeuerungsgestell mit einer Abfeuerungsröhre wurde dagegen abgelehnt. An diesem Tag wurden dann nochmals 5 Granat- und 2 Brandraketen abgefeuert, zwei unter 30 Grad abgefeuerte Raketen berührten nach 292 und 610 Toisen die Wasseroberfläche und ricochettierten, unter 40 Grad wurde eine Reichweite von 1.070 Toisen, unter 55 Grad eine von 1.539 erreicht, während die Brandraketen unter 55 Grad 1.360 und 1.601 Toisen Reichweite erzielten. Die Kommission schloß daraus, daß für das Schießen gegen Seeziele von einem Schiff aus Erhöhungen zwischen 20 und 30 Grad am günstigsten wären. Allerdings wurde auch festgestellt, daß die Schiffe an der Stelle des Abfeuerns der Raketen durch Blech- oder Kupferplatten vor dem Feuerstrahl der Raketen geschützt werden müßten, um jede Gefahr zu vermeiden.[253] Termingerecht am 5. Mai konnte der colonel directeur de la marine von Toulon die Fertigstellung der befohlenen Anzahl von Raketen melden:

„J'ai l'honeur de rendre compte à votre Ex. que le 10 de ce mois les 1200 fusées de guerre de 3½ seront prête et 940 sont déjà en magazin. Ce travail mon Seigneur est remarquable . . ."[254]

---

244) APT, 1H¹ 14, lettres ministérielles, Marineministerium vom 27. Januar 1830

245) APT, 2A³ 11, correspondance. No. 27, Schreiben vom 21. Februar 1830, sowie Genehmigung der beantragten Zulagen durch das Marineministerium vom 11. März 1830 (APT, 1H¹ 14), in letzterem Schreiben wurde die Lieferung des Eisenblechs für die Hülsen angekündigt, 7.000 kg sollten aus Guérigny über Lyon auf dem Landweg und weitere 7.000 kg mit dem ersten ab 12. März verfügbaren Schiff aus Brest über See nach Toulon geliefert werden.

246) APT, 2A³ 11, No. 21, Schreiben vom 21. März mit der Meldung, daß der Termin eingehalten werden könne und Schreiben vom 25. März 1830, mit dem eine erneute Explosion gemeldet wurde, die aber nicht so stark wie beim letzten Male gewesen wäre und keine Verletzte zur Folge gehabt hätte.

247) Notiz in: AMZ, 1830, S. 211

248) Notiz in: AMZ, 1830, S. 225, wenig später wurde gemeldet (S. 257), daß das neue Verfahren zur Herstellung der Raketen seinen Zweck nicht erfülle, obwohl die Kommission es für befriedigend erklärt habe, und die Marine greife wieder auf das alte Verfahren des Capitaine Bourée zurück.

249) APT, 1H¹ 14, Marineministerium vom 8. April 1830. Die Raketen aus Metz besaßen „projectiles creux", 12 sollten vorab mit der Post geliefert werden, wobei darauf hingewiesen wurde, daß in Toulon die Frachtkosten zu bezahlen wären.

250) APT, 2E 6 41, rapport de la Commission chargée de faire procéder à l'essai des fusées de guerre confectionnées sous la Direction de M. le Chef de Bataillon d'Artillerie de la Marine Bourée, Toulon, le 27 avril 1830; in dem Auftrag des C.A. Préfet maritime vom 9. April war angeordnet worden. „qu'il ferait brûlé à terre 15 à 20 fusées, en que 15 à 20 autres seraient lancées d'une embarcation qu'on désignerait pour cet objet, quantité qui, par une lettre de M. le Préfet maritime au Président de la Commission, en daté du 10 avril, a été réduit à 10 fusées à lancer à terre et 5 sur l'embarcation. La Commission devant s'assurer de l'effet de chacune de ces fusées, en constater la portée et examiner si, sous le rapport du feu qui pourrait se communiquer à bord, elles n'entraîneraient aucun inconvénient lorsqu'on devra en tirer sur les vaisseaux ou les frégates."

251) ibidem, leider liegen keine genaueren Angaben zu Bourées Raketen vor, insbesondere fehlt jeder Hinweis, ob es sich noch um Seitenstab- oder bereits um Achsenstabraketen handelte. Für diesen Versuchstag sind auch die erzielten Reichweiten nicht aufgeführt.

252) APT, 1H¹ 14, Schreiben des Marineministeriums vom 16. April 1830, der Comte de Bourmont hatte diesen Erfahrungsaustausch veranlaßt und Chevalier, der sich zu dieser Zeit im Urlaub in Marseille befand, angewiesen, sofort nach Toulon zu reisen. Chevalier war seit der Einrichtung des Ateliers von Metz dort mit der Raketenfertigung beschäftigt gewesen. Der Préfet Maritime von Toulon wurde zugleich angewiesen, unverzüglich einen Bericht über die Vorschläge Chevaliers und über ev. erforderliche Verbesserungen der Raketen und ihrer Fertigung vorzulegen.

253) ibidem; „et que, sur la partie où pourrait rejaillir le feu il y eut des prélarts mouillés ou mieux encore des planches doublées en tôle ou en cuivre, et que, sans ces précaution, il en serait pas prudent d'en tirer à bord des vaisseaux ou frégates." In der: AMZ, 1830, S. 305, wurde zu den Versuchen gemeldet, daß am 11. April weitere Versuche in Toulon unter Leitung des Viceadmiral Duperré unter Beteiligung weiterer Stabsoffiziere statt gefunden hätten, bei diesen Versuchen wären 8 Raketen eingesetzt worden, die in Richtung Cap Sépé abgefeuert worden wären; dabei hätten 3 Raketen eine Reichweite von 1.500 Toisen, zwei etwa 1.200 Toisen und die anderen Schußentfernungen von 1.600 bis 1.700 Toisen erreicht. Zu den Ergebnissen dieser Versuche und den technischen Daten dieser Raketen siehe auch Beilage 2. Im Verlaufe der Versuche strebte man auch an, die Länge der Stäbe zu verkürzen. Von ursprünglich 4 Meter Länge wurden die Stäbe der 4zölligen Raketen dabei auf 0,875 Meter verkürzt, ihre Form war schließlich 1847 zylindrisch und der Durchmesser etwa 4 Millimeter geringer als das Kaliber der Rakete. (Brulart, mémoire, a.a.O., p. 102)

254) ACMV, CC⁷ - B - 300, rapport du 5. Mai 1830; hinzugefügt wurde noch, daß einige

Mit diesen Raketen sollten wohl Kanonenboote (chaloupes des bombardes) für die Beschießung Algiers ausgerüstet werden, es scheint aber, daß die Raketen der Flotte zu spät zugeliefert worden sind, so daß Algier kapitulierte, bevor die Flotte ihre Raketen einsetzen konnte.[255]

In den Folgejahren beschäftigte man sich in Toulon vor allem mit Versuchen, einen optimalen, möglichst kurzen Stab für die Raketen zu entwickeln, da lange Stäbe den Einsatz der Raketen an Bord der Schiffe erheblich behinderten. Aufgrund der Ergebnisse in Metz wurde das Laboratorium von Toulon angewiesen, die entsprechenden Versuche durchzuführen, wobei ihm als Grundlage ein detaillierter Zeichensatz übersandt wurde.[256] Diese Arbeiten scheinen maßgeblich durch capitaine Viguier erfolgt zu sein. Im Februar 1832 konnte nach Vorlage der Versuchsergebnisse festgestellt werden:

„Ces épreuves permettent d'espérer que la longueur des baguettes pouvant être réduite de beaucoup, l'on pourra employer avec succès les fusées à bord des bâtiments de l'Etat;"

Dennoch wurden weitere Versuche mit den unterschiedlichen Arten der Stäbe angeordnet:[257]

„. . . pour déterminer d'une manière précise la longueur qu'il convient de donner aux baguettes cylindriques, aux baguettes à aîlettes en trapèze, et en fin aux baguettes à aîlette."

Zu dieser Zeit scheinen von der Marine vor allem 3½zöllige Raketen verwendet worden zu sein, für die ein 4pfündiges Projektil verwendet wurde, abgefeuert wurden sie aus einem Rohr mit einer Länge von 4 Fuß 6 Linien. Für Brandraketen wurde vorübergehend ein kürzeres Abfeuerungsrohr mit einer Länge von 3 Fuß 8 Linien verwendet, da deren Brandhaube nicht in das Rohr paßte, diese Raketen sollten aber modifiziert werden.[258]

1833 hatte dann auch die Marine die 4zölligen Raketen eingeführt und einige Schiffe damit ausgerüstet. Die Raketen wurden an Bord aus Abfeuerungsröhren verschossen; Brussel de Brulart, der dies 1847 beobachten konnte, kommentierte:

„Ce système ingénieux, et que je n'ai connu que par hasard depuis seulement quelques jours (le 21 de mois de juillet 1847), offre le grand avantage de n'avoir plus besoin de nos anciens chevalets qui n'étaient tant élevés qu'à cause de la longueur des baguettes; on pourra donc tirer ces fusées avec des chevalets très-bas. D'ailleurs, ces baguettes cylindriques, étant d'un diamètre de 4 millimètres environ moindre que le calibre de la fusée, permettront qu'on lance ces fusées avec les tubes qui ont reconnus, en Angleterre, si favorable au tir. On lancerait donc ainsi des bordées de fusées de 4 pouces, si rapidement et avec tant de justesse, qu'on ne saurait comprendre comment l'artillerie de terre qui, loin d'ignorer ce nouveau système de fusées, possède depuis plus de quinze années, dans les archives de son comité, des documents complets au sujet de ce perfectionnement, n'ait pas fait comme sa soeur de la marine; il est vrai que, peut-être, cette soeur-là aurait été aussi quelque peu récalcitrante, si le vouloir positif de l'amiral de Rigny n'avait protégé ces fusées et ne leur avait ouvert un asile sur ses vaisseaux."[259]

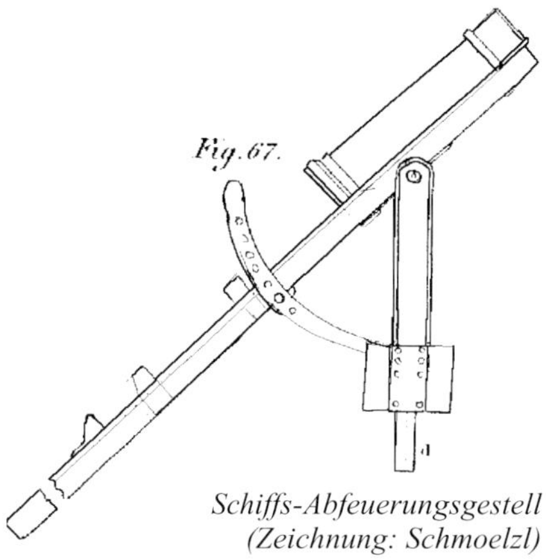

Schiffs-Abfeuerungsgestell (Zeichnung: Schmoelzl)

Raketen scheinen aber nicht, wie in Großbritannien, ständig zur Ausrüstung der Marine gehört zu haben, sondern wurden wohl nur im Bedarfsfall ausgeliefert.[260] Zur Unterstützung des Heeres in Algier wurden einige dieser Schiffe auch zur Beschießung Constantines 1837 abgestellt und setzten ihre Raketen erfolgreich ein.[261] Am 18. Dezember 1840 wurde in Toulon, wo sich bereits ein Raketenarsenal befand, für die Marine eine gesonderte pyrotechnische Schule eingerichtet,[262] und später erfolgte ein weiterer Einsatz im Krieg gegen Marokko 1844 durch das Geschwader des prince de Joinville. Hierfür wurden die Compagnien 29 und 30 der Marineartillerie sowie ein Detachement fuséens unter Capitaine Brissaud am 23. Juni auf der *Suffren*, der *Curier* und der *Le Rubis* eingeschifft. Auf dem Dampfschiff *Le Rubis* waren zuvor 4 Abfeuerungsröhren für Raketen installiert worden.[263] Die Raketeure der *Rubis* setzten dabei ihre Raketen am 6. August bei der Beschießung von Tanger ein: „avec une très grande précision, tirent le feu en plusieurs endroits de la ville."[264] Ein weiterer Einsatz erfolgte am 16. August gegen Mogador; diese Einsätze der Raketen wurden aber geheim gehalten, um den Fortschritt der Raketentechnik in der Marine nicht bekannt werden zu lassen.[265]

---

zusätzliche Raketen dieses Kalibers für weitere Versuche hergestellt werden sollten, wobei festgestellt wurde, daß Toulon der erste Ort in Frankreich wäre, wo Raketen dieses Kalibers im großen Maßstab hergestellt würden, und: „. . et la régularité de nos fusées a justifié la bonté de notre procédé de confection."

255) ibidem, extraits d'un rapport de M. le Chef de Bataillon Bourée daté de Toulon, le 15. juillet 1830: „Chacun pensait que la conquête d'Alger devenait infaillible, il était probable que les intentions de MM. les Généraux de terre et de mer, étaient de ménager la ville et qu'on ne devait par conséquence par employer les fusées incendiaires pour la réduire, mais les progrès de l'armée de terre rendaient le bombardement ou du moines une seconde fausse attaque indispensable pour faire diversion. L'ordre en était déjà donné et les bateaux qui portaient les fusées n'étaient pas arrivés. Cependant chacun de nous brûlait du désir de se signaler dans l'emploi d'une arme nouvelle pour nos armées et dont l'artillerie de terre venait de tirer de si brillans avantages contre les bédouins; espérance qu'il conviendrait peut être à l'Amiral d'envoyer quelques fusées, notre impatience nous suggèra de faire à faux frais des chevalets et de les placer sur les chaloupes des bombardes. Nos éfforts étaient couronnés d'un plein succès, j'avais fait connaître mes dispositions à l'Amiral; et nous n'attendions, comme toute l'armée que le signal de combat lorsque l'on apprit que l'on avait fait sauter le fort de l'Empereur et que la ville était dès-lors sans défense venait de faire sa soumission." Hervorgehoben wurden anschließend die Leistungen der capitaines d'artillerie Burbec und Vignier sowie des Chef Artificier Queizel, die Bourée bei der Herstellung der Raketen und der Vorbereitung des Einsatzes unterstützt hatten. Für den Einsatz gegen Algier wurden möglicherweise auch Einheiten der Marineartillerie mit Raketen ausgerüstet: „Man organisiert zu Toulon und zu Brest 2 Compagnieen congreve'sche Raketenschützen, nach Art jener, die im Jahre 1822 in England organisiert wurden. Jede Compagnie wird 160 Mann stark sein." (Notiz in der: AMZ 1830, S. 281) Möglicherweise hat sich auch der Dey von Algier um Raketen zur Verteidigung gegen die französische Flotte bemüht, zumindest ging das Gerücht um, daß zwei britische Schiffe von London nach Algier mit einer Ladung Raketen und „verkleideten Artilleristen" ausgelaufen wären, und daß man so hoffe „daß ein glücklicher Widerstand von Seiten Algiers der französischen Flotte einen auf lange fühlbaren Stoß geben werde." (Notiz in der: AMZ 1830, S. 321)

256) APT, 1H¹ 15, Schreiben des Marineministeriums vom 24. August 1831: „Vous trouverez, ci-jointe, une note et un dessin qui indiquent dans le plus grand détail la forme et la procédés à suivre pour la confection et l'essai de baguettes beaucoup moins longues que celles dont on fait usage actuellement. Je vous prie de vouloir bien donner des ordres pour que l'essai de ces baguettes ait lieu, le plus promptement possible. . ."

257) APT, 1H¹ 16, Schreiben des Marineministeriums vom 15. Februar 1832 mit Anforderung der Versuchsergebnisse Bourées mit den neuen Stäben vom 24. August 1831; 2A3 22 - No. 21, Schreiben Préfet Maritime vom 21. Februar 1832 (Vorlage des angeforderten Berichtes), sowie: 1H¹ 16, Schreiben des Marineministeriums vom 24. März 1832 mit der Anordnung weiterer Versuche.

258) APT, 1H¹ 16, Marineministerium vom 24. Mai 1832, Note relative aux expériences faites à Toulon sur les fusées de Guerre

259) Brulart, mémoire, a.a.O., p. 103

260) Gem. den Ordonnanzen vom 1. 2.1837 und vom 26.11.1846 (Zusammensetzung und Bewaffnung der Marine) gehörten Raketen nicht zur ständigen Ausrüstung der Schiffe (nach: V. Frond, Histoire de la marine française au XIXe siècle, Paris 1868, Vol. I, p. 40 und 46); auch der Marinespezialist J. Boudriot konnte keine Belege für eine ständige Ausrüstung der Schiffe der Marine finden (Schreiben vom 06.01.1998)

261) Winter, Rocketry, a.a.O., p. 110

262) ibidem

263) APT, 1H¹ 28, Schreiben des Marineministeriums vom 15. Juni 1844 mit der Anweisung, die erforderliche Anzahl von Raketen für die Expedition vorzubereiten.

264) o. Verf., Historique de l'Artillerie de la Marine, Paris 1889, pp. 170

265) Arago, a.a.O., p. 21: „. . . et ce serait pour ne pas attirer l'attention de l'étranger sur

Ab 1845 setzte die Marine vor allem die 6,8 und 5,4 cm Raketen ein, die von einem gewöhnlichem Stativ mit eiserner Abfeuerungsröhre versehen verschossen wurden, auch hier wurde zum Abfeuern noch ein Zündlicht verwendet; zur Reichweite wurde nur geschrieben,
„im 50ten Grade tragen die Raketen bis 4.000 Schritte, die mit Shrapnels versehenen können nur unter flacherem Bogen benutzt werden, sollen aber bei Landungen sehr brauchbar sein."[266)]
Nachstehende Raketen wurden von der Marine in dieser Zeit verwendet:

- *95 mm Brandraketen, Modell 1830*
- *95 mm Granatraketen, Modell 1832, Stäbe von 1832*
- *68 mm Rakete, Gefechtskopf mit Pulver gefüllt, Modell 1846*
- *68 mm Rakete mit ogivalen Gefechtskopf, geliefert vom Kriegsministerium*
- *68 mm Granatrakete, getestet 1848*
- *54 mm Rakete mit ogivalen Gefechtskopf, geliefert vom Kriegsministerium*[267)]

Die Dampfschiffe der Marine verfügten über einen größeren Vorrat an Raketen, wobei die Lagerung an Bord nicht ungefährlich war:
„A terrible misfortune has occurred to the ship of the line 'Valmy', while at sea, and in the passage from Torbay to Brest, owing to the imprudence of a gunner, who had in his possession some boxes of rockets, one of which exploded. About five o'clock in the morning of the 8th a tremendous explosion was heard, like a clap of thunder, on board. At the same moment the rappel was beaten, minute guns were fired, and orders given to get out the boats. The shock was so great that the whole of the lights were extinguished; darkness the most complete prevailed; and the crew ran a risk of being suffocated by the smoke of the powder. Nothing was heard but the cries and moanings of the wounded, the greater part of whom were as if buried under the timbers. Twenty seamen, whose forms had lost all human appearance, were found among the ruins. Ten of them died in half an hour after, and it is feared that very few can be saved. The 'Valmy', damaged completely in her inside, is to put into Brest to be repaired."[268)]
Die „Raketengeschütze" der Marine wurden von Schmoelzl[269)] beschrieben:
„Das französische Schiffsgestelle (Affût-chevalet à pivot pour la mer) ist mit einem eisernen Drehbolzen versehen und dem englischen Schiffsgestelle ähnlich."

d. Das zweite Kaiserreich

Das zweite Kaiserreich führte zum Höhepunkt der französischen Raketenentwicklung. Dies wurde auch dadurch begünstigt, daß Napoléon III., ein ehemaliger Artillerieoffizier, den Raketen positiv gegenüberstand und daß er in Susane einen Artilleristen fand, der zugleich ein überragender Pyrotechniker und Organisator war und den Mut besaß, neue Wege in der Entwicklung zu gehen, aber auch die Bedeutung der Raketen im Vergleich mit der Rohrartillerie nüchtern bewertete:
„Les fusées, aux yeux des hommes du métier, très-peu nombreux jusqu'à présent, qui ont en l'occasion d'en voir et la volonté de les étudier, dans leur construction, dans leur emploi et dans leurs effets, ne sont ni l'arme par excellence, ni une arme ridicule. - Elles n'ont mérité ni cet excès d'honneur, ni cette indignité."[270)]

(1) Susane

Durch die Ernennung des chef d'escadron Susane[271)] zum Direktor der l'Ecole centrale de pyrotechnie militaire am 6. März 1852 erhielt die französische Raketenentwicklung neue Impulse. Kurz nach seinem Amtsantritt wurde die 1846 eingesetzte Untersuchungskommission mit Genehmigung des Ministeriums am 16. Juli 1853 entlassen, da er sie als Hindernis in der schnellen weiteren Entwicklung der Raketen empfand.[272)] Kurz zuvor, im Mai 1852, war auf Anforderung des Gouverneurs von Algerien, Maréchal Randon, aufgrund einer Weisung des Ministeriums vom 18. April 1852 ein Zug der Raketenbatterie in Stärke von 46 Mann unter Führung des Capitaine Norès auf Dauer nach Algier verlegt worden; er führte die 1849 für die Armée des Alpes gefertigten 5 cm Raketen mit.[273)] Dieser Zug nahm zwar nie an größeren Gefechten teil, begleitete aber mehrere kleinere Expeditionen. Die beiden in Metz verbliebenen Züge wurden dann am 19. September 1852 durch die bespannte 5. Batterie des 11. Regiments unter Capitaine Gironde ersetzt. Im Zuge der Neuorganisation der Artillerie durch das kaiserliche Dekret vom 14. Februar 1854 wurde diese Batterie zur 3. desselben Regiments, während die 6. Batterie des 5. Regiments zur 4. des 12. Regiments wurde. Schließlich wurde 1854 eine zweite Batterie, die 1. Batterie des 2. Regiments unter Capitaine Arrachart der Schule attachiert, um angesichts der steigenden Produktion von

---

les progrès réalisés en France dans la confection de ces engins, que, par ordre supérieur, il n'a pas été fait mention de leur emploi dans les journaux ni dans les ouvrages publiés à cette époque." In seiner offiziellen Meldung über die Expedition erwähnte der Prince de Joinville die Raketeneinsätze daher auch folgerichtig nicht (Fr. d'Orléans, Expédition de Tanger et de Mogador. - Rapport de S. A. R. M. le prince de Joinville à M. le ministre de la marine et des colonies, Bateau à vapeur le Pluton, le 10 août 1844, in: Annales Maritimes et Coloniales, 1844, p. 434 - 439); Farrère, a.a.O., pp. 336, erwähnte keinen Raketeneinsatz, in: o. Verf., France and Marocco, in: USJ, Oct. 1844, p. 163, wurde die Beschießung auf den 15. August datiert, ohne jedoch Raketen zu erwähnen; zusätzlich nannte: H. Douglas, A Treatise on Naval Gunnery, London 1855, p. 330, eine Beschießung von Sucrah.

266) Notiz in: AOPA, 1850, S. 88

267) Mit geringfügigen Abweichungen stimmen diese Angaben mit einer offiziellen Aufzählung von 1850 überein: „Les fusées de guerre en usage dans la marine sont les suivantes, savoir: 1° La fusée de 95mm avec chapiteau incendiaire (confection de 1830) et baguette cylindrique pleine, équilibrée avec un morçeau de plomb placé à l'extrémité. Cette baguette fut remplacée en 1832 par une autrocylindrique, creuse et beaucoup plus courte. 2° La fusée de 95mm avec projectile creux de 12 et baguette cylindrique creuse. Cette fusée est de la confection de 1830. 3° La fusée de 68mm avec chapiteau et baguette cylindrique pleine, système du département de la guerre. Les fusées de ce calibre ont été chargées à Metz et cédées à la marine. En 1845 on y a adapté un chapiteau chargé de poudre seulement pour faire sauter les épaulements. Ce chapiteau a été confectionné au port de Toulon d'après les indications données par le directeur de l'atelier des fusées de guerre de Paris. 4° La fusée de 68mm avec boulet hémi-ellipsoïde système du département de la guerre et confectionné à Metz à l'école de pyrotechnie. 5° La fusée de 68mm avec grenade et baguette, cylindrique, courte, pleine (essayée en 1848), chargée et confectionnée entièrement au port de Toulon. 6° La fusée de 54mm avec boulet hémi-ellipsoïde système du département de la guerre et confectionnée à Metz à l'école de pyrotechnie. Les boulets creux sont remplis de balles de 20 à la livre." [die einzelnen Gefechtsköpfe enthielten hiervon 14 bei der 54mm Rakete, 24 bei der 68mm Rakete und 34 bei der 95 mm Rakete; einschließlich des Stabes wogen die Raketen: 54mm: 4,86 kg, 68mm: 6,95 kg und 95mm: 16,72 kg. Die Länge der Hülsen betrug: 68mm: 343 mm, 68mm: 465 mm und 95mm: 650 mm.] Zur Lagerung an Bord der Schiffe wurde vermerkt: „Les fusées de guerre, après avoir été peintes et numérotées en gris ainsi que leurs baguettes, sont refermées dans les caisses qui en contiennent de 4 à 10 . . . Les fusées de guerre sont placées dans les soutes à poudre, contenues dans les caisses qui ont été confectionnées dans les directions d'artillerie." (Ministère de la Marine et de Colonies: Aide-Mémoire d'Artillerie Navale, Paris 1850, p. 304 - 309)

268) H. Douglas, a.a.O., p. 332; die *Valmy* (114) war aber noch ein Schiff unter Segeln, sie stand noch 1860 in Dienst (Conway's All the Worlds Fighting Ships 1860 - 1905, London 1979, p. 285)

269) J. Schmoelzl, a.a.O., S. 95

270) Susane, fusées, a.a.O., p. 204

271) Louis Auguste Victor Vincent Susane, geboren in Perugia 23.12.1810, Artillerieoffizier, Lieutenant-Colonel 1854, Colonel 1857, 1863 Direktor der Artillerie, 1875 Général de Division, gestorben 30. September 1876. Susane hat eine Geschichte der Raketen sowie eine Geschichte der französischen Artillerie, Infanterie und Kavallerie herausgegeben. Für seine Verdienste um das Raketenwesen wurde ihm am 11.10.1854 das Offizierkreuz der Ehrenlegion verliehen. (Daten nach: M. J. Jung, a.a.O., und: JVFM, 1876, S. 489) Susane selbst gab an, daß ihm die Kriegsfeuerwerkerei und insbesondere die Raketen bis zu seiner Versetzung nach Metz völlig unbekannt gewesen wären. („Je suis arrivé en complétement étranger aux questions d'artifices, et en particulier à la question des fusées de guerre. . ." [AdAV, 2.c.7, Mémoire sur l'ensemble des travaux exécutées de 1853 à 1856, 1856, 12 mars])

272) AdAV, 2.c.7, Susane, mémoire, a.a.O., dieser führte die Einsprüche und das Zögern der Kommission als Grund an, daß zuvor die capitaines Rouge und Rozès viele inoffizielle Versuche („hors de portée des contradictions et des hésitations des autres membres du Conseil d'instruction") durchgeführt hätten, zu denen bei seinem Dienstantritt in Metz daher leider keine Unterlagen vorgelegen hätten. Siehe auch: Pralon, a.a.O., p. 199, und: M. J. Jung, a.a.O., p. 12

273) Arago, a.a.O., p. 21

Raketen den Versuchs- und Lehrbetrieb ausreichend unterstützen zu können. Damit gab es nun 3 Raketenbatterien, zwei zur Unterstützung der Versuche und des Schulbetriebes, sowie eine Einsatzbatterie.[274)]

In der Folge führte Susane rasch Verbesserungen in der Produktion der Raketen ein, für die bis zu seinem Eintreffen nur 4 „moutons" vorhanden waren.[275)] Als wichtigste erfolgte bereits Anfang 1853 die Installation hydraulischer Pressen, durch die das Laden der Hülsen gefahrloser und exakter durchgeführt werden konnte.[276)] Er schrieb hierzu:
„Le premier point à régler était l'adaption d'un outillage de chargement. Le raisonnement indiquait que la puissance des fusées devait être proportionelle à la quantité de poudre chargée, et que la régularité de leur combustion dépendait de l'homogénéité et de la densité données à la composition. La conséquence logique de cette théorie était que la valeur des fusées croissait avec l'énergie de l'instrument employé au chargement, et que cette énergie devait d'exercer graduellement et non par le choc.
Des expériences directes, exécutées avec une presse hydraulique appartenant à la poudrerie de Metz, ne laissèrent aucun doute à cet égard, et, au commencement de l'année 1854, l'école pyrotechnie possédait deux presses hydrauliques disposées et outillées pour le chargement des fusées de campagne, et qui semblaient même pouvoir suffire pour celui des fusées de 9, le plus fort calibre qui eût mis en usage jusque-là par l'artillerie française."[277)]
Nach dieser technischen Verbesserung, die auch die Wiederaufnahme der Herstellung der Raketen des Kalibers „9" zuließ, beschrieb Susane neue taktische Grundsätze für den Einsatz der Raketen, die er als wichtige Hilfswaffe der Rohrartillerie sah und leitete aus diesen Grundsätzen die Forderungen an die Konstruktion der Raketen ab:
„Pendant ce temps, une étude comparative des fusées de campagne du système Congrève modifié et du système autrichien était poursuivie, et l'on acquérait la conviction que la fusée autrichienne ne possédait sur l'autre aucune supériorité marquée. Sa confection était, à la vérité, plus rapide et plus économique que celle de la fusée française, à la calibre égal, mais cette avantage semblait plus que compensé par l'infériorité de ses portées, ainsi que par l'embarras de baguettes longues et fragiles qui exigent pour leur transport des voitures particulières et, sur le camp de bataille, au moment du tir, des soins et des préparatifs

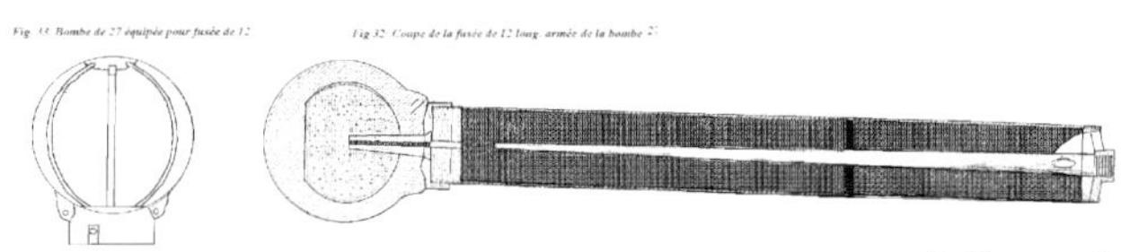

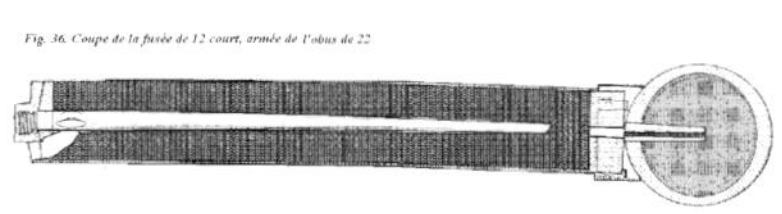

4. Generation: 12cm Rakete, lang (oben) und 12cm Rakete, kurz (unten) (Zeichnung: Pralon)

incompatible avec les allures impatientes de nos soldats. fusées ne peuvent et ne doivent être que les auxiliaires des bouches à feu, que leur vrai rôle est de compléter les moyens de l'artillerie, d'allonger son bras en lui permettant encore d'agir efficacement dans les circonstances où l'emploi des canons devient ou difficile, ou téméraire, ou même impossible; que, pour atteindre ce but, il est indispensable que les fusées portent des projectiles équivalents à ceux qui sont lancés par les canons, qu'elles les portent aussi loin que font les canons, et tout au moins à des distances supérieures à celles où les armes perfectionnées de l'infanterie sont encore efficaces; que l'emploi des fusées, spécialement indiqué pour appuyer les expéditions rapides, les avant-gardes aventurées et les arrière-gardes compromises, ne doit entraîner aucun embarras, aucune hésitation, aucune perte de temps, soit dans le transport, soit dans l'action, il fut arrêté: que le calibre des

Le général Susane (Photo: Musée de l'Armée)

fusées légères serait porté de 5 à 6 centimètres, que leur chargement serait assez puissant pour conduire jusqu'à 2,500 mètres au moins un projectile creux du poids de 3 kilogrammes environ, qui, ajouté au poids du cartouche vide et de la baguette, donne un total de 5 kilogrammes; que ces fusées seraient à l'avance armées de leurs projectiles, obus, boîtes à balles ou boîtes incendiaires, et équipées de leurs baguettes, de manière que pour s'en servir il n'y eût qu'à les décoiffer, les poser sur l'affût et mettre le feu; enfin que l'affût serait assez léger pour être, au besoin, porté à l'épaule."[278)]

Ähnlich, wie Boxer in Großbritannien, forderte Susane, um der Rakete einen möglichst sicheren Flug ohne Unregelmäßigkeiten zu geben, müsse man „veiller à ce que tous les détails de leur construction soient exactement établis", hierzu wurden Hülsen und Stäbe mit Maschinen automatisch hergestellt.[279)]
Die ersten Bemühungen in Metz richteten sich auf die leichten Raketen vom Kaliber 5 und 6 Centimeter, diese sollten ein Hohlgeschoß von

274) Pralon, a.a.O., p. 503, sowie: Ordway / Moulin, a.a.O., p. 29 und 32; Detaille / Richard, Types et Uniformes: L'armée française, Tome second, Paris 1885-1889 führten diese Einheiten nicht als Raketenbatterien auf, Detaille erwähnte nur für den Krimkrieg die 4. Batterie des 12. Regiments als „fuséens". Die in Algier stationierte Halbbatterie wurde als „demi-batterie de droite" bezeichnet. (H. P. E. Dauvé, Historique du 12e Régiment d'Artillerie 1834 - 1890, Paris / Nancy 1890, p. 42) Siehe auch: Defrasne, Apogées, a.a.O., p. 24
275) AdAV, 2.c.7, Mémoire vom 12. März 1856
276) Pralon, fusées de guerre, a.a.O., p. 377
277) Die Versuche mit hydraulischen Pressen begannen im ersten Semester 1853 (ibidem); Zitat nach: Favé, a.a.O., p. 201
278) Favé, a.a.O., pp. 201
279) M. J. Jung, a.a.O., p. 13

3 Kilogramm bis zu einer Entfernung von 2.500 Metern wirksam zum Einsatz bringen, einsatzbereit wogen diese Raketen mit kurzem Stab etwa 5 Kilogramm, also ebensoviel wie das Abfeuerungsgestell, damit war eine bewegliche und wirksame Waffe entstanden, zumal wenn man sie mit der Gebirgshaubitze verglich, die 100 Kilo wog. Zu dieser Zeit hat auch der ungarische Feuerwerker Lukaszy seine Dienste in Frankreich angeboten, durch Weisung des Kriegsministeriums vom 8. April 1854 wurde ihm Gelegenheit gegeben, seine Raketen anzufertigen, da man an einem Vergleich der französischen mit den österreichischen Raketen interessiert war. Bei Vergleichsschießen[280)] mit 54mm Raketen im April und Mai desselben Jahres erwies sich aber, daß die französischen Raketen den „österreichischen" Modellen Lukaszys an Reichweite, Genauigkeit und der Einfachheit im Gebrauch erheblich überlegen waren.[281)]

Kaum waren diese Verbesserungen eingeführt als im März 1854 der Krim-Krieg ausbrach. Der Kaiser, der hierfür auch Raketen einzusetzen gedachte, forderte Raketen mit einer Reichweite von 5.000 Metern. Mit Datum vom 15. Mai 1854 schrieb der Commandant Favé nachstehende Forderung Napoléons III. an Susane:

„L'Empereur me charge de vous demander s'il possible de confectionner des fusées portant à 5.000 mètres, et dans ce cas, quel calibre et quelles propriètrés elles auraient."[282)]

Susane antwortete im Vertrauen auf seine hydraulischen Pressen, daß er diese Reichweitensteigerung für möglich hielt und erhielt am 20. Mai vom Kriegsminister den Befehl

„de faire tous les essais qu'il jugerait utiles dans le but de construire des fusées atteignant cette portée."[283)]

Man machte sich sofort an die Arbeit und begann mit den Raketen vom Kaliber 9 (92 mm), bei denen man es am leichtesten für möglich hielt, die geforderte Leistungssteigerung zu erreichen, indem die Hülse verlängert und die Treibladung vergrößert und zugleich „plus vive" wurde; zugleich schlug Susane zusätzlich die Entwicklung einer neuen Rakete vom Kaliber 12 vor, für deren Herstellung sogleich die erforderlichen Vorbereitungen getroffen wurden.[284)] Susane wurde aufgrund seiner Zustimmung zu dem Projekt zeitweise zum Gespött der „Experten", da niemand diese Reichweite für möglich hielt, er berichtete hierüber der Akademie in Metz:

„Le seul énoncé (du problème) déclencha un rire homérique. Mais 2 mois après, on tenait la solution, on allait bien au delà de ce qui était demandé. Toute la ville sait q'une (fusée), partant du polygone de Chambière, est allée fracasser la toiture d'une maison de Chieulles; (une autre) a démoli le perron du château de Charly; et des projectiles plus légers menacent les premières maisons d'habitation à Antilly"[285)]

Inzwischen nahm der Druck auf Susane zu, der Sturm auf Sevastopol stand bevor, und man fürchtete, daß die Raketen für eine Beschießung zu spät kämen. Am 4. August 1854 drängte der Minister in einem Schreiben:

„Sa Majesté désire que les essais entrepris sur les fusées à grande portée soient poursuivis avec la plus grande activité, et que la fabrication reçoive le plus tôt possible une extension telle, qu'on arrive prochainement à fabriquer 40 et même 50 fusées par jour."[286)]

Um dieser Forderung nachzukommen, wurden neue Gebäude an der Schule gebaut und 22 hydraulische Pressen installiert, die in Verbindung mit den anderen Maschinen eine Jahresproduktion von 20.000 Raketen gewährleisten sollten. Für die geplanten 12 cm Raketen wurde eine Presse mit einem Druck von 250.000 kg und für die 92mm Raketen eine mit einem Druck von 120.000 kg installiert.[287)] Als Folge einer Explosion am 18. September ließ Susane die bisher „staubige" Form der Composition durch ein gemahlene ersetzen; um die Herstellung zu vereinfachen, wurde die Form der Seele abgestumpft. Weiterhin wurde der Schwerpunkt der Rakete verändert, bisher hatte man angenommen, er müsse am Bodenstück liegen, nachdem man nun im Verlauf der Versuche erkannt hatte, daß der wahre Punkt, an dem der Gasdruck erzeugt wurde, am Beginn der Seele lag, konnte man den Schwerpunkt weiter nach vorne verlegen, dies hatte den Vorteil, daß der canelierte Stab auf 1,10 Meter verkürzt werden konnte. Überdies wurden die Hülsen so weit verlängert, wie die hydraulischen Pressen es zuließen, da die Versuche mit dem Dynamometer bewiesen hatten, daß der Gasdruck mit der Länge der Seele anwuchs. Die Seele erreichte so bei der Rakete vom Kaliber 9 eine Tiefe von 800 mm bei einer Länge der Hülse von 900 mm, die Zehrung war 50 mm stark. Diese Raketen waren für den Verschuß unter größeren Erhöhungen vorgesehen und besaßen eine geringere Anfangsgeschwindigkeit, dies führte dazu, daß sie - unter geringer Elevation abgefeuert - auf kurze Entfernung vor dem Abfeuerungsgestell niedergingen. Die neuen Raketen wurden über einen Zeitraum von 9 Wochen erprobt. Schon bei den ersten Versuchen wurde bei einer Erhöhung von 52 Grad eine Entfernung von 5.700 Metern erreicht. Um die Reichweite nochmals zu erhöhen, obwohl sie bereits über der Forderung des Kaisers lag, versuchte man die Stärke der Hülse von 3 mm auf 1 mm zu verringern, dabei wurde aber, wie es sich zeigte, die Treffsicherheit erheblich geringer, so daß man auf die alte Stärke zurückging. Die Raketen trugen

280) Nachstehende Versuche sollten erfolgen: „1° des fusées françaises de 54 millimètres, déjà améliorées par le chargement à la presse hydraulique au point d'accuser au dynamomètre un effort moyen représenté par 61, au lieu de 50 que donnait le chargement au mouton; 2° des fusées d'un calibre égal, fabriquées en secret par le même réfugié [gemeint ist Lukaszy]; 3° des fusées à grande âme, analogues aux fusées autrichiennes, et fabriquées par l'École de pyrotechnie, d'après de notions qui avaient été fournies par un Mémoire du général de Courtigis, et par l'envoi de Rome, en 1849, de quelques fusées se rapportant à la description donnée par cet officier général. Les trois modèles de fusées étaient armés du même projectile." (Pralon, fusées de guerre, a.a.O., p. 378)

281) M. J. Jung, a.a.O., p. 14, zum Einsatz: der Stab der französischen war nur 1 Meter lang, im Vergleich zu Lukaszys Raketen mit einem Stab von 3 Meter Länge; Jung nannte den Namen Lukaszy hier nicht. Der Name wurde in einer Notiz in der AMZ, 1854, S. 1017 genannt, hiernach wurde L. im September 1854 aus Bern nach Frankreich „berufen". Datum der Übereinkunft mit L. gem.: AdAV, 2.c.7, No. 9405(2), Stellungnahme vom 12. Mai 1856 zum Mémoire Colonel Susane vom 12. März 1856, hier wurde festgestellt: „Les expériences exécutées par une Commission de l'Ecole d'Artillerie montrèrent que les Fusées de l'Ecole de Pyrotechnie, à Cinq évents & baguette centrale, avaient une legère Supériorité sur les fusées autrichiennes;" Lukaszy hatte in Metz angegeben, ehemaliger österreichischer Offizier zu sein. Susane merkte zu ihm an: „L. . . . qui certainement était un homme très entendu dans la matière et possédait, sinon la connaissance des derniers perfectionnements apportés par les Autrichiens dans la fabrication de leurs fusées, . . ." (AdAV, 2.c.7, mémoire Susane, a.a.O.) Pralon (fusées de guerre, a.a.O., pp. 378) zitierte aus dem Bericht der Kommission: „1° qu'il n'y avait pas de différence essentielle entre la fusée du réfugié hongrois et la fusée à grande âme fabriquée par l'École de pyrotechnie, et que par conséquent cet établissement était en état de confectionner des fusées du système autrichien; 2° que les fusées françaises ont une trajectoire plus régulière que les fusées autrichiennes, et qu'à calibre égal et quoique plus lourdes, elles fournissent une portée plus grande. La fusée française, comportant une baguette beaucoup plus courte, est d'ailleurs moin embarrassante à transporter."

282) zitiert nach: Pralon, a.a.O., p. 199, zu dieser Forderung ist zu bemerken, daß als bisherige Höchstreichweite der Kriegsraketen im Ausnahmefall 3.500 Meter erreicht worden waren. In einem anderen Aufsatz (Pralon, fusées de guerre, a.a.O, p. 379) datierte Pralon die Weisung auf den 20. Mai. Gem. AMZ, 1854, S. 617, lag vom 22. Juni aus Paris eine Meldung vor, wonach der Kaiser die sofortige Anfertigung von Raketen großer Tragweite beauftragt hätte. Die erforderlichen Versuche würden in Metz durchgeführt, bis jetzt sei aber die Höchsttragweite von 18.000 Fuß noch nicht überschritten worden. Susane (AdAV., 2.c.7, mémoire, a.a.O.) gab ergänzend an, daß dieser Auftrag einging, als gerade die ersten zwei hydraulischen Pressen installiert wurden und noch die vergleichenden Versuche mit Lukaszys Raketen durchgeführt wurden. Ende August 1854 fanden dann bereits die ersten Versuche mit der neuen 120mm Rakete statt.

283) Pralon, a.a.O., p. 200

284) AdAV., 2.c.7, mémoire Susane und Stellungnahme hierzu, a.a.O.

285) M. J. Jung, a.a.O., p. 14, Jung ergänzte, daß ein Blick auf die Karte zeige, daß die genannten Ortschaften 4,5 - 6 und 8 km vom Polygon entfernt lägen. Bemerkenswert bei diesen Reichweiten war, daß die Haubitze mit dem Kaliber 15 cm ein Geschoß von 7 - 8 kg nur bis 2.300 Meter verschießen konnte und die Haubitze mit dem Kaliber 16 cm mit einem Geschoß von 10,5 kg eine Reichweite von 2.800 Metern erreichte (Favé, a.a.O., p. 203). Schuberg, a.a.O., S. 232, sprach von einer „ungeheuren Wurfweite".

286) Pralon, a.a.O., p. 200; siehe auch: AdAV, 2.c.7, Susane, mémoire, a.a.O., nach Susane bezog sich die Forderung des Ministers nur auf die Raketen vom Kaliber 9

287) Pralon, fusées de guerre, a.a.O., p. 379. Mit diesen Pressen konnte der Treibsatz erheblich stärker verdichtet werden als zuvor.

als Gefechtskopf entweder eine Sprengladung des Kalibers 12, eine Granate vom Kaliber 16 oder eine Brandhaube vom Kaliber 9. Es wurde festgestellt, daß die Rakete vom Kaliber 9 eine Schußentfernung von 7.000 Metern erreichte, über eine Reichweite von 2.700 Metern konnte sie noch eine Bombe mit einem Gewicht von 50 kg tragen. Vom Kaliber „12" wurden zunächst „kurze" Raketen hergestellt,[288] die eine Sprengladung vom Kaliber 14 mit einer Pulverladung von 5 kg über 7.000 Meter trugen; man ging dann aber - nach Installation der endgültigen Pressen - bei diesem Kaliber auf eine „lange" Rakete über, deren stumpfe Seele 1 Meter lang war, bei einer Länge der Hülse von 1,12 Meter und einem Stab von 1,50 Meter Länge. Sie wog etwa 40 Kilogramm. Mit einer Sprengladung des Kaliber 14 erreichten sie 7.500 Meter, mit einer Granate des Kaliber 22 cm noch 4.800 Meter und mit einer Bombe vom Kaliber 27 cm noch 2.500 Meter Reichweite. Noch während an diesen Raketen Tag und Nacht gearbeitet wurde, um sie zeitgerecht der Armee auf der Krim verfügbar zu machen, erhielt die Schule vom Ministerium bereits einen neuen Auftrag: das Modell einer Rakete vom Kaliber 7 sollte als Ersatz der 66mm-Rakete konstruiert werden; sie sollte eingesetzt werden, um einerseits bei Belagerungen die Brustwehren zu zerstören, andererseits aber auch im Felde verwendbar sein. Auch dieser Raketentyp wurde rasch entwickelt, die neue Rakete vom Kaliber 7 erhielt einen Stab von 1 Meter Länge und trug für Belagerungen als Gefechtskopf eine Sprengladung des Kalibers 12 oder 14 und für den Feldeinsatz eine Granate des Kalibers 12, eine Brandhaube des Kaliber 9 oder eine Kartätsche mit 40 Kugeln. Diese Raketen wurden mit Stab, aber mit gesondert verpacktem Gefechtskopf ausgeliefert. Für die Belagerung Sevastopols kamen sie zu spät.[289] Die ersten neuen Raketen des Kaliber 9 trafen im November 1854 auf der Krim ein. Susane ließ ferner für die eingeführten Raketen Schußtafeln erstellen, in denen auch bereits Korrekturwerte für Witterungseinflüsse berücksichtigt waren.[290] Bei Erhöhungen unter 30 Grad war die Genauigkeit der Raketen der Kaliber 9 und 12 jedoch gering, dies konnte zu Entfernungsabweichungen bis zu 1/15 der Reichweite führen.[291]

Die genauen technischen Angaben zu diesen Raketen wurden natürlich geheim gehalten; auch wenn in einem „Aide-Mémoire" dieser Zeit genau das Laborieren von Raketen beschrieben wurde, stellte der Verfasser zu den Kriegsraketen nur fest: „Dans l'état de choses actuel, on ne peut donner d'autres détails."[292]

Die Transportbehälter für jeweils 4 Raketen waren weiterhin so eingerichtet, daß aus ihnen unmittelbar die Raketen unter verschiedenen Erhöhungen abgefeuert werden konnten, sie waren seit 1852 eingeführt, scheinen aber für den Krimkrieg nicht mehr benutzt worden zu sein. Die Abfeuerungsgestelle - Dreibeine mit Abfeuerungsröhren - wurden aufgegeben, da es sich gezeigt hatte, daß die Röhren ein rasches Abfeuern mehrerer Raketen in unmittelbarer Folge behinderten, weil sie nach jedem Abfeuern gereinigt werden mußten. Eingeführt wurde ein „affût-trépied à auget (Rinne)", das für die Raketen des Kaliber 7 im Jahre 1855 konstruiert wurde, außer den drei Füßen war das Gerät aus Bronze hergestellt. Die „Rinne" war ein Halbzylinder mit einer Länge von 35 cm, in den die Raketen gelegt wurde, die Richteinrichtung wurde unverändert von den alten Abfeuerungsgestellen übernommen. 1857 wurde für die Raketen des Kaliber 6 provisorisch ein „affût à crémaillère", das an der Schule entwickelt worden war, genutzt; die Rinne wurde durch zwei starke Blechplatten gebildet, die 1 Meter lang waren und in der Form einer Dachrinne ausgebildet waren. Capitaine Jacquot schrieb hierzu:

„L'évidement avait pour but de livrer passage aux gaz qui, s'échappant par l'évent inférieur et passant entre la baguette et le fond de l'auget, devaient, lors des fonds pleins, tendre à faire basculer la fusée, c'est-à-dire à la faire piquer en surbaissant la trajectoire."[293]

Dieses letztere Gestell wurde nach einer Reihe von Verbesserungen am 27. Oktober 1862 eingeführt, es wog 16 Kilogramm. Die „Rinne" war schließlich 1,70 Meter lang und wurde in zwei Teilen transportiert. Zur gleichen Zeit wurden auch neue Transportbehälter für die Raketen des Kaliber 6 eingeführt, die jeweils 6 Raketen aufnehmen konnten.

Für den Einsatz bei Belagerungen wurde ein gesondertes Abfeuerungsgestell genutzt, dessen „Rinne" 4,50 Meter lang war. Bei diesem Gestell erwies es sich als schwierig, während des Schießens die Seiten- und Höhenrichtung zu ändern; aufgrund der Erfahrungen des Krimkrieges wurde das Abfeuerungsgestell für den Einsatz in China geändert und schließlich am 12. November 1861 eingeführt. In einer vorläufigen Anweisung vom 27. Oktober 1862 für den Einsatz der Raketen im Krieg wurde folgende Beschreibung gegeben:

„L'affût destiné au tir des fusées de siège se compose d'un auget, d'un chevalet en bois et d'une sellete en fer. L'auget a 5m,50 de longueur et est formé de deux planches recouvertes de tôle et réunies à l'aide d'équerres en fer, de manière à faire un angle droit, ouvert à son sommet afin de laisser un libre dégagement aux gaz. Cet auget peut se replier sur lui-même au moyen d'un système d'étriers et de boulons fixés à son milieu et qui servent à le rendre rigide lorsque ses deux parties sont dans le prolongement l'une de l'autre; la partie antérieure porte trois équerres à douille, et la partie postérieure trois équerres à douille et une équerre à tige taraudée.

La selette se compose d'une entretoise évidée, aux extrémitées de laquelle s'articulent 4 pieds en fer qui peuvent se replier le long de l'entretoise; l'évidement de l'entretoise reçoit la tige taraudée de l'équerre postérieure de l'auget. Un écrou à anneau, fixé à l'auget par une chaînette, sert à arrêter la tige contre l'entretoise, lorsque l'auget a reçu la direction voulue.

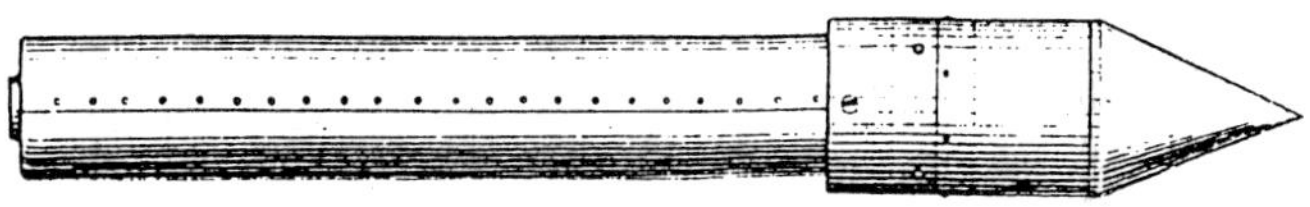

7cm Kartätsch-Rakete (Zeichnung: Pralon)

Le chevalet se compose de deux hanches en bois réunies par une tête en fer autour de laquelle elles peuvent tourner, et qui porte un goujon s'engageant dans les douilles des équerres en fer. Lorsque les 2 hanches sont écartées l'une de l'autre, on les maintient à une distance fixe, à l'aide d'un chrochet d'écartement qui se trouve sur la partie antérieure de la hanche droite. Les deux hanches étant ainsi disposées et la tige taraudée de l'auget placée dans l'entretoise de la selette, on soulève l'auget de manière à engager le goujon du chevalet dans la douille de l'auget correspondant à l'angle que l'on veut employer. Si l'on met le goujon dans la douille de devant de l'auget et que le plan des hanches soit perpendiculaire à la direction de l'auget, on obtient un angle de 15°; en ramenant les hanches vers l'arrière de l'auget jusqu'à ce que leur plan soit vertical, on obtient tous les angles

---

288) Die „kurze" 12cm Rakete mußte zunächst verfertigt werden, weil die für diesen Typ vorgesehenen Pressen nicht zeitgerecht verfügbar waren, und die installierten Pressen nicht für eine solche Länge der Hülse eingerichtet waren. (Pralon, fusées de guerre, a.a.O., p. 380)

289) Angaben zu diesen Raketen nach: Pralon, a.a.O., p. 387, und: M. J. Jung, a.a.O., p. 14; die Entwicklung wurde im Ausland aufmerksam beobachtet, so hieß es in einer Notiz vom 29. Juli in der AMZ, 1854, S. 755, daß in Metz Versuche mit einer 9 cm Rakete mit einer Länge von 1,10 Meter gemacht worden wären, wobei die Rakete auf 5.600 Meter „also fast $1^1/_2$ Stunden weit" verschossen wäre, ihr Geschoß sei 5 Fuß weit in den Boden gedrungen und die mittlere Abweichung habe nicht mehr als 75 Meter betragen. Am 5. November meldete die AMZ (a.a.O., S. 1121), daß 20 Kisten Raketen mit außerordentlicher Reichweite nach Balaklava verschifft worden wären. Sie sollten eine Reichweite von 8.000 Metern erreichen und würden das Stück 5 - 600 Franken kosten. Teilweise spielte in den Berichten auch die Phantasie mit, so wurde von Versuchen am 4. Dezember 1854 in Vincennes berichtet, bei denen Raketen mit einer Reichweite von 8.000 Metern erprobt worden wären, von denen 10.000 Stück für einen Einsatz in der Ostsee gegen Kronstadt angefertigt werden sollten.

290) Favé, a.a.O., p. 203

291) AdAV, Stellungnahme zum mémoire Susane, a.a.O.

292) o. Verf., Aide-Mémoire à l'usage des officiers d'artillerie, Paris/Strasbourg 1856, p. 301

293) zitiert nach: Pralon, a.a.O., p. 489

Calibre	54 mill	66 mill	92 mill	60 mill	70 mill	90 mill	120 mill
Epaisseur de la tôle	1,5 mill	2,0 mill	3,0 mill	1,5 mill	1,5 mill	2,5 mill	3,5 mill
hauteur du cartouche	305 mill	430 mill	640 mill	430 mill	500 mill	900 mill	1120 mill
Diamètre des éventes	12	15	20	14	17	23	32
Ame; hauteur	270	385	510	380	455	800	1000
diamètre au fond	17	19	12	16	18	15	15
diamètre à l'entrée	18	21	31	20	22	31	31
Poids du cartouche vide	0^{K},725	1^{K},760	4^{K},470	1^{K},100	1^{K},500	5^{K},500	10^{K},100
Poids de la composition chargée	0,965	1,630	4,790	1,600	2,750	8,500	19,000
Poids total du cartouche	1,720	3,700	9,800	3,000	4,500	15,000	30,800
baguette, longueur	1^{m},67	2^{m},76	3^{m},00	0^{m},60	0^{m},67	1^{m},10	1^{m},50
Longueur du cartouche équipé	1^{m},97	3^{m},19	3^{m},64	1^{m},03	1^{m},17	2^{m},00	2^{m},62
Boulet creux; calibre	54 mill	66 mill	92 mill	90 mill	100 mill	120 mill	150 mill
poids total	0^{K},81	1^{K},46	4^{K},50	2^{K},70	4^{K},00	6^{K},50	13,00
Calibre	54 mill	66 mill	92 mill	60 mill	70 mill	90 mill	120 mill
Fusée complète; longueur	2^{m},02	3^{m},25	3^{m},73	1^{m},17	1^{m},32	2^{m},20	2^{m},87
poids	3^{K},51	7^{K},24	18^{K},10	7^{K},00	10^{K},00	24^{K},50	51^{K},10
Portée sous l'angle de 45°	1621^{m}	1885^{m}	2690^{m}	2700^{m}	3800^{m}	6100^{m}	6900^{m}
Temps nécessaire au chargement	1^{h} o'	1^{h} 30'	6^{h} 0'	0^{h} 30'	0^{h} 40	1^{h} 10'	3^{h} 30'

(Tabelle 1: Technische Daten)

(Tabelle 2: Produktionskapazität)

Fusées: Désignation	de 12^{c} avec armure explosives	de 9^{c} explosives / incendiaire		de 7^{c} explosives / incendiaires / à balles			de5^{c} explosives / incendiaires	Total
expédiées	4273	4296	7109	2790	600	300	1008	20396
Disponible à l'école	4		3	823			3	83

intermédiaires de 15° à 25°. En mettant le goujon dans la 2e douille, les angles correspondant aux mêmes positions du chevalet varient de 25° à 35°. En le plaçant dans la 3e douille, ils varient de 35° à 45°; en les plaçant dans la 4e, qui se trouve sur la seconde partie de l'auget, ces angles sont compris entre 45° et 55°; avec la 6e, on peut pointer jusqu'à 70°. . . . le poids total ne dépasse pas 100 kil."[294]

Im Versuchsstadium blieb eine übergroße Rakete mit einem Kaliber von 17 cm und einer Länge der Seele von 1,55 Meter, die 180 Kilogramm wog; mit ihr wurde eine Bombe des Kaliber 32 cm nahezu 4.000 Meter weit verschossen; hiermit war man aber an die Grenzen der damaligen technischen Möglichkeiten gestoßen, und als es bei ersten Versuchen noch zu Unfällen kam, wurde die Entwicklung eingestellt.[295]

Für 1856 gab Susane für „seine" Raketen nachstehende technische Daten an:[296] *(Siehe Tabelle 1 oben)*

In einer weiteren Tabelle nannte er Reichweiten in Abhängigkeit von verschiedenen Gefechtsköpfen:

Fusées de		6^{c}	7^{c}	9^{c}	12^{c}
obus de	12^{c}	1800?	3200^{m}	6500^{m}	-
-"-	15^{c}	-	-	5000^{m}	-
-"-	16^{c}	-	-	3500^{m}	6500^{m}
-"-	22^{c}	-	-	1700^{m}	4800^{m}
Bombe de	27^{c}	-	-	-	2500
obus ogival de	9^{c}	2600^{m}	-	-	-
-"-	10^{c}	-	3600^{m}	-	-
-"-	12^{c}	-	-	6000^{m}	-
-"-	15^{c}	-	-	-	6700^{m}
Chapiteau de	12^{c}	1000?	1800?	5000^{m}	-
-"-	14^{c}	-	1200?	4000?	7700^{m}
-"-	16^{c}	-	600?	2500?	6200^{m}
Pot incendiaire de	9^{c}	2700?	3200^{m}	6400^{m}	

Für 1856 liegt eine Meldung vor, aus der die Produktionskapazität der Ecole centrale de Pyrotechnie Militaire ersehen werden kann:[297] *(Siehe Tabelle 2 oben)*

Général Challeat urteilte abschließend zum Wirken Susanes in Metz:[298]
„Comme on le voit, le colonel Susane s'est montré l'un des meilleurs pyrotechniciens de son temps."

(2) Raketen der Marine

Parallel zum Wirken Susanes in Metz hatte die französische Marine in Toulon an der Weiterentwicklung der alten Rakete vom Kaliber 9 gearbeitet. Versuche am 1. Juli 1854, bei denen diese Raketen mit 12pfündigen Granaten verschossen wurden, zeigten eine Steigerung der Reichweite auf 4.000 bis 4.300 Meter.[299] Die Flotte verfügte zusätzlich noch über Raketen vom Kaliber 12 cm, diese Raketen wogen 72,36 Kilogramm; mit einem Gefechtskopf von 10 kg wurde dabei eine Reichweite von 8.000 Metern, mit 23 kg noch 5.000 Meter und mit 80 kg nur noch 1.900 Meter erreicht; das Gewicht der Treibladung betrug 21 kg. Zum Stab wurde geschrieben:[300]

---

294) zitiert nach: Pralon, a.a.O., p. 491
295) AdAV, 2.c.7, Susane, mémoire, a.a.O.; siehe auch: J. Defrasne, Les fusées de guerre au XIXe siècle, in: Revue historique de l'armée, Paris 1977, No. 1, p. 54; Pralon, fusées de guerre, a.a.O., p. 382, ergänzte, daß diese Rakete 175 kg gewogen hätte; die Industrie wäre aber nicht in der Lage gewesen, die für die Hülse erforderlichen Bleche zu liefern.
296) AdAV, 2.c.7, Susane, Mémoire vom 12. März 1856
297) AdAV, 2.c.7, état recapitulatif de la Fabrication des Fusées de Guerre, Metz le 10 Mai 1856
298) Challeat, a.a.O., p. 95
299) Notiz in: AMZ, 1854, S. 674 (die alten 9cm Raketen reichten nur bis 3.500 Meter)
300) E. Tremblay, Des fusées de guerre à bord des navires, in: Le Moniteur de la Flotte,

Kaliber	Gewicht des Treibsatzes in kg	Gewicht der geladenen Hülse in kg	Länge der Hülse in mm	Länge der Bohrung in mm	Durchmesser der Bohrung oben	Durchmesser der Bohrung am Boden	Länge des Stabes in m	Gewicht des Stabes in kg.
95 mm	8,5	15	900	800	15	31	1,1	3,3
125 mm	19	30	1120	1000	15	31	1,5	8

„Lorsqu'on veut lancer cette fusée, la baguette directrice est vissée dans le trou central du culot. Cette baguette se compose d'une douille en tôle brasée sur un téton fileté en fer forgé, et d'un cylindre creux en sapin terminé à la partie antérieure par un tronc de cône qui va se loger dans la douille sur laquelle il est cloué. Actuellement ce cylindre est plein, et on y a pratiqué cinq canaux extérieurs longitudinaux correspondant aux évents du culot."

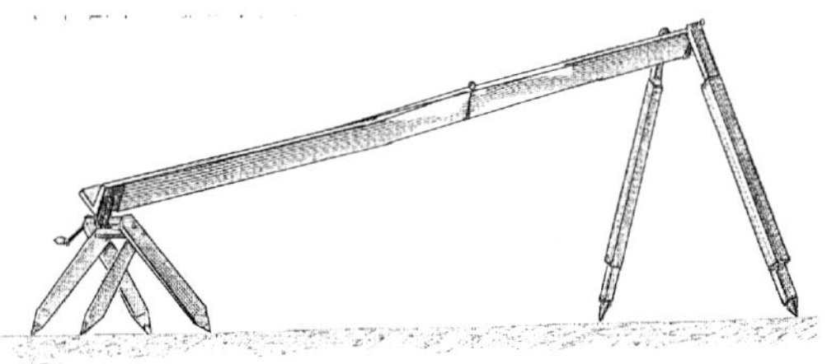

Abfeuerungsgestell der Marineartillerie 1855 (Zeichnung: Manuel de Pyrotechnie)

Die Raketen scheinen aber in der Marine nicht besonders beliebt gewesen zu sein, da man wohl die Möglichkeit einer Explosion an Bord fürchtete, mit seinem Artikel wollte Tremblay vor allem dieser Besorgnis entgegentreten, aber auch Verbesserungen der Raketen der Marine anregen.

Die Marine nutzte in Toulon den „mouton" zum Schlagen ihrer Raketen länger als das Heer, erst seit 1855 wurde auch hier die hydraulische Presse eingesetzt.[301] Im gleichen Jahr wurde für die Marineartillerie ein neues Abfeuerungsgestell „affût d'auget" eingeführt, eine Rinne, ähnlich wie sie Großbritannien als „trough" nutzte; gezündet wurden die Raketen mit einer Lunte. Seine Seitenwände standen in einem Winkel von 135° zueinander, die Rinne war auf zwei Gestellen befestigt und konnte zum Abfeuern unterschiedlicher Kaliber genutzt werden. Gefertigt und eingesetzt wurden Raketen der Kaliber 125 und 95 mm, sowie des Kaliber 60 mm, letztere wurden auch als Raketen für den Feldeinsatz bezeichnet. Die 125 mm Raketen trugen einen Gefechtskopf mit Brand- oder Explosivladung mit einem Durchmesser von 14 cm, ferner waren noch Granaten des Kaliber 16 und 22 cm sowie Bomben mit einem Kaliber von 27 cm vorhanden. Für die 9 cm Raketen waren ebenfalls Brand- oder Explosivgefechtsköpfe verfügbar, diese besaßen einen Durchmesser von 12 cm, außerdem gab es für sie Granaten der Kaliber 16 und 22 cm. Die 6 cm Feldrakete trug eine ogivale Granate vom Kaliber 9 cm, deren Gewicht 2, 75 kg betrug, ferner gab es Kartätschen mit 32 Bleikugeln, deren Durchmesser jeweils 24 mm betrug, sowie eine Brandladung, die über einer Granate eingerüstet war. Der Treibsatz der 125 mm Raketen brannte 2,55 sec, derjenige der 95 mm Raketen 1,9 sec und derjenige der 6 cm Rakete 1,12 sec (jeweils ohne die Zehrung). Die Bohrung ähnelte derjenigen der Raketen des Heeres, auch die Stäbe entsprachen deren Form. Die Stärke der Hülse betrug 3 mm für die 125 mm Raketen und 2,5 mm für die 60 und 95 mm Raketen. Weitere Angaben können der nachstehenden Tabelle entnommen werden: *(Siehe Tabelle oben)*

Die Höchstreichweite der Marineraketen wurde mit einer Erhöhung von 45° erzielt. Sie betrug 7.550 Meter bei den 125 mm Raketen und 6.800 Meter für die 95 mm Raketen; die Flugzeiten betrugen dabei zwischen 40 und 60 Sekunden.[302]

Auch diese Raketen waren im Einsatz ebenso unsicher in ihrer Treffgenauigkeit wie andere; in einem Handbuch der Marine wurde hierzu festgestellt:

„Des déviations excessives peuvent être provoquées soit par des causes accidentelles comme l'obstruction momentanée d'un ou de plusieurs évents, la rupture d'une baguette, l'explosion prématurée d'un chapiteau. On a vu, dans des cas de ce genre, des fusées se retourner et revenir dans la direction de ceux qui les avaient lancées. Les explosions prématurées des fusées étaient assez fréquentes et se produisaient probablement par suite de l'obstruction accidentelles des évents. Ce sont principalement ces motifs qui ont conduit à la comdamnation de cet artifice."[303]

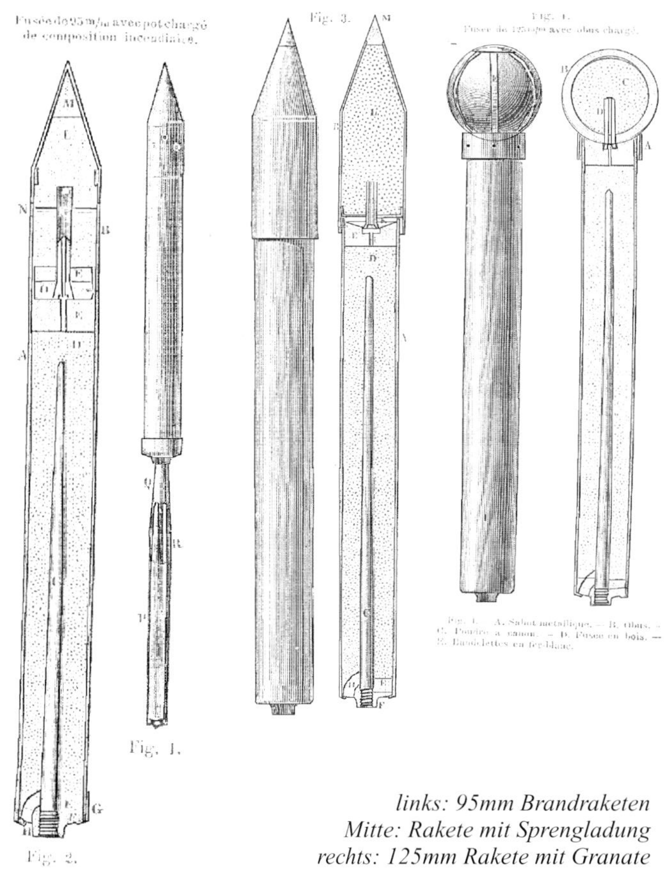

links: 95mm Brandraketen
Mitte: Rakete mit Sprengladung
rechts: 125mm Rakete mit Granate
(Zeichnung: Manuel de Pyrotechnie)

3. Januar 1857, p. 3; (der Artikel wurde auch auszugsweise in einer Notiz in der AMZ, 1857, S. 67, wiedergegeben)

301) ibidem, hiernach wurden zu dieser Zeit auch durch die Marine die Kriegsraketen mit einer hydraulischen Presse geladen („Les compositions sont actuellement soumises à l'action de presses hydrauliques très-puissantes."), bei der Beschreibung der Raketen des „département de la guerre" - also denen des Heeres - wurde festgestellt „Les éléments qui entraient dans la confection de ces trois fusées étaient semblables à ceux décrits pour les fusées de la marine; la confection était aussi la même.", während die Ankerraketen mit einem Kaliber von 9 cm noch mit einem „mouton" mit einem Gewicht von 74 kg geschlagen wurden, der aus einer Höhe von 3 Metern hinabfiel, zum Laden einer Hülse waren hier 800 Schläge (40 Schläge pro Satz-Portion) erforderlich; zum Zeitpunkt des Wechsels vom „mouton" zur hydraulischen Presse: Ministère de la Marine et des Colonies (edit.), Manuel de Pyrotechnie, tome quatrième, Paris 1887, p. 13 (unveränderter Nachdruck der Ausgabe 1867)

302) ibidem, pp. 8, Daten der Tabelle: p. 18

303) ibidem, p. 9

(3) Der Krim - Krieg

Die ersten französischen Raketeneinsätze erfolgten durch Schiffe der französischen Flotte im Verlauf der alliierten Unternehmung gegen Odessa am 26. April 1854. Die Dampffregatten *Mogador*, *Descartes* und *Vauban* sowie die Corvette *Caton* feuerten ihre Raketen erfolgreich und setzten mehrere griechische und russische Schiffe im Hafen in Brand.[304)]

Als Bestandteil des alliierten Heeres wurde im April 1854 der in Afrika stationierte Zug der 4. Batterie des 12. Regiments, geführt von capitaine Norès, eingeschifft und zunächst nach Gallipoli verlegt. Dort befahl am 26. Mai General Thiry, Kommandant der Artillerie, eine Verstärkung des Zuges um 15 Mann sowie 20 Maultiere, da er fand, der Zug wäre „trop pauvrement dotée en mulets".[305)] Der Zug führte 6 Abfeuerungsgestelle auf Dreibein mit Abfeuerungsröhren und 300 Brandraketen des Kalibers 5 cm mit, die dem Zug gehörenden Maultiere verblieben in Algier.[306)] Nach einer Besichtigung durch den Marschall Arnaud am 27. Mai rückte der Zug mit der 2. Division zunächst auf Adrianopel vor, das am 23. Juni erreicht wurde. Aufgrund eines Befehles vom 19. Juni marschierte der Zug am 26. weiter nach Varna, wo im August der Befehl zur Verlegung zur Krim erteilt wurde.[307)] In dieser Zeit erlitt der Zug mehrere Verluste durch die Cholera, darunter auch Norès, so daß lieutenant en 1er Harel das Kommando übernehmen mußte.[308)]

In Varna wurde der Zug am 7. September auf der Dampffregatte *Le Panama* eingeschifft und langte am 11. September auf der Krim an. Bereits bei der Ausschiffung am 13. September wurden die Raketeure eingesetzt, um von Booten aus die Flanken der landenden Truppen zu sichern und, wenn erforderlich, das Feuer auf etwaigen Feind in der Landungszone zu eröffnen.[309)] Die „fuséens" waren Bestandteil der Reserveartillerie, bei der Schlacht an der Alma waren sie noch nicht beteiligt, da sie aus Mangel an Transportmitteln nicht schnell genug zugeführt werden konnten, obwohl die Mannschaften des Zuges den ganzen Tag mit ihrem Gerät marschiert waren, wobei jeder Soldat vier 5cm-Raketen trug.[310)] Vor Sevastopol wurde der Zug dann zunächst im rechten Teil der ersten Parallele und anschließend in der zweiten eingesetzt, von wo aus sein Ziel die Bastion du Mât auf eine Entfernung von 1.000 bis 1.100 Metern war,[311)] während die ebenfalls eingesetzte Raketeneinheit der Marine gegen den Südhafen im Anschluß an die britischen Truppen in Stellung gegangen war und bereits die neuen Raketen des Kaliber 9 gegen die Stadt einsetzte.[312)] Dieses Detachement der Marine war am 30. Mai 1854 aus 50 Marineartilleristen unter Capitaine Sardou gebildet worden.[313)]

Bereits zu Beginn der Belagerung erfolgte am 18. Oktober der erste Raketeneinsatz durch leichte Schiffe der Marine, die in Toulon gefertigte 9 cm Raketen auf einige Forts abfeuerten.[314)]

Harels Zug blieb auf lange Zeit zwischen den Batterien Nr. 32 und 47 eingesetzt. Am 5. November nahmen Teile des Zuges, 20 Mann unter Führung des maréchal des logis Frissart, an der Schlacht von Inkerman zur Unterstützung türkischer Truppen teil. Auch die Angriffe auf den Malakoff wurden durch ein Detachement der fuséens in Stärke eines Unteroffizieres und 10 Kanonieren unterstützt.[315)] Im Januar waren im Belagerungspark für Harels Batterie nur noch 58 Brand- und Sprengraketen vorhanden, man wartete auf die Zuführung der neuen Raketen vom Kaliber 9. Der Verschuß der alten Raketen schien bisher nur wenig erfolgreich gewesen zu sein,[316)] während sich die neuen, die der Marinebatterie bereits zur Verfügung standen, bewährte hatten, so am 7. März:

„Des fusées de guerre ont été envoyées sur les divers points le plus éloignés occupés par l'ennemi; on a eu à regretter un assez grand nombre d'éclatements prématures; mais lorsque cet inconvénient ne s'est présenté, les résultats du tir ont été satisfaisants, notamment dans la journée du 7 mars. Depuis plusieurs jours on voyait défiler des convois nombreux sur le plateau du Nord; les voitures descendaient au bord de la baie et y avaient formé und grand parc d'environ 2.000 voitures: on dirigea dessus, de la baie de Stréletzka, une vingtaine de fusées de 9 centimètres et demi, dont moitié explosives et moitié incendiaires; elles arrivèrent convenablement au but, et au bout de peu de temps, on vit l'ennemi atteler ses voitures et les disperser dans toutes les directions."[317)]

Inzwischen hatte man erkannt, daß die Belagerung angesichts des starken Widerstandes der Russen länger dauern und erheblich mehr Mittel in Anspruch nehmen würde. Der Befehlshaber der Artillerie, General Thiry, forderte daher am 8. März eine Verstärkung des Belagerungsparkes an, in der Forderung waren neben zusätzlichen Geschützen auch ausdrücklich Raketen enthalten, von denen 24.000 Stück für erforderlich gehalten wurden, nämlich 8.000 Sprengraketen, 8.000 Brandraketen, 4.000 Raketen mit Hohlgeschossen - diese alle als Raketen großer Reichweite - und 4.000 Raketen mit Sprengladung, um auf kurze Entfernung gegen Befestigungen wirken zu können.[318)]

In dieser Zeit hatten sich alle Hoffnungen der Raketeure auf die neuen Raketen gerichtet, denen ein geheimnisvoller Ruf vorausgegangen war, man erwartete Wunder von ihnen: die Raketen vom Kaliber 9 „à grande portée" kamen als erste, wesentlich später erst die vom Kaliber 12.[319)] Harel ließ nach ihrem Eintreffen am 21. November in der Nähe der Bai von Strelitzka eine Batterie für seine Abfeuerungsge-

---

304) Arago, a.a.O., p. 39, sowie: Jung, French Rocketry 1739 - 1872, in: J. D. Hunley (edit): History of Rocketry and Astronautics, Proceedings of the Twenty-Fifth History Symposium of the International Academy of Astronautics (IAA History Symposia, Vol. 12), San Diego 1997, p. 16

305) Dauvé, a.a.O., p. 47, dem Zug fehlten zu dieser Zeit 6 Maultiere.

306) Pralon, a.a.O., p. 504, und: o. Verf., Guerre d'Orient. Siège de Sébastopol, Historique du service de l'artillerie (1854 - 1856), publié par ordre de son Excellence le Ministre de Guerre, Paris / Strasbourg 1859, Tome I, p. 8 und p. 40; nach: Dauvé, a.a.O., p. 44, erfolgte die Einteilung bereits Ende Februar, die „Armée d'Orient" wurde offiziell am 11. März gebildet. Diese Halbbatterie bestand hiernach am 11. März aus 2 Offizieren, 81 Unteroffizieren und Mannschaften, 10 Pferden und 45 Maultieren (p. 45). Die Einschiffung in Algier erfolgte am 5. und 13. April mit einer Ist-Stärke von 84 Mann. Nach Dauvé wurden auch die 45 Maultiere sowie die Pferde mitgeführt.(Wahrscheinlich sind die Maultiere später zunächst in Varna geblieben, da auch nach Dauvé bei der späteren Landung auf der Krim zunächst keine verfügbar waren.)

307) Dauvé, a.a.O., p. 48

308) Arago, a.a.O., p. 22

309) Ordway / Moulin, a.a.O., p. 33

310) Dauvé, a.a.O., p. 55: „La section des fuséens, faisant partie de la réserve d'artillerie, devait s'embarquer sans mulets, mais elle emportait avec elle les 6 affûts-trépieds à tubes et 300 fusées incendiaires renfermées dans les caisses", und: p. 61: „La section des fuséens, qui était avec la réserve de l'artillerie, ne put parvenir à entrer en ligne, faute de moyens de transport rapides. Les servants marchèrent tout la journée, portant, outre leurs armes et leurs effets, quatre fusées de 5 c/m."

311) ibidem, p. 69: „La 4e batterie a pris une part très active au siège de Sébastopol, soit en lançant un très grand nombre de fusées de guerre sur la ville et sur les ouvrages ennemis, soit en servant les batteries et les approvisionnements. Dès que la première parallèle fut achevée, les fuséens, sous la direction du capitaine en 2e Harel, y installèrent, à l'extrême droite des attaques françaises, leurs affûts de montagne afin de batterie le bastion du Mât. Plus tarde, ils s'établirent dans la 2e parallèle, après l'achèvement de celle-ci et continuèrent à inquiéter de leur feu des défenseurs du bastion du Mât. Cette batterie mobile de fusées de petit calibre, tirant par-dessus l'épaulement des tranchées, fut conservée pendant tout la siège. Pendant longtemps, elle demeura établie entre les batteries 32 et 47, des attaques de gauches."

312) Siège de Sébastopol, a.a.O., p. 112 (eine etwas gekürzte Fassung ist auch enthalten in: AOPA, 1859, S. 252 - 278), sowie: Pralon, a.a.O., p. 504; siehe auch: Arago, a.a.O., p. 22: „Leur tir, dirigé contre la ville, inquiéta beaucoup les Russes."

313) o. Verf., Historique de l'artillerie de la marine, a.a.O., p. 190

314) Jung, Rocketry, a.a.O., p. 16

315) Dauvé, a.a.O., p. 69

316) Siège de Sébastopol, a.a.O., p. 202: „elle a aussi lancé, le 22 février, 4 à 5 fusées de guerre, mais qui n'ont pas réussi."

317) Siège de Sébastopol, a.a.O., p. 202, und: AOPA, 1860, S. 51; angesichts der weitaus größeren Masse der Geschosse der Rohrartillerie verlor sich aber das Feuer der Raketen: „Nos marins, il est vrai, ainsi que les Anglais, lancèrent bien aussi quelques centaines de fusées; mais, comme celles de nos fuséens, elles se perdirent au milieu de la masse énorme de projectiles que les alliés firent pleuvoir sur la ville" (Pralon, a.a.O., p. 504)

318) Siège de Sébastopol, a.a.O., p. 204, sowie: AOPA, 1860, S. 56 (hier wurde jedoch jeweils eine „0" vergessen)

319) Pralon, a.a.O., p. 505: „Mais, c'était sur les fusées à longue portée qu'était fondé tout

stelle einrichten; bis auf die Unterbauten ähnelte sie einer Mörserbatterie, wobei zusätzlich die Gestelle durch kleine Traversen getrennt waren, um Schutz vor den ausströmenden Flammen beim Abschuß zu gewährleisten. Hierzu hieß es: „Nos batteries de fusées sont très belles, aussi leur feu doit incessament recommencer . . ."[320] Bei einem ersten Schießen mit diesen Raketen am Tage ihrer Lieferung konnte aber die Lage der Treffpunkte nicht beobachtet werden.[321] Die Raketen wurden dann vorwiegend nachts eingesetzt, um den Gegner zu beunruhigen und die Verbindungslinien zu stören. Die Wirkung der Raketen konnte natürlich nur selten von den Alliierten festgestellt werden und wurde erst später durch russische Berichte bekannt; so erfuhr man, daß bei einem Einsatz von etwa 50 Raketen in der Nacht zum 23. März eine Rakete einen hölzernen Pferdestall in Brand gesetzt hatte, während eine andere das Fenster der Unterkunft des Kommandanten der russischen Garnison, Baron Osten-Sacken, durchschlagen hatte und ebenfalls einen Brand verursachte, der nur mit viel Mühe hatte gelöscht werden können.[322] Russischerseits wurden die Raketen als nicht besonders wirkungsvoll betrachtet. So berichtete Admiral Nachimov vom 16. Februar:

„In den letzten Tagen nach Sonnenuntergang, wenn in Sevastopol Ruhe einkehrt, wirft der Feind aus den Gräben hinter der Bastion von Kornilov Raketen zu uns hinüber. Gestern waren dies bis zu 60, wahrscheinlich von 3 Abfeuerungsrampen. Eine davon fiel auf Knyäz Konstantin der Große, richtete aber keinen Schaden an, da sie beim Fall aufs Deck erlosch. Außerdem berührte eine von den auf die Katharinen-Anlegestelle gerichteten Raketen den Dampfer Odessa und fiel ins Wasser. Es sind überwiegend Sprengraketen, die Reichweite beträgt bis zu 4 km."[323]

In einem russischen Bericht vom 2. April wurde dagegen festgestellt:

„ Les fusées tirées par l'ennemi contre Sébastopol présentent une force d'effet étonnante. Lancées d'une distance de cinq verstes [etwa 5.500 Meter], elles tombent chaque fois presque au même endroit, près du but désirée."[324]

Am 16. April wurden 40 Raketen des Zuges auf ein Lager am Fuße des Nord-Forts abgefeuert, dieses wurde daraufhin sofort geräumt. Wiederum wurden Raketen von zwei Detachements der Marine und des Heeres am 19. April bei einem Erkundungsvorstoß der Türken unter Omer-Pascha auf Tchorgoun eingesetzt, dabei wurden 50 Raketen des Kaliber 5 auf eine Kosakeneinheit abgefeuert, die auf einem Hügel stand:

Batterie des fusées, devant Sébastopol
(Zeichnung: L'Illustration)

„l'un servant des fusées de 5 centimètres sous les ordres du capitaine Harel, l'autre servant de grosses fusées à longue portée, sous les ordres d'un capitaine de l'artillerie de marine . . . On constata la présence de 1.200 à 1.500 Russes, qui se retirèrent devant nous, et le capitaine Harel eut occassion de tirer contre les postes avancés une cinqantitaine de fusées qui produisirent un très-bon effet."[325]

Die Reiter gerieten in Panik und die Wirkung war so, „que les chefs turcs manifestèrent un véritable enthousiasme".[326]

Auch bei der Expedition in das Asowsche Meer im Mai 1855 wurden die französischen Truppen unter General d'Autemarre durch einen Halbzug der Raketeure unter Capitaine Harel unterstützt, der 400 Raketen des Kaliber 5 cm und 200 des Kaliber 9 cm mitführte, jeweils zur Hälfte mit Brand- und Sprenggeschossen.[327] Die Raketeure landeten mit den ersten Truppen bei Kertsch am 4. Mai und deckten wirkungsvoll das Ausschiffen der übrigen Artillerie.[328]

Am 14. Juni kehrte dies Detachement in seine alten Stellungen zurück. Während der Nacht vom 6. zum 7. Juni unterstützte die Halbbatterie das Vorbereitungsschießen für die Angriffe auf den Mamelon, hierbei wurden 150 Raketen der Kaliber 9 und 12 cm - armiert mit 16cm Granaten - letzteres Kaliber „à grande portée", abgefeuert, hierdurch entstanden mehrere Brände in der Stadt.[329] Bei Sevastopol, am 18. Juni, nach einem von den Russen abgewiesenen Sturmangriff, war das Raketenfeuer wiederum wirkungsvoll, der bereits genannte russische Oberst Poestich berichtete, daß eine der Raketen

„ . . . fit sauter un magasin de l'artillerie de terre, qui renfermait plusieurs milliers de bombes et de grenades toutes chargées. Par suite de l'explosion, un magasin voisin, contenant du matériel d'artillerie, fut brûlé."[330]

Am 3. August wurden dann die ersten neuen Raketen des Kaliber 7 eingesetzt, sie scheinen sich aber zunächst nicht bewährt zu haben.[331] Konstantinov bemerkte hierzu:[332]

„Mais sur les lieux des opérations militaires, ces fusées furent reconnues par les Français trop pesantes pour l'usage en campagne. Après l'occupation du côte du sud on tira de ces fusées à travers la rade pour incendier des dépôts de vivres."

Im Verlauf des August konnten die fuséens infolge des Fortschrittes der Sappen eine günstigere Stellung in der Nähe der Kirche St. Wladimir beziehen, von wo aus die Reede von Sevastopol einsehbar war. Ab 20. August konnte so eine schwimmende Batterie auf der Reede unter

---

l'espoir des fuséens. Leur réputation les avait précédées en Orient, mais vague et mystérieuse comme tout ce qui est nouveau et vient de loin. On attendait d'elles des merveilles." Pralon ergänzte die Aussage eines russischen Offizieres, des Oberstleutenant der Marine-Artillerie Poestich: „Les calibres et la construction des fusées de guerre de l'ennemi se modifiaient à chaque période de l'attaque, conformément aux besoins et aux circonstances." (ibidem)

320) Durand-Brager, Siège de Sébastopol, in: L'Illustration, Paris 19.05.1855, p. 312 ff.

321) Arago, a.a.O., p. 24

322) Pralon, a.a.O., p. 506

323) M. Sonkin, Russkaya Raketnaya Artilleria, Moskva 1952, S. 128

324) Pralon, ibidem, (zitiert nach: Konstantinoff, Lectures sur les fusées de guerre, Paris 1861)

325) Siège de Sébastopol, a.a.O., p. 220; Dauvé, a.a.O., p. 70, datierte dies Gefecht auf den 9. April

326) Pralon, a.a.O., p. 508; nach einer anderen Darstellung ging der Zug mit türkischen Schützen gegen den Hügel vor, während die Türken stürmten: „Suddenly an arch of thick white smoke rises from the ground with a fierce, hissing, rushing noise, and throws itself like a great snake towards the crest of the hill - as it flies onward the smoke disappears and the fiery trail is lost, but in a second a puff of smoke bursts out with a slight explosion on the hill top, and the cosacks and Russians disappear with precipitation. In fact, the French had begun their rocket practice with great accuracy and success. Nothing can be better for such a work as these light rocket troops. The apparatus is simple and portable - a few mules, with panniers on each side, carry the whole of the tubes, sticks, fuses, &c., and the effect of the rockets, though uncertain, is very great, especially against irregular and ill-disciplined cavalry." (Schilderung eines Augenzeugen in: o. Verf., The Siege of Sebastopol, in: USJ, June 1855, p. 174). Während der Verfolgung der Russen kamen die Raketen nochmals zum Einsatz: „a Russian officer and his staff came so close to observe us that they got under the fire of a battery over the Woronzow road, and received a flight of rockets, but were not hurt." (ibidem)

327) Siège de Sébastopol, a.a.O., p. 287 (AOPA, 1861, S. 258) und tome 2, p. 261

328) Pralon, a.a.O., p. 509, nach: Arago, a.a.O., No. 36, 1932. p. 33, konnte das Detachement während dieser Expedition keine Raketen einsetzen.

329) Dauvé, a.a.O., p. 71, sowie: Arago, a.a.O., p. 33

330) Pralon, a.a.O., p. 507

331) „Dans les derniers temps, on a reçu de nouvelles fusées de 7 centimètres de campagne. Au premier examen, on a trouvé qu'elles étaient d'un service peu commode et d'un emploi à peu près impossible sur un champ de bataille." (Siège de Sébastopol, a.a.O., p. 519)

332) Konstantinoff, a.a.O., p. 248

Raketenfeuer genommen werden, allerdings ohne Wirkung.[333] Aus dieser Zeit berichtete auch ein französischer Infanterieoffizier, dessen Regiment als Reserve einer Angriffstruppe auf die Tschernaja am 16. August eingesetzt war, seinen Eindruck von den französischen Raketen:

„On lançait également sur elles des fusées à la congrève; ces fusées emportaient d'assez gros obus qui éclataient bien souvent juste au-dessus ou au milieu des bataillons massés et leur faisaient éprouver de grandes pertes. C'est ce système de fusées, à peu de chose près, qui vient de faire tout de bruit (1894) et qui était présenté par le fameux Turpin, le chimiste inventeur de tant de choses semblables, nous menaçant aussi de vendre son invention aux Allemands et autres."[334]

An diesem 16. August wurden während der Schlacht von Tracktir durch die fuséens vor allem russische Reserven unter Beschuß genommen; anschließend, als der Feind endgültig von der Tschernaja zurückgeworfen war, wurde das Feuer der Raketen auf die Zugänge zu den Forts Chouliou und Mackenzie gerichtet, die Raketen:

„. . . arrivèrent avec un rare bonheur au milieu de la cavalerie et des parcs d'artillerie, et y causèrent beaucoup de dèsordre."[335]

Anschließend bezogen die fuséens neue Stellungen am Fort Alexander. Am 6. September vor dem endgültigen Sturmangriff wurde zusätzlich eine mobile Batterie mit Raketen kleinen Kalibers in der vierten Parallele, 80 Meter von der Bastion du Mât entfernt, bezogen, aus ihr wurden 7 cm Raketen mit Sprenggranaten abgefeuert.[336] Am 7. September erzielten die Raketen einen besonders spektakulären Erfolg: eine auf das Fort Saint Nicholas gerichtete Rakete traf im Ricochetieren auf eines der wichtigsten Pulvermagazine Sevastopols. 32.000 Kilo Pulver hätten hier explodieren können und mit ihnen das gesamte Fort:[337]

„Le 7, une fusée ricochant sur la partie circulaire de l'enceinte du fort Nicolas, entra dans une bonette parfaitement défilée, qui protegeait l'entrée du magasin à poudre le plus important de Sébastopol; 32,000 kilogr. de poudre allaient sauter et avec eux le fort tout entier, sans la présence d'esprit de quelques hommes dévoués qui étoufferent la fusée en la couvrant de boue."

Noch am selben Abend gegen elf Uhr traf eine weitere Rakete eine Barke am Kai Grafskoj, die mit 3.000 Kilo Pulver beladen war:

„L'explosion fut terrible; le quai du port Grafskoï fut littéralement détruit. Des canons de 36 déposés sur le quai furent jetés sur la troisième terrasse, et quelques-uns d'entre eux brisés en trois parties. La perte d'hommes causée par cette explosion fut considérable. Les barques et plusieurs chaloupes répandues dans la baie portaient des troupes et des ouvriers militaires; les uns furent tués, d'autres, parmi lesquels le lieutenant de vaisseau prince Réquatoff, furent mis en pièces, et un grand nombre furent blessés plus ou moins grièvement."[338]

Am 12. September, nachdem Sevastopol bereits genommen war, gelang den fuséens ein weiterer Erfolg: 2 Depots in der Nähe der Batterie Michael konnten in Brand gesetzt werden. Insgesamt wurden in diesen letzten Tagen der Belagerung nochmals etwa 400 Raketen eingesetzt, deren Wirkung aber im übrigen Artilleriefeuer unterging. Insgesamt wurden während der Belagerung Sevastopols 4.800 Raketen, davon 3.500 neue der Kaliber 9 und 12, verschossen,[339] aus Metz und Toulon wurden der Armee in dem Gesamtzeitraum 13.350 Raketen geliefert.[340]

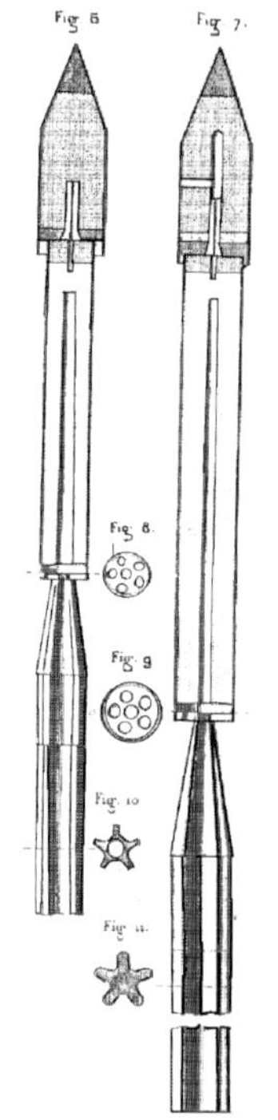

9,2 und 12 cm Festungs- und Belagerungs-raketen 1857 (Zeichnung: Favé)

Währenddessen war es in der Ostsee nicht zu den beabsichtigten Raketeneinsätzen gekommen. Für die geplante Beschießung Kronstadts, für die aufgrund der Wassertiefe Schußentfernungen von etwa 5 km erforderlich waren, wurden der Flotte 12cm Raketen mit den erforderlichen Abfeuerungsstativen geliefert. Mit 25 Stativen und 4.816 Raketen verließen am 2. resp. 18. August 1854 die Corvetten *Saône* und *Marne* Le Havre. Zur Bedienung wurden 100 Artilleristen aus Metz eingeschifft unter Führung von capitaine Mancourant, der unter Susane die Raketenproduktion in Metz geleitet hatte, mit capitaine Martin als Stellvertreter. Am 22. August traf die *Saône* mit capitaine Martin in der Ostsee ein, wo sogleich erste Test-Schüsse in Gegenwart auch britischer Beobachter abgefeuert wurden. Am 29. traf auch die *Marne* mit Mancourant ein, der ebenfalls 4 Raketen vor Reval für Versuchszwecke abfeuern ließ. Jedoch erfolgte am 9. September, bevor es zu einem Einsatz gekommen war, der Befehl zur Rückkehr.[341]

Nach der Eroberung Sevastopols beabsichtigten die Alliierten noch, Nikolaev zu beschießen, hierfür sollten wiederum Raketen mit großer Tragweite geliefert werden; um diese Forderung zu erfüllen, wurden 6.000 Raketen der Kaliber 9 und 12 bereitgestellt, von denen 5.000 im Oktober aus dem Bestand der Ostseeflotte geliefert wurden, die sie im Verlaufe ihrer Operationen nicht hatte einsetzen können.

Von den Schiffen der Marine wurden die Raketen seltener eingesetzt. Kanonenboote verschossen aber am 17. Oktober einige Raketen gegen die Befestigungen von Kinburn. Im Winter 1855 / 1856 wurde ei- n e Division dieser Boote unter capitaine de vaisseau Paris vom Eise vor

---

333) Der geringe Erfolg mag auch daraus resultieren, daß Brandraketen und keine Sprengraketen eingesetzt wurden, so daß kein Durchschlag erzielt wurde und doch entstehende Brände gleich gelöscht wurden: „Au siège de Sébastopol, une de nos fusées incendiaires étant tombée sur le vaisseau russe le Grand-Constantin, perça le pont, mais ne mit pas le feu, parce qu'elle s'était éteinte. Les choses se fussent passées autrement, si elle avait présenté une fusée à percussion." (M. Thiroux, Instruction théorique et pratique d'artillerie, Paris 1860, p. 384)

334) Ch. Duban, Souvenirs Militaires d'un officier français 1848 - 1867, Paris 1896, p. 128

335) Pralon, a.a.O., p. 509

336) Dauvé, a.a.O., p. 73

337) ibidem, Pralon (a.a.O., p. 508) gab an, das Fort wäre detoniert, die Schilderung Dauvés erscheint wahrscheinlicher, da eine solche Explosion sonst auch in „Siège de Sébastopol" und anderen Werken erwähnt worden wäre

338) Pralon, a.a.O., p. 508 (zitiert nach Poestich)

339) Siège de Sébastopol, a.a.O., p. 605, und: M. J. Jung, a.a.O., p. 15; siehe auch: Arago, a.a.O., pp. 24, sowie: Jung, rocketry, p. 16: Arago gab eine Auflistung der Raketeneinsätze: 26. 01.: 4 Raketen, dabei wurde ein Haus, in dem sich Offiziere zu Besprechungen trafen, getroffen und mehrere verwundet; 28.01.: 6 Raketen; 22.02.: 10 Raketen; 23. 02.: 5 Raketen; 26. 02.: 50 Raketen; 27.02.: 35 Raketen, daraufhin evakuierten die Russen die Zivilbevölkerung aus Oucht-ouerkou, wo sie die Garnison unterstützt hatte; 03.03.: 30 Raketen; 07.03.: 22 Raketen gegen einen Park von etwa 2.000 Fahrzeugen auf eine Entfernung von 6 km; 11.03.: 40 Raketen, die mehrere Brände in der Stadt verursachten; 22.03.: 90 Raketen, die unter anderen einen großen Holzvorrat in Brand setzten; 10.04.: 112 Raketen; 19.04.: 50 Raketen zur Unterstützung von Omar Pascha; 06./07.06.: 150 Raketen (9 cm und 12 cm Raketen mit großer Reichweite), die mehrere Brände in der Stadt verursachten; 18. 06.: 1 Rakete; 27.07.: von der St. Wladimir-Kirche; Ende Juli auf das Eperon von den Raketeuren der Marine und am 13.08. mit 3 schweren Raketengeschützen auf das Canrobert-Fort; am 07. und 08.09. etwa 1.000 Raketen von St. Wladimir zur Vorbereitung des Sturmes auf den Malakoff; 12.09. bis 26.10. etwa 400 7 cm Raketen durch das Marine Detachement, wobei der russische Lieutenant Kargaloff, Kommandant des Volchoff-Turmes getroffen wurde. Insgesamt wurden durch die Raketenbatterie 3-400 5cm und 400 7cm Raketen sowie 3.500 9- und 12cm Raketen abgefeuert, von denen 4,37 % während des Fluges detonierten. Das Detachement der Marine verschoß etwa 1.300 in Toulon gefertigte 9cm Raketen

340) Siège de Sébastopol, a.a.O., p. 701; welche Bedeutung die Raketen in diesem Krieg erlangt hatten, läßt sich auch an der Namensgebung für die schwimmenden Batterien ablesen, die bei der Beschießung des Fort Kinburn am 18.09.1855 eingesetzt wurden: Congrève, Dévastation, Lave, Foudroyant und Tonnante (Susane, fusées, a.a.O., p. 226)

341) Jung, Rocketry, a.a.O., p. 19

Kinburn festgehalten, dabei wurden von der *La Flèche* und der *La Meurtrière* mehrfach Raketen in kleinerer Anzahl gegen russische Patrouillen auf dem Eise eingesetzt.[342]
Während des Feldzuges waren die „fuséens" laufend verstärkt worden, so daß der ursprünglich eingesetzte Zug am 18. August 1855 die Stärke einer vollständigen Batterie erreicht hatte: sie bestand aus 4 Offizieren, 24 Unteroffizieren, 6 Feuerwerkern, 112 Kanonieren, 4 Handwerkern, 3 Trompetern und verfügte über 24 Pferde und 72 Maultiere.[343] Diese Stärke entsprach auch weitgehend der an diesem Tage mit ministerieller Weisung angeordneten Neugliederung der Batterie.[344] Die Erfolge der Raketen wurden anschließend auch dadurch hervorgehoben, daß diese Batterie an der Siegesparade am 17. April 1856 beteiligt war, bevor sie am 25. Mai eingeschifft wurde, um wieder nach Algier zurückzukehren, wo sie am 24. Juni eintraf.[345] Durch diesen Einsatz waren die französischen Raketen weithin berühmt geworden, so daß 1858 der russische General Todleben, die Seele des russischen Widerstandes in Sevastopol, gegenüber General Susane sagte: „Metz est notre Jérusalem!"[346] Sie scheinen aber nicht uneingeschränkt beliebt gewesen zu sein, so berichtete der russische General Kryshanowskii später, er habe nach Beginn des Waffenstillstandes im Lager der Alliierten bei Sevastopol französische Offiziere auf deren Raketen angesprochen:
„Auf unsere Fragen bezüglich der Raketen antworteten General Soleil und seine Offiziere mit einem Lächeln und gestanden dann, daß sie Raketen bei der Belagerung Sevastopols nur deshalb eingesetzt hätten, weil sie in großen Umfang aus Frankreich geliefert worden wären und man sie hätte verbrauchen müssen. Das Spiel habe sich aber nicht gelohnt . . ."[347]

(4) Weiterentwicklung und Ende der Raketen

Aufgrund der Erfahrungen des Krim-Krieges entschloß sich General Susane, anstelle der alten Rakete des Kalibers 5 eine neue mit dem Kaliber 6 zu entwickeln. Überdies war festgestellt worden, daß eine Reihe von Raketen im Einsatz während des Fluges zersprungen war oder daß die meisten größere Abweichungen von der Flugbahn gezeigt hatten. Der Grund lag offensichtlich in der Qualität der Raketenhülsen, die von der Industrie geliefert worden waren, wobei auch der Zeitdruck und die besonderen Bedingungen der Herstellung und der Lieferung für eine sofortige Verwendung dazu geführt hatten, daß teilweise minderwertiges Material verkauft worden war. Susane konnte daraufhin erreichen, daß auch die Hülsen an der Schule hergestellt wurden „la tôle douce, mince et homogène de nos laminoirs"[348]
Die Marine stellte aufgrund der Erfahrungen des Krim-Krieges die eigenständige Herstellung von Raketen in Toulon ein,[349] die Raketen der Kaliber 6, 9 und 12 cm blieben aber im Dienst. Die 6 cm Raketen mit Granaten, Kartätschen oder Brandsatz dienten dabei ausschließlich für den Feldeinsatz, die Länge ihres Stabes betrug 1,10 Meter.[350] Die 9 cm Raketen trugen einen Gefechtskopf mit Brandsatz vom Kaliber 9 oder eine Granate oder Bombe des Kaliber 12 oder einen Brand-/ Leuchtsatz, ihr Stab besaß eine Länge von 1,50 Meter. Die 12 cm Raketen trugen Bomben der Kaliber 14, 19, 21 oder 27 cm oder eine Granate vom Kaliber 15, schließlich war noch ein Brandsatz vorhanden. Die 6 cm Rakete reichte bei 10° resp. 50° von 500 bis 3.000 Meter, die 9 cm Rakete von 3.000 bis 6.700 Meter und die 12 cm Rakete von 3.800 bis 7.500 Meter.[351]
Nach Versuchen in Suippes im September 1856[352] wurde durch den Kriegsminister ein neues System für die Raketen festgelegt: für den Feldeinsatz wurde die neue Rakete des Kalibers 6 bestimmt, die Raketen der Kaliber 9 und 12 (lang) waren für Belagerung und Verteidigung von Festungen vorgesehen, das Modell des Kaliber 12 (kurz) wurde aufgegeben, ebenso, entgegen dem Rat Susanes, die gerade eingeführte Rakete des Kaliber 7. Es wurde nunmehr von den Raketen der 5. Generation gesprochen. Alle Raketenmodelle verwendeten denselben Treibsatz, der aus 62 Teilen Salpeter, 18 Teilen Kohle und 20 Teilen Schwefel zusammengesetzt war.[353] Dieser Treibsatz war verglichen mit den Raketen anderer Länder „langsam", die Form der Seele glich aber diesen Nachteil aus. Das einzige Problem blieb eine gewisse Unregelmäßigkeit beim Pressen des Treibsatzes in die Hülsen, da die hydraulischen Pressen mit einer Kraft von 300.000 Kilo von Hand gesteuert werden mußten, was bedeutete, daß Dauer und Stärke des Druckes beim Pressen abhängig von der Aufmerksamkeit des Bedieners waren.[354]
„Dans ces circonstances, le chargement de quelques fusées pour des essais au polygone, et celui que réclame la fabrication courante, n'ont plus lieu dans les mêmes conditions, et des ouvriers peu surveillés, comme cela ne manque pas d'arriver avec l'activité de fabrication que réclament des besoins immédiats, peuvent chercher à s'épargner la fatigue et à augmenter la rapidité du travail. Ce défaut de pression régulière et suffisante entraîne invariablement le manque d'uniformité dans la force motrice des fusées et leur explosion."
Gleichzeitig erhielt die Schule am 21. April 1857 den Auftrag, die neue Rakete des Kaliber 6 weiter zu entwickeln und die geeignetsten Gefechtsköpfe für sie auszuwählen. Für den Transport sollte der Gebirgs-Munitionswagen, Modell 1828, genutzt werden.[355]
Die entsprechenden Versuche, die in Châlons durchgeführt wurden, zogen sich bis 1860 hin. Als Ergebnis wurden für die Raketen des Kaliber 12 als Gefechtskopf ogivale Granaten der Kaliber 19, 24 und 27 ausgewählt. Für die Raketen des Kaliber 6 mußte ein neuer Transportwagen konstruiert werden, da die Größe der Raketen den Gebrauch des vorgesehenen Modells nicht zuließ. Zugleich wurden die vorhandenen Raketen leicht modifiziert, die Hülsen wurden bei der Rakete des Kalibers 9 von 1,5 auf 2,5 mm verstärkt und bei dem Kaliber 12 von 2,5 auf 3 mm; bei der Rakete vom Kaliber 9 wurde der Durchmesser von 92 auf 90 mm verringert und die Länge der Hülse von 900 auf 820 mm.
Die Rakete des Kaliber 9 erhielt 5 neue Gefechtsköpfe: eine neue Brandhaube von 9 cm Durchmesser, die 2,5 kg Brandmasse enthielt und auf einer Granate von 1,2 kg Gewicht aufgesetzt war, der Zünd-

---

342) Arago, a.a.O., p. 39
343) Siège de Sébastopol, a.a.O., p. 656
344) Dauvé, a.a.O., p. 74
345) M. J. Jung, a.a.O., p. 15; diese Beurteilung scheint aber in der französischen Artillerie umstritten gewesen zu sein, in einer Notiz in der ÖMZ, 1862, S. 390 (Die Kriegsraketen in Frankreich und Sardinien) hieß es: „Die französische Artillerie hat eine Abneigung, die Raketen als Kriegswaffe zu verwenden. Bei der Belagerung von Sebastopol wurde der erste Versuch gemacht, eine Raketenbatterie im Feld auftreten zu lassen. Die Leistungen derselben waren jedoch sehr wenig befriedigend." Für die Siegesparade war die Batterie wieder aufgefrischt worden und marschierte in ihrer Friedensstärke von 4 Offizieren, 154 Mann, 34 Pferden und 72 Maultieren (Arago, a.a.O., p. 39)
346) M. J. Jung, a.a.O., p. 15
347) Sonkin, a.a.O., S. 132, ähnlich: A.-D. Vergnaud et P. Vergnaud, Manuels-Roret, Nouveau Manuel Complet de L'Artificier, Première Partie, Pyrotechnie Militaire, Paris 1865, p. 310:
„On a fait usage, pendant la guerre de Crimée, de ces fusées de guerre, et principalement pour lancer un chapiteau garni de matières incendiaires ou de poudre produisant des explosions. Quand elles ont atteint, elles ont, au dire de Russes, causé de grands ravages; mais il était rare qu'elles atteignissent le but; leurs déviations étaient considérables et fort irrégulières; quelques-unes éclataient au départ; enfin, on reconnut que le transport leur était nuisible, en occasionnant souvent dans la composition des fissures d'où proviennent des éclatements prématurés . . ."
348) M. J. Jung, a.a.O., p. 15
349) Vergnaud, a.a.O., p. 311
350) In Metz wurde 1855 mit der Entwicklung einer neuen 6 cm Rakete begonnen (Pralon, fusées de guerre, a.a.O., p. 384)
351) Vergnaud, a.a.O., pp. 313
352) Ergebnisse dieser Versuche siehe Beilage 7 zu diesem Abschnitt
353) M. Christal, Les Fusées de guerre, leur fabrication, leur emploi dans les armées modernes, in: Revue Contemporaine, Paris 1863, p. 164
354) ibidem, p. 465
355) Pralon, a.a.O., p. 201

kanal wurde für eine Brennzeit von 30 Sekunden ausgelegt; eine Sprengladung mit einem Kaliber von 12 cm, die aus 3,5 kg Pulver bestand und nach 40 Sekunden gezündet wurde, eine ogivale Granate des Kaliber 12 cm, die ebenfalls nach 40 Sekunden gezündet wurde, eine Brand- oder Leuchthaube des Kaliber 16 cm, die 12 kg Brandmasse enthielt sowie eine des Kaliber 25 cm mit 25 kg Brandmasse, die auf eine Granate von 13,9 kg aufgesetzt war.

Für die Raketen des Kaliber 12 war eine ogivale Bombe mit einem Gewicht von 60 kg und einem Durchmesser von 27 cm mit einer Zündzeit von 27 Sekunden, eine Bombe mit einem Durchmesser von 24 cm, die 40 kg wog, sowie eine Bombe von 19 cm Durchmesser mit einem Gewicht von 20 kg vorgesehen, ferner gab es eine Granate des Kaliber 15 cm, die 15 kg wog.

Die neue Rakete des Kaliber 6 im Jahr 1856 war fertig zum Verschuß 1,17 Meter lang, für sie war als Gefechtskopf eine Kartätsche, eine Brandhaube des Kaliber 7 cm und schließlich eine ogivale Granate vom Kaliber 9 cm vorgesehen, für letztere konnten die Brennzeiten auf 600, 1.200 oder 2.000 Meter eingestellt werden. Jedoch wurde am 13. März 1857 beschlossen, diese Raketen geringfügig zu verkleinern. Die Hülse wurde um 1 cm verkürzt, der Stab von 600 auf 480 mm, und auch die Granate wurde von 155 mm Höhe auf 130 verkürzt: damit betrug die Gesamtlänge nur noch einen Meter, schließlich wurden die Brennzeiten der Zündleitung für die Granate auf 4 Einstellmöglichkeiten zwischen 800 und 3.000 Metern Schußentfernung erweitert.[356] Bei großer Erhöhung erzielte diese Rakete eine Reichweite von 3.000 Metern. Es wurde wieder ein dreibeiniges Abfeuerungsgestell verwendet, das 5 Kilo wog.[357] Nach weiteren Versuchen, die in Châlons durchgeführt wurden, wurde diese Rakete mit einer Gesamtlänge von einem Meter endgültig 1862 eingeführt, nachdem noch einige geringfügige Modifikationen durchgeführt worden waren, so war die Hülse nunmehr 250 mm lang und der Stab 45 cm, während die Granate 15 cm hoch war. Diese Rakete wurde dann als Modell „1862" bezeichnet. Nunmehr waren als Gefechtsköpfe vorhanden: eine ogivale Granate des Kaliber 9 cm, eine Kartätsche, die 32 Kugeln aus Blei mit einer Sprengladung von 250 gr Pulver enthielt und 11 kg wog und eine Brandhaube des Kaliber 9 cm in zylindrischer Form. Eine fertige Rakete kostete 8 fr.[358] Diese Raketen konnten jedoch nur bedingt direkt, also mit Erhöhungen zwischen 10 und 15 Grad abgefeuert werden, da ihre Geschwindigkeit im Moment, in dem sie das Abfeuerungsgestell verließen, noch zu gering war, so daß sie zum Boden durchsackten und dabei ihre Richtung in einer Weise ändern konnten, die nicht vorhersehbar war.[359]

Für alle Raketen lagen Schußtafeln vor; aber auch bei windstillem Wetter konnte man nicht vollständig auf diese Werte vertrauen, im Regelfalle wurden Erfahrungswerte eingestellt; die Gesamtabweichung betrug bei den Versuchen etwa ein Viertel bis ein Sechzehntel der Schußentfernung, wobei die Seitenabweichung geringer war. Aufgrund dieser Abweichungen sprach sich Susane auch entschieden gegen die Rotationsraketen aus, weil er der Auffassung war, daß diese noch unzuverlässiger bei den Abweichungen in der Entfernung wären. Zu diesem Thema schrieb er am 7. Juli 1857 an den Kriegsminister:[360] *„L'application de la rotation aux fusées ne produira pas l'effet qu'on attend: elle nuira au contraire à la régularité et à l'étendue de leurs trajectoires; et, dans le tir, des complications qui annuleraient les avantages spéciaux que présentent les fusées."*

Pralon gab zum Abschluß dieser Entwicklung der Raketen der 5. Generation eine Übersicht, welche die Leistungsdaten der Raketen der verschiedenen Entwicklungsphasen gegenüberstellte:[361]

Art der Rakete Elevation 45°	1. Gen.	2. Gen.	3. Gen.	4. Gen.	5. Gen.
Kaliber 5 bzw. 6	1600 - 2600 m	1500 - 2000 m	1400 m	1400 m	2000 - 3000 m
Höchstreichw.					
Kaliber 7	3000	2500	1700	3200	
Kaliber 9	2000	2900	-	5000	6700
Kaliber 12	-	-	-	1300 - 6600	2400 - 7000

(zwei angegebene Entfernungen beziehen sich auf den jeweils leichtesten und schwersten Gefechtskopf)

Anläßlich dieser Festlegungen stellte General Challeat fest: *„Comme on le voit, Susane s'est montré l'un des meilleurs pyrotechniciens de son temps."*[262]

Die neue Rakete vom Kaliber 6 war kaum erprobt, als sie auch schon ab Mai 1857 ihre erste Bewährungsprobe im Krieg gegen die Kabylen, die als letzte die französische Herrschaft in Algerien nicht anerkennen wollten, bestehen mußte. Die Raketenbatterie wurde inzwischen von Capitaine Jacquot geführt. Jeder der 3 Divisionen des Expeditionsheeres wurde ein Raketenzug unterstellt, wobei der Batteriechef bei der 2. Division unter Mac-Mahon verblieb, während capitaine Harel der 1. Division des General Renault zugeteilt war. Dieser Zug bestand aus einem Lieutenant, 20 Unteroffizieren und 50 Mann und verfügte über 4 Abfeuerungsgestelle, 10 Pferde und 23 Maultiere. 92 Spreng-, 38 Kartätsch und 18 Brandraketen wurden mitgeführt.[263] Die Raketen wurden bei zahlreichen Gefechten erfolgreich eingesetzt; der erste Einsatz erfolgte am 24. Mai beim Angriff auf Tacheraich, den Hauptstützpunkt der Beni-Raten unter dem Marabout Cheik-El-Arab; um fünf Uhr morgens wurde das Feuer eröffnet: „En quelques instants, les retranchements et le village étaient couverts d'obus et de fusées." Nach Einnahme der Ortschaft wurde der Angriff fortgesetzt: „Il faisait ainsi le la place aux fuséens, qui pouvaient plus facilement continuer à suivre de sentier."[364] Mac-Mahon ging anschließend gegen Afenson vor:

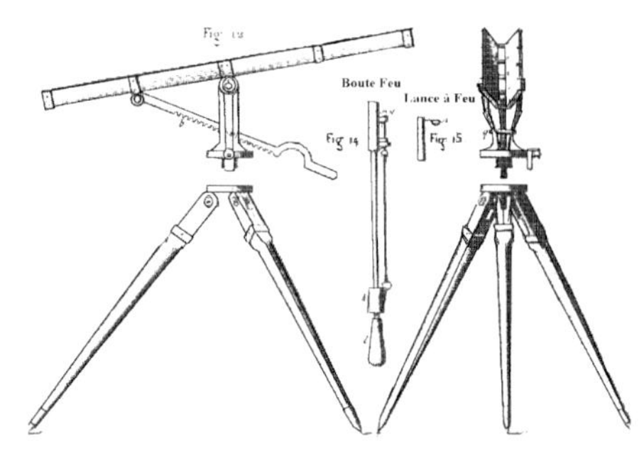

Abfeuerungsgestell 1857, wie es im Feldzug gegen die Kabylen eingesetzt wurde (Zeichnung: Favé)

356) Pralon, a.a.O., p. 392; diese Einstellmöglichkeiten waren farblich gekennzeichnet und rund um den Kopf der Rakete angeordnet, „rot" entsprach einer Entfernung von 600, „blau" einer von 1.200, „schwarz" einer von 1.800 und „grau" einer von 2.400 Metern, wurde keine dieser Einstellungen vorgenommen, wurde die Granate erst am Ende der Brennzeit, also nach 3.000 Metern, gezündet. Vergnaud (a.a.O., p. 314) beschrieb diese Zünder nur für die Marine Rakete vom Kaliber 6 cm. In einem anderen Aufsatz gab Pralon (fusées de guerre, a.a.O., p. 384) ergänzend an, daß der Zünder (=fusée) der Granate für diese Rakete als „espolette" bezeichnet wurde, um Verwechslungen mit der eigentlichen Rakete zu vermeiden.

357) Favé, a.a.O., p. 205

358) Pralon, a.a.O., p. 392 - 395

359) Favé, a.a.O., p. 206

360) Pralon, a.a.O., p. 203; dennoch scheinen ab 1860 nochmals Versuche mit Rotationsraketen durchgeführt worden zu sein, die Versuche mit „Düsen" am unteren Ende der Hülse scheinen erfolglos gewesen zu sein, ebenso ergaben Versuche, bei denen die „Düsen" im Schwerpunkt der Hülse angebracht waren, nur mittelmäßige Ergebnisse, erst als die „Düsen" am oberen Ende der Hülse, also im Bereich der Zehrung, angebracht wurden, ergaben sich befriedigende Resultate. Dennoch scheinen diese Versuche nicht weitergeführt worden zu sein. (Ananoff, a.a.O., pp. 66)

361) Pralon, a.a.O., p. 495, sowie: Pralon, fusées de guerre, a.a.O., pp. 385; die technischen Daten dieser Raketengeneration enthält die Beilage 6 zu diesem Abschnitt.

362) zitiert nach: M. J. Jung, a.a.O., p. 16

363) E. Clerc, Campagne de Kabyle en 1857, Lille 1859, p. 113

364) ibidem, p. 33 und p. 35

„Le général Mac-Mahon faisait lancer quelques fusées d'essai sur les villages les plus rapprochés des Iridien, autant pour montrer à l'ennemi qu'on pouvait l'atteindre de loin, que pour lui annoncer notre présence presque sur ses derrières, et lui donner ainsi quelques inquiètude."[365)]
An diesen beiden Tagen wurden 85 Spreng-, 38 Kartätsch- und 18 Brandraketen von diesem Zug abgefeuert, nach Zuführung von Nachschub verfügte er am 25. Mai abends wieder über insgesamt 127 Spreng- und 38 Kartätschraketen.[367)] Die Beni-Raten kapitulierten dann am 26. Mai.
Der nächste größere Einsatz erfolgte am 24. Juni beim Angriff auf das befestigte Dorf Ichériden, wobei eines der „Raketengeschütze" bis auf 200 Meter an die Verschanzungen der Kabylen vorgezogen wurde, 5 Raketeure wurden dabei außer Gefecht gesetzt; ein Bericht beschrieb anschaulich einen der Einsätze der Raketeure:
„En descendant d'Afenson à Bolias, à trois cents mètres environ de distance, on aperçoit à sa droite un petit contre-fort qui se détache perpendiculairement de la crête et s'avance à sept cents mètres, dans la direction des Aït-Oumalaou, sur un vaste bassin formé par la réunion d'une multitude de petits ravins boisés et très-tourmentés. Deux compagnies d'infanterie avaient étélaissés sur ce contre-fort pour protéger le passage de l'arrière-garde. Les Aït-Oumalaou, réunis aux Aït-Akerma, rejetés de ce côté par l'attaque, occupaient ce bassin en assez grand nombre, et, s'approchant du contre-fort, entamaient une fusillade très-vive avec ses défenseurs, dans l'intention évidente de couper l'arrière-garde en ce point.
Vers neuf heures, le commandant de l'artillerie recevait l'ordre de se porter sur le contre-fort avec la section des fuséens (Jacquot) et un obusier de montagne, pour repousser cette attaque, dégager la position, et assurer ainsi le flanc gauche de l'arrière-garde. Au moment où l'artillerie arrivait, caché derrière chaque arbre, chaque buisson, chaque ressaut de terrain, un ennemi invinsible entourait de devant du contre-fort d'un demi-cercle de feux. La fumée et le bruit des explosions révélaient seul sa présence et sa force. Ce terrain, couvert et très-tourmentée, occupé par un ennemie èpars, dont il fallait deviner la position, était plus particulièrement propre à l'action des fusées. Du reste, les obusiers n'avaient plus que quelques charges, et il importait de les converser, en attendant de nouvelles munitions, pour un cas plus pressant et plus favorable. Pour ce double motif, le commandant de l'artillerie faisait agir seulement les fusées du capitaine Jaquot.
Par quelques embuscades placées à deux cents mètres environ, sur la droite, derrière le rebord d'un chemin creux, il partait des coupes très dangereux et qui avaient déjà mis plusieurs hommes hors de combat. Les premières fusées dirigées contre elles réussissaient assez promptement à déloger les Kabyles.
Le feu continuait ensuite tout autour de la position, les quatre affûts étant mis en batterie à la fois les points les plus rapprochés et les plus gênants. La fusillade était ainsi ralentir et éloignée, mais elle continuait cependant, en reprenant par moment quelque vivacité.

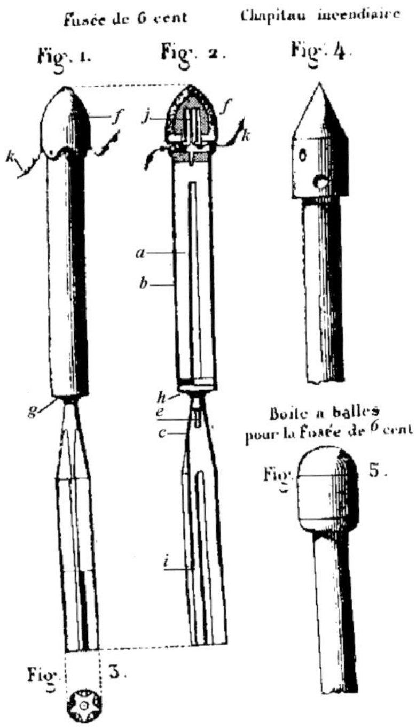

6 cm Raketen (links mit Spreng-, rechts oben mit Brand- und rechts unten mit Kartätschgefechtskopf[366)] *(Zeichnung: Favé)*

Déjà une vingtaine d'hommes avaient été mis hors de combat sur cette position, et il fallait à tout prix chasser l'ennemie au loin, pour permettre à l'infanterie de se couvrir par un épaulement et de se mettre ainsi à l'abri de la fusillade. Jusqu'alors le tir des fusées s'était fait lentement, autant pour assurer le tir que pour bien reconnaître les points sur lesquels il importait de les diriger d'abord. Ces points, où les Kabyles étaient réunis en force, étant enfin mieux connus pour frapper un coup décisif, on accélérait tout à coup le tir en dirigeant sur eux tous les coups avec quatre affûts à la fois. Sous cette pluie des fusées, les Kabyles sortaient enfin de leurs embuscades, et se décidaient à battre en retraite de l'autre côté du bassin, chez les Aït- Oumalaou . . .
Quelques fusées, lancées à d'assez grandes distances sur les groupes les plus nombreux, précipitaient leur retraite . . ."[368)]
Ende Juni unternahmen Teile der Division Mac-Mahon unter General Périzot eine Demonstration gegen die Beni-Yenni, zur artilleristischen Unterstützung stand den Truppen nur der Raketenzug zur Verfügung:
„Pour attirer l'attention de l'ennemi et lui donner le change sur la véritable attaque, il faisait lancer quelques fusées sur les pentes, de l'autre côté du ravin, où l'on voyait quelques Kabyles se porter en observation. D'autres fusées étaient dirigées sur le fond du ravin, pour s'opposer au passage des contigents qui se portaient chez les Benni-Yenni. Ces contigents pour éviter les fusées, étaient obligés de faire un grand détour, et ne pouvaient pas arriver à temps, pour prendre part à la défense de leur pays. Le but proposé était ainsi atteint, et une soixantaine de fusées, lancées par le capitaine Jacquot, avaient en une bonne part au succès de cette démonstration."[369)]
Bei einem weiteren Einsatz am 11. Juli konnte die Unterstützung der Angriffstruppen gegen die Illiten nur durch die Raketeure des 1. und 3. Zuges erfolgen, weil in dem schwierigen Gelände selbst die Gebirgsartillerie nicht eingesetzt werden konnte, während die Raketeure ihre Abfeuerungsgestelle und Raketen selbst zum Einsatz trugen.[370)]
Auf die Vorteile der Raketen bezüglich ihrer Beweglichkeit wurde auch an anderer Stelle hingewiesen, wobei zu berücksichtigen ist, daß die leichte Gebirgshaubitze immerhin 100 kg wog:
„Les fuséens étaient employées surtout là où les obusiers n'auraient pu agir facilement; c'est-à-dire dans les ravins profonds et boisés, sur les pentes escarpées: comme le 24 mai, sur le contrefort, pour chasser les Kabyles des ravins environnants. Ils suivaient les colonnes d'attaque, afin de pouvoir occuper les positions favorables à l'action de l'artillerie, et qui auraient pu être inabordables aux mulets, les servants pouvant alors transporter eux-mêmes quelques fusées avec les affûts nécessaires. L'incertitude de leur tir faisait une loi de ne pas les tirer par dessus d'autres troupes: c'était encore une raison pour les porter en avant, et les mettre ainsi à même d'exécuter leur feu, en dehors des colonnes sans les inquiéter. C'est pour ces divers motifs

365) ibidem, p. 37
366) Legende: a. Composition fulminante (matière poudre à 62 de salpètre, 18 de charbon et 20 de soufre), tassée à la presse; b. Cartouche en tôle fortement soudée; c. Douille en tôle entourant le haut de la baguette en bois et se vissant au centre du culot h; d. Tôle mince prolongeant la douille pour garantir de l'humanidité le bois de la baguette de la fusée; e. Broche de liaison s'enfonçant dans la baguette; f. Obus cylindro-ogival, chargé en poudre; g. Events cylindriques, au nombre de 5, auxquels correspondent 5 cannelures de la baguette de direction; h. Culot du cartouche; j. Espolette; k. Ficelles permettant de déboucher l'un des 4 canaux, de durée convenable. de l'espolette. (Challeat, a.a.O., p. 94)
367) ibidem, pp. 116, es ist nicht ersichtlich, wo die fehlenden Brandraketen verschossen wurden.
368) ibidem, p. 43; Jacquot wurde für diesen Einsatz ausgezeichnet: „ . . . a servi lui-même avec un servant un affût à fusées dans une position menacée, tous les autres servants ayant été blessés" (Dauvé, a.a.O., p. 307)
369) E. Clerc, a.a.O., p. 87, bei diesem Einsatz wurden 96 Raketen abgefeuert (ibidem, p. 120)
370) Dauvé, a.a.O., p. 85

qu'ils prenaient part au feu en avançant, exécuté le 24 juin contre les retranchements d'Icheriden.
Bien qu'ils n'eussent pas beaucoup à gagner en se portant à si petite distance, c'était une nécessité de le faire si l'on voulait continuer à les faire sans danger pour les autres troupes, et leur donner la facilité de suivre l'attaque au delà sur un terrain qui était plus favorable à leur action. Enfin, ils étaient employés du préférence dans les démonstrations; (comme le 25 juin chez les Beni-Yenni), parce que les fusées étaient plus propres que les obus à attirer l'attention de l'ennemi, et que, du reste, cette démonstration se faisait sur un terrain qui leur était favorable."[371)]
Der Kommandeur der 1. Division, General Renault, schrieb zum Abschluß des Feldzuges am 1. Oktober 1857 an Oberst Susane:
„Les fusées m'ont rendu d'excellents services dans l'attaque des positions que j'ai eu à enlever, et des villages que j'avais à prendre. La mobilité des affûts m'a permis de placer constamment les fusée sur la ligne des tirailleurs, dont ils ont pu suivre tous les mouvements. . ." [372)]
Anschließend wurde Renault vorübergehend Generalgouverneur von Algerien, in dieser Funktion schrieb er an Susane:
„L'expérience est concluante, je sais combien vous avez travaillé pour améliorer le tir des Fusées. Je suis heureux de vous dire que, dans le cours de la campagne, je n'ai pas eu le plus petit accident et que tous les coups ont bien porté."[373)]
Während dieses Feldzuges wurden insgesamt 540 Raketen des neuen Kaliber 6 eingesetzt, die sich im wesentlichen als zuverlässige Waffe bewährten:
„Quand aux fusées dont 540 ont été tirées . . . elles n'ont donné lieu à aucun accident grave, et malgré quelques déviations anormales, leur tir a été généralement bon, surtout sous les grandes angles."[374)]
Auch General Favé betonte, daß diese neuen Feldraketen von der Truppe voll akzeptiert wurden:
„. . . elles gagnèrent dans ces rencontres les sympathies et la confiance jusque-là fort èbranlées de nos soldats"[375)]

Nach diesem Feldzug verblieb die Batterie in Algier und führte normalen Ausbildungsdienst durch. Am 19. Mai 1859 wurde sie in einer Stärke von 234 Mann, 24 Pferden und 114 Maultieren zunächst nach Toulon und am 14. Juni von dort nach Genua verschifft, um die französische Italienarmee im Krieg gegen Österreich zu verstärken, mitgeführt wurden 2.000 Raketen. Zusätzlich veranlaßte der Kriegsminister auf Anforderung des Kommandanten der Artillerie der Italienarmee die Zuführung von 3.000 Raketen großer Reichweite zum Belagerungspark der Armee, diese Anzahl wurde mit Weisung vom 5. Juli nochmals um 1.000 Raketen erhöht. Die Ereignisse auf dem Kriegsschauplatz entwickelten aber solch eine Dynamik, daß weder die zusätzlichen Raketen aus Metz noch die Raketenbatterie noch zeitgerecht eintrafen. Als die Batterie nach der Ausschiffung in Genua endlich bei der Armee eintraf, war bereits der 25. Juni angebrochen, der Tag nach der Schlacht von Solferino. Für den Einsatz war die Batterie so gegliedert worden, daß ihre nunmehr 4 Züge jeweils ein Korps hätten unterstützen können. Der Feldzug war aber bereits entschieden und die Batterie wurde am 10. August wieder zurück in ihre Garnison nach Algerien verlegt.[376)]

Ab 1858 beschäftigte man sich in Metz auch wieder mit dem Rotationsprinzip, mehrere Konstruktionsvorschläge wurden geprüft, so von einem Lieutenant Couche, vom maréchal des Logis Rocher und einem schweizerischen Offizier der Fremdenlegion, Boichat, auch der belgische capitaine Splingard reichte einen Vorschlag ein; es scheinen jedoch keine ernsthaften Versuche mehr durchgeführt worden zu sein.[377)]

Der Garnisonsdienst der „fuséens" sollte aber nur kurze Zeit währen, im Oktober 1859 wurden die Truppen unter General de Martimbrey bei Oran für einen neuen Feldzug gegen Marokko zusammengezogen, Capitaine Jacquot wurde zum Kommandanten der Artillerie der 1. Division unter General Walsin-Esterhazy ernannt, zur Artillerie dieser Division gehörte der 3. Zug der Raketenbatterie.[378)] Der Zug, unter dem Kommando von Lieutenant Dulon, bestand aus 94 Mann und 60 Pferden und Maultieren. Am 27. Oktober konnten sich die Raketeure bereits erfolgreich im Kampf gegen die Beni Srassen an der Einnahme des Col d'Aïn-Taffouralt beteiligen:
„Pendant cette attaque, la division Walsen-Esterhazy, dont faisait partie la section des fuséens, dut passer par un sentier très étroit surplombant un ravin profond et dominé par une crête de 250 mètres de hauteur occupée par les Beni-Snassen. La tête de la colonne était déjà engagée sur ce sentier lorsque les Marocains commencèrent à tirer dessus et à laisser tomber de gros blocs de pierre du haut de la montagne. Un tir de fusées de 6 à obus, exécuté de bas en haut presque verticalement, suffit pour déloger les Beni-Snassen de leur position.
Le lendemain, la section des fuséens repoussa par un tir de 4 fusées à boîtes à balles, suivies de celles de 10 fusées à obus, une attaque dirigée pas les Marocains contre le flanc de la colonne."[379)]
Ihre Leistungen wurden lobend im Tagesbefehl der Armee von General Martimbrey erwähnt.[380)] Zu diesem Einsatz hieß es:
„Les Kabyles nous accueillirent par une fusillade très-vive, mais les fusées et les obus de l'artillerie les eurent bientôt dispersées."[381)]
Am 11. November war der Feldzug beendet, und der Zug kehrte nach Algier zurück, wo er am 27. eintraf.
In diesem Jahr, 1859, setzte auch die Marine mehrfach im Senegal erfolgreich 6 cm Raketen ein, vor allem am 25. Oktober in der Schlacht von Guemou, durch welche Faidherbe die Eroberung des Tucoloreiches von El Hadj Omar abschloß.[382)]

Nahezu gleichzeitig wurde gemeinsam von Großbritannien und Frankreich eine Strafexpedition gegen China durchgeführt. Am 1. Dezember 1859 wurde der 1. Zug der Raketenbatterie unter Capitaine Delaroze in Stärke von 2 Offizieren und 47 Soldaten nach Toulon verlegt, um sich dem Expeditionsheer anzuschließen. Am 1. Januar[383)] schifften sich die Raketeure auf der *Reine-des-Clippers* für die Fahrt zum Fernen Osten ein, der Transport verlief nicht unproblematisch, am 3. Juni geriet das Schiff, bereits in Sicht von Macao, in Flammen; das Personal konnte gerettet werden, die gesamte Ausrüstung aber war verloren. Die Munition des Zuges war auf einem anderen Schiff mitgeführt worden, sie bestand aus 1.000 Raketen unterschiedlicher Modelle des Kalibers 6, 56 Raketen des Kaliber 12 mit Granaten als Gefechtskopf, 144 Brandraketen des Kaliber 9 und 800 Brandraketen des Kaliber 7.[384)] Während des Aufenthaltes im Lager von Tché-fou bis

371) E. Clerc, a.a.O., p. 128 (Resumé zum Einsatz der Artillerie in diesem Feldzug)
372) zitiert nach: Pralon, a.a.O., p. 510
373) zitiert nach: M. J. Jung, a.a.O., p. 16
374) Bericht des Befehlshaber der Artillerie an den Kriegsminister vom 25. Juli 1857, zitiert nach: M. J. Jung, a.a.O., p. 16
375) Favé, a.a.O., p. 205
376) Angaben nach: Pralon, a.a.O., p. 510 - 511, sowie: Dauvé, a.a.O., p. 88, Dauvé gab eine Stärke von 4 Offizieren und 220 Unteroffizieren und Mannschaften, sowie 152 Pferden und Maultieren an, während Defrasne, Apogées, a.a.O., p. 24, 184 Pferde nannte.
377) AdAV, 2.c.7, Susane, notes sur les essais, a.a.O.
378) Bericht in: Journal des Débats, Paris, 20. Oktober 1859, p. 2 (Faits divers)
379) Arago, a.a.O., No. 39, 1933, p. 23
380) Pralon, a.a.O., p. 511, sowie: Dauvé, a.a.O., p. 112; namentlich genannt wurden in diesem Tagesbefehl Lieutenant Dulon, maréchal de logis Corbeil und Brigadier Halter (Arago, a.a.O., p. 23)
381) Konstantinoff, a.a.O., p. 50
382) Arago, a.a.O., p. 24
383) Dauvé, a.a.O., p. 117, gab als Tag der Einschiffung den 28. Dezember an und nannte als Stärke des Zuges 2 Offiziere (Capitaine en 2e Delaroze sowie Lieutenant en 1er Donop) mit 48 Unteroffizieren und Mannschaften
384) ibidem

zum 20. Juli wurde die Ausrüstung ergänzt. Im Verlauf des folgenden Feldzuges wurden die Raketen häufig eingesetzt. Bereits zu Beginn der Kämpfe am 12. August unterstützten sie die Erstürmung der Verschanzungen von Sin-Ko; am übernächsten Tag wurden sie bei Tong-Ko eingesetzt, zu Beginn des Gefechts feuerten sie auf 1.500 Meter und gingen dann mit der übrigen Artillerie bis auf 400 Meter vor. Der Befehlshaber des Expeditionsheeres, General de Montauban, berichtete zu diesem Einsatz:

„Les deux batteries de quatre canons rayés et la section de fuséens se déployant à la gauche des pièces anglaises, ouvrirent le feu, avec elles, à environ 1.500 mètres des retranchements. La précision de leur tir, malgré la riposte très-vive, mais heureusement mal dirigée de l'ennemi, eut bientôt pour effet de permettre au colonel de Beutzmann de rapprocher sa ligne par un mouvement de feu en avant par demi-batteries . . . "

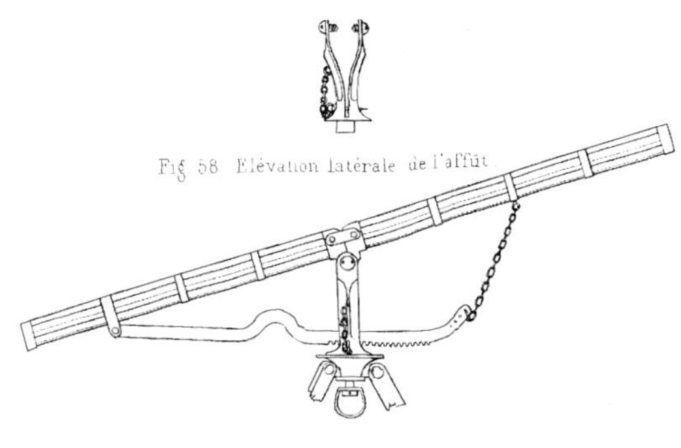

Abfeuerungsgestell Modell 1862 (Zeichnung: Pralon)

In diesem Gefecht zeigten sich die Raketen vor allem in Beweglichkeit und Reichweite den Gebirgshaubitzen überlegen, wie Konstantinov betonte.[385] Am 24. August, nach fehlgeschlagenen Verhandlungen, wurde der Zug am Ufer des Peï-Ho eingesetzt, um die chinesische Befestigung am rechten Flußufer zu beschießen.[386] Die Batterie marschierte dann nach Tientsin, wo sie bis zum 10. September im Lager verblieb. Der wirkungsvollste Einsatz der Raketen erfolgte am 21. September, nach Einnahme der Forts am Peï-Ho, fast unter den Mauern Pekings in der Schlacht von Pa-li-kao. Zu Beginn des Kampfes bezog der Zug, der die Brigade Jamin unterstützte, Stellung beim Dorf Oua-Koua-ye, um das Vorgehen der Brigade zu unterstützen, Kaum hatte der Feuerkampf begonnen, als die französischen Flanken von chinesischer Kavallerie angegriffen wurden. Pralon berichtete hierzu:

„Nos fuséens trouvent là un but facile; elles n'ont pas de peine à accroître de désordre dans les rangs des Tartares qui, cependant, tentent plusieurs retours offensifs. Finallement, canons et fusées ont raison de ces hordes indisciplinées; elles sont en pleine déroute. Le village de Oua-Koua-ye est pris d'assaut. Pour achever la journée, il reste à enlever le pont. Les fuséens jouent encore leur rôle dans ce dernier épisode. Placés par le colonel de Bentzmann de manière à enfiler le pont, on voit leurs projectiles accompagner dans leur retraite les cavaliers en fuite et accélérer encore l'allure de leur chevaux."[387]

Die Einnahme dieser Brücke, die wesentlich auf dem Einsatz der Raketen beruhte, besiegelte letztlich das Schicksal der chinesischen Armee.[388] Während des Rückzugs der chinesischen Truppen konnten diese dank der überlegenen Reichweite der 12 cm Raketen weiter mit Feuer verfolgt werden.[389] In Anerkennung der Leistungen der fuséens erhielten die beiden Offiziere Ende 1860 das Kreuz der Ehrenlegion verliehen. Die fuséens waren dann noch an der Besetzung Pekings beteiligt, kamen aber nicht mehr zum Einsatz ihrer Raketen, da nach Fertigstellung der Belagerungsbatterien die Chinesen am 13. Oktober die Tore öffneten. Am 30. Mai 1861 kehrte der Zug nach Besançon zurück.[390]

Teile der in China eingesetzten Truppen wurden anschließend nach Cochinchina verlegt, wo der Kaiser von Annam, Tu-Duc, französische Truppen und ein kleineres spanisches Kontingent in Saigon belagerte. Von den fuséens wurden hierzu unter Führung eines maréchal des logis 5 Kanoniere abgestellt.[391] 4 Pagoden der Stadt waren von den Belagerten als Redouten ausgebaut worden, wo Artillerie in Stellung gegangen war; auf der Pagode Barbé waren neben 3 Haubitzen auch 2 Raketenabfeuerungsgestelle für 125 mm Belagerungsraketen der Marineartillerie eingesetzt.[392] Am 19. Februar 1861 wurden diese durch zusätzliche Raketengeschütze des Heeres verstärkt und eröffneten zum ersten Mal das Feuer auf die annamnitischen Belagerer.

„Le 19 février, 20 fusées incendiaires de la marine de 125 millimètres, et 32 fusées de l'Artillerie de terre de 9 centimètres, à chapiteaux rouges, furent lancées de la Pagode Barbé, à une distance approximative de 5 kilomètres, sur le camp de l'ennemi, pour le troubler et l'inquiéter."[393]

Am 24. Februar traten dann die französischen und spanischen Truppen zum Angriff unter starker Unterstützung durch die Artillerie und die Raketen an, nach langanhaltendem Widerstand brach die Front der Belagerer zusammen. Im Verlauf dieses Kampfes wurden etwa 500 Schuß Artilleriemunition und 80 Raketen abgefeuert.

„Dans ces combats, où les Annamites résistèrent bravement, l'artillerie de la marine servit 3 obusiers de montagne et fut chargée du lancement de fusées de guerre; "[394]

Am 28. unternahmen dann die spanischen und französischen Truppen einen Vorstoß nach Tong-kéou, neben 12 Geschützen waren auch wieder Raketeure eingesetzt, die an diesem Tag auch gleich zum Einsatz kamen:

„Les fuséens dirigèrent leurs fusées sur les grands bâtiments"[395]

Ohne große Verluste konnte die Stadt dann eingeschlossen werden, wenige Tage später wurde ein stärkeres Detachement an die Grenze zu Cambodia nach Tram-ban, verstärkt durch Raketeure, entsandt. Aber schon am 10. März wurden die Haupttruppen nach Saigon zurück verlegt. Auch bei der kombinierten Heeres- und Marineoperation gegen die Citadelle von My-Tho an der Grenze zu Cambodia, die am 12. April eingenommen wurde, waren neben der Marineartillerie auch die „fuséens" mit ihren „fusées de campagne" beteiligt.[396] Auf dem Vormarsch stießen die Truppen unvermutet auf ein größeres Truppenlager, durch das wirksame Feuer der fuséens überrascht, zog sich aber der Feind schnell zurück. Am 29. März nahm ein Detachement der fuséens noch am Angriff auf die Citadelle von Mi-Comi unter Capitaine de vaisseau Desvaux teil, kam aber nicht zum Einsatz der Raketen.[397]

1860 führte William Hale jr. seine neuen Rotationsraketen vor, deren drei Gasaustrittsöffnungen mit einem Durchmesser von 10 mm in Höhe des Schwerpunktes der Hülse angebracht waren. Es handelte

385) Angaben und Zitat nach: Konstantinoff, a.a.O., p. 52

386) Arago, a.a.O., p. 26: „Ce tir des fuséens démoralisa beaucoup les Chinois qui, dans la soirée, abandonnèrent les forts de la rive droite ainsi que les villages de Tan-Kou et de Si-Kou."

387) Pralon, a.a.O., p. 512

388) Beurteilung des Einsatzes durch: Konstantinoff, a.a.O., p. 53; die fuséens wurden aber trotz der Erfolge ihrer Waffe stiefmütterlich betrachtet: „. . .que cette subdivision de l'artillerie est un peu la parente pauvre de son arme." (P. Allouis, L'expédition de Chine de 1860, in: Carnet de sabretache, No. 128, p. 50)

389) Arago, a.a.O., p. 26

390) Dauvé, a.a.O., p. 122

391) ibidem, zur Ausstattung dieses kleinen Detachements machte Dauvé leider keine Angaben

392) L. Pallu de la Barrière, Histoire de l'Expédition de Cochinchine en 1861, Paris / Nancy 1888, p. 55

393) ibidem, p. 56, die Artillerie der Heerestruppen wurde durch Teile des 10. Artillerieregiments mit der 9. und einer halben 10. Batterie gestellt, letztere verfügte über 2 Feld- und 2 Belagerungs-Raketenabfeuerungsgestelle (ibidem, p. 278)

394) o. Verf., Historique de l'artillerie de la marine, a.a.O., p. 205

395) ibidem, p. 101

396) ibidem, p. 127

397) Arago, a.a.O., p. 28

sich um eine Rakete vom Kaliber 75mm, die 40 cm lang war und 4,625 kg wog, bei Versuchen in La Fère detonierten jedoch gleich die ersten beiden unmittelbar nach Verlassen der Abfeuerungsröhre. Der Versuch wurde dann mit anderen Hale'schen Raketen fortgeführt, deren Gasaustrittsöffnungen zum Erzeugen der Rotation am oberen Rand der Hülse, unmittelbar vor dem Gefechtskopf, angebracht waren. Diese Raketen zeigten sich als zufriedenstellend, unter 25° Elevation erreichten sie Schußweiten von 3.000 Metern.[398)] 1861 wurden die Versuche mit Rotationsraketen, deren Gasaustrittsöffnungen sich im Schwerpunkt der Hülse befanden, fortgesetzt; es zeigte sich, wie in Großbritannien, daß sie nicht bei kleinen Erhöhungen unter 10° abgefeuert werden konnten. Bei Erhöhungen zwischen 10 und 30° erwiesen sie sich jedoch als zuverlässig und übertrafen mit ihrer Reichweite die französischen Raketen des entsprechenden Kalibers von 6 cm. Auch William Hale selbst schlug 1861 noch eine neue Rotationsrakete nach einem völlig neuen Prinzip vor, da aber die von Hale für die Durchführung von Versuchen geforderte Summe zu hoch war, wurde das Angebot nicht akzeptiert.[399)]

Währenddessen war im Zuge der Reorganisation der Artillerie vom 20. Februar 1860 die Raketenbatterie zur 9. Batterie des 12. Regiments geworden. Aber auch in Frankreich ging die Zeit der Raketen ihrem Ende entgegen, Raketeneinsätze sollten in Zukunft nicht mehr von gesonderten Einheiten, sondern ähnlich wie bereits in Großbritannien, von Einheiten der Fußartillerie, verstärkt durch Trainpersonal, bei Bedarf durchgeführt werden.[400)] Im Zuge dieser Maßnahmen war auch bereits der Zug des Capitaine Delaroze nach seiner Rückkehr nach Algier zu seinem Regiment nach Besançon zurückverlegt worden, wo bereits vorher der Rest der Raketenbatterie eingetroffen war, die dann durch Dekret vom 1. April 1860 als Raketenbatterie aufgelöst wurde.[401)]
Vorher jedoch war der 3. Zug der Batterie unter dem Befehl von Lieutenant Dulon nochmals gegen die Kabylen eingesetzt worden. In der Zeit vom 2. Mai bis 23. August 1860 war er Teil einer Expedition unter General Desvaux, der die Raketen stets an der Spitze seiner Truppen einsetzte,[402)] so daß dieser Zug an allen Gefechten beteiligt war. So bildete am 13. Juni beim Vorrücken von Fedj-el-Arba auf Taffertast der Zug zusammen mit einem Bataillon Infanterie die Avant-Garde. Am Col de Fedj-Ménazel ging er in Stellung, um das Vorgehen der Hauptmacht zu decken:
„A peine arrivée en position, elle trouvait devant elle, à petite distance, un grand nombre de Kabyles, qui se disposaient à se jeter sur le convoi. Les fuséens ouvrirent aussitôt le feu avec des fusées à balles qui éloignèrent l'ennemi; puis, ils continuèrent avec des fusées à obus jusqu'à ce que celui-ci eût disparu au delà de 3000 mètres. La colonne put ainsi arriver sans encombre au bivouac d'El-Aroussa. Les fuséens y étaient à peine installés qu'ils reçurent l'ordre d'aller se mettre en batterie pour disperser des rassenblements d'Arabes que l'on apercevait à 2000 mètres. Cet ordre eut sa prompte exécution."[403)]
Nach weiteren erfolgreichen Raketeneinsätzen zwischen dem 20. und 26. Juni gegen die Ouled-Amar und Beni Mimoun war der Feldzug für den Zug am 24. Juli beendet, als er wieder in Algier eintraf. Von dort wurde er am 23. August eingeschifft, um sich mit dem Rest der Batterie in Besançon zu vereinigen.[404)] Damit war die Zeit der Raketenbatterie beendet. Der Ausbildungsstand der Raketeure sank, da sie keine besondere Einheit mehr bildeten, und so stolz auf ihre besondere Waffe hätten sein können. Auch für die Offiziere entfiel die besondere Ausbildung an der Schule in Metz. Es scheint jedoch zunächst die Raketenbatterie der Ecole Pyrotechnique in Metz beibehalten worden zu sein.[405)] Das Ergebnis dieser Reorganisation zeigte sich beim Einsatz der Raketen im Rahmen der französischen Unterstützung des Kaisers Maximilian in Mexiko.
Hierzu wurde am 8. September 1863 die 8. Batterie des 1. Regiments in Algier verschifft, der ein Detachement Raketeure aus der 4. Batterie desselben Regiments zugeteilt worden war. Am 2. November erreichten die Artilleristen Vera Cruz. In den folgenden Gefechten wurde kaum ein Dutzend Raketen eingesetzt. Bei dem Gefecht von Vintilla wurden zwei auf mexikanische Kavallerie gefeuert, auch während der anschließenden Belagerung Pueblas wurden nur drei abgefeuert, mit so geringem Erfolg, daß die übrigen Raketen verpackt blieben. Schließlich wurden bei einem letzten Einsatz am 23. Februar 1864 in der Schlacht von Guadalajara nochmals 3 abgefeuert, dies waren wohl die letzten französischen Raketen, die in einer Feldschlacht eingesetzt worden sind.[406)]
Nur durch die Raketeure der Marineartillerie erfolgten in den nächsten Jahren in Annam noch vereinzelte Einsätze von Raketen. 1863 hatten sich einzelne Aufständische im Norden der Provinz Mytho verschanzt, gegen sie ging vom 8. bis 14. Januar eine kleine Abteilung unter Lieutenant de vaisseau Lespes vor, die als einzige Artillerie ein Raketengestell mit 5 Raketen mitführte. Trotz des hartnäckigen Widerstandes der Annamiten konnten dank des präzisen Feuers dieser wenigen Raketen die Verschanzungen von Go-Den und Long Phen genommen werden.[407)]
Ein weiterer französischer Raketeneinsatz erfolgte, als durch Raketeure der Marine am 22. Januar 1865 in Annam zur Unterstützung eines Vorstoßes der Marineinfanterie unter chef de bataillon Delatouche gegen das Fort Suai Gia Cao mit einem Raketengestell 9cm Raketen abgefeuert wurden, die das Fort in Brand setzten und die Besatzung so zum Abzug zwangen.[408)]
Um 1863, nach Einführung gezogener Geschütze, wurden auch Versuche mit „boulets-fusées" durchgeführt, wobei man anstrebte, dem Geschoß durch ein angefügtes Raketentriebwerk zusätzliche Beschleunigung und damit eine vergrößerte Reichweite zu geben. Bei

398) Pralon, fusées de guerre, a.a.O., p. 402, vgl. zu diesen Raketen den Abschnitt Amerika, die U.S.A., und die dort eingefügte Abbildung.

399) ibidem, p. 403; zum Funktionsprinzip wurden leider keine Angaben gemacht.

400) Dauvé, a.a.O., p. 114; zur Raketenbatterie hieß es: „. . . . et perdit son affectation spéciale; le service des fusées de guerre devant être assuré à l'avenir par des batteries mixtes formées au moyen de l'artillerie à pied et du train." In: ÖMZ, 1860, Band I, S. 97, wurde hierzu berichtet, daß die Fuß-Artillerie-Regimenter mit den Trainescadrons gemischte Batterien bildeten, auch als Berg- und Raketenbatterien, diese jedoch als Teil der Artilleriereserve. Auf die Anzeichen zum Ende der Raketenära in Frankreich wies auch ein österreichischer Artikel aus dieser Zeit hin: „Auf die Vervollkommnung der Kriegsraketen hat die französische Artillerie in der letzten Periode ihre Bemühungen nicht gerichtet, und überhaupt scheint man in Frankreich den Werth, welchen diese Waffe besonders für den Gebirgskrieg besitzt, nicht genügend zu würdigen." (F.M., Rückblick auf die Fortschritte und Änderungen im Artillerie-Material seit dem Jahre 1859, in: ÖMZ, 1864, Dritter Band, S. 75)

401) Pralon, a.a.O., p. 513, sowie: M. J. Jung, a.a.O., p. 16; durch die: ÖMZ, III. Band, 1862, S. 390 (Notiz: Die Kriegsraketen in Frankreich und Sardinien) wurde als Datum des Dekrets der 20. Februar 1860 genannt, hiernach hatten die Artillerieregimenter für den Gebirgskrieg eine Raketen- oder gezogene Gebirgsbatterie aufzustellen mit einer Stärke von 8 Offizieren, 90 Mann und 12 Pferden aus dem Artillerieregiment sowie 2 Offizieren, 104 Mann mit 22 Reitpferden und 120 Tragtieren vom Artilleriefuhrwesen; es hätten jedoch alle Regimenter den Gebirgsbatterien den Vorzug gegeben.

402) Dauvé, a.a.O., p. 115: „Le général Desvaux sut mettre à profit l'expérience acquise dans les précédentes affaires sur la meilleure manière de tirer parti des fuséens; il les plaça judicieusement près de la tête des colonnes."

403) Pralon, a.a.O., p. 514

404) Dauvé, a.a.O., p. 116, der Zug traf dort am 10. Oktober ein, der Commandant der Batterie war mit 34 Mann zunächst noch in Algier verblieben und kehrte erst mit der 10. Batterie am 7. November zurück

405) ÖMZ, III. Band, 1862, S. 390 (Notiz: Die Kriegsraketen in Frankreich und Sardinien): „Die Artillerie-Applicationsschule in Metz hat ein Annexe, die Feuerwerksschule (école de pyrotechnie militaire), in welcher die Frequenten Unterricht in der Munitionserzeugung und im Feuern der Raketen erhalten. Zu diesem Zwecke besitzt die Anstalt eine vollkommen ausgerüstete Raketenbatterie; die einzige, welche in Frankreich existirt."

406) Pralon, a.a.O., p. 515, sowie: Arago, a.a.O., p. 28

407) Arago, a.a.O., p. 29

408) ibidem; Ph. Jung, rocketry, a.a.O., p. 23, bezeichnete dies als letzten Einsatz der Raketen, dies ist in so fern richtig, als hier zum letzten Male Raketen im Gefecht abgefeuert wurden

Versuchen in Vincennes erwies sich das Prinzip eines raketenbeschleunigten Geschoßes als realisierbar und die angestrebte erhöhte Reichweite wurde erzielt, es stellte sich aber heraus, daß bei stärkeren Treibladungen der zusätzliche Raketentreibsatz explodierte.[409)]
Zum letzten Einsatz der Raketen kam es 1867 bei einer Expedition gegen Vinh-Long durch den Admiral La Grandière. Ein Detachement der Marineartillerie mit 3 Raketengestellen unterstützte am 20. Juni den Angriff auf die Citadelle; als die Verteidiger sich eingeschlossen sahen, ergaben sie sich ohne Widerstand. So erfolgte der letzte Einsatz von französischen Raketeuren ohne den Verschuß einer einzigen Rakete.[410)]

Die Raketen gerieten in der Folge in Vergessenheit und wurden nicht mehr eingesetzt. Ihr letztes Auftreten in der Öffentlichkeit scheint 1867 auf der Weltausstellung in Paris erfolgt zu sein, wo 14 Raketen der Kaliber 6, 9 und 12 ausgestellt wurden. Angemerkt wurde:
„Le système général de construction de ces fusées, soit pour les enveloppes et les armures, soit pour les dispositions intérieures, soit pour le moyen de direction, est le même dans les trois calibres . . . ce culot est percé, au centre, d'un trou fileté qui reçoit la baguette de direction et de cinq trous ou évents donnant passage au gaz. Le cartouche est rempli d'une composition fortement pressée, ayant une âme tronconique et terminée, en haut, par un massif plein, au-dessus duquel se trouve une rondelle en bois, solidement fixée. La composition brûle avec une certaine lenteur, le mouvement s'accélérant pendant une partie de la course mobile. . . Le feu est mis aux fusées à travers l'un des évents et au moyen d'une étoupille-lance. Cette lance-à-feu est formée d'un tube, en laiton, garni de composition, et portant, à la partie supérieure, une étoupille à friction, en cuivre, dont le fil du rugueux passe par une fente du métal, laissant en dehors sa boucle sur laquelle s'exerce la traction du tire-feu."[411)]
Im Laufe des Jahres 1870 wurde die Schule von Metz nach Bourges verlegt, gerade noch rechtzeitig, um die zur Raketenherstellung erforderlichen Maschinen vor den heranrückenden deutschen Truppen in Sicherheit zu bringen; die Maschinen wurden zwar noch in der neuen Örtlichkeit installiert, aber nie wieder in Gebrauch genommen.[412)] Ein letztes Mal scheint man sich der Raketen erinnert zu haben, als der Kriegsminister am 19. November 1870 im Verlauf des Krieges an den Direktor der École de pyrotechnie telegraphierte:
„Faites connaître par le télégraphe si vous possédez des fusées de guerre."[413)]
Im Dezember 1870 wurde durch den Ingenieur Laurent noch eine neue Raketenart erfunden, die als „fusée Satan" bezeichnet wurde, der Gefechtskopf war mit Petroleum gefüllt, so daß bei der Zündung eine Fläche von etwa 25 m^2 in Flammen gesetzt wurde; in St. Cloud wurden noch Versuche durchgeführt, möglicherweise erfolgte auch tatsächlich eine Serienproduktion, denn es wurde gemeldet, man wolle ab sofort 200 Arbeiter zur Herstellung einsetzen, um die Raketen während der Belagerung von Paris, wenn erforderlich, als Repressalie einsetzen zu können, danach hörte man aber nie wieder etwas von dieser Erfindung.[414)]
Offiziell war das Zeitalter dieser Waffe in Frankreich jedoch erst mit einer Entscheidung des Kriegsministers vom 27. Juli 1872 beendet, die aufgrund der Stellungnahme des Artillerie-Comites erging, das geurteilt hatte, die gezogenen Hinterlader-Geschütze wären den Raketen unendlich überlegen; es wurde bestimmt, daß die Raketen für immer aus der Armee ausgemustert würden.[415)] Noch kurz zuvor jedoch hatte der Capitaine de Frégate Barazer, wenn auch vergeblich, in einer Denkschrift die Ausstattung der Schiffe der Marine, insbesondere der Kanonenboote und „batteries flottantes" mit Raketen vorgeschlagen, wobei er zahlreiche Beispiele für erfolgreiche Raketeneinsätze aufführte, die er in seiner Dienstzeit, zumeist durch Schiffe Verbündeter oder Befreundeter, beobachtet hatte. Die Denkschrift endete mit einem Zitat aus Dupins altem Werk zu den Kriegsraketen: „que cette arme de guerre n'a pas encore dit son dernier mot."[416)] Dennoch mußten sich französische Truppen nochmals mit Raketen beschäftigen, während eines Feldzuges 1883 in Tonkin wurden sie Ziel vietnamesischer Raketen:
„In his attack on Hai-Duong, the enemy made use of rockets which were both incendiary and deadly. They were composed of a small bamboo cane which had at one end a poisened iron barb and at the other end a piece of fabric which served as a regulator. At the end and a little behind the barb was the rocket itself."[417)]

Erst im 1. Weltkrieg beschäftigte man sich wieder mit Raketen, Brandraketen wurden wieder entdeckt, um sie gegen deutsche Luftschiffe einzusetzen,[418)] dabei wurde im April 1916 das Luftschiff LZ-77 durch einen Nieuport-Jäger durch Verschuß mehrerer Le-Prieur Raketen abgeschossen, auch zur Bekämpfung von Fesselballons der deutschen Artillerie-Beobachtungseinheiten wurden diese Raketen verwendet, deren effektive Reichweite etwa 200 Meter betrug.[419)] Überdies erfolgte am 25. Mai desselben Jahres der erste Einsatz dieser Raketen als Luft-Boden-Raketen, als Charles Nungesser sie zur Unterstützung der Bodentruppen zusammen mit fünf anderen Fliegern bei einem Angriff auf das Fort Douaumont verwendete.[420)] Schon zuvor war der „Luft-Torpedo" als Minenwerfer durch die Armee eingesetzt worden, das überkalibrige Geschoß wurde aus einer Art Granatwerfer abgefeuert, wobei der Raketentreibsatz durch die Kartuschladung des Geschützes gezündet wurde, dieser „Luft-Torpedo" konnte aber auch von einer Rampe abgefeuert werden konnte.[421)]

---

409) Pralon, fusées de guerre, a.a.O., pp. 404: „Cette espèce de projectile. . . consiste en un boulet ou obus ogival, ayant les formes ordinaires et portant à l'arrière un cylindre creux à parois épaisses, dans lequel est tassée de la composition fusante, comme pour les fusées de guerre. Il est fermé à sa base par un culot dans lequel est fixée une espolette à durées variables. Le boulet-fusée est tiré dans un canoon rayé; l'espolette, prenant feu au moment du tir, doit enflammer la composition fusante à un moment déterminé du trajet du projectile. La combustion de cette composition imprimant au boulet-fusée une nouvelle impulsion, doit lui rendre tout ou partie de la vitesse perdue pendant le trajet dans l'air."

410) Arago, a.a.O., p. 30, siehe auch: Ordway / Moulin, a.a.O., p. 38; dieser letzte Einsatz wurde in: o. Verf., Historique de l'artillerie de la marine, a.a.O., nicht aufgeführt, Jung (a.a.O., p. 23) schloß ihn explicit aus.

411) o. Verf., Exposition Universelle de 1867 à Paris, Rapport de la haute commission militaire, Paris 1869, pp. 188

412) Pralon, a.a.O., p. 202

413) ibidem, p. 515

414) Notiz in: Scientific American, December 3, 1870, p. 353; die Rakete sollte eine Reichweite von 6 km erzielen, wobei 3 Typen vorgestellt worden waren, No. 1 trug ein Liter Petroleum, No. 2 zwei und No. 3 drei Liter; zur Erprobung hieß es: „In less than ten minutes a considerable space of ground was covered with a sea of fire. A committee . . . , and the general at their head was appalled by the terrible nature of this engine of destruction."

415) Lorain, a.a.O., p. 36; für die Marine scheint diese Regelung erst im August 1872 getroffen worden zu sein (Ministère de la marine, Manuel de Pyrotechnie, p. 3), hier wurde aber nur angegeben, daß „elles ont cessé d'être réglementaires", es mag also sein, daß die Marine die vorhandenen Raketen noch länger im Dienst hielt, auch wenn keinerlei Einsätze bekannt sind; hierfür spricht, daß sie und ihre Herstellung in diesem Handbuch von 1887 noch sehr ausführlich beschrieben waren.

416) ACMV, CC7 - 94, Barazer, Remarques sur l'utilité des fusées de guerre, employées à bord des bâtiments de la Flotte, Brest, 6 juin 1872

417) F. H. Winter, A New Look at Early Chinese Rocketry, in: JBIS, Vol. 35, 1982, p. 526

418) Mitte 1917 [hier dürfte 1916 gemeint sein, d. Verf.] erteilte Maréchal Foch der Section Technique de l'Aviation des Heeres den Auftrag, einen Einsatz von Raketen gegen Beobachtungsballons zu prüfen. (v. Braun / Ordway III, Raketen, München 1979, S. 91)

419) O. Morawietz, Die Rakete als Waffe, in: ZfH, 1973, S. 24; die Raketen wurden von dem Lieutenant Le Prieur entwickelt. Y. P. G. Le Prieur (1885 - 1963) war Marineoffizier und arbeitete an der Verbesserung von Waffen. Er entwickelte Raketen der Fa. Etablissements Ruggieri weiter, die zur Auflösung von Hagelwolken hergestellt wurden. Die Raketen wurden von den Flugzeugen vom Typ Nieuport und Farman mitgeführt, und waren eigentlich nur zur Bekämpfung der Beobachtungsballons gedacht gewesen. (Grand Larousse Universel, Tome 9, Paris 1989), im Nieuport Scout konnten 4-5 Raketen in Stahlrohren unter den Tragflächen mitgeführt werden, die elektrisch abgefeuert wurden. Diese Raketen wurden dann auch von Bodentruppen zur Bekämpfung von Beobachtungsballons eingesetzt (D. Baker, The Rocket, New York 1978, p. 22).

420) Ananoff, a.a.O., p. 311

421) Polster, Bombenwerfer, Minenwerfer und Luft-Torpedos auf gegnerischer Seite, in: Schuss und Waffe, 9. Bd., 1915 / 16, S. 84 f., hingewiesen wurde auf das U.S. Patent 511418 von L. Gathmann

7. Die deutschen Staaten

In Deutschland wurden nach 1813 in Baden, Bayern, Hannover, Sachsen, Preußen, Schleswig-Holstein und Württemberg Versuche unternommen, ebenfalls Raketen zu entwickeln und eine Raketenartillerie aufzustellen. In keinem dieser Staaten aber wurden etatmäßig Raketenartilleriebatterien formiert, da im Bemühen, diese neue Waffe zu einer größtmöglichen Vollkommenheit zu entwickeln, so viele Jahre vergingen, daß die weitere Entwicklung der Rohrartillerie zu Leistungen führte, die Raketen nach dem damaligen Stand der technischen Möglichkeiten nicht erreichen konnten. Bemerkenswert ist, daß Ende 1848 auch das von der provisorischen Zentralgewalt errichtete Reichsministerium des Krieges sich für den Stand der Raketenentwicklung in den einzelnen Bundesstaaten interessierte und Erfahrungsberichte anforderte.[1] Leider scheinen aber nur Bayern und Sachsen diese vorgelegt zu haben, ihr Inhalt ist daher dort berücksichtigt, respective im Falle Bayerns, das nur seine Erfahrungen aus Griechenland vorgelegt hatte, in jenem Kapitel.[2] Eine Sonderstellung nahmen die Versuche mit Gewehr-Raketen in Preußen, Baden und Württemberg ein, die jeweils von der Artillerie durchgeführt wurden, aber eigentlich eher der Infanterie zuzuordnen sind, wo diese Waffe auch eingeführt wurde.

a. Großherzogtum Baden

In Baden hatte seit etwa 1817 der Feuerwerker Demoustier[3] an der Fertigung von verbesserten Kriegsraketen, allerdings anscheinend zunächst nur privat, gearbeitet. Anfang 1829 scheinen diese Raketen erfolgreich auch durch die großherzogliche Artilleriedirektion erprobt worden zu sein und ihre Zuverlässigkeit bewiesen zu haben, wobei diese aber, möglicherweise aus Kostengründen, von einem Ankauf der Erfindung Abstand nahm, so daß Demoustier seine Entwicklung dem Königreich Preußen anbot.[4] Ein Versuch in Karlsruhe in Anwesenheit des Major v. Peucker und des Hauptmann Meier der preußischen Artillerie Ende April 1830 hatte

„. . . in mehrfacher Hinsicht die Zweckmäßigkeit der von dem Erfinder in Vorschlag gebrachten Verbesserungen dargethan, und man darf hoffen, daß die weiter angestellten Untersuchungen auf einem Terrain, wo der Raum weniger beschränkt ist, als diess in den Umgebungen von Carlsruhe der Fall war, noch ersprießlichere Resultate liefern werden."[5]

Man stellte dabei jedoch auch fest, daß deren Leistungen hinter denen der zu dieser Zeit in Preußen verfertigten zurückblieben.

„Da aus den vorgedachten unter Concurrenz der Großherzoglich Badenschen Artillerie früher von dem Herrn Demoustier angestellten vorläufige Versuchen, deren Kosten demselben bereits von Königlich Preußischen Kriegsministerio erstattet worden sind, hervor zu gehen schien, daß die Raketen des Herrn Demoustier die bei uns bekannt gewordenen an Richtigkeit der Bahn, und Kraft des Fluges nicht übertr̈afen, dagegen der Herr Demoustier für die Anfertigung der Raketen eine leichtere und einfachere Methode gefunden haben müsse, indem derselbe nach Maaßgabe der vorliegenden Daten diese Anfertigung in verhältnismäßig kurzer Zeit, ganz allein ohne fremde Beihülfe, und ohne schwere Maschinen aus zu führen im Stand sey . . ."[6]

Er fertigte seine Raketen ohne große Maschinen und mit geringerem Zeitaufwand als dies anderswo erforderlich war. Diese Raketen sollen sehr gleichmäßig, "ohne alle Oszillation" und mit geringen Seitenabweichungen geflogen sein; sie scheinen über einen recht starken Treibsatz verfügt haben:

„Über diese wechselseitigen Verpflichtungen, so wie darüber, daß Herr Demoustier den seinigen mit lobenswerther Offenheit dahin nachgekommen ist, daß solcher

2. einen Versuch mit Abfeuerung einiger in Gegenwart der unterzeichneten Officiere dem stärksten Raketensatz angefertigter, jedoch mit keinen Stäben versehenen Raketen, deshalb angestellt hat, um zu beweisen, daß die nach seinem System gefertigten Raketen einem Springen nicht ausgesetzt sind, was sich bei gedachten Versuchen bewährt hat: . . ."[7]

Demoustier gab an, zwölf Jahre an ihrer Entwicklung gearbeitet zu haben. Aufgrund des abgeschlossenen Abkommens wurden ihm für die Versuche und die Mitteilung seiner Erfindung von Preußen 1.000 Gulden Rheinisch ausgezahlt.[8] Nach 1830 scheinen diese Versuche aber

1) Erfahrungsberichte wurden vom Großherzogtum Hessen und von den Königreichen Bayern, Preußen und Sachsen angefordert. Preußen (hierzu liegt nur der Entwurf eines Schreibens vom 4. Dezember an den preußischen Bevollmächtigten bei der Provisorischen Zentralgewalt, Ludolf Camphausen, vor) hat anscheinend nicht geantwortet, das Großherzogtum Hessen, das am 1. November 1848 angeschrieben wurde, konnte keinen Erfahrungsbericht vorlegen, da der Artillerieleutenant Friedrich Wilhelm Heß im Großherzoglichen Artilleriecorps, der in Griechenland Raketen verfertigt hatte, sich an seinen Eid gegenüber der königlich griechischen Regierung zur Bewahrung des Geheimnisses gebunden fühlte. (Schreiben des Bundesarchives, Außenstelle Frankfurt, vom 6. November 1996) Im Großherzogtum Hessen scheint Heß aber anschließend diese Arbeiten nicht fortgesetzt zu haben, diese Frage kann aber nicht mehr endgültig geklärt werden, da ein Großteil der Akten des Kriegsministeriums ein Opfer des 2. Weltkrieges geworden ist. (Schreiben Hessisches Staatsarchiv Darmstadt vom 15. Januar 1996) Auch ein Bericht von Heß über seine Tätigkeit in der königlich griechischen Armee liegt nicht vor (Schreiben Hessisches Staatsarchiv Darmstadt vom 15. Januar 1997).

2) Schreiben des Bundesarchives, Außenstelle Frankfurt, vom 1. Oktober 1996; wahrscheinlich hat der Reichsminister des Krieges, General von Peucker (Reichskriegsminister vom 15. Juli 1848 bis 10. Mai 1849), diese Anfrage veranlaßt, da er, wie im folgenden Kapitel Preußen geschildert, selbst Anfang der dreißiger Jahre mit der dortigen Raketenentwicklung in Berührung gestanden hatte. Bemerkenswert ist, daß nur Sachsen neuere Daten vorgelegt hat, während Bayern über seine eigene Raketenentwicklung keine Auskunft erteilt hat. Da Sachsen bereits im Dezember 1848 seinen Bericht vorlegte, scheint die Anfrage bereits kurz nach der Einrichtung des Reichministeriums des Krieges herausgegeben worden zu sein.

3) Demoustier war wohl Nachkomme einer während der französischen Revolution emigrierten Familie, zur gleichen Zeit war ein Demoustier auch Professor für Philologie in Baden (Auskunft Generallandesarchiv Karlsruhe vom 14.08.1996), in diesem Archiv sind jedoch im erhaltenen Bestand des Kriegsministeriums keinerlei Unterlagen zu den Versuchen vorhanden, auch die diplomatische Korrespondenz mit dem preußischen Gesandten, Freiherr von Otterstedt, - 48/2682 -, sowie die militärische Korrespondenz v. Freistädt - Concepten Buch, 48/5136 - 5138 - enthalten keinen Schriftverkehr zu diesem Thema, obwohl ein Briefwechsel zu einem anderen Thema mit dem General v. Müffling enthalten ist.

4) GSPK, III. HA (2.4.1.), Preußisches Ministerium der auswärtigen Angelegenheiten, I., Nr. 2354, Einsendung von Nachrichten des preußischen Gesandten in Baden über verschiedene Gegenstände, Schreiben vom 27. Mai 1830, v. Otterstedt fügte noch hinzu: „Unter dieser Voraussetzung würde es mich freuen, wenn die Empfehlung, welche ich dem p Demoustier gegeben habe, etwas zur Vervollkommnung dieses Zweiges der Wissenschaft beygetragen hätte." In den sonstigen regulären Berichten des Gesandten (ibidem, Nr. 2278 - 2285) aus dieser Zeit, sind diese Raketen nicht erwähnt. Bereits vorher scheinen Vorschläge Demoustiers zur Verbesserung der Kriegsraketen Ende 1829 an Preußen übergeben worden zu sein (ibidem, Schreiben des Gesandten v. Otterstedt vom 29. November 1829 und Schreiben des Ministeriums der auswärtigen Angelegenheiten, Berlin, 16. Dezember 1829 an den Kriegsminister, General v. Hake), die hierzu gehörigen Anlagen mit Detailangaben sind jedoch nicht in diesem Aktenbestand vorhanden.

5) ibidem

6) GSPK, I. HA, Rep 92 Nl v. Müffling <M> Nr. A 14, 1830, Raketensachen; die Angaben sind dem Protokoll der Verhandlung von Demoustier mit preußischen Offizieren (Major v. Peucker und Hauptmann Meyer) vom 30. April 1830 entnommen.

7) ibidem

8) GSPK, III. HA (2.4.1.), Nr. 2354, Schreiben vom 09. August 1830: „ . . . für die Mittheilung seiner Erfindung über Brandraketen, so wie für die damit ausgeführten Versuche gezahlte Aversional-Entschädigung von 1.000 Gulden Rheinisch, ist die General Militair Kasse bei Zufertigung der Original-Quittung des Empfängers angewiesen worden, diese Summe mit 579 T 18 gr Preußisch aus dem Militair-Fond zu übernehmen."

nicht fortgesetzt worden zu sein, zumal Demoustiers Gesundheit in diesem Jahr wohl bereits stark angegriffen war.[9)]

1844 kaufte Baden auch das Verfahren der Foss'schen Gewehrraketen an[10)] und führte diese für die Infanterie in seine Armee ein, nachdem entsprechende Versuche die Wirksamkeit bestätigt hatten:
„Mit den Foß'schen Gewehr-Brand-Raketten fanden ebenfalls Versuche statt. Da dieselben zunächst für das Infanterie-Gewehr bestimmt und erfunden waren, so wurden die Proben vorerst auch nur mit dieser Waffe vorgenommen. Ein unbrauchbarer Munitions-Wagen mit Sägespähnen gefüllt und diese mit etwas Pulver bestreut wurde als Ziel für die Probeschüsse verwendet, welche um einen sicheren Schuß zu erlangen auf 200 Schritte geschahen. Der erste Treffer bewirkte augenblicklich die Explosion des Pulvers und sezte den Inhalt des Wagens sammt diesem in vollen Brand. Ebenso gerieth eine gewöhnliche Scheibe auf welche mit diesen Raketten geschossen wurde in Brand und dasselbe geschah mit Pallisaden aus ziemlich grünem Holze. Diese Wirkung der Brand-Raketen erfolgte mit vollkommener Sicherheit.[11)]
Diese Gewehr-Brand-Raketen haben sich dann 1849, wenn auch kaum im Sinne der großherzoglich Badenschen Regierung, bewährt:
„. . . als dieselben in den Jahren 1848 und 1849 von den badischen Insurgenten zur Inbrandsteckung Niederbühls . . . mit sehr gutem Erfolge angewandt worden sind."[12)]

b. Königreich Bayern

Auch wenn bayerische Truppen die Wirkung der Kriegsraketen in den Befreiungskriegen, vor allem in Danzig, kennengelernt hatten, wurde in Bayern nicht mit einer eigenen Entwicklung begonnen. Einem Angebot des Hamburger Feuerwerkers Christian Heinrich Natusse im Jahre 1815,
„. . . daß er sowohl im Besitze des Geheimnisses den Satz der Brandraketen zu verfertigen, als auch des Mittels die Expansion des Schießpulvers durch einen kleinen Zusatz zu erhöhen. sich befinde und zwar dergestalt, daß dadurch viel Schießpulver erspart würde und der Schuß noch einmal soweit gehe, welches bei allen Waffen anwendbar sei.",[13)] wobei er bereit wäre, Proben einzusenden, sofern man sich verpflichte, diese nicht chemisch zu untersuchen, begegnete man zunächst skeptisch, zumal die Zeughaus-Hauptdirektion darauf hinwies, daß vielerlei solche Mittel bekannt wären, es aber zumeist unmöglich wäre, solches Pulver über längere Zeit zu lagern. Zugleich schlug sie aber, für den Fall der Annahme des Angebotes, vor, daß 4 Pfund des Raketensatzes und 23 Pfund des „manipulierten" Schießpulvers als Probe übersandt werden sollten.[14)] Natusse sah sich in der Folge außerstande die Proben zu versenden, „weil solche Uibersendung auf der Post bei Leibesstrafe verbotten seyn" und bot an, eine genaue Beschreibung seines Verfahrens zu übersenden, „uibrigens bittet er von uns eine angemessene Belohnung, wenn seine Angabe befriedigend befunden worden sey."[15)] Dieses Angebot wurde dann nicht angenommen, weil man glaubte, nur anhand der Original-Proben seine Angaben überprüfen zu können und nicht bereit war, nach schriftlichen Angaben den Satz herzustellen.[16)] Damit war eine erste Gelegenheit zu einer Raketenentwicklung in Bayern nicht genutzt worden.

Über die österreichische Raketenentwicklung und die Bedeutung, die man ihr in Wien beimaß, war man spätestens 1817 informiert, auch wenn keine genaueren Angaben zur Konstruktion vorlagen:
„Die Einführung der congrev'schen Raketen wird jetzt allgemein mit solcher Aufmerksamkeit verfolgt, daß auch der Kaiser von Oesterreich eine eigene Commission deshalb niedergesetzt hat, an deren Spitze der F.M.L. Bianky sich befindet. Dieser General hat mir selbst erzählt, daß dieselbe von der höchsten Wichtigkeit in der künftigen Kriegsgeschichte werden wird. Es stand mir nicht zu, bey ihm in das Detail einzudringen: ich weiß aber, daß die Commission einen großen und eingreifenden Bericht an den Kaiser erstattet hat; denn man hat gefunden, daß man die Einwendungen, als könne man den Raketen nicht jede beliebige Rüstung geben, bisher zu hoch geachtet hat. Es ergiebt sich vielmehr, daß man die Raketen sogar bey Bataillen, wie bey Belagerungen anwenden kann, ohne in der bisherigen Militär Einrichtung etwas zu ändern. Das Geheimniß liegt in der Bereitung des Pulvers, das zwar aus denselben Substanzen, aber nur mit verschiedenen Proportionen zusammen gesezt wird."[17)]

Bayerischerseits versuchte man weiterhin informiert zu bleiben,[18)] allerdings löste dieser Bericht keine unmittelbaren Maßnahmen aus.

---

9) GSPK, I. HA, Rep 92 Nl v. Müffling <M> Nr. A 14, ibidem, Demoustier sprach davon, „daß dies Geheimnis die Frucht einer mühevollen zwölfjährigen Arbeit sey, die seine Gesundheit von Grund aus, untergraben, und ihm das Wenige, was er besessen gekostet habe . . ."

10) WHS, E 271c, Bü 1725, Badische Kriegsverwaltung an den württembergischen Kriegsminister vom 4. September 1844: „Die Foß'schen Brandraketen haben sich hiernach nicht nur als ein sicher zündendes, sondern auch als ein aus allen Handfeuerwaffen mit Sicherheit zu schießendes insbesondere aber mit der Büchse ein über alle Erwartung bedeutende Wirkung leistendes Geschoß bewährt. Dieses Ergebnis hat denn auch die diesseitige Kriegs-Verwaltung veranlaßt, mit dem Erfinder der Brand-Raketten Herrn von Foß einen Vertrag abzuschließen." Nach demselben Schreiben hat Baden diese Brandraketen auch als erster Staat für Büchsen genutzt, obwohl der Erfinder dieselben nur für Gewehre gedacht hatte. Einzelheiten zu den Foss'schen Gewehr-Brand-Raketen siehe Kapitel Preußen in diesem Abschnitt.

11) ibidem

12) WHS, E 271c, Bü 1725, Württembergisches Kriegsministerium: Schreiben an den Generalmajor von Brand vom 20. September 1851; es handelte sich hierbei um den Einsatz der Foß'schen Raketen bei einem Ausfall der in der Festung Rastatt eingeschlossenen Revolutionstruppen am 8. Juli 1849 (Mitteilung Badisches Landesmuseum Karlsruhe, Dr. Steck, vom 06.05.1998); gem.: V. Valentin, Geschichte der Deutschen Revolution 1848 - 1849, Köln / Berlin 1970, S. 530 ff., erfolgte der Ausfall gegen Niederbühl erst am 15. Juli, beim ersten Ausfall am 8. Juli wurden nur Lebensmittel und eine preußische Kanone erbeutet. Beide Ausfälle erfolgten gegen den Willen des Kommandanten, Tiedemann (badischer Dragonerlieutenant, im griechischen Freiheitskrieg zum Oberstlieutenant aufgestiegen). Hiergegen steht aber: Staroste, Tagebuch über die Ereignisse in der Pfalz und Baden im Jahre 1849, Band II, Potsdam 1853, S. 177 f., wo die Inbrandsetzung Niederbühls ebenfalls auf den 8. Juli datiert wurde, ohne daß jedoch ein Einsatz der Foß'schen Gewehrraketen erwähnt wurde. Nach Staroste hat auch Tiedemann selbst den Ausfall geführt. Diese letztere und zeitgenössische Darstellung erscheint zutreffend.

13) BHS-KA, A X2, Bd. 32, Schreiben vom 10. August 1815; es geht aus den Unterlagen nicht hervor, ob Natusse den Raketensatz aufgrund gefundener Raketen aus der französischen Produktion zu Hamburg entwickelt hat, oder ob es sich um einen selbst erfundenen Satz gehandelt hat.

14) BHS-KA, A X2, Bd. 32, Schreiben der Zeughaushauptdirektion vom 24. August 1815, zum Versand wurde vorgeschlagen, das Pulver in einer verschlossenen Kiste und deren Schlüssel in einem gesonderten, versiegelten Umschlag zu versenden. Dabei wurde darauf hingewiesen, daß die Proben mehrere Monate in Anspruch nehmen würden, um auch die Lagerfähigkeit prüfen zu können. In einer Stellungnahme des Ministeriums hieß es dann noch: „Wenn übrigens nicht zu verkennen ist, daß der von diesem Manne sich beygefügte Besitz des Geheimnisses, Brandraketensatz und verstärktes Pulver zu verfertigen, in militärischer Hinsicht wichtig werden könne, so scheint doch nach den bisherigen Erfahrungen in ähnlichen Fällen alle Vorsicht aufgeboten werden zu müssen, um zu verhindern daß das Aerar in so lange der Bestand der Proben, als die entsprechende Anwendbarkeit der angebotenen Gegenstände im Kriege nicht genügend nachgewiesen ist, nicht durch die Gewinnsucht eines Spekulanten gefährdet werden möge." (ibidem, Schreiben vom 8. September 1815)

15) BHS-KA, A X2 Bd. 32, Schreiben der Zeughaushauptdirektion vom 22. Dezember 1815

16) BHS-KA, A X2 Bd. 32, Schreiben Kriegsministerium vom 28. Dezember 1815

17) BHS-KA, A X2 Bd. 32, Schreiben des bayerischen Gesandten in Wien vom 4. März 1817

18) BHS-KA, A X2 Bd. 32, Schreiben des Staats Ministerium der Armee vom 18. März: „. . . und ersucht Wohldasselbe, wenn weitere Notizen über diesen wesentlichen Gegenstand allenfalls erhalten werden könnten, dieselben auch noch gefällig mittheilen zu wollen." Ebenso wurde am selben Tag eine Abschrift des Berichtes der Gesandtschaft an den Feldmarschall Fürst von Wrede zur Kenntnis weitergeleitet.

(1) Der Mechanikus Westermayer

Im Jahre 1827 entsandte König Ludwig einige Artillerieoffiziere auf Staatskosten ins Ausland, um dort die Fortschritte im Artilleriewesen zu studieren. Zu dieser Gruppe gehörten der Oberlieutenant Speck, der Major von Weishaupt und der Hauptmann Achner. Sie bereisten Frankreich, Großbritannien und Schweden und lernten dort auch die Raketenbatterien kennen. 1829 kehrten sie nach Bayern zurück und legten ihren Reisebericht vor.[19]

Am 28. Juni 1829 schlug das Kriegsministerium eine Reihe von Fragen bezüglich der künftigen Ausrüstung und Gliederung der bayerischen Armee vor, dieser Fragenkatalog wurde durch allerhöchstes Signat vom 9. Juli genehmigt, unter dem Punkt Munition hieß es:

„4. Congrev: Raketen: Erscheint es angemessen bezüglich derselben auch einige Versuche anzustellen, nachdem bereits die Mehrheit der Staaten Europas selbige eingeführt haben, oder damit beschäftiget sind."[20]

Zur Klärung der Fragen, welche die Artillerie betrafen, wurde zugleich am 9. Juli eine Artillerie Untersuchungs Kommission eingesetzt, die unter Leitung des Generals der Infanterie von Roglovich arbeiten sollte, zu ihr gehörten der Generallieutenant v. Hallberg als Commandant der Artillerie und Generalmajor Freiherr v. Zoller.[21]

Am 15. August tagte die Commission, für diese Sitzung hatte der Major v. Weishaupt ein Abstimmungspapier erarbeitet, in dem er ausführte:

„Es bliebe zwar noch zweifelhaft ob nicht die Anwendung der Congrev-Raketen mit mehr Vortheil im Gebirge versucht werden könne."[22]

In dieser Sitzung der Commission „zur Beratung über die Artillerie Waffen" sprachen sich alle Mitglieder dafür aus, daß Bayern Versuche mit Congrev'schen Raketen anstellen müßte.[23] In der Vorlage der Beratungsergebnisse für den König am 18. August 1829 wurden die ersten Weichen für eine künftige bayerische Raketenentwicklung gestellt, indem nachstehender Beschluß vorgeschlagen wurde:

„3. Eine eigene Gebirgs Artillerie wird zur Zeit für entbehrlich befunden, da im allgemeinen die vorzügliche Verwendung der Artillerie sich auf die Flächen beschränkt; dagegen der Versuch mit Congrevischen Raketen zum theilweisen Ersatz für Gebirgs Artillerie als zweckmässig erkannt. Da jedoch in dem von Eurer Königlichen Majestät bestimmten Fragen unter dem Abschnitt V. § 4. die congrevischen Raketen als ein besonderer Gegenstand noch zur Berathung gelangen; so wurde derselbe vorläufig noch ausgehegt."

Der König genehmigte die erarbeiteten Vorschläge und fügte am 28. August hinzu:

„Es sollen auch die Congrevischen Raketen in Erwägung gezogen werden, ich besorge jedoch, daß, weil dieser Gegenstand mit großen Geheimnisse betrieben wird, nur etwas sehr Unvollkommenes hervorgehen wird; das soll aber nicht abschrecken.-"[24]

In München wurde mit Reskript vom 2. Oktober 1829 eine Artillerie-Spezial-Commission unter Vorsitz des Generalmajor Freiherr von Zoller eingerichtet, um die Reiseberichte auszuwerten und entsprechende Vorschläge für die bayerische Armee zu erarbeiten, die Reiseberichte wurden zusätzlich noch von einer Commission höherer Offiziere unter Vorsitz des General der Infanterie von Roglovitch geprüft.[25] Diese Commissionen kamen nach eingehender Prüfung zu dem Schluß, daß Bayern in der Entwicklung von Kriegsraketen nicht zurückstehen dürfte. Dennoch geschah in den nächsten Jahren zunächst nichts auf diesem Gebiet, sei es, daß es an Fachkundigen, sei es, daß es am Geld gemangelt hat.

1833 wandte sich der Mechanikus Westermayer nach Abschluß seiner Versuche in Hannover an den dortigen bayerischen Gesandten, um die Mitteilung seines Geheimnis der vervollkommneten Raketen anzubieten, wobei er hierfür entweder eine Anstellung oder eine Entlohnung von 1.500 Talern Hannoverscher Währung und zusätzlich Reisegeld und Diäten forderte. Er bot aber auch an, zunächst auf eigene Faust nach München zu reisen. Als Leistungsdaten seiner Raketen gab er an, daß die 12pfündigen bis 2.000 Schritt reichten und daß bei dem Verschuß der Raketen, mit 6pfündigen Kugeln versetzt, auf 600 Schritte von 10 Schüssen acht eine entsprechende Scheibenwand und auf 800 Schritt von 10 Schüssen 6 träfen. Zusätzlich wurde dem bayerischen Kriegsministerium berichtet, daß Westermayers erste Probe in Hannover zwar nicht gut ausgefallen wäre, die zweite aber ein günstiges Resultat ergeben hätte, was durch ein Zeugnis des königlichen Großbritannisch Hannoverschen Armee-Material-Direktors, des Generallieutenant Roettiger bestätigt würde. In einem Vortrag des Kriegsministeriums wurden nun Argumente für und gegen Raketenversuche angeführt. Das Honorar wurde im Vergleich zu den Summen, die von anderen Staaten für eine Raketenentwicklung verausgabt worden wären, als angemessen und sogar gering angesehen. Die Raketen wurden hierbei weniger positiv beurteilt, als vor allem die gegen sie sprechenden Argumente aus der Literatur angeführt wurden.[26] Der Referent schlug dann aber geistig eine Volte, in dem er anführte, daß Bayern anderen Artillerien auf diesem Gebiet nicht nachstehen dürfe und zumindest durch eigene Versuche „dürfte die Artillerie Bayerns an Erfahrungen reicher werden." Den Ausschlag gab dann die Berufung auf das königliche Signat von 1829. Es galt für ihn nur noch zu beurteilen, ob Westermayer Vertrauen zu schenken, ob sein Verfahren erprobt und ob das geforderte Honorar angemessen wäre. Da Westermayer bereit wäre, auf eigene Faust nach München zu reisen, sei anzunehmen, daß seine Forderungen vielleicht mäßiger als anfangs wären, zumal es immer noch billiger käme, als selbst Versuche anzustellen. Schließlich seien vier Fragen zu klären, bevor man in nähere Verhandlungen trete:

1) Erscheint es erforderlich in Bayern Versuche anzustellen, nachdem bereits die Mehrheit der europäischen Staaten Raketen eingeführt haben, oder im Begriffe sind es zu tun,

2) daraus resultierend, sollte bei einer affirmativen Beantwortung der Frage mit Westermayer in Verhandlungen getreten werden,

3) sollte in letzterem Fall "zur Beseitigung beträchtlicher Opfer für das Aerar" ein fester Vertrag vorher abgeschlossen werden und schließlich

4) sollte, wenn ein solcher Vertrag nützlich erschien, ein Antrag zur Genehmigung der Ausführung gestellt werden.[27]

In den anschließenden Beratungen wurden die Fragen zustimmend von den Commissions-Mitgliedern beantwortet. Insbesondere wurde daraufhin gewiesen, daß zwar die Raketen sicher nie die Geschütze

---

19) Angaben in: AOPA, 45. Jahrg. 1881, S. 387, von Weishaupt wurde später bayerischer Kriegsminister, Achner war 1848 bis 1854 im Vorstand der bayerischen Zeughaus-Hauptdirektion; die Reiseberichte scheinen nicht archiviert worden zu sein. Gem. BHS-KA, A VI Bd. 4 wurde die Rückkehr des Major v. Weishaupt und des Hauptmann Achner von einer „wissenschaftlichen Reise" am 24. Juni 1829 gemeldet.

20) BHS-KA, A VI Bd. 4, Fragenkatalog vom 28. Juni 1829, diese Frage wird in den Folgejahren noch mehrfach zitiert, so in: A X 2, Bd. 32, Vortrag vom 13. Jänner 1845

21) Als weitere Mitglieder wurden ernannt: Oberst v. Baur, Oberstlieutenant v. Gotthardt, Major Weishaupt, Hauptmann Achner, Oberlieutenant Speck und der Kriegscommissär v. Chlingensperg (BHA-KA A VI 6, Bd. 4, Kriegsministerium vom 9. Juli 1829, am selben Tag vom König genehmigt.)

22) BHS-KA, A VI 6 Bd. 5, Abstimmung des Artillerie-Major Weishaupt vom 14. August 1829

23) BHS-KA, A VI 6 Bd. 5, Protokoll vom 15. August 1829

24) BHS-KA, A VI 6 Bd. 4, Vorlage Kriegsministerium vom 18. August 1829 und allerhöchstes Signat vom 28. August 1829

25) L. Lutz, Die Bayerische Artillerie von ihren ersten Anfängen bis zur Gegenwart, München 1894; Freiherr von Zoller war seit 1829 im Vorstand der Zeughaus-Hauptdirektion

26) Die im Vortrag angeführten Bespiele stammten aus der AMZ, 1830, S. 742 und waren Zitate aus: Paixhans, Nouvelle force maritime

27) BHS-KA, A VI 6 Bd. 5, Vortrag vom 26. August 1833, am 27. vom Kriegsminister genehmigt

verdrängen würden, diese aber im Gebirgskrieg anwendbar seien und daß ein Vertrag mit Westermayer zweckmäßig wäre,

„Da die auf Reisen gewesenen Artillerie-Offiziere wegen der bey den auswärtigen Staaten beobachtet werdenden großen Geheimnisse über diesen Gegenstand, keine Gelegenheit fanden, hierin Erfahrungen zu machen, und da endlich Versuche ohne alle Anleitung, selbst bey großen Kostenaufwande, welcher übrigens immerhin hierzu erfordert werden wird, keine günstigen Resultate erwarten lassen, . . ."[28)]

Auch die Höhere Artillerie Commission stimmte am 5. September zu, jedoch mit dem Hinweis, daß eine Allerhöchste Entscheidung vor Beginn von Verhandlungen einzuholen sei.[29)] Nach Erteilung der Genehmigung, Verhandlungen mit Westermayer zu führen, wurde mit Ministerial-Reskript vom 12. September eine Verhandlungskommission unter Leitung des Oberstlieutenants v. Gotthardt gebildet. Diese begann ihre Arbeit am 17. September mit einer ausführlichen Befragung Westermayers, um die Seriosität seines Angebotes, aber auch die seiner Person zu prüfen. Eine der ersten Fragen war, ob seine Raketen alter oder neuer Art, also Seitenstab- oder Achsenstabraketen wären, wobei die Antwort, die akzeptiert wurde, etwas verwundert, da Westermayer angab, seine Raketen wären neuester Art, also „mit der Ruthe an der Seite".[30)] Auf weitere Fragen gab er die möglichen Kaliber seiner Raketen als zwischen 1 1/2 und 4 Zoll an, schlug aber dann vor, 2-, 3- und 4zöllige Raketen mit unterschiedlichen Kugeln und Granaten als Gefechtskopf herzustellen, um die unterschiedlichen Wirkungen besser beurteilen zu können. Für die Versuche schlug er die Herstellung von 30 zweizölligen, sowie jeweils 15 drei- und vierzölligen Raketen vor. Erst auf die Frage, ob er auch Leuchtraketen mit Fallschirm herstelle, mußte Westermayer einräumen, daß er deren Anfertigung unterlasse, weil er sich mit ihrer Einrichtung nicht ganz im Klaren wäre. Es wurden dann die zu fordernden Leistungen der Raketen, die Arbeitsbedingungen und das Honorar besprochen. Zu den Leistungen versprach er:

„a) Die 2zölligen erreichen mit 6pf Kugeln und 4 pf Grenaten im 1. Aufschlag eine Portée von 300 Schritten, durch weitere 4 oder 5 Göller aber eine Tragweite im Ganzen von 1.000 Schritten. Die Kartätschen schlagen auf 500 Schritte auf, und wirken dann auf 600 bis 700 Schritt

b) die 3" dienen nicht zum ricochetiren sondern werden im Bogen abgeschossen und erreichen mit den bezeichneten Projectilen dieser Kaliber eine Wurfweite von 12 bis 1.500 Schritten.

c) die 4" Raketen erreichen auf die nämliche Art im Bogen 14 bis 1.800 Schritte.

d) Will man auch die 2" Raketen im Bogen schleudern, dann erreichen sie eine Portée von 1.300 bis 2.000 Schritten."

Für die Seitenabweichungen versprach er für 2zöllige Raketen auf 800 Schritte keine größere Abweichung als 48 Schritte rechts oder links und für die 3- und 4zölligen auf 1.200 Schritte keine größere als 100 Schritt rechts oder links vom Ziel. Schließlich äußerte er sich noch zum Wetter und gab an, die Versuche bei jedem Wetter, außer bei heftigem Sturm, durchführen zu können. Seine Forderungen waren ähnlich denen in anderen Ländern, nämlich pro Tag 6 Gulden Diäten sowie im Falle des Erfolges ein Honorar von 3.000 Gulden rheinisch,[31)] wobei er sich hierfür auch verpflichtete, einige Offiziere auszubilden und auf das Honorar erst Anspruch zu erheben, wenn von diesen Offizieren eigenhändig gefertigte Raketen die gleichen Leistungen wie seine eigenen erbrächten. Im Falle eines Mißerfolges war er bereit, auf Diäten zu verzichten und beanspruchte für den Zeitaufwand eine Entschädigung vom 1500 Talern, hierbei wies er auch auf den Nutzen der Versuche selbst im Falle des Nichtgelingens hin:

„. . . indem dann doch bei einer von den bayers. Herrn Artillerie Offizieren zu erwartenden besonderen Aufmerksamkeit auf diesem höchst wichtigen und interessanten Gegenstand, zu erwarten stehen möchte, daß sie sich mein Geheimnis mehr oder minder eigen gemacht haben könnten, und daher durch von ihnen fortgesetzt werden könnende weitere Versuche und Recherchen auf ein günstiges Resultat gelangen könnten, zu dessen Erreichung immer meine Versuche den ersten Impuls und die Veranlassung gegeben hätten."

Auch für den Fall, daß ein Vertrag nicht ratifiziert würde, bedingte er sich eine Entschädigung für einen dadurch verursachten, verlängerten Aufenthalt in München aus. Als einziges Problem bei den Unterhandlungen erwies sich, daß die erforderliche Presse nicht in München verfügbar war; nach Rückfragen wurde dann festgestellt, daß diese innerhalb von drei Monaten nach Abschluß eines Vertrages für 1.000 Gulden in München hergestellt werden könnte. Eine Berechnung aller erforderlichen Requisiten und Ingredienzien ergab, daß die Versuche an Material 6.414 Gulden und 12 5/8 Groschen kosten würden. Auch erhob sich die Frage, was bei einer Erkrankung Westermayers oder gar bei seinem Tod durch einen Unfall geschehen solle. Für den Fall der Erkrankung forderte Westermayer eine „Lohnfortzahlung im Krankheitsfalle" bis zu 7 Tagen und bedingte sich für den Todesfall nur aus, daß die ihm zustehenden Tagegelder samt einer Entschädigung von 2.500 Gulden seiner Familie auszuzahlen wären, als Sicherheit erklärte er sich bereit, sein Geheimnis im versiegelten Umschlag bei der Zeughaus Hauptdirektion zu hinterlegen. Bei weiteren Verhandlungen wurde festgestellt, daß alle Requisiten ordnungsgemäß vorhanden wären, daß eine Bezahlung seitens Bayerns aber erst in Frage komme, wenn die Raketen im Gebrauch als brauchbar und dauerhaft erkannt würden. Westermayer stellte zu den Versuchen noch die Bedingung, daß keiner näher als 50 Schritte an das Abfeuerungsgestell treten dürfe. Zu seinen Unterlagen stellte er fest, daß sie noch nicht die letzten Verbesserungen seiner Raketen enthielten, daß aber, wenn es zum Ankauf seines Geheimnisses und zur Ausbildung der Offiziere käme, er diese Einzelheiten natürlich mitteilen werde:

„Den Herren Offizieren steht es dann frey und möchte viel mehr in ihrer Bestimmung liegen, diese Verbesserungen genau zu notieren und den ganzen Unterricht damit zu vervollständigen und resp: zu vervollkommnen."[32)]

Schließlich wurde am 2. Oktober festgelegt, daß die Versuche mit 3 Kalibern von Raketen durchgeführt werden sollten und daß im Falle des Erfolges, Westermayer der Ankauf seines Geheimnisses durch Bayern zugesichert werde. Die Bezahlung sollte allerdings erst erfolgen, wenn nach der Ausbildung bayerischer Artillerieoffiziere deren Raketen die gleichen Leistungen wie Westermayers erbringen würden. Im Falle eines Mißerfolges sollte Westermayer keinerlei Ansprüche, auch nicht an Taggeldern, stellen dürfen. Der letzteren Bedingung wurde von Westermayer widersprochen, da er nur auf die Aufforderung des bayerischen Gesandten nach München gereist wäre, ihm also durch verauslagte Reisekosten und den Aufenthalt in München ein Schaden erwachsen wäre. Sein Einspruch hatte Erfolg, er mußte aber zugestehen, daß er die für die Versuche beschafften Lafetten im Falle eines Mißerfolges entweder bezahlen müßte oder aber ihre „Destruirung" verlangen könnte. Schließlich wurde er nunmehr noch aufgefordert, zu beweisen, daß er nicht durch einen andernorts abgelegten Eid zur Verschwiegenheit verpflichtet wäre. Offensichtlich war der Verdacht aufgekommen, daß seine vervollkommneten Raketen und sein Geheimnis möglicherweise daher stammten, daß er Mitglied der Wiener Raketenanstalt gewesen sein könnte, und damit quasi als Deserteur zu gelten hätte. Hierauf berichtete Westermayer von seinem

---

28) BHS-KA, A VI 6 Bd. 5, Schreiben Mayerhofer vom 3. September 1833

29) BHS-KA, A VI 6 Bd. 5, Schreiben General von Roglovitch vom 5. September 1833.

30) BHS-KA, A X 2 Bd. 32, Protokoll vom 17. September 1833, gilt auch für die folgenden Angaben

31) Die Höhe der Summe begründete er damit, daß die ursprünglich genannten 1.500 Taler hannoverscher Währung nach dem rheinischen Guldenfuß nur 2.945 Gulden betragen würden, während ihm die hannoversche Regierung zusätzlich noch 200 Taler Reisegeld gezahlt hätte. Daher hätte er die runde Summe von 3.000 Gulden genannt, zumal er auf die Reisekosten verzichtet hätte.

32) BHA-KA, A X 2 Bd. 32, Fortsetzung des Protocolls vom 18. September 1833

Werdegang als Pyrotechniker, wobei er wahrscheinlich für seine Zeit in Österreich eine Legende erfunden hat.[33] Nachdem nunmehr alle Unstimmigkeiten ausgeräumt waren, konnte am 11. Oktober nach mehreren Vorverträgen und deren Modifikationen ein Definitiv-Accord geschlossen werden, in dem alle Einzelheiten der Versuche festgelegt wurden, also Anzahl, Art und Versetzung der Raketen, Reichweiten und zulässige Seitenabweichungen und Durchschlagskraft. Auch wurden die Arbeitsbedingungen und natürlich die Bezahlung im Falle des Erfolges oder Mißerfolges festgeschrieben. Als letzter wichtiger Punkt wurde festgehalten, daß seine Einkünfte aus diesem Vertrag steuerfrei bleiben sollten.[34] Westermayer konnte nun mit seiner Arbeit beginnen. Nach ersten Vorversuchen, bei denen einige Raketen beim Abfeuern zerplatzten, was seine Ursache wohl in nicht ausreichend sicherer Anbringung der Nieten in den Hülsen der Raketen hatte, wurde am 9. Mai 1834 auf dem Artillerie-Übungsplatz bei München vertragsgemäß das Versuchsschießen durchgeführt. Als Zuschauer nahmen unter anderen der Kronprinz und der Feldmarschall Fürst Wrede teil. Die Vorbereitungen und Beobachtungen zur Durchführung dieses Versuches wurden von der hierfür eingesetzten Kommission unter Leitung des General von Zoller minutiös festgehalten. Die von Westermayer verfertigten Raketen erbrachten hierbei sowohl in Bezug auf die geforderten Treffer der 2zölligen Raketen auf die Scheibenwand, als auch in Bezug auf die geforderte Reichweite und zulässige Seitenabweichung die im Vertrag festgeschriebenen Leistungen oder übertrafen diese, so daß die Kommission beantragte, das „Geheimnis" anzukaufen und bayerische Offiziere durch Westermayer in der Verfertigung der Raketen unterrichten zu lassen.[35]
Dieser Antrag wurde genehmigt, es ergaben sich aber noch Verzögerungen, da die Auszahlung des Honorars und der Taggelder an Westermayer erst nach gesonderter allerhöchster Entschließung erfolgen sollte, hiergegen verwahrte er sich und wies darauf hin, daß er den einen Teil des Vertrages uneingeschränkt erfüllt hätte und nicht in der Lage wäre, nach Abschluß der Arbeiten noch für unbestimmte Zeit auf diese Entschließung zu warten, vor einer Klärung dieser Angelegenheit wäre er nicht bereit, die Ausbildung der Offiziere durchzuführen. Überdies würde er durch einen möglichen zusätzlichen Aufenthalt Schaden erleiden und fordere in diesem Falle eine zusätzliche Entschädigung.[36]
Nachdem die Mißverständnisse ausgeräumt waren und ihm am 7. Juni nochmals zugesichert worden war, daß das Honorar sofort nach vollständig erfülltem Vertrag ausbezahlt werde, begann die Unterrichtung der Offiziere.[37] Unter seiner Anleitung erlernten die 4 hierzu ausgesuchten Offiziere nun die Kunst Raketen zu verfertigen. Dabei wurden alle wichtigen Arbeiten von diesen selbst ausgeführt, nur für „geringere" oder anstrengendere Arbeiten wurden zusätzlich Ouvriers oder Unteroffiziere eingesetzt.
„Die Kommission fertigte die . . . Brandraketen mit geringer Ausnahme ganz allein, und brauchte nur zu Arbeiten, wie die Bewegung des Mischfasses, der Presse, und des Rades an der Werkbank, so wie zum Heben und Tragen, die Beyhilfe von Ouvrieren, zu anderen minder anstrengenden und Sorgfalt verlangenden Arbeiten, die der Unteroffiziere; alles aber was nur entfernt zum eigentlichen Geheimniß der Anfertigung gehört, machte sie unter Anleitung Westermayr selbst. Westermayr zeigte bei jeder besonderen Arbeit, das Verfahren, und die Unterzeichneten führten es aus. Da gleich bei dem Beginnen der Arbeit die Vorsicht gebraucht wurde, das Arbeitslokal unter doppelten Verschluß zu stellen, so daß weder die Kommission noch Westermayer für sich in das Lokal konnten, sondern immer beyde zugegen seyn mußten, und er auch im Verlauf der Arbeit nie allein gelassen, sondern gleichsam auf jedem Schritte verfolgt wurde, so können die Unterzeichneten darüber: daß Westermayr im Geheimen etwas zu den Raketen oder deren Mischungssatz gethan, oder davon hinweg genommen, oder überhaupt nur etwas an den Raketen vorgenommen habe, was sie nicht wußten, ganz beruhigt seyn . . . Es wurde sogar Westermayr bei einer sich eben darbietenden Gelegenheit darum angegangen: die Länge der Bohrung seiner eigenen Raketen messen zu dürfen, was er ganz und gar nicht verweigerte, und selbe wurde wirklich so lange gefunden als er sie angab, welche Besorgung auch wesentlich zur Beruhigung der Kommission beitrug."[38]
Zur Ausbildung stellte die Kommission weiter fest, daß die Unterlagen Westermayers nicht vollständig gewesen wären, da er die Raketen nach Erstellen der übergebenen Zeichnungen weiter verbessert hätte; es wurde aber auch festgehalten, daß Westermayer nichts verschwiegen sondern alles erklärt hätte:
„Westermayer hat seit dem Verfaßen seines Mémoires und der Anfertigung seiner Zeichnungen in der Erzeugung von Raketen weiter geändert; er zeigte aber während der den Unterzeichneten ertheilten Instruktion wenn auch gerade kein großes Zuvorkommen, doch auch keinen Rückhalt, und gab nicht nur über alles, worüber er befragt wurde, die erforderliche Aufklärung, sondern machte sogar auf Dinge aufmerksam, die der Beobachtung der Kommission höchst wahrscheinlich entgangen seyn würden. Die Kommissionsmitglieder, und zwar jeder für sich notierten daher alles im Laufe der Arbeit Beobachtete oder von Westermayer Vernommene erst in kleine stets bei sich geführte Notizbücher, und von da brachten sie es jeder für sich in ein förmliches Tagebuch."[39]
Am 21. und 23. Juli wurden dann die von der Kommission angefertigten Raketen mit denen Westermayers in einem weiteren Versuchsschießen verglichen. Für dieses Versuchsschießen wurden Teile des 1. Feldartillerie-Regiments herangezogen.[40] Es wurden jeweils 20 Raketen verschossen, dabei jeweils 10 zweizöllige, 5 drei- sowie 5 vierzöllige. Dabei zeigte es sich, daß die von den Offizieren hergestellten Raketen durchweg den Westermayerschen in der erzielten Reichweite nachstanden. Die nachstehende Tabelle stellt vergleichend die Leistungen der Raketen Westermayers und die der von der Kommission gefertigten dar:
(Siehe Tabelle auf Seite 233)

In ihrem Protokoll äußerte die Kommission die Vermutung, daß die von ihr hergestellten Raketen eine geringere Treibkraft als die Raketen Westermayers gehabt hätten, da aber gemäß Vertrag die Leistungen beider Raketenarten gleich sein mußten, ging sie davon aus, daß Westermayer den Vertrag nicht vollständig erfüllt hätte, auch wenn seine Raketen die festgeschriebenen Forderungen teilweise weit übertroffen hätten. Da aber die Ursache für die geringere Leistung der eigenen Raketen, die ja unter Aufsicht und nach Anleitung Westermayers hergestellt worden waren, nicht klar war, wurde beantragt, das Honorar erst auszuzahlen, wenn der Grund für dieses Versagen gefunden wäre und die Gleichheit der Raketenleistungen in einem erneuten Versuch nachgewiesen wäre.[41]

---

33) siehe Beilage 4/1 zu diesem Abschnitt; in Schweden hatte Westermayer angegeben, das Raketenwesen in Österreich gelernt zu haben, in Preußen gar, daß er Oberfeuerwerker gewesen wäre.
34) vollständiger Text dieses Definitiv Accords siehe Beilage 4/2 zu diesem Abschnitt
35) Das vollständige Protokoll dieses Versuches ist in der Beilage 4/3 zu diesem Abschnitt enthalten, da es einen präzisen Einblick in Anlage und Durchführung der Versuche und die Leistungsdaten der Raketen erlaubt. Auch wird das Vorbereiten der Raketen und die Durchführung des Abfeuerns genau beschrieben. BHS-KA, A X 2 Bd. 32, Protokoll vom 11. Mai 1834
36) BHS-KA, A X 2 Bd. 32, Protokoll vom 2. Juni 1834
37) BHS-KA, A X 2 Bd. 32, Protokoll vom 7. Juni 1834
38) BHS-KA, A X 2 Bd. 32, Aufklärung vom 29. Juli 1834, unterrichtet wurden die Majore Strauss und von Achner, der Hauptmann Rueff und der Lieutenant Grundherr, 4 Unteroffiziere und 8 Ouvriers waren zur Unterstützung der Arbeiten zukommandiert.
39) BHS-KA, A X 2 Bd. 32, Protokoll vom 24. Juli 1834
40) von Xylander / Sutner, Geschichte des 1. Feldartillerie-Regiments Prinz-Regent Luitpold, Berlin 1911, S. 21: „Versuche mit Congreveschen Brandraketen hatte das Regiment im Jahre 1834 vorgenommen und damit Schußweiten bis zu 3.000 m, aber so geringe Treffähigkeit erreicht, daß sie aufgegeben wurden."
41) BHS-KA, A X 2 Bd. 32, Protokoll und Antrag vom 24. Juli 1834

	Westermayer 2 zöllige	3 zöllige	4 zöllige	Kommission 2 zöllige	3 zöllige	4 zöllige
Treffer	8			6		
Treffer gem. Vertrag	5			5		
Reichweite im Durchschnitt	848 Schritt			760 Schritt		
Reichweite bei hoher Elevation	2051 Schritt			1640 Schritt		
Reichweite mit 7 Pf. Granate Durchschnitt		1715 Schritt	3343 Schritt		797 Schritt	1503 Schritt
Reichweite mit 12 Pf. Granate bei 3" 10 Pf. Granate bei 4"		35°: 1942 Schritt 40°: 2623 Schritt	2559 Schritt		35°: 1218 Schritt 40°: 1610 Schritt	1099 Schritt
Reichweite gem. Vertrag	1000 Schritt	1200 - 1500 Schritt	1400 - 1800 Schritt	1000 Schritt	1200 - 1500 Schritt	1400 - 1800 Schritt

Am selben Tag reichte jedoch die Kommission eine zusätzliche Erklärung über die vermutliche Ursache nach; anscheinend waren zum einen die Hülsen mangelhaft hergestellt worden, zum anderen war aber die Holzkohle, die zum Treibsatz verwendet wurde, nicht hinlänglich karbonisch. Um nicht den gesamten Treibsatz neu laborieren zu müssen, habe Westermayer dem Satz ein Dämpfungsmittel beigegeben und bei den Proben habe sich gezeigt, daß er so die „schädliche Wirkung der nur schwach gebrannten Kohle zu bändigen wußte", und daß die Kommission so ein Mittel kennengelernt hätte, das sonst gar nicht zur Sprache gekommen wäre. Abschließend wurde darauf hingewiesen, daß die Offiziere bei der Herstellung ihrer Raketen wohl zu viel dieses Dämpfungsmittels hinzu gegeben hätten.
„Hätte im voraus vermuthet werden können, daß die von der Kommission gefertigten Raketen in ihrer Portée zu weit zurück blieben, so würde sich diesem auch durch bekannte Mittel habe vorbeugen lassen."[42)]

Als Westermayer am 25. Juli vor die Wahl gestellt wurde, entweder einen Teil seines Honorars als Pfand zu hinterlassen oder seinen Aufenthalt zu verlängern und nochmals Raketen herzustellen, reagierte er gereizt: er hätte seinen Vertrag erfüllt und wäre jetzt 11 Monate in München auf eigene Kosten, da er noch nicht einmal einen Vorschuß erhalten hätte, wie es an anderen Orten doch üblich gewesen wäre. Er forderte, falls ein weiteres Verweilen erforderlich wäre, eine zusätzliche Entschädigung von 500 Gulden und, falls der Aufenthalt länger als 14 Tage dauern würde, in Hinblick auf die bedeutenden Verluste, die er dadurch erleiden würde, neue Vertragsverhandlungen.
Nach einigem Schriftverkehr ließ das Kriegsministerium sich von dem nachträglichen Schreiben der Kommission zu den Ursachen der geringeren Leistungen der selbst angefertigten Raketen überzeugen und verfügte am 31. Juli die Auszahlung des vereinbarten Honorars von 3.000 Gulden und der Taggelder seit 9. Oktober 1833 an Westermayer durch die Zeughaus-Haupt-Direktion.[43)]
Im Oktober scheinen dann die ersten selbständigen Versuche durchgeführt worden zu sein.
Man war im Allgemeinen mit der Reichweite und der Seitenabweichung der Raketen zufrieden, bei Raketen mit 12pfündigen Granaten wurde eine Reichweite von 2.860 Schritt mit einer Abweichung von 103 Schritt sowie eine Reichweite von 2.387 Schritt mit einer Abweichung von 68 Schritt erzielt, während Raketen mit 7pfündigen Granaten bei 3.010 Schritt Reichweite 127 Schritt nach rechts und bei 2.710 Schritten nur 30 Schritt nach links abwichen, auch wenn eine Rakete, die eine Reichweite von 4.310 Schritten erreichte, fast 500 Schritt nach rechts abgewichen war. Mit den 2zölligen Schußraketen war man weniger zufrieden, da diese eine zu große Abweichung aufwiesen. Ein Mitglied der Raketen Kommission äußerte dazu:
„Es kostete mich die Anfertigung der Raketen einige Massen Zeit, aber es war mir in hohem Grade angenehm, bei jener Commission gewesen zu seyn, und ich gebe die Hoffnung nicht auf, daß es noch dahin kommen wird, die SeitenAbweichungen derselben, die übrigens bei den Raketen größeren Calibers nicht so außerordentlich beträchtlich waren, zu vermindern"[44)]
Die Fortführung der Raketenentwicklung nach Westermayers Abreise ruhte zunächst, weil nach der Explosion des Pulvermagazines[45)] auf dem Artillerie-Übungsplatz keine Möglichkeit für die Lagerung von Raketen bestand. Erst als 1836 die Erbauung eines neuen Pulver- und Munitionsmagazines geplant war, wurde am 22. April 1836 die Fortführung der Versuche mit allerhöchstem Signat genehmigt.[46)] Mit Reskript vom 17. Mai 1836 ordnete das Kriegsministerium Einzelheiten zur Durchführung an. Dabei kam es ihm zunächst auf die Zusammensetzung des Treibsatzes an, hier sollte die günstigste Mischung gefunden werden und untersucht werden, ob nicht für alle Kaliber ein einheitlicher Treibsatz verwendet werden könnte. Ferner sollten die zu den unterschiedlichen Entfernungen gehörenden Elevationen und Zündungen untersucht werden. Als zusätzliche Aufgabe wurde auch die Versetzung des Stabes in die Achse der Rakete bezeichnet. Über die bereits gefertigten Raketenarten hinaus sollten nunmehr auch Kartätsch- und Leuchtballenraketen sowie als Projektile Bomben und 25pfündige Granaten verwendet werden. Überdies wurde empfohlen, auch das Pressen des Satzes mit Hilfe einer hydraulischen Presse in Er-

42) BHS-KA, A X 2 Bd. 32, Protokoll vom 24. Juli 1834
43) BHS-KA, A X 2 Bd. 32, Zeughaus Haupt Direktion vom 27. Juli 1834, sowie Kriegsministerium vom 28. und 31. Juli 1834, die Summe der ausgezahlten Diäten betrug 1.438 Gulden 12 Kreuzer; für Materialien waren 100 Gulden und für Requisiten 1876 Gulden verauslagt worden, so daß die Gesamtkosten der Versuche 6.414 Gulden 12 Kreuzer betrugen (BHS-KA A X 2 Bd. 32, Vortrag vom 13. Jänner 1845)
44) WHS, E 286, Bü 100, Brief Major Achner an den württembergischen Artilleriehauptmann von Milz vom 28. Oktober 1834, in diesem Brief sind auch die Daten zu dem vorgenannten Versuch enthalten
45) Ein Artillerist namens Schmidt hatte das Pulver entzündet, um Selbstmord zu begehen, weil er von den Vorgesetzten schlecht behandelt worden wäre, wie er in einem nachgelassenem Brief an seinen Batteriechef angab. 300 Faß Pulver sowie die Munitionsvorräte, einschließlich einiger gelagerter Raketen explodierten bei dieser Gelegenheit. 6 Personen, die noch bei der Arbeit waren, kamen ums Leben. Angaben nach: The Annual Register or a View of the History, Politics and Literature of the Year 1835, London 1836, p. 80
46) BHS-KA, A X 2 Bd. 32, Antrag des Kriegsministeriums vom 21. April 1836; das Kriegsministerium legte hiermit zugleich die Tagebücher der Offizier vor und bemerkte, „Sie liefern den Beweis, daß diese Offiziere gut aufgefaßt, und das Erlernte gut angewendet haben.- Es kann daher mit Grund gesagt werden, daß Eurer königlichen Majestät Artillerie um einen Grad ihres Wissens reicher geworden ist."

wägung zu ziehen. Die Kommission wurde dabei ermächtigt, Verbesserungen, die keine Kosten verursachten, in eigener Zuständigkeit durchzuführen. Wiederum sollte ein Tagebuch geführt werden, das nach den einzelnen Versuchsabschnitten vorzulegen wäre.[47)]

Dieser Auftrag schien auf Schwierigkeiten gestoßen zu sein, denn als das Ministerium am 27. Juni 1837 nachfragte, was bezüglich dieser Weisung geschehen wäre, mußte die Brandraketen-Kommission melden, daß außer Entwürfen keine Maßnahmen durchgeführt worden wären, da ihre Mitglieder durch andere dienstliche Aufträge ausgelastet gewesen wären, und überdies der Hauptmann Rueff wegen einer Augenverletzung in ärztlicher Behandlung wäre. Zugleich beantragte sie, vor neuen Vorhaben zur Sicherheit erst noch einige Versuche mit den Raketen, wie Westermayer sie angefertigt hatte, durchzuführen.[48)]

Auch hierauf scheinen die Versuche zunächst nicht weitergeführt worden zu sein, da das Kriegsministerium mit Reskript vom 9. Juni 1841 aufgrund einer Nachfrage des Feldmarschall Prinz Carl von Bayern wiederum darauf drängte:

„Da die anbefohlene Fortsetzung der Versuche mit Brand-Raketen noch nicht begonnen hat, so ist die Zeughaus-Hauptdirektion . . . anzuweisen, diesen Gegenstand um so eher wieder aufzunehmen, als durch die Erbauung eines neuen Pulver- und Munitions-Magazins bey Milbertshofen die sichere Aufbewahrung der für diesen Zweck erforderlichen Materialien und der laborirten Raketen selbst vollkommen möglich gemacht ist."[49)]

Für den inzwischen verstorbenen Hauptmann Rueff wurden zwei Nachfolger ernannt, der Unterlieutenant Strunz und der Unterfeuerwerksmeister Gronen, damit zumindest einer immer der Kommission zur Verfügung stünde.

Inzwischen war mit Reskript vom 23. August 1840 das Hauptlaboratorium zu München erweitert worden:

„Gleichzeitig erhielt das Hauptlaboratorium die Einrichtung zur Fabrikation der Kriegsraketen . . . Zu diesem Zweck wurde später eine eigene Raketen-Kommission ernannt, bestehend aus dem Major Hütz des 1. Artillerieregiments, dem Oberfeuerwerksmeister, Hauptmann v. Grundherr, dem Feuerwerksmeister, Unterlieutenant Gronen und dem jeweiligen Inspektionsoffizier der Normalpulvermühle, welche während mehrerer Jahre den Fabrikationsbetrieb zu leiten und umfassende Schießversuche mit verschiedenen Konstruktionsformen dieser Waffe auszuführen hatten."[50)]

Ein weiteres Reskript vom 10. Oktober 1841 bestimmte, daß die Westermayer'sche Methode zunächst beibehalten werden sollte, um festzustellen, ob die selbstgefertigten Raketen die gleiche Wirkung zeigten. Zusätzlich sollten aber als Versetzung der Raketen Kartätschen verwendet werden. Überdies sollten Versuche mit Knallzündungen angestellt, Verbesserungen des Abfeuerungsgestelles untersucht und wiederum der Versuch unternommen werden, zur Achsenstabrakete überzugehen. Für die „noch erforderlichen Vorbereitungen und Einrichtungen" wurde die Summe von 1.293 Gulden und 28 Kreuzern bewilligt, wobei soweit möglich alles Erforderliche im Zeughaus anzufertigen war; für den Fall, daß das technisch-mathematische Institut von Ertel und Sohn mit der Verfertigung von Teilen beauftragt werden müsse, was für die Bohrmaschine galt, sollten vorher Zeichnungen eingeholt und erst nach deren genauer Prüfung mit der Arbeit begonnen werden. Überdies war die Maschine vor einer Übernahme zu erproben, dabei war eine „bemessene Haftzeit" zu vereinbaren, in der von der Firma „alle vorkommenden Reparationen unentgeltlich zu leisten" wären.[51)]

1843 wurden dann endlich Raketenfertigung und Versuche wieder aufgenommen. Angefertigt wurden in diesem Jahre 34 Stück 2zölliger Raketen, die mit 6pfündigen Vollkugeln, 3pfündigen Handgranaten sowie 4-, 6- und 12 pfündigen Granaten versetzt waren, 20 Stück 3zölliger Raketen mit 12- und 7pfündigen Granaten versetzt sowie 17 Stück 4zölliger Raketen; in Versuchen wurden 10 zwei-, 8 drei- und 4 vierzöllige Raketen verschossen, hiervon zerplatzten beim Zünden insgesamt 8, also mehr als ein Drittel und nur 8 Schüsse konnten als Erfolg betrachtet werden. Im Kriegsministerium wurde hierzu in einem Vortrag festgestellt, daß die Resultate nicht als günstig betrachtet werden könnten und daß „hier zwischen Aufwand und Erfolg ein Mißverhältniß bestehen dürfte". Der Verfasser dieses Vortrages schlug vor, in Zukunft die Versuche zu beschränken, um Kosten zu sparen und vor allem langsamer in der Entwicklung vorzugehen, dabei stellte er folgende Grundsätze auf:

„1. Die Anfertigung der Raketen nach den von Mechanikus Westermayer angegebenen Mischungsverhältnissen des Satzes und der sonstigen Weise vorgenommen werde; wobei die Anwendung von stärkeren Blechsorten zu den Hülsen als zuläßig zu erachten wäre;
2. Die Versetzung der Raketen sich nur auf Granaten und Kartätschen richten, welche dem Kaliber derselben entsprechen, auszudehnen haben,
3. bei einem Kaliber solang zu verweilen sey, bis die Kommission dazu gelangt seyn wird, Raketen zu fertigen, welche eine Regelmäßigkeit bei den ersten Aufschlägen u. in ihren Flugbahnen wahrnehmen lassen
4. die zu erreichenden Entfernungen nicht weiter auszudehnen seyen, als auf welche nach der Natur des Geschosses noch eine entsprechende Wahrscheinlichkeit des Treffens zu erwarten stehe."[52)]

Zudem wurde vorgeschlagen, zur Kostenersparnis zunächst die Versuche nur mit dem kleinsten Kaliber fortzusetzen, und die damit gemachten Erfahrungen später bei größeren Raketen zu verwenden. Eine entsprechende Weisung erging am 13. Januar 1845 an das Artillerie-Korps-Kommando, hier wurde der Auftrag noch präzisiert, indem es bezogen auf die zweizölligen Granat- und Kartätschraketen hieß:

„ . . . und die auf diese Weise möglichst vereinfachte Gattung so lange zu erforschen und zu vervollkommnen, bis entsprechende Resultate erlangt worden sind."[53)]

Zuvor hatte im März 1844 die Brandraketen Kommission beantragt, den aus Griechenland zurückgekehrten Oberlieutenant Schmölzl ihr zuzuteilen, da dieser über die erforderlichen Erfahrungen, insbesondere auch bereits in der Perkussionszündung, verfüge; überdies erscheine es wichtig, daß wenigstens ein Mitglied der Kommission sich ständig mit diesem Thema befassen würde, da die derzeitigen Mitglieder zumeist in Ausführung anderer Aufträge nicht verfügbar wären. Die Zeughaus-Haupt-Direktion unterstützte den Antrag, wies aber auch auf einen möglichen Eideskonflikt hin, da Schmölzl seine Erfahrungen ja in griechischen Diensten gemacht habe. Der mögliche Eideskonflikt wurde von einem Referenten im Kriegsministerium ausgeräumt, der darauf hinwies, daß Bayern ja das selbe Geheimnis wie

---

47) BHS-KA, A X 2 Bd. 32, Vortrag vom 17. Mai 1836; die bis ins Detail gehenden Anweisungen zeigen, daß die Tagebücher der Offiziere im Ministerium sorgfältig ausgewertet worden waren. Zur Presse hieß es: „Die Verschiedenheit der durch Menschenhände angewendeten Kraft war nicht immer dieselbe und konnte es nicht seyn. Wie die Presse zu verbessern und ob nicht das fehlende durch gleichen und unschädlichen hydraulischen Druck ersezt werden könne, darüber ist Bericht zu erstellen, dieser aber mit Zeichnung und Kostenanschlägen zu belegen."

48) BHS-KA, A X 2 Bd. 32, Meldung der Brandraketen Commission an die Zeughaus Haupt-Direktion vom 24. August 1837, hier hieß es zum Abschluß: „Sobald demnach für die betreffenden Mitglieder der gegenwärtige bedeutende Geschäftsdrang nur einigermassen eine anderweitige Verwendung zuläßt, soll unfehlbar mit dem erhaltenen Auftrag begonnen werden."

49) BHS-KA, A X 2 Bd 32, Vortrag vom 09. Juni 1841

50) L. Lutz, a.a.O., S. 161; siehe auch: J. Schmölzl, Die Bayerische Artillerie, München 1879, S. 22; Oberfeuerwerksmeister bis April 1840 war der Hauptmann Rueff

51) BHS-KA, A X 2 Bd. 32, Reskript des Kriegsministeriums vom 10. Oktober 1841 an das Artillerie-Korps-Kommando, abschließend wurde auch der Sicherheit gedacht: „Schließlich ist der Kommission wiederholt zu empfehlen, bey der Fabrikation der Kriegs Raketen alle und jede Sicherheits- und Vorsichtsmaaßregeln zu ergreifen, gemäß welchen die Besorgnisse eines Unfalles möglichst beseitigt werden."

52) BHS-KA, A X 2 Bd. 32, Vortrag vom 13. Jänner 1845

53) BHS-KA, A X 2 Bd. 32, Reskript vom 13. Jänner 1845

Griechenland erworben hätte. Das ArtillerieKorps-Kommando hielt aber entgegen, daß Schmölzl nach seiner langen Abwesenheit zunächst erst einmal zur Eingewöhnung Truppendienst leisten müsse. Damit mußte die Kommission bis zum Abschluß der Herbstübungen zunächst auf Schmölzl verzichten.
Aber auch die letzten Versuche mit Raketen nach Westermayer'scher Art im Jahre 1847 brachten nicht die erhofften Verbesserungen, obwohl erstmals versucht worden war, den Satz „trocken" zu pressen:
„Der gehorsamst Unterzeichnete war bei Abfeuerung der nach obenbezeichneter Weise gefertigten 10 Stück Raketen gegenwärtig [Nutzung der hydraulischen Presse, „trockener", also nicht mehr angefeuchteter Satz], von diesen Raketen zersprangen zwei kurz nach der Abfeuerung. Die ersten Aufschläge der übrigen wechselten zwischen 250 - 300 Schritte und 800 bis 1.000 Schritte."[54)]
1848 fanden aufgrund der politischen Umstände keine Versuche statt und am 13. Februar 1849 wurde eine neue Raketen-Commission ernannt. In diesem Jahr wurde auch eine hydraulische Presse beschafft und erste Versuche mit dieser durchgeführt, aber auch jetzt mußte festgestellt werden:
„Nachdem nun im Monate Februar l. J. wieder begonnenen Versuche für Herstellung von Kriegsraketen zu der Überzeugung führten, daß die nach dem im Jahre 1833 erworbenen Westermayer'schen System gefertigten Raketen, weder in Beziehung auf Haltbarkeit für die Aufbewahrung noch in ihrer Trefffähigkeit entsprechen, die mit der Fortsetzung dieser Versuche beschäftigte Artillerie-Kommission auf dem Wege der Erfahrung vorschreitend möglicherweise noch Jahre zur Lösung der gestellten Aufgabe bedürfen könnte . . ."[55)]
Später zeigte sich bei Versuchen, die am 29. Oktober 1851 mit Raketen aus der Fertigung von 1843 durchgeführt wurden, mit Raketen also, die 8 Jahre im Magazin Milbertshofen gelagert waren, daß das Eisenblech der Hülsen verrostet war und der Salpeter des Satzes in der Bohrung wucherte. Man schloß daraus, daß die feuchte Pressung die Schuld getragen habe.[56)]

(2) Der Pyrotechniker Lukaszy

Bevor noch weitere Versuche angestellt werden konnten, traf Ende Oktober 1849 in München der Kunstfeuerwerksmeister Ladislaus Lukaszy aus Wien ein und erbot sich, der bayerischen Artillerie Unterricht in der Herstellung von Lustfeuern zu geben, sowie ihr die Anfertigung der österreichischen Kriegsraketen zu lehren. Er forderte hierfür ein Erfolgshonorar von 300 Talern in Gold oder 660 Gulden und Taggelder von 4 Gulden 24 Kreuzern, wobei eine Dauer der Unterrichtung von 6 Wochen angegeben wurde. Neben Zeugnissen anderer Armeen über den erfolgreichen Unterricht in der Lustfeuerwerkerei konnte Lukaszy eine selbst verfaßte Relation über Kriegsraketen vorlegen.[57)] Im Einzelnen hatte Lukaszy angeboten, folgende Mitteilungen neben der Fertigung der Kriegsraketen zu machen:

„1. in der vortheilhaftesten Art, wie ein Mann in einem Tage 200 Stück Raketenhülsen oder 600 Stück Schwärmerhülsen fertigen kann
2. in einer neuen Art Signalraketen
3. in einer einfachen Art von Fallschirmraketen
4. in einer verbesserten Methode über das Werfen von Hohlkörpern
5. in der Fertigung von farbigen Leuchtkugeln, deren Zusammensetzung wegen der Wohlfeilheit des Materials allen anderen vorzuziehen sey
6. in der Fertigung von Raketen mit 2 und noch mehr Fallschirmen
7. in einer äußerst einfachen und praktischen Art zum Würgen der Hülsen, endlich
8. in verschiedenen Vortheilen die dem praktischen Feuerwerker zu wissen nothwendig seyen."[58)]

Da das Honorar preiswert erschien, vor allem in Vergleich der bisher für Raketenversuche seit 1833 verausgabten 12.000 Gulden, es auch nur im Erfolgsfalle zu zahlen war, wurde das Anerbieten von allen Stellen befürwortet.[59)] Am 11. Dezember wurde durch den König (inzwischen Maximilian II.) die Genehmigung zur Anstellung Lukaszys erteilt.[60)] Das Artilleriekorps-Kommando erhielt daraufhin am 19. Dezember den Auftrag, einen entsprechenden Vertrag mit Lukaszy abzuschließen, die Verhandlungen hierüber sollten durch den Vorsitzenden der Artilleriespezial-Kommission, Generalmajor und Brigadier Carl Weishaupt geführt werden. Als Auflage wurde gemacht, daß verbindliche Absprachen und Zahlungen erst nach einer erfolgreichen Vorprobe stattfinden dürften, Bedingungen waren die Lagerfähigkeit der Raketen, die Gleichförmigkeit der Aufschläge, die Treffähigkeit und eine gefahrlose, nicht zu kostspielige Anfertigungsweise der Raketen. Hierfür sollten zunächst 50 Raketen angefertigt werden.[61)] Der Vertrag wurde dann nach einigen Modifikationen bezüglich der Forderungen an die Genauigkeit der Raketen Anfang Januar 1850 abgeschlossen, wobei das Kriegsministerium noch darauf hinwies, daß Tagegelder erst nach erfolgreichen Versuchen ausgezahlt werden dürften.[62)]
Bereits am 9. Januar 1850 konnte der erste Vorversuch mit 12 von Lukaszy hergestellten 6pfündigen Schußraketen durchgeführt werden, nachdem als vorbereitende Maßnahme die Abfeuerungsgestelle durch den Mechanikus Ungerer[63)] nach Lukaszys Angaben gefertigt worden waren:

---

54) BHS-KA, A X 2 Bd. 32, Vortrag vom 6. November 1849, der Referent fügte hinzu: „Hieraus dürfte nun hervorgehen, daß die Kommission von dem vorgesteckten Ziele weit entfernt sey." Mit allzu großem Nachdruck scheinen in diesen Jahren die Versuche aber nicht durchgeführt worden zu sein, zumal der einzige bayerische Offizier, der bereits in Griechenland eine Raketenbatterie geführt hatte, der Hauptmann Schmoelzl, zwischenzeitlich Taktiklehrer im Kadetten-Korps-Kommando geworden war. Dieser hatte wohl auch bereits, jedoch erfolglos, die Idee zu einer Rotationsrakete vorgetragen: „Die Erfahrungen des Referenten haben denselben indessen darüber belehrt, daß man den Kriegs-Raketen durch ein höchst einfaches Mittel eine derartige Rotirung während ihres Fluges um ihre Längsachse zu geben im Stande ist, daß alle bisher schädlichen Einwirkungen der Luft beseitiget und die Wahrscheinlichkeit des Treffens bedeutend gesteigert werden könne." (BA-AF, DB 56/86, Referat über die Anwendung, der von demselben während seines Aufenthaltes in Griechenland gefertigten Kriegs-Raketen, München im Februar 1849). Leider äußerte Schmölzl sich hier nicht über dieses Mittel, es ist damit unklar, ob er Hales Raketen, die Raketen Kühns aus Sachsen oder ein selbst erdachtes Prinzip ansprach.
55) BHS-KA, A X 2 Bd. 32, Vorlage der 6. Sektion des Kriegsministeriums vom 9. Dezember 1849; in dieser Vorlage wurde auch festgestellt, daß die Versuche seit 1833 die Summe von 12.000 Gulden erfordert hätten.
56) BHS-KA, A X 2 Bd. 32, Vor- und Antrag Major Hütz vom 15. Januar 1852
57) BHS-KA, A X 2 Bd. 32, Zeughaus-Haupt-Direction vom 1. Dezember 1849 mit Stellungnahme ArtillerieKorpsKommando vom 3. Dezember 1849
58) BHS-KA, A X 2 Bd. 32, Vortrag 3. Sektion Kriegsministerium vom 6. November 1849, in diesem Vorgang wurde auch auf Lukaszys Zeugnisse eingegangen. Danach hatte er im März 1847 im württembergischen Arsenal für Mitteilungen in der Lustfeuerwerkerei 165 Gulden erhalten, im November 1847 das sächsische Artilleriekorps in Sachen der Lustfeuerwerkerei unterrichtet, im April 1847 die badische Zeughausdirektion unterrichtet und im August 1847 die hannoversche Artillerie Brigade. Daraus scheint hervorzugehen, daß sich Lukaszy in Bayern erstmals erboten hat, Kriegsraketen herzustellen. (Es gab zwar 1849 während der ungarischen Insurrektion in der ungarischen Raketenartillerie einen Batteriechef namens Lukaszy - siehe Abschnitt „Die anderen europäischen Staaten, Ungarn" -, hier kann es sich angesichts der später festgestellten geringen artilleristischen Kenntnisse des Feuerwerkers Lukaszy um eine zufällige Namensgleichheit handeln, obwohl nicht auszuschliessen ist, daß es sich um dieselbe Person handelte.) In einer Stellungnahme zum Vortrag der 3. Sektion schlug die 6. Sektion jedoch vor, die Diäten nicht tageweise sondern erst nach „gelungenem Werke" zu zahlen: „Es könnte hiernach jeder fremde sog. Erfinder und Künstler sich auf Rechnung des bayers. Aerars eine Zeit lang Diäten zahlen und abnähren lassen und so am Ende mit dem Genusse sich wieder empfehlen, ohne daß man etwas weiteres von ihm erlangt hätte oder erlangen könnte."
59) BHS-KA, A X 2 Bd. 32, Kriegsministerium vom 9. Dezember 1849
60) BHS-KA, A X 2 Bd. 32, allerhöchstes Signat, Nymphenburg den 11. Dezember 1849
61) BHS-KA, A X 2 Bd. 32, Kriegsministerium vom 19. Dezember 1849
62) BHS-KA, A X 2 Bd. 32, Kriegsministerium vom 5. Januar 1850
63) Nach dem Bericht des Major Hütz vom 15. Januar 1852 (BHS-KA, AX 2, Bd. 32) wurden die Angaben nur für ein 12pfündiges Raketengeschütz gemacht, als Vorlage diente die Zeichnung eines 6pfündigen Raketengeschützes, die man 1848 in Hohenems bei der dortigen österreichischen Raketenbatterie angefertigt hatte, wobei das neu verfertigte Geschütz und die Zeichnung nicht in allen Teilen übereingestimmt hätten.

„Bei diesem Versuch zeigte sich ein unbezweifelter Fortschritt im Vergleich zu den in früheren Jahren unter Anweisung eines gewissen Westermayer erlangten Erfolgen, denn die dermaligen Raketen hielten bessere Richtung, gingen leichter vom Stative ab, und es ließ sich bis auf einen gewissen Grad hin gegen eine Cavalerie-Abtheilung eine entsprechende Wirkung auf die Entfernung von 800 Schritten entnehmen, wobei jedoch erkannt werden mußte, daß durch Aufstellung eines Canons oder einer Haubitze größeres hätte geleistet werden können."

Die Seitenabweichung betrug im Mittel nur noch 24 Schritte, wobei jedoch eine Rakete erheblich weiter abwich; bei unter 0° Elevation abgefeuerten Raketen betrug die mittlere Reichweite 714 Schritte und die Abweichung 12 Schritte. Vorlage für diese Raketen war eine ausgeschossene österreichische 6pfündige Schuß-Raketenhülse, die Lukaszy mitgeführt hatte. Als Treibsatz nahm er das bayerische Jagd- und Scheibenpulver N°. 4 und 5, das aus 76 Teilen Salpeter, 10 Teilen Schwefel und 14 Teilen Kohle bestand; dies Pulver wurde im Rollfasse mit 40 Umdrehungen pro Minute in $^3/_4$ Stunden zu Mehlpulver bereitet und anschließend mit Weingeist angefeuchtet, auf 4 Pfund Satz wurden $6^3/_4$ Liter Weingeist genommen. Der Treibsatz wurde mit einem Druck von 350 Zentnern gepreßt, auf den Satz wurde dann ein Pfropf aus pulverisiertem Ton mit einem Druck von 450 Zentnern gepreßt. Die Bohrung von Wurf- und Schußraketen war nach Lukaszys Methode gleich,[64)] die Stufenbohrung für Wurfraketen war ihm offensichtlich nicht bekannt. Für die Kartätschraketen nahm er eine um 10 Linien längere Hülse, wobei der zusätzliche Raum der Aufnahme der Ausstoßladung diente. An der linken Seite der Rakete wurde jeweils das Zündloch gebohrt. Die Stäbe der Raketen waren aus Tannenholz, für die 6pfündigen Raketen betrug die Länge 9 Fuß, wobei der Stab der Wurfraketen am Ende ausgebohrt und mit $5^1/_2$ Lot Blei ausgegossen wurde, für die 12pfündigen betrug sie 11 Fuß, diese wurden mit 12 Lot Blei am Ende ausgegossen. Für alle Raketenarten bestanden die Stäbe im Gegensatz zu den österreichischen nur aus einem Teil.[65)]

Eigentlich hätten die Versuche aufgrund der unterschiedlichen Abweichungen abgebrochen werden müssen, unter Berücksichtigung des schlechten Wetters und der Ungeübtheit der Mannschaft sah man aber davon ab und setzte sie nach Genehmigung durch das Artilleriekommando fort. Das nächste Schießen erfolgte am 19. Januar mit 9 weiteren Raketen, wobei bei 0° Elevation eine durchschnittliche Reichweite von 815 Schritten mit einer mittleren Abweichung von nur 15 Schritten erreicht wurde, zwei Raketen jedoch fast 70 Schritte von der Richtung abwichen:

„Diese Raketen sind daher auch hinter der beabsichtigten Genauigkeit im Treffen etwas zurückgeblieben, doch geben sie aber hinlänglich Veranlassung um auf dem einmal betretenen Wege ihrer Anfertigung fortzufahren."

Es zeigte sich aber bei diesen Versuchen bereits das eingeschränkte Wissen Lukaszys um die österreichischen Raketen:

„Der Beginn der Versuche wurde mit den Schußraketen gemacht und da Herr Lukaszy nur eine Granatkartätsche vom Gewicht von 2 Pfd 12 Lth dazu nahm, so hatte man 6° Deklination nöthig, d.h. die Richtmaschine mußte um 6° nach rechts gedreht werden, um das Ziel zu treffen, und der Linksabweichung der Rakete entgegen zu wirken, da diese Seitenabweichung bis 120 Schritte auf 800 Schritte betrug. Als man hierauf den Auszug aus der österreichischen Portéetabelle aus Bregenz mitgetheilt erhielt, und daselbst das Gewicht der Granate der Schußrakete mit $3^1/_4$ Pfd eingesetzt fand wußte man nicht ob Wiener oder Nürnberger Silbergewicht. Man vermuthete letzteres, brachte die Granaten durch Schwefel und Bleieinguß auf 2 Pfd 24 Lth bayerisch = $3^1/_4$ Pfd Nürnberger und erhielt nun nur mehr 50 Schritte größte Seitenabweichung, und eine mittlere Deklination von 4° statt 6°. Man schritt nun weiter und gab den Granaten $3^1/_4$ Pfd Wiener-Gewicht und die größte Abweichung war anfangs 42, später nur mehr 22 Schritte bei 4° Deklination. Jedenfalls zeigte sich, daß für den erstern Moment der Verbrennung ein gewisses Gewicht nothwendig ist, um die Elongation zu vermindern und den Flug der Rakete gleich in die Parabel übergehen zu machen. Um die Deklination zu geben, hielt Herr Lukaszy rechts willkührlich nach irgendeinem Objekt aus, ohne zu wissen wie viele Grade, daher die Commission einen Gradbogen rückwärts der Platte der Richtmaschine anbringen ließ, worauf die Schießresultate merklich sich besserten."[66)]

Am 31. Januar wurden dann Schuß- und Kartätschraketen erprobt, trotz einer Rakete, die 60 Schritt Abweichung erreichte, betrug die mittlere Abweichung aller Raketen nur 19 Schritte bei einer Portée von 780 Schritten. Da Lukaszy zwischenzeitig das Geld ausgegangen war, wurde ihm auf Antrag der Kommission angesichts der erfolgversprechenden Versuche ein erster Abschlag der Tagegelder ausgezahlt. Im Februar fertigte dann die Kommission unter Anleitung Lukaszys die ersten Schuß-, Kartätsch- und Wurfraketen selbst an und erprobte sie am 19. Februar in Anwesenheit des Artilleriekommandos. Die Schußraketen, auf 1.000 Schritt gerichtet, erreichten eine mittlere Reichweite von 1.033 Schritt und zeigten eine mittlere Abweichung von 22 Schritt. Aus dem Abschlußbericht der Raketen-Kommission ergaben sich für die Schußraketen nachstehende Resultate:

(Siehe Tabelle oben auf Seite 237)

Hütz merkte hierzu an:

„Die Trefffähigkeit . . . und die österreichischen Angaben über Trefffähigkeit eher noch übersteigt.

Wenn nun bis 800 Schritte die 6 pfd Kanone hinsichtlich Trefffähigkeit und Perkussion noch eine Überlegenheit zeigt, so ist zu bedenken, daß die Rakete das Geschütz nicht verdrängen, sondern nur in Fällen, wo dasselbe wegen Terrainhindernissen nicht in Anwendung gebracht werden kann, zu ersetzen hat. Auf 1.000 und 1.200 Schritte verlieren auch die 6pfd. Kanonen bedeutend an ihrer Trefffähigkeit, wie die am 14ten Mai 1850 vorgenommenen, vergleichenden Versuche wie folgt zeigen:"[67)]

	Auf 1000 Schritte vom Ziele		Auf 1200 Schritte vom Ziele	
	6 pfd. Kanonen	6 pfd. Schussraketen	6 pfd. Kanonen	6 pfd. Schuss raketen
Längenabweichung	100	170	350	185
Größte Seitenabweichung	40	50	35	55
Mittlere Seitenabweichung	$12^1/_2$	15	$24^1/_2$	26
Treffer in die Bretterwand	$^1/_2$	$^1/_3$	$^1/_3$	$^1/_3$

64) ibidem: „Die Aufnahmen in Bregenz zeigten ferner bei Wurfraketen eine von den Schußraketen verschiedene Bohrung" (Hütz hatte zwischenzeitlich einen Urlaub nach Bregenz erhalten, um sich über die österreichischen Raketen zu informieren.)

65) BHS-KA, A X 2 Bd. 32, Vor- und Antrag Major Hütz vom 15. Januar 1852, in diesem gab Hütz einen Gesamtbericht zu den Versuchen mit Lukaszys Raketen, wobei er immer wieder auf Abweichungen von Lukaszys Mitteilungen und Methoden zu den österreichischen Raketen hinwies, er stellt hierbei auch fest, daß Lukaszy die Brandballen und Leuchtraketen ohne Fallschirm nicht gekannte hätte, auch daß das Gewicht der Geschosse Lukaszy unbekannt gewesen wäre und man die Gewichte erst aus einer später beschafften österreichischen „Portéetafel" hätte ersehen können.

66) BHS-KA, ibidem, ähnliche Anmerkungen zu Lukaszys artilleristischen Fähigkeiten lassen sich auch in dem entsprechenden Schriftverkehr in Württemberg und Schleswig-Holstein finden.

67) BHS-KA, A X 2 Bd. 32, Tabellen und Zitate aus Vor- und Antrag Raketenkommission vom 15. Januar 1852

Entfernung des Zieles in Schritten	Elevation in Grad	Schußzahl	Mittlerer erster Aufschlag	Längenunterschiede der ersten Aufschläge	Größte Seitenabweichung	Mittlere Seitenabweichung	Die Granaten stießen aus Anz/Schritt	Flugzeit in Sekunden	Treffer in der Bretterwand
800	3	16	650	123	25	11	7 auf 800 2 auf 820 4 auf 850 1 auf 880 2 auf 900	5,4	13
1000	7	12	850	180	50	16	6 auf 1000 1 auf 900 1 auf 750 1 auf 990 3 auf 1060	7,0	9
1200	8	6	1005	188	55	27	zwischen 1045 und 1170	8	3
1400	15	5	1242	140	84	56	zwischen 1180 und 1320	9,5	1

Entfernung in Schritt	Schusszahl	Elevation in Grad	Ausstoß der Büchse	Unterschied der Ausstoßweiten	Größte Seitenabweichung	Mittlere Seitenabweichung	Treffer in der Wand
500	8	2 1/2	430	90	18	9 1/2	84
600	8	3	450	200	31	6	97

Die Kartätschraketen wurden unter 3° Elevation auf 600 Schritt gefeuert, die Ladungen explodierten im Schnitt auf 526 Schritte, wobei etwa ein Drittel der Kugeln die Bretterwand trafen. Auch hier können die abschließend erreichten Ergebnisse aus dem Abschlußbericht der Raketenkommission entnommen werden:
(Siehe 2. Tabelle oben)

Hierzu merkte Hütz an:
„Um diese [Trefffähigkeit] zu ermitteln wurde gegen eine Bretterwand von 30 Klafter Länge auf 500 und 600 Schritt gefeuert. Da jedoch die Kartätschraketen gewöhnlich im absteigenden Ast ausstoßen, so wäre um die volle Trefffähigkeit zu erkennen nöthig gewesen wenigstens 2 solcher Bretterwände hintereinander aufzustellen, was jedoch unterlassen wurde. Da 8 Schüsse 224 Kartätschkugeln zählen, so haben auf 500 Schritte 21/56 also mehr als 1/3, auf 600 Schritte 97/224 also zwischen 1/2 und 1/3 der Kugelzahl die eine Wand getroffen, ein Resultat, daß bei 2 Wänden hintereinander noch gesteigert worden wäre."[68]
Die Wurfraketen wurden mit 16° Elevation auf 900 Schritt gefeuert, sie erreichten eine mittlere Reichweite von 933 Schritt, bei 15° eine von 826 Schritt mit einer mittleren Abweichung von 30 Schritten, allerdings wurde das Ziel, ein abgestecktes Viereck mit einer Seitenlänge von 48 Schritt nur drei mal getroffen. Auch wenn die Bedingungen nicht voll erfüllt worden waren, beurteilte die Kommission die Ergebnisse doch als befriedigend, zumal festgestellt wurde, „daß in der Sicherheit des Treffens mit Raketen wohl schwerlich jemals dahin gebracht werden wird, jene der Geschütze zu erreichen."
Im Verlauf der Versuche wurde dann die Bohrung im Treibsatz vergrößert, das Gewicht der gesamten Rakete verringerte sich dadurch von 8 1/2 bis 9 Pfund auf knapp 8 1/2 Pfund. Abschließend wurden nachstehende Ergebnisse festgehalten:
(Siehe Tabelle oben auf Seite 238)

Dies Ergebnis wurde wiederum von Hütz kommentiert:
„Bei dem Versuch auf 1.000 Schritte, stand man nur 50 Schritte zu weit vom Viereck ab, sonst wären von 7 - 6 Raketen in das Viereck gefallen. Auch nur eine war bedeutend zu kurz und verursachte die Längenausbreitung von 102 Schritten, außerdem diese sich auf 34 Schritte /:918 - 952:/ vermindert hätte, dabei die Trefffähigkeit der Wurfraketen größer als die der kurzen Haubitzen sein dürfte. Da die österreichische Original-Portée-Tabelle bei 16° nur eine Wurfweite von 500 Schritte zeigt, von wo die Rakete noch um 100 Schritte demnach bis 600 Schritte abspringt, so übertrifft die erreichte Portée die österreichische wenigstens um 340 Schritten."[69]
Aufgrund der ungünstigen Witterung hatten sich jedoch Verzögerungen ergeben, so daß die ursprünglich vereinbarte 6 Wochenfrist nicht eingehalten werden konnte, die Kommission beantragte daher eine Verlängerung der Beschäftigung Lukaszys um 4-5 Wochen, zugleich bat sie darum, daß ihm eine weitere Rate der Taggelder ausbezahlt werden dürfe. Da die erreichten Fortschritte in der Fertigung kriegsbrauchbarer Raketen alles zu übertreffen schienen, was in den Jahren zuvor geleistet wurde, befürwortete das Artillerie-Korpskommando am 25. Februar diesen Antrag.[70] Mit Reskript vom 7. März wurde dieser Antrag genehmigt, einschließlich der Bewilligung der zusätzlichen Diäten, das Ministerium wies jedoch darauf hin, daß alles vermieden werden müsse, was zu einer weiteren Verzögerung führen könnte.[71]
Weitere Versuche am 26. März und am 6. April waren erfolgreich, „welch letzterem Seine Majestät der König selbst allergnädigst beizuwohnen geruhten, und über die Erfolge sich durchaus befriedigend aussprachen". In dieser Zeit scheinen aufgrund der günstigen Versuche auch erste konkrete Überlegungen zur Aufstellung von Raketeneinheiten angestellt worden zu sein:
„Wie man hört, sollen 4 Raketen Batterien zu je 6 Geschützen errichtet und als selbständiges Corps dem Artilleriecorpscommando untergeordnet werden. Die Kosten seien im Verhältnis der übrigen Artillerie äußerst gering."[72]

68) ibidem
69) ibidem
70) BHS-KA, A X 2 Bd 32, alle Angaben zu diesen ersten Versuchen, soweit nicht von Hütz kommentiert, gem. Bericht der Kommission vom 23. Februar 1850 mit Stellungnahme des Artilleriekorpskommando vom 25. Februar
71) BHS-KA, A X 2 Bd 32, Kriegsministerium vom 7. März 1850
72) Notiz in der AMZ, 1.4.1850, S. 357, zu den Versuchen hieß es in derselben Meldung: „Diese Tage fand im Beisein Sr. k. Hoh. des Prinzen Luitpold das zweite Probeexpe-

Entfernung des Ziel in Schritt	Wurfzahl	Elevation in Grad	Erster Aufschlag im Mittel	Längen-abweichung	Größte Seitenab-weichung	Mittlere Seitenab-weichung	Treffer	Die Granaten stießen aus	Flugzeit in Sekunden
900	6	15	880	210	36	10	3	860 } im 880 } Viereck 900 } 790 838	5,8
900	6	16	940	213	53	21	2	876 } im 900 } Viereck 837 930 1000 1050	7,2 - 8
1000	7	16	940	102	48	27	2	952 } im 952 } Viereck 850 918 936 940 940	7,2 - 8

Entfernung in Schritt	Schußzahl	Elevation in Grad	Erster Aufschlag	Längen-ausbreitung	Größte Seiten-abweichung	Mittlere Seiten-abweichung	Treffer	Flugzeit in Sekunden
600	6	$2^1/_2$	646	100	20	11	3	4,8
800	8	3	672	230	27	13	3	4,8 - 5

An diesen beiden Tagen wurden auch die Versuche mit den 6pfündigen Brandraketen durchgeführt; nachträglich wurde wiederum festgestellt, daß Lukaszy die österreichischen Raketen nicht kannte, da er die Bohrung wie bei den Schußraketen ausführte, während die österreichischen Brandraketen einschließlich des Gewichtes des Brandsatzes wie die Wurfraketen hergestellt wurden. Die Treffähigkeit ergibt sich aus der nachstehenden Tabelle:
(Siehe 2. Tabelle oben)

Hierbei monierte Hütz:
„In Österreich sind diese Raketen wie gesagt Wurfraketen; Herr Lukaszy machte Schußraketen daraus, daher sie auch in der Trefffähigkeit mit den österreichischen Brandraketen nicht verglichen werden können."[73]
Offen war jetzt nur noch ein befriedigendes Ergebnis mit Leuchtballenraketen mit Fallschirm, für deren Fertigung anscheinend Lukaszys Kenntnisse nicht ausreichten, der Vorsitzende der Kommission ließ daher den Feuerwerksmeister, Lieutenant Gronen, parallel zu Lukaszy selbständig an dem Problem arbeiten. Da der erfolgreiche Abschluß der Versuche in naher Aussicht lag, wurde für Lukaszy zum einen nachträglich die Bewilligung von Diäten auch für die Vorbereitungszeit zum anderen die Bewilligung einer Gratifikation für seine erfolgreiche Arbeit beantragt.[74] Am 17. April wurde in einem Vortrag festgestellt, daß die Arbeiten soweit fortgeschritten wären, daß Lukaszy am 18. April entlassen werden könnte, da man einer „weiteren technischen Unterweisung des Kunstfeuerwerkers Lukaszy durchaus nicht mehr bedürfe" Vom Kriegsminister wurden daraufhin die zusätzlichen Tagegelder bewilligt.[75]
Bei den erforderlichen Mitteilungen zur Herstellung der 12pfündigen Raketen scheint Lukaszy seinen Vertrag nicht erfüllt zu haben. Für Wurf- und Leuchtraketen gab er die Länge der Hülse gleich mit 17 Zoll und einem inneren Durchmesser von 2,5 Zoll an, wobei die Hülse mit 21 Nieten zusammengefügt werden sollte. Für die Wurfraketen gab er als Projektile eine 12 und eine 18pfündige Granate an, während man später aus den österreichischen Wurftafeln ersehen konnte, daß für diese Raketen Granaten von 6, 8 und 12 Pfund sowie Bomben von 16 Pfund Verwendung fanden. Eine entsprechende Brandrakete war Lukaszy anscheinend unbekannt. Er hatte zwar noch einen Zeitpunkt für die Unterweisung in die Herstellung der letzteren Raketen festgesetzt, reiste aber aus München ab, ohne diesen Termin einzuhalten.[76]

---

riment mit congreve'schen Raketen statt. Das Resultat war ein glänzendes zu nennen, denn es trafen im Durchschnitte unter 6 Schüssen 5 die Scheibe."

73) BHS-KA, A X 2 Bd. 32, Vor- und Antrag der Raketenkommission vom 15. Januar 1852

74) BHS-KA, A X 2, Bd. 32, Raketen Commission vom 12. April mit Stellungnahme des Artillerie-Corps-Commando vom selben Tag

75) Vortrag für Kriegsminister vom 19. April (Neumayer) und Kriegsministerium vom 19. April 1850; Lukaszy gab sich mit dieser Entscheidung nicht zufrieden und ersuchte eine zusätzliche Gratifikation durch eine Eingabe beim König unmittelbar, wobei er auf den Erfolg seiner Arbeiten hinwies, er führte an, daß er über die Bedingungen des Vertrages hinaus, die Raketen-Commission in die englischen Raketen eingewiesen hätte und auf einen Fehler in den gerade für 12.000 Gulden beschafften Shrapnell-Granaten hingewiesen hätte, ohne dessen Beseitigung diese nutzlos gewesen wären. (BHS-KA, A X 2 Bd. 32, Eingabe vom 20. April 1850). Nach längerem Schriftverkehr, in dem eingestanden wurde, daß letztere Mitteilung von Wert gewesen wäre, man diesen Fehler aber auch selbst bemerkt und abgestellt hätte, aber auch darauf hingewiesen wurde, daß andere Leistungen Lukaszys sehr wohl Bestandteil des Vertrages gewesen, ihm sogar die Anfertigung der zugesicherten Leuchtraketen anfangs mehrfach mißlungen wäre, kam die Kommission zum Schluß, daß zwar die Mitteilungen Lukaszys wertvoll gewesen wären und man gegenüber den Westermayer'schen Raketen erhebliche Fortschritte gemacht hätte, daß man aber auch Lukaszy gegenüber sehr schonend gewesen wäre, der eigentlich nach der ersten nicht voll befriedigenden Vorprobe hätte entlassen werden müssen. Die Kommission schlug dann letztlich vor, Lukaszy für seine Mitteilungen über die Shrapnelgranaten eine Renumeration zu gewähren (BHS-KA, A X 2, Bd. 32, Stellungnahme der Raketen-Kommission vom 10. Mai 1850). Am 15. Mai stimmte das Kriegsministerium dieser Stellungnahme zu und beantragte beim König die Gewährung einer Gratifikation von 100 Gulden, dies wurde am 18. Mai genehmigt. (BHS-KA, A X 2 Bd. 32)

76) BHS-KA, A X 2 Bd. 32, Vor- und Antrag der Raketenkommission vom 15. Januar 1852

Entfernung in Schritt	Anzahl der Würfe	Elevation in Grad	Mittlere Wurfweite	Längen-ausbreitung	Größte Seiten-abweichung	Mittlere Seiten-abweichung	Treffer	Flugzeit in Sekunden	Ausstoß der Granaten
1000	5	8	1006	220	556	28	2	6-6,4	1050-1200

Entfernung in Schritt	Anzahl der Würfe	Elevation in Grad	Wurfweite	Längen-ausbreitung	Größte Seiten-abweichung	Mittlere Seiten-abweichung	Treffer	Flugzeit in Sekunden	Ausstoß der Granaten
1000	1	14	1150		45	45		8,1	1150
1000	4	12	982	30	50	18	3	7,7	1000
									980
									970
									1000

In diesen Jahren scheint es auch zu einer Verbindung in Rüstungs- und insbesondere Raketenangelegenheiten mit dem Kaiserreich Brasilien gekommen zu sein, Major Grundherr hatte Brasilien die von ihm entwickelte Friktionszündung zur Verfügung gestellt und in München sind anscheinend Raketenstative für Brasilien gefertigt worden.[77)]

Die 12pfündigen Wurfraketen mit 6pfündige Granaten wurden erstmals am 26. März 1850 erprobt, diese Raketen wogen einschließlich Stab 12 Pfund 7 Loth, der Stab bestand dabei aus einem Teil,[78)] war 4 Fuß lang und wog 1 1/2 Pfund. Nachstehendes Resultat wurde erzielt: *(Siehe Tabelle oben)*

Zur Erläuterung der Ergebnisse stellte Hütz fest:
„Diese Raketen haben mit dem Lukaszy'schen Satz aus Jagd- und Scheibenpulver große Flugweiten, denn eine derlei Rakete, welche am Schlusse der Schießversuche vor Seiner Majestät dem Könige am 1ten April 1850 abgefeuert wurde, ging unter 25° auf 2.100 Schritte. Sie ist daher die eigentlich weittreibende Rakete. Unter den angeführten 5 Würfen waren 3, welche in den Wurfweiten große Übereinstimmung zeigten, nämlich 1.000, 1.000 und 1.050 Schritte."[79)]
Anschließend wurden am 26. März Versuche mit denselben Raketen, aber mit 8pfündigen Granaten durchgeführt:
(Siehe 2. Tabelle oben)

Zur Erläuterung dieser Ergebnisse hieß es:
„Da bei 14° Elevation man das Ziel überwarf, so wurde auf 12° zurückgegangen. Hierbei zeigte sich große Übereinstimmung der Würfe, nämlich 980, 980, 970 und 1000 Schritte, also nur eine Längenausbreitung von 30 Schritten, ein gewiß sehr günstiges Resultat. Hinsichtlich der Seitenabweichungen waren von 4 Würfen 3 ebenfalls sehr günstig, nämlich 2 und 13 Schritt links und 6 Schritte rechts, und nur eine wich 50 Schritte rechts ab."[80)]
Anschließend wurden diese Raketen noch mit Granaten anderer Kaliber Schießversuchen unterzogen, die zeigten, daß die erreichbare Schußentfernung mit zunehmenden Kaliber der Granaten, wie nicht anders zu erwarten, abnahm:

Gewicht der Granate	Eleva-tion	Erster Aufschlag	Seitenab-weichung	Auslauf in Schritt	Ausstoß der Granate
9 1/2 Pfund	30	880	130	880	880
10 Pfund	30	700	30	910	910
13 Pfund, 10 Loth	30	613	Linie	762	762
13 Pfund, 10 Loth	30	645	22	645	645

Nur mit den Leuchtraketen mit Fallschirmen ergaben sich bei den Versuchen immer wieder Probleme, bis man, nach einem Besuch des Major Hütz in Bregenz und Hohenems erkannte, daß Lukaszy ein wesentlicher Fehler in der Konstruktion unterlaufen war:
„Selbst bei dem Hauptversuch am 18ten April 1850 Nachts glückten unter 8 Leuchtraketen nur 4 vollkommen und dieses hatte alles seine Ursache, weil Herr Lukaszy an diesen Leuchtraketen nicht den alles führenden eisernen Stoßspiegel kannte; den der Unterzeichnete in Bregenz an allen Leuchtraketen mit Fallschirm sah und auch später aufnahm . . . Aus den vorliegenden Versuchen geht demnach hervor, daß die Angaben des Herrn Lukaszy größtentheils durch die Commission ergänzt werden mußten und man auf diesem Weg Hand in Hand gewiß entsprechende Resultate erhielt."[81)]
Nach den Versuchen Lukaszys erhielt Major Hütz am 17. Juli 1850 einen Urlaub nach Lindau und Umgebung, um den Schießübungen der österreichischen Raketenbatterie No. 4 in Höchst beizuwohnen und möglichst viel über das österreichische Raketensystem in Erfahrung zu bringen. Bei dieser Gelegenheit lernte er auch die Organisation und Ausstattung einer Raketenbatterie im Detail kennen.[82)] In seinem Bericht stellte er insbesondere die Abweichungen Lukaszys vom österreichischen Original fest:

---

77) siehe Abschnitt Amerika, Kaiserreich Brasilien, sowie: LSH, 22 III Eb Nr. 8, Schreiben Lukaszy vom 15. November 1850, hiernach wurden 8 Raketenstative im Auftrag Lukaszys in München gefertigt (siehe in diesem Abschnitt: Schleswig-Holstein); im bayerischen Kriegsarchiv sind hierzu keine Unterlagen vorhanden; eine Zusammenarbeit mit Brasilien ist 1852 hiernach nur erfolgt in Bezug auf Mitteilungen zu einer Maschine zum Pressen von Bleikugeln und zur Fertigung von Zündhütchen für Kartätschgranatenzünder, während über einen Gießapparat für Kartätschgranatenzünder keine Auskunft erteilt werden durfte. (Schreiben BHS-KA vom 08.07.1997) Es mag also sein, daß Lukaszy und Grundherr ohne Wissen oder zumindest ohne offizielle Genehmigung der bayerischen Regierung mit der brasilianischen Regierung zusammengearbeitet haben.

78) In seinem Bericht führte Hütz an: „Die österreichischen Raketenstäbe sind zweitheilige, deren jeder Theil wieder aus 2 Stücken zusammengesetzt ist; hierdurch sind die Stäbe handsamer und besser für Anwendung und Transport, die 12pfündigen sind ferner viel schwerer als die des Herrn Lukaszy, denn sie wiegen beinahe 3 Pfund /:beide Theile zusammengesetzt:/ während sie bei Herrn Lukaszy nur 1 1/2 Pfund wogen und durch Bleieinguß nur mangelhaft diesem Uebelstande abgeholfen werden konnte." BHS-KA, AX2, Bd. 32, Raketenkommission v. 15. Januar 1852

79) ibidem

80) ibidem

81) ibidem; die AMZ (1850, No. 56, S. 442) meldete hierzu: „Heute Abend zwischen 8 und 9 Uhr wurden auf dem hiesigen Kugelfang Versuche gemacht mit Fallschirm-Leuchtraketen. Prinz Luitpold, zahlreiche Offiziere und ein paar Tausend Menschen hatten sich aus der Stadt als Zuschauer eingefunden. Es wurden sechs Stück aufsteigen gelassen, von denen drei vollständig gelungen zu nennen waren. Die Rakete steigt mit rasender Schnelligkeit senkrecht empor in eine Höhe von 1.500 Fuß, und der Lichtkegel fällt, getragen von dem eben entfalteten Schirme herab, zwei Minuten lang die Gegend in einem Durchmesser von 3 - 4.000 Fuß mit bläulich weißem Licht (nicht unähnlich dem Mondlicht) erleuchtend. Die mit den Versuchen beauftragten Offiziere hatten die Freundlichkeit, vor Beginn derselben das Publikum mit einem kleinen Kunstfeuerwerk zu unterhalten."

82) Unter dem 5. September meldete die AMZ (1850, No. 112): „Von Seiten des Kriegs-

Schuß-zahl	Elevation in Grad	Mittlerer 1. Aufschlag	Längenausbreitung der ersten Aufschläge	Größte Seiten-abweichung	Mittlere Seiten-abweichung	Auslauf	Ausstoß der Granaten	Flugzeit in Sekunden
2	4	480	40	34	22	890 u. 900	890 u. 900	5,0
4	5 1/2	524	66	31	13	900 - 910	900 - 910	5 1/2

Granate	Anzahl der Würfe	Elevation in Grad	Mittlere Wurfweite	Längen-ausbreitung	Größte Seiten-abweichung	Mittlere Seiten-abweichung	Auslaufweite	Ausstoß der Granaten	Flugzeit in Sekunden
5pfündige	8	19	576	72	29	1'0	600-700	618	5
6pfündige	5	14	1250	113	54	36	1200-1313	1200-1313	10

- alle österreichischen 6pfündigen Raketen hätten dieselbe Hülse, während Lukaszy für die Kartätschrakete eine andere angegeben hätte
- für die 12pfündigen hätte Lukaszy die Maße der Leuchtballenrakete angegeben
- die Angaben für die Bohrungen wären alle falsch gewesen, zumal die Wurfrakete eine Stufenbohrung, die Kartätschrakete aber keine solche hätte haben müssen. Nur die 3- Stufenbohrung der Leuchtrakete mit Fallschirm habe übereingestimmt.
- bei Lukaszy habe das Seitenloch am Ende der Stabkapsel der Hülse auf der Seite des Zündloches gefehlt, das der Seitenabweichung der Raketen entgegenwirke.

Nach der Rückkehr des Major Hütz wurden alle erforderlichen Verbesserungen, wie sie die österreichischen Raketen besaßen, durchgeführt. Allerdings wurde die Arbeit der Kommission durch die politischen Ereignisse unterbrochen, so daß die Versuche erst im März 1851 wieder aufgenommen werden konnten.
Am 6. und 8. Mai konnten dann erneut Schießversuche statt finden. Bei den Schußraketen wurden nachstehenden Resultate beobachtet:
(Siehe Tabelle oben)

Die Ergebnisse - die Raketen besaßen nun das Seitenloch und die neuen Stäbe - hatten sich gegenüber den Lukaszy'schen Versuchen erheblich gebessert, vor allem waren die Schüsse noch gleichmäßiger. Auch mit den 5- und 6pfündigen Wurfraketen hatten sich die Ergebnisse nun günstiger gestaltet:
(Siehe 2. Tabelle oben)

Bei den 8pfündigen lagen 3 der 6 Würfe nur 2 Schritt voneinander, also eine erhebliche Verbesserung der Genauigkeit der Raketen, 4 der 6 Würfe waren Treffer in einem Viereck von 40 Schritt Seitenlänge, im Mittel wurde die Reichweite der österreichischen Raketen um 65 Schritte übertroffen.[83)]
Auch die Leuchtraketen mit und ohne Fallschirm zeigten nunmehr befriedigende Ergebnisse, sowohl in der Genauigkeit als auch in der Beleuchtungsleistung:
„Ihr Licht ist sehr intensiv und die Beleuchtung von oben so gut, daß man eine Schrift lesen kann."[84)]
Zu den Leuchtraketen stellte der Generalmajor von Achner aus der Zeughaushauptdirektion jedoch auch fest:
„. . . wobei jedoch zu bedauern ist, daß man den Raketen eine zu hohe Elevation geben muß, und dadurch die Leuchtkugel wohl eine bedeutende Höhe aber keine große Portée verschaffen kann. Dabei würde aber der Belagerte nicht so viel als mit einem gewöhnlichem Leuchtballen erreichen; wenn dagegen das Terrain sumpfig ist, oder wenn man sich auf der Sen befindet mögen sie ihre volle Anwendung finden."[85)]
Nach diesen Versuchen glaubte man nun endlich am Ziele der Entwicklung zu sein, als ein Versuch mit zehn Monate alten, noch nach Lukaszys Anweisung im Juli 1850 hergestellten Raketen vollständig mißlang, da die Raketen unmittelbar beim Abfeuern zersprangen. Von Achner schrieb hierzu nach Württemberg:
„Nun zu Lukaszy. Dieser Mann hat uns Handfertigkeiten gelehrt, die wir vorher nicht besaßen, und seine Raketen gingen, obwohl auf doppelt gekrümmten Wegen, ziemlich richtig nach dem Ziele; durch neuere Mittheilungen wurde aber sowohl die Fabrikation als auch die Richtung perfectionirt, und zeigte sich nun allerdings, daß die - nach Lukaszy's Angabe gefertigten und aufbewahrt gewesenen Raketen, bei dem Vergleiche mit den neuerst fabricirten beinahe alle zersprangen. Ich möchte aber vermuthen, daß dieses auch den Oestereichern passirt seyn müsse, und dieselben dadurch auf den Gedanken kamen, ca 6 Zolle von dem unteren Ende, und zwar auf der nämlichen Seite, auf welcher die Oeffnung für das Zündloch ist, ein zweites Brandloch einzubohren, so daß also das Feuer nun aus 3. Oeffnungen strömt. Diese Raketen mit 3 Oeffnungen erreichen nun zwar jene Schußweite nicht, wie jene mit 2., dafür ist aber ihre Flugbahn weniger gekrümmt als bei jenen von Lukaszy, und sie scheinen mir eben durch jenes 3.te Brandloch gegen das Zerspringen mehr gesichert zu seyn."[86)]
Nach einer genaueren Untersuchung dieser Raketen, fand man heraus, daß deren Hülsen von innen heraus gerostet waren. Man führte dies zunächst darauf zurück, daß die Hülsen ohne Schutzanstrich und zu schnell nach der Herstellung verkapselt worden waren, so daß der Satz nicht hatte ausreichend trocknen können. Da aufgrund eines neuen Ministerialreskriptes für abschließende Versuche 50 Raketen anzufertigen waren, beschloß man diesmal sorgfältiger vorzugehen und die Hülsen vor dem Pressen zu grundieren und nach gehöriger Trockenzeit zu lackieren. Somit konnte die mit Reskript vom 27. Juni 1851 befohlene Fabrikation erst am 1. September beginnen. Damit waren die Pläne zur Aufstellung von Raketenbatterien zunächst nicht mehr aktuell.[87)] Vorher beriet man nochmals über diese zeitraubende Produktionsmethode und beschloß nach dem Einwurf des Generalmajor

ministeriums ist der Vorstand der Raketencommission, Major Hütz, nach Tyrol und Vorarlberg gesendet worden, um die dem dortigen Armeecorps zugetheilten Raketenbatterien in Augenschein zu nehmen, worauf man auch in der bayerischen Armee vier solcher Batterien errichten wird." In seinem Bericht beschrieb Hütz die Konstruktion der österreichischen Raketen nach einem Besuch der Raketenbatterie zu Hohenems im Detail, einschließlich der Maße der Bohrung, nachdem er Abdrücke von dieser gemacht hatte sowie sämtlicher Maße der Hülse und Stäbe (siehe Abschnitt Österreich), nur eine Rakete konnte er nicht mitbringen, damit stand Bayern keine Grundlage zur Verfügung, den Treibsatz oder die Art des Bleches der Hülse zu analysieren. (BHS-KA, HS 179, K. K. Österreichisches Kriegsraketen-System. Aufgenommen von dem Major des k. 1ten Artillerie-Regiments /: Prinz Luitpold :/ Joseph Hütz. Bregenz und Hohenems 1850

83) BHS-KA, A X 2 Bd. 32, Vor- und Antrag der Raketenkommission vom 15. Januar 1852
84) ibidem
85) WHS, E 271c, Bü 1726, Brief Generalmajor von Achner an den württembergischen General von Milz vom 7. August 1851
86) ibidem
87) AMZ, 1851, S. 788, Notiz vom 27. Juli: „. . . früher besprochene Einrichtung der Ra-

Weishaupt, der davon Kenntnis erlangt hatte, daß in Schweden die Raketen trocken gepreßt würden, auch diese Produktionsweise zu erproben, da somit „am sichersten dem Rosten begegnet werden könnte". Ein erster Versuch mit dem alten Treibsatz schlug fehl, da wiederum die so gepreßte „Rakete" sofort beim Abschuß zersprangen. Daher versuchte man es nunmehr mit dem schwächeren „Geschütz-Mehlpulver", das aus 75 Teilen Salpeter, 12 1/2 Teilen Schwefel und 12 1/2 Teilen Kohle bestand. Bei Anwendung des gewöhnlichen Preßdruckes gelang die Rakete, erreichte beim ersten Aufschlag aber nur eine Entfernung von 780 Schritten. Der Versuch, mit dem alten Treibsatz unter Anwendung eines höheren Druckes zum Ziele zu gelangen, schlug fehl, da die Setzer und Stöcke der 2zölligen Raketen nur einen Druck von 600 Zentnern zuließen. Die Versuche wurden daher mit dem Geschützmehlpulver fortgesetzt. Nach einigen Fehlschlägen am 26. September zeigte sich aber, daß die Reichweite der österreichischen Raketen mit diesem schwächeren Satz, der trocken gepreßt wurde, um 300 bis 400 Schritte übertroffen wurde; man erkannte dabei, daß entgegen Lukaszys Angaben, Österreich offensichtlich einen weit schwächeren Treibsatz einsetzte. Daneben versuchte man nochmals eine Feuchtpressung und wandte wie in England Terpentinöl an, stellte dabei aber fest, daß der Satz sich schlechter pressen ließ. Es wurde daher beschlossen, bei der Trockenpressung zu bleiben, aber einen schwächeren Satz zu suchen, der dennoch hinlänglich Sicherheit bot. Der Einsatz verschiedener anderer Sätze führte zu folgenden Ergebnissen:

Teile Salpeter	Teile Schwefel	Teile Kohle	Vergleich der erzielten Reichweite mit der österreichischen Portée
70	15	15	+ 214
68	16	16	+ 213
66	17	17	- 28
66	16	18	- 202
65	17	18	+ 37

Die Kommission hielt danach den dritten Satz für den geeignetsten, ließ aber dennoch noch andere Sätze versuchen, Einigkeit bestand jedoch darin, daß weiterhin der Treibsatz auf trockenem Wege zu pressen wäre, da nur so die erforderliche Haltbarkeit der Raketen gewährleistet sei.[88] Nach ausgedehnten Versuchen wurde dann der Satz aus 66 Teilen Salpeter, 17 Teilen Schwefel und 17 Teilen Kohle als der beste für die trockene Pressung befunden, die Schießversuche ergaben befriedigende Ergebnisse:
(Siehe Tabelle oben auf Seite 242)

„Hieraus wird zu erkennen seyn, daß die Längenabweichungen und Seitenabweichungen bei den 6pf Raketen nicht größer als wie bei den Geschützen sind."[89]
Ähnlich befriedigend waren die Ergebnisse der 12pfündigen Raketen:
(Siehe 2. Tabelle auf Seite 242)

Im Kriegsministerium beurteilte man die Versuche wie folgt:

„Diese Raketen zeigen Sicherheit für den Gebrauch und Gleichförmigkeit der ersten Aufschläge und der Sprengweiten, ihre Anfertigungsweise ist gefahrlos, indem seit den zwei Versuchsjahren auch nicht ein Unfall vorgekommen ist, und ohne Schwierigkeit und auch in Beziehung auf Maschinen und Material nicht zu kostspielig."
Das Artillerie Corps Commando stellte nach Vorlage des Versuchsberichtes fest: „die gegen die österreichische nur unbedeutend geringere Portee . . . verdient jedoch keinerlei Bedenken, da die Raketen noch hinlänglich Perkussionskraft besitzen". Folgerichtig wurde beantragt, für die Fortsetzung der Versuche weitere 450 Raketen anfertigen zu dürfen, "sowie einen Wurst- und 2 Rüstwägen des System 1.800 zum Verpacken der Raketen nach österreichischen Muster mit innerer Facheintheilung versehen zu dürfen."[90] Dieser Antrag wurde mit Rescript vom 6. Juli genehmigt; zugleich wurden Fahrversuche angeordnet und befohlen, die erforderlichen Schießen für die Portee-Ermittlung, also zum Herstellen einer Schuß- und Wurftafel durchzuführen.[91]
Zusätzlich hatte man sich weiterhin bemüht, verläßliche Information über die österreichischen Raketen zu erlangen. So wurde im Herbst 1852 der Oberst Schnizlein als Mitglied einer Abordnung zum Übungslager zu Budapest kommandiert, konnte aber diesen Auftrag nur teilweise erfüllen:
„. . . Näheres über die Versuche der Österreicher mit Kriegsraketen und Schießwolle als Treibmittel festzustellen. In sehr geschickter Weise verheimlichten die dortigen Behörden trotz aller Bundesfreundlichkeit ihre Erfindungen."[92]
Bei der Bereitstellung der Wagen mußte aber umdisponiert werden, da die vorhandenen Munitionswagen nicht einmal für die Ausstattung der Ausfallbatterien ausreichten, während Wurstwagen im Übersoll bereit standen, daraufhin wurde beschlossen, die älteren Wurstwagen entsprechend umzurüsten.[93] In einem Wurstwagen konnten nun 24 Schuß-, 10 Kartätsch- und 16 Wurfraketen transportiert werden, die Stäbe befanden sich in einem gesonderten Fach unter der Munition, das Raketenstativ war in der „Kapelle" des Wagens untergebracht, die Zündungen befanden sich in der vorderen Abteilung, das Zubehör in den Seitenfächern. Der leere Wagen wog 15 Centner 30 Pfund, mit Munition 21 Centner 27 Pfund und war vierspännig zu fahren.[94] Am 4. Juni 1852 verlief auch eine letzte Hauptprobe in Anwesenheit des Prinzen Luitpold erfolgreich. Die Planungen zur Aufstellung von Raketenartillerieeinheiten wurden daraufhin wieder aufgenommen, man wollte sich aber zunächst mit der Aufstellung einer Batterie mit 44 Fahrzeugen begnügen, wobei die „Raketengeschütze" vom Mechanikus Ertl zu München angefertigt werden sollten.[95] Auch ein weiterer Versuch in der folgenden Woche verlief erfolgreich, diesmal wollte man aber nichts überstürzen und erst weitere Versuche mit Raketen durchführen, die ein Jahr magaziniert werden sollten, ferner sollte noch ein Transportversuch durchgeführt werden, bei dem die Raketen über mehrere Wochen in gebirgigem Terrain bewegt werden sollten, für diese Versuche waren bereits Raketentransportwagen entwickelt worden.[96]
Am 17. März 1853 hieß es, daß die Versuche nunmehr beendet wären, die Lagerfähigkeit wäre erfolgreich nachgewiesen und man ginge nunmehr zur Normalproduktion der Raketen über.[97] Am 1. April wurden

keten Batterien unterbleibt gänzlich. Die Commission hat die Arbeit eingestellt." Als Grund wurden die Probleme in der Lagerungsfähigkeit angegeben, da die vor 8 - 10 Monaten gefertigten Raketen gänzlich versagt hätten.
88) BHS-KA, A X 2 Bd. 32, Vor- und Antrag der Raketenkommission vom 15. Januar 1852
89) BHS-KA, A X 2 Bd. 32, Kriegsministerium, Vortrag vom 6. Juli 1852 (in diesem Vortrag ist auch die Tabelle enthalten); angemerkt wurde: „Bei den Wurfraketen erreichte man unter 19° und 25° eine Wurfweite, welche genau um 100 Schritte kürzer ist, als die österreichische Portée zeigt. Dieses will daraus abgeleitet werden, daß die österreichische Raketen in Wienermaß 2" Durchmesser halten, während die geprobten 2" Durchmesser nach rheinischem Maße haben, somit auch weniger Satz fassen." Der Referent fügte auch die Abweichungen der eingeführten Geschütze an: Längenausbreitung 200 bis 260 Schritt und Seitenabweichung 20 bis 40 Schritt
90) BHS-KA, AX 2 Bd. 32, Artillerie Corps-Commando vom 22. Juni 1852
91) BHS-KA, AX 2 Bd. 32, Kriegsministerium vom 6. Juli 1852
92) von Xylander / Sutner, a.a.O., S. 125
93) BHS-KA, AX 2 Bd. 32, Kriegsministerium vom 4. Dezember 1852
94) BHS-KA, AX 2 Bd. 32, Vortrag Kriegsministerium vom 3. Februar 1854
95) Notiz in: AMZ, 1852, S. 572; gem. BHS-KA AX 2 Bd. 32, Vortrag vom 3. Februar 1854, war eine Gliederung in 4 Züge geplant, von denen jeder aus 3 Wurstswagen bestehen sollte. Die Batterie sollte mit 2zölligen Raketen ausgestattet werden. Die Raketenwagen sollten jeweils 80 Schuß-, 20 Kartätsch- und 40 Wurfraketen sowie 6 Brandballen, also jeweils 146 Raketen sowie ein Reservestativ mitführen, für die Batterie wurden wie in Österreich 12 Wagen gerechnet. Hinzu sollten, ebenfalls wie in Österreich, vier 12pfünder Munitionswagen treten.
96) AMZ, 1852, S. 596
97) AMZ, 1853, S. 297

6pfündige Raketen	Elevation	Anzahl der Schüsse	Erste Aufschläge im Mittel (Schritt)	Längenausbreitung (Schritt)	Mittlere Seitenabweichung (Schritt)
Schußraketen	0°	3	220	113	4
	6°	4	577	144	6
	8°	2	627	94	2
	9°	6	629	170	12
	25°	10	1187	110	22
Wurfraketen	19°	2	479	11	7
	25°	8	604	66	5
Brandballenraketen	19°	1	467		
Kartätschraketen	3°	1		45	5
	$3^1/_2$°	4		45	5
	4°	3		67	4

12pfündige Raketen	Elevation	Anzahl der Würfe	Erste Aufschläge im Mittel (Schritt)	Längenausbreitung (Schritt)	Mittlere Seitenabweichung (Schritt)
Wurf mit 6pf Granate	16°	8	1022	108	20
Wurf mit 8pf Granate	16°	14	758	78	8
Brandballen	12°	1	684		
	16°	2	799	1	4
Leuchtballen ohne Schirm	16°	3	913	25	3
Leuchtballen mit Schirm	75°	5			

nochmals die Fahrversuche mit den neuen Raketentransportwagen aufgenommen, dabei sollte ein Weg von 12 Stunden in gestrecktem Trab zurückgelegt werden, für den an Wechselstationen Pferde zum Umspannen in Bereitschaft gehalten wurden.[98] Anfangs zeigten diese Versuche unbefriedigende Ergebnisse, da die Verpackung der Raketen sich als mangelhaft erwies, nach Beseitigung des Fehler führten die Fahrversuche zu einem vollen Erfolg.

„Die angefertigten 450 Raketen wurden zuerst im Magazin aufbewahrt, dann mit einem Theil Fahrversuche vorgenommen und in den Wägen im Freien stehen gelassen. Bei den vorgenommenen Versuchen wurden die Raketen vollkommen gut befunden, ebenso entsprachen die 331 zu den Portéebestimmungen verwendeten Raketen in jeder Hinsicht, wovon die ältesten ein Jahr alt waren. Dieses ausgezeichnete Resultat glaubt man der Erzeugung der Raketen auf trockenem Wege zu verdanken."[99]

Die Transportversuche wurden beendet „nachdem diese Wägen insgesamt 50 Wegstunden im Trabe zurückgelegt hatten". Im Juni wurden dann nochmals von der Raketencommisssion in Anwesenheit des Prinzen Luitpold Reichweitenversuche durchgeführt, „und zwar ohne Unterbrechung jeden Tag." Offensichtlich ging es dabei um das Erschießen der Schuß- und Wurftafeln für den Truppengebrauch. Nach Abschluß der Versuche sollte dann endgültig über die Errichtung eines Raketencorps entschieden werden.[100] Die letzte Nachricht wurde am 21. Oktober 1853, wohl nach Abschluß dieser Versuche, gebracht, hier hieß es, daß ungesäumt von der Raketencommission die Vorlage für die Errichtung eines Raketencorps zu erstellen wäre.[101] Aufgrund der Portéeversuche, wobei man die erreichten Schuß- und Wurfweiten stets mit den österreichischen verglich, wurde eine Modifikation der Wurfrakete erforderlich, indem man das Gewicht der Granate um ein halbes Pfund auf $5^1/_2$ Pfund reduzierte, da man mit der alten Granate 100 Schritt unter der Reichweite der österreichischen Raketen geblieben wäre. Dies hatte nun aber wiederum eine größere Abweichung zur Folge, während die der 6pfündigen Granate den österreichischen entsprach, eine 8pfündige Granate erbrachte die geringfügigste Abweichung, führte aber zu einer Reduktion der Reichweite auf 1.000 Schritte. Insgesamt hielt die Artillerie die Raketen für einführungsreif und

Bayerisches Raketenstativ, gefertigt 1852 für 6pfündige Raketen[102]
(Bayerisches Armeemuseum)

98) AMZ, 1853, S. 400

99) BHS-KA, AX 2 Bd. 32, Vortrag vom 3. Februar 1854: „II. Dauerhaftigkeit bei Transporten. Um dieselbe zu ermitteln wurden die Raketen einer Gewaltprobe unterworfen, und das bei der Probe der Granatkartätschen angewandte Verfahren wiederholt. Zu diesem Zweck wurden die 3 Raketenwagen feldmäßig ausgerüstet und eine Zeitlang täglich 5 Wegstunden im Trabe mit ihnen gefahren.". Die Portée-Tabelle ist in der Beilage 4/4 abgedruckt

100) Notiz vom 5. Juni 1853 in: AMZ, S. 600

101) Notiz vom 21. Oktober in: AMZ, 1853, S. 1065

102) BAM-B, No.D 378. Höheneinrichtung von 10-70°, Perkussionsschloß mit Abfeuerungskette. Das Oberteil ruhte mit einem senkrechten Schildzapfen in einem Messinglager. Ein im Bayerischen Armeemuseum vorhandenes Raketengeschütz ist leider im 2. Weltkrieg verbrannt, vorhanden dort ist jedoch noch eine bayerische Kartätschrakete, wenn auch ohne Stab.

schlug die Aufstellung von Raketeneinheiten vor, zumal eine Raketenbatterie im Vergleich zur Rohrartillerie nur die Hälfte der Männer und ein Drittel der Pferde benötigte und die Raketen in ihrer Wirkung und Genauigkeit den Haubitzen überlegen wären. Oberstlieutenant Hütz schlug daher vor, wie Österreich für jedes Armeecorps eine Batterie mit 12 Wurstwagen zu errichten. Zur Ausstattung wurde festgestellt, daß mit der jetzigen Ausstattung die Anstalt in der Lage wäre, in einem Jahr die Ausstattung einer Batterie, also 2.500 Raketen zu fertigen. Als Alternative wurde vorgeschlagen für Übungszwecke zunächst nur eine halbe Batterie aufzustellen, wobei auch das Artillerie-Corps-Commando diesen Antrag unterstützte:

„Die halbe Batterie dürfte ihre Uebungen im Manövriren und Schießen mit feldmäßiger Ausrüstung vollführen, und um mit diesen weiteren Versuchen zugleich für eine spätere Organisation einer Raketenabtheilung den Grund zu legen, wäre für die Dauer dieser Übungen eine ständig kommandirte Abtheilung von 3 Offizieren, 6 Unteroffizieren und 30 Mann der Artillerie, 1 Unteroffizier und 12 Mann des Fuhrwesens mit 7 Reit- und 24 Zugpferden aus dem Stande des königlichen 1ten Artillerie-Regiments der Artillerie-Berathungs-Commission zur Verfügung zustellen. Dieser Antrag schließt jedoch nicht aus, zugleich zur Errichtung von Raketenbatterien zu schreiten, sollte dies Allerhöchsten Orts beabsichtigt werden."[103)]

Das Kriegsministerium behandelte die Anträge zunächst dilatorisch und strebte an, noch weitere Erfahrungen zu erlangen, zumal:

„Aus dem Angeführten möchte hervorgehen, daß die Kriegsraketen zu ihrer Handhabung ein Jahr gut geübte, ruhige und besonnene Bedienungsmannschaft bedürfen, und keineswegs eine Waffe sind, die man einem jeden in die Hand geben darf, wenn nicht hieraus die nachtheiligsten Folgen entstehen sollen."

Man war der Auffassung, daß noch weitere Versuche über einen längeren Zeitraum erforderlich wären, um endgültig entscheiden zu können, der Referent im Ministerium sah jedoch die Bildung einer halben Batterie mit 4 Raketengestellen, ausschließlich für Versuchszwecke, als zweckmäßig an und schlug die Herstellung der hierfür benötigten Ausrüstung vor, nämlich von 3 Wurstwagen, 3 Raketenstativen für 6pfündige und 1 Stativ für 12pfündige Raketen sowie vom 9 Raketentornistern, 8 Stabhämmern und 6 eisernen Kästchen für Zündungen, hierfür wurden Kosten von 3.309 Gulden 15 Kreuzern veranschlagt, die zwar nicht unbedeutend wären, aber weitgehend auf vorhandenen Material und Arbeitskraft beruhen würden.[104)]

Der Kriegsminister lehnte den Antrag zwar nicht ab, wünschte aber zunächst eine genaue Kostenübersicht und einen Vorschlag, aus welchen bestehenden Artillerieeinheiten die Halbbatterie zu bilden wäre.[105)] Am 1. August legte die Artillerie-Berathungs-Commission den entsprechenden Antrag vor, der am 3. vom Artillerie-Corps-Commando dem Kriegsministerium vorgelegt wurde; aufgrund der bestehenden Organisation und Ausbildung der Artillerie wurde vorgeschlagen für die Raketenübungen, die auf drei Monate im Sommer des kommenden Jahres veranschlagt wurden, eine Compagnie aus dem 1. Artillerie-Regiment Prinz Luitpold zu bestimmen:

„Es muß jedoch wiederholt werden, daß wenn es in der allerhöchsten Absicht liegt, diese Ergänzungswaffe der Artillerie wirklich im Heere einzuführen, Unterzeichneter gleich von vorneherein unbedingt vorschlägt, die hierzu bestimmte Truppe für ihren künftigen Dienst vollständig zu organisiren, um da Proben zu ersparen, wo bereits, wie im österreichischen Heere vollendete Resultate vorliegen."[106)]

In einem weiteren Antrag wurde eine Vermehrung des Feuerwerkspersonals beantragt, um die Fabrikation der Raketen entsprechend steigern zu können, ferner wurde aufgrund der Erfahrungen vorgeschlagen, auf die Brandballen zu verzichten. Erst im Juni des Folgejahres wurde im Ministerium über die Anträge entschieden. Mit dem Verzicht auf die Brandballen erklärte sich das Ministerium einverstanden, die beantragte Verstärkung des Laboratoriumspersonals wurde aus Mangel an Haushaltsmitteln abgelehnt, da für den bestehenden Bedarf das zukommandierte Personal von 1 Feldwebel, 1 Corporal und 5 Bombardier Kanonieren ausreiche. Auch die Aufstellung der Halbbatterie wurde zunächst nicht genehmigt, da hierfür die erforderlichen Wurstwagen noch fehlten. Allerdings wurden mit Rescript vom 15. Juni 1855 die erforderlichen Mittel bewilligt, um für das Folgejahr das erforderliche Material für eine Halbbatterie in den Ouvriers-Werkstätten anzufertigen.[107)]

Die Versuche in den Jahren 1854 und 1855 waren weniger erfolgreich, die neu verfertigten Raketen blieben in ihrer Leistung hinter den vorher erprobten zurück, obwohl das Herstellungsverfahren vorschriftsmäßig durchgeführt worden war. Das Artillerie-Corps-Commando führte dies auf mangelnde Übung des Feuerwerkspersonals zurück, da die Produktion eine Zeit lang hatte ruhen müssen, nachdem im Januar 1854 eine Raketenhütte abgebrannt war, überdies war in der Artillerie-Beratungs-Commission durch die Versetzung des zum Oberst beförderten Hütz ein Wechsel in der Leitung eingetreten. Es dürfte aber an einer Änderung des Treibsatzes gelegen haben, da der Kohle-Destillierofen der königlichen Pulvermühle ausgefallen und nicht ersetzt worden war. Die Folge war, daß die Reichweite etwa 100 Schritt unter der bisherigen lag und daß die Raketen nach dem Zünden teilweise Teile des Treibsatzes ausstießen. Vergleichsversuche mit dem alten Treibsatz ergaben, daß der neue Treibsatz „offensiver" war. Auch das Blech für die Raketenhülsen scheint in seiner Qualität unterschiedlich gewesen zu sein. Es wurden nun ausführliche Versuche mit den Treibsätzen der verschiedenen Jahre, dem neu gelieferten und einem nach den Vorschriften im Mengfasse selbst erzeugten durchgeführt, diese Treibsätze zeigten stark unterschiedliche Wurfweiten:

Art des Satzes	Versuch	Elevation	Wurfweite
1852	I u. VII	25°	695 - 679
1854	VI und XIII	25°	692 - 640
No. 1	X und XI	25°	625 - 600
No. 2	XII und XIV	25°	702 - 723

Versuche, den Treibsatz bei der Pressung stärker zu comprimieren und dadurch auch 1 Loth mehr zu verwenden, schienen in Bezug auf die Reichweite erfolgreich zu sein, führten aber weiter zum Zerspringen der Raketen oder zum Ausstoßen des Treibsatzes, so daß zum Abschluß der Versuchsperiode festgestellt werden mußte, daß „der gegenwärtige Standpunkt der Raketen-Fabrikation gegen den früheren als ein erhöhter nicht bezeichnen" zu wäre.[108)] Damit konnte allenfalls an eine Fortsetzung der Versuche, nicht aber an die Aufstellung einer Halbbatterie für Versuche gedacht werden. Entsprechend wurde mit Reskript vom 20. Januar 1856 die Fortsetzung der Versuche angeordnet. Die Versuche im Jahre 1856 verliefen erfolgreicher, insbesondere, nachdem ein verbessertes Verfahren zum Vernieten der Hülsen ne-

103) AMZ. vom 21. 10.1853, S. 1065. In einer Notiz unter dem 4. 4. 1853 in: AMZ, 1853, S. 249 wurde gemeldet, daß man beabsichtige, zunächst aber nur eine halbe Batterie unter dem Commando des Major Hütz aufzustellen; diese Halbbatterie sollte aus 73 Mann und 13 Stativen bestehen

104) BHS-KA, AX 2, Bd. 32, Vortrag Kriegsministerium vom 3. Februar 1854

105) ibidem, Entscheidung vom 3. Juli 1854

106) BHS-KA, AX 2 Bd. 32, Antrag Artillerie-Corps-Commando vom 3. August 1854; an Mannschaften wurden pro Stativ 4 Mann zur Bedienung und einer als Reserve gerechnet sowie auf 10 Pferde jeweils 1 Reservemann des Fuhrwesens, an Pferden wurde ein Bedarf von 21 Reitpferden und 48 Zugpferden ohne Einrechnung eines 4spännigen Reservezuges in Ansatz gebracht.

107) BHS-KA, AX 2 Bd. 32, Vortrag und Entscheidung Kriegsministerium vom 15. Juni 1855; genehmigt wurde die Anfertigung von 3 Raketen-Wurstwagen aus Wurst-Munitionswagen des System 1800, 3 leichten und 1 schwerem Raketengestell, 8 Raketentornistern, 8 Stabhämmern und 3 eisernen Kästchen für Zündungen aus dem Zeughaus Etat 1855/56; es ist nicht feststellbar, ob all dies Gerät auch fertig gestellt wurde.

108) BHS-KA, AX 2 Bd. 32, Artillerie-Berathungs-Commission vom 15. Dezember 1855 mit Stellungnahme des Artillerie-Corps-Commandos vom 24. Dezember

ben der erhöhten Comprimierung des Treibsatzes eingeführt worden war. Jedoch wurden wiederum bei den Treibsätzen Abweichungen festgestellt, insbesondere der für 1856 gelieferte Treibsatz war wiederum etwas stärker als vorher, was durch Versuche mit dem Probemörser nachgewiesen wurde; die Probewurfweiten auf dem Raketenprobiermörser ergaben für die Sätze 1852, 1854 und 1855 Weiten von 105, 115 respektive 102 Klafter, während der Satz 1856 eine Weite von 124 Klaftern ergab. Die Versuche mit Kartätschraketen im Oktober verliefen voll befriedigend, da man bei 27 Raketen von ihren Schroten 240 Treffer zählte und die Ausstoßpunkte innerhalb einer Strecke von 70 Schritt lagen, auch die Perkussionskraft erwies sich als ausreichend:

„. . . und muß bezüglich der Perkussion eigens bemerkt werden, daß einmal auf 400 Schritt der Stab und die Hülse, ersterer eine ganz scharfe begrenzte viereckige Oeffnung bildend durch die Wand gingen, auf 500 Schritt aber einmal der Stab in der Wand stecken blieb."[109)]

Auch die Versuche mit leichten Wurfraketen wurden als erfolgreich bewertet, obwohl die Reichweite 100 Schritt hinter derjenigen der Portee-Tabelle zurückblieb. Nur bei den schweren, weittreibenden Wurfraketen stellte sich kein voller Erfolg ein, da viele mit dem neuen Satz gefertigten bei der Zündung oder kurz danach krepierten. Überdies zeigten sich wieder Abweichungen im Treibsatz: während Raketen mit dem Treibsatz 1852 die Reichweiten der Portee-Tabelle einhielten, gingen die mit dem Satz von 1854 schneller ab, hatten eine flachere Bahn und erreichten dabei eine etwas geringere Reichweite, allerdings auch mit geringerer Seitenabweichung. Wiederum war damit kein Durchbruch gelungen, wenn auch einzelne Raketengattungen nunmehr sicher ihre Leistungen erbrachten. Entsprechend wurde die Fortsetzung der Versuche am 1. April 1857 genehmigt,[111)] von der Aufstellung einer Halbbatterie war jedoch inzwischen keine Rede mehr. Auch 1857 ließen sich die bei den weittreibenden schweren Wurfraketen bestehenden Probleme nicht lösen; dabei wurde auch versucht, durch Änderung der Satzportionen beim Pressen, sowohl 2 Loth mehr als auch 2 Loth weniger, die Dichtigkeit des Treibsatzes zu beeinflussen, aber auch durch diese Maßnahme war keine Änderung des Verhaltens zu bewirken. Aufgrund der ungünstigen Resultate ließ man nunmehr durch den Lieutenant Dürr den neu gelieferten Treibsatz analysieren, wobei festgestellt wurde, daß der Satz zwar nur geringfügig anders zusammengesetzt war, jedoch mehr Feuchtigkeit enthielt. Dagegen gaben die mit neuem Blech und erhöhter Comprimierung hergestellten schweren Wurfraketen nunmehr befriedigende Resultate.[112)] Daneben war in diesem Jahr ein Schwerpunkt die Erprobung der Perkussionszündung, wo man schließlich erfolgreich die Friktionsröhrchen nach österreichischer Art anwendete. Immerhin kam die Commission zu Verbesserungen in der Fabrikation:

Bayrische Kartätschrakete (Bayrisches Armeemuseum Ingolstadt)[110)]

„Nach Angabe des Herrn Lieutenant Fricker wurde eine eigene Vorrichtung zum Lochen der Raketenhülsen-Blätter hergestellt, wodurch nicht nur diese Arbeit genauer und rascher als beim bisherigen Bohren aus freier Hand vor sich geht, sondern auch das Hülsenblatt seine genauen Ausmaße erhält, weil es genau in den zu seiner Aufnahme bestimmten Rahmen gefeilt wird. Außerdem gab der genannte Herr Officier ein Verfahren an, wodurch die richtige Stellung der Stabhülse auf der Raketenhülse mittelst eines Gesenkes und langen Dorns mehr verbürgt, und ein gleichzeitiges Durchbohren der aufeinander treffenden Nietenlöcher beider Hülsen ermöglicht wird."

Wiederum konnte nur beantragt werden, die Versuche fortzusetzen. Auch bei den Versuchen mit Schußraketen Anfang 1858 konnte wieder festgestellt werden, daß der in verschiedenen Jahren hergestellte Treibsatz in seiner Wirkung stark unterschiedlich war, mit dem Treibsatz 1852 wurde bei 1853 gefertigten, unter 8° abgefeuerten Raketen eine mittlere Reichweite von 544 Schritt erreicht, beim Treibsatz 1854 in 1855 gepreßten Raketen betrug die mittlere Reichweite nur 247 Schritt, bei 1854 - wiederum mit dem Treibsatz 1852 - gepreßten Raketen jedoch wieder 565 Schritt, während der Treibsatz 1854 nur auf 448 Schritt kam, ein neu erstellter Treibsatz von 1858 mit neu verfertigten Raketen erbrachte dagegen Reichweiten von 522 Schritt und bei einem weiteren Schießen 513 Schritt mittlere Reichweite. Auch bei den leichten Wurfraketen waren 1858 ähnliche Resultate zu beobachten. Bei 25° Elevation wurden mit dem Treibsatz 1852 im Mittel 568 Schritt, mit dem Treibsatz 1854 im Mittel 583 Schritt, dagegen mit neu hergestelltem Treibsatz gepreßten Raketen bei derselben Elevation Reichweiten von 690 Schritt erzielt und auch bei weiteren Schießen entsprechende Reichweiten bis zu 705 Schritt erreicht. Die schweren weittreibenden Wurfraketen führten auch 1858 anfangs zu Problemen durch Satzausstoßen und Zerspringen, ab September scheint jedoch dies Problem gelöst worden zu sein, da keine derartigen Vorfälle in den Ergebnistabellen mehr auftraten, die Raketen erreichten nunmehr bei 16° Elevationen im Mittel Reichweiten zwischen 1.125 und 1.006 Schritt, bei 24° Elevation zwischen 1.227 und 1.328 Schritt sowie bei 32° Elevation Reichweiten zwischen 1.327 und 1.392 Schritt. Auch die schweren Wurfraketen konnten wieder mit befriedigenden Ergebnissen abgefeuert werden, sie ergaben bei 24° Elevation Reichweiten zwischen 934 und 962 Schritt, bei 16° Elevation um 765 Schritt und bei 32° von 1.054 Schritt, wobei auch die Seitenabweichung als gut beurteilt werden konnte, da sie bei dieser Schußentfernung nur einmal auf 50 Schritt, im Mittel aber um die 20 Schritt lag.[113)]

Mit diesem Versuchsjahr scheint der Höhepunkt der bayerischen Raketenentwicklung erreicht worden zu sein. 1860 interessierte sich auch Bayern kurz für die Hale'schen Raketen; der König hatte im September einen Artikel über die österreichischen Versuche gelesen und be-

---

109) BHS-KA, AX 2, Bd. 32, Artillerie-Berathungs-Commission vom 15. Dezember 1856

110) BAM-B, Bestandsliste: D 378: „zweizöllige adjustirte Kartätsch Kriegs-Rakete. Höhe 41 cm, Durchmesser 5,5 cm. Auf der Stabhülse von 245 eingeschlagen, die Rakete ist mit Kartätschgeschoß geladen." Der Raketenstab, der nicht mehr vorhanden ist, besaß eine Länge von 2,52 Metern und war vierkantig. (für 2½zöllige Raketen betrug die Länge nach diesem Verzeichnis 3,36 Meter). Ursprünglich hatte das Armeemuseum über eine „Schußkriegsrakete C 1852/54", diese Kartätschenrakete und 4 weitere Raketen verfügt (Exponate Nr. 312 - 318, H. Fahrmbacher, Führer durch das K. Bayer. Armeemuseum, München 1907, das zuvor abgebildete Raketenstativ ist hier nicht verzeichnet. Die Modellbezeichnung der Schußrakete deutet darauf hin, daß diese Raketenart möglicherweise doch bereits eingeführt gewesen sein könnte.)

111) BHS-KA, AX 2, Bd. 32, Vortrag Kriegsministerium und Entscheidung vom 1. April 1857

112) BHS-KA, AX 2, Bd. 32, Artillerie-Beratungs-Commission vom 15. Dezember 1857 sowie Stellungnahme Artillerie Corps Commando vom 27. Januar 1858 (Bericht über die Versuche im Jahre 1857). Erstaunlicherweise scheinen nie Versuche mit unterschiedlichen Blechen für die Hülsen, wie sie beispielsweise Schweizer in der Schweiz durchführte, unternommen worden zu sein.

113) BHS-KA, AX 2, Bd. 32, Artillerie-Berathungs Commission vom 15. Dezember 1858, ein Auszug aus den Ergebnissen ist in der Beilage 4/5 zu diesem Abschnitt enthalten.

auftragte das Kriegsministerium, ihm über die Wiener Versuchs-Resultate und über diese Raketen möglichst genau zu berichten.[114] Ein erster Bericht des Major von Pillement gab ein recht zurückhaltendes Urteil:

„Es war auch vor jener Zeit - 10. Juli - eine Probe mit obigem Projektil gemacht worden, die Ergebnisse zeigten sich damals noch nicht befriedigend. Wie überhaupt die Raketeneinrichtung, die Fabrikation der Schießwolle u. dgl. geheim gehalten werden, so wird es ebenso mit fraglichen neuen Raketen sich verhalten und dürfte kaum zu hoffen sein, daß Mittheilungen hierüber zu erlangen sein werden."[115]

Auch ein folgender Bericht des Obersten von Schintling, der sich zu dieser Zeit in topographischen Angelegenheiten in Wien befand, enthielt nur die Feststellung:

„. . . daß nach zuverläßigen Ermittlungen das Projekt des Engländers William Hale bei den . . . vorgenommenen Versuchen zwar als der Keim einer guten Kriegsrakete erkannt wurde, daß aber dasselbe als etwas unfertiges und weiterer Ausbildung bedürfendes betrachtet wird, deshalb auch das von William Hale angebotene darauf bezügliche Geheimnis von der Kriegsverwaltung nicht angekauft, sondern mit demselben ein Abkommen für dasjenige getroffen worden ist, was sich durch die vorgenommenen Proben bereits als verwendbar dargestellt hat. . . und daher zur Zeit noch die Erwirkung von Mittheilungen über die Herstellungsweise dieser Raketen von besonderem Nutzen nicht seyn dürfte."[116]

Diese Angelegenheit scheint dann in der Folge seitens Bayerns nicht weiter verfolgt worden zu sein. Für die Folgejahre liegen keine Berichte über weitere Versuche vor, es hat den Anschein, als wären diese langsam „eingeschlafen".[117]

1860 kam es zu einem weiterem Versuch der kaiserlich brasilianischen Regierung, Informationen über bayerische Rüstungsvorhaben und insbesondere über die Raketenentwicklung zu erlangen; der nach München entsandte brasilianische Capitain Moraes Ancora ersuchte um die Genehmigung, die bayerischen militär-technischen Anstalten und "nennt insbesondere die Gewehre Podewildschen Systems, dann die Kriegsraketen also jene Gegenstände, über welche derselbe zunächst und vorzüglich Aufschluß wünscht" zu besuchen. Insbesondere der letztere Wunsch mußte aber aufgrund der Geheimhaltung, zu der ja auch noch die eingesetzten bayerischen Artilleristen verpflichtet waren, abschlägig beschieden werden.[118]

Nachdem in Österreich und in der Schweiz die Raketeneinheiten aufgelöst worden waren, und in Bayern die Einführung der gezogenen Feldgeschütze bevorstand, hatte auch das Artillerie Corps Commando diese Frage geprüft und kam 1869 zu dem Entschluß, die "Entlassung" der Raketen und die anderweitige Verwertung des vorhandenen Gerätes zu beantragen. Als weitere Gründe wurden angeführt:

„das ungenügende Resultat, welches mit denselben bis jetzt erzielt worden, die Gefahr, die zuweilen bei deren Gebrauch für die eigene Bedienung eintritt, der Umstand, daß zu ihrer Bedienung eine eigens instruirte Mannschaft nothwendig wird, ferner da so überhaupt für die bayrische Armee ein absolutes Bedürfniss dieser Geschoßarten nicht besteht, auch eine allenfallsige Verwendung derselben nur in den seltensten Fällen möglich erscheint."[119]

Auch wenn die Artillerie Beratungs - Commission sich anfangs dafür ausgesprochen hatte, die vorhandenen Raketen noch beizubehalten, ergab doch eine Untersuchung der magazinierten Raketen, daß diese gründlich hätten überarbeitet werden müssen, da an den Hülsen der Austritt von Salpeter festgestellt worden war. Es wurde daher beantragt, diese Raketen zu vernichten, bis auf einige Raketen, die der Festung Germersheim überwiesen werden könnten. Das Kriegsministerium lehnte die Ausstattung der Festung ab und ordnete die „Destruirung" der Raketen sowie eine anderweitige Verwertung des vorhandenen Gerätes an, genehmigte aber:

„daß eine Anzahl geeignet auszuscheidender Raketen bei den Übungen der Artillerie auf dem Lechfeld verfeuert werde."[120]

Damit hatten sich über dreißig Versuchsjahre als vergeblich erwiesen und die Zeit der Raketen war in Bayern, wie auch in anderen Staaten, abgelaufen.

c. Königreich Hannover

Ende Oktober 1813 war das gesamte Staatsgebiet des alten Kurfürstentums Hannover von den Franzosen geräumt und die Souveränität wieder hergestellt. Mit Hilfe englischer Subsidien wurde wieder eine hannoversche Armee aufgestellt. Ihr Kern wurde von der King's German Legion gebildet. Aufgrund der Beschlüsse des Wiener Kongresses war Hannover seit 12. Oktober 1814 als Königreich anerkannt, das weiterhin in Personalunion mit England verbunden war. Von 1816 bis 1831 regierte der Herzog von Cambridge als Gouverneur, ab 1831 als Vicekönig. Aus alledem geht die enge Verbindung der hannoverschen Armee mit Großbritannien hervor und so nimmt es kein Wunder, daß Congreve, dem ja ursprünglich ein Offizierspatent der hannoverschen Armee verliehen worden war, diese Armee mit in seine Überlegungen einbezog.[121]

Congreve übergab an den kgl. hannoverschen Staats- und Cabinets Minister Graf von Münster eine Denkschrift, in der vorgeschlagen wurde, ein Regiment der hannoverschen Kavallerie mit Raketen auszurüsten und erbot sich, die erforderlichen Raketen und die sonstige Ausrüstung aus seiner Fabrik für insgesamt £ 4.570, 3 s und 6 d zu liefern.[122] Dieser Plan wurde vom König und dem Herzog von York wärmstens befürwortet und am 11. März 1823 nach Hannover gesandt. Auch der kgl. Gouverneur von Hannover war von dem Vorschlag angetan, sah aber finanzielle Probleme und forderte sein Ministerium zur Prüfung auf, wobei er schon vorsah, zunächst nur zwei Schwadronen des Regimentes auszurüsten und auch nur eine geringere Anzahl von

---

114) BHS-KA, AX 2, Bd. 32, Schreiben des Königs, Berchtesgaden den 8. September 1860, der Artikel stammte aus der Allgemeinen Zeitung, Wien, vom 30. August 1860 (No. 229)

115) BHS-KA, AX 2, Bd. 32, Bericht Major von Pillement vom 15. September 1860

116) BHS-KA, AX 2, Bd. 32, Kriegsministerium vom 25. September 1860 mit Bericht Oberst Schintling vom 22. September 1860

117) Die letzte vorliegende Unterlage betrifft die Vereidigung auf Geheimhaltung des neu zukommandierten Feuerwerkers Lang im Jahre 1862 (BHS-KA, AX 2, Bd. 32, Protokoll vom 15. November 1862) Zumindest eine Rakete Hales (möglicherweise auch die österreichische Modifikation) hat jedoch ihren Weg nach Bayern gefunden und war dann Bestand des Bayerischen Armeemuseums in München (Hinweis in: o. Verf., Die Entwicklung der Kriegsraketen, in: Kriegstechnische Zeitschrift, XVIII. Jahrg., 1915, S. 197)

118) BHS-KA, VI 6b, Bd. 24, Schreiben Kriegsministerium an den König vom 30. April 1860 mit allerhöchstem Signat vom 16. Maij 1860 „Hiermit einverstanden". Der Besuch läßt aber darauf schließen, daß man in Brasilien über die bayerischen Arbeiten informiert war und könnte als Bestätigung dafür angesehen werden, daß bereits früher Informationen, möglicherweise inoffiziell, an Brasilien geliefert worden waren. Der Dienstgrad des brasilianischen Offiziers ist hier jedoch falsch angegeben, es handelte sich um den Tenente 1° Ayres Antonio de Moraes Ancora; dieser hatte zusammen mit dem Major Francisco Primo de Souza Aguiar zuvor bereits vergeblich versucht, die entsprechenden pyrotechnischen Anstalten in Preußen und Österreich zu besuchen. Die Commission scheint besonders an den Kriegsraketen interessiert gewesen zu sein, da sie in Wien um die Genehmigung nachgesucht hatte, das Exercieren einer Raketenbatterie beobachten zu dürfen. (AHER, comissão Brasileira na Europa, Ministerio dos Negocios da Guerra, Rio de Janeiro, 12.08.1857 und Schreiben der Commission an das Ministerium, Hamburg, 03.03.1857)

119) BHS-KA, AX 2, Bd. 32, Artillerie Corps Commando vom 17. April 1869 aufgrund eines Berichtes der Artillerie Berathungs Commission vom 4. Januar 1869 (nicht archiviert)

120) BHS-KA, AX 2, Bd. 32, Kriegsministerium vom 24. Mai 1869

121) Zu den Raketenversuchen in Hannover liegt keinerlei Literatur vor; weder: v. Sichart, Geschichte der Königlich Hannoverschen Armee, Hannover 1898, noch: v. Reitzenstein, Das Geschützwesen und die Artillerie in den Landen Braunschweig und Hannover, Leipzig 1900, erwähnen diese.

122) umgerechnet 28.200 Thaler in Gold, nämlich 25.787 Thaler für 7.000 Raketen und 2.413 Thaler für Lafetten etc.; NHS, Hann. 92 Nr. 369 (178, Schreiben des Herzogs von Cambridge vom 3. April 1823 an das kgl. Cabinets-Ministerium)

Raketen als Erstausstattung zu beschaffen. Die Einführung der Raketen hielt er jedoch für wichtig:

„Es leidet keinen Zweifel, daß die Armierung eines Cavallerie Regimentes mit dieser sehr wirksamen Waffe für den Dienst von großem Nutzen seyn würde, und es ist vorauszusehen, daß man früher oder später genöthigt seyn wird, zu dieser Bewaffnung zu schreiten, da es schon jetzt den Anschein gewinnt, daß selbige mit der Zeit in allen Heeren eingeführt werden. In der Oestereichschen und Rußischen Armee ist dieses schon geschehen, und die Preußische nebst den übrigen werden wahrscheinlich dem Beispiele bald folgen."[123]

Das Ergebnis der Prüfung des Vorschlages durch das Ministerium, vor allem in Hinblick auf die Finanzierbarkeit, wurde in einem „Untertänigsten Pro Memoria" vom 14. November 1823 dem Herzog vorgelegt. Nach Erwägung der bereits fest eingeplanten Haushaltsmittel für das Bundeskontingent und die Umgliederung des Heeres sowie unter Berücksichtigung der Preisentwicklung für Nahrungsmittel und Tuche kam man zu dem Ergebnis, daß die Kosten der Erstausrüstung mit Raketen durch den für diese Zwecke zur Verfügung stehenden Reserve-Fonds getragen werden könnten, daß dieser aber aufgrund der Bestimmungen nicht zur Bestreitung der jährlichen Folgekosten hinzugezogen werden dürfte.[124] Es wurde vorgeschlagen, die Sache aufgrund der eingeschränkten Haushaltsmittel zunächst auf sich beruhen zu lassen, falls nicht Einsparungsmöglichkeiten an anderer Stelle aufgezeigt werden könnten. Diese Stellungnahme scheint Congreve vorab bekannt geworden zu sein, denn in einem Schreiben an Graf Münster versuchte er noch einmal seine Vorstellungen zu vertreten.[125]

Der Herzog von Cambridge aber schloß sich der Meinung seines Cabinetts an und teilte dem Grafen von Münster am 7. Dezember 1823 mit, daß er keine Möglichkeiten sehe, Congreves Vorschlag, selbst in reduzierter Form, zu realisieren.[126] Damit erfolgt zunächst keine Ausstattung der hannoverschen Armee mit Raketen.

Im Februar 1833 reiste der Mechanikus Westermayer von St. Petersburg nach Hannover, um der königlich hannoverschen Armee seine Kenntnisse über die Anfertigung von Kriegsraketen anzubieten, hierzu konnte er dem königlichen Generalkommando eine Empfehlung des Generallieutenants von Dörnberg vorlegen.

„Da die Empfehlungen des Westermeyer günstig waren, und es allerdings für die Artillerie von großem Interesse ist, eine zweckmäßige Einrüstung von Kriegsraketen kennen zu lernen, so verwies das Königliche General Commando den Westermeyer an den Generalmajor Röttiger und gab diesem den Auftrag, von den Anerbieten und den Erwartungen des gedachten Westermeyer nähere Kenntniß zu nehmen. . ."[127]

Die ersten Gespräche mit Westermayer führte dann der Director des Armee-Materials, Generalmajor Röttiger, der die Gelegenheit für günstig erachtete, ohne zeit- und kostenaufwendige eigene Entwicklungsarbeiten die Kenntnisse für die Anfertigung von Kriegsraketen zu erlangen. Im Laufe der ersten Unterhandlungen forderte Westermayer zwar Diäten wie in Schweden und Preußen,[128] wollte aber ein Honorar für seine Arbeiten nur im Falle erfolgreicher Versuche erhalten. Westermayer war von einem Erfolg seiner Arbeit voll überzeugt und gab an, daß seine „vervollkommneten" Kriegsraketen aufgrund eigener Erfindung bei einer Reichweite von 2.000 Schritt nur höchstens 55 Schritt zur Seite abwichen, wobei es allgemein bekannt war, daß auf diese Entfernung bei Kanonen bereits mit 40 und bei Haubitzen mit 200 Schritt Seitenabweichung zu rechnen war. Röttiger, der ohne Auftrag keine verbindlichen Verhandlungen führen wollte, meldete das Ergebnis der ersten Gespräche mit Schreiben vom 12. Februar dem General-Commando, wobei er eine Vereinbarung mit Westermayer eindringlich vorschlug:

„. . . und wenn auch die Geschütze noch nicht ganz durch die Raketen verdrängt werden können, so scheint es doch wahrscheinlich, daß in dem nächsten Kriege Raketen einer so sehr verbesserten Art allgemeiner in Gebrauch kommen würden.- In Östreich, Dänemark und in anderen Artillerien, wo die Raketen vervollkommet und eingerüstet sind wird die Art der Anfertigung derselben geheim gehalten, die zwar bekannte Einrüstung der älteren französischen Raketen kann wenig nützen, da diese solche große Unsicherheiten im Gebrauch gezeigt haben (größte Abweichungen von 400 und 500 Toisen auf Entfernungen von resp:1500 und 1750 Toisen pp)-; es bliebe also wenn unsere Artillerie mit denen anderer Armeen fortschreiten sollte und die verbesserte Einrüstung der Kriegsraketen hier nicht auf andere Weise bekannt würde, kein anderes Mittel übrig, als durch eigene Versuche den Vervollkommnungen auf die Spur zu kommen, wie viel Zeit und welche Kosten solche Versuche aber erfordern können, läßt sich gar nicht übersehen. - (die vom Major Schuhmacher in Dänemark geleiteten Versuche sollen sehr kostbar geworden seyn) - und ein Anerbieten die vollkommene Anfertigung der Raketen zu zeigen, darf daher meinerseits wohl nicht geradezu von der Hand gewiesen werden."[129]

Schon am 19. Februar erhielt Röttiger vom Kriegsministerium den Auftrag, mit Westermayer in Vertragsverhandlungen zu treten und am 24. Februar konnte er den paraphierten Vertrag zur Ratifikation vorlegen. Dabei konnte Röttiger durchsetzen, daß bei den Versuchen eine Scheibe von 96 Schritt Breite und 10 Fuß Höhe als Ziel zu nutzen wäre, obwohl Westermayer einwandte, daß ihm in Schweden keine so harten Bedingungen gestellt worden wären und daraufhin höhere finanzielle Forderungen stellte. Man einigte sich aber dann doch auf

---

123) NHS, Hann. 92 Nr. 369 (178). Der Herzog fügte hinzu: „Sollte Königliches Cabinets Ministerium der Meinung seyn, daß man etwa 8.000 rt für die Einrichtung, und sodann jährlich etwa 4.000 rt für Exercirn, Munition und für die allmählige Anschaffung eines Vorraths zum Gebrauch im Felde herbeischaffen könnte, so würde ich Ser Majestät dem König vorschlagen, fürs erste etwa 2 Schwadronen des Leib-Cuirassier Regiments mit dieser Waffe zu versehen."

124) NHS, Hann. 92 Nr. 369 (180), Pro Memoria der Kgl. Großbrittannischen Hannoverschen zu Cabinettsministerii General-Gouverneur und geheimen Räthen Günterz und Bremer: „Was dagegen die zur Unterhaltung der vorbezeichneten Raketen Bewaffnung als jährlich erforderlichen 4.000 rt betrifft; So müßten Wir deren Übernahme aus den Reservefonds nicht nur als dem Zwecke des letzteren widerstreitend erachten, sondern auch aus dem Grunde für äußerst bedenklich halten, weil der nahegedachte Fonds, ganz abgesehen von den ad interim bereits darauf ruhenden Lasten, in der That schon als zu schwach erscheinen dürfte, seit die auf die ordinairen ordonnanzmäßigen Ausgaben zu verwendenden Summen so beträchtlich herab gesetzt worden sind. Ihrer Natur nach würden die fraglichen Unterhaltungskosten ad 4.000 rt vielmehr aus dem ordentlichen Artillerie- und Zeughaus-Etat zu bestreiten seyn, allein eines Theils können so bekanntlich von selbigen nur jährlich 3.000 rt als zu neuen Anschaffungen disponibel angenommen werden, und anderen Theils ist dieser Betrag bis inclusive 1834 bereits für das vorerwähnte Contingentsmateriell [Bundescontingent] bestimmt."

125) NHS, Hann. 92 Nr. 369 (174), Schreiben Congreves vom 13. November 1823: „. . . have no hesitation on saying that a plan of defence, by rockets with the Military Force . . . would make this Country impregnable. Do look into this question seriously."

126) NHS, Hann 92 Nr. 369 (172), HRH The Duke of Cambridge answer concerning Sir William Congreves plan for forming a Roquet Corps at Hannover. „Eure Excellenz werden aus meinem abschriftlich vorliegenden Schreiben ersehen, daß ich um die von dem Herrn General Major vorgeschlagene Einrichtung nach Möglichkeit zu erleichtern, dem Königl. Cabinetts Ministerio vorgeschlagen hatte, vorerst nur 2 Schwadronen des Leib-Cuirassier-Regiments mit Raketen zu bewaffnen, und daß ich die Kosten auf den gering möglichen Bedarf herabgesetzt habe. Aus dem abschriftlichen vorgelegtem Promemoria des Königl Cabinetts Ministerii v. 14. vorigen Monats geht hervor, daß dieses Kollegium selbst für die Neubeschaffung der in Vergleich des Congreveschen Anschlages geringen Summen, die ich zur ersten Einrichtung des Corps für nöthig gehalten habe, keinen Rath weiß, und es namentlich für unmöglich hält, den Reserve-Fonds der königlichen Kriegs Canzley mit dieser Ausgabe zu belasten." Diese Antwort bewies aber auch eine ganz andere Haltung zur Landesverfassung, als sie in den anderen deutschen Staaten zu dieser Zeit anzutreffen war.

127) NHS, Hann. 48, Nr. 801, Schreiben Königliches General-Commando an das Kriegsministerium vom 13. Februar 1833, im Auftrage Sr. Königlichen Hoheit, des Kommandierenden Herrn Feldmarschalls, Hans Bussche, GenMaj & GenAdjt, mit Vermerk „Cito !"

128) siehe Abschnitt: „Die anderen europäischen Staaten, Schweden" und in diesem Abschnitt: „Königreich Preußen"

129) NHS, Hann. 48 Nr. 801, Schreiben Generalmajor Röttiger vom 12. Februar 1833 an den General Adjutanten Generalmajor v.d. Bussche

seine ursprünglichen Honorarvorstellungen. Der Vertrag war sehr präzise abgefaßt und stellte in Abhängigkeit des Erfüllungsgrades unterschiedliche Summen in Aussicht, auch enthielt er bereits eine Option auf den Ankauf der zur Herstellung erforderlichen Werkzeuge sowie zur Ausbildung hannoverschen Personals in der Kunst der Raketenherstellung. Röttiger legte dabei dem Kriegsministerium auch eine Berechnung vor, welche Summe im Erfolgsfalle höchstens, einschließlich Diäten und Reisekosten, aufzuwenden wäre und kam auf einen möglichen Gesamtbetrag von 2.224 Talern, wobei vorausgesetzt wurde, daß die für das Einfüllen des Treibsatzes erforderliche Presse sowie ein Mengungsfaß mit den erforderlichen Metallkugeln zum Bereiten des Treibsatzes durch Hannover bereitgestellt würde.[130)]

Letzte Verzögerungen in der Ausführung der Arbeiten ergaben sich dadurch, daß zwar am 5. April die Maschinen Westermayers per Post angeliefert wurden, er aber nicht über ausreichende Mittel verfügte, um die Gebühren von 70 Talern zu begleichen und daß der bereitgestellte Prägestock für seinen Zweck als Presse umgearbeitet werden mußte, damit aber für die Münze nicht mehr zu gebrauchen gewesen wäre, so daß ein Ankauf erforderlich wurde. Nachdem am 15. Mai die erforderlichen Mittel bewilligt wurden,[131)] konnten endlich die Arbeiten an den Raketen beginnen. Am 3. Juni wurden die angefertigten 31 zweizölligen Raketen im Rahmen des vereinbarten Versuches bei Varenwald verschossen, keine der Raketen traf, bis auf eine Hülse, die Scheibe. Da im Protokoll[132)] festgestellt wurde, daß ein ziemlich heftiger Wind aus Osten stoßweise wehte und Westermayer wohl versuchte, jede folgende Rakete in ihrer Richtung und Elevation dem anzupassen, wären Treffer auch kaum zu erwarten gewesen. Dennoch, Westermayer war es nicht gelungen, den Contract zu erfüllen.

Röttiger legte zwar das Protokoll über den Mißerfolg vor, war aber weiterhin der Meinung, daß Hannover die Gelegenheit nutzen sollte, das Geheimnis der Raketenanfertigung zu erwerben; er schrieb den Mißerfolg weniger den Raketen zu, als Westermayers mangelndem artilleristischen Können in deren Anwendung.

„Dabei erlaube ich mir die Bemerkung, daß nach Ansicht der Proben - Westermayer's Fertigungs-Methoden mir allerdings vervollkommnet zu seyn scheint, daß indeß in der Methode des Gebrauchs nach einem bestimmten Ziele Westermayer nicht die erforderliche Kenntniß und Übung besitzen dürfte, und daß namentlich die hier gefertigten 2 zölligen Raketen von Westermayer auf eine nicht entsprechende, zu große Distanz passend gehalten sind, auch daß der sehr stoßweise am 3. d.M. wehende Wind einen ungünstigeren Einfluß geäußert hat, als Westermayer vor den Versuchen einräumen wollte."[133)]

Er schlug daraufhin vor, auf jeden Fall die Fertigungsmethode für die Artillerie zu erwerben, zumal dann unter artilleristischer Leitung das Wesentliche der Gebrauchsmethoden mit geringer Schwierigkeit zu erlangen wäre. Zur Stellungnahme aufgefordert, war auch das Generalkommando der Auffassung Röttigers und beantragte, die erforderlichen Mittel bereit zu stellen:

„Das Königliche General-Commando glaubt wenigstens aus den Versuchen schließen zu können, daß die Westermayerschen Raketen bei einer richtigen Anwendung von bedeutender Wirkung und von großem Nutzen seyn können. In dieser Hinsicht hat es daher ohne Zweifel für die Artillerie ein bedeutendes Interesse die Westermayersche Anfertigungs-Art seiner Raketen kennen zu lernen und es würde dem Königlichen General-Commando sehr angenehm seyn, wenn das Königliche Kriegsministerium dazu die Mittel anweisen könnte. Die Anfertigung ist aber gewiß das Einzige was Westermayer zeigen kann, denn die Versuche haben augenscheinlich gelehrt, daß er seine Raketen nur sehr mangelhaft zu gebrauchen versteht, welches sich aber auch leicht erklären läßt, da ihm wahrscheinlich die Mittel und die Kenntnisse gefehlt haben, sich durch Versuche Übung in der Anwendung der Raketen zu verschaffen."[134)]

Röttiger erhielt darauf die Anweisung, mit Westermayer in neue Verhandlungen zu treten, mit dem Ziel, die Anfertigungsmethode angesichts der fehlgeschlagenen Probe möglichst billiger zu erwerben. Auf diese Forderung einzugehen war Westermayer jedoch nicht bereit, gegenüber dem ursprünglichen Contract wollte er allenfalls seine Forderung um 300 Taler reduzieren, erklärte sogar, daß er ansonsten seine Arbeit sofort einstellen würde. Schließlich erklärte er sich bereit, im Falle der Zahlung der ursprünglich vereinbarten Summe, für jede Rakete, die bei einem erneutem Versuch das Ziel nicht träfe, sich 25 Taler von der Summe abziehen zu lassen.

Röttiger sah keine Möglichkeit, im Rahmen seiner Vollmachten weiter zu verhandeln und legte die Frage dem Ministerium zur Entscheidung vor.[135)]

Mit den Auflagen des Ministeriums war Westermayer nicht einverstanden, er forderte die Mindestsumme von 1.000 Talern plus Diäten, war aber nunmehr bereit, sich für jede Rakete, die weniger als die Hälfte der abgefeuerten Raketen träfe, 30 Taler abziehen zu lassen; jedoch sollte die Distanz zum Ziele nur noch 800 Schritt betragen. Röttiger legte dieses Angebot erneut zur Entscheidung vor, fügte aber hinzu:

„Da diese Erbietungen im Falle des Gelingens der Proben sich nur um den Betrag der Diäten von der in dem gestrigen hochgeehrten Rescripte enthaltenen Bestimmung entfernen, im Falle eines unerwünschten Resultats der Proben freilich die gestrigen Zusicherungen bedeutender übertreffen, dagegen aber auch billig zu berücksichtigen ist, daß das zu den Proben hier disponible Terrain dem Rickoschettieren nicht sehr günstig ist und Westermayer daher fürchtet zu sehr von Zufälligkeiten des Terrains und Wetters, - stoßweisen Wind pp - abhängig zu bleiben so glaube ich die ersten Erbietungen Westermayers zu hochgeneigter Genehmigung ganz gehorsamst hierdurch empfehlen zu dürfen."[136)]

Diesmal folgte das Ministerium dem Antrage und war bereit, eine Remuneration von 1.000 Talern contractlich zu vereinbaren. Unter Vorgabe aller Bedingungen wurde Röttiger ermächtigt, einen entsprechenden Vertrag mit Westermayer zu schließen. Am 29. Juni konnte er den abgeschlossenen Contract vorlegen.[137)]

In den Folgetagen wurden unter Anleitung Westermayers durch Personal der hannoverschen Artillerie unter Aufsicht der Prüfungs-Commission die vereinbarten Raketen verfertigt, so daß am 15. Juli 37 Raketen für einen erneuten Versuch bereit standen. Auch bei diesem Versuch trafen statt der vorgeschriebenen 10 nur 2 Raketen und von allen 37 nur 6 Raketen die Scheibenwand, es wurde jedoch eingeräumt, daß diesmal die Raketen ihre Richtung sehr gut gehalten hätten, nur eini-

---

130) NHS, Hann 48 Nr. 801, Schreiben Generalmajor Röttiger vom 24. Februar 1833 an das königliche Kriegsministerium, der vollständige Text des Vertragsentwurfes ist in der Beilage 3/1 enthalten. Die vereinbarten Diäten galten auch bereits für den Zeitraum, der erforderlich war, um die Maschinen Westermayers mit einem Gewicht von etwa 300 Pfund aus Johannisberg in Ostpreußen herbei zu schaffen, hierfür wurden etwa drei Wochen angesetzt. Als Presse war eine Münzpresse der königlichen Münze vorgesehen. Zu beachten ist die Kürze der Zeit, in der ein Vertrag abgeschlossen wurde, sowie die Schnelligkeit, mit der Entscheidungen auf dem Dienstweg herbeigeführt werden konnten. Am 25. 2. forderte das Ministerium das General Commando auf, den Vertragsentwurf in technischer Hinsicht zu prüfen, dieses meldete sein Einverständnis am 28. 2. und am 2. März bereits ratifizierte das Ministerium den Vertrag. Diese und die folgenden Vertragsverhandlungen sind hier ausführlicher dargestellt, weil nur selten der Schriftverkehr in einer solchen Angelegenheit so vollständig dokumentiert ist, auch wenn die Weisungen des Ministeriums in einer, auch wohl damals, nur schwer und zuweilen kaum leserlichen Handschrift verfertigt sind.

131) NHS, Hann 48 Nr. 801, Antrag General Röttigers vom 17. Mai an das Kriegsministerium und Schreiben des Ministeriums vom 25. Mai

132) Der vollständige Text des Protokolls ist in der Beilage 3/2 enthalten.

133) NHS, Hann. 48 Nr. 801, Schreiben Röttigers an das Kriegsministerium vom 7. Junius 1833

134) NHS, Hann. 48 Nr. 801, Schreiben des General-Commandos an das Kriegsministerium vom 12. Junius 1833

135) NHS, Hann. 48 Nr. 801, Schreiben Röttigers an das Kriegsministerium vom 18. Junius 1833

136) NHS, Hann. 48 Nr. 801, Schreiben Röttigers an das Kriegsministerium vom 25. Junius 1833

137) NHS, Hann. 48 Nr. 801, Weisung des Kriegsministeriums an Röttiger vom 26. Juni 1833, der Text des modifizierten Contractes ist in der Beilage 3/3 wieder gegeben.

ge etwas über die Scheibenwand hinweg geflogen wären. Überdies war man mit der Einweisung Westermayers in die Raketenfertigung sowie mit den übergebenen Unterlagen und Zeichnungen sehr zufrieden, so daß Röttiger vorschlug, auf Abzüge von der vereinbarten Summe zu verzichten, jedoch darauf hinwies, daß ein bereits ausgezahlter Vorschuß noch von dieser abzuziehen wäre.

„Streng genommen müßte sich Westermayer also einen Abzug von 8 oder 7 mal 30 rt von dem zugesicherten Honorar ad 1.000 rt gefallen lassen; da indeß besonders zuletzt abgefeuerten, nicht mit Hohlkugeln versehenen Raketen, ihre Direction im Ganzen sehr gut nahmen, wenn sie auch etwas über die Scheibe hin gingen, so erlaube ich mir ganz gehorsamst vorzuschlagen, von dem Contractsrechte der Kürzung für die Nichttreffen um so eher abstrahieren zu wollen, als der Zweck dieser Stipulation, - Sicherung einer richtigen Unterweisung, doch hinlänglich erreicht ist und Westermayer in Mittheilung seiner Kenntnisse, Notizen und Zeichnungen sich sehr bereitwillig gezeigt hat.-"[138)]

Gleichfalls wurde mit Westermayer über den Ankauf seines Instrumentariums verhandelt; auch wenn ihn dies nach seinen Angaben 248 Taler gekostet hätte, war er bereit, es für 120 Taler zu übergeben. Der Ankauf wurde entsprechend dem Antrage Röttigers vom Kriegsministerium am 18. Juli genehmigt, das hierfür sogar 140 Taler bewilligte.[139)]

Nachdem der Antrag Röttigers auf ungekürzte Zahlung des Honorars genehmigt worden war, erhielt Westermayer also 1.000 Taler Remuneration - abzüglich 200 Taler Vorschuß - sowie 320 Taler an Diäten für die 160 Tage seines Aufenthaltes in Hannover, zuzüglich der für den Ankauf der Instrumente bewilligten Summe.[140)]

An die weitere Herstellung von Raketen im hannoverschen Laboratorium wurde anscheinend ernsthaft gedacht, denn eine zusammen mit der Münzpresse beigestellte Prägestanze sollte an die Königliche Münze zurückgegeben werden, die aber auch bereit war, dieselbe an die Armee zu verkaufen. Am 1. August erfolgte dann nach entsprechender Bewilligung der Gelder der Kauf für 68 Taler 2 Groschen. Über die weitere Verfertigung von Raketen und ihren Gebrauch durch die hannoversche Artillerie liegen jedoch keinerlei Unterlagen vor.[141)]

Es scheinen jedoch in den Folgejahren entsprechende Versuche gemacht worden zu sein, wie aus einem späteren Schreiben des Generallieutenant Röttiger hervorgeht. Die königlich Württembergische Artillerie hatte der Hannoverschen 1837 ein Verfahren zur Herstellung von Zündhütchen mitgeteilt und wünschte ihrerseits in die Raketenfabrikation eingewiesen zu werden. Röttiger meldete dies dem Kriegsministerium und bat um Genehmigung hierzu, wies aber auf die ursprünglich vereinbarte Geheimhaltung hin, deren Frist jedoch eigentlich abgelaufen wäre.

„Obgleich nun die hiesigen Einrichtungen im Allgemeinen, den hierher gekommenen Officieren anderer Staaten des deutschen Bundes ohne Anstand möglichst zugänglich gemacht sind und ein solches Entgegenkommen im eigenen Interesse zur Erleichterung die Sache selbst fördernder gegenseitiger Mittheilungen gereicht; so ist doch hinsichtlich des Verfahrens zur Anfertigung von Kriegsraketen, in der Rücksicht eine Ausnahme zu machen, daß solches nach dem mit dem Mechanicus Westermayer mehren Jahren geschlossenem Contracte ein Jahr lang für Andere geheim zuhalten werden sollte . . . Das für die Geheimhaltung bedungene Jahr ist längst verflossen, - und der Punkt des Honorars kommt wohl am wenigsten gegen die Württembergische Artillerie in Betracht, die sich gegen uns - erst durch die vollständige Mittheilung der Zündhütchen-Fabrikation so bereitwillig gezeigt hat - da zudem noch Manches hinsichtlich der Art des Gebrauches der Kriegsraketen durch Versuche ermitteln zu bleibt, so muß es sehr erwünscht seyn, wenn auch eine andere befreundete Artillerie diesem Gegenstande Aufmerksamkeit widmet und mit uns in einen Austausch von Ideen und Erfahrungen über weitere Vervollkommnung desselben eingeht.-"[142)]

Die Frage wurde dann vom Ministerium dem Chef des Generalstabes vorgelegt, der sich auch nicht für entscheidungsbefugt hielt und sie seinerseits dem König vorlegte. Dieser verfügte Anfang Januar 1838:

„Seine Majestät haben mir befohlen, Königlichem Kriegs-Ministerio zu erwidern, daß Allerhöchst dieselben bei dieser Mittheilung durchaus gar kein Bedenken fänden, indem diese Fabrikation bei den mehrsten Europäischen Mächten jetzt zu bekannt ist, als daß man ferner Veranlassung finden könnte, sie geheim zu halten."[143)]

Die Unterlagen sind dann laut einem Aktenvermerk der königlich Württembergischen Artillerie übergeben worden, über einen weiteren Gebrauch der Raketen im Königreich Hannover ist nichts bekannt; es ist anzunehmen, daß sie fürs erste als Sekundärbewaffnung der Artillerie vorgesehen und bereitgehalten wurden. Da aber bei dem Einsatz der hannoverschen Truppen unter General Halkett im Kriege gegen Dänemark 1848 die Kriegsraketen keinerlei Erwähnung finden, muß davon ausgegangen werden, daß sie spätestens zu diesem Zeitpunkt nicht mehr in Gebrauch waren. Hierfür spricht auch, daß der Feuerwerker Lukaszy, der 1847 in Hannover weilte und das Feuerwerkspersonal in neuen Techniken der Lustfeuerwerkerei unterrichtete, nicht hinsichtlich der Entwicklung der Kriegsraketen engagiert wurde.[144)]

Aus den hannoverschen Akten ist aber auch ein Hinweis auf die Gefahren enthalten, denen ein Feuerwerker ausgesetzt war und für deren Folgen kaum eine soziale Absicherung vorhanden war. 1841 erhielt der Generallieutenant Röttiger ein Ersuchen Westermayers, der zuletzt im Laboratorium zu Warschau gearbeitet hatte, mit der Bitte um Beihilfe:

„Der Mechanikus Martin Westermayer, gegenwärtig zu Warschau in der Salz-Gasse wohnend, . . . wendet sich gegenwärtig an mich mit der Vorstellung, daß er in drei Jahren im Kriegsraketen Laboratorium zu Warschau so arg verbrannt und in solchen Maßen an Gliedern verstümmelt worden sei, daß er auf die frühere Weise sein Fortkommen nicht ferner habe führen können und sich jetzt nach drei Jahren in Rücksicht auf seine Kinder habe entschließen müssen milde Beihülfen der Regierungen nachzu suchen, denen er früher bekannt geworden sei und nützlich zu werden gestrebt habe. Er bittet mich dringend, ihn der Gnade der hiesigen Behörden zu empfehlen, sogar auch etwa eine Collecte für ihn zu veranlassen."[145)]

Röttiger setzte sich wärmstens für Westermayer ein, sein Antrag wurde jedoch vom Kriegsministerium abschlägig beschieden, da

„ . . . die Mittel des zu Unserer Verfügung gestellten beschränkten Wohlthätigkeitsfonds, so vielseitig in Anspruch genommen werden, wir bedauern müssen, dem Westermayer keine Unterstützung bewilligen zu können."[146)]

---

138) NHS, Hann. 48 Nr. 801, Schreiben Röttigers an das Kriegsministerium vom 18. Julius 1833, das Protokoll des Versuches ist in der Beilage 3/4 enthalten.

139) NHS, Hann. 48 Nr. 801, Antrag Röttigers vom 16. Juli 1833; die Instrumente bestanden aus: „1 aus 2 Hälften zusammenzusetzenden, inwendig ausgearbeiteten gußeisernem Raketenstock / 5 Setzer verschiedener Länge dazu / 1 Gabel von Schmiedeeisen / 2 Durchschlagbolzen / 1 Stabhülsendorn / 1 metallener Ladungseinmesser / 1 hölzerner Setzer / 2 Bohrer zur Seele / 1 dto. zum Zündloche / 1 dto. zu den Satzungen / 1 Bohrerstiel mit einer Aufsatzscheibe / Blechmodelle zu den Raketenhülsen / 1 Schablone von Eisenblech und / 1 Stativ nebst Richteinrüstung zum Gebrauch beim Abfeuern der Raketen"

140) NHS, Hann. 48 Nr. 801, Meldung Röttigers vom 18. Juli 1833 und Verfügungen des Kriegsministeriums vom 18. und 20. Juli 1833; zur weiteren Tätigkeit Westermayers siehe in diesem Abschnitt „Königreich Bayern"

141) Schreiben Niedersächsisches Hauptstaatsarchiv Hannover vom 06.12.1995, auch in den jährlichen Kostenanschlägen für Artillerie- und Zeughausausgaben und in den Inspektionsberichten der Zeughäuser sind keine Hinweise auf weitere Versuche mit Raketen zu finden.

142) NHS, Hann. 48 Nr. 801, Schreiben Röttigers an das Kriegsministerium vom 7. Dezember 1837

143) NHS, Hann. 48 Nr. 801, Schreiben Nr. 455 des Chef des Generalstabes vom 17. Januar 1838, die Vorgänge zeigen vor allem ein gutes Beispiel für die Rüstungskooperation der Staaten des Deutschen Bundes.

144) BHS-KA, A X 2, Bd. 32, Vortrag vom 6. Nov. 1849 (vorgelegte Zeugnisse Lukaszys)

145) NHS, Hann. 48 Nr. 801, Antrag Röttiger an das Kriegsministerium vom 11. Dezember 1841.

146) NHS, Hann. 48 Nr. 801, abschlägiger Bescheid des Kriegsministeriums vom 18. Dezember 1841

d. Königreich Preußen

Aufgrund der Erfahrungen aus dem Befreiungskrieg gegen Napoleon kam man auch in Preußen zu der Auffassung, Raketen für die Artillerie einführen zu müssen. Erste Versuche haben möglicherweise bereits aufgrund der Nachrichten über die Beschießung Kopenhagens mit Brandraketen im Jahr 1811 stattgefunden.[147] Zu einem ersten Raketeneinsatz durch Preußen kam es 1814 im Verlauf der Belagerung der Festung Glogau, die Raketen wurden jedoch nicht zur Beschießung der Festung eingesetzt, sondern dienten - wohl zum ersten, aber auch einzigen Male in jenem Jahrhundert - als Propagandamittel:

„Besser wirkten die in die Festung vermittelst Raketen geworfenen Zeitungen mit der Siegesnachricht aus Leipzig."[148]

Aus einem anderen Bericht geht dann die Art der verwendeten Raketen hervor:

„1813 bediente man sich vor Glogau der Signal-Raketen, um gedruckte Proklamationen und Zeitungsauszüge auf die Dächer der Stadt zu werfen, wo sie unbemerkt gelesen werden konnten. Sie waren auf dünnes Papier abgedruckt, und locker um den Ausstosscylinder gewickelt. Ein dünner Zwirnsfaden hielt sie bis zum Ausstoss fest."[149]

(1) Erste Versuche - der Hauptmann aus Sachsen

Die Congrev'schen Raketen wurden zwar als wirksam, aber auch als recht unzuverlässig beurteilt, so daß man beschloß, diese selbst weiter zu entwickeln. Insbesondere König Friedrich Wilhelm III. setzte sich in der Folge für die Raketen ein, die er selbst während eines Besuches in England 1814 bei einem Vorführungsschießen in Woolwich erlebt hatte.[150] Erste Grundlage für die Entwicklung scheinen britische, bei der Belagerung Danzigs 1813 gefundene Raketen gewesen zu sein.[151] Über Versuche mit diesen Raketen liegen jedoch keinerlei Unterlagen vor, sie scheinen erfolglos gewesen zu sein.[152]

„Durch den preußischen Gesandten in Dresden erfuhr der Kriegsminister im Anfange des Jahres 1817, daß in Sachsen sehr glückliche Versuche mit Brandraketen angestellt worden seyen, was um so mehr die Aufmerksamkeit erregen mußte, als es unseren Bemühungen nicht gelungen war die englischen Raketen, von denen man einige in Danzig gefunden, nachzuahmen. Später wurde ermittelt, daß der Hauptmann Dietrich der sächsischen Artillerie diese Versuche auf eigene Kosten unternommen habe, und daß man schon östreichischer und russischer Seits mit ihm in Unterhandlung getreten sei. Der Kriegsminister sandte deshalb vertraute Offiziere in der Mitte des Jahres 1817 inkognito nach Dresden, die mit dem Hauptmann Dietrich in Verbindung treten sollten, um ihn kennen zu lernen, und dabei zu beobachten, ob wohl bei ihm eine höhere Kenntniß des Raketenwesens zu erwarten stehe, auch sollten sie ermitteln, welches die Bedingungen seyen dürften, die er für Ueberlieferung seines Geheimnisses stelle. Das Urtheil dieser Offiziere über ihn war günstig, wenigstens in Bezug auf eine allgemeine Kenntniß in der Feuerwerkerei; auch berichteten sie, daß er bereit sei in den diesseitigen Dienst über zu gehen."[153]

Da in Preußen wohl kein Fachmann für die Entwicklung von Raketen vorhanden war, wurde somit aus Sachsen der Hauptmann Karl Dietrich[154] abgeworben. Für die Raketenversuche, die im Geheimen erfolgen sollten, wurde in der Zitadelle von Spandau (Kavalier Brandenburg) im November 1817 ein „Geheimes Brandraketen-Laboratorium" eingerichtet,[155] das unmittelbar dem Kriegsministerium unterstellt war. Dem inzwischen zum Major ernannten Dietrich wurden für seine Arbeiten 2 Offiziere, 4 Unteroffiziere und 12 Grenadiere aus der Halbinvalidenkompagnie sowie 5 bis 8 Sträflinge als Hilfskräfte zugeteilt.[156] Das Personal wurde zur strengsten Verschwiegenheit verpflichtet, das Raketenlaboratorium erschien auch nicht als Dienststelle in der Rangliste, Major Dietrich wurde als wirklicher Offizier von der Armee zur Disposition des Kriegsministeriums mit Standort Spandau geführt,[157] „niemanden sonst, selbst höheren Offizieren war Einsicht in die Verhältnisse oder Zutritt zum Laboratorium gestattet"[158] Das Jahr 1818 scheint vor allem den Vorarbeiten gedient zu haben, über Versuche liegen keinerlei Unterlagen vor.[159] Zunächst wurden nur Versuche mit Brandraketen nach dem Vorbild der Congrev´schen Raketen durchgeführt:

---

147) AMZ, 1855, S. 314, und: Brussel de Brulart, Revue de ce qui concerne les fusées propres à la guerre, in: JAS, tome II, quatrième série 1854, p. 18, sowie: Dr. Langhans, Geschichtstafeln zu Gebieten der Wehrchemie, in: Sonder-Beilage zur ZgSS, 33. Jahrg. 1838, S. 27, ebenso: L Kemmer, Die preußische Artillerie im Dienste des Küstenrettungswesens, in: Die Grenzboten, 67. Jg., 1908, S. 553

148) F. Förster, Geschichte der Befreiungs-Kriege 1813, 1814, 1815, Zweiter Band 1890, S. 1090, sowie: o. Verf. (von einem deutschen Artillerie-Offizier) [M. F. Schlieper]: Beschreibung der Einrichtung und Gebrauchsweise der unter dem englischen Namen Shrapnel-shells oder Spherical-case-shot bekannten Kartetschgranaten und der unter dem Namen Congrevsche oder Brandraketen bekannten Kriegsraketen, nebst einer Beurtheilung ihrer Wirksamkeit und Anwendbarkeit im Kriege, zweites Heft, Leipzig 1838, S. 5, dieser schrieb: „In Preussen bediente sich 1813 der damalige Major v. Blumenstein der Raketen auf eine originelle Weise, indem er sie als Briefträger gebrauchte, um Proklamationen und Zeitungsauszüge nach dem von ihm belagerten Glogau zu senden."

149) Dr. M. Meyer, Vorträge über die Artillerie-Technik nach dem heutigen Stand der Wissenschaft, Theil I: Vorträge über die Kriegs-Feuerwerkerei nach dem heutigen Stand der Wissenschaft, Berlin 1833, S. 478

150) F. H. Winter, The First Golden Age of Rocketry, Washington 1990, p. 124

151) Dr. Langhans, a.a.O., S. 27; die Entwicklung von Raketen begann danach spätestens 1816, dieses Jahr wurde auch genannt in: F. P. F. v. Mourier: Contribution to further knowledge of the war-rockets and their history, Copenhagen, 11. August 1825 (englische Übersetzung für das National Air and Space Museum. Smithsonian Institution, Washington, D. C. by Å. Ingemar Skoog), p. 9.)

152) DHMB, Rep. Z 07, Hauptmann Meyer, Detaillirte Geschichte des preußischen Raketenwesens. 1817 - 1831 (Handschrift, Meyers, „nach den Akten bearbeite" Arbeit endet mit Abschluß des Jahres 1830, zu Beginn stellte er fest, daß die Akten „aus früherer Zeit unvollständig" wären; im Folgenden als „DHMB, Meyer" zitiert.) Zu den Congrev'schen Raketen hieß es hier, (S. 3) daß sie „noch in der Unvollkommenheit der ersten Kindheit sich befänden." Aufgrund der Nachrichten aus Österreich erkannte man aber die Notwendigkeit, sich mit ihnen zu beschäftigen. (ibidem)

153) ibidem, S. 3 f.; Motive für den Übertritt dürften neben der angebotenen Beförderung zum Major auch drückende Schulden Dietrichs gewesen sein, Dietrich muß Ende November oder Anfang Dezember in Preußen eingetroffen sein. (GSPK, III. HA [2.4.2] I., Dresde, Correspondance avec la Mission du Roi, No. 3823 [1817], Bericht des preußischen Gesandten vom 15. Dezember 1817), siehe auch Kapitel „Sachsen"; die Angabe bei: Winter, rocketry, p. 124, der König hätte am 23. August 1815 ein von Dietrich geleitetes Raketenschießen der sächsischen Artillerie beobachten können, und sich seiner erinnert, als Dietrich 1817 auf Urlaub in Preußen war und ihn dabei ermuntert, seine Raketenversuche in Preußen weiterzuführen, ist wohl Legende, zumal für die Anwesenheit des preußischen Königs bei einem sächsischen Raketenschießen keine Belege vorliegen, zumindest ist in den Berichten des preußischen Gesandten zu Dresden hiervon nichts erwähnt. Montgéry, III° mémoire sur les fusées de guerre, in: JSM, 1826, t. 2, p. 234, vermutete: „On nous a dit qu'un officier saxon dirige les essais, qu'on vient d'entre-prendre en Prusse, pour construire enfin des fusées. Peut-être cet officier a-t-il été autorisé à faire connaitre aux alliés de son souverain ce nouveau secret d'état . . ." Dagegen stellte Schlieper (a.a.O., S. 3) fest, es „brachte Jemand (der aus sächsischen in den preußischen Dienst übergegangene Major Dietrich nicht !) die östreichische Einrichtung nach Preussen . . ." - Es mag dies ein später erwähnter Feuerwerker mit Namen Gros gewesen sein. (d. Verf.)

154) Karl Anton Ludwig D., 1797 als Stückjunker in die sächsische Artillerie eingetreten, 1811 Kapitän, 1813 bei der Belagerung Danzigs. „1818 kassiert, weil er vom Urlaub nicht zurückgekehrt, sondern in königl. preuß. Dienste getreten war." (H. A. Verlohren, Stammregister und Chronik der Kur- und Königlich Sächsischen Armee, Leipzig 1910, S. 186)

155) DHMB, Meyer, S. 4; sowie: O. Kuntzemüller, Urkundliche Geschichte der Stadt und Festung Spandau, Berlin-Spandau 1928 (reprint Berlin 1989), S. 312; es kann davon ausgegangen werden, daß dies bereits vorab geschah (vor dem Eintreffen des Hauptmann Dietrich), um Zeit zu sparen, da genaue Angaben zum Herstellungsverfahren der sächsischen Raketen offenbar bereits vorlagen (siehe Kapitel „Sachsen", Berichte des preußischen Gesandten)

156) AStgM IV B 2/32, Geschichte des Königlichen Feuerwerks-Laboratoriums zu Spandau vom Jahre 1817 bis zum Jahre 1887, sowie: o. Verf., Geschichte des Feuerwerkswesens, Berlin 1887, S. 57; nach DHMB, Meyer, S. 4, handelte es sich um die Lieutenants Bartholdy und Winkler.

157) Gem. Rang- und Quartierliste der kgl. preußischen Armee 1822, in Ranglisten vor 1822 war er nicht aufgeführt.

158) o. Verf., Geschichte des Feuerwerkswesens, Berlin 1886, S. 57

159) DHMB, Meyer, S. 4

„Im Allgemeinen bemühte man sich bei der Fabrikation die englischen Brand-Raketen nachzuahmen . . . Er machte dabei wie die Engländer die Hülsen aus dünnem Eisenblech und setzte die Brandhaube mit der Spitze besonders auf. Uebrigens richtete er sich nach den in der Lust-Feuerwerkerey üblichen Raketen, mengte die Treibsätze aus Mehlpulver, Schwefel, Salpeter und Kohle, und scheint unter anderm auch von einer Beimengung von Kolophonium viel erwartet zu haben. Von Kalibern wurden 1pfdge, 2, 7, 15 und 24pfdge Raketen genannt, doch erscheinen diese Benennungen willkührlich, da sie auf kein bestimmtes Gewicht reduzirbar sind. . . . Jede dieser Raketen hatte einen andern Treibsatz, andere Verhältnisse der Dimensionen und es fehlte überhaupt an Einheit in dem Ganzen.-
Die Bereitung der Raketen geschah auf die in der Lustfeuerwerkerey übliche Weise mit einer Ramme; eine 4pfd Rakete erforderte dabei 2.000, die 24pfd 10.000 Schläge, so daß von ersteren nur 6, von letzteren 2 täglich angefertigt werden konnten . . . Bis 1820 gelang es nicht, die 24pfdge Rakete zum Steigen zu bringen. Zum Abfeuern der kleineren Raketen wurden 1818 kleine Lafeten von einer dem Major Dietrich eigenthümlichen Konstruktion angefertigt, wo die Raketenhülse in eine oben offene kupferne Röhre eingelegt, gerichtet und abgeschossen werden sollte. Die sehr langen Stäbe, die an die Rakete nur mit einigen Drahtösen befestigt waren, hatten eine eigne Unterstützung auf der Lafete. Später (1821) kam hierzu noch ein kleines sehr leichtes Gestell für reitende Raketiers von denen nur 1pfdge Raketen geschossen werden sollten."[160]
In diesem ersten Jahr wurden 357 Raketen verfertigt, davon 200 4- und 92 2pfündige, jedoch nur 5 24pfündige. Versuchsergebnisse liegen nicht vor.[161]
Im März 1819 erfolgte der erste Versuch, dabei ging es darum die Perkussionskraft der Raketen zu erproben. Fünf 4pfündige Raketen wurden auf 24 Schritt gegen eine 7½ Zoll starke Palisade gefeuert; 3 Raketen verfehlten das Ziel, 2 durchschlugen die Palisade, zündeten aber nicht. Bei Versuchen im Juli erreichten bei 20° Elevation 15 einpfündige Raketen mittlere Reichweiten von 1.000 Schritt, wiesen aber auch eine Seitenabweichung bis zu 100 Schritt auf.[162] Am 23. August 1819 fand ein erstes Versuchsschießen in Anwesenheit des Königs statt, hierbei wurden 40 Brandraketen unterschiedlicher Kaliber auf eine Redoute von 150 Schritten im Quadrat auf eine Entfernung von 1.300 Schritt abgefeuert; 9 vierpfündige Raketen trafen das Ziel. Der König war mit dem Ergebnis so zufrieden, daß er dem Major Dietrich 300 Taler schenkte.[163] Im Jahre 1820 wurden 251 Raketen angefertigt, bei Versuchen, insbesondere an kalten Tagen, zersprang jedoch fast die Hälfte der Raketen, andererseits wurden aber auch gute Resultate erreicht, und man konnte feststellen, daß sich die größte Reichweite bei Elevationen von 55 Grad erzielen ließ. Die 15pfündigen Raketen erreichten bei 45° im Mittel Reichweiten von 1.820 Schritt, bei 50° 2.340 Schritt und bei 55° 2.400 Schritt, während bei 60° die Reichweite nur noch 2.270 Schritt betrug. Ähnlich waren die mittleren Reichweiten der 4pfündigen Raketen, 500 Schritt bei 15 Grad, 800 Schritt bei 20°, 1.000 Schritt bei 25°, 1.400 Schritt bei 30°, 1.700 bei 35° und 2.000 Schritt bei 40° Elevation.[164] Die Tatsache, daß so viele Raketen krepirten, führte aber auch zu dem Entschluß, die künftigen Versuche systematischer durchzuführen. Der von der Gardeartillerie neu zukommandierte Premier-Lieutenant Vogel und der Lieutenant Keltz der 2. Artilleriebrigade schlugen dabei vor, die Kaliberbezeichnung der Raketen nunmehr nach Zoll und nicht mehr nach Bleigewicht vorzunehmen, nur noch einen einheitlichen Treibsatz zu verwenden und diesen bei allen Kalibern gleich zu portionieren sowie alle Versuchsergebnisse schriftlich festzuhalten. Damit wurden, zunächst zusätzlich, die Kaliber 1½, 2½, 3 und 4 Zoll eingeführt. Weiterhin hatte man in diesem Jahr auch mit gefederten Stäben experimentiert, und der Lieutenant Keltz hatte die Staböse verbessert; durch Versuche im folgenden Jahr hoffte man, letzte Verbesserungen vornehmen zu können.[165] Im Juli 1821 lud der Kriegsminister den Chef des Generalstabes, den Generallieutenant v. Müffling, und den General Rühle zu Versuchen nach Spandau ein, dabei wurden die großen Kaliber von hölzernen Gestellen abgefeuert, die an Ort und Stelle angefertigt worden waren, die mittleren Kaliber, die für den Feldgebrauch bestimmt waren, von Lafetten auf Rädern und die kleinen Kaliber, die für die Kavallerie bestimmt waren, von Raketenstöcken:
„Der General v. Müffling sprach sich in einem Schreiben an den Kriegsminister d.d. 21ten Septbr 1821 sehr günstig über den Grad der Vollkommenheit der Raketen in Bezug auf Treibsatz und Konstruktion aus; den Gebrauch der Raketen von fahrenden Gestellen verwarf er dagegen, und wollte die Raketen nur von leichten Gestellen, oder Bettungen, Erdaufwürfen etc abgeschossen wissen; es sollten besonders die kleineren Kaliber in großer Menge von der Infanterie abgeschossen werden.- Die Abfeuerung großer Raketen gegen Städte von leicht zusammen zuschlagenden Gestellen schien ihm zweckmäßig. Hierzu sowie zur Anfertigung der Raketen sollten Artilleristen gebraucht werden."[166]
Das Allgemeine Kriegsdepartement beantragte nunmehr, daß sein Verhältnis zum Laboratorium zu klären wäre, zudem sollte eine Kommission eingesetzt werden, „die den Standpunkt der ganzen Angelegenheit untersuche; und zugleich sich mit der Art der Einführung der neuen Waffe in die Armee beschäftige."[167]
Entsprechend dem Antrag des Allgemeinen Kriegsdepartements setzte der König nun eine Kommission zur Prüfung der Ergebnisse ein, zu deren Vorsitzenden Gneisenau bestimmt wurde:
„Die Versuche mit Congreveschen Raketen, welche der Major Dietrich bisher unter der unmittelbaren Leitung des Kriegsministerii zu Spandau im Geheimen angestellt hat, sind jetzt soweit gediehen, daß auf deren Grund nunmehr näher geprüft werden kann, welchen Grad der Vollkommenheit diese Waffe jetzt schon erlangt hat, oder zu erreichen fähig ist, und welcher Gebrauch und Anwendung davon im Kriege zu machen, auch welche Organisation ihr für den Krieg und Frieden zu geben sein dürfte? Ich will zu dieser Untersuchung eine besondere Kommission niedersetzen, die unter Ihrem Vorsitze aus den Generallieutenants von Rauch und von Müffling, ingleichen den Generalmajors von Schmidt und von Rühle als Mitgliedern bestehen soll, und welcher das Kriegsministerium außerdem noch den Major Surte und Capitain Peucker beigeben wird. Sie mögen mit dem Kriegsminister das Nähere über die Wirksamkeit dieser Kommission verabreden, von welcher ich von Zeit zu Zeit über die fernern geheim zu haltenden Resultate ihrer Untersuchungen unmittelbaren Bericht erwarte. Berlin, 5.11.1821."[168]
Diese Kabinettsorder beweist das außerordentliche Interesse Friedrich Wilhelms III. an dieser neuen Waffe, und die Zusammensetzung der Kommission zeigt die Bedeutung, die er der Raketenentwicklung beimaß. Bemerkenswert ist auch, daß der König nicht nur am bereits erreichten Ergebnis interessiert war, sondern vor allem auch an den Entwicklungsperspektiven, um über die weitere Fortführung des Projek-

160) ibidem, S. 5 f.; in Bezug auf Treibsätze und Abfeuerungseinrichtung scheint Dietrich sich hiernach auf die ersten Überlegungen des sächsischen Hauptmann Leonhardi abgestützt zu haben (siehe Kapitel „Sachsen")
161) ibidem, S. 6
162) ibidem, S. 7
163) Dr. Langhans, a.a.O., S. 27; DHMB, Meyer, S. 7, berichtete detaillierter: „Die 15 pfdgen gingen meist zu weit, die 2pfdgen seitwärts."
164) DHMB, Meyer, S. 7 f., zur Fabrikation: 24- und 15pfündige Raketen jeweils 50 Stück, 4pfündige 55 Stück, 2pfündige 17 Stück und 1pfündige 79 Stück. Zum Zerspringen: bei Versuchen am 27. November 1820 zersprangen 6 von 14 abgefeuerten Raketen.
165) ibidem, S. 8 f.
166) ibidem, S. 9 f.
167) ibidem, S. 10 f.
168) v. Priesdorff, Soldatisches Führertum, 4. Band, Nr. 1236: August Wilhelm Anton Graf Neidhardt von Gneisenau, Hamburg o.J.

tes und seine Konsequenzen auf Ausstattung, Gliederung und Führung der Artillerie zeitgerecht entscheiden zu können.
Hauptmann Meyer gab auch eine allgemeine Schilderung des Laboratoriums in diesen Jahren:
„Das Laboratorium auf der Citadelle in Spandau in dem bis zum Jahre 1829 gearbeitet wurde, war geräumig, aber finster und feucht, die Trockenapparate waren unvollständig, man hatte daher fast niemals gleichmäßig ausgetrocknete Raketen. Mangel an genauen Meß-Instrumenten und genau ausgeführten Verrichtungen machte die Fabrikation besonders früher sehr ungleich und unsicher. Im Jahre 1821 bestand das Arbeitspersonal aus 3 Unteroffizieren und 12 Halbinvaliden, die eine Gratifikation bezogen. Zur Aushülfe wurden die Sträflinge benutzt. Dieß Personale war nicht allein mit Raketenbereitung sondern auch mit Lust-Feuerwerkerey beschäftigt, welche letztere viel Zeit kostete. Außer den oben genannten Kalibern der Raketen, die alle für Brandhauben bestimmt waren, hatte man Ende 1821, nachdem der Bericht des Major von Staff und des Lieutenant Meyer über die östreichischen Raketen eingegangen, auch mit Granat und Kartätsch Raketen zu versuchen angefangen, wodurch sich der Anwendung der Rakete ein ganz neues Feld öffnete."[169)]
An Reichweiten wurden für die 1½zölligen bei 25° Elevation 1.000 Schritt, für die 4pfündigen unter 50° 2.500 Schritt, für 2¼zöllige Brandraketen bei 35° 2.400 Schritt, für 2½zöllige preußische Granatraketen unter 30° 1.600 Schritt erreicht; die 15pfündigen Brandraketen erzielten bei 53° 2.400 Schritt Reichweite, mit Granaten versetzt unter 50° 1.900 Schritt, während die 24pfündigen Brandraketen unter 50° eine Schußentfernung von 3.260 Schritt erzielten.[170)] Am 11. Dezember 1821 traf die neu ernannte Kommission erstmals in Spandau zusammen und wohnte einem Versuch bei. Zehn 2½zöllige Kartätschraketen wurden mit 25 Grad Elevation auf eine Leinwandscheibe von 24 Schritt Breite und 9 Fuß Höhe gefeuert, 3 Raketen krepierten, die mittlere Reichweite der übrigen betrug 866 Schritt, von den anschließend abgefeuerten zehn 2½zölligen Raketen mit cylindrischen Granaten unter 25° krepierten ebenfalls 2, während die übrigen eine mittlere Wurfweite von 900 Schritt erreichten. Die Kommission kam einstimmig zu dem Schluß, daß die Raketen, wegen des häufigen Zerspringens und der bedeutenden Abweichungen in Richtung und Entfernung noch nicht zur Einführung reif wären. Es sollten weitere Versuche unter Leitung einer speziellen, technischen Kommission durchgeführt werden, zu der General v. Schmidt und Major Surte gewählt wurden.[171)] 1822 begann man zunächst Vergleichsversuche mit den 2½zölligen Raketen eigener Konstruktion und denen nach österreichischem Muster. Am 2. Mai traf die neue technische Kommission in Spandau dann nachstehende Beschlüsse:
„Man kam überein, daß einstweilen die 1½zöllige Rakete zum Feldgebrauch, die 3zöllige zu Belagerungen angewandt werden sollte. Für erstere sollten 1.000 Schr, für letztere 3.000 die größte Wurfweite seyn; dabey stellte man 5 - 10 Prozent der Wurfweite als das Maximum der Seitenabweichung fest. Man wollte Hülsen und Stab möglichst kurz machen, den Treibsatz nur aus Salpeter, Schwefel und Kohle zusammensetzen, weil die Wirkung des Mehlpulvers ungewiß ist, statt der Reistafel wollte man sich künftig zum Mischen des Chaptalschen Faßes bedienen und um die Hülsen zu schonen die Zahl der Schläge vermindern. Die Offiziere des Laboratoriums reichten einen detaillirten Entwurf zu den künftigen Arbeiten ein. Man schlug als Treibsatz 56 Theil Salpeter oder 64,6 / 15 Theil Schwefel oder 17,2 / 16 Theil Kohle oder 18,2 / 87 = 100."[172)]
Bei der Folgearbeit bewährten sich diese Beschlüsse, wobei man statt des gebrochenen Salpeters geschmolzenen nahm, allerdings schien der Treibsatz ohne Mehlpulver keine Verbesserungen zu erbringen. Bei Versuchen mit schwachen und starken Sätzen, wurde festgestellt, daß die 2½zöllige Brandrakete bei 30° Elevation mit dem starken Satz eine Reichweite von 376 Schritt, mit dem schwachen Satz aber eine von 726 Schritt erzielte. Auch das Schießgestell wurde verbessert, insbesondere bewährte sich eines nach österreichischer Art. 1822 legte der General von Schmidt in Briefen an den General v. Gneisenau und General v. Müffling seine Gedanken zum Stand der Raketenentwicklung dar:
„1. Kürzer könne man sie nun nicht mehr machen, da sie bei 30° schon vor dem Niederfallen ausbrennen, sie sind schon um viertel gegen früher verkürzt und stehen den österreichischen nahe.
2. Den Satz von 70 Salp. könne man als erprobt ansehen, für 1½", jedoch für 3" müsse man den faulern von 69 nehmen.
3. Stäbe unter 30 Kalibern gäben eine sehr unsichere Bahn
4. Die 1½" Raketen sind als bewährt angeführt, nicht so die 3", die noch oft Crepiren, obwohl sie genau in derselben Proportionirung angefertigt seien.
5. Die Stäbe mit Hohlkehlen und abgeschrägten Köpfen hätten sich sehr gut bewährt; es sei vortheilhaft, sie nach unten dünner werden zu lassen, da die durchgehend gleich starken Stäbe, die Raketen zu Aufsteigen über die Elevation veranlaßten.
6. Der Balanzpunct sei auf ½" vom Bodenloche am vortheilhaftesten.
7. Die Leute zum Werfen müßten sehr geübt sein, wenn ein gutes Resultat erfolgen sollte.
8. Man müsse die Versuche besonders mit 3" noch fortsetzen, und eine ordentliche Bohrmaschine anschaffen."[173)]
1823 setzte man zunächst die Versuche mit 1½zölligen Raketen fort, da diese bei geringen Elevationen zu früh aufschlugen, nahm man an, daß der Treibsatz nicht kräftig genug wäre, überdies rikoschettierten sie in zu hohen Bögen, was man einem Klemmen der Raketen auf der österreichischen Schießrinne zuschrieb.[174)] Die Leitung der Raketenentwicklung hatte seit Mai 1823 vom General v. Schmidt der Generallieutenant von Müffling übernommen, der sich in der Folge zu einem Raketenspezialisten entwickelte.[175)] In diesem Jahr beschäftigte

---

169) DHMB, Meyer, S. 12 f., hiernach wurden 1821 598 Raketen unterschiedlichster Art verfertigt: 35 - 1pfd Brandraketen, 22 - 2pfd (davon 14 mit Granaten), 80 - 4pfd, 53 - 15pfd (4 mit Granaten, 1 mit Leuchtsatz), 33 - 24pfd (2 mit Granaten), 38 - 1½zöllige Brandraketen, 61 - 2½zöllige, 20 - 2½zöllige mit länglichen Granaten, 6 - 2½zöllige kurze Granatraketen, 14 - 2½zöllige kurze Granatraketen nach österreichischer Art, 3 - 2½zöllige lange Granatraketen nach österreichischer Art, 12 - 2½zöllige Kartätschraketen, 15 - 3zöllige Brandraketen und 6 - 4zöllige Brandraketen. Die Hülsen der neuen Raketen waren 6,6 Kaliber lang, die der österreichischen Art 5,1. Die Blechstärke der 3- und 4 zölligen Raketen betrug 0,06, die der 2½ und 1½zölligen 0,04 und die der 1¼zölligen 0.03 Zoll, alle Hülsen wurden mit Papier gefüttert; die Brandhauben der alten Raketen waren kegelförmig, die der neuen konisch und gleich stark wie die Raketen. Als einheitlicher Treibsatz war festgesetzt worden: 32 Teile Mehlpulver, 32 Teile Salpeter, 12 Teile Schwefel und 12 Teile Kohle. Die Bohrung war anfangs aus zwei Kegeln zusammengesetzt, ab 1821 bildete sie einen Konus, sie war nun 5 Kaliber hoch und hatte unten 5/18 und oben 1/20 Kaliber Durchmesser. Die Stäbe besaßen etwa 7 Raketenlängen. Zum Schlagen der Raketen galten folgende Daten:

Art der Rakete	Fallhöhe der Ramme	Gewicht	Schläge (lose/starke)	Zeitbedarf	später verkürzt auf	nötige Arbeiter
1pfündige	3 Fuß	25 Pfd	276 / 1380	1 Std	½ Std	4
2pfündige	4 "	40 "	336 / 1920	1½ "	¾ "	6
4pfündige	4½ "	40 "	312 / 2080	2 "	¾ "	6
15pfündige	4 "	60 "	420 / 4200	4 "	1¾ "	6
24pfündige	4 "	80 "	1416 / 9400	6 "	3½ "	10

Der angesprochene Bericht über die österreichischen Raketen scheint nicht erhalten zu sein.
170) ibidem, S. 17
171) ibidem, S. 18 ff.
172) ibidem, S. 22 f.
173) ibidem, S. 34 f., in einem späteren Gutachten wurde angegeben, daß sich die Brandraketen nach dem Abfeuern nicht vor dem Gestell senkten, die Granatraketen aber fast jedes Mal (die Vorderbeschwerung der Granatraketen war 11 Loth schwerer als die der Brandraketen)
174) ibidem, S. 35 f.: „Zwischen den Aufschlägen machte die Rakete so hohe Bogen, daß auf kein Rasiren zu rechnen ward. Doch scheint bei den niedrigen Bogen die Schießrinne nach östreichischer Art die Rakete zu klemmen, wodurch vielleicht theilweise die ungünstigen Resultate entstanden seyn mögen."
175) GSPK, I. HA, Rep 92 Nl v. Müffling <M> Nr. A 14, 1830: Raketensachen; Generallieutenant v. Müffling, Abhandlung über das Raketenwesen vom 1. Mai 1929, S. 2; v. Müffling, 1775 - 1851, 1813 Generalmajor, 1821 Chef des Generalstabes der Armee, 28.11.1829 - 1838 kommandierender General des VII. Armeecorps in Münster (Priesdorff, a.a.O., 4. Band, S. 308, Nr. 1333); als erste seiner Maßnahmen im

man sich vor allem mit der Überprüfung einer Verlegung des Schwerpunktes der Rakete, die Versuche gaben aber widersprüchliche Resultate, was darauf hinwies, „daß es auf die Lage des Balancepunctes nicht so sehr genau ankommt."[176] Wiederum versuchte man den optimalen Treibsatz zu finden und nutzte ein besonderes Gerät um dessen Kraft zu messen:

„Man machte Versuche über die Kraft der verschiedenen Sätze auf einer sogenannten Centralmaschine, die die Einrichtung hatte, daß ein 3" im Durchmesser haltender Kreis horizontal befestigt war, eine metallene Stange war an einem Ende, im Centre beweglich und hatte am andern eine Röhre zum Halten der Rakete. Wurde diese angezündet so lief dieser Stab in dem Kreis, und die Zahl der Umläufe gab das Maaß der Kraft. Die höchste Kraft zeigte sich bei 72 Prozent Salpeter. Auch fand man, daß der Satz besonders kräftig werde, wenn man nur immer wenig auf einmal in das Chaptalsche Faß bringe."[177]

Desgleichen wurden Versuche über die Notwendigkeit des Zehrsatzes, den General v. Müffling als überflüssig ansah, angestellt, wobei Raketen mit unterschiedlicher Stärke des Zehrsatzes und ohne denselben verfertigt und versucht wurden. Das Ergebnis schien v. Müffling recht zu geben, allerdings warfen die Raketen ohne Zehrsatz die Granaten vorzeitig ab. Auch weitere Versuche des Major Dietrich schienen zu beweisen, daß die Zehrung keinen Einfluß auf die Kraft der Raketen hätte.[178] Hauptmann Meyer stellte zum Abschluß dieses Jahres fest, „man hatte den Weg der reinen Emperie aufgegeben, und eine wissenschaftlich-theoretische Arbeit beschlossen."[179]

Dennoch scheinen aber die Leistungen dieser Raketen noch weniger überzeugend gewesen zu sein, ein sächsischer Raketenkonstrukteur, H. G. Kühn, notierte anläßlich eines Besuches in Berlin später:

„Für den damaligen wenigstens in vielen deutschen Staaten, in Sonderheit auch in Sachsen und Preußen noch sehr tiefen Stand des Raketenwesens, gelangte ich bald zu Resultaten, welche die Königl. Preußischen Generale von Gneisenau und von Müffling, mit denen ich durch Vermittlung des damaligen kg Preußischen Staatsraths Ferber, bei Gelegenheit eines kurzen Aufenthaltes in Berlin im Mai 1823 fast gegen meinen Willen in Berührung gebracht wurde, für beachtenswerth erklärten."[180]

In der Zeit von 1821 bis 1828 unterstand dann das Laboratorium nicht mehr dem Kriegsminister sondern der Kommission zur Untersuchung des Raketenwesens.[181] 1823 wurde das Laboratorium in „Geheimes Raketen-Laboratorium" umbenannt. Das Personal wurde bis 1828 auf 2 Offiziere, 1 Feldwebel als Schreiber, 4 Unteroffiziere und 16 Grenadiere verstärkt.[182] Dabei wurde das Personal, das mit der Verfertigung der Raketen beschäftigt war, wie in anderen Staaten auch, besonders vereidigt, um die Geheimhaltung sicherzustellen.[183]

1824 trat der General Braun zur Commission, um den General v. Schmidt, der seinen Abschied genommen hatte, zu ersetzen. In diesem Jahr wurden auch erste Versuche mit Achsenstabraketen gemacht sowie Versuche mit Kartätschraketen und Doppelstäben:

„Es wurde nun an jeder Seite des untern Theils der Rakete ein Stab befestigt, welche beide sich unten in der Axe der Seele 5' vom Bohrloch vereinigten. 3 von 5 gingen gut und flogen 1.118 - 1.778 Schritt."[184]

Als Ergebnis der Versuche berichtete General v. Müffling der Kommission:

„1. Der Balanzepunct muß im Stabe liegen.

2. Statt der Kongreveschen Axenstäbe kann man besser Doppelstäbe verwenden.

3. Der Zehrsatz ist überflüssig.

4. In der Untersuchung über die Größe des Brandloches glaubte man zur genauesten Kenntniß gekommen zu sein; beim raschen Satze glaubte man bis zur 10fachen Höhe des Brandloches, beim Schwachen bis zur 12fachen gehen zu können.

5. Die Seitenabweichung hat man, indem man von der östreichischen Art sich zur neuen englischen hingewandt und Rinnen eingeführt, sehr verringert, ob es gelingen wird, durch andere Mittel diese Rinne zu ersetzen, ist noch nicht entschieden."[185]

1825 begann man zusätzlich Versuche mit kleinen, papiernen Raketen, die aus dem Gewehr verschossen werden sollten; hierbei wurde der 3 Fuß lange Stab ins Gewehr geladen, an ihm lief in einer Hohlkehle eine Zündschnur hinab. Das Kaliber dieser Rakete betrug 1 3/8 Zoll, als Gefechtskopf trug sie eine 12löthige eiserne Kugel und wog mit Stab 28 Loth. Bei 30° Elevation und einer Pulverladung von 1/8 Loth wurde eine mittlere Reichweite von 720 Schritt, bei 1/4 Loth Ladung eine von 910 Schritt erreicht:

„Doch war dabei der Uebelstand, daß der Schütze noch leicht verbrannt ward. Major Dietrich erfand eine Maschine zum Abfeuern von 12 Stück solcher Raketen auf einmal."[186]

Am 19. März konnte Congreve einem Versuch beiwohnen.[187] Im März schlug v. Müffling der Kommission mehrere Modelle der Luft- und Erdraketen vor, um entscheiden zu lassen, auf welche Arten man sich in Zukunft konzentrieren solle, es scheint aber vorerst keine Entscheidung getroffen worden zu sein.[188] Ebenso hatte der König am 4.

---

neuen Aufgabengebiet wurde berichtet: „Der General v. Müffling fand die Bearbeitung des Bohren der Rakete sehr ungenau, und befahl, wie es künftig damit gehalten werden sollte." (DHMB, Meyer, S. 41)

176) DHMB, Meyer, S. 46; Meyer ergänzte, daß der Major v. Decker, der in Spandau Versuche mit kleinen 8löthigen, papiernen Raketen anstellte, zu ähnlichen Ergebnissen gekommen wäre und als Länge der Stäbe 15 bis 25 Kaliber für zweckmäßig hielte (Diese kleinen Raketen waren als Tirailleur-Raketen gedacht, also für den Einsatz durch die Infanterie)

177) ibidem, S. 47

178) ibidem, S. 50

179) ibidem, S. 53

180) BA-AF, DB 56/86, H. G. Kühn: Bemerkungen über die Entstehung, den Gang, den Zweck und die bis jetzt gewonnenen Resultate der über die Herstellung vollkommener Kriegsraketen von mir vorgenommenen Versuche, Dresden, 27. Dezember 1848; zu: Kühn siehe: Königreich Sachsen, dieser Bericht wurde von Sachsen im März 1949 dem Reichsministerium des Krieges als Ergebnis einer Anfrage desselben vorgelegt. Ein offizielles Schreiben des königl. sächsischen Kriegsministeriums hierzu ist nicht erhalten

181) AStgM IV B 2/32, a.a.O.

182) o. Verf., Geschichte des Feuerwerkswesens, a.a.O., S. 57; der Zeitpunkt der Umbenennung ist unklar, in: AStgM IV B 2/32, a.a.O., schrieb Castenholz: „Von hier ab [1821] wurde die Bezeichnung „Geheimes Raketen-Laboratorium" gebräuchlich.", während: Kuntzemüller, a.a.O., S. 312, die Umbenennung sogar erst auf 1827 datiert. Die Angabe bei Castenholz erscheint am wahrscheinlichsten.

183) zu entnehmen einer Meldung des Major Dietrich vom 25. Juni 1830, wonach der neu zukommandierte Lieutenant Liebermann nach einer Verordnung des Kriegsministeriums „bei hiesiger Kommandantur" zu vereidigen war, bevor er seinen Dienst im Feuerwerkslaboratorium antreten konnte. (GSPK, Nl. v. Müffling, Schreiben vom 25.06.1830); nach: Montgéry, a.a.O., p. 235, scheint die Geheimhaltung gelungen zu sein: „Jusqu'à présent le secret a été si bien gardé, que plusieurs artilleurs, fort habiles, ont en vain cherché, sur les lieux mêmes, à se procurer quelques renseignements précis sur les procédés adoptés et sur les résultats obtenus."

184) DHMB, Meyer, S. 55

185) ibidem

186) ibidem, S. 59

187) ibidem, S. 60, ein Kommentar von ihm ist nicht bekannt. An diesem Tag wurden folgende Versuche durchgeführt: „1, 5 Raketen mit Doppelstäben, aus der Schießrinne, sie waren absichtlich von dünnen Blech gemacht (0.04) und krepirten. / 2, 7 - $2\frac{1}{2}$" mit runden Granaten (7pfd) mit Satz von 70, Einem Stabe, 30° Elevation aus der östreichischen Schießmaschine, erreichten 1.350 - 1.460; im Mittel 1.396, größte Seitenabweichung 66 Schritt. / 3, 2 Stück derselben Art mit $1\frac{1}{2}$ längeren Treibsatz und Bohrung gingen gut / 4, $\frac{1}{2}$pfündige Papierrakete mit 12löthigen Kugeln (25°) 550 - 650 Schr. / 5, 1pfdge dito mit $26\frac{1}{2}$löth Kug. (30°) 599 - 603. 3 auf der Erde liegend angezündet gingen auf 2 - 300 Schritt. / 6, 3 - $\frac{1}{2}$pfdge Raketen aus Infanterie Gewehren mit $\frac{1}{4}$ Loth P. abgeschossen (der runde Stab, an dem eine Zündschnur her lief, wurde ins Gewehr geladen) Eine, die man fand, war 637 Schritt weit gegangen."

188) ibidem, S. 63: „Die vorgeschlagenen Arten waren folgende:

A. Luftraketen /art	Gewicht der Hohlkugel	Totalgewicht der Rakete	Preis der fertigen Raketen ohne Satz
1. preuß. Constr mit gespaltenen Stäben aus der Rinne geworfen	3 Pfd 4 Loth	9 Pfd 26 Loth	1 - 19/16
2. östreich. Konstr. aus Schießgestellen	3 8	9 9	1 - 19
3. Tirailleur Rakete aus österr. Gestell	26	2 4	- 14
B. Erdraketen / art			
4. große Art	1 16	7 10	1 - 17
5. kleinere	26	4 10	- 17

		größte u. kleinste Wurfw.	Differenz	Seitenabw. Proz.	Längenabw Proz.
Auf 800 Schr. mittl. Wurfw. der Granate	891 Schr	1219 - 608	611	1,79	68
" " " " der Rakete	835	1010 - 753	423	8,74	50,5
" 1200 " " Granate	1225	1355 - 1087	268	2,19	22
" " " " Rakete	1257	1509 - 753	749	3,90	59
" 1600 " " Granate	1653	1830 - 1262	368	3,14	34
" " " " Rakete	1511	1666 - 1400	266	4,25	17

April 1825 ein von der Kommission beantragtes Vergleichsschießen mit 7pfündigen Haubitzen genehmigt, das dann aber erst 1826 durchgeführt werden konnte:[189]

„Aus dem Berichte der Kommission zur Untersuchung des Raketen-Wesens, so wie aus Ihrem Begleitungsberichte vom 23.2.1825 habe ich ersehen, daß die Versuche mit den Raketen noch nicht ein so genügendes Resultat geliefert haben, um über ihre Wirksamkeit und ihren Gebrauch als eine selbständige Waffe ein entscheidendes Urteil fällen zu können. Ich genehmige daher, daß die Versuche fortgesetzt werden und daß insbesondere der Generallieutenant von Müffling dieselben in der bisherigen Art ferner leite, auch wenn die Verbesserung der Rakete so weit gediehen sein wird, daß vergleichende Versuche zwischen denselben und Haubitzen mit Nutzen angestellt werden können, daß der Generalmajor Braun zu dem Behuf eine gleiche Anzahl von Schüssen aus einer 7pfündigen Haubitze nach demselben Ziel tun läßt. Diese Versuche müssen aber an verschiedenen Tagen und sowohl bei ruhiger als bewegter Luft angestellt werden. Auch will ich zu den Versuchen noch eine Summe von 800 rtlr. bewilligen, die der Kriegsminister anweisen wird.- Indem ich Sie beauftrage, den Mitgliedern der Kommission diesen Beschluß bekannt zu machen, bestimme ich noch, daß dem Schlußberichte derselben die Übersichten von den Resultaten der Hauptversuche in Zahlen beizufügen sind, mit Angabe der Seiten- und Längenabweichungen und der Elevation."[190]

Hier zeigte sich ein weitverbreitetes Mißverständnis bezüglich der Eigenart des Raketeneinsatzes. Da Raketen aufgrund ihrer systemimmanenten Ungenauigkeit Flächenfeuerwaffen sind, lassen sich Einzelschüsse von Raketen und Geschützen in Hinblick auf die Treffgenauigkeit nicht vergleichen, auch wenn, wie die Leistungen der Augustin'schen und später auch die der preußischen Wurfraketen zeigen, daß in bestimmten Entfernungsbereichen die Wurfraketen treffsicherer als Haubitzen waren. Ein unmittelbarer Vergleich war nur bezüglich der Reichweite möglich; wohl aber zeigte die Anordnung der Versuche, daß man sich bewußt war, daß Raketen mehr als Haubitzen oder Kanonen vom Winde beeinflußt wurden. Hierzu trug insbesondere der zur Stabilisierung der Rakete erforderliche Stab bei.

Meyer kommentierte das Jahr 1825:

„Man ist hierdurch abermals an den Schluß eines Jahres gekommen. Das Wichtigste, was in diesem Jahr geschah, scheint die Unterscheidung von Luft und Erdraketen nach Kongreve's System gewesen zu sein. Die Konstruktion des Bohrloches ward im wesentlichen beibehalten, die Größe der Vorderbeschwerung näher ermittelt, und der Kongrevsche Stab in der Axenlinie auf verschiedene Weise zu ersetzen angestrebt."[191]

Das befohlene Vergleichsschießen wurde dann am 7. Juni 1826 durchgeführt, auf Vorschlag des Generals von Müffling bei Spandau, geschossen wurde auf Distancen von 800, 1.200 und 1.600 Schritt, Ziel war eine Redoute von 200 Fuß Seitenlänge; die Raketen zeigten sich den Haubitzen an Reichweite überlegen und auf größere Entfernung war auch ihre Abweichung geringer:[192]

(Siehe Tabelle oben)

In der Folge wurden auch noch Versuche mit Granaten à Percussion durchgeführt, die sich beim Aufschlag selbst entzünden sollten. Im Oktober wurde dann ein aus österreichischen Diensten kommender Raketeur mit Namen Gros als Maschinenmeister angestellt, auf dessen Veranlassung scheint die Anschaffung einer Presse und metallener Preßstöcke erfolgt zu sein; während ihrer Anfertigung, die bis zum September 1827 dauerte, wurden keine Versuche durchgeführt.[193] Damit konnte dann der Treibsatz sicherer und gleichförmiger als nach der alten Methode in die Hülsen geladen werden. Es wurden nunmehr nach Angabe von Gros auch andere Treibsätze verwendet, die überdies feiner als bisher gemahlen wurden, so daß sich die Reichweiten der Raketen erhöhten.[194]

Die Versuche bis Ende 1828, bei denen unterschiedliche Zusammensetzungen des Treibsatzes und verschiedene Formen der Bohrung erprobt wurden, verliefen im wesentlichen erfolgreich; insbesondere

---

Der General giebt an, er wünsche bei den Luftraketen nicht über 25° Elevation zu nehmen und dann reichten Nro 1 und 2, 1.700 Schritt, Nro 3.700. Die Erdraketen erreichen nach Angabe des Herrn Generals bei günstigen Boden Nro. 4 - 1.200 / Nro. 5 - 800, bei ungünstigen Nro 4 - 800, Nro. 5 - 600. Für Luft-Raketen könne man leicht größere Distanzen und Gr. erhalten, da die Raketen um das 3fache des Gewichts der Vorderbeschwerung zu heben tragen; für Erdraketen sei es schwer."

189) ibidem, S. 59

190) v. Priesdorff, a.a.O., Nr. 1236, Meyer datierte dies Schreiben auf 1824

191) DHMB, Meyer, S. 68

192) GSPK, I. HA, Rep 92 Nl Gneisenau <G> M-Abt, Schreiben General v. Müffling an Gneisenau vom 17. Mai 1826: „2. Hinsichtlich des Ortes, wo dieselben am zweckmäßigsten auszuführen sein dürften, scheint die weite Ebene bei Spandau, welche von dem Raketen-Laboratorio zu seinen Versuchen benutzt wird, und welche so gelegen ist, daß durchaus kein Schaden geschehen kann, sich in jeder Beziehung auch hierzu vollkommen zu eignen; 3., In Betreff der Entfernungen, auf welche diese Versuche anzustellen sein möchten, dürften zwar 2.000 Schritt für die Resultate der Raketen Versuche am günstigsten sein, in Rücksicht der Granate für 7pfd Haubitzen, bei welchen 2.000 Schritt das maximum der Entfernung sein dürften, schlage ich eine Distanz von 1.200 bis 2.000 Schritt vor." Zur Durchführung: DHMB, Meyer, S. 71 f.: „Auf 800, 1.200, 1.600 Schritt wurden 20 Granaten und 20 Raketen zur Distanze geworfen; auf 800 und 1.200, 2½" Raketen mit 5 Pfd schweren Granaten, auf 1.600 3" mit 8 Pfd schweren Granaten. Der Zielpunct war eine Redoute von 200' Seite. . . . Die Raketen waren mithin sehr im Vortheil auf großer Distanz, im Nachtheil auf kürzere . . . Man warf noch 3 - 3" Raketen mit 7 Pfd Haubitzgranate in 45°, sie erreichten 1.754 Schritt im Mittel. Die 2½" Rakete wurde von der Schießmaschine mit Reitschine abgeschossen. Sie hatte Satz von 66 : 16 : 18 der in kleinen Quantitäten angefertigt war. Bohrloch 7,5 . !; Elevation 30 - 32°. Im Allgemeinen kann man annehmen, daß das Resultat für die Raketen noch besser ausgefallen wäre, wenn man sich nicht so künstlicher Schießgestelle (eine Erfindung des Generals v. Müffling) und ebenso künstlicher Stäbe bedient hätte." Siehe auch: A. Hausenstein, Zur Entwicklungsgeschichte der Rakete, in: ZgSS, XXXV. Jahrg 1940, S. 32; bei geringeren Entfernungen soll hiernach die Seitenabweichung der Haubitzgranaten 2,35% und bei Raketen 5,61% der Schußentfernung betragen haben, bei größeren Entfernungen zeigten sich jedoch die Raketen überlegen.

193) DHMB, Meyer, S. 75

194) ibidem, S. 75 f., fünf verschiedene Treibsatzarten wurden nach seinen Angaben verwendet, F.: 60, 27, 12 (jeweils: Salpeter, Schwefel, Kohle); WF.: 62½, 25, 12½; MS: 64 8/15, 21 9/15, 12 14/15; VR,: 66 2/3, 20, 13 1/5 und R.: 75 10/13, 15 8/13, 9 2/13; „Alle mit 3mal soviel kleinen Kugeln als ihre Schwere beträgt. 1¼ Stunde gedreht und durch ein feines Sieb geseibt,. Die Fabrication schien durch das Pressen einen wesentlichen Fortschritt gemacht zu haben. Die Wurfweiten wurden größer. Den 13ten September mit Satz F. gingen 2 Raketen im Mittel 3.452 und mit Satz WF. 2.364 Schritt (beide mit 35° Elevation). Doch krepirten sehr viele (z.B. am 25ten September) weil man mit der Presse noch nicht zu arbeiten verstand.. Den 4ten Oktober gelang eigentlich der erste Versuch. Man warf 12pfdge (2½") Bogen-Raketen. Die Di-

stellte Major Dietrich bei den Ricoschettierraketen fest, daß ein rascherer Treibsatz nur unwesentliche Erhöhungen der Reichweite ergab: bei 62 Teilen Salpeter ging die Rakete auf 1.088 Schritt und bei 66 Teilen Salpeter auf 1.188 Schritt, also nur etwa 100 Schritt weiter, andererseits zeigte der schwächere Treibsatz eine kontinuierlichere Veränderung der Entfernungen bei zunehmender Elevation:

„Endlich gingen die Raketen mit faulem Treibesatz insofern sehr regelmäßig, daß sie nach jeder veränderten Elevation, auch ihren flachen Bogen sehr regelmäßig veränderten; denn sie erreichten mit 10 Grad 1.271 Schritt, und mit 15 Grad 1.468 Schritt. Es ist dies eine Anforderung, die bei einer Feldrakete unerläßlich ist, und es ist die Frage: ob Raketen mit scharfen Treibesätzen sich diese Veränderung der Elevation gefallen lasse. 2tens Ist aus dieser Tabelle zu ersehen, daß die Seitenabweichungen größer werden, so wie man die Treibesätze verstärkt; denn bis zum 12ten April war in 8 verschiedenen Versuchen nur eine Rakete bis auf 50 Schritt aus der Linie gegangen, vom 1ten Mai an hatten wir aber immer dergleichen Abweichungen bis auf 100 Schritt . . . 4tens der 12½ zöllige Dorn gab den 30ten Mai nur ganz die nemliche Wurfweite, wie der von 12 Zoll Länge. die Raketen haben aber mit ersterem den Nachtheil, daß sie nicht rikoschettiren wollen, sondern vor dem Gestelle aufsteigen, und im hohen Bogen fortgehen, von den 3 Stück den 30ten Mai bei Wilmersdorf versuchten, ging eine auf diese Weise mit 6 Grad Elevation ohne Aufschlag auf 1.377 Schritt. Endlich sowohl bei dem Schießen vor Seiner Majestät dem Könige, als auch bei dem Vergleichsversuch mit der Haubitze hatten die Raketen, welche über den 12½ Zoll langen Dorn gepreßt waren, mehr Seitenabweichung, als sie früher je gezeigt. möchte es daher nicht gerathen sein, bei ferneren Versuchen sich wieder des 12zölligen Dorns zu bedienen?"[195]

Besonders die Ergebnisse der Bogenraketen, in Österreich als Wurfraketen bezeichnet, waren in diesem Jahr erfreulich, auch wenn Major Dietrich anmerkte, daß man sich auch hier, wie bei den Rikochet-Raketen auf ein Kaliber beschränken sollte. Als Elevation für die größte Reichweite wurden 45 Grad festgestellt, wobei bereits bei 35 Grad eine Reichweite der 2½zölligen Raketen von 2.587 Schritt erreicht wurde.

Insgesamt scheint diese Erprobung erfolgreich gewesen zu sein, auch wenn noch manche Fragen offen blieben, denn im „Final Bericht" der Immediat Kommission für die Raketenversuche vom 9. Mai 1828 wurde festgestellt:

„1., daß für jetzt und so lange eine Abänderung durch künftige Versuche nicht anräthlich erscheinen, nur das 2½zöllige Raketen Caliber für den Feldgebrauch anzunehmen sei. 2., daß der Beschluß über die hiezu erforderliche Größe und Schwere der Hohlgeschosse, dem Ergebniß künftiger Versuche erhalten bleiben müsse. 3., daß zur Beschlußnahme über die nothwendige Verschiedenheit in der Konstruktion der Ricoschett- und Bogen Raketen noch erst das Resultat fernerer Forschungen abzuwarten sei . . . 4., daß eine Tabelle über die mit gewissen Elevationen zu erreichenden Wurfweiten so lange nicht bearbeitet werden könne, als ein Beschluß über die Schwere der Granaten nicht gefaßt, und daß es nothwendig sei, durch fernere Versuche zu erforschen, innerhalb welcher Grenzen, ohne große Gefährdung der Wahrscheinlichkeit des Treffens mit einer und derselben Raketen Gattung, verschiedene Wurfweiten erreicht werden können."[196]

Am 11. Juni fand nochmals ein Versuch in Gegenwart des Königs statt, der günstig ausgefallen zu sein scheint,[197] am selben Tage wurden die Raketenangelegenheiten vollständig dem General v. Müffling übertragen und die Einrichtung einer Feuerwerks-Kompagnie befohlen.[198] Es folgte am 26. Juni nochmals ein Vergleichsschießen mit Haubitzen.[199]

Mit allerhöchster Kabinets-Ordre vom 16. Juni stellte daraufhin der König fest, „daß die Construction der Raketen Behufs der verschiedenen Kriegszwecke noch mancher Verbesserungen fähig sei, und außerdem noch viele artilleristische Versuche, auszuführen wären" und bestimmte, „daß man sich zunächst mit deren Ausführung beschäftige, bevor man zu einem ausgedehnten Gebrauche würde übergehen können".[200]

Der König scheint aber mit dem Ergebnis der Versuche recht zufrieden zu gewesen zu sein, da er am 16. Juni 1828 an Gneisenau schrieb, der sich in der Untersuchung des Raketenwesens neben seinen sonstigen Aufgaben sehr engagiert hatte:

„Ich habe aus dem Bericht der Kommission zur Untersuchung des Raketenwesens vom 3. d. M. ersehen, daß die Anfertigung der Raketen bereits eine solche Sicherheit gewonnen, und ihre Konstruktion so weit gediehen ist, daß man sich davon einen nützlichen Gebrauch für den Krieg versprechen kann. Daher werde Ich auch die weitere Verfolgung dieses Gegenstandes befehlen, indem Ich den Vorschlag genehmige, daß die Anfertigung der Raketen besonders geschieht, und diese sowohl als die Konstruktion als Geheimnis behandelt und zu dem Ende einer besonderen Feuerwerkskompagnie vertraut werden soll. Auch bin ich damit einverstanden, daß die fertigen Raketen der Artillerie zum Gebrauch neben ihrer eigentümlichen Waffe übergeben werde. Dadurch, daß die Kommission Mich in den Stand gesetzt hat, obigen Beschluß zu fassen, hat dieselbe ihren Auftrag erfüllt, und es bleibt Mir daher nur noch übrig, Ihnen insbesondere, sowie den Mitgliedern der Kommission für Ihre Bemühungen zu danken. Berlin, 16.6.1828."[201]

In diesem Jahr wurde auch die Zuständigkeit für die Bearbeitung neuer technischer Entwicklungen, und damit auch für die Raketenentwicklung, neu geregelt. Mit allerhöchster Kabinets-Ordre vom 1. Dezember 1828 wurde eine Kommission zur Prüfung militairisch-wissenschaftlicher und technischer Gegenstände eingerichtet, die diese Arbeiten als oberste Instanz zu prüfen hatte. Unter Leitung Gneisenaus, der die Mitglieder in ihre Aufgaben einzuweisen hatte, gehörten ihr als Vorsitzender der Prinz August, die Chefs des Artillerie und Ingenieur Corps, der Chef des Generalstabes der Armee, der Chef der militärischen Unterrichtsanstalten, sowie die Generale

---

mensionen sind: Gewicht der Hülse 1 Pfd 9 Lth, der geladenen Rakete 6 Pfd 25 Lth und der Granate 8 Pfd. Länge des Stabes 7' 5", schwer 2 Pfd. Balanzirt 8¼" in der Hälfte, Flugzeit 18 Secunden, Satz F., Elevation 35°, mittlere Wurfweite von 8 Stück 2587, mittlere Seitenabweichung 111" Hiernach könnte Gros der von: Schlieper, a.a.O., S. 3, genannte Unbekannte gewesen sein.

195) GSPK, Nl v. Müffling, Major Dietrich: Entwurf zu einem System für Kriegsraketen vom 30 Mai 1830, die einzelnen Ergebnisse der Raketenversuche können aus der Beilage 2/2 zu diesem Abschnitt ersehen werden. Es scheint, wie aus späteren Schreiben hervorgeht, die Verwendung des starken Treibsatzes auf Verlangen des Generals v. Müffling zurückzugehen, der aktiv in die Raketenversuche eingriff und auch Konstruktionsvorgaben machte. In der Tabelle sind die Daten des Schießens vor dem König und die des Vergleichsschießens nicht enthalten, „weil an diesen Tagen das Schießen viel zu geschwinde ging, um die einzelnen Würfe verzeichnen zu können." (ibidem)

196) GSPK, Nl. v. Müffling, die Auszüge des Berichtes wurden angeführt in einem Schreiben des Kriegsministeriums an v. Müffling vom 21. September 1830; gem.: DHMB, Meyer. S. 80, hatte die Kommission in folgenden Hauptpunkten berichtet: „Die Kommission glaubt, daß die Raketen schon zur Einführung empfohlen werden können. Bis jetzt sei nun auf den Feldgebrauch Rücksicht genommen worden. Belagerung und Beleuchtung bleiben späteren Arbeiten überlassen. Die 2½" Raketen sind für den Kriegsgebrauch zweckmäßig."

197) DHMB, Meyer, S. 82, ein Versuchsbericht scheint zu fehlen, verschossen wurden „20 Rikoschettraketen mit Granaten vom Durchmesser der 12pfd Kanonenkugeln, 20 dito hintereinanderweg; 8 Granatkartätschraketen (8 - 1pfd Granaten), 5 Bogenraketen mit 7pfd. HaubitzGranaten auf 1.200 Schritt, 5 Bogenraketen mit 12pfd Haubitzgranaten auf 1.800 Schritt, 5 Bogenraketen mit Granatkartätschen (12pfd Granaten) Die Wand war getroffen von 6 Rikoschett Raketen. Die Bogen Raketen alle rechts."

198) ibidem, Einzelheiten zur Feuerwerkskompagnie siehe weiter unten

199) ibidem: „Die Haubitzen rollten gegen eine Wand von 40 Schritt auf 1.200 Schritt. Die Raketen rikoschettirten. Die Raketen trafen 6, die Granaten 11 von 20 (auch ist anzunehmen; daß bloß die preuß. Art, vermittels des Rollens im Stande ist, dies Resultat zu erreichen)"

200) GSPK, Nl. v. Müffling, Schreiben des Kriegsministeriums an v. Müffling vom 21. September 1830

201) v. Priesdorff, a.a.O., Nr. 1236

v. Pfuel, v. Rauch, v. Valentini, Braun und v. Müffling an, wobei in Bezug auf das Raketenwesen der General v. Müffling weiterhin eine dominierende Stelle einnahm.[202)]

Dieser hatte sich neben seinen Aufgaben als Generalstabschef seit 1823 intensiv in das Raketenwesen eingearbeitet und griff in der Folge, auch mit technischen Direktiven, in die Entwicklung ein. Zunächst jedoch war er vom Stand der preußischen Entwicklung überzeugt, und hielt diese Raketen für die besten:

„Daß bewog mich dem Augustinschen System zu folgen. Allein ich sah bald, daß man noch weiter gehen könne und gehen müsse als Augustin, und die letzten preußischen Raketen geben an Gewicht: 8 Pf Vorderbeschwerung / 4 Pf. Treibe und Zehrsatz / 3 Pf an Hülse und Stab / 15 Pf. Totalgewicht. Es hält daher um eine 8pf. Granate zu tragen an Gewicht / die Congrevesche Rakete - 24 Pf / die österreichische - 20 Pf / die preußische - 15 Pf. Die Vortheile der preußischen Construction springen um so mehr in die Augen wenn man hinzufügt: daß sie die größte Geschwindigkeit haben, den Einfluß des Windes am wenigsten ausgesetzt sind, und ihre Abweichung vom Zielpunkt nicht größer ist, als Congreve und Augustin die uibrigen angeben,- endlich daß die preußischen Raketen bereits leisten, was Congreve und Augustin als unausführbar aufgegeben haben."[203)]

Seine Erfahrungen faßte General v. Müffling 1829 in einer Abhandlung über das preußische Raketenwesen zusammen, wo er in der Einleitung feststellte:[204)]

„Es ist die Absicht des Verfassers dieses Memoirs dasjenige über das Raketenwesen niederzulegen, was er bei einer vieljährigen Behandlung demselben entdeckt, und als Wahrheit erkannt hat. Es soll ferner gelehrt werden, Raketen zu construiren so wie er sie (nach dem Standpuncte des Wissens vom Jahre 1829) als die besten erkannte. Die Schwierigkeiten mit welchen der Verfasser zu kämpfen hatte, waren groß, da er die Kunst des Raketenwesens gewißermaßen neu erfinden mußte, ohne die bedingenden Gesetze begründet zu haben. Es konnte daher nicht fehlen, daß im Laufe der Zeit eben so oft Rück als Fortschritte gemacht wurden, denn jede Abaenderung eines einzelnen Theils der Rakete erfordert eine Abaenderung der meisten anderen Theile, wenn die Maschine nicht sofort ins Stocken gerathen soll."

Nach einem Vergleich des englischen und des österreichischen Systems lehnte er das erstere für den Feldgebrauch ab und hielt das andere für nicht ausreichend, zumal er annahm, daß beide keine wirkungsvollen Kartätschraketen hervorbringen könnten:

„Der General Lieutenant v. Müffling glaubte dies nicht annehmen zu können und strebte dahin, den Raketen die möglichst große Geschwindigkeit zu geben um sie auf dieselbe Art zu Cartätschen brauchen zu können, als der englische Oberst Schrappnell seine mit Gewehr Kugeln gefüllten Granaten. Er hatte dabei den Vortheil sich einer leichten Kartätschbüchse bedienen zu können, welche keinen Stoß beim Abgange auszuhalten hatte, und durch wenige Loth Pulver dergestallt in beliebigen Entfernungen zerrissen werden konnte, daß die Cartätschen frei wurden."

Zunächst sprach er dann den Raketeneinsatz an, um im Hauptteil auf Konstruktionsregeln einzugehen, wobei er Formeln zum Bestimmen des Kalibers und zu den Maßen der Hülse sowie Hinweise zum Mischungsverhältnis des Treibsatzes und zur Form der Bohrung angab. Wenn auch mit anderer Begründung als später Konstantinov, hielt auch v. Müffling die Zehrung für unnötig:[205)]

„§ 13. Vom Zehrsatz oder dem Massiv. Man hat diesen Theil der Rakete als ganz unentbehrlich gehalten; der General von Müffling fand ihn nicht allein völlig entbehrlich, sondern als die Treibekräfte einer Rakete schwächend, aus Gründen, welche in § 17 abgehandelt werden. Er ist bis jetzt bei den preußischen Raketen beibehalten worden, weil er große Bequemlichkeit beim Tempiren giebt, es ist jedoch die Absicht, ihn künftig ganz wegzuweichen, wozu es jedoch erforderlich ist, sowohl seine Würkung zuvor genau zu erforschen, als auch die Mittel aufzufinden, auf einen andern Wege dieselben Bequemlichkeiten für das Tempiren zu erhalten; für jetzt wird den Raketen ein Zehrsatz von 1/3 Caliber gegeben."

General von Müffling (Bild: Priesdorff)

Eine cylindrische Bohrung, wie sie teilweise von Augustin kurz darauf und später von General Susane verwendet werden sollte, lehnte er ab, weil dadurch die Rakete krepieren würde. Schließlich nahm er noch Stellung zum Einsatz der Raketen im Felde und zum Schießen, hier gab er ähnlich wie früher Congreve Hinweise auf die Einflüsse des Windes und wie man sie ausgleichen könne, stellte aber fest:

„So lange sich die Kraft und die Richtung des Windes nicht genau messen läßt, so lange wird es nicht möglich sein, genaue Vorschriften und Tabellen über die Correctionen zu geben. Die Erfahrung wird hier immer das beste thun."

Noch in diesem Jahr erfolgte die Aufstellung einer Feuerwerks-Kompagnie mit einem Etat von 6 Offizieren, 15 Unteroffizieren und 40 Ge-

---

202) GSPK, I. HA, Rep 92 Nl Gneisenau <G> M-Abt, Schreiben des Kriegsministers vom 14.12.1828 an Gneisenau, die Rolle von Müfflings ergibt sich aus der nachstehenden Schilderung der Versuche bis 1831

203) GSPK, Nl. v. Müffling, Notiz General v. Müffling ohne Datum (eine einzelne Seite die möglicherweise in Zusammenhang mit der Instruktion für den Englandbesuch preußischer Offiziere 1830 steht, zumindest ist sie hier eingeordnet); die hier getroffenen Feststellungen scheinen etwas voreilig, vor allem, wenn man die Resultate der Raketen-Versuche 1830 und die gleichzeitige Weiterentwicklung der österreichischen Raketen durch Augustin betrachtet.

204) GSPK, Nl. v. Müffling, Abhandlung über das Raketenwesen der königlich Preußischen Armee, Berlin den 1ten Maij 1829, Auszüge dieser Abhandlung sind in der Beilage 2/4 zu diesem Abschnitt wiedergegeben.

205) ibidem, zur Beurteilung der Zehrung durch Konstantinov siehe Abschnitt „Kaiserreich Rußland"

meinen, der jedoch erst nach und nach erreicht wurde.[206] Auch das Personal des Geheimen Feuerwerkslaboratoriums wurde verstärkt, um weitere Erprobungsschießen mit Raketen durchzuführen. Das Feuerwerkslaboratorium unterstand von 1828 bis 1830 dem General-Lieutenant von Müffling, Chef des Generalstabes der Armee. Mit der Leitung der Schießversuche wurden die Generale Braun und von Müffling beauftragt. Hierzu hatte der König mit Schreiben vom 10. November 1828 angeordnet:

„Nachdem schon seit längerer Zeit bei der engl. Artillerie die Schrapnells eingeführt sind, und da man sich dort noch ferner mit ihrer Verbesserung beschäftigt, Sie auch bereits Versuche damit haben anstellen lassen, welche gleichfalls über die Erwartung günstige Resultate gewährt haben, so habe ich beschlossen, diese bis jetzt nur im Kleinen angeordneten Versuche in weiterer Ausdehnung fortsetzen zu lassen. Demgemäß trage ich Ihnen und dem General Lieutenant von Müffling auf, gemeinschaftlich die diesfälligen Versuche mit dem Schrapnell sowohl zum Gebrauch der Geschütze als in deren Verbindung mit Raketen in der Gegend von Spandau zu leiten und Mir über deren Resultate Bericht zu erstatten, wogegen Ich verfügt habe, daß die bisher bei der Artillerie stattgefundenen partiellen Versuche mit den Schrapnells nicht weiter verfolgt werden. Sie haben hiernächst dem Kriegs Minister vorzutragen, in welcher Ausdehnung Sie dieses Versuche anzuordnen beabsichtigen und welcher Kostenaufwand dazu erforderlich ist, damit derselbe die Kosten anweisen kann. Endlich bestimme ich, daß die in Rede stehenden Versuche geheim gehalten werden."[207]

Seit 1826 wurde in artilleristischen Kreisen die Abschaffung der Lustfeuerwerkerei diskutiert, eine Aufgabe, die von den Artilleriebrigaden wahrgenommen wurde. Auf einer entsprechenden Sitzung der Artillerieprüfungs-Commision stimmte nur der Capitain Swab dagegen, der ausführte:

„. . . daß die Lustfeuerwerkerei vor der Ernstfeuerwerkerei bestanden und stets ein integrierenden Theil des Wissens der preußischen Artillerie gebildet habe . . auch sei zu bedenken, daß einige Gegenstände der Lustfeuerwerkerei, wie Signalraketen, Bombenröhren etc. auch im Ernstfall Anwendung finden und daß diese Kunst auch in früheren Zeiten der Ernstfeuerwerkerei gute Dienste geleistet habe."[208]

Der General v. Braun hielt als Generalinspekteur der königlichen Fabriken dem entgegen:

„. . . daß die Lustfeuerwerkerei ein Handwerk sei, daß mit der Artillerie, welche sich mit dem Gebrauch der Geschütze beschäftige, nichts gemein habe, als - das Pulver."[209]

Der Generalinspekteur der Artillerie, General Prinz August von Preußen, schloß sich dieser Auffassung an und stellte einen entsprechenden Antrag, der am 18. Februar 1828 vom König genehmigt wurde, daraufhin wurde dem Raketenlaboratorium als zusätzlicher Betriebszweig die Lustfeuerwerkerei überwiesen, die nun nicht mehr Aufgabe der Truppe war. Das Personal wurde um einen Feldwebel als Materialienschreiber und 4 Grenadiere erhöht. Für Herstellung der Zünder für Schrapnells und die dazu erforderlichen Zünderversuche, die bis 1830 durchgeführt wurden, wurde dem Laboratorium zusätzlich ein Kommando von 2 Offizieren, 2 Unteroffizieren und 20 Mann der Gardeartillerie überwiesen. Hierdurch erwiesen sich die Räumlichkeiten in der Zitadelle zu Spandau als zu klein, die Sektion A, deren Aufgabe die Raketenfertigung war, wurde daher 1829 auf die Havelinsel Eiswerder - 400 Meter nördlich der Zitadelle - verlegt,[210] während die Sektion B, zuständig für Schrappnellzünder, in Spandau verblieb. Auf dem Eiswerder wurden dafür neu erbaut ein Ladewerk, ein kleines Pulvermagazin, ein Feuerhaus mit Dampfraum und Trockenanstalt, eine Schmiede nebst Klempnerei, ein Bohrhaus sowie ein kleines Wohngebäude für einen Unteroffizier. Einige Räume in der Citadelle wurden zunächst noch beibehalten.[211] Für eine Erweiterung für eine königliche Pulverfabrik wurde weiteres Gelände angekauft, diese Fabrik war jedoch erst 1838 betriebsfertig. Schwerpunkt der Arbeiten im Jahre 1829 war die Fabrikation der neuen Schrapnels, bei Raketen ging man vom Kaliber 2 1/2" auf die 2zölligen über, für deren Pressung neue Stöcke angefertigt werden mußten; die Versuche wurden weitgehend intern durch das Laboratorium durchgeführt, da v. Müffling dienstlich in St. Petersburg und Konstantinopel weilte.[212]

Zu dieser Zeit war Preußen aber auch bemüht, Erkenntnisse aus dem Ausland zu gewinnen, um sie für die eigene Raketenentwicklung zu nutzen. 1829 trat als Vermittler der Kaufmann R. A. Major aus Memel an das Kriegsministerium heran, und bot im Auftrag der Geschäftsleitung die Congrevische Raketenfabrik in Bow zum Kaufe an. Ihm wurde bedeutet, daß die Annahme eines solchen Angebotes nur in Frage käme, wenn man Gelegenheit hätte, diese Raketen auch zu prüfen. Da eine Prüfung der Raketen und ihrer Produktion in Preußen aufgrund der Transportkosten für die Maschinen, die auf £ 250.- veranschlagt wurden, zu teuer gekommen wäre, wurde im März 1830 beschlossen, hierzu den Major von Peucker und den Premierlieutenant Dr. Meyer im April nach England zu entsenden. General v. Müffling wurde gebeten „vermöge der denanselben beiwohnenden genaueren Bekanntschaft mit dem Raketenwesen", eine Instruktion für diese Offiziere zu verfassen, „welche diejenigen Punkte festsetzt, auf welche dieselben ihre Beobachtungen vorzüglich zu richten haben werden".[213] Am 27. Mai berichtete dann der Lieutenant Meyer aus London von dem Besuch der Fabrik und einer Schießübung:

„Die Resultate waren trotz der ungünstigen Umstände besser als wir sie irgend erwarten konnten, besonders was Seitenabweichung und Perkussion betrifft, dagegen höchst unbedeutend in ihrer Sprengwirkung, da die Vorderbeschwerung bei allen Kalibern sehr gering war, wir sind beide der Meinung, daß es für diese hier gesehenen Geschosse beßer wäre auf diese Sprengwirkung gar nicht zu rechnen und nur eine Spitze aufzusetzen, da die Perkussion des Trägers an und für sich eine . . .(?) Wirkung haben muß, die durch Weglassung der unwirksamen Vorderbeschwerung vielleicht noch größer sein würde. Wenn also in mancher Beziehung wir weiter zu seyn scheinen, so dürfte doch anderes von hier anzunehmen wünschenswerth seyn.- Die

---

206) AStgM IV B 2/32, a.a.O.; gem.: o. Verf., Geschichte des Feuerwerkswesens, a.a.O., wurde die Feuerwerkskompagnie erst zum 31.01.1831 aufgestellt, aufgrund des zitierten königlichen Schreibens, erscheint aber das frühere Datum wahrscheinlicher. Kuntzemüller, a.a.O., S. 312, datierte die Kabinettsordre auf den 11. Juni 1828, da dieses Datum auch von Hauptmann Meyer genannt wurde, scheint es das richtige zu sein.

207) v. Priesdorff, a.a.O., Nr. 1263: Johann Karl Ludwig Braun

208) zitiert nach: Schoen, Geschichte des deutschen Feuerwerkerwesens, Berlin 1936, S. 175

209) ibidem

210) Dies führte zunächst im harten Winter 1829 / 1830 zu Problemen, da die Insel nur mit dem Boot zu erreichen war. „Unglücksfälle aller Art haben uns erstaunend aufgehalten, als: die neue völlige Einrichtung des Laboratoriums auf dem Eiswerder nahm mehr Zeit weg, als man anfänglich geglaubt und berechnet hatte, einen Theil des Monats Dezember und Januar konnten wir, wegen der zu strengen Kälte gar nichts vornehmen, und endlich kam die Zeit, wo das Eis über die Havel gefährlich zu paßieren, aber doch so stark, daß es mit dem Durchhauen zu einer Fahre nicht gehen wollte, daher mehrere Tage die Communication ganz gehemmt war." (GSPK, Nl. v. Müffling, Schreiben Major Dietrich vom 28. März 1830); erst 1830 wurde auf dem Eiswerder ein Hafen eingerichtet (Kuntzemüller, a.a.O., S. 132)

211) Kuntzemüller, a.a.O., S. 132

212) DHMB, Meyer, S. 86 f., v. Müffling kehrte erst am 13. Mai 1830 zurück

213) GSPK, Nl. v. Müffling, Schreiben des Kriegsministers, General v. Hake, vom 6. März 1830; General von Müffling erarbeitete hierauf für die beiden Offiziere einen Fragenkatalog zu den Leistungen der englischen Raketen für den Feldgebrauch (Totalgewicht, Reichweite, Brennzeit, Längen- und Seitenabweichung, Art und Gewicht des Abfeuerungsgestelles) und fügte hinzu: „Zeigt sich hier kein Resultat welches die preußische Rakete übertrifft, so würde von jeden weiteren Mittheilungen abzustehen und alle Unterhandlungen abzubrechen sein. Zeigt sich ein günstiges Resultat und ist die Schießröhre dem Feldgebrauch angemessen, so würde II. die Commission dem Anerbieten gemäß die Fabrik besichtigen, und wenn auch hier alles dem Zweck entspricht, III. schriftlich niederlegen, was wir bedürfen, und die Bedingungen vernehmen, unter welchen man es ablassen will." (Entwurf zur Instruktion, ohne Datum, ibidem) v. Peucker war seit 1825 im Vorstand der Artillerieabteilung im Kriegsministerium (Priesdorff, a.a.O., Bd. 6, Nr. 1765)

innere Einrichtung wurde uns sorgfältigst verheimlicht, doch glauben wir das Wichtigere davon ermittelt zu haben."[214)]
Etwa zeitgleich waren dem preußischen Kriegsministerium die Versuche der großherzoglich Badenschen Artillerie mit den Raketen eines Herrn Demoustier bekannt geworden. Noch vor der Reise nach England hatten wiederum Lieutenant Dr. Meyer und Major von Peucker Demoustier in Karlsruhe aufzusuchen, um dessen Erfindung näher kennen zu lernen, nachdem vom preußischen Gesandten günstige Berichte „in Betreff seiner Richtigkeit und Zuverlässigkeit" erteilt worden waren. Da aus vorher durchgeführten, von Preußen bezahlten Versuchen hervorging, daß dessen Raketen die preußischen „an Richtigkeit der Bahn, und Kraft des Fluges nicht überträfen", es diesem aber gelungen schien, eine einfachere Herstellungsart ohne schwere Maschinen zu verwirklichen, war man an dem Anfertigungsverfahren interessiert und bereit, es zu erwerben. Nach Unterhandlungen in Anwesenheit des preußischen Gesandten von Otterstedt gelang man zu einer Übereinkunft; Demoustier verpflichtete sich, die beiden preußischen Offiziere in der Anfertigung seiner Raketen zu unterweisen und diese, auf Ehrenwort, die Kenntnis hiervon nicht weitergeben, entsprechende Versuche in Berlin durchführen zu lassen. Überdies stellte er ihnen die nötigen Gerätschaften und 12 fertige Raketen in einer von ihm selbst versiegelten Kiste für Versuche zur Verfügung. Die Versuche konnten in Karlsruhe aufgrund der angegriffenen Gesundheit Demoustiers und weil aufgrund der Feldbestellung kein Schießgelände verfügbar war, ohnehin ein heftiger Wind reine Versuchsresultate verhindert hätte, nicht durchgeführt werden. Für den Fall günstiger Versuchsergebnisse wurde Demoustier eine angemessene Belohnung zugesichert.[215)] Am 31. Juli ordnete das Kriegsministerium an, daß mit den Raketen nach dem Verfahren Demoustier sowie mit Raketen, die nach den in England erlangten Erkenntnissen anzufertigen wären, einige Versuche angestellte werden sollten, und
„hierdurch womöglich constatirt werden soll, ob Aussicht dazu vorhanden ist, daß die in diesen Systemen liegenden Verschiedenheiten einige Vorzüge der Raketen als Kriegsgeschosse gegen unsre zeitherige Methode begründen könnten."[216)]

Erste Versuche scheinen durch Hauptmann Meyer erst im September 1830 durchgeführt worden zu sein, schlugen aber fehl:
„Der Hauptmann Meyer ist einmal wieder hier in Spandau gewesen, und hat 8 Stück Raketen nach der Manier des Demoustier geschlagen und angefertigt, sie sind aber bei dem Versuche damit alle sowie sie Feuer erhielten, auf dem Gestelle krepirt, ohne einen Schritt vorwärths zu gehen."[217)]

1830 wurde in Spandau dann vor allem die Entwicklung von 2zölligen Kartätsch-Raketen betrieben, die horizontal abgefeuert werden sollten. Hierbei zeigte es sich, daß die Raketen nach dem Abfeuern zunächst stiegen, also im Bogen und nicht, wie gefordert, horizontal abgingen. In zahlreichen Versuchen wurde nach Lösungsmöglichkeiten gesucht, indem man den Schwerpunkt der Rakete zu verlagern suchte, indem die Bohrung geändert, der Stab verkürzt oder die Vorderbeschwerung, also der Gefechtskopf, im Gewicht vergrößert wurde. Auch durch verschiedenen Zündungsverfahren suchte man das Problem zu lösen. Bisher war die Zündung meist durch Pulverkugeln erfolgt, ein Perkussionsschloß wie in Österreich oder England war in Spandau anscheinend noch unbekannt. Man wandte jetzt auch Stoppinen an oder versuchte die Zündung an anderer Stelle erfolgen zu lassen. Nur dem Gebrauch eines schwächeren Treibsatzes widersetzte sich trotz wiederholter Anträge des Major Dietrich der General von Müffling, dem es gerade auf eine hohe Anfangsgeschwindigkeit ankam. Nachdem der Treibsatz bisher stets mit Wasser für die Pressung angefeuchtet worden war, unternahm man nunmehr auch Versuche, ihn mit Weingeist anzufeuchten;[218)] das Ergebnis der Versuche war aber in der ersten Hälfte des Jahres immer dasselbe, entweder krepierten die Raketen bereits auf dem Stativ oder sie gingen im Bogen ab.[219)] Die Konstruktionsmerkmale der Raketen mit Dimensionen und Gewichten, einschließlich der Zusammensetzung der Treibsätze[220)] und ihre Modifikationen wurden in den Versuchsprotokollen minutiös festgehalten, ebenso die Flugzeiten der Raketen, die jeweils von drei Beobachtern ermittelt wurden. Die verwendeten Raketen trugen eine etwa 3 Pfund 20 Loth schwere Kartätschbüchse, die 7$^{1}/_{2}$ Zoll über die Rakete ragte, die Hülsen waren 12 Zoll lang, die Bohrung 10 Zoll tief über dem Dorn gepreßt, der über dem Brandloch 1,14 Zoll und an der Spitze 0,9 Zoll Stärke hatte, die Stärke der Zehrung betrug 0,625 Zoll. Der Treibsatz wurde in 20 Portionen zu etwa 2 15/16 Loth Satz gepreßt und bestand, beispielsweise am 27. März 1830 aus 65 Teilen Salpeter, 23 Teilen Schwefel und 12 Teilen Kohle. Die Länge des quadratischen Stabes bei diesem Versuch betrug 7 Fuß bei einer Kantenlänge von 0,8 Zoll. Aus den Versuchsprotokollen lassen sich aber auch die Fertigungstoleranzen bei dieser Art der weitgehend manuellen Herstellung ablesen; das Gesamtgewicht der Raketen schwankte, bei sonst gleichen Dimensionen um mehrere Loth, teilweise sogar um ein Pfund. Aus den Protokollen der ersten Versuche mit Kartätschraketen kann auch die Ungenauigkeit der damaligen Raketen abgelesen werden, bei 2° Elevationen wurden Entfernungen von 360 bis 1.178 Schritt erreicht, bei 5° Elevation von 516 bis 974 Schritt und bei 0° zwischen 130 und 732 Schritt, dagegen lagen die Seitenabweichungen stets deutlich unter 10% der Schußentfernung, mehrere Raketen blieben in der Schußlinie.[221)]

Bei einem Versuch mit unterschiedlichen Treibsätzen am 7. April ergaben sich für den schwächsten Treibsatz No. 5 bei 2° Elevation Reichweiten zwischen 551 und 980 Schritt, bei dem stärkeren No. 7 von 361 bis 1.505 Schritt und bei dem stärksten - No. 9 - solche von 1.100 bis 1.470 Schritt, die Seitenabweichungen waren für die damaligen Verhältnisse erstaunlich günstig: beim Treibsatz No. 5 nicht über

---

214) GSPK, Nl. v. Müffling, Brief Lieutenant Meyer an v. Müffling vom 27. Mai 1830, der Brief war recht vorsichtig formuliert, da der preußische Gesandte die Offiziere darauf hingewiesen hatte, daß die Post in England und den Niederlanden geöffnet werde. Ein erster Schießversuch, der aus Gründen der Geheimhaltung auf einer Sandbank durchgeführt werden sollte, „fiel ins Wasser", da die Flut so schnell kam, daß kaum die Geräte geborgen werden konnten und die Offiziere auf der Rückfahrt mit dem Schiff im Sturm fast gesunken wären, ein zweiter Versuch, für den eilends eine Wiese gemietet worden war, fiel aus, da es inzwischen Sonntag geworden war und erst am 5. Mai konnte der Versuch auf einer anderen Sandbank, die für 5 Stunden frei von Wasser war, durchgeführt werden. Es scheint der Besitzer der Raketenfabrik zu Bow aber im März 1831 dem preußischen Kriegsministerium nochmals einen Verkaufsvorschlag vorgelegt zu haben, auf den dann endgültig nicht eingegangen worden ist. (DHMB, Rep. Z 08, Schreiben des Kriegsministers, General v. Hake, an die Generalinspektion der Artillerie vom 26. April 1831)

215) GSPK, Nl. v. Müffling, Protokoll, verhandelt Karlsruhe, den 30. April 1830. „2. einen Versuch mit Abfeuerung einiger in Gegenwart der unterzeichneten Officiere dem stärksten Raketensatz angefertigten, jedoch mit keinen Stäben versehenen Raketen, deshalb angestellt hat, um zu beweisen, daß die nach seinem System gefertigten Raketen einem Springen nicht ausgesetzt sind, was sich bei gedachten Versuchsraketen bewährt hat"

216) GSPK, Nl. v. Müffling, Schreiben des Kriegsministeriums an General v. Müffling vom 31. Juli 1830; der Major Dietrich sollte hierzu möglichst nicht herangezogen werden, da sich die Offiziere gegenüber Demoustier zur Verschwiegenheit verpflichtet hatten. Ein ausführlicher Bericht über den Besuch der Congreveschen Fabrik lag zu diesem Zeitpunkt noch nicht vor.

217) GSPK, Nl. v. Müffling, Schreiben Major Dietrich vom 21. September 1830

218) GSPK, Nl. v. Müffling, Berichte Major Dietrich vom 28. März und 7. April 1830; es wurde festgestellt, daß der Weingeist die Kraft des Satzes erhöhte, so daß bei an sich schon starken Sätzen die Raketen krepirten

219) GSPK, Nl. v. Müffling, Protokolle der Versuche mit Kartätschraketen im Jahre 1830 mit den jeweiligen Versuchsberichten des Major Dietrich

220) Benutzt wurden die Treibsätze No. 5 (66 Teile Salpeter, 22 Teile Schwefel und 12 Teile Kohle), No. 7 (67 Teile Salpeter, 20$^{1}/_{2}$ Teile Schwefel und 12$^{1}/_{2}$ Teile Kohle) sowie No. 9 (68 Teile Salpeter, 19 Teile Schwefel und 13 Kohle Kohle); dabei erbrachten die Sätze No. 5 und 7 eine mittlere Geschwindigkeit der Rakete von 480 Fuß pro Sekunde, der Satz No. 9 eine von 503 Fuß je Sekunde (GSPK, Nl. v. Müffling, Bericht Major Dietrich vom 7. April 1830)

221) GSPK, Nl. v. Müffling, Versuchsprotokoll, Spandau den 27ten März 1830

31 Schritt, beim Treibsatz No. 7 bis zu 40 Schritt und beim Treibsatz No. 9 zwischen 11 und 90 Schritt.[222]
Am 23. April wurden dann Versuche mit unterschiedlichen Stablängen durchgeführt, wobei man Stäbe von 6 Fuß 6 Zoll, 6 Fuß 3 Zoll und 6 Fuß Länge beim Schießen versuchte, schließlich sie sogar auf 5 1/2 Fuß verkürzte. Aber einerseits ergaben sich keine signifikanten Unterschiede der Reichweiten und andererseits stiegen die Raketen nach dem Zünden weiterhin, so daß Major Dietrich feststellte:
„Im Ganzen bleibt nun hernach weiter nichts übrig, als die Raketen selbst zu ändern, und entweder den Treibesatz schwächer zu machen, oder nur einen 4 Caliber langen Dorn anzuwenden, indem mit dem 5 Caliber langen Dorn und dem Treibesatz No: 9 die Raketen so wild, daß sie durch kein Vordergewicht zu bezähmen sind."[223]
Nachdem alle Versuche gescheitert waren, durch Verlagerung des Schwerpunktes das Steigen zu vermeiden, sah Dietrich nur noch drei Möglichkeiten: Vermehrung des Gewichtes des Gefechtskopfes, Verwendung eines „fauleren" Satzes, wobei zu befürchten stand, daß die Geschwindigkeit und damit die Perkussionskraft abnähme, oder die Benutzung eines nur noch 4 Caliber langen Dorns bei der Pressung.[224]
Am 13. Mai erfolgte der erste Versuch mit Raketen, die über dem 4 Caliber langen Dorn gepreßt waren, zugleich wurden aber noch über dem 5 Caliber langen Dorn gepreßte verwendet, bei beiden Arten versuchte man zugleich unterschiedliche Stärken der Stäbe. Nunmehr glaubte Dietrich zum ersten Mal, doch Erfolg zu haben:
„Die 4 Caliber langen Raketen mit 5/8 Zoll starken Stäben stiegen noch etwas vor dem Gestelle auf und erreichten mitunter große Wurfweiten. . . . Die 5 Caliber in ihrer Seele langen Raketen gingen heute vorzüglich . . . Ein Aufsteigen dieser Raketen vor dem Gestelle war heute nicht zu bemerken."[225]

Doch auch diese Hoffnung wurde enttäuscht. Am 24. Juni versuchte man einen neuen Weg zu gehen und preßte auf den Treibsatz eine Portion Lehm, um so ein festes Brandloch zu erhalten, wodurch die Gase gleichmäßiger ausströmen konnten, zugleich schwächte man den Treibsatz No. 9, indem 2 Teile Salpeter weniger und dafür 2 Teile Kohle mehr genommen wurden; bei dem folgenden Versuch erwies sich, daß die Raketen dieses Mal nicht nach dem Verlassen des Abfeuerungsgestelles aufstiegen.[226] Dennoch war Major Dietrich mit den Ergebnissen noch nicht zufrieden. Eine Ursache für das weiterhin gelegentlich vorkommende Aufsteigen der Kartätschraketen schien ihm die „Schießmaschine" zu sein, da auf deren Rinne nur der Stab ruhte, während die Rakete vor der Rinne herabhing. Im September ließ er daraufhin vom Tischler eine 10 Fuß lange Röhre anfertigen, welche die Rakete und den Stab aufnehmen können sollte.[227] Bei ersten Versuchen scheint sich dieses neue Abfeuerungsgestell, nunmehr als „Schießrinne" bezeichnet, bewährt zu haben; allerdings stellte Major Dietrich fest, daß sie nur für Kartätschraketen verwendet werden könnte.[228] Um die Führung der Rakete in der Rinne zu verbessern, ließ er am Ende der Stabkapsel einen hölzernen Ring um die Hülse legen, diese Maßnahme scheint erfolgreich gewesen zu sein; er merkte aber in seinem Bericht an, daß man vielleicht besser statt einer hölzernen eine eiserne Röhre zum Abfeuern nutzen solle, da das Holz, das anfangs glatt war,
„. . . bei den folgenden durch die Kruste des ausgebrannten Satzes rauh geworden war, wodurch der hölzerne Ring der am Ende der Stabkapsel um diese Rakete ging, in der Röhre um sich durch zu drängen, viel mehr Friktion zu überwinden hatte."[229]
Dennoch zeigten sich jetzt bei dem Abfeuern der Kartätschraketen am 10. Dezember 1830 erste Erfolge, „die 3 zuerst geworfenen Raketen machten einen regelmäßigen Bogen, und gaben so günstige erste Aufschläge, als man für Kartätschraketen nur wünschen konnte.", wobei dies nur für eine zweite Lage galt; die erste Lage mit 12" langen Hülsen über den 10" langen Dorn gepreßt, führte zu ersten Aufschlägen zwischen 30 und 748 Schritt, bei einer recht gleichmäßigen Endreichweite um 970 Schritt, während die zweite Lage 10" lange Hülsen besaß, die entsprechend über einen 8" Dorn gepreßt waren, hierbei lagen die ersten Aufschläge zwischen 225 und 279 Schritt, mit einem Kurzschuß von 42 und einem Weitschuß von 508 Schritt bei Seitenabweichungen zwischen 2 und 15 Schritt, wobei auch die Endreichweiten zwischen 551 und 631 Schritt recht gleichmäßig lagen. Auch die am selben Tage versuchten 2zölligen Rikoschettraketen zeigten günstige Ergebnisse, wobei die Endreichweiten von den Raketen mit einer 12" langen Hülse nach 2 bis 10 Rikoschetts zwischen 1.200 und 1.300 Schritt mit Seitenabweichungen bis 55 Schritt lagen, während die der Raketen mit einer 10" langen Hülse zwischen 885 und 1.165 Schritt mit Seitenabweichungen von höchstens nur 18 Schritt lagen.[230] Seit Oktober konnten die Raketenversuche nicht mehr auf dem bisher benutzten Schießplatz vor dem Oranienburger Tor in Spandau durchgeführt werden; Beschwerden der Einwohner führten zu einem Befehl des Kriegsministeriums, daß die Schießversuche für die Zukunft auf dem Vorwerk Ruhleben abzuhalten wären.
Ab Oktober diesen Jahres hatte sich der Hauptmann Meyer aufgrund der Erfahrungen seiner Englandreise auch mit den englischen Raketen beschäftigt, wobei offensichtlich keine Analyse des Treibsatzes stattgefunden hatte, er also nur die allgemeinen Konstruktionsprinzipien nachahmte, wobei er zunächst sich auf die 6pfündigen Raketen konzentrierte, deren Maße er geringfügig modifizierte, um sie wie die preußischen 2zölligen Raketen pressen zu können.
„Wir hatten das Glück alle Dimensionen so glücklich zu treffen, daß nicht allein unsere Rakete einer früher S. K. H. dem Prinzen August von England aus zu gekommenen Original 6pfündigen täuschend gleich war, sondern auch die mit gekommene Schießröhre ohne Veränderung für unsere Raketen gebraucht werden konnte.- Wir schlugen diese Rakete erst trocken, nun aber feucht, wobei wir anfangs einige Schwierigkeit fanden; wir bedienten uns dazu des Rammbäres und eiserner mit Kupfer vorgeschüber Stempel, wir hatten Furcht, der sehr schwache Dorn würde zerbrechen, allein er hat bis jetzt gehalten. So wären die Schwierigkeiten besiegt, wovon eine nicht ganz geringe das Bilden eines hohlen Raumes über der Bodenplatte war, die gleich von vorn herein in die Hülse eingelöthet werden muß. und auf die der Satz nicht aufstoßen darf . . . Wir hatten absichtlich mit dem schwächsten Satz angefangen . . . Die Raketen fielen mit 5° Elevation auf 300 Schritt nieder, und waren sichtlich viel zu schwach"[231]
In diesen Monaten scheint auch kurzzeitig die Möglichkeit bestanden zu haben, daß die Entscheidung für die Aufstellung einer Raketeneinheit in greifbare Nähe gerückt war.[232] Auch wenn Hauptmann Meyer

222) GSPK, Nl. v. Müffling, Versuchsprotokoll vom 7. April 1830
223) GSPK, Nl. v. Müffling, Versuchsprotokoll vom 23. April 1830
224) GSPK, Nl. v. Müffling, Schreiben Major Dietrich vom 29. April 1830
225) GSPK, Nl. v. Müffling, Versuchsprotokoll vom 13. Mai, hierzu vermerkte v. Müffling: „Der heutige Versuch war über das Aufsteigen der Raketen sehr belehrend. Er zeigte, daß diesem Umstand abzuhelfen ist, wenn man die Stärke der Stäbe verändert. v.M."
226) GSPK, Nl. v. Müffling, Versuchsprotokoll vom 24. Juni 1830, in einem Schreiben am folgenden Tage merkte Dietrich hierzu noch an: „Das eingepreßte Brandloch von Lehm in der Rakete gewährt mehrere Vortheile, schon darum, daß das Brandloch nunmehr ganz in der Mitte, und einmal so groß wie das ander mal sein muß, und den Feuerstrahl ein feßtes Maaß giebt, wieviel aus einmal ausströmen kann; und hat man nicht zu fürchten, daß während des Fluges der Rakete, die den Boden schließenden Blechscheiben ausgestoßen werden, wodurch der Satz am Boden über und über Feuer bekommt, und natürlich den Flug der Rakete verändern muß. Dieses Brandloch von Lehm ist in den ausgebrannten Raketen noch unverändert zu finden."
227) GSPK, Nl. v. Müffling, Schreiben Major Dietrich vom 21. September 1830
228) GSPK, Nl. v. Müffling, Schreiben Major Dietrich ohne Datum, es scheint nur ein Blatt erhalten zu sein.
229) GSPK, Nl. v. Müffling, Schreiben Major Dietrich vom 10. Dezember 1830
230) GSPK. Nl. v. Müffling, Versuchsprotokoll vom 27. Oktober 1830
231) ibidem; in einem Schreiben vom 29. Oktober schrieb dagegen Major Dietrich hierzu: „Der Hauptmann Meyer hat ein paar englische Raketen versucht, die aber zu faul waren, eine blieb auf dem Gestell sitzen, und die andere blieb etwa auf 100 Schritte vor dem Gestell."
232) ibidem, in der Folge wies Meyer auf eine drohende Mobilmachung hin und legte v. Müffling nahe, die Bildung einer Raketeneinheit zu forcieren: „Die Berichte über die

ein Gegner Major Dietrichs war und die englischen Raketen bevorzugte, stellte er hinsichtlich der taktischen Einsatzmöglichkeiten fest: *„Nach einem ruhigen und unbefangenen Vergleich der drei Systeme ist Major von Peucker Major von Radowitz, der die englischen ebenfalls gesehen und ich der ohnmaßgeblichen Ansicht, daß unser System den Vorzug für Belagerungs und Brandraketen vor dem englischen verdient, daß dagegen für FeldRaketen dieses Vortheile vor unsern und östreichischen Raketten haben dürfte."*[233)]

Noch während dieser Versuche erarbeitete Dietrich eine Denkschrift über ein Raketensystem und legte sie am 30 Mai dem General v. Müffling vor. In dieser Abhandlung erörterte er zunächst, welche Arten und Kaliber von Raketen für den Feldkrieg zweckmäßig wären:[234)]

„Es würde daher, als die erste Frage, die zu erörtern sein, welches Caliber schickt sich am beßten, und ist das vortheilhafteste für Raketen im freien Felde gegen Menschen, oder für Ricoschettraketen. Es giebt hier den artilleristische Zweck mit dem taktischen zu verbinden, und, wenn ersterer verlangt, die Projectilen auf die Rakete so groß als möglich zu nehmen, um durch das Zerspringen oder Vielumherfliegen der Stücke der Grenaden das zu ersetzen, was den Raketen an Trefffähigkeit abgeht, so verlangt der Zweite nemlich taktische Zweck hingegen, die Raketen Batterien so leicht beweglich als möglich zu machen, und ihre Transportmittel, soviel es sich nur thun läßt, einzuschränken."

Er erörterte nun die Gewichte und Wirkungen der 2- und $2^1/_2$zölligen Raketen und kam zu dem Schluß, daß die 2zölligen für den Feldgebrauch günstiger wären, da man bei gleichem Transportraum die doppelte Anzahl mitführen könnte:

„Wollte man nun als Artillerist schließen, so entstände die Frage, wird es nicht vortheilhafter sein, mit einer 2zölligen Rakete zweimal zu schießen, und mehr Wirkung hervorzubringen, als wenn man solches mit einer $2^1/_2$zölligen nur einmal thun kann, wozu noch kommt, wenn man den Raketen die Trefffähigkeit der Feuergeschütze abspricht, so müßten sich immer die Treffer verhalten, wie die Zahl der gethanenen Schüße."

Weitere Vorteile der 2zölligen sah er beim Einsatz ohne Munitionswagen, wo ein Mann im Raketentornister mehr Raketen mitführen könne, als wenn er $2^1/_2$zöllige zu tragen hätte. Für die letzteren sah er vor allem den Einsatz im Festungskrieg vor, wies aber daraufhin hin, daß diese Raketen mit einem „faulen" Treibsatz am zuverlässigsten wären:

„Endlich gingen die Raketen mit faulem Treibesatz insofern sehr regelmäßig, daß sie nach jeder veränderten Elevation, auch ihren flachen Bogen sehr regelmässig veränderten, denn sie erreichten mit 10 Grad 1271 Schritt, und mit 15 Grad 1468 Schritt. Es ist dies eine Anforderung, die bei einer Feldrakete unerläßlich ist, weil sie sonst nicht auf verschiedene Distancen zu gebrauchen"[235)]

Für dringend erforderlich hielt er dann die Aufstellung einer Wurftabelle als Voraussetzung für den Feldgebrauch[236)] und schlug als zwingend erforderlich vor, eine Raketeneinheit aufzustellen, um die Waffe dann im praktischen Gebrauche weiter zu entwickeln:

„Wollte man warten, bis man die Raketen ganz zu dem Stande gebracht hätte, wie man sie wünscht, so möchten wohl darüber Jahrhunderte vergehen, und kann man sich hierüber ein Beispiel an der Artillerie nehmen; diese besteht bereits schon mehrere Jahrhunderte, und noch heut zu Tage setzt man in allen Staaten Kommissionen nieder, um Verbesserungen zu suchen, und gewiß so lange die Welt stehen wird, kann auch dieses kein Ende nehmen, und es ist das Schicksal des Menschen auf Erden, daß er nie etwas ganz Vollkommenes zu Stande bringt. Alle Armeen Europas führen jetzt Raketen in ihre Armeen, und man möchte daher auch nunmehr ernstlich daran denken, die Rakete für die Armee einzurichten, wenn auch diese Einrichtung noch vieles zu wünschen übrig ließe; wir haben viele Materialien dazu, und können uns brüsten, daß andere mit ihren Raketen auch nicht weiter sind; man möchte solches hauptsächlich daraus thun, um den Staat zu beruhigen, die schon viel Geld dazu hergegeben, und gar keine Früchte sieht, und um den Urtheil Unkundiger zu begegnen, die ein großes Geschrei machen, und der Sache mit Spott begegnen, was sie wohl nicht verdient."[237)]

Die Anzahl der Raketengeschütze in einer künftigen Batterie wollte er nicht festlegen, hielt es aber für erforderlich, pro Geschütz einen Geschützführer und 6 Mann als Bedienung zu fordern, um den Munitionsnachschub im Gefecht sicherstellen zu können:

„... darum schon nicht weniger, um auf den Pferden und bei den Geschützen einen hinlänglichen Munitions-Bestand zu haben, indem sich kein Geschoß leichter und geschwinder verschießt, als Raketen, und man sonst vielleicht zu feuern aufhören müßte, wenn das Feuer gerade am wirksamsten würde."

Im Interesse der Beweglichkeit wollte er möglichst von Munitionswagen unabhängig sein und schlug eine Organisation wie bei den troops der Royal Horse Artillery vor, wo die Berittenen Raketen und Raketengestell mitführen konnten.

„Auf diese Art würde man im Stande sein, ein rasches anhaltendes Feuer unterhalten zu können, mit weniger Mannschaften aber würde immer nur ein halbes Werk zu Stande kommen. Zu läugnen ist gewiß nicht, daß man mit einer dergleichen Batterie bei einem Cavalleriegefechte günstige Resultate erzielen könnte, eine solche Batterie könnte endlich mehr wagen, und riskiren, als jede andere reitende KanonenBatterie, indem sie im ungünstigten Fall bloß auf ihre eigene Sicherheit zu denken hätten, sich auf die Pferde werfen, und davon jagen könnten, der reitende Artillerist aber ganz besonders darauf zu denken hat, sein Geschütz nicht zu verlieren."

Unter Berücksichtigung der Tragfähigkeit der Reitpferde kam Dietrich zum Ergebnis, daß für eine solche reitende Batterie $1^1/_2$zöllige Raketen am günstigsten wären, um ein wirksames Feuer mit den an Ort und Stelle verfügbaren Raketen zu unterhalten.

Als Bogenraketen für den Festungskrieg hielt er Brand- und Sprengraketen für erforderlich, einerseits mit großer Sprengkraft auf kürzere Entfernung, um sie gegen Belagerer einsetzen zu können, andererseits solche mit größerer Reichweite, die für Beschießungen von Festungen

---

große Wirksamkeit der englischen Raketen, die einerseits von S.K.H. dem Prinzen August und andrerseits von uns eingereicht wurden, werden dieser Tage S. Majestät vorgelegt werden, die neuerdings durch die vor Brüssel gebrauchten Raketen [siehe Abschnitt „Die anderen Europäischen Staaten, Niederlande"] wieder auf diesen Gegenstand aufmerksam geworden, und ganz gewiß einen Versuch und eine darauf bestimmte Formation vorschlagen können ... Dieses alles scheint zu einen baldigen definitiven Entschluß zu nöthigen, damit im Winter theils die Werkstätte, theils endlich die materielle und personelle Formation stattfinden können.- Ob Eure Excellenz dieß nun selbst leiten oder einem Andern übertragen wollen, muß die Angelegenheit verschieden gestalten, so viel muß ich daher jedenfalls und wiederholt ... daß der Major Dietrich dabei nur schädlich seyn kann. Der Kriegsminister scheint in Beziehung auf diese Raketen Angelegenheit in einer eigentümlichen Verlegenheit zu seyn. Er sieht die Notwendigkeit eines baldigen Entschlusses ein, und macht doch nicht Euer Excellenz, die sich mit so vieler Hingebung und Theilnahme diesem Zweig gewidmet, vorzugreifen." [Hauptmann Meyer war zu dieser Zeit ins Kriegsministerium kommandiert.]

233) ibidem; dagegen merkte Major Dietrich in einem Schreiben von 19. Dezember an: „Ich kann mich nur wundern, daß wir was aus England wollen kommen lassen, was wir hier besser und wohlfeiler haben, eine englische Hülse kostet gegen 2 rt wogegen die unsrigen von der gleichen Größe 4 Gr kostet, freilich hat die englische den Vorzug, daß sie viel schlechter und kürzer geht, und vorne soviel als gar nichts trägt, es ist wirklich zu verwundern, und ein Kunststück der Beredsamkeit, wenn man solche englische Raketen wie ich bisher gesehen, allen anderen in der Welt vorziehen, unsere aber besonders zunichts erniedrigen kann."

234) GSPK, Nl. v. Müffling, Major Dietrich: Entwurf zu einem System für Kriegsraketen, Spandau, den 30. Mai 1830

235) Hierbei wies er darauf hin, daß die früheren Versuche gezeigt hätten, daß die Seitenabweichungen bei stärkerem Treibsatz sich vergrößerten (ibidem)

236) „... und man tappt geradezu im Finstern, wenn keine Wurftabelle existirt; man kann auch gar nicht sagen, daß das Raketenwesen nur einigermaßen für den Krieg eingerichtet ist, solange hierüber keine Feststellungen gemacht sind." (ibidem)

237) ibidem, eine Auffassung, die für manche Wehrentwicklung zutrifft, da der Drang zur Perfektion viele Entwicklungen um Jahre verzögern kann, oder wie im Falle der Raketen in den deutschen Staaten dazu führte, daß nie Raketeneinheiten aufgestellt wurden.

und zur Verteidigung von Häfen gegen eine Flotte einzusetzen wären. Er hielt hierfür 3zöllige Raketen, unterteilt in leichte mit einer Reichweite von 3.000 Schritt mit 8pfündiger Granate und schwere mit einer Reichweite bis 2.000 Schritt, mit einer 28pfündigen Bombe versetzt, für geeignet sowie dazu 2 1/2zöllige schwere Belagerungsraketen für Reichweiten bis 1.000 Schritt und leichte mit einer Reichweite bis zu 3.000 Schritt. Zusätzlich erwähnte er noch als mögliche Raketen die Leuchtraketen, wobei man sich in Preußen im Gegensatz zu England und Österreich noch nicht mit Leuchtraketen mit Fallschirm beschäftigte hatte, aber aus England eine 1 1/2zöllige derartige Rakete erhalten hatte und somit über diese Art unterrichtet war.[238)]

Möglicherweise aufgrund dieser Denkschrift versuchte General von Müffling, der zwischenzeitlich kommandierender General des VII. Armeekorps in Münster geworden war und sich darauf einzustellen hatte, wegen der Ereignisse in Holland und Belgien mobil zu machen,[239)] die Einführung der Raketen zu forciren, indem er am 9. September 1830 6.000 Stück 3zöllige Brand- und Bogenraketen anforderte. Nachdem Major Dietrich auf Forderung des Kriegsministeriums den Zeitbedarf für die Herstellung, die Kosten und den Material- und Personalbedarf berechnet hatte,[240)] wurde der Antrag am 21. September unter Verweisung auf die Berichte und Beschlüsse der Commission von 1828 und aus Mangel an Mitteln vom Kriegsminister abgelehnt:[241)]

„. . . so bedauert das Kriegsministerium dem Antrag wegen Anfertigung einer so bedeutenden Anzahl von Raketen anderen Kalibers mit schweren Hohlgeschossen, und theilweise als Zündungsmittel eingerichtet, keine Folge geben zu dürfen, auch hierauf um so weniger eingehen zu können, als dasselbe keine Geldmittel dazu besitzt, oder ferner bei der jetzigen Einrichtung des Raketen Laboratoriums mehrere Jahre zur Anfertigung einer solchen Anzahl Raketen nöthig sein würden, und endlich Seine Majestät der König so eben durch Allerhöchste Kabinets Ordre vom 13ten September das Kriegs Ministerium dafür insbesondere verantwortlich gemacht haben, daß unter den jetzigen Verhältnissen alle Ausgaben vermieden werden, welche ohne Gefahr ausgesetzt werden können."

Im November 1830 wurde dann geplant, ein Vergleichsschießen zwischen preußischen Horizontal- und Bogenraketen und den „englischen" des Hauptmann Meyer durchzuführen, wobei sich letzterer davon erhoffte, daß daraufhin der Befehl ergehen würde, einen Vorschlag für die Formation einer Raketeneinheit vorzulegen. Dieser mußte aber auch eingestehen, daß die Versuche mit den englischen Raketen nur sehr langsam vorangingen, zumal er immer noch daran arbeitete, den passenden Satz zu finden. Allerdings stellten sich auch erste Erfolge ein:

„Übrigens gingen die Raketen so täuschend wie die englischen, daß ich die bestimmteste Hoffnung habe, binnen 4 - 5 Wochen die Originalraketen vollkommen nachahmen zu können. Sie gingen wie ein Pfeil aus der Röhre (ich schoß mit 5° Elevation) hatten keine Spur von Oszillation, und wenn sie erst einmal den Boden berührt hatten, dann dürfen sie, wie mir dies für die englischen . . . (nicht lesbar) scheint, schnurgerade und nur einige Zoll über dem Boden hin noch mehrere hundert Schritt weiter. Sie gefielen den Offizieren des Laboratoriums sehr und Major Dietrich selbst meinte, es sei nichts dagegen zu sagen. -Wenigstens glaube ich können wir jetzt den Gedanken aufgeben, daß Geheimnis für die . . . (nicht lesbar) Summe von 50.000 Thalern von den Engländern kaufen zu wollen."[242)]

Die Versuche mit den eigenen Raketen, insbesondere unter Nutzung der neuen Abschußrinne für Kartätschraketen, wurden weiterhin fortgeführt, dabei konnte festgestellt werden, daß nunmehr keine Rakete mehr stieg.[243)]

Auch in der Folge war man Neuigkeiten in dem Raketenwesen gegenüber aufgeschlossen und suchte alle Informationen über fremde Entwicklungen zu überprüfen und wenn möglich für die eigene Entwicklung zu nutzen. In Folge des polnischen Aufstandes meldete sich so beim Major Dietrich ein ehemaliger Maschinenmeister des Spandauer Laboratoriums, der angab, bis jetzt in Warschau das Laboratorium dirigiert zu haben; er behauptete, von seinem Bruder ein ganz besonderes Geheimnis zur Herstellung sogenannter „Stechraketen", mit welchen man Kartätschen verschieße, erhalten zu haben, die er auch bereits in Warschau gefertigt hätte, „sie gingen horizontal 1.000 Schritt, und hätten durchaus eine cylindrische Seele"; für eine entsprechende Belohnung wäre er bereit, die Sache zu „entdecken". Das Angebot scheint vom Kriegsministerium angenommen worden zu sein, denn dieser Deichmann durfte einige Raketen herstellen, zu deren Treibsatz Major Dietrich sofort bemerkte, alle Raketen würden krepieren, da dieser zu stark wäre. So geschah es auch und Deichmann wurde ohne Belohnung entlassen.[244)]

Zur gleichen Zeit meldete sich auch ein Mechanikus Westermayer bei Major Dietrich, der ebenfalls angab, im Warschauer Laboratorium gearbeitet zu haben und um eine feste Anstellung nachsuchte. Zunächst wurde ihm vom Kriegsministerium gestattet, eine Probe seines Könnens abzulegen. Nachdem er erklärt hatte, daß er mit der preußischen Holzkohle zu seinem Treibsatz nicht viel anfangen könne, verfertigte er 11 Rikoschett- und 4 Bogenraketen, deren Leistungen am 19. Februar einem Versuch unterzogen wurden und gute Ergebnisse zeigten:[245)]

---

238) ibidem

239) Nach den Revolutionen in Paris und Brüssel waren auch in Aachen und Köln Unruhen ausgebrochen, v. Müffling mußte von seinem Corps Teile der 14. Division dem General v. Borstell abgeben, ab November 1830 wurden stärkere Abteilung zur Sicherung an die niederländische Grenze verlegt, um ihre Überschreitung durch Insurgenten zu verhindern. (v. Priesdorff, a.a.O., 4. Band, S. 318 f.)

240) GSPK, Nl. v. Müffling, Schreiben Major Dietrich an das Allgemeine Kriegs Departement vom 16. September 1830; Dietrich gab an, daß bei der derzeitigen Ausstattung nur 4 Stück 3zöllige Raketen täglich verfertigt werden könnten, so daß die erforderliche Menge, den Monat zu 25 Arbeitstagen gerechnet, erst in 10 Monaten fertig gestellt worden wäre. Er schlug vor, einen zusätzlichen Preßstock zu beschaffen, um die Zeit zu halbieren oder das Personal so zu verstärken, daß in 2 Schichten gearbeitet werden könne. Die zusätzlichen Arbeiter dürften aber nicht von den Garnisonscompagnien kommen, da diese „immer die am unvortheilhaftesten für mich sind, theils des Unvermögens ihrer Invalidität wegen theils ist größtentheils arbeiten ihre Sache nicht. Lieber würden mir gewöhnliche Land-Rekruten, oder gar Militair-Sträflinge sein, die noch jung, bei Kräften, und eher etwas angestrengt werden könnten". Für den Fall, daß sowohl ein zweiter Preßstock, der 600 Thaler kosten würde, als auch zusätzliche Arbeiter verfügbar wären, rechnete er damit, pro Tag 10 3zöllige Raketen verfertigen zu können, wofür er zusätzlich 4 Unteroffiziere und 39 Mannschaften benötigte. Zugleich enthielt diese Meldung die Stärke der zu dieser Zeit zum Laboratorium kommandierten Soldaten mit: 7 Unteroffizieren, 16 Grenadieren und 5 Sträflingen. Die Materialkosten pro 1.000 3zöllige Raketen, ohne Munition, also Treibsatz und Zubehör aus dem Arsenal, wurden mit 920 Thalern einschließlich Fuhrlohn veranschlagt.

241) GSPK, Nl. v. Müffling, Schreiben Kriegsministerium, Berlin, den 21. September 1830

242) GSPK, Nl. v. Müffling, Schreiben Hauptmann Meyer vom 7. November 1830; das Vergleichsschießen fand dann im März 1831 statt

243) GSPK, Nl. v. Müffling, Schreiben Major Dietrich vom 5. und 6. Januar, hierin wurde auch die Konstruktion und Anbringung des hölzenen Führungsringes an die Rakete beschrieben, woraufhin General von Müffling eigene Konstruktionszeichnungen hiervon machte.

244) GSPK, Nl. v. Müffling, Schreiben Major Dietrich vom 2. März 1831, Deichmann hatte früher unter dem Namen Groß - wie geschildert - in Spandau gearbeitet. Dietrich schrieb: „Es wurde ihm alles gewährt, die Raketen krepirten aber, und der Deichmann zeigte sich ungebührlicher als je. Da nun voraus zu sehen war, daß mit diesem unsinnigen Menschen nicht viel an zu fangen sein würde . . . so ist mit ihm völlig gebrochen."

245) GSPK, Nl. v. Müffling, Schreiben Major Dietrich vom 2. März 1831 und Versuchsprotokoll vom 19. Februar 1831; der Zeitpunkt der Ankunft Westermayers ist nicht näher bezeichnet. Zu Westermayer schrieb Major Dietrich: „. . . daß sich ein Mensch Namens Westermayer bei mir meldete, welcher sich als Mechanikus des Warschauer Laboratorii ausgab. Bei näherer Untersuchung fand sich nun, daß dieser Westermayr zwar kein Mechanikus, aber ein gewesener Oberfeuerwerker des Wiener Laboratorii war, den man als Werkführer ebenfalls nach Warschau gezogen; der Mann hatte mehrere Hefte, sowie verschiedene Zeichnungen, das Raketenwesen betreffend, bei sich, und ist sonst ein stiller ganz ordentlicher Mann, derselbe wünschte nun mit einer festen Anstellung hier zu bleiben." Zur Anfertigung der Proberaketen stellte Dietrich fest: „Der Westermayer ist aber in seiner Anfertigung sehr geheim, und läßt so wenig wie möglich sehen. Ohngefähr weis ich, daß die Hülsen, die er übrigens stärker als die unsrigen wünscht, 12 Zoll lang waren, 10 3/4 Zoll

Raketenart	Elevation	1. Aufschlag in Schritt	Anzahl der Aufschläge	Gesamtreichweite in Schritt	Seitenabweichung
2" Rikoschett Rakete	0°	600	3	1013	18 rechts
		772	4	1022	Linie
		414	5	1027	25 rechts
		636	3	954	16 rechts
	2°	873	3	1120	25 rechts
		721	3	1100	16 rechts
	4°	989	3	1226	57 rechts
		1052	3	1244	46 rechts
	5°	1073	3	1361	26 rechts
		krepirt			
2" Bogenrakete	15°			1090	57 rechts
				1050	40 links
	20°			1470	10 rechts
		krepirt			

Westermayer gab auch an, recht gute Kartätschraketen anfertigen zu können und kannte auch die Ankerraketen, wollte aber keine weiteren Raketen fertigen, ohne eine feste Anstellung zu erhalten. Zunächst wurde dann aber auf Befehl des Inspekteurs der Artillerie, Prinz August, ein großer Versuch zum Vergleich der „englischen", preußischen und „österreichischen" Raketen, also der Raketen Westermayers, am 25. März 1830 durchgeführt.[246)] Hierzu wurden 20 „englische", also Raketen nach den Angaben des Hauptmann Meyer gefertigt, 20 „österreichische" und 55 preußische Raketen bereitgestellt, letztere bestanden aus 5 3zölligen mit einer 7pfündigen Haubitzgranate versetzten Raketen, 15 Stück 2zölligen Bogenraketen mit Brandgranaten von der Größe einer 8pfündigen eisernen Kugel, weiteren 10 2zölligen Raketen derselben Art, aber über einem nur 4 Caliber langen Dorn gepreßt, sowie 25 Rikoschettraketen mit Granaten von der Größe einer 6pfündigen eisernen Kugel. Obwohl das Wetter an diesem Tage ungünstig war, da ein heftiger Wind rechtwinklig gegen die Schußlinie von rechts wehte, wurde der Versuch als Erfolg gewertet. Die 3 zölligen preußischen Raketen erreichten eine mittlere Wurfweite von 1.491 Schritt, wobei keine weiter oder kürzer als 74 Schritt ging, 3 zeigten eine Seitenabweichung von nur 18 Schritt, wobei die weiteste Abweichung einer Rakete 141 Schritte betrug. Auch die Rikochettraketen „gingen diesen Tag sehr gut", mit einer mittleren Wurfweite von 1.086 Schritt, wobei die größte Seitenabweichung 83 Schritt betrug. Die 2zölligen Bogenraketen erreichten mittlere Wurfweiten bei der langen Art von 1.260 und der kürzeren Art von 900 Schritt bei einer geringfügigen Seitenabweichung. Zu den "englischen" Raketen wurde vermerkt: *„Von den englischen Raketen krepirten im Ganzen 4 Stück. Im Bogen erreichten sie 1.188, rikoschettierend 1.215 Schritt, zu letzterem wurden sie bloß auf die Erde gelegt, ihre Längenabweichungen aber sind die bedeutendsten von allen, und betragen im Bogen 128 Schritt über, und 150 Schritt unter die mittlere Wurfweite, welches also eine Distanz der weitesten zur längsten Rakete von 401 Schritt ergibt."*

Westermayers Raketen wurden ebenfalls weniger positiv beurteilt: *„Die Raketen des Westermayer werden massiv gepreßt, und mit einem 13 Linien starken Bohr cylindrisch 5 Caliber lang gebohrt, der Satz ist geheim, besteht aber aus gebrochenem Salpeter, sonst werden sie so ziemlich wie die unsrigen angefertigt, sie werden mit einer Art Schlagröhre von Schilfrohr gezündet, ihr Abgang ist sehr schnell, doch erreichten sie im Bogen nur 1.096 Schritt, und die Differenz in der Länge betrug ebenfalls 242 Schritt."*
Am weitesten ausgereift war offensichtlich die Konstruktion der 3zölligen Bogenraketen, so daß Generallieutenant von Braun feststellte: *„Die 3" Bogenraketen welche ich gesehen gingen sehr ruhig und weit, und ich glaube selbst, daß sie zur Einführung reif sind."*[247)]
Nach diesem Versuch war man nicht weiter daran interessiert, Westermayer in Preußen zu halten, im Gegenteil, man suchte ihn nun schleunigst los zu werden, auch damit er nicht Zeuge der bevorstehenden Shrapnell-Versuche würde.[248)] Westermayer erhielt nach eigener Aussage für die Zeit des Aufenthaltes täglich 1 Taler 8 Groschen als Diäten sowie freie Unterkunft und zum Abschluß eine Gratifikation - wohl für die von Preußen erwünschten Abschriften und Copien seiner Unterlagen -, deren Höhe jedoch nicht bekannt ist.[249)] Er reiste dann nach Stockholm weiter.[250)]

(2) Prinz August - Versuch der Einführung der Raketen in die Armee

Mit Allerhöchster Kabinetts-Order vom 26. Februar 1831 war Prinz August von Preußen als Nachfolger des General v. Müffling mit der Oberleitung der Raketenversuch beauftragt worden.[251)] Am 19. März dieses Jahres legte der General nochmals ein Pro-Memoria zur Umgliederung der Artillerie und zur Einführung der Raketen dem König

---

hoch mit Treibesatz geladen, und eine ganz cylindrische Bohrung von 10 Zoll Länge, und 13 Linien Durchmesser erhalten. Der Treibesatz bestand aus 70 Theilen Salpeter, 14 Schwefel und 16 Kohlen; die Grenaden haben den Durchmesser einer 6pfündigen eisernen Kugel, und wiegen 3 Pfund, die Stäbe haben 6 Fuß Länge, 0,80 Zoll Stärke, und ballanciren 3 bis 4 Zoll in der Röhre." Die in der Tabelle angegebenen Leistungen der Raketen dürften denen, die Westermayer in Schweden anschließend verfertigte, entsprechen. Siehe hierzu Abschnitt: Die anderen europäischen Staaten, g. Schweden. Westermayer forderte hiernach 50 Taler Gehalt. Dietrich beendete seine Beschreibung mit dem Zusatz: „Die Sache ist nun soweit gediehen, daß alles bei dem Herrn Kriegsminister zum Vortrag liegt, zu wünschen wäre freilich, daß man diesen Menschen annähme." Zu Westermayer siehe auch in Beilage 4/1 zu diesem Abschnitt seinen Lebenslauf, wie er ihn in Bayern angegeben hat. Zu den bei dem Versuch krepierten Raketen siehe auch: DHMB, Rep. Z 08, Protokoll vom 19. Februar 1831 (unterschrieben von Major Dietrich, Hauptmann Meyer, Lieutenant Keltz und Lieutenant Fils), hier wurde von der Kommission festgestellt, daß eine Rakete bereits beim Pressen einen Riß erhalten hätte, während für zwei andere Raketen alte, bereits angerostete Hülsen verwendet worden wären, die wegen ihrer zu geringen Blechstärke nicht mehr genutzt werden sollten. Die Kommission stellte auch fest, daß die teilweise großen Seitenabweichungen hätten vermieden werden können, wenn Westermeyer bei dem Nehmen der Seitenrichtung den heftigen, die Schußlinie kreuzenden Wind berücksichtigt hätte.

246) Ergebnisse dieses Versuches alle nach: GSPK, Nl. v. Müffling, Schreiben Major Dietrich vom 31. März 1831, vergleiche hierzu auch Westermayers Schilderung des Versuches in Bayern (BHS-KA, AX 2 Bd. 32)

247) GSPK, Nl. v. Müffling, Schreiben v. Braun vom 31. März 1931, zu den englischen vermerkte er: „doch krepirten von den englischen 3 Stück, so wie ich diese für die schlechtesten halte. Auch kosten sie ja mindestens noch einmal so viel als die anderen Raketen."

248) GSPK, Nl. v. Müffling, Schreiben Major Dietrich vom 30. März 1831: „So viel ich erfahren, will man dem Westermayer seine Papiere und Geheimnisse abkaufen, und ihn hernach mit freier Post nach Rußland spediren. Man will hauptsächlich ihn von hier gerne fort haben, damit er nicht in dem Zünder Laboratorium etwas erschnappe und weil die Versuche mit leichten Grenaden bald wieder vor sich gehen sollen.". Generallieutenant von Braun (GSPK, Nl. v. Müffling, Schreiben v. Braun vom 31. März 1931) schrieb hierzu: „Den ehemaligen, aus Warschau zu uns gekommenen, Oesterreicher in Dienst zu nehmen, ist man nicht Willens, und ich glaube man hat Recht, da er durchaus nichts außerordentliches bisher geleistet hat. Jetzt bin ich beauftragt mit ihm zu unterhandeln, ob er für ein mäßiges Geschenk uns eine Abschrift seiner Nachrichten und die Copie seiner Zeichnungen geben wird."

249) NHS, Hann. 48 Nr. 801, Schreiben Generalmajor Röttiger an den General Adjutanten Generalmajor v.d. Bussche vom 12. Februar 1833

250) I. Skoog, The Swedish Rocket Corps, in NASA Conference Publication 2.014, Essays on the History of Rocketry and Astronautics: Proceedings of the Third Through the Sixth History Symposia of the International Academy of Astronautics, Washington 1977, Vol. I, und: o. Verf. (eingesandt), Bemerkungen über Kriegsraketen, nebst einigen Notizen über das Raketenwesen Östreichs, in: ZfKWGK, Siebentes Heft 1834, S. 51; zu Westermayer: BHS-KA, AX 2 Bd. 32

251) DHMB, Rep. Z 07, Raketenangelegenheiten, das Datum der A.K.O. geht aus einem

vor, in dem er neben der Trennung von Kanonen und Haubitzen und damit verbunden der Bildung reiner Haubitzbatterien, die Ausrüstung der Corps mit Raketengestellen vorschlug, um durch ihre Zuteilung an die Infanterie-Brigaden deren Angriff so durch Feuer zu unterstützen, daß er „unwiderstehlich" werde. Überdies schlug er vor, die Kanonen-Batterien zusätzlich mit Granat- und Brandraketen auszustatten.[252] Diese Denkschrift wurde auch vom König „mit großem Interesse gelesen", der den Kriegsminister beauftragte, entsprechende Versuche anzuordnen.[253]
Aufgrund dieser Eingabe forderte das Kriegsministerium am 9. Juni den General v. Müffling und - nach Eingang seines Berichtes vom 5. Juli - am 17. Juli die Inspektion der Artillerie auf, einen Bericht zum Stande des Raketenwesens und der Feldbrauchbarkeit der Raketen vorzulegen.[254] Nach General v. Müfflings Bericht waren die Raketen nahezu feldbrauchbar, nur die Kartätschraketen würden „den ihnen gegebenen Elevations-Winkel nicht mit der nöthigen Sicherheit verfolgen", er hätte aber hier dem Major Dietrich bereits die erforderliche Instruktion erteilt, wie dieses Problem zu lösen wäre.[255] Das entsprechende Gutachten der Inspektion der Artillerie kam zu einer völlig anderen Beurteilung. Prinz August hatte hierzu die Akten studiert, das Laboratorium in Spandau inspiziert und sich von General Braun sowie den Majoren v. Peucker und v. Radowitz, sowie über die technische Seite von Hauptmann Dr. Meyer, vortragen lassen. Darüber hinaus hatte er sich vom Hauptmann Meyer eine vollständige Übersicht der bisherigen Versuche anfertigen lassen. Er urteilte:

„Ich habe geglaubt in allen hierauf bezüglichen um so sorgfältiger verfahren zu müssen da die Ansichten welche der GenLieut v. Müffling über den jetzigen Standpunct unseres Raketenwesens ausgesprochen hat, von dem was ich vorgefunden, in wesentlichen Theilen abweichen und ich für keinen anderen Zustand dieser Angelegenheit nun Verantwortlichkeit übernehmen kann, als für denjenigen in welchen sie mir im Februar d. J. wirklich übergeben wurde."

Nach der Auswertung der Versuchsberichte hielt er keine der vorgeschlagenen Raketen für einführungsreif, da nach seiner Auffassung die Versuche nicht systematisch genug durchgeführt worden waren, insbesondere oft zu viele Einzelheiten gleichzeitig geändert worden wären, so daß Ursachen für Fehler nicht eindeutig hätten bestimmt worden können, überdies sich viele Ergebnisse widersprächen. Er schlug vor, nunmehr genaue Entwicklungsziele zu definieren und dann systematisch neue Versuche durchzuführen.[256]
Durch A.K.O. vom 28. März 1831 wurde das Laboratorium etatisiert und in „Königliches Feuerwerks-Laboratorium" umbenannt,[257] hierfür wurde eine Königliche Verwaltung eingesetzt, ihr Dirigent wurde Major König, Mitglieder der Verwaltung waren Major Dietrich sowie ein Secondelieutenant als Rechnungsführer. Die Feuerwerkskompagnie wurde nunmehr zum selbständigen Truppenteil mit einem Etat von 1 Kapitain, 4 Lieutenants, 18 Unteroffizieren und 80 Gemeinen,[258] deren Ergänzung durch Abgabe von ein Jahr „gut" gedienter Mannschaften aus den Artilleriebrigaden zu erfolgen hatte, der Ersatz

---

Bericht des Prinzen August an den König vom 16. Juli 1831 hervor, in dem er zum Pro-Memoria des General v. Müffling Stellung nimmt. In einem anderen Schreiben (ibidem, v. Müffling v. 5. Juli 1831 an den Kriegsminister General v. Hake) nannte v. Müffling den 28. Februar als Datum der A.K.O., durch die er von dieser Aufgabe entbunden worden wäre.

252) DHMB, Rep. Z 07, Schreiben General v. Müffling, Münster, den 18. März 1831 mit beigefügtem Pro-Memoria. Zur Ausstattung der Kanonenbatterien mit Raketen: „Aber noch einfacher möchte sein, wenn jede aus 6 Kanonen zusammengesetzte Batterie, eine Anzahl von Bogen-Raketen, sowohl Granat- als Brandraketen zugetheilt würde, welches keine Vermehrung der Mannschaft erfordert, sondern nur eines Raketenwagens pro Batterie. Seit dem Jahre 1828 sind diese Raketen von mir vorzugsweise zu diesem Zweck ausgebildet worden; die Resultate waren günstig, und wenn Ew. Königs Majestät einen Versuch dieser Bogenraketen zu befehlen geruhen, sobald die Feuerwerks-Compagnie mit ihrer Zünderfabrikation soweit fortgeschritten ist, daß sie sich wieder mit den Raketen beschäftigen kann, so steht dem Entschluß über die Einführung nichts mehr entgegen." und: „Eine Ausbildung der Rakete dürfte dieses System [Herauslösen der Haubitzen aus den Kanonenbatterien und Bildung eigener Haubitzbatterien] dadurch begünstigen können, daß den Kanonen-Batterien eine Anzahl Bogen-Raketen zum Zünden und gegen Truppen, für diejenigen Fälle mitgegeben würden, wo das Feuer der Kanonen nicht anwendbar und eine Unterstützung der Haubitzen nicht zu erhalten ist." Zur Feuerunterstützung der Infanterie: „Es lassen sich Horizontal-Raketen konstruiren, welche das Gewicht von 6 bis 7 Pfd, mit einer Portée von 800 Schritt haben, diese werden von einem Gestell abgefeuert, welches ein Mann leicht trägt, während 4 Mann, je in zwey übergehängten Taschen 7-8 Raketen vom Raketen-Wagen zum Gefecht tragen, so daß zu einem Gestell eine Bedienungsmannschaft von 5 Mann gehört. Als Wirkung dieser Raketen ist bereits ermittelt, daß man sie mit Granaten zum Rikoschettiren anwenden kann, und daß alsdann ihre Trefffähigkeit, nach den im Jahre 1828 und 1829 dabei angebrachten Verbesserungen der Trefffähigkeit einer 7pfdgen Haubitze ohngefähr gleich zu stellen ist. Wollte man sich damit begnügen, so ist die Sache so weit fortgeschritten, daß ihre Einführung bald erfolgen könnte. Allein da diese Art von Raketen nur im ebenen Terrain zu gebrauchen ist, da sie sonst wegen der kleinen Granate welche nur 4 Pfd wiegt, nur eine geringe Sprengwirkung haben, so glaubte ich weiter zu gehen und auf die Anfertigung von Kartätschraketen hinarbeiten zu müssen, welche beliebig, auf die Entfernungen von 300 bis 800 Schritt 60 Pistolen Kugeln, Schrappnellartig in den Feind schleudern. ... Folgendes würde ich als die vollkommenste (:für jetzt mögliche:) Organisation zum Angriff einer Infanterie-Brigade ansehen, für welche der Punct ermittelt ist, und mit einer Fronte von 12 bis 1.500 Schritt in die feindliche Stellung einzudringen, Es würden dazu der Brigade aus der Reserve Artillerie des Corps überwiesen: / 1 Batterie mit 6 Schweren Kanonen / 1 Batterie mit 6 schweren Haubitzen / für die beiden Flügel / 2 - 3 Batterien a 4 leichten Haubitzen vor der Fronte vertheilt / 24 Raketen Gestelle, 4 für jedes Bataillon, in die Bataillons Intervallen beider Treffen vertheilt. [es folgt die Schilderung der Feuervorbereitung durch die Artillerie] Die Brigade rückt in ihre normal mäßigen Aufstellung vor. Jedem Bataillon sind 4, also jedem Treffen 12 Raketengestelle beigegeben, welche an dem einleitenden Gefecht der Artillerie keinen Theil nehmen, so lange die Batterien - sowohl vor der Fronte als auf den Flügeln - nicht in das kleine Gewehrfeuer kommen. Dann aber treten die Raketen an die Stelle der zurückbleibenden Batterien, von denen nur die der Flügel ihr Feuer werden fortsetzen können. Die Raketen bleiben bis zur Entscheidung des kleinen Gewehrfeuers bei der Infanterie. Jedes Gestell führt circa 30 Raketen mit sich, und diese Zahl dürfte der Zeit angemessen sein, in welcher das Gefecht durch das kleine Gewehr-Feuer entschieden wird." Zur Einordnung in die Artillerie des Corps: „Da die Reserve Artillerie eines Armee Corps so viel Geschütz mit sich führt, um zwey Infanterie-Brigaden zugleich zu einem solchen Angriff auszurüsten, so würde ein Armee Corps in eben dem selben Verhältniß mit Raketen zu versehen sein, nehmlich mit 48 Gestellen, welche 240 Mann Bedienung erfordern. Von dieser Bedienungsmannschaft brauchten nur 3 Mann p. Gestell wirkliche Artilleristen zu sein . . ."

253) GSPK, Nl. v. Müffling, Schreiben des König Friedrich Wilhelm vom 20. April 1831: „Ich habe Mir unterm 19 v.M. vorgelegten sehr wichtigen Bemerkungen und Vorschläge über die Nützlichkeit. . . den Gebrauch der Raketen und Shrapnells. . . mit großem Interesse gelesen, danke Ihnen verbindlichst für die Mittheilung Ihrer diesfälligen Ansichten und . . ."

254) DHMB, Rep. Z 07, Schreiben Kriegsministerium, Berlin 16. Juli 1831

255) DHMB, Rep. Z 04, Schreiben General v. Müffling an den Kriegsminister, Münster, den 5. July 1831

256) DHMB, Rep. Z 07, Schreiben Prinz August an S. M. den König, Glogau, 23. Juli 1831, beigefügt sind die Übersichten der Versuchsergebnisse mit Bewertung. Diese Anlagen wurden von Hauptmann Meyer erarbeitet, der auf der Grundlage dieser Daten wahrscheinlich seine Arbeit „Detaillirte Geschichte des preußischen Raketenwesens" angefertigt hat. Prinz August wies auch auf die fehlende wissenschaftliche Grundlage der Raketenversuche hin: „Bei diesem allgemeinen Charakter der stattgehabten Versuche und den großen Schwierigkeiten welche in der Natur der Sache liegen, ist es begreiflich daß wie die Anlage B nachweiset, bis jetzt noch kein Punct der Raketen Theorie als wirklich festgestellt angesehen werden kann. Selbst die gewonnenen einzelnen Erfahrungen sind mehr negativer Art, als daß sie bestimmte Aufschlüsse über die Eigenschaften der Rakete gewährten." In einer Promemoria zu den Versuchsunterlagen vom 5. Juli 1831 wies der Hauptmann Dr. Meyer insbesondere daraufhin, daß bei fast keinem Versuchsbericht Angaben zum Terrain, zur Windgeschwindigkeit oder Richtung vorlägen, so daß die Ergebnisse, insbesondere gemessene Abweichungen, keine Aussagekraft hätten.

257) AStgM IV B 2/32, a.a.O., Schoen datiert die A.K.O. auf dem 31. März, desgleichen: o. Verf., Geschichte des Feuerwerkswesens (Herausgegeben vom Verein der Mitarbeiter der F-Mitteilungen), Berlin 1915, S. 90, während: A. Krüger, Chronik der Stadt und Festung Spandau, Spandau 1867, ebenfalls den 28. März nannte. Wahrscheinlich wurden zwei unterschiedliche Kabinetts-Ordres erlassen, die A.K.O. vom 28. März regelte die neue Organisation (Stärke und Zulagen) sowie die Abnahme eines Eides zur Geheimhaltung. (GSPK, I. HA, Rep. 77, Tit. 332, No. 8) Diese A.K.O. wurde auf Antrag des Prinzen August erlassen, eine Nennung des neuen Namens erfolgte nicht. Die Umbenennung müßte daher mit einer weiteren A.K.O. vom 31. März erfolgt sein.

258) Schoen, a.a.O., S. 275, und: AStgM IV B 2/32, a.a.O., geben 5 Lieutenants an; Major Dietrich gab in einem Schreiben (GSPK, Nl. v. Müffling, Brief vom 17. April 1831) die gem. A.K.O. verfügte Stärke an: „1 Hauptmann als Kompagnie Chef, 4 Lieutenants, 4 Oberfeuerwerker, 13 Unteroffiziere, 80 Gemeine. Der Kompagnie-Chef ist noch nicht ernannt, die übrigen Offiziere sind; Der Premierlieutenant Keltz,

der von der Infanterie kommandierten Soldaten durch Artilleristen zog sich jedoch über längere Zeit hin. Bei dieser Veränderung wurden auch die Zulagen für das Feuerwerkspersonal erhöht, erneuert wurde die strenge Pflicht zur Verschwiegenheit.[259] Zur Übergabe seiner Aufgaben hatte General v. Müffling dem Prinzen August offensichtlich noch eine Denkschrift zum taktischen Einsatz der Artillerie, die wohl auch eine Art Rechenschaftsbericht zum Raketenwesen darstellte, vorgelegt, in dem er auch kurz die unterschiedlichen europäischen Entwicklungen beurteilte:

„Das englische RaketenSystem habe ich aus guten Gründen verworfen nachdem ich es besser kannte. Das östreichische System scheint mir ungleich besser, aber noch nicht völlig ausgebildet. Diese Ausbildung habe ich verfolgt, nachdem ich genau den Standpunkt kennengelernt hatte, auf welchen die Österreicher 1826 waren. Die Polen waren in den letzten Jahren ohngefähr ebenso weit gekommen, die Russen waren damit 1830 noch ganz zurück. Alle diese Mächte hatten aber bis jetzt noch keinen bestimmten Zweck vor Augen. Congreve und Augustin wollten die Artillerie verdrängen und deshalb werden sie selbst und ihre Raketen angefeindet."[260]

Die Leitung des Raketenwesens wurde nunmehr an Generallieutenant von Braun übertragen, wobei offensichtlich in der Folge Prinz August erheblich mehr in die Raketenentwicklung eingegriffen hat, als er dies bisher getan hatte.[261] Auch Major Dietrich, der sich mit General v. Müffling sehr gut gestanden hatte, scheint nunmehr weniger Freiheit in der Entwicklung gewährt worden sein.[262] Nach einer längeren Pause nach dem vergleichenden Versuch ließ der Prinz zunächst nur 3 Arten Raketen verfertigen, die 3zölligen als Brandraketen für Distanzen von 2.000 Schritt, die 2zölligen Bogenraketen für Distanzen von 400 bis 500 Schritt und die 2zölligen Rikoschettraketen für den Einsatz bis 1.200 Schritt. Dabei sollten letztere völlig neu nach Angaben des Hauptmann Meyer nach englischen Vorbild entwickelt werden, wobei der Gefechtskopf einer Spitzkappe ähnlich werden sollte, überdies sollte diese Rakete nunmehr den Stab in der Achse der Rakete tragen.[263]

Parallel hierzu bemühten sich die Besitzer des congrev'schen Raketenfabrik weiterhin um Preußen, hier man war aber allenfalls an einigen Mustern für Vergleichsversuche interessiert, während die Briten nur bereit waren, eine große Menge zu liefern. Die Verhandlungen wurden dann 1832 endgültig abgebrochen, nachdem sich die Besitzer der Raketenfabrik nur unter der Bedingung bereit erklärten eine kleinere Menge zu verkaufen, „wenn ihnen nicht die Gewißheit gewähret würde, daß solche nach Häfen außerhalb Europa bestimmt seyen."[264]

Im November 1831 hatte Prinz August Kenntnis von den Versuchen Kühns mit stablosen Raketen in Sachsen erhalten;[265] Wohl auf Wunsch des Prinzen legte Kühn am 30. November eine Denkschrift zum Raketenwesen vor, in der er seine Erfahrungen und die Grundsätze für seine Raketenkonstruktion mit einzelnen Ergebnissen schilderte, gab aber zugleich an, daß eine ihm zugeschriebene Verkaufsabsicht auf einem Mißverständnis beruhe.[266] Der Prinz zeigte sich von der Denkschrift beeindruckt und ließ über den Major v. Radowitz Kühn fragen, ob er bereit wäre, „nach Meißen abgesendeten Personen" Näheres über seine Raketen mitzuteilen, um anschließend größere Versuche durchführen zu können, auch ersuchte er um Mitteilung der Modalitäten, unter welchen Kühn sein Geheimnis dem preußischen

---

Secondelieutenant Filz, Hiemke von der Artillerie Brigade und Wille von der Garde Artillerie. Die Lieutenants v. Liebermann und Hering sind dieser Kompagnie attachiert. [Keltz, Filz und Hering sowie später Liebermann waren bereits an den Versuchen 1830 beteiligt] In der allerhöchsten Cabinets Ordre ist ferner bestimmt, daß ich nach wie vor Director des Betriebs in dem Raketen Laboratorium bleiben soll. Die Direction über das Zünder Laboratorium hat mir der Herr Generallieutenant Braun ebenfalls übertragen. Die bisherigen Mannschaften des Raketen Laboratorii werden der Feuerwerks Kompagnie einverleibt . . . Eingetroffen sind bisher die sämmtlichen Offiziere exclusive des Major König und die Rechnungsführer, die 4 Oberfeuerwerker, 1 Unteroffizier und 25 Mann von der Garde Artillerie, und 25 Mann von der 2ten Artillerie Brigade sind auf dem Marsch hierher." Die unterschiedliche Anzahl der Lieutenants mag sich aus einer Unklarkeit in der A.K.O. vom 28. März ergeben haben, als Etat wurden 4 Lieutenants festgesetzt, in Ziffer 3 wurde jedoch gesondert festgelegt, daß ein Seconde-Lieutenant als Rechnungsführer zu kommandieren sei.

259) ibidem, „ . . . denn es erhält jeden Arbeitstag der Oberfeuerwerker 10 gr., der Unteroffizier 8 gr., und jeder Gemeine 5 gr." (Die Zulagen des Capitain betrugen 20 Taler, die des Lieutenants 8 Taler und die des Rechnungsführers 6 Taler monatlich. Alle Zulagen galten aber nur „So lange eine angestrengte täglich ununterbrochene, fortdauernde Arbeit stattfindet . . . jedoch nur insofern und auch so lange, als diese Mannschaften zu dem Geschäfte brauchbar sind, andernfalls müssen sie gleich entlassen und durch andere ersetzt werden." [GSPK, I. HA., Rep. 77, Tit. 332, No. 8]) Zur Verschwiegenheit: „Es ist mir und jedem Mitglied des Laboratorii eine ganz strenge Geheimhaltung, bei Strafe vor ein Kriegsgericht gestellt zu werden, anbefohlen worden." In Ziffer 5 der A.K.O. vom 28. März war verfügt worden: „Alle Officiere und Mannschaften, welche bei dem ganzen Geschäft angestellt werden, müssen einen besonderen Eid der Verschwiegenheit ablegen."

260) GSPK, Nl. v. Müffling, Entwurf eines Schreibens an Prinz August vom 21. März 1831

261) General von Braun schrieb hierzu (GSPK, Nl. v. Müffling, Schreiben vom 21. Juli 1831): „Da seine königliche Hoheit dem Prinzen August die obere Leitung dieser Angelegenheit übertragen worden, so haben höchstdieselben auch eine Vorschrift ertheilt, welche Arten von Raketen, und in welcher Reihenfolge dieselben gefertigt werden sollen. Der Prinz folgt hierbei ausschließlich den Vorschlägen des Hauptmann Meyer und Major v. Radowitz, und Ersterer hat die spezielle Bearbeitung aller in dieser Sache vorkommenden Correspondenz, und Berichte an Seine Majestät pp von denen ich durchaus keine Kenntnis erhalte. Es muß mir sehr wichtig seyn, daß Euer Excellenz hiervon unterrichtet seyn, damit dieselben nicht meinen (geschehen ?) wovon ich nicht den mindesten Theil habe und auf diese Weise veranlaßt werden können, von meinen Character eine nun nicht wünschenswerthe Meinung zu fassen."

262) GSPK, Nl. v. Müffling, Schreiben v. Braun vom 31. März 1931: „Wenn ich es Euer Excellenz Antrag zuschreiben muß, daß ich mit dem Raketenwesen beauftragt worden bin, so ist mir das hiermit bewiesene Vertrauen zwar sehr schmeichelhaft. allein nichts desto weniger finde ich mich in einer sehr verwickelten Lage, und bei der mir angewiesenen Stellung ist es noch sehr zweifelhaft, ob ich jemals im Stand seyn werden das in mich gesetzte Vertrauen zu rechtfertigen. . . . Es wird nunmehr alles drauf ankommen ob man mir freie Hand lasse, oder vorschreiben wird was ich versuchen soll." (v. Braun sprach hier sein Verhältnis zu Prinz August an) Major Dietrich schrieb am 17. April ((GSPK, Nl. v. Müffling): „Wenn ich nicht überstimmt werde, da es jetzt hier viele Leute gibt, die alles besser wissen, so werde ich vorschlagen, Raketen trocken zu pressen und die Raketen 4 Caliber lang cylindrisch zu bohren . . . die cylindrische Bohrung gibt übrigens auch die größte Geschwindigkeit" [eine Feststellung, die dann in den fünfziger Jahren auch in Frankreich von General Susane getroffen und erfolgreich realisiert wurde]; über dieses Engagement des Prinzen August von Preußen liegen sonst leider keine Nachrichten vor, in einer Würdigung seiner Tätigkeiten (o. Verf., Die militairische Wirksamkeit des hochseligen Prinzen August von Preußen, in: MWBl, 1843, S.247, [mehrere Fortsetzungen]) wird die preußische Raketenentwicklung nicht angesprochen.

263) GSPK, Nl. v. Müffling, Schreiben v. Braun vom 21. Juli 1831, er fügte hinzu: „Überhaupt hat der Hauptmann Meier eine Menge neuer Ideen über Raketen Fabrication in Vorschlag gebracht, und selbst einen Plan zur Organisation des Feuerwerks-Laboratoriums, in Beziehung auf den technischen Betrieb, ausgearbeitet und eingereicht. Nur mit Mühe habe ich erlangt, daß man neben den Meierschen auch noch zuvörderst auch die bisher fabrizirte Erdrakete [= Rikoschettrakete] - jedoch mit einer Spitzkappe versehen, versuchen wird. . . . Was meine Einwirkung auf das Raketenwesen anbelangt, so habe ich bloß die spezielle Leitung d.h. Eintheilung und Anordnung der höhern Orts vorgeschriebenen Arbeit, und ich bin auch nicht Willens mich auf etwas mehr einzulassen. Es wird mir ohnehin schwer werden diesen Geschäftszweig zweckmäßig zu leiten."

264) DHMB, Rep. Z 08, Kriegs-Ministerium vom 13. Januar 1831 und vom 5. Februar 1832, die endgültige Absage wurde der General-Inspektion der Artillerie mit Schreiben Kriegsministerium vom 22. März 1832 mitgeteilt.

265) DHMB, Rep. Z 08, Schreiben General v. Witzleben vom 2. November 1831: „ . . . daß nach einer mir auf vertraulichem Wege zugekommenen Mittheilung dem Inspector Kühn von der Porzellanfabrik in Meissen, welcher zugleich Director der Steinguthfabrik in Hubertsburg ist, nach vieljährigen kostspieligen Versuchen eine neue Art von Brandraketen erfunden haben will, welche durch ihre Sicherheit in der Richtung, Schußweite, Wirksamkeit und leichte Transportabilität von allen bisherigen Raketen den Vorzug verdienen sollen. Aus besonderer Vorliebe für Preußen ist der Erfinder bereit, uns seine Erfindung abzulassen, nachdem er durch Versuche in Berlin, oder wo es sey, von deren Nützlichkeit den Beweis abgelegt haben werde."

266) DHMB, Rep. Z 08, Denkschrift, die Anfertigung, Beschaffenheit und den Werth vervollkommneter Kriegsraketen betreffend, Meißen, den 30. November 1831; Prinz August ließ hierzu durch den Hauptmann Dr. Meyer ein Gutachten anfertigen (ibidem, Gutachten zur Denkschrift des p. Kühn, Berlin, den 14. Dezember 1831), in dem Meyer die technische Realisierbarkeit von Raketen ohne Stab für möglich hielt, aber bezweifelte, daß diese ricoschettieren würden. Der General Braun schlug darauf hin vor, zur Überprüfung der Angaben Kühns den mit der Raketenherstellung vollkommen vertrauten Premier-Lieutenant Keltz zu entsenden. (ibidem, Schreiben General-Lieutenant Braun vom 22. Januar 1832)

Prinz August von Preußen (Bild: Priesdorff)

Staat abtreten würde.[267] Etwa zeitgleich war aus Dresden ein Gustav Borger an das preußische Kriegsministerium herangetreten und hatte einen verbesserten Apparat zur Raketenherstellung angeboten:

„. . . und angezeigt hat, daß es ihm gelungen sey, den Apparat der Raketen Fabrikation so wesentlich zu verbessern, daß die wichtigsten Theile desselben nicht 3 Fuß Höhe, 2 Fuß Breite und kaum 1 Fuß Stärke hätten, daß solcher die Genauigkeit, womit er arbeitet, selbst angäbe, dabei unabhängig von der Geschicklichkeit des Arbeiters bliebe, und endlich eine leichte Fortschaffung desselben möglich sey, indem dieser sein Apparat nur höchstens 10 Ctr schwer seyn würde. Da hierdurch ein transportables Raketen-Laboratorium gebildet und dies namentlich bei Belagerungen Wichtigkeit werden könnte . . ."[268]

Am 14. März teilte Kühn dann dem Prinzen mit, daß er bereit wäre, Versuche durchzuführen.[269] Am 22. Mai trafen Hauptmann Meyer und Lieutenant Keltz in Dresden ein, wo sie die Erfindung von Borger besichtigten. Gleich anschließend reisten sie nach Meißen weiter, wo sie Kühn trafen, der als „ein sehr gewandter und wohlunterrichteter Mann" von ihnen geschildert wurde. Kühn verhielt sich recht zurückhaltend und äußerte, er müsse mit äußerster Vorsicht vorgehen, um sich nicht zu kompromittieren. Der erforderlichen Geheimhaltung wegen führte Kühn dann den Versuch mit 6 Raketen um 2 Uhr nachts durch. Zum Abfeuern der Raketen benutzte er eine „8 Fuß lange Schießröhre von Bleche auf einer ganz einfachen hölzernen Rinne, mit dem hintern Ende auf der Erde ruhend aufgestellt". Zu den Raketen schrieb Keltz:[270]

„Sie gleichen in Allem denen in der Denkschrift des p. Kühne vom 30ten November v. J. beschriebenen. Es waren nämlich cylindrische sehr gut bearbeitete Büchsen von weißem Blech, etwa 3" im Durchmesser und 12 bis 14 Zoll lang, an dem vordern Ende waren sie halb sphärisch abgerundet und durch eine Oeffnung a von etwa 1/2 Zoll Durchmesser, sah der obere Theil eines Blechknopfes hervor. Der untere Theil, das Brandloch, war durch die blecherner Kapsel e fest verschlossen und diese Kapsel durch übergeklebte Streifen eines starken Papiers auf der Hülse festgehalten. An einer halbfertigen Rakete zeigte er uns die äußere Construction, die ebenfalls mit den Angaben der Denkschrift übereinstimmen. Diese Rakete bestand aus der 2 Zoll im Durchmesser haltenden Hülse a, die wie gewöhnlich gefertigt und blos genietet nicht gelöthet war, dem Blechknopf b, einem hölzernen Ringe c und einem ebensolchen d, welche den Durchmesser des Blechknopfes hatten. Unter dem Ringe d war die Rakete wie die Fertigen, durch eine Blechkapsel fest verschlossen. Der Balancepunkt der Rakete lag aber im ersten Drittheil der Länge von vorne. Als geschossen werden sollte, mußten wir uns entfernen, und der Begleiter des p. Kühne führte uns etwa 100 Schritt zur Seite." (Zeichnung auf Seite 265)

Die Raketen wurden dann unter 7 Grad Elevation abgefeuert, wozu Kühn eine etwa fingerlange Stoppine und ein Zündlicht benutzte.

„Die Raketen gingen so wie sie Feuer bekamen alle 6 überaus rasch aus der Röhre und beschrieben, bis auf Eine die gleich nach 100 Schritt von dem Gestelle hob, einen vollkommen reinen Bogen, ohne alles Bucken oder Schwanken. Die Geschwindigkeit war den mit Schlagröhren abgefeuerten 2zölligen Raketen unseres Laboratoriums nahe, das Geräusch war bedeutend geringer, der Satz gab keinen Schweif, brannte sehr licht, war noch nicht verlöscht, wenn die Raketen die Erde erreichten und schien allen Anzeichen nach reich an Salpeter zu sein und mehr Schwefel als Kohle zu enthalten. Die 2te 3te und 5te Rakete hielten ihre Elevation wie es schien richtig, die 1te 4te und 6te gingen dagegen unter etwa 15° fort; der p. Kühne hielt aber die erstgenannten für verunglückt und für zu niedrig gehend, wie ihm überhaupt die Resultate des Versuchs nicht genügten. Alle Raketen überschlugen sich, wenn sie erst einen Aufschlag gemacht hatten und es war augenscheinlich, daß sie nach dem ersten Aufschlage nicht mehr als brauchbare Geschosse zu betrachten waren, denn sie verloren dann die Richtung und Perkussionskraft im hohen Grade . . . Alle ersten Aufschläge hatten die Linie bis auf eine Seitenabweichung von 10 bis 15 Schritt bei Wurfweiten von 300 bis 700 Schritt gut gehalten."

---

267) DHMB, Rep. Z 08, Schreiben Major v. Radowitz an Kühn vom 29. Dezember 1831, v. Radowitz setzte hinzu. „Es bedarf nicht des Zusatzes, daß Er sich der vollkommensten Discretion versichert halten können, bis Sie es angemessen gehalten werden, die Genehmigung der k. Sächsischen Regierung einzuholen." Das Schreiben wurde über Bergrat Grössel geleitet.

268) DHMB, Rep. Z 08, Schreiben des Kriegsministers v. Hake an Prinz August vom 18. Februar 1832. Nach Auskunft der Gesandschaft zu Dresden war Borger ein Kupferstecher, der als sehr zuverlässig gelte. Der Kriegsminister schlug dann vor, der zu Kühn nach Meißen zu entsendenden Kommission zugleich den Auftrag zu geben, die Erfindung Borgers in Dresden zu prüfen, um Zeit zu sparen und bat um Vorlage einer Instruktion für die betr. Offiziere, bevor er die Zustimmung des Königs zu der Reise einholen werde. Die Reise wurde am 25. Februar 1832 genehmigt, die Instruktion unter dem 29. Februar erlassen. Für die Reise wurde festgelegt, daß „der Hauptmann Meyer die ihm zustehende Extrapost liquidiren kann und dafür den Lieutenant Keltz in seinem Wagen mitnehmen muß, so wie, daß beide Officire die den General Stabs Officiren für solche Fälle zustehenden Zulagen mit 2 Th täglich für den Hauptmann und 1 Th 20 f täglich für den Lieutenant zu empfangen haben werden." (Kriegsministerium vom 13. März 1832)

269) ibidem, Schreiben Kühn an Prinz August vom 14. April 1832. Er teilte auch mit, daß er inzwischen die Hülsen seiner Raketen stärker gemacht habe, weil diese aufgrund der Unvollkommenheit seiner Maschinen sonst zu leicht sich verziehen und verbiegen würden, was allerdings zu größeren Seitenabweichungen geführt hätte (bis zu 40 Schritt). Vorher hatte mit Schreiben vom 7. März Kühn den Prinzen um Aufschub gebeten, weil aufgrund der langen Krankheit und des Todes seiner Frau vieles liegen geblieben wäre, „was erst in Ordnung gebracht werden muß."

270) DHMB, Rep. Z 08, Bericht des Lieutenant Keltz an den Prinzen August, Dresden den 24. Mai 1832. Zu der Erfindung Borgers liegt kein Bericht vor. Die Blechkapsel „e" der Beschreibung diente wohl dazu, die für das Bewirken der Rotation bestimmte, besondere Konstruktion der Gasaustrittsöffnungen zu verbergen. (Zur Konstruktion siehe in diesem Abschnitt: Königreich Sachsen)

Keltz stellte dann fest, daß diese Raketen zum Rikoschettieren nicht geeignet wären; Kühn schien bereit gegen eine Renumeration sein Geheimnis an Preußen zu übergeben, wollte selbst aber keine Summe nennen, sondern ein Angebot erhalten.[271] Aufgrund des Berichtes entwarf Prinz August einen Vertrag, mit dem sich Kühn verpflichten sollte, seine Raketen selbst oder durch einen Beauftragten in Spandau eingehenden Versuchen zu unterziehen und ihr Geheimnis gegen eine noch nicht festgesetzte Renumeration Preußen zu überlassen. Kühn wies den Entwurf zurück, er sei nicht zu Verhandlungen bereit, bevor ihm nicht verbindlich die Höhe der Renumeration genannt würde. Ein nochmaliger Versuch, Kühn zu einer vertraglichen Bindung zu bringen, war ebenfalls erfolglos, Hauptmann Meyer, der hierfür nochmals nach Sachsen gereist war, meldete, er habe den Eindruck, daß Kühn überhaupt nicht verhandeln wolle, es wäre ihm wohl nur um die Anerkennung seiner Erfindung gegangen.[272]

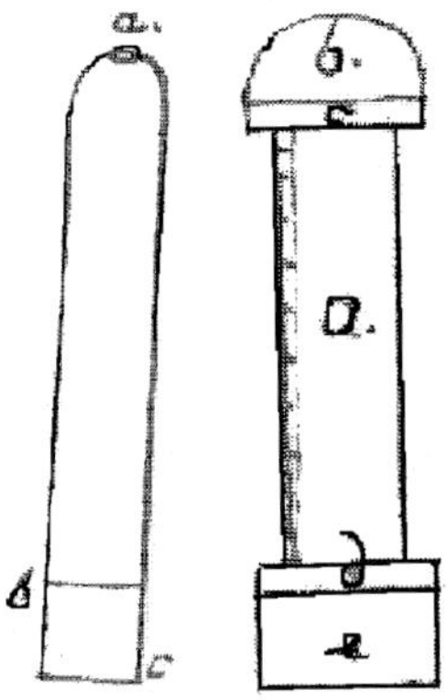

Kühn'sche Raketen (Zeichnung: Lt. Keltz)

1835 bewarb sich ein weiterer Konstrukteur bei Prinz August, es handelte sich um den in russische Dienste übergetretenen, österreichischen Major Moor, der seine vervollkommneten Kriegsraketen und die zur Fertigung erforderlichen Maschinen zum Kauf anbot:

„Da Eure Königliche Hoheit die Oestreichischen Raketen gesehen haben, so werden Allerhöchstdieselben den Werth der meinigen am besten bestimmen können. Bey meinem Eintreffen werde ich überdies Alles, außer meinen Sätzen, Euer Königlichen Hoheit unterlegen. Meine vorgerückten Jahre und meine, durch allhier während 6 Jahren erlittene Kränkungen geschwächte Gesundheit, erlauben mir nicht mehr Dienst zu nehmen; - ich sehe mich aber, - zur Regulierung meiner häuslichen Umstände, die durch Unglücksfälle und besonders durch viele gemachte Geschäfts-Auslagen zerrüttet sind, - genöthigt, folgende Bedingungen der Genehmigung Euer Königlichen Hoheit zu unterlegen:

I. Für die Uebergabe der Pläne von den Maschinen, welche zur vollkommenen Verfertigung der Kriegs-Raketen erforderlich sind, - vorzüglich aber für das Modell der Hülsenwalze und Bohrmaschine, und zur Bestreitung der Reise, brauche ich sogleich 4.000 Rthl Pr. Crt, wogegen ich vor meiner Abreise der hiesigen Königlichen Gesandschaft zur Voraussendung alles dieses übergebe.

II. So lange ich mit der Bearbeitung daselbst beschäftigt bin und zugleich das Personal für diese Arbeiten anleite, erhalte ich monatlich 250 Rthr Pr. Crt.

III. Nach der vollkommenen Herstellung meines angegebenen Systems, und nach der Uebergabe aller meiner Sätze, erhalte ich 25,000 Rthl P. Crt.

IV. Außer einigen Raketen zur Anwendung der neuen Art Stäbe, sind keine Versuche meiner Seits erforderlich, da alle meine Angaben erprobt sind."[273]

Auf dieses Anerbieten, in dem keinerlei Angaben zur Leistung der Raketen gemacht wurden, wurde dann nicht weiter eingegangen.[274]

1835 scheint man auch begonnen zu haben, die Ausgaben für die Raketenversuche zu begrenzen, am 22. Januar waren noch 1.500 Taler angewiesen worden, jedoch mit der Maßgabe, eine Übersicht aller bisher entstandenen Kosten vorzulegen. Zugleich wurde mit A.K.O. vom 27. Januar verfügt, „daß Allerhöchstdieselben von jetzt an keine weiteren Summen zur Fortsetzung der Versuche bewilligen, vielmehr erst einem Versuche Allerhöchstselbst beiwohnen wollen, um zu bestimmen, wie weit und unter welchen Modalitaeten die Sache noch zu verfolgen sein wird."[275] Es scheint aber dann wohl doch in der Folge eine positive Entscheidung erfolgt zu sein.

In den folgenden Jahren wurden die Versuche mit wechselnden Ergebnissen fortgeführt, zusätzlich wurden Leuchtraketen mit Fallschirm erprobt,[276] für deren Entwicklung der Lieutenant Hiemke zuständig war. Im Gegensatz zu Österreich und Dänemark wurde bei den preußischen Leuchtraketen der Fallschirm nicht in der Leuchthaube mitgeführt, sondern außen um diese gewickelt und mit einer Kette am Leuchtkörper befestigt, weiterhin war er nicht wie jene rund sondern viereckig. Für diesen Zweck wurden 1- und 6pfündige Raketen verwendet; die Leuchtzeit betrug bei den kleinen Raketen $1^1/_2$ bis 2 Minuten, bei den großen bis zu 3 Minuten.[277] Der Abteilung B war indessen die Herstellung brauchbarer Shrapnellzünder gelungen. Ab 1832 wurden ferner auch Versuche mit Espingolen durch die Sektion A der Abteilung durchgeführt,[278] eine Entwicklung, die nach Einführung des Zündnadelgewehrs schnell wieder in Vergessenheit geriet.

---

271) ibidem

272) DHMB, Rep. Z 08, Vertragsentwurf vom 9 Juni 1832, Schreiben Kühn vom 9. Juni 1832 und Bericht des Hauptmann Meyer vom 15. Juni 1832; Kühn selbst beschrieb später diese Unterhandlungen, ohne jedoch auf die Vorführung seiner Raketen einzugehen (BA-AF, DB 56/86, Kühn, a.a.O.) „Der Unvollkommenheit dieser Leistungen ohngeachtet [Kühns erste Raketen hatten eine Seitenabweichung von bis zu 10°, die aber dann während des Fluges konstant blieb], wurden inzwischen doch infolge fremder, ohne mein Wissen die königl. Preuß. Regierung darüber gelangter Mittheilungen im Jahre 1832 durch den damaligen Generalsinspector der kg. Preußischen Artillerie, den Prinzen August von Preußen, theils unmittelbar, theils durch Vermittlung des damaligen Hrn Majors von Radowitz, deshalb Unterhandlungen mit mir eröffnet welchen ein halbes Jahr später, auch Anerbieten für die Mittheilungen meiner Erfahrungen folgte . . . Seitens der Kg Preußischen Artillerie sind dem Vernehmen nach späterhin darauf bezügliche Versuche angestellt worden, deren Ergebnisse ich jedoch nicht in Erfahrung zu bringen vermochte." (v. Radowitz war Mitglied der preuß. Artillerie-Prüfungs-Commission)

273) DHMB, Rep. Z 08, Schreiben Major Moor an Prinz August, St. Petersburg, d. 11/23 Januar 1835, zu Major Moor siehe auch Abschnitt „Kaiserreich Rußland"

274) DHMB, Rep. Z 08, Schreiben des Kriegsministers v. Witzleben an Prinz August vom 28. Februar 1835: „. . . und urschriftlich hierbei zurückerfolgenden Schreiben des aus Russischen Dienste verabschiedeten Major Moor gemachten Antrag, wegen Mittheilung seines Verfahrens bei Verfertigung der von ihm vervollkommneten Raketen nicht eingegangen werden kann, und zwar um so weniger, als Eine Hochlöbliche General-Inspection selbst erklärt, daß in den Angaben des p. Moor über die Leistungen seiner Raketen nichts Wesentliches enthalten sei, was nicht auch dem in unserm Raketenwesen eingeschlagenen Wege zu erreichen stünde. Einer Hochlöblichen General-Inspection stelle ich daher ergebenst anheim, die Anerbietungen des Major Moor von der Hand weisen zu wollen."

275) ibidem

276) o. Verf., Geschichte des Feuerwerkswesens, a.a.O., S. 90: „In den folgenden Jahren wurden in der Abteilung A, bald mit günstigem, bald mit ungünstigem Erfolg, Versuche mit Raketen . . . fortgesetzt." General v. Braun hielt weniger von den Versuchen mit Leuchtraketen mit Fallschirm: „Der wesentlichste Mangel aller Leuchtraketen mit Fallschirm liegt meiner Ansicht nach darin, daß der an dem Fallschirm befestigte Leucht-Körper ein Spiel des Windes ist, und nach Maßgabe der Richtung und Stärke desselben nicht selten von dem zu beleuchtenden Terrain ganz hinweg geführt wird. Alle anderen Mängel . . . würden, wie es mir scheint, ohne große Schwierigkeiten zu beseitigen sein, wenn nur erst jener Hauptmangel gehoben worden wäre, der den Gebrauch der Leuchtraketen auf windstilles Wetter einschränkt, oder doch mindestens ihre Benutzung bei starkem Wind verbietet." (DHMB, Rep. Z 08, Schreiben General v. Braun an Prinz August vom 10. März 1832) Leuchtraketen ohne Fallschirm waren bereits zuvor, möglicherweise von den Feuerwerkern der Corps in deren Standorten, verfertigt worden. Zumindest gab der Lieutenant Hiemke, der die Leuchtraketen mit Fallschirm entwickelte, in einem Bericht an, er habe in Coblenz Leuchtraketen (ohne Fallschirm) angefertigt. (ibidem, Bericht vom 3. März 1832)

277) DHMB, Rep Z 08, Bericht über die dänischen Leucht- und Fallschirm-Raketen, in wiefern aus ihnen für die von mir erfundenen Vortheil zu ziehen sey, Hiemke, Lieutenant, Spandau, den 3. März 1832. Hiemke hatte zu einem Bericht des Hauptmann von Scheele über das dänische Raketenwesen in Bezug auf die Leuchtraketen Stellung zu nehmen, wobei v. Scheele in Dänemark einen Versuch mit 5 Leuchtraketen beobachten durfte, bei dem sich allerdings bei mehreren Raketen der Fallschirm vorzeitig vom Leuchtkörper getrennt hatte. Bei einem Vergleich kam Hiemke zu dem Schluß, daß allenfalls ein Versuch mit dem dänischen Leuchtsatz, der heller als der preußische brannte, wünschenswert wäre. Im Übrigen hielt er die preußischen Leuchtraketen hinsichtlich Zuverlässigkeit und Leuchtzeit für überlegen.

278) siehe Abschnitt Dänemark; die Versuche mit Espingolen begannen 1832, das Konstruktionsprinzip scheint von Dänemark - aus Angst vor Österreich - unter strenger Geheimhaltung mitgeteilt worden zu sein; aus einem Rohr konnten in kürzester Zeit 32 Schuß auf eine Entfernung von 200 Schritt abgefeuert werden; ein erster befriedigender Schießversuch erfolgte in Preußen am 19. Juni 1833 (Dr. Langhans, a.a.O., S. 28)

Ab diesem Jahr unterstand das Laboratorium der königlichen General-Inspektion der Artillerie.
Über den Entwicklungsstand der Raketen hieß es in einem Artikel:[279] *„Die zu Spandow gefertigten Raketen hatten jetzt im Allgemeinen eine Flugdirection, die wenigstens eine Bataillonskolonne, auf die man sie richtet, nicht verfehlen wird, und das ist schon genug, um im Felde wirksam zu seyn."*
Der Entwicklungsstand muß aber doch höher gewesen zu sein, 1833 schien der Durchbruch erreicht worden zu sein; bei drei größeren Versuchen mit den 3zölligen Brandraketen ergab sich eine hohe Anzahl von Treffern in das Zielquadrat und auch die Abweichungen waren, wie aus der graphischen Auswertung der Versuche hervorgeht, gering; dasselbe galt für Versuche mit den kurzen Bogenraketen, wo bei einem Versuch auf 630 Schritt 18 von 20 Raketen das Ziel trafen.[280] Am 27. Oktober legte Prinz August dann einen Bericht über den gegenwärtigen Stand des Raketenwesens vor, in dem er aufgrund der als sicher geltenden letzten Ergebnisse, ähnlich wie vorher vergeblich der General v. Müffling, die Einführung der Raketen in die Artillerie vorschlug. Es sollten die Kanonenbatterien, reitende und Fußbatterien, ebenso wie die Haubitzbatterien zusätzlich mit Raketenwagen ausgestattet werden, ebenso die Reserveartillerie der Corps, die Munitionskolonnen, die Belagerungstrains und Festungen, das gleiche galt für die Infanteriedivisionen; wobei für die Infanteriedivisionen nur der Einsatz von Ricoschetraketen vorgesehen war, die von der Erde aus abzufeuern waren. Die Bedienung der Raketengestelle sollte in den Artilleriebatterien durch die Offiziere und Mannschaften dieser Batterien erfolgen, bei der Reserveartillerie, den Festungen, dem Belagerungstrain und den Infanteriedivisionen durch kleine Detachements des Feuerwerkscorps. Dieses sollte für diesen Zweck verstärkt und auf 2 Compagnien gebracht werden, überdies sollten zur Erhöhung des Ausbildungsstandes jährlich im Wechsel von jeder Artilleriebrigade 1 Offizier, 3 Unteroffiziere und 6 Bombardiers zum Feuerwerks Corps kommandiert werden. Die auf diese Weise Ausgebildeten sollten im Kriegsfalle herangezogen werden, um die erforderlichen Detachements zum Einsatz der Raketengestelle zu bilden.[281] Mit A.K.O. vom 5. November dankte der König dem Prinzen August für die geleistete Arbeit und schrieb, daß er die vorgeschlagene Organisation näher in Erwägung ziehen und demnächst darüber beschließen werde.[282] Zu diesem Beschluß kam es dann aber erst 1837, wobei nicht festgestellt werden konnte, ob die vorgeschlagene Einführung der Raketen, und sei es nur in ersten Ansätzen, durchgeführt worden ist. Wohl zeitgleich hatte der Major v. Radowitz eine Denkschrift zur Nutzung der Raketen eingereicht, in der er darauf hinwies, daß die Raketen bei inneren Unruhen bei Straßenkämpfen gegen „die entfesselten Kräfte des Pöbels" eine wertvolle Unterstützung sein könnten, da hier die Artillerie oft nicht wirksam einzusetzen wäre und das kleine Gewehrfeuer allein nicht die Wirkung hätte „wie traurige Erfahrungen lehren . . . um den nothwendigen physischen und moralischen Eindruck hervorzubringen."[283]
Auch bei der Lustfeuerwerkerei wurden erfreuliche Ergebnisse erzielt, für die ein am 12. September 1834 durch Major Dietrich abgebranntes Instruktionsfeuerwerk steht. Die Versuche mit Brand- und Leuchtraketen wurden fortgeführt für 7- und 10pfündige Raketen im Jahr 1837, für 25pfündige im Folgejahr. Das Laboratorium wurde jetzt nicht mehr durch den Dirigenten, sondern durch den Präsidenten der Allgemeinen Betriebs-Verwaltung, Oberst Plümicke, bis 1842 geleitet.
1837 ging über den preußischen Gesandten in Brüssel v. Arnim, der zwischenzeitlich Gesandter in Paris geworden war, ein Anerbieten des

279) o. Verf., Bemerkungen über Kriegsraketen nebst einigen Notizen über das Raketenwesen Östreichs, in: ZfKWGK, 32. Band, Berlin 1834, S. 55. Dennoch scheint der Entwicklungsstand noch als wenig befriedigend beurteilt worden zu sein, in einer Waffenlehre für preußische Offiziere wurde festgestellt: „Bisher haben diese Geschosse [Raketen] noch nicht den Erwartungen entsprochen, welche man sich Anfangs von ihrer Wirkung machte." (o. Verf., Waffenlehre, Berlin 1837, S. 223 - Handbibliothek für Offiziere, oder populaire Kriegslehre für Eingeweihte und Laien, Dritter Band)

280) DHMB, Rep. Z 07, „Versuche mit 3 zölligen Brandraketen" und „Versuche mit kurzen Bogenraketen"; zu den Brandraketen: Versuch vom 25. Februar 1833: auf 1.800 Schritt (30° Elevation) trafen 6 von 12 Raketen in ein Quadrat von 300 Schritt Seitenlänge (die anderen 4 lagen nur wenig außerhalb), am 9. Mai 1833 trafen 19 von 30 Raketen auf 1.700 Schritt (25°) sowie auf 1.800 Schritt 18 von 30 (40°) dies Ziel und am 30. September 1833 trafen bei einem Versuch mit Brandraketen „neuester Fabrikation" auf 1.400 Schritt (25°) 10 von 10 dies Ziel, auf 1.500 Schritt (40°) 9 von 10, auf 2.000 Schritt (15°) 5 von 10, auf 2.200 Schritt (25°) 9 von 10 und schließlich auf 2.300 Schritt (40°) 7 von 10 Raketen dieses Ziel; zu den kurzen Bogenraketen: hier trafen am 5. Oktober 1832 auf 425 Schritt unter 20° 36 von 40 Raketen in ein Quadrat von 100 Schritt Seitenlänge, am 17. Mai 1833 auf 450 Schritt (20°) 17 von 18 Raketen und am 31. August auf 630 Schritt (bei 30° Elevation) 18 von 20 Raketen dieses Ziel; in einem Bericht an den König vom 27. Oktober 1833 (ibidem) schrieb Prinz August zur Entwicklung der Raketen seit seiner Amtsübernahme: „. . . und die Ausbildung derselben lediglich auf solche Richtungen zu beschränken, wo ein sicherer, nahe liegender wenn auch wieder ausgedehnter Gewinn zu erwarten war. Dieses Ziel ist erreicht. Eine unbefangene Würdigung der Leistungen unserer jetzigen Raketen wird nicht füglich in Abrede gestellt werden können, daß dieselben in mehreren Fällen ein bisher nicht vorhandenes Mittel zur Erreichung wichtiger Kriegszwecke, in andere eine wesentliche Ergänzung der Wirkung der Artillerie abgeben. . . . Jedenfalls dürfte es also höchst wünschenswerth seyn, auf Grund des bisher Erreichten jetzt abzuschließen, dem Raketenwesen in Sei. K. M. Armée eine sichere Basis u. hierdurch die Möglichkeit zu geben durch die Artillerie, auf vorgezeichneten Wege zu dem Grade von Kriegstüchtigkeit zu gelangen welche in materieller Hinsicht erst durch die Fabrikation im Großen, in personeller nur durch planmäßige Ausbildung der Offiziere u. Mannschaften zu erreichen ist." In seinem Bericht über den Stand des Raketenwesens vom gleichen Tage stellte der Prinz noch fest: „. . . daß von den in diesem Jahre angefertigten u. und bei den Versuchen abgeschossenen / 172 kurzen Bogenraketen / 258 Brandraketen / 85 Ricoschetraketen / nicht eine einzige crepirt ist."

281) DHMB, Rep Z 07; nachstehende Ausstattung wurde vorgeschlagen: Kanonenbatterien: 2 - 2spännige Wagen mit insgesamt 100 Bogenraketen und 2 Gestellen, Haubitzbatterien: 3 - 2spännige Wagen mit derselben Ausstattung; je Munitionscolonne: 5 - 2spännige Wagen mit jeweils 50 kurzen Bogenraketen und 4 - 2spännige Wagen mit je 100 Ricoschetraketen, je Infanteriedivision: 3 - 2spännige Wagen zu je 100 Ricoschetraketen, zum Einsatz der Raketen sollte hier ein Detachement aus 1 Offizier und 6 Unteroffizieren hinzu treten; je Armeecorps: 8 - 6spännige Wagen zu je 60 Brandraketen und einem Gestell, dazu ein Detachement aus 1 Offizier und 19 Unteroffizieren; zum Belagerungstrain: 12 - 6spännige Wagen mit Brandraketen und 4 - 2spännige Wagen mit kurzen Bogenraketen, dazu ein Detachment aus 2 Offizieren und 10 Unteroffizieren, die Festungen sollten entsprechend ihrer Größe und Armierung mit Brand- und kurzen Bogenraketen sowie Leuchtraketen ausgestatttet werden, sowie ein Detachement aus einem oder mehreren Offizieren mit der entsprechenden Anzahl von Unteroffizieren erhalten. Zur vorgeschlagenen Friedensstärke des Feuerwerks-Corps: je Compagnie 1 Capitain und 4 Lieutenants sowie 2 Oberfeuerwerker, 1 Feldwebel, 1 Capitain d'armes, 8 Unteroffiziere und 60 Gemeine. Zur Beladekapazität der unterschiedlichen Munitionsfahrzeuge hatte zuvor der Kapitain v. Sarnowsky eine Untersuchung angestellt, seinem Bericht hatte er die Maße und Gewichte der verschiedenen Raketenarten beigefügt (Meldung Spandau, den 25ten Oktober 1833 an Major v. Radowitz, ibidem), allerdings mußte er melden, daß sein Ergebnis nur zeichnerisch überprüft wäre, da „der Mangel irgend eines derartigen Fahrzeuges in hiesigen Artillerie Depot, hat nicht gestattet, daß ein Versuch hier Orts hätte gemacht werden können, um die projektirte Verpackung zu begründen, es sind die Angaben vielmehr alle nur auf Zeichnungen gestützt . . ."

282) DHMB, Rep. Z 07, Kabinetsordre, Berlin den 5. November 1833: „Aus Euer Königlichen Hoheit Bericht vom 27ten v. Mts habe ich mit großem Wohlgefallen ersehen, daß das Raketenwesen durch Ihre sehr thätige Einwirkung eine recht erfreuliche Stufe erhalten hat, und gebe Ihnen dafür Meinen lebhaften Dank zu erkennen." Weshalb die Entscheidung über den Antrag des Prinzen August erst später gefallen ist, kann aus den Akten nicht ersehen werden, zumindest schrieb der Prinz am 28. Januar 1834 an den General v. Witzleben, wies daraufhin, daß eine königliche Entscheidung für Anfang Januar erhofft worden wäre und bat um rasche Benachrichtigung, wenn dieselbe ergangen wäre (DHMB, ibidem)

283) DHMB, Rep Z 07, Major v. Radowitz „Ueber den Gebrauch der Raketen bei Aufruhr in Städten" vom 20/11 (das Jahr ist leider verdeckt, die Denkschrift ist jedoch hinter dem Antrag des Prinzen August eingeordnet). v. Radowitz ging hierbei auf die verschiedenen Einsatzmöglichkeiten der Raketen ein und führte ihre Wirkungen auf, so gegen Barrikaden: „Die Percussion von den Ricoschetraketen ist bis zur ersten Hälfte der Bahn so beträchtlich, daß sie 6 Zoll Holz durchdringen und die mit denselben verbundene Granate zersprengt in 10 bis 12 Stücke. Betrachtet man diese Vereinigung der Percussion mit der Sprengwirkung und den moralischen Eindruck, den eine große Zahl rasch hintereinander abgeschossener Ricoschettraketen auf den Volkshaufen hervorbringt, so kann angenommen werden, daß der hartnäckigste Widerstand hierdurch gebrochen und die dichtesten Massen durch wenige Salven zersprengt werden müssen."

belgischen Artillerieoffiziers Hauptmann Bormann ein, der bereit war, „eine von ihm erfundene Verbesserung der Fabrikation der Raketen gegen eine Summe von 5.000 Francs und in dem Falle, daß eine wirkliche Einführung dieser Methode statt finden sollte, eine nachträgliche Belohnung von 25 - 30.000 Francs" Preußen zu überlassen; v. Arnim meldete dabei, daß Bormann ihm ein Memoria zu den Raketen und ein verschlossenes Paket übergeben hätte „welches das Geheimnis selbst enthält auch die Schlüssel zu den von ihm erfundenen Bränden oder Zünder zu den Haubitz-Granaten und Kartätsch-Granaten /:Schrapnels:/ finden würde".[284] Bormann wies in seinem Memoria daraufhin, daß der Aufwand für den Einsatz der Raketen im Verhältnis zu ihrer Wirkung noch zu hoch wäre, so daß erst eine Verbesserung der Fertigung ihren Gebrauch sinnvoll machen könne; er habe Versuche durchgeführt und stellte zu seiner neuen Methode fest:

„1. Die Anfertigung der Raketen wird um Vieles einfacher, dadurch viel leichter und schneller ausführbar und deshalb wohlfeiler werden als sie es bisher war.

2. Der Treibesatz der Raketen bildet eine für die Praxis als durchaus gleichförmig dicht zu betrachtenden Masse, und die Unterschiede welche in den Dritttheilen der Satzarten bei verschiedenen Raketen aber von gleichem Kaliber stattfinden dürften, werden unverhältnißmäßig geringer ausfallen, als dies bei den nach den älteren Grundsätzen angefertigten Raketen der Fall sein kann. Daraus geht nun hervor, daß die Wahrscheinlichkeit des Treffens oder auch die Leistung der neueren Raketen größer ausfallen muß, als die der jetzt üblichen.

3. Ist die Anfertigung neuerer Art ohne Gefahr für die Arbeiter.

4. Erfordert die Anwendung der neueren Anfertigungsart nicht unbedingt, daß die Gestalt der eisernen, jetzt üblichen Raketenhülsen geändert werde.

5. Können die wegen der neueren Anfertigung nöthig werdenden Abänderungen in den Geräthschaften eines schon bestehenden Kriegs-Raketen-Laboratoriums von keiner großen Bedeutung sein, und endlich dürften

6. eine in folgenden Paragraphen vorgeschlagene Art der Anbringung des Stabes an die Raketen vielleicht von Nutzen und die darin in Bezug auf die Verbrennung der Rakete aufgestellte Theorie von einigem Interesse sein.

Im Ganzen also würde Herabsetzung der Anschaffungskosten und eine vermehrte Gleichförmigkeit in der Wirkung der Raketen, der Gewinn sein."[285]

Die Stellungnahme der General-Inspection konnte nicht sogleich erfolgen, da Prinz August zu dieser Zeit die russischen Manöver in Wosnessensk besuchte und erst Ende November zurück erwartet wurde. Seine Meinung schien aber insbesondere deshalb erforderlich, weil man in den letzten Jahren vor allem durch die Einführung der hydraulischen Presse erhebliche Fortschritte in der Raketenfertigung gemacht hatte. Auch wollte man nicht unbesehen auf die Forderung Bormanns eingehen, da es möglich erschien, daß nur Teile seiner Ideen in Spandau anzuwenden wären, was den vollen Preis nicht gerechtfertigt hätte.[286] Die Stellungnahme scheint positiv, in Bezug auf die Kosten aber im Sinne des Kriegsministeriums, ausgefallen zu sein, da Bormann zunächst auf seiner ursprünglichen Forderung bestand, dann aber bereit war nachzugeben und auf die Billigkeit der preußischen Regierung zu vertrauen, wobei er nur darauf bestand, eine Entscheidung über die Annahme seiner Methode binnen sechs Monaten und zusätzlich eine Abschrift des Protokolles über die bis dahin erfolgten Versuche zu erhalten.[287] In wie weit sein Verfahren dann von Preußen genutzt worden ist, konnte nicht festgestellt werden.

Ab 1834 erfolgten weiterhin Versuche mit den vom dänischen Kriegskommissär Foss um 1830 konstruierten Gewehrraketen, also Brandraketen zum Abfeuern aus Gewehren und Pistolen. Diese Gewehrraketen sollten auf 1.000 Ellen aus Gewehren und 500 Ellen aus Pistolen treffsicher sein und alle brennbaren Körper entzünden. Entsprechend einem Bericht vom 7. Oktober sollte ihre Wirksamkeit zum Entzünden von Ortschaften, zum Aufsprengen von Protzen und Munitionswagen, zum Beschießen und Entzünden von Sappenspitzen und zum Entzünden von Blockhäusern geprüft werden. Hierzu standen 120 Gewehrraketen zur Verfügung.

„. . . sie bestanden dem äußeren Ansehen nach aus einer $1^1/_2$ Zoll langen und 0,64" im Durchmesser haltenden Hülse von getriebenen Kupfer, aus welcher an einem Ende durch eine etwa 0,40" große Oeffnung ein flach abgerundeter Bleikörper, an dem entgegen gesezten Ende aber durch eine etwa 0,20" im Durchmesser haltende Oeffnung eine Pulversatz ähnliche Masse, welche ein wenig eingebohrt war, sichtbar wurde. Die ganze Rakete war in einer patronenähnlichen Hülse eingeschlossen . . . Es ist jedoch hierbei zu bemerken, daß diese Geschoße ihrer Einrüstung nach eher dem Begriff des Schwärmers als der Rakete entsprechen."

Auch das Laden dieser „Raketen" wurde beschrieben:

„Aus einer Platzpatrone wurde die erforderliche Ladung in einem Lademaaß abgemessen, von dieser etwas auf die Pfanne und das übrige in den Lauf geschüttet, hierauf ließ man die zuvor, von ihrer Papierhülse entblößte Patrone so in den Lauf fallen, daß die Oeffnung durch welche der Satz fühlbar wurde, unmittelbar auf das Pulver, das mit Blei gefüllte Ende derselben, also nach oben zu liegen kam. Die Papierhülse der Rakete wurde nunmehr in einem Propf zusammengeballt und mit zwei leichten Stößen des Ladstockes auf die Rakete aufgesezt."

Bei Schußentfernungen bis zu 300 Schritt ergaben sich gute Resultate, der Rückstoß wurde als mäßig bezeichnet. Zum Ergebnis der Versuche wurde festgestellt:

„Ueberhaupt erscheinen diese Raketen zu allen denjenigen Zwecken, welche wir mit unsern Brandschwärmern beabsichtigen - geeignet, erfüllen dieselben viel genauer, vollständiger und sicherer als diese."

Für ihren Verschuß wurde dann später das gezogene Gewehr M/39 eingeführt.[288]

Am 4. März 1837 wurde auf allerhöchste Kabinettsorder vom 13. Januar und 14. Februar 1837 eine Feuerwerks-Abteilung errichtet, die nunmehr aus zwei Kompagnien bestand, die durch Teilung der bisher bestehenden Kompagnie aufgestellt wurde. Der Etat ihres Stabes sah folgenden Umfang vor: einen Major als Abteilungskommandeur mit einem Seconde-Lieutenant als Adjutant sowie einen Feuerwerker als Abteilungsschreiber. Für die beiden Kompagnien waren vorgesehen:

---

284) Schreiben Kriegsministerium an die General-Inspection der Artillerie vom 23. Dezember 1837 und Schreiben v. Arnim vom 11. September 1837, der Kriegsminister, v. Rauch, fügte hinzu, daß die über Bormann eingezogenen Nachrichten empfehlend ausgefallen wären und forderte die General-Inspektion zu einer Stellungnahme auf: „Die Beurtheilung der Frage, ob ein Eingehen auf die modificirten Anerbieten des Bormann hinreichend gerechtfertigt erscheine, um diese Angelegenheit bevorwortend zur Entscheidung Seiner Majestät des Königs zu bringen, hängt hauptsächlich von der genauen Kenntniß des gegenwärtigen Standpunkts unserer Fortschritte im Raketenwesen ab. Das Kriegs-Ministerium kann daher die nähere Erwägung dieser Angelegenheit nur Euer Königl Hochlöblichen General-Inspection ergebenst anheim stellen."

285) DHMB, Rep. Z 08, Abschrift des Memoria von Bormann „Über die Anfertigung von Kriegsraketen nach anderen Grundsätzen als das bis jetzt üblich war" (ohne Datum)

286) DHMB, Rep. Z 08, Promemoria des Kriegsministeriums vom 20. September 1837

287) DHMB, Rep. Z 08, Schreiben Hauptmann Bormann an v. Arnim vom 2. November 1837. Bormann wies dabei darauf hin, daß er eine weit größere Summe hätte fordern können, wenn es ihm möglich gewesen wäre, seine Methode im Großen zu erproben; auch hätte er gelernt, daß eine Sache, die umsonst angeboten würde, wertlos erscheine. Er wies dabei noch daraufhin, daß er die ausdrückliche Erlaubnis seines Königs habe, dies Angebot an Preußen zu machen.

288) Hausenstein, a.a.O., S. 33, sowie: WHS, E 271 c, Bü 1725, Abschrift des Berichtes der k. Artillerie-Prüfungskommission, Berlin 7. Oktober 1834, Foss wird hier als Assistent des k. dänischen Raketenwesens bezeichnet. M. Thierbach, Die geschichtliche Entwicklung der Handfeuerwaffen, Dresden 1899, S. 166, gab an, daß die Gewehrraketen in Preußen nur aus glatten Gewehren, im Gegensatz zu Baden und Württemberg, verschossen wurden. Er beschrieb diese Rakete: „Die Hülse besteht aus gezogenem Kupferbleche. An deren vorderen Ende ist ein Bleicylinder eingesetzt, welcher dem Geschosse die nöthige Percussionskraft giebt. Der übrige Theil der Hül-

2 Hauptleute als Chefs, 2 Premier-Lieutenants, 4 Seconde-Lieutenants, 4 Oberfeuerwerker, 2 Feldwebel als Capitaines d'armes, 4 Feuerwerker 1. Klasse, 12 Unteroffiziere, 2 Hornisten, 76 Gemeine sowie 1 Kompagniechirurg.[289)] Mit dem Kommando wurde Major v. Scheele, aggregiert zur 4. Artilleriebrigade, beauftragt;[290)] die Soldaten trugen statt der Regimentsnummer auf den Epauletten das neu geschaffene „F". Die Versuche mit den Kriegsraketen scheinen inzwischen so befriedigende Ergebnisse erbracht zu haben, daß die Aufstellung der Feuerwerks-Abteilung auch als Vorstufe zur Aufstellung von Raketenbatterien interpretiert werden kann.

„Man beschäftigt sich gegenwärtig in dem königlichen Artillerie-Korps mit der Einrichtung von Racketen-Batterien, nachdem man nach mehrjährigen Versuchen und Proben, durch die bei dem geheimen Laboratorium zu Spandau hiermit besonders beauftragten Offiziere und sonstige Männer vom Fache, die erfreulichsten Resultate mit diesen Racketen erreicht hatte. Dieselben sind dermal zu einem solchen Grade von Vollkommenheit gebracht worden, daß sie sich in die vortheilhafteste Vergleichung mit den englischen und östreichischen stellen lassen. Man unternahm mit diesen Batterien zu Wedding Proben, wobei mehrere Offiziere zur Beobachtung der von ihnen erreichten Höhe eigens auf dem Kreuzberge aufgestellt waren."[291)]

Seit diesem Jahr unterstand das Laboratorium mit der Feuerwerksabteilung bis 1858 dem königlichen Allgemeinen Kriegs-Departement. 1841 wurde Major von Kunowski als Leiter der Artillerieabteilung im Kriegsministerium auch zuständig für die Feuerwerker-Abteilung:

„Ferner wurde er unausgesetzt den Versuchen hinzugezogen, die sich mit der Vervollkommnung der Kriegsraketen beschäftigten."[292)]

In Anwesenheit König Friedrich Wilhelm IV. fanden am 26. Oktober 1841 auf dem Schießplatz Tegel Schießübungen mit 145 Gewehrraketen sowie mit Leuchtraketen statt. Das Schießen war so erfolgreich, daß jedem Unteroffizier als Anerkennung 15 und jedem Gemeinen $7^1/_2$ Silbergroschen auf Weisung des Königs ausgezahlt wurden.[293)] Im gleichen Jahr wurde Major Scherbening neuer Kommandant der Feuerwerksabteilung. Am 31. März 1842 wurde die Feuerwerkerabteilung der Vereinigten Artillerie- und Ingenieurschule nachgeordnet, deren Direktor, mit dem Rang eines Brigadiers, wurde Oberst Wittich, der zugleich Präses der Allgemeinen Betriebsverwaltung des Feuerwerkslaboratoriums war. Ihm folgte am 27. Mai 1852 Oberstlieutenant Lademann bis 1857. Bis 1849 führte als Commandant die Feuerwerksabteilung Spandau der Oberstlieutenant Scherbening, danach bis 1857 der Major Busch; die 1. Compagnie wurde von Hauptmann Beich, die 2. von Hauptmann Doering geführt. Ferner waren 1 Premier- und 2 Secondelieutenants eingesetzt.[294)]

(3) Die erste Raketenbatterie, Einführung und Ende der Raketen

Major Scherbening scheint sich sehr für diese, für ihn neue technische Aufgabe interessiert zu haben, die er wohl auch recht unabhängig weitergeführt hat. Unter seiner Leitung wurden die 2zölligen Raketen so weit entwickelt, daß sie für den Feldeinsatz genutzt werden konnten.[295)] Da die Einführung der Raketen und die Aufstellung einer Raketen-Batterie nunmehr unmittelbar bevorzustehen schien, wurden 1847 auch Fahrversuche mit Raketenwagen durchgeführt, um zu erproben, ob die Raketen gefahrlos und ohne Beeinträchtigung ihrer Funktion transportiert werden könnten. Die Versuche wurden von einem Artillerie-Commando aus Spandau durchgeführt, das aus einem Offizier, einem Feuerwerker und 15 Kanonieren bestand. Eine Notiz aus Breslau besagt, daß dieses Kommando am 23. Oktober zu Hirschberg angelangt wäre:

„Der Wagen ist mit einer Ladung der neu erfundenen Raketen versehen, die ohne Knall mittelst eines bloßen Gestelles abgefeuert werden, und das Commando soll bei dem Transport über die Berge ermitteln, ob die Raketen auch den starken Transport aushalten können. Es werden deßhalb an verschiedenen Stellen Raketen abgebrannt, um deren Brauchbarkeit zu prüfen."[296)]

Zur Erhöhung der Treffsicherheit und der Reichweite wurden 1847 durch das Feuerwerkslaboratorium Versuche mit Pfeil- und Doppelstabraketen durchgeführt, die aber nicht die gewünschten Ergebnisse erbracht zu haben scheinen.[297)] Der Treibsatz, zumindest der Leucht- und Signalraketen scheint zu dieser Zeit teilweise noch mit einer Ramme geschlagen worden zu sein, zumindest wird diese noch 1851 als Einrichtung, die sich durch lange Jahre im Gebrauch bewährt hat, beschrieben; der aus Eichenholz bestehende „Bär" besaß danach ein Gewicht von etwa 25 Pfund.[298)]

1848 wurde erstmals versuchsweise eine Raketenbatterie aufgestellt,

---

se ist mit einem Brandsatze (13 Theile Salpeter, 3 Schwefel, $2^1/_2$ Mehlpulver, 2 Antimon) ausgeschlagen und an der hinteren kleinen Oeffnung mit einer Anfeuerung versehen." Die Gewehrraketen waren noch 1848 beim Feldzug gegen Dänemark im Truppengebrauch und wurden an die Truppe ausgegeben (MWBl. 1854, Beiheft Februar-September, o. Verf., Darstellung der Begebenheiten des Deutsch-Dänischen Krieges von 1848 unter besonderer Berücksichtigung des Antheils Preußischer Truppen, S. 259, Gefecht am Pulverholz am 23. April) Dem Brockhaus, Leipzig 1878, zufolge, wurden die Gewehrraketen auch vorübergehend mit dem Zündnadelgewehr verschossen. In: F. R. v. Rothenburg, Die Schlachten von 1848 und 1849, Berlin 1851, wird jedoch ein Einsatz der Gewehrraketen beschrieben: „Der Schützenzug 12te Compagnie 31sten Regiments . . . nebst einem Zug der 11ten Compagnie 20sten Regiments und einem Zug Mecklenburgischer Jäger [ging] bis an den Venning-Bond. Diese Züge beschossen ein dänisches Kanonenboot, welches im Bereich des Ufers lag, mit Kugeln und Gewehrracketen und nötigten es sich zu entfernen." (zitiert nach: H. H. Führing, So neu sind Raketen wirklich nicht, in: R. Hauschild [Red.], Jahrbuch des Heeres, 3. Folge, Darmstadt 1971, S. 162; vgl.: o. Verf., Eine Raketen-Expedition in Schleswig, in: Deutsche Wehr-Zeitung, 1848, No. 10, S. 82 f., nach diesem Bericht erfolgte der Einsatz in der Nacht zum 1. Juni 1848), ebenso zum Gefecht bei Nübbel, Stenderup und Düppel (Rothenburg, a.a.O., S. 9), wo geschildert wurde, wie ein von den Dänen stark besetztes Gehöft bei den Düppeler Schanzen bekämpft wurde: „Da ein Unteroffizier der 1sten Compagnie 2ten Regiments gleichzeitig abgeschickt wurde, um das Gehöfte durch eine Gewehr-Rackete in Brand zu stecken. . .", sowie schließlich zum Gefecht bei Dons am 7. Mai 1849 (Rothenburg, a.a.O., S. 6): „. . .während gleichzeitig vor dem Schützenzuge (Lieutenant Baron v. Bode) der 9ten Compagnie die Dons-Mühle mittelst Racketen in Brand geschossen wurde." (* Beim 3ten Schuß schlug aus dem Strohdach des nächsten Hauses die helle Flamme heraus. Es scheinen jedoch auch die beiden ersten Schüsse gezündet zu haben, da gleich darauf sich noch zwei andere Flammen zeigten.)"

289) AStgM IV B 2/32, a.a.O., Grundlage für diese Kabinettsordres war eine Kabinettsordre vom 20. Juni 1836, durch welche die Formation einer permanenten Feuerwerkstruppe genehmigt wurde (Kuntzemüller, a.a.O., S. 313); nach: C. Jany, Geschichte der Preußischen Armee, 4. Band, Osnabrück 1967 (reprint), S. 140, wurde eine provisorische Feuerwerkskompagnie durch A.K.O. vom 20. Juni 1836 und vom 13. Januar 1837 in 2 Kompagnien formiert und am 14. Februar 1837 als Feuerwerksabteilung benannt.

290) K. W. v. Schöning, Historisch-biographische Nachrichten zur Geschichte der Brandenburgisch-Preußischen Artillerie, 3. Theil, Berlin 1845, S. 523

291) Korrespondenz-Nachricht aus Berlin, in: JAS vom Januar 1837, zitiert nach: ÖMZ, 1837, S. 104

292) v. Priesdorff, 6. Band, No. 2043: v. Kunowski; die Versuche fanden weiterhin unter Leitung des General Braun statt

293) o. Verf., Geschichte des Feuerwerkswesens, a.a.O., 2. Teil, S. 6

294) Rang und Quartierliste für 1847; spätere Kommandeure waren von 1849 - 1857 Oberstlieutenant Busch, 1857 - 1865 Oberst Witte und ab 1865 Oberstlieutenant Bartsch (Krüger, a.a.O.)

295) O. L. G. v. Scherbening, Biographie meines Vaters Adolph Otto Victor Scherbening, o. O., o. J. (unveröffentlicht), S. 83: „Am 4. Mai 1841 wurde endlich der Vater, nachdem er 23 Jahre Hauptmann gewesen war, zum Major befördert und als Kommandeur der Feuerwerks-Abteilung nach Spandau versetzt, wo er eine ihm in jeder Beziehung zusagende Stellung fand. Dort störten ihn keine Vorgesetzten, denn deren jährliche Inspizierung wollte für eine Truppe nicht viel bedeuten, deren Tätigkeit eine rein technische war, von der die Herren aus Berlin blutwenig verstanden, während sich der Vater schon aus hergebrachter Neigung sehr lebhaft dafür interessierte." Es folgte dann eine sarkastische Anmerkung, die wohl recht genau das Denken der damaligen Artillerieoffiziere über die Raketen charakterisierte: „Auf einer Insel . . . lagen die Laboratorien, in denen die Abteilung ihr geheimnisvolles Wesen trieb. Sie hat nach heutigem Standpunkte leeres Stroh gedroschen und darum wohl auch den Mantel des Geheimnisses darum gelegt, denn was sie damals schuf, liegt heute als Reliquie in der Rumpelkammer! Die Kriegs-Raketen, die so viel von sich reden machten, haben bei uns niemals eine Anwendung im Kriege gefunden."

296) Notiz in: AMZ, 1847, S. 1099, datiert Breslau, 26. Oktober

297) Dr. Langhans, a.a.O., S. 28

298) Busch / Hoffmann, Die Kriegsfeuerwerkerei der Königlich Preußischen Armee, Berlin 1851, S. 179; auch wenn hier zur Fertigung der Raketen die Ramme be-

mit ihrer Führung wurde Hauptmann Hesse, bis dahin Artillerieoffizier des Platzes Minden, beauftragt. Die Batterie wurde nach Swinemünde befohlen, um dort den Einsatz der 2zölligen Raketen zur Küstenverteidigung gegen Schiffe zu erproben. Die Versuche verliefen günstig.[299)] Da die Akten des preußischen Kriegsministeriums nicht mehr existieren, ist aber ein Bericht über diese Versuche nicht mehr verfügbar.
1848 kam es dann zum Krieg gegen Dänemark, die Versuchsbatterie wurde durch General v. Wrangel zur Disposition der mobilen Brigade in Schleswig-Holstein gestellt. Sie scheint im Jahr 1848 jedoch nicht im scharfen Schuß eingesetzt worden zu sein, da sie meist der Reserve der Armee zugeteilt wurde.[300)] Am 26. August kehrten die preußischen Truppen und damit auch die Raketenbatterie aufgrund des Waffenstillstandes von Malmö zunächst zurück. Diese Raketen-Versuchs-Compagnie wurde ab 26. Dezember 1848 von Hauptmann Woide übernommen. Nach Abiauf des Waffenstillstandes von Malmö wurde ein Raketenzug unter Führung des Premier-Lieutenants Kolewe am 14. April erneut mobilisiert und der 3. Division der Bundestruppen unterstellt.[301)] Am 8. Mai 1849 hieß es in dem Befehl für die Division v. Hirschfeld für den Vormarsch auf Vejle, die Reserve-Cavallerie und eine halbe Raketenbatterie
„werden um 07 Uhr von Aargard über Amersbüll vorgehen und sich dann nach rechts wenden, um den Angriff auf Hoien zu unterstützen . . . "[302)]
Der Raketenzug kam aber nur einmal in einem Recognoszierungsgefecht zum Einsatz, er ging bei den Dörfern Wörre und Homler an der Chaussee von Aarhus nach Randers in Stellung, abgefeuert wurden 8 Granatraketen gegen dänische Dragoner, die - soweit es sich feststellen ließ - guten Erfolg hatten.[303)] Es scheint dies der einzige Kriegseinsatz der preußischen Raketenartillerie gewesen zu sein, der Zug verlegte mit anderen Teilen der Division Hirschfeld nach Abschluß der Kampfhandlungen am 17. August nach Hamburg und verblieb dort bis zum endgültigen Rückmarsch der preußischen Truppen bis zum 13.September.[304)]

Auch Hales Rotationsraketen waren in Preußen nicht unbekannt, am 16. Mai 1848 hatte der Kaufmann Major aus Memel dem Kriegsministerium ein Anerbieten zum Kaufe dieser Raketen eingereicht, worauf sich das Feuerwerkslaboratorium an einer Erprobung sehr interessiert zeigte, aber aufgrund der hohen Preise gegen einen Erwerb stimmte.[305)] 1849 hat dann wohl Hale selbst über die Leistungen seiner Raketen vorgetragen und angeboten, einen Versuch mit 2½zölligen Raketen durchzuführen, für dessen Durchführung er nur die Kosten der Raketen berechnen wollte.[306)] Dieses Angebot scheint dann angenommen worden zu sein. Der Erfinder hat sie dann am 17. Oktober 1850 auf dem Tegeler Schießplatz vorgeführt, das Feuerwerkslaboratorium lehnte aber diese Raketen ab, da bei dem Vorführungsschießen einige Raketen zu früh crepierten und andere sich überschlugen. Dies Schießen wurde später im Jahre 1859, jedoch wieder mit ungünstigem Ergebnis wiederholt. Als Ergebnis der ersten Vorführung begann man jedoch ab 1850 in Preußen selbst Raketen nach dem Rotationsprinzip zu konstruieren, wobei man jedoch einen anderen Weg ging und zunächst über einen Flügelapparat die Raketen zur Rotation bringen wollte, bis man später - 1857 - auf die Lösung der dreiarmigen Gabel mit gewundenen Armen verfiel.[307)]
1852 wurden, wohl auch aufgrund des Einsatzes in Dänemark, 2zöllige Festungs-Spreng-Raketen und Leuchtraketen in der preußischen Artillerie eingeführt. Zur Verwendung hieß es:
„D. Wirkung der Raketen. 1. Der Sprengraketen. Sie erfolgt durch die in ihren Sprenghauben noch bis 300 Schritt mit ziemlicher Sicherheit gegen Kontre- und Breschbatterien unter 45-60° geworfenen großen Pulverladungen, welche durch die Fallhöhe in den Boden genügend eindringen und dann durch die Sprengung eine unter Umständen sehr zerstörende Wirkung äußern. Der Bau, die Armirung und selbst die Thätigkeit jener Batterien, so wie das Zustandebringen und Behaupten von Einwohnungen, kann daher durch die Wirkung solcher Raketen bei richtigem Gebrauch außerordentlich erschwert und gefährdet werden."[308)]

---

schrieben wird, kann sich dies doch nur auf die feldmäßige Herstellung in den Laboratorien der Armeecorps beziehen, da der Treibsatz im Feuerwerkslaboratorium zu Spandau bereits seit langer Zeit nur gepreßt wurde.

299) AStgM IV B 2/32, a.a.O.

300) nach: Schoen, a.a.O., S. 275, sowie: o. Verf., Geschichte des Feuerwerkswesens, a.a.O., S. 6, wurde sie erst ab Oktober 1848 den Bundestruppen in Schleswig-Holstein unterstellt, dies muß aber ein Fehler in der Datierung sein, da zu diesem Zeitpunkt die preußischen Truppen Schleswig-Holstein bereits wieder geräumt hatten; gem. dem Armeebefehl des General v. Wrangel vom 27. Juni 1848 (Armeebefehl . . . für die Operation am 28. Juni 1848 in Nordschleswig für den Vormarsch auf Appenrade) war aber die Raketenbatterie bereits zu diesem Zeitpunkt der Armee-Reserve (Brigade v. Bonin) zugeteilt. Angaben nach: F. R. v. Rothenburg, Die Schlachten von 1848 und 1849, Berlin 1851. C. Jany, Geschichte der preußischen Armee, Osnabrück 1967, IV. Band, S. 180, erwähnte nur, daß zu der Division des Generallieutenant Fürst Radziwill später noch ein Raketenzug mit 4 Gestellen getreten sei. Weitere Unterlagen zu dieser Raketenbatterie scheinen nicht vorzuliegen. Weder: v. Baudissin, Geschichte des Schleswig-Holsteinischen Krieges, Hannover 1862, noch: A. Streckfuß, Die Ereignisse im Jahr 1849, 2. Theil: Die Feldzüge in Schleswig-Holstein, Berlin 1850, noch: o. Verf., Darstellungen der Begebenheiten des deutsch-dänischen Krieges 1848, in: Beiheft zum MWBl. 1852, erwähnen ihren Einsatz. Ebenso fehlen hierzu Angaben bei: Großer Generalstab (Hg), Moltkes kriegsgeschichtliche Arbeiten. Geschichte des Krieges gegen Dänemark 1848/49, Berlin 1893. Abweichend hiervon schrieb: Wittje, Die Kriegsraketen, Handschrift Wehrbereichsbibliothek II, Hannover, ca. 1855, S. 52, auch für 1848 nur von einer halben preußischen Raketenbatterie unter Lieutenant Rohde. Es mag sein, daß die Batterie in Halbbatterien eingesetzt wurde und Wittje nur diese eine Halbbatterie erlebt hatte.

301) Jany, a.a.O., S. 181, für diese Division wurden zusammengefaßt: Infanterieregimenter 12 und 15, je ein kombiniertes posensches und westfälisches Landwehrregiment, Jägerbataillon 7, Husarenregiment 8 und 11, die 6-pfündige Fußbatterie Nr. 4 der 1., die 12-pfündige Batterie Nr. 11 der 4. und die reitende Batterie Nr. 21 der 7. Artilleriebrigade, sowie ein Raketenzug. Artilleriekommandeur war vom 30.03. - 04.12.1849 Oberst v. Roell.

302) F. R. v. Rothenburg, a.a.O., Gefecht bei Vejle, S. 1

303) AStgM IV B 2/32, a.a.O., sowie: Wittje, a.a.O., S. 52; Moltke erwähnte in seiner Geschichte des Krieges (op. cit.) auch nur diesen einen Einsatz der halben Raketenbatterie im Jahr 1849. Als am 6. Juli die 3. Division von Lisberg aufbrach, scheint die Raketen-Batterie Teil der Rekognoszirungsabteilung gewesen zu sein, die bei Vörre Halt gemacht hatte, weil ein Gebäude im nahen Segalt von dänischer Infanterie besetzt war, während die Kavallerie sich bereits überall zurückgezogen hatte. „Die Raketen-Batterie, deren Wirksamkeit bei dieser Gelegenheit ausprobirt werden sollte, beschoß dasselbe, wie es scheint, mit zweifelhaftem Erfolg." (S. 373) In den Anlagen 8f und folgende- ordres de bataille - ist bei der 3. Division (v. Hirschfeld) stets „½ Raketenbattr." aufgeführt, so für den 07., 08.05.1849 bei der Reserve, am 13.05. beim Gros, am 19.05. wiederum bei der Reserve, am 23.05. beim Gros und schließlich am 24.05. erneut bei der Reserve (S. 404 - 420).

304) Altonaischer Mercurius vom 17.08.1849, S. 1207: Es zogen „ein langer Zug preußischer Infanterie, eine zwölfpfündige Batterie und eine Raketenbatterie durch Altona nach Hamburg". Bei dem Rückmarsch der preußischen Truppen durch Hamburg war es zu Ausschreitungen hamburgischer Einwohner gegen diese gekommen, daraufhin wurden verstärkt preußische Kontingente nach Hamburg verlegt. (Mitteilung Staatsarchiv der Freien und Hansestadt Hamburg vom 30. September 1999), vgl.: Führing, a.a.O., S. 157. Der Zug verfügte über eine Stärke von 2 Offizieren und 105 Mann mit 45 Pferden (SAHH, Cl.VII Lt.Gh Nr. 18 Vol. 2, Fasc. 1 Invol. 4: Schlußbericht der hamburgischen Etappen-Commandantur 1848-1852, Hauptmann Reuter vom November 1852, Anlage 7)

305) DHMB, rep. Z 08, Schreiben Kriegsministerium, Allgemeines Kriegs-Departement vom 26. Mai 1848 sowie Schreiben der Feuerwerksabteilung vom 15. Juni 1848: „ . . . daß es für das hiesige Raketen-Laboratorium wohl wünschenswerth erscheint, zur näheren Kenntniß der Einrichtung der englischen Raketen einige derselben zu besitzen, daß aber die Unterzeichneten, wegen der bedeutenden Preise welche mit den aus Berichten bekannten Leistungen dieser Raketen in Mißverhältnis stehen, für den Ankauf von Parthien wie sie in dem Schreiben des p. Major angegeben sind, nicht stimmen kann." Die General-Inspection der Artillerie stimmte dieser Meinung mit Schreiben vom 15. Juni zu.

306) DHMB, Rep. Z 08, Schreiben des Allgemeinen Kriegsdepartements an die General-Inspection der Artillerie vom 9. Januar 1849

307) Hausenstein, a.a.O., S. 33, sowie: Dr. Langhans, a.a.O., S. 28

308) o. Verf., Monographie über die Art, Wirkung und Verwendung unserer, bei Vertheidigung der Festungen in Betracht kommenden Geschütze und Raketen, Berlin 1853, S. 32. An derselben Stelle wurden auch die Leuchtraketen beschrieben: „2. Der Leuchtraketen. Sie eignet sich besonders, um mit einzelnen oder mit mehreren rasch hintereinander im 30 - 35sten Grade nach der Gegend, wo man den Feind vermuthet, abgeschossenen Raketen das Festungsterrain auf 800 - 1.000 Schritt im Umkreise so zu erleuchten, daß der Vertheidiger, wenn auch nur auf kurze Zeit, feindliche Annäherungen und Arbeiten auf solche Entfernungen Nachts deutlich sehen und aus schußbereiten Geschützen mit einiger Sicherheit beschiessen kann. Um nach solcher Entdeckung des

Die Festungssprengraketen dienten also ausschließlich zur Verteidigung der Festungen und waren nicht für den Feldeinsatz gedacht. Der bayerische Artillerieoffizier und Raketenspezialist Hütz charakterisierte die preußischen Raketen:
„Die preußische Rakete ist der österreichischen nachgebildet, aber sie hat einen noch heftiger brennenden Treibsatz;"[309)]
Die Raketen waren aber nach wie vor nicht unumstritten, zumal die Eigenarten ihres Einsatzes nicht von allen verstanden wurden und sie gerne als Einzelrakete mit einer Kanone verglichen wurden. Ein Angehöriger der Artillerieprüfungskommission beschrieb 1847 etwas boshaft ihre Leistungen:
„Der Feuerwerksmeister Busch (damals Hauptmann, später Oberst) hatte einen Bart zu Fürchten, zuckte mit den Augenbrauen wie der General Kantschukowski in der Operette Fatiniza; er war sehr stolz auf seine Raketen, und als man auf dem Schießplatz bemerkte, daß die Raketen zweitausend Schritt rechts und links vom Ziel abwichen, das sie treffen sollten, schrieb er dies triumphierend in seinen Bericht und folgerte, daß er somit durch einen einzigen Schuß einen Raum von viertausend Schritt Breite unsicher mache."[310)]

1854 wurde die Feuerwerksabteilung um 40 Mann verstärkt.
1856 wurde erwogen, im Falle eines Einsatzes der Armee gegen die Schweiz im Konflikt wegen Neufchâtel Raketen-Batterien als Gebirgsartillerie aufzustellen. Hierzu wurde in Spandau eine beschleunigte Herstellung von Raketen vorbereitet; 8 Formen, die jeweils 2 zweizöllige Raketen aufnehmen konnten, wurden für die hydraulische Presse bereitgestellt, so daß in einem Arbeitsgang 16 Raketen gleichzeitig mit ihrer Treibladung hätten versehen werden können. Auch das Personal für die geplanten Batterien wurde bereitgestellt und feldmäßig ausgebildet.[311)]
Nachdem am 18. Dezember die Teilmobilmachung angeordnet und General der Kavallerie v. Groeben als Befehlshaber der Armee designiert worden war, wurden noch im Dezember „in Schnee und Eis" durch die Artillerie-Prüfungs-Commission Versuche mit den Gebirgsraketen durchgeführt, deren Ergebnisse jedoch wenig glücklich ausfielen und übergroße Seitenabweichungen gezeigt haben sollten.[312)]
In einer Buchbesprechung wurden die preußischen Raketen als drittes System neben Augustins und Congreves dargestellt:
„Enfin, un troisième système a pris places entre les fusées autrichiennes et les fusées anglaises: c'est le système prussien, dans lequel, avec une ouverture des gaz presque égale à la section transversale de l'intérieur du cartouche, la baguette est fixée dans le prolongement de l'axe du cartouche, au moyen de trois branches en fer de la longueur de deux calibres. Ce n'est là, en réalité, qu'un perfectionnement du système des fusées à baguette centrales, mais il faut reconnaître qu'il réunit le double avantage de la justesse et de la portée."[313)]
Christal gab an, die Hülsen der 2zölligen Raketen wären 15 Zoll lang gewesen, der Durchmesser der Seele habe 1 Zoll betragen, das Gewicht der ogivalen Granate wäre 5 livres, schließlich betrüge die Länge des Stabes 3 Fuß. Die geplante Raketeneinheit für den Einsatz in der Schweiz sollte offensichtlich beritten sein, da die Raketen auf Pferden transportiert werden sollten, es scheint auch bereits eine intensive Ausbildung des vorgesehenen Personals stattgefunden haben:
„L'approvisionnement des batteries de combat de fuséens devait être transporté à dos de cheval, et des caissons spéciaux étaient préparés pour l'approvisionnement de réserve. En même temps, on procéda à une fabrication en grand et rapide, si bien qu'une année après, en 1857, le personnel des batteries s'exerçait régulièrement au maniement et au tir des fusées, ainsi qu'à la manoeuvre sur le terrain et en rase campagne, et montrait déjà, dans la pratique, cette recherche du fini qu'on apporte en Prusse aux objets qu'on se décide à introduire dans l'armée, et qui a valu un si haut degré de développement à la pyrotechnie militaire de ce pays;"[314)]

Im Rahmen der Überlegungen, wie befestigte Plätze angegriffen oder verteidigt werden könnten, wurden auch Versuche mit „Flatterminen" als Gefechtsköpfe der Raketen durchgeführt. Dies waren Blechbüchsen in zylindrischer Form, gefüllt mit Pulver, die nach vorne kegelförmig abschlossen. Sie konnten entweder horizontal oder besser mit großer Erhöhung abgefeuert werden. 1856 wurden Versuche mit zweizölligen Raketen und diesen Gefechtsköpfen in Coblenz durchgeführt. Man setzte $20^1/_2$pfündige für eine Distanz von 100 bis 150 Metern und $14^3/_4$pfündige Minen für eine Entfernung von 160 bis 200 Meter ein. Die Versuche ergaben, daß diese Minen ein sicheres Mittel zur Zerstörung von Batterien und Befestigungswerken waren, ihre Wirkung entsprach der einer 29cm Bombe, nur waren sie erheblich genauer, erst ab einer Entfernung von über 200 Metern wurden sie in der Treffgenauigkeit von Mörsern übertroffen. Eine Rakete genügte zuweilen, um die Schießscharten einer Batterie zu zerstören. Erhöhungen von 45 bis 65 Grad erwiesen sich als die wirksamsten.[315)] Bei Versuchen in den Jahren 1855 und 1856 gegen ein Ziel von 22 Schritt Breite und 21 Schritt Tiefe, also einer nach den Bestimmungen erbauten Demontierbatterie von 2 Scharten, ergaben sich für die 2zölligen Seitenstab-Sprengraketen folgende Ergebnisse:
(Siehe Tabelle auf Seite 271)

Dabei betrug die Eindringtiefe in einen sandigen, mit Heidekraut bewachsenen Boden bei der leichten Sprenghaube 1 Fuß 8 Zoll, wobei ein Sprengtrichter mit einem Durchmesser von 3 Fuß 8 Zoll und einer Tiefe von 1 Fuß 9 Zoll entstand und bei der schweren Sprenghaube 1 Fuß 11 Zoll und einem Trichter von 7 Fuß 8 Zoll Durchmesser sowie einer Tiefe von 2 Fuß 4 Zoll.[316)]

Feindes die Erleuchtung anhaltender zu machen, wirft man Raketen mit Leuchtballen oder auch Leuchtkugeln aus Haubitzen oder Mörsern nach der Richtung hin." Zu den Festungssprengraketen gab: o. Verf., Anweisung für das Fertigmachen, den Gebrauch und die Anwendung der Axenstab-Raketen und 2zölligen Seitenstab-Raketen, Berlin 1868, S. 36, eine noch präzisere Definition: „Die Sprengrakete bildet ein vorzügliches Mittel zur schnellen und sichern Zerstörung der feindlichen Batterien und sonstigen Erdwerke, aber nur auf die Entfernungen zwischen 100 und 260 Schritt. Sie werden daher auf Seiten des Vertheidigers vorzugsweise gegen die Batterien der Krönung in Thätigkeit gebracht werden und ihre Verwendung in diesem Stadium der Belagerung wird um so ersprießlicher sein, als sie keine besondern Vorkehrungen, keinen besonders vorbereiteten Aufstellungsplatz nöthig machen, worin sich ein beachtungswerther Vortheil dem 50pfündigen Mörser gegenüber ausspricht." Daraus ergibt sich, daß diese Festungssprengraketen eher als Vorläufer der Minenwerfer des 1. Weltkrieges zu verstehen sind. Die Lagerung der Sprengraketen war ausführlich geregelt in der Vorschrift zur Verwaltung der Königlichen Artilleriedepots vom 15. März 1858 (Führing, a.a.O., S. 162)

309) Hütz, Die Feldartillerie und ihre Organisation, München 1853, S. 43

310) Prinz Kraft zu Hohenlohe-Ingelfingen, Aus meinem Leben, Berlin 1897, 1. Band, S. 119; zu seiner Haltung zu den Raketen siehe auch Abschnitt Österreich

311) Angaben nach: Konstantinoff, Lectures sur les fusées de guerre, Paris 1861, p. 90 f. Zum Entwicklungsprinzip Preußens und der Planung auf diese Weise Gebirgsbatterien aufzustellen, schrieb er: „ . . . idée que rendait facilement exécutable la solution du problème d'un système de fusées réunissant la facilité du transport avec une justesse de tir suffisante, dont nous venons d'exposer le principe auqel on arriva après avoir essayé de tous les systèmes connus et probablement non sans profiter des perfectionnements réalisés dans les fusées en France, et que révéla la guerre de Crimée." Von der Groeben erwähnte in seinen Entwürfen für den Operationsplan bzw. für den Armeebefehl keine Raketeneinheit. (GSPK, I. HA, Rep. 92, Nachl. von der Groeben, Anh. 3d, Vol. I. Die Neuenburger Angelegenheit im Jahre 1856/57, Beilage IIIa [Operationsplan v. 18.10.1856] und VIIIb [Notizen zum Armeebefehl v. 01.01.1857])

312) R. Beck, Roulez Tambours, in: Schriftenreihe der ASMZ, Bern 1982, S. 91, Beck führte hierzu das oben angegebene Zitat von Prinz Hohenlohe-Ingelfingen an. In einem Schreiben des württembergischen Gesandten wurde zwar die Mobilmachung unter Bezeichnung der betroffenen Regimenter und der militärischen Führung gemeldet, über die Raketenbatterien war in diesem Schreiben jedoch nichts angegeben, nach der Bezeichnung der Regimenter hieß es nur „nebst Artillerie und Spezialwaffen" (WHS, E 50/03, Bericht vom 22. Dezember 1856, auch in den folgenden Berichten waren keine Angaben zu finden.)

313) Maurice Christal, Les Fusées de Guerre, in: Revue Contemporaine, 1863, p.162

314) ibidem, p. 163

315) Angaben nach: Konstantinoff, a.a.O., p. 210, „les fusées à fougasse"

316) o. Verf., „Anweisung", a.a.O., S. 45

Anzahl der verfeuerten Raketen	Mittlere Wurfweite Schritt	Längen-Streuung in Schritten	Breiten-Streuung in Schritten	Treffer in die Batterie	Treffer in Procenten
10	299,8	28	24	6	69
10	277,3	21	46	7	70
10	237,6	23	29	6	60
10	219,2	16	21	9	90
10	207	16	20	10	100
10	191,7	20	12	10	100
10	190,9	17	18,5	10	100
10	165,1	30	16	8	80
10	136,7	11	13	10	100

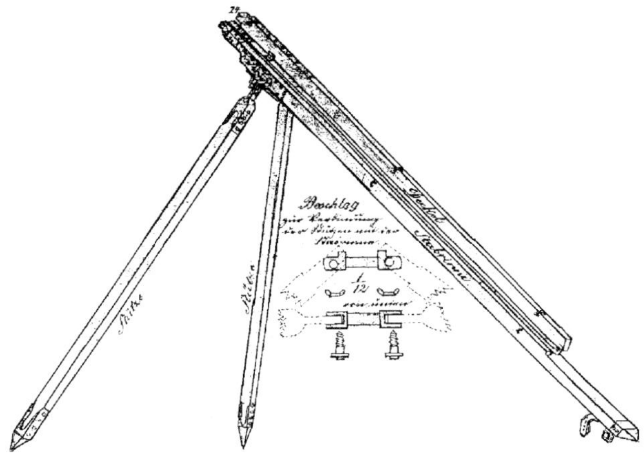

preußisches Abfeuerungsgestell für Seitenstabraketen (Zeichnung: Meyer)

Die Versuche mit Granatraketen wurden weiter fortgeführt, dabei wurden ab 1855 immer bessere Erfolge erzielt. Im August 1859 wurden die 2zöllige Rotations-Achsenstab-Rakete als „Festungssprengrakete"[317] und 1861 2zöllige Leucht- und Sprengraketen sowie etwas später 3zöllige Achsenstabraketen eingeführt, also auch die Massenproduktion begonnen. Trotz Einführung der Achsenstabraketen wurden die vorhandenen Seitenstabraketen weiterhin genutzt. Damit befanden sich auch zwei verschiedene Abfeuerungsgestelle im Gebrauch, deren Aufbau jedoch sehr ähnlich war.[318] An zwei Seitenstützen war mit einem eisernen „achsenartigen" Beschlag die Stabrinne befestigt, die so den dritten Aufsetzpunkt auf dem Boden bildete. Die Stabrinne war 10 Fuß lang und aus Kiefern- oder Tannenbrettern hergestellt, die an der Seite 75 bis 100 Zoll und am Boden 125 bis 150 Zoll stark waren, die Verlängerung des Bodens bildete der 2 1/2 Fuß lange Fuß. Zum Schutz gegen den Feuerstrahl der entzündeten Rakete war die Stabrinne mit Blech beschlagen; sie wurde mit einem Deckel verschlossen. Zu jedem Abfeuerungsgestell gehörten ein Libellenquadrant, der in einer Ledertasche mitgeführt wurde und ein Richtlot, die vom Gestellführer an der rechten Seite des Säbelkoppels getragen wurden, der Luntenstock, 1 Luntenverberger, der von der No. 1 an einem Riemen über der rechten Schulter mitgeführt wurde, eine Schlagröhrchentasche mit 2 Zoll langen Zündlichtenden, die von der No. 2 mitgeführt wurde, eine Zündlichtklammer und die Wurftafel. Beim Verschießen der Raketen von Böschungen konnte auch auf die Seitenstützen verzichtet werden, die Stabrinne wurde dann auf den Boden gelegt, die Elevation, soweit erforderlich, durch Eingraben des unteren Endes gegeben, die Seitenrichtung sollte jedoch dann durch eingegrabene Pflöcke festgelegt werden.

Bedient wurde dieses „Geschütz" vom Gestellführer und 3 Soldaten. Die Vorbereitungen zum Feuern wurden nicht tempomäßig durchgeführt. Das Gestell lag in Schußrichtung auf der Erde. Die No. 1 stand rechts vom Gestell, die No. 2 mit der Schlagröhrchentasche links, während die No. 3 an der Stabrinne stand, der Luntenstock wurde rechts von der No. 1 in die Erde gesteckt. No. 1 hatte dann die Stabrinne zu öffnen, während No. 2 die Seitenstützen öffnete. Auf das Kommando „n Grad genommen, chargiert!" legte die No. 3 die Rakete mit dem Seitenstab nach oben in die Rinne, während die No. 1 und 2 das Gestell in einer für das Laden bequemen Höhe hielten. Anschließend wurde die Stabrinne mit dem Deckel verschlossen und das Gestell aufgerichtet, der Gestellführer prüfte dabei mit Quadrant und Richtlot das Einnehmen der korrekten Elevation, korrigiert wurde mit dem Zuruf „hoch" oder „nieder". Auf das Kommando „Gestell" entzündete die No. 1 das von der No. 2 übergebene Zündlichtende und führte es auf das Kommando „Feuer" in das Brandloch der Rakete. Das Abfeuerungsgestell für Achsenstabraketen war ähnlich konstruiert. Auf der hölzernen Mittelrinne, die ebenfalls zum Schutz vor dem Feuerstrahl der Rakete mit Blech beschlagen war, wurde die Leitrinne zur Aufnahme der Rakete befestigt, auf der Mittelrinne befand sich außerdem die Führungsgabel zur Führung des Stabes. Am hinteren, unteren Ende befand sich das auf einem beweglichen Schuh befestigte „Grenzblatt", auf dem der Stab ruhte, es wurde entsprechend der Länge des Stabes festgestellt. Das Zubehör des Gestelles entsprach dem der Seitenstabraketen. Auch die Tätigkeiten der Bedienung waren ähnlich, nur wurde die Rakete erst nach dem Einrichten geladen. Nach dem Überprüfen der Richtung und der korrekten Lage der Rakete, insbesondere des Stabes in der Gabel, stellte die No. 3 das Grenzblatt am Ende des Stabes fest; das Abfeuern erfolgte wie bei der Seitenstabrakete. Für die Festungssprengraketen mit Seitenstab galt, daß nur Elevationen zwischen 45 und 70 Grad, für die Achsenstabraketen, daß nur solche zwischen 49 und 80 Grad zulässig waren, da sonst die Eindringtiefe der Raketen ungenügend war.

Die Stäbe der Seitenstabraketen aus Nadelholz waren quadratisch mit einer Stärke von 1,25 Zoll, ihre Länge betrug 3,39 Meter, sie sollten 3 Pfund und 22,3 Loth wiegen, waren sie schwerer, konnten sie bis auf 2,70 Meter verkürzt werden, waren sie zu leicht, mußte das Gewicht durch Einstecken von Blei erhöht werden. Die Länge des Stabes der Achsenstabraketen aus Tannen- oder Pappelholz betrug 1,32 Meter für die Leucht- und 1,86 Meter für die Sprengraketen. Die Raketenhülsen waren etwa 36 cm lang, am vorderen Teil befand sich der Schraubenring zur Aufnahme der Sprenghaubenschraube. Die älteren Hülsen waren zusammengenietet, die neueren bereits geschweißt, für die alten Seitenstabraketen war eine Stabkapsel aus Eisenblech angenietet. Der Gefechtskopf oder, wie er in Preußen bezeichnet wurde, die „Vorderbeschwerung" hatte einen Durchmesser von etwa 18 cm und besaß bei Leuchthauben eine Länge von 36 cm, bei Sprenghauben von 24 cm. Die Sprenghaube bestand aus Gußeisen mit ogivaler Spitze, an den kugelförmigen, etwas abgeflachte Boden war eine Schraube angegossen, welche in den Schraubenring der Raketenhülse eingeschraubt werden mußte. Es gab eine größere Sprenghaube, die gegen Festungen auf 140 bis 220 Schritt und eine kleinere, die auf 240 bis 300 Schritt Wurfweite

317) Hausenstein, a.a.O., S. 33, und: Festschrift, o.Verf., Geschichte des Feuerwerkswesens in den letzten 50 Jahren, Berlin 1886, S. 7; es ist jedoch unklar, auf welche Weise die Raketen eingesetzt werden sollten. Die Artillerieregimenter scheinen im Gebrauch der Raketen nicht ausgebildet worden zu sein. In: o. Verf., Leitfaden zum Unterricht in der Artillerie für die Königl. Preuß. Regiments-Schulen dieser Waffe, Berlin 1859, sind sie nicht erwähnt. Zwei Einsatzarten erscheinen denkbar, entweder sollten im Einsatzfall aus der Feuerwerksabteilung Detachements für den Einsatz der Raketen durch die Artillerie gebildet werden, wie dies teilweise in Rußland geschah, oder aber es war beabsichtigt aus der Feuerwerksabteilung im Mobilmachungsfalle eine oder mehrere Raketenbatterien aufzustellen.

318) Beschreibung und Bedienung der Abfeuerungsgestelle nach: W. Meyer, Das Raketengestell, Berlin 1868

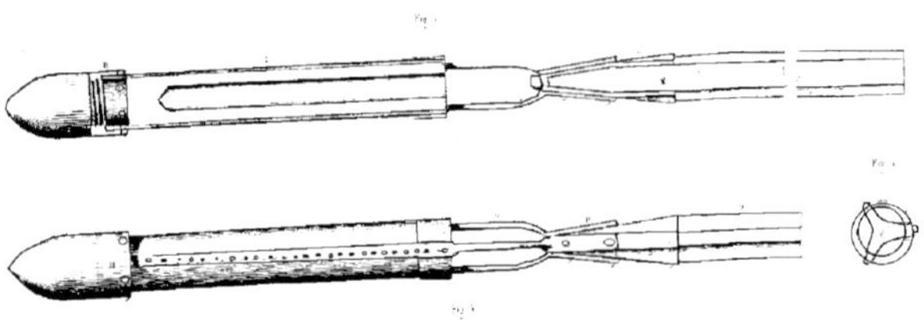

Preußische Rotationsraketen (Zeichnung: Konstantinov)

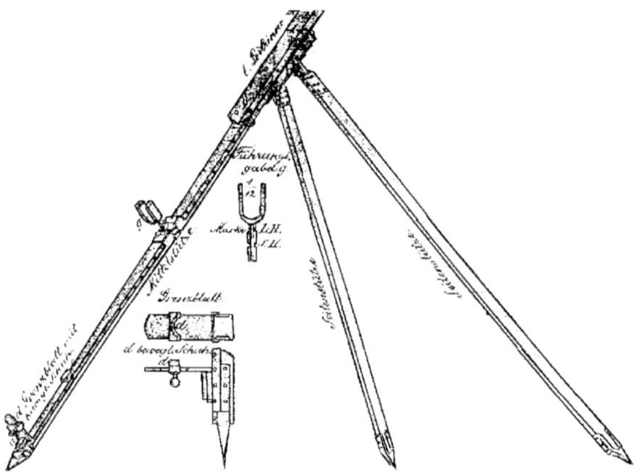

Abfeuerungsgestell für Achsenstab-Rotationsraketen (Zeichnung: Meyer)

verwendet werden sollte, für die Achsenstabraketen wurde nur die kleinere verwendet. Die leeren Sprenghauben wogen zwischen 18 Pfund 26,5 Loth und 19 Pfund 19,3 Loth (die kleinere zwischen 15 Pfund 4,3 Loth und 15 Pfund 21,8 Loth), die fertigen 25 Pfund 21,7 Loth bzw die kleinere 19 Pfund 19,3 Loth. Das mittlere Gewicht der Sprengladung betrug damit etwa 6 Pfund für die größere und 3,5 Pfund für die kleinere. Das Laden und Fertigmachen der Sprenghauben erfolgte durch den Truppenteil, der sie einsetzen sollte.
Die Leuchthauben bestanden aus einem Blech-Cylinder mit einer kegelförmigen Spitze, am Boden befand sich eine Tülle, mit der die Leuchthaube fest auf die Raketenhülse aufgeschoben wurde; sie wurden bereits fertig vom Feuerwerkslaboratorium ausgeliefert.
Bei den Achsenstabraketen wurde an die Raketenhülse eine dreiarmige Gabel befestigt, deren Arme in ihrem, in der Raketenachse liegenden Vereinigungspunkte zu einem Muttergewinde zusammengeführt wurden, in das der runde Stabilisierungsstab geschraubt wurde.[319] Diese Arme waren in einem Winkel von 8 Grad nach links gegen die Längenachse der Rakete geneigt, so daß beim Ausströmen der Gase eine Rotation der Rakete erfolgte. Die Achsenstabraketen wurden daher auch als Rotationsraketen bezeichnet. Die Leuchtraketen wurden im Regelfall mit einer Elevation von 45 Grad verschossen, sollte näher gelegenes Gelände beleuchtet werden, konnte bis auf Erhöhungen von 60 Grad gegangen werden. Der Zünder wurde auf 2,20 Zoll bei Seitenstab- oder auf 1,5 Zoll bei Achsenstabraketen tempiert, also auf 5 Sekunden Brennzeit. Dabei wurde das Sternfeuer des Leuchtsatzes auf dem absteigenden Ast der Flugbahn bei 500 Schritt für Seitenstab- und bei etwa 300 Schritt bei Achsenstabraketen ausgestoßen und ergab einen Leuchtkreis von 200 bis 800 Schritt, bei Achsenstabraketen bis zu 600 Schritt, der das Gelände 5 bis 7 Sekunden intensiv ausleuchtete, was ausreichte, um ein leichtes Geschütz zum Kartätsch-Schuß zu richten. Sollte die Beleuchtung länger dauern, mußten mehrere Raketen schnell hintereinander abgefeuert werden.
1862 erfolgte im Rahmen der größeren Herbstübungen mit den neuen, 2zölligen Sprengraketen mit Achsenstab ein Versuchsschießen in Graudenz gegen eine 150 Schritt entfernte Breschbatterie. Verglichen wurde die Wirkung der Raketen mit einer 25pfündigen Bombe, die aus Artilleriegeschützen verschossen wurde. Es ergab sich, daß Treffsicherheit und Wirkung beider Einsatzmittel gleich waren.[320] Nachstehend sind die Ergebnisse der Schießversuche mit diesen Raketen in den Jahren 1861 und 1862 gegen ein Ziel von 22 Schritt Breite und 21 Schritt Tiefe dargestellt:[321]

Anzahl der verfeuerten Raketen	Mittlere Wurfweite Schritt	Breiten-streuung in Schritten	Längen-streuung in Schritten	Treffer in die Batterie
10	92,3	16	18	10
10	131,9	15	18	9
10	167,3	18	18	10
10	228,2	20	18	10
10	259,1	15	9	10

Damit waren die Achsenstabsprengraketen noch genauer als die entsprechenden Seitenstabraketen. Eine Wurftafel für die Festungssprengraketen ist in der Beilage 1 enthalten.
Sauer zitierte zur Charakteristik der preußischen Rakete einen Kommentar:
"Die preuss. Rakete scheint eine glückliche Combination des Augustin'schen Prinzipes (weite Seele) mit den französischen Modifikationen des englischen Systemes (kurzer, canelirter Stab)."[322]
Mit A.K.O. vom 1. Mai 1862 wurde im Zuge der Reorganisation der Artillerie mit Wirkung ab 1. Oktober eine besondere Artilleriecompagnie für Versuche der Artillerie-Prüfungs-Commission gebildet und als dritte Compagnie der Feuerwerksabteilung unterstellt.
Auch wenn nie etatmäßige Raketenbatterien aufgestellt worden sind, so war Preußen, wie die Vorbereitungen in der Affaire um Neufchâtel zeigten, jederzeit in der Lage, solche Batterien aufzustellen, mobil zu machen und sie mit den eingeführten Raketen und Abfeuerungsgestellen auszurüsten.
1863 schieden dann die gerade erst eingeführten Feld-Raketen wieder aus der Artillerie aus,[323] da sie mit den nunmehr eingeführten gezogenen Geschützen nicht mehr konkurrieren konnten. Eine Übersicht über die Leistungen dieser nur für kurze Zeit eingeführten preußischen Rakete bietet die nachstehende Tabelle:[324]

Anz. der abgefeuerten Raketen	Elevation in Grad	geringste Schußentfernung bis zum ersten Aufschlag (Schritt)	Längenabweichung in Schritt	Seitenabweichung in Schritt	Treffer in ein Quadrat von 100 Schritt in Prozent	Eindringtiefe in die Erde (Fuß, Zoll)
10	10	328,7	75	5	40	
10	12	433,7	94	15	50	
15	15	615,6	103	14	27	3 , 6
15	20	805,0	37	12	67	5 , 6
15	25	986,9	50	27	60	4 , 2
15	30	1135,7	57	26	40	4 , 7
15	35	1290,0	43	31	67	3 , 9
10	40	1350,9	38	48	40	4 , 1
15	45	1439,2	44	29	40	4 , 3

319) Poten, Handwörterbuch der gesamten Militärwissenschaften, Siebenter Band, Bielefeld / Leipzig 1879, und: W. Meyer, a.a.O.
320) K. Th. Sauer, Grundriß der Waffenlehre, München 1869, S. 472
321) o. Verf., Anweisung, a.a.O., S. 33
322) Sauer, a.a.O., S. 472, AMZ, 1962, S. 182 f., Preußen
323) o. Verf., Geschichte des Feuerwerkswesens, a.a.O., 2. Teil, S. 7
324) Tabelle aus: Konstantinoff, a.a.O., p. 89

1864 scheinen jedoch nochmals Versuche mit diesen Raketen durchgeführt worden zu sein.[325] Es blieben für den Feldgebrauch dann nur noch Signalraketen, von denen 1866 jeder Division 25 Stück zugewiesen wurden. Noch 1866 wurden längere Versuche mit Leuchtraketen angestellt, Ergebnis war eine Rakete, die etwa 350 Meter hoch stieg und bei einer Schußentfernung von 800 Metern eine Fläche von 700 mal 500 Metern ausleuchtete.[326]

Für 1868 hieß es in einer Vorschrift, daß in der preußischen Artillerie folgende Raketen eingeführt wären:

1. Die 1pfündige Signalrakete, die in allen Festungslaboratorien gefertigt werden könne.
2. die 2zöllige Achsenstabrakete, versetzt mit einer 2zölligen Leuchthaube oder einer 2zölligen Sprenghaube und
3. die 3zöllige Achsenstabrakete, die nur mit einer 3zölligen Leuchthaube versetzt war.

Für die drei, unterschiedlichen Vorderbeschwerungen waren jeweils unterschiedliche Stäbe vorgesehen. Die Hülsen, Stäbe und Leuchthauben wurden in Spandau gefertigt, geladen und die Leuchthauben auch gefüllt, während die Sprenghauben in der Spandauer Geschützgießerei gegossen und bei Bedarf auf Anforderung gesondert geliefert wurden. Zweizöllige Raketen wurden in Kästen zu jeweils 20 Raketen, dreizöllige in Kästen zu jeweils 10 Raketen versandt, gegen Rost waren die Hülsen in den Depots mit Baumöl oder Schweineschmalz einzureiben, Sprenghauben mußten von der Truppe vor dem Einsatz geladen werden, da der Versand gefüllter Hauben verboten war.

Die 2zölligen Festungsspreng- und Leuchtraketen blieben für mögliche Belagerungen noch länger im Dienst, sie wurden erst 1872 endgültig ausgemustert, dies hat auch für die 3zölligen Leuchtraketen gegolten, die bis auf Entfernungen von 1.200 Schritt gebraucht wurden. Letztere befanden sich nur im Bestand der Artillerie-Depots Stralsund und Swinemünde.[327] Es ist nicht sicher, ob die Festungssprengraketen im Krieg gegen Dänemark eingesetzt worden sind, jedoch heißt es in einem Bericht zu der Beschießung der Düppeler Schanzen:

„ . . . *the red flashes of light become clearer and clearer as the shot darts from the cannon's mouth, and the fiery trail of the rockets may be watched through the air, as they fly down upon the Danish batteries.*"[328]

Bei der Beschießung der Düppeler Schanze hatte sich jedoch der Belagerungstrain als unzulänglich erwiesen, und unmittelbar nach deren Erstürmung trat im Mai 1864 auf Weisung des Kriegsministeriums eine Kommission höherer Artillerieoffiziere aus der Truppe, dem Kriegsministerium und der Artillerie-Prüfungs-Commission zusammen, um die künftige Ausstattung eines Belagerungstrains zu prüfen. Dabei wurde dann festgelegt, daß der Belagerungstrain künftig aus 200 gezogenen Kanonen, 120 glatten Geschützen und 20 Raketengestellen bestehen solle, verbindlich wurde dann diese Ausrüstungsnachweisung im November 1865 befohlen.[329] Um den Betrieb des Feuerwerks-Laboratoriums bei erhöhten Anforderungen im Kriege sicher zu stellen, wurde 1868 verfügt, daß zur Entlassung gekommene Mannschaften der Feuerwerks-Abteilung nur für diese wieder eingezogen, und ohne besonderen Befehl nicht zur Komplettierung anderer Truppenteile der Artillerie verwendet werden dürften.[330]

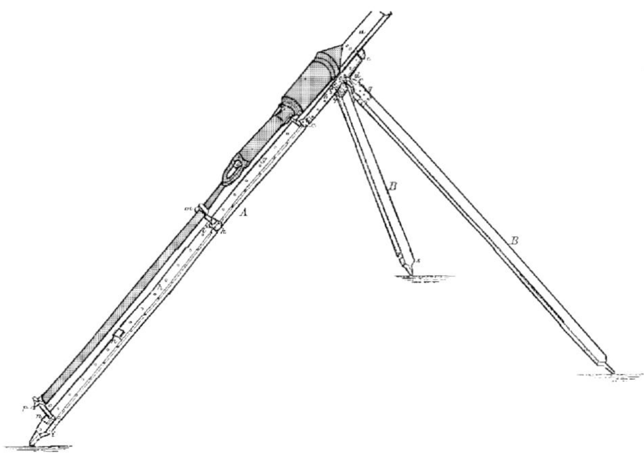

Abfeuerungsgestell mit Leuchtrakete (Zeichnung: Sondervorschrift für die Fußartillerie)

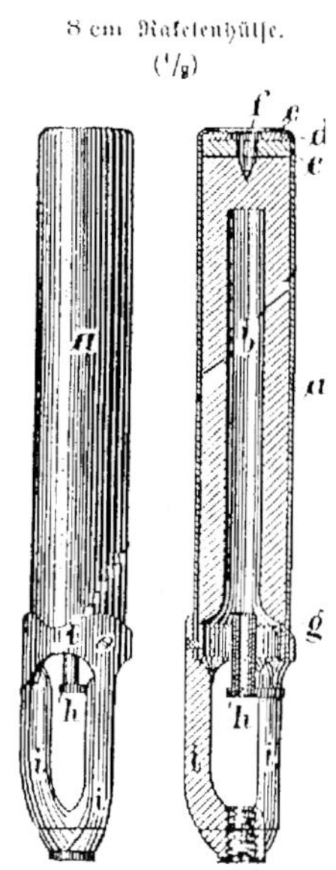

Hülse der Leuchtrakete 78 (Zeichnung: D.V.E. 197)

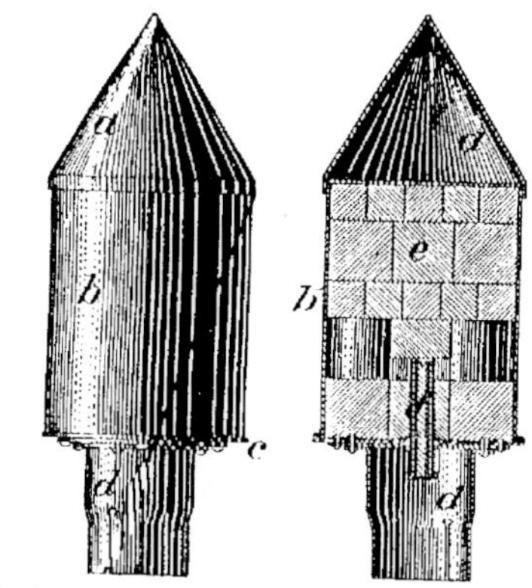

Leuchthaube (Zeichnung: D.V.E. 197)

Bei den Armeen, die 1870 gegen Frankreich aufmarschierten, scheinen diese Raketen noch mitgeführt worden zu sein, über Einsätze, sofern solche stattgefunden haben, ist jedoch nichts Näheres bekannt.[331]

Noch 1873 hieß es jedoch in einer französischen Zeitschrift zu diesen Sprengraketen:

325) Generalmajor Dornberger, Denkschrift: Die Eigenentwicklung des Heeres-Waffenamtes auf dem Raketengebiet in den Jahren 1930 - 1943, o. O., o. J., S. 5 (geheime Kommandosache August 1943): „Nach Vortrag beim Reichswehrminister wurde Ende 1929 entschieden, Versuche einzuleiten . . . Aus alten Akten und aus der Literatur wurde bei dem im Jahre 1864 zuletzt unternommenen Pulverraketenversuchen angefangen.",
damit sind die preußischen Raketen unmittelbare Vorläufer der Raketen der Wehrmacht.

326) W. Ley, Grundriß einer Geschichte der Rakete, Leipzig 1932, S. 9

327) o. Verf., Anweisung, a.a.O., S. 10 f.

328) E. Dicey, The Schleswig-Holstein War, Vol. II, London 1864, p. 169, Eintrag april 14

329) H. Müller, Die Entwickelung der Preußischen Festungs- und Belagerungsartillerie, Berlin 1876, S. 239

330) Armee-Verordnungs-Blatt 1868, Kriegsministerium, Berlin, den 10. Oktober 1868: Nr. 263, Betrifft die Augmentirung der Feuerwerks Abtheilung.

331) B. Poten, a.a.O., 7. Band, S. 85; in der: Allgemeinen Militär-Encyclopädie, Siebenter Band, Leipzig 1872, S. 291 hieß es, „Die Sprengraketen wurden bis 300 Schritt gegen Erdbrustwehren gebraucht, sind aber kürzlich abgeschafft worden. Die Leuchtraketen werden bis 1.200 Schritt gebraucht, und zwar werden nur noch die 3zölligen beibehalten."; Dr. Langhans (a.a.O., S. 28) gab an, daß in diesem Kriege keine Einsatzmöglichkeiten für die Raketen gefunden worden wären, dies erscheint aufgrund der geringen Reichweite der Festungssprengraketen auch wahrscheinlich; auch: Hausenstein, a.a.O., gab 1872 als das Jahr an, in dem die Raketen endgültig ausschieden, weil sich die Raketeurs im Kriege 1870/1871 nicht bewährt hätten, ohne jedoch zwischen Feld- und Festungssprengraketen zu unterscheiden. Diese Begründung setzt jedoch einen erfolgten Einsatz voraus, der nirgends erwähnt ist. In: McCabe, History of the War between Germany and France, New York 1871, p. 115, wurde als Bestandteil des aufmarschierten Heeres bei der Artillerie „1 division Rocket Train" aufgeführt, auch wurde auf p. 607 zur Belagerung von Paris angeführt: „This precaution is to prevent the Germans from being on the lookout for [balloons], and firing rockets and other dangerous projectiles at, the balloon as it passes over their lines". Die Festungssprengraketen wären aber für eine solche Aufgabe kaum geeignet gewesen, allenfalls könnte es sein, daß hier Signalraketen zweckentfremdet wurden. Ebenfalls gab E. Ricci, Il segreto della Propulsioni

„Les fusées de guerre prussiens des nouveaux modèles sont toutes à rotation . . . La tête est surmontée d'un projectile creux en acier fondu, ayant la forme d'une poire et renfermant une charge d'éclatement. Ce genre de fusées est employé contre des parapets en terre jusqu'à la distance de 300 pas."[332]

Nach Aussondern der Festungssprengraketen blieben ihre Raketenabfeuerungsgestelle im Dienst, sie wurden bei der Fußartillerie weiterhin zum Verschuß der 8cm Leuchtraketen verwendet. Hierbei handelte es sich um eine Achsenstabrakete mit cylindrischem Stab, deren Hülse aus Eisenblech bestand. Sie wurde in der Folge durch das Modell 78 vom gleichen Kaliber abgelöst, das eine kupferne Hülse besaß, ihr Achsenstab hatte einen kreuzförmigen Querschnitt. Zum Abschuß war eine Elevation von etwa 50° zu nehmen und der Zünder auf 39 mm oder 3 Sekunden Flugzeit zu tempieren, der von der Rakete erleuchtete Raum hatte dann eine Ausdehnung von etwa 680 m in der Länge und 530 m in der Breite, er begann etwa 300 m vor dem Gestell.[333]

Die bisherigen Signalraketen scheinen sich nicht bewährt zu haben, denn 1868 wurde der Auftrag zur Entwicklung einer transportfähigen Signalrakete erteilt, die „auch bei den Einflüssen eines länger dauernden Feldzuges brauchbar bleiben sollte." Die Entwicklung dieser Raketen war 1872 abgeschlossen, sie wurden aber im Heer nicht mehr eingeführt, das von dieser Art des Signalisierens Abstand genommen hatte, sondern nur noch ab 1876 von der Marine genutzt.[334]

Ab 1855 beschäftigte sich das Feuerwerkslaboratorium auch mit Rettungs- und Ankerraketen. Da jedoch zunächst die Kapazität fehlte, war ein erster Auftrag zur Anfertigung von Fallschirm-Rettungsraketen 1855 an den Theaterfeuerwerker Dobermont in Berlin übergeben worden. Im Juli 1866 lieferte dann das Feuerwerkslaboratorium 3zöllige Raketen mit zylinder-ogivaler Vorderbeschwerung an die Deutsche Gesellschaft zur Rettung Schiffbrüchiger in Bremerhaven aus, mit denen eine 3/4zöllige Wurfleine 500 Schritt weit geschossen werden konnte, zugleich wurden entsprechende Raketenwagen mit Zubehör ausgeliefert, die noch in den zwanziger Jahren des 20. Jahrhunderts verwendet wurden. 1866 wurden die Rettungsraketen weiter verbessert und waren nunmehr als Achsenstabraketen mit einem Kaliber von 8- respektive 5 cm ausgebildet, ferner wurde eine 8 cm Ankerrakete entwickelt.[335] Auf der Pariser Weltausstellung von 1867 wurde diese Rettungsrakete als bester Leinenschußapparat anerkannt. 1869 wurde eine neue Rakete konstruiert, die nicht über ein Schiff hinweg, sondern ins Meer geschossen wurde, so daß sich die Rakete verankern konnte und an der Leine ein aus Kautschuk und Segeltuch verfertigtes Floß durch die Brandung gezogen werden konnte.

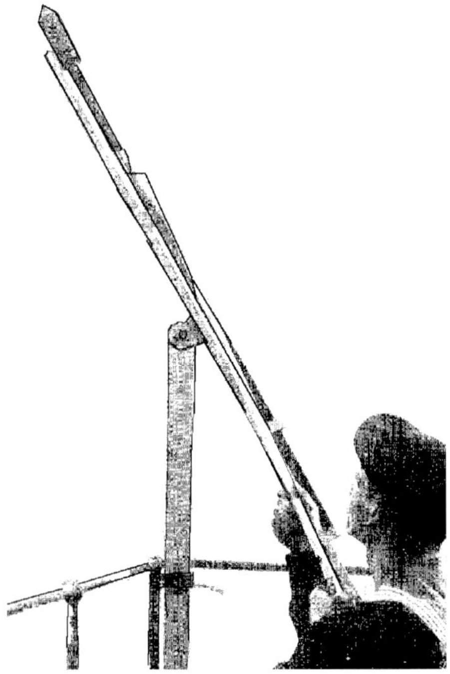

Abfeuern einer Signalrakete 1905
(Photo: Die Woche, 1905, S. 646)

Seit 1864 unterstanden Feuerwerksabteilung und Feuerwerkslaboratorium der Generalinspektion der technischen Institute der Artillerie, welche vom Kriegsministerium ressortiert wurde.[336] Am 1. August 1871 wurde die Feuerwerksabteilung aufgrund einer Allerhöchsten Kabinetts-Ordre vom 5. Mai 1871 aufgelöst.[337]

Bei der preußischen Armee geriet die Rakete in völlige Vergessenheit, in einer Geschichte der Artillerieprüfungskommission wurde ihre Entwicklung schon nicht mehr erwähnt, fast hat es den Anschein, als ha-

---

a reazione, Milano 1945, p. 88, an, daß seitens Deutschlands 1870 Raketen eingesetzt worden wären. Auch nach: Winter, a.a.O., p. 126, scheint für den Krieg 1870 nochmals ein Raketenzug mobilisiert worden zu sein. Er soll bei der Belagerung von Paris eingesetzt worden sein und dort vor allem zur Bekämpfung von Luftballons, mit denen die Belagerten die Verbindung mit dem unbesetztem Frankreich hielten, eingesetzt worden sein, dabei soll auch der französische Kriegsminister beim Verlassen der Stadt auf diesem Wege zum Ziel geworden sein. Ebenso berichtete A. Ananoff, L'histoire des fusées, in: La Nature, Paris v. 15. 5.1939, p. 310, daß Deutschland in diesem Krieg Raketen eingesetzt habe, desgleichen: Ferreira do Amaral, Apontamentos sobre Foguetes de guerra, in: Anais do Clube Militar Naval, 1875, p. 54. Weder Moltke (Geschichte des Deutsch-Französischen Krieges 1870-1871), noch Boguslawski (Entwicklung der Taktik seit 1870, mit einer eingehenden Untersuchung zur Verwendung der Artillerie auch bei der Belagerung von Paris) noch das preußische Generalstabswerk zur Geschichte des Krieges erwähnten jedoch einen solchen Einsatz. Dies gilt auch für: B. v. Tiedemann, Der Festungskrieg im Feldzug gegen Frankreich, Berlin 1872, sowie: o. Verf., Geschichte des Feuerwerkswesens. In der ausführlichen Darstellung der preußischen Belagerungsartillerie (o. Verf., L'artillerie de siège prussienne pendant la guerre de 1870-1871, in: RdA, Tome 7, pp. 209) wurden ebenfalls keine Raketen als Bestandteil des Belagerungsparks erwähnt. Auch von der französischen Seite (Pralon, Les Fusées de guerre) wurde er nicht erwähnt.

332) o. Verf., Description de matériel d'artillerie prussien, in: JSM, 49e année 1873, p. 124.

333) Zu den Leistungsangaben: R. Wille, Leitfaden der Waffenlehre, Berlin 1874, S. 445, zum Abfeuerungsgestell und den Raketenmodellen: Sonder-Vorschriften für die Fußartillerie, B. Laffeten, Protzen und Fahrzeuge, Berlin 1893, S. 239 ff, Beiheft zu den Sondervorschriften für die Fußartillerie, B. Laffeten, Protzen und Fahrzeuge, Berlin 1893; sowie: o. Verf., Pläne zu Artilleriematerial - Material, Kriegsfeuerwerkerei und Batteriebau, Berlin 1875, Blatt 27, 43 und 44; zum Modell 78: D.V.E. Nr. 197. Sondervorschriften für die Fußartillerie, D. Munition (Nur für den Dienstgebrauch bestimmt), Berlin 1903; da in letzterer Vorschrift der Teil über Leuchtraketen handschriftlich gestrichen ist, kann davon ausgegangen werden, daß die Leuchtraketen bald nach Erscheinen der Vorschrift außer Dienst gestellt wurden. Die Bedienung der Raketengestelle war durch den Anhang II „Bedienung der Raketen-Gestelle" zum Exerzir-Reglement für die Fuß-Artillerie, Berlin 1883, geregelt. Wie bei den Sprengraketen wurde ein Raketengestell von 3 Mann bedient, 2 Gestelle wurden von einem „Gestellkommandeur" befehligt. Im Regelfall waren 2 Gestelle zugleich mit einem Abstand von 10 m, auf den gleichen Punkt gerichtet, eingesetzt. Zur Zeit der Herausgabe dieser Vorschrift wurden noch für 8 cm Leuchtraketen aptierte Gestelle der 5cm Leuchtraketen verwendet, diese waren aber aufzubrauchen. („§ 54. Material. I. Raketen. 8cm Axenstab-Leuchtrakete und Leuchtrakete C/78. II. Raketen-Gestell. Gestell für 8cm Axenstab-Leuchtraketen wird auch für die Leuchtraketen C/78 verwendet.")

334) o. Verf., Geschichte des Feuerwerkswesens, a.a.O., 2. Teil, S. 7; Einführungsdatum für die Marine nach: Dr. Langhans, a.a.O., S. 28; die technischen Zeichnungen für diese Raketen befinden sich im Bundesarchiv-Militärarchiv, PH 24/231 (Schreiben Bundesarchiv-Militärarchiv vom 20.10.1995)

335) Dr. Langhans, a.a.O., S. 28; Kaliber 8 cm für den Einsatz von der Küste aus, Kaliber 5 cm für den Einsatz aus Booten (o. Verf., Führer durch das Museum für Meereskunde in Berlin, Berlin 1907, S. 55 f.) Der erste Versuch mit dieser 3zölligen Achsenstab-Rotationsrakete, die gemeinsam mit Fachleuten der Deutschen Gesellschaft zur Rettung Schiffbrüchiger entwickelt worden war, wurde am 1. Januar 1867 in Bremen durchgeführt. Ihr Treibsatz bestand aus 7 1/2 Pfd. Pulver, am Stab war eine dünne Kette befestigt, an der die Leine befestigt war, die ganze Rakete mit einer Länge von 5 Fuß 9 1/2 Zoll (rheinisch) wog 38 1/2 Pfund einschließlich Verbindungskette. Ohne Leine erreichte eine Rakete bei diesem Versuch eine Reichweite von 3.000 Fuß. Die Schießleine besaß eine Länge von 1.440 Fuß und hielt einer Belastung vom 1.400 Pfund stand (Darapsky, Ueber den Rettungsapparat der deutschen Gesellschaft zur Rettung Schiffbrüchiger, in: Polytechnisches Journal, Jahrg. 1867, S. 275, siehe hierzu auch den Abschnitt „Bewertung und Ausblick")

336) A.K.O. vom 16. Juni 1864 (H. v. Decker, Geschichtliche Rückblicke auf die Formation der Preußischen Artillerie seit dem Jahre 1809, Berlin 1866, S. 41 f.; v. Decker erwähnte in seiner Schrift aber an keiner Stelle die Raketen)

337) Armee-Verordnungs-Blatt 1871, Kriegs-Ministerium, Berlin, den 9. Mai 1871, Nr. 122, Die Auflösung der Feuerwerks-Abtheilung betreffend: „daß wegen der künftigen Ausführung der Arbeiten im Feuerwerks-Laboratorium zu Spandau durch Civilarbeiter, die Feuerwerks-Abtheilung, welcher jene Arbeiten bisher oblagen, zum 1. August d. J. aufgelöst wird. . . . daß die Verwaltung des Feuerwerks-Laboratoriums durch die Direktion desselben in der bisherigen Weise fortgesetzt wird."

be sich die preußische Artillerie dieses „Seitensprunges" der Raketenentwicklung geschämt.[338] 1878 soll ein erneuter Versuch durch einen Otto Hutzler erfolgt sein, die Kriegsrakete wieder zum Leben zu erwecken, jedoch erfolglos.[339] Es sollte dann fast 50 Jahre dauern, bevor es wieder zu einem Einsatz von Kriegsraketen in Deutschland kam, dies geschah jedoch eher auf Privatinitiative durch R. Nebel, der als Flieger im 1. Weltkrieg aus seinem Jagdflugzeug erfolgreich selbst konstruierte Raketen abfeuerte und damit den Beginn einer neuen Aera der Raketenentwicklung einleitete.[340]

e. Königreich Sachsen

Sachsen war wohl der erste deutsche Staat, der sich mit der Entwicklung von Raketen beschäftigte.[341] Der Beginn der Arbeiten fand in einer politisch völlig ungeklärten Situation statt, denn nach Napoleons Niederlage bei Leipzig war Sachsen von den Alliierten quasi besetzt und wurde zunächst durch einen russischen Gouverneur verwaltet; dennoch trat am 11. Februar 1814 auf Befehl des Commandant en Chef der königlich sächsischen Artillerie, des Obristen von Hoyer, eine Commission zusammen, um sich mit dem Geheimnis der congrevischen Brandraketen zu befassen.[342] Der Commission lagen zwei ausgebrannte Raketen vor, die der Sous-Lieutenant Heydenreich nach Aufhebung der Belagerung Wittenbergs Mitte Oktober 1813 an den Obristen von Hoyer übersandt hatte.[343] Bei dieser ersten Sitzung wurde eine genaue Beschreibung der Rakete und ihrer Funktionsweise verfaßt, nur eine Analyse des Treibsatzes, wie in Frankreich durch d'Arcet, konnte naturgemäß nicht erfolgen:

„2.) Die äußere Hülse der Rachette besteht aus einem Cylinder von starkem Sturzbleche. Dieses Sturzblech hat 0,06 Zoll Stärke. Der äußere Durchmesser dieses Cylinders beträgt 4,18 Zoll und der innere 4,06 Zoll. Er ist übrigens 27¾ Zoll lang. Die Nieten womit diese blecherne Hülse wie ein gewöhnliches Ofenrohr zusammengenietet ist, stehen 1½ Zoll auseinander. Die Köpfe der Nieten haben ohngefähr ⅓ Zoll im Durchmesser und sind ganz platt abgefeilt. Das Blech greift in der Wandelfläche des Cylinders sowohl innerlich als äußerlich noch 7/16' über und ist dann flach abgefeilt. Die erste Niete steht vom untern Ende der Hülse ¾ Zoll ab.
3.) Unten ist diese blecherne Rachettenhülse durch eine eiserne Stoßplatte verschlossen, welche 0,15 Zoll stark ist und aus deren Mitte ein Brandloch ausgebohrt ist, welches 1½ Zoll im Durchmesser hat. Diese Stoßplatte bildet eine Kugelzone deren Höhe ½ Zoll beträgt. . . .
4.) In diese blecherne Rachettenhülse ist eine Pappierhülse eingeheftet welche aus sechsfach übereinander gerollten und zusammen gepappten sehr starken Doppelpappier besteht. Die Pappierstärke dieser 6 Blätter Doppelpappier betrug 0,12 Zoll und also der wahre innere Durchmesser der Rachettenhülse oder der Durchmesser des Satzes, womit sie ausgeschlagen ist, 4,18 - 0,12 - 0,24 = 3,82 Zoll. . . .
5) Von dem treibenden Satze war durchaus nirgens etwas, als bloße Schlacke zu erkennen, indessen fand sich in einem Exemplare ein Vorschlag von Lehm, welcher die Versetzung mit Brandmasse von dem treibenden Satze getrennt hatte, und dessen Abstand von der eisernen Stoßplatte oder dem Brandloche genau 22,85 Zoll betrug.
9) Die Patrone, welche früher mit Brandmasse gefüllt, aber völlig ausgebrannt war, bildete ein 19 7/8 langen Körper, welcher aus zwey Theilen, einem Cylinder von 10 1/8 Zoll Länge und einem gerade stehenden Kegel von 9¾ Zoll Höhe besteht. Beyde sind von 0,06 Zoll starken Sturzbleche; der innere Durchmesser des Cylinders, sowie der innere untere Durchmesser des Kegels beträgt 4,18 Zoll; die zu diesen Durchmessern gehörigen äußeren Durchmesser der Patrone 4,3 Zoll . . . - Endlich sind neun Brandlöcher in diese Patrone eingeschnitten, von denen je 3 in einerley Horizontalebene, und je 3 mit der Achse der Patrone in einerley Vertikalebene liegen. . ."[344]

Zur Frage des Treibsatzes stellte dann die Commission fest:

„Uebrigens ist es ferner nicht anders denkbar, als daß diese große Rachetten
1.) Über den Dorn und 2.) mit einer Rammelmaschine geschlagen werden können: denn theils würde weder die Kraft der Hand hinreichen, theils könnte man sie auch nicht mit der bloßen Hand so gleichförmig schlagen, daß man späterhin nur mit einer Zuverlässigkeit behaupten könnte: diese Rachette brennt so und so lange und geht unter einen gegebenen Winkel abgeschossen so und so weit. Dieses muß man aber wenigstens annäherungsweise durch Versuche ausfindig zu machen suchen, ehe man die Brandrachetten in einem Ernsthaften Falle anwenden kann, und ehe man sagen kann, daß man Brandrachetten zu verfertigen und zu schießen verstehe. Es scheint der Commission aber einzig und allein durch eine Menge Versuche möglich, zu diesen Kenntnissen zu gelangen.
6.) So wird es auch nur durch Versuche möglich seyn, die für gewissen Rachettensätze und für gewisse Caliber der Brandrachetten schickliche Länge des Dorns und des angebohrten Zeugs ausfindig zu machen."[345]

Die Commission kam dann zu dem Schluß, beim Obristen von Hoyer die Genehmigung zur probeweisen Fertigung von Raketen zu beantragen, allerdings wollte man zunächst mit kleineren, 4pfündigen beginnen.

Bis zur nächsten Sitzung der Commission analysierte Leonhardi den Brandsatz der übersandten Rakete, stellte eine Untersuchung über mögliche Treibsätze an, entwarf ein Abfeuerungsgestell und erarbeitete Grundlagen für die Beobachtung und Auswertung erster Raketenversuche, die Ergebnisse legte er in Form eines Aufsatzes der Commission vor.[346]

Als Abfeuerungsgestell schlug er ein festes Stativ mit Fuß mit einer 3 Ellen hohen Säule, auf der die verschließbare Abfeuerungsrinne mit einer Länge von 7¾ Ellen dreh- und schwenkbar befestigt werden sollte.[347] Die Rinne bildete ein Parallelepipedum von 6 Zoll im Geviert,

338) Denecke, Geschichte der kgl. Preußischen Artillerie-Prüfungskommission, Berlin 1909

339) Mitteilung F. H. Winter vom 1. März 1999, hier lag jedoch ein Irrtum vor, Hutzler war 1878 das D.R.P. 2917 für ein reichweitengesteigertes Kanonengeschoß erteilt worden, wobei dieser nicht, wie zur gleichen Zeit in Frankreich erfolgt, das Raketenprinzip hierfür nutzte.

340) R. Nebel. Rocket Flight to the Moon - From Idea to Reality: A Memoir, in: R. Cargill Hall (edit), History of Rocketry and Astronautics, AAS-History Series, Vol. 7, Part II, p. 116 f.; Nebel versah provisorisch große Signalraketen mit einem Gefechtskopf und feuerte 3 dieser Raketen Ende 1916 auf feindliche Flugzeuge ab, 2 Raketen trafen, die letzte Rakete zündete zu früh, so daß er sein eigenes Flugzeug abschoß; der Gebrauch von Raketen wurde daraufhin verboten (die Piloten bezeichneten diese Waffe als „Nebel-Werfer")

341) Die sächsische Raketenentwicklung ist nirgends in der Literatur beschrieben, lediglich bei: v. Decker, Versuch einer Geschichte des Geschützwesens und der Artillerie in Europa, Berlin 1819, wurde auf sächsische Raketenversuche hingewiesen; Hauthal, Geschichte der sächsischen Armee, Leipzig 1858, und: v. Kretschmar, Geschichte der sächsischen Feldartillerie, Berlin 1896, erwähnten sie nicht. Auch: Rouvroy, Vorlesungen über die Artillerie zum Gebrauch der königl. sächsischen Militär-Akademie, Dresden 1821, erwähnte an keiner Stelle die Kriegsraketen.

342) SächsHStA, Akte Nr. 6326, Versuche und Gutachten, die englischen Brandrachetten betreffend, 1814; die Commission bestand aus dem Obristlieutenant und Oberfeuerwerksmeister Schäfer, dem Major und Direkteur der Akademie Rouvroy und dem Hauptmann und Mathematikus Leonhardi (Protokoll, Dresden, den 11ten Februar 1814)

343) ibidem

344) ibidem, diese Raketen waren gegenüber den von d'Arcet untersuchten bereits leicht verändert (siehe Beilage 3 zum Abschnitt 6, Frankreich).

345) ibidem

346) ibidem, Ohnmaßgebliche Erinnerungen, Proben mit Brandrachetten betreffend vom 4. März 1814; Abschnitt I.: Ueber die Art und Weise Brandrachetten abzuschießen (Entwurf eines Statives mit einer Abfeuerungsrinne), Abschnitt II.: Ueber die Dimensionen der Rachetten, Abschnitt III.: Ueber die ordinairen Rachettensätze, Abschnitt IV.: Ueber die Sätze zu Brandmassen, Abschnitt V.: Ueber die Beobachtungen, welche bey Versuchen mit Brandrachetten anzustellen seyn werden

347) „Ohn etwas von der Art zu wissen, wie die Engländer die Brandrachetten abschießen, und von der Erzählung eines Bauern bey Danzig geleitet (welche mir Herr Hauptmann Zschökel wiedererzählt hat), 'daß die Rachetten beym Abschießen in eine Rin-

	Ruggieri für Raketen mit Kaliber über 20 Linien	Bigot für alle Caliber in allen Jahreszeiten	Adye für ein neueres Mischungsverhältnis	Blümel für Raketen über 1 Pfd	Kgl. Sächsisches Laboratorio für Raketen bis 4 Pfd
Mehlpulver		-	-	-	0,348
Salpeter	0,571	0,625	0,6073	0,595	0,348
Kohle	0,286	0,270	0,2856	0,243	0,174
Schwefel	0,143	0,095	0,1071	0,162	0,130

war aus Holz und mit Eisenblech beschlagen, ihre Weite war so bemessen, daß Raketen verschiedener Kaliber aus ihr abgefeuert werden konnten. Zum Richten sollte ein Richtbock verwendet werden. Zu der Bestimmung der Dimensionen der Raketen verglich Leonhardi die Angaben Ruggieris, Bigots, Adyes, Blümels und die Maße für sächsische Feuerwerksraketen mit denen an den Congrev'schen Raketen gemessenen Werten, um die Länge und Form der Seele und die Stärke der Zehrung der für erste Versuche zu konstruierenden Raketen zu bestimmen.[348] Auch zur Bestimmung des Treib- und Brandsatzes wurden die Angabe der genannten Autoren aufgeführt und verglichen: *(Siehe Tabelle oben)*

Leonhardi kam zu dem Schluß:
„Nimmt man von den von Ruggieri, Bigot, Adye und Blümel angegebenen Sätzen ohne Mehlpulver für die größeren Caliber das arithmetische Verhältnis, so erhält man 0,5973 Salpeter, 0,2772 Kohle und 0,1255 Schwefel oder beynahe 24 Teile Salpeter, 11 Theile Kohle und 5 Theile Schwefel. Brandrachetten ohne Mehlpulver zu schlagen,

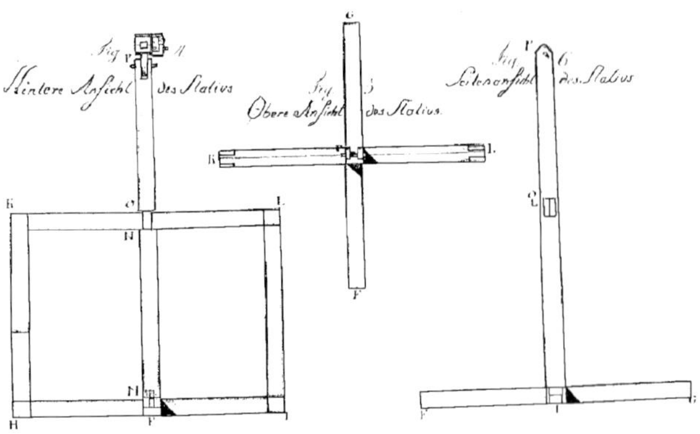

Entwurf des Statives zum Abfeuern der Raketen (Zeichnung: Leonhardi)

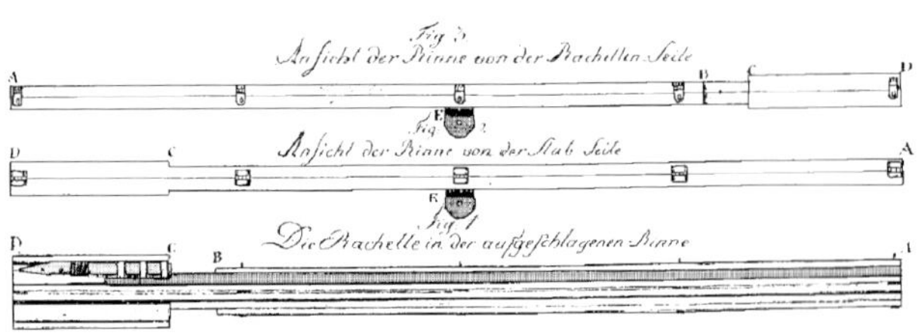

Entwurf der Abfeuerungsrinne (Zeichnung: Leonhardi) oben: Ansicht von der Raketenseite, Mitte: Ansicht von der Stabseite, unten: Rakete in der aufgeschlagenen Rinne

glaube ich, könnte den Vortheil gewähren, daß man eine gewisse Gleichförmigkeit ihrer Wirkung erhalten würde; weil man voraussetzen kann, daß Salpeter, der gehörig in langen Krystallen aufschoß, immer ziemlich von gleicher Güte sey, das Pulver aber immer höchst verschieden ausfällt."
Als Ergebnis seiner Analyse der Brandmasse hielt er eine Mischung von 210 Teilen Salpeter, 95 Teilen Schwefel, 15 Teilen Antimonium und 80 Teilen Bindemitteln fest, schlug aber vor, den Brandsatz durch Korn- oder Mehlpulver zu ergänzen, „die die lebhaftere Entzündung der Verbrennung gar sehr befördern würde."
Für die ersten Versuche hielt er eine genaue Beobachtung der Flugbahn für erforderlich, um ihre Form und auch die Zeit zu der die Rakete die einzelnen Punkte der Bahn durchflog, feststellen zu können. Um diese Beobachtungen zu ermöglichen, schlug er ein neues Beobachtungsverfahren vor: in ausreichender Entfernung von der Flugbahn sollte eine Glasplatte auf einem Gestell aufgestellt werden, hinter der sich eine Metallplatte mit einem Beobachtungsloche befinden sollte:
„Diese Glastafel muß man so außerhalb der Vertikalebene der Flugbahn aufstellen und also so weit mit ihr zurückgehen, bis man mit Bequemlichkeit den Anfangspunkt und den ohngefähren Endpunkt der Flugbahn durch jenes Loch und durch die Glasplatte sieht. Auf ein gegebenes Zeichen, daß der Schuß geschehen soll, setzt nun der Beobachter einen Stift von einem schicklichen Materiale, womit man, ohne daß die Glastafel zerritzt wird, auf Glas schreiben kann, auf den Punkt, wo das Projektil abgeschossen werden soll, und zeichnet die Flugbahn auf der Glastafel nach, so wie er sie durch dieselbe erblickt, in dem er das Projektil mit dem Stifte verfolgt. Dieses Nachzeichnen kann nicht viel Schwierigkeiten haben, wenn auch die ersten Versuche mißglücken sollten, man wird sich aber bald darauf einstellen können . . . Ein geübter Zeichner wird zugleich beim Nachzeichnen die Punkte der Flugbahn marquiren können, wo sich das Projektil am Ende gewisser Zeitpunkte, die ihm ein Gehülfe laut vorzählt, befindet. Zu dem Maßstabe dieser Zeiten wird man am vortheilhaftesten die Schläge der Unruhe einer guten Taschenuhr benutzen . . . Nun gehört dazu, die Flugbahnen, nebst den Dauerzeiten ihrer einzelnen Theile und so auch die Geschwindigkeit des Projektils kennen zu lernen nichts mehr weiter dazu, als die nachgezeichneten Flugbahnen an der Vertikalebene der Glastafel in die Vertikalebene der Flugbahn zu reduciren."[349]
Diese Arbeit wurde auf der folgenden Sitzung der Commission am 11. März besprochen und bis auf einige Änderungen an der Konstruktion des Abfeuerungsgestelles gebilligt, wozu Leonhardi ein Modell anfertigen sollte. Ebenso wurde er beauftragt, eine Rißzeichnung der zu fertigenden 4pfündigen Rakete mit allen Maßen zu erstellen.[350]
Auf der letzten Sitzung dieser Commission am 7. April 1814 wurde beschlossen, für einen ersten Versuch drei 4pfündige Brandraketen entsprechend der Rißzeichnung Leonhardis anzufertigen, auch sollte das Stativ von einem Zimmermann gefertigt werden, obwohl man es

---

ne gelegt werden', habe ich nach meiner Meinung ein dazu schickliches Gerüste oder Stativ zusammengesetzt und gezeichnet . . ." (ibidem)

348) Leonhardi wertete dabei aus: Ruggieri, Eléments de Pyrotechnie, Paris 1811; Bigot, Traité d'artifice de guerre, Paris 1809 sowie: Adye, The pocket gunner, und: Blümel, Lustfeuerwerkerey, Straßburg 1765.

349) ibidem, es folgten die Formeln zur Umrechnung;
Leonhardi beginnt diesen Absatz: „Die schwierigste Beobachtung ist gerade einer der wichtigsten, nemlich diejenige der Flugbahn, der Zeit und der Geschwindigkeit. Ich glaube aber, daß diese Beobachtung sich folgendermaßen ganz genau anstellen lassen, und daß man auf diese Weise auch die Flugbahn der Bomben beobachten könne. Da diese Art zu beobachten noch nirgends angegeben wurde und mir erst vor kurzem eingefallen ist, so will ich sie bis auf das kleinste Detail hier beschreiben." Solche vor den ersten Versuchen angestellte und detaillierte Überlegungen zum Erlangen der Kenntnisse der Raketenflugbahn sind aus keinem anderen Staat bekannt.

350) ibidem, Protokoll Actum Dresden den 7ten April 1814

für die Zukunft für wünschenswert hielt, die Raketen von einem zweirädrigen Karren abzufeuern; Major Rouvroy erbot sich, aus den Vorräten der Akademie die benötigte „Rammelmaschine" zum Schlagen des Treibsatzes zur Verfügung zu stellen.[351]
Über die nachfolgenden Versuche liegen leider keinerlei Unterlagen in Sachsen mehr vor. Es ist anzunehmen, daß die eigentlichen Versuche aufgrund der politischen Lage erst ab 1815, also nach den „Einhundert Tagen" Napoléons, begonnen wurden, wobei es scheint, als seien die ersten Versuche nach den oben beschriebenen Grundlagen aufgrund der finanziellen Situation Sachsens durch den Hauptmann Dietrich auf eigene Kosten durchgeführt worden.[352] Im September 1816 konnte der preußische Gesandte in Dresden erstmals über sächsische Raketenversuche berichten, die in Anwesenheit des Königs auf Distanzen von 700 bis 800 Schritt durchgeführt wurden. Dabei war das Ergebnis noch keineswegs zufriedenstellend, da von den Raketen des Hauptmann „Diederichs" die meisten entweder zu früh platzten oder gar nicht erst zündeten. Dennoch notierte er:
„Man rechnet noch auf größere Vervollkommnung der Raketen, hält sie jetzt aber schon, nach der Äußerung des Generals v. Zeschau, die er mir heute machte, für eben so gut als die, die in Copenhagen oder Wien gemacht werden, und glaubt gegen die Linie, gegen Batterien, dann aber auch zum Anzünden, sich ihrer bedienen zu können.".[353]

Im Dezember 1816 konnte der Gesandte dann bereits einen ausführlichen Bericht über die sächsischen Raketen vorlegen.[354] Nach Montgéry begann Sachsen in diesem Jahr mit der regulairen Herstellung von Raketen für die Artillerie.[355] Auch 1817 scheinen die Ergebnisse bei inzwischen gesteigerter Reichweite nur wenig besser gewesen zu sein. Im Oktober berichtete der preußische Gesandte, daß der sächsische König am 23. die Fuß- und reitende Artillerie „in Augenschein" genommen habe, wobei ein Probeschießen stattgefunden hätte, in dessen Verlauf „auch zwanzig Congrevische Raketen geworfen wurden".
„Die congrevischen Raketen gingen nicht gleich, eine crepirte auf dem Brete, ein paar fielen kurz davon, und gingen wie Leuchtkugeln auseinander, Zwei Drittheile von ihnen aber machten ihren Weg, die meisten mit einer geringen Elevation und fast alle bis in die abgesteckte Linie von Eintausend dreihundert Dresdner Ellen."[356]

Sächsisches Raketenabfeuerungsstativ

Im Dezember trat Hauptmann Dietrich dann den Urlaub an, der ihn nach Preußen führen sollte, und sein bisheriger Mitarbeiter, Lieutenant Hannemann, wurde mit der weiteren Entwicklung der Raketen beauftragt.[357] Dieser scheint aber nur kurz in dieser Stellung gewesen zu sein, da ein Jahr später der preußische Gesandte meldete, daß die Versuche durch Hauptmann Dietrich, den Jüngeren, nunmehr mit größeren Kalibern fortgesetzt würden.[358]
Es scheint aber nie zu einer Einführung der Raketen in die Artillerie gekommen zu sein,[359] auch wenn nach einem Bericht noch 1826 in Sachsen Kriegsraketen hergestellt worden sein sollen.[360] Die Versuche scheinen jedoch zu einem gewissen Abschluß geführt worden sein, zumindest sind Raketen für den Einsatz im Felde, worauf ein nachstehender Bericht hinweist, und auch schwere Raketen für den

351) ibidem; „Die zu den ersten Proben erforderlichen Anschaffungen bestehen aber: 1) in einem hölzernen Cylinder, worüber der Zeughausplattner die Blechhülse der Rachette zu fertigen hat, 2) in einem hölzernen Cylinder und darauf befindlichen Kegel für den Plattner zu den Brandmassenpatronen, 3) in dem eisernen Dorn nebst Untersatz, worüber die Rachetten zu schlagen sind, 4) in dem Winder, worüber die Pappierhülsen zu pappen sind, womit die blechernen Rachettenhülsen gefüttert werden, 5) in den zum Schlagen der Rachetten nöthigen drey Hohl- und einem massiven Setzer, 6) in dem Stativ zum Abschießen der Rachetten, welches von jedem Zimmermann herzustellen ist." Ein Kostenvorschlag konnte nicht erstellt werden, „da selbst die Handwerker nicht voraus bestimmen können, was sie für den und jenen dazu nöthigen Artikel würden fordern müssen."

352) DHMB, Rep. Z 07, Hauptmann Meyer, Detaillirte Geschichte des preußischen Raketenwesens, S. 3

353) GSPK, III. HA (2.4.1) I., Dresde, Correspondance avec la Mission du Roi, No. 3822 (1816), Bericht des preußischen Gesandten vom 15. September 1816, Bericht No. XXIV; er fügte hinzu: „Die Füllung und die Komposition der eisernen Röhre soll noch mehreres zu wünschen übrig lassen ..."

354) GSPK, III. HA (2.4.1) I., Dresde, a.a.O., Bericht vom 25. Dezember 1816, in diesem Bericht wird auf einen ausführlichen Bericht Bezug genommen, letzterer scheint aber im Original an das Kriegsministerium weitergeleitet worden zu sein und ist daher nicht mehr erhalten; „Einige Bemerkungen über die hiesigen Congrevischen Raketen, in Verfolg der Anzeige, die mein allerunterthänigster Bericht vom 25ten Septbr: d. J. No. XXIV enthält, habe ich, nach der bei mir inzwischen eingegangenen Aufforderung der dritten Section im Ministerio der auswärtigen Angelegenheiten, vor ein paar Tagen zugeschickt."; am 27. Juli 1817 konnte er dann melden, daß er „Von den Congrevischen Raketen, die in Dresden nachgemacht werden ... ist es mir jetzt gelungen, eine vollständige Beschreibung ihrer Bestandteile, Proben davon. . und die Instruction zur Anfertigung zu erhalten." (ibidem, Bericht No. LX, Eingang am 18. August 1817)

355) M. de Montgéry, III° Mémoire sur les fusées de guerre, in: JSM 1826, t. 2, p. 233: „Depuis 1816, les Saxons qui avaient pu juger, à Leipsic et dans d'autres places de leur territoire, de l'effet des fusées, se sont livrés à la fabrication de ces projectiles; on peut croire qu'ils estiment particulièrement leurs travaux, car ils en font un aussi grand mystère que dans les pays où l'on a le plus de prétentions à ce sujet."

356) GSPK, III. HA (2.4.1.) I., Dresde, No. 3823 (1817) Bericht No. LXIV vom 23. Oktober 1817, zur Ursache des Krepierens fügte er hinzu: „Ein gescheuter Artillerie Offizier äußerte mir, daß die Schuld des Crepirens allein an dem Blech läge, das nicht gut wäre, und wo man sich nur des englischen Blechs mit Sicherheit bedienen könne. Bestimmte Richtung und Entfernung glaubt man durch die Kugel bewirken zu können, die man auf dem Brenn-Satz legen müsse, um so, den Triebsatz gegen den Brennsatz und die Kugel berechnet, die Entfernung bestimmen zu können, die die Rakete bis zum Treffen und Zünden durchgeht. Die Fünfzehn Pfündigen hält man für die Besten."

357) ibidem, Bericht vom 15. Dezember 1817; „Der Hauptmann Diederich von der Artillerie, der als ein überaus fähiger Offizier und als Nachahmer der Congrevischen Raketen bekannt ist, dabei aber als Folge seiner Beziehungen viel und drückende Schulden haben soll, forderte Urlaub, überschritt ihn und wünschte wie man sagt Verlängerung die man ihm auch bewilligte. ... (leer) nicht wieder kehren würde, weil man einigen Apparat zur Verfertigung jener Raketen von ihm mitgenommen glaubt." [die Leerstelle muß Angaben zur vermuteten Desertion enthalten haben]

358) GSPK, III. HA (2.4.1.) I., Dresde, No. 3824 (1818), Bericht vom 5. Oktober 1818: „Man setzt hier die Versuche mit Congrevischen Raketen, unter dem Hauptmann Dietrich dem jüngern fort und nimmt sie jetzt von größern Kaliber. Es sollen neulich mehrere besonders glücklich geworfen und namentlich eine durch die Scheibe geflogen seyn." In den Berichten der folgenden Jahre wurden die Raketenversuche nicht mehr erwähnt (No. 3825 und 3826 für 1819 und 1820)

359) In verschiedenen Unterlagen, in denen eigentlich die Kriegsraketen erwähnt hätten werden müssen, ist keine Spur von ihnen zu finden; so werden sie in einem Entwurf für die Zusammenstellung eines Belagerungsparks für Strassburg, Metz oder Lille (SächsHStA, Akte Nr. 6289, Protokoll vom 27 Juny 1819) nicht aufgeführt, was darauf schließe läßt, daß die Raketen zu dieser Zeit nicht in die Artillerie eingeführt waren. In den Protokollen der Artillerie Commission sowie in deren jährlichen Tätigkeitsberichten (SächsHStA, Akten Nr. 6288, 6289, 6290, 6302 und 4043) die den Zeitraum von 1819 bis 1834 abdecken, sind ebenfalls die Raketen nicht erwähnt.

360) AMZ, 1. Jahrgang 1826, S. 28; gem. Montgéry erfolgt zu dieser Zeit u. A. auch in Sachsen die Herstellung von Kriegsraketen.

Bergrat Heinrich Gottlob Kühn

Einsatz bei Belagerungen entwickelt worden, auch wurde das von Hauptmann Leonhardi anfangs konstruierte, recht schwerfällige Abfeuerungsgestell wohl bald durch ein leichter handhabbares Abfeuerungsstativ ersetzt, wie es auf dem vorstehendem Bild zu sehen ist. Für 1819 sind letztmalig Versuche mit Leuchtraketen nachgewiesen:

„Heute Abend wurde in Gegenwart . . . durch den Hauptmann Dietrich drey sogenannte vierpfündige Leuchtkugelrachetten unter 60° Elevation von der Batterie am Hölzchen, in die Gegend rechts neben der dresdener Straße gerichtet abgeschossen. Die Rachetten erreichten ohngefähr 2.000 Schritt horizontale Entfernung, ehe sie die Leuchtkugeln fallen liessen. Für den Caliber der Leuchtkugeln, welche sich an dieser kleinerer Art Rachetten anbringen lassen, ist aber diese Entfernung zu groß, als dass die Erleuchtung bedeutender ausfallen könnte als sie nun von der Festung aus beobachtet wurde, und sie in geringerer Portée bei einem früherem Versuche mit solchen Rachetten bei Dresden von der Commission wahrgenommen worden war."[361]

Um 1820 waren aber Kriegsraketen noch vorhanden und wurden bei Übungen oder Vorführungsschießen angewendet, denn ein schwedischer Offizier führte sie in seiner Beweisführung für den geringen Nutzen der Raketen an:

„Wegen des ungeheueren Geprassels, womit sich ein solcher Drachen durch die Luft bewegt, könnte es wohl seyn, daß die Pferde der feindlichen Cavallerie, wenn sie an dergleichen Gesause nicht gewöhnt sind, dadurch Scheu gemacht werden könnten. Daß aber die Artillerie-Pferde sich ebenso gut an das Geprassel der Raketen gewöhnen können, als an das Gedonner des Geschützes, ohne Scheu zu werden, habe ich bei der sächsischen Artillerie gesehen, bei welcher man an einem Mustertage in Gegenwart des Königs viele solcher Raketen gegen eine neu erbaute gegen das Carnot'sche Kartätschenfeuer von oben geblendete Breschbatterie abfeuerte und wo die Pferde beinahe eben so ruhig standen, als beim Kanonenfeuer."[362]

Die Versuche sind aber wohl weitergeführt worden, jedoch anscheinend ohne allzu große Begeisterung. Endgültig eingestellt wurden sie 1837, weil sie „. . . zu keinem ersprießlichen Erfolge geführt hatten . . ."[263]

Unabhängig von der sächsischen Artillerie begann sich auch ein Zivilbeamter mit Raketen zu beschäftigen: Heinrich Gottlob Kühn,[364] am Artilleriewesen interessiert und wie viele Europäer vom Freiheitskampf der Griechen mitgerissen, wollte diesen zur Raketenwaffe verhelfen und begann sich ab 1823 mit der „Herstellung brauchbarer Kriegsraketen zu versuchen."[365] Seine ersten Modelle, noch Stabraketen, scheinen durchaus wirkungsvoll gewesen zu sein, Feldmarschall Graf v. Gneisenau und Generallieutenant v. Müffling, mit denen er 1823 in Berlin zusammentraf, zeigten sich sehr interessiert und nahmen seine Versuchsergebnisse beifällig zur Kenntnis;[366] ihm schwebte aber doch bald, wie auch manchen anderen Raketenkonstrukteuren,

---

361) SächsHStA, Akte Nr. 6289, Protokoll der Artillerie Commission, Festung Königstein, den 20. Octbr 1819; es handelte sich hier um den Hauptmann Karl Adolf Dietrich, 1803 in die Artillerie eingetreten, 1815 Kapitän, 1843 Oberst und Zeughauptmann (Verlohren, a.a.O., S. 186); die Namensgleichheit mit dem in preußische Dienste übergetretenen Karl Dietrich ist wohl zufällig.

362) C. F. Borkenstein, Versuch zu einem Lehrgebäude der theoretisch-practischen Artillerie-Wissenschaft, Berlin 1822, Band I, S. 240

363) SächsHStA, Akte Nr. 2285, Kriegsministerium, zum Vortrage bei Sr. Majestät dem Könige Dresden den 13. Mai 1850, gez. Ludwig Diederichs.

364) Heinrich Gottlob Kühn (geb. 28. Juni 1788 in Dresden als Sohn eines Oberkonsistorialrates, gest. 10. Januar 1870 in Meißen), 1804 Studium der Bergwissenschaften in Freiberg, das durch eine einjährige Krankheit unterbrochen wurde, anschließend inskribierte sich Kühn am 25.05.1809 in Wittenberg für Jura, das er im April 1812 nach abgelegtem Examen verließ, am 22. 04. d. J. bei Savigny in Berlin inskribiert als stud. chemiae; anschließend 1813 als Bergamtsauditor im Bergamt Freiberg angestellt. 1814 als Leutnant der Landwehr-Infanterie im 1. erzgebirgischem Landwehrbataillon in Flandern, im Gefecht von Courtray am 30.03.1814 verwundet und in französischer Gefangenschaft (in Lille); nach Rückkehr aus dem Felde seit 11.06.1814 auf Anordnung des russischen Militairgouverneurs in Sachsen, General Fürst Repnin-Wolkonski, mit dem Charakter als Premierlieutenant mit Patent vom 5. Juli 1814 ehrenvoll aus der Armee entlassen; zunächst versuchsweise als Betriebsinspektor in Meißen angenommen, fest eingestellt vermutlich am 1. Juli 1814 (Urkunde der Ernennung zum Inspektor vom 30.10.1817), 1816 verheiratet mit Wilhelmine Neumeister, 2 Söhne und 4 Töchter. Leiter der technischen Vorgänge der Porcellan-Manufaktur Meißen. Als solcher führte er den Rund- oder Etagenofen ein, durch den die Betriebsabläufe, auch kostenmäßig, optimiert werden konnten, veranlaßte den Übergang von der Holz- zur Kohlebefeuerung und errichtete die erste Dampfmaschine in Meißen. In den zwanziger Jahren Vervollkommnung der neuen Unterglasurfarbe, des Chromoxydgrün. Nach dem Tod des Direktors der Manufaktur, des Bergrats v. Oppel, 1833 Leiter derselben, ohne jedoch Direktor zu werden. 24.04.1833 Charakter eines Kommissionsrates, zweite Ehe mit Ernestine Schneider aus Dresden, 1 Tochter. 1838 Ernennung zum Commissionsrat; 1844 in Anerkennung seiner Leistungen bei der Leitung der Manufaktur Verleihung des Civilverdienst-Ritterordens. 1846 Erfinder einer Löschpatrone (Patent 31.12.1846), 1849 Antrag die königl. Manufaktur in Berlin zu übernehmen, daraufhin 16.11.1849 Ernennung zum Bergrat und Direktor der Manufaktur. 6.05.1860 Ernennung zum Geheimen Bergrat und 1864 Ernennung zum Komtur des Verdienstordens. Ihm wurde das Ehrenbürgerrecht von Meißen aufgrund seiner Verdienste am 5.12.1863 verliehen. (Angaben nach: O. Walcha, Meißner Porzellan, Gütersloh 1975, S. 180 ff.; Neue Deutsche Biographie, 13. Bd., Berlin 1982. S. 191, sowie: Schreiben der Staatlichen Porcellan-Manufaktur Meißen vom 26.04.1999 und: o. Verf., H. G. Kühn, kön. sächs. Bergrath und Vorstand der kön. Porzellanmanufaktur in Meißen, in: Illustrirte Zeitung, No. 434, XVII. Band 1851, S. 349 f.; vgl.: E. St., Raketen, Glanzgold, Löschpatronen. . ., in: Sächsische Neueste Nachrichten, 1968, No. 157 vom 07.07.68, S. 7, sowie: R. Franz, 10. Heinrich Gottlieb Kühn, in: Mitteilungen des Vereins für Geschichte der Stadt Meißen, 5. Bd., Meißen 1900, S. 90 ff.)

365) BA-AF, DB 56/86, H. G. Kühn, Bemerkungen, a.a.O.; Kühn war als Kriegsfreiwilliger 1814 in Flandern eingesetzt gewesen, wo er die britischen Raketen kennengelernt hatte: „Sympathie für den Befreiungskampf der Griechen bestimmte mich endlich zuerst im Jahre 1823 die Herstellung brauchbarer Kriegsraketen zu versuchen, um den Griechen diese Waffe in die Hand geben zu können."

366) DHMB, Rep. Z 08, Denkschrift Kühn über das Raketenwesen für Prinz August von Preußen vom 30. November 1831

die Entwicklung einer Rakete ohne Stab vor Augen, so daß er seine Energie hierauf verwandte. Allerdings verliefen seine Versuche hier zunächst weniger erfolgreich:

„Lange vermochte ich aber die grossen Abweichungen nicht zu vermeiden, welche sie zeigten, indem sie, unmittelbar nach ihrem Austritte aus dem Leitungsrohre, nicht selten eine deutlich wahrnehmbare Veränderung ihrer ursprünglichen Bahnrichtung bis zum Betrage von 10 Graden sowohl zur Seite als auch nach oben oder unten annahmen, in dieser neuen Richtung aber ohne fernere Abweichung fortgingen."[367]

Seine Versuche scheinen dann bis zu einer Anfrage Preußens 1831, das sich an seinen neuen Raketen interessiert zeigte, geruht zu haben, wurden daraufhin aber erneut fortgesetzt, jedoch wieder ohne durchschlagenden Erfolg:

„Nach vielen vergeblichen Versuchen erkannte ich also die Unmöglichkeit, genügende Resultate dabei zu erlangen, wenn es mir nicht gelänge, die Anfangsgeschwindigkeit der Raketen, ohne Gefahr der Explosion, in hohem Grade zu verstärken, einer Erscheinung, an welcher die Bestrebungen vieler Artillerien zur Herstellung kräftiger Kriegsraketen gescheitert sind."[368]

Als Ziel seiner Entwicklungsarbeit hatte Kühn sich gesetzt:

„1. Möglichst große Flugweiten, bei flachen Elevationswinkeln und möglichst geringe Betrage des Treibsatzes am Gesamtgewichte.
2. Größtmögliche Sicherheit der Direktion, unabhängig von Wind und Wetter.
3. Hinlängliche Dauerhaftigkeit beim Transporte und Unveränderlichkeit, sey es durch Zeit oder Feuchtigkeit
4. Möglichste Einfachheit für den Gebrauch, und endlich
5. möglichst wohlfeile Herstellung derselben."

1832 verwendete Kühn Raketen ohne Stab, armiert mit einer $1^1/_2$pfündigen Granate, mit einer Gesamtlänge von $12^1/_2$ bis $13^1/_2$ Zoll Leipziger Maß, deren Hülsen etwa 27 bis 30 Loth wogen, wobei das Gewicht des Treibsatzes ebenfalls 30 Loth betrug. Er verschoß sie aus einem „Flugrohr" von 8 Fuß Länge. Bei Erhöhungen zwischen 5 und 8 Grad erzielte er pro Grad Reichweiten von 270 bis 300 Fuß Leipziger Maß bis zum ersten Aufschlag, also unter 7° Elevation Reichweiten von 2.050 bis 2.500 Fuß, wobei die Seitenabweichungen stets unter 20 Schritt lagen. Zur Perkussionskraft stellte er fest, daß eine Rakete auf 900 Fuß Entfernung noch eine 9 Zoll dicke Bretterwand durchbohrt hätte.[369] Kühn dürfte damit der Erste gewesen sein, dem es gelungen ist, funktionsfähige Raketen ohne Stab zu konstruieren. Die Versuche ruhten nun für mehrere Jahre, bis er, inzwischen Dirigent der Porzellan-Manufaktur zu Meissen, nach zahlreichen Untersuchungen und Überlegungen gegen Ende der vierziger Jahre ein neues Ladungsprinzip entdeckte, durch dessen Wirkung die Brennzeit des Treibsatzes erheblich verkürzt und zugleich die Anfangsgeschwindigkeit der Rakete entsprechend erhöht werden sollte; einige wenige Versuche schienen die Richtigkeit dieses neuen Verfahrens zu bestätigen, doch wagte es Kühn zunächst nicht, dies Verfahren in allen Konsequenzen anzuwenden, sondern begnügte sich damit, zunächst nur mäßige Resultate zu erzielen, um die sächsische Artillerie zumindest von seinem Konstruktionsprinzip mit Sicherheit zu überzeugen.[370] Damit hatte Kühn unabhängig, aber etwa zeitgleich, wie in Großbritannien William Hale, eine funktionierende Rotationsrakete entwickelt.

Endlich gelang es ihm am 13. Juli 1848 seine Rotationsraketen Offizieren der sächsischen Artillerie, dabei deren Kommandeur Oberst Homilius, auf dem Exerzierplatz bei Dresden vorzuführen. Hierfür hatte er 8 Raketen verfertigt. Diese waren einschließlich einer $4^1/_4$ zölligen Granate $13^1/_2$ Leipziger Zoll lang mit einem Durchmesser von $4^1/_4$ Zoll, sie enthielten 2 4/5 Pfund Treibsatz, die ersten beiden Raketen wogen 13 Zollpfund, die anderen sechs 11,4 Pfund. Das Ausströmen des Gases erfolgte durch zwei runde, sich diamentral gegenüberstehende „Mündungen" am Rande der eisernen Bodenplatte. Um die Raketen waren zwei federnde Kränze aus starkem Weißblech gelegt, um das Spiel in der Abfeuerungsröhre auszugleichen und „um sie im Fortgehn, genau in der Axe des Rohres zu erhalten." Das Abfeuerungsrohr besaß einen Durchmesser von $4^3/_4$ Zoll und war 4 Ellen 8" lang, es war auf der Abfeuerungsrinne eines alten von der Artillerie zur Verfügung gestellten Statives mit Richtbock aufgesetzt. Bisher hatte er bei seinen Versuchen die Raketen mit 12 bis 13 Pfund Reibungsmoment abgefeuert, für diesen für ihn entscheidenden Versuch vermehrte er die Reibungskraft „aus Besorgnis, gegen mögliches Eintreten eines unruhigen, schleudernden Fluges derselben, geflissentlich " auf 25 Pfund bei den ersten sechs und 30 Pfund bei den letzten beiden Raketen. Zum Rotationsprinzip stellte Kühn fest:

„Durch eine, auf eine von den gewöhnlichen Verfahren verschiedene Weise erzeugte Axendrehung, welche auf $1^1/_2$ Ellen Flug einen Umgang zeigt, wurden sie in ihrer Richtung erhalten."

Die ersten sechs Raketen wurden mit 11 Grad Elevation abgefeuert und erbrachten nachstehende Leistungen:

No. der Rakete	Flugw. 1. Aufschlag in Ellen	Flugw. 2. Aufschlag in Ellen	Flugw. 3. Auf-schlag in Ellen	Flugweite bis Liegen in Ellen	Abweichung des 1. Aufschlages links der Linie in Ellen
1	815	909	950	1043	56
2	895	1000		1057	52
3	1002	-	-	1059	10
4	910	964	-	1010	55
5	847	920	975	987	59
6	1020	1035	1045	1061	64

„Bemerkungen:
Aus den nebenverzeichneten Dimensionen ist zu ersehen, daß No. 1, 2, 4 und 5 sich mit grosser Genauigkeit in einer Linie erhalten hatten, indem die grösste Seitenabweichung der ersten Aufschläge unter einander bei No. 2 und 6, gleichwohl aber nicht mehr wie 7 Ellen ausgetragen hatte."

Die letzten beiden Raketen wurden auf Wunsch des Oberst Homilius mit größerer Elevation. nämlich mit 18 Grad abgefeuert. Aufgrund des starken Reibungmoments erreichten sie aber nur 1.025 resp. 1.400 Ellen Reichweite. Die Beobachter fanden die Ergebnisse „beachtungswürdig und wichtige Erfolge in Aussicht stehend", äußerten aber die Erwartung, daß die Reichweite zumindest auf 2.000 Ellen gesteigert werden müsse. Kühn hätte gerne die hierzu erforderlichen Versuche bereits in den nächsten Tagen durchgeführt, mußte aber eine Verschiebung auf den folgenden März akzeptieren, da die sächsische Artillerie zunächst wegen des Einexercierens der Rekruten keine Zeit hatte. Daher setzte Kühn seine Versuche fort, wobei es ihm gelang, die Treibkraft seiner Raketen durch Anwendung seines Ladungsprinzipes um das Doppelte zu steigern, so daß er nunmehr bereits bei 6° Elevation eine Schußentfernung von 1.000 Ellen erreichte.[371]

---

367) BA-AF, DB 56/86, H. G. Kühn, Bemerkungen, a.a.O.
368) ibidem, siehe hierzu auch in diesem Abschnitt das Kapitel „Königreich Preußen"
369) DHMB, Rep. Z 08, Denkschrift Kühn, a.a.O.
370) „. . . glückte es mir inzwischen . . . und durch sorgfältige Abwägung aller Momente, welche darauf Einfluß haben können, einen tieferen Blick in das Geschehen der Kräfte zu setzen, welche hauptsächlich dabei in Wirksamkeit treten, und in dessen Folge auch sogleich eine Mischungs- und Ladeweise der Raketen zu ermitteln, welche es verstattet, die Entwickelung der Treibkraft, unter allen Umständen, mit voller Beseitigung jeder augenblicklichen Explosion, auch bei der höchstmöglichen Anspannung des Pulvergases einen geregelten und stetigen Gang zu erhalten zugleich aber auch die Verbrennungszeit bis auf einen willkührlich geringen, sie dem Schusse annähernden Zeittheil zu beschränken. Wenige Versuche reichten jetzt hin, die Richtigkeit des dabei in Anwendung gebrachten Prinzipes zu beweisen und ein besseres Gelingen der Raketen ohne Stab in Aussicht zu stellen." (ibidem) Das neue Prinzip wurde natürlich in diesem Bericht nirgends beschrieben.
371) Alle Angaben zu den Raketen und den Versuchsergebnissen: BA-AF, DB 56/86

Auch Kühn hatte, wie andere Raketenentwickler, mit Fertigungstoleranzen bei den Hülsen zu kämpfen:

„Was die vorhin erwähnten Abweichungen der stablosen Raketen anbetrifft so mußten diese bisher nothwendig schon dadurch erzeugt werden, weil es mir bisher noch nicht möglich war, von den von mir benutzten Eisenarbeitern die so unerläßliche Genauigkeit in der Konstruktion der Hülsen zu erlangen, welche allerdings auch, ohne Benutzung dazu geeigneter, wenn auch höchst einfacher Maschinen, nicht füglich zu ermöglichen seyn wird. Insbesondere mangelte fast immer in höherm oder geringern Grade, als erste Bedingung eines sichern Ganges, - das genaue Zusammenfallen des Schwerpunktes der ganzen Rakete mit der wirklichen Hülsenaxe, wie denn selbst die allerdings bis zur Pedanterie strebende Genauigkeit in der Stellung der Mündungen zum Mittelpunkt der Vorderplatte und das Zusammenfallen ihrer Centren, noch allezeit viel zu wünschen übrig läßt. Mit dem Wegfalle dieser Unregelmäßigkeiten, den ich jedoch bei meinen Privatversuche durchaus nicht vollständig zuerzwingen vermag, würden daher auch eine Menge Anlässe zur Abweichung in der Bahnrichtung beseitiget werden."[372]

Am 16. Juni 1849 wurden die Versuche wiederholt,[373] es wurden diesmal 15 Raketen, davon eine mit einem eisernen Stab, abgefeuert. Die ersten 11 Raketen trugen eine $4^{1}/_{4}$ Pfund schwere Granate mit einem Kaliber von $4^{1}/_{4}$ Zoll und einem Gewicht von 11,60 bis 12,75 Pfund. Die 13. bis 15. Rakete besaßen als Gefechtskopf eine 8 bis 8,8 Pfund schwere Granate, das Gesamtgewicht dieser Raketen betrug 14,75, 15,70 und 10,75 Pfund. Die Rakete No. 12 war als einzige mit einem eisernen Rundstab mit einer Länge von 67 Zoll und einem Durchmesser von 3/8 Zoll versehen. Zur Rakete No. 14 war im Protokoll des Versuches vermerkt, daß sie so eingerichtet wäre, „daß sie auf je $1^{1}/_{2}$ Ellen Flug, eine Umwälzung zur Erhaltung des Parallelismus einleitete". Auf den Granaten und am hinteren Ende der Raketenhülse war jeweils ein federnder Blechkranz befestigt, um die Raketen sicher in das Abfeuerungsrohr führen zu können, zugleich aber, um Unterschiede im Durchmesser der Raketen auszugleichen. Die Raketenhülsen waren $10^{1}/_{2}$ Zoll lang mit einem Durchmesser von $4^{1}/_{2}$ Zoll und wurden jeweils mit 2,80 Pfund Pulver gefüllt, über die Zusammensetzung des Treibsatzes liegen keine Nachrichten vor. Die Hülse war hinten mit einer $^{1}/_{4}$ Zoll starken Platte verschlossen, in der sich zwei, 1 Zoll breite, runde Brandlöcher befanden. Die Treibladung nahm $8^{1}/_{2}$ Zoll der Hülse in Anspruch und war nach vorne durch eine Eisenplatte abgeschlossen, die so ein 2 Zoll tiefes Lager für die Aufnahme der Granate bildete. Die gesamte Rakete war damit 14 5/8 Zoll lang. Es scheint sich jedoch um einen besonders „schnellen" Treibsatz gehandelt zu haben, da es heißt, daß er eine Brennzeit von nicht ganz einer Sekunde gehabt habe und so bereits nach knapp 300 Ellen Flug ausgebrannt wäre.[374] Das Pulver aus der Pulvermühle des Freiburger Kaufmanns Engelschall war zuvor mit 0,8% Wasser zusätzlich versehen worden, um durch die allmähliche Austrocknung eine höhere Entzündlichkeit zu erhalten. Für die Raketen No. 1 bis 12 wurde ein Abfeuerungsrohr aus Weißblech von 5 Ellen Länge und einem Durchmesser von 5 Zoll, für die übrigen eines aus Schwarzblech von 4 Ellen Länge und 5 5/8 Zoll Durchmesser verwendet, das auf einer hölzernen Rinne befestigt war. Die Versuche wurden durch das Wetter beeinträchtigt, da bei bedecktem Himmel der Wind zunächst in Richtung und Stärke wechselte, dann aber zunahm und die Richtungslinie des Schießens rechtwinklig kreuzte, was zu starken Abweichungen der Raketen führte. Die Ergebnisse dieses Versuches, der unter Leitung von Oberst Schmidt, dem Commandanten des Artillerie-Corps, durchgeführt wurde, sind durch Hauptmann Kühne in einem Protokoll festgehalten, die Einzelheiten sind aus der Beilage 2 zu ersehen.

Am 19. Juli 1849 schrieb der Kriegsminister v. Rabenhorst nach den Versuchen an Kühn:

„Ich nutze diese Gelegenheit, Ihnen die Versicherung der vollsten Anerkennung zu Ihrer sinnreichen und vielversprechenden Erfindung hierdurch erneuert auszudrücken . . ."[375]

Bereits im Juni hatte Kühn seine Bedingungen für einen Vertrag dem Kriegsministerium vorgelegt, dabei bedingte er sich aus, im Falle eines Ankaufes seiner Erfindung, das Recht zugesichert zu erhalten, diese auch an andere deutsche Staaten verkaufen zu dürfen, als Entschädigung wünschte er nur die ihm entstandenen Kosten von 1.726 Talern und die Zinsen hierfür in Höhe von 883 Talern erstattet zu erhalten, überdies wünschte er, an den Versuchen beteiligt zu werden und bot an, seinen Gehilfen „welcher sich mit Leichtigkeit zu helfen wußte, wenn es auf Uiberwindung der durch die Unvollkommenheit meiner Vorrichtungen verursachten Hindernisse ankam" für die folgenden Versuche zu beurlauben, dieser müsse aber ein Gehalt von mindestens 25 - 30 Talern im Monat erhalten.[376] Das Kriegsministerium wies daraufhin den Commandanten des Artilleriecorps, Oberst Schmidt, an, mit Kühn auf Basis von dessen Vorschlägen einen Vertrag abzuschließen, insbesondere wurde das Angebot Kühns zur Unterstützung der weiteren Versuche angenommen: „so ist doch die Sache keineswegs schon so weit gediehen, um dieses Geschoß sofort als verwendbar zum Kriegsgebrauch in der Artillerie einführen zu können". Auch seiner Forderung, seine Erfindung auch an andere Deutsche Staaten verkaufen zu dürfen, wurde stattgegeben, es hieß jedoch, in diesem Falle müßten etwaige Versuchsergebnisse auch Sachsen zu gute kommen.[377] Am 22. Juli 1849 schloß die königlich sächsische Regierung, vertreten durch das Artillerie Corps aufgrund der günstigen Versuchsergebnisse einen Vertrag mit dem Erfinder, Kühn trat alle seine Rechte an den Staat gegen eine Entschädigung von 1.500 Talern ab, die Weiterentwicklung der Rakete sollte unter Beteiligung Kühns durch die Armee erfolgen, auch das Recht Kühns, seine Raketen an andere deutsche Regierungen zu verkaufen, wurde festgeschrieben.[378] In einem weiteren Schreiben vom 29. Juli wurde dann noch zusätzlich gefordert, daß Kühn vor Übernahme der Erfindung durch die Artillerie und Auszahlung der Entschädigung noch Artilleriepersonal in der Herstellung der Raketen ausbilden müsse, wobei die so verfertigten Raketen gleiche Leistungen wie bei den vorherigen Vorführungsschießen zeigen müßten.[379] Das ausgewählte Personal wurde daraufhin am 31. August vor dem Kriegsgericht Dresden auf die besondere Geheimhaltung in Bezug auf die Raketen vereidigt.[380] Bereits zuvor war bis zum 21. August die Fertigung der ersten 10 Raketen durch diese Sol-

372) ibidem, Bemerkungen vom 27.12.1848 sowie die dazugehörige Anlage A: Protokoll vom 13. Juli 1848. Das Protokoll ist von Kühn unterzeichnet, Oberst Homilius und weitere Offiziere unterschrieben zusätzlich und beglaubigten die Richtigkeit der protokollierten Beobachtungen (Das Original-Protokoll ist archiviert: SächsHStA Dresden, Sächs. Kriegsarchiv (Potsdam), Nr. 2285)

373) Alle Angaben zu diesem Versuch und den verwendeten Raketen nach: SächsHStA, Akte Nr. 2285, Bl. 30 - 34, Die Versuche mit Kriegsraketen des Commissionsraths Kühn

374) AMZ, 1850, S. 979

375) SächsHStA, Akte Nr. 2285, Schreiben von Rabenhorst, Dresden, 19. Juli 1849

376) ibidem, Bedingungen für die Abtretung der Erfindung von Raketen ohne Stab an die Königl. Sächsische Regierung, Meißen, Juni 1849; in diesem Schreiben führte er auch an, daß er mit der Konstruktion einer Maschine beschäftigt wäre, die „durch Verbrennung explodirender Stoffe in Bewegung zu setzen" wäre, wobei er das Ladungsprinzip seiner Raketen nutzen wollte: „. . . in England bisher allzeit an der zu sehr stoßenden Wirkung der einzelnen Explosionen gescheitert sind, so wird dieses Hinderniss durch ebenmässige Anwendung des den Raketen unterliegenden Ladungsprincips augenblicklich in Wegfall kommen." Er dachte dabei an eine Anwendung kleiner Maschinen im Bergbau und an Maschinen, die augenblicklich in Gang zubringen wären, wie Feuerspritzen und „Hülfslocomotiven", um die lange Vorlaufzeit beim Anheizen von Dampfmaschinen zu verkürzen.

377) ibidem, Schreiben Kriegsministerium, v. Rabenhorst, vom 17. Juli 1849

378) AMZ, 1849, No. 115, sowie: 1850, S. 979. In dem zweiten Artikel wurde noch festgestellt: „Der von dem Erfinder benutzte Triebsatz hat die kurze Brennzeit von noch nicht einer vollen Secunde und erreicht sein Ende schon nach einem Flug der Rakete von beiläufig dreihundert Ellen." Zum Vertrag: SächsHStA, Akte Nr. 2285

379) ibidem, Schreiben Kriegsministerium, v. Rabenhorst, vom 29. Juli

380) ibidem, Artillerie Corps, Kriegsgericht, Dresden, Vereidigungsprotokoll vom 31. August 1849, vereidigt wurden: Oberleutnant Richter, Oberfeuerwerker Carl Friedrich Müller, Corporal Traugott Friedrich Schmieder und die Oberkanoniere Schmidt und Krawann

daten unter Anleitung durch Kühn erfolgt, und ein Versuch im scharfen Schuß konnte den geforderten Leistungsnachweis erbringen.[381]
Am 14. September wurden nochmals Versuche durchgeführt, verschossen wurden Raketen mit 4 bis 6pfündigen Granaten, sie erreichten bei 3 bis 4 Grad Elevation eine Entfernung von 1.600 Ellen beim ersten Aufschlag und flogen dann noch bis auf 2.000 Ellen weiter.
„Nachdem diese Raketen in einem 4 - 5 Ellen langen Rohr gezündet, sind sie mit einer ganz außergewöhnlichen Kraft und Geschwindigkeit fortgeflogen."[382]
Für diese Versuche war die Rotation der Rakete um ihre Achse auf eine Drehung je $2^1/_2$ Ellen Flug herabgesetzt worden, da die bisherige schnellere Rotation offensichtlich die Reichweite negativ beeinflußt hatte. Die Seitenabweichung betrug nunmehr durchschnittlich nur noch 1/57 der Reichweite. Zur Bewertung der Raketen hieß es:
„Vor Geschütz haben die Kühn'schen Kriegsraketen den außerordentlichen Vorzug der Leichtigkeit des Apparats. Ein mäßig starker Mann kann das Rohr mit seiner hölzernen Rinne Stunden weit auf dem Rücken tragen und die steilsten Berge damit erklimmen; jeder Sumpf, der für den Menschen gangbar ist, läßt sich mit einer solchen Batterie passiren. Gegen die gebräuchliche Rakete bietet diese den Vortheil dar, daß jede Gefahr der augenblicklichen, allezeit mit heftiger Zerreißung der Hülsen verbundenen Explosion der Ladungen wegfällt. Die Hülsen haben gleich den Dampfmaschinentheilen nur einem stetig wirkenden Druck zu widerstehen, wozu eine verhältnißmäßig geringe Stärke derselben ausreicht. Hieraus und aus der kurzen Brennzeit des Treibsatzes entspringen sehr wesentliche Vortheile. Es ist damit die Bedingung gegeben, die Triebkraft und demgemäß auch die Flugweite und Perkussionskraft der Raketen fast bis zu jeder beliebigen Höhe zu verstärken. Auch das Treffvermögen wird dadurch ungemein erhöht, weil nicht nur durch die größere Geschwindigkeit die Wirkung aller ablenkenden äußeren Einflüsse an Stärke verlieren muß, sondern auch durch die Abkürzung der Brennzeit und der damit verbundenen Entwicklung der Triebkraft die in der Construction der Raketen selbst liegenden Mängel am sichersten zu überwinden sind . . . Wenn daher die gangbaren Raketen in Folge ihres langen Brennens eine von der reinen Wurflinie weit abweichende lang gezogene Curve bilden, so nähert sich der Flug der Kühn'schen Rakete weit mehr der wirklichen Wurflinie. Zu diesem günstigen Resultate trägt noch die dem Winde weniger Fläche darbietende Größe der letzteren bei, die ohne das daran angebrachte Projectil höchstens zwei Kaliber an Länge ausmacht, wogegen die Längen der Kriegsraketen mancher Artillerie bis auf fünf Kaliber steigen. Was die Propulsionskraft betrifft, so wurde bei früheren Versuchen der sächsischen Artillerie die von dem Erfinder angenommene $4^1/_4$ Pfund schwere Granate mit einer $8^1/_2$ Pfund schweren vertauscht und diese unter Beibehaltung des gewöhnlichen Triebsatzes mittelst Raketen mit starker Achsendrehung 1500 - 1800 Ellen weit geworfen."[383]

Bereits im Oktober 1849 fragte die erste auswärtige Regierung beim sächsischen Ministerium der auswärtigen Angelegenheiten nach der Möglichkeit des Erwerbes dieser Erfindung an, es handelt sich um Kurhessen. Kühn zeigte sich bereit, seine Erfindung zu verkaufen, stellte aber dem General v. Gerlach die Bedingung, daß seine Raketen dann unter keiner Bedingung in einem Krieg gegen Sachsen oder seine Verbündeten eingesetzt werden dürften. Hessen war nicht bereit, eine solche Zusicherung zu geben und brach daraufhin im Frühjahr 1850 die Verhandlungen ab.[384]
Bis zum September 1850 arbeitete dann die Hauptzeughaus Direktion an der Konstruktion einer Presse für die Raketenherstellung, schließlich konnte am 4. September der Oberstleutnant Törmer die Konstruktionsunterlagen der von Leutnant Carl Theodor Schaarschmidt konstruierten Presse vorlegen, die 300 Centner Druck ausüben sollte.[385] Nunmehr galt es, einen Fabrikationsort zu finden. Hiermit wurde der Oberleutnant Richter beauftragt, am 6. September 1850 wurde der entsprechende Bericht vorlegte, in dem vorgeschlagen wurde, die Raketen interimistisch im Feuerwerkslaboratorium zu Dresden zu fertigen, da die Räume der eigentlich vorgesehenen Festung Königstein weniger geeignet wären.[386] Mit Schreiben vom 4. April 1851 ordnete das Kriegsministerium dann aber an, das Laboratorium in den vorgeschlagenen Räumen der Festung Königstein einzurichten.[387]
Gleichzeitig wurde die Artillerie Commission beauftragt, Vorschläge für Versuche mit den neuen Raketen vorzulegen.[388] Schließlich konnte der Commandant der Festung Königstein, General Leutnant Birnbaum, am 1. Juli melden, daß der Hauptzeughausdirektor, Oberstleutnant Törmer, gemeinsam mit dem Leutnant Schaarschmidt die Presse nebst Zubehör in der Kasematte No. 24 „untergebracht" hätte und daß die Aufstellung derselben nach Abschluß der erforderlichen Bauarbeiten erfolgen würde.[389] Die eingesetzte Commission beschäftigte sich zunächst mit der erforderlichen Geheimhaltung der Versuche und stellte fest, daß eingeteiltes Personal möglichst lange verfügbar sein müsse. Vorgeschlagen wurde, das Personal aus dem Etat des Zeughauses zu nehmen, da dieses auch im Falle einer Mobilmachung verfügbar wäre, überdies sollte das eingeteilte Personal auch bei Versuchen als Bedienung eingesetzt werden, um keinem Fremden Zugang zu dem Geheimnis zu gewähren. Für erforderlich wurde ein Kommando vom 1 Oberfeuerwerker, 1 Feuerwerker und 6 Ober- oder Kanonieren gehalten.[390] Mitte 1851 wurden dann der Oberleutnant Oswald Richter vom Fußartillerie Regiment und ein Kommando von Unteroffizieren und Mannschaften durch Kühn in die Fertigung der Raketen eingewiesen, hierüber hat Richter anschließend einen ausführlichen Bericht erstellt.[391] Hiernach wurde der angefeuchtete Treibsatz[392] noch mechanisch mit einer Schraubenpresse gepreßt, jedoch nicht in der Hülse, sondern in einem frühen Arbeitsgang als Satzkegel, auch wurde nirgends eine Bohrung erwähnt, festgehalten wurde aber, daß der Satzkegel nach der Zündung von Außen nach Innen

381) ibidem, Meldung Oberst Schmidt an das Kriegsministerium vom 18. September 1849
382) Notiz in: AMZ 1849, S. 115
383) AMZ, 1850, S. 977 ff. „Königreich Sachsen"
384) SächsHStA, Akte Nr. 2285, Ministerium der auswärtigen Angelegenheiten vom 24. Oktober 1849, Kriegsministerium, v. Rabenhorst, vom 27. Oktober, sowie Schreiben Kühn vom 9. Mai 1850 an das Kriegsministerium und Vortrag des Kriegsministers vor Sr. Majestät dem Könige am 13. Mai 1850, in letzterem hieß es zur Antwort Kurhessens „wie dasselbe wegen der mehrfachen Beschränkung der Bedingungen gerade jetzt nicht weiter darauf einzugehen vermöge" Auf Vorschlag des Kriegsministers wurde daraufhin Kühn mit Schreiben des Kriegsministeriums vom 17. Mai der besondere Dank des Königs für sein Verhalten übermittelt (Beschluß des Königs vom 15. Mai). Gem. Mitteilung des Hessischen Staatsarchives Marburg an den Verfasser vom 8.12.99 befinden sich zu diesen Verhandlungen in den Aktenbeständen 9a (Kurh. Ministerium der auswärtigen Angelegenheiten), 9b (Kurhess. Gesandschaften), 11 - 11a (Kurhess. Militärkabinett) und 12 (Kurhess. Kriegsministerium) keinerlei Hinweise.
385) ibidem, Schreiben Oberstleutnant Julius Törmer an das Kriegsministerium vom 4. September 1850 mit beigefügten „Bemerkungen zur Construction einer Rachetten-Presse" des Leutnant Schaarschmidt vom 29. August 1850, die als Anlage vorgelegte Zeichnung befindet sich nicht mehr in der betr. Akte.
386) ibidem, Bericht Oberstleutnant Törmer an das Kriegsministerium vom 6. September 1850 nach einer Ortsbegehung; lediglich die zweite Etage der Kasematten 25 und 26 wurde als geeignet befunden. Für die Raketenproduktion wurde ein Kommando von 1 Offizier, 1 Oberfeuerwerker und 40 Kanonieren vorgeschlagen.
387) ibidem, Schreiben an die Zeughaushauptdirektion und an das Commando der Festung Königstein
388) ibidem, Schreiben Kriegsministerium vom 3. April
389) ibidem, Schreiben Festung Königstein an das Kriegsministerium vom 1. Juli 1851
390) ibidem, Protocoll, Dresden den 16. Juli 1851, unterzeichnet von Oberleutnant Heydenreich, zur Commission gehörten: General Major Schmidt, Oberst von Rouvroy, Oberstleutnant Törmer und Hauptmann Bernhardt
391) DHMB, M 62 / 1868, Bericht über die Anfertigung der Brand-Raketen des Herrn Commissionsrath Kühn zu Meissen 1851, in dem Bericht fehlen die angesprochenen Zeichnungen sowie Versuchsergebnisse
392) ibidem, es wurde königlich sächsisches Schießpulver zum Treibsatz verwendet, „welches auf einer Rolltrommel 6 Pfd.weise mit Bleikugeln eingesetzt und hier eine Stunde lang gedreht, zu Mehlpulver verwandelt wurde, bei dem jedoch noch feste Satztheile fühlbar waren.", um die erforderliche Dichtheit beim Pressen zu erhalten, sollte es einen Feuchtigkeitsgehalt von 1,8 % besitzen. Für den Treibsatz schlug Kühn

abbrennen sollte. Der Satzkegel wurde erst zum Abschluß der Fertigung, nachdem die Zehrung in die Hülse gesondert gepreßt worden war, eingesetzt und abschließend die Bodenplatte mit den Brandlöchern aufgeschraubt. Die Rotation während des Fluges wurde durch schräg gestellte „Flügel" an den Brandlöchern bewirkt, also nutzte Kühn letztlich das gleiche Prinzip wie in England Hale.[393)] Nach dem Verschließen der Rakete wurde um die Hülse noch eine federnde Blechkrause gelegt, durch die eine bessere Führung im „Flugrohr" bewirkt werden sollte, die aber auch dazu diente, durch ihren Druck auf die Innenwände des Flugrohres, das im vorderen Teil etwas enger war,[394)] eine Widerstand zu erzeugen, um so noch im Flugrohr einen höheren Gasdruck aufzubauen und so die Anfangsgeschwindigkeit der Rakete bei Verlassen des Rohres zu erhöhen. Auf diese Weise wurden zehn Raketen gefertigt, die am 22. August 1851 im Beisein der Artillerie-Commission einem Versuch unterzogen wurden. Nach diesem Zeitpunkt liegen keine weiteren Protokolle der Commission vor, so daß es fraglich erscheint, ob die entsprechenden Versuche fortgeführt wurden, zumal 1859 der Bergrat Kühn an das Ministerium schrieb, um sich über die nicht stattgefunden habende weitere Entwicklung seiner Raketen zu beklagen, zugleich kündigte er an, nunmehr seine Erfindung jeder deutschen Regierung ohne Bezahlung anzubieten, falls diese sich verpflichte, innerhalb eines Jahres nach Vertragsabschluß seine Raketen zu fertigen.[395)] Der Kriegsminister antwortete, daß seitens der sächsischen Regierung keine Bedenken gegen eine solche Absicht bestünden und wies bezüglich der Raketen daraufhin, daß wegen der Reorganisation des Feldmaterials der sächsischen Artillerie keine Geldmittel für Raketenversuche zur Verfügung gestanden hätten.[396)]
Kühns Raketen sind also in der sächsischen Artillerie nie eingeführt worden, wahrscheinlich hätte es bei der Fabrikation Schwierigkeiten gegeben, auch dürfte sich die Herstellung teurer als angenommen erwiesen haben, überdies stand die Einführung der gezogenen Rohre für die Artillerie unmittelbar bevor. Letztmalig scheinen im Herbst 1859 Raketenversuche in Sachsen stattgefunden haben, als William Hale, aus Wien kommend, seine Raketen vorführte; aber auch diese Versuche hatten keine weiteren Folgen.[397)]

f. Herzogtümer Schleswig und Holstein

1848 stellte Schleswig-Holstein, seit 12. April Mitglied des Deutschen Bundes, im Verlauf des Krieges gegen Dänemark eine eigene Armee auf, dem Departement des Krieges unterstand dabei auch das Commando der Artillerie-Brigade zu Rendsburg, dem das Zeughaus-Etat mit einem Laboratorium nachgeordnet war. Schon bald meldeten sich eifrige Erfinder aber auch Idealisten, die Schleswig-Holstein in seinen Unabhängigkeitsbestrebungen helfen wollten, um der jungen Armee ihre Inventionen anzubieten. Dies galt natürlich auch für Erfindungen im Raketenwesen.
Als einer der ersten meldete sich am 26. Januar 1949 der Mechanikus Petersen aus Altona, der eine Kanonen-Rakete anbot, die „auf eine einfache und sichere Art Gegenstände in Brand" schießen sollte. Diese Rakete sollte aus 12pfündigen Kanonen verschossen werden und eine größere Wirkung als glühende Kugeln und Bomben besitzen. Der Erfinder wurde zunächst aufgefordert, eine detaillierte Beschreibung mit Zeichnungen dieser „Wunderwaffe" vorzulegen, was Mitte April geschah. Nach Prüfung durch das Laboratorium des Zeug-Etats, mußte jedoch festgestellt werden:
„ . . . Meinung des Laboratoriums nach, der Beschreibung u. der Zeichnung nach zu urtheilen, die Ausführbarkeit des in Frage stehenden Projectes höchst zweifelhaft, ja man dürfte wohl sagen, unmöglich scheint."[398)]

Wenig später, im Juni, trat ein weiterer Erfinder, der Pyrotechniker A.T. Abel aus Hamburg, an das Kriegsdepartement heran, der bereits einige Kriegsraketen vorzuweisen hatte und den Wunsch aussprach, ihm zu gestatten, Versuche mit ihnen anzustellen. Am 22. Juni wurde das Commando der Artillerie Brigade beauftragt, die Versuche durchzuführen und hierzu zwei Bretterwände von 20 Fuß Länge und 16 Fuß Höhe, die etwa 1 Fuß hintereinander aufgestellt sein sollten, als Ziel vorzubereiten.[399)] Am 27. Juni fand in Rendsburg auf dem Exercierplatz der erste Versuch mit diesen Sprengraketen statt. Es handelte sich um $^{1}/_{2}$pfündige Raketen, deren Hülse aus Kupfer 1 Fuß lang war, der Boden um das Brandloch war durch einen eisernen Ring abgeschlossen, an dem durch 3 eiserne Stäbchen eine 3" lange Hülse befestigt war, die zur Aufnahme des Stabes diente. Das nur provisorisch hergerichtete Abfeuerungsgestell bestand aus einem Stativ, auf dem durch einen eisernen Ring eine 2 Fuß lange, 1",8 weite Abfeuerungsröhre aus Messing mit Korn und Visier angebracht war. Im Bericht der Kommission hieß es, „diese Vorrichtung war so mangelhaft, daß zur gehörigen Befestigung des Ringes Umwicklungen von Werg und Bindfaden angewandt werden mußten."[400)]
Am Versuchstage herrschte ein starker westlicher Wind. An diesem Tage wurden 5 Raketen abgefeuert, die Resultate waren wenig überzeugend.
(Siehe obere Tabelle auf Seite 283)

Da die schlechten Resultate auch dem mangelhaften Stativ zugeschrieben wurden, wurde der Versuch am 30. Juni fortgesetzt. Diesmal wurde als Stativ ein Schießbock für Infanterie-Gewehre benutzt, auf den die Abfeuerungsröhre gelegt wurde, bei diesem Versuch war der Wind „gelinder".
(Siehe zweite Tabelle auf Seite 283)

Im Juli 1849 wurde zwischen den Bundestruppen und Dänemark ein Waffenstillstand geschlossen, dem im Juli 1850 der Friedensschluß Preußens mit Dänemark folgte; Schleswig-Holstein war nun auf sich allein gestellt. Am 25. Juli wurden dann die schleswig-holsteinischen Truppen in der Schlacht von Idstedt geschlagen, das Departement des Krieges arbeitete nun ebenfalls in Rendsburg.
Anfang September 1850 meldete sich der Pyrotechniker Lukaszy bei der Artillerie-Brigade mit einem „vortheilhaften Zeugnis" aus München und erbot sich, nach erfolgreichen Versuchen sein Geheimnis der Raketenherstellung zu offenbaren. Das Departement des Krieges wies das Brigade-Commando der Artillerie am 29. September an, nachdem

---

noch während der Versuche vor, ihn mit 3 - 4 % kieselsaurem Natron anzureichern, da diese Mischung bei der Zündung und Verbrennung „sehr günstige Resultate" gebe. Der Satz wurde in 14 Portionen unterteilt gepreßt.

393) ibidem, Richter notierte hierzu: „In diese Bodenplatte sind nun im Durchmesser, $^{1}/_{4}$" vom Rande herein zwei Brandlöcher von 1" Durchmesser zum Ausströmen des Pulvergases eingeschnitten. Die angegebene Weise dieser Brandlöcher hat sich im Laufe der verschiedenen Versuche als die der Stärke der Ladung angemessenste herausgestellt. Neben diesen stehen in entgegengesetzter Richtung zwei Flügel, um im Fluge eine Achsendrehung des Geschosses zu erreichen. Dieselben sind mittelst Bogen von 1$^{1}/_{2}$" Breite und 1" Länge aufgeschraubt."

394) ibidem, am hinteren Teil betrug der Durchmesser des „Richtungs- und Leitungsrohres" 5 Zoll, während er im vorderen Teil auf eine Länge von 2 Ellen auf 4 7/8 Zoll verringert war.

395) ibidem, Schreiben des Bergrats Kühn an das Kriegsministerium, Meissen, den 13. Dezember 1859

396) ibidem, Schreiben des Kriegsministers, v. Rabenhorst, vom 27. Dezember 1859 (die sächsische Artillerie war 1855 mit zwölfpfündigen Granatkanonen ausgerüstet worden, F. Hauthal, Geschichte der Sächsischen Armee, Leipzig 1859, S. 170)

397) AMZ, 1860, S. 259, hier war als Ort der Versuche „auf der Heide nächst Felixdorf" angegeben, dies ist ein Versehen, da an dem genannten Ort die österreichischen Versuche durchgeführt wurden. Im sächsischen Kriegsarchiv befinden sich keine Unterlagen zur Vorführung durch Hale (Schreiben sächsisches Hauptstaatsarchiv vom 14. Juli 1997)

398) LSH, 22 III Eb Nr. 8; Schreiben Petersen an Kriegsdepartement vom 26. Januar 1849, Schreiben des Departements des Krieges vom 26. April 1849, Zeug-Etat vom 28. April 1849

399) LSH, 22 III Eb Nr. 8, Departement des Krieges vom 2. Juni 1849

400) LSH, 22 III Eb Nr. 8, Bericht der Kommission vom 2. Juli 1849

No des Wurfes	Distance in Ellen	Elevation in Grad	Aufschlag der Rakete in Ellen	Abweichung in Ellen	Bemerkungen
1	500	16	60	12 links	1' tief in die Erde, Kugel explodierte nach einigen Sekunden
2	500	16	280	20 links	0',5 tief in die Erde und explodierte gleich darauf
3	500	20	340	40 rechts	1' tief in die Erde ohne zu explodieren
4	300	20			Rakete explodierte in der Luft diesseits der Scheibe in einer Höhe von etwa 40' über der Erde
5	150	11		20 rechts	Die Rakete fiel, nachdem sie in der Luft explodierte, 100 Ellen hinter der Scheibe auf die Erde

No des Wurfes	Distance in Ellen	Elevation in Grad	Aufschlag der Rakete in Ellen	Abweichung in Ellen	Bemerkungen
6	400	18			Die Rakete ricochetirte 150 Ellen vor dem Stativ auf dem in einen parallel mit der Schußlinie laufenden Graben befindlichen Wasser und blieb 50 Ellen weiter in der Erde stecken ohne zu explodiren
7	400	24			Die Rakete explodirte 100 Ellen vor der Scheibe in der Luft
8	200	15	100	20 rechts	schlug 0',5 tief in die Erde ohne zu explodiren
9	200	18			Die Rakete schlug 200 Ellen hinter der Scheibe 1' tief in die Erde und explodirte nach einigen Sekunden
10	200	16			Die Rakete schlug 15 Ellen rechts in der Scheibe in einen hinter derselben befindlichen Erdwall und explodirte in dem selben Augenblick
11	200	16			Die Rakete traf die Scheibe 6' über der Erde, 5' links von der Mitte, durchschlug die vordere Wand, und explodirte zwischen beiden Wänden

einige Offiziere die mitgeführten Raketen begutachtet hatten und „ein Erfolg wahrscheinlich" wäre, mit Lukaszy einen Contract, auf Basis des mit der bayerischen Regierung abgeschlossenen, zu vereinbaren. Zugleich wurde bereits angeordnet, alle erforderlichen Geräte, wie hydraulische Presse und Bohrmaschine, bereit zustellen, um die Versuche baldigst einzuleiten.[401] Der entsprechende Contract mit Lukaszy wurde dann am 4. Oktober abgeschlossen. Am 28. Oktober wurde vom Departement eine Prüfungskommission ernannt, als deren Präses der Major Leweloh eingeteilt wurde. Ihr wurde folgender Auftrag gestellt.

„1) Über die Anwendbarkeit der Raketen überhaupt zu entscheiden,
2) zu ermitteln, ob die Treff-Fähigkeit und Wirkung der Raketen den Anforderungen entspricht, die laut Contract daran gemacht werden müssen,
3) Vorschläge über die eventuelle Einrichtung einer Raketenbatterie oder über die hier mögliche zweckmässigste Verwendung der Raketen zu machen, Verpackungsversuche anzustellen pp."[402]

Die Artillerie-Brigade veranlaßte gleichzeitig bereits die Vereidigung der Unteroffiziere und Mannschaften, die für die Unterstützung der Fertigung der Raketen vorgesehen waren, durch einen Auditeur.
Fast gleichzeitig mit Lukaszy hatte sich am 7. September der Pyrotechniker Johann Schweitzer beworben. Eine Überprüfung hatte jedoch ergeben, daß sein Angebot und die Leistungen seiner Raketen „ganz dieselben sein werden, welche durch den Contract mit dem pp. Lukaszy zu gewinnen in Aussicht stehen", da Lukaszy seine Leistungen durch ein bayerisches Zeugnis hatte belegen können, wurde auf das Angebot Schweitzers nicht weiter eingegangen.[403]
Noch während die Vorbereitungen für diese Versuche liefen, hatte sich am 8. Oktober 1850 William Hale, der sich zu dieser Zeit in Hamburg aufhielt, an den Kommandeur der Artillerie-Brigade gewandt und seine Rotationsraketen angeboten. Für 69 Raketen, die er mit sich führte, verlangte er £ 80 und bot an, weitere 2.000 Hülsen, die zum Laden fertig wären, zum Stückpreis von 9 Shilling bereitzustellen sowie, gegen angemessene Erstattung seiner Auslagen, die Unterweisung zur Fertigstellung der Raketen im Laboratorium zu Rendsburg zu erteilen.[404]
Angesichts des Contractes mit Lukaszy und der Vorbereitungen für dessen Versuche, scheint dieses Angebot nicht weiter verfolgt worden zu sein.
Am 7. November konnte dann das Zeug-Etat melden, daß die Versuche mit Lukaszys Raketen in einer Woche stattfinden könnten, es müsse nur noch der sehr unsichere Beobachtungsstand wieder hergestellt werden. In der folgenden Woche, am 13. November, wurde der erste Schießversuch auf dem Exerzierplatz „neben der festen Batterie" in Gegenwart der „KriegsRaketen Versuchs Commission" durchgeführt. Verschossen wurden 6pfündige Schuß- und 9pfündige Wurfraketen. Die Gefechtsköpfe - Hohlkugeln - waren mit einer Ausstoßladung versehen, die durch einen Zünder ausgelöst wurde, sie wogen ungefüllt 3 Pfund 14 Loth und 5 Pfund 3 Loth, die Hülsen war aus Eisenblech gefertigt und wogen 1 Pfund 4 Loth, die Stäbe bestanden aus Tannen-

401) LSH, 22 III Eb Nr. 8, Departement des Krieges vom 29. September 1850, der Contract selbst und Einzelheiten der Verhandlungen sind nicht erhalten.
402) LSH, 22 III Eb Nr. 8, Departement des Krieges vom 18. Oktober 1850
403) LSH, 22 III Eb Nr. 8, Schreiben Departements des Krieges an Commando der Artillerie-Brigade vom 10. Oktober 1850 mit Stellungnahme des Zeug-Etats vom 11. Oktober und der Artillere-Brigade vom 12. Oktober 1850: „ . . . daß nach Unterweisung des Pyrotechniker Schweizer an den Zeugetat und der vorgenommenen Prüfung seiner Bedingungen sich herausgestellt hat, daß seine Leistungen mit denen des Lukaszy gleichlautend sein werden, dem Staate mithin aus der Anstellung desselben kein Vortheil erwachsen würde."
404) LSH, 22 III Eb Nr. 8, „Sir, Having got 55 - 10 Pr war Rockets and 2 Bundles each containing 7 - 10 Pr of my invention at present in Hamburg I beg to submit the terms upon which I shall be willing to introduce these Rockets into the service of the Artillerie of the Duchies of Schleswig-Holstein namely: for the 69 Rockets I have with me I shall require to cover my expences £ 80 Sterling and would supply 2.000 Cases with Shell Heads for 10 Pr Rockets ready for charging for 9/ Sterl per Case and give full instructions for charging them in Laboratorium of Rendsburg by an additional payment of my expences which I shall be willing to leave to you what may be considered reasonable. I have the honour to be, General, your obedient Servant."

holz. Die gesamte Rakete hatte ein Gewicht von 7 Pfund 28 Loth respektive 10 Pfund 14 Loth. Zum Abfeuerungsgestell bemerkte die Commission:

„Das Stativ, von dem die Rakete abgefeuert wird, ist im Wesentlichen meßtischartig eingerichtet, wobei, indem nur der der Hülse zunächst befindliche Theil der Ruthe, in eine nach ihr geformte eiserne 5¹/₄" lange, mittelst zweier Schieber zu öffnenden und zu schließenden Rinne gelegt wird, während die Rakete vor dem Stativ sich befindet, sowohl eine horizontale Drehung, als auch eine Vertical - Kippung mit Hülfe zweier Schrauben leicht und sicher auszuführen ist. Da nun bei beiden Drehungen an den vorhandenen Eintheilungen sogleich, sowohl die genommene Elevation als auch die des etwaigen Windes wegen, berücksichtigte Declination erkannt werden kann, so läßt das Stativ, sobald nur die Beine Tritte zum Versehen und sichern Feststellen erhalten, kaum etwas zu wünschen übrig; da aber die Hülse in der Nähe des Brandloches also - Front mit der Schußlinie genommen - hinter dem Schwerpunct, eine Oeffnung zur Mittheilung des durch ein Percussions-Schloß mitgetheilten Feuers enthält, an welcher Oeffnung während des Forttreibens ununterbrochen Gasarten strömen, so wird die Rakete stets nach links etwas hinübergedrängt, weßhalb selbst bei Windstille eine gewisse Richtung nach rechts stattfinden muß."[405]

Lukaszy vermochte bei diesem Versuch die Bedingungen des Contractes nicht zu erfüllen, nur eine der Schußraketen traf die 70 Ellen lange und 4 Ellen hohe Scheibe auf 600 Ellen und keine auf 1.000 Ellen Distance, bei den Wurfraketen trafen nur 3 der 8 Raketen auf 800 Ellen das Ziel, ein markiertes Quarré mit 100 Ellen Seitenlänge, sowie 3 von 10 das Ziel auf 1.000 Ellen. Die Kommission schrieb das Ergebnis weniger einer Unvollkommenheit der Raketen als dem mangelnden Können Lukaszys zu:

„Hätte aber der pp. Lukaszy ein nicht so sehr unartilleristisches Verfahren beim Verändern der Elevation beobachtet, so würde auch hier die Wirkung noch gut zu nennen gewesen sein. Aus demselben Grund und weil der Genannte überhaupt nicht gehörig Sorgfalt beim Nehmen der Elevation verwandte, fielen die Proben auf 800 und 1.000 Ellen mit den Wurf-Raketen schlechter aus, als die Contracts-Bedingungen vorschrieben. Der wesentliche Mangel der Raketen ist ihre geringe Geschwindigkeit.- Obgleich nun also zufolge § 6 des mehr erwähnten Contracts die Verhandlungen mit dem pp Lukaszy abzubrechen sein und fernere Proben nicht mehr statt finden würden, so darf die Commission doch behaupten, daß bei einem weniger ungünstigen Terrain und wenn sie befugt gewesen wäre, die Leitung der Versuche in die Hand zu nehmen, viel günstigere Resultate erzielt sein würden, weßhalb, und in Erwägung, daß eine größere Geschwindigkeit der Raketen ohne sonstige Nachtheile sich würde erlangen lassen, dem höhern Ermessen anheim gegeben werden muß, ob nicht die Versuche fortgesetzt werden sollen."[406]

Die Kommission schlug daher vor, da Lukaszy jetzt nur Anspruch auf die vereinbarten Taggelder, nicht aber auf ein Honorar hätte, zur Fortsetzung der Versuche einen neuen Contract abzuschließen.

Wenige Tage später, wohl auch um die Verhandlungsatmosphäre zu verbessern, legte Lukaszy dem Kommandeur der Artillerie-Brigade eine Denkschrift zum Einsatz einer Raketenbatterie mit einem Auszug aus dem österreichischen Exercir-Reglement vor, beigefügt war - mit der Bitte um Rückgabe - Groftsiks Waffenlehre, um die schleswig-holsteinische Artillerie mit dem Gebrauch der Raketen vertraut zu machen. Lukaszy führte in seiner Denkschrift das gesamte Exerzieren am Raketengeschütz mit allen Kommandos und Tätigkeiten auf, wie sie in der österreichischen Artillerie vorgeschrieben waren. Auch wies er auf die Einfachheit der Raketenherstellung mit der bereitgestellten hydraulischen Presse hin und stellte fest, daß mit den eingewiesenen 8 Mannschaften leicht in jeder Arbeitsstunde 3 - 4 Raketen fertiggestellt werden könnten. Für die mögliche Aufstellung einer Raketenbatterie bot er an, zusätzlich zu seinem mitgeführten Raketengestell, aus München 8 weitere zum Stückpreis von 60 Talern liefern zu können, die dort nach diesem Muster in seinem Auftrag für die kaiserlich brasilianische Regierung angefertigt worden wären.[407] Lukaszy führte zusätzlich an, daß so gute Raketen, wie er sie herstelle, nur Österreich besäße,

„. . . und Bayern, welch letzten ich dort auf allerhöchsten Befehl d. J. einführte, kein Staat selbst Preußen sie nicht hat. In Oesterreich weiß außer dem H. Feldzeugmeister Generale Baron Augustin seit 30 Jahren mit gewisser Ausnahme einiger älterer Stabsoffiziere, Niemand den Satz. Mir ist es indeß ohne irgend Verletzung einer Verpflichtung durch langjährige mühevolle Versuche, und nicht unbedeutende Kosten gelungen alle bestehenden Sorten congrev'scher Raketen so herzustellen und besser, als sie gegenwärtig Oesterreich hat."[408]

Die Schuld an dem fehlgeschlagenen Versuch wies er allein dem ungünstigen Terrain zu.

Es wurde wohl mit Lukaszy dann ein neuer Contract abgeschlossen, da für den 23. November erneut Versuche angesetzt wurden; das Departement des Krieges scheint sich jedoch der zu erwartenden Ergebnisse unsicher gewesen zu sein, da am 21. November der Pyrotechniker Abel erneut eingeladen wurde, um wenn möglich seine Raketen mit denen Lukaszys zu vergleichen.[409]

Da die Versuche kurzfristig verlegt wurden mußten, war Abel dann vergeblich angereist, konnte sich jedoch genauer mit den Anforderungen an die Raketen vertraut machen und sagte zu, seine Raketen für Versuche entsprechend weiter zu entwickeln.

Am 24. November wurde dann der zweite Versuch mit Lukaszys Raketen durchgeführt; die Bedingungen des Contractes wurden wieder nicht erfüllt,[410] damit hätten eigentlich die Verhandlungen mit ihm, ohne Auszahlung jeglichen Honorars abgebrochen werden müssen. Die Artillerie-Brigade schlug jedoch vor, in Anbetracht der Fähigkeiten Lukaszys als Feuerwerker, trotz des „Mangel an theoretischer Bildung", ihm Diäten und Unterkunft sowie ein Honorar von 1.000 Talern Courant für die Mitteilung seiner Erfindung zu bewilligen, um seine Raketen durch weitere Fortsetzung der Versuche selber vervollkommnen zu können. Der Zeitbedarf wurde auf 6 Wochen geschätzt, wobei die neuen Raketen, dann durch die Kommission selbst angefertigt werden sollten. Von der sofortigen Aufstellung einer Raketenbatterie wurde in dieser Meldung abgeraten.[411]

Dem Antrag wurde gefolgt, und am 24. Dezember 1850 wurde ein neuer Versuch, diesmal auch bereits mit Kartätschraketen, bei starkem Nebel und Wind bei Büdelsdorf durchgeführt; die Raketen hierzu waren „vom Lieutenant Wassmann und den angestellten Arbeitern nach den Angaben des pp Lucaszy, aber ohne dessen weitere Beihülfe verfertigt"; die Bedingungen wurden wieder nicht erfüllt, obwohl festge-

405) LSH, 22 III Eb Nr. 8, Bericht der Commission vom 13. November 1850

406) ibidem; Ergebnisse des Versuches siehe Beilage 1

407) LSH, 22 III Eb Nr. 8, Schreiben Lukaszy vom 15. November 1850, „Sollten nun Herr General zur schleunigen Errichtung einer Raketen-Batterie diese Stative welche der oben erwähnte Fabrikant für den Preis a 60 Thr sammt Fracht bis hierher zu liefern mir verkauft hat so würde ich selbst entweder nach Beendigung des Unterrichtes welcher nun nach 15 Tagen hier beendiget seyn dürfte, oder vorher die Reise nach München unternehmen, und diese Stative entweder alle 8 oder vorerst nur 4. nach Rendsburg bringen die binnen 10 Tagen hier eintreffen können."

408) ibidem

409) LSH, 22 III Eb Nr. 8 Schreiben an Abel vom 21. November 1850: „. . . um die Genugthuung zu haben, ein Geschoß herstellig gemacht zu haben, welches an Sicherheit und Wirkung das leistet, welches Sie sich versprechen, wollte das Departement nicht ermangeln, Ihnen seine Anerkennung auszusprechen mit dem Bemerken, daß es nur von Nutzen sein kann, Ihre Geschosse mit denjenigen zu vergleichen mit welchen hier augenblicklich Versuche angestellt werden, Das Departement wollte daher nicht unterlassen, Ihnen hierdurch die Mittheilung zu machen, daß am Sonnabend, als am 23ten d.M. Raketenversuche hier stattfinden werden, welchen Sie beizuwohnen, eventualiter mit einigen Ihrer Raketen Versuche zu assistieren, hierdurch eingeladen werden."

410) LSH, 22 III Eb Nr. 10, Bericht der Kommission vom 25. November 1850

411) LSH, 22 III Eb Nr. 8, Meldung der Artillerie-Brigade vom 25. November 1850,

halten wurde, „die Raketen hielten ausgezeichnet Strich";[412] dennoch sollten für einen weiteren Versuch jeweils 10 Schuß- und Wurfraketen angefertigt werden, um „eine größere Übung der Leute erreicht zu haben". Durch die Artilleriebrigade scheint überdies die Herstellung der ersten 200 Raketen für den Feldgebrauch angeordnet worden zu sein.[413]
Am 18. Dezember konnte nun Abel aus Hamburg vermelden, daß ihm endlich günstige Resultate bei der Entwicklung seiner Raketen gelungen seien, dies wäre „der glücklichste Tag meines Lebens" und es hätten seine Bemühungen zur „vorläufigen Genugthuung der heißesten Wünsche" für die gemeinsame Sache geführt:
„Der gestrige Tage an welchen ich unter den ungünstigen Umständen heftigen Regens + Windes 2 Raketen versuchte, lieferte folgende Resultate:
A. Unter 20 Grad geschossen ging 2.000 Ellen, der zerbrochene Stab zeigte den Fall der Rakete aber bei dem ?? Abweichung 10 Schritte
B. unter 10 Grad Elevation ging 1.500 Ellen, war unter einem Fall Winkel von 10 Grad 9 Fuß tief in Ackerland eingedrungen. - Die Geschwindigkeit war ungeheuer so daß ich keinen Maßstab dafür habe, das Gewicht der Raketen war 2¹/₂ Pf. Die Kugeln waren mit Ballast gefüllt, konnte daher nicht explodieren. So sollen meine Raketen für Schleswig-Holstein werden."[414]

Abel fügte an, daß der Major Meyn die Ergebnisse bezeugen könnte, welcher auch in seiner Fabrik 12 Stück 6pfündige Hohlkugeln für die erforderlichen künftigen Versuche herzustellen bereit wäre, auch habe er das beim ersten Versuch beanstandete Abfeuerungsgestell verbessert. Am 24. Dezember wurde Abel durch das Commando der Artillerie-Brigade daraufhin aufgefordert, mitzuteilen, wann er zu Versuchen kommen könne und welche Vorbereitungen erforderlich wären, um diese Versuche möglichst zu beschleunigen.[415]
Inzwischen konnte das Zeug-Etat am 10. Januar der Artillerie-Brigade melden, daß Lukaszy die erforderlichen Mitteilungen zur Herstellung der Raketen gemacht habe und daß daher seiner Entlassung nichts im Wege stünde, damit könne ab jetzt die Raketenproduktion in eigener Verantwortung des Laboratoriums fortgesetzt werden. Die Fertigstellung der befohlenen 200 Raketen werde sich aber um einige Tage verzögern, da Leitungsrohre der hydraulischen Presse gerade ausgewechselt werden müßten.[416] Parallel hierzu liefen wohl die Vorbereitungen für die Aufstellung einer Raketenbatterie, da auch die Herstellung der erforderlichen Munitionsfahrzeuge hierfür bereits in Auftrag gegeben wurde. Hierbei scheinen Schwierigkeiten aufgetreten zu sein, da der Verantwortliche am 20. Januar meldete, die erforderlichen Zeichnungen seien dem Feuerwerks-Meister Lukaszy auf dessen Verlangen vor einigen Tagen wieder ausgehändigt worden.[417]

Mit dieser letzten Meldung endet die Entwicklung von Raketen in Schleswig-Holstein; zur Indienststellung einer Raketenbatterie ist es nicht mehr gekommen, da ab Januar 1851 auf Druck Österreichs und Preußens unter dem Eindruck der durch österreichische Truppen durchgeführten Bundesexecution die schleswig-holsteinische Armee aufgelöst wurde.

g. Königreich Württemberg

In Württemberg befaßte sich die Artillerie zunächst nur theoretisch mit dem Raketenwesen.[418]
Im Januar 1832 legte der Mechanikus Stäuble aus dem Schweizer Canton Aargau ein Angebot zur Herstellung von Raketen vor. Hierbei sandte er einen „Entwurf neuer Art Congrev'scher Raketen" ein, in dem er die Fertigung von Raketen mit nachstehenden Leistungsdaten anbot, ohne jedoch bereits Aussagen zu Kosten zu machen:
„1. Raketen von 1¹/₂ Zoll Caliber; mit Sprengkörpern von Gußeisen; Gewicht 5 Pfd.- Flugweite mit 15° Elevation: 200 Klafter
10° -"- 300 Klafter
2. Raketen von 2" Caliber; Sprengkörper und Cartätschen; Gewicht 8 Pfd. Flugweite mit 5° Elev: 300 Klafter -
10° El: - 400 Kltr -
15° El 300 Klft. Haben Laffete u. Instrument.-
Auf d. Laffete können 9 R. zugleich abgefeuert werden
3. Caliber = 2¹/₂'; Sprengkörper u. Cartätschen; Gewicht = 12 Pfd.- Flugweite mit 10° Elev.: 500 Klftr - 20° Elev: - 800 Klftr.
Auf der Laffete können 6 R. zumal abgefeuert werden
4. Caliber = 3"; Spreng- und Brandkörper; Gewicht 20 bis 40 Pfd., Flugweite mit 15 bis 30° elev: 500 - 1.300 Klftr;
5. Caliber = 3¹/₂"; -Spreng- und Brandkörper; Gewicht = 25 bis 60 Pfd., Flugweite mit 40 bis 60° Elev: 600 - 1.000 Klftr.
Haben keine Laffete, sondern nur ein Instrument, womit aus 1 R. abgefeuert werden kann. Allein als Wurfgeschüz brauchbar."[419]

Diese Offerte wurde zwar sorgfältig geprüft, zumal es verlockend erschien, auch in den Besitz dieser neuen Waffe zu gelangen. Insbesondere aber wurden die möglichen Kosten erwogen:
„Die Verfertigung Congrev'scher Raketen ist bis jetzt noch von den grösseren Artillerien bekannt geworden, daß ihre Anwendung immer noch kostspielig und im Gelingen zweifelhaft ist. Ein Versuch damit im Großen bei der Königl. Artillerie, könnte nur mit einem nicht unbeträchtlichem Aufwand von Zeit und Kosten gemacht werden, und müßte das Material der Artillerie noch vervielfältigen. Ob, im günstigen Falle, der erreichte Zweck die aufgewendeten Kosten aufwiegen würde, müßte erst die Folge der Zeit entscheiden."
Andererseits war man einem Versuche nicht abgeneigt, weil
„. . . aus dem Anerbieten des Staeuble wenigstens der Vortheil zu ziehen seyn dürfte, daß den Offizieren der Artillerie eine praktische Belehrung über einen in der neueren Zeit viel besprochenen Zweig des Kriegsmaterials, den sie bis jetzt nur aus Büchern kennen lernten, zu Theil würde."[420]
Das Angebot wurde letztlich aber dann doch abgelehnt, zumal man wohl auch von der Seriosität der Offerte nicht überzeugt war.

Kurze Zeit später bot sich jedoch eine neue Gelegenheit. Mitte August 1834 meldete sich bei dem Brigade-Kommando der Württembergischen Artillerie in Ludwigsburg der Mechanikus Westermayer und erbot sich, Versuche mit Raketen durchzuführen, wahrscheinlich in der Absicht auch hier, wie gerade zuvor in München, sein Geheimnis zu

---

412) LSH, 22 III Eb Nr. 10, Protocoll der Versuche am 24. Dezember 1850, Tabellen der Resultate siehe Beilage 6/2

413) LSH, 22 III Eb Nr. 10, Schreiben Commando Artillerie Brigade vom 1. Januar 1851; „Demnächst wird das Zeugetat beauftragt zu veranlassen, daß möglichst schnell von jeder der zwei erwähnten Raketenarten 100 Stück angefertigt und bereit gehalten werden."

414) LSH, 22 III Eb Nr. 8, Schreiben Abel vom 18. Dezember 1850 an General v. Wissel (Commandeur der Artillerie-Brigade), beigefügt ist ein Testat des Major Meyn, Mitglied im 1. Committe für Schleswig-Holstein, der bestätigte „Zeilen kann ich nur in jeder Hinsicht unterstützen und daß Resultate welchen ich beigewohnt in der Tat meine Erwartungen übertroffen haben"

415) LSH, 22 III Eb. Nr. 8, Schreiben Nr. 2608 der Brigade vom 24. Dezember 1850; zu den Versuchen Abels in Hamburg liegen dort keine Unterlagen vor (Schreiben Staatsarchiv Hamburg vom 06.02.1996, Major Meyn war hiernach Kommandeur des 7. Bataillons Bürgermilitär.)

416) LSH, 22 III Eb, Nr. 10, Meldung des Zeugmeister E. Jordan, an die Artillerie-Brigade vom 10. Januar 1851

417) LSH, 22 III Eb, Nr. 10, Meldung Major der Artillerie v. Lindemann vom 20. Januar 1851 an die Brigade

418) Die Raketenentwicklung in Württemberg ist nirgends beschrieben, lediglich: Strack v. Weissenbach, Geschichte der Königlich Württembergischen Artillerie, Stuttgart 1882, S. 300 erwähnte, daß man sich 1851 mit Versuchen mit Kriegsraketen beschäftigt habe; zur theoretischen Beschäftigung siehe die Schriften v. Breithaupts.

419) WHS, E 286, Bü 100, Beilage zur Stellungnahme Artilleriekommando Generalmajor v. Brand vom 20. Januar 1832

420) WHS, E 286, Bü 100, Stellungnahme Artilleriekommando Generalmajor v. Brand vom 20. Januar 1832

Nro. der Rakete	Bezeichnung des Geschosses	Dimensionen der Hülse Durchmesser (Zoll)	Dimensionen der Hülse Länge (Fuß)	Länge des Stabes (Fuß)	Elevation (Grad)	1.Aufschlag (Schritt)	Liegenbleiben Entfernung (Schritt)	Seiten-abweichung (Schritt)
1	12 Pf. Kugel	3	2	11 bis 12	25	120	325	rechts 36
2	7 Pf. Granate	4	2,25		25	1830	1830	rechts 680
3	6 Pf. Kugel	2	1,4	7	22	560	600	rechts 110
4	6 Pf. Kugel	2	1,4	7	3 bis 4	120	290	rechts 60
5	4 Pf. Spiegelgranate	2	1,2	6,5	3 bis 4	60	850	rechts 28

verkaufen. Das Kommando sah in dem Angebot eine gute Gelegenheit, die Artillerieoffiziere praktisch mit dieser neuen Waffe vertraut zu machen, zumal ihm bewußt war, daß der Ankauf des Geheimnisses zu kostspielig wäre.

„Derselbe war beinahe ein Jahr auf Kosten der Regierung in München, und hat vier Artillerie-Offiziere soweit eingeübt, daß solche eine befriedigende Kunstfertigkeit erlangten. Dieses konnte nicht ohne bedeutende Kosten dort werden, wozu sich der Unterzeichnete dissorts keine Hoffnung zu machen wagt. Allein zu Belehrung der Artillerie-Offiziere über einen so wichtigen in ganz Europa vielseitig behandelten Gegenstandes, glaube ich eine so günstige Gelegenheit nicht vorüber gehen lassen zu dürfen, und Königlm Kriegs-Ministerium die Bitte vorlegen zu sollen, daß mit einem Aufwand von circa 150 - 200 f gnädigst erlaubt werde, in einer Zeit von 6 - 8. Tagen den Mechanikus Westermayer in so weit hier Versuche anstellen zu lassen, als zu einer praktischen Anschauung und zu näherer Beurtheilung über die Gründlichkeit des Künstlers nöthig wäre."[421)]

Der Antrag wurde nach sorgfältiger Prüfung, bei der auch Westermayer angehört worden war, am 28. August durch das Kriegsministerium genehmigt.[422)]

Westermayer stellte noch einige Forderungen zur Wahrung seines Geheimnisses, so - wie in München - daß keiner näher als 50 Schritt an den Abfeuerungsplatz treten dürfe; er bot jedoch an, daß jeder die Raketen aus der Nähe in Augenschein nehmen dürfe. Da er die Abfeuerungsgestelle in München gelassen hatte, forderte er nur die Vorbereitung einer Grube, um die Raketen im Winkel von 45 Grad vom Boden abfeuern zu können. Am 1. September Nachmittags wurde das Belehrungsschießen dann vor den durchaus kritischen Offizieren durchgeführt; in dem danach erstellten Bericht wurde festgestellt, daß nur ein Schuß als gelungen betrachtet werden könne, bemängelt wurde, daß die Treibkraft der Raketensätze zu gering und die Seitenabweichung zu groß gewesen wäre. Im Einzelnen wurden folgende Leistungen notiert:

(Siehe Tabelle oben)

Zum Schießen wurde noch festgehalten:

„Bei den ersten 3 Schüssen, wurden die Raketen auf einen 6 Fuß hohen Aufwurf gelegt, welcher nach hinten abgedacht war; Bey den beiden lezten Schüssen wurden die Raketen zum Ricoschettiren 200 Schritte vor dem vorigen Standpunkt auf den Boden gelegt, und nur ein wenig Erde zur Unterlage der Hülsen aufgehäuft. Allgemeine Bemerkung: Die Ursache warum die Raketen rechts gingen, schien hauptsächlich von dem Wind herzurühren, welcher auf die Ruthe als auf den leichteren Theil mehr einwirkte, als auf die Hülse, wodurch die Letztere rechts getrieben wurde, was die bei der zweiten Rakete am auffallensten zeigte."[423)]

Die Offiziere beobachteten das Schießen und, so weit möglich, die Raketen aufmerksam; zu einer Hülse, die nach dem Schießen aufgenommen wurde, war im Protokoll des Schießens festgehalten:

„Die Hülse blieb ganz. Der Versatz war ganz gut erhalten, er bestand unten am Mundloch aus einer 1 Zoll hohen Lage, von sehr festem Thon, und oben aus einer gleichen Lage, von 1 1/2 Zoll Höhe, welche in der Richtung der Axe der Rakete ein 2 Linien weites Loch zur Communication des Satzes mit dem Brandrohr des Projectils hatte. Oberhalb diesem leztern Versatz, war ein leerer Raum von 1 Zoll Höhe. Das Brandrohr der Brandgranate wurde nicht gezündet. Das Mundloch war 9 Linien weit und durch den Thon versezt, geführt. Die Naht der Hülse war 3 Linien breit, der Abstand der Niethen voneinander war gleichfalls 3 Linien. Der Schwerpunkt der ausgebrannten Hülse war vom Mundloch 6 Zoll entfernt. Die Nuthe zum Einstecken des Stabes war 5,4 Zoll lang, und hatte 9 Linien im Gevierten."

Das Vorführungsschießen, wie in einem späteren Bericht gemeldet wurde,

„. . . hatte dem Bataillons Commando der Fuss-Artillerie zu dem Wunsche Veranlassung gegeben: die bei jener Gelegenheit gemachten Beobachtungen durch einige in Gmünd zu machende Versuche mit Anfertigung solcher Raketen praktisch erproben zu dürfen."[424)]

Mit Billigung seiner Vorgesetzten begann daraufhin der Oberlieutenant Lindauer selbst Raketen herzustellen. Die ersten beiden Hülsen waren noch aus Papier, die weiteren aber bereits aus „Münzblech von 4 Pkt Stärke" konstruiert, nach dem Muster der Westermayer'schen. Er fertigte zunächst nur 2zöllige Raketen an. Der Treibsatz, den man nicht hatte untersuchen können, war aus 3 Teilen Mehlpulver und 1 Teil feiner Kohle zusammengesetzt, der Seitenstab besaß eine Länge von 10 Fuß und war 1 Zoll stark. Für das erste Versuchsschießen wurde eigens ein Abfeuerungsgestell konstruiert, hierzu wurde ein dreibeiniges, hölzernes Gestell gebaut, auf dem eine hölzerne Abfeuerungsrinne befestigt war, die Erhöhung wurde durch unterschiedliches Ausspreitzen der Füße des Gestelles genommen. Am 9. Oktober wurden dann bei Gmünd nach einer Vorprobe die ersten in Württemberg selbst angefertigten Raketen abgefeuert. Zum Abfeuern wurden Stoppinen verwendet, die mit einem Stückchen Holz am Mundloch befestigt waren.

(Siehe Tabelle auf Seite 287)

Die Zusammensetzung des Treibsatzes war offensichtlich noch weniger wirksam, wie die erzielten Reichweiten zeigten. Zur Konstruktion wurde im Bericht über das Schießen notiert:

„Die Granate welche zur Versetzung diente, hatte ein mittleres Gewicht von 2 Pfd. 20 Loth; dieselben waren mit Brandröhren und 1/2 lothigen Ausstoßladungen versehen. Sämtliche Granaten wurden nach

---

421) WHS, E 286, Bü 100, Antrag Artillerie-Brigade-Kommando vom 27. August 1834

422) WHS E 286, Bü. 100, Kriegsministerium vom 28. August 1834; Westermayer hatte hierbei Angaben zu Tätigkeiten und Honorar in München gemacht, auch einfließen lassen, daß er anschließend nach Dresden ginge und auch bereits einen Ruf nach Holland habe. [offensichtlich ein Vorwand, Westermayer scheint nie in den Niederlanden oder Sachsen gewesen zu sein, er reiste anschließend wieder nach München, und es ist anzunehmen, daß er nach dem Contract mit der kgl. griechischen Armee wieder nach Polen übersiedelte.] Für die Versuche hatte er eine 3.000 Schritt lange Bahn gefordert, sowie die Bereitstellung der für die Raketen erforderlichen Kugeln und Granaten, welche er aus dem Arsenal erhalten sollte.

423) WHS E 286, Bü 100, Brigade-Commando der Artillerie vom 2. September 1834 und: Fuß-Artillerie, Protocoll vom 1. September 1834

424) WHS, E 286, Bü 100, Bericht des Artillerie Brigade Commando nach den Versuchen

No der Rakete	Material der Hülse	versetzt mit	Länge der Seele (Zoll)	Länge der Hülse (Zoll)	Anzahl Schläge auf eine Schaufel Satz	Gewicht ohne Stab Pf./Loth	Elevation Grad	erster Aufschlag Schritt	Liegenbleiben Schritt	Seitenabweichung Schritt
1	Papier	Spiegel Granate	12	20	40 von 4 Fuß Höhe	11/24	25	400	500	24 rechts
2	dto	dto	12	20	dto	11/29	25	-	-	-
3	dto	mit hölz. Zapfen	12	20	dto	8/6	25	-	-	-
4	Münzblech	Spiegel Granate	10	14,5	24 von 2 Fuß Höhe	8/8	25	335	425	24 links
5	dto	dto	10	14,5	dto	7/23	30	559	559	10 rechts
6	dto	dto	12	19,5	dto	9/4	30	925		147 links
7	dto	dto	12	19,5	dto	9/9	15	490	550	15 rechts

dem Ausbrennen der Rakete entzündet, eine einzige, welche beim Versetzen der Rakete durch das Laimen verdorben war, machte hievon eine Ausnahme. Die eisernen Hülsen bestanden aus einfachen Münzblech von 4 Punkt Stärke, sie hatten einen doppelten Falz, welcher durch Niethnägel, die in einem Abstand von 1 Zoll angebracht waren, eine größere Haltbarkeit erhielt. Der Boden bestand gleichfalls aus Münzblech und war mit Kupfer angelöthet. Der Thon welcher zu diesen Raketen verwendet wurde, war mit Terpentinoel angefeuchtet, wodurch er beim Schlagen eine große Festigkeit erhielt. Oben war die Hülse durch einen eisernen Spiegel von 1 Linie Dike geschlossen, welcher durch 2 kleine Bolzen, welche in paralleler Richtung quer durch die Hülse gingen, und Schrauben befestigt waren. Der eiserne Spiegel hatte in seiner Mitte ein kleines Loch von 2 Linien Durchmesser, zu der Feuerverbindung des Satzes der Rakete mit der Versezung. Die Granaten waren durch eine Leinwandkappe, über welche 3 blecherne Streifen befestigt waren, mittelst starker Schnur festgebunden und sodann stark verlaimt. Die Ruthe bestand aus Tannenholz und wurde durch starken Bindfaden mit der Rakete verbunden, sie waren oben und unten gleich dik. Das Gleichgewicht war 3 - 4 Zoll vor der Mündung. Die Seele der Rakete wurde mit einem Bohrer ausgebohrt. Die geringe Haltbarkeit der Raketenhülsen No 2 und 3 hat ihren Grund in der schlechten Beschaffenheit des hiezu verwendeten Papiers, denn eine andere papierne Hülse von gutem Material, welche überdieß 2 1/2 Pfd. leichter war, wart nach einem 2maligen Gebrauch noch in einem solchen Zustand, daß sie leicht hätte noch zum 3ten mal geschlagen werden können. Dieselbe ging das erste mal mit einer kleinen Granate unter 50° Elevation 1.000 Schritte weit, das 2te mal mit einer Granate versetzt, unter 15° Elevation 700 Schritte weit."[425]

Bereits am 11. Oktober wurde der nächste Schießversuch durchgeführt, wieder wurden 7 mit Granaten versetzte 2zöllige Raketen abgefeuert, deren Hülsen nunmehr durchgehend aus Blech bestanden; die Hülsen waren 14,5 und 19,5 Zoll lang, die Seele zwischen 10 und 12 Zoll; für den Treibsatz wurde dieselbe Mischung wie zuvor benutzt, er wurde diesmal mit 24 Schlägen pro Schaufel Satz aus 2 Fuß Höhe in die Hülse geschlagen. Die Reichweiten der Raketen waren an diesem Tag schon besser, mit 45° Elevation erreichten sie Schußentfernungen von 690 bis 850 Schritt und bei 30° solche von 720, eine sogar 1.300 Schritt. Die Seitenabweichungen lagen unter 10% der Reichweite, die Rakete, welche eine Entfernung von 1.300 Schritt erreicht hatte, lag sogar nur 40 Schritt links.[426]

Nach diesem Versuch entschloß sich das Brigade Kommando der Artillerie zu einem Schritt nach vorn und meldete die Durchführung der Versuche, einschließlich der Ergebnisse, dem Kriegsministerium, mit dem Ziel, zum einen eine offizielle Genehmigung für die Fortführung dieser Arbeiten zu erlangen, zum andern aber auch, um den Aufwand der Entwicklung in Zukunft haushaltsmäßig abdecken zu können.

„Es dürfte für weitere Belehrung über diesen Gegenstand von Nuzen seyn, die Versuche fortzusezen, wobei auf möglichste Beschränkung der Kosten Rücksicht genommen würde."[427]

Diesem Antrag wurde entsprochen, die Versuche der Fuß-Artillerie wurden mit einem weiteren Versuchsschießen in Gegenwart des Generalmajors von Brand bei Ludwigsburg am 23. Januar 1835 fortgesetzt. Diesmal wurden 15 Raketen abgefeuert, darunter bereits drei mit Brandhauben, 8 Raketen waren wieder mit Spiegel-Granaten und 4 mit 6pfündigen Kugeln versetzt, überdies hatte Lindauer auch erstmals dreizöllige Raketen laboriert. 3 Raketen waren noch in Gmünd, die restlichen bereits in Ludwigsburg hergestellt worden. Bei 45° Elevation wurden Schußentfernungen von 850 bis 1.450 Schritt erreicht, wobei es aber noch immer - trotz Windstille - zu Seitenabweichungen um 130 Schritt kam.[428]

In der Folgezeit wurden vor allem Versuche mit einzölligen Raketen durchgeführt, die recht gute Erfolge erbrachten. Auch wurde im März 1835 eine Spindelpresse in Auftrag gegeben, an deren Fertigung der Oberlieutenant Lindauer mitwirkte und mit der 1836 etwa 100 Raketen für die Versuche gefertigt wurden.[429]

Im Oktober 1836 wurde aber das Brigadekommando der Artillerie aufgrund der doch inzwischen bedeutenderen Kosten und des Materialaufwandes bezüglich der Versuche unruhig und befahl eine reglementarischere Vorgehensweise. Insbesondere sollte es keine Materialanforderungen an das Arsenal mehr unter Umgehung des Dienstweges geben. Zugleich aber ließ der Generalmajor von Brand bei dieser Gelegenheit dem Oberlieutenant Lindauer seine Anerkennung für das bisher Geleistete aussprechen:

„ . . . daß gegenwärtige Anordnung, keineswegs Mangel an Zufriedenheit über seine Leistungen zum Grunde liegen, sondern dieselben im Gegentheil alle Anerkennung verdienen und gefunden haben."[430]

Zugleich wurde angestrebt, die bisher doch eher im kleinen Rahmen durchgeführten Entwicklungsarbeiten und Versuche nunmehr in größeren Maßstab fortzuführen, da sich ein Erfolg abzuzeichnen begann. Das Brigadekommando forderte nunmehr offiziell Geldmittel beim Ministerium an, da für eine Fortsetzung der Entwicklung, insbesondere für die hierfür erforderlichen Maschinen und Werkzeuge, die eigenen Mittel nicht mehr ausreichten und die Versuche nunmehr auch auf 2zöllige Raketen ausgedehnt werden sollten. Nach einem Kosten-

425) WHS, E 286, Bü 100, Fuß-Artillerie, Versuch am 9. Oktober 1834, unterzeichnet: Regiments-Commando

426) WHS, E 286, Bü 100, Fuß-Artillerie, 2. Versuch am 11. Oktober 1834

427) WHS, E 286, Bü 100, Bericht Artillerie Brigade Kommando vom 1. Dezember 1834

428) Das Protokoll mit den Schießergebnissen ist in Beilage 5/1 enthalten

429) WHS, E 286, Bü 101, Materialaufwand; für den Treibsatz läßt sich eine neuere Mischung hieraus ablesen, da am 8. August 1834 für die Versuche 48 Pfd. Salpeter, 24 Pfund Schwefel und 40 Pfund Kohle geliefert wurden

430) WHS, E 286, Bü 100, Brigade-Commando an das Commando des Artillerie Regiments vom 7. Oktober 1836

voranschlag des Arsenals wurden 542 Gulden benötigt, durch Benutzung eigener Mittel, wie ausrangierter Lafettenteile, glaubte die Brigade aber mit 400 Gulden auszukommen zu können und beantragte für diese Ausgaben die „hohe Legitimation für die Arsenal Direction".[431]
Der Antrag wurde bereits am 18. Oktober vom Kriegsministerium genehmigt. Über die folgenden Versuche liegen leider keine Unterlagen vor, man versuchte jedoch die Herstellung der Raketen weiter zu verbessern, indem 1837 eine neue Schrauben-Preßmaschine zum Einfüllen des Treibsatzes in die Hülsen beschafft wurde, mit der „20.000 bis 60.000 Pfund Kraft durch Menschenhände hervorgebracht werden" konnte,[432] und mit der 2-, 2 1/2 und 3 zöllige Raketen gepreßt wurden. Auch stand zur Fertigung der Hülsen eine Hülsenaufrollmaschine aus Eisen zur Verfügung. Das Abfeuerungsgestell wurde durch Verwendung der Perkussionszündung weiter verbessert. 1837 wurden wieder 160 Raketen, dabei 60 Kartätschraketen, für die Versuche gefertigt, auch wurde Ende des Jahres ein Abfeuerungsgestell für 3zöllige Raketen angefertigt.[433] Ganz zur vollen Zufriedenheit scheinen diese weiteren Versuche jedoch nicht verlaufen zu sein, da man einen Erfahrungsaustausch mit der hannoverschen Artillerie anstrebte, um so von deren Raketenversuchen zu profitieren. Im April 1838 stellte daraufhin Hannover die Westermayerschen Unterlagen, dabei 10 Zeichnungen, zur Verfügung. Für Versuche wurden in diesem Jahr 100 einzöllige Leucht- und Kartätschraketen, 36 dreizöllige und 25 zweizöllige Raketen verfertigt.[434] 1839 wurden die Versuche vor allem mit zweizölligen Raketen fortgeführt, hierfür wurde in diesem Jahr auch ein neues Abfeuerungsgestell beschafft.
Die Versuche sind wohl in den Folgejahren weitergeführt worden, ohne jedoch das Problem der mangelnden Treffgenauigkeit lösen zu können, da es nicht zu einer Einführung der selbst entwickelten Raketen gekommen ist.
1844 kam es zu einem Zwischenspiel, als der dänische Kriegskommissär von Foss nach entsprechender Empfehlung aus dem Großherzogtum Baden nach Stuttgart kam, um seine pyrotechnischen Erfindungen anzubieten. Die von ihm entwickelte Schlagröhre war bereits in Baden übernommen worden.[435]
Die Foss'schen Gewehrbrandraketen stießen in Württemberg auf großes Interesse, auch wenn die Kosten für einen Ankauf dieses Geheimnisses bedenklich hoch erschienen:
„Bezüglich der weiteren Erfindung von Kleingewehr Raketen möchte es zwar von Werth seyn, auch diese Kenntniß zu erhalten, da solche das Entzünden von Ortschaften, von Prozen und Munitions Wagen leicht bewirken sollen, weil jedoch Herr von Foss für deren Mittheilung 9.000 G verlangt, so muß es dem hohen Ermessen anheim gestellt werden, ob wegen der großen Kosten nicht etwa die Ministerien von Baden und Hessen zur gleichmäßigen Theilnahme veranlaßt werden sollten."[436]

Im September wurde, wiederum aus Baden, mitgeteilt, daß dort sehr befriedigende Versuche mit den Foss'schen Leucht- und Brandraketen durchgeführt worden wären. Dort wurde auch versucht, diese Raketen aus Büchsen zu verschießen, um eine größere Reichweite zu erzielen. Aus der Wild'schen Büchse wären auf 600 Schritte noch die gewünschten Resultate erreicht worden. Hierzu hieß es:
„Diese Ergebnisse waren um so überraschender und erfreulicher, als die Brand-Raketten ursprünglich von dem Erfinder eigentlich nicht für die Büchse bestimmt waren und man in Berlin - während die Brand Raketten für das Infanterie Gewehr eingeführt wurden - nicht dazu gelangte und darauf verzichtete deren Verwendung in jener Waffe mit Vortheil durchzuführen. Die Foss'schen Brand-Raketen haben hiernach nicht nur als ein sicher zündendes, sondern auch als ein aus allen Handfeuerwaffen mit Sicherheit zu schießendes insbesondere aber mit der Büchse eine über alle Erwartung bedeutende Wirkung leistendes Geschoß bewährt."[437]
Das Geheimnis wurde in der Folge von Württemberg angekauft, die Gewehrraketen jedoch erst 1851 endgültig für die Infanterie eingeführt, nachdem sich ihre Wirkung bei anderen Armeen im Kriege gezeigt hatte.
„Als dieselben in den Jahren 1848 und 1849 von den badischen Insurgenten zur Inbrandsteckung Niederbühls und von den Dänen im Schleswig'schen Feldzuge mit sehr gutem Erfolge angewandt wurden sind."[438]
Nachdem Baden diese Raketen weiterentwickelt hatte, wurden 1853 in Württemberg noch vergleichende Versuche angestellt, aber aufgrund der „überwiegend günstigen Resultate mit Foss'schen Raketen" wieder eingestellt.[439] In der Folge ergaben sich dann mit der Einführung gezogener Gewehre mit kleinerem Kaliber 1860 Probleme, da entsprechend modifizierte Gewehrraketen nicht wirksam waren, da sie nicht ausreichend Zündsatz aufnehmen konnten. Versuche 1861 mit einer auf 12,5 Linien Länge verkürzten Rakete mit einem Bleizylinder von 5 Linien Länge führten aber auf 100 bis 300 Schritt Entfernung wieder zu guten Ergebnissen.[440] Schließlich wurde 1865 durch das Kriegsministerium entschieden, die Gewehrraketen für kleinere Kaliber nicht mehr zu verwenden, sondern ihren Einsatz auf den Verschuß mit größeren Gewehrkalibern zu beschränken.[441] Im selben Jahr wurde dann die Fabrikation der Gewehrraketen für einen vierjährigen Bedarf angeordnet.[442]

Einen erneuten Anstoß, Versuche mit Kriegsraketen durchzuführen, gaben die wieder aufgenommenen Versuche der bayerischen Artillerie. Im März 1850 erfuhr das württembergische Kriegsministerium durch ein Schreiben der Münchner Gesandtschaft von diesen erneuten Versuchen, für welche die Kenntnisse eines „ungarischen Ex-Unteroffiziers oder Feuerwerker" genutzt würden.[443] Am 5. April konnte der Gesandte bereits von einem Versuchsschießen Genaueres be-

431) WHS, E 286, Bü 100, Brigade Commando vom 10. Oktober 1836, „Die seit dem fortgesetzten Versuche, ob schon denselben aus dienstlichen und öconomischen Gründen eine nur sehr geringe Ausdehnung gegeben werden konnte zeigten doch schon einen günstigen Erfolg. Sie beschränkten sich bis jetzt auf den kleinsten Caliber von Raketen, den einzölligen. Da jedoch die Erfahrungen über dieses Caliber erschöpft sind, so wird es von Interesse, die gemachten Erfahrungen an dem nächstgrößeren, dem 2zölligen Caliber zu erproben."

432) WHS, E 286, Bü 101, Verzeichnis der Bestandtheile und Apparats zur Fertigung von Kriegsraketen vom 16. September 1836, angefertigt von Oberlieutenant Lindauer

433) WHS, E 286, Bü 101, Eingaben Oberlieutenant Lindauer mit Materialanforderungen, für den Treibsatz wurde angefordert: 20 Pfd. Salpeter, 10 Pfd. Schwefel und 50 Pfd. Mehlpulver, Holzkohle schien noch ausreichend vorhanden gewesen zu sein, aber zusätzlich wurden benötigt: 4 Pfd. chlorsaures Kali, 2 Maß Weingeist und 1/2 Unze salpetersaures Silberoxyd

434) WHS, E 286, Bü 101, zu den zweizölligen wurde vermerkt, daß die Hülsen aus „dreifach über einander gerollten Sturzblech" bestünden. Die aus Hannover übersandten Unterlagen sind nicht mehr vorhanden.

435) WHS, E 271 c, Bü 1725, Protokoll der großherzoglichen Badischen Kommission vom 6. März 1844 (Abschrift) sowie -ibidem- Empfehlung des badischen Kriegsministeriums vom 2. April 1844, hierin wurde auch auf von Foss erfundene Gewehr-Leucht- und Brandraketen eingegangen.

436) WHS, E 271 c, Bü 1725, Artillerie Brigade Commando vom 3. April 1844

437) WHS, E 271 c, Bü 1725, Schreiben des badischen Kriegsministeriums vom 4. September 1844

438) WHS, E 271 c, Bü 1725, Kriegsministerium vom 20. September 1851

439) WHS, E 271 c, Bü 1725, Verfügung zum Bericht Artillerie Commando vom 17. Februar 1853

440) WHS, E 271 c, Bü 1727, Königl. Arsenal Direktion vom 3. Mai 1861

441) WHS, E 271 c, Bü 1727, Verfügung Kriegsministerium zur Meldung der Infanterie Division vom 10. Oktober 1865

442) WHS, E 271 c, Bü 1727, Kgl. Arsenal Direktion vom 24. Oktober 1865; entsprechend der St. Petersburger Konvention von 1868 durfte dann diese Waffe nicht mehr verwendet werden. (Poten, a.a.O., Dritter Band, 1877, S. 110)

443) WHS, E 40/72, Bü 95, Schreiben des württembergischen Gesandten in München Graf v. Degenfeldt vom 17. März 1850, am 24. März an das Kriegsministerium weitergeleitet. D. hatte durch die „öffentlichen Blätter" von den Versuchen erfahren und daraufhin „an geeignetem Orte" über die Versuche Erkundigungen eingezogen. Die Versuche scheinen in der bayerischen Armee nach einer längeren Pause in den vierziger Jahren begrüßt worden zu sein: „Vor allem muß ich bemerken, daß nicht jetzt erst, sondern schon früher, namentlich zur Zeit des Feldzeugmeister Frhr. von Zol-

richten, bei dem von 8 Schüssen 5 die Scheibe getroffen hätten; er wies zusätzlich daraufhin, daß in der Folgewoche ein weiteres Versuchsschießen vor dem König stattfinden sollte, wonach - bei entsprechendem Erfolg - beabsichtigt wäre, die Genehmigung zur Aufstellung einer Raketenbatterie mit 4 oder 6 Gestellen zu beantragen.[444]

Am 17. Juni 1851 schließlich unterbreitete der Wiener Pyrotechniker Ladislaus Lukaszy, der aus Schleswig-Holstein kam, dem Kriegsministerium ein Angebot, für 660 Gulden Honorar und Taggelder von 2 Gulden 24 Kreuzern innerhalb von etwa 6 Wochen Raketen anzufertigen und entsprechendes Artilleriepersonal in der Fertigung derselben auszubilden. In seinem Brief stellte er zugleich die Vorteile des Einsatzes von Raketen aufgrund der österreichischen Erfahrungen im Krieg gegen Italien dar, wies aber auch auf die Möglichkeit eines Einsatzes gegen massierte Truppen und auf die moralische Wirkung der Raketen hin.

„Da die Kriegsrakete bei gleichem Kaliber mit Geschützen eine, wenn nicht größere, doch gleiche Entfernung erreicht, eignet sie sich speciell zum Angriff gegen entferntere feindliche Massenstellungen und die von ihnen besezten Ortschaften, gegen Anhäufungen von Magazinen, Depots etc., zumal aber gegen große Truppenmassen, besonders Cavallerie, und dürfte bei diesen, sowie bei wenig disciplinierten Gegnern, namentlich auch der moralische Eindruck in Anschlag zu bringen sein. Um diese moralische Wirkung noch zu vergrößern, wo es auf die Zersprengung oder eine Beunruhigung der Cavalleriewaffen ankömmt, könnte man die Raketen für solche Zwecke mit besonderen Feuerwerkskörpern versehen, wodurch ein Herumschleudern der Geschosse in den feindlichen Massen erfolgt."[445]

Besonders wies er aber auf die Treffähigkeit seiner Raketen hin und auf die geringen Produktionskosten:

„Was jedoch die in gegenwärtigen Schreiben angeregten Raketen betrifft, dürften dieselben, wie oben erwähnt, den höchsten Grad der Ausbildung erreicht haben. Die Trefffähigkeit dieser Raketen ist bis zu einem Punct der Vollkommenheit gesteigert, die wenig zu wünschen übrig läßt, denn diese Schußraketen treffen auf 1.000 Schritt Distance, zur Hälfte gerechnet, eine gewöhnliche Artillerieplanke von 30 Klafter Länge, und die Wurfraketen verfehlen zwischen 900 - 1.500 Schritt Distance selten ein Viereck von derselben Seitenlänge . . . Die Raketen sind im Verhältnis zur übrigen Artillerie-Munition minder kostspielig. Z. B. die Erzeugung einer 12 Pf^{gen} Leuchtkugelrakete, complet (mit Fallschirm) kostet ca. 3 Thaler preußisch Courant; dagegen eine 30 Pf^{ge} Leuchtkugel die aus Mörsern geworfen wird, mindestens das Vierfache, und 3 Stück solcher 30 Pf^{gen} Leuchtkugeln, zu gleicher Zeit geworfen, bringen lange nicht den wirkungsvollen Effect hervor, wie eine Leuchtenrakete. Eine 6 Pf^{ge} Schußrakete samt Granate kostet ca. 3/4 Thaler Pr: Courant."[446]

Zu seiner Honorarforderung stellte Lukaszy fest:

„Wenn man in Erwägung zieht, wie viele 100 Tausend, wenn nicht Millionen zu sagen, mehrere deutsche und andere Regierungen darauf verwendet haben, um die Manipulation der Kriegs-Raketen und deren Erzeugung zu dem jetzigen Standpunct ihrer Ausbildung zu bringen, wird man für die Mittheilung dieser so geheim gehaltenen Theorie die oben gestellte Entschädigungsforderung eher zu niedrig, als zu hoch angeschlagen finden, und daß das hier angemachte Anerbieten auch nicht den fernsten Anstrich irgendeiner Charlatanerie an sich trägt, davon geben die beigeschlossenen authentischen und von Autoritäten ausgestellten 4 Atteste genügende Belege."[447]

Die Direktion des Arsenals sprach sich für ein Eingehen auf dies Anerbieten aus, zumal:

„Da nun Lukaszy indessen weitere Vervollkommnungen angewandt hat, und hierorts für Anfertigung Congrev'scher Raketen durch Anschaffung einer schweren Presse, und anderer Werkzeuge bedeutende Kosten aufgewendet wurden, ohne sie benutzen zu können, so dürfte es zweckmäßig seyn, die sich darbietende Gelegenheit zu ergreifen, und die in den meissten Artillerien angenommenen, und in den Kriegen vortheilhaft angewendeten Raketen anfertigen und gebrauchen zu lernen und damit die Kenntniße des ArtillerieCorps zu bereichern."[448]

Im Kriegsministerium kam es nun zu einer widersprüchlichen Beurteilung, von militärischer Seite wurde der Antrag befürwortet, unter Hinweis darauf, daß schon „bedeutende Kosten" für Versuche - „leider ohne erheblichen Erfolg" - aufgewendet worden wären und man diese Gelegenheit nutzen müßte, da „in andren Artillerien dieser Zweig der Ernstfeuerwerkerei aber auf einem hohen Grad der Vollkommenheit steht". Es wurde aber darauf hingewiesen, daß man besondere Sorgfalt auf die Auswahl einer entsprechenden Kommission legen sollte, damit „weder die Vorliebe für Inländische noch diejenige für Ausländische unverhältnismäßig vertreten würde." Die fiskalische Seite sprach sich gegen die Annahme aus, da bereits 1847 hohe Kosten für den Ankauf der dänischen Gewehrraketen von Foss entstanden wären, wovon aber offensichtlich kein Gebrauch gemacht worden wäre. Die militärische Seite mußte nun erst den Unterschied zwischen Artillerie- und Infanterieraketen erklären und beantragte dann, nach sorgfältiger Vorprüfung der Angaben Lukaszys, die erforderlichen Mittel aus dem Munitions-Etat bereitzustellen und mit Lukaszy in Verhandlung treten zu dürfen. Der Antrag wurde nunmehr unter der Prämisse genehmigt, daß keine zusätzlichen Mittel erforderlich wären.[449]

Am 21. Juni wurde daraufhin eine Kommission befohlen, die Lukaszys Angaben und seine Person sorgfältig überprüfen sollte, die Leitung wurde dem Oberstlieutenant von Grimm, Kommandant der reitenden

ler die ganze Artillerie wunderte, daß letztere Versuche mit Raketen machte sie aber nicht weiter verfolgte." Übrigens ist dies die einzige Stelle, wo L. als Angehöriger der ungarischen Armee bezeichnet wird (siehe die entsprechende Anmerkung im Kapitel Bayern)

444) WHS, E 40/72, Bü 95, Schreiben des württembergischen Gesandten in München vom 9. April 1850, auch wenn er keine genaueren Angaben zu den Leistungen der Raketen machen konnte, fügte er an: „General Weishaupt versichert, ob mit Recht, weiß ich nicht zu sagen, daß die Sicherheit des Schusses dem der österreichischen Raketenbatterien nicht viel nachzugeben habe." Auch in einem Folgeschreiben konnte der Gesandte nur mitteilen, daß der Erfolg der angesprochenen Versuche „ein erwünschter, und den ersten Versuchen ganz entsprechender" gewesen wäre, er aber nähere Angaben nicht habe in Erfahrung bringen können. Er schlug daher vor, daß der Vorstand des Kriegsministeriums, General von Bauer, sich direkt an den bayerischen Kriegsminister General von Lüder wenden solle, um Näheres zu erfahren. (ibidem, Schreiben vom 11. April 1850), der württembergische Kriegsminister scheint jedoch der Auffassung gewesen zu sein, daß die bayerischen Versuche „noch nicht denjenigen Grad der Reife erlangt haben, welcher einerseits die Königl. Bayerische Artillerie veranlassen könnte, Einsicht in den Gang der Proben zu gestatten" und gab der Meinung Ausdruck, daß es erst bei „vollendeten Resultaten" zweckmäßig wäre, sich unmittelbar „an seinen Königlich Bayerischen Collegen mit der Bitte und Frage zu wenden, ob einem K. Württembergischen Artillerie Offizier Zutritt und Einsicht bei den Versuchen gestattet werden könnte." (ibidem, Schreiben General v. Bauer vom 15. April 1850 an Staatsrat Frh von Waechter Spittler) Zu einem solchen Ersuchen scheint es nicht gekommen zu sein.

445) WHS, E 271 c, Bü 1726, Brief Lukaszy vom 17. Juni 1851; Lukaszy hatte bereits im Juni 1847 in Ludwigsburg Proben neuer Stücke der Lustfeuerwerkerei vorgeführt und hierfür 165 Gulden Honorar erhalten (BHS-KA AX 32, Bd. 32, Vortrag vom 9. Dezember 1849) und im Juni 1850 in Stuttgart vorgesprochen und seine Geräte vorgeführt, aufgrund „ungünstiger Zeitverhältnisse" konnte aber sein damaliges Angebot nicht angenommen werden (WHS, a.a.O., Stellungnahme der Arsenal-Direktion zum Anerbieten Lukaszys an das Kriegsministerium vom 18. Juni 1851). In seinen Darstellungen der Einsatzmöglichkeiten von Raketen wies Lukaszy auch auf die für Württemberg besonders interessanten Möglichkeiten der Bewaffnung von Schiffen mit Raketen hin, sowie auf die Zweckmäßigkeit der Raketen für den Walfang.

446) ibidem. Zu Beginn des Briefes stellte er zusätzlich fest: „Das von General Augustin in Oesterreich entwickelte System, sowie die im Wiener Laboratorium verfertigten Kriegsraketen sind bis jetzt die vollkommensten die man in dieser Waffengattung aufzuweisen hat. Dort jedoch wie überall wird die Erzeugung der Kriegs-Raketen als tiefes StaatsGeheimniss bewahrt. Trotz dem ist es gelungen in jenes Geheimniss hineinzudringen . . ."

447) ibidem

448) WHS, E 271 c, Bü 1726, Bericht der Arsenal-Direktion vom 18. Juni 1851

449) WHS, E 271 c, Bü 1726, Stellungnahmen des Kriegsministeriums vom 19. und 20. Juni 1851

Artillerie, übertragen.[450] Bereits am 26. Juni erstattete die Kommission Bericht und legte die Bedingungen für einen Vertragsentwurf vor. Angesichts der positiven Zeugnisse, die Lukaszy vorweisen konnte, insbesondere von der bayerischen Artillerie, glaubte die Kommission auf ein befriedigendes Resultat der Versuche hoffen zu können. Die Kommission sprach sich daher für eine Annahme des Anerbietens aus, zumal die aufzuwendenden Kosten gegenüber den zu erwartenden Vorteilen als keineswegs zu hoch beurteilt wurden.[451]
Das Kriegsministerium schloß sich dieser Auffassung an und beantragte die Genehmigung des Königs, einen entsprechenden Vertrag abzuschließen, da

„ . . . die Kosten eigener Versuche ohne Beihülfe eines Mehreingeweihten - selbst durch den besten Erfolg begünstigt - die geforderte geringe Summe wohl leicht übersteigen dürften;"

zugleich wurden die Mittel für die Anfertigung einiger Raketengeschütze nach dem Muster von Lukaszy beantragt.[452]
Am selben Tage wurde das Artillerie Kommando beauftragt, zusammen mit Lukaszy alle erforderlichen Maßnahmen für die Vorbereitungen der Arbeiten und Versuche zu treffen, um möglichst Zeit zu sparen.[453] Die Genehmigung zum Vertragsabschluß erfolgte bereits am 30. Juni, so daß am 3. Juli das Artillerie Kommando den Auftrag erhielt, mit Lukaszy den Vertrag auf Basis der gestellten Bedingungen abzuschließen, wobei ihm nahegelegt wurde, Bedingungen zu stellen, „mittelst derer das ärar: Interesse möglichst gewahrt werde"; überdies wurde es angewiesen, durch das Arsenal ungesäumt zwei Raketengeschütze herstellen zu lassen.[454] Der mit Lukaszy am 10. Juli ausgehandelte Vertrag sah die Verfertigung von 108 2- und 2 1/2zölligen Raketen vor, jedoch ohne Zeitfrist, da Lukaszy nachträglich einwandte, innerhalb der von ihm angegebenen Zeit von 6 Wochen nur die 2zölligen Raketen anfertigen zu können. Dieser Entwurf wurde vom Kriegsministerium nicht akzeptiert, da man nur bereit war, die Taggelder dem ursprünglichen Angebot entsprechend zu zahlen. Nach neuen Verhandlungen wurde dann am 24. Juli ein modifizierter Vertrag unter Wahrung dieser Frist abgeschlossen, nach dem nur noch 60 zweizöllige Raketen anzufertigen waren und bei erfolgreicher Schießprobe das Geheimnis gegen das geforderte Honorar angekauft werden sollte. Eine Überschreitung der Zeit sollte zu Lukaszys Lasten gehen, überdies war die Transport- und Lagerfähigkeit der Raketen nachzuweisen.[455]

Anfang August fing man im Ministerium an, aufgrund von Zeitungsartikeln über die Qualifikation Lukaszys beunruhigt zu werden, ein Brief des Generalmajor von Achner, des Direktors des bayerischen Zeughauses, bestätigte die Gerüchte, daß die von Lukaszy gefertigten Raketen nicht über längere Zeit gelagert werden könnten.

„ . . . und es zeigte sich nun allerdings, daß die - nach Lukaszy's Angabe gefertigten und aufbewahrt gewesenen Raketen, bei dem Vergleiche mit den neuest fabricirten beinahe alle zersprangen."[456]

Die Zeughaus-Direktion schlug daraufhin dem Artillerie-Kommando vor, um derlei unliebsame Überraschungen zu vermeiden, Lukaszy bei Vertragserfüllung zunächst nur die Hälfte des Honorars auszuzahlen, die andere Hälfte aber erst nach „Jahr und Tag", um die Lagerfähigkeit der Raketen überprüfen zu können.[457] Nachdem der Württembergische Gesandte in München ähnliche Berichte bayerischer Gewährsleute vorgelegt hatte, empfahl auch das Artilleriekommando dem Ministerium diese Verfahrensweise.[458] In dem Schreiben des Württembergischen Gesandten in München hieß es zu Lukaszys Raketen:

„ . . . die bayerischen Artillerie Offiziere . . . belegen die Unzulänglichkeit von dessen Art den Raketen-Satz zu mischen hauptsächlich damit daß nach den neuesten Experimenten der von Lukaszy vor einem Jahr verfertigten Raketen ganz unbrauchbar seyen, indem unter 5. Stüken wenigstens 4. Stüke mit Gefahr für dieselben Bedienenden zerplatzt seyen. Wie sich die Offiziere äußerten, so wäre die Mischung des Lukaszy'schen Raketen Satzes jedenfalls insoferne eine ganz fehlerhafte, als sie durchaus nicht haltbar sei, und bei älteren Raketen nach dem Anzünden alsbald zerplatze."

Da es noch nicht sicher war, ob Lukaszy überhaupt den Vertrag erfüllen würde, wurde dieser Vorschlag vom Kriegsministerium zunächst dilatorisch behandelt. In den ersten Augustwochen wurden Vorversuche durchgeführt, dabei wurden am 12. August gegen 10 Uhr abends 6- und 9pfündige dabei auch Kartätschraketen abgefeuert, in einem Zeitungsbericht hieß es hierzu, daß die Württembergische Laborier-Mannschaft der bayerischen in Nichts nachstünde.[459] Am 19. August waren dann die Vorbereitungen für den ersten Versuch abgeschlossen, nachdem am Vorabend die „Raketen-Geschütze" nochmals überprüft worden waren,[460] er wurde am 25. und 26. August bei Gmünd durchgeführt. Die vertragsmäßigen Bedingungen konnten von Lukaszy dabei nicht eingehalten werden. Bei den 2zölligen Schußraketen erzielte Lukaszy am ersten Tage folgende Leistungen der Raketen gegen die 198 Fuß lange und 10 Fuß hohe, 700 Schritt entfernte Scheibenwand bei 5 - 6 Grad Elevation:[461]

(Siehe obere Tabelle auf Seite 291)

Der Verschuß der 9pfündigen Wurfraketen am 26. August bei Windstille auf ein markiertes Quadrat von 198 Fuß Seitenlänge als Ziel auf eine Entfernung von 900 Schritt ergab ebenfalls kein überzeugendes Ergebnis:

(Siehe zweite Tabelle auf Seite 291)

Überdies hatte Lukaszy, wie die Kommission bemängelte, die Hohlkugeln ohne Ausstoßladung und Zünder verfertigt und die Brandballen ohne Brandsatz, wofür er keine überzeugende Begründung angeben konnte. Zum Richten der Raketen bemerkte die Kommission, daß die Ausrichtung der Achse der Raketen um 7 Grad vom Mittelpunkt der Scheibe abwich und daß Lukaszy nicht über die Mitte des Gestel-

450) WHS, E 271 c , Bü 1726, Schreiben vom 21. Juni 1851 an v. Grimm
451) WHS, E 271 c, Bü 1726, Bericht der Kommission vom 26. Juni 1851, die Kommission bestand neben v. Grimm aus weiteren 4 Offizieren.
452) WHS, E 271 c, Bü 1726, Kriegsministerium vom 28. Juni 1851, die „Raketengeschütze" sollten das Stück 100 Taler kosten.
453) WHS, E 271 c, Bü 1726, Weisung Kriegsministerium vom 28. Juni 1851: „ . . . so wird das Art:Komm: hiemit angewiesen die Ars:Dir: zu ermächtigen dem pp L. nicht nur die geeigneten Räume zu Aufbewahrung seiner Geräthschaften und zur dereinstigen Anfertigung der Feuerwerks-Sätze- u. Körper anzuweisen, sondern ihm auch Mannschaft, Geräth und Material in vorbereitlicher Weise zur Verfügung zu stellen, so wie ihm überhaupt zu gestatten, seine Vorbereitungen in solcher Weise zu treffen, daß mit erfolgter Höchster Genehmigung das Laboriren ungesäumt beginnen kann."
454) WHS, E 271 c, Bü 1726, Kriegsministerium vom 3. Juli 1851 unter Bezug auf das höchste Dekret vom 30. Juni d. J.
455) WHS, E 271 c, Bü 1726, Text des endgültigen Vertrages siehe Beilage 5/2
456) WHS, E 271 c, Bü 1726, Brief Generalmajor v. Achner vom 7. August 1851, v. Achner teilt hierin auch noch weitere Erfahrungen aus den Raketenversuchen mit, siehe hierzu in diesem Abschnitt: Königreich Bayern
457) WHS, E 271 c, Bü 1726, Zeughaus an Artilleriekommando vom 11. August 1851
458) WHS, E 271 c, Bü 1726, Schreiben Artilleriekommando vom 14. August mit Beilage von Schreiben vom 6. und 9. August, das die Warnung vor Lukaszy enthält. (Schreiben vom 6. August an Staatsrat Freiherr von Neurath, WHS E 40/72, Bü. 95)
459) Notiz in: AMZ, 1851, S. 857, das Ergebnis der Probe mit Kartätschen war erfolgreich. Ergänzend wurde beschrieben: „ . . . und zischend zersprengten sich die gewaltigen Schrote nach allen Richtungen des ziemlich ebenen Exerzierplatzes hin, welche jedoch, von ferne beobachtet, die Erde stäubend in die Luft trieben und dadurch deutlich wahrnehmbar wurden"
460) Notiz in: AMZ, 1851, S. 873, ergänzend wurde berichtet: „Die Rakete trieb die sechspfündigen Kugeln mit solcher Kraft zischend durch die Luft, daß eine derselben von dem Ort ihres Abgangs in einer Entfernung von wohl 1.500 Schriten an ihrer Bestimmung angekommen, mit starker Kraft mehr als sieben Fuß tief in das Erdreich eindrang." und: „Die commandierte Artillerie Mannschaft zeigte sich geschickt und bei Eifer und Willigkeit"
461) WHS, E 271 c, Bü 1726, Bericht über das Schießen vom 28. August 1851 mit Tabellen (hier nur auszugsweise)

No der Rakete	Flugzeit bis 1. Aufschlag in Sekunden	Brennzeit des Treibsatzes in Sekunden	Reichweite 1. Aufschlag in Schritt	Seitenabweichung rechts/links in Schritt	Treffer	Bemerkung
1	5	3			1	
2	3 1/2	2	565	5 rechts	-	
3	4 1/4	2 3/4	618	Linie	-	
4	3 3/4	2 1/4	670	3 rechts	-	
5	7	4	925	35 rechts	-	
6	5 3/4	3	870	25 rechts	-	
7	4	3	665	2 links	-	
8	5 3/4	2	860	2 rechts	-	
9	4 3/4	3			-	Ging über den ersten Kugelfang
10	6	3 3/4	815	15 rechts	-	
11	3 3/4	3	740	16 rechts	-	
12	3	2			-	Die Verbrennung des Satzes erfolgte 200 Schritt vor dem Gestell mit Explosion
13	5	3	895	25 links	-	
14	6	3 1/2	723 1/2	6 rechts	-	
15	6	2 3/4	511	36 rechts	-	
16	5	3 1/2	800	20 links	-	
17	3 1/2	2 3/4	506	16 rechts	-	
18	5 1/2	3	800	10 rechts	-	
19	3 1/2	2 1/2	537	24 rechts	-	
20	4	1 1/2	531	2 rechts	-	Die Verbrennung des Satzes erfolgte mit Explosion 100 Schritt vor dem Gestell

No der Rakete	Elevation	Flugzeit in Sekunden	Brennzeit in Sekunden	Reichweite in Schritt	Seitenabweichung rechts/links in Schritt	Treffer	Fehler	Bemerkung
11	12	6 1/2	3	750	38 rechts	-	zu kurz	
12	14	4 1/2	2 3/4	630	20 links	-	zu kurz	
13	16	6 1/2	3	810	40 rechts	-	zu kurz	
14	18	6 1/2	3	859	21 rechts	-	zu kurz	
15	19 1/2	5 3/4	2 1/2	670	150 rechts	-		Treibsatz verbrannte mit Explosion und Knall 200 Schritt vor dem Gestell
16	19 1/2	7 1/2	3 1/2	883	9 rechts	1	-	
17	19 1/2	6 1/2	3	845	65 rechts	-	zu kurz	
18	20	5 1/2	2 1/2	498	40 rechts	-	zu kurz	Rakete brannte 50 Schritt vor Gestell mit Explosion aus, das Projektil wurde fortgetrieben
19	20	7 1/2	3	895	36 rechts	1		
20	20	6	3	799	3 rechts		zu kurz	

les visierte, sondern „in diagonaler Richtung von der rechten hintern Ecke gegen die linke vordere". Zum Fluge der Raketen stellte die Kommission fest:

„Die Flugbahnen waren beinahe jedesmal verschieden, im Allgemeinen konnte man immer zuerst den Aufschwung mit der konvexen Seite nach unten, sodann die Elongation mit der konvexen Seite nach oben gewahren; Manche Raketen waren anfänglich in einer zitternden Bewegung, oder wurden wahrnehmbar herüber und hinüber geworfen, und gingen dann etwa nach zurückgelegtem Aufschwung in eine gleichförmige ruhige Bewegung über, andere hatten diese vom Gestell an, bei noch andern wurde man das Hin- und Herschleudern bis über den Scheitelpunkt hinaus gewahr."

Schließlich wurde noch zu Lukaszy bemerkt:

„Die vorgekommenen großen Längen Abweichungen dürften ebensowohl den verkehrterweise angebrachten und von der totalen Unkenntnis des Contrahenten in der Theorie des Schießens und Werfens zeugenden Veränderungen des Elevations Winkel und nicht allein der - von den Abweichungen des AbgangsWinkel von den ErhöhungsWinkel zuzuschreiben sein.-"[462]

In einem zusätzlichen Gutachten urteilte die Kommission gesondert über die Vertragserfüllung, dabei wurde jedoch nach der Feststellung, daß der Contract nicht erfüllt worden wäre, vorgeschlagen:

„. . . da indessen sein noch als mangelhaft sich erweisend Fabricat durch Verbesserung und zweckmäßigere Behandlung in der Anwendung unzweifelhaft günstigere Resultate gewähren könnte, so glaubt die Commission sich im Interesse der Sache dahin aussprechen zu sollen, daß unter Voraussetzung vollständigster Mittheilung des Geheimnisses der Anfertigung der verschiedenen - im Contract mehr erwähnten Arten von Augustin'schen Kriegs-Raketen, wozu der erforderliche Apparat ohnehin schon vorhanden ist, ein zweiter Versuch nach dem vorliegenden Vertrag dennoch gemacht werden sollte . . . Als wesentliche Verbesserung dürfte anzusehen seyn:

1., Sorgfältige Anfertigung der Raketen, da bei der Persönlichkeit Lucascy's mit Bestimmtheit anzunehmen ist, daß das Laboriren dieser

462) WHS, E 271c, Bü 1726, Bericht der Commission vom 28. August 1851. Die Aussage über die Kenntnisse Lukaszys in der Theorie des Schießens findet sich in den entsprechenden bayerischen und schleswig-holsteinischen Berichten wieder.

Geschoße unter dessen Aufsicht mit vieler Gleichgültigkeit behandelt worden ist.
2., Beseitigung der auf die Flugbahn nachtheiligen Wirkung des hinter dem Schwerpunkt seitenwärts angebrachten Zündloches.
3., Zeitverkürzung in der Verbrennung des Treibsatzes, um zugleich ein mögliches bälderes Ablösen der Hülse vom Geschoß zu bewirken, wodurch eine größere Regelmäßigkeit in der Flugbahn eintritt.
4., Ermittlung einer richtigen Aufsatz-Scale je für die betreffende Geschoß-Art.
5., Anwendung eines mehr Zuverläßigkeit gewährenden Zündungs Mittels. . ."[463)]
Das Artillerie Kommando legte das Protokoll dem Kriegsministerium vor und stellte dabei fest, daß der Contract nicht eingehalten worden wäre. Es bemerkte jedoch aufgrund des Gutachtens dazu:
„Es kann nun allerdings die weit geringere Leistung der Lukaszy'schen Raketen in deren unvollkommener Anfertigung liegen, die Beobachtungen haben auch herausgestellt, daß die ungeschickte Behandlung beim Verfeuern einen großen Einfluß hierauf gehabt hat, indem der Contrahent von der Theorie des Schießens und Werfens kaum Kenntniß hat, und daß mit demselben Materiale bei rationellem Verfahren ein günstigeres Ziel zu erreichen gewesen wäre. Lukaszy scheint seine Bemühung nur der Anfertigung der Raketen zugewendet zu haben und möchte hierin manches verstehen, dessen Kenntniß jeder Artillerie von Interesse seyn wird, so wie auch, gegründet auf das von ihm Geleistete, leicht fortgebaut werden könnte."
Das Kommando stellte dann fest, daß Lukaszy auf das vereinbarte Honorar keinen Anspruch erheben dürfte, schlug jedoch vor, ihm zumindest die Taggelder auszuzahlen und gnadenhalber einen Teil des Honorars, jedoch letzteres nur, wenn er die vereinbarte Ausbildung der Württembergischen Artilleristen durchgeführt hätte und die dabei verfertigten Raketen in ihrer Leistung nicht hinter den erprobten zurückblieben.[464)]
Das Kriegsministerium schloß sich dieser Auffassung an, entschied aber, daß Lukaszy zunächst nur die Hälfte der Taggelder ausgezahlt werden sollte und dies nur, wenn er die vereinbarte Ausbildung durchführte. Wäre diese erfolgreich, sollte er den Rest der Taggelder sowie ein Drittel des vertragsmäßig zugesicherten Honorars erhalten, obwohl die versprochenen Leistungen seiner Raketen nicht erreicht worden wären. Abschließend wurde festgestellt, daß die Verhandlungen abzubrechen wären, wenn Lukaszy auf diese Bedingungen nicht einginge.[465)] Lukaszy scheint auf diese Bedingungen eingegangen zu sein, denn am 5. September wurde ihm die Hälfte der zustehenden Taggelder ausgezahlt.
Am 6. Oktober beantragte Lukaszy, für die Verfertigung der $2^1/_2$zölligen Raketen eine hydraulische Presse zu nutzen, da die im Arsenal vorhandene Spindelpresse keine sichere Herstellung gewährleiste. Er verwies darauf, daß eine solche leihweise bei dem Mechanikus Gross in Stuttgart benutzt werden könnte. Der Vorsitzende der Kommission, Oberstlieutenant v. Grimm, schloß sich dem Antrag an und legte zugleich einen Kostenvoranschlag vor, nach dem einschließlich der Gelder für militärisches Personal und Transport Kosten von 22 Gulden 56 Kreuzern entstehen würden, wobei er und Hauptmann von Lindauer auf eigene Kosten abwechselnd das Pressen überwachen würden. Das Artillerie Kommando befürwortete den Antrag und schlug zugleich vor, das Laborieren der $2^1/_2$zölligen Raketen notfalls zurückzustellen,
„. . . indem die genaue Fertigung der 2 zölligen Raketen noch vieles zu wünschen übrig läßt, und erst wenn diese zur Zufriedenheit ausfallen, die $2^1/_2$ zölligen oder 12 Pf. Raketen mit Vortheil und durch die Kommission selbst seiner Zeit gefertigt werden könnten."[466)]

Das Kriegsministerium folgte in seiner Entscheidung den Argumenten des Artillerie Kommandos und stellte zusätzlich fest, daß die Beschaffung einer solchen Presse nicht nur zur Kostenvermehrung „sondern auch eine keineswegs wünschenswerte Aufenthaltsverlängerung Lukaszy's herbeiführen würde."[467)]
Am 25. Oktober wurde dann nach einigen Verzögerungen der zweite Versuch durchgeführt. Mehrere Raketen, dabei alle $2^1/_2$ zölligen Schuß- und Wurfraketen, „crepirten" hierbei beim Abfeuern oder nach kurzer Flugzeit. Die Commission führte dies darauf zurück, daß der Treibsatz wohl nicht immer ausreichend fest gepreßt worden wäre und daß die Hülsen in Ermangelung von Normalblech aus einem, eine Nummer dünneren Blech hätten gefertigt werden müssen. Nur einige Leuchtballenraketen konnten erfolgreich verfeuert werden.
„No 13 wurde unter 75 Grad Elevation abgebrannt, die Verbrennung des Satzes erfolgte regelmäßig. Der Leuchtballen erreichte eine bedeutende Höhe. Nach dem Ausstossen entfaltete sich der Fallschirm und der Leuchtballen brannte im Herabsinken mit schöner weisser Flamme."[468)]
Die Commission meldete in ihrem Protokoll, daß nunmehr nach Mitteilung des Geheimnisses der Anfertigung der Raketen, einer Abfertigung Lukaszys nichts mehr im Wege stünde. Zugleich wurde beantragt, ihm zusätzliche Taggelder für eine von ihm unverschuldete Zeitverzögerung zu bewilligen. Das Artillerie Kommando befürwortete den Antrag, im Erlaßentwurf ergänzte der Bearbeiter des Kriegsministeriums:
„Da Lukaszy seine Versprechungen im Ganzen bei Weitem nicht erfüllt hat, so weiß ich einen günstigeren Antrag für ihn nicht zu stellen. . ."[469)]

Lukaszy wurden daraufhin die ausstehenden Taggelder, ein Drittel des ursprünglich vereinbarten Honorars, also 220 Gulden, sowie 50 Gulden zusätzliche Taggelder bewilligt, im Ganzen also eine Summe von 362 Gulden und 36 Kreuzern.[470)]
Lukaszy versuchte in den folgenden Tagen unter Hinweis auf seine Leistungen sowie darauf, daß er für die Versuche sein eigenes Werkzeug benutzt habe und dieses abgenutzt worden sei, eine höhere Entschädigung zu erlangen, aber sowohl ein Antrag an das Kriegsministerium als auch eine Eingabe an den König wurden abschlägig beschieden.[471)]
Am 28. November legte dann die Raketen-Kommission ihren Erfahrungsbericht über die Raketenversuche vor. Das Artilleriekommando reichte ihn weiter und schlug vor, dem Bericht gemäß eine hydraulische Presse zur Anfertigung der Raketen zu beschaffen, falls höchsten Ortes die Kriegs-Raketen „als besondere Waffe in der Artillerie förmlich einzuführen" beabsichtigt wäre, für den Fall jedoch, daß nur geplant wäre, Offiziere und Mannschaft der Artillerie im Laborieren von Raketen weiter geübt zu halten, würden die bisherigen Mittel des Arsenals ausreichen.[472)] Das Kriegsministerium forderte daraufhin zunächst eine Aufstellung aller bis zu diesem Zeitpunkt in Verbindung mit den Versuchen entstandenen Kosten an und forderte das Artille-

---

463) WHS, E 271 c, Bü 1726, Gutachten der Commission vom 28. August 1851
464) WHS, E 271 c, Bü 1726, Meldung des Artillerie Kommandos vom 28. August 1851; im Ausland wurden die Versuche anders beurteilt: „Il a été fait, vers le milieu de l'année dernière, des expériences qui ont bien réussi sur le tir des fusées de guerre, fabriquées par le pyrotechnicien autrichien Lukaszy. . ." (in: SpMil, 1851, 2e Vol., p. 766)
465) WHS, E 271 c, Bü 1726, Befehl des Kriegsministeriums vom 1. September 1851
466) WHS, E 271 c. Bü 1726, Antrag Lukaszy vom 6. Oktober, Antrag Kommission vom 8. Oktober und Bericht Artillerie-Kommando vom 9. Oktober 1851
467) WHS, E 271 c, Bü 1726, Weisung Kriegsministerium vom 11. Oktober 1851
468) WHS, E 271 c, Bü 1726, Protokoll vom 27. Oktober 1851
469) WHS, E 271 c, Bü 1726, Meldung Artilleriekommando vom 28. Oktober und Stellungnahme Kriegsministerium vom 31. Oktober 1851
470) WHS, E 271 c, Bü 1726, Weisung Kriegsministerium an Artillerie-Kommando und Arsenal-Direktion mit dem Zusatz: „. . . und ist p.p. Lukaszy sofort zu entlassen."
471) Antrag vom 08.11., abgelehnt 12. November und Eingabe vom 17.11., abgelehnt am 24. November 1851
472) WHS, E 271 c, Bü 1726, Bericht Artillerie Commando vom 24. November 1851, der Bericht der Kommission ist, soweit in ihm die Anfertigung der Raketen beschrieben ist, in der Beilage 5/3 zu diesem Abschnitt enthalten.

riekommando auf, darzulegen, inwieweit die Einführung des Raketensystems in die Artillerie erforderlich und sinnvoll wäre.[473)]
Die Raketenversuche mit Lukaszy hatten das Aerar wie nachstehend belastet:

„ 1. für Apparate		*353 G*	*47 Kr*
2. für Projectile		*158 -*	*3 -*
3. für Materialien		*374 -*	*26 -*
4. für Zulagen pp		*600 -*	*32 -*
5. Taglöhne		*1126 -*	*11 -*
	in Summe:	*2612 -*	*11 - "[474)]*

Das Artillerie Commando kam in seiner Stellungnahme zu dem Schluß, daß
„die Einführung des Raketen-Systems in der königlich Württembergischen Artillerie nicht wohl thunlich und wünschenswerth erscheine."
Zur Begründung wurde angeführt, daß zum einen die Raketen nur in besonderen Fällen, wie im Gebirgskrieg oder Straßenkampf, den Geschützen überlegen wären, zum andern aber eine kleinere Artillerie durch die zusätzlichen Aufgaben der Ausbildung und Munitionsbereitstellung überfordert wäre, auch eine zusätzliche Ausrüstung der vorhandenen Batterien käme nicht in Frage, da bereits jetzt der personelle und materielle Umfang auf das nötigste beschränkt wäre.[475)]
Nach Mitprüfung durch verschiedene Stellen traf das Kriegsministerium zu den Anträgen der Raketenkommission und dem Bericht des Artillerie-Kommando folgende Entscheidungen:
- die Anschaffung einer hydraulischen Presse und einer Vertikal-Bohrmaschine „hat vorerst zu beruhen", dagegen wurde die Beschaffung gußeisernen Setzer genehmigt
- Die Anfertigung von 60 Raketen zur Erprobung der Lagerfähigkeit wurde genehmigt, soweit sie mit den im Arsenal vorhandenen Maschinen angefertigt werden könnten
- Mit der Ansicht des Artillerie-Kommandos „über Nichteinführbarkeit der Kr. Raketen" einverstanden
- jährliche Schießübungen mit Raketen zur Ausbildung und zum Erhalten der Kenntnisse wurden für erforderlich gehalten.[476)]

Auf diesem Stand wäre also Württemberg jederzeit in der Lage gewesen, Raketenbatterien aufzustellen oder die Raketen als Sekundärbewaffnung der vorhandenen Feldbatterien zu verwenden.

Die Versuchsschießen wurden 1852 fortgeführt, aufgrund der Erfahrungen im Vorjahre waren dieses Mal auch Raketen gefertigt worden, bei denen der Treibsatz vor dem Pressen nicht angefeuchtet worden war. Von den 15 Raketen, die nach Lukaszys Methode hergestellt worden waren, explodierten alle 15, teils bereits auf dem Gestell, teils nach kurzer Flugzeit, von den Raketen, die probeweise ohne Anfeuchtung des Satzes verfertigt worden waren, explodierte keine; allerdings war für diese auch ein minder rasch abbrennender, neuer Treibsatz gewählt worden. Die Schußraketen nach Lukaszys Methode erreichten beim ersten Aufschlag durchschnittlich 700 Schritt Reichweite, die Wurfraketen bei 20 Grad Erhöhung 900 Schritt, während die neu verfertigten bei den Schußraketen nur 500 Schritte und bei den Wurfraketen mit 23 Grad Elevation 600 bis 700 Schritt Reichweite erzielten. Das Ergebnis wurde als „über Erwarten günstig" beurteilt. Zusätzlich wurden von Lukaszy gefertigte Kartätschraketen verfeuert, die bereits ein Jahr gelagert waren. Jede von diesen zerplatzte bei der Abfeuerung, eine Erfahrung, die vorher auch bereits in Bayern gemacht worden war. Zusätzlich wurden ebenso lang gelagerte Schußraketen eingesetzt, die aber unmittelbar vor dem Abfeuern mit Alkohol angefeuchtet wurden: bis auf eine konnten diese Raketen nun erfolgreich abgefeuert werden und erzielten bei 25 Grad Elevation eine Reichweite von 1.400 Schritten.
Die Kommission beantrage nunmehr die Genehmigung, weitere 2zöllige Raketen ohne Anfeuchtung des Treibsatzes herstellen zu dürfen, um die Lagerfähigkeit über mehrere Jahre erproben zu können, über die Dauer von 4 Jahren sollten hiervon jedes Jahr 15 probeweise abgefeuert werden. Zusätzlich wurde für die Versuchsschießen des Folgejahres die Herstellung von weiteren 35 Raketen - und wenn möglich auch einiger $2^1/_2$zölliger - beantragt[477)]

Das Artilleriekommando leitete den Antrag weiter, sprach sich aber gegen die Verfertigung der $2^1/_2$zölligen Raketen aus, da für die allgemeine artilleristische Ausbildung der Einsatz der 2zölligen ausreiche. Entsprechend wurde vom Kriegsministerium verfügt, daß für die nächsten vier Jahre jährlich die beantragte Anzahl von Raketen angefertigt werden solle.[478)]
Diese Weisung des Kriegsministeriums ist das letzte in Württemberg erhaltene Schriftstück zu den Raketenversuchen, es ist anzunehmen, daß diese in den Folgejahren nicht weiter verfolgt wurden, zumal auch keine weiteren Meldungen in den Militärzeitschriften vorliegen.

473) Auftrag Kriegsministerium an Artilleriekommando vom 28. November 1851, „ . . . und diese mit der Darlegung sowie Ansichten über Wünschens-würdigkeit und Thauglichkeit der Einführung des Raketensystemes in der K. Artillerie zu begleiten."
474) WHS, E 271 c, Bü 1726, unter die Zulagen fallen auch Lukaszys Honorar und Diäten (Circular Kriegsministerium vom 23. Dezember 1851)
475) WHS, E 271 c, Bü 1726, Bericht Artillerie-Kommando vom 6. Dezember 1851
476) WHS, E 271 c, Bü 1726, Weisung an das Artillerie Kommando vom 23. Dezember 1851
477) WHS, E 271 c, Bü 1726, Gutachten der Raketen-Kommission vom 26. September 1852
478) WHS, E 271 c, Bü 1726, Artilleriekommando vom 15. Oktober und Entscheidung Kriegsministerium vom 5. November 1852

Nachtrag:

ergänze zu Fußnote 320)
vgl.: AMZ 1862, S. 308, Die Belagerungsübung bei Graudenz: „Zuvor waren gegen die Batterie selbst (namentlich deren Scharten) 6 Sprengraketen losgelassen (kein Geschützfeuer, weil dasselbe bei Erbauung der Breschbatterien bereits als zum Schweigen gebracht angenommen werden muß). Die Treibhülse von Eisenblech war 2zöllig, sie wird mit Mehlpulver geladen und treibt ein an ihrer Spitze angebrachtes verhältnißmäßig großes Geschoß von birnförmiger Gestalt, die Spitze nach oben. So wunderbar es auch dem Nichtkenner dieser Feuerwerkskörper erscheinen mag, wird dennoch die aus so schwacher Hülse entwickelte Wirkung derjenigen einer 25pfündigen Bombe gleich erachtet, die Trefffähigkeit der eines 50pfündigen Mörsers. Die Entfernung betrug etwa 150 Schritte, die Wirkung war nach dem angegebenen Maßstabe befriedigend und äußerte sich unter heftiger Explosion.-"

8. Kaiserreich Rußland

Auch in Rußland hatte man sich bereits vor dem 19. Jahrhundert mit Raketen befaßt, der Anstoß für eine eigene Raketenentwicklung erfolgte aber erst durch die Erlebnisse der russischen Offiziere in den Feldzügen der Befreiungskriege, als diese den Einsatz der britischen Raketen im Gefecht in der Göhrde, bei Leipzig und vor allem bei der Belagerung Danzigs erlebten. Kaiser Alexander selbst hatte den britischen Einsatz bei Leipzig miterlebt und sich nach der Schlacht von Lieutenant Strangways genau den Einsatz des rocket troop erklären lassen.[1] Einen ersten Anstoß dürften aber die Berichte von der Beschießung Kopenhagens für die russische Raketenentwicklung gegeben haben, wobei davon ausgegangen werden muß, daß eine oder mehrere dort aufgefundene Raketen auch ihren Weg nach St. Petersburg gefunden haben dürften. Nach zeitgenössischen Berichten soll Graf Rostopchin 1812 auch Raketen für das Auslösen des Brandes von Moskau genutzt haben, es mögen dies aber auch noch Signalraketen aus alten Beständen gewesen sein.[2]

a. Erste Versuche: Kartmazow und Zasyadko

1810 bereits wurde ein militärisches Studien-Komitee eingesetzt, das sich mit der Untersuchung von Kriegsraketen beschäftigen sollte. Erste Bemühungen zielten daraufhin, die Zusammensetzung des Treibsatzes der britischen Raketen zu ergründen, hierzu wurden 1810 und 1813 Analysen von Congrev'schen Raketen durch die königliche Akademie der Wissenschaften zu St. Petersburg unternommen,[3] bei denen aber festgestellt wurde, daß hier keine besonderen Geheimnisse vorlägen. Zur Sicherheit wurde durch das Artillerie-Komitee noch eine zweite Untersuchung unter Beteiligung des Polizei- und des Aufklärungsministers durchgeführt, wo aber die Ergebnisse der ersten Analyse nur bestätigt werden konnten.[4] In einer ersten Studie zur Konstruktion von Raketen wurde bemerkt, daß die wichtigsten Erfordernisse für die Verfertigung von Raketen wären, die Hülsen und Stäbe möglichst genau anzufertigen, eine genau proportionierte Ramme einzusetzen und den richtig zusammengesetzten Treibsatz so exakt wie nur denkbar zu laden. Möglicherweise wurden auch bereits bei der Belagerung Danzigs 1813 erste Raketen eingesetzt.[5] Der Großfürst Nikolaus, künftiger Kaiser, besuchte 1814 England, wo er auch Gelegenheit hatte, in Woolwich eine Vorführung von Raketen durch Congreve zu erleben, so daß auch er zu einem Befürworter der neuen Waffe wurde.[6] 1814 gelang Kartmazow, einem Mitglied des Komitees, die Anfertigung erster gebrauchsfähiger Brand- und Sprengraketen. Nach einer Reihe von Fehlschlägen erreichte er bei Versuchen im Juli 1814 mit $3^1/_2$zölligen Brandraketen Reichweiten bis zu 1.280 Saschen und mit $2^1/_2$zölligen Sprengraketen Schußentfernungen von 800 Saschen. Diese Versuche wurden in den Folgejahren wiederholt, und 1817 schon wurde entschieden, diese Raketen vorläufig einzuführen. Der Kommandant des St. Petersburger Artillerie Laboratoriums, Chelsev, wurde dementsprechend angewiesen, unter Kartmazows Leitung eine Anzahl der Raketen für Übungen anzufertigen. Die bei Versuchen im April 1817 erreichten Schußentfernungen der einzelnen Raketenarten, leider ohne Längen- und Seitenabweichung, sind der nachstehenden Tabelle zu entnehmen:[7]
(Siehe Tabelle auf Seite 295)

(1) St. Petersburg

Unabhängig von den Bemühungen der Studienkommission hatte der Oberstlieutenant Zasyadko,[8] der während des Krieges den Feldeinsatz der congrev'schen Raketen bei Leipzig erlebt hatte und hiervon so beeindruckt war, daß er sich vorgenommen hatte, diese Waffe auch der russischen Artillerie verfügbar zu machen,[9] ebenfalls begonnen, sich mit der Anfertigung von Raketen zu befassen. Seit 1815 experimentierte er mit verschiedenen Raketenmodellen, wobei er ähnlich wie Congreve seine Versuche mit Feuerwerks- und den eingeführten Signalraketen begann, und hatte bald erste Erfolge.[10] Er konstruierte Granat- und Brandraketen, wobei er die Kaliber 2, $2^1/_2$ und 4 Zoll verwendete, nach einer größeren Anzahl von Versuchen erzielte er dann Reichweiten bis zu 2.300 Meter. Nach dem Abschluß dieser ersten erfolgversprechenden Versuche legte er im April 1817 dem Baron Meller-Zakomelskovo einen Bericht vor, in dem er die Einführung der Kriegsraketen in die russische Artillerie vorschlug und die geringen Kosten ihrer Herstellung, die Einfachheit der Handhabung und die

---

1) J. A. Browne, England's Artillerymen, London 1865, p. 124

2) Montgéry, III° Mémoire sur les fusées de guerre, in: JSM, 1826, tome 2, p. 237: „. . . Plusieurs témoins oculaires du désastre de moscou ont rapporté, comme on sait, que les satellites du comte de Rostopchin avaient employé des fusées incendiaires, pour mettre feu à cette superbe cité. 'Dans un procès-verbal, dressé par les ordres de Bonaparte, on inséra une note détaillée de tous les matériaux qu'on avait trouvés dans une maison de campagne, oû l'on supposait qu'avaient été fabriquées les fusées à la Congrève et autres machines infernales.' " (Das Zitat stammte gem. Montgéry aus: G.L.D.L., Moscou avant et après l'incendie, Paris 1814.) Auch: De Viluma, Noticia sobre el origen, progresos y estado actual de los cohetes de guerra, Madrid 1833, p. 72, berichtete hiervon: „Muchos testigos oculares del desastre de aquella ciudad han publicado que los agentes del Conde Rostopchin emplearon estos proyectiles para incendiarla", Viluma berief sich auf: Memorias del Coronel Baron de Seruzier, Paris 1813.

3) Es ist nicht bekannt, woher diese Raketen stammten, wahrscheinlich gelangten sie jedoch - wie bereits angeführt - aus Kopenhagen nach Rußland; ferner könnten später einzelne Raketen, die bei der Belagerung Danzigs übrig blieben, möglicherweise auch nach Raketeneinsätzen von Bord russischer Schiffe aus, nach St. Petersburg überführt worden sein.

4) Im November 1813 wurde die erste Untersuchung durch Kirchhof durchgeführt, das auszugsweise Ergebnis lautete: „Der Raketensatz hat eine sehr schwarze Farbe, ist zum Theil pulverigt, zum Theil in Stükken von verschiedener Größe zusammengebacken; er hat einen auffallenden Geschmack. Zwischen den Fingern zerrieben, fühlt man, daß einige Theile darin nicht sehr fein pulverisirt sind. Die Zerlegung gab in Hundert: Salpeter 58 - Schwefel 18 - Kohle 22 - Verlust 2. Die aus der Mischung ausgeschiedene Kohle ist sehr schwarz und äußerst fein, sie gleicht dem gebrannten Kienruß am meisten. Eine gleiche Mischung würde diesem nach zusammengesetzt werden müssen, aus 59 Pf. Salpeter - 18 Pf. Schwefel - 23 Pf. Kohle. Schwefel und Kohle, die hierzu genommen werden, müssen sehr fein pulverisirt seyn, und nachher mit dem feingestoßenen Salpeter vermischt werden. Die Zündmasse ist eine durch Zusammenschmelzen gebildete Masse, von grauer Farbe und riecht nach gemeinem Harze. Beim Schlagen zerspringt sie in Stücken, wird aber in der Wärme weich; - auf dem Bruche sieht man, daß sie aus verschiedenen Substanzen zusammengesetzt ist. - Angezündet brennt sie mit einer hellen Flamme, und hinterläßt eine weiße Salzmasse, welche sich von etwas zerschmolzenem Harz rund umflossen zeigt. Die Zerlegung gab in Hundert: Harzige Substanzen 20 - Salpeter 54 - Spießglanz 5 - Schwefel 18 - Verlust 3. . . Die gelehrte Artillerie Kommität verlangte hierauf eine wiederholte Untersuchung, zu welcher von Seiten des Polizei-Ministers der Staatsrath Winterberger, und des Ministers der Aufklärung ich und der Adj. Professor Solowjew aufgefordert wurden, gemeinschaftlich mit dem Mitgliede der gelehrten Artillerie-Kommität, Generalmajoren Prevost de Lumient anzustellen. (o.Verf., Sir William Congreve's Zündraketen, in: MWBl, 1821, S. 2057 ff

5) V. P. Mikhaylov, The Contribution of Soviet Scientists and Engineers to the Technology of Rocket Launching, in: A. I. Skoog (edit), History of Rocketry and Astronautics, AAS - History Series Vol. 10, San Diego 1990, p. 106

6) F. H. Winter, The First Golden Age of Rocketry, Washington 1990, p. 96

7) Angaben nach: V. N. Sokolskii, Russian Solid-Fuel Rockets, Moskva 1963, Übersetzung: NASA TT F-415, Jerusalem 1967, p. 23

8) Alexandr Dmitriyevich Zasyadko, geb. 1779, 1797 Artillerieoffizier, später General, gestorben 1838

9) P. I. Kachur, Alexandr Dmitriyevich Zasyadko, in: Zemlya i Vselennaya, 1993, No. 4, S. 45

10) Winter, rocketry, a.a.O., p. 96

Art und Kaliber			Art und Kaliber			Art und Kaliber			Art und Kaliber		
Brand-Rakete (Wurf) $3^{1}/_{2}$ Zoll			Brand-Rakete (Schuß) $2^{1}/_{2}$ Zoll			Schuß-rakete $3^{1}/_{2}$ Zoll			Spreng-rakete (Schuß) $2^{1}/_{2}$ Zoll		
No	Ele-vation (Grad)	Reich-weite in Saschen	No	Ele-vation (Grad)	Reich-weite in Saschen	No	Ele-vation (Grad)	Reich-weite in Saschen	No	Ele-vation (Grad)	Reich-weite in Saschen
1	35	-	1	12	650	1	15	1050	1	12	-
2	55	1395	2	12	-	2	15	1150	2	12	550
3	55	1368	3	12	700				3	0	480
4	52	1250	4	12	650				4	0	480
5	55	1320									
6	50	1050									

Raketen ohne Angabe der Reichweite fielen ins Wasser und konnten nicht geborgen werden.

Leichtigkeit des Transportes betonte. In einer weiteren Denkschrift betonte er dann den Nutzen der Raketen für die Verteidigung von Festungen und die Sicherung der Küsten und Flüsse. In dieser Zeit konstruierte er auch einen ersten Mehrfachraketenwerfer, hierbei konnten, wie aus einer Skizze ersichtlich, bis zu 6 Raketen, die auf eine Art spanischen Reiter gelegt wurden, abgefeuert werden. Seine Berichte wurden dem Kaiser Alexander I. vorgelegt, der erstaunt darüber, daß dieser Offizier selbständig eine solche Entwicklung durchgeführt hatte und keinerlei Belohnung erbat, an den Rand des Berichtes notierte: „Слава богу, есть офицеры, которые служат из одной только чести!"[11)]

General Zasyadko (Zeichnung: Sonkin S. 21)

Durch Änderungen der Stärke der Hülse, der Zusammensetzung des Treibsatzes und der Abmessungen der Seele versuchte Zasyadko seine Raketen zu vervollkommnen und führte hierzu auf Anordnung des Kriegsministers zwischen Juli und Dezember 1817 zahlreiche Versuche bei St. Petersburg durch. Als Gefechtskopf dienten Granaten und Brandhauben. Als Treibsatz nutzte er gewöhnliches Kanonenpulver, das er mit Holzkohle anreicherte, fein mahlte und durch ein feines Sieb siebte. Als Abfeuerungsgestell - auch als „Ziegenbock" benannt - konstruierte er eine hölzerne Abfeuerungsrinne, die auf zwei Beine gestützt war und auf der die Rakete auflag, der oben liegende Stab wurde durch Bügel über der Rinne, die ebenso lang wie der Stab war, gestützt.[12)] Zu den Versuchen liegen folgende Daten vor:[13)]

Kaliber in mm	Länge der Rakete in mm	Start-gewicht in kg	Höchstge-schwindigkeit in m/sec	Reich-weite m
60	430	5,8	144	1500
100	430	16,0	148	2200
100	510	16,0	167	3000

Zasyadko wurde daraufhin zur 2. Armee, die unter dem Oberbefehle von General Barclay de Tolly stand, nach Mogilev versetzt, um erste Soldaten in der Handhabung der Raketen auszubilden, obwohl diese noch nicht eingeführt waren. In diesem Zeitraum konstruierte er auch verbesserte Abschußeinrichtungen für seine Raketen, dabei sowohl eine leichte Dreibeinlafette mit einer Abfeuerungsröhre für den Feldgebrauch als auch einen ersten Mehrfachraketenwerfer für den gleichzeitigen Abschuß von 36 Raketen.[14)] Für die Verfertigung seiner Raketen war zugleich in Mogilev ein Feuerwerkslaboratorium eingerichtet worden, wo er von den Lieutenants V. Vnukov und K. Vaulin unterstützt wurde, überdies waren ihm einige Unteroffiziere der Artillerie und der Bombardier A. Vanvinov beigegeben worden. Seine Raketen verfügten bei den 4zölligen über Hülsen von 711,2 Millimeter Länge, bei den $2^{1}/_{2}$zölligen von 444,6 und 317,5 sowie bei 2zölligen mit einer Länge von 355,6 und 254 Millimeter und einer einheitlichen Stärke von 1,27 Millimeter sowie einen Stab von 5,334 Meter, der bei den verschiedenen Kalibern von unterschiedlicher Stärke war und zwischen 12 bis 16,5 Pfund bei den vierzölligen und 3 bis 4,5 Pfund

11) Kachur, a.a.O., S. 45 [Gott sei Dank gibt es Offiziere, die nur um der Ehre willen dienen]
12) Sonkin, Russkaya Raketnaya Artilleriya, Moskva 1952, S. 24
13) Angaben nach: P. Stache, Sowjetische Raketen, Berlin 1987
14) V. Mirjanin, U istokov raketnogo dela, in: Voennyj Vestnik, 6/1981, S. 74, ein Mehrfachwerfer für 36 Raketen erscheint unwahrscheinlich, möglicherweise liegt hier ein Druckfehler vor; Oberst Neumann, Vom Feuerpfeil zum Geschosswerfer, Geschichte der reaktiven Artillerie, o.J., gab an, daß Zasyadko einen sechsfach-Werfer entwickelt habe (ebenso: Sonkin, a.a.O., S. 25) und: H. B. Zorn, Kampfraketen, Berlin, 1961, nannte erst 1828 als Zeitpunkt, wo er einen Werfer für 32 Raketen entwickelt haben soll.

bei den 2 1/2 zölligen wog.[15] Es gab dabei natürlich auch in Rußland Gegner der Raketen, so stellte der Offizier Woronzov fest, die Raketen wären:
„не суть иное, как дурная артиллерия."[16]
Er erreichte nunmehr mit seinen Raketen nachstehende Reichweiten:[17]

Art der Rakete	Elevation	Reichweite Saschen
Brandrakete 4 Zoll	55° 50° 45°	760 - 1250 725 - 1229 700 - 923
Brandrakete 2 1/2 Zoll	35° 30° 23 - 24° 18 - 22° 12 - 15° 10°	600 - 750 400 - 645 119 - 624 117 - 225 72 - 219 93 - 207
Schußrakete 4 Zoll		225 - 330
Schußrakete 2 1/2 Zoll		125 - 225

Die größte Reichweite, die bei den Versuchen erzielt wurde, betrug bei 55° Elevation 2670 Meter, dabei kam es aber zu erheblichen Seitenabweichungen. Barclay de Tolly war von seinen Leistungen so angetan, daß er Zasyadkos Beförderung zum General vorschlug. Versuchsweise wurden nun Zasyadkos Maschinen im St. Petersburger Laboratorium installiert, er selbst wurde 1820 erster Direktor der neu begründeten Mikhailovskaya Artillerieschule, wo er engagiert für die Raketen eintrat.[18] Sowohl die Raketen Kartmazows als auch Zasyadkos waren Seitenstabraketen.
Zunächst kam es jedoch noch nicht zu einer Einführung dieser Raketen in die Armee, da das Problem der Massenproduktion noch nicht gelöst war, auch erschienen ihre Leistungen noch nicht hinreichend zuverlässig; die Versuche wurden daher noch für die nächsten Jahre fortgeführt. Aus anderen Quellen ist bekannt, daß Rußland auch mit geheimdienstlichen Mitteln versuchte, Details der Raketenkonstruktionen anderer Staaten zu erlangen.[19] Merkwürdigerweise scheinen aber die Ergebnisse der polnischen Raketenentwicklung nicht beachtet worden zu sein.
1823 kam ein Engländer, Massingbird-Turner, nach Rußland und erbot sich, Raketen zu verfertigen.[20] Unter seiner Leitung wurden 2-, 3- und 4zöllige Raketen für Versuchszwecke in der Okhtensk-Pulverfabrik hergestellt; hierbei handelte es sich bereits um Achsenstabraketen, deren Stab in einer eisernen Bodenplatte, die durch fünf Schrauben mit der Hülse verbunden war, verschraubt war. Im Juni 1824 wurden diese Raketen auf dem Volkova Feld einem Versuch unterzogen. Folgende Ergebnisse wurden festgehalten:
- drei 2zöllige Raketen mit einer einpfündigen Granate wurden aus einer Röhre mit einer Länge von 5 Fuß mit 25° Elevation verschossen und erreichten eine Entfernung von 400 Saschen, die Richtung wurde gut eingehalten
- 14 Raketen des gleichen Kalibers, unter einer Elevation von 22 1/2° verschossen, rikoschettierten 120 Saschen vor dem Wall, die meisten flogen über ihn hinweg, nur drei trafen in den Wall
- eine Rakete des gleichen Kalibers erreichte bei einer Erhöhung von 45° 764 Saschen
- zwei Serien von 4 Raketen wurden von einem besonderen Abfeuerungsgestell, in dem vier Röhren zusammengefaßt waren, gleichzeitig abgefeuert; bei einer Erhöhung von 20° rikoschettirten sie dreimal, bevor die Granaten detonierten. Es wurde sowohl der „Mehrfachwerfer„ in Hinblick auf die höhere Feuergeschwindigkeit als auch der Achsenstab als vorteilhaft erkannt.
- eine 3zöllige Rakete mit einer 4 1/2pfündigen Granate erreichte 900 Saschen, eine gleiche Rakete mit einem Brandsatz bewies gegen ein hölzernes Ziel ihre Brandwirkung, wobei der Brandsatz etwa 8 Minuten brannte.
Schließlich wurde noch der Brandsatz einer 4zölligen Raketen getestet, dieser brannte 11 Minuten, wobei die Flammen aus den Löchern der Haube einen Fuß weit herausschlugen.[21]
Diese Versuche führten dazu, daß der Kriegsminister für eine Einführung der Raketen in die Armee eintrat. Im August 1824 schlug dann der Chef des Generalstabes, Dibich, dem kommandierenden General im Kaukasus, A. P. Ermolov, den Gebrauch von Raketen in Gefechten vor. Dieser nahm den Vorschlag sofort an, wobei er bemerkte, daß die Raketen für die Russen eine große Unterstützung in den Bergen, vor allem aber gegen die zahlenmäßig überlegene feindliche Kavallerie sein könnten. In der Folge forderte er zweimal den Generalstab auf, die Auslieferung von Raketen für den Kaukasus zu beschleunigen, es war jedoch noch keine ausreichende Menge an Raketen verfügbar. Auch waren einige seiner Kommandeure der Auffassung, daß, bevor nicht weitere Versuche durchgeführt worden wären, die Frage nach einer Ausstattung der Truppe gar nicht gestellt werden dürfe.[22] Es gab aber auch kritischere Stimmen, in einem Artikel wurde angemerkt, „daß Raketen bestimmte vorteilhafte Möglichkeiten böten, daß aber die

15) nach: Sokolskii, a.a.O., p. 25
16) Sonkin, a.a.O., S. 30, [diese Raketen sind nichts anderes als schlechte Artillerie] Woronzov bezog sich auf congrev'sche Raketen, die er wohl vor Danzig kennengelernt hatte.
17) ibidem
18) Sonkin, a.a.O., S. 21; Z. erhielt am 22. November den Befehl, die Artillerieschule in St. Petersburg zu leiten, zusätzlich wurde ihm die Leitung des Arsenals, des pyrotechnischen Laboratoriums und der Pulverfabrik Okhtensk übertragen. (Kachur, a.a.O., p. 45), bis März 1826 leitete er diese Stellen, ab 1827 Chef des Stabes des Befehlshabers der Artillerie und verantwortlich für die Reorganisation dieser Waffe, die teilweise noch Geschütze aus der Zeit Ivan Grosnyis verwendete, Teilnahme am russisch türkischen Krieg 1828 - 1829, Generalleutenant 1829, Ausscheiden aus dem Dienst 1834
19) Siehe hierzu Beilage 4/1 zu Abschnitt 7 (Bericht Westermayer) sowie Abschnitt 5, Kaiserreich Österreich (ÖSK-Mem. 3-218, Brief Augustin an FML v. Kutschera vom 8. Oktober 1819)
20) Massingbird-Turner muß Ende 1822 oder im Januar 1823 nach Rußland gekommen sein, da Congreve bereits im März 1823 von entsprechenden Versuchen Nachricht erhalten hatte. Massingbird-Turner war kein Mitarbeiter Congreves, zumindest läßt Congreve nicht erkennen, daß dieser ihm irgendwie bekannt war; er muß aber, wahrscheinlich als Angestellter, in Woolwich gearbeitet haben und sich dort einige Kenntnisse vom Raketenwesen angeeignet haben. Congreve schrieb: „The Russians have been trying a number of [rocket] experiments lately at Petersberg. They have got hold of an Englishman who has gleaned some information at Woolwich but I understand they do not succeed very well." (NHS, Hann. 92, Nr. 369 [175], Schreiben Congreves an Count Münster vom 13. März 1823). Sonkin, a.a.O., erwähnte ihn nicht, nach einer Mitteilung Voenno Istoriceskij Musej, artillerii, inshenernykh voysk i voysk svyazi, Sankt Peterburg vom 30. Juni 1998 soll es sich um zwei Engländer gehandelt haben, Thomas Turner und Massingberd, wobei Ersterer noch einen Gehilfen namens Tempel mit gebracht hatte. Hiernach hatte Massingberd bis in die fünfziger Jahre an seinen Raketen gearbeitet, wobei es 1850 bei einem seiner Versuche zu einer, wohl größeren Explosion gekommen ist. Unterlagen zu diesen Versuchen scheinen nicht mehr vorhanden zu sein. Es deutet ebenso manches darauf hin, daß Thomas Massingbird ein Amerikaner war, der in Woolwich jemanden bestochen hat, um Einblicke in das Geheimnis der Raketenherstellung zu erlangen, zumindest hat 1846 ein Thos. Massingbird in St. Petersburg gearbeitet und an den dortigen U. S. Konsul Unterlagen übergeben, die ein „sabot" beschrieben: „Together with other papers relating thereto, I transmit herewith, a Bill of Lading for one case of composition 'Sabots' for cannon balls, which, through his desire to extend to his country the benefits of an invention said to possess great merits, have been obtained from the Inventor at St. Petersbourg by Mr. Gibson, Consul of the United States at that place, & transmitted to the care of this Department." (Sabot = „Führungsring", hölzerne oder metallene Geschoßummantelung, damit ein Geschoß sich besser an die Züge und Felder eines gezogenen Rohres anpassen konnte und so einen Drall erhielt). (NAW, RG 156, Chief of Ordnance. Special File, Inventions, Class 8, Box 22, Schreiben vom 8. September 1846 an den Secretary of State und Schreiben an den Secretary of War, William L. Macey vom 28. September 1846, zur Verfügung gestellt von Mr. F. H. Winter)
21) Sokolskii, a.a.O., p. 28
22) ibidem

Ungenauigkeit, besonderes bei Wind, ihren Wert zweifelhaft erscheinen ließ."[23] Dementsprechend wurden ab August 1825 weitere Versuche mit Achsenstabraketen durchgeführt, hierfür war eine neue Abfeuerungseinrichtung mit 8 eisernen Abfeuerungsröhren konstruiert worden. Die 2zölligen Raketen erreichten hierbei Schußentfernungen von 45 bis 385 Saschen, die $2^{1}/_{2}$zölligen von 170 bis 800 und die $3^{1}/_{4}$zölligen von 250 bis 1.000 Saschen; 14 der abgefeuerten 76 Raketen hielten gute Richtung, die anderen zeigten Seitenabweichungen von 2 bis 50 Saschen, eine Rakete sogar eine von 77 Saschen. Die Bewertung dieser Versuche stellte sich widersprüchlich dar. Das mit der Prüfung beauftragte Komitee stellte fest, daß die Raketen Turners nicht die in sie gesetzten Erwartungen erfüllt hätten. Die erreichten Schußweiten wichen bei gleicher Erhöhung zu stark von einander ab und ihre Wirkung sei nicht ausreichend. Daher sei es allenfalls sinnvoll, die kleineren Raketen, diese aber in größerer Anzahl vom Boden - ohne Abfeuerungsgestell - abzufeuern, da damit zumindest Panik in feindlicher Kavallerie verursacht werden könnte, auch könnten sie wirkungsvoll bei der Verteidigung von Festungen eingesetzt werden. Der Großmeister der Artillerie fand dagegen die Leistungen der Raketen befriedigend und stellte fest, daß man damit bereits auf große Entfernungen Schaden anrichten könne, überdies wären sie sicher zu handhaben und vor allem in den Bergen gegen undisziplinierte Truppen von großem Wert. Aufgrund dieser Meinung und der wiederholten Anforderungen General P. Ermolovs[24] wurde schließlich entschieden, mit der Raketenherstellung zu beginnen, hierzu wurde im März 1826 eine ständige Raketenanstalt in St. Petersburg, anfangs in der Okhtensk Pulverfabrik, später in einem Neubau auf dem Volkovo-Feld, eingerichtet.[25] Erster Direktor der Anstalt wurde Generallieutenant P. Kozen, der bereits vorher in Polen Bem bei der Raketenherstellung unterstützt hatte; als technischer Direktor war Massingbird-Turner eingesetzt, während die Raketenherstellung durch Oberstlieutenant Wassilii Michailovich Vnukov, einen der früheren Mitarbeiter Zasyadkos, geleitet wurde.[26] Die Herstellung wurde in Rußland natürlich ebenso geheim gehalten, wie in anderen Staaten, so daß auch die Artilleristen nicht in dieses Geheimnis eingeweiht waren.[27] Am 1. April 1827 wurde eine der drei Batterien der 3. Feldartillerie-Brigade zunächst als Raketen-Übungstruppe mit der Bezeichnung „Raketen-Compagnie Nr. 1" eingeteilt, aber schon im Folgejahr als ständige Raketenbatterie geführt, ihr erster Kommandant wurde Kapitän P. P. Kowalevskii; 1831 wurde diese Einheit in „Raketen-Batterie Nr. 2" umbenannt.[28] Die Batterie bestand aus 6 Offizieren, 17 Feuerwerkern und 300 Raketeuren, sie verfügte über 6 Abfeuerungsgestelle für 20pfündige Raketen und jeweils 6 Abfeuerungsstative auf Dreibein für 12- und 6pfündige Raketen sowie jeweils 2 Reservegestelle; mitgeführt wurden 3.000 Spreng- und Brandraketen.[29] Kurz vor dem Krieg gegen die Türkei wurden 500 Raketen erstmals bei einem größeren Manöver in der Nähe von Krasnoye Selo durch die Raketencompagnie eingesetzt, Zweck dieser Übung war auch, die Truppen der Garde an die neue Waffe zu gewöhnen.[30]

Zunächst wurde die neue Anstalt beauftragt, 3.000 Raketen für die Armee im Kaukasus herzustellen, im Februar 1827 waren die ersten 1.000 Raketen einsatzbereit, diese Charge setzte sich zusammen aus 200 zwölfpfündigen mit Kugeln, 100 zwölfpfündigen mit Brandsatz, 200 zwölfpfündigen mit Granaten sowie 200 sechspfündigen mit Kugeln und 300 mit Granaten, weiterhin wurden 1.770 Hülsen - 422 für zwölfpfündige und 1.348 für sechspfündige Raketen - hergestellt, die an Ort und Stelle geladen werden sollten. Es handelte sich um Achsenstabraketen. In der Anstalt selbst wurde nur die Endbearbeitung der Raketen durchgeführt, die Hülsen wurden im St. Petersburger Arsenal verfertigt, der Treibsatz kam aus der Pulverfabrik Okhtensk und die Bodenplatten und Gefechtsköpfe aus der Aleksandrov-Fabrik. Im Juni desselben Jahres wurden Raketen dieser Lieferung in Tiflis unter Leitung des Militärgouverneurs Sipyagin getestet, das Ergebnis der Versuche war völlig unbefriedigend, die meisten Raketen zerplatzten beim Abfeuern. Damit kam man zum Schluß, daß Raketen nicht über größere Entfernungen transportiert werden könnten, zumal die Versuche mit den in Tiflis selbst geladenen Raketen zu besseren Ergebnissen geführt hatten.[31] Dies führte dazu, daß am 24. März 1828 Personal der St. Petersburger Anstalt mit dem erforderlichen Gerät, einschließlich zweier Pressen und bereits fertiger Raketenhülsen, nach Tiraspol verlegt wurde, um dort die Raketenfertigung für die Truppe durchzuführen. Die Leitung dieser feldmäßigen Anstalt erhielt Vnukov, der am 13. Juni 1828 dort eingetroffen war.[32]

(2) Erste Einsätze

Ihren ersten Einsatz erlebten diese Raketen dann im Verlaufe des russisch-persischen Krieges im August 1827 in der Schlacht von Ushagan und anschließend in einem Gefecht gegen Kavallerie bei Alagöz sowie bei einem Einsatz am 7. Februar 1828 gegen die Festung Ardebil, gegen die drei Raketen erfolgreich abgefeuert wurden.[33] Aufgrund dieser ersten Erfahrungen stellte General Paskevich, der Nachfolger Ermolovs seit dem Frühjahr 1827, fest, daß Raketen zum einen nicht über große Strecken transportiert werden dürften, da sie hierdurch offensichtlich beschädigt würden, zum anderen aber nur bei ruhigem

23) J. S. Curtiss, The Russian Army under Nicholas I, 1825 - 1855, Durham, N.C., 1965, p. 150 (zitiert wurde aus: Voennij journal, 1828, p. 121-128)

24) nach: Sonkin, a.a.O., S. 38, wurden durch diesen bereits 1825 erste Raketen im Kaukasus erfolgreich gegen feindliche Kavallerie eingesetzt.

25) Sokolskii, a.a.O.; p. 29, Stache, a.a.O., Winter, rocketry, a.a.O., p. 98, wies darauf hin, daß nach anderen Quellen diese Entscheidung auf den Einfluß General Zasyadkos auf Zar Nikolaus zurückzuführen gewesen wäre; abweichend hiervon gab: P. F. Slipcenko, O polevoj reaktivnoj artillerii, in: Voennaja Mysl, 1978, N° 11, p. 22-31, an, die Raketen wären bereits 1825 durch General Zasyadko eingeführt worden. Da Sokolskii sich auf einen Brief des Kriegsministeriums an das Artilleriedepartement stützte, erscheint dessen Angabe zutreffender.

26) Sokolskii, ibidem; Vnukov wurde nur bei Sonkin als Leiter der Herstellung genannt (a.a.O., S. 37); nach: Winter, rocketry, p. 98, war Turner bis 1850 in dieser Stellung; an anderer Stelle wurde hierzu festgestellt: „On s'occupe aussi des fusées à la congrève, mais avec peu de succès à Pétersbourg. Un Anglais a rapporté un soidisant secret qui n'a produit aucun résultat et n'obtient aucune confiance. A Varsovie on est plus avancée . . . " (o. Verf., Note sur l'armée russe, in: JAS, 1835, p. 510)

27) Konstantinov, Lectures sur les fusées de guerre, Paris 1861, p. 31: „La fabrication des fusées de guerre a èté, d'abord, en Russie comme presque partout, un secret auquel était étrangère même l'artillerie; ce n'est que ceux qui étaient directement préposés à la fabrication des fusées qui en possédaient les mystères. Le secret, dans cette occasion, a été un parti pris dès le début des travaux, probablement pour leur donner de l'importance, . . ."

28) Sonkin, a.a.O., S. 38; Sokolskii, a.a.O., p. 29, nannte Vnukov als ersten Kommandanten; nach: Sonkin, ibidem., waren zu diesem Zeitpunkt Raketen bereits auch als Sekundärbewaffnung in anderen Artilleriebatterien eingesetzt. Das Aufstellungsdatum ist das Datum einer Direktive des Kriegsministeriums, zum Datum der Umbenennung siehe: Artilleriskii Zhurnal 1852, No. 5 (Mitteilung Voenno Istoriceskij Musej, artillerii, inshenernykh voysk i voysk svyazi, Sankt Peterburg vom 30. Juni 1998)

29) Mitteilung Voenno Istoriceskij Musej, artillerii, inshenernykh voysk i voysk svyazi, Sankt Peterburg vom 26. Februar 1998, auch hier wurde Vnukov als erster Kommandant der Batterie genannt.

30) Sonkin, a.a.O., S. 39 (Kranoye Selo = Rotes Dorf, bei St. Petersburg)

31) Sokolskii, a.a.O., p. 30

32) Sonkin, a.a.O., S. 40 ff, bei dem Personal befanden sich 4 Feuerwerker und 3 Mannschaften, mitgeführt wurden auch 12 Abfeuerungsgestelle mit kupfernen Abfeuerungsröhren, dieses zusätzliche Personal bildete den Kern eines Raketendetachements, das am Einsatzort durch Artilleristen verstärkt werden sollte. Die Verlegung sollte zunächst nach Tultschin erfolgen, erst als dort am 15. Mai festgestellt wurde, daß kein geeignetes Gelände vorhanden war, entschied man sich für Tiraspol. Die Gesamtleitung der Artillerie und auch der Raketenherstellung in Tiraspol lag bei General Zasyadko. In Tiraspol wurden während des Krieges gegen die Türkei insgesamt 9745 Raketen gefertigt. (Kachur, a.a.O., p. 47) In dem ausführlichen Werk: J. F. Baddeley, The Russian Conquest of the Caucasus, London 1908, wurden die Raketen bei keiner der Gefechtsschilderungen bis 1859 erwähnt.

33) O. v. Schlechta-Wssehrd, Der letzte persisch-russische Krieg (1826-1828) in: Zeitschrift der Deutschen morgenländischen Gesellschaft, 20. Band 1886, S. 288 - 325 erwähnte diese Raketeneinsätze nicht.

Wetter einsetzbar wären, da sonst der Wind ihre Richtung zu stark beeinflusse.[34] Die eigentliche Bewährungsprobe brachte der russisch türkische Krieg 1828 bis 1829:

„ . . . *auch ist dem 6. Corps eine neue Art Congrevscher Raketen gegeben worden, welche in jenem Feldzug ihre Probe machen dürften.*"[35]

Im Krieg gegen die Türkei wurden die Raketen dann sowohl auf dem asiatischen als auch auf dem europäischen Kriegsschauplatz eingesetzt. Hierfür waren 3.000 Spreng- und Brandraketen bereitgestellt worden.[36] Dabei wurde auch die Donauflottille und die Schwarzmeerflotte mit ihnen ausgestattet.[37] Auf der Donau konnten so mit ihrer Hilfe mehrere Nachschubschiffe mit Getreide, die von Belgrad nach Constantinopel gehen sollten, in Brand gesetzt werden.[38] Für die Einsätze auf dem Balkan war die Raketencompagnie Nr. 1[39] unter Führung Kovalevskiis, die erst im September mit 23 Offizieren und Unteroffizieren sowie 303 Mannschaften auf dem Kriegsschauplatz eingetroffen war, bereits mit Mehrfach-Abschußrampen[40] ausgerüstet, ihr waren 7 für 4zöllige Raketen und jeweils 8 für $2^1/_2$- und 2zöllige Raketen zugeführt worden, 3.222 Raketen standen für die Einsätze bereit. Ihr erster Einsatz erfolgte bei der Belagerung Varnas, wo sie ihre ersten Raketen zur Unterstützung eines Angriffs auf türkische Stellungen am 14. September abfeuerte. Im Verlauf der Belagerung wurde die Batterie geteilt, 5 Raketengeschütze wurden an der südlichen Belagerungsfront, die Masse der Batterie im Norden eingesetzt. Zur gleichen Zeit waren 3 Belagerungsbatterien für Raketen auf Befehl Zasyadkos provisorisch eingerichtet worden.[41] Beim entscheidenden Angriff am 16. September scheint das Feuer der Raketencompagnie, welche die Angriffstruppen begleitete, sehr wirkungsvoll gewesen zu sein, Holzbauten der Festungen wurden in Brand gesetzt und türkische Soldaten gerieten durch den Einsatz der neuen Waffe in Panik.[42] Nach Einnahme der Festung bezog die Batterie für kurze Zeit Winterquartier in Benderi, trat aber im Dezember wieder zur Armee und wurde im Frühjahr 1829 bei der Belagerung Silistrias eingesetzt. Der Übergang über die Donau wurde hierzu entsprechend dem Vorschlage General Schilders auf Pontons durchgeführt, die durch Flöße, auf denen Kanonen und Raketenabschußrampen montiert waren, gesichert wurden; am Ufer wurde zur Deckung des Überganges die Raketenbatterie eingesetzt. Zur Erkundung der Festung wurden wiederum mit Raketen bewaffnete Boote genutzt. Als diese Boote von türkischen Kanonenbooten bedroht wurde, zogen sie sich zurück und Kovalevskiis Batterie eröffnete das Feuer, die Türken drehten daraufhin ab und wurden nunmehr von den Raketenbooten verfolgt. Einige Tage später beschloß man die türkische Flottille auszuschalten, um den Brückenschlag durchführen zu können. Die türkischen Schiffe lagen am rechten Donauufer vor Anker; die in der Nacht zum 17. April herankommenden russischen Boote wurden bemerkt und unter Feuer genommen, als sie dies jedoch mit Raketen erwiderten und ein türkisches Schiff in Brand setzten, zogen sich die übrigen zurück. Die Raketencompagnie wurde während der gesamten Belagerung Silistrias eingesetzt und verursachte mehrere Brände in der Festung. Weitere Einsätze erfolgten am 16. Mai bei Braila und Shumla.[43] Im Juni 1829 kehrte dann die Batterie mit dem Gardecorps nach St. Petersburg zurück.[44]

Auf dem asiatischen Kriegsschauplatz wurde im August 1828 die Festung Achaltzik durch die Truppen des General Paskevich belagert, am 27. August wurde für die Beschießung der Festung auch Raketenartillerie eingesetzt:

„ *Überdies wurde gegenüber der Bastion II unter dem Schutz eines halben Bataillon Grusien und der Milizreiterei noch eine Batterie für 5 leichte Geschütze und eine Raketenbatterie placirt, welche während des Sturmes im Verein mit der Batterie 8 die Ostfront kräftig beschießen sollte.*"[45]

Die Beschießung war so wirkungsvoll, daß die Festung am 28. kapitulierte, hierzu mag auch die moralische Wirkung der Raketen beigetragen haben:

„ . . . *das unaufhörliche Platzen der Granaten und das schreckliche Rauschen der congrevischen Raketen, steigerten die Angst der Einwohner aufs Höchste.*"[46]

Schließlich wurden die Raketen auch zum ersten Male in einer offenen Feldschlacht am 11. Juni 1829 bei Kulevca eingesetzt.[47] Trotz einzelner erfolgreicher Einsätze wurde der Gebrauch der Raketen im wesentlichen negativ beurteilt; dies lag daran, daß die Raketen aus St. Petersburg von schlechter Qualität waren, sie hatten sich als unzuverlässig und ungenau erwiesen und bewirkten auch Ausfälle bei den eigenen Truppen, dies mag auch auf den Einfluß des überlangen Landtransportes zurückzuführen sein. Auch die im Felde hergestellten Raketen besaßen nicht immer die gewünschte Qualität. In der Armee hieß es sogar, der beste Gebrauch, den man von den Raketen machen könne, wäre, sie den Türken zu geben.[48] Im anschließenden Krieg gegen Polen 1830 scheinen durch Rußland keine Raketen eingesetzt worden zu sein.[49] Ergebnis war letztlich, daß für fast zwei Jahrzehnte die Ar-

---

34) Sokolskii, a.a.O., p. 30

35) Notiz „Rußland" in: AMZ, 1828, S. 31

36) Sonkin, a.a.O., S. 39

37) H. Mielke, Kampfraketen einst und jetzt, in: NVA-AR, 11/1967, S. 24; sowie: Mitteilung Voenno Istoriceskij Musej, artillerii, inshenernykh voysk i voysk svyazi, Sankt Peterburg vom 26. Februar 1998; die Donauflottille unter Viceadmiral Zawadovski bestand aus 3 Escadres zu jeweils 18 Kanonenschaluppen (v. Sternegg, Schlachten-Atlas des XIX. Jahrhunderts: Der Russisch - Türkische Krieg 1828-29 in Europa und Asien, Leipzig, o. J.)

38) Notiz No. 89, Artillerie, in: Les Annales Maritimes et Coloniales, tome 39, 1829, pp. 531: „Les Russes ont incendié, à l'aide de fusées à la Congrève, plusieurs bâtiments chargés de grains venant de Belgrade et destinés pour Constantinople."

39) Es scheint für die ersten Jahrzehnte nach der Einführung der Raketen in die russische Artillerie nur diese eine Raketenbatterie im Dienst gewesen zu sein; in den „ordres de bataille" der Feldzüge wurde nirgends eine Raketenbatterie aufgeführt, damit dürften die Raketen an anderer Stelle stets nur als Sekundärbewaffnung mitgeführt oder ad hoc aufgestellten Trupps, möglicherweise mit Raketeuren als Kern, zugeteilt worden sein. Am 7. März 1828 hatte die Batterie den Befehl erhalten, sich auf eine Teilnahme an diesem Krieg einzurichten, kurz danach erging der Befehl, daß die Batterie am 16. April abmarschbereit zu sein hätte. (Sonkin, a.a.O., S. 40)

40) Sonkin, a.a.O., S. 42 ff. Die Mehrfachwerfer ähnelten den englischen Raketentransportkisten und bestanden aus 6 Röhren, sie wurden zum Abfeuern der Raketen auf ein Gestell, ähnlich einem spanischen Reiter gesetzt, damit ausreichend Raum für die Stäbe vorhanden war. Siehe auch: Defrasne, Fusées de guerre dans les armées européennes au XIXe siècle, in: Automobile et Tourisme, No. 3, 1974, p. 23; Defrasne führte an, daß diese 6fach-Werfer von einem M. de Bourgoing bei den Belagerungen Varnas und Silistrias beobachtet worden wären.

41) o. Verf., Die Belagerung von Warna im Jahre 1828, in: ÖMZ, 1839, S. 245: „Die Zahl der Batterien wurde durch drei für Congrevische Raketen angelegte vermehrt, die eine neben der Redoute 11, die zweite zwischen 2 und 10, die dritte auf dem rechten Flügel der Tranchee"; nach: Oberst Neumann, a.a.O., wurden die Raketen bei Varna durch die Raketenbatterie der 4. Feldartilleriebrigade unter Oberstlieutenant Vnukov eingesetzt

42) Sonkin, a.a.O., S. 45, der Kommandeur der Einheit wurde für die Leistung seiner Raketeure ausgezeichnet.

43) Slipcenko, a.a.O., Neumann, a.a.O., sowie Sokolskii, a.a.O., p. 30, leider standen hierzu keine Beschreibungen der Einsätze zur Verfügung

44) Sonkin, a.a.O., S. 47 ff

45) v. Sternegg, a.a.O., Nr. 6, S. 6

46) Uschakoff, Geschichte der Feldzüge in der asiatischen Türkei während der Jahre 1828 und 1829, Leipzig 1838, 1. Teil, S. 295

47) Neumann, a.a.O.

48) M. Christal, Les fusées de guerre, in: Revue Contemporaine, 1863, tome 31, p. 184: „Au souvenir des officiers russes, ces projectiles étaient fort mauvais; ils éclataient sur les chevalets, au préjudice de ceux qui les lançaient, et parfois revenaient en arrière. Aussi les artilleurs trouvaient qu'ils étaient moins nuisibles à l'ennemi qu'à euxmêmes, et ils avaient pris l'habitude de dire, que le meilleur emploi qu'on en pût faire était de les donner aux turcs, afin qu'ils s'en servissent à leur tour."

49) „ . . . où, du reste, elles ne furent employées que par l'armée polonaise." (Konstantinoff, Lectures, a.a.O., p. 62), andererseits notierte Dr. Meier, Handbuch der Geschichte der Feuerwaffen-Technik, Berlin 1835, S. 259: „Die Russen sollen sich im Kriege mit Polen mit Vortheil der Raketen zur Verstärkung der Tirailleurlinie bedient und Orgelwagen nach englischer Einrichtung geführt haben." Smitt und Puzyrewski erwähnten in ihrer Darstellungen dieses Krieges keine russischen Raketeneinsätze. Da Dr. Meyer häufiger ungeprüfte Angaben übernommen hat, mag auch diese auf Gerüchten beruhen oder mit polnischen Einsätzen verwechselt worden zu sein. Auch in der Mitteilung Voenno Istoriceskij Musej, artillerii, inshenernykh voysk i voysk svyazi, Sankt Peterburg vom 26. Februar 1998 wird der Einsatz im Krieg gegen Polen als unwahrscheinlich bezeichnet.

Beschießung der Festung Varna (Zeichnung: Sonkin S. 44)

mee weniger Wert auf die Weiterentwicklung dieser Waffe legte, auch wenn General Zasyadko sich bis zum Ende seiner Dienstzeit und anschließend bis zu seinem Tode um die Verbesserung der Raketen und ihrer Herstellung bemühte.[50)]
Einen Überblick über verfertigte und eingesetzte Raketen in dieser Zeit gab Sokolskii:[51)]
(Siehe Tabelle auf Seite 300)

Ein Angebot des Leiters der alten Congrev'schen Raketenfabrik, Wade, diese an Rußland zu verkaufen, wurde nach der Besichtigung der als veraltet beurteilten Anlage nicht wahrgenommen.[52)]

Neben britischen scheinen auch österreichische Einflüsse bei der russischen Raketenentwicklung zum Tragen gekommen zu sein. Ein Besucher Rußlands berichtete Anfang 1830 von einem desertierten österreichischen Stabsoffizier, der sich erboten hatte, Raketen anzufertigen, wofür ihm die Beförderung zum Oberst sowie die Leitung einer neu zu errichtenden Raketenfabrik zugesichert worden wäre. Er habe zunächst ein eigenes Laboratorium und ein Kommando Soldaten erhalten, erste Proben hätten gute Ergebnisse gezeigt, wobei diese Raketen Reichweiten von zwei bis über 6 Werst erreicht hätten. Bei ersten Versuchen vor dem Kriegsminister hätten diese Raketen „nunmehr schlecht reussirt", nach einigen ebenfalls fehlgeschlagenen Proben hätte dieser Österreicher nun sein Laboratorium nachts von einem alten Diener bewachen lassen, wobei sich herausstellte, daß ein Vermummter die Tür mit einem Nachschlüssel geöffnet und an den Raketen manipuliert hätte. Nachdem dies für die Zukunft durch stärkere Sicherheitsmaßnahmen hätte verhindert werden können, wären die Versuche doch noch erfolgreich abgeschlossen worden und der Österreicher mit dem Wladimirorden 3. Klasse dekoriert, zum russischen Oberst und zum Generaldirektor der Raketenfabrik in St. Petersburg ernannt worden:
„Das große Gebäude selbst stand im vollsten Bau, und eines schönen Vormittags sah ich sogar einige Raketenbatterien unter Befehl des Obersten vor dem Kaiser exerciren und manoeuvriren . . . Mir vertraute einst der neue Generaldirector des Kaiserlich russischen Raketencorps mit geheimnißvoller Wichtigkeit, daß durch fein gestoßenen weißen Zucker, den man in die Bohrung der Raketen bläst, dieselben unbrauchbar gemacht werden können."[53)]
1832 arbeitete auch der Mechanikus Westermaier kurze Zeit in St. Petersburg an der Konstruktion von Raketen, hierzu scheinen aber keine Unterlagen mehr vorhanden zu sein.[54)] Die ersten Einsätze im Krieg gegen die Türkei hatten aber auch das Potential der Kriegsraketen aufgezeigt, wenn auch offenbar war, daß noch wesentliche weitere Entwicklungsarbeiten zu leisten waren; es wurden daher in der Folge eine Reihe von Maßnahmen getroffen, um die Raketenherstellung zu verbessern. 1832 wurden alle Raketenaktivitäten im reorganisierten St. Petersburger Raketeninstitut zusammengefaßt,[55)] damit bestand nunmehr ein Raketenlaboratorium für die Verfertigung der Kriegsraketen und eine Raketenbatterie, die für Belagerungen eingesetzt werden sollte. In diesen Jahren wurde auch die erste hydraulische Presse zum Laden der Hülsen mit Treibsatz installiert, mit der allerdings nur ein Druck von 203 kg/cm² ausgeübt werden konnte.[56)] Bis in die Mitte der vierziger Jahre scheinen aber diese Bemühungen nur geringe Fortschritte in der Weiterentwicklung und Vervollkommnung der Raketen erbracht zu haben. Konstantinov merkte an:
„Ces insuccès des fusées dans deux campagnes consécutives refroidirent complètement le zèle pour ce projectile en Russie; la fabrication en fut concentrée alors dans un seul endroit, à St. Pétersbourg, dans un ètablissement de très-peu d'importance, dont le but officiel était de poursuivre le perfectionnement des fusées, mais qui, en réalité, n'exi-

---

50) Winter, rocketry, a.a.O., p. 100
51) Sokolskii, a.a.O., p. 31
52) Sonkin, a.a.O., S. 34
53) Der österreichische Deserteur soll ein Major Moor gewesen sein. Diese Episode mag Legende sein, sie wurde von: W. Baron von Rahden, Wanderungen eines alten Soldaten, Berlin 1847, berichtet, einem ehemaligen preußischen Hauptmann, der auch in russischen und später in spanisch-carlistischen Diensten gestanden hatte. Moor hatte sich 1828 über die preußische Gesandschaft in Wien um Aufnahme in preußische Dienste beworben, war dann aber nach St. Petersburg gereist, wo er an der Weiterentwicklung der Raketen arbeitete: „Das Schicksal hatte es so gewollt, und ich arbeitete hier rastlos und gewissenhaft an der Vervollkommnung meiner Raketen; auch hatte ich mich der Allerhöchsten Gnade Sr. Majestät des Kaisers vollkommen zu erfreun und durfte hoffen, jede Unterstützung zur Ausführung meiner Ideen zu erhalten; - doch das war die wesentlichste Ursache nicht, als einen Deutschen nicht emporkommen zu lassen. Es wurden selbst die Befehle des Kaisers, die mir abverlangten und unterlegten Projekte für die Flotte, nach Gutbefinden des Fürsten von Menstschikoff in Ausführung zu bringen, nicht vollzogen. Dieses veranlaßte mich vorzüglich schon vor 11 Monaten, meinen Abschied zu verlangen, welcher aber nicht erfolgte. Da endlich meine Gegner dahin zu wirken wußten, daß ich ihnen, zur Ausführung ihrer Ideen, meine Maschinen sogar zu übergeben, den Befehl erhielt, so blieb mir nichts anderes übrig, als dem Kriegs-Minister ein Gesuch zu übersenden." (DHMB, Rep. Z 08, Brief Major Moor an Prinz August von Preußen, St. Petersburg, d. 11/23 Januar 1835). Damit erscheint die Schilderung durch v. Rahden zwar übertrieben, aber im Kerne zutreffend zu sein. Sonkin, a.a.O., S. 34, stellte zu Moor fest, daß dieser scheitern habe müssen „aufgrund mangelhafter Kenntnisse seines Faches". Nach einer Mitteilung des Voenno Istoriceskij Musej, artillerii, inshenernykh voysk i voysk svyazi, Sankt Peterburg vom 30. Juni 1998 erfolgten jedoch 1832 vergleichende Versuche zwischen den Raketen Turners und Moors.
54) Mitteilung Voenno Istoriceskij Musej, artillerii, inshenernykh voysk i voysk svyazi, Sankt Peterburg vom 30. Juni 1998
55) Die Einrichtung des reorganisierten Instituts scheint durch einen Schweizer erfolgte zu sein: „Herr Streubel, geschickter Mechanikus, hat in St. Petersburg die berühmte Raketenfabrik nach eigenen Plänen eingerichtet." (ASMZ, No. 8, 1837, S. 127)
56) Sokolskii, a.a.O., p. 74

Kaliber	Art	bis 12.01.1828		bis 01.02.1829			bis 21.08.1829	
		hergestellt	für Versuche verwendet	hergestellt	für Versuche verwendet	eingesetzt im Felde	Bestand	neu hergestellt
36pfündige	Spreng			242	33	71	239	45
	Brand			1396	36	180	941	75
20 pfündige	Spreng			1239	184	273	749	-
	Brand	1000	109	459	39	114	187	84
12 pfündige	Spreng			1871	203	89	684	-
	Brand	1000	155	592	33	86	9	394
6 pfündige	Spreng	1000	268	2591	420	178	936	1277

stait que pour faire nombre et compléter la nomenclature de nos établissements de technologie militaire."[57)]
Während dieser Zeit stand die Raketenbatterie der Anstalt weiter zur Verfügung, nahm aber auch an Manövern teil. Ihr Kommandant war zugleich Stellvertreter des Leiters der Raketenanstalt. Die Batterie bestand aus 4 Zügen, an Personal waren ihr 6 Offiziere, 20 Unteroffiziere und 198 Mannschaften zugeteilt, jeder Zug verfügte über 8 Abfeuerungsgestelle auf Dreibein.[58)]

(3) General Schilder

1834 übernahm General Karl A. Schilder[59)] die Leitung des Raketenwesens und gab neue Denkanstöße für die Anwendung der Raketen. Zunächst legte er seinen Schwerpunkt auf die Nutzung der Raketen zur Verteidigung von Befestigungen, hierzu war es erforderlich, die Treffgenauigkeit zu verbessern und den Raketen möglichst viel Antriebskraft zu geben, damit sie entsprechende Gefechtsköpfe tragen konnten. Für mehrere Jahre konzentrierte das Raketeninstitut daher seine Anstrengungen auf die Erhöhung der Treffgenauigkeit der Raketen.[60)] Für diesen Einsatzzweck entwarf er auch verdeckte, unterirdische Raketenabfeuerungseinrichtungen.[61)] Für die Verteidigung der Festungen ließ er auch besonders schwere Bombenraketen konstruieren. Die unterirdischen Raketenabfeuerungsgestelle wurden bis 1836 bei Krasnoye Selo praktisch erprobt. Am 19. Juli 1835 fand der entscheidende Versuch statt. 128 Raketen, deren Gefechtskopf zwischen 3,2 und 10 kg Pulver enthielt, wurden abgefeuert: 67 verfehlten das Ziel, 57 trafen und verursachten erhebliche Zerstörungen, einige rissen Löcher von bis zu 8,5 Metern in die Schanzen der Angreifer, nur 4 krepierten beim Abfeuern. Schilder schloß daraus, daß bei der Verteidigung einer Festung der Angreifer auf etwa 400 Meter durch Raketen vernichtet werden könne.[62)] Weiterhin beschäftigte er sich auch mit den Einsatzmöglichkeiten von Raketen durch die Marine, sei es durch schwimmende Batterien oder spezielle Raketen-Dampfschiffe. Eine Besonderheit war das Projekt eines Raketen-Unterseebootes, das er 1834 realisieren ließ und im August jenen Jahres auch testen konnte. Es verdrängte etwa 16 t, trug eine Besatzung von 10 Mann und konnte bis zu einer Tiefe von 12 Metern tauchen, mußte jedoch einmal in der Stunde auftauchen, um die Atemluft zu erneuern. Die Raketen großen Kalibers wurden über Wasser aus seitlich am Boot befestigten Startröhren abgefeuert und sollten eine Reichweite von 700 Saschen erreichen. Ihre Zündung erfolgte elektrisch, der Abschuß konnte auch unter Wasser erfolgen.[63)] Für einen möglichen Einsatz war das Boot noch weniger geeignet, da sein Antrieb mit der Muskelkraft der Besatzung erfolgen mußte. Die Versuche, zu denen noch ein weiteres, verbessertes Boot gebaut wurde, dauerten bis Anfang der vierziger Jahre, führten aber abschließend nicht zu überzeugenden Resultaten.[64)] *(siehe Abbildung Seite 301)*

Unabhängig von Schilder ließ der Leiter des Raketeninstituts, Generallieutenant Kozen, gebündelte Raketen ähnlich wie Congreve testen, dabei wurden 5 bis 6 Raketen kleinerer Kaliber und bis zu 12 Raketen größerer Kaliber gebündelt, letztere enthielten bis zu 1,5 Pud Pulver und sollten Bomben mit einem Gewicht bis zu 18 Pud tragen. Auch weitere Versuche zur Verbesserung der Treffgenauigkeit und Zuverlässigkeit der eingeführten 2-, $2^{1}/_{2}$- und $3^{1}/_{2}$zölligen Raketen wurden weiterhin durchgeführt, brachten aber keine Fortschritte. Die Raketen blieben ungenau und vor allem unzuverlässig.[65)]
Versuche mit Raketen zur Verteidigung von Festungen, die 1839 in Novogeorgievsk durchgeführt wurden, zeigten zwar die Wirksamkeit der Raketen, bewiesen aber auch, daß Raketen, die unter großer Elevation abgefeuert wurden, Ziele nur dann mit einiger Zuverlässigkeit trafen, wenn die Entfernung nicht mehr als 100 Meter betrug. Auf Entfernungen von 50 bis 450 Saschen gefeuert trafen nur wenige Raketen das Ziel, die meisten streuten bei gleicher Elevation und Richtung um bis zu 100 Saschen.[66)] Ungenauigkeit und Unzuverlässigkeit wurden von General Kozen hauptsächlich auf die Fertigung der Raketen von Hand zurückgeführt; da ihm die Mittel zur Modernisierung der Einrichtung des Institutes nicht zur Verfügung standen, konnte er hierbei aber keine Verbesserung herbeiführen. Bis zur Mitte der vierziger Jahre kam es aufgrund der schlechten Qualität der Raketen kaum zu ihrem Gebrauch im Felde, da die militärischen Führer ihren Möglichkeiten mißtrauten, dementsprechend sank auch die Zahl der angefertigten Raketen.[67)]
Einer der wenigen Führer, der weiterhin Raketen einsetzte, war General Grabbe, der 1839 in Daghestan gegen die von Schamil geführten Aufständischen kämpfte. Am 30. Mai stand er mit seinen Truppen vor Arguan, das von Schamil mit 1.600 Lesgiern besetzt war:

---

57) Konstantinoff, Lectures, a.a.O., p. 62
58) Sonkin, a.a.O., S. 51 ff; in der Mitteilung Voenno Istoriceskij Musej, artillerii, inshenernykh voysk i voysk svyazi, Sankt Peterburg vom 26. Februar 1998 wird für 1831 eine andere Stärke angegeben, hiernach bestand die Batterie aus 10 Offizieren, 24 Feuerwerkern, 3 Hornisten, 3 Musikern, 224 Bombardieren und Kanonieren, 99 Spezialisten (Handwerkern etc.), dazu im Frieden 58 und im Kriege 178 Pferde, die Batterie verfügte hiernach über 6 Sechsfachwerfer für 20pfündige und jeweils 6 Abfeuerungsgestelle auf Dreibein (Abfeuerungsrohre) für 12- und 6pfündige Raketen. Zusätzlich wurde 1835 vorgeschlagen, eine Raketenbatterie für Belagerungen, ausgestattet mit 32 Belagerungslafetten, aufzustellen, dies wurde aber wohl nicht realisiert. (Mitteilung Voenno Istoriceskij Musej, artillerii, inshenernykh voysk i voysk svyazi, Sankt Peterburg vom 30. Juni 1998)
59) Karl A. Schilder, Ingenieur, 1785 - 1853
60) Sokolskii, a.a.O., p. 33
61) Mielke, a.a.O., S. 25
62) Sonkin, a.a.O., S. 59 f.
63) Angaben nach: Sonkin, S. 65; auch: Mikhaylov, a.a.O., p. 106, bestätigte, daß im Verlauf der Versuche Unterwasser-Raketenabschüsse erprobt worden wären.
64) Mielke, a.a.O., S. 25, Sokolskii, a.a.O. p. 34
65) Sokolskii, a.a.O., p. 34
66) ibidem
67) ibidem, p. 35

„Eine Batterie mit 4 Feldgeschützen, 4 Berggeschützen und Congrevischen Raketen wird auf den schmalen Rücken links der Straße, auf starke Gewehrschußweite in den Ort, etablirt"[68]

In den Folgejahren wurde der Wert der leicht tragbaren Raketen im Gebirgskrieg durch die im Kaukasus eingesetzten Truppen erkannt. So wurden im Oktober 1842 fünfhundert $1\frac{1}{2}$zöllige Brandraketen durch das dort eingesetzte Corps angefordert, die jedoch erst im März des Folgejahres nach Georgievsk geliefert werden konnten. Ab Mitte der vierziger Jahre änderte sich die Lage dann grundlegend und der Bedarf an Raketen stieg; dies lag an den kriegerischen Aktionen Rußlands im Kaukasus, wo der Wert der Raketen in einem Gelände, das für den Einsatz der Rohrartillerie wenig günstig war, erkannt worden war. So führte die Truppe General Gurkos in Dagestan, wo Schamil inzwischen fast das ganze Land wieder befreit hatte, im Dezember 1843 neben 2 „Bergkanonen" 25 Congrevesche Raketen mit, als er gegen Sirani vorstieß, um ein eingeschlossenes russisches Detachement zu entsetzen.[69]

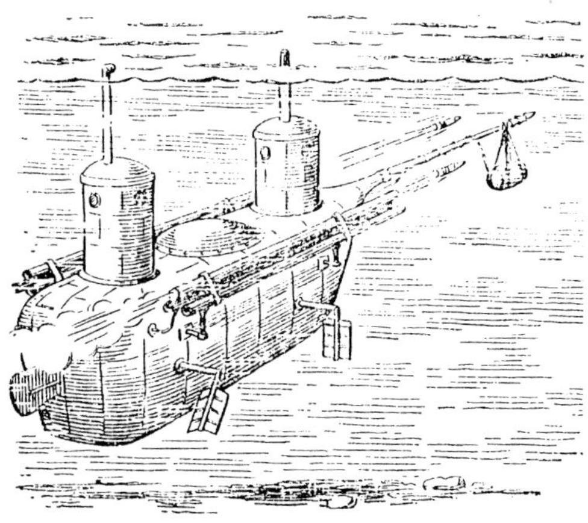

Raketenunterseeboot (Zeichnung: Sonkin S. 65)

Neuer Befehlshaber in dieser Region war am 8. Januar 1845 Fürst Vorontsov geworden, der den britischen Raketeneinsatz bei Leipzig miterlebt und sich auch in der Folge für dieses Einsatzmittel interessiert hatte. Eine erste Anforderung von 1.000 Raketen konnte noch im selben Jahr ausgeführt werden, die gelieferten sechspfündigen Raketen, Kaliber 2 Zoll, wurde fast sofort erfolgreich bei Gefechten eingesetzt und 1846 schrieb Vorontsov an Chernyshev, den Kriegsminister, und forderte eine jährliche Lieferung von 6.000 Raketen, die er 1850 sogar auf 10.000 steigerte.[70] Zur Begründung schrieb er, daß ihm schon bei einem Besuch in Woolwich klar geworden wäre, daß die leichten Feldraketen das ideale Einsatzmittel in gebirgigem Terrain seien; auch wenn Kanonen kleinen Kalibers genauer feuerten, so bedürften sie doch der Protzen und Munitionsfahrzeuge, während die Raketen in jedem Gelände ohne Aufwand eingesetzt werden könnten, wobei ihre Unzuverlässigkeit und Ungenauigkeit durch den Masseneinsatz ausgeglichen würde.[71]

Bereits bei seiner ersten Offensivaktion gegen den Tschetschenenführer Shamil am 15. Juni 1846 setzte er neben seiner Artillerie von 42 Geschützen eine Raketenbatterie ein, geriet aber in einen Hinterhalt und erlitt fast 1.000 Mann Verluste, dabei auch 3 Generale.[72] Im Folgejahr gelang es Vorontsov, mit einer Expedition von 12.000 Mann, 14 Geschützen und einem Raketenzug Girgil zu stürmen. Der Krieg gegen Shamil sollte aber noch mehrere Jahre andauern, wobei häufig die Raketen eingesetzt wurden.[73]

Für 1848 schilderte Schmölzl einen dieser Einsätze im Kaukasus:

„Bei dem Angriff der Russen auf Achti, am 22. September wurde durch die Postirung von 10 Raketenstativen in dem Flußbette des Samur die feindliche Flanke mit dem größten Erfolg beschossen."[74]

Auch für 1853 wurden wieder Raketeneinsätze im Caucasus gemeldet. Beim Sturm auf eine befestigte Stellung Shamils am Michik wurden durch den Befehlshaber Fürst Bariatinskii neben 32 Geschützen wieder einige Raketengeschütze eingesetzt, die erfolgreich beim Sturm der Befestigung am 1. März wirkten. Aber auch nachdem Bariatinskii 1856 Oberbefehlshaber geworden war, sollte es noch bis 1859 dauern, als Shamil endlich zur Kapitulation gezwungen wurde.[75]

Das St. Petersburger Institut war zu Lieferungen der von Vorontsov geforderten Mengen aufgrund seiner Ausstattung bei weitem nicht in der Lage, da die Raketen nach wie vor in Handarbeit hergestellt wurden; es gab noch nicht einmal ein einheitliches Verfahren zur Herstellung, die Unterschiede zwischen den verfertigten Raketen in Qualität und in den Maßen waren daher erheblich. Erst 1847 erarbeitete Oberst Kostyrko, der Leiter des Raketeninstitutes, ein Handbuch, in dem genau der Ablauf der Fertigung der Raketen, ihre Maße und Form und die Zusammensetzung des Treibsatzes festgeschrieben war.[76] Die Gesamtforderung des Fürsten Vorontsov wurde wohl nie in vollem Umfang erfüllt.[77] Daneben entwickelte Vnukov, ähnlich wie Foss in Dänemark, Gewehrraketen. Die anschließenden Versuche waren erfolgreich, und diese Infanterie-„Raketen" wurden an Scharfschützen ausgegeben.[78]

Zeitgleich wurden auch wieder Überlegungen angestellt, Raketen bei der Verteidigung von Festungen einzusetzen, und General Maslov, der die Risbank Festung in Kronstadt erbaut hatte, überlegte die Einrichtung besonderer fester Raketenabfeuerungseinrichtungen in den Kasematten. Da anscheinend Schilders frühere Versuche bereits vergessen waren, wurden zunächst entsprechende Versuche im August 1848 in der Befestigung „Kaiser Peter I" angeordnet, um die Durchführ-

---

68) Oberst Miliutin, Beschreibung der Kriegs-Operationen des Jahres 1839 im nördlichen Dagestan, in: Beiblatt zum MWBl, Oktober-Dezember 1853, S. 34, ein weiterer Raketeneinsatz während dieses Feldzuges wurde aber auch hier nicht erwähnt.

69) o. Verf., Ueberblick der Kriegsbegebenheiten im nördlichen Dagestan vom 27. August bis 22. Dezember 1843, in: ÖMZ, 1849, Erster Band, S. 309

70) Konstantinov, Lectures, a.a.O., p. 62; Der Befehlshaber im Kaukasus meldete am 18. Februar 1846 an den Kriegsminister, „превзошло его ожидания" [die Wirkung der Raketen habe alle seine Erwartungen übertroffen] und schlug die Bildung kleiner ständiger Raketendetachements für den Gebirgskrieg vor. (Sonkin, a.a.O., S. 54)

71) „Ayant suivi à Woolwich même le tir des fusées de trois à quatre livres, il m'a paru qu'elles pourraient être, surtout dans les montagnes, l'une des armes les plus utiles pour la guerre. Certainement les canons de petit calibre tirent plus juste; mais avec tout canon, il faut des affûts. Même avec nos obusiers de montagne, on a besoin d'avant-trains, de roues et des chevaux de bât. Avec les fusées de petit calibre, il n'y a rien de tout cela: partout où passe la cavalerie, on peut faire passer avec elle autant de fusées de petit calibre qu'on le désire. Chaque cavalier peut avoir une fusée avec lui en guise de pique; les chevalets pour ces fusées sont très-petits, et l'on peut même au besoin s'en passer. En un mot, les petites fusées forment une artillerie qui n'est certainement pas des meilleurs, mais que l'on peut avoir toujours et en telle quantité que l'on veut, là où il serait difficile, dangereux, ou même absolument impossible d'avoir toute autre artillerie. La quantité peut suppléer largement à une certaine infériorité de qualité." (aus einem Brief des Prinzen Vorontsov, zitiert nach: Favé, Etudes sur le passé et l'avenir de l'artillerie, tome cinquième, Paris 1871, p. 198)

72) M. Gammer, The Conqueror of Napoleon in the Caucasus, in: Central Asean Survey, Vol. 12, 1993, p. 253

73) ibidem, p. 258

74) Schmölzl, Andeutungen über die künftig zu erwartenden Leistungen der Artillerie in taktischer Beziehung, in: AOAW, 1850, S. 194

75) M. Gammer, Prince Bariatinskii - conqueror of the Eastern Caucasus, in: Central Asean Survey, Vol. 13, 1994, pp. 241

76) Sokolskii, a.a.O., p. 36, sowie: Konstantinov, Lectures, a.a.O., p. 63: „Depuis l'origine de la fabrication des fusées de guerre en Russie jusqu'en 1847, il n'y avait rien de précis dans leur fabrication, et l'uniformité manquait totalement. La consommation régulière des fusées au Caucase fit penser à combler cette lacune, et, en 1847, le colonel Kostirko, commandant alors la fabrique de fusées, reçut l'ordre de fixer sur le papier, sous forme de réglement, les traditions quelque peu flottantes de la fabrique. C'est ainsi que vit le jour notre premier manuel de la fabrication des fusées, qui n'existe qu'en manuscrit, mais qui, néanmois, a rendu des services très-importants. Antérieurement à sa rédaction, nous n'avons aucune indication précise sur les fusées que confectionnait la fabrique de Saint-Pétersbourg. Le manuel en fixe les différents calibres, tous les détails de la construction et le dosage de la composition, et est devenu ainsi le point de départ de tous les perfectionnements ultérieurs."

77) Konstantinov, Lectures, a.a.O., p. 63

78) Sonkin, a.a.O., S. 55

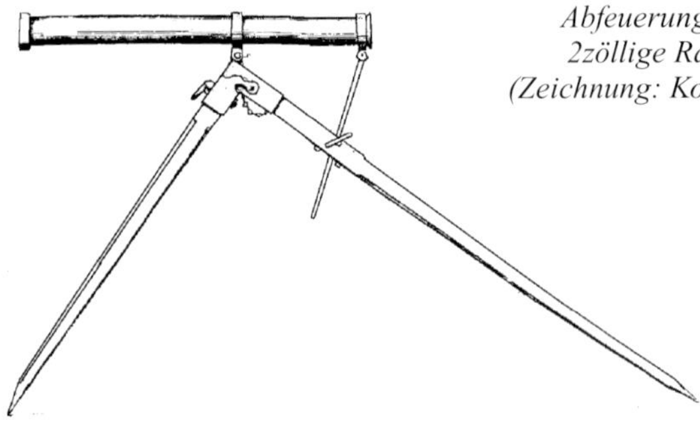

Abfeuerungsgestell für 2zöllige Raketen 1849 (Zeichnung: Konstantinov)

barkeit dieser Idee zu prüfen. Hierzu wurden am 19. August 20 zwölfpfündige (2½zöllige) und 20 36pfündige (3½zöllige) Raketen mit besonderen, 6 Meter langen Abfeuerungsröhren eingesetzt und mit 4° bis 11° Elevation abgefeuert. Bei 4 bis 5° kamen die 2½zölligen auf 400 bis 500 Meter Reichweite und die 3½zölligen bei 10° auf 1.000 Meter und bei 11° auf 1.200 bis 1.400 Meter. Aus frei auf dem Wall aufgestellten Raketengeschützen erreichten die 3½zölligen Raketen bei 45° Elevation dann 2.400 bis 2.600 Meter, wobei festgestellt wurde: „Полет их, был вполне удовлетворителен; отклонения от направления выстрела, обозначенного вехами весьма незначительны,”[79)]
Im abschließenden Protokoll wurde festgehalten, daß der Flug der Raketen flach und voll befriedigend gewesen wäre, auch die Abweichungen von der Richtung seien nur unbedeutend gewesen. Damit war bewiesen, daß Raketen erfolgversprechend in Küstenbefestigungen eingesetzt werden konnten. Im Einzelnen hatte der Versuch ergeben:[80)]

2-zöllige Raketen Elevation (Grad)	Reichweite (Saschen)	3½-zöllige Raketen Elevation (Grad)	Reichweite (Saschen)
0	bis 75	9	bis 300
2	125 - 150	10	450 - 600
3	150 - 175	11	600 - 700
4	175 - 200		
5	225 - 250		
6	über 250		

Ende der vierziger Jahre ging die Anzahl der jährlich vom St. Petersburger Raketeninstitut ausgelieferten Raketen bereits in die Tausende, damit waren die Raketen zu einer anerkannten, wenn auch nicht unumstrittenen[81)] Waffe in der Armee geworden, auch wenn zu diesem Zeitpunkt nach wie vor nur eine einzige etatmäßige Raketenbatterie bestand und die Bemühungen zur Weiterentwicklung oder Vervollkommnung der Raketen stagnierten.[82)] Nach nicht realisierten Plänen sollte die Raketenbatterie 1849 umgegliedert werden und mit 16 leichten Feldlafetten ausgestattet werden.[83)]
Für 1848 wurden folgende Leistungsdaten angegeben, wobei erste Versuche mit den neu entwickelten Raketen Konstantinovs bereits Reichweiten von bis zu 5 km ergeben hatten:[84)]

Kaliber in mm	Startgewicht in kg	Höchstgeschwindigkeit m/sec	Reichweite in m
50	4,8	305	600
89	14	401	1500

Im Oktober 1848 versuchte auch William Hale seine Raketen an Rußland zu verkaufen, hierzu besuchte sein Vertreter, Matthew Nottingham, St. Petersburg; das Ergebnis der Vergleichsversuche zwischen russischen Raketen und den Raketen Hale's auf dem Volhkova Feld befriedigte die russischen Raketenexperten nicht und man ging nicht auf das Angebot ein, hauptsächlich wohl, weil auch der Preis, 189.000 Silberrubel, zu hoch erschien, obwohl Nottingham angab, daß Hales Raketen in der Fertigung nur ein Drittel des Preises der üblichen Raketen kosteten.[85)] 1850 kam es zu einem weiteren Verkaufsversuch, der diesmal an das Marine-Komitee gerichtet war: die Leistungen der Raketen Hales konnten aber bei Versuchen am 14. und 17. August nicht überzeugen; nur eine von 13 Raketen traf ein Ziel auf 300 Saschen, ihr Flug war äußerst ungenau und bei einem ersten Aufschlag zwischen 170 und 500 Saschen wurden Seitenabweichungen von bis zu 48 Schritt gemessen; bei dem zweiten Versuch erwiesen sich Hales Raketen den St. Petersburger Raketen eindeutig unterlegen:

Raketenmodell	Anzahl der Raketen	Treffer	Reichweite bis zum ersten Aufschlag	größte Seiten abweichung in Schritt
Hale	10	0	162 - 590	220
St. Petersburg	10	1	72 - 382	30

Entsprechend wurde auch diesmal beschlossen, Hales Raketen nicht zu übernehmen. Konstantinov stellte anschließend fest, daß Hales Raketen bei Verlassen des Abfeuerungsgestelles noch nicht voll ihre rotierende Bewegung aufgenommen hätten und daß durch die Rotation während des Fluges die Längsachse der Rakete verlagert würde, so daß dies zu einer neuen Ursache für Ungenauigkeiten geführt hätte. Er griff für seine eigenen Entwicklungsarbeiten Hales Idee nicht auf, zumal er der Auffassung war, daß die Abfeuerungseinrichtung für diese Raketen zu aufwendig und schwer wäre, so daß der Hauptvorteil der Raketen, ihre Beweglichkeit im Einsatz, damit verloren ginge.[86)] Das Rotationsprinzip war natürlich auch aufgrund der Nachrichten aus

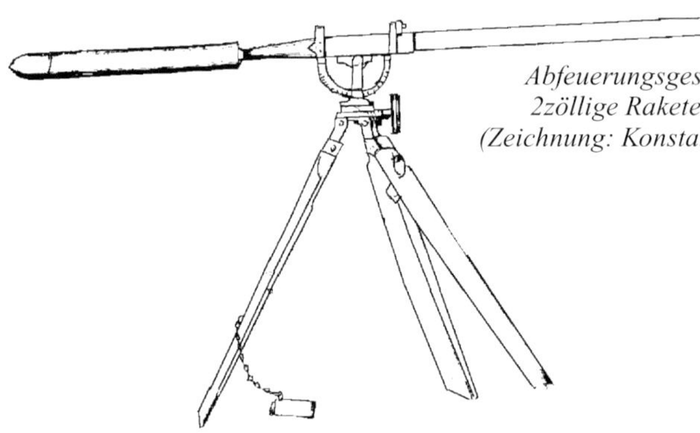

Abfeuerungsgestell für 2zöllige Raketen 1849 (Zeichnung: Konstantinov)

79) Sonkin, a.a.O., S. 67 [Ihr Flug war befriedigend, die Abweichungen von der Richtung unwesentlich]
80) Sokolskii, a.a.O., p. 36
81) So schrieb 1849 Oberst Goremykin, daß ihr Wert fragwürdig wäre, obwohl es in Indien und Österreich Einsätze mit gewissen Erfolg gegeben habe (Curtiss, a.a.O., p. 150) und: Konstantinov, Boevyja Rakety v Rossii ob kontsa 1861 goda po nachalo 1863, St. Petersburg 1863, S. 20, bemerkte herablassend, daß die Erfahrung aus den Jahren 1841 bis 1843 gezeigt hätte, daß man die Raketen sogar mit Hilfe von Holzbrettern hätte abwehren können.
82) Konstantinov, Lectures, a.a.O., S. 63: „. . . en 1845, il y avait stagnation complète dans les recherches pour le perfectionnement des fusées de guerre. De longs tâtonnements avaient conduit à la fabrication que résume le manuel de 1847, produisant des fusées qui laissent beaucoup à désirer sous le rapport de la précision du tir, mais qui possèdent néanmois le mérite d'être inoffensives pour ceux qui s'en servent, et de résister au transport, tant que le temps ne les a pas détériorées."
83) Mitteilung Voenno Istoriceskij Musej, artillerii, inshenernykh voysk i voysk svyazi, Sankt Peterburg vom 30. Juni 1998
84) P. Stache, a.a.O.
85) Sonkin, a.a.O., S. 166
86) Sokolskii, a.a.O., p. 58; nach: Sonkin, a.a.O., S. 166, erzielten die russischen Raketen sogar 4 Treffer; siehe auch: Konstantinov, Lectures, a.a.O., p. 268: „Les fusées Hale,

dem Ausland seit Parlbys Versuchen in Rußland bekannt gewesen, wurde aber vom St. Petersburger Institut nie aufgegriffen, und nur ein Lieutenant Berdyugin hatte sich 1855, wohl ohne großen Erfolg, hiermit in Rußland befaßt.

b. Konstantinov: Der Höhepunkt der russischen Raketenentwicklung

Im März 1850 wurde Oberst Konstantinov mit der Leitung der St. Petersburger Raketenanstalt beauftragt,[87)] damit begann der Höhepunkt der russischen Raketenentwicklung. Konstantinov, Artillerist und Wissenschaftler, hatte sich bereits seit etwa 10 Jahren mit dem Raketenwesen befaßt und war zwischen 1840 und 1844 durch Europa gereist, um die Raketenfertigung der verschiedenen Nationen zu studieren, dabei war ihm auch als einem der wenigen Ausländer die österreichische Raketenanstalt von Augustin vorgeführt worden. Er beschäftigte sich auch theoretisch mit der inneren und äußeren Ballistik der Raketen, eine seiner wichtigsten Neuerungen war 1846 die Konstruktion eines elektro-ballistischen Pendels, um die Schubkraft der Raketen zu messen und so eine Grundlage für ihre Optimierung zu erhalten, er verbesserte dies Pendel 1846, doch seine endgültige Form erhielt es erst 1854.[88)] Seine theoretischen und praktischen Arbeiten konnten sich aber erst ab 1857 auf die russische Raketenproduktion auswirken, da ihm erst dann aufgrund der Erfahrungen des Krim-Krieges die erforderlichen Mittel für die Beschaffung der nötigen Maschinen zur Verfügung gestellt wurden. Angesichts der noch vorhandenen, bereits erwähnten Probleme der Raketen begann Konstantinov ab Ende der vierziger Jahre mit Versuchen, um die Leistungsfähigkeit und Zuverlässigkeit der Raketen zu erhöhen. Hierzu versuchte er zunächst wieder zu Seitenstabraketen überzugehen, wie sie Österreich, die berühmteste Raketenmacht, nutzte; vergleichende Versuche, die 1848 mit diesen und mit Achsenstabraketen durchgeführt wurden, bewiesen aber die Vorteile der letzteren; auch wenn die Seitenstabraketen auf kürzere Entfernungen eindeutig überlegen waren, so zeigte sich doch, daß auf größere Entfernungen ihre Genauigkeit erheblich abnahm und sie überdies nicht die Reichweite der Achsenstabraketen erreichten. Konstantinov ging daher doch wieder zur Fertigung von Achsenstabraketen über und versuchte diese zu verbessern. Diese Raketen mußten zur Aufnahme des Stabes über eine Bodenplatte verfügen, und Konstantinov stellte nun Versuche über die Anzahl und Form der Gasaustrittsöffnungen in der Bodenplatte an, wobei er die Anzahl der Öffnungen zwischen 5 und 6 und ihren Durchmesser von 0,376 Zoll bis 0,8 Zoll variierte. Es zeigte sich, daß Anzahl und Größe der Gasaustrittsöffnungen einen entscheidenden Einfluß auf die Stärke des Schubes hatten; Verringerung der Fläche bis zu einem gewissen Grade erhöhte Reichweite und Gestrecktheit der Flugbahn, während eine Vergrößerung den umgekehrten Effekt hatte. Dabei kam es auch auf die Anzahl der Öffnungen an, Versuche mit 2zölligen Raketen zeigten, daß eine Rakete mit 6 Öffnungen mit einem jeweiligen Durchmesser von 0,45 Zoll eine größere Reichweite mit einer flacheren Flugbahn erzielte, als dieselbe Rakete mit 5 Austrittsöffnungen des gleichen

General Konstantinov (Zeichnung: Sonkin, S. 72)

Durchmessers. Daraufhin wurden für die weitere Produktion Bodenplatten mit 6 Öffnungen verfertigt, diese konnten aber zunächst nicht genutzt werden, weil die neu eingeführten cannelierten Stäbe über 5 Rinnen verfügten, deren Anzahl mit der Zahl der Öffnungen übereinstimmen mußten; damit mußten für die Dauer der fünfziger Jahre Raketen noch weiterhin die alten Bodenplatten mit 5 Austrittsöffnungen erhalten. Die Bohrung der Seele war ähnlich wie bei den preußischen Raketen dieser Zeit und den Raketen des General Susane in Frankreich bereits zylindrisch. Konstantinov gelang es mit seinen Maßnahmen die Zuverlässigkeit der Raketen zu erhöhen, so daß die Qualität der in St. Petersburg hergestellten beachtlich zunahm, vor allem konnte das vorzeitige Krepieren der Raketen bei der Zündung abgestellt werden. Von den 12.550 2zölligen Raketen, die zwischen 1851 und 1854 ausgeliefert und eingesetzt wurden, scheint nur eine vorzeitig krepiert zu sein[89)] Parallel zu diesen Arbeiten war auch aus Dänemark Foss eingeladen worden, um seine Gewehr-Brandraketen vorzuführen und hiermit Versuche durchzuführen. Ebenso scheint 1852 der österreichische Pyrotechniker Stuwer kurzzeitig in St. Petersburg gearbeitet zu haben.[90)]

(1) Raketen im russischen Heer

In dieser Zeit waren erhebliche Mengen von Raketen produziert und an die Truppen auf der Krim, in Centralasien, Finnland, Sibirien und in den baltischen Ländern ausgeliefert worden. Als Gefechtsköpfe wurden meist Granaten und Kartätschen verwendet. Hierzu liegen nachstehende Zahlen vor:[91)]

---

telles que nous les vîmes en 1850 . . . elles n'ont été introduites nulle part, autant qu'il en est à notre connaissance, surtout à cause de leur peu de justesse. Ainsi, aux expériences exécutées en Russie en 1850, la fusée russe de 2 pouces, à baguette longue, s'est montrée infiniment plus juste que la fusée Hale . . . Du reste, en admettant même que le tir de ces fusées soit aussi juste que celui des fusées à baguette ordinaire, leur introduction n'en est pas plus à recommander, par la raison que le poids considérable de leur chevalet annule tout l'avantage du transport que procure l'absence de baguette, et ensuite parce que ces fusées ne peuvent être tirées, en cas de besoin, sans l'aide d'un chevalet, ainsi que cela est practicable avec les fusées à baguette ordinaire ou à baguette courte cannelée."

87) Konstantin Ivanovich Konstantinov, 1818 - 1871; 1836 nach Besuch der Artillerieschule Ernennung zum Offizier mit folgenden 2 Jahren Studium; 1856 General, 1864 Generalleutnant; zur Übernahme der Leitung der Anstalt liegen widersprüchliche Angaben vor, Sokolskii, a.a.O., p. 41, nannte das hier angegebene Datum, auch Mielke (a.a.O., S. 25) nannte diesen Zeitpunkt, während Winter, rocketry, a.a.O., p. 101 die Übernahme der Leitung bereits für 1847 angab (ebenso: Parry, Russia's Rockets and Missiles, London 1960, p. 77) und Sonkin (a.a.O., S. 73) schrieb, er wäre 1845 zum Kommandeur der pyrotechnischen Schule ernannt worden und dann von 1850 bis 1859 Leiter der Raketenanstalt gewesen.

88) Winter, rocketry, a.a.O., p. 101

89) Schilderung der Versuche und Verbesserungen nach: Sokolskii, a.a.O., p. 41 - 44

90) Mitteilung Voenno Istoriceskij Musej, artillerii, inshenernykh voysk i voysk svyazi, Sankt Peterburg vom 30. Juni 1998

91) „Zapiska o sostoyanii u nas raketnoi chasti" vom August 1854, zitiert nach: Sokolskii, a.a.O., p. 40; Susane, Les fusées de guerre, in: Mémoirs de l'Académie de Metz, Metz 1862/1863, p. 247, gab an, daß zwischen 1846 und 1857 in den Kaukasus 31.550 Raketen aus St. Petersburg geliefert worden wären und fügte an: „Si ces fusées ont été consommées, la Russie est sans contredit le pays que a le plus largement usé de cette arme."

Kaliber	Jahr	Zielort	Anzahl
2-zöllige	1846	Caucasus	3500
	1847	-„-	2000
	1848	-„-	3920
	1849	-„-	4000
	1849	Orenburg	400
	1850	Caucasus	4000
	1851	-„-	3700
	1852	-„-	1700
	1853	-„-	2000
	1853	Kertsch	600
	1853	Orenburg	350
	1854	Caucasus	2000
	1854	Bucarest	2000
	1854	Reval	200
	1854	auslieferungsbereit für	
		- Sevastopol	600
		- Helsingfors	480
3,5 zöllige	ab 1846	Caucasus	60
	1854	Silistria	100
	1854	vorbereitet ohne Gefechtskopf für den Kaufmann Nobel[92)]	100

1850 scheinen die Raketen wieder mit Erfolg im Kaukasus genutzt worden zu sein.[93)] Der Stand der russischen Raketenartillerie in diesen Jahren ist nicht ganz klar, zu ihrem Stand im Frühjahr 1854 hieß es an einer Stelle, daß das Garde-Corps in seiner Artilleriedivision über eine Raketenbatterie verfüge,

„... *deren Bestand der wohl auch noch nicht endgültig festgestellt sein mag, wir nicht anzugeben wissen, aber ungefähr auf 6 Offiziere und 180 Mann schätzen. Wir beschränken uns übrigens darauf, ihrer nur im Vorbeigehen zu gedenken, da man noch durchaus, wie schon seit vielen Jahren, in Versuchen befangen ist, und die Raketen der russischen Armee noch keineswegs als 'Waffe' in Anschlag gebracht werden können.*"[94)]

Ebenso wenig Angaben lieferte für diese Zeit Wilhelmi, der angab:

„*Rußland hat in den letzten Jahren zwei Raketenkorps organisiert, das eine beim Gardekorps, das andere bei der Armee im Kaukasus; über die spezielle Organisation, so wie über ihre Thätigkeit im Feldzuge fehlen noch begründete Berichte.*"[95)]

Andererseits wurde für das Frühjahr 1853 auch wieder eine genaue Gliederung einer Raketen-Fußbatterie aufgeführt. Danach bestand der Etat dieser Batterie aus 1 Kapitain als Kommandanten, 2 Lieutenants, 2 Unterlieutenants und einem Fähnrich sowie aus 2 Feuerwerkern 1. Klasse, 4 der 2. Klasse, 7 der 3. Klasse und 7 der 4. Klasse, ferner aus 3 Tambours und 3 Hornisten, 48 Bombardiers, 48 altgedienten und 96 jüngeren Kanonieren, dazu traten 20 Mann vom Train und 12 Handwerker. Für die Raketenkarren waren 64 Pferde vorgesehen, insgesamt sah der Kriegsetat 156 Pferde, jedoch keine Reitpferde vor. Die Batterie verfügte über 8 zwölfpfündige und 8 sechspfündige Raketenkarren mit jeweils einem Abfeuerungsgestell, wobei jeweils 4 Abfeuerungsgestelle als Reserve vorhanden waren. Außerdem waren 1 Feldschmiede, 1 Instrumentenwagen, 4 Batterie - „Rospusken" (niedrige vierrädrige Wagen), 1 Apothekerkarren 1 Karren für Geld und Schreibmaterial, 1 „Telegen" (niedriger zweispänniger Wagen) für Montierungsstücke und 2 „Telegen" für Proviant Bestandteil der Einheit.[96)]

Bis 1851 waren Raketen fast nur im Kaukasus eingesetzt worden, allmählich aber wurden ihre Einsatzräume ausgedehnter, nach 1851 wurden sie an die Truppen im Trans-Ili Gebiet (Kirgisien) ausgeliefert, wo sie bald zur Standardausrüstung gehörten und ab 1856 wurden ständige Raketen-Detachements in West-Sibirien gebildet. Überdies wurden Raketen 1853 und 1855 erfolgreich in Armenien und auf dem Balkan eingesetzt.[97)]

Zu einem bemerkenswerten und ausgedehnten Raketeneinsatz kam es im Juli 1853 bei der Belagerung und Einnahme von Achmetchet. Hier trug ein Raketen-Detachement unter Fähnrich Johansen entscheidend zur Einnahme der Festung bei, dabei wurden sowohl Raketen im hohen Bogen gegen den Feind hinter den Festungsmauern als auch Raketen im horizontalen Schuß und schwere Festungsraketen gegen die Artillerie der Belagerten eingesetzt,[98)] für besondere Aufgaben wurden zusätzliche bewegliche Raketen-Detachements gebildet. Ein weiterer Einsatz erfolgte bei Fort Petrovsky in diesem Jahr.[99)]

Im Krimkrieg wurden Raketen durch Rußland vielfach erfolgreich eingesetzt, so bei der Belagerung Silistrias und in den Schlachten und Gefechten bei Babadag 1854, Karadag 1855 und besonders bei Kyuruk-Dara am 24. Juli 1854,[100)] wo 18.000 Mann russische Truppen der 60.000 Mann starken türkischen Anatolien-Armee unter Zarif-Mustafa-Pascha, die von Kars auf Tiflis vorzustoßen beabsichtigte, eine Niederlage beibrachten. Zur russischen Armee auf dem asiatischen Kriegsschauplatz unter dem Befehl von General Fürst Bebutov gehörten zwei Raketenkommandos zu Pferde mit 16 Raketengeschützen, die dem 20. Don-Kosaken-Regiment zugeteilt waren.[101)] Diese wurden, unter Bedeckung von 3 Sotnien des 20. Don-Regiments, durch den General Baggovut eingesetzt, als die Lage auf dem rechtem Flügel der Russen kritisch geworden war; mit Hilfe der Raketen gelang es dann, die türkische Kavallerie zurückzuwerfen, so daß die russischen Truppen die Gelegenheit nutzen konnten und den Gegner mit frischen Truppen entscheidend schlugen.[102)] Von den beiden Raketenkommandos wurden in dieser Schlacht insgesamt 128 Raketen abgefeuert.[103)] Der Offizier Polivanov notierte hierzu:

92) Wahrscheinlich Emanuel Nobel, der Vater Alfred Nobels; N. war 1838 auf Einladung des russischen Staatsrates von Haartmann nach St. Petersburg übergesiedelt und konstruierte dort Torpedomodelle, 1854 wurde nach seinen Vorschlägen die Newamündung durch Torpedos und Minen gesichert. (Dr. Langhans, Geschichtstafeln zu Gebieten der Wehrchemie, in: ZgSS, 34. Jahrg. 1939, Sonderbeilage, S. 49) Die Angaben in der Übersicht könnten darauf hinweisen, daß N. auch Versuche mit Raketentorpedos unternahm.

93) Curtiss, a.a.O., p. 150, leider machte Curtiss keine genaueren Angaben zu diesen Einsätzen

94) Th. v. Bernhardi, Vermischte Schriften, Erster Band, VII. Das russische Heer im Frühjahr 1854, Berlin 1879, S. 345

95) Wilhelmi, Stellung der Feldraketen-Batterien im Heere, ihre Verwendung in den für sie besonders geeigneten Gefechtsverhältnissen und ihre hierdurch bedingte Organisation. Anführung der Organisationen einiger ausländischer Feldraketen-Korps, in: AOPA, 43. Band, S. 190. In Bezug auf den Kaukasus waren wohl die dort eingesetzten Raketen-Detachements gemeint.

96) o. Verf., Der Bestand der kaiserlich Russischen Artillerie im Frühjahr 1853, in: AOPA, 37. Band 1855, S. 205 (Nach der beschriebenen Gliederung muß es sich hierbei um die 1826 aufgestellte erste Raketenbatterie gehandelt haben); nach: Storm, Geschichte der Raketenartillerie des 19. Jahrhunderts, in: ARS, 3/1966, S. 14, wurde erst 1859 eine Halbbatterie aufgestellt, die aus 4 Wagen, 3 Offizieren, 8 Unteroffizieren, 2 Trompetern und 40 Mann mit 17 Pferden bestand. Nach: Mitteilung Voenno Istoriceskij Musej, artillerii, inshenernykh voysk i voysk svyazi, Sankt Peterburg vom 26. Februar 1998, bestand die Batterie jedoch nur bis 1849 und scheint nicht erneut zu einem späteren Zeitpunkt wieder aufgestellt worden zu sein. Dagegen lag 1854 der Vorschlag zur Aufstellung einer Raketen Lehr Brigade mit 3 Batterien vor, von denen eine als Fußbatterie, eine als reitende und eine als Festungsbatterie dienen sollte (Mitteilung Voenno Istoriceskij Musej, artillerii, inshenernykh voysk i voysk svyazi, Sankt Peterburg vom 30. Juni 1998); auch A. Mordecai, Military Commission to Europe, Washington 1860, p. 17, berichtet für 1855 von einer Raketenbatterie, ohne jedoch nähere Daten anzugeben.

97) Sokolskii, a.a.O., p. 44

98) o. Verf., Ob upotreblenii boevykh raket pod Silistrieyu i pri gorode Babadage, in: Artilleriskii Zhurnal, No. II, 1855, p. 135; zur Verfügung standen 2zöllige Raketen mit einem leichten Sprenggefechtskopf von $^{1}/_{4}$ Pud sowie schwere mit einem Gefechtskopf von $^{1}/_{2}$ Pud

99) Konstantinov, Lectures, a.a.O., p. 310

100) ibidem

101) Polkovnik Fersman, Opisanie srazheniya pri derevne Kyuruk-Dara, 24-goyulya 1854 god, in: Artilleriskii Zhurnal, No. III, 1855, S. 211

102) ibidem, S. 234 f., sowie: Sonkin, a.a.O., S. 104

103) Fersman, a.a.O., S. 243

„Кавалерия стоявшая твердо под картечью и пулями, не могла выстоять под ракетами. Ракеты разом остановили натиск и произвели беспорядок в колоннах."[104)]
Fersman schrieb in seinem Artikel zu diesem Einsatz:
„Действiе ракетъ было весьма успешно. Нанеся непрiятельской кавалерiи действительный вредъ вернымъ полетомъ ракеты кроме того поразили непрiятеля новизною и неожиданностью появленiя: баши-бузуки разсеялись."[105)]
Ähnlich schrieb der Artillerieführer des selbständigen kaukasischen Korps dazu in seinem Bericht vom 7. August 1854:
„Die Raketen versetzten den Feind in Angst und Schrecken und hatten durch ihr überraschendes Auftauchen und das Neue ihres Einsatzes nicht nur eine starke moralische Wirkung auf die feindliche Infanterie und Kavallerie, sondern fügten ihnen auch tatsächlich großen Schaden zu, da sie genau im Ziel lagen, besonders bei der Verfolgung des zurückweichenden Feindes."[106)]
Aufgrund der erfolgreichen Einsätze auf dem Balkan wurden weitere 2.000 Raketen angefordert, jedoch sollten diese einen stärkeren Gefechtskopf tragen. Da für eine Neukonstruktion die Zeit fehlte, schlug Konstantinov vor, die normalen Raketen mit einer entsprechenden sphärischen Granate der Kanonen zu versetzen. Hierzu wurde auf die Hülse ein oben, entsprechend der Form der Granate eingewölbter Klotz Birkenholz gelegt, durchbohrt, um in die Bohrung eine Stoppine als Feuerleitung zwischen Zehrung des Treibsatzes und Granate herzustellen, und dann die Granate auf das Holz gesetzt und mit Eisenbändern an der Hülse befestigt. Dieses Provisorium scheint sich bewährt zu haben.[107)]
Den beteiligten Artillerieeinheiten wurden dabei neben den Raketen auch Instrukteure aus St. Petersburg zugewiesen, die den Einsatz leiteten. Geliefert worden waren 2zöllige Sprengraketen,[108)] die in St. Petersburg zwischen dem 18.10.1853 und dem 24.01.1854 hergestellt worden waren, in Kisten verpackt wurden sie nach Ismael und dann auf dem Wasserweg über Kalarash nach Silistria geliefert, wo sie am 12. April anlangten. Daneben waren auch Brandraketen geliefert worden, von diesen wurden aber nur 2 zu Versuchszwecken abgefeuert, diese erzielten eine Reichweite von 200 Saschen und dabei eine befriedigende Brandwirkung, eine Notwendigkeit für einen Einsatz ergab sich aber während des Feldzuges nicht. Bei einem Versuchsschießen mit Sprengraketen wurde eine Reichweite von 320 Saschen erzielt, bei den folgenden Gefechten wurden diese Raketen aber fast nur auf geringeren Entfernungen eingesetzt. Hierfür liegen genauere Daten vor. Die 639 abgefeuerten Raketen wurden auf folgende Entfernungen eingesetzt:[109)]

Anzahl Raketen	verschossen auf Entfernung in Saschen	Anzahl Raketen	verschossen auf Entfernung in Saschen
52	250	30	60
20	230	24	40
26	225	84	25
122	200	146	15
12	150	87	10
36	100		

Daraus ergibt sich, daß der Schwerpunkt des Einsatzes der Raketen bei der Belagerung von Silistria lag. Von diesen Raketen krepierte keine vorzeitig und „ihr Flug verlief richtig". Nur der geringere Teil der Raketen wurde von den gelieferten Lafetten abgefeuert, die von Konstantinov eigentlich für die reitende Artillerie konstruiert worden waren, die Masse wurde aus den Gräben, nur auf die Erde gelegt, abgefeuert, wobei zum Einnehmen der erforderlichen Erhöhung Faschinen untergelegt wurden.[110)]
Anfangs hatte man die Raketen nur als Bewaffnung der Aufklärungseinheiten der Infanterie und Kavallerie vorgesehen, für die Belagerung Silistrias wurde dann aber eine Artilleriebatterie für den Raketeneinsatz umgerüstet. Hierfür wurden auch 4zöllige Festungsraketen angefordert, die jedoch erst kurz vor Abschluß dieser Operation an die Front gelangten. Die Raketen scheinen sich bei dieser Belagerung sehr bewährt zu haben, da die Raketeure ihre Raketengeschütze schnell vorbringen konnten, notfalls die Raketen auch vom Boden oder aus Minenkratern abfeuerten, während die Artillerie in dem von Minen zerrissenen Gelände nicht so schnell ihre Geschütze der Truppe nachziehen konnte.[111)] In einem Bericht hieß es hierzu:
„Ракетное отделенiе постоянно прикрывало голову нащихъ сапныхъ работъ. Каждый разъ после заложенiа колодца, ракетная команда оставалась всегда ближе другихъ войскъ къ заложенной мине, й, после взрыва, беглымъ шагомъ занавъ позицiю въ 10 саженахъ отъ произведенной воронки, открывала огонь, дабы непрiятель не имелъ возможности занять воронку."[112)]
Die Raketeure waren ständig im Einsatz, meist in vorderster Linie. Dabei wurden auch türkische Ausfälle aus der Festung, so am 17. und 22. Mai durch das Feuer der Raketen zurückgeschlagen, die im ersten Falle gegen Infanterie zu viert oder acht vom Boden zugleich abgefeuert wurden und ricochierten und im zweiten Fall türkische Kavallerie nach einer zweiten Salve zum Rückzug zwangen.[113)] Entsprechend waren jedoch auch die Verluste der Raketeure, 21 der 40 Soldaten dieser Einheit fielen während dieser Einsätze oder wurden verwundet.[114)]
Am 26. Dezember erfolgte dann der Übergang über die Donau 7 Werst oberhalb vom Tulschi. Mit dem Kosakenregiment No. 1 und einer Division der Bugski Ulanen erfolgte ein Vorstoß gegen die türkische Kavalleriegarnison Babadag. Unter dem Oberbefehl von Oberst Sazonov stand auch die Raketenbatterie. Vor Babadag wurde das Feuer mit 5 Lafetten eröffnet, zwei wurden auf die Unterkünfte und Ställe, 3 auf die Truppen gerichtet. Binnen kurzer Zeit waren die Ställe in Brand gesetzt und die Kavallerie so in Panik geraten, daß sie aus der Stadt

---

104) Sonkin, S. 105 [Die (türkische) Kavallerie, die unter Kartätsch- und Gewehrfeuer ausgeharrt hatte, mußte unter dem Feuer der Raketen weichen. Die Raketen riefen Unordnung in den (türkischen) Formationen hervor.]
105) Fersman, a.a.O., S. 235 [Die Wirkung der Raketen war sehr erfolgreich. Sie haben der feindlichen Kavallerie wirklich Schaden zugefügt durch den richtigen Flug der Raketen. Außerdem haben die Raketen den Feind überrascht durch ihr unerwartetes Auftreten und durch die Neuheit: die türkischen Irregulären Truppen („Räuber") wurden zerstreut.]
106) Mirjanin, a.a.O., S. 75
107) Sonkin, a.a.O., S. 101
108) Die ebenfalls vorhandenen Kartätschraketen, deren Gefechtskopf mit 30 Kugeln gefüllt war, wurden nicht geliefert, da ihre Reichweite nur bis zu 150 Saschen reichte. (o. Verf., Ob upotreblenii boevykh raket, a.a.O., S. 135)
109) ibidem, S. 130; dort auch die Angaben zur Lieferung der Raketen.
110) Bei der nachfolgenden Auswertung der Einsätze wurde aber auch festgestellt, daß das Abfeuern der Raketen aus den Abfeuerungsröhren eine höhere Genauigkeit ergäbe, für künftige Einsätze bei Belagerungen wurde daher ein verkürztes Abfeuerungsrohr mit einer Länge von etwa 1 Sasche mit einem Kaliber von $2^1/_2$ Zoll vorgeschlagen (ibidem, S. 134), aber dennoch hieß es: „при зтомъ верность полета, даже при ракетахъ, изготовляемыхъ у насъ, не уступаетъ верности полета изъ мортиръ, . . ." [Die Genauigkeit des Fluges unserer Raketen tritt nicht hinter den der Mörser zurück.] (ibidem, S. 136)
111) ibidem, S. 133, festgestellt wurde: „Sie[die Raketen] wurden eingesetzt, wenn es für die Feldartillerie keine Möglichkeit des Einsatzes gab: a) während der Belagerung in vorderster Linie, b) wenn das Gelände durch die Belagerungsarbeiten zu durchschnitten war und so Bewegungen verhinderte, c) wenn die Bewegungen der Feldartillerie durch das feindliche Feuer aus der Festung gefährdet waren." Kaiser Nikolaus ließ nach ersten Berichten über die Wirksamkeit der Raketen den Offizieren der St. Petersburger Raketenanstalt seinen Dank aussprechen und an die Arbeiter je einen Silberrubel verteilen.
112) ibidem, S. 131 (das nicht mehr gebräuchliche Schriftzeichen für „e" wurde durch das heutige ersetzt) [Die Raketeneinheit deckte ständig die Spitze unserer Pionierarbeiten. Jedesmal wenn die Sprengladung gelegt war, blieb die Einheit ganz nahe an dieser Stelle. Nach der Explosion bewegte sie sich im Laufschritt zum neu entstandenen Krater, um in knapp 10 Saschen Entfernung in Stellung zu gehen und das Feuer zu eröffnen, damit der Feind keine Gelegenheit erhielt, den Krater einzunehmen.]
113) ibidem, S. 132, festgestellt wurde, daß „Употребленiе ракетъ подъ Силистрiею было совершенно сообразно съ боевыми своиствами зтого оружiя." [der Einsatz der Raketen vor Silistria vollkommen den Eigenschaften dieser Waffe entsprach]
114) ibidem, S. 138

floh. Die Raketeure erhielten nun den Auftrag, die Reiter zu verfolgen. Nachdem aus einer Entfernung von 150 bis 250 Saschen erneut das Feuer eröffnet wurde und 5 Raketen zwischen den türkischen Reitern detonierten, gingen diese endgültig zur Flucht über.[115)]
Bei der Kaukasus-Armee waren im Mai 1855 aufgrund der bisherigen guten Erfahrungen zusätzlich zwei berittene Raketeneinheiten unter Usow und Vakulskii aufgestellt worden, die über jeweils 8 Raketengeschütze verfügten und 64 Raketen mitführen konnten, je Geschütz waren 5 Mann Bedienung eingeteilt.[116)] Im Juli konnte diese Einheit bei Kerpi-keve einen ersten Beweis ihrer Kampfkraft liefern; nach längerem Marsch mit einer Kosakeneinheit trafen die Russen am Fluß Araksa auf eine türkische Einheit, die das jenseitige Ufer verteidigte. Unter Deckung der Kosaken wurden die Raketengeschütze in Stellung gebracht und nach 2 Salven räumten die Türken ihre Stellung. Wenig später konnte ein türkischer Übersetzversuch im gleichen Raum, der eine Kosakensotnie in Bedrängnis gebracht hatte, durch den überraschenden Einsatz von 8 Raketensalven zurückgewiesen werden.[117)]
Ebenfalls wurden bei der Belagerung von Kars auch russischerseits Raketen eingesetzt. So ließ der Oberbefehlshaber Muraviev durch eine dieser berittenen Einheiten überfallartig Anfang August das Feuer auf Kars eröffnen und sie sofort wieder zurückziehen, um sie nicht dem feindlichen Gegenartilleriefeuer auszusetzen. Solche Einsätze wurden häufig durchgeführt, um die türkische Besatzung nicht zur Ruhe kommen zu lassen.[118)] Mitte August hatte Muraviev ein Hauptlager oberhalb Kars bezogen; da der Festung die Verpflegung ausging, beschlossen die Türken einen Ausbruchversuch mit einem Kavalleriekommando zu wagen, um mit diesem und Teilen des Artillerietrains nach Erzerum durchzubrechen. Am Abend des 3. September näherte sich diese Truppe mit 600 Reitern als Vorhut und 200 Reitern als Rückendeckung dem Ort Dschawra, wo sie in einen Hinterhalt tscherkessischer Freischaren in russischen Diensten gerieten. Die Türken konnten noch in wilder Eile einen Engpaß auf dem Wege nach Tschigagran erreichen, als eilends herangerufene Truppen Ungern-Sternbergs von Süden aus Bosgun eintrafen. Die Kosaken des General Dondukov-Korsakov gemeinsam mit Dragonern und einem Detachement berittener Raketeure zwangen nach Raketenfeuer die Türken den Paß zu verlassen und in Einzelgruppen zu fliehen, 125 Türken fielen in diesem Gefecht und 200 wurden gefangen genommen. Am 29. September erfolgte dann der erste Sturmangriff auf Kars durch die Truppen Murawievs, dieser wurde aber zurückgeschlagen und Murawiev mußte die abgeschlagenen Kolonnen Kowalevsky und Gagarin unter dem Feuerschutz einer Positionsbatterie, einer reitenden Batterie und eines Raketen-Detachements zurückziehen. Erst am 28. November erfolgte dann aus Mangel an Verpflegung die Kapitulation der Stadt.[119)]
Ausschlaggebend für die Erfolge der Raketen war vor allem ihre moralische Wirkung, insbesondere auf die feindliche Kavallerie; Vakulski notierte hierzu:
„Я имел испытанную в бою лошадь; артиллерийский огонь на нее имел никакого влияния, но, садясь после действия ракетной команды на зту лошадь, я постоянно замечал, что она дрожала всем телом ... Не говорю, чтобы ракеты имели действительность, равную орудийному снаряду ..., но правственное их влияние на кавалерию превосходит действие картечи."[120)]
Auch in der Ostsee kam es zu russischen Raketeneinsätzen; so war Bomarsund mit Raketen ausgestattet, bei einer Beschießung durch britische Schiffe unter Captain Hall von der *Hecla* am 22. Juni 1854 wurde das Feuer auf diese von einer maskierten Feldbatterie flankierend auch mit Raketen eröffnet. [121)] Und bei der Verteidigung Vyborgs wurde am 13. Juli 1855 ein Raketenboot der *Arrogant* durch russische Raketen in Brand gesetzt und versenkt,[122)] ferner wurden bei Reval französische Schiffe mit Raketen beschossen.[123)]
Ebenso wurden zur Verteidigung Sevastopols Raketen eingesetzt, allerdings war anfangs nur ein geringer Vorrat vorhanden. Zur Verstärkung wurde aus St. Petersburg Cherbatchov mit 600 Raketen und einem neu konstruiertem Raketengeschütz mit längerem Rohr[124)] in die Festung entsandt, begleitet war er von einem Feuerwerker und 4 Kanonieren. Er wollte noch weitere Raketengeschütze herstellen lassen, da aber die Ressourcen knapp waren und ein Schießversuch ungünstige Ergebnisse gezeigt hatte, wurde ihm die Anfertigung nicht gestattet. Aufgrund einer Verwundung mußte er dann die Festung verlassen. Während der Belagerung wurde in der Festung eine Raketeneinheit von 20 Mann unter Oberstleutnant Pestich aufgestellt, die über 5 Raketengeschütze und einen Infanteriewagen zum Transport verfügte, zugeteilt waren ihr 350 Raketen. Diese Einheit sollte jeweils beweglich dort eingesetzt werden, wo zusätzliche Feuerunterstützung erforderlich war. Die restlichen 250 Raketen wurden den Batterien Alexandrov und Konstantinov übergeben.[125)] Diese wenigen zur Verfügung stehenden Raketen scheinen nur wenig Erfolg gehabt zu haben.[126)] Ein französischer Bericht besagte:
„Le 5 septembre, - c'est-à-dire trois jours avant l'assaut de Malakoff, - les Russes lancèrent une vingtaine de fusées de guerre fort médiocres, et sans aucun résultat."[127)]

---

115) ibidem
116) Sonkin, a.a.O., S. 107
117) ibidem, S. 108
118) ibidem
119) Rüstow, Der Krieg gegen Rußland, Zürich 1855
120) zitiert nach: Sonkin, a.a.O., S. 114 [Ich hatte ein kampferprobtes Pferd, auf das Artilleriefeuer keine Wirkung hatte. Nach jedem Raketeneinsatz zitterte es aber am ganzen Körper. Ich kann nicht sagen, daß Raketen die Wirkung von Kanonengeschossen besäßen, aber ihre moralische Wirkung auf die Kavallerie ist weitaus größer.]
121) D. Bonner-Smith / A. C. Dewar, Russian War, 1854, Baltic and Black Sea, London 1943, p. 83
122) v. Braun / Ordway III, Raketen, München 1979, S. 118
123) Um die alliierten Schiffe zu beunruhigen und um eine volle Bestückung mit Raketen vorzutäuschen, wurden bei Reval nach Beobachtung der französischen Test-Schüsse, am 28. und 30. August jeweils 4 Raketen großen Kalibers, die eilends aus St. Petersburg zugeführt worden waren, auf die französischen Schiffe, wenn auch ohne einen Treffer zu erzielen, abgefeuert „pour nous faire croire qu'eux aussi étaient approvisionnés de fusées" (Col. Arago, Les Fuséens, in: Bulletin de la Société des Amis de Musée de l'Armée, No. 39, 1933, p. 16) Nach einer Notiz in der AMZ, 1855, S. 653, Rußland und Polen, scheinen jedoch Raketen regulär zu den Verteidigungsanlagen dieser Häfen gehört zu haben: „Nach einer dem „Invaliden" aus Reval zugegangenen Correspondenz haben während der letzten Anwesenheit des Großfürsten Michael Nicolajewitsch, Großmeisters der Artillerie, daselbst, in Gegenwart desselben ausgedehnte Versuche mit neuen Brandraketen stattgehabt, welche der Artillerieoberst Konstantinoff erfunden. Diese Versuche scheinen vollkommen gelungen zu sein, die Distanz, auf welche diese Raketen das Ziel erreichten, betrug 5 Werste. Man hat nun die Strandbatterien des finnischen Golfs, vornämlich diejenigen zu Reval und bei Sweaborg, mit diesen neuen Geschossen versehen, um sie nöthigenfalls gegen feindliche Schiffe anzuwenden." Ebenso scheinen ähnliche Befestigungen am Schwarzen Meer erfolgt zu sein (AMZ, 1855, S. 781, Rußland und Polen): „St. Petersburg, 13. Octbr. Unter des Kaisers und des Großfürsten Nikolaus persönlicher Aufsicht wurden bei Nikolajeff Schanzen und Batterien angelegt, die auch mit Gerüsten zum Schießen der Konstantinoff'schen Brandraketen versehen sind . . . Die Batterien an Nikolajeff sollen mit diesen Geschossen ebenso wie die bei Odessa versehen werden. Eines soll genügen, wenn der Leib eines Schiffes getroffen wird, dasselbe in unlöschbaren (?) Brand zu versetzen. Man verspricht sich sehr viel von diesen Brandgeschossen. Auch Sebastopol sollte damit versehen werden; aber die Vervollkommnung der Brandwaffe bis zum einigermaßen sicheren Gebrauch derselben ist so jungen Datums, daß es an Zeit gebrach, dieselben dorthin zu schaffen."
124) Konstantinov, Lectures, a.a.O., p. 44; vgl. Sonkin, a.a.O., S. 117, das Rohr war auf 2 m verlängert worden
125) Sonkin, a.a.O., S. 118
126) M. Christal, a.a.O., p. 187: „Il n'y eut pas pour les Russes occasion d'employer toutes leurs fusées à Sébastopol; mais celles qui n'ont pas été tirées pendant le siège auraient dû être lancées toutes en une fois pour nuire n'importe comment à l'assailant, ou du moins pour détruire les fusées et les rendre impropres au service. Le motif de cet inutile abandon a été l'absence, désormais comblée chez les Russes, de compagnies permanentes de fuséens dont la fusée soit le service exclusif en temps de paix et de guerre; mais les Russes en ont retiré un certain profit . . ."; Christal fügte an, daß erbeutete russische Raketen vier Jahre nach ihrer Herstellung und nach dem Transport von St. Petersburg nach Sevastopol und dem erneuten Transport nach Metz bei Versuchen einwandfrei funktioniert hätten, keine wäre vorzeitig krepiert.
127) Susane, a.a.O., p. 247, Susane fügte an: „Nous avons de fortes raisons de croire que si les Russes ont négligé l'emploi des fusées dans leur énergique défense de Sébastopol, cette abstention eut un autre motif que l'absence d'un personnel exercé."

An einer anderen Stelle ist ein Bericht zu finden, in dem die Wirkung russischer Raketen gegen französische Geschütze, die in der Nacht des 31. März in eine Batterie vorgezogen werden sollten, positiver beschrieben wurde:

„la place faisait un feu excessivement vif, une sortie avait lieu, on lançait des obus et des balles en grande quantité. Les chevaux du premier porte-corps, effrayés par une fusée de guerre qui rasa le dessus de la voiture, tournèrent brusquement, et le timon fut brisé. En même temps la roue droite du deuxième porte-corps s'enfonçait jusqu'au moyen dans un trou de bombe."[128]

Nach der Einnahme des Südabschnittes durch französische Truppen fiel der Rest dieser Raketen in französische Hände. Insgesamt wurden die russischen Raketen durch die Franzosen recht abwertend beurteilt:

„Les Russes ont aussi lancé quelques fusées en très-petit nombre; elles n'avaient ni portée, ni justesse, ni puissance destructive. Quoi qu'il soit, on pense que la fusée de guerre est un artifice non pas indispensable, ni qui puisse jamais remplacer le canon, mais on la considère comme un accessoire utile et qu'on regrettera toujours de n'avoir pas à sa disposition."[129]

Russischer Raketeneinsatz in Sevastopol (Zeichnung: Sonkin, S. 119)

Eine Forderung Fürst Menchikovs zur Lieferung Raketen größerer Reichweite zur Bekämpfung der alliierten Flotte konnte in St. Petersburg aus Mangel an Ressourcen nicht erfüllt werden;[130] eine Anforderung General Schilders nach 100 schweren Raketen, die 10 Pfund Pulver im Gefechtskopf enthalten sollten, für die Belagerung Silistrias wurde zwar ausgeführt, die Raketen wurden dann aber nach Odessa geliefert und schließlich 1855 zur Küstenverteidigung bei Nikolaev eingesetzt, ein Versuch, sie noch zeitgerecht in Sevastopol den Belagerten zur Verfügung zu stellen, erfolgte zu spät.[131]

Aus russischer Sicht blieb der Wert der Raketen aus den Erfahrungen dieses Krieges umstritten, es scheint auch nicht zu Einsätzen der einzigen etat-mäßigen Raketenbatterie gekommen zu sein; insbesondere bei den Operationen im Kaukasus, wo konventionelle Artillerie nicht immer verfügbar war, scheinen sie aber eine begehrte Waffe gewesen zu sein, dies wird auch dadurch bewiesen, daß häufig für bestimmte Operationen ad hoc Raketeneinheiten gebildet wurden oder daß Kosakenregimenter auch ohne offizielle Genehmigung Raketentrupps aufstellten, um stets eine bewegliche artilleristische Unterstützung auch bei Aufklärungsvorstößen zu gewährleisten. Andererseits gab es auch, wie in anderen Staaten, Gegner dieser Waffe, die vor allem auf die noch immer bestehende fehlende Treffsicherheit hinwiesen und allenfalls zugestanden, daß Raketen in unzugänglichen Gelände einigen Nutzen haben könnten. Die Gegner scheinen sich aber durchgesetzt zu haben, da die noch bestehende Raketenbatterie am 30. April 1856 aufgelöst wurde, wobei ein Teil des Personals zur Raketenanstalt trat.[132] Dennoch scheinen die zu dieser Zeit hergestellten Raketen bereits recht zuverlässig gewesen zu sein. 1860 befanden sich im Artillerie-Depot in Tiraspol ungefähr 3.000 Raketen, die in den Jahren 1853 und 1854 produziert worden waren und für den Einsatz bei Silistria eingeplant aber dort nicht verwendet worden waren; angesichts der langen Dauer der Lagerung sollten sie vernichtet werden, der Kommandeur der 4. Artilleriedivision, Generalmajor Nemtchinoff erwirkte jedoch ihre Freigabe für Schießversuche, die auf dem Schießplatz von Vosnesensk durchgeführt wurden; verschossen wurden 192 2zöllige Raketen, davon 180 Granat- und 12 Brandraketen, sowie 8 4zöllige Bombenraketen, deren Gefechtskopf 10 livres Pulver enthielt. Keine einzige Rakete zersprang oder zeigte einen unregelmäßigen Flug. Unter 15° Elevation abgefeuert erreichten die 2zölligen nach bis zu 10 Ricochets Schußweiten bis zu 700 Toisen. Nur 3 Granaten zündeten vorzeitig. Die 4zölligen Raketen wurden auf Entfernungen von etwa 300 Metern abgefeuert, bei ihrem Auftreffen im Ziel wurde durch die Explosion der Bomben ein Krater von 7 - 10 Fuß Durchmesser und einer Tiefe von 3 - 5 Fuß erzeugt. Konstantinov stellte hierzu fest:

„Nous nous serions empressé de placer ici les résultats numériques détaillés de ce tir, si ce n'était l'étendue des tableaux, car ses résultats sont une preuve évidente de ce que nos fusées, convenablement emballées en caisses, telles que les expédie la fabrique, au bout de six ans au moins de vicissitudes diverses auxquelles sont en général exposés les approvisionnements de munitions durant la guerre et les transports, se conservent encore bonnes, offrent toute la sécurité désirable dans leur emploi, et une justesse qui, tout en laissant encore à désirer quant à la précision. n'en donne pas moins la possibilité d'en obtenir un bon parti à la guerre."[133]

In den beiden Folgejahren blieb die Produktion der St. Petersburger Anstalt weiterhin auf einem hohem Niveau, in den Kaukasus wurden 1856 und 1857 mehr als 30.000 Raketen geliefert, obwohl nach wie vor nur 3 Pressen zum Laden des Treibsatzes vorhanden waren.[134]

(2) Raketen in der russischen Marine

Ab Mitte der fünfziger Jahre deutete sich eine Änderung der Haltung der militärischen Führung zu den Raketen an, Grund hierfür waren erfolgversprechende Versuche in Rußland, die Kriegserfahrungen und die vorliegenden Berichte zum Fortschritt der Raketenentwicklung des Auslandes. Hinzu kam ein wachsendes Interesse der Marine an dieser Waffe. Im September 1854 wies der Kriegsminister V. A. Dolgorukov den Kaiser daraufhin, daß angesichts der Fortschritte in Österreich, England und Frankreich nunmehr auch Rußland verstärkte Anstrengungen auf diesem Gebiete unternehmen müsse, um nicht zurückzubleiben.[135]

---

128) o. Verf., Guerre d'Orient. Siège de Sébastopol: Historique du Service de l'Artillerie, Paris 1859, Tome 2, p. 620

129) Konstantinov, Lectures, a.a.O., p. 44, diese Raketen waren schon lange vor Beginn der Belagerung nach Sevastopol geliefert worden; Konstantinov ergänzte: „Tout en acceptant pleinement l'appréciation dont elles ont été l'object, nous remarquerons cependant que ces fusées, quoique d'une faible portée, n'atteignaient pas moins de 1,400 mètres, et étaient encore assez meurtrières pour agir contre les hommes et les chevaux, et probablement qu'on en aurait pu faire un usage meilleur que celui qu'on en fit."

130) Konstantinov, Lectures, a.a.O., p. 47; die St. Petersburger Anstalt war nur in der Lage Raketen mit einer Reichweite von maximal 4 km herzustellen

131) Konstantinov, Lectures, a.a.O., p. 48

132) Sonkin, a.a.O., S. 129 ff, zur Auflösung der Raketenbatterie: S. 135; Defrasne, a.a.O., p. 23, gab zwar an, daß in der Garde-Artillerie noch 1859 eine Halb-Batterie Raketen vorhanden gewesen sein soll, diese Angabe erscheint aber zweifelhaft.

133) Konstantinov, Lectures, a.a.O., pp. 295

134) Favé, a.a.O., p. 198; Anzahl der Pressen nach: Konstantinov, Lectures, a.a.O., p. 64

135) Sokolskii, a.a.O., p. 45

Art und Kaliber	Linien-schiffe	Fregatten	Corvetten	Clipper *)	Dampf-Fregatten	Dampf-Corvetten	Schoner	Kanonen-boote	Versorgungs-schiffe
2 1/2zöllige Kartätschen	10	10	10	20	10	30	30	20	20
2 1/2zöllige Sprengraketen	10	10	10	10	10	10	10	10	10
4zöllige Brandraketen	10	20	30	30	10	10	10	10	10
4zöllige Brandraketen mit 1/2 Pud Sprengsatz	20	20	20	30	20	10	10	10	10
Summe je Schiff	50	60	70	90	50	60	60	50	50
*) als Clipper wurden zu dieser Zeit die kleinen Kreuzer mit Schraubenantrieb bezeichnet									

Konstantinov hatte die Admiralität bereits 1851 mit einer Denkschrift auf die Einsatzmöglichkeiten von Raketen hingewiesen,[136)] wobei er die Zweckmäßigkeit der Raketen als Bewaffnung bei Boots-Operationen, bei Landungsunternehmungen, zur Küstenverteidigung und ihre Verwendung als Ankerraketen anführte. Um die Zweckmäßigkeit zu beweisen, hatte er Versuche mit den 2zölligen Raketen vorgeschlagen. Nach längerer Prüfung stellte die Marine 1854 ein Marine-Raketen-Detachement auf; 1855 wurden Raketen zu den Häfen von Reval, Kronstadt, Vyborg und Sveaborg zur Verstärkung der Befestigungen geliefert und 1856 schließlich waren erste, kleinere Schiffe der Flotte mit Raketen ausgestattet worden. Nun forderte auch die Marine immer mehr Raketen an, so im Februar 1857 jeweils 180 Stück 2 1/2zöllige Raketen mit Granaten und Kartätschen, 288 Stück 4zöllige Brandraketen und 48 Stück 3 1/2zöllige Leuchtraketen mit Fallschirm. Für Versuche wurden zusätzlich mehrere Hundert Raketen gefordert. Im März 1858 entschied das Kriegsministerium, der Marine jährlich 50 Stück 4zöllige Brandraketen zuzuweisen. Als Ergebnis der Versuche wurde 1857 ein Handbuch über die Nutzung der Kriegsraketen in Booten und am Ufer herausgegeben. Auch die Schwarzmeerflotte, die Flottille im Kaspischen Meer und die Amur-Flottille wurden mit Raketen ausgestattet.[137)] Durch diese Forderungen gingen von der Marine entscheidende Impulse für die Weiterentwicklung der Raketen aus, ohne die möglicherweise auch eine Modernisierung der Fabrikation nicht möglich geworden wäre.[138)]

1869 schrieb die Marine fest, daß Raketen ein wichtiger Bestandteil ihrer Ausrüstung, insbesondere für die der Boote wären und eine unverzichtbare Waffe für Landungsoperationen darstellten; die Admiralität entschied daher, nunmehr Raketen als Waffe ständig zu nutzen; dementsprechend wurde eine jährliche Bereitstellung von 1.100 vierzölligen und 3.300 Stück 2 1/2zölligen für erforderlich gehalten. Um die Boote für solche Zwecke hinreichend auszustatten, wurde nachfolgende Ausstattung der Schiffe festgelegt, in Friedenszeiten aber wurden den Raketen nur den übenden Schiffen zur Ausbildung zugewiesen:[139)] *(Siehe Tabelle oben)*

(3) Verbesserungen - Nikolaev

Aufgrund seiner Messungen mit dem elektroballistischen Pendel war Konstantinov zu dem Schluß gekommen, daß nur der Teil des Treibsatzes um die Bohrung und, in gleicher Stärke, von der Zehrung den eigentlichen Antrieb bewirkte, während der Rest des Treibsatzes, insbesondere an der Zehrung kaum zum Antrieb beitrug, ja, eher zu einer Instabilität während des Fluges führte.[140)] Er ersetzte daher diesen Teil des Treibsatzes durch eine nicht brennbare Füllung, wobei nur die Feuerleitung zum Gefechtskopf mit Pulver gefüllt blieb. Diese Raketen wurden dann als Modell 59 bezeichnet. Da offensichtlich die Raketen noch feucht gepreßt wurden, kam es nach einigen Jahren der Lagerung zu einer Verschlechterung des Treibsatzes. Daher ließ Konstantinov schließlich die letzten Portionen Treibsatz trocken pressen, das Modell 62.[141)] Später verlängerte er, wie schon zuvor General Susane in Frankreich, die Bohrung, damit kam es zum Modell 63, das zunächst auch noch feucht gepreßt wurde. Ferner hatte er die Länge der Hülsen von 97,5 auf 115 cm respektive von 48,7 auf 57,5 cm vergrößert. Nach Versuchen 1862 bis 1863, bei denen Raketen mit feucht und trocken gepreßten Treibsatz verglichen wurden, zeigte sich die Überlegenheit der letzteren, die größere Genauigkeit im Flug und vor allem auch eine größere Reichweite zeigten. Die Raketen mit feucht gepreßtem Treibsatz erreichten bei 12° Elevation etwa 730 m, die trocken gepreßten die gleiche Reichweite schon bei 8° Elevation und bei 45° erzielten die feucht gepreßten 1.680 m, die trocken gepreßten mit verlängerter Bohrung aber 2.730 m.[142)] Für einen abschließenden Versuch wurden dann jeweils 385 Raketen hergestellt; die materielle Ausstattung in der St. Petersburger Anstalt erlaubte es aber immer

136) „Zapiska o vedenii i uprotreblenii boevykh raket na flote" (nach: Sokolskii, ibidem)

137) Sokolskii, ibidem; das Handbuch „Pravila dlya upotrebleniya boevykh raket na grebnykh sudakh i na beregu" wurde von Oberstleutenant Pestich erstellt

138) Konstantinov, Lectures, a.a.O., p. 65: „Ceci a duré jusqu'à 1856. De cette époque date une nouvelle ère pour les fusées en Russie. Grâce à l'introduction des fusées dans l'armament de notre marine, et grâce aussi à l'appui de S:A:I. monseigneur le grand-duc Michel, grand maître de l'artillerie, l'arme des fusées est en voie de prendre un développement conforme à l'état des autres branches de notre technologie militaire, et d'atteindre à la hauteur des derniers progrès, passés dans ces derniers temps, du domaine de la science dans celui de l'application pratique."

139) Sokolskii, a.a.O., p. 46

140) Konstantinov, Lectures, a.a.O., p. 273: „Ainsi, en observant attentivement le vol de nos fusées, on pouvait remarquer que les irrégularités de la trajectoire commençaient, non pas dès l'origine du mouvement, mais après quelque temps qui s'écoulait après le départ de la fusée. En comparant ce temps avec les temps des différentes périodes de la combustion de la composition des fusées, il devenait évident que le commencement des irrégularités devait être rapporté au commencement de la combustion de la section transversale du massif de la fusée. Cette conclusion a pu être déduite, car on peut déterminer avec assez d'exactitude le temps qui s'écoule entre le moment de la communication du feu à la fusée et le commencement de la combustion du massif limité à sa section transversale, en se basant sur ce fait fourni par l'observation, que l'on peut admettre comme instantanée la propagation de la flamme sur la surface intérieure de l'âme des fusées, mais que la combustion ne penètre en épaisseur qu'avec une certaine lenteur qui donne pour la composition en usage dans nos fusées, un peu moins de 0,4 de pouce de seconde, de sorte que, dans la fusée de 2 pouces et demi dans laquelle la couche de composition qui tapisse l'âme de la fusée a 0,7 de pouce d'épaisseur, toute la composition autour partie adjacente à l'âme, est comburée en un peu moins de 2 secondes; au bout de ces temps, il n'y a que la section transversale du massif qui soit en combustion. Mais la section transversale du massif ne donne aucune force motrice." Konstantinov beschrieb dann einige Versuche und wies nach Auswertung der Ergebnisse wiederum auf die Quelle der Ungenauigkeit des Fluges hin: „L'observation directe du tir indique déjà suffisamment que les irrégularités commencent surtout avec le commencement de la combustion du massif dans sa section transversale, ce qui s'explique; car à mesure que le massif diminue par sa combustion, la tête de la fusée s'allège et la baguette en est relativement comme plus pesante; il s'en produit une nouvelle force tendant à renverser la fusée, c'est-à-dire à lui faire prendre un mouvement de rotation autour d'un axe perpendiculaire au plan vertical dans lequel se meut la fusée, et qui agit sur la tête de la fusée en sens inverse de la pesanteur. Cet allégement de la tête de la fusée peut produire le déplacement du centre de gravité, . . ."

141) Konstantinov, Boevya raketi, a.a.O., p. 30

142) ibidem, p. 37, die feuchte Pressung war erforderlich gewesen, weil der Druck der vor-

Typ der Rakete	Elevation in Grad	Gewicht d. Gefechtskopfes in „lb, oz"	Reichweite in Saschen
2 zöllige Sprengrakete	12	2 lb 1,2 oz	450 - 500
2$^{1}/_{2}$ zöllige Sprengrakete	14	3 lb 11,1 oz	500 - 650
4 zöllige Brandrakete	45	12 lb 3,6 oz	2000
2 zöllige mit 6pf Granate	45	6 lb 3,6 oz	450
2 zöllige mit 9pf. Granate	45	9 lb 10,9 oz	240
2$^{1}/_{2}$ zöllige mit 9pf Granate	45	9 lb 10,9 oz	525
2$^{1}/_{2}$ zöllige mit 18pf Granate	45	21 lb	225
4 zöllige mit 9pf Granate	50	9 lb 10,9 oz	1950
4 zöllige mit 18pf Granate	50	21 lb	850
4 zöllige mit 36pf Granate	50	40 lb 7,2 oz	450

noch nicht, absolut gleiche Raketen in einer Serie herzustellen, überdies erwies sich der Treibsatz als zu stark, so daß viele Raketen beim Zünden zerbarsten.[143)] Daher ging man auf den, im Verhältnis zum russischen, schwächeren französischen Treibsatz über. Dieser wohl schwächste der bekannten Raketentreibsätze hatte dabei den Vorteil langsamer abzubrennen, wodurch die Antriebsphase der Rakete verlängert und damit auch ihre Reichweite erhöht wurde.[144)] Bei Versuchen mit diesen Raketen wurde dann festgestellt, daß die Gefahr des vorzeitigen Krepierens der Raketen beseitigt war, man dafür aber eine Reduzierung der Reichweite um etwa 230 Saschen in Kauf nehmen mußte. Bis 1850 wurden achtkantige Stäbe genutzt, Konstantinov führte 1851 kannelierte mit 5 Rillen ein, aber noch waren die Stäbe zu lang. Nachdem man in Sevastopol französische Raketen untersucht hatte, wurden die Stäbe erheblich verkürzt. Für die 2zöllige Rakete sank die Stablänge von 7 auf 3 Fuß. In den sechziger Jahren wurden dann von verschiedenen Stellen auch Versuche mit flügelstabilisierten Raketen durchgeführt, die aber fehlschlugen.[145)] Bereits zu Beginn der fünfziger Jahre hatte Konstantinov auch eine Reihe von Versuchen durchgeführt, um die Einflüsse von Durchmesser und Länge der Bohrung auf die Reichweite zu untersuchen, dabei kam er wieder wie General Susane zum Ergebnis, daß der erzeugte Gasdruck mit der Länge der Bohrung stieg, während er bei Vergrößerung des Durchmessers und konstanter Länge der Bohrung sank. Die Anzahl der Raketentypen reduzierte er auf zwei Kaliber für die Feldraketen, nämlich 2- und 2$^{1}/_{2}$zöllige, sowie auf die 4zölligen Festungsraketen mit Granaten oder Brandhauben. Die 2zölligen Raketen sollen recht genau gewesen sein, ihre Seitenabweichung betrug höchstens 30 Schritt. Dabei erreichten die 4zölligen Raketen mit einer 10pfündigen Granate Reichweiten von 4.150 Metern, mit Brandhaube 4.260 Meter.[146)]
In den sechziger Jahren wurden von den St. Petersburger Raketen nachstehende durchschnittliche Reichweiten erzielt:[147)]
(Siehe Tabelle oben)

Es zeigte sich jedoch immer wieder, daß die St. Petersburger Anstalt einerseits zu weit von den Orten entfernt lag, an denen die Raketen eingesetzt werden sollten, andererseits aufgrund ihrer mangelhaften Ausstattung nicht in der Lage war, größere Mengen identischer Raketen anzufertigen. An „Maschinen" waren nur ein Blechschneidegerät zum Zuschneiden des Bleches für die Hülsen, hydraulische Pressen mit unzureichendem Druck und eine Bohrmaschine zum Ausbohren des Treibsatzes vorhanden und selbst dieses Gerät war seit der Einrichtung der Anstalt nicht modernisiert worden. Konstantinov forderte ähnlich wie in England Captain Boxer, daß die Fabrikation so erfolgen müsse, daß alle produzierten Raketen völlig gleich wären. Er konnte jedoch nur wenige seiner Forderungen durchsetzen. Gleich die erste, den Treibsatz in der Anstalt selbst herzustellen, wurde nie realisiert. So wurde nach wie vor das Pulver aus Okhtensk angeliefert und in der Anstalt mit Kohle angereichert.[148)] Ebenso waren die gelieferten Bodenplatten oft von schlechter Qualität oder nicht passend, hier konnte Konstantinov Abhilfe schaffen, indem er auch deren Konstruktion änderte und statt der bisher verwendeten konvexen, die erforderlich

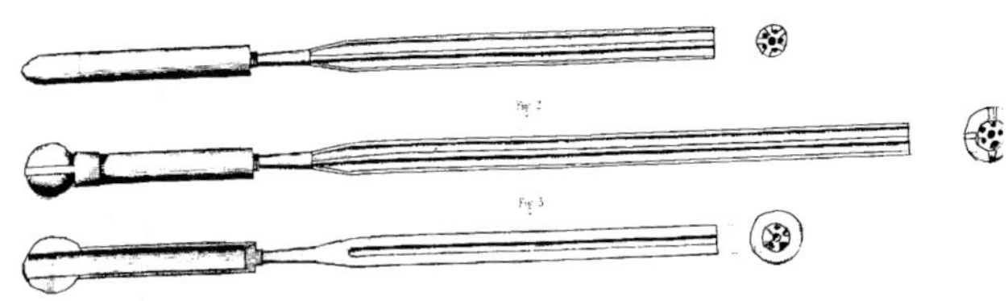

2zöllige Schußrakete mit 2pfündiger und Wurfrakete mit 6pfündiger Granate sowie Exerzierrakete (Zeichnung: Konstantinov)

erschienen um den Stab vor Verbrennung zu schützen, ebene Platten einführte, die genauer und billiger zu produzieren waren.[149)] Schließlich versuchte er noch vom Nieten des Bleches für die Hülsen abzugehen, da hierdurch das Blech an der Naht der Hülse übereinander lag und so der Schwerpunkt der Rakete verlagert wurde; Versuche bewiesen, daß diese Raketen wesentlich genauer flogen, dennoch gelang es ihm nicht, die Herstellungsmethode in St. Petersburg zu verändern.[150)]
Um wieder zur trockenen Pressung des Treibsatzes übergehen zu können, konstruierte er Ende der fünfziger Jahre eine neue hydraulische Presse, wobei er seine vielfachen Erfahrungen aus seinen Reisen zu den verschiedenen europäischen Raketenfabriken eingebracht hatte. Diese Presse konnte einen Druck bis zu 40 Tonnen ausüben und vereinigte in sich die Vorteile der französischen und österreichischen Pressen, einschließlich der Ideen Konstantinovs. Drei Pressen wurden bei der Pariser Maschinenfabrik Farcot in Auftrag gegeben und am 8. November 1861 auf dem Seeweg nach Nikolaev geliefert.[151)] In sei-

handenen Presse nicht für eine trockene Pressung ausreichte; erste Versuche in dieser Richtung waren schon am Anfang der fünfziger Jahre unternommen worden und 1852 war bereits angeordnet gewesen, den Treibsatz nur trocken zu pressen; diese Anordnung wurde aber im Dezember desselben Jahres bereits wieder aufgehoben, als sich erwies, daß die so gepreßten Raketen dazu neigten, vorzeitig zu krepieren. (Sokolskii, a.a.O., p. 74) Zum Anfeuchten des Satzes waren seit 1847 nach Kostyrkos Vorschriften 0,61 bis 0,91 Unzen Rotwein pro pound Schießpulver verwendet worden, Konstantinov war zu einem Zusatz von 4 bis 7% Wasser übergegangen. Die vorhandene Presse konnte einen Druck von 203,12 kg/cm^3 bewirken, während zur trockenen Pressung ein Druck von mindestens 3808,5 kg/cm^3 benötigt wurde. Zwar reduzierte die feuchte Pressung die Explosionsgefahr, andererseits trocknete der Treibsatz ungleichmäßig, so daß die Struktur des Treibsatzes sich änderte und damit auch der Antrieb der Rakete, überdies konnte die Hülse leichter rosten.

143) Sokolskii, a.a.O., p. 50
144) Konstantinov, boevya raketi, a.a.O., p. 81, und: Sokolskii, a.a.O., p. 65 (russischer Treibsatz: 68 % Salpeter, 9 % Schwefel, 23 % Kohle, französischer Treibsatz: 62 % Salpeter, 18 % Schwefel und 20 % Kohle)
145) Sokolskii, ibidem, p. 54
146) Sonkin, a.a.O., S. 91
147) Sokolskii, a.a.O., p. 68
148) Sokolskii, a.a.O., p. 71, pro Pfund Kanonen-Pulver wurden 1,2 Unzen Holzkohle zugesetzt, wie es seit 1847 durch Oberst Kostyrko in seinem Handbuch beschrieben war.
149) Mielke, a.a.O., S. 25, sowie: Sokolskii, a.a.O., p. 72
150) Sokolskii, a.a.O., p. 73
151) Konstantinov, boevya raketi, a.a.O., p. 5, eine Presse wog 20.000 Pud, und: Sokols-

ner Zeit als Direktor gelang es Konstantinov aber nicht, die St. Petersburger Anstalt nach seinen Vorstellungen zu modernisieren, da das Kriegsministerium die Notwendigkeit für diese Neuerungen nicht einsah und so die erforderlichen Mittel nicht bereitstellte. Die Anstalt mußte weiterhin mit ihrem jährlichen Etat von 4.000 Silberrubeln aus-

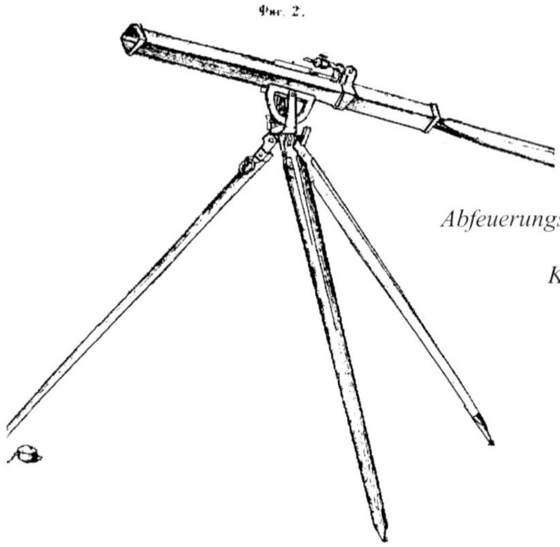

Abfeuerungsgestell 1862 (Zeichnung: Konstantinov)

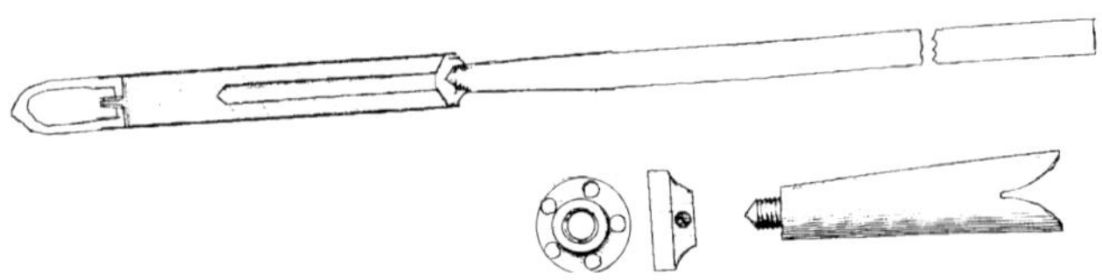

2zöllige Rakete mit Bodenplatte (Zeichnung: Konstantinov)

kommen,[152] so daß Konstantinov nur in diesem Rahmen kleinere Verbesserungen der Produktion einführen konnte; hinzu kam, daß für eine grundlegende Modernisierung auch keine Zeit vorhanden war, da die Anstalt voll mit den Anforderungen der Truppe in der Raketenherstellung ausgelastet war. Konstantinov ging in seinen Forderungen schließlich noch weiter, er wollte die Fabrikation nicht nur weitgehend mit Hilfe von Maschinen durchführen, sondern sie auch so weit wie möglich automatisieren, um sein Ziel, die Produktion identischer Raketen, zu erreichen, eine Idee, die in Österreich seit Beginn der dortigen Raketenherstellung auch von Augustin verfolgt worden war. Damit stellte sich die Frage nach der Einrichtung einer völlig neuen, dementsprechend ausgerüsteten Raketenfabrik.[153]

1856 wurde für diese neue Fabrik ein Budget von 616.000 Rubeln eingeplant, während ein Betrag von 108.000 Rubeln für die erforderlichen Dampfmaschinen vorgesehen war. In diesem Jahr hatte auch Konstantinov die Pläne für die neue Fabrik ausgearbeitet, hielt es aber für erforderlich, vor Baubeginn sich mit dem neuesten Stand der Raketentechnik in Europa vertraut zu machen. Für etwa zwei Jahre besuchte er ab 1857 Frankreich und auch Preußen und bestellte anschließend, wieder bei der Farcot-Fabrik, die erforderlichen Maschinen.[154] Damit wurde auch die Wahl des Standortes für die neue Anstalt akut, sie sollte auf jeden Fall weiter im Süden Rußlands liegen, da die Arbeit in St. Petersburg durch das dort herrschende Klima oft negativ beeinflußt worden war. Zunächst sollte die Fabrik in Kiev auf dem linken Ufer des Dnepr errichtet werden, aber im 1862 wurde dann beschlossen, sie in Nikolaev zu bauen; für den Bau wurde mit einem Zeitbedarf von 4 Jahren gerechnet. Ursprünglich war geplant gewesen, die St. Petersburger Anstalt als Forschungs- und Entwicklungszentrum beizubehalten; aber wie in anderen Ländern, so wurden auch in Rußland zu dieser Zeit die gezogenen Hinterlader-Geschütze eingeführt und das Interesse an den Raketen begann nachzulassen. Nach Prüfung der Raketenfrage durch eine Kommission, in der vor allem General Totleben für die Beibehaltung der Raketen eintrat, wurde aber am 3. November 1862 doch beschlossen, nicht auf Raketen zu verzichten, nachdem ihr Wert bei der Verteidigung von Festungen, zur Beschießung und Inbrandsetzung von Städten und die Möglichkeit, sie in jedem Gelände einzusetzen, anerkannt worden war.[155]

Auch wenn die neue Fabrik noch längst nicht fertiggestellt war, wurde im November 1864 entschieden, die St. Petersburger Anstalt zu schließen, ihre Einrichtung und Maschinen wurden nach Nikolaev überführt. Erst 1870, statt wie geplant 1867, konnte in Nikolaev mit der Herstellung begonnen werden. Damit gab es in der Zwischenzeit in Rußland keinerlei Raketenproduktion.[156] Es fanden aber weiterhin Versuche, auch mit Raketen neuer Konstrukteure statt. So 1870 mit neuen Modellen von Chelya und Oberst Milvarlom. Die 24pfündigen Raketen des Ersteren erreichten bei einem Versuch am 10. Februar unter 15° Elevation Reichweiten für den ersten Aufschlag von 755 bis 925 Saschen bei einer Flugzeit von 7,7 bis 9,6 Sekunden. Entfernung und Richtung wurden als gut bewertet, bei einer zweiten Versuchsreihe mit 8 Raketen wurden jedoch im Verlauf der Flugzeit von 6 Sekunden wellenförmige Bewegungen der Raketen beobachtet, die auf ein ungleichmäßiges Abbrennen des Treibsatzes schließen ließen. Eine weitere Serie von 4 Raketen Chelyas, gefertigt im Dezember 1869, mit geriffelten Hülsen flog ohne Beanstandungen, bei einer Flugzeit zwischen 3 und 6 Sekunden wurden bei ebenfalls 15° Erhöhung Reichweiten von 453 bis 580 Saschen gemessen. Die 12pfündigen Raketen Oberst Milvarloms wurden ebenfalls vom Komitee bewertet, sie verfügten teilweise über glatte und teilweise über geriffelte Hülsen. Die letzteren erreichten beim ersten Aufschlag unter Elevationen von 10° Reichweiten von 75 bis 171 Saschen, wobei die Seitenabweichungen zwischen 23 und 62 Saschen betrug, unter 20° Elevation erreichten sie 962 bis 1.000 Saschen mit Seitenabweichungen von 94 Saschen. Raketen mit glatter Hülse reichten unter 10° von 86 bis 325 Saschen mit Seitenabweichungen zwischen 10 Saschen nach links und 23 Saschen nach rechts, bei einer Erhöhung von 15° wurden Reichweiten zwischen 511 und 668 Saschen erzielt, wobei die Seitenabweichungen wiederum 25 bis 60 Saschen betrugen. Die Raketen beider Konstrukteure scheinen aber in der Folge nicht weiter beachtet worden zu sein.[157]

In den siebziger Jahren verfügte die neue Raketenanstalt über 5 Offiziere, 1 Meister-Zeichner, 2 Schreiber und 23 Unteroffiziere und Soldaten, hinzu trat ein Artilleriekommando von 23 Mann, dessen Hauptaufgabe die Unterstützung der Raketenversuche und die Bewachung von Transporten war. Für die eigentliche Raketenherstellung standen 150 Arbeiter bereit. 1870 betrug der Haushalt der neuen Anstalt nur

kii, a.a.O., p. 74. Auch Spanien bezog sich bei der Bestellung der Maschinen für seine Raketenanstalt auf Konstantinovs Konstruktion und bestellte in Frankreich eine Presse mit einer Kapazität von 30 Tonnen, siehe: de Castro, Memoria sobre Cohetes de Guerra, Sevilla 1870, p. 58 und 114

152) Sonkin, a.a.O., S. 94

153) Konstantinov forderte: „Wenn die Fabrikationsmethoden identische Ergebnisse erbringen sollen, ist es nicht nur nötig, die erforderlichen Maschinen einzusetzen, sondern auch die Herstellung weitgehend automatisch ablaufen zu lassen, um so nicht nur die Stärke und Geschicklichkeit der Arbeiter zu ersetzen sondern auch ihre Aufmerksamkeit, denn gerade hier kann ein Moment der Unaufmerksamkeit zu Verzögerungen und Fehlern führen.", zitiert nach: Sokolskii, a.a.O., p. 77

154) Sokolskii, a.a.O., p. 73, sowie: Defrasne, Les fusées de guerre au XIX siècle, in: Revue Historique de l'Ärmée, 1977 No. 1 p. 60: "Konstantinoff, désireux de donner une grande ampleur aux fabrications, commande vers 1860 au spécialiste français des machines à vapeur, Farcot, un générateur de 40 cv pour actionner de nouvelles presses; il veut aussi doter ses ateliers d'un marteau-pilon."

155) Sonkin, a.a.O., S. 141

156) Sokolskii, a.a.O., p. 73, sowie: o. Verf., Artillerie Russe, in: RdA, octobre 1872, p. 56, hiernach begann die Produktion in Nikolaev erst 1873

157) o. Verf., Artilleriskiye Otcherki, in: Morskoi Sbornik, tome CIX, 1870. No. 7, pp. 40

4.285 Rubel, damit waren die Möglichkeiten für Versuche und Verbesserungen weiterhin erheblich eingeschränkt.[158]
Im Juli 1871 wurden dann in Nikolaev die ersten 90 Raketen, jedoch vorerst nur zu Versuchszwecken hergestellt, im August bereits 190, davon wiederum 90 für Versuche, und im September stieg die Produktion auf 580, von denen 80 für Versuche vorgesehen waren. Insgesamt wurden in diesem Jahr 1.500 2zöllige Raketen verfertigt, die nach Omsk, Orenburg, Krasnovodsk und Tashkent ausgeliefert wurden.[159]
Konstantinov hatte gefordert, die 2zölligen Raketen weiter zu produzieren, dabei hatte er endlich durchgesetzt, daß als Treibsatz nicht wie bisher das gewöhnliche Kanonenpulver, angereichert mit Holzkohle, sondern ein gesondert in Nikolaev bereiteter Treibsatz verwendet wurde. Nach einer Reihe von Versuchen wurden zunächst 3 Arten Treibsatz vorgesehen:

Bezeichnung des Satzes	Salpeter in Gewichtsteilen	Schwefel in Gewichtsteilen	Kohle in Gewichtsteilen
No. 1	75	10	25
No. 2	72	14	18
No. 3	72	14	16

Bei den Versuchen im Juni und Juli 1871 zeigte sich, daß der Satz No. 1 zu schwach war, während der Satz No. 3 zu stark war, da bei 5 der 30 gezündeten Raketen die Bodenplatte bei der Zündung abgesprengt wurde und eine Rakete bereits auf dem Stativ krepierte; folgerichtig wurde beschlossen, weitere Versuche nur mit dem Satz No. 2 durchzuführen, aber im August und September erwies sich auch dieser Satz teilweise als zu stark, so daß er durch Hinzufügen von 2 Teilen Kohle modifiziert wurde, um so als Satz No. 4 weiter verwendet zu werden.
In Nikolaev erfolgte nunmehr eine weitgehend maschinelle Fabrikation der Raketen, die nach Konstantinovs Ansicht es ermöglichen sollte, jährlich 6.000 Raketen herzustellen, mit der Möglichkeit, den Ausstoß auf 18.000 jährlich steigern zu können. In der Praxis kam es aber zu Verzögerungen, da die Dampfmaschine noch fehlte und die Maschinen mit der Hand betätigt werden mußten; auch die hydraulische Presse erwies sich als fehlerhaft, damit konnten in den ersten Jahren auch in Nikolaev nicht mehr Raketen als in St. Petersburg hergestellt werden, und der jährliche Ausstoß überschritt nicht 4.000 Stück. Die Dampfmaschine wurde dann 1876 installiert, im selben Jahr wurde endlich beschlossen, auch die hydraulische Presse zu erneuern. Aber 1875 wurde durch den Kriegsrat bereits die Anstalt ganz in Frage gestellt, nachdem festgestellt worden war, daß Raketen nur in begrenzten Mengen und nur in Asien eingesetzt wurden. Aber zusätzlich hatte man sich in Nikolaev zwischenzeitlich auf Anforderung der Admiralität auch mit Rettungs- und Leuchtraketen beschäftigt, Raketenarten, die dann ab 1876 hauptsächlich produziert wurden.[160]
Am 18. Januar 1871 war in Nikolaev Konstantinov gestorben, ohne den Beginn der Produktion noch erlebt zu haben, sein Nachfolger wurde Generalmajor Viktor W. Nechaev, der für fast 20 Jahre sein Stellvertreter gewesen war.[161] Dieser begann sich ab 1876 mit Festungssprengraketen zu beschäftigen. Für den Gefechtskopf konnte jetzt die neue Schießbaumwolle genutzt werden, ab 1877 begannen in Nikolaev Versuche mit verschiedenen 3zölligen Festungssprengraketen; der erste Typ trug einen 15pfündigen Gefechtskopf, die Reichweite der Rakete betrug bei 45° Elevation 400 Saschen, eine zweite Art verfügte über einen 10pfündigen Gefechtskopf, hiermit wurden mit derselben Erhöhung 600 Saschen erreicht, schließlich war noch ein leichter 8pfündiger Gefechtskopf vorhanden, mit dem 700 Saschen erreicht wurden. Erste Versuche erwiesen sich als erfolgreich, so daß 1878 die Herstellung von 800 Raketen angeordnet wurde. Daneben beschäftigte sich Nechaev auch mit einer entsprechenden neuen 4zölligen Rakete, die Reichweiten von bis zu 3.000 Metern erzielte.[162]

In den Jahren 1877 bis 1879 wurden in Nikolaev insgesamt hergestellt:

2zöllige Raketen:	12.100
3zöllige Leuchtraketen:	8.600
3zöllige Festungssprengraketen:	1.280
4zöllige Brandraketen:	450
2zöllige Brandraketen:	400
3zöllige Rettungsraketen:	100

Seit dem Beginn der Herstellung von Rettungsraketen, für die ein hoher Bedarf bestand, wurde über eine mögliche Schließung der Anstalt in Nikolaev nicht mehr diskutiert, diese Anstalt bestand dann noch bis 1910, als die Raketenproduktion an die Shostensk Pulver-Fabrik übergeben wurde.[163]

(4) Die Raketenartillerie nach dem Krimkrieg

Einige Jahre nach diesem Krieg war 1859 im Artilleriecorps der russischen Garde erneut eine Raketenhalbbatterie auf Befehl des Großfürsten Michael aufgestellt worden, die mit 2zölligen Raketen ausgerüstet wurde. Vorbereitungen hierfür scheint es aber bereits im Vorjahre gegeben zu haben, da hier in Zusammenarbeit mit den Pionieren mit einer Raketeneinheit bei St. Petersburg ein Versuch mit 4zölligen Raketen durchgeführt worden war, um zu ermitteln, wie viele Raketen erforderlich wären, um eine Kanonenbatterie hinter einer Deckung zu vernichten, die in einer Breite von 24 m und einer Tiefe von 9 m aufgestellt war. Aus 400 Schritt Entfernung feuerte man 18 Raketen ab, 15 davon trafen den Wall vor der Batterie; nach den ersten 6 Raketen waren die Schanzen im Wall weitgehend zugeschüttet, die Kanonenbatterie also nicht mehr in Lage, den Feuerkampf fortzuführen. Damit war bewiesen, daß der Einsatz der Raketen doch eine Zukunft hatte.[164]
Die neue Halbbatterie bestand aus 3 Offizieren, 8 Unteroffizieren, 2 Trompetern und 40 Raketeuren. Ausgestattet war diese Einheit mit 4 dreispännigen Raketenwagen. Sie verfügte über 3 Reitpferde für die Offiziere, 12 Zugpferde und 2 Ersatzpferde. Für jeden Raketenwagen standen zur Verfügung: ein Feuerwerker-Unteroffizier als Führer, ein Feuerwerker-Unteroffizier als Geschützführer, 2 Soldaten als Träger des Abfeuerungsgestelles, 6 Raketeure zum Tragen von jeweils 2 Raketen, 1 Soldat als Fahrer und 1 Soldat als Reserve. Für Friedensübungen standen Exerzierraketen zur Verfügung. Die Raketenwagen bildeten zwei Züge, die von einem Offizier, unterstützt durch einen Trompeter, geführt wurden. Auf den Wagen konnten entweder 90 Schuß- und 30 Wurfraketen mitgeführt werden oder 30 Schuß- und 20 Wurfraketen. Die Reichweite dieser 2zölligen Raketen betrug 700 Toisen für die Schuß- und 500 Toisen für die Wurfraketen. Die zweizöllige Wurfrakete trug als Gefechtskopf eine Granate von 6 livres, die Schußrakete eine 2pfündige Granate. Eine Schußrakete wog einschließlich Stab etwa 10 livres. Das Rohr des Abfeuerungsgestelles war 4 Fuß lang für die Schußraketen und 14 Zoll für das Schießen der Wurfraketen mit Erhöhung, das Gestell wog 24 livres, das Gewicht der Abfeuerungsröhre für Schußraketen 14 livres, für Wurfraketen $5^1/_2$ liv-

158) Sonkin, a.a.O., S. 171
159) Sokolskii, a.a.O., p. 73
160) Sokolskii, a.a.O., p. 80
161) Winter, rocketry, .a.a.O., p. 103; auch wenn Konstantinov einer der führenden Raketenspezialisten seiner Zeit gewesen ist, mußte er doch feststellen, daß all die gesammelten Daten seiner Beobachtungen und Messungen nur als Grundlage einer Ballistik des Raketenfluges dienen könnten, da eine mathematisch exakte Beschreibung derselben noch nicht möglich wäre (nach: Parry, a.a.O., p. 78). Victor Wassilievitch Nechaev, geb. 25.08.1822, 1840 Artillerieoffizier, 1852 - 1859 Vertreter Konstantinovs, bis 1864 Leiter der Raketenanstalt St. Petersburg, dann Leiter der Anstalt in Nikolaev, 1885 Generallieutenant
162) Sonkin, a.a.O., S. 175
163) Sokolskii, a.a.O., p. 81
164) Sonkin, a.a.O., S. 138

res.[165] Diese Halbbatterie wurde aber bereits am 15. Januar 1862 auf Befehl des Kriegsministers wieder aufgelöst, obwohl Konstantinov auf ihren Wert als Lehr- und Versuchsbatterie hingewiesen hatte.[166]
In den Jahren nach dem Krimkrieg war es zu zahlreichen weiteren Einsätzen der Raketen in Asien gekommen, hier blieben die Raketen auch am längsten im Feldgebrauch, da sie über die großen Entfernungen leichter zu transportieren waren als die schweren Geschütze und daher bei lokalen Unruhen und kriegerischen Aktionen auch rascher zur Unterstützung der Truppe zur Verfügung standen. Insbesondere im Kaukasus waren sie oft das einzige Mittel, um die Truppen artilleristisch zu unterstützen, da aufgrund des durchschnittenen Geländes ein Einsatz der Rohrartillerie nicht möglich war. Der Führer eines reitenden Raketenkommandos, Obukh, schrieb nach Einsätzen am Flusse Tchi und am See Issik-Kul:
„В зтом крае, за неимением горной артиллерии, выгоднее иметь хорошчю конно-ракетную батарею или дивизион, чем полевую батарею."[167]

1860 wurden im Feldzug gegen die Kokans in Turkestan durch ein berittenes Raketendetachement unter Lieutenant Wrotchensky, der von der St. Petersburger Anstalt zukommandiert worden war, in ausgedehntem Maße Raketen eingesetzt. Hierfür wurden im Frühjahr 1860 554 Raketen aus St. Petersburg mit den erforderlichen Abfeuerungsgestellen nach Omsk geliefert, wo die erste Lieferung am 1. Juli anlangte, dabei 400 2zöllige mit 2pfündigen Granaten, 100 $2^{1}/_{2}$zöllige mit 10pfündigen Granaten und 44 4zöllige. Unmittelbar nach dem Eintreffen wurde bekannt, daß die Kokans den Tchou mit 3 - 5.000 Mann überschritten hätten, woraufhin Wrotchensky 3 Abfeuerungsgestelle mit 60 2zölligen Raketen zum Fort Vernaya verlegen ließ.[168] Der erste Einsatz erfolgte bei der Belagerung von Pichpeck, wofür allerdings nur 60 Raketen verfügbar waren, da der Rest der Lieferung noch nicht eingetroffen war:
„L'effet en a été des plus satisfaisants; le vol plongeant des fusées, après avoir franchi le rempart qui venait d'abord en travers; longeait le revers du parapet adjacent, et faisait ainsi interrompre la fusillade de derrière ce parapet; en faisant abandonner aux tireurs ennemis leur poste; mais on ne lança ainsi que huit fusées en tout, afin de les réserver contre les sorties de nuit de la garnison, et pour être employées en campagne, dans des expéditions contre les Kokans."[169]
Wenig später sollte ein kleines Detachement das von den Kirgisen verlassene Fort Saourokov besetzen, es wurde hierfür durch Raketeure mit einem Raketengeschütz verstärkt. Beim Vorgehen traf die Truppe auf eine feindliche Reiterschar:
„Bientôt après les coups de feu de la patrouille vint la fusillade contre le petit corps expéditionnaire; mais une seule fusée, dirigée vers l'endroit d'où venait le feu, produisit un désordre complet; on entendit des cris et le piétinement des chevaux effrayés. La fusée ayant traversé le bivouac de l'ennemi., éclata derrière en donnant contre une légère élévation de terrain qui en arrêta le vol. L'ennemi, mis en déroute, abandonna sa position; le petit corps expéditionnaire prit possession du fort sans pouvoir poursuivre les fuyards, à cause de l'obscurité de la nuit."[170]
Beim weiteren Vorrücken des Detachements ergab sich die Notwendigkeit, die Lage der zurückgelassenen Garnison von Ouzoun-Agatch zu erkunden. Hierzu wurde eine Hundertschaft sibirischer Kosaken mit einem Raketengeschütz eingesetzt. Etwa noch 6 Werst von dem Posten entfernt stieß die Patrouille auf fast 5.000 Reiter der Kirgisen und Kokans:
„Malgré les attaques incessantes de l'ennemi, les Cosaques ripostaient de leurs armes à feu en s'avançant toujours dans la direction du fort. Quand au servants du chevalet, ils lancèrent les fusées dans les directions les plus menaçantes, tantôt dégageant la voie devant la centurie, tantôt s'opposant aux attaques de l'ennemi contre les flancs ou contre la queue. Il en été ainsi durant trois verstes, jusqu'à ce que, à la fin, la fusillade, entendue par la garnison, fit envoyer par celle-ci du secours consistant en une nouvelle centurie de Cosaques soutenue par une pièce d'artillerie légère. A l'arrivée de ce secours, quelques coups de mitraille dégagèrent la centurie expédiée en reconnaissance, qui atteignit ainsi le poste, sans laisser le moindre trophée aux mains de l'assaillant. Les fusées dans cette affaire, se firent remarquer par leur voil rasant et la réussite des explosions de leurs projectiles; leur effet moral sur les masses de l'ennemi, peut-être bien eu partie à cause de sa nouveauté, était inimeuse . . . L'opinion générale, est-il dit dans le rapport détaillé sur cette affaire, a reconnu que ce n'est que grâce aux fusées que la centurie a pu se frayer un chemin au milieu des masses qui l'enveloppaient de toutes parts, jusqu'au moment de l'arrivée du secours."[171]

Schließlich erfolgte am 9. Oktober ein Angriff auf die Kokans und Kirgisen, die sich im Tale des Kara-Kastek vereinigt hatten, durch eine größere Truppenabteilung, die neben 6 Geschützen auch über berittene Raketeure mit 2 Abfeuerungsgestellen verfügte. Der Feind verfügte über etwa 5.000 Reiter.
„Les fuséens, soutenus par une centurie de Cosaques, eurent à la traverser d'abord, et allèrent occuper le bord opposé pour protéger le passage de l'artillerie, présentant quelques difficultés à cause de la conformation des bords de la rivière et de son mauvais fond. Les fuséens ayant touché l'autre rive, ouvrirent le feu immédiatement, ce qui poussa l'ennemi à se retirer derrière les élevations longeant le cours de l'eau. Après avoir terminée le passage de l'artillerie, le détachement suivit l'ennemi, qui s'était mis en retraite. Les fuséens, de concert avec l'artillerie, occupaient les positions élevées pour atteindre l'ennemi, s'abritant successivement derrière les monticules couvrant le terrain de longues lignées."
Da sich der Feind verstärkte und drohte die Truppenabteilung einzuschließen, beschloß der russische Kommandant zurückzugehen:
„Les fuséens eurent à lancer quelques fusées dans ces conditions pour tenir les masses de l'ennemi à distance. Sur ces entrefaites arrivèrent les principales forces de l'ennemi, au nombre de 7 à 8.000 hommes, en colonnes d'infanterie et de cavalerie. Une de ces colonnes de cavalerie fut ébranlée par quelques obus de l'artillerie; pour en terminer la déroute, on lança une centurie et demie de Cosaques en fourageurs, flanqués à chacune des extrémités de sa ligne par un chevalet desservi par des fuséens à cheval. Les fuséens approchèrent à la distance d'une portée de pistolet, et avant que ne surgît la mêlée, eurent le temps de lancer deux fusées de chaque chevalet. Ces fusées labourèrent la colonne compacte de la cavalerie ennemie, et préparèrent le résultat brillant de notre attaque de cavalerie. Pendant que les Cosaques taillaient en pièces les Kokans déroutés par les fusées, les fuséens continuèrent leur tir contre des réserves accourues en aide à la colonne attaquée, et, de concert avec l'artillerie, s'opposèrent nonseulement à leur arrivé, mais même les forcèrent à la retraite."[172]

Wrotchensky stellte nach weiteren Gefechten am Ili fest, daß
„что по своей удобоподвижности ракетная команда была назначаема . . . для действия на местности, совершенно неудобной для движения артиллерии, и всякий раз успешным своим действием совершенно ее заменяла."[173]

---

165) Konstantinov, Lectures, a.a.O., pp. 306
166) Sonkin, a.a.O., S. 133
167) Sonkin, a.a.O., S. 138 [In dieser Gegend ist es angesichts fehlender Gebirgsartillerie nützlicher eine gute reitende Raketeneinheit zu haben, als eine Feld-Batterie]
168) Konstantinov, Lectures, a.a.O., p. 54
169) ibidem
170) ibidem, p. 55
171) ibidem
172) ibidem
173) Sonkin, a.a.O., S. 139 [Aufgrund ihrer hohen Beweglichkeit wurden die Raketenkommandos immer in solchem Gelände eingesetzt, das für die Artillerie völlig ungeeignet war und haben diese jedesmal vollkommen ersetzt.]

Auch an der sibirischen Grenze zu China sollen 1860 und 1861 mehrfach erfolgreich Raketen eingesetzt worden sein.[174)]

In den Kriegen zwischen 1864 und 1881 in Turkestan wurden häufig Raketen eingesetzt, insbesondere in den Feldzügen gegen Buchara und Khivinskii 1868 und 1874 bis 1881.[175)] 1864 stieß ein russisches Corps unter Oberst Tchernaiev gegen Kokand vor, zu seinen 2.000 Mann gehörte neben Artillerie und Mörsern auch eine Raketenbatterie mit 1 Offizier und 29 Mann, im Mai wurde von dieser Truppe zunächst das befestigte Aoulietta genommen. Zur gleichen Zeit stieß eine weitere Truppe von 1.200 Mann unter Oberst Verevkin von Orenburg auf die Stadt Hazreti-Turkestana vor, auch sie verfügte über Raketen. Nach dreitägiger Belagerung wurde die Stadt am 12. Juni genommen, bei der vorangegangenen Beschießung waren neben Artilleriegeschossen auch 53 Raketen abgefeuert worden.[176)] Anschließend wurden beide Truppen unter dem inzwischen zum Generalmajor beförderten Tchernaiev vereinigt, der sich entschloß, die Operation gegen die Stadt Tchenkend fortzusetzen. Erkundungsdetachements, denen auch zwei Raketengeschütze beigegeben worden waren,[177)] trafen am 20. September vor der Stadt ein. Nach kurzer Beschießung wurde die Stadt am Folgetag erstürmt, woraufhin die gewaltsame Erkundung in Richtung Taschkent fortgesetzt wurde. Hierfür sind aber hinsichtlich der Raketen keine Angaben vorhanden. Ebenso wurde am 20. Mai 1866 bei Irdschar eine Armee des Emir von Buchara in Stärke von 40.000 Mann bei dessen ersten Angriff auf die Russen durch eine Truppe von etwa 3.000 Mann, die aber über 20 Geschütze und 8 Raketengestelle verfügte, geschlagen,[178)] und 1867 wurde von einem Angriff des Emir von Buchara auf die Festung Janu-Kurgan am 5. Juli, die von einem Detachement unter Oberst Abramov besetzt war, berichtet, daß bei einem Gegenstoß bei den Truppen des linken Flügels unter Major Schtempel eine Raketenabteilung eingesetzt war.[179)] Diese Einheit war dann ebenfalls am 30. September desselben Jahres bei einer Expedition gegen die Bewohner des Aul Ummi im Bogdan-Atasch-Bezirk beteiligt, wiederum unter Major Schtempel, um weitere räuberische Überfälle zu unterbinden.[180)] Nachdem der Emir von Buchara, Muzaffar, England um Hilfe bei der Reorganisation seiner Armee gebeten hatte, rückte 1868 eine russische Armee unter General Kaufmann von Dschisak gegen Samarkand vor und bezog ein Lager am Serafschan. Am 13. Mai wurde die Armee Bucharas von den etwa 8.000 Russen, die als Artillerie über 16 Raketengeschütze verfügten, in die Flucht geschlagen, und Buchara ergab sich, nachdem es zuvor dem Emir die Tore verschlossen hatte.[181)] Auch im Feldzug gegen Khiwa im Jahre 1873 wurden Raketen eingesetzt; die russischen Truppen in Stärke von etwa 14.000 Mann unter General Kauffmann, verstärkt durch drei Raketeneinheiten, rückten in 4 Kolonnen auf Khiwa vor. Dabei verfügte die Abteilung aus Orenburg unter General Verevkin über eine Raketeneinheit, ebenso die Abteilung Oberst Lamakins aus Tiflis und die Hauptabteilung General Kauffmanns, die von Taschkent aus vorrückte. Auch die Abteilung Oberst Markosoffs aus Krasnovodsk verfügte über einige Raketengestelle.[182)] Der Vormarsch begann im März, nach einem ersten Gefecht am 28. April wurden die Raketen durch General Bardowski eingesetzt, den Transport der Verwundeten in das Lager beim Fort St. Georg zu sichern. Am 6. Mai wurde die Kolonne des General Bardowsky im Lager von Adam-krylgan von Turkmenen unter Saddik überfallen, wobei erst nach Einsatz der Raketen der Feind in die Flucht getrieben werden konnte. Beim weiteren Vormarsch wurde ein verlassenes Fort der Turkmenen bei Dschany kala als Redoute zur Sicherung des Nachschubs eingerichtet, wobei hier zur Verteidigung 2 Raketengeschütze zurückgelassen wurden. Das Detachement aus Orenburg traf am 14. Mai bei Chodscheili auf Turkmenen:

„Beim Austritte auf eine weite, morastige, gegen die Stadt zu sich erstreckende Au wurden am Saume des die letztere begrenzenden dichten Gebüsches einige Hundert feindliche Reiter sichtbar. Unverweilt wurden denselben längst des Flussufers 3 Sotnjen Kosaken mit einigen Raketengeschützen unter dem Befehl des Oberst Ter-Assaturow entgegengesendet. Als Unterstützung folgten diesen Abtheilungen rechts unter Oberstlieutenant Leontjew 3 Sotnjen und 1 Raketen-Abtheilung mit der Weisung, sich auszubreiten und die linke Flanke der feindlichen Reiter zu umfassen . . . Der Feind zog sich bei Annäherung der russischen Sotnjen sofort zurück, deren Vorrückung aber sowohl in der Front, als auch in der rechten Flanke, wo die Umgehung stattfinden sollte, durch tiefen Morast aufgehalten wurde. Es erging deshalb der Befehl, die Ankunft der Artillerie abzuwarten und inzwischen den Gegner durch Raketenwürfe zu beunruhigen."[183)]

Auch die Kolonne des Oberstlieutenant Skobelew konnte bei Gefechten am 27. und 28. Mai erfolgreich ihre Raketen einsetzen. Am 28. Mai stand die Orenburger Kolonne dann vor Chiwa, wo ein Angriff feindlicher Reiter durch das Feuer der Schützen und der Raketen-Abteilung zurückgeworfen wurde. Nachdem am 29. Mai eine Bresche in die Stadtmauer geschossen wurde, drang Skobelew mit einigen Soldaten als erster in die Stadt, wobei sogleich, nachdem es gelungen war ein Tor zu zerstören, ein Raketengeschützzug unter Lieutenant Staschewski folgte, der bei den anschließenden Straßenkämpfen die Gegner aus den Straßen vertrieb.[184)] Am 1. Juni kapitulierte Khiwa. In der ersten Juli-Woche erfolgte dann die endgültige Unterwerfung der Turkmenen, auch bei diesen Operationen wurden wieder häufig Raketen eingesetzt. Bei der Verfolgung traf die Kolonne des Obersten Block bei Tschandyr auf größere feindliche Gruppen, die sich auf die Russen stürzten:

„Die Angriffe in der Front, wenngleich mehrmals mit der äussersten Heftigkeit wiederholt, blieben überall erfolglos. Die russische Cavalerie, durch die ungemein wirksame Thätigkeit der Raketen unterstützt . . . schritt im Vereine mit derselben zum Angriffe auf den bereits zurückweichenden Gegner."[185)]

Ebenso bereiteten die Raketen am 17. Juli den Angriff auf eine feindliche Wagenburg vor:

„Nach wenigen Raketenwürfen bemächtigten sich die Kosaken derselben mit stürmender Hand."[186)]

174) Meyers Konversations Lexikon, Leipzig 1878; in: o. Verf., Lehrbuch zur V 2, o. O., o. J., S. D-4, wurde als Jahr des Einsatzes 1859 genannt, jedoch ohne nähere Angaben zur Art der Einsätze zu machen.

175) Defrasne, Les fusées de guerre, a.a.O., p. 50: „on possède une relation détaillée de l'expédition de 1880 / 1881 contre les oasis de la région d'Ashabad, au cours de laquelle le général Skobelev engagea des fuséens de la cavalerie et de l'artillerie".

176) o. Verf., The Russian War with Khokand, in: USJ, Vol. 122, 1870, pp. 48

177) ibidem, p. 50

178) Blck, Die Ereignisse in Centralasien seit Abschluß des Berliner Friedens, in: Internationale Revue über die gesammten Armeen und Flotten, 1. Jahrg., 4. Band 1883, S. 101; Blck schrieb hier irrtümlich von einem Einsatz von 8 Raketenbatterien; bei: J. Debelak, Die central-asiatische Frage, in: ÖMZ 1875, 3. Bd, S. 133, wurden nur 5 Raketengestelle neben 20 Kanonen aufgeführt; vgl.: L. T. Kostenko, Turkestan (Rezension), in: Journal of the Royal United Service Institution, Vol. XXIV, 1881, p. 900

179) o. Verf., Das Gefecht um Janu-Kurgan am 5. Juli 1867, in: MilBl., 18. Bd. 1867, S. 456

180) o. Verf., Rußland, St. Petersburg, den 7. April 1868, in: MilBl., 19. Bd. 1868, S. 573

181) J. Debelak, a.a.O., S. 22

182) Angaben zu den Raketeneinheiten: H. R. Green, The Russian Campaign Against Khiva, in 1873, in: Journal of the Royal United Service Institution, Vol. 18, 1874, pp. 216; in: o. Verf., Mittheilungen über die Expedition nach Chiwa, in: MilBl., 30. Bd. 1873, S. 676 - 688, wurde, angegeben, daß die Krasnodarsker Colonne neben 16 Geschützen über einige Raketengestelle und die Colonne des General Lomakin neben 6 Geschützen über 3 Raketengestelle verfügte. Hiernach verfügte die Kolonne von Oberst Markosov über keine Raketen. Nach: Zerbs, Die russische Expedition gegen Chiwa im Jahre 1873, nach amtlichen Quellen dargestellt, in: Organ der Militär-geschichtlichen Vereine, XI. Band 1875, Sonderbeilage, S. 13, waren jedoch Raketengestelle vorhanden.

183) Zerbs, a.a.O., S. 53 (Einsätze davor: ibidem, S. 22, 25 und 30)

184) ibidem, S. 71

185) ibidem, S. 90

186) ibidem, S. 96

Detaillierte Meldungen über die Wirkung der Raketen liegen leider nicht vor, es wurde jedoch festgestellt:

„In diesem Feldzug wurden auch 20pf. broncene Mörser und Kriegsraketen verwendet . . . Die verwendeten Raketen hatten 2" Caliber und kurze Stäbe; ihr Schuss war bis auf 5 - 600m wirksam, besonders gegen Cavallerie, welche die Hauptwaffe der feindlichen Streitkräfte war. Zuerst waren die Raketen zu 6 Geschützen in eine Batterie zusammengestellt und deren Bedienung der Fuss-Artillerie zugewiesen; da jedoch die Verwendung der Raketen-Batterien am vortheilhaftesten bei der Cavallerie der Avantgarde geschah, so wurden diese Batterien den Kosaken übergeben."[187)]

Anhand dieser Notiz zeigt sich am deutlichsten, wie der Einsatz der Raketen je nach Lage organisiert wurde und daß es hierzu keine feste Regeln gab. Andererseits wurde hier auch aufgezeigt, wie leicht die Raketen im Gegensatz zu den Geschützen zu bedienen waren, so daß offensichtlich eine kurze Einweisung in ihren Gebrauch ausreichend war. 1874 wurden Strafexpeditionen gegen turkmenische Stämme unternommen; am 19. Januar brach Oberst Ivanov mit 1.500 Mann vom Fort Nukus[188)] auf und bestrafte die Kul-Jomuden, die im Vorjahr eine persische Karawane geplündert hatten. Als bekannt wurde, daß nunmehr andere turkmenische Stämme die Russen überfallen wollten, marschierte Ivanov mit 3 Compagnien Infanterie, Kosaken, 2 Geschützen und einer Raketendivision nach Ak-kala, wo ein Gesandter aus Chiwa dann meldete, daß alle Turkmenen sich unterworfen hätten, so daß Oberst Ivanov mit seiner Truppe zurück marschieren konnte.[189)]

Für den Feldzug gegen Kokan 1875 wurde berichtet, daß das Korps des General von Kaufmann, das über 4.500 Mann mit 20 Geschützen verfügte, auch 8 Raketengestelle mitführte und am 22. August bei dem Sturm auf die Festung Machram diese einsetzte:

„Die Cavallerie deckte den rechten Flügel, während die Raketen-Batterie durch ein langsam genährtes Feuer die von Süden her anstürmenden feindlichen Reiter fernhielt."[190)]

Anschließend wurde der Feind durch 3 Sotnien Kosaken unter Oberst Skobelev verfolgt, an der Verfolgung war auch die Raketenbatterie beteiligt und als man plötzlich auf 1.000 Meter auf etwa 12.000 feindliche Reiter bei Kaniba stieß:

„Da sprengte aus eigener Initiative Hauptmann Abramow mit seiner Raketen-Batterie vor, und '15 Meisterschüsse' bewegen den Feind, nicht nur in seinen Angriffsbewegungen Halt zu machen, sondern auch abzuziehen."[191)]

Am 26. August rückten die Russen dann weiter auf Kokan vor, auch hier war die Raketenbatterie Bestandteil der Truppe. Da die Aufständischen unter Abdurachmann-Awtobatschi nochmals Truppen gesammelt hatten und der Herrscher Kokans, Nassr-Eddin-Chan, gegen diese keinen Frieden mit den Russen schließen konnte, wurde eine Kolonne unter Oberst Skobelev am 8. September mit 8 Sotnien und der Raketenbatterie in Marsch gesetzt; nach einem kurzen Gefecht wurden die Truppen der Aufständischen zersprengt und flohen.[192)] Das Chanat wurde dann am 19. Februar 1876 Teil des russischen Reiches. In begrenztem Maße kam es auch noch im russisch-türkischen Krieg von 1877 bis 1878 zu Raketeneinsätzen.[193)] Nechaev hatte in diesem Jahr begonnen, einen neuen Gefechtskopf für die Raketen zu entwickeln, als Ersatz der bisher genutzten Granaten diente Pyroxilin (Schießbaumwolle), die Ladung wurde beim Auftreffen durch einen Aufschlagzünder gezündet, dieser bestand aus einem beweglichen „Stiel", dessen Spitze aus dem Kegel, der die Büchse mit Schießbaumwolle abschloß, herausragte und beim Auftreffen auf Knallquecksilber gestoßen wurde, das die Ladung zündete. Diese neuen 3zölligen Raketen besaßen eine Reichweite von 800 Saschen. Zugleich begann Nechaev mit der Entwicklung einer entsprechenden 4zölligen Raketen für eine Reichweite von 1.500 Saschen.[194)] Die Versuche mit diesen Raketen begannen im November 1877, aber fast gleichzeitig wurden die ersten zur Unterstützung der Truppen auf dem Balkan ausgeliefert. Am 5. November 1877 wurden dann erstmals die neuen Raketen bei Rushchuk eingesetzt, von denen 386 der Armee zugeführt worden waren:

„Als weitere vier Kompagnien mit Raketenabschußrampen ankamen, haben sich die Türken aus Angst vor den auf sie abgefeuerten Sprengraketen in ihre Gräben zurückgezogen."[195)]

Über einen anderen Einsatz schrieb Lieutenant Friedrich, ein Mitarbeiter Nechaevs, der das Raketendetachement führte:

„Am 5. November 1877 um 10 Uhr morgens wurden von mir 2 Raketen auf Befehl des Stabschefs des XIII. Korps auf geschlossene Reihen des Gegners, der das Dorf Kacelevo angriff, abgefeuert. Beide sind etwa 100 Saschen vor dem Ziel aufgeschlagen, obwohl sie 75 oder 100 Saschen vor unserer Linie auf eine Entfernung von etwa 800 Saschen abgefeuert wurden. Die Feuerposition war recht unbequem, da ich gezwungen war, aus einer Schlucht auf eine Höhe zu schießen, was die Reichweite natürlich verringert hat. Die Richtung der Raketen war hingegen gut. Die Explosion der Geschosse schleuderte jedesmal gewaltige Erdmassen auf. Die Türken zogen sich sofort hinter die Höhe zurück"[196)]

Mitte November versuchten die Russen, die Schiffe der türkischen Donauflottille an der Rushchuk-Front zu vertreiben. Nach vergeblichen Versuchen mit Minen wurden in der Nacht zum 18. November auch mit Raketen ausgerüstete Boote unter Kapitänlieutenant Novozilskii und Lieutenant Friedrichs eingesetzt. Der Einsatz der 2- und 3zölligen Sprengraketen schlug jedoch fehl, weil auf die große Entfernung die türkischen Boote nur schwer zu treffen waren. Von 12 innerhalb von 18 Minuten abgefeuerten Raketen hatten jedoch 8 das Ziel getroffen, aber die Boote nicht in Brand gesetzt. Man stellte aufgrund dieser Erfahrungen fest, daß ein Anzünden von Schiffen kaum möglich wäre, da die Sprengladung aus Pyroxilin bestünde, was im Gegensatz zur alten Pulverladung augenblicklich explodierte und so nur zu Beschädigungen führen könnte. Dennoch scheint die moralische Wirkung der Explosivkraft dieser neuen Raketen groß gewesen zu sein:[197)]

„Полет ракет, ярко освещавших местность, и страшный гул от взрывов произвели тревогу на неприятельском берегу, но турки не решались высылать стрелков из остров Годде . . ."

Bei den weiteren Einsätzen in den Schlachten von Plevna und Sulin wurde ebenfalls kein bemerkenswerter Erfolg erzielt.[198)] Auch auf

187) o. Verf., Die russische Artillerie im Feldzuge gegen Khiwa, in: MGAG, 1875, S. 53; damit wurden die Raketen hier nach den gleichen Grundsätzen eingesetzt, wie in Frankreich im Feldzug gegen Marokko durch General Desvaux 1860

188) Am Amu-Daja, die Befestigungen wurden Ende Oktober 1874 vollendet, zur Bewaffnung gehörten 4 Geschütze; eingelagert für die Amu-Daja-Truppen war ein Teil der Feld- und Gebirgsartillerie „und einige Kästen mit Raketen" (Bericht in: Der russische Invalide, Oktober 1874, nach: Literatur.Blatt zu Streffleur's österreichischer militärischer Zeitung, 1874, No. 12, S. 254

189) Debelak, a.a.O., S. 147

190) o. Verf., Bericht über den Russischen Feldzug in Kokan. 1876, in: JVFM, III. Jahrg., Berlin 1877, S. 434; in einem Bericht in: Der russische Invalide, Oktober 1874, nach: Literatur.Blatt zu Streffleur's österreichischer militärischer Zeitung, 1875, No. 11, S. 210, hieß es, daß neben 4 reitenden Geschützen eine Raketenbatterie eingesetzt worden wäre.

191) ibidem, insgesamt waren 149 Artilleriegeschosse und 29 Raketen verbraucht worden (ibidem, S. 435)

192) ibidem, S. 436 f.

193) Mirjanin, a.a.O., S. 74

194) Sonkin, ibidem, S. 174 f., die Versuche wurden 1878 auf dem Versuchsgelände bei Nikolaev fortgesetzt, aber auch dabei erwies sich, daß die Zerstörungskraft zu gering, hingegen die Streuung zu groß war. Nechaev hat wohl noch den Auftrag erhalten, seine Bemühungen zur Erhöhung der Sprengkraft fortzusetzen, scheint aber diese Arbeiten nie beendet zu haben.

195) Sonkin, a.a.O., S. 176

196) ibidem

197) ibidem, S. 178 [Der Flug der Raketen, die das Gelände hell beleuchteten, und das schreckliche Geräusch ihrer Explosionen riefen Unruhe auf der türkischen Seite hervor, doch die Türken wagten es nicht, ihre Schützen auf die Insel Godda zu senden. . .]

198) Sokolskii, a.a.O., p. 81

dem kaukasischen Kriegsschauplatz kam es noch zu Raketeneinsätzen, ein reitendes Raketenkommando, der Erivan-Trupp der 19. Artilleriebrigade, war den „fliegenden" Einheiten zugeteilt und wurde südostwärts von Kars bei Igdyr eingesetzt, hier konnte er sich mit seinen Raketen am 4. Juli 1877 in einem Gefecht auf den Höhen von Dram-Drask auszeichnen.[199)]

Seit 1858 beabsichtigte Rußland, Turkmenien zu besetzen; gewaltsame Erkundungen fanden ab 1870 statt. Nachdem in den Folgejahren immer wieder räuberische Überfälle der Turkmenen-Teke in Transkaspien erfolgten, fand im Jahre 1874 eine erste größere russische Expedition gegen die Tekinzen statt, der im Jahre 1876 unter General Lomakin eine weitere folgte, an der neben 9 Kompagnien Infanterie und 4 Sotnien Kosaken als Artillerie 10 Geschütze und ein Raketenkommando beteiligt waren. Jedoch flammten jedesmal nach dem Abrücken der Truppen die Unruhen erneut auf, so daß 1879 die Entscheidung gesucht wurde. Aufgrund der ersten Vorstöße war schon festgestellt worden:[200)]

„Eine gute Infanterie mit einigen Geschützen und Raketen, welche letztere Nomaden gegenüber in moralischer Beziehung besonders wirksam sind, ist bei den Expeditionen gegen die Turkmenen die wirksamste Waffe."

Im Juni waren die Truppen im Lager von Tschikischljar unter dem Befehl von Generaladjutant Lasarew versammelt, neben 16 Bataillonen Infanterie und 18 Sotnien Kosaken gehörten ihnen 26 Geschütze und eine Raketenbatterie an, die über 4 Abfeuerungsgestelle verfügte.[201)] Beim Vormarsch wurde die Raketenbatterie der 2. Colonne der Truppen unter General Sain-Wittgenstein zugeteilt. Nach der Einnahme des Aul Bendessen sollte die Oase Achal-Teke eingenommen werden. Zusätzlich traf zuvor mit weiteren Truppen, darunter einer Raketenbatterie, am 20. August General Lomakin in Bendessen ein. Der Weitermarsch wurde am 22. August angetreten, eine Raketenbatterie wurde der Avantgarde unter Oberst Dolgoruki zugeteilt.[202)] Zentrum der Oase Achal - Teke, die am 28. erreicht wurde, war die Festung Geok-Tepe, die hartnäckig verteidigt wurde. Doch zunächst mußten die Russen das Umfeld der Festung von feindlicher Kavallerie reinigen. Hierzu wurden 2 Sotnien Kosaken und 2 Escadrons Dragoner zusammen mit der Raketenbatterie und 2 Gebirgsgeschützen eingesetzt:

„Die Kavallerie führte ihren Auftrag aus. Trotz der verzweifelten Gegenwehr, welche sich ihr bei dem Uebergange über den Bach entgegenstellte, und trotz des Feuers der die hier liegende Kala besetzt haltenden Tekinzen trieb man den Feind vor sich her. Dem weiteren Vorrücken stellte sich ein Haufen feindlicher Infanterie entgegen, welcher, meist nur blanke Waffen führend, aus Dengil-Tepe ausgerückt war. Das starke Feuer der Raketenbatterie und der abgesessenen Dragoner zwang indessen die Tekinzen kehrt zu machen."[203)]

Anschließend mußte die Festung belagert werden, wobei die Raketenbatterie an der Nordfront eingesetzt war. Ein Ausbruchsversuch der Tekkeh am 28. August, der unmittelbar auf die Raketenbatterie zielte, wurde durch das Feuer der Raketen zerschlagen.[204)] Nach einer ersten Beschießung mit Raketen- und Rohrartillerie entschloß sich General Lomakin, der nach dem Tode General Lasarews auf dem Vormarsch das Kommando übernommen hatte, voreilig zum Sturmangriff,[205)] der jedoch nach ersten Erfolgen von den Verteidigern unter erheblichen Verlusten für die Russen abgewiesen wurde, so daß diese gezwungen waren, sich am 30. August auf Bendessen zurückzuziehen. Im Folgejahr wurde der Feldzug, diesmal unter dem Kommando des General Skobelew, wiederholt. Am 1. Juli 1880 begann ein Erkundungsvorstoß auf Geog - Teke, zu diesen Truppen gehörte wiederum eine Raketenbatterie, das Detachement gelangte bis zur Festung und zog sich nach abgeschlossener Recognoscirung am 6. Juli wieder auf Bami zurück.[206)] Das Expeditionsheer war diesmal erheblich stärker als bei dem Vorstoß im Vorjahre, insbesondere der Nachschub war besser geregelt. Für die Raketenbatterie lagen in der Samurskischen Befestigung 1.000 Raketen bereit. Mit den kaukasischen Truppen des General Skobelews vereinigte sich im Dezember noch ein turkestanisches Detachement unter Oberst Kuropatkin, das ebenfalls über einen Raketenzug mit 2 Abfeuerungsgestellen verfügte.[207)] Ab Mitte Dezember begann die zweite Belagerung der Festung Geog-Tepe; hierfür hielt es aber Skobelew für erforderlich, erst einen Stützpunkt südlich der Festung zu schaffen. Hierzu ging er ab 18. Dezember gegen Jangi-Kala vor, wobei zu den Truppen unter Oberst Kuropatkin 2 Raketengestelle gehörten. Am 20. war die Aktion abgeschlossen.[208)] Für den 12. Januar 1881 wurde der Sturm auf den Hauptwall befohlen. Der Kolonne von Oberst Kuropatkin wurden 2 Raketenabfeuerungsgestelle, der Kolonne von Oberst Koselkow ebenfalls 2 Raketengestelle und der Kolonne von Oberstlieutenant Galdarow 5 Raketengestelle zugeteilt. Dieses Mal war der Sturmangriff erfolgreich und die Festung konnte eingenommen werden.[209)]

Dies scheinen die letzten größeren Gefechtseinsätze russischer Raketen gewesen zu sein. In kleinerem Maße wurden sie aber bis zum Ende der neunziger Jahre des letzten Jahrhunderts noch eingesetzt, so 1887 bei einigen zentralasiatischen Expeditionen und im fernen Osten, sowie in Turkestan noch 1899.[210)] Dennoch scheint noch 1884 ein neues Raketengestell eingeführt worden zu sein, durch dessen Konstruktion verhindert werden sollte, daß bei Nehmen der Richtung oder Erhöhung die Füße des Gestelles bewegt werden mußten:[211)]

„Ein zwischen zwei vertikalen Ständern drehbarer, durch eine Schraube feststellbarer und in Grade (180 Grad) eingetheilter Bogen trägt die zur Aufnahme der Rakete bestimmte Bahn. Die Ständer sind mit ihren Füßen an einer cylindrischen Scheibe befestigt, welche wieder

---

199) Sonkin, a.a.O., S. 180

200) Krahmer, Das Vordringen der Russen in Turkmenien, in: Beiheft zum MWBl. 1881, S. 267; auch die folgenden Angaben stammen aus diesem Bericht.

201) ibidem, S. 275, ebenso: o. Verf., Bericht über die Russischen Expeditionen gegen die Achal - Teke. 1879 - 1881, in: JVFM, VIII. Jahrg., 1881, S. 548

202) o. Verf., Bericht über die Russischen Expeditionen gegen die Achal - Teke, a.a.O., S. 549 ff.

203) Krahmer, a.a.O., S. 285

204) E. D. Morgan, The Tekkeh Expedition of 1879, in: Journal of the Royal United Service Institution, Vol. XXIII, 1880, pp. 1000, hierbei wurden 200 Raketen abgefeuert: „It was a critical moment, but Shanaief, without an instant's hesitation, formed his half squadron of dragoons, and taking three half companies of the rocket battery, charged right into the dense mass of Tekkehs. Then ensued desperate slaughter."

205) R. Pierce, Die russische Eroberung und Verwaltung Turkestans, in: G. Hambly (Herausg.), Fischers Weltgeschichte, Bd. 16, Zentralasien, Frankfurt a. M. 1966, S. 216, nach Pierce handelte Lomakin aus Ruhmsucht, es mag aber auch einfach Dummheit gewesen sein; von 3000 stürmenden russischen Soldaten wurden etwa 500 verwundet oder getötet. o. Verf., Bericht über die Russischen Expeditionen gegen die Achal - Teke, a.a.O., S, 552, gab als Grund für den verfrühten Sturmangriff an, daß eine längere Belagerung aufgrund fehlenden Nachschubs nicht möglich gewesen wäre.

206) o. Verf., Bericht über die Russischen Expeditionen gegen die Achal - Teke, a.a.O., S. 555; nach: Kostenko, a.a.O., p. 900, war in Turkestan, und hier nur im Distrikt Ferghana, nur eine Halbbatterie Raketen stationiert

207) Krahmer, a.a.O., S. 298 ff., Kuropatkin war später im russisch-japanischen Krieg Oberbefehlshaber der russischen Truppen

208) o. Verf., Bericht über die Russischen Expeditionen gegen die Achal - Teke, a.a.O., S. 556 f.

209) Krahmer, a.a.O., S. 325, leider enthält der Bericht keine näheren Angaben zum Einsatz der Raketen. In der Disposition für den 12. Januar 1881, Dengil-Tepe, 11. Januar 1881, hatte General Skobelev die Kolonnen eingeteilt und die Raketengestelle des Turkestan'schen Raketenparks auf die Kolonnen verteilt. Neben den Raketen verfügte jede Kolonne auch über Geschütze, Mitrailleusen und eine Heliographenabteilung. (O. Ossipowitsch, Michael Dmitriewitsch Skobelew, in: Internationale Revue über die gesammten Armeen und Flotten, 5. Jahrg., 1. Band, S. 283 f., die Übersetzung sprach hier fälschlicherweise nicht von Gestellen sondern von Raketenparks, andererseits ist hier eine der wenigen Quellen, in der die Zuordnung der Raketen zu einem Befehlsbereich - Turkestan - genannt wurde) Vgl.: o. Verf., Bericht über die Russischen Expeditionen gegen die Achal - Teke, a.a.O., S. 560

210) Winter, rocketry, a.a.O., p. 105

211) Aus dem Februar-Heft des russischen Artillerie-Journal 1884, abgedruckt in: AOPA, 91. Bd., 1884

horizontal drehbar und mit einer Schraube feststellbar, in einer zweiten mit drei Beinen versehenen Scheibe ruht. Bei Versuchen bewährte sich diese Gestell-Construction. Das Haupt-Artillerie-Komitee beabsichtigt noch eine Vorkehrung am Gestell anbringen zu lassen, welche es ermöglicht, der cylindrischen Scheibe stets eine horizontale Lage zu geben."

In einem Bericht über die russische Artillerie im Jahre 1888 wurde dann festgestellt, daß die Raketenfabrik in Nikolaev sowohl Signal- als auch Kriegsraketen herstelle, wenn auch nur mit geringem Personal; es existierten aber keinerlei Raketenbatterien mehr, obwohl die Artillerieeinheiten im Kaukasus und in Asien weiterhin mit Raketen ausgerüstet wären und in Nikolaev ein Raketenversuchs-Detachement bestünde.[212)] Zu den Leuchtraketen waren 1876 Versuche mit 3zölligen auf dem Volkhova-Feld durchgeführt worden, wobei bei einer Reichweite von 450 Saschen unter 50° Elevation ein Leuchtradius von 260 bis 450 Metern erzielt wurde. Diese Raketen mit Leuchtsternen wurden daraufhin eingeführt, wobei eine Leuchtdauer bis zu 20 Sekunden nur erzielt wurde, wenn 2 bis 3 Raketen kurz aufeinander abgefeuert wurden.[213)]

Gegen diese Beschreibung der Raketenfabrik aber steht, daß die Raketen 1887 offiziell aus der Bewaffnung der russischen Armee gestrichen worden waren.[214)] 1886 wurden in Nikolaev letztmalig 250 2zöllige Raketen hergestellt. Die noch in Nikolaev vorhandenen 5.650 Raketen sollten nach einem Vorschlag dem Kommandeur der Armur-Region zur Verfügung gestellt werden, auch den anderen Militärregionen wurde gestattet, die vorhandenen Raketen zu behalten.[215)]

Dennoch gab es auch nach diesem Zeitpunkt noch Vorschläge zur Weiterentwicklung der Raketen, so beschäftigte sich Ende der achtziger Jahre Hauptmann Andreev, der in der Kars-Alexandropol-Festung stationiert war, mit einer leistungsgesteigerten 2zölligen Rakete, wobei er mit einem stärkeren Treibsatz und einem neuartigen tubenförmigen Stab, der letztlich eine Verlängerung der Hülse darstellte, sowohl die Reichweite als auch die Treffgenauigkeit der Raketen erhöhen wollte; da er aber seine Vorschläge nicht genau genug spezifizieren konnte, überdies die Kriegsraketen nicht mehr Bestandteil der Ausrüstung der Armee waren, wurde der Vorschlag vom Artilleriekomitee im November 1891 abgelehnt.[216)] Bis in die ersten Jahre des zwanzigsten Jahrhunderts erstreckten sich Versuche, die Leuchtraketen zu verbessern, wobei Pomortsev mit flügelstabilisierten Raketen experimentierte und mit 3zölligen Raketen 1905 Reichweiten bis zu 4 Werst erreichte.[217)] Daneben schlug er zur Weiterentwicklung der Kriegsraketen im Oktober 1905 eine pneumatische Rakete vor, angetrieben durch komprimierte Luft.[218)] Auch wenn das Artilleriecommittee den Vorschlag billigte und für 1906 Versuche angeordnet hatte, scheint es nicht mehr zur Durchführung gekommen sein, da Pomortsev zunächst seine Versuche mit Feststoffraketen abschließen wollte. Hierbei erreichte er mit 3zölligen Raketen Entfernungen von etwa 6 Werst und mehr.[219)] Das nächste Datum entspricht fast einem Satyrspiel: im Krieg gegen Japan 1904 - 1905 erfuhren russische Soldaten die Wirkung japanischer Raketengranaten.[220)] Aber auch in Rußland wurde die Raketenidee weiterhin verfolgt. 1908 wurden erneut Versuche mit Feststoffraketen durch Karabchevskij und Demenkov durchgeführt, insbesondere um die Wirksamkeit der unterschiedlichen „Düsen" zu erproben, festgestellt wurde, daß die Kombination einer zentralen Gasaustrittsöffnung mit einem Durchmesser von 1,5" und 6 weiteren am effektivsten wäre.[221)] 1910 wurden dann diese Versuche eingestellt, weil kein Durchbruch gelungen war, damit wurde auch die Entwicklungsabteilung in Nikolaev geschlossen.[222)] Um 1910 entwarf A. Sytenko bereits ein Luftabwehrraketensystem, und ebenfalls zur Fliegerabwehr konstruierte I. V. Volovskiy 1912 einen Mehrfachraketenwerfer, der auf einen LKW montiert war, wobei er Rotationsraketen verwenden wollte, zu Versuchen scheint es nicht mehr gekommen zu sein[223)] Im April 1909 fanden erneut Versuche an der Shostka Pulverfabrik mit Raketen statt, Sasanov hatte eine Rakete ohne Bodenplatte mit 2 parallelen Leitstäben konstruiert, hiermit wurden Reichweiten auf dem Versuchsgelände Ochakov von 2.500 m erzielt, wobei Abweichungen in der Seite von bis zu 200 m auftraten. In der Folge konnte die Reichweite auf 5 Werst gesteigert werden, bis 1913 wurden etwa 20 Raketen hergestellt, wobei dann aber bei anschließenden Versuchen die zuvor erzielten Reichweiten weit unterschritten wurden, so daß dies Projekt nicht weiter verfolgt wurde.[224)] Seit 1894 beschäftigte sich auch N. I. Tikhomirov mit Feststoffraketen und konnte 1912 erste Resultate zusammen mit dem Vorschlag für eine größere Rakete dem Marineminister, Admiral Birilev, vorlegen, seine Bemühungen wurden aber erst nach der Oktoberrevolution von Lenin 1919 beachtet;[225)]daraufhin wurde 1921 das Gasdynamische Laboratorium in Moskau gegründet,[226)] das sich mit der Entwicklung von Feststoffraketen mit einem Treibsatz aus rauchlosem Pulver beschäftigte. Damit begann hier die erste offizielle Raketenentwicklung des 20. Jahrhunderts, im Verlauf derer neben Boden-Luft-Raketen vor allem Artillerieraketen entwickelt wurden, eine Entwicklung, die zu den Katyushas des Zweiten Weltkrieges führte, so daß die Raketen in Rußland ihre erste Renaissance erlebten.

---

212) F. A. Court, The Russian Artillery in 1888, in: USJ, 1888, p. 274; nach: Winter, rocketry, a.a.O., p. 103, waren 1882 in Nikolaev eingesetzt: 1 Generalmajor als Direktor, 3 Artillerieoffiziere, 6 Unteroffiziere, 2 Ingenieure, 4 Oberfeuerwerker, 6 Angestellte, 152 Arbeiter sowie ein Mediziner und 17 Diener, insgesamt ein Personalumfang von 181 Mann, vgl.: H.M.S.O., The Armed Strength of Russia, London 1882, p. 233

213) o. Verf., Èclairage dans les places fortes, in: RdA, 1883, tome XXII, p. 512 f.

214) Mielke, a.a.O., S. 26; Mirjanin, a.a.O., p. 74, gab als Jahr des Endes der Ausstattung erst 1897 an, die erste Angabe erscheint richtiger, da Sokolskii (a.a.O., p. 83) feststellte, daß aufgrund einer Entscheidung des Artillerie-Komittees im Januar 1886 die Fabrikation der Raketen in Rußland eingestellt worden wäre. Die Kommandeure der Feldtruppenteile waren nach Sokolskii seit 1884 zu diesem Problem befragt worden und sprachen bis auf den Kommandeur der Armur-Region sich nicht gegen eine Abschaffung aus, behielten sich aber vor, die vorhandenen Raketen für den Notfall weiterhin verfügbar zu halten. Nach Sonkin (a.a.O., S. 179) wurde in Nikolaev die Produktion ab 1879 vollkommen auf die Herstellung von 3zölligen Leuchtraketen umgestellt, von denen bis zu 8.000 pro Jahr in der Folge produziert wurden.

215) Zu diesem Zeitpunkt war in den verschiedenen Depots noch folgende Anzahl von Raketen vorhanden: Omsk: 6.057, Caucasus: 3.425, Turkestan: 2.812, Amur-Region: 1.061 und Kiev: 400 (Sokolskii, a.a.O., p. 90)

216) Sokolskii, a.a.O., pp. 113

217) ibidem, pp. 117

218) ibidem, p. 131, diese Rakete sollte etwa 17 kg wiegen, für die Hülse sah er eine Länge von 1 m vor, wobei sie mit 1,5 m^3, komprimiert unter 200 atm, gefüllt sein sollte, um der Rakete eine Antriebsphase von 25 sec zu vermitteln.

219) ibidem, p. 132

220) J. F. C. Fuller, The Artillery Rocket, in: Ordnance, 1947, No. 164, p. 86

221) Sokolskii, a.a.O., p. 133

222) ibidem, p. 134

223) Mikhaylov, a.a.O., p. 106, sowie: Sokolskii, a.a.O., pp. 212

224) Sokolskii, a.a.O., pp. 149

225) Baker, The Rocket, New York 1978, p. 76

226) E. Digmelov, Pervaya sovetskaya raketnaya, in: Tekhnika i Voorushenie, 1991, No. 12, S. 24

9. Die anderen europäischen Staaten

Nach den Einsätzen der Congrev'schen Raketen gegen Boulogne, Vlissingen und Kopenhagen begannen sich nicht nur die Großmächte, die zumeist selbst Raketen entwickelten, für die neue Waffe zu interessieren. Auch die kleineren und mittleren Staaten Europas versuchten sich Zugang zu dieser Entwicklung zu verschaffen und sie für ihre Armeen zu nutzen. Zur Hilfe kam ihnen dabei, daß Mitarbeiter aus den Raketenlaboratorien insbesondere des Vereinigten Königreiches und Österreichs sich selbständig gemacht hatten und versuchten, ihr Wissen um das „Geheimnis" der Raketenherstellung den hieran interessierten Staaten zu verkaufen. Dies galt vor allem für frühere Mitarbeiter Congreves, die versuchten ihr Wissen in den Niederlanden, Rußland und in Frankreich zu Geld zu machen, insbesondere gelang es hier Bedford, sich eine feste Stellung in Metz zu schaffen. Teilweise gelang es ihnen, ihre Kenntnisse mehrfach zu vermarkten, dies galt vor allem für den Mechanikus Westermayer und den Ungarn Lukaszy. Westermayer hatte mehrere Jahre in der Raketenfabrik Wiener Neustadt gearbeitet, war anschließend nach Warschau gegangen, das er im Verlauf der polnischen Insurrektion verließ, um dann in Preußen seine Kenntnisse zu verwerten, von wo aus er nach Stockholm verpflichtet wurde. Anschließend arbeitete er in St. Petersburg und im Königreich Hannover, dann in München, wo er auch die griechische Armee beriet, und schließlich wieder in Warschau. Lukaszy scheint nach Arbeiten in Wiener Neustadt zunächst nur als Pyrotechniker für Lustfeuerwerkerei nach Sachsen und Hannover gegangen zu sein und war dann in Baden und Württemberg; ab 1849 hat er sich dann wohl mit den Kriegsraketen befaßt und arbeitete in München, von wo aus er wohl auch Kontakte nach Brasilien unterhielt, anschließend in Schleswig-Holstein, danach in Württemberg und schließlich in der Schweiz und versuchte auch, in Frankreich Fuß zu fassen.[1)]

a. Königreich Belgien

In Europa scheint sich nur das junge Königreich Belgien nicht praktisch mit Raketen beschäftigt zu haben. Dennoch wurden auch hier zumindest auf theoretischer Basis hierzu Überlegungen angestellt. Anfang der dreißiger Jahre dieses Jahrhunderts hatte der Hauptmann im Generalstab der Artillerie, Charles - Guillaume Bormann, einige Versuche mit Raketen durchgeführt, die Mittel reichten aber nicht aus, um seine Versuche im Großen durchzuführen. Seine Ausgangsüberlegung war, daß der bei der Herstellung von Raketen erforderliche Aufwand in keinem Vergleich zur erzielbaren Wirkung stand, insbesondere, wenn man ihn mit der Rohrartillerie verglich. Er strebte daher an, Raketen einfacher herzustellen, um die Herstellungskosten zu verringern und zugleich aber auch gleichförmiger, um - ähnlich wie später auch Boxer - Zuverlässigkeit und Treffsicherheit zu erhöhen. Da die belgische Artillerie erst im Entstehen war und sich in dieser Angelegenheit überfordert fühlte, erhielt Bormann vom belgischen König 1837 die Erlaubnis, sein Verfahren Preußen anzubieten.[2)]

Aber auch danach beschäftigten sich in Belgien Einzelne mit dem Problem der Raketen. So legte 1847 der Capitaine Splingard der Pyrotechnischen Schule das Modell einer neuen Rakete vor. Versuche größeren Ausmaßes konnten jedoch nicht durchgeführt werden.[3)] Möglicherweise wurde Splingard zu seiner Arbeit durch den capitaine Neuens der Ecole de Pyrotechnie angeregt, der 1843 für die Feuerwerkerlehrgänge ein Lehrbuch über die Raketen erarbeitet hatte und dabei die Ursachen der Ungenauigkeit ihres Fluges untersucht hatte, wobei er vor allem auf die Bedeutung des Schwerpunktes der Rakete und die Auswirkung der Antriebskräfte des Treibsatzes während des Fluges einging, aber auch andere Möglichkeiten der Stabilisierung der Rakete während des Fluges ansprach, so die Flügelstabilisierung und die Stabilisierung durch den Drall.[4)]
Splingard scheint an seinen Raketen aber später weitergearbeitet zu haben, so veröffentlichte er 1858 einen Artikel, in dem er aufgrund seiner Erfahrungen aus den Versuchen von 1847 eine neue Form der Bohrung der Rakete vorschlug, er bezeichnete sie als „fusée à âme annulaire," um die Brennfläche zu vergrößern und damit die Treibkraft und Anfangsgeschwindigkeit der Rakete zu erhöhen. Er realisierte damit fast zeitgleich mit dem Schweizer Pictet dieselbe Idee, indem er eine ringförmige Bohrung anwandte, so daß sich der Treibsatz an den Wänden der Hülse und in ihrem Zentrum befand. Die Stabilisierung im Flug sollte durch Rotation erfolgen, wobei er ein ähnliches Prinzip wie später Preußen nutzte, er sah jedoch alternativ auch einen herkömmlichen, jedoch geflügelten Stab vor. Auch trat er hier nochmals für die Einführung von Raketen ein:[5)]
„D'après nos idées, la fusée de guerre est appelée à contribuer puissamment à la défense des petits États, en augmentant la résistance des

1) Einzelheiten zu diesen Raketenspezialisten siehe bei den entsprechenden Ländern

2) DHMB, Rep. Z 08, Abschrift eines Memoria von Bormann „Über die Verfertigung von Kriegs-Raketen nach anderen Grundsätzen als das bis jetzt üblich war." (das Memoria lag einem Schreiben des preußischen Gesandten v. Arnim vom 11. September 1837 bei, siehe hierzu auch Abschnitt „Die deutschen Staaten, Königreich Preußen"), sowie Schreiben Bormann an v. Arnim vom 2. November 1837, in dem er darauf hinwies, daß solche Versuche von Privatpersonen unmöglich angestellt werden könnten, es konnte nicht festgestellt werden, ob dieses Anerbieten seitens Preußens angenommen wurde; einen weiteren Versuch zur „Vermarktung" seiner Ideen unternahm Bormann, nunmehr bereits General, indem er 1864 ein ähnliches Memorandum an das Ordnance Department der U. S. Army übersandte (N.A.W., Record Group 45, Office of Naval Records and Library, Subject File, U.S. Navy, 1775 - 1910, BA 1861 - 1870, Inventions, Tests, Patents, Box 137, 1864, Memoir on Hail - Shells and War-rockets by Major-General Bormann, aide-de-camp to his Majesty the King of the Belgians), auch dieser Versuch scheint jedoch erfolglos geblieben zu sein; siehe auch: F. H. Winter, The First Golden Age of Rocketry, Washington 1990, p. 135; Charles - Guillaume Bormann (geb. 01.04.1796 in Senftenberg, Sachsen - gest. 25.09.1872 in Bruxelles) war gebürtiger Sachse, Leutnant der sächsischen Artillerie, 1832 Übertritt in belgische Dienste, 1841 naturalisiert, 1842 sous-directeur à l'arsenal de construction, 1857 Général-Major honoraire, erfand einen tempierbaren Zünder für Shrapnelgranaten (Neue deutsche Biographie, 2. Band, Berlin o. J., S. 465; sowie: MRAHM, fiche matriculaire No. 2560, und: A. Duchesne, Le Général Baron Ch.-Guill. Bormann inventeur de la fusée à temps, in: Carnet de La Fourragère, septembre 1964, p. 389 - 396, sowie: o. Verf., nécrologue Bormann, in: L'Annuaire de l'Armée Belge, 1873, pp. 359; lt. Schreiben Archives Générales du Royaume, Département III, vom 05.02.1996 liegen dort keinerlei Unterlagen zu den Raketen General Bormanns vor) Merkwürdigerweise erwähnte Bormann seine Bemühungen um die Raketenentwicklung nicht in einem Schreiben an den Kriegsminister, Lieutenant-Général Greindl vom 20. Juni 1856, in dem er auf seine Verdienste für die belgische Artillerie und seine Erfindungen einging (MRAHM, dossier O. 2560), auch in einer „Note historique", (ibidem, 18. Septembre 1860) die sich mit seinen Erfindungen befasste, wurden sie nicht angesprochen. Ebenso fehlt die Erwähnung der Raketenversuche im Nekrolog durch den Lieutenant-Général Soudain de Niederwerth, der jedoch Bormanns andere Verdienste um die belgische Artillerie würdigte (Nécrologie, in: Moniteur Belge vom 30.11.1872, p. 3590)

3) Splingard, Notice sur une nouvelle fusée de guerre, in: Journal de l'Armée Belge, No. 15 / 1858, p. 45 - 55; Splingard hatte sich zuvor mit der Entwicklung von Shrapnelzündern beschäftigt (siehe: Splingard, Notice sur une fusée de shrapnel, in: JAS, 1848, p. 89 - 96 (datiert Liège, 30.11.1847)

4) Ecole de Pyrotechnie, Cours de Pyrotechnie civile rédigé par le capitaine Neuens. Servant de supplément au cours de Pyrotechnie militaire, Liège 1843 (Dépôt de la Guerre - Bibliothèque, der gegenwärtige Fundort dieser Handschrift konnte nicht festgestellt werden)

5) Splingard, a.a.O., pp. 48; die neue Form der Bohrung sollte weniger dazu dienen, um extreme Reichweite zu erzielen, sondern, um auch Raketen mit einer kürzeren Hülse die erforderliche Reichweite zu geben. Zu Pictet: siehe in diesem Abschnitt, h. Die schweizerische Eidgenossenschaft.

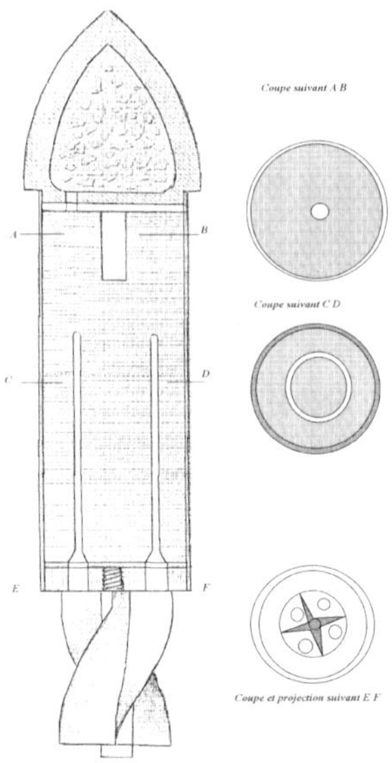

Capitaine Splingards fusée à âme annulaire, (Zeichnung: Splingard)

places fortes et en réduisant de beaucoup le rôle de la cavalerie dans les armées."
Splingard hat wahrscheinlich diese neue Konstruktionsidee nicht mehr in die Praxis umgesetzt und in Versuchen erprobt. Einen letzten Hinweis auf belgische Bemühungen, Kriegsraketen einzuführen, gab Konstantinov: 1859 erschien eine Schrift von A. Nicaise unter dem Titel „Considérations sur les fusées de guerre", die - wohl beeinflußt durch den Kriegsminister General Chazal - darauf hin wirken sollte, daß auch dieses Land Raketen einführte, indem die Vorteile dieser Waffe zur Landesverteidigung gegenüber der herkömmlichen Artillerie herausgehoben wurden.[6] Der Versuch, auf diese Weise die Einführung von Raketen in der belgischen Armee herbeizuführen, blieb jedoch ohne Folgen. Es gab aber weiterhin auch in Belgien Wissenschaftler, die sich mit der Raketenidee befaßten, so wurde 1911 Dr. André Bing in Brüssel ein Patent für eine mehrstufige Rakete erteilt.[7]

b. Königreich Griechenland

Als nach den napoleonischen Kriegen Griechenlands Kampf um die Unabhängigkeit von der Türkei begann, versuchte man schon früh, auch Kriegsraketen für den Kampf zu nutzen. Ein griechisches Komitee, das sich 1823 in London gebildet hatte, um Waffen und Geld für den Freiheitskampf zu sammeln, versuchte durch seine Abgesandten Orlandos und Luriotis auch Raketen zu kaufen, nach einigen Autoren wurde dies auch durchgeführt, es ist aber nicht bekannt, ob diese Raketen auch nach Griechenland gelangt und dort eingesetzt worden sind.[8] Wenig später erbot sich ein weiteres Mitglied, der Artillerist W. Parry, in Griechenland Raketen zufertigen und eine Raketenartillerie aufzustellen. Im Januar 1824 sollten Raketen und das für die Herstellung erforderliche Gerät in Missolonghi ankommen, aber das erwartete Schiff führte die erwünschte Ladung nicht mit; Lord Byron, der fest mit den Raketen für die Belagerung Lepantos gerechnet hatte, war enttäuscht und mußte die Belagerung abbrechen. Damit fand der Unabhängigkeitskrieg ohne Raketen statt.[9]

Während des griechischen Freiheitskampfes gegen die Türken, der eigentlich bereits 1827 durch das Eingreifen der Großmächte in der Schlacht bei Navarino entschieden war, unterstützten auch bayerische Offiziere, dabei der Oberstlieutenant Freiherr von Heidegger, genannt v. Heideck, als „Philhellenen" die Freiheitsbewegung. Dieser half bis 1829 dem griechischen Präsidenten Graf Capodistrias bei der Bildung einer regulären griechischen Armee; er stellte hierfür 1828 die 3.500 Mann starke Truppe der Taktiker, eine erste griechische Brigade, auf; außerdem richtete er auf der Wasser-Bastion der Stadt Nauplia das griechische Arsenal ein; als griechischer Generalmajor kehrte er 1829 mit dem griechischem Bürgerrecht versehen zunächst nach Bayern zurück. 1830 wurde Griechenland als unabhängiger Statt konstituiert und 1832 wurde der bayerische Prinz Otto zum König gewählt; da dieser noch minderjährig war, wurde ein Regentschaftsrat unter Graf Armannsperg als Präsident und Staatsrat v. Maurer sowie Generalmajor v. Heideck als Mitgliedern eingesetzt. Für eine Übergangszeit, bis zur Aufstellung einer griechischen Armee, wurde ein bayerisches Hilfscorps in Griechenland eingesetzt, das die englischen und französischen Truppen ablöste; diese Brigade bestand aus 3.586 Mann unter Generalmajor Freiherr von Hertling. Zugleich schloß Griechenland mit Bayern am 10. November 1832 einen Werbevertrag ab, nach dem für die nächsten drei Jahre 3.500 Freiwillige für die Dauer von 4 Jahren in Deutschland geworben werden sollten, um den Kern einer griechischen Armee zu bilden, damit das bayerische Hilfscorps wieder abgezogen werden konnte. Die führenden Stellen der künftigen griechischen Armee wurden von zu diesem Zweck auf drei Jahre beurlaubten bayerischen Offizieren eingenommen, so das Kriegsministerium durch Oberstlieutenant von LeSuire und die Armeeinspektion durch Oberstlieutenant von Schmaltz. Am 2. März 1833 wurden alle bisherigen irregulären Truppen aufgelöst und am 28. März dieses Jahres trafen die ersten angeworbenen Freiwilligen in Nauplia ein. Für die neue griechische Armee sollten als Artillerie sechs Compagnien zu je 100 Mann aufgestellt werden, ausgerüstet wurden diese Einheiten mit Geschützen, die von den französischen und britischen Truppen bei ihrem Abzug hierfür zurückgelassen wurden. Am 21. März 1834 waren bereits 5 Artilleriecompagnien in Nauplia und eine in Navarin stationiert, Artilleriekommandeur war Oberst Ludwig Lüder,[10] dieses erste Artilleriebataillon wurde durch Major Josef Hütz geführt. Im Verlauf des Maina-Aufstandes 1834 stellte sich die begrenzte Einsatzmöglichkeit der recht unbeweglichen französischen 12pfündigen Gebirgshaubitzen in dem gebirgigen Gelände des Peleponnes heraus, die zu schwer für die griechischen Maultiere waren, sowie ihre zu geringe Reichweite[11] und der Major Hütz, dem die Entwicklung der bayerischen Raketen bekannt war, beantragte für die griechische Artillerie ebenfalls Raketen einzuführen.

„Dem Antrage des überaus tätigen Major Hütz entsprechend, wurde am 29. Mai / 10. Juni die Genehmigung zur Erwerbung des Geheimnisses der Congreveschen Raketen erteilt;"[12]

6) Konstantinoff, Lectures sur les fusées de guerre, Paris 1861, p. 57: „Cette brochure se clôt par l'énumération des services qu'auraient pu rendre les fusées à l'armée belge, et il y est dit que les fusées auraient été utiles contre la cavalerie et pour remplacer l'artillerie ordinaire, dans les polders, pays marécageux et entrecoupés, où l'artillerie de campagne ne peut manœuvrer qu'avec difficulté, pour la défense des bords et des forts de l'Escaut inférieur et pour la défense des forteresses belges. L'exposé détaillé de l'application des différentes espèces de fusées dans ces occasions est terminé par la conclusion que l'augmentation de l'artillerie belge de quelques batteries de fuséens aurait considérablement accru la force de cette arme"

7) A. Fritz, Start in die dritte Dimension, Stuttgart 1958, S. 45

8) M. de Montgéry, Recherches sur les fusées de guerre, in: JAS, 1839, p. 173, hiernach wurden Raketen in England gekauft und nach Griechenland verschifft. Auch: v. Hoyer, System der Brandraketen nach Congreve und Anderen, Leipzig 1827, S. 20, machte diese Angabe: „Neuerlich haben auch die nach London geschickten Griechen Orlando und Luriotis daselbst Brandraketen aufgekauft und nach Griechenland gesendet, wo sie wahrscheinlich bald in der Geschichte des dortigen Krieges Epoche machen werden."

9) Angaben nach: F. H. Winter, a.a.O., p. 130

10) Als General später bayerischer Kriegsminister

11) Schmölzl, Die Bayerische Artillerie, München 1879, S. 25, schrieb hierzu: „Schließlich erachtete die griechische Regierung, in Erwägung der mehrentheils gebirgigen und jede Communication mit fahrbaren Geschützen versagenden Beschaffenheit des Landes als angemessen, die sich bei der im Jahre 1835 in der Provinz Maina ausgebrochenen Insurrection als ungenügend bewährten französischen Gebirgshaubitzen durch die Einführung der Kriegsraketen zu ersetzen." (In der Datierung ist Schmölzl hier offensichtlich ein Fehler unterlaufen, da der Aufstand bereits 1834 begonnen hatte) und: Wilhelmi, Stellung der Feldraketen-Batterien im Heere, ihre Verwendung in den für sie besonders geeigneten Gefechtsverhältnissen und ihre hierdurch bedingte Organisation, in: AOPA, 1858, S. 192, sowie: Hütz, Die Feldartillerie und ihre Organisation, München 1853, S. 44, Hütz führte an, daß die griechischen Maultiere die Last von fast 2 Zentnern dieser Haubitzen im Gegensatz zu den französischen Maultieren aus den Pyreneen nicht tragen konnten, die Beschaffung dieser leistungsfähigeren Maultiere aber zu teuer gewesen wäre.

12) Chr. v. Schmaltz, Aus dem Leben des Generalmajors von Schmaltz, in: Darstellungen aus der bayerischen Kriegs- und Heeresgeschichte, Herausg.: K. B. Kriegsarchiv, Heft 20, München 1911, S. 195. Der Leiter der kgl. griechischen Werb- und Oekonomie Kommission in München, Major Auer, nannte in einem Schreiben an das bayrische Kriegsministerium als Tag der Allerhöchsten Entschließung zur Einführung der Raketen den 19.5. / 10.6. 1834 (BHS-KA, A X 2 Bd. 32, Schreiben vom 5. August 1834)

Dieser Antrag wurde vom General von Heideck, der dem König auch als Berater für den Aufbau der griechischen Armee diente, unterstützt und der Kriegsminister General von LeSuire unternahm über die bayerische Botschaft in Athen die erforderlichen Schritte. Diese Entscheidung scheint umstritten gewesen zu sein, sicherlich gab es auch hier Gegner der Raketen, aber v. Heideck konnte sich durchsetzen:
„Durchsetzen konnte v. Heideck sich mit der Anschaffung Congreve-scher Raketen, damit erhielt die Truppe, allerdings erst im Herbst 1834, eine moderne Waffe, die im unwegsamen Terrain leicht transportiert werden konnte und eine Feuerüberlegenheit gegenüber den Palikanen garantierte."[13)]
Am 2./14. Juni 1834 richtete General von LeSuire als kommissarischer königlich griechischer Außenminister ein entsprechendes Ersuchen an die bayrische Regierung, worin er bat, das Geheimnis der Raketenfertigung dem Premier-Lieutenant Schmölzl mitzuteilen, der sich gerade in München aufhielte, um eine Batterie aufzustellen. Zur Begründung schrieb er:
„Le Gouvernement du Roi se verrait obligé dans ce dernier cas d'acheter ce secret de l'inventeur lui même vu les grands avantages qui résulteraient de l'emploi de ces projectiles dans les montagnes de la Grèce, aussique pour le service de la Marine Royale."[14)]
Der königlich bayerische Geschäftsträger in Athen, Legationsrat v. Gasser, leitete diesen Antrag des Generals von LeSuire nach München weiter, wo er am 6. August in die Bearbeitung ging. Gasser setzte noch hinzu:
„Der Gegenstand ist mir so fremd, daß ich nicht anders kann, als die fragliche Note einzusenden . . ."[15)]
Parallel hierzu wandte sich ab 5. August 1834 auch die königlich griechische Werb- und Oekonomie Kommission im Auftrage ihrer Regierung an das bayerische Kriegsministerium, um das Geheimnis der Anfertigung der Kriegsraketen zu erlangen, dabei wurde daraufhin gewiesen, daß die Sache eilig wäre, da der Mechanikus Westermayer, durch den Bayern das Herstellungsverfahren erlangt hatte, im Begriff stünde, abzureisen.
Zur Stellungnahme durch das Staatsministerium aufgefordert, meldete das bayerische Kriegsministerium,
„Abgesehen davon, daß das Kriegs Ministerium nicht in der ungebundenen Lage ist, das Geheimnis: Brandraketen zu fertigen, der kgl. griech. Regg. mittheilen zu können, würde die Beschreibung und die genaueste Bezeichnung dieser Kunst nicht einmal zu reichen, auf theoretischen Wege zum Ziele zu kommen, vielmehr ist der praktische Unterricht unumgänglich nöthig, und ohne diesen wäre Zeit und Geld verschwendet. Von den 4. bayrischen Offizieren, welche diese Kunst erlernt haben, bleibt auf geraume Zeit nur einer in München anwesend, es könnte daher auch der Unterricht von ihrer Seite, selbst wenn der denselben abgenommene Eid zur Beschwörung des Geheimnisses, gelöst werden wollte, nicht ertheilt werden. Am Sachdienstlichsten möchte es seyn wenn von Seite Griechenlands mit dem Mechanikus Westermayer, als dem eigentlichen Lehrmeister, sich in Unterhandlungen eingelassen, und von diesem an einige griechs. Offz. in ähnlicher Weise, wie es hier geschah, der vollständige Unterricht ertheilt würde."[16)]
Die Zeug-Haus-Hauptdirektion wurde nun angewiesen, für die griechische Kommission alle Vertragsunterlagen bereitzustellen, die erforderlich wären, um einen ähnlichen Vertrag wie die bayrische Regierung mit Westermayer abzuschließen. Am 12. August drängte Major Auer erneut auf die Mitteilung des Geheimnisses, erhielt aber am 14. August nur die Vertragsunterlagen. Wenig später stimmte die bayerische Regierung am 27. August zu, der griechischen Regierung die erforderlichen Requisiten und Instrumente zur Herstellung der Raketen „gegen unversehrte Rückgabe" überlassen zu wollen. Das Kriegsministerium meldete hierzu:
„. . . ist bereits alles geschehen, was, ohne mit dem Mechanikus Westermayer in Collision zu gerathen diesseits zugestanden werden konnte."[17)]
Am 9. September mußte sich Major Auer erneut an das Kriegsministerium mit der Bitte um Mitteilung des Geheimnisses wenden,
„Ich kann dabey nicht umhin . . . diesen Gegenstand neuerdings bey der Allerhöchsten Stelle zum Vortrag zu bringen, indem es für Griechenland als ein Küsten- und Gebirgsland von zu großer Wichtigkeit erscheint, als daß er nicht Berücksichtigung finden müßte. Mir ist die Ausführung meines Antrages auf eine andere Art nicht möglich, indem mir die angewiesenen Geldmittel versagt werden, um mit dem Mechanikus Westermayer einen Vertrag deshalb abschließen zu können."[18)]
Zugleich wandte sich Auer unmittelbar an den König, um so zu seinem Ziel zu kommen, dabei führte er aus:
„Zu den auch in Ausführung zu bringenden Gegenständen gehört auch namentlich die Erlangung des Geheimnisses zur Anfertigung Congrevische Raketen, welche für Griechenland, als ein Gebirgs- und Küstenland ohne Straßen und Kommunikation wegen ihrer leichten Transportfähigkeit ein äußerst wichtiger Gegenstand als schwere Geschoßwaffen sind. Durch die verursachte Stockung in Auszahlung der pecuniären Mittel wurde ich in die mißliche Lage versetzt mit dem inzwischen abgereisten Mechanikus Westermayer den eigentlichen Lehrmeister dieser Kunst nicht in Unterhandlung treten zu können, welche Realisation durch dessen Zurückberufung nur mit dem größten Kostenaufwand erkauft werden könnte . . . Ich wage es daher in tiefster Ehrfurcht Euer Koenigliche Majestaet allerunterthänigst zu bitten, durch ein Wort der Gnade alle allenfalltigen Bedenken welche sich der Überlieferung in politischer oder sonstiger Beziehung entgegenstellen sollten, zu beseitigen . . ."[19)]

Der König ließ daraufhin das Ersuchen erneut prüfen. Aber auch diesmal scheiterte eine Übergabe des Geheimnisses an dem Eid der ausgebildeten Offiziere, den der König, auch wenn kein förmlicher Vertrag mit Westermayer zur Geheimhaltung bestand, nicht zu lösen bereit war. Schließlich erging am 14. September die förmliche Antwort auf die Note der griechischen Regierung, nach der Bayern seine Bereitschaft erklärte, der jungen griechischen Armee, die zunächst eigentlich noch eine bayerische war, zu helfen, sich aber außerstande sähe, die erforderlichen Unterlagen zur Raketenherstellung zu übergeben. In dieser Note wurde dabei wiederholt:
2 . . . übrigens oben gedachte Komission darauf aufmerksam machen zu müssen, daß es auch die genaueste Bezeichnung dieser Kunst nicht für zureichend erkenne um auf theoretischem Wege zum Ziele zu kommen und vielmehr den praktischen Weg für unumgänglich nöthig erachte. Von den k. Bayer. Offizieren welche diese Kunst erlernt haben, bleibe auf geraume Zeit nur einer in München anwesend, es könnte daher auch der Unterricht von ihrer Seite, selbst wenn der denselben abgenommene Eid zur Bewahrung dieses Geheimnisses gelöst werden wollte, nicht ertheilt werden. Am sachdienstlichsten aber möchte es seyn, wenn von Seite Griechenlands mit dem Mechanikus Westermaier, als dem eigentlichen Lehrmeister, sich in Unterhandlungen einge-

13) B. Seewald, Karl Wilhelm v. Heideck, München 1994, S. 152;
die Zeitangabe Herbst 1834 liegt zu früh, da die Raketen erst Anfang 1835 in Nauplia eingetroffen sind. Palikanen waren die ehemaligen irregulären Truppen der griechischen Insurgenten, sie werden als disziplinlos charakterisiert und Räubern gleichgestellt.
14) BHS-KA, A X 2 Bd. 32, Schreiben General LeSuire an von Gasser
15) BHS, BGA 870, Gesandtschaft Athen, das Geheimnis für die Verfertigung von Brandraketen, Note Legationsrat von Gasser vom 20. Juni 1834
16) BHS-KA, A X 2 Bd. 32, Schreiben an den Oberkriegskommissar Ministerial Referent Paul von Habel vom 6. August 1834
17) BHS-KA, A X 2 Bd. 32, Meldung des Kriegsministeriums an das Staatsministerium vom 27. August 1834
18) BHS-KA, A X 2 Bd. 32, Schreiben Major Auer vom 5. September an den Ministerial-Referenten von Habel
19) BHS-KA, A X 2 Bd. 32, Schreiben Major Auer an den bayerischen König vom 10. September 1834

lassen, und von diesem an einige griech. Offiziere in ähnlicher Weise, wie es hier geschah, der vollständige Unterricht ertheilt würde. Zugleich sei die Zeughaus-Haupt-Direktion beauftragt worden, der genannten k. griech. Comission unverweilt die Punktationen zu einem mit dem Westermaier über die Anfertigung von Brandraketen abzuschließendem Vertrag analog des bei dieser Direktion für Bayern abgeschlossenen, so wie die etwa sonst dienlichen und zur Eröffnung geeigneten Behelfe alsbald mitzutheilen. Hierdurch und durch das Anerbieten, das Laboratorium, die Requisiten und die erforderlichen Instrumente zu den Lehrversuchen, gegen zeitige unversehrte Rückgabe überlassen zu wollen, sei bereits alles geschehen, was ohne mit dem Mechanikus Westermaier in Collision zu gerathen, von Seite des k. Kriegsministeriums habe zugestanden werden können."[20]

Offensichtlich gelang es dann doch, den Mechanikus Westermayer zu bewegen, nochmals nach München zu kommen,[21] da es zu einem Vertragsabschluß zwischen diesem und dem Königreich Griechenland gekommen ist. Danach wurde ein bayerischer Offizier in griechischen Diensten beauftragt, das Geheimnis entgegen zu nehmen, die für die Herstellung erforderlichen Gerätschaften zu beschaffen und vor seinem Abgang nach Griechenland noch in München die erforderlichen, ersten Schießversuche durchzuführen.[22]
„Hauptmann Jos. Schmoelzl (Oberlieutenant der Zeughaus-Haupt-Direktion) erlernte in München mit einigen Mannschaften die Anfertigung und brachte im Juli 1835 mit dem letzten Transport eine Raketenbatterie nach Griechenland, deren Erwerbung 1.800 fl. kostete, wozu noch an Reiseauslagen 120 fl und Tagegeldern von 5 fl. für die Schüler kamen."[23]

Anfang 1835, noch vor dem Abmarsch der geworbenen Freiwilligen nach Griechenland, fanden auf dem Artillerieübungsplatz zu München die ersten Versuche mit Raketen statt, nachdem die Ausbildung abgeschlossen war. Angefertigt worden waren 2-, $2^1/_2$-, 3- und 4zöllige Raketen. Bei den 2- und $2^1/_2$ zölligen Raketen gab es eine kurze und eine längere Ausfertigung, die letztere enthielt noch einen Brandsatz, während die größeren Raketen einheitlich lang waren und alle zur Aufnahme des Brandsatzes vorgesehen waren. Die Hülsen waren aus gewalztem steierischen Blech gefertigt und auf ihnen war außen eine Hülse zur Aufnahme des vierkantigen Stabes genietet. Die Gewichte der Raketen betrugen:

2 zöllige, lang	: 1 Pf. 3 Lth,	kurz:	1 Pf. - Lth
$2^1/_2$ zöllige, lang	: 1 Pf. 23 Lth,	kurz:	1 Pf. 18 Lth
3 zöllige	: 2 Pf. 7 Lth		
4 zöllige	: 3 Pf. 15 Lth[24]		

Als Gefechtsköpfe trugen die 2-zölligen Raketen 4pfündige Granaten (Eisenkaliber) oder 6pfündige Vollkugeln, die $2^1/_2$-zölligen 6pfündige Vollkugeln oder 12pfündige Granaten, die 3-zölligen 12pfündige Granaten oder 7pfündige Granaten (Steinkaliber) und die 4zölligen Raketen 7pfündige oder 10pfündige Granaten (beide nach dem Steinkaliber). Die Hülsen wurden durch eine eiserne Schraubenpresse mit dem Treibsatz massiv gefüllt, die Seele wurde nachträglich gebohrt; die Stäbe waren aus astfreiem Tannenholz gefertigt. Die Raketen wurden von einem dreifüßigem Abfeuerungsgestelle, das dem österreichischem nachgebildet war, abgefeuert. Das Abfeuern erfolgte durch Zündlichter, durch die eine Stuppine entzündet wurde, die am Mundloch befestigt war. Bei diesem ersten Versuchsschießen am 8. April 1835 wurden sechs $2^1/_2$ zöllige Raketen mit 6pfündigen Vollkugeln und 12pfündigen Granaten auf eine Scheibe abgefeuert. Die Scheibe war 96 Schritt lang und 10 Fuß hoch, in der Mitte war ein 1 Fuß breiter Strich in schwarzer Farbe vertikal angebracht, die Entfernung zur Scheibe betrug 760 Schritt, beim Schießen wehte ein schwacher Nordostwind, also von rechts.
(Siehe Tabelle auf Seite 321)

Hierbei handelte es sich also um das bayerische Gegenstück zu den österreichischen Schußraketen, besondere Bedeutung wurde dem Rikoschettieren der Raketen beigemessen.
Am 14. April erfolgte, wieder bei Nordostwind (also wieder von rechts), der dieses Mal recht stark war, ein Schießen mit 3 zölligen Wurfraketen, deren Reichweite ihr Vorbild, die augustin'schen Raketen, übertraf.
(Siehe Tabelle auf Seite 322)

Ein weiteres Versuchsschießen fand am 1. Mai mit 15 2zölligen Raketen statt, das Ergebnis kann aus der Beilage 1 ersehen werden.
1836, nach dem Eintreffen der bayerischen Raketeure in Nauplia, wurde auf der Batterie Albanitika, die sich in der Felsenfestung Itschkale, weit über der Stadt, befand, ein Gebäude als Raketen-Laboratorium eingerichtet, wo sogleich mit der Fabrikation der Kriegsraketen begonnen wurde.[25] Vorstand dieses „Laboratoriums congrev'scher Raketen" wurde Hauptmann Schmölzl.[26] Ferner scheint in diesem Laboratorium auch der von der großherzoglich - hessischen Artillerie für den Einsatz in Griechenland beurlaubte Lieutenant Heß über neun Jahre bei der Verfertigung der Kriegsraketen eingesetzt worden zu sein.[27]
Die in München begonnenen Versuche wurden fortgesetzt, dabei gelang es, das Fertigungsverfahren weiter zu verbessern, so daß aufgrund der sehr befriedigenden Resultate noch in diesem Jahre eine Fußbatterie mit 8 Raketenabfeuerungsgestellen und eine halbe reitende Batterie mit 4 Abfeuerungsgestellen aufgestellt wurde.[28] Die Fußbatterie führte zunächst 12pfündige Raketen, wobei Maultiere als Transportmittel dienten, während die reitende Halbbatterie mit 6pfündigen Raketen ausgerüstet war.

In denselben Jahr wurden bereits auch erste Versuche mit Kartätschraketen vorgenommen, die günstige Resultate erbrachten. Ein französischer Offizier, der Gelegenheit hatte, die Versuche auf dem Schießplatz Nauplia zu beobachten, schrieb anschließend:
„Des expériences faites sur des fusées à la Congrève, au mois de juillet 1836, par le capitaine Schmœlzl, directeur de l'arsenal de Nauplie, ont surpassé l'attente générale. Une fusée de 2 pouces 6 lignes, établie à 600 mètres de la montagne de Paul, s'est élevée au double de sa hauteur en décrivant une courbe de 25 degrés, et a mis le feu avec tant de rapidité à l'herbe et aux buissons qui couvrent le Champ-de-Mars, qu'on a craint un moment pour les vignes environnantes. Un tiers des coups a atteint la cible. Le tir à mitraille n'est pas moins étonnant: à une distance de 550 mètres une fusée chargée de 60 balles de 3 loth,

20) BHS, BGA 870, a.a.O.
21) Westermayer war von München nach Stuttgart gereist, wo er allerdings sein Geheimnis nicht hatte verkaufen können, sondern nur am 1. September ein Demonstrations-Schießen mit Raketen durchführte, so war er wahrscheinlich froh, in München nochmals einen Contract abschließen zu können.
22) Angaben nach Schmölzl, a.a.O., S. 25, der Name des Offiziers wurde hier nicht angegeben. Der Vertrag liegt im bayrischen Hauptstaatsarchiv leider nicht vor, Bayern hatte für das Geheimnis und die Ausbildung von vier Offizieren 3.000 Gulden an Westermayer gezahlt.
23) Chr. v. Schmaltz, a.a.O., S. 195
24) Alle Angaben zu den Raketen nach: o. Verf., Ueber Kriegsraketen und deren Gebrauch (von einem ehemaligen königlich griechischen Artillerie-Offizier - wahrscheinlich J. Schmölzl, d. Verf.-), in: AOAW, 1848, Heft 5, S. 231 - 244; der Autor merkte an, daß alle Maße in dem bayerischen Artilleriefuße, welcher dem preußischen gleichzusetzen wäre, angegeben seien.
25) Hütz, a.a.O., S. 23
26) alle angeworbenen bayerischen Offiziere wurden in der königlich griechischen Armee zum nächsthöheren Dienstgrad ernannt.
27) Schreiben Bundesarchiv, Außenstelle Frankfurt vom 6. November 1996
28) o. Verf., Über Kriegsraketen. . , a.a.O., S. 240;
Schmölzl, die bayerische Artillerie, a.a.O., S. 26, nannte erst 1840 als Aufstellungszeit

Nr. des Schusses	Gattung der Rakete	Vorgesetztes Projektil	Elevation	Aufschläge	Bretterwand getroffen oder nicht	Ganze erreichte Schußweite	Abweichung von der Direktionslinie	Bemerkungen
1	lange	6Pfdr. Kugel	15°	150 Schr. 1r 480 Schr. 2r 640 Schr. 3r 835 Schr. 4r	getroffen schwarz	960 Schr.	in der Linie	Der Brandsatz brannte 6 Minuten lang
2	kurze	12Pfdr. Granate	15°	80 Schr. 1r 160 Schr. 2r 480 Schr. 3r 1010 Schr. 4r	über die Wand	1200 Schr.	in der Linie	Die Granate lag 190 Schritte von der Hülse entfernt
3	kurze	12Pfdr. Granate	15°	90 Schr. 1r 215 Schr. 2r. 300 Schr. 3r 500 Schr. 4r 660 Schr. 5r	getroffen schwarz	790 Schr.	in der Linie	Beim 5ten Aufschlage brach der Stab, die Granate trennte sich von der Hülse. Erstere flog in einem hohem Bogen durch die Bretterwand, letztere wirbelte in der Luft weiter und schlug auch durch das Schwarze der Wand, so, daß demnach dieser Schuß 2 Treffer hatte.
4	kurze	12Pfdr. Granate	15°	114 Schr. 1r 320 Schr. 2r 614 Schr. 3r	getroffen weiß	1210 Schr.	13 Schr. links	Beim 1sten Aufschlage zersplitterte der Stab, die Granate trennte sich von der Hülse und flog mit großer Kraft in einem Bogen durch die Bretterwand. Die Raketenhülse für sich machte noch 2 Aufschläge, und schlug gleichfalls durch die Wand, wodurch auch dieser Schuß 2 Treffer gab
5	lange	6Pfdr. Kugel	15°	90 Schr. 1r	über die Wand	820 Schr.	35 Schr. rechts	Die Rakete flog beim 2ten Aufschlage in einen seitwärts hinter der Wand befindlichen Erdwall; die Kugel befand sich noch darauf; sie drang 6'tief ein
6	lange	6Pfdr. Kugel	15°	130 Schr. 1r 500 Schr. 2r 624 Schr. 3r 845 Schr. 4r	getroffen weiß	1060 Schr.	6 Schr. rechts	Beim 4ten Aufschlage verlor die Rakete den Stab; der Brandsatz brannte noch 5 Minuten lang; die Kugel lag auf 19 Schritte von der Hülse getrennt

en a mis 37 dans une cible de la longeur et de la hauteur d'un escadron. Une batterie de 8 fusées approvisionnées de bombes de 12 livres est prête; on travaille à la formation d'une demi-batterie à cheval. On ne met plus le feu avec la mèche ni avec les fusées d'amorce; elles ont été remplacées par des batteries à percussion."[29] Zugleich war auch das Verfahren zur Zündung der Raketen verbessert worden, so daß ab 1838 die Abfeuerungsgestelle mit Perkussionsschlössern versehen wurden, an Stelle der Stuppinen wurden, wie in der österreichischen Artillerie, Perkussionsbrändchen verwendet. Die reitende Halbbatterie wurde jetzt nur noch mit 2-zölligen und die Fußraketenbatterie mit 2½ zölligen Raketen ausgestattet. Die eingeführten Raketen waren unterteilt in Granat-, Brand- und Kartätschraketen. Für die Granatraketen wurden die vorher als „kurz" bezeichneten Raketen verwendet, dabei trugen die 2zölligen Raketen 6pfündige und die 2½ zölligen 12 pfündige Granaten; für die Brandraketen wurden die vordem als „lang", also mit Brandsatz, bezeichneten Raketen verwendet, sie trugen zusätzlich 6- und 12pfündige Vollkugeln. Für die Kartätschraketen wurden für die 2zölligen 27 und für die 2½ zölligen 60 Kugeln mit einem Gewicht von drei Loth verwendet; die 6pfündigen Granaten hatten einen Durchmesser von 0,088 Metern, ihre

29) AN, des armées étrangères: Grèce, in: SpMil, XXIV volume, p. 451; die AMZ 1837 berichtete auf Seite 151 auch von diesem Schießen und stellte fest: „Wer solchen Übungen zum Erstenmale beiwohnt, wird sich eines heimlichen Grauens nicht erwehren können und gestehen müssen, daß kein anderes Geschoß einen so furchtbaren Eindruck auf das Gemüth macht. Mit keinem anderen Geschütz läßt sich mit so geringen Kosten und so leichter Handhabung weder ein ähnlicher Ricochet- und Rollschuß hervorbringen, noch eine gleiche Schußweite im Bogen erreichen und eine solche Brandlegung anrichten . . . Die furchtbarste Wirkung brachten aber die Kartätschenraketen hervor, welche Herr Hauptmann Schmölzl nach eigener Angabe verfertigen ließ. Diese Raketen flogen bis auf eine Entfernung von 600 Metres und entluden dort unter der Explosion wie eine Bombe 600 Stück Kartätschenkugeln mit einer solchen Gewalt, daß die von der Felsenberg des Paulusberges ab - und in den davorstehenden Kugelfang zurückprallten, wo man sie eingedrungen fand . . . Wir hatten hier Gelegenheit, die Wirkung der östreichischen Raketen kennen zu lernen - die bekanntlich den englischen vorgezogen werden - indem von einer Fregatte aus gegen eine im Golf auf einem Floß ausgerichtete Scheibe mehrere Granaten- und Kartätschenraketen abgefeuert wurden, und müssen unpartheiisch bekennen, daß die unserigen unter der Leitung des Herrn Hauptmanns Schmölzl schon so weit verbessert worden sind, daß sie vor den östreichischen, namentlich hinsichtlich der Percussionskraft, den Vorzug verdienen. Von dem Grundsatze ausgehend, 'daß die Raketen im Gebirgskriege das einzige Ersatzmittel für grobes Geschütz sind', bewilligt die Regierung Alles, was zur Vervollkommnung dieser Waffengattung dienen kann."; ähnlich: ASMZ, IV. Jahrg. 1837, No. 5, S. 80, hier wurde noch hinzugefügt: „Man hegt in Nauplia die feste Überzeugung, daß die griechischen Raketen bei der ersten Gelegenheit, welche ihre ernstliche Anwendung nöthig machen wird, Ausgezeichnetes leisten werden."

Nr. des Schusses	Gattung der Rakete	Vorgesetztes Projektil	Elevation	Die in einem Bogen erreichte Tragweite	Abweichung von der Direktionslinie	Entzündung der Granate	Bemerkungen
1	lange	12 Pfdr. Granate	46°	300 Schr.	150 Schr. rechts	beim Auffallen	Die Rakete zerplatzte in der Luft auf beiläufig 80 Schritte Entfernung und erhielt dadurch die große Abweichung von der Direktionslinie. Der Brandsatz brannte noch 8 Minuten lang fort
2	lange	7Pfdr. Granate	50°	2130 Schr.	in der Linie	auf 1800 Schr. im niedersteigenden Aste der Flugbahn	die Granate lag 50 Schritte von der Hülse entfernt. Der Brandzeug brannte noch 4 Minuten lang
3	lange	7 Pfdr. Granate	50°	2075 Schr.	192 Schr. rechts	auf 1900 Schr.	Die Granate lag von der Hülse 21 Schritte entfernt. Der Wind ging heftiger mit einigen Stößen.
4	lange	7 Pfdr Granate	50°	2000 Schr.	200 Schr. rechts	beim Auffallen	Die Granate befand sich noch auf der Hülse und der Brandzeug brannte noch 8 Minuten lang fort. Die starken Windstöße verursachten die große Seitenabweichung
5	lange	12 Pfdr. Granate	46°	3192 Schr.	20 Schr. rechts	auf 2400 Schr.	Die Granate lag 25 Schritte von der Hülse; der Brandsatz brannte 3 Minuten lang
6	lange	12 Pfdr. Granate	50°	3280 Schr.	10 Schr.	auf 2500 Schr.	Die Granate wurde nicht aufgefunden; der Brandsatz brannte 3 Minuten fort

Sprengladung wog 105 Gramm, die Kartätschbüchsen einen Durchmesser von 0,075 Metern. Für den Festungskrieg waren ferner 3zöllige Raketen, versetzt mit einer 24pfündigen Granate und 4zöllige Raketen, versetzt mit einer 36pfündigen Granate vorhanden.[30]
Das Gewicht dieser Raketen betrug ohne Stab:[31]

Art der Rakete	2zöllig (6pfündig) Gewicht in kg	$2^1/_2$ zöllig (12pfündig) Gewicht in kg	3zöllig (24pfündig) Gewicht in kg	4zöllig (36pfündig) Gewicht in kg
lange Granatrakete	4,505	8,320		
Brandrakete	4,754	8,590	14,112	23,360
Kartätschrakete	3,488	7,630		

Die Granatraketen konnten mit einer hinreichenden Treffsicherheit bis auf eine Entfernung von 1.200 Schritten, die Kartätschraketen bis zu einer Reichweite von 500 bis 600 Schritten eingesetzt werden.[32]

Allgemein wurden die griechischen Raketen wie nachstehend charakterisiert:
„. . . dagegen hatte die griechische, die ebenfalls der österreichischen nachgebildet war, einen fauleren Treibsatz, eine andere Behandlung desselben, engere und kürzere Bohrung, daher geringere Anfangsgeschwindigkeiten, aber längere Brenn- und Flugdauer als die österreichische."[33]
Zum Abfeuerungsgestell schrieb Schmoelzl:[34]
„Das Raketengestelle der griechischen Feldartillerie ist dem vorstehend beschriebenen [dem österreichischen] nachgebildet, aber zu den zweizölligen (6 Pfünder) Raketen für den Dienst der reitenden Raketiers dadurch geschmeidiger gemacht ohne das Gewicht des östreichischen 6 Pfünder Gestelles zu vermehren, daß die 3 Füße nicht aus Holz, sondern aus hohlen eisernen Stäbe (Gewehrläufen) gefertigt worden sind, und sich dieselben bei ihrem Zusammenlegen schon unmittelbar an ihren Befestigungscharnieren ganz zusammendrücken lassen; auch sind zur leichteren Reinigung die Theile der Richtmaschine nicht aus Eisen sondern aus Bronce gefertigt worden. Als eine besondere Eigenthümlichkeit der griechischen Raketen muß hier erwähnt werden, daß deren Entzündung mittelst Reibzündröhrchen geschieht, weshalb sich an der Stelle des Perkussionsschlosses der östreichischen Stative ein Stollen angebracht befindet, in welchen das Reibzündröhrchen eingesetzt wird."
Die Raketenabfeuerungsgestelle der reitenden Halbbatterie wurden von jeweils einem Unteroffizier als Richtmeister und 5 Mann bedient, wobei der fünfte als Pferdehalter eingesetzt war. Jeweils 2 Abfeuerungsgestelle wurden von einem Offizier befehligt. Alle Soldaten waren beritten. Ohne Reservemannschaft verfügte die Batterie also über 24 Mann. Die 5 Soldaten führten jeweils 4 Raketen mit sich, zu jedem Abfeuerungsgestell gehörten ferner 5 Packtiere, von denen jedes 16 Raketen trug, damit standen für jedes Abfeuerungsgestell 100 Rake-

30) BA-AF, DB 56/86, Referat des Hauptmann Joseph Schmoelzl des königlichen bayerischen 1ten Artillerie-Regiments /:Prinz Luitpold:/ über die Anwendung, der von demselben während seines Aufenthaltes in Griechenland gefertigten Kriegs-Raketen. München im Februar 1849, S. 5; nach: Hütz, a.a.O., S. 45, waren die schweren Raketen für den Festungskrieg auch mit Granaten versetzt, hierfür dienten 7- und 10-pfündige Granaten, diese Raketen sollen 25 Pf. 2 Lth und 41 Pf. 24 Lth gewogen haben, da aber bereits die Feldraketen 6- und 12pfündige Granaten getragen haben, erscheint diese Angabe unwahrscheinlich.
31) ibidem, S. 6
32) Hütz, a.a.O., S. 45
33) Hütz, a.a.O., S. 43, Hütz verglich an dieser Stelle die preußischen, österreichischen und englischen Raketen.
34) J. Schmoelzl, Ergänzungs-Waffenlehre oder die Feuerwaffen der Neuzeit, München 1851, S. 95

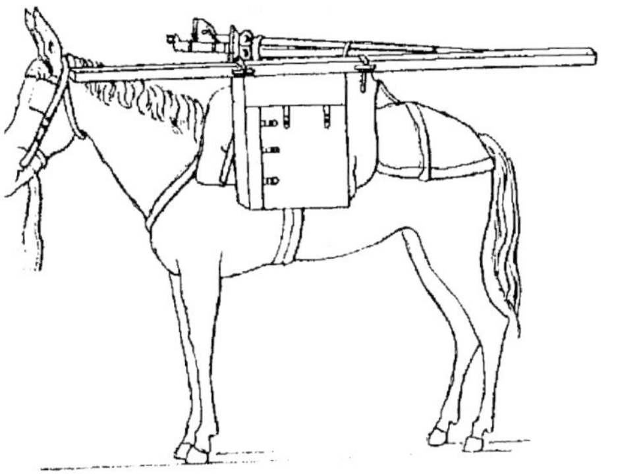 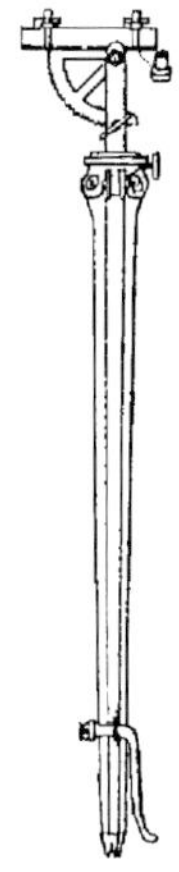

„Raketen-Maultier" und Abfeuerungsgestell (Zeichnung: Schmölzl)

ten zur Verfügung. Die Soldaten besaßen für den Transport der Raketen jeweils 2 Raketenholfter aus geschwärztem Rindleder mit Deckel und Schnallriemen, von denen jedes 2 Fächer hatte, in denen jeweils eine Granat- und eine Kartätschrakete verpackt war. Die Raketen waren zum Schutz in Werg gepackt und steckten mit den Projektilen nach unten in den Fächern, die Holfter wurden mit einem Gürtel an der Klammer des Sattelknopfes befestigt. Am rechten Steigbügel befand sich ein Stabschuh aus Sohlenleder mit einem unten eingenähten eisernen Kranze, der mit 2 Schnallriemen am Steigbügel befestigt war, in diesen Stabschuh wurden die 4 Raketenstäbe gesteckt, diese wurden zusammengeschnallt und mit einem kalbs-ledernen Überzug geschützt. In den Kartuschen wurden die Friktionsbrändchen zum Abfeuern der Rakete sowie Abzugshaken, Stabhämmer und Schnitzer mitgeführt, der Unteroffizier führte auf seinem Pferde das Abfeuerungsgestell, verpackt wie die Stäbe bei den Soldaten, mit, dazu in einem gesonderten Holfter den Richtquadranten, sowie ein Senkel, einen Schraubenschlüssel und eine Ölflasche. Die gesamte Ausrüstung eines Raketeurs wog $38^{1}/_{2}$ Pfund, die des Unteroffiziers 25 Pfund.

„Vorausgesetzt muß hier noch werden, daß der Zweck der reitenden Raketen-Batterie dem der reitenden Artillerie überhaupt gleich betrachtet wurde, wonach in den meisten Fällen nur für kurze Zeit Wirkungen auf nahe Distanzen nöthig werden, und daß deshalb, da die Kartätschrakete nach Art der Shrapnells auf Entfernungen von 500 bis 600 Schritten ausstößt, die Munitions-Ausrüstung auf eine gleiche Anzahl Granat- und Kartätsch-Raketen fest gesetzt wurde."[35]

Die Fußbatterie verfügte über 8 Abfeuerungsgestelle ebenfalls zu je 5 Mann, jedoch einschließlich des Unteroffiziers. Hier waren nur die Offiziere beritten. Unteroffiziere und Mannschaften waren, wie die übrige griechische Artillerie, mit einem französischen Musketon bewaffnet. Raketen und „Raketengeschütz" waren auf Maultieren verlastet. Jeweils 3 Maultiere pro „Raketengeschütz" trugen Granatraketen und 2 Kartätschraketen. Die insgesamt 40 Maultiere trugen somit 208 Granat- und 192 Kartätschraketen. Die Führer für die Maultiere wurden von der Fuhrwesens-Abteilung gestellt. Zusätzliche Raketen befanden sich in der Munitionsreserve, entweder bei der Batterie oder der Hauptreserve, damit konnten der Batterie insgesamt pro Abfeuerungsgestell 120 Raketen zur Verfügung stehen.[36]

1837 schlug der inzwischen zum Oberstlieutenant beförderte Hütz als Commandant der Artillerie vor, die Feldartillerie des griechischen Heeres umzugliedern, er forderte 2 Batterien Rohrartillerie zu 8 Geschützen sowie eine Raketen-Fußbatterie mit 8 Abfeuerungsgestellen für $2^{1}/_{2}$ zöllige und eine reitende Raketenbatterie mit 2zölligen Raketen sowie zusätzlich eine weitere Abteilung Raketenartillerie für den Festungskrieg, die über 4 Raketenabfeuerungsgestelle für 3- und weitere 4 für 4zöllige Raketen verfügen sollte,[37] diesem Antrag wurde aber nicht statt gegeben.

Bei kleineren Expeditionen wurde im Regelfall ein Abfeuerungsgestell nur mit 60 Raketen ausgestattet, ihm wurden 5 Maultiere beigegeben, von denen jedes 12 Raketen mit ihren Stäben trug. Die Raketen waren hier in Packtaschen aus geschwärztem Rindleder verpackt, wobei eine Packtasche jeweils 6 Raketen aufnehmen konnte, die Stäbe wurden in ledernen Überzügen der Länge nach auf den Raketenpacktaschen aufgeschnallt; das Maultier No. 1 trug zusätzlich das Abfeuerungsgestell, das der Länge nach auf dem Packsattel befestigt war, es hatte damit eine Last von 88 kg zu tragen.

Bei den größeren Expeditionen nach Acarnien und Ätolien,[38] wurde diese Ausrüstung verdoppelt, die Fußbatterie führte dann 960 Raketen mit, jedoch nur Granat- und Kartätschraketen, die im Verhältnis 3 zu 2 im Bestand waren.

Zum Einsatz hieß es nur, daß der Unteroffizier die Richtung besorgte, der Soldat Nr. 1 die Brändchentasche rechts und den Schnitzer links trug, während die Soldaten Nr. 2 und 3 jeweils ein Raketenfutteral und einen Stabhammer trugen.[39]

Im Einsatz der Fußbatterie bei den Expeditionen an die türkische Grenze[40] und in das Innere Griechenlands zeigte es sich, daß die $2^{1}/_{2}$ zölligen Raketen auch im Hinblick auf das heiße Klima für die Maultiere zu schwer waren, damit wurden sowohl bei der reitenden Halbbatterie als auch bei der Fußbatterie nur noch die 2zölligen Raketen eingesetzt, auf die Kugelraketen wurde ganz verzichtet. Auch stellte sich heraus, das die Perkussionsschlösser häufig repariert werden mußten, den Einheiten mußte daher für diese Instandsetzungsarbeiten ein Büchsenmacher zugeteilt werden. Die Einführung der Friktionszündung nach dem Muster der Kanonen und Haubitzen führte dann zu einer Verbesserung. Schmölzl stellte hierzu fest:

„Die anfangs versuchte Zündung der Raketen durch das Mundloch mittelst der Lunte oder Zündlichtes ist nicht zu empfehlen. Die Kapselzündung mittelst eines Perkussionsschlosses, von den östreichischen Raketenstativen abgenommen, war auch in Griechenland lange im Gebrauche, ließ aber Vieles zu wünschen übrig. Alle Uebelstände wurden endlich durch die Anwendung von Reib-Zündröhrchen, welche sich leicht abziehen lassen, beseitiget. Zur Leitung des Feuerstrahles in die Seele der Rakete wurde diese auf ihrer gegen den Zündstollen kommenden Seite mit einem Zündloche versehen."[41]

Für die 2zölligen Raketen galt nachstehende Portée-Tabelle (Schußtafel):

Art der Rakete	Elevation in Grad	erster Aufschlag in Schritt
Kartätschrakete	10	500
	15	700
Granatrakete	05	350
	10	850
	15	1000
	20	1200

Die Kartätschraketen stoßen auf 30 Schritte vor der hier angeführten Distanz auf[42]

35) BA-AF, DB 56/86, Referat Schmoelzl, a.a.O., S. 7
36) ibidem, S. 18, sowie S. 23 f.
37) v. Schmaltz, a.a.O., S. 210
38) ab 19. Februar 1836 Aufstände in Ätolien und Arkanien sowie Angriffe von Aufständischen gegen Missolunghi, über Einsätze der Raketeneinheiten liegen jedoch keine näheren Berichte vor
39) Angaben zur Gliederung und Ausrüstung nach: Wilhelmi, a.a.O., S. 194, und: Hütz, a.a.O., S. 47 ff, dabei haben die Angaben von Hütz offensichtlich Wilhelmi als Quelle gedient.
40) 1837 wurde ein Guerillakrieg an der griechischen Nordgrenze gegen die Türken geführt; eine Anfrage zu Einsätzen der Raketenbatterien beim Hellenic War Museum blieb leider unbeantwortet
41) BA-AF, DB 56/86, Referat Schmoelzl, a.a.O., S. 13
42) o. Verf., Über Kriegsraketen . . ., a.a.O., S. 243; in seinem Referat (BA-AF, DB 56/86,

Über die Einsätze dieser beiden griechischen Raketeneinheiten liegen leider keine Berichte vor.[43]
Der Kommandeur der Artillerieabteilung, Oberstlieutenant Hütz, beschrieb nur eine Übung, bei der auch Raketen verschossen wurden:
„Verfasser dieser Schrift hat bei einem Marsche mit Raketen- und Geschütz-Batterien von Tripolizza nach Nauplia zurück, vom Platze in Argos unter 35° Elevationswinkel über die 400' höher liegende Larissa mit 2zölligen Raketen geworfen. Dies geschah nur um zu zeigen, daß man selbst diesen hochliegenden Punkt vom Platze aus mit Raketen bewerfen könnte."[44]
1842 wurde der nun zum Major beförderte Schmölzl als Nachfolger des Oberstlieutenant Neumayer zum Zeughaushauptdirektor ernannt. Seine Aufgabe als Leiter des Raketenlaboratoriums übernahm der griechische Hauptmann Saputnsakis; zugleich hatte Schmölzl den bisherigen Feuerwerksmeister des Munitionslaboratoriums, einen Griechen, in das Geheimnis der Anfertigung der Raketen eingewiesen.[45]
1843 wurden beide Einheiten „aus administrativen Gründen" aufgelöst, Kostengründe können nicht die Ursache gewesen sein, denn auch wenn die Anfertigung der Raketen teurer war als die der Munition für die Rohrartillerie,[46] so war doch vor allem der personelle Aufwand für eine Raketeneinheit erheblich geringer als bei der Rohrartillerie, wobei zudem eine Raketeneinheit wesentlich mehr Munition mitführen konnte. Hütz führte diese „administrativen Gründe" daher auf den „Oppositionsgeist gegen jede Reform, der sich nirgends stärker als auf diesem klassischen Boden ausspricht" zurück.[47] Es scheint aber auch, wie er anführt, daß die Raketen und Abfeuerungsgestelle von den nunmehr nur noch aus Griechen bestehenden Bedienungen nicht immer sorgfältig genug behandelt worden sind.
„Dabei will ich nicht unerwähnt lassen, daß allerdings die Raketen zu wünschen übrig ließen; aber man schritt mit immer neuen Erfahrungen vor, wie man die Vollkugelrakete und für die Ausrüstung der Fußbatterie auch die früher eingeführte schwere $2^1/_2$ zöllige Rakete mit ihren zu langen und zu schweren Stäben fallen ließ und das System vielfach vereinfachte... Auch gestehe ich ferner, nachdem ich nun das österreichische (Augustin'sche) Raketensystem kenne, daß dasselbe in jeder Beziehung den Vorzug verdient und evidente Vortheile wie kein anderes Feld-Raketensystem bietet."[48]

Überdies fiel der Zeitpunkt zum Entschluß für die Auflösung mit der Rückkehr der bayerischen Offiziere nach Ablauf ihrer Kapitulation zusammen, Schmölzl hatte bereits am 30. September 1939 seinen Abschied aus griechischen Diensten erhalten und die Dienstzeit von Hütz endete 1842, so daß dieser vom Wert der Raketen insbesondere in dem schwierigen Gelände Griechenlands überzeugte Commandant der griechischen Artillerie diesen Entschluß nicht mehr mitzutragen brauchte. Über den Verbleib der Raketen liegen keine Nachrichten vor.

c. Italien

Im Italien des 19. Jahrhunderts haben sich nur das Königreich Sardinien und das Königreich der beiden Sizilien mit Raketen befaßt, wobei nicht mehr festzustellen ist, ob die Basis für deren Raketenentwicklung auf englischen oder französischen Modellen beruhte. Auch liegen nur wenige Nachrichten über die frühen Raketenversuche vor.

(1) Königreich Sardinien

Es scheint, daß die ersten Versuche im Königreich Sardinien, Kriegsraketen zu entwickeln, bereits ab 1814 statt gefunden haben, hierzu liegen aber keine genauen Daten vor. Am 8. Januar 1823 wurde jedoch im Zuge der Reorganisation der Artillerie eine Feuerwerkskompanie aufgestellt,[49] die sich sicherlich auch mit Kriegsraketen befaßte,[50] dies gilt zumindest ab 1825.[51] Ab 1828 scheint dann ein systematisches Enwicklungsprogramm für Raketen eingesetzt zu haben, das auch zum Beginn der planmäßigen Raketenverfertigung führte.[52]
1830 scheint die Entwicklung der Kriegsraketen in Turin zu ersten Erfolgen geführt zu haben. König Carlo Felice erließ am 25. November 1830 ein Dekret, nach dem die Kriegsraketen eingeführt werden sollten:
„Ci è stato detto che, in seguito ad esperimenti durati molti anni, i razzi da guerra sono stati perfezionati a tal punto da poter essere ora impiegati dal nostro esercito. Gli ufficiali superiori e il Maggiore Generale di Artigliera hanno constatato che i razzi da guerra di tipo inglese da 3 pollici (8 chilogrammi) e $2^1/_2$ pollici (4 chilogrammi) con supporto nel centro, possono essere impiegati con successo, sui campi di battaglia, in montagna e nelle opere difensive.
Perciò noi ci dichiariamo disposti ad accettare qualsiasi cosa che torni a vantaggio del nostro esercito. Abbiamo quindi deciso che i razzi da guerra facciano ormai parte dell'equipaggiamento della nostra artiglieria augurandoci di poter perfezionare ulteriormente i razzi stessi, aumentandone i calibri e construendoli con o senza asta nel centro."[53]

S. 26) führte Schmölzl aus: „In Beziehung auf die Tragweite haben die griechischen Kriegsraketen gezeigt, daß man mit der 6 Pfünder bei 20° Elevation einen Bogenschuß von 1.200, mit der 24 Pfünder bei 50° Elevation einen solchen von 3.800 Schritten erreichen kann."

43) In: o. Verf., Allgemeine Militair-Encyclopädie, Leipzig 1872, S. 292, ist nur vermerkt: „In den Jahren 1836 bis 1843 haben die R.=B. in Griechenland den vielseitigsten Gebrauch im Gebirgskrieg erfahren."
44) Hütz, a.a.O., S. 43
45) o. Verf., Beitrag zur Geschichte des königlich griechischen Landarsenals zu Nauplia, in: AOAW, 5. Jahrg., 1. Band 1847, S. 223 f
46) Hütz, a.a.O., S. 48 führte folgende Kosten an: Fertigung einer 2zölligen Granatrakete in Nauplia 2 fl. 41 kr. (6 Drachmen 45 Lepta), einer Kartätschrakete 3 fl. 17 kr. (7 Drachmen 89 Lepta), Kosten eines Abfeuerungsgestelles 40 fl (100 Drachmen)
47) Hütz, a.a.O., S. 49
48) Hütz, a.a.O., S. 49
49) Compagnia Artificieri; N. Brancaccio, L'esercito del vecchio piemonte, Roma 1922
50) Winter, rocketry, a.a.O., p. 133, und: F. H. Winter, A History of Italian Rocketry during the 19th Century, in: Armi antiche, Bolletino dell'academia di S. Marco, Torino 1965, p. 184; C. Montú, Storia dell'Artilleria Italiana, Roma 1935 - 1938 lieferte leider keinerlei Angaben zu der frühen Raketenentwicklung in Italien; auch: G. Liuzzi, L'Artiglieria Italiana dal 1815 al 1848, in: Rivista di Artiglierio e Genio, Roma, Vol. III f., p. 259, schrieb nur: „In questa periodo [il periodo dal 1815 al 1848] le innovazioni sono molteplici e importanti e possono cosi riassumersi; ... adozione dello shrapnel e dei razzi o racchette alla Congrève (Erano specie di bombe o granate, che venivano lanciate a mo' di razzo, usando un cavaletto come affusto rudimentale ...)" C. Bonard, Généralités sur les fusées de guerre et exemples de leur utilisation au combat, in: Le Brécaillon, N° 5, Mai 1986, p. 5, stellte jedoch fest: „En Sardaigne, depuis 1823, des études sont entreprises vivant à créer des Fusées de guerre." Auch: Montgéry, III° Mémoire sur les fusées de guerre, in: JSM, 1826, t. 2, p. 240, führte ebenfalls an, daß in Italien Raketen angewandt würden.
51) AMZ, 1855, S. 314: „In Turin befand sich 1825 eine Werkstätte zur Anfertigung von Kriegsraketen." In: Dr. M. Meyer, Handbuch der Geschichte der Feuerwaffen-Technik, Berlin 1835, S. 253, ist für 1828 vermerkt: „25. In Turin ist ein Raketenlaboratorium"
52) Winter, History, a.a.O., p. 184; auch: Dr. M. Meyer, Vorträge über die Artillerie-Technik nach dem heutigen Stand der Wissenschaft, Theil I, Berlin 1833, S. 480, erwähnte für 1828 die Herstellung von Kriegsraketen in Turin und vermutete, daß dies nach österreichischen Vorbild erfolge. Unterlagen über diese Versuche scheinen nicht mehr vorzuliegen (Schreiben Archivio di Stato di Torino vom 19.08.1995, die ältesten archivierten Unterlagen zu Raketenversuchen beginnen erst ab 1841); ebenso: Defrasne, Fusées de guerre dans les armées européennes au XIXe siècle, in: Automobile et Tourisme. No. 3. 1974, p. 24, Defrasne wies daraufhin, daß bei den französischen Versuchen 1810 in Vincennes auch Offiziere italienischer Herkunft teilgenommen haben, damit kann angenommen werden, daß die sardinischen Versuche auf den französischen Erfahrungen beruhen.
53) zitiert nach: Winter, History, a.a.O., p. 212 [Wie uns berichtet wurde sind die Kriegsraketen nach jahrelangen Versuchen nunmehr so gut, daß sie in unsere Armee eingeführt werden können. Die Stabsoffiziere und der Generalstab der Artillerie haben bewiesen, daß die Kriegsraketen von 3 Zoll und $2^1/_2$ Zoll des englischen Typs mit Achsenstab im Feld, in den Bergen und zur Verteidigung von Festungen nützlich angewendet werden können. Und aufgrund des eben erwähnten sind wir bereit alles anzunehmen, was wertvoll für die Armee ist. Wir haben die Kriegsraketen als Teil der Artillerie eingeführt, in der Hoffnung auf weitere Verbesserungen und dem Wunsch, größere Kaliber zu fertigen, sei es mit oder ohne Achsenstab.]

Damit kam es zur ersten Serienfertigung von Raketen im Arsenal von Turin, ausgestattet wurden anscheinend zunächst nur die neu aufgestellten Gebirgsbatterien, sie erhielten jeweils 288 Raketen neben ihren Geschützen.[54] Zu den Kalibern liegt keine Angabe vor, sie erhielten als Gefechtskopf 4-, 8- oder 16pfdg. Granaten oder Brandsätze, wobei statt einer 4pfdg. Granate der Brandsatz 5-6 kg, statt der 8pfdg. 10-11 kg und bei der größten 17-18 kg. wog. Die größte Reichweite von 2.700 bis 3.000 Metern erreichten die Raketen bei Elevationen von 45 oder 60°, am genauesten ließen sich die Raketen aber bei Elevationen zwischen 25 und 40° einsetzen, wobei ihre Tragweite bei 40° 2.200 Meter und bei 30° 1.500 Meter betrug. Für Ricochetschüsse verwendete man Erhöhungen von 8 bis 10°, womit eine Entfernung von 700 resp. 1.000 Metern erzielt wurde. Abgefeuert wurden die Raketen von einem leichten Dreibein oder vom Boden.[55] Auch wenn König Carlo Felice kurz darauf verstarb, war doch sein Nachfolger Carlo Alberto ebenfalls an allen Neuerungen im Waffenwesen interessiert und ließ die Versuche fortsetzen.[56]

Auch in Italien waren die Kriegsraketen nicht unumstritten, so stellte Biondi-Perelli in einer „Abhandlung über die militärische Pyrotechnik" 1831 fest:

„. . . essere evidente che i razzi alle Congrève sono lungi dall'essere tanto pericolosi quanto si era detto; importa per conseguenza di rassicurare il soldato sui vari effetti dei detti razzi, e di far conoscere quanto sono poco fondate le favole che è piaciuto contare su questo particolare."[57]

Am 11. Oktober 1831 wurde durch königliches Dekret die Artillerie erneut reorganisiert,[58] dabei wurde auch die Ausstattung der Artillerie mit Kriegsraketen im Detail festgelegt. Hiernach wurde jede Feld- und Gebirgsbatterie mit 200 2½zölligen Granatraketen ausgestattet, für die jeweils 2 Munitionswagen vorgesehen waren; jede halbe Festungsbatterie erhielt 180 3zöllige Raketen, jeweils zur Hälfte Spreng- und Brandraketen, für die 3 Munitionswagen vorgesehen waren. Für den Einsatz der Raketen waren in jeder Batterie 8 Raketeure eingesetzt.[59] Im selben Dekret wurde auch die Raketenherstellung im königlichen Laboratorium zu Turin geregelt und festgelegt, daß dessen Direktor befugt wäre, persönlich jede Rakete auf mögliche Fehler zu überprüfen und Verbesserungsvorschläge vorzulegen.[60] Dieses Raketensystem scheint dann bis Ende der vierziger Jahre im Dienst gehalten worden zu sein, wobei wohl ab etwa 1836 auch Kartätschraketen eingeführt worden sind,[61] abgefeuert wurden die Raketen von einem Dreibein mit einer Abfeuerungsröhre. In diesem Jahr wurde auch erstmals die Aufstellung eigener Raketenartilleriebatterien geplant, hierzu ist es dann aber in der Folge nicht gekommen.[62] Zur Eingliederung der Raketenwaffe in die Artillerie liegt eine Beschreibung aus den vierziger Jahren vor, deren Angaben auch für die Zeit davor gegolten haben dürften; hiernach bestand die compagnia d'artificieri aus 4 Offizieren, 18 Unteroffizieren, 72 Soldaten und 4 Raketeuren, diese Einheit war in Turin und Genua stationiert und von ihr wurde das Feuerwerkslaboratorium in Turin betrieben. In den 12 Feldbatterien der Artillerie waren auf dem Kriegsfuße jeweils 8 Raketeure mit zwei Gestellen und 2 vierspännigen Raketenwagen eingesetzt. Zu den Raketen der sardischen Artillerie hieß es hier:

„Die vorhandenen Raketen sollen 3 - 6- und 12pfündige sein, eben so sollen Kartätsch- und Leucht-Raketen existieren. Die 12pfdige Rakete wird als Brandrakete benutzt. Die Raketengestelle sind drei-füßig. Von den in Genua garnisonirenden Festungs-Kompagnien werden abwechselnd jährlich 2 bei der Gebirgs- und Raketen-Batterie eingeübt. Die Gebirgs-Batterie, wenn deren Mobilmachung eintritt, soll aus 3 - (4) französischen 3pfdigen Kanonen, 3 - (4) leichten 4½ zölligen Haubitzen mit Wandlaffeten, 6 Wallbüchsen und 4 vierfüßigen Raketengestellen bestehen."[63]

Gegen Ende der dreißiger Jahre wurde eine „Istruzione per il servizio dei Razzi da Guerra per le Batterie Campali" verfaßt, die jedoch keine Übersicht über den Umfang und die Eingliederung der Raketen in die Batterien lieferte, sondern eher ein Exercier-Reglement für eine „Raketengeschütz"-Bedienung war; festgelegt wurde, daß die Raketenkanoniere als „razzieri" zu bezeichnen wären, wobei die Bedienung eines Raketenwagens neben einem „capo" aus 2 „Primi" und 2 „Secondi" zu bestehen hätte. Die Beladung der Raketenwagen war für die Positions- (also Festungs-) und Feld-Batterien unterschiedlich: neben dem Raketengestell waren die Wagen für die Positionsbatterien, die mit 3zölligen Raketen (81 mm) ausgestattet waren, mit 48 Granat- und 12 Brandraketen sowie 62 Stäben zu beladen, während für die Wagen der Feldbatterien mit 2½zölligen Raketen eine Ausstattung von 100 Granatraketen und 103 Stäben vorgeschrieben war. Die Raketenwagen waren modifizierte Munitionswagen des Modells 1830, die Raketengestelle waren aus Eisen gefertigt.[64]

---

54) o. Verf., Sardinien. Etablissements, Arbeiten und Material der Artillerie, in: AMZ, 1831, No. 40, S. 315

55) o. Verf., Sardinien (Fortsetzung), in: AMZ, 1831 No. 41, S. 323 f., ergänzend wurde berichtet: „Ueberdieß kann die Granate am Ende der Bahn der Rakete von einer besonderen Pulverladung auf 200 bis 600 Meter weiter getrieben werden, wobei sie eine sehr rasante Bahn beschreibt. Die Zeit, welche eine mit einer 8 pfdgn. Granate geladene Rakete in der Luft zubringt, ist 20 Secunden." Zum Einsatz wurde berichtet: „Die Eigenschaft der congrevischen Raketen zu ricoschetiren oder nahe am ebenen Boden hinzustreichen, macht sie in vorzüglichen Grade geeignet, die Manöver und Chargen der Cavalerie in Unordnung zu bringen, in Festungen das Glacis vom Feinde zu reinigen, die Transcheearbeiter zu stören und zu beunruhigen, sowie endlich den Rückzug der Besatzung nach einem Ausfall zu beschützen. Werden sie von Seiten des Belagerers unter grossen Elevationen abgeschossen, so können sie zum Anzünden dienen und werden demnach eine schnelle Übergabe des Platzes herbeiführen, welches selbst mit Hülfe der Artillerie nicht immer gelingt. Demungeachtet wird man bei der wirklichen Anwendung einen großen Theil der so sehr angepriesenen Wirkungen der congrevischen Raketen nicht erhalten; die bis jetzt gemachten Erfahrungen sind weder zahlreich genug, noch waren sie gehörig befreit vom Vorurtheil, um den Kenner überzeugen zu können."

56) Meyer, Handbuch, a.a.O., S. 259, erwähnte für 1831, daß in Turin „günstige" Versuche mit Raketen stattgefunden hätten.

57) zitiert nach: Montù, a.a.O., parte II, vol. V, p. 2414 [daß es klar sei, daß die Congrevischen Kriegsraketen bei weitem nicht so gefährlich sind, wie ihnen nachgesagt werde; infolgedessen sei es wichtig, die Soldaten über die Wirkung der Raketen zu unterrichten und ihnen beizubringen, wie wenig all die Märchen, die gerne über letztere verbreitet werden, begründet sind.]

58) Brancaccio, a.a.O., die Artilleriebrigade bestand nunmehr aus 2 reitenden, 8 Feld-, 2 Belagerungs- und 12 Festungsbatterien

59) o. Verf., De l'organisation de l'artillerie: Batterie de campagne de Sardaigne, in: JSM, 1844, 3°série, t. 20, p. 576; die Raketeure wurden hier als „artificiers congrève", also als Feuerwerker, bezeichnet. Liuzzi, a.a.O., p. 257, sowie: p. 291, erwähnte keine Ausstattung der Feldbatterien mit Raketen, wobei er Ausstattung und Gliederung dieser Batterien für 1828 und 1844, einschließlich der Munitionsausstattung, genau beschrieb. Es mag also auch sein, daß für die Feldbatterien nur eine Planung für eine Ausstattung mit Raketen existierte, die jedoch nicht realisiert worden ist.

60) Winter, rocketry, a.a.O., p. 134, sowie: Winter, History, a.a.O., p. 202; Mr. Winter stellte mir freundlicherweise eine Ausfertigung des Dekrets des König Carlo Alberti in englischer Übersetzung zur Verfügung.

61) Montù, a.a.O., p. 2420: „Per quanto riguarda il Regno sardo, risulta che nel 1836 erano in servizio dei razzi a granata e dei razzi a mitraglia da 67 e da 81, dei quali i primi erano in dotazione alle batterie da campagna." A. Groftsik: Waffenlehre zum Gebrauche der Officiere der k. k. östreich. Armee, Wien 1843, S. 38, stellte dagegen nur fest, daß Sardinien Raketen besäße, ohne nähere Angaben zu machen.

62) M. Richiardi, Appunto sui razzi del XIX Secolo in Italia, Torino 1978 (inedito)

63) o. Verf., Notizen, Die Militairmacht des Königreichs Sardinien. 1847, in: MWBl 1848, S. 14 - 16, auch hier wurde noch die Planung, besondere Raketenbatterien aufzustellen, erwähnt. In einer anderen Notiz (AMZ, 1848, S. 398) wurde berichtet: „Außerdem besitzt Piemont in den festen Plätzen Genua, Fenestrelles etc. 4 Gebirgs Batterien, deren Transport durch Maulthiere besorgt wird, und die Kanonen, Haubitzen, Wallflinten und congrev'sche Raketen führen." Die Angaben zur Feuerwerks-Compagnie wurden ebenso angegeben in: o. Verf., Statistique militaire et recherches sur l'organisation et les institutions militaires des armées étrangères (Corréard, edit.): H. de Giustiniani, Etat Sardes, Paris 1851, p. 126. Nach: Liuzzi, a.a.O., p. 291, waren die Gebirgsbatterien (Modell 1828, das bis 1844 galt) ausgestattet mit 3 Kanonen des Kaliber 4, 3 12 cm Haubitzen, 5 Wallbüchsen (archibusi) von 25 mm und 28,8 mm „più un numero rilevante di razzi da mm. 67 a granata." Für die modifizierte Gliederung der Batterien von 1844 erwähnte Liuzzi die Raketen nicht mehr. Letzteres hat aber nichts zu besagen, da er auch für später, so bei der Schilderung der Belagerung von Gaeta, keine Raketen erwähnte.

64) AST, casella 209, Istruzione per il servizio dei Razzi da Guerra Per le batterie Cam-

Die letzten größeren Versuche mit diesen Raketen scheinen am 21. Oktober 1841 auf dem Schießplatz Venaria Reale erfolgt zu sein; für diese Versuche wurden Raketen zur Verteidigung von Festungen, Feldraketen mit Shrapnells und Raketen mit einer 12zölligen Bombe verwendet, für die Festungsraketen wurde ein „cavaletto all Austriaca" eingesetzt, während für die Shrapnell-Raketen die eingeführte Abfeuerungsröhre genutzt wurde. Abgefeuert wurden 10 Festungsraketen unter 5 bis 7 1/2 Grad Elevation, die unabhängig von den Erhöhungen eine Reichweite von 150 Metern erbrachten, die größte Seitenabweichung betrug 10 Meter; die folgenden Shrapnell-Raketen reichten bei 4 bis 5 Grad Erhöhung 1.000 Meter weit und wichen bei dieser Entfernung zwischen 20 und 30 Metern von der Richtung ab bei Flugzeiten zwischen 3 und 5 Sekunden; die schweren Bomben-Raketen schließlich erzielten bei Erhöhungen von 4 bis 9 Grad Reichweiten von 650 bis 800 Metern mit Seitenabweichungen von etwa 10 Metern.[65]

1844 erbot sich dann der schweizerische Artillerieoffizier Pictet de Rochemont in Turin seine verbesserten Raketen vorzuführen. Das Angebot wurde vom König Ende September angenommen,[66] und Pictet traf daraufhin am Samstag, den 15. Oktober, in Turin ein,[67] wo er sogleich mit den Vorbereitungen für erste Versuche begann. Am 14. Oktober war bereits die entsprechende Commission von Artillerieoffizieren gebildet worden, um die Versuche zu beobachten und auszuwerten.[68] Der erste Versuch wurde für Samstag, den 19. November festgesetzt.[69] Für diese Versuche verfertigte Pictet 51 zweizöllige Raketen, von denen die ersten 18 am 18. Oktober und die anderen am 21. Oktober auf dem Schießplatz Venaria Reale abgefeuert wurden.[70] Für die Versuche wurden zusätzlich durch das Laboratorio Bombardieri „Razzi Piemontesi" gefertigt, um diese eingeführten Raketen mit Pictets Modellen vergleichen zu können.[71] Die Ergebnisse wurden durch die Artillerie positiv bewertet, besonders wurde betont, daß die größte Seitenabweichung bei den erreichten Schußentfernungen für eine Elevation von 45° zwischen 2.480 und 2.200 Metern 150 Meter nicht überschritten hätte: „E pure soddifacentissima la Direzione dei razzi limitandosi a 150m la massima deviazione".[72] Am 22. Oktober wurden dann weitere Versuche für den 25. Oktober, diesmal in Legny, angeordnet, zu denen ein Lieutenant, 1 Sergeant, 2 Feuerwerksmeister, 5 Kanoniere sowie 2 Fahrer mit 2 zweispännigen Wagen befohlen wurden, es scheint sich also um einen ersten „Truppenversuch" gehandelt zu haben.[73] In einem abschließenden Bericht mußte dann aber doch festgestellt werden, daß die Gefahr des Zerspringens der Raketen noch nicht endgültig beseitigt werden konnte und daß die Ergebnisse der Schießversuche noch nicht gleichförmig genug wären, so daß weitere Versuche und insbesondere bessere Fertigungsmethoden erforderlich wären, um die Herstellungstoleranzen zu vermindern.[74] Hierzu wurde Pictet am 21. November angeboten, ihn mit dem Gehalt eines Oberstlieutenants an der weiteren Vervollkommnung seiner Raketen im Laboratorium zu Turin arbeiten zu lassen.[75] Dies Angebot wurde von Pictet angenommen, der so ab 1. Dezember 1844 zunächst für ein Jahr durch Sardinien besoldet wurde.[76] Ein eigentlicher Vertrag scheint nicht abgeschlossen worden zu sein, insbesondere waren Patent-Fragen ungeklärt geblieben. Pictet ersuchte so 1846 um die Genehmigung, seine in Turin weiterentwickelten Raketen auch an andere Staaten verkaufen zu dürfen, diese Erlaubnis wurde erteilt, jedoch mit der Auflage, die Raketen nicht an Nachbarstaaten Sardiniens weiterzugeben.[77]

1845 begann damit ein neuer Abschnitt in der sardinischen Raketenentwicklung, in weiteren Jahren sollten grundlegende und vollständige Versuche folgen; diese mußten dann aber aufgrund des Kriegsausbruches 1848 abgebrochen werden. Hierzu wurde unter Leitung des Dirrettore del Materiale, General Sobrero, und später General Rossis, eine Kommission gebildet, deren Präsident der Bruder des Königs, Prinz Ferdinando di Savoia, Herzog von Genua und General-Lieutenant der Artillerie, war.[78]

Für die Versuche wurden auch unterschiedliche Zusammensetzungen des Treibsatzes erprobt:[79]

---

pali, ohne Datum, es liegen drei weitgehend gleiche Fassungen vor, in denen alle Kommandos zur Handhabung des Wagens und des Gestelles festgelegt sind. Hinweise zur Durchführung des Schießens sowie Schußtafeln sind nicht Bestandteil dieser Instruktion. In einer Fassung kann aus einer Anmerkung ersehen werden, daß diese Instruktion wahrscheinlich 1836 verfaßt wurde.

65) AST, casella 209, Risultato delle esperienze esequite alla Venaria Reale il 21 ottobre 1841; für Versuche vor diesem Zeitpunkt scheinen keine Unterlagen mehr vorzuliegen. Leider fanden an diesem Tag keine Versuche mit größeren Erhöhungen statt, so daß dieser Bericht wohl der einzige ist, aus dem etwas über die Leistungen der ersten Raketengeneration zu ersehen ist. Bei den Festungsraketen war für 5 gesondert angemerkt, daß sie aus neuer Herstellung wären.

66) AST, casella 209, pratica 246; Schreiben Ministerio de Guerra e Marina an Comandante Generale d'Artiglieria, 2 Ottobre 1844: „Piacque a S. M. di gradie l'offerta fetta del Sig. Conte de Pictet Colonello Svizzero di enguire in quota Capitale nanti una Cmmisione d'Uffiziali d'Artiglieria ed a proprie me opere le esperienze adcefiare pro dimostrare i risultati dei perfezionamenti da esio apportati ai Razzi alla Congrêve . . ."

67) AST, cas. 209, a.a.O., Schreiben Ministero de Guerra e Marina an Comandante Generale d'artiglieria vom 12. Oktober 1844

68) AST, cas. 209, a.a.O., Schreiben Comando Generale d'Artiglieria an Generale d'Armata vom 14. Oktober 1844, die Commission bestand aus Colonello Rossi, Maggiore Serra, Capitano de Bellini, Capitano Dauvard, sowie den Lieutenants Gresy und Mattei, die Zusammensetzung der Commission wurde am 16. Oktober durch den König genehmigt (Schreiben Ministero de Guerra e Marina vom 16. Oktober 1844, ibidem)

69) AST, cas. 209, a.a.O., Schreiben Artiglieria Direzione del Materiale vom 16. Oktober 1844

70) Die Commission hatte am 21. 10. beschlossen, von den verbliebenen Raketen 1/3 unter 45° für Reichweitenversuche und 1/3 vom Boden aus abzufeuern, um das Ricoschieren zu erproben sowie 1/3 für ggf. erforderliche Nachversuche zu verwenden. Nach dem ersten Versuch waren noch Raketen mit einer auf einen Durchmesser von 5 Linien erweiterten Gasaustrittsöffnung verfertigt worden. Bei den letzten Versuchen zersprangen nur noch 4 Raketen, die Raketen mit erweiterter Gasaustrittsöffnung scheinen nach dem Urteil der Commission zu einer größeren Gleichmäßigkeit der Ergebnisse geführt zu haben („ . . . e pare di vedere in questo esperienze una maggior uniformita di tiro . . .") (AST, cas. 209, a.a.O., Bericht Commando Generale d'Artiglieria vom 18. November 1844 an den Generale d'Armata)

71) AST, cas. 209, a.a.O., Schreiben Ministero di Guerra e Marina vom 19. Oktober 1844 an den Comandante Generale d'Artiglieria; die vergleichenden Versuche wurden 1845 fortgesetzt, hierfür erhielt am 4. Januar 1845 das Laboratorio Bombardieri durch die Azienda Generale d'Artiglieria nochmals die Weisung 3zöllige Raketen zu verfertigen. (ibidem)

72) AST, cas. 209, a.a.O., Bericht Comando Generale d'Artiglieria an General d'Armata, Primo Segretario di Guerra e Marina vom 18. November 1844, die Ergebnisse dieser ersten Versuche können aus den Beilagen 3/1 und 3/2 zu diesem Abschnitt entnommen werden; die Beurteilung der Ergebnisse läßt Rückschlüsse auf die Leistungen der bis dahin eingeführten Raketen zu.

73) AST, cas. 209, a.a.O., Meldung Comando Generale d'Artiglieria vom 22. Oktober 1844 an das Kriegsministerium

74) AST, cas. 209, a.a.O., Bericht vom 29. Oktober 1844

75) AST, cas. 209, a.a.O., Schreiben des Comando Generale d'Artiglieria, General Sobrero an Pictet vom 21. November 1844 : „Je m'empresse de vous donner copie d'une Dépêche de S. E. nôtre Ministre de la Guerre, qui nous annonce que S. M. nôtre Roi a bien voulu vous accorder de travailler a nôtre Salle des artificiers pour aviser au perfectionnement de vos Fusées. . . en attendant de la paie de Lieutenant Colonel." Ursprünglich scheint Pictet angeboten zu haben, die Versuche auf eigene Kosten durchzuführen: „Il Sig. Cav. Pictet avendo chiesto nel 1844 di fare a sue spese delle experienze per dimostrare gli ottimi risultati che asseriva aver ottenuti sui Razzi alla Congrêve formati secondo una particolare sua invenzione; ad una tala condizione aderivasi alla fatta domanda." (AST, casella 209, a.a.O., Schreiben Regia Segreteria di Stato per gli Affari di Guerra e di Marina, Divisione d'Artiglieria, vom 20. Januar 1847)

76) AST, cas. 209, a.a.O., Schreiben Segreteria di Stato per gli afferie di Guerra e Marina vom 28. Dezember 1844, das Gehalt sollte jeweils am Ende eines Monats ausgezahlt werden, es betrug L. 4500

77) AST, casella 209, a.a.O., Schreiben Regia Segreteria per gli affari di Guerra e di Marina, Divisione Contabilitá, vom 30. März 1846

78) A. Pictet, Essai sur les propriètès et la tactique des fusées de guerre, Turin 1848, p. XIII, und: Winter, History, a.a.O., p. 187

79) AST, casella 209, a.a.O., Meldungen Direttore della R. Polverieza vom 26. März 1845 und vom 2. Juni 1845 (hier zusammengefaßt), bemerkenswert sind bei den verschiedenen Herstellungsdaten die unterschiedlichen Leistungen des Pulvers bei gleicher Zusammensetzung (siehe auch Königreich Bayern), hieraus kann ersehen werden, daß Raketen, selbst bei weitgehend identischer Fertigung zwangsläufig unterschiedliche Leistungen zeigen mußten, so daß angesichts der Fertigungsmethoden z. B. des Treibsatzes, die Bemühungen, Raketen mit annähernd gleicher Flugbahn zu fertigen, vergeblich bleiben mußten (Selbst heute erbringen Treibladungen für Artilleriegeschütze in Abhängigkeit vom Fertigungslos noch leicht unterschiedliche Leistungen!)

Zeit der Fertigung	Salpeter (%)	Kohle (%) normal / destilliert	Schwefel (%)	mit dem Pendel gemessene Kraft
Februar/	75	12,5	12,5	24 1/3
März 1845	75	15	10	24.40
	80	16	4	23.00
	75	12,5 (Nußbaum)	12,5	23.00
	75	15 (")	10	23.20
	80	16 (")	4	24.52 2/3
	75	12,5 (Weide)	12,5	24.00
	75	15 (")	10	24.6 2/3
	80	16 (")	4	24.13 1/3
	75	13.5 (")	11.5	24.20
Mai 1845	75	12,5	12,5	25.20
	75	15	10	26.6 1/3
	80	16	4	25.20
	75	13.5	11.5	26.26 1/3

Die Kosten der Versuche scheinen höher als geplant geworden zu sein, am 24. März 1845 wurde bereits veranschlagt, daß die diesjährigen Arbeit etwa L. 4.600 erfordern würden, so daß eine gesonderte Freigabe der Mittel erforderlich wurde.[80] Überdies mußte im Mai 1845 eine neue hydraulische Presse beschafft und installiert werden.[81] Ende 1845 zeichnete sich ab, daß für die Versuche doch ein längerer Zeitraum erforderlich sein würde, und das Comando Generale d'Artiglieria beantragte daher, die Anstellung Pictets zu verlängern, was durch das Kriegsministerium im Januar 1846 genehmigt wurde.[82]
Für die Versuche setzte Pictet eine Rakete vom Kaliber 60 mm ein, deren Hülse 800 mm lang war;[83] mit ihr konnten wahlweise Vollkugeln, Kartätschen oder Granaten als Gefechtskopf genutzt werden, als Granaten wurden 6 und 12pfündige verwendet. Je nach dem Gefechtskopf wog daher die gesamte Rakete zwischen 5,5 und 8 Kilogramm. Zur Abfeuerung diente ein leichtes, vierbeiniges Gestell mit einem Gewicht von etwa 21 Kilogramm, in Stellung gebracht konnte es um etwa 90° geschwenkt und bis auf 58° Elevation gerichtet werden, die Abfeuerungsrinne besaß eine Länge von 1,50 Meter.[84] Die Versuche fanden auf dem Schießplatz von Venaria Reale bei Turin statt, wo eine Schußbahn von 1.300 Meter genutzt wurde, auf der die Entfernungen in 50m-Schritten markiert worden waren. Während der Versuche wurden auch Verbesserungen an den Raketen aufgrund der Ergebnisse durchgeführt.[85] Die Protokolle der einzelnen Versuche scheinen jedoch nicht archiviert worden zu sein, so daß nur Pictets Essay nähere Angaben über die Leistungen seiner Raketen enthält. Hauptproblem der Versuche scheint jedoch ein frühzeitiges Zerspringen der Raketen gewesen zu sein. So mußte die Anstellung Pictets nochmals für 1847 verlängert werden, mit dem Ziel, durch weitere Versuche ein frühzeitiges Zerspringen zu verhindern und die Gleichmäßigkeit der Richtung und Reichweite zu verbessern. Es wurde jedoch festgelegt, daß dies die letzte Verlängerung sein müßte.[86] Pictet verbesserte nun die Bodenplatten der Raketen, hierzu hatte die Direzione del Materiale Facharbeiter abzustellen.[87] Schließlich war noch die Anfertigung eines zweiten „cavaletto" für die Versuche erforderlich, die nach Weisung des capitano Marchese Della Rovere, eines Mitgliedes der Raketenkommission, erfolgte.[88] In einem Zwischenbericht der Commission konnte jedoch 1847 endlich festgestellt werden:[89]
„I risultati ottenuti nelle Sperienze sopra i razzi da guerra dell'anno antecedente, lasciano ancora a desiderare maggiori perfezionamenti, tendenti ad evitare lo scoppio assai frequente successo, come altresi una migliore direzione ed uniformita di gittate nei razzi medisini."
So waren bei den Versuchen im Jahre 1847 von 288 Raketen nur noch 18, also 6 %, zersprungen und 27 weitere führten aufgrund anderer Fehler zu einem unregelmäßigen Verhalten. Im Bericht wurde festgestellt, daß „243 ebbero buon effetto" bewiesen hätten. 246 dieser Raketen waren mit einer ogivalen Granate versetzt, diese wurden als „razzi ordinari" bezeichnet. Versuchsweise erhielten 20 Raketen Granaten vom Kaliber 9 cm, 8 vom Kaliber 12 cm, 1 mit dem Kaliber 15 cm, 13 Raketen wurden mit Kartätschen als Gefechtskopf eingesetzt. Die Granaten vom Kaliber 15 cm erwiesen sich jedoch als zu schwer für die Raketen.[90] Auch das Abfeuerungsgestell wurde nach den bisher durchgeführten Verbesserungen als hinreichend brauchbar beurteilt:
„Il cavaletto per lo sparo dei razzi Stato proposto e messo in opera nel 1846, venne successivamente migliorato, le guida entro cui Scorre il razzo sono della lunghezza di M 1,50, e vengono sonelte da quattro gambe; il cavaletto cosi formato ha sufficiente Solidità, é comodo tanto per dare i gradi d'elevazione che la direzione; tale lunghezza della guide favorisee assai le gittate dei razzi; ed il peso totale del cavaletto e di Kil= 21 circa."[91]
Die Leistungen der Normal-Raketen und der Raketen mit 9cm- und 12cm Granaten erwiesen sich als gut. Die Kartätschraketen wurden weniger gut beurteilt, da ihre Wirkung sehr unregelmäßig war. Die bei diesen Versuchen erprobten Raketen besaßen ein Kaliber von 50mm, wobei die Hülse 6 Kaliber lang war, vergleichsweise waren auch 3 Raketen mit dem Kaliber 60mm versucht worden, die jedoch aufgrund ihrer unregelmäßigen Ergebnisse bei einem Schießen am 20. Februar als weniger gut beurteilt wurden. Die Commission konnte abschließend feststellen, daß bei einer Fortsetzung der Versuche in Kürze zufriedenstellende Raketen verfügbar wären. Die Ergebnisse der Versuche wurden zum Schluß des Berichtes zusammengefaßt:[92]

80) AST, casella 209, a.a.O., Schreiben Comando Generale d'Artiglieria vom 24. März 1845
81) AST, casella 209, Schreiben Pictet vom 11. Mai 1845, in diesem Schreiben bat er um die Erstattung der von ihm verauslagten Kosten für den Transport der Presse in Höhe von L. 114,10
82) AST, casella 209, a.a.O., Antrag Comando Generale d'Artiglieria vom 27. Dezember 1845, genehmigt durch Schreiben Regia Segreteria di Stato per gli Affari di Guerra e di Marina vom 14. Januar 1846, Pictets Gehalt sollte für das Jahr 1846 unverändert weitergezahlt werden.
83) AST, casella 209, a.a.O., Weisung Direzione del Materiale vom 17. Januar 1845 zur Fertigung der Hülsen; Pictet, a.a.O., führt nur Raketen vom Kaliber 60 mm auf, alle Versuchs- und Ergebnisberichte beziehen sich aber bis auf eine Ausnahme auf Raketen vom Kaliber 50 mm.
84) Pictet hielt Abfeuerungsrinnen („auget" oder auch „coulisse") den Abfeuerungsröhren gegenüber für zweckmäßiger, da sie auch für unterschiedliche Kaliber genutzt werden und auch im Falle der vorzeitigen Detonation einer Rakete weiterhin verwendet werden könnten (Pictet, a.a.O.); Maßangaben zum „Cavaletto" siehe auch: AST, casella 209, Verbale vom 28. Dezember 1847
85) Pictet, a.a.O., pp. 2
86) AST, casella 209, a.a.O., Schreiben Regia Segreteria di Stato per gli affari di Guerra e di Marina vom 20. Januar 1847; die Gehaltszahlung betrug nunmehr L. 5.600, zusätzlich wurden Rationen für 2 Pferde gestellt
87) AST, casella 209, a.a.O., Schreiben Azienda Generale d'Artiglieria vom 13. April 1847
88) casella 209, a.a.O., Schreiben Corpo Reale d'Artiglieria, Direzione del Materiale, vom 15. Mai 1847
89) AST, casella 209, a.a.O., Verbale della Commissione imaricata dello studio dei Razzi da Guerra proposti dal Cavre Pictet tenente Colonnello d'Artigliaria Svizzera, dietro gli Sperimente eseguiti nel 1847, Torino il 28 Dicembre 1847 [die aus den Versuchen mit den Raketen Pictets im vergangenen Jahr erlangten Ergebnisse lassen große Verbesserungen erhoffen, insbesondere in der Vermeidung des häufigen Zerspringens als auch zum Erreichen einer besseren Richtung und Gleichmäßigkeit der Reichweite]
90) Diese überkalibrigen Gefechtsköpfe scheinen aufgrund eines Vorschlages des Conte Bottoni bei den Versuchen eingesetzt worden zu sein, der im September 1846 vorgeschlagen hatte, Minenraketen einzuführen. Versuche mit diesen Raketen wurden von der Artilleriecommission im Januar 1847 befürwortet. (AST, casella 209, Sull'invenzione d'una composizione per razzi da guerra e d'un projetto del Conte Bottone)
91) ibidem [Das vorgeschlagene Abfeuerungsgestell, das seit 1846 genutzt wird, wurde in der Folge verbessert, die Leitrinne für den Stab ist nun 1,50 m lang. 4 Beine verleihen ihm eine hinreichende Standfestigkeit. Erhöhung und Richtung können bequem eingestellt werden. Die Länge der Leitrinne begünstigt die Reichweite der Raketen. Das Gesamtgewicht beträgt etwa 21 kg.]
92) ibidem

Qualitá dei Razzi	Angelo del tiro	1ma Gittata	Deviazione laterale	Differenza longitudinale nal 1° Punto di Caduta	Lunghezza della Radenza*
Razzi ordinarii	6°1/2	382	2.60	95	104
id	7°1/2	635	5	46	93
id	8°1/2	800	5	90	-
a granata da cent 9	12°	581	10	155	-
a granata da cent 12	45°	888	11	22	-
id	50°	793	3,50	12	-
id	30°	571	10	10	-

*[Reichweite der rasierenden Wirkung]

Als Folgerung dieser Versuche war am 30. Dezember 1847 beschlossen worden, die bisher eingeführten Raketen vom Kaliber 69 mm, also die 2½zölligen, nicht mehr im Feldeinsatz, sondern nur noch für die Verteidigung fester Plätze zu verwenden.[93] In Ergänzung zu dem angeführten Zwischenbericht wurde im Januar 1848 ein Vorschlag zur Aufstellung einer Raketenbatterie vorgelegt, der die Einführung der angesprochenen 50mm Raketen vorsah, die zu diesem Zeitpunkt einen äußeren Durchmesser von 54 mm und mit einer ogivalen Granate versehen eine Länge von 390 mm besaßen, ihr Gewicht betrug 2,6 kg, die Länge des Stabes 2,50 m. Die Auswahl dieser Rakete wurde begründet:

„Il razzo da millm 50 ha una esatezza di tiro, quasi eguale a quella del Cannone da 8 da campagne, ma ha un valore pecuniario almeno doppio di quello del colpo del cannone; impiegandosi sopra un cavaletto di facile transporto e che occupa poco spazio di terreno puô essere lansciata da localitá in cui sorebbe impossibile lo stabilire un pezzo d'artiglieria da campagna."[94]

Für die Ausstattung der Batterie wurden Raketenwagen vorgeschlagen, auf denen 8 Raketenkästen mit jeweils 16 Raketen und einem Gewicht von 49,6 kg, also insgesamt 192 Raketen mit 200 Stäben transportiert werden sollten. Zusätzlich waren je Wagen 2 Abfeuerungsgestelle, davon eines als Reserve, mitzuführen. Zu den vorgeschlagenen Raketenkästen wurde vermerkt, daß diese bei einem Einsatz im Gebirge auch von Maultieren getragen werden könnten. Die Batterie sollte in 4 Sectionen zu jeweils 3 Raketenwagen gegliedert werden. Für die Batterie waren ferner eine Feldschmiede und 2 vierspännige Wagen für die sonstige Ausrüstung vorgesehen. Pro Abfeuerungsgestell war eine Bedienung von 5 Mann vorgesehen, diese konnte auf 3 reduziert werden, die zusätzlichen 2 Raketeure wurden aber für erforderlich gehalten, um eine höhere Feuergeschwindigkeit über längere Zeit erzielen zu können. An Personal war eingeplant 1 Capitan, 2 Tenenti, 1 Sottotenente. 1 furiere, 4 Sergenti. 1 caporal furiere, 8 Caporali (4 zu Fuß und 4 beritten), 2 Trombettieri, 1 Sellajo, 1 Maniscalio, 2 Artisti di maestranza und 126 Razzieri (davon 46 conducenti - Fahrer). 8 Offizierspferde, 12 Reitpferde und 92 Zugpferde, also insgesamt 112 Pferde, wurden für erforderlich gehalten. Für den Abschluß der Versuche wurde die Anstellung Pictets ein letztes Mal mit den bisherigen Bezügen bis zum Juni 1848 verlängert.[95] Pictet, der auch von den Rotationsraketen Hales Kenntnis hatte, schlug vor, auch noch Versuche mit Raketen ohne Stab anzustellen und wies auf die günstigen Ergebnisse in England hin. Dieser Vorschlag scheint aber nicht weiter verfolgt worden zu sein.[96]

Im Februar 1848 wurden die Planungen für eine Raketenbatterie intensiviert, dabei wurde festgelegt, daß ein Raketenwagen zu konstruieren wäre, der die Batterie in die Lage versetzte, dem Heer in der Ebene und im Gebirge zu folgen und die Munition bis aufs Schlachtfeld, jedoch außerhalb der Reichweite der feindlichen Waffen zu transportieren; überdies müsse es möglich sein, die Munition an Einsatzorte zu bringen, die für die Feldartillerie unzugänglich wären.[97] Die Kosten für einen ersten Ausstattungsschritt mit 18 Protzen und Hinterwagen sowie 2 „cavalette" pro Wagen wurden auf L. 13.760 veranschlagt, die Fertigung von 2.400 Raketen für eine Erstausstattung sollte L. 36.000 und ein zusätzlicher Munitionsvorrat L. 72.000 kosten.[98] Um zusätzliche Entwicklungs- und Beschaffungskosten zu sparen, wurde dann aber von General Morelli entschieden, keine gesonderten Raketenwagen zu konstruieren, sondern die Munitionswagen der Feldgeschütze vom Kaliber 8 zu verwenden.[99] Der Beginn des Krieges mit Österreich verhinderte jedoch zunächst die Realisierung dieser Planungen.

In einem Abschlußbericht anläßlich des Abschiedes von Pictet konnte zu den Raketen nunmehr festgestellt werden:

„Risulta dal medesimo che i Razzi da Guerra di Mill 50 a projetto pieno, aventi calibri 6½ di lunghezza sono perfezionati al punto da farli giudicare atti all'impiego nelle fazioni Campali. La loro direzione, cadenza, e velocitá sono soddisfacenti per quanto si puo pretendere da un tal genere di Artifizio."[100]

Zugleich wurden Überlegungen zum Recht auf die Nutzung dieser Raketen angestellt; hierbei wurde argumentiert, daß angesichts der Gehaltszahlungen an Pictet und der Materialkosten, das Eigentum an diesem Raketenmodell zweifelsfrei beim Königreich Sardinien läge: „Opino colla Commissione che il Segreto degli attuali Razzi deve essere proprietá del Governo . . .".[101]

Abschließend stellte das Comando Generale d'Artiglieria fest:

„1° Annunzio a V. E. che i razzi da Mill'50 sono perfezionati al punto da servire in guerra.

2° Io propongo di sprementarne l'efficacia reale in campagna, nella

93) AST, casella 209, a.a.O., Verbale sul Progetto di una Batteria di Razzi (Pictet) da mill 50. Materiale Personale vom 27. Januar 1848, hier wurde auf den entsprechenden Erlaß verwiesen

94) ibidem [Die 50mm Rakete besitzt eine Treffgenauigkeit, die der Feldkanone vom Kaliber 8 entspricht, ihre Kosten sind allerdings fast doppelt so hoch wie ein Schuß der Kanone. Eingesetzt werden können sie mit einem leicht zu transportierbaren Abfeuerungsgestell, das noch sicher in Stellung gebracht werden kann, wo kein Feldgeschütz einsetzbar ist]. (Merkwürdigerweise wurde hier nur der Einzelschuß und nicht, wie beispielsweise bei Congreve, der Systempreis verglichen)

95) AST, casella 209, a.a.O., Schreiben Regia Segreteria di Stato per gli affari di Guerra e Marina vom 6. Januar 1848. Ausdrücklich wurde festgeschrieben, daß die Anstellung per Ende Juni 1848 enden müßte.

96) AST, casella 209, Schreiben Pictet vom 16. Februar 1848: „Je m'empresse sur l'invitation bienveillante de Votre Altesse, de préciser la demande dont j'aie eu l'honneur de l'entretenir rélativement à quelques expériences sur les fusées sans baguette. Les prémiers essais faits par moi, en 1846, ont été trop insignificants et trop peu suivis, pour permettre de rien préjuger sur la question. La commission préoccupée, avec raison, de son but spécial, l'étude des fusées ordinaires, n'a pas cru dévoir poursuivre la solution d'un problême, qui lui semblait trop difficile. Cependant, si ces premières tentatives n'ont pas abouti, il en est résulté du moins quelques indications précieuses sur les conditions de réussite, les quelles, combinées avec mes experiences anterieures, me donnent l'intime espoir d'une solution très prochaine. La possibilité de la réussite a été d'alleurs prouvé récemment en Angleterre, ou les fusées sans baguette de Hale ont soutenu la comparaison avec les fusées ordinaires." (Rest des Briefes fehlt).

97) AST, casella 209, a.a.O., Congresso Permanente d'Artiglieria, Brano della XXXV. Deliberazione vom 10. Februar 1848

98) ibidem

99) AST, casella 209, a.a.O., Schreiben Comando Generale d'Artiglieria, Materiale, oggetto sulla riduzione dei Carri da Razzi, No. 216 ohne Datum

100) AST, casella 209, a.a.O., Schreiben Comando Generale d'Artiglieria, Materiale, vom 4. Juli 1848 [als Ergebnis kann festgestellt werden, daß die Raketen von 50 mm mit einer Kaliberlänge von 6½ für einen Einsatz im Felde geeignet sind. Richtung, Treffgenauigkeit und Geschwindigkeit sind so befriedigend, wie man es bei dieser Waffenart nur verlangen kann]

101) ibidem, für Gerät und Material waren hiernach L. 12.980, für die Zahlungen an Pictet L. 31.580 verausgabt worden; zu den Rechten an den Raketen: Pictet scheint anschließend eine entsprechende Aktennotiz unterschrieben zu haben: „Le Colonel Pictet a signé le présent procès Verbal, sans toute réserve de ses droits de propriété à l'invention stipulés expressement dans ses conventions avec le Gouvernement, au debat des experiences." (AST, casella 209, a.a.O., Comando Generale d'Artiglieria, Materiale, vom 30. August 1848)

guerra vertente, prima di adottarli e di estenderne la fabricacione per munizionarne l'Esercito."[102)]
Eine Entscheidung für eine Erprobung der Raketen im Felde scheint zunächst nicht gefallen zu sein, das Kriegsministerium legte nur fest, daß an Pictet der Orden „La Croce Mauriziana" verliehen werden und er eine Gratifikation von L. 2.800 erhalten solle.[103)] In einem Dankesschreiben betonte Pictet dann, daß er zutiefst bedaure, die Versuche mit seinen Raketen nicht habe abschließen können.[104)]
Auch wenn die Versuche 1848 zunächst unterbrochen worden waren, hatte Pictet bereits für diese Raketen eine Schußtafel erstellt können:[105)]

Elevation in Grad	Reichweite bis zum ersten Aufschlag in Metern	Bemerkungen
6	250	Bis etwa 1.100 Meter wurden 6 - 7 Ricochets erzielt, zwischen 1.100 und 1.500 Metern ging die Anzahl auf 2 - 5 zurück
7	450	
8	750	
9	950	
10	1100	
11	1200	
12	1500	
45	5000	

Wurde die Rakete mit einer 12pfündigen Granate versetzt, so daß sie insgesamt 8 Kilogramm wog, erreichte sie unter 30° Elevation nur 600 Meter und unter 45° nur 900 Meter. Ebenso stellte Pictet die Seiten- und Längenabweichung der Raketen in zahlreichen Versuchen fest:

Anzahl der Beob-achtungen	Reichweite bis zum ersten Aufschlag in Metern	Mittlere Gesamt-reichweite in Metern	Mittlere Flugzeit in Sekunden	Mittlere Seitenab-weichung in Metern
40	250	1070	1,70	26,0
46	350	1044	2,10	27,0
55	455	1117	2,45	17,0
50	545	1155	2,77	21,0
32	631	1178	3,12	26,7
19	746	1245	3,40	25,4
15	852	1272	4,17	25,4
9	946	1296	....	15,5
9	1500	....	6,20	....

Die Längenabweichung stellte sich bei den verschiedenen Versuchen sehr unterschiedlich dar:

Datum des Versuches	Anzahl der Schüsse	Elevation in Grad: Minuten	mittlere Reichweite in Metern	mittlere Längen-abweichung in Metern
11.03.1847	6	5	290	54,0
07.04.1847	7	6	310	55,0
20.04.1847	6	6	255	28,6
11.03.1847	6	6 : 30	410	43,6
18.02.1847	12	6 : 30	548	49,0
22.01.1847	4	6 : 30	643	13,0
17.02.1848	19	6 : 30	308	56,0
03.12.1847	11	6 : 30	350	63,0
20.04.1847	6	8	744	85,0
25.10.1847	11	8 : 30	845	63,0
10.03.1848	11	8 : 30	865	61,0

Auch wenn diese Abweichungen recht hoch erscheinen, so lagen sie doch nur um wenige Meter über denen der gebräuchlichen, vergleichbaren 6pfündigen Feldkanonen.[106)] Pictet stellte dazu fest:
„Il est temps de sortir enfin de ces incertitudes, et de prouver par des faits que le tir des fusées est susceptible d'une regularité très-suffisante, et qui rivalise dans plus d'un cas avec celle des projectiles de l'artillerie."[107)]
Nach der Auswertung seiner Versuche, die auch die Beeinflussung der Raketen durch den Wind umfaßten, untersuchte Pictet noch die taktische Anwendung dieser Waffe und die mögliche Organisation einer Raketeneinheit. Wichtig ist, daß er im Gegensatz zu vielen anderen Raketenspezialisten die Raketen als Schwerpunktwaffe betrachtete:
„Pour que l'effet soit décisif, il faut qu'il se produise au moment opportun et sur le point critique. De là le principe que les fusées doivent être essentiellement l'arme de la réserve, l'instrument énergique que le chef doit toujours avoir sous la main pour l'accomplissement de ses vues."[108)]
Zu den Kosten der Versuche Pictets wurde abschließend festgestellt, daß insgesamt L. 33.053 verausgabt worden wären, davon L. 20.073 für die Fertigung von 560 Raketen.[109)]
Die gewünschte Genehmigung für eine kriegsmäßige Erprobung scheint nicht erteilt worden zu sein. In diesem Krieg scheint es daher auch durch die Artillerie Piemonts kaum zu Raketeneinsätzen gekommen zu sein, wahrscheinlich wurden die alten Raketen auch gar nicht von den Batterien mitgeführt.[110)] Dennoch wurde von österreichischer Seite ein sardinischer Raketeneinsatz am 23. Mai beim ergebnislosen Vorstoß auf Vicenza berichtet; als man die Höhen von Madonna del Monte schon genommen glaubte:
„ . . . indem von jenem Punkte Raketten aufstiegen; allein nur zu bald belehrte die Richtung derselben, daß es feindliche Geschosse seien, womit unsere rechte Flanke beschossen wurde."[111)]
Noch während des Krieges wurden die Versuche fortgesetzt, wobei Ziel der weiteren Erprobungen die Prüfung der Lager- und Transportfähigkeit der Raketen war. Am 25. Juni 1849 wurde angeordnet, 150

102) ibidem [die Raketen sind soweit perfektioniert, daß sie im Felde angewandt werden können. Ich schlage vor, ihre Wirksamkeit im gegenwärtigen Krieg zu erproben, bevor die Herstellung für den Munitionsbedarf des Heeres erfolgt.]
103) AST, casella 209, a.a.O., Ministero di Guerra e Marina, Direzione d'Artiglieria e Fortificazione vom 29. August 1848
104) AST, casella 209, a.a.O., Schreiben Pictet vom 1. September 1848: „Je regrette seulement de n'avoir pas pu les mérites d'une manière plus complète en echouant l'étude des fusées, pour laquelle il reste, dans mon opinion, encore beaucoup à faire. J'espère toutefois pouvoir, dans l'avenir, acquiter un jour le restant de ma dette."
105) Pictet, a.a.O., p. 4
106) ibidem, p. 25, die Tabelle ist nur auszugsweise wiedergegeben, auf p. 50 führte Pictet die Längenabweichungen der 6pfündigen Kanonen im Vergleich an: bis 600 m Schußentfernung ist die Längenabweichung der Raketen geringer, ab 862 m Schußentfernung um etwa 6 m höher, bei 1.500 m um etwa 1 m höher.
107) ibidem, p. 10
108) ibidem, p. 80
109) AST, casella 209, a.a.O., Ministero di guerra e Marina vom 28. August 1848
110) Montù führte keinen Einsatz auf, und Liuzzi (a.a.O., p. 261) stellte nur fest: „Fortuna ancor minore ebbero i razzi, di cui si dimostrò nella suddetta campagna la quasi nessuna utilità." Auch: J. Defrasne, Les fusées de guerre au XIX°siècle, in: Revue Historique de l'armée, 1977, No. 1, p. 50, merkte an: „ . . . malgré l'impulsion personelle de souverains comme Charles-Félix, les résultats pratiques ne correspondaient pas aux effort d'organisation et de réglementation et il fallut attendre 1860 pour assister à une intervention des fusées sardes, lors du bombardement d'Ancône."
111) von einem höherem kaiserlich königlichen Officier, Beiträge zur Geschichte des Feldzuges im Jahre 1848 in Italien, Wien 1850, S. 21; diese Beobachtung widerspricht aber einer Feststellung im „Protuario dell'Artificieri per il Corpo Reale d'Artiglieria" von 1855, wo festgestellt wurde: „ . . . razzi alla Congrève si considerano ancora in esperimento, tanto vero che non fecero parte nè del munitionamento per le campagna del 1848 e 1849 nè della testè fatta spedizione d'Oriente . . ." (zitiert nach:

Raketen zu fertigen, von denen ein Teil für Transportversuche und ein Teil für die Überprüfung der Lagerfähigkeit verwendet werden sollte.[112)] Bei den Transportversuchen zeigte sich, daß durch die heftigen Erschütterungen sich der Treibsatz in den Hülsen löste und zerbröckelte, was beim Abfeuern zu vorzeitigen Explodieren der Raketen führte.[113)] Daraufhin wurde am 28. Dezember 1849 die Fortsetzung der Versuche angeordnet, für die nochmals 20 Raketen zu fertigen waren, um eine Lösung zu finden, wie ein vorzeitiges Zerspringen der Raketen und ein Ausstoßen des Treibsatzes nach der Zündung zu vermeiden wäre:[114)]

„. . .*autorizza la Direzione del Laboratorio Bombardieri a far fabricare una ventina circa di razzi da Mill. 50 cercando ogni maniera di riuscire per ottenere che in questi la composizione non venga più a staccarsi dalle pareti della canna.*"

Auch diese Raketen sollten eine ausreichend lange Zeit unter verschiedenen Temperaturbedingungen und unter allen möglichen Umständen gelagert werden, um dann in weiteren Versuchen erprobt zu werden. Die Probleme scheinen aber bis 1852 gelöst worden zu sein,[115)] denn diese Raketen wurden in der Folge eingeführt. Es wurden jedoch nicht, wie geplant, Raketenbatterien aufgestellt, sondern nur in die Feld- und Gebirgsbatterien kleine Raketendetachments eingegliedert, wobei deren Stärke unverändert gegenüber der alten Gliederung blieb, so daß diese Einheiten weiter über jeweils 8 Raketeure mit nunmehr 4 Abfeuerungsgestellen mit Munitionswagen vom Modell 44 verfügten.[116)] Die Pictet'schen Raketen wurden in den Folgejahren weiterentwickelt und verbessert. Schon für 1852 wurde festgestellt, daß in Piemont 4-, 8- und 16pfündige Raketen im Dienst stünden.[117)]

1849 hatte auch der Major Ariele Raketen seiner Konstruktion in Vorschlag gebracht, für erste Raketen erhielt er L. 300, damit ein Vergleichsschießen mit den Raketen Pictets durchgeführt werden konnte. Dies fand am 20. März 1849 auf dem Schießplatz Venaria Reale statt, wobei eine Schußentfernung von 1.200 Metern zugrunde gelegt worden war. Alle 6 Raketen Arieles mit Kalibern von 30, 40 und 50 Millimetern und Granaten von 52, 64 und 80 Millimetern platzten entweder bereits in der Abfeuerungsröhre oder kurz nach dem Abschuß, während die Pictet'schen Raketen einwandfrei funktionierten.[118)]

Etwas später bot Conte Emilio Bottone 1850 aus London Gewehrraketen seiner Erfindung dem Kriegsministerium an, die am 3. September 1850 unter Leitung von Colonello Pino vom Laboratorio Bombardieri auf dem Schießplatz Venaria Reale auf Schußentfernungen bis zu 300 Metern erprobt wurden; es ist jedoch nicht bekannt, ob diese Munition bei der Infanterie eingeführt worden ist.[119)]

Auch war man bemüht, Neuerungen auf diesem Gebiet im Ausland kennenzulernen. Ab 1849 informierte man sich in Turin eingehend über die Raketen William Hales und prüfte insbesondere die Unterlagen aus den Vereinigten Staaten, so die Versuchsprotokolle aus Washington vom Dezember 1846.[120)] Es scheint jedoch zu keinem direkten Kontakt mit Hale gekommen zu sein.[121)] Später wohnte der piemontesische Major Cavalli im Mai 1850 einem Schießen mit Hale'schen Raketen in Woolwich bei und lernte dort auch die neue hydraulische Presse kennen.[122)] Diese Erfahrungen wurden aber von der sardinischen Armee nicht übernommen, obwohl im September auch der Pyrotechniker Bottone aus London nochmals einen enthusiastischen Bericht über Hales Raketen übersandte.[123)] Wohl bedingt durch die laufenden Verbesserungen und Versuche, scheint die Armee des Königreiches Sardinien auch im Krim - Krieg keine Raketen mitgeführt zu haben.[124)] 1858 legte der Pyrotechniker Southby einen Vorschlag für einen neuen Brandsatz für Raketen und Bomben vor, der erstmals nicht aus Feststoff sondern aus Flüssigkeit bestand. Durch einen Versuch in Turin konnte die Wirksamkeit bestätigt werden, da man aber Probleme bei der Lagerung der Gefechtsköpfe befürchtete, wurde das Angebot Southbys nicht angenommen.[125)] Eine weitere Erfindung wurde im Februar 1859 von Cianchettini angeboten, soweit es sich aus der Beschreibung lesen läßt, handelte es sich hierbei um einen Gefechtskopf, der mit 55 kleinen Raketen gefüllt war (una cossetta di cartone contenente 55 piccoli razzi ordinarii), also entsprechend den heutigen Bomblets. Auch diese Erfindung fand keine weitere Berücksichtigung.[126)]

Montú, a.a.O., p. 2413); Defrasne, a.a.O., p. 24, wußte von keinem Einsatz und vermutete, daß ein Gebrauch der Raketen aus Mangel an ausgebildetem Personal und Material nicht versucht worden wäre.

112) AST, casella 209, a.a.O., Ministero di Guerra e Marina vom 25. Juni 1849, durch Weisung der Direzione del Materiale vom 8. August 1849 wurde die Anzahl der zu fertigenden Raketen auf 250 erhöht.

113) Montú, a.a.O., p. 2420, „. . . perchè la carica tendeva a distaccarsi dall'interno del tubo, quindi in seguito si frantumava ed infine provocava degli scoppi in vicinanza del cavaletto, e tavolta causava addirittura anche il lancio del proietto ma . . . in direzione opposta a quella voluta." Erstmals wurden diese Feststellungen im Bericht der „Commissione Ordinaria del Materiale", Seduta LIV vom 12. Dezember 1849 getroffen (AST, casella 209, a.a.O.), nachdem die „Commissione Speciale per i Razzi da Guerra" mit Bericht vom 8. Dezember 1849 die Ergebnisse des ersten Versuchsschießen mit 80 Raketen vorgelegt hatte, von denen 32 im Magazin gelagert gewesen waren und 48 Fahrversuchen auch bei schlechtem Wetter unterzogen worden waren. Offensichtlich waren die Raketen mit zwei unterschiedlichen Treibsätzen geladen worden. Bei den anschließenden Schießversuchen mit $7^{1}/_{2}°$ Erhöhung zersprangen jedoch alle Raketen, teilweise bereits auf dem Abfeuerungsgestell, zwei Raketen drehten nach dem Abfeuern in die Gegenrichtung, bevor sie zersprangen. (AST, casella 209, a.a.O.)

114) AST, casella 209, a.a.O., Ministero de Guerra e Marina vom 28. Dezember 1849

115) AST, casella 209, a.a.O., Artiglieria, Direzione del Materiale vom 12. Mai 1852

116) AST, casella 209, a.a.O., Artiglieria, Direzione del Materiale vom 4. Juni 1852. Auf die Entwicklung besonderer Raketenwagen war aus Kostengründen verzichtet worden. Mit Schreiben vom 17. Juni 1852 erteilte das Ministerium die Genehmigung, die vorhandenen Raketenwagen zu Munitionswagen umzurüsten. (ibidem)

117) E. Bardin, Dictionnaire de la Armée, Paris 1852, nach: Winter, History, a.a.O., p. 189

118) AST, casella 209, Artiglieria, Direzione del Materiale vom 4. Februar 1849 (Anordnung zur Vergleichserprobung), Ministero di Guerra e Marina vom 15. Februar 1849 (Anordnung für Versuche und Bezahlung Ariele), Comando Generale d'Artiglieria Materiale vom 25. März 1849 mit Versuchsprotokoll vom 23. März. Die Raketen Pictets wurden hier als „piemontesische", also eingeführte Raketen bezeichnet.

119) AST, casella 209, Ministero de Guerra e Marina vom 10. Juni 1850, da die neue Erfindung anscheinend nicht hinreichend beschrieben war (Sentito il parere del Congresso Permanente d'Artiglieria risultava che nella presentata Memoria non era sufficientemente particolarizzata la sua invenzione per poterne stabilire un giudizio . . ."), wurde der Congresso Permanente d'Artiglieria mit Schreiben vom 10. August 1850 beauftragt, Muster zu beschaffen und zu erproben. Am 7. September bereits konnte das Versuchsprotokoll vorgelegt werden.

120) AST, casella 209, Razzi da guerra d'invenzione del Sig Hale, 79. Nuova Sistema di Razzi ideato del Sig Hale, Schreiben Ministero di Guerra e Marina vom 2. Februar 1849 sowie Schreiben Comando Generale d'Artiglieria vom 20. Februar 1849

121) AST, casella 209, Artiglieria, Direzione del Materiale vom 4. Februar 1849, hiernach wurde zwar vorgeschlagen, eine Anzahl der Hale'schen Raketen für Versuche zu kaufen, dies scheint aber nicht erfolgt zu sein.

122) SBA, BaR 143, Übersetzung eine Artikels aus dem „Galiguanis Messenger" vom 29. Mai 1850, Einzelheiten siehe Abschnitt 3, Großbritannien, Excurs No. 2, Boxer und Hale

123) AST, casella 209, Schreiben E. Bottone vom 8. Juli 1850: „Questa invenzione del Sig. Hale consiste appunto in un nuovo modo di scagliare i razzi senza alcuna verga direttrice, e tuttavia con giustezza e precisione di tiro maravigliosa". Bottone legte einen Ausschnitt aus der Times vom 1. Juni 1850 über ein Versuchsschießen mit Hales Raketen in Osborne bei. Es dürfte sich dabei um das auch von Cavalli beobachtete Schießen gehandelt haben.

124) ÖMZ 1862, S. 390, in einer Notiz zu den Kriegsraketen Sardiniens wurde nur festgestellt: „In Sardinien wurden im Jahre 1847 nach einem Vorschlage des Artillerie-Oberstlieutenants Pictet de Rochemont Versuche mit einer verbesserten Art Kriegsraketen gemacht, welche sich aber nicht sonderlich bewährten. Seitdem scheint nichts Weiteres in dieser Richtung geschehen zu sein, da in keinem der vorhandenen neuesten Artilleriereglements derselben als Kriegsmittel erwähnt wird." Für die Zeit des Krimkrieges wurden in einem Aufsatz keinerlei Raketen bei der Ausstattung der Artillerie genannt, zu den Batterien wurde nur festgestellt, sie verfügten über 6 Kanonen und 2 Mörser (A. R. R., Military Organization in Sardinia, in: USJ, June 1855, p. 237)

125) AST, casella 209, Razzi da guerra ideati da certo sig. Southby, Schreiben Southby, Sussex Cottage, vom 9. Dezember 1858, Verbale vom 30. Dezember 1858; nach einer Mitteilung F. H. Winter vom 17.02.1997 könnte es sich hier um den britischen Pyrotechniker Joseph Southby gehandelt haben.

126) AST, casella 209, Ministero della Guerra vom 4. Februar 1859, Artiglieria Direzione del Materiale vom 29. März 1859

Für den Krieg 1859 verzeichnete das italienische Generalstabswerk keinen Raketeneinsatz, selbst in einer Übersicht der verfügbaren Munition bei Kriegsbeginn sind keine Raketen aufgeführt.[127] Dennoch scheint ein Einsatz der sardinischen Kriegsraketen am 8. Juni 1859 im Gefecht bei Melegnano zur Unterstützung der französischen Truppen des I. Corps des Marschall MacMahon erfolgt zu sein. Nach österreichischen Berichten wurde hier eine gemischte Gebirgsartilleriebatterie eingesetzt, die von einer Erhöhung am rechten Lambro-Ufer, abwärts des Ortes, aus die österreichische Hauptreserve heftig, wenn auch erfolglos, unter Feuer hielt.[128]

Im Verlaufe des Einigungskriegs setzte die piemontesische Armee wiederholt ihre Raketen ein. Dies erfolgte vor allem im Rahmen der Belagerungen, so zunächst gegen Ancona im September 1860, in einem Bericht vom 18. September hieß es:

„Des fusées, sifflant dans les airs comme les jets d'un feu d'artifice, produisaient une impression sinistre sur les habitants . . . Mieux vaudrait, selon tous les Anconais, qu'on terminât au plus tôt une lutte inégale par une capitulation honorable . . . A peine le général s'est-il éloigné, que le feu reprend de part et d'autre. Les boulets, les obus, les fusées pleuvent sur la ville. La lutte, cette fois, a été des plus sérieuses, et les pontificaux, tirant plus juste que la première fois, s'efforçaient d'atteindre les vapeurs. Ce second combat a duré une heure."[129]

Ebenso wurden die Raketen bei der Belagerung Gaetas eingesetzt, in dessen Citadelle sich König Franz II. mit seinen letzten treu gebliebenen neapolitanischen Truppen am 5. November 1860 zurückgezogen hatte. Zehn Tage lang wurde die Festung von der piemontesischen Artillerie unter dem Befehl von General-Lieutenant Valfré di Bonzo, auch mit Raketen, beschossen.[130] Hier scheinen die Raketen aber weniger wirkungsvoll gewesen zu sein:

„A Gaète, les Piémontais employèrent quelques fusées, ainsi que nous l'a communiqué un major de l'artillerie napolitaine ayant participé à la défense; leur effet a été de peu d'importance, comme il en sera toujours dans les bombardements quand on ne tire qu'un petit nombre de fusées au milieu d'une grande quantité de projectiles d'artillerie."[131]

Am 13. Februar 1861 mußte die Festung dann kapitulieren.

Ob die Raketen in der Folge dann auch zur Ausrüstung der Artillerie des neuen Königreiches Italien gehörten oder nur in den bisherigen Einheiten der Artillerie Sardiniens verblieben, konnte nicht festgestellt werden.[132] Möglicherweise wurden sie auch in einem Arsenal eingelagert und verschwanden aus den aktiven Truppenteilen.[133] Ihr Ende kam jedoch erst 1873, als die endgültige Abschaffung und die Vernichtung der noch vorhandenen Kriegsraketen angeordnet wurde.[134]

(2) Königreich beider Sicilien

Über die Raketen des Königreiches beider Sicilien liegen nur wenig Nachrichten vor.[135] Bereits 1811 jedoch beabsichtigte König Joachim-Napoléon Murat hier Raketen herstellen zu lassen; auf seine Weisung hin sandte General Lariboisière „une caisse contenant deux modelles de fusées à la congrève de 3 pouces, l'une chargée et l'autre vuide, et deux autres modelles de fusées de deux pouces" sowie eine „broche unique sur laquelle on charge les fusées de trois pouces et qui donne les dimensions de l'âme ou du vuide intérieur de la fusée" an den Commandanten der neapolitanischen Artillerie, General Tugny. Lariboisière übermittelte auch Angaben zum Herstellungsverfahren und zur Zusammensetzung des Treibsatzes und versprach „incessamment une instruction plus détaillée sur la fabrication des fusées à la congrève avec les dessins de tous les outils et instruments qui servent pour les charger et pour les lancer" zu übersenden.[136] Es ist nicht bekannt, ob es dann zu einer Raketenproduktion in Neapel gekommen ist.

Nach der österreichischen Okkupation des Königreiches 1820 bis 1822 scheinen jedoch auch hier Versuche mit Kriegsraketen durchgeführt worden zu sein, wobei nicht bekannt ist, ob diese auf der Basis der Augustin'schen oder Congrev'schen Raketen erfolgten. Jedenfalls wurden dann auch hier Raketen in der Artillerie eingeführt.[137] Zumindest wurde bereits für 1834 anläßlich eines Unfalles im Magazin von Capua notiert, daß dort 500 Kriegsraketen gelagert gewesen wären.[138] Die Raketen scheinen im Feuerwerks-Laboratorium zu Posilipo bei Neapel, das von dem französischen General Pomereuil errichtet worden war, hergestellt worden zu sein. Bis Ende der vierziger Jahre wurde der Treibsatz der Raketen noch in die Hülsen geschlagen. Seit 1844 wurde das Laboratorium im Auftrage des General-Direktors der Artillerie, des Prinzen von Satriano, unter Leitung des Oberst Marcarelli modernisiert, beteiligt war dabei der Capitano Badini, diesem „gelang es, das Laboratorium in einer Weise zu entwickeln, die dem heutigen Stande der Feuerwerkerei und den Forderungen des Krieges entspricht." Die Arbeiten wurden durch eine besondere Feuerwerkskompanie verrichtet, die auch bereits Leuchtraketen mit Fallschirm, die vom Capitain Badini entwickelt worden waren, herstellte. Anfang der fünfziger Jahre scheint dann auch eine hydraulische Presse zum Laden des Treibsatzes der Kriegsraketen beschafft worden zu sein.[139] 1848 wurden in Posillipo drei zusätzliche Räume (hangards) für die Lagerung und Herstellung der Raketen erbaut, die neuen Räume sollten ursprünglich zwei Etagen umfassen, wurden

---

127) Comando del corpo di stato maggiore, Ufficio storico, La Guerra del 1859 per l'Indipendenza d'Italia, Vol. 1, Documenti, Roma 1910, p. 153 mit Auflistung der Batterien und ihrer Ausstattung; p. 180, Artilleriemunition und Munitionswagen; auch in den Meldungen der Batterie-Commandanten zu den einzelnen Gefechten wurden keine Raketen aufgeführt. Das selbe gilt für Vol. I., narrazione, des gleichen Werkes; auch hier sind weder für die Feldbatterien (p. 37) noch für die mobil gemachte Artillerie (p. 124) Raketen aufgeführt. Dies läßt darauf schließen, daß nur die Gebirgsbatterien und die Artillerie des Belagerungsparkes über Raketen verfügte.

128) o. Verf., Das Gefecht bei Melegnano am 8. Juni 1859, in: ÖMZ, 1861, Band I, S. 23: „Eine Raketenbatterie und 4 Rohrgeschütze, welche auf Schleifen ruhten und von Augenzeugen als Gebirgshaubitzen bezeichnet werden, waren um Melegnano herum . . . aufgeführt worden." Da die französische Armee in diesem Feldzug über keine Raketen verfügte, kann es sich nur um eine sardinische Batterie gehandelt haben.

129) Konstantinoff, a.a.O., p. 58, er zitierte hier aus einem Bericht der Zeitschrift „La Patrie" vom 08.10.1860.

130) C. Bonard, a.a.O., p. 5; neben dem Belagerungspark (166 Geschütze) waren 7 Batterien des 3., 5. und 8. Artillerieregimentes eingesetzt (J. Ritter v. Leithner, Ueber die Belagerung von Gaeta vom November 1860 bis Februar 1861, in: MGAG, 1866, S. 228, L. erwähnte jedoch nicht den Einsatz der Raketen.); Defrasne, a.a.O., p. 24, gab an. daß die Raketen durch besondere Detachements auch bei der Belagerung Anconas, das vom päpstlichen General Lamoricière verteidigt wurde, eingesetzt wurden.

131) Konstantinoff, a.a.O., p. 59

132) In: o. Verf., Das sardinische Heerwesen zu Ende November 1860, in: ÖMZ, 1861, Band 1, S. 44 ff., (Artillerie) sind keinerlei Raketen aufgeführt.

133) In: o. Verf.: Das Heerwesen des sardo-italienischen Königreichs im Mai 1866, in: ÖMZ 1866, 2. Band, S. 80 ff (Artillerie) sind an keiner Stelle mehr die Raketen erwähnt.

134) Montú, a.a.O., p. 2420, sowie: Defrasne, Fusées de guerre, a.a.O.,. 3 / 74, p. 24

135) Richiardi, a.a.O.: „In Italia . . . sono stati costruiti e sperimentati razzi da guerra di varie dimensioni nel Regno di Sardegna e sperimentati (non si sa se anche construiti) nel Regno delle Due Sicilie."

136) Angaben und Zitat nach: P. Bret, La fusée de guerre en France pendant la période révolutionnaire et impériale, Aix-en-Provence 1971, p. 47 (mémoire de maîtrise)

137) F. H. Winter, Italian rocketry, a.a.O., p. 189, Winter sprach hier von einer Raketenartillerie-Einheit, eine solche scheint aber nie bestanden zu haben, ähnlich wie später in Großbritannien scheinen Raketeure Bestandteil einer normalen Feldbatterie gewesen zu sein, da in der recht ausführlichen Beschreibung der Geschichte der Armee des Königreiches beider Sizilien (T. Battaglini, La Fine d'un esercito, in: Rivista Militare Italiana, 1913, pp. 529, mehrere Fortsetzungen) keine derartige Einheit erwähnt wurde. Über die frühen Raketenversuche scheinen keine Unterlagen archiviert zu sein (Schreiben Archivio di Stato di Napoli vom 24.06.1996, die ältesten dort archivierten Unterlagen zu Raketen beginnen erst 1848); Montú (a.a.O., p. 2413) erwähnte nur, daß Raketen „anche dall'Artiglieria Napoletana prima del 1840" vorhanden gewesen wären. M. D'Ayala, Napoli Militare, Napoli 1847, erwähnte in seiner ausführlichen Beschreibung der Armee Neapels an keiner Stelle Raketen, insbesondere in dem Abschnitt „Cronica delle Artiglierie Napolitane dall'anno 1835 al 1845" (pp. 169), in dem er ansonsten alle von der Artillerie angestellten Versuche beschrieb, fehlt jeder Hinweis hierauf, dies mag aber auch auf die, mit dem Raketenwesen dieser Zeit verbundenen üblichen Geheimhaltung zurückzuführen sein.

138) Notiz in: La Guerra, Napoli, 15. Mai 1861, p. 149; in einem Bericht in: SpMil, 1835, tome 18, p. 226, über die Armee Neapels wurde aber noch keine Raketeneinheit erwähnt.

139) Angaben und Zitat nach: o. Verf., Das Laboratorium zu Posilipo für die Königlich

dann aber ebenerdig gebaut, wobei die Wände 2 Handbreit stark sein sollten, damit im Falle einer Explosion die dort beschäftigten Arbeiter weniger gefährdet wären, das Dach sollte verzinkt werden. Die erforderlichen Maschinen sollten von der königlichen Werkstatt in Pietrarsa geliefert werden. Damit scheint erst in diesem Jahr eine Serienproduktion angelaufen zu sein.[140)]
Möglicherweise waren neapolitanische Raketen 1848 und 1849 bei der Verteidigung Venedigs gegen die Österreicher eingesetzt, „Obergeneral" der Verteidiger war General Pepe, dem auch neapolitanische Truppen unterstanden. Nach der Einnahme des Fort Marghera durch die Österreicher am 27. Mai 1849 wurden hier neben Geschützen und Munition auch 150 Brandraketen vorgefunden.[141)]
1849 galt es, die Freischaren Garibaldis aus Rom zu vertreiben. Hierzu wurden Streitkräfte aus Frankreich und Spanien eingesetzt, an dem Vorgehen beteiligte sich auch Neapel. Am 29. April rückte dessen Hilfsarmee unter Marschall Casella in päpstliches Gebiet ein. Neben drei Infanteriebrigaden und 14 Escadronen Kavallerie wurden 6 Artilleriebatterien und eine Raketenbatterie eingesetzt.[142)] Ob während des Feldzuges Raketen eingesetzt worden sind, ist aus den Unterlagen nicht zu ersehen, erscheint jedoch weniger wahrscheinlich, da auf französischen Druck sich die Armee bereits am 17. Mai wieder zurückzog.
Für die Umrüstung eines Magazins in der Batteria Sapone in Capua für Raketen, die bisher in feuchter Umgebung im benachbarten Viertel San Vincenzo gelagert worden waren, wurden 1856 116 Dukaten bewilligt; hierfür wurden dreibödige Regale in gelber Farbe hergestellt, in denen die Raketen sowohl stehend als auch liegend aufbewahrt werden konnten.[143)] Spätestens zu dieser Zeit wurde dann eine Raketenbatterie aufgestellt, die über 8 Raketengestelle verfügte, wobei die zugehörigen 2zölligen Raketen auf Maultieren transportiert wurden.[144)]
In den Kriegen 1859 und 1860 wurden die Raketen ebenfalls erwähnt: *„Sur l'organisation de l'armée napolitaine à destination de la Calabre et de Messine, au nombre de l'artillerie, est indiqué une section de fusées, attachée à la demi-batterie Locascio, . . ."*[145)]
Diese Raketeneinheit wurde dann 1860 aufgelöst.[146)] Kurz vor der Auflösung der neapolitanischen Armee, waren im Arsenal von Capua am 1. September 1860 noch 558 Feldraketen der Kaliber 2¾ und 1¾ Zoll magaziniert.[147)] Bei dem letzten Kampf der Armee im Verlauf der Verteidigung Gaetas wurden jedoch keine Raketen mehr eingesetzt.[148)]

d. Königreich der Niederlande

Im Königreich der Niederlande, das bereits 1809 bei der Belagerung von Vlissingen die Wirkung der Raketen kennengelernt hatte und dessen Marine 1816 den Einsatz bei der Beschießung Algiers miterlebt hatte,[149)] wurde 1816 für die Artillerie eine Kommission unter Leitung des Oberstleutenant Willem Petrus Campe ernannt, die den Nutzen der Congreveschen Raketen für die Armee untersuchen sollte. Bereits im August diesen Jahres wurde bei Staalduin ein erstes Versuchsschießen durchgeführt; hierfür wurden in Delft vom Magazinmeister Scheidius[150)] gefertigte Raketen nach Congreves Muster eingesetzt,[151)] 13 Raketen unterschiedlichen Kalibers wurden abgefeuert:[152)]
(Siehe obere Tabelle auf Seite 333)

Die Versuche wurden vom 10. bis 16. Oktober bei Waalsdorp mit 27 Raketen unterschiedlicher Kaliber und mit unterschiedlichen Treibsätzen wiederholt. Abgefeuert wurden die Raketen unter Elevationen von 27 bis 50 Grad, die größte erzielte Reichweite betrug 1098 Ruthen, jedoch bei einer Seitenabweichung nach rechts von 234 Ruthen, die geringste Reichweite 216 Ruthen, eine der Raketen platzte beim Abfeuern, zwei verloren unmittelbar nach dem Abfeuern ihre Bodenplatten und eine Rakete führte zu einer Seitenabweichung, die größer als die halbe Schußentfernung war. In der Zeit vom 21. bis 28. De-

---

Neapolitanische Artillerie, in: AOPA, 1852, 32. Band, S. 154 - 156, in diesem Aufsatz wurde von der Beschaffung einer „Bramahpresse" zur Fabrikation der Kriegsraketen gesprochen.

140) ASN, fascio 2215 inc. 3805 del Ministero Guerra „ . . . i muri divisori degli hangards dovevano avere uno spessore di almeno palmi 2, per mettere al coperto gli uomini destinati al caricamento in caso di esplosione"

141) L. Freih. von Rzikowsky v. Dobrzisch, Fragmente aus der Geschichte der Belagerung von Venedig im Jahre 1849, in: ÖMZ, 1860, S. 121; leider wird nur die Anzahl der Raketen genannt, es könnte sich natürlich auch um von den Venezianern erbeutete österreichische Raketen gehandelt haben, im letzteren Fall ist aber anzunehmen, daß der Verfasser dieses Aufsatzes dies angemerkt hätte.

142) o. Verf., Die kriegerischen Ereignisse in Italien in den Jahren 1848 und 1849, 2. Band, Zürich 1850, S. 142; es dürfte sich hier aber eher um ein Raketendetachement gehandelt haben; allerdings nennt auch: R. Günther, Die Insurrektionskämpfe in Italien während des Jahres 1849, in: Internationale Revue über die gesammten Armeen und Flotten, 17. Jahrg., 4. Band 1899, S. 1071, neben 6 Batterien ausdrücklich eine Raketenbatterie. In einer Notiz in der AMZ über die Armee des Königreiches beider Sicilien, 1848, S. 399, wurden für dieses Jahr jedoch keinerlei Raketen erwähnt. Vgl. W. Rüstow, Der italienische Krieg 1848 und 1849, Zürich 1862, S. 411, Rüstow erwähnte jedoch keinen Raketeneinsatz in den Gefechten gegen Garibaldi.

143) ASN, Ministero Guerra, fascio 2382, inc. 9276

144) o. Verf., Original-Correspondenzen aus dem Königreiche beider Sicilien über die Kriegsereignisse in den Jahren 1860 und 1861, in: ÖMZ, II. Jahrg. 1861, Erster Band, S. 384 und 387; es konnte nicht festgestellt werden, wann diese Batterie aufgestellt wurde. Raketeneinsätze wurden in diesem Aufsatz nicht erwähnt.

145) Konstantinoff, a.a.O., p. 58, Berichte über Einsätze liegen leider nicht vor; Rüstow, Der Italienische Krieg 1859, Zürich 1860, erwähnte diese Raketeneinheit nicht. Richiardi (a.a.O., p. 2) schrieb nur: „Anche per il Napoletano non si ha notizia di uso in guerra di razzi . . ."

146) Richiardi, a.a.O, p. 2, sowie: Montú, a.a.O., parte II, Vol. 5, p. 2422

147) La Guerra, Napoli, 15. März 1861, Documenti storici, Num. III., p. 108

148) Konstantinoff, a.a.O., p. 59: „Les Napolitains n'en firent pas usage"; durch die Raketen nach dem Modell Pictet der sardinischen Artillerie wurde bei dieser Belagerung jedoch auch eine schweizerische Batterie sowie eine Abteilung Schweizer Veteranen, die zur Besatzung der Festung unter dem Gouverneur General-Lieutenant Vial gehörten, beschossen (v. Leithner, a.a.O., S. 226)

149) Ein niederländisches Geschwader aus 5 Fregatten und einer Corvette unter Viceadmiral van Capellan hatte in Gibraltar das britische Geschwader unter Lord Exmouth getroffen und sich der Expedition angeschlossen. Das Geschwader bestand aus folgenden Schiffen: Melampus (40), Frederica (40), Diana (40), Amstel (40), Dageraad (30) und Eendraght (18). (R. Perkins / K. J. Douglas-Morris, Gunfire in Barbary, Havant 1982, p. 185) Dabei bat van Capellan die Engländer um Congreve-Raketen und eine Einweisung in den Gebrauch. Die Einweisung erfolgte durch einige britische Offiziere, die abends an Bord einer niederländischen Fregatte gingen und im Anschluß an die Einweisung 32pfündige Brandraketen aus einem der Boote der Fregatte abfeuerten. Ein Einsatz der so überlassenen Raketen durch das niederländische Geschwader gegen Algier scheint jedoch nicht erfolgt zu sein. "The Dutch Admiral wished to have some Congreve rockets, and desired to be shown the method of using them. Accordingly Mr. Gaze, the Master of the Fleet, other officers whose names I do not remember, and myself, went on board one of their frigates after dark, and fired some 32-pounder carcass rockets from one of her boats, then returned to the frigate, where the Captain regaled us in his cabin with hock and Seltzer water." (by an officer serving on board the Queen Charlotte, Some Recollections of the Battle of Algiers, in: USJ, 1836 part III, p. 35); gem.: ARA, Ministerie van Marine, Aanhangsel na. 1813, Inventar 2.12.02, Inv. Nr. 1, Commandant Eskader Middellandse Zee 1816-1817: Journalen en orders van de Vice-Admiraal Van der Capellen, findet sich unter dem 13. August 1816 der Eintrag: „ . . .van een Engelsch Transport 54 Rocquets met 2 Strelen en verdere gereedschappen." Für Dienstag den 27. August folgte dann eine Schilderung der Beschießung von Algier und des Einsatzes der Raketen durch die englische Flotte. Aufgrund dieses Logbuches stellte anschließend die Marine Überlegungen an, selbst Versuche mit den sogenannten „Congrevischen Vuurpijlen" anzustellen (ARA, Ministerie van Marine, Geheim 1813 - 1844, Inventar 2.12.21, Blatt 6, Einträge für 1816), hierzu scheint es aber nicht gekommen zu sein.

150) o.Verf., Kriegsraketen in Niederländisch-Ostindien, in: AOPA, 13. Jahrg. 1849, S. 269, und: J. B. Osten: Iets over de Congrevische Brandpijlen, in: MilSp, August 1849, S. 64

151) Das Vorwort der niederländischen Ausgabe von Hoyers Buch über die Brandraketen ist in dieser Beziehung nicht klar; Stelsel der Oorlogs-Vuurpijlen, naar Congreve, Montgéry en anderen, omgewerkt, nitgebreit en met aanteekeningen verrijkt, door J.G.W. Merkes, Te 's Gravenhage 1829, S. VI: „Onder deze uitbreiding behoort ook het verslag der in Oktober 1819 genomene proeven met de Engelsche brandpijlen in de Waalsdorpsche vlakte bij 's Gravenhage."

152) Alle Angaben zu den Raketenversuchen nach: o. Verf., Overzigt van de hier te Lande genomene Proeven met Oorlogs-Vuurpijlen, in: MilSp, vijfde Deel 1837, S. 113, und: o. Verf., Die Versuche, welche in der Königl. Niederländischen Artillerie über Kriegsraketen angestellt, in: AOPA, 2. Jahrg. 1837, S. 101; die ersten Versuche wurden vom 27. bis 29. August 1816 durchgeführt.

Art der Rakete	Länge der Hülse (in Fuß)	Durchmesser der Hülse (in Fuß)	Länge des Stabes	Gewicht der Rakete mit Gefechtskopf (in Pfund)	Elevation (Grad)	Reichweite in rhein. Ruthen	Seitenabweichung in rhein. Ruthen
die 4 größten	3'- 0"- 2'"-4""	3" - 7'" - 7""	16' - 7"	32 1/2 bis 33 1/2 Pfund	60	109	24 rechts
					45	1006	24 rechts
					50	801	24 rechts
					40	576	69 rechts
die 4 andern	2 - 4 - 6 -8	3 - 7 - 7	19 - 10	28 bis 29 Pfund	50	nicht gefunden, ging sehr weit	
					40	693	30 links
					45	99	21 rechts
					60	612	16 links
die 5 kleineren	2 - 1 - 0 -0	3 - 1 - 7	18 - -	20 bis 21 Pfund	40	535	6 rechts
					45	111	- -
					50	250	11 links
					60	276	7 -
					50	253	7 -

Datum	Wetter	Nr. des Wurfes	Elevation in Grad	Reichweite in Ellen	Abweichung rechts in Ellen	Abweichung links in Ellen	Flugzeit Sekunden	Bemerkung
April 28	bewölkter Himmel, wenig Wind, von links vorne auf die Linie	1	35	1188		210	8	linker Arm der Richtmaschine
	wie zuvor, geringere Windstärke	2		802	81		4 1/2	rechter Arm der Richtmaschine, die Rakete schien sehr schwach zu sein und hat 3 bis 4 mal rikoschiert
	weniger bewölkt, starker Wind	3		655	91		3	linker Arm der Richtmaschine, wie zuvor war der Flug der Rakete sehr träge
	mehr Wind	4	40				konnte nach 16 Sekunden nicht mehr beobachtet werden	rechter Arm der Richtmaschine, Rakete hat wohl große Schußentfernung erreicht mit sehr großer Abweichung rechts der Linie, Rakete wurde nicht gefunden, ist wohl in ein Wäldchen außerhalb niedergegangen
	wie zuvor	5		1746		96	13	linker Arm der Richtmaschine, da die vorherige Rakete weit rechts gegangen war, hatte man es ratsam gefunden, die Richtung links der Linie zu nehmen
	wie zuvor	6		2005		390	18	rechter Arm der Richtmaschine, Rakete fiel in Büsche an der Düne und brannte dort aus
29	gutes Wetter, Wind kommt von hinten links	7	45	250				linker Arm der Richtmaschine, kurz nach dem Abfeuern zerbrach der Stab dieser Rakete
	wie zuvor	8		2001		420	20	rechter Arm der Richtmaschine
	wie zuvor	9		1848		10	17	linker Arm der Richtmaschine, der Stab der Rakete zerbrach kurz nach dem Abfeuern, die Rakete hätte sonst in Anbetracht der Geschwindigkeit eine sehr große Entfernung erreicht.
	wie zuvor	10	50	1982		362	18	rechter Arm der Richtmaschine
	wie zuvor	11		2285		319	20	linker Arm der Richtmaschine
	wie zuvor	12		2300		328	21	rechter Arm der Richtmaschine

Nr. der Rakete	Gewicht leere Hülse niederl. Pfd	Gewicht Hülse mit Treibsatz niederl. Pfd	Gewicht Hülse mit Gefechtskopf	Gewicht Rakete mit Stab	Elevation in Grad	Reichweite in Ellen	Flugzeit	Seitenabweichung in Ellen
1	3,314	12,762	13,308	18,291	50	2449	1 Min 13 sec	keine
2	3,285	12,201	13,027	18,525	15	349	-	-
3	4,077	12,670	15,720	22,277	10	116	-	-
4	4,253	13,022	15,720	21,821	60	2422	1 Min 11 sec	keine
5	2,816	11,849	15,720	21,352	60	2272	1 Min 19 sec	15 links
6			9,738	14,079	50	2034	1 Min 10 sec	226 links

zember wurde ein dritter Versuch auf der Heide bei Naarden durchgeführt, diesmal wurden 15 Raketen verschiedener Art bei Erhöhungen von 25 bis 53 Grad abgefeuert, auch hier zeigten die Raketen wieder völlig unterschiedliche Schußentfernungen und Seitenabweichungen. Damit schienen die Raketen als Waffe weniger empfehlenswert zu sein, zumal auch ihre Handhabung als unbequem beurteilt wurde, andererseits wurden aber auch bereits Verbesserungen angedacht, so die Verwendung eines eisernen Stabes an Stelle des hölzernen sowie eine Verstärkung der Carcasse.
Im April 1820 wurden erneut Versuche mit in Großbritannien beschafften Raketen und Abfeuerungsgestellen auf der Ebene von Waalsdorp durchgeführt; Schwerpunkt der Versuche war die Überprüfung der Genauigkeit, mit der die Raketen die Richtung einhielten;[153] hierzu wurde in nördlicher Richtung eine Strecke von 3.400 Ellen abgesteckt, um sowohl die Dünen zu meiden als auch um sicherzustellen, daß keinerlei Gehöfte im Gefahrenbereich des Schießens lägen. Am 28. und 29. April wurden so unter Leitung der Artilleriekommission 12 Raketen mit unterschiedlicher Elevation abgefeuert.
(Siehe untere Tabelle auf Seite 333)

Die Kommission stellte dann zu den Abweichungen fest, daß diese wohl auch durch die „Wurfmaschinen" verursacht wären, die für den Schiffsdienst konstruiert, an Land jedoch nur schwer zu verwenden wären und daß die Raketen, die ja noch von Algier stammten, wohl durch die lange Zeit viel von ihrer Wirksamkeit verloren hätten. Überdies schienen die Brandraketen unsichere Waffen zu sein, die wegen ihrer Abweichungen nur gegen größere Ziele mit Aussicht auf Erfolg eingesetzt werden könnten, und überhaupt wären die vorhandenen Brandkugeln, die aus Geschützen verschossen werden könnten, genauer und weniger kostspielig.[154]
Die Versuche wurden dann zunächst nicht fortgesetzt.
1821 wurde Abraham Scheidius als Kapitein-Magazinmeister bei der ostindischen Artillerie angestellt und führte eine Beschreibung der Gerätschaften, die zur Herstellung der Raketen in Delft benutzt worden waren, nach Batavia mit. Überdies besaß er auch einige Raketen, die von den Franzosen 1813 in den Magazinen von Vlissingen hinterlassen worden waren. In Batavia erhielt er den Auftrag, in Soerabaya eine Raketenwerkstätte einzurichten und dort einige Raketen für die im selben Jahr geplante Expedition nach Palembang herzustellen. Ehe mit der Fertigung begonnen werden konnte, wurde er jedoch versetzt und Kapitein Osten wurde mit der Fortführung der Arbeiten beauftragt, die jedoch mehr Zeit als geplant in Anspruch nahmen:
„Es verstrich viel Zeit ehe die Werkzeuge fabrizirt waren, da ihre Abmessungen die äußerste Genauigkeit erforderten und man in Indien bei allen neuen Unternehmungen mit der Ungeschicklichkeit der Arbeiter und der Schlechtigkeit der Materialien zu kämpfen hat. Das vorräthige Eisenblech war von so schlechter Beschaffenheit, daß es beim Schlagen der Hülsen platzte und man so oftmals um die Arbeit eines halben Tages kam."[155]
So kamen die fertiggestellten Raketen zu spät nach Palembang, um noch bei dem Angriff am 20. Juli 1821 eingesetzt zu werden.
Erst am 26. Oktober 1822 konnte in Soerabaya in Anwesenheit des Generalgouverneurs Baron van der Capellen ein erster größerer Versuch mit den bis dahin fertiggestellten Raketen durchgeführt werden. Die hierbei verschossenen Raketen nach Congreves Muster besaßen ein Kaliber von 3 duim $8^1/_2$ Linien (gleich 0,096 Ellen), die mitgeführten französischen eines von 0,081 Ellen. Die Hülsen der in Soerabaya hergestellten Raketen waren aus Mangel an Eisenblech aus Kupferblech gefertigt. Die Rakete Nr. 6 trug im Gefechtskopf einen Brandsatz, die Gefechtsköpfe der Raketen 3 bis 5 war nur mit Sand und die der Nummern 1 und 2 mit Werg gefüllt. Es wehte ein leichter Ostwind, das Ziel befand sich südwestlich der Stellung. Der Verschuß von 6 Raketen, davon einer französischen (der nachstehenden Nummer 6), führte zu nachstehenden Ergebnissen:
(Siehe Tabelle oben)

„Die Hülse der Rakete Nr. 5 war aus Eisenblech, da sie aber während des Schlagens geplatzt war, hatte man den Bruch mit Eisenblech bedeckt und die Rakete fest umwickelt. Die Raketen Nr. 2 und 3 wurden auf Vorschlag eines Adjutanten, der in Calabrien englische Raketen hatte rikoschieren sehen, mit geringer Elevation abgefeuert; da das Terrain zu uneben war, bohrten sich jedoch diese Raketen in den Erdboden ein."[156]

1824 erhielt Kapitain Osten den Befehl, Raketen für die Ausrüstung einer Expedition nach Boni auf Celebes anzufertigen, diese wurden am

---

153) Merkes, a.a.O., S. 37: „In de maand April 1820, heeft men oock . . . eenige weinige proeven genomen, ten einde te onderzoeken of men, met de Engelsche bocken, de brandpijlen naauwkeurig werpt. Hiertoe waren de pijlen en rigttuigen in Engeland vervaardigt." Es handelte sich dabei um Abfeuerungsgestelle und Raketen der Royal Navy, die bei der Expedition Lord Exmouths gegen Algier nicht eingesetzt worden waren.

154) Merkes, a.a.O., S. 41: „ . . . Dat de pijlen, waarmede de proeven zijn genomen, eenige jaren te voren geslagen, aan boord van het Middellandsche zee-eskader, bij den aanval op Algiers zijn geweest, en ongetwijfeld veel van hunne waarde verloren hadden, hetwelk almede tot den onregelmatigen loop heeft kunnen bijdragen . . . Buitendien schijnen de brandpijlen onzekere werptuigen, welke met goed gevolg niet dan tegen groote punten zijn te gebruiken, en hoezeer met de grootste zorg gemaakt en bewaard, nogtans aan groote afwijkingen, door van buiten komende oorzaken, blijven blootgesteld . . . doch met dat al vermeent de kommissie, dat, over het algemeen, de holle brandkogels, welke men, onder groote hoeken, uit het kanon op zeer verre afstanden kan schieten, den voorrang verdienen, zoowel om de naauwkeurigheid van hunne direktie, als mindere kostbaarheid."

155) o. Verf., Kriegsraketen in Niederländisch-Ostindien, a.a.O., S. 270, und: J. B. Osten, a.a.O., p. 66: „Veel tijd verliep er, voor de gereedschappen ter beschikking waren, om reden hunne afmetingen eene grote naauwkeurigheid vorderen, en men in Indiën, iets nieuws willende oderrnemen, dikwijls, nu eens met de onkunde der werklieden, dan weder met het gebrek aan goede en voor het doel geschikte materialen te kampen heft! Het zal dus niemand die met de Indiën bekend is, verwonderen, dat die arbeid slechts langzaam kon voortgaan, en toen die gereedschappen eindelijt gebruikt zouden worden, en men met het vullen en het slaan der sas begon, nog veel werd gevonden, dat veranderd of verbeterd moest worden. Ook was het voorhanden plaatijser, waarvan de hulzen moesten worden gemaakt, van slechte hoedanigheid, zoodat het dikwijls bleek, dat, als zij met sas volgeslagen, uit den vorm werden genomen, de hals onder het slaan gescheurd, en dus de arbeid van een halven dag verloren was."

156) o. Verf., Kriegsraketen in Niederländisch-Ostindien, a.a.O., S. 271, und: J. B. Osten, a.a.O., p. 67

31. Dezember 1824 in Gegenwart des Oberbefehlshabers, General van Geen, in Soerabaya erprobt. Zwei Arten von Raketen waren hergestellt worden, eine mit Brandsatz, die andere mit einer 24pfündigen Granate als Gefechtskopf. Die Ergebnisse, die leider nicht vorliegen, scheinen so günstig ausgefallen zu sein, daß der General voll einverstanden war, mit diesen Raketen seine Truppe auszurüsten, zumal aufgrund des Geländes das Mitführen von Geschützen mit einem Kaliber größer als 3pfündig nicht möglich war. Zum Verschuß dienten Dreibeine. Bei dem folgenden Feldzug 1825 war der erste Einsatz der Raketen kein Erfolg, sie wurden auf einen Verhau abgefeuert, um diesen in Brand zu setzen, verfehlten aber das Ziel:[157)]

„Van onze zijde zoude een detachement vrijwilligers gelijktijdig eene poging aanwenden, om de vijanddelijke bentings en verhakkinkingen in brand te teken. De Congrevische brandpijlen, welke door de Eurydice waren aangebragt, zouden mede dartoe dienen. De manoeuvre werd med zeer veel ensemble uitgevoerd; ook de waterputten werden bemagtigd, doch de pijlen voldeden niet aan het oogmerk."

Ein zweiter Einsatz der Raketen, diesmal gegen die Kavallerie der Eingeborenen war erfolgreicher und führte, vor allem durch die moralische Wirkung der Raketen, zur Flucht des Feindes.[158)]

Ein letztes Mal wurden die Raketen beim Vormarsch auf Mangarabombang am 15. März 1825 eingesetzt:

„... nam de artillerie de negorij met granaten en congrevische pijlen onder vuur, hetgeen groote onsteltenis onder de vijandelijke benden teweeg bracht. Daarvan maakte de compagnie VAN STIRUM gebruik om met den stormmarsch op Mangarabombang aan te rukken."[159)]

In den Niederlanden selbst kam es erst 1827 zu einem erneutem Anlauf. Die Bemühungen mehrerer Staaten, Raketen einzuführen, veranlaßten den Kapitein Dirk de Boer, sich in Amersfoort mit Raketen zu beschäftigen. Aufgrund der vorangegangenen Erfahrungen mit der Ungenauigkeit der Stabraketen beschäftigte er sich mit dem Konstruktionsprinzip des Franzosen Vaillant, der eine Rakete mit Deltaflügeln zur Stabilisierung entwickelt hatte.[160)] De Boer konstruierte nach diesem Muster zunächst Raketen mit Papierhülsen und Kalibern von 0,043, 0,033 und 0,023 niederländischen Ellen, die über den Dorn geschlagen wurden. Ihr Schwerpunkt lag 5 Kaliber vor dem Mundloch, die 3 trapezartig geformten Flügel waren ebenfalls von starkem Papier und an die Hülse geleimt mit der breitesten Seite am Mundloch; da die Flügel über dieses hinaus reichten, waren sie am Mundloch ausgeschnitten, um nicht beim Abfeuern in Brand zu geraten.

Abgefeuert wurden sie von einem vierbeinigen Stativ, an dem eine hölzerne, mit Blech ausgelegte Halterung für die Rakete drehbar befestigt war. Die ersten Versuche scheinen aussichtsreich verlaufen zu sein, denn Folgemodelle wurden mit Hülsen und Flügeln aus Blech gefertigt, diese verbesserten Raketen besaßen ein Kaliber von 0,08 Ellen, die Hülsen waren 0,48 Ellen lang, der Gefechtskopf 0,24 Ellen, wovon 0,03 Ellen in die Hülse eingeschoben waren. Über das hintere Ende der Hülse wurde eine weitere, hohle Hülse von 0,28 Ellen Länge 0,08 Ellen weit aufgeschoben, auf der die Flügel befestigt wurden. Die nunmehr ebenfalls eisernen Flügel standen senkrecht auf dieser zweiten Hülse, gingen durch sie hindurch und stießen in der Achse der Rakete zusammen. Der Treibsatz wurde mit einer Ramme eingefüllt. Dazu wurden die Hülsen zunächst mit doppeltem Papier ausgeklebt, unten eine Schicht Ton befestigt und dann der Treibsatz in Portionen von 0,02 Pfund mit jeweils 50 Schlägen eingefüllt. 0,06 Ellen über dem Dorn wurde wiederum eine Tonschicht aufgetragen, auf die der Schlußring gesetzt wurde, der mit der genieteten Hülse verschraubt wurde. Der Treibsatz bestand zunächst aus 7 Teilen Salpeter, 1 Teil Schwefel und 3 Teilen Kohle, erwies sich aber bei den ersten Versuchen als zu schwach, zudem lag der Schwerpunkt der Rakete zu weit vorne. Nach einer entsprechenden Änderung erzielte man bei 30 Grad Elevation eine mittlere Reichweite von 1.562 Ellen, nach Verstärkung der Wirkung des Treibsatzes durch Erhöhung des Mehlpulver-Anteils eine Entfernung von 2.083 Ellen, jedoch betrug die Seitenabweichung bis zu 13 Grad. Bei Erhöhungen unter 20 Grad wurde kein Rikoschieren mehr festgestellt. Da nach wie vor der Schwerpunkt der Rakete Probleme machte, verzichtete man auf eiserne Carcassen, die zu schwer zu sein schienen und nutzte Granaten als Gefechtskopf. Beabsichtigt war der Einsatz dieser Raketen zur Küstenverteidigung und für Belagerungen.[161)]

Bis 1829 wurden die Raketen erneut verbessert, dabei wurden nur noch Granaten als Gefechtskopf verwendet. Vier alternative Muster wurden für die Versuche hergestellt, das ursprüngliche Modell mit Flügeln nach Innen und Außen, ein Modell, bei dem die Flügel nur nach Innen gerichtet waren, eine um 0,12 Ellen verkürzte Rakete, wiederum mit Flügeln nach Innen und Außen sowie ein ebenso verkürztes Modell mit den Flügeln nur nach Innen. Zu den Maßen (jeweils gemittelt) liegen nachstehende Angaben vor:

Modell Nr.	Gewicht der leeren Hülse in Pfund	Gewicht des Treibsatzes in Pfund	Gewicht der fertigen Rakete in Pfund	Länge der Rakete in Ellen	Schwerpunktlage vor der Mitte in Ellen
1	2,16	2,74	9,76	0,823	0,044
2	2,06	2,78	9,40	0,824	0,058
3	1,54	1,93	7,94	0,606	0,030
4	1,50	1,87	7,43	0,667	0,043

Die ersten beiden Modelle wurden mit 5 - 15 Grad, das dritte mit 2 - 10 Grad und das letzte mit 0 - 5 Grad Elevation abgefeuert. Die Raketen ohne Außenflügel erwiesen sich als sehr unsicher, überdies stellte man bei allen Raketen fest, daß die Reichweiten sehr unterschiedlich waren, dies hoffte man aber durch verbesserte Herstellungsmethoden beseitigen zu können. Die geringste Seitenabweichung ergab sich bei Raketen mit verstärkten Außenflügeln. Man beschloß auch, diese Raketen beim Abfeuern auf dem Gestell fest zu klemmen, damit sich so die Anfangsgeschwindigkeit erhöhte und damit die Seitenabweichung verringerte. Zudem wollte man noch untersuchen, ob es vorteilhaft wäre, den Treibsatz zum Pressen anzufeuchten.

1830 fanden bei Waalsdorp erneute Versuche statt. Diesmal waren Raketen mit einem Kaliber von 0,065 und 0,08 Ellen Kaliber hergestellt worden. Die Länge der Bohrung betrug $3^1/_2$ Kaliber, die Stärke der Zehrung 1 Kaliber. Außerdem waren noch Raketen mit einem Kaliber von 0,115 und 0,13 Ellen verfertigt worden. Der Treibsatz war nunmehr aus 65 % Salpeter, 10 % Schwefel und 25 % Kohle zusammengesetzt, bei einzelnen Raketen war zudem noch etwas Knallquecksil-

157) J. C. van Rijneveld, Celebes, of veldtogt der Nederlanders op het Eiland Celebes in de Jaren 1824 en 1825, Breda 1840, S. 112

158) ibidem, S. 234: „De groote menigte goed gewapende Bonieren ontwaar wordende, gelaste de Opperbevelshebber om de bokken te stellen en eenige Congrevische pijlen tusschen hunne talrijke kavallerie te werpen. Het verdoovend gedruisch van dir oorlogswapen was voor den vijand even nieuw als schrikinboezemend. Vele wierpen zich op de knieen en zagen angstig de vur- en rookzuil over hunne hoofden begaan, de baan teekende dien de pijlen doorliepen. Van deze ontzeting gebruik makende, beval de generaal de tirailleurs zich uit te spreiden, op alle punten den stormmarsch te doen slaan en voorwarts te rukken. Deze stoute beweging, door de evenvermelde gunstige omstandigheit ondersteund, had het gelukkige gevolg, dat de vijand, ongeveer 5 à 6.000 in getal, na eene flaauwhartige verdediging, al de door hem bezette versterkte punten ontweek, en naar de vlakte, aan den voet van het verder gelegene gebergte, terugtrok."

159) G. Nijpels, Onze Strijd in Zuid-West-Selebes tot 1838 en de daaruit te putten lessen, Batavia 1902, S. 68

160) Zu Vaillant siehe auch Abschnitt „Frankreich" und in diesem Abschnitt „Königreich Schweden"

161) o. Verf., Overzigt ..., a.a.O., und: o. Verf., Die Versuche, welche in der Königl. Niederländischen Artillerie über Kriegsraketen angestellt, a.a.O., S. 103; auch: Kuijck, Handleidning tot de kennis der Artillerie, Breda 1850, wies kurz auf diesen Raketentyp hin: „Later heeft men hier ook meer dan eens pijlen met vleugels besproeld."

ber (Mercure de Howard) hinzugefügt worden. Diese Raketen wogen (Gewicht jeweils aus 6 Raketen gemittelt):

Kaliber in Ellen	Gewicht der Hülse in Pfund	Gewicht der Granate in Pfund	Gesamtgewicht der Rakete in Pfund	Länge der Rakete in Ellen
0,13	6,56	8,06	38,65	1,115
0,115	5,16	4,70	24,96	
0,08 (groß)	1,66	1,40	8,43	
0,08 (klein)	1,54	1,48	8,02	
0,065	0,82	1,04	4,95	

Auch diese Raketen zeigten noch eine erhebliche Seitenabweichung, der Zusatz von Knallquecksilber führte sogar dazu, daß diese Raketen beim Abfeuern oder kurz danach detonierten.[162] Man faßte nun den Entschluß, die Entwicklung der Flügelraketen abzubrechen und das englische System, also Achsenstab-Raketen, zu versuchen.
1830 führte der Geschäftsführer der englischen Raketenfabrik zu Bow, James Anderson,[163] auf Anforderung die Congreveschen Raketen mit Achsenstab vor; auch hier wurden große Unterschiede in der Reichweite und Seitenabweichungen bei Seitenwind von bis zu 14 Grad festgestellt, während die vom Boden abgefeuerten Raketen gute Resultate zeigten.[164]

In diesem Jahr erfolgte auch möglicherweise der erste und einzige Raketeneinsatz durch die niederländische Armee. Nach dem Ausbruch der belgischen Revolution am 26. August war ein erster Versuch Anfang September, den Aufstand niederzuwerfen, fehlgeschlagen. Nachdem Prinz Friedrich in Antwerpen Truppen gesammelt hatte, griff er am 22. September Brüssel an und konnte auch die obere Stadt und das Schloß besetzen, es gelang ihm jedoch nicht die stark verteidigte Unterstadt zu erobern; im Gegenteil, bis zum 24. September wurden seine Truppen immer weiter zurückgedrängt, so daß er sich dazu entschloß, die Stadt durch eine Beschießung zur Übergabe zu zwingen:
„Ziemlich unnütz versucht der Prinz durch eine heftige Beschießung der Stadt aus 12 Geschützen, wobei kongrevesche Raketen mehrere Feuersbrünste erzeugen, einen Eindruck auf die Haltung der Insurgenten hervorzubringen. Es war zu spät . . ."[165]
In der Nacht zum 27. September begann der Prinz mit dem Rückzug seiner Truppen, so daß am 5. Oktober die provisorische Regierung des neuen belgischen Staates die Unabhängigkeit proklamieren konnte.

Für Versuche 1831 wurden Achsenstabraketen mit einem Kaliber von 0,085 und 0,065 Ellen Kaliber verfertigt. Es zeigte sich, daß die Seitenabweichung erheblich geringer als früher war, die vom Boden abgefeuerten Raketen hielten ihre Richtung sogar genau bis auf etwa 600 Schritt Schußentfernung, aber auch die Seitenabweichung beim Abfeuern vom Gestell mit 15 Grad Elevation war deutlich verringert. Als Reichweiten wurden erzielt:[166]

Kaliber in Ellen	Reichweite bei Abschuß vom Boden in Ellen minimal - maximal	Reichweite bei Abschuß vom Gestell mit 15° Elevation in Ellen minimal - maximal
0,065	565 - 821	705 - 1180
0,085	630 - 850	729 - 936

Die nunmehr erzielten Resultate führten dazu, daß eine größere Anzahl dieser Raketen gefertigt wurden. Ihr Treibsatz war aus 63 Teilen Salpeter, 10 Teilen Schwefel und 27 Teilen sehr fein gemahlener Kohle zusammengesetzt, sie besaßen folgende Maße:

Kaliber in Ellen	Länge der Hülse in Ellen	Länge der Rakete mit Stab in Ellen	Gewicht der geladenen Hülse in Pfund	Gewicht des Treibsatzes in Pfund
0,084	0,638	3,494	8,00	3,18
0,065	0,494	2,704	3,84	1,58

Für ein Versuchsschießen wurde auf 600 Schritt eine Scheibe aufgestellt, die 56 Ellen breit und 2,7 Ellen hoch war; das Gelände war jedoch nicht eben und vor der Scheibe befanden sich einige höhere Stellen, an die die Raketen stießen, wobei die Stäbe zerbrachen und die Raketen ihre Richtung verloren. Die besten Ergebnisse wurden erzielt, wenn die Raketen vom Boden abgeschossen wurden, dies galt besonders für die kleineren, die für 400 bis 500 Schritt dem Gelände folgten und erst dann in die Höhe gingen, wobei sie häufig die Stäbe verloren und nur insgesamt Reichweiten von 800 Schritt erreichten, während die größeren etwa 200 Schritt vom Abfeuerungspunkt in die Höhe gingen und eine bogenförmige Flugbahn einnahmen, die zu Schußentfernungen zwischen 960 und 2.200 Schritt führte. Mit 15 Grad Elevation abgefeuert, zeigten alle Raketen stark unterschiedliche Reichweiten. Man glaubte daher den Schluß ziehen zu müssen, daß die Raketen nur zur Verteidigung eingesetzt werden könnten, wobei das

162) o. Verf., Die Versuche . . ., a.a.O., S. 106, und: o. Verf., Overzigt . . ., a.a.O., S. 118, Es ergaben sich aus den Versuchen als Folgerungen:
„1. Dat deze projectielen steeds zeer onregelmatige schootsverheden opleveren.
2. Dat door de betere bereiding der sassen en het zamenpersen derzelve, wel de vervoerbaarheid der pijlen bevorderd is, doch geenzinz de regelmatigheid der baan daardoor is toegenomen.
3. Dat het toevoegen van het slag-kruid wel de mogelijkheid van ongelukken vermeerdert, doch geenzins de pijlen in deugt en doulmatigheid heeft doen toenemen, en
4. Dat de nadeelen, of liever de bezwaren der pijlen, geenzins door het vergrooten van het kaliber zijn afgenomen."

163) Morawietz, Die Rakete als Waffe, in ZfH, 1973, S. 20

164) o. Verf., Overzigt . . ., a.a.O., S. 118, und: o. Verf., Die Versuche . . . , a.a.O., S. 106; es waren hierzu sechs 32pfündige, vier 24pfündige, sechs 12pfündige, vier 6pfündige und vier 3pfündige Raketen vorhanden, vom 24. bis 26 März 1830 wurden 19 Raketen abgefeuert. Der Versuch war von Mr. J. Anderson angeboten worden, um das „Geheimnis" der Herstellung der englischen Raketen zu verkaufen, aufgrund der wenig befriedigenden Ergebnisse war man aber nicht bereit, die hierfür geforderte Summe zu bezahlen.

165) o. Verf., Der Straßenkampf mit Barrikaden, Berlin 1849, S. 21; in: A. Bürkli, Der Abfall Belgiens von Holland, in: LXXXIII. Neujahrsblatt der Feuerwerker-Gesellschaft in Zürich, Zürich 1888, ist der Raketeneinsatz nicht erwähnt. Die Operationen der Armee Prinz Friedrichs sind auch ausführlich, einschließlich der Zusammensetzung der Armee, beschrieben in: I. L. Uijterschout, Beknopt Overzicht van de belangrijkste Gebeurtenissen uit de Nederlandsche Krijgsgeschiedenis, o. O., 1937, Blz. 317 ff, allerdings fehlte auch hier jeder Hinweis auf die Raketen. Vgl. hierzu: J. W. Rooney, The Brussels Street Fighter, 1830, in: Consortium of Revolutionary Europe, Tallahassee, Fa., 1978, Vol. VII, p. 87, nach Rooney gingen die Vollmachten des Prinzen soweit, daß er - wenn erforderlich - die Stadt hätte niederbrennen dürfen. Nach: Dr. Meyer, Vorträge über die Artillerie-Technik nach dem heutigen Stand der Wissenschaft, Theil I, Vorträge über die Kriegs-Feuerwerkerei, Berlin 1833, S. 481, waren die Raketen aus englischer Produktion. In der „Allgemeinen Zeitung" (Augsburg, No. 276, 3. Okt) hieß es: „Haag, 26. Sept . . . Nachschrift. So eben trift hier ein Kourier beim Kriegsministerium ein. Gestern Abend um 8 Uhr wurden zu Brüssel noch immer Brandraketen in die untere Stadt geschleudert, sie stand auf allen Seiten in Flammen." Und in Nummer 277 derselben Zeitung (4. Okt.) wurde gemeldet (Berichte aus den Lütticher Zeitungen vom 28. Sept.): „Am 24 wurden die Truppen noch aus mehrern Stellungen verdrängt, so daß ihnen nur das Innere des Parks blieb, wo sie sich mit 12 Kanonen vertheidigten. Sie schossen nun mit Congreveschen Raketen auf die Stadt, und es brach in drei Gegenden Feuer aus. Damit der Brand nicht gelöscht werden könnte, schossen sie auf eines der brennenden Häuser mit Kartätschen.". Wie dem Verfasser mit Schreiben vom 02.12.1999 durch das Algemeen Rijksarchief, Den Haag, mitgeteilt wurde, waren zum Raketeneinsatz in den einschlägigen Akten keine Unterlagen zu finden. Anscheinend hat auch Prinz Friedrich hierzu einen Artikel als Dementi verfassen lassen, wobei unbekannt ist, ob dieser Artikel veröffentlicht wurde (C. Gerretson, Muiterij en scheuring 1830, tweede deel, Leiden 1936, S. 330 ff.): „Vous faites grand bruit de fusées à la congrève qui auraient été lancées dans vos murs . . . C'est avec la même conviction cependant que nous attestons qu'aucune congrève n'existait parmi les munitions d l'armée . . . Non, l'armée n'avait pas de congrèves, elle n'en fait pas usage. C'est vous qui avez incendié partout dans Bruxelles . . ."

166) o. Verf., Overzigt . . ., a.a.O., S. 118

Kaliber in Ellen	Anzahl	Gefechtskopf	Länge Stab (in Ellen) früher	Länge Stab (in Ellen) 1832	Länge der Hülse (in Ellen)	Gewicht mit Gefechtskopf (Pfund)	Gewicht Treibsatz in Pfund	Gewicht Brandsatz in Pfund
0,13	4	2 mit ungeladenen Granaten	4,42	2,60	0,75	20,09	8,2	
0,115	4	2 mit gegossenen Brandbüchsen	3,91	2,30	0,685	16,39	5,5	1,4
0,085	18	mit gefüllten Granaten	2,89	2,10	0,625	8,09	3,2	
	7	mit gefüllten Brandbüchsen			0,65			0,45
0,065	34	2 mit ungeladenen, 32 mit geladenen Granaten	2,21	1,60	0,50	4,16	1,6	

Abfeuern vom Boden am zweckmäßigsten wäre, auch müsse man der geringen Treffwahrscheinlichkeit wegen viele Raketen auf einmal abfeuern, was aber erhebliche Vorbereitungszeit erfordern würde. Auch glaubte man, daß die Herstellung mit einer größeren Genauigkeit als bei anderen Waffen erfolgen müsse und hielt dies für nicht durchführbar. Da aber zudem von den 20 abgefeuerten Raketen 3 explodiert waren, sah man von einer Einführung ab, damit nicht vorzeitig das Vertrauen in diese Waffe verloren ginge.[167]
Die Versuche aber wurden fortgesetzt, dabei wurden zunächst Abfeuerungsgestelle auf der Basis britischer Modelle konstruiert, aus denen mehrere Raketen gleichzeitig abgefeuert werden konnten; die englische Lafette wurde hierzu mit den niederländischen Rädern versehen, auf ihr befestigte man in einer Reihe 8 Röhren für Raketen von 0,065 und an der Seite zwei Röhren für Raketen mit 0,085 Ellen Kaliber auf einem eisernen, in der Höhe für das Einstellen der Elevation schwenkbaren Bogen an. An jeder Röhre war eine Klemme für den Stab befestigt, damit die Raketen erst abgehen konnten, wenn ein ausreichender Gasdruck aufgebaut war. Die Stäbe der sehr sorgfältig aus Lütticher Blech angefertigten Raketen wurden verkürzt, aber schwerer als bisher angefertigt. Für Versuche[168] im Jahre 1832 wurden unter der Verantwortung des inzwischen zum Luitenant-kolonel beförderten de Boer angefertigt:
(Siehe Tabelle oben)

Der Treibsatz der beiden größeren Raketen war aus 62,5 % Salpeter, 10 % Schwefel und 27,5 % Kohle, jener der beiden kleineren aus 68,11 % Salpeter, 10,2 % Schwefel und 21,69 % Kohle verfertigt. Nach Durchführung von Fahrversuchen, auch auf schlechten Wegen, bei denen die Protze mit 30 Raketen vom Kaliber 0,065 mit Stab und 20 vom Kaliber 0,085 ohne Stab beladen war, stellte man fest, daß die Vorderräder zu stark belastet waren, so daß man die Anzahl der Raketen vom Kaliber 0,085 auf 12 verringern mußte. Anschließend wurden Raketen über den Wasserspiegel abgeschossen, diese rikoschierten 5 bis 7 mal, so daß man sich hiervon eine gute Wirkung gegen Schiffe versprach. Beim nächsten Versuch wurde im Dezember bei günstigem Wetter auf Scheiben geschossen, die ersten standen auf 400 und 600 Schritt und bestanden aus Leinen, eine weitere war auf 800 Schritt mit einem Netz von 56 Ellen Länge aufgestellt, die Raketen wurden sowohl vom Boden als auch von der Lafette abgefeuert. Sechs von 25 Raketen des Kaliber 0,085 zersprangen sehr nahe vom Abfeuerungsplatz, dies wurde auf einen zu starken Treibsatz und zu schlechtes Blech der Hülsen zurückgeführt. Eine Rakete drang in einer Entfernung von 900 Schritt 1,7 Ellen in den Boden und bewies damit eine stärkere Perkussionskraft als die einer 6pfündigen Kugel.
Daten zur Treffwahrscheinlichkeit können der folgenden Tabelle entnommen werden:[169]
(Siehe Tabelle auf Seite 338)

Zusätzlich wurde mit beiden Kalibern auf 150 Schritt auf eine Scheibe geschossen, die aus zwei hintereinander stehenden Wänden aus Bohlen bestand, deren Zwischenraum mit festgestampfter Erde ausgefüllt war, die Raketen durchschlugen diese Scheibe und flogen noch 550 Schritt weiter, dies erschien um so bemerkenswerter, als die Raketen auf diese Entfernung noch nicht ihre volle Geschwindigkeit erreicht haben konnten.[170]
Bei Waalsdorp wurde auch die Zündfähigkeit des Brandsatzes erprobt und für ausreichend befunden. Die Treffähigkeit und die erreichten Entfernungen wurden von der Kommission aber nach wie vor als zu unregelmäßig beurteilt, sie wies jedoch daraufhin, daß man den Nutzen der Raketen nicht allein aus diesen Resultaten beurteilen dürfe, da die Raketen dem Feind auch auf andere Weise Schaden zufügen könnten. Die Versuche durch die Artillerie scheinen danach aber nicht weiter fortgeführt worden zu sein. Aufgrund der Erfahrungen aus den Versuchen kam es daher nicht zu einer Einführung der Raketen in die Artillerie. Jakobi stellte später fest:
„Zwar haben in der niederländischen Artillerie auch ausgedehnte Versuche mit Kriegsraketen stattgefunden, doch sind die Resultate dieser Versuche nicht von der Art gewesen, daß man sich dadurch veranlaßt gesehen hätte, dieselben in den Kriegsgebrauch einzuführen."[171]
Die Nachteile und Vorteile dieser Waffe wurden auf der Militair-Akademie wie folgt dargestellt:
„De onregelmatigkeid van de baan dezer pijlen, vermindert de uitwerking, welke men anders daarvan zou mogen verwachten, in eene zeer groote mate; lang gelegen hebbende, zijn zij daarbij zeer blootgesteld aan het uiteenspringen, zoodat men dezelve, voor het gebruik, beneden het gewone veldgeschut acht. Het eenige hen niet te betwisten

167) ibidem, beschlossen wurde:
„Dat het gebruik der pijlen met een offensiev oogmerk niet aan te raden is, doch dat, verdedigenderwijze, van dezelve in sommige gevallen eene gunstige uitwerking mag verwacht worden, alzoo: 1. dat deze pijlen, om doeltreffend te werken, van den grond moeten worden afgestoken, doch dat tevens daartoe een meer gunstig en ander terrein vereischt wordt dan men gewoonlijk antreft, en zelfs uit een ander oogmerk verkieslijk acht. 2. dat, wegens de geringe kans van treffen, verscheidene pijlen gelijktijdig moeten afgeschoten worden, waardoor eenen geruimen tijd tot het in gereedheit brengen derzelve wordt vereischt. 3. Dat de pijlen wegens hunne ongelijke eerste aanslagen, als zij onder elevatie-hoeken met kokers geschoten worden, niet zoo zeer geschikt zijn eenen vijand van achter schade toe te brengen dan de veldhouwitser. 4. Dat de rigting en de kracht van den wind, op den pijl eenen veel grooteren invloed uitoefent dan op elk ander geschoten projectiel. 5. Dat de vervaardiging der pijln eenen hoogere graad van nauwkeurigheid vereischt, dan men vooronderstellen kan te kunnen plaats vinden. [siehe in Großbritannien die Forderungen Capt. Boxers !] Van de 20 beproefde pijlen waren 3 gesprongen, én dergelijk voorval ware genoegzaam om het vertrouwen op dit wapen te benemen; en 6. dat de kosten en het bezwaar in geen evenredigheid met het te verkrijgene nut staan."

168) o. Verf., Overzigt . . . , a.a.O., S. 121: Die Kommission wollte folgende Untersuchungen durchführen:
„I. Of de pijl-affuit met den voorwagen voor derzelver bestemming doelmatig ingerigt en sterk genoeg waren. II. Of de pijlen tegen het vervoer waren bestand. III. Welk brandstichend vermogen de pijlen bezaten. IV. Welk indringend vermogen; en V. De waarschijnlijkheid van treffen en andere bijzonderheden dezer projectielen, in verschillende omstandigheden, alsmede derzelver bestandzijm tegen de vochtigheid."

169) ibidem, und: o. Verf., die Versuche . . . , a.a.O., S. 109 ff

170) J. Schmoelzl, Nieuwere Wapenleer. Handleiding tot de kennis en beoefening der vuurwapenen van de tegenwoordigen Tidj; nar de tweede, vermeerderde en geheel omgewerkte Uitgaaf uit het hoogdutisch vertaald door A. G. Kempers, 's Hage 1859, S. 173

171) G. A. Jacobi, Beschreibung des gegenwärtigen Zustandes der Europäischen Feld-Artillerien, Zweites Heft, Beschreibung des Materials und der Ausrüstung der Niederländischen Feld-Artillerie, Mainz 1836

Anzahl Rak.	Kal.	abgefeuert	Entf. 1. Aufschlag	Reichweite (Schritt) bis zum Liegenbleiben	Seitenabweichung 1. Aufschlag (in Ellen)	Seitenabweichung bei Liegenbleiben (in Ellen)	Treffer Scheibe 400 Schritt	Treffer Scheibe 600 Schritt	Treffer Scheibe 800 Schritt
4	0,065	einzeln vom Boden	183-384	460-1140	8 rechts bis 12 links	120 rechts bis 25 links	1	-	-
4	dto	jeweils 2 v. Lafette mit 10 Grad	270-447	600-1420	0 rechts bis 7½ links	47 rechts bis 3 links	2	1	-
4	dto	dto	176-276	557-1268	7½ rechts bis 3 links	53 rechts bis 105 links	-	-	-
4	dto	dto. 13 Grad	eine 354	701-1753	3 rechts bis 0 links	40 rechts bis 28½ links	1	1	-
8	dto	dto	179-363	610-1530	3 rechts bis 17 links	20 rechts bis 77 links	4	5	-
1	0,085	dto	dto	dto	dto	dto			
8	0,065	dto	220-368	859-1365	0 rechts bis 11 links	87 rechts bis 68 links	3	2	-
2	0,085	dto	dto	dto	dto	dto			
9	dto	einzeln vom Boden	119-420	821-1180	6½ rechts bis 9 links	124½ rechts bis 55 links	5	3	1
2	dto	einzeln von Lafette mit 15 Grad	147-199	1056-1327	55 rechts bis 35 links	675 rechts bis 415 links	-	-	-
Gesamt 46							16	12	2

voordeel is, dat zij zeer snel geworpen, en somtijds gebezigd kunnen worden op punten, welke voor de opstelling der artillerie ongeschikt zouden zijn.“[172]

1844 versuchte auch William Hale seine Rotationsrakete an die Niederlande zu verkaufen, man zeigte sich aber nicht mehr an Raketen interessiert.[173]

Im Folgejahr gelang es dem „falschen Dauphin" Karl Wilhelm Naundorff die Niederlande an seinen Raketen zu interessieren, ein wohl erfolgreicher Versuch erfolgte am 13. April 1845 und der niederländische Kriegsminister zeigte sich bereit, die Pläne für diese Raketen für 30.000 Gulden anzukaufen. Dies scheint aber die letzte ernsthafte Gelegenheit gewesen sein, eine Raketenwaffe aufzubauen, sie wurde dann doch nicht genutzt, weil Naundorff bereits einen Monat später starb.[174]

Die niederländische Marine scheint sich im wesentlichen nur theoretisch mit Raketen beschäftigt zu haben, in den Hand- und Lehrbüchern für die Marineartillerie sind mehrfach Kriegsraketen, ihre Anfertigung und ihr Gebrauch beschrieben, aber immer mit dem Hinweis, daß sie in der niederländischen Marine nicht angewendet würden.[175]

Wahrscheinlich zum letzten Male wurden 1856 / 1857 in den Niederlanden, diesmal von der Marine, Raketen verschossen. Im Winter-Ausbildungskurs für Matrosenartilleristen in Nieuwe Diep erfolgte eine Einweisung in die Handhabung der Congrev'schen Raketen durch den Kommandanten des Schul-Kanonenbootes Nr. 36, Luitenant ter Zee 1ste klasse G. Gobius.[176] Im folgenden Sommerkurs wurden dann einige dieser Raketen, die noch für das Bombardement von Algier 1816 bestimmt gewesen waren und seitdem im Magazin des Fort Admiraal Dirks eingelagert gewesen waren, zur Belehrung verschossen.[177] Es zeigte sich, daß der Treibsatz aufgrund der überlangen Lagerung erheblich an Wirkung verloren hatte. Es handelte sich um Brandraketen der Kaliber 0,09 bis 0,06 Ellen. Gobius ließ anschließend sowohl den Brandsatz als auch den Treibsatz durch den 1. Apotheker des Marinehospitals, de Winter, analysieren. Dabei wurde festgestellt, daß wohl aufgrund eines Herstellungsfehlers der Treibsatz einer Rakete unterschiedlich zusammen gesetzt war.[178] Angaben zu den Ergebnissen des Schießens teilte Gobius leider nicht mit. Zum Abschluß seines Berichtes stellte er noch fest, daß Raketen für Schaluppen eine sehr nützliche Waffe bei Truppenlandungen wären, dies gelte insbesondere auch wegen der moralischen Wirkung auf Eingeborene. Er schlug daher vor, die Kriegsschiffe, die nach Ost-Indien bestimmt wären, damit auszurüsten.[179]

Auch wenn es bei Konstantinov heißt, er wisse aus sicherer Quelle, daß 1859 eine Raketenfabrik in den Niederlanden errichtet werden solle, um Raketen für die Verteidigung des Mutterlandes und den Einsatz in den Kolonien herzustellen,[180] ist doch niemals der Entschluß gefallen, Raketen endgültig für die Artillerie einzuführen. Bei dieser Raketenfabrik handelte es sich um ein pyrotechnisches Laboratorium, das am alten Arsenal zu Delft errichtet wurde, in dem vor allem Leuchtraketen hergestellt wurden, möglicherweise jedoch auch Kriegsraketen für die

172) o. Verf., Krijgskundige Leer-Cursus ten gebruike der Koninklijke Militaire Akademie. Handleiding tot de Kennis der Artillerie voor de Kadetten van alle Wapenen, Breda 1839, S. 120

173) Winter, a.a.O., p. 128

174) Angaben nach: Winter, a.a.O., p. 128, und: A. Ananoff, L'histoire des fusées, in: La Nature, Paris, 15. 5.1939, p. 310: „En 1845, Naundorff (le faux Dauphin) traite avec le gouvernement néerlandais un marché relatif aux projectiles de guerre propulsés par réaction, dont il est l'inventeur." Karl Wilhelm Naundorff war ein Deutscher, Uhrmacher und Falschmünzer. Auf grund seiner Ähnlichkeit zu den Bourbonen wurde er im Mai von französischen Legitimisten nach Paris eingeladen, enttäuschte aber seine Anhänger, da er kein französisch sprach. 1845 in den Niederlanden (Delft) an Typhus verstorben, wo er als Charles Louis de Bourbon ins Sterberegister eingetragen wurde.

175) G. F. G. Gobius, Handleiding tot de Kenntnis der Zee-Artillerie, voor Konstabels en Matrozen-Kanonniers, Nieuwediep 1857, S. 158: „Zij worden in Engeland en Oosterijk veel als oorlogsmiddel gebruikt, doch bij de Nederlandsche Marine of Landmagt niet aangemaakt.", siehe auch: J. N. Calten, Leiddraad bij het onderrigt in de Zee-Artillerie, Medemblik, 1842, und: H. van Goens, Handleiding tot de kennis der Zee-Artillerie, Rotterdam 1861, desgleichen: Kuijck, Handleidning tot de kennis der artillerie, Breda 1850, S. 202: „Daar de oorlogsvuurpijlen hier te lande niet ingevoerd zijn of vervaardigd worden . . ."

176) o. Verf., Verslagen der proeven en oefeningen welke inhet jaar (1855-1858) hebben plaats gehad, s'Gravenhage, o.J., S. 119: „Ook al hetgeen den winter omtrent de aanwending der verschillende oorlogsmiddelen is geleerd, is zooveel mogelijk practisch aangetoont, als . . . het afsteken van sein- en oorlogs-pijlen enz.:"

177) ibidem, S. 129: „Eenige van deze pijlen . . . zijn bij de oefeningen afgestoken geworden, om de manschappen een denkbeeld van dit oorlogsmiddel te geven. Ofschoon de sas nog eenige kracht had, was deze door het lange liggen en de vochtigheid veel vermindert. De ijzeren hulzen zijm echter zooveel door roest afgenomen, dat de meeste onmiddellijk na ontstoken te zijn, uit elkaâr springen."

178) ibidem, S. 180, die eine Probe setzte sich aus 62 % Salpeter, 28 % Kohle und 10 % Schwefel zusammen, während die andere aus 49 % Salpeter, 40 % Kohle und 11 % Schwefel bestand, Gobius führte dies auf eine schlechte Vermengung der Bestandteile zurück: „Het grote verschil in de salpeter- en zwavelverhouding, bij die twee hoeveelheden sas uit denzelfden pijl, kan ik mij niet anders verklaren dan uit de slechte vermenging der bestanddeelen"

179) ibidem, S. 181: „De weinige omslag die er bij het gebruik van oorlogspijlen bestaat, maken hun, naar mijn oordeel, een zeer nuttig wapen in sloepen bij het doen van landingen die door troepen belet worden zoo als dit dikwijls in Indie plaats heeft. Vooral dáár, zullen zij door den zedelijken indruk die zij op de inlanders zullen maken, van veel nut kunnen zijn . . . Het zon mijns bedunkens daarom wenschelijk zijn, dat zij aan de oorlogsvaartuigen, voornamelijk aan die welke naar Oost-Indie bestemd zijn, verstrekt werden"

180) Konstantinoff, Lectures sur les fusées de guerre, Paris 1861, p. 57

Garnisonsartillerie zur Bewaffnung der Festungen.[181] Da gleichzeitig gezogene Geschütze in der niederländischen Artillerie eingeführt worden waren, entfiel auch hier, wie in anderen Staaten, die Notwendigkeit, sich aufgrund der Reichweite für Raketen weiter zu interessieren.

Dies hinderte die Niederlande aber nicht daran, Raketen für einen möglichen Einsatz der Indischen Artillerie in Kolonialkriegen weiter zu entwickeln und bereit zu halten. So wurden 1853 Versuche in Soerabaya durchgeführt, die unbefriedigend verliefen und 1859 aufs Neue angestellt wurden. Diese Raketen wurden von der pyrotechnischen Werkstatt des Artillerie-Construktions-Bureaus unter Leitung von dessen Direktor hergestellt. Auch wenn ein großer Anteil dieser Raketen, die 6pfündige Granaten als Gefechtskopf trugen, den Anforderungen entsprachen, so war das Ergebnis des Gesamtversuches doch nicht so, daß man die zweite Bonische Expedition damit auszurüsten wagte, auch wenn dies von höherer Stelle gewünscht worden war. Über die Konstruktion dieser Raketen durch den Ingenieur Maas ist aus Geheimhaltungsgründen nichts bekannt geworden.[182]

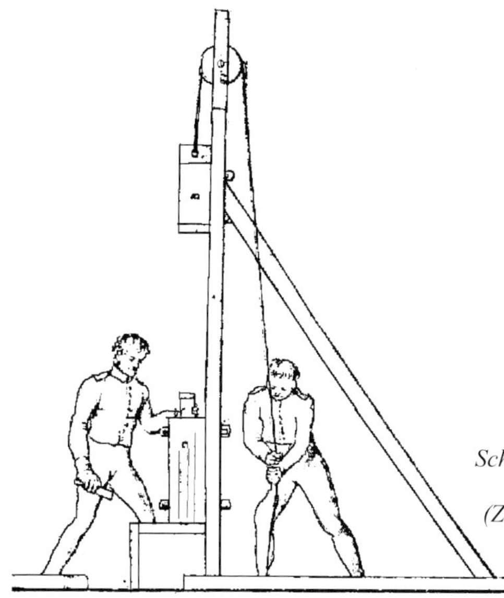

Schlagen der Raketen (Zeichnung: Bem)

e. Königreich Polen

Als das Königreich Polen nach dem Wiener Kongreß wieder errichtet worden war, wenn auch in Personalunion das Staatsoberhaupt der Kaiser von Rußland war, wurde eine neue polnische Armee aufgestellt, deren General en Chef der Großfürst Konstantin war. Den Kern dieser Armee bildeten die polnischen Truppen, die bereits unter Napoleon gedient hatten; zu ihnen gehörten auch der Kapitain Jozef Kosinski und der Lieutenant Jozef Bem,[183] die während der Belagerung Danzigs 1813 die französischen und auch die Wirkung der britischen Raketen kennengelernt hatten. 1818 begannen diese Offiziere, Bem war zwischenzeitlich zum Kapitain 2. Klasse befördert worden, unter Leitung des Direktors des Artilleriematerials und des Arsenals, Oberst Piotr Bontemps,[184] im Laboratorium des Arsenals zu Warschau erste Versuche mit Brandraketen durchzuführen.[185] Bem führte über diese Arbeiten ein Protokoll, das er anschließend dem Großfürsten Konstantin, der sich sehr für diese neue Waffe interessierte, vorlegte. Er beschrieb darin neben der Fertigung der eigentlichen Raketen und der Konstruktion der Abfeuerungsgestelle auch das Verfahren, mit dem die einzelnen Substanzen des Treibsatzes vorbereitet, insbesondere gereinigt wurden und die Maschinen und Geräte, die für die Herstellung erforderlich waren.[186] Für die Versuche wurden 2 Arten von Raketen hergestellt, eine vom Kaliber 4 Zoll und eine kleinere von 2 1/2 Zoll. Die Hülsen wurden aus Eisenblech von 1/2 Linie Stärke hergestellt, nach dem Rollen überdeckte das eine Ende das andere um 7 Linien, die Enden wurden dann vernietet und zusammengelötet, auf das eine Ende des so entstandenen Zylinders wurde ein eiserner, geschmiedeter, etwas konkaver Spiegel gelötet, in dessen Mitte ein Loch von etwa 4/10 Kaliber Durchmesser gebohrt war. Die Länge der so entstandenen Hülse betrug 7 Kaliber. Der Gefechtskopf, die Brandhaube, war aus etwas dünnerem Eisenblech gefertigt und bestand unten aus einem zylinderförmigen Teil, der dann als Kegel zulief, in ihn waren 9 Brandlöcher gebohrt; der innere Durchmesser der Brandhaube entsprach dem Äußeren der Hülse. Sie wurde dann auf die Hülse gepreßt und mit Bindfaden befestigt. Um später den Treibsatz gegen Rost zu schützen, wurde das Innere der Hülse mit Papier gefüttert, das mit Stärke bestrichen worden war. Die fertigen Hülsen wurden auf den 5-Kaliber langen Dorn, der vorher mit Seife bestrichen worden war, gesetzt und dann in den Raketenstock geschlossen. Vor dem Schlagen des Satzes wurde etwas Tonerde eingefüllt, die 1 Zoll hoch war, um den Spiegel gegen Feuer zu schützen. Der Satz wurde dann mit einer Laderamme aus einer Höhe von etwa 4 Fuß portionsweise in die Hülse geschlagen, eine Portion betrug etwa 20 Solotnik für die großen und 15 Solotnik für die kleinen Raketen. Für die 4zölligen Raketen betrug das Gewicht der Ramme 50 und für die 2 1/2 zölligen 30 Pfund. Zum Einfüllen des Satzes waren für die erste Portion 50 Schläge aus einer Höhe von 4 Fuß erforderlich, für jede weitere Portion wurde die Anzahl der Schläge um einen erhöht. Nach Öffnen des Raketenstockes wurde dann die Hülse vom Dorn gezogen. Die Stärke der Zehrung der Rakete, also der nicht gebohrte Teil des Satzes, betrug bei den großen 1, bei den kleineren Raketen 1 1/4 Kaliber. Die gesamte fertige Rakete war 10 Kaliber lang und wog ohne Stab 28 Pfund respektive die kleinere 7 Pfund 84 Solotnik. Das Gewicht des Treibsatzes betrug 36 respektive 11 Pfund 48 Solotnik. Schließlich

181) AMZ 1860, S. 416: hier wurde nur die neu errichtete pyrotechnische Schule zu Delft mit einem Feuerwerkslaboratorium erwähnt, es hieß zwar, daß auch die Anfertigung sämtlichen bei der Armee verwendeten Ernstfeuerwerks unterrichtet werden sollte, von Raketen war jedoch nicht die Rede.

182) o. Verf., Personeel der Artillerie 1858 - 1859, Beknopt overzigt der Proeven en werkdadige Oefeningen welke in genoemde Jaren hebben Plaats gehad, Batavia o.J., I. Oorlogsvuurpijlen: „De vervaardigingswijze van deze oorlogsvuurpijlen volgens het systema van wijlen den technischen ingenieur Maas is een geheim weshalve bijzonderheden omtrent deze proeven niet kunnen worden medegedeeld."

183) J. Bem, geboren 14.03.1794 in Tarnów, Kreuz der Ehrenlegion für die Verteidigung Danzigs, 1815 Artillerieoffizier der polnischen Armee (beurteilt als „bardzo pilny, konduity bardzo dobrej" [sehr fleißig, Führung sehr gut], wobei diese Beurteilung wenig später auf „gut" herabgesetzt wurde), 13.04.1819 Kapitan 2. Klasse, 21.05.1920 Kapitan 1. Klasse und Adjutant von General Bontemps, 1820 - 1825 wegen Ungehorsam (Konspiration) kriegsgerichtlich verurteilt, degradiert und aus der Armee entlassen, 1830 als Major wieder eingestellt, 1831 General, Exil, 1833 Versuch eine polnische Legion für Dom Pedro aufzustellen, Reisen in Europa, 1848 bei dem Aufstand in Lemberg, dann militärischer Führer im Wiener Aufstand, anschließend Befehlshaber der ungarischen Truppen in Siebenbürgen. Nach der ungarischen Niederlage Flucht in die Türkei, Übertritt zum Islam und als Murad Pascha in türkischen Diensten, auf Druck europäischer Mächte nach Aleppo verbannt, gestorben 10.12.1850 in Aleppo (K. Marx / F. Engels: Bem, in: K. Marx / F. Engels, Werke, Band 14, Berlin 1961, S. 129 ff., sowie: E. Kozlowski, General Jozef Bem, Warszawa 1958)

184) Piotr Karol Bontemps, 1777 - 1840, französischer Offizier, seit 1809 in der polnischen Armee, 1810 Oberst und später Direktor des Arsenals zu Warschau, das 1812 eingerichtet wurde, 1814 wieder in der französischen Armee, 1818 Abschied und Wiedereintritt in die polnische Armee, 1822 Brigadegeneral und erster Kommandeur des Raketencorps. Bontemps hatte Bem vorgeschlagen, die Raketenversuche durchzuführen, ein Vorschlag, der von Bem mit großer Freude angenommen wurde (Kozlowski, a.a.O., p. 31)

185) R. Los, Artyleria krolestwa polskiego 1815 - 1831, Warszawa 1969, S. 88

186) J. Bem, Notes sur les fusées incendiaires, Varsovie 1819; deutsch-französische Ausgabe unter dem Titel: Erfahrungen über die Congreveschen Brand-Raketen bis zum Jahr 1819 in der Königl. Polnischen Artillerie gesammelt (herausgegeben von M. Schuh), Weimar 1820

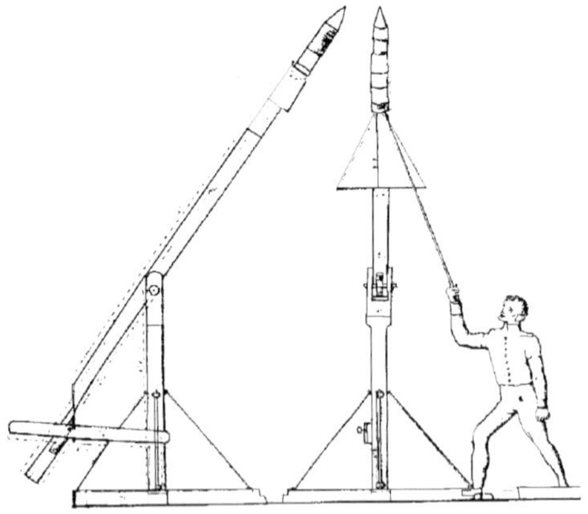

Raketenstativ (Zeichnung: Bem)

wurde der 40 Kaliber lange Stab aus Tannenholz an der Seite der Rakete befestigt. Neben den Brandhauben wurden für Ricochier-Raketen auch bereits Granaten als Gefechtskopf verwendet, die ebenfalls mit Bändern an der Hülse befestigt wurden.
Für den Treibsatz wurden unterschiedliche Zusammensetzungen Versuchen unterzogen. Zur gleichen Menge Salpeter - 58 Teile - fügte man einmal 16 Teile Schwefel und 26 Teile Kohle hinzu, für einen anderen Versuch 10 Teile Schwefel und 32 Teile Kohle; bei der ersten Mischung erreichte die Rakete eine Reichweite von 1.000 Saginen, bei der zweiten nur eine von 600 Saginen; um die Reichweite zu erhöhen wurde dann der Salpeteranteil auf 62 Teile gesteigert, bei den Versuchen erwies sich aber das Blech der Hülsen als zu schwach, so daß diese zersprangen, woraus man schloß, daß für eine stärkere Ladung auch stärkeres Eisenblech verwendet werden müsse.
Für den Satz verwendete man schließlich bei den großen Raketen 59 Teile Salpeter, 18 Teile Schwefel und 23 Teile Kohle sowie bei den kleinen 62 Teile Salpeter, 19 Teile Schwefel und 19 Teile Kohle. Bei einer Elevation von 50 bis 55° erreichte man so Reichweiten von 1.100 Saginen für die großen und von 700 Saginen[187] für die kleinen Raketen. Bem stellte dabei fest, daß sich eine Mischung, deren Hauptbestandteil Mehlpulver war, als noch wirkungsvoller erwies, als der eben angeführte Satz, so daß dann ein Satz von 78 Teilen Mehlpulver, 11 Teilen Kohle und 11 Teilen Schwefel - er fügt hinzu, daß dieses übereinstimme mit einer Mischung von 58 1/2 Teilen Salpeter, 18 1/2 Teilen Schwefel und 22 7/10 Teilen Kohle - für die 4zölligen und ein Satz von 82 Teilen Mehlpulver, 9 Teilen Schwefel und 9 Teilen Kohle für die 2 1/2 zölligen genommen wurde, letzterer entspreche einem Mischungsverhältnis von 61 1/2 Teilen Salpeter, 17 1/5 Schwefel und 21 3/10 Kohle. Da die ursprüngliche Zusammensetzung beider Satzarten fast identisch war, vermutete Bem „que par conséquent la trituration des matières, joue . . . un grand rôle dans cette espèce de projectiles."[188] Auch wenn Bem nicht wie Congreve die Rakete als Universalwaffe sah, hielt er sie doch für eine nützliche Waffe, zum einen wegen ihrer Reichweite, die jene der russischen Einhörner überträfe und zum anderen, weil Raketen auch aus für die Artillerie unzugänglichen Positionen eingesetzt werden könnten:

„Il est donc évident que, pour atteindre en campagne à des distances plus considérables, il faudrait avoir recours aux fusées."[189]
Nach einer vergleichenden Kosten-Nutzen Analyse zwischen Raketen und Einhörnern, kam Bem dann ähnlich wie Congreve zu dem Schluß, daß Raketen erheblich kostengünstiger wären und auch erheblich weniger Personal benötigten. Auch diese Versuche waren nicht ohne Gefahr, so wurde Bem 1819 bei einer Explosion schwer verletzt und lief Gefahr sein Augenlicht zu verlieren.[190]
Parallel zu diesen Versuchen entwickelte Kosinski einen ersten Raketenwerfer auf einer Geschützlafette nach dem Muster der Raketengeschütze, die er bei den Franzosen während der Belagerung Danzigs beobachtet hatte, während Bem ein Abfeuerungsgestell auf einem Dreibein konstruierte, in dessen Abfeuerungsrinne der Raketenstab gelegt wurde, während die Rakete unter dem Stab vor der Rinne hing.[191]
Die Entwicklung der polnischen Raketen wurde vor allem durch Großfürst Konstantin gefördert, der dieses Einsatzmittel besonders schätzte und so die Einführung forcierte, zumal er bestrebt war, die neue polnische Armee zur besten Europas zu machen. Während der Entwicklungsarbeiten versuchte sein Stabschef, General Dmitrij Kuruta, mit Mitteln des Geheimdienstes zusätzlich Daten über die österreichischen Raketen zu erlangen.[192] Möglicherweise kam auch aufgrund dieser Aktivitäten der Mechanikus Martin Westermaier nach Warschau, um bei der weiteren Entwicklung der Raketen mitzuwirken.[193] Die Internationalität des Raketenwesens im 19. Jahrhundert wird auch dadurch charakterisiert, daß der Maschinenmeisterposten des Warschauer Laboratoriums, der für die technische Leitung verantwortlich war, mit einem ehemaligen Werkmeister des preußischen Feuerwerkslaboratoriums besetzt war.[194]
Nach Abschluß der Entwicklungsarbeiten wurden die von Bem entwickelten Raketen eingeführt und am 30. August 1822 erfolgte die Aufstellung des königlich polnischen Raketenkorps. Erster Kommandeur wurde der in Verbindung hiermit zum Brigadegeneral beförderte Bontemps, zu seinem ersten Adjutanten wurde der nun ebenfalls zum Kapitain 1. Klasse beförderte Bem ernannt. Die Aufstellung des Korps erfolgte mit größtmöglicher Beschleunigung, hierfür wurden in Warschau eine Halbbatterie reitende Raketenartillerie (Pólbaterya konna) und eine Halbbatterie Fuß-Raketenartillerie (Pólkompania piesza) gebildet.[195] Als Endstandort war die Festung Modlin vorgesehen. Kommandant der ersteren wurde Kapitain 1. Klasse Józef Jaszowski, während die Halbbatterie zu Fuß von Kapitain 2. Klasse Karol Skalski geführt wurde. Beide Offiziere waren aus einer Vorschlagsliste des General der Artillerie Mauryc Hauke von Konstantin persönlich ausgewählt worden.[196] Der

Raketengeschütz (Zeichnung: Gembarszewski)

187) ibidem, p. 28, Bem fügte hier an „chacune de 7 pieds anglais" und notierte in einer Anmerkung: „Ce qui revient à une portée de 7478,07 pieds du Rhin pour les grandes et de 4758,77 pour petites fusées"

188) alle Angaben nach: Bem, a.a.O., p. 17 - 29, Zitat: p. 29; Erfahrungen, die später auch in Österreich und Frankreich gemacht wurden.

189) Bem, a.a.O., p. 33 (Einhörner: russische Haubitzen mit einer Rohrlänge von 10 Kalibern mit konischen Kammern)

190) Kozlowski, a.a.O., p. 31

191) Los, a.a.O., s. 92, und: Bem, a.a.O., p. 15

192) T. Katafiasz, Organizacja i uzbrojenie rakietników w wojsku królestwa polskiego (1822 - 1830), in: Studia i materialy do historii wojskowosci, Tom XXIII, Ossolineum 1981, s. 139

193) BHS-KA, AX 2 Bd. 32, Protokoll vom 8. Oktober 1833, Einzelheiten siehe Beilage 4/1 zum Abschnitt 7, Die deutschen Staaten, b. Bayern, in Polen liegen über diesen Zeitraum keine Archivunterlagen mehr vor, da die entsprechenden Akten nach dem polnischen Aufstand 1831 nach Rußland überführt wurden (Schreiben Wojskowy Instytut Historyczny vom 18.03.1996)

194) Werkmeister Groß, mit richtigem Namen Deichmann, dieser verließ Warschau infolge der Insurrektion 1830 und versuchte, erneut in Preußen sein Wissen zu vermarkten (GSPK, I. HA Rep 92 Nl v. Müffling <M> Nr. A 14, 1830 Raketensachen, Brief Major Dietrich an v. Müffling vom 2. März 1831)

195) B. Gembarzewski, Wojsko Polskie - Królestwo Polskie 1815 - 1830, Warszawa 1903, s. 123, nach: E. Kozlowski, a.a.O., s. 32, erfolgte die Aufstellung der Batterien erst 1823

196) Katafiasz, a.a.O., s. 141 - 142, Jaszowski, Lehrer an der Artillerieschule und Angehöriger der reitenden Artillerie war der jüngste der Kandidaten

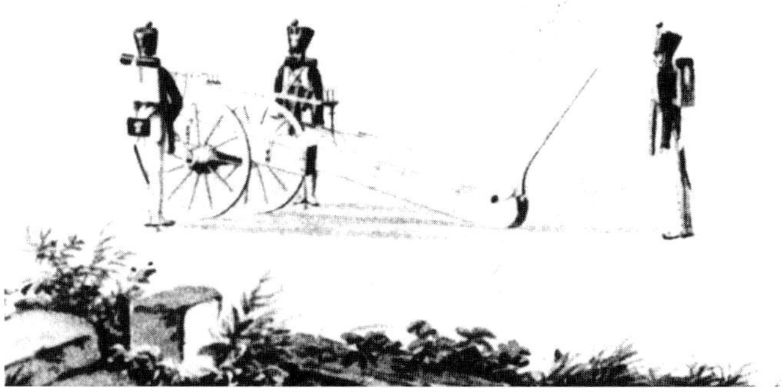

Polnische Raketeure beim Exercieren am Raketengeschütz

Etat der reitenden Halbbatterie war vorläufig festgesetzt auf 5 Offiziere (1 Kapitain, 2 Lieutenants und 2 Unterlieutenants), 1 Wachtmeister, 12 Unteroffiziere, 1 Feuerwerker-Unteroffizier, 72 Bombardiers und 2 Trompeter sowie 26 Mann zur Unterstützung der Batterie, also Veterinär, Chirurg und Feldscher, Wagner, Zimmermann, Schlosser, Fourier und Tambours. Die Batterie verfügte über 6 Raketengeschütze, 5 Raketenwagen, 8 Caissons, 1 Feldschmiede, 1 Kassenwagen und 5 weitere Fahrzeuge sowie über 52 Reitpferde, ohne die Pferde der Offiziere, und 81 Pferde zur Bespannung. Ziel war es, diese beabsichtigte Organisation bis zum 21. September 1822 einzunehmen.[197)]

Für die Raketenbatterie zu Fuß war eine Stärke von 7 Offizieren, 15 Unteroffizieren, 2 Trommlern und 122 Soldaten vorgesehen, hinzu traten 1 Verwaltungsoffizier und 27 Handwerker und Ärzte, diese Halbbatterie verfügte über 10 Offiziers- und 95 Artilleriepferde. Ihr waren jedoch nur 4 Raketengeschütze zugeteilt.[198)] In der Folge wurde bei beiden Einheiten die Anzahl der Handwerker erhöht, nachdem Bem darauf gedrängt hatte, daß sich auch die Raketeure mit Feuerwerkerei beschäftigten. Eingestellt wurden nur die besten Handwerker, sie mußten vor dem Eintritt eine Prüfung ablegen. Bontemps veranlaßte, daß auch die Handwerker entsprechend den militärischen Dienstgraden eingestuft wurden, so gab es einen Schlossermeister- und Zimmermannsmeister - Unteroffizier, Sattler, Stellmacher und Veterinäre 1. Klasse und Schlosser und Schmiede 1. und 2. Klasse.[199)]

Das Raketencorps galt als Eliteeinheit, an seine Soldaten wurden höhere Anforderungen gestellt als an gewöhnliche Artilleristen; Soldaten, die vorher im Arsenal gearbeitet hatten, mußten so vor dem Übertritt in das Korps eine dreijährige vorbildliche Dienstzeit nachweisen; die meisten Angehörigen dieser Einheiten hatten sich freiwillig gemeldet. Jaszowskis reitende Batterie überschritt schon bald den Etat, da sie über die 2 Trompeter hinaus zusätzlich einen Spielmannszug von 8 Soldaten gebildet hatte. In der reitenden Batterie erhöhte sich in der Folge die Stärke der Mannschaften von 72 auf 96 im Jahr 1828 und in der Fußbatterie von 98 auf 117. Am 1. November 1830 betrug die Dienststärke der Batterien 126 Mann, davon 7 Offiziere, und 146 Pferde in der reitenden Batterie und 150 Mann, davon 6 Offiziere, und 103 Pferde in der Fußbatterie. Diese Stärkeentwicklung scheint darauf hinzuweisen, daß beide Halbbatterien auch als Kader gedacht waren, um im Falle eines Krieges rasch weitere Einheiten aufstellen zu können.[200)]

Der Stab des Korps war in Warschau stationiert, die Raketenbatterien wurden nicht, wie urspünglich geplant, nach der Aufstellung nach Modlin verlegt, sondern erhielten eine eigene Garnison in Warka an der Pilica, etwa 60 km südlich von Warschau. Die reitende Batterie, deren Kommandant der dienstältere war, war der Fußbatterie übergeordnet, so daß der Schriftverkehr über Jaszowski lief. Das Korps gehörte als Linientruppe taktisch zur Artilleriebrigade, wobei die reitende Batterie der reitenden Artillerie und die Fußbatterie der Fußartillerie zugeordnet war, es war jedoch nicht organisch in die Brigade eingegliedert.[201)]

Die Soldaten der Raketenartillerie trugen die normalen dunkelgrünen Röcke der Artillerie mit schwarzen Aufschlägen und roter Paspelierung, dazu im Winter dunkelgrüne Hosen mit roten Biesen und im Sommer weiße Hosen, die Fahrer jedoch im Sommer graue Hosen, der Mantel war grau, ebenfalls mit schwarzen Aufschlägen und roter Paspelierung. Die reitende Batterie trug die Uniform der Ulanen in den Farben der Artillerie. Die einzige Unterscheidung zur Artillerieuniform war ein „R" auf den Schulterklappen.[202)]

Die Raketen wurden im Feuerwerkslaboratorium des Arsenals zu Warschau unter Leitung des Feuerwerksmeisters Kapitain 2. Klasse F. Benezet hergestellt. 3 Mann konnten hier 2 Raketen täglich verfertigen, bei Bedarf konnte die Herstellung auf 4 Stück pro Tag erhöht werden. Als Gefechtsköpfe waren Kartätschen, Granaten und Leuchtsätze eingeführt. Trotz der ständig weitergeführten Versuche besaßen die Raketen nach wie vor eine unzureichende Stabilität, die Stäbe zerbrachen oft während des Fluges und nach Beobachtungen Jaszowskis führte die Beeinflussung durch den Wind, ähnlich wie bei den Raketen Congreves, dazu, daß die Raketen zuweilen zum Abfeuerungsort zurückflogen. Anscheinend wurden Ende der zwanziger Jahre auch erste Versuche mit Rotationsraketen in Warschau durchgeführt, auch wenn diese nach dem Bericht eines französischen Beobachters recht gute Ergebnisse erbracht haben, wurden diese Raketen doch nicht mehr eingeführt, wohl auch, weil die entsprechenden Versuche nicht abgeschlossen werden konnten.[203)] Die polnischen Raketen kamen in ihrer Leistung den englischen recht nahe und übertrafen die später entwickelten russischen mit einer Reichweite von 1.494 Meter für die $2^{1}/_{2}$zölligen und von 2.348 für die 4zölligen.[204)] Wahrscheinlich wurden die Raketen ab Mitte der zwanziger Jahre auch nicht mehr geschlagen, sondern mit einer mechanischen Presse geladen:

„On charge les fusées, non par le moyen de mouton, mais par le pression d'une vis mise en action par des hommes; cette méthode donne des résultats satisfaisans, excepté toutefois celle de la presse hydraulique qu'on se propose d'établir. La composition mise successivement par très petites charges (il y en a jusqu'à 200) acquiert une grande dureté qui la rend semblable à du marbre, l'ongle de la raye pas."[205)]

Zum Abfeuern der Raketen waren ein von Kosinski entwickeltes Raketengeschütz sowie mehrere unterschiedliche Abfeuerungsgestelle eingeführt. Das Raketengeschütz wurde von 2 Pferden gezogen, zur Bedienung waren 2 Unteroffiziere mit 5 Raketeuren eingesetzt. Auf die Lafette war anstelle des Geschützrohres eine Abfeuerungsrinne

197) Geplante Stärken gem. „Etat des hommes, chevaux et attirails présumès nécessaires pour une 1/2 compagnie de Raqueritèrs à cheval" entworfen von General Hauke, vom 11. September 1822 (Angaben nach Katafiasz, a.a.O., s. 143); Gembarzewski (a.a.O., s. 127) gab die Stärke abweichend mit 10 Offizieren, 14 Unteroffizieren, 2 Trompetern, 99 Soldaten sowie 1 Verwaltungsoffizier und 25 anderen Nichtkämpfern mit insgesamt 152 Pferden (dabei 21 Offizierspferde und 68 Artilleriepferde) an.

198) Anzahl der Raketengeschütze je Batterie nach: o. Verf., Die Kriegsmacht des Königreichs Polen, in: ZfKWGK, 1827, S. 78

199) Katafiasz, a.a.O., s. 144

200) ibidem, s. 147

201) ibidem, s. 149 - 152

202) ibidem, s. 155

203) AdAV, 2.c.7, Note Sur les Essais qui ont en lieu dans le but d'imprimer aux fusées de Guerre un mouvement de rotation autour de leur axe de 1819 à 1860, Colonel Susane, 1860, 28 mai, Susane bezog sich auf einen Bericht des Lieutenant Girard, siehe Abschnitt Frankreich. Nähere Angaben zu diesen Raketen liegen jedoch nicht vor.

204) Katafiasz, a.a.O., s. 159, die maximale Reichweite der russischen Raketen betrug hiernach zu dieser Zeit 2082 Meter

205) o. Verf., Note sur l'armée russe, in: JAS, 1835, p. 510; zu den Raketen wurde hier bemerkt: „Les fusées sont généralement du calibre six, pésent 14 livres et ont 8 calibres de long. A 400 toises, il paraitrait que les deux tiers ou la moitié portent dans le centre d'un bataillon. La tête de la fusée est pourvu d'une grenade, elles font plusieurs ricochets rasans. En général, on s'occupe avec succès de cet objet à Varsovie, les élémens de la composition sont les mêmes que pour la poudre."

gesetzt, der mit einer Spindel die erforderliche Elevation gegeben wurde. Auf der Lafette befand sich ein Kasten für 54 Raketenstäbe außerdem war auf der Mitte eine Halterung für 2 fünfbeinige Abfeuerungsgestelle. Damit konnte eine Bedienungsmannschaft, wenn erforderlich, gleichzeitig drei Einsatzmittel für das Abfeuern der Raketen benutzen und so die Feuerwirkung erheblich steigern.[206]
Neben dem fünfbeinigen Stativ gab es noch ein zwei Ellen hohes, hölzernes dreibeiniges Abfeuerungsgestell, das für den Einsatz auf Dächern und Türmen gedacht war, ein 6-Zoll hohes, eisernes dreibeiniges Abfeuerungsgestell, das für das Abfeuern der Raketen vom Boden vorgesehen war sowie ein behelfsmäßiges, zusammenklappbares Gestell das aus 2 Holzstäben - wie ein spanischer Reiter - bestand und auf das die Abfeuerungsrinne gelegt wurde.[207]
Bem hatte vorgeschlagen, je Geschütz 5 Munitionswagen mit jeweils 28 großen Raketen mitzuführen. 1824 waren je Halbbatterie 4 Raketengeschütze mit 8 Munitionswagen vorhanden, in denen jeweils 70 Granatraketen, 10 Kartätschraketen und 4 Brandhaubenraketen sowie 96 Stäbe mitgeführt wurden. Zusätzlich wurde für jeweils zwei Wagen ein vierbeiniges und ein dreibeiniges Abfeuerungsgestell sowie ein Behelfsgestell transportiert. Die Wagen waren größer als die von Bem vorgesehenen und wurden von vier Pferden gezogen, damit waren sie allerdings recht schwerfällig und in schwerem Gelände unbeweglich. Ferner verfügten die Halbbatterien zu dieser Zeit über einen leichten Wagen, auf dem Leuchtraketen mitgeführt wurden, 2 große Wagen für Material und Handwerkergerät, je einen Wagen für die Schmiede und die Feldkasse, 2 leichte Wagen und 1 Reservegeschütz. Auf den Protzen der Raketengeschütze wurden zusätzlich 40 Granat- und Kartätschraketen mitgeführt sowie 1 dreibeiniges Abfeuerungsgestell und 2 Behelfs-Abfeuerungsgestelle. Insgesamt verfügte damit die reitende Batterie über 5 Raketengeschütze, 14 fünfbeinige Stative, 9 dreibeinige Abfeuerungsgestelle und 14 Behelfs-Abfeuerungsgestelle. Im Gegensatz zu den übrigen Wagen der Artillerie verfügten die Munitionswagen der Raketenbatterien über eiserne Achsen, auch waren die Räder größer, damit war der ganze Wagen, obwohl schwerer, doch beweglicher.[208] Nach einen zeitgenössischen Bericht ist auch die Infanterie mit Raketen ausgestattet worden, diese verfügte jedoch über keine Abfeuerungsgestelle, die Raketen wurden auf den Boden gelegt und dann gezündet. Jeweils 20 Mann einer Compagnie sollen hiernach als Tirailleurs mit Raketen ausgestattet worden sein.[209]
Auch an der Artillerieschule wurde der Einsatz der Raketen unterrichtet, für kurze Zeit lehrte hier auch Bem, der dabei auch über seine Erfahrungen mit congrev'schen Raketen in Danzig sprach. Auf den Kursen für Artillerie- und Generalstabsoffiziere lehrte Ignac Pradzynski den Einsatz der Raketen und beschrieb diesen auch in seinem Lehrbuch „Kurs taktyki", das auszugsweise unter den Offizieren der Armee sehr verbreitet war. Die Raketeure selbst wurden in der Winterschule theoretisch ausgebildet und mußten anschließend eine praktische Prüfung ablegen. Die Unteroffiziere erwarben im Feuerwerkslaboratorium in Warschau praktische Kenntnisse in der Kriegsfeuerwerkerei, wobei die besten Lehrgangsteilnehmer mit Preisen ausgezeichnet wurden.[210]
Übungsschießen mit Raketen erfolgten bei Warschau im Polygon von Powazki und erbrachten gute Resultate, hierbei sollten auch die Pferde an die Raketen gewöhnt werden. An diesen Schießen nahmen oft auch General Bontemps und der Großfürst Konstantin teil, eines dieser Übungsschießen konnte auch vom Herzog von Cumberland, dem späteren König von Hannover, und von dem französischen Marschall Marmont beobachtet werden, obwohl die Schießen der Raketenartillerie normalerweise geheim waren und weit abgesetzt von Schießen der Rohrartillerie durchgeführt wurden.

Raketengeschütz mit Protze im Manöver

Von den Raketeuren der reitenden Halbbatterie wurden zusätzlich gute reiterliche Fähigkeiten erwartet, damit sie mit der Kavallerie zusammenwirken konnten. Ferner mußten sie in der Lage sein, selbst Raketen herzustellen. Für die reitende Raketenartillerie erarbeitete Kapitain Jaszowski 1823 eine erste Vorschrift, in der die Waffen, die Organisation und der Einsatz in Manöver und Krieg beschrieben war, die erforderlichen Bewegungen für die denkbaren Einsatzsituationen waren dabei graphisch in 25 Zeichnungen dargestellt.[211]
Jeden Sommer bezogen die Raketenbatterien mit den übrigen Truppen das Leczyca-Lager, ein Ausbildungslager bei Powalski, für die Artillerie stand dabei jedoch nur der kleinere Teil des Geländes zur Verfügung. In der Zeit von Juni bis September wurde hier auch das Zusammenwirken mit anderen Waffengattungen geübt.[212]
„Das Lager der Artillerie (zwei Brigaden) ist etwas abweichend von dem der Infanterie eingerichtet. Auf der Front des Lagers stehen die Geschütze (72 an der Zahl mit 4 Raketen-Gestellen) mit 18 Schritt Intervalle, abgeprotzt (die Raketen-Gestelle aufgeprotzt), auf das genaueste gerichtet, die Protzen, 20 Schritt dahinter, mit den Deichseln nach der Lagerfront, und hinter den Protzen die Munitions-Karren in zwei, und bei den schweren Batterien, welche auf dem rechten Flügel der Brigaden stehen in drei Linien. . . Den Geschützen darf sich der Zuschauer wenig, den Raketen-Gestellen gar nicht nähern. Diese sind ständig mit einem Ueberzug bedeckt."[213]

Die eigentlichen Übungen und Schießen der Raketenartillerie waren geheim, diese Schießen wurden jeweils einen Tag vorher gemeldet, worauf das ganze Gelände durch Gendarmen abgesperrt wurde; niemand, auch keine Generale, durften dann das Gelände betreten. Ebenfalls aus Geheimhaltungsgründen wurden auf dem Marsch und bei taktischen Übungen die Raketengeschütze mit Drillich verdeckt. Zusätzlich war den Raketeuren der Kontakt mit Ausländern verboten.
Größere Manöver mit Schießen der Raketenbatterien wurden nur zweimal durchgeführt: Im September 1823 übten bei Brest-Litowsk die gesamte Polnische Armee und das Lithauische Corps mit Linien-, Garde- und Reserveverbänden vor Kaiser Alexander I., um die Leistungsfähigkeit der polnischen Armee zu beweisen; anwesend waren Militärdelegationen aus Österreich, Großbritannien, Hannover und Preußen, das von Prinz Wilhelm, dem späteren Kaiser, vertreten war. Am 17. September fand dann eine große Parade mit 60.000 Mann statt, wobei als letzte Truppen die beiden Raketen-Halbbatterien am Kaiser vorbei marschierten. Bei dieser Parade bestand die reitende Batterie

206) Katafiasz, a.a.O., s. 161
207) ibidem, s. 163
208) ibidem, s. 166
209) o. Verf., Die Kriegsmacht, a.a.O., S. 78
210) Katafiasz, a.a.O., s. 170
211) Katafiasz, a.a.O., s. 171
212) ibidem, s. 173
213) o. Verf., Das stehende Uebungslager bei Warschau, in: ZfKWGK, 1827, S. 205 f.

aus 80 Mann und die Fußbatterie aus 111 Mann.[214] Den Abschluß bildete am 19. September eine Großübung, für die die Truppen in die Corps „A", geführt von Großfürst Konstantin, und Corps „B" geführt von General d'Auvrey, dem die Raketenbatterien zugeteilt waren, aufgeteilt wurden. Die Raketeure verschossen hierbei nahezu 100 Raketen, von denen jedoch einige die übende Truppe trafen und eine Panik verursachten. Aufgrund ungünstiger Windverhältnisse flogen auch einige Raketen in Richtung auf die preußischen Gäste. Der Einsatz der Raketeure scheint aber von der Manöverleitung als befriedigend beurteilt worden zu sein, denn jeder Soldat der beiden Halbbatterien erhielt zum Abschluß als Belohnung einen Silberrubel, dazu ein Pfund Fleisch und 1 Glas Wodka verabreicht.

Bei den Manövern 1826 wurden dann keine Raketen mehr verschossen, wohl weil Großfürst Konstantin einen möglichen schlechten Eindruck auf militärische Beobachter vermeiden wollte.[215]

Dennoch hatte in diesem Jahr zumindest der Marschall Marmont Gelegenheit, ein polnisches Raketenschießen zu beobachten, das anscheinend sehr erfolgreich verlaufen war:

„J'eus l'occasion de juger, pour la première fois du grand parti que l'on peut tirer des fusées à la Congrève. Le tir fut si juste et la manoevre, avec des chevalets à main, si facile, que je fus frappé des applications qu'on peut on faire."[216]

Während der gesamten Existenz des polnischen Raketencorps wurde die Grundgliederung nicht geändert, auch wenn sich die Personalstärken vergrößert hatten; aufgrund der Ausstattung mit zusätzlichen Abfeuerungsgestellen waren diese Halbbatterien in der Lage, mit einer ersten Salve 38 Raketen ohne weitere Vorbereitungen abzufeuern; sie wiesen also eine außerordentlich hohe Feuerkraft auf, obwohl keine "Mehrfachwerfer" vorhanden waren. Ein weiterer Ausbau dieser Einheiten unterblieb wohl angesichts der hohen Kosten.[217]

Als am 29. November 1830 der polnische Aufstand mit einem fehlgeschlagenen Attentat auf Großfürst Konstantin ausgebrochen war, meldete Kapitain Jaszowski, der Kommandant der reitenden Halbbatterie, am 30. November an das Komitee der Artillerie bei der Nationalen Regierung, daß er um Zuweisung von Feldgeschützen bäte, da die Raketen nach seiner Meinung für den Krieg aufgrund ihrer Ungenauigkeit unbrauchbar wären. Aufgrund dieses Berichtes wurde am 25. Januar 1831 diese Halbbatterie in eine normale reitende Artilleriebatterie umgegliedert.[218] Die Raketengeschütze wurden an die Fuß-Raketenbatterie des Kapitain Skalski übergeben, die nunmehr über 12 Raketengeschütze, 20 fünfbeinige Abfeuerungsgestelle sowie über 13 dreibeinige Abfeuerungsgestelle verfügte, insgesamt wuchs diese Halbbatterie dadurch zu einer vollen Batterie mit einer Stärke von 254 Mann, 216 Pferden und 50 Wagen auf und nahm in dieser Gliederung an den folgenden Kämpfen teil.[219]

Am 24. Januar 1831 begann der Vormarsch der russischen Armee zur Niederschlagung des Aufstandes. Am 18. Februar kam es zum ersten Raketeneinsatz, als die russische Kolonne von Sacken auf dem Marsch von Cyganka bei Okuniew auf die polnische Division Szembek traf:

„Eine Kanonade begann sofort und dauerte heftig zwei Stunden hindurch; Granaten und Kongrevesche Raketen, mit welchen die Polen viel schossen, erleuchteten den Horizont; man tödtete sich einige Menschen und das Feuer hörte zuletzt auf."[220]

Ein weiterer Einsatz am 19. Februar in der Schlacht bei Wawrem schlug infolge des zu starken Windes fehl.

Die polnischen Truppen zogen sich anschließend auf Grochow zurück, wo es am 20. Februar zur ersten Schlacht kam; auf Weisung des General Chlopicki sollten die Raketeure eine russische Batterie, deren Kanonen zwischen den Häusern von Wygode in Stellung standen bekämpfen:

„... doch keine ihrer Raketen erreichte das angerichtete Ziel. Sie flogen in verschiedene Richtungen, manche schlugen auf der Erde auf und kamen zurück, doch keine flog dahin, wohin sie fliegen sollte."[221]

Der Einsatz schlug also fehl, einzelne Raketen trafen sogar zu kurz und töteten einen Soldaten der dort eingesetzten eigenen Schützen.[222]

Am 25. Februar kam es zur zweiten Schlacht bei Grochow. Ziel der Russen war es bei dieser Schlacht, die polnischen Truppen von Praga abzuschneiden. Während der Schlacht wurde russischerseits das Kürassierregiment Prinz Albert unter Oberst Meiendorf zur Attacke angesetzt, als die polnischen Truppen aus dem Olszynska Grochowka Wald verdrängt worden waren; ihm gelang es, die gesamte polnische Armee zu durchbrechen und bis zur Verschanzung von Praga zu attackieren. Letztlich blieb diese Attacke ohne Erfolg, da sich ihr keine anderen Regimenter angeschlossen hatten und dieses Regiment auf sich gestellt blieb.[223]

„Es galt, sich den Rückweg nun ebenso zu bahnen wie den Hinweg; aber dieses war schwieriger: dort machte ihnen alles Platz, hier suchte alles sie aufzuhalten; alle Geschosse richteten sich auf sie: Infanterie, Kavallerie, Kongrevesche Raketen, alles griff sie an. Links wurde die Raketen Batterie von Skalski gegen sie aufgefahren (*Prondzynski hatte, sobald er die Bewegung der russischen Kavallerie bemerkte, diese Batterie, die bisher in Reserve geblieben, herbei geführt. Die Raketen fügen zwar wenig Schaden zu, aber sie wirken auf die Pferde und die Gemüther der Leute; und hier, wo die Dunkelheit das schreckliche Licht, das sie zischend verbreiten, noch schrecklicher machte, mochten sie vielleicht mit dazu beigetragen haben, den Anlauf der Massen, welche Meiendorf folgen sollten, abzuhalten)"*[224]

Durch den Raketenbeschuß demoralisiert und in Panik geraten zogen sich die Russen zurück, damit war ein vorzeitiges Niederschlagen der Insurrektion auch durch das Feuer dieser Raketenbatterie verhindert

---

214) Nowak, Le corps polonais de lanceurs de fusées, in: RIHM, 1982, No. 52, p. 137

215) Katafiasz, a.a.O., s. 177

216) Mémoires du maréchal Marmont, duc de Raguse de 1792 à 1841, Paris 1857, t. 8, p. 148, zitiert nach: P. Bret, La fusée de guerre en France pendant la période révolutionnaire et impériale (mémoir de maîtrise), Aix-en-Provence 1971, p. 82

217) Katafiasz, a.a.O., s. 179

218) F. v. Smitt, Geschichte des polnischen Aufstandes und Krieges in den Jahren 1830 und 1831, Berlin 1848, S. 242; die reitende Halbbatterie erhielt 3pfündige türkische Kanonen, die bei der Eroberung von Varna erbeutet worden waren und eigentlich für ein Denkmal genutzt werden sollten; v. Smitt gab an, daß die reitende Batterie ihre 4 Raketengeschütze an die Fußbatterie übergeben hätte, die bis dahin über 6 verfügt hätte.

219) o. Verf., Die Stärke und Zusammensetzung der Armee des Königreichs Polen und des Großherzogthums Litthauen in den Jahren 1782 und 1830, in: ZfKWGK, 1832, S. 61, in diesem Artikel wurde die Gesamtzahl der Raketengeschütze für den November 1830 nur mit 10 angegeben (reitende Batterie = 6, Fußbatterie = 4 Raketengeschütze), für die Fußbatterie wurde eine Stärke von 2 Offizieren und 120 Mann genannt. J. B. Schels, Die Schlachten bei Wawer, Bialolenka und Grochow, im Februar 1831, in: ÖMZ, 1834, I, S. 49, gab ebenfalls irrtümlich noch 2 Halbbatterien mit 10 Geschützen an, sprach aber bei der Reserveartillerie, die zu Beginn des Krieges zusammen mit 6 Geschützbatterien um Warschau zusammen mit 3 Kavalleriedivisionen gelegen hätte, nur eine Raketenbatterie an. (ibidem, S. 54)

220) v. Smitt, a.a.O., S. 297

221) I. Pradzynski, Pamietniki jenerala, Kraków 1909, t.1, s. 440, zitiert nach: T. Katafiasz, Zastosowanie broni rakietowej w polskich powstaniach narodowych XIX W., in: Studia i materialy do historii wojskowosci, Tom XXVI, Ossolineum 1983, p. 180, P. datierte den Einsatz auf den 19. Februar, Katafiasz kam nach Auswertung zusätzlicher Unterlagen zu dem Schluß, daß Pradzynski sich im Tage geirrt haben muß, da dieser Einsatz im Rahmen der 1. Schlacht bei Grochow stattgefunden haben muß, also am 20. Februar. Er fügte hinzu, daß die Batterie offensichtlich auch zu wenig Raketen eingesetzt habe, da sie wohl nur Brandraketen verwendet hätte, von denen nur 4 pro Munitionswagen (von 84 mitgeführten Raketen) vorhanden gewesen wären.

222) J. B. Schels, Die Schlacht bei Wawer, Bialolenka und Grochow im Februar 1831, in: ÖMZ, 1834, S. 49, sprach irrtümlich von „2 halbe Raketenbatterien mit 10 Geschützen und 150 Mann"; in dieser Schlacht zeigte es sich aber auch, daß die Raketen auch für die eigene Truppe gefährlich sein konnten: „Jedna rakieta zle puszczona zrobila mlynka i tlukla sie, po olszynie, padla na Kurpia Walszaka i glowe mu urwala". [„Eine der Raketen - schlecht gerichtet - schlug einen Purzelbaum, taumelte durch ein Erlengestrüpp, fiel auf den Kurpen (?) Walczak und riß ihm den Kopf ab"] (zitiert nach: Katafiasz, Zastosowanie broni, a.a.O., s. 182)

223) v. Smitt, a.a.O., S. 355; nach: Katafiasz, Zastosowanie bronie, a.a.O., s. 184, attackierten die Russen mit 58 Schwadronen, also fast 10.000 Reitern, verstärkt durch 24 Kanonen reitender und 10 Kanonen der Fußartillerie

224) v. Smitt, a.a.O., S. 355, Das Zitat in Klammern stammte gem. Smitt aus einem Bericht des Oberst Meiendorf an ihn; A. Puzyrewsky, Der Polnisch - Russische Krieg

worden, die im entscheidenden Moment eine Salve von 25 Raketen auslöste.[225] In dieser Schlacht wurden 5 Angehörige der Batterie verwundet und 3 ihrer Pferde getötet.[226] In der Nacht auf den 26. Februar gelang es der Batterie mit ihren Brandraketen die Vorstadt Praga in Brand zu schießen, damit konnte die polnische Armee ihren Rückzug auf das westliche Ufer der Weichsel unbehelligt durchführen. Am 7. März wurde Kapitain Skalski zum Major befördert und zum Stab des Befehlshabers der Artillerie der Garnison Warschau versetzt, die Batterie wurde von Lieutenant Karol Klemenczynski übernommen, der sie bis zum 11. Mai führte, danach übernahm Premierlieutenant Mikolaj Galecki den Rest der Batterie. Die Stärke der Batterie hatte sich in dieser Zeit stetig verringert, da immer mehr Bombardiers zur Bedienung der Geschütze der Festung abgezogen wurden. Im Juli wurde die Batterie eingesetzt, um die Behelfsbrücke in Brand zu setzen, mit deren Hilfe die russischen Truppen bei Osiek vom 17. bis 21. die Weichsel überschritten hatten, der Einsatz erfolgte aber zu spät und war so erfolglos.[227]

Schließlich wurde am 25. Juli mit Gerät der Batterie zusätzlich ein reitender Raketenzug aufgestellt, dessen Führer Premierlieutenant Alexander Czopowicz wurde; der Zug verfügte zunächst über 4 Raketengeschütze und wurde im August auf 6 verstärkt. Anfang September wurde die Fußraketenbatterie aufgelöst, ihre Raketengeschütze wurden mit den Raketeuren einzeln zur Verteidigung der Festung Warschau eingesetzt. Die stärkste Bastion, No. 56 bei Wola, erhielt 500 Raketen, die Bastion No. 57, vor Wola gelegen, 100 Raketen und die Bastionen No. 59, im Norden bei Parysów, sowie No. 66, im Wäldchen von Marymont, ebenfalls jeweils 100 Raketen.[228] Bei dem russischen Sturmangriff am 6. September verteidigte der reitende Raketenzug den Wall auf der Wola gegen die Angriffe der Kavallerie des General Chilkow und der Infanterie General Lüders und konnte diese mit ihren Raketen zurückschlagen. Am Folgetag befand sich eine Gruppe der Raketeure in der Bastion No. 23, hinter Wola, und bekämpfte von hier erfolgreich die über Wola angreifenden Husaren des Fürsten Khilkow sowie die begleitende reitende Artilleriebatterie. Zur gleichen Zeit war eine andere Gruppe Raketeure bei der Bastion Jerozolimskie eingesetzt, von wo Rakowiec in Brand geschossen wurde, wo sich Truppen des General Murawiev festgesetzt hatten.[229] Bei den weiteren russischen Angriffen konnten die Raketeure keine Wirkung mehr erzielen, da die 4zölligen Raketen verschossen waren und die Reichweite der $2^1/_2$zölligen Raketen nicht ausreichte, um die russischen Truppen wirkungsvoll zu treffen. Am späten Abend des 7. September wurden die Raketeure aus Warschau abgezogen und nach Modlin verlegt, wo diese Einheiten aufgelöst wurden.[230]

Damit war die Geschichte einer eigenständigen polnischen Raketenartillerie zunächst beendet. Es scheinen aber nach 1835 noch weitere Raketenversuche, möglicherweise auch eine Raketenfabrikation, unter Beteiligung des Mechanikus Westermayer in Warschau stattgefunden zu haben; dies läßt sich daraus schließen, daß dieser sich 1841 an Hannover mit Bitte um finanzielle Unterstützung gewandt hatte, weil er nach dreijähriger Arbeit im Warschauer Kriegsraketen-Laboratorium zu arg verstümmelt und verbrannt worden wäre, um selbst für seinen Lebensunterhalt aufzukommen.[231]

Im Verlaufe der Aufstände des Jahres 1848 wurden durch polnische Truppen keine Raketen verwendet. Erst im Januaraufstand 1863 wurden durch Polen wieder in ausgedehntem Maße Raketen genutzt, dies geschah auch, weil nicht ausreichend Artilleriegeschütze verfügbar waren. Zudem hatte der schweizerische Oberstlieutenant von Erlach, ein Artillerist, der von seiner Regierung als Beobachter entsandt worden war, im Sommer 1863 bei seinem Aufenthalt in den Lagern der Truppen des Major Kozlowski und der Oberstlieutenante Krysinski und Ruckii sich gegen eine Bewaffnung mit Kanonen ausgesprochen, da diese schnelle Bewegungen und überraschendes Auftreten der Insurgenten verhinderten, und die Verwendung von Raketen vorgeschlagen, da insbesondere für einen Partisanenkrieg diese besonders geeignet wären.[232] Die Herkunft der ersten eingesetzten Raketen ist unklar, im September versuchte man aus Wien Raketen zu beschaffen, was anscheinend nicht zum Erfolg führte; im November wurden durch General Bosek die ersten Raketen für 200 Rubel und kurz darauf weitere in Krakau für 300 Rubel durch den Lieutenant Nowicki beschafft. Im Zeitraum vom November bis März 1844 konnten so den Truppen der Wojwodschaften Krakau und Sandomir 167 Raketen zur Verfügung gestellt werden. Im Januar 1864 wurden Kontakte mit einem Pyrotechniker Khierz in Wien geknüpft, der 1pfündige Raketen aus eigener Herstellung mit „garantierter" Wirkung anbot, wobei nicht bekannt ist, ob diese Raketen gekauft und nach Polen geliefert wurden. Im Februar 1864 scheinen dann auch in Polen selbst, in Krakau, Raketen für die Einheit des Lieutenant Rudnicki verfertigt worden sein, da ihm nur wenige Raketen zur Verfügung gestanden hatten, hatte er zunächst 100 Stück mit 2 Abfeuerungsgestellen für seine beiden „Abteilungen" angefordert, über die Art dieser Raketen liegen keine

---

1831, Wien 1892, überging diesen schlachtentscheidenden Einsatz der Raketen: „Erst im Rücken derselben, nahe bei Praga fiel ihm Kicki mit 5 eiligst gesammelten Escadrons des 2. und 5. Ulanen Regimentes in die Flanke, Oberstlieutenant Sohn entkam aber durch eine einfache Schwenkung nach links gegen die Chaussée und entzog so seine Division dem gegen dieselbe gerichteten Infanterie und Raketenfeuer." Schels, a.a.O., II, S. 53, erwähnte ebenfalls keine besondere Wirkung und stellte nur fest: „Die Raketenbatterie richtete ebenfalls ihr Feuer gegen dasselbe, und gegen die Reiterregimenter des zweiten Treffens, welche stockten und zurückwichen."; I. Pradzynski (Pamietniki generala Pradzynskiego, zitiert nach: Nowak, a.a.O., p. 139) schrieb hierzu: La compagnie „commença immédiatement à asperger toute la plaine de fusées, et surtout la masse de la cavallerie . . . Les projectiles . . . firent une énorme impression sur les hommes et les chevaux, une impression encore accrue par la grisaille de la journée d'hiver qui s'achevait. Il ne fait aucun doute que ces fusées contribuèrent beaucoup à arrêter l'attaque de la cavallerie . . . " In dieser Schlacht scheint die moralische Wirkung der Raketen den Ausschlag gegeben zu haben: „It is interesting to note that rocket batteries used for the first time at Grochów, and unknown to the Russian Soldier, helped to break the charge of the Russian cavalry in the final stage of the battle." (J. Wojtasir, The Influence of Armament on the Art of War in Polish Risings in the 18th and 19th Century, in: o. Verf., Military Technique Policy and Strategy in History, Warsaw 1976, p. 131) Von den 784 Reitern des russischen Regiments kehrten nur 150 von der Attacke zurück. (T. Stachowski, Between Waterloo and the Alma, The Polish-Russian War 1830, in: History Today, Vol. 29, 1979, p. 314). Katafiasz, Zastosowanie broni, a.a.O., s. 192, bewertete den Einsatz zusammenfassend: „Das Zusammenbrechen des russischen Sturmangriffes war der Wendepunkt der Schlacht . . . Wahrscheinlich ist es nicht übertrieben, festzustellen, daß der Einsatz von Kpt. Skalskis Kompanie in der Endphase der Schlacht das weitere Bestehen der Polnischen Armee für viele Monate geradezu gerettet hatte." Als Anerkennung ihrer Leistungen wurde der Batterie 1 goldenes und 1 silbernes Ehrenkreuz „Virtuti Militari" verliehen (ibidem). An anderer Stelle wurde nur nüchtern festgestellt: „La tête de cette colonne a déjà dépassé le front polonais de bataille, mais prise en flanc par la batterie de raquetiers du capitaine Skalski, sa marche est ralentie par des bordées de fusées. L'infanterie des généraux Szembek et Skrzynecki profite de cette circonstance, ainsi que la cavalerie des colonels Kicki et Kasimir Skarzynski . . . Attaquée de front et sur les flancs, la cavalerie russe est culbutée avec une perte énorme; le régiment des cuirassiers du prince Albert, formant la tête de la colonne, est détruit . . ." (L. Chodzko, Coup d'oeil historique et militaire sur la guerre actuelle entre la Russie et la Pologne, in: SpMil, 1831, p. 154)

225) BMAP, dossier Bedford, chemise Correspondence, lettre Varsovie le 28 février 1831 au quartier Général; „la Brigade de fusées décida toute l'affaire . . . elle lança une volée des 25 fusées sur les Cuirassiers; les fusées tirées à la foi en telle quantité (quoique nos fusées faites à Varsovie soient mauvaises) embarasserent et tourmentent tellement la Cavalerie russe, que . . . tout le Régiment et les deux autres se rétirent." (ohne Angabe eines Absenders)

226) Los, a.a.O., s. 195

227) Nowak, a.a.O., p. 139

228) ibidem, p. 140, sowie: Katafiasz, Zastosowanie broni, a.a.O., s. 196

229) Nowak, a.a.O., p. 140; nach: Katafiasz, Zastosowanie broni, a.a.O., s. 200, erfolgte dieser Einsatz bereits am 6. September

230) Angaben für die Einsätze nach der Schlacht bei Grochow nach: T. Katafiasz, Zastosowanie broni, a.a.O., s. 163 - 229

231) NHS, Hann. 48 Nr. 801 (siehe Abschnitt: Die deutschen Staaten, Hannover). Die Akten für diesen letzten Zeitraum sind gem. Schreiben des Wojskowy Instytut Historyczny vom 18.03.1996 wohl ein Opfer des 2. Weltkrieges geworden.

232) F. L. von Erlach, Partyzantka w Polsce w roku 1863, ed. 1960, s. 76: „bardzo nadajace sie do partyzantki" (zitiert nach: Katafiasz, Zastosowanie broni, a.a.O., s. 217), siehe auch: J. Franz L. von Erlach, Die Kriegsführung der Polen im Jahre 1863, in: AMZ 1864, No. 46, S. 366: „Mir würden Geschütze im Parteigängerkrieg sehr hemmend vorkommen, Raketen hingegen als höchst angemessen."

Unterlagen vor. Schließlich scheinen auch noch in Großbritannien Raketen beschafft worden zu sein; diese gelangten jedoch nie nach Polen, da der Transportdampfer *Princess*, der sie in Newcastle geladen hatte, von einem spanischen Kriegsschiff angehalten wurde und seine Ladung beschlagnahmt wurde.[233] Besondere Raketeneinheiten scheinen jedoch nicht aufgestellt worden zu sein. Der erste polnische Raketeneinsatz erfolgte in der Nacht vom 4. auf den 5. August 1863; nach Auffassung der Russen hatte er wohl nur einen falschen Alarm auslösen und Panik entfachen sollen.[234] Am 24. September wurden Raketen bei einem Gefecht in den Wäldern bei Puchaczow eingesetzt und schließlich am 3. November im Kampf um Chelm, wo Major Kozlowski auf dem Friedhof Stellungen bezog, um die Stadt einzunehmen; als sich ihm russische Kavallerie unter Oberst Emanov entgegenstellte, gelang es den Polen diese durch Einsatz der Raketen in die Flucht zu schlagen, so daß anschließend die polnische Infanterie die Stadt besetzen konnte.[235]

Schließlich konnten die Raketen noch erfolgreich am 21. November in der Schlacht bei Malinówka, wiederum gegen russische Kavallerie, eingesetzt werden:

„. . . *biec, aby rakiet uzyto. Rostworowski zastal znów posade rakietnika wakujaca i sam zabral sie do rzucania rakiet i kilka rac udalo mu sie rzucic w sam srodek dragonów, których konie, sploszone dziwnym swistem i szumem, jakie wydawaly rakiety, trzaskiem pekajacych granatów i sypiacymi sie wokolo iskrami, zupelnie zlamaly szeregi.*"[236]

Durch diesen Einsatz wurde die Einkreisung und Vernichtung der Truppen Kozlowskis verhindert. Dies scheint aber der letzte Einsatz von Raketen durch polnische Truppen im 19. Jahrhundert gewesen zu sein.

f. Königreich Portugal

Wie bereits in der Einleitung aufgezeigt, hatte kurz vor der Jahrhundertwende im Jahre 1796 der Sargento-Mór Jeronimo Jozé Nogueira d'Andrade[237] aus dem Regimento d'Artilharia da Marinha sich bereits mit Brand- und Signalraketen befaßt. Seine Ideen „Projecto de huma nova arma Portugueza", Konstruktionsunterlagen, einschließlich der Darstellung der erforderlichen Gerätschaften zur Herstellung der Raketen, und Versuchsergebnisse legte er 1796 in einem ausführlichen Bericht vor.[238] Dieser Bericht geht in seiner Präzision und den beigefügten Tabellen und Zeichnungen weit über andere Beschreibungen und Versuchsprotokolle der nachfolgenden, allerdings hiervon unabhängigen Raketenentwicklungen anderer Länder hinaus. D'Andrade sah diese neue Waffe, „Foguete incendiário", nicht nur als neue Waffe für den Landkrieg, sondern wies auch darauf hin, daß sie im Gegensatz zu Brandgeschossen auch ohne Gefahr von Schiffen aus eingesetzt werden könne.

„*O ûzo das ballas incendiaras tem sido tão dezejado, como impraticavel abórdo dos Navios; temos pois agóra estes Foguetes incendiários que dos Navios Portuguezes pódem ser lançados sem risco algum.*"[239]

Zur Untermauerung seiner Vorschläge hatte er sich 1795 oder 1796 mit Raketen an der Algarve eingeschifft, um deren Einsatz zur See praktisch zu erproben. Als ein marokkanisches Schiff gesichtet wurde, feuerte er

„. . . *de longe um foguete de guerra incendiando lhe as velas de proa. Os marroqinos, embora atónitos com a agressão de que eram vítimas e por tão inédita arma, conseguiram apagar o fogo e fugir.*"[240]

Damit erfolgte lange vor Congreve in Portugal der erste Raketeneinsatz der Moderne zur See.

Seine Brandraketen unterschieden sich von den späteren nur dadurch, daß sie an der Spitze in einem hervorstehendem Pfeil ausliefen, um fest im Ziel zu heften, wenn sich der Brandsatz entzündet hatte, sie konnten mit großen Erhöhungen, aber auch horizontal verschossen werden.[241] Auch stellte er bereits Versuche mit Raketen, die 6zöllige Granaten[242] als Gefechtskopf trugen, an. In seiner Denkschrift nannte er als Treibsatz für Raketen mit einem Kaliber von 14 Linien 10 Teile Pulver und 5 Teile Holzkohle, für Raketen mit dem Kaliber von 28 Linien nannte er 16 Teile Salpeter, 7 Teile Kohle und 4 Teile Schwefel. Seine Versuche führte er mit Raketen von einem Kaliber von 6 polegades durch. Bei 10° Elevation erzielte er Reichweiten von 590 bis 1.200 palmos, wobei er feststellte, daß diese „quazi na direcção da linha" gegangen wären, die größte von ihm festgestellte Abweichung hatte 2 braças betragen.[243] Diese Reichweiten lagen natürlich noch erheblich unterhalb derer der späteren Raketen Congreves, möglicherweise wurden auch deshalb seine Vorschläge nicht weiter verfolgt. D'Andrade scheint sich später in Brasilien nicht weiter mit Raketen beschäftigt zu haben.

Portugal hatte dann Congreves Raketen im Verlauf des Peninsular-War kennengelernt, aber sich in den folgenden Jahren nur theoretisch damit beschäftigt,[244] so war bereits 1829 in einem Handbuch der Marineartillerie das Raketenwesen, einschließlich der technischen und taktischen Grundlagen eingehend beschrieben worden.[245] Zwar hatte 1831 ein italienischer Söldner, Colonel Francis Maceroni, Marine-Raketen eigener Erfindung angeboten, jedoch waren seine Forderungen, die das Kommando über eine Flotte einschlossen, indiskutabel.[246] Die

233) Katafiasz, Zastosowanie broni, a.a.O., s. 216 ff. (alle Angaben zur Beschaffung der Raketen)

234) ibidem, s. 217

235) ibidem

236) S. Zielinski, Kilka wspomnien obozowych z Kaliskiego, s. 111, zitiert nach: Katafiasz, Zastosowanie broni, a.a.O., s. 218 [Es gelang einem der Offiziere ein paar Raketen in die Mitte der Dragoner zu werfen, deren Pferde von dem seltsamen Zischen und Rauschen, das die Raketen verursachten, vom Krachen und Platzen der Granaten und von den ringsum sprühenden Funken scheuten, wodurch die Reihen der Kavallerie zusammenbrachen"]

237) Nogueira d'Andrade geb. 1751 in Melgaço, 1.1.1769 Soldat im Regimento de Artilharia do Porto in der „companhia de bombeiros", 1775 sargento, 1779 Patent als 2.° tenente, 1782 capitão im Regimento de Artilharia da Praça de Moçambique, 1791 sargento-mòr in Lisboa. 1797 Umgliederung des Regimentes zur Brigada Real de Marinha, 1799 coronel, 1803 - 1809 als brigadeiro und Inspekteur der Festungen von Pará in Brasilien (AHML, Livro de Registo de Artilharia, 1807; AHML, 3 Divisão, 7 Seccas, Caixa 300; sowie: A. F. do Nascimento, Uma 'nova arma' inventada, em 1796, por um artilheiro português, in: Revista de Artilharia, 1955, p. 91)

238) AHML, caixa 8, No. 2, eine erste Darstellung dieses Berichtes erfolgte durch: do Nascimento, a.a.O., p. 91 - 100

239) AHML, caixa 8, No. 2, er nahm hier also bereits spätere Ideen Congreves vorweg.

240) N. V. dos Santos, Dos Foguetes aos Foguetões, in: Revista de Artilharia, 1986, p. 228 [eine Rakete abgefeuert, wobei dessen Segel am Bug Feuer fingen. Die Marokkaner waren völlig überrascht von diesem Angriff, dessen Opfer sie wurden, und durch die unbekannte Waffe. Sie konnten das Feuer löschen und die Flucht ergreifen.]

241) AHML, caixa 8, No. 2, „Estes Foguetes constituem huma arma de arremêço compósta de balla, farpa, e fogo, e atirão-se tanto vertical como horizontalmente." Bei seinen Versuchen scheint d'Andrade aber keine Elevation über 10° verwendet zu haben. Die Brandraketen wären damit noch dem schwedischen „fyrpil" ähnlich gewesen, der in der Einleitung beschrieben wurde.

242) ibidem, D'Andrade gab an „de 6 polegadas inglesas, ou 5 polegadas e 7 linhas portuguezas"

243) ibidem; „dous foguetes alcançarão a 530 palmos ladiando duas braças para a direita da linha. 6 ficárão ardendo a 800 palmos quazi na direcção da linha. 3 parárão athé 870 palmos a onde ficárão ardendo p. algum espaço de tempo." Zu einem zweiten Versuch notierte er: „Dous foguetes rebentarão a 240 palmos; 2 ficárão a 500 palmos, 4 forão a 800 palmos, e 3 forão cahir a 1.000 palmos de distancia, ficando quazi todos em dirrecçones muito proximas do Alinhamento."

244) Nach: Montgéry, III°. Mémoire sur les fusées de guerre, in: JSM, 1826, tome 2, p. 240, sollen Raketen vorhanden gewesen sein: „Le Portugal, retombé sous la protection du gouvernement Britannique, doit avoir des compagnies de fuséens, parmi les troupes étrangères qui soutiennent des destinées chancelantes." Sie waren jedoch auf keinen Fall offizieller Bestandteil des portugiesischen Heeres.

245) G. Conceição Silva, Mísseis... de há 130 anos!, in: Anais do Clube Militar Naval, Tomo XC, Abril a Junho de 1960, p. 353, Silva führte hier an: António Lopes da Costa Almeida, Compêndio Teórico-Prático de Artilharia Naval, herausgegeben 1829 von der „Academia Real dos Guarda-Marinhas", in diesem Handbuch waren vor allem die Arbeiten Montgérys verarbeitet.

246) Winter, rocketry, a.a.O., p. 132

königliche Marineakademie beschäftigte sich zwar auf theoretischer Grundlage weiterhin mit Raketen und befürwortete ihren Einsatz zur See, Raketen wurden jedoch nicht beschafft. Erst im Bürgerkrieg 1832 bis 1834, dem Miguelisten-Krieg, kam es durch beide Parteien zu Raketeneinsätzen.[247] Auf Seiten der Migueliten wurden Raketen unbekannten Ursprungs eingesetzt, während die Raketen der liberalen Partei, die Maria II. als Königin einsetzen wollte, aus Großbritannien stammten, das diese Bürgerkriegspartei unterstützte. Dabei wurden Raketen auch versuchsweise auf portugiesischen Kanonenbooten auf dem Douro eingerüstet[248] und von der Artillerie Dom Pedros eingesetzt, nachdem dieser mit seinem Heer bei Oporto gelandet war. Dabei bedienten britische und portugiesische Artilleristen die „Raketenwerfer".[249] Erste Raketeneinsätze erfolgten bereits im Dezember 1832 durch die Truppen Miguels:

„ . . . at night there was a very severe fire of shot and shell kept up upon the city, accompanied with flights of heavy rockets."[250]

Im Rahmen des Heeres der Liberalen wollte der Befehlshaber der Artillerie, Colonel Antonio de Padu da Costa, eine Raketenbrigade aufstellen, gegenüber dem britischen Freiwilligen William Bollaert äußerte er am 17. Juni 1833:

„ . . . that he was about forming a rocket brigade, to be composed of 'rapazes inteligentes'(intelligent lads), requesting me to be one of them."[251]

Die ersten Brandraketen wurden am 20. Juni von Artilleristen, die unvermutet zu Raketeuren geworden waren, in Stellung gebracht.[252] Die Raketenbrigade wurde dann am 25. Juni aufgestellt mit Bollaert als Kommandanten, der sich anschließend bitter über die „intelligenten Burschen" beklagte.[253] Aus Großbritannien lieferte Mr. Anderson einen Vorrat von 9-, 12- und 24pfündigen Raketen mit Granaten, Carcassen und Kartätschen als Gefechtskopf, die Bollaert am Folgetag versuchsweise gegen den Feind einsetzte:

„On the following day I had orders to escort him, rockets, tubes, and stands, to a position, and try them upon some houses occupied by the enemy's pickets in advance, and between the Cobello battery and As Medalhas. This job and the time consumed to transport the rockets, &c., in the lumbering native cars, I shall not easily forget. Dom Pedro had placed himself in the Gloria battery to our left, to note proceedings. Having fixed the tubes and stands, we got the range and commenced directing the several sorts of rockets upon the picket-houses and encampment, which disturbed the peace of the parties there, much to Dom Pedro's amusement. Our troops were in readiness to repel any advances, but the enemy was not anxious just then to show their teeth."[254]

Bollaert selbst lernte den Gebrauch der Raketen bei diesen ersten Einsätzen von seinem Freund, Captain Brown, der vorher in Columbien unter Bolivar gedient hatte, dieser unterstützte ihn auch bei der Lagerung und Vorbereitung der Raketen in Lardello.[255] Die Angriffe der Migueliten gegen Oporto konnten in der Folge, auch unter dem Einsatz der Raketen, zurückgeschlagen werden. So schrieb Bollaert Anfang Juli 1834:

„The Congreve rockets thrown amongst their columns from Lardello produced the most desirable effects."[256]

Auch bei den letzten Angriffen der Migueliten am 25. Juli scheint die Raketenbrigade ihre Waffen erfolgreich eingesetzt zu haben:

„I got orders at last to commence firing, and blazed away, whenever I saw the columns of the enemy advancing, or in a position to be annoyed, with shot, shell, and carcass-rockets. From the smoke of the firing around us I could not at all times see if the rockets had done execution, but 'bravos' were heard from those who were looking on from other positions. Some Miguelites who came over to us during the fight said they saw a large rocket rush into a party of Milicianos, killing and wounding eleven! Our best work was at a squadron of cavalry; the rockets went unexpectedly and dropped into them, and the way they scattered was most satisfactory to me and my men; if we killed none, there must have been lots of broken bones. On the top of the parapet of my trench I had a pretty considerable line of rockets, composed of 6 and 12-pounders in platoon, in case the enemy forced their way to us, all ready prepared, a train placed in the vent, the leader carried over and under the alternate sticks."[257]

Mit der folgenden Besetzung von Lisboa durch Dom Pedros Streitkräfte im Juli 1834 war dann der Krieg entschieden. Die Raketen scheinen letztmalig in der Schlacht von Asseiceira eingesetzt worden zu sein, wo das miguelistische Heer entscheidend geschlagen wurde und seine gesamte Artillerie verlor.[258] Die Raketenbrigade scheint nach Beendigung des Krieges aufgelöst worden zu sein, die noch vorhandenen Raketen beider Parteien wurden im Arsenal eingelagert, und scheinen bis 1846 nicht genutzt worden zu sein.[259] Dabei waren die unterschiedlichsten Raketentypen und Abfeuerungseinrichtungen vorhanden, so daß es schwierig gewesen zu sein scheint, diese sinnvoll für die Artillerie zu nutzen.[260] Erst in diesem Jahr scheint eine 12pfündige Raketenbatterie wieder bei Torres-Vedras im Zuge der Bürgerkriege bei der Vertreibung des Diktators Costa Cabral eingesetzt worden zu sein, bemängelt wurden dabei die unzuverlässigen Flugbahnen der Raketen.[261] Erst Jahre danach scheint sich die Artillerie wieder dieser Waffe erinnert zu haben und erprobte und übte ihren Einsatz auf Schießplätzen.[262] Man hatte jedoch offensichtlich keinen

---

247) A. F. de Sousa Pinto, Breves reflexões sobre o emprego dos foguetes à Congrève, in: Revista de Artilharia, 1850, p. 351: „Nas campanhas de 1832 e 1833 fez-se uso dos foguetes á Congrève, porém dirigadas as machinas, na maior parte, por officiaes estrangeiros, que acompanhavam o exercito libertador."

248) N. V. dos Santos, a.a.O., p. 233, über die Ergebnisse dieser Versuche scheinen jedoch keine Unterlagen vorzuliegen. Dos Santos zitierte aus einem Schreiben vom August 1832 des Arquivo Histórico Militar: „ . . . devo dizer que chigou o homem com os foguetes, e q amanhã os quer experimentar nas Barcas Canhoneiras q andão no Rio Douro. Veremos o resultado."

249) ibidem

250) W. Bollaert, The War of Succession of Portugal and Spain from 1826 to 1840, London 1870, p. 127 (Beschießung Oportos)

251) ibidem, p. 259; Bollaert war zuvor Chemiker und Bergwerksingenieur, aufgrund seiner Kenntnisse um Explosivstoffe trat er der Artillerie bei (Winter, rocketry, a.a.O., p. 132)

252) Bollaert, a.a.O., p. 260: „I was ordered, with a party of artillery turned into rocket men, to place a few 12lb carcass rockets with stands in the Virtudes battery, which was just opposite the Gaia and Candal batteries, on the other side of the river, so as to be in readiness." (Verteidigung von Oporto); es scheint aber bereits vorher schon zu Raketeneinsätzen gekommen zu sein, *(siehe Fußnote 247)*

253) Bollaert, a.a.O., p. 260: „ . . . but as to the 'rapazes inteligentes,' or intelligent lads, I never saw any of them to assist me, and had to drawn upon our Portuguese artilerymen."

254) ibidem, p. 261; Mr. Anderson ist wahrscheinlich dieselbe Person, die 1830 an die Niederländer Raketen verkaufen wollte

255) ibidem, p. 271

256) ibidem, p. 320

257) ibidem, p. 310

258) J. J. Teixeira Botelho, Novos subsidios para a História da artilharia Portuguesa, Lisboa 1948, p. 186: „Pela sua parte os liberais, além de empregarem duas peças para contrabaterem as da ponte da Asseca e outras duas para as da ponte do Celeiro, puseram em posição oito peças de artilharia e uma brigada de foguetes à Congreve, de calibre 12, contra as colunas de ataque. e toda esta artilharia combateu." Botelho ergänzte in einer Anmerkung, daß diese Brigade über 4 oder 6 „Raketengeschütze" verfügte.

259) o. Verf., A utilizaçao no sec XIX de foguetes de guerra em Portugal (Studie des portugiesischen Generalstabes), Lisboa 1995

260) de Sousa Pinto, a.a.O., p. 360: „Até 1846 pouca attenção se lhe tinha prestado, e no arsenal do exercito havia uma tal confusão de calibres, tanto nos foguetes, como nas machinas de os lançar, que difficultoso seria estabelecer um systema qualquer, para entrar em acção." Leider machte de Sousa Pinto keine Angaben zu den vorhandenen Raketenmodellen, auch im Arquivo Histórico Militar Lisboa scheint keine Bestandsübersicht archiviert zu sein.

261) de Sousa Pinto, ibidem; der Einsatz wird aber auch darunter gelitten haben, daß dichter Nebel herrschte, wie Pinto berichtete; siehe auch: dos Santos, a.a.O., p. 367: "depois não nos consta, que se empregassem, a não ser uma batería de calibre 12 na acção de Torres-Vedras, em 1846, cujos resultados, em virtude da muita neblina, que encobria ainda os objectos mais proximos, pouco nos deixou concluir, a não ser o immenso desvio, que sofria a pontaria e diversas curvas que descreviam os foguetes . . ."

262) ibidem

besonderen Wert auf eine fachgerechte Lagerung der Raketen gelegt, so daß diese stark unter den Witterungseinflüssen gelitten hatten; die Ergebnisse der Versuche ließen diese Raketen kleinen Kalibers als Kriegswaffe ungeeignet erscheinen, zumal sie bereits über ein Jahrzehnt alt waren. Überdies wurden die vorhandenen Raketenwagen als schlecht konstruiert beurteilt, da sie zu lang und zu schwer waren und ihr Schwerpunkt zu hoch lag, so daß ein Transport der Raketen mit diesen Wagen auf den schlechte und engen Wegen die Einsatzmöglichkeiten einer Batterie erheblich eingeschränkt hätte. Dennoch sprach sich de Sousa Pinto für die Raketen aus, forderte jedoch verbesserte Wagen und Waffen, bei deren Konstruktion die Fehler der Vergangenheit berücksichtigt werden müßten.[263)] 1854 besuchte eine Kommission portugiesischer Artillerieoffizieren mehrere europäische Länder, dabei auch das Arsenal von Woolwich, wo ihr auch Raketen vorgeführt wurden, diese Beobachtungen scheinen aber eher als nebensächlich betrachtet worden zu sein.[264)] Seit Anfang der fünfziger Jahre scheinen aber bereits Hales Raketen, möglicherweise nur zu Erprobung, in Portugal vorhanden gewesen zu sein; es handelte sich um Raketen vom Kaliber 3 (75 mm), deren Treibladung 0,5 kg wog und für die ein Abfeuerungsgestell mit einer Röhre des Durchmessers von 3,5 inch, das ebenfalls in Großbritannien hergestellt worden war, genutzt wurde. Vorgesehen war ihr Einsatz für Belagerungsoperationen. Die Reichweite betrug unter 44 Grad Elevation etwa 2.700 Meter.[265)]

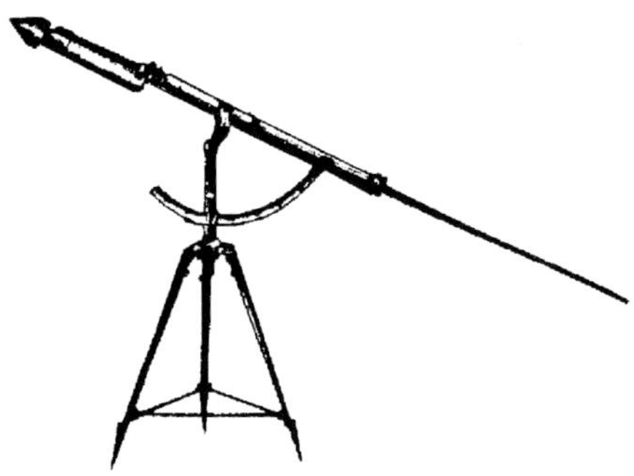

Abfeuerungsgestell für Raketen von Tavares (Zeichnung: Tavares)

In den fünfziger Jahren begann der portugiesische Industrielle und Pyrotechniker Francisco Antonio Tavares in Ribeira di Marchante[266)] sich mit Raketen zu beschäftigen, verbesserte Modelle zu entwerfen und in Versuchen zu erproben. Eine erste Vorführung seiner Raketen scheint wenig erfolgreich gewesen zu sein, seine Raketen wurden beurteilt als „como sendo ineficazes e que não se deviam adoptar como arma de guerra."[267)] Tavares ließ sich jedoch nicht entmutigen und setzte seine Versuche fort. Seine Arbeiten scheinen dann schließlich erfolgreich gewesen zu sein, da eine Kommission von Marine- und Artillerieoffizieren diese Raketen trotz vorhandener Unzulänglichkeiten 1860 für gut befand und urteilte, daß sie für besondere Einsätze, insbesondere gegen Eingeborene und in den überseeischen Besitzungen geeignet wären.[268)]

Die Marine scheint nur wenige Versuche durchgeführt zu haben, um den Einsatz der Raketen auf Schiffen zu untersuchen, offensichtlich befürchtete man aufgrund der Unsicherheit der Raketen Gefahren für das Bedienungspersonal. Dennoch wurden wohl ab etwa 1860 Corvetten, die nach Afrika - möglicherweise auch für andere überseeische Einsätze - bestimmt waren, mit einem Abfeuerungsrohr und jeweils 25 Raketen ausgerüstet. Aber auch hier scheint diese Waffe mehr zum Vorzeigen für Besucher als zur Ausbildung genutzt worden zu sein. Auch wenn man diese Waffe für die Ausrüstung der Polizeikräfte auf den Flüssen Afrikas für erforderlich hielt, scheint für deren Ausstattung das Material nicht ausgereicht zu haben.[269)] Der französische Marineoffizier Barazer berichtete, daß er 1861 nach dem Einsatz in Shang-hai auf der Fahrt nach Saigon vor Formosa einen portugiesischen Dreimaster beobachtet habe, der einen Angriff durch Piraten erfolgreich abwehrte „au moyen de quelques fusées qu'il avait par bonheur à son bord."[270)]

Mitte der sechziger Jahre wurden daraufhin vom Marineminister versuchsweise einige dieser Raketen beschafft, die Bestandteil der Ausrüstung einer Strafexpedition in Mozambique werden sollten.[271)] Eine erste Expedition, die Mitte 1867, mit 20 einzölligen Raketen ausgerüstet, gegen die befestigte Ortschaft Massangano, Hauptquartier des Banditen Bonga, vorrückte, geriet in einen Hinterhalt und wurde niedergemacht, ohne daß sie hätte Raketen einsetzen können.[272)] Im November desselben Jahres wurde eine zweite Expedition in Marsch gesetzt, deren Artillerie-Detachement auch über 19, wiederum einzöllige Raketen und ein Abfeuerungsgestell verfügte.[273)] Es ist dabei nicht klar, ob es sich bereits um die neuen Raketen von Tavares oder ältere Modelle gehandelt hat. Bei einem ersten Einsatz erreichte nur eine der 19 abgefeuerten Raketen das Ziel[274)] und verursachte einen Brand, der aber sofort von den Verteidigern gelöscht werden konnte. Auch dieser Expedition war kein Erfolg beschieden.[275)] Ende Juli 1868 erfolgte ein dritter Vorstoß unter tenente-coronel de Portugal mit 475 Mann, diese

263) de Sousa Pinto, a.a.O., p. 361: „Concluimos d'aqui que ha necessitade de prestar algum cuidado a este novo genero de arma, estudando os meios de obviar os inconvenientes, que notámos, a fim de que, algum dia, se tivermos necessidade de os empregar, estejàmos prevenidos já com os preparos precisos, já com os conhecimentos practicos para nos servirmos d'elles."

264) Der Kommission ging es vor allem um Geschütze, Artilleriemunition und Zünder (H. de Campos Ferreira Lima, D. Pedro V e a artilharia portuguêsa, in: Revista de Artilharia, anno XVIII, Janeiro a Junho de 1922, p. 77)

265) o. Verf. (Estado maior do exército), Síntese Histórica da Artilharia Portuguesa, Museu Militar do Porto 1982, Exemplar No. 15, p. 115; die Rakete wird hier noch als „Lança foguetes tipo Congrève (mod. Hale)" bezeichnet, aus der Beschreibung geht jedoch hervor, daß es sich einwandfrei um eine Rotationsrakete handelte. Zur Verwendung der Raketen in Portugal, wird nur festgestellt: „Em Portugal confirmase a sua utilização, pelo menos, durante a guerra civil e por parte das tropas liberais. Também em Vendas Novas, na Escola Prática de Artilharia, foram experimentados vários foguetes deste tipo."

266) geb. Juni 1826, beschäftigte sich zunächst als Pyrotechniker, emigrierte dann nach Amerika, wo er weiter als Pyrotechniker arbeitete und auch Kriegsraketen kennenlernte. Nach seiner Rückkehr bot er der Marine "um foguete de guerra de seu invento" an. (dos Santos, a.a.O., p. 373)

267) ibidem

268) ibidem: „bastante defeituosos, todavia (podiam) serem empregados com utilidade quando satisfizessem a certas condições, nas guerras com os indigenas, em nas nossas possessões ultramarinas." [auch wenn viele Raketen defekt waren, könnten sie doch mit hinreichender Sicherheit unter bestimmten Bedingungen im Kriege gegen Eingeborene in den überseeischen Besitzungen verwendet werden]; in: J. J. Teixeira Botelho, a.a.O., p. 39, sind diese Raketen nicht gesondert aufgeführt, es wurde nur festgestellt, daß auf dem seit 1859 neu organisierten Schießplatz von Vendas Novas am 6. September 1860 neben dem Schießen mehrerer Artilleriebatterien auch einige „foguetes de Congreve" abgefeuert wurden.

269) F. A., Apontamentos sobre foguetes de Guerra, in: Anais do Clube Militar Naval, 1875 (reprint 1975), p. 55: „A bordo dos nossos navios nenhuma importancia se dá aos foguetes de guerra; só muito por acaso se tem queimado um ou outro para experiencias, e isto sempre vom o receio, aliás mui bem fundado, que o cavalete, calha e mais aprestos se transformen em elementosde destruição das pessoas presentes: considera-se um atrevimento audacioso o puxar o fiel do martello, fazendo detonar a espoleta; e a calha é tida sempre por objecto de exhibição, servindo mais para fazer a admiração dos visitantes, do que para educação d'aquelles, que deveriam utilisal-os em tantas o tão repetidas occasiões de bem servirem, e serem desejados."

270) ACMV, CC7 - 94, Barazer, Remarques sur l'utilité des fusées de guerre, employées à bord des bâtiments de la Flotte, Brest, 6 juin 1872, p. 11; er fügte hinzu, daß die chinesischen und malayischen Piraten ebenfalls Raketen einsetzten (Barazer war zu diesem Zeitpunkt 2. Offizier auf der Dampfcorvette *Le Monge*.)

271) F. A., Apontamentos, a.a.O., p. 55 sowie: Winter, rocketry, a.a.O., p. 132

272) Winter, rocketry, a.a.O., p. 133

273) F. G. de Almeida de Eça, História das guerras no Zambese, Vol. II., Lisboa 1954, p. 161

274) dos Santos, a.a.O., p. 374; dos Santos zitierte hier aus: J. Texeira Botelho, História Militar e Política dos Portugueses em Moçambique, p. 197: „os fogos à Congrève, nada de importante se conseguiu, pois estes últimos quasi todos rebentavam na calha e um foi ao destino e alcon um pequeno incêndio logo apagado pelos negros." [die Raketen haben nichts Entscheidendes bewirkt, da fast alle bereits auf den Abfeuerungsgestellen detoniert sind und nur eine das Ziel erreicht hat, wo sie einen kleinen Brand bewirkte, der von den Negern rasch gelöscht werden konnte]

275) ibidem, p. 181: „Também foi pouco menos do que inútil o uso dos foguetes à Congreve, pois dos 19 enviados pelo depósito de Moçambique, apenas 5 resultaram e destes rebentaram 4 a meio caminho; os restantes rebentaram na calha, e sómente 1 chegou ao seu destino, ocasionando principio de incéndo numa palhota, que os re-

Truppe führte neben 3 Haubitzen und 5 leichten Feldgeschützen diesmal 6 Raketen und 2 Abfeuerungsröhren mit. Am 31. Juli wurde die erste Rakete, ohne Abfeuerungsröhre, auf Massangano abgefeuert, sie bewirkte einen Brand in der befestigten Ortschaft und ein erhebliches Durcheinander bei den Verteidigern.[276)] Aber auch diese Expedition war erfolglos, da Bonga überlebte. Tavares hatte inzwischen einen Gefechtskopf für seine Raketen entwickelt, der mit kleinen Pfeilen gefüllt war, nach der Zündung sollten diese aus großer Höhe auf feindliche Truppen herabfallen. Dieses Modell scheint dann 1869 in Mocambique versuchsweise eingesetzt worden zu sein durch eine Expedition, die dann bereits über eine Raketenbatterie verfügte; bei der Belagerung Massanganos wurden von ihr 88 Raketen des Kaliber 12 und 68 des Kaliber 9 abgefeuert.[277)] Dieser neue Gefechtskopf hat sich dann aber nicht bewährt, da diese Pfeile zu leicht waren und so keinen Schaden verursachten.[278)] Schließlich konnte 1871 Frieden geschlossen werden. Aber noch im Jahre 1872 wurden weitere 88 Raketen des Kaliber 12 nach Mozambique geliefert.[279)]
Tavares entwickelte dann seine Raketen mit wechselndem Erfolg weiter, 1870 erreichten sie Reichweiten von 1.000 Metern,[280)] bemängelt wurde jedoch die unregelmäßige Flugbahn. Neben der Artillerie beschäftigte sich auch die Marine mit dieser Waffe und führte Anfang der siebziger Jahre Versuche mit Raketen an Bord einiger Schiffe durch, erprobt wurden anscheinend auch Ankerraketen.[281)]
Nach weiteren Verbesserungen wurden 1874 die Raketen von Tavares von einer Kommission nach entsprechenden Versuchen in Hinblick auf Reichweite und Wirkung als den Congrev'schen gleichwertig beurteilt.[282)] Diese Raketen scheinen aber nur bis 1877 in Dienst gewesen zu sein, da Anfang 1877 die neueren Raketen Hales auch in Portugal eingeführt wurden, nachdem der tenente Nandin de Carvalho sie während eines Lehrgangs auf der Schule der britischen Marineartillerie HMS Excellent kennengelernt hatte.[283)] Man scheint sie jedoch ohne nähere Einweisung beschafft zu haben, da Elevation und Reichweite erst nach Versuchen festgestellt werden konnten, die ergaben, daß bei 2° Erhöhung 200 yards und bei 15° 900 yards erreicht wurden. Auch diese Raketen scheinen nur im Kolonialdienst verwendet worden zu sein, Ferreira do Amaral berichtete von ihrem Gebrauch am Zaire.[284)]

In Portugal selbst scheinen aber nach dem Erbfolgekrieg 1832 / 1833 nie wieder Raketenartilleriebatterien existiert zu haben, auch die zuletzt eingeführten Raketen Hales dürften nicht allzulange in Dienst gewesen zu sein, da auch in Portugal mit Einführung der gezogenen Hinterlader-Geschütze die Raketen außer Dienst gestellt wurden, der genaue Zeitpunkt ist jedoch nicht bekannt.

g. Königreich Schweden

Der Einsatz der britischen Raketen gegen Kopenhagen hatte naturgemäß auch im Nachbarstaat Schweden ungeheures Aufsehen erregt, und die Zeitungen waren voll von Berichten über diese neue Geheimwaffe, die ein Zwölftel von Kopenhagen mit erheblichen Verlusten für die Bevölkerung ausgelöscht hatte. Über die technischen Aspekte dieser Waffe, also die Art des Treibsatzes und der Brandmasse, war jedoch wenig bekannt geworden. Der Chemiker J. J. Berzelius,[285)] der an der medizinischen Fakultät der Universität Lund die Umstände des Todes des schwedischen Kronprinzen Karl August zu untersuchen hatte, fand, als er dort eingetroffen war, die Untersuchung bereits abgeschlossen. Er nutzte die Gelegenheit, Freunde in Kopenhagen zu besuchen, wobei es ihm vor allem um Gespräche mit dem Physiker Örsted ging. Hier traf er auch dänische Offiziere und natürlich kam das Gespräch auch auf den Raketeneinsatz. Die dänischen Militärbehörden hatten mehrere Raketen sichergestellt und Berzelius erhielt Gelegenheit, sie zu untersuchen und Teile der Treibladung und des Brandsatzes mitzunehmen. In Stockholm analysierte er dann deren Zusammensetzung. Er unterrichtete die schwedischen Militärbehörden von seinen Ergebnissen und am 14. April 1811 erteilte der König der königlichen Akademie für Militär-Wissenschaften die Weisung, Mitglieder für ein Brandraketen-Committee zu ernennen, um die richtige Zusammensetzung des Treibsatzes für Kriegsraketen zu erforschen und Versuche mit Brandraketen durchzuführen, um ihre militärische Nutzbarkeit beurteilen zu können. Die ersten Versuche mit in Schweden hergestellten Raketen, die Congreves Mustern entsprachen, wurden noch im selben Jahr durchgeführt. Diese ersten Raketen hatten

---

beldes logo extinguiram . . ." [diese Nutzung der Raketen war nur wenig mehr als völlig nutzlos, da von den 19 nach Mocambique aus dem Depot gesandten, nur 5 zündeten, wobei 4 bereits im Fluge krepierten und nur eine das Ziel erreichte, wo sie ein Feuer in einer Hütte bewirkte, das die Rebellen aber rasch löschen konnten]

276) ibidem, p. 242: „ . . . observei que produzia incêndio dentro da aringa conhecendo - se haver grande confusão." [es wurde beobachtet, daß im Lager ein Feuer verursacht wurde, wodurch eine große Verwirrung entstand.]

277) ibidem, p. 428, auch wenn das Modell der Raketen nicht angegeben ist, deutet die geänderte Kaliberangabe daraufhin, daß es sich hier wohl bereits um Raketen von Tavares gehandelt hatte. Dies wird durch Ferreira do Amaral bestätigt, der in einem Aufsatz „Apontamentos sobre foguetes de guerra" 1875 feststellte, daß eine große Anzahl Raketen 1869 von der Expedition zum Zambezi mitgeführt wurde (Angabe nach: dos Santos, a.a.O., p. 373)

278) F. A., Apontamentos, a.a.O., p. 59: „A pratica não confirmou as boas esperanças do inventor; raras eram as settas que caím de bico para baixo, e aquellas a que isso succedia tinham pouco peso, e nenhum mal fariam, mesmo que chegassem a alcançar o inimigo, o que tivemos occasião de ver em Moçambique, onde havia ainda uma grande porção de foguetes dos que acompanharam a expedição á Zambezia em 1869"

279) ibidem, p. 465

280) Tavares selbst gab 1869 zur Reichweite seiner Raketen an, sie könnten zwischen 500 und 4.000 Metern verschossen werden und die Treffgenauigkeit wäre vergleichbar mit der von Artilleriegeschossen aus gezogenen Kanonen. Vor allem wies er auf die preisgünstige Herstellung dieser Raketen hin. Überdies hätte er aufgrund seiner Anstrengungen erreicht, daß seine Raketen so verbessert wären, daß sie allen Raketen, die bis jetzt in Kriegen eingesetzt worden waren, überlegen wären. Es scheint sich aber noch um Seitenstabraketen gehandelt zu haben, wie die Abbildung zeigt. Seine Versuche führte er in Ribeira-do-Marchante, nahe Setubal, durch. (F. A. Tavares, Notice sur les Fusées de Guerre Inventées et Perfectionnées par Francisco Antonio Tavares, Lisbon 1869)

281) o. Verf., A utilizaçao, a.a.O.

282) ibidem; dos Santos, a.a.O., p. 375, zitierte aus dem Bericht der Commission, daß die Brand- und Kartätschraketen „confrontados com os foguetes à Congrève, foram julgados de alcance e poder equivalentes." Für die Raketen von Tavares scheint keine technische Beschreibung vorzuliegen. Dos Santos (ibidem, p. 374) zitierte eine Beschreibung: „os foguetes diferiam exteriormente dos de Congrève em terem as hastes lateraes, não apresentarem na base os furos para a saída dos gazes, e terminarem em lança." In einem Bericht über Versuche vor einer Kommission von Heeres und Marineoffizieren 1871 mit Brand- und Kartätschraketen wurde geurteilt: „Os foguetes eram de duas especies: incendiarios e de metralha. Os primeiros de 0m,9 de diametro terminavam em pyramide conica, e os segundos de 0m,6 acabacam por uma pequena lança assente na parte ogival de uma bomba de cobre que continha projecteis explosivos . . . Foram 8 os foguetes experimentados, lançados todos na direcção normal ao Tejo e pela elevação de 18°. A sua trajectoria irregularissima, o alcance inferior a mil metros, e pouco effeito, levaram à seguinte classificação: 2 foguetes soffriveis, 4 maus e 2 pessimos." (Notiz in: Anaes do Club Militar Naval, 1871, p. 158). In einem Brief nahm Tavares anschließend zu diesem Bericht Stellung und wies auf Fehler in der Berichterstattung hin, so wären alle Raketen vom Kaliber 6 cm gewesen und: „Se o articulista reconheceu que nos fouguetes lançados, dous foram sovriveis, implicitamente confessa que o invento é bom sendo aperfeiçoado." (ibidem, p. 192)

283) Winter, rocketry, a.a.O., p. 133 (nach einer Meldung vom 10.02.1877 im Army and Navy Journal, New York); sowie ohne Angabe eines Zeitpunktes: A. F., Apontamentos, p. 57 und p. 60

284) F. A., Apontamentos, a.a.O., p. 60: „Quando vimos no Zaire usar as Hale's Rockets, disseram-nos que não estavam estudados os angulos de projecção; vimos comtudo empregar com resultado uma variação de dois graus para cada 200 jardas, isto depois de quinze graus, aos quaes correspondia um alcance medio de 900 jardas." Do Amaral bemerkte abschließend zur Raketenwaffe: „Nada mais podémos colher que nos pareça digno de menção, dando-nos por satisfeios se com este trabalho conseguirmos que a attenção dos nossos cameradas se volte para estes projecteis tão uteis nas campanhas de Africa."

285) Jöns Jacob Berzelius, geb. 20.08.1779, 1807 Professor für Chemie und Pharmazie, Arbeiten über galvanischen Strom und vor allem in der analytischen Chemie, Entdecker des Thoriums, Zirkoniums und Siliziums, weitere Arbeiten über physiologische Chemie (nach: H. Kraemer, Das XIX. Jahrhundert in Wort und Bild, Berlin o. J., S. 158 f.)

Vaillant-Rakete

einen Durchmesser von 4,6 inch und kamen auf eine Reichweite von etwa 1,5 km. Mehrere unterschiedliche Raketenmodelle wurden hergestellt und mit gutem Erfolg getestet, überdies konnten bereits erste Verbesserungen gegenüber den Congreve'schen Raketen durchgeführt werden; auch 1812 und Anfang 1813 entsprachen die verbesserten Raketenmodelle noch diesen Mustern, sie besaßen jetzt einen Durchmesser von 4,25 inch, waren 36,8 inch lang und wogen 20 kg, einschließlich des 19,5 Fuß langen Stabes betrug ihr Gewicht 52 bis 54 pound, die nunmehr erzielte Reichweite betrug bereits 2,5 bis 3 km. Im Mai 1813 wurden die Arbeiten zunächst eingestellt, da die meisten Mitglieder der Kommission dem Kronprinzen zur Armee nach Deutschland folgen mußten.[286)]
Es gelang aber nicht, eine positive Entscheidung für die Einführung der Raketen als Waffe herbeizuführen, da die militärischen Autoritäten, wie auch in anderen Ländern, der neuen Waffe skeptisch gegenüber standen. Dies änderte sich erst aufgrund der Erfahrungen, die der Kronprinz Karl Johan 1813 im Feldzug gegen Napoleon und die mit diesem verbündeten Dänen gewann und in dessen Verlauf dem schwedischen Heer eine britische rocket-brigade unterstellt war. Die Rakete wurde nunmehr als wichtige Waffe betrachtet, dies führte dazu, daß die Bemühungen in Schweden um die Herstellung und Einführung dieser Waffe verstärkt wurden. Ende dieses Jahrzehnts wurden die Versuche wieder aufgenommen, zugleich bereisten schwedische Offiziere das Ausland und berichteten auch über die Technik der Raketenproduktion aus anderen europäischen Ländern. Berzelius und seine Mitarbeiter setzten ihre Bemühungen, die Raketen feldverwendungsfähig zu machen und zu verbessern fort.[287)] Entwickelt wurden Raketen mit Kalibern von 3 und 2 Zoll als Granat- und Brandraketen nach dem Muster der Congrev'schen Raketen. Die Hülse der 3 zölligen Granatrakete war 672 mm lang, der Seitenstab 4,03 Meter, ihr Gewicht betrug ohne Stab 8,16 kg. Die Brandrakete wog 1240 gr und besaß eine Länge von 54 cm, wovon der Brandsatz 19 cm in Anspruch nahm, der Durchmesser der Hülse betrug 57 mm, der des Gefechtskopfes 80 mm. Dabei wurden auch andere Raketenmodelle Versuchen unterzogen, so französische Raketenmodelle, die nicht durch einen Stab sondern durch Flügel stabilisiert wurden.[288)]
Ende der zwanziger Jahre wurde zusätzlich durch Generalmajor Schröderstierna eine einpfündige Signalrakete entwickelt, die dann zwischen 1830 und 1840 im Truppengebrauch war, sie hatte ein Kaliber von 29 mm und wog 200 gr., die Hülse war 223 mm lang und die Länge mit Stab, der am Ende zwei Flossen trug, betrug 955 mm. Ihre Hülse war aus festem Papier gefertigt.[289)]
1829 berichtete der Captain D. W. Silfverstolpe nach einer Reise nach England über die Raketenherstellung in Woolwich und empfahl, auch in Schweden ein Raketen-Corps aufzustellen, aber die militärische Führung ging diesem Vorschlag zunächst nicht weiter nach.[290)]
Die Ergebnisse der Versuche scheinen jedoch den militärischen Forderungen nicht voll entsprochen zu haben, denn im Juli 1831 wurde auf Empfehlung des schwedischen Geschäftsträgers in Berlin ein auswärtiger Raketenkonstrukteur, der Mechanikus Martin Westermaier, nach Schweden eingeladen,[291)] dessen Kenntnisse man für die weitere Entwicklungsarbeit nutzen wollte. In einem Vertrag verpflichtete er sich für die Summe von 1.500 schwedischen Talern Raketen herzustellen und schwedisches Personal in deren Fabrikation auszubilden sowie alle erforderlichen Unterlagen und Zeichnungen zu erstellen. Während seines Aufenthaltes in Stockholm wurden ihm pro Tag zwei Taler Preußisch Courant als Diäten für die Dauer von drei Monaten gezahlt, überdies stand ihm für die Abreise ein Reisegeld von 100 Talern Preußisch Courant zu.[292)]

Schwedisches Raketengeschütz
mit 2zölliger Rakete und 3pfündiger Granate

286) Angaben nach: I. Skoog, The Swedish Rocket Corps 1813 - 1845, in: NASA Conference Publication 2014, Volume I, Washington 1977, p. 9

287) Schilderung des Anfangs der schwedischen Raketenentwicklung nach: S. Strandh, Wilhelm Teodor Unge, A Swedish Pioneer in Rocketry, in: Daedalus, Tekniska Museets Årsbok, Stockholm 1964

288) mitgeteilt vom Armémuseum Stockholm, es handelte sich um die Vaillant-Raketen mit Kalibern von 6 und 9,5 cm. Die 6 cm-Rakete trug als Gefechtskopf eine 3pfündige Granate mit einem Durchmesser von 75 mm, die Hülse war 25 cm, die ganze Rakete 39 cm lang und 3,28 kg schwer, die drei Stabilisierungsflügel waren dreieckig und 25 cm lang sowie 18,5 cm hoch. Leider liegen zu diesen Versuchen keine Daten vor. Dieser Raketentyp wurde nicht eingeführt, siehe auch Abschnitt Frankreich und in diesem Abschnitt, die Niederlande

289) Daten gem. Abbildungen des Armémuseum, Stockholm

290) I. Skoog, a.a.O., p. 11

291) siehe auch Abschnitt: „Die deutschen Staaten, Bayern, Hannover und Preußen" und in diesem Abschnitt: „Königreich Griechenland"; Westermaier hatte am 14. April 1831 dem schwedischen Botschafter angeboten, auf seinem Weg von Berlin nach St. Petersburg auch Stockholm zu besuchen, um dort seine Kenntnisse zu verwerten. Westermaier arbeitete zu dieser Zeit im Auftrag des General von Braun im Feuerwerkslaboratorium zu Spandau. Im Schreiben, das seine Bedingungen mitteilte, wurde auch seine Qualifikation beschrieben; zunächst scheint Westermaier ein Honorar von 2.000 Talern gefordert zu haben sowie eine einmalige Prämie bei Ankunft in Stockholm von 200 Talern preuß. Courant. Der König ließ sich von der Notwendigkeit einer Verpflichtung Westermaiers überzeugen, damit Schweden in der Raketentechnik mit Österreich, Polen und England gleichziehen könne. (KSK, No. 128, Memoria Generalfeldzeugmeister, Stockholm den 30. May 1831) Auszugsweiser Text siehe Beilage 2/1

292) Vertragsinhalt nach: Th. Jakobsson: Kongl. Raket Corpsen, in: Föreningens Armémusei Vänner Meddelanden III, Stockholm 1940, S. 92 ff., der vollständige

Schwedische Raketeure beim Exerciren (Zeichnung: Lieutenant Strandh)

Westermaier stellte im Sommer dieses Jahres etwa 20 Raketen nach dem Augustin'schen Vorbild[293] her, der Treibsatz dieser Bag- (Wurf) und Ricochetts-Raketer bestand aus 64 Teilen Salpeter, 21 Teilen Schwefel und 11 Teilen Kohle;[294] am 18. August 1831 wurden im Rahmen eines Versuches 16 Raketen gezündet, von denen nur 3 versagten.[295] Die Herstellungskosten hatten dabei nur etwa ein Viertel der Ausgaben betragen, die vorher für die Herstellung der schwedischen Raketen erforderlich gewesen waren. Die bei diesen Versuchen erzielten Schußweiten betrugen etwa 800 Meter, sie entsprachen damit den österreichischen Schußraketen dieser Zeit. Die Arbeiten, wozu auch eine Ausarbeitung über das österreichische Raketensystem gehörte, fielen zur Zufriedenheit der schwedischen Regierung aus.[296] Westermaier reiste nach Erfüllung des Vertrages dann nach St. Petersburg weiter.

Am 18. Oktober 1831 wurde dann durch den Stabschef der Artillerie, Hauptmann Freiherr Carl Silfverkiöld, der Antrag an den Generalfeldzeugmeister Kronprinz Oskar gestellt, ein Raketencorps aufzustellen.[297] Am 28. Dezember 1832 wurde daraufhin mit Dekret der Regierung bestimmt, das Königliche Raketen Corps aufzustellen. Lieutenant J. W. Westerling vom Göta Artillerieregiment, der eng mit Westermaier bei der Herstellung der Raketen zusammengearbeitet hatte, wurde zum ersten kommandierenden Offizier dieses Corps ernannt, Leutnant Sneider vom Vendes Artillerieregiment zum Zugführer.[298]

Eingeführt wurden Seitenstabraketen mit einem Kaliber von 2 inch, die als Ricochetraketen bezeichnet wurden.[299] Als Gefechtskopf wurden 3pfündige Granaten sowie Brandsätze verwendet. Die Hülse war 40 cm lang und besaß einen Durchmesser von 58 mm, während die Granate ein Kaliber von 85 mm besaß. Die Länge der gesamten Rakete mit ihrem Seitenstab betrug 2,50 Meter. Die Reichweite betrug 2.000 bis 3.000 Fuß. Die Herstellungsmethode entsprach, bis auf die feuchte Pressung, der österreichischen. Der Treibsatz bestand aus 65,4% Salpeter, 21,4% Schwefel, 11,25% Holzkohle und 2% Alkohol. Die Bestandteile wurden getrennt in Zylindern aus Eichenholz gemahlen, anschließen durch ein Sieb passiert und schließlich in einem vierten Zylinder miteinander vermischt. Um die so gewonnene Mischung elastischer für das Pressen zu machen, wurde sie mit Alkohol angefeuchtet. In die Raketenhülsen wurde diese Masse dann portionsweise in etwa 50 Teilen mit Hilfe einer mechanischen Schraubenpresse gefüllt, abschließend wurde mit einer Bohrmaschine die Seele in die Treibstoffmasse gebohrt. Der Treibsatz wurde vorn durch eine Scheibe aus Ton abgedeckt, durch die ein schmales Loch gebohrt war, das mit Mehlpulver gefüllt wurde, hierdurch wurde nach dem Abbrennen des Treibsatzes der Gefechtskopf gezündet. Die hintere Öffnung der Hülse war mit Leinwand abgedichtet, durch die eine Stoppine zur Zündung des Treibsatzes geführt war. Nach Fertigstellung wurde die Rakete schwarz angestrichen. In acht Wochen konnten 240 Raketen hergestellt werden.[300] Zusätzlich wurden auch, jedoch nur in geringerer Anzahl, 2½zöllige Raketen verfertigt, die als Gefechtskopf eine 12pfündige Granate trugen.[301]

Das Abfeuerungsgestell bestand aus einem Dreibein, auf dem ein Quadrant zum Einstellen der Elevation zwischen Bügeln so befestigt war, daß die auf dem Quadranten befestigte Leitrinne zur Aufnahme der Rakete beim Einstellen der befohlenen Elevation mit gerichtet wurde. Die Raketengestelle wurden in der Folge von der Munitionsfabrik Marieberg hergestellt. Der Raketenwagen bestand aus einer Protze und daran angehängt einem zweirädrigen Wagen, der eine längliche Kiste zum Mitführen der Raketen und Stäbe trug. Auf dieser Kiste wurde das Abfeuerungsgestell befestigt.[302]

Unabhängig von Westermayer wurde die nach dänischem Vorbild Anfang der zwanziger Jahre entwickelte Leuchtrakete mit Fallschirm in den dreißiger Jahren weiter entwickelt; die Hülse dieser Rakete hatte ein Kaliber von 70 mm, die Gesamtlänge der Rakete betrug 71 cm, der Durchmesser der Leuchthaube etwa 108 mm, diese Rakete wog etwa 2,2 kg.[303]

Vertragstext ist in der Beilage 2/1 enthalten. Der Vertrag wurde in einer schwedischen und einer deutschen Fassung verfertigt.

293) siehe Abschnitt „Die deutschen Staaten, Königreich Preußen", sein Vorbild sind aber wohl die Augustin'schen Raketen mit Konstruktionsstand kurz vor 1820 gewesen und nicht die ab etwa 1830 eingeführten Modelle. Überdies war Augustin zu diesem Zeitpunkt längst zur trockenen Pressung übergegangen.

294) KSK, VI D 12:47, Handlingar ang. kast-försök med raketer 1831-32; in diesem Protokoll sind jeweils 11 Wurf- und 11 Schußraketen mit allen Maßen aufgeführt, es fehlen jedoch die Schießergebnisse. Die leeren Hülsen wogen zwischen 1 Pfd 1 Lot und 1 Pfd 5 Lot, ihre Länge differierte zwischen 11 tum 11 Linien und 12 tum 2 Linien, die geladenen Raketen wogen zwischen 4 Pfd 7 Lot und 4 Pfd 12 Lot, die Länge des Stabes betrug 7 Fuß

295) I. Skoog, a.a.O., p. 11

296) ibidem

297) KSK, I C : 32, Ang. uppsättandet af en Raketkorps, dat. Stockholm den 18 Okt. 1831; unter Punkt 2 wurde die Notwendigkeit der Raketenforschung begründet und ausgeführt, daß unabhängig vom Erfolg alle erforderlichen Mittel bereitgestellt werden sollten, in Ziffer 4 wurde die erforderliche Geheimhaltung der Versuche empfohlen; für das Corps wurden dann die Stärken, einschließlich eines gesonderten Stabes vorgeschlagen, ebenso wurde die Notwendigkeit betont, auch eine Raketenschule zu begründen. Immer wieder wies er auf die Erfordernis hin, alle Forschungsergebnisse schriftlich festzuhalten. Die vorgeschlagene Gliederung ist auch enthalten in: Th. Jakobsson, a.a.O., S. 74, Text siehe Beilage 2/2

298) Angaben nach: I. Skoog, a.a.O., p. 11, und: Th. Jakobsson, a.a.O., S. 80, Text des Dekrets siehe Beilage 2/3

299) nach: K. Th. Sauer, Grundriß der Waffenlehre, 1869, waren auch 3zöllige Raketen eingeführt.

300) I. Skoog, a.a.O., p. 13, sowie: J. Hansson und I. Skoog, Analysis of early 19th century swedish solid propellant, Manuscript for the proceedings of the 1975 History Symposion (International Astronautical Federation, XXVIth Congress, Lisbon, 21-27 September 1975); dieser Vortrag berichtete von der Analyse des Treibsatzes von Raketen, die sich im Armémuseum Stockholm befinden und so gut erhalten sind, daß sie heute noch funktionsfähig wären. Die Gewichte der 2zölligen Standardrakete betrugen (in Gramm): Gesamt ohne Stab: 3.433, Hülse: 408 gr, Gefechtskopf: 1.720 gr, Treibsatz: 969 gr., für eine ebenfalls in den dreißiger Jahren hergestellte „Vaillant"-Rakete, also mit Deltaflügeln, gelten: Gesamtgewicht: 2.344 gr., Hülse: 1.142 gr, Gefechtskopf: 926 gr., Treibsatz: 841 gr. (bei einer Länge von 35 cm und einem Durchmesser wie die Standardrakete). Der geringe Anteil an Kalisalpeter bewirkte einen langsameren Abbrand als bei heutigen Mischungen, während der hohe Schwefelanteil die Haltbarkeit des Treibsatzes über längere Zeit sicherstellte. Die Zusammensetzung des Treibsatzes bei den untersuchten Raketen:
Standardrakete: 67,1 % Kalisalpeter, 12,1 % Holzkohle, 20,8 % Schwefel
Vaillant-Rakete: 66,8 % Kalisalpeter, 12,4 % Holzkohle, 20,7 % Schwefel
Signalrakete: 63,9 % Kalisalpeter, 24,1 % Holzkohle, 12,0 % Schwefel.
Zum Vergleich wurde die Zusammensetzung modernen Schwarzpulvers für Raketen angegeben: 74,5 % Kalisalpeter, 15,5 % Holzkohle und 3 % Schwefel. Theoretisch hätte der Treibsatz der Standardrakete zu einer Anfangsgeschwindigkeit von 2.282 m/sec führen müssen, tatsächlich wurde aber nur eine von 470 m/sec erreicht, so daß nur eine Reichweite von etwa 1.000 Metern bei einer Elevation von 20 Grad möglich war, diese geringe Energieausbeute lag an der einfachen Konstruktion der Raketen, deren Hülsen hinten offen war, so daß nicht wie heute der Gasdruck durch Düsen verstärkt werden konnte.

301) I. Skoog, a.a.O., p. 14

302) Beschreibung nach Bildern des Armémuseum, Stockholm

303) KSK, VI D 12 : 15, Beskrifning a en fallsärmsraket; 1820-talet, und: I. Skoog, a.a.O., p. 17

Zur Bildung der Raketenbatterie sollten Offiziere und Mannschaften aus den drei Artillerieregimentern verwendet werden. Die Batterie sollte nach der ersten Planung aus einem Kommandanten und 2 Offizieren als Zugführern, 4 Unteroffizieren, 4 Feuerwerkern sowie 60 Raketenkanonieren,[304)] einem Hufschmied und einem Zimmermann bestehen, als Ausstattung waren 8 Abfeuerungsgestelle mit jeweils einem Raketenwagen vorgesehen. Im Kriegsfall sollte die Anzahl der Gestelle und die der Kanoniere verdoppelt werden. Die Abfeuerungsgestelle sollten in England beschafft werden. Pro Raketenwagen und Abfeuerungsgestell waren als Bedienung 1 Unteroffizier und 8 Kanoniere vorgesehen, die Wagen sollten mit 4 Pferden bespannt werden, so daß insgesamt 34 Pferde erforderlich gewesen wären.[305)]
Erst im Frühjahr 1833 konnte diese erste Raketeneinheit der schwedischen Armee jedoch an der Artillerieschule (Högre Artilleri-aroverket) in Marieberg[306)] aufgestellt werden, an der sich auch ein Feuerwerkslaboratorium befand, ihre Stärke war jedoch geringer als ursprünglich vorgesehen; die Batterie stand unmittelbar unter dem Befehl des Generalfeldzeugmeister. Der Standort Marieberg war nicht unumstritten, eine erste Erkundung durch Major Hagerman hatte ergeben, daß die Unterbringungsmöglichkeiten völlig unzureichend wären und die Arbeit negativ beeinflussen würden. In einer weiteren Untersuchung durch einen Mann namens Kehl scheint Marieberg positiver beurteilt worden sein, aber auch dieser veranschlagte für die erforderliche Instandsetzung der Gebäude 3.213 Kronen. Die Bedenken wurden am 21. Februar 1832 vom Generalfeldzeugmeister dem Kriegskollegium zur Entscheidung vorgelegt, das dann offensichtlich den Beschluß gefaßt hat, das Raketencorps in Marieberg zu stationieren.[307)]
Batteriechef war ein Hauptmann, sein Stellvertreter ein Lieutenant. Als Unteroffiziere dienten 2 Sergeanten und zwei Raketeure erster Klasse, dazu traten 23 Raketeure zweiter Klasse sowie 2 Handwerker (ein Hufschmied und ein Zimmermann). Der Batterie standen 10 Pferde zur Verfügung. Ausgestattet war die Einheit nur mit 2 Abfeuerungsgestellen und 2 Raketenwagen.[308)] Die Batterie hat anscheinend nie die ursprünglich geplante Stärke erreicht, eine für 1840 vorgesehene Erhöhung des Etats auf 2 Lieutenants, 2 Sergeanten erster und 2 Sergeanten zweiter Klasse, 1 Trompeter, 2 Handwerker und 1 Hufschmied sowie 62 Raketeure erster und zweiter Klasse mit einer entsprechenden Vergrößerung des Pferdebestandes auf 48 Pferde[309)] wurde nicht durchgeführt; die Batterie blieb bis zu ihrer Auflösung in der alten Gliederung bestehen. Die Angehörigen des Corps trugen im Gegensatz zur Artillerie, die mit weißen oder gelben Röcken ausgestattet war, hellblaue Röcke.
1834 wurden durch die Batterie die ersten Schießübungen durchgeführt, deren Resultate als günstig beurteilt wurden, zumal es sich um Raketen handelte, die bereits ein Jahr gelagert waren und zudem noch Transportversuchen unterworfen worden waren. Dabei wurden die Raketen sowohl von den Abfeuerungsgestellen als auch von auf den Boden gelegten Böcken abgefeuert. Bei etwa 5 Grad Elevation wur-

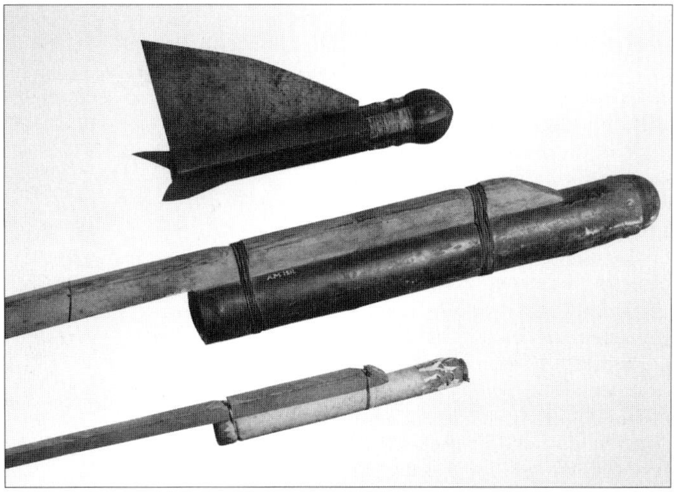

Schwedische Raketen
(von oben: Vaillant-Rakete, 2zöllige Granatrakete, Signalrakete)

den Reichweiten von 1.500 Ellen erreicht. Als Zeit vom Halt bis zum Abfeuern vom Gestell wurden 1 Minute 2 Tertien gemessen, pro Minute konnten 4 Raketen vom Gestell abgefeuert werden.[310)] Aufgrund von zeitgenössischen Abbildungen kann festgestellt werden, daß ein Raketengestell von einem Unteroffizier und 3 Raketeuren bedient wurde. *(Siehe Abbildung Seite 350)*
Versuche zu einer Verbesserung der Raketen wurden in den Folgejahren weiterhin durchgeführt; am 26. April 1836 fanden erste Versuche mit einer Rakete ohne Stabilisierungsstab statt, dabei wurden aber Seitenabweichungen von 1.400 bis 1.500 Ellen oder 10 bis 12°, stets nach rechts, gemessen; man suchte die Ursachen in der Konstruktion der Hülse oder ihrem Material, konnte die Fehler aber nicht beheben, so daß als Ergebnis festgehalten wurde, daß Raketen mit Stab in allen Belangen wirksamer wären.[311)] Im nächsten Jahr wurden dann im August auch erstmals Rotationsraketen, abgefeuert aus einem Rohr, getestet. Diese Versuche scheinen ebenfalls weniger erfolgreich gewesen zu sein.[312)]
Stets wurde die Rakete in der schwedischen Armee nur als Hilfswaffe betrachtet. Eine Beurteilung dieser Waffe trug der Chef des Stabes der Artillerie, Captain A. Gyldenstolpe, in einer Rede vor der schwedischen Akademie der Militärwissenschaften 1838 vor; er führte aus, daß es sich bei den Raketen um eine weithin überschätzte Waffe handle, wirksam wären nur die 6pfündigen Raketen, da bereits die 12pfündigen nur schwer handhabbar wären, auch die Feuergeschwindigkeit von 3 Raketen pro Gestell in einer Minute sei jener der Feldgeschütze mit 6 bis 7 Schuß pro Minute unterlegen. Einen Vorteil sah er nur in

304) Th. Jakobsson, a.a.O., S. 75, Originalbezeichnung: 4 överfyrverkare, 60 fyrverkare
305) Th. Jakobsson, a.a.O., S. 75, siehe auch Beilage 2/3
306) O. Morawietz, Die Rakete als Waffe, in: ZfH, 1973, S. 20
307) KSK, I C : 34, Promemoria vom 21. Februar 1832, die Stellung des Mannes Kehl ist in dem Schreiben nicht näher bezeichnet.
308) G. A. Jakobi, Beschreibung des gegenwärtigen Zustandes der Europäischen Feld-Artillerien, Siebentes Heft, Beschreibung des Materials und der Ausrüstung der Königlich Schwedischen Feldartillerie, Mainz 1840; die Angaben galten für 1835; nach einer Notiz in:
AMZ, 1834, S. 86, bestand die Batterie zunächst aus 2 Offizieren, 2 Unteroffizieren, 2 Oberfeuerwerkern und 33 Feuerwerkern. Im: SpMil, 1834, tome 16, p. 488, wurde für die Batterie eine Stärke von 3 Offizieren, 4 Unteroffizieren, 1 Trompeter, 4 Oberfeuerwerkern, 60 Feuerwerkern und 2 Arbeitern sowie 34 Pferden gemeldet, damit scheint aber die tatsächliche Stärke mit der nicht realisierten Planung verwechselt worden zu sein.
309) ibidem, nach Jakobi umfaßte zu dieser Zeit eine 6 pfündige fahrende Batterie 152, eine reitende Batterie 164 und eine 12pfündige fahrende Batterie sogar 168 Mann, damit kam die Raketenbatterie mit erheblich weniger Personal aus; vgl.: o. Verf., Notice sur l'organisation du personnel et du matériel de l'artillerie Suédoise, in: JAS, 1835, p. 145
310) o. Verf., Fortschritte der schwedischen und norwegischen Artillerie im Jahre 1834, in: AOPA, Bd. V, 1837, S. 178; der Verfasser des Artikels ergänzte: „Die Wirkung von Raketen kann niemals unmittelbar mit den anderer Artilleriegeschosse verglichen werden, man muß immer die Leichtigkeit ihres Transports mit in Anschlag bringen und bedenken, daß sie nicht einzeln sondern nur in Massen gebraucht zu werden bestimmt sind." (ibidem)
311) KSK, VI D12 : 68, Utdrag ur berättelsen öfver Löjtnant Hörners försök med raketer utan spö 1836. In diesem Bericht wurden auch theoretische Fragen zur Wahl des Schwerpunktes der Rakete erörtert, hierbei war man bisher davon ausgegangen, daß sich die Leistung der Rakete nach dem Zünden durch das ausströmende Gas verminderte, stellte aber im Verlauf der Versuche fest, daß dies nicht zuträfe, so daß ein neuer Schwerpunkt gewählt werden konnte.
312) KSK, VI D12 : 69, Ang. försök med Rotationsraketer, vörsam hemställan till Generalfälttygmästaren och Chefen for Artilleriet, Marieberg Augusti 1837. Johan Magnus Flygare & S. Staaf; leider sind in diesem Bericht keine Ergebnisse (Reichweite, Seitenabweichung) dokumentiert.

schwierigen Gelände und für einen Einsatz gegen Kavallerie sowie bei Belagerungen von Festungen.[313] Zum Festungskrieg führte er aus:

„I Fästnings kriget. Här kunna raketer ag gröfre Pf:dig tal såsom 18 och 32:Pfga förande brand projektiler, bomber och skrot vara af särdeles nytta.- Deras inträngnings-örmåga, betydliga skottvidder och lättheten att transportera dem, göra dem särdeles vigtiga vid försvaret för att understöda artilleriet då detta felar, är otillräckligt, eller ej bör blottställas. Vid den period af belägringen,då artilleriet är demonteradt och den belägrande börjar sina arbeten på glacin eller i betäckta vägen, blir det alltid af stor vinst, att kunna transportera raketer af grof kaliber på de ställen der artilleriet ej mer kan användas, för att medelst dem förhindra eller förstöra fiendens arbeten. - Vid Brêchens försvar blifva äfven raketer af stor nytta. Icke mindre användbara äro de vid belägringens början, då de med förmån kunna begagnas i utanverken, der man ej skulle våga blottställa vanliga pjeser."[314]

Am 17. März 1845 sollte eine vom König beschlossene Reorganisation des Raketen-Corps erfolgen, da aber der Commandant der Batterie, Hauptmann J. W. Westerling noch auf einer Studienreise nach Dänemark und Preußen weilte und von dieser zurück, mehrere erwägungswerte Verbesserungsvorschläge unterbreitete, wurde sie zunächst verschoben und trat erst mit dem 1. Januar 1846 in Kraft. Die Batterie wurde aufgelöst, das Raketen-Corps wurde in Feuerwerks-Corps umbenannt, seine Hauptaufgabe war nun die Anfertigung pyrotechnischer Mittel, vor allem der neuen Zündhütchen; es blieb aber weiterhin der Artillerie zugeordnet.[315] Die Raketen blieben jedoch auch weiterhin eine Waffe der Artillerie, die auch die Kenntnisse und Fähigkeiten zum Einsatz der Raketen erhalten sollte. Jedes Artillerieregiment sollte nach einem Dekret vom 13. März 1846 zwei Abfeuerungsgestelle mit den dazu gehörigen Raketenwagen erhalten.[316] Die hierzu erforderliche Beschaffung weiterer 4 Abfeuerungsgestelle für 2.800 Reichstaler scheint aber nicht durchgeführt worden zu sein. Die Werfer und Raketen blieben bis zur Mitte der sechziger Jahre in den Regimentern.[317]

Eine vergleichende Übersicht der schwedischen Raketenentwicklung ist in der Beilage 2/4 enthalten.

Neue Impulse erhielt die Raketenentwicklung erst 1893 durch Wilhelm T. Unge,[318] der in Zusammenarbeit mit Nobel einen neuen Treibsatz für Raketen, Ballistite, entwickelte. Dabei erweiterte er Nobels Zweikomponentenpulver aus Nitrozellulose und Nitroglycerin um einen Stabilisator zur Erhöhung der Lagerfähigkeit und um ein Plastiziermittel, um es besser formen und bearbeiten zu können.[319] Zunächst hatte er aber 1892 mit einem anderen Raketentyp aus Messing mit einem Kaliber von 20 mm begonnen, dessen Abstrahlöffnung nach vorne zeigte, eine Blende lenkte dann den Gasstrahl in die Gegenrichtung um und bewirkte, daß die Rakete in die richtige Richtung flog.[320] Unge wollte damit die Rakete besser stabilisieren, die Versuche verliefen aber weniger befriedigend. In der Folge verbesserte er das Prinzip der Hale'schen Raketen, deren Ungenauigkeit er auf eine zu geringe Rotation zurückführte. Hierzu hatte er die Raketen, um das Stabilisierungsproblem zu lösen, aus einer rotierenden Startvorrichtung abgefeuert, die hiermit gestarteten Raketen erreichten Schußentfernungen von 5 km und Treffgenauigkeiten, die der damaligen Rohrartillerie entsprachen.[321] Am 18. September 1893 wurde die erste neu entwickelte Rakete bei Stockholm abgefeuert. Dabei benutzte er im Gegensatz zu Hale nur zwei Austrittsöffnungen und verwendet später eine Idee des schwedischen Ingenieur de Laval, die Düse so zu formen, daß nach einer Verengung der Düsenkörper wieder erweitert wurde. Er verwendete ab 1896 diese Laval-Düse in Form einer Gasturbine, die zugleich die Rotation der Rakete bewirkte, diese Raketen wurden auch als „Luft-Torpedos" bezeichnet. Bei dem ersten Flug dieser neuen Raketen am 12. September 1896, erwies sich die Treffgenauigkeit dieser neuen Rakete als hervorragend und Unge erhielt mehrere Patente für seine Entwicklung. Zur Charakterisierung seiner Raketen hieß es:

„Unges „Fliegender Torpedo" ist eine Rotationsrakete, bei welcher die Gase trompetenförmige Austrittskanäle einer Turbine durchströmen, wodurch der Gasdruck ausgeglichen wird, bevor die Gase die Turbine ganz passiert haben. Die Raketenhülse ist aus Stahl erzeugt und hat wie ein Geschützrohr eine Anfangsspannung. Die Raketenhülse ist verschieden stark je nach der Dauer der Einwirkung der Gasspannungen und hohen Temperaturen. Die Treibladung ist elastisch gelagert und besteht aus mehreren Teilstücken, die von Filz, Papier, Tuch u. dgl. umschlossen sind. Bei großen Treibladungen kleidet man die Wand der Raketenhülse aus und gibt zwischen die einzelnen Teilladungen nur Ausgleichsscheiben. Nach der Füllung der Kammer wird das Zehrloch ausgebohrt. Die Treibladung wird gegen das Mundloch zu durch eine Metallplatte abgeschlossen, die in die Raketenhülse eingeschraubt ist und gegen die Treibladung drückt. Dieser Druck sowie die Beimengung eines nicht flüchtigen, fetten Stoffes zur Treibladung sollen der Bildung von Längsrissen entgegenwirken. Der Torpedo ist mit einer Zentrierung versehen, welche beim Schwerpunkte desselben angebracht ist. Durch dieselbe soll erreicht werden, daß der Torpedo sich schon im Innern des Laufes um seine natürliche Drehungsachse dreht. Der Torpedo wird nicht aus einer Röhre, sondern aus einem Lattengestell abgefeuert, welches den Übertritt der Gase des Treibsatzes in die Luft gestattet, wodurch vom Beginn der Bewegung an dem Torpedo eine Rotation erteilt werden kann."[322]

Um das schwedische Heer hierfür zu interessieren stellte er Feldraketen mit Granaten in mehreren Kalibern her, 10 cm, 20 cm und 30 cm, wobei die Letztere bei einer Länge von 2,45 Metern (10 cm Rakete: 2 kg, 90 cm lang) 420 kg wog, einschließlich der 40 kg der Sprengladung. Die 10 cm Rakete besaß eine Reichweite von 4 Kilometern, die 30 cm Rakete eine von 7 Kilometern.[323] Ebenso entwickelte er die

---

313) mitgeteilt vom Armémuseum, Stockholm

314) „Im Festungskrieg: Hier können größere Raketen wie 18- und 32pfündige als Brand-, Bomben- und Kartätschgeschosse nützlich sein. Ihr Durchdringungsvermögen, ihre bedeutende Schußweite und ihre leichte Transportfähigkeit machen sie zu einem wichtigem Verteidigungsmittel, um die Artillerie zu unterstützen, wenn diese ausfällt, nicht ausreichend ist oder sie nicht dem Feinde ausgesetzt werden soll. Während der Belagerung, wenn die Artillerie demontiert ist, bleibt es immer noch ein großer Gewinn, daß man die Raketen großen Kalibers an die Stelle transportieren kann, wo die Artillerie nicht mehr eingesetzt werden kann, um die Arbeiten des Feindes zu verhindern oder zu zerstören. - Bei der Verteidigung von Breschen blieben die Raketen auch von großem Nutzen. Nicht weniger anwendbar wären sie zu Beginn einer Belagerung, wenn man sie mit Gewinn am Außenwerk einsetzen könnte, wo man es nicht wagen sollte, Geschütze preiszugeben." (zitiert nach: Th. Jakobsson, a.a.O., S. 84)

315) Notiz in: AMZ, 1846, S. 81

316) „Sedan Kongl. Maj. med anledning af Raket-corpsens förändrade organisation, den 24 oktober anbefallt Generalfälttygmästaren att inkomma med yttrande om lämpligaste sättet att inom artilleriet fortfarande bibehålla kännedom om krigsraketers användande till fältbruk. har Generalfälttygmästaren hemställt, att hvarje artillerie-reg:te måtte varda försedt med 2:ne raket-statifver samt tillhörande vagnar och öfrig utredning i likhet med de 2:ne som vid f.d. Raket-corpsen finnas och hvilka lämpligast kunde till Svea artilleri-reg:te öfverlemnas, samt att färdiggjorda krigs-raketer må anslås till begagnande under artilleri-befälets skjutningar. Kongl.Maj. har härtill bifallit och anbefallt Krigs-Kollegium att gå i författning om anskaffning af 4 raketstatifver, för hvilka kostnaden, 2 800 R:dr B:co, skulle bestridas af de för detta behof anvisade, men ännu ej begagnade medel." (zitiert nach: Th. Jakobsson, a.a.O., S. 89)

317) I. Skoog, a.a.O., p. 20

318) Wilhelm Theodor Unge, 1845 bis 1915, Ingenieur und Oberstlieutenant der schwedischen Armee

319) v. Braun / Ordway III, Raketen, München 1979, S. 94; der Stabilisator war erforderlich um eine vorzeitige Zersetzung des Treibsatzes zu verhindern.

320) W. Buedeler, Geschichte der Raumfahrt, sigloch edition, o.Ort, o.J., S. 178, und: I. Skoog: Wilhelm Theodor Unge: An Evaluation of His Contributions, o.O., o.J., S. 259

321) W. Buedeler, a.a.O., S. 179

322) T. Unar, Lufttorpedos, in: MGAG, XL. Jahrg. 1909, S. 67 f., vgl.: E. N. I. D., Die Lufttorpedos System Unge, in: Schuss und Waffe, No. 24, 1908, S. 583: „Die Gase desselben entweichen durch die schraubenförmig gewundenen Kanäle der Gasturbine und erteilen so dem Geschoss eine Rotation um die Längsachse, welche die Stabilität seiner Flugachse sichern soll, während es durch die Reaktion der aus der Gasturbine nach hinten entweichenden Pulvergase vorwärts getrieben wird."

323) I. Skoog, Unge, a.a.O., S. 265, sowie: Unar, a.a.O., S. 68 f., bei Versuchen im Okto-

Unges 10cm fliegender Torpedo und Raketengestell (Photo: Mitteilungen über Gegenstände des Artilleri- und Geniewesens, 1909)

erforderlichen Raketenwerfer, deren Leitschienen für die 10cm Rakete 2,50 und für die 30cm Rakete 7 m lang waren.[324] Auch für die Marine scheint Unge besondere „Torpedos" größeren Kalibers konstruiert zu haben, deren Verschuß über und unter Wasser möglich gewesen sein soll.[325] Die schwedische Armee beschaffte diese Rakete jedoch nicht und 1908 verkaufte Unge seine Patente an Friedrich Krupp.[326] Dort wurde die Entwicklung zunächst fortgesetzt, hierbei wurden auch in Meppen Probeschießen durchgeführt. Während dieser Zeit wurde zum „Lufttorpedo" und seinem Treibsatz geschrieben:
„Um die Brenndauer zu verlängern, ist das Pulver stark gepreßt; um die Verbrennungsgeschwindigkeit zu regeln und dem Geschoß beim Flug den gewünschten Zuwachs an Geschwindigkeit zu geben, ist das Pulver in mehreren Schichten von verschiedenem Mengungsverhältnis übereinander gelagert. ... Eine weitere Verbesserung besteht in der elastischen Lagerung des Treibsatzes; die Teilladungen sind sowohl voneinander als auch von der Wand der Raketenhülse durch elastische Stoffe wie Tuch, Filz oder Papier abgetrennt. Um Risse in der Treibladung, die zu Unregelmäßigkeiten führen und früher häufig die Bedienungsleute gefährdeten, auszuschalten, hat Unge dem Treibsatz einen fetthaltigen Stoff beigefügt und die Ladung durch eine am Mundloch eingeschraubte Metallplatte fest zusammengedrückt... Um ihre Drehung schon im Raketengestell einzuleiten, hat er die Rakete in ihrem Schwerpunkt mit einem Zentrierring versehen. Der Lufttorpedo wird aus einem Torpedogestell abgefeuert, das in der Gestalt eines Geschützrohres aus Latten zusammengefügt ist. Eine überall offene Röhre ist bei der Rakete notwendig, damit die Gase sofort in die Luft entweichen und damit die Bewegung des Geschosses herbeiführen können. Sie hat einen Durchmesser von 25 cm beim 10 cm Torpedo, von 37 cm beim 20 cm und von 50 cm beim 30 cm Torpedo. Das Gewicht des Torpedogestells ist sehr gering im Vergleich zu dem von Geschützen und das ist der Hauptvorteil der Torpedogeschütze. Zum 10 cm Lufttorpedo gehört ein Gestell von nur 64 kg, zum 20 cm eines von 235 kg und zum 30 cm von 710 kg."
Im selben Artikel wurden aber auch die Nachteile aufgeführt:
„Diesen Vorzügen des Lufttorpedos stehen Nachteile gegenüber, die seine Verwendung als neuzeitiges Kriegsmittel in seiner jetzigen Gestalt fast aussichtslos machen. Das ist zunächst seine mangelhafte Treff-fähigkeit, die aus der geringen und unregelmäßigen Fluggeschwindigkeit hervorgeht. Zweitens seine beschränkte Verwendungsart - denn er kann seinem ganzen Wesen nach nur gegen waagerechte Eindeckungen wirken - und drittens das große Gewicht der Munition."[327]
1910 wurden die Arbeiten bei Krupp eingestellt.[328] Die Ergebnisse dieser Versuche wurden später Grundlagen für die Raketenexperimente in den zwanziger Jahren des 20. Jahrhunderts in Deutschland sowie für die Entwicklung der Munition für die Nebelwerfer.[329]

h. Die schweizerische Eidgenossenschaft

Möglicherweise kam der erste Anstoß zur schweizerischen Raketenentwicklung von Sir Sidney Smith, der bei einem Gespräch gegenüber dem Genfer Diplomaten Charles Pictet de Rochemont äußerte:
„Il faut vous approprier cela [les fusées] en Suisse, et les appliquer à la defense de vos montagnes: c'est l'arme du Faible"
Im April 1821 konnte Pictet dann nach einem Schießen, daß im Januar in Woolwich statt gefunden hatte, seiner Regierung über die Verbesserungen dieser Waffe berichten und ihre Einführung für die Schweiz vorschlagen:
„Il est évident qu'on pourrait les transporter avec facilité et grand avantage das les défilés des montagnes de la Suisse, et en rendre la défense facile."
In einer späteren Note bemerkte er zusätzlich:
„L'avantage du même moyen au service de terre est, qu'il offre un système de projectiles extrêmement puissant, sans bouches à feu pour les lancer. On est donc débarrassé du poids des mortiers et des canons; et tout ce qu'il faudrait dépenser pour le transport des équipages peut maintenant être employé en projectiles même, ayant la portée et produisant les plus importants effets de la lourde artillerie... Une compagnie d'infanterie peut, sans le moindre embarras de chevaux de train, avoir la force projectile de deux ou trois cents coups de paquets

---

ber 1901 in Marma erreichten seine Raketen, geladen mit 2,5 bis 3 kg Sprengstoff, Entfernungen von 4 - 5.000 Metern (o. Verf., Luft-Torpedos, in: ZgSS, IV. Jahrg. 1909, S. 138 f.)

324) Abweichende Daten für die 10 cm Rakete sind zu finden in einer Notiz in: Kriegstechnische Zeitschrift, 9. Jahrg. 1906, S. 505, hier hieß es, das Geschütz für den 10 cm „Lufttorpedo" wäre 0,7 m lang und könne leicht von einem Mann getragen werden. Der Gefechtskopf soll hiernach 1,6 kg „nasser Schießbaumwolle" enthalten haben, und bei einem Versuch wäre bei einer Reichweite von 2.000 Metern beim Aufschlag ein Krater von 2 Meter Durchmesser und 2 Meter Tiefe entstanden.

325) Notiz in: Kriegstechnische Zeitschrift, 11. Jahr., 1908, S. 386

326) I. Skoog, Unge, a.a.O., sowie: Unar, a.a.O., S. 64; nach: R. Wille, Lufttorpedos, in: MGAG, XL. Jahrg. 1909, S. 840, fanden zwar 1907 / 1908 Verhandlungen zwischen der Friedr. Krupp A.G. und dem Direktorium der Schonenschen Schießwollepulverfabrik als Patentinhaber sowie Oberstleunant Unge statt, die jedoch nicht zum Ankauf der Patente führten, es wurden jedoch Vereinbarungen für Versuche getroffen, nach denen ein Ankauf der Patente beabsichtigt war; dies wurde auch von Unar in einer Stellungnahme zu Willes Artikel eingeräumt, der hier die Meldungen von Tageszeitungen richtig stellte. (ibidem, S. 849) Abweichend hierzu wurde in einer Notiz in: Kriegstechnische Zeitschrift, 11. Jahrg. 1908, S. 386, festgestellt, daß 1908 das Patent von Krupp gekauft worden wäre. Dies wurde in einer späteren Ausgabe nochmals bestätigt. (M. B., Lufttorpedos, in: Kriegstechnische Zeitschrift, 12. Jahrg., 1909, S. 239) Zum Lufttorpedo wurde gemeldet: „Das Lancierrohr ist auf einem Auto befestigt, kann leicht abgeprotzt und ohne besondere Vorbereitungen abgefeuert, auch viel schneller in Feuerstellung gebracht werden als die Geschütze der Feldartillerie. Über die Verwendungsart wird berichtet, daß dieser Torpedo bei Belagerung von Festungen an den Verteidigungswerken furchtbare Verheerungen anrichten muß." Dagegen wurde in einer Notiz (o. Verf., Luft-Torpedos, in ZgSS, 1909, S. 17) festgestellt, die schwedische Regierung habe sich das Recht der Benützung der neuen Erfindung vorbehalten. Zugleich wurde aber in einem Nachsatz gemeldet, daß sich die Fa. Krupp die Alleinberechtigung durch Übernahme sämtlicher Patente gesichert hätte. Dies deutet auf einen Ankauf der Patente 1909 hin. Zur Zündung des Torpedos wurde 1908 ein gesondertes Patent erteilt (D.R.P. No. 215 319, Kl. 72 d vom 09. Oktober 1908) Im „Historischen Archiv Krupp" scheinen keine Unterlagen zum Ankauf von Unges Patenten und zu den Versuchen in Meppen mehr zu existieren. (Schreiben „Historisches Archiv Krupp" an den Verfasser vom 18.05.00)

327) M. B., Lufttorpedos, a.a.O., S. 240 f., der Verfasser führte an, daß für eine Sprengladung von 2 kg der Torpedo 19 kg (10 cm Torpedo) wiege, für eine von 12 kg der 20 cm Lufttorpedo bereits 134 kg wiege

328) Die Friedr. Krupp AG Hoesch-Krupp war leider aufgrund von Arbeitsüberlastung des Firmenarchivs nicht in der Lage, hierzu Unterlagen zur Verfügung zu stellen (Schreiben vom 4.12.1997)

329) Generalmajor Dornberger, Denkschrift: Die Eigenentwicklung des Heeres-Waffenamtes auf dem Raketengebiet in den Jahren 1930 - 1943, o. O., o. J. (geheime Kommandosache August 1943)

de mitraille de six livres de balles, portant à deux mille mètres, ce qui est presque le double de la portée ordinaire de l'artillerie de campagne."
Pictet konnte sich jedoch mit seinen Vorschlägen zu dieser Zeit noch nicht durchsetzen.[330)]
Nachdem Großbritannien und seit 1815 Österreich über eine Raketenartillerie verfügten und auch Frankreich dabei war, Raketeneinheiten aufzustellen, setzten in der Schweiz Bemühungen ein, diese neue Waffe ebenfalls einzuführen.
Auch wenn dieses Bestreben zunächst umstritten blieb - auch in der Schweiz gab es, wie in jedem Lande, Befürworter und Gegner der Raketen - setzte sich mit Beginn der dreißiger Jahre vor allem der Genfer Artilleriehauptmann Pictet[331)] für diese Waffe ein. Er begann ab 1827 in Zusammenarbeit mit dem Ingenieur Jean-Théodore Darier Raketen herzustellen;[332)] hierzu ließ er durch diesen Ingenieur auch bereits 1829 eine hydraulische Presse in Genf installieren. 1830 veranlaßte ihn Colonel Dufour, der an den Versuchen sehr interessiert war, seine Raketen den Offizieren und Unteroffizieren der Artillerieschule Thun vorzuführen:
„Si vous avez quelques fusées du calibre de celle qui a failli foudroyer Genthod, elles produiront beaucoup d'effet."[333)]
1831 führte er dann auf der Thuner Allmende Versuche mit diesen Raketen durch. Dabei erreichte er mit einer 2zölligen Rakete von 6 Pfund, die aus einem 6 Fuß langem Rohr abgeschossen wurde, bei einer Elevation von 6 Grad eine Reichweite von 1.100 Schritt, bei 8 Grad 1.500 Schritt und bei 10 Grad 1.800 bis 1.900 Schritt, von 5 Raketen trafen bei einer Schußentfernung von 1.100 Schritt drei das Ziel.[334)] In den beiden Folgejahren gelang es ihm aber diese Raketen erheblich zu verbessern und 1833 zog die eidgenössische Militärkommission bereits in Erwägung 300 seiner Raketen zu kaufen.
In den Folgejahren führte er die Versuche noch fort, wenn auch wohl mit eingeschränkten Mitteln. So erreichte im Sommer 1834 bei einem Versuch bei Thun eine 1832 gefertigte Rakete mit 35° Elevation eine Reichweite von 3.800 Schritt und schlug dann durch das Dach einer Scheune mehrere Fuß tief in einen Heuhaufen. Diese Raketen scheinen schon recht zuverlässig gewesen zu sein,[335)] zumal es speziell zu dieser in einem Bericht hieß:
„Die Rakete war, gleich den übrigen bei diesem Anlasse abgebrannten im Sommer 1832 verfertigt, im November, nachdem solche die Reise von Genf bis Thun gemacht hatte, mehrere Tage auf sehr schlechter Straße im Trab gefahren, hienach 8 Tage bei sehr nasser Witterung ins Freie gelegt, und seither in einer untern Zeughauskammer aufbewahrt worden."[336)]
Wohl aus Geldmangel konnten diese Versuche nicht abgeschlossen werden. 1836 unterbreitete der Professor der Militärwissenschaften an der Hochschule in Bern, Rudolf Lohbauer, dem Militair-Departement der Republik Bern Vorschläge zur Konstruktion von Raketen, wobei er die zu dieser Zeit noch überall genutzten Stabilisierungsstäbe durch vier, leicht montierbare Flügel ersetzen wollte. In seiner Denkschrift untersuchte er auch die Form der Seele, die Zündung der Rakete und sah Meßmöglichkeiten für die Wirkung der Brand- und Sprenggefechtsköpfe sowie Methoden für die Prüfung der fertigen Raketen vor. Die Denkschrift wurde dem inzwischen zum Major beförderten Pictet zur Begutachtung vorgelegt, der diese zurückwies:
„. . . um meine Meinung über Lohbauer's Arbeit zusammenzufassen, würde ich sagen, dass es mir anmassend erscheint, von einem Mann, der weder theoretisch noch praktisch auf dem Laufenden über den Stand der Kriegsraketen ist, einen solchen Artikel zu verfassen."[337)]
Damit war diese Arbeit disqualifiziert, die Vorschläge, die recht modern anmuten, wurden nicht weiter verfolgt.
Auf einen Vorschlag des Oberst Salomon Hirzel bewilligte jedoch am 10. August 1836 die Tagsatzung aufgrund der günstigen Erfolge der Versuche dem Major Pictet einen Kredit von 3.000 Franken, um weitere Raketenversuche durchzuführen, da die Einführung der Raketen in das Bundesheer für vorteilhaft erkannt worden war; damit begann die eidgenössische Raketenentwicklung offiziell zu werden. Die Versuche wurden hauptsächlich auf der Allmende von Bière durchgeführt, dabei wurden sowohl Stab- als auch Flügelraketen erprobt.[338)]
Im Mai 1838 dann konnte Pictet als Ergebnis seiner Versuche 300 in Genf hergestellte Raketen einer Kommission unter General Dufour in Bière vorführen. Verglichen wurden die Raketen mit den Leistungen 6pfündiger Kanonen und 24pfündiger Haubitzen. Als Abfeuerungsgestell diente zunächst ein „künstlicher hohler Cylinder", später eine Abfeuerungsrinne.[339)] Die Raketen hatten ein Kaliber von 66 und 72 mm (22 bzw. 24 schweizerischen Linien) und trugen als Gefechtsköpfe Kartätschen und Granaten; keine der Raketen versagte, bei 8 Grad Elevation wurden durchschnittlich Reichweiten von 1.358 Schritt für die Rakete von 22 Linien erreicht, wobei angemerkt wurde, daß eine englische gleichen Kalibers bei dieser Elevation nur 900 Schritt erreiche. Von den Raketen mit Granaten traf keine die Zielscheibe, die Granaten detonierten auf Entfernungen von 1.300 bis 1.600 Schritten. Die Kartätschraketen waren in der Wirkung am unsichersten, dies wurde

330) Angaben und Zitate nach: W. Zurbuchen, Adolphe Pictet, le père des fusées de guerre suisses, in: Brécaillon, No. 6, Genève, novembre 1986, pp. 3, Charles Pictet starb bereits 1824, sein vierter Sohn, Adolphe Pictet sollte dann diese Idee weiter verfolgen.

331) Adolphe Pictet de Rochemont, geb. 1799, studierte in Genf, Paris und Deutschland, wo er Schelling und Goethe kennenlernte, dann in London und Edinburgh. Anschließend ab 1823 Direktor der „Bibliothèque universelle" in Genf und Ausbildung zum Artillerieoffizier. Angaben nach: Zurbuchen, Pictet, a.a.O., p. 4

332) W. Zurbuchen, Les fusées dans l'armée suisse, in: Brécaillon No. 7, Genève 1987, p. 2; Pictet selbst gab als Beginn der Versuche 1828 an: „Cette étude date déja de vingt années. En 1828, après quelques travaux commencés avec de foibles ressources individuelles, des expériences faites à l'école d'artillerie de Thun, en Suisse, furent l'-object d'un rapport très-favorable adressé au Conseil fédéral de la guerre. Par suite de ce rapport, il fut décidé de continuer les essais aux frais de la Confédération, et l'auteur promu au grade de capitaine d'artillerie à l'état-major fédéral." (A. Pictet, a.a.O., p. XII)

333) Genthod bei Malagny war Pictets späteres Besitztum (ab 1832), Angabe nach: Zurbuchen, Pictet, a.a.O., p. 4

334) Angaben nach: Dr. M. Meyer, Vorträge über die Artillerie Technik, Teil I: Die Kriegsfeuerwerkerei, Berlin 1833, S. 482; damit scheint Pictet seine Versuche gleich mit Achsenstabraketen begonnen zu haben. Auch Zurbuchen (Pictet, a.a.O., p. 7) beschrieb das Abfeuerungsgestell als „tube à triangles et ressorts". Die Seitenabweichung dieser ersten Raketen scheint aber noch sehr unregelmäßig gewesen zu sein, „Certains projectiles avaient cependant fait des écarts extraordinaires qui devaient les faire encore regarder comme impropres à la guerre' " (ibidem)

335) Pictet, a.a.O., p. XII: „Des nouvelles épreuves eurent lieu à diverses reprises, avec un succès de plus en plus encourageant; et enfin, en 1834, une commission présidée par le général Dufour, alors colonel fédéral du génie, assista à un tir d'expérience exécuté avec plus de 200 fusées sur la plaine de Bière dans le canton de Vaud. Les résultats en parurent décisifs en faveur de l'arme, et, sur le rapport de la Commission, le Conseil de la Guerre résolut d'adresser à la Diète la demande d'un crédit suffisant pour organiser un atelier de fabrication, et introduire les fusées dans l'armament fédéral." Hierzu zitierte Pictet auch aus einer 1840 erschienenen Schrift Dufours (Cours de tactique): „. . . Pictet a perfectionné la composition et le tir des fusées de guerre . . ."

336) WHS, E 286, Bü 100, Notiz Württembergisches Kriegsministerium vom November 1834 ("Im November wurde dem Hptm v. Milz aus Zürich eine Raketenhülse mitgetheilt . . . Über Saz und Verfertigungsweise konnte, - und über das RaketenGestell durfte nichts mitgetheilt werden.")

337) Angaben und Zitat nach: Ineichen, Die schweizerischen Raketenbatterien im 19. Jahrhundert, in: Separatabdruck aus: bulletin, No. 51 und 52/1977, 2. Teil, S. 8 (Organ der schweizerischen Gesellschaft der Offiziere des Munitionsdienstes), auch abgedruckt in: Schweizer Soldat, No. 11/1978

338) Angaben nach: W. Betschmann, Artillerie I, Geschütze der Artillerie ohne mechanischen Rücklauf, Achter Band in der Reihe „Bewaffnung und Ausrüstung der Schweizer Armee seit 1817": Die Raketenbatterien, Dietikon-Zürich 1980, S. 77 ff.

339) o. Verf., Die Rachette, als Waffe für die Schweiz, in: ASMZ, 1841, S. 160, zur Einleitung hieß es hier: „Im Mai 1838 wurden auf dem Felde von Bière in der Waadt die ersten mit gutem Erfolg gekrönten Versuche mit der Kriegsrachette angestellt, nachdem mehrere Jahre früher in Thun, wie es scheint mehr à l'aventure probirt worden war." Zum Abfeuerungsgestell wurde festgestellt: „Anfangs nahm man einen künstlicheren hohlen Cylinder, der schon 1832 in Thun gebraucht worden war, nachher einen einfachern; endlich schlug man nur noch 2 Latten rechtwinkligt zusammen und da gings am besten." Diese Abfeuerungsrinne war 8' lang.

darauf zurückgeführt, daß die Achsen der Rakete und der Kartätschbüchse nicht genau übereinstimmten.[340] Zum Abschluß wurde eine Salve von 7 - 8 Raketen ausgelöst, die auf den Boden gelegt und durch ein Leitfeuer verbunden waren.

„Unmittelbar nacheinander fuhren sie ab, und furchten den Boden, auf dem sie zugleich einen Streif von Feuer und Rauch zurückließen, während ihr Zischen vollkommen geeignet war, die Kavallerie zu erschrecken."[341]

Die Zusammenfassung der Resultate ergab, daß:

„1) Diese Raketen mit ziemlicher Sicherheit auf 1.000 und 1.500 Schritte (à 2 Fuß französisch Maß) anzuwenden wären;
2) ihre Treffwahrscheinlichkeit geringer als diejenige der 6Pfünder Kanone, dagegen größer als die der kurzen 24Pfünder Haubitze sei;
3) die Perkussionskraft auf Distanzen über 800 Schritte derjenigen des 6Pfünders wenigstens gleich kam;
4) hie und da bei Unregelmäßigkeiten in der Anfertigung bedeutende Längen- und Seitenabweichungen vorkommen, wie solche bei gewöhnlichem Geschütz nie stattfinden;
5) eine 8 Fuß lange Rinne sicherere Resultate gebe, als das Abfeuern aus einem Rohr;
6) die Kartätschraketen sehr unsicher giengen, die Kugeln zwar selbst auf 7-800 Schritte noch gehörige Perkussionskraft zeigen, jedoch die Büchse bei einem Aufschlag sich zu früh trennt, und man daher zu hohen Elevationen Zuflucht nehmen muß;
7) ein Salvenartiger Gebrauch einiger auf den Boden gelegter Raketen unter Umständen eine sehr gute Wirkung verspricht."[342]

Die Kommission war zwar von dem Entwicklungsergebnis überzeugt und hielt die 2zölligen Raketen für am besten geeignet, glaubte jedoch auch, daß für Kartätschraketen ein größeres Kaliber zweckmäßiger wäre. Sie befand jedoch, daß die Aufstellung einer eigenen Raketenartillerie nicht erforderlich wäre, weil „jeder intelligenter Kanonier" in der Lage sei, Raketen abzufeuern. Am geeignetsten erschienen die Raketen, wenn sie den Infanteriebataillonen zugeteilt würden, da sie leicht „an den Ecken der Quarre's gegen Reiterangriffe" aufgestellt werden könnten. Abschließend wurde bemerkt:

„daß selbst wenn der Nutzen der Kriegsrachetten nicht unbestreitbar wäre, ihre Einführung in der Schweiz doch darum Empfehlung verdiene, weil es einen übeln Eindruck auf die Schweizerarmee machen müßte, diese Waffe, die bereits die Hauptmächte Europas haben, nicht auch zu besitzen."[343]

Die Bereitstellung von Krediten in Höhe von 6.000 Francs, die Pictet ermöglichen sollten, ein Raketenlaboratorium einzurichten, um die Entwicklung fortzuführen, insbesondere aber auch eine neue hydraulische Presse mit ausreichender Kraft zu beschaffen, wurde jedoch von der Mehrheit der Kantone abgelehnt. Für weitere Arbeiten wurden nur 3.000 Francs für 1840 bereitgestellt. Die Kommission kam abschließend zu folgenden Empfehlungen:

„1) Die unter Leitung des Herrn Major Pictet verfertigten Rachetten haben ungefähr den höchsten Grad von Vollkommenheit erreicht, den man dieser Geschoßart wünschen kann.
2) Nach der Ansicht der Kommission wäre die Einführung dieser neuen Waffe in die eidgenössische Armee vortheilhaft.
3) Für jetzt wird es passend sein, daraus eine Zuthat zur Artillerie zu machen; es bleibt immerhin übrig, später nach Umständen die Waffe bei den Bataillonen einzuführen, oder ein eigenes Korps von Rachettiers zu bilden.
4) Endlich sollte jährlich eine bestimmte Geldsumme von der Tagsatzung gegeben werden, zur fortlaufenden Verfertigung eines Rachettenvorraths, der für die Bedürfnisse der Armee im Fall ihrer Mobilisirung zur Vertheidigung der Schweiz ausreiche."[344]

In einem Artikel wurde dieses Urteil stark angezweifelt:

„Wir sind nun durchaus noch nicht überzeugt, daß die Kriegsrachette sowohl der Oesterreicher als die des Hrn. Pictet an der Grenze der Vollkommenheit steht, wie von der letzteren der Bericht glaubt, ohne daß wir deshalb den gerechten Verdiensten im mindesten zu nahe treten wollen. Wir glauben gewiß, daß der Rachette noch ein mächtiger Schritt vorwärts bevorsteht durch Vermehrung der Anfangsgeschwindigkeit, der Gesamtgeschwindigkeit überhaupt, somit der Treffgewalt nicht nur auf die ferneren sondern auch auf die nähern Distanzen. . .
Wir glauben, daß sich in Zukunft eine Hauptseite der Versuche drehen wird:
a) Um die primitive Gestalt und Größe der Mantel- oder Brandflächen des Satzes;
b) Um die Veränderung diser Gestalt, ihre Vergrößerung oder Verkleinerung während der Dauer des Brennens der Rachette;
c) Um das Verhältniß der Brandflächengröße zu den Gasexpansionsräumen im Innern der Rachette; . . ."[345]

In einem Folgeartikel wurde dann eine zylinderförmige Bohrung, ohne Zehrung, vorgeschlagen, die so abgemessen sein sollte, daß sie nicht länger brenne, als der Mantel des Satzes, Ziel müsse es sein, eine größere Brandfläche, als die des Kegels bei der üblichen Bohrung, zu erhalten.[346] Anzustreben sei die Vermehrung der Anfangsgeschwindigkeit, ohne daß der Antrieb während der weiteren Brennzeit zu schwach werden dürfe; da so die Treibkraft und der Druck auf die Hülse verstärkt würde, müsse auch diese stärker ausgelegt werden. Anschließend wurde gefordert, daß der Stab der Rakete zumindest in der Achse der Rakete liegen müsse, besser wäre es noch auf den Stab zu verzichten und die Rakete durch „4 schmale Flügel von dünnem Blech am Mundende der Rachette" zu stabilisieren, auch die Verbindung von Flügeln und einem kurzem Stab wäre denkbar. Schließlich wurde angedacht, dem Raketenkörper während des Fluges „eine um seine Achse rotierende Bewegung" zu geben:

„Eine hiernach eingerichtete Stellung der 4 Flügel, die Anbringung spiralförmiger Erhöhungen an diesem oder jenem Theil des Cylinders, vielleicht unter sehr kleinen Dimensionen, auch noch mit dem Stab verbunden, könnte jenen Effekt hervorbringen."[347]

Pictet verließ aufgrund der nicht bewilligten Gelder verärgert die Schweiz, um seine Kenntnisse in England und ab 1845 in Italien zu verwerten.[348]

Er hielt sich dabei auch längere Zeit in Woolwich auf und erprobte einen neuen Raketentreibsatz. Trotz aller Geheimhaltung konnte dort jedoch eine seiner Raketen, die auf dem anderen Ufer des Flusses niedergegangen war, von einem Bootsfahrer geborgen und an das Arsenal übergeben werden. Der britische Raketenfachmann Captain E. M. Boxer stellte nach seinen Untersuchungen dabei fest, daß diese ähnlich konstruiert war, wie eine seiner früheren Entwürfe, den er nicht weiterverfolgt hatte, da diese Art Raketen dazu neigten, bei der

---

340) ibidem, S. 168, die Sprengung der Kartätschen erfolgte regelmäßig zwischen 700 und 800 Schritt

341) ibidem, S. 172, „Die Kommission gewann die Überzeugung, daß diese Art die Rachetten abzufeuern, wenn es irgend das Terrain erlaubt, eine bedeutende Wirkung hervorbringen muß, . . . Außerdem läßt sich hier insofern ein gleichsam unendlich großer Effekt erreichen, als man in kürzester Zeit soviel Rachetten als man hat auf einen Punkt losbrennen kann" Der Verfasser fügte hinzu: „Wirklich scheint hier eine der allerpraktischsten Seiten der Rachette für den Kriegsgebrauch erkannt worden zu sein."

342) H. H., Notiz über die Organisation unserer Raketenbatterien und wünschbare Modifikationen derselben, Geschichtliche Notiz über die Raketen, in: ASMZ, V. Jahrg. 1859, Nr. 25, S. 193 ff

343) o. Verf., Die Rachette, a.a.O., S. 177, der Verfasser führte zusätzlich ein bezeichnendes Zitat aus dem Bericht an: „Wenn es uns nicht zukommt, kostbare und gewagte Versuche zu machen, so dürfen wir doch nicht allzuweit in der Annahme neuer Kampfmittel hinter unsern Nachbarn zurückbleiben."

344) ibidem, S. 182

345) ibidem, S. 184

346) Eine Zielsetzung, die erst später durch Konstantinov in Rußland erreicht wurde (siehe dort)

347) o. Verf., Die Kriegsrachette. Anhang zu dem Aufsatz des vorigen Hefts. (Auch für denkende Laien), in: ASMZ, 1842, S. 227 ff., Der Verfasser hatte hier alle bis zu diesem Zeitpunkt versuchten Methoden der Stabilisierung zusammengefaßt

348) nach: Ineichen, a.a.O., S. 8, und: ASMZ, H. H., Notizen, a.a.O., S. 194

Zündung oder während des Fluges zu explodieren. Boxer beschrieb diese gefundene Rakete wie folgt:

„Having had an opportunity of examining the case, the author was enabled to find out the peculiarity of the construction, from the circumstance that the arrangement of the composition was precisely similar to a plan tried by himself upwards of a year before, but which had been given up, on account of its possessing a very great defect, viz., considerable liability to injury in travelling.

The following was the arrangement: - ABCD was a cylinder of sheet iron, round which was iron wire of about the same gauge as the iron of the case, and the whole case was beautifully manufactured. The composition was, most probably, pressed in a seperate mould, and was something of the form shown in the figure above. Instead of having a hollow cone up the centre, there was a vacancy between the case and the exterior of the composition, the latter being fixed in its position by means of iron bars running through it, and fastened to the top by screws and nuts. A metal disk was also fixed at the end of the case.

The object of this construction was evidently to generate a large quantity of gas when the rocket was first lighted, thereby producing a very high velocity during the first part of its flight. The composition that was used must have been very similar to gunpowder; it was consumed before the projectile had proceeded 400 yards in its flight.

The experiment clearly proved two points with regard to the construction of rockets. Firstly, That by giving a very high velocity to the projectile in the first instance, combined with great care in its manufacture, a great degree of accuracy may be obtained in the direction of its flight; for these rockets went almost as truly as a shot, although the tube or trough from which they were fired was not more than four feet long, the stick also being very small in comparison to the size of the rocket. Secondly, That the increased weight necessary to be given to the case, from the greater tension of the gas, does not overcome the advantage of the increase of force caused by the stronger composition; for the ranges of these projectiles were very great indeed, although the angle of elevation given to them was so small that a rocket of the ordinary construction would have ranged but a few hundred yards.

These rockets, however, possessed two very great disadvantages, viz., their liability to injury in travelling; and also that the composition being so soon consumed, one of the peculiar and perhaps most valuable properties of the rocket was thereby lost. The cases also from their construction must have been very expensive, and this alone would have been sufficient to condemn the system, when it is considered that this species of projectile must be used in great numbers."[349)]

Pictet war also auf zwei Probleme gestoßen, die Entwicklung eines entsprechend sicheren aber wirkungsvollen Treibsatzes, die aufgrund des Fortschrittes der Technik zu dieser Zeit ebenso wenig möglich war, wie eine Massenproduktion von Geräten mit der erforderlichen Präzision.

Unabhängig hiervon entwickelte im Kanton Aarau der Zeughausverwalter Oberlieutenant Müller ab 1841 Raketen. Fast ohne Unterstützung gelang es ihm, eine 6 cm Rakete (Kaliber = 2") von 9 Pfund herzustellen, die bei 5 Grad Elevation mit hoher Anfangsgeschwindigkeit etwa 700 bis 800 Schritte weit flog; sie trug als Gefechtskopf eine Handgranate oder eine Sprengladung, die aus etwa 1 Pfund Schwarzpulver und 1 Pfund Bleikugeln - geschmolzenes Zeug - bestand.[350)]
Die Versuche waren erfolgreich, so daß der Kanton Aarau, trotz der im Vergleich zu anderen eingeführten Raketen geringeren Reichweite, beschloß, in seiner Artillerie eine kleine Raketenabteilung aufzustellen, hierfür wurden im Zeughaus des Kantons einige Hundert Raketen hergestellt. Für den Transport der Raketen wurden dem österreichischen Vorbild nachempfundene „Wurstwagen" eingeführt.[351)] Diese Raketenbatterie war dann die einzige schweizerische Raketeneinheit, die je in einem Gefecht eingesetzt wurde. Im Vorfeld des Sonderbundkrieges waren Teile dieser Einheit[352)] Bestandteil des zweiten Freischarenzuges gegen Luzern unter dem Befehl des Berner Hauptmanns Ulrich Ochsenbein, und in der Nacht vom 31. März zum 1. April 1845 erfolgte ihr erster scharfer Einsatz, bei dem Raketen auf das Gasthaus „Kloesterli" in Malters, Zentrum der gegnerischen Stellung bei der Brücke über die Emmen, gefeuert wurden.

„Au milieu de cette nuit, un parti de corps francs attaque de front l'auberge de Kloesterli, dont le landsturm du capitaine Weintgartner et le capitaine Meyer-Crivelli ont essayé de faire une redoute. Des fusées à la Congrève tombent sur cette maison, d'où les défenseurs continuent le feu, tandis que Meyer, à la tête de ses voltigueurs, et le capitaine d'artillerie Segesser luttent d'intrépidité avec le corps francs, qui, sur ce point, eurent la bravoure du soldat. Cet engagement nocturne, livré à Malters et à Schachen, avait échoué. Il laissa au pouvoir des Catholiques quatre obusiers de Bâle-campagne, de Berne et d'Argovie, une voiture chargée de fusées à la Congrève, des vivres et des munitions."[353)]

Der Angriff wurde jedoch unter schweren Verlusten abgeschlagen.[354)]
Nach dem Bericht des Luzerner Oberbefehlshabers, General von Sonnenberg, stellte sich der Raketeneinsatz weniger gefährlich dar:

„Ungefähr gegen 2 Uhr Morgens (1. April) erfolgte der heftigste Angriff des Feindes. Ueber 200 Mann Freischaaren griffen das Klösterliwirthshaus in der Front an . . . in der größten Hitze dieses nächtlichen Kampfes sandte der Feind zwei kongrevesche Raketen gegen das Klösterliwirthshaus. Die eine fiel auf die Straße und zerplatzte, die andere aber mit einer aufgebundenen Granate, war besser gerichtet; sie bohrte sich beim vordersten Fenster der Wirthsstube in die Holzwand ein, sprengte durch ihr Zerplatzen Futter und Täfel weg und zündete an. Das Feuer wurde aber von Landsturmmännern mittelst bereit gehaltenem Wasser sogleich wieder gelöscht. Das ungewohnte Gezische und Geräusch dieser Raketen machte die Truppe stutzig und einen Augenblick zurückweichen, allein der Brigadeadjutant, Artilleriehauptmann Segesser brachte sie gleich wieder auf Posten . . . Vier Haubitzen von Basellandschaft und Aargau, 3 Kanonen von Aargau und Bern, 4 Caissons, ein Wagen mit kongreveschen Raketen . . . waren die Beute dieser Gefechte."[355)]

Gleichzeitig erlitten Ochsenbeins Truppen bei Littau auf ihrem Vormarsch auf Luzern eine vernichtende Niederlage; Ochsenbein hatte vorher noch siegesgewiß gemeldet, daß er beabsichtige

„la ville [Luzern] eût été bombardée des la point du jour avec des obus et des fusées à la Congrève jusqu'à ce qu'elle se rendit."[356)]

---

349) E. M. Boxer, The Congreve Rocket (Denkschrift von 1853, veröffentlicht 1860), in: Sir W. Congreve, The details of the Rocket System, reprint Ottawa 1970, p. 65

350) H.H., Notizen, a.a.O., S. 194, gab die Ladung mit jeweils 1/2 Pfund an, diese Angabe erscheint richtiger

351) Betschmann, a.a.O. S. 80, und: Ineichen, a.a.O., S. 2-77, sowie: H.H., Notizen, a.a.O., S. 194; zu den Raketen des Hauptmann Müller und zur Raketenbatterie liegen lt. Schreiben des Staatsarchives des Kanton Aargau vom 18.08.1995 keinerlei Unterlagen vor.

352) o. Verf., Die Freischarenzüge nach Luzern, Luzern 1895, S. 51, die Artillerie dieser Freischar bestand aus 154 Artilleristen mit 10 Geschützen, „die man mit List oder Gewalt aus dem Zeughaus Liestal, den Schlössern Nidan und Bipp und der Feste Aarburg weggeführt hatte. . . . Zu diesen Geschützen kam noch ein Wagen mit kongrevischen Raketen.-"

353) Crétineau-Joly, Histoire du Sonderbund, Paris 1850, p. 510

354) Zurbuchen, les fusées, a.a.O., p. 2, zum Gefecht liegen leider im Staatsarchiv des Kanton Aargau keinerlei Unterlagen vor (Schreiben vom 24.04.1996), es scheint nur dieser eine Raketenwagen vorhanden gewesen zu sein, so daß damit die gesamte „Batterie" erbeutet worden war.
Zu den Verlusten wurde aber festgehalten: „Raketengeräthe. 2. Raketenböcke; 2. Zündstöcke; 2. Raketenaufsätze; eisern; 1. Täschchen mit Hämmer u. Zange; 2. Zündertäschchen; alte" (SKA, M-1848, Etat der Geschütze, Fuhrwerke, der Ausrüstung u. Munition welche bei Anlass des Freischarenzugs 1845 dem Staate abhanden gekommen)

355) SKL, AKT 24/69C, Bericht über die Gefechte vom 31. März und 1. April 1845, Luzern, den 15. April 1845; der Oberkommandant, General von Sonnenberg stand bis dahin in neapolitanischen Diensten (Historisch-Biographisches Lexikon der Schweiz, 3. Band, Neuenburg 1926)

356) Crétineau-Joly, a.a.O., p. 513

Dem Zeughaus des Kanton Aargau gelang es recht schnell, den Verlust auszugleichen; diesmal wurde aber eine gemischte Batterie gebildet, die mit Raketen und Stuzkanonen (Falconets) ausgestattet war, das Personal hierfür wurde aus den beiden Landwehrartilleriebatterien herausgezogen. Für die Raketen stand jedoch zunächst nur ein einziger Raketenwagen zur Verfügung. Eine erste Ausbildung der neuen Batterie, die von dem zwischenzeitlich zum Major beförderten Müller commandiert wurde, erfolgte Ende 1847.[357)] Zu Beginn des Sonderbundkrieges konnte der Kanton General Dufour dann aber bereits wieder 2 Raketenwagen anbieten, was aber von diesem nicht angenommen wurde:

„... le 19 novembre, ayant été visiter l'arsenal d'Aarau, on m'y montra deux caissons des fusées de guerre qu'on metteait à ma disposition, avec les appareils nécessaires pour s'en servir, je refusai de faire usage de ce moyen destructeur contre Lucerne, voulant éviter autant que possible ce qui pouvait donner à cette guerre un caractère de violence ..."[358)]

Nach der Reorganisation des eidgenössischen Militärwesens aufgrund der Bildung des neuen Bundes 1848 wurde Pictet 1849 aus dem Ausland zurückberufen, zum Oberstlieutenant ernannt und erneut mit der Herstellung von Kriegsraketen beauftragt. Hierzu wurde ihm eine hydraulische Presse von „1.000 Pfund Druckkraft" zur Verfügung gestellt, die zum Pressen des Treibsatzes in die Raketenhülse erforderlich war. Die nunmehr hergestellten Raketen erbrachten aber weder die Leistung noch die Zuverlässigkeit seiner früheren Modelle.[359)] Der oben zitierte Aufsatz des Captain Boxer wies daraufhin: die Idee einer zentralen Treibsatzanordnung für Feststoffraketen wäre sicherlich richtig, ließe sich aber mit dem damals verfügbaren Schwarzpulver nicht mit der erforderlichen Zuverlässigkeit und Sicherheit realisieren. Angesichts dieser Entwicklung geriet die Schweiz in Zeitdruck, da die Raketen baldmöglichst eingeführt werden sollten. Die vom Bundesrat eigens ernannte Raketenkommission unter Oberst Denzler ließ durch Vermittlung der Firma Escher, Wyss und Comp. 12 von Hales Raketen in England beschaffen, wobei sich der Transport durch Frankreich schwierig gestaltete, da er ohne die erforderliche Genehmigung des französischen Kriegsministeriums erfolgen sollte, die Raketen also getarnt transportiert werden mußten.[360)] Da Hale großen Wert darauf legte, daß die Versuche mit größter Sorgfalt durchgeführt wurden, reiste er anschließend selbst nach Zürich. Am 18. Januar versammelte sich die Raketenkommission, um die Raketen zu begutachten. Hierzu hieß es im Bericht der Kommission:

„Hale's Rakete besteht aus einer eisernen Hülse von 2,34 schweizerzoll äußeren Durchmesser, und 10,5 Zoll Länge. Das Bodenstück (Coulot) bildet einen abgestumpften Kegel von 1 Zoll Länge, in dessen nach hinten gerichteter kleiner Fläche das, dem größten Bohrungsdurchmesser der Rakete gleiche, Brandloch (0,65 Zoll) angebracht ist. Auf dem Mantel dieses abgestumpften Kegels sind fünf Seitenlöcher gebohrt, deren Richtung den Querdurchschnitt der Rakete tangirt (daher die Benennung Tangentialraketen) und unter einem Winkel von ungefähr 35°. nach vorne geht. Die Seele oder Bohrung ist konisch, der nicht sehr rasche Satz scheint ziemlich Kohle zu enthalten. An den vorliegenden Exemplaren ist vorne ein ovales Hohlgeschoß (Granate) angebracht, welches durch ein Fülloch mit zwei englisch. Unzen = 3,6 Loth Schweizergewicht Pulver geladen wird. Das Fülloch ist mittelst einer messingenen Schraube verschlossen. Die Rakete mit Geschoß wiegt 9 Pf. Schweizergewicht. Hale's Raketen haben keinen Stab. Daß das steuernde Prinzip im Körper der Rakete selbst liegt, - die Gasausströmung aus den Tangentiallöchern bewirkt eine Drehung der Rakete um ihre Längsachse, - ist ihr unbestreitbarer Vorheil über die Congrev'schen Raketen des Herrn Oberstlieutenant Pictet."[361)]

Zum letzteren wurde noch festgestellt, daß somit die Handhabung der Raketen erleichtert und auch die Seitenfläche der Rakete, auf die jeder „einigermaßen frische Wind nachtheilig" wirkte, verringert und so die Sicherheit des Treffens erhöht würde. Am Samstag, den 20. Januar wurden dann in Rümlang bei Zürich die Versuche mit den Raketen durchgeführt, wobei auf ausdrückliche Weisung des Militairdepartements 4 Raketen zurückgehalten worden waren.[362)] Aufgrund der geringen Anzahl der Raketen durfte kein gesondertes Gestell, wie Hale es konstruiert hatte (22,5 Zoll Länge und $7^1/_2$ Pf. Gewicht) angefertigt werden; die Raketen mußten aus einem provisorischen Gestell mit einer 10 Fuß langen Röhre, die am unteren Ende zum Einlegen der Raketen aufgeschlitzt war, abgefeuert werden, diese Röhre ruhte vorne auf einem, aus zwei Eisenstangen gebildeten Bock. In Richtung zwischen Seeb und Rüthi wurde eine Schußlinie von 2.000 Schritt[363)] abgesteckt, wobei auf 1.200 Schritt eine Zielscheibe aufgestellt war. Die Reichweite der Raketen betrug bei 15 Grad Elevation 1.200 Schritte für den ersten Aufschlag, wobei der zweite bei 2.200 Schritt erfolgte, bei 20 Grad 1.900 Schritte und bei 27 Grad etwa 3.600 Schritte. Unter 10° Elevation abgefeuert erfolgte der erste Aufschlag bei 500 Schritt, wobei sich dann die Rakete in „flachen Sprüngen weiter bis auf 2.200 Schritt" bewegte.[364)] Eine unter 5 Grad Elevation abgeschossene Rakete „bewegte sich wie eine Schlange über das Riedt und stieg nie höher als 6 Fuß über den Boden". Die größte Seitenabweichung betrug 49 Schritt auf 1.900 Schritt Entfernung, ein Ergebnis, das selbst gute Geschütze dieser Zeit mit Vollkugeln nicht erreichten.[365)] Die Kommission merkte aber hierzu an, daß bei einer zweckmäßigeren Einrichtung des Gestelles die Genauigkeit des Treffens mit Sicherheit erheblich besser gewesen wäre.[366)]

Zu den Raketen wurde berichtet:

357) SKA, (M) 1847, No. 20, Protokoll des Kleinen Rathes vom 4. November 1847; als Problem erwies sich für die Ausbildung, wer die Aufgaben Müllers als Zeughauswart übernehmen sollte, da auch dessen Adjunkt bereits zur Landwehr einberufen war. Sowie, ibidem, No. 1147 vom 8. November 1847, Schreiben an Müller: „Der Tit. Kleine Rath hat die Ermächtigung ertheilt die Raketenbatterie zur Einübung mit Raketen u. Stutzercanonen in den Dienst zu rufen. Wir ersuchen Sie dieses Corps aus den beiden formierten Kompagnien der Landwehrbatterie im Verein mit Herrn Art.Hauptmann Ringier aus zuziehen und vorzugsweise die dabei befindliche Elitenmannschaft hiezu zu bestimmen, u. demselben als Instruktor den nöthigen Unterricht zu ertheilen. Anbelangend die Verwendung dieses Corps bei der Eidg. Armee unter Ihrem Kommando wollen wir Ihre Ansichten vernehmen wie dann inzwischen die Zeugwartstelle u. durch wen versehen werden könnte ..." Und - ibidem - Weisung an den Mil. Insp.: „Wir haben infolge kleinräthlicher Ermächtigung dem hr.Zeughausverwalter den Auftrag ertheilt, eine Raketenbatterie aus den beiden gegenwärtig formirten zwei Landwehrartilleriecompagnien auszuziehen u. als Oberinstruktor gehörig zu instruiren ..." Gemäß einer Übersicht über den personellen und materiellen Bestand der I. Landwehr (ibidem) stand nur 1 Raketenwagen (älterer) zur Verfügung, die Anzahl der verfügbaren Raketen ist in dieser Übersicht im Gegensatz zur sonstigen Artilleriemunition leider nicht angegeben.

358) Dufour, Campagne du Sonderbund et événements de 1856, zitiert nach: Zurbuchen, Les fusées, a.a.O., p. 4

359) H.H., Notizen, a.a.O., S. 194; Pictet scheint in der Folge seine Raketen ohne Erfolg in Belgien, Württemberg, Frankreich, den Niederlanden und Rußland angeboten zu haben (Zurbuchen, Pictet, a.a.O., p. 16; in Württemberg liegen hierzu keinerlei schriftliche Unterlagen vor.). In Genf wurde dies besonders bedauert, in einer Sitzung der Militärkommission vom 6.11.1852 äußerte General Dufour zu diesen weniger erfolgreichen Versuchen: „... regrettent que Mr. le col. Pictet n'ait pu régulariser le tir de ses fusées, car elles avaient l'avantage d'une grande force de percussion et pouvaient même percer des planches d'une grande épaisseur." (Zurbuchen, les fusées, a.a.O., p. 5)

360) SBA, BAr 115, Bericht der Raketenkommission an den Bundesrat vom 6. Februar 1849, zur Umgehung der französischen Transitbestimmungen wurden die Raketen in eisernen Röhren als „Wallbäume" deklariert. Zu Hale siehe Abschnitte Vereinigtes Königreich und Amerika, Vereinigte Staaten

361) ibidem

362) ibidem, die Ergebnisse sind auch wiedergegeben in: lw, Raketenversuche in der Schweiz 1849, in: Schweizer Artillerist, Nr. 5/1961, S. 8 f.; die Kommission bestand aus Oberst Ludwig Denzler, Oberstlt. Rudolf Wurstenberger, Stabshauptmann Joh. Herzog von Effingen und Stabshauptmann Carl von Orelli.

363) Artillerieschritte zu je 2,5 schweizer Fuß

364) Angaben zu den Raketen siehe auch: H. H., Notizen, a.a.O., S. 194

365) Angaben nach: Col. Chesney, Observations on the Past and Present State of Fire-Arms, London 1852, p. 309, Chesney gab an, daß 10pfündige Raketen verschossen wurden, also mit dem kleinsten von Hale gefertigtem Kaliber.

366) SBA, BAr 115, a.a.O.: „Bei größerer Stabilität und überhaupt zweckmäßigerer Einrichtung des Gestelles wäre die Sicherheit des Treffens gewiß erstaunenswert gewe-

„Dem Herrn Hale von Woolwich ist es gelungen, diese für den Land- und Seekrieg wichtige Vervollkommnung zu Stande zu bringen und Raketen zu verfertigen, die die gleiche Wirkung wie die bisherigen Kriegsraketen haben und ohne Stab abgefeuert werden können. Diese Raketen werden Tangentialraketen genannt. Sie haben diesen Namen durch die am Boden der Hülse schief gebohrten Löcher, deren Achsen die Seele der Rakete tangieren. Das durch diese schief gebohrten Löcher herausströmende Gas bewirkt eine schraubenförmige Drehung der Rakete um ihre Längsachse, und das am Boden der Hülse durch das Mittelloch in der Richtung der Längsachse herausströmende Gas ersetzt den Stab und hält die Rakete während ihrer Bewegung im Gleichgewicht. Vorn an der Rakete befindet sich ein ovales Geschoss, das entweder massiv oder hohl oder mit Brandsatz gefüllt ist. Im ersten Fall heisst die Rakete shot-rockets, im zweiten Fall shell-rockets, im dritten Fall carcass-rockets. In England wurden mit diesen Tangentialraketen aus Auftrag der dortigen Regierung eine Menge von Versuchen angestellt, die laut amtlichen Zeugnissen sehr befriedigende Ergebnisse gezeitigt haben."[367)]

Die Kommission kam abschließend zu dem Urteil, daß die Einführung dieser Raketen zweckmäßig wäre. Auch wenn Hale für sein Geheimnis die Summe von 1.000 Pfund Sterling verlange, die ursprüngliche Forderung in Höhe von 1.600 Pfund war bereits hinunter gehandelt worden, komme die Herstellung seiner Raketen noch billiger als die der Stabraketen von Pictet.[368)] Hinzu komme der Vorteil, daß die benötigte hydraulische Presse bereits vorhanden wäre. Auch erscheine es möglich, im Laufe weiterer Verhandlungen die Forderungen noch auf 900 Louisdor zu reduzieren, die überdies nicht in einer Summe, sondern in vierteljährlichen Raten fällig wären. In ihrem Bericht schlug die Kommission weiterhin vor, zur Aufstellung der Raketenbatterien auf Teile der vorhandenen Parkkompagnien der Kantone Luzern, Zürich, Bern und St. Gallen zurückzugreifen und die künftigen Batterien mit jeweils 6 Raketengeschützen auszustatten. Für die Bedienung eines Geschützes wurden neben einem Unteroffizier 4 Mann als erforderlich erachtet. Als Erstausstattung für die Batterien wurden 200 Raketen pro Geschütz vorgeschlagen. Um weiterhin Kosten zu sparen, könnten als Raketenwagen die vorhandenen französischen Caissons des Modells 1810 verwendet werden, in denen ohne Umbau jeweils 160 Raketen transportiert werden könnten. Die Kosten für die Erstausstattung, einschließlich Hales Prämie, würden sich somit auf 52.800 sfr belaufen, also wesentlich geringer sein, als eine Beschaffung der Raketen Pictets, deren Kosten sich in diesem Falle auf 66.000 sfr belaufen würden.

Der Verfasser eines Artikels in der Neuen Züricher Zeitung schien ebenfalls von dieser Vorführung überzeugt worden zu sein, denn er schrieb abschließend:

„Mit Bezug auf den Transport haben diese Raketen den bedeutenden Vorteil, dass ein Mann, ohne belästigt zu sein, in jeder Rocktasche eine solche tragen kann.

Das Getöse, welches während der Brennzeit des Treibsatzes durch das herausströmende Gas erzeugt wird, muss schon an und für sich auf Mannschaft und Pferde einen erschreckenden Eindruck machen, und weder Reiter noch Fusstruppen dürften gegenüber einer solchen Raketenbatterie bei sonst allen kriegerischen Eigenschaften standzuhalten vermögen.

Wir hoffen, dass es möglich sein werde, mit Herrn Hale ein Verkommnis zu treffen, um diese Raketen bei der schweizerischen Artillerie einführen zu können."[369)]

General Dufour schlug aber entgegen dem Votum der Kommission am 9. Mai 1849 dem zuständigem Bundesrat Ochsenbein in einem Brief vor, lieber einheimische Spezialisten für die Konstruktion von Raketen heranzuziehen. Die zurückgehaltenen 4 Raketen[370)] wurden anschließend dem Pyrotechniker Georg Schweizer und dem zwischenzeitlich zum Oberst beförderten Müller übergeben, damit diese das Konstruktionsprinzip ergründen könnten. Schweizer begann am 16. August 1849 mit seinen Versuchen. Zunächst hatte er Probleme mit den Raketenhülsen, die beim Zünden zersprangen, da er offensichtlich die Stärke des Gasdruckes, die infolge der hydraulischen Pressung erheblich größer als bei den früheren Raketen war, unterschätzt hatte. Nach zahlreichen Versuchen mit Röhren verschiedener Hersteller und dem Versuch, weicheres Blech in mehreren Lagen zu Röhren zu walzen, konnte er aber dann am 11. September und 28. September 1850 Erfolge melden.[371)] 1849 waren von 34 Raketen noch 16 zersprungen und bis zum Mai 1850 von 37 Raketen noch 14.[372)] Am 10. September 1850 gelang es ihm aber dann erfolgreich 6 Raketen mit Hülsen aus Birmingham und Untervélier abzufeuern, wobei mit 15 Grad Elevation Entfernungen von etwa 2.100 Schritt und mit 20 Grad von 3.000 Schritt erreicht wurden.[373)] Schließlich konnte Schweizer am 27. September die Ergebnisse eines Versuches vom 25. September als vollen Erfolg melden, wobei auch hierbei wieder sowohl die englischen als auch in der Schweiz verfertigten Röhren verwendet wurden. Nachstehende Ergebnisse wurden bei diesem Schießen auf dem Wyler Feld erzielt:

No der Rakete	Elevation in Grad	Wurfweite in Schritt	Seitenabweichung in Schritt
1	10	1852	159
2	10	1873	148
3	10	1869	204
4	10	1866	56
5	10	1881	118
6	15	2085	233
7	15	2099	231
8	15	2060	225
9	15	2074	204
10	15	wurde nicht gefunden	
11	15	2088	258
12	15	2076	263
13	15	2022	230

Die noch zu großen Seitenabweichungen führte Schweizer vor allem auf die Unzulänglichkeit des „provisorisch gemachten, schwachen, mangelhaften, schwankenden und in jeder Beziehung unvollkommen Wurfgestell ohne Visir" zurück, das nur mit dem bloßen Auge „approximativ" gerichtet werden könnte. Auch seien die Hülsen nicht mit der erforderlichen Sorgfalt und Genauigkeit hergestellt worden.[374)] Für die eineinhalb Versuchsjahre wurden 1.073,90 Sfr aufgewendet,

---

sen." Die Brennzeit der Raketen wurde mit 13 Sekunden gemessen, angefügt wurde, daß nach Hales Angaben die größte Reichweite bei 55° 5.000 Schritt betragen sollte. Interessant erscheint die Beobachtung, daß „nämlich die spiralförmigen Rußspuren, welche die rotarische Bewegung der Rakete in der eisernen Röhre zurückließ, so daß deren Inneres einem gezogenen Stutzenlauf nicht unähnlich sah."

367) Raketenversuche . . . , a.a.O., S. 8, zitiert aus: Neue Zürcher Zeitung v. 24. Januar 1849 „Hale's Tangentialraketen"

368) Nach der angeführten Berechnung der Fa. Escher, Wyß und Comp. kam die Pictet'sche Rakete einschließlich Arbeitslohn auf 11,14 sfr zu stehen, während die Anfertigung der Rakete Hale's nur 6.40 sfr kosten würde, obwohl diese aufgrund des etwas größeren Kalibers wirkungsvoller wäre. (SBA, BAr 115, a.a.O.)

369) Raketenversuche . . . , a.a.O., S. 9

370) Das Zurückhalten dieser Raketen und die Art der Beschaffung deuten daraufhin, daß die Schweiz von vornherein nicht den Ankauf der Rechte beabsichtigt hat.

371) Seine Verzweiflung über die anfänglichen Mißerfolge ging so weit, daß er in einem Brief an Bundesrat Ochsenbein der englischen Fabrik unterstellte, auf Veranlassung Hales, der ja sein Geheimnis nicht hatte an die Schweiz verkaufen können, absichtlich minderwertige Röhre zu liefern. (SBA, BAr 19, Brief vom 19. Mai 1850)

372) SBA, Tabellarische Übersicht der abgebrannten Tangential Raketen bis zum 22. May 1850

373) SBA, BAr 28, Brief Schweizers vom 11. September 1850

374) „Der 2te Grund dieser Abweichung liegt dann auch noch in der Bohrung der Brand

zusätzlich erarbeitete Schweizer einen detaillierten Entwurf mit einer Kostenkalkulation für den Bau einer Raketenfabrik für den Vorsteher des eidgenössischen Militair-Departements, den Bundesrat Ochsenbein.[375]

Am 8. Mai 1850 setzte die Eidgenossenschaft die neue Militärorganisation in Kraft; hiernach war bereits die Aufstellung von Raketenbatterien vorgesehen. Nur waren zu diesem Zeitpunkt immer noch keine einsatzbereiten Raketen verfügbar.[376] Im Folgejahr wurde dieses Gesetz in Bezug auf die Beiträge der Kantone und der Eidgenossenschaft weiter detailliert, nunmehr sollten 4 Raketenbatterien des Bundesauszuges mit 280 Mann und 4 Raketenbatterien der Bundesreserve mit 160 Mann durch die Kantone Aargau, Bern, Genf und Zürich aufgestellt werden.[377] Mit Gesetz vom 29. September 1851 wurde schließlich die genaue Stärke dieser Batterien festgelegt.[378] Die Kantone beschlossen hierzu in der Folge die entsprechenden Ausführungsgesetze.[379]

Am 16. November 1851 wurde eine Artillerie-Kommission eingesetzt, die unter anderem zu prüfen hatte, ob Stab- oder Rotationsraketen eingeführt werden sollten, sowie sich mit der Konstruktion und Ausrüstung der Raketenwagen beschäftigen sollte.[380]

1851 trat ein neuer Konstrukteur auf den Plan, Lukaszy, ein ungarischer Emigrant,[381] bot dem Artilleriekommando von Basel-Stadt an, Raketen, die er als eigene Erfindung ausgab, obwohl sie dem österreichischen System Augustin entsprachen, anzufertigen. Das Angebot wurde nach sorgfältiger Prüfung angenommen, da die Beschaffung von Raketen immer dringlicher wurde. Die Artillerieoffiziere von Baselstadt stellten Lukaszy die erforderlichen Hilfsmittel, wie eine hydraulische Presse und ein beheizbares Arbeitslokal zur Verfügung und erklärten sich bereit, ihm ein entsprechendes Tagegeld zu zahlen. Am 12. Januar 1852 konnte Lukaszy dann die von ihm verfertigten Raketen vorführen, wobei die Basler Offiziere anmerkten, daß die Richtung der Raketen zwar noch nicht befriedigend wäre, da diese aber nicht mit der Genauigkeit hätten hergestellt werden können, wie dies in einem richtigen Laboratorium möglich wäre, auch die in Basel beschafften Ingredienzien Lukaszy noch unbekannt gewesen wären, würden bei entsprechender Fertigung bessere Resultate zu erwarten sein. Ein zeitgenössischer Bericht hierzu besagte:

„Die Herren Artillerie-Offiziere von Basel-Stadt, von einem patriotischen Eifer beseelt, stellten ihm Lokal, Werkzeug und Materialien zur Verfügung und unterwarfen seine Erzeugnisse auf der Schützenmatte in Basel einem Schießversuch, welcher recht befriedigende Resultate lieferte, so daß sie Herrn Lukaszy in einem Brief vom 14. 1.1852 dem Eidg. Militärdepartement empfehlen durften."[382]

Die Resultate des Schießens mit 6pfündigen Schuß- und 9pfündigen Wurfraketen, die sich bei sehr starkem und wechselnden Wind auf der Schützenmatte ergaben, sind der nachstehenden Tabelle zu entnehmen. Angemerkt wurde noch, daß das Abfeuern mittelst Perkussionsschloß nichts zu wünschen übrig ließ.

(Siehe Tabelle auf Seite 360)

Bemerkungen: Die Scheibe war 180' lang und 9' hoch dießseits des Grabens des Kugelfangs aufgestellt. Das Quadrat zum Aufnehmen der 9pfünder Würfe hatte die Länge der Scheibe zur Seite; starker und wechselnder Wind.

Zu einer genauen Aufnahme mangelte es an hinlänglichem Personal, namentlich konnten die Portees der einzelnen Schüsse nicht während des Schießens einberichtet werden, und da das Material zum ersten Mal verwendet wurde, so war etwelche Sicherheit und Verbesserung in Höhe und Seitenrichtung nicht möglich.

Boden: Ackerfeld und sehr kothig.[383]

Am 23. Januar wurden nochmals Versuche in Basel durchgeführt, diesmal mit Kartätsch- und Brandhauben-Raketen. Die Brandhauben wurden mit bestem Ergebnis auf 1.200 Schritte gefeuert und brannten nach dem Liegenbleiben etwa 2 Minuten. Lukaszy reiste anschließend nach Bern zum Oberst U. Ochsenbein, dem Direktor des eidgenössischen Militärdepartements, wo er Referenzen aus München und Brandenburg[384] vorlegen konnte, überdies führte er die ersten 20 produ-

---

und Tangentiallöcher, es gab solche welche zu weit waren, und solche, welche etwas, wenn auch wenig, vom Tangentialwinkel abwichen, was eine ungleiche Gasströmung und daraus entstehende Abweichung vom Zielpunkte erzeugen mußte. Diese Bohrung mußte ich bey einem Mechaniker machen lassen . . . Unbeschreiblichen Verdruß verursachte mir die beyspiellose Gleichgültigkeit, womit der Mechaniker diese Arbeit betrachtete, indem solche Leute nicht glauben wollen, daß bey dieser gering scheinenden Arbeit eine so große Exactitude unerläßliche Bedingung sey. Da dato alle mechanischen Werkstätte sehr stark beschäftigt, die guten Arbeiter sehr begehrt, und daher sehr dificile zu behandeln sind, so mußte ich froh seyn, daß mir diese Arbeit noch so gemacht worden ist." (SBA, BAr 3, Brief Schweizers vom 27. September, einschließlich der Schieß-Resultate)

375) Angaben nach: Ineichen, a.a.O., S. 10

376) Gesetz über die Militärorganisation der schweizerischen Eidgenossenschaft vom 8. Mai 1850; Art. 43. Das Geschütz zerfällt in fünf Klassen, nämlich: . . . 4. Raketenbatterien; Art. 46. Die Gebirgs-und Raketen-Batterien bestehen in: . . . Batterien von acht Raketengestellen; B. Kriegsfuhrwerke. Art. 51. Für die Gebirgs- und Raketen-Batterien werden geliefert: b. Auf jede Raketen-Batterie. in die Linie: 6 Raketenwagen und 1 Vorrathswagen; in die Divisionsparks: 3 Raketenwagen; Munition. Art. 58. Für das Ergänzungsgeschütz ist die Munition in gleichem Verhältnis zu liefern, wie für das Geschütz der bespannten Batterien. Im Ferneren dann: . . . für jedes Raketengestell 200 Schüsse

377) Bundesgesetz über die Beiträge der Kantone und der Eidgenossenschaft an Mannschaft, Pferden und Kriegsmaterial zum schweizerischen Bundesheer vom 27. August 1851. In diesem Gesetz werden die Batterien der Bundesreserve erstmals als „$^{1}/_{2}$Kompagnie" bezeichnet.

378) Bundesgesetz über die Beiträge der Kantone und der Eidgenossenschaft mit 42 Tabellen zur Gliederung der Einheiten; Tabelle 2 enthält „Bestand und Bildung der halben oder Reserve-Raketenkompagnien" mit: 1 Hauptmann, 1 Unterlieutenant, 1 Feldwebel, 1 Fourier, 2 Kanonierwachtmeister, 2 Kanonierkorporale, 1 Trainkorporal, 2 Kanoniergefreite, 2 Traingefreite, 1 Frater, 1 Hufschmied, 1 Sattler, 2 Trompeter, 14 Kanoniere und 8 Trainsoldaten; in Tabelle 21 werden als Etat der Batterien des Bundesauszuges 8 und in Tabelle 22 als Etat der Bundesreserve 4 Raketengestelle festgelegt, in Tabelle 25 der Etat an Raketenwagen des Auszuges mit jeweils 6 Wagen für die Linie und 3 für die Divisionsparks, während für die Bundesreserve jeweils 3 Raketenwagen in der Linie und 2 in den Divisionsparks vorgesehen waren. Überdies waren nach Tabelle 27 und 28 für Auszug und Reserve jeweils 1 Raketenvorratswagen bereitzustellen. Als Munitionsetat waren für die Batterien des Auszuges jeweils 1600 und für die der Reserve 800 Raketen festgelegt.

379) So der Kanton Zürich am 1. April 1852 sein „Gesetz betreffend die Militärorganisation des Kanton Zürich", die hier festgeschriebenen Stärken wichen teilweise vom Bundesgesetz ab. Für die Raketenbatterie (Halbe Raketenbatterie) war folgender Bestand im Gesetz festgelegt: 1 (-) Hauptmann, - (1) Oberlieutenant, 2 (1) Unterlieutenant, 1 (1) Feldweibel, 1 (1) Fourier, 4 (2) Kanonierwachtmeister, 4 (2) Kanonierkorporale, 1 (1) Trainkorporal, 4 (2) Kanoniergefreite, 4 (2) Traingefreite, 1 (1) Frater, 1 (1) Hufschmied, 1 (1) Sattler, 2 (2) Trompeter, 35 (18) Kanoniere, 18 (10) Trainsoldaten

380) ASMZ, 18. Jahrg. 1852, No. 2, S. 33

381) Lukaszy gab an, er wäre im ungarischen Krieg Commandant einer Raketenbatterie gewesen und habe nach seiner Verbannung bereits in Schleswig-Holstein, Bayern und Württemberg die Kriegsraketen nach dem System Augustin eingeführt. Hierzu legte er entsprechende Papiere als Beweis vor. (ASMZ, 18. Jahrg., No. 2, S. 23 ff.); zur Arbeit Lukaszys in diesen Staaten siehe Abschnitt „Die deutschen Staaten". In einem Artikel über Kriegsraketen, beschrieb er auch „eigene" Erfahrungen aus Italien (ASMZ, 1852, S. 344), die jedoch dem Bericht des Major Reisner (siehe Abschnitt Kaiserreich Österreich) entnommen sind. L. war wohl ein begabter Pyrotechniker, der sich aber wohl erst ab 1848 mit Kriegsraketen befaßt hat, denn 1847 bot er in verschiedenen deutschen Staaten nur Verfahren der Lustfeuerwerkerei an und erst 1849 erfolgte das erste Angebot für Kriegsraketen in Bayern, wo er während der entsprechenden Versuche seine Kenntnisse erweitern konnte; aus den bayerischen Akten geht zudem hervor, daß ihm die österreichischen Kriegsraketen zu dieser Zeit zumindest im Detail noch weitgehend unbekannt waren.

382) zitiert nach: Ineichen, S. 10

383) SBA, BAr 183, Brief Artillerie Commando Basel Stadt vom 14. Januar 1852, dieser Brief mit dem Protokoll der Schießproben ist auch wiedergegeben in: ASMZ, 18. Jahrg., No. 2, S. 25 ff. In dem Brief hieß es noch: „Weniger vollkommen zeige sich das Richtungswesen der Schußraketen; die Wurfraketen standen hinter Haubitzen nicht zurück. Es ist ganz klar und auch in Österreich unseres Wissens der Fall, daß eine Rakete nie so genau schießen wird wie eine Kanone, es ist aber dieß auch nicht nöthig und andere Vortheile, z.B. die Beweglichkeit und die Möglichkeit der Aufstellung an Orten, wo an Kanonen, ja an Gebirgs-Haubitzen nicht zu denken ist, wiegen derfaltige Mängel mehr als auf."

384) Brandenburg muß ein Schreib- oder Verständnisfehler sein, von einem Aufenthalt L.'s in Preußen ist nichts bekannt, hier mag eine Verwechslung mit Rendsburg, wo L. gearbeitet hatte, vorliegen. (siehe Abschnitt: Die deutschen Staaten, Schleswig-Holstein)

Art	Nr.	Caliber	Distanz	Elevation in Grad	Aufschläge der Granate in Schritten vor der Scheibe 1 / 2	Liegenbleiben der Granate	Liegenbleiben der Hülse	Bemerkung
Schußrakete (6pfündig)	1	6 pf.	700	04	280 / 90	Grab.	70	Scheibe getroffen
	2	-"-	700	04	100 / 45	Wall	80	dito
	3	-"-	700	04	300 / 150	"	150	zu hoch
	4	-"-	700	04	150 / 60	d.s.S.	60	
	5	-"-	800	06	70 / Wall	Wall	-	
	6	-"-	800	06	360 / 280	h.W.	-	
	7	-"-	800	06	460 / -	-	-	Hülse zersprungen
	8	-"-	800	06	110 / 10	r.h.W.	-	ohne merkl. Abweichung
	9	-"-	1100	09	350 / 300	300	-	
	10	-"-	1100	09	400 / ?	-	-	in Seite der Scheibe
	11	-"-	1100	09	380 / 350	150	-	
	12	-"-	1100	Rollschuß	600 / 350	150	-	der beste Schuß in Bezug auf Abweichung
Wurfrakete (9pfündig)	13	9 pf.	800	20	15 / -	-	-	Treffer in ❑
	14	-"-	800	20	15 / -	-	Grab.	dito
	15	-"-	800	21 1/2	30 / ü.d.W.	h.W.	-	
	16	-"-	800	20 1/2	18 / a.d.W.	100 dt	-	Treffer
	17	-"-	800	20 1/2	2 / Grab.	-	-	dito
	18	-"-	800	20 1/2	100 / "	-	-	

zierten Raketen mit, wie es hieß „in Kistchen österreichisch reglementarisch verpackt", auch um zugleich die Transportsicherheit derselben zu beweisen. Das eidgenössische Militärdepartement ordnete daraufhin ein Vergleichsschießen in Thun für seine Raketen, zusammen mit denen von Müller und den sogenannten Pfeilraketen von Schweizer für den 5. Februar 1852 an, an dem auch der Bundesrat Ochsenbein, sowie der Inspektor der Artillerie, Oberst Adolf Fischer von Reinach,[385)] mit Offizieren des Artilleriestabes teilnahm.

„Zugleich mit Herrn Lukaszy machte Herr Oberstlieut. Müller von Aarau Versuche mit Tangentialraketen, deren Resultate jedoch nicht befriedigen konnten; immerhin ist es diesem Offizier zu verdanken, daß er keine Mühe gescheut, um seiner Waffe ins Besondere, sowie dem Wehrwesen im Allgemeinen nützlich zu sein."[386)]

Lukaszy obsiegte in dem Vergleich, auch wenn seine Raketen nicht immer in das Ziel rikoschierten, da die Raketen der schweizerischen Konstrukteure zumeist bereits während des Zündens oder kurz nach dem Start platzten. Insbesondere war die Seitenabweichung bei seinen 6pfündigen Schußraketen recht gering.[387)] Daraufhin empfahl die Kommission einstimmig dem Bundesrat, die siegreiche Konstruktion anzukaufen. Lukaszy verlangte für die Konstruktionsunterlagen seiner 6- und 12pfündigen Raketen 400 Louisdor und zusätzlich als Diäten pro Tag 1/2 Louisdor sowie Spesen. Zugestanden wurde, daß die Summe erst auszuzahlen wäre, wenn die hergestellten Raketen, sowie zusätzlich Leuchtraketen mit und ohne Fallschirm, durch die Kommission unter Oberst Denzler als einwandfrei abgenommen worden wären. Für die militärischen und zivilen Mitarbeiter an der Raketenproduktion wurde am 12. März 1853 die Ableistung eines Eides zur Geheimhaltung vorgeschrieben:

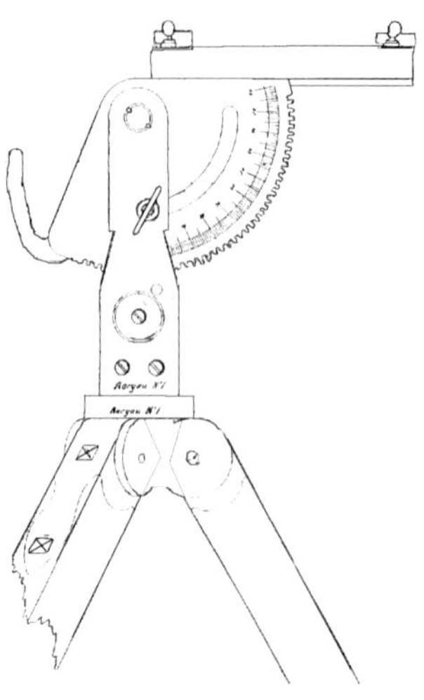

Schweizerisches Raketengestell (Zeichnung: Ordonnanz 1862)

„Eidesformel für diejenigen Offiziere, Unteroffiziere und Arbeiter, welche in das Geheimnis der Verfertigung von Kriegsraketen eingeweiht werden.

Ihr schwört dem schweizerischen Militärdepartement zu Händen der Eidgenossenschaft:

1. Das Geheimnis über die Bestandteile und die Verfertigung der durch Herrn Lukaszy ausgeführten Kriegsraketen, so wie Euch solche jetzt und infolge allfälliger künftiger Vervollkommnung derselben, noch späterhin anvertraut werden wird, in allen Punkten nach besten Wissen und Gewissen treu zu bewahren, und dasselbe einzig auf Befehl des schweizerischen Militärdepartements an jemand Anders zu übertragen.

2. Nichts, das über irgend einen geheim zu haltenden Punkt Aufschluß zu geben vermöchte, anders als nach derjenigen Anleitung niederzuschreiben, die Euch deshalb besonders erteilt wird.

3. Ohne Auftrag des schweizerischen Militärdepartements keine Kriegsraketen zu verfertigen, so wie auch außer dem Euch hierfür angewiesenen Lokal keine Versuche zu machen, die über irgend einen geheim zu haltenden Punkt Aufschluß geben könnten.

4. Euren eigenen Ideen und Erfindungen in Bezug auf das Kriegsraketenwesen niemand Anderem, als den für das daherige Geheimnis, Namens der Eidgenossenschaft in Eid genommenen Offizieren mitzuteilen.

Hierauf wird nachgesprochen: Das schwöre ich bei Gott dem Allmächtigen, sowahr mir seine Gnade helfen wird."[388)]

Ein schweizerischer Offizier, der zu dieser Zeit in Italien die österreichischen Raketenbatterien beobachten durfte, wies angesichts der Versuche in der Schweiz darauf hin:

385) Oberst Fischer, 1849 - 1860 Artillerie-Inspektor, „Ihm verdanken wir . . . die Einführung der Raketenbatterien . . ." (F. C. Bluntschli, Karl Johann Herzog, in: LXXXX. Neujahrsblatt der Feuerwerker-Gesellschaft in Zürich, Zürich 1895, S. 40)

386) ASMZ, 1852, S. 55

387) Notiz in: AMZ, 1852, S. 209; Lieutenant Colonel Borel berichtete am 6.11.1852 in Genf über diese Versuche: „ . . . on a fait l'essai des fusées de Schwitz, Zurich, de M. Muller d'Aarau et de M. Lukassy; les 3 premières n'ont point présenté de résultats satisfaisants, celles de Schwitz et Zurich ont éclaté, celles de M. Lukassy ont assez bien réussi, et sur un rapport favorable d'une commission, la Confédération a acheté le secret de M. Lukassy . . ." (zitiert nach: Zurbuchen, les fusées, a.a.O., p. 4)

388) Angaben und Zitat der Eidesformel nach: Ineichen, a.a.O., S. 13

„Aus allem Vorangeführten glauben wir den Schluß ziehen zu dürfen, daß die Raketen, wenn schon nicht bestimmt das übrige Geschütz zu ersetzen oder zu verdrängen, in einzelnen bestimmten Fällen gute Dienste leisten und mehrfache Vorzüge vor der übrigen Artillerie haben, daß aber ihre wirksame Verwendung ganz von einer sorgfältigen Fabrikation der Raketen und soliden Instruktion und guten Auswahl der Offiziere und Unteroffiziere (zu denen wir die Vormeister auch rechnen) abhängt. Sollten in Folge der in Thun stattgefundenen Versuche die Raketen Lukaszy's angekauft und bei uns eingeführt werden, so sei es uns gestattet den dringenden Wunsch auszusprechen: es möchte eine ordentliche Raketenfabrik vom Bunde aus, wenn auch nur im kleinen Maßstab angelegt und dieselbe nicht wie andere ähnliche Gegenstände als Finanzquelle betrachtet werden.- Ebenso wird wohl die Organisation der eidgenössischen Raketenbatterien einige Veränderungen erleiden müssen, besonders im Personellen."[389]

Die Produktion lief unter Leitung des Major Schädler an,[390] zunächst in einem provisorischen Raketenlaboratorium im Zeughaus in Bern; am 26. April fanden dann bereits in Thun die Endversuche statt, die im Allgemeinen sehr befriedigend ausfielen, besonders bewährten sich die 12pfündigen Schußraketen.[391] Schon im August 1852 wurde die erste Instruktion in der Handhabung der Raketen für die Kader der Raketen-Batterien durchgeführt,[392] obwohl erst mit der Ordonnanz von 26. März 1853 dann Einzelheiten der Aufstellungen von Raketenbatterien beschlossen wurden.[393] Hiernach hatten die Kantone Genf, Zürich, Bern und Aargau das Personal für jeweils 2 Batterien zu stellen, Zürich für die Auszugsbatterie[394] Nr. 28 sowie für die Reservebatterie 56R, Bern für die Auszugsbatterie Nr. 29 und die Reservebatterie Nr. 57R, Aargau für die Batterien Nr. 30 und 58R sowie Genf für die Batterien Nr. 31 und 59R.

Nach Artikel 1 dieser Ordonnanz vom März waren die Batterien wie folgt zu gliedern:

Die Auszugsbatterien, also die aktiven Einheiten (in Klammern jeweils die Reservebatterien bei Abweichungen), umfaßten:

8 (4) Raketengestelle, 8 (4) zwölfpfünder Raketenwagen, 1 sechspfünder Raketenwagen sowie 1 Vorratswagen und 6 (3) Vorratsraketengestelle. Diese Wagen waren mit jeweils 4 Pferden bespannt. Die Stärke der Batterien war in dem Gesetz über die schweizerische Militärorganisation vom 8. Mai 1850 und vom 27. August 1851 festgesetzt. Die Batterien wurden von einem Hauptmann geführt und umfaßten an Personal: 2 (1) Lieutenants mit einem Feldweibel und 1 (-) Fourier als Zugchefs, 4 (2) Wachtmeister als Geschützchefs mit 4 (2) Korporalen, 4 (2) Gefreiten, 28 (14) Soldaten. Dazu traten als Fahrer 4 (2) Traingefreite, 10 (6) Soldaten sowie 5 überzählige Trainsoldaten. Für die Batterie wurden 3 (2) Offizierspferde, 5 Reitpferde für Unteroffiziere und Trompeter sowie 40 (28) Zugpferde benötigt. Die Batterie war in 4 Züge zu jeweils 2 Gestellen gegliedert. Jede Batterie hatte 480 (240) 12pfündige und 120 6pfündige Raketen, sowie jeweils 8 (-) Leuchtraketen mit und ohne Fallschirm mitzuführen. Ein Raketenwagen für 12pfünder Raketen führte 36 Schußraketen mit 6pfündigen und 18 Wurfraketen mit 8pfündigen Granaten sowie jeweils 3 Kartätsch- und Brandraketen mit, dazu die entsprechende Anzahl von Zündern, Zündlichtern, Stoppinen und Lunten; ein sechspfünder Raketenwagen war für 72 Schußraketen und 40 Wurfraketen mit 5pfündigen Granaten sowie 8 Kartätschraketen vorgesehen, auch hier wurde die entsprechende Menge vom Zündern etc. mitgeführt. In den Vorratswagen wurden zusätzlich jeweils acht 12pfündige Leuchtraketen mit und ohne Fallschirm transportiert.

Die Raketen wurden in den eidgenössischen Werkstätten verfertigt und die Kantone hatten sie „gegen Bezahlung des kostenden Preises" von diesen zu erwerben. Der Etat sah vor, daß jeder der vier Kantone folgende Raketen für den Auszug zu beschaffen hatte: Zwölfpfünder: 750 Schußraketen, 376 Wurfraketen, 62 Kartätsch- und 62 Brandraketen sowie jeweils 20 Leuchtraketen mit und ohne Fallschirm, Sechspfünder: 190 Schußraketen, 100 Wurfraketen und 20 Kartätschraketen, für die Reserve war jeweils die halbe Anzahl zu beschaffen und einzulagern. Für die Zeughausbeamten der Kantone, die für die Einlagerung der Raketen verantwortlich waren, galt, daß sie nachstehendes Gelübde zur Bewahrung des Geheimnisses der Raketen an Eidesstatt abzulegen hatten:

„Ich gelobe an Eidesstatt, die mir in Folge meines Amtes übergebenen Kriegsraketen getreu aufzubewahren, dieselben ohne Auftrag der kompetenten Behörde niemanden zu verabreichen und weder selbst zu versuchen, das Geheimnis ihrer Anfertigung zu erforschen, noch durch Andere erforschen zu lassen; und zwar gelobe ich dieses bei Gott dem Allmächtigen, so wahr mir seine Gnade helfen möge."[395]

Die Kosten für die Erstbeschaffung scheinen für die Kantone recht hoch gewesen zu sein, so daß beispielsweise der Kanton Aargau zwar die Gelder für zunächst 9 Raketenwagen, 1 Vorratswagen und 14 Abfeuerungsgestelle einplante, aber in seinem Haushaltsvoranschlag für 1854 vermerkte, „überdies dürfte die Hälfte genügen", das gleiche galt für den ersten Raketenvorrat.[396]

Die Raketeure trugen die gleiche Uniform wie die Artilleristen, nur durch die Nummer der Batterie auf dem Tschako konnten sie von diesen unterschieden werden.[397]

Die Aufstellung der Batterien nahm mehrere Jahre in Anspruch, die Batterien des Auszugs scheinen jedoch bis 1856 weitgehend einsatzbereit gewesen zu sein,[398] während die Reservebatterien erst 1859 aufgestellt waren und die Batterien des Kanton Zürich noch 1860 über keine Abfeuerungsgestelle verfügten.[399]

Zu einem der ersten Schießen mit den neuen Raketen Lukaszys in Thun 1852 wurde bemerkt:

„Mr. le Major d'Arbigny rapporte qu'au dernier camp de tactique, qui vient d'avoir lieu à Thun, on a fait devant toute la troupe un tir aux fusées et que sur 30 environ qui ont été lancées, une seule a fait faus-

---

389) R.M., Einiges über die österreichischen Raketen-Batterien und deren Vor- und Nachtheile, in: ASMZ, 18. Jahrg. 1852, No. 5, S. 37 ff.

390) Notiz im Zofinger Volksblatt, August 1853: „Herr eidge. Artilleriemajor Schädler ist mit einigen eidgen. Instruktoren fast ununterbrochen in Bern mit der Fabrikation der Raketen beschäftigt." (zitiert nach: Oblt. Amann, Raketenartillerie vor 100 Jahren, in: Schweizer Artillerist, 35. Jahrg. 1956, No. 12, S. 5)

391) ASMZ, 1852, S. 154, zugleich wurde bereits vermeldet, daß an der Centralschule zu Thun in der ersten Abtheilung durch Oberst Denzler und Prof. Lohbauer bereits Unterricht über die neuen Raketen durchgeführt sowie praktisch an der Revision der Schußtabellen für die Raketen gearbeitet würde.

392) Notiz in: AMZ, 1852, S. 952

393) Verordnung betreffend die Organisation der Raketenbatterien vom 26. März 1853

394) in der französischen Fassung der Ordonnanz als „batterie d'élite" bezeichnet

395) Angaben gem. der Ordonnanz vom 26. März 1853

396) SKA-DM.R17/1854, (Voranschlag für 1854 vom 3. September 1853) bei einem veranschlagtem Gesamtbedarf von 91.598 Franken für das Zeughauswesen wurden veranschlagt: für 9 Raketenwagen fr. 14.850, 1 Vorratswagen fr. 2.000, 14 Abfeuerungsgestelle fr. 3.940, für den ersten Bedarf von 960 12pfündigen Raketen fr. 7.680 und für 240 6pfündige fr. 1.320; Ende 1854 mußte der Zeughausverwalter nochmals 5.000 fr nachfordern, auch um einen aus Bern gelieferten 12pfündigen Raketenwagen zu bezahlen (ibidem., Schreiben Zeughausverwalter Müller v. 29. November 1854), der tatsächliche Beschaffungsumfang in 1854 geht aus den Unterlagen nicht hervor, am 23. Januar 1855 wurde jedoch vom Regierungsrath des Kanton Aargau genehmigt, 2 für 1854 nicht verwendete Budgetansätze in 1855 zu verausgaben, es handelte sich um fr. 2.538 für Raketenabfeuerungsgestelle und fr. 4.916 für Raketenmunition. Damit scheint für den Kanton Aargau die Beschaffung des Materials für die Raketenbatterien 1855 weitgehend abgeschlossen worden zu sein. (SKA-DM.R1/1855, Auszug aus dem Protokoll der 17. Sitzung vom 31. Januar 1855)

397) R. Gaudet-Blavignac, Uniformes des batteries de fusées, in: Le Brécaillon, No. 7, Avril 1987, p. 24

398) 1855 scheinen auch die Auszugsbatterien noch nicht über ihr gesamtes Material verfügt zu haben, „. . . un cours destinée aux cadres des quatre batteries de fusées d'élite a dû être renvoyé à l'année suivante, pour manque de matériel. Les modèles pour les chariots à fusées et leur accessoires que les cantons doivent fournir, n'ont pas pu être terminés en temps utile . . ." (RMS, Supplément au No. 4 du 23 Juin 1856, p. 72). Aber auch 1857 fehlten noch 16 Abfeuerungsgestelle sowie 19 Raketenwagen für die Auszugsbatterien und 20 für die Batterien der Reserve (RMS, 1858, No. 10, p. 155), die Reservebatterien No. 57 und 59 waren noch nicht so weit aufgestellt, daß sie hätten aktiviert werden können (RMS, 1858, No. 12, p. 190)

399) Zurbuchen, les fusées, a.a.O., p. 7

se route en partant, par la rupture de la baguette; toutes ces fusées étaient suivant le procédé de Mr. Lukassy."[400)]

1855 mußte die Produktion der Raketen aus Sicherheitsgründen vorübergehend eingestellt werden, da das Laborgebäude noch von einigen Familien als Wohngebäude genutzt wurde und mittlerweile mitten in einem Stadtquartier lag. Überdies war kein ausreichender Raum für die Lagerung der Chemikalien und der fertigen Raketen vorhanden. Für einen Neubau waren zwar Haushaltsmittel in Höhe von 30.000 sfr budgetiert, ein geeignetes Gelände konnte jedoch nicht beschafft werden. So wurden Ende 1855 neue Lokalitäten wiederum nur gemietet, die bis zur Auflösung der Raketenbatterien 1867 genutzt wurden.

Inzwischen hatten sich die Beziehungen zwischen dem Militärdepartement und Lukaszy abgekühlt, da dieser durch eine Genfer Publikation sein Geheimnis der Raketenherstellung verraten sah, dies führte zu jahrelangen Prozessen; aber im September 1854 reiste Lukaszy dann nach Frankreich ab.[401)] Zugleich hatte sich in den Jahren 1854 bis 1856 die Qualität der produzierten Raketen erheblich verschlechtert, dies bewirkte, daß die Raketen beim Start oder kurz danach explodierten und führte dazu, daß mehrere Kurse für die Raketenbatterien verschoben werden mußten oder ganz ausfielen. Der Versuch des Leiters der Raketenfabrik, Böttcher, diesen Fehler durch einen langsamer abbrennenden Treibsatz zu beheben, gelang zwar, führte aber dazu, daß die Reichweite erheblich verkürzt wurde.[402)]

Zu diesem Problem hieß es in einem Rapport der Zentralschule Thun: *„Die Kriegsraketen von 12 Pfund die neuen, die zahlreichen Versuchen unterworfen sind, haben noch keine zufriedenstellenden Resultate ergeben. Währenddessen der Schießversuch mit den 6-Pfund-Raketen einwandfrei schlüssig ist, haben die 12-Pfund-Raketen sich noch weiterhin den Anforderungen der Chemie und Ballistik zu unterziehen. Aber alles deutet daraufhin, daß die letzten Schwierigkeiten bald überwunden sein werden."*[403)]

Auch in einem Bericht über die Ausbildung der Raketenartilleristen von 1856 wurde auf die Mängel hingewiesen. In Aargau übten die Raketenbatterien Nr. 28 (Zürich) und Nr. 30 (Aargau), wobei die Leistungen aller Batterien als sehr befriedigend bezeichnet wurden:

„Den neu errichteten Raketenbatterien wurde eine besondere Aufmerksamkeit geschenkt. Obgleich noch nicht komplett in Beziehung auf ihre Organisation und die Geschütze, indem beide Kompagnien nur 10 Gestelle statt 16 besaßen, wurden die Mannschaften in der kurzen Frist von 12 Tagen so mit ihrer Waffe vertraut gemacht, daß im schnellsten Laufschritt vor dem Inspizirenden manövrirt und gefeuert werden konnte. Welche Gewandtheit die schweiz. Artilleristen im Richten und Zielen ihrer Geschütze besitzen, zeigte sich hier neuerdings deutlich, indem die beiden Batterien zusammen 37½ Prozent Treffer auf ein Zielcarré von 90 Schritt auf die Distanzen von 700 bis 950 Schritt hatten. Die Konfektion der Raketen selbst läßt übrigens noch zu wünschen übrig, denn von der großen Anzahl abgeschossener sprangen circa 22 Proz. theils unmittelbar auf dem Gestell, theils auf sehr kurze Entfernung. Viele dagegen gingen sehr gut, und der Effekt der 12pfündigen Rakete muß ein höchst imponirender sein. Bei einem Übungsmarsch nach Frick über Benken wurden auf den Abhange des höchsten Gebirgskegels sämmtliche Raketengeschütze zum Feuern auf unbekannte Distanzen auf ein bezeichnetes Ziel am gegenüberligenden Berge aufgestellt, während auf dem Sträßchen die Luzerner Sechspfünderbatterie mit Kugeln und Granaten den gleichen Punkt beschoß. Es war ein wunderschöner Anblick, als die Raketen über das tiefe Thal in hohen Bogen ihr Ziel erreichten . . ."[404)]

1856 kam es zum einzigen Ernstfall für die Raketenbatterien; als um Neufchatel ein Krieg mit Preußen drohte, wurden als Teil der 30.000 Mann starken Armee ab dem 20. Dezember auch die Raketeneinheiten mobilisiert. 20 Raketenwagen mit den entsprechenden Bedienungen wurden in Marsch gesetzt.[405)] Die Krise konnte dann aber nach diplomatischen Druck Frankreichs und Englands beigelegt werden. Wohl in Verbindung mit dieser Krise schlug General Dufour, der stets für die Raketen eingetreten war, am 19. Dezember 1856 dem Bundesrat vor, die Bewaffnung der Dampfschiffe auf dem Bodensee durch Raketen zu verstärken: „on joindrait à ces pièces [armés chacun de quatre pièces légères] des batteries de fusées . . ."[406)]

Inzwischen hatte das Laboratorium von Thun weiter an der Verbesserung der Raketen gearbeitet, auch war Oberst Müller, der Intendant des Arsenals von Aarau, mit der Herstellung verbesserter Raketen beauftragt worden. Ihm gelang es, durch Verstärkung des Pulverdruckes auf die einzelnen Satzportionen und durch Anwendung eines neuen Abpressgerätes, mit dem der Dorn aus dem Treibsatz gezogen werden konnte, ohne diesen zu beschädigen, die Qualität der Raketen so zu verbessern, daß die Fehlerquote auf 1 Prozent gesenkt werden konnte.[407)]

„Ungemein ingenios ist der von Hrn. Oberst Müller erfundene sogenannte Anpreßapparat, durch welchen ein Würgen und Beschädigen der Satzschichten bei der Trennung der Rakete vom Dorn vermieden wird, und nachdem nun im Laufe dieses Winters die Dorne und Setzer, welche äußerst ungenau gearbeitet waren, gehörig korrigirt wurden, nachdem eine Menge anderer kleiner Fehlerquellen erkannt und beseitigt wurde, steht nunmehr zu erwarten, daß das Raketenlaboratorium dieses Jahr ein Produkt liefern werde, welches wenig mehr zu wünschen übrig läßt, indem nun auch die Seitenabweichungen wesentlich kleiner ausfallen werden, nachdem die Bohrung oder Seele der Raketen concentrisch ausfallen muß, statt wie bisher stets mehr oder weniger Excentricität darzubieten."[408)]

Der Bericht des Militärdepartements von 1858 stellte hierzu fest: *„M. le colonel Müller a réussi par des efforts continus à fabriquer des fusées d'un grand effet et sûr, de sorte qu'on peut faire provision de ces projectiles."*[409)]

Bei den folgenden Schießübungen der Batterien Nr. 28 und 30 im Herbst 1858 in Zürich versagten von 600 abgefeuerten Raketen nur noch zwei 12pfündige Wurfraketen. Zugleich war die Reichweite erhöht worden, so daß die 12pfündigen Schußraketen bei einer Elevati-

---

400) Sitzung der Genfer Militärkommission vom 6.11.1852, zitiert nach: Zurbuchen, les fusées, a.a.O., p. 5

401) Notiz in: AMZ, 1854, S. 1017; Lukaszy hat seine Raketen dann in Metz der französischen Artillerie - ohne Erfolg - angeboten, (siehe Abschnitt 6, Frankreich, [c.1.]), danach verlieren sich seine Spuren.

402) Ineichen, a.a.O., S. 11, möglicherweise ist die Ursache des Zerspringen wie in Bayern in der feuchten Pressung zu finden

403) zitiert nach: Betschmann, a.a.O., S. 84, siehe auch: W. Gehri, Les batteries à fusées de l'armée Suisse, 1853 - 1867, in: Figurina Helvetica, 2 / 1968

404) ASMZ, 1856, Nr. 84, S. 336

405) Angaben nach: Winter, a.a.O., p. 122, sowie: R. Beck, Roulez Tambours, in: Schriftenreihe der ASMZ, Bern 1982, S. 35; W. H. Dufour, Bericht über die Bewaffnung und den Feldzug von 1857, in: Bundesblatt der schweizerischen Eidgenossenschaft, 1857, 1. Band No. 28, S. 623, und: o. Verf., Verzeichnis der verschiedenen Stäbe der im Jahre 1856 / 57 aufgestellten eidgenössischen Armee, Bern und Solothurn o. J.; in der letzteren Aufzählung der mobilisierten Truppen ist nur die 6pfündige Batterie No. 28 aus Genf unter Hauptmann Perriere bei der 1. Division in der Stärke mit Stand 31. Jänner 1857 aufgeführt (S. 36), Oberstkommandant der Artillerie war hierbei Oberst Adolf Fischer von Reinach, Kommandant der Reserveartillerie der Oberst Denzler, wahrscheinlich gehörte die zweite mobilisierte Raketenbatterie zur Reserveartillerie, die hier nicht mit den einzelnen Batterienummern aufgelistet wurde. Im Bericht über die Bewaffnung und den Feldzug von Dufour war nur summarisch angegeben, daß 20 Fuhrwerke mit Gestellen für Kriegsraketen zu Beginn des Feldzuges der Armee zur Verfügung standen (S. 623). Zwei Spezialarbeiten zu diesem Thema erwähnen die Raketenbatterien gar nicht (W. Scherrer, Grenzbesetzung 1856 / 57, Zürich 1975 und J. Herlach, Der Neuenburger Handel 1856 / 1857, Langenthal 1966).

406) zitiert nach: Zurbuchen, les fusées, a.a.O., p. 12; sowie: R. Beck, a.a.O., S. 47, hiernach erhielten die Dampfer am 23. Dezember 1856 jeweils 4 Geschütze auf Marinelafetten, die Bewaffnung sollte durch eine Raketenabteilung der Artillerie verstärkt werden; genauere Nachrichten, ob diese Maßnahme durchgeführt wurde, liegen jedoch nicht vor, sie wurden jedoch bei der Bewaffnung der 6 Bodenseedampfer nicht aufgeführt (Dufour, a.a.O., S. 627); vgl.: Senn-Barbieux, Das Buch vom General Dufour, St. Gallen 1878, S. 487 f.

407) Angaben nach: Ineichen, a.a.O., S. 13

408) H. H., Notizen, a.a.O., S. 195

409) RMS, 1859, No. 10, p. 188

on von 1 Grad beim ersten Aufschlag bereits 1.100 Schritt erreichten.[410)] Dies war vor allem auf die Verbesserung der Fabrikationsmethode zurückzuführen. Auch bei den Wiederholungskursen der Batterien No. 29, 31, 57 und 59 in Bière 1859 versagten nur noch 5 von insgesamt 600 Raketen.[411)]

Eingeführt waren 6- und 12pfündige Raketen, beide nach österreichischem Muster in Schuß- und Wurfraketen unterteilt.
Als 6pfündige Raketen gab es:
- die Wurfrakete mit einer Granate von 3 Pfund als Gefechtskopf, die mit 3 1/2 Lot Pulver gefüllt war; ihre Einsatzreichweite betrug 600 Schritte, sie sollte gegen Gebäude und Feldbefestigungen eingesetzt werden, Hülse und Stab waren dunkelrot
- die Schußrakete mit einer entsprechenden 5 pfündigen Granate, gefüllt mit 5 Lot Pulver; ihre Einsatzdistanz betrug 700 bis maximal 2.000 Schritte, der Wirkungsradius betrug etwa 100 Meter, wobei bis zu 10 Splitter entstanden. Sie wurde gegen Truppen und feindliche Artillerie eingesetzt. Hülse und Stab waren dunkelgrün.
- einer Kartätschrakete, deren Büchse 28 Kugeln zu je 45 Gramm sowie 2 Lot Pulver als Ausstoßladung enthielt. Ihre Einsatzdistanz betrug etwa 150 Schritt, sie war ebenfalls mit dunkleren Farbe gekennzeichnet.
An 12pfündigen Raketen gab es:
- die Wurfrakete mit einer Granate von 6 Pfund, gefüllt mit 6 Lot Pulver; Einsatz wie bei der 6pfündigen Rakete mit einer Reichweite von 800 Schritt, die Kennzeichnung war dunkelrot.
- die Schußrakete mit einer 8pfündigen Hohlkugel, gefüllt mit 8 Lot Pulver; ihre Einsatzdistanz betrug 700 bis 1.700 Schritt, etwa 10 Splitter wirkten in einem Radius von 100 Metern, ihre Kennzeichnung war dunkelgrün. Diese Rakete schlug nach 700 bis 800 Schritt erstmals auf, die Kugel konnte in Abhängigkeit vom Gelände noch bis auf 1.500 bis 1.700 Schritte weiterrollen, bevor sie detonierte.
- eine Kartätschrakete, die als Gefechtskopf eine zylindrische Blechbüchse trug, die mit 42 Bleikugeln zu jeweils 3 Lot gefüllt war und eine Ausstoßladung von 4 Loth enthielt. Ihre Einsatzreichweite betrug 200 Schritte, die Bleikugeln konnten noch auf eine Entfernung von 500 Schritten ein Tannenholzbrett mit einer Stärke von 1 Zoll durchschlagen.[412)] Ihre Kennfarbe war ebenfalls dunkelgrün.
- Leuchtraketen mit und ohne Fallschirm, diese Raketen wurden mit 45° Elevation abgefeuert, am höchsten Punkt der Flugbahn wurde eine Leuchtkugel ausgestoßen, die - an einem leinenen Fallschirm schwebend - das Gelände im Umkreis von 300 bis 400 Meter für etwa 2 Minuten ausleuchtete. Die Leuchtrakete ohne Fallschirm wurde eingesetzt, wenn der Wind zu stark war und zu befürchten stand, daß der Fallschirm abtrieb oder die eigene Truppe durch den Leuchtsatz in Gefahr gebracht worden wäre.[413)]
Ferner war eine 10pfündige Brandrakete eingeführt, die als Gefechtskopf eine Brandhaube mit 5 Flammlöchern besaß, die mit einer Brandmasse aus 22 Teilen Schwefel, 22 Teilen Salpeter und 4 Teilen Mehlpulver gefüllt war. Das Feuer mit einer Branddauer von etwa 4 Minuten, das sich durch die Brandlöcher ausbreitete, war so intensiv, daß die Blechhaube glühte. Ihre Reichweite betrug bis zu 1.400 Schritt.[414)]
Zur Bevorratung war durch Verordnung von 1853 folgendes Verhältnis der Raketen festgelegt worden:[415)]

6 pfündige	Anteil in %	12 pfündige	Anteil in Prozent
Schußrakete	60	Schußrakete	60
Wurfrakete	33 1/3	Wurfrakete	30
Kartätschrakete	6 2/3	Kartätschrakete	5
Brandrakete	-	Brandrakete	5

Der Gesamtvorrat für die Auszugs- und Reservebatterien sollte aus 7.740 Stück 12pfündigen und 2.580 Stück 6pfündigen Raketen bestehen.
Ferner waren für Ausbildung und Übungen noch Manöverraketen mit einem inerten Gefechtskopf, die den Brandraketen glichen, vorhanden.[416)]
Die Raketenhülse aus Eisenblech war 42 cm lang, der Treibsatz bestand ursprünglich aus 66 % Salpeter, 10 % Schwefel und 24 % Holzkohle, die Zusammensetzung wurde aber im Verlauf der Zeit häufiger geändert. Er wurde über einen Dorn in die Hülse gepreßt, damit die Seele entstand. Die Zündung des Gefechtskopfes erfolgte über die Zehrung, also den massiven Teil des Treibsatzes über der Seele, durch ein konisches Holzrohr, in das Pulver gepreßt war. Später wurde diese Form der Zündung durch eine Zündschnur mit einer Brenndauer von 2 - 3 Sekunden ersetzt. Der Gefechtskopf war mit Schnur, gekreuzter Leinwand oder Blechstreifen mit der Raketenhülse verbunden; das durch die Streifen gebildete Kreuz wurde als „Granatkreuz" bezeichnet und in der Farbe der Hülse gehalten. Bei Brandraketen war die Brandhaube mit einem Ring an der Hülse fixiert. Der Gefechtskopf, damals als Projektil bezeichnet, wurde auch „Versetzung" genannt. Der vierkantige Stabilisierungsstab war aus Holz gefertigt und je nach Raketentyp 2,7 bis 3,6 Meter lang. Die Stäbe wurden vor der Zündung in eine, an der Hülse befestigte Stabkapsel gehämmert und mit einer Feder fixiert. Das Startgewicht der Raketen betrug zwischen 6 und 10 kg, es wurde eine Anfangsgeschwindigkeit von 150 - 250 Fuß pro Sekunde erreicht.[417)]
Zum Verschießen der Raketen diente ein Abfeuerungsgestell auf einem Dreibein mit einer Führungsrinne für die Rakete; die Führungsrinne war auf einem Viertelkreis mit Zahnrad montiert, auf dem man die Elevation in Grad einstellen konnte. Es entsprach damit weitgehend dem österreichischem Modell. Die Zündung erfolgte anfangs durch ein Perkussionsschloß. Da die Kraft der Schlagfeder nicht den eingeführten Zündhütchen entsprach, wurde es durch eine Zündung mit Bränderchen ersetzt, die mit einer Lunte gezündet wurden. Die Bedienung des „Raketenwerfers" bestand aus einem Unteroffizier als Geschützchef, einem Gefreiten als Caissonchef und 4 Artilleristen als Raketenschützen. Diese trugen einen Schurz und das Futteral für die Lunte (Schütze 1), einen Schurz sowie Lappen und einen Sack mit Stoppinen (Schütze 2), während die Schützen 3 und 4 jeweils einen Sack mit Raketen - quer über die Schulter und die rechte Brust - trugen und einen Hammer sowie eine Drahtzange mitführten.
Die Feuerbereitschaft wurde auf das Kommando „An die Batterie" durch den Batteriekommandanten eingeleitet, die Schützen 1 und 2 brachten das Abschußgestell nicht weniger als 30 Schritte vom Caisson entfernt in Stellung, dabei hatte die Nr. 2 dafür zu sorgen, daß die Scheibe der Richtmaschine möglichst waagerecht stand; der Ge-

---

410) H. H., Notizen, a.a.O., S. 195
411) SBA, Bericht Oberst Herzog vom 16. Juli 1860
412) de Montet, a.a.O., p. 49, gab eine Wirkung im Umkreis von 100 Metern an und schrieb zur Durchschlagskraft, daß die Kugeln noch auf 350 Meter ein Holzbrett von 3 cm Stärke durchschlugen. In: o. Verf., Handbuch für Unteroffiziere und Kanoniere der schweizerischen Artillerie, Basel 1854, S. 435, wurde noch festgestellt, daß diese Raketen auf gutem Boden durch Göllern noch eine Entfernung bis zu 1.000 Schritt erreichten
413) A. Brunisholz / C. Hildebrandt / H. Leutwyler, Pulver, Bomben und Granaten, Die Pulvermacher einst und jetzt, Liebefeld / Bern 1983, S. 124 ff.
414) Ineichen, a.a.O., S. 17, und: A. Brunisholz / C. Hildebrandt / H. Leutwyler, a.a.O., S. 124 ff.; in: o. Verf., Handbuch, a.a.O., S. 435, wurde noch angegeben, daß die Brandhaube, horizontal abgeschossen auf 400 Schritt, in weiches Holz von 16" Stärke eindringe.
415) H.H., Notizen, a.a.O., S. 196
416) Angaben zu den eingeführten Raketen nach: Betschmann, a.a.O., S. 86 f, Ineichen, a.a.O., S. 15 ff., und: de Montet, a.a.O., p. 49. Ineichen und de Montet nannten jedoch als Brandrakete keine 10pfündigen sondern 12pfündige Raketen. Zur Unterscheidung von Wurf- und Schußraketen siehe Abschnitt Österreich. Zum Kaliber: die kugelförmige Versetzung der Rakete hatte jeweils den Durchmesser der entsprechenden Kanonenvollkugel
417) Angaben nach: Betschmann, a.a.O., S. 85, und: Ineichen, a.a.O., S. 14

schützchef saß ab und übergab sein Pferd einem Pferdehalter. Es folgte das Feuerkommando „Mit Schuß- (Wurf-) Raketen laden, auf x Schritte Elevation" und nach Herstellen der Feuerbereitschaft das Ausführungskommando „Geschwindes Feuer - - in Aktion !" oder „Feuer nach Kommando". Diese Befehle konnte der Kommandant auch als Signale vom Trompeter blasen lassen. Der Schütze 2 richtete das Gestell auf das Ziel und stellte die Elevation ein, die Schützen 3 und 4 empfingen beim Caissonchef die Raketen, die sie in den Schultersack steckten und den Seitenstab. Daraufhin legte der Schütze 1 die Rakete in die Leitrinne, den Richtkanal, und befestigte den Leitstock. Anschließend überprüfte er, ob sich keiner hinter dem Gestell befand und zündete die Rakete. Bei geeignetem Gelände wurden die Raketen einfach auf den Boden gelegt und ohne Gestell abgefeuert. Die Raketeure 1 und 2 trugen dabei graue Zwillichröcke, um sich gegen den Funkenregen der Rakete beim Start zu schützen.[418)] Nach jedem Abfeuern mußte das Abfeuerungsgestell gereinigt werden, vorgeschrieben war eine Reinigung der Eisenteile durch Öl mit Ziegelmehl.[419)]
Ganz ungefährlich scheint das Schießen der Raketen nicht gewesen zu sein:

„Le tir de ces fusées est assez dangereux pour les servants, car si la composition était en mauvais état, elle risqueait de brûler trop vite et de faire éclater le tube de la fusée peu après le départ, explosion bientôt suivie de celle de projectile. En outre, si la queue se détachait au départ, la fusée pouvait revenir en arrière dans ces bonds irréguliers."[420)]

Zum Gebrauch der Raketen wurde 1854 in einem Handbuch geschrieben:

„1) Werden sie vorzüglich in coupirtem Terrain und in größerer Anzahl verwendet, da sie vereinzelt, wie die andern Geschütze, keine so ausgiebige Wirkung leisten. ... und:
7) Endlich dürfen die Raketen wegen ihres schwierigen Ersatzes nur in entschiedenen Augenblicken in kurzem Kampfe angewendet werden, daher sie nur eine zur eigenen Disposition des kommandirenden Generals und des Artilleriekommandanten der Armee bestimmte Waffe bleiben."[421)]

Die Einführung der Raketenwagen bereitete ebenfalls Probleme; ein 1852 nach dem Vorbild des österreichischen Wurstwagens konstruierter, länglicher Wagen erwies sich in der Folge mit einem Gewicht von 31½ Zentnern als zu schwer und im Gelände als nicht handhabbar. Anschließend wurden 1854 Versuche mit Raketenwagen nach englischen Mustern, aus einem Vor- und einem Hinterwagen, angestellt, die anschließenden Fahrversuche verliefen dann positiv, so daß sie eingeführt wurden. Aber auch deren Beschaffung verlief nicht zeitgerecht, so fehlten 1856 noch 59 Raketenwagen und 1857 noch 23 Raketenwagen für die Auszugsbatterien und alle für die Reservebatterien,[422)] dies mag auch daran gelegen haben, daß einzelne Kantone von der Einführung der neuen Waffe nicht überzeugt waren und sich so bei dem Ankauf des Materials nicht sonderlich bemühten. So wurde im jährlichen Bericht des Militair Departements für 1858 bemängelt, daß die Reserve-Raketenbatterie des Kanton Genf noch immer nicht aufgestellt wäre.[423)] 1859 wurde eine Verbesserung der Konstruktion vorgeschlagen, nach der die Kisten abnehmbar sein sollten, anläßlich der Nachbeschaffung eines 12pfündigen Raketenwagens durch den Kanton Aargau wurde diesem die Zusicherung erteilt, daß die Kosten der Modifikation durch das eidgenössische Militärdepartement übernommen würden.[424)]
Bei den Wiederholungskursen 1859 in Bière wurde festgestellt, daß die Geschütze der Batterien auf 1.000 bis 1.600 Schritten gut geschossen hätten, die Seitenabweichungen bei den 12pfündigen Raketen wären aber viel größer als die der 6pfündigen, dies wurde darauf zurückgeführt, daß die 12pfündigen Raketen im Gegensatz zu den 6pfündigen noch verlötete Seitenlöcher hätten, die sich bei dem Abbrennen des Treibsatzes öffneten. Dennoch wurden insgesamt beim ersten Aufschlag 29 Prozent Treffer erzielt. Bemängelt wurde allgemein, daß ein großer Teil der Offiziere noch nie in den Raketenbatterien gewesen wäre, so daß die Ausbildung von Unterinstruktoren hätten durchgeführt werden müssen.[425)]
1859, im Verlauf des Krieges in der Lombardei, kam es ab 24. April nochmals zu einer teilweisen Mobilisierung zur Sicherung des Tessin gegen mögliche Übergriffe der Kriegsparteien, hierzu wurde am 6. Mai auch die Batterie No. 30 aus Aargau an die Grenze verlegt, wo sie für einige Wochen verblieb.[426)]
Ein Bericht des Militärdepartements von 1860 stellte fest, daß der Kanton Zürich noch nicht seine Abfeuerungsgestelle bestellt hätte[427)] und auch in anderen Kantonen noch immer 20 Wagen der Auszugsbatterien fehlten, nach wie vor waren noch keine für die Reservebatterien vorhanden.[428)] Im selben Jahr im Mai wurde aber auch nach Schießübungen der Auszugsbatterien 28 des Kanton Zürich und 30 des Kanton Aargau in Niederglatt bestätigt, daß diese Waffe jetzt recht brauchbar wäre.[429)]
Diese Schießübungen gaben ein gutes Bild vom Stand der eidgenössischen Raketenwaffe. Hierzu wurde die Schußlinie auf 2.000 Schritte abgesteckt, wobei auf jeweils 200 Schritt die Entfernungen durch Pfähle markiert waren. Jeweils zwei Geschütze wurden eingesetzt, während die Bedienungen der anderen als Beobachter eingeteilt wurden. Die Seitenrichtung wurde für jeden Schuß befohlen und dann mit einer Wasserwaage die Geschütze nach allen Seiten waagerecht gestellt. Verschossen wurden nur 12pfündige Raketen. Bei den Schießübungen zersprangen von 600 Raketen nur 2, während 5 zu früh ihre Ladung ausstießen, aber auch die Granaten dieser Raketen reichten noch auf 1.400 Schritt. Folgende Ergebnisse wurden erzielt:[430)]

---

418) A. Brunisholz, C. Hildebrandt, H. Leutwyler, a.a.O., S. 123; Die Raketeure unterlagen denselben Auswahlprinzipien wie die Kanoniere der Artillerie, sie sollten mindestens 1,66 groß sein, kräftig und intelligent, gefordert wurden Kenntnis in Lesen, Schreiben und Rechnen in den „4 Spezies" mit ganzen Zahlen. (ibidem, S. 127). Zur Ausstattung eines Raketengeschützes gehörten: 1. Die beiden Zwillichröcke, 2. Die Brändertasche mit Riemen und Schnalle, 3. Die Raumnadel mit Riemschlaufe zum Befestigen an die rechte Hand 4. Das Lanzenfutter mit Riemen und Schnalle 5. Der Luntenstock mit Aufhängriemen 6. Die Raketentasche mit Tragriemen und Schnalle, an derselben der Drahtbrecher 7. Die Würfelhämmer mit Tragriemen und Schnallen (Anleitung zur Bedienung der Raketengeschütze, lt. Beschluß des Bundesrathes vom 2. Juni 1862, Aarau 1863, S. 11)

419) Angaben nach: Betschmann und Ineichen, a.a.O., Angabe der Kommandos nach: Ineichen, a.a.O., S. 18

420) W. Gehri, a.a.O., p. 4

421) o. Verf., Handbuch, a.a.O., S. 435

422) W. Gehri, a.a.O., p. 8; Zurbuchen, les fusées, a.a.O., p. 7, gab an, daß 1857 noch insgesamt 39 Raketenwagen gefehlt hätten.

423) RMS, 1859, No. 10, p. 187

424) SKA-DM.R1/1859, Das Militärdepartement der schweizerischen Eidgenossenschaft vom 1. August 1859

425) Notiz in: ASMZ, 1859, S. 324

426) Occupation des frontières dans le Tessin et le Valais, in: Supplément au: RMS, No. 16 vom 13.08.1859, p. 332, und: RMS, 1859, Supplément au No. 17 vom 29.08.1859, p. 363; vgl.: P. E. Martin, Die Eidgenössische Armee von 1815 bis 1914, in: Schweizer Kriegsgeschichte, Heft 12, Bern 1923, S. 86 ff, die Grenzsicherung erfolgte durch die 8. Division, das Aufgebot zusätzlicher Truppen und der Raketenbatterie fand angesichts der Operationen des Korps Garibaldi an der Tessiner Grenze statt. Nach Verfügung des Bundesrates vom 13. und 15. Juni wurden diese Truppen wieder entlassen.

427) RMS, 1861, Supplément au No. 20, p. 352

428) RMS, 1860, No. 16, p. 250, insgesamt wurde ein Fehl von 42 Raketenwagen festgestellt

429) Angaben nach: Betschmann, a.a.O., S. 84, gleichzeitig wurde aber auch festgestellt: „La Société militaire fédérale exprime le voeu que, jusqu'à ce que la question des fusées aient été complètement étudiée, les cours de répitition des batteries de fusées soient supprimés, et les cantons dispensés d'acquérir du matériel pour ces batteries . . ." (zitiert nach: Zurbuchen, les fusées, a.a.O., p. 8)

430) SBA, Bericht über die Schießversuche mit Raketen in Niederglatt vom 16. Juli 1860. In einem gestrichenen Teil des Entwurfes beklagte Herzog noch, daß er „bei sehr ehrenwerthen Ausnahmen von Compagnie-Offizieren, zu wenig Hülfe bei den Herren Officieren, von denen mehrere nicht im Stande waren, genau zu beobachten und die Beobachtung in exacter Weise zu Papier zu bringen" erhalten habe. Dieser Bericht ist auch wiedergegeben in: E. R., Bericht über die Schußproben mit Raketen in Niederglatt den 21., 22. und 23. Mai 1860, in: ASMZ, VI. Jahrg. 1860, Nr. 35, S. 265 ff.

Art der Rakete	Anzahl der abgefeuerten Raketen	Elevation in Grad	Mittlere Tragweite in Schritt	Mittlere Seitenabweichung in Schritt	Größte Differenz der Reichweite in Schritt
12 pf. Schußr.	20	0	1018	31	360
	10	2	1165	32½	430
	20	4	1315	55	600
	20	7	1540	58	480
	10	10	1674	43	550
	10	15	1900	63	370
	12	18	2143	71	600
	8	20	2026	136	210
	2	25	2100	73	220
12 pf. Wurfr.	10	6	1150	21	430
	26	8	1229	34	530
	5	20	1811	130	360
	5	30	1968	62	300
	5	35	2008	31	60
	5	45	1840	86	100

Der Kursleiter fügte hinzu: „Unsere Kriegsrakete ist gewiß jetzt schon eine sehr brauchbare Waffe unter der Voraussetzung, daß die bisherige wahrhaft lächerlich schlechte Organisation der Raketenbatterien beseitigt . . . wird"

Nach Auswertung der Seitenabweichung bemerkte er zur Raketenfertigung:

„Die auffallende Erscheinung, daß alle Raketen links abgewichen sind, berechtigt zu dem Schluß, daß die zur Fabrikation unserer Kriegsraketen gebrauchte Maschine fehlerhaft ist in der Art, daß der Dorn beim Pressen des Satzes nicht vertical sich bewegt, so daß auf einer und immer der gleichen Wandseite mehr Satz ist, als auf der andern. Es ist dieß ein Fehler, dem sofort und zwar gründlich abgeholfen werden sollte. . .Die Art der Raketenfabrikation ist aber hievon abgesehen noch lange nicht auf die Feinheit gelangt, welche diese sehr empfindliche und zu Exzessen geneigte Waffe erfordert, damit wir eine bestimmte Sicherheit der Resultate erlangen. So giebt die Art der Verbindung der Granate mit der Hülse keinerlei Gewißheit, ob die Achsen der beiden Theile, wie dies doch nothwendig sein sollte, aufeinander fallen. Ferner ist die Frage wohl zu berühren, ob die Granate nicht eine andere Form erhalten sollte, um den Luftwiderstand besser zu überwinden. . . Der Stab ist als Steuerruder ein nothwendiges Uebel, allein die Stäbe, wie solche bei uns gebräuchlich, könnten einen sehr adamitischen Standpunkt unserer Techniker beurkunden. Die Stäbe waren theils von sehr schlechtem Material, theils sehr schlecht gearbeitet, man hatte es zum Theil überflüssig gefunden, den Hobel anzuwenden, die Abschrägungen waren meistens mit der Säge so roh wie möglich gemacht. Das Holz war gegen Vorschrift oft voll Aeste und selten, daß die beiden Stabteile beim Zusammentreiben genau aufeinander paßten, so daß die, anstatt eine gerade Linie zu bilden, ganz krumm waren."

Ferner beanstandete er die Standard-Tempierung der Brandröhren, die oft zu einer zu frühen Zündung führten und forderte unterschiedliche Brennzeiten für den Einsatz im Gebirge und für andere Einsätze. Schließlich forderte der Leiter des Kurses noch eine Verbesserung des Abfeuerungsgestelles, um besser die Waagerechte für den Abschuß herstellen zu können,[431] ebenso wurde nunmehr festgestellt, daß die Räder der Raketenwagen nicht dem Standard der anderen Artilleriefahrzeuge entsprachen.

Oberst Herzog[432] legte zeitgleich eine Auswertung der Wiederholungskurse dem Militair-Departement vor und schloß sich den Vorschlägen des Kursleiters an, hierbei vertrat er nochmals vehement die Bedeutung der Raketenartillerie für die Schweiz:

„Die Raketenwaffe ist eine wertvolle Zugabe der Artillerie, eine Spezialität, welche mit den übrigen Geschützen wenig gemein hat, daher auch sie durch dieselben gedrängt werden wird, selbst dann nicht, wenn unsere glatten Geschütze durch weittergehende + praeciser schießende gezogene ersetzt sein werden + die Behaglichkeit des Feldgeschützes den höchsten Grad erreicht.-

Wer wollte die großen Vorzüge der Raketen mißkennen, selbst wenn deren Treffähigkeit hinter dener anderer Geschütze zurückbleibt, + wo ist ein Land welches derselben mehr bedarf als gerade die Schweiz, mit ihren vielen Flüßen, Gebirgen + vielfach coupirten Terrain. Welches Geschütz ersetzt die Rakete bei Flußübergängen in Feindesnähe, wo sofort mit den ersten Abtheilungen leichter Truppen, einige Raketengestelle auf das jenseitige Ufer gebracht werden können um dieselben zu unterstützen, währenddem nun gewöhnliche Geschütze nie sobald hinüber gesetzt um sie nicht Gefahr laufen zu lassen verloren zu gehen.

Welches gewöhnliche Geschütz könnte bei Vertheidigung in Wäldern + Ortschaften so vortheilhaft Anwendung finden wie die Raketen, deren Feuer aus jedem Hause, von jedem Balkon, Thurme u.s.w. herab abgegeben werden kann. . . Welches Geschütz kann in demselben Maaße unabhängig vom Terrain auftretten, wie das Raketengeschütz, keine Böschung ist zu steil + kein Boden zu sumpfig, wo Infanterie durchkömmt, finden auch Raketen Verwendung.-

Ich komme daher immer mehr zu der Ueberzeugung, daß die Raketenwaffe alle Aufmerksamkeit verdient + nichts versäumt werden sollte, was deren Fabrikation vervollkommnet + in jeder Hinsicht auf Organisation der Batterien zum Frommen dieser von Nöthen ist."[433]

Bemängelt wurde bei den Wiederholungskursen 1860, daß die Batterien nicht vollständig erschienen wären, die Raketenbatterie Nr. 57 (Bern) trat zum Kurs in St. Moritz nur mit 45 Mann an, die Batterie Nr. 59 (Genf) gar nur mit 25 Mann, während die Batterie Nr. 29 (Bern) mit 83 und die Batterie Nr. 31 (Genf) nur mit 69 Mann zum Kurse kam.[434]

Ab 1861 wurden dann die Wagen mit 6, statt wie bisher mit 4 Pferden bespannt. Endlich wurde 1862 die entsprechende Ordonnanz (Technische Beschreibung) für den Raketenwagen erlassen. Auf der Protze konnten jetzt in einer Einsatzkiste aus Tannenholz 24 Schußraketen in drei Lagen mitgeführt werden, auf dem Hinterwagen im Vorderkasten in einer linken Kiste 10 Wurfraketen in zwei Lagen, in einer rechten Kiste nochmals 8 Wurfraketen in zwei Lagen und im Hinterkasten in der rechten und linken Kiste jeweils 10 resp. 8 Schußraketen in zwei Lagen.[435]

Eine Auszugsbatterie führte also 480 12pfündige und 120 6pfündige Raketen sowie je 8 12pfündige Leucht-Raketen mit und ohne Fallschirm mit, die Reservebatterien verfügten über 240 12pfündige und 120 6pfündige Raketen.

---

431) ibidem, teilweise führte er ähnliche Probleme an, wie Boxer in Großbritannien. Beim Schießen scheinen aber noch die älteren Raketen verwendet worden zu sein, die noch nicht mit der verbesserten Abpreßeinrichtung des Oberst Müller hergestellt waren.

432) Herzog leitete, noch als Oberstlieutenant, seit 1858 die Wiederholungskurse der Artillerie in Thun, seit 19.03.1860 Oberst. Herzog hatte 1842 die östereichische Artillerie, wahrscheinlich auch die Raketenbatterien, in Oberitalien besucht und auf einer Reise 1844, bereits Oberstlieutenant, auch Metz, das Arsenal in Woolwich und die Artilleriewerkstätten in Delft und Liège kennengelernt (wo er Major Bormann traf), so daß er über die europäische Raketenentwicklung recht gut informiert gewesen sein dürfte (F. C. Bluntschli, Karl Johann Herzog, in: LXXXX.Neujahrsblatt der Feuerwerker-Gesellschaft in Zürich, Zürich 1895, leider wird in dieser Arbeit seine Arbeit mit der eidgenössischen Raketenartillerie nicht angesprochen)

433) SBA, Bericht Oberst Herzog vom 16. Juli 1869

434) Notiz in: ASMZ, 1860, S. 219

435) Ordonnanz über das Raketengestell und den Raketenwagen der eidgenössischen Armee v. 5. September 1862, Aarau 1862; der 12pfündige Wagen war so eingerichtet, daß im Protzkasten 24 Schußraketen in 2 Kisten in zwei Lagen, im Vorderkasten des Hinterwagens 18 Schußraketen in 2 Lagen und im Hinteren Kasten des Hinterwagens 48 Wurfraketen in 2 Kisten sowie die 49 Stäbe für Schuß- und 21 Stäbe für Wurfraketen in einem Stabfach mitgeführt wurden

Zu den Einsatzgrundsätzen der Raketen hieß es im Handbuch für die Unteroffiziere und Kanoniere von 1857:
„*L'arme des fusées offre les avantages suivants:*
1. Une grande mobilité;
2. Possibilité de transport et d'action des batteries entières ou de chevalets isolés partout où l'infanterie peut arriver;
3. Effet infaillible du tir des fusées sur des troupes concentrées; possibilité d'un tir très-vif;
4. Effet supérieur des fusées contre des retranchements, des places fermées ou des positions couvertes;
5. Excellent effet dans les passages des rivières et sur des bateaux;
6. Effet moral;
7. Possibilité de tirer des maisons, des toits, des arbres ou des endroits fermés;
8. Possibilité d'emploi sur toute espèce de champ de bataille, et surtout dans la guerre de montagne;
9. Propriétés incendiaires de toutes les espèces de fusées"[436]
Man kann hieraus auch ersehen, daß die österreichischen Kriegserfahrungen aus dem Italien-Feldzug 1848 von der Schweiz sehr wohl ausgewertet worden sind.
Im Juni 1860 schlug der Bundesrat die Reorganisation der Raketenbatterien vor, die dann aber erst 1862 erfolgte. Der Ständerat lehnte dies zunächst ab, da er von der Feldverwendungsfähigkeit der Raketen noch nicht überzeugt war:
„*Was die Treff-Fähigkeit dieser Raketen betrifft, so blieb diese in der Regel hinter allen Erwartungen zurück, und wenn schon in der Botschaft des Bundesrates gesagt wird, dass bei jüngsthin stattgefundenen Versuchen mit 12-Pfünder-Raketen sich eine Tragweite von 2.500 Schritt ergeben habe, so will das noch nicht heissen, dass auch das Ziel damit getroffen worden sei. Die Raketen sind im Allgemeinen mehr Effekt machende als Wirkung hervorbringende Geschosse, daher sie auch wenig oder gar keine Anwendung in den neuen Kriegen in der Krim und in Italien gefunden haben. Nach allen diesfalls eingezogenen Erkundigungen müssen wir die Verfertigung der Raketen immer noch als im Stadium der Versuche betrachten. So lange dieser Zustand dauert, sollen keine weiteren Opfer von den Kantonen für Anschaffung von Materiellem und Munition verlangt werden.*"[437]
Der Kanton Genf versuchte zwischen 1860 und 1862 seine Raketenbatterie einem anderen Kanton zu übertragen, hatte aber keinen Erfolg.
Bis 1861 erhielten die Kanoniere der Artillerie für ihre Aufgabe als Raketenschützen nur eine zusätzliche Ausbildung in den Raketenbatterien, in diesem Jahr wurde erstmals eine gesonderte Raketeur-Rekrutenschule durchgeführt.[438] Wiederholungskurse fanden für die Batterien mit geraden Nummern in Jahren mit gerader Endzahl und für die Batterien mit ungeraden Nummern entsprechend statt, wobei bis 1857 nur die Auszugsbatterien zu diesen Kursen herangezogen wurden.[439]
1862 wurden die 6pfündigen Raketen aufgrund ihrer geringen Wirkung abgeschafft.
1862 wurden die Raketenbatterien neu organisiert, wobei der Bundesrat von einer völligen Aufhebung der Batterien sehr abriet;[440] es entfielen die Reservebatterien, während die Auszugsbatterien personell auf 110 Mann vergrößert wurden, die Anzahl der Abschußgestelle einer Batterie wurde auf insgesamt 10 verringert.[441] Die Batterien sollten damit jetzt über folgendes Personal verfügen: 1 Hauptmann, 1 Oberlieutenant, jeweils einen ersten und zweiten Unterlieutenant, 1 Arzt, 1 Pferdearzt, 1 Feldweibel, 1 Fourier, 4 Kanonier-Wachtmeister, 1 Fahr-Wachtmeister, 4 Kanonier-Corporale, 2 Fahr-Corporale, 6 Kanonier-Gefreite, und 6 Fahr-Gefreite 1 Frater, 1 Hufschmiedgefreiter, 1 Hufschmied, 1 Schlosser, 1 Wagner, 1 Sattler, 3 Trompeter, 36 Kanoniere und 34 Fahrkanoniere.
Ausgestattet waren die Batterien jetzt mit 7 Offizierspferden, davon 2 für den Hauptmann, sowie 71 Unteroffiziers- und Zugpferden (8 für die Unteroffiziere und Trompeter),[442] dazu mit 6 zwölfpfünder Raketengestellen sowie 4 Vorratsgestellen, 9 zwölfpfünder Raketenwagen sowie je einem Wagen für Vorräte, für die Feldschmiede und für Fourgon. Der Munitionsvorrat für eine Batterie wurde auf 1.200 Raketen festgesetzt, die sich in 786 Schußraketen, 338 Wurfraketen und 76 Brandraketen aufschlüsselten. Von der Batterie selbst sollten 378 Schußraketen, 162 Wurfraketen und 16 Brandraketen mitgeführt werden, während in den Divisionsparks 168 Schuß- und 72 Wurf. sowie 60 Brandraketen, und in dem Depotpark 240 Schuß- und 104 Wurfraketen bereitzuhalten waren.[443] Im Divisionspark wurden zusätzlich 5 zwölfpfünder Reservewagen für die restliche Munition der Batterie mitgeführt.
Die Auswirkungen der Reorganisation wurden in einem Großversuch überprüft, der unter Leitung des Oberstlieutenant Schädler in Verbindung mit den Wiederholungskursen der Batterien Nr. 28 und 30 im September 1862 in Aarau durchgeführt wurde. Das Ergebnis wurde als sehr befriedigend und erfreulich bezeichnet, die Fabrikation der Raketen entspräche nunmehr allen Anforderungen und ihre Wirkung wäre „verheerend".[444] Dennoch kündigte sich bereits das Ende der Raketen an, so sah das Militärbudget für 1864 für die Raketenfabrik nur noch die Summe von Fr. 400.- vor.[445]
1866 wurde die Durchführung der Schießübungen der schweizerischen Artillerie verbindlich geregelt, als vorschriftsmäßiges Ziel für Raketenbatterien galt ein Ziel von 90' Länge und 9' Höhe, die Distancen zum Feuern wurden durch die Inspektoren der Kurse festgelegt, durften aber den Batterien nicht vorher bekannt gegeben werden. Die Manövrierbatterie hatte sich in Linie mit 50 Schritt Abstand von der ersten Feuerlinie aufzustellen, auf das Signal „Marsch", das auf Veranlassung eines Stabsoffiziers geblasen wurde, hatte die Batterie 50 Schritt vorzugehen und 3 Schüsse je Gestell im Geschwindfeuer abzugeben, dann auf Kommando weiter vorzugehen und erneut 3 Schuß abzugeben. Der Vormarsch hatte im Trab zu erfolgen. Festzuhalten war die Anzahl der erzielten Treffer und die benötigten Zeiten in Sekunden. Zu feuern war mit Schußraketen mit blinder Ladung. Das Protokoll der Schießübungen war dem Oberst Artillerie-Inspektor vorzulegen.[446]
Auch 1867 fehlten immer noch einige Raketenwagen und Raketengestelle, da einige Kantone ihren Pflichten nicht hinreichend nachge-

436) Schaedler, Manuel à l'usage des sous-officiers et canonniers de l'artillerie suisse, 1857, zitiert nach: Konstantinoff: Lectures sur les fusées de guerre, Paris 1861, S. 21, der Text ähnelt inhaltlich sehr stark dem Abschlußbericht des Major Reiser zum Einsatz der Raketen in Italien 1848, siehe Abschnitt: Kaiserreich Österreich, e (1) Italien
437) zitiert nach: Ineichen, a.a.O., S. 13
438) Die Rekrutenkurse für alle Batterien fanden statt für 1862 in Bière (15. 6. - 26. 7.), für 1863 bis 1865 in Aarau (8. 3. - 18. 4.63, 13. 3. - 23. 4.64 und 19. 3. - 29. 4. 65), für 1866 fehlen die Angaben. (Zurbuchen, les fusées, a.a.O., p. 12)
439) ibidem
440) Notiz in: AMZ, 1862 vom 25. Januar, hier hieß es, der „Berner Zeitung" folgend, „Für die Compagnien dieser Batterien werden die Altersclassen des Auszugs und der Reserve verschmolzen." Aber schon 1861 war angesichts der bevorstehenden Einführung der gezogenen Geschütze das Ende der Raketen abzusehen: „Le Conseil fédéral examinera si, eu égard à l'introduction des canons rayés dans l'artillerie suisse, il ne serait pas opportun de renoncer à posséder des corps spéciaux de fuséens. . ." (Zurbuchen, les fusées, a.a.O., p. 9)
441) Bundesgesetz vom 5. Hornung 1862, nach Einsicht einer Botschaft des Bundesrathes vom 3. Januar 1862; das Personal der aufgelassenen Reservebatterien wurde zur Erhöhung des Personals der aktiven Batterien verwendet.
442) Anleitung zur Bedienung der Raketengeschütze, a.a.O., S. 1 - 2; für den Frater war kein Pferd vorgesehen, wohl aber für den Arzt und Pferdearzt sowie für den Fourier und die Trompeter. Man beachte die Einordnung des Frater ! Es ist hierbei zu berücksichtigen, daß der Frater zugleich als Sanitäter eingesetzt war, da die Raketenbatterien im Gegensatz zu den anderen Batterien bis zu dieser Reorganisation weder über einen Arzt noch einen Pferdearzt verfügten; hierzu gehörten zu seiner Ausrüstung: 1 Fläschchen mit 4 Loth Hoffmannstropfen, Heftpflaster, Binden, Charpie, Waschschwamm, 2 Rasirmesser mit einer Rasirplatte und 1 Stück Seife (o. Verf., Handbuch für Unteroffiziere und Kanoniere der schweizerischen Artillerie, Basel 1854, S. 140)
443) Anleitung zu Bedienung der Raketengeschütze, a.a.O., S. 2
444) R. v. Wattenwyl, Der schweizerische Raketenfrühling 1850 - 1867, in: ASMZ, 1945, S. 497 ff.
445) A. Brunisholz / C. Hildebrandt / H. Leutwyler, a.a.O., S. 127
446) SKZ, I Dn 4, Instruktion für die Schießübungen in den Schulen und Wiederho-

Genfer Raketeure der ehemaligen Raketenbatterie No. 31 stellen das Exercieren am Raketengeschütz 1914 nach (Abb.: La Patrie Suisse)

kommen waren.[447] Die letzte Rekrutenschule für die Raketeure wurde vom 28. April bis zum 1. Juni 1867 durchgeführt.[448]
Die Aufstellung der Raketenbatterien ist wohl noch nicht einmal vollständig abgeschlossen gewesen, als der Bundesbeschluß zur Aufhebung der Raketenbatterien vom 19. Heumonat 1867 erlassen wurde, das Gerät wurde an Depots überstellt:

„Art 1. Die nach dem Bundesgesetz vom 5. Hornung 1862 errichteten 4 Raketenbatterien werden aufgehoben.
Art 2. Für einstweilen . . .werden folgende Anordnungen getroffen:
1) an die Stelle der aufgehobenen Raketenbatterien werden drei gezogene Vierpfünderbatterien im Auszug . . . errichtet
2) der reglementarische Mannschaftsbedarf für je eine Vierpfünderbatterie wird von den Kantonen Zürich, Bern und Aargau gestellt
3) Der Kanton Genf stellt eine Positionskompagnie in den Auszug . . .
Art 4. Das Material der Raketenbatterien bleibt zur Verfügung des Bundes"[449]

Material und Raketen sollten zunächst zur Verfügung der Divisionsparks und Parkkolonnen der Artilleriereserve verbleiben, um die Raketen in besonderen Fällen doch erneut einsetzen zu können. Hierzu sollten auch in allen Artillerie-Rekrutenschulen die Kanoniere mit den Raketen bekannt gemacht und in der Bedienung des Raketengeschützes instruiert werden.[450]
Damit hatte, wie in anderen Ländern, die Entwicklung der Rohrartillerie in Bezug auf Reichweite und Feuergeschwindigkeit die Rakete verdrängt. Ab 1867 wurden die in den Depots eingelagerten Kriegsraketen schubweise vernichtet. Ab 1878 wurde auch das Material der Raketenbatterien aufgelöst. Aber erst im Frühjahr 1945 war es soweit, daß auch die letzte Rakete in Thun unter Leitung des technischen Adjunkten der Eidgenössischen Munitionsfabrik Thun, E. Zimmerli, vernichtet werden konnte.[451] Im Rahmen der Nationalausstellung 1914 hatte man sich noch einmal der Raketenartillerie erinnert: im Pavillon der Armee führten ehemalige Genfer Raketeure der Batterie No. 31 in den alten Uniformen nochmals das Exerzieren eines Raketen-Geschützes vor.[452]

i. Königreich Spanien

Spanien lernte die Raketen des 19. Jahrhunderts erst in den napoleonischen Kriegen kennen, wo sie sowohl von französischen als auch von englischen Truppen eingesetzt wurden.[453] Wahrscheinlich fand jedoch bereits 1814 der erste Einsatz der Raketen durch spanische Truppen statt, nachdem die Engländer dem General Michelenas Raketen für seinen Feldzug zur Befreiung Kataloniens zur Verfügung gestellt hatten.[454]

„En el mismo año vió el difunto General Michelena en el bloqueo de Barcelona desordenarse por medio de los cohetes un cuerpo francés de infantería y caballería que habia salido de la plaza al ataque de nuestras tropas."[455]

Erst 1817 entschloß sich die Artillerie, aufgrund aus Paris bekannt gewordener Raketenversuche, auch in Spanien Versuche mit Raketen anzustellen. Hierzu wurden zunächst in Tarragona von den Briten zurückgelassene Raketen - ähnlich wie auch in anderen Staaten - analysiert. In den Feuerwerkslaboratorien von Sevilla und Barcelona wurden dann mit verschiedenen Treibsätzen Experimente mit Brandraketen durchgeführt. Die Versuche scheinen wenig erfolgreich gewesen zu sein - Versuchsergebnisse sind jedoch nicht erhalten - und wurden dann, auch aus Mangel an Geld, 1820 eingestellt, obwohl Angebote eines englischen Feuerwerkers sowie des Brigadegeneral Pons aus Vincennes vorlagen, Spanien mit dem Geheimnis der Raketenherstellung vertraut zu machen.[456]
In den Jahren 1832 und 1833 wurden dann auf Weisung des Gouverneurs von Cuba in Havana Raketenversuche unter der Leitung des Brigadier Fernando Cacho und des Coronel Manuel Callejas durchgeführt. Für die letzten Versuche wurden 6- und 3pfündige Raketen mit Metallhülsen hergestellt. Für diese Raketen liegen folgende Daten vor.[457]
(Siehe Tabelle auf Seite 368)

Der Treibsatz wurde bei den Versuchen in unterschiedlichen Zusammensetzungen angefertigt, bei den letzten Versuchen bestand er aus 70% Salpeter, 10% Schwefel und 20% Holzkohle. Bei versuchsweise angefertigten 3zölligen Achsenstabraketen wurde eine größte Reichweite von 2.320 Varas erreicht. Sie wurden aus eisernen Röhren abgefeuert, die etwa 6 mal so lang wie die jeweiligen Raketen waren. Die Fertigung der Raketen erwies sich jedoch als problematisch, weil die Haltbarkeit des Treibsatzes durch das feuchtwarme Klima binnen kurzer Zeit erheblich herabgesetzt war.[358] Über eine Fortführung dieser

---

lungskursen der schweizerischen Artillerie im Jahre 1866, Solothurn, im März 1866, der Oberinstruktor der Artillerie, B. Hammer, Oberst; ähnliche Instruktionen dürfte es aber auch für die Vorjahre gegeben haben.

447) Ineichen, a.a.O., S. 20; so fehlten auch 1863 in der Batterie des Kanton Aargau immer noch 7 Raketenwagen, die in den Jahren 1865 bis 1867 beschafft werden sollten, wobei für einen Wagen Haushaltsmittel veranschlagt wurden, die ursprünglich für die Beschaffung doppelläufiger Pistolen eingeplant waren (SKA, M-1863)

448) A. Brunisholz / C. Hildebrandt / H. Leutwyler, a.a.O., S. 127

449) Bundesbeschluß betreffend die Aufhebung der Raketenbatterien (Vom 10. Heumonat 1867), beschlossen vom Nationalrathe, Bern, den 18. Heumonat 1867; 1861 hatte die Einführung der gezogenen Geschütze in die schweizerische Artillerie mit vierpfündigen Kanonen begonnen und wurde 1866 auf die schwere Artillerie ausgedehnt. Siehe auch: RMS, 1867, Supplément au No. 18, pp. 421

450) o. Verf., Die Bundesbeschlüsse über Umänderung von Artillerie-Material und Umwandlung der Raketen-Batterien, in: Zeitschrift für die Schweizerische Artillerie, 8/1867, S. 134

451) Betschmann, a.a.O., S. 85; eine 55 mm Granatrakete befindet sich im Musée militaire génévois

452) La Patrie Suisse, No. 620 vom 27. Juni 1917, p. 146

453) Die Existenz der Raketen war natürlich auch in Spanien vorher bekannt, wie Abbildungen einer Seitenstabrakete beweisen, in: Tomas de Morla, Laminas pertenecientes al Tratado de Artillería que se enseña en el Real Colegio Militar de Segovia, Tomo IV, Madrid 1803 (Articulo IX, Lamina 3).

454) P. Bret, Les fusées de Napoléon, in: L'Histoire, No. 70, 1984, p. 28; J. Vigon, Historia de la Artillería Española, Tomo III, Madrid 1947, erwähnte diese Einsätze nicht

455) Marqués de Viluma, Noticia sobre el origen, progresos y estado actual de los cohetes de guerra, Madrid 1833, p. 51

456) Marqués de Viluma, a.a.O., Dictamen p. 2, „Pero las pruebas debieron ser tan malas, y los efectos corresponder tan poco al fin que se propusieron los que las dirigian, que ni ha quedado noticia de ellas en el Archivo de la Junta . . ." J. Vigon, a.a.O., Tomo II, p. 311 erwähnt diese Versuche nicht.

457) de Viluma, a.a.O., p. 13

458) de Viluma, a.a.O., p. 14

Typ der Rakete	Durchmesser (Pulgadas / Lineas)	Länge ohne Stab (Pulgadas / Lineas)	Gewicht der Rakete ohne Stab (Libras/Onzos/Adarm)	Gesamtgewicht mit Stab (Libras/Onzos/Adarm)	Elevation (Grad)	Reichweite (Varas)
6pfündige	2 / 3	19 / 3	4 / 15 / 10	6 / 10 / -	10	300
					35	500
3pfündige	1 / 8	14 / -	2 / - / -	3 / 2 / -	5	300
					35	500

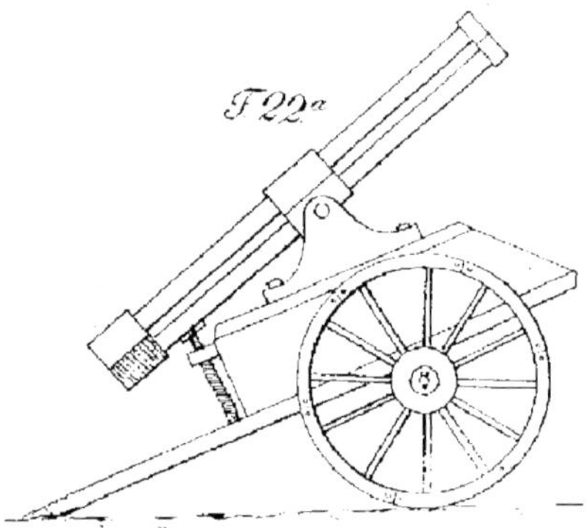
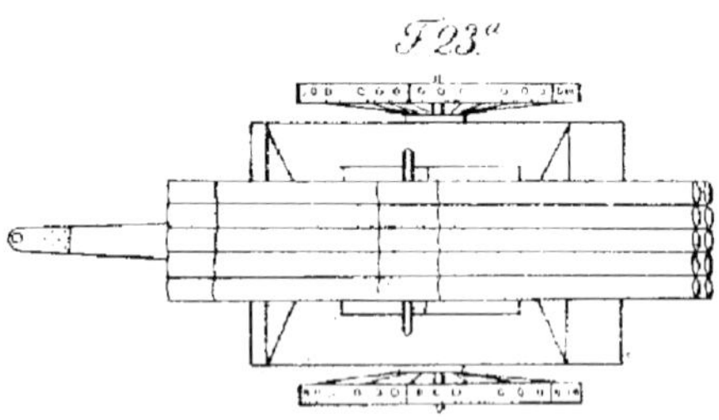

Entwurf Mehrfachraketenwerfer (Zeichnung: de Viluma)

Versuche oder die Nutzung dieser Raketen ist leider nichts bekannt. Der nächste Anstoß zur Bildung einer Raketenartillerie wurde durch den Ausbruch des ersten Carlistenkrieges 1833 gegeben.

In diesem Jahr legte der Marqués de Viluma eine Denkschrift vor, in der er nicht nur die bisherige Geschichte der Raketen und ihre Anwendung in den letzten Kriegen behandelte, sondern auch für die Aufstellung von Raketeneinheiten in Spanien als reitende oder Gebirgsartillerie eintrat. Als Einsatzmittel schlug er auch bereits Mehrfachwerfer vor, die über zwei Lagen à 5 Abfeuerungsrohre verfügen sollten. Überdies schlug er die Fertigung einer Splitterrakete einer recht eigenwilligen Konstruktion vor: der Treibsatz sollte sich im Kopf der Rakete befinden, die Aufgabe des Stabilisierungsstabes sollte die Hülse mit einem geringerem Durchmesser als der Kopf übernehmen, die mit Kugeln gefüllt war, welche zum Abschluß der Flugbahn durch eine Sprengladung verstreut werden sollten. Die Gasaustrittsöffnungen waren im Kopf der Rakete seitwärts der Hülse angebracht. Er bezeichnete diesen Entwurf als „Cohetes sembradores".[459)]

Der „Director General que fue del arma" für die nördlichen Provinzen Spaniens, Joaquin Navarro Sangran, dem - auch aufgrund der Denkschrift des Marqués de Viluma - die Bedeutung der Raketen bewußt war, faßte den Entschluß, probeweise Raketeneinheiten aufzustellen und legte der Regierung den Vorschlag vor, einen Bevollmächtigten nach England zu entsenden, um dort Raketen, die erforderlichen Abfeuerungsröhren und alles benötigte Material zu beschaffen. Aufgrund der Zustimmung des Königs entsandte er den Teniente Coronel José Nuñez Arenas nach London. Etwa 5.000 Raketen wurden mit den erforderlichen Raketentransportwagen dort angekauft.[460)] Nach Ausführung des Auftrags wurde dann 1835 in Navarra eine Raketenbatterie mit Hilfe des beschafften Gerätes aufgestellt.[461)]

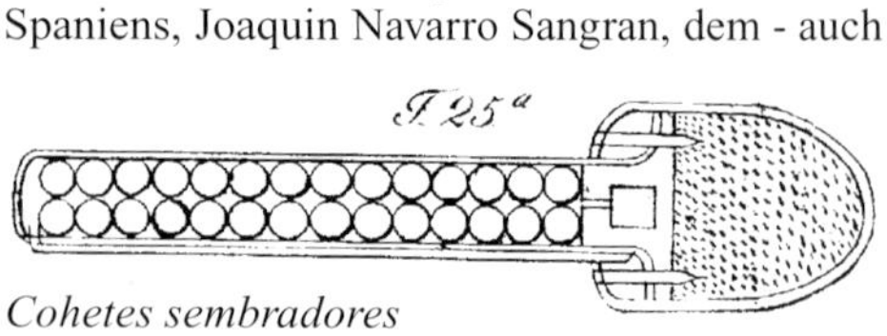

Cohetes sembradores (Zeichnung: de Viluma)

Auch von der britischen Hilfslegion wurden Raketen an den Oberbefehlshaber der Region, General B. Espartero, übergeben, der ihrer dringend bedurfte, da er nicht über ausreichend Artilleriemunition verfügte; für den Einsatz der Raketen wurden eilig provisorische Raketentrupps ausgebildet, die vor allem im Gebiet um Bilbao 1836 eingesetzt wurden, mit Hilfe von Spezialisten der Legion wurden auch die spanischen Raketeure ausgebildet.[462)]

Die von Arenas aufgestellte Raketenbatterie war ähnlich wie eine Gebirgsbatterie gegliedert, die Raketen wurden auf Maultieren transportiert. Es wurden nachstehende Raketen von dieser Batterie eingesetzt:[463)]

Kaliber (Lineas)	21	28	36
Reichweite (Varas)	572 - 628	750 - 830	940 - 1048

Nach spanischen Berichten war die Wirksamkeit dieser Batterie größer als die der Batterien der englischen Legion. Dies war möglich, weil der Capitan Macario Arnaiz die gelieferten Abfeuerungsgestelle, auf denen unmittelbar die Röhren für die Raketen befestigt waren, verbesserte, in dem er die beiden haltenden Zweibeine durch eine Eisenstange verband und auf dieser zwei in der Höhe verstellbare Halterungen für die Röhre anbrachte; damit hatte das „Raketengeschütz" einen sichereren Stand und konnte genauer gerichtet werden. Die Batterie bewährte sich in den Gefechten bei Villamediana, Vendejo und anderen Orten, wo die Raketen sowohl von den Briten als auch von ihr abgefeuert wurden.[464)] Auch 1838 beim Angriff General Esparteros auf Peñacerrada wurde bei der Artillerie unter Brigadier Joaquín de Ponte die Raketenbatterie eingesetzt.[465)] Ebenfalls kam diese Raketeneinheit später erfolgreich bei Ulizarra, Ojacastro und Logroño zur Wirkung.[466)]

Nach Beendigung des Krieges 1840 scheinen diese Einheiten wieder aufgelöst worden zu sein. Möglicherweise fanden auch in den Folgejahren noch einzelne Versuche statt; ein Vorschlag des Capitan Macario Arnaiz, reitende Raketenbatterien sowie Gebirgsraketenbatterien, auch in Hinblick auf einen möglichen Krieg mit Marokko aufzustellen, wurde aus Mangel an Geld nicht realisiert.[467)]

---

459) = Aussäh-Raketen. Viluma, a.a.O., p. 99 („Su forma esterior será la de un cohete de cola. El pote se llenará de misto de proyeccion, colocando en la union de los tubos un petardo cilíndrico a que servirá de separacion entre las dos partes del cohete. En seguida se echará una capa de misto de proyeccion, poniendro sobre ella un orden de pequeñas grenadas; esta operacion se repetirá hasta llegar á la parte posterior del tubo, donde se colocarán un estopin y una cubierta por encima de todo. . . .")

460) F. H. Winter, When Rockets Roared above Spain, in: Guidepost, 1968, No. 526, p. 19, nach: D. Baker, Spaceflight and Rocketry, A Chronology, Facts On File, Inc., ist jedoch nur ein Teil der Raketen in Navarra eingetroffen

461) o. Verf., Cohetes a la Congrewe, in: Memorial de Artilleria 1844, p.273; Winter, Rocketry, a.a.O., p. 136, gab an, daß England an Spanien hierfür 4.730 Raketen verkauft habe.

462) Winter, Rocketry, a.a.O., p. 137; zu den Einsätzen der Raketen der britischen Legion im Carlistenkrieg siehe Abschnitt Großbritannien

463) o. Verf., Cohetes, a.a.O., p. 276

464) o. Verf., Cohetes, a.a.O., p. 277

465) Vigon, a.a.O., tomo III, p. 93, dies ist das einzige Mal, daß Vigon die Raketenbatterie im Carlistenkrieg erwähnt

466) Winter, Rockets, a.a.O., p. 19

467) J. Barrios Gutierrez, Cohetes de guerra en el siglo XIX, in: Revista de Historia Mi-

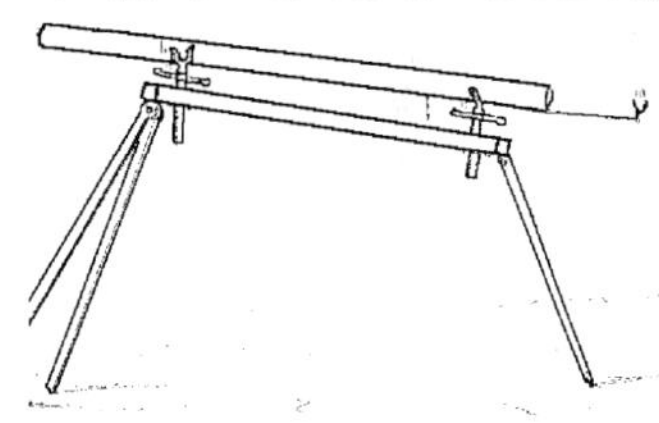

Oben:
Britische Abfeuerungsgestelle

Links:
Durch Arnaiz verbessertes Abfeuerungsgestell

(Zeichnung: o. Verf., Cohetes a la Congrewe)

Im Dezember 1859, als der Krieg gegen Marokko bevorstand, erarbeitete der Capitan der Artillerie Miguel Orús y Barcáiztegui ein Memorandum, in dem er für diesen Feldzug die Bildung von Raketenbatterien vorschlug; diese Denkschrift wurde von allen Vorgesetzten befürwortet, und bereits am 23. Dezember wurde mit königlichem Befehl die Aufstellung einer Batterie genehmigt.[468] Die Batterie wurde mit solcher Dringlichkeit aufgestellt und ausgerüstet, daß sie bereits am 27. Dezember mit allem Gerät und Tragtieren eingeschifft werden konnte, nur die 5 Reitpferde für die Offiziere wurden erst später für 18.000 Reales von der Militärverwaltung beschafft. In der Eile konnte noch nicht einmal eine Einweisung an dem Material durchgeführt werden. Die wenigen Tage, die vor der Einschiffung zur Verfügung standen, wurden von Orúz genutzt, um die Abfeuerungsgestelle und die Packeinrichtungen für den Transport der Raketen zu konstruieren und herstellen zu lassen. Die Achsenstabraketen vom Kaliber 3,5 inch mit einer Granate als Gefechtskopf samt 8 Abfeuerungsrohren wurden von der Marine zur Verfügung gestellt,[469] das Personal wurde vom 3. Fußartillerieregiment zur neuen Einheit kommandiert und die Maultiere stammten von einer Train-Brigade.[470] Am 29. Dezember wurde die Batterie in Ceuta ausgeschifft und trat zunächst zum Reservecorps des General Rios. Die Batterie wurde von Capitan Orúz kommandiert, sie verfügte über 2 Lieutenants, 3 Sergeanten, 4 Cabos 1. Klasse und 4 Cabos 2. Klasse sowie 64 Kanoniere und 1 Ouvrier. Die 5 Reitpferde waren den Offizieren und 2 Sergeanten zugeteilt, 1 Sergeant marschierte zu Fuß, von den 36 Maultieren dienten 6 für den Transport der Raketengeschütze, die übrigen für den Transport von Munition, Gepäck und Zelten. Eine „Geschützbedienung" bestand aus 5 Artilleristen und 4 Maultierführern, von denen 3 die Maultiere mit Munition führten, die jeweils 2 Transportbehälter mit je 9 Raketen trugen, damit konnten 432 Raketen von der Batterie mitgeführt werden.[471]

Am 1. Januar begann der Vormarsch des Heeres, dabei erwies sich die Batterie als beweglicher als die Gebirgstruppen. Am 16. Januar kam es bei Cabo Negron zum ersten Einsatz, als die Batterie zum Schutz der rechten Flanke des Heeres eingesetzt war. Da der Gegner dem Kampf auswich, gab Orúz den Befehl, 2 Raketen abzufeuern, um ihre Wirkung kennenzulernen.[472]

Am 23. Januar bei Fort Martin stand die Batterie im Zentrum des Heeres, erhielt aber keine Möglichkeit zum Einsatz ihrer Raketen. Am folgenden Tag ließ Orúz versuchsweise nochmals 6 Raketen am Strande bei San Martin abfeuern. In dem folgenden Gefecht am 31. Januar am Turm Dscheleli war die Division Rios, und damit die Raketenbatterie, am linken Flügel eingesetzt und kam - zunächst geschlossen, später in Züge aufgeteilt - zum ersten Male ins Feuer. Sehr anschaulich beschrieb der mitkämpfende Dichter Pedro de Alarcón den Einsatz:

„La batería de cohetes, que aún no habia entrado en fuego, ve frente a si aquel apiñado enjambre . . . y empieza a lanzar en medio de ellos sus estraños y espantosos proyectiles . . . Parten los cohetes como centellas, hendiendo el aire con su estridente ruido; penetran como culebras de fuego en las haces musulmanas; serpean, salta y vibra su larga cola, azotando con ella a peones y caballeros; otros se arrastran por tierra, silbando y retorciéndose, yendo y viniendo sin rumbo fijo; algunos, en fin, trazan en la serena atmósfera amplias curvas, al modo de desencadenados cometas, y vienen a morir y a reventar sobre los moros sembrando el estrago y la muerte por doquier . . .¡ Fuego del cielo! Nos ha dicho un prisonero que exclamaban ayer tarde los marroquiés. . .¡Los cristianos disponen a su antojo de las exhalaciones de lo alto!"[473]

66 Raketen wurden in diesem Gefecht abgefeuert, die zur angenehmen Überraschung der spanischen Führung gute Wirkung zeigten und vor allem auch sehr genau die Richtung einhielten.[474] Dabei waren die Bedienungen einem gewissen Risiko ausgesetzt, da entweder durch schlechteren Treibsatz oder durch Überlagerung etwa 6% der Raketen beim Abfeuern explodierten, so daß hierbei 2 Raketeure verletzt wurden. Man konnte jetzt nur noch 4 Röhren benutzen, da die anderen be-

---

litar, 1963, Nr. 14, p. 164: „Porque la razón que mueve el estudio de este artillero es inducir a la Junta a la creatión de baterias de cohetes, montadas, a caballo, y de montaña, porque supone estar próxima la guerra con Marruecos que por sus caracteristicas se le presenta como muy adecuada para el empleo de las mismas. Las razones de Arnaiz son oidas pero no atendidas, tanto . . . como porque la situación económica no permite aumentos presupuestarios."

468) G. Vidal y Ruby, Algo más sobre el empleo de la artillería en la campaña de Cuba, in: Memorial de Artilleria, 1895, p. 246, „ . . . cuando con fecha 23 de Diciembre apareció una Real orden mandando organizar la bateria en un todo conforme á lo que yo propuse . . ."

469) Die Angabe, daß die Raketen von der Marine zur Verfügung gestellt wurden, erscheint zweifelhaft, nach einem Schreiben der Escuela de Guerra Naval, Madrid, vom 16. April 1996 verfügte die spanische Marine in diesem Krieg anscheinend über keine Raketen, zumindest waren keine Schiffe damit ausgerüstet und sie wurden auch nicht bei den unterstützenden Beschießungen von Tánger, rio Martín, Arcilla und anderen Operationen eingesetzt. Winter, Rockets, a.a.O., p. 19, schrieb nur, daß die Raketen von einer privaten britischen Feuerwerksfabrik angeboten und geliefert worden wären. Nach: F. H. Winter, Maquinas detonantes, polvora voladora y cohetes de guerra, in: Revista aeronautica y astronautica, No. 334, 1968, hieß es, daß für die Batterie 432 9cm Raketen beschafft worden wären, zusätzliche Raketen wären zudem an die Marine geliefert worden.

470) Vidal y Ruby, a.a.O., p. 246: „la organización fué tan rápida que no dejó estudiar el material más á propósito al efecto, pues urgía su envio á Africa, y basta saber que el 27 de Diciembre por la noche estaba ya embarcada toda la compañia, con su material y ganado." (in kursiv zitiert nach einem Bericht von Orúz)

471) E. Schlagintweit, Der spanisch-marokkanische Krieg in den Jahren 1859 und 1860, Leipzig 1863, S. 140, sowie: J. Barrios Gutierrez, Una batería de cohetes en 1860, in: Instituto de Estudios Africanos, Conseio Superior de Investigaciones Cientificas, Madrid, Octubre 1968, No. 332, p. 50; weitere Offiziere der Batterie waren Teniente José de Arcos y García und Teniente José Navarrete y Velahidalgo (J. Barrios Gutiérrez, Cohetes de ayer, p. 522); die AMZ, 1861, S. 21, meldete hierzu: „Diese Batterie hat 6 Geschütze: jedes Geschütz wird von 3 Maulthieren getragen, wovon eines mit dem Statif, das zweite mit dem Raketenstocke, das dritte mit der Munition beladen ist."

472) Vidal y Ruby, a.a.O., p. 247, „ . . . mas no aceptando los moros la batalla que se presentabe, y retirados éstos, recibí orden de volver á mi campamento de aquel día, disparando antes un par de cohetes para conocerlos, ó por curiosidad."

473) P. de Alarcón, Diario de un testigo de la Guerra de Africa, Madrid 1859, zitiert nach: J. Barrios Gutierrez, Cohetes de guerra en el siglo XIX, in: Revista de Historia Militar, 1963 Num. 14, p. 168 [Die Raketenbatterie, die noch nicht im Feuer gestanden hatte, fing an, in die Mitte der dichtgedrängten Feinde ihre unbekannten und furchterregenden Projectile zu werfen. Die Raketen kamen wie Sterne, ihr Flug von großem Lärm begleitet, sie durchglitten die Luft wie Feuerschlangen, schlängelnd, springend und zitternd mit den Stäben durchschlugen sie Infanteristen und Reiter, andere schlichen über die Erde, pfeiffend und scheinbar ziellos, andere zogen in der Luft ihre Pfade und kamen vom Himmel wie Kometen, explodierten über den Marokkanern und brachten überall den Tod. 'Feuer vom Himmel', sagte uns ein Gefangener, die Christen haben Unterstützung aus der Höhe.]

474) Vidal y Ruby, a.a.O., p. 248: „ . . . la buena dirección de los cohetes y los rebotes sucesivos por entre los moros, gustó á cuantos lo presenciaron, mereciendo la compañia en este día al parabién de muchos señores jefes que non creían ver los cohetes tan certeros." (zitiert aus Bericht Capitan Orus). In „La guerra de Africa de 1859 a 1860" berichtete Coronel M. Arrué, die Truppen der 3. Division seien „eficazmente protegidas por el fuego de la artilleria y los disparos de la batería de cohetes a la Congrève." (zitiert nach: J. Barrios Gutierrez, Cohetes de Ayer, a.a.O., p. 524

schädigt waren. Als Ersatz wurden hölzerne Abfeuerungsrinnen von 1 Meter Länge, mit Blech ausgekleidet, angefertigt, die in der Folge genutzt wurden, nachdem sich gezeigt hatte, daß weder Richtungsgenauigkeit noch Reichweite der Raketen dadurch beeinträchtigt wurden.

Raketeure im Carlistenkrieg (Zeichnung: o. Verf., Raketen a la Congrewe)

In der Schlacht bei Tetuan vom 4. Februar wurde so die Batterie mit 4 Abfeuerungsröhren und 4 Abfeuerungsrinnen eingesetzt. Kurz bevor die Marokkaner aus ihrem Lager zum Angriff antreten konnten wurde das Feuer ausgelöst, die Granaten der Raketen detonierten im Lager zwischen den Zelten und brachten den Feind in Verwirrung. Insgesamt wurden 64 Raketen abgefeuert.[475] Capitan Orúz wurde anschließend in Anerkennung der Leistungen seiner Batterie zum Teniente Coronel befördert. Bis zum 23. März lag die Batterie bei Tetuan, besserte ihr Gerät aus und erhielt den dringend erforderlichen Nachschub an Raketen durch die Marine, auch wurden 16 Mann Personalersatz zugeführt.

Am 23. März kam es dann zum letzten Einsatz in diesem Krieg, irreguläre marokkanische Truppen mit zahlreicher Kavallerie bedrohten aus der Flanke den Vormarsch des II. Korps bei Uad-Ras. 42 Raketen trafen genau in das Zentrum der marokkanischen Reiter, die daraufhin flüchteten.[476] Ein preußischer Kriegsbeobachter notierte hierzu:

„Und nun kam die Raketen-Batterie vor und begann ihr Feuer; sowie die ersten Geschosse sausend und leuchtend über sie hin und zwischen ihnen hindurch flogen, da stutzten, wie von einem elektrischen Schlag getroffen, alle die Tausende, welche sich da vor uns auf der weiten Ebene tummelten, und im nächsten Augenblick flohen sie nach allen Richtungen davon, als gälte es, dem Furchtbarsten zu entkommen, warfen sich zum größten Theil in das Gestrüpp der die Niederung umschließenden Höhe. Nur wenige Tapfere, ich glaube, nicht vierzig Mann, hielten Stand. Die Spanier hätten nun rasch vordringen sollen, den Schrecken der Feinde benutzend. Statt dessen jagten sie immerfort Rakete nach Rakete ins Blaue hinein, so daß das natürliche Resultat bald war, daß die Marrokaner, die vollständige Wirkungslosigkeit der gefürchteten Geschosse erkennend, nach und nach wieder vorkamen."[477]

Kurz nach diesem Einsatz versuchte die marokkanische Kavallerie nochmals in die rechte Flanke der Spanier zu stoßen, allein, die Raketenbatterie reagierte sofort, 12 weitere Raketen ließen den Angriff scheitern, so daß die spanischen Truppen in einem anschließenden, heftigen Angriff ihr Ziel erreichten. Am 25. März wurde dann ein Waffenstillstand geschlossen, dem der Frieden folgte. Während dieses Feldzuges wurden insgesamt 196 Raketen abgefeuert. Die Batterie kehrte am 6. April nach Cadiz zurück, wo sie bis zum Ende des Monats verblieb, um dann aufgelöst zu werden.[478]

Insgesamt gesehen scheint sich die Raketenbatterie in diesem Krieg gut bewährt zu haben, Orúz, inzwischen General der Artillerie, schrieb:

„Durante la guerra de Africa prestaron los cohetes muy buenos servicios, en atención á ser grande la certeza de los disparos y mucho el efecto material y moral que producían sobre el enemigo."[479]

Ein anderer Autor stellte fest, daß die Raketen leicht handhabbar und ihr Einsatz ökonomisch gewesen wäre, er habe nur wenig Personal und Tiere benötigt und nur eine kurze Ausbildungszeit für die Raketeure erfordert, daher sollte die spanische Armee die Raketen weiterhin nutzen.[480]

Auch das spanische Oberkommando war vom Wert der Raketen überzeugt und erteilte der Pirotécnia Militar de Sevilla die Weisung, weitere Raketen herzustellen.[481] Es sollten Raketen für den Feldeinsatz mit einem Kaliber von 6 cm hergestellt werden. Um hierfür die Grundlagen zu schaffen, wurde im Oktober 1860 deren Direktor, Teniente Coronel Don Manuel de Castro, mit einer Kommission auf königliche Anordnung vom 31. August zu den Raketenlaboratorien des Auslandes entsandt, um die dortige Raketenherstellung zu studieren, besucht wurden dabei Woolwich, Toulon und Metz, sowie in England zusätzlich die private Feuerwerksfabrik von Mr. Pritchard, die bereits die Raketen für die spanische Marine geliefert hatte. Im Gegensatz zu den Anfängen der Raketenentwicklung konnten die Besucher nunmehr genau die Methoden der Herstellung studieren. Während nach getroffener Absprache mit dem Ingenieur M. Farcot in Paris die ersten Maschinen hergestellt wurden,[482] besuchte die Kommission noch die Anlagen in Belgien sowie die Raketenanstalt in Wiener Neustadt. Anfang 1862 kehrte die Kommission zurück, nachdem sie auch die restlichen Maschinen zur sicheren Herstellung der Raketen geordert und ihren Transport geregelt hatte.[483] Die Erfahrungen und Vorschläge der Kommission wurden in einer ausführlichen Denkschrift, einschließlich einer Beschreibung und Darstellung der beschafften Maschinen, vorgelegt.[484] Die Arbeit an der Herstellung von Raketen scheint 1861 begonnen zu haben.[485]

Bei der Herstellung in Sevilla kam es jedoch 1872 zu mehreren Unfällen mit Explosionen, so daß Castro den Auftrag erhielt, zu einem der

---

475) Vidal y Ruby, a.a.O., p. 248: „. . . con el mismo acierto que en la acción anterior, encontrándose después todos los cohetes reventados en el campamento marroquí y tiendas y hombres atravesados por étos; así creo que llenaron su objeto en este día." (zitiert aus Bericht Capitan Oruz)

476) Vidal y Ruby, a.a.O., p. 249: „. . . y delante de las guerrillas del cuerpo á la mucha caballería marroquí que teníamos delante. Cuarenta y dos cohetes lanzados en medio de ellos, hicieron ahuyentar toda aquella caballería, causándos algún daño." (zitiert aus Bericht Capitan Oruz)

477) A. v. Goeben, Reise- und Lager-Briefe aus Spanien und vom Spanischen Heer in Marokko, Hannover 1863, S. 170; in einem Zeitungsbericht hieß es dagegen nur: „A midi, le feu de l'artillerie était très nourri. Après les boulets vinrent les fusées à la congrève, après les fusées les grenades." (Journal des Débats politiques et littéraires vom 07. April 1860)

478) Vidal y Ruby, a.a.O., p. 249

479) Vidal y Ruby, a.a.O., p. 118 [Während des Feldzuges in Afrika haben die Raketen sehr gute Dienste geleistet, da ihr Feuer sehr genau war und sowohl die materielle als auch die moralische Wirkung auf den Feind groß war.]; ähnlich urteilte ein bayerischer Offizier: „Die Gebirgsartillerie und Raketenbatterie zeigten sich für den Kampf in Afrika von besonderem Vortheil. Die Raketen verbreiteten Schrecken unter den Feinden, und wo oftmals der höchsten Tapferkeit nicht gelingen wollte, vorwärts zu kommen, da fegte die Rakete die gegenüber befindlichen Feinde - Reiter und Fussgänger durcheinander gemischt - förmlich vom Terrain und verhinderte deren weiteres Hervorbrechen."

480) X. P. Santiago, Memorias referentes a la guerra de Africa, escritas por oficiales de Artillería durante la Campaña, in: Memorial de Artillería, 1863, zitiert nach: P. M. Sancho, The Use of Congreve-Type War Rockets by the Spanish in the 19th Century, in: R. Cargill Hall (edit.), History of Rocketry and Astronautics, Vol. 7, San Diego 1986

481) In der Escuela Central de Pirotecnia, Sevilla, wurden zuvor bereits Signalraketen des Kalibers 8,2 cm hergestellt und möglicherweise auch Kriegsraketen, im Museo del Ejercito befindet sich zumindest eine Rakete vom Kaliber 8,1 cm (18 libras), die 1854 von der Schule an das Museum übergeben wurde.

482) Christal, Les Fusées de Guerre, in: Revue Contemporaine, 2° Série, tome trente et unième, 1863, p. 201, Christal wies daraufhin hin, daß die bestellten Maschinen „exactement semblables à ceux que le même ingénieur-mécanicien avait déjà construits pour le gouvernement russe sous la direction du général Konstantinoff" sein sollten.

483) Don Manuel de Castro, Memoria sobre Cohetes de Guerra presentada como resultado de la comision que desempeño en el extrangero, Sevilla 1870, p. 15 ff.

484) ibidem

485) Vigon, a.a.O., tomo II, p. 515, vgl.: Winter, Maquinas, a.a.O., p. 673

in Europa anerkanntesten Raketenspezialisten, dem General Konstantinov, zu reisen, um sich von diesem in gefahrlose und sichere Herstellungsverfahren einweisen zu lassen. Nach der Rückkehr leitete Castro dann weiterhin die Raketenherstellung in Sevilla, wobei Raketen von 6 cm Kaliber nach französischem Muster hergestellt werden sollten.[486)] Die Raketenherstellung scheint dann aber in der Folge eingestellt worden zu sein, da - wie überall in Europa - der technische Fortschritt der Feldgeschütze die weitere Nutzung dieser Waffe nicht mehr zweckmäßig erscheinen ließ. Auch wenn Vidal y Ruby anläßlich des Aufstandes in Cuba 1895 nochmals für die Aufstellung von reitenden Raketenbatterien eintrat,[487)] hatte er mit seinen Vorschlägen doch keinen Erfolg, die Zeit der Raketen im 19. Jahrhundert war vorüber.

Erst während des spanischen Bürgerkrieges 1936 bis 1939 wurden wieder Raketen eingesetzt; die nationalistischen Truppen verwendeten zunächst modifizierte Seenotrettungsraketen zur Versendung von Propagandamaterial, später wurden ähnliche Raketen an der Aragon-Front zur Flugabwehr verwendet. Auf Seiten der Republikaner wurden von dem Feuerwerker Mario Igual in Barcelona konstruierte 9cm Raketen vom italienischen Bataillon de la Muerte 1937 eingesetzt.[488)]

k. Ungarn

Im April 1848 kam die ungarische Regierung zur Auffassung, daß die in Ungarn verfügbaren Truppen nicht zur Aufrechterhaltung der Ordnung und zur Grenzsicherung ausreichten. Ein Antrag, im Ausland stationierte ungarische Truppen zurückzuverlegen, erschien wenig erfolgversprechend, da Österreich bereits in der Lombardei im Krieg stand. So begann ab Mai 1848 die Bildung der Honvéd Armee durch die Regierung Batthyáni, in der Kossuth als Finanzminister eine wichtige Rolle spielte. Mitte August waren bereits 9.500 Freiwillige in die neu entstandenen Verbände eingetreten und Ende September bestanden auch die ersten drei reitenden Batterien Honvéd-Artillerie mit jeweils 8 Geschützen. Die Lage zwischen Österreich und Ungarn spitzte sich zu, da Österreich bestrebt war, die Ungarn gewährte Autonomie wieder einzuschränken, ein Verhandlungsversuch Batthyánis Anfang Oktober in Wien schlug fehl,[489)] so daß es nach dem Wiener Aufstand und der fehlgeschlagenen Intervention Ungarns zum Krieg kam.

Für die Aufstellung der Armee erwies sich die Beschaffung von Waffen als schwierig; diese mußten, da die ungarische Industrie noch wenig entwickelt war, im Ausland gekauft werden. In der Folge wurde eine eigene Waffenherstellung eingeleitet. Schon früh stand fest, daß die Honvéd-Artillerie, ebenso wie die österreichische, auch über Raketeneinheiten verfügen sollte. Verhandlungen mit ausländischen Raketenspezialisten schlugen fehl, so mit dem Wiener Feuerwerker Anton Stuwer, die infolge der Niederschlagung des Aufstandes in Wien nicht zum Abschluß gebracht werden konnten. Auch Verhandlungen mit William Hale in England führten nicht zum Erfolg.[490)]

Im Oktober 1848 meldete sich der ehemalige Unteroffizier des österreichischen Raketencorps, Alexander Ludwig Mózer,[491)] und stellte eine eigene Raketenentwicklung vor. In den folgenden Versuchen, die etwa 6 Wochen dauerten, wurden gute Ergebnisse erzielt, obwohl ihm nur einfachste Geräte zur Verfügung gestanden hatten und in Ermangelung einer Presse Mózer den Satz hatte manuell schlagen müssen. Es handelte sich hierbei um 3- und 6pfündige Raketen mit vereinfachter Zündung; ein erstes Probeschießen fand am 11. Dezember in Pest statt, dabei wurden 22 Raketen mit Elevationen zwischen 4 und 25 Grad abgefeuert. Mit Vollgeschossen wurden bei diesen Erhöhungen Reichweiten von 800 bis 2.200 Schritt, mit Brandgeschossen von 800 bis 2.000 Schritt und mit Kartätschen von 400 bis 750 Schritt erzielt, Reichweiten, die diejenigen der 6- und 12pfündigen Feldgeschütze übertrafen.[492)] Allerdings war die Streuung der Raketen auch doppelt so groß, wie die der Kanonen, jedoch überwogen die Vorteile der leichten Transportfähigkeit und der Möglichkeit, sie überall einsetzen zu können.[493)] Nach weiteren Versuchen im Dezember vor einer Kommission wurden diese Raketen angenommen. Auf Empfehlung der Kommission wurde Mózer zum Lieutenant des neuen Raketencorps ernannt, mit ihm wurden seine Unteroffizierskameraden K. Unger und J. Vilfling ebenfalls zu diesem Dienstgrad im neuen Corps ernannt.[494)]

Die Produktion der Raketen wurde in Budapest begonnen, aber nach kurzer Zeit durch die Besetzung der Stadt durch kaiserliche Truppen unterbrochen. Die Fabrikationsstätte war noch rechtzeitig, Anfang Dezember, nach Nagyváred verlegt worden, wo nach einer Unterbrechung von nur zwei Wochen unter Leitung durch Josef Szkopál, der vorher in Budapest die erste Waffenfabrik eingerichtet hatte, die Raketenherstellung Anfang Januar 1949 wieder aufgenommen werden konnte. Zugleich wurden hier die Raketengeschütze verfertigt; bis Ende April wurden in jeweils vierzehn Tagen 3 Raketengestelle, ab dann wöchentlich 4 Raketengestelle hergestellt. Die Abfeuerungsgestelle ähnelten, ebenso wie die Raketen, weitgehend den österreichischen.[495)] Zwischenzeitlich war Mózer zum Hauptmann befördert worden.[496)] Mózer verblieb bei der Raketenherstellung, wobei inzwischen Szkopál neue 7pfündige Raketen konstruiert hatte, die 1.400 Schritt weit trugen. Letztere Raketen wurden später durch diesen noch verbessert, nachdem er Gelegenheit gehabt hatte, erbeutete österreichische Raketen zu untersuchen. Später wurden hier auch noch 12pfündige und einige wenige 4pfündige Raketen hergestellt. In dieser Zeit wurden auch die ersten drei Raketengeschütze unter dem Kommando von Lieutenant Vilfling den Streitkräften unter General Bem in Transsylvanien zugeführt. Bei Bedarf konnte nun jede Woche die Ausstattung für eine solche Batterie geliefert werden. Während des Krieges wurden etwa 50 Raketengeschütze in Nagyvárad hergestellt.[497)] Anfangs hatte man 8, später jedoch nur noch 4 Abfeuerungsgestelle für eine Raketeneinheit vorgesehen, wobei für die Beweglichkeitmachung jeweils etwa 30 Pferde eingeplant waren. Die erste Halbbatterie wurde noch im Dezember 1848 mit 4 Abfeuerungsgestellen aufgestellt und zur Armee in Siebenbürgen entsandt.[498)]

---

486) J. Barrios Gutierrez, a.a.O., p. 172, das genaue Kaliber der Raketen betrug 63 mm, die Wandstärke der Hülsen 1,5 mm

487) Vidal y Ruby, a.a.O., p. 250; Vidal schlug die Aufstellung einer berittenen Batterie mit 10 Raketengeschützen aus 3 Offizieren und 110 Mannschaften, sowie 118 Pferden vor. Diese Batterie sollte 200 Raketen mitführen; pro Raketengeschütz rechnete er eine Bedienung von 10 Mann

488) J. J. Maluquer, A Survey of Rocketry and Astronautics in Spain, in: R. Cargill Hall (edit) History of Rocketry and Astronautics, Proceedings of the Third through Sixth History Symposia of the International Academy of Astronautics, AAS History Series Vol. 7, Part II, San Diego 1986, p. 81

489) Zur Bildung der Honvéd-Armee siehe: Aladár Urban, The Hungarian Army of 1848-49, in: B. Kiraly (ed.), War and Society in East Central Europe, Brooklyn College Studies in Change, No. 10, New York, 1979, p. 97 - 111; Urban erwähnte jedoch nicht die Raketeneinheiten dieser Armee

490) I. G. Nagy, Hungarian Rocketry in the 19th Century, in: R. Cargill (ed.), Essays on the History of Rocketry and Astronautics; Proceedings of the third through sixth Symposia of the International Academy of Astronautics, Washington 1977, p. 45

491) Hadtörténelmi Levéltár, Budapest, d. 14.12.1995, Schreiben Oberstleutnant Dr. Georg Marko aufgrund von Mitteilungen Dr. Róbert Herman; Moser, geb. 1818 in Graz, Unteroffizier des k.k. Bombardiercorps, gest. 14.03.1907 Kispest; Károly Sámuel Unger, geb. 22.07.1793 Sopron, Wachtmeister der k.k. Artillerie, gest. 01.01.1880 Budapest

492) ibidem

493) Barczy, Z. / Somogyi, G., Szabadságharc Hadserege, o. O. 1986, S. 141 („Találati szórása kétszer akkora volt, mint a csöves lövegeké, de köönyen lehetett szállítani és bárhol fel lehetett állítani.")

494) Nagy, a.a.O., p. 46, sowie: W. Buedeler, Geschichte der Raumfahrt, o. O., o. J., S. 176

495) Barczy / Somogyi, a.a.O., S. 145

496) Hadtörténelmi Levéltár, a.a.O., hiernach wurden die Arbeiten von Mózer geleitet

497) Nagy, a.a.O., p. 46; nach: Hadtörténelmi Levéltár, a.a.O., wurden bis August 1849 etwa 45 bis 50 Raketengestelle hergestellt

498) Hadtörténelmi Levéltár, a.a.O.

Ungarisches Raketengeschütz (Photo: Hadtörténelmi Muzeum)

In diesem Jahr bemühte Ungarn sich auch, zum Schutz der Donau Schiffe zu beschaffen und zu bewaffnen. Neben Dampfern, die mit Kanonen ausgestattet wurden, kaufte die Regierung auch eine große Zille (Seilmutze), die mit Raketen bewaffnet wurde, über einen Einsatz ist jedoch nichts bekannt.[499)]
Ein weiterer Entwickler von Raketen in Ungarn wurde Aron Gábor, der eigentlich Geschütz herstellte und konstruierte. Nach einem Besuch in Nagyvárad im Mai 1849, bei dem er die Raketen kennenlernte, beschäftigte er sich selbst mit deren Konstruktion und führte im Juni erste Versuche in Kezdivasarhely in Transsylvanien durch. Er fiel jedoch nur wenige Wochen später.[500)]
Den Ungarn fielen auch österreichische Raketen in die Hände; in der Nacht zum 3. Februar 1949 gelang es den Ungarn so beim Zurückschlagen eines österreichischen Angriffs bei Igló ein Raketenabfeuerungsgestell mit 2 Wurstwagen und etwa 100 Raketen zu erobern.[501)]
Bereits am 5. Februar wurden die gerade eroberten Raketen bei der Erstürmung des Braniczko-Passes durch Truppen unter Oberst Guyon eingesetzt. Während eine bei Korotnok eingesetzte Geschützbatterie sich nur als weniger wirksam erwies, hieß es: „die hinter einem Hügel aufgestellte halbe Raketenbatterie, welche die Oesterreicher einige Tage früher bei Igló verloren hatten, machte eine bessere Wirkung."[502)]
Im Verlauf des Jahres wurden dann weitere Halbbatterien aufgestellt und den Corps und Divisionen zugewiesen, aus der Ordre de Bataille ergibt sich nachstehender Einsatz:[503)]

I. Armeecorps: eine halbe Batterie, die am 11. Mai über 25 Mann, 13 Pferde und 4 Abfeuerungsgestelle verfügte, sie wurde ab 19. Mai als 3. Raketenbatterie von Lieutenant Kropf geführt und bestand am 1. August aus 35 Mann und 19 Pferden unter der Führung von Lieutenant Vidéky
II. Armeecorps: keine Raketenartillerie
III. Armeecorps: ab Ende März 1849 eine halbe Batterie unter Lieutenant Gail mit 35 Mann und 30 Pferden, ab 22. April mit 36 Mann und 12 Pferden jedoch nur noch 2 Raketengestellen, an 19. Mai als Raketenbatterie No. 2 wieder mit 4 Gestellen; dazu trat ab Juni eine weitere halbe Batterie unter Lieutenant Kropf mit 24 Mann, 17 Pferden und 4 Abfeuerungsgestellen, die am 27. Juni über 29 Mann und 15 Pferde sowie 4 Gestelle verfügte.
IV. Armeecorps in Südungarn und im Banat mit einer halben Batterie mit 4 Gestellen ab Mai, die am 14. Juli noch über 2 Gestelle verfügte
Das V. Armeecorps, das zunächst als Belagerungscorps bei Arad und später bei Temesvár eingesetzt war, besaß keine Raketen.
Das VI. Armeecorps in Siebenbürgen verfügte in der Armeedivision bei Déva ab 2. Juni über eine halbe Batterie mit 4 Abfeuerungsgestellen, die Stärke betrug am 20. Juni noch 13 Mann mit 5 Pferden und 3 Gestellen.
Zur Belagerungsdivision bei Gyulafehérvár (Karlsburg) unter Oberst Stein trat Anfang Juni eine Halbbatterie mit 26 Mann, 16 Pferden und 3 Gestellen unter Lieutenant Miklósy,[504)] diese wurde aber am 16. Juni in zwei Züge umgegliedert, wobei der erste aus 12 Mann, 5 Pferden und 2 Gestellen auch über einen 6pfünder Zug Feldartillerie verfügte, während der zweite ein reiner Raketenzug mit 32 Mann, 38 Pferden und 2 Raketengestellen blieb. Am 11. Juli wurden die Züge wieder zu einer Halbbatterie mit 16 Mann, 10 Pferden und 4 Raketengestellen zusammengefaßt; zur Division trat an diesem Tag auch eine weitere Raketenbatterie unter Oberlieutenant Vilfing mit 109 Mann, 57 Pferden und 11 Raketengestellen. Am 24. Juli waren in der Division eingesetzt eine halbe Batterie mit 27 Mann, 24 Pferden und 4 Gestellen, ein selbständiges Raketengeschütz mit 6 Mann sowie die Raketenbatterie von Vilfing mit 100 Mann, 61 Pferden und 9 Raketengeschützen.
Das VII. Armeecorps verfügte bereits ab 9. März über einen Raketenzug unter Lieutenant Köhlbaum mit 15 Mann, 12 Pferden und 2 Raketengeschützen, der bis Mitte Mai auf 46 Mann und 29 Pferde bei gleicher Geschützzahl aufwuchs. Hinzu trat am 15. Juni die 2. Raketenbatterie unter Lieutenant Gail mit 32 Mann, 19 Pferden und 4 Geschützen.
Das VIII. Armeecorps besaß keine Raketeneinheit. Im IX. Armeecorps war die halbe Raketenbatterie No. 5 ab 21. April bei Nagyvárad mit 32 Mann, 15 Pferden und drei Raketenwagen sowie 4 Gestellen unter Oberlieutenant Lukaszy eingesetzt, am 28. April bei Tokaj, am 13. Mai bei Eperjes mit 35 Mann, 15 Pferden und noch 3 Geschützen, am 22. Mai bei Bártfa mit 37 Mann, 18 Pferden und wieder 4 Geschützen; bei Szolnok am 17. Juli verfügte die Einheit noch über 2 Geschütze aber 42 Mann und 18 Pferde, und nach der Schlacht bei Csatád, wo der inzwischen zum Hauptmann beförderte Lukaszy verwundet wor-

499) S. Csikos, Die ersten Kriegsdampfer auf der Donau, in: Marine - Gestern, heute, 4 / 1977, S. 83
500) Winter, rocketry, a.a.O., p. 139
501) Nagy, a.a.O., p. 47, sowie: G. Klapka, Der Nationalkrieg in Ungarn und Siebenbürgen in den Jahren 1848 und 1849, Leipzig 1851, Erster Band, S. 163 und: A. Görgei, Mein Leben und Wirken in Ungarn in den Jahren 1848 und 1849, Leipzig 1852, S. 188, G. schrieb, daß der Feind einen Teil seiner Raketenbatterie verloren hätte, ohne deren Umfang näher zu beschreiben.
502) Klapka, a.a.O., S. 167; leider gab Klapka keine Hinweise zu den folgenden Einsätzen der ungarischen Raketenbatterien
503) Hadtörténelmi Levéltár, a.a.O.; Oberstlieutenant Ramming, Chef des Stabes der Donau-Armee, gab für Anfang Juni 1849 folgende, etwas abweichende Verteilung der Raketenbatterien an: Bei der oberen Donauarmee von Arthur Görgei in der Division Podoszki 1/2 Raketenbatterie mit 4 Geschützen und bei der Brigade Weiszl des Corps Pöltenberg 1/2 Raketenbatterie zu 4 Geschützen, bei der selbständigen Division Kméty eine Raketenbatterie zu 2 Geschützen, beim fliegenden Corps Armin Görgei 1/2 Raketenbatterie mit 4 Geschützen, bei der 2. Armee an der Nordgrenze (Dembinski) 1/2 Raketenbatterie mit 3 Geschützen, bei der Südarmee (Perczel) in der Division Igmándy eine Raketenbatterie zu 4 Geschützen und in der 4. Armee (Bem) im 6. Corps eine Raketenbatterie mit 4 Geschützen (o. Verf., Der Feldzug in Ungarn und Siebenbürgen im Sommer des Jahres 1849, Pesth 1850, S. 26 ff.)
504) Diese Raketeneinheit dürfte schon eher zum Einsatz gekommen sein, nach: J. Czetz, Bem's Feldzug in Siebenbürgen in den Jahren 1848 und 1849, Hamburg 1856, S. 269, ließ Oberst Stein, der die Belagerung ab April leitete, „von Großwardein eine Raketenbatterie kommen". Auch in einer Auflistung der verfügbaren Streitkräfte General Bems ist diese Batterie bereits im Mai 1849 aufgeführt (ibidem, S. 274); leider macht Czetz, der als General unter Bem diente, keine weiteren Angaben zu Raketeneinheiten.

den war, wurde die Einheit, die noch aus 21 Mann, 9 Pferden und 2 Raketengeschützen bestand, von Lieutenant Sándy geführt.
Schließlich verfügten noch einige selbständige Verbände über Raketeneinheiten:
die selbständige Brigade des Oberstlieutenant Inczédy führte ab Juni im Komitat Zaránd eine Halbbatterie mit 13 Mann, 7 Pferden und 3 Raketengeschützen; das selbständige Streifcorps des Major Görgey in Oberungarn besaß ab 5. Juli eine Halbbatterie mit 28 Mann, 14 Pferden und 4 Raketengestellen und schließlich verfügte die selbständige Armeedivision des Oberst Kmety am 19. Juni über die Raketenbatterie No. 1 unter Lieutenant Köhlbaum mit 34 Mann, 33 Pferden und 2 Raketengeschützen.

Die ersten ungarischen Raketeneinsätze erfolgten am 21. April bei der Belagerung der Festung Buda. Weitere Einsätze erfolgten hauptsächlich unter Bems Oberbefehl in Transsylvanien, so bei der Belagerung von Gyulafehérvár (Karlsburg) vom März bis Juni 1849[505] und bei dem Vorstoß der Division Kméty auf Kapuvár.[506]

Im Juni 1849 standen der Honvéd-Armee noch insgesamt 28 Raketengeschütze zur Verfügung. Über weitere Einsätze der ungarischen Raketen in diesem Krieg liegen keine Nachrichten vor, dies liegt auch daran, daß häufig die Raketengeschütze nicht gesondert genannt wurden, sondern summarisch mit der übrigen Artillerie als Geschütze aufgezählt wurden. Im Gefecht zwischen Reußmarkt und Mühlenbach wurde die Abteilung Stein, die von Karlsburg auf Szerdakely rückte, am 1. August 1849 von den Österreichern vernichtet, diesen fielen hierbei 2 vollständige Raketenbatterien in die Hände.[507] Auch nach dem Gefecht bei Mühlenbach am 12. August, bei dem das russische Korps des General Lüders ungarische Truppen auf deren Rückzug auf den Höhen von Alvinez und Száßpián schlug, fielen den Russen auf der Verfolgung neben 10 Kanonen „mehrere Wägen mit Munition und Raketen" als Beute zu.[508] Als die ungarischen Truppen bei Világos vor den russischen Truppen kapitulierten, wurden diesen noch 12 Raketengeschütze und 158 Raketen übergeben.[509]
Mit dieser Kapitulation endete die nur kurze Zeit einer eigenständigen ungarischen Raketenartillerie.

505) Hadtörténelmi Levéltár, a.a.O.; über weitere Raketeneinsätze und zur Wirkung dieser aufgeführten Einsätze scheinen keine nähere Nachrichten vorzuliegen (ibidem); seit 25. März 1849 war Karlsburg eingeschlossen, ab 28. März ließ der Commandant des Cernierungscorps, Kemény-Farkas, die Stadt mit Kanonen und Raketen beschießen - „ohne alle Wirkung". (o. Verf., Der Feldzug in Ungarn im Sommer 1849, a.a.O., S. 538), Teile der Belagerungsartillerie scheinen dann Anfang Juni von der Kolonne Beke mitgeführt worden zu sein, da hier 2 Raketengeschütze genannt wurden (ibidem, S. 489). Insgesamt scheinen diese Raketeneinheiten aber nicht besonders wirkungsvoll gewesen zu sein, zumal auch: Görgei, a.a.O., mit keinem Wort auf sie eingeht.

506) o. Verf., Der Feldzug in Ungarn im Sommer, a.a.O., S. 54 (Kméty ging in 2 Kolonnen von Farad auf Kapuvár vor, bei der ersten Kolonne aus 3 Bataillonen und 6 Escadrons befanden sich neben einer Kavalleriebatterie „2 Raketen")

507) o. Verf., Der Feldzug in Ungarn im Sommer, a.a.O., S. 536

508) ibidem, S. 545

509) Nagy, a.a.O., p. 47

10. Amerika

In den meisten Staaten der Neuen Welt fand keine eigene Raketenentwicklung statt. Man importierte diese Waffe zumeist aus Großbritannien, wobei Congreves Raketenfabrik in Bow der Lieferant war, aber wohl auch aus Frankreich. Ein Sonderfall waren hier die Vereinigten Staaten und das Kaiserreich Brasilien. Auch Raketeneinheiten waren nur selten, im Gegensatz zu Europa, für längere Zeit Bestandteil der Heere.

a. Republik Argentinien

In Argentinien scheint zunächst nur die junge Marine Raketen genutzt zu haben, diese wurden aus Großbritannien importiert, wie überhaupt in Argentinien wohl nie eine eigene Raketenfabrikation stattgefunden hat.[1] Zunächst scheint vor allem die Marineinfanterie hiermit ausgestattet worden zu sein. Bei dem Vorstoß General San Martins auf Peru wurde die Vorhut seines Heeres unter Coronel Miller durch ein Detachement „Marineros" unterstützt, das mit zwei Raketenabfeuerungsgestellen ausgerüstet war. Beim Vorgehen von Buena Vista auf Mirabé kam es dabei am 22. Mai 1821 zum wohl ersten Raketeneinsatz:

„Las coheteras a su vez, cruzaron el rió torrentoso y apoyados por la cavalleria, apresuráronse a entrar en acción, pues el coronel La Hera había tomado ya disposiciones para rechazar et ataque, abriendo un fuego vivo desde los cercos, si bien mal dirigidos. . .Al intentar el paso del río, recibió algunos tiros y cohetes y viendo que el grueso de las fuerzas patriotas se reunia para atacarlo, se retiró por el mismo camino en dirección a Torata."[2]

1826 wurde das argentinische Kriegsschiff San Martin mit Raketenabfeuerungsgestellen ausgerüstet, die Raketen hierfür stammten wahrscheinlich aus Congreves Raketenfabrik in Bow, es ist nicht bekannt, ob Almirante Brown weitere Schiffe damit ausgerüstet hat.[3] Vorhanden waren Leuchtraketen sowie Raketen mit Carcassen und Granaten, über die Kaliber fehlen leider jede Angaben.[4] Im Krieg gegen Brasilien um die Unabhängigkeit Uruguays von 1826 bis 1828 setzte Argentinien sowohl durch die Marine als auch erstmals durch die Artillerie des Heeres Raketen ein. Almirante Brown ließ im Dezember 1827 die Insel Martín García in der La Plata-Mündung besetzen, um brasilianischen Kriegsschiffen den Zugang nach Uruguay zu versperren. Auf der Insel wurde am 20.12. neben 12 schweren Geschützen auch ein Raketengeschütz in Stellung gebracht, die so eingerichtete Batterie scheint aber nicht ernsthaft auf die Probe gestellt worden zu sein.[5]

Erst 1841 werden wieder Raketen erwähnt. In einem Gefecht am 9. Dezember 1841 zwischen 7 argentinischen und 4 Schiffen Uruguays feuerte die Brigantine *San Martin* unter Alvaro Alzogaray 2 Raketen auf die *Cagancha* ab. Das Gefecht zog sich dann mehrere Stunden hin, bis die *San Martin* erneut Raketen, dieses Mal fünf, abfeuerte, von denen eine die *Cagancha* traf, die dann kapitulierte und im Triumph nach Buenos Aires eingebracht wurde.[6] Dies dürfte eines der wenigen Seegefechte gewesen sein, bei dem Raketen gegen Schiffe eingesetzt wurden. Ein weiterer Einsatz der argentinischen Raketen ist während des Bürgerkrieges im sechsten Feldzug gegen den Diktator Rosas zwischen dem Bundesheer unter General Oribe und den Truppen General Riveras am 6. Dezember 1842 im Gefecht bei Arroyo Grande belegt. Oribe setzte für den Angriff neben einer Batterie Feldgeschütze am rechten Flügel seiner Truppen auch eine Artilleriereserve unter Coronel Maza mit 9 Geschützen und Haubitzen sowie einem Raketengeschütz ein. Rivera wurde dann vollkommen geschlagen und Oribe konnte wieder die Präsidentschaft in Uruguay übernehmen.[7]

Als Argentinien 1845 auf dem Rio de la Plata die Zufahrt nach Paraguay blockierte, wurden zur Sperrung des Rio Parana 4 Batterien unter dem Befehl von General Mansilla 13 Meilen oberhalb San Pedros an einer Krümmung des Flusses eingerichtet; neben 21 zumeist alten Kanonen wurde 1 Raketenabfeuerungsrohr in der Batterie No. 1 „Rosas" in Stellung gebracht.[8] Die aus dieser Batterie abgefeuerten Raketen wurden am 10. November gegen die französischen und englischen Schiffe des anglo-französischen Geschwaders mit einiger Wirkung eingesetzt, konnten aber - ebenso wie das Feuer der Kanonen - deren Durchbruch nicht verhindern.[9] Auch beim Rückmarsch dieses

---

1) M. A. Calvo (Escuela de Artilleria „Tte Grl Eduardo Lonardi"), Cohetes en el siglo XIX en la Republica Argentina, Paso de los Libres 1996 (inedito)

2) C. Anschutz, Historia de Granaderos a caballo, Buenos Aires, o. J., pp. 321 [die Raketeure ihrerseits durchquerten den tosenden Fluß und unterstützten die Cavallerie, sie beeilten sich, um in Aktion zu treten, denn Coronel La Hera hatte schon eine Stellung eingenommen, um den Angriff zurückzuschlagen; bis zur Belagerung eröffneten sie ein lebhaftes, wenn auch schlecht gelenktes Feuer . . . Beim Versuch die Furt des Flusses zu durchqueren, wurde er von einigen Schüssen und Raketen getroffen, und als er sah, daß sich die patriotischen Kräfte sich vereinigten, um ihn anzugreifen, zog er sich auf demselben Weg in Richtung auf Torata zurück.]; es mag sein, daß die „marineros" zu Cochranes chilenischer Flotte gehörten und restliche Raketen aus der Fertigung von 1819 (siehe Chile) mitführten. Dies geht auch aus: F. Bosch, Historia Naval Argentina, Buenos Aires 1962, p. 114, hervor, wonach neben den „granaderos argentinos" auch „marineros de Cochrane" eingesetzt waren.

3) F. B. Kirbus, El Desarollo de los Cohetes, in: Boletín del centro naval, Januar-März 1968, p. 90; die San Martin war das ehemalige schwedische Handelsschiff Oscar. Kirbus notierte hierzu: "1826 Primera aplicación de cohetes en la Armada Argentina, sin uso práctico." Dieses Schiff ist in: L. H. Destefani, Manual de Historia Naval Argentina, Buenos Aires 1980, für diesen Zeitraum nicht erwähnt; dasselbe gilt für: F. Bosch, a.a.O.

4) J. M. Sarobe, El General Urquiza (1843 - 1852) La Campaña de Caseros, Vol. I, Buenos Aires 1941, p. 304. Ergänzt wurde hier die Angabe durch einen Kommentar zur Wirksamkeit der Raketen: „La reducida precisión de su tiro estaba compensada por la magnitud de los blancos a que estaban destinados: las masas de infanteria y caballeria. Su empleo en gran número se consideraba eficaz contra las cargas de caballería, por sus efectos de espantar a los animales."

5) P. E. Marti Garro, Historia de la Artilleria Argentina, Buenos Aires 1982, p. 307

6) Kirbus, a.a.O., p. 90, sowie: Destefani, a.a.O., p. 109: „En el último combate se utilizaron por parte del bergantin SAN MARTIN de Alvaro Alzogaray, cohetes „a la Congreve", dos de los cuales causaron averías en el luego capturado bergantin riverista."

7) Marti Garro, a.a.O., p. 507; J. Beverina, Caseros, Varese 1911, p. 7, gab eine abweichende Stärke der Artillerie: "Artilleria: 30 cañones y 2 máquinas de cohetes á la congrève, con una dotacion de 500 artilleros." Beverina gab jedoch in seinem späteren Werk "Las campañas de los ejércitos libertadores" (Buenos Aires 1974, p. 259) den Bericht General Oribes an Rosas zur Schlacht wieder (Diciembre 18 de 1842), in dem Oribe zur Stärke seiner Artillerie meldete: El centro, compuesto . . . de los batallones . . . Libertad con su batería de 3 piezas de a 12, cuatro de a 8, un cohete a la congrève y 2 obuses . . ." Das Bundesheer scheint in diesem Feldzuge erstmals Raketen eingesetzt zu haben, da Beverina bei den vorangegangenen 5 Feldzügen gegen Rosas nie Raketen erwähnte.

8) E. A. M. Laing, The Royal Navy on the River Parana During the Allied Intervention, 1845 - 1846, in: American Neptune, Vol. 36, 1976, No. 2, p. 132; drei der argentinischen Batterien waren durch Marineoffiziere befehligt, wahrscheinlich auch die Raketen (Destefani, a.a.O., p. 110)

9) J. Defrasne, Les fusées de guerre au XIX siècle, in: Revue historique des armées, 1977, No. 1, p. 50: „. . . . engins [fusées de guerre] qu' emploient aussi les Argentins contre les bâtiments français", von den englischen Schiffen wurde insbesondere die Brigantine *Dolphin*, 3, unter Lieutenant Levinge getroffen, sie mußte „a very heavy fire of round shot, grape and cannister and Congreve Rocket" durchstehen (Laing, a.a.O., p. 133); auch die Raddampfer-Fregatten *Gorgon*, 6, und *Firebrand*, 6, lagen unter dem Feuer der Raketen. Capitaine Trehouart, der französische Befehlshaber, schrieb in seinem Bericht: „ . . . vous comprendrez facilement, Amiral, que le San Martin eut beaucoup à souffrir; aussi fut-il aussitôt enveloppé par une grêle de projectiles de toutes espèces, parmi lesquels nous avons remarqué bon nombre d'obus et des fusées à la Congrève; dans peu d'instants, il fut entièrement désemparé et une notable partie de son équipage fut mis hors de combat. MM. Hello et Michaud, nos deux seuls officiers, le maître canonnier Dumatz, furent presque en même temps gravement blessés." (Rapport vom 1. Dezember 1845, zitiert nach: P. Mondain, Obligado: 28. novembre 1845, in: Revue historique de l'armée, Vol. 3, 1976, p. 63)

Geschwaders, das diesmal Handelsschiffe auf dem Weg nach Montevideo deckte, waren die argentinischen Batterien auch mit ihrem Raketenwerfer am 2. Januar 1846 wieder wirksam und bewirkten erhebliche Beschädigungen an den Kriegsschiffen.[10]
Erst 1852 traten dann wieder Raketen in Argentinien auf, der Diktator Juan Ortiz de Rosas hatte sie beschafft und für die Ausrüstung einer Raketenbatterie für den Einsatz im Revolutionskrieg gegen seinen Rivalen General José de Urquiza, Gouverneur von Entre Rios, eingesetzt, der von Truppen aus Brasilien und Uruguay unterstützt wurde. Diese Raketenbatterie besaß 4 Raketengeschütze.[11] In der Schlacht von Caseros am 3. Februar 1852 wurde die Raketenbatterie am rechten Flügel von Rosas Armee neben einer Rohrartilleriebatterie am Palomar von Caseros eingesetzt,[12] dieser Teil der Front wurde von General Pinedo befehligt. Ein Angriff der uruguayischen Truppen konnte im Feuer der Raketen und Geschütze zum Stehen gebracht werden, aber nachdem diese durch brasilianische Truppen verstärkt worden waren, wurden die Miliztruppen von Rosas in die Flucht gejagt. Nur die Artillerie unter Coronel Chilavert, dabei die Raketenbatterie mit 3 Abfeuerungsstativen,[13] hielt die Stellung:
„*A 300 pasos del fuerte edificio de Monte Caseros, en la prolongación de la línea hacia el centro, elevábase una rotonda guarnecida de alta abajo por batallones de infantería y sirviendo de apoyo a otra batería de cañones, obuses y cohetes a la Congreve, ligados ambos edificios por una línea de infantería. Tres mil tiros de cañon disparados por ciento seis piezas, arrojando bombas, granadas, bala rasa y fuegos a la Congreve, han dado estrépito a la caída del tirano.*"[14]
An anderer Stelle wurde berichtet:
„*. . . por momentos se ha visto [a Urquiza] poco menos que envuelto entre las fuerzas enemigas, recorriendo la linea bajo los fuegos de artillería que asestaban a su persona tiros y cohetes.*"[15]
Nachdem den argentinischen Artilleristen die Munition ausging, wurden sie im Nahkampf überwältigt und gefangen genommen. Rosas selbst flüchtete und emigrierte dann nach England, am 4. Februar konnte Urquiza in Buenos Aires einrücken.[16]
Möglicherweise wurden die Raketen nochmals eingesetzt, als argentinische Truppen Manuel Oribe bei der Belagerung Montevideos bis 1857 unterstützten, da Oribe über „rocket-tubes" verfügte, genauere Nachrichten liegen aber nicht vor.[17] Noch 1860 wurden im Bestand der „Compañia No. 6 de Artilleria" 75 Cohetes a la Congreve mit 75 Stäben gemeldet,[18] und im Bürgerkrieg 1861 wurde letztmalig eine Raketeneinheit erwähnt; in der Schlacht am Pavón am 7. September waren in der Armee der Föderalisten des General Urquiza neben 42 Geschützen auch 2 Raketenwerfer eingesetzt,[19] es siegte jedoch die Armee der Unionisten unter General Mitre, dem Gouverneur von Buenos Aires.
Über das weitere Schicksal der Raketen in Argentinien ist nichts bekannt. Im Krieg gegen Paraguay wurden jedoch durch argentinische Truppen im Februar 1866 bei der Invasion Paraguays nochmals Raketen mit 2 Raketengeschützen unter Führung des Leutnants 2. Klasse de Luvé eingesetzt, so am 6. April bei der Besetzung einer Insel im Itapirú durch die Vorausabteilung des teniente coronel Wiligran Cabrita, diese Raketen waren aber von der brasilianischen Armee zur Verfügung gestellt worden.[20]

b. Kaiserreich Brasilien

Brasilien lernte die Kriegsraketen wahrscheinlich 1809 kennen, als Sir Sidney Smith sie in der Nähe Rio de Janeiros bei einer britischen Intervention einsetzte; im selben Jahr erfolgte ein Vorführungschießen in Rio für König Johann VI. von Portugal, der wegen Napoleons Einmarsch in Portugal unter britischem Schutz hierhin geflohen war.[21]
Erste Versuche mit congrev'schen Raketen scheinen 1827 im Verlauf des Guerra Cisplatina durch den Marquès de Barbacena durchgeführt worden zu sein, als der Marechal Braun, der zuvor Oberst der hannoverschen Armee gewesen war, Verstärkungen, und dabei auch das neueste Kriegsmaterial aus Europa, zugeführt hatte, „para realizar uma experiência com a nova arma para o Exército do Sul." Ausgeführt wurden sie durch den Tenente Siegener, einem Veteranen von Waterloo. Ein Beobachter, Capitão Seweloh berichtete:[22]
„*. . . não tomou as precauções de vidas. Abusou da escorva e os três foguetes estouraram próximo dele sendo que o último a seus pés.*"

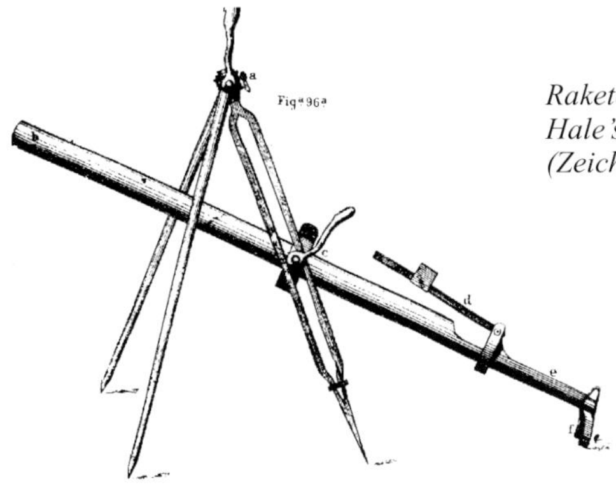

Raketengeschütz für Hale'sche Raketen 1852 (Zeichnung: de Souza)

Es sollte dann bis 1850 dauern, bis die Artillerie des Kaiserreiches eine Raketenbatterie aufstellte. Möglicherweise waren aber bereits vorher Raketen vorhanden. Im Mai diesen Jahres besuchte William Hale

10) P. E. Marti Garro, a.a.O., p. 313, schrieb diesem Raketeneinsatz einigen Erfolg zu: „La escuadra pasó empleando a fondo sus cañones Peysar cargados con metralla y sus cohetes a la Congreve, pero con ingentes averías producidas por los cañoncitos argentinos." Bosch (a.a.O., pp. 296) erwähnte die argentinischen Raketen nicht und beschrieb nur den Einsatz der britischen.

11) Sarobe, El General Urquiza, a.a.O., Vol. II., p. 165; wann diese Raketenbatterie aufgestellt wurde konnte nicht ermittelt werden. Rosas war seit 1829 Diktator, die Batterie könnte also schon länger bestanden haben. Marti-Garro machte hierzu in seiner Geschichte der argentinischen Artillerie keine Angaben.

12) Sarobe, a.a.O., Vol. II, p. 166: „El palomar mismo estabe fuertemente defendido por infantería, presentando una triple línea de fusiles, sostenida por otra de cañones y las cuatro coheteras colocadas en la circunferencia de la base."

13) L. dos Santos Titára, Memórias do grande exército aliado, Biblioteca do exército 1950, p. 164; F. Best, Historia de las Guerras argentinas, Buenos Aires, o. J., nannte 4 Raketengeschütze und erwähnte, daß der gefangene Coronel Chilabert nach der Schlacht ohne Gerichtsurteil erschossen wurde.

14) Kirbus, a.a.O., p. 95 (nach: Sarmiento, crónica sobre la campaña del Ejército Grande)

15) ibidem

16) A. Engelhardt, The Battle of Caseros - The Dawn of Modern Argentina, in: MilA, Vol. XII, No. 4, pp. 217

17) F. H. Winter, The First Golden Age of Rocketry, Washington 1990, p. 166

18) Marti Garro, a.a.O., p. 447

19) ibidem, Urquiza war zu dieser Zeit wieder Gouverneur von Entre Rios. In: A. J. Walford, General Urquiza and the Battle of Pavón, in: Hispanic American Historical Review, Vol. XIX 1939, p. 464 - 493, war diese Raketeneinheit nicht erwähnt.

20) J. Garmendia, Recuerdos de la Guerra del Paraguay, o. O., (Editorial Peuser) 1891, p. 131: „En este tiempo el coronel Arenas ordenaba al ayudante Pellegrini que saliese con dos coheteras, ocupase la margen del estero y lanzase 50 proyectiles al enemigo que ya diseñaba su movimiento. Se le hizo retirar en seguida después de haber quemado 30 cohetes. (Estos cohetes provenían de un obsequio hecho días antes por la artilleria brasílera á la argentina.)" siehe auch: Marti Garro, a.a.O., p. 558

21) Winter, rocketry, p. 162

22) C. M. Bento, O pioneiro e martír do Brasil no emprego de foguetes militares, in: Revista a Defesa Nacional, p. 188 (Kopie ohne Bezeichnung der Ausgabe), [er behandelte die Raketen nicht mit der erforderlichen Vorsicht und so zündeten 3 Raketen vorzeitig, wobei die letzte auf seine Füße fiel]; Marechal Braun war ein Vorfahre von Wernher von Braun („O Marechal Braun que acreditamos tenha patrocinado a experiência com foguetes levada a efeito por Siegener, é parente daquele que cerca de um século depois seria o criador das bombas voadoras V-1 e V-2", ibidem, p. 189) Siegener verstarb kurz darauf an den Folgen des Unglücks, er war erst 1826 nach Brasilien gekommen und in das 3° Regimento.de Granadeiros eingetreten, nachdem er während der Befreiungskriege in der deutsch-englischen Legion gedient hatte.

Jr. Rio, wo es ihm gelang, die von seinem Vater entwickelten Rotationsraketen an die Regierung zu verkaufen.[23] Mit Stand 6. September 1850 bestand die brasilianische Artillerie aus einem Regiment reitender Artillerie, 4 Fußartillerie Bataillonen und einer Batterie, die mit Congreve-Raketen ausgerüstet war, diese Raketen besaßen eine Reichweite von 700 braças.[24] Der erste Einsatz dieser Batterie erfolgte durch das brasilianische Heer unter dem Conde de Caxias im September 1851 bei den Kämpfen gegen General Oribe und den argentinischen Diktator Rosas um Uruguay.[25] Die Raketenbatterie bestand in diesem Jahr aus 160 Mann unter Capitan Antonio José do Amaral und verfügte über 4 Raketengeschütze mit Abfeuerungsröhren.[26]

1852 unterstützte Brasilien den argentinischen General Justo José de Urquiza in seinem Kampf gegen den Diktator Rosas mit einer Division, geführt von dem Brigadier Manuel Marques de Souza, die aus 6 Infanteriebataillonen, 1 Kavallerieregiment sowie einem Artillerieregiment mit 12 Geschützen und einer Raketenartilleriebatterie bestand; letztere umfaßte 160 Mann und 3 Raketengeschütze.[27] In der Schlacht von Caseros am 3. Februar 1852 war die Artillerie unter Coronel Pián, einschließlich der Raketenbatterie unter Major Joaquim José Gonçálvez Fontes,[28] am linken Flügel der alliierten Armee, fast gegenüber Caseros, eingesetzt. Gegen 8 Uhr morgens begann der Feuerkampf der Artillerie, der jedoch keine große Wirkung zeitigte.[29] Auch wenn über die Wirkung des Raketeneinsatzes nicht näheres bekannt ist, so war dies wohl die erste Schlacht in Amerika, in der sich auf beiden Seiten Raketeneinheiten gegenüberstanden. Unter dem von de Souza erbeuteten Gerät befanden sich neben 34 Kanonen auch 2 der argentinischen Raketengeschütze.[30] An diesem Krieg nahm auch Capitão Eduardo Siber im Rahmen eines aus Preußen gebildeten Regimentes teil, dieser schrieb in seinen Erinnerungen „O Sr. Wenelt, da Silésia, vendeu ao Governo brasileiro, por um dinheiro enorme, o segreto dos péssimos foguetes à Congreve."[31]

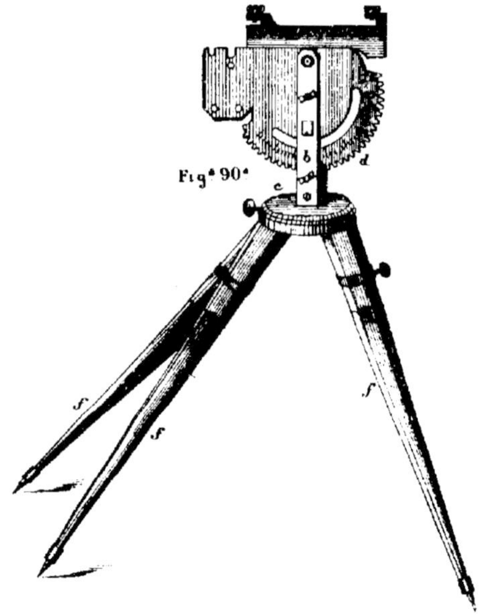

Raketengeschütz für „österreichische" Seitenstabraketen (Zeichnung: A.F. Duarte)

Aufgrund der Erfahrungen aus diesem Krieg wurde 1852 das Laboratório Pyrotechnico do Campinho eingerichtet um vom Ausland unabhängiger zu werden und in eingeschränkter Menge selbst Raketen herstellen zu können.[32] In diesem Jahr hatte der bayerische Oberfeuerwerker, Major Grundherr, der brasilianischen Regierung das "Geheimnis" der von ihm entwickelten Friktionszündröhrchen angeboten, ihre Herstellung und die Fertigung der Raketen wurde in Campinho zunächst durch den Ingenieur Rudolph Wachneldt, der durch Grundherr eingewiesen worden war, geleitet. Dieser war durch Brasilien angestellt worden, „para montar uma oficina de fabricar foguetes Congrève". Erste Versuche erbrachten ein gutes Einhalten der Richtung sowie eine befriedigende Reichweite.[33] Seine Arbeiten wurden nach seiner Entlassung am 10. Dezember 1852 durch den tenente de engenheiros Dr. Francisco Carlos da Luz fortgeführt, der als Feuerwerksmeister André Kolbe zusammen mit weiteren deutschen Handwerkern einstellte. Die Anzahl der verfertigten Raketen blieb aber zunächst noch niedrig, ein Teil der Produktion wurde auch für Versuche benötigt, um die Qualität der Raketen zu verbessern. Versucht wurde auch, größere Raketen herzustellen, der Aufwand bei der Herstellung überwog aber ihren Nutzen, die Abfeuerungsgestelle waren unhandlich und die Flugbahnen dieser Raketen unregelmäßig, überdies kam es zu zahlreichen Unfällen; daher wurden diese Versuche dann eingestellt.[34]

---

23) Winter, rocketry, p. 162

24) Lima Figueirêdo, Brasil Militar, Rio de Janeiro 1944, p. 61, die Reichweite entspricht etwa 1.500 Metern, die Bemerkung „Raketen à la Congreve" könnte auch auf die Raketen Hales bezogen sein, nach: A. Fausto de Souza, Manual das Munições e Artificios de Guerra, Rio de Janeiro 1878, p. 95, wurden Hales Raketen 1852 eingeführt und im Feldzug gegen Rosas wie später gegen Paraguay eingesetzt. Die ersten wurden noch in Europa gekauft, später wurden sie in Campinho selbst hergestellt. Fausto gab aber an, daß ihr Nutzen aufgrund der geringen Reichweite erheblich geringer gewesen wäre, als jener der Achsenstabraketen: "Daquellas o effeito foi quasi nullo, porquanto, além de darem pequeno alcance, muitos delles arrebentarao na estativa; destes o resultado foi sempre inferior ao que se obtinha com os de cauda central . . ."

25) Beverina, Caseros, a.a.O., p. 138, sowie: C. M. Bento, a.a.O., p. 190

26) Winter, rocketry, a.a.O., p. 162

27) G. Barroso, Historia militar do Brasil, São Paulo 1935, p. 192; Engelhard, a.a.O. p., 217, und Marti Garro, a.a.O., p. 512 gaben 4 Abfeuerungsgestelle an

28) Kirbus, a.a.O., p. 95, und: L. dos Santos Titára, a.a.O., p. 161, sowie: J. M. Sarobe, El General Urquiza, La campaña de Caseros, Buenos Aires 1941, p. 472

29) Engelhardt, a.a.O., pp. 217

30) Barroso, a.a.O., p. 197; im Boletin N° 26 der siegreichen Armee vom 12. Februar 1852 wurde auch der Anteil der Raketen am Sieg gewürdigt: „Tres mil tiros de cañon disparados por ciento seis piezas, arrojando bombas, granadas, bala rasa, metralla y fuegos á la Congreve, han dado estrépito á la caída del tirano, . . ." (zitiert nach: Sarobe, a.a.O., Vol. II., p. 288). Bei: Beverina, Caseros, a.a.O., p. 139, wurde jedoch einschränkend festgestellt: „En la batalla de Caseros . . . fueron empleados los cohetes á la Congrève, con resultados más bien morales que materiales."

31) Bento, a.a.O., p. 190, es wurde jedoch nicht angegeben, um welchen Raketentyp es sich hierbei gehandelt haben könnte, da später auch von einem „preußischen System" gesprochen wird, könnte es sich hier um die preußischen Seitenstabraketen, wie sie 1849 gegen Dänemark eingesetzt wurden, gehandelt haben. Möglicherweise war Wenelt ein ehemaliger Feuerwerker-Unteroffizier.

32) Aviso de 23 de Abril de 1852 - Declara que o Forte da Campinho, onde se acha o Laboratorio Pyrotechnico, fica pertencendo ao Arsenal de Guerra; aus einer Mitteilung des Ministério do Exército, Diretoria de assuntos culturais vom 16.05.1997, geht hervor, daß das Laboratorium bereits 1851 im Fort Campinho (errichtet 1822 zur Verteidigung Rio de Janeiros) begründet wurde. Die Vorbereitungen zur Fertigung von Kriegsraketen und Zündern wurden 1851 begonnen (AHER, Ministerio dos Negocios da Guerra, Rio de Janeiro, 17.10.1851: „ . . . se estabeleado no Campinho officinas para fabrico de foguetes a congreve e espoletas . . .")

33) ibidem, sowie: F. de Paula e A. Pondé, O Laboratório Pirotécnico de Campinho, in: Revista do Exército Bras., 1988, p. 89; Pondé gab den Namen als „Rudolfh Walckneldt" an, in: o. Verf., Relatório do Ministério da Guerra de 1852, hieß es ausführlich: „Movido por este principio, quando via o Imperio ameaçado por huma guerra externa, fiz contratar na Allemanha o Engenheiro Rodolfo Wachneldt, que com alguns operarios montárão as officinas do Forte do Campinho. Já alguns fusées de guerra de tem alli feito, que segundo a opinião dos Generaes Francisco José de Sousa Soares d'Andréa, e João Paulo dos Santos Barreto tem boa direcção e alcance" Wachneldt hatte sich im Juli 1851 um eine Anstellung beworben und sich erboten, eine neue Friktionszündung (nova inventas espoletas para bombas e granadas) für 1.600 Thaler zu liefern. (AHER, Secretaria d'Estados Rio de Janeiro, 13.07.1851, sowie AHER, Ministerio dos Negocios da Guerra vom 25.09.1851, in letzterem Schreiben hieß es, „que offerece o Engenheiro Rudolph Wachneldt sobre Artilharia de ultima invenção em Berlin." Möglicherweise war also W. über die beginnende Entwicklung der preußischen Rotationsraketen informiert.). Im bayerischen Kriegsarchiv finden sich hierzu keine Belege, für 1852 liegen nur Unterlagen vor, nach denen Mitteilungen zu einer Maschine zum Pressen von Bleikugeln und zur Fertigung von Zündhütchen gemacht worden sind. (Schreiben BHS-KA vom 08.07.1997) Zu den ersten Versuchen liegt leider nur ein zusammenfassender Bericht ohne Einzelergebnisse vor; hiernach betrug die Seitenabweichung der Raketen 6 braças bei einer Schußentfernung von 400 braças, zur Percussionskraft wurde festgestellt, daß Holz mit einer Stärke von 6 palmas durchschlagen worden wäre, die Abfeuerungsgestelle -estativas -erlaubten das Richten nach der Seite und Höhe; verfügbar wären Raketen mit Bomben, Kartätschen sowie Brandraketen, die in Campinho verfertigten Raketen besaßen einen Achsenstab, wobei hier der Begriff „tangencial" benutzt wurde, es könnte sich also um Raketen gehandelt haben, die den frühen preußischen Rotationsraketen ähnelten. (AHER, Instrucção para as esperiencas dos Foguette de Guerra vom 27.09.1852)

34) Winter, rocketry, a.a.O., p. 163, sowie: o. Verf., Relatório do Minitério da Guerra de

1857 entsandte das Kriegsministerium eine Kommission nach Europa, um sich über die Neuerungen im Kriegswesen zu informieren. Die Kommission bestand aus dem Major Francisco Primo de Souza Aguiar und dem Tenente 1° im Generalstab Ayres Antonio de Moraes Ancora und besuchte zunächst Belgien, wo sie auch Waffen kaufte, Frankreich, Preußen, Österreich und zuletzt 1860 auch Bayern. Ein Schwerpunkt sollte die Besichtigung von Pulverfabriken und pyrotechnischen Anstalten sein, auch, um sich über die Fertigung von Kriegsraketen zu informieren. Aus Geheimhaltungsgründen lehnte aber die bayerische Regierung, ebenso wie zuvor die preußische, diesen letzteren Wunsch ab. Ob in Österreich der Wunsch, das Exercieren einer Raketenbatterie beobachten zu dürfen, genehmigt wurde, konnte nicht festgestellt werden.[35)]

1864, im Krieg gegen Uruguay, wurden bei der Blockade Montevideos von der brasilianischen Marine auch Raketen eingesetzt. Bei den Landungstruppen, die nach dem Fall von Salto von Admiral Tamandaré bei Arroyo Sacra Ende November gelandet wurden, um mit General Flores gegen die Citadelle von Paisandú zu operieren, war zur Unterstützung der Heerestruppen und der Marineinfanterie auch ein Raketengeschütz unter dem Kommando von 2° Tenente Pestana gelandet worden.[36)] Zu dieser Zeit sind neben britischen Hale-Raketen auch „österreichische" Raketen mit den entsprechenden Abfeuerungsgestellen im Einsatz gewesen. Neben Grundherr und Wachneldt hat möglicherweise auch der ungarische Pyrotechniker Lukaszy eine Vermittlerrolle gespielt, denn nach dessen Angaben wurden in München Abfeuerungsgestelle für die kaiserlich brasilianische Armee hergestellt.[37)] Hierbei kann es sich aber nur um Muster gehandelt haben, da die Abfeuerungsgestelle spätestens ab 1855 auch im Arsenal von Campinho für Heer und Marine hergestellt wurden. Für die „österreichischen" Raketen entsprachen die Abfeuerungsgestelle denen, die Lukaszy in Bayern und in der Schweiz eingeführt hatte.[38)] Auch nach der Einführung gezogener Geschütze blieben die Raketen bei der Artillerie im Gebrauch, die nunmehr auch im Arsenal von Ponta da Areia bei Nicteroy unter Leitung des Marineingenieurs Baptista verfertigt wurden.[39)] Hergestellt wurden Seitenstabraketen nach dem österreichischem System, Achsenstabraketen nach britischem System und Hale'sche Raketen.[40)]

Im Krieg gegen Paraguay scheinen durch Brasilien die Raketen recht häufig eingesetzt worden zu sein.[41)] Es liegen jedoch nur wenig genauere Nachrichten hierüber vor. Umstritten ist ihr Einsatz bei der Belagerung Saltos 1864, von der ein Reisender schrieb:

„Salto was blockaded by the Brazilian Commodore, Joaquim José Pinto, with four gunboats, besides the steamer Gualeguay carrying the Oriental flag. The garrison burnt the steamer Villa del Salto, in order to prevent her falling into the hands of the invaders; and accuse the latter,- I know not with what truth - of firing into the utterly defenceless town large guns and congreve rockets."[42)]

Zumindest am 1. April 1865 waren einige Raketengeschütze Bestandteil der IX. Brigade, die für Landungsoperationen im Rahmen der Blockade des Rio Paraguay auf der kaiserlichen Flotte eingeschifft worden waren.[43)] Erstmals belegt ist der Einsatz einer Raketenbatterie bei der Belagerung von Uruguayana, wo sie mit ihren 4 Raketengeschützen neben 40 anderen Geschützen Bestandteil der Belagerungsartillerie unter Capitão Gama Lobo d'Eça war, sie kam aber nicht zum Einsatz, da die Besatzung der Stadt unter General Estigarribia am 18. September 1865, kurz bevor Kaiser Pedro II. den Befehl zum Beginn der Beschießung erteilen wollte, kapitulierte.[44)] Um die feindlichen, bewaffneten Boote auf dem Rio Uruguay zu bekämpfen, bildete D. Canabarro eine Flottille aus dem kleinen bewaffneten Dampfer *Uruguai* und den Booten *S. João* und *Garibaldi*, wobei die Boote mit Raketen bewaffnet wurden, der Einsatz unter dem Kommando des Tenente Floriano Peixoto scheint erfolgreich gewesen zu sein.[45)] Nach einem Torpedoeinsatz Paraguays gegen die Flotte, die Curupayty beschoß, im Juni 1866, zog sich diese zurück, wobei die Schiffe im Abdrehen noch einige Raketen abfeuerten.[46)] Ein weiterer Einsatz ist nachgewiesen bei einer durch die Flotte gedeckten Landungsoperation, um die Insel Reención im Rio Parana zu besetzen.[47)] Im Gefecht um den Boquerón am 16. Juli nach der Schlacht von Yatayty Corá wurde die Raketenbatterie des Capitán Santiago in Reserve gehalten, es kam zu keinem Einsatz.[48)]

1853, p. 14 (Arsenaes): „Como dependencias do Arsenal de Guerra da côrte existem os estabelecimentos do Campinho, da Conceição, e dos dous laboratorios pyrotechnicos. No primeiro se preparão fusées de guerra, e as espoletas para as armas de fogo portateis. A efficacia dos foguetes de Congrève, principalmente contra massas de cavallaria, a falta de estradas por onde possa ser conduzida a artilharia de campanha, e mesmo de montanha, aconselhárão o fabrico daquella arma. Alguns centos se tem já feito, e depois da paz apenas se fazem os necessarios para exercicios. e por experiencias continuadas procura-se melhorar sua qualidade." Zu den Versuchen mit schwereren Raketen: A. Fausto, a.a.O., p. 86

35) AHER, Schreiben an die Botschaften in London (11.02.1857), Preußen (23.02.1857), Belgien (10.08.1857), Paris (10.08.1857) und Österreich (24.11.1857), zum Waffeneinkauf in Belgien: AHER, Ministerio dos Negocios da Guerra vom 13.08.1857, zum vergeblichen Versuch in Preußen und Österreich die pyrotechnischen Anstalten zu besuchen: AHER, Schreiben der Commission, Paris, 06.09.1857, zum Antrag, eine österreichische Raketenbatterie zu besuchen: Schreiben der Commission, Hamburg, 3. März 1859; zu Bayern: BHS-KA, A VI 6b Bd. 24, Schreiben bayerisches Kriegsministerium an den bayerischen König vom 30. April 1860, aus diesem Wunsche läßt sich aber ableiten, daß bereits vorher Verbindungen zu Bayern, und sei es inoffiziell, bestanden haben werden.

36) Barroso, a.a.O., p. 206

37) LSH, 22 III Eb Nr. 8, Schreiben Lukaszys vom 15. November 1850, hiernach wurden in München 8 Abfeuerungsgestelle für Brasilien hergestellt. Dies mag aber auch auf Veranlassung von Grundherr geschehen sein. Es ist auch denkbar, daß L. nach seinem vergeblichen Versuch, in Metz Fuß zu fassen, aufgrund seiner früheren Geschäftsverbindungen nach Brasilien übergesiedelt ist, um dort die „österreichischen" Raketen herzustellen, zumal sein Name in den europäischen Militärzeitschriften nicht mehr erschienen ist.

38) Pondé, a.a.O., p. 89: „Campinho funcionou como estabelecimento de ensaio até 1855 e fabricou depois as munições do armamento portável e os foguetes Congrève e suas estativas... No período da Guerra da Triplice Aliança fabricou, não só para o Exército como para a Marinha.. ."

39) Winter, rocketry, a.a.O., p. 163 (siehe aber auch Anmerkung auf der folgenden Seite zu Nitheroy); sowie: Pondé, a.a.O., p. 91: „Para aumentar a produção de foguetes em Campinho, o Ministro Felisberto de Souza e Melo determinou as seu Sonselho Administrativo, em junho de 1853, contratasse com o proprietário da Fundição da Ponta de Areia, Irineu Evangelista de Souza (futuro Visconde de Mauá): 'o ajuste dos materialis constantes por cópia inclusa que devem ser fundidos ali para o Laboratório de Campinho, assim como comunico a V. Excia. para seu conhecimento e execução, prevenindo-o de que se tiver de executar este ajuste deverá ouvrir a respeito o 1° Tenente de Engenharia Francisco Carlos da Luz, encarregado do Laboratório . . . " Angefertigt werden sollten: „foguetes conforme os modelos a 130 rs, a libra, seis parafusos a 2$ cada um, por aplainar a forma 6rs, a polegada quadrada, granadas e fundos para foguetes de ferro fundido a 320rs, a libra . . ."

40) Pondé, a.a.O., p. 90

41) Nach: A. Fausto, a.a.O., p. 87, wurden in diesem Krieg vor allem Seitenstab-Raketen, also „foguetes austriacos" eingesetzt, da ihre Reichweite nicht befriedigte, führte Brasilien 1867 Achsenstab-Raketen ein (ibidem, p. 90): „e no Brasil sendo intróduzidos em fins de 1867, durante a campanha do Paraguay, tão superiores se mostrarão aos de cauda lateral, que forão exclusivamente adoptados dessa época em diante."

42) R. F. Burton, Letters from the Battle-Fields of Paraguay, London 1870, p. 219

43) J. Beverina, La Guerra del Paraguay, primer tomo, Buenos Aires 1921, p. 219 f.

44) L. Schneider, Der Krieg der Tripel - Allianz gegen die Regierung der Republik Paraguay, Bd. I, Berlin 1872, S. 174, bei seiner Schilderung der Gliederung und Ausrüstung der eingesetzten Armeen erwähnte Schneider die Raketen nicht.

45) Estado-Major do Exército (edit), História do Exército Brasileiro, Brasília 1972, p. 616: „Comando, designou a executar uma missão típica de marinheiro, muito sucesso: em sua primeira atuação, a esquadrilha provocou diversos problemas às colunas invasoras, ao por a pique as canoas que faziam sua ligação."

46) J. E. O'Leary, Historia de la Guerra de la Triple Alianza, Asunción 1992, p. 187: „El Almirante perdió sus bríos ante sus colosales explosiones . . . bastando para alejarle algunos cohetes a la congrève. . ."

47) Beverina, Caseros, a.a.O., p. 290; in: o. Verf., Der maritime Theil des Krieges der Tripel-Allianz gegen den Präsidenten und Diktator der Republik von Paraguay Lopez, in: Marine-Verordnungs-Blatt 1877, Beiheft 20, p. 27 - 41, ist keiner der Raketeneinsätze der brasilianischen Marine erwähnt. Das gleiche gilt für: E. A. M. Laing, Naval Operations in the War of the Triple Alliance 1864-70, in: Mariner's Mirror, 1968 Vol. 54, No. 3, p. 253 - 279, vgl.: Beverina, Paraguay, tercer tomo, a.a.O., p. 449, die Landung erfolgte am 6. April 1866, die Raketenbatterie unter Teniente 2° de Luné trat aber nicht in Aktion, weil die Truppen zu schnell vorstießen.

48) J. Beverina, Paraguay, a.a.O., sexto tomo, p. 88

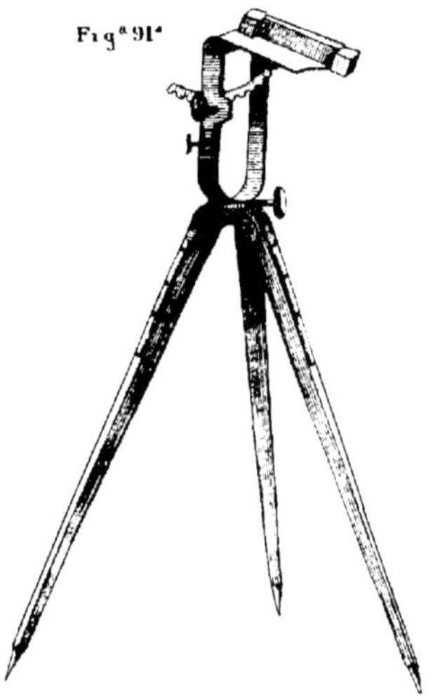

Abfeuerungsstativ für Achsenstabraketen (Zeichnung: A.F. Duarte)

Zumindest einmal wurden Raketen auch durch die Flotte eingesetzt. Im folgenden Kampf um Sauce am 18. Juli waren in den Stellungen des Brigadier Monteiro mit 11 Bataillonen 3 Raketengeschütze eingesetzt.[49] Beim Angriff auf Curupayti am 22. September 1866 näherten sich die *Bahia*, die *Lima Barros* und *Brazil* unter dem Kommando von Admiral Vizconde de Tamandaré den Befestigungen:

„. . . para quebrar su resistencia con un intenso bombardeo de sus cañones y cohetes. El fuego se inició ese día a las 7 de la mañana . . .“[50]

Aufgrund des Geländes, das eine genaue Beobachtung der Lage des Feuers nicht zuließ, scheint die Beschießung jedoch wenig erfolgreich gewesen zu sein. Gleichzeitig wurden hierbei auch Raketen durch das Landheer eingesetzt, das zunächst über 4 Raketenwerfer „del cuerpo provisional de artilleria a caballo" verfügte.[51] Erwähnt wurde ihr Einsatz zur Unterstützung des neu gebildeten III. Corps im Juli 1867; als dieses von Itati bei Passo da Patria übersetzen soll, um die Truppen Paraguays zu umgehen, gehörten zur Avantgarde mit 3 Divisionen unter General Baron Herval neben 4 Geschützen auch 4 Raketenstative. Über einen Einsatz der Raketen bis zum Beziehen des Lagers von Tuyucué am 30. Juli liegen aber keine Nachrichten vor. Für Achsenstabraketen war 1867 ein neues zweiteiliges Abfeuerungsgestell aus Eisen eingeführt worden, das von einem Mann getragen werden konnte, am Vorderteil des Rohres war ein hölzerner kleiner Kasten aufgeschoben, mit dem die Erhöhung eingestellt werden konnte.[52] Die Raketenbatterie war in diesem Krieg Bestandteil des 1. Artillerieregiments zu Pferd im III. Corps und verfügte hauptsächlich über „österreichische" Abfeuerungsgestelle, daneben aber auch über britische für Hale'sche Raketen; 1867 wurde sie von Capitão Jorge Diniz Santiago geführt und besaß im Dezember nach einer Stärkemeldung 2 österreichische 24pfündige Abfeuerungsstative und 4 englische, davon 2 für 2½zöllige und 2 für 2zöllige Raketen.[53] Im II. Corps verfügte das provisorische reitende Artillerieregiment über eine Raketeneinheit unter Major Joaquim Gonçalves Fontes, für diese wurden als Waffen angegeben „4 Raketen-Stative nach preußischem System" und zwei 2½zöllige Stative nach argentinischem System.[54] Zusätzlich verfügte dies Corps beim 3. Fußartilleriebataillon unter Oberstlieutenant Pedro Francisco Nolasco Perreira da Cunha über ein 2½zölliges und ein 2zölliges Raketengestell nach österreichischem Muster.[55] In den Kämpfen um Humaitá wurden die Raketenbatterien eingesetzt, so unterstützte eine Batterie mit 4 Raketengeschützen einen Angriff im Verband des 1. Artillerieregimentes zu Pferd.[56] Auch für die Schlacht am Rio Pikysyry Ende Dezember 1868 setzte Marschall Caxias, der selbst die nördliche Angriffsstreitmacht führte, neben seiner Rohrartillerie auch Raketen zur Beschießung der paraguayanischen Stellungen ein:

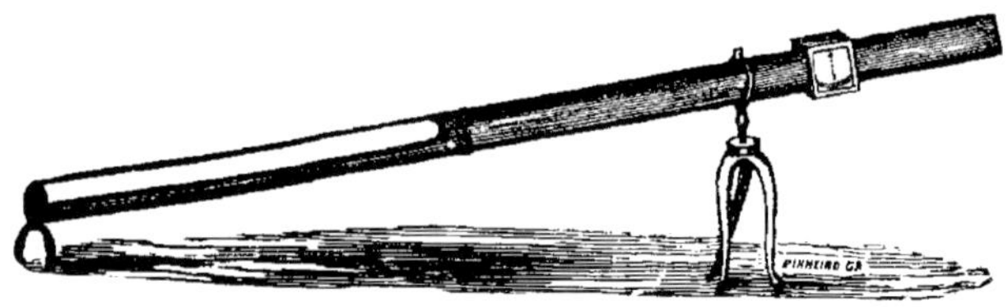

Raketengeschütz für Achsenstabraketen 1867 (Zeichnung: A. Fausto de Souza)

„Auch Raketen wurden bei dieser Beschießung in Anwendung gebracht und richteten schwere Verwüstungen an, bis um Mittag der Sturm auf den drei offenen Seiten des Vierecks erfolgte."[57]

In dieser letzten großen Schlacht wurde das paraguayanische Heer völlig vernichtet und der Krieg entschieden.

Für 1867 wurden in den Bestandslisten 1.262 österreichische und 110 britische Stabraketen aufgeführt. Diese Raketen wurden nur wenig später sowohl nach dem französischen als auch nach dem englischen System hergestellt; es ist davon auszugehen, daß die unten angegebenen Zahlen für ein Kaliber in Zoll sich auf österreichische oder englische Raketen beziehen, während bei den anderen, wie Caliber 18, französische Modelle gemeint sein werden.[58] Die Zahlen für Hales Raketen, „Tangenciais", sind gering, dies mag daran gelegen haben, daß sie aufgrund der geringeren Reichweite und ihrer Neigung, noch im Abfeuerungsrohr zu explodieren, wenig beliebt waren.[59] Sie scheinen nach 1869 nicht mehr hergestellt worden zu sein. Während des Krieges wurde eine beträchtliche Anzahl Raketen verfertigt, an das Heer wurden ausgeliefert:[60]

---

49) ibidem, p. 100

50) Kirbus, a.a.O., p. 95

51) Marti Garro, a.a.O., p. 565; in: D. Borges Fortes, Passo da patria, uma operação anfíbia, in: RIHM, 1952, p. 329 - 344 wurde der Einsatz de Raketen nicht aufgeführt, dagegen stellt V. Gesualdo, La trágica Guerra del Paraguay, in: Historia, Buenos Aires, año XV, No. 60, p. 22, fest: "A la izquierda de la línea formaban los brasileños con seis batallones de infantería y seis de caballería desmontados, con ocho cañones, dos obuses y dos coheteras.", ebenso: Beverina, Paraguay, sexto tomo, p. 220 und anexo XXV, p. 579 (Parte del comandante de la artillería brasileña [Traduccion]: „A las 8 de la mañana marché con el cuerpo de mi mando y el battalón No. 4 de artillería a pie, aquél con ocho piezas rayadas y cuatro coheteras . . ."
vgl. Fragoso, a.a.O., Vol. III, p. 131, beim Gros des Heeres befanden sich weitere 4 Raketenstative (ibidem, p. 227)

52) A. F, de Souza, Manual das Municoes e Artificios de Guerra, Rio de Janeiro 1874, p. 92

53) J. V. Portella F. Alves, Seis séculos de artilharia, bibliotéca do exército 1959, p. 373, Capitão Diniz Santiago gehörte eigentlich zum 5. Fuß-Artilleriebataillon

54) L. Schneider, a.a.O., Band II, Berlin 1873, Anhang S. 109; mit „argentinischem System" dürften britische Congreve-Raketen gemeint sein, die Bezeichnung deutet darauf hin, daß diese „Raketengeschütze" wohl zur Beute der Schlacht von Caseros gehört haben; die Angabe „nach preußischem System" muß sich auf das von Wenelt verkaufte „Geheimnis" beziehen. (auch in einem Schreiben des Ministério do Exército, Secretaria Geral do Exército, Diretoria de Assuntos culturais an den Verfasser vom 27.05.1997 wird für 1867 von einem preußischen System gesprochen) Damit scheinen aber Hales Raketen von der Artillerie nicht eingesetzt worden zu sein, möglicherweise wurden diese nur von der Marine genutzt.

55) ibidem. Diese gemischte Einheit der Batterie Mallet wurde von 1° Tenente Francisco Teixeira Peixoto de Abreu e Lima geführt (Portella F. Alves, a.a.O., p. 374)

56) Barroso, a.a.O., p. 303; Portella F. Alves, a.a.O., p. 374, nannte hier nur eine Batterie mit „foguetes a Congrève", die zum 1. Regiment der reitenden Artillerie gehörte und am 22. November 1867 das preußische Artillerie Corps (Baron de Lemmert) unterstützte.

57) o. Verf., Vom Süd-Amerikanischen Kriegsschauplatz., in: MilBl., 1870 Bd. XXII, S. 415

58) A. Fausto, a.a.O., p. 87, nannte keine Raketen des Kalibers 18, er führte nur Raketen der Kaliber 54 und 68 mm an, die den 2 und 2½zölligen entsprachen, die mit den Kalibern 6 und 12 korrespondierten

59) A. Fausto, a.a.O., p. 96 f.: „Nesta estativa dá-se frequentemente o caso de ficar pêrra a charmeira da valuta com o aquecimento de alguns tiros, e depois não podendo funccionar livremente como deve, origina-se dahi a explosão do foguete dentro de tubo, ficando este destruido e ferido o pessoal que lhe está proximo."

60) Relatório da Guerra de 1870, Relação do armamento, equipamento e munições de guerra remettidos para o nosso Exercito desde o principio da guerra esta data, p. 3; in einer weiteren Übersicht (Mappa das munic e artificios de guerra confeccionados e remettidos pelo Laboratorio Pyrotechnico do Campinho em o anno de 1869) wurde die Produktion des Jahres 1869 durch das Laboratorio Pyrotechnico do Campinho aufgeschlüsselt, danach gab es 2- und 2½zöllige Seitenstabraketen sowie 2½zöllige Achsenstabraketen. Die Zahlenangaben der beiden Übersichten für 1869 stimmen jedoch nicht überein, was auf die Produktion von Ponta de Areia schließen läßt, so wurden 1869 zwar 200 zweizöllige ausgeliefert, aber nur 10 in Campinho verfertigt, dagegen scheinen die Hale'schen Raketen (tangenciaes) ausschließlich in Campinho hergestellt worden zu sein. 1869 wurden in Campinho insgesamt verfertigt: 110 Seitenstabrake-

Foguetes	1865	1866	1867	1868	1869	1870	Somma
De guerra	819	606	-	-	100	-	1.025
De dito de 2 pollegadas	300	821	499	150	200	-	1.961
De dito de 2½ ditas	300	1.060	810	150	1.365	630	2.450
De dito de 3½ ditas	120	78	-	-	-	-	198
De dito de calibre 18	-	1.813	-	-	-	-	1.813
De dito de calibre 24	-	1.218	-	-	-	-	1.218
De dito de calibre 32	-	162	-	-	-	-	162
Tangenciaes (de guerra)	-	-	160	-	10	-	170

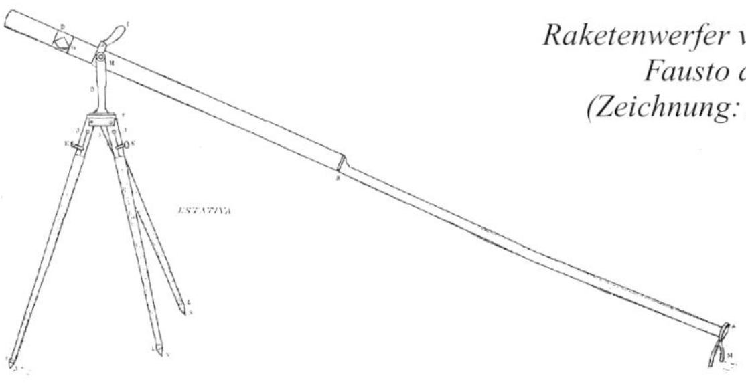

Raketenwerfer von Cap. Fausto de Souza (Zeichnung: Amaral)

An „Raketengeschützen" waren zu diesem Zeitpunkt nach demselben Bericht vorhanden:

Estativas para foguetes de 2 polegadas 35
Ditas, idem de 2½ polegadas 4
Estativas 6

Damit dürfte Brasilien der einzige Staat gewesen sein, in dem alle drei gebräuchlichen Raketensysteme nebeneinander von der Armee gleichzeitig genutzt wurden.

Nach dem Krieg wurde weiterhin an der Verbesserung der Raketen gearbeitet, dabei konstruierte 1872 der Direktor des Laboratoriums, Capitão Augusto Fausto de Souza, einen neuen Raketenwerfer für Achsenstabraketen.

Noch 1877 gehörten die Raketen zur Ausstattung der Marine,[61] es handelte sich um Achsenstabraketen, ihre Bodenplatte war mit 6 Gasaustrittsöffnungen versehen, aus der Zeichnung ergibt sich, daß Brasilien hier Raketen mit der typischen österreichischen Stufenbohrung verwendete, sie jedoch so modifiziert hatte, daß sie mit einem Achsenstab verwendet werden konnten; auch Hales Raketen scheinen hier noch verwendet worden sein, in einem Handbuch der Marine wurde jedoch zu ihnen vermerkt, daß die Schießergebnisse mit ihnen nicht zufriedenstellend wären. Noch 1878 wurden Raketen in Campinho in dessen 1. Division im officina A4 hergestellt[62] und noch 1879 wurde die Anwendung der Raketen in einem Lehrbuch beschrieben,[63] hierbei wurden jedoch nur Achsenstabraketen und nicht mehr Hales Raketen angeführt. Es handelte sich um Raketen mit einem Kaliber von 6,8 cm, deren Hülsen 45 cm lang waren und welche ohne Stab 4,9 und mit Stab 6,9 kg wogen. Verschossen wurden sie aus einem Abfeuerungsrohr mit einer Länge von 1,9 m, das auf einem Stativ befestigt war, wobei an das Rohr die Stabrinne befestigt war, die ebenfalls eine Länge von 1,9 m aufwies.[64] Ein Raketenstativ wurde von 4 Mann bedient. In dem Lehrbuch war jedoch keine Schußtafel enthalten, dafür machte Amaral Angaben zur Längen- und Seitenabweichung und zur

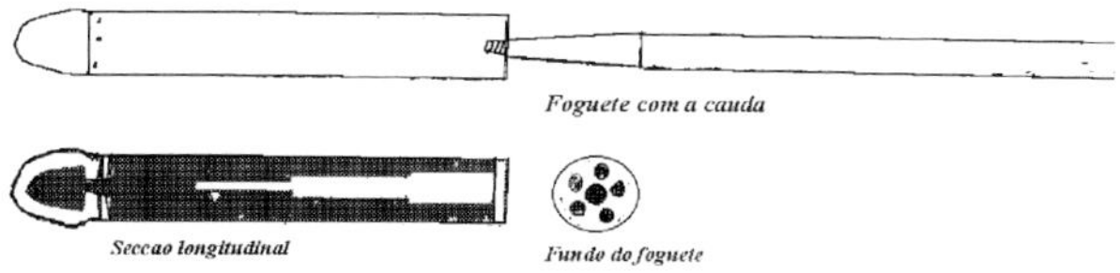

brasilianische Achsenstabrakete (Zeichnung: Amaral)

Streuung der eingeführten Raketen, wobei er einschränkte, daß diese Angaben nur für gut gefertigte Raketen gelte: die Längenabweichung sollte hiernach proportional mit der Schußentfernung zunehmen, wobei sie etwa 9/1000 dieser Entfernung entsprach, während die Seitenstreuung etwa das 5½fache der jeweiligen Abweichung betrug. Die Längenabweichung soll danach proportional der Quadratwurzel der Entfernung entsprochen haben, während die Längenstreuung das 4fache der Längenabweichung betrug. Zugleich gab Amaral Hinweise zum Einsatz der Raketen gegen die unterschiedlichen Zielarten, wobei er stets wie zuvor Congreve darauf hinwies, daß sie in größeren Mengen und in schneller Folge abgeschossen werden müßten:

„4.° Póde-se ter uma serie de tiros successivos e rapidos.
6.° Finalmente, permitte que se concentre em um ponto dado uma massa de fogos tão grande quanto se queira, o que é consequencia das vantagens anteriores."[65]

Verwendet werden sollten hiernach Raketen:

„Os foguetes empregan-se.
1° Como projectil incendiaro.
2° Na guerra de montanha para substituir as bocas de fogo, onde não possam estas ser transportadas.
3° Nas passagens dos rios.
4° n'uma vanguarda em marchas rapidas.
5° Para reforçar uma linha de atiradores.
6° Contra os quadrados de infanteria, para destruir sua consistencia.
7° Contra as cargas de cavallaria para, assustando os cavallos, desordenal-os.
8° Contra a artilharia para incendiar os carros e cofres de munições.
9° Finalmente para signaes e noticias em uma praça sitiada: e para esclarecer á noite o campo, onde estiver o inimigo, sorprendendo-o nos seus movimentos e trabalhos."[66]

Anschließend gab er Hinweise zum Richten der Raketen gegen die unterschiedlichen Ziele, dabei sah er auch, insbesondere gegen Infanterie-Carrés, das Abfeuern der Raketen vom Boden, also ohne Stativ, als zweckmäßig an.

Grundsatz des Einsatzes sollte jedoch immer sein:

„Para que os foguetes sejam de vigoroso effeito, o maior que fôr possivel, devem ser empregados em grande quantidade, e contra massas de tropas."[67]

Ebenso hob Fausto de Souza in seinem Handbuch in diesem Jahr noch die leichte Transportierbarkeit der Raketen hervor, die auch ohne Abfeuerungsgestell an für Geschütze unzugänglichen Orten eingesetzt werden könnten, sowie den geringeren Personalbedarf für ihren Einsatz. Er ordnete sie aufgrund ihrer Reichweite und Wirkung zwischen den Waffen der Infanterie und denen der Artillerie ein.[68]

Aber auch in Brasilien ging die Zeit der Raketen ihrem Ende zu und ab Mitte der achtziger Jahre verschwanden sie langsam aus den Bestandslisten für Munition der Armee.[69]

---

ten (davon 10 zweizöllige und 100 Stück 2½zöllige), 1.375 Stück 2½zöllige Achsenstabraketen und 10 tangenciaes.

61) in: o. Verf., Die Kaiserlich brasilianische Marine, in: Marine-Verordnungs-Blatt 1877, Beiheft 18, S. 3 - 13, sind Raketen als Ausstattung der Marine nicht erwähnt, es wurde nur festgestellt, daß „die große Pulver- und Munitionsfabrik zu Nitheroy in der Provinz Rio de Janeiro, welche erst 1868 in Betrieb gesetzt worden ist" in „zehn großen Werkstätten, die so weit auseinander und von den Pulvervorräthen und Zündmaterialien so weit entfernt liegen, daß eine Explosion immer nur ein Gebäude treffen kann . . . hier Alles fabrizirt, was zur Herstellung der Geschosse gehört." (S. 11)

62) o. Verf., Actos do Poder Executivo, Rio de Janeiro 1878, p. 449 f., Regulamento para o Laboratorio Pyrotechnico do Campinho, Capitulo 1. Do Laboratorio, seus fins e sua organização, p. 458: Capitulo VIII. Das officinas. Art 24. „As officinas da 1.a divisão são especialmente destinadas: A4.a ao fabrico de foguetes de guerra . . ."

63) N. V. dos Santos, Dos Foguetes aos foguetões, in: Revista de Artilharia, 1986, p. 371

64) A. J. Azevedo Amaral, Nomenclatura explicada de artilharia e guia do fogueteiro de guerra, Rio de Janeiro 1879, pp. 65 sowie Anhang

65) Amaral, a.a.O., p. 134

66) ibidem, p. 137

67) ibidem, p. 138

68) A. Fausto, a.a.O., p. 82: „Pelo seo alcance e acção destruidora, os foguetes occupão um termo medio entre os projectis da infantaria e da artilharia . . ."

69) Winter, rocketry, a.a.O., p. 163

c. Republik Chile

Die Unabhängigkeitskriege der südamerikanischen Staaten gegen die spanische Kolonialherrschaft wurden durch Großbritannien teils offen teils verdeckt unterstützt. Zumindest die öffentliche Meinung war auf Seite der Freiheitskämpfer. Lord Cochrane, der seinen Dienst in der Royal Navy hatte quittieren müssen, wurde so 1817 bis 1822 als Viceadmiral Befehlshaber der chilenischen Marine unter dem militärischen Führer und - seit 1818 - Präsidenten, Bernardo O'Higgins. Zu diesem Zeitpunkt waren nur noch Valdivia und Chiloc von Spaniern besetzt, nachdem diese am 5. April 1818 von General San Martin in der Schlacht am Maipó entscheidend geschlagen worden waren.
Nach einem mißglückten Vorstoß auf Callao bot er der chilenischen Regierung an, seine Prisengelder für die Beschaffung von Raketen zur Verfügung zu stellen, dieses wurde aber abgelehnt.[70] Jedoch wurde kurz darauf ein ehemaliger Angestellter und Assistent Congreves in Woolwich, Stephen Goldsack, von der chilenischen Regierung mit der Produktion von 1.000 Raketen beauftragt, dieser war wahrscheinlich mit Lord Cochrane nach Chile gereist.[71] Im Arsenal von Santiago wurde unter seiner Leitung eine Werkstatt zur Herstellung von Raketen eingerichtet; als Arbeiter wurden spanische Kriegsgefangene eingesetzt.[72]
Am 12. September 1819 setzte Cochrane mit der durch britische Unterstützung neu geschaffenen chilenischen Flotte Segel für einen Vorstoß gegen Callao, den Hafen Limas, um die dort liegende spanische Flotte zu bombardieren, er führte von seinem Flaggschiff *O'Higgins*, einer eroberten, ehemals spanischen Fregatte.[73] Vor Callao ließ er am 1. Oktober Flöße ausbringen und auf ihnen Abfeuerungsgestelle für Raketen montieren; ein Boot unternahm an diesem Tag unter Lieutenant-Colonel Charles noch eine Erkundung und erprobte einige Raketen „upon which he reported unfavourably." Am 2. Oktober lief die *Araucano* mit einigen Booten unter Captain Guise in die Bucht von Callao und feuerte einige Raketen ohne ersichtlichen Effekt auf die Stadt. Bei Einbruch der Nacht unternahm Cochrane den Hauptvorstoß. Während die *Galvarino* ein Mörser-Floß schleppte, folgten der *Arraucano* und der *Independencia* Raketen-Flöße.[74] Der Einsatz der Raketen wurde zum Desaster. Cochrane schrieb später:
„Great expectations were formed, as well by myself as the whole squadron, as to the effect to be produced by these destructive missiles, but they were doomed to disappointment, the rockets turning out utterly useless. Some, in consequence of the badness of the solder used, bursting from the expansive force of the charge before they left the raft, and setting fire to others - Captain Hind's raft being blown up from the cause, thus rendering it useless, besides severely burning him and thirteen men: others took a wrong direction in consequence of the stickes not having been formed of proper wood, whilst the greater portion would not ignite at all from a cause which was only discovered when too late. It was stated in the last chapter that the filling of the tubes was, from motives of parsimony, entrusted to Spanish prisoners, who, as we found on examination, had embraced every opportunity of inserting handfulls of sand, sawdust, and even manure, at intervals in the tubes, thus impeding the propus of combustion, whilst in the majority of instances they had so thoroughly mixed the neutralizing matter with the ingredients supplied, that the charge would not ignite at all, the result being complete failure to the object of the expedition."[75]
Auch der Bericht des Vicekönigs von Peru beschrieb diesen Einsatz als völlig erfolglos:
„Los ataques emperazon el 1.o de octubre y continuaron hasta el dia 6 del mismo, siempre infructuosamente: algunos cohetes cayeron abordo de los buques y en la plaza, pero fueron apagados al instante sin haber causado el menor daño en aquellos, ni á la poblacion. La mala direccion é irregularidad que tuvieron, llegó hasta el punto de caer algunos entre los buques que los disparaban. Un resultado tan nulo hizo que los soldados de mar y tierra mirasen con el mas desprecio este ponderado agente destructor, sobre el cual Lord Cochrane habia fundado sus amenazas."[76]
Da die chilenische Regierung Goldsack für die fehlerhaften Raketen verantwortlich machte, war dieser ruiniert.[77] Zu einer weiteren Raketenherstellung oder zu Raketeneinsätzen scheint es in Chile nicht gekommen zu sein.

d. Cuba

Auch auf Cuba scheint es ein kurzes Zwischenspiel mit Raketen gegeben zu haben.
Während der spanischen Versuche, 1895 auf Cuba einen Aufstand niederzuschlagen, hatte eine Rebellengruppe unter Führung von Collazo mit einer Basis in Florida sich mit 500 Raketen aus französischer Produktion versehen und diese nach Cuba mitgeführt. Es handelte sich hierbei um Raketen nach dem System des Capitaine Couspiere, deren Hülsen aus Aluminium gefertigt waren. Sie wurden in einem Zeitungsbericht beschrieben:
„En realidad son verdaderos explosivos arrojadizos. Están formados de tres partes: la cabeza, el cuerpo del cohete y la cola. Las dos primeras son de aluminio para que el arma resulte ligera, si bien el extremo de la cabeza es de hierro endurecido, son peso suficiente para asegurar pa posicion vertical en la caida. El otor extremo está cargado de fulminato de plomo y provisto de una aguja que lo hace explotar al menor contacto, comunicando el fuego á un depósito de dinamita situado en la parte central. Falta ver ahora si la práctica corresponde á la teoria del Capitán Couspiere y á las esperanzas de los insurrectos."[78]

70) Thomas, Earl of Dundonald, Narrative of Services in the Liberation of Chili, Peru, and Brazil from Spanish and Portuguese Domination, London 1859, p. 20

71) ibidem, p. 21: „The manufacture of rockets was now carried on in earnest, under the superintendance of Mr. Goldsack, an eminent engineer, who had been engaged in England for the purpose." Anzahl der zu fertigenden Raketen nach: Ch. Lloyd, Lord Cochrane, London 1947, p. 148

72) M. Bedoya, Diccionario Militar, Lima 1918, p. 338 (Cohete): „por haber encomen dado el gobierno el trabajo, por economía, á los prisioneros españoles internados en Chile"

73) Cochranes Stellvertreter, Admiral Blanco Encalada, hatte die spanische Fregatte *Maria Isabel*, 50 Kanonen, 1817 für Chile erobert

74) Dundonald, a.a.O., pp. 23

75) ibidem, p. 25

76) Relacion del Virey del Perú al Ministro de la Guerra 1819, zitiert nach: Marques de Viluma, Noticia sobre el origen, progresos y estado actual de los Cohetes de Guerra, Madrid 1833, p. 47 [einige Raketen fielen an Bord der Schiffe oder auf die Plätze, konnten aber gelöscht werden, ohne Schaden für die Bevölkerung angerichtet zu haben. Die schlechte Richtung und die Unregelmäßigkeit, die sie zeigten, bewirkten, daß einige zu den Schiffen, von denen sie abgefeuert waren, zurückflogen. Ein nicht gewolltes Resultat war, daß Matrosen und Soldaten nur mit größter Verachtung von dieser vernichtenden Waffe sprachen. Cochranes vorherige Drohungen erwiesen sich als wirkungslos.] Bei: Bedoya, a.a.O., p. 338, wurde jedoch ergänzend festgestellt: „sinembargo, los pocos que dieron al blanco, causaron pertubación en los buques españoles y baterías."; Lord Ellenborough, The Guilt of Lord Cochrane, London 1914, p. 204, nannte ebenso wie Dundonald den 2. Oktober als Tag des Angriffes.

77) Dundonald, a.a.O., p. 27: „The failure of the rockets was very unfairly attributed by the Chilian Government to Mr. Goldsack, whereas the fault lay in itself for having neither him supplied with proper workmen nor materials. From the scarcity and high price of spelter, he had also been compelled to make use of an inferior solder for the tubes, and thus the saving of a few hundred dollars frustrated the success of a great object. The consequence to poor Goldsack was utter ruin . . ." Lord Ellenborough, a.a.O., p. 204, hielt dem entgegen: „As regards the rockets that had failed to act, their manufacture had been left entirely in the hands of the mechanics, who had come to Chili for the purpose of making them. The Government had no responsibility whatever with the rockets, except that of finding the enormous sums of money that they had cost."

78) Heraldo de Madrid, Núm. 1.797, zitiert nach: G. Vidal y Ruby, Campaña de Cuba, Baterias de Coheteros a Caballo, in: Memorial de Artilleria 1895, p. 36 [Es handelt sich hierbei um Sprenggeschoße, die aus 3 Teilen bestehen: dem Gefechtskopf, der Hülse und dem Stab. Die ersten beiden Teile bestehen aus Aluminium, um diese Waffe möglichst leicht zu halten, obwohl das äußerste Ende aus gehärtetem Eisen besteht, um sicherzustellen, daß das Gewicht einen vertikalen Fall bewirkt. Das andere Ende ist mit einem Zünder aus Blei versehen, an dem eine Nadel befestigt ist, die die Ladung bei

Über Einsätze dieser Raketen ist jedoch nichts bekannt, die Rebellion scheint frühzeitig gescheitert zu sein.[79)]

e. Republik Mexiko

Wie im Abschnitt „Das Vereinigte Königreich" geschildert, gelang es Congreve Anfang der zwanziger Jahre jenes Jahrhunderts Raketen auch nach Mexiko zu verkaufen. Über ihre Verwendung oder von möglichen Einsätzen ist nichts bekannt. Raketenbatterien sind jedoch nie aufgestellt worden, die Raketen mögen anfangs, wie später in Großbritannien, als Sekundärbewaffnung der reitenden Artilleriebatterien eingesetzt und später der Festungsartillerie übergeben worden sein.[80)] Angesichts der zahlreichen Kriege und Revolutionen ist es auch kein Wunder, daß Unterlagen hierüber nicht erhalten geblieben sind. Möglicherweise wußte selbst die mexikanische Regierung in den vierziger Jahren gar nicht, daß noch Raketen vorhanden waren, da sie in den Jahresberichten des Ministeriums für den Krieg und die Marine an den Congress nicht aufgeführt sind.[81)]
Im Verlauf des Krieges, den die U.S.A. 1846 bis 1847 gegen Mexiko führten, scheinen Raketen durch die mexikanische Armee nur einmal eingesetzt worden zu sein, denn in einem Tagebuch hieß es am 20. März 1847 zur Belagerung von Veracruz, das vom 2° und 8° Regimento de Linea verteidigt wurde:
„They fired rockets etc. at us during the early part of the night."[82)]
Diese Angabe wurde von mexikanischer Seite bestätigt, wo es zum 24. März hieß:
„Both the enemy and the city now threw Congreve rockets"[83)]
Überdies wurden 36 Congreve-Raketen von der Ordnance-Abteilung der US-Armee neben anderem Kriegsgerät als erbeutetes Material aufgeführt.[84)] Auch die US-Navy meldete erbeutete Raketen; in der Auflistung des ordnance-Materials, das in Fort Tuspan, das Vera Cruz deckte, gefunden wurde, befand sich „1 rocket" und bei der Schilderung des besetzten Fort Santa Teresa wurde darauf hingewiesen, daß dort eine Stellung vorhanden war, die für eine Raketenbatterie vorgesehen war. Schließlich wurden auch später in Tobasco im Juni 1847 „60 rockets" sicher gestellt[85)]

Auch im mexikanischen Reformkrieg 1857 - 1860 sollen durch den späteren Präsidenten, General Porfiro Diaz, Raketen eingesetzt worden sein.[86)] Da auch Frankreich, anläßlich der Besetzung Mexikos und der Einsetzung Maximilians hier eine Raketeneinheit eingesetzt hatte, mögen auch aus dieser Quelle Raketen zur mexikanischen Armee gelangt sein.

f. Republik Paraguay

Paraguay scheint sich erst mit Raketen beschäftigt zu haben, als sich 1864 die Spannungen mit Brasilien verschärften, da sich abzeichnete, daß dieses mit seinen Versuchen, die Herrschaft über Uruguay, die „Banda Oriental" zu gewinnen, die Kontrolle über den Zugang Paraguays zur Welt, den Rio Paraguay, errungen hätte. Aus Sicht des Diktators von Paraguay, Francisco Solano López, war dies der casus belli. Im Rahmen seines Modernisierungsprogrammes verbesserte er vor allem die Ausrüstung seiner Armee. Zusammen mit anderem Kriegsmaterial ließ er über seine englischen Agenten, die Firma Blyth in London, am 21. August 1864 auch Congreve Raketen sowie die Ausrüstung für deren Herstellung bestellen. Im September wurden sie mit dem Dampfer *Ygurey* über den Konsul Paraguays in Buenos Aires geliefert. Ende Oktober langte dann das Gerät für die Herstellung der Raketen im Arsenal an und am 21. Oktober konnte auch das Eintreffen der Raketen an López gemeldet werden.[87)] Anfang November desselben Jahres langte noch eine zweite Lieferung Raketen mit der *Asphodel* in Buenos Aires an und wurde mit der *Neptuno* und *San José* nach Asuncion weiter verschifft.[88)] Das paraguayanische Arsenal, ebenso wie andere technische Anlagen der Republik, wurde von angeworbenen Ausländern geleitet, aus den Quellen ist jedoch nicht ersichtlich, wer für die Herstellung der Raketen zuständig war. Zu diesen Ausländern gehörte auch ein Waffenmeister preußischer Herkunft, Wilhelm Wagener, der seit 10. März 1864 für ein Jahr mit einem monatlichen Gehalt von 100 Pesos im Arsenal angestellt war[89)] und dort in diesem Jahr auch einen Mehrfachwerfer für die Raketen konstruierte; dieser Werfer fiel nach dem Krieg Brasilien als Beute in die Hände und wurde von brasilianischen Inspektoren wegen seiner fortschrittlichen

---

der geringsten Berührung zur Explosion bringt, indem sie das Feuer des Treibsatzes mit einer Dynamitladung im Mittelpunkt in Verbindung bringt. Es bleibt abzuwarten ob die Praxis mit der Theorie des Capitain Couspiere und den Hoffnungen der Insurgenten übereinstimmen wird.]

79) Vidal y Ruby, ibidem, und: W. Buedeler, Geschichte der Raumfahrt, o. J., S. 180, nach: F. H. Winter, Rockets Roared over Spain, in: Guidepost, 1968, No. 526, p. 19, könnten einige der Raketen in Gefechten eingesetzt worden sein.

80) In: o. Verf., El soldado mexicano 1837 - 1847, Mexico 1958, wo Gliederung und Umgliederungen der mexikanischen Artillerie recht genau beschrieben sind, wurden keine Raketen erwähnt.

81) Memoria 1845 bis 1850, die Ausgabe 1847 ist nur als Manuskript vorhanden und zeigte aufgrund des Detaillierungsgrades, daß die Regierung, zu dieser Zeit in Quentano, keinen Überblick mehr besaß. In keinem dieser jährlichen Berichte sind Raketen aufgeführt. Auch in den Memoiren eines mexikanischen Artillerieoffiziers zum Krieg gegen die USA sind an keiner Stelle Raketen erwähnt (M. Balbotin, La invasion Americana, Mexico City 1883), dasselbe gilt auch für die ausführliche Geschichte der mexikanischen Armee von: Bernardo Reyes, El ejercito mexicano, Mexico 1901

82) W. S. Myers, The Mexikan War Diary of Georg. B. McClellan, Princeton 1917, p. 65, Eintrag 20. März

83) R. Alcaraz, The other Side: or Notes For the History of the War Between Mexico and the United States, New York 1850, p. 186. Für den weiteren Verlauf des Krieges erwähnte Alcaraz keinerlei Raketeneinsätze durch Mexico. Für diesen Tag ist der mexikanische Einsatz auch in einer Meldung von Colonel James Bankhead, 2nd Artillery, Chief of Artillery der Armee General Scotts, enthalten: „The fire from the city and from the castle on our batteries, with shot, shell, and rockets, has been intermitted . . ." (Message from the President of the United States, to the Two Houses of Congress, at the Commencement of the First Session of the Thirtieth Congress, Washington 1847, p. 241)

84) Brig.Gen. St. V. Benét (edit.), Annual Reports and other Important Papers Relating to the Ordnance Department, Vol. II, Washington 1880, p. 209 (Ordnance Office, Washington, december 20, 1847, letter Geo. Talcott to Hon. W. L. Marcy, Secretary of War, with annex: Statement of ordnance and ordnance stores captured in Mexico); nicht enthalten sind Vorräte, die in Vera Cruz vorgefunden waren, für diese lag noch kein offizieller Bericht vor. Lt. Auskunft des Secretaria de la Defensa Nacional-Estado Major S-2 vom 19. Mai 1995 an den Verfasser liegen in Mexiko keinerlei Unterlagen über diese Raketen vor.

85) U.S. Navy Dept., Annual Report 1848, p. 1196 f., Ex. Doc. No. 1, report commander Mackenzie (List of ordnance, &c., captured at Tuspan), sowie: ibidem, p. 1200 ff., report commander Mackenzie to Commodore Perry, Alvarado, April 9, 1848, sowie: ibidem, p. 1219, report lieutenant A. Jenkins to commander A. S. McKenzie, Tobasco, June 19, 1847

86) Winter, a.a.O., p. 167, dies könnten auch Raketen aus französischer Lieferung gewesen sein, gem. J. Barrios Gutierrez, Cohetes de Ayer, p. 404 wurden 1849 Raketen an Mexiko durch Frankreich geliefert. Bei der Direccion General de Archivo e Historia (Secretaria de la Defensa Nacional, Mexico) liegen hierzu keinerlei Unterlagen vor (Schreiben an den Verfasser vom 12. Mai 1997)

87) Juan F. Perez Acosta, Carlos Antonio López obrero maximo, Asuncion 1948, p. 89: „Los artículos para la fábrica de cohetería fueron recibidos por el „Ygurey" en setiembre de dicho año y en nota del 21 del mismo mes al cónsul paraguayo, José Rufo Caminos, se le hacía un pedido adicional de artículos para dicha fábrica.". Leider machte Acosta keine Angaben zu Anzahl, Art und Kaliber der Raketen. B. R. Garcia, El ejercito de la epopeya, t. II, Asunción 1977, p. 251, nannte bei der Artillerie bei Kriegsausbruch keine Raketen; ebenso wurden sie nicht bei der Beschreibung der Leistungen des Arsenals aufgeführt (pp. 277), ebenso: J. E. O'Leary, Historia de la Guerra de la Triple Alianza, Asunción 1992, p. 82 f.; J. Beverina, La Guerra del Paraguay, segundo tomo, Buenos Aires 1921, p. 45, führte dagegen für den April 1865 als Bestandteil der Artillerie der Gruppe Humaitá - Paso de la Patria unter General Robles neben 30 Kanonen „algunas coheteras" an.

88) Acosta, a.a.O., p. 99; ein zweites Arsenal, in dem ebenfalls Munition hergestellt wurde, befand sich in Caacupé, die Raketenfertigung könnte daher auch hier erfolgt sein, zumal nach dem Verlust von Asuncion nur noch hier bis zum August 1869 gearbeitet werden konnte (V. Gesualdo, La trágica Guerra del Paraguay, in: Historia, Buenos Aires, año XV, No. 60, p. 30)

89) Acosta, a.a.O., p. 235, Wagener kam am 16.12.1863 mit der Yporá nach Paraguay

Konstruktion und Effektivität bestaunt.[90] Auch während des Krieges arbeiteten die Ausländer im Arsenal loyal und effektiv, so daß der Armee und deren Artillerie der erforderliche Nachschub zur Verfügung gestellt werden konnte. So wurde im August 1866 gemeldet,

„. . . que el arsenal y demás establecimientos de ribera continúan funcionando satisfactoriamente, observándose siempre una actividad recomendable en los diversos trabajos. Empiezan a cargarse - agregaba - los tubos de cohetes a la Congréve y pronto serán enviados en el mayor número posible."[91]

1864, nach erfolglosen Verhandlungen, begann Lopéz dann den Krieg gegen Brasilien und das von diesem dominierte Uruguay, später auch noch gegen Argentinien.[92] Sein erstes Operationsziel war die Besetzung der brasilianischen Provinz Mato Grosso, hierzu wurde eine Heeresabteilung zu Lande unter Coronel Resquín und eine auf dem Fluß mit allen verfügbaren Kriegsdampfern unter Coronel Barrios gebildet, zu der 12 Raketengeschütze gehörten und die den Auftrag hatte, Coimbra zu nehmen. Nach Anfangserfolgen scheiterte dieser Vorstoß, der wohl vor allem der Eroberung der Kriegsvorräte Brasiliens, darunter zahlreicher Geschütze, dienen sollte.[93]

Am 12. August 1865 gingen zwölf brasilianische Schiffe sowie die argentinische Guardia Nacional gegen die paraguayanischen Befestigungen bei Paso de las Cuevas vor:

„Una por una las naves pasaron frente a la fuerte plaza, cuyos cañones y cohetes tiraron sin cesar, causando a bordo de las embarcaciones varios muertos y heridos."[94]

Der erste Raketeneinsatz im Landkrieg erfolgte wohl bei der Abwehr eines ersten alliierten Vorstoßes am 16. April 1866:

„. . . y á pesar de un fuego vivo de artillería y cohetes á la congrève con que el enemigo se propuso entropecer su marcha, continuó avanzado hasta llegar á la altura de la línea como á doscientos cincuenta pasos, en la prolongacíon de ella."[95]

Am 31. Januar 1866 berichtete der argentinische Oberst Conesa über den Einsatz der Raketen Paraguays, als seine Truppe den Peguajo Bach überschreiten sollte, nach dem Übergang, der zum Rückzug der paraguayanischen Truppen führte, meldete er:

„Ich mußte daher meinen Angriff beschleunigen . . . Das 4. Bataillon ging geschlossen vor, erhielt aber Raketenfeuer."[96]

Die argentinischen Truppen bezogen danach ein Lager bei Yaguarí, das von den Schiffen und Booten Paraguays mehrfach vom Fluß aus beschossen wurde, auf 3 Dampfern waren am 16. Februar anscheinend auch bereits Truppen eingeschifft, um eine Landung durchzuführen, die aus 3 Bataillonen und einer Artilleriebatterie „y otra de cohetes a la Congrève" bestanden;[97] der Landungsversuch scheint dann aber unterblieben zu sein. Im März versuchten Kanonenboote die brasilianischen Kriegsschiffe auf dem Paraña aufzuhalten, wurden sie beschädigt, wichen sie in den Schutz der Uferbatterien aus, welche die Gegner mit schweren Kalibern und „con los terribles cohetes a la Congreve" bekämpften.[98]

In der ersten Schlacht von Tuyuty 1866 wurden die Raketen vor allem eingesetzt, um die gegnerische Kavallerie zu zerstreuen und um Brandwirkung zu erzielen.[99] Hierbei wurden am 24. Mai 1866 22.000 Mann paraguayanischer Truppen durch die Brasilianer und Argentinier über den Rio Paraña schließlich zurückgeworfen; „The firing of a Congreve rocket was to be the signal for the advance"[100] für das Heer Paraguays, durch Verzögerungen im Aufmarsch aus dem Lager von Royas konnten sich jedoch die Brasilianer auf den Angriff vorbereiten und diesen nach schweren Verlusten auf beiden Seiten abweisen und anschließend einen Brückenkopf in Paraguay bilden. Paraguay wurde in dieser Schlacht vernichtend geschlagen und verlor die Masse seines Heeres, die siegreichen Alliierten erbeuteten 5.000 Gewehre, 4 Haubitzen und ein Raketengeschütz.[101] Nach dieser Schlacht wurden die Truppen neu mit Waffen und Material ausgestattet, auf dem Wasserwege wurden neben Kanonen auch neue Raketengeschütze, deren Konstruktion vereinfacht worden war, zugeführt.[102]

Angriffe in der Nacht zum 14. Juni konnten durch das Feuer der Artillerie und der Raketen zurückgewiesen werden.[103] Ab 30. Juni ver-

---

90) Ch. J. Kolinski, Independence or Death, History of the Paraguayan War, Gainesville 1965, p. 45, nach Kolinski wurde Wagener bereits am 5. Januar 1864 verpflichtet. Zum Werfer schrieb er (p. 179): „which impressed them by it's ingenious construction", nach: Winter, Rocketry, a.a.O., p. 167, handelte es sich um einen Werfer mit 3 Abfeuerungsröhren

91) Acosta, a.a.O., p. 214, [. . . daß das Arsenal und die weiteren Niederlassungen am Ufer zufriedenstellend arbeiteten, beobachten sie bemerkenswerte Aktivitäten bei den verschiedenen Arbeiten. Sie fingen an, die Hülsen der Congreve-Raketen zu laden und schnell werden sie in größtmöglicher Menge abgesendet.] leider fehlen hier wiederum detaillierte Unterlagen über die Produktion der Raketen; nach: M. v. Versen, Reisen in Amerika und der Südamerikanische Krieg, Breslau 1872, S. 136 ff., wurden die Ausländer mit Gewalt von Lopez festgehalten. Nach: A. O. Alvarenga, Las fuerzas de la nacion, evolucion historica y organica, in: Historia Militar del Paraguay, Anuario de la Academia de Historia Militar del Paraguay, Vol. IV, 1991 - 1992, p. 28 f., verfügte die Artillerie bei Kriegsbeginn über Feld- oder reitende Artillerie, gegliedert in einem Regiment mit 4 Batterien zu je 6 Geschützen (verschiedene Kaliber von 4 - 12 Pfündern) sowie Belagerungs- oder Fußartillerie, in Bataillonen zu 4 - 6 Compagnien gegliedert und ausgerüstet mit Haubitzen, Mörsern und Kanonen (34 - 80pfündigen), Raketen wurden von A. nicht erwähnt. Ebenso: V. A. Queirolo. Campaña de Mato Grosso, in: Historia Paraguaya, Anuario de la Academia Paraguaya de la Historia, Vol. 11, 1966, p. 129, hiernach verfügte Paraguay über „dos legiones de Artillería Ligera" und „1 Batallón de Artillería de Sitio y Plaza".

92) v. Versen, a.a.O., S. 87, Manifest vom 30 August 1864 gegen den brasilianischen Einmarsch in Uruguay und das dadurch gestörte Gleichgewicht der La Plata-Länder, am 13. Dezember folgte die förmliche Kriegserklärung an Brasilien, am 5. Februar 1865 ersuchte Lopez den argentinischen Präsidenten Mitre um die Erlaubnis, durch Corrientes nach Brasilien marschieren zu dürfen, da den Brasilianern durch Argentinien das Befahren des Parana genehmigt worden wäre. Nach Ablehnung des Ersuchens ließ Lopez am 13. April 2 bewaffnete argentinische Dampfer dort aufbringen und rückte in Corrientes ein.

93) Estado-Major do Exército, História do Exército Brasileiro, Brasília 1972, p. 392; hiernach scheinen Raketen Hales eingesetzt worden zu sein, da der Bericht von „doze peças raiadas de foguetes à Congreve" sprach. Siehe auch: H. G. Warren, Paraguay, Westport 1949, p. 219, Warren erwähnte in seiner Schilderung des Krieges keinen Gebrauch der Raketen.

94) Kirbus, a.a.O., p. 95

95) Beverina, Caseros, a.a.O., p. 259 [. . . und trotz eines lebhaften Feuers der Artillerie und der Congreve-Raketen, mit dem der Feind seinen Marsch zu behindern versuchte, begann er weiter vorzurücken, bis er die Höhe der Linie Verlängerung von ungefähr 240 Schritten erreichte.] Vgl. Beverina, Paraguay, a.a.O., tercer tomo, p. 152: „El teniente coronel Brúguez había emplazado en Cuevas más de 30 bocas de fuego . . . , además de 8 a 10 coheteras . . . "

96) Schneider, a.a.O., Bd. I., Anhang, S. 67, No. 84, Bericht des Obersten Conesa über das Gefecht am Peguajo Bach am 31.01.1866; vgl.: Beverina, Paraguay, tercer tomo, a.a.O., p. 361 und p. 365 sowie anexo No. 49, Núm. III (p. 618 ff.), die Raketengeschütze waren hiernach am rechten Flügel der Truppen Paraguays diesseits des Pehuajó eingesetzt (cuarto tomo, Croqui No.12), sowie: O'Leary, a.a.O., p. 121

97) Beverina, Paraguay, a.a.O., tercer tomo, p. 383

98) G. Benitez, Guerra del Paraguay, o. O., 1919, p. 122; vgl.: Beverina, Paraguay, tercer tomo, a.a.O., anexo No. 51, Núm. I. (p. 637), Informe del Almirante Tamandare al ministro de Marinadel imperio (traducción), 30 de Marzo de 1866: „Una vez anochecido, el valoroso teniente 1° Antonio Carlos de Mariz y Barros hizo una segunda tentativa para abordar la chata, pero entonces se unió al fuego de fusil del bosque un vivo fuego de artillería y de cohetes a la Congrève. . . ."

99) Garmendia, a.a.O., p. 374: „. . . generalmente destinadas a provocar incêndios, ou a dispersar a Cavalaria adversária"

100) Kolinski, a.a.O., p. 119, sowie: J. Correira, Perfil Histórico de uma Batalha, Tuiuti, in: Revista do Instituto Histórico e Geográfico Brasileiro, Vol. 294, 1972, p. 282; gem.: o.Verf., Vom Süd-Amerikanischen Kriegsschauplatze., in: MilBl., 1870 Bd. XXIV, S. 146 (Protokoll der Vernehmung des kriegsgefangenen General Resquin am 20. März 1870), verfügte die linke Angriffskolonne Paraguays mit 5.000 Mann unter General Resquin als einzige Artillerie über 2 Congreve'sche Raketen-Stative

101) V. Gesualdo, a.a.O., p. 14, in dieser Schlacht wurde der General Mitre fast ein Opfer der Raketen: „El general Mitre. . . un cohete reventó a su lado sin herirlo." (ibidem, p. 16)

102) O'Leary, a.a.O., p. 183 f.: „Las nuevas coheteras eran más simples y más livianas que las otras."

103) Benitez, a.a.O., pp. 178; zum folgenden Rückzug der Paraguayaner, den er mit Neys Verhalten an der Beresina verglich, stellte B. auf p. 155 fest: „La artilleria y las coheteras a la Congreve del coronel Bruguez, abrían anchos claros en als masas enemigas.", vgl.: L. Vittone, Guerra de la Triple Alianza contra el Paraguay, Asunción 1962, p. 223, seitens Paraguays waren 4 Bataillone Infanterie, das Cavallerieregiment 10 und 2 Raketengeschütze eingesetzt. Für den Angriff wurde das Bataillon 13 durch 2 Schwadronen Cavallerie und die Raketengeschütze unter Fähnrich Hilarión Amarilla verstärkt. Das 1. argentinische Linienbataillon, hieß es hier, „formó un cuadro, soportando el terrible fuego de nuestra infantería y de las coheteras, que hacían

stärkte López die Stellung seiner Truppen am Ausgang des „boquerón de Punta Saró" mit leichter Artillerie und Raketengeschützen, welche mit ihrem Feuer die allierten Truppen in ihrer Bereitstellung störten.[104] Am 10. Juli griffen die Truppen Paraguays den rechten Flügel der vorgehenden Alliierten an, hierbei wurden die Bataillone 8 und 20 durch zwei Raketengeschütze unterstützt.[105] Am 11. Juli erfolgte in der Schlacht von Yataity Corá ein weiterer, offensichtlich wirkungsvoller Einsatz der Raketen durch Paraguay beim Angriff auf argentinische Truppen:

„Next day in the afternoon, Lopez sent five batallions and two rocket stands with two regiments of cavalry. . . . after a great deal of firing on both sides, leaving many killed and wounded, both parties retreated, the long grass being set fire by the congreve rockets. . . . The Paraguayan rockets did much execution."[106]

Bei dem Gefecht von Sauce am 16. Juli, als die Brasilianer mit der Brigade Luiz Menna Barreto eine flankierende Höhenstellung angriffen, gingen wiederum einige Raketengeschütze verloren:[107]

„In der That wurde der Feind [Paraguay] durch unseren Angriff überrascht, denn er ließ eine Raketen-Batterie und sämmtliches Schanzzeug, 146 Spaten, in unseren Händen."

In diesem Falle scheinen aber mehrere Raketengeschütze verfügbar gewesen zu sein, denn in der Meldung hieß es weiter:

„Der Feind vertheidigte seine Stellung nachdrücklich . . . das 31. Bataillon Voluntarios, sowie das 14. Linienbataillon drangen in das feindliche Retranchement ein, trieben den Feind die andere Seite des Hügels hinab, konnten hier aber nicht weiter vordringen, da sie in ihrer rechten Flanke heftiges Feuer aus der Communications-Tranchée erhielten. Es war Kartätsch- und Gewehrfeuer, auch Raketen schlugen ein."

Dieses Gefecht dauerte bis in den späten Abend, wobei Paraguay weiterhin Raketen einsetzte:

„Erst um 9 Uhr Abends ließ das Feuer der Paraguays nach, nur hin und wieder hörte man noch einzelne Kartätschenschüsse und das Zischen von Raketen."

Am 18. Juli zogen sich die Hauptkräfte Paraguays zurück, gedeckt wurde dies durch das Bataillon No. 9, das durch einige Raketengeschütze verstärkt war.[108]

Nach fehlgeschlagenen Friedensverhandlungen befestigte Paraguay seine Stellungen bei Yataity Corá am Rio Paraguay gegenüber Curuzú, neben 49 Geschützen wurden hier 2 Raketengeschütze eingesetzt.[109] Ein alliierter Angriff am 22. September gegen diese Feldbefestigungen konnte so durch die Artillerie, bei der nunmehr 4 Raketengeschütze eingesetzt waren, unter Coronel Luis María Gonzáles mit schweren Verlusten für die Angreifer abgewiesen werden.[110] Am Fol-

---

grandes estragos en sus filas." [. . . die große Verheerung in ihren Reihen anrichteten]

104) Beverina, Paraguay, a.a.O., sexto tomo, p. 84

105) J. Beverina, Paraguay a.a.O., sexto tomo, p. 66 f., B. nannte nur den Einsatz von „algunas coheteras", verwies aber auf den Bericht des General Mitre nach der Schlacht, wonach zwei Raketengeschütze durch Paraguay eingesetzt worden wären.

106) S. Thompson, The War in Paraguay, London 1869, p. 158; beim ersten Angriff der paraguayanischen Truppen waren bereits Raketen eingesetzt: „El batallón 13, con las dos coheteras, y apoyados por el regimiento de caballería, inicio el ataque al 1.0 de Corrientes, que guardaba el paso Leguizamón." (Benitez, a.a.O., p. 204), etwas später beschrieb er die Wirkung der Raketen eingehender: „Unidos los batallones paraguayos 12 y 20, rompieron un fuego mortífero sobre los batallones argentinos que tenían en frente; al mismo tiempo las coheteras jugaban con precisión admirable y una rapidez extraordinaria, bajo la dirección de su valiente jefe, el alférez [= Fähnrich] Amarilla. Los destrosos causados por los fuegos de la infantería y de las coheteras, a los batallones 1.0 de línea, el San Nicolás y el 1.0 de Corrientes, eran considerables." [Die vereinten paraguayischen Bataillone 12 und 20 eröffneten ein tödliches Feuer gegen die argentinischen Bataillone, welche ihnen gegenüber standen; zur selben Zeit feuerten die Raketeure mit bemerkenswerter Präzision und einer außergewöhnlichen Schnelligkeit unter dem Befehl ihres tapferen Führers, des Fähnrichs Amarilla. Die zerstörende Wirkung des Feuers der Infanterie und der Raketeure auf die Bataillone 1.0, San Nicolas, und 1.0, Corrientes, war beträchtlich.] (ibidem), Benitez zitierte dann aus einem Bericht des General Garmendia: „Cada cohete abre una brecha con estruendo o con el riudo seco de un golpe tremendo, hiende de los cráneos o fractura los huesos con una fuerza gigante; en el interior de aquel reducto humano se hacinan los heridos y los muertos." [Jede Rakete schlägt eine Bresche mit Getöse und einem gewaltigen, zerstörenden Schlag; spaltet die Schädel oder bricht die Knochen mit gewaltiger Kraft, im Innern jener Feldschanzen häufen sich die Verwundeten und die Toten.] (ibidem, p. 205), schließlich stellte er abschließend zu diesen Kämpfen noch fest (ibidem, p. 208): „Los aliados se quejaban más de los cohetes a la Congreve que de las balas y bombas. Pretendían que los primeros les causaban majores daños." [Die Alliierten jammerten mehr über die Congreve-Raketen als über die Kugeln und Bomben. Sie behaupteten, daß erstere ihnen größere Schäden verursacht hätten.] Leider gab auch Benitez keine Angaben zu Art und Anzahl der vorhandenen Raketenwaffen, sondern nannte bei der Artillerie nur „algunas coheteras", während dieser Schlacht wurden aber nach seiner Angabe 200 Raketen seitens Paraguays abgefeuert (ibidem, pp. 216) Vgl.: O'Leary, a.a.O., p. 192 f., auch hier wurden zwei Raketengeschütze unter Alférez Hilario Amarilla genannt, die den Angriff des Bataillons 13 unterstützten: „Las dos coheteras colocadas entre los batallones 13 y 20 lanzaban sin cesar sus terribles proyectiles, que con sus colas encendidas cruzaban las líneas enemigas abriendo grandes claros, mientras la infantería hacía sus certeras descargas.". In: R. Rolón, La Batalla de Curupayty, in: Historia Paraguaya, Anuario de la Academia Paraguaya de la Historia, Vol. 11, 1966, p. 65 - 83, sind die Raketen merkwürdigerweise nicht erwähnt, obwohl die beteiligten Artillerieeinheiten aufgezählt sind. Auch dies deutet daraufhin, daß die Raketen nur durch spezielle „detachements" eingesetzt wurden. Vgl.: L. Zenequelli, Crónica de una guerra, Buenos Aires 1997, p. 113: „Iniciado el combate, los proyectiles de los cohetes a la congreve de los paraguayos, produjeron un incendio en los pajonales del campo de batalla. El humo ocasionado no dejaba ver quién era quién. El Gral. Wenceslao Paunero ante este inconveniente y con el temor de una sorpresa determina la retirada." Beverina, Paraguay, a.a.O., sexto tomo, p. 71, gab an, daß bei den Bataillonen 13 und 20 und dem dort eingesetzten Cavallerieregiment 2 Raketengeschütze unter dem alférez Amarilla zur Verfügung gestanden hätten, verwies aber auf den Bericht General Mitres, der die Stärke der paraguayanischen Truppen mit 5 Bataillonen Infanterie, 2 Cavallerieregimentern und 4 Raketengeschützen angegeben habe.

107) Schneider, a.a.O., Bd. II, Anhang, S. 75 f., Bericht des General Polydoro [Brasilien] über die Gefechte am 16. und 18. Juli 1866; vgl.: L. Vittone, a.a.O., p. 233, V. nannte hier nur „algunas coheteras" Auch für den 17. Juli gab: O'Leary, a.a.O., p. 205, den Einsatz von „algunas coheteras a la congrève" bei einem Vorstoß des Bataillons Nr. 9 unter Mayor Marcelino Coronel an. Vgl.: Beverina, Paraguay, a.a.O., sexto tomo, p. 90 f., B. verwies auf einen Bericht des Mariscal Jordão, wonach die Paraguayaner ein Raketengeschütz verloren hätten, nach einem anderen Bericht (Kommandant des Freiwilligen-Bataillon No. 20) hätte es sich sogar um 2 Raketengeschütze gehandelt. Auch B. verwies auf das wirksame Feuer der paraguayanischen Artillerie und Raketen auf die angreifenden argentinischen Truppen : „Además, desde el norte, un violento fuego de artillería y de coheteras diezmaba las filas de los batallones encajonados en el Boquerón . . ." Auch nach dem Ausfall des paraguayanischen Befehlshabers, Coronel Aquino, wurde der Versuch, die verlorenen Stellungen wieder zu erobern, durch Raketenfeuer mit erheblicher Wirkung unterstützt (p. 94): „Debidamente recibidos los contrarios, fueron rechazados las cuatro veces, pero continuaron buscando la consecución de su fin mediante un terrible fuego de infantería y artillería, reforzado por cohetes a la Congrève que no cesaban de lanzar sobre los nuestros."

108) Beverina, a.a.O., Paraguay, sexto tomo, p. 100

109) O'Leary, a.a.O., p. 249, gab für Curupayty den Einsatz von „dos baterías de coheteras" an.

110) Kolinski, a.a.O., p. 128, sowie: Thompson, a.a.O., p. 177 („. . . there were two rocket stands"). J. Garmendia, a.a.O., p. 153, gab einen Augenzeugenbericht zu einem Raketeneinsatz Paraguays: „Ya había anochecido: grietarse veíanse las tinieblas con los repentinos relámpagos de la mosquetería; el surco luminoso de los cohetes, semejaba un meteoro igneo de lento avance, que incandescente, describiendo una curva siniestra, descendía sin piedad á romper la oscura línea de los combatientes." [Es war schon Nacht geworden; erhellt wurde die Finsternis durch das plötzliche Blitzen der Musketen, die glänzende Spur der Raketen, ähnlich einem feurigen Meteor, die weißglühend eine leichte Kurve beschrieben und ohne Erbarmen herabstürzten, um die dunklen Reihen der Kämpfenden zu zerstören.] Auch nach: Schneider, a.a.O., II. Band, S. 90, wurden zur Verstärkung der Befestigungen im September neben weiteren Geschützen 2 Raketenstative eingesetzt, dies deutet darauf hin, daß Paraguay über keine organische Raketenbatterie verfügte, sondern bei Bedarf Raketen-Detachements einsetzte. Vgl.: J. B. Gill Aguinaga, Un marino en la guerra de la Triple Alianza, Asunción 1959, p. 11; ebenso: o. Verf., Testimonios sobre la guerra del Paraguay contra la triple Alianza, in: Historia Paraguaya, Vol. 37, 1997, p. 268, wurden für die Verteidigung von Curupaity neben 40 Geschützen ausdrücklich vier Raketengeschütze (coheteras) genannt. O'Leary, a.a.O., p. 260, schrieb zum Einsatz: „Y para aumentar los tintes sombríos de aquella batalla en que el Paraguay vengó sus desastres pasados y futuros, las coheteras lanzaban sus extraños proyectiles, que cruzaban el campo con sus colas encendidas, chicoteando, abriendo brechas en las diezmadas filas de los ya deshechos batallones." Auch nach dem fehlgeschlagenen Gegenangriff wurden die alliierten Stellungen während der Nacht weiterhin mit Raketen beschossen (ibidem, p. 95), B. zitierte hierzu den Bericht des argentinischen Mayor Fonseca: „y durante toda la noche hice contestar el fuego de artillería y de cohetes de guerra que lanzaba el enemigo sobre nuestras tropas." (ibidem, p. 97); vgl.: Beverina, Paraguay, a.a.O., sexto tomo, p. 118 f.

getag ließ López durch den Teniente Coronel Núñez mit den Bataillonen 19 und 20 zur Ablenkung eine alliierte Nachschubkolonne überfallen, die Tuyuti morgens verlassen hatte; der Überfall wurde durch das Feuer von 4 Raketengeschützen wirksam eingeleitet.[111] Nach dem zweiten Gefecht von Tuyuti im November 1867 konnte Lopez die Rojas-Linie nicht länger halten und ließ die bereits vorbereitete Linie von Espenillo nach Curupaity besetzen, nicht ohne die Zugangswege durch kleinere Trupps und Raketenbatterien zu sichern.[112] Am 19. Februar 1868 wurde diese neue Verteidigungslinie von den Alliierten angegriffen, unterstützt von Bombardements durch die brasilianische Flotte; ein erster Infanterie-Angriff am Morgen gegen Espenillo konnte durch das Feuer einer Raketenbatterie des Angulo abgewiesen werden[113] Anschließend verlegte Lopez die Masse seiner Truppen aus Humaitá nach Timbó und bezog bei St. Fernando am rechten Ufer des Tebicuari ein neues Lager, wo er seine Truppen reorganisierte. 1868 scheinen auch einige Hale-Raketen ihren Weg nach Paraguay gefunden zu haben, denn nach der Einnahme von Humaitá wurden diese, neben anderem Material, von den Brasilianern vorgefunden; über die Art der Beschaffung durch Paraguay oder über Einsätze dieser Raketen ist jedoch nichts bekannt.[114] Nach dem Durchbruch der brasilianischen Flotte bei Humaïta stellte Lopez eine neue Truppe, die „Bogabantes" auf; diese bestand zunächst aus 300 Mann unter Capitano Cespedes, sie wurde vor allem an Booten und im Entern ausgebildet und war nur mit Säbeln, Pistolen, Handgranaten und Raketen bewaffnet. Ihr erster Einsatz erfolgte in der Nacht zum 2. März gegen die unterhalb Humaïta liegenden brasilianischen Schiffe *Cabral* und *Lima Barros*, diese wurden geentert; nachdem sich die Besatzung aber in die Panzertürme flüchten konnte, wurden die Enterer niedergeschossen.[115] Am 9. Juli 1868 griffen die Paraguayaner erneut mit 24 Canoes, die mit Buschwerk getarnt waren, brasilianische Schiffe bei Tayi an. Die *Barroso* konnte rechtzeitig ausweichen und das Feuer eröffnen, während die *Rio Grande do Sul* vorübergehend geentert wurde; die Angreifer feuerten aus ihren Canoes mit Pistolen, Gewehren und Raketen, der Angriff wurde jedoch schließlich abgewiesen.[116] Die Kämpfe um Humaitá waren am 25. Juli 1868 mit dem Einzug der Alliierten in das befestigte Lage beendet. Die Verteidiger hatten 180 Kanonen und neben anderen Waffen und Gerät auch „coheteras a la congrève" zurückgelassen.[117]

Südlich von Asunción hatte Ende 1868 López bei Llomas Valentinas am Nordufer des Rio Pikysyry eine letzte befestigte Stellung bezogen. Bei diesen letzten schweren Kämpfen Ende Dezember 1868 war auch ein Amerikaner, MacMahon, Zeuge eines Raketeneinsatzes:

„A column of Brazilian cavalry moved down the gradual slopes from the allied centre to threaten the Paraguayan right. A few Congreve rockets flew with fearful roar from the Paraguayan works and turned the head of the column to the left."[118]

Nach siebentägiger Schlacht wurde Paraguay völlig geschlagen, und am 1. Januar wurde Asunción von den Alliierten besetzt, nachdem López sich mit den Resten seiner Truppen auf Piribebuy zurückgezogen hatte. Die letzte Schlacht fand dann am 16. August 1869 bei Campo Grande statt, hierbei eroberten die Brasilianer die bereits angesprochenen Mehrfach-Raketenwerfer. Damit war die Geschichte der Raketen in Paraguay, das in der Folgezeit von den Alliierten besetzt war, beendet.

g. Republik Peru

Seit 1851 scheint sich auch Peru um die Beschaffung von Raketen bemüht zu haben. Im Bericht des Kriegsministeriums zu diesem Jahres hieß es, daß Raketen, insbesondere für den Gebirgskrieg, um jeden Preis beschafft werden müßten.[119] 1858 wurde festgestellt, daß Europa um eine Lieferung von Congreve-Raketen ersucht worden wäre, da ihre gute Transportfähigkeit und leichte Handhabung sie als ideal für Perus Armee, vor allem im Einsatz gegen Kavallerie, erscheinen ließen.[120] Für 1860 gab der Bericht an, daß 2 Belagerungsbatterien und eine ausreichende Anzahl von Raketen à la Congreve, einschließlich der erforderlichen Abfeuerungsgeräte, vorhanden wären.[121] Es konnte nicht festgestellt werden, wie lange die Raketen im Dienst gehalten worden sind, zumal in diesem Jahr auch erstmals die Beschaffung gezogener Hinterladergeschütze erfolgte.

1860 bot auch der englische Abenteurer Thomas William Lion an, für Peru Raketen herzustellen; das Angebot scheint angenommen worden zu sein, aber bevor die erforderlichen Versuche stattfinden konnten, verließ Lion Peru.[122]

Im peruanischen Militär-Lexikon sind jedoch diese Raketen als Aus-

111) Vittone, a.a.O., p. 304: „. . . para luego hacer uso del apoyo de fuego de las 4 coheteras a la Congrève, causando verdaderos estragos en als filas enemigas . . ." Vgl.: O'Leary, a.a.O., p. 304

112) v. Versen, a.a.O., S. 145, hier sind wohl eher vereinzelte Feuerstellungen für Raketengeschütze gemeint, als Batterien als Truppenteil.

113) ibidem, S. 147; Benitez, a.a.O., p. 252, führte hier nur das Abfeuern von Signalraketen an.

114) Burton schrieb am 24. August 1868 (a.a.O., p. 322): „By the sides . . . were found . . . and the Hall's rotating rockets, without sticks which merely steer them into the eye of the wind, lay . . ."; Winter, rocketry, a.a.O., p. 168, vermutete, daß diese Raketen entweder im Verlauf der Kämpfe in die Hände Paraguays gefallen waren und so zu ihrem ursprünglichen Besitzer zurückgelangten oder von einer kleineren US - Expedition von 1858/1859 unter W. B. Shubrick stammten und dort zurückgelassen worden sind. Die erste Annahme erscheint wahrscheinlicher, zumal diese Expedition mit 2 Dampfschiffen im Januar 1859 eine Entschuldigung Paraguays für einen Zwischenfall erzwingen sollte. Auch scheinen sonst nie Raketen von US-Schiffen mitgeführt worden zu sein, es ist aber zumindest die Ausstattung dieser Expedition mit Raketen durch die U.S. Marine ernsthaft geprüft worden, möglicherweise ist sie sogar erfolgt. (Angaben zu dieser Expedition nach: D.W. Knox, A History of the United States Navy, New York 1936, p. 189, zur Ausstattung der Expedition mit Raketen: N.A.W., RG 74, Press book No. 10, p. 89, Ordnance officer U.S. Navy Yard, Washington September 25th 1858)

115) A. Amersan, Nächte am Rio Paraguay, in: Neue Militärische Blätter, XXIII. Band 1883, S. 72 (Bogabantes = Ruderer)

116) Laing, Naval Operations, a.a.O., p. 274, siehe auch: L. Scavarda, A marinha no final de uma campanha gloriosa, in: Navigator, subsídios para a história marítima do Brasil, No. 2, 1970, p. 14: „Além das armas brancas, fuzis e pistolas, os paraguaios vieram apercibidos de foguetes à congrèves e de tubos de bronze, contendo matéria inflamável e asfixiante, que pelos interstícios dos xadrezes dos óculos e das escotilhas, lançavam no interior do navio, onde produziam incêndios, felizmente extintos."

117) V. Gesualdo, a.a.O., p. 32

118) M. Mac Mahon, The War in Paraguay, in: Harper's New Monthly Magazine, Vol. XL, No. 239, April, p. 637

119) Peru: Memoria presentada á las cámaras reunidas por el Ministro de Guerra y Marina, Lima 1851, p. 5: „Esta artilleria [cohetes á la Congreve] ha ido recibiendo sucesivamente tal perfeccion, que estos cohetes se lanzan en el dia bajo un cálculo exacto en su alcance y direccion, pudiendo asegurar sin temor de errar, que llegará á ser el arma pricipal de los ejércitos por el desarrollo de que es susceptible su aplication = Y si la artilleria mas propia para la guerra de montaña es aquella que se compone de proyectiles que se emplean sin necesidad de máquina alguna para lanzarlos . . . es esta sin duda una mejora de la mayor importancia, que á toda costa se debe introduir." [Diese Artillerie ist zu einer solchen Perfection entwickelt worden, daß die Raketen am Tage mit einer genauen Berechnung der Richtung und Entfernung abgefeuert werden können, so daß man ohne Sorge versichern kann, daß sie zu einer der wichtigsten Waffen der Armeen in der weiteren Entwicklung werden wird. Überdies ist die zweckmäßigste Artillerie für den Gebirgskrieg eine, die keine Geräte zum Einsatz der Geschosse benötigt . . . damit ist sie ohne Zweifel eine Verbesserung von der größten Wichtigkeit, die um jeden Preis eingeführt werden sollte."]

120) Peru: Memoria Presentada al congreso estraordinario de 1858 por el Ministro de Guerra y Marina, Lima o.J., p. 12: „Se ha pedido á Europa un suficiente repuesto de cohetes á la Congrewe, arma que empleada con tino, en ocasion oportuna y en cantidad suficiente, produce efectos de mucha consideracion sobre el enemigo, y muy particularmente contra cuerpos de Caballeriá: su fácil trasporte y sencillo manejo, la hace muy á propósito para nuestro pais." Leider fehlt die Angabe, an welches europäisches Land sich Peru gewandt hatte, eine Anfrage über die Verteidigungs- und Heeresattachés der peruanischen Botschaften in Bonn und Madrid war erfolglos, ebenso blieb eine Anfrage beim Generalstab des peruanischen Heeres ohne Antwort.

121) Peru: Memoria que presenta el ministro de estado en el despacho de Guerra y Marina al congreso de 1860, Lima 1861, p. 10: „Hay tambien en servicio . . . y un número suficiente de cohetes á la Congreve con sus correspondientes aparatos para arrojarlos." (Die drei Berichte wurden dem Verfasser von Mr. F. H. Winter zur Verfügung gestellt.)

122) Winter, a.a.O., p. 165

stattung der Artillerie nicht genannt, andererseits wird nur ein einziger Typ Raketen beschrieben, so daß angenommen werden kann, daß es sich um die von Peru beschafften handelt:
„Cohete de guerra: el que va provisto de un proyectil mortífero ó incendiario. Estos han alcanzado hasta una distancia de 7.000 m. con proyectiles de peso variable de 15 gr á 60 kg. Se disparan con un ángulo de proyección de 10 á 25 grados, utilizándose al efecto un montaje trípode."[123]
Aufgrund der angegebenen Reichweite kommt damit nur Frankreich als Lieferant von Raketen für Peru in Frage. Die beschafften Raketen scheinen jedoch nie eingesetzt worden zu sein. In einer peruanischen Kriegsgeschichte sind so für die Invasion Ecuadors 1859 bis 1860 zwar alle Vorräte der Armee, wie Pulver, Kartuschen etc. aufgezählt, jedoch keine Raketen. Auch bei den anderen zahlreichen Kriegen fehlt hier jeglicher Hinweis auf Raketen.[124]

h. Die Vereinigten Staaten von Amerika

Unter den großen Mächten des 19. Jahrhunderts waren die Vereinigten Staaten wohl der einzige Staat, in dem die Raketenentwicklung nicht durch die Artillerie, sondern ausschließlich durch das Ordnance Department durchgeführt wurde.

(1) Versuche mit Congreve-Raketen

Vom britischen Raketeneinsatz wurden die amerikanischen Truppen zu Beginn des Krieges 1812 überrascht, aber schon bald fielen ihnen blindgegangene Raketen in die Hände, eine der ersten wurde wohl von Commodore Barney gefunden und als Kuriosität an das Kriegsministerium übersandt.[125] Am 18. Februar schrieb der Chemieprofessor Thomas Cooper, der gehört hatte, einige Congreve-Rakete wären in amerikanischen Besitz geraten, an Madison, es wäre ratsam, einige dieser Raketen zu analysieren und nachzubauen. Diesem Vorschlag wurde gefolgt und eine am 3. Mai bei Havre-de-Grace gefundene Rakete an ihn übergeben. Er scheint aber keine Raketen angefertigt zu haben, sondern nur die Zusammensetzung des Treibsatzes und der Brandmasse analysiert zu haben.[126] Ungeachtet der Berichte über die geringen Wirkungen der Raketen wurden bereits 1813 erste Versuche mit Raketen nach Congreves Muster angestellt; in Boston gelang es dem Chemiker Beath eine 6pfündige Rakete zu bauen, die eine Reichweite von 2.000 yards erzielte, zusätzlich konstruierte er eine speziell gegen die Takelage von Schiffen einzusetzende Brandrakete, die im Gegensatz zu Congreve's Raketen, welche ein Segel durchschlugen, sich in diesem verfangen sollte, um die Brandwirkung sicher zu stellen;[127] einzelne Raketen wurden auch 1814 an die Truppen an der Nordgrenze gesandt, sind aber dort aus unbekannten Gründen nicht eingesetzt worden.[128] Sie wurden wohl durch den Ordnance Major Bomford in Albany angefertigt, der dort - möglicherweise aufgrund der Ergebnisse Coopers - seine Experimente durchgeführt hatte. Zumindest wurde im September dieses Jahres ein „corps of rocketeers" unter einem Captain Paris bei der Armee General Macombs bei Plattsburgh gebildet. Hierzu hieß es:
„. . . had prepared a brigade of rocketeers, with Congreve rockets which the enemy believed to be his own exclusive possession."[129]
An anderer Stelle wurden die vorherigen Versuche beschrieben:
„Extensive trials were made in 1813 of rockets and Shrapnell which resulted in the adaption of the latter for our service, and some rockets were also sent to the Northern Frontiers but they were not extensively used although we succeeded in giving them ranges quite equal to British rockets of similar dimension. The only serious difficulty met with in the trials of rockets was . . . inaccuracy."[130]
Ebenso wurde in den Unterlagen ein Amerikaner französischer Abstammung, Cluny, genannt, der als Feuerwerker in Fort Mifflin mit dem Gehalt eines Captain, jedoch ohne diesen Rang, eingestellt war und dort eine Rakete nach der Art Congreves sowie eine Vorrichtung zum Laden der Raketen konstruiert hatte; auch hier kann nicht festgestellt werden, ob es wirklich zu einer Raketenherstellung für die Armee gekommen ist.[131]
Auch in den Folgejahren wurden weitere Versuche angestellt; die Ungenauigkeit des Fluges bei größeren Reichweiten führte aber dazu, daß die U.S. Artillerie nicht mit Raketen ausgestattet wurde. Das Ordnance Department stellte hierzu fest:
„The only serious difficulty met with the trials of rockets was, the inaccuracy of their flight, at long ranges. This feature was not peculiar to our Rockets, but was found to attend those which the British used against us."[132]
Nach den Erfahrungen der britischen Raketeneinsätze, die in einer Zeitung dieser Zeit als „unfair" bezeichnet wurden, gab es einige Stimmen, die auch für die USA die Einführung von Raketen verlangten und sogar vorschlugen, eine Raketenbatterie entweder bei Fort Independence oder Fort Warren einzurichten.[133] Zumindest begann nach den Versuchen eine erste Raketenfertigung, denn am 15. November 1822

---

123) Bedoya, a.a.O., p. 338
124) C. Dellepione, Historia Militar del Peru, Lima 1943, p. 421
125) P. D. Olejar, Rockets in Early American Wars, in: MilA, No. 10, winter 1964, p. 18, aber auch nach dem Angriff auf Havre de Grace am 3. 5. 1812 wurden Reste von Raketen an den Präsidenten übersandt. (G. Tucker, Poltroons and Patriots, New York 1954, Vol. I, p. 295)
126) Winter, Rocketry, a.a.O., p. 142; nach: Tucker, a.a.O., p. 295, hat Cooper selbst Raketen hergestellt, die in jeder Hinsicht ein Duplikat „in colour, consistency, taste, odour and combustability" von Congreves Raketen gewesen sein sollen.
127) Tucker, a.a.O., Vol. I., p. 295; ebenfalls wurde nach einer Meldung der Boston Gazette durch den Naval Chronicle (Vol. 30, 1813, july -december, p. 46) berichtet: „We understand that Mr. John Beath, an ingenious mechanic of his town, has invented a new weapon of warfare, which, in the present state of our country, promises to be of great public utility. It is called Spring Rocket, and is intended principally to fire shipping. Viewed in this light, the Spring Rocket is supposed to be far superior to the Congreve Rocket, so celebrated in the European world - the latter will pass through the rigging of a vessel without material injury, while the former will fasten itself so effectually by the springs attached to it that nothing but a miracle could save the vessel from destruction. We understand he can make them range from 1 to 3,000 yards . . ."; siehe auch: Dr. M. Meyer, Vorträge über die Artillerie-Technik nach dem heutigen Stand der Wissenschaft, Theil I: Vorträge über die Kriegs-Feuerwerkerei nach dem heutigen Stand der Wissenschaft, Berlin 1833, S. 479, M. nannte hierfür einen Bostoner Bürger namens „Heath", der Raketen gefertigt habe, „die statt der Stäbe Federn hatten", 5 Pfund wogen und 2.000 Klafter weit gingen.
128) F. W. F. Gleason, Rockets in History, in: Ordnance, Vol. XXXII 1948, p. 328
129) Winter, Rocketry, a.a.O., p. 144; in einem Befehl der Armee Macombs wurde die Aufstellung dieser Einheit festgelegt (NWReg, Vol. VII, p. 69, General Orders, Headquarters, Plattsburgh, September 5) „Mr. Paris, captain of the artificers, will form a corps of rocketeers with his men - they will take the direction of the chief engineer. The artillery is to be considered a seperate service and the officers of that arm are responsible to the commanding general for the correct exercise of their function. The officers of engineers will give directions for additional defences and for repairs, as occasion will require. . ." In weiteren Berichten dieses Blattes wurde diese neue Einheit nicht mehr erwähnt.
130) ibidem
131) N.A.W., RG 156, Chief of Ordnance, Special File, Inventions, Class 8, Box 22, File IN-9 (1-9) (zur Verfügung gestellt von Mr. Winter), Adjutant Genl's Office, 4th Mil. District to Col D. Wadsworth, Commanding Chief of Ordnance, Philadelphia 15 May 1813
132) LtCol. of Ordnance G. Talcott an Secretary of War, april 8, 1839, in: Letters to the War Department 1812- 1889, Vol. 7, p.72, zitiert nach Olejar, a.a.O., p. 18
133) Niles' Weekly Register, Vol. VI, vom August 1814, p. 425, bezeichnete den Einsatz noch unter Eindruck des Krieges als unfair: „The property and composition of these instruments is ascertained. If required, we also can have them made. But - would it not be cruel to use them? If the torpedo, in the water, was an 'unfair' weapon, are not rockets in the air improper to be used by a 'moral and religious people?' "; an anderer Stelle hatte das selbe Blatt (NWReg), p. 175, aber bereits vorher festgestellt: „As to torpedoes - they are at least as legetimate a mode of warfare as the congreve rockets, or mining."; die Forderung nach Raketenbatterien stammt aus der Boston Gazette, der Artikel schloß: „By means of a recent invention, rockets from one to thirty-two pounds, or larger if necessary, may be fired with as much accuracy as ordnance; and possessing a quality equally destructive as shells, they may be made a po-

wurde dem Kriegsminister die Herstellung von 145 Raketen durch ein Ordnance-Arsenal von Bomford gemeldet.[134)]
Auch Privatleute scheinen sich zu Beginn der zwanziger Jahre mit der Entwicklung von Raketen befaßt zu haben. In einem Artikel hieß es, daß in den amerikanischen Freistaaten die Entwicklung eifrig betrieben werde und an anderer Stelle wurde geschrieben, daß versucht werde, die Treffgenauigkeit der Rakete zu verbessern, in dem man ihr eine spiralförmige Hülle gebe, um so zu einer Drehung der Rakete um die eigene Achse zu kommen: zu dieser Konstruktion hieß es, daß die äußere Oberfläche der Rakete mit einem hervorstehenden Schraubengewinde versehen wäre.[135)] In einem anderen Aufsatz wurde berichtet, daß man „in North America the leaving out of the stick has been compensated in the way, that the fire-beam is allowed to stream out of the tube so that the rocket hereby receive a rotary motion around the trajectory."[136)] 1823 bot Joshua Blair in New Orleans der Regierung einen Raketen-Torpedo zur Zerstörung feindlicher Schiffe an. Nach Zeitungsberichten handelte es sich um eine Rakete von großer Dimension, die unter Wasser abgefeuert werden konnte.[137)]

Die Herstellung der Raketen scheint nicht planmäßig, sondern eher zufällig erfolgt zu sein. Für 1835 kann aus einer Auflistung der Arsenalbestände ersehen werden, daß 650 Raketen verschiedener Art in den Arsenalen gelagert waren sowie, daß ein Raketenwagen im Champlain-Arsenal bereit stand. Die gefertigten Raketen waren unterschiedlichster Kaliber, es gab Raketen von 4 1/2 inch bis zu kleinsten von 1 8/10 inch, wobei in den Meldungen des Chief of Ordnance zur Anzahl der hergestellten Raketen nicht zwischen Kriegs- und Signalraketen unterschieden werden kann.[138)]
Aber erst 1839 scheint die Einführung der Raketen in die Armee offiziell erfolgt zu sein, gleichzeitig sprach sich das Board of Ordnance dafür aus, Raketenartillerieeinheiten in der Armee vorzusehen.[139)] Gleichfalls in diesem Jahr scheinen die Bemühungen um die Entwicklung der Raketen verstärkt fortgesetzt worden zu sein, das Ordnance Department meldete dem Kriegsministerium, daß eine Reihe von Versuchen im Arsenal von Washington durchgeführt werden sollten, begonnen werden sollte mit:
„ . . . *those of three inches diameter and proceeding to those of larger dimensions, when the proper strength of cases and the compositions to give a suitable range shall have been found by trials."*[140)]
Im Mai dieses Jahres wurde ein Pyrotechniker österreichischer Abstammung, Alvin C. Goell,[141)] angestellt, um für das Arsenal die erforderlichen Maschinen und Werkzeuge für die Anfertigung 3zölliger Raketen mit einer Reichweite von 3.000 yards herzurichten. Ihm wurde von J. R. Poinsett, dem Secretary of War, angeboten, ein Gehalt als Captain of Artillery gezahlt zu erhalten, nachdem er ein Jahresgehalt von $ 2,500 gefordert hatte. In der Folge scheinen dann die US-Raketen unter Leitung von Goell angefertigt worden zu sein,[142)] wobei ihm, zumindest nach Weisung des Secretary of War, das Material nach seinen Anforderungen bereit gestellt werden sollte.[143)]

Im November 1840 konnte das Ordnance Department bereits melden, daß:
„ . . . *the machines provided for the construction of War Rockets have been found to fulfil the required conditions, and it only remains, to fix the details of their fabrication by a series of trials, in order to realize all the advantage which such projectiles are capable of affording."*[144)]
Möglicherweise verfügte auch die US-Navy zu dieser Zeit über Raketen. Bei einer Expedition zur Erforschung der Fiji-Inseln unter Lieutenant Wilkes im Juli 1840 wurde eine auf Malolo gelandete Gruppe des Schoners *Flying Fish* von Eingeborenen überfallen; Wilkes befahl daraufhin eine Strafaktion, bei der gegen die Palisaden zweier Dörfer Raketen eingesetzt wurden, welche diese in Brand setzten. 1845 kam es zu einem ähnlichen Zwischenfall auf Drummond Island als ein Besatzungsmitglied der sloop *Peacock* bei einem Landgang verschwand, auch hier wurde eine Strafaktion eingeleitet:
„*Hudson sent an assault party ashore. As it neared land a few shots were fired and a rocket was discharged, which took its flight towards the great of them. The latter missle caused great confusion, and many*

werful weapon of annoyance to the enemy's vessels, should they attempt to come within their reach - and it is said they can be thrown two miles and upwards. We understand Mr. Beath has expressed a willingness, not only to superintend the making of these rockets, of which it is believed he has a perfect knowledge, but also to be stationed at the battery, in case of attack." (Zitiert nach: NWReg, Vol. VII, p. 55; siehe auch: Robinson, The Use of Rockets by the British in the War of 1812, in: Maryland Historical Magazine, Vol. XL 1945. p. 5)

134) Olejar, a.a.O., p. 19

135) o.Verf., Congrevische Raketen, in: AMZ, 1826, 1. Jahrg., S. 28

136) F. P. F. v. Mourier, Contribution to further knowledge of the war-rockets and their history, Copenhagen August 11th 1825 (Übersetzung durch Ingemar Skoog für das National Air and Space Museum, Smithsonian Institution, Washington, D.C.), p. 19. Damit gab es hier möglicherweise bereits einen Vorläufer von W. Hale. [Dem Übersetzer ist jedoch entgangen, daß diese Arbeit ebenfalls in der ZfKWGK, 1825, 1. und 2. Heft, abgedruckt wurde, er sprach letztere Veröffentlichung als unabhängige Arbeit an.] Auch: Dr. Meyer, a.a.O., S. 478 f., gab an, daß die Amerikaner 1815 „glückliche Raketenversuche" gemacht hätten, wobei sie den Raketen durch schiefe Bohrlöcher eine rotorische Bewegung gegeben hätten.

137) de Viluma, a.a.O., p. 74: „Por lo que se ha dicho en los diarios, estas armas son una especie de cohetes de grandes dimensiones, que se disparan entre dos aguas, y pueden abrir con su esplosion la quilla de cualquier navío."

138) Olejar, a.a.O., p. 19, sowie: o.Verf., American State Papers. Documents, Legislative and Executive of the Congress of the United States, Class V, Military Affairs, Washington 1861: Vol V: Chief of Ordnance vom 24.11.1832, Statement of work done, 1. October 1831 - 30. September 1832: Rockets - 613 (p. 72), issued to troops: Signal rockets - 50 (p. 75); für das Folgejahr bis 30.09.1833: Chief of Ordnance vom 15.11.1833: Statement of work done, rockets - 1212 (p. 230), issued to troops: signal rockets - 100 (p. 232); für den Zeitraum 1.10.1833 bis 30.09.1834: Chief of Ordnance vom 18.11.1834: Statement of work done: Class 8./Rockets assorted - 965 (p. 440) ohne Angabe ausgelieferter Raketen und schließlich: report Col. Georg Bomford vom 20.11.1835: Statement of work done, 1 October 1834 - 30 September 1835, Class 8.: Rockets - 1,245, Rocket sticks - 421 wiederum ohne Angabe ausgelieferter Raketen (zumindest die Anzahl der Stäbe deutet darauf hin, daß mindestens 421 Kriegsraketen angefertigt worden sind). Ebenso läßt sich aus den Bestandsmeldungen der Arsenale nicht die Anzahl der gelagerten Raketen entnehmen, auch wenn die Meldung Col. Bomford vom 12.11.1835, in der ausdrücklich ein Bestand von 5,693 „paper rockets" (p. 774) erwähnt ist, auf Signalraketen schließen läßt, während in einer folgenden Auflistung (p. 777) zwischen „iron case" und „paper case" unterschieden wurde, so daß angenommen werden kann, daß unter „iron case" Congreve-Raketen zu verstehen sind, in diesem Fall waren in Fort Monroe im IV. Quartal 1834 76 Stück 3 inch Raketen und in Watertown 118 Stück 3 inch Raketen gelagert, aber auch diese Übersicht scheint unvollständig zu sein, da als Gesamtbestand 264 Stück 3 inch iron case aufgeführt sind. (Zusätzlich wurden ohne nähere Angabe für Alleghany unter „rockets" „48 assorted" aufgeführt, sowie unter Washington „15 assorted".) Für den Zeitraum bis 30 September 1836 meldete Col. Bomford unter dem 12.11.1836 unter „C. Statement of work done: rockets - 704, rocket sticks - 100" sowie ohne Bezeichnung der Art als „statement of arms issued to troops „rockets - 150" (Vol. VI, p. 920 und p. 925). Erst im Folgebericht für 1837 erfolgte eine spezifizierte Angabe der Raketen (Col. Bomford vom 20.11.1837): „Statement of work done, 1 October 1836 - 30 September 1837 Class 8. Rockets 1,329, Rocket cases, Congreve 98" (Vol. VII, p. 736), aber wiederum wurde bei den ausgelieferten Raketen keine Unterscheidung getroffen „Rockets - 350" (p. 741)

139) S. L. Falk, Artillery for the Land Service: The Development of a System, in: MilA., Vol. XXVIII 1964, p. 103

140) G. Talcott an Kriegsminister vom 8. April 1839, zitiert nach: Olejar, a.a.O., p. 20

141) A. Goell bezeichnete sich als „native citizen", er hatte nach seiner Angabe über mehrere Jahre die militärischen Produktionseinrichtungen in Preußen, Sachsen und anderen deutschen Staaten sowie in Österreich, Dänemark, England, Schweden. Belgien, Frankreich und in den Niederlanden studiert und war für 2 Jahre in Rußland als „master-armorer" in der Kanonenherstellung angestellt, bevor er 1839 in seine Heimat zurückkehrte (A. Goell, Memorial of Alvin C. Goell, Washington February 5th., 1844, p. 1)

142) Winter, Rocketry, a.a.O., p. 146, Goell erhielt hiernach $ 300 pro Tag, hergestellt wurden 2zöllige (Gewicht 7 pounds) und 3 zöllige (Gewicht 19-20 pounds) Raketen. Bis zum 1. Februar 1841 waren erst 50 zwei- und 11 drei-zöllige Raketen produziert.

143) N.A.W., RG 156, Chief of Ordnance, Special File, Inventions, Class 8, Box 22, file IN-8 (21-35), letter Secretary of War to Col. Talcott vom 12. November 1840: „The Secretary wishes me to say you that he will be glad if you will cause Mr. Goell to be furnished with suitable iron such as he may select for his rockets- say for one dozen. He desires that this may be done as early as practicable as he wishes to be present to witness the experiments when the rockets are completed."

144) G. Talcott an Kriegsminister vom 30. November 1840, zitiert nach: Olejar, a.a.O., p. 20

of them turned to seek the shore, but their terror did not last long." Das Dorf wurde verbrannt, der verschwundene Seemann aber blieb unauffindbar.[145]
1841 verstärkte sich das Interesse an den Raketen erneut; ähnlich wie auch andere Staaten, hatten die U.S.A. eine Gruppe von Offizieren ins Ausland, hier also nach Europa, entsandt, um sich über die Entwicklung des Artilleriematerials zu informieren. Die Kommission aus Ordnance Offizieren besuchte Großbritannien, Frankreich, sowie Preußen, Rußland und Schweden und schrieb nach ihrer Rückkehr zur Raketenentwicklung in Frankreich.[146]
„In the arsenal at Metz the board saw cases of war rockets in progress of construction, and had an opportunity to examine them minutely. They are exactly similar to samples heretofore obtained. An experiment had been tried lately with these rockets, which had given favourable results. It was thought they might be useful in the defense of a place; and a battery, representing a battery in breach, with three embrasures, was erected on the crest of a covert-way near a bastion of the place. Thirty war rockets were fired at this battery from the main work, a distance of about 80 yards, and completely destroyed the battery. . . The officers were much struck with the effect of these rockets in this first trial, and intended to prosecure the experiment further. In all the countries visited, war rockets are made on a more or less limited scale. All nations make a secret of the details of their manufacture, but the secret appears known to all nations."
Ebenfalls hatte die Kommission in Großbritannien die Gelegenheit erhalten, das Arsenal in Woolwich zu besichtigen, wo sie auch Einblicke in die ersten von Boxer durchgeführten Verbesserungen erhielt, sich jedoch aus Geheimhaltungsgründen nicht über die Herstellung informieren konnte.[147] Nach Goells Angaben urteilten diese Offiziere nach ihrer Rückkehr ebenfalls positiv über die von ihm verfertigten Raketen:
„Rockets made under the supervision of a deputation of officers who had been sent to Europe to acquire knowledge and had just returned, were put in competition with his rockets and the unquestionable superiority of the latter was obvious to every beholder."[148]
Im Frühjahr 1841 wurde Goell dann entlassen, nach eigener Darstellung als Opfer eines „mobbing", wobei ihm unter anderen die Verwendung ungeeigneten Materials aufgezwungen wurde, so daß seine Raketen bei einem Versuch am 4. Februar 1841 explodierten.[149] Die amerikanische Raketenfabrikation wurde in den Folgejahren erhöht, und 250 Raketen wurden an die Truppe im Jahr 1843 geliefert, 160 im Jahr 1844 und 544 im Jahr 1845.[150]

Einer der ersten Einsätze der neu hergestellten Raketen erfolgte im Seminolenkrieg in der Schlacht von Lockahatchee am 24. Januar 1838, die Raketen scheinen sich dort bewährt zu haben, auch wenn dies eher ein Versuchseinsatz gewesen ist, und die Raketen weniger ihrer physischen als ihrer moralischen Wirkung wegen gegen die Indianer eingesetzt worden sind.[151] Ein Militärarzt schrieb zum Einsatz:
„Congreve rockets also contributed their terrible whizzing toward increasing the stunning uproar that raged on all sides. The Indians yelled and shrieked . . ."[152]
1846 bot A. C. Goell die Heeresraketen auch der US-Navy an, und schlug im Oktober eine Demonstration vor, die Marine scheint dies Angebot aber nicht angenommen zu haben.[153]

(2) Hales Raketen und der Krieg gegen Mexico

Ab 1846 beschäftigte man sich dann mit Hales Raketen, die von seinem Bevollmächtigten Mr. J. B. Hyde gegen Ende dieses Jahres in die Staaten gebracht worden waren; neben ihrem Vorteil, ohne Stab verschossen werden zu können, war auch die Produktionsmethode moderner, da der Treibsatz mit einer hydraulischen Presse eingefüllt wurde, während man bisher den Treibsatz in die Hülse geschlagen hatte. Das Einfüllen mit der Presse bewirkte auch, daß der Treibsatz stärker verdichtet und gleichmäßiger in die Hülse getrieben wurde, was wiederum zu einer längeren Brennzeit des Satzes führte.
1846 stand der Krieg gegen Mexico bevor und man gedachte hierbei aufgrund der Schwierigkeiten des Geländes und ihrer hohen Beweglichkeit Raketenartillerie einzusetzen, an deren Einsätze im Krieg 1813 - 1815 durch die Engländer man sich wohl noch erinnerte. Am 13. Mai 1846 erfolgte die Kriegserklärung der Vereinigten Staaten an Mexico. Lieutenant-Colonel G. Talcott schlug vor, hierzu auch ein Raketen-Corps aufzustellen, das selbstverständlich von Ordnance-Offizieren befehligt werden müsse.
„Sir: I respectfully propose (the sanction of the Secretary of War being first obtained) to gather at Fort Monroe Arsenal, partly by drafts from other arsenals and by enlistment of laborers of ordnance, a sufficient number of men to man a battery of mountain howitzers now at that post, and also to form a brigade of rocketers, probably 100 men in all may suffice. . . They will of course be commanded by ordnance officers."[154]
General Scott stimmte dem zu[155] und beauftragte den Chief of Ordnance und den Chief Engineer entsprechende Pläne auszuarbeiten. Am

---

145) H. J. Viola / C. Margolis, Magnificent Voyagers, The U.S. Exploring Expedition, 1838-1842, Washington 1985, pp. 218; über die Art der Raketen wurde hierbei nichts ausgesagt, es mag sich auch um zweckentfremdete Signalraketen gehandelt haben. Die Wilkes Expedition dauerte 4 Jahre und bestand aus den sloop-of-war *Vincennes* (Lieutenant Wilkes), *Peacock* (Lt. Hudson), der Brigg *Porpoise* (Lt. Ringgold) und den Schonern *Sea Gull* (Midshipman Reid) sowie *Flying Fish* (Midshipman Knox) (D. W. Knox: A History of the United States Navy, New York 1936, p. 154)

146) Die Kommission bestand aus Major Baker, Captain Mordecai, Captain Huger und Major Wade, ihre Reise begann am 1. April 1840 und endete im November dieses Jahres, ihr Bericht vom 1. März 1841 ist zu finden: U.S. Senate, Executive Documents, 26 Congr., 2 sess, No. 229, p. 109

147) Falk, a.a.O., p. 106: „The Englishmen proved as helpful as possible, except on the subject of rockets. While making no attempt to conceal the weapons, they refused to divulge how they were manufactured." (Dieser Besuch wurde durch Capt. Huger und Mordecai durchgeführt)

148) A. C. Goell, a.a.O., p. 2, Goell selbst charakterisierte seine Raketen wie folgt: „Your Memorialist also succeeded, in spite of still greater difficulties, in producing Rockets which ranged twice as far as any which had ever been produced by the Ordnance Officers, and with more regularity of flight, and precision of aim." (ibidem)

149) Nach Goells Angaben wurden ihm ungeeignete Bleche für die Fertigung der Hülsen aufgezwungen, die er trotz seiner Einwände zu verwenden hatte, möglicherweise war hier Neid gegenüber dem Außenseiter im Spiel, zumal er in seiner Rechtfertigungsschrift festhielt: „And this course was the less excusable, because, in their own experiments in 1839, every one of their three inch Rockets exploded without leaving the stand, and over two hundred of them were afterwards thrown into the river as worthless and unsafe. Nor were their experiments after his discharge in 1841, unattended by similiar explosions." (ibidem, p. 3) Zumindest der Secretary of War scheint aber sehr an einem Erfolg der Versuche interessiert gewesen zu sein, wie aus dem zuvor zitierten Brief zu ersehen war, wo ausdrücklich bestimmt wurde, daß Goell über die Art der Bleche zu entscheiden hätte.

150) Olejar, a.a.O., p. 21

151) J. K. Mahon, History of the Second Seminole War 1835 - 1842, Gainesville 1967, p. 234, sowie: J. F. Sunderman (ed.), Journey into Wilderness, An Army Surgeon's Account of Life in Camp and Field during the Creek and Seminole Wars 1836 - 1838 by Jacob Rhett Motte, Gainesville 1963, p. 194; Sunderman ergänzte in einer Anmerkung (p. 301): „It is doubtful they were used for any purpose during the Florida War except for the terror, fright and consternation which the 'terrible whizzing' certainly produced among the musket-armed Indians."

152) Sunderman, a.a.O., p. 194

153) N.A.W., Misc. Letters, Oct. 1846 (Memorandum for Captain Knox, June 28, 1945, freundlicherweise von Mr. F. H. Winter zur Verfügung gestellt)

154) Brief vom 19. November 1846, in: St. v. Benet (edit), A Collection of Annual Reports and Other Important Papers Relating to the Ordnance Department (im folgenden: Ordnance Reports), Vol. II, Washington 1880, p. 148; das Ordnance Personal bestand zunächst nur aus „artificers" (also Handwerkern), erst im Juli 1846 hatte der Congress einer Verstärkung durch Soldaten zugestimmt, da diese billiger als die Handwerker kommen sollten. An Soldaten für Kampfeinsätze war dabei nicht gedacht. Das Ordnance Office schuf sich so gewissermaßen eine private Kampftruppe, was im Gegensatz zu einer Entscheidung des Secretary of War von 1838 stand, der anläßlich der Diskussion um Einführung eines Raketendienstes festgelegt hatte, daß eine solche Waffe ausschließlich durch die Artillerie bedient werden sollte. (W. E. Birkhimer, Historical Sketch of the Organisation, Administration, Materiel and Tactics of the Artillery, United States Army, Washington 1884, pp. 202 und p. 282)

155) Ordnance Reports, Vol. II, a.a.O., p. 148, indorsement General Scott: „ . . . think favorable of the proposed rocket-corps:"

27. November lagen die entsprechenden Forderungen vor und wurden vom Secretary of War, W. L. Marcy, gebilligt.[156] Am selben Tag bestellte der Inspizient der Pioniere, Oberst Joseph G. Totten, beim Arsenal zunächst Congreve-Raketen, um sie mit dem Belagerungstrain für den Einsatz in Mexico in New York verladen zu lassen. Am 3. Dezember befahl der Adjutant General, R. Jones, die Aufstellung einer Raketen- und Gebirgshaubitzen-Batterie für den Feldeinsatz, ihre Stärke sollte der einer normalen Artilleriebatterie entsprechen.[157] Am 4. Dezember begann der von Lieutenant-Colonel Georg Talcott beauftragte Lieutenant Walbach[158] die Soldaten für die Bedienung zu werben. Für die Werbung der erforderlichen Freiwilligen für das Ordnance Corps, also nicht für die Artillerie, wurde eine Prämie von 2 Dollar bereitgestellt. Er suchte hierfür durch Zeitungsanzeigen und Aushänge bei Ordnance-Depots:

„Wanted 100 active, brave young men to serve with rocket and mountain howitzer batteries, now preparing by the Ordnance Department for immediate departure. In pay, provisions, and clothing, this corps will be superior to any other yet raised, and, from the kind of arms, will be constantly in the advance where the hardest fighting may be expected. The highest character for courage and physical ability will be required for admission. Apply to Two dollars paid to citizens for each recruit."[159]

Die neu aufgestellte Batterie wurde am 28. Dezember durch First Lieutenant G. H. Talcott[160] übernommen und in Fort Monroe ausgebildet. An Offizieren wurden der Brevet First Lieutenant F. D. Callendar und Brevet Second Lieutenant J. L. Reno zukommandiert,[161] Reno sollte dann den Raketenanteil der Batterie führen.

Die Rotationsraketen Hales waren inzwischen am 1. Dezember 1846 von Mr. J. B. Hyde in Washington vor Offizieren des Heeres und der Flotte vorgeführt worden.[162] Die Demonstration mit dem Verschuß von 13 Raketen verlief überzeugend, auch wenn diese neue Rakete bis dahin noch von keinem Staat eingeführt war. Eine gemeinsame Kommission von Offizieren der Heeres und der Marine stellte fest, daß

„The Board have tried, by firing on land and water, thirteen 2¾-inch rockets, presented to them for that purpose by Mr. Hyde, by whom they were procured from the inventor, Mr. Hale.

From these trials the Board have arrived at the following conclusions:-

1. *The effect of the rockets, with regard to range, force and accuracy, is at least equal, and probably superior, to that of the ordinary Congreve Rocket of the same size.*
2. *The fact of this rocket being without a stick gives it an incontestible superiority over the Congreve Rocket with respect to facility and convenience of service, and especially for use on board armed vessels or boats.*
3. *It is therefore recommended that an arrangement be made with the proprietor for the purchase of the full instructions requisite for making these rockets.*
4. *The evidence of such information being fully and correctly cummunicated should be the making under these instructions, of a certain number of rockets, of at least two sizes (say ten each of 2-in + 3-in), which shall perform as well as those exhibited to the Board.*
5. *It is proposed that a compensation of $ 20.000 shall be made to the proprietor, for the fulfilment of the above requisitions, to the Satisfaction of a Committee of Officers of the Army and Navy to be designated for the purpose."*[163]

Die Kommission empfahl, die komplette Anweisung zur Herstellung dieser Raketen von Hale zu erwerben. Mr. J. B. Hyde wurde am 9. Dezember durch die Secretary of War und Secretary of the Navy aufgefordert, seine Bedingungen vorzulegen.

„Will you be pleased to make known to us your determination. No delay which can be avoided will occur, if you accede to the proposition in applying the proposed tests, and your communication in writing of the necessary instructions will be treated as confidential."[164]

Bereits am 11. Dezember 1846 wurden dann von der US-Regierung die Konstruktionsunterlagen für diese Rakete für $ 2.000 erworben und das Kriegsministerium (Secretary of war) bestellte, wie von der Kommission empfohlen, jeweils zehn 2- und 3zöllige Raketen für Versuche.[165] Diese erfolgten schon am 5. Januar 1847 im Arsenal von Washington und konnten den Nachweis der Funktionsfähigkeit erbringen:

---

156) Ordnance Reports, Vol. II., a.a.O., p. 148: „we recommend the formation of a rocket company in the Ordnance Corps.", zu diesem Zeitpunkt war aber noch nicht über die endgültige Anzahl von Raketeneinheiten entschieden worden, es scheinen zunächst Pläne vorgelegen zu haben, zwei dieser Batterien aufzustellen: „It is decided to send to the field one, if not two, Batteries of Mountain Howitzers, under the command of Ordnance Officers, for this purpose we want over 100 men, say 120 laborers of Ordnance. They should be armed with the percussion Musketoon, with sabre bayonets if possible." (Brief LTC Talcott an Maj J. W. Ripley, Springfield Armory, 27 November 1846, N.A.W., RG 156, Entry 6, Vol. 8, Folio 364), jedoch ist bis zum 17.12.1846 die Entscheidung gefallen, zunächst nur eine derartige Batterie aufzustellen (Brief LTC Talcott an 1Lt Walbach (ibidem, Folio 414); Nach: L. R. Dillon, American Artillery in the Mexican War 1846-1847, Austin 1975, p. 59, wurde diese Einheit nur zu Versuchszwecken aufgestellt.

157) Ordnance Reports, Vol. II., a.a.O., p. 151

158) „Lieut, Walbach, of the United States Army, has advertised for one hundred choice men to serve this battery, which is now preparing by the Ordnance Department, and promises to be of the greater value in future operations in Mexico. It is said to be particularly valuable in the field, for the attack of towns, and among the passes and defiles of mountains." (o. Verf., Rocket and Mountain Howitzer Battery, in: Daily National Intelligencer, Washington D.C., No. 10548, 14 December 1846, p. 3)

159) Ordnance Reports, Vol. II, a.a.O., p. 152. Die Freiwilligen sollten für 5 Jahre als „Laborers of Ordnance" verpflichtet werden, wobei eine Beförderung aufgrund gezeigter Leistungen in Aussicht gestellt wurde. Für die Aufstellung dieser neuen Einheit war kein gesondertes Gesetz beschlossen worden (Brief LTC Talcott an 1Lt Dearborn, Frankford Arsenal, vom 7. Dezember 1846, N.A.W., RG 156, Entry 6, Vol. 8, Folio 388)

160) Lieutenant Georg Henry Talcott war der Sohn des Chief of Ordnance, Georg Talcott, Olejar hielt dies für unbewiesen, aber die Daten des US Army Ordnance Museum, Fort Lee, Virginia bestätigen dies (Brief vom 13. September 1995); 1Lt Talcott erhielt am 14.12.1846 die Weisung, diese Batterie aufzustellen (Brief LTC Talcott an 1Lt Talcott vom 14. Dezember, N.A.W., RG 156, Entry 6, Vol. 8, Folio 405), Brevet Major vom 3. März 1847 bis 19. Juli 1848 gem. „act of February 11, 1847, for and during the war with Mexico" (F. B. Heitmann, Historical Register and Dictionary of the United States Army, Washington, 1903, Vol. 1, p. 143).

161) Ordnance Reports, Vol. II., a.a.O., p. 156 (order Ordnance Office vom 28.12.); nach Lieut. Reno wurde später die Stadt Reno benannt. „Brevet"= Zusatz zum Dienstgrad bei einer Beförderung, die nicht mit der Gewährung des Soldes des neuen Dienstgrades verbunden war.

162) Verhandlungen waren aber bereits vorher durchgeführt worden. Am 21. November 1847 schrieb LTC Talcott an Cpt. Huger im Fort Monroe Arsenal „If you have not left for other parts, come to Washington. We will show you Hale's rockets in perfection, if your arrival is not too late" (N.A.W., RG 156, Entry 6, Vol. 8, Folio 359) und am 22. November schrieb Talcott an Cpt Mordecai im Washington Arsenal: „I think the Rocket Board ought to have a preliminary meeting to-morrow morning, & I have so stated to Genl. Scott, in order to make a programme of operations, first deciding wether the proposals of Mr. Hyde shall be entertained &c." (ibidem, Folio 360). Auch ist wohl vor dem offiziellen Versuch bereits ein Vorversuch erfolgt (Cpt Mordecai schrieb am 29. November 1846 an LTC Talcott und erwähnte dabei einen Raketenversuch „yesterday . . . at the Arsenal" [N.A.W., RG 156, Entry 21, Box 166]); Joshua B. Hyde war ein Bürger Connecticuts und wirkte als Hale's Agent in den USA (R. Bruce, Lincoln and the Tools of War, Indianapolis 1956, p. 217)

163) Empfehlung des Joint Board of the Army and Navy, Washington, December 1, 1846, unterschrieben von Joseph G. Totten, Colonel and Chief Engineer, G. Talcott, Lieutenant-Colonel of Ordnance, A. Mordecai, Captain of Ordnance, L. Warrington, Commodore, Thomas A.P.C. Jones, Captain, Hon. John Y. Mason, Secretary of the Navy, (N.A.W., RG 92 sowie RG 45 BV 62½, [zur Verfügung gestellt von F. H. Winter] der Text ist mit geringen Abweichungen auch nachgewiesen in: P.R.O., WO 44/644 , hier fehlt jedoch die Ziffer 5.)

164) Schreiben vom 9. Dezember, unterschrieben von W. L. Macey, Secretary of War, und J. Y. Mason, Secretary for the Navy; (P.R.O., WO 44/644), mit Schreiben vom selben Tag hatte Hale eine Abschlagszahlung von $ 2000 gefordert (N.A.W., RG 92)

165) Ordnance Reports, Vol. II., a.a.O., p. 153. Die Herstellung wurde etwas überstürzt begonnen, so daß Mr. Hyde um die Qualität der Raketen und damit auch um die Reputation Hales besorgt gewesen zu sein schien: „I have just received from Mr. Hyde all the documents relating to Hale's Rockets and desire to see you on the subject as soon as it may be convenient. Mr. Hyde suggests many precautions to be taken to prevent accidents and as he will be personally interested, we must listen to them . . .We must commence the manufacturing of the Rockets at once for several

„Report of the trial of rockets of Hale's patent, made at Washington Arsenal, January 5, 1847.
These Rockets presented for trial, in pursuance of the former recommendation of the Board, were made at Washington Arsenal, under the direction of Mr. Hyde.
These were fifteen 3-inch Rockets, two of them with shells in the head, and thirteen 2-inch rockets, four of them with shells; of these the following were fired in the presence of the Board: Six 2-inch, with shot-heads./ Three ditto, with shells. / Four 3-inch, with shot-heads. / Two ditto, with shells. / At various elevations from 14° to 35°.
The accuracy of direction and the ranges were in all respects satisfactory, and the Board are of opinion that these Rockets were quite equal to those before exhibited to them by Mr. Hyde, as having been made by Hale, the inventor; and that Mr. Hyde has therefore, 'Fully and correctly communicated the necessary instructions for making Hale's Rockets.' "[166)]
Aufgrund des Erfolges der Teste wurde an Mr. Hyde im Januar die restliche Summe von 18.000 $ für den Erwerb der uneingeschränkten Rechte gezahlt, für:
„the right to make and use the said war Rockets, without interruption from or claim for compensation by said inventor, his assignee, or any other person whatsoever."[167)]
Zuvor hatte Hyde, der davon ausging, daß die Staaten das Patent erwerben würden, am 8. Januar Talcott vorgeschlagen, Hale zu kontaktieren, um zeitgerecht die benötigte Anzahl Raketen zu verfertigen, dabei wurde wohl auch die Möglichkeit, eine Fabrik durch Hale in Amerika einzurichten angesprochen. Diesem Vorschlag wurde aber nicht zugestimmt.[168)]
Am 8. Januar drängte Talcott auf die beschleunigte Herstellung einer größeren Anzahl Raketen, wobei er die Fertigung von 500 innerhalb des nächsten Monats forderte und innerhalb von 3 Monaten die Fertigung von 10.000; Kaliber und Art des Gefechtskopfes wurden anscheinend dem Arsenal freigestellt.[169)] Captain Mordecai schlug daraufhin die Fertigung von 300 3-inch und 75 2-inch Raketen mit Granaten als Gefechtskopf vor, da hierfür die Hülsen bereits verfügbar wären. Die Granaten der 3zölligen Raketen wollte er mit Zündern für die Brenndauer von 2 und 4 Sekunden ausstatten, während die 2zölligen alle Zünder mit 2 Sekunden Brenndauer erhalten sollten. Zur Unterscheidung bei den 3zölligen sollten die 2 Sekunden Zünder schwarz und die 4 Sekunden Zünder blau markiert werden. Für die weitere Fertigung schlug er die 2zölligen Raketen mit Granaten vor, da er der Auffassung war, daß diese am besten für den Feldeinsatz geeignet wären. Überdies machte er den Vorschlag, die 2- und 3zölligen Raketen durch ein mittleres Kaliber von $2^1/_4$ oder $2^1/_2$ inch zu ersetzen und für Zwecke, die ein größeres Kaliber erforderten, lieber $3^1/_2$- oder 4zöllige Raketen zu verwenden.[170)] Am 12. Januar stimmte Talcott diesem Vorschlag zu, wünschte aber nach Fertigstellung der 5.000 2zölligen Raketen nur noch 3zöllige herstellen zu lassen.[171)] Daraufhin begann unter Leitung von Captain A. Mordecai die Herstellung dieser Raketen im Arsenal zu Washington. Die $2^1/_2$zöllige Rakete wog 6 pounds, die $3^1/_2$zöllige 16 pounds; als Gefechtsköpfe wurden Granaten von 9,2 pounds, Kartätschen von 11,2 pounds und Shrapnells mit einem Gewicht von 11 pounds verwendet. Der U.S. Navy wurden die Herstellungsunterlagen, Zeichnungen und eine Muster-Hülse am 18. Januar übergeben, mit Schreiben vom 25. Januar wurden die Unterlagen an den Washington Navy Yard mit dem Hinweis weitergeleitet, daß die Fabrikation geheim zu halten wäre.[172)] Die US - Navy führte die Raketen jedoch nicht ein, arbeitete jedoch weiter an ihnen; gegen die Auffassung der gemeinsamen Prüfungskommission setzte sich der Chief des Board of Ordnance der Navy, Commodore Warrington, durch, der feststellte:
„Strong objections may be urged against their becoming a portion of our offensive weapons; by reason of the danger of accidental ignition, by the inconvenience of transportation, and the difficulty of giving them a right direction when a vessel is in motion."[173)]
Die Herstellung im Arsenal erfolgte mit höchster Sorgfalt, die Funktionsfähigkeit dieser Raketen wurde ständig überprüft.
„The peculiar advantage of this new projectile is that of having its directive force in the body of the rocket, thus dispensing with the use of the cumbrous stick attached to the Congreve rocket. About 2.000 of these rockets, of the calibres of $2^1/_4$-inch and $3^1/_4$-inches, have been made at this arsenal, and the trials which have taken place, from time to time, seem to confirm the favorable opinion at first formed, that in extent of range and accuracy of direction, they are equal, and perhaps superior, to the common rockets of equal size."[174)]
Die Reichweiten von Hales Raketen - jeweils bis zum ersten Aufschlag - können der nachstehenden Tabelle entnommen werden:[175)]

reasons. . ." (Brief LTC Talcott an Cpt Mordecai vom 11. Dezember 1846, N.A.W., RG 156, Entry 6, Vol. 8, Folio 397) Die bestellten Raketen wurden bis zum 04.01.1847 fertiggestellt (Brief Cpt Mordecai an LTC Talcott vom 31. Dezember 1846: „The 20 Rockets of Hale's Patent, required to be made, under the agreement with Mr. Hyde, will be ready for trial by next Monday 4th Jany" - N.A.W., RG 156, Entry 21, Box 171, file >M<)

166) P.R.O., WO 44/644, Bericht vom 6. Januar 1847, unterzeichnet von den Zeugen aus Army (Ordnance) und Navy

167) zitiert nach: Olejar, a.a.O., p. 23

168) Brief Mr. Hyde an LTC Talcott vom 08. Januar 1847; Hyde schlug vor, den Postdampfer vom 1. Februar zur Kontaktaufnahme zu verwenden und verwies auf die Möglichkeit, Raketen durch einen Col. Aspinwall fertigen zu lassen. Falls Bedarf bestünde, wäre er, Hyde, im Astor in New York zu erreichen. Cpt Mordecai nahm hierzu am 15. Januar in einem Brief an LTC Talcott Stellung, wobei er feststellte, daß es fraglich wäre, ob Hale die Raketen innerhalb der geforderten Zeit herstellen könne und ob es für diesen sich lohne, eine Fabrik in Amerika einzurichten. Er verwies auch auf das Problem einer Inspektion der zu liefernden Raketen auf Funktionsfähigkeit, räumte aber ein, daß er keine Einwände erheben wolle, wenn der Preis für die Raketen vernünftig wäre. (N.A.W., RG 156, Entry 21, Box 171)

169) „The purchase of the right to make and use Hales Rockets having been completed, it is highly desirable to make as rapidly as possible a large number for service in the present war.", in diesem Brief wurden Kaliber und „method of arming" Cpt. Mordecai freigestellt (Brief LTC Talcott an Cpt Mordecai vom 08. Januar 1847, N.A.W., RG 156, Entry 6, Folio 440)

170) Brief Cpt Mordecai an LTC Talcott vom 09. Januar 1847: „I have to acknowledge the receipt of your instruction of the 8th inst. relative to making Hale's Rockets. I could have wished for more explicit instructions as to the size of the rockets most suitable for immediate service, but as you leave the matter to my judgement I prepare to proceed as follows. 1. To make up about 300 3-inch & 75 2-inch rockets, the cases for which are on hand . . . Conceiving that the 2-inch rockets will be very effective in the field & from its lightness, very convenient in service I propose to make 5.000 of that size first. I shall immediately send the Master armorer to Philadelphia, to make arrangements for procuring welded jackets for these rockets. I think they may be all advantageously with shell heads, with 2-sec fuzes . . ." (N.A.W., RG 156, Entry 21, Box 171)

171) Brief LTC Talcott an Cpt Mordecai vom 12. Januar 1847, „Your suggestion is approved . . . The arming their heads with shells is doubtless the best plan." (N.A.W., RG 156, Entry 6, Folio 446)

172) Ordnance Office to Commodore Warrington, 18. Jan. 1847 und letter Warrington, Chief, Bureau of Ordnance and Hydrography an Capt. McCawley, Washington Navy Yard (N.A.W., RG 92, Misc Letters, Vol. 8, No. 11 und RG 45, Letters to Commandants, Vol. 2, p. 221[zur Verfügung getellt von F. H. Winter])

173) Dudley W. Knox, Early Naval Use of Rocket Weapons, in: US - Naval Institute Proceedings, Febr. 1946, p. 261; auch in seinem Buch „History", a.a.O., erwähnt Knox niemals Raketen als Bewaffnung von Schiffen oder Booten der US-Navy (Knox hatte später -1945- hierzu Recherchen in den National Archives, Washington, durchgeführt); teilweise scheinen die Raketen aber dennoch im Navy Yard Washington verfertigt worden zu sein, da Captain Dahlgren, waffentechnischer Berater Lincolns, es für erforderlich hielt, dort ihre Fertigung zu überwachen (R. Bruce, a.a.O., p. 218) Dahlgren übernahm die Leitung im Navy Yard am 28. Januar 1847, wobei er am 16. August den Auftrag erhielt, unabhängig von dem Commandanten des Yard zu arbeiten, dabei wurde er am 18. August während eines Versuches mit 14 pfündigen Raketen fast von den Splittern einer explodierenden Rakete getroffen. Am 28. Juni 1848 kam es zu einer Explosion im „rocket house" des Yards, die jedoch keine größeren Schäden anrichtete. Daneben - oder eher schwerpunktmäßig -beschäftigte er sich mit der Konstruktion und Erprobung von Geschützen für die Navy. (N.A.W., Events relating to activities of John A. Dahlgren while at the Washington Navy Yard, 1847 - 1858, Washington 1970, freundlicherweise zur Verfügung gestellt von Mr. F. H. Winter)

174) Ordnance Reports, Vol. II, a.a.O., p. 190: Bericht von Captain A. Mordecai, kommandierender Offizier im Arsenal Washington, auch abgedruckt in: Chesney, Observations on the Past and Present State of Fire-Arms, London 1852, p. 313

175) The Ordnance Manual for the Use of the Officers of the United States Army, Washington 1850, p. 365; ergänzt wurde die Gewichtsangabe: Weight of $2^1/_2$-inch rocket, 6 lbs., Weight of $3^1/_2$-inch rocket, 16 lbs; im Ordnance Manual 1849 war die Höchst-

Elevation in Grad	Reichweite 1. Aufschlag $2^1/_4$ inch in yards	Reichweite 1. Aufschlag $3^1/_4$ inch in yards
4 - 5	500 - 600	500 - 600
8	700	800 - 1000
10	800 - 900	1000 - 1200
15	1200	1200 - 1400
47	1760	2200

Bereits am 12. Januar 1847 wurden der neuen Raketenbatterie die ersten 50 Raketen aus dem Arsenal nach Fort Monroe ausgeliefert.[176] Das Abfeuerungsgestell für die Raketen Hales wog 30 pound; ein Rohr mit einem Durchmesser von 3 inch und einer Länge von 4 Fuß $10^1/_2$ inch war in ein Zweibein gehängt, dessen Beine 37 inch lang waren. Für das Einstellen der Elevation waren Markierungen von 1 bis 8 in einem Abstand von $2^1/_4$ inch angebracht.

Am 1. Februar 1847 wurde die Batterie, die nunmehr aus 105 Mann bestand, mit ihren Raketenwerfern und 6 Gebirgshaubitzen an Bord der Bark *Saint Cloud* eingeschifft, die Batterie führte dabei 1.200 Schuß für die Haubitzen und neben einer Erstausstattung von 50 zweizölligen Hale-Raketen auch ältere Congreve Raketen mit sich.[177] Die Truppen unter dem Oberbefehl von General Winfield Scott wurden am 9. März 1847 etwa 3 Meilen südlich von Vera Cruz gegenüber der Sacrificios-Insel gelandet. Die Gebirgshaubitzen- und Raketenbatterie war für die Landung der ersten Welle unter dem Kommando von Major General Worth zugeteilt. Am 10. März war die vollständige Armee mit etwa 12.000 Mann Kampftruppen, dabei das 3. Artillerieregiment, einsatzbereit. Zur Landung berichtete Talcott:

„It was found very easy to get the battery complete, with the men, into three surf-boats, and in thirty minutes after they struck the beach it was reported ready to move by hand, as we had no horses."[178]

Zum Vormarsch auf Vera Cruz wurde die Batterie mit ihren Raketen und einer Haubitze der Vorhut der Armee zugeteilt, es kam hierbei nur zu geringfügigen Gefechten, da die mexikanischen Plänkler auf die Stadt auswichen. Am 22. März begann nach Zuführung von 6 schweren Geschützen der US-Navy die Beschießung von Vera Cruz und seines beherrschenden Fort San Juan de Ulloa durch Armee und Navy, hierbei erfolgte auch der erste Einsatz der Raketenbatterie. Wenige Tage später, am 24. März abends gegen 10 Uhr wurden gegen Vera Cruz 40 der älteren Congreve-Raketen unter Leitung von Lieutenant Callender abgefeuert:

„Hardly had the first one been thrown when the fort of St. Iago opened upon us with round shot, throwing them very close, and the castle with light ball and shells. We, however, fired all the rockets and returned to camp without loss."[179]

Am nächsten Tag um Mitternacht wurden während der Beschießung der Stadt durch schwere Marinegeschütze aus derselben Stellung von Talcotts Batterie 10 der neuen Hale-Raketen abgefeuert.[180] Am 25. März trat die Stadt in Kapitulationsverhandlungen, die zur Übergabe am 29. März führten. General Scott ließ dann sofort am 8. April den Vormarsch auf die Hauptstadt beginnen, die Raketenbatterie wurde hierbei der als Spitze vorrückenden Division General Twiggs unterstellt. Am 11. April stieß die Truppe auf den befestigten Paß von Cerro Grande. Scott entschloß sich, die mexikanische Armee auf Gebirgspfaden mit Twiggs Truppen zu umgehen, um sie im Rücken anzugreifen. Teil dieser Umgehungstruppe war auch die Gebirgshaubitzen- und Raketenbatterie. Der Versuch, den beherrschenden Telegrafo-Hill zu nehmen, schlug fehl, die Truppen konnten sich aber auf dem nahegelegenen La Atalaya halten. In der Nacht gelang es zwei Haubitzen und einem Raketenzug, geführt von Lieutenant Reno, auf dem Hügel in Stellung zu gehen.[181] Am nächsten Morgen, einem Sonntag, begann die Schlacht.

„The section and rockets on the hill, under Lieut. Reno, opened and fired on the enemy with great effect till our troops had closed in on them.- the rockets first towards the enemy's left, below the hill into the cover occupied by his advanced force . . . Thirty rockets and forty rounds of spherical case shot were fired in all by Lieutenant Reno, who deserves great credit for his judicious placing of the battery, and his cool and gallant conduct in so efficiently using it."[182]

General Scott meldete nach der Schlacht:

„Talcott's rocket and howitzer battery were engaged on and about the heights and bore an active part."[183]

Die mexikanischen Truppen wurden in die Flucht geschlagen und Scott setzte den Vormarsch auf die Hauptstadt fort. Das Kommando über die Batterie hatte inzwischen Lieutenant Callendar übernommen, da Talcott zum Voltigeur Regiment versetzt worden war. Da Santa Anna bei Ole Peñón an der Hauptstraße starke Befestigungen angelegt hatte, suchten die Amerikaner nach einer Umgehungsmöglichkeit ostwärts Contreras. Am 19. August begann Pillows Division, gedeckt von Twiggs Truppen, hier eine Straße für die Artillerie zu bauen. Als eine größere Streitmacht der Mexikaner unter General Valencia entdeckt wurde, ging die amerikanische Artillerie, dabei die Raketenbatterie, durch nahezu ungangbares Gelände vor, um die mexikanische Artillerie niederzukämpfen. Lieutenant Reno führte wieder die Raketen. Unter dem überlegenen Feuer der mexikanischen schweren Geschütze mußte die Artillerie nach erheblichen Personalverlusten zurückgezogen werden. Am nächsten Tag setzten die Amerikaner den Angriff fort und konnten die Mexikaner zurückschlagen. Das Raketenfeuer scheint hierbei sehr wirksam gewesen zu sein, denn dies ist die einzige Schlacht, in der es von der mexikanischen Seite ausdrücklich erwähnt wurde:

---

reichweite der $2^1/_2$ zölligen Raketen mit 1.760 yards - ohne den Zusatz „erster Aufschlag" - angegeben worden (Faber, Military Pyrotechnics, Washington 1919, p. 206)

176) Ordnance Reports, Vol. II., a.a.O., p. 160

177) Ordnance Reports, Vol. II, a.a.O., p. 176, die Anzahl der Raketenwerfer geht aus den Akten nicht hervor, Stärke: ibidem, p. 212, Letter G. H. Talcott (Major Voltigeurs) to Lieut.Col. G. Talcott, (Ordnance Office) vom 26. Oktober 1847. Im Artikel „Rocket and Mountain Howitzer Battery" (a.a.O., p. 3) hieß es jedoch: „The armament of one of these batteries is composed of four 12-pounder mountain howitzers, weighing only 220 lbs. and caissons complete; two rocket carriages, with the necessary fixtures and caissons complete; two 12 lb.mortars weighing 84 lbs. each, with mortar beds, also complete; one travelling forge, and one battery wagon, in charge of the artificers . . . The officers and men are to be armed as follows: For the officers, swords and pistols; for the non-commissioned officers and men, musquetoons, slung; non-commissioned officers, if necessary, a light sword. Every man of the company to be an expert marksman. The ammunition required for this battery will be: . . . For the rocket carriages, the usual congreve or war rocket, the greater portion to consist of the smaller kind, with a few, however, of the larger sizes for special purposes. A mode is devised for packing rockets in the ordinary ammunition boxes, like those for the limbers and caissons of the guns, instead of long wagons, thus affording more uniformity among the carriages of the battery, and also greater facilities for manoeuvring the pieces and transporting the ammunition." Die „rocket-carriages" scheinen vierspännig gewesen zu sein: „It will be proper to furnish the Rocket Carriage with Harness and probably for 4 Horses" (Brief LTC Talcott an Cpt Mordecai vom 16. April 1847, N.A.W., RG 156, Entry 6, Folio 63). Es scheinen aber bei Aufstellung der Batterie diese Wagen noch nicht vollzählig gewesen zu sein, denn erst am 02. Mai 1847 konnte Cpt Mordecai an LTC Talcott die Auslieferung eines Raketenwagens an das Voltigeur Regiment melden („In pursuance of your orders, I have issued to Col. T.P. Andrews, Voltigeurs Regt: 1 - Rocket carriage with harness for 4 horses. 1 - Portable rocket conduction [?] (making 3 to Col. A.). 224 - $3^1/_4$ in Rockets." (N.A.W., RG 156, Entry 21, Box 171). Die Anzahl der ausgelieferten Raketen ist widersprüchlich. Nach einer Meldung Cpt Mordecais vom 28.01.1847 wurden an Lt Talcott ausgeliefert „102 - 2 inch Hale's Rockets, 96 - 3 inch Ditto" (N.A.W., RG 156, entry 21, Box 171)

178) Ordnance Reports, a.a.O., Vol. II, p. 212

179) Ordnance Reports, a.a.O., Vol. II, p. 212

180) ibidem, siehe auch: W. S. Myers, McClellan, a.a.O., p. 72: „About 11.30 the discharge of a few rockets by our rocketeers caused a stampede amongst the Mexicans - they fired escopettes and muskets from all parts of their walls."

181) „Two pieces, and one half our rockets, were soon ordered up the hill, under the command of Lieutenant Reno, who, assisted by ten of the rifle regiment, easily and quickly placed them in a good position in advance of our line of troops." (Report of the Secretary of War, War Department, Washington 2 December 1847, p. 279, report G.H. Talcott, Major Commanding, Jalapa, Mexico, April 21, 1847)

182) ibidem

183) Senate, a.a.O., p. 261, zitiert nach: Olejar, a.a.O., p. 29

„Before taking Padierna, the Americans divided into fractions, one attacking the point, and the other . . . our left flank. The fire of the artillery did not cease: the enemy also generalized theirs, playing their pieces with celerity, and repeatedly the Congreve rockets."[184]

Für diese Schlacht lag auch eine Meldung des Lieutenant Reno vor:

„On the afternoon of the 19th, the battery then under the command of Lieutenant Callender, was ordered by General Pillow to report to General Twiggs; having done so, the battery . . . was ordered forward to drive in the enemy's skirmishers. We advanced as rapidly as possible. . . . Having reached a crest about eight hundred yards in front of the enemy's main fort, Lieutenant Callender placed three pieces in battery on the crest and opened a brisk fire. Perceiving that there was not room for any more pieces, I took the rocketeers a few rods to the left and commenced firing. After some time, I noticed that our pieces had partially ceased firing, and looking around to see the cause, perceived that two of them had been disabled . . . As we were firing at a great disadvantage against a strong battery, I ordered the pieces to be withdrawn and placed under cover; then returned to the rocketeers and continued throwing rockets until all that we had (100 in all) with us were expended. It was nearly dark by this time, and as our ammunition wagons had been unable to come up with us, I sent back Sergeant McGuire to bring forward more; but, before he returned, we were ordered to fall back."[185]

Aber auch die Batterie hatte erhebliche Verluste erlitten, zu den Gefallenen zählte auch Lieutenant Callendar.[186]

Bei einem weiteren siegreichen Gefecht bei Churubusco konnte die Raketenbatterie nicht mehr zeitgerecht das Schlachtfeld erreichen. Nach vergeblichen Friedensverhandlungen während eines Waffenstillstandes vom 24. August bis zum 6. September wurde der Vormarsch am 8. September erneut aufgenommen. An diesem Tag wurde, auch unter Einsatz der Raketenbatterie, Molino del Rey erstürmt. Scott entschloß sich anschließend, die Hauptstadt nicht von Süden, sondern über Chapultepec zu stürmen. Die Batterie wurde hierbei der Division General Pillows unterstellt und der Brigade Cadwalader zugeteilt.

„I directed Lieutenant Reno to carry with the advancing column the mountain howitzer battery, and to use it whenever he could do so with effect."[187]

Die stürmenden Truppen wurden am 13. September 1847 von den Raketen unter Lieutenant Reno gedeckt, die bei Molino del Rey in Stellung standen und die mexikanischen Truppen in ihren Stellungen niederhielten. Dann schloß dieser sich den Stürmenden an:

„Lieutenant Reno . . . greatly distinguishes himself by his extraordinary activity and daring, while he, under a concentrated fire at the openings from the whole line of the entrenched enemy, kept up a well-directed fire upon him, which greatly assisted me in dislodging him and driving him from his advanced positions. Nor did his gallant conduct stop here; for his men ran forward with his pieces, kept up with the storming column, and at the very base of the height placed them in battery almost in the mouth of the enemy's cannon, and served them until he was disabled by a wound."[188]

Nachdem Santa Anna die Hauptstadt geräumt hatte und sich die mexikanischen Truppen weitgehend aufgelöst hatten, wurde der Krieg mit dem Waffenstillstand von Guadelupe Hidalgo am 2. Februar 1848 beendet. Besonders wirksam erwiesen sich die Raketen für Störungsfeuer auf große Entfernungen, zeigten aber wie in den napoleonischen Kriegen, eine gewisse Unzuverlässigkeit in der Treffgenauigkeit. Nach amtlichen Äußerungen sollen die Hale'schen Raketen mit dem größten Erfolg angewendet worden sein,[189] es gab aber auch andere Äußerungen:

„The rockets attained fair results with 'tolerable accuracy' at ranges of up to 2,200 yards. Although glamour and notoriety characterized their use, the rockets accomplished comparatively little and had slight impact on the total artillery achievements of the war."[190]

Die Raketenbatterie, bereits auf 69 Mann reduziert,[191], wurde am 25. August 1848 aufgelöst.

Inzwischen hatte Anfang April das Arsenal in Washington die ersten 495 Raketen vom Kaliber 2¹/₄ inch für den Nachschub verfertigt, die zusammen mit 56 3¹/₄zölligen nach Vera Cruz verschifft wurden, weitere 224 3¹/₄zöllige wurden Ende April verschifft.[192] Weiterer Nachschub scheint nicht erfolgt zu sein, denn am 22. Mai wurde ein Folgeauftrag storniert.[193] Am 21. Mai konnte Mordecai dann die Ausführung des Raketenauftrages vom Januar melden, er schlug dabei vor, die Raketenfertigung zunächst zu unterbrechen, bis erste Erfahrungsberichte aus Mexiko, auch hinsichtlich ihrer Transportfähigkeit, vorlägen.[194] Nach Berichten des Arsenal Washington waren in diesem Jahr bis zum 30. Juni bereits 2.200 Kriegsraketen und 14 Abfeuerungseinrichtungen hergestellt worden, von denen 1.328 an die Truppe ausgeliefert worden waren.[195]

In den Folgejahren wurde die Raketenproduktion fortgesetzt. So wurden 1849 bis 1850 „196 Hale's war-rockets" im Arsenal von Washington hergestellt, von denen 90 an die Truppe oder in Depots ausgeliefert wurden.[196] Die Aufstellung von Raketenbatterien wurde jedoch nur vorbereitet; auch wenn es bei einigen Autoren heißt, daß

---

184) Alcaraz, a.a.O., p. 275

185) Report of the Secretary of War, a.a.O., Appendix, p. 123, J. L. Reno, to Colonel T. P. Andrews, Com'g Voltigeur regiment, no date

186) Dillon, a.a.O., p. 45

187) Bericht Major General Pillow an General Scott, September 18, 1847, N.A.W., Message from the President of the United States to the Two Houses of Congress, at the Commencement of the First Session of the Thirtieth Congress, Washington 1847, p. 402

188) ibidem, p. 405, Reno's Aufgaben wurden von Lieutenant Beauregard übernommen, dem späteren General. Gem. dem Bericht Colonel Andrews, City of Mexico, September 17, 1847 (Appendix to the Secretary of War, a.a.O., p. 207), wurde die Batterie durch Captain Edwards geführt; neben Lt. Reno wurden in dieser Schlacht noch 2 Soldaten der Batterie schwer, 2 leicht und einer tödlich verletzt (ibidem., p. 209); in der amtlichen Liste waren noch 4 Soldaten der Batterie zusätzlich als vermißt gemeldet (Message from the President, a.a.O., Ex. Doc. No.1, p. 209) Zu Beauregard: er meldete „I repaired to the spot occupied by the mountain howitzer battery, in the grove of cedar trees and near the foot of the hill; and, finding that its commanding officer, Lieutenant Reno, had been wounded, I directed its firing on the large body of the enemy's troops" (ibidem, p. 191)

189) o.Verf., Hale's Tangentialraketen, in: Neue Zürcher Zeitung vom 24. Januar 1849; Lieutenant Reno wurde nach der Schlacht von Chapultepec zum Captain und Talcott nach Molino del Rey zum Lieutenant-Colonel ernannt (C. M. Wilcox, Histoy of the Mexican War, Washington 1892, p. 616)

190) Dillon, a.a.O., p. 17, an anderer Stelle (p. 59) hieß es hier: „The rockets lacked an adequate guidance system, and inaccurately dispersed their fire over a very large area. For this reason, they did not prove particularly succesful."

191) Ordnance Reports, a.a.O., Vol. II, p. 250, Letter Ordnance Office, January 12, 1848 to Secretary of War

192) Brief Cpt Mordecai an LTC Talcott vom 05. April 1847 „I have 495 2¹/₄ in Hales Rockets (33 boxes) ready for issue, as you may direct. A few will remain for experiments . . ." (N.A.W., RG 156, Entry 21, Box 171) sowie ein weiterer Brief vom 09. April: „In pursuance of your instructions & orders for supplies No 219, I have caused to be issued & turned over this day to Quarter Master's Dept: 'For Major Geo Talcott, Vera Cruz 495 2¹/₄" Hale's Rockets, 56 3¹/₄ Do. Do.'" (ibidem) sowie Brief vom 02. Mai 1847 (ibidem)

193) Brief LTC Talcott an Cpt Mordecai vom 22. Mai 1847 (N.A.W., RG 156, Entry 6, Folio 126) „You will retain the rockets now reported ready until further instructions."

194) Brief Cpt Mordecai an LTC Talcott vom 21. Mai 1847: „I take this occasion to report that all the war rockets which have been taken in hand are completed, & that there remain 248 (31 boxes) of 3¹/₄ in. rockets, subject to your orders. . .The making of rockets is necessarily suspended for a short time, awaiting some tubing, of the shipment of which from England I have been advised. If the demands of the service are not urgent I should be glad to suspend the drawing of rockets until we can obtain some definite satisfactory information as to the performance of those sent into the field; how they bear land transportation &c." (N.A.W., RG 156, Entry 21, Box 171)

195) Ordnance Reports, a.a.O., Vol II, p. 187, report LieutCol Geo. Talcott to Secretary of war, June 30, 1847: „About 2,000 of these rockets of the calibers of 2¹/₄ and 3¹/₄ inches have been made at this arsenal, and the trials which have taken place, from time to time, seem to confirm the favorable opinion at first formed, that in extent of range and accuracy of direction they are equal, and perhaps superior, to the common rockets of equal size. A report of the trial of those which have been sent into the field is looked for with interest."

196) Executive Documents printed by order of the Senate of the United States during the second session of the thirty-first congress, Vol. I., Washington 1851 (U.S. Navy Dept.,

während des mexikanischen Krieges die Anzahl der Raketenbatterien bis auf 11 angewachsen sei, so scheint es doch, daß hier die Planungsarbeiten bereits als Realität angenommen worden sind, die U.S. Army hatte nur die eine kombinierte Gebirgshaubitzen- und Raketenbatterie in Dienst gestellt.[197] Auch in der Folge wurde keine feste Gliederung für möglicherweise aufzustellende Raketeneinheiten festgeschrieben, im Ordnance Manual hieß es hierzu nur:
„No regular organization of a rocket battery has been arranged. The nature and number of rockets, and of carriages or conductors, will be determined by the character of the service for which they may be required."[198]
In den Regulations waren sowohl die Raketen Hales, die teilweise weiterentwickelt worden waren, als auch noch die Congreve-Raketen aufgeführt.[199] Festgestellt wurde, daß die Raketen, die für den Mexikanischen Krieg hergestellt worden waren, während der Lagerzeit sich verschlechtert hätten und nicht mehr gebrauchsfähig wären.[200] Bei einem Versuch mit 21 Hale-Raketen der unterschiedlichen Kaliber im St. Louis-Arsenal Anfang April 1850 zersprangen 15 beim Abfeuern, während die wenigen, die zündeten, eine herabgesetzte Reichweite zeigten, der ganze Vorrat in diesem Arsenal wurde daraufhin vernichtet.[201] Die Arbeiten an der Verbesserung der Raketen wurden jedoch fortgeführt, hierzu kamen auch Verbesserungsvorschläge aus der Familie des Erfinders. 1851 stellte William Hale Jr. eine verbesserte Rakete und ein verbessertes Abfeuerungsgestell vor, nach entsprechenden Versuchen wurde beides durch den Secretary of War für $ 770 angekauft.[202]
Im Rahmen der Verbesserungen durch Hale wurde die Hülse in ihrem Schwerpunkt geteilt, dort wurden drei Düsen senkrecht zur Achse gebohrt, so daß der Treibsatz im vorderen Teil der Hülse zum Erzeugen der Rotation diente, während der Treibsatz im hinteren Teil der Hülse den Antrieb der Rakete bewirkte. Bei 5 Grad Elevation reichten diese Raketen bis auf etwa 500 bis 600 yards, bei der höchsten Elevation von 47 Grad reichten die kleineren Raketen bis auf 1.760 und die größeren auf 2.200 yards. Der Treibsatz wurde mit einer Presse eingefüllt, anschließend wurde die Seele gebohrt. Die Rakete war insgesamt 16,9 inch lang, die Hülse 14,2 inch, sie besaß einen äußeren Durchmesser von 3,25 und einen inneren Durchmesser von 3 inch. Die vollständige Rakete wog 16 pounds.[203] Ein kleinerer Typ besaß das Kaliber 2 inch, mit einem äußerem Durchmesser von 2,25 inch, bei einer Länge von 15 inch und einem Gewicht von 6 pound.[204] Zu dieser Zeit wurden in den Bestandslisten des Ordnance Departments zwei Kaliber von Hale's Raketen geführt, aber auch Congreve-Raketen befanden sich noch im Bestand, letztere wohl als Reserve.[205]
Wenige Jahre später, 1855, wurde Robert Hale mit erneuten Verbesserungsvorschlägen vorstellig; er verlegte die Gasaustrittsöffnungen für die Rotation unmittelbar hinter den Gefechtskopf der Rakete;[206] diese verbesserten Raketen und Abfeuerungsgestelle sollte er in Washington herstellen, wobei laut Vertrag vom 10. September 110 Raketen anzufertigen waren,[207] und als diese sich als gut erwiesen, wurde ein Abkommen geschlossen, nach dem Hale die Herstellung einer bestimmten Menge im Arsenal für $ 5 täglich überwachen sollte. Da sich herausgestellt hatte, daß Hales frühere Raketen nach längerer Lagerzeit an Wirksamkeit einbüßten, wurde beschlossen, die neuen Raketen einem Test ihrer Lagerfähigkeit zu unterziehen. Die jetzt hergestellten Raketen wurden nach Baton Rouge, Louisiana, und nach New Mexiko zur Klimaerprobung gesandt, während der Rest in Washington eingelagert wurde. Neue Versuche wurden 1857 durchgeführt, dabei erwiesen sich die in New Mexiko gelagerten Raketen als nicht ausreichend, während die in Washington und Louisiana gelagerten Raketen voll den Anforderungen entsprachen. Aufgrund des Berichts des Chief of Ordnance, daß die neuen Raketen den alten Mustern weit überlegen wären, wurden an Hale $ 1.000 gezahlt, im Juli 1858 erhielt er eine zusätzliche Vergütung von $ 4.000.[208] Dieser Raketentyp wurde dann im U.S. - Bürgerkrieg eingesetzt. 1858 wurde dieses Modell durch Hale nochmals geändert, er verlegte die Gasaustrittsöffnungen für die Rotation der Rakete zum Schwerpunkt und verwendete nur

---

Annual Report 1850/61), p. 471 f. (Ordnance and ordnance stores issued to the army and to several military posts for the year ending June 30, 1850) sowie: p. 481 f. (Washington Arsenal, commanded by Brevet Major A. Mordecai, Report of operations at Washington Arsenal during the year ending June 30, 1850, 3. Work done)

197) Rose, Die unheimlichen Waffen, München 1957, S. 279, und: o. Verf., Rockets and Missiles of the Field Artillery, an outdoor exhibit of the Fort Sill Museum, Fort Sill, Oklahoma, o.J.; W. Millis erwähnt diese Einheiten in seiner „Amerikanischen Militärgeschichte", Köln 1958, nicht. Er führte nur vier aktive Artillerieregimenter mit insgesamt 4 berittenen Feldartilleriebatterien (insgesamt 24 Geschütze) an.

198) The Ordnance Manual for the Use of the Officers of the United States Army, Washington 1850, p. 331. Auf p. 289 wurden kurz die Raketen beschrieben: „The cases of war rockets are made of sheet iron, lined with paper, or wood veneer. The head is of cast iron, and may be either a solid shot, or a shell with a fuze communicating with the rocket composition. The case is usually charged solid , by means of a ram, or a press, and the cone is then bored out. . . .These rockets have been made of two kinds, viz: 1. The Congreve rocket, which has a directing stick fastened to the tail piece, in the axis of the rocket. 2. Hale's rocket, which requires no stick, its direction being maintained by a peculiar arrangement of holes in the tail piece, through which the flame issues. War rockets are usually fired from tubes or troughs, mounted on portable stands, or on light carriages."

199) Regulations for the Government of the Ordnance Department, Washington 1852, p. 51, nach: Olejar, a.a.O., p. 32

200) Ordnance-Reports, a.a.O., Vol. II, Letter H. K. Craig, Colonel of Ordnance, January 14, 1858: "The war rockets, which were made according to these instructions proved good on first trial, but were found to detoriate and become unfit for service after being kept a few years."

201) N.A.W., RG 156, Experiments, Classes ,5, and 8, Report St. Louis Arsenal, April 6, 1850; dem Versuch wurden unterzogen 8 - 3inch, 4 - 3¼inch und 9 - 2½inch Raketen, „21 Rockets in all were tried on a rocket Carriage with three cylinders.- Of the 21 tried, 15 burst with effects on, and around the carriage, which would have been exceedingly destructive to men. The cylinders and frame work of the carriage were ruined . . . 2 of the 2¼ inch that did not burst had full ranges. The remaining 4 Rockets that did not burst, had only half ranges or less. The Rockets I consider worthless, the composition too strong defunk; the cases appearing good. They should be soaked in water to extract the composition without danger, and the cases if found good, preserved."

202) Ordnance Reports, a.a.O., Vol. IV, p. 977, Letter Ordnance Office, June 8, 1863 to Secretary of War; die Versuche mußten wiederum im Navy Yard Washington durchgeführt werden und fanden unter unter Aufsicht von Dahlgren und Major Mordecai statt, 200 Raketen wurden hierfür bereitgestellt. (N.A.W., RG 74, File book 1851, No.1, p. 12, Ordnance Office to Commodore Ballard, Commandant U.S. Navy Yards, Washington, August 11th 1851).

203) Angaben zur Rakete und zum Abfeuerungsgestell nach: F. A. Lord, Civil War Collector's Encyclopedia, Harrisburg 1965, p. 218, siehe auch: Ordnance-Papers, Vol. II, letter Colonel Craig vom 14.01.1858, sowie: The Ordnance Manual for the Use of the Officers of the United States Army, Philadelphia 1861, p. 315

204) W. Ripley, Artillery and Ammunition of the Civil War, New York 1970. p. 346

205) F. W. F. Gleason, The Growth of Rocket Ordnance, in: Ordnance, Vol. XXXII 1948, p. 397, die Congreve-Raketen wurden bis 1861 im Bestand geführt.

206) W. Ripley, a.a.O., p. 346; eine Auflage für die folgenden Versuche, die wiederum im Washington Navy Yard durchgeführt wurden, war: „It will be well also, that Mr. Hale should specify distinctly wherein his present Rocket is superior to that he sold to the U.S. Government some years since for $ 10.000." (N.A.W., RG 74, Press book, Vol. I, p. 522, Ordnance Office, U.S. Navy Yard to Captain French Forrest, Commandant U.S: Navy Yard, August 21th 1855)

207) Die Herstellung konnte jedoch nicht im Ordnance Arsenal erfolgen, da die hier vorhandene Presse nicht über ausreichend Druck verfügte, so daß er auf den Washington Navy Yard angewiesen wurde; N.A.W., RG 45, Letters to Commdts, Vol. 6, p. 252 [zur Verfügung getellt von F. H. Winter]: „As the press at the Arsenal has not sufficient power for filling the cases, you will please allow him use of the one at the yard, under proper restrictions to guard against damage." (ibidem, Letter July, 1955, Chief G, Morris, Bureau of Ordnance and Hydrography to Washington Navy Yard) der Treibsatz für diese Raketen, deren Versuche ebenfalls im Navy Yard durchgeführt wurden, wurde am 19. September durch Mess. Dupont geliefert. (ibidem, Letter September 17th, 1855, sowie: N.A.W., RG 74, Rockets, p. 20, note Captain Forrest to Bureau of Ordnance & Hydrog, September 17th, 1855); zum Vertrag und den anzufertigenden Raketen: N.A.W., RG 74, rockets, p. 21, Washington Arsenal October 10th 1855 to Lieut I. H. Upshur, U.S. Navy, bis zum 10. Oktober waren erst 5 Raketen hergestellt und getestet worden. Am 20. November scheint der Vertrag erfüllt gewesen zu sein, wobei Robert Hale beantragte, einige zusätzliche Raketen anfertigen zu dürfen, um den Verschuß aus Booten zu erproben (N.A.W., RG 74, rockets p. 18, Bureau of Ordnance, November 20th 1855)

208) Ordnance Reports, a.a.O., Vol. IV, p. 978, sowie Vol. II, letter colonel Craig vom 14. Januar 1858: "The last Mr. Hale attributes to the want for a proper stand in firing the rockets, which may account for it in part, but not entirely; considering, however, all

noch zwei „Düsen"; es ist nicht sicher, ob dieser neue Typ noch im Civil War zum Einsatz gekommen ist.[209] Auch diese Raketen wurden im Bereich des Washington Navy Yard durch Personal der Marine unter Aufsicht des Ordnance Department der Armee angefertigt.[210] Diese Raketen scheinen auch durch die U.S. Navy versuchsweise genutzt worden zu sein, jedenfalls wurde im September 1858 vorgeschlagen, Offiziere der Navy an den Raketen auszubilden und zumindest die Offiziere, die an der Expedition nach Paraguay teilnehmen sollten, im scharfen Schuß in den Gebrauch der Raketen einzuweisen.[211] Überdies wurde am 23. September angeordnet, sofort 4 „Raketengeschütze" für diese Expedition anzufertigen und nach einem weiteren Befehl vom 17. November sollten alle verfügbaren Raketen hierfür bereitgestellt werden.[212] Dies scheint der einzige offizielle Gebrauch von Raketen durch die Navy gewesen zu sein, da die Expedition aber friedlich verlief, wurden sie nicht eingesetzt. Die abschließenden Versuche wurden im Oktober 1858 durchgeführt. Die „Abfeuerungsröhre" bestand aus 3 spiralförmig verbundenen Stäben und sollte so die Rotation der Rakete einleiten.[213] 5 Raketen wurden bei diesem Versuch unter Erhöhungen von 15, 25 und 30° abgefeuert, bei 15° Elevation wurde eine Entfernung von 1191 Yards bei einer Seitenabweichung von 50 yards links und unter 30° wurde eine Reichweite von 2.250 yards bei einer Abweichung von 60 yards rechts erzielt.[214]

Auch 1861 scheint man sich noch einmal um verbesserte Hale-Raketen bemüht zu haben, aufgrund der Ankündigung „was reported to me by Mr. Hale to be equal to the accuracy of firing by the best rifled cannon." Nach Vorliegen der britischen Versuchsergebnisse, „ . . . the rockets were a total and complete failure, both as regards range and accuracy", riet der Gesandte aus Paris von weiteren Bemühungen um Hale ab.[215] Im Jahre 1862 scheinen letztmalig Raketen hergestellt worden zu sein, im Bericht des Chief of Ordnance für das abgelaufene Haushaltsjahr wurde die Produktion von 714 Raketen aufgeführt.[216]

Hales Rakete 1855
(A=Antrieb, R=Rotation), Zeichnung nach: Benton: A Course of Instruction

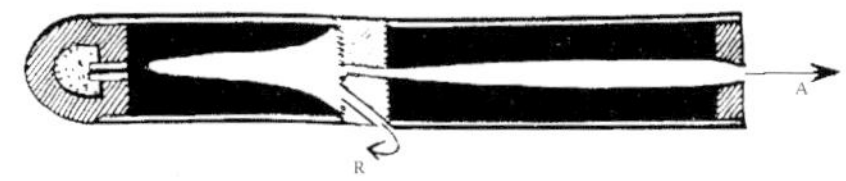

Hales Rakete 1858
(A=Antrieb, R=Rotation), Zeichnung nach: Benton: A Course of Instruction

Im Ordnance Manual 1862 wurden letztmalig 16pfündige Hale-Raketen (Kaliber 3 1/4 inch) aufgeführt, es hieß hierzu, sie hätten eine Reichweite von 2.000 Metern, die kleineren 6pfündigen wurden bereits nicht mehr erwähnt.[217] Aber im selben Jahr wurde noch an der Militär-Akademie der Einsatz der Raketen gelehrt, zu ihren Vorteilen hieß es:

„The advantages claimed for rockets over cannon are, unlimited size of projectile; portability, freedom from recoil; rapidity of discharge; and the terror which their noise and fiery trail produce on mounted troops."

Einschränkend wurde aber auch festgestellt:

„The numerous conditions to be fulfilled in their construction in order to obtain accuracy of flight, and the uncertainty of preserving the composition uninjured for a length of time, are difficulties not yet entirely overcome, and which have much restricted their usefulness for general military purposes."[218]

In Verbindung mit den Erfordernissen des Civil War scheinen aber Raketenversuche noch fortgeführt worden zu sein; so wohnte Präsident Lincoln im November 1862 im Washington Navy Yard, begleitet von Captain Dahlgren, einem Versuch mit neuen Raketen Hales bei, der von Hyde angeregt worden war und von Commander Mitchell durchgeführt wurde und leicht zur Entscheidung im Bürgerkrieg hätte führen können, denn als die Besucher ein paar Schritt zur Seite traten. um nicht in den Abfeuerungsstrahl der Rakete zu gelangen, explodierte die Rakete auf dem Abfeuerungsgestell, wobei Lincoln und seine Begleiter nur knapp von Splittern verfehlt wurden. Bei einem weiteren Versuch wenige Tage später, ohne prominente Besucher, kam es dann wiederum zu einem Zwischenfall, nach Abfeuern der Rakete:

it *„ascended into the air, whirling at the same time, took a direction nearly at right angles to the line of fire, and fell upon the roof of the Blacksmith Shop, and thence to the ground."*

Selbst Hyde mußte zugeben, daß weitere Versuche nicht zu verantworten gewesen wären, dies scheint dann das Ende der Versuche gewesen zu sein.[219]

---

the different trials, as also the results of practical test in foreign services so far as I have been able to learn them, I conclude that Mr. Robert Hale's rockets are superior to those of the former pattern, but I cannot see that his stand is necessary for firing them, or that it is so decided an improvement on the stand we had before as to render any payment for it advisable beyond the reimbursement of its cost to Mr. Hale. I, therefore, respectfully recommend that a compensation of $ 1,000 for the improvements in the rockets, and also the value of the rocket stand (to be ascertained and agreed upon by the commanding officer of the Washington Arsenal and Mr. Hale), be paid to him, on his giving in writing full and correct information requisite for the making of war rockets with the latest improvements-this information to be such as will enable us to make these rockets at our arsenals."

209) J. G. Benton, A Course of Instruction in Ordnance and Gunnery, New York 1862, p. 98; sowie: Ripley, a.a.O., p. 346

210) N.A.W., RG 74, Press book No. 10, p. 81, Ordnance office Washington Navy Yard, September 21th 1858

211) N.A.W., RG 74, Press book No. 10, p. 89, Ordnance office U.S. Navy Yard, Washington, September 25th 1858 to Captain Ingraham, Chief of Bureau of Ordnance & Hydrog: „As this projectile is new to our officers, I respectfully suggest that some of those designed to accompany the expedition to Paraguay be detailed to witness the trials referred to, and that one at least should remain here during the preparation of the Rockets to acquire all possible information in regard to their use." Die Expedition gelangte im Januar 1859 unter Commodore Shubrick mit der *Fulton* und der *Water Witch* nach Asuncion und schloß dort einen Handelsvertrag ab. (Knox, A History, a.a.O., p. 189)

212) N.A.W., RG 45, Letters to Commdts, Vol. 8, Schreiben D. N. Ingraham, Chief Bureau of Ordnance and Hydrography to Capt. J. Rudd: „As soon as the „Hale's Rocket Stand" is received from the Washington Arsenal at the Yard under your command, you will be pleased to have four made like it immediately, for use in the Paraguay Expedition." sowie Schreiben vom 17. November 1858 (ibidem): „You are requested to have forwarded to the Navy Yard, New York, for the Paraguay Expedition, all the War Rockets that are now ready, . . ."

213) „The tube consisted of three pieces of stout iron wire bent upon a mandril so as to assume a spiral form, and thus give to the Rocket a rotatory motion. The rockets were driven in iron cases under a pressure of 50 Tons; the length including the head 16in75- diameter 3 inches, Weight 13lbs" (N.A.W., RG 74, Press book Vol. 10, p. 122, Memorandum for Bureau of Ordnance: Trial of Hale's Improved War Rocket, signed: J. A. Murray, Ex. officer, Ord. department). Diese Abfeuerungseinrichtung wurde auch im "Ordnance Manual for the Use of the Officers of the United States Army", Philadelphia 1861, p. 815, beschrieben: „These rockets are fired from open tubes formed of rods of iron bent spirally and mounted on a portable stand."

214) ibidem

215) N.A.W., RG 92, Paris, 14th Sept. 1861 letter to Secretary of State von W. L. Dayton [zur Verfügung gestellt durch F. H. Winter]

216) Ordnance Reports, a.a.O. 1890, Vol III, p. 447, und: Goddard, Rockets, Part III, in: Army Ordnance, Vol. XX, 1939, p. 115

217) Angabe nach: T. B. Shea, Rocket Artillery: A Proud Tradition, in: Field Artillery 4 / 1987, p. 33; Benton (a.a.O., p. 103) führte jedoch auch 1862 noch die 2-inch (6pfündigen) Raketen auf; im Ordnance Manual des Vorjahres (The Ordnance Manual for the Use of the Officers of the United States Army, Philadelphia 1861, pp. 314) waren noch die Kaliber 2 und 3 Zoll verzeichnet (innerer Durchmesser der Hülse, der äußere betrug 2 1/4 bzw. 3 1/4 inch), der Treibsatz bestand hiernach aus 10 Teilen Salpeter, 2 Teilen Schwefel und 3 Teilen Kohle, das Pressen erfolgte in Portionen von 3 1/2 Unzen unter einem Druck von 20 Tonnen. Zum Herstellen der Bohrung hieß es: „Remove the rocket to the boring room; drill a hole ,75 inch diameter through its entire length; ream out the hole to ,95 inch at the tail and ,75 inch at the head; bore the hole in the clay ,875 inch diameter." Die selben Angaben finden sich auch in: The Ordnance Manual for the Use of the Officers of the Confederate States Army, 1863 (reprint 1976), pp. 279 (das Kapitel „War Rockets" dieses Manuals ist identisch mit dem entsprechenden Kapitel des Manuals für die U.S. Army)

218) Benton, a.a.O., p. 102

219) R. Bruce, a.a.O., p. 220

Im Bericht des Ordnance Office von 1863 wurde aber auch festgestellt:
„The fabrication of Hale's war rockets has been continued at our arsenals since that time, and they have been issued to the Army when called for. The number made and issued is, however, quite limited. They do not find much favor in the Army when compared with other missiles possessed by the artillery, owing chiefly to their irregularity and uncertainty of flight and their inadequacy of range."[220)]

1863 bot Hale erneut Raketen mit bedeutenden Verbesserungen an, die vor allem die Genauigkeit der Flugbahn betreffen sollten; das Ordnance Office schlug daher vor, man solle versuchen, die Ergebnisse der laufenden Versuche in Großbritannien zu erlangen, wo sich zu dieser Zeit aber keine U.S.-Offiziere aufhielten, um diese Verbesserungen beurteilen zu können.[221)]
Daneben fanden, ähnlich wie in Großbritannien, Versuche mit Raketentorpedos statt, so wurde ein von Pascal Plant konstruiertes Modell 1862, wahrscheinlich in Gegenwart Lincolns, erprobt. Plant hatte die Pläne hierfür im Oktober 1862 eingereicht, sie erschienen erfolgversprechend, und Dahlgren, der Direktor des Navy Yard erhielt den Auftrag, zwei Versuchsmodelle herzustellen. Der Versuch fand am 8. Dezember 1862 auf dem Anacostia statt, wobei ein Boot mit dem 14 Fuß langen Abfeuerungsrohr des Kalibers 6,8 inch ausgerüstet worden war. Der erste Schuß traf auf 40 Fuß Entfernung auf eine Sandbank, der Aufschlagzünder des Torpedos brachte die Sprengladung zur Detonation, wobei der Schlamm 2 Fuß hoch über das Wasser geschleudert wurde. Der zweite Torpedo mit mehr Erhöhung abgefeuert wich fast 60° von der Richtung ab und traf einen Schoner, der so schwer beschädigt wurde, daß er innerhalb von 15 Minuten gesunken war.[222)] Die Marine war beeindruckt, und ein weiterer Torpedo wurde für einen Versuch im Januar 1863 hergestellt. Dieses Mal versagte der Torpedo und versank nach kurzer Laufzeit unter Abgabe einiger Luftblasen im Fluß. Damit war auch das Interesse der Navy an dieser Erfindung verschwunden.[223)]
1864 legte der belgische General Bormann ein Memoir vor, in dem er eine verbesserte und vor allem preisgünstigere Methode zur Verfertigung der Kriegsraketen anbot. Dies wurde zwar mit Interesse zur Kenntnis genommen, aber offensichtlich nicht weiter verfolgt.[224)]
Auch an der Verbesserung der alten Congreve Raketen wurde weitergearbeitet, so erhielten Thomas W. Roys und G. A. Lilliendahl ein Patent für eine Verbesserung der Gasaustrittsöffnungen und der Lenkung der treibenden Gase im Bodenstück einer Achsenstabrakete, die eine erhöhte Reichweite mit einer geringeren Seitenabweichung gewährleisten sollten. Da aber in der Armee bereits Hales Raketen eingeführt waren, wurde dieses Patent für Kriegsraketen nicht mehr genutzt, es wurde wohl nur in den Harpunen-Raketen für den Walfang angewendet.[225)]

(3) Civil War

Im Bürgerkrieg wurde von beiden Parteien versucht, auch Raketenbatterien aufzustellen. Dabei wurden vom Norden vor allem Hales Raketen - 6 und 14pfündige Spreng- und Brandraketen - verwendet, während der Süden mehr die alten Congreve-Modelle nutzte.[226)]

(a) Der Süden

Bei den Konföderierten unternahm nach der ersten Schlacht von Manassas (1861) General Beauregard, Befehlshaber der Army of the Potomac, der den Raketeneinsatz noch in Mexiko miterlebt hatte, den ersten Anlauf.[227)] Sein Ziel war zunächst nur, durch den Einsatz der Raketen, die Kavallerie des Gegners in Panik zu versetzen, um dann erfolgreicher seine eigene Kavallerie einsetzen zu können. Anfangs schrieb er nur „to frighten the untrained horses of the enemy", wenig später erweiterte er den Zweck des Einsatzes bereits auf "running off the field McClellan's Bipeds and Quadrupeds."[228)] Er schrieb hierzu an Captain Alexander, der zusammen mit dem Chief of Ordnance, Major Gorgas,[229)] den Präsidenten Davis informieren und um Zustimmung ersuchen sollte. Der Präsident scheint zu dieser Zeit nicht anwesend gewesen zu sein, aber der Adjutant General Cooper stimmte dem Vorschlag zu, so daß Gorgas sofort Schritte unternahm, um Raketen produzieren zu lassen. General Beauregard veranlaßte daraufhin erste Maßnahmen, um diese Batterie aufzustellen, die ersten Offiziere wurden am 23. September 1861 zur Batterie kommandiert und beauftragt, die Soldaten zu rekrutieren, die Batterie sollte 50 Mann stark werden. Etwa 30 Mann waren bereits geworben, als der Secretary of War, General Benjamin, die Rekrutierung als illegal verbot. Ein auslösendes Moment hierfür könnte gewesen sein, daß Beauregard als einziger Gegenkandidat für Davis bei den bevorstehenden Präsidentschaftswahlen der Konföderierten im Gespräch war.[230)] Es kam zu einen tiefem Zerwürfnis zwischen den beiden Generalen, das auch der Präsident nicht beheben konnte, der den Befehl am 10. November verteidigte und die Auflösung der Batterie durchsetzte; daraufhin setzte sich Beauregard zur Wehr und schrieb an den Präsidenten:
„ . . . The Secretary seems to be unaware, evidently that a rocket company is but a field artillery company, nothing more, and not, by any means, a special corps or arm of the service . . . I despatched an officer of my staff - Captain E. P. Alexander - last August, to Richmond, to consult and arrange measures with the proper departments. He saw the Adjutant-General of the army on the subject, and received, I am happy to say, the most ample, cordial approval of the plan; and the Chief of Ordnance took immediate steps for manufacturing the rockets with the utmost celerity."[231)]

220) Ordnance Reports, a.a.O., Vol. IV, p. 978
221) Ordnance Reports, a.a.O., Vol. IV, p. 979
222) N.A.W., RG 74, Records of the Bureau of Ordnance, Reports on inventions 1862 - 1881, Box 1, Entry 148, No. 2, reports on inventions, Navy Ordnance, report No. 10, Plant's Rocket Torpedo: „The second one, had a little more elevation and took a direction varying 60° from the apparent line of fire to the left, striking a small Schooner, that lay at the wharf at the west end of the yard, exploding at the same time, which caused her to leak so badly that she sunk in about 15 or 20 minutes, the damage could not be ascertained. In neither case was any portion of the torpedo observed, after its discharge or explosion." Bei dem Schoner handelte es sich um die *Diana*, hierzu meldete der Washington Evening Star später: „The destructive properties of the rocket were certainly proven. It is a fortunate circumstance that it exploded under the schooner, otherwise the large and splendid steamer *State of Georgia*, which was in range, might have been destroyed." (zitiert nach: F. H. Winter, TransPlanted Torpedoman", in: United States Naval Institute Proceedings, Vol 100, 1974, No. 7, p. 81)
223) F. H. Winter, TransPlanted Torpedoman, a.a.O., p. 82
224) N.A.W., RG 45, Office of Naval Records and Library, Subject File, U.S. Navy, 1775 - 1910, BA 1861 - 1870, Inventions, Tests, Patents, Box 137, 1864, Memoir on Hail - Shells and War-rockets by Major-General Bormann, aide-de-camp to his Majesty the King of the Belgians. Inhaltlich sind die in diesem Memoir enthaltenen Angaben weitgehend gleich mit dem Memoir, das Bormann, damals noch Hauptmann, 1837 an Preußen übergeben hatte. In der in Washington archivierten Fassung sind jedoch noch alle Abbildungen erhalten.
225) T. W. Roys / G. A. Lilliendahl, Improvement in War Rockets, United States Patent Office, Patent No. 35,977, July 22, 1862; zu den Harpunen-Raketen siehe auch Abschnitt 12 „Bewertung und Ausblick"
226) Haythornthwaite, Uniformen des Amerikanischen Bürgerkrieges, München 1977, S. 114
227) Alle Angaben zu Beauregards Raketenbatterie nach: R. W. Donnelly, Rocket Batteries of the Civil War, in: MilA, Vol. 25, Summer, p. 69
228) zitiert nach: F. H. Winter / M. R. Sharpe, The New York Rocket Battalion, in: Civil War Times, Vol. XI, No. 9, p. 12
229) J. Gorgas zeichnete auch als Herausgeber des Ordnance Manual for the Use of Officers of the Confederate States Army (1863), hier war sein Dienstgrad aber bereits als Colonel angegeben.
230) R. D. Meade, Judah P. Benjamin, Confederate Statesman, New York 1943, pp. 204
231) Brief Beauregard an Davis vom 20. Oktober 1861, zitiert nach: A. Roman, The Military Operations of General Beauregard in the War between the States 1861 - 1865, New York 1884, p. 159

Davis versuchte zu beschwichtigen, stützte aber Benjamin, und erwiderte:
„You were unquestionable wrong in the order to recruit a company for the Provisional Army. The Congress, with jealous care, reserved to men of such companies the power of selecting their own officers. The Executive could not recruit a company except for the regular army, and as provided by law; . . .I presume the objection was not, that it was to be a rocket battery, but was recruiting of a company for special service, the commander having been selected not by the men but by the Confederate authority."[232)]
Der Briefwechsel führte schließlich dazu, daß auch Davis und Beauregard nur noch streng formal miteinander umgingen. Damit hatte diese erste, nie voll aufgestellte Raketenbatterie wahrscheinlich mehr politischen Schaden angerichtet als andere einsatzbereite Einheiten im Felde militärischen Nutzen erbracht hatten.
Nahezu gleichzeitig beschäftigte sich Captain Duffy mit der Raketenherstellung. Ein Augenzeuge notierte:
„Went to see a new rocket stand for shooting iron rockets, which are on the rifle principle, dispensing with the stick. The rocket is sheet iron with a shell in front, egg shaped. Part of the gases are vented through a hole directly in the rear about one-fourth the area of the cross section; the residue, through small holes drilled obliquely through the iron end. Think the stand will be overset by the impact of the gases in the brass ring at the hinder end of the stand."[233)]
Am nächsten Tag wurde diese Rakete getestet, sie explodierte im Abfeuerungsgestell, so daß dieses total zerstört wurde.
Captain Duffy arbeitete jedoch weiter in der Raketenentwicklung und plante selbst eine Raketeneinheit aufzustellen. Seit Februar 1862 fehlen jedoch hierüber weitere Nachrichten.[234)]
Ein weiterer Versuch wurde in Texas Ende 1863 unternommen, wo von Captain John S. Greer eine Raketenbatterie aufgestellt werden sollte.[235)] Gleichzeitig wurde am 1. Dezember 1863 Lieutenant G. H. Schroeder beauftragt, diese Batterie auszurüsten und mit der erforderlichen Munition zu versehen, er sollte dabei $ 50 für jedes ausgelieferte Abfeuerungsgestell und $ 1 für jede verfertigte Rakete erhalten, die hierzu erforderliche Raketenfabrik wurde am 11. Januar 1864 in Galveston eingerichtet. Es ist nicht bekannt, welche Raketen hier hergestellt werden sollten, denn die Vorschriften der Konföderierten listeten die gleichen Raketentypen wie die des Nordens auf, also die der alten Bundesarmee, nämlich Congreve-Raketen sowie die 3¼- und 2¼-inch Raketen von Hale. Da aber Lieutenant Schröder[236)] 1849 in Ungarn in einer Raketenbatterie unter General Klapka gedient hatte, ist anzunehmen, daß er Raketen nach österreichischen Muster verfertigte. Nach einem Bericht vom Februar waren die Abfeuerungsgestelle fertig, nur die Anzahl der verfügbaren Raketen reichte noch nicht für einen Feldeinsatz der Batterie aus. Aus Mangel an Salpeter konnten zunächst nur ein halbes Dutzend, mit einer 6pfündigen Granate versehen, verfertigt werden. Ein erster Versuch erwies sich als zufriedenstellend. Erst als im Sommer 1864 in der Nähe San Antonios ein Salpeterlager gefunden wurde, konnte die Herstellung intensiviert werden. Der leitende Ingenieuroffizier der texanischen Truppen, Lieutenant Colonel Kellersberg, stellte Schröder „Soldaten, Neger und Material" zur Verfügung. Am 1. Juni verfügte die Batterie über 6 Raketengeschütze aber nur über 43 Raketen, wobei Captain Greer eine Mindestzahl von 600 als Voraussetzung für einen Feldeinsatz für erforderlich hielt. An Personal waren 2 Lieutenants und 50 Mann vorhanden, die auch bereits an den Raketen ausgebildet wurden. Da für andere Einsätze Soldaten gebraucht wurden, mußte die Batterie Personal abgeben und Greer hielt eine Werbecampagne für erforderlich, um neue Freiwillige zu gewinnen, die aber erfolglos blieb. Noch im Mai 1864 bestand die Batterie nur aus 3 Offizieren, 1 Sergeant und 12 Mann sowie 15 Pferden. Schröder scheint sich nicht allzu sicher in der Herstellung gewesen zu sein, da er mehrfach, wie Kellersberger beobachtete, die Zusammensetzung des Treibsatzes änderte. Nachdem inzwischen einige Tausend Raketen hergestellt waren, ordnete Kellersberger einen Test an. Die Raketen erwiesen sich dabei als nicht allzu vertrauenerweckend. Kellersberg notierte in seinem Tagebuch:
„I rode up to the hedge in order the better to observe the fire, and they fired away. The first rocket went correctly a hundred yards, hit the ground by a tree, ricocheted, struck directly behind my horse, and burrowed into the ground. I had great difficulty in controlling my horse and proceeded to take up a more conservative spot from which to observe. The second missile sank to the earth immediately, making three or four zigzags - none of which were in the proper direction. A number of rocketeers ran away. There was a hellish smoke and a deafening noise, which, of course. threw fear into man and beast alike. Our lieutenant was the only one unperturbed. He apologized, saying that he was not able to secure the correct chemicals, a circumstance of which he was well aware prior to all this."
Ein abschließender Versuch im Juli 1864 vor General Magruder war mit einem Picnic verbunden worden, das dadurch empfindlich gestört wurde:
„Unfortunately the whole maneuver turned out to be much worse than I had thought it would. One rocket burst on its launching stand, one tore the stand down with it, and a hellish chaos broke forth. No horse could be held and the picnic turned out to be a general flight to safety."
Noch am selben Tag wurde die „rocket battery No. 1" auf Befehl des Generals aufgelöst und Kellersberger ließ die verbliebenen 1.200 Raketen in einen Fluß werfen.[237)]
Zu einem ersten Raketeneinsatz durch die Konföderierten kam es am 3. Juli 1862 unter dem Kommando von General Jeb Stuart, Truppen des 10. Pennsylvania Regiments unter Colonel James T. Kirk erlitten hierdurch erhebliche Verluste. In einem Bericht wurde festgestellt:
„On the morning of July 3 the enemy, taking position with artillery on the high ground (now our front), commenced shelling the low ground which was occupied by our troops. They also threw with great precision a score or so of war rockets."[238)]
General Stuart scheint auch in der Folge Raketen mit Erfolg eingesetzt zu haben.[239)]
Diese Raketen waren alte Congreve-Raketen, die von General Stuart bei dieser Gelegenheit eingesetzt wurden. Sie scheinen aber nur als Sekundärbewaffnung mitgeführt worden zu sein; ihr Einsatz wurde auch nicht wiederholt, weil es sich zeigte, daß zwar die ersten Aufschläge recht wirkungsvoll waren, daß diese Raketen aber danach in alle Richtungen ricochetierten, nicht zuletzt in Richtung des Abfeuerungsplatzes.[240)]
Die Herkunft dieser Raketen ist nicht zweifelsfrei zu klären. Lieutenant Colonel Blackford, einer von Stuart's Offizieren, schrieb jedoch:

232) zitiert nach: o.Verf., Jefferson Davis, Ex-President of the Confederate States of America, A Memoir by His Wife, New York 1890, p. 173
233) E. Younger, Inside the Confederate Government: The diary of Robert Garlick Hill Keen, zitiert nach: Donnelly, a.a.O., p. 78
234) Winter, Rocketry, p. 159
235) Donnelly, a.a.O., p. 85 (Greer war früher Sergeant im Ordnance Corps der U.S. Army gewesen)
236) Schröder diente als Mechaniker im Pioniercorps des LtCol Getulius Kellersberger (eingewandert aus der Schweiz) und wurde für diese Aufgabe zum Lieutenant ernannt. (G. Kellersberger, The First (and last) Rocket Battery Of the Confederate Army in Texas, in: Civil War Times Illustrated, Vol. 2, 1963, No. 3, p. 26 - 27, dort auch die nachstehende Zitate), vgl. A. Barr, Confederate Artillery in the Trans-Mississippi, in: MilA, Summer 1963, pp. 79
237) ibidem
238) Report Captain JNO C. Tidball, to Lieut. Col. William Hays, Commanding Brigade Horse Artillery, Camp at Westover, July 6, 1862. in: War of the Rebellion, A Compilation of the Official Records of the Union and Confederate Armies, Prepared under the direction of the Secretary of War, by. Lieut. Col. Robert N. Scott, Series I, Vol. XI, Part II - reports, etc., Washington 1884, pp. 245, ein entsprechender Bericht von General Stuart scheint nicht vorzuliegen.
239) D. Baker, Spaceflight and Rocketry, A Chronology, Facts on File, Inc., p. 7
240) Angaben nach: Donnelly, a.a.O., p. 82, und: F. Downey, The Rockets Red Glare, in: The Gun Digest, 1972, p. 270. Nach: Downey (ibidem) wurden im Arsenal von Richmond etwa 4.000 Raketen hergestellt.

„Stuart opened on them with a Congreve rocket battery, the first and last time the latter ever appeared in action with us. It had been gotten up by some foreign chap, who managed it on this occasion. They were huge rockets, fired from a sort of gun carriage, with a shell at the end which exploded in due time, scattering 'liquid damnation', as the men called it. Their course was erratic; they went straight enough in their first flight, but after striking, the flight might be continued in any other course, even directly back towards where it came from. Great consternation was occasioned among the camps of the enemy as these unearthly serpents went zigzagging about among them . . . a few tents were fired but the rockets proved to be of little practical value."[241)]

Möglicherweise stammen diese Raketen von dem gebürtigen Ungarn, Lieutenant S. Zulavsky, der bereits als Zivilist in Richmond die Bildung eines Raketen-Corps vorgeschlagen hatte und dort 1863 kurzzeitig eine kleine Raketeneinheit mit etwa 25 Mann und 3 Abfeuerungsgestellen kommandierte; über die Einsätze dieser Einheit ist jedoch nichts Näheres bekannt.[242)]

Im Herbst 1862 wurde eine Batterie der Konföderierten zusätzlich mit Raketengeschützen ausgestattet, wobei es unklar ist, ob das Material von einer, von der Bundesarmee eroberten Batterie oder aus den Beständen General Stuarts stammte. Es handelte sich um Captain Wrights Halifax Artillery, die in Petersburg stationiert war und anscheinend über 13 Raketengeschütze verfügte. Auch Captain Grahams Virginia battery erhielt zu dieser Zeit Raketen. Anfang Oktober 1862 waren beide Batterien bei Franklin, Va., eingesetzt, In einem Zeitungsbericht wurde hierzu geschrieben:

„Captain Wright's rocket gun are to said to have played havoc with the Yankee cavalry . . . unhorsing many a Yankee equestrain."

Von der Gegenseite wurde später festgestellt:

„ . . . 'shell, grape, and rockets were fired in great profusion', but there was 'little damage or no damage to our well posted troops.' "[243)]

In einem anderen Bericht eines Soldaten aus Pennsylvania hieß es hierzu über Einsätze der Batterie im Dezember:

„Its shells would come fizzing through the air without having given any warning report, and our boys christened it the 'slider-battery' "[244)]

Am 1. Dezember 1862 wurde die Batterie von Nordstaaten-Cavallerie überrannt, 2 Raketengeschütze mit siebzig 12- und 15pfündigen Raketen wurden erobert, diese wurden dann in der Folge durch die Nordstaaten bei der Verteidigung Franklins eingesetzt.[245)]

(b) Der Norden

Bei Ausbruch des Krieges meldeten sich, wie auch in anderen Staaten, Erfinder, die der guten Sachen willen ihre Vorschläge und Ideen beim Kriegsministerium einreichten. So legte am 5. Mai 1861 ein eingewanderter österreichischer Pyrotechniker einen Vorschlag für einen verbesserten Raketengefechtskopf vor, der im Ziel 48 bis 64 Kugeln in alle Richtungen ausstreuen sollte, der Erfinder wies darauf hin, daß diese Rakete leicht zu handhaben sein würde und preisgünstig sei:

„It is not so expensable and complicated than light artillery, easy in actions, movements and transport, a section of such rockets to each company must give us the victory in any battle at the shortest time."

Der nicht näher spezifizierte Vorschlag scheint wie viele andere ohne weitere Beachtung zu den Akten gelegt worden zu sein.[246)]

Auch im Norden kam es zu einem Versuch, eine Raketeneinheit aufzustellen. Ein Engländer, Major Thomas W. Lion, der angab, eine neue verbesserte Rakete konstruiert zu haben und vorher in Südamerika in verschiedenen Armeen Dienst getan hatte, bot dem Kriegsminister an, ein Raketenbataillon aufzustellen.

„I hereby offer the U.S. Govt my services in any Rocket Brigade or Corps that are already formed, or may now be forming. Or to raise a Volunteer Corps or Brigade to use Congreve Rockets at which I have had considerable experience. Jos. G. Edge of Jersey City, State of N. J. Pyrotechnist to U. S. Govt will guarantee to manufacture under my directions Rockets 42 (Forty Two) pounds weight that can be used in the Field with excellent results (either as shot or shell) with a range of Three Thousand five hundred yards! for which the British Govt paid the sum of Fifty Thousand pounds sterling!"[247)]

Dem Anerbieten wurde durch den Secretary of War Cameron stattgegegeben und Lion zum Commandanten des „Raketenbataillon" ernannt. Allerdings war vorgesehen, daß die Raketen im Arsenal von Washington angefertigt werden sollten.

Er organisierte 1861 in New York die Aufstellung eines Raketenartilleriebataillons für den Bürgerkrieg, das Rocket Battalion of Artillery (General Barry's), 160 Mann wurden geworben. Der neue Verband verlegte mit seinen 2 Kompanien, ursprünglich bestand er aus dreien, am 9. Dezember 1861 von Albany nach Washington,[248)] wo ein besonderes Lager, Camp Congreve, eingerichtet wurde, um hier auf die Raketen zu warten, deren Produktion noch erfolgen sollte. Inzwischen war entschieden worden, nicht die „vollkommenen" Raketen des Angebots einzuführen, sondern noch eingelagerte Raketen Hales einzusetzen. Lion kümmerte sich zunächst um die Abfeuerungsgestelle.

---

241) D. Featherstone, Weapons and Equipment of the Victorian Soldier, Poole 1978, p. 106

242) Winter, Rocketry, p. 159; 2nd Lt. Zulavsky wurde am 25. August 1861 bei der 1st Virginia Cavalry zum Lieutenant vorgeschlagen (NAW, Register of Letter received, confederate Adjutant & Inspector, Vol. 46, Letters 17); mit Schreiben an das Ordnance Office, Chattanooga July 22, 1863 wurden auf seinen Vorschlag hin Raketen angefordert: „I have the honor herewith enclosed to transmit to you, Requisition of Maj.Genl. Wheeler Comandg 2nd Corps of Cavalry of this Army. The requisition was made on suggestion of Lieut Zulawski, who represented to Genl Wheeler efficiency of those rockets, in the Cavalry of Genl Steward." (NAW, RG 109, Ordnance Department, Letters sent, Army of Tennessee, Ordnance Office, Vol. 143, Chap. IV, p. 105), die Antwort von Col. Gorgas, Richmond July 25, 1863, lautete jedoch wenig positiv: „Your letter . . . has been received. Rockets have failed to give satisfactory result and have been little used, either by Genl Steward or anyone else, it is desired however we will send what we have." (ibidem, p. 120) Die Ausrüstung einer reitenden Raketeneinheit scheint jedoch mit Schwierigkeiten verbunden gewesen zu sein, denn noch am 10. November meldete Zulavsky, daß er keine „tripods"(Abfeuerungsgestelle) erhalten habe sondern nur die dazu gehörigen Abfeuerungsrohre (NAW, microfilm 324, roll 72). Die Batterie scheint jedoch aufgestellt worden zu sein, denn Zulavsky unterschrieb eine Anforderung vom 7. Dezember 1863 mit dem Zusatz R.A.C.V. Comdg Rockets [Rocket Artillery Confederate States] (ibidem, alle Daten mitgeteilt durch F. H. Winter, über Einsätze dieser Einheit scheinen keine Unterlagen vorzuliegen)

243) Angaben und Zitat nach: Winter, Rocketry, p. 160

244) R. Bruce, a.a.O., p. 218

245) Winter, Rocketry, p. 160

246) N.A.W., RG 156; Selected Documents from Special File, (a) Inventions, Classes 4 & 5; Brief John Roos vom 6. Mai 1861, Roos gab an diese Rakete 1848 in Wien entwickelt zu haben: „I was 1848 a Citizen of Vienna, Austria, and I have made experiments in the revolution time, with rockets especially for the purpose to fire against the military, wich explodes in a certain distance, and spread a sufficient number of small balls, about 48 - 64 to one round in every direction of which a good many enemys where wounded and several killed.- After Vienna has fallen, I had good reason to keep that for myself, about the martial law and since that time I had no more chance to accomplish the experiments." Ähnliche weitere Vorschläge gingen ein am 28.10.1861 von Millikin (Vorschläge zum Einsatz von Congreve-Raketen), am 16.12.1861 von S. K. Selden (verbesserte Raketen), am 20.12.1861 von Colonel Beales (Einsatz von Gift mit Raketen und Raketenschiff), am 24.12.1861 von Whittlesey (verbesserte Raketen), am 31.12.1861 von L. O. Cross (Erfindung einer Granatrakete), am 8.2.1862 von Yankee (Ricochet-Rakete), 16.5.1862 von Demon (Raketenerfindung), und am 16.09.1862 von B. Deane (N.A.W., RG 192, Register of Inventions, Vol. I)

247) zitiert nach: F. H. Winter / M. R. Sharpe, a.a.O., p. 11, Lions hatte bis zu diesem Zeitpunkt allenfalls den Abschuß einer Rakete beobachten können und mußte sich voll auf die Fähigkeiten des erwähnten Compagnons verlassen. Die versprochenen Leistungen waren überzeugend, da sie die Reichweite von Kanonen weit überboten.

248) F. Phisterer, New York in the War of the Rebellion 1861 to 1865, Albany 1912, p. 1558, das Bataillon wurde am 5. 12. von 3 auf 2 Companien umgegliedert, später eingesetzt als 22. und 23. Batterie leichte Artillerie.

Ausgewählt wurden zwei Typen, ein Gestell mit einem Abfeuerungsrohr für 2 1/2zöllige Raketen von 8 Fuß Länge, dessen Seitenwände Löcher von 1 inch Durchmesser besaßen, um die verbrennende Gase herauszulassen, dieses wurde als „breech-loading fieldpiece with a range of 5,300 yards" bezeichnet, sowie ein anderes, bei dem 3 Stäbe mit 3/4zölligem Draht spiralförmig umwickelt waren, letzteres war für die 3zölligen Raketen bestimmt. Beide Geräte waren auf ein Dreibein aufgesetzt, wobei erwogen wurde, anstatt dessen Artillerie-Feldlafetten zu verwenden. Bei Versuchen konnten eine Rakete über etwa 3 Meilen bei 45 Grad Erhöhung sicher abgeschossen werden.[249)]
Jede Kompanie sollte vier Raketenwagen mit insgesamt 16 Abfeuerungsgestellen erhalten.[250)] Die Ausrüstung wurde Ende März 1862 empfangen. Die Raketen waren ein modifiziertes Hale-Modell. Im April wurden diese endlich geliefert, erste Versuche sollen erfolgreich gewesen sein, aber die folgenden erwiesen, daß diese Raketen doch nicht so perfekt waren, wie angenommen. Die Raketen waren in ihrer Richtung recht ungenau und besaßen die Tendenz, zum Abfeuerungsort zurückzufliegen.[251)] General Burnside, der dringend Artillerieunterstützung benötigte, befahl dann die Umrüstung dieses Verbandes auf gezogene Geschütze.[252)]
Dennoch scheinen von Seiten des Nordens Raketen eingesetzt worden zu sein. Ende 1861 scheinen 2 rocket troops aufgestellt und im Frühjahr 1862 mit 1.300 Raketen ausgestattet worden zu sein, um bei Yorktown eingesetzt zu werden.[253)] Diese Raketen wurden aufgrund einer Anforderung geliefert, die am 14. April 1862 durch Colonel Kingsbury beim Chief of Ordnance im Auftrag von General McClellan erfolgt war:
„I am also directed to ask that all the war rockets and tripods for firing the same at the Washington Arsenal may sent here . . ."[254)]
Ob sie tatsächlich eingesetzt wurden, ist ungewiß. Die Konföderierten nahmen jedoch in der Schlacht von Gaines Mill am 27. Juni 1862 eine Raketenbatterie gefangen. Nach Zeitungsberichten sollen Teile dieser Batterie vom Norden jedoch bei Franklin durch die 11th Pennsylvania Cavalry zurückerobert worden sein.[255)] Sie scheint sogar noch einmal eingesetzt worden zu sein, wie aus einem Bericht vom 18. März 1863 hervorgeht, wonach ein Zug der Raketenbatterie Teil der Verteidigung von Franklin und der Übergangsstelle über den Fluß gewesen wäre. Wahrscheinlich wurde sie anschließend auf Geschütze umgerüstet.[256)] Nach einer Meldung aus dem Jahre 1863 lagerten jedoch in Fort Monroe noch 600 Raketen für diese Batterie ausgabebereit.[257)]
Der letzte Raketeneinsatz durch die Nordstaaten erfolgte 1864 während der Belagerung von Charleston unter Brigadier-General Schimmelfennig. Dieser hatte Hales Raketen im April dieses Jahres nochmals hinsichtlich ihrer Genauigkeit, Durchschlagskraft und Handhabung testen lassen und hielt sie daraufhin für so nützlich für einen Einsatz, daß er 3.000 2 1/4-inch und 1.000 3 1/4-inch Raketen am 18. April anforderte:
„I have the honor to report that I have tried Hale's war rockets in regard to their correctness of flight, power of penetration, and the best methods of handling and discharging them. I have tried them against targets and against the enemy and have found them very serviceable. I have armed all the outer forts in which I did not wish to expose artillery with these rockets. I have organized a common rocket battery (the men are instructed and drilled), and am now organizing a boat rocket battery to accompany expeditions, &c. I regret to say that there are but 700 rockets on hand, and that they are of the large size (3 1/4-inch, nearly 32 pounds weight), which are less serviceable than the smaller ones. I beg that the major-general commanding will instruct his ordnance officer to obtain without delay for this district:
First. Three thousand 2 1/4-inch Hale's rockets, old construction, with rotation holes in the rear and a 4-second fuze. With these I require no stands.
Second. One thousand 3 1/4-inch rockets, with 10 stands."[258)]
Die Soldaten, die aus verschiedenen Infanterieeinheiten zu der neuen Batterie unter dem Kommando von Captain Jungblut kommandiert wurden, erhielten ihre Ausbildung auf der Kiawah-Insel anhand alter Congreve-Raketen, von deren Verhalten, es war wiederum vom Boomerang-Effekt die Rede, die Männer nicht begeistert waren. Mitte April standen etwa 700 Raketen vom Kaliber 3 1/2 zur Verfügung, also 32pfündige. Die oben zitierte Anforderung scheint aber nicht erfüllt worden zu sein. Am 12. Mai erhielt Colonel von Gilsa, der auf Folly Island kommandierte, den Auftrag, den Feind bei der Ablösung von Außenposten mit Raketensalven zu bekämpfen, hierfür wurden ihm Männer der Raketenbatterie zur Verfügung gestellt. Ebenso wurde für eine Operation am 23. Mai der Einsatz der Raketen befohlen:
„Third. You will order the commanding officer of Cole's Island to cross over at once with a force of, say, at least 60 men, to Battery Island. They should hide away as though taking a position as skirmishers. The howitzer should be taken at once to the fort on the right. A rocket volley should be prepared at the bridge on the right, and at least 30 rockets should be fired away in three volleys. Planks should be ostensibly brought to the bridge on the right, and the bridge on the left should be ostensibly fixed so as to alarm the enemy. The firing from Cole's Island should commence with the rockets and howitzers at 4 this p.m., and at 6 o'clock musketry fire should commence along the whole line.
Fourth. You will have the troops of the Thirty-second U.S. Colored Regiment ready at the wharf at 2 o'clock and embark them on the steamers ordered there for that purpose. Besides those of the Thirty-second you should have at least 60 veterans on these steamers. Three rocketboats will be ready at the same time, and the men will report to you."[259)]
Die Batterie wurde in der Folge noch mehrfach bei Aufklärungsvorstößen, auch in kleineren Detachements, eingesetzt, so am 19. Juni bei Legareville. Am 11. Juli erhielt Colonel Heine den Befehl
„. . . to send 100 men and a section of the Rocket Battery to Kiawah Island instead of the usual number"[260)]
Nach mehreren kleineren Einsätzen wurde die Batterie im August wieder ihrem alten Infanterieregiment zurücküberstellt und wahrscheinlich aufgelöst.
1864 stellte der amerikanische Konsul in Aachen fest, der sich damit befaßte, Munition für die Armee zu beschaffen, daß aus französischen Beständen Raketenbatterien zum Verkaufe stünden. Er schlug seiner Regierung die Beschaffung vor, der Chief of Ordnance sprach sich je-

249) Gleason, a.a.O., p. 398; die Aussagen über die Versuche waren widersprüchlich, teilweise hieß es, die Resultate wären „perfect" gewesen, während ein anderer Zeuge nach dem Abfeuern aller Raketen feststellte „they were voted a failure". Dennoch scheint die Genauigkeit hinreichend gewesen zu sein, während die Reichweite im Vergleich zur Rohrartillerie dieser Zeit überragend war.
250) F. W. F. Gleason, Lost Causes, in: The Gun Digest, 1957, p. 37
251) F. A. Lord, a.a.O., p. 220, sowie: Donnelly, a.a.O., p. 80 und: F. H. Winter / M. R. Sharpe, a.a.O., p. 10
252) D. A. Brown, a.a.O.; nach: Gleason, Lost Causes, a.a.O., war die Ausbildung der Truppe bereits abgeschlossen, diese scheint hiernach die neue Waffe geschätzt zu haben. Raketen und Gerät wurden eingelagert. Möglicherweise waren General Burnside auch die Raketen suspekt, so daß er sich lieber auf die konventionelle Artillerie verließ. Eine offizielle Begründung für die Umrüstung scheint nicht vorzuliegen.
253) R. Bruce, a.a.O., p. 219
254) Ordnance Papers, XI, pt. 3, 98, zitiert nach: Donnelly, a.a.O., p. 80
255) R. Bruce, a.a.O., p. 218
256) nach: Donnelly, a.a.O., p. 89
257) R. Bruce, a.a.O., p. 218
258) o. Verf., The War of the Rebellion: A Compilation of the Official Records of the Union and Confederate Armies., Series I, Volume XXXV, Part II-Correspondence, Washington 1891, p. 60, A. Schimmelfennig, Brigadier-General, Commanding District, Headquarters Northern District, Folley Island, S.C., April 18, 1864 to Lieut.Col. E.W. Smith, Assistant Adjutant-General, Dept. of the South
259) ibidem, p. 101, Hdqrs Northern Army District, Dept. of the South, Folly Island, S.C., May 23, 1864, Befehl an Col. L. von Gilsa, Commanding Post, Folly Island.
260) zitiert nach: Donnelly, a.a.O., p. 90, die vorherige Angabe, daß die Ausbildung mit alten Congreve Raketen erfolgt wäre, erscheint aber aufgrund der Meldung General Schimmelfennigs als zweifelhaft.

Vorführungsschießen von Hale bei Sandy Hook (Zeichnung: Frank Leslie's Illustrated Newspaper)

doch in einem Schreiben vom 15. Juli 1864 an den Kriegsminister dagegen aus, so daß der Ankauf unterblieb.[261)]
„Experience with rocket batteries during this war is not at all favorable to their usefulness. The same number of men and horses can produce more effect with the improved cannon and projectiles now used. Rockets have but little range and accuracy compared to rifled projectiles, and are liable at times to premature explosions and great eccentricity of flight. This department has no assurance that these rocket batteries have been tested in actual service, or that they possess the necessary requisites. I cannot, therefore, recommend their purchase."[262)]

Bemerkenswert ist, daß 1864 bereits von ziviler Seite ein Vorläufer der Bazooka des 20. Jahrhunderts erfunden wurde, eine tragbare Raketenabschußröhre von 5 Fuß Länge und einem Kaliber von 4 inch, die mit einem Gesichtsschutz für den Schützen versehen war. Auch wenn dieses Gerät für den Walfang entwickelt wurde „Fasten to and kill instantly whales of every species", um von Booten aus eingesetzt zu werden, hätte eine solche Waffe auch im Landkrieg erfolgreich eingesetzt werden können.[263)]

Zu einem letzten Versuch William Hales jr. den U.S.A. seine Raketen zu verkaufen scheint es 1877 gekommen zu sein. Er führte dem Ordnance Board seinen 1873 in Großbritannien patentierten Mehrfachraketenwerfer bei Sandy Hook vor, auch wenn der Versuch erfolgreich verlaufen zu sein scheint, wurde sein Angebot nicht mehr angenommen, die Zeit der Kriegsraketen war in den U.S.A. abgelaufen.[264)]

Spätestens 1866 scheinen sich keine Raketen mehr im Arsenal der US-Streitkräfte befunden zu haben.[265)] Wie schon zu Beginn des Bürgerkriegs erkennbar, waren die Raketen nicht mehr in der Lage mit den Leistungen der neuen gezogenen Geschütze mitzuhalten. Ähnlich wie in Großbritannien beschäftigte sich die US-Navy aber nochmals mit Raketen, nämlich als Antrieb für Torpedos. 1862 hatte ein Major Hunt ein Torpedoboot erfunden, mit diesem wurde 1870 ein Raketentorpedo unter Wasser abgeschossen, wobei das Abfeuerungsrohr bis zum Schuß mit einem Propfen verschlossen war.[266)] 1881 wurde auf der Torpedostation von Providence ein Raketentorpedo des Erfinders Week getestet, bei bewegter See hielt er nach dem Abschuß die Richtung und erreichte eine Geschwindigkeit von 1.375' in 9 Sekunden, der Versuch wurde zwar als Erfolg bewertet, scheint aber keine weiteren Konsequenzen gehabt zu haben.[267)] 1909 setzte Dudley mit der Entwicklung eines 2 m langen Lufttorpedo - ähnlich wie in Schweden Unge - ein, der jedoch seine Anfangsbewegung im Lanzierrohr durch Preßluft erhielt. Der Gefechtskopf bestand aus Schießbaumwolle und war mit einem Aufschlagzünder versehen. Zur Stabilisierung war er mit Führungsflächen versehen, die ihn in eine leichte Rotation versetzten.[268)] Auch diese Erfindung scheint nicht weiter beachtet worden zu sein. Damit war für fast hundert Jahre die Geschichte einer US-Raketenartillerie unterbrochen, auch wenn kurz vor Ende des Ersten Weltkrieges Dr. Goddard von der Clark University zunächst am Worcester Polytechnic Institute und später in Pasadena zusammen mit C. N. Hickman Raketen entwickelte und auf dem Aberdeen Proving Ground im November 1918 Raketen vom Kaliber 1.4., 8.5 und 16.5 pounds vorstellte, die aus einer Stahlröhre aus der Hand verschossen werden konnten. Der Waffenstillstand verhinderte aber ein weiteres Eingehen auf diese Entwicklung.[269)] Er hatte ab 1912, ausgehend von den vorhandenen Raketen für die Rettung Schiffbrüchiger begonnen, sich über Leistungssteigerungen Gedanken zu machen und schnell erkannt, daß bei diesen alten Raketen die Leistung des Treibsatzes nur zu 3% ausgenutzt wurde. In langwieriger Arbeit konstruierte er dann eine optimale Düse, die zu einer Ausströmgeschwindigkeit des Gases von 2.400 m/sec führte. Zur weite-

---

261) Olejar, a.a.O., p. 33

262) zitiert nach: Olejar, a.a.O., p. 34

263) The Merchants Transcript, April 8, 1865; nach diesem Artikel wurde diese Abfeuerungseinrichtung 1864 von der Bark *Reindeer* eingesetzt. (Angaben nach: Gleason, a.a.O., p. 398)

264) Hale erhielt 1873 das Patent für einen Werfer, bei dem 7 Abfeuerungsröhren nebeneinander angeordnet waren (Winter, rocketry, a.a.O., p. 210), ob dieser oder ein modifizierter Werfer in Sandy Hook eingesetzt wurde, konnte nicht festgestellt werden. Zum Versuch: Frank Leslie's Illustrated Newspaper, Vol. XLIV, June 2, 1877, p. 217: „The Hale war rockets are shell-headed, and can be filled with any kind of explosive material, and fired by either a time-fuze or a percussion-nipple. These projectiles are discharged from a V-shaped steel slide, mounted on wheels, and fitted with an apparatus for securing any desired elevation. They are respectively six, twelve and twenty-four-pounders. A flange screw tail-piece is fitted to each one, that for the six and twelve-pounders having three blades, while that for the twenty-four-pounders has four. The back fire from the flange-holes causes the rocket to revolve with a velocity equal to that of a conical rifle-bullet, and gives it great steadiness while passing through the air. . . . we show a mitrailleuse-stand from which a flight of seven of these projectiles can be discharged simultaneously. For military purposes the latter form has proven itself a most formidable engine of destruction . . ."

265) In einem detaillierten Artikel über die US-Artillerie sind sie in diesem Jahr nicht mehr erwähnt. (o.Verf.: The United States' Artillery and Our Own, in: USJ, 1866, Bd. II, p. 8 - 19), nach: Encyclopædia Britannica, Chicago, London, Toronto 1956, Vol. 19, „Rockets", sollen die Raketen bereits nach dem mexikanischen Krieg vernichtet worden sein, diese Feststellung ist offensichtlich falsch.

266) Notiz in der AMZ, No. 22, 1870, S. 174, über das Ergebnis des Versuches wurde leider nichts berichtet.

267) Mittheilungen aus dem Gebiete des Seewesens, 1881, S. 628 f., „Dieser Torpedo eigenthümlicher Construktion besteht aus einem Schwimmkörper aus Zinn- und Eisenblechen erzeugt, welcher innen mit Holz gefüttert ist. Derselbe besitzt zwei Steuerruder ähnlich den Stäben einer Rakete. Der Schwimmkörper ist 11' Fuß lang; die beiden Ruder haben die gleiche Länge. In dem vorderen Theile befinden sich als Sprengladung gegen 50 Pfd. Dynamit, welche durch Contact explodiren. Die ganze Vorrichtung wird durch eine Rakete von etwa 6" Durchmesser, 3½' Länge und 100 Pfd. Gewicht getrieben. Der Apparat bewegt sich auf der Wasseroberfläche und hat die außerordentliche Geschwindigkeit von 150' in der Secunde, welche für die Strecke von 4 - 600 Yards aufrecht erhalten werden kann, erreicht. Durch die beiden Ruder geführt, bewegt der Raketentorpedo sich in gerader Linie gegen das Ziel, auf welches er gerichtet ist. . . ." Foss, Marine - Kunde, Stuttgart 1890, S. 143, merkte hierzu an: „1. Den in den Vereinigten Staaten von Nordamerika erfundenen Raketentorpedo, der durch die Reaktionswirkung eines in einer nach hinten offenen Röhre abbrennenden Raketensatzes vorwärts getrieben wird. Ein Tiefenapparat fehlt ihm. Die mit ihm angestellten Versuche haben nicht befriedigt."

268) o. Verf., Luft-Torpedos, in: ZgSS, IV. Jahrg. 1909, S. 138 f.

269) F. Gleason, Lost causes, a.a.O., p. 37, Goddard untersuchte zunächst den Wirkungsgrad des Treibsatzes bei Signal- und Rettungsraketen, wobei er feststellte, daß dieser nur 2% betrug, bis 1916 erprobte er neue Düsenformen und ging vom Schwarzpulver zu rauchlosem Pulver über, wobei es ihm schließlich gelang, den Wirkungsgrad auf 60% zu erhöhen, das bedeutete, daß die Ausströmgeschwindigkeit des Gases von 300 m/sec auf 1.800 m/sec gesteigert wurde (A. Fritz, Start in die dritte Dimension, Stuttgart 1958, S. 41); siehe auch: Encyclopædia Britannica, a.a.O., God-

ren Leistungssteigerung legte er bereits die Konstruktionsprinzipien einer zweistufigen Rakete fest und ließ diese am 7. Juli 1914 patentieren.[270] Seine Forschungsergebnisse publizierte er 1919 in einer Schrift „A Method of Reaching Extreme Altitudes", die zwar zunächst Aufsehen erregte, dann aber bald in Vergessenheit geriet. Ab 1920 befaßte er sich dann auch mit der Nutzung flüssiger Treibstoffe, wobei es ihm am 16. März 1926 gelang, erstmals eine Flüssigkeitsrakete zu starten. Eine Entwicklung, die bereits auf die Raumfahrt hinwies.[271] Ab Mitte der dreißiger Jahre begann man sich auch in den Vereinigten Staaten wieder mit Feststoffraketen für einen taktischen Einsatz zu befassen, erste, nur wenig erfolgreiche Versuche mit Luft-Luft Raketen wurden durch Captain L. A. Skinner vom Army Ordnance Department 1938 durchgeführt. Aber erst ab Juni 1940 begannen sich die U.S.A. ernsthaft mit der Entwicklung von Feststoffraketen zu befassen. Zunächst wurde eine 11,4 cm Rakete für den Einsatz durch Navy, Air Force und Army entwickelt, die dann durch eine 12,7cm Version für die Navy fortentwickelt wurde. Ein erster Einsatz erfolgte Ende 1943 durch die Air Force über Burma.[272] Bis zur Einführung einer Raketenartillerie mit Mehrfachwerfern sollten dann aber nochmals fast 40 Jahre vergehen.

---

dards Treibsatz bestand aus 40% Nitroglycerin und 60% Nitrocellulose; im Entwurfsstadium befand sich zu dieser Zeit eine 4-inch Rakete für den Verschuß durch Flugzeuge. Goddard begann seine Versuche um 1900 im Boswell-Laboratorium in New Mexico (Rose, a.a.O., S. 279)

270) Patent No. 1,102,653. R. H. Goddard, Rocket Apparatus

271) Die theoretischen Grundlagen für seine Schrift „A Method of Reaching Extreme Altitudes" (Washington 1919) hatte Goddard bereits 1912-13 an der Princeton University entwickelt, konnte aber erst 1915/16 entsprechende Versuche durchführen mit unterschiedlichen Treibsätzen, wobei er rauchloses Pulver verwendete, und Brennkammern / Düsen. Gegenüber Schwarzpulverraketen mit einem Wirkungsgrad von etwa 2% gelang es ihm bei Verwendung des „Infallible" Pulvers der Hercules Powder Company einen Wirkungsgrad von etwa 57% zu erreichen, wobei eine Ausströmgeschwindigkeit der Gase von 2,154 km/sec erzielt wurde. (pp. 14) Goddard ging aufgrund dieser Resultate davon aus, daß er mit einer mehrstufigen Rakete, die zur Masse aus dem Treibsatz bestand, Höhen von 232 Meilen erreichen können würde. (p. 2) Daher sah er sich genötigt, auch die Wahrscheinlichkeit eines Zusammenstoßes mit Meteoriten zu berechnen, wobei diese sich als vernachlässigbar gering zeigte. (pp. 64)

272) D. Baker, The Rocket, New York 1978, p. 65

Nachtrag:

ergänze zu Fußnote 47)
vgl. A. T. Fragoso, História da Guerra entre o Tríplice Aliança e o Paraguai, Biblioteca do Exército 1957, Vol. II, p. 363; am 1. März 1855 verfügte das I. Corps in seiner Raketenbatterie über foguetes: 100 „caudas" u. 92 „de guerra", in der Reserve des Corps befanden sich zusätzlich 1750 „Roche-à-feu", 380 „caudas" und 330 „de guerra" (ibidem, p. 486)

ergänze zu Fußnote 92)
Der Angriff scheint zunächst nur aus kleineren Vorstößen bestanden zu haben, am 19.01.1866 griffen nach argentinischen Berichten 200 Mann mit einem Raketengeschütz an, die von der Kavallerie des General Hornos zurückgeschlagen wurden (Fragoso, a.a.O., Vol. I, p. 334) und am 25.01. griffen etwa 800 Mann mit „foguetes incendíaras" an, die ebenfalls von Hornos abgewiesen wurden (ibidem, p. 335)

11. Der Orient

a. Das ottomanische Reich - Epirus

Das ottomanische Reich, die heutige Türkei, wurde zur Zeit, als die europäischen Armeen Raketen einführten, von Mahmud II. regiert. In seinen Randgebieten in Europa und Asien begannen sich in dieser Zeit Bestrebungen nach Autonomie zu regen. Eine Entwicklung von Raketen fand in der Türkei nicht statt, wohl aber lieferte das Vereinigte Königreich teilweise diese Waffen an Führer von Unabhängigkeitsbewegungen.

So fanden die Selbständigkeitsbestrebungen des Ali von Tepelene, Pascha von Janina, eines mächtig gewordenen Vasallen der Pforte, der ab 1815 sich ein unabhängiges Fürstentum schaffen wollte, das Interesse der Großmächte. Zunächst aber wollte Großbritannien ihn dazu bewegen, sich dem Kampf gegen Napoleon anzuschließen und entsandte im Februar 1809[1] den Captain Leake der Royal Artillery mit einer Lieferung von Waffen, militärischer Ausrüstung und auch Raketen, der Alis Truppen dann auch im Gebrauch dieser Waffen ausbilden sollte. Ali sah es jedoch dann als wichtiger an, seinen Machtbereich auszudehnen und setzte die Raketen 1810 bei der Eroberung der albanischen Stadt Berat ein, um seinen Rivalen, den dortigen Pascha Ibrahim, auszuschalten.[2] Ab 1815 stellte er sich dann offen gegen die Pforte.[3] Die Niederschlagung dieses Aufstandes beanspruchte den Sultan um so mehr, als 1821 auch der Aufstand in Griechenland ausgebrochen war, er aber seine Kerntruppen gegen Janina einsetzen mußte. Erst im Januar 1822 gelang es, Janina zurückzuerobern. Hierbei verteidigte sich Ali von der Zitadelle aus und setzte die Stadt mit Raketen in Brand.[4] Mit der Hinrichtung des Paschas wurde dann die Insurrektion beendet.

b. Ägypten

Schwerwiegender für die Pforte waren die Bestrebungen des Gouverneurs von Ägypten, Mehmed Ali, dieses Land aus dem Ottomanischen Reich zu lösen. Mehmed Ali, albanischer Abstammung, war seit 1805 als Wali Ägyptens von der Pforte anerkannt und hatte 1811 den Führer der Mamelucken ermordet, so daß er selbständig herrschen konnte. Im Zuge seiner Modernisierungsbestrebungen verschaffte er sich auch Raketen für sein Heer; in den zwanziger Jahren hatte er bereits österreichische Raketen beschafft, mit deren Leistungen er aber nicht zufrieden war.[5] So bestellte er im März 1830 in England 1.200 Raketen. Von diesen waren 500 für den Einsatz von Schiffen, 500 für die Feldartillerie und 200 für Belagerungen vorgesehen. Nachdem diese Raketen in Cairo angelangt waren, wurden unter persönlicher Leitung Mehmed Ali Paschas unter Begleitung ausländischer Offiziere am 12. September 1830 erste Versuche angestellt. Alle Entfernungsangaben sind in Yards.

(Siehe obere Tabelle auf Seite 401)

Zur Erprobung einer Brandrakete wurde diese am 15. September mit feuchten Holz umgeben und angezündet, der Brandsatz bewies dabei seine Wirkung, da das Holz innerhalb einer Minute brannte. Weiterhin wurde eine 12pfündige Granatrakete auf 100 yards gegen eine 12 Fuß hohe Granitmauer abgefeuert, die Rakete traf die Mauer in 6 Fuß Höhe, drang 4 Zoll in die Steine ein und detonierte erst dann.

Am 18. Dezember wurde ein weiteres Vesuchsschießen durchgeführt, diesmal diente eine Scheibe, die auf 500 Schritt Entfernung aufgestellt war, als Ziel. Nachstehende Resultate wurden erzielt:

(Siehe zweite Tabelle auf Seite 401)

Schließlich fand noch am 27. März 1831 an der neu eingerichteten Artillerieschule bei Torah[6] ein weiteres Versuchsschießen statt, diesmal war das Ziel auf einer Entfernung von 800 yards durch 3 Flaggen markiert, die eine Linie von 40 yards Länge bezeichneten.

Zahl	Gattung	Elevation	Treffen in der Linie	Schußweite 1ster Aufschlag	Schußweite Ganze
1	32pfdge	43°	drüber	-	3350
1	24 -	28	-	2800	3740
1	12 -	26	-	1500	2240
1	12 -	29	-	1600	2900
1	6 -	13	durch	600	1900
1	3 -	11	-	650	1280

1831 begann Mehmed Ali Pascha dann seinen Versuch, den Herrschaftsbereich Ägyptens nach Syrien auszudehnen. Im November rückte das ägyptische Heer zum Angriff vor. Hierzu sandte er im November seine Flotte, zu der auch etwa 20 mit Raketen bewaffnete Ka-

1) Leake war bereits seit Februar 1805 in Griechenland und hatte am 12.11.1807 ein Abkommen mit Ali Pascha getroffen, mußte dann aber aus gesundheitlichen Gründen einen Heimaturlaub antreten. Während dieser Zeit hatte Ali Pascha seinen Vertrauten Said Achmed Effendi nach London entsandt, um dort um Unterstützung durch Waffen nachzusuchen. (J. H. Marsden, A Brief Memoir of the Life and Writings of the Late Lieutenant-Colonel William Martin Leake, London 1864, pp. 24)

2) P. Bret, Les fusées de Napoléon, in: L'Histoire, No. 70 / 1984, p. 25, und: F. H. Winter, The First Golden Age of Rocketry, Washington 1990 p. 175; Capt. Leake's Mission wurde auch bei Fortescue, History of the British Army, Vol. VII, London 1912, p. 207, beschrieben, hier wurde jedoch nur von Vorräten und Munition berichtet. P. Mackesy, The War in the Mediterranean, London 1957, erwähnte ebenfalls die Raketen nicht. Hiernach hatte Leake ersten Kontakt im November 1807 aufgenommen (a.a.O., p. 342) und war dann mit einem Vertreter Ali Paschas, Seid Achmet Effendi nach London gereist, die Waffen wurden im Oktober 1808 verschifft und trafen am 20. Februar 1809 vor Prevesa ein (a.a.O, p. 346). A. Boppe, L'Albanie et Napoléon, Paris 1914, p. 153, nannte den 27. Februar als Ankunft des Transporters *Western*, erwähnte aber bei der Ladung keine Raketen, obwohl er sie sonst genau aufzählte. Auch: Marsden, a.a.O., p. 28, erwähnt nur „artillery, ammunition, and stores" als Ladung. Leake war hiernach mit Schreiben des Foreign Office vom 21. Oktober 1808 angewiesen worden, ein Bündnis der albanischen Führer gegen Frankreich zu bewirken. Pouqueville kommentierte: „Les Anglais lui avaient donné de l'artillerie de montagne, des obusiers, des fusées à la Congrève, perfectionnement nouveau dans l'art de la destruction, et le bruit, ainsi que les effets de ces moyens, dignes des incendiaires de Copenhague, suffisaient pour épouvanter des peuplades accoutumées à la stratégie des siècles héroïques." (zitiert nach: de Montgéry, Des Fusées de guerre, maintenant fusées à la Congrève, in: JSM, 1825, Tome 1, p. 272); bei: Boppe, a.a.O., p. 115, wurden wiederum keine Raketen bei der Beschießung von Bérat erwähnt, obwohl er auch hier die von Großbritannien gelieferten Waffen aufzählte.

3) J. W. v. Hoyer, System der Brandraketen nach Congreve und Anderen, Leipzig 1827, S. 20; der Aufstand wurde auch von A. Dumas d. Ä. in seinem Roman „Der Graf von Monte Christo" romantisch verklärt behandelt.

4) de Montgéry, a.a.O., p. 272

5) o.Verf., Einige Nachrichten über die mit englischen Raketen in neuerer Zeit erhaltenen Resultate, in: AOPA, 2. Jahrg. 1834, 4. Band, S. 112 ; Erfolglose Vorführung am 2. März 1822 durch den schwedischen Diplomaten Baron Witterschett (Weygand, Histoire Militaire de Mohammed Aly et de ses Fils, Paris 1936, p. 171: „Sept ans plus tard, le baron suédois de Witterschett offrit à son tour et dans un même but ses services au pacha. Il échoua dans une expérience de fusées à la Congrève 2 mars 1822, et sa collaboration en resta là.")

6) Die Schule war auf Veranlassung durch Ibrahim Pascha eingerichtet worden und wurde von dem spanischen Coronel Antonio de Seguera geleitet (F. Mengin, Historie sommaire de l'Egypte sous le gouvernement de Mohammed-Aly, Paris 1839, p. 129; Mengin erwähnte jedoch an keiner Stelle seines Buches die Raketen, obwohl er sonst die ägyptische Armee und ihre Artillerie sehr genau beschrieb)

Zahl Rak.	Gattung	Abfeuerungsart	Elevation	Schußweite 1.Aufschlag	Schußweite Gesamt	Abweichung	Wind	
1	3pfündige Vollkugel	vom Boden	-	600	1200	10 links	keiner	nach dem 1sten Aufschlag Rikoschetts von 40-50 Y.
1	6- Granate	- -	-	750	1150	Linie	-	-
1	12- -	- -	-	500	1150	-	-	-
1	24- -	- -	-	800	900	200 links	-	brach den Stab unterwegs
6	12- - -4-	zugleich vom Boden	-	600	1600	Linie	-	
	-1-	-	-	650	1700	-	-	
	-1-	-	-	750	1920	-	-	
1	12- -	Schiffsgestell	28°	1000	1700	15 links	-	
1	12- -	- -	-	1200	2000	10 -	-	
1	12- -	12pfdger Feldwagen	25°	1400	2000	Linie	-	
1	12- -	- -	-	1350	2000	-	-	
1	24- -	24 - -	28°	800	1150	-	-	
1	24- -	- -	-	900	1150	-	-	
1	24- -	- -	-	1100	1150	-	-	
1	24- -	- -	-	1050	1700	-	-	
1	6- -	Schiffsgestell	15	800	1800	20 links	leicht links	
1	6- -	- -	-	1000	1920	Linie	-	
1	3- Vollkugel	Kavallerie-Rohr	horiz.	850	1620	-	-	
1	3- -	- -	-	1000	1400	-	-	
1	32- Brandkugel	Bombardm.-Gestell	35°	-	2000	20 Y. auseinander	-	
1	32- -	- -	35°	-	2000	-	-	
1	32- -	- -	40°	-	2000	-	-	

Zahl	Gattung	Gestell	Elevation	Schußweite 1ster Aufschlag	Schußweite Gesamt	
1	12 -	Schiffs-G.	10°	600	1100	Linie
1	6 -	-	8	650	900	etwas links
1	12 -	-	10	600	1300	durch die Scheibe
1	6 -	-	8	700	1050	10 Y.von der Scheibe rechts
1	12 -	-	$9\frac{1}{2}$	650	1250	grade über die Scheibe
1	6 -	-	$8\frac{1}{2}$	550	800	-
1	12 -	-	10	780	1300	-
1	6 -	-	25	1200	1600	
1	12 -	-	28	1700	2000	
1	6 -	-	28	1250	1800	
1	6 -	-	35	nahe	2000	
5	6 -	Am Boden zugleich	-	3 b. 400	1050	sehr gute Richtung. Eine R.i.d.Scheib.

nonenboote gehörten, nach St. Jean d'Acre.[7] Hinzu traten 5.000 Mann Infanterie und 300 Mann irreguläre syrische Kavallerie sowie 8 Artilleriebatterien, zusätzlich gehörten zu seiner Armee 2 Raketenbatterien. Etwa 5/4 Meilen vor der Stadt traf diese Truppe auf die türkische Reiterei unter Abdallah in Stärke von etwa 700 Mann. Die Raketenbatterie ging sofort in Stellung und feuerte eine Salve ab, woraufhin sich die türkischen Reiter in großer Verwirrung zurückzogen.[8] Anschließend an dieses Gefecht wurde die Stadt belagert, auch bei der Beschießung ab Ende November wurden Brandraketen eingesetzt, ihr Einsatz führte zu zahlreichen Bränden sowie zu Verlusten der Garnisonstruppen,[9]

„Das Innere des Platzes hatten Kugeln, Bomben und die von der Flotte geschleuderten Congreveschen Raketen gräulich verheert."[10]

Der Einsatz der Raketen von See aus scheint jedoch für die Besatzung der Boote nicht immer ungefährlich gewesen zu sein:

„Un officier de marine anglais au service du vice-roi et un autre chargé de la direction des fusées à la Congrève ont été brûlés avec 20 hommes d'equipage, par l'effet de leur propre imprudence, dans une barque destinée à cette opération."[11]

Noch mehrfach wurden die Raketen zur Beschießung der Stadt eingesetzt:

„Quelques bombes et des fusées à la Congrève, lancées sur la ville, avaient déjà brûlé des maisons et renversé des minarets."[12]

Die Bevölkerung der belagerten Stadt muß erheblich unter dem Beschuß, auch durch Raketen, gelitten haben

7) o. Verf., The Siege of Acre, and Military Resources of Egypt, in: USJ, 1832, p. 221

8) Ein englischer Reisender gab hierzu ein weniger positives Urteil ab und betonte mehr die moralische Wirkung: „The introduction of Congreve rockets by an Englishman was of signal service to them in their Arabian campaign; one single rocket, falling within the miserable Arab forts, being sufficient to annihilate the greater portion of their defenders, half-naked and uncovered as they were, and closely huddled together." (o.Verf., Egypt and Mehemet Ali, in: USJ, 1839, p. 292)

9) Nach dem Bericht eines englischen Beobachters scheinen die Raketen weniger wirksam gewesen zu sein: „. . . and a great number of shells and Congreve rockets thrown into the town; . . . and the rockets do not appear to have supported their former high character for destructiveness." (o. Verf., The Siege of Acre, a.a.O., p. 223)

10) J. B. Schels, Saint Jean d'Acre 1291 - 1840, in: ÖMZ, 1841, S. 148

11) G. Douin, La première guerre de Syrie, Tome premier, La Conquête de la Syrie (1831-1832), Cairo 1931, p. 90 (Mimaut [französischer Gesandter in Ägypten] an Sébastiani v. 26. Dezember 1831)

12) ibidem., p. 82 (an Sébastiani v. 18. Dezember 1831)

„Deux émeutes ont eu lieu dans l'intérieur de la place. La première était excitée par les habitants au désespoir, et surtout par les femmes, au moment où le feu de l'escadre et des canonnières, ainsi que les fusées à la Congrève, incendiaient leurs demeures, et elle avait pour object de demander la reddition de la place."[13]

Nach Urteilen der ägyptischen Offiziere hatten sich die Raketen voll bewährt.[14]
In der Folge bemühte sich insbesondere Ibrahim Pascha, der für das Material der Artillerie Ägyptens zuständig war, einige reguläre Raketen-Batterien aufzustellen und auszubilden.[15]

Weitere Versuche wurden 1838 mit 3- bis 24pfündigen Congrev'schen Raketen in Kairo durchgeführt. Es scheint jedoch nie zu einer Fertigung von Raketen in Ägypten gekommen zu sein.[16] Aus der Folgezeit sind keine Daten bekannt und erst unter der Herrschaft des Khediven Ismael Pascha (1863 - 1879) waren Raketen wieder Bestandteil der ägyptischen Armee.
Baker Pascha, Generalmajor des Ottomanischen Reiches, hat im Dienste des Khediven von Ägypten im Sudan-Feldzug gegen die Bari und Sklavenhändler zu Beginn der siebziger Jahre mehrfach mit seinen ägyptischen Truppen Raketen eingesetzt. Er notierte dabei zu ihren Vorteilen:
„Rockets are invaluable, especially those known as Hale's three-pounders. These in reality weigh five pounds. In bush-fighting, the object of the rocket would be to try jungle before the troops advanced. . . . A few rockets fired into the bush at a rather low angle, so as to ricochet, while two or three were fired at a long range so as to explode beyond the enemy, would assuredly discover them; if concealed. . . . At the time [Expedition gegen die Bari bei Fatiko] that I acknowledge the extreme importance of Hale's rockets, I must express my astonishment and disappointment, that projectiles so admirably adapted by their portability for savage warfare, should be rendered almost useless by the absence of explosion. A rocket weighing five pounds can be slipped under the strap of a soldier's knapsack and carried with ease during a march, so that without extra transport, the projectile is at immediate hand. It is invaluable when the troops are making a night attack, for as . . . This rocket should explode with a bursting charge of an ounce of strong powder. . . . I used Hale's rockets throughout the Bari war, but in no instance did they ignite the thatched huts. Upon several occasions they passed through the grass roofs, but the rapidity of their flight did not afford sufficient time for ignition, as the rocket can only depend upon its back fire. . . . The result of my experience would lead me to condemn as useless for the actual bush-march, any other weapons except explosive rockets . . ."[17]

Während des nationalen Aufstandes 1881 sollen einige davon eingesetzt worden sein und anläßlich der Beschießung Alexandrias 1882 wurde gemeldet, daß die Armee Arabi Paschas über eine Raketenbatterie verfügt hätte.[18] Nach diesem Zeitpunkt stand Ägypten dann unter britischer Oberherrschaft.

c. Ottomanisches Reich - Türkei

Zu Beginn des Krieges gegen Rußland 1828 scheint auch das ottomanische Reich den Entschluß gefaßt zu haben, Raketen als Gebirgsartillerie, vor allem für einen Einsatz auf dem Balkan, einzuführen. Hierzu nahm man Verbindung mit Großbritannien auf, in der Presse wurde zur Begründung dieser Beschaffung durch die Türken angegeben:
„ . . . die sich davon besonders in dem coupiertem Terrain des Balkangebietes großen Nutzen gegen die Reiterei versprechen."[19]
Aufgrund der türkischen Bemühungen wurde im Juli 1829 der britische Artillerist Lieutenant Colonel Chesney mit einer Ladung Raketen in die Türkei abgeordnet,[20] um deren Armee mit dieser neuen Waffe auszurüsten, in den Unterlagen der türkischen Armee finden sich jedoch keinerlei Hinweise hierauf.[21] Da er in Istanbul jedoch erst eintraf, als die russische Armee die Balkanpässe bereits überschritten hatte, kam diese Unterstützung zu spät. Es ist ungewiß, ob er während seines Aufenthaltes noch ein Raketen-Corps aufstellen und ausbilden konnte.
Es scheint jedoch, daß Ende jenes Jahrzehntes in Istanbul ein kleines Feuerwerkslaboratorium für Versuchszwecke eingerichtet worden ist, das auch bereits über eine hydraulische Presse verfügt haben soll, möglicherweise geschah dies auf Veranlassung des türkischen Raketenspezialisten, des Brigadegenerales der Artillerie, Mohamed Emin Pascha.[22]
Zu einem weiteren Einsatz von Congreves Raketen durch die Türkei kam es im Verlauf des Krimkrieges bei der Verteidigung von Kars, wobei die Türken durch britische Berater und, zumindest soweit es Raketen betrifft, auch durch Material unterstützt wurden. Der Raketeneinsatz scheint aber im wesentlichen durch diese britischen Berater geleitet worden zu sein. Hierzu schrieb ein britischer Offizier:
„The use of rockets has been introduced with he greatest success as a support for these light troops, and they scarcely ever make a movement, even in small bodies, without a detachment of rocketeers."[23]
1859 scheint erwogen gewesen zu sein, die Gebirgs-Haubitzbatterien durch Raketen zu ersetzen, wobei diese in jenem Jahr Versuchen unterzogen wurden.[24] Auch scheinen weiterhin Raketen im Waffenarsenal der Türkei vorhanden gewesen zu sein, nach einem Bericht erwarb die Pforte 1868 das Gerät der österreichischen, 1867 aufgelassenen Raketenwaffe;[25] vom russisch - türkischen Krieg 1877 wurde dann

---

13) ibidem, p. 96 (Mimaut an Sébastiani v. 29. Dezember 1831)
14) nach: „Einige Nachrichten . . .", .a.a.O., S. 112 f., die Angaben finden sich auch in: AMZ, 22. Jahrg. 1847, S. 989 ff. (Drittes Fragment eines größeren Aufsatzes über den Gebrauch der Kriegsraketen im Feldkriege)
15) Notiz in: AMZ, 1835, S. 622 sowie in der ÖMZ, 1836, S. 346
16) Weder in: o. Verf., Military and Naval Establishments of Modern Egypt, in: USJ, March 1840, p. 309 - 318, noch in: T. J. Newbold, Present State of the Military and Naval Strength of Egypt, in: USJ, Oct 1840, p. 225 - 232 , sowie: R. W. R. Howard Vyse, Some Accounts of the Composition and Force of the Egytian Army, in: USJ, Nov. 1840, p. 305 - 314, wurden Raketen erwähnt, wobei die beiden ersten Artikel recht detailliert die Kapazität und Produktivität des Arsenals beschrieben.
17) S. W. Baker, Pacha, Experience in Savage Warfare, in: Journal of the Royal United Service Institution, Vol. 17, 1874, pp. 906, also auch hier die Feststellung, daß Raketen ohne sprengkräftigen Gefechtskopf weniger Nutzen bringen.
18) o. Verf., The War in Egypt, in: ILN, July 22, 1882, p. 82
19) Notiz in: AMZ, 1829, S. 440, ähnlich: SpMil, VII 1829, S. 547 (britische Offiziere haben den Gebrauch der Raketen à la Congrève für den Gebrauch auf dem Balkan eingeführt); Winter, The First Golden Age of Rocketry, Washington 1990, p. 176, gab an, daß die Raketen durch R. F. Wade, seit 1822 Eigentümer von Congreves Raketenfabrik in Bow, geliefert wurden. Nach Lieferung der Raketen wurde überstürzt eine provisorische Batterie gebildet, die jedoch völlig versagt haben soll.
20) „ . . . and on the 10th July he embarked at Woolwich on board the *Premier*, a fast-sailing clipper, belonging to the firm of Niven, Black, and Co., who had then just received orders to ship a supply of rockets for the Sultan's service. His object was to form a rocket corps for the defence of the more elevated passes of the Balkan, and with this purpose in view he took out with him a man, who had seen similar service in the battle of Leipzig.", S. L. Poole (ed.), The Life of the Late General F. R. Chesney, London 1885. Chesney führte eine Empfehlung Sir Sidney Smith's an die Pforte mit sich. Siehe auch: Strachan, From Waterloo to Balaclava, Tactics, Technology, and the British Army, Cambridge 1985; vgl.: Wittje, Die Kriegsraketen, Handschrift in der Wehrbereichsbibliothek II, Hannover, ca. 1855, S. 47, W. schrieb, daß ein französischer Offizier die Raketen 1828 in die Türkei eingeführt hätte. Es mag sein, daß W. den Namen falsch interpretiert hatte, zumal es zu dieser Zeit noch keine eingeführten französischen Raketen gab.
21) Antwort des militärhistorischen Forschungsamtes der türkischen Armee, mitgeteilt durch den Militärattaché der Botschaft der Republik Türkei mit Schreiben vom 04. August 1995
22) Winter, a.a.O., p. 178
23) A. Lake, Narrative of the Defense of Kars, London 1857, p. 193 (Die leichten Truppen waren Gefolgsleute Shamyls aus Daghestan, sie wurden bei der Verteidigung von Kars unter Führung durch Major Teesdale fast täglich als Plänkler gegen die Russen eingesetzt)
24) AMZ, 1859, Nr. 51/52, S. 443, Türkei, leider fehlen Angaben über die Art der Raketen sowie weiterführende Meldungen in den Folgejahrgängen.

über das Gefecht bei Czerkowna auf dem Balkan im September berichtet:
„Auch die Russen, welche durch die türkischen Granaten und durch Raketenfeuer furchtbar gelitten hatten, brachen jetzt den Kampf ab."[26]

Hiernach ist kein weiterer Gebrauch der Raketen seitens der Türkei bekannt.

d. Persien

Unter Mohammad Shah wurde in Persien, beginnend ab etwa 1840, auf Initiative des Premierministers Hadji Mirza Agassi durch den französischen Oberst Colombari[27] mit der Ausrüstung der Artillerie mit Congrev'schen Raketen begonnen. Hierzu wurde in Teheran ein Arsenal mit einem Feuerwerkslaboratorium eingerichtet, in dem in weniger als 8 Jahren auf seinen Befehl etwa 20.000 Raketen verschiedener Kaliber angefertigt wurden.[28] 1841 konnte ein Engländer einem Artillerieschießen der persischen Armee in Gegenwart des Schah beiwohnen. Zum Schluß der Vorführung wurden 4 Raketen abgefeuert, leider äußerte der Beobachter sich nur über die Wirkung einer:
„The scene closed with the discharge of four of the rockets, one of which took the liberty of bursting on the spot; without, however, doing any other mischief than carrying away one of the serjeant's false beards."[29]
Über die anfängliche Ausstattung der Artillerie mit dieser Waffe liegen keine Unterlagen vor.
In den fünfziger Jahren bestand die persische Artillerie aus drei Regimentern reitender Artillerie zu je 8 Batterien und zusätzlich 3 Reservebatterien sowie einem Kamelreiter-Artillerieregiment mit 4 Compagnien. Jede Batterie verfügte über neun Munitionswagen für Kanonen und Haubitzen sowie über einen Raketenwagen, so daß die persische Artillerie, ähnlich wie die britische, jederzeit bei Bedarf Raketen einsetzen konnte.[30]
Diese Art, Raketen in die Batterien zu integrieren scheint bis 1879 beibehalten worden zu sein, für dieses Jahr hieß es nur noch: „Auch Congrevische Raketengestelle sind vorhanden."[31] Im Folgejahr wurden die Raketen nicht mehr erwähnt, scheinen also aus der Artillerie ausgeschieden zu sein. Um was für Raketenmodelle und um welche Kaliber es sich gehandelt hat, ist nicht mehr festzustellen, die Bezeichnung der Raketen als „congrev'sche" deutet zumindest darauf hin, daß es sich noch nicht um Rotations- sondern um Stabraketen gehandelt haben muß.

25) P. Schupita, Raketenwaffen, Wien o.J., S. 2 (unveröffentlicht)
26) F. Lubojatzky, Illustrirte Kriegs-Chronik, Zweiter Theil, Dresden 1878, S. 572
27) Colombari war piemontesischer Abstammung und verweilte etwa 16 Jahre am Hofe des Shah, nach der Errichtung des Arsenals wurde er Großmeister der persischen Artillerie (M. Lenoir, Missions militaires en Perse: Le général Gardane et le Colonel Colombari, in: RIHM 1980, No. 49, p. 151; Lenoir sprach hier von „fusils à la Congrève", dies dürfte aber ein Druckfehler sein. Nach: K. Peball, Dokumente und Forschungen im Kriegsarchiv Wien zur Geschichte der militärischen Österreichisch-Persischen Beziehungen bis 1918, in: Commission Internationale d'Histoire Militaire, Acta, 1978 No. 3, p. 138, war Colombari Österreicher, nach ihm kamen ab 1851 auch zwei österreichische Artillerieoffiziere als Instrukteure nach Persien (Oberleutnant von Gumoens und Oberleutnant Krziz)
28) o. Verf., Observations sur l'armée Persane, in: SpMil, 1853, p. 678.
29) o. Verf., Persia. The Artillery, in: USJ, 1841, p. 105
30) o. Verf., Kurze Notizen über die persische Armee, in: AOPA, 1856, S. 180
31) JVFM, 5. Jahrg. 1879, S. 175; R. R. Tousi, The Persian Army, 1880-1907, in: Middle Eastern Studies, Vol. 24, 1988, No. 2, p. 206-229. erwähnte in einer Beschreibung der persischen Artillerie ebenfalls für diesen Zeitraum keine Raketen mehr.

12. Bewertung und Ausblick

Das Auftreten der Congrev'schen Raketen in den Napoleonischen Kriegen löste unter den militärischen Fachleuten eine rege Diskussion aus, wobei in fast allen Staaten zunächst historische und theoretisch-technische Untersuchungen zu diesem Thema angestellt wurden, und darüber hinaus naturgemäß auch die militärische Anwendbarleit dieser neuen Waffe diskutiert wurde.

a. Experten und Laien: Die internationale Raketendiskussion

Die Geschichte dieser wiederentdeckten Waffe wurde von zahlreichen Autoren untersucht, wobei als erste „moderne" Grundlagenarbeiten nach Congreves Schriften v. Hoyers und Montgérys Untersuchungen sowie Meyers Geschichte der Feuerwaffen betrachtet werden können, die bald durch die Arbeiten Breithaupts in Württemberg, des Marquès de Viluma in Spanien, Omodeis in Italien, Mouriers in Dänemark und Silferskolds in Schweden ergänzt wurden. Neben der Darstellung der Geschichte, in der vor allem die Autoren der Renaissance ausgewertet wurden und einer Beurteilung der Raketeneinsätze während der napoleonischen Kriege wurden theoretische Überlegungen zur Konstruktion angestellt, so um das optimale Verhältnis der Dimensionen der Raketen, die Form der Seele und das Verhältnis zwischen Länge des Stabes und Kaliber der Rakete zu berechnen. Kennzeichnend für diese Arbeiten ist oft, daß detailliert die Zusammensetzung des Treibsatzes bei den unterschiedlichen Raketen der verschiedenen Nationen und Länge und Form des Stabes beschrieben wurden.[1] Einen tiefen Eindruck scheinen die Bemerkungen Paixhans auf die Autoren gemacht zu haben, da seine negative Beschreibung der britischen Raketeneinsätze in den Napoleonischen Kriegen, wonach die Raketen nirgendwo Wirkung erzielt hätten, häufig wiederholt wurde. Daneben erschienen auch eher polemische Schriften, oft auch aus nationaler Eitelkeit, die Congreve die Priorität dieser Entwicklung absprachen, so ein Aufsatz, indem vor allem dem französischen General Julienne de Belair der Vorzug gegeben wurde oder andere Vorgänger mit vergleichbaren Erfindungen angeführt wurden, dabei wurde jedoch vergessen, daß es nur Congreve gelungen war, seine Entwicklung für den Feldeinsatz zu nutzen.[2] Schließlich gab es noch Hoffnungen, ähnlich wie sie Nobel nach der Erfindung seines Sprengstoffes äußerte, daß diese neue, schreckliche Waffe das Ende aller Kriege bedeuten könnte, wobei aber zugleich, sowohl pessimistisch als auch realistisch, Zweifel an dieser Hoffnung ausgedrückt wurden:

„Wir wollen wünschen, daß die Vervollkommnung der Congrevschen Raketen, deren sie noch sehr bedürftig sind, die Wünsche des für diese Erfindung etwas enthusiastischen Verfassers bald zum Ziele führe, jeden Krieg nemlich desto schneller aus humaner Schonung zu beendigen. . . . Bemerken wir indessen noch, daß wenn auch einmal die Raketen auf dem Punkte der Vollkommenheit stehen, auf welchem sie, der Idee des Verfassers zufolge, dem kriege ein Ende machen und uns den ewigen Frieden geben sollen, die menschliche Erfindungskraft gewiß Schutzmittel dagegen auffinden und man sich dennoch immer herumbalgen wird."[3]

Die erste Darstellung der praktischen Herstellung von Raketen sowie von durchgeführten Versuchen erfolgte 1819 durch Bem[4] und erregte erhebliches Aufsehen. Auch das Interesse der Naturwissenschaftler wurde geweckt, die bestrebt waren, die Geheimnisse der Raketenflugbahn mathematisch zu erfassen, dies gelang zuerst in England William Moore, später beschäftigte sich in Frankreich Munier mit diesem Problem.[5]

---

1) v. Hoyer, System der Brandraketen nach Congreve und Anderen, Leipzig 1827; M. de Montgéry, Histoire des fusées de guerre, Paris 1825; Dr. M. Meyer, Handbuch der Geschichte der Feuerwaffentechnik, Berlin 1815; F. P. F. Mourier, Contribution to further knowledge of the war-rockets and their history, Copenhagen, 11. August 1825 (englische Übersetzung: I. Skoog); Marquès de Viluma, Noticia sobre el origen, progresso y estado actual de los cohetes de guerra, Madrid 1833; o. Verf. (Silferskold), Om Krigsraketer, Stockholm 1827; F. Omodei, Osservazioni intorno all' istoria de' razzi, Torino 1835; L. v. Breithaupt, Beurteilung Congrevscher Raketen, Stuttgart, und: Die Artillerie für Offiziere aller Waffen, Stuttgart 1831; einen allgemeinen Überblick über die konstruktiven Grundlagen bot später: Bröcker, Notizen über die Konstruktions-Verhältnisse von Raketen und die gegenseitige Wirkung ihrer einzelnen Theile, in: AOPA, 1858, S. 95 - 132. Insbesondere Montgérys Arbeit wurde in der Folge von vielen anderen Autoren - einschließlich seiner Irrtümer - „ausgebeutet".

2) o. Verf., Etwas über die Erfindung der Brandraketen, in: MilBl., 1824, 2. Bd., S. 318, dabei wurde aus Belairs Werk „Elements de fortification" zitiert: "Die Fouquette ist ein Feuerwerk der die Halbinsel westwärts des Ganges bewohnenden Indianer. Einige Versuche hiermit, die ich unglücklicherweise nicht fortzusetzen Gelegenheit hatte, haben mich überzeugt, daß es ein Leichtes seyn würde, diese Waffe in der Art zu vervollkommnen, daß man von ihr im Felde, vorzüglich gegen Kavallerie, so wie bei der Vertheidigung von Festungen oder Verschanzungen großen Nutzen ziehen könnte . . . Die Fouquette ist eine Rakete, deren Flug in einer merklich horizontalen Richtung geht." Dabei ist interessant, daß dieser Vorläufer Congreves, ähnlich wie d'Andrade in Portugal, auch bereits an den Einsatz der Raketen zur See gedacht hatte: „Zwar dürfte es mit Gefahr verknüpft seyn, sich der Fouquette auf Schiffen zu bedienen, doch zweifle ich keineswegs, daß man nicht sollte auch diese Gefahr völlig verschwinden machen, wenn man sich die Mühe gäbe, hierüber nachzudenken. Wenn man dieses zu Stand brächte, würden die Schiffe daraus beim Angriff hölzerner Forts große Vortheile ziehen; denn die Fouquetten würden weit leichter und sicherer zünden, als die glühenden Kugeln, deren sich ein segelndes Schiff nicht bedienen kann. Die Bedienung dieses Geschosses würde die Bedienung selbst der leichtesten und geübtesten Artillerie an Geschwindigkeit bei weitem übertreffen, indem man dabei weder Geschütz noch Wurfmaschine bedürfe . . ." Des weiteren beschrieb der Verfasser dieses Aufsatzes die Türkenkugeln von Michael Mieth, die dieser 1705 vorgeschlagen hatte, aus der Beschreibung geht aber hervor, daß es sich hier nicht um Raketen, sondern um aus Mörsern zu verschießenden Kugeln handelt, die nach der Zündung Tochtergeschosse, eine Art kleine Raketen, freigeben sollten; also Vorläufer der modernen Bombletgeschosse.

3) o. Verf., Gedanken über die Congreve'schen Raketen (Von einem Laien in der Kriegskunst), in: MilBl., 1824, 2. Band, S. 189

4) Bem, Notes sur les fusées incendiaires, Varsovie 1819

5) W. Moore, A Treatise on the Motion of Rockets, London 1813, sowie: M. Munier, Théorie du mouvement et du tir des fusées, Metz 1830; Moores Arbeitsergebnisse scheinen aber zunächst wenig bekannt worden sein, denn noch 1821 wurde festgestellt: „Die Probleme: Welche Art von Bewegung übt die Rakete aus, und zu welcher mathematischen Linie gehört ihre Bahn? werden also wohl vor der Hand unaufgelöst bleiben, und die Kopenhagener Societät wird ihren Preis wohl noch eine Weile behalten." (o. Verf., Ansichten über das Steigen und die Bahn der Raketen, in: MilBl., 2. Jahrg. 1821, 1. Band, S. 5 [Preisfrage, 1810 durch die Kongelige Danske Videnskabernes Selskabs veröffentlicht]) Selbst die Frage, ob eine Rakete auch im luftleeren Raum steigen würde, konnte noch nicht definitiv beantwortet werden („Nach unseren Betrachtungen kann eine Rakete durch nichts in der Welt verhindert werden, im leeren Raum zu steigen.", ibidem, S. 6), dasselbe galt für die Wirkung des Windes auf den Flug der Rakete: „Selbst die Frage: Ob die Rakete mit dem Winde oder gegen den Wind fliegen muß? dürfte wohl unentschieden bleiben. Trifft bei gestörtem Schwerpunkt die Windströmung auf die Hülse der Rakete, so fliegt sie unbedingt mit dem Winde; trifft sie auf die Ruthe, so geht sie gegen den Wind. Wer aber vermag der Windströmung zu gebieten?" (ibidem, S. 7) Dieser Artikel nahm kritisch Stellung zu vorher erschienenen Artikeln anderer Autoren, wobei der Beitrag des Lieutenant Meyer (Ueber die Theorie des Steigens der Raketen, mit Bezugnahme eines Aufsatzes im 2ten Heft der Oestreichischen Militair-Zeitschrift, in: MWBl. 1819. S. 1077 - 1079) als im Wesentlichen richtig akzeptiert wurde, der jedoch auch noch nicht Moores Ergebnisse kannte. Meyer schloß aus dem Verhalten des Pulvers im Geschützrohr und dessen Rücklauf auf die reaktive Kraft: „ . . . und ich glaube, daß sein Räsonnement auf richtige Grundlehren der Physik gestützt, hinreicht, die unrichtigere, doch oft ausgesprochene Meinung zu widerlegen, als könne ein so elastischer, komprimabler Stoff, wie die atmosphärische Luft, eine so feste Masse werden, daß ein auf sie drückender Feuerstrahl einen so bedeutenden Körper mit ungeheurer Kraft in entgegengesetzter Richtung forttreiben könne. Am deutlichsten leuchtet das Falsche dieser Behauptung eben bei den Raketen ein; denn wer je eine derselben bei ihrem Entzünden nur mit einiger Aufmerksamkeit betrachtet hat, dem wird es nicht entgangen seyn, daß erst einige Sekunden nach dem Anfange der Austragung des feurigen Gases, sie sich plötzlich vom Gerüste hebt und ihren Flug beginnt. Sollte nun wirklich die Luftsäule unter der Mündung durch die Unfähigkeit, dem Feuerstrahl schnell genug ausweichen zu können, Ursache des Steigens seyn, so würden ja schon die anfänglichen Ausströmungen,

Aber auch in den folgenden Jahrzehnten wurde dieses Phänomen weiter untersucht.[6]

Ebenso eifrig wurde in den militärischen Zeitschriften der mögliche Einsatz der Raketen im Felde sowie die zweckmäßige Form und Gliederung möglicher Raketeneinheiten diskutiert. Die Spannweite reichte von Congreves Idee einer Raketeninfanterie oder -kavallerie über Raketenkorps, wie sie später in Österreich entstanden oder einen begrenzten Einsatz als Gebirgsartillerie bis zur völligen Ablehnung dieser Waffe 1818 durch Marschall Marmont.[7] Mourier war mit seiner Studie einer der ersten Autoren, der neben Montgéry auch mögliche taktische Anwendungen untersuchte und abweichend von anderen zu dem Schluß kam, daß sie am besten gegen Truppenmassierungen und am wirkungsvollsten gegen die feindliche Artillerie eingesetzt werden könnten:

„Der Artillerie aber werden die Raketen bei mehrerer Ausbildung furchtbarer, als irgendein Geschoß werden, weil dieselben, nächst der Wirkung auf Pferde, auch so häufig das Auffliegen der Munitionswagen herbeiführen, wie aus den früher angeführten Thatsachen hervorgeht. Sie werden um so schädlicher, da sie sich ohne Gefahr mehr nähern können, als andere Geschütze."[8]

Aber selbst Gegner der Raketen, wie Paixhans, sahen ihren Einsatz als zweckmäßig an, wenn das Gelände das Instellunggehen von Kanonen nicht zuließe.[9] Mit am schärfsten verurteilte Général Gassendi die Raketen:

„. . . je me permettrai de répéter ce que j'avais dit dans l'édition précédente, que ces Fusées pourraient faire beaucoup de mal, employées à tout autre opération qu'à la guerre; qu'elles ne sont utiles en rien à celle-ci, par l'incertitude de leur tir, la petitesse et la mobilité des buts sur lesquels on les lance; enfin par la facilité d'apercevoir et d'arrêter leurs effets."[10]

Bemerkenswert ist das ablehnende Urteil vieler britischer Offiziere über diese Waffe:

„. . . daß mehrere englische Offiziere, mit welchen der Verfasser dieses Aufsatzes zusammenstand, und die die Wirkung der Congrevschen Raketen bereits aus der Erfahrung kannten, diese Waffe weit geringer schätzten, als gewöhnlich jene Militärs, welche nur davon hörten, und daß einige jener Offiziere gar so weit giengen, zu behaupten, jene Waffen würden bey künftigen Kriegen wieder aus ihren Heeren verschwinden, welches vermuthen läßt, daß man in der Anordnung, oder Anwendung der Congrevschen Raketen schon Mißgriffe gemacht haben müße."[11]

Dagegen sah der russische General Okounnev die Wirkung der Raketen in Hinblick auf mögliche Leistungssteigerungen erheblich positiver:

„Denn wenn die Raketen und Shrapnelgranaten zur Vollkommenheit gebracht worden, werden sie die Zerstörungskraft der Artillerie so bedeutend erhöhen, daß diese Waffe zur wirklichen Geißel der Menschheit werden wird."[12]

Erheblich skeptischer äußerte sich v. Hoyer, trotz seines Buches über die Brandraketen:

„Ihre Flugweite wird zu 5.000 Schritt angegeben.
Obgleich dieser Umstand einigermaßen für ihren Kriegsgebrauch zu sprechen scheint, sind doch die eisernen Brandkugeln unter allen Umständen zweckmäßiger, sowohl wegen der größeren Genauigkeit der Schüsse als der stärkern Percussion. Blos auf der See, wo der Gebrauch der Haubitzen und Mörser so manche eigenthümliche Schwierigkeiten hat, und wo das stete Schwanken der Schiffe keine genaue Richtung verstattet, kann die Anwendung der Brandraketen einige Vortheile gewähren. Auch für den Partheigänger könnten sie in manchen einzelnen Fällen, wo er durchaus den Mordbrenner machen muß, nützlich seyn."[13]

---

die dem Treibestrahl vorangehen, die so rasch nachgebende Luft bereits unter der Mündung verjagt und diesem Platz gemacht haben, so daß er bei seiner Entwickelung entweder einen luftleeren Raum, oder doch nur das aus dem Pulver entwickelte Gas unter sich finden würde. Ich glaube, daß hieraus einleuchtet, daß die Rakete, wenn nur ein Brennen im leeren Raum möglich wäre, in diesem nicht allein eben so gut, sondern wegen des fehlenden Luftwiderstandes noch bedeutend höher steigen würde." Desgleichen postulierte Meyer, daß die Rakete so lange beschleunigt würde, wie der Treibsatz brenne, und daher ihre Flugbahn keine parabolische sein könnte. Die beiden oben aufgeführten Artikel widerlegten insbesondere einen Artikel in der ÖMZ (o. Verf.: Bemerkungen über die von dem Freiherrn von Hauser, Major im k. k. Geniekorps, in seiner „Artillerie oder Waffenkunde, Wien, 1818" aufgestellte Theorie der Raketen, in: ÖMZ, 1819. S. 218 - 231), deren Verfasser zwar die Theorie Hausers widerlegte, daß die Rakete aufgrund des Widerstandes der Luft gegen die ausströmenden Gase flöge, zugleich aber behauptete, daß selbst ein starker Wind keinerlei Einfluß auf die Flugbahn hätte. Ähnlich wie Hauser äußerte sich auch: J. C. Plümicke, Handbuch für die Königlich-Preußischen Artillerie-Officiere, Erster Theil, Berlin 1820, der in § 600 (S. 288) schrieb: „Die Rackete wird fortgetrieben, indem ihr heftiger Feuerstrahl oder die entwickelte Pulverkraft die äußere Luft mit großer Gewalt fortstößt und daher eine Zusammenpressung derselben bewirkt, welche einen um so bedeutendern Widerstand äußert, da die Luft eine elastische Flüssigkeit ist. Es findet daher eine Rückwirkung Statt, welche sich aber, vermöge der nicht nachgebenden Festigkeit der Hülse, nur in entgegengesetzter Richtung des Feuerstrahls, also nach der Axe der Rackete äußern kann, in der die letztere sich fortbewegen muß. Im luftleeren Raume würde also keine Rackete ihre Stelle verlassen. . . ." (Plümicke beschrieb vor allem Signalraketen, ging aber auch bereits kurz auf congrev'sche Raketen ein: „Man beschäftigt sich jetzt ziemlich allgemein damit: diesem Geschosse mehr Gleichförmigkeit in Rücksicht der Wurfweite und mehr Sicherheit des Treffens zu geben; die Erfahrung muß lehren, in wie fern man jene Zwecke erreichen kann.".) Eine ähnliche Diskussion scheint auch in Frankreich stattgefunden zu haben und erst in den dreißiger Jahren abgeschlossen worden sein. (Godde de Liancourt, Mémoire sur la conversion des armes de guerre en moyens de salut, in: JAS, 1942, p. 336) Der Einfluß des Windes wurde sehr genau von einem bayerischen Offizier beschrieben (o. Verf., Ueber den Nutzen der Congrevschen Raketen, a.a.O., S. 55 f.): "Daher muß ein seitwärts gegen die Bahn einer Rakete blasender Wind, dieselbe unumgänglich unter einem Winkel aus ihrer anfänglichen Richtung abwenden, und hat sich einmal eine Rakete gewendet; so treibet sie die Ausdehnungskraft ihres noch nicht verbrannten Satzes selbst, nach einer falschen Richtung fort. . . . Dieser nachtheilige Einfluß des Windes macht die Abweichungen der Raketen-Bahn so unregelmäßig, daß dieselben keiner Berechnung unterzogen werden können." Dieser Verfasser schloß daraus für den Einsatz: „Aus der eben angestellten Untersuchung über die Bahn der Raketen, zeiget es sich: daß in Ansehung des Treffens, wenigstens bey einer lebhaften Bewegung der Luft, worauf man doch zählen muß, die Congrevschen Raketen immer weit den Geschützen nachstehen werden. Ein Nachtheil, der im Wesen dieser Raketen liegt, und sich nicht heben läßt, man mag daran verbessern was man will." (ibidem, S. 57) Es ist erstaunlich, daß Newtons 1687 veröffentlichte „Philosophiae naturalis principia mathematica", in der das Prinzip der reaktiven Kraft formuliert war, so wenig bekannt war, resp. daß seine Erkenntnisses nicht mit der neuen Waffe in Verbindung gebracht wurden.

6) so bereits zum Abschluß dieses „Raketenzeitalters" durch: C.-E. Coquilhat, Trajectoires des fusées volantes dans le vide, Bruxelles 1873

7) in: H. Zschokke, Überlieferungen zur Geschichte unserer Zeit, Aarau 1818, S. 365

8) o. Verf. (H.....s.), Beitrag zur Geschichte und näheren Kenntniß der Kriegsraketen, in: ZfKWGK, 1825, S. 246 (der Artikel wurde unter „der Redaktion eingesandt" geführt, es handelte sich aber um eine Übersetzung von Mouriers Arbeit). M. scheint ein sehr modern denkender Offizier (Premierlieutenant) gewesen zu sein, im Einleitungsabsatz seiner Studie schrieb er: „Der Krieg hat in neueren Zeiten einen entscheidendern Charakter angenommen, als in früheren Jahrhunderten, wo man sich oft lange um den Gewinn oder Verlust einer verhältnismäßig kleinen Provinz stritt, während jetzt ein unglücklicher Feldzug hinreichend ist, den Staat an den Rand des Verderbens zu führen, und dessen ganzes Daseyn zu gefährden. Gleichzeitig kann man sich nicht verbergen, daß die rohe Tapferkeit der Einzelnen jetzt nicht mehr den Sieg allein zu fesseln vermag, welcher, außer mannigfachen andern, hier nicht zu berührenden, Umständen, vorzüglich auch von der zweckmäßigen Einrichtung und Güte der Waffen abhängig ist. Jede hierauf Bezug habende Erfindung oder Verbesserung verdient daher eine reifliche, vorurtheilsfreie Prüfung. Von dem Meisten aber, was in den neuesten Zeiten in dieser Beziehung ist, erscheint die Anwendung der Raketen im Kriege als das Merkwürdigste." (ibidem, S. 97)

9) H. J. Paixhans, Force et faiblesse militaires de la France, Paris 1850, p. 411

10) Gassendi, Aide-Mémoire à l'usage des officiers d'Artillerie de France, Paris 1819

11) o. Verf., Ueber den Nutzen der Congrevschen Raketen, in: Kriegs-Schriften, herausgegeben von baierischen Offizieren, 3. Heft 1820, S. 46 f.

12) o. Verf., Wünsche für die britische Artillerie. in: AMZ, 23. Jahrg., 1848, S. 259

13) J. G. Hoyer, Allgemeines Wörterbuch der Artillerie, Zweiten Theiles zweiter Abschnitt, Tübingen 1812, S. 85 f. Zum Verhältnis zu den Bomben und Brandkugeln der Rohrartillerie äußerte er an anderer Stelle: „Die Raketen scheinen daher unter jeder Bedingung den letztern nachzustehen; die kleinern Kaliber derselben hingegen sind in mäßiger Anzahl nützlich: die feindlichen Blockhäuser oder bedeckten Batterien anzuzünden, wenn nicht vielleicht von den Vertheidigern zweckmäßige Anstalten zum Löschen des verursachten Feuers getroffen werden." (v. Hoyer, Allgemeines Wörterbuch der Artillerie, Supplementsband, Stuttgart und Tübingen 1831, S. 45); vgl.: H. F. Rumpf, Allgemeines Kriegswörterbuch für Offiziere aller Waffen, Erster Band, Berlin 1821, S. 164 (Brandraketen): „Doch sind die eisernen Brandkugeln unter allen Umständen besser, wegen der größern Genauigkeit der Schüsse sowohl, als wegen der stärkern Perkussionskraft. Bloß auf der See, wo der Gebrauch der Haubitzen und

Schmölzl sah die Raketen in einer doppelten Bedeutung, zum Einen als die ideale Gebirgsartillerie, zum Anderen als leichte Truppen - Tirailleure - der Artillerie, die überall dort, wo die herkömmliche Artillerie auf Grund des Geländes nicht einsetzbar wäre, überraschend ihre Wirkung zum Tragen bringen könnten.[14] Selbst nach Auflassung der Raketen in der österreichischen Artillerie mußte ein Artillerist, der sich ansonsten gegen die Raketen aussprach, einräumen:

„Es bliebe der Kriegsrakete mithin als einziges Feld der Verwendbarkeit nur das Gebirgsterrain. Und hier ist sie in der That, trotz aller anhaftenden, unvermeidlichen Mängel, unersetzlich. Hier kann es ihr kein Geschütz gleich thun, weil keines neben ihr fortkommt. Wir denken selbstverständlich hiebei an wirkliches, unwegsames Hochgebirgsland."[15]

Hütz stellte in einer Untersuchung die beiden europäischen Haupt-Raketen-Systeme gegenüber, das englische mit großer Reichweite und das österreichische mit geringerer, jedoch die Geschütze noch übertreffender Reichweite und hoher Treffähigkeit und postulierte, daß das britische System vorteilhafter für den Belagerungskrieg und den Krieg zur See wäre, während das österreichische für den Feldgebrauch vorteilhafter wäre, da zum einen die leichten Raketengeschütze in jedem Gelände, das für herkömmliche Artillerie unzugänglich wäre, eingesetzt werden, zum Anderen aber die Raketen durchaus auch als Ersatz für Kanonen und Haubitzen genutzt werden könnten, zumal sie über eine höhere Feuergeschwindigkeit als diese verfügten.[16] Auch die nicht erforderliche Anschaffung schweren Gerätes wurde zugunsten der Raketen angeführt, ein Gedanke, der auch von Congreve verschiedentlich betont worden ist:

„Wenn man überhaupt erwägt, welche Kosten, Kräfte und Anstrengungen es bedarf, um die Geschütze, aus welchen die Geschosse geschleudert werden, anzuschaffen und im Felde mit fortzubringen, und daß man dessen bei der Rakete gewisser Maßen gar nicht bedarf, da dieselbe die fortschleudernde Kraft in sich selbst hat, und gleichsam Geschoß und Geschütz in Einem vereint, so stellt sich, von diesem Gesichtspunkte aus, die Einrichtung dieses Gefechtsmittels auf jeden Fall, als sehr beachtungswerth dar.-"[17]

Neben diesen allgemeinen und nirgends widersprochenen Grundsätzen stellte aber Scheuerlein im Gegensatz zu Anderen fest:

„So viel läßt sich schon im Voraus bestimmen, daß die Racketen eben so wenig, wie die Geschütze, an die Infanteriebataillone und an die Kavalleriegeschwader verzettelt werden dürfen, daß sie vielmehr in Batterien zusammengehalten und von den gewöhnlichen Gefechtsverhältnissen ausgeschlossen werden müssen, um einen umsichtigen, erfolgreichen Gebrauch dieser so kostbaren Waffe sicher zu stellen.-"[18]

Mit am gründlichsten untersuchte der preußische Oberst du Vignau, kein Fürsprecher der Raketen, den taktischen Einsatz. Dabei stellt er fest:

„Der Gebrauch der Kriegsraketen wird in Zukunft der Infanterie und Kavallerie eine Vorbereitung und Erleichterung für ihre Angriffe oder ihre Vertheidigungsmaßregeln in Fällen gewähren, in denen diese bisher fortfallen mußte, und es werden durch Raketen die Flügelanlehnungen an steilen Bergen, Flüssen und Morästen weniger wirksam für die Defensive gemacht werden, während aus demselben Grund auch der Angriff gegen Stellungen dieser Art, in denen die mögliche Beeinträchtigung durch Raketen außer Berechnung blieb, Erleichterungen finden wird. Die Raketen rufen für alle Flügelanlehnungen eine erweiterte Rücksichtnahme hervor, sie vermindern das Bedürfniß an Geschütz in den Gebirgen, sie machen das Festhalten von Positionen in denselben schwieriger, und nöthigen zur Erweiterung der durch Vorposten zu bildenden Sicherheitssphäre der Truppen in durchschnittenem Terrain."[19]

Speziell untersuchte er mögliche Kriege Preußens gegen andere europäische Armeen, wobei er in Hinblick auf Raketen nur die englische und österreichische Armee als Gegner betrachtete. Zur englischen Raketenartillerie stellte er fest:

„Der Besitz besondrer Raketenbatterien, wie er durch die Englische Organisation bedingt wird, bewirkt nicht bloß, daß man alle die in b aufgezählten Rücksichten auf diese Geschosse nehmen muß, sondern kann auch als eine Vermehrung der Geschützzahl im Heer angesehen werden. Er verstärkt noch die ausgesprochene Ansicht, daß den Preußischen Truppen Defensivstellungen, welche 1.800 bis 2.000 Schritte vor ihnen einen harten, ebenen Boden bieten, ohne ausreichende künstliche Gegenanstalten selbst dann sehr unvortheilhaft sind, wenn sie das vorliegende Terrain überhöhen und beherrschen."[20]

Und zur österreichischen Artillerie bemerkt er:

„Bringt man . . . das Bestehen besondrer Raketen-Batterien, welche bis jetzt den größten Ruf in Europa haben, in Verbindung, so kommt man zu dem Schluß, daß die Preußischen Truppen die Forderungen an ein Terrain, welches als inpraktikabel für Artillerie angesehen werden soll, höher stellen müssen, als dies, den übrigen Artillerien gegenüber bei deren gewöhnlicher Organisation, in den Preußischen Landen und den angrenzenden Landstrichen erforderlich ist."[21]

Hinzu traten Überlegungen, diese einfach handhabbare und leicht transportierbare Waffe als die Artillerie der Landwehr oder einer Miliz einzusetzen. Als erster propagierte diese Idee wohl der württembergische General Theobald:

„Durch ein zweckmäßig eingerichtetes Racketen-System kann die Vernichtungswaffe der Artillerie auf eine furchtbare Art vermehrt werden. Die Racketen sind die rechte Artillerie für eine Landwehr, und die allgemeine Volksbewaffnung. Mittelst der Racketen wird sich eine zivilisirte Nazion der Kosaken und Tataren am besten erwehren können. Ein Tirailleurs-Krieg, mit Racketen geführt, erscheint uns als die kräftigste Form, die der Volkskrieg annehmen kann."[22]

Diese Aussage gab auch einem britischen Autor Veranlassung, eine Aufwertung der Rakete zu fordern, wie schon früher Congreve, auch er sah sie als ideale Waffe für Milizen und kleinere Truppenkörper sowohl in Kolonialkriegen gegen „Kaffern-Horden" als auch gegen dis-

---

Mortiere so manche eigenthümliche Schwierigkeiten hat, kann die Anwendung der Brandraketen Vortheil gewähren; auch für Partheigänger, die öfters kein Geschütz mit sich führen können, würden sie in manchen Fällen nützlich seyn; doch müßten sie dann mit Einschluß des Stabes nicht über 10 Pfund wiegen, um eine Anzahl derselben auf Pferden fortzubringen, oder jedem Reuter eine zu geben." Grundsätzlich bezweifelt wurde die Wirksamkeit der Raketen wegen der mangelnden Treffsicherheit in: Cotty, Dictionnaire d'Artillerie, Paris 1822, p. 140 (Fusées incendiaires): „On dit que les Anglais placent maintenant la baguette de direction de façon qu'elle se trouve dans le prolongement de l'axe du cartouche, & qu'il résulte de cette construction beaucoup plus de justesse dans le tir; mais quelles que soient les modifications que l'on fasse à cette nouvelle arme, il est difficile d'imaginer qu'elle puisse être jamais employée aussi utilement que le canon, l'obusier & le mortier, soit pour la guerre de terre, soit pour la guerre marine."

14) Schmölzl, Andeutungen über die künftig zu erwartenden Leistungen der Artillerie in taktischer Beziehung, in: AOAW, 1850, S. 184 - 211; Österreich beschäftigte sich daher auch im Gegensatz zu anderen Staaten erst spät mit eigentlichen Gebirgsgeschützen, da es hier auf die Raketen vertraute (Klußmann, Die Entwicklung der Gebirgsartillerie, Leipzig 1911, S. 29)

15) C. S. (auch ein ehemaliger Raketeur): Die Kriegsrakete, in: Der Kamerad, Jahrg. VI, 1867, S. 691

16) BHS-KA, A X 2 Bd. 32, Zusammenstellung der Versuchsergebnisse mit Kriegsraketen vom 1. Januar 1852

17) v. Xylander, Waffenlehre, München 1833, S. 177

18) F. W. Scheuerlein, Grundzüge der allgemeinen Artilleriewissenschaft, II. Hauptabschnitt: Die Lehre vom Gebrauch der Artillerie, Berlin 1854, S. 283, ähnlich hatte vorher auch bereits Pictet gefordert, die Raketen als Schwerpunktwaffe erst im schlachtentscheidenden Moment einzusetzen (Pictet, Essaie sur les propriétés et la tactique des fusées de guerre, Turin 1848, p. 80)

19) Oberst du Vignau, Ueber das wahrscheinliche, gegenseitige, taktische Verhalten einiger bestehender Europäischer Feldartillerien in den künftigen Kriegen, in: MWBl, Beiheft Januar/Februar 1849

20) ibidem, S. 20

21) ibidem, S. 21

22) zitiert nach: L. F. Schmidt, Ueber Kriegsraketen als Ersatz für die ehemaligen Bataillons-Kanonen, in: ÖMZ, 1838, S. 212, auch in: ASMZ 5/1838, S. 77 ff nachgedruckt.

ziplinierte europäische Heere.[23] Ähnliches schlug der britische Captain Fyers in einem Aufsatz vor, wobei er die Ausrüstung mit Raketen auch für die Kavallerie forderte.[24]
In eine andere Richtung gingen die Überlegungen eines österreichischen Infanterieoffiziers, der vorschlug, die Infanterie anstelle der entfallenen Bataillonskanonen mit Raketen auszurüsten, um ihr so, für den Fall, daß die Artillerie nicht schnell genug zur Unterstützung verfügbar wäre, eine geeignete schwere Waffe zur Hand zu geben:
„Wir sind von unserm taktischen Standpunkte im Allgemeinen nur der Ansicht, daß die als Bataillons-Geschütz verwendeten Racketen der leichteren Kaliber ihre großen Prärogativen der Unabhängigkeit von der Fahrbarkeit des Bodens, des Darbietens kleiner Zielpunkte, und der Fähigkeit, sich überall leicht zu decken, oder durch beständigen Wechsel der Aufstellungsplätze sich dem feindlichen Feuer zu entziehen, in vielen Gelegenheiten sehr gut geltend machen können, wenn sie den feindlichen Batterien zur Entlockung des Feuers sich kühn näherten, denselben die Flanken abgewännen, und ihnen durch ihre dreifache Wirkung - nämlich durch das den Granaten gleiche Zerspringen, durch das Anzünden der Munizionswagen, und, mittelst ihres für die Pferde so furchtbar rauschenden Feuerstrahls, durch die Verbreitung eines in wilden Durchgehen mit den Protzen ausartenden Schreckens unter der Bespannung - so gewaltig zusetzten, daß den eigenen Batterien das Frontalgefecht erleichtert, und durch die potenzirte Wirkung ihres Feuers das Übergewicht gesichert wäre."[25]
Ähnlich äußerte sich später ebenfalls in Österreich ein ehemaliger Raketeur:
„Wie günstig und vortheilhaft unterstützt müßte sich ein Infanterie-Regiment im Vormarsche oder in seiner Vertheidigungsstellung befinden, wenn es in seiner Mitte und an beiden Flügeln 2 oder 3 Raketengeschütze mit Granaten-Kreuzschüßen, - bei näherem Anmarsche mit Kartätschen, deren jede 27 dreilöthige Kugeln enthält, . gegen den Feind wirken lassen könnte?! - In solchen Fällen würde die Rakete eine vollkommene Infanteriewaffe sein, weil seitdem die lästigen Raketenstäbe entbehrlich geworden, ihre Bedienung jede Bewegung der Infanterie, in jedem Terrain, in jeder Situation ungehindert auszuführen fähig ist. - Reserve-Munition kann in Raketentornistern durch Mannschaft leicht mitgetragen, die Munitionskarren können mit jenen der Infanterie nachgeführt werden."[26]
Auch in einer Erwiderung auf diesen Artikel wurde dieser Auffassung prinzipiell zugestimmt:
„Die Ansicht des Herrn Verfassers, die Raketengeschütze in der Mitte und an den Flügeln eines Infanterie-Regiments zu verwenden, kann wohl nur für gewisse momentane Gefechtsmomente gemeint sein, um nicht in die Zeiten der Bataillons-Kanonen zurück zu fallen, und sie nicht wieder an eine Form binden, statt nach dem Terrain wirken zu lassen. Ist die Rakete nur einmal in den Händen der Infanterie, so wird man ihr schon ihre Rolle zerstreuter Gefechte zuweisen, und sie wird ohne alle Ungeheuerlichkeit in der Porté, aber im alten Blechgewande und mit dem alten guten Stab versehen, dem Feinde ihre Wiedergeburt bald fühlbarer zu erkennen geben, als ihm lieb sein wird."[27]
Auch in Großbritannien war bereits Ähnliches vorgeschlagen worden, nämlich eine Kompagnie jedes Regimentes mit Raketen auszurüsten:
„Now assuming, that a company on active service would consist of at least one hundred rank and file, and by telling off four men to each rocket-tube, twenty-five tubes would be the number that each regiment could deploy in action, or seventy-five each brigade of three regiments. The advantages to be derived are (in proportion) the same as Marshal Marmont enumerates; and as he also details those that rockets possess over guns."[28]
Wie schnell nicht hierzu besonders ausgebildete Truppen, und dies hätte auch für Milizen gegolten, in der Lage waren, Raketen im Gefecht wirkungsvoll zu handhaben, ist aus dem russischen Feldzug gegen Khiva zu ersehen, wo eine Raketenbatterie zu Fuß aufgelöst wurde, und diese Waffen an die Kosaken der Avantgarde übergeben wurden; eine Einsatzart, wie sie bereits Radetzky angedacht hatte. Zu ähnlichen Einsatzgrundsätzen kamen im Feldzug gegen Marokko, wie aufgezeigt die Franzosen, welche die leicht beweglichen Raketentrupps ebenso operieren ließen. In beiden Fällen war die Raketenwaffe in der Lage kurzfristig einer berittenen, schnell beweglichen Truppe auch in schwierigem Gelände eine wirksame Feuerunterstützung zu gewähren, also in Lagen, wo selbst die recht bewegliche reitende Artillerie nur in günstigem Gelände eine Hilfe gewesen wäre. Ähnlich äußerte sich bereits 1820 ein bayerischer Offizier, der nur die kleinen und großen Kaliber der Raketen für sinnvoll ansah, da letztere für Belagerungen geeignet wären „wozu man nicht Zeit hatte, Belagerungs-Geschütz nachkommen zu lassen" und erstere den Vorteil hätten, daß man, neben dem Einsatz im Gebirge, aufgrund der hohen Beweglichkeit schnell Feuerschwerpunkte bilden könne:
„Ferner in ebenen Gegenden, wo es sich handelt, schnell gegen einen Punkt der feindlichen Schlachtordnung vieles Feuer zu vereinigen, da in einem solchen Falle mittelst reitender Raketiers eine weit grössere Anzahl kleiner Raketen gegen einen solchen Punkt zusammengebracht werden kann, als man Geschütze dagegen aufführen könnte."[29]
Noch weiter gingen die Überlegungen eines britischen Autors, der angesichts der zahlenmäßigen Schwäche der Artillerie für den Fall, daß die Abwehr einer Invasion erforderlich wäre, die Aufstellung von Raketenfußbatterien forderte, um diese schnell mit der Eisenbahn an bedrohte Strände zu überführen und durch deren Feuer im Verbund mit der Rohrartillerie die sich nähernden Boote der Invasionsarmee noch vor der Landung zu vernichten. Für diesen Zweck forderte er 80 Raketengestelle für England und 40 für Irland.[30]
Schließlich stellte sich auch noch heraus, daß die Raketen eine nützliche Waffe bei Straßenkämpfen um Barrikaden waren, nachdem sich ihr Einsatz 1848 gegen Aufständische in Mailand, Prag, Krakau und Wien bewährt hatte, eine Einsatzart, die bereits in den dreißiger Jahren in Preußen durch den Major v. Radowitz vorgeschlagen worden war, der die Möglichkeiten klar sah, die sich aus der leichten Transportabilität und Handhabbarkeit der Raketen ergaben; ein ähnliches Fazit zog ein unbekannter Offizier nach Auswertung der Straßenkämpfe des Jahres 1848.[31]
Eine Sonderentwicklung bildeten dabei die in Preußen eingeführten Festungssprengraketen, die auf kürzeste Reichweite einen besonders schweren und sprengkräftigen Gefechtskopf mit hoher Genauigkeit ins Ziel trugen, jedoch eben aufgrund dieser kurzen Reichweite nie im

23) o.Verf., War rockets as a Substitute for Artillery.-The best Auxiliary Arm for Militia in a National Defence, in: USJ, jan. 1852, p. 161
24) Le Capitaine Fyers, Notes sur les ressources défensives de La Grand-Bretagne suivies de quelques idées sur l'organisation d'une Artillerie de la Milice, in: JAS, 1853, p. 131 - 140
25) L. F. Schmidt, a.a.O., S. 204 - 212
26) G. S., Schreiben eines Veteranen der k. k. österreichischen Artillerie an einen in ebenderselben Waffe dienenden Freund, über die österreichische Kriegsrakete, in: Der Kamerad, Jahrg. VI 1867, No. 66, S. 635
27) C. v. H., Ueber das Schreiben eines Veteranen der österreichischen Artillerie an einen Kameraden über die Kriegsrakete, in: Der Kamerad, Jahrg. VI 1867, No. 70, S. 672
28) General Correspondence, Congreve Rockets, March 29th, 1846, in: USJ, may 1846, p. 109
29) o. Verf., Ueber den Nutzen der Congrevschen Raketen, a.a.O., S. 59
30) o. Verf., Wünsche für die britische Artillerie, a.a.O., S. 261 f.: „Setzen wir nun voraus, daß acht 9 pfündige Batterien oder 48 Geschütze im Verein mit 29 Raketengestellen von nahe gelegenen Puncten oder mittelst Eisenbahn an den bedrohten Punct zur kräftigen Begegnung gebracht worden sind, ehe die Boote ausgesetzt worden sind, da die Anordungen zur Landung Zeit erfordern. Bogenschüsse würden in diesem Falle wenig wirksam sein, denn bei der Landung in Egypten wurden dadurch nur drei Boote zum Sinken gebracht; man müßte demnach Rollschüsse anwenden, die noch bis zu 1.500 Yards die Wände der Boote durchschlagen würden. Diese Schußart ließe sich aber jedenfalls gebrauchen, denn wenn eine Landung bewerkstelligt wird, muß die See ruhig sein. Die Raketen könnten in gleicher Weise gefeuert werden, denn der Wasserspiegel ist für die Ricoschetts derselben günstiger als Land."
31) zu v. Radowitz: DHMB, Rep. Z 08, Denkschrift vom 20.11. (ohne Jahr), siehe auch Kapitel „Königreich Preußen", zur Auswertung der Kämpfe des Jahres 1848: o. Verf., Der Straßenkampf mit Barrikaden, Berlin 1849

Gefecht genutzt werden konnten,[32] selbst nicht während der Belagerungsoperationen des deutsch französischen Krieges 1870, da auch hier die Geschütze der Verteidiger bereits zu weit reichten, um einen solchen Einsatz zu gestatten: eine Einsatzidee, der auch in Frankreich und Rußland zeitweise gefolgt worden war.
Anfangs wurde auch an die Rakete als Antriebsmittel für Wagen und Boote gedacht,[33] so schlug Moore vor, feindliche Schiffe durch Brander mit Raketenantrieb zu vernichten:
„Ob, wenn durch Raketen ein Schiff von mäßiger Größe bei ruhiger See auf eine gewisse Entfernung über Kanonenschußweite, getrieben werden kann, eine feindliche an irgendeinem gegebenen Orte, still liegende Flotte, nicht durch Brander oder durch Schiffen die die Eigenschaft der Brander besitzen, und die durch die treibende Kraft der Raketen, dazwischen getrieben werden, zerstört werden kann?"
Ähnlich schlug er für den Einsatz in der Landschlacht vor, Wagen mit Raketen zu bewaffnen, die ebenfalls durch Raketen angetrieben, auf den Feind sich zu bewegen würden und dann, durch die treibende Rakete gezündet, ihre Raketenbewaffnung abfeuern würden:
„Zu diesem höchst wünschenswerthem Zwecke schlage ich vor, daß Wagen, ähnlich den alten Streitwagen, eingeführt werden, und diese beim Vorrücken der Reuterei zum Angriff, blos durch die Kraft der Raketen getrieben, gegen dieselbe geschickt werden möchten. Die Wagen müßten an jeder Seite eine Reihe Raketen, nach verschiedenen Richtungen hin gelegt enthalten, die in einem gegebenen Augenblick, durch die, die Maschine leitenden Raketen, abgebrannt würden. Ein einziger Gedanke an das Brüllen (roar) der Raketen, an die schreckliche Menge Kugeln und Flammen die sie ausspeien, und an die zerstörenden Waffen des Wagens selbst, ist hinreichend einen Begriff von dem Verderben und der Verwirrung, die sie anzurichten fähig wären, zu geben."[34]
Auch wenn bei der ersten Entwicklung der Raketen meist an den Seekrieg gedacht wurde, ist es nur im Ausnahmefalle zu einem Raketeneinsatz Schiff gegen Schiff gekommen. Allenfalls wurden an Bord der Schiffe montierte Abfeuerungsgestelle zu Beschießungen von Landbefestigungen genutzt. Raketenschiffe, wie die *Erebus* und die *Galgo*, waren Ausnahmen und standen nur kurz im Dienst, diese Einsatzidee wurde von keiner Marine weiterverfolgt, auch wenn die österreichische Marine, hier das Levantegeschwader, in der Ausrüstung der Schiffe mit „Raketengeschützen" am weitesten gegangen zu sein scheint. Dagegen wurden die Raketen, soweit eine Marine hiermit ausgerüstet war, vor allem zur Bewaffnung der Boote, insbesondere bei Landungsoperationen, eingesetzt, da hierdurch eine Bootsabteilung eine erhebliche größere Feuerkraft besaß, als bei Verwendung von Kanonen, deren Kaliber, und damit die Wirkung, aufgrund des Rückstoßes und damit der Belastung des Bootskörpers erheblich eingeschränkt war.
Erheblich kritischer zu den Möglichkeiten des Raketeneinsatzes äußerten später sich aufgrund der Erfahrungen des Krim-Krieges A.-D. und P. Vergnaud, die Raketen nur für den Einsatz gegen Festungen und im Gebirge für zweckmäßig hielten und ihren Einsatz zur See rundweg ablehnten:
„Mais l'usage que l'on a fait jusqu'à présent à la guerre des fusées à la Congrève n'a jamais justifié d'une manière authentique et irrécusable la haute importance que les Anglais affectent d'y attacher; . . . En admettant que l'on puisse lancer des obus et d'autres projectiles, à l'aide de fusées, sans avoir besoin de bouches à feu, et avec quelque justesse de tir, à de très-grandes portées, les fusées à la Congrève seront sans doute avantageuses pour des sièges en pays de montagnes et pour la guerre maritime: quelques pelotons disséminés de troupes légères, ou de faibles embarcations, pourront ainsi venir bombarder une ville et échapper à ses batteries par leur mobilité . . . Le meilleur parti qu'on ait pu jusqu'ici trouver à tirer des fusées de guerre, est d'employer: - les grosses pour la défense des places . . . -enfin, dans quelques circonstances particulières de la guerre de montagne, où l'on ne pourrait transporter aucune artillerie.
Leur emploi sur mer est encore plus incertain que sur terre, en raison des mouvements du navire, et présente, en outre, des dangers réels par la trainée de feu qu'elles projettent."[35]

b. Raketenentwicklung und Wirksamkeit der Waffe

Diese europaweite Diskussion zu den Einsatzgrundsätzen der Raketen beweist aber auch, daß die Artilleristen der unterschiedlichen Staaten zumeist weniger darüber nachgedacht haben, warum eine Raketenentwicklung erfolgen sollte, als darüber, wie die nunmehr vorhandenen Raketen zweckmäßig einzusetzen wären.[36] Bis auf wenige Ausnahmefälle scheinen Raketen entwickelt oder in Dienst gestellt worden zu sein, weil andere Staaten vorangegangen waren, wie es auch die Forderungen nach einer Einführung der Raketen in der Schweiz beweisen. Damit führten die eingeführten Raketen, wie in Schweden, oft ein Schatten-Dasein und verschwanden bald wieder aus den Arsenalen. Eigentlich war nur die erste Entwicklung in Großbritannien aufgrund einer gezielten militärischen Forderung erfolgt, und auch die griechischen Forderungen nach einer Raketenwaffe erscheinen in diesem Zusammenhang aufgrund der Geländeverhältnisse als begründet. Dagegen wirkt die Raketenentwicklung in den meisten anderen Staaten eher planlos, sie erfolgte, weil sich gerade die Gelegenheit bot, wie in Bayern oder Württemberg oder aber, weil man ihre Wirkung erlebt oder von Einsätzen gehört hatte, wie in Dänemark, ohne daß man sich zuvor Gedanken über Einsatzmöglichkeiten oder -erfordernisse gemacht hätte. Im Vordergrund stand also oft, wie auch heute bei mancher Waffenentwicklung, die Angst eine Entwicklung zu verpassen oder einfach der Wunsch „Auch Haben".
Die Entwicklung der Raketen erfolgte sowohl durch Soldaten als auch durch zivile Fachleute, in beiden Fällen mußten meist anfängliche Widerstände altgedienter Soldaten, die diese neue Waffe skeptisch betrachteten, überwunden werden. In der Entwicklung lassen sich, wie heute, zwei Philosophien ablesen: die schnelle Einführung eines noch nicht ausgereiften Waffensystemes, das dann aufgrund der Einsatzerfahrungen weiterentwickelt wurde, sowie der Versuch, ein möglichst perfektes Waffensystem zu schaffen, das durch immer neue Modifikationen zu einer erheblichen Verzögerung seiner Einführung führte. Interessant sind hierbei, soweit die entsprechenden Akten erhalten sind, die Entscheidungswege der Militärbürokratie, auch im 19. Jahrhundert traten in einem durchorganisierten Beamtenstaat wie Bayern lange Mitzeichnungswege auf, die teilweise Entscheidungen verzögerten oder, im Bestreben keine falsche Entscheidung zu treffen, eine solche verhinderten, während in anderen Staaten, wie Hannover oder Württemberg, Entscheidungen sehr rasch getroffen wurden, auch Detailverhandlungen oft nachgeordneten Stellen überlassen wurden. Erstaunlich modern muten für die Beschaffung von Gerät dagegen Anweisungen aus Bayern an, worin ein Zeichensatz, eine Güteprüfung und Garantieleistungen gefordert werden. Über die Arbeitsbedingungen der „ouvriers" und Angestellten der Arsenale und Laboratorien läßt sich aus den vorhandenen Akten nur wenig herauslesen. Aller-

32) „Die preußischen Rotationsraketen zeigen größere Trefffähigkeit, aber geringere Schußweiten als die gewöhnlichen." (o. Verf., Allgemeine Militair-Encyclopädie, Siebenter Band, Leipzig 1872, „Rakete")
33) siehe Abschnitt Frankreich und die Entwicklung eines raketengetriebenen Bootes durch Paixhans
34) Anmerkungen über den Gebrauch der Raketen von Moore, in: MWBl. 1821, S. 2089 f.
35) A.-D. Vergnaud et P. Vergnaud, Nouveau Manuel Complet de l'Artificier, Première Partie, Pyrotechnie Militaire, Paris 1865 (Manuels - Roret), pp. 310
36) Dies erinnert an den zweiten Weltkrieg, als die U.S. Navy die Schlachtkreuzer der Alaska-Klasse in Bau gab, weil Nachrichten vorlagen, Japan baue solche Schiffe. Als die neuen Schlachtkreuzer dann in Dienst gestellt wurden, wußte niemand so recht, für welche Zwecke sie sinnvoll eingesetzt werden könnten. Sie wurden dann als erste Neubauten nach dem Krieg außer Dienst gestellt.

dings scheinen Männer wie Augustin und Congreve sehr engagiert für eine leistungsgerechte Bezahlung oder eine Verbesserung der Arbeitsbedingungen ihres Personals eingetreten zu sein, da beiden bewußt war, daß eine ausreichende Motivation erforderlich war, um die geforderten Leistungen insbesondere hinsichtlich der Qualität der Arbeit zu erreichen. Hierbei läßt das Schicksal des Mechanikus Westermayer erahnen, wie gefährlich gerade die Arbeit dieses Personals war und daß es kaum eine soziale Absicherung im Falle einer Arbeitsunfähigkeit gab.

Wie ist nun die Wirksamkeit der Rakete als Waffe zu Lande und zur See in den Schlachten und Gefechten des 19. Jahrhunderts zu beurteilen? Die Urteile der Zeitgenossen waren, wie aufgezeigt, widersprüchlich und reichten von der Aussage Paixhans, der ihnen jegliche Wirkung absprach, bis zum Überschwang Congreves, der am liebsten die Rohrartillerie abgeschafft hätte.
Bei Beschießungen von Festungen und Städten haben sie sich aufgrund ihrer Brandwirkung bei Kopenhagen, Vlissingen und Danzig bewährt, wobei sie ihre größte Wirkung wohl hatten, wenn sie zusammen mit der Belagerungsartillerie eingesetzt wurden, so daß, wie auch Congreve es feststellte, die Belagerten nicht mehr in der Lage waren, die Brände, die überall entstanden, zu löschen.
In offener Feldschlacht, wie bei Leipzig und Waterloo, aber auch Grochow und Bladensburg, sowie in den Schlachten der Jahre 1848 und 1849 in Italien und Ungarn waren sie sicherlich wirkungsvoll, wenn auch nur selten schlachtentscheidend; am erfolgreichsten waren sie hier stets gegen Kavallerie und nicht hinreichend ausgebildete oder schlecht geführte Infanterie. Zu letzterem stellte der sächsische Raketenentwickler Kühn fest, der im Gegensatz zu anderen Raketenenthusiasten den Raketen eine stärkere physische Wirkung als den Kanonenkugeln absprach:
„. . . so erlaube ich mir zu bemerken, daß neue Truppen, die auch den schärfsten Kanonenfeuer ausgesetzt, nicht wanken würde, gleichwohl dem furchtbaren moralischen Eindrucke einiger starken, gut angebrachten Raketensalven, kaum lange widerstehen dürfte, da ihre Standhaftigkeit, zwar im ersten Falle schon durch das Bewußtseyn der so sehr, und doch die Anschauung der Würkungen, der mit blitzesschnelle, herandrängenden, der Mehrzahl aber meist unsichtbar bleibenden Geschosse, auf eine harte Probe gestellt wird, im andern Falle aber, die Annäherung der Gefahr, der feindlichen Wahrnehmung, schon aus weiter Ferner, sowohl durch den Feuerstrahl, als auch durch das eigenthümliche heftige Brausen der Raketen, auf eine, das stärkste Gemüth erschütternden Weise, gewissermaßen auch gezwungne und jenes Bewußtseyn, folglich bis zum wirklichem, lebendigsten Erwartung des Todes gesteigert wird, welches in den meisten Fällen, wohl auch die kräftigste Natur überwinden, und der gewiss weit geringere Gesamtverluste ohngeachtet, endlich plötzliche Entmuthigung mit ihren Folgen herbeiführen muß."[37)]
Bestätigt wurde diese Auffassung in den Schlachten von Bladensburg und Toulouse sowie beim Übergang der Briten über den Adour, während bei entsprechend vorbereiteten und gut geführten Truppen, so bei New Orleans, der moralische Effekt nicht in dieser Form zu Wirkung kam. Es ist bei all diesen Schlachten und Gefechten aber auch nie zu dem von Congreve geforderten Masseneinsatz gekommen.
Am wirkungsvollsten und auch am häufigsten eingesetzt waren die Raketen in den Kolonialkriegen sowie im Gebirge, sei es durch die Russen im Kaukasus oder durch die Österreicher in den Alpen, sowie bei der Unterstützung von Flußübergängen oder Truppenanlandungen von See aus. Bei diesen Gefechten wurden sie allerdings zumeist als Ersatz der Rohrartillerie verwendet, weil diese nicht beweglich genug war oder nicht zeitgerecht herangeführt werden konnte.
Damit haben sich sowohl die Ansichten Congreves als auch die Paixhans als nicht richtig herausgestellt, die Hauptmeinung dagegen, daß Raketen als eine nützliche Hilfswaffe der Artillerie dienen könnte, wurde durch die Geschehnisse bestätigt. Allerdings muß nochmals festgestellt werden, daß die Voraussetzungen zur Erfüllung der Forderungen Congreves und auch anderer, nämlich für einen „schlachtentscheidenden" Masseneinsatz der Raketen aufgrund des Fehlens leicht beweglicher Mehrfachwerfer nie gegeben waren, dies hätte allerdings auch Congreves Grundsatz, die Rakete als „artillery without ordnance" zu definieren, widersprochen. Vorbehalte, aber auch in die Raketen gesetzte Hoffnungen formulierte gegen Mitte des Jahrhunderts zusammenfassend Rüstow:
„Die Kriegsrakete, von Congreve in die englische Artillerie eingeführt und vor Kopenhagen im Jahre 1807 zuerst im Großen angewendet, hatte schon seit lange die Aufmerksamkeit der europäischen Heere erregt; aber wenn man auch zugeben muß, daß man eine große Anzahl von Raketengeschützen auf geringem Frontraum aufstellen könne, daß man diese leichten Gestelle fast unabhängig vom Terrain überall hintransportiren könne, wohin eine Kanone oder eine Haubitze vergebens den Weg suchen würde, so wollte man ihnen doch lange kein rechtes Bürgerrecht zugestehen, weil die Treffsicherheit und Treffwahrscheinlichkeit noch vieles zu wünschen übrig ließ. Indessen sind in der Herstellung der Raketen neuerdings große Fortschritte gemacht worden und in der englischen und auch schweizerischen, ganz besonders in der österreichischen Artillerie spielen die Raketenbatterien eine erhebliche Rolle."[38)]
Dennoch hieß es noch 1870 in einer Waffenlehre:
„Die Rakete kann die Rohrartillerie nie ganz ersetzen, ihre Geschosse sind zu leicht und die Anfertigung zu theuer. Dagegen macht sie ihre große Beweglichkeit und Verwendbarkeit in jedem Terrain, welches überhaupt ein Mensch betreten kann, sogar in Kähnen, bei Flußübergängen, in Zimmern u. s. w., ihre rasche Bedienung, ihre Zündfähigkeit und der moralische Effekt auf die Truppen zu einer sehr schätzbaren Beigabe, welche der Artillerie einer großen Armee nicht fehlen sollte."[39)]

c. Andere und friedliche Anwendungen der Raketen

Die Raketen wurden jedoch nach ihrer Wiederentdeckung als Waffe auch bald für andere Zwecke genutzt. Eine erste Verwendungsart wurde bereits im Kapitel Preußen angesprochen: die Rakete als Träger für Propagandamaterial bei der Belagerung der Festung Glogau 1814.[40)]

Ab 1821 zeichneten sich zwei neue Nutzanwendungen für die Raketen im zivilen Gebrauch ab. Am 12. Juni wurden durch Congreve zum ersten Male Raketen verwendet, um einen Anker vom Schiff aus an

37) DHMB, Rep. Z 08, Denkschrift Kühn für den Prinzen August von Preußen vom 30. November 1831

38) W. Rüstow, Die Feldherrnkunst des neunzehnten Jahrhunderts, Zürich 1857, S. 475; ähnlich, wenn auch skeptischer, äußerte sich 1849 der französische Artillerieoffizier Thiroux: „Des fusées à la congrève dont le tir serait exact, pourraient être très utiles à la guerre dans une foule de circonstances par la facilité qu'on aurait d'en tirer un grand nombre à la fois, avec un matériel très-léger et facile à transporter; mais toutes les tentatives faites jusqu'à présent pour les perfectionner, n'ont donné que des résultats assez médiocres." (M. Thiroux, Observations et vues nouvelles sur les fusées de guerre, in: JSM, t. XII 1849, p. 225 (Thiroux war dabei einer der ersten, der hier auch auf den Einfluß der Temperatur auf den Treibsatz und die damit verbundenen Leistungsunterschiede hinwies. In seinem Artikel schlug er zur Erhöhung der Richtungsgenauigkeit die Verwendung gezogener Abfeuerungsröhren vor, um so den Raketen einen Drall zu verleihen)

39) C. v. H. und H. W., Populäre Waffenkunde, Leipzig 1870, S. 63

40) „In Preußen bediente sich 1813 der damalige Major v. Blumenstein der Raketen auf eine originelle Weise, in dem er sie als Briefträger gebrauchte, um Proklamationen und Zeitungsauszüge nach dem von ihm belagerten Glogau zu senden." (M. F. Schlieper, Beschreibung der Einrichtung und Gebrauchsweise . . . der Kriegsraketen, 2. Heft, Leipzig 1838, S. 5); nach: Dr. M. Meyer: Vorträge über die Artillerie-Technik nach dem heutigen Stand der Wissenschaft; Theil I: Vorträge über die Kriegs-Feuerwerkerei nach dem heutigen Stand der Wissenschaft, Berlin 1833, S. 478, wurden, wie bereits be-

Land zu schießen und bald wurde diese Idee in umgekehrter Richtung weiterentwickelt, um mit Hilfe der Raketen Seile vom Ufer zu Schiffen zu schießen, die sich in Seenot befanden: die Rettungsrakete war erfunden.[41] Ihre Entwicklung dauerte jedoch noch längere Zeit, auch wenn bereits vor Congreve ähnliche Versuche unternommen worden waren, die jedoch nicht zum Erfolg geführt hatten. Erst ab 1826 war nach den Versuchen von Dennet mit 12pfündigen Raketen die Grundlage für einen erfolgreichen Einsatz geschaffen, der zur Ausrüstung zahlreicher Rettungsstationen mit diesen Raketen führte, auch wenn die Entwicklungsarbeiten noch weitergeführt wurden.[42]

„The experiments with Dennet's Rockets for saving lives from shipwreck were resumed on Monday. . . The first operation being intended to exemplify the great facility with which these rockets can be transported along a beach to a distant wreck, two of the Coast-guard were equipped for travelling, each having three rockets strapped on his back in a cartouche, and between them the chest containing two hundred and fifty fathoms of line, and all the apparatus, with which they walked at a pretty quick pace over the rocks with great ease . . . the rocket frame was then set up, and firing commenced towards two steamers, moored at about 250 yards from the shore . . . The first rocket fired went directly over the chimney of the Victoria, and far beyond her, laying the line across her end, making a communication in the most beautiful manner . . . The fact that upwards of 50 rocket stations have now been established on this plan, by the various shipwreck institutions, &c., shows the high estimation in which it is held in other parts of the kingdom"[43]

Diese Entwicklung wurde in mehreren europäischen Ländern nachvollzogen; nach einigen Quellen machte 1828 in Preußen der Major Stieler zu Memel erste Versuche mit Schiffsrettungsraketen, es handelte sich hier aber nur um Versuche, durch Einsatz von Leuchtraketen den Gebrauch von Rettungsmörsern auch bei Nacht zu ermöglichen. In Preußen sollte der Einsatz von Rettungsraketen noch einige Jahrzehnte auf sich warten lassen.[44] Es wurden aber, ohne von anderen Versuchen zu wissen, ebenfalls in Memel durch den Ballastinspektor Müller, einem ehemaligen Oberfeuerwerker, Versuche mit Leinen tragenden Raketen durchgeführt, nach zahlreichen erfolglosen

---

schrieben, hierzu die eingeführten Signalraketen verwendet. Zu ähnlichen Einsätzen verwendete auch Bollaert im portugiesischen Bürgerkrieg die Raketen (Winter, Rocketry, a.a.O., p. 251)

41) Allererste Versuche in dieser Richtung scheinen 1784 in Kolberg durch den Tuchmacher Ehrgott Friedrich Schäfer durchgeführt worden zu sein, seine Erfindung wurde aber durch Artillerie-Offiziere als „bey der Strandung derer Schiffe gar nicht practicabel" beurteilt. (o. Verf., Raketenapparate, in: Schuss und Waffe, No. 24, 1909, S. 584, sowie: F. M. F., Schusswaffen für Rettung aus Seenot, in: Schuss und Waffe, No. 6, 1907, S. 144) Vgl. hierzu: Anders, Neumann, Wende, Wir kommen! Seenot - Rettung durch die DGzRS, Hamburg 1997, S. 97, hiernach handelte es sich bei den Versuchen des Tuchmachers Schäfer nicht um Raketen sondern um Kanonen. Friedrich der Große soll Schäfer anschließend übermittelt gehabt haben, er solle bei seinem Metier bleiben. Die ausführlichste Darstellung dieser in Kolberg, Swinemünde und Berlin von der Artillerie durchgeführten Versuche enthält: L. Kemmer, Zur Geschichte des Rettungswesens, in: Die Grenzboten, 1903, S. 628 - 638. In Frankreich hatte 1791 A. M. Ducarne-Blangy erste Versuche in dieser Richtung angestellt, 1799 führte er einen Versuch durch, der durch die Admirale Rossiy und Missiessy beobachtet wurde; er nutzte hierfür Raketen mit einem Kaliber von 1,25 inch und einer Reichweite von 540 Fuß. (D. Baker, Spaceflight and Rocketry, A Chronology, Facts On File, Inc., p. 4); möglicherweise noch früher hat auch der ältere Ruggieri in dieser Richtung Versuche durchgeführt, C. F. Ruggieri, Pyrotechnik, Leipzig 1807, S. 248 f., schrieb hierzu: „Diese Rakete, die er Hülfs-Rakete nennt, muß wenigstens zwei Zoll innern Durchmesser haben, und ihr Stock muß an Länge und Stärke demjenigen einer Rakete von einem Zoll Durchmesser gleich seyn. An diesen Stock wird ein dünner Strick von vier Linien Durchmesser, und dreihundert und acht Klaftern Länge befestigt, der mit dem andern Ende an das Schiff oder den Gegenstand festgemacht ist, wo die Rakete abgeschossen wird. Wenn nun jemand in die See fällt, so wird die Rakete angezündet und nach seiner Seite hingerichtet, damit er sich an dem Strick festhalten kann . . . Dieses Mittel kann auch an den Küsten in Häfen und Buchten angewendet werden, um sowohl Menschen, als Ladung und Trümmer zu retten,"; zunächst setzte sich aber als Rettungsmittel jedoch ein von G. W. Manby eingeführter Mörser durch, mit dem dieser 1808 erste Versuche durchgeführt hatte. (Dr. Langhans, Geschichtstafeln zu Gebieten der Wehrchemie, in: Sonderbeilage zur ZgSS, 33. Jahrg. 1938, S. 27; sowie: J. W. R. Taylor, Raketen und Lenkgeschosse, Stuttgart und Zürich 1971, S. 11; Manby's Versuche wurden im September 1816 durch Preußen in Pillau nachvollzogen und im Juli 1819 wurde in Königsberg der Einsatz „dieses freilich immerhin gefährlichen Mittels" durch die Regierung genehmigt. [o.Verf., Raketenapparate, a.a.O., S. 585]) Aber auch Manby hatte einen Vorgänger, bereits 1791 hatte der Artilleriesergeant John Bell erfolgreich ähnliche Versuche durchgeführt [Anders, Neumann, Wende, a.a.O., S. 97] und 1792 schlug ein Lieutenant Cell der Artillerie dem englischen Gewerbeverein diese Lösung vor [o. Verf., Rettungswesen auf See, in: Dinglers Polytechnisches Journal, Jahrg. 77, 1896, S. 74] Durch Manbys Mörser wurden bis 1826 allein an der Küste von Norfolk 332 Menschen gerettet. Das Seil wurde zunächst durch eine kegelförmige Winde, konstruiert durch einen Herrn Hase, geführt, diese wurde 1828 durch Thorold verbessert (Polytechnisches Journal, Bd. 29, 1828, S. 29 ff.) Ein weiterer, jedoch erfolgloser Versuch war bereits 1807 von Captain Trengrouse zu Helston mit Congrev'schen Raketen unternommen worden (Vgl.: o. Verf., Rettungswesen auf See, a.a.O., S. 74, hiernach fanden seine Versuche erst 1818 statt, sein dem Parlament 1825 unterbreiteter Vorschlag, diese Raketen im Rettungswesen einzusetzen, blieb unbeachtet, siehe hierzu auch: L. Kemmer, Die preußische Artillerie im Dienste des Küstenrettungswesens, in: Die Grenzboten, 1908, S. 554, hiernach konstruierte captain Trengouse 1807 seinen Rettungsapparat, wobei er mit einem Gewehr eine Rakete, an der eine Rettungsleine befestigt war, verschoß, mit einer 8löthigen Rakete erreichte er 160 Meter, mit einer 2pfündigen 400 Meter, während eine einpfündige Rakete, von einem Gestell abgeschossen, 190 Meter mit der Leine erreichte; auch wenn sein Raketenapparat von der Admiralität gelobt wurde, kam er nicht zur Einführung, wohl weil seine Raketen zu schwach waren, um bei Sturm die Richtung zu halten [Hauschild / Führing, a.a.O., S. 125]),Aufgrund dieser letzten Versuche billigte ein T. L. D. 1810, eine Idee eines Captain Rickett: „I met with a suggestion from your ingenious Correspondent, Captain Ricketts, that a large Congreve Rocket might probably be found a succesful substitute for the mortar." (The Naval Chronicle, Vol. XXIII, 1810, p. 188); kurz darauf antwortete dieser unter Bezug auf französische Versuche: „From some French experiments there seems little doubt, that the end of a line may be projected by means of a rocket, far enough, in many cases, to answer the purpose; and as those now in use are said to carry a six-pounder grenade more than 2.000 yards, I should think that a barbet shot and line might be sent to a sufficient distance . . . Should it be proved on trial, that the line of flight may be sufficiently ascertained, it seems natural to conclude that the portableness, and the luminous track of the rocket, would give it a decided preference over the shell and mortar now in use;" (ibidem, p. 292) Ausführlich wurde dieses Thema auch behandelt von: A. Godde de Liancourt, Mémoire sur la conversion des armes de Guerre en Moyens de salut, in: JAS, 2° série, tome troisième, 1842, p. 327 - 343, hiernach (p. 342) nutzte captain Trengouse zu seinem Versuch eine Rakete mit 7 Unzen Treibsatz, die ein Seil von 80 yards trug.

42) F. H. Winter, The First Golden Age of Rocketry, Washington 1990, pp. 228; die Entwicklungen Congreves und Dennets sind ebenfalls beschrieben in: de Liancourt, Mémoire sur la conversion des armes de guerre en moyens de salut, in: JAS, 1842, p. 332 - 342. Vgl. L. Kemmer, Die preußische Artillerie im Dienste des Küstenrettungswesens, in: Die Grenzboten, 1908, S. 554, John Dennet war Ingenieur in New Village auf der Isle of Wight, ab 1826 wurden erste Stellen auf Wight mit Dennets Rettungsraketen ausgestattet und 1832 gelang es bei Bembridge erstmals hiermit Menschenleben zu retten (ibidem, S. 556) 1836 entwickelte auch Alexander Carte eine Seilrakete, von denen einige zwischen 1840 und 1852 eingesetzt wurden und 55 Menschen retteten, sein System konnte sich jedoch nicht durchsetzen. Ähnlich erging es William Schermuly, der 1897 ein eigenes Raketensystem für die Rettung Schiffbrüchiger vorstellte (M. R. Sharpe, A Note on the Development of the English Livesaving Rocket in the 19th Century, in: JBIS, Vol. 36, pp. 559)

43) Army and Navy Chronicle, Vol. IX, No. 6, Washington, August 8, 1839, p. 81

44) A. Hausenstein, Zur Entwicklungsgeschichte der Rakete, in: ZgSS, XXXV. Jahrg. 1940, S. 32; vgl.: o. Verf., Raketenapparate, a.a.O., S. 585; Stieler war Kommandeur der 1. Artillerie-Brigade zu Königsberg, er soll hiernach im Dezember 1827 Versuche angeregt haben, mit Raketen Leinen zu verschießen und im folgenden Jahr in einem Schuppen an der Memel durch zwei Artillerie-Unteroffiziere die ersten Rettungsraketen herstellen und Versuche anstellen gelassen haben. Hierzu hätten die beiden Feuerwerker ein Schiffsmodell am Ufer aufgebaut. Am 17. Oktober 1828 soll hiernach auf eine Entfernung von 400 Schritt der erste Versuch geglückt sein. Vgl.: Anders, Neumann, Wende, a.a.O., S. 98. Die Versuche wurden nicht weiter beachtet, der staatliche preußische Seenotrettungsdienst beschaffte vielmehr Manbys Mörser. Der Gebrauch der letzteren war aber problematisch, da aufgrund des starken Rucks beim Abschuß oft die Rettungsleine riß. (Deutsche Gesellschaft zur Rettung Schiffbrüchiger [Hg], Vom Ruderboot zum Seenotkreuzer, Bremen 1990, S. 16) Die Angaben zu Stieler sind aber nicht zutreffend, möglicherweise erfolgte hier eine Verwechslung mit den fast gleichzeitigen Versuchen Müllers (siehe weiter unten). Stieler hatte auf Anregungen der Memeler Hafenpolizei hin, vorgeschlagen, Leuchtraketen zu verwenden, um den Einsatz der Rettungsmörser auch bei Nacht zu ermöglichen. Der Oberfeuerwerker Kohler entwickelte die hierfür vorgesehenen Leuchtraketen im Sommer 1828, der Leuchtsatz bestand aus lose eingeschütteten Leuchtkugeln, die nach dem Verschuß etwa 8 Sekunden lang eine Fläche von 100 bis 150 Schritt im Quadrat ausleuchteten. Am 27. November 1828 erfolgten dann zusätzliche Versuche bei Nacht und schlechtem Wetter, die ebenfalls erfolgreich waren, auch wenn mehrere Raketen vorzeitig krepierten. (L. Kemmer, preußische Artillerie, a.a.O., S. 121 ff, Kemmers Darstellung dürfte die genaueste sein, da er noch auf die einschlägigen Originalakten zugreifen konnte.)

Versuchen, bei denen auch oft die Leine zerriß, gelang es ihm, eine Rakete über 346 Schritt zu schießen, wobei die Leine an der Zielstange hängen blieb. Sein Bericht mit Vorschlägen für das weitere Vorgehen für diese Entwicklung scheint unbeachtet geblieben zu sein.[45] In Dänemark wurde dagegen bereits 1828 festgestellt:

„Ligeledes kunne de sikkert med Held anvendes ved Strandinger, til, enten fra Land, at bringe et Toug ombord, i det standede Skib, eller, fra dette, at bringe Touget i Land."[46]

In Großbritannien wurden dann später die Rettungsraketen zunächst 1838 von Dennet durch die Konstruktion einer Doppelrakete[47] und später durch Boxer noch erheblich verbessert, der 1855 hierzu auch erstmals die Vorform einer Zweistufenrakete einsetzte, wobei in einer Hülse zwei voneinander getrennte Treibladungen nacheinander gezündet wurden, seine Raketen gehörten ab 1870 zur Standardausrüstung der britischen Seenotrettungsstationen;[48] 1880 wurde ein verbessertes, schwimmfähiges Modell erprobt und „zur Ausfolgung an das Handelsamt für geeignet befunden." Hierfür war eine Boxer-Rakete mit Kork ummantelt worden, so daß sie nach dem Abschuß über 100 Yards schwimmend eine Leine mit sich ziehen konnte.[49] Gegen Ende des Jahrhunderts entwickelte zusätzlich Patrick Cunningham eine Rettungsrakete, die dann seit den neunziger Jahren von der U.S. Cost Guard verwendet wurde. Ihr Kaliber betrug 3,5 inch, ihr Gewicht 18 kg, eine leichte Leine konnte so über 780 m geschossen werden.[50]

Nach Gründung der Gesellschaft zur Rettung Schiffbrüchiger im Jahre 1865 bemühte man sich auch in Deutschland ernsthaft um Rettungsraketen, nach Vergleichen ausländischer Modellen (englischen von Boxer, Dennet, Carte, französischen von Delvigne, Vildien, d'Houdelot und Tremblay, dänischen von Amici und italienischen von Bertinetti) wandte man sich an das Feuerwerkslaboratorium in Spandau, wo bereits 1866 erste erfolgreiche Versuche mit einem Leinengeschoß, das die Leine 500 Schritt weit führte, statt fanden. Zusätzlich wurde später auch noch eine Ölrakete konstruiert, mit der bei schwerem Seegang die Wellen durch das austretende Öl geglättet werden sollten.[51] In den Niederlanden beschäftigte sich J. H. Mejer mit Rettungsraketen und stellte 1879 Versuche mit tragbaren Abfeuerungsgestellen in Ymuiden an, um sowohl Schiffbrüchige von Land aus, als auch Ertrinkende von Bord eines Schiffes aus retten zu können.[52] 1909 scheinen zu diesem Zweck in Großbritannien auch Versuche mit Unges Lufttorpedos erfolgreich durchgeführt worden zu sein.[53]

Diese Rettungsraketen blieben dann, wenn auch mit zahlreichen Verbesserungen, bei den Küstenländern bis weit ins zwanzigste Jahrhundert im Dienst. Hierzu sei eine Beschreibung dieses Raketenapparates angeführt:

„ . . . daß er dazu dient, zwischen schiffbrüchigen Fahrzeugen und der Küste eine Verbindung herzustellen. Zu diesem Zweck wird mittels einer Rakete eine Leine vom Lande nach dem festsitzenden Wrack hinübergeschossen. Die Leine dient dazu, einen Block mit einem zweiten stärkeren Tau, dem 'Jolltau', nachzuholen. An diesem als Läufer wird dann das besonders starke Rettungstau befestigt und nun vom Lande aus an Bord geholt. Dem Rettungstau folgt eine sogenannte Hosenboje, . . . Die Boje läuft dann mit Hülfe des Läufers zwischen dem Schiff und dem Lande an dem Rettungstau hin und her. Sie ist geräumig ge-

---

45) Kemmer, preußische Artillerie, a.a.O., S. 549 f., Müller sollte ursprünglich nur Schießversuche mit Rettungsmörsern durchführen, glaubte aber, daß der Zweck mit Raketen besser erreichbar wäre.

46) o.Verf., Om Krigs-Raketter, eller de saakaldede Congreves-Raketter, in: Archiv for Sövæsenet, 1828, S. 70

47) Kemmer, preußische Artillerie, a.a.O., S. 554, durch den britischen Ingenieur Carte wurde zugleich eine Haspel entwickelt, durch welche eine Leine auch bei starkem Sturm, ohne Schlingen zu bilden, dem Geschoß folgen konnte.

48) Taylor, a.a.O., S. 12

49) Mittheilungen aus dem Gebiete des Seewesens, 1880, S. 309: „Ihre charakteristische Eigenschaft liegt in der Schwimmfähigkeit, welche dadurch erhalten wurde, dass man eine modificirte Boxer-Rakete mit einer Korkumhüllung bekleidet hat, in Folge welcher sich die abgeschossene Rakete sammt der an ihr befestigten Leine ober Wasser schwimmend erhält. Dieselbe ist im Stande, eine 1 - 1½" starke Leine aus Leder über eine Distanz von 100 Yards zu tragen. . . . Er [der Apparat] besteht aus einer cylindrischen Büchse von Atlasmetall von 2.12" Durchmesser und 13.25" Länge, mit einer centralen Oeffnung. In letzterer Beziehung weicht diese Rakete ganz von der im Gebrauche stehenden Kriegsrakete ab, die, um während des Fluges die Rotation um ihre Axe hervorzubringen, mit drei Oeffnungen versehen ist. Die hier beschriebene Rakete rotirt nicht um ihre Axe. An der Seite ist dieselbe zur Aufnahme des Raketenstabes eingerichtet; die Leine geht durch die an beiden Enden des Stabes befindlichen Höhlungen hindurch und ist mittelst eines gewöhnlichen Knotens am oberen Stabende . . . befestigt. Der Raketenkörper ist, wie schon erwähnt, mit Kork bekleidet und mit einem Kopfende aus Kork versehen. Der Raketensatz besteht aus 2½ Theilen Kohle, 8½ Theilen Salpeter und 2 Theilen Schwefel. Der Satz wird durch hydraulische Kraft in die Raketenhülse gepresst und hierauf konisch auf ungefähr 2/3 seiner Länge ausgebohrt. Die Korkhülle wird mittels 5 gleich weit von einander abstehenden metallenen Bändern an der Raketenhülse festgehalten. . . . Das Gestell, auf welches die Rakete im Gebrauchsfalle gesetzt wird, besteht aus einer Unterlage von Eisenblech, an deren Ende eine Hebzeugstütze angebracht ist, und das Ganze wird mittels zweier, an dem einen Ende befindlicher Füsse gehoben, um dem Projectile die nöthige Elevation zu geben. Eine am rückwärtigen Ende der Unterlage befindliche Oeffnung dient zur Aufnahme des Zünders; die Abfeuerung wird durch ein gewöhnliches Gewehrschloss mit Leine bewerkstelligt." Vgl.: o. Verf., Rettungswesen auf See, in: Dinglers Polytechnisches Journal, Jahrg. 77, 1896, S. 73

50) E. J. Becklake / J. Griffiths, The Science Museum's Cunningham Livesaving Rocket, in: JBIS, Vol. 36, pp. 555; Cunningham ließ sich zusätzlich 1891 eine Transportkiste patentieren, die auf Schiffen zugleich als Abfeuerungsgestell eingesetzt werden konnte (U.S: Patent 455279)

51) F. M. F., Schusswaffen für Rettung aus Seenot, a.a.O., S. 145 f.; Vgl.: Anders, Neumann, Wende, a.a.O., S. 100, hiernach wurde das Feuerwerkslaboratorium in Spandau erst 1867 von der Deutschen Gesellschaft zur Rettung Schiffbrüchiger mit der Entwicklung beauftragt. Für die neuen Rettungsraketen wurde das Schießgestell und der Transportwagen durch den Bremer Wagenbauer J. H. Arnholz konstruiert. Ab Mitte der 70er Jahre wurden dann die Rettungsstationen mit diesem neuen Gerät ausgerüstet. Die erste Rettung mit Raketen scheint am 11. Oktober 1870 bei Prerow stattgefunden zu haben. Die drei ersten Raketen trafen nicht, die vierte zersprang auf dem Gestell, die Leine der 5. Rakete konnte von der Besatzung nicht festgehalten werden, und erst mit der 6. Rakete gelang die Bergung der dreiköpfigen Besatzung der Schaluppe *Helene*. (ibidem, S. 101) Ebenfalls wurde eine Ankerrakete genutzt, um den Rettungsbooten das Überwinden der Brandungszone zu ermöglichen (ibidem, S. 102) Die Spandauer Raketen blieben bis zum Aufbrauch des Vorrates Ender der Zwanziger Jahre im Dienst, als der Bremer Pyrotechniker Wilhelm Sander im Auftrag der Gesellschaft eine neue Rakete konstruierte, die bei einem Gewicht von nur noch 5,2 kg dieselbe Reichweite wie die Spandauer Rakete erzielte, aber dieser in der Treffsicherheit überlegen war. Vgl.: o. Verf., Rettungswesen auf See, a.a.O., S. 73 f. Siehe auch die ausführliche Darstellung von L. Kemmer, preußische Artillerie, a.a.O., S. 613 ff. Hiernach hatte Korvettenkapitän Werner, Kommandant des Artillerieschulschiffes *Gefion* und Vorsitzender des technischen Komittes im Danziger Verein zur Rettung Schiffbrüchiger zunächst eigene Versuche mit ein- und zweipfündigen Raketen durchgeführt und sich dann an den Kriegsminister mit der Bitte gewandt, dem Feuerwerkslaboratorium in Spandau zu gestatten, für Danzig Raketenapparate herzustellen. Dieser Bitte wurde stattgegeben. 1865 wurden dann an die Schiffahrtskommission in Swinemünde die ersten 10 zweizölligen Festungsseitenstabraketen für Versuche geliefert. Eine weitere Lieferung erfolgte im Januar 1866. Am 3. März konnte der Direktor des Feuerwerkslaboratoriums an die General-Inspektion der technischen Institute der Artillerie melden: „Der Königlichen General-Inspektion melde ich ganz gehorsamst, daß die Versuche mit Raketen behufs Rettung Schiffbrüchiger am 28. v. Mts- zu einem günstigen Abschluß gekommen sind. Die Rakete hat folgende Einrichtung: Hülsen 3", Bohrung 0,8", Vorderbeschwerung massiv, ca. 15 2/3 Pfund; geradarmige, verstärkte Stabgabeln; 3' lange und 2,3" starke Stäbe, unten mit einer eisernen Endkappe zur Befestigung der Leine . . . gez. Bartsch, Major und Direktor" (ibidem, S. 614) Die 50 mm Rakete besaß eine Länge von 597 mm und wog 4,53 kg, sie trug eine 2,21 m lange Schleppkette, an der die eigentliche Leine befestigt war. Die 80 mm Rakete war 876 mm lang und wog 15,98 kg. Die Raketen wurden aus einer 1,85 m langen Blechrinne verschossen, zur Zündung diente eine 1,83 m lange Zündstange mit dem eigentlichen Zünder, dem „Pillenlicht". Diese Raketen wurden später von der Firma Cordes in Bremen in Lizenz hergestellt. Im Oktober 1879 wurden diese Raketen in Sandy Hook von der U. S. Navy einem Vergleichstest mit Boxers Raketen unterzogen, sie erreichten dabei mit den Schleppleinen etwa 500 m mit einer Abweichung, die, windbedingt, nicht größer als 30 m war. Später entwickelte die Firma Cordes auch Leinenwurfgewehre, erst mit 11 mm, dann mit 8 mm Treibpatronen, aus denen Schwarzpulver-Raketengeschosse des Kalibers 28 mm mit einer Schleppleine verschossen werden konnten, die etwa 90 m weit reichten. Diese wurden nicht nur zur Seenotrettung, sondern später auch beim Bau, z. B. bei Seilbahntrassen, eingesetzt. (K. Schäfer, Die „Sander"-Leinenpistolen und ihre Vorläufer, Teil I, in: Waffen Digest 98, S. 129 ff.)

52) J. H. Mejer, Meyer's draagbaar vuurpijlwerptoestel, tot het daarstellen van verbinding met in nood verkeerende menschen, hoofzakelijk ingericht ten gebruike van brandweer, badhuizen en expeditiën, in: De Zee, 1881, No. 2, S. 49

53) Notiz in: Schuss und Waffe, No. 3, 1909, S. 67 (nach einer Meldung aus dem Liverpool Journal of Commerce). Auf 350 yards soll hiernach eine einzöllige Leine sicher verschossen worden sein.

Abfeuern einer preußischen Rettungsrakete 1905 von Bord eines Schiffes (Photo: Die Woche, 1905, S. 1751)

nug, um einen Menschen gut fassen zu können. Die Raketen-Schießleine ist in einem besonderen Kasten derart aufgeschossen, daß sie beim Schuß glatt und ohne Störung ablaufen kann. Man benutzt von der Küste aus Rettungsraketen mit einem Kaliber von 8 cm, vom Boot aus solche mit einem Kaliber von 5cm . . ."[54]

Eine weitere Anwendung ergab sich für die Rakete als Träger einer Harpune für den Walfang. Ebenfalls 1821 entwickelte Congreve in Zusammenarbeit mit Lieutenant Colquhoun hierfür ein erstes Modell, das dann auf der *Fane* 1820 erstmals praktisch eingesetzt wurde:
„. . . tandis que l'experience faite sur le navire la Fane, a montré que l'une des plus petites fusées employées a pénétré le poisson presque de part en part, et l'animal ne peut résister que peu d'instans au feu qui se dégage dans son intérieur."[55]
Die Versuche wurden in den Folgejahren fortgeführt, scheinen jedoch zunächst nicht überzeugt zu haben. Erst in den vierziger Jahren gelang mit einer Entwicklung von Captain Thomas Welcome Roys und Gustavus Adolphus Lilliendahl in den USA, die 1857 patentiert wurde, der Durchbruch; da aber die ersten Raketen-Harpunen als zu leicht beurteilt wurden, folgte die Entwicklung einer 2m langen Raketen-Harpune mit einem Gewicht von 32 Pfund Ende der sechziger Jahre, die 1878 erfolgreich zum Walfang eingesetzt wurde.[56]

Deutscher Raketenapparat mit Wagen und Zubehör zur Rettung Schiffbrüchiger (Photo: Schuss und Waffe)

Ebenfalls wurden Raketen für die Vermessung eingesetzt, um sonst nicht einsehbare Punkte auf größere Entfernung anrichten zu können, dies erfolgte 1822 in Österreich, wo es um die Beantwortung der Frage ging „ob unsere Erde auch in den Parallel-Kreisen ebenso abgeplattet sey, wie sie es erprobtermaßen in den Meridian Kreisen wirklich ist".[57]
Eine weitere Anwendung, die aber nicht realisiert wurde, schlug der österreichische Oberst Birago vor: er wollte die Raketen nutzen, um auf dem Gefechtsfeld Meldungen und Befehle schnell zu übermitteln, da sowohl der Einsatz von Meldern als auch der Aufbau einer Telegraphenverbindung noch zu zeitaufwendig war.[58]
„1. Das vorgeschlagene Korrespondenzmittel der Racketen gestattet eine größere Anwendbarkeit als jenes mittelst der Ordonnanzkurse, oder mittels Telegraphen; da das zweite (Ordonnanzkurse) von dem Daseyn der Wege und deren Zustand, und das dritte (Telegraphen) von der Fahrbarkeit des Terrains, vorzüglich aber von meteorologischen Verhältnissen abhängt; während die vorgeschlagene Methode (mit Racketen) von denselben ganz unabhängig ist.
2. Die Geschwindigkeit der Korrespondenz mittels Racketen übertrifft, bei jeder Gestaltung der Kriegsoperazionen, jene der zwei früher erwähnten Methoden um Vieles."
Eine weitere Anwendung, der Raketen-Telegraph, scheint dagegen ab 1870 von der preußischen Armee genutzt worden zu sein. Das k. Kriegsministerium scheint 1870 eine Erfindung des ungarischen Offiziers Papafy, der zu dieser Zeit als Captain in der US-Armee diente, gekauft zu haben:
„Mit Hülfe dieser Erfindung, die auf dem Gebrauch verschiedenfarbiger Raketen basirt, kann eine Verbindung zwischen zwei Armeen, die 20 Meilen von einander entfernt sind, hergestellt werden. Sie würde z. B. Bazaine in den Stand setzen, mit dem Befehlshaber von Thionville zu verkehren. Jede Rakete stellt 6 Worte dar, und eine Mittheilung von 300 Worten kann also durch 50 Raketen übertragen werden. Der Schlüssel zu dieser Telegraphenschrift, die so geändert werden kann,

---

54) o. Verf., Führer durch das Museum für Meereskunde in Berlin, Berlin 1907, S. 55 f.; mit der 5cm Rakete konnten Leinen auf eine Entfernung bis zu 300 m, mit der 8cm Rakete bis 400 m verschossen werden. Das Gesamtgerät war auf zwei Wagen verlastbar. (o. Verf., Raketenapparate, a.a.O., S. 585)

55) Bibliotheque Universelle des Sciences, Belles-Lettres, et Arts, Faisant suite à la bibliotheque Britannique, Tome 19, Genève 1822, No. 2, p. 70; Montgéry, III. Mémoire sur les fusées de guerre, in: JSM, 1826, tome 2, p. 239, berichtete hierzu: „Vers la fin de 1821, le vaisseau baleinier le Fane, capitaine Scoresby, est rentré à Hull, rapportant les produits de neuf baleines. Elles avaient été facilement saisies, n'ayant pas plongé au-delà de trois quatre brasses, après avoir été frappées par des fusées. Six sont mortes en moins d'un quart d'heure, et cinq d'entre elles n'ont point obligé à filer le cordage fixé aux fusées . . . Une fusée a aussi arrêté subitement et livré aux pêcheurs un très-grand poisson à écailles, espèce qu'on n'attaque point avec le harpon ordinaire et qu'on prend très-rarement dans les mers arctiques."; siehe auch: o. Verf.: Om Krigs-Raketter, eller de saakaldede Congreves-Raketter, a.a.O., S. 70; Lt. Colquhoun, R.A. begleitete mit 2 Kanonieren die Expedition, am 9. September 1821 kehrte die *Fane* zurück: „Having killed 9 whales and a finner with the rocket apparatus; this and the 9 whales were dead in less than 15 minutes, and 5 of them took out no line at all." (P. J. Turvey, Congreve Rocketry Revisited, in: L. H. Cornett [ed], History of Rocketry and Astronautics, AAS-History Series, Vol. 15, p. 28) Eingesetzt wurde eine 2pfünder Rakete, die aus einer Röhre abgeschossen wurde und an Stelle des Gefechtskopfes eine bronzene Speerspitze trug, ihr Kaliber betrug 38 mm, die Länge 1,52 Meter. Die Raketen wurden auf Entfernungen zwischen 30 und 50 yards abgefeuert. Congreve und Colquhoun nahmen darauf das Patent No. 4563 „Application of Rockets to the Destruction and Capture of Whales &C.", das sehr weit gefaßt war: „. . . we do not limit ourselves to the use of any particular form of rocket, but secure to ourselves generally the right of using the projectile commonly called the rocket in the destruction and capture of the whale and other animals . . . for which purposes it has never been employed." (ibidem, p. 27) Ähnliche Versuche hatte bereits 1638 Cornelis Pietersz bei Spitzbergen durchgeführt, dessen Raketen in Amsterdam durch Abraham Speeck verfertigt wurden, seine Ausrüstung war jedoch zu schwerfällig für Boote, so daß weitere Versuche unterblieben. (D. Baker, Spaceflight, a.a.O., p. 4)

56) Winter, The First Golden Age of Rocketry, Washington 1990, pp. 237, und: v. Braun / F. J. Ordway III, Raketen, München 1979, S. 88, sowie: F. W. F. Gleason, Rockets in History, in: Ordnance, Vol. XXXII, 1948, No. 168, p. 397 - 399; 1866 hatten Roys und Lilliendahl bereits eine verbesserte Abfeuerungseinrichtung, ähnlich einer Bazooka oder Panzerfaust entwickelt und patentieren lassen, wobei die Abfeuerung der Raketen-Harpune durch eine Art, in die Abfeuerungsröhre integrierte Pistole erfolgte (The Mechanics' Magazine, February 2, 1866, Rocket Gun)

57) ÖSK-Mem. 13-218, Brief von Augustin an FML v. Kutschera vom 29. August 1822

58) Karl Ritter von Birago, Untersuchung über die bisher bekannten Mittel zur Unterhaltung der Korrespondenz im Kriege, und Ideen über die schnellste Art der Beförderung einer solchen Korrespondenz, in: ÖMZ, 1844, Bd. 2, S. 3 - 30

daß sie dem Feinde unverständlich bleibt, enthält alle in der Strategie und Taktik gebräuchlichen Wörter; der Preis einer Rakete beträgt etwa 20 Sgr.“[59]

Gegen Ende des 19. Jahrhunderts wurden Raketen von Amédée Denisse in Frankreich 1888[60] und Ludwig Rohrmann in Deutschland verwendet, um Luftbilder anzufertigen, die eingebauten Photoapparate sollten bei Letzterem dabei mit Hilfe eines Gyroscopes ausgerichtet werden.[61] Diese Idee wurde dann durch Alfred Maul 1892 fortgeführt, die Photoapparate kehrten jeweils mit Hilfe eines Fallschirmes zur Erde zurück,[62] jedoch erst 1904 war diese Entwicklung weitgehend abgeschlossen, als bereits absehbar war, daß Flugzeuge bessere Möglichkeiten für diesen Zweck boten. Dennoch erfolgte noch 1912 eine Vorführung für die sächsische Armee in Königsbrück, um den Nachweis der militärischen Nutzbarkeit zu erbringen. Das Gewicht der Camera-Rakete betrug etwa 38 kg, die Gesamtlänge 6,20 m, wovon 4,70 m auf den Stab entfielen. Nach der Zündung und der gleichzeitigen elektrischen Auslösung des Gyroskops erreichte die Rakete nach etwa 8 sec die Höhe von 800 m, wo sie kurz verhielt, bevor sie wieder fiel. In diesem Moment wurde der Kameraverschluß geöffnet, worauf sich der Fallschirm öffnete. Für den Einsatz war ein zweirädriger Karren konstruiert, der das aufklappbare, turmähnliche Abfeuerungsgerüst enthielt.[63] Auch Nobel beschäftigte sich, nachdem er 1890 in Verbindung mit Unge getreten war, mit diesem Thema und ließ sich 1896 ein britisches Patent auf eine Photo-Rakete erteilen, wobei er die Rakete nicht mit einem Stab sondern mit kreuzweise angebrachten Flügeln stabilisierte.[64]

Abfeuerungsgestell mit Mauls Camera-Rakete (Photo: ILN)

Ebenfalls wurden 1904 erste Versuche angeregt, durch von Raketen getragene Sprengladungen Hagelwolken aufzulösen.[65] Weiterhin wurden natürlich die Raketen militärisch als Signal- und Leuchtraketen genutzt. Dabei war man aber um die Jahrhundertwende von den Stabraketen abgegangen und hatte kleinere Raketen konstruiert, die so auch aus besonderen Pistolen und Gewehren, die leichter als die Dienstwaffen waren, abgefeuert werden konnten, wobei die Leuchtraketen der pyrotechnischen Firma Müller in Konstanz und Emmishofen eine Brenndauer von etwa 40 Sekunden besaßen und die Beleuchtung eines Gebietes mit dem Durchmesser von 500 Metern bewirkten.[66] 1910 ließ sich Nicolai Gerassimov ein neuartiges Stabilisierungsprinzip für Raketen patentieren, er hatte eine pfeilartige, überlange Rakete konstruiert, in deren Boden ein Stabilisierungsapparat aus zwei Kreiseln integriert war, die durch die Gase des Treibsatzes in Rotation versetzt wurden, diese Rakete war als Flugabwehrrakete geplant und sollte eine Sprengladung tragen, deren Splitter dann gegen Flugzeuge wirken sollten, da ihm bewußt war, daß direkte Treffer kaum möglich wären.[67] Ebenso scheint die deutsche Marine noch zwischen 1906 und 1910 Versuche mit Raketentorpedos angestellt zu haben.[68] Als Kuriosum sei noch die Nutzung des Wasserdampfes als Antriebsmittel einer Rakete erwähnt: der Engländer James Perkins wollte 1824 als Abschußgerät einen einfachen Ofen benutzen, in dem die mit Wasser gefüllte Rakete erwärmt werden sollte, bei einem gewissen Dampfdruck wäre ein Metallpfropfen am Ende der Rakete geschmolzen und der aus einer so frei gewordenen „Düse“ austretende Wasserdampf hätte die

59) Notiz in der AMZ, 1870, No. 44, S. 352

60) o. Verf., La Photo-Fusée, in: La Nature, 22.09.1888, p. 265: „Nous allons faire connaître aujourd'hui un système plus curieux encore qui permet d'obtenir une photographie à vol d'oiseau au moyen d'un appareil enlevé par une fusée volante, redescendant en parachute . . . La photo-fusée, qui a déjà donné quelques résultats, est actuellement à l'étude.“ Die Rakete sollte eine Rundumbild-Kamera tragen, die aus 12 Objektiven, die kreisförmig angeordnet waren, Photos nach dem Aufstieg machen sollte. Technische Daten waren in diesem Artikel nicht angegeben.

61) A. Ananoff, L'histoire des fusées, in: La Nature, Paris 1939, p. 310; Ludwig Rohrmann aus Krauschwitz erhielt am 14. Juli 1891 das D.R.P. No. 64209 (ausgegeben am 06.09.1892), im Patent ist von einem Gyroskop keine Rede, der Photoapparat sollte so am Fallschirm hängen, daß sein Objektiv nach unten zeigte, wobei mehrere Platten nacheinander belichtet werden konnten. Die Kammer mit Fallschirm und Kamera wurde nach Ausbrennen der Zehrung durch eine Ausstoßladung abgetrennt.

62) A. Hausenstein, Zur Entwicklungsgeschichte der Rakete, in: ZgSS, 1939, S. 33, sowie: W. Ley, Grundriß einer Geschichte der Rakete, Leipzig 1932, S. 12; Maul erhielt am 02.08.1905 das D.R.P. No. 162433 (Klasse 57a), gültig seit 05. Juni 1903. Hauptbestandteil des Patentes war ein Verfahren, während des Aufstieges eine Drehung des Apparates und damit des Camera-Objektives zu verhindern, hierzu erhielt die Rakete flügelartige Stabilisierungsflächen am Ende des Achsenstabes. Im Jahre 1904 schoß Maul eine Rakete mit einer Kamera vom Bildformat 4x4 300 Meter hoch, 1912 nutzte er hierzu 8cm Raketen des Spandauer Laboratoriums, die 800 Meter hoch stiegen. In der Patentschrift nicht erwähnt war die Stabilisierung der Kamera; vor dem Abschuß konnte diese mit einer Skala in die vorgesehene Aufnahmerichtung gedreht werden, beim Abschuß wurde durch elektrische Fernzündung ein Gewicht ausgelöst, das einen Kreisel in Drehung versetzte, der für das Einhalten der Richtung diente. Die Raketenspitze mit Kamera wog 25 kg und war etwa 6 m lang, die Kamera mit einer Brennweite von 210 mm machte Bilder des Formates 18x18, eine Kamera ist im Deutschen Museum in München erhalten (E. Klee, Erdaufnahmen mit Raketen - 1906 erstmals erprobt, in: Weltraumfahrt Raketentechnik, 5 / 1967, S. 146 - 148)

63) G. Ortenburg, Erste Luftaufnahmen mit Hilfe von Raketen, in;: ZfH, LXII. Jahrg. 1998, No. 390, S. 171 - 173; sowie: o. Verf.: The Rocket as War Photographer: Snap-Shot Taken by a Great „Firework“ Carrying a Camera, in: ILN, Dec. 7, 1912, pp. 842 - 843, in diesem Bild-Bericht wird noch vermerkt: „The particular apparatus shown . . . was demonstrated before the German military authorities and has been accepted by them.“ Er dürfte jedoch nie eingesetzt worden sein, da inzwischen von Flugzeugen aus bessere Luftaufnahmen möglich waren. Die Arbeiten an diesem Projekt scheinen jedoch weitergeführt worden zu sein, da am 13.07.1916 dem Sachsenwerk in Niedersedlitz bei Dresden das D.R.P. No. 301 270 Klasse 72 d erteilt wurde (ausgegeben 08.11.1919) für einen Raketenapparat mit Fallschirm für photographische Aufnahmen aus der Luft (Notiz in: ZgSS, XV. Jahrg. 1920, S. 82) Das Patent betraf im Wesentlichen ein Verfahren zum Abtrennen der Rakete von der Nutzlast.

64) F. H. Winter, Camera Rockets and Space Photography Concepts before World War II, in: K. R. Lattu (edit.), History of Rocketry and Astronautics, Vol. 8 (Proceedings of the Seventh and Eighth History Symposia), San Diego 1985, pp. 77

65) Erster Start 1904 durch Karl Müller in Emmishofen in der Schweiz (Langhans, a.a.O., S, 29), sowie: Vortrag Dr. Bauer auf dem 78. Naturforschertag in Stuttgart (Röpnack, Die Geschichte der Raketenartillerie, Bad Aibling/Obb., 1960, S. 271), vgl. auch: H. J. Kaiser, Kleine Raketenkunde, Stuttgart 1952, S. 18, Müllers Raketen stiegen bis zur Höhe von 1500 m, um dort zu explodieren.

66) o. Verf., Leuchtrakete und Scheinwerfer, in: Kriegstechnische Zeitschrift, 1913, S. 205 ff. Diese Leuchtraketen, ähnlich den heutigen, waren in mehreren Armeen eingeführt, vgl. hierzu: o. Verf., Müller's Militärfallschirm-Leuchtrakete, in: Schuss und Waffe, No. 14, 1913, S. 290, hiernach wurde das Gelände vom Schützen aus bis auf 200 m derart beleuchtet, daß er nicht nur beobachten sondern auch sicher schießen konnte. Während der Brenndauer, die 40 sec betrüge, sei die Stärke des Lichtes so groß, daß man Geschriebenes lesen könnte.

67) Hausenstein, a.a.O., S. 34; Beschreibung der Patente in: ZgSS, VII. Jahrg., 1912, S. 99 und S. 350 (D.R.P. No. 243483 vom 19.02.1910 (ausgegeben 14.02.1912), sowie No. 248219 vom 07.09.1911 [hier scheint in der ZgSS ein Druckfehler vorzuliegen, da diese Patentnummer für einen Bienenstock mit Warmbau erteilt wurde, Mitteilung Deutsches Museum vom 20.10.99], beide Klasse 72d), vgl. Sokolskii, Russian Solid-Fuel Rockets, Jerusalem 1967, pp. 135; diese Raketekonstruktion wurde zwar vom russischen Artilleriecommittee als allen anderen überlegen angesehen, Versuche in den Folgejahren führten aber zu keinem Erfolg. Zu dem Prinzip der Raketen Unges und Gherassimovs siehe auch: A. Belloni: Della migliore arma, in: Rivista Marittima, 1921. p. 331 - 349

68) Kaiser, a.a.O., S. 19

Apparat Golightly

Rakete angetrieben.[69] Eine ähnliche Idee hatte 1841 der Engländer Charles Golightly, es ist aber nicht bekannt, ob er jemals ein Modell ausgeführt hat, auch seine Patentschrift wurde nie veröffentlicht, er erregte jedoch einiges Aufsehen, so daß seine Idee von Karrikaturisten bildlich dargestellt wurde.[70]

d. Vom Raketenauto zur Weltraumrakete

Auch wurden in diesem Jahrhundert bereits erste Versuche unternommen, das Antriebsprinzip der Rakete, die reaktive Kraft, für andere Verkehrsmittel zu nutzen. Der rumänische Erfinder Alexandru Churcu konstruierte 1886 in Paris zusammen mit Guy Buisson einen reaktiven Antrieb für ein Boot, mit dem er erstmals am 3. August 1886 erfolgreich auf der Seine fuhr.[71] Bei einem weiteren Versuch am 16. Dezember kam es jedoch zu einer Explosion, wobei ein Gehilfe zu Tode kam.[72] Damit war die Grundlage für spätere Experimente, wie sie beispielsweise Adam Opel[73] ab 1928 zusammen mit Max Valier[74] mit Raketenautos, angetrieben mit Pulverraketen der Firma Friedrich Wilhelm Sanders[75] in Wesermünde oder der Flugzeugkonstrukteur Lippisch mit

---

69) K. Jäger, Kurioses aus der Raketengeschichte, in: Weltraumfahrt - Raketentechnik, 03 / 1963, S. 82 f. (Perkins hatte dann auch ein Dampfgeschütz und eine „Dampf-Flinte" entworfen, aus letzterer konnten pro Minute 240 Musketenkugeln abgefeuert werden)

70) M. Valier, Raketen mit flüssigen Treibstoffen im 19. Jahrhundert, in: Die Rakete, 1928, S. 34; vgl. F. H. Winter, The Golightly Mystery, in: JBIS, Vol. 39, 1986, pp. 170)

71) F. Zaganescu, Rodica Burlacu und I. M. Stefan, Contribution of the Romanian Inventor Alexandru Churcu to the Development of Theoretical and Practical Reactive Motion in the 19th Century, presented at the seventeenth Symposium of the International Academy of Astronautics, Budapest 1983

72) o. Verf., Lehrbuch zur V 2, o. O., o. J., Seite D-6, vgl.: J. Fischer, Der Raketenwagen auf dem Avus, in: Die Umschau, 32. Jg., 1928, S. 487

73) H. Gartmann, Träumer, Forscher, Konstrukteure, Düsseldorf 1957, S. 111 u. S. 154 ff; die Firma Sander (vormals Cordes) stellte in Wesermünde, ähnlich wie die Firma Matthew in Großbritannien, Rettungsraketen her, diese besaßen ein Kaliber von 65 mm, wobei die Länge der Treibachse etwa 200 mm betrug, als Reichweite wurden etwa 300 m erzielt; Sander beschaffte sich eine größere Presse und versuchte Raketen zunächst des Kalibers 105 mm zu fertigen, deren Länge 300 mm betrug. (H. Klein, Vom Geschoß zum Feuerpfeil, Neckargemünd 1977, S. 79, vgl. unten: Schäfer zu Sander). Der katastrophale Ausgang der ersten Versuche (Explosion des Wagen in Rüsselsheim) war von Lademann vorhergesagt worden, da er die Befestigung der 5-kg Raketen für zu locker hielt, und feststellte, daß sie neben anderen Mängeln ungeeignete Düsen aufwiesen. (R. W. E. Lademann, Die militärische Bedeutung des Rückstoßers, in: MWBl., 1929, No. 25, S. 991) Der „Opel-Sander-Rakwagen 1" mit 12 Raketen wurde am 11. April 1927 durch Kurth C. Volkhart in Rüsselsheim erstmals getestet, wobei die über eine Klaviatur elektrisch gezündeten Raketen den Wagen in 8 Sekunden auf 100 km/h beschleunigten. Im Mai 1928 wurden bei Opel dann auch erste Versuche mit Raketen mit flüssigem Triebstoff angestellt. Der erste verbesserte Wagen, „Opel-Sander-Rakwagen 2" war gegenüber dem ersten aerodynamisch besser gestaltet und trug vorne zwei Steuerflächen mit negativem Anstellwinkel, hinter dem Führersitz befand sich die nunmehr mit 24 Raketen bestückte Raketenbatterie, wobei der Durchmesser der Düsen 35 mm betrug. Am 23.Mai 1928 um 10.45 Uhr startete der Wagen auf dem Avus und erreichte eine Höchstgeschwindigkeit von 236 km/h, raketentechnisch längst noch keine Spitzenleistung, da der thermische Wirkungsgrad der Raketenmotore nur etwa 15% betrug. Auch in der Tschechoslowakei fanden erste Versuche durch den Ingenieur Löwy mit einem Raketenwagen statt, der allerdings bereits mit Flüssigkeitstreibstoff angetrieben wurde. (A. B. Scherschevsky, Die Rakete für Fahrt und Flug, Berlin 1929, 94 ff., Scherschevsky bietet hier auch eine weitgehend vollständige Schilderung der Raketenversuche vornehmlich in Deutschland bis 1929; vgl.: J. Fischer, Der Raketenwagen, a.a.O., S. 487, F. nannte eine Geschwindigkeit von 200 km/h und gab an, daß trotz Stabilisierungsflächen am Wagen Opel Schwierigkeiten bei der Lenkung gehabt habe; ebenso: o. Verf., Der Start des Raketenwagens, in: VDI-Nachrichten, 30. Mai 1928, S. 22) Ähnliche Versuche unternahm Kurt Volkhart, der seinen Wagen mit 18 Raketen antrieb, deren Treibsatz nach 8 km ausgebrannt war. (Ananoff, Mils ans d'histoire de la fusée, in: Sciences et Vie, Décembre 1952, p. 61) Am 25. Juni 1928 führte von Opel dann die ersten Versuche mit einem raketengetriebenen, unbemannten Schienenwagen auf der noch nicht für den Verkehr freigegebenen Eisenbahnstrecke Burgwedel - Celle durch. Ein erster Versuch, bei dem die Raketen von Sanders einzeln und nacheinander gezündet wurden war erfolgreich, es wurde eine Höchstgeschwindigkeit von 254 km/h erzielt. Beim folgenden Hauptversuch explodierte der Wagen, da Opel für den Start gleich 6 Raketen gleichzeitig zünden ließ, so daß aufgrund des Anfangsschubs der Wagen aus den Gleisen sprang und sich dabei die übrigen 8 Raketen entzündeten. (R. Otte, Die Schnellfahrtversuche des Opel-Raketenwagens, in: Ikarus, 4. August 1828, S. 65 - 68) Im Folgejahr unternahm Opel erste Versuche mit einem Raketenflugzeug auf dem Frankfurter Flugfeld, ein erster Versuch schlug fehl, da die elektrische Zündung der Antriebsraketen versagte, am 30.09. um 11.00 Uhr gelang ein zweiter Start, zwei Startraketen mit 900 kg Schub brachten die Maschine in die Luft, 16 weitere Raketen mit je 25 kg Schub und 28 Sekunden Brennzeit dienten für den Antrieb, dieser erste erfolgreiche Flug dauerte 45 sek, wobei eine Geschwindigkeit von 120 km/h erreicht wurde. (A. Kreuzer, Quellen zur Geschichte der Raketentechnik, in: Weltraumfahrt - Raketentechnik 6 / 1963, S. 170 f., vgl. von Opel, a.a.O., S. 17 f., sowie: o. Verf., Das Raketen-Flugzeug gestartet, in: Wittener Tageblatt vom 01.10.1929) Ein anderer Bericht ergänzt, daß die 12 Raketen einzeln vom Piloten gezündet wurden, bei diesem Flug wurden nur 9 davon genutzt. (Von Langsdorff, Der erste Raketenstart, in: Umschau, 33. Jg., 12.10.1929, S. 826 f., vgl. Notiz in: Flugsport, Nr. 21, 1929, S. 411) 1928 machte von Opel mit Scharnberger ebenfalls erste erfolgreiche Versuche mit einer Raketenbrennkammer für Flüssigkeitsantrieb aus Benzol und Stickstoff-Tetroxyd (v. Opel, a.a.O., S. 16 f.). Neben den Versuchen mit Raketen-getriebenen Automobilen und Flugzeugen unternahm 1930 der Berliner Ingenieur Richter auch den Versuch, ein Raketen-getriebenes Fahrrad zu konstruieren, dieser Versuch endete aber mit einer Explosion (Rose, a.a.O., S. 283) Semper merkte zu den Versuchen kritisch an, „. . . ist die Verwendung [der Raketen] zum Antrieb eines Wagens in der Ebene, oder auch eines Flugzeuges in geringen Höhen nicht als Lösung eines neuen Problems zu bezeichnen, selbst wenn große Geschwindigkeiten erreicht werden." Semper hatte zuvor den Wirkungsgrad einer Rakete (aufgrund der Daten der alten französischen Rakete vom Kaliber 12) mit 1,47% im Vergleich zum Wirkungsgrad einer deutschen 30,5 cm Kanone, Modell 1887, berechnet, die einen von 16% erreichte. (Umsetzung des Treibsatzes in Arbeit) (Semper, Die Rakete, in: Zeitschrift für Flugtechnik und Motorluftschiffahrt, 19. Jahrg. 1928, S. 318 f.) v. Opels Versuche fanden auch im Ausland Nachfolger, in der Schweiz bastelte sich so 1932 C. Burkhard einen Raketenwagen, wobei er als Hülsen der Raketen sechs alte Fahrradrohre verwendete. (Hausschild / Führing, a.a.O., S. 124)

74) Valier hatte 1925 begonnen Artikel zum Raketenthema zu schreiben, sein Ziel war zunächst, soviel Geld zu verdienen, um eine Rakete für den transatlantischen Lufttransport bauen zu können (M. Neufeld, Weimar Culture and Futuristic Technology, in: Technology and Culture, 1990, p. 727); ebenso untersuchte er die Frage, ob Menschen überhaupt die Kräfte der Beschleunigung in einer Rakete überstehen könnten und bejahte sie (M. Valier, Medizin und Raumschiffahrt, in: Die Rakete, 1928, S. 13 f.), seine Pläne für die Raumfahrt stellte er mit Gedanken zu einem Weltraumschiff auch vor in: Scherls Magazin, Februar 1925, S. 221 - 247 (Der Vorstoß in den Weltenraum - eine technische Möglichkeit ?) und in: Wissen und Fortschritt, 1927, 2. Juli, S. 6 - 11 (Der Flug in den Weltenraum) Im Juli 1828 unternahm er ebenso Versuche mit einem Raketen-getriebenen Wagen auf Schienen und wiederholte diesen am 3. Oktober 11 Uhr des gleichen Jahres in Zusammenarbeit mit der Firma J. F. Eisfeld auf der Bahnstrecke Blankenburg - Halberstadt, für einen zweiten Start an diesem Tag mit erhöhter Ladung erwiesen sich die Räder als zu schwach (Ananoff, a.a.O., p. 61, vgl.: o. Verf., Start des dritten Raketenwagens, in: Die Rakete, 1928, S. 146), ebenso unternahm er im Juli 1929 erste Startversuche mit dem Raketenflugzeug „Valier Rak 3" in Düsseldorf in Zusammenarbeit mit der Firma Espenlaub (A. Kreuzer, Quellen zur Geschichte der Raketentechnik, in: Weltraumfahrt - Raketentechnik, 1 / 1963, S. 21 f., vgl. L. J. Carter, The Valier Experiments, in: JBIS, Vol. 40, 1987, pp. 91) Valier entwickelte anschließend mit der Firma Heylandt eine Flüssigkeitsrakete, mit der er am 17. April 1930, eingebaut in ein Auto „Rak n.7", erste Fahrversuche auf dem Gelände der Firma durchführte; er fand bei der Explosion eines Raketenmotors am 12. Mai 1930 den Tod. (Dornberger, European Rocketry after World War I, in: JBIS, 1954, p. 247; vgl.: W. H. Riedel. A Chapter in Rocket History, in: JBIS 1953, pp. 209, sowie: Ananoff, a.a.O., p. 62) Über die Fertigung von Festpulverraketen äußerte er sich in einem ausführlichen Artikel in der Zeitschrift „Die Rakete", 1928, S. 148 - 153

75) F. W. Sander, 25.08.1885 - 1938, Ingenieurstudium, ab 1911 wissenschaftlicher Berater der Firma Cordes, 1920 Erwerb dieser Firma. Sander verbesserte die vorgefundenen Rettungsraketen und entwickelte hierfür ein neues Hochleistungspulver mit

dem Flieger Stamer[76] mit Segelflugzeugen auf der Wasserkuppe, von den gleichen Pulverraketen angetrieben, in den zwanziger Jahren des 20. Jahrhunderts durchführte, gelegt. Aber auch diese Versuche hatten Vorläufer: Schon 1885 hatte der Italiener Enrico Forlanini erste Miniatur-Flugzeuge mit Raketenantrieb versehen, 1892 führte Alexander Graham Bell, der Erfinder des Telephons, Versuche mit Modellflugzeugen mit Raketenantrieb in Canada durch, 1903 führte Emile Berliner erfolgreich in Washington eine raketen-getriebene Flugmaschine vor und 1907 nutzte der Rumäne Henri Coanda ebenfalls Raketen zum Antrieb von Modell-Flugzeugen.[77] Ähnliche Flugversuche wie durch v. Opel wurden in den Folgejahren am 1. Juni 1931 durch William G. Swan in Atlantic City und Ende Juni 1931 durch Ettore Cattaneo in Mailand durchgeführt.[78] Alle diese Versuche waren jedoch nicht Selbstzweck, sondern zielten darauf, von Fahrversuchen mit eben diesen Raketenwagen über zunächst nur raketenunterstützten Antrieb von Flugzeugen und dann alleinigen Raketenantrieb schließlich die Grundlagen für den Antrieb eines Raumschiffes zu schaffen, wobei eine, von vielen Entwicklern angestrebte Zwischenlösung, die Nutzung von Raketenantrieben für transatlantische Flüge, zunächst nur für Fracht, später aber auch für Passagiere, durch die Stratosphäre gewesen wäre.[79] Valier äußerte sich kurz in einem Artikel hierzu:

„Es ist bekannt, daß ich von jeher das Problem des Raketenfluges vertreten habe, denn die Raketenwagen können nur als eine Vorstufe zur Erprobung des Raketenantriebes dienen, und von den Raketenweltraumschiffen sind wir noch zu weit entfernt. Der Raketenflug aber liegt schon heute im Bereich der technischen Möglichkeit und kann alsbald zu wirtschaftlich bedeutungsvollen Leistungen ausgebaut werden . . ."[80]

Im Gefolge von Oberths Buch kam ab etwa 1927 auch die Idee auf, Raketen zur Postbeförderung über große Strecken zu nutzen, Oberth äußerte selbst diese Idee in einem Vortrag Anfang Juni 1928, und kurz zuvor hatte auch Dr. von Hoefft diese Idee formuliert:

„Der RH IV z. B. mit 3 to Anfangsmasse soll eine Nutzlast von 30 bis 75 kg Post in Keplerschen Ellipsen in einer halben Stunde quer über den Atlantik, in einer Stunde bis zu den fernsten Antipoden tragen."[81]

Realisiert wurde diese Nutzung von Raketen zunächst jedoch nicht zur Überwindung des Ozeans sondern von Höhenunterschieden: Zur Beförderung der Post in abgelegene Bergdörfer der Steiermark nutzte Friedrich Schmiedl aus Graz selbst konstruierte Raketen und beförderte so in Zusammenarbeit mit der österreichischen Post am 2. Februar 1931 333 Briefe mit einer 50pfündigen „Postrakete" vom Hochtrötsch (Steiermark) ins Tal zum Postamt von Semriach, der Versuch gelang, dieses System wurde aber nicht auf Dauer genutzt.[82] Eine ähnliche Idee verfolgte mit Unterstützung der Marineleitung Reinhold Tieling, seine Feststoffrakete besaß eine Länge von 1,5 m und verfüg-

---

einem Sauerstoff- und einem Kohlestoffträger in Verbindung mit abbranddämpfenden Zusätzen, dessen Laborierung jedoch sein Geheimnis blieb. Die hierfür erforderliche Treibsatzpresse wurde von der Deutschen Gesellschaft zur Rettung Schiffbrüchiger finanziert. Ebenso änderte er die Düsen der Raketen, dadurch wurden diese kleiner, lagerungs- und transport- sowie explosionssicherer und so auch leichter handhabbar. Zusätzlich entwickelte er ein neues leichteres rohrförmiges Drahtgestell zum Abfeuern. Seine Ideen zur Rakete veröffentlichte er 1928 unter dem Titel „Die Rakete als Antriebskraft" in: W. Ley, Möglichkeit, a.a.O., S. 324 ff. Ab 1929 Zusammenarbeit mit der Torpedoversuchsanstalt der Marine und später dem Heereswaffenamt. 1929 Konstruktion eines Raketenmotors für flüssigen Treibstoff, der im Versuch 30 Minuten einen Schub von 300 kg lieferte. Da er vom Heereswaffenamt nur Entwicklungs- aber keine Produktionsverträge erhielt, versuchte er Raketen an die italienische Regierung zu verkaufen, um seine Firma zu retten. Da 1935 Raketen als „geheim" deklariert worden waren, von der Gestapo verhaftet, wobei auch alle seine Unterlagen beschlagnahmt wurden, verurteilt zu 4½ Jahren Gefängnis, durch Intervention v. Opel wieder freigelassen, aber kurz darauf erneut verhaftet. Aus der Haft entlassen starb Sanders im September 1938 in Berlin an den Folgen eines Herzschlages (K. Schäfer, Die „Sander" - Leinenpistole und ihre Vorläufer, in: Waffen Digest 99, S. 87 ff., vgl.: o. Verf., Fr. W. Sander, in: Die Rakete, 1928, S. 78, sowie: F. von Opel, Die Geschichte der Raketenentwicklung und über Sinn und Grenzen aller Technik, München 1968, S. 11 und: Sander, Zum 30. Todestag von Friedrich Wilhelm Sander, in: Astronautik, 4, 1968, S. 131)

76) Fr. Stamer flog am 11. Juni 1928 mit dem Versuchs-Segelflugzeug „Ente", das von 2 Pulverraketen mit jeweils 20 kg Schub angetrieben wurde, der erreichte Gesamtflugweg betrug etwa 1.500 m mit einer Flugzeit von knapp 80 sec. Das Forschungsinstitut der Rhön-Rossitten-Gesellschaft war Träger der Versuche. Stamer notierte anschließend: „Der Startseilschub ging in den Raketenschub im Start ganz weich, also fast unmerkbar über. Der Schub der Raketen war bis kurz vor dem Ausbrennen völlig gleichmäßig . . . Das Brennen der Rakete war durch starkes Zischen gut hörbar. Das Einsetzen der zweiten Rakete war durch einen weichen, ganz leichten Ruck spürbar. . . . Das Fliegen mit Raketenantrieb erwies sich als außerordentlich angenehm." (A. Lippisch und Fr. Stamer, Raketenversuche mit Flugzeugen und Flugzeugmodellen, in: Zeitschrift für Flugtechnik und Motorluftschiffahrt, 19. Jahrg. 1928, S. 273, sowie: Fritz, a.a.O., S. 77 und: o. Verf., Der erste Raketenflug mi Besatzung, in: Die Rakete, 1828, S. 98). Zu den Flugversuchen von Stamer: siehe auch: Stamer, Rakete - weniger reden - mehr arbeiten, in: Flugsport, Nr. 13, 1928, S. 232 - 235. Auch Opel unternahm einen Flug mit einem Raketen-getriebenen Flugzeug, von 6 Pulverraketen angetrieben erreichte er am 30.09.1929 eine Reichweite von 1500 Metern. (Ananoff, a.a.O., p. 61; Buedeler, Geschichte der Raumfahrt, Künzelsau, o.J., S. 229, gab weitere Details, hiernach flog v. Opel etwa 10 min lang mit einer Höchstgeschwindigkeit von 150 km/h, ähnliche Versuche unternahm 1929 Gottlob Espenlaub und 1931 in Italien Ettore Cattaneo) Durch diese Versuche wurde der Raketenantrieb so populär, daß zu dieser Zeit im Handel Modellbausätze für raketengetriebene Flugzeuge erhältlich waren und sogar ein Buch „schwanzlose Segel- und Raketenmodelle" erschien (H. Jacobs, Ravensburg 1933, siehe auch: F. H. Winter, The Influence of the von Opel - Valier Experiments upon German Rocket Propelled Model Aircraft Development, in: JBIS 1999, p. 267 - 270, sowie einen Bericht in der Zeitschrift „Die Rakete", 1927, S. 170, über erfolgreiche Modellflugzeugversuche des Breslauer Modell- Segelflugverein Schlesischer Adler e.V. am 23. November 1927 in Heidewilxen, wo ein Doppeldecker - Gewicht 200 gr - mit einfachen Feuerwerksraketen erfolgreich gestartet wurde und etwa 10 sec. mit Raketenantrieb flog. Ebenso erschien sogar der Artikel eines Schülers zu diesem Thema in einer pädagogischen Zeitschrift, der darauf hinwies, daß die erforderlichen Raketen für 7½ Pfennig in jedem Spielwarengeschäft erhältlich wären, aber dazu riet, den Modellbau eines Autos zunächst nur mit einer Rakete zu bestücken und den ersten Versuch im Freien durchzuführen, um nicht die Möbel zu beschädigen [H. Warnstorff, Wie baue ich mir ein Raketenautomodell?, in: Vereinigte Monatshefte für Pädagogik, Kunst und Schule, Wien 1930, S. 488 ff.])

77) F. H. Winter, 1928-1929 Forerunners of the Shuttle: The 'Von Opel Flights', in: Spaceflight, Vol. 21, 1979, p. 75 - 83

78) ibidem, p. 82

79) B. v. Römer, Lufttorpedos und Postraketen, in: Deutsche Monatshefte, 1930, S. 43 - 48; vgl.: o. Verf., Raketentechnik - In 40 Minuten von Berlin nach New York, in: Die Gartenlaube, 1928, Beilage 23/II - III

80) o. Verf., Max Valiers neues Raketenflugzeug macht Startversuche in Düsseldorf, in: Wittener Tageblatt, 13. Juli 1929. Bereits 1926 schlug er als Vorgehensweise vor, nach ersten Versuchen mit raketenunterstützten Propellerflugzeugen zu propellergestützten Raketenflugzeugen und schließlich zu Raketenflugzeugen überzugehen, um dann zum Raketenschiff für den Weltraum zu gelangen: „Sein Start erfolgt steil von einer Startschanze, die Landung (bezw. Wasserung) senkrecht, mit Raketengegengas zum Abbremsen. Solche Maschinen werden schon geeignet sein, Strecken wie Berlin - Rom in 35 - 40 Minuten, von Europa nach Amerika in 2 - 2½ Stunden zu bewältigen und bei senkrechter Vollgasfahrt nach oben einige Hundert Kilometer hoch zu dringen und in den Weltraum vorzustoßen." (M. Valier, Vom Flugzeug zum Weltraumschiff, in: Münchner Illustrierte Presse, 1926, No. 49, S. 1170)

81) W. Ley, Raketenpost und Raketenmarken, in: Weltraumfahrt, Nr. 2, 1954, S, 37 f.; Ley wies daraufhin, daß diese Idee der Postbeförderung jedoch viel älter wäre, Heinrich v. Kleist hätte sie bereits am 10.10.1810 in den „Berliner Abendblättern" als „Entwurf einer Bombenpost" unter Nutzung von Kanonen und Mörsern in Form einer Staffette vorgeschlagen, sie aber selbst in der nächsten Nummer der Zeitschrift wieder abgelehnt, da die meisten Nachrichten doch schlecht wären, und es daher besser wäre, eine Ochsenpost zur möglichst langsamen Beförderung derselben zu erfinden (ibidem, S. 36)

82) Hauschild / Führing, a.a.O., S. 129. Schmiedl hatte 1928 mit seinen Vesuchen begonnen, seine letzten Raketen - bereits mit Füssigkeitsantrieb - wurden 1935 gestartet. Vgl.: F. H. Winter, Friedrich Schmiedl (1902 - 1994): The Passing of Another Pioneer, in: JBIS, Vol. 48, 1995, p. 235, sowie: R. Strangl, Raketen in der Kriegstechnik, Dorfen 1944, S. 20, hierfür wurden sogar gesonderte Briefmarken herausgegeben; die Reichweite seiner Rakete betrug 1,2 Meilen (Dornberger, a.a.O., p. 247), der Postversand erfolgte bei späteren Versuchen vom Schöckelberg nach St. Radegund; Schmiedl vernichtete später seine Unterlagen, um eine militärische Verwendung seiner Idee zu verhindern. (A. Smoltszyk, Opfermut und Größenwahn, in: Der Spiegel, No. 1 / 1999, S. 95): Schmiedels erster erfolgreicher Versuch erfolgte am 3. Februar 1931, seine Raketen besaßen eine Alluminium-Hülse und eine Länge von 1,70 Meter mit einem Durchmesser von 0,25 Meter, das Gewicht der Treibladung betrug 21 kg, das Gewicht der leeren Hülse 7 kg, die Stabilisierung erfolgte durch drei 8 cm breite Aluminiumflügel am Ende der Rakete. Schmiedl strebte eine trans-atlantische Raketenpostverbindung an. (H. Rosen, Die erste Raketenpost, in: Die Umschau, 1932, S. 252 ff., vgl. F. Schmiedl, Raketenpost, in: Wissen und Fortschritt, 1932, Heft 6, S. 321) Bis zum 16. März 1933 hatte Schmiedl 9 Versuchsflüge und einen regulären Flug durchgeführt. (Buedeler, a.a.O., S. 221, vgl.: W. Brügel, Männer der Rakete, Leipzig 1933, S. 86 - 99) Am 27.12.1933 erfolgte dann die erste Postbeförderung mit einer Pulver-Stufenrakete (Modell „S1") zwischen St. Martin und Grazerfeld mit 379 Poststücken. Er setz-

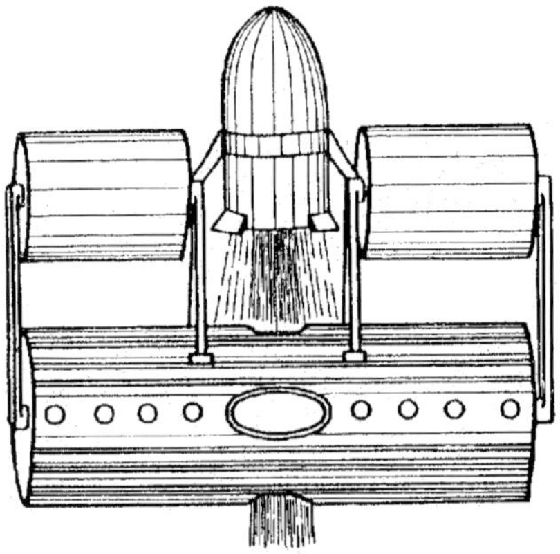

Raumschiffentwurf von Ganswindt (Zeichnung: Scherschevsky)

te über ein festes, überkalibriges Leitwerk, der „Gefechtskopf", zur Aufnahme einer Nutzlast gedacht, trennte sich nach Erreichen einer bestimmten Entfernung vom Raketenkörper und wurde dann von einem Fallschirm getragen. Bei Versuchen in Meppen wurden Steighöhen von bis zu 1.500 Metern von seiner Rakete erreicht.[83] Ein anderer Entwickler, der Ingenieur Zucker, erreichte im April 1933 bei Versuchen mit Feststoffraketen eine Reichweite von 4 km.[84] Auch in den U.S.A. sind kurz vor dem 2. Weltkrieg einige dabei, die ersten internationalen Raketenpostflüge über den Rio Grande nach Mexiko durchgeführt worden.[85] Ebenso wurden erste Anstrengungen unternommen, Raketen als Starthilfe für Flugzeuge zu verwenden; den Junkers-Flugzeugwerken gelang es im Oktober 1930 ein schwerbeladenes Flugzeug vom Typ „Bremen", das allein mit der Leistung seiner Motoren nicht mehr starten konnte, erfolgreich mit jeweils 3 Raketen, die unter den Tragflächen angebracht waren und elektrisch vom Piloten gezündet wurden, auf der Elbe zu starten.[86)

Ebenso beflügelten die Möglichkeiten der Raketen bereits die Phantasie einzelner Wissenschaftler, den Weltraum zu erschließen, so entwickelte der Privatforscher Hermann Ganswindt 1891 erste Pläne für ein Weltraumschiff, das von einer Pulverrakete angetrieben werden sollte und stellte so als erster fest, daß für die Eroberung des Weltraumes nur die Nutzung der reaktiven Kraft der Rakete den erforderlichen Antrieb liefern könnte;[87] in Rußland beschäftigte sich zunächst der Ingenieur Nicolai Iwanovich Kibaltschitsch mit Plänen für ein Raketenflugzeug, die er 1881 im Gefängnis vor seiner Hinrichtung den Behörden übergab, wo sie bis 1918 unbeachtet liegen blieben,[88] ebenso arbeitete ab 1883 K. Tsielkovski an Plänen für ein raketengetriebenes Fluggerät sowie an Entwürfen einer interplanetarischen Rakete, für die er flüssigen Sauer- und Wasserstoff als Treibstoff vorsah.[89] und schon vorher hatte 1846 der Naturforscher Christian Ehrenberg vorgeschlagen, die neu erfundene Schießbaumwolle als Treibsatz einer Riesenrakete zur Personenbeförderung zu verwenden.[90] Ebenfalls aus dieser Zeit stammt ein erstes Projekt für ein Flugzeug mit reaktivem Antrieb, für den ebenfalls Schießbaumwolle genutzt werden sollte.[91] Auch in Frankreich schlug bereits 1863 Achille Ayrand die Nutzung von Raketen für interplanetarische Flüge vor.[92] 1908 wurden diese Ideen von Robert Esnault-Pelterie fortgeführt und 1912 in einem Vortrag präsentiert.[93] Ebenfalls bereits 1890 veröffentlichte Franz von Hoefft in Wien erste Gedanken zur Weltraumfahrt.[94]

Einen ersten Schritt in technologisches Neuland machte der Peruaner Pedro A. Paulet, der 1895 erste Versuche mit einer Flüssigkeitsrakete durchführte, die erstaunliche Leistungen gezeigt haben soll.[95] Auf die

---

te seine Versuche noch bis 1935 fort, mußte sie dann aber mangels staatlicher Unterstützung aufgeben. (Dr. Cap, Zwanzig Jahre Raketenpost, in: Weltraumfahrt, Nr. 3, 1951, S. 57 f.) Buedeler wies daraufhin, daß Raketen bereits um die Jahrhundertwende auf den Tonga-Inseln zu diesem Zweck verwendet wurden (ibidem, vgl. Ley, Raketenpost, a.a.O., S. 36 f.)

83) W. Ley, Raketenpost, a.a.O., S. 38, am 15. April 1931 steckte T. 188 numerierte Postkarten in den Kopf einer „Postrakete", nach dem Höhenflug wurden sie dem Postamt Dielingen bei Osnabrück zur Weiterbeförderung - mit Sonderstempel - übergeben. Vgl.: H. Klein, a.a.O., S. 79, Tieling wurde 1933 beim Pressen des Schwarzpulver-Treibsatzes für eine überlange Rakete durch eine Explosion zerrissen. (ibidem, S. 80, Klein gab als Jahr des Unfalls irrtümlich bereits 1930 an), an diesem Projekt arbeitete dann der Bremer Ingenieur Püllenberg weiter, (H. Breitkopf, Kampfraketen, in: Wehrwissenschaftliche Rundschau, 1952, S. 200) am 15.04.1931 erreichte dann eine dieser Raketen eine Höhe von 2.000 m (S. Jäger, Die Entwicklung deutscher Feststoffraketen von 1935 bis 1945, Zittau 1990, S. 8)

84) Jäger, a.a.O., S. 8, Gerhard Zucker entwickelte anschließend auch Flüssigkeitsraketen, die zur Postbeförderung genutzt werden sollten, sein erstes Modell stürzte aber nach einem Flug von nur wenigen Metern ins Meer (Ananoff, a.a.O., p. 64) In Deutschland führte er dann mehrere Raketen-Postflüge für das Winterhilfswerk durch. (Ley, Raketenpost, a.a.O., S. 39) Zucker gelang es anschließend, den britischen General-Postmeister für seine Idee zu interessieren und so einige Versuche in England und Schottland durchzuführen, die dann aber nicht weiter verfolgt wurden (Ananoff, a.a.O., p. 73)

85) Ley, Raketenpost, a.a.O., S. 40, o. Verf., Die Rakete als Antriebsmittel für Luftfahrzeuge. in: MWBl. 1930, S. 1004; sowie: W. v. Braun, Das Geheimnis der Flüssigkeitsrakete, in: Die Umschau, 36. Jahrg., 1932, Heft 23, S. 452

86) o. Verf., Die Rakete als Antriebsmittel für Luftfahrzeuge, in: MWBl. 1930, S. 1004, vgl.: B. v. Römer, Lufttorpedos und Postraketen, in: Deutsche Monatshefte, 1930, S. 47 f., R. verwies darauf, daß dadurch die Startprobleme schwerbeladener Maschinen, besonders für Ozeanflüge nunmehr gelöst wären.

87) A. Hausenstein, a.a.O., und: W. Ley, a.a.O., S. 10, nach Ley wollte Ganswindt dies Weltraumfahrzeug durch Dynamit-Explosionen antreiben, (Vortrag am 27. Mai 1891 in der Philharmonie in Berlin). Vgl.: W. Brügel (Hg.), Männer der Rakete, Leipzig 1933, S. 11, B. betonte, daß Ganswindt mehrstufige Raketen vorsah und als Basis für den Flug Weltraumstationen vorschlug. H. Ganswindt: 12.06.1856 - 25.10.1934, er entwickelte 1883 Pläne für den Bau eines lenkbaren Luftschiffes und eines „Schraubenfliegers" (siehe auch: Gartmann, a.a.O., S. 9 ff, sowie: A. Fritz, Start in die dritte Dimension, Stuttgart 1958, S. 56, sowie: o. Verf., Hermann Ganswindt, in: Die Rakete, 1928, S. 29) Zu dem vorgeschlagenen Raumschiff von Hermann Ganswindt siehe ebenfalls die Werke von Gail (a.a.O., S. 56 ff.) und Scherschevsky (a.a.O., S. 74) Zur Abbildung: in den beiden seitlichen Trommeln befanden sich Dynamitpatronen, die in der mittleren raketenfömigen Verbrennungskammer gezündet werden sollten. Unter dieser Konstruktion war eine tonnenförmige Gondel für 2 Passagiere vorgesehen.

88) o. Verf., Lehrbuch, S. D-5

89) Mielke, Kampfraketen einst und jetzt, in: AR-NVA, 11/1967, S. 26; sowie: Taylor, a.a.O., S. 14; damit legte Tsiolkovsky (05.09.1857 - 19.09.1935) die Grundlagen für alle späteren Arbeiten zur Entwicklung von Raketenantrieben zur Erforschung des Weltraumes, Ergebnisse, deren erste er bereits 1903 in seiner Schrift „Die Erforschung der Weltenräume mit Reaktionsapparaten" vorlegte, wobei erste Überlegungen zu Raketen im Weltraum bereits 1896 von ihm veröffentlicht worden waren. (W. Brügel, a.a.O., S. 114 ff.) Tsiolkovsky konnte jedoch aus Geldmangel keine praktischen Versuche durchführen, angeregt wurde er auch durch die Broschüre von 1896 des Ingenieurs Alexander P. Fjodorov „Eine neue Art der Luftschiffahrt, die auf die Luft als umgebenden Stoff verzichtet", in welcher das Raketenprinzip für die Fortbewegung im luftleeren Raum untersucht wurde. (Fritz, a.a.O., S. 59) Tsiolkovskys Ideen und Berechnungen für ein Weltraumschif wurden eingehend besprochen in: R. Lademann, Zum Raketenproblem, in: Zeitschrift für Flugtechnik und Motorluftschiffahrt, 18. Jg., 1927, H. 8, S. 177 - 181.

90) W. Ley, a.a.O., S. 8

91) ibidem, S. 9, möglicherweise stammte der Vorschlag (1847) von Werner v. Siemens (o. Verf., Lehrbuch, S. D-5), der zu dieser Zeit vorübergehend als Seconde-Lieutenant zunächst in der Feuerwerksabteilung und dann in der Handwerks-Compagnie der 3. Artilleriebrigade in Berlin diente und sicherlich so auch Verbindung zur Raketenentwicklung hatte. Siemens entwickelte zu dieser Zeit auch eine Schießbaumwolle, ab 1847 wandte er sich der Telegraphie zu und wurde der Commission zur Einführung des elektrischen Telegraphen zugeteilt (M. Trott, Werner von Siemens, in: Schuss und Waffe, 11. Bd., 1917 / 18, S: 69 - 72)

92) Grand Larousse Universel, tome 7, Paris 1989

93) Esnault-Pelterie, geboren 1881, Studium der Naturwissenschaften mit Abschlüssen in Chemie und Physik, Flugpionier, er entwickelte ab 1908 erste Ideen zur Weltraumfahrt, die er 1912 in einem Vortrag präsentierte und veröffentlichte 1927 seine theoretischen Ergebnisse in dem Buch „L'Astronautique"; Esnault stiftete in diesem Jahr zusammen mit dem Bankier André Hirsch den REP-HIRSCH-Preis für bahnbrechende Veröffentlichungen auf diesem Gebiet, erster Preisträger wurde 1928 Prof. Dr. Oberth. (W. Brügel, a.a.O., S. 24)

94) W. Brügel, a.a.O., S. 34

95) Zaganescu, a.a.O., und: Ley, a.a.O., S. 12, Paulet nutzte für die Düsen den neuen Vanadiumstahl. D. Baker, The Rocket, New York 1978, p. 23, wies daraufhin, daß Paulet seine „Ergebnisse" erst 1927 in einem Artikel in Lima publizierte, während der russische Ingenieur Scherschevsky bei seien Recherchen festgestellt habe, daß Paulet Nitrogen-Peroxyd und Benzin genutzt habe, um einen Schub von 9o kg zu erhalten und daß Paulets Artikel eher eine Absichtserklärung als der Nachweis eines erfolgreichen Versuches gewesen wäre. Nach: A. Fritz, Start in die dritte Dimension. Stuttgart 1958, S. 47, hatte Pedro A. Paulet zwischen 1895 und 1897 in Lima jedoch nur Brennkammer-Versuche durchgeführt. Lademann, a.a.O., S. 992, gab an, daß Paulets Triebwerk bei einem Versuch 1896 das 36fache des eigenen Gewichtes habe 1 Stunde lang tragen können. Vgl. die ausführliche Darstellung bei: M. Valier, Raketen mit flüssigen Treibstoffen im 19. Jahrhundert, in: Die Rakete, 1928, S. 34 f., V. zitierte aus Paulets Bericht in „El Commercio", vom 7. Oktober 1927, der diese Brennkammerversuche schildert, hiernach hatte P. Stickstoffperoxyd und Benzin genutzt, wobei für die Dau-

Idee, das Raketenprinzip für den Antrieb von Flugzeugen zu nutzen kam wohl zuerst der norwegische Professor Birkeland 1909 aufgrund seiner Versuche mit Raketen, die durch Wasser- und Sauerstoff angetrieben wurden. 1911 schlug in Deutschland Wilhelm Gaedicke die Konstruktion eines Flugzeuges mit reaktivem Antrieb vor, und in den zwanziger Jahren scheint in Großbritannien ein Captain Roberts von der Nachrichtenabteilung des Luftfahrtministeriums dahingehende Versuche angestellt zu haben. Auch in der Sowjetunion soll sich eine „Gesellschaft für Planetenverkehr" mit Raketen als Antrieb für Flugzeuge beschäftigt und mehrere derartige Flugzeuge Versuchen unterzogen haben.[96)]

Diese letzten Entwicklungen führten dann über die Arbeiten Oberths[97)], Sängers[98)] und v. Brauns in Deutschland seit den zwanziger Jahren dieses Jahrhunderts über die V-Waffen und Trägerraketen, die erste Satelliten in die Erdumlaufbahn beförderten, schließlich zur ersten Landung eines Menschen auf dem Mond am 20. Juli 1969 und zur Erkundung unseres Sonnensystemes.[99)] Dabei wurde die erste „Mondrakete" bereits 1928 von Oberth für Fritz Langs Film „Frau im Mond" gebaut,[100)] während im Jahr zuvor in Breslau der „Verein für Raumschiffahrt" gegründet worden war.[101)] Skeptischer in Bezug auf die Realisierung der „Weltraumfahrt" äußerte sich Heinrich Hein, der sie grundsätzlich zwar für möglich hielt, als Nahziel aber Höhenraketen für photographische Aufnahmen der Erde im Dienste der Meteorologie für wünschenswert hielt.[102)]

Zur gleichen Zeit wurden in Großbritannien die British Interplanetary Society und in den Vereinigten Staaten im März 1930 die American Interplanetary Society gegründet, wobei die amerikanische Gesellschaft ab 1932 auch eigene Versuche mit Flüssigkeitsraketen unternahm, deren Brenndauer jedoch zunächst nicht 2 Sekunden überstieg.[103)] In Großbritannien arbeitete ab 1941 Sir Isaac Lubbock auf diesem Gebiet, wobei erste Prototypen von Raketenmotoren zu einem Schub von 60 lb. und einer Brenndauer bis 30 sec führten.[104)] In der Sowjetunion wurden die grundlegenden Arbeiten von Tsiolkovsky ab 1919 von Y. V. Kondratyuk vervollständigt, während ab 1921 in Moskau im Gasdynamischen Laboratorium durch Tikhomirov und Artemirov erste praktische Arbeiten, durch Lenin genehmigt, vorgenommen wurden. Damit begann hier die erste offizielle Raketenentwicklung des 20. Jahrhunderts. 1927 wurde die Entwicklung nach Leningrad verlegt und zwischen 1929 und 1933 konnten erste erfolgreiche Versuche von Raketen mit Flüssigkeitsantrieb vorgenommen werden.[105)]

e. Wiederentdeckung der Raketen durch das Militär

Im Gefolge der Versuche Opels schlug Lademann die Verwendung von „Lufttorpedos" als Einsatzmittel der Luftwaffe und Artillerie vor, auch wenn die Versuche der Firma Krupp 1901 bis 1907 mit denen von Unge mißlungen wären:

„Steuerung und Lagensicherung führt man automatisch oder durch Kurzwellenfernlenkung durch, wofür hinreichende Erfahrungen vorliegen. Die Nase des tropfenförmigen Lufttorpedos ist mit einer Aufschlagzündung versehen, was den Einbau eines Zeitzünders nicht aus-

---

er einer Stunde ein Schub von 90 kg entstand, P. gab an, daß die Versuche seit 1897 ruhten, weil es ihm unmöglich gewesen wäre, die Versuche mit so gefährlichen Explosivstoffen fortzuführen.

96) Lademann, Das Raketen-Problem, a.a.O., S. 372; ebenso wurden an Universitäten mehrere Vereine zum Studium der Reaktivbewegung gegründet, so von Prof. Nicolai Aleksejewitsch Rynin, der in Leningrad mit der Konstruktion von Raketen-Prüfgeräten beschäftigt war und mehrere Bücher zum Problem der Raumfahrt veröffentlichte. Rynin unternahm bereits Versuche, um die Wirkung der Beschleunigung beim Raketenstart auf Lebewesen (Tiere) zu untersuchen.

97) Professor Hermann Oberth, geb. 25.06.1894 in Hermannstadt / Siebenbürgen, gest. 1989, entwarf 1912 einen ersten Plan einer Sauerstoff-Wasserstoffrakete, veröffentlichte 1923 nach einem Studium der Medizin (abgebrochen), der Mathematik und Physik nach Bestehen der Lehramtsprüfung die Schrift „Die Rakete zu den Planetenräumen" (2. Ausgabe München und Berlin 1925), in der erstmals nachgewiesen wurde, daß Raumfahrt unter Nutzung von Raketen - durchgerechnet wurde als Treibstoff Alkohol und alternativ Wasserstoff - technisch möglich wäre. In der Neuausgabe setzte sich Oberth auch mit Goddards Schrift auseinander und bestätigte dessen Berechnungen. (S. 90 ff.) (W. Brügel. a.a.O., S. 42 - 56) Siehe hierzu auch Oberths Artikel „Die Fahrt in den Weltenraum", in: Die Umschau, 1924, S. 198 - 199, als Antwort auf einen gleichnamigen Artikel (als Besprechung seines Buches) von Prof. Dr. Riem (Die Umschau, 1924, S. 71 - 75) Am 30. Juli 1930 konnte er seinen ersten Flüssigkeitsraketenmotor erfolgreich testen. (E. Maxwell, The Early History of Rockets, in: JBIS, Vol. 35. 1982, p. 182, vgl.: A. Fritz, a.a.O., S. 60 ff.)

98) Sänger, dessen Entwicklungsziel zunächst ein raketengetriebenes Flugzeug war, begann 1930 mit systematischen Brennkammerversuchen mit flüssigem Treibstoff und leitete ab 1936 eine raketenflugtechnische Forschungsstelle der Luftwaffe. Seine ersten Erfahrungen hatte er 1933 in der Schrift „Raketenflugtechnik" publiziert. (W. Buedeler, Professor Eugen Sänger, in: Weltraumfahrt - Raketentechnik, 2 / 1964, S. 36 f.)

99) 4. Oktober 1957 Start einer sowjetischen Rakete mit dem ersten Satelliten „Sputnik", 3. November 1957 Start einer sowjetischen Rakete mit einer Raumkapsel, in der sich die Hündin „Laika" befand, 1959 lieferte die Sowjetsonde „Lunik 3" die ersten Bilder von der Rückseite der Mondes, 1961 umkreiste Jurij Gagarin als erster Mensch die Erde, 1975 erste Bilder von der Venusoberfläche durch die Sonde „Venera 9", 1976 Landung von „Viking"-Sonden auf dem Mars, 1977 Start von „Voyager"-Sonden zum Jupiter und Saturn, wobei „Voyager 2" 1989 Uranus und Neptun passierten, 1986 wurde die erste ständige Raumstation „Mir" in eine Erdumlaufbahn gebracht (Zusammenstellung der Daten nach: A. Smoltczyk, a.a.O., S. 96 f.) Aber auch die Idee der Weltraumstation ist bereits älter; Prof. Oberth veröffentlichte 1928 bereits einen Aufsatz „Stationen im Weltraum" (in: W. Ley [Hg.], Die Möglichkeit der Weltraumfahrt, Leipzig 1928, S. 216 ff.), ebenso: O. W. Gail, Mit Raketenkraft ins Weltenall, Stuttgart 1928, S. 61 ff. Ebenso wurde an die Nutzung der Sonnenenergie für die Weltraumfahrt gedacht (G. v. Pirquet, Die ungangbaren Wege zur Weltraumschiffahrt, in: W. Ley, Möglichkeit, a.a.O., S. 306 ff), eine Mondlandung beschrieb bereits: Gail, a.a.O., S. 78 ff,

100) Gartmann, a.a.O., S. 114 ff.; Oberth wurde bei dieser Arbeit durch Rudolph Nebel, Klaus Riedel und Ralf Engel unterstützt, dabei gelang es eine erste Brennkammer für flüssigen Treibstoff zu konstruieren und diese „Kegeldüse" (Patent Nr. 549 222 vom 16. Oktober 1929) im Sommer 1930 erfolgreich vorzuführen (H. D. Hölsken, Die V - Waffen, Stuttgart 1984, S. 14, und: Fritz, a.a.O., S. 78 f.); Nebel und Riedel arbeiteten dann weiter an der MIRAK (Minimumrakete), wobei es ihnen 1930 gelang ein erstes Triebwerk zu konstruieren, dessen Schub - 2 kp - größer als das Eigengewicht war (ibidem); im Mai 1931 konnte Oberth dann seine erste Flüssigkeitsrakete, den „Repulsor" starten, bei späteren Versuchen erreichte er hiermit Reichweiten von 2 1/2 Meilen (Dornberger, a.a.O., p. 248)

101) Gartmann, a.a.O., S. 107; von diesem Verein wurde von 1927 bis 1929 die Zeitschrift „Die Rakete" herausgegeben (reprint New York/London 1965, Herausgeber war Johannes Winkler, geb. 29.05.1897, Maschinenbaustudium, im 1. Weltkrieg im U-Boot-Bau tätig, seit 1924 im kirchlichen Verwaltungsdienst, Daten nach: Notiz in „Die Rakete", 1928, S. 110), die sich mit den Problemen moderner Raketen und dem Weltraumflug beschäftigte, so in einem Artikel von Winkler, Hochwertige Raketen, in: Die Rakete, 1928, S. 50 - 52. Winkler beschäftigte sich ab 1928 auch mit Flüssigkeitsraketen. Zur Geschichte des Vereins für Raumschiffahrt und der Raketenentwicklung in Deutschland zu dieser Zeit sei auf den gründlichen Aufsatz von F.H. Winter, Birth of the VfR: The Start of Modern Astronautics, in: Spaceflight, Vol. 19, 1977, p. 243 - 256, verwiesen, wobei auch in Österreich 1926 durch Franz Oskar Leo Edler von Hoefft eine Gesellschaft für Raumforschung gegründet wurde. (O. W. Gail, Mit Raketenkraft ins Weltenall, Stuttgart 1928, S. 64)

102) H. Hein, Der Schuß in den Weltraum, in: Kosmos, Heft 5, 1925, S. 150. Recht ausführlich äußerte sich zur Nutzung der Raketen zur Erforschung der oberen Schichten der Erdatmosphäre auch: H. Grimm, Die Erforschung äusserster Höhen mittels Raketen, in: Die Himmelswelt, 40. Jg., 1930, S. 126 - 134

103) Baker, a.a.O., p. 29; der erste erfolgreiche Start erfolgte am 14. Mai 1933 auf Staten Island (B. Smith, Yesterday's Rocketeer: A Memoir of Early Days in the American Rocket Society, in: JBIS, Vol. 34, 1981, p. 333)

104) J. Griffiths, The Rocket Development of Isaac Lubbock and Geoffrey Collin, in: T. D. Crouch / A. M. Spencer (ed), History of Rocketry and Astronautics, Proceedings of the Eighteenth and Nineteenth History Symposia, AAS History Series, Vol. 14, San Diego 1993, pp. 51

105) Baker, a.a.O., pp. 76; Tikhomirov hatte 1919 eine Denkschrift mit dem Titel „Neuartige Minen mit Selbstantrieb für den Einsatz in Wasser und in der Luft" vorgelegt, 1828 erfolgte das erste Versuchsschießen mit seinen neuen Feststoffraketen, deren Treibsatz aus dem neuen Trotylpyroxylin-Pulver bestanden. (E. Digmelov, Pervaya sovetskaya raketnaya, in: Tekhnika i Voorushenie, 1991, No. 12, S. 24) Lademann wies in Deutschland hin (a.a.O., S. 992) auf den Bericht No. 183 des „Wissenschaftlich-Technischen Ausschusses des obersten Volkswirtschaftsrates der Vereinigten Sozialistischen Sowjetrepubliken Rußlands", nach dem unter Leitung des Motorenabteilungsleiters Prof. W. Stetschkin seit 1926 „Arbeiten zur Untersuchung der Arbeitsprozesse von Rückstoßern. . .ausgeführt werden, um Ergebnisse über die hydrodynamischen Prozesse zu erhalten, die mit thermodynamischen Vorgängen innig zusammenhängen." Jedoch schon vor dem Ersten Weltkrieg hatte 1911 in St. Petersburg der Herausgeber des „Luftweges", Ingenieur A. Gorochov, einen Aufsatz über einen Ganzmetall-Eindecker mit reaktivem Antrieb geschrieben. (R. E. W. Lademann, Das Raketen-Problem, in: Die Luftwacht, 1928, S. 371)

schließt. Dank der großen Flughöhe von 40 bis 100 km und mehr, sind diese mit Sprengkammern oder Giftgasbehältern gefüllten Lufttorpedos unhörbar; infolge ihrer immerhin beschränkten Größe und mangels jeglicher Flammenerscheinung an den sorgfältig berechneten Düsen sind sie unsichtbar. Ihre Fluggeschwindigkeit beträgt ab 30 km Flughöhe bereits 2 km/Sek., im Scheitelstück der Bahn erheblich mehr, daher ist ein Abschuß ausgeschlossen. Das Flugtorpedo ist unsichtbar, unverletzlich, unhörbar. Seine Reichweite ist, wie meine Berechnungen gezeigt haben, jeder irdischen Entfernung überlegen, die Durchschlagskraft von elementarer Wucht . . ."

Damit forderte dieser Autor die Interkontinentalrakete, wobei er auch an eine Ausstattung von Kriegsschiffen mit ihnen dachte.[106)]

Nicht ganz so radikal dachte ein schweizerischer Artillerieoffizier, der ebenso Opels Versuche für undurchführbar hielt. Unter Rückgriff auf die französische Raketenentwicklung im 19. Jahrhundert schlug er verbesserte Raketen als Brisanzgeschosse, als Träger von Giftgas oder als Brandraketen mit Thermitladung vor, dabei dachte er an eine Raketenausrüstung für Infanteriebataillone und Kavallerieregimenter und verwies auf die leichte Transportabilität der einfachen Raketenwerfer. Interessant für diese Zeit war einer seiner letzten Verwendungsvorschläge:

„Außerdem bleibt die Möglichkeit, das Defilee - man denke beispielsweise an die Gondoschlucht mit Simplonstraße, eine der vielen in einem Verteidigungskriege der Schweiz sehr bedeutungsvollen Straßen .- vermittelst Raketen gründlich und schnell zu vergasen."[107)]

In Deutschland schlug bereits 1930 Blümner die Aufstellung von Raketenbatterien vor, wobei er wiederum die Vorteile der leichten Transportabilität und den, gegenüber Kanonenbatterien geringeren Personalbedarf hervorhob, wobei er allerdings den Gebrauch von flüssigem Treibstoff vorschlug.[108)]

In den Vereinigten Staaten wurden die Arbeiten an den Pulverraketen erst wieder während des Ersten Weltkrieges von Goddard[109)] und in Deutschland in den zwanziger Jahren dieses Jahrhunderts zunächst privat von Sander[110)] und Nebel und ab 1929 durch das Heereswaffenamt[111)] wieder aufgenommen. 1933 entwickelte Reinhold Tiling bereits Pulverraketen mit einer Reichweite von 18 km.[112)] Diese Entwicklungsarbeiten führten zum Einsatz der Nebelwerfer, aus denen zunächst Nebel und chemische Kampfstoffe verschossen werden sollten, die aber bald auch für Artillerieraketen genutzt wurden. Zunächst wurde unter hohem Druck gepreßtes Schwarzpulver als Treibsatz verwendet, wobei die Gase aus besonders konstruierten, hitzebeständigen Düsen strömten, bald ging man aber zu rauchlosem Pulver, Nitro-Zel-

---

106) Lademann, a.a.O., S. 993 f.; vgl.: J. Fitz, Geschoß und Rakete, in: Allgemeine österreichische Chemiker- und Techniker-Zeitung, 1928, No. 10, S. 71: „Es kann aber auch die Rakete zum Geschoß werden . . . Die Entfernungen spielen hiebei keine großen Schwierigkeiten. Wurde während des Krieges Paris aus mehr als 100 km Entfernung beschossen, so spielen beim Raketengeschoß oder dem fliegenden Torpedo ein paar hundert Kilometer keine Rolle mehr. Man kann also den Feind beschießen und vernichten, ohne selbst hinter dem Ofen weg zu müssen. Ein Raketenfahrzeug als Beobachter, das Radio als Befehlsüberbringer, unterstützen dieses Tun solange, bis wir auch den Fernsehapparat gefunden haben. Das wird das Ende aller Kriege sein. Der Krieg, der sich selbst bekämpft, der die Kriegshetzer in die Gefahrenzone bringt."

107) M. G. Semper, Zur Frage der Raketenartillerie, in: Schweizerische Monatsschrift für Offiziere aller Waffen, 1928, Heft 11, S. 357 f.

108) Blümner, Raketenbatterien?, in: MWBl. 1930, S. 1491 f.: „Raketenbatterien könnten bei Reiterdivisionen und Schnellbrigaden, bei Vor- und Nachhuten vorteilhaft eingesetzt werden, könnten mit Sturmkolonnen über das Trichtergelände vorrücken und bei der Verfolgung zur Hand sein, fänden Verwendung im Bewegungs- und Stellungskampf, im Gebirgs- und Festungskrieg. Sie würden sich zum Vergasen großer Flächen, Orte und Waldlager und zum Zerstören von Befestigungen und größeren Stützpunkten eignen; sie könnten Gebirgsstraßen sperren, Bereitstellungen stören, Ortschaften beunruhigen, Munitionslager und Gehöfte in Brand schießen, eigene oder feindliche Stellungen vernebeln, das Vorfeld beleuchten u. a. m."

109) siehe S. 398, Goddard entwickelte später mit Unterstützung Guggenheims und der Carnegie-Stiftung erste Flüssigkeitsraketen, angetrieben durch Sauerstoff und Gasoline; diese Raketen erreichten eine Geschwindigkeit von 550 Meilen/Stunde und eine Steighöhe von 2.000 Metern (H. N. Toftoy, Von der Razon über die V 2 zur Redstone, in: Rose, Die unheimlichen Waffen, Stuttgart 1958, S. 41) Ein erster Versuch erfolgte 1921, daraufhin wurde eine Ausströmgeschwindigkeit der Gase von 12,000 ft./sec. berechnet für eine Rakete mit der Masse von 40 pounds. Laboratoriumsteste mit Brennkammern ergaben dann durchschnittliche Ausströmgeschwindigkeiten von 8,000 ft./sec., so daß Goddard davon ausging, bei entsprechender finanzieller Unterstützung mit einer Rakete Höhen bis zu 750 km erreichen zu können.(R. H. Goddard, The High-Altitude Rocket, in: Monthly Weather Review, February 1924, pp. 105)

110) siehe oben, vgl.: Buedeler, a.a.O., S. 221; da Sander als Einziger auf v. Opels Anfragen reagierte, wurde er beauftragt, exklusiv Raketen für Opels Versuche herzustellen, die Versuche begannen am 20. Januar 1928, eine entsprechende hydraulische Großpresse wurde nach Sanders Angaben von den Opel-Werken hergestellt. Das Ergebnis waren 2 unterschiedliche 9 cm Raketen: eine starke Schubrakete, die in 3 Sekunden einen Schub von 250 - 300 kg erbrachte sowie eine Dauerbrandrakete, die über 40 Sekunden einen Schub von ca. 20 kg leistete. Letztere besaß keine Seele (Bohrung). Erste Versuchsfahrten begannen ab 12. März 1928. Er soll anschließend für Opel auch ein Flüssigkeits-Raketentriebwerk für einen geplanten Flug über den Ärmelkanal entwickelt haben. Als Neuheit entwickelte Sander ab 1929 eine Leinenwurfpistole mit Raketengeschossen. Die Pistolen waren vom Kaliber 32,5 mm und besaßen einen 280 mm langen Lauf, sie wogen knapp 2 kg.[D.R.P. No. 565874, Klasse 65 a vom 8.12 1932 ab 22. 02.1930] (Schäfer, a.a.O., 1999, S. 91 ff.) Die hierzu verwendete Rakete war hinter der Düse wasserdicht abgeschlossen und trug am vorderen Ende eine Halterung für das Seil, sie wurde durch die Treibladung der Pistole gezündet, durch die auch die Dichtung der Düse entfernt wurde. Sander hatte auch eine Verbindung zum Heereswaffenamt gesucht, war aber dort zunächst abgewiesen worden. Dagegen scheint es zu einer streng geheimen Zusammenarbeit mit der Marine zur Entwicklung von Raketengeschossen und Raketentorpedos gekommen zu sein, über die Ergebnisse dieser Zusammenarbeit liegen keine Unterlagen vor, es scheinen aber bei Über- und Unterwasser-Schießversuchen Raketen der Kaliber bis 12 cm und einer Länge von bis zu 4,3 m erprobt worden zu sein (K. Schäfer, Die „Sander"-Leinenpistole, in: Waffen Digest 2000, Dietikon-Zürich 1999, S. 71 f.) Anfang der Dreißiger Jahre hat dann Sanders für das Heereswaffenamt eine 11 cm Boden-Boden-Feststoffrakete mit einer Reichweite von 4,5 km entwickelt; diese Rakete wurde 1934 aufgrund der zu großen Streuung abgelehnt, diente aber als Grundlage der weiteren Entwicklung der Do-Geräte (ibidem, S. 73)

111) Das Heereswaffenamt, hier die Abteilung I unter Oberst i.G. Becker, interessierte sich insbesondere für die Feststoffraketen, weil sie hier eine Möglichkeit sah, einen Ersatz für die durch den Vertrag von Versailles verbotene Entwicklung und Beschaffung schwerer Artillerie zu finden, ab Ende 1929 begannen damit Versuche zunächst mit Feststoffraketen kurzer Reichweite, anschließend aber auch erste Versuche mit Flüssigkeitsraketen (M. J. Neufeld, Die Raketen und das Reich, Berlin 1997, S. 19 und S. 211, sowie: Dornberger, a.a.O., p. 249 f., gem. Hölsken, a.a.O., S. 15, wurde Ende 1829 durch den Reichswehrminister Groener nach einem Vortrag die Genehmigung für die Versuche erteilt, die dann 1930 begannen; die praktische Entwicklungsarbeit wurde durch Prof. Schumann geleitet, ab 1935 wurden die ersten Prüfstände für Raketenmotoren und die erforderlichen Meßmethoden entwickelt. [E. Haeuseler, Zur Geschichte der Raketenforschung, in: Weltraumfahrt, 1956, S. 105]) Zur militärischen Forderung schrieb Dornberger (ibidem): „To develop military useable projectiles out of solid rockets, using, if possible, smokeless powder. This was to be accomplished in military facilities. These projectiles had to be fired in a volley into a not too large area, over a range of 4-5 miles, saturating this area with artificial fog, gas or explosives. The main concern had to be light-weight launchers." Im Verlauf der Versuche wurden erstmals auch die unterschiedlichen Schwarzpulvertreibsätze systematisch auf dem Prüfstand bei Kummersdorf Versuchen unterzogen, die von den Firmen Sander, DAG (früher Alfred Nobel AG.), Wolff & Co, Walsrode sowie Silberhütte Anhalt im Auftrag des Heereswaffenamtes gefertigt wurden. (Jäger, a.a.O., S. 8) Zu den Raketenversuchen der Reichswehr stellte Neufeld fest, daß diese weniger als Ausweg für die durch den Vertrag von Versailles verbotene schwere Artillerie, denn als Einsatzmittel für den chemischen Krieg gedacht waren. (M. J. Neufeld, The Reichswehr, the Rocket, and the Versailles Treaty: A Popular Myth Reexamined, in: JBIS, Vol. 53, 2000, p. 163 - 172, N. begründet dies aus Protokollen des Heereswaffenamtes.)

112) Ananoff, a.a.O., p. 312, Tiling fand durch einen Unfall im Laboratorium beim Pressen von Raketen am 10. Oktober 1933 den Tod; Patent No. 717 861, Herstellung von Raketen, und: 569829 (Die Seele der Rakete wird mit Pulver unter schwächerem Druck gefüllt, als zur Füllung der eigentlichen Treibladung angewandt wurde), Notizen in: ZgSS, XXVII. Jahrg. 1932, S. 386, und: XXVIII. Jahrg. 1933, No. 6; Nach: Buedeler, a.a.O., S. 217 ff., entwickelte er ab 1930 bei Osnabrück Pulverraketen mit einem Kaliber von 6,5 cm und einer Länge von 1,8 m, deren Startgewicht 7,2 kg betrug (Treibsatz 6 kg), bei Steigversuchen wurden bei einer Brennzeit von 11 Sekunden Höhen von 10 km mit einer Geschwindigkeit von 1.100 km/h erreicht. Am 15. April 1931 führte er bei Osnabrück Versuche mit Raketen von einer Brennzeit von 11,4 Sekunden durch, mit dem Ziel eine möglichst große Brenndauer, aber eine langsame Startbeschleunigung zu erreichen. Dies wurde mit einem Raketenflugzeugmodell demonstriert, in dessen 1,5 m langen Raumpf eine Rakete von 60 cm Länge und 5 cm Durchmesser eingerüstet war. Nach dem Start entfalteten sich in etwa 2000 m Höhe nach Brennschluß Flügel, so daß das Modell im Segelflug wieder landen konnte. (o. Verf., Raketenflug, in: Die Umschau, 35. Jg., 2. Mai 1931, S. 351 - 352) Im Sommer 1932 startete T. auch bereits eine Rakete von einem Flugzeug aus. Die von Ananoff angegebene Reichweite wurde durch Buedeler nicht bestätigt.

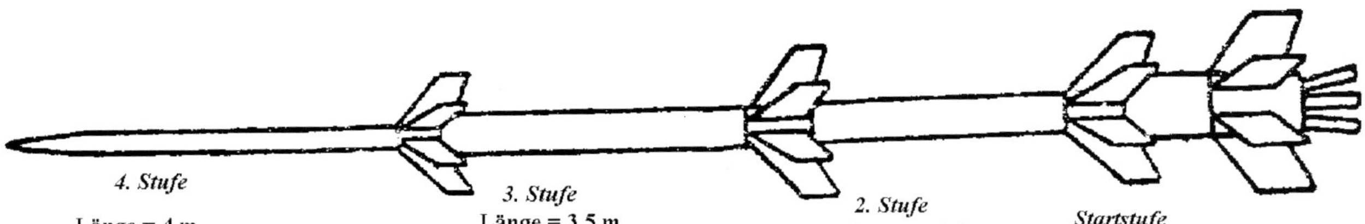

4. Stufe
Länge = 4 m
Durchmesser = 19 cm

3. Stufe
Länge = 3,5 m
Durchmesser = 26,8 cm

2. Stufe
Länge = 3,5 m
Durchmesser = 26,8 cm

Startstufe
Länge = 1,9 m
Durchmesser = 53,5 cm

Startstufe	= 695 kg,	Pulverladung =	245 kg
2. Stufe	425 kg	-"-	140 kg
3. Stufe	395 kg	-"-	140 kg
4. Stufe	160 kg	-"-	60 kg

Vierstufen-Feststoff-Rakete „Rheinbote"
(Zeichnung: nach Schneider)

lulose Pulver und schließlich zu der Pulvermasse „G"-Diglykol über.[113] Bereits 1935 war der erste Werfer mit 10cm Wurfkörpern feldverwendungsfähig, nachdem schon 1934 die erste Werferbatterie aufgestellt worden war.[114] Seine erste Bewährungsprobe bestand dieser Nebelwerfer 35 im Frankreichfeldzug 1940, insbesondere bei der Unterstützung von Flußübergängen.[115] Für die weiteren Einsätze wurden Werferregimenter aus drei Werferabteilungen aufgestellt, die zunächst in jeder Abteilung 18 sechsrohrige 15cm Werfer oder in einer schweren Abteilung über 18 fünfrohrige 21 cm Werfer verfügten. Zwei Werferregimenter wurden zu einer Werferbrigade zusammengefaßt. Schwere Werferregimenter verfügten über 2 Abteilungen mit 30 cm Werfern und eine Abteilung mit 15 cm Werfern. Gegen Ende des Krieges verfügte die deutsche Artillerie dann über 41 Werferregimenter und etwa 30 selbständige Werferabteilungen.[116] Zwischen 1941 und 1945 wurden fast 9.000 Werfer produziert.[117] Im Verlauf des II. Weltkrieges wurde dann der Nebelwerfer 41 mit einem Kaliber von 15 cm und einer Reichweite von 6.700 eingeführt, aus dem 6 Raketen mit einem Gewicht von 34,7 kg abgefeuert werden konnten. Im Gegensatz zu anderen Artillerieraketen befand sich hierbei der Treibsatz im Kopf der Rakete und die Sprengladung am Ende, wodurch im Ziel eine größere Splitter- und Druckwirkung als bei anderen Raketen erzielt wurde.[118] Hinzu kamen im Verlauf des Krieges 21- 28- und 30 cm Wurfkörper. Alle diese Raketen waren drallstabilisiert, hierzu besaß beispielsweise der 32cm Wurfkörper am Boden 26 Düsen mit einer Schrägstellung von 12°.[119] Dabei wurden diese Raketenwerfer nicht nur als Feldartillerie genutzt, sondern, wie der schwere Wurfrahmen 40, auch an gepanzerte Fahrzeuge - hier das SonderKfz 251, montiert, wo sie vom Führerhaus aus gerichtet und abgefeuert werden konnten.[120] Für die Raketen waren auch einfache Wurfrahmen vorhanden, die es ermöglichten, die Raketen aus ihrer Verpackung zu verschießen, also ähnlich wie auch die französischen Packkisten des 19. Jahrhunderts konstruiert waren.[121] Ab 1942 fanden auch erste Versuche statt, diese Raketen von einem U-Boot aus unter Wasser abzufeuern, hierzu wurde ein 28cm Wurfrahmen auf U 511 montiert, die Raketen wurden dann aus einer Tiefe von 20 m abgefeuert; diese Entwicklung wurde aber nicht zu Ende geführt.[122] Den Höhepunkt in der Entwicklung von Feststoffraketen während des 2. Weltkrieges bildete das 1941 begonnene Projekt V-4, „Rheinbote". Es handelte sich um eine vierstufige, ballistische Artillerierakete mit einem Gesamtgewicht von 1.715 kg: erste Versuche konnten im April 1943 bei der Erprobungsstelle Leba an der Ostsee erfolgreich durchgeführt werden.[123] Es konnte nunmehr auch für den Treibsatz erstmals auf gegossenes Pulver zurückgegriffen werden, wodurch die Explosionsgefahr beim Pressen unter Hochdruck entfiel.[124] Für die Entwicklung der Raketen wurde bereits für Stabilitäts- und aerodynamische Berechnungen auf einen Computer, den Rechenautomaten Z3 von Konrad Zuse zurückgegriffen.[125]

Bei den Versuchen in der Tucheler Heide im Dezember 1944 wurde dann eine Reichweite von 230 km bei einer Erhöhung von 65° erzielte. Ihr Gefechtskopf enthielt eine Sprengladung von 40 kg. Der erste Einsatz erfolgte 1944 im Rahmen der Ardennen-Offensive durch die Heeresartillerie-Abteilung 709.[126] Parallel hierzu wurde die zweistufige Feststoff-Flugabwehrrakete Rheintochter entwickelt, die über Funk ferngesteuert eine Gipfelhöhe von 18 km mit einer Sprengladung von 150 kg erreichte. Diese letzte Entwicklung konnte aber nicht mehr zur Einsatzreife geführt werden.[127]

Ab 1930 begann auch die Entwicklung von Flüssigkeitsraketen, wobei 1931 die erste von Riedel entwickelte erfolgreich gestartet wurde

---

113) 1934 wurde das bisher übliche Schwarzpulver durch H. Klein (Firma Rheinmetall) durch rauchloses Pulver ersetzt (T. Mályusz, Steigerung der Reichweite und Treffgenauigkeit von Artillerieraketen, Koblenz 1998, S. 3, sowie: H. Schneider, Deutsche Feldraketenwerfer und V-Waffen im zweiten Weltkrieg, Eschweiler 1970, S. 2 f.)

114) Versuche mit künstlichem Nebel fanden seit 1929 statt, Vesuchstruppe war die 2. Eskadron der Fahr-Abteilung 4 in Dresden, die dann mit dem 10 cm Nebel- (=Raketen-) Werfer 35 ausgestattet wurde und am 1.10.1934 in Königsbrück bei Dresden auf zwei Batterien als Artillerieabteilung Königsbrück vergrößert wurde, am 1.10.1935 wurde die Abteilung in „Nebel-Abteilung 1" umbenannt, die 1. Batterie wurde zugleich nach Bremen als Stamm der Nebelabteilung 2 verlegt. (J. Emde, Die Nebelwerfer, Friedberg o. J., S. 9 f. und H. Rielau, Geschichte der Nebeltruppe, Sonthofen, 1966, S. 29ff)

115) ibidem, S. 4; die Einsätze erfolgten zur Blendung feindlicher Beobachter bei den Übergängen über den Albert-Kanal, die Aisne, Somme, und Loire (Breitkopf, a.a.O., S. 201); nach: Dornberger, a.a.O., p. 249, erfolgten die ersten Einsätze erst 1941, als am ersten Tag des deutschen Überfalls auf die Sovjet-Union mehr als 800.000 Raketen in den ersten 20 Minuten abgefeuert wurden.

116) ibidem, S. 5, sowie: Breitkopf, a.a.O., S. 203

117) ibidem, die Werfertruppe umfaßte 1945 bereits 112.321 Soldaten mit 4.816 Raketenwerfern und 27.066 Fahrzeugen!

118) G. Lippert, Katjuschas gestern und heute, in: Truppenpraxis, 1980, No. 2, S. 114)

119) D. Schmidt-Tapken, „Do-Werfer" - Deutsche Feldraketen-Munition, in: Internationaler Waffen-Spiegel, 1985, No. 2, S. 52 ff.; sowie: Schneider, a.a.O., S. 44; der 21cm Nebelwerfer erreichte eine Schußentfernung von 7850 m (Breitkopf, a.a.O., S. 202); zuletzt, gegen Kriegsende, wurde noch der 30 cm R-Werfer 56 eingeführt, der durch Setzen von Einbauschienen auch Raketen des Kalibers 15 cm verschießen konnte, die Reichweiten für 30 cm Raketen betrugen 4500, für 15 cm Raketen 6.900 Meter (Emde, a.a.O., S. 162)

120) Röpnack, a.a.O., S. 126

121) Engelmann, Deutsche Raketen-Werfer, Friedberg 1977

122) Schneider, a.a.O., S. 48; W. Heilmann, Rakete mit 10.000 Stundenkilometern, in: Der Frontsoldat, No. 10 / 1955, S. 301, gab eine Tauchtiefe von 200 Metern an. Das Ziel in einer Entfernung von 3 km wurde hiernach mit einer recht geringen Streuung der Raketen getroffen.

123) Jäger, a.a.O., S. 24, es wurden 3 Raketen vorgeführt, sie erreichten eine Gipfelhöhe von 78 km und eine Höchstgeschwindigkeit von 5,5 Mach

124) ibidem, S. 21, erstmals 1943 durch die Firma Wolff & Co, Walsrode

125) ibidem, S. 26

126) Die I. Abteilung (mot) unter Oberstleutnant Tröller verlegte am 22.12. 1944 in Feuerstellungen bei Nunspeet (23 km nordwestlich Appeldoorn) und erhielt am 24.12. den Einsatzbefehl. Vom Einsatzmuster Rh-Z-61/9 wurden um 12.00 Uhr die ersten 4 Raketen ohne Versager unter 64° auf Antwerpen abgefeuert (Schußentfernung 165 km), auf die weitere 20 folgten, bis Mitte Januar erfolgte der Verschuß weiterer 20 Raketen. Die Raketen trafen in den Raum Ghent, weil erst die Versuche auf der Tucheler Heide ergeben hatten, daß bei 64° Erhöhung die weit größere Entfernung von 230 km erzielt wurde. Die größte Geschwindigkeit der Rakete betrug 5.860 km/h (Hölsken, a.a.O., S. 154)

127) H. Klein, Der grosse Umbruch in der Waffenentwicklung 1914 - 1945, Neckargemünd 1976, S. 68 und 87 f.

- der Einstabrepulsor.[128] Ebenso führte Nebel ab 1930 Versuche mit Flüssigkeitsraketen, der MIRAK 1, auf einer Insel im Tegeler See durch.[129] Etwa zeitgleich gelang auch dem Ingenieur Winkler am 14. Mai 1931 der erste einwandfreie Start einer Flüssigkeitsrakete auf dem Dessauer Exerzierplatz, diese stieg 500 Meter hoch.[130] Seit 1928 experimentierte auch Albert Püllenberg mit Flüssigkeitsraketen in Hannover, trotz des Verbotes weiterer Versuche durch die Gestapo setzte er seine Arbeit fort und baute 1934 die „Diesel-F.T.-Rak 3", die der späteren V2 bereits sehr ähnlich war; 1938 testete er noch bei Bremen die Flüssigkeitsraketen VR 4 bis VR12, die als erste Flüssigkeitsgetriebene Flugabwehrraketen mit Fernsteuerung gelten.[131] Die Entwicklung ging dann über das 1934 entwickelte Aggregat 1 über die A3 - 1935 - zum Aggregat A 4, das am 3. Oktober 1942 als V 2 erstmals erfolgreich über eine Entfernung von 192 km getestet wurde und ab 1943 in Serie hergestellt wurde; am 8. April 1944 begann der Einsatz dieser Raketen aus Feuerstellungen in den Niederlanden gegen London mit einer Reichweite von 330 km, diese Rakete wog 12,9 t und trug einen Gefechtskopf von 890 kg.[132] Dieser Raketentyp sollte dann später die Grundlage für die amerikanische Raketenentwicklung nach dem Kriege werden. Daneben wurden Luft-Luft Raketen wie die R4M „Orkan" entwickelt, von denen ein Jagdflugzeug 48 Stück tragen konnte,[133] und Flugabwehrraketen, wie ab 1943 die 10cm Rakete „Taifun" mit einer Reichweite von 15 km eingeführt.[134] Einen weiteren gewaltigen Fortschritt gegenüber der Technologie des 19. Jahrhunderts erbrachten die Versuche mit unterschiedlichen Methoden der Fernlenkung und zielsuchenden Raketen. Dabei wurden ab 1942 die Raketen entweder über Radar oder über ein Fernsehbild durch Funksignale gelenkt oder erhielten Infrarotzünder oder Zünder, die auf Geräusche oder auf Änderungen der Magnetfelder ansprachen; keiner dieser Versuche führte aber mehr zur Einführung dieser Verfahren.[135]

In der Sowjetunion waren zwischen 1923 und 1925 bereits erste erfolgreiche Versuche mit Feststoffraketen für taktische Zwecke erfolgt, für deren Treibsatz rauchloses Pulver auf Nitroglycerinbasis verwendet wurde.[136] Damit war die Sowjetunion das erste Land der Welt, das in diesem Jahrhundert systematisch eine Raketenentwicklung betrieb. Ein erster erfolgreicher Versuch konnte am 3. März 1928 durchgeführt werden, wobei eine Reichweite von 1.300 Metern erzielt wurde.[137] 1930 gelang es dann erfolgreich mit Feststoffraketen des Kalibers 82 mm eine Reichweite von 5.000 Metern und mit dem Kaliber 132 mm eine Reichweite von 6.000 Metern zu erzielen. In der Folge wurde das Leningrader Institut mit dem Moskauer Kollektiv zum Studium der Raketentechnik vereinigt.[138] In den Jahren von 1930 bis 1932 wurden zusätzlich die Kaliber 245 mm und 400 mm entwickelt, die beiden letzten Kaliber wurden aber zunächst nicht weiter verfolgt. Als sich bei der Erprobung zeigte, daß sich die Geschosse instabil verhielten, schlug W. A. Artemjev Mitte 1933 vor, die Kaliber 82 und 132 mm mit einem Leitwerk zu versehen, dessen Durchmesser größer als das Kaliber sein sollte. Versuche hiermit waren erfolgreich.[139] Ab 1932 wurde der Einsatz der 82 mm Raketen durch das Jagdflugzeug I-4 und I-15 auf Schießplätzen im Raum Moskau erprobt; anschließend begannen die Arbeiten für Luft-Luft-Raketen der Kaliber 82 und 132 mm für das Kampfflugzeug R 5. Inzwischen wurden für die Kaliber 82 und 132 mm Reichweiten von 4 - 6 km bei dem Einsatz durch Artillerie und Luftwaffe erzielt; der erste Einsatz dieser neuen Raketen erfolgte im August 1939 gegen die Japaner am Chalchin-Gol durch Flugzeuge vom Typ I 16.[140] Ein weiterer Einsatz, diesmal durch die Artillerie, ist möglicherweise im russisch - finnischen Winterkrieg erfolgt.[141] 1838 begann auch die Erprobung von Feststoffraketen für die Marine, zugleich wurde ein 16fach - Raketenwerfer auf Radlafette für „weiter-

---

128) Schneider, a.a.O., S. 11; vgl.: D. Hölsken, Die V-Waffen, in: Militärgeschichtliche Mitteilungen, No. 38, 2 / 1985, S. 96, bei ersten Versuchen wurde nur eine Höhe von 20 m erreicht, die aber noch in jenem Jahr auf 1500 m gesteigert werden konnte. Bei diesen Versuchen stieß auch Wernher v. Braun zu den „Raketenenthusiasten", der ab 1. Oktober 1932 vom Heereswaffenamt angestellt wurde, wo er ab 1932 das Aggregat „A1" als erste Flüssigkeitsrakete und dann ab 1934 die „A2" entwickelte, die im Dezember 1934 auf Borkum erste erfolgreiche Versuche absolvierte. Eine Entwicklung, die dann über die „A3" (ab 1936) zur „A4", der späteren „V2" führte. Riedel stieß 1934 zu v. Brauns Forschungsgruppe, wo er maßgeblich an der Entwicklung der „A4" beteiligt war, später Chefingenieur bei der Serienreifmachung der „V2", ab 1947 arbeitete er in Großbritannien weiter an der Entwicklung von Flüssigkeitsraketen, wo er am 15.05.1968 verstarb.

129) R. Nebel, Rocket Flight to the Moon - From Idea to Reality: A Memoir, in: R. Cargill Hall (edit), History of Rockets and Astronautics, AAS-History Series, Vol. VII, Part II, p. 119 (MIRAK = Minimum-Rakete) Nebel gab in einem anderen Aufsatz an, die erste Flüssigkeitsrakete (Benzin und flüssiger Sauerstoff) wäre im April 1931 erfolgreich gestartet worden (Nebel, Die geschichtliche Entwicklung der Raketentechnik, in: Zeitschrift für angewandte Chemie, 1932, S. 160) Die Raketenversuche mit der MIRAK sind ausführlicher geschildert in: R. Nebel, Raketenflug, Berlin 1932, hier wird auch die Gründung des Raketenflugplatzes Reinickendorff beschrieben. Nebel zielte im Gegensatz zu Valier nicht gleich auf den Flug in den Weltraum, sondern auf Passagierraketen zur Überbrückung weiter Strecken und hatte auch an dieser Stelle erste Konstruktionsideen für eine solche Rakete niedergelegt. Zur MIRAK und zum Einstab-Repulsor siehe die ausführliche Beschreibung bei: G. E. Pendray, The German Rockets, in: Bulletin of the American Interplanetary Society, 1931, No. 9, p. 5 - 12, sowie: Pendray, Recent Worldwide Advances in Rocketry, in: Bulletin of the American Interplanetary Society, 1931, No. 14, p. 1 - 6

130) H. Breitkopf, Westeuropa im Bereich sowjetischer Fernkampfraketen, in: Wehrwissenschaftliche Rundschau, 1954, S. 419; Johannes Winkler, Gründer des „Vereins für Raumschiffahrt", hatte bis zum Sommer 1929 bei dem „Flugzeugwerk Junkers" die ersten Starthilfe-Raketen mit Pulvertreibsatz entwickelt, zusammen mit dem österreichischen Ingenieur Hugo Hückel entwickelte er diese erste Flüssigkeitsrakete mit einem Startgewicht von etwa 5 kg, die „Astris", die durch Flüssig-Methan und Flüssig-Sauerstoff angetrieben wurde; bei dem ersten erfolgreichem Start wurde eine Höhe von 100 Metern erreicht (Fritz, a.a.O., S. 83)

131) Buedeler, a.a.O., S. 234

132) ibidem, S. 110 ff.; es darf aber gegenüber der technischen Leistung nicht vergessen werden, daß die Produktion der V 2 im Krieg des „Großdeutschen Reiches" gegen das eigene Volk mehr Opfer unter den eingesetzten KZ-Häftlingen und Zwangsarbeitern forderte, als unter der Bevölkerung Großbritanniens und Belgiens im Einsatz, wovon die Konstrukteure nach dem Krieg nichts gewußt haben wollten. (Neufeld, a.a.O., S. 317); nach: Heilmann, a.a.O., S. 298 wurden etwa 1.500 V 2-Raketen gegen Ziele auf englischen Boden und 2100 auf die Hafenanlagen von Antwerpen abgefeuert, ihr letzter Einsatz fand am 27.03.1945 gegen Orpington (Kent) statt.

133) Jäger, a.a.O., S. 33, erste Abschüsse durch diese Raketen wurden am 06.09.1943 über Stuttgart erzielt. Im Frühjahr 1945 schossen 6 Me 262 mit diesen Raketen ohne eigene Verluste 15 Bomber B 17 auf eine Entfernung von 1.700 m aus einem geschlossenen Bomberverband ab.

134) Schneider, a.a.O., S. 73 ff.

135) ibidem, S. 37 ff.

136) Y. A. Pobedonostsev, On the History of the Development of Solid-Propellant Rockets in the Soviet Union, in: Cargill Hall (edit), History of Rockets and Astronautics, AAS-History Series, Vol. VII, Part II, p. 59, Vorschläge für die Verwendung dieses Treibsatzes hatten N. I. Tikhomirov und I. P. Grave unabhängig voneinander bereits vor dem I. Weltkrieg gemacht. Vgl.: Kusnezow, Raketen- und Lenkwaffen des zweiten Weltkrieges, Germany 1999, S. 3, dabei hatten Tikhomirov und W. A. Artemjev erstmals 1920 wieder auf die militärische Verwendbarkeit der Raketen hingewiesen, worauf der Chef der Artillerie der Roten Armee, I. M. Scheidemann, 1921 in Leningrad ein Raketenlaboratorium einrichten ließ. Ab 1930 trat der Konstrukteur B. S. Petropavlovski zu diesem Entwicklungsteam. (W. Neumann, Vom Feuerpfeil zum Geschoßwerfer. Zur Entwicklung der Raketenwaffen vom 10. Jahrhundert bis 1945, in: Militärgeschichte, 6 / 1982, S. 722), vgl.: T. Stefanowski: Entwicklung sowjetischer Geschoßwerfer in Abhängigkeit vom Stand der Produktivkräfte, Löbau / Zittau 1990, das für den Treibsatz verwendete rauchlose Pulver wurde als Pyroxilin-Trotyl-Pulver bezeichnet; es bestand aus 76,5% Pyroxilin, 23% Trotyl und 0,5% Zentralit, wobei hierbei das Trotyl die Rolle des Phlegmators übernahm, indem es den Sauerstoff des Pyroxilins zur eigenen Verbrennung nutzte und so die Verbrennung des Pyroxilins verlangsamte.

137) ibidem, p. 60, sowie: H. Hoffmann, Raketenwaffen, Neuenhagen bei Berlin 1962, S. 16; I. G. Petrovich, Yu. Pobedonostchev, M. Tikhonravov, N. Afanas'ev, Kak cosdavalac' reaktivnaya artilleriya, in: Voenno Ictoriceskij Zhurnal 1970, No. 6, S. 94

138) Hoffmann, a.a.O., S. 16, vgl. G. A. Halbert, Development of Soviet Multiple Rocket Launchers, in: Field Artillery, 1987, No. 4, p. 40, nach Halbert wurde seit 1931 die Entwicklung insbesondere durch Marschall Tuchatschevsky vorangetrieben, der am 21. September 1933 das Scientific Research Institute of Jet Propulsion organisierte.

139) Stefanowski, a.a.O., S. 6

140) I. G. Petrovich, Yu. Pobedonostchev, M. Tikhonravov, N. Afanas'ev, a.a.O., S. 90; Pobedonostsev, a.a.O., p. 62, siehe auch: W. Kopenhagen, „Katjuschas" - wirksame Waffen im Großen Vaterländischen Krieg und heute, in: Militärtechnik, 12 / 1977, S. 563, ausgestattet wurde das Jagdflugzeug „I-4" (nach: Kopenhagen, bei Petrovich: I-16), bei diesem Luftkampf waren 5 sowjetische Jäger eingesetzt, geführt vom Erprobungspiloten N. I. Svonarev; der in kurzer Frist 13 japanische Flugzeuge abschoß (Kusnezow, a.a.O., S. 3), diese flügelstabilisierte Rakete wurde als RS 82 bezeichnet, mit ihr wurde eine Reichweite von 5200 m erzielt. Vgl.: Digmelov, a.a.O., S. 24; ähnlich wie in Deutschland wurden auf dieser Basis auch Start-Booster für Flugzeuge entwickelt.

141) A. Werth, Rußland im Krieg 1941 - 1945, München / Zürich 1965, S. 118, sowie: Hoffmann, a.a.O., S. 16

reichende Wirkung", der BM 13 - 16 konstruiert und 1939 erfolgte die Konstruktion einer ersten Mehrstufen-Feststoffrakete für den Verschuß von Abschußrampen auf Automobilen.[142] 1941 ging dann der erste moderne Feldraketenwerfer, das Modell BM 13, in die Serienproduktion, mit dem in einer Salve 16 Raketen innerhalb von 10 Sekunden abgefeuert werden konnten; da das Nachladen nur 3 - 5 Minuten dauerte, konnten 10 Salven pro Stunde abgefeuert werden; diese ersten modernen Feststoffartillerieraketen besaßen ein Kaliber von knapp 13 cm, eine Länge von 1,8 Metern und wogen, einschließlich des 22 kg schweren Gefechtskopfes, 42,7 kg; mit ihnen wurde eine Reichweite von bis zu 8,5 km erzielt. Gleichzeitig kam ein leichter Werfer für 82 mm Raketen zum Einsatz, das Modell BM 8, von dem aus 48 Raketen mit einer Reichweite von 5 km in einer Salve verschossen werden konnten.[143] Überdies kamen auch Mehrfachwerfer auf Kettenfahrgestellen, eines Traktors oder Panzerfahrgestellen zum Einsatz. Eine Beschreibung eines der ersten Einsätze von russischer Seite ähnelt Schilderungen der ersten Raketeneinsätze Congreves:

„Wir erprobten die neue Waffe, die mit Sprenggeschossen ausgestattet war, das erstemal bei Rudnja. Am 15. Juli 1941 nachmittags erschütterte das ungewöhnliche Tosen der Raketengeschosse die Luft. Wie rotschwänzige Kometen rasten die Raketen in den Himmel. Die dicht aufeinanderfolgenden mächtigen Detonationen beeindruckten Auge und Ohr durch das blendende Aufleuchten und starke Krachen. Die Wirkung der Detonation von 430 Geschossen in 26 Sekunden übertraf alle Erwartungen. Die deutschen Soldaten gerieten in Panik und wandten sich zur Flucht. Aber auch unsere Soldaten in der Hauptkampflinie wichen in der Nähe der Einschläge zurück."[144]

Ebenso wurden ab 1943 Schiffe mit diesen Raketen ausgerüstet, um Landungsoperationen im Schwarzen Meer zu unterstützen.[145] Eine ballistische Artillerie-Fernrakete, das Modell R-1, mit Feststoffantrieb wurde durch die Sowjetunion aber erstmals im Oktober 1947 erprobt.[146] Neben der Entwicklung der Feststoffraketen scheinen auch erste Versuche mit Flüssigkeitstriebwerken stattgefunden zu haben, so soll 1930 W. P. Gluschko ein erstes Flüssigkeitstriebwerk konstruiert haben, eine Entwicklung, die 1932 von F. A. Zander fortgesetzt wurde und 1933 zum Start einer ersten durch flüssigen Treibstoff angetriebenen Rakete führte.[147]

In Großbritannien hatte man sich seit 1934 im Arsenal von Woolwich auch wieder mit Pulverraketen beschäftigt, nachdem ein erster Anlauf im Januar 1915 durch Colonel Lewis, einen Raketenwerfer auf der Basis eines Grabenmörsers einzusetzen, sich nicht durchsetzen konnte. Den Anstoß für diese Arbeit hatte Sir Hugh Elles, der master general of ordnance gegeben.[148] Man beschloß 1936 vorrangig die Anstrengungen auf Raketen zur Flugabwehr zur richten, die Leitung der Entwicklung wurde A. D. Crow übertragen.[149] Ab 1935 begannen Versuche mit einer 5,1-cm Rakete, wobei 1936 zu einer 7,6 cm Rakete übergegangen wurde, von der bis 1939 mehr als 2.000 Versuchsabschüsse erfolgt waren. Die Entwicklung führte über eine 2zöllige zu einer 3zölligen Flugabwehrrakete, daneben wurde auch eine 5zöllige Rakete entwickelt. Ende 1940 war diese Rakete für den Verschuß aus einem Zweifach-Raketenwerfer feldverwendungsfähig. In diesem Jahr wurde versuchsweise ein erstes Flugabwehrregiment an der neuen Waffe ausgebildet, und am 7. April 1941 gelang der erste Abschuß eines Flugzeuges mit der neuen Waffe. Diese Raketen erreichten eine Steighöhe von 6,4 km, weitere Verbesserungen führten dann 1942 zu einem neunfach-Abfeuerungsgestell. Bis 1942 wurden dann 91 Batterien mit je 64 Zwillingsabfeuerungsgeräten aufgestellt. Während diese ersten Raketen ausschließlich für die Luftabwehr gedacht waren, wurde 1942 auch eine 12,7 cm Rakete für den Verschuß aus einem 6fach-Werfer, auf einen Lastkraftwagen montiert, entwickelt, so daß nunmehr auch Großbritannien wieder über einen Feldraketenwerfer für die Artillerie verfügte, wobei die 5-inch Raketen eine Reichweite von 5.600 m erzielten.[150] Parallel hierzu wurden Flugzeugraketen gegen Panzerziele entwickelt. Nach der fehlgeschlagenen Operation gegen Dieppe 1942 wurden dann auch Raketenwerfer für das Heer und die Marine konstruiert. Bei der Landung auf Sizilien kam es dann zum ersten Einsatz britischer Raketenschiffe, seit der *Erebus*, ausgerüstet mit 6-fach Werfern für 5inch Raketen.[151] Zusätzlich wurden ab 1942 Raketen zur U-Boot-Bekämpfung durch Flugzeuge entwickelt, die am 23. Mai 1943 erstmals erfolgreich gegen U 752 eingesetzt wurden.[152] Ende Mai 1944 war auch ein 32fach Raketenwerfer für die Artillerie entwickelt, dieses Gerät wurde aber nur von der kanadischen Artillerie eingeführt und in der Folge bei den Übergängen über Schelde und Rhein erfolgreich eingesetzt.[153]

Auch in Frankreich wurden wieder erste Versuche mit Pulverraketen aufgenommen, hier stellte ab 1933 Louis Damblanc entsprechende Versuche an und konstruierte 1938 einen Raketenwerfer;[154] daneben stellte Esnault-Pelterie mit Unterstützung der französischen Armee Versuche mit Flüssigkeitsraketenmotoren an, die aber vor Ausbruch des 2. Weltkrieges nicht abgeschlossen waren.[155] In Italien versuchte ab 1927 General Crocco drallstabilisierte Feststoffraketen und auch Motoren für Flüssigkeitsraketen zu entwickeln, die Arbeiten blieben jedoch im Versuchsstadium und führten nicht zu einer militärischen Nutzung der Raketen.[156] 1933 wurden diese Versuche jedoch wieder

---

142) I. G. Petrovich, Yu. Pobedonostchev, M. Tikhonravov, N. Afanas'ev, a.a.O., S. 96

143) I. G. Petrovich, Yu. Pobedonostchev, M. Tikhonravov, N. Afanas'ev, a.a.O., S. 97; Pobedonostsev, a.a.O., p. 63, sowie: Baker, a.a.O., p. 82; die erste mit diesem neuen Werfer ausgerüstete Batterie unter Kapitan Flerov kam am 14. Juli 1941 um 15.15 Uhr zu ihrem ersten Einsatz und feuerte ihre Raketen M13 (132 mm) auf den Eisenbahnknotenpunkt Orsha ab. Am 2. August meldete der Kommandeur der Westfront, daß dieses erste Feuer der Katjuschas große Wirkung beim Feind erzielt habe. Der Werfer war von Generalmajor Kostikov konstruiert worden. Bei: Ploetz, Geschichte des Zweiten Weltkrieges, 2. Teil, Die Kriegsmittel, Würzburg 1960, S. 464, wurde hingegen irrtümlich der erste Einsatz auf den 12. September 1941 an der Leningradfront datiert. Bei Ausbruch des Krieges standen nur insgesamt 8 Werfer zur Verfügung. (G. Lippert, a.a.O., S. 111; sowie: W. Kießhauer, Geschoßwerfer, Berlin 1984, S. 19 ff., und: E. T. Ashe, Soviet Salvo Rockets, in: International Combat Ams, 1986, No. 1, p. 20); 1944 wurde dann der verbesserte Werfer BM 31-12 mit verstärkter Sprengkraft der Raketen und erhöhter Trefferdichte eingeführt (Lebedev, Sovetskaya artilleriya, 1987, No. 11, S. 17). Vgl.: Halbert, a.a.O., p. 40, dieser ergänzte, daß bei Orsha eine Salve von 122 Raketen abgefeuert wurde.

144) A. Werth, a.a.O., S. 140

145) Kopenhagen, a.a.O., S. 562, der erste Einsatz erfolgte am 4. Februar 1943 an Bord des Räumfahrzeuges *Skumbriga* bei einer Landungsoperation im Raum Stanitschka

146) K. Kasakov, Raketnye voyska i artilleriya, in: Voennyi Vestnik, 2/28, S. 21

147) W. Fickenscher (Herausg.), Die UdSSR, Enzyklopädie der Union der Sozialistischen Sowjetrepubliken, Leipzig 1959, S. 1118

148) R. Strangl, a.a.O., S. 18; eine ähnliche Entwicklung scheint zur gleichen Zeit auch in Frankreich erfolgt zu sein, das diese neue Munition wohl auch einsetzte (o. Verf.: Die Entwicklung der Kriegs-Raketen, in: Kriegstechnische Zeitschrift, XVIII. Jahrg., 1915, S. 193) Die erneuten Arbeiten begannen im Dezember 1934 (Encyclopædia Britannica, 1956, Vol. 19, Rocket development in Great Britain)

149) Nach dem Beschluß im Juli 1936 sollten vorrangig Fliegerabwehrraketen, dann Fern-Raketen und schließlich Flugzeug-Raketen entwickelt werden. (F. Kuenzy, Die Raketenartillerie, in: ASMZ 1948, S. 711, sowie: Encyclopædia Britannica, a.a.O.)

150) Baker, The Rocket, New York 1978, p. 64, sowie: Kusnezow, a.a.O., S. 12; vgl. S. J. Pooley, The Development of the 3-inch British Military Rocket, in: JBIS, Vol. 47, 1994, p. 123 - 124

151) A. Crow, The Rocket as a Weapon of War in the British Forces, in: Journal of the Institution of Mechanical Engineers, Vol. CLVIII, 1948, No. 1, p. 15 - 21; Raketen dienten als Bewaffnung von 2 Typen von Landungsschiffen: LCT (R)(2) mit 792 5inch Raketen für Beschießungen auf 3500 yards (vorhanden etwa 17 - 18 Boote) und LCT (R)(3) mit 1044 oder 936 5inch Raketen (vorhanden 17 - 18 Boote) (Conway's All the World's Fighting Ships 1922 - 1946, London 1980, p. 76; siehe auch: Kuenzy, a.a.O., S. 712.

152) E. Rössler, Geschichte des deutschen U-Bootbaus, Augsburg 1996, Band I, S. 254, ebenso erprobte ab 1943 die US-Navy derartige Raketen, die von ihr erstmals am 11. Januar 1944 gegen U 758, das aber verfehlt wurde, eingesetzt wurden (ibidem)

153) Kuenzy, a.a.O., S. 712

154) Ananoff, L'Histoire des Fusées. in: La Nature, 15.05.1939, p. 312; es scheinen sich aber nach dem ersten Weltkrieg noch Einzelne weiterhin mit Feststoffraketen befaßt zu haben, da 1922 Dimitri Riabouchinski das Patent No. 554 773 erteilt wurde für eine Patrone zum Zünden von Pulverraketen (Notiz in: ZgSS, XIX. Jahrg. 1924, No. 7

155) Dornberger, a.a.O., p. 255

156) L. Crocco, Early Italian Rocket and Propellant Research, in: F. C. Durant / G. S. James (edit.), First Steps toward Space, AAS-History Series Vol. 6, San Diego 1985, p. 33 - 48

aufgenommen, als Treibstoff dienten Methanol und Trinitroglycerin, diese Versuche führten im Juli 1934 zum erfolgreichen Start der Postrakete „Italia I".[157] Dagegen waren Versuche, Raketen-getriebene Geschosse aus einer Kanone 75mm einzusetzen, um so die Ungenauigkeit der Raketen auszugleichen aber dennoch den Vorteil des reaktiven Antriebes zu nutzen, 1926 erfolglos abgebrochen worden.[158]
Ähnliche Versuche wie Opel unternahm Dottore Catelino, der ebenfalls mit einem Raketen-getriebenen Flugzeug einige Kilometer flog.[159]
In den USA hing die Entwicklung von Feststoffraketen zunächst zurück, obwohl hier Edward Pendray, der in Deutschland Raketenversuche beobachtet hatte, ebenfalls erste Versuche durchführte;[160] anscheinend begann man sich erst Ende der dreißiger Jahre ernsthafte Gedanken über die militärische Verwendung von Raketen zu machen, wobei richtigerweise die Rakete als Flächenfeuerwaffe, als idealer Artillerieersatz in unwegsamen Gelände und als Fernwaffe propagiert wurde. Der Verfechter dieser Thesen schloß seinen Artikel:
„We do not know yet what the wars of the future will be like, but it seems probable that, in one way or another, rockets will play a part in them."[161]
Nach Goddards Versuchen hatten in den U.S.A. die Raketenversuche geruht.[162] Als erstes wurde hier unter Leitung von C. N. Hickmann in Indian Head, Md., ab Dezember 1940 die Bazooka, eine Panzerabwehrrakete für die Infanterie entwickelt.[163] Es folgte die Entwicklung von Raketen zur Bewaffnung von Flugzeugen und schließlich von Artillerieraketen der Kaliber 11,4 und 18,3 cm. Dabei wurden die flügelstabilisierten Raketen vom Kaliber 4,5 inch mit einem Gewicht von 38 pounds für die Army Air Force durch das Ordnance Department unter Leitung von H. B. Lemon entwickelt, während für die Navy die Entwicklungsarbeit einer drallstabilisierten Rakete des Kalibers 3,5 inch durch das California Institute of Technology erfolgte.[164] Die ersten, flügelstabilisierten Raketen besaßen eine Reichweite von etwa 4 km, ihr Feuer war noch sehr unpräzise. In Europa wurden sie zunächst von der 18. Feldartillerieabteilung aus 8fach Wurfgestellen eingesetzt. Für den Erdeinsatz entstanden auf Panzerfahrgestellen (Sherman M4) der 60-fach Werfer „Calliope" und auf LKW 20- und 24fach Raketenwerfer (M21 und M91), für die Beschießung von Landzielen bei amphibischen Operationen wurden auf Landungsbooten Raketenwerfer installiert, mit denen der Verschuß einer Salve von 120 Raketen möglich war. Ein erster Einsatz der 114,3 mm Raketen aus 12fach-Werfern erfolgte bei der Unterstützung der Landung der US-Army bei Casablanca.[165] Durch das ordnance department wurden dann schließlich auch noch drallstabilisierte Raketen des Kalibers 4 1/2-inch entwickelt.
Nach Ende des Krieges wurden diese Waffen, im Gegensatz zur Sowjetunion, von den U.S.A. jedoch nicht weiterentwickelt.[166]
Im Gegensatz zum 19. Jahrhundert war jedoch die Reichweite all dieser neuen Feldraketen geringer als die der Rohrartillerie, dafür übertraf jedoch die flächendeckende Wirkung der neuen Raketenwerfer die Möglichkeiten der herkömmlichen Artillerie bei weitem.
All diese Entwicklungen führten schließlich zu den heute eingesetzten Raketenwerfern, wie dem deutschen 110 mm 36fach Werfer LARS, der als erster Raketenwerfer der NATO-Staaten 1968 eingeführt wurde, und dem amerikanischen System MLRS, mit einer Reichweite von über 30 km, also zu Systemen, welche die Tradition der Kriegsraketen des 19. Jahrhunderts unter Nutzung moderner Technologie fortsetzen und damit beweisen, daß die Ideen Congreves erstaunlich modern waren.

f. Rohrwaffen contra Raketen

Wie aufgezeigt, wären um die Wende des 18. zum 19. Jahrhundert mehrere Staaten in der Lage gewesen, Kriegsraketen für den Einsatz im Felde oder zur See herzustellen, dies waren vornehmlich die Länder, die durch ihre Besitzungen in Indien die dortigen Raketen kennengelernt hatten, also neben Großbritannien auch Frankreich und Portugal. Auch Rußland blickte auf eine lange Zeit der Beschäftigung mit Raketen zurück. Es fehlte jedoch in diesen Ländern ein von der Idee der Raketenanwendung nahezu Besessener, der es zudem durch seine politischen und privaten Beziehungen verstand, diejenigen zu überzeugen, die für die politische und militärische Leitung des Staates verantwortlich waren, wie Congreve dies in Großbritannien gelang, wobei in diesem Fall als auslösendes Moment neben der als bedrohlich empfundenen Lage in den französischen Kanalhäfen noch die militärische Forderung nach einer wirkungsvollen, weitreichenden Waffe, die aus leichten Fahrzeugen einsetzbar sein mußte, hinzu kam. Wie bei jedem neuen Waffensystem in der Geschichte versuchten natürlich andere Staaten sich ebenfalls in den Besitz der neuen Waffe zu setzen. Aber auch hier bedurfte es zunächst des Überzeugungsvermögens und einer gewissen Besessenheit Einzelner, wie Schumachers in Dänemark und Augustins in Österreich, verbunden mit dem Interesse der jeweiligen Monarchen an dieser neuen Waffe, um zum Erfolg zu kommen. Basis für die Raketenentwicklung in allen Ländern waren Congreves Raketen, auch wenn über den Umweg über Dänemark anschließend die Augustin'sche Entwicklung zu einem besonderen System führte. So bestanden in Europa zwei Raketen-Philosophien, die mehr oder weniger von den anderen Staaten übernommen wurden: das Congrev'sche System weitreichender Raketen, das eigentlich für den Masseneinsatz vorgesehen war und das Augustinsche System mit relativ geringer Reichweite aber recht hoher Treffgenauigkeit. Letzteres wurde vor allem von den deutschen Staaten und der Schweiz übernommen, während die anderen Staaten ihre Raketenentwicklung nach dem Congreve'schen System ausrichteten, das später von Hales Raketen abgelöst wurde. Letzteres hatte den Vorteil, den damaligen Feldgeschützen in der Reichweite überlegen zu sein, verlor aber dann teilweise seine Daseinsberechtigung mit der Einführung der gezogenen Hinterladergeschütze, während die Raketen des Augustin'schen Systemes, mit recht hoher Treffgenauigkeit ein Ersatz für Geschütze

157) Ananoff, a.a.O., p. 77
158) A. de Stefano, Il Proietto a Reazione, in: Rivista di Artiglieria e Genio, 1926, p. 1610 - 1626, hierbei stellte de Stefano als erstes fest: „Il razzo, quale è stato sempre costituito finora, ha presentato principalmente il difetto capitale della poca precisione."
159) Ananoff, a.a.O., p. 63
160) erster erfolgreicher Versuch am 13. November 1931 bei Stockton (Ananoff, a.a.O., p. 71)
161) J. R. Randolph, What Can We Expect of Rockets?, in: Army Ordnance 1939, p. 225 - 227; eine erste Studie zur militärischen Nutzbarkeit der Raketen war bereits 1929 vom Ordnance Department der U. S. Army in Auftrag gegegen worden. (Neufeld, Weimar Culture, a.a.O., p. 752)
162) siehe Abschnitt Amerika, Kapitel U.S.A.; zuvor scheint sich aber ein Octave Chanute aus Chicago mit diesem Problem befaßt zu haben, der insbesondere durch seine Drachenfliegerkonstruktionen bekannt geworden ist. (R. E. W. Lademann, Das Raketen-Problem, in: Die Luftwacht, 1928, S. 370)
163) Die Bazooka hatte ein Kaliber von 2,36 inch, die Entwicklung erfolgte durch Capt. Uhl (Encyclopædia Britannica, 1956, Vol. 19, Rocket Developments in the United States), Grundlage für diese Entwicklung waren die Vorarbeiten von Captain Leslie A. Skinner, der in den dreißiger Jahren privat in den Kellern seiner Unterkunft auf dem Aberdeen Versuchsgelände Raketenexperimente betrieb, bis ihm durch seine Vorgesetzten erste Mittel zur Verfügung gestellt wurden (Toftoy, a.a.O., S. 42)
164) I. J. Harrell, Jr., Rockets in War, in: Army Ordnance, 1946, No. 159, p. 249; die Navy entwickelte als erste Rakete die „mousetrap", eine Rakete zur Bekämpfung von U-Booten (Encyclopædia Britannica, a.a.O.)
165) Conway's, a.a.O., p. 162, die Landungsboote vom Typ LSM (R) waren als „fire support ships" ausgerüstet und mit 85 - 105 Raketen ausgerüstet, etwa 48 Boote wurden dann mit 10 „automatic rocket launchers" ausgestattet; siehe auch: Kuenzy, a.a.O., S. 713, für den Treibsatz der Raketen wurde unter englischen Einfluß Nitroglycerinpulver verwendet (Kusnezow, a.a.O., S. 13) Ab 1943 gelangte die verbesserte, drallstabilisierte Rakete M 12 mit einer Reichweite von 4.800 m an die Front, der Drall wurde durch 8 geneigte Düsen erzeugt. (ibidem, S. 16)
166) A. Kershaw (edit.), Spezialwaffen des II. Weltkriegs, München 1976, S. 56 f.; sowie: E. T. Ashe, a.a.O., p. 22, der Werfer M41 verschoß 45 Raketen in einer Salve. Nach: E. Abram, Multiple Field Rocket Launchers, in: Defence Today, 1981, No. 5, p. 193, war auf dem Panzer M4 ein 60fach Werfer des Kaliber 4,6 in montiert (ebenso: Encyclopædia Britannica, a.a.O.); einzelne alte Raketenwerfer wurden dann aber

in unwegsamen Gelände, insbesondere im Gebirge waren. Auch Hales Rotationsraketen brachten letztlich keine entscheidende Verbesserung, unter feldmäßigen Bedingungen erwiesen sie sich als ebenso ungenau im Einsatz wie ihre Vorgänger; der Fortfall des Stabes führte lediglich zu einer besseren Handhabbarkeit.[167)] Für beide Systeme galt, daß sie nach Einführung der gezogenen Geschütze weitgehend aus dem Feldgebrauch ausschieden und nur noch dann zur Anwendung kamen, wenn es darauf ankam, in unwegsamen Gelände schnell und ohne großen Aufwand Artillerieunterstützung bereitzustellen. Dies galt vor allem für überseeische Truppeneinsätze Großbritanniens und Einsätze der russischen Armee im Kaukasus und in Asien, wo die Zuführung von Geschützen für die Operationen umständlich und zeitaufwendig gewesen wäre und den Einsatz leichter Truppen sogar behindert hätte. Ihren Einsatz dagegen nur noch aufgrund der Brandwirkung für Belagerungen vorzusehen, wie von einem Fachmann 1856 festgestellt, dürfte allerdings schon zu jener Zeit ein Fehlurteil gewesen sein.[168)] Als ideale Waffe erwiesen sich die Raketen für Operationen, bei denen nur kleinere Schiffe oder Boote verwendet werden konnten, auf denen aber schwerere Geschütze aufgrund ihres Gewichtes oder des Rückstoßes nicht mitgeführt werden konnten, systematisch wurde diese Option aber nur durch Großbritannien wahrgenommen. In Bezug auf Österreich erscheint es fast verwunderlich, daß nach der offensichtlichen Nutzlosigkeit der Raketen im Krieg gegen Preußen 1866 diese gänzlich abgeschafft wurden, nachdem alle Operationen gezeigt hatten, daß sie im Gebirgskriege den damals noch recht schwerfälligen Gebirgsgeschützen überlegen waren, da sie erheblich beweglicher und vor allem ohne Zeitverzug eingesetzt werden konnten, wie es sich auch im zweiten dalmatinischen Aufstand 1881 zeigte, als Gebirgsgeschütze der Infanterie teilweise nicht folgen oder in besonders schwierigem Gelände nicht zeitgerecht in Stellung gehen konnten. Unter diesen Bedingungen wären selbst die technisch nicht weiterentwickelten Raketen des 19. Jahrhunderts wahrscheinlich noch unter den besonderen Bedingungen des Gebirgskrieges für Österreich und Italien im 1. Weltkrieg von Nutzen gewesen.[169)]

Für das Ausscheiden der Raketen aus dem Waffenarsenal der Armeen ist also vor allem die schnelle technische Weiterentwicklung der Rohrwaffen verantwortlich,[170)] während die Düse, die zu einer Leistungssteigerung der Raketen führen sollte, erst spät erfunden wurde. Hinzukommt, daß es in der Umbruchphase der Waffenentwicklung in der Mitte des 19. Jahrhunderts, die zu den modernen Hinterladern führte, keine Persönlichkeit gab, die wie einst Congreve die Weiterentwicklung der Rakete hätte vorantreiben können. Auch fehlte den Entwicklern modernerer Raketen wie Hale oder Unge der politisch-militärische Rückhalt, auf dem Congreve noch hatte aufbauen können. Kanonen und Haubitzen machten einfach mehr her, versprachen wohl auch der aufstrebenden Schwerindustrie höheres Prestige und höhere Gewinne. Dies war natürlich auch bedingt durch die systemimmanente Ungenauigkeit der einzelnen Rakete. Auch wenn Congreve dies Manko bereits klar erkannt hatte und daher immer wieder den Masseneinsatz gefordert und den Einsatz gegen Punktziele abgelehnt hatte, wurden die Konsequenzen hieraus für den Einsatz durch keine europäische Artillerie gezogen. Im Gegenteil, im Bestreben, die Treffgenauigkeit der Raketen jener der Rohrartillerie anzugleichen, wurden zahlreiche Versuche durchgeführt, die eine Einführung dieser Waffe in manchen Staaten erheblich verzögerten. Merkwürdigerweise hat jedoch kein Staat versucht, zumindest die Richtfehler auszuschalten, die zwangsläufig entstanden, weil das Abfeuerungsgestell nur nach Augenmaß aufgestellt wurde, und damit wohl nur selten eine völlig ebene Stellung erreicht werden konnte, so daß jede eingestellte Elevation oder Seitenrichtung von vornherein fehlerbehaftet war; dies wurde natürlich auch bei der Rohrartillerie vernachlässigt, doch diese richtete im Regelfall direkt, brauchte also keine Erhöhung einzustellen. Eine Forderung nach einer derartigen Verbesserung scheint nur von Oberst Herzog in der Schweiz gestellt worden zu sein.[171)] Die zaghaften Versuche, Mehrfachraketenwerfer zu entwickeln, so in Großbritannien und Frankreich, führten aufgrund der technischen Rahmenbedingungen nur dazu, daß die Raketenwaffe einen ihrer Hauptvorteile, die größere Geländegängigkeit, verlor, wie es sich in Frankreichs Feldzug in Algerien 1830 erwies. Andererseits waren diese frühen Mehrfachwerfer nie dazu konzipiert worden, um in offener Feldschlacht gegen die doch noch recht massierten Verbände der feindlichen Infanterie oder Kavallerie eingesetzt zu werden. Hierzu wären sie geeignet gewesen, jedoch nur, wenn entsprechende Raketeneinheiten, wie es sie gegen Mitte des Jahrhunderts nur in Österreich gab, Bestandteil der Artillerie gewesen wären, aber gerade Österreich hatte aufgrund der Philosophie des Augustin'schen System - hohe Treffsi-

---

nochmals im Koreakrieg 1953 eingesetzt (W. Neumann, Entwicklung und Bedeutung der reaktiven Artillerie nach dem zweiten Weltkrieg, in: Militärgeschichte, Heft 3, 1988, S. 240)

167) Hierzu wurde in Österreich festgestellt: „Wir halten die Rotations-Raketen nach dem, was wir von ihren Leistungen zu Gesicht bekamen, für einen wirklichen Fortschritt, und doch - wie viel lassen sie noch zu wünschen übrig! Sie ermöglichen durch ihre größere Anfangsgeschwindigkeit den direkten Schuß auf größere Entfernungen und lieferten dadurch auf einem Terrain, welches das Göllen der Geschosse unbedingt verhindert hätte, relativ sehr anständige Resultate. Es dürfte in der praktischen Anwendung überhaupt wenige Fälle geben, wo die 3¹/₄pfündige Granaten, ob sie nun 300 bis 400 Schritte früher oder später auf den Boden treffen, mit solcher Behaglichkeit bis vor das Zielobjekt hinkollern werden, wie dies auf ebenen und festen Boden der Schießplätze zu geschehen pflegte, wo man dann aus Geschossen, zerschmetterten Stäben, Aufbindspangen, Sprengstücken triumphirend einen imposanten Haufen zusammentrug. An direkte Treffer in die Scheibe können wir uns gar nicht erinnern." - und: „Die Kriegsrakete hat neben den bestandenen glatten Feldkalibern einen ehrenvollen Platz eingenommen und in vielen Fällen sogar ihre Ueberlegenheit bewiesen; neben den gezogenen Geschützen ist sie billiger Weise kaum nennenswerth. Das wird Jeder zugeben, welcher Stab- oder Rotationsraketen und die Geschosse gezogener Kanonen nach der Scheibe fliegen sah. Was soll man in unserer Zeit mit einem Geschütz anfangen, welches keiner Korrektur nachgibt, und dessen Geschosse nach Laune bei großen Elevationen kurz, bei kleinen weitgehen? Der Derivation nicht zu gedenken, welche ein leichter Windstoß so zu vergrößern vermag, daß die beschossene Truppe kaum mehr den Knall der beiden Granaten zu hören bekäme? Da mögen wir immerhin auf die Augustin'sche Stabrakete zurückgehen, dem Uebel werden wir durch nichts steuern. Und kann es überhaupt vermieden werden? Wohl nicht, denn es liegt in der Natur dieser Waffe." (C. S., Die Kriegsrakete, a.a.O., S. 690) Einen weiteren Hinweis auf die verringerte Bedeutung der Raketen angesichts der neuen gezogenen Hinterladergeschütze lieferte die Industrieausstellung in London 1862, wo nur noch Großbritannien Kriegsraketen ausstellte: „Dieses Versäumniss erklärt sich wohl leicht dadurch, dass in der unmittelbaren Vergangenheit die meisten Artillerien sich beinahe ausschliesslich mit dem grossen Bedürfnisse des Augenblickes, d.h. den „gezogenen Geschützen" beschäftigten, und die Ausbildung einer zwar wichtigen, aber doch sekundären Waffe der Zukunft überlassen mussten." (F. Müller, Das Geschütz- und Gewehrwesen in der Londoner Weltausstellung des Jahres 1862, 6. Kriegsraketen, in: MGAG, Achter Band 1863); zur Ungenauigkeit liefert auch ein Bericht über einen Versuch mit 24pfündigen Raketen Hales im März 1864 in Shoeburyness, 10 Raketen wurden mit 8° Elevation abgefeuert, ein typisches Beispiel. Zu den Ergebnissen wurde festgestellt: „Bahn und Flugweite dieser Raketen erwiesen sich abermals uncontrolirbar; erstere entzog sich aller Berechnung, letztere variierte, bei übrigens ganz gleichen Bedingungen, zwischen 411 und 1306 Yards!" (Notiz, London, 21. März 1864, in: MilBl., 12. Bd. 1864, S. 104)

168) o. Verf., Ancient and Modern Artillery, in: Harper's New Monthly Magazine, Vol. X, Mar 1855, p. 464

169) Der bereits zitierte: C. S., a.a.O., S. 691, gab allerdings bereits 1867 zu bedenken: „So nützlich die Beigabe der letztern [der Rakete] zur Vervollständigung der Gebirgsartillerie mithin wäre, stellt sich dem wieder ein anderes Hinderniß entgegen: die pekuniären Bedenken und die Komplikation des Materials. Wegen weniger, im Falle eines Krieges aufzustellenden Batterien müßte ein weitläufiger, kostspieliger Apparat von Offizieren, Mannschaften, Etablissements zur Erzeugung und Depositirung des in den meisten Stücken von allem übrigen Artilleriemateriale abweichenden Raketengutes unterhalten werden. Das Geschäft würde die Kosten kaum decken, und dies mag der Grund sein, warum man die Raketen auch als Bewaffnung der Gebirgsartillerie fallen ließ."

170) So auch: Dr. J. Kalmár, A Hadiröppentyü Története, in: Hadtörténelmi Közlemények, XL., Budapest 1936, S. 138: "Aus allen diesen Angaben geht hervor, daß die Rakete mit ihrer beachtlichen Tragfähigkeit und Flugweite die Leistungen der damaligen Geschütze entschieden überflügelte. Dennoch konnten die Raketen - ihrer bedeutenden Seitenabweichung wegen - den Wettbewerb mit den damals eingeführten gezogenen Geschützen nicht mehr aufnehmen. Armstrong und La Hitte konstruierten ihre gezogenen Geschütze, welche die Rakete in ihrer Eigenschaft als artilleristisches Kampfmittel bei Sebastopol in entscheidendem Wettbewerb ein für allemal in den Hintergrund drängten."

171) siehe Abschnitt 9, Die anderen europäischen Staaten, die Schweiz

cherheit bei geringerer Reichweite - diese in die Moderne zielende Entwicklung nicht mitgemacht. Im Gegenteil, in allen Feldzügen Österreichs wurden die Raketenwerfer nie massiert, sondern - ein völliges Mißverständnis dieser Waffe - teilweise sogar einzeln eingesetzt, was, wie ausgeführt, allenfalls im Gebirgskrieg sinnvoll war. Kurz, sie wurden nach den Einsatzgrundsätzen der Rohrartillerie verwendet ohne ihre Besonderheiten zu berücksichtigen. Dieses Mißverständnis sprach auch C. v. H. in einem Artikel an:

"Dieser Umstand, so wie der, daß die Rakete weder dem glatten 6Pfünder, noch weniger aber der 7pfündigen kurzen Haubitze in der Verwendung bei der Truppe nachstand, ließ unsere Batterien fort bei den Brigaden eingetheilt, sie hatten den Dienst wie die Rohrbatterien zu thun, man verglich unwillkürlich die junge Waffe in ihren Leistungen mit der Kanone, wies ihr dieselben Standpunkte, dieselben Verrichtungen zu, und war so immer bestrebt, obgleich schon 1828 in der Umgebung von Wiener-Neustadt und in Italien auf Befehl Seiner Excellenz des Feldmarschalls Gebirgsmanöver gemacht wurden, wohin keine Kanone gelangen kann, die Rakete wieder neu auf den Platz der Kanone zu stellen, was gewissermassen zur zweiten Natur wurde. Welch ein Unterschied zwischen diesen beiden Waffen in Bezug auf taktische Verwendungen besteht, hierüber glaube ich auf meinen Aufsatz. . . "Die Raketen und das 3pfündige Gebirgsgeschütz" hinweisen zu dürfen. Als die gezogenen Kanonen in's Leben traten, mit ihren fabelhaften Distanzen, da sollte auch die Rakete bis in's unendliche schießen, sie sollte mit aller Gewalt die Kanone mit drei Füßen bleiben, was sie bisher war, sie mußte also stärker gemacht werden, wodurch sie natürlich auch schwerer und, so zu sagen, wirklich eine fliegende Kanone wurde, welche allerdings wie rasend dahin fährt, das Treffen aber als Nebensache betrachtet. . . . Ganz richtig bemerkt der Herr Verfasser des Briefes, was er über den Feldzug 1866 spricht: gar manches würde eine ganz andere Wendung genommen haben, hätten wir Raketen gehabt, selbstverständlich brauchbare, und hätten wir sie so verwendet, wie ich es im Jahre 1863 und 1864 . . . umständlich auseinander gesetzt und wiederholt dienstlich zur hohen Beurtheilung vorgetragen habe."[172)]

Insofern zielte auch die Entwicklung Unges in Schweden in die falsche Richtung, da er, zwar mit einem modernen Treibsatz und erstmals unter Nutzung der Düsen, wiederum versuchte, Reichweite und Treffgenauigkeit zu erhöhen, nicht aber an die Rakete als Flächenfeuerwaffe dachte. Dementsprechend wurde seine Entwicklung beurteilt, die einzigen positiven Stimmen sahen vor allem die Leichtigkeit und Beweglichkeit des Systems, also eine leicht bewegliche Artillerie mit einer hohen Sprengwirkung des Einzeltreffers:

„In ausgesprochenem Gegensatz hierzu [geringe Marschgeschwindigkeit schwerer Artillerie] sind die Torpedowerfer durch ihre Leichtigkeit und Teilbarkeit zu anhaltenden raschen Bewegungen befähigt. Auf schnellfahrenden Kraftwagen verladen, können Torpedobatterien die Kavallerie dauernd begleiten und daher mit den ersten Vortruppen vor verschanzten Stellungen, Sperrforts und Festungen erscheinen und sofort in Wirksamkeit treten, da das Ausladen und die Herstellung der Feuerbereitschaft nur einen äußerst geringen Aufwand von Zeit und Arbeit erheischt."[173)]

Daneben wurde der Einsatz dieser Raketen oder Lufttorpedos auch gegen Luftschiffe angedacht, was dann ja - wie dargestellt - im 1. Weltkrieg auch erfolgte.[174)]

Die Raketen des 19. Jahrhunderts schieden also aus zwei Gründen aus, zum Einen, weil man sie noch nicht - wie heute - als Flächenfeuerwaffe verstand, bei der es darauf angekommen wäre, durch nahezu gleichzeitigen Verschuß vieler Raketen eine hohe Feuerdichte zu erreichen: für einen solchen Einsatz wären Mehrfachraketenwerfer erforderlich gewesen, man suchte aber den anderen, auch heute nur durch „intelligente" Munition erreichbaren, Weg zu gehen und die Treffsicherheit zu erhöhen, also einen Irrweg; zum Anderen, weil aufgrund der Treibsatz-Technologie und der noch nicht genutzten Erfindung der Düse die Möglichkeiten einer Reichweitensteigerung begrenzt waren. Eine höhere Treffgenauigkeit war in diesem Jahrhundert schon allein aufgrund der erheblichen Fertigungstoleranzen, bedingt durch weitgehend manuelle Herstellung, nicht zu erreichen. Dies war letztlich allen Raketenkonstrukteuren bewußt. Obwohl Großbritannien der industriell fortgeschrittenste Staat war, gelang es Congreve aber nie, die erforderlichen Verbesserungen vornehmen zu lassen, so daß selbst die gefährlichste und ungenaueste Methode des Ladens der Raketen, das Schlagen, noch bis in die fünfziger Jahre im Gebrauch blieb, während alle anderen Staaten längst zum Einsatz von Pressen übergegangen waren. Am fortschrittlichsten in Bezug auf eine quasi-industrielle Fertigung war sicherlich Augustin in Österreich, aber auch dieser mußte viel Überzeugungskraft aufwenden, um die Beschaffung einer hydraulischen Presse genehmigt zu erhalten. Der Einsatz der zumeist noch einfachen und auch manuell gesteuerten Maschinen, wie ihn vor allem Augustin vornahm, konnte auch nur bedingt für Verbesserungen und höhere Genauigkeit in der Fertigung sorgen, da sogar der Druck einer hydraulischen Presse, abhängig von der Aufmerksamkeit der Arbeiter, unterschiedlich erfolgte und die Qualität des Bleches für die Hülsen oft variierte. Diese Toleranzen kamen natürlich noch stärker ins Spiel, wenn noch eine Ramme zum Laden des Treibsatzes verwendet wurde, wobei selbst die Anzahl der Schläge nicht sicher kontrolliert werden konnte, so daß Bedford in Metz ein Gerät zum Zählen derselben entwickeln mußte. Wie stark selbst bei Anfertigung mehrerer Raketen eines „Loses" die Maße und vor allem Gewichte differierten, kann deutlich an den preußischen Raketen um 1830 festgestellt werden. Die gleichen Bedingungen galten bei der Bereitstellung des Pulvers oder seiner Zubereitung für den Treibsatz, auch hier ist es nicht verwunderlich, daß - wie in Bayern - unterschiedliche Pulverchargen zu erheblichen Differenzen in den Leistungen der Raketen in Bezug auf Anfangsgeschwindigkeit und Reichweite führten. Schon durch einzelne dieser Faktoren war sichergestellt, daß sich letztlich keine Rakete wie die andere verhalten konnte. Hinzu kam, daß die Artillerie sich eben auf die Einführung der gezogenen Hinterladergeschütze und deren Verbesserung konzentrierte, so daß die mit viel Aufwand betriebene Entwicklung der Raketen in den Hintergrund trat:

„Die Ausbildung der Kriegsraketen zu einer höhern Stufe der Brauchbarkeit, als sie bisher erzielt worden ist, hat in der Neuzeit wohl durch das Dazwischentreten der gezogenen Geschütze eine Hemmung erlitten."[175)]

Deutlich wird diese Tendenz auch in einem Buch über die Bewaffnung der europäischen Heere Mitte der sechziger Jahre, in dem an keiner Stelle die Raketen erwähnt wurden, alle Gedanken kreisten vielmehr um die Frage, welches Hinterladergewehr am günstigsten wäre und welches Geschützsystem, Hinter- oder Vorderlader, Rohre aus Bronze oder aus Stahl, als wirkungsvollstes zu gelten habe.[176)]

Erst in den Jahren vor dem zweiten Weltkrieg begann man sich wieder auf diese Technologie zu besinnen und konstruierte in mehreren Staaten erneut Kriegsraketen und die zu ihrem Verschuß erforderlichen Werfer, diesmal begann man aber sofort Mehrfachraketenwerfer einzusetzen. Die Leistungen dieser „modernen" Raketenwaffen unterschieden sich allerdings zunächst nicht grundlegend von denen der Kriegsraketen des 19. Jahrhunderts, auch wenn aufgrund der moderneren Sprengstoffe die Wirkung des Gefechtskopfes erheblich höher war.

(Siehe Tabelle auf Seite 425)

---

172) C. v. H. (der einstige Raketeur): Ueber das Schreiben eines Veteranen der österreichischen Artillerie an einen Kameraden über die Kriegsrakete, in: Der Kamerad, Jahrg. VI 1867, No. 70, S. 672

173) R. Wille, Lufttorpedos, in: MGAG, XL. Jahrg. 1909, S. 845

174) ibidem, S. 847: „Ein solcher Kraftwagentorpedo mit seiner beträchtlichen Schußweite bzw. Steighöhe, Treffähigkeit und Fahrgeschwindigkeit verspricht gegen Luftschiffe augenscheinlich den günstigsten Erfolg, wie er für Geschütze schwerlich und keinesfalls mit einem gleich bescheidenen Aufwand an Mitteln erreichbar sein wird."

175) o. Verf., Allgemeine Militär-Encyclopädie, a.a.O.

176) C. B. Brackenbury, European Armaments In 1867, London 1867

Land	G.-Britannien	G.-Britannien	Frankreich	Deutschland	USA	UdSSR	Deutschland	UdSSR
Modell/ Jahr	Congreve 1825 / 12 Pfd	Hale 1857	"12" 1855	Do-Gerät W41/15[177)]	M8 1944[178)]	BM 13 1942[179)]	LARS 1970[180)]	BM21 1970
Kaliber	5 cm	3 1/4 inch	12 cm	15 cm	11,43 cm	13 cm	11 cm	12,2
Reichweite	2743 m	2200 yards	7500 m	6900 m	3840 m	5570 - 8230 m	14900 m	15000 m
Gewicht des Geschoßes/ des Gefechtskopfes	6 pfd. Granate	9,2 pfd Granate	40 kg (ges.Rakete)	34,15 kg (ges. Rakete)	17,46 kg	57,6 kg (ges. Rakete)	17,2 kg	46 kg (ges. Rakete)
Rohre pro Werfer	10	1	1	6	24/60	16	36	40
Stabilisierung	Achsenstab	Rotation	Achsenstab	aero-dynamisch	aero-dynamisch	flügel stabilisiert	flügel-stabilisiert	flügel-stabilisiert

Auch das Problem der Treffgenauigkeit, was den Raketenfachleuten des 19. Jahrhunderts so viel Kopfzerbrechen bereitet hatte, wurde letztlich bis heute für die Feldraketen nicht gelöst; auch die Schußtafel für den Mehrfach-Raketenwerfer 110 mm der Bundeswehr gibt für eine Schußentfernung von 12 km noch ein wahrscheinliches Bodentreffbild für einen Werfer von 369 (Länge) x 247 m (Breite) an und für eine Schußentfernung von 7 km von 543 in der Länge und 118 m quer zur Schußrichtung an.[181)] Dagegen wurde die Wirksamkeit der Gefechtsköpfe erheblich gegenüber dem letzten Jahrhundert gesteigert, indem neben Sprenggefechtsköpfen zusätzlich Minen und Bombletts, also Tochtergeschosse, eingesetzt werden, aber auch die letztere Lösung war bereits früher angedacht, konnte nur zu jener Zeit technisch nicht hinreichend realisiert werden.

Es zeigt sich, daß der Fortschritt in der Leistungsfähigkeit der Raketen vom 19. Jahrhundert bis zum 2. Weltkrieg gar nicht so groß war, bei konsequenter Weiterführung der gegen Ende des letzten Jahrhunderts entwickelten Konstruktionsansätze, wären diese Leistungen sicher weit eher zu erreichen wären. Hinzu kommt damals wie heute der geringere Personalaufwand, der für eine Raketeneinheit benötigt wird. Der schweizerische Oberleutnant Toedtli[182)] hat ihn anhand eines heutigen Beispiels gegenübergestellt. Ein ungepanzertes Ziel mit der Ausdehnung 300x300 Meter soll innerhalb von 20 Sekunden wirkungsvoll bekämpft werden, dazu sind 25 Granaten des Kalibers 155 der Rohrartillerie oder 32 Granaten des Kalibers 110 der Raketenartillerie pro Hektar erforderlich. Die erforderliche Munition kann von 8 Raketenwerfern mit einer Salve oder mit 90 Haubitzen des Typs M109 innerhalb dieser Zeit verschossen werden, benötigt wird in einem Fall eine Batterie Raketenwerfer mit ca. 200 Mann (jeweils einschließlich Führungs- und Logistik Personal), im anderen Falle etwa 12 Batterien, also 3 - 4 Bataillone, mit etwa 2.800 Soldaten. Die Verhältnisse im letzten Jahrhundert werden ähnlich gewesen sein, zumal die Geschütze schwerer zu handhaben waren und als Vorderlader auch über eine erheblich geringere Kadenz verfügten als Hinterladergeschütze. Die möglichen Ziele waren dagegen für den Einsatz von Mehrfachraketenwerfern geradezu prädestiniert, wenn man Schlachtenbilder mit stürmenden Infanteriekolonnen, wie noch 1870, oder attackierenden Kavalleriemassen betrachtet.

Allerdings begann nach dem 2. Weltkrieg eine ähnliche Diskussion unter den Artilleristen wie zur Zeit Congreves. Befürworter und Gegner standen und stehen bis heute zu ihren konträren Ansichten. So wurden auch in der Schweiz Anfang der fünfziger Jahre die Vor- und Nachteile der Raketenwerfer wie im letzten Jahrhundert diskutiert, diesmal unter dem Aspekt der Erfahrungen des 2. Weltkrieges, wobei zu den Argumenten gegen die Raketen nunmehr auch logistische und Kostengründe zählten, andererseits konnte man die Möglichkeit auf diese Weise in kürzester Zeit eine erhebliche Wirkung an den Feind zu bringen sowie die moralischen Auswirkungen eines Beschusses auf die getroffene Truppe nicht außer Acht lassen.[183)] So dauerte es im Westen noch über dreißig Jahre bis ein moderner Raketenwerfer entwickelt wurde, eine Waffe, die im damaligen Warschauer Pakt und auch in der Bundeswehr schon seit langer Zeit ihre Wirkung unter Beweis gestellt hatte.

Damit stellt die Geschichte der Kriegsraketen im 19. Jahrhundert sich als abgeschlossener Abschnitt innerhalb der Geschichte der Waffenentwicklung dar, der mit Congreve begann und seinen Höhepunkt 1848 / 1849 in den Kriegen Österreichs gegen Ungarn und Italien in Bezug auf Häufigkeit der Einsätze und erzielte Wirkung, sowie 1855 im Krimkrieg französischerseits in Bezug auf die erzielten Reichweiten fand. Wie schon nach der ersten Phase der Kriegsraketen, die im 17. Jahrhundert endete, blieben die Raketen für die folgenden Jahrzehnte nur als Lustfeuerwerk und zum Zwecke des Signalisierens im Gebrauch, wobei diesmal zusätzlich der Einsatz als Rettungsrakete zur Bergung Schiffsbrüchiger kam.

Es sollte dann noch über 50 Jahre dauern, bis sich Techniker und Soldaten erneut mit dieser Waffe befaßten, um sie auf dem Gefechtsfeld nach Congreves ursprünglicher Idee im Masseneinsatz als Flächenfeuerwaffe oder als Fernwaffe, wie die deutschen „Vergeltungs-Waffen" einzusetzen. Die Weiterentwicklung der letzteren führte schließlich zu Raketen, mit denen es möglich war, mit der Erforschung des Weltraumes zu beginnen und mit Hilfe derer der erste Mensch den Mond betrat, wobei die Benennung einiger Krater auf der Rückseite des Mondes[184)] uns an die Pioniere der Raketenentwicklung im 19. Jahrhundert erinnern soll.

177) Daten nach: Datenblätter für Heereswaffen, Stand 1. VIII. 1944, Geheime Kommandosache, reprint Nürnberg 1976, Blatt W G 92 I

178) Daten nach: Ploetz, Geschichte des Zweiten Weltkrieges, Würzburg 1960, S. 598

179) Daten nach: Ploetz, a.a.O., S. 458

180) Daten nach: BMVg, Bonn, HDv (Heeresdienstvorschrift) 268 / 409 vom 14.12.1971

181) HDv 268 / 409, a.a.O., zum Vergleich die Daten für den sowjetischen Raketenwerfer BM 21, bei 15 km Reichweite ergibt sich hier ein Bodentreffbild von 592 x 944 Meter. Insgesamt ergibt sich für das Waffensystem LARS eine Treffgenauigkeit bei manueller Berechnung des einzustellenden Kommandos von 2,2% der Schußentfernung, bei rechnergestützter Berechnung von 1,2% und bei Verbesserung der Werte durch Auswertung der Meßergebnisse eines Feuerleitradargerätes von 0,8% der Schußentfernung (T. Mályusz, a.a.O.)

182) Oblt. S. Toedtli, CLXII. Neujahrsblatt der Feuerwerker-Gesellschaft (Artillerie-Kollegium) in Zürich auf das Jahr 1971, Zürich 1971, S. 17

183) Lt.-colonel Stutz, Quelques réflexions sur l'artillerie à fusée, in: RMS, Septembre 1953, p. 508 - 520, sowie: Kuenzy, a.a.O., S. 718 f., und: Gygli, Raketen-Artillerie, in: Der Schweizer Artillerist, No. 1 / 1947, S. 1 ff., und: v. Orelli, Haubitzen und Raketen, in: Schweizerische Monatsschrift für Offiziere aller Waffen, 59. Jahrg. 1947, S. 123 - 126, v. Orelli wies hierbei insbesondere daraufhin, daß zwar die Treffgenauigkeit der Haubitzen größer, dafür aber die Bekämpfungszeit durch Raketen erheblich kürzer wäre.

184) Berzelius (57° N, 51° O), Congreve (0°, 168° W), Hale (74° S, 90° O), Konstantinov (20° N, 159° O), Moore (37° N, 178° W), Pictet (43° S, 7° W)

13. Beilagen

(Anmerkungen siehe Seite 461)

Angaben über die englischen Raketen[1] **Abschnitt 3 Beilage 1/1**

Nr	Natur der Raketen	Caliber in Zoll	Hülse Durchmesser in Zoll	Hülse Länge	Treibsatz Salpeter	Treibsatz Schwefel	Treibsatz Kohle	Treibsatz Chlorsaures Kali[2]	Länge des Stabes in Zoll	Caliber der Hohlgesch.	Gewicht des Hohlgesch.	Spreng-Lad der Hohlgesch.	Zahl der Carabiner Kugeln in Shrapnel	Gewicht des Brandstoff Pfundes	Elevation Grad	Größte Schußweite Schritt
1	Brand-Rakete	gr. 42 pfünd.	6,25	24	20	1	1	8	210,5	-	-	-	-	18	60	4266
2		kl. 42 pfünd	6,25	24	20	1	1	8		-	-	-	-	12	60	4266
3	Granat-rakete	42 pfünd.	6,25	17,5	6	1	1	12		5 1/2	-	-	-	-	60	4266
4			6,25	17,5	6	1	1	12			12	-	-	-	60	4266
5	Brand-Rakete	gr. 32 pfünd.	5,8	19,4	7	1	1	14		-	-	-	-	18	60	2440
6		mit 32 pfünd.	5,8	19,4	7	1	1	14		-	-	-	-	12 in 5" Brand-Kugeln	55-60	2940
7		kl.32 pfünd	5,8	19,4	7	!	!	14		-	-	-	-	18 in 10" Brand-Kugeln	55	3657
8	Granat-Rakete	32 pfünd	5,8	15,5	5	1	1	10		-	9	-	-	-	50	3657
9	Shrapnel-Rakete	gr.32 pfünd	5,8	15,5	5	1	1	10		-	-	-	200	-	55	2940
10		kl.32 pfünd	5,8	15,5	5	1	1	10		-	-	-	100	-	50	3657
11	Granat-Rakete	12 pfünd	4,35	10,2	3,75	1	1	7,5		-	-	5	-	-	55	2940
12			4,35	10,2	3,75	1	1	7,5		-	-	12	-	-	55	3657
13	Shrapnel Rakete	gr. 12 pfünd	4,35	10,2	3,75	1	1	7,5		-	-	-	-	-	45	2440
14		kl. 12 pfünd.	4,35	10,2	3,75	1	1	7,5		-	-	-	-	-	45	3657

Einlagerung von Raketen in britischen Stützpunkten in den fünfziger Jahren[3] **Abschnitt 3 Beilage 1/2**

Ausländische Stationen	24 Pfünd.	12 Pfünd.	6 Pfünd.	3 Pfünd.	Gesamt	Ausländische Stationen	24 Pfünd.	12 Pfünd.	6 Pfünd.	3 Pfünd.	Gesamt
Bermuda	120	72			192	King Williams Town (Süd-Afrika)			355	17	372
Cape Town		171	329	27	527	Mauritius		100	100	70	270
Colombo		10			10	Montreal	200	400	180	736	1516
Fort Beaufort (Süd-Afrika)		222	334	190	746	Natal		483	146		629
Gambia	66	282	300	258	906	Malta		28			28
Gibraltar		80		350	430	Quebec	300	1271	107	222	1900
Grahams's Town (Süd Afrika)		99	439	249	787	Sierra Leone	21				21
Halifax		100	100		200	Simon's Town (Süd Afrika)		14		620	634
British-Honduras			93		93	Sidney	99	84			183
Hong Kong	3689	2787	2054	1980	10510	Trincomali (Ceylon)	542	195		156	893
Jamaica	83		76		159						
Kingstown			300		300	**Gesamt**	**5120**	**6105**	**5330**	**4671**	**21226**

Ergänzende Befehle, Meldungen und Briefe zum Angriff auf Boulogne 1805 **Abschnitt 3 Beilage 2/1**

1. Castlereagh an Keith[4] Downing Street, September 17, 1805 Monday

My dear Lord, - Mr. Congreve will have the honour of delivering this letter to your Lordship. It is very much our wish to ascertain with more precision than we have hitherto done the relative position and distances of the advanced batteries at Boulogne from the interior of the Basin where the flotilla is laid up, in order to judge with more certainty whether any operation against them by means of rockets on the principle of Mr. Congreve's is practicable. Mr. Congreve with two ordnance engineers are ordered on this service . . .

2. Smith an Keith[5] Antelope, off Boulogne, September 29, 1805

. . . Enclosed is a list of ships under my orders off Boulogne - Antelope, Trusty, Immortalité, Vestal, Combatant, Explosion, Otter, Sceptre, Alert, Utile, Archer, Exertion, Watchful, Tikler, Gallant, Wrangler, Bruizer, Pincher, Diligence, Florence, Lord Keith, Speculator, I have etc.

3. Castlereagh an Keith[6] Downing Street, October 8,

My dear Lord, - The ordnance surveyors having completed their observations by this time of the harbour of Boulogne, and Mr. Congreve being prepared with a supply of his rockets, I shall be glad to confer with your Lordship upon the practicability of using this weapon successfully against the enemy's flotilla in that Basin. This point I think will be most satisfactorily exercised if your Lordship can make it convenient to meet Mr. Pitt and me at Walmer Castle on Friday next . . .

4. Befehl von Keith an Smith[7]

It having been signified to me that H.M. confidential Ministers intend that an attempt shall be made to set fire to the enemy's vessels in the basin at Boulogne by means of rockets prepared by Mr. Congreve, and it appearing that the present is a favourable opportunity for approaching the shore, it being reported that there are no guard vessels in the road, you are here-

by required and directed to communicate with Mr. Congreve and provided he is fully prepared to proceed with such part of the squadron under your orders as you may judge advisable to Boulogne Bay, and cooperate with him for the purpose of a carrying the attempt into effect, affording to the service every assistance in your power . . .
(Given October 18, 1805,[countersigned] N.Brown, by command of the Admiral

5. Smith an Keith — Antelope, Walmer Roads, October 20, 1805
My Lord. - I had yesterday the honour to receive your Lordship's letter of the day before (most secret) and its enclosure - viz. a minute relative to the proposed attack on the enemy's flotilla at Boulogne. I have conferred with Mr. Congreve on this subject. He is making every exertion towards the completion of his preparations and I on my part am occupied in making arrangements to carry the proposed measure into effect; . . . [Endorsed by Keith: Congreve rockets could not reach by miles.]

6. Keith an Smith[8] — Edgar, off Ramsgate, October 30, 1805
Sir, - I have received yout letter of yesterday's date requesting that I would order you further assistance of seamen for manning boats and Marine Artillery for Mr. Congreve's launches. And in reply I observe that I have already appointed an officer and near 50 men from the Edgar, and a very considerable number from the Utrecht to attend you, although that ship has hardly two thirds of her complement on board; . .

Bericht über den Einsatz der Carcassen des Mr. Francis gegen Boulogne — **Abschnitt 3 Beilage 2/2**
Sir Sidney Smith to Lord Keith — H.M.S. Antelope, off Boulogne, November 20, 1805
. . . preparations were made for attacking the two extremes of the enemy's line of gun brigs with Mr. Francis' carcasses on the flood and ebb in succession during last night, which was particularly dark; and orders were given to Captain Seccombe of H.M.S. Utrecht and Lieutenant Robinson of the Royal Marine Artillery, volunteers for this service, to put the same into execution, being supported by the guard boats of our line.
Mr. Robinson's division put off at the proper time and rowed in shore, but it was so very thick and dark during the flood that he could not find the enemy's line, and he very properly ordered them to return to their ships lest they should mistake any of our own brigs for those of the enemy.
Captain Seccombe with his division put off from the Sceptre in the Utrecht's barge and two galleys at the proper time of the ebb with a degree of moonlight. That officer reports that three carcasses were placed to his satisfaction, one by the barge in which he was, the other by the Vesuvius' galley, and two explosions were heard. If they failed of their object I do not find that any blame attaches therefrom to the officers and men concerned. I am sorry to say the Vesuvius had four men wounded by musket balls while crossing the bows of the enemy's brig.

Schriftverkehr zur Vorbereitung und Durchführung des Einsatzes gegen Boulogne 1806 — **Abschnitt 3 Beilage 3/1**
1. Congreve an Keith[9] — 3 Garden Court, Temple, April 3, 1806
. . . Permit me to return my most grateful thanks for your Lordship's kind promise of assistance, and to assure your Lordship that I am most anxious to obtain your good opinion.
I know not, my Lord, to whom I am indebted for the important suggestions with which I was favoured under your Lordship's cover, but I am happy to say that I shall soon have an oppurtunity of availing myself of them, as I have actually got a number of 10 " shell cast, having a large segment screwed in. They were designed to receive a large hooped carcass in the inside and to burst by contact, but will equally applicable to containing a number of small carcasses for scattering . . .

2. Owen an Keith[10] — H.M.S. Clyde, off Boulogne, July 5, 1806
My Lord. - Mr. Congreve left me Thursday (3rd) after having made the necessary experiments to ascertain the best means of using the rockets, the result of which proves that a boat may throw four carcass rockets in a volley, but where shells are used it will be better and less liable to accident to throw but two, as the greater weight on the frame and the inequality in their time of [illegible] renders them liable to hang in the frame and endanger the boat's crew. In our experiments on board the Archer, at which I caused also the commander of Bloodhound to assist, we found it would be better to use the same frames that were provided for the boats, three of which, containing four rockets rockets each, may be used upon the broadside of the gun brigs, by stepping a small mast for each, and leave the guns clear for action, the lightness of the frame giving great facility for delivering successive flights.
I caused also an experiment to be made determining whether it would be better both in the boats and brigs to use a double mast like a galleon's, but it proved that a single mast in both instances had the advantage of steadiness and simplicity in working. I tried also one of the frames in a six oared cutter without previous fitting or preparation and found it perfectly convenient. Your Lordship will observe that my object has been so to simplify the use of this weapon as to leave it always within reach of the common means we possess and to be applied without any previous preparation. In this I hope we have succeeded so far as to make nothing additional in the fitting of the vessels needful, except their being supplied with the rocket frames, a model for which I furnished to Mr. Congreve, so constructed as to take to pieces and stow in small and convenient compass.
By this means I hope, if your Lordship is pleased to place this weapon at my disposal, it may afford us good additional means to harass our enemy . . .

3. Howick (1.Seelord) an Keith[11] — Admiralty, July 14, 1806
. . . Congreve, I hope, will be able to embark all his apparatus tomorrow at Woolwich and be with you in a day or two. It is my wish that after his arrival the attempt should be made on Boulogne as soon as it can be done with a fair chance of success. . . .As both your Lordship and Capt. Owen seem now really satisfied that this weapon may be used with a considerable effect, it is my intention that the attempt should be confined not to Boulogne, but that you should look to a frequent repetition of the attack during the summer on any parts of the coast within the limits of your command where they may be a prospect of materially injuring or embarrassing the naval and military preparations of the enemy. It is only, however, where military objects of some importance are to be obtained that this mode of warfare should be resorted to. For the mere destruction of towns, where the only effect produced would be the distress of the inhabitants, it would be equally unwise and cruel to employ it . . .

4. Owen an Keith[12] — H.M.S. Clyde, Walmer Roads, July 20, 1806
. . . I observe in this letter of Mr. Congreve the repitition of that which I before complained, that is, he will consider himself the Commanding or Regulating officer as to the mode of employing the vessels in this attempt, and I hope your Lordship will therefore consider me right in declaring at once my objection to an interference which can only tend to destroy the confidence of our inferiors who, naturally, look up to their commanding officer for the arrangements of which they form their opinion of what is known of him in service. Mr. Congreve has made us excellent rockets and the experiments he has made in the progress of his work enable him to instruct us in the mode of using them; but having done so, Mr. C. has fulfilled everything which depends on him. I am particular mentioning this subject because I know Mr. Congreve has formed plans of attack which can never be realised. We never can go at this time or that to make an attempt of this nature, nor can a force for it leave our coast so as to arrive there and execute the service on the same night. An attentive observation during last year, when a similar plan was preparing, convinced me it could not be executed in that manner and the failure which followed was wholly the consequence of the wrong system on which we set out. Whatever Mr. Congreve may have fancied of the opposition to him in my conduct has originated in combating against the renewal of that system. I said then, and I do now, most decidedly approve the rocket as an auxiliary weapon and one affording great means for annoying the enemy, but if we wish to use them with effect the means and mode must be always within ourselves; the time must be watched for without alarming the enemy by previous preparations. It must become a part of the system of our station; everyone must previously understand the part he has to bear in it, and the moment when it offers must be seized most anxiously. An attempt so prepared may be renewed whenever opportunity serves, and the enemy by that means kept in a constant state of alarm.
It is my intention to proceed tomorrow to Dungeness, where I have already made arrangements to meet four or five of the gun brigs and begin by fitting and instructing them.[13]

5. Keith an Owen[14] — Edgar, off Ramsgate, July 22, 1806
Sir, - I have received your letter of the 20th inst. on the subject of the application of Mr. Congreve's rockets; and he is now with you and you must have gone fully into it, I hope that he has satisfied you that he will never think of making any naval interference, or of setting his opinion in opposition to your well attested experience and nautical skill. He is the original improver of the rockets and has, since his communication with sea officers, added much to their efficacy. He is therefore to be considered as the Engineer and it is for him to point out the situation in which he would have the vessels or boats placed, when it will be the duty of the sea officers to judge of the practicability of placing him and his apparatus as he could wish. This seems to be all that Lord Howick expects; and I hope that Mr. Congreve has too much good sense to suppose that he, or any man, can assume jurisdiction in the Navy, unless regularly educated for the service and duly authorized. I rest perfectly assured that a moment's reflection will reconcile matters so completely that he will make you master of his whole plan; and that you will do all possible justice in point of fair trial; putting him right, at the same time, on all nautical points with which it is not expected that he can be sufficiently conversant . . .

6. Owen an Keith[15] — August, 20, (aufgrund einer krankheitsbedingten Abwesenheit Congreves)
. . . Mr. Congreve has very great credit in the invention of this new weapon. His advice was of great service to us at the beginning, but our experiments have opened his eyes to much he was before totally unacquainted with. Mr. C. never doubted his practicability of using numbers in flight, whilst our experiments are decidedly against it. His assistants have said they never succeeded at Woolwich when fired in volleys, at the same time Mr. C. says no experiment was made of it at Woolwich. We have been led to rest much on the bound of the rocket when fired to ricochet, but experiment has shown it will not ricochet when fired direct, or with 5 degrees of elevation . . . I by no means agree that Mr. Congreve's presence is of impor-

tance to us, for as we must act in seperate divisions each commander of these ought to be perfect in their work. I do, however, very much hope he will be present when we carry it into execution, and most cordially agree it is but right that he should witness and be assured that every possible pains have been taken to give success to the plan he has suggested, and merit to his invention, in giving him full credit for, which none is more to suscribe than . . .

7. Howick an Keith[16] Admiralty, August 19, 1806
. . . I had no expectation that Mr. Congreve would have left the station without any previous communication with me. His presence appears to me of the utmost importance to give this attempt a fair chance of success. As the inventor of the weapon, he is best instructed in the use of it, and having made an accurate survey of the road of Boulogne and calculated the distance, his knowledge and judgement seems almost of indispensable necessity to assist Capt. Owen in determining the points from which the attack should be made. As the Author, too, of this new system it appears unjust to him to make the first attempt while he is absent . . .

8. General Orders by Commander Owen on August 19, 1806[17]
I. To take effect when Signal 151 is made Parole Countersign
It is intended to attempt the destruction of the enemy's flotilla at Boulogne by means of the fire rockets invented by Mr. Congreve, and the gun brigs are to be held in readiness to perform the service. They are to fix the rockets to the sticks, but are not to step the masts for the frames (or make any outward show) till after dark.
If the wind is east, or to the northward of it, this attempt will be made upon the flood tide by standing in shore from the N.E: and the rocket frames must be prepared on the larboard side. If the wind is S.E., or to be southward of it, it will be made upon the ebb by standing in shore from the S.W. and the rocket frames must be prepared upon the starboard side. If the wind is between E. and S.E. it may be attempted with either or both tides.
To prevent mistakes, after the signal 151 has been answered I will again repeat it with a N.E. or S.E. bearing flag to indicate the quarter from which the attack is to be made. As this service must be carried into execution after dark, the greatest order and regularity will be necessary. The strictest attention must be paid to the following regulations and the greatest caution not to show lights to draw the enemy's attention.
When I show two lights abreast, the gun brigs are to weigh and close to the leaders of their respective divisions. The bomb vessels are to proceed immediately to the stations assigned to them, being careful not to discover themselves to the enemy. Two boats will be anchored in the stations from whence the rockets are to be thrown. They will show each one light at the water's edge on the side from the enemy. Lieut. Richardson of the Bloodhound will lead in his division for the northernmost station and the first division is to follow him. Lieut. Price of the Archer will lead in his division from the southernmost station, and the fourth division is to follow him. The brigs are to sail round the boats fixed at these stations and each in succession is to fire her rockets in passing the boats, to bring great pains to direct them as much as possible into the thickest body of the vessels in the harbour. They are to use three frames and four rockets in each. The brigs after firing are to wear round and form again in the rear of the divisions which follow, reloading their frames and being prepared to repeat this operation as often as is practicable.
The brigs are to have their guns clear and everything ready for immediate and close action, but the hatches must be covered and their magazines kept secure while they have a prospect of using the rockets, the body of fire from which would otherwise endanger them. In firing the rockets the brigs will look attentively to the position of their yards and brace them into the most convenient situation to keep the rockets clear of the sails. Their square mainsail should be furled and wet.
(es folgten Hinweise, nicht versehentlich auf Boote zu feuern, da es sich um eigene handeln könne, sowie auf die Kennzeichnung der Bekleidung)
II . Order when Signal 152 is made (for attack by boats)
. . . Two rockets only are to be fired from each boat at one discharge, and the frames are to be loaded before they leave their respective ships . . . Every boat which is fitted to use rocket frames shall be attended by another boat carrying about ten or twelve spare rockets ready fixed and covered with tarpaulins.
It is proposed that the rocket boats shall anchor with a spring, to point the rockets, the attending boats lying on their oars upon their quarter ready to row alongside and supply rockets to reload the instant they have fired. When the boats are placed and the commanding officer gives permission the discharges are to be renewed as rapidly as possible until the whole are expended. The boats are to be armed with pikes and sharpened tomahawks and cutlasses only, and no firearms whatever, not even a pistol for the officer, is to be put in the boat . . .

9. Markham an Keith[18] Admiralty, September 25, 1806
My dear Lord, - I fear the moon will be rather against our Commodore in his operations off Boulogne. Mr. Congreve appears to place all his hope of succeeding there in the number of rockets thrown at a time, but which Owen finds upon practice cannot be done as Mr. C. had expected in any number from one vessel at a discharge. It consequently depends upon the number of vessels and boats employed on the service to throw the quantity required by Mr. C. to ensure success. Unfortunately some of those fitted for the pupose and drilled by Owen have been taken from him when they were in all respects instructed in the performance of this duty, and I think it will be well if we can avoid directing those already prepared to any other service. The Astrea, one of these, is in dock but which could not be helped. Perhaps your Lordship will have the goodness to caution Admiral Holloway upon this subject, which may not have struck him, in sending convoys backwards and forwards . . .

10. Owen an Keith[19] H.M.S. Clyde, Boulogne, October 9, 1806
My Lord, . Last night proving favourable for the experiment your Lordship had ordered to be made with the fire rockets invented by Mr. Congreve upon the enemy's vessels in the harbour of Boulogne, I ordered it to be carried into execution under the direction of Captain Jackson[20] and Baker of the Mosquito and Kangaroo and Lieut. C.F. Payne of this ship and have the honour to enclose a copy of the disposition made for that purpose.
These officers conducted their divisions to the stations appointed for them. A great confusion among the enemy seemed to follow the first discharge and a fire very shortly after broke out which raged with great violence for three or four hours, as we judge, upon the quay near the eastern jetty of the harbour. The Desperate, which I had stationed for the purpose, availed herself of this opportunity and threw in some shells with very great judgement. The enemy made no return of fire except that of a few shells from the heights. One accident only occurred by which the gunner of the Mosquito was scorched in the face and this will, I hope, prove to your Lordship the steadiness of the officers and men employed to whom my thanks are due. Of Captain Jackson and Baker, as well as of Lieut. Payne, it is unnecessary to pay to your Lordship any testimony. Their merits have often been reported and the experiment they conducted proves fully the efficacy of the weapon . . .

11. Owen an Keith[21] Clyde, off Boulogne, October 9, 1806
My Lord, - I am sorry I have not to day been able to give your Lordship a full account of the business of last night. - I have, however, said enough for an official detail, in which, however, I have thought it best to avoid all particulars that could give the enemy an insight of our plans should the Admiralty think it worth publication. Two things I consider proved by this experiment: - The efficacy of the weapon; and the impracticability of using gun brigs here with them, the boats being in 1$^1/_2$ and 2 fathoms water, and still, in my opinion, the greatest number falling short - Many, very many were fired in bad direction which proves that a selection of boats, rather than numbers is the plan to be adopted.
As we have made our beginning, I have ordered Captain Jackson with his division, and two additional gun brigs to attempt Calais, of which I hope your Lordship will approve, that place being I think open to gun brigs . . .

12. Keith an Grenville[22] October 10, 1806
. . . I was always of opinion that ships or brigs would not answer at Boulogne although it may succeed elsewhere. At Calais vessels may answer but boats still succeed better at most places. The great difficulty is giving the projection a proper direction and to calculate distance is next to impossible. Numbers can only supply that defect. . .

13. Congreve an Grenville[23] Dover, October 10, 1806
Sir, - Pardon the abruptness of the few lines which I now have the honour to adress to you, as I have but a moment before the departure of the mail to inform you that an attack (& a successful one for a first attempt) has been made on Boulogne on Thursday morning. The town and store house have been set on fire - but it is uncertain whether any vessels are destroyed. This, Sir, will at all events I trust have established the power the weapon & convinced the enemy that even his flotilla is not safe - . . .

14. Keith an Grenville[24] October 12, 1806
. . . It will be impossible to determine what damage has been done or wether the rockets reached the flotilla . . . upon examining the plan sent yesterday it will be seen the distance is not exact, the original base line has been miscalculated and led to error throughout the whole . . .

15. Congreve an Grenville[25] Dover, October 12, 1806
Sir, - I should have done myself the honour of sending an express to the Admiralty yesterday had I not conceived that Commodore Owen's dispatches would have given the particulars of the attack at Boulogne on Wednesday night.
The force decided upon by the Commodore consisted of twenty four six oared cutters belonging to the squadron, each carrying a frame for discharging two rockets at a time. They were as-

sembled alongside the Clyde at nine o'clock in the evening - from whence after receiving their orders & being divided into three divisions they pulled in shore, the Commander leading in. Nothing could be more favourable for an attack than the night chosen for it - moderately calm & very dark - The boats were therefore able to approach very near the shore without being perceived, nor had the enemy any idea of an attack till the first volley was fired. - Their astonishment therefore at that moment must have been unparalleled - to see so many shells, as they must have supposed them to be, in the air at once without the reports of ordnance - and in fact, Sir, such was the consternation which appears to have prevailed, that tho' the drum was heard beating to arms for upwards of three hours not a shot was fired from the shore.

After a few rounds it was discovered that the place was on fire, and the persons who are best informed as to the situation of the different buildings are of opinion that the fire began in the barracks but that several parts were in flames at the same time & that it burnt very fiercely in that quarter where the principal store houses were known to be, from which it is fair to suppose, that they have also suffered - They are likewise of opinion that some of the shipping must have been burnt, as the fire was in the direction of the harbour tho' not of the Basin - All this of course, Sir, is but conjecture, certain however it is, that the fire raged with great violence for many hours & and even broke out again on Thursday night for a short time so that, let what may have been the seat of it, very great mischief has been done.-

The position chosen by the Commodore was at A A on the enclosed sketch to the westward of the Imperial Battery, rather in shore of it, having Fort L'Heurt considerably open to the westward of Cape d'Alprée - there the boats let go their grapnels forming a line abreast as well as they were able from the strength of the tide & fixing springs upon their hawsers in two fathoms water - in this situation they remained till all their ammunition was expended without receiving a single shot from the enemy.

I must flatter myself therefore, Sir, that you will be satisfied the success of this attack has been very important, though incomplete as to the absolute destruction of the flotilla - It has indisputably proved the power of the weapon both to ourselves & to the enemy, who must now feel that the boat security of Boulogne, with which he has long flattered himself & on which he has expended such sums, no longer exists - To ourselves also I conceive the demonstration now complete - not only in as much as the late attack was a mere desultory experiment, embracing not more than a fourth of or means - but also in as much as from brigs not being able to act, the largest class of rockets namely the 32 pdrs. could not be brought into play & only the 24 pdrs. were used - yet, even under all these circumstances, a damage has been done to the enemy the extent of which is not known; and in a first & partial attack, without the smallest lost on our part, has been effected that from the failure of so many previous attempts, some of which have cost the country very dear, has hitherto been thought impracticable - in short - Sir - the chimerical invulnerability of Boulogne is exploded & in that alone I humbly conceive the success of the late enterprise is highly important.

That the vessels in the Basin have not been set on fire is not I am convinced from the rockets not having range enough to reach them; but from a sufficient number not having been fired exactly in the direction for them in the late affair - The enclosed sketch made from the survey which I had the honour to direct will explain this to you - The damage done that night was in the quarter B, you will therefore perceive, Sir, that the rockets falling there would pass over the harbour having the principal part of the Basin to the right, as placed in the plan - and it is indeed highly probable that the Basin does not come down so far as is laid down in the survey - but that it extends no lower nor even quite so low as the dotted lines D. Still, Sir, as many of the rockets went as far as the heights C C in which the Tour d'Ordre is situated - there is every reason to believe the Basin cannot be placed beyond their reach - In this service as in every other & especially in one to be conducted in the night time the way must be felt - it is next to impossible to make sure of any particular object, the first or perhaps the second time - but assuredly the cluster of vessels in the Basin is so large that in the event of persevering in such a system of attack the true direction for them must ultimately be attained.

The Commodore has, I believe, but little doubt as to this ultimate success at Boulogne, and it is intended this evening if the wind permits to make an attempt at Calais . . .

PS: - The number of rockets thrown was about 400 in less than half an hour & in fact nothing could exceed the regularity & rapidity of the attack - the volleys having commenced at the sound of a bugle from the Commodore's boat, & continuing without intermission till all the ammunition (in the boats) was expended - and it is indeed, as I have already had the honour to state to you, in this power of throwing great quantities of combustible matter in a short time, that one principal advantage of the system exists, while the other which was equally proved on Wednesday night, is, that such a number of carcasses, each equal to the 10 inch spherical carcass, can be thrown from the common boats of any squadron . . .

16. Congreve an Grenville[26] Dover, October 16, 1806

Sir, - I have the honour to address a few lines to you respecting the attack that was to have been made at Calais last Monday night, and which was unfortunately prevented from taking effect by the Fearless mortar brig having begun to bombard prematurely, & not firing her shells in the direction ordered, by which means a very heavy fire was immediately drawn from the enemy's batteries on the point from which the attack was to have taken place.

The Archer, Bloodhound, Bruizer, & Tigress brigs were equipped with their rocket frames, as were the boats of the Mosquito & Calypso sloops; & they were actually standing into their positions within a quarter of a mile of the pier head, with every thing ready; when this unexpected & unfortunate mistake happened - & made it unwise to proceed on the attack - Capt. Jackson had just time luckily to prevent a single rocket from being fired; so that the enemy remain quite ignorant as to the nature of the intended assault.

After the rockets had been thrown, it was intended, that the Fearless should have opened her fire more to the westward - The Mosquito & Calypso also were to have closed with Fort Rouge to have silenced its fire - which was to have been the signal for a fire boat which had been prepared with various combustibles, to have been dropped with the flood tide alongside Fort Rouge, under which it was to have been fired . . .

17. Keith an Grenville[27] October 24, 1806

. . . I am and ever was clearly of your opinion respecting the rockets. A time may offer when they may be used. Neither this plan, nor that of the stone ships [Plan von Owen: Versenken von Schiffen, die mit Steinen beladen werden sollten, in der Einfahrt nach Boulogne], nor of the cattermarrans [Canoe-ähnliche Boote, erfunden von Fulton, sollten dazu dienen, Minen gegen feindliche Schiffe einzusetzen, Experiment vom 2. Oktober 1804] ever met my approbation as an officer. It became me to do my utmost for the service of the Government . . .

18. Grenville an Keith[28] October 25, 1806

. . . I cannot help thinking that our undisputed naval superiority should give us better means of perplexing our enemy's coasts than by the boat attacks of rockets. I think much praise is due to Mr. Congreve and Commodore Owen for their unremitted zeal and ingenuity in the invention and management of this weapon, but except for the case of a large assemblage of boats at a distance clearly accessible, I cannot yet feel disposed to rest very much upon this invention. Perhaps, too, my own individual opinion may lead me to entertain great doubts whether it is prudent in us to teach our enemy the means of destroying that naval fund of strength and wealth which they are most jealous of and have the most fear from; perhaps these ought to be the resources of an inferior navy, and are more an object for France in that view than for Great Britain . . .

Bericht Congreves an Lord Grenville vor dem Einsatz[29] Dover, October 8, 1806

Sir, - I should have felt it my duty to have earlier addressed you upon the announcement of your administration of the Admiralty, had I not conceived that considerations of more immediate importance must necessarily in the first instance have occupied your attention. I now however beg leave to trouble you with a few lines respecting the service, in which I have for some months past had the honour to be employed under the immediate patronage of the Admiralty.

The objects of that service are not, Sir, I believe, unknown to you. I beg permission therefore to state to you as briefly as possible the general principles upon which it is founded. It is now, Sir, upwards of two years since I first conceived the possibility of employing the projectile principle of the rocket to the conveyance of combustible matter for the annoyance of the enemy's harbours, & the peculiar advantages which I proposed in it beyond the ordinary mode by mortars, were, that, as the moving force of the rocket acts without recoil upon the body from which it is projected. 'Any vessel was capable of projecting this weapon, while at the same time also it afforded (& for the same reason) facilities for throwing vastly greater quantities of combustible matter in a given time.'

I am happy to say, Sir, that experience has realised these expectations - for in the first place I have succeeded after series of laborious trials in bringing the range of the rocket, which was not originally more than six or seven hunderd yards to upwards of three thousand, which is nearly equal to that of the largest mortar, and also in making each rocket convey even more combustible matter than is projected by each round of a ten inch mortar. And, while the use of mortars is confined to vessels built on purpose (for such is the case by the present system), the rocket carcass is now used with the same facility either from the gun brig's or the man-of-war's boats, as the apparatus required is extremely simple & applies either to the one or to the other.

On these principles, Sir, thirty vessels of the Boulogne Squadron are now equipped, each vessel, as far as the projection of carcasses, being to all intents & purposes a bombship - but I beg leave to refer you for the particulars of this equipment to the enclosed return.

Two natures of rockets are now made - the 32 pdr. rocket carcass, which will carry even more carcass matter than a 10 inch spherical carcass projected from a 10 inch mortar, which is the largest size now commonly used at sea, and the 24 pdr. rocket carcass, which will carry as much. Besides the rocket carcasses, there are also made a number of rockets headed with 6 & 12 pdr. shells filled with musquet balls, to burst in the air on Colonel Shrapnel's principle - & which forms a most formidable & destructive weapon.

Such, Sir, is the outline of the system which I have had the honour to devise, and which will I trust ere long have proved itself at the expense of the enemy. I beg however to observe, that there is so much of chance in all the operations of war, that the real value of any weapon is not exactly to be appreciated by the particular degree of success on any particular occasion, & that certainly therefore that of a new weapon can ever be determined by a first trial - for altho' the importance of bombardment by mortars is fully established it can never be said that any particular bombardment shall be infallible, neither ought it so to be expected of any particular bombardment (as it may fairly be termed) of rocket carcasses; the chances however are indisputably in favour of the latter, in as much as with the same naval means ten times the combustible matter may be thrown in one tenth of the time. Whatever therefore may be the success of any solitary attempt with this new weapon, its general importance may sure be considered as now fully established - seeing that the quantity of fire conveyed by it greatly exceeds that by any other known means, seeing also that its range is so extensive & that the facility of using it from every description of vessel is now absolutely proved by innumerable experiments, which have been tried at Dungeness - nor can there be a doubt of its complete success in a variety of services if it be perserved in.

That you, Sir, will render it that justice I feel most confident, and I have much pride to reflect, that such was the determination of my Lord Howick, not from my report, but from having himself witnessed the powers of the weapon.
I trust therefore, Sir, I may now say without presumption that I have laboured diligently & at all events not unsuccessfully. . . The equipment is now completed on a very extensive scale & the weapon is fairly placed in the hands of Commodore Owen, who will, I am satisfied, use it as he ought, for he is fully convinced of its powers & of the simplicity and facility of its application to naval purposes; while I am most happy to add, the officers under his command have all that confidence so essential to the execution, from having seen the various experiments which have been tried. . . .

Enclosure I. - List of ships and vessels on the Boulogne station supplied with rocket stores agreeably to the annexed proportions.

Clyde	38	Bloodhound Gun Brig	
Naiad	38	Bold	Do.
Astrea	32	Bruizer	Do.
Vestal	28	Fancy	Do.
Kangaroo	Sloop	Firm	Do.
Combatant	Do.	Indignant	Do.
Dauntless	Do.	Intelligent	Do.
Valorous	Do.	Inveterate	Do.
Kite	Do.	Monkey	Do.
Mosquito	Do.	Sparkler	Do.
Calypso	Do.	Tickler	Do.
Belette	Do.	Tygress	Do.
Trompeuse	Do.	Turbulent	Do.
Archer	Gun Brig	Wrangler	Do.
Basilisk	Do.	Urgent	Do.

The Pomone, 38, has also been supplied but is removed to another station.

Enclosure II. - Proportion of stores for frigates of 38 and 36 guns-
4 Rocket Frames, with Gear complete
12 Boxes * 24 Pounder Rockets, 1/3 Shells
8 Bundles ** of Rocket Sticks
4 Tin Tube Boxes
1 Laboratory Chest containing Tools for fixing an the Rockets, Iron Straps, etc.
1 Do., containing small Stores
2 Dutch pumps
A proportion of spare parts to the frames (* Each Box containing 6 Rockets) (** Each Bundle containing 12 Sticks)

Enclosure III.- Proportion for Frigates of 32 and 28 Guns
3 Frames complete
10 Boxes 24 Pounder Rockets, 1/3 Shells
6 Bundles of Sticks
3 Tin Tube Boxes
Other Stores in Proportion, as for larger Vessels

Enclosure IV.- Proportion for Sloops
2 Frames complete
8 Boxes 24 Pounder Rockets, 1/3 Shells
5 Bundles of Sticks
4 Tin Tube Boxes
Other Stores as for larger Vessels

Enclosure V.- Proportion for Gun Brigs
3 Frames complete
8 Boxes 42 Pounder Carcass Rockets
4 Tin Tube Boxes
Other Stores as for larger Vessels William Congreve

Überweisung von Raketen an die Mittelmeer-Flotte **Abschnitt 3 Beilage 3/2**

1. Congreve an Grenville[30] No. 3 Garden Court, Temple, December 7, 1806
. . . In the first place therefore, Sir, I beg leave to state with all deference my opinions relative to the equipment for the Mediterranean - and here I must be permitted to observe, that I should consider any one consisting of less than ten frames & one thousand carcasses as not possessing sufficient means to promise any great advantage - and that even ten frames would be too small a number for the attack of any place strongly defended - since the spirit of the invention is, in such cases, by the facility it possesses of the previous preparation of numbers, to accomplish in one almost instanteneous discharge, that, which from the difficulty of bringing mortars into action in any considerable number in the ordinary mode of bombardment, would be a work of time - a facility which exists in this, that any vessel or boat is capable of using one or more of these frames, without at all interfering with any of her other services.
But, Sir, it is not merely on the safety thus obtained by this power of rapid execution, that the excellence of the weapon consists; but in the great increase of effect which is necessarily produces against the enemy, by the confusion & distraction which the falling of great numbers at the same instant must create.
I feel therefore, Sir, to be a point which I cannot too much urge - Indeed I am satified that, if all the frames prepared had been brought into action in the late attack on Boulogne, instead of only one fourth of them, which was the case, owing to there not being sufficient wind for the brigs to move that night, the success would have been very different.
Ten frames however each calculated to discharge 4 rockets would, for the attack of any place not so defended as Boulogne, make a formidable equipment - as in that case the rapidity of execution on account of security is of less importance-
I have already had the honour to state to you, Sir, that I have ten frames now ready at Woolwich, and I beg to add, that if it meets your approbation, they may with one thousand or more rockets, and all the other store required, be embarked at Woolwich for the purpose of transporting them to the Mediterrenean - This allow me, Sir, to say would most assuredly be the best mode, since it would not be safe to send them in so large a quantity on board any man of war, there not being sufficient magazine on them for that purpose - This vessel also would serve as a tender at the place of destination.
I should beg leave also to propose that this equipment should be sent out under the charge of an officer well acquainted with the system. . .With regard to the officer - if I were not presuming too much I should be anxious to point out one who, from his knowledge of the system & and all my views of it & also from the mechanical turn of mind, would be the fittest person I know for it - and may I add - Sir - that in a service so new, there is no consideration of more importance -

2. Congreve an Grenville[31] No. 3 Garden Court, Temple, December 18, 1806
Sir. - I beg leave to state to you that in consequence of secret instructions from his Lordship the Master General of the Ordnance [Francis Rawdon-Hasting, 2nd Earl of Moira] all the necessary arrangements for the embarkation of the 1500 rockets &c. at Woolwich, are put in train to be ready in the course of the ensuing week-
I must however, Sir, again urge to you the indispensable necessity of some officer being appointed to superintend the equipment, as the officers of the gun brigs intended to be detached from Commodore Owen's squadron, having the duty of their own vessels to attend to, cannot have possibly leisure to give sufficient attention to the distribution & arrangement of the stores - the application of the frames & the instruction of the people of the other vessels to be employed, besides a variety of other minutiae which every service & particularly one so new must necessarily involve.

3. Grenville an Congreve[32] Admiralty, December 19, 1806
Sir, - I have to acknowledge the receipt of your letter of the 18th. I had already perfecly understood the grounds upon which you proposed to recommend a marine officer to attend the rockets, exclusive of the officers who have already been employed in the use of them in Commodore Owen's squadron & in the attack of Boulogne . . .

4. Grenville an Lord Moira[33] December 2, 1806
My dear Lord, - Sir Rupert George is directed to send forthwith to Woolwich a vessel of 165 tons for the purpose of receiving the rockets & a letter is written to Commodore Owen to recommend for that service an officer who will be to take his passage in that vessel with the charge of the stores . . .

5. Congreve an Grenville[34] No. 3 Garden Court Temple, December 24, 1806
Sir, - As the rocket stores which I have been directed by the Master General & Board of Ordnance to prepare for embarkation are ready, & as the transport appointed to convey them went down to Woolwich yesterday, I beg leave to state that it is important that the officer who is intended to take charge of the stores & to superintend the equipment should be at Woolwich as soon as possible; that he may be made acquainted with every thing he ist to have in his charge, & with the several improvements which have been made in the present outfit -
I take the liberty therefore of inclosing a letter, which I have lately received from Commodore Owen, expressing his opinion of Lieutenant Robinson of the Marine Artillery, whom, thus seconded, I beg leave to recommend for the service - as an officer in every respect highly qualified for it -

6. Grenville an Collingwood[35] January 7, 1807
. . . The Adelphi armed brig is sent out to you with a cargo of Mr. Congreve's fire rockets, & Capt. Payne (Commodore Owen's first Lieutenant) is sent with an officer of Marines [Lt. Robinson, wie von Congreve empfohlen] both of them being very much used to the service of the rockets, & very capable to superintend the use of them; it has not been sufficiently as-

certained, how far they would answer the purpose of burning the Boulogne boats, but there seems no doubt of their power, & advantage in setting fire to the rigging of shipping, & to any buildings making part of a naval arsenal; I have directed them to be sent out to you because if recourse must be had to hostile measures at Constantinople, I presume they would be found of great service for the destruction of the fleet & of the naval arsenal; I trust you will feel with me the propriety of restraining the use of these destructive machines entirely against armed shipping or military or naval preparations, because the mere burning of a town or village is a species of warfare which is not worthy of, or fit for, the spirit of our service; whatever bears a hostile face or contributes to the carrying on of hostilities is a fair object of attack, but nothing else should challenge the use of this very destructive invention.

6. Collingwood an Grenville[36] H.M.S. Ocean, January 31, 1807

. . .Whenever the Adelphi brig arrives with the rockets, I will forward them and the officers skilled in the management of them to Sir Thos. Louis - As I have never seen those machines - I can say nothing on their probable effect - but I shall recommend to Sir Thos. Louis the use be made of them upon the principle you have described - and which perfectly corresponds with my own sentiments - that the violence of war should be as little levelled at the civil inhabitants of the enemy's country - as circumstances will admit - . . .

Abbildung und Beschreibung der Congreveschen Brand=Racketen, so wie solche im Monat August 1807 bei der Belagerung von Copenhagen wie auch in dem Kriege 1813 von den Engländern gebraucht worden sind.[37] **Abschnitt 3 Beilage 4**

Herr Congreve, ein Engländer, ist der Erfinder der berüchtigten Brand-Racketen, die im Kriege zum ersten Mal bei der Belagerung von Copenhagen von den Engländern gebraucht worden sind. Es wurde der Stadt dadurch großer Schaden zugefügt, indem der Thurm der Frauen-Kirche, vornehmlich durch sie angezündet, durch seinen Einsturz das Feuer in der Stadt so sehr verbreitete; so wie auch an mehreren Stellen das Feuer in selbiger durch sie vermehrt wurde.

Die Congreveschen Racketen bestehen aus einer eisernen hohlen Kugel, an welcher eine blecherne Büchse mit vielen Löchern befestigt ist; ein langer Stock dient, wie bei den gewöhnlichen Racketen, zur Erhaltung der Richtung und des Gleichgewichts. Das Gestell zum Werfen ist eine große nach Verschiedenheit der Größe von mehr oder weniger Pferden gezogene Maschine mit zwei Rinnen, so daß immer zwei Racketen zugleich geworfen werden können. Die Rinne ist nach allen Richtungen beweglich und dient zum Zielen. Die kleinern Racketen, zum Gebrauch in der Schlacht, wiegen 12 Pfund und werden von Artilleristen zu Pferde fortgebracht, deren jeder 4 Stück bei sich führt; ihre Kugel hat die Größe einer vierpfündigen Kanonenkugel; die zum Belagerungsgebauch sind weit größer und werden bogenförmig, erstere dagegen in horizontaler Richtung abgeschossen. In dem Augenblick, wo sie in die Rinne gelegt und angezündet werden, gehen sie mit einem gewaltigen Getöse ricochetirend und aus den Löchern der rohrförmigen Büchse einen beständigen Feuerstrom nach allen Seiten werfend, ungefähr 1000 Schritte fort; die bogenförmig abgeschossenen größern gehen natürlich viel weiter, und das Getöse, wenn sie hoch durch die Luft fahren, soll furchtbar seyn. Bei der Entzündung entsteht auch rückwärts 10 bis 15 Schritt weit ein starker Feuerstrom. Die aus der Röhre ausgeworfene brennende Masse ist pechartig, hängt sich an jeden Gegenstand fest, ist fast unauslöschlich und brennt in einem Augenblick bis auf die Knochen durch. Wenn der Brennstoff in der Röhre verzehrt ist, liegt die Maschine still und nun geräth die in der Kugel enthaltene Masse in Brand. Diese ist von ganz anderer Art; denn wenn der Stoff in der Röhre zischend und mit Getöse brennt, so brennt der in der Kugel mit einer ganz ruhigen, aber tief eindringenden Flamme, aber auch mit solcher Wirksamkeit, daß selbst ganz durchnäßtes Holz in helle Flammen geräth. Dies dauert etwann 10 Minuten; ist auch dieser Stoff ausgebrennt, so erfolgt die Explosion und die Kugel zerspringt wie eine gewöhnliche Granate. Einige zwanzig solcher Maschinen gegen eine Kavallerielinie losgelassen, zersprengen sie unfehlbar, und selbst die Infanterie widersteht einem solchen Heere feuriger Drachen nicht, wie wir schon das Beispiel in dem Gefechte bei Göhrbe vor uns haben, wodurch in einem Augenblick ein Infanterieviereck mit Hinterlassung zweier Kanonen gesprengt worden ist. Am 21. Septbr. 1813 wurden mit diesem Geschütz bei Zerbst, in Gegenwart des Kronprinzen Generalissimus, Versuche angestellt, welche sehr befriedigend ausfielen. Ohrenzeugen versichern, das Getöse derselben sey keinem andern Tone zu vergleichen; die Pferde der Zuschauer wurden fast sämmtlich scheu, ja selbst mehrere Kosackenpferde warfen ihre Reiter ab. Noch am folgenden Tage war die Bahn, welche die kleinern Racketen dicht über der Erde durchlaufen hatten, überall durch das, ungeachtet des anhaltenden Regens, völlig versengte Gras kenntlich. Auf dem Kupfer ist die Brand-Rackete sowohl im Durchschnitt, Fig. 2. als auch, wie sie im vollen Brande daher geschossen kam, Fig. 1. abgebildet.

Die Brand-Racketen-Röhre AB, Fig. 1. und 2. ist aus zwei Stücken zusammengesetzt, hat eine Länge von 3 Fuß $4^{1}/_{2}$ Zoll (Hamb.Maaß). Der unterste Theil derselben CB, worin der forttreibende Satz befindlich war, hat eine Länge von 2 Fuß 4 Zoll, und der obere Theil AC, mit der Spitze, 1 Fuß $7^{1}/_{4}$ Zoll. Das oberste Rohr ist so groß, daß es außen um das unterste Rohr gehen kann. Wenn nun das unterste Rohr mit dem forttreibenden, und das oberste mit der Spitze, mit dem anzündenden Satz und der Granate angefüllt ist, so wird das unterste Rohr $6^{1}/_{2}$ Zoll tief in das oberste eingesteckt, mit grobem Zwirn umwunden, und beide so mit einander verbunden, wie in der beigefügten Zeichnung bei DC Fig. 1. zu sehen ist.

Der forttreibende Satz füllte 1 Fuß $10^{1}/_{3}$ Zoll von dem untersten Theil der Röhre, und der anzündende Satz füllte den obern Theil derselben, die Spitze mitgerechnet, auf 1 Fuß $3^{1}/_{4}$ Zoll an, worin sich auch eine kleine Granate E befand, die mit einem kleinen Rohr von 3 Zoll Länge mit dem forttreibenden Satz so verbunden war, daß dieselbe von dem Feuer dieses Satzes angezündet werden konnte.

Im Boden der Röhre, wo der forttreibende Satz seinen Feuerstrom gegen die Luft ausstößt und woduch die Rackete fortgetrieben wird, ist eine Oeffnung von $1^{1}/_{4}$ Zoll im Durchschnitte und im obersten Rohr und in der Spitze sind neun kleine Löcher angebracht, wodurch der anzündende Satz seine Flammen und brennende Materie ausspritzte. Die beiden Röhren ohne Satz wogen 9 Pfund. Die Racketen-Stangen FG waren von sehr verschiedener Länge, nämlich von 7, 8 bis 9 Ellen. Vermuthlich richtet sich ihre Länge nach der mehrern oder wenigern Füllung, die in ein jedes Rohr gegangen ist, oder auch sind die Stangen von leichtem Holz länger, als die von schwerem gewesen.

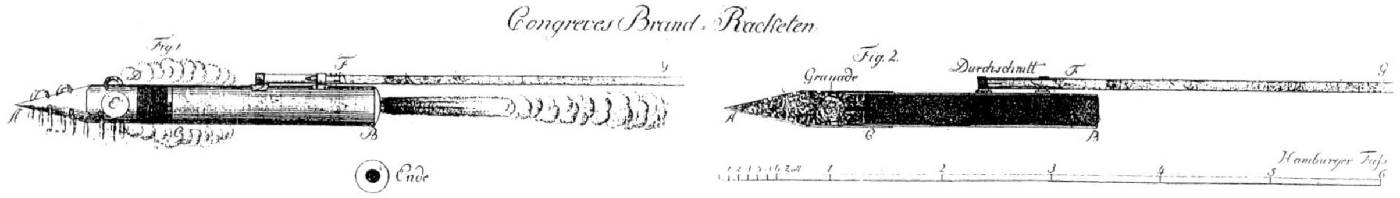

Versuche Lieutenant-Colonel Dansey 1842 **Abschnitt 3 Beilage 5/1**

1. Versuchsanweisung vom 7. Mai 1842

„1. That to ascertain the time of flight, the following number of each nature of Rocket should be fired at the several angles of 45° and 25° with empty shells . . . (für 3- bis 32pfündige Raketen jeweils 3)

2. Guided by the data obtained by the foregoing experiment, the applicability of different lengths of fuze to the several times of flight would be the next object of enquiry. For instance, in the 32 Pounder and 24 Po^r Rockets the Composition burns about 12 seconds and their shells will admit of four inches of fuze, burning 20 seconds, giving in this nature 32 seconds from the lighting of the Rocket to the bursting of the shell. In the 12 Po^r, the Composition burns about 6 seconds and its shell will admit of 3 inches of fuze burning 15 seconds giving 23 seconds from the lighting of the Rocket to the bursting of the shell. . . . To verify these extreme durations of combustion both of Rocket Composition and fuze, it is proposed to fire the following number of rockets with loaded shells at 45° of elevation:

	Length of fuze	No		Length of fuze	No
32 Por	4 inches	3	6 Por	$2^{1}/_{2}$"	3
24 Por	4 "	3	3 Por	$1^{1}/_{2}$"	3
12 Por	3 inches	3			

3. Then to obtain the best elevation for the minimum time for bursting the shell according to the time of exhaustion of the Rocket composition, when by placing no fuze in the shell nut only a quickmatch communication the powder in the shell will be instantaneously ignited - the probable elevation being from 10 to 20 degrees from the 3 Por to the 32 Por. Five Rockets of each nature with loaded shells but no fuzes may be required.

4. The information thus obtained will be a guide for adapting to other intermediate Ranges and elevations their proper lengths of fuze and the lengthes of fuze for the several ranges requiring the respective angles of 15°, 20°, 25°, 35° and 45° degrees might be determined.

From this experiment, which would be a summary test of the whole projected improvement in the weapon, not less than 10 rockets of each nature for each elevation with loaded shells and various lengths of fuze would be a fair alottment."[38]

2. Instruktion zur Handhabung der Raketen vom Juli 1844

„Every Rocket is fitted with a fuze screwed into the base of the shell. The fuze is as long as the size of the shell will admit of, so as to leave sufficient space between the end of it, and the inner surface of the shell, for putting in the bursting powder and the end of the fuze is cupped, to serve as a guide in the insertion of the boring bit. There is a hole in the end or apex of the Shell, secured by a screw metal plug, for putting in the bursting powder, and for boring according to the different ranges, at which it may be required to burst the Shell. The following table shows the dimensions of such parts of the Rocket as are affected in this alteration:

Nature of the rocket	Distance from the surface of the shell to the end of the fuze in inches and tenths	Lenght of the fuze	Distance from the surface of the shell to the top of the Cone in the interior of the Rocket, in inches and tenths	Diameter of Fuze Composition in tenths of an inch	Diameter of Fuze hole in tenths of an inch	Diameter of Plug hole in tenths of an inch	Shell contains of Fine Grain powder in ounces	Thickness of the Rocket-Composition above the Cone
24 pr	1.6	3.3	9.3	.25	.75	4	8 3/4	3.3
12 pr	1	2.5	7.2	.25	.75	4	3 1/4	2.8
6 pr	.9	2	5.7	.2	.55	.25	1 1/2	1.8
3 pr	.7	1.3	4	.2	.55	.25	3/4	1.5

The following additions are to be made to Rocket Equipments:
Bursting powder five grain, made up in bags and marked according to the nature of the Rocket / Funnels for loading the Shells / Boring Stock or Braces
Boring bits of the same diameter as the fuze composition, fitted with brass graduated scales, and of a length sufficient to bore within one inch of the top of the Cone in the 12, 6 and 3 pounder
Turnscrew bit for the plug / Grease for the boring bits."[39]
Anschließend wurde der Ausstattungsschlüssel für dieses Gerät und seine Trageweise und Verpackung beschrieben. Zur Handhabung wurde vorgeschrieben:
„Some General observations on Firing Rockets under the altered circumstances.
If the Rocket is to be used as a Shot-Rocket the only thing to be attended to, is to take care that there is no powder in the Shell, and that the Plug is secured in the Plug hole.
If the Rocket is to be used as a Shell Rocket, at the longest range, the plug is to be taken out, and the Shell filled, the fuze left at its full length, and the plug replaced.
If at the shortest range, the fuze is to be entirely bored through, and the Rocket Composition bored into, to within one inch and a half of the Top of the Cone, in the 24 Pr Rocket.
The distances from the surface of the shell to the top of the Cone, and from the surface of the Shell to the end of the Fuze, and also the length of the fuze, being fixed and known, the place on the boring bit at which to screw the Stopper, wether for various lenths of Fuzes, or lengths of Rocket Composition to be left over the Cone, is easily determined; these distances are marked on the brass scales for each nature of Rocket, and the length of Rocket Composition available for boring into, and the lengths of Fuze, are also set off and subdivided into tenths of an inch.
General observations on Elevation Ranges, and lengths of Fuze, but which have not been confirmed by any extensive course of Practice - 24 Por - If the whole length of Fuze is left in the Shell of the 24 Por Rocket, it may be expected to burst at about 3300 Yards. Elevation 47 degrees.
If the whole of the Fuze Composition be bored out, and the Rocket Composition left entire, the Shell may be expected to burst at about 2000 Yards, Elevation 27 degrees
If the Rocket Composition be bored into, to within 1.5 inch of the Top of the Cone, the Shell may be exspected to burst at about 700 Yards, Elevation 17 degrees."[40]

Es folgen dann die Angaben für die anderen Raketentypen:

Raketenart	Zünderlänge	Zünderladung	Treibladung	Elevation in Grad	Reichweite in Yards
12pfünder	ganze Länge	vollständig	vollständig	40	3000
		ausgebohrt	vollständig	20	1500
		ausgebohrt	1 inch eingebohrt	10	420
6pfünder	ganze Länge	vollständig	vollständig	37	2300
		ausgebohrt	1 inch eingebohrt	10	420
3pfünder	ganze Länge	vollständig	vollständig	25	1800
		ausgebohrt	vollständig	12	850
		ausgebohrt	1 inch eingebohrt	8	420

Versuch mit Hales Raketen am 8. August 1854[41] **Abschnitt 3 Beilage 5/2**

Sir, H.M.S. Albion, Off Baljik, 8th Augst 1854

In pursuance of your directions, we, the undersigned, proceeded to the plains above the town of Baljik to test the merits of Mr. Hale's Rockets with those at present supplied to HMShips. We had a fair range of about 3000 yards, and came to the following conclusions
1st That Mr. Hale's Rockets were infinitely more portable from having no sticks-
2nd That their direction at long ranges was as true as a shot from a long gun-
3rd That at short ranges, the direction though good, was not so exact as at long ones, but we are of opinion that this may be easily corrected by a slight alteration to the tube-
4th We had no opportunity of ascertaining the extreme ranges of these rockets but the measured distance of one that went over the target, was 3.150 yards, with 35° of Elevation-
5th The spiral skeleton tube for firing them is much lighter and handier than the long iron tubes supplied for Congreve's Rockets- The backfire is very much less, the spiral skeleton tube can be easily fitted to the Gunwale of a boat-
6th The Pistol Rockets, fired with the greatest ease, are very formidable engines, even in their present state, carrying an 1/2 lb. ball 1000 yards with remarkable precision- This pistol, the barrel of which is also made of a spiral skeleton tube, is capable of much and easy improvement, such as can be effected on board the Ships-
7th The larger Pistol, which is also easily fired by the hand, but requiring more caution, carries a 2 1/2 lb. rocket, with a shrapnell shell head, and must be terribly destructive against large bodies of men - we consider its extreme range about 1500 yards-
Remarks. On the last day of trial, Mr. Hale produced an improved rocket, by which the motion previously communicated to the tail end of the rocket, was communicated to the head of it, thereby causing the rocket to revolve on its own axis, instead of its tail describing a slight orbit in its flight, rendering its flight, even from a boat, straight as an arrow, and the range far beyond 3000 yards-

We should therefore most strongly recommend every encouragement being given to Mr. Hale's improved rockets, while at the same time we consider the present ones to superior to the Rockets, supplied to HMService, that we beg to suggest that all that are now at Constantinople (a list of which we subjoin) be procured for the use of HMService.

The flight of the „Improved Rockets" having been witnessed by yourself and General Eaton R.A. we have not thought it necessary to enter into further details-

We have the honor to remain
Sir
Yr most obedient Servants
(signed) Stephen Lushington {Captain HMS „Albion")-
I. W. D. McDonald {Gunnery Lieut: HMS „Britannia")-
W. M. Dowell {Gunnery Lieut: HMS „Albion")

List of Mr. Hale's Rockets

Species	Quantity
16 Pors	200 Ro
8 1/2 "	500 "
2 1/2 "	36 "
1/2 "	400 "

Spiral Skeletons-	3
Large Pistol	1-
Small Pistol	1-

Zusätzliche Angaben zu Hales Raketen[42] **Abschnitt 3 Beilage 6**

1. Allgemeine Hinweise zu den Raketen
„As an incendiary projectile the rocket possesses great recommendations, and its moral effect is very great, but it labours under certain disadvantages that hardly seem likely to be removed.
1st. Its efficiency and safety depend on the complete contact of a very large service of composition with a thin metal case; hence it is liable to deteriorate from any great variations of temperature, causing expansion of metal; from chemical action causing corrosion; and from vibration in travelling; any of these causes being liable to compromise the safety and efficiency of the rocket.
2nd. The method by which its velocity is gradually imparted to it entails the evil that its flight is very slow, and the rocket is consequently very susceptible to the action of gravity, wind, and accidental causes of deviation.
3rd. The same causes that thus make it peculiarly liable to be acted on by wind and gravity, aggravate the effect of deflection, for, unlike a projectile on which the force of the charge acts entirely in the desired direction, a rocket is continually developing velocity in the direction in which it is at the moment pointed; thus, supposing it to be deflected one degree in the first second of time of flight, all the force next added will be applied one degree out of the proper direction, and so on with all impulses in succession; indeed rockets have been occasionally deflected so as to come back, with very great and constantly increasing velocity, at the troops who fired them."
2. Beschreibung
„The head is of cast iron, plugged with wood and riveted on to the body. The latter is made of a sheet of Atlas metal (a mild steel made by the Bessemer process). The sheet is bent into the form of a cylinder, and has its edges lapped, riveted, and brazed with spelter (zinc and copper)
The body is corrugated in three places to give a better hold to the composition, so as to prevent the body twisting away from it in flight. Before the composition is inserted the interior receives three coats of paint to prevent the composition from being in contact with the bare metal.

The composition is separated from the head by a millboard disc, and from the base by a millboard washer, under which is a ring of soft lead wire placed there to seal the joint between the body and the base piece. The composition is pressed into pellets, and each pellet is introduced separately into the case, where it is subjected to a high pressure. In each press hydraulic power is employed ¶

[¶ Pressures in Driving

Nature	Per sq. in. tons.	cwt.	qrs.	lbs	On area of rocket tons.	cwt.	qrs.	lbs.
24-pr.	10	8	2	8	99	6	0	8
9-pr,	7	8	0	0	90	15	3	10]

Subsequently a conical hole is drilled out in the solid column of composition so as to give a larger surface for primary ignition.
The base of the body is closed by a strong cast iron ring secured to the body by screw rivets. This ring is called the „base piece."
It is tapped to receive the „tail pieces" which srews into it and is prevented from twisting out by a small keeper screw.
The tail-piece is of cast iron, and contains three conical vents, the larger part of the cone being towards the interior of the rocket. The vents are cut away on one side; hence the gas issuing from the vents meets with resistance on the side where they are prolonged, and, there being no counterbalancing resistance where they are cut away, rotation is given to the rocket.
The tail-piece and vents are protected from injury, and the interior of the body from damp, by a covering of canvas secured by twine. Under the canvas is leather, to prevent the sharp edges of the tail-piece from cutting the canvas.
The whole of the rocket is painted red and has its distinguishing numeral and the date of its manufacture stencilled on it in black."

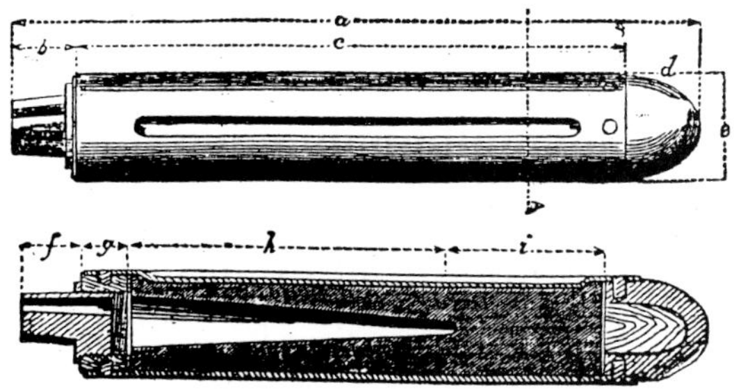

3. Anwendung
„War rockets are withdrawn from the equipment of fortresses, they are used by the navy, by siege trains, † [† Each siege train unit (both heavy and light) has with it 300 24-pr. Hale's rockets with 6 firing troughs.] and in the field, „as occasion and circumstances demand." (Army Equipment Reg. 1881. Para 158)"

4. Behandlung
„In consequence of various complaints about the unsatisfactory keeping qualities of rockets the regulations noted in the margin have been issued. They give the following orders for testing and disposal.
(1.) War rockets returned from H. M. ships or troops will not be re-issued.
(2.) Rockets of this description, 5 years old and upwards, will not be issued.
(3.) At all stations where war rockets are in store, Ordnance Store Officers will take steps for testing, by firing, 10 per cent, of each year's manufacture. Should one or more rockets of any batch burst, a second batch of 10 will be similarly tried, and if a burst occur in this second batch, the whole of the rockets of the particular year's manufacture will be set aside, and will not be considered as available for issue. This testing will be repeated annually.

5. Reichweiten
The average range of 18 24-pr. Mark III. rockets fired in proof in 1873, elevation 15°, was 1,562 yards, the average deviation was 39 yards.
The maximum range was 2,060, and the minimum 1,117 yards.
The maximum range of 30 9-pr. Mark IV. rockets, elevation 15, was 1536 yards, the average deviation was 38 yards.
The maximum range was 2,300, the minimum was 815 yards. †
Rockets range further with the wind from right to left than when it is in the opposite direction.
† Ranges of 9-pr. Marks IV. and V.

No. fired	Elevation	Mean range	
5	10°	1,128 yards	Mark IV. When fired at 5° the rockets struck the ground
5	15°	1,612 "	a short way from the trough
5	20°	2,354 "	
5	25°	2,426 "	

No. fired	Elevation	Mean range	
6	10°	1,316 "	Mark V.
5	15°	2,269	
5	20°	2,902 "	

6. „Raketengeschütze" - „trough"
On 8/6/68 a trough machine was approved to fire 9-pr. Hale's rockets, and on 10/7/68 a similar trough of larger dimensions was approved for 24-pr.
Each consists of a sheet-iron V trough; the sides made at an angle of 80° with each other, supported at rear by three legs made of wrought-iron tubing, two short ones opening right and left, and one long one to the front beneath the trough, each terminating in a prong. On the front one runs a gun-metal ring connected by two bars with a V near the front of the trough, the bars pivot on V and ring; the elevation is given by slipping the ring up and down the front leg, and clamping it with the arrow on the rear edge of the ring at the required line of graduation up to 15° of elevation for 9-pr., and 25° for 24-pr. machine, with reference to the plane on which the machine stands. At the back end of the trough is an iron stop preventing the rocket sliding back; it is slotted to form a crutch for copper friction tubes.

General Dimensions	24-pr. Mark II	9-pr. Mark II
Weight of machine	64³/₄ lbs.	27 lbs.
Length of trough	5' 6"	3' 5"
Width of sides	4"	2¹/₂"

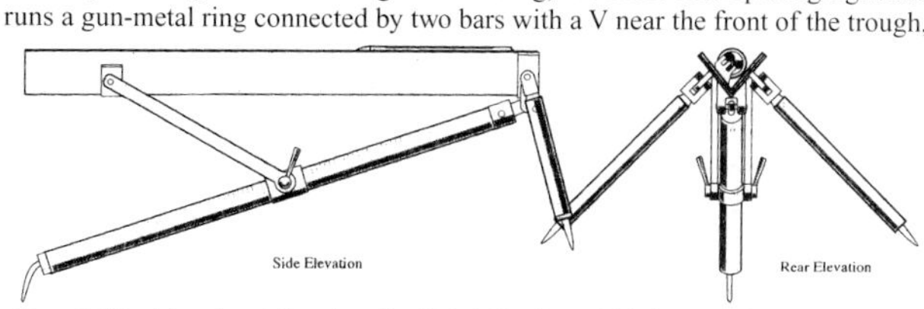

Trough Machine, Land Service, for Hale's Rockets (Zeichnung: C.E. Franklin)

Experiments in Rocket firing at Shoeburyness with Hale & Congreve Rockets[43]

Abschnitt 3 Beilage 6/2

First Series ranges in yards, C = Congreve Rocket, H = Hale Rocket

	20° C	20° H	15° C	15° H	10° C	10° H	5° C	5° H	2¹/₂° C	2¹/₂° H
First	1000	2000	1200	2000	150	800	50	300	40	400
Second	2200	1800	450	2100	320	600	100	400	40	340
Third	1600	1700	1200	1900	150	1000	100	300	40	400
Fourth	1200	2500	1100	1300	500	1200	100	300	40	400
Fifth	1850	2100	1800	2200	100	100	50	300	40	60
Average Range	1570	2020	1150	1900	280	740	80	360	40	320

Second Series ranges in yards, C = Congreve Rocket, H = Hale Rocket

	20° C	20° H	15° C	15° H	10° C	10° H	5° C	5° H	2¹/₂° C	2¹/₂° H
First	1000	2000	1000	3000	300	1000	200	350	40	1200
Second	1700	3000	550	3000	300	3000	100	1200	40	40
Third	1000	2400	1000	3000	300	400	60	100	40	500
Fourth	1000	3000	1000	2500	700	3000	200	1200	40	550
Fifth	1000	3000	1250	2500	400	2000	50	1000	40	300
Average Range	1140	2680	960	2800	400	1880	122	770	40	518

Rechnungsjahr	Raketentyp	Anzahl	page	Gerät	Anzahl	page	Bemerkung
1861 / 1862	24-pr shell	788	55	Machines, firing rockets,		54	zusätzlich: je 1
	12-pr shell	3798		Land service / Sea Service:			experimental tube
	24-pr experimental	50		24-pr	9 / 23		für 24-pr, 12-pr , 6 pr
	12-pr experimental	50		12-pr	10 / 67		
	6-pr experimental	0		6-pr	3 / 1		
				3-pr	5 / 3		
				1,5-pr	1 / 0		
		1862 / 1863		24-pr	2361	67	Machines Rockets (new) 67 zusätzlich:
	12-pr	2107		24-pr	14		3 experimental
	6-pr	805		12-pr	15		tubes 12-pr,
	3-pr	151		6-pr	2		2 für 6-pr und
	(Total cost:			3-pr	1		1 für 3-pr
	£ 2,442.10.7)			Machines rocket (repaired)			
				24-pr	12		
				12-pr	8		
1863 / 1864	24-pr	471	104	Machines Land Service		103	
	12-pr	63		12-pr	12		
	6-pr	261		6-pr	3		
	3-pr	0					
1864 / 1865	24-pr, carcass	2	86	Machines Land Service		86	
	24-pr, shell	2		24-pr	5		
	12-pr, carcass	3		12-pr	10		
	3-pr, shell	166		6-pr	8		
				3-pr	8		
				1,5-pr	2		
1865 / 1866	Experimental Hale		100	Machines Land-Service			
	24-pr	55		6-pr	2		
	Hale, 24-pr	54					
	Congreve, 12-pr	4					
	Hale, 24-pr in store	252	113				
1866 / 1867	Boxer rockets		99	Rocket tubes		97	Boxer rockets
	12-pr	500		24-pr Sea Service	4		introduced
	6-pr	500		6-pr Land Service	2		October 1866
	3-pr	500					
	Rockets, Hale, Mk. 1						
	24-pr	1294	97				
	12-pr	21					
	6-pr	21					
	3-pr	21					
1867 / 1868	Rockets Hale (kosten)		91	Land Service Tubes	17	92	Hale Sea Service tube
	24-pr (£ 1914)	1959		(Abyssinia)			introduced May 1867
	12-pr (£ 1236)	1796		(cost: £ 220.10.1	231		
	6-pr (£ 2029)	3705		Sea Service tubes, 24-pr			
	3-pr (£ 568)	1588		(cost: £ 1885)			
1868 / 1869	Rockets Hale		81	Machines Land Service		79	Hale Mark I rockets introduced
	24-pr, Mark I	4677		24-pr	1		July, 1868; Land Service Troughs
	12-pr	4605		9-pr	75		June, 1868; Mark II rockets
	6-pr, Mark I	11577		Machines Sea Service			introduced September 1868
	3-pr	1462		24-pr	90		
1869 / 1870	Rockets Hale		44	Machnies Land Service		43	Sea Service Tube, Mark II,
	24-pr, Mark I	4922		24-pr	0		introduced December 1869
	(cost: £ 4591)			9-pr	13		
	9-pr, Mark II	3352		Machines Sea Service			
	(cost:£ 1681)			24-pr	94		
1870 / 1871	Rockets Hale		108	Machines Land Service		107	Mark I rockets withdrawn May 1870;
	24-pr	4922		24-pr	0		Manufacture 3 & 12-pr rockets ceased
	(cost: £ 6871)			9-pr	0		June, 1870; Mark III rockets
	9-pr	3352		Machines Sea Service			introduced August, 1870
	(cost:£ 655)			24-pr (cost: £ 1214)	129		
1971 / 1872	Rockets, Hale		108	Machines Land Service		107	Mark IV, 9-pr, introduced March 1872
	24-pr, Mark III	7850		24-pr	0		
	(cost: £ 6387)			9-pr	27		
	9-pr	899		Machines Sea Service			
	(cost: £ 338)			24-pr	156		
1872 / 1873	Rockets, Hale		94	Machines Land Service	0		
	24-pr	1040		Machines Sea Service			
	(cost: £946)			24-pr	52		
	9-pr	0		(cost: £ 518)			
1873 / 1874	Rockets Hale		95	Machines Land Service		94	24-pr, Mark IV, introduced January 1874
	24-pr	1209		24-pr	0		
	(cost: £ 1090)			9-pr	12		
	9-pr (costs: £ 1698)	3498		Machines Sea Service	0		
1874 / 1875	Rockets, Hale		103	Machines Land Service	0	101	9-pr, Mark V, introduced September 1874
	24-pr (cost: £ 2506)	2846		Machines Sea Service 24-pr	50		
	9-pr	0					
1875 / 1876							data unreadable
1876 / 1877	Rockets, Hale			Machines Land Service, 9-pr	9		24-pr, Mark V, introduced September 1876;
	24-pr	1920		Machines Sea Service 24-pr	0		9-pr, Mark VI, introduced March 1877
	(cost: £ 2248)			(costs: £ 54)			
	9-pr	1300					
	(costs: £ 757)						
1877 / 1878	Rockets, Hale		113	Machines Land Service			24-pr, Mark VI and 9-pr, Mark VII,
	24-pr	285		24-pr	52		introduced January 1878
	(cost: £ 420)			9-pr	6		
	9-pr	718		Machines Sea Service	0		
	(cost: £ 521)						

Rechnungsjahr	Raketentyp	Anzahl	page	Gerät	Anzahl	page	Bemerkung
1878 / 1879	Rockets, Hale		115	Machines Land Service			Manufacture reverted to Mark III rockets,
	24-pr. Mk 3 (rev)	6342		24-pr	4		June 1878
	(cost: £ 4947)			9-pr	0		
	9-pr, Mark 4 (rev)	1388		Machines Sea Service			
	(cost: £ 533)			24-pr	15		
1879 / 1880	Rockets, Hale		120	Machines Land Service	0	119	
	24-pr (Mark 3 rev)	6291		Machines Sea Service, 24-pr	20		
	(cost: £ 5065)						
	9-pr (Mark 4 rev)	1850					
	(cost: £ 737)						
1880 / 1881	Rockets, Hale		136	Machines Land Service		134	
	24-pr (Mark 3, rev)	1865		24-pr	0		
	(cost: £ 1751)			9-pr	27		
	9-pr (Mark 4, rev)	1800		Machines Sea Service, 24-pr	0		
	(cost: £ 841)						
1881 / 1882	No rockets made		148	Machines Land Service		146	
				24-pr	0		
				9-pr	50		
				Machines Sea Service, 24-pr	1		
1882 / 1883	Rockets, Hale		161	Machines Land Service		161	
	24-pr (special)	230		24-pr	50		
	(cost: £ 211)			9-pr	0		
	9-pr (special)	300		Machines Sea Service			
	(cost: £ 137)			24-pr	29		
1883 / 1884	Rockets, Hale		105	Machines Land Service	0	105	
	24-pr (special)	948		Machines Sea Service, 24-pr	24		
	(cost: £ 1213)						
	9-pr (special)	180					
	(cost: £ 115)						
1884 / 1885	Rockets, Hale		111	keine Angaben		111	
	24-pr	0					
	9-pr (special)	300					
	(cost: £ 143)						
1885 / 1886	Rockets, Hale		124	keine Angaben		124	24-pr, Mark VII C1, introduced May 1885;
	24-pr (special)	1000					24-pr, Mark VII, special, formalised, May 1885
	(cost: £ 1341)						
	9-pr (special)	300					
	(cost: £ 115)						
1886 / 1887	Rockets, Hale		143	keine Angaben		124	9-pr, Mark 7 C1, introduced November 1886,
	24-pr (Mark 7,)	1000					Mark 7 (specials) formalised October 1886
	(cost: £ 1313)						
	9-pr	0					
1887 / 1888	Rockets, Hale		152	keine Angaben			
	24-pr (Mark 7,)	1000					
	(cost: £ 1313)						
	9-pr (Mark 7)	1000					
	(cost: £ 724)						
1888 / 1889	Rockets, Hale			keine Angaben			
	24-pr (Mark 7, India)	127					
	(cost: £ 185)						
	9-pr	0					
1889 / 1890	Rockets, Hale		110	keine Angaben			
	24-pr (Mark 7, Army)	85					
	(cost: £ 140)						
	9-pr	0					
1890 / 1891	Rockets, Hale			keine Angaben			
	24-pr (Mark 7, Army)	53					
	(cost: £ 125)						
	9-pr (Mark 7, Army)	319					
	(cost: £ 66)						
1891 / 1892	none made			none made			
1882 / 1893	none made		196	none made			experiments: 9-pr warheads: 50
1893 / 1894	none made		186	none made			
1894 / 1895	none made			none made			
1895 / 1896	none made			none made			
1896 / 1897	Rockets, Hale		179	keine Angaben			
	24-pr (Mark 7)	135					
	(cost: £ 252)						
	9-pr	904					
	(cost: £ 981)						
1897 / 1898	Rockets, Hale		188	keine Angaben			24-pr: 90 for the army, 1110 for the navy
	24-pr (Mark 7)	1200					
	9-pr (Mark 7, Army)	500					
1898 / 1899							not found
1899 / 1900	Rockets, Hale		188	keine Angabe			
	24-pr (Mark 7)	0					
	9-pr (Mark 7, Army)	251					
	(cost: £ 1 2. 5d)						
1900 / 1901	Rockets, Hale		188	keine Angaben			
	24-pr (Mark 7, Navy)	500					
	(cost: £ 1 16. 2d)						
	9-pr (Mark 7,)	0					
1901 / 1902							no recorded manufacture

Computer-Modell der Schußtafel für Hales Raketen (C. E. Franklin) **Abschnitt 3 Beilage 8**

1. 9pfündige Raketen

Modell	Elevation (Grad)	Reichweite (yard)	Gipfelhöhe (ft)	Reichw. b. Brennschluß (y)	Flugzeit (sec)	Max. Geschw. (ft/sec)
Mark I, II, III	-					
	10	1472	125	1376	7,99	646
	15	2468	384	1728	13,94	643
	20	3071	774	1680	19,03	636
	25	3406	1250	1621	23,24	633
Mark IV, special, VIIc	-					
	10	1273	115	1217	7,31	636
	15	2046	338	1627	12,24	633
	20	2533	663	1585	16,55	627
	25	2828	1063	1531	20,26	623
Mark V, VI, VII	5	811	26	811	3,98	810
	10	1886	226	926	9,5	804
	15	2515	554	909	14,18	531
	20	2910	961	885	18,26	794
	25	3149	1424	853	21,8	791

2. 24pfündige Raketen

Modell	Elevation (Grad)	Reichweite (yard)	Gipfelhöhe (ft)	Reichw. b. Brennschluß (yard)	Flugzeit (sec)	Max. Geschw. (ft/sec)
Mark I, II, III, VII	10	1650	111	1649	8,3	761
	15	2851	423	1667	14,5	755
	20	3615	886	1621	19,9	545
	25	4073	1444	1564	24,5	738
Mark IV, V, VI	10	2110	171	839	9,7	839
	15	3259	558	1094	15,95	831
	20	3986	1080	1054	21,37	824
	25	3719	1689	1017	26,0	817

Durch das Computer-Modell wurde auch bestätigt, daß die Modelle Mark I bis Mark IV nicht unter einer Erhöhung von 10° abgefeuert werden konnten, da die Raketen dann den Boden berührten, während es ab Mark V möglich war mit 5° Erhöhung zu feuern. Der Zeitpunkt des Brennschlußes bezeichnet auch das Ende der aktiven Rotation, Treffer vor Brennschluß konnten eine Brandwirkung erzeugen, bei Treffern auf weitere Entfernung trat eine Wirkung nur durch die Auftreffwucht ein.

Übersicht der Gliederung des Stabes des Raketeur-Regiments 1851 - 1863[45] **Abschnitt 5 Beilage 1/1**

Bennantlich	Im Frieden 1851	1854	1857	1860	1861	1863	Im Kriege 1851	1854	1857	1860	1861	1863
Stabsofficier als Commandant (seit 1854 Reg.-Command.)	1	1	1	1	1	1	1	1	1	1	1	1
Oberstlieutenant	-	1	1	1	1	1	-	1	1	1	1	1
Majore	1	2	2	2	2	2	2-3	3	3	3	3	2
Corps (ab 1854) Regiments-Auditor	1	1	1	1	1	1	1	1	1	1	1	1
Corps (ab 1854) Regiments-Caplan	-	1	1	1	1	1	-	1	1	1	1	1
Corps (ab 1854) Regiments-Adjutant	1	1	1	1	1	1	1	1	1	1	1	1
Stabsofficiers-Adjutanten	1	3	3	3	3	-	2-3	4	4	4	4	-
Oberarzt als Corps-Chefarzt	1	-	-	-	-	-	1	-	-	-	-	-
Regiments-Arzt	-	1	1	1	1	1	-	1	1	1	1	1
Oberärzte	-	2	1	1	1	1	-	2	1	1	1	1
Ober-Wundarzt	-	1	1	1	1	2	-	1	1	1	1	2
Unterärzte	2	4	4	3	3	-	2	4	4	4	4	-
Ober-Thierarzt	-	-	1	-	-	-	-	-	1	-	-	-
Thierärzte	-	-	-	1	1	1	-	-	5	2	2	1
Unter-Thierärzte	-	-	4	-	-	-	-	-	5	-	-	-
Hauptleute	-	-	-	-	-	-	-	-	2	-	-	-
Subaltern-Officiere	-	-	-	-	-	3	-	-	-	-	-	-
Evidenzhaltungs-Officier	-	1	-	-	-	-	-	-	-	-	-	-
Corps-Rechnungsführer (ab 1860 Rechnungsführer)	1	-	-	1	1	1	1	-	-	1	1	1
Rechnungs-Official	-	1	1	-	-	-	-	1	1	-	-	-
Rechnungs-Accessisten	-	4	-	-	-	-	-	5	-	-	-	-
Cadetten	6	-	-	-	-	-	6	-	-	-	-	-
Fouriere	10	-	-	-	-	-	10	-	-	-	-	-
Corps (ab 1854) Regiments-Trompeter	1	1	1	1	1	1	1	1	1	1	1	1
Stabstrompeter	-	3	3	3	3	3	-	4	4	4	4	3
Profoss	1	1	1	1	1	1	1	1	1	1	1	1
Ober-Curschmied	-	1	-	-	-	-	-	1	-	-	-	-
Ober-Schmiede	-	1	-	-	-	-	-	2	-	-	-	-
Feuerwerker	-	-	-	-	-	3	-	-	-	4	4	3
Fahr-Raketeure	-	-	-	-	-	-	-	9	9	14	14	8

Übersicht der Gliederung einer Raketen-Batterie und einer Feld-Compagnie 1851 - 1863 **Abschnitt 5 Beilage 1/2**

Bennantlich	Im Frieden 1851	1854	1857	1860	1861	1863	Im Kriege 1851	1854	1857	1860	1861	1863
Raketen-Batterie												
Hauptmann	1	1	1	1	1	1	1	1	1	1	1	1
Oberlieutenant	1	1	1	1	1	1	1	1	1	1	1	1
Unterlieutenants	2	2	2	2	2	1	2	2	2	2	2	1
Feuerwerker	2	3	3	3	3	3	4	4	4	4	3	3
Führer	-	-	4	4	4	4	-	-	4	4	4	4
Corporale	8	10	6	6	6	6	12	12	8	8	6	6
Trompeter	1	1-2	1-2	1	1	1	2	2	2	2	1	1
Vormeister	16	12	12	16	16	16	24	16	16	16	16	16
Ober-Raketeure	11	15	15	16	16	15	33	20	20	20	20	20
Unter-Raketeure	19	15	15	18	18	18	33	22	22	26	22	24
Fahr-Raketeure	24	32	32	40	15	22	104	67	67	65	40	40
Schmiede / ab 1861 Curschmiede	1	2	1	1	1	1	4	3	2	1	1	1
Wagner	-	-	-	-	-	-	1	-	-	-	-	-
Sattler	-	1	1	1	1	1	2	2	2	1	1	1
Schuster	-	-	-	-	-	1	-	-	-	-	-	1
Schmied	-	-	-	-	-	-	-	-	-	-	-	1
Feld-Compagnie												
Hauptmann	1	1	1	1	1	1	1	1	1	1	1	1
Oberlieutenants	2	1	1	1	1	2	2	2	2	2	2	2
Unterlieutenants	2	1	2	2	2	2	2	3	3	3	3	3
Feuerwerker	2	5	5	5	5	5	3	8	8	8	8	8
Führer	8	-	6	6	6	6	-	-	8	8	8	8
Corporale	8	16	10	10	10	10	12	24	16	16	16	16
Trompeter	2	2	2	1	1	1	2	2	2	2	2	2
Vormeister	-	20	20	30	30	30	-	30	30	30	30	30
Ober-Raketeure	70	45	45	40	40	38	80	70	70	70	70	67
Unter-Raketeure	80	55	55	50	50	47	100	80	80	80	80	83

Gliederung einer Gebirgs-Batterie des Raketeur- und Gebirgs-Artillerie-Regiments 1863 **Abschnitt 5 Beilage 1/3**

Bennantlich	Im Frieden Gebirgs-Batterie Nr. 1, 3, 5, 7, 9, 11	im Kriege Gebirgs-Batterie Nr. 1, 3, 5, 7, 9, 11, 13	im Kriege Gebirgs-Batterie Nr. 2, 4, 6, 8, 10, 12, 14
Hauptmann	1	1	-
Oberlieutenants	1	-	1
Unterlieutenants	1	1	-
Feuerwerker	3	2	2
Führer	4	2	2
Corporale	6	5	5
Trompeter	1	1	1
Vormeister	16	8	8
Ober-Raketeure	15	13	13
Unter-Raketeure	18	16	16
Tragthier-Führer	22	51	51
Curschmied	1	1	1
Schmied	-	1	1
Sattler	-	1	1
Schuster	-	1	1

Stand der Raketenbatterien 1850[46)] **Abschnitt 5 Beilage 1/4**

Charge	Kriegsfuß	höherer Friedensfuß	minderer Friedensfuß
Hauptmann, Batterie-Commandant	1	1	1
Ober-Lieutenant	1	1	1
Unter-Lieutenant	2	2	2
Feuerwerker	4	3	2
Corporals	12	12	8
Trompeter	2	2	1
Vormeister	24	24	16
Ober- und Unter-Kanoniere	66	48	13
Bespannungs-Gemeine	104	38	26
Schmied	4	2	1
Wagner	2	-	-
Sattler	1	1	-
Fourirschützen	4	4	4
Summe Personal	227	138	92
Pferde	4	4	4
Ober-/Unter-Offizier Reitpferde	13	10	10
Schwere Zugpferde	156	48	26
Reservepferde	12	4	2
Summe	185	66	44

Schießtafel der k.k. österreichischen Kriegsraketen zum Schießen und Werfen der Hohlkugeln, Kartätschen, sowie auch der Leuchtballen-Raketen, letztere mit und ohne Fallschirm.[47)] **Abschnitt 5 Beilage 2/1**

Der Kürze und leichtern Uebersicht wegen, wird der beiläufige Elevationswinkel in den Portéen durch Gradeintheilungen, wonach die Raketen geschossen und geworfen werden, angegeben.

Raketen - Gattung	Schußweite in Schritten	Grade
6 pfündige Schußraketen	auf 500 Schritte	2°
	" 600 "	4.
	" 800 "	6.
	" 900 "	8.
	" 1000 "	10.
	" 1100 "	15.
	" 1200 "	16 - 20.
	" 1400 "	25 - 28.
6 pfündige Wurfraketen mit 9pfündigen Granaten	" 500 "	15.
	" 600 "	17.
	" 700 "	20.
	" 800 "	25.
12 pfündige Wurfraketen	" 800 "	8.
	" 1000 "	14.
	" 1200 "	22.
	" 1300 "	28.
	" 1400 "	30.

Raketen - Gattung	Schußweite in Schritten	Grade
6 pfündige Kartätschenraketen	" 400 "	1.
	" 600 "	2.
12 pfündige Wurfraketen mit 16-pfündigen Bomben	" 470 "	30.
	" 500 "	32.
	" 520 "	40.
	" 600 "	45.
12 pfündige Leuchtballen-Raketen mit Fallschirm	" 600 "	45.
	" 650 "	40.
	" 700 "	30 - 35.
Dieselben zum Signalisieren		85.
12 pfündige Leuchtballen-Raketen ohne Fallschirm	" 600 "	6.
	" 800 "	12.

Die Brandraketen werden in ihren Portéen wie die 6pfünder Schußraketen berechnet. Bei der horizontalen Richtung (0°) geschieht der erste Aufschlag zwischen 300 - 400 Schritten. Ist der Boden eben und fest, so läuft die kleine Schußgranate innerhalb 1600 und 2000 Schritten aus, die große bis auf 1200 und 1600 Schritte.

L. Lukaszy

Portée - Tafel für normale Raketen der Erzeugung von 1833 und 1834 angefangen[48)] **Abschnitt 5 Beilage 2/2**

Kaliber	Gattung	No. der Granate	und Gewicht in Pfunden	Elevation in Graden	Entfernung in Schritt	1. Aufschlag in Schritt	Auslaufen in Schritt	Abrichtung rechts in Klaftern	Bemerkung
6 Pfder	Schuss	3	3¼	Grundstellung		250	900	2	1)
				2	500	300	950	4	
				4	600	400	950	4	
				6	800	540	950	8	
				8	900	740	1050	10	
				10	1000	750	1050	10	
				12	1100	800	1140	12	
				15		1000	liegt	14	
				25		1200	liegt	14	
	Wurf	4	5	16	500		600		
				19	600		700		
				25	700		liegt	6	
				32	800		liegt	6	
	Kartätschen			Grundstellung o. 1	400		900		auf festen Boden
				2	500		900		
12 Pfder	Wurf	5	6	8	800		1000	4	
				14	1000		liegt	6	
				22	1200		liegt	10	
				28	1300		liegt	12	
				30	1400		liegt	12	
		6	8	8	600		700		
				14	800		850	4	
				22	1000		liegt	6	
				28	1100		liegt	8	
		8	12	30	750		liegt		
		Bombe	16	30	470		liegt		
				32	500		liegt		
				40	520		liegt		
Leuchtballen	mit	Fallschirm		45	600				Auf dieser Distanz wird der Ballen abgeworfen
				40	680				
				35	700				
				85					Als Tag- und Nacht-Signal
	ohne	Fallschirm		6	600				Zum Beleuchten oder auch Anzünden
				12	800				

Bemerkung: 1) In feuchter und kühler Witterung gehen die Schüße am richtigsten; allein sie gehen alsdann etwas tiefer, daher man um 1- oder 2° in der Elevation nachhelfen muß.

Ergebnisse des Raketenschießens am 20 Juni 1825 auf der Rhede von Smyrna[49] **Abschnitt 5 Beilage 3/1**

No	6-pfd. Rakete Vollkugel	6-pfd Rakete Grenade	12 pfd. Rakete Grenade	12 pfd. Rakete Xpf.Grenade No. 4	Elevation Grad	Lage zur Schußlinie Schritt	Erster Aufschlag Schritt	Anzahl Göller	ganze Tragweite Schritt
1	1				4°	150 links	im Bogen	-	1000
2	2				4°	etwas links	im Bogen	-	1150
3	3				4°	gut	300	3	500
4	4				4°	etwas rechts	im Bogen	-	1100
5		1			4	200 links	im Bogen	-	1250
6		2			4°	etwas links	im Bogen	-	950
7		3			4°	gut	350	8	650
8		4			4°	gut	500	10	1000
9			1		4°	etwas rechts	im Bogen	-	2050
10			2		4°	etwas rechts	im Bogen	-	2500
11			3		4°	gut	im Bogen	-	2500
12			4		4°	gut	900	2	1150
13				1	4°	etwas rechts	im Bogen	-	1400
14				2	4°	etwas rechts	im Bogen	-	1400
15				3	4°	gut	im Bogen	-	1200
16				4	4°	etwas links	im Bogen	-	1200

Leitung: Lieutenant Schönfelder an Bord der Fregatte *Bellona*, das Meer war ruhig, Windstille

Verteilung der Mannschaft des Feuerwerks Corps auf die Escadre und das Raketendepot[50] **Abschnitt 5 Beilage 3/2**

Name und Art des Schiffes	Charge	Namen	Bemerkung
Fregatte Bellona	Unterlieutenant	Wenzl Schönfelder	ist bereits an Bord
	Corporal	Johann Zoba	in Triest
	Gemeiner 3.Kl	Friedr. Demling	) gehen mit der Faranzee
		Joseph Neumann	) nach Triest
		Fischbach	)
		Wilh. Mittenstedter	ist in Triest
	Gemeiner 2. Kl.	Karl Hartig	an Land
		Johann Bittner	) gehen mit d. Brama nach
		Lorenz Kammelmeyer	) Triest
	Diener	Zacharias Schober	an Land
Fregatte Hebe	Feuerwerker	Anton Scherbauer	in Triest
	Gemeiner 1. Kl.	Johann Steiner	an Land
	Gemeiner 2. Kl.	Johann Schott	an Land
		Joseph Wend	in Triest
Brigg Marco	Korporal	Benedikt Kitz	) sind in Venedig in
	Gemeiner 2. Kl.	Marth. Strahser	) Bereitschaft
	Gemeiner 3. Kl.	Ramsberger	)
		Georg Gayer	)
Brigg Emo	Korporal	Johann Blenklein	) sind in Venedig
	Gemeiner 1. Kl.	Franz Kramatset	) in Bereitschaft
		Franz Pfister	)
		Franz Dinges	)
Brigg Veloce	Korporal	Joseph Patschler	in Triest
	Gemeiner 2. Kl.	Franz Bök	) an Land
	Gemeiner 3. Kl.	Math. Gebhart	)
		Georg Hofstätter	in Triest

Name und Art des Schiffes	Charge	Namen	Bemerkung
Brigg Montecuculy	Gemeiner 2. Kl.	Johann Bedendorfer	) an Land
	Gemeiner 3. Kl.	Michael Barger	)
Brigg Veneto	Gemeiner 2. Kl.	Anton Neudecker	) an Land
	Gemeiner 3. Kl.	Anton Knilly	)
Brigg L'Orione	Gemeiner 1. Kl.	Michel Benedix	) an Land
		Math. Fridl	)
Brigg Ussero	Gemeiner 3. Kl.	Simon Frenmüller	an Land
		Franz Wiesbök	in Triest
Golett Aretusa	Gemeiner 3. Kl.	Joseph Sperrer	an Land
		Wenzl Czikesek	in Triest
Golett Vigilante	Gemeiner 2. Kl.	Franz Römig	an Land
	Gemeiner 3. Kl.	Anton Melcher	in Triest
Golett Ariana	Gemeiner 3. Kl.	Christopf Drepote	an Land
		Joseoh Stocke	in Triest
Golett Sophia	Gemeiner 3. Kl.	Matth. Düringer	) an Land
		Karl Klenn	)
Golett Enrietta	Gemeiner 3. Kl.	Franz Kurz	) an Land
		Gerd Heindl	)
Golett Elisabetta	Gemeiner 2. Kl.	Alois Kath	) an Land
	Gemeiner 3. Kl.	Jakob Pfeiffer	)
Benisete Najade	Gemeiner 2. Kl.	Wenzl Folgert	an Land
Benisete Vestale	Gemeiner 3. Kl.	Johan Ersel	an Land

Nach Wiener Neustadt haben seiner Zeit einzurücken:
Oberfeuerwerker Sulzböck Korporal Fröhlich Gemeine 3. Kl. Knepp, Hartwig
Venedig 20. May 1826 Augustin Oberst

Experimenten den 12 September 815 zu Neudorf nächst Hünningen in Gegenwart Sr Kaiserlichen Hoheit des Erzherzog Johann[51] **Abschnitt 5 Beilage 3/3**

100 Stück zweyzöllige Raketen mit vierpfündigen Granaten,
18° Elevation auf eine Entfernung von 1200 Schritt.
NB: 2 Stück davon mit 32° Elevation auf 1600 Schritt
Die 1te trug 1300 Schritte weit, 30 Schritt rechts
Die 2 ” 1100 ” ” , Direction gehalten
Die 3 ” 1100 ” ” , dto., gesprungen
Die 4 ” 1100 ” ” , ist in der Luft gesprungen
Die 5 ” 1000 ” ” , gesprungen
Die 6 ” 1000 ” ” , gesprungen
Die 7 ” 1340 ” ” , 30 Schr. rechts, gesprungen
Die 8 ” 1100 ” ” , 20 Schr. links, gesprungen
Die 9 ” 1350 ” ” , in der Linie gesprungen
Die 10 ” 1350 ” ” , ” ”

5 Stück dto. Ricoschett mit 17° Elevation
Die 1te trug 1100 Schritt, gesprungen
Die 2 ” 600 ” , 1 Göller
Die 3 ” 1000 ” , 3 Göller
Die 4 ” 1000 ” , 5 Göller
Die 5 ” 950 ” , 6 Göller

8 Stück dreyzöllige SplitterBüchsen, 7 Pf mit 40° Elevation auf eine Entfernung von 2200 Schritt:
Die 1te trug 2050 Schr, in der Richtung, ersticket
Die 2 ” 2000 ” , ” ” , gesprungen
Die 3 ” 2000 ” , ” ” , ”
Die 4 ” 2000 ” , ” ” , ”
Die 5 ” 1700 ” , ging links, gesprungen
Die 6 ” 1800 ” , in der Richtung, ”
Die 7 ” 1700 ” , ” ” , ”
Die 8 links, verfehlte die Richtung

6 Stück dreyzölliger Granaten bey 7 Pf. schwer, mit 40° Elevation auf die Entfernung von 2200 Schritte ohne das Fortrollen der Granate
Die 1te trug 2250 Schr., 50 Schritt links, gesprungen
Die 2 ” 2250 ” , hielt Richtung, erstickt
Die 3 schleudert die Granate auf 1000 Schr.
Die 4 ” ” ” , sehr gut
Die 5 ” ” ” , etwas rechts
Die 6 ” ” ”

3 Stück dto Rikoschett mit 23° Elevation
Die 1te trug 1700 Schr., 2 Göller, gesprungen
Die 2 ” 1000 ” , 4 Göller, ”
Die 3 ” 1350 ” , 5 Göller, ”

6 Stück GranatenTrauben a 4 Stück bey 8 Pf. schwer und 40° Elevation auf eine Entfernung von 2200 Schritten ohne den Auseinanderfahren der Granate
Die 1te trug 1850 Schritt, erstickt
Die 2 sprengt in der Luft
Die 3 trug 1700 Schritt, erstickt
Die 4 ” 1750 ” , ”
Die 5 sprang in der Luft
Die 6 trug 1700 Schritt, erstickt

4 Stück 3zöllige Brandhauben bey 4 Pf. schwer mit 38° Elevation auf eine Entfernung von 2300 bis 2500 Schritt
Die 1te trug 2400 Schritt
Die 2 ” 2250 ” , Haube ging 3100 Schr., brannte
Die 3 ” 2600 ” , ” ” 2900 ” , ”
Die 4 ” 2500 ” , erstickt

1 Stück 4 zöllige Rakete mit 30pfündiger Granate 70° Elevation soll eine Entfernung bei 3000 Schritt erreichen. NB: Die Granate nur mit 14 loth Pulver trug 3400 Schritt, richtig, schlug gut

2 Stück dto, scharf geladen, 40° Elevation
Die 1te trug 1100 Schritt, rechts, schlag gut
Die 2 ” 1700 Schritt, gut

2 Stück 4zöllige Brandhauben aus Carcassen
70° Elevation
Die 1te trug 2500 Schritt, gut, erstickt
Die 2 hat sich los gemacht, zerriß

2 Stück 3zöllige Brandhauben, 50° Elevation
auf eine Entfernung von 3400 bis 3500 Schritt
Die 1te hat gefehlt, gesprungen
Die 2 trug 2800 Schritt, brannte

2 Stück 3zöllige Brandhauben mit 32° Elevation
auf eine Entfernung von 1200 Schritt
1. } zu hoch mit der Brandhaube auf 1400 Schritte
2. }

Raketen ohne Stab, erfunden von William Hale[52] **Abschnitt 6 Beilage 1**

Spécification de la patente accordée à Wiliam Hale, demeurant à Woolwich, comté de Kent, ingénieur, pour l'améliaration des fusées.
Scellé le 11 janvier 1844.

A tous ceux qui ces présentes verront, etc., etc. La nature de madite invention et la manière de la mettre en pratique sont pleinement décrites dans ce qui suit. On sait bien qu'aux fusées de guerre ou autres est attachée une baguette, afin de maintenir la fusée dans la direction vers laquelle on l'a pointée au moment d'y mettre le feu, ainsi que pour l'empêcher de tourner ou tomber pendant son Vol. On me dit qu'on a tenté, mais sans succès, de suppléer aux baguettes par des ailes ou surfaces saillantes. L'objet de mon invention est d'obvier à la nécessité d'avoir recours aux baguettes ou aux ailes, et afin que l'on comprenne bien l'invention je vais décrire les meilleurs moyens que je conaisse pour exécuter les améliorations.

DESCRIPTION DES FIGURES.
Fig. 1 représente l'extérieur d'une fusée construite d'après une partie de l'invention.
Fig. 2 en montre la coupe. Cette fusée marche avec assez de justesse et sans culbuter; cet effet est produit par un contre-poids placé à la partie postérieure, lequel est percé dans l'axe de la fusée; a,a est le cartouche métallique que je préfére doubler en bois mince ou autre matière convenable, afin que la composition pyrotechnique b,b ne soit pas en contact avec le fer; c est un bouchon ou contrepoids en fonte placé à la partie postérieure de la fusée, et qui doit amener le centre de gravité vers ce bout-là : jusqu'à présent mes expériences m'ont démontré que le contrepoids doit être tel, qu'il se balance avec le pot et le massif, et amène le centre de gravité en dedans du tiers de la longueur du cartouche contenant la composition pyrotechnique. Le centre de gravité sera donc, dans la figure, vers la ligne ponctuée c,c; et ce centre de gravité s'approchera de plus en plus du pot de la fusée à mesure que la composition brûlera.
Je ménage dans le cartouche un vide d, soit en y plaçant une broche pendant le chargement, soit en le forant après. La partie antérieure e est en fonte, dont je remplis le creux avec du bois; on peut également donner à cette partie la forme d'une bombe. Je viens de décrire une fusée de la forme la plus simple, pour montrer comment on peut se passer de baguette. Je vais maintenant expliquer un autre de mes perfectionnements au moyen duquel une fusée peut tourner autour de son axe longitudinal et marcher ainsi avec plus de justesse; car toute tendance à la déviation qui proviendrait d'une irrégularité locale de poids ou de forme serait compensée par cette rotation continue. C'est au moyen d'ouvertures latérales, par lesquelles s'èchappe la matière en combustion, que je produis cette révolution.
Fig. 3 donne l'extérieur et fig. 4 la coupe d'une fusée construite d'après cette partie de mon invention. Les lettre se rapportent aux mêmes parties que dans la figure précédente. f,f sont des ouvertures obliques, inclinées en bas; et je préfére que ces ouvertures soient tangentielles à la cavité intérieure de la fusée. C'est ainsi que la matière ignée, s'échappant par les ouvertures f, imprimera un mouvement de rotation à la fusée.
Fig. 5 et 6 montrent l'extérieur et la coupe d'une autre espèce de fusée ayant les ouvertures de rotation f à la partie antérieure. Du reste les fusées fig. 3, 4, 5 et 6 sont semblables à celle des fig. 1 et 2, en ce qu'elles ont à la partie postérieure un contre-poids métallique c percé d'un trou dans la direction de l'axe de la fusée.
Fig. 7 et 8 sont une autre espèce de fusée, où la matière pyrotechnique brûle en deux sens opposés en passant par des ouvertures f, f placées au centre de la longueur de la fusée. Elle porte une bombe à chaque extrémité g,h; le feu se communique aux bombes par les trous i,i. Une chambre j réunit les deux parties a,a de la fusée, dont la charge est, comme on le voit, creuse. Ainsi la composition des deux moitiés a,a brûlera simultanèment, et les produits ignés se réuniront dans la chambre j et passeront par les ouvertures f; en vertu de quoi la fusée aura un mouvement de progression et en même temps tournera autour de son axe longitudinal.
Fig. 9 et 10 représentent encore un autre genre de fusée. semblable en quelque sorte à la précédente; mais elle n'a qu'une seule bombe placée à la partie antérieure. La composition dans les parties a,a brûle simultanément et sort par les ouvertures f; mais ici la chambre j est d'une forme différente, que l'on comprendra facilement en examinant la figure. J'observerai qu'avant de charger toutes ces fusées, je les double de bois mince, ou autre matière convenable, afin de séparer le fer du cartouche d'avec la charge et d'empêcher ainsi que l'action chimique du fer puisse endommager la composition pyrotechnique. Ayant ainsi fait la description de la nature de mon invention et de la manière de l'exécuter, je voudrais faire observer que je ne compte pas me restreindre exactement aux détails ci-dessus énoncés, pourvu que le caractère particulier d'une partie quelconque de mon invention soit conservé; mais ce que je réclame c'est:
1° L'application d'un contre-poids creux c au bout, tel qu'il est décrit.
2° L'application des ouvertures pour le passage de la matière enflammée, d'où résulte pour la fusée un mouvement de rotation autour de son axe tel qu'il est décrit.
3° La formation de fusées doubles telles que la composition pyrotechnique se consomme simultanément vers chaque bout de la fusée.
En témoignage, etc. Signé: William Hale. Enregistré le 11 juillet 1844

M. Hale continue en ce moment ses essais à Woolwich devant un comité de l'artillerie, et c'est de l'espèce de fusée qu'on voit aux fig. 9 et 10 qu'il pense obtenir les meilleurs résultats. S'il parvient à démontret que ces fusées ont autant de justesse que celles à baguette, le gouvernement britannique ne manquera pas les adopter: il importera alors aux autres nations d'en faire aussitôt un examen sérieux. VICTOR DE PONTIGNY.

Leistungen der Raketen der französischen Marine[53] **Abschnitt 6 Beilage 2**

Art der Raketen	Jahr der Fertigung	Jahr des Versuches	Elevation (in Grad)	Reichweite (in Meter)
Kaliber 9,5 cm mit massiven 4 Meter langen Stäben				
armirt mit Granaten	1830	1830	55	3078
-"-	1830	1830	40	2140
-"-	1830	1830	21	1480
-"-	1830	1830	55	1682
armirt mit Brandsatzhülsen	1830	1830	55	3202
-"-	1830	1830	55	2720
Kaliber 9,5 cm mit cylindrischen 90 cm langen Stäben				
armirt mit Granaten	1830	1832	50	3020
-"-	1830	1832	50	2780
-"-	1830	1832	50	2465
-"-	1830	1832	50	3095
armirt mit Brandsatzhülsen	1830	1832	50	3370
-"-	1830	1832	50	2885
armirt mit Granaten	1830	1847	54	3425
-"-	1830	1847	54	2770

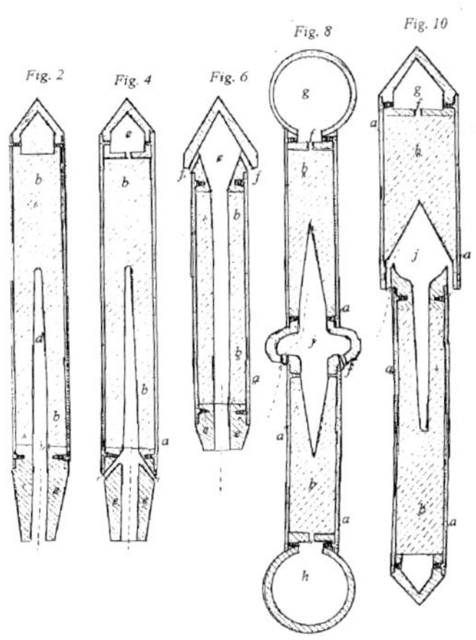

Zeichnung: Hales Raketen (nach: JAS und Patentschrift von William Hale)

Technische Daten der Raketen

Raketenteil	Angaben	Rakete 5,4 cm (in mm)	Rakete 6,8 cm (in mm)	Rakete 9,5 cm (in mm)	Bemerkungen
Blechplatte der Hülse	Dicke des Blechs	1,5	2	2,5	Die Hülse ist mit Kupfer gelöthet
	Höhe der Platte	347	465	648	Der Boden ist an der Hülse mit 3 Schrauben befestigt und dann mit Messingloth gelöthet
	Länge	188	227	316	
Der Boden	Durchmesser	54	67	92,5	
	Durchmesser der Brandlöcher	9,6	12	19,8	
	Neigungswinkel der Brandlöcher zur Achse	7°80'	7°30'	7°30'	
Fertige Hülse	Länge cylindrischer Teil	336	455	636	
	ganze Länge	345	465	650	
	innerer Durchmesser	54	68	98	
Stab	Länge	1640	2770	895	Der 1848 versuchte massive kurze Stab der 6,8 cm Raketen hat 800 mm Länge und 60 mm Durchmesser
	Durchmesser, außen	34	40	90	
Gewicht, einschl. Stab		4,550 kg	6,950	16,72 kg	
Preis		17 fr 31 c	23 fr 18 c	49 fr 27 c	

Fusée incendiaire anglaise de Congrève, décrite et analysée par M. d'Arcet.[54]

La fusée incendiaire que le conseil d'administration de la Société d'Encouragement m'a chargé d'examiner, lui a été envoyée par M. de Récicourt, colonel du génie.
Cette fusée a été trouvée à bord d'un canot anglais, échoué lors de l'attaque de la flotte française devant l'ile d'Aix.
Elle pèse, sans baguette, 9 kilog. 592 grammes; elle a 1,mèt. 009 de long, et environ 0,mèt. 096 de diamètre.
La partie inférieure qui est cylindrique, est surmontée d'un cône, ayant 0,m 2 de hauteur, et dont la base est la même que celle du cylindre; cette fusée peut donc être considérée comme engendrée par la révolution du trapèze ABCD (fig. 2, Pl. 109 bis), autour de l'axe AB.
La section de la partie conique, suivant son axe, donne un triangle dont l'angle du sommet est de 25o.
Au-dessous de la base du cône, et à 0,m 154, la fusée se trouve recouverte, l'espace d'un décimètre, par cinquante-cinq tours de ficelle goudronnée; la partie supérieure de la fusée, depuis la ficelle jusqu'au sommet du cône, est enveloppée de deux bandes de toile, et toute la fusée a été ensuite peinte à l'huile avec couleur gris de fer bleuâtre; il suit de là, que la partie inférieure de la fusée, depuis la ficelle jusqu'à l'extrémité, n'est point revêtue de toile, mais seulement couverte de la peinture dont j'ai parlé.
On remarque dans la partie supérieure de la fusée six trous recouverts par la toile peinte: ces trous ont de 0,m 018 à 0,m 020 diamètre. Il y en a trois placés à des distances égales sur la surface du cône; les trois autres qui sont percés dans la partie du cylindre qui est entre la corde goudronnée et la base du cône, sont placés dans la même direction et au-dessous des trous pratiqués dans la partie conique: ces trous sont légèrement évasés du dedans au dehors; ils sont percés perpendiculairement à l'axe du cône et du cylindre. Les trous du cône sont à 0,m 09 des trous du cylindre, et à 0,m 145 du sommet de la fusée.
Lorsque la fusée me fut remise, il ne restoit que deux de ces six trous bouchés; la toile peinte qui couvroit les quatre autres avoit été crevée, et on voyoit dans l'intérieur une longue étoupille qui traversoit toute la partie supérieure suivant l'axe de la fusée.
La baguette de la fusée y étoit fixée au moyen de deux attaches en tôle.
L'attache supérieure est faite avec une bande de tôle de 0,m055 de large; cette bande, qui est fixée à la fusée au moyen de clous de fer rivés, l'entoure excepté dans l'endroit où elle s'en sépare, pour former l'attache qui a 0,m 040 de long, et 0,m 031 de large.
L'attache inférieure est faite de même, mais la bande de tôle a 0,m 044 de large, et la partie destinée à recevoir la baguette forme un carré dont le côté est d'environ 0,m 040; il suit de là que la baguette étoit aplatie et taillée en forme de coin vers son extrémité pour entrer dans l'attache supérieure; tandis qu'elle formoit, vers la seconde attache, un parallelipipède rectangle, ayant pour base un carré de 0,m 40 de côté: cette baguette étoit fixée dans les attaches au moyen de quelques clous.
La base de la fusée, c'est-à-dire la partie inférieure du cylindre opposée au cône, où devoit se trouver la mèche, étoit percée d'un trou de 0,m 034 de diamètre; la mèche étoit enlevée, et on avoit même évidemment agrandi l'âme de la fusée en creusant dans l'intérieuer: la rondelle de cuivre qui termine de ce côté la fusée, et dans laquelle est percé le trou dont nous venons de parler, est emboutie; la partie convexe est tournée en dehors: cette rondelle a environ 0,m 006 ou 0,m 007 d'épaisseur.

Ouverture et examen intérieur de la fusée

Je commençai par couper dans le sens de l'axe de la fusée les cinquante-cinq tours de corde gondronnée dont nous avons parlé plus haut; j'enlevai cette corde, et je trouvai qu'elle servoit à réunir la partie supérieure de la fusée à la partie inférieure. La jonction se faisoit au moyen de languettes provenant de la partie cylindrique du haut de la fusée, qui avoit été fendue dans la longueur de 0,m 086 et divisée en douze bandes. La partie inférieure de la fusée entroit en outre d'environ 0,m 017 dans la partie supérieure; les bandes s'appliquoient ensuite sur les parois de la partie inférieure, et la corde goudronnée unissoit le tout d'une manière solide. Après avoir séparé ces deux parties, j'observai que la partie inférieure étoit remplie jusqu'à la surface d'une matière compacte, et dont il sera parlé plus bas; il y avoit une étoupille au centre.
La partie supérieure présentoit un espace vide, ayant environ 0,m 017 de profondeur, depuis la naissance des languettes jusqu'à la composition. Cette composition étoit la même que celle qui se trouvoit dans la partie inférieure, elle avoit de même vers son centre une étoupille; on voit qu'avant la séparation des deux parties de la fusée, les deux surfaces de la composition et les deux étoupilles se touchoient exactement, et communiquoient ainsi doublement ensemble.
J'enlevai la toile peinte qui recouvroit la fusée; je trouvai que le cône de tôle étoit réuni au cylindre au moyen de trois attaches, partant de la base du cône et rivées sur la tôle du cylindre; le tout avoit été ensuite soudé ou brasé à la soudure forte aux points de contact; la tôle du cylindre étoit d'un seul morceau, agrafé dans toute sa longueur, et soudé ensuite avec la soudure de cuivre. Après avoir examiné la construction extérieure de la fusée, j'en fendis l'enveloppe dans toute sa longueuer, en employant un marteau et un petit ciseau d'acier fondu.
Partie inférieure de la fusée. La partie inférieure étant ouverte, j'en retirai un cylindre de poudre pesant 3 kilog. 795 gram. Ce cylindre avoit 0,m 560 de long, et 0,m 085 de diamètre.
La partie qui répondoit à la base de la fusée et au trou percé dans la plaque de cuivre, étoit creuse, le trou étoit irrégulier, et avoit 0,m 445 de profondeur; il n'étoit pas percé dans l'axe de la fusée, et s'approchoit ainsi plus ou moins de la surface extérieure du cylindre: cette partie vide qui forme l'âme de la fusée, contenoit 550 grammes d'eau distillée à la température de zéro, ou 550 centimètres cubes.
La poudre se trouve séparée de la tôle qui forme l'enveloppe de la fusée, au moyen d'une chemise en carton mince qui est collée sur la surface intérieure de cette partie.
On trouve au-dessus du cylindre de poudre une couche d'argile jaune (terre à poêle), du poids de 181 grammes, ayant 0,m 02 d'épaisseur; cette couche est percée à son centre d'un trou qui va en s'élargissant vers le haut de la fusée; sur cette argile on rencontre un peu de bitume répandu inégalement et ne faisant pas couche régulière, et le reste de la partie cylindrique est rempli d'une composition fondue, présentant le caractère extérieur de la roche à feu: cetter dernière couche pèse 581 grammes; elle a environ 0,m 085 d'épaisseur; elle est percée vers son centre et reçoit une étoupille qui, passant à travers, traverse le bitume, la couche d'argile, et communique ainsi avec la poudre destinée à donner à la fusée le mouvement ascensionnel.
Partie supérieure de la fusée. L'enveloppe de tôle de la partie supérieure ayant été fendue, j'en retirai une composition homogène d'un seul morceau, ayant la même forme que l'enveloppe, et présentant les mêmes caractères que l'espèce de roche à feu qui se trouve dans le haut de la partie inférieure de la fusée; cette matière paroit de même avoir été fondue; elle pesoit 1920 grammes, elle avoit 0,m 087 de diamètre; la partie conique avoit 0,m 196 de hauteur, et la partie cylindrique 0,m 145. l'intérieur de cette partie de la fusée n'étoit point revêtu de carton, et la roche à feu avoit été coulée dans la tôle même; aussi cette partie est-elle beaucoup plus oxidée que le reste de l'enveloppe de tôle.
La masse de roche à feu dont nous parlons est percée vers son axe et jusqu'au sommet du cône d'un trou de 0,m 015 de diamètre, auquel viennent aboutir des 6 trous latéraux dont il a été parlé dans la description extérieure de la fusée.
Une mèche de coton pénétrée de pulvérin, partoit de la base de la roche à feu où elle étoit fixée avec un peu de bitume; elle suivoit le trou jusqu'à l'extrémité du cône; elle n'y étoit point attachée, mais elle y flottoit et avoit sûrement été enfoncée à sec: cette mèche brûloit lentement comme l'amadou, en lançant de temps en temps quelques petites étincelles; elle servoit à établir une double cummunication entre les deux parties de la fusée qui communiquoient déjà par juxta-position, au point de contact des deux cylindres de roche à feu.

Fusée Anglaise
Explication des figures de la Planche 109
Fig.2. Trapèze générateur de la fusée dans sa révolution autour de l'axe AB
Fug.3. Vue extérieur et élévation de la fusée. CC, trous recouverts de toile peinte; ils communiquent au trou qui passant dans l'axe de la fusée sert à porter le feu à la composition incendiaire.
GH, attaches en tôle qui servent à fixer la baguette
E, corde goudronnée servant à réunir les deux parties de la fusée, au moyen des éclisses qui tiennent à la partie supérieure.
Fig.4. Plan de la base de la fusée
F, plan de l'ouverture où se place la mèche
G, plan de l'attache inférieure
Fig.5. Coupe transversale entre les deux attaches au-dessus de l'âme de la fusée
H, plan de l'attache supérieure
Fig. 6. Partie supérieure de la fusée.
CC, sont les trous dont il a été parlé à la fig. 5.
iiii, sont les bandes formées en fendant longitudinalement la tôle de la fusée sur tout sa circonférence; il y a douze bandes pareilles formant éclisses, s'appuyant sur les parois du sommet K de la partie inférieure de l fusée (fig. 7.) La corde goudronnée E, fig. 3, recouvre les bandes et joint ainsi d'une manière solide les deux parties de la fusée.
Fig. 7. Sommet de la partie inférieure de la fusée . . .
Fig. 8. Coupe longitudinale de la fusée, la section par son axe.
NOPQT, partie supérieure de la fusée
UVXY, partie inférieure
XYab, charge de poudre servant à donner à la fusée le mouvement ascensionnel.
abcd, couche d'argile jaune
cefg - dhik, coupes de l'anneau de bitume
UVhikgfe, coupe de la composition incendiaire terminant la partie inférieure de la fusée
ll. étoupille traversant la couche d'argile, la composition incendiaire, et pénétrant dans le cylindre de poudre.
PQmn espace vide dans lequel entre le sommet de la partie inférieure de la fusée
PQ, éclisses qui s'appliquent aux parois UX et VY de la partie inférieure de la fusée: ce sont ces bandes que recouvre la corde goudronnée.
Npp, trou suivant dans toute sa longueur l'axe de la composition incendiaire
CC, coupe des trous perpendiculaires à l'axe et communiquant à l'extérieur de la fusée
S, étoupille placée dans toute la longueur du trou Npp
F, trou destiné à recevoir la mèche de la fusée.
ZZ, coupe de l'âme de la fusée

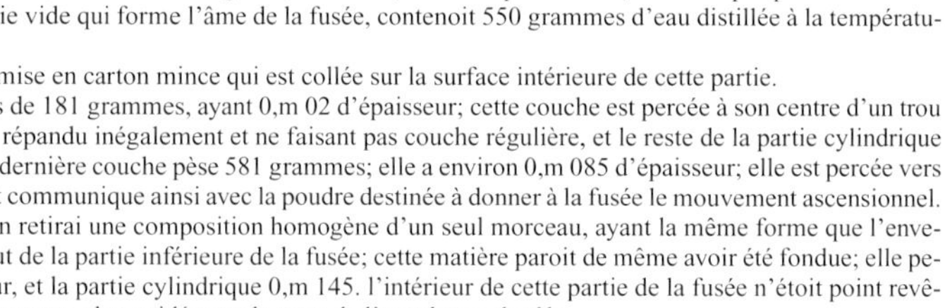

Siehe auch Zeichnung auf Seite 441

Procès-Verbal des Epreuves des fusées de guerre du Sr Bedford faites le 6 Octobre 1827 en présence de son Excellence le Ministre de la guerre[55] **Abschnitt 6 Beilage 4**

(Tableau) Première Station à 600 mètres: no. 1 - 8: Affût à Tubes, no. 9 - 18: Affût à Augets

No	Calibre des fusées	angle de tir	Ricochets nombre des ricochets	1ère Chûte distance	à gauche	à droite	dernière chûte dans la butte hauteur	au dela de la butte	à gauche	à droite	Plein fouets dans le butte hauteur	au dela de la butte	à gauche	à droite	Observations
1	2 1/2	12°	8	120m		x	15^m			1^m					dans les limites
2	”	12°	3	150		x		x		33					hors des limites
3	”	13°	3	160	x				32^m						hors des limites
4	”	14°	1	503	1m		x		x						dans les limites
5	”	14°	3	397	1,5		x		x						id
6	”	15°	1	516	21			x	x						hors des limites
7	”	15°	1	411	23										id
8	”	15°	2	450		3	x		x						dans les limites
9	2	18°	x	x	0	0	x		0	0					id. Dans la Direction
10	”	18°	4	x	0	0	x			x					hors de limites
11	”	18°	x	x	x			x	x						id
12	”	18°	x	x	x			x	x						id
13	”	20°										x	29^m		id
14	”	20°									2^m		14		dans les limites
15	”	20°	1	520	20		x		5						id
16	”	20°										x	39		hors des limites
17	”	18°										x	x		hors des limites *
18	”	18°	1	408		10	x			x					dans les limites *

*) tirées ensemble

Seconde Station à 1000 mètres; No. 19 - 22: Affût à Tubes

No	Calibre des fusées	angle de tir	Ricochets nombre des ricochets	1ère Chûte distance	à gauche	à droite	dernière chûte dans la butte hauteur	au dela de la butte	à gauche	à droite	Plein fouets dans le butte hauteur	au dela de la butte	à gauche	à droite	Observations
19	2 1/2	18°									x		29		dans les limites
20	”	18°									13		2		id
21	”	17°	1	x	x			x	x						hors des limites
22	”	15°	1	x	x			x	21						dans les limites

Technische Daten der bei den Versuchen in La Fère 1834 verwendeten Raketen[56] **Abschnitt 6 Beilage 5**

Calibres:	54mm âme cylindrique	66 mm âme cylindrique	92 mm âme tronconique
épaisseur de la tôle	1,5 mm	2 mm	3 mm
hauteur du cartouche	305 mm	430 mm	640 mm
diamètre des évents	12 mm	15 mm	20 mm
âme - hauteur	270 mm	385 mm	510 mm
- diamètre au fond	17 mm	18 mm	19 mm
- diamètre à l'entrée	21 mm	12 mm	31 mm
poids du cartouche vide	0,725 kg	1,760 kg	4,470 kg
poids de la composition chargée	0,965 kg	1,630 kg	4,790 kg
poids total du cartouche	1,720 kg	3,700 kg	9,800 kg
densité de la composition	1,300 kg	1,350 kg	1,400 kg
effort moyen au dynamomètre	50 kg	130 kg	330 kg
Baguette - longueur	1,670 m	2,760 m	3,000 m
- poids	0,980 kg	2,080 kg	3,800 kg
Longueur du cartouche équipé	1,970 m	3,190 m	3,540 m
Poids du cartouche équipé	2,700 kg	5,780 kg	13,600 kg
boulet creux - calibre	54 mm	66 mm	92 mm
- saillie	50 mm	60 mm	90 mm
- poids total	0,810 kg	1,460 kg	4,500 kg
poudre contenue dans le boulet	0,040 kg	0,100 kg	0,200 kg
fusée complète - longueur	2,020 m	3,250 m	3,730 m
- poids	3,510 kg	7,240 kg	18,100 kg
portée moyenne sous l'angle de 45°	1621 m	1885 m	2630 m
temps nécessaire au chargement	1 h	1 h 30 m	6 h

a) Technische Daten der 1856 eingeführten Raketen[57] **Abschnitt 6 Beilage 6a**

calibres (diamètre intérieur du cartouche)	6 montagne et campagne	7 campagne et siège	9 siège	12 siège
épaisseur de la tôle	1, 5 mm	1,5 mm	2,5 mm	3 mm
hauteur du cartouche	430 mm	500 mm	900 mm	1120 mm
diamètre des évents	14 mm	17 mm	23 mm	32 mm
âme - hauteur	380 mm	455 mm	800 mm	1000 mm
- diamètre au fond	16 mm	18 mm	15 mm	15 mm
- diamètre à l'entrée	20 mm	22 mm	31 mm	31 mm
poids du cartouche vide	1,100 kg	1,500 kg	5,500 mm	10,100 kg
poids de la composition chargée	1,600 kg	2,750 kg	8,500 kg	19,000 kg
poids total du cartouche	3,000 kg	4,500 kg	15,000 kg	30,000 kg
densité de la composition	1,600 kg	1,650 kg	1,700 kg	1,750 kg
effort moyen au dynamomêtre	125 kg	205 kg	620 kg	1350 kg
Baguette - longueur	0,600 m	0,670 m	1,10 m	1,50 m
- poids	1,300 kg	1,500 kg	3,00 kg	8,00 kg
Poids du cartouche équipé	4,300 kg	6,000 kg	18 kg	38,100 kg
boulet creux ogival - calibre	9	10	12	15
- saillie	14	16	20	25
- poids total	2,700 kg	4,000 kg	6,500 kg	13,000 kg
poudre contenue dans le boulet	0,250 kg	0,400 kg	0,900 kg	1,500 kg
fusée complète - longueur	1,170 m	1,320 m	2,200 m	2,870 m
- poids	7 kg	10 kg	24,500 kg	51,100 kg
temps nécessaire au chargement	30 m	40 m	1 h 10 m	3 h 30 m

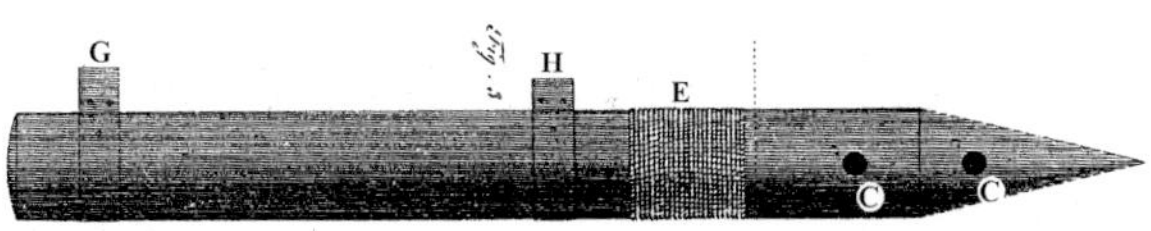

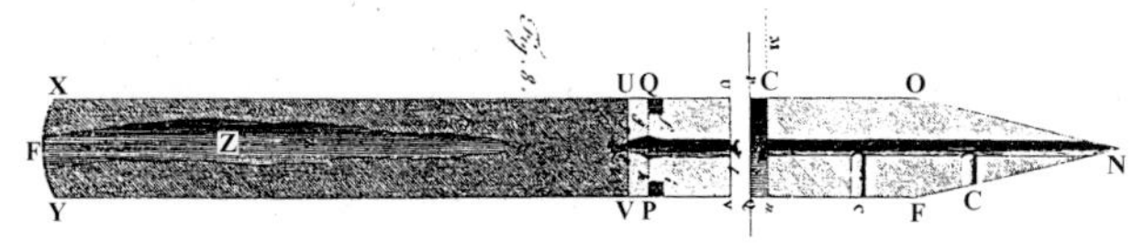

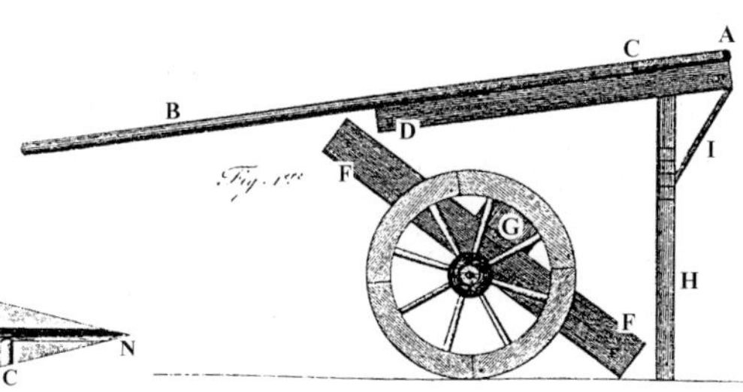

6b) Daten der Gefechtsköpfe **Abschnitt 6 Beilage 6b**

désignation des armures		poids de la charge (kg)	poids total (kg)	fusées auxquelles les armures sont destinées
obus sphériques de	12	0,280	4,800	6, 7, 9
id	15	0,600	8,500	9
id	16	0,799	11,500	9, 12
id	22	2,200	24,000	9, 12
bombes de	27	3,000	51,000	12
id.	32	5,500	75,000	12
obus ogival de	9	0,250	2,700	6
id.	10	0,400	4,000	7
id	12	0,900	6,500	9
id	15	1,500	13,000	12
chapiteau explosif de	12	3,300	7,300	6 , 7, 9
id	14	4,500	9,500	7, 9, 12
id	16	7,000	13,500	7, 9, 12
boîte incendiaire de	7	0,600	2,500	6
id	9	1,200	4,800	6, 7, 9
boîte à mitraille de (32 balles de 24,5 mm)	9		4,000	6

Ergebnisse der Versuche in Suippes 1856[58] **Abschnitt 6 Beilage 7**

fusées	armures	portées moyennes, sous les angles de 20°	25°	30°	35°	40°	45°	50°	55°	60°	65°
de 6 cent.	obus ogival de 9	1400	2050	2070	-	2600		2280			
id.	boîte incendiaire de 9	-	-	-	-	0	1250	-			
de 7 cent.	obus ogival de 10	-	2050	-	2930	-	2850	-	3180		
id.	boîte incendiaire de 9	1950	-	2160	2600	2800	2860	-	2840		
de 92 mm	obus ogival de 12	-	3340	-	4700	-	5310	-	5060	-	4920
id.	boîte incendiaire de 9	-	4030		4810	-	5060	-	5600	-	-
id.	chapiteau explosif de 12	-	3100		4240	-	4300	-	4640	-	-
id.	obus de 22	-	-	-	-	-	-	1650	2060	-	-
de 9 cent.	obus ogical de 12	-	-	-	-	-	4420	-	4870	-	-
de 820 mm	boîte incendiaire de 9	-	-	-	-	-	4730	-	5280	-	-
id.	obus de 22	-	-	-	-	-	-	-	-	1560	-
de 9 cent.	obus ogival de 12	-	-	-	-	-	5020	-	4940	-	-
de 860 mm	boîte incendiaire de 9	-	-	-	-	-	5070	-	5160	-	-
id.	obus de 22	-	-	-	-	-	-	-	-	1910	-
de 9 cent.	obus ogival de 12	-	-	-	-	-	5450	-	5360	-	-
de 900 mill.	boîte incendiaire de 9	-	-	-	-	-	5690	-	4650		
id.	obus de 22	-	-	-	-	-	-	-	-	1970	-
de 12 court.	obus ogival de 15	-	4330	-	-	-	5360	-	5800	-	-
id.	chapiteau exposif de 14	-	2500	-	-	-	5460	-	5510	-	-
id.	obus de 22	-	-	-	-	-	-	3370	-	-	-
de 12 long.	obus ogival de 15	-	3860	-	5300	-	6550	-	6570	-	-
id.	chapiteau explosif de 14	-	-	-	-	-	5900	-	6220	-	-
id.	chapiteau expolisf de 16	-	3540	-	3450	-	5360	-	5690	-	-
id.	obus de 22	-	-	-	3160	-	3930	-	4250	-	-
id.	bombe de 27	-	-	-	-	-	2140	-	-	2370	-
id.	bombe de 32	-	-	-	-	-	1500	-	1320	1300	-

Resultate der am 16ten Juni d. J. vorgenommenen Raketen-Versuche[59] **Abschnitt 7 Beilage 1/1**

No. der Raketen	Elevations-winkel	Horizontale Abweichung des Richtungsanhaltes	Flugweite bis zum 1sten Aufschlage Ellen	Flugweite bis zum Liegen der Rakete Ellen	Seitenabweichung des 1n Aufschlages Ellen	Bemerkungen
1.	13°	genau in der abgesteckten Richtungslinie	1,550	1,560	75 links	-
2.	desgl		--	1,560	60 desgl.	Diese war beim 1sten Aufschlage liegen geblieben
3.	desgl.		--	1,800	120 desgl. Nb. Liegen der Granate allein	Die Granate lud in der Luft aus und erreichte allein die bemerkte Flugweite, wogegen die Raketenhülse schon in 1000 Ellen Weite Grund findet
4.	desgl.		1,325	1,400	45 desgl.	Diese Rakete hatte 4.Aufschläge bis zum Liegen
5.	desgl.		1,795	1875	95 desgl.	Mit 7. Aufschlägen bis zum Liegen
6.	18°	Wegen zu-nehmenden Windes wurde das Richtungs-rohr nach Rechts zugewendet und auf beiläufig 30 Ellen vom Zielpunkte rechts ausgerichtet	1,730	1,785	50 desgl.	Mit 5. Aufschlägen
7.	desgl.		--	--	--	Die eingelöthete Mündungsplatte der Rakete wurde noch innerhalb des Richtungsnehmens abgestoßen
8.	desgl.		--	--	--	Wie bei No: 7.,
9.	desgl.		1,540	1,550	28 desgl.	--
10.	desgl.		1,400	1,410	70 desgl.	--
11.	desgl.		1,500	1,510	60 desgl.	--
12.	desgl.		--	--	--	Wie bei No: 7. und 8.
13.	25°	Genau in der abgesteckten Linie	--	1,500Nb.Lage der Granate	300 desgl.	Wie bei No: 3. hatte die Granate in der Luft ausgeladen und sich von der Rakete getrennt,welche daher schon in 900 Ellen Weite und 40 Ellen links niederfiel
14.	desgl.		--	1450	260 desgl.	Auch hier entlud sich die Granate in der Luft ohne sich jedoch von der Rakete loszuschlagen
15	desgl.		--	--	--	Auch hier wurde wie bei No: 7. 8. und 12 die Mündungsplatte losgestoßen

Meißen, den 19n Juni 1849 H.G. Kühne

Abschrift von Artillerie Corps Commando an das Kriegsministerium abgegeben Ergebnisse des Versuches von Raketenkörpern den 16. Juni 1849 **Abschnitt 7 Beilage 1/2**

No der Rakete	Entfernung	Richtungs-winkel	1.Aufschlag Längen-Abweichung	1.Aufschlag Seiten-Abweichung	Erfolg	Liegen-bleiben	Bemerkung
1.	1800 Ellen	13°	250 Ellen zu kurz	75 Ellen links		--	220 Ellen zu kurz
2		-	240 Ellen zu kurz	60 Ellen links	-	beim Aufschlag	
3		-	1000 Ellen zu kurz	100 Ellen links	-	99 Ellen zu kurz	explodiert,die Granate ging bis auf 120 Ellen links
4		-	275 Ellen zu kurz	25 Ellen links	-	200 " " "	4. Aufschläge vor dem Ziel
5		-	5 " " "	95 " "	-	75 Ellen hinter dem Ziel	4. Aufschläge, 3 davon hinter dem Ziel
6		18°	70 " " "	50 " "	-	15 Ellen zu kurz	5. Aufschläge vor dem Ziel
7		-	--	--	-	--	explodierte gleich nach dem Zünden
8		-	--	--	-	--	desgleichen
9		-	260 Ellen zu kurz	28 Ellen links	-	250 Ellen zu kurz	
10		-	400 Ellen zu kurz	70 Ellen links	-	390 Ellen zu kurz	
11		-	300 Ellen zu kurz	60 Ellen links	-	290 Ellen zu kurz	
12		-	--	--	-	--	explodierte gleich nach dem Zünden
13		25°	1100 Ellen zu kurz	40 Ellen links	-	beim Aufschlag	explodierte,die Granate ging gleich bis auf die ...?-Schanze, 300 Ellen vor und 300 Ellen links vom Ziele
14		-	550 Ellen zu kurz	260 Ellen links	-	desgleichen	
15		-	--	--	-	--	explodierte gleich nach dem Zünden

Anmerkungen: 1. starker Luftzug im Flug 2. Bedeckter Himmel 3. Es war eine Blende von 40 Ellen Länge aufgestellt 4. Vor der Blende war ein Viereck marquiert: durch ein aufgestelltes Band in jeder Ecke von 80 Ellen Tiefe und 50 Ellen Breite Arnim Ponwel Leutnant

Wurftafel für die 2zöllige preußische Festungs-Sprengrakete mit kleiner Sprenghaube **Abschnitt 7 Beilage 2/1**

Seitenstab

Entfernung Schritt	Elevation Grad	Gewicht d. Sprenghaube	Flugzeit Sekunden	+ 1 Grad verändert Wurfweite in Schritt	- 1 Grad verändert Wurfweite in Schritt
140	69	25 Pfd 21,8 Lth	7,97	6	5-6
160	66		7,69	5-6	5
180	62		7,40	5	3-4
200	57		7,08 (7,09)	3-4	1-2
220	45		5,73 (5,79)	1-2	- (1-2)
240	65	19 Pfd 19,3 Lth	9,58	8-9	7-8
260	62 (59)		9,23 (9,29)	7-8	6-7
280	59		8,85	6-7	4-5
300	55		8,37	4-5	2-3

Bemerkung: *) Durch Veränderung der Elevation um 1 Grad kann dieWurfweite um 8 Schritt verändert werden[60]

Achsenstab

Entfernung Schritt	Elevation Grad	Gewicht d. Sprenghaube	Flugzeit Sekunden	Bem.
100	79 1/16	19 Pfd 19,3 Lth	9,27	*)
110	77 13/16 (77)		9,23	
120	76 9/16		9,17	
130	75 4/16		9,11	
140	73 14/16		9,05	
150	72 8/16		8,98	
160	71 2/16		8,90	
170	69 12/16		8,81	
180	68 5/16		8,71	
190	66 13/16		8,60	
200	65 4/16		8,47	
210	63 8/16		8,32	
220	61 11/16 (61)		8,15	
230	59 10/16		7,96	
240	57 3/16		7,74	
250	54 1/16		7,47	
260	49 8/16		7,13	

Tabelle der geworfenen 2½zölligen Rikoschett - Raketen von dem Jahre 1828[61] **Abschnitt 7 Beilage 2/2**

Tag	Anz. Rak	Länge Dorn	Satz Salpeter/ Schwefel Kohle	Gef.-Kopf	Eleva-tion	mittl. Weite 1.Auf-schlag	Anz. Auf-schl.	mittl. Entf. auf der die Granate liegenblieb	Unter-schied weiteste u. kürzeste Weite	Seitenabweichung (Zahl Raketen mit Schritt Abweich.*) Anmerkung: *) Anzahl Raketen (fett gedruckt = Seitenabweichung links, im Original = rot; normal gedruckt = Seitenabweichung rechts, im Original = schwarz)									
		Zoll	in „%"		Grad	Schritt		Schritt	Schritt	10	20	30	40	50	60	70	80	90	100
29.01.	3	12	65/25/10	12pfd. Hohlkugel, 8 Pfd schwer	3	162	3	1041	119	-	1	1	1						
	3	"	-"-	-"-	6	681	5	1048	143	1	2								
	3	"	-"-	-"-	9	997	4	1151	277	**1**	2								
22.02.	10	"	62/25/10	-"-	6	495	8	1014	547	-[1)]	**1**1	**1**1	**2**						
29.03.	2	"	-"-	-"-	6	421	7	1088	45	1	-	**1**							
	2	"	-"-	-"-	10	900	3	1271	58	-	-	**1**	**1**						
	2	"	-"-	-"-	15	-	-	1468	64	-	**1**	-	-	**1**					
12.04.	3	"	66/24/10	-"-	6	686	7	1188	148	-	1	1**1**							
01.05.	10	"	-"-	-"-	6	550	6	1217	300	**1**	-	1	2**2**	-	1**1**	1	-	-	1
30.05.	3[2)]	"	-"-	-"-	6	800	10	1279	233	-	-	-	-	2	-	-	-	-	**1**
	3	"	-"-	7½ Pfd schwer	3	461	11	1342	28	-[4)]	**1**	**1**							
	3	12½	-"-	8 Pfd schwer	6	642[3)]	8	1279	172	**1**	**1**	1							
	3	12	-"-	-"-	6	470	8	1144	126	1[5)]	-	-	-	-	-	-	-	1	
14.08.	5	12	-"-	-"-	6	610	7	1324	146	1	-	-	**1**1	-	-	1	-	-	1
	5	12	-"-	-"-	5	475	12	1166	271	1	-	-	1	1	1	-	-	-	1
15.10.	9	10	alte Reste	6 pfd Kanonen Kugel	6	579	4	1047[6)]	606	11	-	2	1	1	1**1**	-	-	-	1

Bemerkungen: 1) 22.02.: „4 Linie oder unter 10 Schritt Seitenabweichung" 2) 30.05.(1. Zeile): „bei Wilmersdorf auf hartem Boden geworfen"
3) 30.05. (3. Zeile): „eine ging auf 1377 Schritt ohne Aufschlag, bei Wilmersdorf" 4) 30.05. (2. Zeile): „1 unter 10 Schritt bei Wilmersdorf"
5) 30.05. (4. Zeile): „auf dem gewöhnlichen Schießplatz, 1 links unter 10 Schritt" 6) 15.10.: „eine ging ohne Aufschlag auf 1556 Schritt"

Tabelle der Resultate mit Bogenraketen aus den Jahren 1827 bis 1829[62] **Abschnitt 7 Beilage 2/3**

Art der Rak.	Tag	Zahl	Länge Dorn	Treibsatz Salpeter Schwefel Kohle	Gef.-Kopf	Ele-va-tion	mittl. Wurf-weite	Abweichung Länge *)						Abweichung Seite *)					
Zoll			Zoll	Teile		Grad	Schritt	Schritt						Schritt					
								25	50	75	100	150	200	25	50	75	100	150	200
2½	04.10. 1827	10	14	61/27/12	12pfdg Kugel 8 Pfd schwer	35	2587	**21**	**13**	1			[1)]	**2**	**1**	**1**1	1	**21**	1
-"-	29.01.1828	3	12	65/25/10	-"-	35	2004	**1**	**11**					-	-	-	-	2	1
-"-	-"-	3	9¾	-"-	-"-	35	1443	**11**	-	1				1	-	2			
-"-	22.02.1828	5	9¾	62/25/10	-"-	35	1477	-	**11**	1	-	1	**1**	**1**1	**1**	**1**1			
-"-	-"-	5	14	-"-	7pfdg Granate 14¾ Pfd schw.	35	1244	**1**	1	1	-	1	**1**	**3**	-	1	**1**		
-"-	29.03.1828	3	14	-"-	-"-	45	1575	1	1	**1**				[2)]		**1**1			
-"-	-"-	3	-"-	-"-	-"-	55	1384	**12**						-	1**1**	-	-	-	1
-"-	-"-	3	-"-	-"-	-"-	65	1050	**2**	1					-	-	1	-	1	1
-"-	-"-	2	12	-"-	-"-	45	1097	**11**						-	-	**2**			
-"-	-"-	2	-"-	-"-	-"-	55	950	-	1	**1**				**1**	**1**				
-"-	26.04.1828	5	14	62/25/10	-"-	35	1351	1	**2**	-	**1**	1		1	1**2**	1	1		
-"-	-"-	3	12	-"-	12pfdg Hohlkugel 11½ schw.	35	1534	-[3)]	**11**					1	-	-	1	**1**	
-"-	01.05.1828	5	12	-"-	-"-	35	1378	**2**1	1	**1**				**2**	11	**1**			
-"-	-"-	5	-"-	-"-	12pfdg Hohlkugel 8 Pfd schw.	35	1934	-	2	**1**1	1			-	1**1**	**1**	**1**1		
-"-	-"-	5	9¾	-"-	-"-	35	1336	-	-	1	1	**1**1	**1**	**2**	-	**1**1	1		
-"-	12.09.1828	10	9¾	-"-	dto. 8½ schwer	35	1332	-	**12**	1	**1**1	-	4	**1**	**22**	-	**2**	1	**1**
3	28.03 .und 11.04.1829	4	15	61/27/12	7 pfdg Granate 14¾ Pfd schw.	35	1610	**11**	-	**11**				1-[4)]	**12**				

Anmerkung: *) Anzahl Raketen (fett gedruckt = kürzer als mittlere Wurfweite bzw, Abweichung nach links, normal gedruckt = weiter als mittlere Wurfweite bzw. Abweichung nach rechts, im Original getrennte Spalten)
Bemerkungen: 1) 04.10.1827: 2 gingen auf 500 Schritt, „2 Raketen hatten Fehler, gingen ungewöhnlich kurz" 2) 29.03.1828: „1 Linie"
3) 26.04.1828: „1 mittlere Reichweite" 4) 12.09,1828: „1 Linie"

I. Abschnitt Ueber die zweckmäßigste Art des Gebrauchs der Raketen

§.1. Vollkugeln, durch Raketen in den Feind zu werfen, ist zwar ausführbar, jedoch nicht vortheilhaft, da dieser Art von Kugeln, aus Kanonen geschoßen, eine größere Percussion gegeben werden kann, und ihre Wirkung (als eine einfache) eine größere Treffähigkeit erfordert, als die Raketen bis jetzt erlangt haben.

§ 2. Die Granaten, welche man in des Feindes Reihen werfen will, sollen erstlich durch ihre Percussionskraft und dann zweitens, wenn sie gesprungen sind, durch ihre Sprengstücke dem Feinde Schaden zufügen.

Kleine Granaten, deren Sprengstücke einen Mann oder ein Pferd nicht außer Gefecht setzen, erfüllen ihren Zweck nicht.

Große Granaten, welche schwer zu tragen, schwer zu transportiren und wegen der großen Pulvermasse deren sie bedürfen, um sie in den Feind zu schleudern zugleich kostbar sind, erfüllen vorzüglich deshalb ihren Zweck nicht, weil ihre Behandlung, den Transport und den Gebrauch dergestallt unbehülflich macht, daß dieser Nachtheil den Vortheil ihrer Größe vollkommen überwiegt. Dieß würde für Granaten durch Raketen getragen um so mehr der Fall sein, als eine fertige Rakete beinah doppelt so viel wiegt, als die Granate, welche von ihr getragen wird.

Man hat daher für die Schlachtrakete eine Granate von 8 Pfd. angenommen, welche in ihrer Sprengwirkung wenig von der 14 Pfd. wiegenden Granate (für 7 Pfdge Haubitzen) verschieden ist.

Solche Granaten von 8 Pfd. haben 7,50 Zoll Durchmesser und haben eine Eisenstärke von 0,68.

Die Rakete welche eine solche Hohlkugel trägt, bedarf ein ohngefähr eben so großes Gewicht, so daß also die ganze Rakete mit ihrer Vorderbeschwerung und Stab zwischen 15 und 16 Pfd. wiegt.

§ 3. Das Werfen von Raketen mit hohen Elevationen, ist recht schwierig, weil es dabei recht sehr auf den Ballancepunct ankömmt, und ein verlängerter Stab auf die Richtung einen günstigen Einfluß hat; allein für den practischen Gebrauch am Tage der Schlacht ist ein solches Feuer sehr unwirksam:

1, weil die Granaten in der Regel tief einschlagen und bei einem Eindringen von 6 Zoll in die Erde keine zerstörende Wirkung beim Sprengen erfahren.

2, weil die Granate (von deren Sprengwirkung überhaupt die Vorstellungen sehr übertrieben sind,) den Boden nur auf einen einzigen Punct berühren, und also bei einem Bogen-Wurf der Vortheil entbehrt werden muß, der sich aus der Zerstörung ergiebt, welche bei einem Horizontal Schuß dem Explodiren einer Granate vorausgeht.

Es isr daher ungleich vortheilhafter die Raketen zum Horizontal Schuß anzuwenden, und zwar

a, mit Granaten welche entweder unmittelbar, oder durch Ricochette in die feindlichen Glieder schlagen ehe sie zerspringen, oder

b, durch Kartätschen

Eine so große Aufmerksamkeit bei der Construction der Raketen nun auch dazu gehören mag, um gute Raketen für den Horizontal Schuß hervorzubringen, so wird die darauf verwendete Mühe und Kosten, sich doch stets durch den bedeutenden Erfolg belohnen, den Horizontal Raketen im Vergleich mit Bogen-Raketen am Tage der Schlacht haben werden.

§ 4. Bogen-Raketen, sind bei allen Belagerungen, bei Ansteckung von festen Städten, so wie offenen Orten von vorzüglicher Wichtigkeit. . .

Da alle Horizontal Raketen als Bogen Raketen gebraucht werden können, wie dieß (§ 23) besonders gelehrt ist, so bedarf man nicht der Mitführung besonderer Bogenraketen zur Schlacht. Ebenso erscheint es nicht nothwendig, ein besonders Caliber für diesen Zweck mitzuführen.

Einige Brandkörper zum Anzünden mitzuführen, wird aus dem Grunde vorzüglich zweckmäßig sein, als die Einrichtung getroffen ist, sie auf jede Rakete beliebig aufstecken und gebrauchen zu können. . . . . . .

§ 7 Cartätsch-Raketen. Diese Art von Raketen wird unter allen Umständen am Tage der Schlacht die wichtigsten Dienste leisten. Sie können in jeder beliebigen Entfernung geworfen werden, für die angenommene 2½ zölligen Rakete aber vorzüglich auf Entfernungen von 500 bis 1200x.

Eine Cartätschbüchse welche circa 100 Stück Infanterie Gewehrkugeln faßt, wird auf eine Distance von 100 Schritt vor dem Object welches erreicht werden soll gesprengt, die Kugeln werden frei, verfolgen die Bahn, und geben einen guten Streukegel und die nöthige Percussionskraft um zu tödten.

II. Abschnitt: Ueber die Art der Construction der Preußischen Raketen und die bei ihrer Zusammensetzung anzuwendenden Grundsätze.

§ 8. Das Caliber der Raketen. Ist der Durchmesser der Granate gegeben, so findet man den Durchmesser der Hülse oder das Caliber wenn man d = Durchmesser der Granate mit c = Caliber nimmt. c = d/7 . 3,9 Ist z. B. eine Granate von 4,37 Durchmesser gegeben, so würde eine Rakete von 2,5 Caliber diese Granate am zweckmäßigsten tragen.

Ist das Gewicht der Granate gegeben so stimmt man das Caliber folgendermaßen: Eine Rakete bedarf die Hälfte dieses Gewichts an Treibesatz um die Granate horizontal zu bewegen. Z. B. für 8 Pfd wiegende Granate (welche den Durchmesser einer 12pfdgen Canonenkugel hat = 4,36) bedarf 4 Pfd. Treibesatz. 1 Pfd. gepreßter Treibesatz hält 11,35 Cubikzoll (1 Cub:Zoll = 2,82 Loth). Diese 4 Pfd. oder 75,40 Cub.Zoll Treibesatz sind durch einen Cylinder dargestellt, in welchem sich ein Bohrloch von 1/3 des cubischen Inhaltes des Cylinders befindet. Die Cubic Wurzel dieses Inhalts vom Bohrloch, giebt das Caliber. Dies wäre für den vorliegenden Fall 2,5 des Durchmessers der Hülse.

Anmerkung. Bei dieser Ermittelung des Calibers kömmt es nicht auf die höchste Schärfe an, da bei dem Caliber 1/10 auf und ab. keine wesentliche Aenderung macht.

§ 9. Umfang in welchem sich das Caliber benutzen läßt. Aus dem Caliber folgen nun alle übrigen Stücke der Rakete, wie in den nachfolgenden §§ zu ersehen ist.- Es bleibt jedoch zu bemerken wie für die gegebene Hohlkugel hier das Minimum der Hülse berechnet worden ist; Dagegen ist es zulässig, minder schwere Hohlkugeln mit Hülsen von demselben Caliber zu werfen, wobei die Construction der Rakete sich in nichts als in dem Balancepunct (§23) veraendert. Auch kann das Gewicht des Treibesatzes bis auf die Hälfte des Gewichts der Hohlkugel, so wie der hohle Raum des Bohrloches bis auf das Bedürfniß vermindert werden. Dies kann auf verschiedene Arten geschehen:

a. wenn die Höhe des Treibesatzes von 5 Caliber auf 4 oder 3 Caliber herabgesezt und demgemäß vom abgestumpften Kegel des Bohrloches in demselben Maaße abgenommen wird

b, wenn die Höhe des Treibesatzes beibehalten, das Bohrloch jedoch um so viel erweitert wird, daß die nöthige Verminderung des Gewichts entsteht.

c, indem man beyde Mittel a und b zugleich anwendet. Wenn man jedoch bei den § 12 abgegebenen Treibesatz und Hülse eine größere oder geringere Vorderbeschwerung gebrauchen wollte, ohne den Balancepunct zu corrigiren, so würde die Rakete keine Horinzontale beschreiben sondern im ersten Fall bald nach ihrem Abgang zur erde sinken, im zweiten Fall sogleich aufsteigen, da die Treibekräfte nicht im Verhältnis stehen, sondern zu stark oder zu wenig sein würden.

Anmerkung: Nach allen bisherigen Erfahrungen ist die Länge des Dorns und dadurch gebildeten Bohrlochs von 5 Caliber die vortheilhafteste für die Richtung der Raketen. Allein sie ist zugleich die schwierigste für die Construction und erfordert die größte Vorsicht beim Gebrauch der Kräfte da eine Rakete mit langem Bohrloch viel mehr dem Zerreißen der Hülse ausgesetzt ist, als eine kurze Rakete von 3 oder 4 Caliber Länge.

§ 10. Allgemeines Erforderniß um eine Rakete zweckmäßig ans Ziel zu bringen. Die Berechnung über die Construction einer Rakete muß jederzeit für den Horizontalschuß angelegt sein. Hieraus läßt sich die Construction der Bogen, Brand und Leuchtkugel-Raketen alsdann leicht ableiten. Diese Berechung gründet sich auf drey Bedingungen deren Erfüllung nöthig ist, um eine Rakete mit ihrer aufgehefteten Vorderbeschwerung zweckmäßig an ein Ziel zu bringen.

I Die Entwicklung von so viel Kräften (Fluidum, Gas) um die Rakete horizontal fort zu schieben.

II eine solche successive Abwickelung des Fluidums, daß dieselbe Kraft bis zum Ausbrennen gleichmäßig fortgesetzt wird.

III eine solche Eintheilung der Schwere des Körpers (des balanciren) daß dadurch das Gleichgewicht der Rakete nicht verloren gehen kann.

Wir werden diese Bedingungen successive, und zwar in den §§ entwickeln.

§ 11. Von der Raketen Hülse. Sobald das Caliber der Rakete gefunden ist, bestimmt sich die Hülse folgendermaßen: innerer Durchmesser = des Caliber Länge

a, zur Bildung des Brandlochs sägeförmig umgebogen	2/5 Cal.
b, zum Treibesatz	5 -
c, zum Massiv	1/5 "
d, zum Thon oder Lehrschlag	2/5 -
e, zum Segment der Granate	1/5 -
	6 1/5 Caliber

Nachdem nun ein Stempel genau von einem Caliber Durchmesser und etwas länger als 6 1/5 Calib:Länge gefertigt ist, wird ein dünnes weiches Eisenblech aus gewählt, von welchem 33 bis 34 Platten auf einen Centner gehen. Aus jeder Platte werden 3 Hülsen geschnitten wobei noch hinlänglich für die Stabösen übrig bleibt.

Das über den Stempel gebogene Hülsenblech muß einige Linien über einander schließen und wird in seiner Länge dergestalt vernietet, daß die Niethköpfe in der Entfernung von vier Linien voneinander stehen.

Die 2/5 Caliber zur Bildung des Brandlochs, werden sägeartig in diese Länge ausgezackt und im rechten Winkel umgebogen.

Zur Bildung der Staböse wird eine Schablone gemacht von 4 Zoll Länge, einen Zoll Breite und einen Zoll Höhe. Die Öse mit 2 Streifen zu jeder der beiden Nieten zum Vernieten, wird über die Schablone geschlagen, genau in der Richtung der Hülse aufgenietet. Hiermit ist die Hülse vollendet.

§ 12. Vom Treibesatze. Gereinigter aber ungebrochner Salpeter, Schwefel und Kohle, werden in einer Stube durch Dämpfe befeuchtet bis man kleine Tropfen auf ihrer Oberfläche stehen sieht. Dann wird die Masse in ein Mischfaß gebracht, und mittelst kleiner metallenen Kugeln durch mehrstündige Drehung auf das innigste vermischt. Die Zahl der Kugeln muß

so groß sein, daß sie das Gewicht des zu mischenden Treibsatzes um das 3 fache übersteigen. Die Kugeln müssen klein, nicht größer als grobes Schrot sein.
Die Mischungsverhältnisse des Treibesatzes geben ihm eine größere oder geringere Schärfe. Nach den gemachten Erfahrungen erlangt der Treibesatz die höchste Gewalt, wenn der Salpeter 0,725 erhält, und der Schwefel und die Kohle die übrigen 0,275, dergestallt, daß der Schwefel bei der Entzündung rein verbrennt.

Anmerkung: Wie viel Schwefel zu nehmen ist, hängt von seiner Güte ab. Bei den Versuchen, welche die höchste Kraft entwickelten, nahm man - 0,725 = Salpeter / - 0,170 = Schwefel / - 0,105 = Kohle[64] Erhöhet man den Salpeter in der Mischung über 0,725 bis 0,800 so erhält man eine steigende Geschwindigkeit, allein, da es darin an Schwefel und Kohle zur Auflösung des Salpeters in Gas fehlt, so mindert sich die Kraft, dergestallt, daß nach den Beobachtungen eine Mischung von 0,75 Salpeter eine Kraft gab, welche gleich war der Mischung von 0,70. 0,80 war gleich 0,65. Da nun alle Mischungen über 0,725 einen großen Rückstand zurücklassen, der klebrich und schmutzig, die Rinne des Schießgestells verschmiert, auch am Ende wenn er trocknet wahrscheinlich noch entzündungsfähig ist, so muß man den Gebrauch alles Treibesatzes in welchem sich von 1000 Theilen mehr als 725 Salpeter befinden, für unzweckmäßig halten . . .
Bei den Versuchen von 1828 wurde zu Raketen von 2½ Zoll Kaliber und von einem Bohrloch von 5 Kaliber Länge ein Treibesatz von der Mischung [hier fehlt die Angabe] gebraucht; indeß hängt diess innig mit dem Bohrloch zusammen, denn durch die Form welche man dem Bohrloch giebt, kann man jede Rakete sprengen, selbst wenn sie mit dem faulsten Treibesatz gepreßt wäre.
Jedoch hat eben so wohl die Entzündung einen großen Einfluß darauf, nachdem sie am Brandloch oder an der Kegelspitze bewirkt wird, je nachdem ihr eine größere oder geringere Heftigkeit gegeben wird . . .Obgleich das Gesetz über die verschiedenen Mischungs Verhältnisse des Treibesatzes sowohl in Beziehung auf das Bohrloch als die Entzündung vom General Lieutenant Müffling noch nicht gefunden ist, auch schwerlich bis jetzt ein solches in Europa existirt, so hofft er jedoch diess später auszufinden und legt bis dahin seine Erfahrungen nieder . . .
§ 13. Vom Zehrsatz oder dem Massiv [Auszug siehe Abschnitt 07]
§ 14. Vom Lehm. Der Lehm ist von der größten Wichtigkeit, weil erst dadurch der Treibesatz unter der Presse die gehörige Festigkeit und die Vorderbeschwerung den gehörigen Widerstand gegen den Druck des Fluidums erhält. Man giebt den preußischen Raketen einen Lehmschlag von 2/5 bis 3/5 Caliber-Stärke.
§15. Vom Bohrloch. Eine Rakete ohne Bohrloch brennt aus, ohne sich von der Stelle zu rühren. Eine Rakete mit einer cylinderförmigen Bohrung, springt auf der Stelle sobald sie Feuer bekömmt. Eine Rakete mit einer kegelförmigen Bohrung geht in der entgegengesetzten Richtung des Brandloches ab, sobald das Fluidum (Gas) welches der Treibesatz entwickelt nicht Zeit hat, vollständig, und, so wie es sich nach und nach erzeugt, gleichmäßig durch das Brandloch auszuströmen. Der erste Stoß, der die Rakete in Bewegung setzt, bildet sich, wie wir weiter unten sehen werden, in dem Innern des Bohrlochs der Rakete. Aus diesem Grund muß dasselbe einen cubischen Inhalt haben der mit der Schwere des zu bewegenden Körpers in Verhältniß steht.
§ 16. Von dem aus dem Treibesatz entwickelten Fluidum. Sobald das Bohrloch der Rakete Feuer bekömmt, entwickelt sich Fluidum, staut sich (§ 17) und gibt der Rakete den ersten Stoß. Hat dieser die angemessene Kraft, so muß der Bohrkegel so construirt sein, daß dieselbe Masse von Fluidum sich als Stauungskraft erhält; denn die Ausströmung wird in dem Maass bedeutender, als das Brandloch sich erweitert . . .
Noch sind keine Mittel gefunden worden, diese Kräfte zu messen, indess wenn man annimmt, daß eine 15 pfder Granate aus einer Haubitze mit 1½ Pfd Pulver ebenso weit geschleudert wird, als durch eine Rakete mit 6 Pfd Treibesatz, so ergiebt sich, daß 3 Theile (z) des Treibesatzes aus dem Brandloch strömen, während nur ein Theil (y) dahin wirkt, die Granate an das Ziel zu bringen . . .
§ 20. Vom Pressen der Raketen . Da hier nur der wissenschaftliche Theil der Fabrikation der Raketen abgehandelt werden soll, so ist die Kraft des Pressens, und die Art, dem Treibesatz die nöthige Festigkeit zu geben, zu erwähnen. Der Einmesser, durch welchen der Treibesatz gleichmäßig rund um den Dorn vertheilt wird, ist ein wichtiges Instrument.
Der Treibesatz muß feucht sein, um ihn gehörig zu pressen und auch nur in diesem Zustande ist der Einmesser zu gebrauchen, welcher für die Raketen von 2,5 Caliber 5 Loth Treibesatz faßt und vertheilt. Die Erfahrung hat gelehrt, daß auf diese Satzportion zwei Pressionen der Presse völlig hinreichen um dem Treibsatz die nöthige Festigkeit zu geben.
Da nun eine 2½ zöllige Rakete 24 Portionen Saz bis zur Höhe des Dorns bedarf, und 2 Portionen mit dem Massiv Einmesser um das Gewölbe oder den massiven Theil zu bilden, so bedarf der Treibsatz 52 Pressionen der Presse . . .
§ 24. Vom Schieß oder Raketen Gestell. Das Raketen Gestell besteht aus einem einfachen Dreyfuß, welcher eine Schießrinne von 1½ Fuß Länge, dergestallt trägt, daß die Rakete nachdem sie eingelegt ist, in einer ruhigen Lage bleibt, und beim Abfeuern weder das Gestell noch die Schießrinne sich bewegt.
Die Schießrinne hat zwey Wirbel an den beiden Enden, welche sich nach vorne öffnen und so bald der Stab der Rakete in die Rinne eingelegt ist, geschlossen werden.
Da die Rakete in der Hülse balancirt, folglich ein bedeutendes Vordergewicht hat, so drückt der Stab gegen den hinteren Wirbel, so daß derselbe beim Abfeuern sich gewöhnlich öffnet noch eh der Stab die Schießrinne verlassen hat. Diess hat jedoch durchaus keinen Nachtheil auf die Bahn der Rakete in sofern die Riegel auch beim Öffnen die parallele Richtung mit der untern Linie der Rinne nicht verlieren . . .

III. Abschnitt Von dem Werfen der Raketen und dem Einfluß des Windes . . .
§ 27. Von dem Grade der erlangten Treffähigkeit der Raketen im Jahre 1828 in Spandau
Mit höchst unvollkommnen Schießgestellen traf man bei allen Versuchen (seit das Pressen eingeführt war) beim Ricochettiren der 2½ zölligen oder 15 pfdgen Raketen gegen eine 40 Schritt lange Wand auf 1200 Schritt mit 20 pro Cent.
Das ist dasselbe was sogenannte 7 pfdge (3½ zöllige) in ganz Europa eingeführten Haubitzen leisten.
Beim Werfen der Raketen mit flachem Bogen zeigten sich dieselben Resultate . . .
§ 28. Von der Würkung der Raketen in der Schlacht . . .
Es können aus einem Gestell in einer Minute 5 bis 6 Raketen abgefeuert werden. Eine vorrückende Bataillonsmasse wird also von einem Gestell während ihres Avancirens (wenn 20 p.C. treffen) alle 100 Schritt von einer Rakete getroffen, oder die Mannschaft weicht aus. In diesem letzten Fall muß sie ganze Aufmerksamkeit auf die ankommenden Raketen verwenden. Es ist anzunehmen, daß eine solche Bataillonsmasse alle Minute einer Rakete ausweicht ohne in Unordnung zu gerathen und ohne sich zu trennen, wenn aber vier Gestelle zugleich auf sie feuern folglich in jeder Minute wenigstens 4 Raketen (d.h. alle 25 Schritt eine) ausgewichen werden muß, während zugleich die Aufmerksamkeit auf vier andere gerichtet werden muß welche fehlen, so ist es unmöglich, daß eine solche Bataillonsmasse in Ordnung bleibt, und einen darauf folgenden Angriff mit der blanken Waffe gehörig widersteht. Aus diesem Grunde ist die Einheit des Raketen-Feuers für die Schlacht, zu vier Gestellen angenommen worden.
Alles muß übrigens so eingeleitet sein, daß wenn es darauf ankömmt eine Linie zu durchbrechen, oder eine Reserve über den Haufen zu werfen. 30 bis 40 Gestelle mit den Tirailleurs vorgesendet werden können welche in 2 Minuten 3 - 400 Schuß thun, und worauf als dann die diesseitige Cavallerie oder Infanterie vorbricht um den Sieg zu vollenden . . .

Vertrag zwischen dem Königreich Hannover und dem Mechanikus Westermayer[65] **Abschnitt 7 Beilage 3/1**
Zwischen dem General-Major Röttiger zu Hannover als Director des Armee-Materials und dem Herrn Martin Westermayer aus Fünffkirchen in Ungarn ist nachfolgende Verabredung - von Seiten des General-Major Röttiger unter Vorbehalt der Genehmigung des hiesigen Kgl. Kriegs-Ministerii - getroffen worden:

I Herr Westermayer macht sich verbindlich gleich nach der Ratification dieses Contracts die zur Anfertigung und zum Gebrauche seiner vervollkommenten Kriegs-Raketen erforderlichen Maschinerien und Geräthe mit Ausnahme einer hier vorzurichtenden starken Presse und eines Mengungsfasses nebst den nöthigen Metallkugeln - auf eigene Kosten alsbald hieher schaffen zu lassen, damit sofort mindestens dreißig Raketen hier anzufertigen und deren Wirkung praktisch zu zeigen.
II Zu den laut Art. I hier anzufertigenden Raketen sollen dem H. Westermayer die nöthigen größeren Materialien, namentlich die Projectile, das Pulver, der Salpeter, der Schwefel und die Kohle, ferner das Blech und das Papier zu den Raketenhülsen, die Bedürfnisse zum Befestigen der Projectile, die Raketenruthen auch die erforderlichen Arbeitshülfen und ein Arbeitsraum unentgeldlich von Seiten der Direction des Armee-Materials verschafft werden. Ferner soll dem Herrn Westermayer zu der gedachten Arbeit der Gebrauch der im hiesigen Kgl. Laboratorio vorhandenen Geräthe und der laut Art. I einzurichtenden Presse und des Mengungsfasses verstattet seyn. Dagegen hat Herr Westermayer alle hier nicht genannten Zuthaten auf eigene Kosten anzuschaffen.
III Die laut Art. I zu machenden Raketen sollen immer es die Umstände erlauben, bei lebhaftem Winde angezündet und gegen eine tannen, sechs und neunzig Schritt hannov. Maass breite, zehn Fuß hohe Scheibenwand gerichtet werden. Treffen dann bei einer Entfernung dieser Wand von eintausend hannoverschen Schritten aus zwanzig dagegen zu feuernden zweizölligen Raketen mindestens sechs der dadurch fortgetriebenen Projectile in jene Wand und durchschlagen diese noch hinreichend kräftig, so soll der Herr Westermayer als Ersatz der Kosten der Hierhersendung seiner Maschinerien, der Reise und Aufenthaltskosten, auch als Remuneration für seine Mühe überhaupt die Summe von Zweihundert Thalern Conv.Mze.,aus hiesiger Kgl. Kriegs-Casse ausgezahlt werden.
IV Statt der in Art. III epprovittirten Summe von Zweihundert Thalern soll dem Hr. Westermayer die Summe von überhaupt: = Zweihundert Thalern Conv.Mze aus hiesiger Kgl. Kriegs-Casse gezahlt werden; wenn bei den Art. III erwähnten Versuchen von jenen zwanzig Raketen mindestens zwölf ihre Projectile in die bezeichnete, auf 1000 Schritt placirte Scheibenwand treiben und solche hinreichend kräftig durchschlagen. - Diese Summe von Zweihundert Thalern dient als Ablösung aller durch gegenwärtigen Contract gegen H. Westermayer übernommenen Verpflichtungen für den Fall, daß die in Art. III festgesetzten Proben binnen drei Wochen nach dem vom H. Westermayer anzuzeigenden Anfange der zur Herstellung

der fraglichen Raketen vorzunehmenden Laborirarbeiten ausgeführt wären und daß nach Ansicht dieser Proben nicht wieder gewünscht werden sollte, von der Einrichtung der Anfertigung und dem Gebrauche der Raketen durch H. Westermayer über den in den nachfolgenden Artikeln verabredeten Bedingungen nähere Kenntniß zu nehmen. Auch soll die genannte Summe von Zweihundert Thalern als gänzliche Entschädigung dienen, wenn durch die Schuld des H. Westermayer die mehr gedachten Proben erst später als drei Wochen nach dem Anfange der Laborirarbeiten angestellt werden können. Würde jedoch ohne Verschulden des H. Westermayer die Anstellung jener Proben länger als jene drei Wochen verzögert; so werden demselben außer der bereits genannten Summe von Zweihundert Thalern noch an Diäten - Zwei Thaler Conv.Mze für jeden nach obigen drei Wochen bis zu den Versuchstagen einschließlich, ablaufenden Tag aus hiesiger Kgl. Kriegs-Casse zur gänzlichen Entschädigung hiermit zugesichert.

V Wenn nach guten Erfolge der laut der vorhergehenden Artikel von H. Westermayer anzustellenden Proben gewünscht wird, von der Einrichtung, der Anfertigung, der Aufbewahrung, der Anwendung und der Gebrauchsmethoden solcher Raketen hier Kenntniß zu nehmen, so verpflichtet sich H. Westermayer dem General-Major Röttiger und den von diesem dazu auszuersehenden Individuen zur Kenntniß bis ins kleinste Detail zu verschaffen, nach seiner Weisung ohne jedoch selbst Handanzulegen, und ohne selbst Materialien dazu zu liefern darauf jene Individuen eine gleiche Anzahl gleicher Kriegsraketen wie zu den vorläufigen Versuchen anfertigen und abfeuern zu lassen und wenn demnächst nicht eine billige Vereinbarung über den Ankauf der Westermayerschen Maschinerien zu leisten seyn sollte, Zeichnungen aller erforderlichen Instrumente und Maschinen, auch namentlich die erforderlichen Notizen zur richtigen Anfertigung und zum sicheren Gebrauche aller hier vielleicht nicht zur näheren Prüfung kommenden dem H. Westermayer aber bekannten Arten von Kriegsraketen abzugeben.

VI Die Prüfung der laut Artikel V hier anzufertigenden Raketen soll in den entscheidenden Punkten ganz wie die Art III angegebenen der zu den vorläufigen Proben bestimmter Raketen vorgenommen werden. Wird aber der Art IV angesprochene Erfolg nicht erhaltbar, so findet eine Auszahlung der in den vorhergehenden Artikeln benannten Summe nicht statt, vielmehr erhält H. Westermayer dagegen als vollständige Entschädigung überhaupt die Summe von Hundert Thalern Conv.Mze und außerdem zwei Thaler Diäten für jeden Tag, der ohne Schuld des H. Westermayer die Anstellung der vorläufigen Proben später als drei Wochen nach dem Anfange der Laborirarbeiten und für jeden Tag, den die Anstellung der in diesem Artikel erwähnten Proben ebenfalls ohne Schuld des Herrn Westermayer später als drei Wochen nach dem Tage der vorläufigen Proben erfolgen sollte, aus hiesiger Kgl. Kriegs-Casse ausbezahlt.

VII Wird indeß bei den Art VI bestimmten Proben der Art IV ausgesprochene Erfolg erhalten und sind von H. Westermayer die Art V geleisteten Versprechungen hinreichend erfüllt, so werden demselben statt aller in vorhergehenden genannten Summen als vollständige Abfindung überhaupt = Eintausend fünfhundert Thaler Conv Mze ferner unter dem Titel von Reisekosten -Entschädigung Einhundert Thaler Conv.Mze und endlich unter dem Titel von Diäten = Zwei Thaler Conv Mze für jeden Tag vom 12n Februar d. J. bis zum letzten Versuchstage - beide eingerechnet, - jedoch wird schließlich der Tage welche die Hinkunft der Maschinerien später als sechs Wochen nach dem Tage der Auswechslung dieses ratificirten Contracts erfolgen sollte und ausschließlich der Tage, welche die Anstellung der vorläufigen Proben über drei Wochen nach drei Tagen des Anfanges der Laborirarbeiten und die Anstellung der Art VII gedachten Proben über drei Wochen nach dem Tage der Anstellung der ersten Proben durch die Schuld des H. Westermayer verzögert würden, - aus Kgl. Kriegs-Casse hieselbst hiermit zugesichert.-

VIII Um in zweifelhaften Fällen zu entscheiden, in wiefern H. Westermayer den in diesen Contracte stipulirten Bedingungen Genüge geleistet hat, und auf welche Entschädigungen derselbe danach Anspruch zu machen hat, wird der General-Major Röttiger eine Commission aus drei Artillerie-Officieren ernennen und unterwirft sich H Westermayer dem Ausspruche dieser Commission unter Entsagung aller Einwänden.

IX Von dem H. Westermayer das Geheimniß seiner die Kriegsraketen betreffenden Einrichtungen möglichst sicher zu stellen, wird hierdurch ausdrücklich bestimmt, daß die zu den vorläufigen Versuchen von H. Westermayer hier anzufertigenden Raketen - ungeachtet das Hauptmaterial eher dazu geliefert werden wird - als sein Eigenthum in solcher Art betrachtet werden sollen, daß der General-Major Röttiger zwar das Verfeuern derselben fordern, aber nicht das Zurückbehalten und Abgeben aller oder einiger verlangen lassen kann, ferner, daß wenn H. Westermayer nach Art V die vom General-Major Röttiger zu bestimmenden Individuen das Hauptgeheimnis der Anfertigung und der Gebrauchsmethode der Raketen entdeckt haben würde, die letzten Proben aber nicht auf die im siebenten Artikel bestimmte Weise ausfielen, jene Individuen auf ihren Diensteid verpflichtet werden sollen, Niemanden die Hauptentdeckungen des H. Westermayer mitzutheilen, - und endlich, daß immer die Art VII getroffenen Bestimmungen in Kraft treten, bis nach Ablauf eines Jahrs und Tage der Auswechslung dieses Contracts an, die Hauptmittheilungen des H. Westermayer insomit geheim gehalten werden, als davon nur in der hiesigen durch Unterschrift und Untersieglung heute vollzogen werden. Hannover, den 24n Februar 1833 A. Röttiger, Gen.Maj. Martin Westermayer, Mechanikus.

Protokoll des Versuchsschießens am 3. Juni 1833[66] **Abschnitt 7 Beilage 3/2**

Protocoll: über die in Folge eines, am 24ten Februar 1833, mit Genehmigung des Königl Kriegsministerii zwischen dem Herrn General-Lieutenant Röttiger und dem Mechanicus Martin Westermayer aus Fünfkirchen in Ungarn geschlossenen Contracts verfertigten Kriegsraketen, angestellten Versuche. Varenwald den 3ten Juni 1833

Protocoll: über die am 3ten Juni 1833 auf der Marteleheide bei Varenwald angestellten Versuche mit 31 Stück 2 zölligen von dem Mechanicus Westermayer angefertigten Kriegsraketen.

Zufolge einer schriftlichen Bestimmung des Königl Artillerie-Commandos und des Regiments-Befehls vom 2n Juni 1833, traten die Unterzeichneten am 3n Juni als eine Commission zusammen, um über die contractmäßig festgestellte Ausführung und Bedingungen der im Contract nach Art I und III stipulirten Probe und Verpflichtungen des Mechanikus Westermayer zu wachen, und einen Theil der Leitung bei den Versuchen selbst zu übernehmen. An denselben Tage wurde nach der Wage des Mechanikus Westermayer, durch die Commission eine Schußlinie bis auf 1000x ausgesteckt, und dieselbe bis auf 1000x von 100x zu 100x, und von 1000x bis 1800x von 200x zu 200x mit bezeichneten Pfählen versehen. Eine 99x breite und 10 Fuß hohe tannene Scheibenwand wurde in der Schußlinie auf 1000x aufgestellt. Diese Scheibenwand bestand aus 22 Stück einzelnen Scheiben, welche jede 12' breit und 10' hoch waren. Die einzelnen Scheiben waren vom rechten nach dem linken Flügel mit laufenden Nummern versehen. Die Richtung der Schußlinie lief von Südwest nach Nordost u von dem Standpunct angerechnet war das Terrain bis auf 1000x trocken, fest und hart, jedoch hin und wieder von kleinen Unebenheiten durchschnitten, z.B. auf 115x, 129x, 300x, 390x, 526x, welche aber alle sehr gering und daher wenig zu berücksichtigen sind; nur die Unebenheit auf 200x ist 26x breit, und wird von einer Riede gebildet, welche etwa 1 Fuß hohe Ufer hat, jedoch jetzt ganz trocken ist. Auf 756x senkt sich das Terrain etwas bis zu 900x, und von hier bis zu 1000x - Scheibenwand - steigt es wieder um ein Geringes. Die Scheibe selbst steht auf einer geringen Anhöhe, welche sich in der Richtung der Schußlinie bis etwa auf 70x hinter der Scheibe erstreckt; von hier bis auf 1800x ist das Terrain im Allgemeinen sehr eben, jedoch nicht hart, sondern vom Winter her, wo hier immer Wasser steht, jetzt noch etwas weich.

Bei den Versuchen wehete stoßweise ein ziemlich heftiger Wind aus Osten, welcher also die Schußlinie rechts von vorn unter einem Winkel von 45° traf. - Die Luft war trocken, anfangs heiter; späterhin etwas bedeckter Himmel. Der Anfang der Versuche begann Morgens, etwa gegen 10 Uhr. Der Mechanikus Westermayer legte vor dem Beginn der Versuche - ein und dreißig Stück zwei zöllige Raketen, der Commission vor. Die Nummern der Raketen und die Art der an letzteren befestigten Projectile ist aus dem von dem Mechanikus Westermayer eingereichten und hier beigefügten Verzeichnissen - Anlage A - zu ersehen. Die mit den nummern von 19 bis 40 waren zum Ricochettieren; die von Nro 6 bis zur - ein und dreißigsten - welche letztere nicht numeriert war - zum Werfen im Bogen bestimmt. Die im letzten Puncte Art I des Contracts, dem Mechanikus Westermayer auferlegte Verpflichtung ist daher von demselben erfüllt worden.

Auch erklärte der Mechanikus Westermayer, daß er die im Verzeichnisse von Nro 19 bis Nro 11 aufgeführten 20 Stück Raketen zu den im Contract nach Art III festgesetzten Proben, bestimmt habe. Da aber im Laufe der Versuche die Hülse der mit Nro 30 bezeichneten Rakete, gleich nach dem Abfeuern zerplatzte, und die mit Nro 6 bezeichnete Rakete nach einer höhern Verfügung , zu einem andern Zwecke verwandt wurde, so sind die Raketen Nro 12 und Nro 8 zu der oben bemerkten Probe mit verwandt.

Von diesen - zwanzig Stück, zu der nach Contract Art: III vorgeschriebenen Probe ausgewählten Raketen hat aber kein Projectil die auf 1000x gestellte Scheibenwand getroffen, und nur die Hülse der Rakete Nro 27 hat die Scheibe Nro 2, rechts unter dem horizontalen Striche derselben, durchschlagen. Das Projectil dieser Rakete hatte sich schon früher von der Hülse getrennt und ging über die Scheibenwand weg.

Die im Contracte Art. III festgestellte Bedingung ist von Seiten des Mechanikus Westermayer daher gänzlich unerfüllt geblieben. Es muß noch bemerkt werden, daß die im Verzeichnis von Nro 19 bis Nro 40 aufgeführten und zum Ricochettieren bestimmten 16 Stück Raketen nur theilweise zu dieser Art des Gebrauchs benutzt, und größtentheils in einem Bogen geworfen wurden. Dasselbe gilt von den, in dem Verzeichnisse aufgeführten Bogenraketen, welche theilweise zum Ricochettieren benutzt wurden.

Die Commission hat die, von den an der linken Seite der Schußlinie aufgestellten Unterofficieren gemachten Beobachtungen über den Flug der Raketen und Projectile gesammelt, und in der hier beigefügten Tabelle - Anlage B - zusammengetragen. Die Unvollständigkeit dieser tabellarischen Zusammenstellung , ist theils durch die vorherrschende und nicht unbedeutende Abweichung zur Seite rechts, durch das häufige gleichzeitige Ricochettieren der Rakete und der davon getrennten Projectile, theils durch die stete Veränderung der Elevation, und durch die dadurch veranlasste Differenz der ersten Aufschläge, so wie durch die Unbekanntschaft der Beobachter über den Flug dieser Geschosse, wahrscheinlich veranlaßt.

Von den 7 Stück nicht wieder gefundenen Projectilen, sind die Grenaden wahrscheinlich mit einem verstärkten Brandsatze oder mit einer gewöhnlichen Sprengladung versehen gewesen, und evozirt, weil ein oder mehrere Fälle beobachtet sind, wo nach einer Explosion die Grenade in Stücken zerflogen und letztere auch theilweise gefunden sind. Von den anderen Theilen der verloren gegangenen Projectile wird die Endweite nicht bemerkt sein.

Varenwald den 3ten Juni 1833
J. Weste Capitain im Art.Regiment L.Hagemann Pr.Lieut Art.Regmt Siegfried Pr.Lieut. Artill. Regmt.

Modifizierter Vertrag zwischen dem Königreich Hannover und dem Mechanikus Westermayer[67)] **Abschnitt 7 Beilage 3/3**

Zwischen dem Generallieutenant Röttiger zu Hannover Director des Armee-Materials im Auftrage des hiesigen Königlichen Kriegs-Ministerii und dem Mechanicus Martin Westermayer aus Fünfkirchen in Ungarn ist nachfolgende Verabredung getroffen worden.

I Der Mechanikus Westermayer verpflichtet sich, dem Generallieutenant Röttiger und den von diesen dazu auszuersehenden Individuen von der Einrichtung, der Anfertigung, der Aufbewahrung, der Versendung und der Gebrauchs-Methoden der Kriegs-Raketen nach seinem besten Wissen bis ins kleinste Detail Kenntniß zu verschaffen, nach seiner Leitung ohne jedoch selbst Hand anzulegen, und ohne selbst Materialien dazu zu liefern durch jene Individuen dreißig 2 zöllige Kriegsraketen anfertigen und abfeuern zu lassen, und wenn demnächst nicht eine billige Vereinbarung über den Ankauf der Westermayerschen Maschinerien zu treffen sein sollte, Zeichnungen aller erforderlichen Instrumente und Maschinen, auch namentlich die erforderlichen Notizen zur richtigen Anfertigung aller hier nicht zur näheren Prüfung kommenden, dem Mechanicus Westermayer aber bekannten Arten von Kriegsraketen abzugeben.

II Gleich nach Vollendung der laut Art. I anzufertigenden Raketen sollen an einem von Seiten des Generallieutenant Röttiger dem Mechanicus Westermayer zu bestimmenden Tage, zwanzig dieser Raketen gegen eine tannene sechs und neunzig Schritt hannoverschen Maaß breite, zehn Fuß hohe Scheibenwand abgefeuert werden. Treffen dann bei einer Entfernung dieser Wand von achthundert hannoverschen Schritten mindestens zehn Raketenprojectile in dieselbe und durchschlagen sie diese noch hinreichend kräftig, so werden dem Mechanikus Westermayer, wenn außerdem die Art I gegebenen Versprechungen von ihm hinreichend erfüllt sind als vollständige Abfindung für alle bisher geleisteten und noch zu leistenden Arbeiten sowohl, als auch für Reise- und Transportkosten überhaupt = Eintausend Thaler Conventions Münze, und Diäten = Zwei Thaler, Conventions Münze für jeden Tag vom zwölften Februar dieses Jahres bis zum Tage der Abfertigung beide eingerechnet, - aus Königlicher Kriegs-Casse hierselbst hiermit zugesichert.

III Würde bei den anzustellenden Versuchen der Art. II bedingte Erfolg nicht erreicht, so würden dem Mechanicus Westermayer von der Art. II eventuell zugesicherten Summe Dreißig Thaler Conventions-Münze für jede der bei diesen Versuchen zu feuernden 20 Proberaketen abgezogen, die weniger als die selbe Anzahl ihr Projectil in die Scheibe gelangen und solche durchschlagen läßt.

IV auf die Art. II und III in einem oder anderen Falle versprochenen Summen kommen jeden Falls diejenigen Zweihundert Thaler Conventions-Münze zur Anrechnung, welche dem Mechanicus Westermayer bereits vorschußweise durch den Hauptmann Ahrbeck hierselbst ausbezahlt sind.

V Hinsichtlich der Entscheidung in zweifelhaften Fällen und in Betreff der Geheimhaltung von den Mittheilungen des Mechanicus Westermayer werden Art. VIII und IX des am 24' Februar dieses Jahrs zwischen dem ehemaligen General-Major Röttiger und dem Mechanikus Westermayer geschlossenen Contracts hierdurch in Kraft erhalten; übrigens aber werden alle Punkte jenes früheren Contracts hiermit ausgerufen.

Zur Festhaltung dieser Verabredung ist solche von beiden Theilen durch Unterschrift und Untersiglung hier vollzogen worden. Hannover den 29' Junius 1833.

(Siegel) Röttiger Gen.Lieut. (Siegel) Martin Westermayer Mechanikus

Protokoll des Versuches mit Raketen am 15. Juli 1833[68)] *(Siehe Tabelle auf Seite 448)* **Abschnitt 7 Beilage 3/4**

Beruflicher Werdegang des Mechanikus Martin Westermayer[69)] **Abschnitt 7 Beilage 4/1**

Westermayer schilderte der Kommission der Bayrischen Zeughaus Haupt Direktion seinen beruflichen Werdegang, um nachzuweisen, daß er bezüglich seines Geheimnisses nicht eidlich gebunden wäre, insbesondere galt es der unausgesprochenen Verdächtigung zu widersprechen, er habe seine Kunst in Österreich unter Augustin gelernt, wo er zum Einen zur Geheimhaltung verpflichtet gewesen wäre, zum Anderen aber quasi als Deserteur zu gelten gehabt hätte, da das Personal, das in der Raketenfabrik zu Wiener Neustadt arbeitete, sich hatte verpflichten müssen, dort lebenslang zu arbeiten.

„Über den 3ten Punkt gibt selber an, daß er nie in österreichischen Diensten, und um so weniger im östers. Raketen Corps stand. Er war in Wien bei dem Mechanikus Bollinger und Compagnie in Arbeit, die wohl Maschienen für das Racketen Corps machten, aber so viel mir bekannt ist, von dem Geheimniß der weitren Anfertigung nichts wussten.

Nachdem ich erfuhr, daß man sich von Seite Rußlands viel Mühe gab, und sich manche Opfer kosten ließ, um das Geheimniß der Anfertigung von Kriegs-Racketen zu erfahren, und selbst an sich oft nur unbedeutende Angaben, wie z. B. die Länge und Stärke einer Ruthe, gut bezahlte, erwachte in mir das Vorhaben, die Anfertigung der Kriegs-Raketen kennen zu lernen, was mir nicht so außerordentlich schwer fiel, da die damit beschäftigten Leute öfters im Spaße und bei Unterhaltung, bald diese, bald jene Äusserung machten.

Nachdem ich einmal so viel wusste, um meiner Meinung nach mit dem Laboriren beginnen zu können, ging ich 1821 aus der Arbeit dieses Mechanikus und mit Paß nach Warschau, aber nicht um dort zu bleiben, sondern um nach Petersburg zum Kaiser von Rußland zu gehen.

Ich meldete mich damals in Warschau aus Mangel weiterer Reisemittel bei dem General Bontems, und sagte ihm, daß ich etwas vom Racketenmachen verstehe. Dieser stellte mich dem Großfürsten Konstantin vor, und ich erhielt auf der Stelle Mittel um zu leben und zu laboriren, das Quartier aber bei dem Sekretair des Großfürsten.

Als ich nun zu laboriren begann, sah ich erst was ich wusste. Ich fing damals erst an, über diesen Gegenstand was zu lesen, und bekam durch Hauptmann Otto der polnischen Artillerie, der zugleich Feuerwerksmeister, und ein geborner Sachse war, eine Abschrift des Manuskripts vom dänischen Artillerie Hauptmann Schuhmacher, der damals durch die Anfertigung der Racketen schon berühmt war, zu lesen, verglich die verschiedenen mir bekannten Sätze mit einander, und fing auf gut Glück zu laboriren an.-

Mein allererster Versuch gelang mir zum Glück, und die polnischen Artilleristen waren dadurch der Meinung, daß ich diese Anfertigung der Kriegs Racketen schon lange und gründlich wisse, obwohl ich mir selbst gestehen musste, erst dort in Warschau vieles durch Lecture gelernt zu haben.

Sobald ich jedoch später bemerkte, daß die Versuche und Verbesserungen, in der Anfertigung der Racketen, nicht auf meinen Namen gehen sollten, sondern General Bontems sich alles zueignen wollte, verlangte ich vom Großfürsten meine Entlassung, erhielt aber anstatt selber, von ihm gänzliche Freiheit von allen Befehlen, und hing von da an nur mehr von ihm selbst ab. Ich hatte hinreichend zu leben.

Durch die polnische Revolution anno 1830, wurde ich aller meiner Gabe und Papiren beraubt, und hatte es nur dem General Latochosky damaligen Kommandanten der Artillerie, zu verdanken, daß ich nicht mit dem Sekretair des Großfürsten, der geviertheilt wurde, gleiches Loos hatte.

Ich ging von da nach Petersburg, konnte aber mit meinem Vorhaben dort nicht reusiren; weil schon zwei andere vor mir dort angekommen waren, und ging darauf nach Berlin, machte hier Offerten mit meinen Racketen Versuche anzustellen, und mein Anerbiethen wurde in der Art angenommen, daß die preußische Artillerie, welche vorher in einem Zeitraume von 2 Jahren 11000 Thaler mit den Racketen verlaborirte, 30 Stck, anfertigte, die mit den von mir gefertigten 30 in der Wirkung verglichen wurden. Zu gleicher Zeit erhielt der Hauptmann Mayer, welcher das Racketenmachen in England lernte, und eigens deßwegen hingesendet wurde, den Auftrag, auch 30 seiner Racketen zu machen. Letztere versprangen bei den Versuchen alle, von jenen, der preußischen Artillerie angefertigten zersprangen 21, und von meinen 30 Stücken keine. Ich wurde nun an den General Braun angewiesen, wegen Mittheilung des Geheimnißes, mich mit ihm zu verständigen, wir konnten aber nicht einig werden, und ich ging daher mit einer angemessenen Gratifikation und einer Rekomandation des schwedischen Ministers von Brandl nach Stockholm, machte dort gleichfalls Versuche, die gelangen, und das Geheimniß wurde mir dort abgekauft.

Eben so in Hanover, von wo ohnehin das Weitere schon bekannt ist.

Aus dieser Darstellung ist ersichtlich, daß ich schon über 12 Jahre ausser Östereich bin, und da mich Niemand das Raketenmachen lehrte, ich auch deßwegen nie verpflichtet gewesen bin, so kann ich nochmal mit gutem Gewissen versichern: daß ich durch Mittheilung meines Geheimnißes keinen Eid breche, weil ich auch nie einen darüber leistete. Zur größern Versicherung kann ich noch anführen, daß das österrs. Raketen Corps erst anno 1824 gänzlich organisirt wurde. Seit dieser Zeit haben sie im Raketen Corps ihre eigenen Mechaniker, früher hingegen ließen sie bei Bollinger et Compagnie, und noch andere Mechaniker arbeiten."

Definitiv Accord vom 11. Oktober 1833[70)] **Abschnitt 7 Beilage 4/2**

Definitiver Accord mit dem Mechanikus Martin Westermayer aus Hanover über Versuche mit Brandraketen München, den 11ten October 1833.

Durch unterzeichnete Commission. Nachdem nunmehr durch Königl. Ministerial Rescript vom 9ten dieß, das mit dem Mechanikus Westermayer über die Versuche mit Brandraketen unterm 17 und 18ten v:Mts abgeschlossenen Vertrag nach den durch Rescript vom 7n dß und 28ten v: Mts: gegebenen Bestimmungen und Modificationen definitiv genehmiged worden, so versammelte sich aus Auftrag der K: Zeughaus Haupt Direction die unterzeichnete Commission, und errichtete hier nach auch mit dem besagten und zu diesem Ende vorgeladenen Mechanikus gegenwärtigen definitiven Accord.

1tens Mechanikus Westermayer fertigt zu diesen Versuchen	2tens Von den zweyzölligen Raketen sollen		und endlich:
30 zweyzöllige)	15 Stück mit 6 Pf. Voll- und	7 Stück mit 7 Pf. Granaten und	von den vierzölligen
15 dreyzöllige und) Brandraketen	15 " mit 4 Pf. Voll- Kugeln,-	8 " " 12 Pf. dto;-	7 Stück mit 7 Pf. und
15 vierzöllige)	von den dreyzölligen		8 " " 10 Pf. Granaten geworfen werden.

3tens Zum Anfertigen dieser Raketen werden den Unternehmer 12 ständig kommandirte, ordentliche, bescheidene und verschwiegene Artillerie Unteroffiziers zugetheilt.

4tens Als Local zum laboriren werden ihm die hintern zwey Zimmer am Ausgange des Haupt Laboratoriums in den hintren Hof angewiesen,- und zur Aufstellung der Raketenpresse die

Protokoll des Versuches mit Raketen am 15. Juli 1833[68]

Tabelle über die mit 37 Stück unter der Aufsicht der unterzeichneten Commission nach Anweisung des Mechanikus Westermayer im Königlichen Laboratorio zu Hannover verfertigten zweizölligen /:Wiener Maaß:/ Kriegs-Raketen angestellten Versuche.

Mekler Heide bei Vahrenwald den 15ten Julius 1833
Tabelle über die mit 37 Stück unter der Aufsicht der unterzeichneten Commission auf Anweisung des Mechanikus Westermayer im Königlichen Laboratorio zu Hannover verfertigten zweizölligen /:Wiener Maass:/ Kriegs-Raketen angestellte Versuche zum Herauswerfen der Brandröhre hat jede Grenate in einem kleinen Beutel 1½ Loth Ladung erhalten. Die 10 Fuß hohe und 96 Schritt breite Scheibenwand stand auf 800 Schr
Wetter: sehr heiter bei Sonnenschein und sehr warm.- Wind: Anfangs kaum merklich und in dieser ↙ Richtung; von Nr 26 bis 30 mäßig stark und so ↘ dann in der selben Richtung und in der anfänglichen Stärke.- Anfang der Versuche 8½ Uhr Morgens, Ende derselben 1 Uhr Mittags.

Laufende No	No der Rakete	Art der Rakete	Gewicht der Kugel Pfund/Loth	Gew. Granate nebst Ladung und Beutel Pfund/Loth	Länge der Brandröhre Zoll	Höhe der Lafette Fuß	Elevation in Graden	Erster Aufschlag der Rakete Schritt	Seiten-Abweichung Links/rechts Schritt	Das Projectil trennt sich von d. Hülse Schritt	Aufschläge der Projectile vor der Scheibe	Das Projectil traf die Scheibenwand über/unter der Horizontale Fuß;Z	links/rechts der Vertikale Fuß;Z	die Brandröhre wurde aus der Granate geworfen auf Schritt	Die Hülse ist liegengeblieben auf Schritt	Seitenabweichung links/rechts Schritt	Die Ruthe ist liegengeblieben auf Schritt	Seiten-Abweichung links/rechts Schritt	Das Projectil hat überhaupt Aufschläge gemacht	Endweite des Projectils in Schritt	Seitenabweichung links/rechts Schritt	Bemerkungen
1	29	Ricochett-Raketen	./.	3/6¼	1	3,75	3	1100	54/-													Zerplatzte beim Abfeuern
2	30	-"-	./.	3/6¼	1	-"-	3	-	-													desgl.
3	24	-"-	./.	3/5½	1	-"-	3	1100	54/-					1180	1180	68/-	1130	64/-	2	1184	70/-	
4	36	-"-	5/9½		-	-"-	5	325	/5		3								3	618	-/50	
5	37	-"-	5/12½		-	-"-	8	590	/34		3								4	870	-/56	
6	12	-"-	5/16		-	-"-	8	915	25/-										3	1035	28/-	
7	27	-"-"		3/5½	1	-"-	1	400	12/-		2	-/4	30;4/-		860	16/-	800	11/-	2			Die Ruthe blieb zersplittert v. d. Scheibe liegen
8	2	-"-		3/5½	1	-"-	1	1470	-/180	1470				1470					1	1470	-/180	
9	4	-"-		3/5½	1	-"-	1															Zerplatze beim Abfeuern
10	5	-"-		3/5½	1	-"-	1															desgl
11	6	-"-		3/5½	1	-"-	2	327	16/-	1087	1				1087	-/7	1031	-/2	3	1322	-/18	Die Brandröhre ist nicht entzündet
12	9	-"-		3/5¼	1	-"-	2	860	70/-	1080					1080	119/-	925	-/80	3	1100	100/-	
13	21	-"-		3/5¾	1	-"-	2	890	-/2	1260					1280	4/-	1280	4/-	3	1320	6/-	Die Brandröhre ist nicht entzündet
14	22	-"-		3/5¾	1	-"-	2	1174	-/34					1210	1210	-/40	1210	-/40	2	1260	-/60	
15	23	-"-		3/6¼	1	-"-	2	866	-/30						1150	-/1	1150	-/1	1			
16	25	-"-		3/5¼	1	-"-	1	1496	-/3o	1496				1496					1	1496	-/30	
17	28	-"-		3/6¼	1	-"-	1	418	1/-	804	2	3;6/-	12/-						4	896	11/-	Die Brandröhre ist nicht entzündet
18	8	-"-		3/5¼	1	-"-	1	863	92/-						1170	136/-	1140	136/-	1			
19	3	-"-		3/6	1	-"-	1															Zerplatzte gleich nach dem Abfeuern
20	1	-"-		3/6	1	-"-	3	408	12/-		1								3			3° weil die Ruthe i.d. Rinne viel Spielraum hatte
21	7	-"-		3/5½	1	-"-	1	532	35/-		2				908	54/-			4	940	44/-	
22	10	-"-		3/5½	1	-"-	1															Zerplatze zwischen 400 - 500 Schritt
23	26	-"-		3/5¾	1	-"-	1	1026	22/-					1550	1133	23/-	1113	23/-	5	1561	33/-	
24	16	-"-	5/15½		-	-"-	5	696	21/-		2				777	20/-			2	777	20/-	
25	15	-"-	5/12		-	-"-	4	1150	13/-						1150		1150	13/-	1	1150	13/-	
26	17	-"-	5/12½		-	-"-	4	789	-/43	789	1				812	-/44	510	-/27	3	860	-/55	
27	19	-"-	5/14			-"-	4	512	11/-	800	2	-/2	64;3/-						3			Hülse u Ruthe blieben in der Scheibe stecken
28	20	-"-	5/17½			-"-	4	212	90/-		5								5	763	23/-	
29	31	-"-	5/17			-"-	4	490	0/0		3						490	-/21	4	803	-/59	
30	32	-"-	5/16			-"-	4	427	22/-		2								3	820	82/-	
31	33	-"-	5/12			-"-	4	317	0/0	666	4	-/3;8	2;3/-						4	800	1/-	Die Kugel schlug nur an die Scheibe
32	34	-"-	5/12½			-"-	4	379	3/-		4								4	675	1/-	
33	35	-"-	5/12			-"-	4	1005	28/-						1005	28/-			1	1005	28/-	
34	14	-"-	5/11			-"-	4	683	/1		3	-/3;9	-/5;9		800	/3			3	800	-/3	Kugel und Hülse schlugen nur an die Scheibe
35	11	-"-	5/12¾			-"-	4	387	7/-		3	-/2	29/-		850	13/-	720	13/-	3			Die Rakete schlug durch die Scheibe
36	38	-"-	5/11½			-"-	4	836	51/-	836					900	62/-			2	992	52/-	
37	39	-"-	5/12			-"-	5															Zerplatzte gleich nach dem Abfeuern

G. Weste Capitain der Artillerie B. Hagemann Pr. Lieut der Artill. Siegfried Pr. Lieut der Artillerie

große Laborier-Küche. Diese Locale sollen während der ganzen Dauer des Laborirens unter alleinigen Verschlusse des Herrn Westermayer stehen.
5tens In Bezug auf die Porteen, welche die Raketen erreichen sollen, giebt H: Westermayer an, daß: **a.** die zweyzölligen mit ihren Projektillen 6 Pf. Kugeln und 4 Pf. Grenaden, im ersten Aufschlag eine Portée von 300 Schritten erreiche, durch weitere 4 oder 5 Göller aber eine Tragweite im Ganzen von Tausend Schritten. **b.** die dreyzölligen werden im Bogen abgeschossen, und erreichen mit den bezeichneten Projectilen dieses Kalibers eine Wurfweite von zwölf bis fünfzehn hundert Schritte. **c.** die vierzölligen Raketen erreichen auf gleiche Art im Bogen vierzehn bis achtzehn hundert Schritte. **d.** sollen auch die zweyzölligen im Bogen geschleudert werden, so erreichen sie eine Portée von fünfzehn hundert bis zwey Tausend Schritten.
6tens Die Elevation beym Abfeuern behält sich der Unternehmer bevor.
7tens Hinsichtlich der Seiten-Abweichungen rechts oder links wird bestimmt: daß die zweyzölligen Raketen auf die Entfernung von 800 Schritten keine größere Abweichung machen sollen, als acht und vierzig Schritte rechts oder links von der Mitte der Scheibe. Bey den drey und vierzölligen aber wächst auf eine Entfernung von 1200 Schritten diese Seiten-Abweichung auf ein hundert Schritte rechts oder links vom Zielpunkt.
8tens Das Ziel bildet eine Bretterwand von 96 Schritten à 2 2/5 Schuh rheinisch oder 230 2/5 Fuß lang und 10 Fuß hoch; in deren Mitte ein Zeichen angebracht wird.
9tens In diese Bretterwand sollen von den zweyzölligen auf 600 Schritte Entfernung unter 10 Schüssen 8- auf 800 Schritt Entfernung unter 10 Schüssen 5 treffen; was innerhalb der tolerirten im Punkt 7 bemerkten Seitenabweichung über die Wand geht, wird als getroffen angerechnet. Mit den drey und vierzölligen Raketen wird nicht auf die Scheibe geschossen, übrigens ist ihre Portee bereits im Punkt 3. Littra b. angegeben.
10tens In Percussion sollen die an den zweyzölligen Raketen angebrachten Projectille nehmlich 6 Pf. Kugeln die Kraft äussern, daß sie auf eine Weite von 800 Schritten die 1 1/2 Zoll dike Bretterwand durchdringen. Die 3 und 4 zölligen im Bogen abgeschossenen sollen auf die Weite von 1200 Schritten zwey Fuß tief in den Boden dringen.
11tens Die im Bogen geschleuderten Hohl Kugeln, sollen erst bey ihrem Aufschlagen zerplatzen; jene aber im Winkel abgeschossenen, oder zum Rikoschettiren angewendeten, früher oder später, je nachdem die Einrichtung an ihnen gemacht worden, welche Einrichtung jedoch immer zuvor angegeben werden muß.
12tens Die Witterung zu den Abfeuerungen ist dem Unternehmer einerley, nur wäre ein heftiger Sturm zu vermeiden, indem derselbe, wie bey allen Geschossen einen zu bedeutenden Einfluß auf die Richtung der Projektille äußert.
13tens Bey der wirklichen Vornahme der Versuche selbst überläßt Herr Westermayer die Anordnung aller erforderlich scheinender Sicherheits - Maßregeln den Militair-Behörden; behält sich aber für sich bevor, daß während der Abfeuerungen sich durchaus Niemand, worunter selbst die zur Würdigung des Erfolgs seiner Versuche beordert werdende Commission begriffen sey, am Abfeuerungs-Platze mehr als auf 50 Schritte nähern dürfe, es müßte denn seyn, daß er einen odern den andern früher schon bey ihm kommandirten Unteroffizier zur Beyhülfe beym Abfeuern nöthig habe. Auch soll ihm während der Vornahme der Versuche ein Zelt aufgeschlagen und alle auf den Eprovertir-Platze erforderlichen Requisitten & Gegenstände durch Artillerie Mannschaft, oder nach Gestallt der Sache durch Militair Bespannung auf Wagen zugeführt werden.
Kosten Punkt
1tens Alle zu und während den Versuchen erforderlichen Requisitten und Materialien werden von der königl: Zeughaus Haupt Direction beygeschafft, und dem Accordanten zum Gebrauch und Verwendung übergeben.
2tens Fallen die Versuche günstig aus, werden die vorstehend angegebenen Porteen eingehalten, und die bedungenen Seitenabweichungen nicht überschritten, so geht die Militair Regierung in die Abnahme des Geheimnißes in Anfertigung seiner von ihm verbesserten Brandraketen ein.
3tens Herr Westermayer verpflichtet sich, alsdann 3 oder 4 ernannt werdende Artillerie Offiziere in der Kunst, diese Raketen anzufertigen umfassend und vollständig zu unterrichten;- sofort denselben alle seine auf diesen Gegenstand bezüglichen Kentnisse und Erfahrungen in Wort-, Schrift,- Zeichnung und praktischer Anweisung genauest mitzutheilen, so genau, daß die von den Offizieren auf diese Weise selbst angefertigten Raketen mindestens die nehmlichen Wirkungen nach ihrer in Gegenwart einer Beurtheilungs Commission vorzunehmenden Abfeuerung gemacht haben müssen, als die des Unternehmers selbst. Dabey versteht es sich von selbst, daß sich der Unterricht auch auf die Anfertigung solcher Raketen anderen Kalibers, als die zu den Versuchen hergestellten, nämlich der 1 1/2 und 2 1/2 zölligen erstreken müsse, daher sich vorbehalten wird, daß auch von diesen Kalibern, durch die besagten 4 Offiziere Raketen laborirt und damit gleichfalls Versuche gemacht werden können.
4tens Sind die Proben gemacht, und liegt die Ueberzeugung der völligen Erfüllung des vorstehenden Punktes 6) unbezweifelt vor, so erhält Herr Westermayer vom Tage der allerhöchsten Ratifikation, nehmlich vom 9ten dieß Monats ein Taggeld von 6 G/: sechs Gulden:/ für die Dauer seiner Verwendung, dann ein Honorar von 3000 G /:drey tausend Gulden:/ aus der Haupt Zeughaus Casse nach völlig geendigten Versuchen & gepflogenen Unterricht bezahlt.
5tens Hiernach bleiben alle zu den ganzen Unternehmen angeschafften Gegenstände, Materialien und Requisitten, soweit sie nicht verwendet wurden, Eigenthum der Königlichen bayrischen Militair Regierung.
6tens Erkrankt Herr Westermayer während der Vorbereitungen und der Versuche, so bezieht er auf die Dauer dieser Unpäßlichkeit von 8 Tagen seine Diäten fort, bey längerem Anwähren seiner Krankheit aber verzichtet er bis zu seiner Herstellung auf die Taggelder . Eine Verpflichtung nach seinem allenfallhigen Tode während der Versuche wird nicht eingegangen.
7tens Wenn der Militair Regierung die Bewahrung des angekauften Geheimnißes ohnehin höchst angelegen seyn muß und wird, so kann auf eine besondere Verbindlichkeit gegen die Mittheiler in dieser Beziehung nicht eingegangen werden.
8tens Entsprechen die Versuche nicht, so begiebt sich Herr Westermayer allen Anspruches auf Honorar sowohl, als auf Taggelder und denselben wird im falle eines ungünstigen Erfolgs seiner Versuche nach Maßgabe seiner Leistungen und seines hiebey bewiesenen Eifers, blos ein von der Militair Regierung selbst bestimmt werdende und vorerst allerhöchst genehmigende Schadloshaltung zugesichert.
9tens In diesem Falle werden den Unternehmern zwar von den angeschafften Requisitten die drey gefertigten Richtmaschinen respec. Laffetten überlassen, allein die auf selbe erlaufenen Kosten werden von vorstehend ausgesprochenen Entschädigung in Abzug gebracht;- ausser dessen diese Requisitten noch bey seinem Hierseyn destruirt werden müßten.
10tens Endlich wird dem Herrn Westermayer im ungünstigen Falle seiner Versuche zugestanden, daß die von ihm gefertigten, aber von den Versuchen allenfalls übrig gebliebenen Raketen noch bey seinen Hierseyn von ihm selbst verschossen, oder gänzlich destruirt werden dürfen.
11tens So bald der Gang der Vorbereitungen soweit gediehen ist, daß die Versuche in Zeit 14 Tagen drauf ihren Anfang nehmen können, so hat H: Westermayer der königlichen Zeughaus Haupt Direction Anzeige zu machen um die weiters erforderliche Einleistung treffen zu können.
1ens Endlich wird als Nachtrag noch bedungen, daß in Bezug Punkt 12 zur wirklichen Vornahme der Versuche eine heitere Witterung als zur Beobachtung der Wirkungen dieser Raketen am geeignesten gewählt, und daher der Tag, an den sie beginnen sollen, seiner Zeit bestimmt werden wird.
2tens Nicht minder wird sich die Angabe der Anzahl der bey den Versuchen wirklich abzuschießenden Raketen noch vorbehalten und nähere Bestimmung bey den Experimentiren selbst gegeben werden. Auf jeden Fall aber müssen von jedem Kaliber einige Stücke in Reserve bleiben, um die von den in dieser Kunst unterrichteten Offizieren laborirten mit den von Herrn Westermayer angefertigten in jeder Bezihung vergleichen zu können.
3tens Endlich wird auf den Grund des Kostenpunktes im ursprünglichen Protocoll vom 17n und 18ten September Littra 6. noch festgesezt, daß die im Falle des Gelingens der Versuche ausbezahlt werdende Taggelder und Honorar nicht der bayrischen Gradations Stempel unterliegen sollen. Womit die Verhandlung geschlossen und von Herrn Westermayer zur Bekräftigung eigenhändig unterzeichnet wird.

Commission — Martin Westermayer, Mechanikus

Die Commission unterzeichnet mit dem Bemerken, daß dem Accordanten auf Ansuchen von vorstehender Verhandlung ein gleichlautendes Exemplar ausgefertigt und zugestellt werde. München den 11.October 1833 v.Gotthardt Oberstlieut: Strauss Major Achner Major Ebert Kriegs Commissair Biaesch Actuar

Bericht über die am 9, Mai 1834 durchgeführten Versuche[71)] **Abschnitt 7 Beilage 4/3**

Commissioneller Bericht Ueber die am 9ten May 1834 auf dem Artillerie-Uebungs-Platze angestellten Versuche mit den vom Mechanikus Westermayer aus Hanover, dahier verfertigten Kriegs-Raketen. München den 11ten May 1834.

Die gehorsamst unterfertigten entwarfen, um den hohen Ordren Nro 2025 vom 10ten August, und Nro 2419 vom 30ten Septbr d. Js., dann Nro 972 vom 3ten dießß nachzukommen, vorerst ein Program, wie bey den Versuchen mit den von Mechanikus Martin Westermayer aus Hanover im hiesigen Artillerie Laboratorium gefertigten Kriegs-Raketen verfahren werden solle, und vertheilten die bey den Versuchen zu machenden Beobachtungen und Gespäthe dergestalt unter die Commissions-Mitglieder, daß die
Herrn Oberstlieutenants von Gotthardt und von Hofstetten, vom Abfeuerungs-Platze aus, die Direction des Flugs der Raketen, ob selbe nämlich, da wo nach der Bretterwand gefeuert wurde, über die Wand oder an selber vorbey gingen, ob und wie viele Göller sie bis zur Scheibe machten, beobachteten und aufnottirten; bey den auf größere Distanz nur nach der ausgesteckten Schuß-Linie abgefeuerten Raketen aber, sowohl ihre stattgehabte Abweichung als die Zeit ab und wann die Ausstosladung explodirte, angaben.
Herr Major Srauss und Danner beobachteten das Verhalten der Maschine, Herrn Major Achner die Dauer-Zeit des Flugs, Herr Hauptmann Rueff die den Raketen beym Abfeuern gegebene Elevation, Herr Oberlieutenant von Fartenbach befand sich 400 Schritte, H: Lieutenant Westner 600 Schritte vom Abfeuerungs Platz und selbe nottirten die ihrer Nähe stattgefundenen Göller der kleineren Raketen, so wie das Verhalten ihrer Projectile und Ruthen.
Die Herrn Lieutenants von Grundherr und Zeller standen zu beyden Seiten der Bretterwand, um dort die Durchschläge und das fehlen der Wand zu beobachten.

Herr Lieutenant Schmölzl befand sich 300 Schritte hinter der Scheibe, und Herr Lieutenant von Schintling, um die ganze Portée der Raketen zu beobachten und zu messen, beritten gegen 500 Schritte hinter der Scheibe. Auf der zweyten Schußlinie waren die letzt genannten Herrn so placirt, wie es das Program angibt.
Von den zu beyden Seiten der Schußlinie ausgestellten 24 Artillerie Unteroffizieren sollte jeder das nottiren, was in seiner Nähe vorfiel, um dadurch aus den eingesammelten Notitzen eine tabellarische Übersicht zusammen stellen zu können. Ihre Königlichen Hoheiten der Kronprinz und Prinz Carl, Se Durchlaucht der Feld-Marschall Fürst Wrede, Se Erlaucht Herr Generallieutenant Graf Pappenheim und mehrere Herrn Generals Stabs- und Ober-Officiers der Garnison wohnten dem Versuche bey.
Tag und Stunde des Anfangs wurden ganz so eingehalten, wie es im Program bestimmt war; auch die Reihenfolge, in welcher die Raketen abgefeuert wurden, richteten sich nach dem im Program zuletzt angenommenen Fall, nämlich Ehevor nur 10 Stück 2 zöllige mit 4 Pf. Grenaden versehene Raketen, auf der von der Belagerungs-Batterie nach Mosach dirigirten Schuß-Linie abzufeuern, hierauf aber diese Schußlinie zu verlassen, und auf jener von dem, der Pulver-Probmörser-Bettung zu nächst befindlichen Standpunkt nach Feldmoching dirigirten 2ten Schußlinie, erst die 10 Stück 3 zölligen dann die 10 Stück 4 zölligen Raketen zu verfeuern; nach diesen aber zur Abfeuerung der noch übrigen 10 Stück mit 6 Pf. Kugeln versehenen 2 zölligen Raketen sich wieder in die erste Schußlinie zu begeben.
Das Wetter war heiter, im Anfange ein nur leiser kaum fühlbarer, zwischen Nord und Nordwest wechselnder Wind bemerkbar, der erst bey den letzten Paar Raketen stärker wurde; so daß sich die Witterung zu derley Versuchen nicht leicht geeigneter treffen wird. Mechanikus Westermayer ließ eine Stunde vor dem Versuch durch die ihm schon seit längerer Zeit zugetheilten 9 Unteroffizire die 3 und 4 zölligen Raketen und deren Stäbe unter ein in der Nähe ihres Abfeuerungs-Platzes aufgeschlagenes Zelt bringen, und dort durch diese Unteroffiziers die Stäbe daran befestigen.
Die unterzeichnete Commission nahm Augenschein von den Raketen und ihren Stäben, und fand, daß alle Hohlkugeln mit Blechstreifen auf die Hülsen von Eisenblech befestigt waren, und zwar auf den 3 zölligen Raketen die 12 Pf. Grenaden mit 3, die 7 Pf. Grenaden mit 4 sich kreuzenden Blechstreifen; auf den 4 zölligen Raketen aber sowohl die 7 als 10 Pf. mit 4 sich kreuzenden Blechstreifen. Die Blechstreifen selbst waren nur mit fest an einander gewundenen und gelaimten Bindfaden auf die Hülsen befestiget. Das Brandloch der Grenade sah bey allen Calibern nach dem Innern der Hülse. Sowohl die Hülsen als die dazu gehörigen Stäbe waren bey jedem der 3 Caliber von Raketen, eigends und zwar von 1 angefangen nummerirt. Die sämmtlichen Hülsen waren in ihrer untren Oeffnung mit einem Pflaster verkappt.
Es wurden in Gegenwart der Com die Stäbe an die Raketen befestigt, was sehr einfach und schnell auf folgende Weise geschah: Ein Unteroffizier bey den größeren Raketen aber 2 hielt die Hülse, und einer die Grenade; einer derselben führte das etwas piramidalisch zugeschnittene Ende des gleich numerirten Stabes in die für ihn bestimmte und auf die Hülse geniethete Hülle. Hierauf wurde an das andere Ende des Stabes mit einem gewöhnlichen Handhammer so lange geschlagen, bis der Stab fest stack, was sowohl der Schlagende als die Haltenden bemerkten. Die Stäbe sind für die 3 Caliber von Raketen verschieden lang, und verschieden stark, die Hüllen für sie sowie das piramidalische Zuschneiden war aber so genau ausgeführt, daß beynahe allen Raketen gleich viel von dem Stabe über die Hülle vorsah, oder der zum Gegenwicht und zur Direction der Hülse bleibende Theil des Stabes gleich lang blieb.
Die 20 Stück 3 und 4 zöllige Raketen blieben, nachdem sie sämmtlich mit Stäben versehen waren, auf ausgebreiteten wollenen Teppichen bis zum Abfeuern liegen, und es wurde aus später erklärlichen Gründen besondere Sorge getragen, daß ja an den Kanten der Stäbe keine Splitter oder hervor ragende Theile sich befänden, welche allenthalben sogleich mit einer Holzraspel hinweggenommen wurden.
Von da ging die Commission an den Abfeuerungsplatz der 2 zölligen Raketen, besah dieselben und ihre Stäbe, sah das Befestigen der letzteren, was ganz auf die vorher angeführte Weise, und nur mit dem Unterschied geschah, daß ein einziger Mann Hülse sammt Rakete hielt. Die 4 Pf. Grenaden, wie auch die 6 Pf. Kugeln sind ebenfalls mit 3 sich kreuzenden Blechstreifen und gelaimten Bindfaden auf die Hülsen befestiget; die Hülsen gleichfalls verkappt, Hülsen und Stäbe gleichmäßig von Nro 1 angefangen numerirt gewesen.
Westermayer stellte sich hierauf mit seinem zum Abfeuern der Raketen gebrauchten Stativ in das Centrum des ausgesteckten und 120 Schritte im Durchmesser haltenden Halbkreises; die 2 zölligen Raketen lagen unter einem Zelt auf über dem Boden ausgebreiteten Teppichen. Zwischen dem etwa 50 Schritte von einander entfernten Statif und Zelt hatte er eine verschließbare Kiste, in welcher sich Lunten, Zündlichter, Brändchen, Schnitzer, Feilen, so wie auch ein Hohlbehältniß und anderes befand. Diese Kiste diente bey geschlossenen Deckel als Tisch, auf welchem von den Raketen vor dem Abfeuern die Kappen abgenommen wurden. Nämmlich indem eine Rakete mit dem Projectil auf den Deckel der Kiste aufruhend, und den Stab vertical dabey in die Höhe sehend, von einem Unteroffizier gehalten wurde, nahm Westermayer oder einer der Unteroffiziere, wahrscheinlich mittelst einem Schnitzer die Kappe hinweg.
Das Statif besteht gleich dem eines Meßtisches aus einem Gestell mit 3 Füssen, auf welchem sich ein Quadrant von Eisen befindet. Der Quadrant erhält durch ein kleines in seine Peripherie eingreifendes Getrieb die verticale, und dadurch die Elevation der Rakete erzweckende Bewegung; er läßt sich aber ausserdessen auch noch zur Erlangung der Seitenrichtung horizontal bewegen. Der eine Radius des Quadranten bildet eine Rinne oder Nuthe, in welche der Stab der Rakete so zu liegen kommt, daß die Hülse mit ihrem untren Theil an den andren Radius beynahe ansteht. Sobald die Rakete auf diese Weise in das Statif eingelegt ist, kommen über die Nuthe 2 Vorreiber, und halten dadurch bey dem Steigen oder Abgehen der Rakete ihren Stab beynahe bis ans Ende in der beabsichtigten Führung. es wird hierauf in die entkappte Oeffnung der Rakete ein Brändchen eingesteckt, der Rakete die erforderliche Seiten- und Höhe-Richtung gegeben, und dann abgefeuert.
Bey den 2 zölligen Raketen sind die Füsse des Statifs nur etwa 5 Schuhe lang, so daß der mit dem Einlegen und Befestigen derselben sich Beschäftigende, selbst wenn er von mittlerer Größe ist, noch bequem damit manipuliren kann. Zudem werden derley Raketen gewöhnlich nur mit niederer Elevation abgefeuert, so daß ihr ohnehin nur kurzer Stab die Erde nicht leicht berührt; anders ist es aber bey den größeren. Unter welchem Winkel Westermayer die 10 mit 4 Pf. Grenaden versehenen Raketen, womit bey dem Versuch der Anfang gemacht wurde, abfeuerte, welche Portée sie einzeln erreichten, wie viele Göller sie machten, ob sie die 96 Schritte breite und 10 Fuß hohe Bretterwand trafen, über sie hinweg oder an ihr vorbeygiengen, oder vor selber liegen blieben, wie sich Projectile, Göller und Stäbe verhielten, dieß alles ist aus anliegender tabellarischer Übersicht zu entnehmen.
Es wurde, wie es schon im Program ausgedrückt ist, bey diesen Raketen, nach 5 derselben immer so lange pausirt, bis die längst der Schußlinie ausgestellten Herrn Officiers und Unteroffiziers ihre Notitzen gemacht, und Abschreitungen vorgenommen, sodann an den Vorstand der Commission den Rapport abgeschickt hatten. Obwohl die den Raketen gegebenen Elevations-Winkel dem mit Westermayer abgeschlossenen Vertrag gemäß nur geschätzt werden konnten, war doch nicht zu verkennen, daß er in der Elevation öfter variirte.
Einige Raketen göllten schon auf 80 - 100 Schritte, und machten 3 bis 4 Göller bis zur Bretterwand, andere erst auf 300 - 400 Schritte, und machten weniger Göller bis zur Wand, wieder andere giengen in einem Bogen bis an die Scheibe. Das Terrain zwischen dem Platze des Abfeuerns und der Bretterwand war etwas wellenförmig und hatte etwa 3 obwohl nicht bedeutende Erhöhungen und eben so viele Vertiefungen, welche die Schußlinie etwas schief durchkreuzten, so daß die ricoschetirenden Raketen dadurch von ihrer anfänglichen Richtung zuvor abwichen, und aus der anliegenden Tabelle ist auch wirklich bemerkbar, daß von den 5 für getroffen geltenden Raketen, der größere Theil unter höherer Elevation abgefeuert wurde, während unter den 5 gefehlten der größere Theil mit geringerer oder ganz ohne Elevation abgefeuert wurden.
In der Angabe der Anzahl der Göller, welche die Raketen bis zur Scheibe machten, bestehen einige Differenzen, die aber großen Theils ihren Grund in der Neuheit des Gegenstandes hatten; indem mancher von dem noch nie gesehenen Schauspiel so ergriffen war, daß er sein eigentliches ihm übertragenes Geschäft darüber verpaßte. Andren theils waren, besonders wie später bey den mit 6 Pf. Kugeln versehene Raketen angeführt werden wird, manche Göller so flach, oder so schnell aufeinander folgend, daß sie von diesem für Einen von jedem für mehrere gezählt wurden. Was in die Bretterwand gieng, war eo ipso getroffen, was über selbe gieng vermög dem mit Westermayer abgeschlossenem Contract als solches zu zählen; und was vor der Scheibe blieb, muß darum als Treffer gerechnet werden, indem es nur allein durch das Göllen im unebenen Terrain veranlaßt wurde. Auf diese Art gezählt hatte demnach Westermayer unter den ersten 10 Raketen 5 Treffer gehabt. Die ganze Portée dieser Raketen beträgt im Durchschnitt genommen 1181 Schritte.
Die Ausstosladungen explodirten sämmtlich entweder da, wo die Rakete ihre Bahn vollendete, oder gleich danach.
Bey den später auf der nämlichen Schuß-Linie verfeuert wordenen 10 Stück 2 zöllige mit 6 Pf. Kugeln versehenen Raketen, war das Verfahren ganz so, wie bereits hier oben angeführt wurde; allein Westermayer änderte die Elevation nicht so oft, wie anfänglich, sondern gab durchgehends 9 Grade.
Es wurde auch mit dieser Gattung die Bretterwand 2 mal getroffen. Sie ricoschetirten in weit flacheren Bögen, so daß es bey manchen schien, als ob sie nur längs dem Boden rollten; Aus diesem Grunde ging keine über die Bretter-Wand; dagegen erreichten 5 dieselbe nicht ganz, und es befanden sich sohin unter den 2ten Zehen Raketen 7 Treffer.
Die ganze Portée dieser Art Raketen beträgt im Durchschnitt genommen 791 Schritte, also bedeutend weniger, als jene mit 4 Pf. Grenaden versehen gewesenen.
Das Verhalten der Stäbe war das Nämliche, wie bey den früheren. Bey einigen derselben trennten sich aber die Projectile von den Hülsen, Letztere blieben beynahe durchgehends ganz.
Bey den 2 zölligen Raketen verfloß von einer zur andren immer ein Zeitraum von circa 2 Minuten. Es liessen sich aber, wenn ein Mann Raketen beyträgt, 2 andere sie entkappen, in das Statif legen, und das Brändchen einstecken, dann ein Vierter richtet und abfeuert, recht füglich 2 Raketen per Minute abfeuern. Die 3 und 4 zölligen Raketen wurden, wie schon im Program angeführt ist, zur Erhaltung einer längeren Schußlinie in der gegen Feldmoching dirigirten Direction abgefeuert. Die zur Commission gehörigen Herrn Officiere und die vom 1ten Artillerie Regiment dazu gegebenen Unteroffiziere waren zur Beobachtung der Aufschläge längst dieser Schußlinie vertheilt.
Es wurde mit den 3 zölligen, wovon die erste Hälfte mit 12 Pf. Grenaden und die 2te mit 7 Pf. Grenaden versehen war, der Anfang gemacht. Der Abfeuerungsplatz, an welchem sich Westermayer mit den ihm zugegebenen Unteroffiziers befand, lag wieder im Centrum eines zur Abhaltung der Zuseher gezogenen Halbkreises von 60 Schritt im Halbmesser.
Das Statif für diesen Caliber der Raketen ist jenem der 2 zölligen zwar ähnlich, aber in allen seinen Ausmassen größer und stärker; weswegen denn auch, wenn die Rakete eingelegt und mit den Vorreibern befestiget wurde, immer eine Gartenleiter angewendet werden mußte, auf welcher Westermayer einige Stufen emporstieg, und erst dadurch den obern Theil des Statifs erreichte. Das Herbeytragen, Entkappen und Einlegen der Rakete in das Statif folgte bey diesen 3 zölligen wohl in derselben Ordnung, wie bey den 2 zölligen aufeinander; allein es trugen wegen dem bedeutenderem Gewichte und dem langen Stab immer 2 Mann an einer Rakete; ferner wurde bey dem Einlegen in die Rinne des Statifs, der Quadrant so gedreht, daß jener die Rinne bildende Radius beynahe vertical stand, und nach dem Zielpunkte sah. Die Raketen wurden dabey von ein Paar Unteroffizieren mit dem Stabe vertical aufwärts sehend, so an das Statif gebracht: daß der Stab in die für ihn bestimmte Rinne kam, und die Hülse beynahe an den Quadranten anstieß; hierauf wurden die beyden Vorreiber gedreht, dann ergriff Westermayer die Rakete zunächst der Hülse am Stabe, und drehte sie in einer verticalen Ebene sammt dem Quadranten so um, bis der Stab mit seinem äußersten Ende hinter dem Statif gegen den Boden sah. Das Eleviren und Einsetzen des Brändchens geschah, wie bey den kleineren Raketen jedoch von der Leiter aus.

Weil die 3 und 4 zölligen Raketen unter hoher Elevation abgefeuert wurden, und ihre langen Stäbe durch das Aufstossen auf die Erde an der Elevation gehindert haben würden, wurde schon mehrere Tage vor dem Versuche eine 4 Fuß lange und ebenso breite, dabey 6 Fuß tiefe Grube gegraben, an welcher das Statif so stand, daß die Stäbe in die Grube reichten.
Die erste Serie, welche aus 5 Stück 3 zölligen mit 12 Pf. Grenaden versehen, bestand, wurde auf diese Art in Zwischen-Pausen von etwa 3 Minuten nacheinander abgefeuert.
Die Raketen erhoben sich mit starkem Geräusch, und erreichten bei der anfänglich gebrauchten Elevation von 45° eine beträchtliche Portée. Westermayer verminderte bey den letzten beyden Raketen dieser Serie die Elevation; allein sie gingen demohngeachtet noch sehr weit.
Die Ausstoßladungen der daran befindlichen Grenaden zündeten bey zweyen gleich nach dem Auffallen, bei dreyen aber etwas später.
Nach dem Abfeuern dieser 5 Raketen sollte dem Program gemäß so lange gewartet werden, bis die Abmessungen ihrer Portéen und Abweichungen vorgenommen, und der Rapport an den Vorstand der Commission abgesendet sey; allein Westermayer berief sich auf seinen früher gestellten Antrag „Es möchte nur immer nach 10 Raketen der größeren Caliber geruhet werden, indem sich sonst der Versuch sehr in die Länge dehnen, und die hohen Herrschaften langweilen würden; daß könne um so mehr geschehen, da ja ohnehin bey jeder Rakete nur 1 Aufschlag zu nottiren, und überdieß jede derselben mit Nro versehen sey."
Sowohl diese Einwendung als auch die Anwesenheit Ihrer Königlichen Hoheiten und der Generalitaet veranlaßte daher den Vorstand der Commission darin von dem Program abzugehen, die Pausen nach den ersten 5 Stück 3 zölliger Raketen abzukürzen, und nicht nur die übrigen 5 Stück 3 zölligen mit 7 Pf. Grenaden, sondern auch die 10 Stück 4 zölligen in solchen Pausen nach einander folgend abfeuern zu laßen, als Westermayer hiezu nothwendig zu haben schien.
Für sämmtliche 3 zölligen Raketen wurde das nämliche Statif verwendet, bey den 4 zölligen wurde aber nur das Gestell beybehalten, der obere den Quadranten bildende eicherne Theil des Statifs, welcher für die 4 zölligen von größeren und stärkeren Dimensionen seyn wird, wurde aber vor dem Beginnen dieses Calibers gewechselt.
Das Entkappen, Einlegen, Richten und Abfeuern der 3 und 4 zölligen Raketen unterschied sich nur darin: daß die Letzteren besonders, wenn sie mit 10 Pf. Grenaden versehen sind, ein bedeutend größeres Gewicht als Erstere besitzen, und darum bey dem Tragen und Handhaben derselben um einem oder 2 Mann mehr Bedienung erforderten. Das Statif verhielt sich bey den 3 zölligen noch ganz ruhig; bey den 4 zölligen bückte es aber bey jeder derselben, wodurch dann die anfänglich genommene Richtung der Rakete immer von geringerer Elevation war, als sie im Statif liegend hatte. Während ihrem Flug sank aber der Stab gewöhnlich tiefer, und die Hülse und Rakete erhielten dadurch wieder eine höhere Elevation.
Es wurde auch bemerkt: daß während den Versuchen, und besonders bey den Raketen der beyden größeren Caliber, Westermayer die Rinne des Statifs mehrmal von dem durch das ausströmmende feuer sich angelegten Brand reinigte, und mit Oehl einschmierte.
Es versagten mehrere in die Oeffnung der Raketen eingesetzte Brändchen, welche aber immer sehr schnell wieder durch Neue ersetzt waren. Bey den größeren Raketen, und namentlich bey den mit 10 Pf. Grenaden versehenen 4 zölligen, dauerte es vom Moment des Anzündens bis sich die Rakete wirklich von der Stelle bewegte, manchmal 2 bis 3 Sekunden, was, darum für vortheilhaft erkannt wird, indem dadurch die Rakete gleich mit voller Kraft zu steigen beginnt, und die ihr gegebene Elevation eher vermehrt als vermindert.
Zwischen 2 nach einander abgefeuerten Raketen größeren Calibers verstrichen immer 3 oder 4 Minuten. Es könnte aber füglich unter Beyhilfe von 3 oder 4 Mann per Minute eine Rakete abgeschossen werden. Die Portéen und Seiten-Abweichungen sind in der anliegenden Tabelle so weit eingetragen, als selbe aus den eingesammelten Notitzen der längs der Schuß-Linie ausgestellt gewesenen Herrn Officiers und der Unteroffiziers sich ergaben.
Die Portée der 3 zölligen mit 12 Pf. Grenaden versehnen Raketen war aus fünfen im Durchschnitt genommen 2620 Schritte, und ihre mittlere Seiten-Abweichung 149 Schritte.
Bey den mit 7 Pf. Grenaden versehenen 3 zölligen aber nur 1562 Schritte, und ihre mittlere Seiten-Abweichung 142 Schritt. Bey den 4 zölligen mit 7 Pf. Grenaden versehenen Raketen war die aus 6 gezogene mittlere Portée 2158 Schritte, ihre Seiten-Abweichung im Durchschnitt genommen 195 Schritte. Bey jenen mit 10 Pf. Grenaden versehenen aber die mittlere Portée 2316 Schritt, und die mittlere Seiten-Abweichung 101 Schritt. Die 3 und 4 zölligen wurden beynahe durchgehends unter Elevation von 45 Graden abgefeuert; bey den letzten 3 mit 10 Pf. Grenaden versehenen, nahm Westermayer aber gar 52 bis 55 Grade.
Eine 4 zöllige, mit 7 Pf. Grenaden versehene Rakete, traff zufällig in den Artillerie Kugelfang, und drang dort 14 Fuß tief ein. Die 3 und 4 zölligen Raketen drangen bey ihrem Einfall, 1 bis 2½ Fuß tief in den Boden ein. Wo eine Rakete auffiel, fieng das durch die lang anhaltende trocken Witterung gänzlich gedörrte Streu-Gras und Heide-Kraut, selbst das Gesträuche und Bäume in dem niedren Jagdgehölz sogleich zu brennen an. Keine einzige Rakete zersprang oder verunglückte, und es zeigte sich, daß die Ursache der bey den Vorproben zersprungenen Raketen wie Westermayer damals gleich behauptete, lediglich nur in der bey dem Pressen unzureichenden Verwahrung der Niethen, und nicht in dem Satze gelegen haben mag, indem er nur allein zur Abhülfe der Ersteren Sorge trug, den Satz aber, wie er versicherte, nicht änderte.
Es möchten demnach nun die Fragen zu stellen seyn; ob und wie Westermayer seine im Contract vom 10ten October v. Jr. sich selbst gestellte Aufgabe löste, und daraus sowohl als aus den bey dem Versuche gewonnenen Ueberzeugung erst der Antrag für oder wider die Abnahme seines Geheimnisses hervorgehen.
Gemäß Ziffer 5 jenes Accordes sollten die 2 zölligen Raketen im ersten Aufschlag eine Portée von 300 Schritten, durch weitere 4 oder 5 Göller aber eine ganze Tragweite von Tausend Schritten erreichen; selbe hatten aber ihren ersten Aufschlag dem Abfeuerungs-Platze größtentheils weit näher, und zwar wie Westermayer angibt, aus dem Grunde, um mit den Göllern den die Schuß-Linie quer durchkreuzenden Terrain-Wellen auszuweichen. Die Zahl der Göller war unter den Raketen sehr verschieden; es darf aber als Mittelzahl die von Westermayer Angegebene angenommen werden.
Die ganze Tragweite ist anstatt 1000 Schritte bey den mit 4 Pf. Grenaden Versehenen im Mittel 1181, bey den mit 6 Pf. Kugel Versehenen im Mittel 791 Schritte gewesen; also gingen die Einen weiter, die Andren minder weit als Westermayer versprach. Wird aber von den Portéen sämtlicher 2 zölligen Raketen das Mittel genommen, so ergeben sich 986 Schritte, was demnach nur 14 Schritte weniger ist, als Westermayer sich vorsetzte, und darum zu gering wären, um sagen zu können, die Aufgabe sey in dieser Beziehung nicht gelöst, weil eine solche Differenz durch einen einzigen ungünstigen Göller herbey geführt werden konnte. Die 3 und 4 zölligen Raketen waren Erstere gemäß Ziffer 5 jenes Accordes eine Portée von 1200 - 1500 und Letztere von 1400 bis 1800 erreichen sollten, haben dieses Zil viel überschritten, indem Erstere mit 12 Pf. Grenaden versehen 2620, mit 7 Pf. Grenaden versehen 1562, und Letztere mit 7 Pf. Grenaden versehen 2158, mit 10 Pf. Grenaden Versehene 2216 Schritte erreichten.
Der Buchstabe d jenes Ziffer 5 wurde nicht erfüllt, weil keine einzige Rakete dieser Art im hohen Bogen abgefeuert wurde, was bey der verhältnißmässig geringen Percussions-Kraft dieses Calibers auch ohne Zweck gewesen wäre. Die Ziffer 7, 8, und 9 jenes Accordes bedingen: daß bey den 2 zölligen unter 10 Raketen 5, folglich unter 20 derselben 10 als Treffer vorkommen sollen. Westermayer hat aber gemäß obiger Ansicht der Treffer und Fehler, unter den 20 Stück 2 zölligen Raketen 12 Treffer.
Die Seiten-Abweichung der im Bogen abgeschossenen 3 und 4 zölligen Raketen soll nach Ziffer 7 jenes Vertrages auf 800 Schritte Portée 48 Schritt und auf 1200 Schritt Portée 100 Schritt rechts oder links vom Zielpunkt nicht überschreiten, wodurch auf 1600 Schritte Portée 150, auf 2000 Schritt Portée 200 Schritt, auf 2400 Schritt Portée 250 Schritt Abweichung statt finden dürfte. Ueber diese Grenzen sind nur die beyden in der Tabelle mit N3 bezeichneten Abweichungen geschritten, würde aber das Mittel der Abweichungen genommen, dann wären sämmtliche unter der gesetzten Grenze.
Der Punkt 10, die Percussions-Kraft der Raketen betreffend, wurde zwar nicht ganz erfüllt, indem eine der Raketen, die aber, wie bemerkt werden muß, vorher mehrmal göllte, in der Wand stecken blieb, und von den größeren einige nur 1 - 1½ Fuß in den Boden eindrangen.
Die Commission schreibt aber das minder tiefe Eindringen in die Erde großentheils der längerer Zeit angedauerten Trocken zu, indem unter ähnlichen Umständen auch die Kugel des Pulver-Prob-Mörsers öfters wieder aus der Erde emporspringt, und bey feuchterem oder nassen Erdreich 2 bis 3 Fuß tief eindringt; ist übrigens nach dem 14 Fuß tiefen Eindringen einer 4 zölligen Rakete in den Artillerie Kugelfang geurtheilt, des Dafürhaltens daß die Raketen größeren Calibers hinreichende Percussions-Kraft besitzen.
Westermayer würde auch höchst wahrscheinlich die Tiefe des Eindringens minder bedeutend angegeben haben, wenn er die nur dünne Erddecke auf dem Kiesgrund der hiesigen Umgegend gekannt hätte. Von den 2 zölligen Raketen blieb unter den 4 die Bretterwand Getroffenen nur eine, welche jedoch mit dem Projectil die Wand noch durchschlagen hatte, mit dem Vorstand der Hülse stecken. Es ist sohin der Punkt 10 des Vertrages ebenfalls, und wenn auch nicht allgemein doch nur mit sehr geringen Ausnahmen erfüllt.
Der Punkt 11 ist gleichfalls erfüllt; indem die an den Raketen befestigten Grenaden größtentheils am Ende ihrer Bahn oder gleich darauf das Enzünden der Ausstos-Ladung bemerken ließen. Die Commission glaubt nun nach vorliegenden Resultaten der Versuche ohne Anstand ihr Urtheil dafür fällen zu dürfen: daß Westermayer seine Aufgabe zur Zufriedenheit gelöst habe, und das Raketen fertigen verstehe.
Wenn übrigens auch gemäß den im Jahre 1830 dahier vorgenommenen Versuchen mit 30 und 10 Pf. Mörsern von verschiedener Länge und Kammern, der mitunter vorgekommenen bedeutenden Seiten-Abweichungen im Allgemeinen geringer als die bey den Raketen sich ergebenen waren, und überhaupt mit Ausnahme des Zündens, wozu die Raketen größeren Calibers besonders geeignet erscheinen, angenommen werden dürfte, daß ein Geschütz, da wo es placirt werden kann, in seiner Wirkung stetts den Vorzug vor Raketen behalten wird, so glaubt die Commission dennoch wegen der in speciellen Fällen vortheilhaften Verwendbarkeit der Raketen, sich dabey auf ihre frühere im Abstimmungs-Protocoll vom 16ten August v. Js. geäusserte Meinung, und den dabey gehaltenen Vortrag stellen zu dürfen:
"Es möge Westermayer das besitzende Geheimniß Kriegs-Raketen zu fertigen, ausser den ihn treffenden Taggeldern um den bedungenen Preis von 3000 fl abgelöst, und selber, wie schon im Vertrag ausgedrückt ist, aufgefordert werden, einer von Allerhöchster Stelle zu bestimmenden Anzahl Artillerie-Offizieren, worunter sich die im Artillerie Laboratorium befindlichen besonders eignen möchten, die fabrication von Kriegs-Raketen verschiedener Caliber vollkommen zu lehren, deren Erzeugnisse dann mit den von Westermayer selbst gefertigten und noch vorhandenen, aus 10 Stück 2 zölligen /:zur einen Hälfte mit 4 Pf. Grenaden zur andren mit 6 Pf. Kugeln versehen/, aus 5 Stück 3 zölligen /wovon 3 mit 12 Pf. und 2 mit 7 Pf. Grenaden versehen/, und 5 Stück 4 zöllige /:wovon 3 mit 7 Pf. und 2 mit 10 Pf. Grenaden versehen sind:/, bestehend, durch neue Versuche verglichen werden könnten; was nun, nachdem alle Werkzeuge, Maschinen und Vorrichtungen hiezu vorhanden sind, in Bälde ausführbar wäre.

Comission
von Gotthardt Oberstltnt, Achner Major, Zoller, v.Hofstetten Oberstlieutnt, Rueff Hauptmann obfwkmstr
Strauss Major, furtenbach Oberlieutn, Danner Major, Zeller Lieut
Schmoelzl Lieut, v.Schintling Lieut

Tabellarische Zusammenstellung der Versuchsresultate am 9. Mai 1834 (Auszug)[72]

Abschnitt 7 Beilage 4/4

No der Rakete	Caliber Zoll	Gew. Granate (Pfd)	Gew. Kugel (Pfd)	Elevation geschätzt Grad	als Treffer gewertet	Anzahl Göller	Portée im 1. Aufschlag Schritt	Portée im Ganzen Schritt	Seiten-Abweichung 1. Aufschlag rechts/links	Seiten-Abweichung am Ende rechts/links
1	2”	4		2-3	x	3		675		20 rechts
2	”	4		8	x	3	600	1400	-	-
3	”	4		6	x		-	1200		150 links
4	”	4		6	-	7		1400		
5	”	4		2-3	-	5	300	1280		40 rechts
6	”	4		6-8	x	-		1200		
7	”	4		2-3	-	5	312	920	30	
8	”	4		2-3	-	2	444	1200	in Linie	in Linie
9	”	4		0	-	6		1100		
10	”	4		0	x	6		1400		
11	”		6	9	x	2	300	800	30 rechts	
12	”		6	9	x	7	100	600		
13	”		6	9	-			900		
14	”		6	9	-	6	500	900		
15	”		6	9	x	4		980		
16	”		6	9	-	9	150	630		
17	”		6	9	x	6	180	760		
18	”		6	9	-	4	600	950		
19	”		6	9	x	6	93	795		
20	”		6	9	x	3	90	600	30 links	
1	3”	12		45				2700		
2	”	12		45				2800		200 links
3	”	12		45				2500	200 links	
4	”	12		30				2401		85 links
5	”	12		30				2700	112 rechts	
6	”	7		30				1400		154 rechts
7	”	7		45				1850		170 links
8	”	7		45				1600		126 rechts
9	”	7		45				1500		
10	”	7		45				1460	120 links	
1	4”	7		45				2100		154 rechts
2	”	7		45				1000		
3	”	7		45				1800		
4	”	7		45				1850	150 rechts	
5	”	7		45				2300		95 links
6	”	7		45				2800		
7	”	7		45				2100		380 rechts
8	”	10		55				2150	44 rechts	
9	”	10		52				2300		200 rechts
10	”	10		52				2200	60 links	

München, den 14ten Mai 1834

Porteetafel für die königlich bayerischen Kriegsraketen im Jahre 1854[73]

Abschnitt 7 Beilage 4/5

Raketen-Kaliber	Raketen-Gattung	No der Granate	Gewicht der Granate in Pfund	Elevation in Graden	Entfernung in Schritt	Erster Aufschlag in Schritt	Auslauf	Bemerkungen in Schritt
6pfündige	Schuß	1	3¼	Grundstellung		200	950	0° - Rollen
				2¼	500	300	950	2¼° - 12½° Schießen
				4¼	600	400	950	15¼° - 26° Werfen
				6	700	500	950	
				8	800	540	950	
				11½	900	740	1050	
				12	1000	750	1100	
				12½	1100	800	1100	
				15½		900	liegt	
				19		1000	-”-	
				22		1100	-”-	
				26		1200	-”-	
	Wurf	2	4½	16	500		600	
				19	600		700	
				25	700		liegt	
				32	800		-”-	
	Kartätsch	mit 28 3löther Blei Schrothen		4	400		900	Auf festem Boden
				5	500		900	
	Leuchtballen		5	17	300		550	
				21	600		liegt	
				30	700		-”-	
12pfündige	Wurf	3	6	12	800		850	
				15	900		950	
				19	1000		liegt	
				23	1100		-”-	
				28	1200		-”-	
				32	1300		-”-	
	Wurf	4	8	10	600		650	
				14½	700		750	
				18½	800		liegt	
				23½	900		-”-	
				30	1000		-”-	
	Brandballen		8	14	800		850	
				17½	900		liegt	
				21½	1000		-”-	
				28	1100		-”-	
	Leuchtballen ohne Schirm			6	600			
				12	800			
	Leuchtballen mit Schirm			45	600			
				40	680			
				35	700			
				85	Als Tag und Nachtsignal			

Resultate der Versuche mit Raketen im Jahre 1858[74] **Abschnitt 7 Beilage 4/6**

(Auszug)

Raketen-Gattung	Tag des Versuches	Datum der Pressung	Treibsatz Jahr	Gewicht Pfd/Loth	Elevation in Grad	1.Aufschlag (Mittl. Entfernung) in Schritt	mittl. Abweichung rechts in Schritt	mittl. Abweichung links in Schritt	mittl. Auslaufweite in Schritt	Bemerkung
Schuß-Raketen	05.01.1858	01/1853	1852	2 / 4	8	544		14	725	1x Auslauf auf 1300
	-"-	12/1855	1854	2 / 4	8	247	6		1250	von 5 Raketen 2 durchgestoßen
	08.02.1858	12/1854	1852	2 / 4	8	565		9	878	1x 50 links
	-"-	09/1855	1854(11)	2 / 4	8	448	5		582	1x 20 links
	25.02.1858	02/1858	1858	2 / 4	8	513	16		755	1x Auslauf 1085
	11.03.1858	03/1858	1858	2 / 4	8	369	13		630	
	03.09.1858	1854/55	1852/54	2 / 4	0	173		1	Kugelfang	
	-"-	1858	1858	2 / 4	0	88	0	0	-"-	
	-"-	1854/55	1852/54	2 / 4	4	400		3	-"-	1x 7 rechts
	-"-	1858	1858	2 / 4	4	304	3		-"-	
	-"-	1854/55	1852/54	2 / 4	8	595	2		-"-	
	-"-	1858	1858	2 / 4	8	617		4	-"-	
	-"-	1854/55	1852/54	2 / 4	12	787	9		876	1x 26 rechts
	-"-	1858	1858	2 / 4	12	806	30		900	
	-"-	1854/55	1852/54	2 / 4	16	888	20		855	
	-"-	1858	1858	2 / 4	16	1049	41		1100	
Kartätsch-Raketen	20.05.1858	5/1855	1858	2 / 6	$5\frac{1}{2}$	160 / 16				Weite=Ausstoß /Höhe
	-"-	04/1856	1854	2 / 6	$5\frac{1}{2}$	155 / 28				Ziel = 400
	-"-	1858	1858	2 / 6	$5\frac{1}{2}$	50 / 20				Ziel = 300
leichte Wurfraketen	05.01.1858	1852	1852	2 / 10	25	568		6	850	
	-"-	08/1855	1854(11)	2 / 11	25	583	10	15	890	
	11.03.1858	1858	1858	2 / 7	25	556	7	7	728	
	16.07.1858	1858	1858	2 / 7	25	699		20	702	
	04.09.1858	1855	1854(11)	2 / 11	19	517		6	607	
	-"-	1858	1858	2 / 7	19	578	7	4	677	
	-"-	1858	1858	2 / 7	25	705	12		706	
	-"-	1855	1854(11)	2 / 1	32	726	18		726	
	-"-	1858	1858	2 / 7	32	801		14	801	
schwere weittreibende Wurfraketen	04.09.1858	1856	1855(6)	4 / 14	16	1125	22		1125	
	-"-	1858	1858	4 / 14	16	1006	24	6	1012	
	-"-	1856	1855(6)	4 / 14	24	1328	15		1328	
	-"-	1858	1858	4 / 14	24	1227	11		1227	
	-"-	1856	1855(6)	4 / 14	32	1392	30	13	1392	
	-"-	1858	1858	4 / 14	32	1327	24		1327	
schwere Wurfraketen	18.02.1858	02/1858	1858	4 / 14	24	934	31		998	
	09.09.1858	1856	1855(6)	4 / 14	16	773	9		773	
	-"-	1858	1858	4 / 14	16	765	15	15	765	
	-"-	1856	1855(6)	4 / 14	24	984	5	14	984	1x durchgestoßen
	-"-	1858	1858	4 / 14	24	922	24	8	922	
	-"-	1856	1855(6)	4 / 14	32	1059	8	18	1059	1x50 rechts
	-"-	1858	1858	4 / 14	32	1054	21		1054	

[Man beachte die unterschiedlichen Leistungen der Raketen unterschiedlichen Alters und der Treibsätze der verschiedenen Jahre, deren Zusammensetzung immer nach den gleichen Regeln erfolgte. Leider fehlen Angaben zu den Windverhältnissen. (der Verf.)]

Versuch der württembergischen Artillerie mit Raketen in Ludwigsburg[75] **Abschnitt 7 Beilage 5/1**

(Auszug) Versuche mit Congreve'schen Raketen am 23ten Januar 1835

Versuche mit 2 und 3zölligen Congreve'schen Raketen in Gegenwart des Herrn General Majors von Brand auf dem langen Felde bei Ludwigsburg am 23ten Januar 1835

Nro. des Schusses	Versetzung	Durchmesser der Hülse (Zoll)	Länge der Hülse (Fuß)	Länge des Stabes (Fuß)	Gew. der Rakete sammt Stab (Pfund)	Elevation (Grad)	1. Aufschlag (Schritt)	Liegenbleiben (Schritt)	Seitenabweichung (Schritt)	Flugzeit (Sek.)	Brennzeit (Sek.)	Bemerkungen
1.	Spiegel-Granate	2	2	10,1	$15\frac{1}{4}$	45	1340	1340	44 links	20	13	1)
2	dto	2	2	10,1	$14\frac{1}{4}$	45	1183	1183	106 links	16	5	Brannte nur die Hälfte ihrer Bahn
3	dto	2	2	10,1	$15\frac{1}{4}$	45	1388	1388	133 links	17	12	-
4	dto	2	2	10,	$13\frac{1}{4}$	45	970	970	176 links	17	14	Diese Rakete wurde in Gmünd laborirt
5	dto	2	2	10,5	$14\frac{1}{2}$	45	1050	1050	54 links	17	14	-
6	dto	2	2	10,5	15.	45	1320	1320	140 links	17	13	-
7	dto	2	2	10,6	12.	45	886	886	20 rechts	13	8	früher laborirt in Gmünd
8	dto	2	2	10,4	14	45	885	885	88 links	15	18	-
9	Brandhaube in Gmünd laborirt	2	1,4	10,5	14.	45	174	570	174 rechts	11	10	2)
10	6 Pfd. Kugel	3	2,4	12,5	33.	45	1640	1640	335 links	18	6	Diese Rakete brannte im aufsteigenden Ast ihrer Bahn aus
11	dto	3	2,4	12,5	$33\frac{1}{2}$	45	1300	1300	21 rechts	14	16	-
12	dto	3	2,4	12,3	33.	45	1450	1450	369 rechts	16	10	-
13	dto	3	2,4	12,4	$31\frac{1}{2}$	45	838	838	95 rechts	13	20	-
14	Brand-haube	3	2,4	12,4	37.	45	1530	1530	100 rechts	15	6	-
15	dto	3	2,4	12,5	$31\frac{1}{2}$	45	1140	1140	127 links	13	15	-

Bemerkung: 1) Zwischen der ersten und der zweiten Rakete wurde eine Brandhaube für 2zöllige Raketen auf der Stelle abgebrannt. Brennzeit $6\frac{1}{2}$ Minuten

2) Die Hülse war 6 Zoll kürzer, als die übrigen von den selben Caliber

Einige Raketen wurden von einem hölzernen Gestell mit einem Zündlicht abgefeuert. Der Boden war 2. Zoll tief gefroren. Die Witterung troken und windstill.

[Die ebenfalls gemessene Eindringtiefe der Rakete in den Boden betrug bei den 2zölligen zwischen 1 und 2 Fuß, bei den 3 zölligen mit Kugeln zwischen 3 und 4 Fuß.]

Vertrag vom 24. Juni 1851 zwischen dem Königreich Württemberg und Lukaszy[76)] **Abschnitt 7 Beilage 5/2**

Vertrag einerseits zwischen der K. Württembergischen Kriegs-Verwaltung und dem Pyrotechniker Ladislaus Lukaszy anderseits, in Betreff seines Anerbietens von Mittheilungen über die Anfertigung und den Gebrauch von KriegsRaketen, nach dem System von Augustin, gegen ein Honorar von 660. Th. und ein Taggeld von 4. Th. 24. kr. auf die Dauer von 6. Wochen.
Vorgenommen am 24. Juli 1851. zu Ludwigsburg.

1, Feuerwerksmeister Ladislaus Lukaszy aus Wien macht sich durch gegenwärtigen Vertrag verbindlich, alle ihm bekannten Geheimnisse in der Erzeugung und dem Gebrauche der KriegsRaketen nach dem System Augustin vollständig mitzutheilen, und dabei nicht allein das Laboriren der zweizölligen Schuß-, Kartätsch- und Brandhauben-Raketen, sowie der 9.Pf: WurfRaketen zu zeigen, sondern auch noch ausserdem über die Fabrikation der 12.Pf: Schuß- und 16.Pf: Bomben-Raketen und der Leuchtball-Raketen dieser Kaliber mit und ohne Fallschirm, eine gründlich praktische Anleitung zu geben.

2., Zu Erprobung der von Lukaszy gefertigten Raketen werden im Ganzen 2. SchießVersuche vorgenommen und zwar eine Vorprobe mit solchen Geschossen, die unter ganz specieller Leitung und ohne Mittheilung des Geheimisses durch den Contrahenten verfertigt worden sind, und zwar 2.zöllige:

20. Stück 6 Pf: Schuß- }
10. " 6 Pf: Kartätsch- }
10. " 6 Pf: Brandhauben } Raketen
20. " 9 Pf: Wurf- }
~ 60. Stück

Ist dieser erste Versuch preiswürdig erkannt worden, so erfolgt die vollständige Mittheilung des Geheimnisses durch Lukaszy und es werden zu dem 2.n Versuche die gleiche Anzahl Geschosse, wie zur Vorprobe nach Angabe Lukaszy's und unter Aufsicht der aufgestellten Prüfungs Commision durch Mannschaft der diesseitigen Artillerie laborirt.

Dieselben bestehen in: 20. Stück 6 Pf: Schuß- }
10. " 6 Pf: Kartätsch- }
10. " 6 Pf: Brandhauben- } Raketen
20. " 9 Pf: Wurf- }
~ 60. Stück

Ausser diesen verpflichtet sich Contrahent noch weiter zu zeigen, das Laboriren der 2$^{1}/_{2}$ zölligen Raketen und zwar an

3. Stück 12 Pf: Schuß- }
3. " 16 Pf: Wurf- } Raketen
3. " LeuchtkugelRaketen ohne und
6. " dto dto mit Fallschirm
~ 15 Stück.

3., Das- zu diesen beiden Versuchen mit 2.- und 2$^{1}/_{2}$zölligen KriegsRaketen erforderliche Material, sowie die nöthigen Maschinen und andern Geräthschaften, werden von Seite des KriegsAerars unentgeldlich abgegeben und ebenso wird die - zum Laboriren und der Versuche benöthigte Mannschaft nebst dem Beaufsichtigungs Personal zur Verfügung gestellt.

4., Die - in Beziehung auf die Treff - Fähigkeit und Perkussions - Kraft bei den angeführten SchießVersuchen gemachten Anforderungen sind folgende:
Von den 6 Pf: SchußRaketen, die auf die Distanz von 700. Schritten, zu 2$^{1}/_{2}$ Württemberg: Fuß, abgefeuert werden, haben die Hälfte derselben eine 30. Wiener Klafter lange 9 Wiener Fuß hohe Bretterwand zu treffen. wobei der erste Aufschlag jeder Rakete nicht weiter als 25. Schritte vor - oder hinter der Scheibe stattfinden darf. ausserdem haben die treffenden Raketen die Wand zu durchschlagen.
In Beziehung auf die Preiswürdigkeit des angetragenen Geheimnisses ist allein die Treff - Fähigkeit der 6 Pf: Schuß - Raketen und jene der 9 Pf: WurfRaketen maßgebend, und die - der 6 Pf: Kartätsch- und Brandhauben Raketen kommt hiebei gar nicht in Erwägung. Da der Contrahent sich ferner nicht auf eine bestimmte Wirksamkeit der 2$^{1}/_{2}$-zölligen, beziehungsweise 12 Pf: Raketen einlassen will, so bleiben auch diese hiebei ausser Rechnung.
Als Zielfläche für die 2zölligen 9 Pf: Wurfraketen ist ein Quadrat von der Länge obiger Scheibe, also von 30. Wiener Klaftern festgesezt welches auf die Entfernung von 900. Schritten zu 2$^{3}/_{4}$ Württemberg: Fuß von der Hälfte der gegen desselben abgefeuerten Raketen dieser Kaliber getroffen werden muß.

5., Für die Mittheilung des Verfahrens bei Erzeugung und dem Gebrauch dieser Kriegs Raketen, erhält der Feuerwerksmeister Lukaszy, im Falle bei den Schieß - Versuchen diese stipulirten Bedingungen von der - zur Prüfung aufgestellten Kommission anerkannt seyn werden, ein Honorar von Sechshundert Sechzig Gulden und auf die Dauer von sechs Wochen, welche nach dessen Angabe zum Laboriren der - oben mehrbezeichneten Feuerwerkskörper erforderlich seyn werden, ein Taggeld von Vier Gulden 48 Kreuzer. Die Verabfolgung der Hälfte der stipulirten Diäten, im Betrag von 92. Th 24. Kz findet statt, wenn der erste Versuch mit den - von Lukaszy selbst gefertigten Raketen preiswürdig erkannt worden ist.
Sollten dagegen wider Erwarten diese Versuche zur Zufriedenheit nicht ausfallen, so hat Lukaszy keinerlei Ansprüche an die K. Württemb. Kriegs Verwaltung rechtlich zu machen, und sich lediglich damit zu begnügen, was ihm als Entschädigung, angemessen dem Werthe, den man diesseits auf die gemachten Mittheilungen legt, freiwillig verabfolgt werden wird.
Sollte der Fall eintreten, daß Lukaszy zu Lösung seiner Verbindlichkeiten mehr Zeit als 6. Wochen nöthig hat, so hört zwar der Bezug der Diäten von diesem Zeitpunkt an auf, nicht aber dessen eingegangenen Verpflichtungen.

6., Weitere Anforderungen, welche an diese Geschosse gemacht werden, sind:
a., gefahrlose und nicht zu kostspielige Anfertigungsweise.
b., Dauerhaftigkeit und Gefahrlosigkeit beim Transport, zu welch lezterem Behufe die Raketen vor ihrer Verwendung einer mehrstündigen Fahrprobe in gesteigerten Gangarten auf schlechten und stolperigten Wegen zu bestehen haben.
c., Aufbewahrungsfähigkeit im Magazin, während eines bestimmten, an die KriegsGeschosse zu stellenden Zeitraums von mindestens 5. - 6. Jahren.

7., Vorstehender Vertrag wird in duplo ausgefertigt und den Betheiligten je ein Exemplar zugestellt.

8., Die Ratifikation von Seiten des Königlichen Kriegs - Ministeriums wird sich vorbehalten.

Artillerie-Kommando GeneralMajor von Lenz Lukaszy

Bericht der Raketen-Kommission über das Laborieren von Kriegs-Raketen[77)] **Abschnitt 7 Beilage 5/3**

Bericht über das Laboriren von Kriegs-Racketen, nach Angabe des Kunstfeuerwerkers Lukaszy aus Wien durch Artillerie- Mannschaft in Gegenwart der hiefür ernannten Commission

Ludwigsburg, den 17. November 1851
Das Laboriren begann mit denen laut Kriegsministerial Decret vom 1ten September d. J. zu einen zweiten Schießversuch vertragsmäßig festgelegten 2.zölligen Schuß und Wurf-Racketen, an welche sich die Kartätsch- und Brandhauben-Racketen desselben Calibers anreihten.
Die dabei vewendete Mannschaft wurde zuvor wegen Geheimhaltung der von Lukaszy zu machenden Mittheilung eidlich verpflichtet und die betreffenden Offiziere stellten in diesem Sinn einen Revers aus.
Die Anfertigung dieser Kriegs Racketen nach der Methode, wie sie Kunstfeuerwerker Lukaszy zeigte, zerfällt im Allgemeinen in vier Hauptarbeitszweige, nemlich in die Fertigung der Hülsen, in das Füllen und Festpressen derselben mit Treibsatz, in das Ausbohren der Hülsen und in das Verbinden der Projektile mit den Racketen, als Träger für jene.- Die Hülsen wurden in den Arsenalwerkstätten gefertigt, als Material wurde weiches, möglichst geschmeidiges und zähes Sturzblech von vorschriftsmäßiger Stärke verwendet, das zuvor äußerlich durch Behandlung in einer Beize von verdünnter Schwefelsäure von Schiefern u, andren Unreinigkeiten befreit worden ist. Nachdem die Bleche in Stücke von angemessener Größe geschnitten u. die Löcher für die Niethnägel eingeschlagen sind, werden solche über einen genau cylindrisch abgedrehten stählernen Dorn aufgerollt und auf dem selben mit wohl ausgeglühten, weichen, eisernen Niethnägeln zusammengeniethet und zugleich die Kapsel zum Eintreiben der Racketenstäbe auf dieselbe Weise befestigt.
Bei Anfertigung der Hülsen ist besondere Sorgfalt auf genaue Einhaltung des Calibers zu verwenden, damit dieselben weder zu groß noch zu klein ausfallen.
Auf ähnliche Art, wie das Formen der Hülsen, geschieht auch die Anfertigung der zur Versezung der Racketen dienenen andren Blechhüthe, als Schrotbüchsen für Kartätschen und Körper für Leuchtballen-Racketen.
Das Füllen der Hülsen mit Treibsatz wird mittelst eines kräftigen Preßdruckes bewerkstelligt, wobei eine dem Caliber angemessene gleichmäßige Verdichtung des Sazes Hauptbedingung ist. Das Pressen sämmtlicher 2.zölliger, sowie auch versuchsweise einiger 2$^{1}/_{2}$ zölliger Racketen geschah mit der Schraubenpresse im Arsenal.- Das Verfahren welches hiebei angewendet wird, ist folgendes.:
Zum Schuze der Hülse gegen das Zerreißen bei Anwendung des Preßdrucks wird dieselbe in einem aus 2. Theilen bestehenden aussen kegelförmig abgedrehten Racketenstocke von

Metall, der innen eine wie ausgearbeitete und genau paßende Aushöhlung für die Aufnahme der Hülse hat, eingesezt und der Racketenstock sodann durch Antreiben von starken eisernen Ringen fest zusammengehalten. Der abgewogene und zuvor mit starkem Weingeist angefeuchtete Racketensatz aus einem Messzuber bestehend, kommt nun portionsweise in die Hülse, und nachdem zuvor ein massiver Sezer eingesezt worden ist, wird die Hülse unter die Presse gebracht und der Satz durch einen entsprechenden Preßdruck verdichtet.
Hat der Racketensatz allmählich auf diese Weise die gehörige Höhe erreicht, so wird der Thonverschluß in 2. bis 3. Portionen gleichfalls eingepreßt, wobei sehr zweckmäßig ein etwas stärkerer Druck in Anwendung zu bringen ist. Ist das Füllen der Hülse beendigt, so wird dieselbe aus dem Racketenstock herausgenommen, nachdem dieser zuvor von den Ringen, welche seine beiden Hälften zusammengehalten befreit worden ist.
Da bei der innigen Berührung des Racketensazes mit den Wänden der Hülsen ein baldiges Angreifen des Stuzes(?) in Folge von Rostbildung unausbleiblich wäre, das nach und nach zu einem Unbauchbarwerden der Rackete führen würde, so erhalten die leeren Hülsen auf der Innenseite einen schüzenden Anstrich von Oelfarbe.
Beim Einlegen der Hülse in den Racketenstock sind alle etwa noch leeren Räume zwischen jener und dem Stocke möglichst genau auszufüllen, damit jede Form Veränderung oder Beschädigung der Hülse vermieden werde, wozu entweder gewalztes Blei oder Papier verwendet wird; in den leeren Raum der Stabkapsel kommt während des Pressens ein eiserner Dorn.
Nach geschehenem Pressen ist die Hülse jedesmal einer genauen Besichtigung zu unterwerfen, ob dieselbe keine solche Riße oder Brüche erhalten habe, wodurch die Rackete unbrauchbar seyn würde. Zum Ausbohren der Racketen bediente man sich in Ermanglung einer hiezu erforderlichen Vertikalbohrmaschine der im Arsenal befindlichen großen Drehbank.
In den Spindelkopf derselben wurden die Bohrer befestigt und die Racketen auf einem hölzernen Schlitten eingespannt; Bohrer und Rackete stehen hiebei centrisch, so daß die Achsen beider coincidiren. Wenn die Drehbank in Bewegung gesezt wird, bewegt sich der Schlitten mit der Rackete durch die Leitspindel der Drehbank gegen den Bohrer.
Als Maaß für die Tiefe des Eindringens des jeweilig eingesezten Bohrers ist auf der Bohrstange eine Marke angebracht.
Die Ausbohrung ist bei den meisten Racketen cylinderförmig, zum Theil mit 2. Abstufungen und nur die Fallschirm-Racketen machen hievon eine Ausnahme; diese sind konisch, dabei sind die Wände des Sazes, welche noch stehen bleiben, bei sämmtlichen Racketen, nach der Eigenthümlichkeit des Augustin'schen Systems in Folge der weiten Bohrung von nur geringer Dicke. Das Ausbohren geschieht nicht der ganzen Länge nach, sondern es bleibt ein Stück, welche das Massive bildet, unausgebohrt. Die Durchbohrung des Tonnenschlußes zum Zweck der Communikation des Feuers der Rackete mit dem vorgesezten Projektile wird mit einem Wendelbohrer aus freier Hand bewerkstelligt.- Die Racketen sind nun so weit fertig, daß sie mit ihren Projektilen verbunden werden können, dieß geschieht mittelst Bänder von Leinwand oder weißem Bleche, welche bei Schuß- und Wurf-Racketen und bei Leuchtballen-Racketen mit oder ohne Fallschirm über die Geschosse gelegt und die Enden durch eine Weise einfacher dicht nebeneinander zu liegen kommender Schlaufen von starkem Bindfaden festgebunden werden. An den Geschossen der Kartätsch- und Brandhauben-Racketen sind seitwärts eine Anzahl Blechstreifen angebracht, mittelst welcher dieselben auf gleiche Weise, wie die übrigen Geschosse, mit den Hülsen verbunden werden.
Nach geschehener Verbindung der Racketen mit den Geschossen erhalten die Hülsen zum Schutze gegen Rost auch von Aussen einen Anstrich von Oelfarbe.
Die Racketenstäbe wurden in der Schreinerwerkstätte von trockenem Tannenholze nach bestimmten Maaßen gefertigt.
Nachdem das auf vorstehende Weise durchgeführte Laboriren der zum 2ten Schießversuche festgesezten Anzahl Racketen jeder Art beendigt und die erforderliche Einleitung zur Abhaltung desselben getroffen war, wurde diese zweite Schießproduktion vom 30. Septbr. bis 2. Oktober durch Lukaszy in Gegenwart der lt. Decret vom 25. September d. J. hiezu ernannten Prüfungs-Commission in Gmünd vorgenommen, worüber Protokoll und Gutachten unterm 3. Oktober vorgelegt worden sind, und wobei die Commission den Antrag stellte dem Contrahenten Lukaszy die stipulirte Prämie- obgleich das Ergebniß des 2ten Schießversuchs den Bedingungen des K. Kriegsministerial Decrets vom 1ten September d. J. entsprach, - nicht bälder ausbezahlen zu laßen, als bis derselbe die nach Art. 2. des Vertrages vom 2ten July d.J. noch ausständigen

3. Stück 12. Pf. Schuß }
3. " 16. Pf. Wurf } Raketen,
3. " Leuchtballen Raketen ohne und
6. " dto mit Fallschirmen,

angefertigt und das Geheimniß der Anfertigung mitgetheilt haben wird.
(Der Rest des Berichtes besteht aus der Beschreibung möglicher Fehler bei der Herstellung und Hinweisen und Vorschlägen für ihre Vermeidung. Überdies wird die Beschaffung einer hydraulischen Presse und einer Bohrmaschine beantragt)

Tabelle über Versuche mit vom Feuerwerker Lucaszy erfundenen 6pfdigen Schußraketen am 13n November **Abschnitt 7 Beilage 6/1**

Anfang des Schießens: 9$^{1}/_{2}$ Uhr Morgens Ende des Schießens: 10$^{1}/_{2}$ Uhr Morgens
Wetter: Anfangs heiterer Himmel u. Sonnenschein, später bedeckter Himmel u. abwechs. Regen Wind: Nord Ost, anfangs mäßig, später stark

No des Schusses	Entfernung des Zieles in Ellen	Elevation in Grad	Flugzeit in Sek.	Erstaufschlag vor/hinter dem Ziel in Ellen	Seitenabweichung rechts/links in Fuß	Scheibenwand getroffen	nicht getroffen (über/unter/rechts/links in Ellen)	Bemerkungen
1	600	2$^{1}/_{2}$	3	50 vor	13 rechts	-	4$^{1}/_{2}$ über, 14 rechts	Die Rakete bliebt von der Granate getrennt 66 Ellen hinterm Scheibenberg 25 Fuß rechts liegen
2	"	3	3$^{1}/_{2}$	-	-	-	-	Die Rakete traf in vollem Fluge 1 Fuß über die Scheibenwand hinweggehend den Scheibenberg u. blieb 46 Fuß rechts stecken
3	"	2	3	85 vor	2 rechts		2$^{1}/_{2}$ über, 6 links	Der Zünder stieß aus 2 Sec nachdem die Scheibe getroffen.Der Stab verbunden mit Hülse
4	"	2	4	150 vor	34 links		3$^{1}/_{2}$ über 44 links	Die Granate wurde getrennt von der Hülse
5	"	2	2	482 vor	4 links			Die Rakete blieb 33 Ellen hinterm Scheibenberg liegen, die Granate von der Hülse getrennt, der Stab zerbrochen
6	"	2$^{1}/_{2}$	2	474 vor	2 links		3$^{1}/_{2}$ unter Linie	Der Stab lag zerbrochen neben der Rakete
7	"	3	2$^{1}/_{2}$	400 vor	Linie	1	4$^{1}/_{2}$ unter	Die Rakete traf nach mehreren Aufschlägen im Rollen die Scheibe, durchschlug dieselbe und blieb liegen der Stab zerbrochen, Hülse und Granate verbunden
8	"	3	2$^{1}/_{2}$	120 vor	28 links			Die Rakete ging in den Scheibenberg über die Scheibenwand hinweg und blieb 28 Fuß links von der Mitte der Scheibe liegen

Anfang des Schießens: 10$^{1}/_{4}$ Uhr Morgens Ende des Schießens: 11 Uhr Morgens
Wetter: Anfangs heiterer Himmel u. Sonnenschein, später bedeckter Himmel u. abwechselnd Regen Wind: Nord Ost mäßig, später stark

No des Schusses	Entfernung des Zieles in Ellen	Elevation in Grad	Flugzeit in Sek.	Erstaufschlag vor/hinter dem Ziel in Ellen	Seitenabweichung rechts/links in Fuß	Scheibenwand getroffen	Bemerkungen
1	1000	9	6$^{3}/_{4}$	35 vor	20 links		Nach dem ersten Aufschlag blieb die Hülse stecken, Granate getrennt von der Hülse
2	"	10	5$^{3}/_{4}$	175 vor	10 links		dto.
3	"	12	8$^{3}/_{4}$	140 hinter	12 rechts		dto
4	"	10	6	220 vor	36 links		Nach dem ersten Aufschlag blieb die Rakete stecken
5	"	9	8	110 vor	11 links		Nach dem ersten Aufschlag blieb die Rakete stecken, der Stab einige Fuß rechts v.d. Hülse
6	"	6	5	300 vor	10 rechts		Nach mehreren Aufschlägen blieb die Rakete im Graben liegen
7	"	5	6	vor 177	12 links		Nach mehr. Aufschlägen blieb die Rakete liegen, der Zünder stieß einige Sec darauf aus
8	"	4	4	220 vor	12 rechts		-
9	"	4	3	500 vor	10 rechts		Nachdem die Rakete das Stativ verlassen, folgte ein Knall worauf dieselbe nicht weiter im Fliegen gefördert wurde und blieb im Graben liegen
10	"	4	3	500 vor	4 rechts		Beim Abfeuern zündete ein Zündrohr nicht, die Rakete blieb nach mehreren Aufschlägen liegen, Projektil v.d. Hülse getrennt

Tabelle über Versuche mit 9pfdigen Wurfraketen am 13^{n} November

Anfang des Schießens: 12¼ Uhr Morgens Ende des Schießens: 1¾ Uhr Nachmittags
Wetter: Anfangs heiterer Himmel u. Sonnenschein, später bedeckter Himmel u. abwechs. Regen Wind: Nord Ost, anfangs mäßig, später stark

No des Schusses	Entfernung des Zieles in Ellen	Elevation in Grad	Flugzeit in Sek.	Erstaufschlag vor/hinter der Mitte des Quarrés in Ellen	Seitenabweichung rechts/links in Fuß	Das Quarré getroffen vor/hinter/rechts/links der Mitte (Fuß)	Bemerkungen
1	800	27	7	380 hinter	60 links	-	
2	”	17	6	160 hinter	20 rechts	-	Projektil getrennt v.d. Hülse, der Stab zerbrochen
3	”	15	4¾	140 vor	12 links	-	-
4	”	15	5½	20 vor	10 links	20 vor, 10 links	Versagte das Zündhütchen die Zündung der Rakete
5	”	15	4¼	20 hinter	30 links	20 vor, 30 links	Das Projektil getrennt v.d. Hülse
6	”	15	5	50 vor	36 links	50 vor, 36 links	-
7	”	16	6½	132 hinter	40 rechts		Der Stab von der Hülse getrennt und lag einige Fuß von derselben entfernt, Granate u. Hülse verbunden
8	”	19	6½	190 hinter	20 links		-

Anfang des Schießens: 12¼ Uhr Morgens Ende des Schießens: 1¾ Uhr Nachmittags
Wetter: Anfangs heiterer Himmel u. Sonnenschein, später bedeckter Himmel u. abwechs. Regen Wind: Nord Ost, anfangs mäßig, später stark

No des Schusses	Entfernung des Zieles in Ellen	Elevation in Grad	Flugzeit in Sek.	Erstaufschlag vor/hinter der Mitte des Quarrés in Ellen	Seitenabweichung rechts/links in Fuß	Das Quarré getroffen vor/hinter/rechts/links der Mitte (Fuß)	Bemerkungen
1	1000	27	9	70 vor	260 rechts	-	War vom Feuerwerksmeister L. keine Seitenrichtung genommen, Projektil getrennt v.d. Hülse
2	”	25	7	-	-	-	Die Rakete schlug auf 50 Ellen vor dem Stativ nieder und ist hernach die Hülse u.d. Projektil Nichts wiedergefunden, die Ruthe ist ganz geblieben
3	”	25	-	93 hinter	26 rechts	-	-
4	”	25	9½	20 hinter	8 links	20 hinter, 80 links	Versagten 2 Zündröhrchen die Zündung der Rakete und wurde dieselbe mittelst des Ludelfadens abgefeuert. Projektil getrennt v.d. Hülse
5	”	23	6¾	81 vor	50 rechts	-	-
6	”	25	-	30 hinter	268 rechts	-	Versagte das 1ste Zündröhrchen die Zündung der Rakete, die zweite zündete, Flugzeit nicht beobachtet, Zünden nicht bemerkt
7	”	24	-	20 hinter	5 links	20 hinter, 5 links	Die Rakete wurde mit Ludelfaden abgefeuert, Flugzeit nicht beobachtet, Projektil getrennt v.d. Hülse
8	”	25	8	30 hinter	41 rechts	30 hinter, 41 rechts	-
9	”	27	-	113 hinter	Linie	-	Die Seitenrichtung falsch und fehlte an der Rakete unten die Verkappung. Zündung mit Ludelfaden, Declination und Flugzeit nicht beobachtet.Proj. getrennt v.d. Hülse
10	”	-	-	In den Scheibenberg	80 rechts	-	fehlte das Zündloch und wurde dieselbe genau auf den Scheibenberg gerichtet

Tabelle über Versuche mit 6pfdigen Schußraketen am 24^{n} Dezember

Abschnitt 7 Beilage 6/2

Tageszeit: 10½ bis 11 Uhr Wetter: starker Nebel Wind: Süd-West, heftig

No des Schusses	Elevation	Erster Aufschlag vom Standpunkt des Stativs	Seitenabweichung rechts/links	Rakete traf die Scheibe über/unter rechts/links d. Mitte	Projektil trennte sich von der Hülse	Das Projektil traf die Scheibe	Die Hülse blieb liegen vor/hinter d.Scheibe	Bemerkung
	Grad	Ellen	Ellen	Ellen	Ellen		Ellen	
1	10	1380	rechts 6	-	-	-	380 hinter 6 rechts	Des starken Nebels wegen konnte die Flugzeit nicht beobachtet werden
2	10	1270	rechts 5	-	1270	-	270 hinter 5 rechts	
3	10	1158	links 14	-	1158	-	158 hinter 14 links	
4	10	1045	links 42	-	-	-	45 hinter 42 links	
5	9	1150	links 48	-	1150	-	150 hinter 48 links	
6	9	1410	links 44	-	-	-	410 hinter 44 links	
7	8	1240	rechts 30	-	1240	-	240 hinter 30 rechts	
8	8	1200	rechts 5	-	1200	-	200 hinter 5 rechts	
9	8	1150	links 45	-	1150	-	150 hinter 45 links	
10	8	1223	links 26	-	1223	-	223 hinter 26 links	
11	7	1355	links 88	-	1355	-	355 hinter 88 links	
12	7	990	Linie	unten ¼, rechts 9	1002	-	23 hinter Linie	

Tabelle über Versuche mit 6pfdigen Kartätschraketen auf 600 Ellen am 24n Dezember

Tageszeit: 11 bis 11¼ Uhr Wetter: starker Nebel Wind: Süd-West, heftig

No des Schusses	Elevation Grad	Projektil trennt sich von der Hülse Ellen	Hülse blieb liegen vor/hinter dem Ziel Ellen	Seiten-Abweichung rechts/links Ellen	Bemerkungen
1	6	450	150 hinter	85 links	Crepirte etwa 150 Ellen vor dem Ziel, kein Treffer in der Scheibe
2	6	450	25 hinter	Linie	Crepirte etwa 150 Ellen vor dem Ziel, kein Treffer in der Scheibe
3	4	350	31 vor	Linie	Crepirte etwa 250 Ellen vor dem Ziel, k.Treffer in der Scheibe
4	4	500	175 hinter	45 links	Crepirte etwa 100 Ellen vor dem Ziel. Kein Treffer in der Scheibe

Anmerkung: N 1 crepirte etwa 30’ hoch N 2 crepirte etwa 20’ hoch N 3 crepirte etwa 22’ hoch N 4 crepirte etwa 19’ hoch

Tabelle über Versuche mit 9pfdigen Wurfraketen auf 1550 Ellen am 24 Dezember

Tageszeit: 11 bis 11¼ Uhr Wetter: starker Nebel Wind: Süd-West, heftig

No des Wurfes	Elevation in Grad	1ster Aufschlag vom Standpunkt des Stativs Ellen	Seiten-Abweichung rechts/links Ellen	Rakete traf das Quarré	Hülse blieb liegen vor/hinter dem Ziel Ellen	Seiten-Abweichung rechts/links Ellen	Bemerkung
1	25	1147	10 links	-	403 vor	10 links	des starken Nebels wegen konnte die Flugzeit nicht beobachtet werden
2	25	1148	6 links	-	402 vor	6 links	
3	30	1060	6 links	-	490 vor	6 links	
4	30	1350	25 rechts	-	200 vor	25 rechts	
5	30	1135	45 links	-	415 vor	45 links	
6	30	1310	14 rechts	-	240 vor	14 rechts	
7	30	1460	18 rechts	-	90 vor	18 rechts	
8	30	1350	16 rechts	-	214 vor	16 rechts	

Tabelle über Versuche mit 12pfdigen Wurfraketen auf 1550 Ellen am 24n Dezember

Tageszeit: 12½ bis 12¾ Uhr Wetter: starker Nebel Wind: Süd-West, heftig

No des Wurfes	Elevation in Grad	1ster Aufschlag vom Standpunkt des Stativs Ellen	Seiten-Abweichung rechts/links Ellen	Rakete traf das Quarré	Hülse blieb liegen vor/hinter dem Ziel Ellen	Bemerkung
1	15	1601	45 links	-	51 hinter	des starken Nebels wegen konnte die Flugzeit nicht beobachtet werden
2	15	1606	24 rechts	-	56 hinter	

Ergebnisse des Versuchsschießens in München am 1. Mai 1835

Abschnitt 9 Beilage 1

Nr. des Schusses	Gattung der Rakete	Vorgesetztes Projektil	Elevation	Aufschläge	Bretterwand getroffen oder nicht	ganze erreichte Schußweite	Abweichung von der Direktionslinie	Entzündung der Granate	Bemerkungen
1	lange	4 Pfdr. Granate	5°	123 Schr. 1r 520 Schr. 2r	vor d. Wand liegen geblieben	650 Schritte	40 Schr. rechts	50 Schr. vor der Scheibe	Die Granate lag 50 Schritte vor der Wand von der Hülse getrennt
2	kurze	4 Pfdr. Granate	5°	dicht vor der Wand	getroffen	1070 Schritte	10 Schr. links	beim Liegenbleiben d. Granate	Die Granate lag 32 Schritte von der Hülse entfernt
3	lange	4 Pfdr. Granate	5°	keine	in einem Bogen über die Wand		1100 Schritte	16 Schr. links	beim Auffallen
4	kurze	6 Pfdr. Kugel	9°	2 Aufschläge	nicht getroffen	650 Schritte	50 Schr. links		der gehende Südwestwind wurde plötzlich heftiger
5	kurze	6 Pfdr. Kugel	9°	310 Schr. 1r 400 Schr.2r 560 Schr.3r	getroffen	760 Schritte	30 Schr. rechts		Die Kugel befand sich noch auf der Rakete
6	kurze	6 Pfdr. Kugel	9°	keine	nicht getroffen	800 Schritte	60 Schr. rechts		Die Granate blieb auf 800 Schritte in einer Erderhöhung stecken, wo sie noch 2 Fuß tief eindrang
7	lange	4 Pfdr. Granate	5°	keine	über die Wand	1480 Schritte	39 Schr. rechts	beim Auffallen	Der Stab hatte sich von der Rakete getrennt
8	lange	4 Pfdr. Granate	3°	43 Schr. 1r 67 Schr. 2r 490 Schr. 3r 604 Schr. 4r	getroffen	750 Schritte	24 Schr. links	20 Schr. hinter der Scheibe	
9	lange	4 Pfdr. Granate	4°	200 Schr. 1r 430 Schr. 2r 650 Schr. 3r	getroffen	740 Schritte	30 Schr. links	an der Bretterwand	Der Brandzeug brannte noch 7 Minuten lang fort
10	kurze	6 Pfdr. Kugel	9°	keine	über die Wand	851 Schritte	in der Linie		
11	kurze	6 Pfdr. Kugel	7°	113 Schr. 1r 220 Schr. 2r 445 Schr. 3r 500 Schr. 4r 582 Schr. 5r	getroffen	740 Schritte	12 Schr. links		Die Rakete schlug an der Wand an, hatte jedoch durch die vielen Aufschläge nicht mehr die Kraft sie zu durchzuschlagen
12	kurze	6 Pfdr. Kugel	7°	200 Schr. 1r 350 Schr. 2r 610 Schr. 3r	nicht getroffen	650 Schritte	60 Schr. links		Die Kugel lag 6 Schritte von der Rakete entfernt; sie hatte die Scheibe nicht erreicht
13	kurze	6 Pfdr Kugel	7°	180 Schr. 1r 220 Schr. 2r 330 Schr. 3r 445 Schr. 4r 556 Schr. 5r 600 Schr. 6r	nicht getroffen	690 Schritte	24 Schr. links		Die Scheibe nicht erreicht
14	lange	4 Pfdr. Granate	3°	325 Schr. 1r 418 Schr. 2r 510 Schr. 3r 600 Schr. 4r 715 Schr. 5r	getroffen	830 Schritte	30 Schr. links		Der Brandzeug brannte noch 4 Minuten lang
15	lange	4 Pfdr. Granate		112 Schr. 1r 232 Schr. 2r 346 Schr. 3r	nicht getroffen	630 Schritte	100 Schr. links		Diese Rakete wurde vom horizontalen Erdboden aus abgefeuert, aber erreichte die Scheibe nicht. Die Granate lag 30 Schritte von der Hülse entfernt

Die Entfernung der Bretterwand vom Abfeuerungsorte betrug 740 Schritte. Der gegen die Mitte der Versuche eingetretene Südwestwind (von der linken Seite) ging sehr heftig.[78)]

Auszug aus dem Brieftagebuch des General Feldzeugmeisters[79] **Abschnitt 9 Beilage 2/1**

„Kongl. bref Den 1 Juni 1831
Uti Memorial af den 30 i sistlidne månad har hos oss Hans Kongl. Höghet Kronprinsen i egenskap af General Fält Tygmästare i underdånighet anmält, att, genom Wår Minister i Berlin en Mechanicus vid namn Westermaijer hvilken efter uppgift, flera år tjenstgjort såsom Fyrverkare vid Österrikiska Krigs Raket fabriken uti Neustadt och sedermera i samma egenskap uti Warschau, samt slutligen, enligt upprättadt contract med Preussiske General Lieutenanten von Braun, emot vissa förmåner meddelat Kongl. Preussiske Artilleriet sin kännedom om Raket till-verkningen, erbjudit sig att under sin nu tillämnade resa till Ryssland taga vägen öfver Stockholm, för att lemna fullständig underrättelse om tillverkningen och användandet af de särskilda slagen Krigsraketer, äfvensom ritningar och anteckningar m. m. åt den eller de personer som Hans Kongl. dertill utser, emot åtnjutande af nedan nämnde förmåner och vilkor, . . ." (es folgen die Bedingungen, zu denen dann der nachstehende Vertrag abgeschlossen wurde)

Vertrag zwischen dem Königreich Schweden und dem Mechanikus Westermaier[80]
Unter dem heutigem Datum ist zwischen dem Königl. Schwedisch - Norwegischen Ausserordentlichen Gesandten und bevollmächtigten Minister am Königl. Preussischen Hofe, Herrn von Brandel im Auftrage seiner Regierung an einem, und dem Mekanikus Herrn Martin Westermaijer am andern Theile nachstehender Contract verabredet und geschlossen worden.

§ 1. Nach beendigten Geschäften in Berlin, wird Herr Westermaijer nach Stockholm abreisen, wo Er spätestens zu Ende Monats Juni eingetroffen seijn muss.
§ 2. Nach seiner Ankunft wird Herr Westermaijer eine von ihm selbst bestimmte Anzahl Raquetten anfertigen doch nicht über 10 Stück.- Anmerkung des Herrn Westermaijer.
Da man die Materialien zuerst kennen lernen folglich die Salpeter, Kohle und den Schwefel zum Raquettensatz untersuchen muss, so sind vorläufig wahrscheinlich ehe der wirkliche Probe-Versuch von denen beschriebenen 10 Stück Raquetten Statt finden kann, 2 bis 3 Versuche von 2 bis 4 Stück nothwendig.-
§ 3. Mit diesen Solchergestalt angefertigten Raquetten werden Versuche angestellt werden.- Wenn dieselben genügende Resultate liefern sollten, und Seine Königl. Hoheit der Kronprinz, General Feld-Zeugmeister der Artillerie, in Folge dessen es für möglich erachten sollte dass die Kenntnisse des Herrn Westermaijer die Raquetten-Fabrication betreffend, in Schweden näher gekannt würden, so Verpflichtet sich Herr Westermaijer, eine Anzahl Raquetten von derselben Art wie die womit Versuche angestellt worden sind, von der oder denjenigen Personen unter seiner Leitung anfertigen zu lassen, welche des Kronprinzen Königl. Hoheit dazu bestimmen werden. Sollten auch diese Versuche gelingen so bekömmt Herr Westermaijer, - nachdem er zuvörderst dem Genüge geleistet hat, was in den nachfolgenden §§ 4.5. und 6. stipulirt worden ist, - eine unverkürtzte Gratification von höchstens 1500 Thaler Schwedisch Banco, geschrieben Fünfzehn Hundert Thaler Schwedisch Banco.
§ 4. Herr Westermaijer verpflichtet sich deren Personen welche von S. K. H. den Kronprinzen ausdrücklich dazu bestimmt weren möchten, getreulich und ohne allen Rückhalt alle seine Kenntnisse von der Raquetten-Fabrication sowohl auf Österreichisch als Pohlnische Art mitzutheilen.-
§ 5. Zu dem Ende verpflichtet sich Herr Westermaijer zu gestatten dass seine sämmtlichen Schriftlichen Aufmerkungen und Nachrichten, so wie seine Zeichnungen die Construction und Anfertigung der Raquetten, so wie die dazu erforderlichen Maschinen betreffend, von denjenigen Personen welche S. K. H. der Kronprinz ausdrücklig dazu bestimmen werden eingesehen, auch Abschriften und Copien davon genommen werden, und muss bei jeder Zeichnung das genaue Mass der Grösse, so wie alle erforderlichen Dimensionen, von Herrn Westermaijer, in Wiener Zoll und Linien angegeben werden.-
§ 6. Ebenso verpflichtet sich Herr Westermaijer alle ihm über den Gebrauch und die Wirkung der Raquetten bekannt gewordenen Erfahrungen ohne Rückhalt getreulich mitzutheilen.
§ 7. Sowohl im Falle dass die im § 3 bestimmte Gratification von 1500 Thaler dem Herrn Westermaijer zuerkannt wird, so wie auch wenn man in Schweden nicht wünschen sollte von seiner Kunst nähere Kenntniss zu erhalten, so bekömmt Herr Westermaijer:-
a) Bei seiner Abreise von Ystad nach Stockholm, eine Summe von 100 Thaler: Schreibe hundert Thaler an Reisegelder, in Preussisch Courant.-
b) Während seines Aufenthaltes in Stockholm, an Diäten, für alles 2. schreibe Zwei Thaler Preussisch Courant täglich.- Die in den §§ 2.3.4.5. und 6. vorgeschriebenen Arbeiten und Mittheilungen müssen jedoch binnen drei Monate nach seiner Ankunft in Stockholm beendigt seijn; für eine längere Zeit dürfen die Diäten nicht berechnet werden.-
c) Bei der Abreise von Stockholm bekömmt Herr Westermaijer eine Summe von 100 schreibe Hundert Thaler Preussisch Courant an Reisegelder.-
Wenn Herr Westermaijer die Aufschlüsse mittheilen wird die in den §§ 4.5. und 6. enthalten wird, so bekömmt er die nöthige Hülfe zum Schreiben und Zeichnen, ein Arbeits-Lokal und Materialien.-
Es begeben sich beide Herrn Contrahenten alle diesem Contracte zuwiederlaufenden Einwendungen und Ausflüchten, sie mögen Nahmen haben, wie sie wollen, besonders der nicht richtig oder anders verstandenen Sache, der Überredung, des Zwanges.- Nachdem der unterzeichnete Königl. Schwedisch-Norwegische Ausserordentliche Gesandte Herr von Brandel vorstehenden Contract aufgesetzt, hat er ihn dem Herrn Contrahenten langsam und deutlich vorgelesen und haben sie ihn demnächst zum Zeichnen der überall erfolgten Genehmigung seines Inhaltes wie nachgefolgt:

G. Brandel Martin Westermaijer Mechanikus
eigenhändig unterschrieben. - So geschlossen, Berlin, den 18.Mai 1831.- als Zeuge L.S. Claes Bremer

Promemoria vom 18. Oktober 1831[81] **Abschnitt 9 Beilage 2/2**

„Sedan E.K.M. genom Nådigt bref af d. 1. Junii detta år tillåtit att Mekanikus Westermaijer finge, på de villkor som i nämnde bref fastställdes till Riket inkallas för att lemna del af de kunskaper i tillverkningen av Krigs-Raketer han uppgifvit sig innehafva, blefvo, efter Westermaijers hitkomst, under loppet af sommaren dylika Raketer förfärdigade dels af Westermaijer sjelf, dels af en dertill utsedd Artilleri-Officer enligt Westermaijers uppgifter och under hans ledning. Den kännedom om Raketers konstruktion, tillverkning och afbrännande som genom dessa försök härstädes vunnits, har varit högst tillfredställande, så väl i anseende till det afgjorde företräde Raketers förfärdigande efter Westermaijers method visat sig vid användandet äga framför dem som här i Sverige förut tillverkats, som ock i anseende till att raketer af nya konstruktionen med lika stora eller större portéer än de af den gamla, icke kostar en fjerdedel så mycket, och herigenom de med Westermaijers hitkallande förenade utgifter ganska snart blifva betäckte. Det finnes således en grundad anledning till den förmodan att man, fortgående på den bana resultatena af nu skedda försök utstaka, äfven hos oss skall upphinna den högre grad af fullkomlighet dessa fyrverks kroppars både tillverkning och användande anses hafva uppnåt hos vissa andra Europeiska Nationer serdeles hos Österrikare och Engelsmän. Wisserligen kan äfven i detta fullkomligare tillstånd krigs Raketers verkan icke ännu och tilläventyrs alldrig blifva jemnförlig med den, Artilleriet genom sina skjut- och kastkroppar vid de flesta krigstillfällen åstad komer; men fall gifvas dock, då Raketer, med urskillning begagnade, kunna medföra en större verkan än Artilleri Vapnet, såsom emot kavalleri äfvensom på Krigstheatrar, då vanliga Artilleripiecers fortskaffande möter svårighet, vid hvilka tillfällen Raket-Inrättningen, som med verkan af Fältkanonen ehuru visserligen mindre säker än denna, förenar beqvämligheten att kunna transporteras öfverallt där menniskor kunna röra sig, ostridigt bör äga ett vigtigt inflytande på krigsoperationerne och sålunda medföra särdeles nytta i hvarje bergigt och couperadt land. Utgående ur dessa synpunkter anser jag bruket af Krigs-Raketer, i förening med öfrige försvars- och anfallsmedel, påkalla en hög grad af uppmärksamhet, och har jag deraf sett mig uppmanad så väl att hos E.K.M. nu i underdånighet tillstyrka införandet af Krigs Raketer i Svenska Arméen, som äfven att framställa de åtgärder jag finner i sådant afseende böra vidtagas."
[Seit seine Königliche Majestät durch seinen gnädigen Brief vom 1. Juni dieses Jahres erlaubte, daß der Mechanikus Westermaijer seine Vorhaben unter der Bedingung ausführen darf, wie in dem genannten Brief festgestellt wurde, daß er zugunsten des Reiches einen Teil der Kenntnisse über die Kriegsraketen aus seinem Besitz aufgibt und uns überläßt, und daß sie nach Westermaijers Ankunft, während des Sommers, verfertigt wurden, teils von Westermaijer selbst und teils von ausgewählten Artillerie-Offizieren unter Westermaijers Aufsicht und seiner Anleitung. Das Wissen um die Konstruktion dieser Raketen, ihrer Funktion und ihrer Abfeuerung, das durch diese Versuche gewonnen wurde, ist höchst zufriedenstellend, sowohl in der bereits beschlossenen fortschrittlichen Fabrikation nach Westermaijers Methode, die sich vor allem als in Schweden anwendbar erwiesen hatte, als auch in der Hinsicht, daß die Raketen der neuen Konstruktion mit gleich großer oder größeren Portée, wie die alten Raketen, nicht ein Viertel so viel kosten und deshalb die von Westermaijer ausgewiesenen Ausgaben bald bedacht werden sollten. Eine solch begründete Anleitung führt zu der Vermutung, daß man, ausgehend von den guten Resultaten der vorangegangenen Versuche, nur bei uns diesen hohen Grad der Vollkommenheit dieser Feuerwerkskörper sowohl in der Herstellung als auch in der Anwendung findet, wie man bei den anderen Nationen Europas, wie den Österreichern und Engländern ersieht.
Gewiß kann die Wirkung der Kriegsraketen auch in diesem vollkommenen Zustand nicht, und wahrscheinlich niemals, mit derjenigen verglichen werden, welche die Artillerie durch ihre Schuß- und Wurfkörper bei den meisten Schlachten erbracht hatte; aber tritt dieser Fall doch ein, dann können die Raketen, in ausgezeichneter Ausführung, doch ein größeres Werk vollbringen, als die herkömmlichen Artilleriewaffen, ebenso wie die Kavallerie in dem Kriegstheater, wenn die gewöhnlichen Artillerieeinheiten fortlaufend Schwierigkeiten ausgesetzt sind, während die Raketeneinheiten, die in ihrer Wirkung gegenüber den Feldkanonen geringere Sicherheit ausweist, bei solchen Einsätzen die Bequemlichkeit besitzt, daß sie überall dorthin transportiert werden können, wo Menschen sich bewegen können und dies bedeutet eine wichtige Neuerung für die Operationen im Krieg und kann vor allem in bergigen und hügeligem Gelände von Nutzen sein.
Ausgehend von diesen Gesichtspunkten sehe ich die Notwendigkeit der Kriegsraketen ein, in Verbindung mit den übrigen Verteidigungs- und Offensivmitteln, und erweise ihnen einen hohen Grad der Aufmerksamkeit und ich habe mich bei Seiner Königlichen Majestät untertänigst dafür verwandt, daß die Kriegsraketen unsere schwedische Armee verstärken sollen, da sich so viele Vorteile in dieser Absicht finden lassen.]

Dekret vom 28. Dezember 1832[82] **Abschnitt 9 Beilage 2/3**

„Uti det af E.K.H. den 12 december förlidet år afgifna, och under den 19 Juli innevarande år till preliminär Nådig pröfning hos Oss förekomna underdåniga förslag till Organisation af en Krigs Raket Corps, hade E.K.H., rörande detaillerna deraf, bland annat anfört, att ett Raket Batteri af 8 Statifver, som alla föras på sitt särskilta fordon, jämte ett visst antal Raketer, vore en till Sveriges behof afpassad styrka, och att för serverandet af hvarje Statif skulle erfordras:

till påsättning af Raketspön	1 man
" Raketernes frambärande från Föreställaren	1 do
" Raketernes upprymmande	1 do
" Raketernes inläggande i Statifvet	1 do
" Påtändare	1 do
" Kuskar	1 do
" Hästhållare	1 do
Tillsammans	8 man

eller till 8 Statifver 64 man, oberäknadt Kuskar till Trossfordonen och Reserv Manskap, hvilkas underhållande på Fredsfot kunde undvikas; Förmodande E.K.H. att med desse 64 man, i sina åligganden väl inöfvade, Raket Corpsen skulle under krig, om tillräckligt manskap till Reserv och Trosskuskar då uppsättes och dermed förenas, innan kort kunna servera 16 Statifver, hvilket vore det största antal, som i jemförelse till styrkan af den öfriga Arméen, någonsin behöfde påräknas, på grund hvaraf E.K.H. föreslagit, att Raket-Corpsen skulle på Fredfot utgöras af:

1 Batteri-Chef, som borde åtnjuta, utom lön på Stat vid det Regemente han tillhörer, särskilt Arfvode Rdr	400
2 Flygel-Chefer d:o d:o hvardera arfvode	200
2 Styckjunkare, Statif Befälhafvare, utom Spanmål "	250
2 Sergeanter d:o d:o hvardera "	160
1 Trumpetare, utom Spanmål, lön	160
2 Förste Öfver Fyrverkare, utom underhåll i Nummer, hvardera lön	66:32
2 Andre d:o d:o d:o d:o "	33:16
1 Jernarbetare, utom spanmål in natura, lön	100
1 Trädarbetare d:o d:o - "	100

samt 60 Fyrverkare, som utgöra en sammanräknad personal af 74, hvarjemte för Corpsen erfordras 34 st. hästar.
E.K.H. hemstäldt, att en mindre trupp måtte, så snart som möjligt, organiseras, bestående af:
2 Officerare
2 Under Officerare
2 Andre Öfverfyrverkare
1 Jernarbetare
1 Trädarbetare, och
23 Fyrverkare; hvarjemte Truppen bör äga 10 st. hästar."

[Aus dem von Seiner Königlichen Majestät vom 12. Dezember letzten Jahres gestellten, und während des 19. Juli diesen Jahres zu einer vorläufigen gnädigen Prüfung bei Uns entstandenen untertänigsten Vorschlag zur Organisation eines Raketen-Korps, hatte Seine Königliche Majestät davon Einzelheiten erfahrend, unter anderem gefordert, daß eine solche Raketen-Batterie von 8 Stativen, die wie alle anderen in ihrem besonderen Wagen mitgeführt werden, einer bestimmten Anzahl Raketen entspräche, die dem Bedarf der Stärke Schwedens angepaßt wäre, und daß zur Bedienung eines jeden Statives erforderlich sind:

Zum Umsetzen der Raketenlunte	1 Mann
zum Transport in die Stellung	dto
zum Säubern der Raketen	dto
zum Einlegen der Raketen in das Stativ	dto
zum Abfeuern	dto
als Fahrer	2 Mann
als Pferdehalter	1 Mann
zusammen	8 Mann

oder für acht Stative 64 Mann, ungerechnet der Fahrer für den Troßwagen und der Reservemannschaft, die in Friedenszeiten entfallen könnte; Seine Königliche Majestät vermutete, daß mit diesen 64 Mann, zu seinem Anliegen wohl einbezogen, das Raketen-Korps während des Krieges, wenn eine ausreichende Reservemannschaft und genügend Fahrer ausgebildet und mit dem Rest vereint würden, innerhalb kürzester Zeit sechzehn Stative bedienen könnte, welches wohl die höchste Anzahl wäre, die im Vergleich zur Stärke der übrigen Armeen irgendwo errechnet wird, und aufgrund dessen hat seine Königliche Majestät vorgeschlagen, daß das Korps in Friedenszeiten aus folgendem Personal besteht:

1 Batteriechef, der eingestellt wird und außer dem Lohn, den er vom Staat erhält bezüglich seines eigenen Regiments eine Abfindung erhält	400 Rtl
2 Zugführer dto	200 "
2 Wachtmeister dto	250 "
2 Sergeanten dto	160 "
1 Trompeter, der außer der Verpflegung einen Lohn erhält von	160 "
2 Erste Oberfeuerwerker erhalten an Lohn mit Ausnahme der Versorgung, von	66:32 "
1 Schmied, erhält außer der Verpflegung in Naturalien einen Lohn von	100 "
1 Schreiner, dto	100 "

Inclusive 60 weiterer Feuerwerker, die somit ein Gesamtpersonal von 74 ergeben, außerdem erfordert das Korps 34 Pferde.
Seine Königliche Majestät bittet, daß ein kleiner Trupp so schnell wie möglich organisiert werden müßte, der aus folgendem Personal besteht:
2 Offiziere / 2 Unteroffiziere / 2 Zweite Oberfeuerwerker / 1 Schmied / 1 Schreiner und 23 Feuerwerker, und daß dieser Trupp 10 Pferde besitzen soll."]

Schwedische Kriegsraketen 1810 - 1845[83] **Abschnitt 9 Beilage 2/4**

Typ und Jahr	Gewicht mit Stab in kg	Länge in mm	Kaliber in mm	Länge des Stabes in m	Gefechtskopf	Reichweite in m	Bemerkung
1811		710	118			1500	Elevation ~ 50°
1812	23-24	945	109	5,95		2500 - 3000	
2 inch, 1833 - 1845	4,15	390	56	2,3	3 pfündige Granate	600 - 1000	Standardrakete
2 inch Brandrakete 1820 - 1840	1,24 (ohne Stab)	540	56	2,3	Brandsatz	600 - 1000	
Signalrakete 1830 - 1840	0,42	220	28	0,9			Papierhülse, 2 Flossen am Ende des Stabes
Vaillant, 1830	~ 3,3	385	56	ohne, Deltaflügel			Ausstrittsöffnung der Hülse 2,2 mm Durchmesser
3 inch 1830	8,16	670	90	4,2	3pfündige Granate		

Esperienze fatte alla Venaria Reale sulle Razzi proposti dal Sig. Colonnello Svizzero Conte De Pictet[84] **Abschnitt 9 Beilage 3/1**

No	Specie	Gradi D'Elevazione	Distanza del Cava letto dal Bersaglio	Durata della trajettorio	Gittata di pieno colpo	Deviazioni destra	Deviazioni sinistra	Ampiezza del 1° balzo	Ampiezza del 2° balzo	Deviazione finale destra	Deviazione finale sinistra
1	P. 2 Granata vuola	12	1300	7 1/5	1300	3	-	-	-	-	-
2		12	1300	7	908	-	27	-	-	-	-
3		12	1300	7	-	-	-	-	-	-	-
4		10	1300	7	-	-	-	-	-	-	-
5		10	1300	-	-						
6		10	1300	6	1200	6	-	-	-	-	-
7		10	1300	5 4/5	100	-	4	-	-	-	-
8		8	1300	5 3/5	800	10	-	320	-	-	8
9		8	1300	3 4/5	550	-	-	472	80	-	-
10		8	1300	6	662	-	-	-	-	-	-
11	P.2 Granata carica	8	900		-	-	-	-	-	-	-
12		$7\frac{3}{4}$	900	5	900	30	-	-	-	-	-
13		$7\frac{3}{4}$	900	5	900	1	-	-	-	-	-
14		$7\frac{3}{4}$	900	-	-	-	-	-	-	-	-
15		$7\frac{3}{4}$	900	-	-	-	-	-	-	-	-
16	P.2 Granata vuola	$7\frac{3}{4}$	900	-	100	-	-	600	-	-	-
17		0	900	-	-	-	-	-	-	-	-
18	Linee 21, Granata vuola	6	900	-	-	-	-	-	-	-	-

Venaria Reale il 19. Ottobre 1844
Anmerkungen: No. 5 und No. 11 zersprangen 30 m vor dem „Cavaletto", No. 14 450 m, No. 15 80 m (die Granate flog noch bis auf 150 m), No. 18 nahe dem Cavaletto

Esperienze fatte alla Venaria Reale sulle Razzi proposti dal Sig. Colonnello Svizzero Conte De Pictet[85] **Abschnitt 9 Beilage 3/2**

No	Specie	Gradi d'Elevazione	Gittata di pien colpo	Deviazioni a Destra	Deviazioni a Sinistra	Ampiezza 1° Balzo	2° Balzo	3° Balzo	4° Balzo	Deviazione finale destra	Deviazione finale a sinistra
1	Pol 2 granata vuola	45	2430	-	70	-	-	-	-	-	-
2		45	2200	-	30	-	-	-	-	-	-
3		45	2400	100	-	-	-	-	-	-	-
4		45	2430	150	-	-	-	-	-	-	-
5		45	2270	Sulla	linea	-	-	-	-	-	-
6		45	-	-	-	-	-	-	-	-	-
7		45	-	-	-	-	-	-	-	-	-
8		45	-	-	-	-	-	-	-	-	-
9		45	950	-	35	-	-	-	-	-	-
10		45	950	-	17	-	-	-	-	-	-
11		12	1400	Sulla	linea	-	-	-	-	-	-
12		12	1250	10	-	-	-	-	-	-	-
13		12	1350	20	-	-	-	-	-	-	-
14		8	1300	-	-	150	-	-	-	40	-
15		8	1250	30	-	-	-	-	-	-	-
16		8	850	-	-	120	130	50	100		50
17		8	950	-	6	-	-	-	-	-	-
18		8	600	-	-	200	350	-	-	-	-
19	Linee 21, Granata vuola	6	490	-	-	210	-	-	-	9	-
20		6	400	-	-	140	110	300	150	25	-
21		6	620	-	-	280	210	-	-	10	-
22		6	520	-	-	60	280	-	-	-	2
23		6	700	-	-	100	110	90	-	20	-
24		6	620	-	-	70	210	25	-	30	-
25		6	640	-	-	135	175	75	-	40	-
26	Pol 2 Granata vuola	0	100	-	-	230	-	-	-	-	39
27		0	250	-	-	650	-	-	-	-	-
28		0	480	Sulla	linea	220	90	-	-	-	-
29	Pol 2 Granata carica	6	-	-	-	-	-	-	-	-	-
30		6	400	-	-	-	-	-	-	-	-
31		4	300	-	-	60	60	-	-	-	-
32		4	500	-	-	-	-	-	-	-	-
33		4	420	-	-	480	-	-	-	-	-

Anmerkungen:

1) Dupin, Force militaire de la Grand Bretagne, Vol. II, p. 14 (entnommen aus: Burney, Falconer's Dictionary; zitiert nach: AMZ, 22. Jahrg. 1847, S. 979)
2) Diese Daten sind fraglich, siehe hierzu den Text im Abschnitt 3
3) RAIL, Statement showing the number of serviceable Congreve Rockets in Store at the various Stations regarding the latest information received (ca. 1850)
4) zitiert nach: Lloyd / Craig, a.a.O., p. 428
5) zitiert nach: Lloyd / Craig, a.a.O., p. 430
6) zitiert nach: Lloyd / Craig, a.a.O.. p. 432
7) zitiert nach: Lloyd / Craig, a.a.O., p. 434
8) zitiert nach: Lloyd / Craig, a.a.O., p. 436
9) zitiert nach: Lloyd / Craig, a.a.O., p.439
10) zitiert nach: Llord / Craig, a.a.O., p. 439
11) zitiert nach: Lloyd / Craig, a.a.O., p. 440
12) zitiert nach: Lloyd / Craig, a.a.O., p. 441
13) Für den Einsatz der Raketen durch das Geschwader gab Owen genaue Instruktionen heraus und legte Kommandos fest, wie: „Prepare for the Rockets", „Handle the Quick match", „Secure the Rockets", „Point at your object", „Fire", „Swab the Frame", „Unhook the Frame", etc. Jedes Schiff hatte mitzuführen: 2 Abfeuerungsgestelle und Transportkästen für jeweils 6 Raketen (Fregatten hatten 10, Kanonenbriggs 6 Kästen mitzuführen), insgesamt 13 Schiffe waren so ausgerüstet (nach Lloyd/Craig, a.a.O., p. 442)
14) zitiert nach: Lloyd / Craig, a.a.O., p. 442
15) zitiert nach: Lloyd / Craig, a.a.O., p. 443
16) zitiert nach: Lloyd / Craig, a.a.O., p. 443
17) zitiert nach: Lloyd / Craig, a.a.O., pp. 444
18) zitiert nach: Llyod / Craig, a.a.O., p. 446, Markham war ein Lord der Admiralität unter Grenville
19) zitiert nach: Lloyd / Craig, a.a.O., p. 450
20) Jackson, zu dieser Zeit Commander; in einem Brief an Lord Grenville, in dem seine Beförderung vorgeschlagen wurde, wurde festgestellt, daß er die erste Division der Raketen-Boote am 8. Oktober führte (Lloyd / Craig, a.a.O.)
21) zitiert nach: Lloyd / Craig, a.a.O., p. 450
22) zitiert nach: Lloyd / Craig, a.a.O., p. 452, Grenville ware zu dieser Zeit Erster Seelord als Nachfolger Howick
23) zitiert nach: Lloyd / Craig, a.a.O., p. 453
24) zitiert nach: Lloyd / Craig, a.a.O., p. 454
25) zitiert nach: Lloyd / Craig, a.a.O., p. 455
26) zitiert nach: Lloyd / Craig, a.a.O., p. 458
27) zitiert nach: Lloyd / Craig, a.a.O., p. 459
28) zitiert nach: Lloyd / Craig, a.a.O., p. 460
29) zitiert nach: Lloyd / Craig, a.a.O., p. 447 aus „Letters of Lord Markham"
30) zitiert nach: Lloyd / Craig, a.a.O., p. 462
31) zitiert nach: Lloyd / Craig, a.a.O., p. 463
32) zitiert nach: Lloyd / Craig, a.a.O., p. 464
33) zitiert nach: Lloyd / Craig, a.a.O., p. 465
34) zitiert nach: Lloyd / Craig, a.a.O., p. 466
35) zitiert nach: Lloyd / Craig, a.a.O., p. 467
36) zitiert nach: Lloyd / Craig, a.a.O., p. 467
37) o.Verf., Zweite Auflage, Leipzig in der Baumgärtnerschen Buchhandlung, o. J. (1. Auflage wahrscheinlich 1814)
38) P.R.O., WO 44/618, Rockets, Mr. Pickering's improvements in the manufacture; diese Verbesserungsvorschläge sind jedoch leider nicht Bestandteil der Akte.
39) P.R.O., WO 44/618, Memoir on the preparation of Rockets
40) P.R.O., WO 44/618, Memoir on the preparation of Rockets
41) P.R.O., WO 44/644
42) H.M.S.O., Treatise on Ammunition, London 1881, pp. 300
43) NAW, RG 156, Chief of Ordnance, Special File, Inventions, Class 8, Box 22, File In - 8 (41 - 55), Schreiben Joshua B. Hyde, London, Nov. 18th, 1847, an Col. G. Talcott, U.S. Army Ordnance. Dieses Schießen fand am 13. August 1847 statt.
44) HCPP, Return of the Annual Accounts of the several Manufacturing Establishments under the War Department, 1861 - 1901 (zur Verfügung gestellt von C. E. Franklin); die Jahresangaben beziehen sich jeweils auf das Rechnungsjahr, das jeweils im April endete. Nach 1902 liegen keine Angaben mehr vor
45) nach: Semek, Wehrmacht, a.a.O., S. 603 ff
46) ÖSK- RKM, Nr. 1013, Meldung Augustin vom 31. Januar 1850
47) BHS-KA, A X 2 Bd. 32, Anlage zum Bericht Lukaszy vom 25. Mai 1850
48) BHS-KA, HS 179, K.K. Österreichisches Kriegsraketen-System. Aufgenommen von dem Major des k. 1ten Artillerie-Regiments /: Prinz Luitpold :/ Joseph Hütz. Bregenz und Hohenems 1850, S. 77
49) ÖSK-MA 1826 T/c 2, Protocoll pro Juny 1825
50) ÖSK-MA, 1826 T/c 2/3c vom 22. Mai 1826
51) ÖSK-Mem 13-218
52) V. de Pontigny, Des fusées de guerre sans baguette, inventées par William Hale, in: JAS, 1845, p. 320
53) o. Verf., Die Kriegsraketen Frankreichs, in: AOPA, 1850, S. 123 - 130
54) Bulletin de la Société d'encouragement, June 1814, p. 134 - 144 "Arts Chimique: Notice sur les fusées incendiaires de Congrève"
55) AdAV, 2.c.7, unterzeichnet von Colonel Pache, LieutenantColonel Parrizoi, Chef de Bataillon Piron, Capitaine Garan, Capitain Piobert, R. Bedford
56) Mémorial de l'Artillerie, tome VIII, p. 376. Pralon merkte hierzu an, daß dieses die einzigen verfügbaren, vollständigen Daten für die Raketen vor 1852 wären, sie hätten sich aber in den Jahren nach 1834 nur wenig geändert.
57) Mémorial de l'Artillerie, tome VIII, pp. 386
58) Mémorial de l'Artillerie, tome VIII. p. 389
59) SächsHStA, Sächsisches Kriegsarchiv (Potsdam) Akte Nr. 2285, Bl. 33-34
60) Wurftafeln nach: o. Verf., Anweisung für das Fertigmachen, den Gebrauch und die Anwendung der Axenstab-Raketen und 2zölligen Seitenstab-Raketen, Berlin 1868, S. 34 und S. 46: W. Meyer, Das Raketengestell, Berlin 1868, gab mit wenigen Abweichungen (hier in Klammern angegeben) dieselben Daten an. Die Gewichte der Sprenghauben sind nur in der „Anweisung" enthalten.
61) GSPK, I. HA, Rep 92 Nl v. Müffling <M> Nr. A 14, 1830, Raketensachen, Major Dietrich: Entwurf zu einem System für Kriegsraketen vom 30. Mai 1830 (Anlage)
62) GSPK, I. HA, Rep 92 Nl v. Müffling <M> Nr. A 14, 1830: Raketensachen, Major Dietrich: Entwurf zu einem System für Kriegsraketen vom 30. Mai 1830 (Anlage)
63) GSPK, I. HA, Rep 92 Nl v. Müffling <M> Nr. A 14, 1830: Raketensachen
64) im Original stehen für Salpeter, Schwefel und Kohle die entsprechenden Symbole
65) NHS, Hann. 48 Nr. 801, Vertragsentwurf des Generalmajor Röttiger, unterzeichnet von Röttiger und Westermayer; im Vergleich mit Westermayers schwedischem Vertrag ist dieser wesentlich präciser.
66) NHS, Hann. 48, Nr. 801, auf dieWiedergabe der Anlagen A und B zu diesem Protokolle wurde verzichtet, zumal in der Anlage B die Angabe der Elevation fehlt, so daß diese weniger aussagekräftig ist. Gemäß Anlage A waren die Raketen mit 4- und 6 pfündigen Granaten und mit 4- und 6pfündigen massiven Kugeln versetzt
67) NHS, Hann. 48 Nr. 801; Vertrag zwischen General Lieutenant Röttiger und Martin Westermayer
68) NHS, Hann. 48 Nr. 801.
69) BHS-KA, AX 2 Bd. 32; Protocoll vom 8. Oktober 1833 (Verhandlungen Westermayers mit der Zeughaus-Hauptdirektion).
70) BHS-KA, AX 2 Bd. 32; Definitiver Accord vom vom 11. Oktober 1833.
71) BHS-KA, AX 2 Bd. 32; Commissioneller Bericht vom 11. Mai 1834.
72) Protokoll des Schießens am 9. Mai 1834, Daten nach: BHS-KA, AX 2 Bd. 32
73) BHS-KA, AX 2 Bd. 32, Vortrag Kriegsministerium vom 3. Februar 1854
74) BHS-KA, AX 2, Bd. 32, Artillerie-Berathungs Commission vom 15. Dezember 1858 (Beilagen)
75) WHS E 286 Bü 100
76) WHS, E 271 c, Bü 1726.
77) WHS, E 271 c, Bü 1726, Bericht vom 17. November 1851.
78) o. Verf., Über Kriegsraketen und deren Gebrauch, in: AOWA, 1848, Heft 5, S. 236 ff
79) zitiert nach: Th. Jacobsson, a.a.O., S. 91 [Aus dem Memoria vom 30. des letzten Monats hat bei uns Seine Königl. Hoheit der Kronprinz in seiner Eigenschaft als Generalfeldzeugmeister untertänigst gemeldet, daß durch den Militärattaché in Berlin ein Mechanikus mit Namen Westermaijer, welcher seiner Angabe nach mehrere Jahre als Feuerwerker bei der österreichischen Raketenfabrik bei Neustadt und später in dieser Eigenschaft in Warschau und schließlich in Kontrakt mit dem preußischen Generallieutenant von Braun innerhalb der kgl. preußischen Artillerie seine Kenntnis in der Herstellung von Kriegsraketen hat vervollkommnen können, sich anerbietet auf seiner Reise nach Rußland Stockholm zu besuchen, um hier vollständig die Herstellung und Anwendung dieser besonderen Art Kriegsraketen zu unterrichten. Wie Ihre Königl. Hoheit aus den Richtlinien und Zeichnungen der einen oder anderen Person ersehen kann, sollte man das genannte Angebot und die Bedingungen ausnützen.] Vergleiche hierzu den beruflichen Wergang Westermayers, wie er ihn in München schildert und wo er sich als Autodidakt ausgibt, um die Tätigkeit in der Raketenanstalt nicht offenzulegen.
80) Text nach: Föreningens Armémusei Vänner Meddelanden III (Red. Th.Jakobsson), Stockholm 1940. Der Vertrag wurde in einer schwedischen und einer deutschen Ausfertigung unterschrieben. (Armémusei uppteckningsarkiv, VI D:17)
81) zitiert nach: Th. Jakobsson, a.a.O., S. 75 ff.
82) zitiert nach: Th. Jakobsson, a.a.O., S. 78
83) Angaben nach Armémuseum, Stockkolm
84) AST, casella 209, pratica No. 246
85) AST, casella 209, pratica No. 246

Anhang

Maßeinheiten

Im Text wurden im Regelfall die Maßeinheiten benutzt, die in den Quellen enthalten waren.
Dieser Anhang enthält Übersichten über die seinerzeit verwendeten Maßeinheiten und ihre gegenseitige Umrechnung sowie Angaben zur Umrechnung in das metrische System.
Für die gegenseitige Umrechnung ist zunächst als Beispiel für damalige Umrechnungstabellen eine Übersicht aus Scharnhorsts Handbuch für die Artillerie wiedergegeben.

1. Vergleichung einiger Fußmaaße, nach Pariser Linien, (den Pariser Fuß zu 144 Linien)

	Pariser Linien nach Eytelwein	Millim. n. Vega
Amsterdam, Fuß	125,47	283,10
Dresden, -		283,10
Hamburg -	127,00	286,49
Hannover od. Calenb	129,90	292,12
Leiden -	139,13	
Leipzig, gemein. Fuß	125,10	282,65
London, Fuß	135,11	304,76
Nürnberg, Stadt-Fuß	134,67	
- - Fuß		303,86
- - Werk-Fuß	123,45	
- - Artillerie-F		292,87
Paris, Metre	443,44	1000
Rheinländischer Fuß	139,13	313,85
Rom, alter Fuß	130,68	
- 1/8 Canna		250,17
- neuer Fuß	99,03	
Sachsen, s. Leipzig		
Schweden, Fuß	131,58	296,86
Spanien -		282,65
Turin, Fuß (Piede di Liprando)	227,70	513,65
Wien, Fuß	140,13	316,10

2. Vergleichung einiger Ellen nach Pariser Linien und Millimetre

	Pariser Linien nach Eitelwein	Millim. n. Vega
Amsterdam	305,39	690
Berlin	296,0	666
Brabant in Deutschland	306,5	691
Brüssel, große	307,8	694
- kleine	303,4	684
Dänemark	278,26	627
Dresden	250,9	566
Hamburg	254,0	572
Hannover	259,8	584
Leipzig	250,58	565
London, Yard	405,39	914
Nürnberg	292,4	659
Paris	526,6	
Polen, vorm.	263,3	
Rußl. Arschine	318,24	711
Sachsen, s. Leipz		
Schlesien	255,3	
Schweden	263,2	592
Spanien, Vara	369,8	845
Wien	345,4	776

3. Vergleichung einiger Pfunde

	Cöllnische Richtpfennige	Asse des holländischen Troygewicht	Milligramme
Amsterdam, Pf. zu 16 Unzen			
Handelsgewicht	138509	10280	493926
Troygewicht	137970	10240	492004
Medicinalgew.	103478	7680	369003
Berlin, Handelsgewicht	131328	9747	468461
Medicinalgewicht	100224	7438	
Breslau, Handeslgewicht	113583	8430	
Cölln, Handels- od. Markgew.	131072	9728	
Handelsgew. 32Loth			467740
1 Mark Münzg. 16 Lth.	65536		233870
1 Richtpfennig			35685
England, avoir du pois	127178	9439	453614
Troygewicht	104538	7759	373135
Frankreich, Gramme	280½	20 4/5	1000
Pois de marc	137206	10183	
Hand. u. Apothekerg 16 Uz.			489506
Mark-u. Münzgew. 8 Unz			244753
Hamburg, Handelsgewicht	135815	10080	484316
Hannover, Handelsgew.			486671
Leipzig, Handelsgew	130910	9716	466827
Nürnberg, Handelsg. 32 Lth	142821	10600	509781
Münzgewicht	133982	9944	
Medicinalgew	100224	7438	
1 Mark Münzgew. 8 Unz.			238442
Rußland, Handelsgew.	114688	8512	408978
Schweden, Handelsgew	119215	8848	425122
Medicinalg. 12 Unz	99921	7716	356318
Spanien, Handelsgw. 16 Unz			460293
Medicinalg. 12 Unz			345027
Turin, Handesgew. 12 Unz			369003
Medicinalg. 12 Unz			307502
1 Mark Münzgewicht			246002
Wien, Handelsgewicht 32 Lth	156928	11647	560012
Münzgewicht	157286	11674	420009
Medicinalgew. 12 Unz	117696	8735	280644
1 Mark Münzg. 16 Lth			

Weitere Maße und Gewichte sowie ihre Umrechnung in das metrische System[1)]

Land	Maß	= metrisch	1.Unterteilung	2.Unterteilung	3.Unterteilung	Bemerkung
Bayern	1 Rute	2,92 m	10 Fuß	120 Zoll	1440 Linien	
	1 Pfund	560 gr				
Brasilien						siehe Portugal
Dänemark	1 Pund	500 gr	32 Lod	100 Kvint		
	1 Ruthe	3,14 Meter	5 Ellen	10 Fuß	120 Zoll	
Frankreich	1 Toise	1,949 Meter	6 Pariser Fuß			
	1 Livre	489,506 gr	16 onces	128 Gros	384 Dreniers	
Großbritannien	1 yard	0,9144 Meter	3 feet	36 inch	432 lines	
	1 pound	454 gr	16 ounces			
Hannover	1 Rute	4,67 m	16 Fuß	192 Zoll	2304 Linien	1 Klafter= 6 Fuß
Italien	1 Libbra	339,073	12 once			
Niederlande	1 Elle	1,00 m	10 Palm	100 Duims		
Österreich	1 Pfund	560,012 gr	32 Loth	128 Quintel	7680 Gran	
	1 Schritt	75,864 cm	2,4 Fuß			
	1 Fuß	31,61 cm	12 Zoll	144 Linien	1728 Punkte	
	1 Klafter	1,897 mr	6 Fuß			
	1 Nürnberger Fuß	29,3 cm				teilweise in Artillerie verwendet
Polen	1 Sagine	2,133 m	3 arschin			
Portugal	1 Vara	1,11 m	3 1/3 pés	1 pés= 1 ½ palmos	1 palmo=8 polegades	
	1 Braça	2,19 m				= 2 Varas
Preußen	1 Pfund	467,71 gr	32 Loth	128 Quentchen		
	1 Schritt[2)]	0,83 Meter	26 Zoll			gem. Bode: = 0,65 m[3)]
	1 Fuß	0,314 Meter				= rheinländischer Fuß[4)]
	1 rheinl. Ruthe	3,77 Meter	12 Fuß	144 Zoll	1728 Linien	
Rußland	1 sashe	2,133 m	3 Arschin	7 Fuß		1 Werst=1500 Arschinen
	1 Pud	16,372 kg	40 Funt	96 Solotniki	9216 Doli	
Sachsen	1 Elle	56,5 cm	2 Fuß			1 Klafter=6 Fuß
	1 Fuß	28,3 cm	12 Zoll	144 Linien		
	1 Pfund	500 gr				
Sardinien	1 Piede	0,501 Meter	12 Once	144 Punti	1728 Atomi	
	1 Libbra	368, 845 gr	12 once	96 Ottavi	288 Denari	
Schweden	1 Skålpund	425,34 gr	100 Ort	1000 Korn		
	1 Elle	59,2 cm				
	1 Fuß	0,2968 m	10 Zoll	100 Linien	1000 Punkte	
Schweiz	1 Pfund	500 gr	16 Unzen	32 Loth		
	1 Schritt	0,75 m				
	1 Fuß (')	0,30 m	10 Zoll (")	100 Linien(''')		
	1 Rute	3,00 m	10 Fuß			
Spanien	1 libra	458,24 gr	16 onces	128 Adarme		
	1 Vara	0,844 m	3 pies	12 Pulgada	12 Lineas	
	1 palmo	0,209 m				
Württemberg	1 Rute	2,87 m	10 Fuß	100 Zoll	1000 Linien	
	1 Klafter	1,72 m	6 Fuß			

1) Maße weitgehend nach: v.Smola, Handbuch für die k:K. Offiziere, Wien 1839, die Basis der Umrechnung für Längenmaße ist hier jedoch der Wiener Fuß, sowie: Busch / Hoffmann, Die Kriegsfeuerwerkerei der Königlich Preußischen Artillerie, Berlin 1851
2) Umrechnung in metrisches Maß nach J. Schmölzl, Ergänzungs-Waffenlehre, München 1851
3) Bode, Zahlenangaben in der Militär-und Kriegsgeschichte, Idar-Oberstein 1990, S. 26, bei der Umrechnung nach Busch / Hoffmann ergeben sich für den Schritt = 0, 681 Meter, damit ergibt sich ein Widerspruch zu Schmölzl
4) nach Busch / Hoffmann, a.a.O., S. 422

Danksagung

Zunächst muß ich meiner Familie danken, die es klaglos erduldet hat, daß ich für längere Zeiten in meinem Arbeitszimmer verschwand, um an diesem Buch zu arbeiten.

Mein besonderer Dank gebührt Mr. Frank H. Winter, dem Curator Rocketry des Air & Space Museum, Smithsonian Institution, Washington, D.C., der mir viele weiterführende Hinweise gab und mich auf eine Reihe von Quellen aufmerksam machte, überdies erwies sich sein Buch "The First Golden Age of Rocketry" als eine wertvolle Grundlage für meine Arbeit. Ebenso gab mir Mr. C. E. Franklin, der ebenfalls Studien auf dem Gebiet der britischen Raketen betreibt, wertvolle Hinweise, machte mir seltene Literatur zugänglich und stellte mir zahlreiche Abbildungen zum britischen Raketenwesen zur Verfügung. Für Ermutigung und erste Hinweise zu diesem Thema habe ich auch Herrn Generalmajor a. D. v. Hinckeldey sowie Herrn Dr. Ing. Petters zu danken. Gleichfalls habe ich Dr. Baumgartner, dem Vorsitzenden des österreichischen Marineverbandes für Hinweise zum Gebrauch der Raketen durch die österreichische Marine, Herrn F. H. Baer für Literaturhinweise zum österreichischen Raketenwesen und Monsieur J. Boudriot für Hinweise zur französischen Marine zu danken, mein Dank gilt auch Herrn Scherbening, der mir einen Auszug aus der unveröffentlichten Biographie eines Vorfahren zur Verfügung stellte, Herrn Stripp für seine Hinweise auf indische Raketen, Herrn Schulze für Unterlagen zu den preußischen Raketen, Herrn Schärer, Archivar der Staatlichen Porcellan-Manufaktur Meißen, für Hinweise auf Heinrich Gottlob Kühn und Herrn Krop für Hinweise zur Belagerung Wittenbergs.

Auch ohne die Hilfe mehrerer Bibliotheken, die mich in der Literaturrecherche unterstützten, mich auf wertvolle Werke aufmerksam machten oder mir auszugsweise Kopien von nicht ausleihbaren Werken zur Verfügung stellten, wäre diese Arbeit nicht möglich gewesen. Besonders sind hier zu nennen die Militärbibliothek der Bundeswehr in Dresden (nunmehr Strausberg), die Wehrbereichsbibliothek II in Hannover, die Bibliothek des Militärgeschichtlichen Forschungsamtes der Bundeswehr in Potsdam, die Bibliothek der Marineschule Mürwik, die Eidgenössische Militärbibliothek in Bern, det Kongelige Garnisonsbibliothek København, hier insbesondere Herrn Major Zachariassen, die Bibliotheque Centrale de la Defense Nationale, Bruxelles, das Archiv der Gesellschaft für Artilleriekunde, Idar-Oberstein, der Service Historique de l'Armée de Terre, Vincennes, ebenso der Service Historique de la Marine und seine Bibliotheken in Vincennes und Toulon, sowie das U.S. Military History Institute, Carlisle-Baracks, PA., das U.S. Naval Historical Institute, Washington D.C., die Biblioteca do Exército, Lisboa, die Bibliothek des Österreichischen Staatsarchivs in Wien, Colonel Yde, der conservateur du musée du canon et des artilleurs de l'Ecole d'application de l'artillerie, Draguignan, Mme. Pierron und die Bibliothek des Musée de l'Armée in Paris, Frau Resmini vom Archiv der wehrtechnischen Studiensammlung des Bundesamtes für Wehrtechnik und Beschaffung in Koblenz, Herr Altekrüger von der Bibliothek des Ibero-Amerikanischen Institutes, Berlin, die Commerzbibliothek der Handelskammer der Freien und Hansestadt Hamburg, die Bibliothek der Universität der Bundeswehr in Hamburg, die Bibliothèque Nationale de France in Paris und die Biblioteca Nazionale Centrale di Firenze.

Nicht zuletzt muß ich hier der Stadtbibliothek Bad Neuenahr-Ahrweiler und der Rheinischen Landesbibliothek Koblenz danken, die für mich die nationale und internationale Fernleihe abwickelten. Auch möchte ich hier Herrn Hauptmann Dr. Lücken vom Militärgeschichtlichen Forschungsamt, Potsdam, für Literaturhinweise danken.

Für die Beschaffung von Dokumenten aus dem Public Record Office, Richmond, muß ich Mr. T. J. Hughes, für ähnliche Recherchen in den National Archives, Washington: Mr. A. W. Haarmann, im Schweizerischen Bundesarchiv, Bern, Herrn Dr. M. Schneebeli, im Rigsarkivet, København: Herrn cand. mag. A. J. Knudby, sowie Herrn Aeberli für Recherchen im Staatsarchiv des Kanton Aargau danken. Insbesondere gilt auch mein Dank den Archivaren und Bearbeitern der nachstehende Archive, die mir bei der Suche und Bereitstellung zahlreicher Dokumente behilflich waren: Frau Köhler im Bayerischen Hauptstaatsarchiv-Kriegsarchiv-, München, Herrn M. Giger vom Staatsarchiv des Kanton Aargau, Herrn Dr. Degreif vom Hessischen Staatsarchiv Darmstadt, Herrn Dr. Franke vom Niedersächsischen Hauptstaatsarchiv, Hannover, Herrn Freiherr von Hoyningen gen. Huene vom Landesarchiv Schleswig-Holstein, Schleswig, Herrn Dr. Moegle-Hofacker vom Württembergischen Hauptstaatsarchiv/Militärarchiv, Stuttgart, Frau Dietsch und Frau Reinhardt vom Geheimen Staatsarchiv Preußischer Kulturbesitz, Berlin, Herrn Dr. Lorenzen-Schmidt vom Staatsarchiv der Freien und Hansestadt Hamburg, Herrn Dr. Bock vom Generallandesarchiv Karlsruhe, Frau Wagner vom Stadtarchiv der Lutherstadt Wittenberg, Herrn Sieburg vom Hessischen Staatsarchiv Marburg, M. Vleeschouwers von den Archives Générales du Royaume, Bruxelles, Herrn van den Bergh vom Algemeen Rijksarchief, Den Haag, Coronel Musso Santos vom Arquivo Histórico do Exército, Rio de Janeiro, Herrn Hofrat Dr. Broucek vom Österreichischen Staatsarchiv, Wien, Herrn Dr. Gössi vom Staatsarchiv des Kanton Luzern, Herrn lic.phil. Zweifel vom Staatsarchiv des Kanton Zürich, Herrn Pohl vom Stadtgeschichtlichem Museum Zitadelle Spandau, Herrn Niendorf, dem Leiter des Stadtarchives Glückstadt, Herrn Schirok vom Sächsischen Hauptstaatsarchiv Dresden, Herrn Möckel vom Bundesarchiv, Außenstelle Frankfurt, Dott.ssa de Negri vom Archivio di Stato di Napoli, Dott.ssa Ricci Massabò vom Archivio di Stato di Torino, Tenente-Coronel Afonso vom Arquivo Histórico Militar, Lisboa und Archivist Dahlströhm vom Krigsarkivet, Stockholm, Mm. Michèle Pierron von der Bibiothèque de Musée de l'Armée, Paris, sowie Lieutenant-Colonel Bodinier de la Division Archives du Service Historique de l'Armée de Terre mit den Archives d'Artillerie, Herr Reiß vom Stadtarchiv Rastatt, M. Fardet conservateur en chef des Service Historique de la Marine à Rochefort (Archives du Port de Rochefort), M. Lacousse von den Archives Centrales de la Marine, Vincennes, Overarkivar Bjerg vom Forsvarets Arkiver, Søværnets Historiske Konsulent, København und M. Lacousse, Chef du Service Historique de la Marine à Toulon mit den Archives du Port du Toulon.

Weitere wichtige Hinweise habe ich Museen zu verdanken, besonders möchte ich hier danken Ole Lisberg Jensen vom Orlogsmuseet København; Mr. Noyce vom Royal Naval Museum, Portsmouth; Mr. Lenselink vom Leger Museum General Hoefer, Delft; Col. Swiecicki vom Muzeum Wojska Polskiego, Warszawa; The Royal Artillery Historical Trust, Woolwich; Archivist Petterson vom Armémuseum Stockholm; Dr. Steck vom Badischen Landesmuseum, Karlsruhe; Oberst Krylov vom Voenno Istoriceskij Musej - Artillerii, inshenernykh vojsk i vojsk svyasi, Sankt Peterburg: M. Costa vom Musée de la Marine, Paris; Herrn Holzer vom Deutschen Museum, München; M. Hielscher vom Tøjhusmuseet, København; Frau Schnabel vom Deutschen Historischen Museum (ehem. Zeughaus), Berlin; Dr. Steck vom Badischen Landesmuseum, Karlsruhe; Herrn Major Dr. Gyula Kedves vom Hadtörténeti múzeum, Budapest; Dr. Boijen vom Musée Royal de l'Armée et d'Histoire Militaire, Bruxelles; Herrn Sünkel vom Museum für historische Wehrtechnik, Röthenbach und Mr. Spivey vom Artillery Museum, Fort Sill, Oklahoma

Für wichtige Literaturverweise und das Einschalten militärgeschichtlicher Institute ihrer Länder möchte ich danken: den Militärattachés in Deutschland von Mexiko, Generalmajor Sandoval; von Brasilien, Oberst Machado; von Italien, Oberst i.G. Di Napoli; von Portugal, Oberst i.G. Ferreira Augusto, wobei ich auch dem Generalstab der Portugiesischen Armee für eine einführende Studie in das Raketenwesen Portugals besonders danken möchte; der Türkei. Kapitän z. S. Yavuz, und Ungarn, Major i.G. Koronszai.

Auch ohne die Hilfe der Nachstehenden hätten Recherchen nicht erfolgreich sein können: Oberst i. G. Perez Vovard und Capitán Calvo, Escuela de Artilleria „Tte Grl Eduardo Lonardi", Paso de los Libres, Argentinien; Herrn Oberstleutnant Dr. Marko und Herrn Dr. Hermann vom Hadtörténelmi Levéltár, Budapest; Mr. King von der Hampshire County Library, Local & Naval Studies Librarian, Portsmouth; Coronel Rodriguez Padron von der Academia de Artilleria, Segovia; Prof. Dr. de Vos von der Ecole Royale Militaire, Bruxelles; Mr. Sterling vom US Army CASCOM & Ft Lee, Fort Lee, Virginia; M. Jung, Président de l'Académie Nationale de Metz; Dr. van Royen vom Institute for Maritime History, Den Hague; Sr. Castellón vom Servicio Histórico Militar, Madrid; Frau K. Binder vom Stadtgeschichtlichen Zentrum der Lutherstadt Wittenberg; Prof. Dr. Ajnenkiel vom Wojkowny Instytut Historyczny, Warzawa; Coronel Jayme Moreira Crespo Filho von 6a Seção Diretoria de assuntos culturais des Ministério do Exército, Rio de Janeiro; Major Shapland, Commanding Officer O-Battery RHA (The Rocket Troop); Herr Schulze vom Zweckverband Südliches Schlachtfeld der Völkerschlacht 1813, Liebertwolkwitz, der Deutschen Gesellschaft zur Rettung Schiffbrüchiger, Bremen, sowie Sen. Franco López von der Escuela de Guerra Naval, Madrid.

Ebenso wichtig war die Hilfe bei Übersetzungen, hier gilt mein Dank Herrn Thormann (Dänisch, Schwedisch), Frau Marschall und Frau Coelho (Portugiesisch), Frau Warmbier und Herr Schwarz jr. (Spanisch), Frau Brouwers, Herrn di Mauro und Herrn Scheitlin-Sacerdote (Italienisch), Frau Naumiuk, Herrn Müller und Herrn Spitz jr. (Russisch) sowie Frau Kowalczyk, Herrn Rybinski und Herrn Jastrzembski (polnisch) sowie Herrn Dr. Szijj Jolán vom Hadtörténelmi Levéltár (ungarisch).

Last but not least möchte ich noch der Werner-Hahlweg-Stiftung danken, ohne deren Unterstützung durch einen Druckkostenzuschuß diese Arbeit nicht hätte veröffentlicht werden können.

Bibliographie

Vorbemerkung:
Diese Bibliographie enthält eine Reihe Schriften, die entgegen der üblichen Vorgehensweise nicht im Text nachgewiesen sind. Dies liegt daran, daß der Verfasser im Verlauf der Arbeit genauere oder andere, umfassendere Schriften oder hier angeführte nur als erste Einführung in das Thema genutzt hat. Der Verfasser wollte auf den Nachweis dieser Schriften dennoch nicht verzichten, da hiermit zugleich eine erste Bibliographie zum Thema Kriegsraketen entstanden ist, die aber sicherlich noch keinen Anspruch auf Vollständigkeit erheben kann.

1) Quellen (mit Sigeln):

(a) ungedruckte Quellen

AdAV: Archives de L'Artillerie, Vincennes
2.c.7. No.4: Brief Lariboisière an Col. Evain (Versuche in Wien) 1809 sowie: Déscription des fusées incendiaires trouvées dans les magazins de Vienne, 1809 (Jacquier)
2.c.7, 1810, Confection des fusées de guerre par le Capitaine Jacquier
2.c.7, 1810, documents relatifs aux épreuves de la fusée proposée par le Capitaine Bigot
2.c.7, Epreuve faite à Tortose 1811
2.c.7, documents relatifs aux expériments faites à Seville 1811
2.c.7, rapport sur les fusées de Guerre employée à Hambourg en 1813
2.c.7, documents relatifs à une fabrication de fusées sous la direction du Capitaine Bourée (1815)
2.c.7, documents relatifs à la fabrication des fusées sous la direction de Brussel de Brulard (1815)
2.c.7, Dossier Bedford
2.c.7, D. 9405: 1856, Susane: Mémoire sur les fusées de guerre, 12. Mars 1856; Etat recapitulatif de la Fabrication des Fusées de Guerre, 10 Mai 1856
2.c.7, Susane: Note sur les Essais qui ont en lieu dans le but d'imprimer aux fusées de Guerre, un mouvement de rotation autour de leur axe (de 1819 à 1860), 1860, 28 mars

ACMV: Archives Centrales de la Marine, Vincennes
CC7 - B - 94: Capitaine de Frégate Adolphe Barazer: Remarques sur l'utilité des fusées de guerre, employées à bord des bâtiments de la Flotte, Brest, 6 Juin 1872
CC7 - B - 300: Corps Royale d'Artillerie de la Marine, Direction de l'Artillerie, Etat des Services de M. Bourée, Rapport sur la confection des fusées de guerre du 5. Mai 1830, Extrait d'un rapport de M. le Chef de Batallon Bourrée daté de Toulon, le 15 juillet 1830

AHER: Arquivo Histórico do Exército (Brasilien)
Comissão de Melhoramentos do Material do Exército 1851 - 1861
Comissão Brasileira na Europa 1857 - 1859

AHML: Arquivo Histórico Militar, Lisboa
Caixa 8, No. 2, Sargento-Mór Jerónimo José Nogueira d'Andrade: Projecto de uma nova árma portugueza, Anno de 1796
3 Divisão, 7 Seccas, Caixa 300, Schriftverkehr d'Andrade
Livro de Registo de Artilharia, 1807

APR: Archives du Port de Rochefort, Rochefort
2A3 43, No. 481 Artillerie du 14 septembre 1811

APT: Archives du Port de Toulon, Toulon
2A 97, Lettre de Decrès à L'Hermitte du 19.08.1811
2A 202, Lettre de L'Hermitte à Méjansac du 05.09.1811
1H1 7, Lettre de Decrès à L'Hermitte du 19.12.1811
2E 6 41, Rapport de la Commission chargé de faire procéder à l'essai des fusées de guerre confectionnées sous la direction de M. le Chef de Bataillon d'Artillerie de la Marine Bourée, Toulon, le 27 avril 1830
1H1 14 - 16, 28, Lettres ministérielles 1830 - 1832 et 1844
2A3 11, 22, correspondance du Prêfet Maritime 1830, 1832

ARA: Algemeen Rijksarchief, Den Haag
Ministerie van Marine, Aanhangsel na. 1813, Inventar 2.12.02, Inv. Nr. 1: Commandant Eskader Middellandse Zee 1816 - 1817: Journalen en orders van de Vice-Admiraal Van der Capellen
Ministerie van Marine, Geheim 1813 - 1844, Inventar 2.12.21

ASN: Archivio di Stato di Napoli, Napoli
fascio 2215, inc. 3805, Ministero Guerra, Raketenherstellung Posilippo 1848
fascio 2382, inc. 9276, Ministero Guerra, Raketenmagazin Capua 1856

AST: Archivio di Stato di Torino, Torino
Casella 209, Miscellanea d'Artiglieria 1841 - 1860:
Risultato delle esperienze esequite alla Venaria Reale il 21 Ottobre 1841, Istruzione per il servizio dei Razzi da Guerra. Per le Batterie Campali
pratica n. 246, Esperienze da farsi dei razzi alla congrève perfezionati dal signor cavalier Pictet de Rochmont colonello d'Artiglieria della Confederazione svizzera
Sull'invenzione d'una composizione per razzi da guerra del Conte Bottone, Razzi da guerra d'invenzione del Sig Hale e del Sig Airele,
Razzi da Guerra ideati da Southby
Fuochi da Guerra, Razzi etc.

AStgM: Archiv des Stadtgeschichtlichen Museums Spandau, Berlin
IV B 2/32, Geschichte des Königlichen Feuerwerks-Laboratoriums zu Spandau vom Jahre 1817 bis zum Jahre 1887 (Castenholz, Oberstlieutenant und Direktor des Feuerwerks-Laboratoriums, Spandau, den 22ten September 1887 [handschriftlich vervielfältigt])

BAM-B: Bayerisches Armeemuseum, Ingolstadt
Bestandsbuch (Handschrift, begonnen im 19. Jahrhundert)

BA-AF: Bundesarchiv, Außenstelle Frankfurt, Frankfurt am Main
DB 56/86, Reichsministerium des Krieges, Berichte zum Raketenwesen 1849 (Bayern, Sachsen)

BHS: Bayerisches Hauptstaatsarchiv, München, II - Geheimes Staatsarchiv
BGA 870, Gesandtschaft Athen, Note vom 20. Juni 1834

BHS-KA: Bayerisches Hauptstaatsarchiv, München, IV - Kriegsarchiv
A X 2, Bd. 32, Angebot eines Hamburger Pyrotechnikers 1815
Bericht über die österreichischen Kriegsraketen 1817
Verhandlungen mit dem Mechanikus Westermayer, Versuche mit Kriegsraketen 1833 - 1834
Mitteilung des Geheimnisses an die griechische Regierung, Benutzung des Hauptlaboratoriums durch die griechische Regierung, 1834 - 1835
Entwicklung der Brandraketen, 1834 - 1849
Vertrag mit Lukaszy 1850, Fortsetzung der Versuche 1855 - 1858, Hale'sche Raketen
A VI 6, Bd. 4, Sitzungen der Artillerie-Beratungs-Kommission 1829
A VI 6, Bd. 5, Sitzungen der Artillerie-Beratungs-Kommission 1836
A VI 6b, Bd. 24, Besichtigung der militär-technischen Anstalten durch den kaiserl. brasilianischer Capitain Moraes Ancora 1860
HS 179, Major Hütz: K.K. Östreichisches Kriegsraketen-System, 1850

BMAP: Bibliothèque du Musée de l'Armée, Paris
Dossier Mowat Bedford:
chemise Memoirs on Rockets:
1830: Note sur un nouvel affut a lancer les fusées de guerre
1832: Description d'un modele d'affut de campagne pour lancer les fusées de guerre de 2p
1840: Lettre sur l'emploi possible de la presse hydraulique pour le chargement des fusées
chemise Mémoires on French Rockets etc.:
Extrait d'un mémoire sur les fusées de guerre de M Péronnier
Fabrication des fusées de guerre avec un cahier de croquis de l'outillage des batiments etc
1829: Description générale des procédés de la fabrication des fusées de guerre
chemise Mr. Wade's Rockets:
1832: Lettre du M Wade au Ministre de la Guerre au sujet d'essais de fusées Anglaises
1825: Emploi des fusées dans l'Inde Orientale
1831: Compte rendu d'expériences faites en Egypte avec des fusées
chemise Correspondance:
1831: Lettre venant de Varsovie relative à l'emploi des fusées par les Polonois
1834: Lettre du directeur de la Pyrotechnie à Bedford au sujet de l'emploi de la presse hydraulique chemise Note de L'Colonel Goupil
1844: Note sur le chargement et la direction des fusées de guerre
chemise Lettres d'correspondance:
1833: Bedford est envoyé à La Fère
1836: transporte des fusées à Toulon
1837: Au sujet des dessins de appareils pour l'expédition à Constantine
1837: Bedford est informée que le nouvel atelier de battage est terminé
1841: Commande de fusées de 7 pour la Marine
1845: Lettre du Capitaine Rouge au sujet du projet de transferer l'atelier des fusées à Vincennes
chemise Loose Notes on Rockets:
1828: Notes sur les essais faites à Metz
chemise English Mission:
1838: Mémoire par Bedford pendant une mission en Angleterre en 1836
Mémoire sur l'Armement et l'Equipment des fusées de guerre. Par le Maître Artificier Depréaux, Metz le 8 Septembre 1834

Dépòt de la Guerre, Bibliothèque: Ecole de Pyrotechnie, Liège
Cours de Pyrotechnie civile rédigé par le capitaine Neuens, Servant de supplément au cours de Pyrotechnie militaire, Liège 1843

DHMB: Deutsches Historisches Museum, Berlin (ehem. Zeughaus)
Rep. Z 07, Raketen-Angelegenheiten. Berichte an Seine Majestät den König in Bezug auf den dermaligen Stand der Raketen, im Monat July und Oktober 1833. 1831 - 1835, darin: Detaillirte Geschichte des preußischen Raketenwesens 1817 - 1831 (Nach den Akten bearbeitet von Hauptmann Meyer)
Rep. Z 08, Raketen-Angelegenheiten. Acta enthaltend die Verhandlungen über die Acquisition fremder Raketen. 1831 - 1859
M 62 / 1868: Bericht über die Anfertigung der Brand-Raketen des Herrn Commissionsrath Kühn zu Meissen 1851 (Oswald Richter, Oberleutnant)

GSPK: Geheimes Staatsarchiv Preußischer Kulturbesitz, Berlin
I. HA, Rep 77 M, Tit. 332 h No. 8, Organisation der Feuerwerks-Compagnie und des Raketen-Laboratoriums, 17. April 1831

I. HA, Rep 92, Nl v. Müffling <M> Nr. A 14, 1830: Raketensachen
I. HA, Rep 92, Nl Gneisenau <G> M-Abt.
III. HA (2.4.1.) Acten des Ministeriums der auswärtigen Angelegenheiten, Einsendung von Nachrichten des preußischen Gesandten in Baden über verschiedene Gegenstände, Nr. 2354
III. HA (2.4.1.) I., Dresde, Correspondance avec le Mission du Roi, No. 3822 (1816), No. 3823 (1817), No. 3824 (1818)

HCPP: House of Commons Parliamentry Papers
Return of the Annual Accounts of the several Manufacturing Establishments under the War Department, 1861 - 1901

KGK: Det Kongelige Garnisonsbibliotek og Hærens militærhistoriske Arbejder, København
Journal over Prøver og Forsøg foretagne med Raketter begyndt den 4° November 1831 (Oberst Meier)

KSK: Kungl. Svenska Krigsarkivet, Stockholm:
Kriget i Tyskland 1813-1814,
Vol 1, 3 - 6, Nordarméns högkvarter, Koncept, (September 1813 - jan. 1814)
Vol. 17, Nordarméns högkvarter, Handl. från svenska armén 1813
Vol. 33, Förslag från förbundna
Vol. 34, Nordarméns högkvarter, Förslag från svenska armén
Sveriges Krig, 19:157, Karte der Belagerung von Glückstadt
Bestände, die vorher im Kungliga Armémusei Uppteckningsarkiv, Stockholm, geführt wurden:
IC : 32, Ang. uppsättandet af en Raketkorps, 1831
IC : 34, Promemoria 21.02.1832
VI D 12:15, Beskriftning å en fallskärmraket 1820-talet
VI D 12:47, Handlingar ang. kast-försök med raketer 1831 - 32
VI D 12:68, Utdrag ur berättelsen öfver Löjtnant Hörners försök med raketer utan spö 1836
VI D 12:69, Ang. försök med Rotationsraketer 1837
No. 128, Promemoria Generalfälttygmästaren v. 30. may 1831

LSH: Landesarchiv Schleswig Holstein, Schleswig
Hausarchiv der Herzöge von Schleswig-Holstein-Sonderburg-Augustenburg:
22 III Eb Nr. 8, Angebot Petersen, Versuche der Raketen von Abel, Angebot W. Hale und Schweitzer, Verhandlungen mit Lukaszy
22 III Eb Nr. 10, Schießversuche aller Art

MRAHM: Musée Royale de l'Armée et d'Histoire Militaire, Bruxelles
Fiche matriculaire No. 2560: Bormann, Charles - Guillaume (Baron)
Lettre à le Ministre de la Guerre, Lieutenant-Général Greindl par le Colonel Bormann, Bruxelles le 20 Juin 1856
Note historique, le Général-Major Bormann, Bruxelles, le 21 Avril 1862

NAW: National Archives, Washington D.C.
Record Group 45, Naval Records Collection, File BV and BA „rockets", und: letters to Commdts, Vol. 8
Record Group 45, Office of Naval Records and Library, Subject File, U.S. Navy, 1775 - 1910, BA 1861 - 1870, Inventions, Tests, Patents, Box 137, 1864, Memoir on Hail - Shells and War-rockets by Major-General Bormann, aide-de-camp to his Majesty the King of the Belgians
Record Group 74, Navy records, File books 1851, File Press book 1855, 1858, File „Rockets" 1855
Records of the Bureau of Ordnance, reports on inventions 1862 - 1881, Box 1, Entry 148, No. 2, report No. 19. Plant's Rocket Torpedo
Record Group 92, Records of the Quartermaster General
Record Group 109, Register of letters received, Confederate Adjutant & Inspector, Vol. 46 u. Vol. 64 (Zulavsky)
Record Group 156, Papers of the Ordnance Department,
1. Selected documents (a) Inventions
(b) Experiments, Class 1A
2. Selected Documents from General Correspondence, Entry 6 (letters sent), Entry 21 (Letters received)
Record Group 156, Chief of Ordnance, Special File, Inventions, Class 8, Box 22, IN-8
file (1-9), Adjutant Genl's Office, 4th Mil. District to Col D. Wadsworth, Commanding Chief of Ordnance, Philadelphia 15 May 1813
file (21-35), Secretary of War to Col Talcott, Nov. 12, 1840 (Goell)
file (41-55), Joshua B. Hyde über Experimente in Shoeburyness am 13.08.1847, Briefe betr. Massingbird in St. Petersbourg, September 1846

NHS: Niedersächsisches Hauptstaatsarchiv, Hannover
Hann. 41 XXI No. 53: Tagebuch des Wallmoden'schen Corps (geführt von Obristlieutenant v. Stülpnagel)
Hann. 41 XXI No. 55: Bericht des General Graf v. Wallmoden an den Herzog von Cumberland, Dömitz, 24. Sept. 1813
Hann. 48 Nr. 801, Über die Erfindung neuer Kriegsraketen durch M. Westermayer
Hann. 92 Nr. 369, Über die Errichtung eines Raketencorps

ÖSK: Österreichisches Staatsarchiv - Kriegsarchiv - , Wien
MA-1823 M/c 4/1, Einrichtung Raketendepot Venedig
MA-1826 T/c 2, Raketenversuch Smyrna und Ausrüstung von Schiffen mit Raketen
MA-1832 T/c 2, Übergabe Raketendepot Venedig an Marine-Artillerie
MA-1836 T/c 2, Raketendepot Venedig
HKR 1829, Praes.Nr. 971, Raketeneinsatz Marocco
Aus dem Feldzug 1848 Italien den 15. Mai bis 13. November, Dispositionen, Donation FM Herr von Hess
RKM Reg.1850, No. 1013, Reorganisation der Artillerie 1850 mit Denkschrift Augustin vom 28. Dezember 1849
Mem 13-143, Rapport Raketenschießen 1827
Mem 13-156, Augustin an Radetzky 1831
Mem 13-160, Relation über die Verwendung der Raketenwaffe in Italien vom 18. Dezember 1848
Mem 13-203, Darstellung und Beschreibung der Raketen
Mem 13-218, Schriftverkehr 1815 - 1828
Mem 13-338, Schriftverkehr Raketenanstalt 1815

PRO: Public Record Office, Kew, Richmond, Surrey
ADM 51/1992, Log HMS Galgo
ADM 51/2401, Log HMS Erebus
WO 1/185, Rob Francis
WO 1/716, Brief zum Nachschub für Angriff auf Kopenhagen 1807
WO 1/784, Raketenversuch vom 24. April 1806
WO 1/788, Raketenversuch am 1. März 1811
WO 1/1117, Brief Congreves vom 4. Februar 1808, Memorandum Congreves vom 26. April 1808, Brief Congreves vom 22. April 1808, Memo vom 25. April 1808,
WO 6/145, Raketen für Lord Wellington (Peninsula)
WO 44/618, Mr. Pickering's Improvements 1842, Raketenversuche LtCol Dansey 1842, Raketenversuche in Canada 1846
WO 44/623, Thunderbolt-Rakete 1848
WO 44/642, Tätigkeitsbericht Congreves v. 27. November 1810, Brief Congreves d.Ä. vom 19. April 1811, Dover Rocket Establishment 1810 - 1813
WO 44/643, Walcheren 1809, Verkauf des Geheimnisses durch Drake 1830, Raketen in der Royal Navy 1831
WO 44/644, Versuche mit Hales Raketen 1846 Washington und 1854 Schwarzes Meer
WO 46/89, Brief an Capt. Boxer
WO 55/642, General Order für Aufstellung Rocket Troop
WO 55/1110, Schwedische Auszeichnung Lt. Wright
WO 55/1164, Reduktion der Rocket-Troop
WO 55/1196, Brief Lt. Wright über Leipzig, Brief Col. Dickson zu Lane's Detachment

RAIL: Royal Artillery Institution Library, Woolwich
Royal Artilleryman's (R.N.) Notebook Lt Henderson, ca. 1845
Report LtCol. P. Fyers, R.A. (ohne Datum), ca. 1840
Statement showing the numbers of serviceable Congreve Rockets in store at the various stations regarding the latest informations received (ca 1850)
Thomas McClelland, R.A., Artillery Notes, Vol. I, 1865

SächsHStA: Sächsisches Hauptstaatsarchiv, Kriegsarchiv (Potsdam), Dresden
Akte Nr. 2285, Die Versuche mit Kriegsraketen des Commissionsraths Kühn betr.
Akte Nr. 4043, Protokolle der Artillerie Kommission 1822 - 1831
Akte Nr. 6287, Protokolle der Artillerie Kommission 1818
Akte Nr. 6288, Brotokolle der Artillerie Kommission 1818 - 1825
Akte Nr. 6289, Protokolle Artillerie Commission 1819
Akte Nr. 6301, Vorschläge der Artillerie Kommission zu den Etats und Einrichtungen des Hauptzeughauses
Akte Nr. 6302, Jahresberichte der Artillerie Kommission 1826 - 1834
Akte Nr. 6326, Versuche und Gutachten, die englischen Brandrachetten betreffend 1814
Akte Nr. 6350, Zusammenstellung der Protokolle über die Ausrüstung der Artillerie

SAG: Stadtarchiv Glückstadt
Bombardement Glückstadt im December 1813 und Januar 1814, geschrieben von Heinrich Jarren

SAHH: Staatsarchiv der Freien und Hansestadt Hamburg
Cl. VII Lt. Gh Nr. 18 Vol. 2, Fasc. 1 Invol. 4: Schlußbericht der hamburgischen Etappen-Commandantur 1848-1852, Hauptmann Reuter vom November 1852, Anlage 7

SARK: Statens Arkiver Rigsarkivet, København
Søetaten, Skibsjournaler (fol.reg. 85b,2) Raketflotillen 1812-13, No. 905
Resolution af 20. Febr. 1812
Resolution af 16. dec. 1812
Resolution af 20. dec. 1812

SAW: Stadtarchiv Lutherstadt Wittenberg
Die Belagerung Wittenbergs 1813 u. 14 (Tagebücher- Adler u. Giese)

SBA: Schweizerisches Bundesarchiv, Bern
BAr 3, Brief G. Schweizer vom 27. September 1850
BAr 19, Bericht G. Schweizer vom 19. Mai 1850
BAr 28, Bericht G. Schweizer vom 11. September 1850
BAr 115, Berich über Hales Tangentialraketen vom 6. Februar 1849
BAr 119, Zeugnis für Hale vom 6. Februar 1849
BAr 143, Experimente mit Raketen in England vom 29. Mai 1850
BAr 183, Brief Artillerie Commando Basel Stadt vom 14. Januar 1852
BAr o. Nr, Bericht über die Schießproben in Niederglatt im Mai 1860 sowie Bericht des Artillerie-Departements

SKA: Staatsarchiv des Kanton Aargau
(M) 1847, Schriftverkehr Ausbildung Raketenbatterie, Bestandsübersicht Waffen und Munition
(M) 1848, Etat der Geschütze, Fuhrwerke, der Ausrüstung u. Munition, welche bei Anlass des Freischarenzugs 1845 dem Staate abhanden gekommen
DM.R1/1854 bis 1859, Zeughaus-Schriftverkehr

SKL: Staatsarchiv des Kanton Luzern

AKT 24/69C, Gefecht in Malters 1845
Rechnung vom 9. Juni 1845 über den Erlös aus Beutegut

SKZ: Staatsarchiv des Kanton Zürich

I Dn 4, Instruktion für die Schießübungen in den Schulen und Wiederholungskursen der schweizerischen Artillerie im Jahre 1866, Munitions-Verpakung. I. Verpakung der Artillerie-Munition

Wehrbereichsbibliothek II der Bundeswehr, Hannover

G. Wittje: Die Kriegsraketen, ca. 1855 (30. Januar 1856 als Geschenk Sr. Majestät des Königs der Artillerieschule Hannover übergeben)

WHS: Württembergisches Hauptstaatsarchiv, Stuttgart

E 40 / 72, Bü 95, Württemb. Gesandter in München zu den bayerischen Raketenversuchen
E 286 Artillerie Brigade Stab, Bü 100, Congrevische Raketen
E 286 Fuß-Artillerie, Bü 101, Material für Raketenversuche
E 271 c, Kriegsministerium, Bü 1725, Versuche mit Foß'schen Gewehr-Raketen
E 271 c, Kriegsministerium, Bü 1726 ,Versuche mit Kriegsraketen
E 271 c, Kriegsministerium, Bü 1727, Versuche mit Foß'schen Gewehr-Raketen

(b) gedruckte Quellen

Brasilien:

Actos do poder executico, Rio de Janeiro 1878

Dänemark

J. Ch. Hedegaard: Reskripter, Resolutioner og Collegialbreve, den danske Krigsmagt til Lands angaaende, Siette Deel, Kiøbenhavn 1821

Großbritannien

D. Bonner-Smith / A. C. Dewar (edit.): Russian War 1854; Baltic and Black Sea, Official Correspondence, The Navy Records Society, Vol. LXXXIII, London 1943
D. Bonner-Smith: Russian War 1855, Baltic, Official Correspondence, The Navy Records Society, Vol. LXXXIV, London 1944
D. Bonner-Smith / E. W. R. Lumby: The Second China War 1856 - 1860, The Navy Records Society, Vol. XCV, London 1954
A. C. Dewar: Russian War 1855, Black Sea, Official Correspondence, The Navy Records Society, Vol. LXXXV, London 1945
G. S. Graham / R. A. Humphreys (edit): The Navy and South America 1807 - 1823, The Navy Records Society, Vol. CIV, London 1962
J. K. Laughton (edit.): Letters and Papers of Charles, Lord Barham, Vol. III, (Publications of the Navy Records Society, Vol. XXXIX), London 1911
Ch. Lloyd / H. Craig, Jnr (edit.): Congreve's Rockets 1805 - 1806, in: Publications of the Navy Records Society, Vol. XCII, The Naval Miscellany Vol. IV, London 1952

Österreich

Sammlung aller in Verona erschienenen Armeebulletins 1848/1849, Verona 1848 (durchgesehen 11. November 1850)

United States of America:

Executive Documents printed by order of the Senate of the United States during the Second Session of the Thirty-First Congress, Vol. I, U.S. Navy Dept, Annual Report, Vol. I, 1850/51
American State Papers. Documents, Legislative and Executive, of the Congress of the United States, Class V, Military Affairs, Vol. V - VII, Washington 1861
Brig. Gen. St. V. Benét (edit.): Annual Reports and Other Important Papers Relating to the Ordnance Department, Vol. II, Washington 1880
o. Verf.: A Collection of Ordnance Reports And Other Important Papers Relating to the Ordnance Department, Vol. III und Vol. IV, Washington 1890
The War of the Rebellion: A Compilation of the Official Records of the Union and Confederate Armies (published under the Direction of The Hon. Redfield Proctor, Secretary of War), Series I - Volume XI, Part II, Washington 1884, und: Volume XXXV - Part II - Correspondence, etc., Washington 1891

(c) Patentschriften

Deutschland - Kaiserliches Patentamt / Reichspatentamt

No. 2917, 1878, Klasse 72: Otto Hutzler in Tiefenstein: Ferngeschoss, ab 31. März 1878
No. 64209, 1892, Klasse 72: Ludwig Rohrmann in Krauschwitz: Verfahren zur Photographischen Aufnahme von Geländen aus der Vogelschau vermittelst eines Geschütz- oder Raketen-Geschosses, ab 14. Juli 1891
No. 162433, 1905, Klasse 57a: Alfred Maul in Dresden: Raketenapparat zum Photographieren bestimmter Geländeabschnitte, ab 5. Juni 1903
No. 243483, 1912, Klasse 72d: Nicolas Gherassimoff in St. Petersburg: Raketengeschoß. ab 19. Februar 1910
No. 301270, 1919, Klasse 72d: Sachsenwerk, Licht- und Kraft-Akt.-Ges in Niedersedlitz: Raketenapparat mit Fallschirm, ab 13. Juli 1916
No. 565874, Klasse 65a: Friedrich W. Sander in Wesermünde: Raketenpistole zum Werfen von Leinen

Großbritannien

A. D. 1860, 13th February No, 382: Specification of Henry Hewetson: Rockets
Bennet Woodcroft: Subject-Matter Index of Patents of Invention, Part II, London 1857

United States Patent Office

No. 35977, July 22, 1862: Thomas W. Roys and Gustavus A. Lilliendahl, of New York: Improvement in War Rockets

2) Sigel für ausgewertete Zeitschriften / Jahrbücher:

AMZ: Allgemeine Militär-Zeitung , Leipzig u. Darmstadt
AOAW: Archiv für Offiziere aller Waffen, München
AOPA: Archiv für die Officiere des kgl preußischen Artillerie und Ingenieur Corps, ab 1872: Archiv für die Artillerie- und Ingenieur-Offiziere des deutschen Reichsheeres, Berlin, Posen und Bromberg
AR-NVA: Armeerundschau (Zeitschrift der Nationalen Volksarmee), Berlin
ARS: Artillerierundschau, Neckargemünd
ASMZ: Allgemeine Schweizerische Militär-Zeitung (zunächst: Helvetische Militär-Zeitschrift, dann: Schweizerische Militär-Zeitschrift, ab 1851: Allgemeine Schweizerische Militär-Zeitung), Basel
H.M.S.O.: Her Majesty's Stationery Office
ILN: The Illustrated London News, London
JAS: Journal des Armes Spéciales et de L'État-Major, Paris
JBIS: Journal of the British Interplanetary Society, London
JVFM: v. Löbell: Jahresberichte über die Veränderungen und Fortschritte im Militairwesen, Berlin, später: v. Löbell's Jahresberichte über das Heer- und Kriegswesen
JRA: Journal of the Royal Artillery (zunächst: Minutes of Proceedings of the Royal Artillery Institution), Woolwich
JSAHR: Journal of the Society for Army Historical Research, London
JSM: Journal des sciences militaires des armées de terre et de mer, Paris
MGAG: Mitteilungen über Gegenstände des Artillerie und Geniewesens, zuvor: Mittheilungen des K. K. Artillerie-Comité über Gegenstände der Artillerie- und Kriegswissenschaften, Wien
MilBl.: Militärische Blätter, 1820 - 1827 Essen und Duisburg, ab 1860 Berlin
MilSp: De Militaire Spectator, Tijdschrift voor het Nederlandsche Leger, Breda
MilA: Military Affairs, Washington
MLZ: Militair -Litteratur Zeitung, Berlin, Posen und Bromberg
MWBl: Militärwochenblatt, Berlin
NWReg: Niles' Weekly Register, Baltimore
ÖMZ: Östreichische Militärische Zeitschrift, Wien, bis 1849, ab 1860: Österreichische Militärische Zeitschrift
RdA: Revue de l'Artillerie, Paris
RIHM: Revue Internationale d'Histoire Militaire
RMS: Revue Militaire Suisse, Lausanne
SpMil: Le Spectateur Militair, Paris
USJ: The United Service Journal and Naval and Military Magazine, London, ab 1842: The United Service Magazine and Naval and Military Journal, später: Colburn's United Service Magazine and Naval and Military Journal, ab 1920: Army's Quarterly and Defense Journal
ZfH: Zeitschrift für Heereskunde,herausgegeben von der Gesellschaft für Heereskunde e.V. (wechselnde Titel, 1929: Gesellschaft für Heereskunde, Mitteilungen, 1930-1933: Zeitschrift für Heereskunde, 1934-1964: Zeitschrift für Heeres-und Uniformkunde, ab 1965: Zeitschrift für Heereskunde, Berlin, ab 1953: Beckum)
ZgSS: Zeitschrift für das gesamte Schieß- und Sprengstoffwesen, München
ZfKWGK: Zeitschrift für Kunst, Wissenschaft und Geschichte des Krieges, Berlin und Posen

3) Nachschlagewerke:

Allgemeine Encyclopädie der Wissenschaft und Künste, Leipzig, 1. Section, Theil 19 „Congreve" (1828), Teil 43 „Feuerwerk" (1846)
Allgemeine deutsche Real-Encyklopädie für die gebildeten Stände, Conversations-Lexikon, Zwölfter Band, Leipzig 1867
Allgemeine Militair-Encyclopädie, Herausgegeben und bearbeitet von einem Verein deutscher Offiziere und Anderen, Siebenter Band, Leipzig 1872
v. Alten: Handbuch für Heer und Flotte, Leipzig 1909
M. Bedoya (Publ.): Diccionario Militar, Lima 1918
Brockhaus, Leipzig 1830
Brockhaus, Leipzig 1878
Brockhaus, Leipzig 1894 / 1895
Brockhaus Enzyklopädie, 15. Band, Wiesbaden 1972
G. Bruce: Harbottle´s Dictionary of Battles, London 1979
G. Cabanellas de Torres: Diccionario militar, Tomo I, Buenos Aires 1961
Cotty: Dictionnaire d'Artillerie, Paris 1822
Dictionnaire Encyclopédique Quillet, Paris 1953
Encyclopaedia Britannica, Vol. 19, Chicago, London, Toronto 1956
F. M. Feldhaus: Die Technik der Vorzeit, der geschichtlichen Zeit und der Naturvölker, München 1965
W. Fickenscher (Herausg.), Die UdSSR, Enzyklopädie der Union der Sozialistischen Sowjetrepubliken, Leipzig 1959
J. Gebauer / E. Krenz: Marine Enzyklopädie, Berlin 1998
La Grande Encyclopédie, tome XVIII, Paris o. J.
Grand Larousse Universel, Tome 7 und 9, Paris 1989
Harding: Waffen Enzyklopädie, Stuttgart 1993
F. A. Lord: Civil War Collector's Encyclopedia, Harrisburg, 1965
von der Lühe: Militair Conversations Lexikon, Leipzig 1834
E. Malatesta: Armi ed Armaiolo d'Italia, Roma 1945
Meyers Konversations-Lexikon, Vierzehnter Band, Leipzig 1878
Meyers Konversations-Lexikon, Vierzehnter Band, Leipzig und Wien 1897
L. Musciarelli: Dizionario delle Armi, pp. 520 „razzo"
Neue Deutsche Biographie, herausgegeben von der historischen Kommission bei der Bayerischen Akademie der Wissenschaften, Berlin o.J.
A. Niemann: Militär-Handlexikon, Stuttgart 1877
B. Poten: Handwörterbuch der gesamten Militärwissenschaften, Bielefeld / Leipzig o. J.
v. Priesdorff: Soldatisches Führertum, Band 4 und 5, Hamburg o. J.
W. Reid: Buch der Waffen, Düsseldorf 1976

H. F. Rumpf: Allgemeines Kriegswörterbuch, für Offiziere aller Waffen, Erster Band, Berlin 1821
W. Rüstow: Militärisches Hand-Wörterbuch, 2. Band, Zürich 1859
D. Smith: The Greenhill Napoleonic Wars Data Book, London 1998
o. Verf. (Hrsg.: Militärgeschichtliches Forschungsamt): Deutsche Militärgeschichte in sechs Bänden 1648-1939, Band 2, Herrsching 1983
o. Verf.: Voennyi Enziklopedicheskyi Leksikon, Sanktpeterburg 1847
o. Verf.: Wörterbuch zur deutschen Militärgeschichte, Berlin 1985

4) unveröffentlichte Schriften

F. H. Baer: Ein Beitrag zur Geschichte der Kriegsraketen, Wien 1978 (ÖSK)
P. Bret: La fusée de guerre en France pendant la période révolutionnaire et impériale (Mémoir de maîtrise), Aix-en-Provence 1971
M. A. Calvo (Escuela de Artilleria „Tte Grl Eduardo Lonardi"): Cohetes en el siglo XIX en la Republica Argentina, Paso de los Libres, 1996
Lieutenant Declercq: Les roquettes sol-sol: Evolution historique, Ecole Royale Militaire Bruxelles, 1991
C. E. Franklin: Sea Service Rocket Tubes, Lea, Lincolnshire 1999 (Privat)
J. Herlach: Der Neuenburger Handel 1856 / 1857, Langenthal 1966 (Eidgenössische Militärbibliothek Bern)
S. Jäger: Die Entwicklung deutscher Feststoffraketen von 1935 bis 1945 in Abhängigkeit vom Stand der Produktivkräfte, Zittau 1990 (Diplomarbeit der Offiziershochschule der Landstreitkräfte der Nationalen Volksarmee „Ernst Thälmann", Bibliothek der Akademie der Bundeswehr für Information und Kommunikation, Strausberg)
M. J. Jung: Metz, Centre des recherches françaises sur les fusées au XIX° siècle, o. O., 1993 (Service Historique de l'Armée de Terre, Vincennes)
T. Mályusz: Steigerung der Reichweite und Treffgenauigkeit von Artillerieraketen, Prüfungsarbeit Koblenz 1998 (Wehrkundliche Studiensammlung des Bundesamt für Wehrtechnik und Beschaffung)
Oberst Neumann: Vom Feuerpfeil zum Geschosswerfer, Geschichte der reaktiven Artillerie, o. J. (Gesellschaft für Artilleriekunde, Idar-Oberstein)
M. Richiardi: Appunto sui razzi del XIX secolo in Italia, Torino 1978 (Museo Nazionale Storico d'Artiglieria Torino)
O. L. G. v. Scherbening: Biographie meines Vaters Adolph Otto Victor Scherbening, o. O., o. J. (Privatbesitz)
W. Scherrer: Grenzbesetzung 1856 / 57, Zürich 1975 (Eidgenössische Militärbibliothek Bern)
P. Schupita: Raketenwaffen, Wien, o. J. (österreichischer Marineverband, Wien)
T. Stefanowski: Entwicklung sowjetischer Geschoßwerfer in Abhängigkeit vom Stand der Produktivkräfte, Löbau/Zittau 1990 (Diplomarbeit an der Offiziershochschule der Landstreitkräfte der Nationalen Volksarmee „Ernst Thälmann", Bibliothek der Akademie der Bundeswehr für Information und Kommunikation, Strausberg)
o. Verf.: Lehrbuch zur V 2, o. O., o. J. (Typoscript - Wehrkundliche Studiensammlung des Bundesamt für Wehrtechnik und Beschaffung)
o. Verf.: A utilizaçao no sec XIX de foguetes de Guerra em Portugal, (Studie des Generalstabes des Portugiesischen Heeres), Lisboa 1995

5) Literatur:

Kleinere Schriften, Meldungen und Notizen, die ohne Angabe des Verfassers in Zeitschriften erschienen sind, sowie Briefe an den Verfasser werden hier nicht aufgeführt, sind aber im Text nachgewiesen. Quellen, in denen Raketen nicht angeführt sind - obwohl ein Hinweis von der Thematik her zu erwarten gewesen wäre - und die im Text als Negativbeispiele herangezogen sind, werden am Schluß gesondert aufgeführt. Vorschriften und Gesetze und Berichte von Ministerien etc. sind unter der Bezeichnung des jeweiligen Staates aufgeführt. Soweit bei Werken ohne Angabe eines Verfassers dieser bekannt ist oder ermittelt werden konnte, wird er in [eckigen Klammern] ergänzt.

(a) Literatur zu Geschichte, Entwicklung, Technik und Einsatz der Raketen

E. Abram: Multiple Field Rocket Launchers, in: Defence today, 1981, No. 5, p. 192 - 198
Oblt. Amann: Raketenartillerie vor 100 Jahren, in: Schweizer Artillerist, 35. Jahrg. 1956, No. 12, S. 5 - 8
A. Ananoff: Mille ans d'histoire de la fusée, in: Sciences et Vie, Décembre 1952, p. 57 - 85
E. T. Ashe: Soviet Salvo Rockets, in: International Combat Arms, 1986, No. 1, p. 20 - 23
A. J. Azevedo Amaral: Nomenclatura explicada de artilharia e guia do fogueteiro de guerra, organisados para uso das escolas militar, e de tiro, e do deposito de aprendizes artilheiros, Rio de Janeiro 1879
A. Ananoff: L'histoire des fusées, in: La Nature, Paris v. 15. Mai 1939, p. 307 - 312
Col. Arago: Les Fuséens, in: Bulletin de la Société des Amis du Musée de l'Armée, Paris 1931, No. 35, p. 16 - 26; 1932, No. 36, p. 33 - 45; 1933, No. 39, p. 15 - 31
D. Baker: The Rocket. The History and Development of Rocket & Missile Technology, New York 1978
D. Baker: Spaceflight and Rocketry - A Chronology (Kopie, ohne bibliographische Daten)
M. Ball: Dr. Robert H. Goddard's First Successfull Liquid-Fuelled Rocket as Launched at Auburn, Massachusetts on March 16, 1926, in: Jbis, Vol. 40, 1987, p. 305 - 311
E. J. Becklake / D. Millard: Congreve and his Works, in: JBIS, Vol. 45, 1992, p. 281 - 284
E. J. Becklake / J. Griffiths / B. Earl: The Science Museum's Cunningham Lifesaving Rocket, in: JBIS, Vol. 36, 1983, p. 555 - 558
J. Bem: Erfahrungen über die Congreveschen Brand-Raketen bis zum Jahr 1819 in der Königl. Polnischen Artillerie gesammelt, Weimar 1820 (Herausg.: M. Schuh)
C. M. Bento: O pioneiro e mártir do Brasil no emprego de foguetes militares, in: Revista a Defesa Nacional, p. 187 - 190 (Kopie ohne Angabe der Ausgabe)
W. Betschmann: Artillerie I, Geschütze der Artillerie ohne mechanischen Rücklauf, Achter Band in der Reihe: Bewaffnung und Ausrüstung der Schweizer Armee seit 1817, Dietikon-Zürich 1980
K. Ritter von Birago: Untersuchung über die bisher bekannten Mittel zur Unterhaltung der Korrependenz im Kriege, und Ideen über die schnellste Art der Beförderung einer solchen Korrespondenz, in: ÖMZ, 1844, 2. Band, S. 3 - 30
Blümner: Raketenbatterien ?, in: MWBl. 1930, S. 1490 - 1492
„Boanerges": Rockets - Yesterday, Today and Tomorrow, in: JRA, Vol. LXXXVIII, No. 3, London 1961, p. 178 - 183
C. Bonard: Généralités sur les fusées de guerre et exemples de leur utilisation au combat, in: Le Brécaillon, No. 5, Mai 1986, p. 2 - 10
E. M. Boxer: The Congreve Rocket, 1853, veröffentlicht als „Chapter on Congreve Rockets" als Teil 2 des 2. Abschnittes von „Treatise on Artillery", in: Col. Congreve: The Details of the Rocket System, Ottawa 1970
G. Brachmann: Raketen vor 150 Jahren, in: Der Frontsoldat, No. 3, 1958, S. 74
v. Braun / F. J. Ordway III: Raketen, München 1979
W. v. Braun: Das Geheimnis der Flüssigkeitsrakete, in: Die Umschau, 36. Jahrg., 1932, Heft 23, S. 449 - 452
H. Breitkopf: Kampfraketen, in: Wehrwissenschaftliche Rundschau, 1952, S. 200 - 204
H. Breitkopf: Westeuropa im Bereich sowjetischer Fernkampfraketen, in: Wehrwissenschaftliche Rundschau, 1954, S. 419 - 425
P. Bret: Les fusées de Napoléon, in: L'Histoire, No. 70, 1984, p. 22 - 32
Hauptmann Bröcker: Notizen über die Konstruktions-Verhältnisse von Raketen und die gegenseitige Wirkung ihrer einzelnen Theile, in: AOPA, 1858, S. 95 - 132
BRONTES [Congreve]: Rocket System, Letter I - V, in: Naval Chronicle, Vol. 22, july - december 1809, pp. 100 - 102, 201 - 203, 285 - 287, 370 - 373
W. Brügel (Hgb.): Männer der Rakete, Leipzig 1933
Brussel de Brulard: Mémoire sur les fusées de guerre fabriquées à Hambourg en 1813 et 1814 et à Vincennes en 1815, Paris 1853
Brussel de Brulart: Revue de ce qui concerne les Fusées propre à la Guerre, Depuis l' origine des Fusées jusqu'au gouvernement impérial de Napoléon III, in: JAS, tome II, 1854, p. 5 - p. 53
W. Buedeler: Geschichte der Raumfahrt, sigloch edition, Künzelsau, o.J.
W. Buedeler, Professor Eugen Sänger - ein Lebensbild, in: Weltraumfahrt - Raketentechnik, 2 / 1964, S. 36 - 37
C. Canby: Geschichte der Rakete, Lausanne 1962
Dr. Cap: Zwanzig Jahre Raketenpost, in: Weltraumfahrt, Heft 3, 1951, S. 57 - 58
W. Y. Carman: The Rocket Brigade in Early 19th Century, in: JSAHR, Vol. XLI 1963, p. 166 - 170
L. J. Carter: The Valier Experiments, in: JBIS, Vol. 40, 1987, p. 91 - 92
Don Manuel de Castro: Memoria sobre Cohetes de Guerra, Sevilla 1870
Yeon Suk Chae: A Study of Early Korean Rockets, in: History of Rocketry and Astronautics, Proceedings of the Seventeenth History Symposium of the International Academy of Astronautics, AAS History Series, Vol. 12, San Diego, 1991
Y. S. Chae: A Study of Early Korean Rockets (1377 - 1600), in: JBIS, Vol. 38, 1985, p. 169 - 179
C. H. (C. Hoffmann): Die Eigenthümlichkeit der Kriegs-Rakete, als Fundament für ihre Gebrauchsweise, in: AOPA, 25. Band 1849, S. 69
M. Christal: Les fusées de guerre, leur fabrication, leur emploi dans les armées modernes, in: Revue Contemporaine, Paris 1863, p. 156 - 202
J. Cole: On an improved war-rocket for use in both military and naval operations, in: Journal of the Royal United Service Institution, Vol. 21, 1878, p. 1 - 20
G. Conceição Silva: Mísseis... de há 130 anos!, in: Anais do Clube Militar Naval, Tomo XC, 1960, Nos 4 a 6, p. 354 - 363
W. Congreve: A Concise Account of the Origin and Progress of the Rocket System, London 1810
Col. Congreve: The Details of the Rocket System. London 1814 (reprint Ottawa 1970)
Sir W. Congreve: Abhandlung über die allgemeinen Grundsätze der Kräfte und die Leichtigkeit der Anwendung desCongreveschen Raketensystems verglichen mit der Artillerie, Weimar 1829
W. Congreve: General View of a Complete Course of Experiments of the Rocket System, London 1809
W. Congreve: Memoir on the Possibility, the Means, and the Importance of the Destruction of the Boulogne Flotilla, in the Present Crisis, London 1806
C.-E. Coquilhat: Trajectoires des fusées volantes dans le vide, in: Mémoires de la Société des Sciences de Liège, Bruxelles 1873, No. 5, p. 1 - 33
J. Corréard: Histoire des Fusées de Guerre, Paris 1841, auch erschienen in: JSM, 1839, t. XXV, p. 325 - 364
L. Crocco: Early Italian Rocket and Propellant Research, in: F. C. Durant / G. S. James (ed.), First Steps toward Space, AAS-History Series Vol. 6, San Diego 1985, p. 33 - 48
A. Crow: The Rocket as a Weapon of War in the British Forces, in: Journal of the Institution of Mechanical Engineers, Vol. CLVIII 1948, No. 1, p. 15 - 21
C. S.: Die Kriegsrakete, in: Der Kamerad, VI. Jahrg. 1867, No. 72, S. 690 - 691
J. Defrasne: Apogées et déclins desa fusées, in: Automobile et Tourisme, No. 1, 1973, p. 23 - 25
J. Defrasne: Les fusées de guerre au XIXe siècle, in: Revue historique de l'armée, 1977, No. 1, p. 41
J. Defrasne: Fusées de guerre dans les armées européennes au XIXe siècle, in: Automobile et Tourisme, 1974 No. 2, p. 23 - 25 und: No. 3, p. 23 - 25
E. Digmelov: Pervaya Sovetskaya Raketnaya, in: Tekhnika i Voorushenie, 1991, No. 12, S. 24 - 25
R. W. Donnelly: Rocket Batteries of the Civil War, in: MilA 25, Sommer 1961, p. 69
W. R. Dornberger: European Rocketry after World War I, in: JBIS, Vol. 13, 1954, p. 245 - 262
F. Downey: The Rockets Red Glare, in: The Gun Digest, 1972, p. 267 - 270
J. Engelmann: Deutsche Raketen-Werfer, Friedberg 1977
E. N. I. D.: Die Lufttorpedos System Unge, in: Schuss und Waffe, No. 24, 1908, S. 583 - 584

J.-P. Escalettes and Ph. Jung: Congreve and Toulouse, in: Acta Astronautica, Vol. 19, 1989, p. 632 - 648
F. A. [= J. Ferreira do Amaral]: Apontamentos sobre Foguetes de Guerra, in: Anais do Clube Militar Naval, 1875 (reprint 1975), p. 53 - 60
J. Fischer: Der Raketenwagen auf dem Avus, in: Die Umschau, 32. Jg., 1932, S. 487 - 488
J. Fitz: Geschoß und Rakete, in: Allgemeine österreichische Chemiker- und Techniker - Zeitung, No. 10, 1928, S. 76 - 77
F. M.: Die österreichischen Rotations-Raketen, in: ÖMZ, 1865, 2. Band, S. 369 - 374
B. J. Ford: Raketen - Technologie 1930 / 1945, in: A. Kershaw (edit): Spezialwaffen des II. Weltkrieges, München 1976
C. E. Franklin and W. Johnson: William Hale's „Improvements in Rockets", in: International Journal of Impact Engineering, Vol. 18, 1995, p. 231 - 241
C. E. Franklin: The Hale Rocket in the British Service, part one, in: JBIS, Vol. 51, 1998, p. 337 - 358, part two, in: JBIS, Vol. 52, 1999, p. 259 - 266
A. Fritz: Start in die dritte Dimension, Stuttgart 1958
H. H. Führing: So neu sind Raketen wirklich nicht, in: R. Hauschild (Red.): Jahrbuch des Heeres, Folge 3, Darmstadt 1971, S. 157 - 163
J. F. C. Fuller: The Artillery Rocket, in: Army Ordnance, 1947, No. 164, p. 86
E. Gabriel: Die österreichische Raketenwaffe im 19. Jahrhundert, in: Waffen-Revue, 8 / 1973, S. 1229 - 1247
H. Gartmann: Träumer, Forscher, Konstrukteure, Düsseldorf 1957
R. Gaudet-Blavignac: Uniformes des batteries de fusées, in: Le Brécaillon, No. 7, Avril 1987, p. 24 - 25
W. Gehri: Les batteries à fusées de l'armée Suisse, 1853 - 1867, in: Figurina Helvetica, 2 / 1968 p. 4 - 9
W. Geisler: History of the Development of Rocket Technology and Astronautics in Poland, in: R. Cargill Hall (ed), History of Rocketry and Astronautics, AAS History Series, Vol. 7, Part II, Proceedings of the Third through the Sixth History Symposia of the International Academy of Astronautics, p. 102 - 111
F. W. F. Gleason: Lost Causes, in: The Gun Digest, 1957, p. 36 - 38
F. W. F. Gleason: Rockets in History, in: Ordnance, Vol. XXXII, 1948, No. 167, p. 327 - 329; No. 168, p. 397 - 399
C. Goddard: Ordnance in Review: Rockets, Part I - III, in: Army Ordnance, Vol. XIX, 1939, p. 302 und p. 369 sowie Vol. XX, p. 46
A. Godde de Liancourt, Mémoire sur la conversion des armes de Guerre en Moyens de salut, in: JAS, 2° série, tome troisième, 1842, p. 327 - 343
A. C. Goell: Memorial of Alvin C. Goell, Washington 1844
D. E. Graves: Sir William Congreve and the rocket´s red glare, Bloomfield, Ontario, 1989
G. S.: Schreiben eines Veteranen der k. k. österreichischen Artillerie an einen in ebenderselben Waffe dienenden Freund, über die österreichische Kriegsrakete, in: Der Kamerad, VI. Jahrg. 1867, No. 66, S. 633 - 635
J. Barrios Gutierrez: Cohetes de Guerra en el Siglo XIX, in: Revista de Historia Militar, 1963, Num. 14, p. 139 - 173
J. Barrios Gutierrez: Una batería de cohetes en 1860 (Kopie ohne bibliographische Angaben), auch in: Instituto de Estudios Africanos Conseio Superior de Investigaciones Cientificas, Vol. XXV, octubre 1968, No. 332
Major Gygli: Raketen - Artillerie, in: Der Schweizer Artillerist, 25. Jahrg. 1947, S. 1 - 3
C. v. H.: Die Raketen und das 3pfündige Gebirgsgeschütz, in: ÖMZ, 1863, S. 413 - 415
E. Haeuseler: Zur Geschichte der Raketenforschung, in: Weltraumfahrt, 1956, S. 105 - 106
G. A. Halbert: Development of Soviet Multiple Rocket Launchers, in: Field Artillery, 1987, No. 4, S. 39 - 41
J. Hansson / I. Skoog: Analysis of Early 19th Century Swedish Solid Propellant, Manuscript for the proceedings of the 1975 History Symposium, International Astronautical Federation, XXVIth Congress, Lisbon, 21-27 September 1975
I. J. Harrell, jr.: Rockets in War, in: Army Ordnance, 1946, No. 159, p. 249
R. Hauschild / H. Führing: Raketen, Bonn 1958
A. Hausenstein: Zur Entwicklungsgeschichte der Rakete, in: ZgSS, XXXIV. und XXXV. Jahrg, 1939 / 1940, S. 135, 170, 206, 237, 286, 306, 331 und S. 32 - 34
J. Headlam: The Use of Rockets in the Artillery, in: JRA, Vol. LXXI, No. 2, London 1944, p. 81 - 85
W. Heilmann: Rakete mit 10000 Stundenkilometern, in: Der Frontsoldat, Jahrg. 1955, No. 10, S. 298 - 301
H. Hein: Der Schuß in den Weltraum, in: Kosmos, Heft 5, 1925, S. 145 - 150
R. R. Hobbs: The Congreve War Rockets 1800 - 1825, in: United States Naval Institute / Proceedings 94, Annapolis, March 1968, p. 81-88
H. D. Hölsken: Die V - Waffen, Stuttgart 1984
D. Hölsken: Die V - Waffen, in: Militärgeschichtliche Mitteilungen, No. 38, 2 / 1985, S. 95 - 122
D. J. W. v. Hoyer: System der Brandraketen nach Congreve und Anderen, Leipzig 1827, sowie: Stelsel der oorlogs-vuurpijlen naar Congreve, Montgéry an anderen, omgewerkt, uitgebreid en met aanteekeningen verrijkt door J.G.W. Merkes, Te 's Gravenhage 1829
E. D. Hunley: The Legacies of Robert H. Goddard and Hermann J. Oberth, in: JBIS, Vol. 49, 1996, p. 43 - 48
H. Ineichen: Die schweizerischen Raketenbatterien im 19.Jahrhundert, in: Seperatabdruck aus: bulletin, Nr. 51 und 52/1977 (Organ der Schweizerischen Gesellschaft der Offiziere des Munitionsdienstes)
K. Jäger: Kurioses aus der Raketengeschichte, in: Weltraumfahrt - Raketentechnik, 3 / 1963, S. 82 - 83
Th. Jakobsson: Kongl. Raket Corpsen, in: Föreningens Armémusei Vänner Meddelanden III, Stockholm 1940
B. Allerslev Jensen: Fra Leipzig til London, in: Dansk Artilleri Tidsskrift, 45. Årgang, København 1959, S. 61 - 79
J. M. G., Herrn Robin's Beobachtungen und Versuche über die Höhe, welche steigende Racketen erreichen, in: Magazin für Ingenieur und Artilleristen, IV. Band, 1778, S. 281 - 289
J. Johansen: Raketkorpsets historie samt espingol-batterierne i de slesvigske krige, in: Danske Artilleri Tidsskrift, april 1980, S. 25 -54, und in: Krigshistorisk Tidsskrift, 11. Årg, december 1975, S. 4 - 20
W. Johnson: Congreve's Details of the Rocket System and the Artillery Museum in the Rotunda at Woolwich, London, in: International Journal of Impact Engineering, Vol. 15, 1994, p. 833 - 842
W. Johnson: The Rise and Fall of Early War Rockets, in: International Journal of Impact Engineering, Vol. 15, 1994, p. 365 - 383
Ph. Joubert de la Ferte: Rocket, London 1957
Ph. Jung: French Rocketry 1739 - 1872, in: J. D. Hunley (edit): History of Rocketry and Astronautics, Proceedings of the Twenty-Fifth History Symposium of the International Academy of Astronautics (IAA History Symposia, Vol. 12), San Diego 1997
H. K. Kaiser: Kleine Raketenkunde, Stuttgart 1952
J. v. Kalmár: Beiträge zur Geschichte der Kriegsrakete, in: Zeitschrift für historische Waffen- und Kostümkunde, NF VII, S. 19 - 24
J. Kalmár: Die Raketentechnik im XVII. Jahrhundert, in: Zeitschrift für historische Waffen- und Kostümkunde, NF IV, S. 102 - 104
Dr. J. Kalmár: A hadiröppentyü története, in: Hadtörténelmi Közlemények, XL, Budapest 1939
K. Kasakov: Raketnye voyska i artilleriya, in: Voennyi Vestnik, 1968, No.2, S. 18 - 24
T. Katafiasz: Organizacja i uzbrojenie rakietników w wojsku królestwa polskiego (1822 - 1830), in: Polska Akademia Nauk, Komitet Nauk Historycznych, Komisja Historii Wojskowej: Studia i materialy do historii wojskowosci, Tom XXIII, Ossolineum 1981, s. 135 - 186
T. Katafiasz: Zastosowanie broni rakietowej w polskich powstaniach narodowych XIX w., in: Polska Akademia Nauk, Komitet Nauk Historycznych, Komisja Historii Wojskowej: Studia i materialy do historii wojskowosci, Tom XXVI, Ossolineum 1983, s. 163 - 229
G. Kellersberger: The First (and last) Rocket Battery Of the Confederate Army in Texas, in: Civil War Times Illustrated, Vol. 2, No. 3, 1963, p. 26 - 27
W. Kießhauer: Geschoßwerfer, Militärtechnische Hefte, Berlin 1984
H. Kießlich - Köcher: Taktische und operative Raketenwaffen, in: Militärwesen, 5. Jahrg., 1961, S. 682 - 693
F. B. Kirbus: El desarrollo de los cohetes en pugna con la evolución del cañón y el empleo de proyectiles „a la Congreve" en las acciones bélicas sudamericanas en el siglo pasado, in: Boletin del Centro Naval, Buenos Aires, jan-mar 1968, p. 79 - 98
E. Klee: Erdaufnahmen mit Raketen - 1906 erstmals erprobt, in: Weltraumfahrt - Raketentechnik, 18. Jahrg. 1967, Heft 5, S. 146 - 148
H. Klein: Der grosse Umbruch in der Waffenentwicklung 1914 - 1945, Neckargemünd 1976
H. Klein: Vom Geschoß zum Feuerpfeil, Neckargemünd 1977
D. W. Knox: Early Naval Use of Rocket Weapons, in: US - Naval Institute Proceedings, February 1946, p. 257 - 261
S. Köchert: Die Flugbahn der Rakete, in: ÖMZ, 1865, S. 248 -260
A. Konstam: The war rocket in late Victorian military service, in: Journal of the Ordnance Society, Vol. 2, 1990, p. 51 - 70
General-Major Konstantinoff: Lectures sur les Fusées de guerre faites en 1860 par ordre de S.A.I.M Le Grand-Duc Michel Grand-maître de l´Artillerie Russe à l´Académie Impériale à Saint-Petersbourg, Paris 1861
Konstantinov: Boevya Rakety v Rossii ob kontsa 1861 goda po nachalo 1863, St. Petersburg 1863
W. Kopenhagen: „Katjuschas" - wirksame Waffen im Großen Vaterländischen Krieg und heute, in: Militärtechnik, 12 / 1977, S. 562 - 564
A. Kradolfer: Raketen, in: ASMZ, 91. Jahrg. 1945, No. 12, S. 620 - 628
A. Kreuzer: Quellen zur Geschichte der Raketentechnik und Weltraumfahrt, in: Weltraumfahrt - Raketentechnik, 1 / 1963, S. 21 - 22, sowie 6 / 1963, S. 170 - 171
Major Kuenzy: Die Raketenartillerie, in: ASMZ, 91. Jahrg. 1945, No. 12, S. 629 - 636
F. Kuenzy: Die Raketenartillerie, in: ASMZ, 114. Jahrg. 1948, No. 10, S. 708 - 723
K. A. Kusnezow: Raketen- und Lenkwaffen des zweiten Weltkrieges, Germany 1999
R. W. E. Lademann: Die militärische Bedeutung des Rückstoßers. (Raketenproblem.), in: MWBl. 1929, No. 25, S. 991 - 994
R. W. E. Lademann: Das Raketen - Problem, in: Die Luftwacht, 1928, S. 370 - 372
H. B. Latham: The Disbandment of the Rocket Troop in 1816, in: JRA, Vol. LXXVI, No. 4, London 1949, p. 277 - 282
H. B. Latham: The Rocket Service and the Award of the Swedish Decorations for Leipzig, in: JRA, Vol. LVI, No. 4, London 1929, p. 419 - 452
Lechevalier: Note sur diverses améliorations à la fabrication des fusées de guerre, in: Annales Maritimes et Coloniales, tome 55, 1834, p. 399 - 401
W. Ley: Die ersten großen Raketen, in: Weltraumfahrt, Heft 1, 1951, S. 17 - 18
W. Ley: Grundriß einer Geschichte der Rakete, Leipzig 1932
W. Ley: Raketenpost und Raketenmarken, in: Weltraumfahrt, Heft 2, 1954, S. 35 - 41
W. Ley: Rockets, Missiles, and Space Travel, New York 1951
G. Lippert: Katjuschas gestern und heute, in: Truppenpraxis, 1980, No. 2, S. 111 - 122
A. Lippisch und Fr. Stamer: Raketenversuche mit Flugzeugen und Flugzeugmodellen, in: Zeitschrift für Flugtechnik und Motorluftschiffahrt, 19. Jahrg. 1928, S. 270 - 274
P. Lorain: Les „Roquettes" ou Fusées de guerre des origines à 1870, in: La Gazette des Armes, 1978, No. 57
I. C. Lorente: El cohete, 1969 (Kopie ohne bibliographische Angaben)
F. Lünsmann: Kriegsraketen zu Beginn des 19. Jahrhunderts; in: ZfH, 1936, S.79
F. C. Luque: Los cohetes de Guerra en el siglo XIX. El cohete en la artilleria naval (Kopie ohne bibliographische Angaben)
F. C. Luque: Los cohetes de guerra en el siglo XIX (Kopie ohne bibliographische Angaben)
Lieutenant-Général L. V.: Emploi des fusées à la Congrève pour la défense des places, in: JAS 1834, p. 47 - 49
J. J. Maluquer: A Survey of Rocketry and Astronautics in Spain, in: R: Cargill Hall, History of Rocketry and Astronautics, Vol. 7, San Diego 1986, p. 78 - 96
J. Marshall-Cornwall: Early Rockets, in: Royal Artillery Historical Society Proceedings, Vol. 111, No. 2, 1972

K. Marx / F. Engels: Die Raketenaffäre, in: K. Marx / F. Engels, Werke, Band 9, Berlin 1961, S. 83 - 86
W. R. Maxwell: The Early History of Rockets, in: JBIS, Vol. 35, 1982, p. 176 - 184
M. B.: Lufttorpedos, in: Kriegstechnische Zeitschrift, Zwölfter Jahrg. 1909, S. 238 - 241
J. H. Meijer: Meyer's draagbaar vuurpijlwerptoestel, tot het daarstellen van verbinding met in nood verkeerende menschen, hoofdzakelijk ingericht ten gebruike van brandweer, badhuizen en expeditiën, in: De Zee, 1881, No. 2, S. 49 - 53
P. B. Mertz: Multiple Launcher Rocket Systems, in: Armed Forces, December 1988 / January 1989, p. 15 - 23
Meyer: Ueber die Theorie des Steigens der Raketen, in: MWBl. 1819, S. 1077 - 1079
W. Meyer: Das Raketengestell, Berlin 1868
H. Mielke: Kampfraketen einst und jetzt, in: AR-NVA, 11/1967, S. 24 - 27
H. Mielke: Raketen Technik, Berlin 1959
V. P. Mikhaylov: The Contribution of Soviet Scientists and Engineers to the Technology of Rocket Launching, in: A. I. Skoog (edit): History of Rocketry and Astronautics, AAS-History Series Vol. 10, San Diego 1990, p. 105 - 110
V. Mirjanin: U istokov raketnogo dela, in: Voennyj Vestnik, 6/1981, S. 74
de Montgéry: Des fusées de guerre, maintenant fusées à la Congrève, sowie: II. bis V. Mémoire sur les fusées de guerre, in: JSM, 1825 tome 1, p. 260 - 286, 1826 tome 2, p. 35 - 62, p. 206 - 238, 1826 tome 5, p. 227 - 260 und p. 482 - 519
Montgéry: Fusées à la Congrève, in: Bulletin Universel des Sciences et de l'industrie, Section 8., Bulletin des sciences militaires, 1824, p. 368 - 380
M. de Montgéry: Recherches sur les fusèes de guerre, in: JAS, 1839, pp. 57
M. de Montgéry: Traité des Fusées de guerre, nommées autrefois Rochettes et maintenant Fusées à la Congrève, in: Annales maritimes et coloniales, 1825 Tome 2, p. 565
Moore: Bemerkungen über den Gebrauch der Raketen, in: MWBl. 1821, S. 2089 - 2090
O. Morawietz: Die Rakete als Waffe, in: ZfH, 1973, S. 20
F. P. F. v. Mourier: Contribution to further knowledge of the war-rockets and their history, Copenhagen, 11. August 1825 (englische Übersetzung für das National Air and Space Museum. Smithsonian Institution, Washington, D. C. by Å. Ingemar Skoog)
I. G. Nagy: Hungarian Rocketry in the 19th Century, in: R. Cargill (ed.): Essays on the History of Rocketry and Astronautics; Proceedings of the third through sixth Symposia of the International Academy of Astronautics, Washington 1977
I. G. Nagy: Some Contributions to the History of Early Spin-Stabilized Rockets, in: K. R. Lattu (ed.), History of Rocketry and Astronautics, Vol. 8 (Proceedings of the Seventh and Eighth History Symposia), San Diego 1989, p. 3 - 7
A. F. do Nascimento: Uma „nova arma" inventada, em 1796, por um artilheiro português, in: Revista de Artilharia, 1955, p. 91-100
Nebel: Die geschichtliche Entwicklung der Raketentechnik, in: Zeitschrift für angewandte Chemie, 45. Jg., 1932, S. 160
R. Nebel: Rocket Flight to the Moon - from Idea to Reality: A Memoir, in: R. Cargill Hall (edit): History of Rocketry and Astronautics, AAS-History Series, San Diego 1978, Vol. VII, Part II, p. 113 - 121
W. Nemetz: Die Kriegsraketen im österreichischen Heere, in: Mitteilungen des österreichischen Staatsarchives, 10 / 1957, S. 257 - 274
M. J. Neufeld: Die Raketen und das Reich, Berlin 1997
M. J. Neufeld: Weimar Culture and Futuristic Technology: The Rocketry and Spaceflight Fad in Germany 1923 - 1933, in: Technology and Culture, 1990, p. 725 - 752
W. Neumann: Entwicklung und Bedeutung der reaktiven Artillerie nach dem zweiten Weltkrieg, in: Militärgeschichte, Heft 3, 1988, S. 240 - 247
W. Neumann: Vom Feuerpfeil zum Geschoßwerfer. Zur Entwicklung der Raketenwaffen vom 10. Jahrhundert bis 1945, in: Militärgeschichte, Heft 6, 1982, S. 717 - 728
T. M. Nowak: Le corps polonais de lanceurs de fusées (1822-1830) et sa participation à l'insurrection de novembre (1830-1831), in: RIHM 1982, No. 52, p. 132 - 143
P. D. Olejar: Rockets in Early American Wars, in: MilA, No. 10, Winter 1964, p. 16
F. Omodei: Osservazioni intorno all' istoria de' razzi - Lette nelle adunanze 9 aprile e 4 giugno 1835, in: Memorie dell'Accademia delle Scienze di Torino, Torino 1836, p. 109 - 137
F. von Opel: Die Geschichte der Raketenentwicklung und über Sinn und Grenzen aller Technik, München, Deutsches Museum, 1968
F. I. Ordway III / H. Moulin: Nineteenth Century Rocketry in France, History of Rocketry and Astronautics, Proceedings of the 18th and 19th Symposia of the International Academy of Astronautics, Lausanne 1984 and Stockholm 1985
G. Ortenburg: Erste Luftaufnahmen mit Hilfe von Raketen, in: ZfH, LXII. Jahrg., 1998, No. 390, S. 171 - 173
J. B. Osten: Iets over de Congrevische Brandpijlen, in: MilSp, 1849, S. 64 - 68

Österreich:

Provisorische Instrukzion über die Einrichtung und den Gebrauch der Rotazions-Raketen, dann über die Ausrüstung der Raketen-Batterien, Wien 1865

A. Parry: Russia's Rockets and Missiles, London 1960
G. Petrovich, Yu. Pobedonostchev, M. Tikhonravov, N. Afanas'ev: Kak cosdavalac' reaktivnaya artilleriya, in: Voenno Ictoriceskij Zhurnal, No. 6, 1970, S. 93 - 98
A. Pictet: Essai sur les propriétés et la tactique des fusées de guerre, Turin 1848
A. F. de Sousa Pinto: Breves Reflexões sobre o emprego dos foguetes à Congrève, in: Revista de Artilharia, 1850, p. 359-362
Y. A. Pobedonotsev: On the History of the Development of Solid-Propellant Rockets in the Soviet Union, in: R. Cargill Hall (edit): History of Rocketry and Astronautics, AAS-History Series, San Diego 1978, Vol. VII, Part II, p. 59 - 63
S. J. Pooley: The Development of the 3-inch British Military Rocket, in: JBIS, Vol. 47, 1994, p. 123 - 124
A. Pralon: Etude rétrospective sur les fusées de guerre en France, in: RdA, 1882 décembre, p. 193 - 203, 1883 février, p. 377 - 398, 1883 mars, p. 485 - 515
A. Pralon: Fusées de guerre, in: Mémorial de l'Artillerie, tome VIII, p. 375 - 405

Preußen:

Anweisung für das Fertigmachen, den Gebrauch und die Anwendung der Axenstab-Raketen und 2zölligen Seitenstab-Raketen, Berlin 1868

R. Quaiser: Die Raketen des Generals, in: AR-NVA, 10 / 1966, S. 16 - 17
J. R. Randolph: What Can We Expect of Rockets, in: Army Ordnance, 1939, p. 225 - 227
K. Rasmussen: Raketkorpset, in: Brandpilen, oktober 1993, S. 17 - 23
H. Reisner: Über die Verwendung der Raketenwaffe in dem Feldzuge 1848 in Italien, in: ÖMZ, 8 / 1860, S. 361
R. G. P.: War Rockets as a Substitute for Artillery, in: USJ 1852, Vol. I., p. 161 - 168, p. 403 - 409
E. Ricci: Il segreto della Propulsioni a reazione, Milano 1945
W. H. J. Riedel: A Chapter in Rocket History, in: JBIS 1953, p. 208 - 212
R. Robinson: The Use of Rockets by the British in the War of 1812, in: Maryland Historical Magazine, Vol. XL 1945, p. 1 - 6
J. O. Robson: Rockets in the Napoleonic Wars, The Diary of William Laycock, in: JSAHR, Winter 1948, p. 147 - 150
B. v. Römer: Lufttorpedos und Postraketen, in: Deutsche Monatshefte, 1930, S. 43 - 48
A. Röpnack: Die Geschichte der Raketenartillerie von den Chinesen bis zu den Deutschen über ignis volans bis zur V-2, Bad Aibling/Obb. 1960
U. D. Rose (Herausg.): Die unheimlichen Waffen, München 1957
H. Rosen: Die erste Raketenpost, in: Die Umschau, 36. Jg., 1932, S. 252 - 255
C. A. de F. Salgueiro Rego: Foguetes e projécteis guiados, in: Anais do Clube Militar Naval, tomo LXXXVII, 1957,No. 7 a 9, p. 495 - 532
P. M. Sancho: The Use of Congreve-Type War Rockets by the Spanish in the 19th Century, in: R. Cargill Hall (edit.), History of Rocketry and Astronautics, Vol. 7, San Diego 1986, p. 73 - 77
N. V. dos Santos: Dos foguetes aos foguetões, in: Revista de Artilharia, 1986, p. 221-233 und p. 367-385
K. Schäfer: Die „Sander" - Leinenpistole und ihre Vorläufer, Teil I in: Waffen Digest '98, Dietikon / Zürich 1997, S. 125 - 132, Teil II in: Waffen Digest '99, Dietikon / Zürich 1998, S. 87 - 96. Teil III in: Waffen Digest 2000, Dietikon / Zürich 1999, S. 65 - 75
L. F. Schmidt: Ueber Kriegsraketen als Ersatz für die ehemaligen Bataillons-Kanonen, in: ÖMZ, 1838, S. 204 - 212
D. Schmidt-Tapken: „Do-Werfer" - Deutsche Feldraketenmunition, in: Internationaler Waffen-Spiegel, 1985, No. 2, S. 52 - 55
F. Schmiedl: Raketenpost, in: Wissen und Fortschrift, 1932, Heft 6, S. 321
D. Th. Schiller: Im Schatten des Giganten, in: Visier, 1998, Nr. 9, S. 148 - 158
H. Schneider: Deutsche Feldraketenwerfer und V-Waffen im zweiten Weltkrieg, Eschweiler 1970

Schweizerischer Bundesrath:

Verordnung betreffend die Organisation der Raketenbatterien. Bern, 26. März 1853'
Bundesgesetz betreffend die Reorganisation der Raketenbatterien, Bern, 5. Hornung 1862
Bundesbeschluß betreffend die Aufhebung der Raketenbatterien, Bern, 19. Heumonat 1867

Schweizerische Eidgenossenschaft:

Ordonnanz über das Raketengestell und den Raketenwagen der Eidgenössischen Armee, Aarau 1862
Ordonnanz über den Parkwagen, zugleich als Batteriefourgon für alle Batterien sowie als Vorrathswagen und Feldschmiede der Raketenbatterien dienlich, Aarau 1864

Anleitung zur Bedienung der Raketengeschütze, Aarau 1863
M. G. Semper: Zur Frage der Raketenartillerie, in: Schweizerische Monatsschrift für Offiziere aller Waffen, 1928, Heft 11, S. 353 - 358
M. G. Semper: Die Rakete, in: Zeitschrift güt Flugtechnik und Motorluftschiffahrt, 19. Jahrg. 1928, S. 317 - 319
M. R. Sharpe: The Centenary of Robert Hutchings Goddard, 1882 - 1982, in: JBIS, Vol. 35, 1982, p. 530 - 540
M. R. Sharpe: A Note on the Development of the English Lifesaving Rocket in the 19th Century, in: JBIS, Vol. 36, 1983, p. 559 - 561
M. R. Sharpe: Robert Emmet's Rockets, in: Irish Sword, Vol. IX 1970, No. 36, p. 161 - 164
I. Skoog: Wilhelm Theodor Unge: An Evaluation of His Contribution, o. O., o.J.
I. Skoog: The Swedish Rocket Corps, 1833 - 1845, in: NASA Conference Publication 2014, Essays on the History of Rocketry and Astronautics: Proceedings of the Third Through the Sixth History Symposia of the International Academy of Astronautics, Volume I, Washington 1977
I. Skoog / F. H. Winter: The Swedish Fire Arrow the Oldest Rocket Specimen Extant, presented at the 12th History Symposium of the International Academy of Astronautics, Dubrovnik 1978
P. F. Slipcenko: O polevoj reaktivnoj artillerii, in: Voennaja Mysl, 1978 No. 11, p. 22 - 31
B. Smith: Yesterday's Rocketeer: A Memoir of Early Days in the American Rocket Society, in: JBIS, Vol. 34, 1981, p. 332 - 336
V. N. Sokolskii: Russian Solid-Fuel Rockets, Moskva 1963, englische Übersetzung: NASA TT F-415, Jerusalem 1967
M. Sonkin: Russkaya Raketnaya Artilleria, Moskva 1952
Capitaine Splingard: Notice sur une nouvelle fusée de guerre, in: Journal de l'Armée Belge, 1858, No. 15, p. 45 - 55
P. Stache: Sowjetische Raketen, Berlin 1987
A. de Stefano: Il Proietto a Reazione in: Rivista di Artiglieria e Genio, 1926, No. 5, p. 1610 - 1626
P. - C. Storm: Geschichte der Raketenartillerie des 19. Jahrhunderts, in: ARS 3/1966
S. Strandh: Wilhelm Teodor Unge, A Swedish Pioneer in Rocketry, in: Daedalus, Tekniska Museets Årsbok, Stockholm 1964
R. Strangl: Raketen in der Kriegstechnik, Dorfen 1944
Lt.-colonel Stutz: Quelques réflexions sur l'artillerie à fusée, in: RMS, Septembre 1953, p. 508 - 520
M. Subotowicz: The Development of Rocket Technology and Space Research in Poland, in: Essays on the History of Rocketry and Astronautics: Proceedings of the third through sixth symposia of the International Academy of Astronautics, Vol. II, Washington 1977

M. Subotowicz: Analysis of Rocket Construction, Described in Manuscripts and Printed Books during the 16th and 17th Centuries, in: F. I. Ordway III (ed), History of Rocketry and Astronautics, AAS History Series, Vol. 9, Proceedings of the Ninth, Tenth and Eleventh History Symposia of the International Academy of Astronautics, p. 3 - 12

Sun, Fang-Toh: Rockets and Rocket Propulsion Devices in Ancient China, in: AAS-History Series, Vol. 10, San Diego 1990

Sun, Fang-Toh: Early Rocket Weapons in China, presented at the 18th History Symposium of the International Academy of Astronautics, Lausanne 1984

Susane: Les fusées de guerre, in: Mémoires de l'Académie Nationale de Metz, 1862-63, p. 203 - 256

F. Tavares: Notice sur les fusées de guerre inventées et perfectionnées par Francisco Antonio Tavares, Lisbon 1869

J. W. R. Taylor: Raketen und Lenkgeschosse, Stuttgart und Zürich 1971

J. Teisen: Fortidens Raketskyts, in: Tidsskrift for Søvæsen, 1962, S. 143 - 150

M. Thiroux: Observations et vues nouvelles sur les fusées de guerre, in: JSM, 4° série, tome XII, 1849, p. 225 - 242

D. Todericiu: Raketentechnik im 16. Jahrhundert, in: Technikgeschichte, Bd. 34, 1967, Nr. 2, S. 97 - 114

H. N. Toftoy: Von der Razon über die V 2 zur Redstone, in: U. D. Rose (Herausg.): Die unheimlichen Waffen, München 1957

E. Tremblay: Des fusées de guerre à bord des navires, in: Moniteur de la Flotte vom 03.01.1857

P. Turvey: A Contemporary Model of Sir William Congreve's Lifesaving Rocket, in: JBIS, Vol. 45, 1992, p. 289 - 290

P. J. Turvey: Some Unusual Congreve Rockets, in: JBIS, Vol. 40, 1987, p. 299 - 300

P. J. Turvey: Congreve Rocketry Revisited, in: L. H. Cornett (ed), History of Rocketry and Astronautics, AAS History Series, Vol. 15, Proceedings of the Twentieth and Twenty-First History Symposia of the International Academy of Astronautics, p. 25 - 30

G. Tylden: The Use of War Rockets in the British Army in the Nineteenth Century, in: JSAHR, Vol. 26, Winter 1948, p. 168 - 170

T. Unar: Lufttorpedos, in: MGAG, XL. Jahrg. 1909, S. 64 - 71

M. Valier: Vom Flugzeug zum Weltraumschiff, in: Münchner Illustrierte Presse, 1926, No. 49, S. 1170

M. Valier: Medizin und Raumschiffahrt, in: Die Rakete, 1928, S. 13 - 14

M. Valier: Raketen mit flüssigen Treibstoffen im 19. Jahrhundert, in: Die Rakete, 1928, S. 34 - 35

Valier: Raketen - Technik. 1. Die Herstellung von Pulverraketen, in: Die Rakete, 1928, S. 148 - 153

G. Vidal y Ruby: Campaña de Cuba, Baterias de coheteros a caballo, in: Memorial de Artilleria 1895, p. 35-137

G. Vidal y Ruby: Algo más sobre el empleo de la Artilleria en la Campaña de Cuba, in: Memorial de Artilleria 1895, p. 244 - 265

Marqués de Viluma: Noticia sobre el origen, progresos y estado actual de los cohetes de guerra llamados à la Congrewe, Madrid 1833

H. Warnstorff: Wie baue ich mir ein Raketenautomodell?, in: Vereinigte Monatshefte für Pädagogik, Kunst und Schule, Wien 1930, S. 488 - 490

R. v. Wattenwyl: Der schweizerische Raketenfrühling 1850 - 1867, in: ASMZ, 10 / 1945, S. 497 - 505

F. A. Whinyates: Captain Bogue and the Rocket Brigade, in: JRA, Vol. XXIV, 1897, p. 131 - 136

R. Wille: Lufttorpedos, in: MGAG, XL. Jahrg. 1909, S. 840 - 849

M. P. Windibank: Shoeburyness: A Centre of Britain's Rocket Testing in the 19th Century, in: JBIS, Vol. 32, 1979, p. 471 - 476

Winkler: Hochwertige Raketen, in: Die Rakete, 1928, S. 50 - 52

F. H. Winter: Baron Vincenz von Augustin and his Raketenbatterien, a History of Austrian Rocketry in the 19th Century, in: NASA Conference Publication 2014, Vol. I, Essays on the History of Rocketry and Astronautics, Proceedings of the Third through Sixth Symposia of the International Academy of Astronautics, o. O., 1977

F. H. Winter: The Eagle has Returned, in: Science and Technology, An American Astronautical Society Publication , Alamogordo 1977, Vol. 45, p. 224 - 237

F. H. Winter: The First Golden Age of Rocketry, Washington 1990

F. H. Winter: 1928 - 1929 Forerunners of the Shuttle: The „Von Opel Flights", in: Spaceflight, Vol. 21, 1979, No. 2, p. 49 - 83

F. H. Winter: Friedrich Schmiedl (1902 - 1994): The Passing of Another Pioneer, in: JBIS, Vol. 48, 1995, p. 235

F. H. Winter: The Genesis of the Rocket in China and its Spread to the East and West, in: History of Rocketry and Astronautics, presented at the 13th History Symposium of the International Academy of Astronautics,München, September 1979

F. H. Winter: The Influence of the Von Opel - Valier Experiments upon German Rocket Propelled Model Aircraft Development, 1920's - 1930's, in: JBIS 1999, Vol. 52. p. 267 - 270

F. H. Winter: Sir William Congreve, a bi-centennial Memorial, in: Spaceflight, Vol. 14, Sept. 1972, p. 333 - 334

F. H. Winter: The Copenhagen Rocket Bombardement of 1907: Some New Views of Early Rocket History, in: JBIS, Vol. 47, 1994, p. 171 - 179

F. H. Winter: William Hale - A Forgotten British Rocket Pioneer, in: Spaceflight, Vol. 15, No. 1, p. 31 - 33

F. H. Winter: William Hale and his Rockets, in: Journal of the Ordnance Society, Vol. 9 , 1997, p. 19 - 25

F. H. Winter: Camera Rockets and Space Photography Concepts before World War II, in: K. R. Lattu (ed.), History of Rocketry and Astronautics, Vol. 8 (Proceedings of the Seventh and Eighth History Symposia), San Diego 1989, p. 73 - 102

F. H. Winter: Danish Rocketry in the 19th Century, in: Aerospace Historian, Vol. XIII, summer 1966, p. 81 - 84

F. H. Winter: The Golightly Mystery, in: JBIS, Vol. 39, 1986, p. 170 - 176

F. H. Winter: A History of Italian Rocketry during the 19th Century, in: Armi antiche, Bolletino dell'academia di S. Marciano, Torino 1965, p. 181

F. H. Winter: Landmarks on the road to space travel - a brief history of rocketry in Denmark in the 19th century, in: Militært tidsskrift, 94. Årgang 1965, S. 56 - 66

F. H Winter: Maquinas detonantes, polvora voladora y cohetes de guerra, in: Revista de Aeronautica y Astronautica, 1968, No. 334, p. 670 - 673

F. H. Winter: Edward Mourrier and his Rockets in Peace and War, in: Spaceflight, Vol. 16, No. 11, p. 427 - 429

F. H. Winter: A New Look at Early Chinese Rocketry, 1200's - 1900, in: JBIS, Vol. 35, 1982, p. 522 - 528

F. H. Winter: Raketterne ved Københavns Belejring 1807, in: Marinehistorisk Tidsskrift, 11. Årgang, Nr. 4, 1978, S. 75 - 94

F. H. Winter: The Rocket in India from „Ancient Times" to the 19th Century, in: JBIS, Vol. 32, 1979, pp. 467 - 471

F. H. Winter: TransPlanted Torpedoman, in: United States Naval Institute Proceedings, Vol. 100, 1974, No. 7, p. 80 - 82

F. H. Winter: Who First Flew a Rocket?, in: JBIS, Vol. 45, 1992, p. 275 - 280

F. H. Winter / M. R. Sharpe: Major Lion's Rocketeers: The New York Rocket Batallion, in: Civil War Times (ed.: W. C. Davis), Gettysburg 1973

F. H. Winter: Rockets Roared over Spain, in: Guidepost 1968, No. 526, p. 18 - 19

Wilhelmi: Stellung der Feldraketen-Batterien im Heere, ihre Verwendung in den für sie besonders geeigneten Gefechts-verhältnissen und ihre hierdurch bedingte Organisation. Anführung der Organisation einiger ausländischer Feldraketen-Korps, in: AOPA, 1858, S. 189

A. Zaganescu, R. Buriacu und I. M. Stefan: Contribution of the Romanian Inventor Alexandru Churcu to the Development of Theoretical and Practical Reactive Motion in the 19th Century, presented at the Seventeenth History Symposium of the International Academy of Astronautics, Budapest 1983

G. Zeugin: Von den Kriegsraketen, in: Schweizerische Monatsschrift für Offiziere aller Waffen, 58. Jahrg. 1946, S. 125 - 128

H. B. Zorn: Kampfraketen, Berlin 1961

W. Zurbuchen: Adolphe Pictet, le père des fusées de guerre suisses, in: Le Brécaillon (Bulletin de l'association du Musée militaire genevois), No. 6 / 1986, p. 2 - 18

W. Zurbuchen: Les fusées dans l'armée suisse, in: Le Brécaillon (Bulletin de l'association du Musée militaire genevois), No. 6 / 1986 und No. 7 / 1987, p. 2 - 18

o. Verf.: Abbildung und Beschreibung der Congreveschen Brand-Raketen, Leipzig o. J.

o. Verf.: Alteration in the Construction of Rockets, in: JRA, 1858, p. 42 - 46

o. Verf.: Ansichten über das Steigen und die Bahn der Raketen, in: MilBl., 1. Jahrg 1820, 2. Band, S. 405 - 410 u. 2. Jahrg. 1821, 1. Band, S. 1 - 11

o. Verf.: Artilleriyskiye Otcherki, in: Morskoi Sbornik, tome CIX, 1870, No. 7, p. 40 - 41

o. Verf. (Der Redaktion eingesandt): Beitrag zur Geschichte und näheren Kenntniß der Kriegsraketen, in: ZfKWGK, 1825, Erstes Heft, S. 97 - 113 sowie S. 246 - 265

o. Verf.: Bemerkungen über die von dem Freiherrn von Hauser, Major im k. k. Geniekorps, in seiner „Artillerie oder Waffenkunde, Wien 1818" aufgestellte Theorie der Raketen. in: ÖMZ, 1819, S. 218 - 231, sowie: Nachtrag, S. 374

o. Verf.: Congrevsche Raketen, in: AMZ, 1826, S. 24, 156 und 165

o. Verf.: Cohetes a la Congrewe, in: Memorial de Artilleria, 1844, p. 273 - 278

o. Verf.: Über die Einrichtung, Wirkung und den Gebrauch der Raketen, o. O., o. J.

o. Verf.: Die Entwicklung der Kriegs-Raketen, in: Kriegstechnische Zeitschrift, XVIII. Jahrg., 1915, S. 193 - 200

o. Verf.: Der erste Raketenflug mit Besatzung, in: Die Rakete, 1928, S. 98

o. Verf.: Etwas über die Erfindung der Brandraketen, in: MilBl., 1824, II. Band, S. 318 - 329

o. Verf.: Experiments with Rockets at Shoeburyness, in: Jones's Woolwich Journal, June 1850, p. 87

o. Verf.: Fragment eines größeren Aufsatzes über den Gebrauch der Kriegsraketen, in: AMZ, 1846, S. 4, S. 1091 und: 1847, S. 971

o. Verf.: La Photo-Fusée, in: La Nature, 22.09.1888, p. 265

o. Verf.: Gedanken über die Congreve'schen Raketen, in: MilBl., 1824, Band II, S. 189 - 193

o. Verf.: Hale's Rockets and Rocket Muskets, in: Mechanics' Magazine, No. 1632, 1854, p. 481 - 484

o. Verf.: Isobretenie Kapitana Warnera, in: Morskoi Sbornik, tome XI, 1854, No. 4, S. 400 - 403

o. Verf.: Notices sur les fusées incendiaires de Congrève; suivie de la description et de l'analyse qui en a été faite par M. d'Arcet. in: Bulletin de la Société d'Encouragement pour l'Industrie Nationale, Paris, june 1814 p. 134 - 145

o. Verf.: Ueber den Nutzen der Congrevschen Raketen, in: Kriegs-Schriften, herausgegeben von baierischen Offizieren, 3. Heft 1820, S. 46 - 64

o. Verf.: Om Krigsraketer, in: Kungliga Krigsveknskorps-Akademiers Handliger, Stockholm 1827, S. 43 - 65

o. Verf.: Om Krigs-Raketter, eller de saakaldede Congreves-Raketter, in: Archiv for Sövæsenet, Andet Bind, Kjöbenhavn 1828, S. 59 - 71

o. Verf.: Die Rakete als Antriebsmittel für Luftfahrzeuge, in: MWBl. 1930, S. 1001 - 1006

o. Verf.: Raketenapparate, in: Schuss und Waffe, No. 24, 1908, S. 584 - 587

o. Verf.: Raketentechnik - In 40 Minuten von Berlin nach New York., in: Die Gartenlaube, 1928, Beilage 23 / II - III

o. Verf.: Report of Experimental Rocket Practice in Canada, in: JRA, 1858, p. 48 - 53

o. Verf.: Der Start des Raketenwagens, in: VDI-Nachrichten, 30. Mai 1928, S. 22

o. Verf. [Raketenschule des Heeres]: Unterrichtsleitfaden: Unterschiede der ungelenkten und gelenkten Raketen der Artillerie, Eschweiler 1969

o. Verf.: Ob upotreblenii boevykh raket pod Silistrieyu i pri gorode Babadage, in: Artilleriskii Zhurnal, 1855, p. 129 - 131

o. Verf.: Waffen-Lehre zum Gebrauch für die kaiserlich-königlichen Militär-Akademien, Erste Abtheilung, Siebentes Heft. Die k. k. Kriegs-Raketen, Wien 1858

(b) Literatur zur Artillerie-und Waffenkunde sowie zum Feuerwerkswesen mit Aussagen zu den Kriegsraketen

F. Baer: Über Brandwaffen: Feuer und Flamme im Kriege, in: o. Verf. (Hrsg: Heeresgeschichtliches Museum, Wien / Gesellschaft für österreichische Heereskunde):

Zur Entwicklungsgeschichte einiger Waffen und Kriegsmittel, Materialien zum Vortragszyklus 1985, Wien 1987, S. 033 - 064
J. G. Benton: A Course of Instruction in Ordnance and Gunnery; Compiled for the Use of the Cadets of the United States Military Academy, New York 1862
W. E. Birkhimer: Historical Sketch of the Organisation, Administration, Materiel and Tactics of the Artillery, United States Army, Washington 1884
Le Prince Napoléon-Louis Bonaparte: Manuel d'artillerie à l'usage des officiers d'artillerie de la république helvétique, Zürich, Straßburg, Paris, 1836
Le Prince Napoléon-Louis Bonaparte: Études sur le Passé et l'Avenir de l'Artillerie, Tome I, Paris 1846, Tome III, Paris 1862 und Tome V (par le Général Favé), Paris 1871
C. F. v. Borkenstein: Versuch zu einem Lehrgebäude der theoretisch-practischen Artilleriewissenschaft, Berlin 1822
J. J. Teixeira Botelho: Novos Subsidios para a Historia da artilharia portuguesa, Vol. II, Lisboa 1948
L. v. Breithaupt: Die Artillerie für Offiziere aller Waffen, Stuttgart 1831
L. v. Breithaupt: Vorlesungen über die Systematik der Artillerie, Stuttgart 1841
J. A. Browne: England's Artillerymen, an Historical Narrative of the Services of the Royal Artillery, London 1865
A. Brunisholz / C. Hildebrandt / H. Leutwyler: Pulver, Bomben und Granaten, Die Pulvermacher einst und jetzt, Liebefeld / Bern 1983
W. Busch / C. Hoffmann: Die Kriegsfeuerwerkerei der Königlich Preußischen Artillerie, Berlin 1851
A. v. Bylandt: Nachrichten über die Artillerien fremder Staaten, 2. Die englische Feldartillerie, in: MGAG, Erster Band, 1857
E. Capitaine und Ph. Freiherr von Hertling: Die Kriegswaffen, I. Band, Berlin o. J.
J. Challeat: L'Artillerie de terre en France pendant un siècle, Histoire technique 1816 - 1919, Paris 1933
Colonel Chesney: Observations on the Past and Present State of Fire-Arms and on the Probable Effects of the New Musket, London 1852
W. G. Clarke: The Royal Horse Artillery: 240 Years of Panache and Professionalism, in: JRA, Vol. CXIX, No. 1
M. Colaprisco: Leonardo Artigliere, in: Rivista Militare, anno XXVI, 1970, p. 89 - 106

Confederate States of America:

The Ordnance Manual for the Use of the Officers of the Confederate States Army, First Edition 1863 (reprint Morningside Bookshop 1976)

C. A. Court: The Russian Artillery in 1888, in: USJ, 1888, p. 274
C. v. H. und H. W.: Populäre Waffenkunde, Leipzig 1870
H. P. E. Dauvé: Historique du 12e Régiment d'Artillerie 1834 - 1890, Paris / Nancy 1890
C. v. Decker: Versuch einer Geschichte des Geschützwesens und der Artillerie in Europa, von ihrem Ursprunge bis auf die gegenwärtigen Zeiten, Berlin 1819 (reprint Wiesbaden 1981)
H. v. Decker: Geschichtliche Rückblicke auf die Formation der Preußischen Artillerie seit dem Jahre 1809, Berlin 1866
A. Demmin: Die Kriegswaffen in ihren geschichtlichen Entwicklungen von den ältesten Zeiten bis auf die Gegenwart, Gera 1891

Deutsches Reich:

Exerzir-Reglement für die Fuß-Artillerie, Berlin 1883
Sonder-Vorschriften für die Fußartillerie, B. Laffeten, Protzen und Fahrzeuge, Berlin 1893
Beiheft zu den Sondervorschriften für die Fußartillerie, B. Laffeten, Protzen und Fahrzeuge, Berlin 1893
D. V. E. Nr. 197, Sondervorschriften für die Fußartillerie, D. Munition, Berlin 1903

A. Dittrich: Die Feuerwerkskunst in älterer Zeit, in: AOPA, 93. Band, 1886, S. 304 - 309
A. Dolleczek: Geschichte der Österreichischen Artillerie von den frühesten Zeiten bis zur Gegenwart, Wien 1887
F. Downey: Sound of the Guns, The Story of American Artillery from the Ancient and Honorable Company to the Atom Cannon and Guided Missile, New York 1956
A. F. Duarte: Manual do Aprendiz-Artilheiro, Rio de Janeiro 1880
F. Duncan: History of the Royal Regiment of Artillery, London 1879
W. Frh. v. Ebner - Eschenbach: Zeichnungen für den Unterricht in Fremde Artillerie und Artillerie-Material, Berlin 1893 (Als Handschrift gedruckt bei Berlin 15. April 1893. Vereinigte Artillerie und Ingenieur Schule)
K. von Elgger: Die Kriegsfeuerwaffen der Gegenwart, Leipzig 1868 (reprint Zürich 1978)
J. Emde: Die Nebelwerfer, Friedberg o. J.
A. Eschenbacher: Die Feuerwerkerei oder die Fabrikation der Feuerwerkskörper, Wien, Pest, Leipzig 1897
H. B. Faber: Military Pyrotechnics, A study of the chemicals used in the manufacture of military pyrotechnics, Vol. 1, Washington 1919
S. L. Falk: Artillery for the Land Service: The Development of a System, in: MilA, Vol. XXVIII, 1964, No. 3, p. 97 - 110
A. Fausto de Souza: Manual das Munições e Artificios de Guerra, Rio de Janeiro 1878
D. Featherstone: Weapons and Equipment of the Victorian Soldier, Poole, Dorset 1978
J. Feist: Formationsgeschichte der Artillerie in zwei Jahrhunderten, in: ARS, 4/1966
F. F. F.: On Coffers, Rockets, Infernals, Fire Devils, Catamarans, &c., in: Naval Chronicle, Vol. 21, january - june 1809, p. 408 - 412 und unter: Naval Improvements, in Vol. 22, july - december 1809, p. 31 - 32
Gassendi, Aide-Mémoire à l'usage des officiers d'Artillerie de France, cinquième édition, Paris 1819
C. F. von Geissler: Neue Curieuse und vollkommene Artillerie, Dresden 1718 (reprint Hildesheim 1977)
Goetz: Das Aufkommen der Feuerwaffen in Indien, in: Ostasiatische Zeitschrift, 1925, S. 226 - 229
W. Gohlke: Geschichte der gesamten Feuerwaffen, Leipzig 1911 (reprint 1977)
F. A. Griffiths: The Artillerist's Manual and British Soldier's Compendium, Seventh Edition, London 1856
A. Groftsik: Waffenlehre zum Gebrauche der Officiere der k. k. östreich. Armee, Wien 1843

Großbritannien:

H.M.S.O.: Manual of Gunnery for Her Majesty's Fleet, London 1880
H.M.S.O.: List of Changes in Artillery Materiel, Small Arms and other Military Stores, Vol. III, Vol. IV, London 1870
H.M.S.O.: Treatise on Ammunition, London 1881

Hanzelet Lorrain: La Pyrotechnie, Pont à Mousson 1630
J. Hartmann: Artillerie Organisation, Hannover 1864
A. Hausenstein: Der Ursprung des Schießpulvers, in: ZgSS, XXIII. Jahrg. 1928, S. 229 - 233 und S. 276 - 279
E. N. Henriques: Rocket Shells, and Artillery of the Future, in: JRA, Vol. X, Woolwich 1879, p. 292 - 297
J. Herson: French Innovation versus British Technology at Cadiz: Missile Warfare in the Peninsular War, in: Proceedings of the Consortium on Revolutionary Europe, Tallahassee, Fla. 1995, p. 464 - 476
Brigadier O. F. G. Hogg : Artillery: Its Origin, Heyday and Decline, London 1970
Brigadier O. F. G. Hogg : The Royal Arsenal, Its Background, Origin, and Subsequent History, London 1963
L. Hofmann: Verbesserungen und Neuerungen, welche an dem Feld-Materiale der k. k. Artillerie namentlich an den Laffeten, Protzen, und Munitionsfuhrwerken in Folge commissioneller Untersuchungen und Beschlüsse, von Beendigung der französischen Kriege an, bis in die neuere Zeit vorgenommen worden sind, in: MGAG, Dritter Band, 1858
J. G. Hoyer: Allgemeines Wörterbuch der Artillerie, Zweiten Theiles zweiter Abschnitt, P - Z, Tübingen 1812
J. G. v. Hoyer: Allgemeines Wörterbuch der Artillerie, Supplementband, Stuttgart und Tübingen 1831
B. P. Hughes: The Bengal Horse Artillery 1800-1861, London 1971
J. Hütz: Die Feldartillerie und ihre Organisation, München 1853
G. A. Jacobi: Beschreibung des gegenwärtigen Zustandes der Europäischen Feld-Artillerien
Erstes Heft: Beschreibung des Materials und der Ausrüstung der Englischen Feld-Artillerie, Mainz 1835
Zweites Heft: Beschreibung des Materials und der Ausrüstung der Niederländischen Feld-Artillerie, Mainz 1836
Drittes Heft: Beschreibung des Materials und der Ausrüstung der Französischen Feld-Artillerie, Mainz 1837
Siebentes Heft: Beschreibung des Materials und der Ausrüstung der Königlich Schwedischen Feld-Artillerie, Mainz 1840
Achtes Heft: Beschreibung des Materials und der Ausrüstung der Königlich Bayerischen Feld-Artillerie, Mainz 1841
Neuntes Heft: Beschreibung des Materials und der Ausrüstung der K.K. österreichischen Feld-Artillerie, Mainz 1843
E. Jouffret: Artillerie Anglaise, in: RdA, Tome 1, 1872, p. 257 - 278 und p. 345 - 366
A. M. v. Kellemes: Grundzüge über den Gebrauch der Artillerie im Felde und der Kriegswaffen überhaupt, Wien 1857
H. Kerchnawe: Ehrenbuch unserer Artillerie, Wien 1935
A. Kershaw (ed.): Spezialwaffen des 2. Weltkriegs, München 1976
Klußmann: Die Entwicklung der Gebirgsartillerie, Leipzig 1911
O. H. Kuijck: Handleidning tot de kennis der Artillerie voor de Kadetten van dat wapen, Breda 1850
C. Kyeser aus Eichstätt: Bellifortis, (Hg: Georg-Agricola-Gesellschaft) reprint: Düsseldorf 1967, Teil II: Umschrift und Übersetzung von Götz Quarg, Düsseldorf 1967
L. Lalanne: Recherches sur le feu grégeois, in: JAS, t. 6, 2° série, 1845, p. 237 - 263, und p. 293 - 319
V. Lebedev: Sovetskaya artilleriya, in: Tekhnika i Vorushenye, 1987, No. 11, S. 14 - 17
G. Liuzzi: L'Artiglieria italiana dal 1815 al 1870, in: Rivista di Artiglierio e Genio, Vol. III 1923, p. 255 - 261, Vol. IV 1923, p. 83 - 92
v. Ll.: Das Laboratorium zu Posilipo für die Königlich Neapolitanische Artillerie, in: AOPA, 1852, S. 154 - 156
R. Los: Artyleria Krolestwa Polskiego 1815 - 1831, Warszawa 1969
L. Lutz: Die Bayerische Artillerie von ihren ersten Anfängen bis zur Gegenwart, München 1894
v. Malinowsky / v. Bonin: Geschichte der brandenburgisch - preußischen Artillerie
2. Teil, Berlin 1841 (reprint Wiesbaden 1982)
3. Teil, Berlin 1842 (reprint Wiesbaden 1982)
F. de Malthe: Traité de Feux Artificielles pour la Guerre, et pour la Récréation, Paris 1632
P. E. Marti Garro: Historia de la Artilleria Argentina, Buenos Aires 1982
P. E. Martin: Die Eidgenössische Armee von 1815 bis 1914, in: Schweizer Kriegsgeschichte. Bern 1923, Heft 12, S. 5 - 96
Dr. M. Meyer: Handbuch der Geschichte der Feuerwaffentechnik, Berlin 1835
Dr. M. Meyer: Vorträge über die Artillerie-Technik nach dem heutigen Stand der Wissenschaft; Theil I: Vorträge über die Kriegs-Feuerwerkerei nach dem heutigen Stand der Wissenschaft, Berlin 1833
M. Miethen: Neuere Curiöse Geschütz Bescheibung, Dreßden und Leipzig 1705
J. de Montet: Les bouches à feu de l'Artillerie Suisse 1819 - 1939, Lausanne 1980
C. Montú: Storia della Artiglieria Italiana, Parte I, Dalle origini al 1815, Vol. II, Roma 1935; Parte II, Dal 1815 al 1870, Vol. 5, Roma 1938
O. Morawietz: Espingolen und Orgespingolen, in: ZfH, 1964, Nr. 192
T. de Morla: Laminas pertenecientes al tratado de artilleria que se enseña en el Real Colegio Militar de Segovia, Madrid 1803
E. Muck: Veränderungen im k. k. Artillerie-Materiale im Jahre 1865, in: MGAG, 1866, S. 102 - 121
F. Müller: Das österreichische Feld- und Gebirgs-Artillerie-Material im Jahre 1863, Wien 1864
F. Müller: Das Geschütz- und Gewehrwesen in der Londoner Weltausstellung des Jahres 1862, in: MGAG, 8. Bd., 1863, S. 57 - 157
H. Müller: Die Entwickelung der Preußischen Festungs- und Belagerungsartillerie, Berlin 1876

Österreich:
Abrichtungs-Reglement für die kais. kön. Artillerie, Wien 1866

v. Orelli: Haubitzen und Raketen, in: Schweizerische Monatsschrift für Offiziere aller Waffen, 59. Jahrg. 1947, S. 123 - 126
J. R. Partington: A History of Greek Fire and Gunpowder, Cambridge 1960
C. F. Peschel: Handbuch der Waffenlehre, Dresden 1825
F. de Paula e Azevedo Pondé: O Laboratório Pirotécnico de Campinho, in: Revista do Exército Brasil, out./dez 1988, p. 88 - 95
J. C. Plümicke: Handbuch für die Königlich Preußischen Artillerie - Officiere, Erster Theil, Berlin 1820
Polster: Bombenwerfer, Minenwerfer und Luft-Torpedos auf gegnerischer Seite, in: Schuss und Waffe, Bd. 9, 1915, S. 81 - 85
J. V. Portella F. Alves: Seis séculos de artilharia, Biblioteca do exército, 1959, Vol. 256 - 257
Preußen:
o. Verf.: Monographie über die Art, Wirkung und Verwendung unserer, bei Vertheidigung der Festungen in Betracht kommenden Geschütze und Raketen, Berlin 1853

R. H. C. Probert: Some Brief Reference Notes on the Royal Horse Artillery, in: JRA, Vol. LXXXIII 1956, p. 201 - 235
G. Quarg: Der Bellifortis von Conrad Kyeser aus Eichstätt, 1405, in: Technikgeschichte, Bd. 32, 1965, S. 293 - 324
A. N. V. Re: Evoluzione dell'Artiglieria in un secolo, in: Rivista Militare, 1961, No. 4, p. 441 - 451
Reinaud et Favé: Du Feu grégeois, des feux de guerre, et des origines de la poudre a canon, in: Journal Asiatique, tome XIV, octobre 1849, p. 257 - 327
P. Reitmaier: Artillerie, Die Entwicklungsgeschichte der schweren Fernwaffe, in: Deutsches Waffen Journal, No. 7 / 1976, S. 774 - 778
J. Freiherr v. Reitzenstein: Das Geschützwesen und die Artillerie in den Landen Braunschweig und Hannover, 3. Teil: 1803 - 1900, Leipzig 1900
W. Ripley: Artillery and Ammunition of the Civil War, New York 1970
S. J. von Romocki: Geschichte der Explosivstoffe, Berlin 1895 (reprint Hildesheim 1976)
C.-F. Ruggieri: Élémens de pyrotechnie, troisième édition, Paris 1821 (auch deutsch: Pyrotechnik, Leipzig 1807)
Brandoberingenieur Rumpf: Brandbomben, Berlin 1932
Hieronymus Ruscellus: Kriegs- und Archeleykunst, II. Buch, Francofurt 1620
K. Th. Sauer: Grundriss der Waffenlehre, 1869
G. v. Scharnhorst: Handbuch für Officiere, in den angewandten Teilen der Kriegs-Wissenschaften. Erster Theil von der Artillerie, Hannover 1815
F. W. Scheuerlein: Grundzüge der allgemeinen Artilleriewissenschaft, II. Hauptabschnitt: Die Lehre vom Gebrauch der Artillerie, Berlin 1854
M. F. Schlieper (= von einem deutschen Artillerie-Officier): Beschreibung der Einrichtung und Gebrauchsweise der unter dem englischen Namen Shrapnel-shells oder Spherical-case-shot bekannten Kartetschgranaten und der unter dem Namen Congrevesche oder Brandraketen bekannten Kriegsraketen, nebst einer Beurtheilung ihrer Wirksamkeit und Anwendbarkeit im Kriege, Zweites Heft, Leipzig 1838 (reprint Zürich 1981)
J. Schmoelzl: Die Bayerische Artillerie, München 1879
J. Schmoelzl: Ergänzungs-Waffenlehre oder die Feuerwaffen der Neuzeit, München 1851
J. Schmölzl: Andeutungen über die künftig zu erwartenden Leistungen der Artillerie in taktischer Beziehung, in: AOAW, 1850, S. 184 - 211
E. Schoen: Geschichte des deutschen Feuerwerkerwesens der Armee und Marine mit Einschluß des Zeugwesens, Berlin 1936
K. W. v. Schöning: Historisch-biographische Nachrichten zur Geschichte der Brandenburgisch-Preußischen Artillerie, 3. Theil, Berlin 1845 (reprint 1984)
A. Schuberg: Handbuch der Artillerie-Wissenschaft, Karlsruhe 1856
J. Scoffern: Projectile Weapons of War and Explosive Compounds, London 1852, sowie fourth edition, London 1859
C. Simienowicz: Vollkommene Geschütz- Feuerwerck- und Büchsenmeisterey-Kunst, Franckfurt am Mayn 1676 (reprint Graz 1976)
E. Stenzel: Die Entwicklung der Artillerie im 19. Jahrhundert, in: Militärgeschichte, 15. Jahrg., No. 1 / 1976, S. 459 - 472
K. A. Struensee: Anfangsgründe der Artillerie (Durchaus neu bearbeitet Johann Gottfried Hoyer), Liegnitz 1809
Le Général Susane: Histoire de l'artillerie française, Paris 1874
M. Thiroux: Instruction théorique et pratique d'artillerie à l'usage des éléves de l'école militaire de Saint-Cyr, Paris 1860
W. Tittmann: Der Mythos vom „Schwarzen Berthold", in: Zeitschrift für Waffen- und Kostümkunde, 25. Jahrg., 1983, Heft 1, S. 17 - 30
United States of America:
The Ordnance Manual for the Use of the Officers of the United States Army, Second edition, Washington 1850
The Ordnance Manual for the Use of the Officers of the United States Army, Philadelphia 1861

Diegus Uffanus: Archeley / Das ist: Gründlicher und Eygentlicher Bericht vom Geschütz und aller zubehör, Franckfurt 1614 (sowie Amsterdam 1659)
A.-D. Vergnaud et P. Vergnaud: Nouveau Manuel Complet de l'Artificier, Première Partie: Pyrotechnie Militaire, Paris 1865
Oberst du Vignau: Ueber das wahrscheinliche, gegenseitige, taktische Verhalten einiger bestehenden Europäischen Feld-artillerien in den künftigen Kriegen und dessen Einfluss auf die andern Truppengattungen, in: MWBl, Beiheft Januar / Februar 1849
J. Vigon: Historia de la Artillería Española, Tomo II, III, Madrid 1947
R. Wille: Leitfaden der Waffenlehre. Zum Gebrauch in den Kriegsschulen, Berlin 1874
H. Wilkinson: Engines of War, London 1841
R. Wilkinson-Latham: British Artillery on Land and Sea 1790 - 1820, Newton Abbot Devon 1973
St. v. Weißenbach: Geschichte der Königlich Würtembergischen Artillerie, Stuttgart 1882
J. Rr. von Xylander: Waffenlehre, München 1833
J. Ritter von Xylander: Lehrbuch der Taktik, Erster Theil: Waffenlehre (vermehrt von K. Schedel), München 1844
R. Ritter von Xylander / C. A. von Sutner: Geschichte des 1. Feldartillerie-Regiments Prinz-Regent Luitpold, III. Band, Berlin 1911
o. Verf.: Aide- Mémoire à l'Usage des Officiers d'Artillerie, Strasbourg 1856
o. Verf.: Aide - Mémoire a l'Usage des Officiers d'Artillerie, Paris 1844
o. Verf.: Ancient and Modern Artillery, in: Harper's New Monthly Magazine, Vol. X, 1855, p. 458 - 469
o. Verf.: Exposition Universelle de 1867 à Paris: Rapport de la Haute Commission Militaire, Paris 1869
o. Verf.: Geschichte des Feuerwerkswesens, Festschrift zum 8. September 1886, Berlin 1887
o. Verf. [Abendroth]: Geschichte des Feuerwerkswesens in den letzten 50 Jahren, Festschrift zum 8. September 1886, Berlin 1886
o. Verf. (von einem schweizerischen Artillerie-Offizier): Handbuch für Unteroffiziere und Kanoniere der schweizerischen Artillerie, Basel 1854
o. Verf.: Krijgskundige Leer-Cursus ten gebruike der Koninklijke Militaire Akademie: Handleiding tot deKennis der Artillerie voor de kadetten van alle wapenen, Breda 1839
o. Verf.: Overzigt van de hier te Lande genomene Proeven met Orloogs-Vuurpijlen, in: MilSp, vijfde Deel 1837, S. 113 - 124
o. Verf.: Pläne zu Artilleriematerial - Material, Kriegsfeuerwerkerei und Batteriebau, Berlin 1875
o. Verf. (Estado maior do Exercito): Síntese Histórica da Artilharia Portuguesa, Museu Militar do Porto 1982
o. Verf.: A Treatise of Artillery, first part of Le Blond's Elements of war; London 1746 (reprint Ottawa 1970)
o. Verf.: Verslagen der proeven en oefeningen welke in het jaar (1855 - 1855) hebben plaats gehad, s'Gravenhage o.J., 2 Bd.

(c) Literatur zur Heeres- und Uniformkunde mit Aussagen zu den Kriegsraketen

Allmayer-Beck / Lessing: Die K. (u.) K.-Armee 1848-1914, Gütersloh 1980
Allmayer-Beck / Lessing: Das Heer unter dem Doppeladler, München 1981
C. Anschutz: Historia de Granaderos a caballo, Buenos Aires, o. J.
Barczy, Z. / Somogyi, G.: Szabadságharc Hadserege, o. O. 1986
R. M. Barnes: A History of the Regiments and Uniforms of the British Army, London 1972
G. Barroso: Historia militar do Brasil, São Paulo 1935
N. L. Beamish: Geschichte der Königlich Deutschen Legion, Zweiter Theil, Berlin 1906
J. de Belair: Elements de fortification, Paris 1793, pp. 283, Dictionnaire Militaire abrégé „Fouguettes"
Th. v. Bernhardi: Das russische Heer 1854, in: Vermischte Schriften I, Band 7, Berlin 1879
O. Bezzel: Geschichte des Bayerischen Heeres, Siebter Band: Geschichte des Königlich Bayerischen Heeres 1825 bis 1866, Berlin 1931
Brasilien:
Relatorio do Ministério da Guerra de 1852
Relatorio do Ministério da Guerra de 1853
Relatorio do Ministério da Guerra de 1870

C. Christensen: Frederiksværk, en dansk fabrikbys historie, København 1926
J. S. Curtiss: The Russian Army under Nicholas I, 1825 - 1855, Durham, N.C., 1965
J. Debelak: Die central-asiatische Frage, in: ÖMZ 1875, 3. Band, S. 117 - 148 und S. 189 - 220
H. Delbrück: Geschichte der Kriegskunst im Rahmen der politischen Geschichte, Vierter Teil. Neuzeit, Berlin 1920
E. Detaille / J. Richard: Types et uniformes: L´Armée Française, Tome second, Paris 1885-1889
W. Dilichii: Krieges-Schule, Franckfurt am Mayn 1689 (reprint Magstadt 1967)
Ch. Dupin: Voyages dans Le Grande Bretagne, 3. Buch, VI. Kapitel, Paris 1820, in: J. Bem: Erfahrungen über die Congreveschen Brandraketen
Ch. Dupin: Force militaire de la Grande-Bretagne, tome II: Études et travaux, Paris 1820
Eckert-Monten: Das deutsche Bundesheer, III, Dortmund 1983
F. Engels: Die Armeen Europas, in: K. Marx / F. Engels, Werke, Band 11, Berlin 1961, S. 409 - 471
E. Eriksen: Krudtværket på Frederiksværk 1758 - 1958, Frederiksværk 1958
Estado-Major do Exército (edit.): História do Exército Brasileiro, Perfil militar de um povo, Vol. II und III, Brasília 1972
H. Fahrmbacher: Führer durch das K. Bayer. Armeemuseum, München 1907
J. Feiss (neu bearbeitet von J. Isler): Das Wehrwesen der Schweiz, I. Band: Die Wehrverfassungen vor 1907, Zürich 1914
F. M. Feldhaus: Die Spandauer königlichen Fabriken, in: Schuss und Waffe, No. 16, 1908, S. 386 - 388
Lima Figueirêdo: Brasil Militar, Rio de Janeiro 1944
Hanns Friedrich von Fleming: Der Vollkommmene Teutsche Soldat, Leipzig 1726
F. M.: Rückblick auf die Fortschritte und Änderungen im Artillerie-Material seit dem Jahre 1859, in: ÖMZ, 1864, 3. Band, S. 69 - 75 und S. 293 - 303
J. W. Fortescue: A History of The British Army, Vol. VII - XIII, London 1912 - 1930
K. Frischler: Wunderwaffen, Wien / München 1965
Leonhart Fronsperger: Von Kayserlichem Kriegßrechten, das achte Buch: Von Geschütz un Feuerwerck / wie dasselb zu werffen und zu schiessen, Franckfurt am Mayn 1565
S. Fuller: Die entartete Kunst Krieg zu führen, Köln 1964
Capitaine Fyers: Notes sur les ressources défensives de la Grande-Bretagne suivies de quelques idées sur l'organisation d'une Artillerie de la Milice, in: JAS, 1853, p. 131 - 140
B. Gembarzewski: Wojsko Polskie - Królestwo Polskie 1815 - 1830, Warszawa 1903
H. de Giustiniani: États Sardes, in: Corréard (edit): Statistique militaire et recherches sur l'organisation et les institutions militaires des armées étrangères, Paris 1851
M. Glover: Warfare from Waterloo to Mons, London 1980

Großbritannien:
H.M.S.O.: The Armed Strength of Russia, London 1882
H.M.S.O.: Aide-Memoire to the Military Sciences, Vol. 3, London 1852

F. C. v. H.: Zum Studium der Taktik, II. Teil: Artillerie, Wien 1899
B. Hall: Notices on the Austrian Army, in: USJ, sept 1835, p. 18 - 30
P. Haythornwaithe: Die Uniformen der Schlacht bei Waterloo, München 1976
P. Haythornwaithe: Uniformen des Amerikanischen Bürgerkrieges, München 1977
D. R. Headrick: The Tools of Empire, New York - Oxford 1981
M. Jähns: Das französische Heer von der großen Revolution bis zur Gegenwart, Leipzig 1873
M. Jähns: Geschichte der Kriegswissenschaften vornehmlich in Deutschland, München und Leipzig 1889
M. Jähns: Handbuch einer Geschichte des Kriegswesens von der Urzeit bis zur Renaissance, Leipzig 1880
C. Jany: Geschichte der preußischen Armee, IV. Band, Osnabrück 1967 (reprint)
Dr. Langhans: Geschichtstafeln zu Gebieten der Wehrchemie, in: ZgSS, Sonderbeilage zum 33. und 34. Jahrg. 1938 und 1939
v. Ledebur (Bearbeiter): Die Geschichte des deutschen Unteroffizier, Berlin 1939
C. Lustig: Beitrag zur Geschichte des k. k. Heeres. Aufstellung der verschiedenen Truppen-Corps und Branchen seit Beginn des stehenden Heeres, in: ÖMZ 1883, dritter Band, S. 81 ff.
Marschall Marmont (Herzog von Ragusa): Über den Geist des Militair-Wesens, Wien 1845
H. Meynert: Geschichte des Kriegswesens und der Heerverfassungen in Europa, Wien 1868 - 1869
J. Niemeyer: Das österreichische Militärwesen im Umbruch, Untersuchungen zum Kriegsbild zwischen 1830 und 1866, Osnabrück 1979
Adam Jungkhauß von der Oltznitz: KriegesOrdnung / zu Wasser und Lande, Cöllen 1589
G. Ortenburg: Waffe und Waffengebrauch im Zeitalter der Revolutionskriege, Koblenz 1988
G. Ortenburg: Waffe und Waffengebrauch im Zeitalter der Einigungskriege, Koblenz 1990
H. J. Paixhans: Force et faiblesse militaires de la France, Paris 1850
Peru:
Memoria presentada á las cámaras reunidas en sesiones ordinarias en 1851 por el Ministro de Guerra y Marina, Lima 1851
Memoria Presentada al congreso estraordinario de 1858 por el ministro de guerra y marina, Lima o.J.
Memoria que presenta el ministro de estado en el despacho de Guerra y Marina al congreso de 1860, Lima 1861

H. von Pitreich: Beiträge zur Geschichte des österreichischen Heerwesens, in: ÖMZ 1874, 4. Band, S. 1 - 32 und 113 - 132
Le Sieur de Praissac: Les Discours Militaires, Paris 1622 (englisch: The Lord of Praissac: The Art of Warre, Cambridge 1639)
W. Rüstow: Der Krieg und seine Mittel, Leipzig 1856
W. Rüstow: Die Feldherrnkunst des neunzehnten Jahrhunderts, Zürich 1857
M. P. Schulze: Feuerwerks-Laboratorium und Pulverfabrik, in: A. Theissen u. A. Wirtgen (Herausg.): Militärstadt Spandau, Berlin 1988, S. 93 - 104
O. Schuster u. F. A. Francke: Geschichte der sächsischen Armee, Leipzig 1885
Schweizerischer Bundesrath:
Gesetz über die Militärorganisation der schweizerischen Eidgenossenschaft, Bern, den 8. Mai 1850
Bundesgesez über die Beiträge der Kantone und der Eidgenossenschaft an Mannschaft, Pferden und Kriegsmaterial zum schweizerischen Bundesheere, Bern, 27. August 1851

B. Schwertfeger: Geschichte der Königlich Deutschen Legion 1805 - 1816, Erster Band, Hannover und Leipzig 1907
Major A. Semek: Geschichte der K. und K. Wehrmacht, IV. Band. I. Theil (Supplement zu den „Mitttheilungen des K.und K. Kriegs-Archivs" Herausgegeben von der Direction des k. und k. Kriegs-Archivs), Wien 1905
F. v. Stein: Geschichte des russischen Heeres, Hannover 1885
H. Strachan: From Waterloo to Balaclava, Tactics, Technology, and the British Army, 1815-1854, Cambridge 1985
V. Streffleur: Die Armee im Felde, Wien 1854
M. Thierbach: Die geschichtliche Entwicklung der Handfeuerwaffen, Dresden 1899
United States of America
Message from the President of the United States, to the Two Houses of Congress, at the Commencement of the First Session of the Thirtieth Congress, Washington 1847
Report of the Secretary of War, War Department, Washington, 2 December 1847
Appendix , Report of the Secretary of War, January 4, 1848
House of Representatives, 36th Congress, 2d Session: Military Commission to Europe in 1855 and 1856, Report of Major Alfred Mordecai, of the Ordnance Department, Washington 1861

O. Vaupell: Den Danske Hærs Historie til nutiden, Kjøbenhavn 1876
H. A: Verlohren: Stammregister und Chronik der Kur- und Königlich Sächsischen Armee, Leipzig 1910
W. L. Volz: Militärische Reisen, Erster Theil: England, Über die Brittische Landmacht, Stuttgart / Tübingen 1826
W. Wagner: Von Austerlitz bis Königgrätz, Österreichische Kampftaktik im Spiegel der Reglements 1805 - 1864, Osnabrück 1978
A. Wandruszka / P. Urbanitsch: Die Habsburger Monarchie 1848 - 1918, Band V: Die Bewaffnete Macht, Wien 1987
H. C. Wolter / H. Scheunchen / O. L. Frantzen / C. W. Hansen: Den danske hær i Napoleonstiden 1801 - 14, Håndbog om uniformer, faner, udrustning og krigshistorie, København 1992

Zürich, Kanton
Gesetz betreffend die Militärorganisation des Kantons Zürich vom 31. März 1852

o. Verf.: Catalogo del Museo del Ejército, Tomo IV, San Rafael 1956
o. Verf.: Feldinstruktionen für die Infanterie, Kavallerie und Artillerie, Olmütz 1852
o. Verf.: Die Kriegsmacht des Königreiches Polen, in: ZfKWGK, 1827, Neunter Band, S. 70
o. Verf.: Die Land- und Seemacht Großbritanniens im Jahre 1867, in: Beiheft zum MWBl. 1867, S. 113 - 160
o. Verf.: Leuchtraketen und Scheinwerfer, in: Kriegstechnische Zeitschrift, 1913, S. 205 - 212
o. Verf. [J. Gallina]: Reglements und Instructionen für die Ausbildung der Truppe und ihrer Führer von der Beendigung des ersten Feldzuges gegen das französische Kaiserreich im Jahre 1805 bis zum Kriege 1866, in: ÖMZ, 1881, III., S. 153 - 204, 1881, IV., S. 1 - 54, 1881 IV., S. 127 - 142, 1882, I., S. 149 - 178, 1882, II., S. 131 - 164 und 1882, II., S. 249 - 288
o. Verf.: Sardinien, in: AMZ 1831, S. 313 - 316 und S. 321 - 324
o. Verf. (k. u. k. Kriegsarchiv): Sechzig Jahre Wehrmacht 1848 - 1908, Wien 1908

(d) Literatur zur Marinegeschichte und Marine-Waffenkunde mit Aussagen zu den Kriegsraketen

W. Aichelburg: Kriegsschiffe auf der Donau, Wien 1978 (Militärhistorische Schriftenreihe, herausgegeben vom Heeresgeschichtlichen Museum, Heft 37)
J. Freiherr Benko von Boinik: Geschichte der K. K. Kriegs-Marine während der Jahre 1848 und 1849, Wien 1884
F. Bosch: Historia Naval Argentina, Buenos Aires 1962
J. N. Calten: Leiddraad bij het onderrigt in de Zee-Artillerie, Medemblik 1842
W. L. Clowes: The Royal Navy, A History From the Earliest Times to the Present, Vol. V - VII, London 1900 - 1903
S. Csikos: Die ersten Kriegsdampfer auf der Donau, in: Marine -gestern, heute, 1977, S. 82 - 85
Darapsky: Ueber den Rettungsapparat der „deutschen Gesellschaft zur Rettung Schiffbrüchiger", in: Polytechnisches Journal. 183. Band, 1867, S. 274 - 278
L. H. Destefani: Manual de Historia Naval Argentina, Buenos Aires 1980
H. Douglas: A Treatise on Naval Gunnery, London 1855
F. M. F.: Schusswaffen für Rettung aus Seenot, in: Schuss und Waffe, No. 6, 1907, S. 144 - 150
H. Footner: Sailor of Fortune. The Life and Adventures of Commodore Barney, USN, Annapolis 1998
Kapitän z. S. a. D: Foss:: Marine - Kunde, Stuttgart, Berlin, Leipzig 1890
J. Furttenbach: Architectura Navalis, Wim 1629 (reprint Hildesheim 1975)
E. Fraser und L. G. Carr-Laughton: The Royal Marine Artillery 1804 - 1923, London 1930
H. G. Garde: Den dansk - norske Sömagt 1700 - 1814, Kjöbenhavn 1852
G. F. G. Gobius: Handleiding tot de kennis der Zee-Artillerie, voor Konstabels en Matrozen-Kanonniers, Nieuwediep 1857
H. van Goens: Handleiding tot te kennis der Zee-Artillerie, Rotterdam 1861
P. Frh. v. Handel Mazzetti: Flußflottillen auf der Donau, in: Köhlers Flotten-Kalender 1980, Herford o. J., S. 201 - 208
Dr v. Handel-Mazzetti: Vor 110 Jahren: El Araisch, in: Marine-Rundschau, August 1939, S. 746 - 754
W. Hassenstein: Über die Feuerwaffen in der Seeschlacht von Lepanto, in: Zeitschrift für historische Waffen- und Kostümkunde, NF VII, S. 1 - 11
F. Hausknecht: Leitfaden zum Studium der Marine-Artillerie, Wien 1852
F. Howard: Segelkriegsschiffe, München 1983
R. Humble: Before the Dreadnought, London 1976
W. James: The Naval History of Great Britain, London 1880
B. W. Jordening: Efterretninger om de af den danske Flaade utgaaede Skibsclasser, in: Tidsskrift for Søvæsen, Ny Række, 14de Bind, 1879, S. 288 - 306, S. 421 - 429, S. 528 - 550
L. Kemmer: Zur Geschichte des Rettungswesens an der deutschen Küste, in: Die Grenzboten (Leipzig), 62. Jahrg., 1903, S. 628 - 639
L. Kemmer: Die preußische Artillerie im Dienste des Küstenrettungswesens, in: Die Grenzboten (Leipzig), 67. Jahrg., 1908, S. 115 - 126, S. 402 - 409, S. 456 - 463, S. 552 - 563 u. S. 612 - 621
H. Kerchnawe: Die Flottillisten, in: MGAG, XLIII. Jahrg. 1912, S. 545 - 552
A. v. Khuepach und H. von Bayer: Geschichte der K. K. Kriegsmarine während der Jahre 1814 - 1847, Die Österreichisch - Venetianische Kriegsmarine, Graz - Köln, 1966
J. M. Merrill: British - French Amphibious Operations in the Sea of Azov, 1855, in: MilA, Spring 1956, p. 16 - 27
A. Meurer: Seekriegsgeschichte in Umrissen, Leipzig 1943
Ministère de la Marine et des Colonies (edit): Aide-Mémoire d'Artillerie Navale, Paris 1850
Ministère de la Marine et des Colonies (edit): Manuel de Pyrotechnie à l'usage de l'artillerie de la Marine, Tome quatrième, Paris 1887 (Nachdruck der Ausgabe 1867, herausgegeben von der „artillerie de la marine")
E. T. Parks: Robert Fulton and Submarine Warfare, in: MilA, Winter 1961/62, p. 177 - 182
H. Pemsel: Seeherrschaft, Augsburg 1995
v. Pivka: Navies of the Napoleonic Era, London 1980
Potter / Nimitz / Rohwer: Seemacht, eine Seekriegsgeschichte von der Antike bis zur Gegenwart, München 1974
J. H. Schultz: Den danske Marine 1814 - 1848, København 1930
A. Stenzel: Seekriegsgeschichte in ihren wichtigsten Abschnitten; IV. Teil 1720-1850 und V. Teil 1850-1910, Hannover und Leipzig 1911
B. Thomsen: De Dansk - Norske Kanonbåde 1780 - 1850, in: Marinehistorisk Tidsskrift, September 1975, p. 56 - 83
D. W. Thomson: The Catamaran Expeditions, in: U.S. Naval Institute Proceedings, February 1944, p. 143 - 155

T. A. Topsøe-Jensen og Emil Marquard: Officerer i den dansk-norske Søetat 1660 - 1814, København 1935

United States of America

U.S. Navy Dept., Annual Report, 1848

J. Zienert: Das „K. K. Flottillenkorps", in: Marinerundschau, 69. Jahrg. 1972, S. 226 - 230
o. Verf.: Der Brittische See-Capitain Lord Cochrane, in: Minerva, 1809, Dritter Band, S. 150 - 157
o. Verf.: Eine Erfindung aus dem Jahre 1784, in: Von den Küsten und aus See, 1900, Heft 4, S. 56 - 60
o. Verf.: Führer durch das Museum für Meereskunde in Berlin, Berlin 1907
o. Verf.: Historique de l'Artillerie de la Marine, Paris 1889
o. Verf.: Rettungswesen auf See, in: Dinglers Polytechnisches Journal, Jahrg. 77, Bd. 301, 1896, S. 73 - 76
o. Verf.: Ueber die Resultate der See-Expeditionen in Bezug auf Küstenangriff und Küstenvertheidigung, in: Beiheft zum MWBl., Januar bis März 1848

(e) Literatur zur Geschichte, Kriegsgeschichte und Seekriegsgeschichte mit Aussagen zum Einsatz der Kriegsraketen (einschließlich Biographien)

P. E. Abbott: N Battery, 5th Brigade, Royal Artillery at Isandhlwana, 22nd January 1879, in: JSAHR, Vol. LVI, 1978, p. 95 - 111
J. F. Perez Acosta: Carlos Antonio López, Obrero maximo, Labor administrativa y constructiva, Asuncion 1948
H. Adams: The War of 1812, Washington 1944
J. B. G. Aguinaga: Un Marino en la guerra de la Triple Alianza, Asunción 1959
R. Alcaraz: The Other Side: or, Notes For the History of the War Between Mexico and the United States, (edit. A. C. Ramsey) New York 1850
P. Allouis: L'expédition de Chine de 1860, in: Carnet de la sabretache, n° 128, p. 47 - 52
A. Amersan: Nächte am Rio Paraguay, in: Neue Militärische Blätter, XXIII. Band 1883, S. 67 - 74
B. Anders, P. Neumann, H. Wende: Wir kommen : Seenotrettung durch die DGzRS, Hamburg 1997
P. - H. Artois: Relation de la Défense de Danzig en 1813 par le 10e Corps de l'Armée Française, Paris 1820
A. Barr: Confederate Artillery in the Trans-Mississippi, in: MilA, Summer 1963, p. 77 - 83
R. Beck: Roulez Tambours, Schriftenreihe der ASMZ, Bern 1982
A. F. Becke: The British Artillery at Waterloo, June 18, 1815, in: JRA, Vol. XXXIV, p. 313 - 325
E. J. Becklake / P. J. Turvey: Congreve at the Rotunda, in: JBIS, Vol. 40, 1987, p. 291 - 298
G. Benitez: Guerra del Paraguay, o. O. 1919
Prof. Dr. [W.] Bernhardt: Wittenberg vor fünfzig Jahren. Die Geschichte seiner Belagerung und Einnahme, Wittenberg 1864
F. Best: Historia de las guerras Argentinas, Buenos Aires, o. J.
J. Beverina: Las Campañas de los Ejércitos Libertadores 1838 - 1852, Buenos Aires 1974
J. Beverina: Caseros (3 de Febrero de 1852), Varese, 1911
J. Beverina: La Guerra del Paraguay, I. - VI., Buenos Aires 1921
A. Birkenmajer: Zur Lebensgeschichte und wissenschaftlichen Tätigkeit von Giovanni Fontana, in: Isis, 1932, p. 34 - 53
Blck: Die Ereignisse in Centralasien seit Abschluss des Berliner Friedens, in: Internationale Revue über die gesammten Armeen und Flotten, 1. Jahrg., 4. Band 1883, S. 101 - 112
J. v. Bloch: Beschreibung des Kriegsmechanismus, Berlin 1899
F. C. Bluntschli: Karl Johann Herzog, General und eidg. Waffenchef der Artillerie, in: LXXXX. Neujahrsblatt der Feuerwerker - Gesellschaft in Zürich, Zürich 1895
G. Bode: Die Belagerung von Danzig 1807 und 1813, 14. Fortsetzung, in: Veröffentlichungen der Gesellschaft für Artilleriekunde, Idar-Oberstein 1988
W. Bollaert: The War of Succession of Portugal and Spain from 1826 to 1840, London 1870
B. Bond (edit.): Victorian Military Campaigns, London 1967
B. Bond: The disaster at Majuba Hill 1881, in: History Today, Vol. XV 1965, p. 486 - 495
H. Brackenbury: The Ashanti War, Edinburgh and London 1874 (reprint 1968)
A. Brett-James: The Walcheren Failure, in: History Today, Vol. XIII 1963, p. 811 - 820
P. W. Brock, Lord Cochrane's Secret Plans, in: Mariner's Mirror, 1930, p. 157 - 167
C. O. Browne: Mountain Train Formed for Service in Abyssinia, in: JRA, Vol. V, p. 452 - 460
R. Bruce: Lincoln and the Tools of War, Indianapolis 1956
W. L. Calderhead: Naval Innovation in Crisis: War in the Chesapeake, 1813, in: American Neptune, Vol. 36, 1976, p. 206 - 221
H. de Campos Ferreira Lima: D. Pedro V e a artilharia portuguêsa, in: Revista de Artilharia, 18. Jahrg., 1922, p. 71 - 97
C. Carr: Der vergessene Held - Das abenteuerliche Leben des Frederick Townsend Ward, München 1999
G. A. Chadwick: The Anglo - Zulu War of 1879 Isandlwana and Rorke's Drift, in: Military History Journal, Vol. 4, 1979, p. 115 - 132
C. Chambers: The Journal of Surgeon Chambers of H. M. Fireship Prometheus (The Bombardement of Copenhagen) in: W. G. Perrin (edit.), The Naval Miscellany, Vol. III, Navy Records Society, Vol. LXIII, London 1928
Lt. E. F. Chapman: The Abyssinian Expedition, in: JRA, Vol. VI, 1870, p. 167 - 190
Lt. Chapman: Notes on the Equipment, &c. of the Steel Mountain Batteries Employed in Abyssinia, in: JRA, Vol. VI, 1870, p. 194 - 202
L. Chodzko: Coup d'oeil historique et militaire sur la guerre actuelle entre la Russie et la Pologne, in: SpMil, 1831, p. 133 - 158
E. Clerc: Campagne de Kabyle en 1857, Lille 1859
Comando del corpo di stato maggiore - Ufficio Storico - (edit): La Guerra del 1859 per l'Indipendenza d'Italia, Vol. I, Narrazione, Vol. I, Documenti, Roma 1910; Vol. II., Narrazione, Roma 1912
J. Correia: Perfil histórico de uma batalha. Tuiuti, in: Revista do Instituto Histórico e Geográfico Brasileiro, Vol. 294, 1972, p. 255 - 289
A. Cotterell / Yong Yap, Das Reich der Mitte, Frankfurt 1982
J. Crétineau-Joly: Histoire du Sonderbund, Paris 1850
M. Crowder (edit.): West African Resistance, London 1971
Major Czeike: Die Cernierung und Erstürmung Wiens im Oktober 1848, in: Mitteilungen des K. und K. Kriegsarchivs (Herausgegeben von der Direktion des K. und K. Kriegsarchivs), Dritte Folge, VI. Band, Wien 1909
H. v. Czeschka: Die Aufstände in Süddalmatien in den Jahren 1869/70 und 1881/82, Behelf zum Studium der Kriegsgeschichte, Heft IX, Wien 1912
J. Czetz: Bem's Feldzug in Siebenbürgen in den Jahren 1848 und 1849, Hamburg 1856
H. B. Freiherr von Dahlerup: In österreichischen Diensten, Berlin 1911
J. Dahlerup (edit.): Hans Birch Dahlerup: Mit livs begivenheder 1790 - 1814, København 1908
F. Davies: The Expedition Against the Jebus, in: The United Service Magazine, Vol. 180, September 1892, p. 629 - 643
L. von Decker: Algerien und die dortige Kriegführung, Berlin 1844
H. Dehnel: Rückblicke auf meine Militair-Laufbahn in den Jahren 1805 bis 1849, Hannover 1859
Detlefsenmuseum Glückstadt: Informationsblatt 8/1 - 8/3: Aufzeichnungen über die Belagerung 1813/14, Glückstadt o.J.
Deutsche Gesellschaft zur Rettung Schiffbrüchiger (Herausg): Vom Ruderboot zum Seenotkreuzer, Bremen 1990
E. Dicey: The Schleswig-Holstein War, London 1864
L. R. Dillon, jr.: American Artillery in the Mexican War 1846-1847, Austin 1975
A. Dolleczek: Die österreichische Artillerie der Donau-Armee 1849, in: ÖMZ 1883, Vierter Band, S. 193 - 224
G. Douin: La première guerre de Syrie, Tome premier, La Conquête de Syrie (1831 - 1832), Cairo 1931
Ch. Duban: Souvenirs Militaires d'un Officier Français 1848 - 1867, Paris 1896
A. Duchesne: Le Général Baron Ch.-Guill. Bormann, inventeur de la fusée à temps, in: Carnet de La Fourragère, No. 6, 1964, p. 389 - 396
W. H. Dufour: Bericht über die Bewaffnung und den Feldzug von 1857, in: Bundesblatt der schweizerischen Eidgenossenschaft, 1857, 1. Band, No. 28, S. 621 - 638
F. Duncan: The English in Spain or The Story of the War of Succession between 1834 and 1840, London 1877
Th. Earl of Dundonald: Narrative of Services in the Liberation of Chili, Peru, and Brazil, from Spanish and Portuguese Domination, London 1859
Th. Tenth Earl of Dundonald: The Autobiography of a Seaman, London 1860
H. B. Eaton: Bladensburg, in: JSAHR, Vol. 55, 1977, No. 221, p. 8 - 14
F. G. de Almeida de Eça: História das guerras no Zambeze, Vol. II, Chicoa e Massangano (1807 - 1888), Lisboa 1954
D. W. Eckardt: Die Bewaffnung bei Freund und Feind aus den Schlachten bei Groß Görschen bis Belle Alliance, in: ZfH, 1938, S.130
M. Edwardes: A Season in Hell, London 1973
H. N. Edwards: The Diary of Lieutenant C. Gillmor, R.N.- Portugal.-1810, in: JSAHR, Vol. 3, 1924, p. 148 - 161
Lord Ellenborough: The Guilt of Lord Cochrane in 1814, a Criticism, London 1914
M. Ch. Emy: Notice nécrologique sur M. Rodolphe, chef d'escadron d'artillerie, in: Mémoires de l'Académie Nationale de Metz, 1852, p. 65 - 69
A. Engelhardt: The Battle of Caseros - The Dawn of Modern Argentina, in: MilA, Vol. XII, No. 4, p. 217-225
F. Engels: Der 24. Juni, in: K. Marx / F. Engels, Werke, Band 5, Berlin 1961, S. 123 - 127
E. Eriksen: Tøjhusmuseets Bog om 1864, København 1964
J. F. L. von Erlach: Die Kriegsführung der Polen im Jahre 1863, in: AMZ, 1864, No. 46, S. 365 - 367
E. St.: Raketen, Glanzgold, Löschpatronen. . ., in: Sächsische Neueste Nachrichten, 1968, No. 157 vom 07.07.68, S. 7
D. Featherstone: Colonial Small Wars 1837 - 1901, Newton Abbot Devon, 1973
C. Ferrario: L'artiglieria nella campagna del 1848, in: Rivista di Artiglieria e Genio, 1913, Vol. II., p. 5 - 50
Polkovnik Fersman: Opisanie srazheniya pri derevne Kyuryuk-Dara, 24-goyulya 1854 god, in: Artilleriskii Zhurnal, 1855, No. 3, S. 207 - 245
Fr. Förster: Geschichte der Befreiungskriege 1813, 1814, 1815, Band II, Berlin 1890
Fr. Förster: Geschichte der Befreiungskriege 1813, 1814, 1815, 3. Band „Von Elba nach St.Helena", Berlin 1861
Th. Fuchs: Geschichte des europäischen Kriegswesens, Teil III, München 1977
E. W. H. Fyers (edit.): Journal of the Siege of Flushing, 1809, in: JSAHR, Vol. XIII, 1934, p. 145 - 158
E. Gabriel: Das Kriegsjahr 1866 in waffentechnischer Sicht, in: o. Verf. (Heeresgeschichtliches Museum): Gedenkschrift herausgegeben aus Anlaß einer Sonderausstellung über den Krieg vor hundert Jahren, Wien 1966, S. 22 - 33
M. Gammer: The Conqueror of Napoleon in the Caucasus, in: Central Asean Survey, Vol. 12, 1993, p. 253 - 265
M. Gammer: Prince Bariatinskii - conqueror of the Eastern Caucasus, in: Central Asean Survey, Vol. 13, 1994, p. 237 - 247
J. Garmendia: Recuerdos de la guerra del Paraguay, Buenos Aires 1891
C. Gerretson: Muiterij en scheuring 1830, tweede deel, Leiden 1936
V. Gesualdo: La trégica Guerra del Paraguay, in: Historia, Buenos Aires, año XV, No. 60, p. 3 - 34
K. Gillings: Inyezane, Gingindlovu and the Relief of Eshowe, The forgotten battlefields of the Zulu War, 1879, in: Military History Journal, Vol. 4, 1979, p. 162 - 166
A. v. Goeben: Reise- und Lager-Briefe aus Spanien und vom Spanischen Heer in Marokko, Hannover 1863
A. Görgei: Mein Leben und Wirken in Ungarn in den Jahren 1848 und 1849, Leipzig 1852
J. A. Goldenberg: The Royal Navy's Blockade in New England Waters, 1812 - 1815, in: International Historical Review, Vol. 6, 1984, p. 424 - 439

H. R. Green: The Russian Campaign Against Khiva, in 1873, in: Journal of the Royal United Service Institution, Vol. 18, 1874, p. 212 - 226
H. Größing: Der Kampf um Wien im Oktober 1848 (Militärhistorische Schriftenreihe Heft 23, herausgegeben vom Heeresgeschichtlichen Museum), Wien 1983
Kriegsgeschichtliche Abtheilung des Großen Generalstabes (redigiert): Der Feldzug von 1866 in Deutschland, Berlin 1867
Großer Generalstab (Herausg): Der Deutsch-Dänische Krieg 1864, Berlin 1886
R. Günther: Die Insurrectionskämpfe in Italien während des Jahres 1849, in: Internationale Revue über die gesammten Armeen und Flotten, 17. Jahrg., 4. Band, S. 1058 - 1080
M. Guizot: Personnel (sur le général Susane), in: Mémoires de l'Académie Nationale de Metz 1876, p. 24 - 27
A. H. (K. K. Generalstabshauptmann): Der Feldzug in Ober - Italien im Jahre 1848, Wien 1865
I. v. H. (Fortgesetzt mit Einwilligung des Verfassers von M. B.): Vorlesungen über Kriegsgeschichte, Dritter Theil, Darmstadt & Leipzig 1862
C. Hagenmeyer: Kriegswissenschaftliche Texte des ausgehenden 15. Jahrhunderts, in: Leuvense Bijdragen, Tijdschrift voor filologie, 1967, S. 169 - 197
D. D. Hall: Artillery in the Zulu War - 1879, in: Military History Journal, Vol. IV, 1979, p. 152 - 161
N. Harris: Hamlyn History of Imperial China, London 1999
W. Häusler: Das Gefecht bei Schwechat am 30. Oktober 1848 (Militärhistorische Schriftenreihe Heft 34, herausgegeben vom Heeresgeschichtlichen Museum), Wien 1977
Heim: Geschichte der Kriege in Algier, Königsberg 1861
H. Heimpel: Quarg: Conrad Kyeser aus Eichstätt, Bellifortis [Kritik], in: Göttingische Gelehrte Anzeigen, 1971, S. 115 - 148
J. D. Hickley: An Account of the Operations on the Benin River in August and September, 1894, in: Journal of the Royal United Service Institution, Vol. 39, 1895, p. 191 - 198
A. Edler von Hilleprandt: Der Feldzug in Oberitalien im Jahre 1848, Nach amtlichen Quellen im Jahre 1864 und 1865 bearbeitet, Seperat-Abdruck aus: Österreichische Militärische Zeitschrift, Wien 1867
H. H. Houben: Frédéric Soret - Zehn Jahre bei Goethe, Leipzig 1929
H. M. Hozier: Der Britische Feldzug nach Abessinien, Berlin 1870
H. D. Hutchinson: The Campaign in Tirah 1897 - 1898, An Account of the Expedition Against the Orakzais and Afridis under General Sir William Lockhart, London 1898
I. G.: Naval Operations in the China Seas, in: USJ, Dec. 1841, p. 523 - 530 and April 1842, p. 483 - 495
J. B.: Die Gefechte zwischen den Engländern und Boers im Transvaal, in: ÖMZ, 1881, Dritter Band, S. 57 - 70
Col. J. R. J. Jocelyn: The History of the Royal and Indian Artillery in the Mutiny of 1857, London 1915
J. F. Jones: Geschichte des Krieges in Spanien, Portugal, und dem südlichen Frankreich in den Jahren 1808 bis 1814, Braunschweig 1844
P. I. Kachur: Alexandr Dmitriyevich Zasyadko, in: Zemlya i Vselennaya, 1993, No. 4, p. 43 - 47
J. P. Kaestlin: Who Killed Cock Robin, in: JRA, Vol. LXXXIV, No. 4, London 1957, p. 291 - 299
K. K. Generalstabs-Bureau für Kriegsgeschichte: Der Krieg in Italien 1859, Band I - III, Wien 1872 - 1876
k. k. Generalstabs-Bureau für Kriegsgeschichte: Österreichs Kämpfe im Jahre 1866, Band 1 - 5, Wien 1868
G. Klapka: Der Nationalkrieg in Ungarn und Siebenbürgen in den Jahren 1848 und 1849, 2 Bände, Leipzig 1851
Klenze: Briefe aus der Lombardei im Herbste 1848, in: AOAW, 6. Jahrg. 1849, 1. Band, S. 54 - 88, 2. Band, S. 129 - 180, 3. Band, S. 87 - 100
C. J. Kolinski: Independence or Death, The Story of the Paraguayan War, Gainesville 1965
L. T. Kostenko: Turkestan (Rezension), in: Journal of the Royal United Service Institution, Vol, 24, 1881, p. 898 - 913
E. Kozlowski, General Jozef Bem, Warszawa 1958
Major Krahmer: Das Vordringen der Russen in Turkmenien, in: Beiheft zum MWBl. 1881, S. 255 - 338
A. Krüger: Chronik der Stadt und Festung Spandau, Spandau 1867
O. Kuntzemüller: Urkundliche Geschichte der Stadt und Festung Spandau von Entstehung der Stadt bis zur Gegenwart, Berlin-Spandau 1928 (reprint Berlin 1989)
Major A. Lacarriere Latour: Historical Memoir of the War in West Florida and Louisiana in 1814-15, Philadelphia 1816 (reprint Gainesville 1964)
E. A. M. Laing: Naval Operations in the War of the Triple Alliance, 1864 - 70, in: Mariner's Mirror, Vol. 54, 1968, p. 253 - 279
E. A. M. Laing: The Royal Navy on the River Parana During the Allied Intervention, 1845 - 1846, in: American Neptune, Vol. 36, 1976, p. 125 - 143
A. Lake: Narrative of the Defence of Kars, Historical and Military, London 1857
Larraß: Zur Beurteilung der Überführung Königlich sächsischer Truppen zu den Verbündeten bei Leipzig am 18. Oktober 1813, in: MWBl. 1906, Beiheft, S. 385 - 403
P. Lefebvre: L'expédition de 1830, in: Revue historique de l'armée, 1992, No. 186, p. 3 - 14
M. Lenoir: Missions militaires en Perse: Le général Gardane et le colonel Colombari, in: RIHM, 1980, No. 49, p. 145 - 159
J. H. Leslie (edit.): Artillery Services in North America in 1814 and 1815 (Being Extracts of the Journal of Colonel Sir A. Dickson, KCB, Commanding Royal Artillery), in: JSAHR, Vol. 8, 1929, p. 79 - 112, p. 147 - 178, p. 213 - 227
J. H. Leslie (edit.): The First Sikh War 1845-6, in: JSAHR, Vol. XI, 1932, p. 65 - 76
F. Lissignolo: Spanien in Afrika, in: Internationale Revue über die gesammten Armeen und Flotten, 2. Jahrg., 2. Band 1884, S. 113 - 138
A. Lockwood: Angaben über die englische Armee bei Waterloo, in: ZfH, 1930, S.160
Ch. Lloyd: Lord Cochrane, Seaman-Radical-Liberator, London 1947
F. T. Lloyd: Report of the Operations of the Royal Artillery in the Soudan in February and March 1884, in: JRA, Vol. XIII, 1885, p. 31 - 48
B. J. Lossing: Scenes in the War of 1812, in: Harpers New Monthly Magazine, Vol. XXVIII. Dec 1863, Vol XXIX, March 1864 und June 1864
B. J. Lossing: The Pictorial Field Book of the War of 1812, New York 1868
F. Lubojatzky: Illustrirte Kriegs-Chronik des russisch - türkischen Feldzuges 1877, Zweiter Theil, Dresden 1878
Hauptmann Machalicky: Der Feldzug gegen die Neapolitanische Revolution 1821, in: Mitteilungen des K.K. Kriegs-Archivs (Herausgegeben von der Direction des K.K. Kriegs-Archivs) II. Band, Wien 1888
P. Mackesy: The War in the Mediterranean 1803 - 1810, London 1957
M. Mac Mahon: The War in Paraguay, in: Harpers New Monthly Magazine, Vol. XL 1870, No. CCXXXIX, p. 633 - 647
John K. Mahon: History of the Second Seminole War 1835 - 1842, Gainesville 1967
Lt. A. Mansel: Mountain Guns in the Naga Hills, 1879 - 80, in: JRA, Vol. XI, p. 263- 270
E. Marcks (Herausg.): Carl August, Darstellung und Briefe zur Geschichte des Weimarischen Fürstenhauses und Lamdes, IV. Abteilung: Briefwechsel des Herzogs - Großherzogs Carl August mit Goethe, III. Band 1821 - 1828, Berlin 1918
J. Marshall-Cornwall: British Aid in the Carlist War: 1835 - 1840, in: History Today, Vol. 26, 1976, p. 179 - 187
K. Marx / F. Engels: Bem, in: K. Marx / F. Engels, Werke, Band 14, Berlin 1961, S. 129 - 132
P. M. Mbaeyi: British Military and Naval Forces in West African History 1807 - 1874, New York - London - Lagos 1978
J. D. McCabe Jr.: History of the War between Germany and France, New York 1871
R. D. Meade: Judah P. Benjamin, Confederate Statesman, New York 1943
W. Mente: Von der Pieke auf, Erinnerungen an eine neun und vierzigjährige Dienstzeit bei der Königlich Preußischen Artillerie, Berlin 1861
C. Mercer: Journal of the Waterloo Campaign, Edinburg and London 1870
R-J. Möller: Über den englischen Seekrieg in den norddeutschen Küstengewässern, insbesondere die Belagerung der Festung Glückstadt 1813/1814, in: Steinburger Jahrbuch, Itzehoe 1977, S. 87 - 208 und: 1978, S. 187 - 208
A. Freih. v. Mollinary: Sechsundvierzig Jahre im österreich - ungarischen Heere 1833 - 1879, Zürich 1905
W. C. F. Molyneux: Campaigning in South Africa and Egypt, London 1896
P. Mondain: Obligado: 28 novembre 1845 une opération navale franco-anglaise, in: Revue historique de l'armée, Vol. 3, 1976, p. 55 - 68
E.. D. Morgan: The Tekkeh Expedition of 1879, in: Journal of the Royal United Service Institution, Vol. XXIII 1880, p. 985
D. R. Morris: The Washing of the Spears, New York 1969
W. S. Myers (edit): The Mexican War Diary of General George B. McClellan, Princeton 1917 (reprint New York 1972)
G. Nagel: Geschichtliche Darstellung des Feldzuges der Britten gegen die nordamerikanischen Freistaaten in den Jahren 1814 und 1815, Celle 1832
Sir Ch. Napier: The War in Syria, Vol. I, London 1842
W. F. P. Napier: History of the War in the Peninsula and in the South of France from the Year 1807 to the Year 1814, London 1876
G. Nijpels: Onze strijd in Zuid-West-Selebes tot 1838 en de daaruit te putten lessen, Batavia 1902
J. E. O'Leary: Historia de la Guerra de la Triple Alianza, Asunción 1992
Ch. Oman: A History of the Peninsular War, Oxford 1902 - 1930
O. Ossipowitsch: Michael Dmitriewitsch Skobolew, in: Internationale Revue über die gesammten Armeen und Flotten, 5. Jahrg., 1. Band, S. 65 - 93, S. 247 - 305
L. Pallu de la Barrière: Histoire de l'Expédition de Cochinchine en 1861, Paris/Nancy 1888
K. Peball: Dokumente und Forschungen im Kriegsarchiv Wien zur Geschichte der militärischen Österreichisch-Persischen Beziehungen bis 1918, in: Commission Internationale d'Histoire Militaire, Acta 1978, No. 3, S. 136 - 147
R. Perkins and K. J. Douglas-Morris: Gunfire in Barbary, Havant 1982
F. Phisterer: New York in the War of the Rebellion 1861 to 1865, Albany 1812
R. Pierce, Die russische Eroberung und Verwaltung Turkestans, in: G. Hambly (Herausg.), Fischers Weltgeschichte, Bd. 16, Zentralasien, Frankfurt a. M. 1966, S. 217 - 236
F. Plumhoff: Betrachtungen zur Zusammensetzung des Deutschen Korps im Treffen an der Göhrde am 16. September 1813, in: ZfH, 1987, S. 47 - 49
T. Pocock: Remember Nelson. The Life of Captain Sir William Hoste, London 1977
S. L. Poole (ed.): The Life of the Late General F. R. Chesney, London 1885
B. Poten: Georg Freiherr von Baring, Königlich Hannoverscher Generallieutenant 1793 - 1848, in: Beiheft zum MWBl. 1898, S. 1 - 78
W. von Prittwitz: Berichte über die Kriegsführung der Engländer in China im Jahre 1841, in: ZfWGK, 1850, S. 54
C. J. Purdon: Col. Edward Mounier Boxer, RA, FRS, in: Arms Collecting, Vol. 30, 1992, No. 4, p. 125 - 126
A. Puzyrewsky: Der Polnisch-Russische Krieg 1831, Wien 1892
B. v. Quistorp: Geschichte der Nord-Armee im Jahre 1813, Berlin 1894
J. von R.: Nekrolog. Ferdinand Freiherr von Augustin, k. k. Feldmarschall-Lieutenant, in: ÖMZ, 1861, 3. Band, S. 430 - 435
W. Baron von Rahden: Wanderungen eines alten Soldaten, Zweiter Teil, Berlin 1847
H. Raikes: Memoir of the Life and Services of Vice-Admiral Sir Jahleel Brenton, London 1846
J. Read: 'Independence or Death' British Adventurers in South America, in: History Today, Vol. 25, 1975, p. 381 - 389
J. C. van Rijneveld: Celebes, of veldtogt der Nederlanders op het eiland Celebes in de jaren 1824 en 1825, Breda 1840
R. J. B.: Naval Recollections of the Late American War, in: USJ, April 1841, p. 455 - 467 und May 1841, p. 13 - 23
F. C. Rode: Kriegsgeschichte der Festung Glückstadt und der Niederelbe, 2. Band, Glückstadt und Hamburg 1940
F. T. Rodolphe: Notice sur M. Munier, Dominique - Nicolas, in: Mémoires de l'Académie Nationale de Metz 1838 - 39, p. 43 - 46
A. Roman: The Military Operations of General Beauregard in the War between the States 1861 to 1865, New York 1884
E. de Rossi: Il Colonnello nell'artiglieria Napoletana - Allessandro Begani, in: Rivista di artiglieria e genio, 1911, p. 131 - 155

F. R. von Rothenburg: Die Schlachten von 1848 und 1849, Berlin 1851
P. Rouse: Low Tide at Hampton Roads, in: United States Naval Institute Proceedings, Vol. 95, No. 7, 1969, p. 79 - 86
C. Rousset: Conquête d'Alger, Paris 1879
W. Rüstow: Der Krieg gegen Rußland, Zürich 1855
W. Rüstow: Der Italienische Krieg 1859, Zürich 1860
W. Rüstow: Geschichte des ungarischen Insurrectionskrieges in den Jahren 1848 und 1849, Zürich 1860
L. Freih. von Rzikowsky v. Dobrzisch: Fragmente aus der Geschichte der Belagerung von Venedig im Jahre 1849, in: ÖMZ, 6 / 1860, S. 13 - 125
E. Sabine (edit.): Letters of Colonel Sir Augustus Simon Frazer, K.C.B. in the Army under the Duke of Wellington written during the Peninsular and Waterloo Campaign, London 1859
L. dos Santos Titára: Memorias do grande exército aliado, Biblioteca do Exército 1950, Vol. 151/152
J. M. Sarobe: El general Urquiza (1843 - 1852) La campaña de Caseros, Buenos Aires 1941
L. Scavarda: A Marinha no final de uma campanha gloriosa, in: Navigator, Subsídios para a História Maritima do Brasil, No. 2, 1970, p. 3 - 42
J. B. Schels: Die Schlachten bei Wawer, Bialolenka und Grochow, im Februar 1831, in: ÖMZ 1834, S. 41 - 89
E. Schlagintweit: Der Spanisch - Marokkanische Krieg in den Jahren 1859 und 1860, Leipzig 1863
Ch. v. Schmaltz: Aus dem Leben des Generalmajors von Schmaltz, in: Darstellungen aus der Bayerischen Kriegs- und Heeresgeschichte (Herausg.: K. B. Kriegsarchiv), Heft 20, München 1911
D. Schmidt (Herausg.): Erinnerungen aus dem Leben des Generalfeldmarschalls Hermann von Boyen, Berlin 1990
F. J. A. Schneidawind: Feldmarschall Graf Radetzky, sein kriegerisches Leben und seine Feldzüge vom Jahre 1784 - 1850, Augsburg 1851
L. Schneider: Der Krieg der Tripel - Allianz gegen die Regierung der Republik Paraguay, Berlin 1872
Schwertfeger: Das Treffen an der Göhrde am 16. September 1813, in: MWBl, 1897, Beiheft, S. 259-309
B. Seewald: Karl Wilhelm v.Heideck, München 1994
Major Semek: Repressaliengefechte gegen die Montenegriner 1838, in: Mitteilungen des K. und K. Kriegsarchivs (Herausgegeben von der Direktion des K.und K. Kriegsarchivs), IV. Band, Wien 1906
Senn-Barbieux: Das Buch vom General Dufour, St. Gallen 1878
W. Siborne: History of the Waterloo Campaign, London 1995 (reprint der Erstausgabe 1848)
F. v. Smitt: Geschichte des polnischen Aufstandes und Krieges in den Jahren 1830 und 1831, Berlin 1848
A. Smoltczyk: Opfermut und Größenwahn, in: Der Spiegel, No. 1 / 1999, S. 94 - 106
Sommeregger: Ereignisse in den Legationen und Marken in Italien in den Jahren 1848 und 1849, in: Mittheilungen des K. und K. Kriegs-Archivs, Dritte Folge, I. Band, Wien 1902
J. Sporschil: Feldzug der Engländer, Spanier und Portugiesen gegen die französischen Armeen der Pyreneen und von Aragonien im Jahre 1814, Braunschweig 1844
J. Sporschil: Die Große Chronik. Geschichte des Krieges des Verbündeten Europa's gegen Napoleon Bonaparte in den Jahren 1813, 1814 und 1815, Braunschweig 1842
T. Stachowski: Between Waterloo and the Alma: The Polish - Russian War of 1831, Part I: Grochow, in: History Today, Vol. 29, 1979, p. 380 - 394
G. W. Steevens: With Kitchener to Khartum, Edinburgh and London 1898
J. Sterbenz: Lissa, am 18. 19. und 20. Juli 1866. Artilleristische Studie, in: MGAG 1868, S. 109 - 124 sowie 1869, S. 101 - 117
v. Sternegg: Schlachten-Atlas des XIX. Jahrhunderts: Der Russisch-Türkische Krieg 1828-1829 in Europa und Asien, Leipzig o.J.
A. Streckfuß: Die Ereignisse im Jahr 1848, 1. Theil: Der Freiheits-Kampf in Ungarn, Berlin 1850
A. Strobl: Mortara und Novara, Wien 1899
R. von Stutterheim: Kriegszüge in Spanien während der Jahre 1835 bis 1838, Braunschweig 1847
J. F. Sunderman (ed.): Journey into Wilderness. An Army Surgeon's Account of Life in Camp and Field during the Creek and Seminole Wars 1836 - 1838 by Jacob Rhett Motte, Gainesville 1963
S. Thompson: The War in Paraguay, London 1869 (auch spanisch: J. Thompson, La guerra del Paraguay, Buenos Aires 1910)
G. Tucker: Poltroons and Patriots, New York 1954
G. Tylden: The British Army and the Transvaal, 1875 - 1885, in: JSAHR, Vol. XXX, Winter 1952, p. 159 - 170
G. Tylden: Inhlogane Mountain and Kambula, Zululand, 28th/29th March, 1879, in: JSAHR, VOl. XXXI, 1953, p. 3 - 9
G. Tylden, Organization and Equipment of the Bechuanaland Field Force, 1884, in: JSAHR, Vol. XXXIV, 1956, p. 171 - 173
G. Tylden: South Africa, 1877 - 78: The Ninth Kaffir War, in: JSAHR, Vol. XX, 1941, p. 226 - 232
Uschakoff: Geschichte der Feldzüge in der asiatischen Türkei während der Jahre 1828 und 1829 (Bearb.: A. C. Laemmlein), Leipzig 1838
V. Valentin: Geschichte der deutschen Revolution 1848-1849, Berlin 1970
W. Verner (Herausg.): Herzog von Cambridge. Militärische Tagebuchblätter, Berlin 1907
M. von Versen: Reisen in Amerika und der Südamerikanische Krieg, Breslau 1872
W. T. Vincent: The Records of the Woolwich District, Woolwich o.J.
H. I. Viola and C. Margolis (editors): Magnificent Voyagers, The U.S. Exploring Expedition, 1838-1842, Washington 1985
L. Vittone: Guerra d la Triple Alianza contra el Paraguay, Asunción 1962
J. L. Vogel: Die Belagerungen von Torgau und Wittenberg 1813 und 1814, Berlin 1844
A. Wagner: Österreichs Artillerie im Kriege von 1866, in: Truppendienst, Heft 3, 1976, S. 185 - 190
O. Walcha: Meißner Porzellan, Gütersloh 1975
C. F. Wandel: Sökrigen i de dansk - norske Farvande 1807 - 1814, København 1915
A. v. Weingarten: Geschichte des Armeekorps unter den Befehlen des Generallieutenants Grafen von Wallmoden-Gimborn an der Nieder-Elbe und in den Niederlanden, vom April 1813 bis zum Mai 1814, in: OMZ 1827, 2. Heft, S. 113 - 136, 3. Heft, S. 225 - 277, 4. Heft, S. 3 - 49, 5. Heft, S. 115 - 141, 6. Heft, S. 225 - 255, 7. Heft, S. 3 - 24, 8. Heft, S: 117 - 137 und 9. Heft, S. 239 - 268
J. Weller: Wellington in India, London 1972
Le Général Weygand: Histoire Militaire de Mohammed Aly et de ses Fils, Paris 1936
F. A. Whinyates: Horse Artillery Guns at Waterloo, in: JRA, Vol. XX, p. 627 - 630
J. A. Whitehorne: The Battle for Baltimore 1814, Baltimore 1997
C. M. Wilcox: History of the Mexican War, Washington 1892
H. N. Williams: The Life and Letters of Admiral Sir Charles Napier, London 1917
A. Wilson: The 'Ever-Victorious Army', A History of the Chinese Campaign under Lt-Col C. G. Gordon, CB, RE, and of the Suppression of the Tai-Ping Rebellion, London 1868 (reprint London 1991)
J. Wojtasir: The Influence of Armament on the Art of War in Polish National Risings in the 18th and 19th Century, in: o.Verf.: Military Technique Policy and Strategy, Warsaw 1976
G. Wolff: Gewaltsame Flussübergänge der neueren Kriegsgeschichte, in: ÖMZ, I. Band 1895, S. 201 - 269
D. Yarrow (ed.): A Journal of the Walcheren Expedition 1809, in: Mariners Mirror 1975, p. 183
M. K. Zahrtmann: Admiral C. C. Zahrtmann. En mand og en slægts historie, København 1927
L. Zenequelli: Crónica de una guerra, la triple alianza 1865-1870, Buenos Aires 1997
A. Zerbs: Die russische Expedition gegen Chiwa im Jahre 1873, Sonderbeilage zu: Organ der Militär-wissenschaftlichen Vereine, XI. Band 1875
H. Zschokke: Überlieferungen zur Geschichte unserer Zeit, Aarau 1818
o. Verf.: Account of the capture of Oswego on 6 May 1814, Note, in: JSAHR, Vol. XII, 1933, p. 105
o. Verf.: Algier, in: MWBl., 1830, S. 4273 - 4276
o. Verf.: Der Aschantikrieg, in: Das Ausland, 46. Jahrg., S. 792 - 798 und S. 808 - 811
o. Verf. (von einem höhern kais. königl. Offizier): Beiträge zur Geschichte des Feldzuges im Jahre 1848 in Italien, Wien 1850
o. Verf.: Beiträge zu einer Charakteristik des Kriegsschauplatzes und der Kriegführung in Oberitalien, Zürich 1850
o. Verf.: Die Bekämpfung des Aufstandes in Neapel und Piemont im Jahre 1821, in: Organ der militär-wissenschaftlichen Vereine, LV. Band 1897, S. 167 - 188
o. Verf.: Die Belagerung von Temesvar 1849, in: AOAW, 6. Jahrg. 1849, 4. Band, S. 87 - 132
o. Verf.: Bericht über den Krieg der Engländer im Transvaalgebiete 1881, in: JVFM, VIII. Jahrg., 1881, S. 532 - 546
o. Verf.: Bericht über den Krieg Englands in Süd-Africa. 1879, in: JVFM, VI. Jahrg., 1879, S. 493 - 513
o. Verf.: Bericht über die Russischen Expeditionen gegen die Achal - Teke 1879 - 1881, in: JVFM, VIII. Jahrg., 1881, S. 546 - 561
o. Verf.: Bericht über den Russischen Feldzug in Kokan 1875/76, in: JVFM, III. Jahrg., 1877, S. 428 - 440
o. Verf.: Bericht über die englische Armee in Abyssinien 1867 - 1868, II. Teil, in: ÖMZ 1869, Erster Band, S. 1 - 45
o. Verf.: Die Britische Expedition gegen die Aschantis. 1895/96., in: JVFM, XXIII. Jahrg., 1896, S. 581 - 587
o. Verf.: Die Ereignisse in und um Wien im Oktober 1848, in: ÖMZ, 1848, 4. Band, S. 147 - 183
o. Verf. [Ludw. Graf von Wallmoden-Gimborn]: Der Feldzug in Mecklenburg und Holstein im Jahre 1813, Berlin 1817
o. Verf. [W. Freih. von Ramming]: Der Feldzug in Ungarn und Siebenbürgen im Sommer des Jahres 1849, Pesth 1850
o. Verf.: Die Freischarenzüge nach Luzern, Ein Rückblick nach 50 Jahren, Luzern 1895
o. Verf.: Das Gefecht bei Bladensburg in Nordamerika am 24. August 1814, in: ÖMZ, 1862, 3. Band, S. 91 - 98
o. Verf.: Das Gefecht von Janu-Kurgan am 5. Juli 1867, in: MilBl., 18. Bd. 1867, S. 456 - 459
o. Verf.: Das Gefecht bei Melegnano am 8. Juni 1859, in: ÖMZ, 1861, Band 1, S. 12 - 30
o. Verf.: Die Gefechte bei Veile am 8. Mai 1849 und am 8. März 1864, unter Anwendung der älteren und neuartigen Feuerwaffen, in: ÖMZ, 1864, Band 2, S. 299 - 314
o. Verf.: Aus der Geschichte einer Preußischen Batterie in den Befreiungskriegen, in: ZfH, 1939, S.105
o. Verf.: A Glance upon Spain with a Recollection of the Siege of Cadiz, in: USJ, Nov. 1843, p. 321 - 333, Dec. 1843, p. 481 - 492, Jan. 1844, p. 56 - 69, Feb. 1844, p. 161 - 171, und April 1844, p. 481 - 493
o. Verf.: Historische Darstellung des letzten Brittisch - Ostindischen Krieges (im Auszuge bearbeitet nach dem Englischen des Obrist-Lieutenants Fitzclarence), in: Minerva, Band I, 1820, S. 241 - 277 und S. 461 - 495
o. Verf.: Die Insurrektion in Dalmatien, in: MilBl., XXIII. Bd. 1870, S. 27 - 64
o. Verf.: Jefferson Davis, Ex-President of the Confederate States of America, A Memoir by His Wife, Vol. II, New York 1890
o. Verf.: Die kriegerischen Ereignisse in Italien in den Jahren 1848 und 1849, Zürich 1850
o. Verf.: Kriegsbegebenheiten bei der Kaiserlich Österreichischen Armee in Italien, II. u. III.- Abschnitt, Mailand 1848
o. Verf.: H. G. Kühn, kön. sächs. Bergrath und Vorstand der kön. Porzellanmanufaktur in Meißen, in: Illustrirte Zeitung (Leipzig), No. 434, XVII. Band 1851, S. 349 - 350
o. Verf.: Land Operations before Canton, in May, in: USJ, Dec. 1841, p. 531 - 538
o. Verf.: Mittheilungen über die Expedition nach Chiwa, in: MilBl., 30 Bd. 1873, S. 676 - 688

o. Verf.: Des neueröfneten Historischen Bilder-Saals Zwölfter Theil. In welchem die allgemeine Welt-Geschichte vom Jahre 1749, biß 1756, als den Anfang des sich entsponnenen Kriegs, mit vielem Fleiß aufrichtig und unpartheyisch beschrieben, Nürnberg 1761
o. Verf.: Neues über den Aschantikrieg, in: Das Ausland, 47. Jahrg., S. 267 - 270 und S. 295 - 300
o. Verf.: Das Neugebäude. In den Tagen vom 10. Oktober bis zur Mitte des Novembers 1848, in: ÖMZ, 1849, Siebentes Heft, S. 3 - 47
o. Verf.: Original-Correspondenzen aus dem Königreiche beider Sicilien über die Kriegsereignisse in den Jahren 1860 und 1861, in: ÖMZ, 2. Jahrg. 1861, Erster Band, S. 382 - 404
o. Verf.: Our Latest „Little War;" or Campaigning in Honduras, in: USJ, Sept 1868, p. 52 - 59; Oct. 1868, p. 212 - 218
o. Verf. [by an old Sub], Recollections of the Expedition to the Chesapeake, and against New Orleans, in the Years 1814-15, in: USJ, April 1840, p. 443 - 456, May 1840, p. 25 - 36, June 1840, p. 182 - 195 und July 1840, p. 337 - 352
o. Verf.: The Rocket Brigade at Leipzig, Note, in: JSAHR, Vol. XII, 1933, p. 186 - 187
o. Verf.: The Russian War with Khokand, in: USJ, Vol. 122, 1870, p. 46 - 52
o. Verf.: Staatsgeschichte Europa's von dem Frieden von Tilsit bis zur Abreise Napoleons zur Armee nach Spanien, 5. Jahrgang, Tübingen 1810
o. Verf.: Der Straßenkampf mit Barrikaden, ein geschichtlicher Rückblick nebst Betrachtungen über die Verhältnisse des Angriffs und der Vertheidigung dabei, Berlin 1849
o. Verf.: Vom Süd - Amerikanischem Kriegsschauplatze, in: MilBl., XXII. Band 1870, S. 397 - 417, und: XXIV. Band 1870, S. 139 - 164
o. Verf.: Testimonios sobre la guerra del Paraguay contra la triple alianza (I), in: Historia Paraguaya, Vol. 37, 1997, p. 255 - 299
o. Verf.: Tøjhusmuseets Bog om Treårskrigen 1848-49-50, Bind I, København 1948
o. Verf.: Ueberblick der Kriegsbegebenheiten im nördlichen Dagestan vom 27. August bis 22. Dezember 1843, in: ÖMZ, 1849, Erster Band, S. 294 - 312
o. Verf.: Verzeichnis der verschiedenen Stäbe der im Jahre 1856 / 57 aufgestellten eidgenössischen Armee, Bern & Solothurn o. J.
o. Verf.: Waffenlehre, Berlin 1837 (Handbibliothek für Offiziere, oder populaire Kriegslehre für Eingeweihte und Laien, Dritter Band)
o. Verf.: The War with China, in: USJ, May 1844, p. 41 - 49
o. Verf.: Der Winter-Feldzug 1848 - 1849 in Ungarn unter dem Oberkommando des Feldmarschalls Fürsten zu Windisch-Grätz, Wien 1851

Auflistung der Arbeiten, soweit auf sie im Text Bezug genommen wurde, die aufgrund ihrer Thematik herangezogen wurden, in denen jedoch jegliche Hinweise auf die Kriegsraketen oder deren Einsatz fehlen.

A. O. Alvarenga: Las Fuerzas de la Nacion, evolucion historica y organica, in: Historia Militar del Paraguay, Anuario de la Academia de Historia Militar del Paraguay, Vol. IV - años 1991 - 1992, p. 17 - 66
M. d'Ayala: Napoli Militare, Napoli 1847
J. F. Baddeley: The Russian Conquest of the Caucasus, London 1908
M. Balbotin: La invasion Americana, Mexico City 1883
T. Battaglini: La fine d' un esercito, in: Rivista Militare Italiana, 1913, p. 529
v. Baudissin: Geschichte des Schleswig-Holsteinischen Krieges, Hannover 1862
F. v. Bezold, König Sigmund und die Reichskriege gegen die Husiten, Band 1 - 3, München 1872 - 1977 (reprint: Hildesheim 1976)
A. v. Boguslawski: Entwicklung der Taktik seit 1870, Berlin / Leipzig 1877
A. Boppe: L'Albanie et Napoléon, Paris 1914
D. Borges Fortes: Passo da Patria, uma operação anfibia, in: IRHM 1952, p. 329 - 344
C. B. Brackenbury: European Armaments In 1867, London 1867
M. Brozoczki: La Guerre de Pologne en 1831, Leipzig 1833
N. Brancaccio: L'esercito del vecchio Piemonte, Roma 1922
C. Brusten: L'Armée bourguignonne de 1465 à 1477, in: RIHM 1959, p. 452 - 466
A. Bürkli: Der Abfall Belgiens und die Belagerung der Zitadelle von Antwerpen in den Jahren 1830 - 1832, in: LXXXIII. Neujahrsblatt der Feuerwerker - Gesellschaft in Zürich, Zürich 1888, S. 4 - 21
M. B. Capefigue: Récit des opérations de l'armée française en Espagne, Paris 1823
C. Dellepione: Historia militar del Peru, Lima 1943
Denecke: Geschichte der kgl. preußischen Artillerie-Prüfungskommission, Berlin 1809
E. A. Falk: Togo and the Rise of Japanese Sea Power, Longmans 1936
C. Farrère: Histoire de la Marine Française, Paris 1934
V. Frond: Histoire de la marine française au XIX siècle, Paris 1868
K. Gogg: Die österreichische Kriegsmarine 1848 - 1918, Salzburg / Stuttgart 1967
F. Hauthal: Geschichte der sächsischen Armee von ihrer Reorganisation nach dem siebenjährigen Krieg bis auf unsere Zeit, Leipzig 1858
W. Hoste: Service Afloat; or, the Naval Career of Sir William Hoste, London 1887
F. T. Jane: The Imperial Japanes Navy, 1904, reprint London 1984
J. Jones: Tagebuch der in den Jahren 1811 und 1812 von den Verbündeten in Spanien unternommenen Belagerungen, Berlin 1818
D. W. Knox: A History of the United States Navy, New York 1936
v. Kretschmar: Geschichte der sächsischen Feldartillerie, Berlin 1896
F. F. Llul: Sinopsis Gráfica de la Historia Militar del Uruguay, Montevideo 1975
J. H. Marsden: A Brief Memoir of the Life and Writings of the Late Lieutenant-Colonel William Martin Leake, London 1864
F. Mengin: Histoire sommaire de l'Egypte sous le gouvernement de Mohammed-Aly, Paris 1839
H. v. Moltke: Geschichte des Deutsch-Französischen Krieges 1870-1871, in: Gesammelte Schriften, Berlin o. J.
T. J. Newbold: Present State of the Military and Naval Strength of Egypt, in: USJ, Oct 1840, p. 225 - 232
A. Nieper: 300 Jahre Sächsische Artillerie, in: Deutsches Soldatenjahrbuch 1968, München 1967, S. 134 - 151
Fr. d'Orléans: Expédition de Tanger et de Mogador. - Rapport de S. A. R. M. le prince de Joinville à M. le ministre de la marine et des colonies, in: Annales Maritimes et Coloniales, 1844, p. 434 - 439
D. Pope: Feuerwaffen, Bern / München 1965
F. D. Prager u. G. Scaglia, Mariano Taccola and his book De ingeniis, Massachusetts Institute of Technology 1972
V. A. Queirolo. Campaña de Mato Grosso, in: Historia Paraguaya, Anuario de la Academia Paraguaya de la Historia, Vol. 11, 1966, p. 113 - 146
B. Rathgen: Das Aufkommen der Pulverwaffe, München 1925
J. v. Rechkron: Die Ereignisse zur See während der Revolutionskämpfe des Jahres 1848 in Italien, in: Mittheilungen aus dem Gebiete des Seewesens, X. Band 1882, S. 529 - 539
Alan J. Reinermann, The Papacy and Austrian Intervention in the 1831 Revolution, in: Consortium on Revolutionary Europe, Tallahassee, Fa., Vol. XII, 1983, p. 562 - 582
B. Reyes: El ejercito mexicano, Mexico 1901
R. I. B.: Algiers in 1816, in: USJ, 1831, part I, p. 177 - 189
B. Riquelme Garcia: El Ejercito de la Epopeya, Asunción 1977
R. Rolón: La Batalla de Curupayty, in: Historia Paraguaya, Anuario de la Academia Paraguaya de la Historia, Vol. 11, 1966, p. 65 - 83
John W. Rooney: The Brussels Street Fighter, 1830, in: Consortium of Revolutionary Europe, Tallahassee, Fa., 1978, Vol. VII, p. 87 - 97
Rouvroy: Vorlesungen über die Artillerie zum Gebrauch der königl. sächsischen Militär-Akademie, Dresden 1821
P. Sauer: Das württembergische Heer in der Zeit des deutschen Bundes, Stuttgart 1958
O. v. Schlechta-Wssehrd: Der letzte persisch-russische Krieg (1826-1828), in: Zeitschrift der Deutschen morgenländischen Gesellschaft, 20. Band 1866, S. 288 - 325
C. Schmidt, Les journées de juin 1848, Paris 1929
Frederick C. Schneid: Eugène and the Defense of Italy, 1813, in: Consortium on Revolutionary Europe, Tallahassee, Fa., Vol. XX, 1991, p. 171 - 181
Schütz v. Brandis: Übersicht über die Geschichte der Hannoverschen Armee von 1617 bis 1855 (bearbeitet von J. Fhr v. Reitzenstein), Hannover und Leipzig 1903 (Quellen und Darstellungen zur Geschichte Niedersachsens XIV)
L. v. Sichart: Geschichte der königl. hannoverschen Armee, Hannover 1866 - 1871
L. Sondhaus: The Habsburg Empire and the Sea, West Lafayette, Indiana 1989
Staroste: Tagebuch über die Ereignisse in der Pfalz und Baden im Jahre 1849, Band II, Potsdam 1853
A. Streckfuß: Die Ereignisse im Jahr 1849, 2. Theil: Die Feldzüge in Schleswig-Holstein, Berlin 1850
Streffleur: Die Unternehmungen der Franzosen gegen Konstantine in den Jahren 1836 und 1837, in: ÖMZ 1840, 2. Heft, S. 147 - 174 3. Heft, S. 324 - 337 und 4. Heft, S. 69 - 82
B. v. Tiedemann: Der Festungskrieg im Feldzug gegen Frankreich, Berlin 1872
J. C. Tuxen: Den Danske og Norske Sømagt, Kjøbenhavn 1875
I. L. Uijterschout: Beknopt Overzicht van de belangrijkste Gebeurtenissen uit de Nederlandsche Krijgsgeschiedenis, o. O., 1937
A. Urban: The Hungarian Army of 1848-1849, in: War and Society in Eastern Europe, Brooklyn College Studies on Society in Change, No. 10, New York 1979
R. W: H. Howard Vyse: Some Account of the Composition and Force of the Egyptian Army, in: USJ, Nov. 1840, p. 305 - 314
A. J. Walford: General Urquiza and the Battle of Pavón, in: Hispanic American Historical Review, Vol. XIX, 1939, p. 464 - 493
H. G. Warren: Paraguay, An Informal History, Westport 1949
o. Verf.: L'artillerie de siège prussienne pendant la guerre de 1870-1871, in: RdA, Tome 7, pp. 209
o. Verf.: Darstellungen der Begebenheiten des deutsch-dänischen Krieges 1848, in: Beiheft zum MWBl. 1852
o. Verf.: France and Morocco, in: USJ, July 1844, p. 481 - 492, Oct. 1844, p. 161 - 172, sowie Nov. 1844, p. 339 - 353
o. Verf.: Gedrängte Übersicht der vorzüglichsten Verwendungen der k. k. österr. Kriegs-Marine seit ihrem Bestande vom Jahre 1814 bis einschließlich des Jahres 1837, in: Mitteilungen aus dem Gebiete des Seewesens, I. Band 1873, S. 352 - 364
o. Verf.: Die Kaiserlich brasilianische Marine, in: Marine-Verordnungs-Blatt 1877, Beiheft 18, S. 2 - 13
o. Verf.: Leitfaden zum Unterricht in der Artillerie für die Königl. Preuß. Regiments-Schulen dieser Waffe, Berlin 1859
o. Verf.: Der maritime Theil des Krieges der Tripel-Allianz gegen den Präsidenten und Diktator der Republik von Paraguay Lopes, in: Marine-Verordnungs-Blatt 1877, Beiheft 20, S. 27 - 41
o. Verf.: Die militairische Wirksamkeit des hochseligen Prinzen August von Preußen, in: MWBl., 1843, S. 247
o. Verf.: Military and Naval Establishments of Modern Egypt, in: USJ, March 1840, p. 309 - 318
o. Verf.: Die Pariser Barricadenschlacht vom 23. bis 26. Juni 1848, in: Deutsche Wehr Zeitung, 1848, S. 27 - 29, 34 - 36 und S. 46 - 47
o. Verf.: Das sardinische Heerwesen zu Ende November 1860, in: ÖMZ, 1861, Band 1, S. 31 - 63
o. Verf.: Das Heerwesen des sardo-italienischen Königreiches im Mai 1866, in: ÖMZ, 1866, Band 2, S. 65 - 96, S. 177 - 192 und S. 269 - 290
o. Verf.: Some Recollections of the Battle of Algiers, in: USJ, 1836, part III, p. 35 - 41
o. Verf.: Ueber den Verlust, den Dänemark durch den Raubzug der Engländer gegen Copenhagen erlitten hat, und dessen Ersatz, in: Minerva, 1808, Dritter Band, S. 34 - 68.

Bildnachweis

Soweit nicht der Verfasser der Schriften, aus denen die Abbildungen entnommen wurden, in der Bildunterschrift genannt ist, wurden die Abbildungen mit freundlicher Genehmigung der nachfolgenden Stellen verwendet:

Abschnitt 2, Einleitung:
S. 18 u. 19: indische Raketen, indische Raketenkavallerie: Photos: O. Stripp, Hamburg

Abschnitt 3, Großbritannien:
S. 26: Sir William Congreve, Portrait von James Lonsdale (1812), by courtesy of the National Portrait Gallery, London
S. 35, 37, 41, 52, 64, 66, 67, 71, 77, 79, 81, 83, 85, 87 - 89, 101, 102, 104, 106, 107, 109, 110, 433: Carl E. Franklin, Lea, Lincolnshire
S. 42, 43: farbige Uniformtafeln: Photos Otto Quenstedt, Historischer Bilderdienst
S. 54: Congrev'sche Brandrakete, Photo: Stadtgeschichtliches Zentrum, Abt. Stadtgeschichte, Lutherstadt Wittenberg, Schloß
S. 57: Grabmal Captain Bogue in Taucha: Photos M. Krop, 1999
S. 70: Sir William Congreve, Portrait 1815, by courtesy of the O / HQ Battery (The Rocket Troop) RHA (photographed by Major Shapland, RHA)
S. 86: rocket boat by courtesy of the Royal Artillery Historical Trust, Woolwich
S. 84: Modelle von Congreve's rocket car und rocket tube, West Point Museum Collections, United States Military Academy West Point, New York, U.S.A.

Abschnitt 4, Dänemark:
S. 122: Portrait Schumacher: Det Kongelige Bibliotek, København
S. 124: 9pfündige Raketen von Congreve und Schumacher, Orlogsmuseet, København
S. 126: Photo dänische Raketen und farbige Uniformtafeln nach S. 129: Tøjhusmuseet, København

Abschnitt 5, Österreich:
S. 131: Portrait Augustin, Heeresgeschichtliches Museum, Wien
S. 135: Vorführungsschießen, S. 138: Fallschirmrakete und S. 148: die österreichischen Raketen: Österreichisches Staatsarchiv, Kriegsarchiv, Wien (Mem. 13-218, Mem. 13-203)
S. 149: Aufnahme des österreichischen Raketensystems: Bayerisches Hauptstaatsarchiv, München, IV Kriegsarchiv (HS 179)

Abschnitt 6, Frankreich:
S. 191: chevalet à pivot inventé par le capitaine Bourée 1810 und Brandrakete 1810: Col. Musée de la Marine / Cliché Jean Boudriot
S. 194: Raketenabfeuerungsgestelle zu Hamburg: Ministère de la Défense, Service Historique de l'Armée de Terre, Vincennes, Archives d'Artillerie, 2.c.7
S. 213: Général Susane, Photographie © „Photo Musée de l'Armée, Paris"

Abschnitt 7, Die deutschen Staaten:
Bayern: S. 242: Abfeuerungsstativ und: S. 244: Kartätschrakete: Bayerisches Armeemuseum, Ingolstadt
Preußen: S. 271 und S. 272: Abfeuerungsgestelle: Historischer Bilderdienst, Otto Quenstedt
S. 265: Raketen Kühn (Keltz): Deutsches Historisches Museum, Berlin
Sachsen: S. 277: Abfeuerungsgestell: Militärhistorisches Museum der Bundeswehr, Dresden
S. 276: Entwurf Raketenstativ (Leonhardi): SächsHStA, Sächs. Kriegsarchiv, Dresden, Nr. 6326
S. 278: Portrait H. G. Kühn: Archiv der Staatlichen Porzellan - Manufaktur Meißen, GmbH, AA II Aa 57/7

Abschnitt 9, Europäische Staaten:
Polen: S. 341 und S. 342: Raketengeschütz und Protze: Muzeum Wojska Polskiego, Warszawa (MWP 53152 u. 53153)
Schweden: S. 349 -351: alle Abbildungen: Armémuseum, Stockholm
Ungarn: S. 372: Raketengeschütz mit Granatrakete 1849, Hadtörténeti múzeum, Budapest

Nachtrag

Zwischen der Abgabe der Datenträger beim Verlag und dem Druck konnte natürlich noch weitere Literatur ausgewertet werden. Einige wenige zusätzliche Angaben hieraus sollen doch noch in diesen Nachtrag einfließen.

Abschnitt 3: Das Vereinigte Königreich von Großbritannien und Irland:

„Monkey-Press" (Zeichnung: ILN)

zu Seite 64: Der Treibsatz wurde durch eine Ramme, den „monkey", über den Dorn, der zuvor mit Seife bestrichen wurde, in die Hülse geschlagen, wobei die Ramme aus einer Höhe von etwa 6 Fuß fiel, etwa 60 Schläge waren für den Treibsatz erforderlich. „The measured charge of composition being put in, it is to be settled by hand on the bottom; and this is done by repeated strokes, till it is so firm that the condensation of air which takes place in driving may not blow it out." Für die verschiedenen Füllhöhen wurden unterschiedliche Rammen verwendet, damit über dem Dorn die Seele entstehen konnte; war das Ende der Seele erreicht, wurde ein massiver Rammer benutzt, um die Zehrung zu schlagen. Diese sollte nicht stärker als das Kaliber der Rakete sein. Die Hülsen waren anfangs geschmiedet, man ging dann aber etwa ab 1813 zur vereinfachten Methode des Nietens über.
hierzu neue Fußnote:
C. E. Franklin, Congreve's Rockets of the 2nd US War of 1812-1814, Lea 2000, p. 2

Zum Schlagen der Congrev'schen Raketen ist in der Illustrated London News, 22. April 1855, p. 411, die beigefügte Abbildung enthalten, ebenso eine Abbildung der hydraulischen Presse William Hales, dessen Raketen in diesem Artikel als große Verbesserung gegenüber den alten Achsenstabraketen hervorgehoben wurden. (zu S. 106)

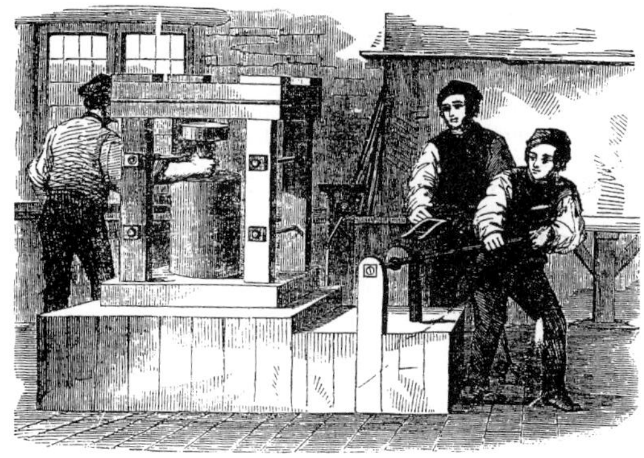

Hales hydraulische Presse (Zeichnung: ILN)

ergänze zu Fußnote 637)
Dieser Streitfall um die private Nutzung der Patente wird detailliert dargestellt in: o. Verf., The Case of Colonel Boxer, in: The Saturday Review, London, May 7, 1870, pp. 605. Im selben Jahr wurde die britische Regierung auch angegriffen, weil zu Boxers Zeiten im Royal Arsenal die Arbeitsbestimmungen für Kinder nicht entsprechend dem „Factory Act" beachtet wurden, indem von diesen einerseits überlange Arbeitszeiten verlangt wurden, andererseits die Bestimmungen zum Schulbesuch (mindestens 3 Std täglich) nicht eingehalten wurden, wobei die Knabenschule über längere Zeit geschlossen war, während die Mädchenschule anscheinend ganz still gelegt war. Es scheinen zu dieser Zeit etwa 1000 Jungen und 600 Mädchen beschäftigt worden zu sein. (o. Verf., Woolwich Laboratory and the Factory Acts, in: Saturday Review, London, December 10, 1870, pp. 750)

ergänze zu Fußnote 657)
vgl.: o. Verf., The War Rocket Factory and the Government, in: The Times, April 29, 1853, p. 7, hier wurde ausführlich die Gerichtsverhandlung dargestellt. Saunders fand hiernach 1,543 geladene Raketen, 3,629 Gefechtsköpfe für Raketen, 1,955 leere Raketen und 2 „instruments for firing rockets". Hale hatte damit vor allem gegen das „9th and 10th of William III., chap. 7, sec.2, which prohibited the manufacture of any rockets, squibs, or other fireworks . . . after the 25th of March, 1698" verstoßen, sowie gegen das „12th George III., chap. 61", das die Lagerung von Kanonenpulver innerhalb eines Gebietes von 3 Meilen um London verbot.

Colonel Boxer (Zeichnung: The Graphic, 1870)

zu Seite 71:
ergänze Abbildung: Rocket Frame (Zeichnung W. Congreve, 1810)

Rocket frame 1810 (Zeichnung: W. Congreve)

S. 114, auch im Ersten Kaffern-Krieg 1873 scheinen Raketen eingesetzt worden zu sein. Unwahrscheinlich erscheint hierbei eine Angabe zu Hales Raketen: eine Reichweite zu den 24pfündigen Raketen um 1873, zu denen Gawler angab: „Hale's rockets can be fitted with bursting shells, and the 24-pounder attain a range of 7,000 yards." Überdies war bereits 1867 entschieden worden, auf „bursting shells" zu verzichten. Gawler hielt Artillerie für

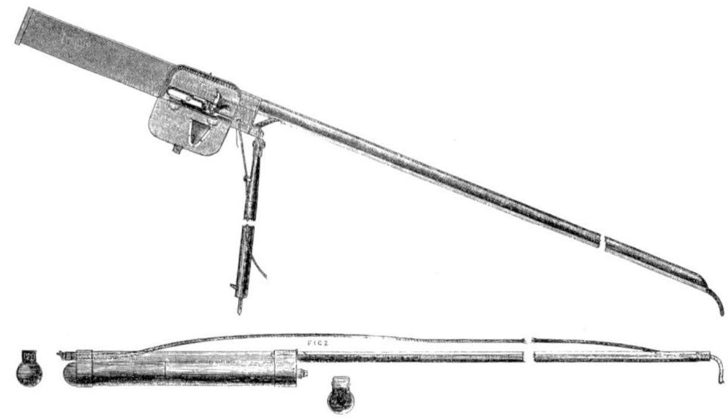

Zweistufige Boxer-Lebensrettungsrakete mit Abfeuerungsstativ (Zeichnung: The Graphic, 1870)

Kämpfe gegen „Wilde", wie im Kaffern-Krieg, für überflüssig: „Guns; moreover, confine your movements to the good ground and main roads, which the savage as a rule avoids; and in a dense country there really is not scope for a gun, and rockets do all the frightening that is necessary, and are more portable."
hierzu neue Fußnote:
Gawler, British Troops and Savage Warfare, with Special Reference to the Kaffir Wars, in: Journal of the Royal United Service Institution, Vol. 17, 1874, p. 923

ergänze zu Fußnote 752)
Die im Oktober 1873 gebildete Naval Brigade stand unter dem Kommando von Captain Fremantle und bestand aus 50 Seeleuten und Angehörigen der Marine Artillerie. (E. Wood, The Ashanti Expedition of 1873-4, in: Journal of the Royal United Service Institution, Vol. 18, 1875, p. 337) Zum 30. Januar (Egginassie) sind nähere Angaben zur britischen Truppengliederung ebenfalls in E. Woods Aufsatz zu finden (pp. 351)

Abschnitt 12: Bewertung und Ausblick:

ergänze zu Fußnote 97)
Aber ebenfalls 1927 wies ein H. Lorenz (Die Möglichkeit der Weltraumfahrt, in: Zeitschrift des Vereines Deutscher Ingenieure, Band 71, Nr. 19, S. 651 - 654) nach, daß ein Raketenflug in den Weltraum nicht möglich wäre: „Daraus geht hervor, daß auch im günstigsten Fall und ohne Berücksichtigung des Luftwiderstandes nur ein verschwindender Bruchteil der ursprünglichen Raketenmasse dem Schwerefeld der Erde entrinnen kann; daran dürfte die Verwirklichung des Raketenfluges vorläufig scheitern." Prof. Dr. Riem (siehe oben) stellte dagegen das Raketenprinzip als solches in Frage, in dem er feststellte: „Was aber die Möglichkeit angeht, mit diesem Apparat sich in so gewaltige Räume zu begeben, wo die Erdschwere aufhört und keine Luft mehr ist, so ist doch dagegen zu sagen, daß die Rakete bei ihrer Rückstoßwirkung eine Luftmasse voraussetzt, die den Rückstoß aufnimmt, und die eine gewisse Elastizität besitzen muß." Ähnlich: P. Dittrich, Ist eine Fahrt nach dem Mond möglich?, in: Urania, Mai 1927, S. 241 f. Bereits 1931 sah Oberth den Einsatz von Interkontinental-Raketen voraus, wobei er wie viele zuvor bei einer solchen neuen Waffe hoffte, daß hierdurch Kriege unmöglich gemacht würden (o. Verf., Rockets to Make War Horrible, in: Bulletin of the American Interplanetary Society, 1931, No. 7, p. 8)

ergänze zu Fußnote 131)
ebenso arbeitete privat ab 1935 der Ingenieur Kurt B. Schoenenberger an Raketenmotoren und führte Versuche mit Sauerstoff und Wasserstoff als Treibmittel durch, die er bis in den Krieg hinein fortsetzte. Zuvor hatte er auch Versuche mit Feststoffraketen durchgeführt. (Kurt B. Schoenenberger, Raketenversuche mit Wasserstoff und Sauerstoff, in: Weltraumfahrt, 1950, S. 80 f.)